Friedrich Kellner

„Vernebelt, verdunkelt sind alle Hirne“

Tagebücher 1939–1945

Herausgegeben von
Sascha Feuchert, Robert Martin Scott Kellner, Erwin Leibfried,
Jörg Riecke und Markus Roth

unter Mitarbeit von Elisabeth Turvold und Diana Nusko
sowie Nassrin Sadeghi und Birgit M. Körner

bpb:
Bundeszentrale für politische Bildung

Der Autor

Friedrich Kellner (1885–1970) war schon früh ein entschiedener Gegner der Nationalsozialisten. 1933 wurde er Geschäftsstellenleiter des Amtsgerichts in Laubach (Oberhessen) und setzte dort seine offene Kritik am Regime fort. Mehrfach wurde er bedroht und entging nur mit Glück einer Einweisung in ein KZ. Nach dem Krieg war Kellner Stadtrat in Laubach.

Die Herausgeber

Sascha Feuchert ist Leiter der Arbeitsstelle Holocaustliteratur an der Justus-Liebig-Universität Gießen und Honorarprofessor für »German and Holocaustliterature« an der Eastern Michigan University, Michigan (USA). Er ist Mitglied der internationalen Schriftstellervereinigung P.E.N.

Robert Kellner war Professor für »American Literature« und »Writing« an der University of Massachusetts und der Texas A&M University.

Erwin Leibfried ist Professor i.R. für Allgemeine Literaturwissenschaft in Gießen und war langjähriger Leiter der Arbeitsstelle Holocaustliteratur.

Jörg Riecke ist Professor für Germanistische Sprachwissenschaft an der Ruprecht-Karls-Universität Heidelberg.

Markus Roth ist Historiker und stellvertretender Leiter der Arbeitsstelle Holocaustliteratur.

Die Edition der Tagebücher wurde über drei Jahre hinweg umfangreich von der Ernst-Ludwig Chambré-Stiftung zu Lich gefördert.

Bonn 2011
Lizenzausgabe für die Bundeszentrale für politische Bildung
Adenauerallee 86, 53113 Bonn

Umschlaggestaltung: Michael Rechl, Kassel
Umschlagfotos: © Wikipedia – Common Licence / Professor Robert Scott Kellner

Druck und Verarbeitung: Friedrich Pustet, Regensburg

ISBN 978-3-8389-0195-4

www.bpb.de

Inhalt

Band 1

Band 2

Vorwort

Manchmal kann die Entfernung von Laubach nach Gießen ganze 8394 Kilometer betragen, auch wenn es sonst nur 25 Auto-Minuten zwischen Klein- und Kreisstadt sind: So auch im April 2005, als »Der Spiegel« über eine Ausstellung in College Station, Texas, berichtete, die in der mittelhessischen Lahnstadt überrascht registriert wurde.[a] Da war die Rede vom Kriegs-Tagebuch des Laubacher Justizinspektors Friedrich Kellner, das in der dortigen »George Bush Presidential Library« auf persönliche Initiative des ehemaligen US-Präsidenten gezeigt wurde. Mutig, so war zu lesen, hatte Kellner sich gegen die Nazi-Diktatur gestellt und Laudator Warren Finch, Direktor der Library, dadurch beeindruckt, dass das im Geheimen entstandene Werk auch eine besondere Bedeutung für uns heute habe, die wir mit weltweitem Terror und noch immer mit vielen Diktaturen konfrontiert seien.

Die Aufmerksamkeit in Gießen für dieses Tagebuch, das in der unmittelbaren Nähe entstanden, aber in so großer Entfernung erstmals einem breiteren Publikum präsentiert worden war, war auch deshalb so groß, weil es an der Justus-Liebig-Universität mit der »Arbeitsstelle Holocaustliteratur« eine Einrichtung gibt, die sich seit 1998 intensiv mit Texten aus dieser Zeit beschäftigt. Mehr noch: Zwei Mitarbeiter dieser Institution hatten ihre Kindheit bzw. Jugend in und um Laubach verbracht – und noch nie von Friedrich Kellner, geschweige denn von seinem Tagebuch, gehört.

Erste, noch unsystematische Recherchen begannen: Schnell wurde klar, dass Kellner in der kleinen Residenzstadt – die Grafen zu Solms-Laubach prägen den Ort seit Jahrhunderten – zumindest älteren Mitbürgern noch ein Begriff war. An der Wiederbegründung der örtlichen SPD war er nach dem Krieg offenbar maßgeblich beteiligt, und auch in die Annalen des Laubacher Karnevalsvereins ist er als bedeutendes Mitglied eingegangen. Das Amtsgericht, in dem Friedrich Kellner einst als Justizinspektor wirkte, ist heute ein Seniorenstift – und auch hier gab es die eine oder andere Erinnerung an den 1970 verstorbenen Beamten.

Schon diese wenigen Bruchstücke machten klar, dass sich eine intensivere Beschäftigung mit diesem Menschen, v.a. aber auch mit seinem Tagebuch lohnen wür-

a) »Der Spiegel« berichtete damals: »George Bush, 80, ehemaliger Präsident der USA, zeigt sich einmal mehr an der deutschen Geschichte interessiert. Seine Presidential Library in College Station, Texas, stellt seit vergangenem Freitag erstmals das Tagebuch des deutschen Justizinspektors Friedrich Kellner aus, der während der Nazi-Zeit im hessischen Laubach gearbeitet hat – obwohl er bekennender Sozialdemokrat und Hitler-Gegner war. Kellners Aufzeichnungen, in denen er bereits 1941 von Judenerschießungen in Polen berichtet, kulminieren in dem Appell, für die Wiederherstellung der Demokratie notfalls zu kämpfen, ungeachtet, ob ›man Frieden liebt und Krieg hasst‹. Dazu fordert er Amerika und England geradezu auf, die bisher ›ihre Pflicht vernachlässigt oder versagt haben‹. George Bush gefallen die 753-seitigen Aufzeichnungen des 1970 gestorbenen Kellners nicht nur wegen ihrer mutigen Distanz zur Nazi-Diktatur. Sie seien auch, so ist auf der Website der Bibliothek zu lesen, eine ›Mahnung an künftige Generationen, Diktaturen und staatsfinanziertem Terrorismus entschieden zu begegnen‹« (Spiegel, 14/2005, 4.4.2005).

de. Und als dann auch die örtliche Presse über die Ausstellung in Texas, v.a. aber auch über den Enkel und Initiator der Ausstellung Robert Martin Scott Kellner berichtete, wurde eine direkte Kontaktaufnahme mit dem Erben des Dokuments zu einem Leichten. Rasch konnte man sich einigen, dass es sinnvoll sei, wenn gerade eine in der Region verankerte Einrichtung wie die »Arbeitsstelle« sich einer Edition der Notate annehmen würde, die sich Friedrich Kellner einst wünschte – und die seinem Enkel mittlerweile zur Lebensaufgabe geworden war.[a]

Dieser ersten, noch formlosen Vereinbarung folgten gezieltere Recherchen und Befragungen von Zeitzeugen in und um Laubach. Viele hatte Robert Scott Kellner selbst schon in den zurückliegenden Jahren befragt; seit den späten 1960er Jahren war er im Besitz des Tagebuchs, dessen Veröffentlichung er sich vollends seit seiner Pensionierung widmete. Im Zuge dieser Interviews wurde den neuen Bearbeitern des Tagebuchs aus Gießen einer jener seltenen Glücksmomente zuteil, die sich Editionsphilologen erträumen: Es war immer die Rede gewesen von neun Tagebuchheften, ein zehntes sei Ende der sechziger Jahre irgendwie abhanden gekommen, als es offenbar einen ersten Versuch gegeben hatte, die Texte maschinenschriftlich erfassen zu lassen. Ausgerechnet jene Kladde fehlte, die den Auftakt zu dem Tagebuchprojekt enthielt und deren Inhalt sich mehr noch als die anderen Teile um die örtlichen Nationalsozialisten, ihre Verfehlungen und Gängeleien gegen Friedrich Kellner und seine Familie drehte. In einem Gespräch mit Ludwig Heck, einem ehemaligen Auszubildenden und langjährigen Freund Friedrich Kellners, stellte sich heraus, dass dieser jenes zehnte oder besser: erste Heft seit Jahrzehnten zusammen mit anderen Dokumenten verwahrte – offenbar nicht ahnend, welche Bedeutung gerade dieses Tagebuch hat. Damit waren die Aufzeichnungen des Justizinspektors nach so langer Zeit – und nach so wenig intensiven Recherchen – wieder komplett. Und: Mit diesem Fund konnten die Gießener Wissenschaftler überhaupt erstmals selbst in dem Text lesen, denn die anderen neun Hefte wurden schließlich gerade noch ausgestellt und konnten erst einige Zeit später gescannt vollständig zugänglich gemacht werden.

Die Sichtung des Gesamtmaterials bestätigte die ersten Eindrücke: Hier lag ein Tagebuch vor, das in seiner Form wohl einmalig zu nennen ist. Während Kellner noch recht konventionell beginnt und ihm das Tagebuch zunächst dazu dient, der eigenen Bedrängnis in einem geschützten Bereich ungehindert Luft zu machen[b] – Kellner war als ehemaliges Mitglied der mittlerweile verbotenen SPD und langjähriger Kritiker der NSDAP den örtlichen Parteibonzen ein Dorn im Auge und mehrfach in Gefahr, verhaftet und in ein KZ gebracht zu werden –[c], werden ihm die Aufzeichnungen mehr und mehr zu einem Ort, an dem er nicht nur seine Regime-

a) Zur Geschichte des Tagebuchs und seiner Übergabe an Robert Martin Scott Kellner vgl. den umfangreichen Bericht im zweiten Band.

b) Vgl. zu dieser allgemeinen Funktion des Tagebuchs u.a. Wuthenow 1990, Dusini 2005.

c) Die tatsächliche Bedrohung, der Friedrich Kellner durch sein andauerndes Wirken und Auftreten gegen die Nazis ausgesetzt war, erhellt aus Robert Martin Scott Kellners ausführlichem biographischen Bericht in Band 2. Ein weiterer Beleg ist auch die Verschleppung dreier anderer Laubacher

kritik immer schärfer artikuliert, sondern auch ein Zeugnis entwickelt, das später dazu dienen soll, all jene zu bestrafen, die an diesem Verbrechen mitgewirkt haben. So weit ist Kellners Ansatz sicher noch nicht revolutionär zu nennen, denn im »Dritten Reich« war das Tagebuchschreiben durchaus keine Besonderheit, weder unter den Anhängern Adolf Hitlers noch natürlich bei den Regimegegnern. Heinrich Breloer etwa hat schon vor einigen Jahren in einer herausragenden Edition Auszüge aus den Notaten von Soldaten, BDM-Mädchen, überzeugten Nationalsozialisten, aber auch entschiedenen NS-Oppositionellen herausgegeben, die das beispielhaft und eindrucksvoll belegen.[d] Krisenzeiten sind immer auch Zeiten für Tagebücher – die Orientierungslosen schreiben sie ebenso wie die Ideologisierten, die Opfer wie die Täter.[e] Für viele Gegner des Nationalsozialismus blieb wenigstens dieser Weg in eine gestaltete »innere Emigration«[f], die nicht ganz auf eine politische und persönliche Auseinandersetzung mit dem Terrorregime verzichten musste, auch wenn es letztlich brandgefährlich war, solche Zeugnisse anzufertigen und die Schreiber der durch sie ermöglichten Entlastung nur im Verborgenen teilhaftig werden konnten.

Bemerkenswert an Kellners Aufzeichnungen ist aber etwas anderes, nämlich dass er zunehmend für seinen Kampf gegen das NS-System dessen ureigenste Waffe einsetzte, die Propaganda. Nachgerade manisch schnitt er aus Tages- und Wochenzeitungen Artikel aus, klebte sie in sein Tagebuch und entlarvte das hohle Geschwätz der führenden Nazis oder deren lokaler Vertreter durch seine Kommentare. Immer wieder zeigt er sich und seinen – vielleicht doch bereits mitgedachten – späteren Lesern, wie diese Giftspritzen wirkten und wie sie doch nicht hätten wirken müssen, hätte man nur genau hingeschaut. Bewaffnet mit unzähligen Klassiker-Zitaten, den Rudimenten seiner kleinbürgerlichen Bildungs-Sozialisation, rückt er den Lügen, Halbwahrheiten, üblen Gerüchten und bösen Verleumdungen quasi als Laien-Philologe zu Leibe, deckt Widersprüche auf, indem er Texte miteinander in Beziehung setzt, zwischen deren Publikation nur wenig Zeit verstrichen ist – und die dennoch so gegensätzlich in ihren Aussagen sind, dass sich der heutige Leser fragen muss: Warum kann nur er so etwas merken, warum bleibt auch seine Umgebung, die

Sozialdemokraten in das KZ Osthofen, die sich dem Regime widersetzten: Ernst Fißler (1898-1976), Hermann Rühl (1900-1966) und Wilhelm Lauth (1900-1978).

d) Vgl. Breloer 1999 (erstmals publiziert 1984); in diesem Zusammenhang steht aber u.a. auch Walter Kempowskis Echolot-Projekt, das zahllose Einträge ›einfacher‹ Menschen enthält, die sich so schriftlich mit dem NS-Staat, der Politik und dem Krieg kritisch, affirmativ oder gar fanatisch auseinandersetzten. Vgl. Kempowski 2002, 2004, 2005.

e) Als ein willkürlich herausgegriffenes Beispiel für ein umfangreiches Tagebuch einer überzeugten Nationalsozialistin seien die Aufzeichnungen von Addy Bansmann angeführt, die in Helmarshausen nur etwa 125 Kilometer von Friedrich Kellner entfernt zwischen 1939 und 1942 ein Diarium führte, in dem sie ebenso ausführlich Artikel aus der Tagespresse nutzte. Im Gegensatz zu Kellner aber übernimmt sie die Propaganda völlig unkritisch und belegt mit den eingeklebten oder beiliegenden Berichten und Kommentaren nur ihre nationalsozialistische Überzeugung. Das Original des Tagebuchs befindet sich im Archiv Arbeitsstelle Holocaustliteratur, Gießen.

f) Vgl. in diesem Zusammenhang Hardtwig 2005, S. 148.

Kellner immer wieder mutig aufmerksam macht auf diese Vernebelungen und Verdunklungen der Hirne, so unberührt?[a] Manches Mal besteht Kellners Klarsicht in nur einer einzigen Frage, die freilich alles an Wissen-Wollen und Wissen-Können enthält, das möglich und nötig gewesen wäre: Als etwa im September 1942 in einem Artikel davon die Rede ist, dass 65 000 Juden »in Transporten abgeschoben« würden, schreibt Kellner ein einfaches »Wohin?« an den Rand. Eine Frage, die wohl nicht nur ihm nahegelegen haben dürfte.

Er berichtet auch offen darüber, was ein von der Front heimkehrender Soldat in seiner oberhessischen Provinz von den Gräueltaten und den Massenmorden im Osten erzählt – und zeigt, wie weit und wie früh solches Wissen letztlich verbreitet war.

Kellner macht sich wohl intuitiv zunehmend eine Tagebuch-Tradition zunutze, die es seit der Einführung der Massenpresse verstärkt gab: man könnte es das ›Collagen-Diarium‹ nennen, das mit Artikeln, Überschriften, manchmal sogar nur Fetzen aus der Presse und den dazugestellten Kommentaren Funktionen und Wirkungen besitzt, die über ein normales Tagebuch hinausgehen.[b] Was aber vor 1933 vielleicht noch künstlerisch-verspielt gewesen sein kann, ist für Kellner existentieller Ernst geworden: Mit Hunderten Berichten, Schlagzeilen, Fotos, Karikaturen und seinen wütenden, weisen, aber manches Mal auch naiven Entgegnungen entwirft er ein subjektiv gebrochenes Bild des Lebens im »Dritten Reich«, aber auch des Kriegsalltags, wie man es wohl nur sehr selten zu sehen bekommt.

Nicht immer wird einem Friedrich Kellner dabei sympathisch sein, manchmal verfolgt er mit Beharrlichkeit auch lässlichere Sünden und geriert sich nicht selten selbstgerecht, doch muss es v.a. nachhaltig beeindrucken, wie hellsichtig er war und wie immun er gegen die Bestechungsversuche des Regimes blieb, dessen lokale Vertreter ihn nicht nur bedrohten, sondern immer wieder einzugemeinden suchten.

Kritisch und hart bleibt Friedrich Kellner auch gegenüber den Alliierten, oftmals geht es ihm zu langsam voran oder sieht er die Gegner Hitlers in Sackgassen rennen. Kellner ist als ehemaliger Soldat mit dem Krieg wohlvertraut – an Selbstbewusstsein, selbst die großen Strategien zu durchschauen und zu verbessern, gebricht es ihm nicht. Immer wieder aber kritisiert er auch das militärisch-taktische Verhalten der Wehrmacht: Hier wird deutlich, dass Kellner letztlich doch Patriot bleibt, der eine militärische Niederlage seines Heimatlandes nur will, damit die Hitler-Barbarei zu einem Ende kommt. Hin und wieder hofft er, dass die Generäle zur Vernunft kom-

a) Zu Kellners philologischer Methode vgl. Jörg Rieckes Aufsatz im zweiten Band.
b) Diese Collage-Tagebücher stehen zum einen natürlich in enger Verbindung mit der Entstehung der Collage als Kunstform, sind im geschilderten Sinne aber auch ein Vorläufer des heutigen Weblogs, das solche und andere Verknüpfungen extensiv nutzt und im eigentlichen Sinne das subjektive Tagebuch objektiv entgrenzt. Vgl. u.a. Gold/Holm/Bös/Nowak 2008.

men und sich die deutschen Soldaten selbst gegen die Nazis stemmen – und doch wird er auch und gerade von den Folgen des 20. Juli tief enttäuscht.[c]

Kellner hält als Chronist bis zum Kriegsende durch, immer euphorischer werdend ob der bevorstehenden Befreiung. Mit der militärischen Niederlage jedoch beendet er seine Tätigkeit als Tagebuchschreiber – nur einmal noch trägt er etwas nach und klebt einen Artikel ein: Es ist der Bericht über einen KZ-Überlebenden, der am Ende dieses Unternehmens steht.

Danach bleibt das Tagebuch noch eine Zeitlang Kellners Begleiter – es bietet ihm die Sicherheit, auch nach dem Krieg gegenüber jenen fest zu bleiben, die ihm und vielen anderen während der zwölf Jahre das Leben zur Hölle machten. Zu einer Veröffentlichung entschließt er sich freilich nicht – die Umstände waren auch in der jungen Bundesrepublik nicht danach, solche Texte zu publizieren, und auch er selbst mag es leid gewesen sein, ein Außenseiter zu sein. Er integrierte und engagierte sich, so gut er konnte, übernahm als SPD-Stadtrat politische Verantwortung, richtete sich auch im gesellschaftlichen Leben der Kleinstadt ein. Richtig heimisch wurde er wohl in Laubach dennoch nicht mehr. Erst Ende der sechziger Jahre, als er seinen Enkel kennenlernte, entsann er sich auch seines Tagebuchs und seines enormen Vermächtnisses. 41 Jahre nach seinem Tod und über einen Umweg von mehr als 8390 Kilometern erreicht es heute endlich seine Leser.

Für die Herausgeber
Sascha Feuchert

c) Allerdings kommt Kellner bald zu der zunächst verblüffenden Ansicht, dass es letztlich gut gewesen sei, dass Hitler überlebt habe. Damit, so Kellner, sei späteren Ausflüchten der Weg versperrt. Vgl. den Eintrag zum 27. Juli 1944 im zweiten Band.

Heft 1

Sept. ⟨1938/⟩1939
bis
30. August 1940.

Laubach, den 26. September 1938.
Der Sinn meiner Niederschrift ist der, augenblickliche Stimmungsbilder aus meiner Umgebung festzuhalten, damit eine spätere Zeit nicht in die Versuchung kommt, ein »großes Geschehen« daraus zu konstruieren. ⟨(eine »heroische Zeit« od. dergl.)⟩

Vor allem: es herrscht keinerlei Begeisterung. Alle Menschen »hoffen«, glauben an Wunder und machen sich ein Weltbild in ihrem Köpfchen zurecht, das mit Weitblick aber auch gar nichts zu tun hat.

⟨Wer die zeitgenössische Gesellschaft, die Seelen der »guten Deutschen« kennenlernen möchte, der lese meine Aufzeichnungen. Aber ich hege die Befürchtung, nach dem Ablauf der Geschehnisse werden nur wenig anständige Menschen übrig bleiben u. die Schuldigen haben kein Interesse daran, ihre Blamage festgehalten zu sehen.⟩

Am Sonntag, dem 25.9.1938, wurden hier Mannschaften u. Pferde einer Veterinär-Abteilung zusammengestellt. Man kann nicht sagen, daß die Sache wie am Schnürchen geklappt habe. Die Mannschaften befanden sich durchweg in gedrückter Stimmung. Es handelte sich teils um gediente, teils um ungediente Männer im vorgerückten Mannesalter (35-45).

Was sagen die Leute: bunte Meinungen. Frankreich u. England bleiben neutral. Polen u. Ungarn greifen gegen die Tschechoslowakei ein. Von Rußland redet niemand. »Wir gehen schlagartig gegen die Tschechen vor und in ganz kurzer Zeit (2-3 Tage) ist die Tschechei in unseren Händen.« Kaum[1] ein einziger Mensch denkt an die Gegenwirkungen. Ich bringe in Gesprächen immer wieder meine Meinung zum Ausdrucke, daß man seine Gegner nie unterschätzen dürfe. Aber das hört niemand. Die Ueberheblichkeit ist bis zur höchsten Potenz gesteigert.

Meine Auffassung: der Krieg muß das gesamte Volk zur Vernunft bringen. Leider müssen die wenigen Deutschen mit Vernunft u. Verstand darunter leiden, das ist Schicksal. Nur wenn allen einmal zum Bewußtsein gebracht worden ist, was es heißt, den Krieg im eigenen Lande zu spüren, dann wird »vielleicht« einmal eine Generation erwachsen, die allen großspurigen, großmäuligen, brutalen Deutschen den Garaus macht.

Dr. Schmitt[2]: Es kommt kein feindlicher Flieger lebend über die Grenze. Auf dem Nürnberger Parteitage[a] hat alles wunderbar geklappt mit den militärischen Vorführungen.
(derselbe Herr hat einmal von einem »Kriegelchen« mit Rußland gesprochen)

Es tut mir leid feststellen zu müssen, daß das primitive Denken des deutschen Volkes einen Grad erreicht hat, der schlechterdings nicht mehr zu überbieten ist.

a) *Nürnberger Parteitage:* Die Reichsparteitage der NSDAP fanden jährlich Anfang September in Nürnberg statt, der letzte 1938 unter dem Motto »Reichsparteitag Großdeutschlands«.Vgl. Benz/Graml/Weiß 2007, S. 750f.

Das ist dein Werk, Propagandaminister! Vernebelt, verdunkelt sind alle Hirne! Man muß an den Menschen verzweifeln. Kritisches Betrachten schadet uns. Es ist alles wunderbar. – Warten wir ab. Himmelhoch jauchzend, zu Tode betrübt[3], das erleben wir noch.

Der Lardenbacher Bürgermeister[4] (Pg!)[a]:

Er habe einen Revolver, wenn der Krieg verloren geht, würde er sich erschießen.

Wir müssen den Krieg unbedingt gewinnen.

(NB. Die Volksgenossen[b] (Menschen 2. Kl.) sollen also den Parteigenossen (Edelmenschen) zum Siege ihrer Politik verhelfen! Welch eine ⟨»⟩edle Meinung⟨«⟩.)

Ihr werdet[5] ein blaues Wunder erleben. ⟨Ihr Parteigenossen!⟩

1. Okt. 1938

Nachdem wir durch das Verhalten Deutschlands am Rande des Weltkrieges uns befanden u. die Hetze des Propagandaministers Göbbels überhaupt nicht mehr zu überbieten ⟨war⟩, kam durch das Eingreifen des engl. Ministerpräsidenten eine »Einigung« ⟨über⟩ das tschechischslow. Problem in München[c] zustande.

Auch jetzt behält Göbbels noch Oberwasser u. behauptet frech »nur durch das friedliche Verhalten von Hitler sei der Friede erhalten geblieben«. Und das schlimmste: das Volk betet es nach. Gegen Dummheit kämpfen Götter selbst vergebens!![6]

August 1939.

Wir durchleben Tage ungeheurer Spannung. Untrügliche Zeichen einer geheimen Mobilmachung machen schließlich auch den größten Optimisten stutzig. Militärische Maßnahmen verschiedener Art deuten auf den zunehmenden Ernst der Lage hin.

Wie stellen sich die Dinge von uns aus betrachtet dar:

In der Nacht vom 25. auf 26. August 1939 klopfte es um 4 Uhr an unser Schlafzimmerfenster. Justizwachtmeister Franz Sch[...] teilte mir mit, daß er soeben einen Gestellungsbefehl mit sofortiger Wirkung nach Gießen erhalten habe. In dieser

a) *Pg:* Parteigenosse.

b) *Volksgenosse:* ›Mitglied der Volksgemeinschaft‹, verstanden als Angehöriger einer Bluts- und Rassegemeinschaft; vgl. Schmitz-Berning 2000, S. 660-664. Damit waren Juden durch das Parteiprogramm der NSDAP von 1920 explizit ausgeschlossen. Dort hieß es: »Staatsbürger kann nur sein, wer Volksgenosse ist. Volksgenosse kann nur sein, wer deutschen Blutes ist. Kein Jude kann daher Volksgenosse sein« (Benz/Graml/Weiß 2007, S. 856).

c) *tschechischslow. Problem in München:* Im Münchener Abkommen vom 30. September 1938 vereinbarten die Regierungschefs Deutschlands, Italiens, Großbritanniens und Frankreichs den Anschluss des Sudetenlandes an das Deutsche Reich. Dem Abkommen war eine intensive antitschechoslovakische Propaganda vorausgegangen, die vor allem auf vermeintliche tschechoslovakische Übergriffe auf die Deutschen im Sudetenland abzielte. Britische Vermittlungsversuche torpedierte Hitler durch immer weiter gehende Forderungen. Hitler suchte in der Sudetenkrise einen Vorwand für den Beginn des Krieges. Vgl. Benz/Graml/Weiß 2007, S. 647.

Nacht wurden durch die Post 120 solcher Befehle ausgetragen. Oberamtsrichter Dr. Schmitt befand sich ⟨auch⟩ unter den Betroffenen.

Eine einheitliche Meinung unter der Bevölkerung über die Lage hat sich naturgemäß ⟨noch⟩ nicht gebildet. Je nach der[7] Verfassung gibt es Ansichten buntester Art. Es verdient allerdings festgehalten zu werden, daß die übergroße Mehrzahl der Menschen an die durch Zeitungsnachrichten und sonstwie genährte Anschauung glaubt, daß unser Heer von einer ⟨geradezu⟩ märchenhaften Stärke und Schlagkraft sei und blitzartig ganz Polen einstecken würde. Wenn es etwas zu »nehmen« gibt, wird kaum eine Stimme der Vernunft zu hören sein. Welche Tragik der Menschheit offenbart sich da: Raub- und Habgier! Keiner denkt daran, daß er ja morgen mit demselben »Recht« von seiner Scholle verjagt werden kann.

Kaum jemand will ernstlich glauben, daß Frankreich und England den Polen beistehen wird.[d] Als gar der finstere Pakt mit Rußland[e] geschlossen wird, steigen wieder die Aktien der Vereinigung der »Nehmenden«. Etwas unheimlich hat die Tatsache des »Bündnisses« mit diesem Staate ⟨doch⟩ gewirkt, da ein langjähriger Feldzug in Wort und Schrift gegen Rußland, insbesondere gegen das dort herrschende »Untermenschentum«[f], geführt worden ist und nicht zuletzt der Sieg des Nationalsozialismus wohl einzig und allein auf den scharfen Kampf gegen den Kommunismus zurückzuführen ist. Es verging kein Reichstag und kein Parteitag, auf dem nicht mit ungeheuren Stimmitteln[8] Schlachtrufe gegen den »Weltfeind Stalin« ausgestoßen wurden. Verwunderlich ist es hierbei nicht, wenn selbst weniger zarte Gemüter über den Umschwung der Auffassung über die Gefährlichkeit der »blutbefleckten, gemeinen Verbrecher und den Abschaum der Menschheit« (Adolf Hitler, Mein Kampf S. 750)[9] mindestens für einige Tage aus dem Gleichgewicht gebracht worden sind. Wiederum sind es nur wenige ⟨Leute⟩ die sich Gedanken über die Motive der Hand-

d) *den Polen beistehen:* Nach dem Bruch des Münchener Abkommens durch Deutschland Mitte März 1939 befürchtete Polen, das nächste Opfer des deutschen Expansionsstrebens zu werden, und ersuchte Frankreich und Großbritannien um Garantieversprechen zur Unterstützung im Falle eines deutschen Angriffs. Dieses Garantieversprechen gab Großbritannien am 25. März 1939, Frankreich folgte am 31. März 1939. Das nahm Deutschland zum Anlass, den deutsch-polnischen Nichtangriffspakt von 1934 zu kündigen. Nach dem deutschen Überfall auf Polen erklärten Großbritannien und Frankreich Deutschland zwar den Krieg, griffen aber nicht in die Kampfhandlungen ein. Vgl. Wendt 1987, S. 172-182.

e) *der finstere Pakt:* Der deutsch-sowjetische Nichtangriffspakt, besser bekannt als Hitler-Stalin- oder Molotov-Ribbentrop-Pakt, wurde am 23. August 1939 geschlossen. Im offiziellen Teil sicherten sich beide Parteien Gewaltverzicht zu sowie Neutralität im Falle eines Konfliktes einer Vertragspartei mit dritten Staaten. In einem geheimen Zusatzprotokoll teilten die Sowjetunion und das Deutsche Reich das polnische Staatsgebiet unter sich auf. Nach dem deutschen Überfall auf Polen marschierten am 17. September 1939 sowjetische Truppen in Ostpolen ein und besetzten das vereinbarte Territorium. Das Abkommen kam für die deutsche Bevölkerung sehr überraschend, zumal die Sowjetunion und der Bolschewismus in der NS-Propaganda jahrelang als der Erzfeind des nationalsozialistischen Deutschlands dargestellt wurden. Vgl. Benz/Graml/Weiß 2007, S. 475.

f) *Untermenschentum:* »verächtliche Bezeichnung für die als ›rassisch‹ und moralisch minderwertig deklarierten Juden, Polen, Russen und für Kommunisten« (Schmitz-Berning 2000, S. 618-622).

lungsweise Rußlands machen. Wenn Rußland aus Hinterlist durch seine »Neutralität« Deutschland gegenüber dieses Deutschland zum Kriege gegen Polen verführt und später seine ⟨(Rußlands)⟩ ungeschwächte Macht in die Waagschale der letzten Entscheidung wirft?

Gottes Mühlen mahlen langsam, aber sicher – ist wohl der Weisheit letzter Schluß.

Adolf Hitler schrieb in seinem Buche (Mein Kampf) … »So liegt schon in der Tatsache des Abschlusses eines Bündnisses mit Rußland die Anweisung für den nächsten Krieg. Sein Ausgang wäre das Ende Deutschlands.«[10]

Was soll ein einfacher Mensch hierzu sagen oder was sollen die nationalsozialistischen Gläubigen denken? Hat der Prophet Hitler Unrecht und der Reichskanzler ⟨Hitler⟩ Recht oder umgekehrt? Die Geschichte wird es zu erzählen wissen.

Als Prediger in der Wüste sah ich mich veranlaßt, die Gedanken niederzulegen, die mich in der nervenzerrüttenden Zeit beherrschten,[11] um ⟨dann⟩ später – sofern das noch möglich ist – meinen Nachkommen ein Bild ⟨der wahren Wirklichkeit⟩ zu übermitteln.

30. Aug. 1939
Fr. Kellner

Anfangs September 1939.

Das ⟨blöde⟩ Volk berauscht sich an den aufgebauschten[12] Anfangserfolgen der deutschen Armee in Polen. Greuelmärchen übelster Art[a] durchschwirren den Aether u. die Köpfe der Heimkrieger. Die Siegeszuversicht wird allerdings hier und da etwas herabgedrückt[13] durch die gesetzlichen Maßnahmen. Insbesondere ist es die Einführung der Lebensmittelkarten. Das sind unfreiwillige Dämpfer! Allerdings ist der kindliche Glaube an die Unfehlbarkeit der Götter und Halbgötter noch nicht erschüttert. Was soll man auch schon sagen, wenn selbst Menschen, die Kraft ihres Lebensganges sich eine eigene Meinung bilden müßten, jedes dumme Geschwätz u. saudumme, absichtlich in Umlauf gebrachte, Gerücht mit wahrem Heißhunger verschlingen und ihre wankende Heldengestalt daran aufrichten.

Wenn man bedenkt, was über die »Achsenmächte«[b] geschwätzt u. geschrieben worden ist. Welch ein Zirkus von beiderseitigen Empfängen usw. Viele[14] Deutsche

a) *Greuelmärchen übelster Art:* Nachdem ein polnischer Überfall auf den Rundfunksender in Gleiwitz vorgetäuscht worden war, marschierten am 1. September 1939 deutsche Truppen in Polen ein und erzielten schnelle Erfolge. Am 27. September 1939 kapitulierte Warschau, die letzten polnischen Truppen ergaben sich am 6. Oktober 1939. Vgl. Benz/Graml/Weiß 2007, S. 707. Mit »Greuelmärchen« bezieht sich Kellner auf polnische Übergriffe auf die deutsche Minderheit vor und nach Beginn des Krieges, deren Ausmaß in der NS-Propaganda maßlos übertrieben wurde.

b) *Achsenmächte:* zunächst Bezeichnung für das Einverständnis und die außenpolitische Zusammenarbeit zwischen dem nationalsozialistischen Deutschland und dem faschistischen Italien: die »Achse Berlin – Rom«. Vgl. Schmitz-Berning 2000, S. 7f.; Benz/Graml/Weiß 2007, S. 387.

haben trotz der Erfahrungen von 1915 an die ungeheure Gewalt der sagenhaften »Achse« geglaubt. Wenn ich im engen Kreise von Abschluß des Cominternpaktes[c] ab die Auffassung vertreten habe, daß Italien niemals in einen Krieg für Deutschland eintreten ⟨würde⟩, so habe ich höchstens Stillschweigen, aber kaum einmal Beifall geerntet. Aus welchen Erwägungen heraus bildete ich mir meine Meinung über Italien. Bei Ausbruch des Krieges 1914 bestand der Dreibund: Deutschland, Oesterreich-Ungarn und Italien. Bulgarien und Türkei waren auf ⟨der⟩ Seite Deutschlands. Heute: Türkei verbündet mit England u. Frankreich. Griechenland u. Rumänien desgleichen. Bei dieser Sachlage wäre es ausgesprochener Selbstmord, wenn Italien in den Krieg gegen England u. seine Verbündete eintreten würde. Warum? Italien würde ein Gefangener im Mittelmeer sein. Abgeschnitten von der übrigen Welt, insbesondere seinen Lieferanten ⟨der Rohstoffe (Oel!)⟩. Ferner müßte es Abessinien, Lybien, Albanien u. den Dodokanes abbuchen.[d] Das Mittelmeer wird von Frankreich, England u. der Türkei beherrscht. Die gesamte Schiffahrt Italiens zum Tode verurteilt. Kann da noch irgend jemand glauben, Italien sei irrsinnig genug, sich selbst umzubringen. Eine andere Frage ist es natürlich, ob es nach beendigtem Kriege auf Grund seiner ungeschwächten Kraft u. sofern es sich sehr anständig England gegenüber benommen ⟨hat⟩ nicht irgend einen Happen erhält. Das kann man vermuten oder behaupten. Die Zukunft wird uns belehren.

Unsere führenden Männer sind von allen guten Geistern verlassen. Wen Gott vernichten will, den schlägt er mit Blindheit![15] Wie kann man mit einem Volk, das wie Sklaven behandelt wurde, einen Krieg führen u. ihn gewinnen wollen?

Es ist heute so, daß das Leben überhaupt nicht mehr lebenswert ist. Ein drangsaliertes, gequältes, eingeschüchtertes, überaus unfreies[16] Volk soll sich für einen Tyrannen totschießen lassen. Terror ohnegleichen! Die Bonzen als Spitzel. Der anständige Deutsche hat kaum mehr den Mut, überhaupt zu denken, geschweige denn etwas zu sprechen. Ein Beispiel: Bürgermeister Högy[17] warnt Herrn H[…], er solle

c) *Abschluß des Cominternpaktes:* eigentlich »Antikominternpakt«. Am 25. November 1936 schlossen Japan und das Deutsche Reich ein Abkommen, das vordergründig der Bekämpfung der Kommunistischen Internationale dienen sollte. Den Kern des Abkommens regelte ein geheimes Zusatzabkommen, in dem beide Staaten sich gegenseitig Neutralität im Falle eines nichtprovozierten Angriffs der Sowjetunion zusicherten. Italien trat dem Pakt 1937, Ungarn und Spanien 1939 bei. Weitere Staaten folgten später. Vgl. Benz/Graml/Weiß 2007, S. 404f..

d) *Abessinien, Lybien, Albanien u. den Dodokanes:* Das faschistische Italien hatte Abessinien (heute Äthiopien) am 3. Oktober 1935 überfallen und schließlich im Juli 1936 vollständig erobert. Zwar verhängte der Völkerbund daraufhin Sanktionen gegen Italien, internationale Unterstützung erhielt Abessinien aber nicht. Teile Libyens waren seit 1911 in italienischem Besitz, unter Mussolini kam es zu zahlreichen kriegerischen Auseinandersetzungen. 1934 wurde Libyen zur Kolonie Italiens erklärt. Der Dodekanes, eine Inselgruppe in der südlichen Ägäis, kam mit dem italienisch-türkischen Krieg 1912 in italienische Hand. Der italienische Expansionsdrang in der Mittelmeerregion setzte sich mit der Besetzung Albaniens am 12. April 1939 fort. Vgl. Brogini Künzi 2006.

in Gesprächen vorsichtig sein, weil er zu einer Frau gesagt habe, an der Westfront befänden sich Kolonialtruppen. Ist das nicht ungeheuerlich?

Ueberhaupt die Westfront. Das ist eine Angelegenheit[18] für sich. Der »unüberwindliche« Westwall[a]. Was ist da nicht alles gefaselt worden. Ich bin der felsenfesten Ueberzeugung, daß der Westwall unser größtes Unglück ist. Denn ohne Westwall hätten wir nie den Krieg im Osten vom Zaune brechen können. Dem Volke wird ⟨etwas⟩ von der Befreiung der »Volksdeutschen«[b] in Polen vorgesagt. Hierauf wird deren Eigentum zerstört (durch Kriegshandlungen) u. im Westen zur gleichen Zeit hunderttausenden die Heimat genommen. Die Flüchtlinge zeigen es uns. Welch ein unglaublicher Irrsinn! Wenn man guten Willens gewesen wäre, dann mußte überhaupt erst festgestellt werden: wer von den bestochenen »Volksdeutschen« will überhaupt deutsch werden. Eine klägliche Zahl wäre bestimmt herausgekommen. Genau so erging es Mussolini mit Korsika. Viel Getrommel und wenig Soldaten. Wie es an das Beweisen ging, fanden sich ein klägliches Häuflein bereit, zu ihrem »geliebten Mutterlande« zurückzukehren. Und siehe da: Die italienischen Rufe nach Corsika verstummten.

Das gleiche Theater an den Grenzen Deutschland – Polen. Wem es in dem betr. Lande nicht paßt: Hinaus mit Euch Stänkerern! Und die Ruhe ist hergestellt. Ein geschichtliches Beispiel dafür haben wir in der Türkei, als im Jahre 1922 sämtliche Griechen Kleinasien verlassen mußten. Von da ab war das Kriegsbeil zwischen diesen Staaten begraben. Irgendwo müssen einmal die Grenzen unerbittlich gezogen werden u. damit basta. –

Genau so ist es mit der Kolonialfrage[19]. Wer geht freiwillig in die Kolonien? Warum wird das nicht einwandfrei amtlich festgestellt? Wer eignet sich überhaupt als Kulturdünger? Bitte, Ihr Schreihälse! Erst wägen, dann wagen.[20] In meinen Bekanntenkreisen habe ich noch nie einen einzigen Menschen angetroffen, der Lust für die Kolonien verspürte. Ein Einziger, der sich ⟨gern⟩ als Kolonialminister sehen würde u. ⟨vielleicht⟩ noch sonstige Postenjäger agitieren für die Kolonialfrage. Das ist des Pudels Kern.[21] –

Wenn die Regierung eine Großtat hätte vollbringen wollen, gab es nur einen Weg:

Auflösung der Partei u. sämtlicher Organisationen!

Es gibt nicht mehr Deutsche 1. u. 2. Klasse (Parteigenossen u. Volksgenossen), sondern nur noch Deutsche! Wie es im Schützengraben nur Soldaten gibt. Diese Erleuchtung ist aber nicht nationalsozialistisch (d.h. stur) u. kommt daher nicht in Frage. Und das Schicksal schreitet ⟨daher⟩ schnell.

---

a) *Westwall:* eine etwa 630 km lange Befestigungslinie an der Westgrenze des Deutschen Reiches von der Schweiz bis nach Kleve. Angehörige des Reichsarbeitsdienstes und der Organisation Todt errichteten von Mai 1938 bis September 1939 mehr als 14 000 Bunker und eine Betonhöckerlinie. Vgl. Benz/Graml/Weiß 2007, S. 876f.

b) *Volksdeutsche:* »dem Volkstum, nicht der Staatsangehörigkeit nach deutsch« (Schmitz-Berning 2000, S. 650-652).

Einige Aeußerungen aus dem Volke sollen zur Illustration festgenagelt werden:

Major G[...] am 7. Sept. 1939:	in 6 Tagen ist der Krieg vorbei.
H[...]:	An der Westfront haben die franz. Soldaten Schilder mit der Aufschrift: »Wir schießen nicht.« aufgestellt.
SS[c]-Wolf[22] zu Heck[d]:	Grüßt Euer Inspektor morgens mit »Heil Hitler«?
Frau Anna St[...]:	Es ist eine wirkliche große und herrliche Zeit!
Gärtner W[...]:	Mussolini holt sich den Sues Kanal, Tunis u. Corsika.

Verschiedene Maßnahmen:

vollständige permanente Verdunkelung.[e] (Friedhofsstille abends in den Straßen)
ab 20.9.39 Kraftverkehr verboten.
das absichtliche Abhören ausl. Sender bei Zuchthaus oder Todesstrafe verboten.

13. Sept. 1939:

Seit einigen Tagen wird von jedem, dem man begegnet, die Frage gestellt: »Was halten sie von der Lage?« Natürlich ist äußerste Vorsicht am Platze. ⟨Freimütige Aeußerungen sind nur im kleinsten Kreise unter guten Freunden möglich. Diejenigen, die einen klaren Blick sich bewahrt haben, bilden eine ganz kleine Minderheit. Wenigstens hier auf dem Lande. Eine Oase in der nat. soz. Wüste.⟩ Der Optimismus der ersten Tage ist zwar nicht mehr 100%ig, aber die Bevölkerung glaubt doch nur zu gern alles, was sie wünscht: schnelles, siegreiches Ende des Krieges. Ich lasse hier ein Tröpfchen Bedenken fallen, dort weise ich auf den Krieg 1914 hin, der ebenfalls in 6 Wochen beendigt sein sollte. Der Glaube an Wunderdinge ist äußerst stark. Die 6jähr. nat. soz. Propaganda hat in der Tat die Hirne des deutschen Volkes vollkommen vernebelt. Unglaublich – aber leider wahr.

c) *SS:* Die Abkürzung »SS« (für »Schutzstaffel«) wird im Tagebuch meistens, in den eingefügten Zeitungsausschnitten immer, durch die Siegrunenzeichen wiedergegeben. Wie sich diese Zeichen den Zeitgenossen einprägten, beschreibt Victor Klemperer in seinem Schlüsselwerk zur Sprache des Dritten Reiches »LTI«: »Nur notgedrungen schreibe ich hier das SS mit der gleitenden Kurvenlinie des normalen Schriftzeichens. In der Hitlerzeit gab es in den Setzkästen und auf der Tastatur amtlich gebrauchter Schreibmaschinen die besondere scharfeckige SS-Type. Sie entsprach der germanischen Siegrune und war im Erinnern hieran geschaffen worden« (Klemperer 1996, S. 74). Klemperer sieht in den »SS«-Runen ein für die Nationalsozialisten typisches »grenzverwischendes Ausdrucksmittel« zwischen Schriftzeichen und (sinnlichem) Bild und hebt in diesem Zusammenhang ihre expressionistische Komponente hervor: ihre militärisch »zackige« Gestalt und ihren Bezug zum stilisierten Blitz, Symbol von Energie und Schnelligkeit (vgl. ebd., S. 74f.).

d) Ludwig *Heck* erinnert sich, er sei von einem SS-Mann abgefangen und befragt worden, ob Kellner morgens im Büro mit »Heil Hitler« oder »Guten Morgen« grüße. Wie Heck im Interview bestätigt: »›Heil Hitler‹ sagte er nicht« (Ludwig Heck im Gespräch mit Birgit Maria Körner und Nassrin Sadeghi am 24.3.2009 in Villingen).

e) *Verdunkelung:* Bereits am 26. Mai 1935 war ein Luftschutzgesetz erlassen worden, in dem die Verdunkelung vorgesehen war. Vgl. Benz/Graml/Weiß 2007, S. 631.

L[...] spricht vorsichtig mit mir: er singt ein Loblied auf die Organisation und setzt anscheinend seine Hoffnung auf eine von ihm vermutete Hilfe Rußland's. Rußland habe 2 Millionen Reservisten eingezogen u. würde sicher den Rest von Polen »nehmen«. (Also auf die eigene Kraft baut er nicht mehr ganz)

Ab u. zu werfe ich »Italien« in die Debatte. Keiner will offen seine Enttäuschung bekunden.

Es gibt natürlich auch ganz verrückte Kadetten.

Im Bahnhofe Laubach sagt W[...] ⟨u.a.⟩ zu mir: Hoffentlich erobert der Führer Frankreich. Er ist wütig[a] auf die engl. Blockade. Ich wende ein: es sei Krieg; Deutschland würde ja auch den uneingeschränkten U-Boot-Krieg führen. Ich stelle wenig Verständnis für Gerechtigkeit fest. Ueberhaupt ist das Rechtsgefühl bestimmt die schwächste Seite unseres Volkes. –

Da spricht ein Schwätzer im Radio (München) von den begangenen Greueln der Engländer gegen die Buren.[23] Hat dieser Herr nichts[24] ⟨davon⟩ gehört, daß derjenige nicht mit Steinen werfen soll, der im Glashause sitzt? Warum bedauert er nicht die Opfer natsoz. ⟨Hasses u.⟩ Blutgier im tiefen[25] Frieden in den deutschen Konzentrationslagern? Selbst eine harmlose Aeußerung hat schon Volksgenossen in ein solches Lager gebracht. Und wieviele wurden »auf der Flucht erschossen«? Hat dieser Idiot nichts von einem 9. od. 10. Nov. 1938 gehört? Wo sämtliche Synagogen zerstört wurden.[b]

14. Sept. 1939.

6.45 Uhr morgens. Frau Sch[...] teilt mir mit, daß sie nach Gießen fährt, weil ihr Mann abrückt. Ich habe ihm im Namen der Betriebsgemeinschaft schriftlich Lebewohl gesagt. ⟨(Hat sich als harmlos herausgestellt; Sch[...] kam lediglich von Gießen nach Marburg)⟩

Es waren einige Tage 2 Batterien schwere Artillerie in L. einquartiert[c]. Sie kamen von Landsberg (Bayern). Es war ihnen aufgegeben worden, Landshut als Heimatort anzugeben. Mätzchen!

a) *wütig:* ›zornig, aufgebracht‹; vgl. DWB 1854-1960, Bd. 14, 2, Sp. 2538-2546.

b) *Synagogen zerstört:* In Reaktion auf das Attentat auf den deutschen Legationsrat Ernst vom Rath durch den 17-jährigen Juden Herschel Grünspan inszenierte die NS-Führung einen reichsweiten Pogrom gegen die Juden in Deutschland, der als vermeintliche Manifestation des Volkszorns ausgegeben wurde. Mindestens 91 Juden verloren ihr Leben, etwa 26 000 Männer und Jugendliche wurden in Konzentrationslager verschleppt, um ihre Auswanderung zu erzwingen, und zahllose Synagogen, Geschäfte und Wohnungen wurden in Brand gesetzt, zerstört, verwüstet und geplündert. In der Folgezeit wurde die Ausplünderung und die Vertreibung der Juden aus Deutschland massiv forciert. Vgl. die Beiträge in Pehle 1988; Obst 1991.

c) *schwere Artillerie in L. einquartiert:* Auch die »Heimatzeitung« berichtet unter der Überschrift »Soldaten im Städtchen« über das Ereignis: »Mit etwas Verspätung trafen die angekündigten Ar-

Beim Abrücken konnte man sehr ernste Gesichter sehen. Keinerlei Stimmung. Ein böses Omen!

Eine eigenartige Gemütsverfassung ist festzustellen, besonders bei den Männern, die noch nicht eingezogen sind. Nicht etwa, daß sie Stellung gegen den Kriegsbeginn nehmen. Nein, sie hoffen alle auf ein rasches Ende (damit sie nicht mehr in Anspruch genommen werden). Nette Leute, nicht wahr?

Nur keine Konsequenz! Um Gotteswillen!

Ein Gespräch mit Dr. Hemeyer zeigt vollkommene Uebereinstimmung mit meiner eigenen Meinung. Warum gibt es nicht mehr solcher Männer?[26]

Ein Verhängnis für unser armes bemitleidenswertes Vaterland. Die besten leben wie Einsiedler, und gemeine, brutale Henker haben die Macht!

14.9.39

Die Prätorianer-Garde[d] drückt sich im Hintergrunde herum (⟨z.B.⟩ Wolf, Dirlam[27]) und beobachten anständige Deutsche. Pfui!![28]

Das Dienstmädchen von Dr. Schmitt[29] teilte Frau B[…] mit, der Oberamtsrichter Dr. Schmitt habe einen langen Brief geschrieben, er befindet sich in der Etappe bei einem Stabe an der Westfront. Aus dem Inhalt des Briefes wußte das Mädchen nur, daß es keinen Krieg geben würde. (!) Die Franzosen u. die Deutschen spielten in den Schützengräben Karten. (!!)

Entweder ist dieser Herr Akademiker ein ganz großes Rindvieh oder er hält uns für Idioten 1. Klasse.

Soeben geht ein Gerücht um: In Grünberg[30] soll ein Tierarzt verhaftet worden sein, der Zettel mit der Rede Chamberlains[31] in der Umgegend auslegte. Auf meinen fernmündlichen Anruf wußte das AG Grünberg nichts von Verhaftungen!!

Die Tatsache, daß feindl. Flugzeuge über deutschem Boden Spazierfahrten ausführten u. Flugzettel abwarfen, hat bei der Bevölkerung einiges Erstaunen verursacht, denn es war ihnen doch eingehämmert worden, ⟨daß⟩ kein feindl. Flugzeug

tilleristen am Samstagnachmittag hier ein. Nachdem sie ihre Fahrzeuge und Geschütze in Fliegerdeckung gebracht hatten, begaben sie sich in die bereitgestellten Quartiere. Laubach verwandelte sich nun in eine kleine Garnison und war erfüllt vom Marschtritt und Gesang der Feldgrauen. Es ging zu wie im tiefsten Frieden. Besonders die Wirte brauchten sich nicht zu beklagen, denn die Quartiergäste haben manches Glas getrunken. Es tat manchem Leid, daß er am Mittwochmorgen schon wieder aufbrechen mußte« (Heimatzeitung, 16.9.1939, S. 3). Über Kurzaufenthalte von Soldaten wird zu Beginn des Krieges des Öfteren berichtet, so wenige Tage später unter dem Titel »Wieder Soldaten im Städtchen«, in: ebd., 23.9.1939, S. 4. Später bleiben solche Meldungen aus Gründen der Geheimhaltung aus; vgl. »Warum steht das nicht in der Zeitung?«, in: ebd., 27.2.1940, S. 4.

d) *Prätorianer:* Angehörige der kaiserlichen Leibwache im antiken Rom‹. Hier bezogen auf die SS.

über die Grenzen kommen könnte. Unter diesem Gesichtswinkel betrachtet kann der Sinn des Gerüchtes nur eine Bedeutung haben: Die Giftmischer wollen ⟨der einfältigen Bevölkerung⟩ glauben machen, daß es doch keine feindl. Flugzeuge, sondern Volksverräter waren. Dabei hat Hermann Göring[32] in seiner Ansprache in den ersten Tagen des Sept. ausdrücklich darauf hingewiesen, daß die Engländer die Flugblätter über deutschem Gebiete[a] abgeworfen hätten.

Macht nichts, das Volk ist soo vergeßlich, daß man sich von heute auf morgen einfach alles leisten kann.

Das Verhalten von Frankreich u. England in militärischer Beziehung ist nicht dazu angetan, die Zuversicht der Parteigenossen ins Wanken zu bringen.

Wenn ganz Polen verwüstet ist, so müssen sich zweifellos die Westmächte den Vorwurf gefallen lassen, daß sie vor Ausbruch des Krieges alles unterlassen haben, ⟨um⟩ Polen vor dem Ueberrennen zu schützen. So mußten doch unter allen Umständen in Polen engl. u. franz. Luftstreitkräfte stationiert werden.

16.9.39

Gedrückte Stimmung. Die Kriegsmaßnahmen belasten die Gemüter. Insbesondere ist es die streng durchgeführte Verdunkelung, die dem einzelnen Bürger oft sehr unbequem ist. Alle Personen, die ⟨in den Abendstunden⟩ landwirtschaftliche Arbeiten im Haus u. Hof zu verrichten haben, sind angesichts der verminderten Hilfskräfte stark belastet[33] ⟨u. obendrein⟩, ⟨weil sie sich nicht so bewegen können, wie sie es früher bei erleuchtetem Hause, Keller, Scheune oder Stall tun konnten⟩. Abends herrscht Friedhofsstille im ganzen Städtchen. Die alten Leute wagen sich wegen der Dunkelheit nicht auf die Straße. Auf den Landstraßen herrscht eine ungewohnte Ruhe. Das »motorisierte« Deutschland schläft. Ab 20. Sept. 39 dürfen nur solche Kraftwagen fahren, die besondere Erlaubnis haben u. gekennzeichnet sind.

Das Gift der »Sonnen«-Politik[b] ist tief in den menschlichen Organismus eingedrungen. Jedes aufmunternde Gerücht wird geglaubt. Jeder klammert sich an das

a) *Flugblätter über deutschem Gebiete:* Zu den abgeworfenen Flugblättern äußerte sich Göring am 9. September 1939 auf einer Kundgebung in Berlin: »Ich muß schon sagen: Wie wenig kennt uns der Gegner! Glaubt er wirklich, daß diese lächerlichen Flugblätter einen einzigen anständigen Deutschen bewegen können, auch nur für eine Minute seine Pflicht zu vergessen. Das ist geradezu absurd!« Zur Rede vgl. etwa »Wer sich am Frontgedanken versündigt, der wird fallen!« in: HLZ, 10.9.1939, S. 4-7, Zitat S. 6. Offenbar vor dem Hintergrund aktueller Flugblattabwürfe mahnte auch die örtliche »Heimatzeitung« unter der Überschrift »Englische Flugblätter«: »1918 fanden sich Leichtgläubige und Verbrecher, die den Briten in die Hände arbeiteten und die Verlogenheit der englischen Behauptungen erst erkannten, als es zu spät war. 1939 finden die ›englischen Himmelsgrüße‹ taube Ohren. Auf sie hereinzufallen – ›das gabs nur einmal, das kommt nicht wieder!‹« (Heimatzeitung, 14.9.1939, S. 7).

b) *»Sonnen«-Politik:* Auf der Leipziger Arbeits- und Schulungstagung der Deutschen Arbeitsfront im Dezember 1935 formulierte deren Leiter Robert Ley »Wir vertreten das Licht und die Sonne,

noch kommende große Wunder. Wenn ein Geisteskranker aussprengt, 30000 deutsche Flugzeuge würden England überfallen oder es käme sonst ein märchenhafter Angriff gegen England zustande, so kann man sicher sein, daß eine stattliche Anzahl von Gläubigen sich um den Verkünder schart. –

Die menschliche Seele ist ein eigenartig Ding. Auch Vorkommnisse nachstehender Art verdienen festgehalten zu werden:

In den 6 Jahren unseres oberhessischen Aufenthaltes ließen wir unser gekauftes, im Wald lagerndes, Holz entweder von dem Bauer L[...] oder Landwirt Karl R[...] nach Hause fahren. Da nun L. durch Krankheit seines Sohnes sehr in Anspruch genommen u. R[...][34] beim Militär war, frug ich den mir bekannten Landwirt Heinrich W[...], ob er gelegentlich mein Holz fahren könnte. Sofort die Rückfrage[35], wer mir früher gefahren hätte. Ich antwortete: Der beim Militär befindliche Karl R[...]. Dann lassen Sie es sich von Ihrem Freunde L[...] fahren, ich werde mit meiner eigenen Arbeit nicht fertig, entgegnete dieser edle oberhessische Bauer. Genügt hätte mir natürlich, daß er wegen Arbeitsüberhäufung den Auftrag nicht annehmen kann[36].

Gewiß ist dieser Fall von ganz untergeordneter Bedeutung, aber immerhin sehe ich schon den Riß im Gebäude der sogenannten »Volksgemeinschaft«[c]. Die gegenseitige Hilfe ist in ernsten Zeit⟨en⟩ überhaupt das Fundament des Durchhaltens.

Jetzt muß mir eine List zu dem Holze verhelfen. Ich sage, das Amt hat noch Holz im Walde liegen und das muß geholt werden. Unser jüngster Angestellter (Ludwig Heck) erhält den Auftrag, irgend einen Holzfahrer ausfindig zu machen. Da wir im Amtsgebäude wohnen, kann diese Sache auf diese Art »gefingert« werden. Diese Notlüge wird mir sicher verziehen werden. Die Welt will ja betrogen sein.[37]

17. Sept. 1939

Sonntag. Bereitschaftsdienst von 14-22 Uhr. Wir erhielten einen Brief von Käte.[d] Das erste Lebenszeichen seit der unfreiwilligen Abreise aus Saarbrücken. Ueber den gewählten Aufenthaltsort (Weißkirchen, Bez. Trier) bin ich gerade nicht entzückt. Es spricht etwas zu viel Sorglosigkeit – wenn nicht gar Uebermut – aus dieser Wahl. So verschieden sind die Meinungen. Der eine sucht sich eine Ruhestatt auf den Eisenbahnschienen u. der andere fürchtet sich vor weißen Mäusen. In der Mitte liegt die Vorsicht; sie hat eigentlich noch keinen großen Schaden angestiftet. –

das Hakenkreuz. Das Hakenkreuz ist die Sonne. Alles andere, das sind Mächte der Finsternis und der Dunkelheit« (»Zwei Welten ringen«, in: Ley 1939, S. 161-181, Zitat S. 178).

c) *Volksgemeinschaft:* ›rassisch bestimmte Bluts- und Sozialgemeinschaft‹. Vgl. Schmitz-Berning 2000, S. 654-659; Pätzold/Weißbecker 2005, S. 66f.

d) *Brief von Käte:* Friedrich Kellners Schwägerin Käte, mit vollständigem Namen Katharina Maria Preuß Ganglberger (1896-1978), war die jüngste Schwester von Karolina Pauline (auch: Paulina) Preuß Kellner (geb. 19.1.1888 in Mainz, gest. 8.2.1970 in Bad Münster am Stein), der Ehefrau Friedrich Kellners.

Spannung – wie geht der angefangene Krieg weiter? Den Anfang haben wir zum 2. Male mitgemacht. Wer wagt es, das Ende vorauszusagen? Wir, mit unserer Erfahrung von 1914-1918, sind äußerst skeptisch. Ein gebranntes Kind scheut das Feuer![38] Was kann sich noch alles ereignen? Ungeahntes, Unvorhergesehenes. Die Landkarte geht aus den Fugen.[39] Ist nicht einmal von dem Untergange des Abendlandes[40] gesprochen worden? –

Wer trägt die Schuld? Das Volk ohne Hirn![41] Die Demokratie mit den Füßen zu treten und einem einzigen Menschen die Gewalt über nahezu 80 Millionen Menschen zu geben ist so furchtbar, daß man ob der Dinge, die da kommen werden, sehr wohl zittern kann.

Ein Volk läßt sich eine Idee eintrichtern, einhämmern, folgt borniert jedem Wink, läßt sich treten, quälen, schikanieren, aussaugen und muß obendrein unter staatlicher Kontrolle »Heil Hitler« rufen. Da kann man nur tiefe Trauer in seinem Herzen empfinden über ein derartig schauderhaftes Zeitalter u. über die Schafsgeduld eines ganzen Volkes. Gibt es überhaupt noch Männer? Ich glaube, diese Frage verneinen zu können. Zu vergleichen ist das Volk lediglich mit einer Herde, die zum Schlachthause geführt wird und sich wie diese ⟨Herde⟩ ihrer Kraft und ihres Elendes noch nicht einmal bewußt ist.

O Herr, lasse Dein Licht leuchten u. sei diesem Volke gnädig![42]

18.9.39

Nach amtlichen Meldungen sollen russische Truppen in Polen eingedrungen sein. Der im Sinken begriffene Kurs der Kriegsgewinnler, Bierbankstrategen u. Skatbrüder ist rasch im Steigen begriffen. Die 4. Teilung Polens[a] ist ⟨bei diesen⟩ bereits eine vollzogene Tatsache. So stellt sich die Lage in den Köpfen meiner Mitmenschen dar. Ich stehe wieder einmal abseits, weil ich mir einfach nicht vorstellen kann, daß Rußland irgend etwas zu Gunsten von Deutschland unternimmt. Wenn Hitler in seinem Buche »Mein Kampf« ganz unverhüllt darauf hinweist, daß die Zukunft Deutschlands, also die Beseitigung der Raumnot, nur im Osten liegen kann,[43] so ist für jeden vernünftigen Menschen klar erkennbar, daß wir, wenn auch erst morgen, mit den Slawen zu irgend einem Zeitpunkte eine schwere Auseinandersetzung haben werden. Heute schafft sich Rußland bereits seine strategischen Positionen, und der deutsche Michel ist auch noch begeistert darüber.

Ganz unverhüllt zeigt sich[44], daß wir außenpolitisch eine Kreiselpolitik getrieben haben ⟨oder treiben⟩. 20 Jahre gegen Rußland die tollsten Papierkämpfe geführt. Ueber Nacht »dickste« Freundschaft. Japan, Italien, Spanien u. Ungarn zu Antikom-

a) *4. Teilung Polens:* Hiermit meint Kellner die Aufteilung des polnischen Territoriums zwischen dem Deutschen Reich und der Sowjetunion im September 1939. Polen war bereits früher, 1772, 1793 und 1795, zwischen seinen Nachbarn Preußen, Österreich-Ungarn und Russland aufgeteilt worden und existierte erst ab November 1918 wieder als eigenständiger Staat.

intern-Pakten veranlaßt, heute Arm in Arm mit diesem tausendmal zum Weltfeind erklärten Rußland. Ein ganzer Parteitag[b] mußte dafür herhalten, daß Deutschland das Bollwerk gegen den Kultur- und menschenfeindlichen Bolschewismus sei. Erkläre mir Graf Oerindur, den Zwiespalt der Natur![45] Wenn auch in der Politik viel erlaubt sein soll, so muß aber doch nicht zu den Methoden mittelalterlicher Räuberhauptleute gegriffen werden. Ich glaube, es war Bismarck der einmal gesagt hat, die Geschichte würde jeden Fehler ⟨in der Politik festnageln u.⟩ ausgleichen u. zwar mit einer größeren Genauigkeit als selbst die preuß. Oberrechnungskammer dazu imstande sei.[46]

Einzig und allein die sture Hartnäckigkeit unserer »Führer« hat uns in die heutige Situation hineinregiert. Wie in dem Leben des Einzelnen, so können auch im Leben eines Volkes nicht alle Pläne ⟨voll in Erfüllung gehen u. alle⟩ Luftschlösser wirklich gebaut werden. In der Beschränkung zeigt sich der Meister[47] und nicht im Unterjochen anderer Völker u. ⟨in der⟩ Errichtung einer herrschsüchtigen Diktatur über einen Erdteil.

Wir haben geschichtlich betrachtet wahrlich nichts gelernt. Die Welt wäre durch friedliche Aktionen des freien Geistes u. der freien Wirtschaft zu erobern gewesen, aber nicht durch eine faule Geldwirtschaft und eine Ueberrüstung.

25. Sept. 39

Frau Anna ⟨J[...] geb.⟩ St[...] will jeden dem Ortsgruppenleiter[c] melden, der angibt, an der Westfront würde geschossen werden. Es herrsche tiefster Frieden!

Das Irrenhaus ist fertig. Nun darf der Deutsche noch nicht einmal über den deutschen Heeresbericht sprechen. Aus diesem Bericht geht – wenn auch verspätet ⟨gemeldet⟩ – hervor, daß Kämpfe im Gange sind. Frei nach ⟨J[...]⟩-St[...] darf man das nicht sagen. Nur munter so weiter. Ihr Nazi-Weiber seid auf dem richtigen Wege.

2. Okt. 1939

Trüber regnerischer Tag. Soeben entwickelt Herr »Ober«sekretär B[...] mit viel Ueberzeugungskraft einen phantastischen Plan. Deutsche Truppen werden versu-

b) *Ein ganzer Parteitag:* Kellner bezieht sich vermutlich auf den Nürnberger »Parteitag der Ehre« von 1936, der als Höhepunkt der nationalsozialistischen Antikommunismuspropaganda gilt. Am 10. September 1936 hielten Alfred Rosenberg und Joseph Goebbels Reden mit antibolschewistischem Schwerpunkt, die im Rundfunk übertragen wurden. Auch die Veranstaltungen des nächsten Tages verliefen »im Zeichen leidenschaftlicher Auseinandersetzung mit dem Bolschewismus« (»Fränkischer Kurier«, 12.9.1936). Zum Verlauf des Reichsparteitages von 1936 vgl. Zelnhefer 2002, S. 91-113.

c) *Ortsgruppenleiter:* Eine Ortsgruppe der NSDAP umfasste auf dem Land eine oder mehrere Gemeinden, in der Stadt bestand sie aus einem Stadtteil. Der Ortsgruppenleiter wurde auf Vorschlag des Kreisleiters vom Gauleiter ernannt und war vor allem für die Beobachtung und Überwachung der Bevölkerung seines Bereichs zuständig. Vgl. Benz/Graml/Weiß 2007, S. 689.

chen, in England zu landen; Sie würden hierbei von 30000 deutschen Flugzeugen und ⟨von⟩ Unterseebooten unterstützt.

Einige Einwände meinerseits prallen erfolglos ab. Ich beginne einzusehen, daß es keinen Wert mehr hat, überhaupt mit seinen Mitmenschen über militärische Dinge zu sprechen. Der Erfolg in Polen hat die Mehrheit des Volkes verwirrt, mindestens ihre Verstandestätigkeit stark beeinträchtigt.

4. Okt. 1939

Aus Anlaß des Einzugs deutscher Truppen in Warschau[a] ist das Flaggen der Gebäude für 1 Woche angeordnet worden. Es muß festgestellt werden, daß diese Sache gar keinen Eindruck auf die Bevölkerung macht. Das Volk spürt ja nun auch wirklich nichts von all diesen »Siegen«. Der Brotkorb wird immer höher gehängt, die Portionen werden kleiner und der Kampf um die Erlangung eines Bezugscheines[b] für irgend ein notwendiges Wäsche- oder Bekleidungsstück ist wahrlich nicht dazu angetan, die Herzen höher schlagen zu lassen. Es ist nun einmal so, daß diese kleinlichen Dinge des täglichen Lebens doch einen erheblichen Einfluß auf die Stimmung im allgemeinen ausübte. Die künstlich in die Höhe geschraubte »Kultur« verträgt eigentlich keinerlei Störungen, weil der Mensch diese sofort spürt und er sich in seiner gewohnten Lebensweise eben bei der geringsten Aenderung bereits beeinträchtigt fühlt u. das auch zum Ausdruck bringt. Je höher die Kulturstufe, desto weiter entfernt müßte der Krieg sein.

6. Okt. 39

Ich höre nicht mehr so viel hoffnungsvolle Aeußerungen wie in den ersten Tagen.

Interessant ist es, daß keiner mehr von der »Achsenmacht« Italien spricht. Alle warten auf die Rede, die Hitler heute im Reichstag halten will. –

Nach den langjährigen Erfahrungen halte ich persönlich nichts von einem sogenannten »Friedensangebot«, das angeblich kommen soll. Und zwar um deswillen nicht, weil die Nat. Soz. glauben, die Welt müsse tanzen wie sie pfeifen. Außerdem macht der Ton die Musik. Und in dieser Beziehung haben unsere regierenden Herren ein außergewöhnlich schlechtes Gefühl. Warum muß denn immer in so furchtbar drohender Weise mit der anderen Welt gesprochen werden? »Die Angst hütet den Wald«[48], das war das Rezept für das Innere Deutschlands. Man kann aber doch nicht erwarten, daß Staaten wie England u. Frankreich einfach vor unserem lauten

a) *Truppen in Warschau:* Nach der Kapitulation Warschaus waren deutsche Truppen am 28. September 1939 in die Stadt einmarschiert. Am 5. Oktober 1939 fand in Warschau eine große Siegesparade statt, bei der auch Hitler anwesend war. Vgl. Szarota 1985, S. 14f.

b) *Erlangung eines Bezugscheines:* Am 28. August 1939 setzte mit der »Verordnung zur vorläufigen Sicherstellung des lebenswichtigen Bedarfs des deutschen Volkes« vom Vortag die Rationierung des Bezugs von Lebensmitteln, Textilien, Tabak etc. ein. Vgl. Benz/Graml/Weiß 2007, S. 722.

Geschrei in ein Mauseloch kriechen[49]. Diese Meinung ist doch mehr als lächerlich. Das wirkt vielleicht einmal bei[50] einem kl. Staat. Aber ein Reich wie England ist auf diese Weise tatsächlich nicht gefügig zu machen oder gar auf die Knie zu zwingen. Die Sympathieen der ganzen[51] Menschheit wird unzweifelhaft auf Seite derjenigen sein, die mit weniger augenscheinlichen Gewaltmethoden über andere Völker herfallen, soweit es sich um wirkliche Kulturstaaten handelt (Oesterreich, Tschecho-Slowakei, Polen).

Können denn Staaten wie die Schweiz, Belgien, Holland, Dänemark usw. entzückt sein über das, was sich in ihrer Nähe ereignet? ⟨(Vernichtung von Staaten)⟩

Soeben sprach ich mit Herrn B[...]. Ich führte aus, daß Rußland mit Litauen u. Lettland Verträge (Beistandsakte) abgeschlossen hätte[c] u. daß ich dieses Vorgehen Rußlands als nur gegen Deutschland gerichtet ansehen könnte[52]. Welches Land[53] solle Litauen zukünftig angreifen? ⟨Einzig u. allein Deutschland.⟩ Was ist bei uns in der Vergangenheit über die deutschen Interessen in den baltischen Staaten geschrieben worden? Bände. Und jetzt? Rußland »schützt« mit seiner Flotte im Rigaischen Meerbusen die Deutschbalten! Das ist wirklich ein bitterer Witz. Trotzdem hat Herr B. Hoffnung, daß wir von Rußland unterstützt werden. Hoffnung ist der Wanderstab von der Wiege bis zum Grab.[54] Da ist nichts zu machen. Warten wir ab. –

Welche Wirkung hatte die Rede auf meine Umgebung?

Um es vorweg zu nehmen: die Rede hat keinen davon überzeugt, daß der Friede näher gerückt sei. Die jüngere u. politisch unerfahrenere Generation hat verständlicherweise den Wunsch, daß sich die Welt den Worten Hitlers beugt.

Meine Meinung: Die Rede war kein Meisterwerk. Dem Anschein nach war sie im Außenministerium verfaßt. Probleme durcheinander gewürfelt. Keine klar umrissenen Formeln u. Vorschläge. Verschwommen und verwaschen. Dunkle Andeutungen, daß irgend ein Staatsgebilde »Polen« entsteht. Dann wieder: »Das Polen von Versailles wird nie mehr erscheinen.«[55] Bitte anzugeben, wie, wo u. wann wieder das »Volk« Polen sich selbst regiert. Die polnische Sprache ist doch nicht zertrampelt worden! Also wird man sich doch mit einem Problem »Polen« beschäftigen müssen. Ob man will oder nicht. Und es ist barer Unsinn, der Welt vorgaukeln zu wollen, jetzt sei nach der Vernichtung Polens ⟨die⟩ Ruhe in Europa hergestellt worden. Das Gegenteil ist der Fall. Jeder Pole wird einen unauslöschlichen Haß in sich bergen[56], u.[57] morgen oder übermorgen – wenn es uns gerade einmal nicht paßt – wird die Rache lodernde Flammen erzeugen. Das zu prophezeien, ist kein Wagnis. Meine Nachkommen haben Gelegenheit, das nachzuprüfen u. sie werden sich bestimmt freuen

c) *Verträge abgeschlossen:* Die Sowjetunion hatte Litauen und Lettland unter Druck gesetzt und am 5. Oktober 1939 mit Lettland bzw. am 11. Oktober 1939 mit Litauen Beistandspakte vereinbart, verbunden mit Verträgen über die Gewährung von Stützpunkten. Am 28. September 1939 wurde ein solcher Vertrag auch mit Estland abgeschlossen. Vgl. Myllyniemi 1991, S. 75.

⟨u. stolz sein⟩, daß es Deutsche gegeben hat, die mit einer solchen Politik, wie sie in den Jahren 1933 bis 1939 getrieben worden ist, in keinem Augenblicke einverstanden waren. Leider muß allerdings gesagt werden, daß diejenigen, die nie schwankend waren, als kleines Häuflein in der Versenkung wie Einsiedler ihr Dasein fristeten.

7. Okt. 39

Zuviel Mitmenschen ließen sich von der Nat. Soz. Propaganda blenden. Der »Sonnenpolitik« erlagen Menschen, die wirklich mit etwas[58] kritischerem Blick die auf die Leinwand gezauberte Fata Morgana ⟨hätten⟩ ⟨als das erkennen müssen, was sie war: Bluff u. Schwindel, gemeiner Volksbetrug⟩. Schon auf Grund ihres Bildungsganges. Aber nur nicht denken. Es ist ja so bezaubernd ⟨schön⟩ wenn der »Führer« aber auch rein alles für die denkfaule Menschheit erledigt. »Der Führer macht es schon richtig«, war ein geläufiges Sprüchelchen. Oder wie ein bedauernswerter Zeitgenosse einmal zu mir sagte: »Machen Sie sich nur keine Gedanken, das wird ⟨schon⟩ alles geregelt.« –

Gaukler, Blender, Bonzen, Postenjäger sind in maßgebenden Stellungen. Der Terror ist Trumpf. Gemeine, brutale Unterdrückungsmethoden gelten als geheiligte Gesetze. »Alte Kämpfer« sind Heilige. Vom Gauleiter aufwärts gibt es nur Götter!

Und das alles läuft bereits beinahe 7 Jahre.

Wie kann ein Vernünftiger annehmen, daß ein derartiges raffiniertes ⟨u. verbrecherisches⟩ System Ewigkeitswerte in sich tragen würde?

Welche Kardinalfehler hat ⟨nun⟩ diese Nazi-Tyrannei gemacht?

⟨1.) Zwangs-Gruß[59] »Heil Hitler« ⟩[a]

1. ⟨a⟩) Die[60] Spaltung des Volkes in »Parteigenossen« und »Volksgenossen«.

2.) Einseitige Beherrschung der öffentlichen Meinung (Einheitspresse).

3.) Unterdrückung jeder freien Meinungsäußcrung.

4.) Der Schutz der »alten Kämpfer«[b] u. Parteigänger auch selbst dann, wenn es sich um Verbrecher handelte.

5.) Verfolgung von anständigen Bürgern nur deshalb, weil sie einmal eine andere Meinung hatten u. vielleicht auf eine Eiterbeule hinwiesen.[c]

7.) Verfolgung u. Ausrottung der Juden.

8.) Nichtachtung der religiösen Ueberzeugung eines Menschen.

9.) Fortgesetzte Aenderung der Gesetze. Neue Gesetze ⟨am laufenden Band u.⟩

a) *Zwangs-Gruß »Heil Hitler«:* Einen offiziellen Zwang zum »Deutschen Gruß« oder auch »Hitler-Gruß« hat es nicht gegeben, gleichwohl konnte das Unterlassen geahndet werden. Vor allem war er während des Abspielens der Nationalhymne und des »Horst-Wessel-Lieds« zu erbringen. Im Schriftverkehr der Behörden sollte die Schlussformel »Mit deutschem Gruß Heil Hitler« oder nur »Heil Hitler« verwendet werden. Vgl. Benz/Graml/Weiß 2007, S. 470f.

b) *alte Kämpfer:* NSDAP-Mitglieder mit einer Mitgliedsnummer unter 100 000. Sie konnten das goldene Parteiabzeichen tragen und kamen in den Genuss mancher Bevorzugungen. Vgl. Benz/Graml/Weiß 2007, S. 398f.

c) In der Aufzählung fehlt 6.) im Original.

tausende Verordnungen. Selbst Spezialisten können ihre Materie nicht mehr beherrschen.

10.) Unglaubliches Ueberorganisieren im Staate und insbesondere in der Partei u. den Organisationen.
11.) Grausame Aemterwirtschaft ⟨u. aufgeblähter Beamtenapparat.⟩
12.) ⟨Unverantwortliche⟩ Ausgaben ohne auf die Einnahmen zu achten.
13.) Schutz der Schlechtesten im Staate (Entschuldung).
14.) Steuerschraube ohne Ende.
15.) Bettelei en gros (NSV.[d], WHW.[e] usw.), ⟨Plaketten⟩.
16.) Fette Pfründen für PG. (Ämtchen, Pöstchen, Uniformen, Tamtam, Zirkus, Taratata, Sieg-Heil, Sieg-Heil).
17.) Führer befiehl, wir folgen.[f]
⟨18.) »Das verdanken wir alles unserem Führer«.⟩

Wieder ein Geisteskranker. Justizsekr. a.D. Ferdinand St[...] erwähnt im Gespräch mit Dr. M[...] im Schalterraum[61] des Postamtes Lb.: Es gibt nicht eher Ruhe, bis die Engländer vernichtet sind (Dr. M[...] erwidert: Sie sind ein Kriegshetzer, der Führer will ja gerade das Gegenteil: Verständigung). St[...] fährt weiter, die Russen geben uns ihre Flugzeuge gegen die Engländer u. es dauert keine 14 Tage, dann ist der Franzose vom Engländer abgefallen. –

Solche dummen Schwätzer gehören hinter Schloß u. Riegel.

8.10.39

Von Lines[g] erhielten wir einen Brief, in dem sie uns mitteilt, daß wir froh sein könnten, in L. zu sein, denn in der Stadt sei es furchtbar. 2 Stunden habe sie beim Metzger wegen Fleisch gestanden.

d) *NSV:* Nationalsozialistische Volkswohlfahrt. Die NSV war die zweitgrößte NS-Massenorganisation. Sie organisierte u.a. das Hilfswerk »Mutter und Kind« und die Kinderlandverschickung. Im Krieg kümmerte sie sich um Bombenopfer und Flüchtlinge. Vgl. Benz/Graml/Weiß 2007, S. 678f.

e) *WHW:* Winterhilfswerk. Das WHW wurde im Sommer 1933 auf Weisung Hitlers zur Bekämpfung der Folgen von Arbeitslosigkeit ins Leben gerufen. Seine Erlöse erzielte das WHW vor allem durch Spenden von Firmen und Organisationen sowie durch zahlreiche Haus- und Straßensammlungen. Dabei wurde vielfach Druck und Zwang ausgeübt, um auch die Unwilligen zu einer Spende zu bewegen. Die Sammlungen waren verbunden mit dem Verkauf von Anstecknadeln, Plaketten etc. Vgl. Benz/Graml/Weiß 2007, S. 879.

f) *Führer befiehl, wir folgen:* Ausdruck der absoluten Führertreue und der Kriegsgefolgschaft. Das Schlagwort ging später in den Refrain des sogenannten Russlandliedes ein: »Freiheit das Ziel, Sieg das Panier, Führer befiehl, wir folgen dir«. Vgl. Pätzold/Weißbecker 2005, S. 125-127.

g) *Lines* war der Spitzname von Karolina Johanna Preuß Fahrbach (1889-1974), einer weiteren Schwester von Pauline Kellner.

9.10.39

Immer wieder muß sich unsereiner die Frage vorlegen: Wie war es denn möglich, daß ein Kulturvolk wie die Deutschen die gesamte Gewalt einem einzigen Manne ausliefern konnte. Es ist einfach zum Verzweifeln über die Summe von Stumpfheit und Feigheit. Was ⟨unsere Vorfahren[62]⟩ in Jahrhunderten durch fortgesetzte Kämpfe errungen hatten, wurde durch irrsinnigen Leichtsinn, unbegreifliche Leichtgläubigkeit und die verfluchte »bürgerliche« laue Haltung im Jahre 1933 eingebüßt.

Unsere Freiheitsdichter haben sämtlich umsonst gelebt.

In der Vergangenheit kämpfte ideal veranlagte Jugend für die Freiheit, heute läßt sie sich von einem Gaukler und Rattenfänger zur Verteidigung einer gräßlichen Tyrannei mißbrauchen. Ein solches Volk ist nicht wert, daß es weiterbesteht.

———

M[...] erhielt einen Feldpostbrief von seinem Schwager. Er befindet sich in Stellung an der Saar. Aus dem Briefe spricht eine schlechte Stimmung. »Hoffentlich dauert der Schwindel nicht mehr lange, ⟨wir haben es alle dick bis an den Hals⟩. ⟨Wo sind die alten Kämpfer?⟩ Hier könnten sie (die alten Kämpfer) kämpfen.« »Bleibe ⟨nur⟩ zu Hause, sei zufrieden, selbst wenn du mit der Katze aus einer Schüssel fressen mußt.« Das genügt.

———

»Das deutsche Volk wird noch einmal die Demokratie auf den Knien herbeisehnen«, schrieb im Jahre 1932 die »Frankfurter Zeitung«. Der bittere Kelch des Nationalsozialismus muß bis zum letzten Tropfen ausgetrunken ⟨werden,⟩ denn vorher ist das Volk in seiner großen Masse nicht reif. Das ist mein Standpunkt von Anbeginn an gewesen. Bis keinerlei Hoffnung mehr auf die vorgegaukelten Luftschlösser und Wunder anzutreffen ist, dann erst wird irgendwie das Kartenhaus zusammenstürzen. Dann natürlich hat es jeder gewußt, daß es unbedingt so kommen mußte. Keiner will ⟨wirklich⟩ NSDAPler gewesen sein. Dabei haben in der Hochkonjunktur 99% »Heil Hitler« u. »Sieg-Heil« geschrieen. Der eine hat mitgemacht, weil er sich ⟨für sich oder seine Kinder⟩ persönliche Vorteile versprach, der andere weil er ein Schwächling gewesen ist u. nicht »gegen den Strom schwimmen wollte«. Der Handwerker sah nur Gewinne. Der Bauer glaubte, daß Hitler ihn von den Steuern befreie. So hatte jeder sich etwas nach seinem Sinne zurechtgelegt[63], und diesen ganzen Brei hieß man »Nationalsozialismus«. Der schlimmste Zustand ist aber zweifellos die Zeitungsschmiererei gewesen. Jeder Schwätzer u. Honigmann durfte seinen Senf anbringen, sofern er in der Lage war, in schwulstigen Redensarten entweder dem Nazi-System oder seinen Trabanten Lob zu zollen oder aber auch alles zu verherrlichen, was aus dem Nürnberger Trichter[a] herauskam. Nie ein Wörtchen von Bedenken oder gar von sachlicher

a) *Nürnberger Trichter:* Die Redewendung geht auf Philipp Harsdörfers Poetiklehrbuch »Poetischer Trichter. Die Teutsche Dicht- und Reimkunst, ohne Behuf der lateinischen Sprache, in VI Stunden einzugießen« (Nürnberg 1647) zurück. Sie wurde später als spöttische Bezeichnung für eine mechanische Art des Lernens und Lehrens und gelegentlich – wie von Kellner – auf die Reichsparteitage der NSDAP angewendet.

Kritik. Die Herrscher durften wie Götter ihr Werk stündlich preisen und Eigenlob in ungeheuren Mengen auf sich selbst schütten. Sie hörten nur den dumpfen Klang ihrer eigenen Stimme. Kein Laut des Volkes drang an ihre verbarrikadierten Schlösser ⟨u. braunen Heime⟩. Sie sahen nicht die geballten Fäuste u. fühlten nicht den Haß der von ihnen Unterdrückten. Und was sagte in der Kampfzeit[b] Herr Göbbels, sie seien stolz darauf, daß sie stets das Ohr am Volke[c] gehabt hätten u. seine Nöte u. Wünsche kennen würden. Aber nur bis diese Herren die Macht hatten u. in ihren Sesseln saßen u. ihre Schäfchen im Trockenen hatten – dann regierte nur noch die brutalste Gewalt. Ohne jede Milde. Mild höchstens gegen den eigenen Parteigenossen, dem ja nicht vor den Kopf gestoßen werden durfte, weil dieser vielleicht ausgepackt hätte.

10.10.39

Damit die Wut des Volkes nicht sich gegen die eigenen Bedrücker richtet, haben zu allen Zeiten die Herrscher es verstanden, durch Ablenkungsmanöver die eigene Schuld zu verhüllen. So war die ganze Judenaktion nichts anderes als das, was ein ⟨hingeworfenes⟩ Stück Fleisch für Bestien bedeutet. »Die Juden sind unser Unglück«[d], rufen die Nazis. Die richtige Antwort des Volkes wäre gewesen: Nein, nicht die Juden, sondern die Nazis sind das Unglück für das deutsche Volk. Genau so geht es heute. Jetzt wird die Trommel gerührt gegen die Engländer. Dabei weiß jeder vernünftige Mensch, daß bei etwas anständigerem Verhalten es sehr wohl möglich war, mit England ein einigermaßen befriedigendes Verhältnis zu erlangen. Allerdings ist eine Aufrüstung, Kriegsgeschrei u. fortgesetzte Drohung kein geeignetes Mittel, den vermeintlichen

b) *Kampfzeit* ist ein Ausdruck aus der NS-Propaganda, mit dem in Deutschland die Zeit bis zur Machtübernahme 1933 bezeichnet wurde; in Österreich reicht der Begriff bis zum Anschluss an das Deutsche Reich 1938. Vgl. Benz/Graml/Weiß 2007, S. 594; Schmitz-Berning 2000, S. 347.

c) *stets das Ohr am Volke:* Die von Goebbels beanspruchte »Volksnähe« ist programmatisch in die Planungen des im März 1933 eingerichteten »Generalstabs der Volksaufklärung« eingegangen: »Dieser Generalstab der Volksaufklärung muß an alles denken, muß überall dabei sein, muß ständig die Hand am Pulse des Volkes halten, über alles unterrichtet sein, Lücken erspüren, Mißverständnisse ausräumen, Notwendigkeiten erfüllen, verzwickte Dinge vereinfachen und allzu einfache reichhaltig machen. Die Heimatausstellung in Palmicken gehört ebenso in seinen Arbeitsbereich wie die Siedlungsfrage, die Kunstausstellung moderner Malerei ebenso wie der russische Nichtangriffspakt, das Gedicht unterm Strich der Morgenzeitung ebenso wie die Gestaltung des 1. Mai. Propaganda ist ja nicht das Erfinden von mehr oder weniger glaubwürdigen Lügen, wofür sie mancher Altkleiderhändler vielleicht halten mag, sondern das Verkünden der Wahrheit und des Willens« (Winfried Bade, »Der Generalstab der Volksaufklärung«, in: Nationalsozialistische Partei-Korrespondenz, Folge 466, 11.8.1933; zitiert nach Sösemann 2007, S. 18, Anm. 18).

d) *»Die Juden sind unser Unglück«:* Die Formulierung geht auf einen 1879 in den »Preußischen Jahrbüchern« unter dem Titel »Unsere Aussichten« erschienenen Aufsatz des Historikers Heinrich von Treitschke zurück. Seine Thesen führten in den Folgejahren unter Intellektuellen und Wissenschaftlern zum sogenannten Berliner Antisemitismusstreit. Der Satz wurde in antisemitischen Kreisen weiter benutzt und war ab 1927 auf jeder Titelseite des nationalsozialistischen Hetzblatts »Der Stürmer« abgedruckt. Vgl. Pätzold/Weißbecker 2005, S. 75f.

oder den wirklichen Gegner zur Freundschaft zu zwingen. Das ewige Säbelgerassel hat nur einen Erfolg – und das ist der Krieg.

Der Mangel an gutem Willem auf unserer Seite ist klar aus der gesamten Propaganda zu ersehen. Wir haben keine Gelegenheit vorübergehen lassen, den Engländern nach Katzenart eine auszuwischen. Ich erinnere nur an Palästina. Wir werfen Juden ⟨aus Deutschl.⟩ hinaus u. putschen gleichzeitig die Araber ⟨durch Wort u. Schrift⟩ auf, damit diese sich gegen ⟨die⟩ jüdische Ansiedlung zur Wehr setzen. Ist das eine konsequente Politik? Nur der Wahn, den Engländern, wo es auch sei, jede Schwierigkeit zu bereiten und darüber zu frohlocken, kann uns ⟨zu⟩ einer derartigen unsinnigen Haltung bringen. Ueberaus plump ist beinahe alles, was wir seit 1933 vollbracht haben. Feinheit, Anstand u. Edelsinn sind unbekannte Begriffe geworden. Zur Vorbereitung besserer Beziehungen zu irgend einem Lande ist doch Voraussetzung, daß in erster Linie, die Geister beruhigt und nicht unnötig erregt werden. Bei einer ruhigen Atmosphäre sind auch Erfolge zu erzielen. Aber es ist immer wieder zu merken, daß die maßgebenden Persönlichkeiten die Ruhe überhaupt nicht wünschen. Wenigstens zwingt das gesamte Verhalten in der Außenpolitik[64] zu dieser Annahme.

Wiederum wird durch Flüsterpropaganda die Lage an der Westfront durch die Pg ⟨(Parteigenossen)⟩ so dargestellt, als würde an der Westfront die Gefechtstätigkeit ruhen. Diese geradezu krankhaften Bemühungen, den Anschein zu erwecken, als habe die »Friedensaktion« des Führers sofort nachhaltigen Erfolg, wirken beinahe lächerlich. Diese Methode kann möglicherweise auch darauf beruhen, daß den Nazis die Stimmung der Frontsoldaten bekannt ist. Es ist offenkundig, daß diese für einen Krieg im Westen keinerlei Begeisterung zeigen. Deshalb auch von oben: Warum Krieg im Westen? Für einen halbwegs vernünftigen Menschen ist aber doch klar, daß der Krieg im Westen <u>nur</u> auf unsere Raubzüge im Osten zurückzuführen ist.

Soeben lese ich in der »Deutschen Justiz« 1939 S. 1558, daß die Sammlungen eingeschränkt werden. Begründung: Die gegenwärtige Lage erfordert die Zusammenfassung und einheitliche Lenkung aller Kräfte und Mittel des deutschen Volkes.[65]

Es bleibt abzuwarten, ob das irgend welchen Einfluß auf die so »erfolgreichen« Sammelaktionen der ⟨heiligen⟩ Partei ausübt. Ich bin etwas skeptisch. Es war doch zu schön dem deutschen Volke <u>unkontrollierbar</u> Groschen um Groschen aus der Tasche zu stehlen. –

Jedenfalls wird diese Anordnung so zu verstehen sein, daß die Durchführung von Sammlungen <u>außerhalb</u> der Nazi-Organisationen nicht mehr genehmigt werden. Die nahe Zukunft wird uns aufklären.

11.10.39

Anna[a] war 2 Tage hier zu Besuch ⟨u. hat einiges mitgenommen⟩. Ein Opfer nat. soz. Propaganda. Eine Darstellung der sich abwickelnden Dinge nach unserer Auffassung hat Früchte getragen. Das Samenkorn für eine bessere Erkenntnis ist gelegt. Wer nur einseitig unterrichtet wird, ist wirklich ein armes Wesen. Franz soll ein begeisterter »Eroberer« sein. Schade, daß dieser Herr seine Knochen dafür nicht einzusetzen braucht. Aber auch er wird seinen gerechten Lohn erhalten.

12.10.39

Das Rätselraten hat begonnen. Was geschieht im Westen? Die Menschen hinter der Front, mehrere 100 km vom Schuß, haben nicht den Eindruck, daß Krieg wäre. Wohl ist er in wirtschaftlicher Beziehung zu spüren: Lebensmittelkarten (die vielleicht auch ohne Krieg gekommen wären), Bezugsscheine, Mangel an landwirtschaftlichen Arbeitskräften. Alle diese Erscheinungen reichen aber immer noch nicht aus, die Bevölkerung zu veranlassen, ⟨nur⟩ einmal daran zu denken, das Joch abzuschütteln. Die Sklavennatur der Deutschen hat[66] alles verloren, was nach freiheitlichen Regungen aussieht. Fast hat es den Anschein, als fühle es sich sogar ⟨noch⟩ wohl, wenn es ordentlich unterdrückt wird. Die Feigheit feiert Triumphe. Nur nicht wehren. Aus Menschen sind Würmer geworden. Ich bin nahe daran, jede Hoffnung ⟨auf eine Aenderung⟩ sinken zu lassen. Dann sage ich mir ⟨wieder⟩, ich kann es mir nicht vorstellen, daß bei der Wehrmacht nicht wenigstens einige Männer zu finden sind, die der Tyrannei ein Ende bereiten. Gut Ding will allerdings Weile haben. Aus dem Volke heraus kann mangels jeglicher Organisation überhaupt nichts kommen. Die Gewalthaber werden, ob sie wollen oder nicht, sich angesichts gewisser Gefahren fester aneinander schließen. Eine Palastrevolution ist deshalb unwahrscheinlich. Ob die einzelnen Verbände oder Organisationen anzuknappern sind, ist für einen abseits Stehenden sehr schwer zu beurteilen.[67] Mit Vermutungen allein ist nichts auszurichten. Und diese sind wieder gestützt auf die eigenen Wünsche. Es bleibt bei genauer Prüfung u. vernunftmäßiger Erwägung überhaupt nur eine ⟨einzige⟩ Möglichkeit: Das Versagen des Heeres, sei es auch nur auf Grund von Materialverknappung ⟨oder Niederlagen⟩.

Diese Auffassung dürfte auch die leitenden Männer auf der anderen Seite zu der von ihnen gewählten Art der Kriegführung gebracht haben. Eindrucksvoll ist diese Art nicht für den Teil des deutschen Volkes, ⟨die an Hochmut u. Ueberheblichkeit leiden⟩. Denn dieser Klasse kann nur ein noch brutaleres Vorgehen, wie sie es in Polen begrüßten u. bejubelten, imponieren. ⟨Die Kriegswirkungen (Zerstörungen) würden zweifellos das ihre dazu beitragen, der Kriegsstimmung erheblichen Ab-

a) *Anna* Karolina Preuß Fischler (1891-1962) war eine weitere Schwester von Pauline Kellner. Bei dem weiter unten genannten Franz dürfte es sich um Paulines Bruder Franz Jakob Preuß (1886-1963) handeln.

bruch zu tun u. den Friedenswillen stärken.⟩ Die Gerechten unter uns müssen so wie so schon viel leiden. Wir wollen deshalb dafür dankbar sein, daß Engl. u. Frankreich bis heute eine menschliche Kriegführung bevorzugten. Sofern bei einem Kriege überhaupt von so etwas gesprochen werden kann.

Pfarrer Scriba[68] – Wetterfeld, der mit August H[…], z.Z. Ruppertsburg, ein Gespräch hatte, ist ein überzeugter Hitlerianer. Die geringe Zahl von Toten ⟨b.d. polnischen Feldzug⟩ (er ist natürlich von der ⟨Richtigkeit der⟩ von Hitler genannten Zahl (10000) überzeugt)[a] ist für ihn rühmenswert. So sind diese kirchlichen Herren. Sie merken gar nicht, daß sie im eigenen Wald jagen. Jeder Pfarrer müßte unbedingt auf Grund seiner religiösen Ueberzeugung (wenn es keine Brot-Ueberzeugung ist) ⟨innerlich⟩ gegen einen[69] Krieg sein. An dem einen Tage wird gepredigt »Du sollst nicht töten«, am anderen Tage werden die Waffen gesegnet. Das ist eine Ironie der Religion. Ein innerer Widerspruch. Und die Kirche braucht sich nicht zu wundern, wenn ihr Glanz aus Wasserfarbe immer mehr verblasst. Uebrig bleibt ein ödes Gestammel u. Gemurmel.

Hoffentlich übernimmt nach diesem Kriege nicht wieder ein ausländischer Gefreiter die Macht und läßt Generale an sich vorbeimarschieren. O heilige Einfalt![70]

13.10.39

Der Mensch ist doch ein gar eigenartiges Geschöpf. Wenn heute, da der Krieg im Gange ist, über Krieg u. Frieden im engen Kreis gesprochen wird, ist überhaupt kein Befürworter des Krieges zu finden. Ist aber Frieden, so sind immer Kriegsschreier in großer Zahl vorhanden. Die Staatsmänner sagen: die Völker sehnen sich nach Frieden ⟨oder die Völker wollen keinen Krieg⟩. Wer zum Teufel macht dann nun überhaupt ⟨den⟩ Krieg? Das muß doch festzustellen sein. Wird er von einem einzigen Gewalthaber in die Wege geleitet? Das ist gewiß nicht der Fall. Wenn ich ⟨etwas außergewöhnliches vorhabe, z.B.⟩ eine große Reise machen will, werde ich mich stets erst mit Menschen besprechen, die auf diesem Gebiete ⟨die nötige⟩ Erfahrung besitzen. So wird es auch im Falle »Krieg« sein. Die Spezialisten sind die Offiziere. Im engeren Sinne der Generalstab. Hier sitzen die maßgebenden Leute. Hier werden die Pläne ausgeheckt. Und von hier aus kann ein verantwortungsloser, kriegslüsterner Tyrann gelenkt und geleitet werden ⟨zum guten wie zum bösen.⟩

Es ist durchaus nicht notwendig, daß sich jeder Friedensfreund auf den Generalstab stürzt und diesem den Garaus macht, in der Annahme, daß durch dessen Beseitigung für alle Zeiten Frieden herrsche. Zu Zwecken der Verteidigung gegen einen irrsinnig gewordenen Angreifer muß jedenfalls eine Einrichtung vorhanden sein, die sich mit den Dingen einer eventuellen Wehr beschäftigt.

a) *geringe Zahl von Toten:* Etwa 11 000 deutsche und 120 000 polnische Soldaten sind im »Septemberfeldzug« gefallen. Vgl. Benz/Graml/Weiß 2007, S. 707.

Der Weg aus der Wirrnis weist also zwingend auf 2 Punkte: Angriff und Verteidigung. Kann ein einziges Land oder Volk darüber entscheiden, ob ein Angriff oder eine Verteidigung vorliegt? Nein! Denn die Verdrehungskünste machen aus einem Angriff eine Verteidigung oder umgekehrt. Bei einem Rechtsstreit[71] ⟨glaubt⟩ jede Partei, sich im Rechte zu befinden.

Es entscheidet nicht die Partei, sondern der Richter. Was im Leben des Einzelnen ausschlaggebend ist, muß auch für ein Volk bestimmend sein. Die sogenannte »Ehre« oder das »Nationalgefühl« müssen sich bequemen, der Weltordnung den Vorrang zu lassen. Das ist der springende Punkt.

Will die Welt im ganzen gesehen nicht aus den Fugen geraten, so muß unter allen Umständen, der oder die Störer des Friedens vor ein Völkergericht gestellt werden.

Dieses Gericht hat die Gründe zu prüfen, die das betr. Land veranlassen, den Versuch zu machen, durch die Gewalt eine Aenderung bestehender Verhältnisse herbeizuführen.

Wird bei der Prüfung festgestellt, daß alles nur einem Eroberungswahn oder einer krankhaften Ruhmsucht entspringt, dann werden sich alle Völker gegen diesen einen Störenfried wenden.

Alle Völker sind verpflichtet, im Verhältnis zu ihrer Größe Beistand zu leisten. Militärisch, wirtschaftlich u. finanziell.

Es kann nicht angehen, daß ein Volk (z.B. Japaner) für sich in Anspruch nimmt, seiner uneingeschränkten Bevölkerungszunahme dadurch abzuhelfen, daß es einfach über ein anderes Volk (Chinesen) herfällt[b], und dann dieses Volk beherrschen oder beseitigen will zu eigenem Nutzen.

Dieser Eigennutz ist eine Unmöglichkeit.

Diese Japaner haben sich in erster Linie Beschränkungen aufzuerlegen. Verstand u. Vernunft dürfen[72] einer zügellosen Vermehrung ihren Beistand nicht leisten. Es ist Sache der Japaner, ⟨in dieser Beziehung⟩ Mittel u. Wege zu finden. Die Natur hat ihnen jedenfalls die Insel zum Wohnplatz angewiesen. Eine Aenderung ⟨dieser Sachlage⟩ ist nur auf friedlichem Wege in Verbindung u. im Einverständnis mit anderen Völkern zu erreichen. Die Gewalt hat vollkommen auszuscheiden. Ich kann doch auch nicht mit Gewalt mir eine Wohnung in irgend einem mir passendem Hause »erobern«. Die vertragliche Zustimmung des Eigentümers oder Besitzer ist doch die erste Voraussetzung für den Gebrauch der Wohnung. Insbesondere dann, wenn ich Wert darauf lege, länger als 1 Tag in den Räumen zu verbleiben. Eine Selbstverständlichkeit für jeden Kulturmenschen. Aber warum wird von der Summe solcher Menschen, die sich dann als »Volk« bezeichnen, gegen die einfachsten Rechtsbegriffe verstoßen? Jedenfalls deshalb, weil ⟨sie⟩ sich als Masse stärker fühlen. Daraus entsteht dann ⟨die These⟩: Gewalt geht vor Recht.

Die Zivilisation u. der Fortschritt der Menschheit hängt aber von der Achtung des Rechtes ab. Das ist derart wichtig, daß es täglich als Gebet in die Köpfe ein-

b) *über ein anderes Volk (Chinesen) herfällt:* Japan führte seit Juli 1937 Krieg gegen China.

gehämmert werden müßte. Jede Volksgemeinschaft[73], der Staat, hat natürlich mit gutem Beispiel voranzugehen. Er muß die Grundrechte seiner Bürger unantastbar garantieren.
Das müssen geheiligte Rechte sein und ewig bleiben!!
Wie steht es in diesem Punkte heute (1939) ⟨in Deutschland⟩?
Erbärmlich!
Ein Volk ohne Verfassung!
Ein Sklavenvolk!
Knechte ohne Rechte!!
Wann wird Deutschland auferstehen??
Aus dem Dunkel in das Licht einer besseren Zukunft?

Ich wage noch nicht, ⟨mir⟩ den Ablauf der Dinge, die da kommen werden, vorzustellen. Es sind zuviel Probleme in den vergangenen 6 Jahren angegriffen worden. Aber nicht ein einziges wurde gelöst. Die Judenfrage[a] wurde mit brutaler Einseitigkeit u. in rigoroser Form zu regeln versucht[74]. Wo die Juden aber wohnen sollen, darüber haben sich die Nazis keine Gedanken gemacht. Das überlassen sie großzügig den anderen Staaten. Der Jude wird nach allen Regeln einer Räuberbande ausgeplündert u. dann kann er gehen. Noch nicht einmal bei den Zigeunern ist man so verfahren.[75] Diesen sind wenigstens feste Plätze angewiesen worden. Dagegen ist vom Standpunkte eines geordneten Staatswesens nichts einzuwenden. Wenn aber die Juden, die durch Jahrhunderte in dem Wirtschaftsleben nachweisbar für die Gesamtentwicklung Leistungen vollbracht haben, rechtlos gemacht werden, so ist das eine Tat, die einer Kulturnation unwürdig ist. Der Fluch dieser bösen Tat[76] wird auf der ganzen ⟨deutschen⟩ Nation unauslöschlich ruhen. Die Täter (die Nationalsozialisten) werden eines Tages verschwunden sein, ihre Taten werden aber weiterleben.

14. Okt. 39

Es hat den Anschein, als wäre von der Partei aus, nach dem Scheitern ihrer »Friedensaktion«, ein anderes Mittelchen zur Belebung der inneren Kampftätigkeit in Anwendung gekommen. Die Wut des deutschen Volkes soll auf England gerichtet werden. Die Zeitungen geben das Stichwort. Z.B. eine Ueberschrift der Hess. Landeszeitung:

Chamberlain verhöhnt den Frieden.
Er will Deutschland vernichten.[77]

Nun wissen natürlich die Parteibonzen ganz genau, daß diese Schreiberei allein nicht genügt, den Kampfgeist zu entfachen. Da muß etwas geschehen. Vorerst also mit geheimnisvollen Andeutungen. Der Friseurladen ist eine geeignete Stätte zur Verbreitung von Märchen. Friseur K[...] sagt es seinen Kunden: »England wird um-

a) Die *»Judenfrage«* betrifft die vorgeblich »rassisch bedingte Unmöglichkeit des Zusammenlebens von Juden und Nichtjuden« (Schmitz-Berning 2000, S. 330-333).

stellt, und wir fliegen mit einer überwältigenden Uebermacht nach England u. vernichten es.«

Kollege P[...] ist auch – vorläufig nur mit Worten – unter die Vernichter gegangen. Er hat von einem Reisenden gehört, daß wir Flugzeuge haben, die 45 voll ausgerüstete Soldaten aufnehmen.

Sekr. B[...] wiederholt: ⟨»⟩ Sie ⟨(zu mir gewendet)⟩ können sagen, was sie wollen, wir unternehmen etwas Großes gegen England.⟨«⟩

Aus allen Aeußerungen geht hervor, daß hier methodisch der Glaube an die Unbesiegbarkeit u. Unüberwindlichkeit der Deutschen krampfhaft aufrechterhalten werden soll. Die Blättermeldungen helfen eifrig mit. Täglich sind grandiose Siege unserer Flieger gegen die engl. Flotte zu melden. »Treffer« auf den[78] Kriegsschiffen sind an der Tagesordnung. Diese Siege sind äußerst billig, weil ja kein Unparteiischer die[79] Wahrheit festzustellen vermag. Und dafür ist ja auch reichlich gesorgt, daß jedes Kind überzeugt ist, daß der Feind, insbesondere England, nur lügt. Einzig u. allein Deutschland hat die Wahrheit in Erb u. Eigen übernommen. Da kannst du nichts machen, lieber unsichtbarer Meckerer und Miesmacher: Du meinst vielleicht, »die Sonne bringt es an den Tag«.[80] Das war einmal. Die nat. soz. Sonne hat alles verdunkelt. Die Nazis verlassen sich auf die Vergeßlichkeit. Diese Spekulation hat ihnen schon wertvolle Hilfe geleistet. Selbst Napoleon hatte erkannt, daß der Deutsche alles glauben würde.[81] Und warum soll sich der Deutsche gerade in diesem Punkte geändert ⟨haben?⟩ Auf die Wenigen, die über einen eigenen gut funktionierenden Denkapparat verfügen, kommt es wahrlich nicht an. Die Dummen sterben nicht aus. Das ist maßgebend. Die Dummheit ist der Felsengrund für den ⟨Bau des⟩ Nationalsozialismus. Selbstverständlich gibt es eine Anzahl »Kluger«, die diese Zeit gehörig ausnutzen, trotz der Devise »Gemeinnutz vor Eigennutz«[b], dieser Satz ist auch nur für die, die einmal aus dem Kinderwagen herausgefallen sind. –

Wenn ich in Bekanntenkreisen gegen unsere staatliche Verschwendung wetterte u. den finanziellen Ruin an die Wand malte, so fand ich wohl Zuhörer – aber ich bin weit davon entfernt anzunehmen, daß meine Worte überzeugend geglaubt wurden. Viel eher hatte ich den Eindruck, daß der eine oder andere doch davon überzeugt war, daß es Hitler gelingen würde, ein bombiges Reich auf die Beine zu stellen. Zugegeben muß werden, daß ab 1933 viele Anordnungen auf den ersten Hieb geklappt haben, ohne daß auch nur der geringste Widerstand zu spüren war. ⟨Das Gelingen zahlreicher nat. soz. Angriffe auf Bestehendes brachte die Mehrheit des Volkes dazu, an eine Allmacht Adolf H. zu glauben. Dieser Glaube an Wunderdinge ist die Erklä-

b) *Gemeinnutz vor Eigennutz:* »Schlussatz von Punkt 24 des Parteiprogramms der NSDAP« (Schmitz-Berning 2000, S. 259). Vgl. auch Pätzold/Weißbecker 2005, S. 132f. Der Satz wurde in der NS-Zeit auf den Rand von Reichsmarkmünzen geprägt. Ursprünglich geht die Maxime auf das Werk »Vom Geist der Gesetze« (Buch 26, Kap. 15) des französischen Schriftstellers und Staatstheoretikers Montesquieu zurück, wo es heißt: »Le bien particulier doit céder au bien public« (›Das Wohl des Einzelnen muss dem öffentlichen Wohl weichen‹). Eine zeitgenössische Erläuterung findet sich bei Büchmann 1942, S. 684.

rung für die unterwürfige Haltung der Untertanen.⟩ Ein hündisches Befolgen aller Befehle. Rein äußerlich betrachtet: Sieg auf Sieg. An den nötigen Kulissen, Statisten u. Trommeln hat es nie gefehlt. Und der Rundfunk schweifwedelte dazu. Alles aus einer Küche: Dr. Göbbels!! Der »Eroberer von Berlin«, wie er sich selbst nannte, hat ganz Deutschland erobert. Nicht allein das. Auch leider viele, allzu viele Auslandsdeutsche, die auf die raffinierte Propaganda hereinfielen.

16. Okt. 1939.

Die Versenkung des engl. Schlachtkreuzers »Royal oak[82]« ist ein gefundenes Fressen für die Presse.[a] Der Wille zum Widerstand gegen den von den Nazis behaupteten Vernichtungsfeldzug Englands gegen Deutschland hat merklich zugenommen. Jedenfalls ist der Glaube, auch England niederringen zu können, gestärkt worden. Der neutrale Beobachter muß auch zu der Annahme kommen, daß es mit der Macht Englands nicht weit her ist. Die engl. Marine hat noch keinen augenscheinlichen Beweis für ihre Stärke geliefert.

Mit dem Schlachtkreuzer sind ca. 800 Matrosen untergegangen. Das entspricht den Besatzungen von 200 großen Flugzeugen. War es der engl. Marine nicht möglich, mit einem derartigen Einsatze den Stützpunkten der U-Boote und den Werften erheblichen Schaden zuzufügen?

Wenn ihr dieses Können fehlt, dann braucht die engl. Marine auch ihre Kriegsschiffe ⟨nicht⟩ auf dem Präsentierteller zu zeigen u. der deutschen Marine zu billigen Triumphen zu verhelfen.

Von der Tüchtigkeit der engl. Marine konnte sich bis jetzt keiner überzeugen.

Sollte England als einziges Kriegsmittel nur über die Taktik der Blokade verfügen?

Das wäre wenig und für einen Sieg kaum ausreichend.

———

19.10.39

Heute wurde bekannt, daß die Verhandlungen zwischen Rußland u. Türkei gescheitert sind. Die Türkei lehnte die Forderungen Rußlands ab. Hieraus geht hervor, daß die Türkei endgültig sich auf die Seite von England und Frankreich gestellt hat. Das können diese Staaten als großen Erfolg buchen. Es hat auch den Anschein, daß die Staaten des Balkans – gestützt auf die feste Haltung der Türkei – den Russen u. Deut-

a) *Royal Oak:* Bei der Versenkung der »Royal Oak« in Scapa Flow durch ein deutsches U-Boot starben 833 Menschen. Vgl. Schilling 1999, S. 554.

schen Widerstand leisten werden.[b] Die nahe Zukunft wird einen Einblick in die sich gestaltenden Verhältnisse gewähren.

Auch im Norden (Finnland, Schweden, Norwegen u. Dänemark) wird Farbe bekannt werden müssen. »Neutral« wird es sicher bald nicht mehr geben. Es wird dagegen heißen: Entweder – oder!

Entweder fügen sich diese Länder den Diktaturen (Deutschland – Rußland) oder sie schließen sich den demokratischen Ländern an und behalten dadurch ihre Freiheit u. Selbständigkeit, wie es in der Vergangenheit gewesen ist. Bei Betrachtung der Gesamtlage will es so scheinen, als würde sich langsam aber sicher etwas aus dem Wirrwarr der Zeit herauskristallisieren: Ein Aufbäumen gegen die rohe Gewalt! Ist es nicht eine Rohheit, Menschen aus ihrer 2. Heimat (Südtirol, Baltikum) wo ⟨ihre Vorfahren⟩ sich vor Jahrhunderten seßhaft gemacht haben, einfach wie eine Ware nach irgendwohin innerhalb künstlich gezogener »Reichsgrenzen« zu verfrachten. Ich glaube nicht daran, daß diese Leute für alle Ewigkeit auf dem ihnen zwangsweise angewiesenen Wohnplatz ausharren.[c] Sie werden die erste beste Gelegenheit wahrnehmen, um sich nach ihrem eigenen Geschmack eine neue »Heimat« zu suchen. –

Die Nazis fangen schon wieder an, in »Politik« zu machen. Am Sonntag soll eine Versammlung sein, in welcher der Herr Ortsgruppenleiter die vorgeschriebene »Aufklärung« den staunenden Volksgenossen zu Gemüte führen wird. Was für eine geistige Armut. Kein Mensch darf etwas sagen. Das verzapfte Zeug muß widerspruchslos hinuntergeschluckt werden.

Für die Fehler muß das gesamte Volk herhalten. Die Schlagsahne bekommen nur die Parteigenossen. Die Brühe ist für die saudummen Volksgenossen.

b) *Türkei:* Als strategisch wichtiger Staat in der Region, der seit 1938 einen Neutralitätskurs verfolgte, wurde die Türkei von allen Seiten umworben. Am 19. Oktober 1939 kam es zum britisch-französisch-türkischen Beistands- und Wirtschaftsabkommen, das die Hoffnung Berlins zunichtemachte, die Türkei auf die Seite der Achse Berlin – Rom zu ziehen. Damit hatte sich die Türkei allerdings noch nicht endgültig auf die Seite der Westalliierten geschlagen. Im Juni 1941 schloss sie einen deutsch-türkischen Freundschafts- und Nichtangriffspakt. Vgl. Benz/Graml/Weiß 2007, S. 836f.

c) *zwangsweise angewiesenen Wohnplatz:* Die Umsiedlungen der Südtiroler und der Baltendeutschen waren Teil der NS-Volkstumspolitik, die durchaus auch außenpolitischen Rücksichtnahmen zugänglich war. Nachdem Italien und Deutschland bündnispolitisch enger aneinandergerückt waren, schloss Hitler den sogenannten Optionsvertrag ab, dem zufolge alle diejenigen Einwohner Südtirols, die der deutschen Staatsangehörigkeit den Vorzug vor der italienischen gaben, ins Deutsche Reich umsiedeln mussten. Das war gewissermaßen das Opfer, das er Italien für den Anschluss Österreichs an das Deutsche Reich brachte. Die Baltendeutschen wurden aus ihrer Heimat in die neu eroberten und dem Reich einverleibten polnischen Gebiete umgesiedelt und sollten dort den »Grundstock« für die Germanisierung dieser Regionen legen. Vgl. Brandes/Sundhausen/Troebst 2010, S. 126f. u. 629-631.

25. Okt. 39

Er hat gestern ⟨in Danzig⟩ gesprochen, nämlich der Herr Außenminister[a]. Wenn man eine Lage noch verschärfen will – dann kann so gesprochen werden. Aber es muß nicht sein. Parteigenossen zu der vorschriftsmäßigen Wut gegen England zu bringen, ist an sich kein Kunststück. Der Redner muß nur die Fäuste ballen, laut schimpfen u. schreien sowie wüste Drohungen ausstoßen, und er wird begeisterte Zuhörer finden. Ich weiß nicht, ob es bei allen Völkern so ist. Da wäre es mit der Kultur und Zivilisation ⟨allerdings⟩ nicht weit her. Herr v. Ribbentrop hat die Vorgänge der letzten Zeit mit Anklagen aus der Vergangenheit vermischt, und hiermit als alleinigen Sündenbock England vorgestellt.[83]

Wer hat Oesterreich, Tschecho-Slowakei u. Polen zertrümmert?

Wer hat gesagt, er habe keine territorialen Forderungen mehr?

Wer schweigt sich über Polen aus?

Wer gibt keinerlei Sicherheit für die Zukunft?

Sind es nicht England u. Frankreich gemeinsam gewesen, die vor Kriegsausbruch täglich Deutschland vor einem Angriff gegen Polen warnten u. ihre Bündnispflicht bekundeten? Herr v. R. hat nur nicht geglaubt, daß beide Staaten ihr Versprechen hielten. Darin liegt überhaupt die ganze Tragik des Kriegsausbruchs.

28. Okt. 39

⟨Ich war an 2 Tagen in Ettingsh[ausen], Freienseen u. Altenhain.⟩

Bei einer dienstlichen Wanderung darf nicht erwartet werden, auf Menschen zu stoßen, die auch nur die leiseste Ahnung von der wahren Wirklichkeit haben. Es herrscht eine erschreckende Finsternis. Sie schnappen irgend etwas aus der Zeitung auf und geben dann diesen Senf als eigene Weisheit wieder. Hiergegen kämpfen Götter selbst vergebens. Eine solche Herde ist wahrlich nicht schwer zu regieren. Da brauchen sich die regierenden Herren wirklich nichts darauf einzubilden. Ueberhaupt tritt es stark zu Tage, daß jede[84] Regung freiheitlichen Denkens vollkommen verschwunden zu sein scheint. Aus Menschen sind Tiere geworden. Die Masse »Volk« ist ein schauderhafter Scheißhaufen[85].

⟨In Altenhain habe ich Horst gegenüber erklärt, daß Deutschland diesen Krieg verlieren wird.⟩

a) *Außenminister* war Joachim von Ribbentrop (1893-1946). Ribbentrop war mit seiner »Dienststelle Ribbentrop« zunächst außenpolitischer Berater Hitlers und von 1936 bis 1938 Botschafter in London. Am 4. Februar 1938 wurde er schließlich Außenminister. Im Nürnberger Hauptkriegsverbrecherprozess wurde er zum Tode verurteilt und wenig später hingerichtet. Vgl. Benz/Graml/Weiß 2007, S. 961f.

29. Okt. 39

Sonntag. Nachmittags 4 Uhr Versammlung in der »Traube«[b]. Es sprachen der Herr Ortsgruppenleiter[c] u. der Herr Bürgermeister. Der Ortsgruppenleiter hat sich das Thema gewählt: »Wir ziehen gegen England«. Vorweg sei gesagt, daß nicht viele Bürger die Ergüsse über sich ergehen ließen, denn sie blieben zu Hause oder arbeiteten auf dem Felde – was auch nützlicher war. Die Rede war zusammengestoppeltes Zeug, im wesentlichen klang sie dahin aus, die Heimatfront zum Ausharren zu ermuntern. »Entweder wir siegen oder wir gehen ganz kaputt«, sprach Herr Pott! (halb kaputt scheinen wir also schon zu sein.)

⟨P. äußerte auch, unsere Verbündeten würden uns versorgen.⟩

Der Bürgermeister sprach über die wirtschaftlichen Notgesetze. Die Bezugsscheine liegen ihm schwer im Magen. Die Bevölkerung wird ermahnt, strengste Zurückhaltung zu üben, da neuerdings nur 5 v. H. Bezugsscheine nach der Einwohnerzahl erteilt werden dürfen. Er verwahrt sich dagegen, daß das Gerücht umginge, er u. seine Familie hätten sich für Bezugsscheine gesorgt. Högy gibt die Erklärung ab, daß er bis jetzt noch keinen Bezugsschein beantragt habe und auch voraussichtlich keinen benötige! (Muß dieser Bruder gehamstert haben.)

Sehr klug, Herr Bürgermeister, war das nicht. Es gibt nun einmal Leute, die ein geringes Einkommen haben und beim besten Willen keine Vorratswirtschaft treiben können. Das braucht natürlich ein 150%iger Nationalsozialist nicht zu wissen. –

Nur so weiter Ihr Herren! Ihr macht es großartig! Und das im 2. Monat des Krieges. Davon war im Jahre 1914 noch nichts zu spüren. Verzeihung – ich vergesse immer, daß es bei uns ⟨heute⟩ nur »Blitzkriege« u. »Blitzsiege« gibt. Für 3 Tage waren wir dem Anscheine nach gerüstet.

30. Okt. 39

Heute war Feldwebel Schmitt (Oberamtsrichter) als Urlauber zu Besuch auf unserem Amt. Er macht so, als sei er ein begeisterter Soldat. Ich glaube es ihm nicht. Was soll er auch schon sagen. Dummes Zeug wird schon so wie so genug geschwätzt. Und alle Latrine uns aufbinden.[86] Dazu hat er nicht den Mut. Von der Zukunft weiß er nichts. Ob nach Spanien, Italien oder zum Landungskorps? (Viel Vergnügen!)

Was diese Herren für kraftstrotzende Gedanken haben.

b) *»Traube«:* Laubacher Gaststätte.

c) *Ortsgruppenleiter* der Laubacher NSDAP war zum Zeitpunkt der Tagebuchaufzeichnung der Kaufmann Karl Otto Pott (1875-1959). Pott war am 1. April 1931 der NSDAP beigetreten. Als Ortsgruppenleiter wird er erstmals für die Zeit ab 20. Dezember 1932 aufgeführt (Stadtarchiv Laubach, XIX.5.1.77: N.S.D.A.P., hier: Verzeichnis der Mitglieder der Ortsgruppe Laubach, mit dem Datum eines Eintritts in die Partei: 1942).

7. Nov. 1939

Im 3. Kriegsmonat. Vom Blitzkrieg oder Blitzsieg ist eigentlich noch nichts zu sehen.

Unverkennbar ist aber, daß die »Parteigenossen« und[87] »die Partei«, die bei Kriegsbeginn sich etwas verkrochen hatten oder jedenfalls sich nicht in den Vordergrund drängten, mehr u. mehr an die Oberfläche kommen. Der Polensieg hat sie aus den Löchern gelockt. Man hört, daß die Herren Parteigenossen sich insbesondere bei der Organisation betr. Verteilung der Lebensmittel ein Pöstchen sichern und mitbestimmend sein wollen, damit die Verteilung auch wirklich »richtig« vor sich geht. –

Ab und zu weist auch einer auf die wirtschaftliche Unterstützung von Rußland hin.

Deutsches Volk, wo ist dein Stolz hingekommen? 20 Jahre lang wird gegen Rußland ein unglaublicher Haß gezüchtet, und heute gibt es traurige Gestalten, die in Rußland (⟨ehemals⟩ Weltfeind Nr. 1) den »Retter« sehen. Ist wirklich Rußland Deutschlands letzte Hoffnung, dann ist es schon besser, sofort den Laden zu schließen. –

Einer gewissen Zusammenarbeit mit Rußland auf dem Gebiete der Wirtschaft kann unbedenklich zugestimmt werden. Dann mußte aber ab 1933 eine wesentlich andere Gesamtpolitik getrieben werden. Ob Bismarck heute einer Bündnis-Politik das Wort reden würde, ist mehr als fraglich. Rußland ist kein ausgesprochener Agrarstaat mehr. Die Industrie erstarkt mehr und mehr, schon allein auf Grund der Rohstoffreserven. Wir werden[88] ⟨bestimmt⟩ auf diesem Gebiete über kurz oder lang uns mit R. berühren. Ist der Innenmarkt Rußlands versorgt, was nach meiner Auffassung bereits in den nächsten 5 Jahren der Fall sein wird, dann kommt der Ausdehnungsdrang der russischen erstarkten und vermehrten Industrie. Wer ist der größte Konkurrent? Zweifellos die deutsche Industrie. Wir wollen den Balkan beliefern. Das will auch Rußland vom Schwarzen Meere u. der Donau aus. Liegt es nicht ganz nahe, daß vor allen Dingen die Völker slawischen Ursprungs (Tschechen, Polen, Bulgaren, Serben usw.) dem Liebeswerben der Russen aus ganz natürlichen Gründen weit eher erliegen werden als unserem nüchternen Werben oder sogar unserem gewalttätigen Verhalten verschiedenen Völkern gegenüber.

Wird es denn einen vernünftigen Menschen in Deutschland geben, der nicht überzeugt ist, daß sich die Polen u. Tschechen heute oder morgen unter allen Umständen rächen werden. Hinter diesen Völkern steht – wenn auch vielleicht augenblicklich noch nicht deutlich sichtbar – Rußland. Darauf können wir uns verlassen. Es kommt in Rußland wieder einmal die Zeit, wo dem Volke eine neue (d.h. alte) Idee vorgeführt wird, und bei dieser Gelegenheit wird Rußland alle seine Stammesbrüder unter seine Fittiche nehmen.

Ich prophezeie daher: der nächste Krieg der Slawen geht gegen die Germanen!

8. Nov. 1939.
Es ist schon viel von »Lebensraum«[a] gesprochen worden. Nun wäre es langsam Zeit, den Lebensraum des polnischen Volkes anzudeuten. Oder sollen die kleinen Völker ausgerottet werden? Die kleineren Staaten werden in der letzten Zeit sich schon Gedanken über die von ihnen gemachten Fehler und ihr späteres Verhalten gemacht haben. Nicht zu verstehen war es z.B., daß Polen und die Tschecho-Slowakei sich nicht verständigten. Wären beide ein zusammengeschmiedeter Block gewesen, dann hätte es kein Ueberrennen gegeben. Die künftige Gestaltung von Europa muß eine Zusammenfassung kleinerer Staaten ergeben. Ich denke an eine Auferstehung von Oesterreich-Ungarn als Staatenbund unter Führung eines größeren Landes. Jedem Bewohner eines ⟨solchen⟩ Landes muß täglich eingehämmert werden, daß er ohne seinen Nachbar nicht bestehen u. nicht leben kann. Und nicht, daß der Ungar den Serben, dieser den Rumänen und der Rumäne wieder den Bulgaren oder Griechen bekämpft. Das Problem der Bevölkerungszunahme muß ebenfalls international geregelt werden. Zügellose Vermehrung (Japan) ist einfach nicht zu dulden. So wenig wie man nur Kaninchen in der Natur dulden kann.

---

9. Nov. 1939
Gestern sprach Hitler in München ⟨im Bürgerbräukeller⟩ zu seinen Parteigenossen. Die übliche Verherrlichung der Toten der »Bewegung«. Den Regierenden von 1923 muß schon gesagt werden, daß sie eine ungeheure Verantwortung wegen ihrer Energielosigkeit dieser[89] politischen Bewegung gegenüber auf sich luden und somit ebenfalls zu den Todengräbern Deutschlands zu zählen sind. Diese NSDAP ließ schon ganz am Anfang klar erkennen, daß sie eine Umstürzung größten Ausmaßes vornehmen will. Jeder Fanatiker, ⟨Hazardeur, Hochstabler, Vorbestrafte, Fememörder⟩ jeder brutale Egoist wurde in ihren Reihen mit offenen Armen aufgenommen. Jeder der gegen die damalige Regierung in Worten oder mit der Tat sich als Revolutionär zeigte, war ein »Held«. Verbrecher, Narren u. Postenjäger übelster Sorte wurden mit der Zeit »alte Kämpfer«, die Selbstverherrlichung brachte sie mit virtuoser Leichtigkeit in die höchsten Staatsstellungen oder, wo es gar nicht anders ging, in wichtige Parteistellungen. Hier konnten sie auf das unglückliche Volk losgelassen werden. Heute erfaßt einem besondere Trauer über den Werdegang dieser schrecklichen Partei. Heute, wo selbst das Denken schon gefährlich geworden ist. Mit welchen Mitteln wurde die »Macht« erobert. Lug und Trug auf Schritt und Tritt. Eine systematische Untergrabung jeder bestehenden Autorität. Ich erinnere nur an einen Punkt. Wie wurde gegen das »Parteibuchbeamtentum« gewettert? Und heute? Nur Parteibuch-Beamten. Gegen die hohen Gehälter der Minister hatte jeder Redner seine üble Jauche zu spritzen.

a) *Lebensraum:* Schlagwort zur »rassisch begründeten gewaltsamen Expansion des Deutschen Reiches nach Osten« (Schmitz-Berning 2000, S. 375-380).

Wenn sie (die Nazis) an die Macht kämen, gäbe es kein Jahresgehalt über 10 000 RM!! Und heute? Die Herren schämen [sich] gar ⟨nicht mehr⟩, das dreifache einzustecken, sondern auch noch 3 oder mehr gut bezahlte Posten auf einmal zu verwalten. Greifen wir einen heraus: Göring!

1.) Generalfeldmarschall (1932 noch Hauptmann)
⟨2.) Kriegsminister⟩
2.) Präsident des Reichstags.
3.) Reichsjägermeister
4.) Generalbevollmächtigter des 4 Jahres Plans.

Soeben höre ich, wie W[...] im Zimmer P[...] zu diesem sagt: Kaiser Wilhelm war viel zu rücksichtsvoll, heute wird es richtig gemacht. Der rücksichtslose U-Boot-Krieg mußte auch sofort im J. 1914 einsetzen. –

Dieser rücksichtslose[90] Parteigenosse ⟨u. Menschenfreund⟩ W[...] ist der typische Nazi. Er ist geschieden, hat aus 1. Ehe drei Töchter, um die er sich natürlich nicht kümmert, und hat in 2. Ehe ⟨eine⟩ um etwa 30 Jahre jüngere Frau geheiratet. Rücksichtslos ist Trumpf! Wie der Herr, so's Gescherr![91]

Der Führer hat im Bürgerbräukeller[92] in München gestern auch geäußert, daß er Göring beauftragt habe, einen 5 jähr. Krieg vorzubereiten. – Er wird wohl kaum zu dem Friedensnobelpreis vorgeschlagen werden. Es gibt nur einen Sieger – und das sind wir, so sprach Hitler am 8. Nov. 1939.[93]

---

10. Nov. 1939

Das angebliche Bomben-Attentat im Bürgerbräukeller[a] hat keinen großen Eindruck hervorgerufen. Das Volk ist müde und mürb. Es ist schon zu viel »gemacht« worden. Der geistig regsamere Teil der Bevölkerung hat eigene Gedanken und glaubt nicht an ein wirkliches Attentat, sondern an eine Art Reichstagsbrand-Komödie[b], ⟨in Scene

a) *Das angebliche Bomben-Attentat:* Am 8. November 1939 war tatsächlich ein Anschlag auf Hitler verübt worden. Der württembergische Schreiner Georg Elser hatte im Münchener Bürgerbräukeller in langwieriger Arbeit eine Bombe deponiert, die am Abend des 8. November explodierte. Hitler trat dort aus Anlass des Jahrestages des missglückten Hitler-Putsches vom 9. November 1923 als Redner auf, verließ die Veranstaltung aber früher als gewöhnlich, so dass er dem Attentat entging. Elser wurde am Abend des 8. November beim Versuch, Deutschland zu verlassen, verhaftet. Er kam auf Befehl Hitlers ins Konzentrationslager Dachau. Erst im April 1945 wurde Elser erschossen. Vgl. Haasis 2001; Renz 2009.

b) *Reichstagsbrand-Komödie:* Kellner bezieht sich auf die schon 1933 weit verbreitete und bis heute von manchen vertretene Annahme, die Nationalsozialisten selbst hätten am 27. Februar 1933 den Reichstag in Brand gesetzt. Nahrung erhielten diese Spekulationen durch die sofort einsetzenden Verfolgungsmaßnahmen. Am 28. Februar 1933 erließ Reichspräsident von Hindenburg die »Verordnungen zum Schutz von Volk und Staat« (Reichstagsbrandverordnung), welche die zentralen politischen Grundrechte der Weimarer Verfassung außer Kraft setzten und zu einer Art

gesetzt, um unliebsame Elemente verfolgen zu können⟩. Das ist insoweit nicht ganz von der Hand zu weisen, als[94] diejenigen in der Partei, die 20 Jahre lang an einen Kampf gegen den Bolschewismus ehrlich geglaubt haben, einfach durch den neuen Pro-Rußland-Kurs an allem irre geworden sein mögen. Diese ideal veranlagten Nationalsozialisten muß Hitler als Gegner ansehen. Das Gebäude der NSDAP zeigt Risse! Kommt jetzt noch ein äußerer Mißerfolg hinzu, dann kann das kunstvoll aufgebaute Kartenhaus zum Einsturz gebracht werden. –

Ich befürchte, daß irgend ein rücksichtsloser Schachzug in Vorbereitung ist, dessen Ausführung uns neue Gegner bringen wird. Der Weg zur Vernunft ist durch die Propaganda nicht passierbar.

11. Nov. 1939

Das aus Anlaß der Explosion im Bürgerbräukeller in München in den Zeitungen losgelassene Wutgeheul gegen England[95] läßt klar und deutlich erkennen, daß dieser Fall weitgehend ausgenutzt wird, um die[96] ⟨flaue⟩ Kriegsstimmung anzufachen. Ohne mit der Wimper zu zucken u. ohne den geringsten Beweis zu haben, wird England verdächtigt, ein Attentat auf den Führer beabsichtigt zu haben. –

Mit Vermutungen u. Mutmaßungen ist dieser Angelegenheit nicht beizukommen. Hoffen wir, daß es eines Tages an das Licht der Sonne komme.

13. Nov. 1939

Alle Zeitungen berichten noch Einzelheiten von der Explosion im Bürgerbräu-Keller in München. Der »Völkische Beobachter« brachte sogar die Bildnisse der 7 Toten. Alles uralte Kämpfer.[97] Interessant ist es, daß die ersten Berichte – ohne jede Untersuchung – den Verdacht auf das Ausland lenken wollten. Sogar ein ausländischer Zünder soll an der Bombe gewesen sein. Heute wird auf einmal erwähnt, Teile des Zünders seien von bekannten[98] Firmen hergestellt. Mit keinem Wort wird angedeutet, daß ein Parteigenosse als Täter in Frage kommen könnte. Das wäre doch eigentlich das Naheliegendste. So etwas darf aber die Oeffentlichkeit nicht denken, geschweige denn wissen.

Warten wir ruhig ab.

Hunderte von Menschen werden denunziert u. schikaniert werden. Die Sadisten brauchen Beschäftigung.

Grundgesetz des »Dritten Reiches« wurden. In der Folge entfaltete sich ein brutaler Terror gegen die politischen Gegner der Regierung Hitler, in erster Linie gegen Sozialdemokraten und Kommunisten. Heute herrscht in der Forschung weitgehend Konsens, dass der Holländer Marinus van der Lubbe den Brand alleine gelegt habe. Er wurde am 23. Dezember 1933 in einem Schauprozess vom Reichsgericht ohne hinreichende Rechtsgrundlage zum Tode verurteilt. Vgl. Kellerhoff 2008.

14. Nov. 1939
Goebbels schreibt in seinem Buche »Der Angriff« unter dem Kapitel »Großmacht Presse«:

»... Kein Volk glaubt so wie das deutsche dem gedruckten Wort, und niemand sonst in der ganzen Welt klammert sich so fest und vertrauensvoll an das, was er schwarz auf weiß besitzt.«[99]

Diese »Schwäche« des deutschen Volkes weiß kein anderer besser auszunutzen wie derjenige, der obige Worte im Jahre 1929 schrieb. Er ahnte vielleicht damals nicht, daß ihm Gelegenheit geboten würde, seine Theorie in ⟨die⟩ Praxis umzusetzen. Und wahrlich, er erlaubt sich Sprünge zu machen und Verdrehungen an den Mann zu bringen, wie sie besser kein Zirkuskünstler oder Schlangenmensch jemals fertig bringen wird. Wenn Tag um Tag dem Volke eingehämmert wird, seht dort die anderen, das sind lauter Verbrecher, dann kann es nicht ausbleiben, daß jeder Deutsche sich für einen Engel hält und alltäglich das Stoßgebet zum Himmel sendet: »Gott, ich[100] danke dir, daß ich nicht so bin wie die anderen.«

Aus dem täglichen Leben: In der Kolonialwarenhandlung R[...] ist der Firmeninhaber von auswärts zur Abfertigung ⟨der Kunden⟩ gekommen, weil sein Ladengehilfe zum Militärdienst einberufen wurde. Es kommt eine alte Frau an die Reihe. Wie heißen Sie? Katz.[101] Sie sind Jüdin? Ja. Dann erhalten Sie von mir nichts. Ich verkaufe als Nationalsozialist nichts an Juden. Die alte Jüdin wendet verschüchtert ein, sie sei von der Polizei geschickt. Der Herr edle Nazi bleibt bei seiner Weigerung. –

Warum sind wir ein so grausames Volk geworden? Die elende Verhetzung zeigt hier ihre unmenschliche Ernte. Wie trostlos traurig, den eingeimpften Haß an einer alten wehrlosen Frau austoben zu lassen.

Abgrundtiefe Gemeinheit und erbärmliche Feigheit! Herr R[...], sie werden ihren Lohn erhalten!

15. Nov. 39
Herr Scherdt[102] stellt bei uns fest, warum wir einen Soldat (Einquartierung) fortgeschickt hätten. Es war überhaupt kein Soldat bei uns gewesen. Wieder ein neuer Versuch, gegen mich vorzugehen. –

Plötzlich herrscht in den Zeitungen eine merkwürdige Stille über das »Attentat« in München.

Es ist etwas faul im Staate![103]

Eine ganze Portion Merkwürdigkeiten sind zu verzeichnen.

Die Bombe ging um 9 Uhr 22 Min. los, nachdem die Herrschaften sämtlich den Saal verlassen hatten und sich bereits im Eisenbahnzuge befanden. Die uralten Kämpfer trafen sich alljährlich im Bürgerbräu-Keller zur Erinnerung an den missglückten Putsch i. J. 1923.

Ist es unter alten Freunden üblich[104], 1 Stunde beisammen zu sitzen und dann so schnell wie möglich zu verschwinden?

Hitler hat stets in den früheren Jahren eine längere Rede (etwa 2 Stunden) gehalten.

Es dürfen nur alte Parteigenossen mit besonderen Ausweisen den Saal betreten.

Warum hat die Polizei die in der Nähe des Rednerpultes niedergelegte Bombe nicht gesehen?

———

28. Nov. 1939

Frau Schmitt (OAR)[a] hatte ihren Mann in Nastätten besucht. Er ist so gern Soldat u. will nicht heim. Na, dem Manne kann geholfen werden.[105] Es muß auch solche Leute geben.

7. Dez. 1939

Ein Oberleutnant mit Oberfeldwebel erscheinen auf der Geschäftsstelle u. begehren die Ueberlassung einer Zelle zur Vollziehung einer Arreststrafe. Gegen die »Wehrmacht« ist kein Kraut gewachsen, und so muß dem Verlangen stattgegeben werden.

Der Soldat hat verschärften Arrest, weil er seine eiserne Portion verspeist hatte. In der ungeheizten Zelle ist der Strohsack herausgenommen u. keine Sitzgelegenheit. Wasser u. Brot als Verpflegung!

Diese Strafe muß als barbarisch bezeichnet werden. Dieser Soldat soll sich dann mit Begeisterung für sein Vaterland einsetzen!!

———

9. Dez. 39

Rußland zeigt sein Gesicht ohne Maske. Diese Halunken haben das kleine Finnland angegriffen.[b] Rußland müßte von der ganzen Welt in Acht u. Bann erklärt werden. Deutschland muß gute Miene zum bösen Spiel seines[106] erbärmlichen »Verbündeten«

a) *OAR:* Oberamtsrichter.

b) *das kleine Finnland angegriffen:* Finnland, das bis 1917 unter russischer Herrschaft stand, war im geheimen Zusatzprotokoll zum Hitler-Stalin-Pakt der sowjetischen Interessensphäre zugeschlagen worden. Nach ergebnislosen finnisch-sowjetischen Verhandlungen über sowjetische Gebietsforderungen begann am 30. November 1939 der sogenannte Winterkrieg, der bis zum 12. März 1940 andauerte. Die finnische Armee konnte der überlegenen sowjetischen Armee lange trotzen, die finnische Regierung musste aber wegen fehlender internationaler Unterstützung schließlich einer Friedensregelung zustimmen, welche die Abtretung der Karelischen Landenge und anderer Gebiete an die Sowjetunion vorsah. Das Deutsche Reich verhielt sich wegen des Hitler-Stalin-Paktes neutral in diesem Krieg. Nach dem deutschen Überfall auf die Sowjetunion kämpfte Finnland an der Seite Deutschlands. Vgl. Benz/Graml/Weiß 2007, S. 509.

machen. Diese Tat R. wird ihm teuer zu stehen bekommen. Machthaber Stalin weiß dem Anschein nach ebenfalls nicht mehr ein und aus. Welteroberung Arm in Arm mit Hitler. Viel Vergnügen!

Die Zukunft wird zeigen, daß die verfluchte Machtpolitik nicht bis zum jüngsten Tage weitergetrieben werden kann.

Für die neutralen Staaten wird es höchste Zeit, ihre einfältige »Neutralität« aufzugeben und sich auf die Seite derjenigen Staaten zu stellen, die ihnen ⟨die⟩ Unabhängigkeit garantieren.[107]

16. Dez. 1939

Kleidersammlung (!!) (trotz Kleiderkarten), Spielsachen-Sammlung. Alles in allem staatlich organisierte Bettelei.

Frl. R[…] als Sammlerin für Kleider, sie nimmt auch Geld. Wir erwidern, Kleider können wir nicht geben, da wir nicht wissen, wie lange der Krieg dauert.

Frl. R[…]: Der Krieg dauert nicht lange.

Frau K[e]ll[ne]r: Das wurde auch 1914 behauptet u. dann hat es doch bis 1918 gedauert.

Frl. R[…]: Jetzt haben wir aber auch einen Führer!

19. Dez. 39

Nachdem die Selbstversenkung des Panzerschiffes »Graf Spee« vor der La Plata-Mündung dem deutschen Volke in knappster Form gemeldet worden war,[108] konnte es unmöglich ausbleiben, daß sofort ein »Sieg« kommen mußte. Eine Luftschlacht über dem Nordseeraum gab den Anlaß zu der Meldung, daß von 44 engl. Bombern, 34 abgeschossen wurden u. nur 2 deutsche niedergehen mußten.[109] Die Engl. behaupten den Abschuß von 12 deutschen Messerschmid-Maschinen[a] u. den Verlust von 7 eigenen Flugzeugen.[b] Preisrätsel: Wo ist die Wahrheit?

a) *Messerschmid-Maschinen:* benannt nach dem Flugzeugkonstrukteur Wilhelm Emil Messerschmitt.

b) *Die Engl. behaupten:* Der Nachrichtenvergleich deutet darauf hin, dass Kellner zu diesem Zeitpunkt ausländische Nachrichten empfing. Der bedeutendste ausländische Sender war die British Broadcasting Company (BBC) in London, die seit September 1938 deutschsprachige Sendungen ins Reich ausstrahlte. Zwar ist nicht bekannt, welches Rundfunkgerät Friedrich Kellner 1939 besaß, indes weist Robert Kellner darauf hin, dass Friedrich im Jahre 1942, als sein altes Radio defekt war, dieses nicht durch einen deutschen »Volksempfänger« ersetzte, sondern – während eines Urlaubs in Freudenstadt – ein Gerät Schweizer Produktion der Marke »Paillard« erstand, das er dann in einem Koffer nach Laubach »schmuggelte«.

20. Dez. 39

Heute hört man von der Versenkung des Passagierdampfers »Columbus« (32 000 t) durch die eigene Mannschaft.[110] Göbbels behauptete einen Seesieg der »Graf Spee« u. die verschwundene Seebeherrschung durch die Engländer. Und nun kurz hintereinander 2 Selbstmorde von 2 deutschen Dampfern. (Graf Spee u. Columbus).

Zum Selbstmord wird gewöhnlich erst dann gegriffen, wenn gar kein anderer Ausweg mehr vorhanden ist.

Am Dezember 1939 lautete die Ueberschrift in großen Lettern

und am

Sonntag, dem 17. Dez. 39, wurde das Panzerschiff von der eigenen Mannschaft versenkt!!![c]

31. Dez. 39

Jahresschluß!

Das d. Volk wird dafür bestraft werden, daß es fortgesetzt gegen den Verstand und gegen alle Vernunft verstoßen hat.

12. Jan. 1940

»Liebesbrief« vom Winterhilfswerk erhalten mit der Aufforderung einen »entsprechenden höheren« Betrag zu zeichnen. Unterzeichnet von Ortsgruppenleiter Pott u. Bürgermeister Högy. Pott hat die Kühnheit, andere zu drangsalieren, damit sie höhere Beiträge zahlen, dabei ist er noch nicht einmal Mitglied der NSV.!!

Bei der letzten Versammlung im Solmser Hof ist der Herr Kreisleiter[111] erhobenen Hauptes an der Kampfschatz-Büchse vorbeigegangen. Diesem Beispiel folgend, habe ich mich genau so verhalten.

13. Jan. 1940

Die 14. Komp. Inf. Regt. 25 sollte um 4.30 Uhr zur Abfahrt bereit sein. Gefr. E[...] kam wieder ins Quartier: Befehl zurückgenommen.

14. Jan. 1940

Eintopfsonntag[d]. Der Herr Einsammler ist nicht erschienen.

c) So im Original.

d) *Eintopfsonntag:* Nach Anordnung der Reichsregierung vom 13. September 1933 sollten alle deutschen Familien und Restaurants am ersten Sonntag der Monate Oktober bis März nur ein Eintopfgericht essen bzw. zum Preis von maximal 0,50 Reichsmark anbieten. Die Differenz zum üblichen Sonntagsessen sollte dem Winterhilfswerk zugute kommen. Vgl. Benz/Graml/Weiß 2007, S. 488; Schmitz-Berning 2000, S. 173f.

15. Jan. "

Da die Vermutung nahe liegt, daß in diesem Falle wieder etwas gegen mich ersonnen worden ist, habe ich durch Käte[a] 1 RM an Mönnig gezahlt.[b]

Vorsicht ist die Mutter der Weisheit. –

Unser Einquartierungsmann wird von Herrn Scherdt gefragt, wie es ihm bei uns gefällt!

Diese »sorgfältigen« Bemühungen dieses ehemaligen Schutzmannes, unbedingt irgend etwas ungünstiges gegen uns zu sammeln, werden eines Tages die verdiente Krone erhalten. –

18. Jan. 1940

Die Blockwalter[c] der NSV. haben ein Schreiben erhalten, worin sie aufgefordert werden, bei den Volksgenossen übrig gebliebene Brotkarten zu sammeln, auch wenn es sich um abgelaufene handelt. Eine neue Art von Geisteskrankheit wird hier sichtbar. Die Kartenzuteilungen sind von vornherein schon so erfolgt, daß keine Ueberfütterung zu befürchten ist. Diese raffinierte Methode, einen Grund zu finden, demnächst die Brotrationen zu kürzen, wird sicher von dem Erfinder als besonders geistreich angesehen. Wär' der Gedanke nicht verflucht gescheit, so wär' er herzlich dumm zu nennen![112] Findet sich also irgend ⟨ein⟩ Idiot, der eine Brotkarte zurückgibt, so ist der Beweis erbracht, daß die Zuteilung viel zu hoch bemessen war. Wir haben mit Bestimmtheit damit zu rechnen, daß in nicht zu ferner Zeit die Rationen gekürzt werden. Augenblicklich gibt es auf den Kopf der Bevölkerung 2000 g wöchentlich (einschließlich Mehl).

a) *durch Käte:* Paulines Schwester Käte hielt sich während des Krieges häufig mit ihrem Sohn Erwin in Laubach auf, da Mainz verstärkt von Luftangriffen bedroht war.

b) *1 RM an Mönnig gezahlt:* Wann immer er konnte, versuchte Friedrich Kellner, sich den Sammlungen für die NS-Organisationen zu entziehen. Anlässlich einer dieser Sammlungsaktionen verwickelte sich Kellner zu Jahresbeginn 1940 in einen Streit mit einem Blockwalter namens Walter, was den unmittelbaren Anlass bot, ihn am 19. Februar 1940 zu einer »Befragung« im Amtsgericht Gießen vorzuladen (vgl. den Brief Walters an Friedrich Kellner, 5.1.1940, Privatbesitz). – Der Ortsgruppenleiter der NSV Ernst Mönnig (1885-1950, seit 1. Juli 1931 Mitglied der NSDAP) hatte bereits 1937 einen Beschwerdebrief über Friedrich Kellner an die Kreisleitung verfasst, der während des Verhörs im Februar 1940 gegen Kellner verwendet wurde. Diesen Brief hat Kellner aus dem Gedächtnis rekonstruiert und seinen Unterlagen beigelegt: »Brief Mönnig an die Kreisleitung aus dem Jahre 1937: / (Ungefährer Inhalt) / Mit dem Inspektor Kellner haben wir fortgesetzt Schwierigkeiten, insbesondere bei Sammlungen. Sehr oft verschließt er den Sammlern die Türe, bei den Weihnachtssammlungen gibt er nichts. Er schreibt Briefe, die sehr vorsichtig gehalten sind, wie es aus dem beiliegenden Brief zu ersehen ist. Kellner wäre in der Lage mehr zu tun, er ist auch erst im Jahre 1936 in die NSV eingetreten. Er hat einen verheirateten Sohn in Amerika. Da Kellner durch seine Haltung einen schlechten Einfluß auf die übrige Bevölkerung ausübt, sind wir der Auffassung, daß Kellner aus Laubach verschwinden muß. / gez: Mönnig« (undatierte Aufzeichnung aus dem Nachlass Kellners; Privatbesitz).

c) *Blockwalter:* »Funktionär auf der untersten regionalen Organisationsebene« (Schmitz-Berning 2000, S. 108).

27. Jan. 40

Ich verzichte darauf, Deutscher zu sein – wenn ich mich nicht mehr als Mensch benehmen darf! –

Der Herr Ortsgruppenleiter Pott hat gestern Abend seinen Schäfchen wieder einmal einen »Beruhigungsvortrag« gehalten u. zwar über die Kohlenknappheit. Nach seiner Darstellung haben wir genug Kohlen (wir haben nur keine!), es sei nur eine Transportfrage u. der strenge Winter wäre auch etwas schuld (eingefrorene Flüsse u. Weichen). Dann erwähnte er, daß in absehbarer Zeit polnische Gefangene nach L. kämen.[d] Diese müßten als »Gefangene« behandelt werden und dürften unter gar keinen Umständen an dem gleichen Tische des Bauern oder Gesindes essen. Möglichst im Hausgang essen lassen. Einen Landstreicher hätte man früher ja auch nicht zu sich an den Tisch genommen. –

(Daß der »Gefangene« seine Arbeitskraft zur Verfügung stellt und wenigstens dafür einigermaßen menschlich behandelt werden muß, hat der Herr Obernazi überhaupt kein Gefühl!)

Warum sind wir als Volk eigentlich so tief gesunken??

---

29. Jan. 1940

Heute Vormittag rückte die 14. Komp. des Inf. Rgts ⟨(Panzerabwehr)⟩ Nr. 25 aus Laubach ab.

Vom 10. Dez. 1939-29. Jan. 1940 war Gefr. E[...] aus Stargard (Pommern) bei uns einquartiert. Es war ein anständiger Mann, der nie 1 Wort zu viel sprach. Vom Nationalsozialismus schien er nicht 100%ig überzeugt zu sein, dagegen vom Siege der deutschen Waffen. Alles in allem wäre er indessen mit einem sofortigen Friedensschluß sehr einverstanden gewesen. –

5.II.1940

Die Russen lassen durch ihre Flieger Dörfer u. Städte im Hinterlande Finnlands bombardieren! Und da schaut die übrige Menschheit ruhig zu. Ein Beispiel der unglaublichen Feigheit aller Völker. Jeder Staat müßte ohne weiteres den Rechtsbruch Rußlands bekämpfen, denn morgen kann er ja selbst ein Opfer brutaler Machtgier sein. Wenn Rußland im eigenen Lande einmal spüren würde, was ein Bombenangriff auf Städte bedeutet, dann wäre vielleicht eine Aenderung seiner »zivilisatorischen« Haltung zu erwarten. Mit »Protesten« und dummen Redensarten ist doch solchen Bestien nicht beizukommen. Nur mit: Wie du mir, so ich dir! Mit gepfefferter Verstärkung.

d) *polnische Gefangene nach L.:* Über die angekündigten polnischen Gefangenen ist nichts Näheres bekannt. Kriegsgefangene wurden u.a. als Zwangsarbeiter in der Landwirtschaft eingesetzt. Von 1942 bis 1945 existierte zudem ein Zwangsarbeiterlager im Laubacher Ortsteil Freienseen, wo auch polnische Kriegsgefangene interniert waren.

Gleiches mit Gleichem vergelten!! Das ist die einzig mögliche Politik. ⟨Die Zinsen u. gleich die Zinseszinsen dazu auszahlen.⟩

6.II.40

Seit Mitte Januar 1940 befindet sich hier eine geheimnisvolle Truppe. Aber je mehr Geheimniskrämerei getrieben ⟨wird⟩, desto schneller ist der Schleier gelüftet. So auch hier. Es handelt sich also um die Schutztruppe des Hauptquartiers des Führers (Regiment Großdeutschland). Die gleichen Truppen lagen auch schon gemeinsam mit der SS im Hradschin in Prag. ⟨»Persönliche Adjutantur des Führers.« ist die Bezeichnung des Truppenteils.⟩[a]

7.3.1940

Meine Niederschrift hat einen Monat lang geruht. Was soll auch schon vermerkt werden?[b] Das Kriegsgeheul auf allen Seiten allein wird diesen merkwürdigen »Krieg«

a) Bei der *»geheimnisvollen Truppe«* handelte es sich um das sogenannte Führer-Begleit-Bataillon, das bei Kriegsbeginn aus Teilen des Heeres und der Luftwaffe gebildet wurde. Es war vor allem für die Sicherheit Hitlers auf Reisen, etwa an die Front, und für die Bewachung der Hauptquartiere zuständig. Vgl. Hoffmann 1975, S. 74f. Am 15. Januar 1940 traf die Einheit in Laubach ein. In den folgenden Tagen war sie mit Schanzarbeiten und der Erkundung der Umgebung beschäftigt. Der genaue Zweck ihrer Stationierung in Laubach und Umgebung bleibt unklar. Erwin Rommel (1891-1944), der die Einheit leitete, hielt sich mindestens bis zum 25. Januar 1940 in Laubach auf und residierte im Schloss. Am 15. März 1940 wurde die Einheit weiter nach Westen verlegt. Vgl. Führer-Hauptquartier, Kriegstagebuch Nr. 2, 15.1.-11.2.1940, BA-MA, RW 47/5, Bl. 31-38; Führer-Hauptquartier, Befehl für die Verlegung des Führerhauptquartiers, 14.3.1940, ebd., RW 47/6, Bl. 76. Vgl. auch »Laubach, der Gefreite Brinkforth und Generalleutnant Rommel«, in: Heimatzeitung, 5.4.1941, S. 5.

b) *Was soll auch schon vermerkt werden?* Was Kellner nicht vermerkt, ist seine Vorladung zum Amtsgericht Gießen am 19. Februar 1940. Kellner wurde von Landgerichtspräsident Hermann Colnot und Kreisleiter Heinrich Backhaus verhört und davon unterrichtet, dass es wiederholt Beschwerden von Parteifunktionären und der NSV gegen ihn gegeben habe. – In einer der Wiedergutmachungsakte (1965/66) beigelegten Niederschrift nimmt Kellner wie folgt zu den Hintergründen Stellung: »Die Ortsgruppe Laubach (Oberhessen) der NSDAP stellte im Jahre 1940 bei der Kreisleitung in Gießen den Antrag, ›den Justizinspektor Kellner, der einen schlechten Einfluß auf die Bevölkerung ausübt‹, in ein Konzentrationslager einzuweisen. Wie ich nach dem 8. Mai 1945 erfuhr, war 1940 von dem Oberlandesgerichtspräsidenten Scriba ein besonders günstiger Bericht über meine Dienstleistungen an den Kreisleiter Backhaus in Gießen eingereicht worden. Letzterer beauftragte den politischen Leiter Hermann Engst, die Angelegenheit zu prüfen und ein Gutachten vorzulegen. Der politische Leiter Engst unterrichtete auch die Ortsgruppe Laubach. (Nach einem Befehl Hitlers konnte ein Beamter nur dann in ein Konzentrationslager eingewiesen werden, wenn der Stellvertreter Heß seine Zustimmung gab. Der Kreisleiter war daher verpflichtet, ausführliche Berichte von der vorgesetzten Dienststelle des betreffenden Beamten einzufordern und mit der eigenen Stellungnahme sowie dem Antrage der unteren Parteidienststelle dem stellvertr. Führer vorzulegen)« (HHStAW, Abt./Nr. 518/29744: Wiedergutmachungsakte Friedrich Kellner, Bl. 9, undatierte Anlage »Betr.: Antrag der Ortsgruppe Laubach der NSDAP.«).

nicht beenden. Einzig und allein die Kriegswirkungen (Zerstörungen, Brände, Vernichtung von Kriegsmaterial usw.) können in dem einen oder anderen Lande eine Schwächung u. damit eine Aenderung der allgemeinen Lage bringen. Flugzettel sind kein Ersatz u. haben keine Wirkung.

Die »Propaganda«, von der sich die Nazis zweifellos ungeheuer viel versprachen, hat bis heute noch nicht die Kriegsmaschinerie in Frankreich, England, Kanada, Australien u. Neu-Seeland irgendwie beeinträchtigt.

Die Propaganda für den inneren Gebrauch ist oft derartig dumm, daß noch nicht einmal kleine Kinder darauf hineinfallen.

Z.B. die Vernichtung der engl. Handelsflotte! Selbst angenommen, die genannten Zahlen würden der Wirklichkeit entsprechen, so wäre noch viel zu leisten bis England auf die Knie gezwungen werden könnte. Wir verschweigen den Zuwachs der ⟨fremden⟩ und die Verluste der eigenen Flotte. Wir verschweigen ferner, daß England fast unseren gesamten Ueberseehandel lahm gelegt hat. Das ist ein Schaden, der über den Krieg hinaus noch lange andauern wird. Die Märkte in Amerika, Westeuropa, Afrika, Australien u. Asien sind uns wenigstens für absehbare Zeit verloren. Das allein schon ist ein nicht zu unterschätzendes Plus für die Feindstaaten. Und dann unsere Währung! Das ist ein schwarzes Kapitel. Mit was wollen wir denn nach Kriegsende Rohstoffe einkaufen? Wenn keinerlei Vorräte ⟨mehr⟩ vorhanden sind, um Waren herzustellen u. als Zahlungsmittel zu verwenden? Ich möchte nur einmal wissen, was unsere hohen Herren eigentlich denken. Vermutlich wissen sie nicht mehr ein und aus und warten auf Wunder. Wunder geschehen aber keine in der Gegenwart, sie sind höchstens in der Vergangenheit als Legende in die Erscheinung getreten.

Unsere Zeitungen sind ⟨ebenfalls⟩ ein Kapitel für sich. Da kann jeder idiotische Schwätzer – vorausgesetzt, daß er alter Kämpfer, Schmeichler, Heuchler u. Speichellecker ist, – seinen Mist loswerden. Menschen, die einigermaßen ihren Verstand behalten[113] haben, lesen ja diesen ganzen Gestank nicht mehr. Die Ueberschriften der Jahrmarktschreier-Artikel genügen dem Kenner u. die ganz Dummen können sich mästen. Da ist doch Hopfen u. Malz verloren.

Ich will nachstehend einige Schlagwortzeilen für die Zukunft festhalten; sie stammen aus dem Völkischen Beobachter Südd. Ausgabe vom 5.3.1940:

»Rückkehr notgelandeter Flieger durch die Maginot-Linie[c].«

(Also lieber Musketier, es ist gar keine Kunst, da durchzukommen. Nicht wahr, Herr Zeitungsschmierer, das willst du doch damit sagen?)

»12 französische Flieger reißen vor 4 deutschen Jägern aus.«

c) Die *Maginot-Linie*, benannt nach dem französischen Kriegsminister André Maginot, bezeichnet 1929 bis 1932 errichtete Befestigungsanlagen von der französisch-belgischen bis zur Schweizer Grenze. Die Wehrmacht umging die Maginot-Linie, indem sie durch die Ardennen vorstieß, die man in Frankreich als für Panzer unpassierbar gehalten hatte. Vgl. Benz/Graml/Weiß 2007, S. 634.

(Der deutsche Flieger-Nachwuchs braucht demgemäß sich nur in ein deutsches Flugzeug zu setzen, und der Sieg ist auch schon da.)
»U-Boot meldet: 36 000 Tonnen versenkt.«[114]
(Wenn das so weitergeht, kann der Endsieg[a] nicht mehr in weiter Ferne sein. Das ist wohl das Motiv dieser sich häufenden Meldungen. Welche Schiffe dieses U-Boot versenkt hat, das wird vorsichtshalber nicht gesagt.)

Es ist eine unauslöschliche Schmach und Schande, ⟨wie u.⟩ auf welche Weise das deutsche Volk behandelt wird. Im dunkelsten Mittelalter und im tiefsten Urwald können die Menschenrechte nicht mehr besudelt worden sein wie unter dieser »glorreichen« Tyrannenherrschaft.

10.3.1940
Die schauderhafteste Erscheinung ist aber, daß ein Teil des deutschen Volkes überhaupt jegliches Empfinden für Recht und Gerechtigkeit verloren hat. Die merken noch nicht einmal, daß sie dem Vieh im Stalle ranggleich sind.

Ein solches Exemplar lernten wir in der Wirtin zum Hess. Hof in Grünberg, Frau M[...], kennen. »Adolf braucht nur auf den Knopf zu drücken, und dann geht es los.« »Die Italiener wissen auf die Minute, wann sie einzugreifen haben« u. ähnliche Prophezeiungen gab Frau M[...] zum besten. –

Hoffentlich drückt er bald auf den Knopf, gab ich zur Antwort. –

15. Maerz 40
Der Friede zwischen Finnland u. Rußland ist wieder einmal ein Beweis dafür, daß einige »neutrale« Staaten von außergewöhnlich feigen u. schwachen Menschen regiert werden. Anstatt mit allen Kräften Finnland zu unterstützen, weigerten sich Schweden u. Norwegen, für Finnland bestimmte Truppen durch ihre Länder marschieren zu lassen. Die Schweden u. Norweger sind von allen guten Geistern verlassen. Wie ist es möglich, so ungemein kurzsichtig zu sein? Glauben diese Herrschaften, einen Löwen mit Mücken füttern zu können? Auch ein kleiner Staat kann sich wehren, damit den großen Staaten die Lust am Rauben vergeht. Allerdings hätte die ganze Welt im Falle Finnland einmal zeigen können, daß es noch Ideale gibt. Etwas mehr Unterstützung wäre am Platze gewesen. Aber der gleiche Fehler wie bei Abessinien hat sich wiederholt. Alle Völker müssen zusammenstehen, wenn es gilt, einen Angreifer zu bestrafen. Alle! Das wäre ein Völkerbund. Was zeigt die Praxis? Müdes Geschwätz. Sympathiebezeugungen ohne Nachdruck. Wenn den Herren Russen sofort nach ihrem Angriff auf Finnland im eige-

a) *Endsieg:* bereits im Ersten Weltkrieg gebräuchlicher, in der NS-Zeit ideologisch ausgeweiteter Ausdruck für den am Ende eines langen Kampfes zu erringenden Sieg. Vgl. Schmitz-Berning 2000, S. 176-178.

nen Lande durch Bombenflugzeuge die richtige Antwort gegeben worden wäre, dann hätte die ganze Angelegenheit eine wesentlich andere Wendung genommen.

Ich pfeife auf einen Völkerbund, der noch nicht einmal einem bedrängten Mitglied Bombenflugzeuge zur Verfügung stellen oder sonstwie tatkräftige Hilfe leisten kann.[b] –

15.3.40: 12 ½ Uhr:
Abreise der Führer-Adjutantur aus Laubach – wohin unbekannt.

16.3.1940
Seit Kriegsausbruch wimmelt es in der einheitlich dirigierten deutschen Presse nur so von »Heldentaten« der Flieger, U-Boot-Besatzungen, Spähtruppen usw. Es wird systematisch darauf hingewirkt, die Feinde als unfähige Trottel hinzustellen. Bei[115] den einfältigen Durchschnittsmenschen erzeugt[116] diese Heldendarstellung unbedingt die gewünschte Wirkung. Aber meine Herren Propagandisten, hiermit allein kann kein Krieg gewonnen ⟨werden⟩. Mit der Zeit sieht schließlich der allerdümmste Zeitgenosse dies auch ein, mindestens wird er stutzig. Welche Nutzanwendung muß aus dieser Kriegsgeist-Fabrikation gezogen werden?

Wenn der Feind in allen Stücken uns wirklich unterlegen wäre[117], dann ist es unverständlich, warum wir nicht schon am 2. Tage ⟨des Krieges⟩ alle Register unseres eingebildeten Könnens gezogen haben!

Da zeigt sich doch ein gewaltiger Unterschied zwischen Theorie und Praxis.

Eines ist allerdings sicher: die Feinde waren nicht genügend gerüstet, sonst würde der merkwürdige »Krieg« eine etwas andere Färbung bekommen haben. Aus den Flugzeugbestellungen in USA. geht deutlich hervor, daß Frankreich u. England entweder nicht in der Lage sind, ausreichend Flugzeuge herzustellen oder die Qualität ihrer Flugzeuge ⟨läßt⟩ zu wünschen übrig. Entweder – oder.

17.3.1940
»Heute gehört uns Deutschland, morgen die ganze Welt«, singt unsere nette Jugend, durch die Straßen ziehend. Was soll man dazu sagen?[118]

b) *Ich pfeife auf einen Völkerbund:* Der Völkerbund war am 28. April 1919 auf der Pariser Friedenskonferenz ins Leben gerufen worden. Größtes Manko des Völkerbunds war von Anfang an, dass die USA, auf deren Initiative er gegründet worden war, nicht Mitglied waren. Überdies war er häufig in einer Selbstblockade gefangen, da die meisten Beschlüsse einstimmig gefasst werden mussten. Der Völkerbund, dessen oberstes Ziel die Erhaltung des Weltfriedens und die Wahrung der territorialen Integrität der Mitgliedsstaaten war, bestand zwar während des Krieges formal weiter, hatte aber de facto aufgehört zu existieren. Vgl. Benz/Graml/Weiß 2007, S. 853.

Dummheit? Gedankenlosigkeit? Nein, es ist der Geist der führenden Schicht, die eine Herde brauchen u. keine denkenden Menschen. Diese geistlose Arroganz hat uns den Krieg 1914 gebracht und ist noch in erhöhtem Maße schuldig an diesem Kriege. Wo sind denn die altdeutschen Herrschaften des Kaiserreiches hingeschlüpft? Alle haben sie sich in die NSDAP verkrochen. Hier konnten sie mit[119] Indianergeheul ihre Welteroberungspläne an den Mann bringen. Ganz besonders half ihnen die Vernichtung der freien Meinungsäußerung. Früher konnte ihnen wenigstens durch Wort und Schrift entgegengetreten werden. Aber heute? Einheitspresse! Jedes Wort überflüssig. Ein überaus trauriger Abschnitt in der[120] Menschheitsgeschichte. An Stelle der Weiterentwicklung ein Hinabtauchen in die Finsternis. Armes deutsches Volk, was hast du getan, als du deine Freiheit ohne Kampf in feiger Weise preisgabst? Ein Volk muß seine Verfassung genau so verteidigen wie sein eigenes Hab u. Gut. ⟨Ich möchte sogar sagen: das Volk muß in erster Linie seine ⟨Grund⟩rechte verteidigen, denn ohne diese Rechte ist alles[121] gefährdet. Dann regiert die Willkür!⟩ Das ist es, was künftigen Generationen täglich dreimal gesagt werden muß. Jeder, der es wagt, die Rechte eines Volkes durch dummdreiste Manipulationen und Versprechungen zu ändern u. anzutasten, muß vor ein Volksgericht gestellt u. mit dem Tode bestraft werden. Jeder, der es wagt, die festgelegten Menschheitsrechte durch Wort oder Schrift zu besudeln, ist aus der Gemeinschaft auszuschließen.

19.3.1940

Die mit so vielen Geheimnissen umgebene ⟨u. hier einquartiert gewesene⟩ Truppenabteilung (Stab, Führerhauptquartier) ist genau 4 Tage fort, und schon wollen es viele wissen, daß sie in der Nähe von Limburg in schlechten Quartieren untergebracht sind. Geheim zu halten ist überhaupt nichts. Wenn zwei etwas wissen, weiß es auch bald ein Dritter. Ist dieser Dritte ein weibliches Wesen, dann ist es aus. Wie eine Lawine rollt das »Geheimnis« dann durch Stadt und Land.

Adolf Hitler u. Mussolini haben sich nebst den Außenministern in der Nähe des Brenners auf italienischem Boden getroffen. Der Inhalt der Unterredung wird den beiden Völkern nur in frisierter Form vorgesetzt werden. Was hat es schon für einen Wert, Bruchstücke zu erfahren? Dann ist es beinahe besser, überhaupt nichts zu hören. »Was man nicht weiß, macht einen nicht heiß«, sagt ein Sprichwort. Und das trifft zu. –

Also, nur nicht aufregen. Die Italiener werden sich beherrschen. Die Kastanien holen sie nicht für uns aus dem Feuer. Die führenden Männer ⟨in Italien⟩ müssen ihrem Volke gegenüber so tun als ob, denn sie haben mit der »Achsenpolitik« ein bißchen viel Reklame gemacht. Es braucht Zeit bis das Steuer herumgeworfen wird: Entscheidend ist, daß Italien äußerst schwache Stellen hat: Kohlen u. Oel! Ueberhaupt Rohstoffe. Diese müssen doch über das Meer nach Italien gebracht werden. Die französische u. die englische Flotte sind imstande, die italienische Flotte im

Schach zu halten. Das ist entscheidend. Abgesehen davon, daß die gesamten Besitzungen Italiens (Libyen, Eritrea, Abessinien) in größter Gefahr sein würden. Die im Entstehen begriffene englische Kolonialarmee ist ein nicht zu unterschätzender Faktor. Vielleicht sogar von ausschlaggebender Bedeutung. Aus den ⟨englischen⟩ Besitzungen in Afrika ist genügend Menschenmaterial[a] herauszuholen. Und der Westen steht mit dem Osten von Afrika[122] in Verbindung.[123] Französisch-Westafrika ⟨u. Franz. Äquat. Afrika⟩ grenzen an den engl. Sudan. Ferner besteht eine Verbindung von Kapstadt bis Kairo. Aus Südafrika können Truppen ungehindert nach dem Norden u. Osten gebracht werden. Sobald die Interessen Englands gefährdet sind, wird der Suez-Kanal für alle anderen Staaten aufgehört haben zu existieren. Und was ist dann mit Abessinien? Was will Italien unternehmen, wenn es in Ital. Somaliland oder im Süden von Abessinien von Kenia-Land aus angegriffen wird? England braucht gar nicht viel eigene Truppen; es hat nur nötig, die Abessinier zu bewaffnen. Adieu Italien! Diese verwundbarste Stelle Italiens gibt den Ausschlag für seine Haltung.

Selbstverständlich spielt auch die Religion eine Rolle. Der Kampf der Nationalsozialisten[124] gegen die Katholiken hat ihnen in Italien viele Gegner eingebracht. Die Stellungnahme des Papstes gegen den Nat. Sozialismus ist ebenfalls zu beachten. Die kath. Propaganda kann in Italien u. allen katholischen Ländern ungehindert gegen das heutige Deutschland Stellung nehmen.[b] Wir müssen schon zu Rußland Zuflucht nehmen, um überhaupt einen »Freund« zu haben. Ausgerechnet Rußland. Der Nat. Soz. verdankt sein Bestehen einzig u. allein seinem Kampf gegen den Bolschewismus (Weltfeind Nr. 1, Antikomintern). Wohin seid Ihr entschwunden, Ihr Kämpfer gegen die asiatische Schmach? Wo sind sie alle, die täglich in Wort und Schrift gegen Rußland gekämpft haben? Keiner mehr zu hören und zu sehen. Ist das nicht eine hundsgemeine, erbärmliche Politik? Kann noch von Charakter, Ehrlichkeit u. Nationalstolz gesprochen werden?

a) *Menschenmaterial:* »die dem Führer und der Partei für die Verwirklichung ihrer Ziele zur Verfügung stehenden Menschen« (Schmitz-Berning 2000, S. 399-403). Im Sinne von »Masse der menschlichen Arbeitskräfte, die in den kapitalistischen Arbeitsprozess eingeführt, verwertet und verbraucht wird«, geht das Wort u.a. auf Karl Marx zurück.

b) *kath. Propaganda:* Das Verhältnis der Katholischen Kirche und besonders des Papstes zum NS-Regime ist bis heute Gegenstand teils heftiger Kontroversen. Auf der einen Seite wird betont, dass der Vatikan mit dem Abschluss des Reichskonkordats mit NS-Deutschland am 20. Juli 1933 nicht unwesentlich dazu beigetragen habe, dessen außenpolitische Isolation aufzubrechen. Überdies führen Kritiker das Schweigen bzw. die nur sehr zurückhaltenden und interpretationsbedürftigen Äußerungen des Papstes und der allermeisten katholischen Würdenträger zur Rassenpolitik des NS-Regimes an. Dagegen verweisen andere auf die nur sehr begrenzten Handlungsspielräume des Vatikans. Dennoch habe Rom im Verborgenen viel für Verfolgte getan, was durch eine öffentlichkeitswirksame deutliche Botschaft des Papstes gegen das NS-Regime unmöglich geworden wäre. Zudem verweisen die »Verteidiger« des Vatikans auf die Enzyklika »Mit brennender Sorge« von 1937, die von den Kanzeln in Deutschland verlesen wurde. Darin verurteilte der Papst die Rassenideologie und die Verfolgungspolitik mit zum Teil scharfen Worten. Die Enzyklika wurde daraufhin konfisziert, die katholische Kirche zahlreichen Einschränkungen unterworfen, und die Verhaftungen von Priestern nahmen zu. Vgl. z.B. Evans 2006, S. 288-305.

Ist das Verhalten überhaupt mit Ehre irgendwie in Einklang zu bringen? In der »Politik« mag manches erlaubt sein. Aber die Methoden von Gewohnheitsverbrechern brauchen aber deshalb doch noch nicht angewendet zu werden.

Ein Bismarck hätte sich nie so verwerflicher Mittel bedient. Mindestens wäre sein Tun ⟨das⟩ eines anständigen Menschen gewesen u. er wäre nicht wie ein wildgewordener Stier im Garten der Weltpolitik herumgerast.

27. Maerz 1940

Die krampfhaften Versuche des deutschen Propagandadienstes, den englischen Fliegerangriff auf Sylt in einen deutschen Abwehrsieg zu verwandeln, üben auf einen halbwegs vernünftigen Menschen keinerlei Wirkung aus.

In dem Heeresbericht war angegeben worden, daß Sylt mehrere Stunden lang angegriffen und ein »Haus« zerstört wurde.[125] Man kann nicht verlangen, daß das deutsche A.O.K.[a] alles zugibt. Es ist jedem überlassen, seinen eigenen Verstand zu Rate zu ziehen. Bei einem mehrstündigen Bombenangriff wird ohne weiteres allerhand zerstört. Da nützt es auch nichts, wenn »neutrale« Berichterstatter auf den Teil der Insel geführt werden, auf dem zufällig weniger beschädigt wurde. Das ist Flunkerei. Der deutsche Heeresbericht erwähnte den Abschuß eines englischen Flugzeuges. Dr. Göbbels hat es nach einer Woche bereits auf 6 Flugzeuge gebracht, indem er behauptet, Teile von mindestens 6 Flugzeugen seien an das Land gespült worden.[126]

Das ist ausgesprochener Krampf!

Es ist natürlich eine außergewöhnlich unangenehme Angelegenheit für einen großen Teil des Volkes und insbesondere für die berufsmäßigen Vernebeler u. Schwindler, denn[127] in allen Tonarten wurde »unsere« Flak gerühmt. Man verstieg sich zu der dummdreisten Behauptung, daß überhaupt keine feindlichen Flugzeuge jemals deutschen Boden überfliegen würden. Allerlei geheimnisvolle Andeutungen wurden dazu geflüstert. Es ist nichts zu dumm, es findet immer sein Publikum.

Denkarbeit[128] ist für[129] die Zeitgenossen[130] gar nichts. Nur mit dicken Knüppeln ist es ihnen einzubläuen. Es war falsch, daß sich der Krieg 1914-1918 auf fremdem Boden abgespielt hat. Die meisten Menschen haben gar keine Vorstellung, was eigentlich Krieg bedeutet. Nur die Erfahrung kann sie belehren. Auf die Vernunft zu bauen ist ein aussichtsloses Beginnen. –

Auf dem Wege von Laubach nach Freienseen begegnete uns ein Lastauto mit den traurigen Ueberresten eines bei Wohnfeld abgestürzten Flugzeuges. 2 Offiziere u. 2 Unteroffiziere fanden bei dem Wohnfelder Absturz den Tod. In der Nähe von Gießen sind nachts 2 weitere Flugzeuge abgestürzt. Das ergibt allein in unserer Gegend 3 Stück innerhalb 24 Stunden. Von diesen Verlusten berichtet kein Propagandist.

a) *A.O.K.:* Armeeoberkommando.

Diese Opfer werden nicht gewürdigt. Wieviel unsinniger Abgang an Menschen und Material bringt so ein überflüssiger Krieg? –

Wir hatten Gelegenheit, wiederum ein eigenartiges Exemplar eines Zeitgenossen in der Person des Wirtes K[...] ⟨in Freienseen⟩ kennen zu lernen. Ein verrückter Geselle. Mit bombastischen hochdeutschen Redensarten erzählte er von seinen Heldentaten als U-Bootfahrer.[131] Ein Sprücheklopfer ersten Ranges. Er »macht« in Heldengeist. Wütet gegen Freimaurer[b] u. Juden, die uns den Garaus machen, wenn wir den Krieg verlieren. Aha, mein lieber Freund, du hast Angst vor der eigenen Courage. »Wenn wir den Krieg verlieren«, dann kannst du Bürschchen allerdings dich auf etwas gefaßt machen. Dein »Geist« wird dir ausgetrieben. Dieser Bursche fährt im Lande herum, hält Vorträge über seine eingebildeten Taten u. macht die Jugend zu Narren. –

Ein Volksseelenvergifter übelster Sorte ist dieser Gastwirt K[...] – ein Schwager des ebenso üblen Ortsgruppenleiters Emil Hofmann[132] in Freienseen.

---

28. Maerz 1940

Quartiermacher durchziehen das Städtchen. Es verlautet, daß die in Ruppertsburg u. Freienseen einquartierten Truppen nach hier verlegt werden sollen. Auf höheren Befehl. Ein Divisionskommandeur muß schließlich auch einmal etwas tun. Was für Unsummen Geld sind allein schon für Quartierleistungen verschwendet worden. Ganz abgesehen von der Besoldung. Eine Sanitätskompanie (z.Z. in Ruppertsbg.) hat 7 Aerzte. Deutsches Volk, zahle bis du schwarz u. gelb wirst. –

Die Autostraßen liegen so schön ruhig da, sie werden sichtlich geschont. Das »motorisierte«[133] Deutschland (so haben es vor mehreren Jahren die natsoz. Marktschreier genannt) hat sich vom Auto abgewendet. Meine Voraussage: »Wenn die Autostraßen fertig sind, haben wir kein Benzin«, ist prompt eingetroffen. Aber geglaubt hat es mir keiner.

Als ich einmal meine Bedenken äußerte, daß diese Straßen die besten Wegweiser für feindl. Flugzeuge seien, wurde ich sofort beruhigt. Mit einem sagenhaften Spritzverfahren (NS Erfindung) werden sämtliche Straßen der Gegend (der Farbe nach) angepaßt.[134] Ja so ein echter Nazi ist ein Tausendsassa. Schwierigkeiten gibt es überhaupt nicht. Der freiwillige Zwang hat unendlich viel gepackt, aber schließlich hat alles einmal seine Grenzen. Mit dem großen Maul allein ist es nicht getan.

b) *Freimaurer:* In Deutschland wurde die erste Freimaurer-Loge 1737 in Hamburg gegründet; vor 1933 waren etwa 80 000 Freimaurer im Reich tätig. In der NS-Zeit kam es zur Schließung der Logen, zum Einzug ihres Vermögens und zur Verfolgung ihrer Mitglieder. Vgl. zur Verfolgung der Freimaurer durch das NS-Regime Neuberger 2001.

30. Maerz 1940.
Es wird davon gesprochen, daß der ⟨russ.⟩ Außenminister Molotow[135] in einer in Moskau gehaltenen Rede zum Ausdruck brachte, daß Rußland »neutral« bleiben werde, damit der Krieg sich nicht noch weiter ausdehnen würde.[136]

Die Herren Nazi hatten allerdings von dem russ. Bündnis eine andere Vorstellung, trotzdem es absurd ist zu glauben, Rußland würde sich für Deutschland opfern. Ein Rußland, dem doch wirklich in den vergangenen Jahren keinerlei Komplimente von deutscher Seite aus gemacht worden sind. Das Verhalten Rußlands ist die Quittung für die gemeine Behandlungsweise, die es durch die maßgebenden Herren in den Jahren 1933-1939 erfahren hatte. Ich war niemals damit einverstanden, daß »Staatsmänner« in ordinärer Weise über die Staatsmänner anderer Länder reden. Man mache sich die Mühe und lese nach, was alles über Rußland u. seine Regierung geschrieben wurde. Beleidigungen u. Verleumdungen am laufenden Bande. Das ist eben die schauderhafte »Politik«, die bei uns getrieben wurde. Warum nur Haß? Wo bleibt die Liebe? Oder wenigstens ein bißchen Anständigkeit anderen Völkern gegenüber. Genau ⟨so rabiat⟩ wie wir uns den Juden gegenüber benommen haben, genau so wollen wir alle anderen Völker, die uns irgendwie im Wege sind, zerschlagen, zertrampeln – ja sogar ausrotten[a]. (s. Polen)

1. April 1940
Wir beginnen heute den 8. Kriegsmonat. Weder der »Blitzkrieg« noch der »Blitzsieg« haben sich bewahrheitet. Mit diesen Schlagworten ist das deutsche Volk eingelullt worden. Es ist ja so unglaublich leicht, dieser Herde jeden Tag ein anderes Märchen zu erzählen. Die Leichtgläubigkeit scheint ein germanischer Geburtsfehler zu sein. –

»Krieg« in Worten. So ist er wenigstens bis heute verlaufen, abgesehen von der Vernichtung von Polen. England ⟨u. Frankreich⟩ haben ⟨bis jetzt⟩ nichts unternommen, unseren Arm festzuhalten oder uns beizubringen, daß unsere Gewaltpolitik gegen die gesamte Menschheit gerichtet ist.

9. April 1940
Aha! Die Deutschen haben Teile von Dänemark u. ⟨Häfen in⟩ Norwegen besetzt.[b] »Wir wollen lediglich diese Länder schützen und den anderen zuvorkommen« (Bel-

a) *ausrotten:* Über die Verwendung des Wortes in der Sprache des »Dritten Reiches« vermerkt Victor Klemperer: ›Ausrotten‹ [...] ist ein oft gebrauchtes Verbum, es gehört dem allgemeinen Sprachschatz der LTI an, es ist in ihrer Judensparte beheimatet, es bezeichnet dort ein Ziel, dem man eifrig nachstrebt« (Klemperer 1996, S. 188). Für Grundsätzliches zum antisemitischen Sprachgebrauch der Nationalsozialisten vgl. Klemperer 1996, S. 183-193.

b) *Teile von Dänemark u. Häfen in Norwegen besetzt:* Mit der kampflosen Besetzung Dänemarks am 9. April 1940 und der Eroberung Norwegens im Zeitraum 9. April bis 10. Juni 1940 begann der eigentliche Krieg im Westen. Mit der Besetzung Norwegens wollte Hitler Großbritannien zu-

gien von 1914!), so ⟨rauscht es im Blätterwald⟩.[137] Welche Stimmen dringen an mein Ohr? Der Durchschnittsdeutsche schwimmt in seinem Element. Wieder 2 Staaten unter der »Oberhoheit des 3. Reiches«! Einer sagt: »So geht es auch noch Belgien u. Holland.« Das muß man ruhig zuhören. – Das ist schauderhaft.

Die ganze Welt scheint wahnsinnig geworden zu sein. Findet sich denn wahrhaftig niemand, der endlich einmal zugreift. Besteht die Welt nur aus Feiglingen?

10. April 1940

Die deutschen Spießbürger schmunzeln ob der neuen »Heldentaten«. Es merkt gar keiner, daß wir uns wie toll gewordene Hunde benehmen. Wen Gott vernichten will, den schlägt er mit Blindheit! Dieses Abenteuer in Norwegen kostet den Nazis den Kopf. Wer hat zu dieser Fahrt den Befehl gegeben? Wie heißt der Wahnsinnige? Die »Siegesmeldungen« von Göbbels u. Komp. berühren mich nicht. Es ist vollkommen unmöglich, daß wir uns in Norwegen halten können. Denn der Nachschub ist das A u. O jeder militärischen Unternehmung. Wissen das die Befehlshaber der NSDAP. nicht? Verzeihung, ein Gefreiter kann ja nicht alles wissen.

11. April 1940.

In dem Heeresbericht des Oberkommandos der deutschen Wehrmacht vom 10. April 1940 befindet sich folgendes Eigenlob:

»... Die Landung der deutschen Truppen ist an allen Stellen von Oslo bis Narvik gelungen, eine in der Seekriegsgeschichte bisher einzig dastehende Leistung.«[138] –

Das stimmt. In Ihrer Gemeinheit ist das ganz bestimmt eine einzig dastehende Leistung. Es wäre sehr angebracht, wenn für derartige dunkle Taten weniger bombastische Worte gebraucht würden. Uebrigens wäre es[139] weitaus klüger gewesen, nichts in die Welt hinauszuposaunen und zuerst einmal die Schritte der anderen abzuwarten. Vielleicht wird sich bald herausstellen, daß es einer der unsinnigsten Angriffe war, der jemals von einer Macht gegen einen[140] neutralen Staat[141] unternommen worden ist. Die ⟨gesamten deutschen⟩ Truppen in Norwegen sind von der Zufuhr aus der Heimat abhängig. Nach einigen Tagen wird sich bereits zeigen, in wie hohem Maße die militärischen Unternehmungen auf fremdem Boden von dem Nachschub abhängig sind. Jede Stockung kann die verhängnisvollsten Folgen haben. Die Zukunft wird es uns offenbaren, ob es ein Geniestreich oder eine Wahnsinnstat war. –

vorkommen und die Lieferung von Erz aus Schweden sicherstellen. Vgl. Stegemann 1979; Ottmer 1994.

12. April 1940

Nun war er da, er, der Herrlichste von allen. Durch Anruf erhielten wir vom AG Grünberg die Mitteilung, daß der Herr Landgerichtspräsident unterwegs sei. Die Stellungen wurden pünktlich bezogen u. der Angesagte traf kurz nach 15 Uhr hier ein. Nach längerer Rücksprache mit Assessor Graefling[142] wurden wir auf das Richterzimmer befohlen. Der mir sattsam bekannte Herr[a] hielt eine arme Ansprache, worin wir inneren Frontler ermahnt wurden, weiterhin unsere Pflicht zu tun bis zum Endsieg, an dem nicht zu zweifeln wäre. –

Der Herr Parteigenosse LG. Präsident Colnot hat sein Sprüchelchen hergesagt und verabschiedete sich um 17 Uhr mit dem Bemerken, er habe sich ja nun reichlich unbeliebt gemacht. Diese Selbsterkenntnis ist der einzige sympathische Zug, den dieser Bonze für mich an sich hatte.

Seine Beanstandungen waren solche bürokratischer Natur (Fristenkalender, Aktenausgabebuch, Registratur). Er vergaß nicht anzukündigen, daß er demnächst zur vorgeschriebenen Revision erscheinen würde.

a) *Der mir sattsam bekannte Herr:* Kellner bezieht sich auf das Verhör im Februar des Jahres. Landgerichtspräsident Hermann Colnot (1888-1959) hatte als Richter in der Weimarer und NS-Zeit Karriere gemacht, zunächst als Landrichter in Frankfurt am Main (1921), später als Amtsgerichtsrat in Minden/Westfalen (1927) und Wetzlar (1928), ab 1937 als Amtsgerichtsdirektor in Wiesbaden. Colnot war seit dem 1. Mai 1933 Mitglied der NSDAP. In Wetzlar – so seine Personalakte – habe er als Vorsitzender des Anerbengerichts die ihm gestellten Aufgaben »mit besonderer Tatkraft, Geschick und Gewandtheit angefaßt und sie im Geiste des Reichserbhofgesetzes durchgeführt«. In der Beurteilung hinsichtlich Colnots Befähigung zum Landgerichtspräsidenten heißt es abschließend: »Er ist ein gerader, fester Charakter von schlichter Pflichttreue, ernster Dienstauffassung und unbedingter Zuverlässigkeit, hat ein sicheres und bestimmtes Auftreten sowie ein hilfsbereites, echt kameradschaftliches Wesen. Als überzeugter Nationalsozialist ist er mit Ernst und Eifer bestrebt, die Geschäfte im Geist der nationalsozialistischen Weltanschauung zu führen und diese Gesinnung auch bei allen Behördenangehörigen zu fördern und zu pflegen« (HStAD, Best. R 12 P, Nr. 648: Personalakte Hermann Colnot, 1939). Anlässlich seines Amtsantritts in Gießen am 1. September 1939 erschien im »Gießener Anzeiger« ein Artikel mit Angaben zu seinem Werdegang: »In den von ihm u. a. in der Fachschaft ›Deutsches Recht‹ veröffentlichten Aufsätzen hat Colnot zu der Frage der Ausschaltung des Juden aus dem deutschen Volke mit Mitteln der Rechtspflege Stellung genommen, wie er auch durch das in der Fachwelt bekannte ›Wetzlarer Urteil‹ von Mitte Juni 1935 vor der Herausgabe der Nürnberger Gesetze von sich reden machte« (»Der neue Landgerichtspräsident im Amt«, in: Gießener Anzeiger, 2./3.9.1939, 3. Blatt). Noch im Jahr 1940 wechselte Colnot als Landgerichtspräsident nach Darmstadt, ab 1941 war er NSDAP-Parteirichter. Vgl. HStAD, Best. R 12 P Nr. 648; BArch. (ehem. BDC), OPG-Richter: Colnot, Hermann, 17.5.1888; Lebensdaten nach Auskunft des Standesamts Biedenkopf. Nach einer undatierten, von Kellner aufgehobenen Zeitungsmeldung wurde Hermann Colnot nach dem Krieg von einer Wiesbadener Spruchkammer in die Gruppe II der Aktivisten eingestuft und mit eineinhalb Jahren Arbeitslager bestraft (Artikel »Ehemaliger Gießener Landgerichtspräsident belastet«, loser Zeitungsausschnitt aus dem Nachlass Friedrich Kellners; Privatbesitz).

13. April 1940
Ich erfuhr von Assessor Graefling, daß Präsident Colnot besonders liebevoll sich meiner Person annahm und Erkundigungen einzog. Da bin ich nun daran gewöhnt in dieser glorreichen Zeit von 1933-1940. Wie oft ist schon der Versuch gemacht worden, mich anzuknappern. Bis jetzt ist es diesen Verachtern der Menschenrechte nicht gelungen, mich zu legen. Allerdings nur deswegen, weil ich ihre Nachbarschaft scheue wie das Feuer. Nur unter Gleichgesinnten ziehe ich vom Leder. Mit gewaltiger Ueberzeugungskraft kritisiere ich jede Handlung dieser ⟨Nazi-⟩Untermenschen. Jeden Fehler, den sie der Mitwelt mit krankhaftem Eifer verschweigen wollen, zerre ich ans Tagelicht und hacke solange darauf los bis mein Gegenüber auch Bedenken äußert. In meiner Umgebung gibt es keinen überzeugten Nazi mehr. Dieser Kampf kostet Nervenkraft. Es muß aber sein. Die Vorarbeit zum Zusammenbruch ist von ungeheurer Bedeutung.[b] –

Die Knechtschaft dauert nur noch kurze Zeit … nicht wahr, Herr Horst Wessel, so haben Sie doch gesungen?[c]

Sie sind ein Prophet, Herr Horst Wessel!

Was denkt der »geniale« Gefreite? Dieser Clown ⟨in⟩ der Weltgeschichte!

Das gibt die schönsten Tage meines Lebens, wenn dieser Völkermörder seine gerechte Strafe erhält. Die zahllosen ⟨furchtbaren⟩ Leiden ⟨so vieler Menschen⟩, für die er verantwortlich ist, können leider nicht mehr wiedergutgemacht werden. Aber trotzdem waren sie nicht umsonst erduldet worden. Denn wie soll es dem einfältigen deutschen Volke beigebracht werden? Nur durch die bittere Erfahrung – sonst durch nichts. Verstand u. Vernunft sind nicht vorhanden.

b) *Vorarbeit zum Zusammenbruch:* Kellner hat seine Widerstandsversuche in zwei handschriftlichen Listen (Liste »Aktiver Widerstand«, Liste »Passiver Widerstand«) stichwortartig festgehalten. Ähnlich wie im Tagebucheintrag vermerkt er unter Punkt 1 der Liste »Aktiver Widerstand«: »Meine Umgebung fortgesetzt aufgeklärt und zum Widerstand stark gemacht.« Unter Punkt 4 verweist er auf die Früchte seiner Aufklärungsarbeit: »Von den Mitarbeitern sind B[…], M[…] B[…], E[…], Sch[…] keine Parteigenossen gewesen. Das war nur denkbar, weil ich als geschäftsleitender Justizinspektor meinen ganzen Einfluß aufgewendet habe, um sie in ihrer Haltung zu stärken. Wäre der Geschäftsleiter ein PG gewesen, dann war das gesamte AG 100% nationalsozialistisch« (undatiertes Einzelblatt, Privatbesitz).

c) *Die Knechtschaft dauert nur noch kurze Zeit …* Auszug aus dem Lied »Die Fahne hoch!« von Horst Wessel, das sogenannte Horst-Wessel-Lied, 3. Strophe: »Zum letztenmal wird zum Appell geblasen, zum Kampfe stehn wir alle schon bereit. Bald flattern Hitlerfahnen über allen Straßen. Die Knechtschaft dauert nur noch kurze Zeit.« Vgl. Baumann 1939, S. 122; weiter Pallmann 1934, S. 21 sowie von Schirach 1933, S. 105f., jeweils mit leicht voneinander abweichenden Texten. Das Horst-Wessel-Lied gehörte zu den wichtigsten NS-Liedern. Der SA-Mann Horst Wessel (1907-1930) hatte es in den zwanziger Jahren verfasst, erstmals veröffentlicht wurde es am 23. September 1929 in Goebbels' Zeitung »Der Angriff«. Nachdem Wessel im Verlauf privater Streitigkeiten am 23. Februar 1930 erschossen worden war, wurde er von der Propaganda zum politischen Märtyrer stilisiert und das Lied noch 1930 als Parteihymne anerkannt. Im Juli 1933 verfügte Reichsinnenminister Wilhelm Frick, die erste Strophe des Horst-Wessel-Liedes bei Parteifeiern und ähnlichen Veranstaltungen der Nationalhymne anzuhängen. Vgl. Siemens 2009. Eine ausführliche musikgeschichtliche Dokumentation über das Horst-Wessel-Lied findet sich bei Prieberg 2004, S. 7714-7717.

Das deutsche Volk muß in seiner Gesamtheit wie ein kleines Kind belehrt werden:

Unrecht Gut gedeihet nicht![143]
Was du nicht willst das man dir tu, das füg' auch keinem anderen zu![144]
Der Krug geht solange zum Brunnen bis er bricht.[145]
Begehre nicht deines Nächsten ...[146]
Du sollst nicht töten![147]
Du siehst den Splitter in des Nachbars Augen, aber nicht den Balken im eigenen![148]
usw.
⟨Bleibet im Lande und nähret Euch redlich (Dänemark, Norwegen).[149]
Edel sei der Mensch, hilfreich und gut.⟩[150]

In unserem Landstädtchen hat die Maul- und Klauenseuche Einzug gehalten. Die hitlerische Vorsehung scheint ihre huldvolle Hand zurückzuziehen. Hoffen wir das beste. Die Hauptsache ist, daß die Seuche auch bei dem Bauernfänger u. Bauernverführer Röder (genannt Reisbrei) Einzug gehalten hat. Diesem Burschen ist es zu gönnen. –

14. April 1940.
Sonntagsruhe. Bis zur Stunde ⟨(11 Uhr)⟩ habe ich noch keine singenden Marschkolonnen gehört. Diese ⟨eine⟩ angebliche Sanitätskompagnie ist ein ausgesprochener Zirkus (ein Unteroffizier, dem gegenüber ich dieses Wort gebrauchte, bestätigt es mit Ueberzeugung). Mehrere Stunden marschierte dieser Club im Hofe der Realschule im Kreise herum, fortwährend Marschlieder singend. Ich habe diese militärische Einheit als »kriegführender Gesangverein« bezeichnet. In der Nacht vom 9. zum 10. April war auch Alarm. Mit der Nachtruhe war es vorbei. Im Amtsgebäude befinden sich in einem Raum Vorräte dieser gesangskundigen Kompagnie. Da ging es treppauf treppab mit Kisten u. Kasten. Am frühen Morgen kam Licht in diesen Alarm. Es war nur Probe. Aber hinten herum wurde angedeutet, daß in einigen Tagen abgerückt würde. Ein Stabsarzt flüsterte etwas von Entlastungs-Offensive im Westen. Entlastung? Wo müssen wir entlastet werden? In Norwegen? Ich glaube, die gesamten Gewalthaber vom Hakenkreuz werden bald alle entlastet werden. –

Der Landwirtschaft fehlt es an Arbeitskräften, und in den Städten und Dörfern lungern Millionen Menschen herum und warten auf Wunderdinge. Welteroberer, Euer Verstand ist Euch geraubt worden!

Bei der Verteilung von Samen erhielten Bauern nur 50% ihres bestellten Kleesamens. Aber trotzdem wird die »Erzeugungsschlacht«[a] von Herrn Darré[151] gewonnen

a) *Erzeugungsschlacht:* Das Konzept der »Erzeugungsschlacht« wurde 1934 von Staatssekretär Herbert Backe vom Reichsministerium für Ernährung und Landwirtschaft wegen der schlechten Ernte entwickelt. Es enthielt einen umfassenden Maßnahmenkatalog zur Steigerung der Effizienz in

werden – auf dem Papier. Welch ein Glück wäre es für unser Volk, wenn es kein Papier mehr gäbe. Der Papierkrieg steht in voller Blüte. Die Partei muß über ungeheure Vorräte verfügen. –

---

15. April 1940.

Die Menschheit würde aufatmen, wenn es keinen Hitler mehr gäbe. Ein aus Oesterreich eingewanderter Arbeitsloser (Adolf Hitler) will die Welt beherrschen. Es ist nicht möglich, mit 5 gesunden Sinnen zu begreifen, wie sich das gesamte deutsche Volk willenlos zur Schlachtbank führen läßt. 80 Millionen glauben an Wunder, die nicht geschehen können. Wie wird das enden? Ich habe das dunkle Gefühl, daß wir am Wendepunkt angelangt sind. Das Zusammenkratzen von Altmetall mit den bekannten propagandistischen Begleiterscheinungen ist im Gange. Die Freiwilligkeit artet wie immer in Zwang aus. Bei Heynemann[b] erschien der Gendarmeriemeister Lauber[152] und drohte mit Konzentrationslager, wenn[153] die Metallgegenstände nicht abgeliefert werden.

Ich kann es verstehen, wenn ein Ausländer an dem deutschen Volke irre wird und es einfach nicht in sich aufnehmen kann, weshalb diese Tyrannei u. Bonzokratie nicht zum Teufel gejagt wird. Ein Außenstehender kann doch nicht bis zum letzten durch den Wirrwarr der Parteiorganisation, den Verbänden, den Gliederungen[154] auf den Grund schauen. Die Organisation ist verteufelt raffiniert aufgezogen.[c] Schon die vielen Amtsleiter, die alle kommandieren u. das Volk quälen dürfen. Das reizt die Verbrechernaturen. Edle Männer gibt es darunter nicht. Brutal muß einer sein, dann ist es der richtige Kämpfer. Haben diese Kerle einmal einen Posten, so bemühen sie sich natürlich, damit sie ihn behalten. Die Summe derartiger Kreaturen (Postenjäger, Materialisten, Faulenzer) ergibt dann ein starker Block. Einer stützt den anderen. Jeder weiß, es geht um das Ganze. Und darin liegt die Stärke. Und auch die Schwäche. Die große Zahl der Mitglieder der Partei (Pg) birgt auch eine große Zahl von

der Landwirtschaft und wurde durch intensive Propaganda begleitet. Das Vorbild lieferte die 1925 von Mussolini ausgerufene »Battaglia del Grano« (Weizenschlacht). Vgl. Münkel 1996, S. 109f.; Schmitz-Berning 2000, S. 210-212.

b) *Heynemann:* Gemeint ist wohl der jüdische Kaufmann Sally Heynemann (1879-1942). Vgl. die Anmerkung zu den jüdischen Familien in Laubach im Eintrag am 10. Oktober 1941.

c) *Wirrwarr der Parteiorganisation:* Die NSDAP folgte streng dem Führerprinzip und war vertikal gegliedert vom Führer über den Stellvertreter des Führers, den Gau-, Kreis-, Ortsgruppen- bis hin zum Blockleiter. Außer diesen »Hoheitsträgern« gab es das Korps der Politischen Leiter, die nur fachliche Aufgaben zu bearbeiten hatten. Diese waren von der Reichsleitung der NSDAP bis hinab zur Ortsgruppe vertreten. Es gab u.a. die folgenden Ressorts: Reichsschatzmeister, Oberstes Parteigericht, Reichsamt für Agrarpolitik, Reichsrechtsamt, Reichsführer SS, Stabschef der SA etc. Überdies gab es die Gliederungen der NSDAP, u.a. SA, SS, HJ, die NS-Frauenschaft usw. Vgl. Benz/Graml/Weiß 2007, S. 662f.

Lumpen in sich. Aber der Oberstkommandierende hat sich gesagt, je mehr mit mir verbunden sind, um so geringer wird die Wahrscheinlichkeit eines Sturzes. –

Jetzt nähern wir uns einem kritischen Stadium. Die täglichen »Siege« reichen nicht mehr aus, um die kommende Niederlage zu verschleiern.

Wahnsinniger oder Verbrecher?

Ich sage: wahnsinniger Verbrecher.

16. April 1940

Die gleichgeschaltete Presse (d.i. die Stimme Goebbels) gibt sich noch nicht geschlagen. Die Siegesnachrichten aus Norwegen sind noch im vollen Gange. Wenn das deutsche Volk einmal in seinem ganzen Umfange die ihm aufgetischten Märchen u. Indianergeschichten als das erkannt, was sie sind – dann ist es allerdings zu spät. –

Wieviel hätte in Europa sich anders gestalten können, wenn das feige nordamerikanische Volk sich heldenhafter gezeigt hätte.[a] Wie kann denn ein Mensch so kurzsichtig sein u. glauben: ich sitze auf einer Insel, mich geht die übrige Welt nichts an. Ist wirklich keinem zum Bewußtsein gekommen, daß Hitler sich nicht mit einem armen Europa begnügt, sondern unter allen Umständen da hingeht, wo noch etwas zu rauben u. zu stehlen ist? Hat das amerikanische Volk das wirklich nicht gesehen?

Mehr Idealismus, meine Herrschaften!! Wo die Menschlichkeit und Gerechtigkeit mit derart grausamen Mitteln zertrampelt wird wie in Europa durch Hitler u. Genossen, da muß die ganze Welt sich dagegen stemmen u. derartige Gesellen entwaffnen. Wiederum muß ich an Abessinien denken. Hätte damals Mussolini einen Denkzettel bekommen, wer weiß, ob sich nicht alles anders entwickelt hätte.

Ich gebe natürlich zu, daß man sich auf den Standpunkt stellen kann, es mußte alles so kommen, denn der Menschheit ist es nicht auf andere Weise beizubringen. Denken will ja keiner. Erobern ist doch so wunderschön. Sei es wie es wolle – wir werden die Bande los.

»Heil Hitler«

Heilt Hitler wäre gewiß ein ⟨besserer⟩ Ruf der Sachlichkeit gewesen.

17. April 1940

Professor Dr. Weißbart[155], der einem Mastschwein ähnlicher sah als einem Mensch, hat seinen Geist ausgehaucht. Ein Schlaganfall hat seinem nutzlosen Leben ein Ende gesetzt. Er hat zuletzt nur gefressen und gesoffen. ⟨Bei der Einlieferung in das Krankenhaus wog er 370 ℔.

---

a) *das feige nordamerikanische Volk:* Seit 1920, nach der Wahl von Warren G. Harding zum Präsidenten, bestimmte der Isolationismus, eine weitgehende weltpolitische Zurückhaltung der USA, die amerikanische Außenpolitik. Erst nach Beginn des Zweiten Weltkriegs im September 1939 vollzog Präsident Roosevelt schrittweise einen Kurswechsel. Vgl. Bierling 2003, S. 74-83.

18. April 1940

Nach dem Kriege müssen doch die Engländer gefragt werden, wie es bei ihrer täglichen Behauptung, daß sie die Meere beherrschten, ⟨für Deutschland⟩ möglich gewesen ist, an 6 Stellen Truppen in Norwegen zu landen. So befanden sich allein in Narvik (Nord-Norwegen) 10 deutsche Kriegsschiffe u. eine große Anzahl Transportschiffe. Eine überaus schlechte englische Luftaufklärung u. eine nicht viel bessere »Beherrschung der Meere«.

19. April 1940

»Heute gehört uns Deutschland, morgen die ganze Welt«, so brüllt die Jugend, und »denn wir fahren gegen Engeland«,[156] brüllt der Rest.

Gegen Engeland fährt ein Teil – aber als Gefangene. Nicht so wenig haben ihren Wahnsinn mit dem Tode bezahlt und sind auf den Grund des Meeres gefahren. –

So endet ein mit »Elan« und Unvernunft begonnenes Unternehmen. Was geschieht mit den Verantwortlichen? Wie werden die gemeinen Lügen eines Göbbels bestraft?

24. April 1940

Der Bürgermeister Otto Högy von Laubach ist zum Bürgermeister in Moschin bei Posen ernannt worden. Diesem »edlen« Manne[b] wünsche ich viel Glück! (Pg = Parteigenießer)

b) *Diesem »edlen« Manne:* Kellners Bemerkung ist vor dem Hintergrund einer knapp einen Monat zurückliegenden Vorladung auf der Laubacher Bürgermeisterei zu verstehen. Am 22. März 1940 war er von Bürgermeister Otto Högy und NSDAP-Ortsgruppenleiter Otto Pott – im Beisein von Heinrich Scherdt – »befragt« und mit Verhaftung bedroht worden. Högy und Pott stützten sich auf ein Schreiben des Politischen Leiters Hermann Engst vom 18. März 1940, worin Engst zu den Möglichkeiten, Kellner in ein Konzentrationslager einweisen zu lassen, Stellung nahm. Das Original des Schreibens ist erhalten (Privatbesitz), ebenso eine von Kellner selbst angefertigte Abschrift, die der Wiedergutmachungsakte (1965/66) beigefügt ist. Die Urschrift befand sich, wie Kellner vermerkt, in den Akten des Ortsgruppenleiters Pott: »An Ortsgruppenleiter Pg. Pott in Laubach (Oberhessen). Ich habe zwischenzeitlich mehrmals über den Notizen zum Fall Kellner gesessen und mir, wie besprochen, die Form für einen Stimmungsbericht überlegt. Ein Ergebnis konnte ich nicht finden. Denn: Interessenlosigkeit gegenüber dem Staat und seinen Zielen hat Kellner nicht gezeigt. An seinem Amt und Dienst wird niemand etwas aussetzen können. Er verstößt durch sein Verhalten nur gegen unsere nationalsozialistischen Grundsätze. Wer gegen den Staat verstößt, wird mit staatlichen Mitteln gefaßt. Wer gegen die Partei lau ist, kann nur von der Partei gefaßt werden und nur nach deren öffentlich rechtlichem Gesetz zu etwas gezwungen werden. Hier sind Staat und Partei zweierlei. Darum ist, so nahe uns der Gedanke liegen mag, ein staatliches Mittel bei ihm nicht möglich. Wir dürfen nicht vergessen, daß Menschen vom Typ Kellner viel zu intelligent sind, als daß sie sich greifbar schuldig machten und deswegen vor ein Disziplinargericht gestellt werden könnten. Erst wenn sie durch Äusserungen oder Handlungen der Geheimen Staatspolizei eine Handhabe gegeben haben, sind sie angreifbar und dann durch die staatlich- und parteidienstliche Stelle, die die Gestapo einnimmt, über den Stellvertreter des Führers hinweg,

25. April 1940

Der Krieg nimmt humoristische Formen an. Die Engländer behaupten, Angriffe auf Sylt und einige von Deutschen besetzte Flugplätze in Dänemark und Norwegen ausgeführt zu haben. Den Flugplatz von Stavanger wollen sie bereits 12mal angegriffen haben. Die Flugplätze werden angegriffen. Warum denn nicht die Fabriken, die Flugzeuge herstellen?

Genau so ist es mit den U-Booten. Jagd auf U-Boote. Aber um Gotteswillen ja nicht die Werften angreifen. Es wäre doch schauderhaft, wenn der Gegner keine Schiffe mehr bauen könnte. Dann wäre es aus mit der Jagd u. der Krieg müßte beendet werden. Oder es werden hunderte von Spazierflügen unternommen, anstatt die wichtigsten Eisenbahnlinien u. Brücken zu zerstören.

Diesen Krieg mag verstehen wer will. Mit dem Verstand allein ist nicht auszukommen. Der Herr Franzose meldet: 2 franz. Jagdflieger hätten ein großes Flugboot der Deutschen verfolgt, das nur mit Mühe entrinnen konnte. Die richtige Meldung wäre gewesen: Es hat sich heute gezeigt, daß die deutschen Maschinen besser sind, denn 2 unserer Flieger waren nicht imstande, ein Flugzeug der Deutschen zu vernichten.

———

10. Mai 1940

Vorm. verliest Herr Dr. Josef Göbbels Proklamationen, wonach nachts Luxemburg, Belgien und Holland angegriffen worden sind.[a]

Eine große Erregung bemächtigt sich derjenigen Deutschen, die noch einen Funken Anstandsgefühl in sich haben. Die Brutalität feiert Triumphe. Die Nazis schwelgen wieder einmal u. faseln von einem Kampfe, der für 1000 Jahre die Entscheidung bringen wird. Es wäre wahrlich höchste Zeit, daß diesen Herrschaften endlich einmal auf die Verbrecherfinger geklopft würde. Wenn jetzt die Herren Engländer immer noch nicht wissen, was los ist, dann kann ihnen selbst der Herrgott nicht mehr helfen.

reif für das Konzentrationslager geworden. Wenn wir Leute vom Schlage Kellner fassen wollen, müssen wir sie aus ihren Schlupfwinkeln herauslocken und schuldig werden lassen. Ein anderer Weg steht zur Zeit nicht offen. Zu einem Vorgehen ähnlich dem seinerzeit gegen die Juden ist die Zeit noch nicht reif. Das kann erst nach dem Kriege erfolgen. Darum nehme ich an, der Kreisleiter wird einem entsprechenden Stimmungsbericht, wie wir ihn ausdachten, ablehnen und damit ist er ja zwecklos. Heil Hitler! gez. Engst« (HHStAW, Abt./Nr. 518/29744: Wiedergutmachungsakte Friedrich Kellner, Bl. 9, undatierte Anlage »Betr.: Antrag der Ortsgruppe Laubach der NSDAP.«).

a) *Luxemburg, Belgien und Holland angegriffen:* Am 10. Mai 1940 griff die Wehrmacht die Benelux-Staaten an. Die Niederlande kapitulierten bereits am 15., Belgien folgte am 28. Mai 1940. Am 22. Juni 1940 kam es in Compiègne zur Unterzeichnung des Waffenstillstands zwischen dem Deutschen Reich und Frankreich, dessen nördlicher Teil fortan unter deutscher Militärverwaltung stand. Die französische Regierung unter Marschall Philippe Pétain verlegte ihren Sitz in den unbesetzten Süden Frankreichs nach Vichy. Vgl. Benz/Graml/Weiß 2007, S. 875f.

11. Mai 1940.
Mr. Chamberlain hat endlich sein Amt niedergelegt. Ein unglaublich trauriger Trottel ist damit endgültig verschwunden. –

Jetzt wird dem hirnverbrannten Nazivolk gezeigt werden, was es heißt, mit der ganzen Welt sich zu verfeinden.

Es wird viele Opfer kosten bis die Vernunft langsam aus einer besseren Vergangenheit wieder Einkehr hält. Eine bittere Lehre für diese verrückt gewordene Generation – wenn sie nur heilsam wird, dann sind selbst diese Opfer nicht vergeblich gewesen.

Wehe den Missetätern!

Wehe diesen Bestien in Menschengestalt!!

---

12. Mai 1940
Man hört, daß die Deutschen versuchen, durch Fallschirmabspringer im Rücken der Belgier und Holländer Verwirrung anzurichten. Diese russische Erfindung gefiel natürlich in ihrer Heimtücke den Nazis u. schon wurde diese Einrichtung kopiert. Ich kann mir denken, daß vielleicht bei den Hottentotten dieses Verfahren einigen Erfolg haben könnte. Aber gegen einen modern ausgerüsteten und intelligenten Gegner wird es eine Spielerei bleiben und mit der Vernichtung der eingesetzten Abspringer enden. Wenn man nicht eine ganze Division an einem Punkte absetzen kann, sollten derartige kindliche Unternehmen überhaupt gar nicht in Betracht gezogen werden. Aber es ⟨ist⟩ ja unmöglich, diese Gewaltmenschen belehren zu wollen. Nur der eingeschlagene Schädel wird ihnen zeigen, daß eine Wand stärker sein kann als[157] ein dummer Kopf. Wenn das Für und Wider derartiger Kampfmethoden in Friedenszeiten öffentlich diskutiert werden dürften, wie es in den freien Ländern der Fall ist, so würden diese übergescheiten Erfinder wohl kritischer von einem Generalstab betrachtet oder von der öffentlichen ⟨Kritik eines besseren belehrt werden⟩. Genau so war es mit dem Angriff auf Norwegen. Was für eine törichte Angelegenheit. Vor der ganzen Welt als hundsgemeiner Einbrecher dastehen und einen auf der ganzen Linie äußerst zweifelhaften Augenblickserfolg buchen, das sind wirklich keine Heldentaten, deren sich ein Volk zu rühmen braucht.

Gibt es keine anständigen Offiziere mehr? Sind überhaupt alle Deutschen mit Ehre und Charakter ausgestorben? Fast scheint es so.

20. Mai 1940.
Ereignisreiche Tage liegen hinter uns.

Ein vollkommenes Versagen der Heerführer auf der anderen Seite ermöglichte es den deutschen Truppen, Holland u. Belgien zu überrennen und in Frankreich einzudringen.

Der Ernst der Situation für Frankreich braucht wohl kaum betont zu werden. Es ist unglaublich, wie wenig dieses Land für seine Verteidigung, die natürlich einzig und allein in einem überwältigenden Angriff von Bombenflugzeugen auf Deutschland bestehen konnte, getan ⟨hat⟩. Wenn es nicht absurd wäre, daran zu glauben, könnte man versucht sein anzunehmen, gewisse Kreise in Frankreich hätten darauf hingearbeitet, ihr Land dem Eroberer Hitler in die Hand zu spielen.

Frankreich war 1914 in der Lage, an der Marne den deutschen Angriff zum Stehen zu bringen. Fast sieht es so aus, als wäre das Frankreich von 1940 hierzu außerstande. Es kann nur eines geben: die gesamten Streitkräfte, wo sie auch stehen mögen, muß Frankreich zusammenziehen und gegen die vorrückenden deutschen Truppen werfen. –

Soeben erfahre ich, daß General Weigandt den franz. Oberbefehl übernommen hat. Ein Beweis dafür, daß meine Beschuldigung der Unfähigkeit des Generals Gamelin klar vor uns liegt. –

Die gesamten Botschafter u. Attaches haben ebenfalls versagt. Waren diese Herren nicht in der Lage, in die ungeheure Aufrüstung Deutschlands hineinzusehen? In jeder illustrierten Zeitung konnte man Bilder sehen, die immerhin manches verrieten. Hinzu kommt, daß jedes kleine Kind irgend etwas von der Aufrüstung wußte.

Und die ganze Welt sah zu!

Arme Welt!

Die von den Franzosen u. Engl. in den letzten[158] Jahren begangenen Fehler sind derart riesengroß, daß es fast nicht zu glauben ist:

a.) Angefangen mit Abessinien (Völkerbundsmitglied wird von den übrigen Mitgliedern vollkommen im Stiche gelassen. Weshalb wurde der Suez-Kanal nicht von einigen entschlossenen Männern gesperrt?)
b.) Entmilitarisierung des Rheinlands!
c.) Aufrüstung Deutschlands!
d.) Besetzung Oesterreichs (die Garantiemächte schauen zu)
e.) Besetzung u. Zertrümmerung der Tschecho-Slowakei (der Bündnispartner Frankreich tut nichts)
f.) Zerschmetterung von Polen (die Bundesgenossen »versprechen« Hilfe)
g.) Angriff Rußlands auf Finnland (die Westmächte »wollen« helfen)
h.) Angriff Deutschlands auf Norwegen (die »helfenden« Engländer flüchten)

Wo ist eigentlich die englische Flotte?

Diese Flotte hätte am 1. Sept. 1939 eingesetzt werden müssen u. zwar zur Hilfe Polens. Statt dessen legt sich diese Flotte bei Scapa Flow tatenlos hin u. läßt sich Verluste auf Verluste zufügen. Wird denn die ganze Welt von Idioten regiert?

21. Mai 1940

Genau wie die deutsche Demokratie hat bis jetzt die Weltdemokratie versagt. Die Welt beugt sich 3 Tyrannen (Mussolini, Stalin, Hitler).

Insbesondere hat sie keine Gegenaktion gegen die Militarisierung der deutschen Jugend (HJ., BdM) und keinerlei Schritte gegen SA u. SS unternommen.

Ab dem 10. Lebensjahre ist jeder Deutsche militarisiert.

Was habt Ihr Unterhäuser u. Senate gegen diese Macht unternommen?

22. Mai 1940.

Es hat den Anschein, als ob auch nicht ein einziger Mann auf der Gegenseite die von Deutschland kommende Gefahr erkannt habe. Zweifellos sind innerhalb Deutschlands schwache Punkte vorhanden. Geradezu offensichtlich sind sie in dem Mangel an Holz u. dem schlechten Zustand der Eisenbahnen. Als wir in Polen einfielen, war der günstigste Augenblick für den Gegner mit Angriffen auf diese Objekte. Wir hätten noch nicht einmal die Truppen von Osten nach Westen bringen können, wenn eine planmäßige Zerstörung der Eisenbahnlinien u. Brücken erfolgt wäre. Es gab lange Strecken, wo keinerlei Abwehr vorhanden war. Mit verhältnismäßig geringen Flugzeugkräften hätte dieses Zerstörungswerk durchgeführt werden können. Rein gar nichts ist unternommen worden. Dabei hatten diese Herrschaften ihrem Bundesgenossen Polen »Hilfe« zugesagt. Hat die Menschheit schon einmal einen solchen Wahnsinn erlebt?

Frankreich wartete ruhig ab bis die gesamten Streitkräfte aus ⟨dem⟩ Osten ohne jeden Verlust von Osten nach Westen gebracht wurden und läßt sich dann selbst abschlachten!! Kann das irgend jemand verstehen? Die beste Verteidigung ist der Angriff. Warum wurde nicht Baden u. der Schwarzwald angegriffen? Warum noch nicht einmal die Schienenwege des Rhein-, Mosel- und Lahntales?

Es gibt nur eine einzige Erklärung für dieses unglaubliche Versagen: Verräter am eigenen Volke haben in den Generalstäben gesessen. Leute, die ebenfalls in ihren Ländern den Faschismus einführen wollen.

29. Mai 1940.

Die Schlächterei mag ausgehen, wie sie will, es wird die historische Schuld der Westmächte bleiben, nicht frühzeitig genug die schärfsten Abwehrmaßnahmen gegen die fortgesetzte Angriffspolitik Deutschlands unternommen zu haben. Es bestanden Möglichkeiten hierzu, aber es wurden keinerlei Maßnahmen ergriffen. Pflaumenweiche Politik ändert nicht den Sinn eines Tyrannen. Die schärfsten Mittel sind noch immer mild zu nennen. Wo ist die Flotte der Engländer?

Das ist auch noch eine Angelegenheit für sich. Die kleine polnische Flotte fand den Weg von der Ostsee nach England. Aber nicht ein einziger Kahn kam von England nach Polen! Traurig, überaus traurig – aber leider wahr. –

Bis diese Herren Engländer aufwachen ist ein großer Teil von Europa ein Trümmerhaufen.

30. Mai 1940.
Der König von Belgien hat seinen Truppen den Befehl erteilt, die Waffen niederzulegen. Das kann nur ein Verrückter machen. Es ist schon ungemein kläglich gewesen, die kleine Grenze nicht besser zu armieren. Es[159] durfte unter gar keinen Umständen zu einem derartig schnellen Zusammenbruch kommen. Natürlich ⟨ruht⟩ eine große Schuld auf England. Der beste Schutz für England war doch ein wehrhaftes Belgien. Dieses Land mußte mit allen Mitteln, insbesondere einem großen Heere, binnen 24 Stunden unterstützt werden. Wenn man aber – wie England es tat – erst im Mai 1939 ein schwaches Wehrgesetz auf die Beine bringt, dann braucht sich niemand über die große Schwäche Englands zu wundern. Alle Versäumnisse, alle Fehler werden sich bitter rächen, und der Kampf wird nur um so grausamer.

Was nützt es, wenn wir fortgesetzt Länder verschlucken? Die Verdauungsbeschwerden werden sich sehr bald zeigen.

Die Zerstörungen im eigenen Lande durch feindliche Flugzeuge wirken sich auch eines Tages aus. Der Transport der Kohlen für den Winterbedarf kann erheblich gestört werden. Selbst die Versorgung der Bevölkerung wird gefährdet. Der Eisenbahn ist in Friedenszeiten eine große Rolle zugedacht. Und heute herrscht auch noch Benzinmangel. Wir gehen herrlichen Zeiten entgegen![160]

31. Mai 1940.
Zwei Meinungen müssen festgehalten werden:

a.) Luftschutz»general« H[...]: Jetzt fällt die Entscheidung für 1000 Jahre (im günstigen Sinne für Deutschland).

b.) Die Ehefrau des Ortsgruppenleiters Pott: Nach dem Kriege ist Deutschland das reichste Land der Erde. (!!)

12. Juni 1940.
Nun sind die Würfel des Herrn Mussolini gefallen. Die Kampfkraft Italiens läßt sich nicht gut überblicken. Ohne jeden Zweifel hat Italien sehr viel schwache Stellen. Inwieweit es Deutschland behilflich sein kann, wird erst noch zu beweisen sein.

Nun werden die maßgebenden Regierungsstellen in Frankreich vielleicht einsehen, wie töricht sie sich am 1. Sept. 1939 benommen haben. Ein forscher Angriff gegen Deutschland hätte den Franzosen den Sieg gebracht, denn die[161] Grenze zwischen Deutschland u. Frankreich war[162] sehr schlecht besetzt.[163] Das Verhalten von Frankreich ⟨ist⟩ überhaupt nicht zu verstehen gewesen. Man könnte vielleicht daran denken, daß sie an Unruhen in Deutschland oder an eine größere Wirkung der engl.

Blockade gedacht haben. Möglich wäre auch, daß sie die Rüstungen Deutschlands für Bluff hielten. Wie dem auch sei. Man soll auf seine eigene Kraft bauen und nicht Möglichkeiten in Rechnung stellen.

Geistreiche Gegner sind es nicht! Alle sahen sie zu, in wie ungeheuerer Weise Deutschland rüstete, dann lieferten sie noch Rohmaterial dazu, damit sie besser abgeschlachtet werden könnten. Das soll ein Mensch mit gesundem Menschenverstand verstehen?

Herr Maginot baute eine befestigte Linie. Wenn er noch am Leben wäre, könnte er sehen, daß er einen erheblichen Fehler begangen hat. Wenn schon – denn schon. Die Befestigungen mußten sich von dem Meere bis nach den Alpen hinziehen – aber nicht bei Sedan aufhören. Nach den Erfahrungen von 1870/1871 und 1914/1918 hätte doch ein halbwegs vernünftiger Generalstab die stärksten Befestigungen hinter Luxemburg und Belgien anlegen müssen. Befestigungen natürlich, die keine Armee überrennen kann. Da mußten Dynamit, Salzsäure-Gruben, Tankfallen größten Ausmaßes, Selbstschüsse, elektrisch geladene Vorwerke, vergiftete Brunnen im Vorfelde u. tausende Geschütze größten Kalibers die Hauptrolle spielen. Von unterirdischen Flugplätzen u. Munitionskammern ganz abgesehen. An Stelle der Infanteristen nur Maschinengewehrschützen in Stahltürmen (drehbar). Von 400 zu 400 m gestaffelt. Genau so die Artillerie (insbesondere Panzerabwehr).

14. Juni 1940

Es hat den Anschein, als sei das Schicksal Frankreichs besiegelt. Das ist der Tod der Demokratie. Selbstverschuldet selbstverständlich. Es ist unmöglich, einen Diktator mit einer demokratischen Einrichtung zu bekämpfen. Der Stärkere siegt. Das ist die deutsche Diktatur. Das selbstmörderische Verhalten der Regierung in Frankreich im Monat September 1939 hat den Ausschlag gegeben. Was niemand in Deutschland verstehen konnte: Frankreich stand Gewehr bei Fuß. Ein unglaublicher Fehler. Eine Idiotie. Hitler hatte Recht, wie er einmal sagte, wenn die Demokratie etwas taugen würde, stünde ich heute nicht vor Euch! Sehr richtig! Die deutsche Demokratie hat alles geduldet: Die Schaffung einer Privatarmee, den schlimmsten Terror, u. schützte obendrein noch die Versammlungen der Nationalsozialisten. Mehr konnten die Nazi wirklich nicht verlangen. Die Außenpolitik der Franzosen hatte allerdings eine nicht geringe Mitschuld, weil sie der damaligen deutschen Regierung keinerlei Erleichterung verschaffte u. dem Nährboden des Nationalsozialismus ständig neue Nahrung zuführte. Dann aber auch noch ruhig zusah, wie ab 1933 Hitler mit einer Konsequenz ohne Gleichen die Aufrüstung betrieb. Eine Aufrüstung, von der sich die Franzosen jetzt aus nächster Nähe unterrichten können.

Es war nach meiner Meinung bei den Gegnern nur ein einziger Mann, der die Gefahr erkannte u. das war Churchill. Dieser Mann wurde natürlich von der ausgezeichneten deutschen Propaganda »liebevoll« behandelt. Die Propaganda bei Frankr. u. Engl. ist so ziemlich das kläglichste gewesen, was ich seither von[164] anderen Völkern hörte. Erbärmlich ist gar keine Bezeichnung dafür. Es wäre alles noch zu verstehen, wenn diese Herrschaften nicht gewarnt worden wären. Hitler selbst hat doch in seinem Buche »Mein Kampf« Frankreich als den Erbfeind bezeichnet.[165] Haben das die Franzosen etwa nicht geglaubt?? Der Senatspräsident Dr. Rauschning (ehemals Danzig) hat in Frankreich ein Buch herausgegeben, das eine Warnung für die ganze Menschheit sein mußte.[a] Ist das ebenfalls nicht beachtet worden? Es ist ungemein schwer, sich überhaupt vorzustellen, welche Auffassungen und Pläne die Regierenden in Frankreich u. England gehabt haben. Erkennbar ist, daß sie sich jedenfalls in kaum vorstellbarer Weise geirrt haben u. sich täuschen ließen. Was übrigens zum ersten Male bei Abschluß des Bündnisvertrages Deutschland – Rußland klar zu sehen war. Die Russen pfeifen auf die »Proletarier aller Länder« u. lassen sie von den deutschen Panzern zermalmen. Ueberdies war auch die russische Seele deutlich zu erkennen in dem spanischen Bürgerkrieg. Durch Rundfunkübertragungen haben sie die Arbeiter Spaniens in den Kampf gehetzt. Von der russischen »Hilfe« war jedenfalls nichts zu spüren. Abgesehen von Redensarten.

Wie wird nun alles enden? Wie sieht das deutsche »Versailles« aus? Ich gebe zu, daß hier meine Vorstellungskraft versagt. Der Krieg wird bekanntlich erst im Frieden gewonnen. Der Siegesrausch der Nationalsozialisten wird – wenn man das Verhalten von 1933-1940 als Basis nimmt – einen unbändigen Charakter tragen. Es sei denn, ein Wunder geschehe. Die »Vorsehung« ist jedenfalls 100%ig auf Seiten Hitlers gewesen. Wie sich das die Gläubigen in der Welt auslegen, ist ihre Sache. Ein merkwürdiger Herrgott, der seinen Segen und seine Huld über denjenigen ausbreitet, der mit Vorbedacht auf diese Menschenschlächterei hingearbeitet hat.

Mit dem einfachen menschlichen Verstande ist das alles nicht zu begreifen. Milliardenwerte vernichtet, Millionen Menschen getötet, ungezähltes Herzeleid hervorgebracht. Und einzelne Herren sonnen sich im Glanze des Ruhmes!

Das ist eine Welt, die es ehrlich verdient hat, unterzugehen. –

In Mainz soll sich ein franz. General aus Gram das Leben genommen haben. Der gesamte franz. Generalstab hat die Todesstrafe verdient. Eine unvorstellbare Unfähigkeit auf der ganzen Linie. Insbesondere bei der Flugwaffe u. Panzerabwehr. Die in der Nähe der französ. Grenze befindlichen Haupteisenbahnlinien sind bis heute im 10. Kriegsmonat noch vollständig unberührt!!!

a) *ein Buch herausgegeben:* Kellner dürfte sich auf die zunächst in französischer (»Hitler m'a dit«, Paris 1939), dann in deutscher Sprache erschienene Schrift »Gespräche mit Hitler« (Zürich 1940) beziehen, die von dem ins Exil geflüchteten, abtrünnigen Nationalsozialisten Hermann Rauschning (1887-1982) verfasst wurde. Im Vorwort betont Rauschning: »Diese Gespräche mit Hitler sind authentisch. Sie fanden im letzten Jahr vor der Machtergreifung und in den ersten beiden Jahren (1933/34) der nationalsozialistischen Herrschaft statt. Der Berichterstatter hat sich meist unmittelbar unter dem Eindruck des Gehörten Notizen gemacht. Vieles kann als nahezu wörtliche Wiedergabe gelten. Hier spricht sich Hitler im Kreise seiner Vertrauten hemmungslos über seine eigentlichen, vor der Masse geheim gehaltenen Ideen aus« (Rauschning 1940, S. 6). In der jüngeren historischen Forschung wird die Authentizität der Aufzeichnungen in hohem Maße bezweifelt; die Gespräche gelten weithin als »Phantasieprodukte«. Vgl. Jesse 1999, insbesondere S. 202.

In Syrien soll sich eine große franz. Streitmacht schon über 1 Jahr befinden. Die Franzosen haben den Verstand verloren. Das Mutterland wird von Deutschland erobert u. größere Truppenteile treiben sich im Weltall umher. –

Soeben um 14 Uhr wird durch den Rundfunk bekannt gemacht, daß deutsche Truppen in Paris einmarschiert sind.[b]

Frankreich ist verloren.

In Versailles wird der 2. Versailler-Frieden mit vertauschten Rollen geschlossen werden.

Das ist ein Triumph für Hitler-Deutschland, wie er sich in der Geschichte nicht allzu oft zeigt.

17. Juni 1940

Frankreich muß merkwürdige Sachverständige und Berater in militärischen Dingen gehabt haben. Bar jeglichen Angriffsgeistes läßt sich Frankreich ruhig abschlachten. Es hat noch nicht einmal artilleristisch von seiner Maginot-Linie aus irgend etwas unternommen. Da durfte doch in Reichweite der Geschütze auf deutscher Seite kein Stein mehr auf dem anderen sein u. kein Strauch oder Baum mehr Deckung bieten. Das ganze französische Volk ist eine Masse ohne Hirn. Reif für den Untergang. –

Hat wirklich niemand etwas von der deutschen Aufrüstung gemerkt?

Haben die Regierungen absichtlich geschlafen?

Ich habe in diesen Tagen viele deutsche Menschen gesprochen, die durchaus nicht begeistert sind von dem deutschen Siegeszuge. Irgend ein dunkles Gefühl sagt ihnen, daß das ein Sieg mit einem schlimmen Ende geben kann. Kein Einziger hatte angenommen[166], daß Frankreich in einer derartigen Weise und in so kurzer Zeit einen Zusammenbruch erleiden ⟨würde⟩ wie noch nie in seiner Geschichte! Jeder hatte mindestens erwartet, daß die Westmächte, die sich so gern als Weltmächte und Beherrscher der Meere ausgegeben haben, einigermaßen Widerstand leisten könnten.

Die größte Schuld hat England zu tragen, weil es keine Wehrmacht besessen hat. Die Herren Engländer werden für ihr Gesamtverhalten, das einen ungewöhnlich feigen Eindruck macht, schwer büßen müssen. Ich glaube zwar nicht an einen Zusammenbruch Englands, aber es wird seine ⟨bisherige⟩ Rolle ausgespielt haben. Wer nur Geschäftssinn und keinen Idealismus besitzt, der hat keine Aussicht mehr, Erfolge zu erzielen.

Auch ⟨ist⟩ bei England ⟨– genau wie bei Frankreich –⟩ jeder Ideenreichtum zu vermissen. Wer wagt, gewinnt. Bis jetzt haben sich die Engländer nur blamiert. Ihre Flucht aus Norwegen u. Nordfrankreich mag mit »strategischen« Ausreden begrün-

b) *in Paris einmarschiert:* Die »Heimatzeitung« schreibt unter der Überschrift »Laubach wieder im Flaggenschmuck«: »Der Einmarsch der siegreichen deutschen Truppen in Paris löste auch in Laubach hellste Begeisterung aus. Binnen einiger Minuten nach der Durchgabe der Sondermeldung prangte die Stadt im Flaggenschmuck« (Heimatzeitung, 15.6.1940, S. 6).

det werden. Für Leistungen u. Heldentum ist dabei aber wirklich kein Raum. Man kann sich gar nicht oft genug an das gemeine und niederträchtige Verhalten zur Zeit des Polenfeldzuges erinnern. Dieses Benehmen muß als ganz schauderhaft bezeichnet werden. Anstatt den Polen jede nur mögliche Hilfe angedeihen zu lassen, haben die Engländer so getan, als ginge ⟨sie⟩ die Sache gar nichts an. Jede Hilfe hätte den Kampfgeist der Polen gestärkt, und es wäre sicher ein Feldzug von längerer Dauer geworden. Das längere Anhalten der Feindseligkeiten in Polen wäre ein schwerer Schlag gegen die weiteren Absichten der Deutschen gewesen. Nach den Vorbereitungen mußte es ein Blitzkrieg werden. Mit Blitzesschnelle war Polen besiegt. Nicht ein einziges ⟨polnisches⟩ Flugzeug sah deutsches Gebiet!! War es nicht möglich, polnische Flugzeuge in Frankreich od. England zu stationieren? Bei der bewiesenen Unfähigkeit unserer Gegner ist jede Fragestellung eigentlich überflüssig. Die Antwort wird nur ein dummes Gestammel sein.

Wer siegen will, muß angreifen. Und das hat Deutschland 9 mal bewiesen: Oesterreich, Tschecho Slowakei, Polen, Dänemark, Norwegen, Niederlande, Belgien, Luxemburg u. Frankreich. In Europa ist kein Staat, der Widerstand leisten kann. Die Tyrannen verteilen Europa u. die Sklaven haben nichts zu meckern.

24. Juni 1940.

Frankfurt. Ich habe die Fahrt nach Ffm unternommen, um einmal Gewißheit zu erhalten über die Gerüchte »Bombenangriffe«. Nur im »Rebstock«[a] habe ich einige beschädigte Häuser gesehen. Eine Frau aus dieser Gegend erzählte mir, daß ⟨es⟩ bei einem Angriff 4 Tote in den Wohnhäusern u. 7 Tote auf dem nahegelegenen Bahnkörper beim Abräumen von Bomben durch die technische Nothilfe gegeben habe. Die Bevölkerung ist fast jede Nacht in den Luftschutzkellern.

Im Börsenkeller erhielten ⟨wir⟩ zum Mittagstisch Salat (80 Rpf). Es war gerade fleischfreier Tag. Die Wirtschaften haben an einem Tag der Woche ganz geschlossen. Das Leben in den Läden ist mit früher nicht zu vergleichen. In verschiedenen Geschäften frug ich vergeblich nach Sandalen.[167] Bei der elektr. Straßenbahn sind viele Frauen als Schaffnerinnen zu sehen.

In den Schumann-Gaststätten wurde uns auf Befragen gesagt[168], daß es erst ab 18 Uhr Essen gäbe. Wir nahmen mit einigen Brezeln vorlieb und fuhren gern wieder in den Vogelsberg. Das Stadtleben ist wenig reizend. Unsere »Stadtflucht« war doch eine kluge Angelegenheit.

a) *im »Rebstock«:* Auf dem Rebstock-Gelände, einem Gebiet im heutigen Frankfurter Stadtteil Bockenheim, befand sich der erste Frankfurter Flughafen, der während des Zweiten Weltkriegs als Militärflugplatz genutzt wurde.

27. Juni 1940 Gießen.
Herr K[...]: »In 8 Tagen geht es gegen England. ⟨Mit diesen werden wir noch schneller fertig.⟩ Die Kleiderkarte behalten wir noch mindestens ein Jahr. Wir brauchen Einfuhr aus Argentinien.«

⟨Bei Darré[b] »eroberte« ich 1 Paar Sandalen (glücklicher Zufall: die Verkäuferin gab an, daß sie nur 3 Paar im ganzen erhalten hätten!)⟩

28. Juni 1940 Laubach.
Herr K[...]: »In 4 bis 5 Wochen sind wir mit den Engländern fertig.« Frau K[...]: »Dann gibt es wieder alles.«

13. Juli 1940
Der Herr Oberbürgermeister von Karlsruhe[169] brüstet sich damit, daß die Bürgerschaft »spontan« 100000 RM für einen vierten Kreuzer »Karlsruhe« gestiftet habe. Der 3. Kreuzer sei bei Norwegen torpediert worden. Es wäre sicher für die Menschen in Karlsruhe wertvoller, wenn die Millionen, ⟨die⟩ für den Bau von 4 Kreuzern ⟨verschwendet wurden⟩, zur Erbauung von Wohnhäusern verwendet worden wären. Wann wird die Vernunft einmal Einkehr halten?

18. Juli 1940.
In der Zeitschrift »Deutsche Justiz« 1940 S.785 schreibt Ministerialdirigent Dr. Vogels[170] im Reichsjustizministerium u.a.: ... »Die Rückleitung der Bevölkerung in die geräumten und freigemachten Gebiete (Saarbrücken usw.)[171] hat begonnen; sie kann sich nur schrittweise vollziehen, weil im Freimachungsgebiete die Häuser zunächst wieder bewohnbar gemacht werden müssen. Die durch Witterungseinflüsse, namentlich Frost, verursachte Schäden und die auf Feindeinwirkung beruhenden Zerstörungen sind verhältnismäßig gering. Daher ist damit zu rechnen, daß die Wiederbesiedlung der freigemachten Städte und Dörfer in einigen Wochen beendigt sein wird.«[172]

Die Franzosen lagen 8 Kriegsmonate vor diesem geräumten Gebiet und haben hübsch gewartet bis ihnen der Garaus gemacht wird. Diese Art »Kriegsführung« haben sie sicher nicht von Napoleon gelernt. Es ist[173] nur eine Erklärung möglich: Der gesamte französische Generalstab bestand entweder aus Geisteskranken oder Verbrechern. Frankreich war mit der Tschechoslowakei und mit Polen »verbündet« und hat mit Seelenruhe zugesehen, wie diese Staaten vom Erdboden verschwanden. Für diese Untreue hat es die gerechte Strafe ereilt. Die Franzosen sind nicht wert, daß man vor ihnen ausspuckt!

b) *Darré* ist der Name eines heute noch in Gießen ansässigen Schuhhauses.

20. Juli 1940.
Die Bevölkerung wurde in den Solmser Hof zusammen getrommelt, um einen Reiseredner anzuhören. Dieser Käuer[a] erwähnte u.a. ein Beispiel aus Grünberg. Ein Arbeiter habe 20 RM zum Roten Kreuz gegeben u. ein mittl. Beamter 50 Rpf. Der Herr Ortsgruppenleiter Pott gab auch noch seinen Senf zu dem Punkte »Sammlungen«. Nach dem Kriege könnte es vorkommen, daß die Frontkämpfer sich die Listen zeigen ließen u. dann denjenigen, die nicht genug gegeben hätten, die Visagen verhauen!! Ein feiner Herr dieser Herr Pott. Nach dem Kriege wollen wir uns über diesen Punkt eingehend unterhalten. –

⟨Das ist der gleiche Herr Pott, bei dem kein Mädchen bleibt u. der das Personal bei der Verteilung der Lebensmittel betrügt.⟩

21. Juli 1940.
Bad Salzhausen. Wir saßen vor dem Kurhaus u. wurden von der Familie H[...] (O Insp. b. d. Stadt ⟨Mainz⟩) begrüßt. Herr H[...] meinte, die Engländer sind ganz schnell zusammengeschlagen u. nach dem Kriege geht es ⟨uns⟩ naturnotwendig sehr gut. Wir haben ja alle Länder mit Rohstoffen. –

Ein Konjunkturpolitiker übelster Sorte. Er sieht seinen Weizen blühen. Früher war er Sozialdemokrat – heute ist er 250%iger Nazi.

24. Juli 1940.
Nach dem unverständlichen Zusammenbruch Frankreichs kann es eigentlich der breiten Masse des deutschen Volkes noch nicht einmal verübelt werden, wenn sie der natsoz. Propaganda voll u. ganz erlegen ist. Das eigene Denken ist bei 99% aller Deutschen ausgeschaltet. Eine grenzenlose Ueberheblichkeit ist bei allen Schichten der Bevölkerung[174] festzustellen. Ein unzerstörbarer Glaube an die Macht der Waffen. Es gibt nur eine handvoll Menschen, die sich kritisch mit der weiteren Entwicklung beschäftigen. Es ist vollkommen zwecklos, den Durchschnitts-Deutschen ⟨etwa⟩ überzeugen zu wollen, daß die Sache mit England sich doch etwas schwieriger gestalten könnte[175]. Das Meer ist für diese Leute in ihrer Vorstellung[176] überhaupt nicht vorhanden. Ich habe bis jetzt ⟨kaum⟩ einen Deutschen getroffen, der etwa an ein Mißlingen eines Angriffs gegen England glauben oder in den Bereich der Möglichkeit ziehen würde. Im Gegenteil. England ist bei allen in ganz kurzer Frist »zusammengeschlagen« oder »vernichtet«. Die englische Flotte ist ja allerdings bereits von Dr. Goebbels vernichtet ⟨worden⟩ und braucht sich die ⟨blöde⟩ Menge deshalb auch gar keine Kopfschmerzen mehr über diese ⟨»vernichtete«⟩ Flotte zu machen. Ab u. zu ist einer vorhanden, der zwar mit Verlusten rechnet, »die müssen aber eben in[177] Kauf genommen werden«. Diese »Menschlichkeit« ist sozusagen germanisches Erbgut.

a) *Käuer:* oberhess. für ›Schwätzer, Dummkopf‹.

26. Juli 1940.
In dem deutschen Blätterwald rauscht es nur so von Drohungen gegen England[178] u. Siegen der deutschen Luft- u. U-Boot-Waffe.[179] Es fragt niemand nach unseren Verlusten. Die Menge will nur ⟨von⟩ »Siegen« hören. Also: Siegen wir. Die nationale Eitelkeit ist von den politischen Führern bei jeder Gelegenheit geschürt worden. Die Eitelkeit des Einzelnen wird ebenfalls gefüttert. Orden u. Ehrenzeichen in großer Zahl. Mit Beförderungen wird nicht gegeizt. Einen Etat scheint es in dieser Beziehung überhaupt nicht zu geben. Der Beförderte u. Ausgezeichnete ist ein gutes Objekt zur Durchführung von ⟨weiteren⟩ Angriffsplänen. Die Ehrgeizigen sehen ihren Weizen blühen und – rennen in das Verderben.

6. Aug. 1940.
Jeder wartet auf den »Schlag« gegen England. Nach der Ueberzeugung der Masse ist dieser Schlag eine Angelegenheit von kurzer Dauer. Gegen diese Meinung auftreten ist eine aussichtslose Sache. Hin u. wieder ist schließlich einmal einer zu treffen, der gewisse Bedenken hat, aber vom Mißlingen eines Angriffs gegen England ist niemand überzeugt. Selbstverständlich kann ich nur urteilen, so weit meine Ohren reichen. In hiesiger Gegend ist vom Kriege kaum etwas zu spüren. Vor allem ist von Fliegerangriffen weder etwas zu sehen noch zu hören gewesen. Es sollen schon einmal feindl. Flieger über L. hinweg geflogen sein. Aber das hat ja mit einem Angriff nichts zu tun. Dieser Umstand, daß eben von den Wirkungen des Krieges bis heute wenig oder gar nichts zu merken[180] ist, mag auf die geistige Verfassung der Bevölkerung noch keinen nachteiligen Einfluß ausgeübt haben. Ein Gefallener (B[…]) ist auch nicht dazu angetan, die Menge traurig zu stimmen. Von anderen Gegenden, die[181] Fliegerangriffen ausgesetzt sind, erfahren wir sehr wenig. Das Ruhrgebiet u. das Rheinland sind zu weit entfernt. Es mag sein, daß dort eine andere Stimmung herrscht. Die Kriegslage kann ungemein schwer beurteilt werden. Rein gefühlsmäßig ist anzunehmen, daß[182] ein Krieg von langer Dauer in Aussicht ist, denn wir haben den Hauptgegner ⟨(England)⟩ noch nicht besiegt. Mein Verstand sagt mir, daß es überhaupt nicht möglich ist, England regelrecht zu besiegen. Hierzu gehört in erster Linie eine große Flotte. Und die haben wir nicht. –

19. Aug. 1940
Ein Zeitgenosse (B[…]) spricht: »Man erwartet allgemein einen Angriff auf England. Es ist Urlaubssperre.« Ich erwidere: »Wie stellen Sie sich eigentlich einen derartigen Angriff vor?«

B[…]: »Das ist ganz einfach. Unsere Stukas[b] greifen an. Die Engländer sind dann genau so erschüttert wie die Franzosen. Wir kommen rüber, verlassen Sie sich drauf.« –

b) *Stukas:* Sturzkampfflugzeuge bzw. Sturzkampfbomber.

⟨Diese »Angriffe« sind von dem Jagdkollegen F[...] inspiriert.⟩

Genau so wie dieser eine Zeitgenosse, so denken ⟨oder sprechen⟩ alle Deutschen. Es hat gar keinen Sinn, sich auf irgend welche Diskussionen einzulassen. Die Zukunft wird zeigen, ob wir tatsächlich die ganze Welt beherrschen können. –

Eine besessene Nation kann nur durch den energischsten Widerstand der übrigen Menschheit zur Einsicht gebracht werden. Ob nun die Welt heute schon dazu reif ist, muß eben abgewartet werden.

21. Aug. 1940

Ein trüber, regnerischer Tag. Wir wollen heute mit der Heizung beginnen! Das sind schlechte Aussichten. Ist die »Vorsehung« nicht mehr auf unserer Seite?[183] –

Wäre es übrigens nicht möglich gewesen, die täglichen Drohungen gegen England zu unterlassen? Es ist nur bei Kindern üblich, Drohungen auszustoßen – und dann fortzulaufen. Eigentlich ist bis heute nur das eine erreicht worden: England bewaffnet sich bis zu den Zähnen. Darüber kann doch wohl gar kein Zweifel herrschen. Und warum soll der Engländer (der, nebenbei bemerkt, auch Germane ist) mit der Zeit nicht auch die Handhabung der Waffen genau so lernen wie der Deutsche? Wenn die ernstliche Absicht bestanden haben sollte oder noch besteht, England anzugreifen, d.h. Truppen zu landen, dann ist es bestimmt eine übergroße Dummheit gewesen, das nun schon ein ganzes Jahr lang in allen Variationen in die Welt hinauszuposaunen und bei den eigenen Schwach- u. Hohlköpfen die tollsten Hoffnungen zu erwecken. Will ich einen mächtigen Gegner angreifen, dann ist ein Anfangserfolg nur durch vollkommene Ueberraschung möglich. Es wird aber bei uns selbst das kleinste Kind nicht[184] annehmen, daß heute oder morgen England über einen Landungsversuch »überrascht« wäre. Selbst wenn es einem Truppenteil gelingen würde, an irgend einer Stelle zu landen, so wären diese armen Kerle den Angriffen der gesamten englischen Armee ausgesetzt, und was das schlimmste wäre: von einem Nachschub könnte überhaupt nicht gesprochen werden. Den einen Erfolg will ich unserer Propaganda nicht absprechen, das gesamte deutsche Volk (mit ganz geringen Ausnahmen) glaubt an einen Angriff und – an eine Vernichtung Englands. Diesen kindlichen Glauben habe ich beschämender Weise besonders bei akademisch gebildeten Menschen angetroffen. Mir taten deren Lehrer besonders leid. Geistige Armut ohnegleichen. Beispiellos. –

Zu dieser Geistesverwirrung gesellt sich auch noch ein Mangel an Gemüt oder Seele. Man könnte laut heulen über dieses Volk. Von seinen früheren Werten ist nichts mehr da. Es regieren Rohheit, Brutalität, Herrschsucht u. Ueberheblichkeit.

23. Aug. 1940

Die Zeitungen schreiben: »Bei einem Einflug nach Deutschland warfen englische Flieger Bomben auf die unter Denkmalschutz stehende historische Kirche bei Derichsweiler und zerstörten sie vollständig.«[185] Es ist das erste Mal, daß eine vollständige Zerstörung einer Sache zugegeben wird. Natürlich nur, weil der engl. Flieger das Pech hatte, eine Kirche zu treffen u. die Propaganda rechnet damit, daß unter den unterdrückten Gläubigen doch vielleicht noch einige rührselige Leute sich zum Haß gegen England entschließen. Die Zerstörung von Fabriken ist bis jetzt noch nicht gemeldet worden. Beschirmer u. Beschützer der Kirchen, das ist die neueste Eigenschaft der Nazis. Es sind doch nette Vögel! –

Kontrolleur R[...], z.Z. Gefreiter bei einer Panzerabt., besuchte uns und erzählte von dem glorreichen Feldzuge ⟨gegen Frankreich⟩. Auch ihn zierte eine grenzenlose Ueberheblichkeit u. eine Verherrlichung der Stukas u. Panzerwaffe. U.a. meinte er, daß wir noch brutaler hätten sein müssen. Noch brutaler!!! Das ist auch ein Mensch. Jedenfalls ⟨wird⟩ er sich aber selbst unter die Bestien einreihen ⟨lassen⟩ müssen.

24. Aug. 1940

»Somaliland von der englischen Herrschaft befreit«, so lautet die Ueberschrift auf der ersten Seite der Zeitungen.[186] Diesmal muß ein italienischer Sieg herhalten. Stimmung, Stimmung!

Ich könnte mir vorstellen, daß es den Bewohnern des Somalilandes so ziemlich einerlei ist, ob sie unter englischer oder italienischer »Herrschaft« ihr kümmerliches Dasein fristen. Knute ist Knute. –

27. Aug. 1940

Ein Möbelwagen zog vorbei. Er bringt die Möbel des Bürgermeisters Högy nach Polen. Fahre wohl! Meinen Segen hast Du. Einen ganzen Wagen voll überflüssiger Gestalten könnte nach Polen abgegeben werden. Fort mit Euch Würmern! Hoffentlich bleibt der Lohn nicht aus.

28. Aug. 1940.

Pfandmeister F[...] ⟨aus Hungen⟩: In 14 Tagen ist der Krieg vorbei. Militärisch. –

29. Aug. 1940

Ein von Freda[a] am 9. Februar 1940 in USA. aufgegebener Brief traf heute (!) hier ein. Ueber 6 Monate hat dieser Brief gebraucht, bis er ⟨in⟩ die Hände des Empfängers kam. Arme fortschrittliche Menschheit!

a) *Freda* Schulman Kellner (1918-2004) war die in den USA lebende Schwiegertochter von Pauline und Friedrich Kellner und Mutter von Robert Kellner. Fred, der einzige Sohn der Kellners, war 1935 in die USA ausgewandert, wo er Freda kennengelernt und 1937 geheiratet hatte.

31. Aug. 1940

Heute Nacht sind zum drittenmal englische Flieger in Berlin gewesen. Der Krieg nimmt insofern eine Wendung als die Herren in Berlin endlich auch einmal etwas vom Kriege am eigenen Leibe spüren. Die »Unantastbarkeit« Berlins, von der reichlich oft die Rede war, hat sich als eitler Dunst erwiesen. Was ist überhaupt in diesem Kriegsjahr schon für ein Geschwätz[187] verzapft worden. Das geht auf keine Kuhhaut.[188] –

Es besteht vielleicht die Möglichkeit, daß aus den[189] Bombardierungen (London, Berlin) vernünftige Zukunftsentwicklungen entstehen. Die Engländer müssen, um nach Berlin u. wieder zurückzukommen, ungefähr 2000 km fliegen. Das ist immerhin eine respektabele Leistung. Weite Entfernungen werden demnach zukünftig keinen Sicherheitsfaktor mehr darstellen, und derjenige, der sich als Angreifer gebärdet, kann in einer Weise bestraft werden, daß ihm die Lust vergeht, einen Krieg um den anderen anzuzetteln. Es ist[190] noch nicht einmal absurd, daran zu glauben, daß gerade durch die Luftwaffe Kriege verhindert werden. Natürlich nur dann, wenn der Andere über eine ausreichende Anzahl von Bombenflugzeugen (die im Frieden für friedliche Zwecke Verwendung finden könnten) besitzt.

Ich stelle mir das folgendermaßen vor. In Berlin wird morgens der Befehl gegeben, daß[191] Truppen in ein benachbartes Land eindringen. Die folgende Nacht wird Berlin zerstört. Der Krieg ist aus. – Wenn diese Möglichkeit besteht, wird es sich jede Regierung dreimal überlegen, einen Krieg zu beginnen.

Heft 2

Friedrich Kellner

1. September 1940
bis
28. Juni 1941

1. September 1940.
Wenn in den Heeresberichten und in den Zeitungen der Flugwaffe täglich gedacht wird, so wird hierdurch der Versuch gemacht, Eindruck hervorzurufen. Unsere Flieger legen ⟨nach den Meldungen⟩ alles in Schutt und Asche.[1] Der Gegner trifft nur freies Feld, Friedhöfe oder Krankenhäuser. Auf diese Weise wird dem Volke eingehämmert, daß der totale Sieg nur noch eine Frage von Wochen ist, denn der Gegner kann doch diesen furchtbaren Angriffen nicht mehr länger standhalten. Das möchte man allen, die auf ein baldiges Ende hoffen, beibringen. In Wirklichkeit werden die Flieger auf beiden Seiten mehr oder weniger auf Zufallstreffer angewiesen sein. Große Wirkungen können nur erzielt werden durch fortgesetzte methodische Angriffe auf umfangreiche[2] Objekte (z.B. Werften, Eisenbahnanlagen usw.) mit zahlenmäßig starken Flugzeugverbänden, deren Maschinen über einen erheblichen Bombenvorrat verfügen.

Nur dann besteht Aussicht, einigen Erfolg zu erringen. Die Flugwaffe kann auf diese Weise ⟨erhebliche⟩ Zerstörungen verursachen, ob sie aber einen Krieg entscheiden wird[3], insbesondere den gegen England, das wäre noch zu beweisen.

In unseren Berichten ist bis jetzt noch nie zugegeben worden, daß ein ⟨wichtiges⟩ militärisches Objekt getroffen wurde. Der Gegner soll sich jedenfalls nicht freuen oder über seine Mißerfolge ärgern. Durch diese Methode wird weder der Feind entmutigt noch unser Schaden herabgemindert.

Auf die Dauer wirken derartige Vertuschungen nach der entgegengesetzten Seite.

2. Sep. 1940.
Die Zeitung »Das Schwarze Korps« vom 8. August 1940 schreibt auf der ersten Seite:

England, wir kommen!

»Die Stunde schlägt dreizehn, Mister Churchill!«

»An den Gestaden der Irischen See schaukelt schon die große ›Sunderland‹, die ihn und ›seine Regierung‹ nach Kanada verbringen wird.«[4]

Diese Sätze sind aus dem Artikel »England, wir kommen« entnommen.

Diese Zeitung (Nr. 32/1940) bewahre ich auf.

Der Verfasser des Artikels, der sich vermutlich irgendwo in Berlin herumtreibt – also ziemlich weit von der Front entfernt – gefällt sich darin, mit Mist zu drohen und mit Mist die Engländer zu besiegen. Wer hat diesem Herrn denn verraten, daß die »Sunderland« in der irischen See schaukelt und auf die flüchtig gehende englische Regierung wartet? Hat ihm das vielleicht der engl. Ministerpräsident selbst gesagt? Derartige Dinge werden dem gläubigen Volke vorgesetzt!

So wie dieser Zeitungsschmierer, so sind sie alle. Jeder Urlauber weiß irgend etwas geheimnisvolles zu erzählen. Da werden alle Schleppkähne zur Aufnahme von Tanks hergerichtet. Die Truppenteile haben die guten Schwimmer zu melden. Fallschirmtruppen üben eifrig. Das Verladen von Truppen u. Material wird geprobt usw.

Eins ist sicher, jeder glaubt bestimmt, daß es gegen England geht u. daß wir natürlich im Handumdrehen die ganze Insel in der Westentasche verschwinden lassen. –

Selig sind die geistig Armen, denn das Himmelreich ist ihnen.[5] –

Und wenn ich ganz allein auf weiter Flur stehen bleibe, so lasse ich mich nicht davon abbringen, daß diese ganze »England-Aktion« lediglich ein Trick unserer Heeresleitung ist. Es soll erreicht werden, daß der Engländer seine Kriegsmaschinerie in England zusammenzieht und tatenlos liegen bleibt, damit wir an einem anderen Ende um so besser andere Pläne verwirklichen können. Ich bin überzeugt, daß sich am Balkan noch manches ereignen wird. Ich bin aber auch ebenso überzeugt, daß England auch für diesen Fall noch einen Trumpf in der Hand hat. –

5. Sep. 1940

Die Flüsterpropaganda ist nicht mehr so stark angekurbelt wie in den Monaten Juli und August 1940. Kurz nach dem Zusammenbruch Frankreichs war es für jedermann eine totsichere Angelegenheit, daß das deutsche Heer mit dem gleichen Elan England überrennen würde. Dafür hatten die Nationalsozialisten ausreichend gesorgt, den Glauben zu erwecken, als gäbe es für sie überhaupt keine Schwierigkeiten. Und wenn schon – dann sind sie eben nur da, um überwunden zu werden. Das ist die Sage von der allmächtigen Partei.

Bei genauer u. scharfer Beobachtung sind aber für den Kenner in militärischen Dingen bezüglich England einige Häkchen zu sehen.

Ich bin mir durchaus darüber im klaren, daß deutsche Truppen an irgend einer Stelle der ausgedehnten[6] englischen Küste landen könnten. Mit dieser Landung beginnen ⟨aber⟩ auch die außergewöhnlichen Schwierigkeiten: Versorgung der Truppen mit allem. Erforderlich wäre also in erster Linie eine ziemlich große kampfstarke Flotte, um den Nachschub zu schützen und die Landungsstellen zu sichern. Denn das muß schließlich ein gänzlich unerfahrener Mensch einsehen, daß die Landungspunkte allen nur denkbaren Angriffen ausgesetzt wären.

Der Verteidiger (hier England) hat den ungeheuren Vorteil, daß ihm alles zur Verfügung steht, während der Angreifer seine Verluste nur mit den denkbar größten Mühen und unter[7] Gefahren zu ersetzen in der Lage ist. Nach meiner – allerdings äußerst unmaßgeblichen Ansicht – sind drei[8] Voraussetzungen für eine erfolgreiche Landung zu erfüllen:

1.) eine eigene überlegene Flotte,

2.) eine niedergekämpfte feindliche Flotte u.

3.) (aber nicht zuletzt) eine vernichtete feindliche Luftmacht.

Es sieht nun heute nicht so aus, als sei schon einer dieser Punkte eine gegebene Tatsache. Der Engländer wird von Kanada u. Amerika mit Flugzeugen versorgt, abgesehen von den Erzeugnissen des eigenen Landes. Seine Flotte lebt noch. Und unsere Flotte? Das weiß niemand. Aber jedenfalls kann keine Flotte aus dem Boden gestampft werden. Abgesehen davon, daß der Gegner ebenfalls fortgesetzt stärker wird. Also meine lieben Mitbürger, Ihr dürft noch so laut drohen und grimmige Artikel schreiben: England ist noch nicht besiegt!

Das ganze Geschrei macht mich in meiner Meinung nicht irre. Deutschland will Siege erringen. Es braucht Siege zur Aufrüttlung des Volkes. Deshalb wird kein starker, sondern ein schwacher unterwürfiger (d.h. feiger) Staat angegriffen.[9] Insbesondere ein Land, wo es etwas zu erben gibt. Das ist bestimmt nicht England. Gewisse Vorbereitungen (Truppentransporte) weisen nach Osten. Ob das Öl in Rumänien und der Weizen sowie sonstige Naturalien nicht zu einem Balkan-Spaziergang locken?

Kommt Zeit, kommt Rat![10]

Wir werden sehen!

6. Sept. 40

Kaum ist bekannt geworden, daß Amerika an England Zerstörer liefert, erfolgt die prompte Antwort seitens des Oberkommandos der deutschen Wehrmacht oder des Propagandaministeriums. »6 britische Zerstörer versenkt«, so lautete am 5.9.40 die Schlagwortzeile über dem Heeresbericht.[11] Nun kannst du, deutsches Volk, dir schön in Sicherheit im Luftschutzkeller ausrechnen, wie schnell u. sicher die lumpigen 50 Zerstörer vom Meere verschwunden sein werden. Dr. G. wird das bis spätestens 1. Oktober 1940 gepackt haben.

Belustigend wirkt folgende Nachricht: ».... Die den Hamburger Sperrkreis berührenden Maschinen wurden lebhaft beschossen und konnten sich nur vereinzelt dem Stadtinnern nähern. Der Gegner wurde am Bombenabwurf gehindert.« So sprach das Reichspropagandaamt in Hamburg am 5. Sept. 1940.[12]

»Am Bombenabwurf gehindert«, sagt der Propagandist. Wer hat den Gegner gehindert? Niemand konnte ihn hindern. Der Auftrag seiner Kommandostelle, die Bomben in der Nähe von Stettin abzuwerfen, ist der Hinderungsgrund. Es ist doch wirklich der Gipfelpunkt der Lächerlichkeit, mit solchen dummen Verlautbarungen den Einwohnern einer großen Stadt Trost zuzusprechen. Wenn ein englisches Bombengeschwader den Auftrag erhält, die Stadt Hamburg anzugreifen, so wird weder der Propagandachef noch die Flak die Engländer daran hindern. Das beweisen die zahlreichen Angriffe auf das Ruhrgebiet. Wenn dieses Gebiet wirklich wirksam zu schützen wäre, dann hätte man das natürlich auch von Anbeginn an gemacht. –

8. Sept. 40.

Ich war heute als Sammler für das Kriegswinterhilfswerk tätig. Von 18 Spendern erhielt ich zusammen 13.20 RM. Von »freudigem« Geben habe ich nichts gemerkt. Jeder will wissen, was allgemein gegeben wird, um sich hiernach zu richten. Die Herren Parteigenossen, die mit gutem Beispiel vorangehen sollen, stehen durchaus nicht als Geber in der vordersten Linie. Ich halte das nur um deswillen fest, weil die Chronik bestimmt einmal das Gegenteil berichten wird.

11. Sept. 1940.
Wachtdienst auf dem Türmchen der Realschule.[a] Von 23 – 1 Uhr stand ich in mondheller Nacht mit D[...] (Schwiegersohn v. D[...]) an dem Warnsignal auf dem Turme, während die beiden anderen Wächter (darunter Scherdt!) Patrouillendienst hatten, um die Verdunkelungssünder zu erwischen. Mit 2 Berufsnachtwächtern wäre der ganze Zauber abgetan. Aber das könnte als geistreich bezeichnet werden. Geistreiche Dinge dürfen sich im 3. Reiche keinesfalls ereignen. Immer stur! Die gesamte Bevölkerung muß schikaniert werden, dann fühlen sich die Machthaber wohl. Genau so war es mit dem Kartoffelkäfer-Suchdienst. Jede Woche mußte an einem Nachmittag ein Mitglied aus jedem Haushalt antreten. Dann wurden in Kolonnen die Kartoffeläcker abgesucht – und nie etwas gefunden. Trotzdem wurde der Suchdienst bis in den September hinein fortgesetzt. Ich hätte mich keineswegs gewundert, wenn das so weiter gegangen wäre, auch wenn längst keine Kartoffelbüsche zu sehen u. der Winter seinen Einzug gehalten hätte. Denn gegen Dummheit kämpfen Götter selbst vergebens. Ein einziger Feldschütze, der sein Augenmerk besonders den Kartoffeln zuwenden mußte, würde genügt haben, um eine eventuelle Gefahr festzustellen. Sofern dann tatsächlich an irgend einer Stelle der Kartoffelkäfer festgestellt worden wäre, mußten sämtliche Besitzer von Kartoffeläckern alarmiert und zu besonderer Aufmerksamkeit angehalten werden. Es ist eine Selbstverständlichkeit, daß jeder Bauer sich die größte Mühe gegeben hätte, seinen Kartoffelacker zu schützen. Das leuchtet sicher jedem vernünftigen Menschen ein. Aber mit Vernunft ist die Frage, wie drangsaliert man seine Untertanen, nicht zu lösen. Und deshalb wird es eben so gemacht, wie es gemacht worden ist. Damit basta!

15. Sep. 1940
Wenn englische Flieger nach Berlin fliegen, so ist das Piratentum u. wenn deutsche Flieger London bombardieren, nennt sich das Heldentum, so ist es wenigstens in den Zeitungen zu lesen.[13] Mit allen – auch noch so dummdreisten – Mittelchen wird der Versuch gemacht, den ⟨vielleicht aufkeimenden⟩ Zorn des eigenen Volkes von den wirklichen Schuldigen auf andere zu lenken. Da die Masse des Volkes unvorstellbar dämlich ist, so bedarf es noch nicht einmal geistiger Anstrengung, das begehrte Ziel der Hirnverschleimung schnell zu erreichen. »Was in der Zitung (Zeitung) stoht, ist wohr«, sagte einmal eine Bäuerin im Schlitzerland[b]. Hiergegen ist nichts zu machen. Ein aussichtsloser Kampf. Da ändert auch nichts daran die Erkenntnis einzelner Menschen, daß nie mehr gelogen wird wie vor einer Wahl, während eines Krieges und nach einer Jagd. –

a) *Wachtdienst:* Bürgermeister Otto Högy hatte Friedrich Kellner per Schreiben vom 2. Juli 1937 zum stellvertretenden Untergruppenführer der Untergruppe Laubach des Reichsluftschutzbundes ernannt (Schreiben Bürgermeisterei an Justizinspektor Kellner, gez. Högy, 2.7.1937; Privatbesitz).
b) *Schlitzerland:* Region um die hessische Stadt Schlitz im Vogelsbergkreis.

16. Sep. 1940
Sobald ein Amtsträger oder Parteigenosse einem Fliegerangriff zum Opfer fällt, wird in den parteiamtlichen Todesanzeigen von »englischen Luftpiraten« und »feigen Bombenangriffen britischer Nachtpiraten« gesprochen.[14] Das mag vielleicht auf den einen oder anderen harmlosen Deutschen noch einen gewissen Eindruck ⟨machen⟩, es wird aber wohl außerhalb der Grenzen des deutschen Reiches kaum einen halbwegs vernünftigen Menschen geben, der etwa zwischen einem Bombenangriff auf London und einem solchen auf deutsche Städte einen Unterschied herausfinden könnte. Es ist also einfältig, auch nur ein Wort des Unmutes über die Angriffe zu sagen. Wünscht man keinen Fliegerangriff, dann darf man keinen Krieg machen.

Wer hat übrigens die Bewohner Polens mit Flugzeugen angegriffen?? Waren diese Flieger auch Piraten? Oder in Holland (Rotterdam)?[c]

18. Sep. 1940
»Die einzige Rechtsquelle des Krieges ist die Macht«, so schreibt das »Schwarze Korps« in der Nummer v. 19. Sept. 1940.[15] Die »Macht« wird angebetet.[16] Es ist nur die Frage zu prüfen, ob die Menschen nicht doch einmal eines Tages darüber nachdenken müssen, auf welche Weise dieser schauderhaften »Macht« der Garaus gemacht wird. Die Macht, die sich nur als rohe Kraft zeigt, kann nicht der Weisheit letzter Schluß sein. Wenn diese Rechtsquelle des Krieges nicht mit Klugheit und vor allen Dingen mit einer rechtzeitigen Mäßigung gepaart ist, kann sie den Keim des eigenen Verderbens in sich tragen. Wäre es nicht etwa besser gewesen, im Jahre 1915 od. 1916 den Machtgedanken zu begraben u. sich zu einer Verständigung aufzuraffen? Natürlich hatten damals die Machtanbeter[17] das letzte Wort zu reden, und auch heute werden vermutlich die vernünftigen Ratgeber mit der Lupe zu suchen sein. Der schrecklichste der Schrecken, das ist der Mensch in seinem Wahn![18]

Ein Staatsmann wird nicht dann als groß bezeichnet werden, wenn er wie ein wild gewordener Stier im Weltall herumrast, sondern wenn er beizeiten in kluger Voraussicht Zukunftsmöglichkeiten berücksichtigt und sich vor allen Dingen mäßigt (z.B. Bismarck i.J. 1866). Im J. 1866 wollten die Herren Generäle siegreich in Wien einziehen. Bismarck hat diese Demütigung ⟨Oesterreichs⟩ verhindert. Mit dem Erfolge, daß Österreich i.J. 1870 neutral blieb. Das war ein Staatsmann von Format. In der Mäßigung zeigt sich der Meister.

c) *mit Flugzeugen angegriffen:* Der Krieg gegen Polen begann mit einem verheerenden Luftangriff auf die Kleinstadt Wieluń. In der Folgezeit kamen zahlreiche polnische Zivilisten durch deutsche Luftangriffe ums Leben; vor allem die Hauptstadt Warschau war starken Bombardierungen ausgesetzt. Der Angriff auf Rotterdam am 14. Mai 1940 war der erste schwere Bombenangriff auf eine westeuropäische Stadt. Trotz der bereits vereinbarten Übergabe Rotterdams wurde die Stadt angegriffen, und 900 Menschen kamen dabei ums Leben. Vgl. zu Wieluń Trenkner 2003; zu Rotterdam Boog 1990b, S. 455.

19. Sep. 1940

Ein Bezirkswirtschaftsamt sagt: »Die Kohlenfrage, die während des vergangenen Winters (1939/40) vornehmlich ein Transportproblem war, ist im Kohlenwirtschaftsjahr 1940/1941 insbesondere durch die gesteigerten Exportverpflichtungen zu einem Mengenproblem geworden.« –

Es gehört gar nicht viel Einsicht dazu, vorauszusagen, daß die Kohlenfrage im Winter 1941/1942 ein Transport- und ein Mengenproblem sein wird. Das verdanken wir alles unserem Führer. Wenn irgend etwas gelungen war, mußte dieser Ausspruch herhalten. Nun kann es bei Fehlschlägen selbstverständlich nicht anders sein. Die Verantwortung bleibt dieselbe.

7. Okt. 1940.

Deutsche Truppen in Bukarest eingezogen. Selbstverständlich »zum Schutze des Erdöls«. Irgend etwas muß »geschützt« ⟨werden⟩. Einmal die Neutralität, dann die Butter u. Eier in Dänemark, das Erz in Norwegen, Lebensmittel in Holland, Eisen in Luxemburg u. Belgien, Kriegsvorräte in Frankreich und jetzt Petroleum in Rumänien.

Ich freue mich darüber, daß meine Voraussage, der Balkan ist das nächste Angriffsziel, prompt eingetroffen ist.

Die »Fahrt nach England« war ein großer Bluff – wenigstens bis heute.

Jetzt werden die Fragen aufgeworfen werden müssen: Sind wir durch die Besetzungen anderer Länder glücklicher geworden? Hat der einzelne Deutsche etwas von derartigen Eroberungen?

Werden wir nicht morgen oder übermorgen an irgend einer Stelle mit einer anderen Macht in Streit geraten? Die Interessengegensätze werden nicht dadurch herabgemindert, daß man sich aufbläht.

Besonders Rußland wird sehr bald seine »freundschaftlichen« Maßnahmen treffen. Der Pakt mit Japan ist als Drohung gegen Amerika geschlossen worden. Aber in seinen inneren Beweggründen ist er zweifellos auch gegen Rußland gerichtet. Die Erdteile werden in Mitleidenschaft gezogen und zu endgültigen Entscheidungen gezwungen.

Ist das für Deutschland günstig? Niemals! –

Sofern Amerika (USA.), Rußland und England den Chinesen nur ein klein wenig bessere Unterstützung angedeihen lassen, wird der Partner Japan voll beschäftigt werden, und Japan scheidet dann als Druckmittel gegen Rußland oder USA. aus. Dann ist die Rechnung wieder einmal ohne den Wirt gemacht worden.

Durch das Verhalten Deutschlands in Verbindung mit den Taten Japans u. Italiens sind der ganzen Welt die Augen geöffnet worden.

Der Zeitpunkt[19] nähert sich, wo die letzten Trümpfe Englands auf den Tisch des Hauses gelegt werden. Wir gehen keiner rosigen Zukunft entgegen. –

9. Okt. 1940

Kaum habe ich angedeutet, daß der nächste Schachzug der Gegenseite eine Unterstützung von China sein dürfte, wird die Bestätigung durch den Äther bekannt. England hatte sich Japan gegenüber bereit erklärt, die einzige Zufahrtsstraße nach China über Hinterindien (Burma) für 3 Monate für Kriegsmaterial zu sperren.[20] Die Frist endet Mitte Oktober 1940, und England hat nunmehr[21] erklärt, daß die Frist[22] nicht mehr verlängert wird. Hieraus folgt, daß China von allen dazu fähigen Ländern Unterstützung erhalten kann und selbstverständlich auch erhält. Die Widerstandskraft der Chinesen wird sicher gestärkt werden, und Japan wird unter schwierigen Verhältnissen das Geraubte zu verteidigen haben. Der Geist der Chinesen wird diesen Endkampf entscheiden. Wenn es Tschiang kaischek[23] versteht, seinen Soldaten die richtige Parole zu geben, wird der Sieg auf der Seite Chinas sein. Und das mit Fug und Recht. Falls Rußland nicht von allen guten Geistern verlassen ist, wird es ebenfalls den Chinesen Hilfe angedeihen lassen. Denn darauf kann sich Rußland verlassen, wenn Japan siegen würde, hat Rußland keinerlei Zukunftsaussichten in Asien mehr.

Was unser heutiges Deutschland veranlaßt, auf Seiten Japans zu stehen, ist auf weite Sicht gedacht unverständlich. Weder politisch noch wirtschaftlich kann Japan uns Vorteile bringen. Japan ist u. bleibt ein Raubstaat allerersten Ranges. Mit einem Räuber Verträge schließen heißt, im Voraus damit rechnen zu müssen, selbst beraubt zu werden.

So ist nun durch Deutschland, Japan und Italien die ganze Welt aufgewühlt. Es ist heute unmöglich, sich eine klare Vorstellung über den Ablauf der Geschehnisse zu machen.

Ein Haus ist schneller abgerissen als[24] aufgebaut. So wird es wohl auch hier gehen.

Dank der ungeheuren Rüstung Deutschlands sind Oesterreich, Tschechoslowakei, Polen, Dänemark, Norwegen, Holland, Belgien, Luxemburg und Frankreich Opfer unseres Angriffs geworden.

Ungarn, Slowakei u. Rumänien haben keinerlei eigenen Willen.

Unangetastet sind: Schweiz, ⟨Schweden⟩, Spanien, Jugoslawien u. Griechenland, das ist der schäbige Rest von Europa.

Ist es möglich, auf diesen Trümmern in Europa einen dauernden Frieden zu gestalten?

Frieden mit Militärmusik hat es noch nie gegeben. Uebrigens wird für den nächsten Krieg das Schlagwort schnell geprägt sein. Es wird vielleicht lauten:

Befreiung Europas vom deutsch-italienischen Joche!

Zur Freude sämtlicher Rüstungshäuptlinge in nah u. fern kann es dann lustig weiter gehen. –

Frieden auf Erden! Möglich – aber ohne die Bestie Mensch.

Die Hess. Landeszeitung v. 9. Okt. 1940 hat folgende Ueberschrift:

Britische Mordbestie tobte in Berlin.[25]

Gemeint ist ein engl. Fliegerangriff auf Berlin.

Es ist anzunehmen[26], daß die engl. Zeitungen ähnliches über die deutschen Angriffe auf London schreiben.

Mit einer derartigen Darstellung wird an der Situation wenig geändert. Die Wurzel des Uebels ist der Krieg. Wer kann behaupten, daß wir ihn mit allen Mitteln bekämpft haben? Führen Ueberrüstungen nicht immer mit Sicherheit zum Krieg? Es hat einmal eine anständige deutsche Frau gegeben, die schrieb eine Broschüre »Rüstungen und Ueberrüstungen.«[a] Wurde dieses Büchlein etwa von Amts wegen verbreitet und empfohlen? Oder ist es nicht gar von »nationalen« Kreisen verdammt u. vernichtet worden? Der Kenner weiß Bescheid. Immer dasselbe Spiel.

10. Okt. 1940

Die Ankündigung von der Oeffnung des Handelswegs in Burma ist ein Treffer:

a) *»Rüstungen und Ueberrüstungen«:* Die Schrift »Rüstung und Ueberrüstung« (1909) stammt von der österreichischen Pazifistin und Friedensnobelpreisträgerin (1905) Bertha von Suttner (1843-1914). Darin formuliert von Suttner ihre grundsätzliche Kritik an der zeitgenössischen »Ueberbietung der Bewaffnung« und analysiert die Argumentationsmuster der Rüstungsverfechter. Aufrüstung zum Zwecke der Abschreckung (»als wären unsere Feuerwehren zugleich Brandstifter«) stellt sie ebenso in Frage wie die ins Uferlose anwachsenden Militärausgaben. Als realpolitische Alternative zum Rüstungswettlauf ihrer Zeit plädiert sie für Abrüstungsbemühungen auf dem Verhandlungswege. Vgl. von Suttner 1909, v.a. S. 5-19.

⟨1940⟩
Hamburger Fremdenblatt Dienstag, 8. Oktober

Japan bereit, jedem Feind entgegenzutreten

Verantwortung der USA

Meldung unseres Vertreters

we. Kopenhagen, 8. Oktober ⟨40⟩.

Nach einer amerikanischen Agenturmeldung aus London verlautet dort in unterrichteten Kreisen, daß die englischen Botschafter in den Vereinigten Staaten, Japan und Rußland noch vor Mittwoch dieser Woche angewiesen sind, die Mitteilung zu überreichen, daß England die Absicht habe, den Handelsweg über Burma wieder für den Verkehr, da[s] heißt Waffenlieferungen nach Südchina, zu öffnen. Der Termin, der dafür in Frage kommt, ist der 17. Oktober, an welchem Tage das dreimonatige englisch-japanische Sperrabkommen abläuft.

Diese Entwicklung, die sich in den letzten Tagen schon angekündigt hatte, stimmt die einsichtigen politischen Kreise Tokios immer ernster. Das kommt u. a. in einem Artikel zum Ausdruck, der sich gestern im »Kokumin Shimbun« befunden hat. Das Blatt macht geltend, daß es die Vereinigten Staaten seien, die hinter dem Plan Englands ständen, die Burma-Straße wieder zu öffnen. Sollte die Lage deswegen zu Komplikationen zwischen Japan und den Vereinigten Staaten führen, so müsse die Regierung in Washington allein die Verantwortung tragen.[27]

Gerade in diesem Augenblick sei die Lage besonders kritisch. Tatsächlich hänge es ausschließlich von Amerika ab, ob der Weg über Burma wieder geöffnet werden soll oder nicht. Die Vereinigten Staaten müßten es sich klarmachen, daß Japan bereit sei, jedem Feind mit einem furchtbaren und vernichtenden Schlag entgegenzutreten. Japanische Truppen seien bereits in Indochina und dadurch in der Nähe von Burma. Die japanische Vorbereitung für eine Aktion, die vielleicht notwendig werden würde, sei abgeschlossen.

Japan warnt

Tokio, 8. Oktober

Ministerpräsident Fürst Konoye und Außenminister Matsuoka sprachen gestern vor den japanischen Provinzgouverneuren. Während Konoye innenpolitische Geschlossenheit der Nation forderte und ankündigte, er werde das Land in höchsten Verteidigungszustand setzen, behandelte Matsuoka die außenpolitischen Probleme.

Japan wolle weder Gebiete annektieren noch die Völker Ostasiens unterjochen oder aufsaugen, sondern Zusammenarbeit und Ordnung. Tschiang Kai schek aber wolle ein System mit Front gegen Japan, also keine Zusammenarbeit. Es sei nicht zu vermeiden, daß Interessen und Rechte fremder Mächte während des Konfliktes berührt würden. Darum müsse es im Interesse dieser Mächte liegen, den Konflikt beigelegt zu sehen und nicht, wie England und Amerika den Status quo aufrechterhalten zu wollen. Wenn England die Straße durch Burma wieder öffnen wolle, so müsse Japan einen solchen Versuch der Kriegsverlängerung entschieden zurückweisen.

Zum japanisch-russischen Verhältnis stellte der Außenminister fest, daß es im Sinne der Zusammenarbeit nicht zum Streit kommen dürfe, sondern daß die schwebenden Probleme jetzt gelöst werden sollten.[28]

Wenn ein glühender Patriot wie der Chinese Tschiang Kai schek sein Volk aufrüttelt, um es vor der japanischen Sklaverei zu bewahren, so ist das in den Augen Japans ein Verbrechen. Es ist an diesem Beispiel überaus klar zu erkennen, daß der imperialistische Nationalismus auch nicht einen Funken Gerechtigkeitsgefühl besitzt.

Der Herr ⟨japanische⟩ Fürst Konoye wird noch sein blaues Wunder erleben. Der Staatsegoismus scheint die Blindheit zur Folge zu haben.

Bereits über 3 Jahre leisten die Chinesen unter der hervorragenden Führung von Tschiang Kai schek heldenhaften Widerstand. Eine derartige Großtat kann nicht spurlos vorübergehen. Den ⟨chines.⟩ Freiheitskämpfern wird dieses leuchtende Beispiel neue Kraft verleihen und sie zum verdienten Siege führen.

Wenn ich überzeugt sein könnte, daß Gebete Hilfe brächten, ich würde täglich für ein freies China beten!

Aber auch dafür würde ich beten, daß alle Völker der Erde die Erleuchtung bekämen, dem chinesischen Volke jede nur mögliche Hilfe zu leisten. Ein noch nie dagewesener Mut u. Idealismus müßte die Menschen beseelen u. damit jeder Tyrannei den Todesstoß versetzen.

---

11. Okt. 40

Die illustrierten Zeitungen bringen Bilder über den faschistischen Rummel in Rumänien.[29] Wie hieß es doch früher in den süßesten Flötentönen: »Der Nationalsozialismus ist keine Exportware.«[30] Aber in allen Ländern bestehen Verbindungen mit der gleichgesinnten Opposition und Stellenjäger sind immer bereit, die bestehende Ordnung zu unterwühlen.

Im eigenen Lande nennt man derartige Leute dann Hochverräter u. Landesverräter. Jene Schurken können natürlich nur mit der wüstesten Diktatur bestehen. Wenn die betr. Länder die »Segnungen« der »neuen Ordnung« zur Genüge kennen gelernt haben, kehrt schließlich auch wieder einmal die Vernunft zurück. Das ist meine Hoffnung.

Die Züchtung ausländischer Hochverräter ist eine hundsgemeine Handlung. Die bestochenen Subjekte bringen tausendfaches Leid über ihr Land. Es ist nichts dagegen einzuwenden, mit anständigen Mitteln für eine Idee zu werben. Dann muß aber in erster Linie im eigenen Lande freie Meinungsäußerung herrschen, damit sich keine ⟨Dichtungen⟩, Legenden, Wahnideen u. groben Lügen als Wahrheiten gebärden können.

Wieviel deutsche Bauern sind mit den tollsten Lockmitteln in den Jahren vor der »Machtergreifung«[a] zu »Nationalsozialisten« gemacht worden, weil diese Partei ihnen alles versprach, was die Bauern gern hören. Brechung der Zinsknechtschaft, Antisemitismus, Steuersenkung, keine Gehälter über 1000 RM im Monat! usw.

»Wenn Hitler siegt, werden die Aehren[31] schneller reifen u. die Kühe freudiger Milch geben«, sprach ein Redner i.J. 1932 im Solmser Hof. Studienrat B. aus Gonterskirchen erwähnte in einer Wahlversammlung in Ruppertsburg, »wenn wir ⟨(d.h. die Nazi)⟩ an die Macht kommen, verschwinden die Finanzämter.« Lautes

a) *Machtergreifung:* »Bezeichnung für Hitlers Ernennung zum Reichskanzler am 30. Januar 1933 und die nachfolgenden Maßnahmen zur Etablierung der Alleinherrschaft der NSDAP« (Schmitz-Berning 2000, S. 392f.).

Bravorufen donnerte ⟨damals⟩ durch den Saal. Das war vor der Machtergreifung. Und heute?

Wird nicht Herr Reichsmarschall ⟨Göring⟩ lächeln über seine hess. Parteigenossen, die i.J. 1932 im hess. Landtag den Antrag einbrachten, die Ministergehälter auf 1000 RM monatlich zu senken. Er, der herrlichste von allen, verdient mehr als 1000 RM täglich. Was sind auch schon lumpige 1000 Emmchen[b]. Bagatellsache.

12. Okt. 1940.

Hat Deutschland schwache Punkte?

Der Leser der deutschen Zeitungen wird diese Frage ohne Besinnen verneinen, weil ihm Tag für Tag ein kraftstrotzendes Großdeutschland vor Augen geführt wird. Die Großsprecherei ist ein wesentlicher Bestandteil der NSDAP. Und dennoch wird der aufmerksame u. denkende Deutsche (ihre Zahl ist nicht sehr groß) herausfinden, daß nicht alles Gold ist, was da glänzt.

Schon zu Beginn des Krieges setzten sofort umfangreiche Beschränkungen auf dem Gebiete der Oel- u. Benzinversorgung ein. Eine große Anzahl von Kraftwagen jeder Art mußten der Wehrmacht zur Verfügung gestellt werden. Der Privatverkehr war schon hierdurch sehr eingeschränkt. Benzinvorräte wurden beschlagnahmt. Der Verkauf von Benzin unter staatliche Aufsicht genommen. Die Benutzung von Kraftwagen unter Kontrolle gestellt. Nur mit einem roten Winkel versehene Wagen dürfen fahren. So sieht also das motorisierte Deutschland nach einer Kriegsdauer von 1 Jahre und 40 Tagen aus.

Die ganzen Maßnahmen auf dem Gebiete des Kraftwagenverkehrs zeigen eindeutig, wo uns der Schuh drückt. Der Betriebsstoff ist das Schmerzenskind. Der tiefste Brunnen schöpft sich leer. Das gilt natürlich in besonderem Maße bei einem Rohstoffe, den wir schon in Friedenszeiten in riesigen Mengen einführen mußten u. dessen Vorrat niemals unbegrenzt sein kann, weil ⟨schon⟩ die Aufbewahrung keine einfache Angelegenheit ist. Die Herstellung von Betriebsstoff aus Kohle mag weit fortgeschritten sein. Die Einfuhr ist ⟨aber⟩ nicht zu ersetzen, da der Verbrauch in Kriegszeiten bekanntlich zunimmt. Es bedarf gar keiner weiteren Untersuchung, wie weit der Mangel sich schon fühlbar macht. Unsere Verwaltungskriegsmaßnahmen[32] sprechen Bände. Die militärische Besetzung strategisch wichtiger Punkte in Rumänien und die Sicherung des Wasserweges (Donau, schwarzes Meer)[33] ⟨zeigen an⟩, daß eine Wiederholung der Motive unseres Krieges gegen Rumänien i.J. 1916 vorliegt.[c]

Die Hess. Landeszeitung bringt auf der ersten Seite die Schlagzeile:

b) *Emmchen:* scherzhafter Diminutiv zur Abkürzung M für Mark.

c) *Rumänien i.J. 1916:* Die deutsche Kriegserklärung an Rumänien ergab sich 1916 aus dem Bündnisvertrag mit Österreich-Ungarn. Rumänien hatte seine bisherige Neutralität aufgegeben und Österreich-Ungarn am 27. August 1916 den Krieg erklärt. Vgl. Enzyklopädie 2009, S. 804-806.

England bedroht Rumänien.[34]

Ich habe laut lachen müssen. Das ist der Gipfelpunkt der Frechheit. England bedroht Rumänien (wie u. wo?), aber Deutschland besetzt Rumänien. Genau wie in Norwegen. Dort waren wir den Engländern »zuvorgekommen«. England hat seither eigentlich nicht gezeigt, daß es diejenige Nation ist, die über sämtliche Nachbarstaaten herfällt. Im Gegenteil, der nationale Engländer muß seinen früheren Regierungen unbedingt den Vorwurf machen, daß sie in einem tiefen Schlaf lagen und überhaupt nichts unternommen haben, um ihre strategische Lage zu verbessern. Angefangen an Abessinien, China, Spanien, Albanien, Polen usw.

Ein offensiver englischer Plan ist überhaupt nicht zu erkennen. Noch nicht einmal im Luftkrieg. Hier gibt allerdings die Zahl der Flugzeuge den Ausschlag u. wir erklären stündlich, daß wir in der Luft überlegen wären. Ein Gegner, der sich ⟨in jeder Beziehung⟩ so überrumpeln läßt, ⟨wie England es getan hat⟩, kann – weiß Gott – keine Anschläge auf seine Nachbarn im Schilde geführt haben.

Ich könnte mir vorstellen, daß auch die englischen Luftangriffe in anderer Form zu führen wären u. zwar konzentrischer. Es wird seine Gründe haben, weshalb der englische Luftflottenkommandierende bisher noch nicht auf diese wirksamere Taktik gekommen ist. Hierzu sind mächtige Geschwader erforderlich. Seither waren die Angriffe weit verzweigt. Bald im Ruhrgebiet, bald in Nordwestdeutschland oder den Küstengebieten, dann wieder einmal in Berlin, Rheinland oder sonstwo. Am heftigsten sind sicher diejenigen Orte angegriffen worden, von denen aus etwa ein Angriff auf England stattfinden könnte. So ist die Lage heute. Was wird nunmehr kommen? England wird ⟨demnächst⟩ unsere schwachen Stellen angreifen. Durch die seitherigen verstreuten Bombardierungen sind wir gezwungen worden, an unendlich vielen Plätzen Abwehrtruppen bereit zu halten, deren Zahl im Verhältnis zu den Wirkungen ganz bestimmt übertrieben waren. Man kann nur ⟨genau⟩ urteilen, wenn ⟨einem⟩ Gelegenheit geboten ist, einen Blick in den gesamten Abwehrbetrieb zu werfen. In Industriegebieten ist der Warn-, Luftschutz- u. Abwehrdienst militärisch organisiert. Zusammengerechnet ergibt das eine stattliche Zahl von Menschen, die unproduktiv festgehalten werden.

Ich habe von schwachen Punkten oder ⟨schwachen⟩ Stellen gesprochen. Gibt es so etwas? Ich vermute es. Wo Sonne ist, ⟨da gibt es⟩[35] auch Schatten. Wenn die ⟨Angaben über die⟩ Versenkung feindlichen Schiffraums nur annähernd der Wirklichkeit entsprechen, muß damit gerechnet werden, daß der Engländer zu seiner Verteidigung energische Schritte unternehmen wird. Die U-Boot- u. Luftwaffe Deutschlands wird damit zu rechnen haben, daß künftig ihre Stützpunkte sowie die Produktionsstätten dieser Waffengattungen ⟨besonders⟩ bedacht werden. Ich halte die Stützpunkte u. Werften ⟨sowie Treibstoffanlagen⟩ für ganz besonders schwache Punkte, weil ⟨für⟩ sie jede Störung von größter[36] Tragweite sein kann. Kiel, Hamburg u. Wilhelmshaven usw. haben vielleicht schon viel gelitten, sie werden aber in naher Zukunft bestimmt mit starken Angriffen bedacht werden. Vorausgesetzt, daß die Engländer ausreichende Unterstützung von Kanada u. USA. erhalten. Bevor jedoch die[37] Engländer die Waffen strecken[38] – was nicht ich meine, sondern in den öffentlichen Verlautbarungen dem Volke suggeriert wird –[39] kann[40] sich noch einiges ereignen, was unter Umständen als Ueberraschung gebucht werden muß[41].

15. Okt. 1940.

Ein Zeitbild. So sind die Menschen!

Ich hatte soeben ein Zwiegespräch mit Justizassistent Wilhelm B[...] in Grünberg (Oberhessen). Ich frug ihn, ob der von ihm geforderte Betrag von 12.50 RM für den Zentner Wirtschaftsäpfel[a] gemeint sei. Er erwiderte, nein, für die gelieferten 90 Pf Mecklenburger, worauf ich entgegnete, daß ich bei hiesigen Bauern nur 12 RM für den Zentner gegeben hätte. B[...] erklärte mir, bei den Händlern kosten die Aepfel so viel u. wenn sie mir zu teuer wären, solle ich sie ihm wieder zurückgeben. Ich bedeutete ihm, daß er die verlangten 12.50 RM bekäme, ich aber[42] nie wieder von ihm Äpfel nehmen würde. Er sei kein Händler, würde keine Gewerbesteuer bezahlen ⟨u. könne deshalb keine Händlerpreise nehmen.⟩ Der gemeine Charakter der Menschen kommt in Notzeiten so recht zum Ausdruck. Jeder will sich bereichern.

Preiskommissar u. Preisstop-Verordnung sind blöde Erzeugnisse eines verkommenen Zeitalters.

17. Okt. 1940.

Wenn es zutrifft, daß deutsche Luftgeschwader fortgesetzt London bombardieren, dann muß schon gesagt werden, England hat für seine Verteidigung, insbesondere die Abwehr von Luftangriffen, nicht ausreichend gesorgt. Auch hier gilt der alte Satz: Der Angriff ist die beste Verteidigung!

Wo ist die englische Flotte?

18. Okt. 1940.

Heute ist für unsere engere Umgebung ein »historischer« Tag. Nicht etwa weil an einem 18. Oktober die Völkerschlacht bei Leipzig war. Nein; für diesen Tag hatte der Jagdkollege des Herrn B[...], Herr F[...] aus Gießen, das Ende des Krieges vorausgesagt. Dieser Herr F[...] gehört jener Gattung von Menschen an, die alles, was sie aufschnappen, mit der nötigen Ausschmückung ungefragt unter die Menge bringen u. äußerst erbost sind, wenn einer sich untersteht, irgend einen Zweifel zu äußern. F[...] hat nun im Laufe dieses Krieges schon ungezählte »Prophezeiungen« vom Stapel gelassen. Zu heilen sind derartige Leute nicht. Die müssen mit einem dicken Prügel gehauen werden, bis sie liegen bleiben.

a) *Wirtschaftsäpfel:* Äpfel, die nicht zum direkten Verzehr, sondern zur Weiterverarbeitung zu Apfelmus oder Apfelwein verwendet werden.

Niemals wurde öffentlich gegen unsinnige Latrinen-Gerüchte Stellung genommen. Im Gegenteil, die Partei hat mitgeholfen, möglichst viele Phrasen zu dreschen, damit das Volk besoffen wird.

Am vergangenen Sonntag (13. Okt.) hat ein in Urlaub befindlicher Soldat in der Wirtschaft Geist in Altenhain[a] für jedermann[43] vernehmbar ausgesprochen, daß er alle Parolen (Angriffe gegen England) für Lügen halte und überhaupt nichts mehr glauben würde, nicht eher, bis er selbst alles sieht. – Das ist ein weißer Rabe[44] gewesen. Aber immerhin erfreulich, daß dennoch kleine Lichter sichtbar sind.

19. Okt. 40

Heute wird zum ersten Male geflüstert, daß in diesem Jahre kein Angriff mehr gegen England unternommen u. die Truppen ihre Winterquartiere beziehen würden! Was sagt Ihr nun Ihr lieben Zeitgenossen hierzu?

Ich werde Euch zu gegebener Zeit Eure blödsinnigen Aussprüche mit dem nötigen Nachdruck zur Erinnerung vorführen. In diesem Punkte werde ich einmal unbescheiden auftreten!!!

28. Okt. 1940.

Immer noch keine Fahrt nach Engeland unternommen! Dafür wird es im Balkan lebendig werden. Dort unten gibt es noch etwas zu räubern. Wie lange noch, Herr Hitler, werden Sie die Lammesgeduld der unseligen Menschheit mißbrauchen?[45] Der Krug geht solange zum Brunnen bis er bricht. Darauf können wir Deutschen uns verlassen. Jetzt tritt der Krieg in seine letzte Phase. Jetzt entwickelt sich der Untergang Europas. Ein derartig zertrampelter, durcheinandergebrachter, aufgewühlter Erdteil ist überhaupt nicht mehr zur Ruhe zu bringen. Die Machtgier von Italien u. Deutschland kann mit roher Gewalt billige Siege erlangen mit Rücksicht auf die unglaublich unanständige Art ihres Vorgehens. Soviel ist aber bestimmt ⟨wahr⟩, wir werden damit nicht einen Freund gewinnen. Unauslöschlicher Haß in den Herzen der armen unterdrückten Völker[46] ⟨wird⟩ entstehen und eines Tages als lodernde Flamme uns entgegenkommen. –

Es verlautet, daß Italien den Griechen unannehmbare Bedingungen gestellt hat. Genau wie Oesterreich den Serben i.J. 1914. Es wiederholt sich alles. Das kann heiter werden. Jetzt wird es aber für die Türken Zeit, das Pulver bereit zu halten. Oder wissen die auch nicht, was sie zu tun haben. Selbstverständlich müßten die Türken mit allen Mitteln den Griechen helfen. Koste es, was es wolle. Nur so können sie sich retten. Man darf nicht warten bis einem das Wasser an der Kehle sitzt. Bis jetzt hat es nicht ein einziger Staat verstanden, richtig zu handeln. Bei Finnland waren

a) *Altenhain:* Dorf in der Nähe von Laubach, heute eingemeindeter Ortsteil.

Ansätze dafür zu sehen. Nur haben einfältige »Freunde« u. Nachbarn sich saudumm verhalten.

29. Okt. 40.

Ein Sohn des Lehrers B[...][b], der auf Urlaub zu Hause war, erzählte einem Mädchen, das ihn nach seinem gedrückten Wesen frug, er wäre bei den Fallschirmabspringern. Das sei schrecklich, bis man sich daran gewöhnt habe, »Frauen und Kinder« umzubringen. Dieser Mordbube erklärte, wie der gedachte Angriff auf England vor sich gehen soll. Seine Gruppe habe den Auftrag, eine bestimmte Fabrik anzugreifen. Alles, was in den Weg komme, müsse umgebracht werden.

2. Nov. 1940

H. Agr. B. ist der Meinung, daß ein Angriff von Deutschland und Italien gegen die Türkei bevorstehe und daß auch zu gleicher Zeit Rußland die Türkei angreifen würde!

Dieser sehr optimistischen Auffassung habe ich widersprochen. Ich glaube, daß Rußland nicht die Hand dazu bietet, die beiden Mächte Deutschland und Italien zu Herrschern von Europa zu machen. Handelt Rußland trotz alledem zu Gunsten von D. u. I., dann muß ich schon sagen, daß Rußland[47] von Geisteskranken regiert wird!

Es wird davon gesprochen, daß bei den höchsten Persönlichkeiten Meinungsverschiedenheiten herrschen würden. Göring wäre für Durchführung des Angriffes gegen England. 1/3 der Flieger sind geopfert, 1/3 ist krank u. 1/3 nicht zu verwenden.

3. Nov. 1940

Schon schreiben wir den 3. November 1940. Bereits 1 Jahr u. 64 Tage Krieg. Wie doch die Zeit vergeht. Der »Blitzkrieg« (wie die Nazikreise i.J. 1939 so gern sagten) dauert doch verdammt lange. Neulich frug mich ein hoher Herr: »Nun wie lange dauert dieser Krieg?« Ohne mich zu besinnen, entgegnete ich: »Bis 1943.« »Na, das ist wenigstens eine positive Antwort«, meinte er. Vor einem 1/2 Jahre ungefähr schrieb ich meinem Freunde H[...] nach Krakau, der mir sehr optimistisch klingende Weissagungen mitteilte, ich würde mit ihm im Jahre 1943 über diese Angelegenheit debattieren, er solle die Akten so lange reproduzieren. Mit Nennung der Jahreszahl »1943« will ich sagen, daß dieser Weltkrieg länger dauert als sämtliche amtlichen ⟨deutschen⟩ Kreise bei Beginn annahmen. –

Wie geht es weiter?

b) *Ein Sohn des Lehrers B[...]:* Vgl. dazu »Vier Söhne beim Heer«, in: Heimatzeitung, 5.8.1941, S. 5.

Das letzte Land ist noch nicht »erobert«. Der Krieg muß »zwangsläufig« (um dieses vom Führer oft gebrauchte Wort zu benutzen) fortgesetzt werden. Denn der oder die Gegner finden sich mit dem derzeitigen aufgezwungenen Schicksal keineswegs ab. Der Kampf geht also weiter. Das richtige Durcheinander beginnt erst 1941.

Ich möchte voraussagen, daß insbesondere in Afrika entscheidende Ereignisse eintreten. Vor allen Dingen glaube ich, daß Abessinien wiederaufersteht. Mit Unterstützung Englands werden die Italiener aus Abessinien gejagt. In Asien gibt es Endkämpfe. China wird siegen. Das Prestige Japans hat dadurch ungewöhnlich notgelitten, daß es seither die Chinesen trotz einer Kriegsdauer von über 3 Jahren nicht zu schlagen vermochte. Japans Kriegsmacht hat sich abgenutzt. Von Anbeginn stand ich mit Begeisterung auf Seiten Chinas. Dieses Land hat meine Sympathie zu 100%, weil es von dem Raubstaat Japan in der gemeinsten u. brutalsten Weise angegriffen und behandelt wurde. Mitleidslos bombardierten die Japaner friedliche Dörfer und Städte. Die Zahl der Opfer wird sicher ungeheuer groß sein.

Dieser heroische Kampf der Chinesen wird reiche Früchte tragen. Ein anderes China wird daraus erstehen[48]. Und dieses andere China wird sich stets erinnern, wer auf seiner Seite gestanden hat. Es waren dies: Die vereinigten Staaten von Amerika, Rußland und England.

Und wo standen die[49] deutschen Esel? Selbstverständlich[50] bei dem Räuber. Bei dem, der den Deutschen[51] i.J. 1914⟨-1918⟩ in »feiner« Weise die östlichen Kolonialgebiete abnahm.[a] Und aus Dankbarkeit sind wir diesem ekelhaften Japan hinten hineingekrochen. Natürlich in der Annahme, von dem ⟨jetzigen⟩ japanischen Raubzuge einige Brosamen zu erwischen. Wahrlich, wir haben es noch nie verstanden, eine gescheite Politik zu treiben.

Selbst bei Anwendung von Gewalt muß stets ⟨Klugheit u.⟩ Menschlichkeit nicht außer acht gelassen werden. Im Ausklang muß versöhnend ⟨Anstand⟩, Kultur u. Sittlichkeit zu finden sein. Deutschland kennt nur brutale Unterdrückung. Willst du nicht mein Bruder sein, schlag ich dir den Schädel ein.[52]

Die Behandlung der Elsässer nach dem Kriege 1870/71 war ein typisches Beispiel dafür. Und heute ist es noch schlimmer. Ueber Nacht werden die Elsässer u. Lothringer zu Nationalsozialisten »geformt«. Welch ein ungeheurer Blödsinn.[b] –

a) *östlichen Kolonialgebiete:* Kellner bezieht sich auf die deutschen Kolonien in der Südsee und auf das Gebiet von Kiautschou an der Nordostküste Chinas, das seit 1897 deutsches Pachtgebiet war. Kurz nach Beginn des Ersten Weltkriegs landeten japanische Truppen, denen die deutschen Verbände im November 1914 unterlagen. Die deutschen Besitzungen in der Südsee gingen im Herbst 1914 kampflos an Japan. Vgl. Enzyklopädie 2009, S. 593f. und 930f.

b) *die Elsässer u. Lothringer:* Elsass und Lothringen wurden nicht an das Deutsche Reich angeschlossen, sollten aber langfristig mit den benachbarten Gauen Baden und Saarpfalz verschmelzen. Die Gauleiter Robert Wagner (1895-1945) und Josef Bürckel (1895-1944) unternahmen bereits während des Krieges erste Schritte zu einer Germanisierung. Vgl. Kettenacker 1973.

5.11.40

Es ist der Fluch der bösen Tat, daß sie fortzeugend Böses muß gebären. Italien ist in Griechenland einmarschiert.[c] Jedenfalls zu dem Zwecke, den Griechen die »neue Ordnung« nach dem Rezept der »Achsenmächte« beizubringen.

Kaum vorstellbar, wenn die Lage umgekehrt wäre. Das heißt: Italien, Deutschland u. Japan wären in der gleichen Weise überfallen worden, wie sie es anderen Staaten gegenüber für angebracht hielten. Ein Geschrei u. Wehklagen ob der Verletzung der Grundrechte eines Volkes würden erhoben worden sein, daß die ganze Erde in Wallung gekommen wäre. Aber da es heute die Herren selbst sind, die die Welt sich unterwerfen wollen, haben Recht und Gerechtigkeit vor der Gewalt sich zu beugen. Auf solchen Grundsätzen kann sich doch keine »neue Ordnung« aufbauen!

6.11.40.

Gestern – am 5. Nov. 1940 – war Wahl des Präsidenten von den Ver. Staaten von Nordamerika.

Der Kandidat der demokratischen Partei, ⟨– dem meine Sympathie gehört –,⟩ Roosevelt, ist gewählt worden.

Diese Wahl wird bald einen fühlbaren Umschwung in der Gesamtlage zu Gunsten Englands bringen. Gewisse Zurückhaltung in vielen Dingen war ⟨in USA.⟩ aus innerpolitischen Gründen notwendig. Nun fällt diese Rücksichtnahme fort, und die Außenpolitik ⟨der USA.⟩ tritt in ein entscheidendes Stadium.

In USA. wird es heißen: Gegen Japan u. die totalitären Staaten Deutschl. u. Italien. Amerika braucht gar nicht in den Krieg einzutreten. Wenn es ⟨sich⟩ mit seinem ganzen industriellen Können[53] für China u. England einsetzt, dann ist der Krieg entschieden.

8. Nov. 1940.

Unsere Propagandisten verhöhnen diejenigen Völker, die sich an England um Unterstützung wenden u. machen sich über den Umfang oder den Wert der englischen Garantie lustig.[54]

Gerade jetzt wieder lebt der Hohn angesichts des Angriffs von Italien gegen Griechenland auf.

Abgesehen von allen sympathischen oder unsympathischen Regungen bleibt die Tatsache bestehen, daß Griechenland angegriffen worden ist. Für Griechenland handelt es sich lediglich darum, entweder sich ⟨feig⟩ zu ergeben oder ⟨sich⟩ heldenhaft

c) *in Griechenland einmarschiert:* Am 28. Oktober 1940 marschierten italienische Truppen in Griechenland ein, ohne den deutschen Verbündeten vorher darüber zu informieren. Wegen des für Italien ungünstigen Kriegsverlaufs griff das Deutsche Reich Anfang April 1941 ein, wodurch sich der Überfall auf die Sowjetunion um einige Wochen verzögerte. Vgl. Okkupationspolitik 1992, S. 61; Schreiber 1984, S. 394-414.

zu verteidigen. Was wollen denn die Herren in Italien u. Deutschland? Würden sie sich nicht verteidigen? Was dem einen recht ist, muß dem anderen billig sein. Ich verstehe es, daß dieser Widerstand Griechenlands uns nicht in den Kram paßt u. unangenehm ist. Durch diesen Widerstand ist dargetan, daß die Griechen keine Lust verspüren, sich ohne weiteres von Unbefugten tyrannisieren zu lassen. Die übrige Welt weiß das auch und urteilt entsprechend.

9. Nov. 1940

Der Völkische Beobachter (Südd. Ausgabe) vom 8. Nov. 1940 kündigt in großen Lettern an:

»Die britische Versorgung von neuen Schlägen getroffen.«

Der Propagandakasten ist ausgeleiert. Was geht uns die britische Versorgung an? Es soll doch jeder vor seiner eigenen Türe kehren. Kümmert Euch um die deutsche Versorgung. Da gibt es reichlich genug daran auszusetzen. Bevor die Engländer wegen Versorgungsschwierigkeiten die Flinte ins Korn werfen, sind wir lange schon verhungert.

Beweis: 1914 bis 1918.

Damals sind viele Schiffe versenkt ⟨worden⟩ u. England hatte nicht die Handelsflotten von Norwegen, Dänemark, Holland, Belgien u. Frankreich[55] in seiner Gewalt. Warum soll es denn heute nach 1 Jahr Krieg schlechter dastehen wie im Jahre 1918 nach 4jähr. Kampfe? Jedenfalls weil wir heute den Künstler Goebbels haben, diesen gewaltigen Maulhelden!

10. Nov. 1940.

Der italienische Heeresbericht ist sehr kleinlaut geworden. Griechenland leistet jedenfalls Widerstand. Vielleicht stellt es sich bald heraus, daß Italien eine kapitale Dummheit begangen hat. England hat Stützpunkte gewonnen, die es ausnutzen wird. Süditalien wird in den nächsten Monaten unliebsamen Besuch erhalten. Hat Mussolini nicht daran gedacht, als er frivol Krieg anfing, die Sache könnte eine für ihn unangenehme Wendung nehmen? Ist er auch auf die deutsche Propaganda hereingefallen?

Italien ist im Juni 1940 in den Krieg eingetreten. Abgesehen von der Besetzung von Britisch-Somaliland hat bis jetzt Italien nichts getan, was die Engländer erschüttern könnte. Auffällig ist, daß die italienische Flotte nichts unternommen hat. In dem Augenblick des Zusammenbruchs von Frankreich mußte Italiens Flotte unter allen Umständen gegen die engl. Mittelmeerflotte vorgehen. Nichts ist erfolgt. Die Gründe sind schwer erkennbar. Sollte die ital. Großmäuligkeit nicht ein bißchen viel geflunkert haben? Steht die »große« Marine nur auf dem Papier? Oder ist sonst etwas faul? Die Zeit wird auch in diesem Punkte Lehren erteilen.

Sofern eine Schwächung der ital. Flotte eintritt, fällt das ganze Kartenhaus zusammen. Die Armee in Albanien ist auf ständige Zufuhr angewiesen. Gleiches gilt für die ital. Besitzungen in Afrika. Aus diesen Befürchtungen heraus wäre ich als ital. Staatsmann niemals zu einem Kriege gegen England zu bewegen gewesen. Die Geschichte wird den Beweis erbringen, ob die derzeitigen italienischen Machthaber oder ich, der kleine Mann im Vogelsberg, die weltpolitischen Möglichkeiten besser durchschaut haben.

12. Nov. 1940.

Vor einigen Tagen starb der ehemalige Ministerpräsident Neville Chamberlain.

Es war mir klar, daß jetzt die Geschichtsfälscher frisch ans Werk gehen und diesem alten Manne schnell die Schuld am Kriege in die Schuhe schieben. Wie das gemacht wird, ist nachstehend zu lesen.

Chamberlain gestorben

⟨1940⟩ Vom eigenen Fluch getroffen

Stockholm, 10. Nov. Nach einer Reutermeldung ist Neville Chamberlain am Samstagabend gestorben.

Mit Neville Chamberlains Tod tritt einer der ersten Kriegsbrandstifter von der weltpolitischen Bühne ab. Wenn man auch seine Bedeutung als Politiker nicht überschätzen darf, so war er in seiner Rolle als englischer Premier um so gefährlicher und muß als der eigentliche Kriegsbrandstifter gelten, der mit seinem Namen das furchtbare Verbrechen zu verantworten hat, Europa und die Welt in einen Kriegsschauplatz verwandelt zu haben.

Man erinnert sich in diesem Augenblick auch eines der ungeheuerlichsten Worte Chamberlains, daß er hoffe, noch den Tag zu erleben, an dem Hitler vernichtet sei. Sein eigener furchtbarer Fluch hat ihn nun selbst getroffen. Er bemühte sich zwar, aus der schweren Verantwortung und Schuld zu entfliehen, indem er die Regierungsgeschäfte abgab, aber vergebens. Das Urteil der Geschichte hat sich an diesem Mann, der einer der typischen englischen Plutokraten ist, sehr schnell vollzogen.[56]

Wenn ich Engländer wäre, so würde ich allerdings auch Chamberlain eine große Schuld aufladen, aber in anderm Sinne wie dieser Artikelschreiber.

Chamberlain u. die gesamte seitherige Regierung trägt die Schuld, daß angesichts der ungeheuren Rüstungen Deutschlands in England nicht gleicher Schritt gehalten wurde. Ein Weltreich muß stets gerüstet sein, jeden Angriff, wo er auch immer erfolgen mag, sofort energisch abzuwehren.

Es ist für jedermann sichtbar, daß England nicht ausreichend gerüstet war. Auch die Flotte erscheint nicht derart stark, daß sie etwas Entscheidendes unternehmen kann. Möglich, daß sie sich zurückhält. Das ist aber ein Fehler. Sofort mußte sie eingesetzt werden. Weder in Afrika (Somaliland, Eritrea) noch im Mittelmeer hat die engl. Flotte scharf zugegriffen.

21. Nov. 1940
H. H[...] übergab mir 2 Gasmasken. Er sagte dabei, daß wir hier zur Gefahrenzone zählen würden. Wenn die Engländer demnächst keine Munition mehr hätten, dann kämen sie mit Gas! Das wäre der letzte Strohhalm, an den sie sich wie der Ertrinkende halten würden! –

So sprach Herr H[...], pensionierter Versicherungsbeamter aus Frankfurt a. M., z.Z. in Laubach wohnhaft. Ein echter Parteigenosse u. Inhaber mehrerer Aemter (Luftschutz u. Kriegshinterbliebenenfürsorge). Das ist der Typ des richtigen Spießers, der die Politik nach seinem Horizont gestaltet u. der von der Propaganda begeistert ist, weil sie ihm täglich das bietet, was er so gerne hört. Lieber Josef, das machst du ausgezeichnet. Du kennst deine Pappenheimer![57]

Einer anderen Gattung gehört Amtsgerichtsrat Boländer[58] an. Er war vor 1933 Burschenschafter, Mitglied des altdeutschen Verbandes[a] u. Mitglied der nationalliberalen Partei. Sohn eines gehobenen Zollbeamten. Judenfeind 1. Kl. Er ist überzeugt von dem totalen deutschen Sieg, ohne jedoch im einzelnen anführen zu können, wie der Friede einmal aussehen wird. Der Sieg (der deutsche natürlich) ist für ihn eine totsichere Sache. Er ist von den Männern des 3. Reiches begeistert.

Sprechen wir im Jahre 1943 hierüber. Es hat doch keinen Wert, mit einem Menschen zu streiten[59], der die Lebensrechte anderer Völker überhaupt nicht achtet.

Deutschland ist Trumpf. Alles hat sich unterzuordnen. Das ist eigentlich eine verdammt einfache Politik – wenn es nicht außer Deutschen auch noch andere Völker gäbe. Ob Herr B. auch so begeistert wäre, wenn er, mit der Waffe in der Hand, die Welt, die er sich untertan machen will,[60] selbst erobern müßte[61], das steht dahin. Vorerst berauscht er sich an den Heldentaten anderer.

23. Nov. 1940
Gestern meldete der deutsche Rundfunk, daß 2 italienische Divisionen in Albanien neue Stellungen bezogen haben. Anstatt Griechenland zu erobern, geht es rückwärts in »neue« Stellungen. Daraus geht eindeutig hervor, daß die Italiener außerstande waren, dem Druck der Griechen Widerstand zu leisten. Die Italiener sind in Albanien auf Zufuhr aus ihrer Heimat angewiesen. Das gibt den Ausschlag. Die Flotte der Italiener müßte also die Transporte von Italien nach Albanien ständig schützen unter Vernachlässigung anderer wichtiger Stellen. Aus dem gleichen Grunde hat Italien in Afrika nichts Entscheidendes unternehmen können. Jetzt ist es natürlich ausgeschlossen, ⟨in Afrika

a) *des altdeutschen Verbandes:* Kellner meint den Alldeutschen Verband, der 1891 in Berlin als »Allgemeiner Deutscher Verband« gegründet worden war. Er vertrat vor allem eine imperialistische Kolonial- und Flottenpolitik und einen aggressiven Antisemitismus. Während des Ersten Weltkrieges propagierte er sehr weit gehende Kriegsziele. Heinrich Claß (1868-1953) war von 1908 bis 1939 Vorsitzender des Verbandes und zeitweise in der Deutschnationalen Volkspartei (DNVP); 1933 trat er in die NSDAP ein. Bereits 1920 bis 1923 gehörte er zu den Förderern Hitlers. Vgl. Enzyklopädie 2009, S. 329f. u. 417.

aufzutrumpfen), da sich engl. Truppen auf Kreta befinden. Die strategische Lage Italiens hat sich durch eigene Schuld (Angriff auf Griechenland) zusehends verschlechtert.

Bei einigermaßen geschickten Operationen Griechenlands müssen die Italiener Albanien aufgeben. Das wäre ein Triumph der Gerechtigkeit. Beinahe zu schön, um daran zu glauben.

5.12.1940

Am 30.Okt.1940 war in unseren Zeitungen zu lesen:

»Der italienische Einmarsch in Griechenland.«[62]

Am 1. Nov. 1940 hieß es bereits:

»Italienischer Vormarsch in 70 km Tiefe.«

»Der griechische Luftraum unter Kontrolle der Luftwaffe Italiens.«[63]

Und heute: die Blätter schweigen.

Kein italienischer Soldat steht mehr auf griechischem Boden. Griechenland hat den Spieß umgedreht und ist in Albanien einmarschiert. Die Italiener verlieren Stellung um Stellung. Wo bleibt der viel gerühmte faschistische Elan? Mit der großen Schnauze allein ist es eben nicht zu machen. Der Geist entscheidet. Die Griechen verteidigen ihr Vaterland. Und die Italiener? Die wollten ein kl. Land überfallen und ausplündern. Endlich zeigt sich einmal ein Lichtblick in dem europäischen Chaos.

Nun beginnt eine Chance für England, sich am Horizont zu zeigen. Ob das in England erkannt wird? Die Engländer haben seither eine unglaubliche Zauderpolitik an den Tag gelegt. Man ist versucht anzunehmen, daß sie überhaupt keinen militärischen Schachzug mehr machen können. Angreifen!

In Afrika müßten – koste es was es wolle – an allen Abschnitten Angriffe seitens der Engländer durchgeführt werden. Italien befindet sich in Albanien in schlechter Lage. Wir wollen sehen, ob England endlich weiß, was es zu tun hat.

8. Dez. 1940.

Der ganze Süden Albaniens soll bereits in Händen der Griechen sein. Ich halte die Lage der Italiener für außergewöhnlich schlecht. Die nächsten Tage müssen bereits über den Ausgang des Feldzuges in Albanien Klarheit bringen. Wenn die engl.-griechische Luftwaffe die rückwärtigen Verbindungen fortgesetzt angreift und die Albaner im Rücken der ital. Armee Sabotage treiben, dann ist das Schicksal der ital. Armee in Albanien besiegelt.

13. Dez. 1940.

Ein Unglückstag für die Faschisten in Italien. Ueber 20000 italienische Gefangene (darunter 3 Generale) dürfen unter englischer Obhut sich den Suez-Kanal betrachten, den sie schon jahrelang mit der Kehle erobern wollen.

Lieber Duce! Du bist ein ganz großes Rindvieh. Wenn Du die Freundschaft mit England aufrechterhalten hättest, würde Dir eine afrikanische Niederlage erspart worden sein. Wenn es aber dem Esel zu wohl ist, geht er auf das Eis tanzen.[64]

Endlich vollzieht sich ein gerechtes Urteil. –

Die in Ägypten stehende englische Armee ist zum Angriff gegen die aus Libyen in Ägypten eingedrungenen Italiener vorgegangen. Bereits der 1. Angriffstag hat den Engländern erhebliche strategische Vorteile gebracht. Bei günstigem Fortgang der Offensive dürften noch einige Ueberraschungen zu erwarten sein. Es ist durchaus möglich, daß Italien in Afrika in ganz kurzer Zeit schachmatt gesetzt ist. Wer so frivol wie Mussolini an einem vollkommen überflüssigen Krieg teilnimmt, darf sich nicht wundern, wenn ihm heilsame Lehren mit Bomben beigebracht werden. Hat dieser Diktator wirklich keine Möglichkeiten mehr gehabt, Friedenswerke zu vollbringen?

Dieser »Duce« war für mich immer ein Räuberhauptmann. Und so wird ihn die Geschichte auch behandeln.

14.12.40.

Wenn in der nächsten Zeit die in Abessinien stehenden italienischen Truppen, die sich geradezu in einer Mausefalle befinden, ⟨angegriffen werden⟩, dann wird dem italienischen Volke zum Bewußtsein kommen, daß sich alles auf Erden rächt. In den Jahren 1935/1936 hat Italien einfach von Abessinien Besitz ergriffen. Ein Raub übelster Art. Die Rache der Abessinier wird nicht ausbleiben. 1896 wiederholt sich. Damals wurde die italienische Armee ⟨in A.⟩ vernichtet.[a] Was wird 1941 von ihr übrig sein?

24.12.40

Noch ein Schritt – und die 2. Kriegs-Weihnacht ist da. Von »Frieden auf Erden« ist nichts zu spüren. Zwar glaube ich schon in schwachen Umrissen den Beginn einer veränderten Situation zu erkennen.

Italien weicht in Albanien fortgesetzt zurück. Anstatt Aegypten anzugreifen sind die[65] Italiener aus Aegypten hinausgedrängt und in Libyen von einer engl. Armee angegriffen worden. Bei erfolgreicher Durchführung der beiden Operationen in Albanien u. Libyen ergibt sich eine günstige militärische Lage für England.

Nach dem Zusammenbruch ⟨Frankreichs⟩ hat es in Afrika für England sehr schlecht ausgesehen. Aegypten u. der Suez-Kanal waren bedroht. Die Türkei zögerte, Griechenland war allein zu schwach, einem Angriff zu widerstehen. Und heute? Ein gänzlich anderes Bild. Der Balkantraum Italiens ist bald ausgeträumt. Die Rufe »Suez, Dschibutti, Tunis, Corsika« werden verstummen müssen. Dodokanes u. ital.

a) *1896 wiederholt sich:* 1896 konnten die Abessinier mit Hilfe britischer Truppen die italienischen Besatzer zurückschlagen, obwohl diese technisch weit überlegen waren. Vgl. Kollmer/Mückusch 2007, S. 70f.

Ostafrika (Abessinien) sind in der Luft hängende Bestandteile. Es kann nur noch eine Frage der Zeit sein, was mit diesen Besitzungen geschieht.[66] Das hat alles ein Mann fertig gebracht: Mussolini! Es ist ein Gottesgericht, daß ein Mann, der nur die Gewalt und den Terror anbetet, auf diese Weise sich selbst beseitigt.

Die Hoffnung scheint mir nicht unbegründet zu sein, an eine politische Wendung in Italien zu glauben. Es ist selbstverständlich schwer, aus weiter Ferne die Sachlage zu beurteilen. Die fortgesetzten Niederlagen der italienischen Truppen deuten aber darauf hin, daß der faschistische Geist im Abflauen begriffen ist. Der Diktator kann nur von Siegen leben. Niederlagen sind sein Verhängnis. Besonders dann, wenn er andere zu militärischen Hasardspielen verleitet hat u. diese anderen nicht mit ganzem Herzen bei der Sache waren.

Der faschistische Aufbau wankt!!

Menschheit, stürze ihn!!!

31.12.40.

Das Jahr 1940 wird heute zu Grabe getragen. Welches unsagbar großes Leid hatte es der versklavten Welt gebracht? Und was steht noch bevor? Es ist nur zu ahnen. Wissen kann es niemand.

Schon 1939 war der »Blitzsieg« prophezeit worden. Morgen schreiben wir »1941«. –

7. Jan. 1941.

Das befestigte Bardia in Libyen ist von australischen Truppen gestürmt u. 30000 Italiener sollen gefangen genommen sein. Als die italienischen Truppen in Ägypten eindrangen u. bis Sidi Barani (ca. 130 km von der lib. Grenze entfernt) vorrückten, da schlugen die Propagandisten Purzelbäume u. es wurde durch das Geschrei der Eindruck hervorgerufen, als wäre die Eroberung von Ägypten nur noch eine Frage von wenigen Tagen. Dann herrschte auf einmal Stillschweigen. Nur ab u. zu mußte ein Beschwörer das wartende Volk durch einen Zeitungsartikel über die Schwierigkeiten in der afrikan. Wüste nach der Manier eines Kurpfuschers beruhigen. Plötzlich griffen die Engländer vor Weihnachten an, und schon ist das ganze italienische Kartenhaus in Afrika zusammengebrochen. Es ist für die ganze Welt sichtbar, daß Italien in Afrika sich noch nicht einmal verteidigen kann, ganz zu schweigen von angreifen.

Was nutzt Deutschland dieser edle Bundesgenosse und »Achsenpartner«? Das Ende vom Liede wird sein, daß wir (genau wie 1914-1918 Oesterreich) dieses Italien in jeder Beziehung unterstützen müssen, damit es bei der Stange bleibt.

Wenn in den letzten Jahren freie Meinungsäußerung möglich gewesen wäre, hätte es sicherlich viele Deutsche gegeben, die ihre warnende Stimme erhoben hätten. Das Volk muß aber[67] stillschweigend alles über sich ergehen lassen. Das Volk darf nur zahlen und das Maul halten. –

Mussolini hat sich ⟨stets⟩ gern in der Pose eines unbesiegbaren Diktators gezeigt und an kraftstrotzenden Worten und entsprechenden Gesten es nie fehlen lassen. Nun ist er noch nicht einmal in der Lage, zu verhindern, daß seine Divisionen in Afrika in die engl. Gefangenschaft wandern.

Wenn[68] Italien auch nur annähernd so stark wäre, wie es die Propaganda-Posaune in die Welt geblasen hat, dann müßte es eine Kleinigkeit gewesen sein, die ⟨ital.⟩ Truppen in Afrika zu verstärken oder die engl. Flotte aus dem »Mare nostrum«[a] zu verjagen.

Statt dessen ist man mit Schwung dabei, die Erfolge der Engländer zu bagatellisieren und von »Rückeroberung« zu faseln. Derart dummes Geschwätz kann nur von ganz verblödeten Menschen geglaubt werden.

Wer heute noch nicht sieht[69], daß die Stellung der Engländer in Afrika sich stündlich bessert, weil die zu Beginn des Krieges in den Kolonien begonnene Mobilisation sich auszuwirken beginnt, dem ist einfach nicht zu helfen. Wen Gott vernichten will, den schlägt er mit Blindheit.

8. Jan. 1941.

Wir befinden uns in einer merkwürdigen geistigen Verfassung. Ich kann mich gut erinnern, daß im Jahre 1939 – vor Beginn des Krieges – oft in den Zeitungen zu lesen stand, daß wir einen langen Krieg nicht führen könnten. Heute spricht niemand mehr davon. Wie macht es der Vogel Strauß? Er steckt den Kopf in den Sand, damit er nicht gesehen wird[70]. Wir ahmen es ihm nach. –

Nur die edelsten der Nation sind nach den Verlautbarungen maßgebender Stellen in der Nationalsozialistischen-Deutschen-Arbeiterpartei (NSDAP.).

In den Jahren 1933 bis 1940 sind[71] bemerkenswerte Straftaten in Laubach ausschließlich von Parteigenossen begangen worden:

R[…]. Urkundenfälschung, Amtsunterschlagung (1 Jahr Zuchthaus)
D[…]. Amtsunterschlagung (9 Monate Gef.)
L[…]. Körperverletzung, Beleidigung
Hans H[…] (HJ. Führer) Diebstahl, Unterschlagung (10 Tage Gef.)

Genau so ist es bei den Steuersündern. In der Hauptsache Pg.
Zu Steuerstrafen wegen Steuerhinterziehung wurden verurteilt:

a) *Mare nostrum:* (lat.) ›unser Meer‹ bezeichnet das Mittelmeer als Teil des Römischen Reiches. Von Mussolini wird der darin formulierte Hegemonialanspruch wieder aufgegriffen.

H[...] (20000 RM)	Dieser Mann hat es fertig gebracht, sein Vermögen im Werte von 50000 RM zu verheimlichen. (der Sohn NS. Bürgermeister u. Pg!)
K[...] (6000 RM)	
W. M[...] (6000 RM)	
St[...] (2000 RM)	

10. Jan.1941

Der ital. Wehrmachtbericht v. 8.I.41 spricht von »Streifen- u. Artillerietätigkeit zwischen Bardia u. Tobruk in der Cyrenaika.«[72] Das klingt nicht sehr optimistisch. Dieses Gebiet wird bald im Besitze der Engländer sein. Das ist ein ungeheurer Schlag für die Großmannsucht eines Mussolini. Libyen war einmal italienisch. Damit ist es bald vorbei. Wenn die Italiener die stark ausgebauten Stellungen um Sidi Barani, Sallum, Kapuzzo u. Bardia nicht zu halten vermochten, dann ist selbstverständlich im Hintergrunde – umgeben von Wasser u. Wüste – überhaupt keine Möglichkeit mehr, Widerstand zu leisten. Es ist deutlich sichtbar, daß der Italiener einfach nicht mehr kann. Seine Flugplätze in Libyen hat er schon zum Teil verloren, und die übrigen sind den fortgesetzten Angriffen der engl. Flieger ausgesetzt. Ich prophezeie den ital. Fliegern nur noch einen kurzen Aufenthalt in Afrika. Wir werden ja bald sehen.

Erheiternd wirkt es – wenigstens auf mich –, wie[73] die italienische Oeffentlichkeit unterrichtet wird. Der Ministerrat nimmt »Entschließungen« an, »grüßt die heldenmütigen Verteidiger von Bardia« und gibt »die unerschütterliche Entschlossenheit, den Kampf bis zum Siege fortzusetzen« dem Volke bekannt.[74]

Den Krampf kennt man ja. In Rom »kämpfen« die Faschisten und in Afrika wandern Divisionen um Divisionen in Gefangenschaft. –

Ich kann es gar nicht abwarten, bis den Italienern in Abessinien die Quittung für ihr gemeines, niederträchtiges Verhalten vor 5 Jahren erteilt wird. Ein Land – 2 mal so groß wie Deutschland – einfach zu überfallen und zu annektieren, ist der Gipfel brutaler Schamlosigkeit. Diese verfluchten Faschisten tragen die Schuld, daß die ganze Welt aus den Fugen geraten ist. Und dafür müssen sie büßen.

Meinem Gefühl nach muß es bald in Abessinien losgehen. Ein richtig angesetzter konzentrischer Angriff und Unruhen im Innern von Abessinien werden Italien den Todesstoß versetzen. Die Befreiungsstunde schlägt. Diese Niederlage wird dann nicht ohne Folgen im Mutterlande bleiben. Die schuldigen Herren müssen vom Schauplatze abtreten. Der Herr König von Italien wird seine verrostete Kaiserkrone von Abessinien in die historische Rumpelkammer legen und mit Tränen in den Augen darüber nachdenken, ob er nicht besser nach dem Marsche auf Rom[b] (1922)

b) *nach dem Marsche auf Rom:* Gemeint ist die Machtübernahme der italienischen Faschisten unter Benito Mussolini im Oktober 1922, die zum Vorbild zahlreicher Faschisten und Nationalisten in ganz Europa wurde. Vgl. Borejsza 1999, S. 57-70.

abgedankt wäre. Diese Jammergestalt von einem König ist den Strick nicht wert, der zum Aufhängen benötigt ⟨wird⟩. Ein elender Feigling ohne Beispiel in der Geschichte. Spielt die Rolle einer Strohpuppe und setzt sich die Königskrone von Albanien u. die Kaiserkrone von Abessinien auf sein degeneriertes Haupt. So ein Clown!

24. Jan. 1941

Der ital. Heeresbericht gibt zu, daß Tobruk in Libyen von[75] austral. Truppen eingenommen worden sei. Uebertreibt aber nach meiner Ansicht die Angaben über die Stärke der angreifenden Truppen, damit die eigene Niederlage etwas geschmackvoller werden soll.[76] Das sind Mätzchen. Wer verwehrt denn den »heroischen« faschistischen Heersführern, nach Libyen Verstärkungen zu schicken oder mindestens die engl. Truppen durch Flieger anzugreifen? Es ist doch immer davon gesprochen worden, daß nicht England, sondern Italien das Mittelmeer beherrschte. Außerdem habe ich gelesen, daß der italienische Soldat sicherlich so tapfer kämpfen würde wie die australischen »Arbeitslosen«.

Es ist in diesem Kriege ein beliebtes Mittel, die eigenen Soldaten als ausgesprochene Helden darzustellen und ihre Taten als Heldentaten ohne Beispiel in der Kriegsgeschichte zu bezeichnen. Das braucht man dem überheblichen deutschen Volke ⟨nur⟩ dauernd vorzusetzen, dann geht das bißchen Charakter noch ganz zum Teufel. Die Soldaten der Gegenseite sind im Jargon der Propagandamacher: Horden, Banditen, Heckenschützen usw.

Wann werden die vernünftigen Menschen in Deutschland wieder etwas reden dürfen?

25. Jan. 1941.

Ich muß immer wieder daran denken, was wohl die maßgebenden Männer in Italien gedacht haben mögen, als sie sich entschlossen ⟨haben⟩, sich an Deutschland zu ketten. Für einen neutralen Beobachter dürfte doch unschwer zu erkennen ⟨gewesen⟩ sein, daß die deutschen Machthaber keine anderen Götter neben sich dulden. Es gab doch auch nur einen Napoleon. Welche Rolle glaubte Mussolini zu übernehmen, wenn Hitler Beherrscher von Europa werden würde[77]? Das[78] ist eine recht dunkle Angelegenheit. Jedes italienische Kind müsste rein gefühlsmäßig vor den Deutschen sich fürchten. Denn die deutsche Begehrlichkeit würde nach einem siegreichen Kriege nicht etwa dem »Freunde« Italien gegenüber bescheiden auftreten. Alle chauvinistischen Ladenhüter kämen zur Auferstehung, und der Schrei nach dem deutschen Weg zum Mittelmeer (Triest) wäre in allen Winkeln und Gassen zu hören. Das ist Wirklichkeit. Jeder Kenner der nationalsozialistischen Seele weiß das – nur die faschistischen Herren in Italien laufen mit Brettern vor dem Hirn in dem Weltall umher. Jeder Mensch darf Fehler machen, nur Staatsmänner nicht. Italien besitzt keine Staatsmänner, nur Maulhelden und größenwahnsinnige Idioten. –

26. Jan. 1941
Es ist gerade so schön ruhig in den deutschen Wehrmachtberichten. Göbbels ruht sich aus. Oder sinnt nach neuen Taten. Dieser Mephisto hat viel auf dem Gewissen. Bei genauer Untersuchung wird er überhaupt kein Gewissen haben. Also gewissenlos. Dieser größte Hetzer gegen England hat immer noch nicht abgewirtschaftet. Ein merkwürdiger Verein ist das. Die können tun u. lassen, was sie wollen. Keiner zieht sie zur Rechenschaft. Göring darf ungestraft behaupten, kein feindlicher Flieger würde das Ruhrgebiet bedrohen.[79] Göbbels konnte im Juli ⟨1940⟩ ausrufen, die amerikanische Hilfe für England kommt »zu spät«. Er bezeichnete die Engländer für gänzlich verrückt, weil sie noch nicht einmal ihre Niederlage einsehen wollen. So gesprochen 1940.[80] Jeder Deutsche muß das gläubig anhören. Nicht ein Einziger darf seiner Meinung Ausdruck verleihen. Das ist eine furchtbare Nation. Die gesamten guten Eigenschaften u. geistigen Errungenschaften vergangener Jahrhunderte über Bord geworfen u. einem Rattenfänger nebst Anhang nachgelaufen.

Keiner durfte diesen Gewalthabern bei ihren Siegesfeiern nach dem Zusammenbruch Frankreichs zurufen: »Nur langsam, die Partie ist noch nicht aus.« Damit wäre doch absolut nichts gegen das Vaterland gesagt, sondern lediglich zur Besinnlichkeit u. Bescheidenheit ermahnt. Aber auch das durfte nicht sein.

Deutsches Volk! An diese Tyrannenherrschaft wirst Du noch lange denken. –

Jeder Schachspieler weiß, daß er über einen Zug erst dann sich freuen kann, wenn der Gegner den nächsten Zug gemacht hat. Denn der kann ja besser sein als der eigene.

In der Vergangenheit sind unsere Gegner nur verhöhnt worden. Die Klugheit ist eine ausgesprochen deutsche Sache nach dem Rezept besagter Herren. Ich ⟨bin u.⟩ war entschieden anderer Meinung. Ich konnte mir es einfach nicht vorstellen, daß es in einem Weltreiche, wie dem britischen, nur Dummköpfe geben sollte. England war lediglich nicht gerüstet, weil es sich nicht vorstellen konnte oder wollte, daß das deutsche Volk sich die Wiederholung eines Weltkrieges gefallen lassen würde. Das war die große englische Täuschung. Sonst nichts. Das gesamte englische Volk aufzurütteln, das hat nicht etwa die engl. Regierung fertig gebracht. Einzig und allein den deutschen Nationalsozialisten ist[81] das Kunststück gelungen[82], das britische Weltreich zum gemeinsamen Widerstand gegen die deutsche Machtgier zu bringen.

Welch eine Torheit, die Städte ⟨in⟩ England durch Fliegerangriffe zerstören zu wollen. Damit wird kein Krieg gewonnen, wenigstens nicht mit der verhältnismäßig kleinen Zahl der vorhandenen Flugzeuge. (Mit 100 000 Flugzeugen könnte es schließlich möglich sein, methodisch ein kleines Land zu zerstören.) (Aber nicht England mit seinem großen Kolonialreich). Wir haben lediglich erreicht, daß auch der dümmste oder friedliebendste Engländer durch die Praxis einsehen lernte, mit welcher Brutalität wir Deutschen die anderen Völker behandeln. Jeder freiheitsliebende Mensch in der ganzen Welt war nunmehr überzeugt, daß er nicht mehr länger schlafen ⟨konnte⟩, sondern sich zum Kampfe gegen das deutsche (oder besser gesagt: nationalsozialistische) Ungeheuer stellen mußte. An diesem Punkte sind wir jetzt angelangt! Wer hat diesen Krieg angezettelt? Es kommt der Tag, wo diese Frage keine Frage mehr sein wird.

Wir haben nichts verschwiegen, wir haben alles gedruckt. Keine Ausreden können helfen. Klar und deutlich liegt die Schuld zu Tage. Göbbels und seine Helfershelfer haben unzählige Male sich über Englands militärische Hilfslosigkeit lustig gemacht und die eigene Ueberrüstung als das gigantischste Werk der Weltgeschichte dargestellt. Ganz abgesehen von den 90 Milliarden, die Hitler, ohne Befragen des deutschen Volkes, nur für Rüstungszwecke verausgabt hat.[83] 90 Milliarden!!! Wieviel Häuser und ⟨friedl.⟩ Handelsschiffe hätten damit gebaut werden können? Die Welt ist auch mit friedlichen Mitteln zu erobern. Die Großmannssucht wollte aber ihre Opfer haben. Und sie bekommt sie. –

Der Durchschnittsmensch in Deutschland wird sich kaum Gedanken darüber machen, ob unsere Heerführer nicht auch schon Fehler gemacht haben. Die Zeitungen geben ihm jedenfalls keinerlei[84] Gelegenheit, auf solche Gedanken zu kommen. Die Propaganda, die keinerlei Zweifel an der Allmacht u. der Unfehlbarkeit des Nationalsozialismus aufkommen läßt, sorgt natürlich auch dafür, daß der Glorienschein der Unbesiegbarkeit des deutschen Heeres nie verblaßt. Jeder Sieg wird verherrlicht. Jedes Mißgeschick verschwiegen. Von diesem System wird einfach nicht abgewichen. –

Betrachten wir einmal in großen Umrissen das militärische Geschehen seit Sept. 1939.

Es wurden Länder erobert. Daran gibt es nichts zu rütteln. Die Vorräte dieser Länder sind eine beliebte Beute geworden. Vielleicht erfahren wir später einmal, daß gerade diese Vorräte der Grund für unsere Angriffe gewesen sind. Soweit die sichtbaren militärischen Erfolge. Jetzt kommen die Schattenseiten. In diesen Ländern gibt es nicht nur Leute, die Deutschland lieben. Daraus folgt, daß ein Sicherheitsapparat aufgebaut werden muß. Jede Maßnahme vergrößert den Haß gegen den Eroberer (ich habe das selbst im besetzten Rheinland erlebt[a]). Es genügt keine Zivilverwaltung allein. Diese Beamten wollen geschützt sein. Also: Militär heran. Dieser Zirkus umfaßt Oesterreich, Tschecho-Slowakei, Polen, Dänemark, Norwegen, Niederlande, Belgien, Luxemburg und Frankreich. Der Länderhunger scheint befriedigt zu sein. Wenn uns nur der Appetit nicht vergeht!

Bei dieser Betrachtung sind auch die Fehler sichtbar. Das zu sichernde Gebiet ist zu groß. Die Größe birgt ungeheure Gefahren in sich. Das wird eines Tages auch von den unterdrückten Völkern erkannt – und dann geht die Schweinerei los. Wir wissen nicht mehr, wohin wir schießen sollen.

a) *im besetzten Rheinland erlebt:* Ab Anfang 1919 waren die linksrheinischen Gebiete des Deutschen Reichs von alliierten Truppen besetzt, überdies unter anderem auch Mainz und sein Umland, wo Kellner seinerzeit lebte. Dieser später im Versailler Vertrag festgeschriebene Zustand sollte bis 1935 dauern, die alliierten Besatzungstruppen zogen jedoch bereits Mitte 1930 ab. Vgl. Reimer 1979, S. 409f.

Die Eroberungssucht war nach meiner Auffassung der größte Fehler, den die militärischen Berater gemacht haben. Nach den schlechten Erfahrungen des Weltkrieges (1914-1918) hätte dieser Fehler nicht mehr gemacht werden dürfen.

Was hat uns die Eroberung von Norwegen gebracht? Vorräte. Gut. Die werden einmal aufgezehrt sein. Es hat uns aber auch einen Teil der Flotte gekostet. Das wiegt schwerer. –

Ein entscheidender Irrtum war es auch, nach dem Zusammenbruch Frankreichs an ein Aufgeben[85] des Kampfes durch England zu glauben. Nur ein vollendeter Sieg über England hätte den Krieg beendet.

Davon sind wir heute weiter entfernt denn je.

Die Hilfe Amerikas kommt nicht zu spät! Vor allem war sie der Ansporn für die engl. Bevölkerung, nun erst recht auszuhalten.

Auch das wurde nicht beachtet!!

Die Herren Militärs täten gut daran, nicht nur alles durch ihre Brille zu betrachten. Ein bewaffneter Mann dünkt sich erhaben über seine unbewaffneten Mitmenschen – und wird dünkelhaft. Kanonen ohne Geist sind mir verhaßt. –

Meine Herren ⟨Brüder in⟩ Waffen! Wie wäre es, wenn Sie für eine deutsche Verfassung ⟨u. Gewissensfreiheit⟩ kämpfen würden? Darin ruht mehr ⟨Glück u.⟩ Stärke als in den Waffen. Na, das lernen Sie auch noch.[86]

Und damit, Schluß für heute, Sonntag, den 26. Januar 1941.

27.I.41

Die fortgesetzten Niederlagen der Italiener in Afrika können nach meiner ⟨Meinung⟩ eine Revolution in Italien zur Folge haben. Das gäbe einen Wendepunkt in diesem Kriege, der von nicht zu vielen Menschen vorausgesehen worden ist.

Vorerst hat Afrika mein ganzes Interesse. Der Angriff auf Eritrea und die Rückeroberung Abessiniens unter dem Oberkommando des von den Nationalsozialisten so oft verspotteten Kaisers ⟨Haile Selassie⟩[87] ist in vollem Gange.

Die Italiener in Abessinien können samt u. sonders ihre Testamente machen. Ich empfinde eine unbändige Freude darüber, daß das grenzenlose Unrecht, das s.Z. dem abessinischen Volke durch Italien zugefügt wurde, in einer Weise wieder gut gemacht wird, die für alle Zeiten nachwirken wird.

Herr Mussolini! Dämmert es ihnen jetzt, was für ein Eselsstreich die Kriegserklärung an England war?

Staatsmännische Klugheit lässt sich nicht aus Reden, sondern nach den Taten beurteilen. Keine Menschenseele hat die italienischen Schiffe behindert, die Meere zu befahren. Jeder italienische Kaufmann hätte mit Abessinien friedlichen Handel treiben können. Warum also das Heil in der Gewaltpolitik suchen?

30. Jan. 1941

Die Hess. Landeszeitung v. 29. Januar 1941 schreibt auf der ersten Seite in großen Lettern:

»England geht seinem sicheren Untergang entgegen.«[88]

So sprach Großadmiral Raeder[89] am 28. Jan. 1941 zu den Werftarbeitern in Bremen.

Wenn England mit Reden zu vernichten wäre, dann hätte es schon lange seinen Geist ausgehaucht. Ich glaube nicht daran, daß der Untergang Englands besiegelt ist. »Wer anderen eine Grube gräbt, fällt selbst hinein.«[90] Das könnte unter Umständen auch auf uns angewendet werden. Denn die Versenkung von Handelsschiffen ist ein sehr zweischneidiges Schwert. Das stellt sich nach dem Kriege heraus. –

Derna in Libyen ist ⟨heute⟩ von den Engländern erobert worden.

1. Febr. 1941.

Hitler hat in seiner Rede im Sportpalast am 30.I.41 zugegeben, daß Fehler gemacht worden sind.[91] Nettes Bekenntnis. In der Propaganda gab es seither nur einen unfehlbaren Führer.[92] Das hat jeder Parteigenosse schon hundertmal hören müssen. Und jetzt auf einmal wird zugegeben, daß die Unfehlbarkeit leeres Gerede war. Fehler nennen! Da kann das deutsche Volk lange warten, bis diese Herrschaften Erklärungen abgeben. Nun denn, so will ich Euch einige von den groben Schnitzern bekanntgeben:

1.) Norwegen.
Diese überflüssige Reise verminderte die an sich nicht sehr große Zahl der Kriegsschiffe und vergrößerte den Verwaltungsapparat.

2.) Frankreich.
Nach dem Zusammenbruch Frankreichs mußte sofort – vor Begehung von Siegesfeiern und sonstigem Klimbim – England angegriffen werden.

3.) Vertrag mit Japan.
Dieser Vertrag öffnete der Welt die Augen. Insbesondere wurde USA. zu Abwehrmaßnahmen gezwungen u. an die Seite Englands gekettet.

4.) Neuordnung Europas.
Dieser dumme Schlachtruf machte es allen Menschen klar, daß Europa unter die Fuchtel von Hitler gestellt werden sollte.

5.) Griechenland.
Der Angriff Italiens gegen Griechenland mußte unterbleiben, da Italien bei neutralem Verhalten große Dienste als Vermittler von Warenlieferungen an Deutschland leisten konnte.

Eine Anzahl anderer Fehler könnte noch aufgezählt werden. Davon später.

6. Feb. 1941

Harte Kämpfe in Italienisch-Ostafrika
Im nördlichen Teil von Italienisch-Ostafrika, in der westlichen Ebene von Eritrea, zwischen Agordat und Barentu, spielen sich gegenwärtig heiße Kämpfe ab. Die Kämpfe bei Agordat und Barentu nehmen, wie der italienische Heeresbericht meldet, einen für beide Teile verlustreichen Verlauf.[93]
Weltbild-Gliese (M)

Die Hess. Landeszeitung vom 6.2.41 bringt nebenstehendes Kärtchen. In der Erläuterung wird angegeben, daß in Eritrea zwischen Agordat und Barentu Kämpfe im Gange seien und diese für beide Teile einen verlustreichen Verlauf nehmen würden.

Das ist das erste Mal, daß beide Teile Verluste haben, sonst hat immer nur der Gegner schwere Verluste. Allerdings handelt es sich hier in diesem Falle um den italienischen Heeresbericht. Das italienische Volk muß langsam auf die kommenden Hiobsbotschaften vorbereitet werden.

Göbbels mit dem ewigen Sonnenschein würde einen derartigen Bericht nicht aus seiner Brutmaschine herauslassen.

7. Febr. 1941
Im Hamburger Fremdenblatt vom 27. Jan. 1941 schreibt ein K.A.v.W. über »Der Fall von Tobruk«. Der Artikelschreiber meint u.a.: .... »Offensichtlich hat mancher Engländer durch die Ereignisse in Libyen verwirrt, den Boden der Wirklichkeit verlassen, wenn er darüber nachsinnt, daß nun das nächste Ziel der Wavell-Offensive[a] Benghasi

a) *Wavell-Offensive:* Dem Oberbefehlshaber der britischen Armee im Nahen Osten, Sir Archibald Wavell, war es trotz der Überlegenheit der italienischen Streitkräfte gelungen, Abessinien und Somaliland zu besetzen. Den Verlust Libyens und damit des letzten Stützpunktes Italiens in Afrika

sei. Täten solche Phantasten einmal einen ruhigen Blick auf eine Spezialkarte von Libyen, so könnten sie sehen, daß es von Tobruk nach Benghasi weiter ist als von Sidi Barani nach Tobruk, aber fast doppelt so weit, wenn man nicht die Luftlinie, sondern die Küstenstraße[94] mißt. Und schließlich steht zwischen Tobruk und Benghasi immer noch der Marschall Graziani[95] mit Divisionen, die in den bisherigen Kämpfen nicht eingesetzt waren.«[96] –

Der Verfasser des Artikels hat sich in seinem Arbeitszimmer die Sache so ausgedacht – wie er sie gerne haben möchte. Aber er hat[97] unheimliches Pech. Die Wirklichkeit beweist, daß die Engländer[98] nicht zu Phantasten gestempelt zu werden brauchen – denn der Marschall Graziani mag vielleicht einmal zwischen Tobruk u. Benghasi gestanden haben, aber heute ist er nicht mehr dort.

Benghasi, die Hauptstadt von Cyrenaika, ist in den Händen jener »phantastischen« Engländer. Also genau 10 Tage nach dem Erscheinen des erwähnten Artikels. Der Verfasser braucht nun nicht etwa aus Gram sich fortan in Schweigen zu hüllen. Das ist nicht nötig. Er soll ruhig weiter schreiben. Meine wenigen mit Vernunft begabten Landsleute, die ihm antworten könnten, müssen ruhig sein. Für das übrige Krummzeug ist ⟨es⟩ ganz einerlei, was in den Zeitungen steht. –

Als die Offensivvorbereitungen der Italiener durch den überraschenden Angriff der Engländer gestört wurden und ein Stützpunkt nach dem anderen in die Hände der Engländer fiel, wurde allenthalben in der deutschen Presse ausgeführt, daß der italienische Oberbefehlshaber schon zur richtigen Zeit u. an der richtigen Stelle Widerstand leisten würde. Insbesondere nicht[99] dort, wo es die Engländer wollten, sondern an jenen Stellen, wo es für die Verteidigung von Libyen am besten sei.

Es mag sich jeder trösten wie er es am besten kann. Nur so viel ist sicher, daß die Italiener sich aller Voraussicht nach nicht nach dem Verlust vieler Divisionen u. ⟨vermindertem⟩ Kriegsmaterial besser verteidigen können als zu Beginn der Kämpfe bei voller Stärke. Da braucht man kein Stratege zu sein, um das beurteilen zu können. Der italienische Oberkommandierende mußte seine gesamten Streitkräfte zu Gegenangriffen verwenden. Da er das nicht getan hat, ist dargetan, daß er derartiges nicht vollbringen konnte. Und damit ist das Schicksal der italienischen Armee in Nordafrika besiegelt. Nur auf sich selbst angewiesen – von der Heimat verlassen – kann die beste Armee in Afrika keine Lorbeeren ernten. –

10. Feb. 1941

Heute kam die Aufforderung, sofort diejenigen zu melden, die bei der Marine gedient haben und noch bordfähig sind. –

verhinderte lediglich der Befehl an Wavell, Truppen nach Griechenland zu entsenden, das gerade von deutschen und italienischen Streitkräften angegriffen wurde. Infolge der britischen Offensive in Afrika wurde auf Italiens Bitte hin am 8. Februar 1941 das Deutsche Afrika-Korps nach Libyen entsandt. Vgl. Benz/Graml/Weiß 2007, S. 392f.; Stegemann 1984, S. 591-598.

Letztes Aufgebot! Mit welcher Begeisterung werden diese armen Kerle an Bord gehen.

12. Feb. 1941.
Von oben herab wird mitgeteilt, daß[100] die Verstöße gegen das Verbot der Verfütterung von Brotgetreide (VO. zur Sicherstellung des Brotgetreidebedarfs v. 22.7.37)[101] in der letzten Zeit einen erheblichen Umfang angenommen haben. Es sollen Plakate zum Aushang gebracht werden, die auf das Verfütterungsverbot und seine Beachtung im Kriege hinweisen. –

Es ist beachtenswert, daß bereits im Jahre 1937 Maßnahmen zur Sicherstellung des Brotgetreidebedarfs getroffen wurden. Jetzt müssen Plakate zur Hilfeleistung herangezogen werden. Der Papierkrieg soll helfen.

Wenn die Bauern andere Futtermittel hätten, würden sie selbstverständlich kein Brotgetreide verfüttern. Das ist doch der springende Punkt. Anstatt den Bauern zu sagen, was sie zum Füttern nehmen sollen, werden ihnen Plakate vor die Nase gehängt.

Plakate statt Futtermittel!

13. Febr. 1941.
Das Thema »Futtermittel« ist aktuell. Vogelfutter für unseren Kanarienvogel ist hier nicht mehr zu haben. Wir haben zwar ein »Großdeutschland« und wollen eine neue Ordnung (Raub-Ordnung) in Europa schaffen, aber so manche Dinge des täglichen Lebens werden knapp oder sind überhaupt nicht mehr erhältlich. Ich denke nicht etwa an Luxus. Z.B. sind Putzlumpen nicht aufzutreiben. Hunderte anderer Artikel werden als »Ersatz« angeboten[102] oder sind gänzlich ausgestorben. Wohin bist du entschwunden, du gute, alte Zeit?[103]

22. Feb. 1941
Der »alte Kämpfer« Ortsgruppenleiter u. Rechner bei der Bezirkssparkasse namens Naumann[104] (früher einfacher und unfähiger Schreibgehilfe bei der gräfl. Verwaltung ⟨für 100 RM Monatsgehalt⟩) sollte von der Bezirkskasse Lb. reklamiert werden. Das Gesuch wurde von allen Amtsstellen befürwortet. Naumann, der z.Z. auf einem Büro eines Truppenteils »kämpft«, war aber anderer Meinung. Er brachte es fertig, daß der Truppenteil ihn nicht freigab, weil Naumann den Wunsch äußerte[105], er wolle bei den Kämpfen gegen England dabei sein. N. ist nicht der einzige, der des Ruhmes wegen »dabei« sein möchte, natürlich in größtmöglichster Entfernung vom Schuß. Leider haben eine zu große Anzahl von Menschen während eines Krieges Vorteile materieller Art. Für diese Sorte braucht es überhaupt keinen Frieden mehr zu geben. Ein solches Exemplar ist auch der Justizwachtmeister Sch[...], z.Z. Stabsfeldwebel in Bebra. Er hat sich bereits einen dicken Bauch u. einen ⟨dicken⟩ Schädel angefressen. –

26.II.41
In den letzten Tagen sind viele Reden gehalten worden. Ausklang: Endsieg. Ich glaube mich zu erinnern, daß wir Ende 1918 ähnliche Phrasen gedroschen haben. Immer dasselbe Lied. Der Unverstand der Massen nimmt alles willig auf. Schon vor 300 Jahren hat ein schwedischer Staatsmann an seinen Sohn geschrieben: »Du glaubst gar nicht, mit wie wenig Verstand die Welt regiert werden kann.«[106] In diesem Punkte hat sich nichts geändert. Auch Hitler hat in seinem Buche »Mein Kampf« seiner Verachtung für die Masse Volk Ausdruck verliehen.[107] Trotzdem jubelt die Masse ⟨ihm zu⟩ und brüllt: »Heil Hitler.« Vielleicht gerade deswegen, denn nur die allerdümmsten Kälber wählen ihre Metzger selber. –

In Italienisch-Ostafrika dringen die Truppen des engl. Weltreiches von allen Seiten in das Land ein und besetzen Position um Position. Es kann nur noch[108] ein Widerstand von kurzer Dauer seitens der Italiener in Frage kommen. Schon seit Monaten sind sie abgeschnitten und kämpfen auf verlorenem Posten. Ein moderner Krieg mit seinem riesigen Materialverbrauch verlangt vor allem unausgesetzten Nachschub. Der fehlt den Italienern; sie sind einzig u. allein auf ihren Vorrat angewiesen. Ihr Schicksal wird sich erfüllen. Ein erstklassisches Gottesgericht! Wer so frivol handelt, wie Mussolini es getan hat, der[109] verdient keine andere Strafe.

Ob die Völker daraus lernen? Nein! Die Nachfolger oder Nachahmer halten sich für klüger. Die Fehler machen sie nicht – so sagen sie – aber sie machen andere. Und so geht es eben lustig weiter. Ruhm und Militärmärsche sind nicht auszurotten.

27. Feb. 1941.
Mogadischu, die Hauptstadt von ital. Somaliland, ist von engl.-afrik. Truppen besetzt worden. M. spielte bei der Eroberung von Abessinien durch die Italiener eine entscheidende Rolle. Von hier aus drang ⟨1935⟩ eine italienische Armee in Abessinien ein und besiegelte das Schicksal der Abessinier, die, von 2 Fronten angegriffen, keinen Widerstand mehr leisten konnten. –

Herr Mussolini! Ihr Traum (römisches Reich in Afrika) ist bald ausgeträumt. Vielleicht gibt es eine große Anzahl Italiener, die wie ich dazu neigen, einer friedlichen Duchdringungspolitik den Vorzug zu geben. Niemand hat Italien daran gehindert, Abessinien (ital. Ostafrika) sowie Libyen auf- und auszubauen u. freundschaftliche Handelsbeziehungen mit den Nachbarn zu pflegen. Einer stand im Wege: Mussolini mit seinem Cäsarenwahn. Und weil das Volk diesem einem nicht das Handwerk legte, deshalb muß es gestraft werden. So will es die Geschichte.

Nun wird auch noch der Dodokanes an die Reihe kommen. Das ist der Rest der ital. Besitzungen. Diese Inselgruppe wird den früheren Besitzern zurückgegeben werden. Italien ist dann aus dem östl. Mittelmeerraum verschwunden u. es wird nicht mehr von einem »mare nostrum« sprechen können.

Ob es in Italien Leute gibt, denen die eingepeitschten Rufe einer verrückt gewordenen Menge: »Tunis, Korsika, Suez, Dschibutti«[110] Anlaß geben, über die Irrtümer der faschistischen Lehre nachzudenken?[111]

28. Maerz 1941.

Erholungsurlaub hatte eine Ruhepause in der Niederschrift der Gedanken u. der Ereignisse eintreten lassen.

Der Aufenthalt im Schwarzwald (Freudenstadt) hat die ersehnte Erholung gebracht. Die Tretmühle beginnt wieder. –

Inzwischen ist die natsoz. Diplomatie auf dem Balkan tätig gewesen u. hat mit alten Mitteln neue »Erfolge« errungen. Bulgarien hat sich der Diktatur Hitlers gebeugt. Wieder eine Nation, die[112] von Freiheit u. Ehre nichts weiß.

Vor mir liegt das Hamburger Fremdenblatt vom 25. März 1941, das in einem Artikel »Sieg ohne Waffen« mit begeisterten Worten schildert, daß Jugoslawien dem Dreimächtepakt beigetreten sei u. dieser Beitritt als der krönende Abschluß eines großen diplomatischen Feldzugs angesehen werden dürfte.[113]

Tatsache ist, daß Ungarn am 20. Nov. 1940, Rumänien u. die Slowakei am 23. u. 24. November 1940 und Bulgarien am 1. Maerz 1941 die Unterschriften zum sog. »Dreimächtepakt« vollzogen haben.[a]

In diesem »Dreimächtepakt« anerkennt u.[114] respektiert Japan die Führung Deutschlands u. Italiens bei der Schaffung einer neuen Ordnung in Europa u. diese beiden Mächte anerkennen u. respektieren die Führung Japans bei der Schaffung einer neuen Ordnung im großasiatischen Raum. –

Diese neue Ordnung soll nach den Erläuterungen einen dauerhaften Frieden herbeiführen.

Es ist nicht ohne weiteres zu erkennen, in welcher Form sich sämtliche europäischen Staaten dem Willen Deutschlands unterordnen sollen. Bisher sind[115] hierüber nur nichtssagende Redensarten u. Phrasen verschwendet worden. Es ist eigentlich unvorstellbar[116], welche Entwicklung die Dinge nehmen, wenn die Flugzeuge nicht mehr in der Luft herumschwirren u. die Tanks ihren Schrecken verloren haben. Darüber kann es doch wohl kaum einen Zweifel geben, daß bei allen unterdrückten oder unterworfenen Völkern die freiheitlichen Regungen ständig wachsen werden. Jeder, dem die sogenannte neue Ordnung in irgend einer Beziehung nicht paßt, wird zum Gegner. Viele Hunde sind des Hasen Tod.[117] –

Was zeigen die Kriegsschauplätze?

a) *»Dreimächtepakt« vollzogen:* Deutschland, Italien und Japan hatten am 27. September 1940 den Dreimächtepakt geschlossen, der ihre Interessensphären absteckte: Japan wurde die Vorherrschaft in Asien, Deutschland in Kontinentaleuropa und Italien im Mittelmeerraum zugestanden. Überdies sicherte man sich gegenseitig Hilfe gegen Angreifer zu, die bis dato nicht am Krieg beteiligt waren. Dem Pakt traten unter anderem die von Kellner genannten Staaten bei. Vgl. Benz/Graml/Weiß 2007, S. 478f.

Die strategische Lage Englands hat sich augenblicklich[118] gebessert. Insbesondere hat es England glänzend verstanden, seine Stellung im östlichen Mittelmeerraum zu verstärken. Die Eroberung der Cyrenaika hat mit einem Schlage die Bedrohung Ägyptens u. damit des Suezkanals beseitigt. Italien ist nicht nur militärisch in Afrika zur Ohnmacht gezwungen worden, seinem Ansehen wurde[119] ein Schaden zugefügt, der bestimmt in diesem Kriege nicht mehr gut gemacht werden kann. Italien hat auch in Albanien keinerlei Erfolge zu verzeichnen. Inzwischen hat Italien Somaliland verloren u. engl. Somaliland, das im August 1940 von den Italienern besetzt worden war, ist wieder vollständig im Besitz der Engländer. Von diesen engl. Erfolgen steht natürlich nichts in den deutschen Zeitungen u. Herr Ministerialrat Fritsche[120] ist sich sicher im unklaren darüber, wie er diese Dinge seinem unmündigen deutschen Volke sagen soll. Ein Volk, dem nur überwältigende Siege serviert worden sind und dem jeder Mißerfolg verschwiegen wurde, ist natürlich sehr empfindlich. Der leiseste Luftzug kann sehr unangenehm werden. –

Das ostafrikanische Drama geht seinem Ende entgegen. Einem Bekannten gegenüber habe ich im Laufe des Januar 1941 einmal erklärt, daß bis zum 1. April 1941 die italienischen Kolonien in Ostafrika in den Händen der Engländer seien. Beinahe auf den Tag habe ich richtig vorausgesehen. Gestern meldete der ital. Heeresbericht, daß Keren (Eritrea) u. Harrar (Abessinien) aufgegeben worden seien. Beide Punkte sind von größter strategischer Bedeutung. Es kann sich in der Tat nur noch um eine kurze Spanne Zeit handeln bis der ital. Widerstand aufhört. Schon jetzt ist jeder Verlust an Menschen heller Wahnsinn. Ich will den italienischen Soldaten in Ostafrika keinen Vorwurf machen, sie standen auf verlorenem Posten, denn sie waren von der Heimat abgeschnitten u. auf sich selbst angewiesen. Der Zusammenbruch war lediglich eine Zeitfrage u. wurde durch die Angriffe der Engländer nur beschleunigt. Die Soldaten u. Siedler sind zu bedauern. Bedanken können sie sich bei dem wahnsinnigen Herrn Mussolini! –

Auch die Balkanabenteuer Deutschlands können sich recht bald als ausschlaggebende Fehler erweisen. Bismarck hatte jedenfalls s.Z. den richtigen Instinkt als er im Reichstag sagte, der Balkan wäre nicht die Knochen eines einzigen pommerischen Grenadiers wert.[121] Wir können uns doch nicht etwa anmaßen, die Balkanvölker germanisieren zu wollen. Und gerade das wäre die Voraussetzung, diese Staaten für immer an uns zu ketten. In dem Augenblick, wo diese Völker den deutschen Druck verspüren, wenden sie sich innerlich von uns ab u. werden uns sogar feindlich gesinnt. Es gibt nur einen Weg, einen Menschen für sich zu gewinnen, und das ist der Weg der ungezwungenen Freundschaft. Das gilt auch von Volk zu Volk. Wenn wir heute die Staaten einschüchtern u. diese ⟨uns⟩ unter dem augenblicklichen Druck der Verhältnisse gewisse Zugeständnisse machen, so kann das nur ⟨eine⟩ vorübergehende Erscheinung sein. Unter dem Kriegsbeil werden sich die Menschen ducken, kommen aber dann wieder friedliche Verhältnisse, beginnen bestimmt die Bestrebungen, die deutschen Fesseln zu lösen. Ich sehe gar keinen Grund, über unsere Augenblickserfolge in Ungarn, Rumänien u. Bulgarien Triumphgeheul anzustimmen. –

2. April 1941.
Asmara, die Hauptstadt von ital. Eritrea, ist von den engl. Truppen besetzt worden. Hiermit sind die im Inneren Abessiniens befindlichen Italiener von dem Hafen Massawa abgeschnitten. –

Der »Völkische Beobachter« (Südd. Ausgabe) vom 27. Maerz 1941 brachte über den Besuch jugoslawischer Minister in Wien am laufenden Bande »erfreuliche« Nachrichten für den deutschen Spießbürger. Es ist ungemein interessant, solche Dinge vor der Vergessenheit zu bewahren.

Wien, 26. März ⟨41⟩

Der Führer gab Dienstagmittag im Schloß Belvedere aus Anlaß der Aufnahme des Königreiches Jugoslawien in den Dreimächtepakt in Gegenwart des Reichsministers des Auswärtigen von Ribbentrop einen Empfang, an dem der Königlich Jugoslawische Ministerpräsident Zwetkowitsch, der Königlich Jugoslawische Außenminister Cincar-Markowitsch, der Königlich Italienische Minister des Äußeren Graf Ciano, der Kaiserlich Japanische Botschafter Oshima, der Königlich Italienische Botschafter Alfieri, der Königlich Jugoslawische Gesandte Andric, der Königlich Ungarische Gesandte von Sztojay, der slowakische Gesandte Cernak, der Königlich Rumänische Gesandte Bossy und der Königlich Bulgarische Gesandte Draganoff teilnahmen.

Bei dem Empfang waren von deutscher Seite anwesend der Chef des Oberkommandos der Wehrmacht, Generalfeldmarschall Keitel, Reichspressechef Dr. Dietrich, Reichsleiter Bormann, Reichsstatthalter Reichsleiter Baldur von Schirach, der deutsche Botschafter in Rom von Mackensen sowie führende Mitglieder der Delegationen der Regierungen des Dreimächtepaktes.

Zehntausende Wiener Volksgenossen, die die Anfahrtsstraßen zum Belvedere dicht umsäumten, bereiteten dem Führer auf seiner Fahrt zum Belvedere und bei seiner Rückkehr in das Hotel Imperial begeisterte Kundgebungen. Auch den Staatsmännern der befreundeten Mächte galt der herzliche Willkommensgruß der Wiener Bevölkerung, die stolz darauf war, wiederum einen großen politischen Tag in ihren Mauern zu erleben.

Abgereist

Wien, 26. März ⟨41⟩

Der Königlich Jugoslawische Ministerpräsident Zwetkowitsch und der Königlich Jugoslawische Außenminister Cincar-Markowitsch verließen Dienstag abend im Sonderzug Wien, um sich nach Belgrad zurückzubegeben. Der Reichsminister des Auswärtigen von Ribbentrop geleitete die jugoslawischen Staatsmänner zum Bahnhof, wo er sich von ihnen herzlich verabschiedete.

Um 19 Uhr verließ auch der Königlich Italienische Außenminister Graf Ciano im Sonderzug Wien. Er begab sich nach herzlicher Verabschiedung von Reichsaußenminister von Ribbentrop, der den italienischen Außenminister zum Sonderzug geleitete, nach Italien zurück.

*

Ministerpräsident Zwetkowitsch und Außenminister Cincar-Markowitsch trafen Mittwoch vormittag um 9 Uhr Ortszeit in Begleitung des deutschen Gesandten von Heeren im Sonderzug auf dem Hauptbahnhof Topschinder wieder in der jugoslawischen Hauptstadt ein, wo sie vom stellvertretenden Ministerpräsidenten Dr. Matschek und den in Belgrad anwesenden Regierungsmitgliedern begrüßt wurden. Weiter waren der italienische und der rumänische Gesandte, die Geschäftsträger von Ungarn, Bulgarien und der Slowakei sowie die Mitglieder der deutschen Gesandtschaft zugegen.

Ministerpräsident Zwetkowitsch begrüßte seinen Stellvertreter Dr. Matschek mit den Worten: »Jetzt ist alles in Ordnung.«

⟨25.3.1941.⟩

Der Führer empfing Dienstagnachmittag in Gegenwart des Reichsministers des Auswärtigen von Ribbentrop den Königlich Jugoslawischen Ministerpräsidenten Zwetkowitsch und den Königlich Jugoslawischen Außenminister Cincar-Markowitsch.

Die Besprechung über gemeinsam interessierende Fragen verlief im Geiste der traditionellen freundschaftlichen Verhältnisse zwischen Deutschland und Jugoslawien.

*

Der Führer empfing Dienstagnachmittag in Gegenwart des Reichsministers des Auswärtigen von Ribbentrop den Königlich-Italienischen Außenminister Graf Ciano zu einer längeren Unterredung, die im Geiste der alten Freundschaft zwischen Deutschland und Italien verlief. An der Besprechung nahm auch der Königlich-Italienische Botschafter in Berlin, Dino Alfieri, und der deutsche Botschafter in Rom, von Mackensen, teil.[122]

Telegramm an den Führer

Berlin, 26. März ⟨41⟩

Der Königlich Jugoslawische Ministerpräsident Zwetkowitsch hat an den Führer das nachstehende Telegramm gerichtet:

»Im Augenblick, wo ich das Reichsterritorium verlasse, habe ich die Ehre, Eurer Exzellenz die Ausdrücke meines besonderen Dankes für den freundschaftlichen Empfang, den Sie uns in Deutschland zuteil werden ließen, zu übermitteln. Ich bin überzeugt, daß sich in dieser Ihrer Aufmerksamkeit der Ausdruck der Freundschaft widerspiegelt, welche Eure Exzellenz Jugoslawien und dem jugoslawischen Volke entgegenbringt. Ich bitte Sie, Herr Reichskanzler, auch bei dieser Gelegenheit die Versicherung meiner tiefsten Hochachtung entgegennehmen zu wollen.

(gez.) Zwetkowitsch.«

Empfang des Reichspressechefs

Reichspressechef Dr. Dietrich gab Dienstagnachmittag zu Ehren der jugoslawischen Pressedelegation, an deren Spitze der Chef des jugoslawischen Zentralpressebüros Predrag Milojewitsch stand, einen Empfang im Hotel »Imperial«, an dem neben den Presseattachés der im Dreimächtepakt zusammengeschlossenen Staaten die in Wien anwesenden führenden Journalisten dieser Länder teilnahmen.[123]

Am 26. Maerz 1941 soll also Herr Zwetkowitsch[124] gesagt haben: »Jetzt ist alles in Ordnung.« Sicher meinte er damit, er habe nun sein Geld »ehrlich« verdient. Wie dieses »alles in Ordnung« in Wirklichkeit aussieht, muß selbst die deutsche Presse nach 48 Stunden zugeben.

USA begeistert

Die Neuyorker Presse gibt die Nachrichten über Belgrad mit riesigen Überschriften wieder und äußert sich in ihren Kommentaren begeistert über die Entwicklung in Jugoslawien.[125]

Zwetkowitsch verhaftet

dnb. Belgrad, 28. März ⟨41.⟩

Es verlautet, daß Mitglieder der Regierung Zwetkowitsch verhaftet worden sind. Prinzregent Paul soll nach unbestätigten Gerüchten Jugoslawien verlassen haben.

Aus der Provinz liegen zuverlässige Nachrichten zurzeit noch nicht vor. Von Regierungsseite wird versichert, daß in allen Teilen Jugoslawiens Ruhe und Ordnung herrsche. Mißhandlungen von Volksdeutschen hätten nicht stattgefunden. Die Prüfung dieser Nachrichten ist zurzeit nicht möglich.

Im »Gardista« schreibt der Agramer[a] Mitarbeiter des Blattes, das kroatische Volk stünde auch weiterhin treu zur Freundschaft mit Deutschland und zur Verbundenheit mit den Mächten der Neuordnung.[126] Was immer in Belgrad geschehen möge, an dieser Haltung Kroatiens werde sich nichts ändern.

Gestern abend fand in Belgrad ein Umzug der Sokol[b] statt, die um 16 Uhr in ihrem Heim einen Festakt abgehalten hatten. Anschließend fand ein Manifestationsmarsch durch die Straßen Belgrads statt.[127]

Es ist ein sehr schwacher Trost, auf die Uneinigkeit der Kroaten u. Serben zu spekulieren.[c]

Die Kroaten sind meines Wissens keine Freunde der Italiener. Das wird zuletzt den Ausschlag geben.

Freitag, 28. März 1941 / Nummer 86 ⟨Hess. Landeszeitung⟩

Ein Staatsstreich in Jugoslawien

Der minderjährige König Peter II. beruft Regierung Simowitsch

Belgrad, 27. März. In den ersten Morgenstunden des Donnerstag fand in Belgrad ein militärischer Staatsstreich statt. Der minderjährige König Peter hat durch eine Proklamation die königlichen Machtbefugnisse übernommen. Er hat den General Duschan Simowitsch mit der Bildung der neuen Regierung beauftragt.

Die Nachrichtenagentur Avala meldet: Die Regierung, die soeben unter der Präsidentschaft des Armeegenerals Simowitsch gebildet wurde, hat ihre Funktionen aufgenommen. Die Regierung ist von dem Armeegeneral Simowitsch nach Beratung mit politischen Persönlichkeiten gebildet worden. Der erste Vizepräsident ist Dr. Matschek, der zweite Vizepräsident Prof. Slobodan Yovanowitsch, Außenminister Dr. Momtschilo Nintschisch, Innenminister Srdnan Budissavljewitsch, Finanzminister Juran Tschutey, Marineminister Armeegeneral Bogolyubilitsch, Justizminister Dr. Beja Markowitsch, Unterrichtsminister Trifunovitsch, Verkehrsminister Bogolyovitsch, Handels- und Industrieminister Iwan Andre, Minister für die Forsten Kulenowitsch, Landwirtschaftsminister Branko Tschubrilowitsch, Minister für die öffentlichen Arbeiten Kulovetz, Minister für Post, Telegraf und Telefon Iwan Torbar, Versorgungsminister Savakosanowitsch, Interimistischer Minister für die physische Erziehung Armeegeneral Bogolyub Ilitsch, Minister ohne Portefeuille[d] Marko Dakowitsch. Die Mitglieder der Regierung haben ihren Eid vor dem König Peter II. geleistet.

Die Nachrichtenagentur Avala meldet weiter: Durch den Rundfunk wurden alle Reserveoffiziere aufgefordert, sich heute nachmittag 4 Uhr in ihren Offizierskasinos zur Besprechung einzufinden. Nach einer weiteren Meldung der Agantur Avala haben die serbischen Sokoln ihre Mitglieder aufgefordert, sich um 17 Uhr in den Sokoln-Heimen einzufinden. Sie würden dort weitere Weisungen empfangen. Die Mitglieder der serbischen Miliz-Organisation Cetnici[e] haben die Aufforderung erhalten, sich dem serbischen Heer anzuschließen.

Der neue Stadtkommandant von Belgrad, Milowitsch Stepanitsch hat einen Aufruf erlassen, in dem er das Volk auffordert, sich den Anordnungen der Stadtverwaltung zu fügen, Ruhe und Ordnung zu bewahren und an die Arbeitsplätze zurückzukehren.[128]

a) *Agram*: heute Zagreb.
b) *Sokol* (slav. ›Falke‹) war eine 1862 gegründete tschechische Turnvereinigung, die zur scharfen Verfechterin der nationalen Idee wurde. Sokol-Verbände gab es auch in Polen und in Jugoslawien. Vgl. die Beiträge in Blecking 1991, zu Jugoslawien den Beitrag von Kessler.
c) *Uneinigkeit der Kroaten u. Serben:* Am 27. März 1941 wurde die jugoslawische Regierung gestürzt, und eine antifaschistische Massenbewegung wurde aktiv. Damit drohte ein wichtiger Bündnis- und Handelspartner des Deutschen Reiches ins andere Lager überzutreten. Daraus resultierte der Beschluss, den Überfall auf die Sowjetunion zu verschieben und zunächst in Jugoslawien und Griechenland einzumarschieren, was vom 6. bis 10. April 1941 geschah. Vgl. Okkupationspolitik 1992, S. 31f.; Vogel 1984, S. 442-447.
d) *Portefeuille:* ›Geschäftsbereich‹, aus franz. *portefeuille* ›Brieftasche, Aktenmappe‹.
e) *Četnici:* zu serb. *četa* ›Truppe, Schar‹; dt. *Tschetniks*. Im 19. Jahrhundert Freischärler in Serbien, Griechenland und Bulgarien gegen die osmanische Herrschaft. Im Zweiten Weltkrieg formierten sie sich als nationalserbische Miliz unter Führung von Dragoljub-Draža Mihajlović, der im Januar

Oft kommt es anders, als Herr von Ribbentrop denkt. Es ist den Herren Nationalsozialisten auf Grund ihrer gerade nicht sehr zarten Methoden ungewöhnlich viel gelungen. Das dicke Ende kommt bestimmt noch. Denn es wurden gar zu viel widernatürliche Augenblickserfolge errungen.

3.4.41.
Nach der beschämenden Niederlage, die die deutsche Diplomatie durch die Vorgänge in Jugoslawien davongetragen hat, muß irgend etwas geschehen, um das deutsche Volk wieder in einen Siegesrausch zu versetzen. Da in der Nähe nichts zu machen ist, kommt eben ein anderer Erdteil an die Reihe: Afrika! Schon längere Zeit hört man so hinten herum von Truppentransporten nach Italien u. von da nach Afrika (Libyen). Die Landung in Tripolis wurde sogar im Film gezeigt.[129] Sehr theatralisch! Das mißfällt mir. Ein echter Soldat macht das nicht.

Nach den ersten Nachrichten sind die deutschen Truppen gegen die Cyrenaika vorgerückt. Die Engländer ziehen sich zurück.

5.4.41.
Die Engländer haben Benghasi geräumt!

Locken sie uns in die Nähe ihrer ausgebauten Stellungen?

Ich glaube, in Afrika gibt es für Deutschland keine Lorbeeren zu ernten. –

Heute hatte ich hohen dienstlichen Besuch. Senatspräsident Fuchs u. Oberlandesgerichtsrat Dr. Pfannstiel wollten den Richter in Schutzforstangelegenheiten sprechen. In Abwesenheit des Richters nahmen sie mit mir vorlieb.[130] Wir kamen auf die Ausbildung der Beamten zu sprechen, weil Senatspräsident F. u. ich früher einmal den Justizanwärtern Unterricht erteilten. F. gab unverhohlen seiner Meinung darüber Ausdruck, daß der gesamte Nachwuchs gegenüber früher sehr schlecht ausgebildet sei. Besonders fehle es auch an der Allgemeinbildung. Er erläuterte das an einem Beispiel. Er frug einen Referendar, »An welchem Meere liegt Jugoslawien?« »An dem schwarzen Meere«, lautete die Antwort. Herr Referendar, ich bitte Sie. »An dem kaspischen Meer«, entgegnete der junge Jurist verbessernd! –

So sieht der heutige Deutsche aus. Mit der Weltpolitik gehen sie um wie der Bettler mit der Laus[131], aber von Wissen keine Spur. Das hat das Dritte Reich fertig gebracht. Zum Lernen hat niemand mehr Zeit. Dienst! Dienst! u. nochmals Dienst lautet die Parole.

1942 von der jugoslawischen Exilregierung zum Oberbefehlshaber der »Jugoslawischen Armee in der Heimat« ernannt wurde. Die antikommunistischen Tschetniks kämpften für eine Wiederherstellung Jugoslawiens. Vgl. Wuescht 1969, S. 63; Benz/Graml/Weiß 2007, S. 453.

Nach dem Kriege 1914/1918 gab ein Kriegsberichtserstatter eine Schrift heraus mit dem Titel »Was wir Berichterstatter nicht sagen durften«.[132] Nach diesem Kriege kann ein Werk geschrieben werden »Was das deutsche Volk nicht wissen durfte«.

Hat das deutsche Volk wirklich so schwache Nerven?

Von dem Soldat werden die größten Heldentaten verlangt, aber den geringsten Mißerfolg darf er einfach nicht erfahren.

Welche[133] Geschehnisse werden uns verschwiegen? Ich kann darüber Auskunft geben, weil in der Zeitschrift »Archiv der Gegenwart« in dem Sachregister diejenigen Artikel mit einem Sternchen versehen sind, die z.Z. aus militärischen oder politischen Gründen nicht erscheinen dürfen, aber später angeblich nachgeliefert werden.

Ich greife einige der Zensur unterliegende Ereignisse heraus u. zwar in der Zeit vom 1. Jan. bis 31. Maerz 1941:[134]
Haile Selassie nach Abessinien zurückgekehrt.
Ministerpräsident Menzies über die Lage im Stillen Ozean und Kriegsbeitrag Australiens.
Russische Erklärung zum Einmarsch deutscher Truppen in Bulgarien.
Wirtschaftsabkommen Belgisch-Kongo mit England.
Desgl. Franz. Kamerun.
Englische Heeresberichte über Kämpfe in Nord- u. Ostafrika.
Reden[135] engl. Staatsmänner zur Lage.
Heimschaffung franz. Internierter aus der Schweiz.
Die Reden Petain's.[136]
Fürst Konoye für Beendigung des Konfliktes mit China.
Die Rede Schtscherbakows (Rußl.) über Verbesserung der Kriegsmaterialproduktion.
Generalstabsbesprechungen Türkei mit England.
Die Reden amerikanischer Staatsmänner
usw.

Was werden wir am Balkan unternehmen?

Greift Deutschland ⟨nicht⟩ an, ist es ein Fehler, greift es an, ist es noch ein größerer Fehler.

6. April 1941. ⟨(Sonntag)⟩
Meine gestrige Frage kann schon heute beantwortet werden. Deutsche Truppen haben die Grenzen Bulgariens überschritten und sind in Griechenland eingedrungen. Deutsche Flieger haben Bomben auf jugoslawisches Gebiet abgeworfen. Wieder werden 2 Nationen die Schrecken eines Krieges erleben müssen. Wieder werden 2 Völker zu Feinden Deutschlands.[a] –

a) *zu Feinden Deutschlands:* Italien war in Griechenland in die Defensive geraten und auf albanisches Gebiet zurückgeworfen worden. Daher eilte NS-Deutschland seinem Verbündeten zu Hil-

Rußland hat heute einen Vertrag mit Jugoslawien geschlossen.[137] – Addis Abeba wurde von engl. Truppen erobert!! Ein entscheidender Wendepunkt in diesem Kriege! Die in Ostafrika eingesetzten Truppen werden vollkommen für andere Zwecke frei. Das ist der Sieg Englands ⟨in Afrika⟩. Ein ereignisreicher Tag erster Ordnung. Welche erbärmliche Rolle spielen jetzt noch die italienischen und deutschen Truppen in Nordafrika. Wartet nur, balde ruhet Ihr auch.[138] Der Herr sei Euch gnädig!

8. April 1941.

Ein enormer Aufwand wurde anläßlich des Besuches des japanischen Außenministers Matsuoka in Berlin u. Rom getrieben. »Der überwältigende Empfang, den das deutsche Volk dem Freunde aus Japan bereitet hat, wird in Japan als spontaner Ausdruck für die Zusammengehörigkeit der beiden Völker in den kommenden Entscheidungen lebhaft gefeiert«, so schrieb der Leitartikler einer Zeitung.[139] –

Das deutsche Volk hat gar nichts getan. Die Kulissenschieber machen die Politik u. den »begeisterten« Empfang. Im letzten Kriege waren die Japaner schlitzäugige Banditen, weil sie uns Kiautschou raubten, und heute sind es »Freunde«. Wie wandelbar ist deine Seele, deutscher Zeitungsschreiber!

Auf dem Balkan ist die Metzelei in vollem Gange. Ueber den Ausgang läßt sich heute noch nichts sagen. Aber selbst, wenn wir ganz Südslawien und Griechenland erobern, ist der Krieg keineswegs gewonnen. Es hat alles verteufelte Ähnlichkeit mit den Vorgängen in den Jahren 1914-1918. Da waren wir sogar in Kleinasien und tief in Rußland.

Was will es schon besagen, wenn wir mit allen Mitteln diplomatischer Kunst versuchen, Japan zum Helfershelfer zu machen. Wäre es nicht denkbar, daß Japan von uns geholfen haben will? Japan ist überhaupt nicht in der Lage, ernstlich gegen USA. oder England etwas zu unternehmen. Wenn schon, dann hätte Japan sofort im Jahre 1939 zugreifen müssen. Aber nicht zu einem Zeitpunkte, in dem sichtbar wird, daß USA. tatsächlich in der Lage ist, den Japanern die Stirn zu bieten. Für so dumm halte ich die Japaner nicht. Die holen uns niemals die Kastanien aus dem Feuer. Das wird bald nachzuprüfen sein.

14. April 1941.

Die Lage Englands bessert sich. Die Vereinigten Staaten haben ihren Schiffen gestattet, nach dem roten Meer zu fahren. Eine Folge der Niederlage Italiens in Ostafrika.

fe; deutsche Truppen marschierten am 6. April 1941 von Bulgarien aus nach Griechenland und griffen Jugoslawien an, wo kurz zuvor die deutschfreundliche Regierung gestürzt worden war. Jugoslawien kapitulierte am 17. April. Griechenlands Besetzung durch deutsche Truppen war bis zum 11. Mai abgeschlossen; es folgte noch die Landung auf Kreta, die vom 20. Mai bis zum 1. Juni stattfand. Vgl. Benz/Graml/Weiß 2007, S. 430f.

Ferner wurde zwischen dem dänischen Gesandten in Washington u. der amerikan. Regierung ein Abkommen über vorübergehende Besetzung Grönlands durch amerikan. Truppen ⟨abgeschlossen⟩. Das gibt Stützpunkte für Flugzeuge. Ueberwachung des Atlantik. Zwei bedeutsame Vorgänge.[a]

Amerika übernimmt hiermit die Versorgung der engl. Truppen in Afrika, Asien u. dem Balkan.

19. April 1941.

Jugoslawien hat die Waffen gestreckt. Griechenland wird mit starken deutschen Kräften angegriffen. Die Griechen, die sich so hervorragend den Italienern gegenüber zur Wehr setzen, müssen nun vor den überaus feigen Angriffen der Deutschen zurückweichen. Die Uebermacht wird natürlich siegen. Aber stolz braucht Deutschland darauf nicht zu sein. Es wiederholt sich immer dasselbe Schauspiel. Ein Land nach dem anderen wird überrannt. Kein Staat hilft dem anderen Staat, sondern wartet ruhig bis auch er aufgefressen wird. Warum hat die Türkei nicht den Jugoslawen u. Griechen geholfen?[b]

Der Balkan wird also von deutschen Truppen besetzt werden. Das ist aber auch alles. Der Krieg hat diesem Gebiet Wunden geschlagen, und es wird eine geraume Zeit dauern bis wirtschaftliche Vorteile zu erzielen sind.

Deutschland hat seit 1938 folgende Staaten beseitigt oder besetzt: Österreich, Tschecho-Slowakei, Polen, Dänemark, Norwegen, Niederlande, Luxemburg, Belgien, Frankreich, Ungarn, Rumänien, Bulgarien, Jugoslawien, Griechenland. Diese Länder haben zusammen eine Einwohnerzahl von ungefähr 180 Millionen.

In allen diesen Ländern muß die »Macht« vom Militär oder Zivilbehörden ausgeübt werden, die entweder mit deutschen Beamten oder solchen Elementen besetzt werden, die ihr eigenes Volk oder Vaterland verraten haben. Das ist kein Zustand, der eine gedeihliche Entwicklung verspricht. Ich will ganz absehen von jenen Kräften in allen Ländern, die mit dem gegenwärtigen Zustand einfach nicht einverstanden sein können. Steter Tropfen höhlt den Stein.[140] Wenn wir in der Lage wären, die gesamten Völker zu glücklichen Menschen zu machen, dann könnte sich ein Gebild unter deutscher Führung gestalten. Schon die verschiedenen Sprachen sind ein Hindernis, das kaum zu überwinden sein wird. Mag auch der freiheitliche Geist in den

a) *Zwei bedeutsame Vorgänge:* Die USA weiteten seit dem Spätsommer 1940 ihre Hilfe für Großbritannien stetig aus. Im Frühjahr 1941 schlossen sie mit dem dänischen Gesandten in Washington, Henrik Kaufmann, ein Abkommen über die Einrichtung von Stützpunkten in Grönland. Der dänische Gesandte handelte hinter dem Rücken der Regierung des deutsch besetzten Dänemarks. Vgl. Boog 1990a, S. 11-17.

b) Die *Türkei* verfolgte auf Grund negativer Erfahrungen im Ersten Weltkrieg eine Neutralitätspolitik. Erst auf massiven Druck der USA und Großbritanniens stoppte die Türkei im April 1944 Chromlieferungen an Deutschland und brach im August 1944 die diplomatischen Beziehungen zum Deutschen Reich ab. Am 1. März 1945 erklärte die Türkei schließlich Deutschland und Japan den Krieg und ermöglichte damit ihre Aufnahme in die Vereinten Nationen. Vgl. Benz/Graml/Weiß 2007, S. 836f.

europäischen Völkern durch Tanks und Stukas niedergehalten werden, es kommt der Tag, wo aus den Bächlein ein reißender Strom wird.

Wie sehe ich heute die Lage?

Das schwierigste an der gegenwärtigen Situation ist nach meiner Ueberzeugung die Unmöglichkeit, sich auch nur im entferntesten eine Vorstellung davon zu machen, wie ein kommender »Friede« aussehen soll.

Wird Europa von Berlin aus regiert?

Hat Deutschland die Kraft, seinen Befehlen überall den erforderlichen Nachdruck zu verleihen?

Ich habe schon viele Parteigenossen darnach gefragt, wie sie sich den Frieden vorstellen. Es hat mir keiner eine brauchbare Antwort erteilt. Und das scheint mir die schwächste Stelle der »Neuordnung« zu sein.

Da sind Probleme zu lösen, von denen niemand heute gerne spricht. Vor allem: die Währung. Wird die Golddeckung auf der ganzen Welt beseitigt oder nicht?

Amerika wird niemals freiwillig auf diesen starken Magnet, das ist in Währungsfragen das Gold, verzichten.

Das 2. große Problem ist die Frage der Meere. Kann Deutschland in den nächsten Jahren auf dem Atlantischen Ozean oder mit Hilfe von Japan auf dem Stillen Ozean eine ausschlaggebende Rolle spielen? Da braucht man kein Sachverständiger zu sein, um diese Frage zu beantworten. Derjenige, der die notwendigen Rohstoffe hat, um Schiffe zu bauen, sowie die erforderlichen Kriegsschiffe, um die Seetransporte zu schützen, wird auf den Meeren den Sieg davontragen. Das wird bestimmt nicht Deutschland sein. Die Vereinigten Staaten u. Kanada haben die Einrichtungen, Menschen u. Rohstoffe. Dann darf schließlich nicht vergessen werden, daß England noch vorhanden ist. England muß auf Leben oder Tod den Kampf durchführen, denn sein ganzer Bestand ist sichtbar gefährdet. Bei Deutschland ist höchstens die Idee der Weltherrschaft in Gefahr.

21. April 1941.

Wenn in naher Zukunft Deutschland auf den Meeren nicht die Macht hat, so wird »zwangsläufig« ein anderer Ausweg gesucht werden müssen. Dieser Ausweg führt nach Osten.

Dort sind alle Rohstoffe[141], die Adolf Hitler so notwendig braucht. Und aus diesem Grunde wird sich der Krieg in östlicher Richtung ausdehnen, sofern nicht Rußland freiwillig alles zur Verfügung stellt, was von ihm verlangt wird. Um militärisch eine günstige Stellung zu erhalten, wird die Türkei vor die Alternative gestellt werden, sich zu fügen oder Krieg zu führen. Bezüglich der Türkei könnte es vielleicht zum ersten Male der Fall sein, daß ein angegriffenes Land von anderen Staaten (Rußland, England) wirkliche Unterstützung erhält. England kann Truppen aus Indien durch Irak nach der Türkei bringen u. für Rußland ist es als Nachbar der Türkei nicht schwer, Hilfe in mancherlei Gestalt zu leisten.

In großen Umrissen gesehen, naht der Endkampf mit Riesenschritten.

In Asien, Afrika u. Europa reihen sich Schlachtfelder an Schlachtfelder. Der Endsieg ist in allen Erdteilen noch zu vergeben. Deswegen ist Abwarten der einzige Trost. –

1. Mai 1941.

Keine offiziellen Festlichkeiten. Noch nicht einmal geflaggt. Erster Mai, wie hast du dich verändert? Sollte dieser 1. Mai etwa den Kriegsgewinnlern nicht passen oder darf das Volk nicht merken, daß wir überhaupt keine Feste feiern können – mangels Masse. Der Mehrverbrauch an Fressalien u. Getränken würde vielleicht das Gleichgewicht stören. Wer es weiß, der wird es wissen. –

Jugoslawien und Griechenland sind nunmehr von deutschen Truppen besetzt – und der Krieg geht weiter. Bis wir England besiegt haben. Können wir England heute eher niederringen wie vor einem Jahre? Bei Würdigung aller in Betracht kommenden Gesichtspunkte stehe ich auf dem Standpunkte, daß es nach wie vor für Deutschland nicht möglich sein ⟨wird⟩, England militärisch zu besiegen und zwar deshalb, weil wir zu diesem Zwecke eine überlegene Flotte besitzen müßten.

Ausschlaggebend wird vor allen Dingen auch sein, in welchem Maße Kanada und die Vereinigten Staaten ihre Kriegsproduktion steigern u. England zur Verfügung stellen können. Wir haben heute genau dieselbe Situation wie im Jahre 1917. Damals haben sämtliche maßgebenden Persönlichkeiten die Hilfe Amerikas für unmöglich oder mindestens als für zu spät kommend bezeichnet. Stets wurde behauptet, kein amerikanischer Truppentransportdampfer wird Europa erreichen. Alle sind sie gekommen. Nicht ein einziger Dampfer wurde versenkt. Wie ist es heute? Amerika liefert zweifellos, was es kann, und es wird seine Transporte zu schützen wissen. Darauf können wir uns verlassen. Unsere Marine war in den Jahren 1914-1918 weitaus größer wie heute. Die ⟨deutsche⟩ Marine hat auch in diesem Kriege viel geleistet, sie hat aber auch erhebliche Verluste gehabt. Ihrer Leistungsfähigkeit sind Grenzen gesetzt. Daran ist nun einmal nichts zu ändern. –

Unsere friedensmäßige Produktion ist bestimmt durch feindliche Einwirkung bereits empfindlich gestört worden. Die fortgesetzten methodischen Angriffe der Engländer auf Emden, Wilhelmshafen, Bremen, Hamburg u. Kiel werden sicher nicht ohne Folgen geblieben sein. Dagegen können die Werften von Kanada und USA. ohne jede Störung arbeiten. Diese Tatsache wird von Tag zu Tag ein immer entscheidenderer Faktor in der Kriegsführung werden. Wir können uns noch auf allerhand »schöne« Dinge gefaßt machen. Eine Spinnstoff-Sammlung wird veranstaltet. Die Schulkinder sammeln. Selbst das kleinste Restchen Stoff, jeder Bindfaden wird angenommen. Hierzu kann ich nur sagen: »Armes Deutschland«! Wenn wir das in den Jahren 1917 u. 1918 nicht schon einmal erlebt hätten, würden vielleicht keine düsteren Ahnungen aufsteigen. Dem deutschen Volke ist einfach nicht zu helfen. Es hat Soldatenblut in seinen Adern und ist begeistert, wenn es andere Völker beherrschen kann. Dafür muß es büßen. Leider allerdings auch die geringe Zahl vernünftiger u. anständiger Menschen. –

2. Mai 1941.[142]

Adolf Hitler kennt nach seinem Buche »Mein Kampf« keine Sentimentalität in der Außenpolitik. Der Beweis hiefür ist eindeutig erbracht. In dem gleichen Buche gibt er an, daß die Nationalsozialisten dort ansetzen, wo man vor sechs Jahrhunderten endete. »Wir stoppen den ewigen Germanenzug nach dem Süden und Westen Europas und weisen den Blick nach dem Land im Osten. Wenn wir von neuem Grund und Boden reden, können wir nur an Rußland und seine Randstaaten denken.«[143]

Hitler nennt die Russen eine minderwertige Rasse. Und er hat sich nicht gescheut, mit dieser minderwertigen Rasse im August 1939 einen Bündnisvertrag zu schließen. Natürlich wurde dieser Vertrag nur für den Augenblick geschlossen u. der Russe fiel darauf herein. Wie Deutschland die ⟨deutschen⟩ Siedler aus Estland, Lettland, Litauen u. Bessarabien »heim ins Reich«[a] holte, da war es für mich klar, daß diese Leute lediglich deswegen herausgeholt wurden, damit sie in einem künftigen Kriege gegen Rußland Verwendung finden können u. nicht der Rache der Russen zum Opfer fallen.

⟨Am 22.6.1941 bereits Wirklichkeit geworden!⟩ Es wurde seit etwa einem Jahre nichts mehr über Rußland geschrieben. Das ist sehr verdächtig! –[144]

3. Mai 1941.

Als im vergangenen Jahre von uns starke Bombenangriffe auf englische Städte unternommen wurden, war sich beinahe jeder Deutsche darüber klar, daß das die Engländer mürbe machen würde und der Sieg in greifbare Nähe gerückt sei. Schaurige Geschichten über die furchtbare Wirkung deutscher Bomben wurden erzählt, und die Bilder zeigten nur Zerstörungen. Die[145] Aufnahmen waren so hergestellt, daß tatsächlich der Eindruck hervorgerufen wurde, als sei alles zerstört. Im Vordergrund Ruinen, der Hintergrund verwischt u. nicht erkennbar. Besonders nach dem Angriff auf Coventry[b] verstieg sich die Propaganda zu den tollsten Behauptungen.[146] Als jedoch nach einiger Zeit ein zweiter ⟨großer⟩ Angriff auf Coventry unternommen worden ist, da war zu merken, daß entweder der erste Angriff doch nicht so durchgreifend war oder

a) *»heim ins Reich«:* Die Wendung entstand nach dem Ersten Weltkrieg und wandte sich zunächst an jene Deutschen, die jenseits der Grenzen des Deutschen Reiches lebten. Vgl. Pätzold/Weißbecker 2005, S. 145f.

b) *Coventry*, eine Industriestadt östlich von Birmingham, wurde mehrmals Opfer schwerer deutscher Luftangriffe. Bekannt wurde vor allem der Angriff am 14. November 1940, bei dem mehr als 550 Menschen starben und ungefähr 70 000 Wohnungen zerstört wurden. In der Folgezeit drohte die deutsche Propaganda damit, weitere britische Städte zu »coventrieren«. Vgl. Benz/Graml/Weiß 2007, S. 455.

die Engländer inzwischen wieder aufgebaut hatten. Ich überlasse den Parteigenossen die Auswahl. Vor dem Kriege waren die Meinungen über Fliegerangriffe doch mehr oder weniger aus einer ängstlichen Phantasie geboren. Das Wort »Bombe« erregte ohne weiteres Furcht u. Schrecken. Ich will nun nicht etwa behaupten, eine Bombe wäre ein ungefährliches Ding. Eine Bombe kann zweifellos furchtbares Unheil anrichten. Die Erde hat aber auch sehr viel Stellen, wo der Einschlag nichts oder nicht sehr viel anstellt.

Betrachten wir einmal die Wirkungen der englischen Angriffe auf deutsche Ziele seit einem Jahre in ihrer Gesamtheit. Soweit mein Auge reicht, habe ich noch nichts wahrgenommen. Die Städte, die ich während dieser Zeit besucht habe, zeigten nicht die geringste Spur irgend einer Zerstörung. Unsere Kriegsmaschine ist vielleicht an irgend einem Punkte etwas in Mitleidenschaft gezogen worden, die Engländer haben aber nicht verhindern können, daß der Krieg sich weiter ausgedehnt hat und Jugoslawien, Griechenland sowie Nordafrika angegriffen wurden. Die Angriffe ⟨d. engl. Flieger⟩ waren also bis jetzt ohne Wirksamkeit.

Meine Auffassung über den Luftkrieg habe ich noch nicht zu revidieren brauchen. Wenn die Engländer in der seitherigen Weise fortfahren, dann will ich ihnen den wohlgemeinten Rat geben, ihren Treibstoff zu sparen.

12. Mai 1941.

Der deutsche Wehrmachtbericht v. 9.5.41 sagt u.a. »Neben einigen industriellen Schäden entstanden Zerstörungen hauptsächlich in Wohnvierteln. Die Verluste der Zivilbevölkerung an Toten u. Verletzten sind beträchtlich«.[147]

Nach meiner Erinnerung ist es das erste Mal, daß beträchtliche Verluste zugegeben werden. Sonst hieß es immer: »Geringer Sachschaden« oder »kein militärischer Schaden«.

Wirksame Abwehr

Das Reichspropagandaamt Hamburg teilt mit:

Der britische Luftangriff in der Nacht zum 9. Mai stieß auf eine so wirksame Abwehr, daß es nur einem Teil der in größerer Zahl eingesetzten Flugzeuge gelang, das Stadtgebiet zu überfliegen.

Mindestens fünf der Hamburg und seine weiteren Nachbargebiete angreifenden Flugzeuge wurden abgeschossen.

An den Folgen des Angriffs ist klar zu erkennen, daß er in erster Linie als eine

Terroraktion gegen die Zivilbevölkerung

durchgeführt wurde. In dichtbesiedelten Wohnvierteln wurden Häuser zerstört oder beschädigt und an mehreren Stellen eine größere Anzahl Zivilisten getötet oder verletzt. Auch ein Hilfskrankenhaus, zwei Schulen und ein wissenschaftliches Institut wurden getroffen.

Auf einige Betriebe und auch im Hafen wurden Brand- oder Sprengbomben abgeworfen. Die Schäden haben jedoch bis auf einen mittleren Betrieb keinen Produktionsausfall zur Folge. Auch die Versorgung der Bevölkerung hat in keinem Falle eine Beeinträchtigung erlitten. Die durch Brandbomben hervorgerufenen Brände sind durch Selbstschutzkräfte im Entstehen beseitigt oder durch den Einsatz der Polizei und des Sicherheits- und Hilfsdienstes gelöscht worden.

Es wäre eine schlechte nationalsoz. Propaganda, die nicht aus einem wirksamen Angriff der Engländer noch etwas machen könnte. Und siehe da: Wirksame Abwehr. Der schlichte Bürger kann wieder ruhig schlafen, denn die Abwehr ist Ia. Trotzdem in dem nebenstehenden Erguß zugegeben wird, daß auch auf »einige Betriebe« Bomben abgeworfen wurden, hat der Angriff keinen Produktionsausfall zur Folge und die Versorgung der Bevölkerung erleidet keine Beeinträchtigung. So steht es geschrieben und Ihr Hammelheerde habt das ohne weiteres zu glauben. –

13. Mai 1941.

Dem Anscheine nach sind die engl. Angriffe auf die Städte Hamburg, Bremen, Berlin, Mannheim usf. in den letzten 8 Tagen doch etwas heftiger gewesen als in der Vergangenheit.[a]

Ich habe nicht den kindlichen Glauben, daß es sich bei den Angriffen um eine Terroraktion gegen die Zivilbevölkerung handelt. Die Absicht wird sein, die Produktion zu treffen. Seien es die Arbeitsstätten oder die Wohnungen der Arbeiter. Gerade weil wir bei jeder Gelegenheit betonen, daß es keinen Produktionsausfall gegeben hat u. jeder Brand sofort gelöscht wird, zeigt den denkenden Menschen die schwachen Stellen.

a) *engl. Angriffe:* Die Luftangriffe auf Hamburg und Bremen in der Nacht vom 8. auf den 9. Mai 1941 gehörten zu den bis dahin schwersten der britischen Luftwaffe. Vgl. Hillgruber/Hümmelchen 1978, S. 72.

Gelingt es unseren Gegnern, die Produktion empfindlich zu stören, dann gibt es über den Ausgang dieses Krieges keinerlei Zweifel. Meine Frau u. ich zählen zu den wenigen Deutschen, die von vornherein von einer deutschen Niederlage überzeugt waren.

Gestern (12. Mai 1941) wurde im Radio bekannt gegeben, daß der stellvertretende Führer, Rudolf Heß, seit 10. Mai vermißt wird. Er soll in letzter Zeit geistig verwirrt gewesen sein. Und trotzdem war er noch in Amt und Würden? Sind noch mehr Geisteskranke tätig? Es sieht so aus.

Also der erste Mann, der aus der Regierungskutsche ausgestiegen ist, heißt Rudolf Heß. Das ist ein ungemein schwerer Schlag für dieses System. Wackelt der Bau? Was ist los? Hatte Heß keine Siegeszuversicht mehr? War ihm bewußt geworden, daß wir nicht die ganze Welt erobern können? Heute werden wir nicht die reine Wahrheit hören. Aber es kommt der Tag! Da wird es wie Schuppen von den Augen[148] der blinden deutschen Bevölkerung fallen.

Schon seit einiger Zeit habe ich das Gefühl, daß alte[149] Nationalsozialisten nicht mehr ganz sattelfest sind. Die Eroberungssucht hat sie scheinbar etwas kopfscheu gemacht. Jedenfalls gehen sie mit gedämpften Schritten einher und blicken oft scheu um sich. Ahnungen steigen in ihnen auf. Und wie frech und brutal haben sich diese Brüder benommen. Aus der Kriegszeit 1914-1918 hatte das deutsche Volk keine Erfahrungen geschöpft. Ob es aus diesen furchtbaren Jahren 1933-1941 Lehren zieht?

Die Nazi haben immer gerufen: »Ein November 1918 gibt es nicht mehr.«[b] Das kann insofern stimmen, als ein solcher kraftloser November 1918 schlechterdings nicht denkbar ist. Darauf können sich diese Herrschaften verlassen. –

Um 14[150] Uhr ist durch das Radio bekanntgegeben worden, daß Rudolf Heß in Schottland gelandet sei.[151] Eine überaus interessante Angelegenheit. Der Parteiführer fliegt nach England. Heß war ein angesehener Mann, weil er zu den weniger aggressiven PG gehörte. Das ist ein großer Triumph für England. Wenn nun die Anhänger von Heß ihrem Freund folgen. Dann gibt es eine lustige Fliegerei nach der britischen Insel. Aber auch ohne die Flucht von Heß ist zu merken, daß unsere Lage keine rosige ist. In vielen Dingen des täglichen Lebens herrscht eine fast unerträgliche Knappheit. Es wird schon davon gesprochen, daß die Fleisch- u. Brotrationen ⟨demnächst⟩ gekürzt werden. Die Bauern werden ebenfalls knapper gehalten werden. Ja, je mehr Siege, desto mehr Sorgen. Mit etwas weniger Expansionslust u. ein klein wenig mehr Friedensliebe wäre alles viel einfacher gewesen. Die Freude am Militarismus ist ein Steckenpferd der Mehrzahl meiner Landsleute. Die Katastrophe von 1918 hatte kei-

b) *Ein November 1918:* Anspielung auf die sogenannte Dolchstoßlegende, nach der 1918 die ungeschlagene deutsche Armee durch Revolution und Verrat in der Heimat um die Früchte ihrer Erfolge gebracht worden sei und das Deutsche Reich daher den Krieg verloren habe. Hitler hatte in seiner Reichstagsrede am 1. September 1939 verkündet: »Ein November 1918 wird sich niemals mehr in der deutschen Geschichte wiederholen«. Zum Redetext vgl. etwa HLZ, 2.9.1939, S. 3-5, Zitat S. 4.

nerlei heilende Wirkung. Die geistigen Kräfte sind nicht stark genug gewesen, das Volk zu friedliebenden Menschen zu erziehen. Die Machtgelüste, der Unverstand u. der Rachedurst, also die niedrigen Instinkte, wurden geweckt u. zu einer ungeheuerlichen Entfaltung gebracht. Hasardspieler, Postenjäger u. Rattenfänger erhoben sich zu »Staatsmännern«. Ihre Kunst näherte sich den Allüren von Hochstaplern und Verbrechern. –

14. Mai 1941.

Alles spricht von Rudolf Heß. Diesem Manne, der aus dem Narrenhaus Deutschland entsprungen ist. Keiner glaubt daran, daß er geistig verwirrt war. Ein Geisteskranker fliegt nicht[152] von Augsburg nach Schottland. Die Meinungen über die Motive gehen naturgemäß auseinander.

Meine eigene Meinung: Heß hat seine Flucht mit Ueberlegung ausgeführt. Er war der beste Freund des Führers. Ein fanatischer Nationalsozialist. Es müssen also ungemein schwerwiegende Gründe vorgelegen haben, die diesen Mann veranlaßten, seine Partei zu verlassen u. zu verraten. Es könnte der Fall sein, daß er den Führer für[153] vollkommen unbelehrbar hielt und dem deutschen Volke die Augen öffnen wollte. Vielleicht hoffend, daß vor dem Abgrund sich dann noch irgend etwas ereignet, was als Rettung für das Volk sich herausstellen könnte. Die nächsten Tage werden vielleicht schon Aufschluß bringen.

Die Gauleiter und Oberbonzen sind in Berlin zusammengerufen worden u. haben dem Führer erneut Treue geschworen. Wozu dieses Affentheater, wenn Heß wirklich – wie das amtlich behauptet wurde – geisteskrank gewesen ist? Dann ist Heß eben krank geworden und scheidet aus.[154] Ein Vorgang, der nicht dazu angetan ist, etwa an der Treue der übrigen Mitarbeiter zu zweifeln. Es stimmt etwas nicht. In dem Apfel ist der Wurm. –

15. Mai 1941.

Nach dem Kriege 1914-1918 haben sich viele militärische Sachverständige damit beschäftigt, nach den verborgenen Gründen der Niederlage zu fahnden und die gemachten Fehler zu beleuchten. Einen breiten Raum nahm die[155] Schilderung von Spionagefällen und ⟨von⟩ Vorschlägen zu ihrer Bekämpfung ein. Soviel zu beobachten ist, wurde in der Neuorganisation mit den raffiniertesten Mitteln daran gearbeitet, möglichst alles mit dem undurchdringlichen Schleier des Geheimnisses zu bedecken. Es sei nur an die Feldpostanschriften erinnert. Jeder Truppenteil erhielt als »Feldeinheit« eine Feldpostnummer. Die Truppe erscheint ⟨als⟩ anonymer Bestandteil. Wieviel Geheimniskrämerei ist getrieben worden. Und heute befindet sich der Stellvertreter des Führers bei den Engländern und gibt die wichtigsten Geheimnisse preis. Der Lauf der Dinge ist mit[156] Schlauheit allein nicht zu regeln.

20. Mai 1941.
Wie wird der »Fall Heß« parteiamtlich behandelt?

Rudolf Heß verunglückt

Berlin, 12. Mai ⟨1941⟩. Parteiamtlich wird mitgeteilt: Parteigenosse Heß, dem es auf Grund einer seit Jahren fortschreitenden Krankheit vom Führer strengstens verboten war, sich noch weiter fliegerisch zu betätigen, hat entgegen diesem vorliegenden Befehl es vermocht, sich in letzter Zeit wieder in den Besitz eines Flugzeuges zu bringen. Am Samstag, dem 10. Mai, gegen 18 Uhr, startete Parteigenosse Heß in Augsburg wieder zu einem Flug, von dem er bis zum heutigen Tag nicht mehr zurückgekehrt ist. Ein zurückgelassener Brief zeigte in seiner Verworrenheit leider die Spuren einer geistigen Zerrüttung, die befürchten läßt, daß Parteige nosse Heß das Opfer von Wahnvorstellungen wurde.

Der Führer hat sofort angeordnet, daß die Adjutanten des Parteigenossen Heß, die von diesen Flügen allein Kenntnis hatten und sie entgegen dem ihnen bekannten Verbot des Führers nicht verhinderten bzw. sofort meldeten, verhaftet wurden.

Unter diesen Umständen muß also leider die nationalsozialistische Bewegung damit rechnen, daß Parteigenosse Heß auf seinem Fluge irgendwo abgestürzt bzw. verunglückt ist.[157]

⟨(Da ist der Wunsch der Vater des Gedankens)⟩[158]

Die Reichs- und Gauleiter beim Führer

Berlin, 13. Mai. Die Nationalsozialistische Parteikorrespondenz teilt mit:

Beim Führer fand heute eine Zusammenkunft sämtlicher Reichsleiter und Gauleiter der NSDAP statt, an der auch Reichsmarschall Hermann Göring teilnahm.

Die Parteiführerschaft bereitete dem Führer, der zu den Versammelten sprach, eine von entschlossenem Siegeswillen getragene überwältigende Kundgebung.

Partei-Kanzlei

Dem Führer persönlich unterstellt

Berlin, 13. Mai. Die Nationalsozialistische Parteikorrespondenz teilt mit:

Der Führer hat folgende Verfügung erlassen:

Die bisherige Dienststelle des Stellvertreters des Führers führt von jetzt ab die Bezeichnung Partei-Kanzlei.

Sie ist mir persönlich unterstellt. Ihr Leiter ist, wie bisher, Pg. Reichsleiter Martin Bormann.

Den 12. Mai 1941.

gez. Adolf Hitler.[159]

Die Aufklärung des Falles Heß

Berlin, 13. Mai. Die »Nationalsozialistische Parteikorrespondenz« teilt mit:

Soweit die bisher vorgenommene Durchsicht der von Rudolf Heß zurückgelassenen Papiere ergibt, scheint R. Heß in dem Wahn gelebt zu haben, durch einen persönlichen Schritt bei ihm von früher her bekannten Engländern doch noch eine Verständigung zwischen Deutschland und England herbeiführen zu können. Tatsächlich ist er auch, wie unterdes durch eine Mitteilung aus London bestätigt wurde, in Schottland vom Flugzeug in der Nähe des Ortes, den er aufsuchen wollte, abgesprungen und wurde dort anscheinend verletzt aufgefunden.

Rudolf Heß, der seit Jahren, wie es in der Partei bekannt war, körperlich schwer litt, nahm in letzter Zeit steigend seine Zuflucht zu den verschiedensten Hilfen, Magnetiseuren, Astrologen usw. Inwieweit auch diese Personen eine Schuld trifft in der Herbeiführung einer geistigen Verwirrung, die ihn zu diesem Schritt veranlaßte, wird ebenfalls zu klären versucht. Es wäre aber auch denkbar, daß Heß am Ende von englischer Seite bewußt in eine Falle gelockt wurde.

Die ganze Art seines Vorgehens bestätigt jedenfalls die schon in der ersten Mitteilung gegebene Tatsache, daß er unter Wahnvorstellungen gelitten habe. Er kannte die zahlreichen, aus ehrlichstem Herzen gekommenen Friedensvorschläge des Führers besser als irgendein anderer. Anscheinend lebte er sich nun in die Vorstellung hinein, durch ein persönliches Opfer einer Entwicklung vorbeugen zu können, die in seinen Augen nur mit der vollkommenen Vernichtung des britischen Imperiums enden würde. Heß, dessen Aufgabenbereich, wie bekannt, ausschließlich in der Partei lag, hat daher auch, soweit es aus seinen Aufzeichnungen hervorgeht, irgendeine klare Vorstellung über die Durchführung oder gar über die Folgen seines Schrittes nicht gehabt.

Die Nationalsozialistische Partei bedauert, daß dieser Idealist einer so verhängnisvollen Wahnvorstellung zum Opfer fiel. An der dem deutschen Volk aufgezwungenen Fortführung des Krieges gegen England ändert sich dadurch nichts. Er wird so lange geführt, bis – wie der Führer auch in seiner letzten Rede erklärte – die britischen Machthaber gestürzt bzw. friedensbereit sind.

Wenn dem deutschen Volke der Einblick in den zurückgelassenen Brief nicht gestattet wird, kann über die »Wahnvorstellungen« kein Urteil gefällt werden.

Reste der italienischen Armee hatten an mehreren Stellen in Abessinien noch Widerstand geleistet. Gestern wurde bekannt gegeben, daß der ⟨ital.⟩ Vizekönig von Aethiopien, Herzog von Aosta, mit seinen Truppen kapituliert habe. Hiermit ist die Niederlage der Italiener in Abessinien endgültig besiegelt. Festgehalten muß werden, daß die Abessinier sich bei England dafür zu bedanken haben. Ohne Englands Hilfe wäre vermutlich an eine Befreiung Abessiniens nicht so bald zu denken gewesen. Hoffentlich zieht der Kaiser von Abessinien die richtigen Lehren aus den Erfahrungen der vergangenen 5 Jahre. In erster Linie muß er Verkehrswege aus dem Innern nach verschiedenen Richtungen anlegen. Für die wirtschaftliche Erschließung sind auch Eisenbahnen notwendig. Dann vor allen Dingen Schaffung einer modernen Wehrmacht, damit jedem Angreifer die Lust vergeht. Ein Zugang zum Meere wird hoffentlich nicht vergessen werden. –

Die von England in Abessinien eingesetzten Truppen sind nun vollkommen für andere Zwecke frei geworden. England braucht keine Besatzungstruppen in unserem Sinne zurückzulassen. Es kann besonders seine Flugzeuge restlos an anderen Stellen einsetzen. –

21. Mai 1941.

Reichsminister Generalgouverneur Dr. Frank[160] hat auf der internationalen Juristenbesprechung im April 1941 in Berlin nach dem »Deutschen Recht« S. 898 u.a. folgendes ausgeführt:

»Eine Staatsordnung ist nur von Dauer, wenn sie die Rechtssehnsucht des Volkes befriedigt. Mit Brutalität, Willkür, Gewalt und Tyrannei wurden schon viele Staaten geschaffen; gehalten hat keiner. Daher ist es nicht die Staatsbezogenheit, sondern die Kulturbezogenheit, die das Rechtsideal des Nationalsozialismus formt. Wir denken über den Staat hinaus. An der Spitze des deutschen Volkes steht nicht nur der größte Staatsmann, den wir jemals in unserer Nation hatten, nicht nur der genialste Feldherr, dessen Pläne in wenigen Tagen große Staaten zertrümmerten, sondern in Adolf Hitler steht der größte Kulturmensch des deutschen Volkes an der Spitze.«[161] –

Es ist jedenfalls zwecklos, mit einem Nationalsozialisten über die schwungvoll gesprochenen Worte eine Diskussion zu eröffnen. Im nationalsozialistischen Denken gibt es keine Achtung ⟨vor⟩ einer anderen Meinung. –

Interessant ist, daß eine Staatsordnung nur von Dauer ist, wenn die Rechtssehnsucht des Volkes befriedigt ist. Glaubt Herr Dr. Frank wirklich, daß die Rechtssehnsucht des deutschen Volkes auch nur im entferntesten befriedigt worden ist? Wer stellt die Rechtssehnsucht fest? Vielleicht die Gauleiter? Was sind das für furchtbare Phrasen.

Noch interessanter ist die Feststellung, daß eine Tyrannei nicht hält. Dann ist für Europa doch noch ein Hoffnungsschimmer vorhanden.

Ueber die Behauptungen »Staatsmann, Feldherr u. Kulturmensch« kann zur Tagesordnung übergegangen werden.

Ob derjenige, der mit Tanks u. Sturzkampffliegern andere Staaten rücksichtslos zertrümmert, in der Weltgeschichte jemals als »Kulturmensch« bezeichnet werden wird, möchte ich bezweifeln.

22. Mai 1941.

Wie gemeldet wird, sind deutsche Fallschirmspringer auf Kreta gelandet. Der Krieg ist zum Zirkus geworden. Der Angriff auf eine Insel nur von der Luft aus ist nicht nur waghalsig sondern auch merkwürdig. Ich kann mir nicht vorstellen, daß Inseln für die Dauer gehalten werden können, wenn der Besitzer nicht über eine entsprechende Flotte verfügt. Das beste Beispiel ist England. Ohne Flotte unvorstellbar. Die Insel Kreta ist seit einiger Zeit von englischen Truppen besetzt. Sofern England den Besitz der Insel für wichtig hält, wird den Deutschen die Eroberung nicht im Handumdrehen gelingen. Ist die Aktion von Erfolg gekrönt, dann ist der Einsatz von Menschen derart groß gewesen, daß die Verluste keine Freude aufkommen lassen. Mißlingt der Ausflug auf Kreta, dann können wir ähnliche Streifzüge endgültig aufstecken und den Gesang »denn wir fahren gegen Engeland« durch Schweigen ersetzen.

Angenommen wir würden ⟨dann noch⟩ Gibraltar, Malta und Zypern erobern, was wäre gewonnen? Noch bliebe England übrig. In einem Vierteljahr beginnt das dritte Kriegsjahr!

26. Mai 1941.
Mit besonderer Freude wird gemeldet, daß das deutsche Schlachtschiff »Bismarck« in der Nähe von Island das größte englische Schlachtschiff »Hood« (42 000 BrT) vernichtet habe.

27. Mai 1941.
Heute ist bekannt geworden, daß engl. Seestreitkräfte das Schlachtschiff »Bismarck« (35 000 Tonnen) versenkt haben. »Bismarck« war am 4.II.39 auf der Werft von Blohm & Voß in Hamburg vom Stapel gelaufen u. anfangs 1941 in Dienst gestellt worden. Auf seiner ersten Fahrt ist dieses Kriegsschiff unter der Führung des Flottenchefs Admiral Lütjens[162] untergegangen. Lütjens war der Führer des Verbandes deutscher Schlachtschiffe (Scharnhorst, Gneisenau), der vor einiger Zeit im Atlantik operierte u. Geleitzüge angriff.

29. Mai 1941.
Durch ein vertrauliches Schreiben wurde mitgeteilt, daß in der nächsten Zeit eine erhebliche Anzahl von Zeitungen ihr Erscheinen einstellen müßten.[a]

Diese Maßnahme ist jedenfalls auf den fühlbar werdenden Mangel an Papier zurückzuführen. In erster Linie dürften aber die nicht parteiamtlichen Blätter von der

a) *ihr Erscheinen einstellen:* Kellner bezieht sich auf die erste kriegsbedingte Konzentration im Zeitungswesen im Mai 1941, die über 500 kleine Zeitungen (darunter die gesamte konfessionelle Presse) und einen Großteil der Zeitschriften betraf. In einer zweiten Aktion Ende Januar 1943 wurde die verbliebene Zahl der Zeitschriften (rund 2500) nochmals drastisch reduziert; in Städten mit einer Einwohnerzahl bis zu 100 000 war fortan nur noch eine Tageszeitung zugelassen. Im September 1944 kam es, gefolgt von weiteren Konzentrations- und Rationalisierungsmaßnahmen im Winter 1944/45, neuerlich zu Schließungen und Zusammenlegungen. Vgl. Kohlmann-Viand 1991, S. 53-68, besonders S. 53-56.

Bildfläche verschwinden. Alles was nicht 100%ig nationalsozialistisch ist, wird umgebracht. Da wäre es schon besser gewesen, im Jahre 1933 charaktervoll zu enden als nach einer traurigen Zeit der Liebedienerei und Speichelleckerei. Es bekommt jeder seine Quittung! Und wenn der letzte Tropfen aus dem Leidenskelch geleert ist[163] – dann wird Deutschland erwachen.

In Grünberg (Oberhessen) muß eine Frau täglich auf der Bürgermeisterei erscheinen u. sagen: »Der Krieg geht in diesem Jahre noch zu Ende.« –

Nach der Reichsfleischkarte können für die Zeit v. 2.6. bis 29.6.1941 insgesamt 1600 g Fleisch oder Fleischwaren für 1 Person bezogen werden. Das bedeutet eine Herabsetzung um 400 g gegenüber der seitherigen Zuteilung (100 g wöchentlich).

30. Mai 1941.

Aus Deutschland zurück

Meldung unseres Vertreters

we. **Kopenhagen**, 29. Mai ⟨41⟩

Wie aus Oslo gemeldet wird, ist der Führer der norwegischen Nationalsamling, Quisling[164], in Begleitung des SS-Standartenführers Lie und des Stabchefs der norwegischen Hird, Laether, von einem kurzen Aufenthalt in Deutschland zurückgekehrt. Er hat die freiwilligen norwegischen Soldaten in ihren Trainingslagern in Deutschland aufgesucht und dort ausgezeichnete Eindrücke erhalten.

Die militärische Ausbildung und der Kampfgeist der Norweger seien ausgezeichnet, so berichtete er, und sie würden zweifellos der Tradition Norwegens Ehre machen. Die mit dem ersten Transport nach Deutschland gekommenen Norweger sind jetzt in einem Ort zusammengezogen und wohnen in Privatquartieren. Sie sind begeistert von ihren deutschen Wirtsleuten.[165]

Der nebengenannte Quisling, ein norwegischer Offizier, der seinem König Treue geschworen hatte, ist nichts anderes als ein ganz gewöhnlicher Verräter seines Vaterlandes. Um des eigenen Vorteils Willen stellt er sich unter das Kommando von Deutschland gegen die Mehrheit seiner Landsleute.

Dieser Quisling ist der Typ jener Leute, die wir in allen Ländern für unsere Zwecke zu gewinnen suchen. So lange diese Verräter ihres eigenen Volkes von der deutschen Wehrmacht geschützt werden, mag der Karren einigermaßen laufen, aber die Gewaltherrschaft bricht zusammen, wenn die deutschen Soldaten eines Tages wieder in ihre Heimat ⟨zurück⟩ müssen. Dann wird die Firma Quisling & Co. schnell gelöscht werden. Unter diesem Gesichtswinkel betrachtet ist doch die derzeitige Gewaltpolitik eine Kurzsichtigkeit ohnegleichen.

31.5.41.
Jeder Haushaltungsvorstand muß ein Formular zur Feststellung der Fahrräder ausfüllen. –

In den Wirtschaften macht sich ein Mangel an Getränken bemerkbar. Mancher Wirt erhält nur Bier, das für den Sonntag langt. 0,2 l Wein kostet 0,60 u. 0,70 RM trotz Preiskommissar. –

Von Mund zu Mund geht das Gerücht, Deutschland würde von Rußland die Ukraine auf 99 Jahre pachten und als Gegenleistung könne Rußland mit Unterstützung Deutschlands Besitz von Indien ergreifen. –

Die Partei ist nie verlegen gewesen, dem Volke Pläne offenzulegen, damit es sich bereits im voraus an künftigen Eroberungen berauschen kann.

Sicher ist, daß im Osten Truppen zusammengezogen sind. Was daraus entsteht, kann niemand im voraus sagen. Bei den Herrschern von Deutschland und Rußland ist alles möglich, denn sie wollen – koste es, was es wolle – unter allen Umständen an der kostbaren Futterkrippe bleiben. Zuletzt wird[166] sogar noch der Strohhalm als Rettungsgürtel benutzt. –

3. Juni 1941.
Mit unverhohlener Freude hat die deutsche Propaganda die Revolution in Irak begrüßt und den Führer der Aufständischen, Raschid Ali el Kailani, als Nationalheld gefeiert.[a] Die Sympathie der Nationalsozialisten wird weniger den Einwohnern des Irak gelten als vielmehr dem Reichtum an Oel. Die Presse gibt sich alle Mühe, den Kampf zu schüren und die ganze arabische Welt gegen England aufzuputschen. Einige Meldungen gewähren Einblick in die Nazi-Methoden.

a) *Revolution in Irak:* Der Zweite Weltkrieg hatte zu einer inneren Spaltung des Iraks geführt: Das panarabische Lager um Raschid Ali al-Gailani suchte die Nähe zu Deutschland, während die nationalpatriotische Front, vor allem die Armee, auf Seiten Großbritanniens stand. Auf Druck Großbritanniens wurde im Januar 1941 al-Gailani als Regierungschef abgesetzt und ein Kompromisskandidat installiert, der nie die Akzeptanz der prodeutschen Seite fand. Die Obristen zwangen ihn Anfang April 1941 zum Rücktritt, riefen den Notstand aus und setzten unter al-Gailani eine »Regierung der Nationalen Verteidigung« ein, die umgehend von den Achsenmächten und der Sowjetunion anerkannt wurde. Britische Truppen landeten Mitte April bei Basra und rückten auf Bagdad vor, ohne dass die Hilfeersuchen al-Gailanis an Deutschland Gehör fanden. Ende Mai erreichten sie Bagdad, die Regierung al-Gailanis floh nach Teheran. Aus Enttäuschung entfachten seine Anhänger einen antijüdischen Pogrom, dem mehrere hundert Menschen zum Opfer fielen. Eine neue, probritische Regierung wurde am 3. Juni unter Djamil Midfai gebildet. Sie rief das Kriegsrecht aus, das bis Kriegsende in Kraft blieb. Vgl. Fürtig 2004, S. 36-39.

Der Irak auf Vorposten

(Drahtbericht unserer Berliner Schriftleitung)

Nach einem bereits 20 Jahre schwelenden inneren Kampf um Unabhängigkeit und Freiheit entschloß sich die irakische Regierung, die Waffen gegen die plutokratischen britischen Unterdrücker zu ergreifen, nachdem Englands Bestreben offensichtlich darauf abzielte, aus dem Irak einen Tummelplatz seiner jüdischen Geheimdiplomatie zu machen. Damit ist, wie die Meldungen aus dem Nahen und Fernen Osten Tag für Tag beweisen, die panarabische Frage ins Rollen gekommen, und zwar in einem Ausmaß, das England höchst unerwünscht sein dürfte. Das Ende dieser Entwicklung ist noch nicht abzusehen. Man kann nur wünschen, daß der Kampf Mesopotamien, dem reichen Land, das in der Geschichte schon vor Jahrtausenden eine glänzende Rolle gespielt hat, die völlige wirtschaftliche und politische Freiheit bringen möge.[167]

Der Nahe Osten meldet seine Ansprüche an

Yemen fordert Aden zurück / Offizielle Note an die britische Regierung

(Drahtbericht unseres Korrespondenten in Vichy)

)(**Vichy**, 23. Mai ⟨41⟩. Aus Damaskus trifft die Meldung ein, daß der Iman von Yemen die Forderung seines Landes in einer offiziellen Note an die britische Regierung auf Rückgabe des Gebietes von Aden angegeben hat. Ferner wird aus Mekka gemeldet, daß eine Reihe arabischer Stammeshäuptlinge den Beschluß gefaßt haben, König Ibn Saud aufzufordern, den saudarabischen Anspruch auf den transjordanischen Hafen Akaba an der Nordspitze des Roten Meeres bei der englischen Regierung anzumelden.

Wie nunmehr eine Meldung aus Dschisbah bestätigt, hat die saudische Regierung dem britischen Gesandten Sir Reader Bullard eine Note zugestellt, in der der Anspruch auf den Hafen von Akaba formell gestellt wird.

Akaba wurde 1925 durch die Engländer von Saudarabien abgetrennt, Transjordanien angeschlossen und unter englische Kontrolle gestellt. Die arabischen Stammesführer in Mekka stellen fest, daß König Ibn Saud diesen Raub niemals anerkannt, sondern im Gegenteil die Rückgabe ständig gefordert habe. Aus Beirut wird ferner gemeldet, daß der Präsident der Vereinigung der Muezzis in Hindostan an den irakischen Ministerpräsidenten Kailani ein Telegramm gerichtet hat, in welchem er dem Irak die Unterstützung der Muezzis anbietet. Die Mitglieder der Muezzis stehen zur Zeit in den Reihen der englischen Truppen. Sie werden gleichzeitig aufgefordert, ihren Truppenteil zu verlassen und sich gegen den Zwang, für englische Interessen zu kämpfen, aufzulehnen.

Wilson wütet gegen die Araber Palästinas

Ohnmächtige Maßnahmen gegen den arabischen Guerillakrieg

(Drahtbericht unseres römischen Korrespondenten)

ō **Rom**, 22. Mai ⟨41⟩. Der englische Oberbefehlshaber in Palästina und Transjordanien, General Maitland-Wilson, ordnete infolge der sich immer wiederholenden Angriffe arabischer Aufständischer gegen die Oelleitung Kirkuk – Haifa an, daß die palästinensischen und transjordanischen Posten an der Oelleitung verstärkt und die dortigen englischen Forts und Garnisonen mit Panzerwagen und Flugzeugen zum Schutz der Leitung versehen werden.

Die englischen Posten befinden sich in Abständen von je 10 Kilometern und dienen in Friedenszeiten als Hilfsstationen. Nachts treten von jetzt an Scheinwerfer von diesen Posten aus in Funktion, die die Zwischenstrecken kontrollieren. Aehnliche Maßnahmen wurden schon während des Aufstandes 1936 in Palästina getroffen, ohne daß sie gegenüber den kleinen arabischen Sprengkommandos eine wesentliche Bedeutung gehabt hätten. Darüber hinaus befahl General Wilson Terrormaßnahmen gegen die arabische Zivilbevölkerung, die in den Gebieten längs der Oelleitung ansässig ist. Bei Sabotageakten gegen die Oelleitung werden die umwohnenden Stämme mit schweren Geldstrafen belegt, die Bewohner in englische Konzentrationslager gebracht und die Dörfer bzw. die Zeltniederlassungen niedergebrannt.

Die italienische Presse bemerkt dazu, daß General Wilson derartige »Lorbeeren« gegen die arabische Zivilbevölkerung natürlich leichter erringen kann als solche auf den griechischen Schlachtfeldern, die er eilends vor den deutschen Panzern verließ.[168]

Der Irak geschlossen hinter Kailani

Damaskus, 22. Mai. Wie aus Bagdad verlautet, hat Ministerpräsident Kailani durch eine feste Haltung England gegenüber nunmehr das Vertrauen auch solcher Politiker gewonnen, die bisher noch oppositionell zu ihm standen. Sie sicherten Kailani ausdrücklich ihre Unterstützung zu.

Aus Bagdad wird berichtet, daß der Zustrom zahlreicher Freiwilliger aus den benachbarten und entfernten arabischen Ländern, die die irakische Grenze überschreiten, um sich zum irakischen Heer zu melden, ständig zunimmt. Wie weiter gemeldet wird, sind inzwischen auch verschiedene der ins Ausland geflüchteten irakischen Staatsmänner an Ministerpräsident Kailani mit der Bitte herangetreten, ihnen ihre Flucht zu verzeihen und zu erlauben, nach dem Irak zurückzukehren.

Infolge der bisher von den englischen Verbündeten bei den Kampfhandlungen im Raume von Basra erlittenen Verluste versucht, italienischen Meldungen zufolge, das englische Oberkommando durch Flankenstoß gegen die südwestlich vom Euphrat stehenden irakischen Heeresteile die um Basra befindlichen englischen Truppen zu entlasten. Zu diesem Zweck wurden neuerdings im Sultanat von Koweit südlich von Basra englische Truppenkontingente gelandet, die zum Vorstoß auf den Euphrat in Bewegung gesetzt werden sollen.

Der englische Flugplatz bei Amman in Transjordanien wurde am Dienstag von der irakischen Luftwaffe angegriffen. Nähere Nachrichten liegen noch nicht vor. Es ist dies das erste Mal, daß die irakische Luftwaffe die Engländer außerhalb des Irak attackiert.

Nebenstehende Nachricht stammt aus Damaskus, das in Syrien liegt. Die nationalsoz. Herrschaften wissen auf große Entfernung ganz genau, daß »der Irak geschlossen hinter Raschid Ali el Kailani steht«. Das ist eben die Propaganda. Jeden Tag wird irgend so etwas geschrieben, und in ganz kurzer Zeit ist in den Köpfen gläubiger Menschen ganz Arabien in hellem Aufruhr gegen England.

Ausgerechnet der Irak verdankt seine Unabhängigkeit der Nachgiebigkeit Englands, denn Mesopotamien war nach dem Kriege 1914/1918 britisches Mandatsgebiet. Vor 1914 gehörte dieses Gebiet der Türkei. Es kann sich nur um deutsch-italienische Machenschaften handeln, um eben mit allen Mitteln den Engländern überall Schwierigkeiten zu machen.

Gegen britische Lügenmeldungen über den Irak

Auch Emir Abdullah auf der Flucht / 96 Freiheitskämpfer erschossen

Ankara, 27. Mai ⟨41⟩. Die englischen Meldungen, nach denen der Widerstand im Irak eine Abschwächung erfahren haben soll und Raschid Ali el Kailani und andere Führer der Freiheitsbewegung sich zur Abreise ins Ausland vorbereiten, haben in Ankara jeden Eindruck verfehlt. Das türkische Außenministerium hält es sogar für notwendig, sich von solchen Propagandamärchen ausdrücklich zu distanzieren und veröffentlicht eine Erklärung, in der ein aus englischer Quelle gemeldetes Ansuchen der irakischen Regierung um Asyl in der Türkei als vollkommen unsinnig und den Tatsachen nicht entsprechend bezeichnet wird.

Irakische Truppen haben am Montag zwischen Rutbah und der transjordanischen Grenze eine Autokarawane von 42 Wagen mit dem Privatbesitz des geflüchteten Emirs Abdullah und des früheren Ministerpräsidenten Djamil ad Midsai abgefangen. Darunter befanden sich mehrere Kisten mit Gold und wertvollen Schmuckstücken.

Das Zentralkomitee für die arabische Freiheitsbewegung gegen England gibt bekannt, daß vom 15. Januar bis 15. März 88 arabische Freiheitskämpfer Palästinas durch englische Militärbehörden zum Tode verurteilt und hingerichtet wurden. Für seine arabischen Brüder sprach kurz vor der Erschießung der Führer einer arabischen Kampfgruppe namens Ali Zaher die Worte: »Wir wissen, daß uns die Gläubigen des Islam an England rächen werden.«

Die französischen Konsuln in Jaffa und Haifa sind, wie am Montag aus Jerusalem gemeldet wurde, von den britischen Behörden ebenfalls ausgewiesen worden. Sie werden am Dienstag Palästina verlassen und nach Syrien reisen. Der französische Konsul in Jerusalem mußte schon am Sonntag Palästina verlassen. Bis zur syrischen Grenze hatte man ihn in ungewöhnlicher Form unter Polizeikontrolle gestellt.

– Der englische Vizekonsul in Aleppo hat ebenso wie zahlreiche jüdische Familien die Stadt verlassen, um sich nach Palästina zu begeben.

Aus Bagdad wird gemeldet: Ein englisches Flugzeug griff bei Kerbela einen Autobus mit Frauen und Kindern an. Der Fahrer und sein Gehilfe wurden getötet, mehrere Frauen und Kinder wurden verletzt.[169]

Vielleicht entwickelt sich aus den britischen »Lügenmeldungen« so etwas, was man gemeinhin die Wahrheit nennt. Will der von Deutschland bezahlte »Freiheitskämpfer« Raschid Ali wirklich Krieg gegen England führen? Das kommt mir kindisch vor. Ich bin auf die nächsten Zeitungsberichte über Irak gespannt.

Kreta ist von deutschen Truppen erobert worden. Das ist eine schwere englische Niederlage. Darüber kann es keinen Zweifel geben. Nur muß man sich davor hüten, diesen Sieg zu vergrößern und England als geschlagen zu betrachten.

Kreta ist keine englische, sondern eine griechische Insel. Die Ueberlegenheit der deutschen Flugwaffe an diesem Punkte hat den Ausschlag gegeben. Für die engl. Jagdflieger war die Entfernung (von Aegypten) zu weit. Deutschland nähert sich langsam den Stellen, wo England gezwungen wird, seine ganze Kraft einzusetzen. Wir entfernen uns immer weiter von unserer Basis. Das ist äußerst beachtenswert. In Nordafrika ist es ohne weiteres zu sehen, daß unsere Anfangserfolge nicht ausgenutzt werden konnten. Die Engländer halten immer noch Tobruk in der Marmarika und stehen fest an der ägyptischen Grenze.

4. Juni 1941.
Die Eroberung von Kreta war bestimmt eine kostspielige Angelegenheit. Der große deutsche Einsatz läßt den Schluß zu, daß die Operationen im nahen Osten noch nicht beendet sind.

Bei sämtlichen seitherigen militärischen Erfolgen war von nicht untergeordneter Bedeutung, daß die Vorbereitungen vollkommen ungestört vonstatten gingen. Nunmehr hat sich das Blatt gewendet. Der Gegner kann uns in die Karten sehen und Angriffe auf unsre Nachschubwege unternehmen. Die in Nordafrika stehenden Streitkräfte haben einen sehr schweren Stand. Alles muß diesen Truppen gebracht werden, sie können nichts aus dem Lande selbst nehmen. Die Verluste an Schiffen (Truppentransporte, Munition) sind besonders fühlbar, weil der Ersatz unter den gleichen[170] ungünstigen Umständen herangebracht werden muß. Das verlorene Material und der Zeitverlust sind Faktoren, die dem Gegner gutgeschrieben werden können. Unser Plan scheint zu sein, die Engländer in Ägypten und Kleinasien anzugreifen. Jede Ueberraschung ist hier ausgeschlossen. In den ersten Ansätzen (Libyen, Kreta, Unruhen in Irak) sind die strategischen Vorbereitungshandlungen erkennbar. Die Engländer haben genügend Zeit, Abwehrmaßnahmen zu treffen. Wenn es ihnen gelungen ist, eine Reservearmee aufzustellen, die an einer für uns unangenehmen Stelle eingesetzt wird, dann kann das schlimme Folgen haben. –

Seit 14 Tagen befinden sich 131 Frauen und 175 Kinder aus Düsseldorf in Laubach[171]. Zuerst hieß es, es handele sich um Evakuierte. Dann wurde gesagt, sie seien zur Erholung hier. Die Unterbringung war nicht einfach, trotzdem die NSV für eine Frau 3.50 RM und für ein Kind 2 RM täglich zu zahlen versprochen hat. Die Propaganda hat natürlich wie immer ein bißchen aufgetragen. Den Frauen aus Düsseldorf ist eingeredet worden, daß hier Milch und Honig fließen[172] würden und sie nichts zu arbeiten brauchen. Die hiesige Bevölkerung glaubte, Hilfskräfte für landwirtschaftliche Arbeiten zu erhalten. Beide Teile sind enttäuscht. Schon beginnen hier und da, Beschwerden laut zu werden. Sogar in echten Nazikreisen. So hat Frau Obernazi Anna St[...] einer Frau gegenüber geäußert, sie sei über ihre Einquartierung (2 Frauen) tief unglücklich, aber sie könne noch nicht einmal darüber sprechen, weil dann viele sagen würden, »das geschieht den Naziweibern recht.«

Ich muß schon bestätigen, Frau St[...] hat eine gute Auffassung. Der praktische Nationalsozialismus hat seine Schattenseiten. Nur die Erfahrung macht klug. Den Naziweibern werden die Augen in jeder Beziehung noch weit geöffnet werden. Nicht nur hier. In ganz Deutschland.

10.6.41.
In letzter Zeit mehren sich die Anzeigen über Todesfälle in der Heil- und Pflegeanstalt in Hadamar.[a] Es hat den Anschein, daß unheilbare Pflegebefohlene in diese Anstalt gebracht werden. Auch soll eine Anlage zur Einäscherung eingebaut worden sein.

In den Provinzblättern sind noch Berichte, datiert vom 31. Mai 1941, über den Irak zu lesen.

Erbitterter Kampf um Bagdad

16 britische Panzer vernichtet

Damaskus, 31. Mai. Der Kampf um Bagdad verschärft sich weiter. Den britischen Truppen ist es mit Hilfe starker motorisierter Kräfte nach heftigen Kämpfen gelungen, bis Kadhimein in der Nähe von Bagdad vorzudringen. Die irakischen Truppen leisten weiter erbitterten Widerstand. Sie machten im Laufe des Kampfes über 400 Gefangene und vernichteten 16 Panzerwagen.

Die Produktion des Erdöls vollzieht sich ungestört weiter und ist restlos in den Händen der Iraker. Auch die Oelleitung nach Haifa ist für die Engländer weiterhin gesperrt. Aus Palästina werden neue Sabotageakte gegen britische Petroleumlager und Munitionsdepots gemeldet, die weithin sichtbare Brände verursachten. Aus Amman wird bekannt, daß neue Verhaftungen transjordanischer Offiziere stattfanden, die den Kampf mit britischen Truppen gegen irakische Truppen verweigerten. Englandhörige Transjordaner flüchten weiterhin. Emir Abdullah soll in Jerusalem eingetroffen sein.[173]

a) Die *Heil- und Pflegeanstalt in Hadamar* nördlich von Wiesbaden war das sechste und letzte Mordzentrum, in dem im Rahmen des sogenannten Euthanasie-Programms Behinderte durch Giftgas getötet wurden. Dort wurden von Dezember 1940 bis ins Frühjahr 1941 10 072 Menschen in der Gaskammer ermordet, die zuvor aus zahlreichen Heil- und Pflegeanstalten dorthin gebracht worden waren. Die Leichen der Getöteten wurden anschließend im Krematorium verbrannt. Trotz der Versuche, den Massenmord geheim zu halten und das Gelände weiträumig von der Außenwelt abzuschotten, wusste die örtliche Bevölkerung rasch, was in der Anstalt vor sich ging. Dieses Wissen verbreitete sich schließlich landesweit. Das und offene Proteste, wie die des Bischofs von Münster, führten Ende August 1941 zum vorläufigen Stopp der Krankenmorde. Bis dahin waren dem Mordprogramm mindestens 70 000 Menschen zum Opfer gefallen. Vgl. Friedlander 1997, S. 162f. und 190-199; Vanja/Vogt 1991.

Der Ministerpräsident des Irak an der Front

Meuterei[174] und steigender Aufruhr in Transjordanien / Emir Abdullah geflüchtet

(Drahtbericht unseres römischen Korrespondenten)

ō **Rom**, 31. Mai ⟨1941⟩. Mit einer Besichtigung der irakischen Streitkräfte im Frontabschnitt Basra setzte der irakische Ministerpräsident Raschid Ali el Kailani seine Frontreise fort. Die englischen Propagandalügen, wonach der irakische Ministerpräsident vor den Engländern von Bagdad ins Ausland geflüchtet sei, brechen damit von selbst zusammen. Raschid Ali el Kailani wurde von seinen Soldaten mit großer Begeisterung begrüßt.

Wie aus Bagdad verlautet, sind die irakischen Truppen weiterhin in erbitterte Kämpfe mit starken britischen Panzerkräften verwickelt, die an verschiedenen Stellen von Westen her vorrücken. Auf beiden Seiten seien größere Verluste zu verzeichnen. An den Kämpfen zwischen Ramadi und Rutbah sind von irakischer Seite in der Hauptsache Freiwilligenkorps der dortigen Stämme beteiligt, da die regulären Truppen Ramadi und Falluja gegen die verstärkten britischen Truppen aus Habbaniyah und Sin el Debban verteidigen.

Die britischen Behörden haben Donnerstag an die Bewohner des palästinensischen Dorfes Terschiba den Befehl erlassen, das Dorf bis Samstag früh zu räumen. Es soll in seiner Gesamtheit in die Luft gesprengt werden. Irakische Flugzeuge überflogen am Donnerstag Städte in Palästina und warfen Tausende von antibritischen Flugblättern ab, die von der Bevölkerung eifrig gesammelt und verteilt wurden.

Wie am Donnerstag aus Amman gemeldet wird, haben geschlossene transjordanische Truppenverbände, die bis dahin unter britischer Führung standen, gemeutert; sie versuchten, sich auf irakische Seite zu schlagen. Der seit einigen Tagen auf Grund der wiederholten Unruhen in Amman und der Aufstandsbewegung in Transjordanien flüchtende Emir Abdullah traf, wie »Mondo Arabo« erfährt, nunmehr mit seinem Gefolge in Palästina ein, wo er sich aus Angst vor Anschlägen unter englischen Schutz begab.

Die Stadt Homs in Syrien wurde am frühen Nachmittag von einem britischen Flugzeug vom Muster Blenheim überflogen, das versuchte, den Bahnhof zu bombardieren. Die vier abgeworfenen Bomben verfehlten jedoch das Ziel. Eine syrische Zivilperson wurde getötet.[175]

Die gesamten Meldungen nebenstehender Art sind mit größter Vorsicht aufzunehmen.

Aus einem Artikel des Hamburger Fremdenblattes vom 5. Juni 1941 geht hervor, daß die Erhebung im Irak ⟨von den Engländern⟩ vorläufig niedergeworfen ist.[176] »Vorläufig« ist lediglich ein Pflästerchen. Die Freude über den Staatsstreich im Irak war also umsonst.

Die Engländer sind in Syrien einmarschiert. Ihre Flanke ist vom Irak aus nun nicht mehr bedroht. Es kann angenommen werden, daß die Engländer in kurzer Frist Syrien besetzen werden. Damit wird ihre Lage im nahen Osten eine erhebliche Besserung erfahren. Der Suez-Kanal ist dann von dieser Seite aus nicht mehr anzugreifen.

Schon seit geraumer Zeit werden Gerüchte verbreitet, die der Bevölkerung beibringen sollen, dass unsere Beziehungen zu Rußland gut seien. Insbesondere wird behauptet, unsere Truppen würden durch Rußland ziehen, wobei als Ziele »Irak« und »Indien« genannt werden.

Tatsache ist, dass sich sehr viel Truppen im Osten befinden. Was weiter geschehen wird, läßt sich nicht ohne weiteres sagen. Es wäre denkbar, daß die Ansammlung von Truppen als Druckmittel gegen Rußland benutzt wird[177]. Das könnte eine Art von Erpressung sein. Das wäre der Dank Hitlers für das einfältige Verhalten Rußlands im Jahre 1939. Wenn die Gewalthaber von Rußland sich den Forderungen Deutschlands beugen, dann ist der Beweis erbracht, daß Stalin u. Genossen sich nur am Ruder halten wollen. Es ist natürlich auch möglich, daß wir Rußland nach berühmten Mustern eigener Fabrikation überfallen. Für die Kapitalisten aller Länder ein Ansporn, sich um Hitler zu scharen.

13. Juni 1941

Groß-Darmstadt

⟨Juni 1941⟩

150-Gramm-Gerichte verboten

Neue Fleischration in den Gaststätten

Der Leiter der Wirtschaftsgruppe Gaststätten- und Beherbergungsgewerbe hat eine Anordnung erlassen, die die Folgerungen aus der neuen Fleischration für die Gaststätten zieht. An den beiden fleischlosen Tagen in der Woche ändert sich nichts. Jedoch wird das Anbieten von Gerichten für 150 Gramm Fleischmarken grundsätzlich verboten. Ferner soll das 50-Gramm-Gericht mehr als bisher durchgesetzt werden. Nach der Anordnung dürfen an Fleischgerichten an den einzelnen Tagen nur vier Eintopf- oder Tellergerichte geboten werden, von denen eines das markenfreie Eintopf- oder Tellergericht sein muß. Von den weiteren drei Gerichten muß ein Gericht für 50 Gramm Fleischmarken angeboten werden. Für die restlichen zwei Fleischgerichte dürfen höchstens je 100 Gramm genommen werden. Betriebe, die außer dem Stammgericht nur ein Eintopf- oder Tellergericht führen, sind von der Führung eines 50-Gramm-Gerichtes befreit. Werden außer dem Stammgericht nur zwei Eintopf- oder Tellergerichte geführt, so muß eins von diesen beiden Gerichten für 50 Gramm Fleischmarke abgegeben werden. Wenn für die Zubereitung eines 50-Gramm-Gerichts Fett erforderlich ist, dürfen außer der Fleischmarke auch Fettmarken bis zu 10 Gramm genommen werden.[178]

Bekanntmachung

In dem Versorgungsabschnitt vom 5. Mai bis 1. Juni 1941 werden auf die Abschnitte c und d des Bestellscheines Nr. 23 der Reichseierkarte in der Zeit vom 28. Mai bis 31. Mai 1941

je zwei Eier
zusammen also 4 Eier

für jeden Versorgungsberechtigten ausgegeben.
Dieburg / Erbach, den 27. Mai 1941.

Der Landrat
des Landkreises Dieburg
– Ernährungsamt, Abt. B –

Der Landrat
des Landkreises Erbach
– Ernährungsamt, Abt. B –[179]

Die Lebensmittelversorgung hat im großen und ganzen seither geklappt. Es braucht sich zwar niemand über zu üppige Zuteilung zu beschweren, aber verhungert ist bis jetzt keiner. Allgemein herrscht die Meinung, daß die Verteilung der Lebensmittel in diesem Kriege besser organisiert ist wie 1914-1918. Zu beachten ist dabei aber doch, daß nach 2 Jahren Krieg (also 1916) bestimmt[180] mehr Waren vorhanden waren als heute.

Wie sich die Dinge künftig gestalten werden, weiß niemand. Bei längerer Kriegsdauer ist eine Wiederholung der traurigen Zeiten von 1917 u. 1918 nicht von der Hand zu weisen. Die Kriegswirkungen (Zerstörungen) werden eine ausschlaggebende Rolle spielen. –

Als Offizier zur Kriegsmarine

Haupteinstellungstermin ist der 1. Oktober ⟨41⟩

Das Oberkommando der Kriegsmarine hat den Haupteinstellungstermin dieses Jahr für den Nachwuchs aller Marineoffizier-Laufbahnen auf den 1. Oktober 1941 festgelegt. Je nach Veranlagung und Neigung kann der Bewerber sich für die Laufbahn des Seeoffiziers, Ingenieuroffiziers, Sanitätsoffiziers, Waffenoffiziers, sowie des Marine-Baubeamten entscheiden. Die Bewerber müssen das Reifezeugnis besitzen oder mindestens in die achte Klasse versetzt sein. Nach der Annahme bei der Kriegsmarine erhalten diese Schüler das Reifezeugnis, wenn die Schulbehörde Führung und Leistung als ausreichend anerkennt.

Die Bewerber für die Seeoffizierslaufbahn werden schon jetzt zu dreiwöchigen Segel-Lehrgängen an der Flensburger Förde einberufen. Wenn die Lehrgänge in die Schulzeit fallen, werden die Bewerber vom Schulunterricht beurlaubt.

Wer zum Dienst als Offiziersanwärter der Kriegsmarine einberufen wird, kommt schon nach kurzer Ausbildungszeit zum Einsatz. In jungen Jahren wird er vor verantwortungsvolle Aufgaben gestellt, besonders auch in der selbständigen Stellung als Kommandant eines kleinen Kriegsschiffes. Der Beruf verlangt im Kriege wie im Frieden Männer, die mit Begeisterung ihre Pflicht erfüllen.

Meldungen für die Laufbahn sind möglichst umgehend an die Inspektion des Bildungswesens der Marine (Einstellungsabteilung) in Kiel zu richten. Merkblätter für die Einstellung, aus denen alles nähere hervorgeht, sind bei jeder Wehrersatz-Dienststelle sowie bei der genannten Inspektion erhältlich.[181]

Der Jugend werden goldene Berge versprochen, wenn sie die Laufbahn als Marineoffizier einschlagen. Früher war bei der Marine eine längere Ausbildung üblich. Heute kommt der Anwärter schon nach kurzer Ausbildung »zum Einsatz«. Er kann sofort Kommandant eines kleinen Kriegsschiffes werden – und darf sich mit Begeisterung opfern. Die Marineleitung rechnet also auch mit einer langen Kriegsdauer, denn der Haupteinstellungstermin[182] ist der 1. Okt. 1941!

16. Juni 1941.

Ein Verräter richtet sich selbst

Selbstmord des französischen Oberst Collet

Rom, 4. Juni. Wie »Messaggero« aus Beirut gemeldet wird, hat der berüchtigte französische Verräteroberst Collet in Palästina Selbstmord verübt. Oberst Collet hatte bekanntlich vor einigen Tagen versucht, mit seinem Bataillon von Syrien aus nach Palästina überzutreten, um sich dem Verrätergeneral de Gaulle[183] zur Verfügung zu stellen. Dieser Versuch mißlang jedoch, denn seine Truppen weigerten sich, ihm zu folgen. Oberst Collet flüchtete deshalb allein.[184]

Die deutsche Zeitung bezieht sich auf die italienische Zeitung »Messaggero«, die sich aus Beirut (Syrien) melden läßt, daß der aus Syrien nach Palästina geflüchtete Oberst Collet in Palästina Selbstmord verübt habe.

Diese Flucht ist für die französische Vichy-Regierung eine sehr unangenehme Angelegenheit. Die Propaganda hilft sich mit einem sehr einfachen Mittelchen. Der Oberst verübt Selbstmord, und die Sache ist damit erledigt. Meldungen vorliegender Art tragen den Stempel des Schwindels sichtbar zur Schau. Wenn der Oberst entschlossen war zu flüchten, dann wird er niemals nach seiner gelungenen Flucht durch Selbstmord enden. Ich bin deshalb felsenfest davon überzeugt, daß der Oberst Collet noch lebt.[185] –

Einer Reuter-Meldung aus London zufolge haben die Opfer der Luftangriffe auf Großbritannien während des Monats Mai 5394 Tote, 5181 Verletzte und 75 Vermißte betragen. Von den letzteren nimmt man an, daß sie ebenfalls getötet worden sind. Die Verluste weisen zwar eine Verminderung gegenüber dem Monat April auf, die Gesamtzahl im Mai ist jedoch immerhin die zweithöchste seit November letzten Jahres.[186]

Die bekannt gegebenen Verluste unter der Zivilbevölkerung durch deutsche Luftangriffe auf Großbritannien waren im Mai 1941 erheblich. 5394 Tote sind ein furchtbarer Beweis für die Grausamkeit moderner Kriegsführung. Wenn die Opfer der Luftangriffe auf Deutschland eines Tages ähnlichen Umfang annehmen, dann wird das Geheul der deutschen Presse in allen Lautstärken zu hören sein. Aber vergessen darf nicht werden, daß Deutschland es war, das mit den brutalen Angriffen auf Warschau und Rotterdam begonnen hatte. Damals fand sich niemand, der mit der wehrlosen Bevölkerung dieser Städte auch nur das geringste Mitleid hatte. Im Gegenteil. Aus den Berichten sprach allgemein die Begeisterung über die Fähigkeit unserer »herrlichen«

Luftwaffe. Die Vergeltung wird kommen. Daran habe ich noch nie gezweifelt. Aber zur Schande meiner Landsleute muß festgehalten werden, daß sie durch die ⟨militär.⟩ Erfolge vollkommen verblendet sind und einfach nicht daran glauben oder nicht glauben wollen, daß heute oder morgen schließlich der Gegner auch einmal zurückschlägt und die gleichen Methoden anwendet – wenn er über eine ausreichende Anzahl von geeigneten Fernbombenflugzeugen verfügt. –

Wieder und wieder schwirren die Gerüchte über die kommenden Dinge umher. Der eine behauptet, Rußland würde dem Dreimächte-Pakt beitreten, der andere sagt, Stalin käme nach Berlin. Die Tendenz geht dahin, den Glauben zu erwecken, daß Rußland gemeinsame Sache mit Deutschland macht. Bei Gott und den Diktatoren ist alles möglich.[187] Das Verhalten Rußlands seit 1939 ist wenig geeignet, die Annahme zu rechtfertigen, als wäre jetzt ein Waffengang zwischen Rußland und Deutschland unvermeidlich. Es könnte durchaus möglich sein, daß beide Machthaber zur Erhaltung ihrer Throne eine Klausel zur Zusammenarbeit gegen die – plutokratische angelsächsische Weltbeherrschung finden würden.

Wäre dem so, dann stünde die ganze Welt in Flammen.

19. Juni 1941.

Ein Herr Erich Glodschey schreibt in einem Artikel »Die Atlantik-Schlacht« zum Schlusse folgendes:

> Die Ueberwasserkriegsschiffahrt auf den Ozeanen zwingt England zur ständigen Zersplitterung seiner Seestreitkräfte. Sie zwingt den Gegner, selbst seine Schlachtschiffe zum Schutze von Geleitzügen einzusetzen. Dafür ist das Schlachtschiff »Malaya« ein Beispiel, das bei solchem Geleitdienst von einem deutschen U-Boot so schwer beschädigt worden ist, daß man diesen Kriegsschiffriesen für lange Monate zur Reparatur nach Amerika bringen mußte. Ueberwasserkriegsschiffe und U-Boote ergänzen sich wirkungsvoll in ihrem Einsatz.
>
> Die Kriegsmarine im ganzen wiederum findet eine zweckmäßige Ergänzung für die Angriffstätigkeit der deutschen Luftwaffe im Handelskrieg. Es ist eine bedeutungsvolle Leistung, wenn deutsche Kampfflugzeuge aus der Gattung vom Fernbomber bis zum Stuka in den Monaten Januar bis April 1941 einen Schiffsraum von 774 000 BRT. an der englischen Küste und im Atlantik versenken konnten. Außerdem sind durch die Luftwaffe zahlreiche Schiffe beschädigt worden, was dazu beiträgt, daß die englischen Werften durch die Reparaturnotwendigkeiten in ihrer Neubautätigkeit weitgehend beeinträchtigt werden, ganz abgesehen von der Beschädigung vieler Werften durch deutsche Bomber.
>
> Auch dieses Beispiel beweist, wie in der Führung des deutschen Handelskrieges eins mit Sicherheit in das andere greift, um den Niedergang des englischen Seeverkehrs zu beschleunigen. England hat einst geglaubt, es könnte die deutsche Blockade verlachen. Inzwischen hat Churchill erkennen müssen, wie ernst die Wirkungen des deutschen Handelkrieges gegen England sind. In einem täglichen Aderlaß wird die Lebenskraft der Insel geschwächt. Die Insel England mag viele Vorräte angesammelt haben, ihre Bevölkerung hat viele Einschränkungen ertragen, sie hat noch manche Hilfe von außen erwartet oder bekommen. Aber nichts kann England vom Wege zur endgültigen Niederlage zurückreißen.[188]

Die englische Handelsmarine hat in diesem Kriege bestimmt schon große Einbußen erlitten. Aber so leicht, wie es sich der Herr Artikelschreiber mit der »endgültigen Niederlage Englands« macht, ist es in Wirklichkeit sicherlich nicht. Der Verfasser hätte weniger seine Wunschträume zur Kenntnis der hoffenden Leser bringen müssen als vielmehr eine Darstellung über den Werdegang der Handelsflotte Englands seit Ausbruch des Krieges. Es ist besser, sehend zu werden, als blind sich in Hoffnungen zu wiegen.

Ich will diesen Stimmungsschreibern einmal sagen, wie eine derartige Sache mit Sachlichkeit zu behandeln ist. Alles andere ist dumme Flunkerei u. damit wird England nicht niedergerungen.[189]

1.) Wie groß war die Handelsflotte Englands bei Kriegsausbruch?
2.) Wieviel Schiffsraum wurde verloren?
3.) Wieviel Schiffsraum wurde durch Neubau, freiwillige und zwangsweise Uebernahme gewonnen?

Nach dieser Rechenaufgabe ergäbe sich als Saldo der z.Z. den Engländern noch zur Verfügung stehende Schiffsraum. Jetzt kommt die Kernfrage. Reicht dieser Schiffsraum zur Versorgung der Zivilbevölkerung, des Heeres und der Marine aus oder nicht? Angenommen letzteres wäre tatsächlich der Fall. Dann wäre trotzdem noch nicht die endgültige Niederlage besiegelt, weil U.S.A. die Versorgung übernehmen könnte. Alles in allem werden sich diejenigen schwer täuschen, die der deutschen Propaganda Glauben geschenkt haben. –

Eine besondere Art von Zeitgenossen sind die fantasiebegabten Bierbankstrategen. Z.B. der Herr Pfarrer a.D. Goldmann.[190] Er benutzt die Ruhepause in den militärischen Ereignissen, ⟨um sie⟩ durch fantastische Schwätzereien auszufüllen. So erwähnte er, wir würden durch Rußland nach Indien und von da nach Afrika ziehen. Auf diese Weise würde das Mutterland England seiner Zufuhren beraubt und müßte sich binnen 2 Monaten ergeben.

So ein hirnkranker Heuochse[a] merkt noch nicht einmal, daß die Eroberung von England – wenn sie schon stattfinden muß – auf direktem Wege zu versuchen wäre. Ich bin nicht erstaunt, wenn morgen ein Prophet kommt, der behauptet, ab 1. Juli würde die Sonne nur noch für die Nationalsozialisten scheinen. –

Der Herr Reichsverkehrminister[b] bittet infolge der ständig zunehmenden Beanspruchung der deutschen Reichsbahn durch kriegs- u. lebenswichtige Transporte, alle Tagungen und Kongresse sowie sonstige Veranstaltungen, deren Teilnehmer zum großen Teil die Eisenbahn benutzen müssen, vorläufig zurückzustellen. –

a) *Heuochse:* Schimpfwort für einen nichts begreifenden, bornierten Menschen.

b) *Reichsverkehrsminister* war von 1937 bis zum Ende des NS-Regimes Julius Dorpmüller (1869-1945). Dorpmüller war erheblich mitverantwortlich für die Deportation der Juden durch die Reichsbahn. Vgl. Gottwaldt 2009.

Die Eisenbahn wird nach Kriegsende in einem schönen Zustande sich befinden. Vielleicht wissen wir dann gar nicht, was am dringendsten wieder in Ordnung gebracht werden muß. Hübsche Aussichten!

Wenn man die heutigen Verhältnisse überblickt, kommt einem das Gefühl der Wehmut bei dem Gedanken, daß seit 1933 die große Mehrzahl aller geistigen Führer, voran die Hochschulprofessoren, mit Sack und Pack sich der neuen politischen Richtung verschrieben und alles beiseite schoben, für das sie früher eintraten und lehrten. Fast alle legten ihren eigenen Willen, ihr eigenes Denken ab und verherrlichten in hündischer, charakterloser Weise das, was ihnen von der Partei vorgeschrieben worden ist. Was soll ein einfacher Mensch von Gelehrten und Wissenschaftlern sagen, die nicht mehr wagen, ihrem besseren Wissen Ausdruck zu geben? Was wird die übrige Welt über die von der ⟨Nazi⟩-Politik zerfressene deutsche Wissenschaft denken?

21. Juni 1941.

Wenn Deutschland – mit Unterstützung von Italien – sich vorgenommen hat, in Europa eine »neue Ordnung« vorzunehmen, so wußten einsichtige Bewohner dieses Erdteils schon im voraus, daß ein Zwangsgebilde keinen ewigen Bestand haben kann. Aus den von ⟨den⟩ Deutschen besetzten Ländern dringen nur spärliche Meldungen an die Oeffentlichkeit. Aber Nachrichten wie die nachstehenden lassen erkennen, daß der Kampf gegen diese »neue Ordnung« noch nicht abgeschlossen ist.

Brennende Wälder

Meldung unseres Vertreters

we. **Kopenhagen,** 9. Juni ⟨41⟩

Eine Reihe von Meldungen gibt Kunde von ausgedehnten Waldbränden in Norwegen. Nachdem bereits in den Pfingsttagen offene Feuer, die unachtsam behandelt worden waren, zu schweren Schäden geführt hatten, brach am Mittwoch der vergangenen Woche in einem Sägewerk in Storelvdal ein Feuer aus, das, von heftigem Wind geschürt, bald auf den nahegelegenen Wald übergriff. Im Laufe von nur wenigen Stunden waren rund 2000 Hektar vom Feuer erfaßt. Mit Autos, anderen Fahrzeugen und mit Sonderzügen kamen immer neue Hilfsmannschaften an der Brandstätte an. Zuletzt waren etwa 1500 Menschen damit beschäftigt, das Feuer zu bekämpfen.

Halb Semendria zerstört

Nach der Explosion 2500 Tote

Budapest, 9. Juni ⟨1941⟩. Die Budapester Blätter berichten aus Neusatz über eine in Semendria am Donnerstag erfolgte Explosion. Ein in der Festung Semendria untergebrachtes ehemaliges serbisches Munitionsdepot sei in die Luft geflogen.

Ueber die große Sprengstoffkatastrophe bei Semendria werden, wie man aus Belgrad hört, weitere Einzelheiten bekannt. Durch die Explosion des serbischen Munitionslagers ist über die Hälfte der Stadt völlig zerstört worden. Die Zahl der Toten hat sich inzwischen auf 2500 erhöht. Die Aufräumungsarbeiten sind noch in vollem Gange. Die historische Römerfestung an der Donau, das Wahrzeichen Semendrias, ist durch die Wucht der Detonation zum größten Teil vernichtet worden.[191]

Es hat den Anschein, daß in den besetzten Ländern mehr Freiheitskämpfer vorhanden sind als im Jahre 1933 in Deutschland.

Wie schnell hatten sich damals viele Deutsche als Verwandlungskünstler entpuppt. Heute liberal – morgen despotisch. Charakter zu besitzen, ist keine bemerkenswerte Eigenschaft gewesen. Und wo blieb der Stolz vor Götterthronen? Von der tollen Postenjagd wurden selbst die wenigen ideal veranlagten Nazi erfaßt. Wie nicht genügend »Posten« mehr vorhanden waren, wurden eine Menge »Pöstchen« geschaffen. Der Deutsche besitzt eine krankhafte Schwäche, es wird auch Geltungstrieb genannt. Wie kommt er sich vor, wenn er ein bißchen mehr sein darf wie der andere. Dem hat ja auch die Wehrmacht reichlich Rechnung getragen. Obersoldat, Gefreiter, Obergefreiter usw. Einfache Soldaten sind kaum zu finden. Ein Winkelchen, ein Sternchen oder ein Abzeichen hat bestimmt jeder. Seht Euch den Bürger von heute an! Den schlichten Bürgerrock wagt kaum einer zu zeigen. Der Parteigenosse muß (Gott sei Dank) das Parteiabzeichen tragen. Die anderen behängen sich mit kleinen Orden, Ordensbändern, Vereinsnadeln oder mindestens einer NSV.-Plakette.

Kommt man in ein Gespräch mit einem Fremden, so ist der erste Blick nicht etwa in das Gesicht, sondern auf die Heldenbrust gerichtet, damit feststellend, wes Geistes Kind das Gegenüber ist. Ein merkwürdiges Zeitalter!

Wie verhält sich USA.?

Vor einem Jahre schrieb Dr. Josef Göbbels: »Die Hilfe von Amerika für England kommt zu spät.« Selbstverständlich ist es für unsereiner unmöglich über die Hilfeleistungen Amerikas sich eine richtige Vorstellung zu machen.

Noch in Erinnerung ist mir aber, daß wir uns im Jahre 1917 über Amerika lustig gemacht haben. Um dann 1918 erkennen zu müssen, daß die Beteiligung von Amerika der Sieg der Gegenseite bedeutete. Ein gebranntes Kind scheut das Feuer. Ich verfalle daher nicht in den Fehler der Regierung von 1917. Bemerken möchte ich, daß ich damals nicht an die offiziellen deutschen Verlautbarungen geglaubt habe. Ich war und bin auch heute wieder davon überzeugt, daß ein Krieg von längerer Dauer niemals einen Vorteil für Deutschland bringen kann. Die Vereinigten Staaten von Amerika sind das größte Industrieland der Erde und besitzen alle Rohstoffe. Die Frage der Organisation ist nur eine Zeitfrage.[192]

USA. beschlagnahmt die deutschen Guthaben!

" Schließt die deutschen Konsulate![193]

Das sind Nachrichten, die einem Kriege vorauszugehen pflegen. »Kriegserklärung« ist nicht modern. Japan hat auch nur einen »Konflikt« mit China.

Die Kriegserklärung wird wegen der bestehenden Verträge vermieden. Aber in Wirklichkeit bedeutet die heutige Lage ein Kriegszustand mit USA.

Haben wir es mit unseren altdeutschen Welteroberungsplänen nicht herrlich weit gebracht? –

Soeben höre ich, daß Oberamtsrichter Schmitt (z.Z. Kriegsgerichtsrat im Osten) nach Hause schrieb, er werde voraussichtlich einige Wochen nicht schreiben. Er ist begeistert, bei etwas »Großem« dabei zu sein. Sprechen wir später darüber. – [194]

Es liegt etwas in der Luft. –

Sonntag, den 22. Juni 1941.
Heute in der Frühe haben deutsche Truppen die russische Grenze überschritten!![a]

Wieder ist ein Staat das Opfer seines Nichtangriffspaktes mit Deutschland geworden. Der so laut gepriesene und von der ganzen Welt bestaunte Freundschaftsvertrag zwischen Deutschland und Rußland liegt in Scherben vor uns. Auf welcher Seite die größte Heuchelei, Hinterhältigkeit u. Gemeinheit zu suchen ist, läßt sich ohne nähere Kenntnis der Kulissenarbeit nicht feststellen.

Tatsache ist jedenfalls, daß wir unseren »Freund« angegriffen haben.

In Gesprächen mit Bekannten und Freunden haben meine Frau und ich oft der Meinung Ausdruck verliehen, daß Deutschland in absehbarer Zeit einen Krieg gegen Rußland führen würde. Niemand hat uns Glauben geschenkt. AgRat Boländer hat mich mehr als einmal zu überreden versucht, daß mit Rußland alles in bester Ordnung sei und große Lieferungen von Rußland einträfen.

Mit was auch unser Vorgehen begründet werden mag, die Wahrheit wird einzig und allein auf dem Gebiete der Wirtschaft zu suchen sein. Rohstoffe sind Trumpf. Und bist du nicht willig, so brauche ich Gewalt.[195] Die Gewaltanbeter haben wieder einmal gesiegt. Die Armee sucht Futterplätze, und die Herren von der Industrie wollen billige Rohstoffe. Jeder Spießbürger wird sich mit Begeisterung diese amtliche Auffassung zu eigen machen.

Interessant wäre es, diesen machtgierigen Horden einmal die Frage vorzulegen, wie sie sich dazu stellen würden, wenn irgend ein Land z.B. das Ruhrgebiet haben wollte mit der Begründung, es habe keine Kohle und müsse eben deswegen unbedingt diese Kohlengegend für sich in Anspruch nehmen. Mit dummen Redensarten einen Bogen um die Wirklichkeit beschreiben, das wäre bestimmt das einzige Resultat bei dieser Preisfrage. So wie es heute von Deutschland gemacht wird, geht es einfach nicht. Das ist keine Lösung der Lebensfragen der Völker. Das ist ein Krieg ohne Ende. Ein wahrer, wirklicher Weltkrieg! –

Der Abschluß des Freundschaftsvertrages Deutschland-Rußland im Jahre 1939 hat nicht nur diejenigen überrascht,[196] die von den politischen Kampfmethoden der einen oder anderen Seite einige Kenntnis hatten. Wohl selten hat eine diplomatische Tat größeres Aufsehen erregt. Keiner wußte so recht, was er damit anfangen sollte und wie sich die Dinge in der Zukunft gestalten.

In der Politik mag alles möglich sein, aber ein bißchen Charakter und ein klein wenig Ehrlichkeit müßte dabei sein, wenn nicht die Menschheit jeden Glauben an Verträge verlieren soll.

a) *russische Grenze überschritten:* Am 22. Juni 1941 marschierte die Wehrmacht in die Sowjetunion ein und rückte in hohem Tempo vor. Spätestens mit diesem Überfall begann der Vernichtungskrieg im Osten, der geprägt war von Massakern an der jüdischen Bevölkerung im Rücken der Front, dem bewusst in Kauf genommenen Hungertod Millionen sowjetischer Kriegsgefangener und nicht zuletzt durch einen Krieg gegen die Zivilbevölkerung und deren Ausbeutung. Die Verbrechen wurden oftmals unter dem Deckmantel des sogenannten Bandenkampfes begangen. Vgl. z.B. Ueberschär/Wette 1991.

Was haben die beiden Partner i.J. 1939 im Schilde geführt? Deutschlands Pläne wären über den Haufen geworfen worden, wenn Polen durch Rußland Unterstützung erhalten hätte. Die deutschen Machthaber benötigten einen raschen Sieg gegen Polen, damit das Volk Vertrauen in die weiteren militärischen Absichten gewinnt.

Rußland gewann beinahe das ganze 1918 verlorene Gelände – ohne einen Schuß abzufeuern. Es schaffte sich insbesondere ein strategisches Vorfeld.

Bis dahin waren also beide Partner voll befriedigt. Verschiedene Vorkommnisse ließen erkennen, daß die »Freunde« keine Freunde waren. Unser Drang nach dem Balkan war den Russen im höchsten Grade unangenehm. Der Angriff gegen Jugoslawien forderte Rußland geradezu heraus. Die slawische Seele war beleidigt. Die Eroberungssucht eines Hitler – sekundiert durch Mussolini – konnte die Russen nicht unberührt lassen. Auffällig war die Herausnahme der Deutschen aus den Gebieten, die an Rußland fielen (Lettland, Estland, Litauen, Wolhynien, Bessarabien). Warum wurde der Freund nicht beim Freunde belassen?

Heute ist die Lösung da, sie heißt: Krieg.

23. Juni 1941:

Die Volksmeinung! Diese Meinung kommt heute nicht aus dem Hirne des Einzelnen. Diese Meinung wird von »oben« gemacht und in den Mensch hineingepflanzt. Ich will von jetzt ab mehr als seither Aeußerungen aus meiner Umgebung festhalten, damit ich in der Lage bin, später ein Bild von der Geistesverfassung des[197] deutschen Volkes zu bieten.

Frl. Helga E[...] ⟨(18 J)⟩: »Ich finde es ganz in Ordnung, daß wir Rußland angegriffen haben, sonst hätten die uns überfallen. Die haben auch vor 2 Jahren Gelände bekommen, das wir erobert hatten.«

AgRat Dr. Hornef[198] ist deprimiert über die Ausbreitung des Krieges.

GV Brunner[199] meint, es wäre keine leichte Sache mit Russland, und der Krieg würde in diesem Jahre nicht mehr ausgehen. B. ist skeptisch geworden. –

Seit Sonntag ist der Feldpost-Verkehr gesperrt.

Die verführte Jugend: »Der Fallschirmabspringer B[...] hat geschrieben, daß er heute einsähe, warum ihm die Erwachsenen abgeraten hätten. Hoffentlich käme er nicht mehr zum Einsatz.« Theorie und Praxis. Wenn die Jugend Erfahrungen gesammelt hat, ist vielleicht (?) künftig einmal vernünftig mit ihr zu reden. –

25. Juni 1941

Der Krieg nach der 2. Front, dem Osten, ist nach dem Wunsche unserer Machthaber nunmehr im Gange. Der Krieg mit allen seinen furchtbaren Leiden überzieht weitere Gegenden. Die Leidtragenden sind nicht nur die Bewohner Rußlands, auch wir in Deutschland werden die Ausweitung des Kriegs zu spüren bekommen. Wann wird dieser Wahnsinn ein Ende nehmen? Wann wird der Siegesrausch einem fürchterlichen Katzenjammer Platz machen?

Jetzt ist eine ungeahnte Chance für England und Amerika, die Initiative an sich zu reißen. Aber nicht nur mit leeren Versprechungen und unzureichenden Hilfsmaßnahmen. Wenn Amerika den ernsten Willen hat, seine ganze Macht für die Wiederherstellung[200] des Friedens in die Waagschale zu werfen, ist eine Aenderung der Sachlage keine Utopie. Auf der Höhe seines Machtwahnsinns kann das deutsche Volk allerdings nicht mit Worten zur Vernunft gebracht werden. Hier kann nur eine unbändige Kraft und der Einsatz aller Kriegsmittel, den wild gewordenen Stier zur Einsicht bringen.

Ich will annehmen, daß wenigstens einige Männer ⟨in der Welt⟩ jetzt die Energie aufbringen, das für die Menschheit zu tun, was seither von allen Staatsmännern in unglaublicher Kurzsichtigkeit versäumt oder unterlassen worden ist. Menschheit erwache!!!

Zusammenschluß aller Mächte gegen den Friedensstörer!!

Es darf kein Flugzeug u. kein Fahrzeug irgendwo herumstehen. England und Rußland müssen tatkräftigste Hilfe von allen Nationen erhalten. Jeder muß die Situation genau so auffassen, als sei er der Angegriffene. Ist das wirklich so schwer zu begreifen?

Keine Erwägungen, keine Resolutionen, keine Redensarten, keine »Neutralität«. Ran an den Feind des Menschentums!

Im Osten sollen große Siege bevorstehen.

Bis jetzt hat Deutschland niemand gefunden, der ihm energischen Widerstand entgegengesetzt hat. Wie ist es zu erklären, daß Deutschland ganz Europa überwältigen konnte?

Europa hat geschlafen. ⟨Es hat⟩ schwer gesündigt und wird von den Waffen Adolf Hitlers dafür bestraft.

An erster Stelle Frankreich. Dieses Land hat jeden Sinn für eine wirkliche Verteidigung vermissen lassen. Es hat seit 1918 gar nichts dazu gelernt. Nichts von den raffinierten Vorbereitungen seines Nachbars Deutschland beobachtet und keine Abwehrmaßnahmen getroffen. Sage mir keiner, das wäre leichter gesagt wie getan. Frankreich mußte seine Bombenflugzeuge, Artillerie, Tankabwehr u. Flak der Stärke Deutschlands anpassen. Der Kolonialminister Mandel äußerte einmal, es würde erwogen, die Kolonialtruppen zu Fliegern heranzubilden. »Erwogen«. Unfähiger Trottel. Glaubt denn ein Mensch, wenn Deutschland Kolonien besäße, es würde erwägen. Nein, handeln würde es. Und das ist das große Geheimnis.

Jeder konnte sehen, daß die Tanks zur Hauptwaffe der Deutschen wurden. Und was haben die ⟨übrigen⟩ Herrschaften dagegen getan? Mit blöden Augen zugeschaut und gehofft, daß ein anderer gefressen wird. Das mangelnde Solidaritätsgefühl der Völker ist der zweite Kardinalfehler. Außer Churchill (vielleicht auch Eden[201]) kenne ich keinen Staatsmann, der uns auch nur annähernd erkannt hat. Deshalb gießt die NS-Presse auch ihren ganzen Spott u. Aerger über das Haupt Churchills. Noch heute gibt es Idioten in USA., die von irgend einem Kompromiß mit Deutschland unter Hitler faseln. Das sind die schauderhaftesten Dummköpfe. Churchill sprach einmal, auch wer das Krokodil füttert, wird doch gefressen.[202]

Wenn Hitler siegt, gibt es ein großes Sklavenreich mit Namen »Europa«. –

Während wir in Deutschland eine Kriegsmaschinerie von ungeahnten Ausmaßen in Bewegung brachten, und zwar schon seit 1934, hat die übrige Welt hübsch brav in einem sanften Schlummer gelegen. Der eine glaubte, das geht nur gegen Rußland, der andere leckte eifrig an den Stiefelsohlen Adolf Hitlers, bestaunte dessen »Genie« und war froh, daß ihm am Ende ein kleiner Sonnenstrahl versprochen wurde, wenn er sich ruhig verhält und zusieht, wie der Nachbar abgeschlachtet wird.

Am verhängnisvollsten hat sich England unter der Führung eines erbärmlichen Greises (Chamberlain) benommen. Dieser Mensch äußerte im Jahre 1936 oder um diese Zeit: »Friede um jeden Preis.«

Ich will ihm nicht vorwerfen, daß er für einen Frieden eintrat, dann mußte er Pfarrer in einem kleinen Dorfe werden. Als erster Staatsmann eines Weltreiches hatte er die verdammte Pflicht und Schuldigkeit dafür zu sorgen, daß jedem Angriff sofort begegnet werden konnte.

28. Juni 1941.

Eine Dame spricht: Am Sonntag (Kriegsbeginn mit Rußland) hatte ich einige Bedenken, aber heute sieht es günstig aus. Es kommen Verbündete – im Gegensatz zum vorigen Kriege – und es hat uns seither alles geklappt. Der Krieg kann ganz schnell zu Ende gehen, wenn Rußland im Innern zusammenbricht. –

So sprach die Dame mit dem preußischen Tonfall.

Immer das gleiche Lied. Es ist uns alles geglückt. Also lustig weiter. Ohne viel Federlesens wird die ganze Welt mit Krieg überzogen – weil eben alles geklappt hat.

Das ist der deutsche Mensch. Keinerlei Gefühl für das Schicksal anderer Völker. Die ganze Welt kann zertrümmert werden, wenn nur er – der herrliche Germane – über den Trümmern haust. –

Werte Zeitgenossen, wie sieht es aber aus, wenn sich das Blatt wendet, wenn wir einem geeinten starken Rußland gegenüber stehen, das sich zähe verteidigt?

Dann will ich Eure blöden Gesichter betrachten. Noch nie in der ganzen Menschheitsgeschichte hat es ein Volk mehr verdient wie das deutsche, daß es für seine grenzenlose Ueberheblichkeit gezüchtigt wird. –

Helga E[…] erwähnt, ihr Bruder habe aus Holland geschrieben und am Schlusse des Briefes geschrieben: Auf nach Moskau!

Uebermut tut selten gut.[203]

Heft 3

28.Juni 1941
bis
1.Mai 1942

28. Juni 1941.

Gestern hat Ungarn den Russen den Krieg erklärt. Endlich ist es so weit, daß die Großkapitalisten aller Länder – getreu dem Rufe ihres Führers Hitler – dem verhaßten Regime in Rußland den Garaus machen wollen. Alle ⟨deutschen⟩ Freundschaften der letzten Jahre (Spanien, Italien, Ungarn, Slowakei, Rumänien, Vichy-Frankreich) sind einzig und allein geschlossen worden, um Bundesgenossen gegen Rußland zu erhalten. Dr. Josef Göbbels läßt sofort die Katze aus dem Sack: »Europas Front gegen Moskau«[1], »Der Kontinent im Kreuzzug«[2]. Dies sind die Leitartikel in den Zeitungen. Man hofft wieder einmal, die gegnerische Front ins Wanken zu bringen. –

Es verdient auch festgehalten zu werden, daß das »neutrale« Schweden den Durchzug deutscher Truppen zur Hilfe für Finnland gestattet hat.[3]

Der Herr Offizier (O[...]): »Rußland ist bald erledigt. Wenn wir Moskau haben, ist der Krieg mit Rußland beendet, dann geht es nach England.« –

Die[4] Kriegshandlungen gegen Rußland waren für die meisten Deutschen eine Ueberraschung. Daß im Osten irgend etwas vor sich geht, konnte natürlich nicht verheimlicht werden, da hatte die Propaganda dafür gesorgt, den Glauben zu erwecken, Rußland würde uns freiwillig einrücken lassen. Den Soldaten wurde in dem Aufklärungsunterricht gesagt: »Mit Rußland ist alles in bester Ordnung, es sind schon deutsche Truppen dort. Wir marschieren durch Rußland und greifen Indien an.«

Damit sollten den Soldaten, die anfangen kriegsmüde zu werden, die kommenden Dinge als Spaziergang dargestellt werden. –

Aber kaum sind ⟨die⟩ anfänglichen Zurückhaltungen infolge der Ungewißheit ⟨über den Ausgang⟩ durch die Anfangserfolge beseitigt, gerät[5] das deutsche Volk wieder in seinen durch die Propaganda angefachten Siegesrausch.

»Der Kampf wird von der Wehrmacht mit all der granitharten Entschlossenheit und Energie durchgefochten, die alle unsere Feldzüge in diesem Kriege auszeichnete«, sagt Herr Alfred Kästner im Frankfurter General-Anzeiger v. 28.6.1941.[6] –

Eine Frau aus Düsseldorf: »Die Erfolge sind einfach fabelhaft.« –

Ob den Russen heute zum Bewußtsein kommt, welch grenzenlose Dummheit sie im Jahre 1939 begangen hatten? Mit einem Gegner einen Freundschaftsvertrag zu schließen, der nichts anderes kannte als seine Anhänger Tag u. Nacht zum Kampfe gegen Rußland vorzubereiten, war eine fürchterliche, ja geradezu ungeheuerliche »Leistung« der Machthaber von Rußland. Dafür wird diese Nation bestraft.

30. Juni 41.

Im Vorzimmer von Dr. K[...]. Tapezierer Sch[...]: In 8 Tagen sind die russischen Armeen gefangen. –

Gestern (Sonntag) wurde ein zusammengefaßter Heeresbericht mit 12 Sondermeldungen über die Anfangserfolge gegen Rußland im Radio bekanntgegeben. Wie bei einem Jahrmarktsrummel. Städte, Dörfer u. Felder werden verwüstet. Soldaten büßen ihr Leben ein, Hunderttausende werden obdachlos. Darüber kein Sterbenswörtchen. Nur Ruhm, Ruhm und nochmals Ruhm![7]

Die Art und Weise, wie das AOK seinem Lehrherrn Göbbels die Methoden nachahmt, ist alles andere wie groß zu nennen. Aus einem Krieg ein Theater oder Variete zu machen, blieb der deutschen Armee vorbehalten. Geschmackloser Tamtam. –

Mit einer Planmäßigkeit ohnegleichen haben die deutschen Nachrichten noch nie irgend einen Nachteil oder Niederlage zugegeben. Die Verluste des Feindes werden ungeheuer gesteigert, die eigenen überhaupt nicht angegeben oder als lächerlich gering bezeichnet. In den gestrigen Sondermeldungen waren u.a. über 2000 russische Tanks vernichtet.[8] Von verlorenen deutschen Tanks spricht man nicht. Warum?

Kann eigentlich ein Krieg durch Verdrehungskünste, Verschweigen oder Lügen gewonnen werden?

Ich meine, eines Tages kommt es doch heraus. Es mag richtig sein, nicht alles an die große Glocke zu hängen, weil der Gegner Schlüsse daraus ziehen könnte. Aber nur durch besondere Hervorhebung der Verluste des Gegners u. Verheimlichung der eigenen ist noch nie ein Gegner besiegt worden. Deshalb ist ein solches Beginnen töricht.

Das deutsche Volk lebt jetzt schon nahezu 2 Jahre in der Hoffnung – daß die Gegner durch die fortgesetzten Siege niedergerungen ⟨werden⟩. Nach jedem Sieg mußte es erkennen, daß dieser Sieg doch nicht so gewaltig war, um ein Ende herbeizuführen. Bald beginnt das 3. Kriegsjahr. Täglich wurden uns die versenkten Bruttoregistertonnen vor Augen geführt. Recht wirkungsvoll für einfältige Menschen; sagte doch vor kurzem Parteigenosse B[...] (Woll-B[...]), er könne die Engländer gar nicht verstehen, daß sie nicht aufhören, da doch beinahe die ganze Handelsflotte versenkt sei. Andere können das Wort »Bruttoregistertonne« überhaupt nicht mehr hören, weil kein Tag vergeht, an dem dieses Wort [nicht] in den Zeitungen u. im Radio erscheint. Und wieviele werden dann wissen, daß die BrT das Gewicht der verdrängten Wassermenge darstellt? Ich will meine Umgebung nicht auf die unangenehme Probe stellen. Das würde schulmeisterlich aussehen. Wenn aber künftig wieder irgend ein Großmaul mit »Bruttoregistertonnen« um sich wirft, werde ich mich von ihm belehren lassen.

1. Juli 1941.

In dem Wartezimmer eines Arztes kann man die Neuigkeiten des Tages erfahren. Allesamt sind die Patienten[9] befriedigt, daß in Rußland wieder Eroberungen stattfinden. Das ist die wahre Seele des d. Volkes. Mit verständnisvoller Befriedigung werden die »genommenen« Städte genannt. Dabei bin ich davon überzeugt, daß kaum jemand sich die Mühe macht, auf der Landkarte nach den betr. Orten zu suchen, um sich ein Bild von der Lage zu machen. Primitivste Anschauungen bestehen in militärischen Dingen. Worüber ich besonders erbost bin, ist die rücksichtslose Brutalität der Menschen. Kaum einer denkt daran, daß Tausende junger Männer auf den Schlachtfeldern bleiben, nur damit Sieg auf Sieg gefeiert werden kann. Der Siegeswahn beherrscht die Nation. In der Annahme, dann ist das Kriegsende da.

Selbst wenn Rußland militärisch bezwungen würde, kann von einem Kriegsende noch lange nicht gesprochen werden. Ganz abgesehen davon, daß es technisch unmöglich ist, ganz Rußland zu besetzen.

Die Entscheidung fällt im Westen!

England – unterstützt von USA. – wird und kann es nicht zulassen, daß Adolf Hitler mit seinen Scharen ganz Europa versklavt. Darin liegt der Schlüssel für die zukünftige Entwicklung. Es gehört schon ein kindliches Gemüt dazu, anzunehmen, die Engländer würden sich mit einem Remis begnügen. Da hat sich Hitler gewaltig geirrt. Mit England wäre vor 1933 bestimmt eine Einigung erzielt worden, wenn wir in Deutschland ⟨nach 1933⟩ eine maßvollere Außenpolitik getrieben und unsere Umsturz-Agenten in Deutschland gelassen hätten.

Was nützt es uns schon, wenn wir die ganze Welt gewinnen und nehmen fortgesetzt ungeheuren Schaden an unserer Seele?[10]

Die furchtbare Außenpolitik hat ihre Tradition. Vor 1914 waren es die Alldeutschen mit ihrem Verband (Claß, v. Reventlow[11] ⟨u. Consorten⟩) ⟨Im Kriege »Vaterlandspartei«.⟩[a], die ⟨uns⟩ den Haß der ganzen Welt einbrachten. Die üblen Erfahrungen des Weltkrieges (1914-1918) ließen diese Herrschaften, nachdem sie restlos für die Länge des Krieges verantwortlich waren, einige Zeit schweigen. Aber dann kam die glänzendste Periode für alle Gewaltpolitiker u. Chauvinisten. Die NSDAP. mit ihren Plänen ohne Grenzen war die wunderbarste Brutstätte zur Züchtung von gewalttätigen Politikern u. Offizieren. Sämtliche rücksichtslosen Eroberer konnten ihre zügellose Propaganda treiben. Der Endeffekt war der unausbleibliche Krieg 1939. Ein Weltbrand ohne Beispiel in der Geschichte der Menschheit. Ausgebrütet von nationalsoz. Hirnen unter dem Schutze der[12] Ausschaltung der freien Meinungsäußerung.

Keine Kritik, keine Bedenken, keine sachlichen Einwände.

Jeder, der es wagte, auch nur das Geringste gegen die eingeschlagenen Wege zu äußern, war ein Staatsfeind.

Es gibt nur ein⟨en⟩ restlosen Zusammenbruch des natsoz.[13] Gebäudes, sonst nichts. Kein Zwischending, kein Kompromiß kann das Verhängnis abwenden.

Entweder – oder.

Ein Volk, das seine Verfassung mißachtete, wie es die Deutschen taten, hat überhaupt unterzugehen. Ein Volk, das[14] seine Grundrechte aufgibt, ist ein Scheißhaufen. Gesinnungslose Lumpen, feiges Pack.

---

a) »*Vaterlandspartei*«: Die im September 1917 gegründete Deutsche Vaterlandspartei unter Alfred von Tirpitz trat für dessen Einsetzung zum Reichskanzler sowie für umfangreiche Annexionen ein. Sie löste sich 1919 auf. Vgl. Enzyklopädie 2009, S. 437f.

2. Juli 1941.
Die freien Länder der Erde haben Fehler begangen, die fast unglaublich erscheinen, aber leider in einem Umfange gemacht worden sind, daß sie beschämend wirken.

Fangen wir mit China an. Aus welchen Gründen sind nicht sofort von England u. Amerika Unterstützungsaktionen eingeleitet worden? Insbesondere mußten chinesische Flieger und U-Boot-Mannschaften in großer Menge ausgebildet werden. Die Chinesen wären in der Lage gewesen, noch nachhaltigeren Widerstand zu leisten und auch anzugreifen. Jedes Land, das irgendwie dazu in der Lage war, mußte China mit allen Mitteln sofortige Hilfe leisten. Der Angegriffene ist von der ganzen Welt zu unterstützen. Die Hilfe für China bedeutete eine hervorragende Maßnahme zur Aufrechterhaltung des status quo im fernen Osten. England konnte seine gesamte Macht auf Afrika und Europa konzentrieren. Und manches Flickwerk wäre vermieden worden.

Selbst eine geringe Anzahl von U-Booten, die von einem unbekannt gebliebenen Geber an China kamen, würde den Japanern große Schwierigkeiten bereitet haben. Irrtümer und versäumte Gelegenheiten regieren. Es kommt mir so vor, als hätten viele Staaten überhaupt keine Männer von Format, die vorausschauend führen. Mit alten Rezepten ist doch Ländern wie Japan, Italien u. Deutschland nicht beizukommen. Andere Wege müssen gegangen werden, um die Welt wieder einigermaßen in Ordnung zu bringen.

Wenn Dr. Göbbels die Deutschen als »Habenichtse« bezeichnete[15] und Adolf Hitler angab, für Rüstungen 90 Milliarden verausgabt zu haben, so kann es in der Welt keinen Eindruck mehr machen, wenn wir eine gerechtere Verteilung der Güter der Welt anstreben.

Nach außen Kommunisten – nach innen Konservative. Ist es denn ein anderer Zustand, wenn ich durch einen Wald gehe, von dem auch nicht ein einziger Baum mein eigen ist? Oder ein schmächtiges Bankkonto im Verhältnis zu demjenigen von Göring mir zusteht? Warum beseitigt Ihr denn nicht in erster Linie die Habenichtse im eigenen Lande? Das Recht nach außen und innen kann nicht verschiedenartig sein.

Bei Licht betrachtet verzapfen die Nazis nur faule Phrasen. »Volksgemeinschaft«, »Plutokratie«, »Autarkie«, »Blut u. Boden«[a], »Gemeinnutz geht vor Eigennutz«, »Betriebsgemeinschaft«[b], »Arbeitskamerad«[c] und sofort. Der Einzelne wird betört

a) *»Blut u. Boden«:* »zentrales Schlagwort des Nationalsozialismus für die mythisch überhöhte Verbundenheit der ›Blutsgemeinschaft‹ des Volkes, insbesondere der Bauern, mit dem besiedelten Territorium« (Schmitz-Berning 2000, S. 110). Eine zeitgenössische Erläuterung findet sich bei Büchmann 1942, S. 638.

b) *»Betriebsgemeinschaft«:* »alle im Betrieb Tätigen einschließlich der Unternehmer«, im weiteren Sinne »Zusammengehörigkeitsgefühl zwischen Unternehmer und Belegschaft« (Schmitz-Berning 2000, S. 96f.). Eingeführt wurde der Ausdruck durch das »Gesetz zur Ordnung der nationalen Arbeit« vom 30. Januar 1934.

c) *»Arbeitskamerad«:* Vergleichbare Ausdrücke wie *Arbeitsmaid* (S. 50), *Arbeitsmann* (S. 50f.), *Arbeitsmensch* (S. 51f.) sind belegt bei Schmitz-Berning 2000.

und läßt sich in vernebeltem Zustand weiter am Narrenseil herumführen und als Herdenvieh behandeln. –

Die Machthaber haben das Abhören von fremden Sendern bei hoher Strafe verboten. Es ist jedem bekannt, daß die Wehrmacht auf dieses Verbot pfeift. Ist es Schutz der schwachen Nerven des deutschen Volkes oder soll es sein Gleichgewicht nicht verlieren? Oder wäre es denkbar, daß die fremden Sender nicht nur Lügen verbreiten?

Es wäre eines großen, mündigen Volkes durchaus würdig, derlei Verbote nicht zu erlassen.

Wenn wir unsere Erfolge und Mißerfolge wahrheitsgetreu bringen, dann kann kein Mensch in der Welt das Vertrauen trüben. Da aber Schönfärberei getrieben wird, ist es zu verstehen, daß die Wahrheitssucher dem Verbote trotzen.

4. Juli 1941.

Die Erfolge der deutschen Truppen im Osten haben die gleiche Begleiterscheinung wie bei den Kämpfen auf den übrigen Kriegsschauplätzen. Mit den Siegen steigt das arrogante Benehmen der Spießbürger; sie sehen ganz Rußland in unserem Besitze und denken bereits an weitere Unternehmungen. Bis jetzt war also die gesamte Welt nicht in der Lage, uns Einhalt zu bieten. Selbst vernünftige Menschen sind von der Allmacht unserer Waffen überzeugt und lassen es sich einfach nicht ausreden, daß selbst ein Zusammenbruch Rußlands an der Gesamtlage nichts ändert.

Dr. H. meint, England würde nach einer Niederlage Rußlands geneigter sein, mit Deutschland sich zu verständigen.

Ich: Es ist nach meiner Meinung gänzlich ausgeschlossen, daß England im gegenwärtigen Stadium auch nur im entferntesten daran denkt, mit der Militärmacht Deutschland oder einem nationalsoz. Großdeutschland in Friedensverhandlungen einzutreten.

Diejenigen, die auf ein Weichwerden Englands rechnen, dürften sich einer schweren Täuschung hingeben.

5. Juli 1941.

In Gießen[16] soll Förster Ritter[d] verhaftet worden sein, weil er gesagt habe, der Krieg dauere noch 3 Jahre. –

d) *Förster Ritter verhaftet:* Der aus Grünberg stammende Rudolf Ritter (geb. 1878) war seit 1919 als Förster tätig; seit 1937 betreute er als Revierförster den Grünberger Stadtwald (vgl. dazu »Förster Ritter 60 Jahre alt«, in: Heimatzeitung, 10.12.1938, S. 3). Es ist nicht bekannt, ob Ritter tatsächlich wegen der von Kellner zitierten Äußerung verhaftet wurde, allerdings geriet er 1942 mit der Nazi-Justiz in Konflikt. Er wurde wegen angeblich unrechtmäßigen Bezugs von Zusatz-Lebensmittelkarten in zweiter Instanz von der Gießener Strafkammer zu einer Haftstrafe von sechs Monaten verurteilt. Vgl. »Strafkammer«, in: Heimatzeitung, 6.6.1942, S. 5.

Vor 2 Jahren wäre R. erschossen worden, wenn er behauptet hätte, der Krieg dauere 2 Jahre. Die Wahrheit darf nicht gesagt werden.

6. Juli 1941.
Heute ist der 15. Tag des Krieges mit Rußland. Die Propaganda ist gar nicht so zimperlich. Auf der gleichen Seite einer Zeitung wird von erbittertem Widerstand der Russen u. 20 000 Ueberläufern gesprochen. Der Wunsch ist der Vater des Gedankens. Vielleicht hatte unser größenwahnsinniger Generalstab doch mit einem leichteren Spiel mit Rußland gerechnet. Es ist zu erkennen, und dies wird auch gar nicht verheimlicht, daß die Russen an vielen Stellen sehr hartnäckigen Widerstand leisten. Selbst wenn jemand nicht viel von Rußland weiß, muß ihn doch die Größe dieses Landes zum Nachdenken veranlassen. Es können immer wieder neue Reserven herangebracht werden. Sehr wahrscheinlich sind zu Beginn des Krieges die Truppen aus dem Uralgebiet und aus Sibirien überhaupt noch nicht an der angegriffenen Front gewesen.

Deutschland ist durch seine siegreichen Eroberungskriege verwöhnt. Es warf sich mit der ganzen Wucht auf die verschiedenen Länder und siegte in ungewöhnlich kurzen Zeitspannen. In wenigen Tagen waren ⟨z.B.⟩ Holland und Belgien niedergekämpft. Wobei allerdings zu beachten ist, daß diese Länder sich wenig geschickt und heldenhaft verteidigt haben. Nur eine Ausnahme war seither zu verzeichnen: Griechenland. Ueberall konnten die Kriege durch vollständige Besetzung ⟨der betr. Länder⟩ beendet werden. Frankreich ist zwar nicht[17] in vollem Umfange besetzt worden. Das restliche unbesetzte Frankreich ist aber von Politikern beherrscht, die in lakaienhafter Weise demutsvoll vor Adolf Hitler sich beugen. Das sind die Totengräber eines freien Frankreich.[a] –

Nun ist Deutschland an ein Land ⟨(Rußland)⟩ geraten, das sich dem Anscheine nach zäh verteidigt. Rußland ist dasjenige Land, das[18] unter Umständen unseren Machthabern die Lehre von den begrenzten Möglichkeiten beibringt. Der weite Raum ⟨(Rußland)⟩[19] mit seinen Reserven an Menschen muß beherrscht werden. Wie stellen sich das die Herren vor? Wer heute Rußland zerstückeln will, muß morgen mit seiner Wiederherstellung rechnen. Darüber kann es überhaupt keinen Zweifel geben. Da mögen die Herrscher von Rußland aussehen, wie sie wollen. Keiner wird endgültig auf Gebietsteile verzichten, die Rußland einmal in Besitz gehabt hat. Der Krieg ohne Ende ist da. Den Grundstein hat Hitler gelegt. –

Abgesehen von all diesen Erwägungen darf sich jeder daran erinnern, daß wir im Jahre 1918 die Ukraine, Insel Krim u. den Kaukasus besetzt hatten – und dennoch

a) *Frankreich:* Nach dem deutschen Sieg wurde Frankreich in verschiedene Zonen eingeteilt. Der Norden und Nordosten sowie die Atlantikküste des Landes standen unter deutscher Militärverwaltung, Elsass und Lothringen waren de facto annektiert worden, der äußerste Südosten war italienische Besatzungszone, während Süd- und Zentralfrankreich einer französischen Regierung mit Sitz im Kurort Vichy unterstanden. Vgl. Benz/Graml/Weiß 2007, S. 515.

den Krieg verloren haben. Oder gerade deswegen verlieren mußten. Damals wurde allgemein die Redensart gebraucht: »Wir besetzen uns noch zu Tode.« –

Heute ist zu beachten, daß unser Hauptgegner ⟨England⟩ (nicht meiner) stetig weiter rüstet[20] und seine Organisation zum Widerstande ausbauen kann. Unterstützt von den Industrien von Australien, Nordamerika u. Kanada wird dieser Block eines Tages sein Vorhandensein ankündigen. Es kann 1942, ja sogar 1943 darüber werden. Dann fehlen uns diejenigen, die auf den Schlachtfeldern Rußlands für nichts und wieder nichts geopfert worden sind.

Deutschland, was ist aus Dir geworden?

Deutschland erwache![b]

7. Juli 1941.

Heute würde mein Vater seinen 80. Geburtstag feiern.[21] Was würde er, der Friedensfreund, zu dieser furchtbaren Menschenschlächterei sagen? Wie oft hat er mich daran erinnert, daß ich stets die Niederlage Deutschlands im Kriege 1914/1918 voraussagte. Warner und gemäßigte Menschen haben in Deutschland nur den Rang von Rednern in der Wüste.[22]

Die Menschenverächter[23], Draufgänger u. kompromißlosen Kämpfer, das sind die Helden des gegenwärtigen Deutschland.

Ein Wendepunkt ist immer noch nicht zu sehen.

Soeben höre ich von Frl. Helga E[…], daß sie in einem Reservelazarett in Traisa gewesen ist, um einen Verwandten zu besuchen. Ich fragte nach der Stimmung. Die Insassen des Lazaretts und die Aerzte seien der Meinung, daß wir in diesem Jahre mit Rußland fertig würden, und nächstes Jahr ginge es nach England! Diese Sorte Menschen hat also immer noch nicht genug vom Kriege. Fast unverständlich, aber Tatsache. Das ist der Geist, der in der übrigen Welt nicht verstanden wird.

12. Juli 1941.

Die Kampfhandlungen in Syrien sind eingestellt worden. Es wäre gut, wenn auch die Kämpfe in Rußland aufhören würden. Noch ist es nicht so weit. –

b) *»Deutschland erwache!«:* Kellners Umdeutung des Schlachtrufs aus der »Kampfzeit« der nationalsozialistischen Bewegung geht auf das sogenannte Sturmlied von Dietrich Eckart zurück: »[1.] Sturm, Sturm, Sturm, Sturm, Sturm, Sturm! / Läutet die Glocken von Turm zu Turm! / Läutet, daß Funken zu sprühen beginnen! / Judas erscheint, das Reich zu gewinnen, / läutet, daß blutig die Seile sich röten, / rings lauter Brennen und Martern und Töten, / läutet Sturm, daß die Erde sich bäumt / unter dem Donner der rettenden Rache! / Wehe dem Volk, das heute noch träumt! / Deutschland, erwache, erwache!« Vgl. dazu Schmitz-Berning 2000, S. 151f. Schon Kurt Tucholsky verfasste 1930 eine Parodie mit dem Titel »Deutschland erwache!«, die mit den Versen endet: »Wir sehen. Wir hören. Wir fühlen den kommenden Krach. / Und wenn Deutschland schläft –: / Wir sind wach!« (Tucholsky 1975, Bd. 8, S. 107).

Wenn unsere Nation sich ein warmes menschliches Gefühl bewahrt und mehr Sinn für Humor hätte, dann würde es allgemein ein anderes Leben führen und diesen verfluchten Militarismus zum Teufel jagen.

15. Juli 1941.
Sofern in Hitler-Deutschland die Möglichkeit bestünde, eine andere Meinung als die Partei-Meinung zum Ausdruck zu bringen, so würde ich unseren Herrn Außenminister schon frühzeitig gewarnt haben. Ich hätte ihn auf drei besonders wichtige Punkte aufmerksam gemacht.
1.) Vermeide es, mit England einen Kampf auf Leben oder Tod zu beginnen.
2.) Hüte dich vor Amerika.
3.) Unterschätze nicht deine Gegner. (Rußland!)
Ich weiß nicht, ob es in ganz Deutschland keine Menschen gibt, die denkend die gegenwärtige Lage kritisch unter die Lupe nehmen. Es sei hier festgehalten, daß das deutsche Volk aus sich heraus – wenigstens die hiesige Bevölkerung – niemals etwas unternehmen wird, um eine Aenderung der Verhältnisse herbeizuführen.

Genau wie eine Hammelherde nichts gegen den einen Schäferhund unternimmt. Dumpf, teilnahmslos trägt die Masse ihr Schicksal. Immer noch hoffend, daß die Waffen den Endsieg bringen werden. Daran ist nichts zu ändern. Einzig und allein die militärische Niederlage oder ein wirtschaftlicher Zusammenbruch könnten einen Umschwung in der Haltung bringen. Und da ist noch Unterstützung von außen notwendig. »Was ist da zu machen« oder »Wir können es nicht ändern«, sind die Entgegnungen von Menschen, die durchaus zu Einzelhandlungen befähigt wären.

Das deutsche Volk ist ein ungemein schwaches, feiges, mürbes Volk geworden. –

Ich will aber nicht ungerecht sein.[24] Die Versager in der übrigen Welt sind ebenfalls über alle Maßen zahlreich:

Das österreichische Volk.
Die Regierung der Tschechoslowakei.
Der König von Dänemark.
Die Königin von Holland. Der König der Belgier!
Die Regierung in Norwegen.
Der Marschall in Frankreich.
Der Ministerpräsident Chamberlain in England.
Die Volkskommissare in Russland (1939 Bündnis mit Deutschland)

Alle sind sie überlistet oder bestochen worden von Adolf Hitler.

Nur mich konnte Adolf Hitler nicht fangen.

Warum?

Von vornherein erschien mir H. als Marktschreier und fanatischer Volksredner, der suggestiv auf einen großen Teil seiner Zuhörer wirkte. Insbesondere waren ihm sofort alle diejenigen erlegen, die keine eigene Weltanschauung hatten, also die »politischen Kinder«. Hitler ist zweifellos ein Menschenkenner ersten Ranges. Auf den Schwächen seiner Mitmenschen baute er seine Partei auf. Mit den raffiniertesten Mitteln wurde der Bau gefestigt. Alles darauf hinausgehend[25]: Herrschaft im Innern.

Als ich erkannte, daß in der Nähe von H. als Mitarbeiter sich ehemalige Offiziere befanden, war für mich der Werdegang eindeutig klar. Ich sah, daß aber auch alles, was getan wurde, einzig und allein dem einen Zweck diente: dem künftigen Kriege. HJ, BDM, SA, SS, NSKK[a] waren die Vorschulen. Dann kam der Arbeitsdienst und die Wehrmacht.

Da H. wußte, daß nicht allein die Waffen ausschlaggebend sind, nahm er sich des Geistes des Volkes an. Hier wurde etwas gezüchtet, was einmalig in der Geschichte ist. Draufgängertum, blinder Gehorsam, Rohheit u. Brutalität. Verachtung jeder edlen Regung im Menschen. Rücksichtslose Bekämpfung anders Denkender. Vernichtung der Religion u. der kirchlichen Einrichtungen. Ausrottung der Juden, weil diese klüger sind als das deutsche Volk.

Die Rücksichtslosigkeit gegen die eigenen Volksgenossen wurde natürlich auch gegen die anderen Völker angewendet. Skrupellos wurde die Ordnung in anderen Staaten unterminiert. Die Helfershelfer waren stets diejenigen, die zu der eigenen Regierung in Opposition standen. In dem einen Staate die Kommunisten, im anderen die Reaktionäre. Ganz wie es paßte. Jeder Pg. war im Auslande ein Spion. Jeder Auslandsdeutsche wurde bearbeitet.

Es ist mir ein Fall bekannt, daß die Tochter eines Farmers aus dem ehemaligen Deutsch-Südwestafrika 1 Jahr lang kostenfrei in Deutschland untergebracht war, um geschult zu werden.

Das war das Wirken des Dritten Reiches mit dem Enderfolg: Weltkrieg Nr. 2.

---

16. Juli 1941.

In Japan ist wieder einmal eine Regierungskrise. Die gesamte Regierung ist zurückgetreten.

4 volle Jahre liegt Japan[b] im Kampfe mit China. Hat das japanische Volk noch nicht genug?

Es wird sich bald zeigen, was die neugebildete Regierung unternimmt. Siegen die nimmersatten Chauvinisten? Geht es gegen Rußland (zur Unterstützung von Deutschland) oder dehnt sich Japan nach dem Süden aus? Indochina wäre so

a) *NSKK:* Nationalsozialistisches Kraftfahrkorps; zunächst eine Sondereinheit der SA (1931-1934), danach eine Gliederung der NSDAP. Das NSKK diente unter anderem der Kraftfahrerausbildung für das Heer. Vgl. Benz/Graml/Weiß 2007, S. 668.

b) *Japan* führte seit Juli 1937 Krieg gegen China. Im Sommer 1941 kam es in der japanischen Führung zu einem Konflikt um die Ausrichtung der Politik. Während ein Flügel für eine Südexpansion plädierte, sprach sich ein anderer für einen antisowjetischen Kurs aus. Ministerpräsident Konoe (1891-1945) trat daraufhin zurück, bildete unmittelbar darauf aber ein neues Kabinett. Vgl. Zöllner 2009, S. 365 und 376.

ein Bröckchen. Das würde ich dem Herrn Marschall Pétain gönnen. Ja, Ihr Herren Franzosen, die Feigheit wird schwer bestraft!

24. Juli 1941.

Der Herr Revierförster aus Ruppertsburg, der z.Z. in Lothringen sich aufhält:

»Die Bevölkerung ist nicht für Deutschland. Das gesamte Gebiet müßte umgesiedelt werden.« –

Wer auf diesem Planet nicht für Deutschland ist, wird einfach entfernt. Nun ist diese Auffassung noch sehr menschlich. Ich habe schon oft hören müssen, daß die anderen Völker (z.B. Polen) einfach ausgerottet werden. Der echte Germane ist nicht sentimental und wenn er etwas anpackt, macht er es gründlich. –

Herr Oberamtsrichter Groß aus Grünberg ist sehr siegesgewiß, er hat keinerlei Bedenken. Die Russen sind nicht intelligent genug, unseren Angriffen zu begegnen. Das ist seine Meinung. Im übrigen macht ihm der kommende Friede keinerlei Sorgen. Kriege müssen sein. Fertig. –

Der geringste Widerstand gegen das derzeitige Regime ist von den ⟨beamteten⟩ Akademikern zu erwarten. Diese Herren fühlen, daß das Pferd, auf das sie alles gesetzt haben, gewinnen muß. Ihre Gesamteinstellung ist darnach ausgerichtet. Den Gedanken, daß die Sache schief gehen könnte, lassen sie nicht aufkommen. Ich versuche stets, meine eigenen entgegengesetzten Gedanken in der Erörterung der Zeitgeschehnisse einzuflechten. Es ist mir aber nur in einigen Fällen gelungen, den Partner bedenklich zu stimmen. Die meisten Menschen lieben es nicht, sich mit unangenehmen Dingen zu beschäftigen. Es ist ja doch auch zu schön, im Siegeswahn weiter zu leben.

Die Herrschaften, die mit Elan im Jahre 1933 und später unter Aufgabe ihres Charakters und ihrer anständigen Gesinnung sich voll und ganz den Ideen Hitlers verschrieben haben und ohne jede Kritik überall widerspruchslos sich für »Heil Hitler« einsetzten, für die mag es auch sehr peinlich sein, wenn der Lauf der Dinge eine andere Richtung nimmt.

Wenn ich[26] zurückdenke an die vielen Trauergestalten und Postenjäger, die aus materiellen Gründen ihre Anschauungen mit einem Ruck änderten und den begeisterten Hitleranhänger mimten,[27] ⟨dann⟩ kann jeder aufrichtige Mann nur Ekel empfinden vor solchen »Männern«. Ein überaus trauriges Kapitel erbärmlicher Gesinnungslumperei!

Großindustrielle, Großbankiers, Fürsten, Großagrarier, Gelehrte und Beamte, alle, die der geringsten sozialen Regung vor 1933 verständnislos gegenüber standen, alle diese edlen Gestalten waren plötzlich bekehrt und umgewandelt und bewiesen ihre Begeisterung für die (NSDAP.) Nationalsozialistische Deutsche Arbeiter-Partei. Die Arbeiter der »Stirn und der Faust«[a] Arm in Arm. Die inhaltslosesten Phrasen

a) *Arbeiter der »Stirn und Faust«:* »Slogan zur Beschwörung der Gemeinschaft aller Schaffenden« (Schmitz-Berning 2000, S. 40). Eine zeitgenössische Erläuterung findet sich bei Büchmann 1942,

wurden Tag und Nacht gedroschen. Bis der Arbeiter ⟨der Faust⟩ sein Rückgrat verlor, seine politische Schulung vergaß und seinen Gewerkschaftsgeist aufgab. Das war der größte Triumph aller Konservativen u. Reaktionäre, als der Arbeiter sich selbst aufgegeben hatte und zum ausgesprochenen Arbeitssklaven herabsank. Die ab u. zu etwas unangenehmen »sozialistischen« Nadelstiche von »alten Kämpfern« wurden von der Klasse der Kapitalisten mit Geschick pariert. Die Hauptsache war: ungeahnte Möglichkeiten, märchenhafte Verdienste einzuheimsen, taten sich auf, als Hitler den Welteroberungsplänen deutscher Generale keinerlei Widerstand entgegensetzte. So kam die größte Aufrüstung aller Zeiten, und so kam selbstverständlich auch der gewollte Krieg. –

Das deutsche Volk wird eines Tages auch diesen Rausch ausschlafen. Doch der[28] Katzenjammer wird nicht so rasch vorübergehen.

Wenn sich der Vorhang öffnet und das Theater ohne ⟨Falsch⟩spieler und Kulissenschieber vor den Augen der Zuschauer sichtbar wird, dann wird es ein fürchterliches Erwachen geben. Noch niemals in der Geschichte eines Volkes sind aber die Schuldigen so klar zu erkennen gewesen wie diesmal.

Es mag sein, daß der eine oder andere Bandit eine größere Portion Schuld auf sich vereinigt. Im großen und ganzen kommt es aber auf die schuldigen Gruppen an.

Nach meiner Auffassung stehen die Herren der Industrie und die Herren Offiziere in der vordersten Linie. Sie waren es ⟨– von wenigen Ausnahmen abgesehen –⟩, die mit Hitler durch dünn und dick gingen und ihn berieten!

25. Juli 1941.

Ww. E[...] erhielt die Nachricht, daß ihr Sohn August gefallen ist. Das ist der erste gefallene Laubacher an der Ostfront. Mehrere Verwundete (Ph[...], K[...], Von E[...]) sind bis heute gemeldet. Wie ich hörte, war August E[...] kein Nazi. Natürlich. Immer die Anständigen müssen daran glauben. H[...], Naumann, H[...] u. andere Parteigenossen sind als »wertvolle« Bestandteile des Volkes noch unter den Lebenden.

26. Juli 1941.

Noch kann ich mir nicht vorstellen, wie einmal der Frieden aussehen wird. Darüber macht sich kein Nationalsozialist irgendwelche Gedanken. Die Nazis sehen ein Europa unter deutscher Herrschaft. Europäischer Hitler-Polizeistaat. In jedem Lande finden sich einige Schurken, die für Hitler Handlangerdienste verrichten. Hitler-Tyrannei in größtem Ausmaß.

Die Art des[29] kommenden Friedenszustands wird davon abhängig sein, ob Deutschland den Krieg gewinnt oder verliert. Ein für D. gewonnener Krieg bedeutet

S. 643. Dort wird auf Adolf Hitler verwiesen, der die Formel erstmals im »Völkischen Beobachter« vom 5. Juni 1921 geprägt habe.

Fortsetzung des Kriegszustandes. Solange die Gewalt regiert und in den einzelnen Ländern die deutsche Wehrmacht bleibt, kann das Gewaltregiment noch eine geraume Zeit fortgeführt werden. Verliert D. den Krieg, dann gibt es eine europäische Revolution, von der sich vielleicht heute noch niemand die richtige Vorstellung machen kann. Das deutsche Volk wird aus sich heraus kaum eine neue Ordnung errichten können. Die Zahl der Befleckten ist zu groß. Es müssen Emigranten vom Auslande wieder zurück nach Deutschland gebracht werden, die dann mit Unterstützung Englands ⟨u. Amerikas⟩ und Heranziehung aller ⟨sauberen⟩ Elemente, also jener Menschen, die sich nicht 100%ig den Nazis verschrieben hatten, eine vorläufige Geschäftsführung übernehmen.

Ia. Die NSDAP. u. deren Organisationen sind aufzulösen.

1.) In sämtlichen Städten u. Gemeinden sind Bürgerausschüsse zu bilden, die provisorisch die Verwaltungsgeschäfte übernehmen. Die Führung ist in erster Linie geeigneten Emigranten ⟨u. Volksgenossen⟩ zu übertragen.
2.) Unverzüglich sind in allen Gemeinden diejenigen geeigneten Bürger festzustellen, die für eine Mitarbeit bei dem Neuaufbau in Frage kommen.
3.) Sämtliche Schandtaten der NSDAP. müssen unverzüglich festgestellt und Anklagen erhoben werden.
4.) Die Wiedergutmachung der natsoz. Untaten[30] gegen Sachen u. Menschen sind sofort in Angriff zu nehmen.
5.) Das Vermögen der NS. Organisationen ⟨u. Bonzen⟩ wird öffentliches Eigentum.
6.) Die gesamten Mitglieder der NSDAP. sind zu überwachen. Sämtliche führenden Persönlichkeiten kommen in Schutzhaft. Das Aufsichtspersonal wird den Insassen der derzeitigen Konzentrationslager entnommen. Der Aufbau von Synagogen etc. ist nur von »Parteigenossen« vorzunehmen.
7.) Die Beamten, die bei Beförderungen übergangen wurden, weil sie Logen oder Parteien angehörten, sind zu rehabilitieren. Das Dienstalter gibt die Reihenfolge an.
8.) Die Versorgung der Bevölkerung muß mit Unterstützung des Auslandes und unter ausländ. Kontrolle stattfinden.
9.) Sofortige Aufhebung der gesamten Nazi-Gesetze.
10.) Religionsfreiheit.

⟨IIa. In Deutschland kann jeder nach seiner Fasson selig werden![31] Religionsfreiheit.⟩

27. Juli 1941.

Heute beginnt die 6. Woche des Feldzuges gegen Rußland. Die ⟨deutschen⟩ Heeresberichte lassen Angaben von Einzelheiten vermissen. »Planmäßiger« Fortgang der Operationen ist Quatsch. Der Kenner weiß, daß da etwas nicht stimmt. Die Berichte hatten sich anfangs übernommen und optimistische Stimmung unter der Bevölkerung hervorgerufen. Das ist ein sehr gefährliches Spiel, was da getrieben wird. Schon einmal haben wir ähnliches erlebt. Es war in der 2. Hälfte des Jahres 1918. Der verantwortliche Oberlügner war Herr Ludendorff[32]. Und wie hat ihn das deutsche Volk bestraft? Leider, leider konnte dieser Schuft sein Unwesen weiter treiben.

Das denkfaule deutsche Volk läßt sich alles vorsetzen. Es ist zum verzweifeln.

Zu Beginn des Krieges gegen Rußland wurden sämtliche Berichte von der Ostfront wissentlich gefälscht. Es wurde dem deutschen Volke vorgemacht, die Russen seien am Zusammenbrechen. Tausende Flugzeuge, tausende Tanks vernichtet! Ueberläufer in Massen!

Für wie dumm müssen diese Gaukler das gesamte Volk halten, wenn sie fortgesetzt ihren Brei darbieten.[33]

Ich wollte noch mildernde Umstände gelten lassen, wenn wir diesen Zauber in allen Variationen nicht schon einmal erlebt hätten. Die Erfahrungen von 1914-1918 waren vollkommen umsonst.

Jeder Teilnehmer an dem Feldzuge 1914-18 hätte ein fanatischer Gegner jeglicher Aufrüstung sein müssen. Und was haben wir erlebt? Das gesamte deutsche Volk ließ sich ruhig militarisieren, ohne jeden Widerstand. Die Arbeiter wurden zu ausgesprochenen Sklaven degradiert und setzten ⟨trotzdem⟩ ihre ganzen Kräfte für die gigantischste Ueberrüstung aller Zeiten ein.

Menschen ohne Hirne! Scheißkerle!!

Die Flucht von Rudolf Heß hätte doch das Volk zum Nachdenken veranlassen müssen. Die Flucht[34] war an sich eine revolutionäre Tat. Allerdings ohne jede Folgen. Nichts wurde unternommen. Die Armee hat sich nach Rußland führen lassen von dem wahnsinnig gewordenen Verführer Hitler. Ein Heer von Trotteln.

In der Zwischenzeit verriet Heß seinen Freund Hitler. Der Zug gegen Rußland war ⟨deshalb⟩ keine Ueberraschung mehr. Der Verrat lag dazwischen. Der erwartete Eindruck ⟨den dieser »Kreuzzug« machen sollte⟩ ist voll und ganz ausgeblieben. Anfangs Mai 1941 wußten England und Rußland schon, was am 22. Juni 1941 losbrechen wird.[a] Der Bluff war verblufft.

Daher der Widerstand Rußlands.

Begreifst Du, deutsches Volk, warum Deine Söhne geopfert werden?

In allen Teilen Europas, ⟨in den Eisregionen⟩ u. in den Wüsten Afrikas?

Du deutsches Volk hast Dich 1933 selbst entmündigt. Das ist die Sündenschuld. Klage Dich selbst an! Weine über Deine Torheit, Unterwürfigkeit, Angst und Feigheit.

Strecke künftig Deine Hand nicht mehr aus nach fremdem Eigentum. Bleibe im Lande und nähre Dich redlich!!

a) *wußten England und Rußland:* Vor Beginn des Überfalls auf die Sowjetunion hatte es bereits Warnungen davor von verschiedenen Seiten gegeben. Churchill zum Beispiel hatte Stalin vergeblich vor einem drohenden Angriff der Wehrmacht gewarnt. Vgl. Kettenacker 1991, S. 611.

28. Juli 1941.
Die »Heil- und Pflegeanstalten« sind zu Mordzentralen geworden. Wie ich erfahre, hatte eine Familie ihren geistig erkrankten Sohn aus einer derartigen Anstalt in ihr Haus zurückgeholt. Nach einiger Zeit erhielt diese Familie ⟨von der Anstalt⟩ eine Nachricht des Inhalts, daß ihr Sohn verstorben ⟨sei⟩ und die Asche ihnen zugestellt werde! Das Büro hatte vergessen, den Namen auf der Todesliste[35] zu streichen. Auf diese Weise ist die beabsichtigte vorsätzliche Tötung ans Tageslicht gekommen.[a]

29. Juli 1941.
Verwundete Soldaten haben im Lazarett in Gießen erzählt, die russischen Gefangenen würden umgebracht!![b]

Grausames Banditenvolk!

Ist das deutsche Volk ein Kulturvolk?

Nein! Ein Kulturvolk muß selbständig denken und handeln und sich anständig benehmen. Das deutsche Volk läßt sich ⟨aber⟩ von einem »unfehlbaren« Führer lenken und leiten, ohne selbst auch nur den geringsten Anteil an seinem Schicksal zu nehmen.

»Der Führer hat immer recht«, »Der Führer irrt nie«. Das wurde dem deutschen Volke eingeträufelt. Und wie sieht es in Wirklichkeit aus?

Adolf Hitler hat sich in der Außenpolitik ungemein geirrt. Er war auf übergeschnappte Berater angewiesen. Hitler war niemals im Ausland. Bismarck konnte auf eine Diplomatentätigkeit in Rußland, in Frankreich u. in der Türkei zurückblicken. Das war von ausschlaggebender Bedeutung. Hitler war ein Laie in allen Dingen der Regierungskunst. Und so ein Mann wird zum »unfehlbaren« Führer gestempelt! Ein Wahnsinn sondergleichen.

Getäuscht hat sich ganz Deutschland in England. England richtig gesehen hat Hitler in seinem Buche »Mein Kampf«. Aber er hat niemals nach seinen geschriebe-

a) *ans Tageslicht gekommen:* »Pannen« bei der Benachrichtigung von Angehörigen von ermordeten Anstaltsbewohnern hat es immer wieder gegeben. Verwandte von noch lebenden Personen wurden von deren Tod benachrichtigt, manche bekamen zwei Urnen zugeschickt, und es kam zu groben Unstimmigkeiten bei der Angabe der Todesursache. Vgl. Klee 1985, S. 250f.

b) *russische Gefangene würden umgebracht:* Da der Krieg gegen die Sowjetunion von Beginn an als Vernichtungskrieg gegen den »jüdischen Bolschewismus« angelegt war, traf die sowjetischen Kriegsgefangenen die ideologische Vernichtungswut mit voller Wucht. Zahlreiche jüdische Soldaten, die politischen Kommissare und andere Funktionäre fielen dem sogenannten Kommissarbefehl zum Opfer, das heißt, sie wurden sofort erschossen oder später aus den Kriegsgefangenenlagern ausgesondert und anschließend getötet. Die übrigen gefangenen Soldaten wurden in den Lagern katastrophalen Verhältnissen ausgesetzt und Opfer einer bewusst betriebenen Hungerpolitik. Eine langsame Besserung trat erst ein, als die Nationalsozialisten ab Ende 1941 die Arbeitskraft der sowjetischen Kriegsgefangenen nutzen wollten. Von den insgesamt etwa 5,7 Millionen sowjetischen Kriegsgefangenen starben ungefähr 3,3 Millionen in deutschem Gewahrsam, davon allein fast 2 Millionen bis Februar 1942. Vgl. Benz/Graml/Weiß 2007, S. 608f.; Streit 1989, S. 747.

nen Worten gehandelt. Hitler gibt zu, daß es in der Vergangenheit möglich gewesen ist, sich mit England zu verständigen. Ferner schreibt er gegen die »böseste Selbsttäuschung«, die in den Jahren um 1914 in Bezug auf die Unterschätzung der Engländer Platz gegriffen hatte.[36]

Aber die große Schuld Hitlers liegt ⟨eben⟩ darin, daß er seine Trabanten die tollsten Geschichten und lügenhaftesten Berichte über die führenden Männer Englands u. das englische Volk ohne Unterbrechung schreiben ließ. Das ist ja die schauderhafte Tragik, daß die Lügenmäuler u. Lumpen alles schreiben dürfen und niemals ein wirklicher Kenner u. Könner zum Worte kommt.

Adolf Hitler sagt in s. Buche (Mein Kampf): »In Europa wird es für Deutschland in absehbarer Zukunft nur 2 Verbündete geben können: England u. Italien«[37] u. an anderer Stelle »wenn die deutsche Nation den Zustand ihrer drohenden Ausrottung in Europa beenden will, dann hat sie nicht in den Fehler der Vorkriegszeit zu verfallen und sich Gott und die Welt zum Feind zu machen.«

Zwischen diesen Gedanken und dem späteren Tun klafft ein unüberbrückbarer Widerspruch. Heute sind unsere Feinde: England, Rußland und Amerika. Mein Liebchen, was willst Du noch mehr?[38]

Heute ist der 38. Tag des Kampfes gegen Rußland. Am 37. Tag legte Frankreich die Waffen nieder. Die Kämpfe im Osten scheinen hartnäckiger, verlustreicher und erfolgloser zu sein als im Westen. Herr Hitler, haben Sie sich nicht in den Russen getäuscht? Haben Sie u. Ihre Helfershelfer nicht etwa die Russen unterschätzt? Haben Sie wirklich diesen Widerstand Rußlands vorausgesehen und »einkalkuliert«?[39] Sind sie heute noch der Auffassung, daß der Krieg im Jahre 1941 beendet sein wird? Und wie sehen die Kornkammern der Ukraine aus?

Sie haben das richtige Gefühl gehabt, als Sie dem Volke sagten, man sollte sich nicht Gott und die Welt zum Feinde machen. Oder sollten Sie, Herr Adolf Hitler aus Braunau, etwa der Meinung gewesen sein, Gott sei ⟨nur⟩ bei den deutschen Tanks und Sturzkampfflugzeugen?

> Alle Schuld rächt sich auf Erden![40]
> Die grauenvollen Schandtaten, die sich das deutsche Heer, insbesondere aber die SS-Verfügungstruppen leisteten, werden vergolten werden.

31. Juli 1941.

Im Kriege 1914-1918 sind die meisten Deutschen für »Kaiser und Reich« gefallen. So stand es wenigstens in den Todesanzeigen. In den gegenwärtigen Kriegen fehlt es nicht an schwulstigen Angaben in den in den Zeitungen veröffentlichten Anzeigen. Häufig findet man »für Führer, Volk und Vaterland«. Ein buntes Bild über die Geistesverfassung der Hinterbliebenen ist zu erblicken:

»Für sein teures Vaterland u. den festen Glauben an den Sieg Deutschlands«

»Im Kampf gegen den Bolschewismus u. das Untermenschentum«

»Für Deutschlands Größe u. Freiheit«

»Für seinen geliebten Führer« usw.
»In stolzer Trauer«
Es soll indessen auch festgehalten werden, daß einige ohne jede Heuchelei »gefallen« oder »den Heldentod gestorben« sind. Die Bemühungen der Hinterbliebenen, aus dem Tode der Väter und Söhne noch ein politisches Geschäft zu machen und zu zeigen, daß alle Gefallenen nur überzeugte Nationalsozialisten gewesen sind,[41] sollten angesichts der Tragödie des Menschenmordens besser unterbleiben. Schlicht und einfach, wie der Mensch in seiner Todesstunde sich benimmt, so[42] sollten auch die Merkmale der Mitteilungen sein.[43]

1. Aug. 1941.
Vor 27 Jahren ⟨(1914)⟩ wurde die Mobilmachung angeordnet. Ein verhängnisvoller Tag! Von wenigen damals erkannt. Der 1. Sept. 1939 wird denselben Rang einnehmen. Ebenfalls von einem kleinen Häuflein vorausgesehen.

40 Tage Krieg gegen Rußland. Die ⟨russ.⟩ Flugzeuge waren ⟨angeblich⟩ bereits in den ersten Tagen vernichtet, der Widerstand gebrochen, die Auflösung sichtbar und die Straßen nach Petersburg, Moskau u. Kiew frei. So meldeten die Berichte. Es wurde ein bedenkenloser Optimismus gezüchtet. Das Volk schwimmt in Illusionen. Das geht so weit, daß selbst Männer, die schließlich ein klein wenig Verstand besitzen sollten, einfach alles glauben, was ihnen ⟨von oben⟩ vorgesetzt wird, und unter Umständen das auch noch günstiger sich[44] ausmalen.

Bezirksbauernführer Metzger aus Röthges[a] äußerte gestern zu mir, daß es bald im Westen los ginge. Wir stehen im harten Ringen mit Rußland, und schon denkt dieser Mann an weitere Unternehmungen. Das d. Volk hat einen unheilbaren Eroberungsfimmel. Diese Leute fallen eines Tages aus den Wolken des siebten Himmels – und klappen zusammen. Dann ist die Wiederholung von 1918 da. Anstatt sich zu mäßigen und das Volk auf den Ernst der Lage aufmerksam zu machen, damit bei großen Rückschlägen ein plötzlicher Zusammenbruch vermieden wird. Nein, nur nicht das machen, was die Vernunft gebietet.

Die NSDAP.-Rezept. aus den Kampfjahren wird immer wieder dargereicht. Ohne zu bedenken, daß die[45] derzeitigen Verhältnisse[46] nichts mit Innenpolitik zu tun haben.

2. August 1941.
Die mir zugänglichen Zeitungen (Völk. Beobachter, Hess. Landeszeitung u. Hamb. Fremdenblatt) bringen täglich eine große Anzahl von Todesanzeigen Gefallener. Schon beim Polenfeldzug war zu ersehen, daß unsere Heeresleitung krampfhaft bemüht ist, die Verluste als gering erscheinen zu lassen. In dem abschließenden Bericht

a) *Röthges:* Dorf ca. vier Kilometer von Laubach entfernt, heute eingemeindeter Ortsteil.

über Polen gab Hitler damals die Zahl der Toten auf 10000 an. Jeder Teilnehmer an dem Polenfeldzuge war überzeugt, daß die Zahl der Gefallenen weitaus größer gewesen ist. Jedes Mißtrauen wäre beseitigt, wenn amtliche Verlustlisten herausgegeben würden. Warum geschieht dies nicht? Damit das Volk besser belogen werden kann. Wenn man nicht die Absicht hätte zu lügen, dann wäre eine Verlustliste das Gegebene. Und doch wird auch in diesem Punkte die Wahrheit an den Tag kommen. Die Augen des deutschen Volkes werden weit geöffnet werden, nachdem vorher die Bretter von den Hirnen genommen worden sind. –

Schon vor einigen Wochen erwarteten die Menschen auf Grund der günstigen optimistischen Heeresberichte den Zusammenbruch des russischen Heeres.

Wie verhält sich das nun? Ist das deutsche Heer immer noch nicht in der Lage, das[47] niedergerungene russische Heer vollständig zu besiegen? Ist das deutsche Heer selbst zusammengebrochen? Oder waren die ersten Meldungen Schwindel? Was ist wirklich los?

4. Aug. 1941.

Ein alter Bauer aus Lardenbach:[b] »Wenn wir die Ukraine haben, dann haben wir Getreide; die Russen haben noch genug Land.«

Dieser alte Gauner vertritt die germanische »Rechtsauffassung«. »Du sollst nicht stehlen«, so etwas hat dieser Kerl anscheinend noch nie gehört.

Es wird die Hauptaufgabe sein, nach dem Kriege zuerst einmal die geistige Verfassung des gesamten Volkes neu auszurichten. Auf der Basis der Anständigkeit u. ⟨rechtlichen⟩ Gesittung. Ob es bei der tierisch veranlagten Jugend, die durch und durch verdorben ist, ⟨gelingt⟩, mag dahin gestellt bleiben. Viel Hoffnung habe ich nicht. Nahezu 100% der Strafsachen betreffen z.Z. Jugendliche. Am Donnerstag ist eine Strafsitzung mit 4 jugendl. Angeklagten! –

Vergangene Nacht wurden 2 Brandbomben über Laubach abgeworfen, sie fielen auf einen Platz (Helle) und in einen Garten (am roten Berg).

6. August 1941.

Vergangene Nacht flogen engl. Flieger über Laubach. Von 1 Uhr bis 2 Uhr waren starke Detonationen zu hören. Dem Abwehrfeuer nach zu schließen waren die Angriffe im Frankfurter Gebiet.

12. Aug. 1941.

Wie wir von einem in Frankf.-Rödelheim wohnenden Fräulein erfuhren, ist der Stadtteil Rödelheim am 6. oder 7. August 1941 ziemlig heftig angegriffen ⟨worden⟩. Eine

b) *Lardenbach:* Heute ein Ortsteil von Grünberg (Kreis Gießen).

größere Anzahl Häuser wurden zerstört. Tote soll es wenig gegeben haben. Es ist immer wieder festzustellen, daß verläßliche, objektive Berichte kaum zu erhalten sind. Ein großer Teil der Bewohner einer angegriffenen Stadt will die Schäden nicht kennen lernen. Der Vogel Strauß geht um. Sofern ich Urlaub erhalte, werde ich mich im September in die Gebiete begeben, die von Fliegern heimgesucht werden. Dann weiß ich wenigstens über »geringe Sachschäden« einigermaßen Bescheid. –

Eine besondere Sorte von Menschen sind dem Anscheine nach die deutschen Richter.

In einem Urteil des Reichsfinanzhofes v. 23. Juli 1941 (VI a 34/41) wird die Entscheidung getroffen, daß jüdische Krankenanstalten nicht grundsteuerfrei ⟨sind⟩. Der OFPr.[a] hat ausgeführt, daß unter »Bevölkerung« nur die deutsche Bevölkerung zu verstehen sei. Es handele sich nicht um eine Frage der Gesetzesauslegung – so sagt das Urteil –, sondern es wäre nur die Frage zu entscheiden, wie der vorliegende Tatbestand nach nationalsozialistischer Weltanschauung zu beurteilen ist.

(Reichssteuerblatt 1941 S. 553)[48]

Der »unabhängige« und »königliche« ⟨deutsche⟩ Richter hat sich nicht um das Recht zu kümmern, sondern nur[49] um die nationalsozialistische Weltanschauung. Und die hat mit »Recht« wahrlich überhaupt nichts zu tun.

Das Recht des heutigen natsoz. Deutschlands besteht einzig und allein aus

Macht und Willkür!

14. Aug. 1941

Ein aus Düsseldorf stammender Urlauber hat in dem Café Göbel laut und vernehmlich den staunenden Gästen einen Bericht von der Lage gegeben. Nach seinen Ausführungen ist der Krieg gegen Rußland ganz bestimmt in drei Wochen beendet. Wir besetzen allerdings ⟨nach seinen Angaben⟩ nur bis Moskau russisches Gebiet, das dann den Vereinigten Staaten von Europa (unter deutscher Führung selbstverständlich) eingegliedert wird. Dann gehen wir gegen England. Es ist schon alles vorbereitet. –

Ob dieser Herr Soldat das, was er gesagt hat, selbst glaubt, vermag ich nicht zu entscheiden. Möglich ist es schon. In dieser geistigen Verfassung befinden sich eine ungeheure Zahl ⟨von⟩ Gläubigen. Nur nicht denken, das könnte die Illusionen zerstören. Und es ist doch soooo schön, die ganze Welt zu erobern. Das deutsche Herrenvolk! Wie sich gewisse Deutsche die Beherrschung anderer Völker vorstellen, geht ganz eindeutig aus einem Artikel in dem »Schwarzen Korps« vom 14. Aug. 1941 hervor.[50]

a) *OFPr.:* Oberfinanzpräsident.

15.8.41

Der Autor schreibt u.a.: ... »Im Osten sind schwierige Volkstumsfragen zu lösen, und sie können nicht nach sentimentalen Erwägungen und mit romantischen Empfindungen angepackt werden. Das muß dem Volke immer wieder eingehämmert werden. Es kann sich dort nur in der Härte bewähren.«

Hart und brutal. Rücksichtslos und gemein. Das sind die Trümpfe der Nationalsozialisten. –

Das »Schwarze Korps« (die Zeitung der Schutzstaffeln der NSDAP) v. 14.8.1941 schreibt in dem Leitartikel »Die Stunde Europas«:

»... Als Adolf Hitler am 22. Juni 1941 die deutsche Wehrmacht zum entscheidenden Kampf antreten ließ, da mögen zahllose Optimisten innerhalb ⟨u. außerhalb⟩ der deutschen Grenzen geglaubt haben, in wenigen Tagen werde es zu Ende sein mit dem Schrecken der Roten Armee. Sie erwarteten einen Blitzkrieg, der schließlich noch rascher verlaufen sollte als der Feldzug in Frankreich. Der Führer war weit entfernt von solchen überkühnen Berechnungen. Er war sich im klaren darüber, welchen Gegner wir im Osten zu bekämpfen haben. Heute, nach sieben Wochen blutigster Kämpfe, ist fast eine Million Bolschewiken gefangen, mehrere Millionen sind tot oder verwundet; 13 000 Panzer, 9000 Flugzeuge haben wir vernichtet, und noch immer wehrt sich das östliche Ungeheuer trotz seiner tödlichen Verletzungen. Noch immer sind seine Materialreserven nicht erschöpft. Noch immer kann es neue Divisionen in den Kampf werfen, die, von fanatisierten Kommissaren angetrieben, nichts anderes sind als seelenlose Räder der gigantischen bolschewistischen Kriegsmaschine.«

Mitte August 1941 ist das Schwarze Korps also zu der Erkenntnis gekommen, daß immer noch Russen vorhanden sind, die sich auch noch verteidigen. Das ist natürlich, nationalsozialistisch gedacht, eine grobe Unverschämtheit. Die Optimisten (lies: Nazi) haben doch gemeint, das russische Volk würde nichts sehnlicher erwarten als die Befreiung vom bolschewikischen »Joche«. So war es im voraus angenommen worden, und heute, nach 8 Wochen, schwindeln diese Gaukler dem deutschen Volke vor, »der Führer wäre von solchen überkühnen Berechnungen (d.h. Blitzkrieg) weit entfernt gewesen.« Aber meine Herrschaften, kein Einziger hat zu Beginn dieses Feldzuges auch nur einen Ton verlauten lassen, daß er mit schweren Kämpfen und einem solchen Widerstand gerechnet hat. Heute wird es nun so hingestellt, als wäre das für die maßgebenden Herren die selbstverständlichste Sache der Welt und von jedem erwartet gewesen.[51]

Das Gegenteil ist wahr. In den amtlichen Berichten und Erläuterungen sind maßlose Uebertreibungen festzustellen.

Lassen wir das Oberkommando der Wehrmacht (aus dem Führerhauptquartier) selbst reden:

24. Juni 1941. Im Osten nehmen die Operationen der deutschen Wehrmacht unter großen Erfolgen ihren planmäßigen Verlauf. ...[52]

25. Juni 1941. Im Osten nehmen die Kämpfe des Heeres, der Luftwaffe und der Kriegsmarine gegen die Sowjet-Wehrmacht einen so günstigen Verlauf, daß große Erfolge zu erwarten sind.[53]

2. Juli 1941. Im Osten sind die Operationen in zügigem Fortschreiten. Mehr und mehr ist zu übersehen, daß die Vernichtungsschlacht ostwärts Bialystok eine Entscheidung von weltgeschichtlichen Ausmaßen gebracht [hat]. Ein unvorstellbares Chaos ist über die Sowjet-Armeen hereingebrochen. …[54]

8. Juli 1941. Die Operationen an der Ostfront schreiten planmäßig vorwärts.[55]

11. Juli 1941. Mit der Doppelschlacht um Bialystok und Minsk ist nunmehr die größte Material- und Umfassungsschlacht der Weltgeschichte zum Abschluß gekommen.[56]

12. Juli 1941. Die Operationen der verbündeten Truppen an der Ostfront verlaufen planmäßig.[57]

13. Juli 1941. Die Stalin-Linie ist an allen entscheidenden Stellen durchbrochen. Die deutschen Truppen stehen dicht vor Kiew. Deutsche Truppen sind im Vorgehen auf Petersburg. Bei zahlreichen feindlichen Verbänden zeigen sich Verfalls- u. Auflösungserscheinungen.[58]

14. Juli 1941. Die Durchbruchsoperationen an der Ostfront verlaufen planmäßig.[59]

15. Juli 1941. Die Operationen im Osten sind in stetigem Fortschreiten.[60]

17. Juli " Auf der gesamten Ostfront ist ein gewaltiges Ringen um die Entscheidung im Gange. Durch Einsatz ihrer letzten Reserven versucht die Sowjetführung, dem Ansturm der deutschen Wehrmacht u. ihrer Verbündeten Halt zu gebieten.[61]

19. Juli 1941. Das vom Feinde zäh verteidigte Smolensk wurde am 16. Juli genommen.[62] ⟨???⟩
⟨Rat Dr. Hornef erhielt einen Brief von O[…] vom Ende Juli worin dieser schreibt, daß sie auf den Höhen vor Smolensk liegen!⟩

20. Juli 1941. Im Raume um Smolensk verlaufen die Operationen weiterhin planmäßig.[63]

22. Juli " Die Durchbruchsoperationen der deutschen Wehrmacht und ihrer Verbündeten haben die sowjetische Verteidigungsfront in zusammenhanglose Gruppen zerrissen. Trotz zähen örtlichen Widerstandes und hartnäckig geführter Gegenangriffe läßt sich eine einheitliche Führung des Feindes nicht mehr erkennen.[64]

28. Juli 41. Die Schlacht von Smolensk nähert sich ihrem erfolgreichen Abschluß.[65]

29. " Der letzte Kessel ostwärts Smolensk geht seiner Vernichtung entgegen.[66]

31. " Die Einschließung des Feindes ostwärts Smolensk wurde weiter verengt.[67]

4. Aug. 41. Die Masse der ostwärts Smolensk eingeschlossenen Kräfte der Sowjetwehrmacht ist nunmehr vernichtet. Der Rest steht vor der Auflösung.[68]

Am 5. August 1941 haben Verbände der Schwarzhemdenbataillone[a] von Italien aus den Marsch an die Ostfront angetreten. Der Duce hielt eine Rede u. sagte u.a.: »Eine große Ehre und ein hohes Privileg erwarten Euch. Ich bin überzeugt, daß Ihr dies als freiwillige Kämpfer in Eurem Herzen fühlt. Es ist die Ehre, das Privileg, an einer wirklichen Riesenschlacht teilzunehmen.«[69]

Er selbst, der herrlichste von allen, Duce Mussolini, schickt vorsichtshalber die Dummköpfe in die Riesenschlacht – und bleibt hübsch zu Hause. –

Forts. d. Heeresberichte:

7.8.1941. Die Heeresgruppe von Bock hat die große Schlacht von Smolensk siegreich zu Ende geschlagen. Bei mäßigen eigenen Verlusten sind die blutigen Verluste des Gegners ungewöhnlich hoch.[70]

(P.S. In früheren Kriegen hatte stets der Angreifer die größeren Verluste. Seit die Nazi Kriege führen ist es gerade umgekehrt. Nur möchte ich wissen, wer die Toten, die in den Todesanzeigen bekannt gegeben werden, umgebracht hat?)

16. Aug. 1941.

Otto Dirlam (SS-Mann) ist gefallen. Ihm weinen nur wenige eine Träne nach. Er galt als Spitzel. Der typische SS-Mann. Zu nichts zu gebrauchen als zum Denunziant. Er war einmal kurze Zeit bei der Polizei tätig, um dann wieder in die Arme der schwarzen Banditen (SS) zurückzukehren. Diesen Parasiten sind wir los. –

Es gibt viele Leute, die sich darüber wundern, daß die Offiziere aus der Kaiserzeit widerspruchslos sich dem Dritten Reiche zur Verfügung gestellt haben. Für mich ist das gar kein Wunder. Die Offiziere waren die größten Gegner der Republik. Die Republik war nach ihrer Auffassung nicht die geeignete Einrichtung, einen feuchtfröhlichen Revanchekrieg zu führen. In Hitler sahen sie ganz richtig den Mann, der ihren Wünschen und ihrem Streben nach jeder Richtung vorbildlich Rechnung trug. Ungeahnte Aufstiegmöglichkeiten. Würden u. Aemter in großer Menge. Das war eine wahre Lust, da hineinzusteigen. Die Wehrmacht war Trumpf. Der Kaiser, Bundesrat u. Reichstag waren in den Augen vieler Offiziere nur Bremsklötze. Ab 1933 kamen herrliche Zeiten für alle Uniformierten. Ich will das an einem Beispiel zeigen. Es ist nicht ausgesucht, sondern mir zufällig durch eine Zeitungsnotiz vor die Augen gekommen. Generalleutnant Süßmann (geb. 1891) ist am 20.5.41 auf Kreta gefallen. Sein Werdegang:

1909 Fahnenjunker im Inf. Regt. 22 in Gleiwitz,
nach dem Kriege ⟨(1914-1918)⟩ Hauptmann bei der Polizei,
1935 Oberstleutnant b. d. Polizei,

a) *Schwarzhemdenbataillone:* Mit »Schwarzhemden« bezeichnete man die Mitglieder des faschistischen Kampfbundes, später umorganisiert in die »Milizia Volontaria per la Sicurezza Nazionale« (MVSN). Verbände der MVSN waren an allen Kriegsschauplätzen, wo italienische Truppen kämpften, aktiv. Vgl. Payne 2001, S. 123-128; Schlemmer 2005.

20.4.1936 Oberst im Generalstab,
1.1.1939 Generalmajor,
1.12.1940 Generalleutnant.[71]

Warum soll der Herr Generalleutnant nicht vom Dritten Reiche begeistert sein, wenn er innerhalb ⟨von⟩ 4 Jahren 3 Beförderungen einheimsen durfte. Die Vertreter des Dritten Reiches wissen genau, daß man mit Speck Mäuse fängt. Es gab oder es gibt nur wenige charakterlich einwandfreie Offiziere, die sich nicht für die Welteroberungspläne des ehemaligen Gefreiten u. jetzigen Befehlshabers einsetzten.

27. Aug. 1941.

Nach dem deutschen Heeresbericht vom 13. Juli 1941 standen die deutschen Truppen dicht vor Kiew u. waren im Vorgehen auf Petersburg. Die ebenfalls damals verkündeten Verfalls- u. Auflösungserscheinungen der russischen Armee lassen genau so auf sich warten wie die Einnahme von Kiew und Petersburg. Es ist deutlich zu erkennen, daß die optimistischen Meldungen der deutschen Heeresleitung auf einem beachtlichen Irrtum beruht haben. Die Russen verteidigen sich immer noch hartnäckig, und dem Anscheine nach besitzen [sie] auch noch die erforderlichen Reserven. Es war geradezu frivol, am 17. Juli 1941 von den »letzten« Reserven der Russen zu sprechen. Wenn es Not an Mann geht, dann können die Russen bestimmt noch viele Millionen Männer in den Kampf führen. Es wird sich überhaupt schließlich nicht um Menschen, sondern um Material handeln. Wenn die russische Heeresleitung imstande ist, die kämpfenden Truppen mit dem notwendigen Kriegsmaterial zu versorgen, dann gibt es kein rasches Ende der Kampfhandlungen.

Der Großraum Rußland hätte übrigens der deutschen Heerführung zu Bedenken Anlaß geben müssen. Die Russen können es sich erlauben, dem Gegner Raum zu überlassen, ohne dadurch besonders geschwächt zu werden. Die militärpflichtigen Männer werden aus den geräumten Gebieten mitgenommen, und die Industrien befinden sich im Hinterlande. Genau wie in China. Japan hat großen Geländegewinn – aber den Krieg hat es immer noch nicht gewonnen, trotzdem bereits 4 Jahre vergangen sind.

Sept. 1941.

Ich war vom 1. bis 13. Sept. 1941 in Urlaub gewesen und besuchte Mainz, Mannheim, Ludwigshafen und Mühlacker.

In Mannheim wollte ich mich über den Umfang des durch Flieger angerichteten Schadens unterrichten. Die Innenstadt hat nur unwesentliche Schäden aufzuweisen. Von Einwohnern wurde mir bestätigt, daß[72] Wohnhäuser in den Außenbezirken getroffen wurden. Die Fabrikanlagen sind aber, abgesehen von der Fa. Lanz[a], unbehelligt geblieben.

a) *Fa. Lanz:* Gemeint ist die Mannheimer Landmaschinenfirma Heinrich Lanz.

Es steht für mich fest, daß die Fliegerangriffe in dem seither gezeigten Umfange keinerlei Einfluß auf den Ausgang des Krieges haben. Die Einwohner in den Städten, die von dem Fliegeralarm betroffen werden, beklagen sich über den Aufenthalt in den Luftschutzkellern. Die Nerven werden zweifellos in Mitleidenschaft gezogen. Aber das ist ebenfalls von untergeordneter Bedeutung. Deshalb wird der Krieg keinen halben Tag früher beendet.

In der Nacht vom 12. auf 13. September 1941 erlebten wir einen Fliegerangriff in Mainz. Wir schliefen in der Wallaustraße 2, 1. Stock. Kurz nach 23 Uhr ertönte die auf dem Turm der Christuskirche aufgestellte Sirene, und schon waren Flugzeuge zu hören. Das Zischen einer fallenden Bombe war hörbar. Ich schätzte gefühlsmäßig den Einschlag der Bombe in dem Bahnhofsgebiet. Wir sollten bald aufgeklärt werden. Morgens um 5 Uhr, nach Beendigung des Alarms, schellte es. Schwager Heinrich Fahrbach, Schwägerin Lines u. Schwägerin Käte Ganglberger, diese nur mit Nachthemd u. Mantel bekleidet, standen vor uns und berichteten über ihr Erlebnis. Die 1. Bombe war in das Haus Erthalstraße 13 gefallen. Lines u. Heinrich befanden sich ungefähr 1 Minute im Keller. Käte war im Begriffe, vom 1. Stock nach dem Keller zu gehen. Im Vorplatz wurde sie vom Einschlag der Bombe überrascht und ⟨landete⟩ über Balken u. Schutt in dem[73] Erdgeschoß (Wirtschaft).

Bis zum 1. Stock war das Haus vollständig zerstört. Zehn Personen[74] fanden ⟨im Hause Erthalstr. 13⟩ den Tod. Außer Käte ⟨u. 2 Mädchen⟩, alle diejenigen, die sich noch in ihren Wohnungen befanden, darunter die Mieter des 3. Stockes: Vater, Mutter, Sohn u. Tochter. Käte war verletzt.

Die Aufregung war besonders groß gewesen, weil über den Zustand der Einrichtung im 1. Stock nichts bekannt war und die im Mansardenstock untergebrachten Möbel von Käte vermutlich restlos vernichtet wurden.

Weitere Bomben trafen die Straßenecke Bonifaziusstraße – Bahnhofsplatz (vor dem Zentralhotel) und den Wartesaal 2. Klasse im Bahnhofsgebäude.

Die Gesamtzahl der Toten soll 47 betragen haben.[b]

Amtlich wird das folgendermaßen gemeldet: »Es gab einigen Sachschaden und geringe Verluste unter der Zivilbevölkerung.«[75]

2. Okt. 1941.

Durch Erlaß des Führers vom 27.9.41 (RGBl. I S. 591) ist für die Dauer der Erkrankung des Reichsprotektors in Böhmen und Mähren, Reichsministers Freiherrn von Neurath[c], der SS-Obergruppenführer Heydrich mit der vertretungsweisen Führung der Geschäfte des Reichsprotektorats in Böhmen und Mähren beauftragt worden.[76] –

b) *Gesamtzahl der Toten:* Die Bombenabwürfe am 13. September 1941 hatten in Mainz die ersten Todesopfer im Bombenkrieg zur Folge. Ein britischer Flieger bombardierte den Hauptbahnhof, 22 Menschen kamen ums Leben. Vgl. Busch 1988, S. 19.

c) *Erkrankung des Reichsprotektors:* Der Diplomat Konstantin von Neurath wurde als Reichsprotektor in Böhmen und Mähren nicht, wie es offiziell hieß, aus Gesundheitsgründen abgelöst. Viel-

Das bedeutet eine Aenderung der Methode in der Behandlung der Tschechischen Bevölkerung. Die SS hat nunmehr die Gewalt. Armes »Protektorat«.

8. Okt. 1941.

Es sollen Vorschläge von Beamten für den gehobenen Dienst im Reichsjustizministerium vorgeschlagen werden.

Bei jedem vorgeschlagenen Beamten ist mitzuteilen, wie er seither zu dem nationalsozialistischen Staate gestanden hat und heute steht. Ehemalige Freimaurer kommen nicht in Betracht.

Trotzdem seit der »Machtergreifung« über 8 Jahre verflossen sind, werden diejenigen Volksgenossen, die einmal Freimaurer gewesen sind, weiter in Acht und Bann erklärt.

Warum werden ehemalige Freimaurer bei der Wehrmacht geduldet? Also totschießen lassen darf sich der ⟨ehemalige⟩ Freimaurer noch.

Ohne Verfolgung geht es nicht.

10. Okt. 1941

An der gesamten Front in Rußland ist ein mächtiger ⟨deutscher⟩ Großangriff im Gange.[a] Wenn die deutschen Berichte stimmen, kann ein russischer Zusammenbruch in Frage kommen. Am 28. Juni d.J. habe ich niedergeschrieben, daß die russische Nation für ihr schauderhaftes Verhalten in den letzten Jahren bestraft werden würde. Das hat sich voll und ganz erfüllt.

Jahrelang haben die Russen in Wort und Schrift gegen die »Aggressoren« Hitler und Mussolini gewettert und in richtiger Erkenntnis der heraufziehenden Gefahr ihre Rüstung beschleunigt – um dann plötzlich im Jahre 1939 der gesamten Arbeiterschaft in der Welt ein Schauspiel zu bieten wie ähnliches noch niemals zu sehen war.

Ein Anblick für Götter: Stalin, Hitler und Mussolini im August 1939 Arm in Arm. Da konnte ein anständiger Mensch nur sein Haupt verhüllen und sich auf eine menschenleere[77] Insel zurückziehen. Trauernd um alles, was den Menschen erst Mensch sein läßt.

Wo waren da Treue und Ehre??

mehr wurde seine Politik von Hitler als zu maßvoll eingeschätzt. Daher setzte er mit Reinhard Heydrich, dem Chef des Reichssicherheitshauptamtes, einen radikalen Vollstrecker der NS-Ideologie ein. Dieser richtete seine Politik an dem Grundsatz aus, »daß der Tscheche in diesem Raum letzten Endes nichts mehr verloren« habe (Heydrich am 2.10.1941). Vgl. Brandes 1969, S. 207-210; Zitat ebd., S. 210.

a) Bei dem *Großangriff* an der Ostfront handelte es sich um das Unternehmen »Taifun«, der aus dem Raum Smolensk gestarteten Offensive der Heeresgruppe Mitte in Richtung Moskau. Gleichzeitig marschierten Mitte und Nordflügel der Heeresgruppe Süd offensiv Richtung Donez, Charkow und Kursk. Vgl. Hillgruber/Hümmelchen 1978, S. 99.

Auch in Rußland müssen die Verräter in großer Zahl am Werke sein. Ein Volk von 200 Millionen hätte es doch in 20 Jahren fertig bringen müssen, daß es wenigstens seinen Heimatboden erfolgreicher verteidigt.

Am klarsten wird es bei der Marine sichtbar, daß irgend etwas nicht stimmt. Die russische Marine mußte sofort bei Beginn des Krieges angreifen. –

Heute in[78] den frühen Morgenstunden erschienen die staatlich geschützten Räuber Gemeindediener Scherdt und Bademeister Sch[...] bei den jüdischen Familien Strauß und Heinemann[79] und beschlagnahmten auf Grund eines angeblichen »Geheimbefehls« das eingemachte Obst und die Wäsche. Nur die allernotwendigste Wäsche wurde den betreffenden Familien belassen. –

Wenn ich oben die Tatenlosigkeit der russischen Marine kritisierte, so will ich auch nicht die militärischen Unfähigkeiten unserer gesamten Gegner vergessen.

Besonders England ist an[80] einer fast unvorstellbaren Geisteströgheit und Armut an Einfällen erkrankt.

Wenn überhaupt gegen Deutschland auf militärischem Gebiete ⟨etwas⟩ unternommen ⟨werden soll⟩, dann ist augenblicklich, da[81] unsere Armeen tief in Rußland stehen, der gegebene Zeitpunkt. Deutschland und Italien haben Fronten von märchenhafter Ausdehnung. In früheren Zeiten wäre das für einen halbwegs ausgebildeten Soldaten ein gefundenes Fressen gewesen, die schwachen Stellen zu suchen und selbstverständlich auch zu finden.

England hat ⟨beinahe⟩ ganz Afrika auf seiner Seite und vermag nichts damit anzufangen. Ueberhaupt hat es mit seinem ganzen Kolonialreich noch keine Leistungen gezeigt, die dem deutschen Volke Achtung abgewinnen könnten. Wenn ein sogenanntes britisches »Weltreich« nur mit fremder (amerikanischer) Hilfe da und dort sich verteidigen kann, so ist das ein klägliches oder beschämendes Armutszeugnis. Ohne diese fremde Hilfe wäre England ein Trümmerhaufen und kein Weltreich. Kann sich irgend ein Engländer vorstellen, was der Nationalsozialismus mit seinen tatenreichen Talenten aus einem derartigen Kolonialreich wie dem britischen hervorgebracht hätte?

11. Okt. 1941.

Der Völk. Beobachter vom 10. Okt. 1941 bringt die Schlagzeile:

»Feldzug im Osten entschieden«.[82]

Es ⟨ist⟩ wohl anzunehmen, daß mit »entschieden« nicht beendet gemeint ist. Das kann im Osten noch eine unerwünscht langweilige Angelegenheit werden. Es wird darauf ankommen, ob die russische Nation – ähnlich wie die französische – einfach willenlos zusammenbricht oder doch noch gesunde Kräfte vorhanden sind, die weiteren Widerstand leisten.

An der Unterstützung von außen (Amerika, Indien ⟨über England⟩) wird es nach meiner Meinung nicht fehlen. Das wird ein nicht zu unterschätzender Faktor sein. Warten wir ab. –

17. Okt. 1941

Karl Poth, Uhrmachermeister, ist in Boulogne einem Fliegerangriff zum Opfer gefallen.[83] Ein Tag vor seiner Einberufung habe ich mit ihm gesprochen; er ist sehr schwer fortgegangen. Poth war ein anständiger Mensch. Andere, die entbehrlich wären, bleiben uns erhalten. –

Durch Rundschreiben v. 10.9.41 (Reichsminister d. Inneren VI d 244 VI/41) ist mitgeteilt worden, daß der Führer die Beibehaltung des »ß« in der Normalschrift angeordnet hat. Bei der Verwendung großer Buchstaben ⟨soll⟩ das »ß« als »SS« geschrieben werden.

Von einer Veröffentlichung ist abzusehen.[84] –

Es ist doch sicher grandios, wenn der Führer während der Schlachten im Osten sogar sich noch um das »ß« kümmern kann. Das ist bestimmt einmalig.

19. Okt. 1941

Die Fanfaren über die Entscheidung des Ostfeldzuges blasen einen anderen ⟨Ton⟩. Wiederum ist das Maul zu voll genommen worden und die Reaktion stellt sich ein. Wenn dem Volke in die Ohren geschrieen wird: »Der Feldzug ist entschieden«, dann glaubt selbstverständlich der einfache Mann an ein Ende des Krieges.

Nun muß die Propaganda sich bemühen, die von ihr erzeugten Wogen zu glätten.

Meine von mir am 11. Okt. 1941 niedergeschriebene Meinung wird von höchster Stelle bestätigt.

Herr Dr. Goebbels hat das Wort:

Ostfeldzug entschieden, aber noch nicht beendet

Dr. Goebbels vor der Führerschaft der Berliner SA.

Berlin, 15. Oktober ⟨41⟩.

Reichsminister Dr. Goebbels erklärte auf einem Appell der Berliner SA.-Führerschaft, noch nie zuvor in der Geschichte hätte sich die Nation in einer so günstigen Position befunden. Auf unserer Seite stünden alle Faktoren, die den Sieg garantieren: geniale Führung, beste Wehrmacht, gewaltiges Rüstungspotential; ernährungsmäßig sei das Reich nicht mehr zu erschüttern, wirtschaftlich sei es ebenfalls unangreifbar. Der Feind unternehme in seiner Verzweiflung einen hoffnungslosen Ansturm auf die deutsche Seele, gegen den die Staatsführung das Volk abschirme. Der Krieg gegen die Sowjetunion sei zwar entschieden, aber noch nicht beendet. Jede drohende Gefahr aus dem Osten sei endgültig zerschlagen dank der Feldherrnkunst des Führers, unserer tapferen Soldaten und der unerschütterlichen Heimat.[85]

Randvermerk:
So lange gekämpft wird, ist der Krieg noch nicht entschieden, Herr Gaukler Dr. Göbbels!
Kllr

20. Okt. 1941.
Am 13. Juli 1941 wendete sich der Bischof von Münster, Graf von Galen[86], an[87] seine Glaubensgenossen und sprach über Heimsuchungen.[88] Er gab bekannt, daß Ordensleute u. Ordensschwestern aus ihren Heimen verjagt u. heimatlos gemacht werden.

»... Und das in diesem Augenblick, wo alles zittert u. bebt vor neuen Nachtangriffen, die uns alle töten, einen jeden von uns zu einem heimatlosen Flüchtling machen können. Da jagt man schuldlose, ja hochverdiente, von Unzähligen hochgeschätzte Männer und Frauen aus ihrem bescheidenen Besitz, macht man deutsche Volksgenossen, unsere Mitbürger zu heimatlosen Flüchtlingen!«

»Schon mehrfach und noch vor kurzer Zeit haben wir es erlebt, daß die Gestapo (Geheime Staatspolizei) unbescholtene, hochangesehene deutsche Menschen ohne Gerichtsurteil und Verteidigung gefangen setzte, ihrer Freiheit beraubte, aus der Heimat auswies und irgendwo internierte.«

»Der physischen Uebermacht der Gestapo steht jeder deutsche Staatsbürger völlig schutzlos und wehrlos gegenüber. Das haben viele deutsche Volksgenossen im Laufe der letzten Jahre an sich erfahren, so unser lieber Religionslehrer Friederichs, der ohne Verhandlung und Gerichtsurteil gefangen gehalten wird. Meine Christen! Die Gefangensetzung vieler unbescholtener Personen ohne Verteidigungsmöglichkeit u. ohne Gerichtsurteil, die Aufhebung der Klöster und die Ausweisung schuldloser Ordensleute, unserer Brüder und Schwestern, nötigen mich, heute öffentlich an die alte, niemals zu erschütternde Wahrheit zu erinnern: Iustitia est fundamentum regnorum. Die Gerechtigkeit ist das einzig tragfeste Fundament aller Staatswesen, das Recht auf Leben, auf Unverletzlichkeit, auf Freiheit ist ein unentbehrlicher Teil jeder sittlichen Gemeinschaftsordnung. Wohl steht es dem Staate zu, strafweise seinen Bürgern diese Rechte zu beschränken. Aber diese Befugnis hat der Staat nur gegenüber Rechtsbrechern, deren Schuld in einem unparteiischen Gerichtsverfahren nachzuweisen ist. Der Staat, der diese von Gott gewollten Grenzen überschreitet und die Bestrafung Unschuldiger zuläßt oder veranlaßt, untergräbt seine eigene Autorität und die Achtung vor seiner Hoheit in den Gewissen der Staatsbürger.

... Bei den Anordnungen und Strafverfügungen der Gestapo ist die Verwaltungsgerichtsbarkeit ausgeschlossen. Da wir also keinen Weg kennen, der für eine unparteiische Kontrolle der Maßnahmen der Gestapo, ihrer Freiheitsbeschränkungen, ihrer Aufenthaltsverbote, ihrer Verhaftungen, ihres Gefangenhaltens deutscher Volksgenossen in Konzentrationslagern gegeben wäre, so hat in weitesten Kreisen des deutschen Volkes ein Gefühl der Rechtlosigkeit, ja feiger Aengstlichkeit Platz gegriffen, das die deutsche Volksgemeinschaft schwer schädigt.

... Wir fordern Gerechtigkeit! Bleibt dieser Ruf ungehört und unerhört, wird die Herrschaft der Königin Gerechtigkeit nicht wieder hergestellt, so wird unser deutsches Volk und Vaterland trotz der ruhmreichen Siege, trotz des Heldentums unserer Soldaten an innerer Fäulnis und Verrottung zugrunde gehen.«

...

So sprach ein edler heldenmütiger Mann. Dieser Bischof[89] Graf von Galen aus Münster wird als strahlender Stern in Deutschlands tiefster Finsternis kommenden Geschlechtern einmal ein leuchtendes Beispiel geben.

Das deutsche Volk muß noch tiefer sinken. Es muß zur Verzweiflung gebracht werden. Vielleicht wendet es sich dann gegen seine Peiniger. Vielleicht?! –

23. Okt. 1941.

Das »Schwarze Korps« vom 23. Okt. 1941 regt sich darüber auf, daß ein schwedischer Professor namens Herbert Tingsten[90] einen Vortrag über die Rassenfrage gehalten hat und dabei die Behauptung aufstellte, der Unterschied zwischen einem Schweden und einem Bantuneger bestehe eigentlich nur in der Hautfarbe. Es gebe kein Hindernis durch Erziehungsmaßnahmen aus einem Niggerbaby einen voll akzeptablen Schweden zu machen.[91]

Der schwedische Professor – dem ich übrigens voll und ganz zustimme – hat da in ein Naziwespennest gegriffen, und die Antwort des »Schwarzen Korps« ist erfreulich klar und unmißverständlich. Der Herr Redakteur schreibt u.a.: »Wenn aber heute jemand gegen die Rassenlehre aufsteht, so können wir nicht umhin, dies als politischen Angriff gegen den Nationalsozialismus zu werten. Wer gegen die Rassenlehre wettert, bedient sich nur eines Umwegs, eines Taschenspielertricks im Kampf gegen das neue Deutschland und die Neuordnung und Säuberung des europäischen Kontinents. Denn wir sind durch unsere eigene Wiedergeburt, durch unsere Politik und durch unseren Vernichtungskrieg gegen Judentum, Bolschewismus und Plutokratie nun einmal die Träger des Kampfes der nordischen Selbstbesinnung gegen jede Organisationsform des Untermenschentums geworden. Insofern geht Herr Tingsten auch uns etwas an.«

Der Herr Redakteur hat vergessen zu erwähnen, daß die Nazis auch noch einen Vernichtungskrieg gegen die christlichen Religionen, insbesondere die Katholische Kirche führen.

Die Nazis sind vollkommen unfähig einzusehen, daß jede Rasse durch Emanzipation – wie dies in Nordamerika bezüglich der Neger voll und ganz gelungen ist – zu einer uns durchaus gleichwertigen Völkerfamilie geformt werden kann.

Wenn ⟨gewisse Deutsche⟩ die anderen Rassen als minderwertige Geschöpfe ansprechen, so entspringt das lediglich einer krankhaften Ueberheblichkeit. Wenn denn diese Herren wenigstens so ehrlich wären, den endgültigen Verzicht auf jegliche Kolonialpolitik auszusprechen. Mit diesen »nordischen« Anschauungen kann man einfach nicht kolonisieren. Der Deutsche ist unfähig dazu.

26. Okt. 1941.
In Frankreich sind 2 ⟨deutsche⟩ Offiziere von unbekannten Tätern erschossen worden, und zwar in Nantes und Bordeaux. Als Vergeltungsmaßnahme wurden je 50 Bürger dieser Städte verhaftet und hingerichtet.[a]

Menschen, die vollständig unschuldig sind, für die Tat eines anderen büßen zu lassen, erinnert an die Schreckenstaten wildester Bestien in längst vergangenen Zeiten.

Dem General v. Stülpnagel bleibt es vorbehalten, eine derartige furchtbare Grausamkeit wieder aufleben zu lassen. Die Welt wird sich mit Recht entrüsten über so viel Unmenschlichkeit, und es wird ein Haß aufflammen, der niemals mehr gelöscht werden kann.

Es wird gut sein, alle Deutschen daran zu erinnern, was sie in der Geschichte für eine erbärmliche Heuchelei getrieben haben, wenn sie Märtyrer künstlich zurecht gemacht haben. Schill, Palm, Andreas Hofer u. Schlageter sind derartige Figuren.[92] Sämtliche hatten sich gegen[93] Kriegsgesetze vergangen und wurden ⟨s.Z.⟩ mit Fug und Recht verurteilt. Die Interessenten haben dann Nationalhelden daraus gemacht, damit der Haß gegen die Franzosen immer weiter fortlebt und neu gezüchtet werden kann.

Die Deutschen haben Frankreich überfallen, seit über einem Jahre einen großen Teil besetzt. Da ist es menschlich verständlich, wenn sich gegen die Besatzungstruppen hier und dort Uebergriffe seitens der Bevölkerung ereignen. Wer die eigenen Verbrecher zu Helden macht, darf unter keinen Umständen derart unduldsam sein, wie wir es jetzt in Frankreich[94] gezeigt haben.

Wie lange wird diese Schreckensherrschaft noch dauern?

Was würden die Nationalsozialisten sagen, wenn der Gegner Gleiches mit Gleichem vergelten würde?

28. Okt. 1941.
Ein in Urlaub befindlicher Soldat berichtet als Augenzeuge fürchterliche Grausamkeiten[b] in dem besetzten Gebiet in Polen. Er hat gesehen, wie nackte Juden u. Jüdinnen, die vor einem langen, tiefen Graben aufgestellt wurden, auf Befehl der SS von

a) *Vergeltungsmaßnahme:* Als »Sühnemaßnahme« für zwei tödliche Anschläge auf Wehrmachtsbeamte in Nantes am 20. und in Bordeaux am 21. Oktober 1941 ordnete der Militärbefehlshaber in Frankreich, Carl-Heinrich von Stülpnagel (1886-1944), auf Druck aus Berlin die Hinrichtung von 98 Geiseln an. Zugleich warnte er das OKH vor der Anwendung »polnischer Methoden« in Frankreich. Vgl. Meyer 2000, S. 55. Von Stülpnagel gehörte später zum Widerstandskreis des 20. Juli und wurde deshalb vom Volksgerichtshof zum Tode verurteilt und hingerichtet.

b) *fürchterliche Grausamkeiten:* Nach dem Überfall auf die Sowjetunion verübten die Einsatzgruppen der Sicherheitspolizei und des Sicherheitsdienstes der SS, Polizeiverbände sowie Wehrmachtseinheiten, z.T. mit Beteiligung einheimischer Kräfte, im Rücken der Front Massenmorde an der lokalen jüdischen Bevölkerung. Anfangs ermordeten sie ausschließlich jüdische Männer, nach wenigen Wochen gingen sie zur unterschiedslosen Ermordung der jüdischen Bevölkerung über. Berichte über diese Massaker drangen vielfach durch Erzählungen deutscher Soldaten, die sich

Ukrainern in den Hinterkopf geschossen wurden u. in den Graben fielen. Der Graben wurde dann zugeschaufelt. Aus den Gräben drangen oft noch Schreie!!

Diese unmenschlichen Schandtaten sind so furchtbar, daß selbst die als Handwerkzeuge benutzten Ukrainer Nervenzusammenbrüche erlitten.

Sämtliche Soldaten, die Kenntnis von der bestialischen Handlungsweise dieser Nazi-Untermenschen bekamen, waren der einheitlichen Meinung, daß das deutsche Volk heute schon vor einer Vergeltung zittern kann.

Es gibt keine Strafe, die hart genug wäre, bei diesen Nazi-Bestien angewendet zu werden. Natürlich müssen bei der Vergeltung auch wieder die Unschuldigen mitleiden. 99% der deutschen Bevölkerung tragen mittelbar oder unmittelbar die Schuld an den heutigen Zuständen. Deshalb kann es nur heißen:

»Mitgegangen – mitgefangen.«

Ich bin seither stets auf sehr viel Ungläubigkeit gestoßen, wenn ich mich auf den Standpunkt stellte, daß eines Tages die amerikanische Rüstungsindustrie in diesem schweren Ringen den Ausschlag geben werde. Die geheime deutsche Rüstung (seit 1933) hat bisher triumphiert und bei der Bevölkerung den fast unzerstörbaren Glauben erweckt, daß die übrige Welt tatsächlich außerstande ist, uns zu bezwingen.

Es war ja stets eine typisch deutsche Eigenschaft, auf andere Völker mit Verachtung herabzublicken und die eigenen Leistungen an die erste Stelle zu rücken. Diese Selbstherrlichkeit wurde selbstverständlich von der mit allen Wassern gewaschenen Nazi-Propaganda zur Siedehitze gebracht. Ich muß zugeben, daß meine Gegenargumente in meinen Bekanntenkreisen noch nicht gezündet haben. Selbst wenn mit Engelszungen geredet[95] wird, kann höchstens ein Schweigen als Antwort erzwungen werden. Kaum einer glaubt daran, daß die Engländer und Amerikaner doch noch uns in der Herstellung von Waffen übertreffen werden. –

Ich bin felsenfest davon überzeugt, daß die angelsächsischen Mächte uns niemals den Sieg überlassen werden.

U.S.A. war ⟨1939 ebenso wie England⟩ keineswegs gerüstet. Zuerst war es nötig, dort die öffentliche Meinung über die große nationalsozialistische Gefahr überzeugend aufzuklären. Diejenigen, die in USA. für eine für mich gänzlich unverständliche »Isolierungspolitik« eintraten, hatten dem Anscheine nach anfänglich eine erhebliche Anhängerzahl. Roosevelt hätte als Diktator nach meiner Ueberzeugung schneller gehandelt. Die demokratische Maschinerie ist für derartige Weltereignisse wahrlich fehl am Platze.

Nachdem die Geldmittel bewilligt und die Industrie sich auf die Kriegserzeugnisse umgestellt hat, dürfte es nur noch eine Frage der Zeit sein, wann USA. am Kriege ⟨sichtbar⟩ beteiligt ist.

Dies wird spätestens Frühjahr 1942 der Fall sein.

auf Heimaturlaub befanden oder die in Briefen davon berichteten, in das Deutsche Reich. Vgl. Longerich 1998, S. 321-410; Dörner 2007, S. 423-426.

30. Okt. 1941.
Auch die Todesanzeigen unterliegen der Zensur. Es fällt auf, daß keine Todesanzeigen der Parteiorganisationen und von Firmen erscheinen. Die Anzeigen sind auch kleiner geworden. Auffällig ist auch, daß sehr wenig Flieger dabei sind. –

Die Königin Luise von Preußen schrieb im Jahre 1808 an ihren Vater aus Königsberg:

»... Es kann nur gut werden in der Welt durch die Guten. Deshalb glaube ich auch nicht, daß der Kaiser Napoleon Bonaparte fest und sicher auf seinem jetzt freilich glänzendem Throne ist. Fest und ruhig ist nur allein die Wahrheit und Gerechtigkeit, und Napoleon ist nur politisch, das heißt klug, und er richtet sich nicht nach ewigen Gesetzen, sondern nach Umständen, wie sie nun eben sind. Damit befleckt er seine Regierung mit vielen Ungerechtigkeiten. Er meint es nicht redlich mit der guten Sache und mit den Menschen. Er und sein ungemessener Ehrgeiz meint nur sich selbst und sein persönliches Interesse. Man muß ihn mehr bewundern, als man ihn lieben kann. Er ist von seinem Glück geblendet, und er meint alles zu vermögen. Dabei ist er ohne alle Mäßigung, und wer nicht Maß halten kann, verliert das Gleichgewicht und fällt. Ich glaube fest an Gott, also auch an eine sittliche Weltordnung. Diese sehe ich in der Herrschaft der Gewalt nicht; deshalb bin ich der Hoffnung, daß auf die jetzige böse Zeit eine bessere folgen wird. Dieses hoffen, wünschen und erwarten alle besseren Menschen. Durch die Lobredner der jetzigen Zeit und ihres großen Helden darf man sich nicht irre machen lassen. Ganz unverkennbar ist alles, was geschehen ist und geschieht, nicht das Letzte und Gute, wie es werden und bleiben soll, sondern nur die Bahnung des Weges zu einem besseren Ziele hin ...«.[96]

Die Königin Luise hatte im Jahre 1808 vorahnend die richtige Auffassung von dem Werdegang Napoleons. Zu beachten ist aber, daß sich die Königin bei der leidenden Partei befand. Deutschland war damals der Amboß. Die Worte der Königin haben ihre Bedeutung nicht verloren, wenn sie auf die heutige Zeit angewendet werden. Nur mit dem Unterschied, daß unsere Nachbarn unter dem deutschen Joche seufzen und die Hoffnung der Königin sich zu eigen machen können. –

Ein Adolf Hitler kann ebensowenig Maß halten wie ein Napoleon. Bei genauer Untersuchung wird klar festzustellen sein, daß die Summe der heute begangenen Ungerechtigkeiten und verübten Barbareien diejenigen der napoleonischen Zeit weit übertreffen. Damals gab es noch keine Sturzkampfflugzeuge, die die friedlichen Einwohner töteten u. die Wohnstätten zerstörten. Damals war es noch ein Kampf der bewaffneten Macht gegen den bewaffneten Gegner.

Die Aufrichtung einer Gewaltherrschaft in Europa kann niemals das Endziel sein, das sich die einzelnen Völker gesetzt haben. Der Starke hat nicht das Recht, den Schwachen zu unterdrücken. Eine friedliche Entwicklung ist nur denkbar und möglich auf dem Boden der Gerechtigkeit, der freundschaftlichen Beziehungen benachbarter Völker und Länder. Die menschliche Gemeinschaft endet nicht an den

Grenzpfählen, die sich ein Land künstlich gesteckt hat, sondern sie muß alles umfassen, was Menschenantlitz trägt. –

Zu allen Zeiten wäre ein Diktator ohnmächtig gewesen, wenn ihn nicht eine große Anzahl Helfershelfer zur Seite gestanden hätten, die teils aus Ehrgeiz, teils aus Eigennutz die Machtgelüste ihres Herren und Meisters nach jeder Richtung unterstützten.

Bei Napoleon waren es viele deutsche Fürsten, die sich an dieser Sonne wärmten und für jeden Brocken dankbar waren, der ihnen zugeworfen wurde, heute sind es schwachsinnige Gaukler und Abenteurer, die ebenfalls glauben von der Machtfülle Hitlers etwas für ihre eigenen Zwecke zu erhaschen. Einer dieser widerwärtigen Gestalten ist der slowakische Ministerpräsident Dr. Tiso. Sein Geist leuchtet aus dem nachstehenden Armeebefehl.

Armeebefehl Dr. Tisos

⟨(Speichellecker)⟩ **Preßburg,** 27. Oktober ⟨41⟩

Der slowakische Staatspräsident Dr. Tiso erläßt einen Armeebefehl, in dem es heißt:

Soldaten! Anläßlich des Besuches im Hauptquartier des größten Führers des gegenwärtigen Europa und der ruhmvollen Armeen Adolf Hitlers erlasse ich einen außerordentlichen Befehl. Dieser Befehl ist zugleich der Ausdruck des Dankes, den ich Euch im Namen der slowakischen Republik dafür sage, daß über die Treue, die Fähigkeiten und Gewissenhaftigkeit des slowakischen Soldaten die berufensten Stellen der deutschen Heeres- und Luftwaffenführung die beste Meinung haben und sich darüber mit dem Ausdruck der höchsten Anerkennung äußern.

Nehmet das mit der Versicherung zur Kenntnis, daß wir in eurem bespiellosen Einsatz und in euren für das Vaterland begeisterten Taten das Spiegelbild des Aufblühens eines selbstbewußten ehrenvollen Volkes sehen, das sich bis zur letzten Konsequenz seiner Verpflichtungen bewußt ist. Es naht die Zeit, da wir gemeinsam mit den deutschen Kameraden den großen Kampf gegen das unermeßliche Unheil, von dem die edelsten Ideale der Menschheit bedroht waren, siegreich beenden werden. So wie wir in diesem Kampf bisher ausharrten, werden wir ihn weiter bis zum Ende bestehen und beweisen, daß wir der Auszeichnung durch den großen Führer des deutschen Volkes, Adolf Hitler, würdig sind und daß wir ehrenhaft unsere Aufgaben erfüllen, die wir übernommen haben. Der Sieg unserer Waffen bedeutet den Sieg des neuen Europa, in dem der slowakische Soldat seinem Volke einen ehrenhaften Platz verbürgt hat.[97]

Zu dem Befehl wird bemerkt:

Ein selbstbewußtes, ehrenvolles Volk wird stets Sinn für Freiheit haben und sich nicht in lakaienhafter Manier von einem anderen Volk bevormunden lassen.

Die heutige Slowakei wird ihr Tun und Treiben genauestens von Deutschland vorgeschrieben bekommen. Das dumme Schlagwort vom »neuen« Europa ist nur ein Trick des Diktators.

1. Nov. 1941.
Der Flieger Oberstleutnant Mölders, der schon oft im Heeresbericht genannt worden ist, soll mit seinem Geschwader zurückgezogen worden sein. Geheimnisvolle Gründe werden unter dem Siegel der Verschwiegenheit angegeben. Die Schwester von Mölders wäre Mitglied eines kath. Ordens und in Münster (Westfalen) von der SS vertrieben worden. Ihr Bruder soll angeblich beim Führer vorgesprochen und Wiedergutmachung des Unrechts verlangt haben. Da nichts erfolgte, hätte Mölders seine Orden zurückgegeben und mitgeteilt, daß er wegen seelischer Erregung nicht mehr fliegen könne.

Die Richtigkeit dieser Behauptung läßt sich schwer nachprüfen. Wahr ist jedoch, daß z.Z. Unteroffizier G[...], der dem Geschwader Mölders angehört, hier auf Urlaub ist. Er gab an, die Maschinen würden überholt, aber es müsse sonst noch irgend etwas vorliegen.[98]

2. Nov. 1941.
Allerseelen. Das Fest zum Gedächtnis der Seelen. Alljährlich wandern besonders in katholischen Gegenden viele Menschen zu den geschmückten Gräbern ihrer Angehörigen und gedenken der Toten. Nicht alle Gräber werden besucht, weil sie fern der Heimat in fremder Erde errichtet wurden. Hoffnungsvolle junge Menschen müssen ihr Leben hingeben, bevor sie überhaupt den Zweck ihres Daseins erfüllt haben.

Warum steht der Tod im Vordergrund? Warum wird der jungen Frau der Gatte geraubt? Warum verlieren die Eltern ihren einzigen Sohn und Kinder ihre Väter? Warum? Wer trägt die Schuld?

Beinahe die gesamte Menschheit trägt die Schuld. Das Schlechte und Böse herrscht über das Gute. Der Haß feiert Triumphe. Gewalttaten werden gefeiert. Zerstörungen begeistert der staunenden Welt mit Stolz verkündet. Die Rache wütet. Der Terror regiert. Menschenleben werden vernichtet, als wären es Wesen, deren Vernichtung gottgewollt ist.

Der Nationalismus u. der Militarismus sind die Brutstätten jenes Geistes, der einer friedlichen Entwicklung der Menschwerdung im Wege steht. ... Mit Bleisoldaten fängt es an. Die Massengräber sind der Schlußakt.

Nach jedem Kriege wächst die Friedenssehnsucht auf Grund der Erlebnisse, um jedoch recht bald wieder zu verblassen. Die »ruhmvollen« Waffentaten überwuchern das schwache Friedensblümlein. Die Krieger- u. Veteranenvereine sowie die Vereine ehemaliger Regimentskameraden – geleitet von Offizieren – sorgen dafür, daß jener Geist erhalten bleibt, ohne den die Regierenden niemals einen Krieg beginnen könnten. Begleitet von »schmissiger« Militärmusik werden von Zeit zu Zeit Feste gefeiert, Erinnerungen »schöner« Tage neu belebt, Ruhmestaten besungen u. der kriegerische Geist vor dem Einschlafen bewahrt. Von der Kehrseite des Krieges wird der Jugend niemals Kenntnis gegeben, sie weiß nur etwas von Ruhm, siegreichen Schlachten,[99] Heldentaten, lorbeergeschmückten Heerführern und unfähigen, geschlagenen Gegnern.

Dann entsteht der Gesang: »Heute gehört uns Deutschland, morgen die ganze Welt!«

Wißt Ihr nun »Warum«?

3. Nov. 1941.

Es schneit. Der Winter zeigt sich früh. Ein Rundfunksprecher sagte gestern im Rundfunk, daß der »General« Winter dem deutschen Soldaten nichts anhaben könnte.

Der deutsche Soldat ist bei den Nazis eine noch nie dagewesene Erscheinung. Einfach ein Wunder.

Das hindert diesen einfältigen Schwätzer ⟨nicht⟩, den gleichen Hörern morgen mitzuteilen, daß die militärischen Operationen durch die Witterung beeinflußt werden. Wie es gerade paßt. Niemand darf oder kann etwas erwidern. Das 3. Reich ist das Eldorado sämtlicher gehirnloser Schwätzer.

5. Nov. 1941

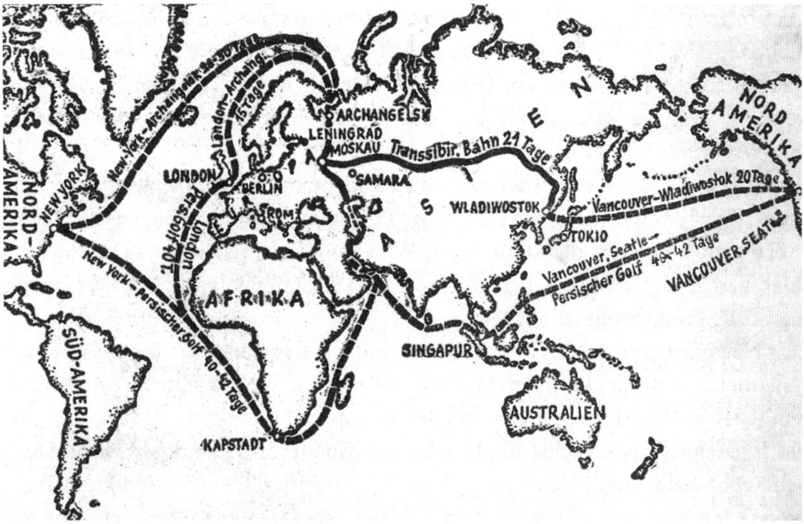

⟨27. Okt. 1941⟩ **Kann den Sowjets geholfen werden?**

Unsere Karte veranschaulicht die Wege, die den Engländern und Amerikanern für die Bolschewistenhilfe noch offen sind. Nimmt man die normale Fahrgeschwindigkeit von Frachtern bei Dauerreisen besonders im Geleitzug mit 10 Seemeilen in der Stunde an, so ergibt sich die eingetragene Reisedauer. Ein Hilfsversprechen, das aber keine Hilfe bringen dürfte.

Atlantic, Michatz, Kartendienst Erich Zander, (M)

Mitte Juli 1940 war in den Zeitungen zu lesen, daß die »amerikanische Hilfe« für England zu spät käme.

Jetzt wird derselbe lahme Gaul geritten.

Rußland u. USA. hatten stets Handelsbeziehungen. Aus welchem Grunde soll heute das in USA. erzeugte Kriegsmaterial nicht nach Rußland gebracht werden können? Auf der obigen Karte werden 2 Wege schamhaft verschwiegen. Von Australien u. von Indien nach Rußland. Ferner kann auch noch der Hafen Petropawlowsk auf der Halbinsel Kamtschatka (Sibirien) benutzt werden. Ganz zu schweigen von den zahllosen Luftwegen, die mindestens für die Ueberfahrt der Bombenflugzeuge benutzt werden können.

Bei dieser Sachlage ist es doch töricht, von einem »Hilfsversprechen, das aber keine Hilfe bringen dürfte«, zu schreiben.

Wie wir noch gute Beziehungen zu Rußland hatten, brüsteten sich die Nazi damit, daß das Tor im Osten offen stehe u. die transsibirische Eisenbahn uns Waren jeder Art bringen würde. Heute ist das Tor für Deutschland geschlossen, und da spielt bei der Propaganda diese Eisenbahn natürlich gar keine Rolle für Rußland mehr. Es sind wirklich primitive Mittelchen, mit denen das Volk dumm gehalten werden soll.

Es ist nicht zu bestreiten, daß es sich um zeitraubende Wege ⟨handelt⟩. Aber wenn das Kriegsmaterial einmal in Persien, Indien oder Sibirien angekommen ist, dann wird es bestimmt ohne Hindernis nach Rußland gebracht werden. Darauf können sich die Herren im Propagandaministerium verlassen. Wie oft haben die Japaner triumphiert, daß sie China von allen Zufahrtswegen abgeschnitten haben. Heute hat China gute Verbindungswege nach Hinterindien (Birma) und kann alles in Empfang nehmen, was es benötigt. –

Bei den Nazis ist immer der Wunsch der Vater des Gedankens. Es geht aber sehr oft anders als man denkt. So auch hier. –

7. Nov. 1941.

Der Beauftragte für den Vierjahresplan[a] hat am 3. Okt. 41 eine Verordnung über die Beschäftigung von Juden erlassen.

§1. Juden, die in Arbeit eingesetzt sind, stehen in einem Beschäftigungsverhältnis eigener Art.[100] –

In der Durchführungsverordnung wird dann verraten, welcher Art das Verhältnis ist. Der Jude kann hiernach als Artfremder nicht Mitglied einer deutschen Betriebsgemeinschaft sein. Jüdische Beschäftigte haben keine Ansprüche auf Fortzahlung der Vergütung in Krankheitsfällen. Familien- u. Kinderzulagen dürfen nicht gewährt

a) Der *Beauftragte für den Vierjahresplan*, Hermann Göring, leitete die im Herbst 1936 ins Leben gerufene Vierjahresplan-Behörde, die laut Hitlers Auftrag die deutsche Wirtschaft innerhalb von vier Jahren kriegsfähig machen sollte. 1940 wurden seine Vollmachten um weitere vier Jahre verlängert. Vgl. Benz/Graml/Weiß 2007, S. 851f.

werden. Das gleiche gilt für Geburten- oder Heiratsbeihilfen[101], für Sterbegelder oder ähnliche Zuwendungen. Die Gewährung von besonderen Zuwendungen (Gratifikationen, ⟨Wochenhilfe⟩, Jubiläumsausgaben usw.) ist unzulässig.

Juden haben die ihnen von den Arbeitsämtern zugewiesenen Beschäftigungen anzunehmen. Jüdische Beschäftigte dürfen nur gruppenweise zur Arbeit eingesetzt werden und sind von der übrigen Gefolgschaft getrennt zu halten. Juden dürfen auch nicht als Lehrlinge beschäftigt werden. – [102]

Warum so viel Worte? Sagt doch: Juden sind keine Menschen, sondern Sklaven. Das wäre zwar nicht schön, aber ehrlich.

Aus dieser Verordnung atmet der Geist und das Wesen des Nationalsozialismus.

Die Juden, die aus Deutschland ausgewandert sind, können Gott danken. Die Behandlung der in Deutschland verbliebenen Juden ist grausam, unerbittlich u. menschenunwürdig. Ihr Schicksal ist erbarmungslos!

8. Nov. 1941.

Als ich ein Paket Aepfel (8 ℔) als Expreßgut an der Bahn aufgeben wollte, wurde mir bekannt gegeben, daß der Versand von Aepfeln nur mit Genehmigung des Ortsbauernführers stattfinden könnte.[a]

Das 1000-jährige Dritte Reich macht einem das Leben nicht leicht. Also mußte ich zu dem Herrn Ortsbauernführer gehen und die Genehmigung einholen.

Es ist gut, daß die Schöpfungsgeschichte bereits abgerollt ist, denn es wäre für Eva fatal gewesen, wenn sie erst den Ortsbauernführer hätte fragen müssen.

a) *nur mit Genehmigung des Ortsbauernführers:* Das Amt des Laubacher Ortsbauernführers hatte zu diesem Zeitpunkt Franz Gäbisch inne (vgl. »Versammlung der Ortsbauernschaft«, in: Heimatzeitung, 9.12.1941, S. 5). Noch im März desselben Jahres wird Christian Röder als Träger des Amtes angeführt, Franz Gäbisch als sein Stellvertreter (vgl. »Bauernversammlung«, in: ebd., 4.3.1941, S. 6).

11.11.41.

⟨(Hamburger Fremdenblatt) 1941⟩

In der Luft, zu Pferde und am Funk

Die Hamburger Hitler-Jugend hat von jeher besonders starke Sonderformationen gehabt. Neben der Marine- und der Motor-HJ ist besonders die Flieger-HJ hervorgetreten, die heute eine Stärke von mehr als 2400 Führern und Jungen hat. Eine gründliche vormilitärische Ausbildung bereitet die Jungen auf ihren Eintritt in die Luftwaffe vor, bei dem ihnen die Kenntnisse im Segelfliegen, Bordfunk- und Baudienst sowie auch die weltanschauliche und kulturelle Schulung ausgezeichnete Dienste leisten werden. Auf drei Fluggeländen bei Hamburg wird geflogen. Die fliegerische und technische Ausbildung wird vom NS-Fliegerkorps durchgeführt. Im Funkdienst stehen die modernen Geräte der Luftwaffe zur Verfügung, zwei- bis dreimal wöchentlich wird geschult und das Ziel ist die Erlangung des Funkscheines. Im Baudienst werden Segelflugmaschinen aufgebaut, gepflegt und repariert. Heimabend und weltanschauliche Schulung geben die moralische Grundlage für den Einsatz. Nebenher läuft selbstverständlich der Geländedienst.

Im letzten Vierteljahr besuchten 422 Jungen eine Segelflugschule des NS-Fliegerkorps, 70 Jungen eine Reichssegelflugbauschule, sieben Jungen eine Reichsmodellbauschule. 483 Segelflugprüfungen wurden im gleichen Zeitraum geflogen und am 1. Oktober hatten in Hamburg 1026 Jungen, d. h. 43 vom Hundert der Angehörigen der Flieger-HJ, eine Flugprüfung abgelegt. Dabei ist ein Viertel der Jungen noch unter 15 Jahren und daher noch nicht zum Fliegen zugelassen.

... auf dem Rücken der Pferde

Die Reiter-HJ will vor allem Jungen im Reiten und Fahren ausbilden, denen es sonst wegen der fehlenden finanziellen Mittel nicht möglich gewesen wäre, sich mit diesen Künsten zu beschäftigen. Dreihundert HJ-Reiter gibt es gegenwärtig in Hamburg, für die etwa achtzig Pferde in den Reitschulen, bei der Wehrmacht und bei der SA zur Verfügung stehen. Das Ziel ist die Erwerbung des Kriegsreiterscheines oder gar des Deutschen Reiter-Abzeichens. Der Schein wird von der SA erteilt, das Abzeichen nach Prüfung durch Kavallerie-Offiziere der Wehrmacht verliehen. Die Reiter-HJ hat einen eigenen Reit- und Fahrlehrer. Am 16. November wird die junge Formation bei einem Reit- und Springturnier in der Reithalle Rotenbaum ihr Können zeigen.

Nachrichten-Ausbildung

Die Nachrichten-HJ zählt heute neunhundert Mann und ist ebenfalls auf vormilitärische Ausbildung ausgerichtet. Bei der engen Zusammenarbeit mit der Nachrichtentruppe, die mit ihren Geräten auch Ausbilder für die Jungen stellt, ist die Gründlichkeit der Belehrungen sichergestellt. Seit September 1940 sind fünfwöchige Kurse für Gefolgschafts- und Scharführer der HJ an der Heeres- und Luftnachrichtenschule in Halle an der Saale eingerichtet. Der allgemeine Lehrgang dauert vier Jahre, in denen nacheinander die Nachrichtenscheine A und B erworben werden müssen. In der Kaserne einer Nachrichten-Ersatzabteilung in Hamburg werden von diesem Monat ab vierzehntägige Lehrgänge für die Gebiete Hamburg, Nordmark und Nordsee durchgeführt. Außerdem sollen alljährlich Lager der Nachrichten-HJ und anschließend Wettbewerbe zwischen den einzelnen Nachrichteneinheiten veranstaltet werden. Neben der Wehrmacht unterstützt auch die Reichspost die Bestrebungen der Nachrichten-HJ.

Zweifellos ist die vormilitärische Spezialausbildung die von der HJ geleistet wird, nicht nur für die Wehrmacht, sondern auch für die Jungen selbst von großer Bedeutung, denn sie erleichtert ihnen später im feldgrauen Rock vieles.[103]

d.

Die Jugend wird nach allen Regeln der Kunst in die vormilitärische Ausbildung hineingebracht. Es ist im allgemeinen in Deutschland nicht schwer, den jugendlichen Menschen die Begeisterung für militärische Dinge langsam und sicher beizubringen.

Für die Jugend ist das mehr ein Spiel. Mit Hilfe des Ehrgeizes (Erlangung eines Funkscheines, Reiterscheines, Nachrichtenscheines) wird die moralische Grundlage für den künftigen Einsatz bei der Wehrmacht gegeben. Dann wird es blutiger Ernst. Und die Eltern sprechen in den Todesanzeigen von der »unfaßbaren« Nachricht.

Haben die Eltern vor Eintritt in die Sonderformationen ihre Kinder aufgeklärt? Jedenfalls waren sie stolz, daß ihre Jungens bereits etwas vom Funken, Fliegen oder Reiten verstehen, und am Ende des Dramas sind sie dann erschüttert über den Verlust auf den Schlachtfeldern. Nur ganz wenige sind konsequent im Denken u. Handeln.

12. Nov. 1941

Nach den Wünschen und dem Wollen unserer Propagandisten haben nur unsere Gegner große Verluste. Lies u. staune:

> In überlegenen Luftkämpfen schossen deutsche Jäger an der Ostfront am 8. November 15 Sowjetflugzeuge ab. 36 sowjetische Maschinen wurden durch deutsche Kampfflugzeuge am Boden zerstört, zwei weitere durch Flak-Artillerie abgeschossen. Insgesamt verloren die Sowjets an diesem Tage 53 Flugzeuge.

Die »Sowjets« sollen am 8.11.41 nach obiger Behauptung 53 Flugzeuge verloren haben. Kein Sterbenswörtchen über unsere eigenen Verluste.

Ich bin der Auffassung, daß wir nicht gegen die »Sowjets«, sondern gegen das russische Volk kämpfen. Wir kämpfen auch nicht gegen die englischen »Plutokraten«. Es wird schließlich ein Kampf gegen das gesamte englische Volk sein. Diese nationalsozialistischen Kinkerlitzchen sind nachgerade ekelhaft.

Adolf Hitler sprach am 9. Nov. 1941 im Löwenbräukeller in München über den »Entscheidungskampf unseres Jahrhunderts«.[104]

Die Staatsmänner unserer Gegner wurden in dieser Rede maßlos beschimpft. Von Churchill sagte Hitler: »Der wahnsinnige Säufer, der nun seit Jahren England dirigiert, hat auch darin (betr. Friedensangebot) sofort wieder ein neues Zeichen meiner Schwäche erblickt.« Ich glaube nicht, daß Bismarck jemals etwas derartiges über einen gegnerischen Staatsmann gesagt hat.

Auch in dieser Rede ist nichts über unsere Verluste gesagt worden.

Im Oktober 1941 habe ich im Hamburger Fremdenblatt 281 Todesanzeigen Gefallener gezählt.

Angenommen es bestünden z.Z. 250 Zeitungen in Deutschland und durchschnittlich 5 Todesanzeigen täglich würden aufgenommen, so könnten allein ca 30000[105] Gefallene im Monat gerechnet werden. In Wirklichkeit sind es aber mehr, weil nicht für jeden Gefallenen eine Todesanzeige erscheint. –

Ich habe das Gefühl, daß wir im Laufe des Winters in Rußland noch manchen deutschen Soldaten sterben sehen. Rußland ist keineswegs besiegt! Die Prahlereien des deutschen Oberkommandos hätten unterlassen werden können.

13.11.41.
In der N.S. Beamtenzeitung v. 9. Nov. 1941 macht der Reichsbeamtenführer[106] Ausführungen über eine Reise, die er im Generalgouvernement vorgenommen hatte. Er schreibt u.a.: »... Es ist die Aufgabe der Deutschen in den neuen Gebieten, durch ihre Haltung, durch ihren Aufbauwillen und ihre Leistungskraft darauf hinzuwirken, daß auch der letzte Bewohner unseres Kontinents die Ueberzeugung erhält, daß Adolf Hitler der Führer Europas ist«.[107] –

Die Bonzen machen Adolf Hitler zum »Führer von Europa«, ohne mit der Wimper zu zucken und ohne die übrigen Völker um ihre Zustimmung zu fragen.

Die Herrschsucht ist das hervorstechendste Merkmal bei den führenden Nationalsozialisten; sie kümmern sich auch nicht darum, ob sie etwa durch ihre Maßlosigkeiten ihre »Freunde« verletzen. Erkennt das italienische Volk den Führer von Europa an?

16. Nov. 41.
In USA. ist das Neutralitätsgesetz dadurch beseitigt worden, daß das Gesetz über die Bewaffnung von Handelsschiffen angenommen worden ⟨ist⟩.[a] Praktisch steht dadurch USA. bereits mitten im Kriege. Es ist unverkennbar, daß sich die Lage Englands ganz wesentlich gebessert hat. Seither mußte England unter großem Aufwand an Kriegsschiffen die Waren selbst in Amerika holen. Jetzt wird das Kriegsmaterial u. Lebensmittel von den Amerikanern gebracht.

Hierdurch werden sowohl englische Handelsschiffe wie auch englische Kriegsschiffe für andere Zwecke frei.

Auch im fernen Osten muß sich die Lage bald klären. Nach den Auslassungen japanischer Politiker fühlt sich Japan eingekreist und zwar durch China (Tschiang Kei Schek), Niederl. Ostindien, England und die Vereinigten Staaten von Amerika. Wenn Japan seine Lage ändern will, muß es angreifen. Da von Japan Truppen nach Indochina gebracht worden sind, wird man vermuten können, daß sich der Angriff gegen Siam, Birma u. die Halbinsel Malakka richten wird. Ein Angriff gegen Sibirien würde Deutschland große Vorteile bringen, weil stärkere ⟨russ.⟩ Kräfte in Ostasien gebunden würden. Japan hat aber stets ausschließlich japanische Interessen in den Vordergrund ⟨gestellt⟩ und wird sich auch jetzt wieder nur davon leiten lassen, wo für Japan die größten Vorteile in Aussicht stehen. Nach meinem Dafürhalten kann es nur begrüßt werden, wenn sowohl England wie auch Amerika endlich gezwungen werden, ihre hinhaltende Stellung aufzugeben und die rostenden Kräfte einzusetzen. Auf diese Weise kann eher hier oder dort eine schwache Stelle erkannt werden. Und dann ist der Weltkrieg richtig im Gange. 1942 Entwicklung. 1943 Ende. –

a) *Neutralitätsgesetz:* Am 13. November 1941 wurde mit Inkrafttreten zum 18. November das amerikanische Neutralitätsgesetz in dem von Kellner geschilderten Sinne geändert. Vgl. Hillgruber/Hümmelchen 1978, S. 103.

20. Nov. 1941.
Alljährlich, wenn der Winter sich angemeldet hat und die Menschen wieder mehr an ihr Heim gebunden sind, dann beginnt die natsoz. Presse unter Führung Göbbels ihren Rachefeldzug gegen die Juden. »Der jüdische Feind« muß ausgerottet werden. Ob die Nazis dann Ruhe hätten? Es handelt sich aber nur darum, das eigene Volk auf einen Sündenbock hinzulenken, damit die Urheber aller Fürchterlichkeiten, die Herren von der NSDAP., nicht etwa behelligt werden. Eine große Anzahl Denkfauler erliegt selbstverständlich diesem abgefeimten Schwindel.

Als der Führer das Signal zum Angriff gegen Rußland gab, da wurde überall davon geredet, daß ein Angriff der Russen[a] ganz nahe bevorgestanden hätte und wir gerade noch in der letzten Minute den Spieß herum[drehen] konnten. Dem Soldaten muß etwas eingeredet werden, sonst könnte er auf den Gedanken kommen, unangenehme Fragen zu stellen. Jeder Einsichtige wird sich jedoch sagen müssen, daß Rußland, wenn es uns angreifen wollte, doch bestimmt nicht gewartet haben würde bis wir sämtliche anderen wirklichen oder vermeintlichen Gegner abgewürgt hatten. Dann hätte uns Rußland spätestens angegriffen, als wir in Jugoslawien einmarschierten. Das ist doch klar. Wir haben uns bei allen Angriffen ein Alibi konstruiert. Immer wurden alsbald Dokumente gefunden, die dann den Beweis unserer Angaben erbrachten. Mit der Zeit wirken derartige Dinge einfach kindisch.

Doch es war zu allen Zeiten ähnlich, der wahre Grund ⟨des Kriegsbeginns u.⟩ die Kriegsschuld wurden stets verschleiert, aber immer dem bösen Gegner zugeschoben. Wie bei Kindern. Fragt sie, wer einen Streit angefangen hat. Jeder schiebt es auf den anderen. Bei Schlägereien. Wer hat angefangen? Keiner.

Bismarck hat allerdings in seinen Erinnerungen klar zum Ausdruck gebracht, daß er die Kriege 1864, 1866 u. 1870 auf die Beine gestellt hat. Aber kein Geschichtsbuch wird das verkünden.

Geht der Krieg gegen Rußland günstig aus, dann werden später auch triumphierend Erzählungen erscheinen, wie klug der Führer u. andere gewesen sind, wie alles so hervorragend gefingert worden ist u. wie der blöde Russe an der Nase herumgeführt wurde mit Vertrag u. Freundschaft.

Geht der Krieg schief aus, sind die Herrschaften nicht schuldig, weil der Krieg durch einen Angriff des Gegners doch gekommen wäre. So sagt man es seinen Kindern. Die glauben es sicher!

a) *Angriff der Russen:* Die Argumentation, Deutschland sei im Juni 1941 einem bereits geplanten sowjetischen Angriff zuvorgekommen, in der Forschung bekannt als sogenannte Präventivkriegsthese, entbehrt jeder Grundlage. Vgl. Benz 1996b, S. 194-196.

1. Dez. 41.

Rostow am Don ist von den deutschen Truppen geräumt worden. In Afrika sind[108] Kämpfe im Gange. Zum ersten Male in diesem Kriege mußte sich die Oberste Heeresleitung dazu bequemen, nachteilige Nachrichten herauszulassen.

Es hat verhältnismäßig lange gedauert bis die Tatsache ersichtlich wurde, daß dem deutschen Heere Aufgaben gestellt worden sind, die es einfach nicht erfüllen kann.

Vom Nordkap bis nach Afrika fortgesetzt die Initiative zu behalten, ist ein Ding der Unmöglichkeit.

Nun kommen die Schwächen zum Vorschein.

Auch die dauernden ⟨deutschen⟩ Angriffe in dieser Jahreszeit in der Gegend von Moskau sind unkluge Handlungen. Die deutsche Armee mußte frühzeitig gute Stellungen beziehen u. die Kampfhandlungen dämpfen. Was soll denn noch alles erobert werden??

Heute bedeutet jeder Rückzug – wo es auch sei – einen starken Prestigeverlust. Der Gegner schöpft neue Hoffnung, und die Aussicht auf eine Verlängerung der Kriegshandlungen wächst.

Zeitgewinn ist aber nur für den Gegner ein Vorteil. Das war 1914/1918 so und ist auch heute der Fall.

Wenn das die Zeitgenossen in ihrer Verblendung auch nicht einsehen wollen. –

Die Strafe für die Ueberheblichkeit des deutschen Volkes, gepaart mit der Maßlosigkeit eines Adolf Hitler, wird nicht ausbleiben!

2. Dez. 1941.

Der Rückzug der deutschen Armee in der Süd-Ukraine geht weiter.

Merkwürdig, daß uns jetzt von Herrn Dr. Josef Göbbels keinerlei bombastische Aufklärung über die Menge des Kriegsmaterials, das von der deutschen Armee zurückgelassen werden muß, gegeben wird. Nicht wahr, wenn es einem an den Kragen geht, kann man sogar bescheiden werden?

Es ist nicht von der Hand zu weisen, daß unsere Armee in diesem Augenblick versagt, und zwar deshalb, weil ihr seit dem 22. Juni 1941 überhaupt keine Ruhepause gegönnt worden ist.

Ein Rückzug in dieser Jahreszeit ist eine ganz gefährliche Angelegenheit. Das Auswerfen von Schützengräben ist unmöglich. Und gerade das müßten die Nachhuten zur Verteidigung machen können. Der nachdrängende Feind kann nur durch gute Stellungen aufgehalten werden. Wenn es also den Russen gelingt, mit gut ausgerüsteten Truppen fortgesetzt nachzustoßen, dann ist das Aufrollen der gesamten Front durchaus möglich.

Der November 1941 wird einmal als der schwarze Monat in der deutschen Kriegsgeschichte bezeichnet werden. Im vorigen Kriege war es der August 1918.

Die etwas merkwürdigen Unfälle bei der deutschen Luftwaffe sind vielleicht als ein Zeichen nahenden Unheils zu werten. Ob es ein Zufall gewesen ist, daß hohe Fliegeroffiziere innerhalb weniger Tage verunglückt sind?

Generaloberst Udet,
General der Flieger Wilberg, [109]
Oberst Mölders,
Oberstleutnant Kürbs,

fanden durch 3 Flugzeugabstürze den Tod! Wir werden auch in diesen Fällen nach dem Kriege des Rätsels Lösung finden. –

Ich kann es mir einfach nicht vorstellen, daß in der gesamten ⟨deutschen⟩ Armee kein einziger Offizier vorhanden sein soll, der mit klarem Verstand, unsere Lage zu beurteilen imstande wäre. Sind sie also nicht alle verhext, dann muß der Tag kommen, an dem der Partei das Handwerk gelegt wird. Die Niederlage ist zwar auch dann natürlich unabwendbar, aber für Millionen Menschen wäre es eine Erlösung von der furchtbarsten Tyrannei, die es in der Geschichte der Menschheit gegeben hat.

Hoffentlich ist es überflüssig, darüber Worte zu verschwenden, daß kein Handlanger dieses verruchten Nazisystems in der Zukunft irgend eine Rolle spielen kann.

Es darf sich nicht mehr wiederholen, daß diejenigen Herrschaften, die das deutsche Volk in das Unglück gebracht haben, den Schafspelz über ihren Wolfskörper stülpen und als harmlose »Helfer« so nach und nach den ganzen Staatsapparat wieder beherrschen.

Rücksichtslose Härte muß obwalten.

Wer mit den Nazis gegangen ist, hat erbarmungslos zu verschwinden. Die Ebert-Zeit mit ihren furchtbaren Schwächen muß eine Mahnung für die Zukunft sein.

Das deutsche Volk hat anzuerkennen, daß es keine Herrenrasse ist.

Gegen Rassenhaß ist mit den schärfsten Mitteln vorzugehen.

Wer in Wort und Schrift das deutsche Volk gegen andere Völker oder Rassen verhetzen will, muß des Todes sein!!

Wenn das deutsche Volk andere Völker achtet, wird es bestimmt ebenfalls geachtet werden.

Dem deutschen Volke ist beizubringen, daß es niemals mehr durch Gewaltpolitik seine Lage ändern kann.

Nur durch anständige Gesinnung und durch Achtung vor dem Recht sowie Bekenntnis zur Gerechtigkeit können die Probleme der Menschheit gelöst werden.

6. Dez. 1941.

Die deutsche Armee kämpft immer noch für die Hitler-Tyrannei und den Nazisaustaat!!

Wann wird die Erleuchtung kommen?

Der Herr »Reichsprotektor« beschwert sich darüber, daß vielfach im Schriftverkehr Behörden des Protektorats als »tschechische« Behörden bezeichnet werden. Er teilt mit: »Diese Kennzeichnung widerspricht der Ausdrucksweise des deutschen Gesetzgebers und ist auch politisch unerwünscht.«

Also was tatsächlich ist, darf nicht in die Erscheinung treten. Der Herr »Protektor« schützt dadurch die Tschechen, daß er ihnen beibringt, daß sie keine Tschechen sind. Mit derartigen Mätzchen glauben die Nazis, Politik machen zu können. Eine Geistesarmut ohnegleichen.

(Gen. 1080 – 29.11.41)

7.12.41.

Besonders unter den Soldaten begegnet man oft der Meinung: »Wir müssen den Krieg gewinnen, sonst geht es uns schlecht.« Das ist ebenfalls ein Trick der Nazis. Sie treiben im Untergang noch Schindluder mit dem blöden Volke. Erst bringen sie die ganze Welt gegen uns auf, und dann sagen sie zu den erbärmlichen Menschen »ihr müßt Euch wehren, sonst seid ihr verloren«.

Nach dem heutigen Stande könnte nur eine Palastrevolution dem Trauerspiel ein Ende bereiten. Aber Charaktere ⟨von Format⟩ waren schon immer sehr wenig zu finden. Die Herrschaften vom Adel, von der Hochfinanz, von der Industrie, alle sind sie dem Rattenfänger Adolf Hitler nachgelaufen oder haben ihn mindestens für ihre Zwecke mißbraucht.

Wem Gelegenheit gegeben ist, in das egoistische Innere der gesamten Akademiker zu blicken, den schaudert es vor der geistigen Verworrenheit dieser Schicht.

Deutsches Volk, betrachte einmal genau deine sogenannte geistige Führerschicht!

Bis Ende 1918 stramme Monarchisten. Hurrahpatrioten u. Bierbankpolitiker. Wer von ihnen hat die Monarchen in Schutz genommen oder sein Leben für die Erhaltung der Monarchie eingesetzt??

Dann kam die Republik. Kaum einer von diesen war mit dem Herzen dabei. Viele taten so als ob. Mehr noch gesellten sich geheim oder offen zu den Meuchelmördern der Republik.

Schaut Euch einen Dr. Meißner[110] oder einen von Papen[111], Dr. Schacht[112] an. Der reinste Typ der Volksverächter. Gemeine Spießgesellen eines Adolf Hitler und Konsorten.

Hierauf kam die glorreiche Zeit ab 1933. Abenteurer, Erzgauner, ⟨Volksbetrüger, Schwindler,⟩ Postenjäger, Vorbestrafte, Hazardeure, Lumpengesindel in trauter Gemeinschaft.

Ein Eldorado für Gesinnungsschnüffler und Denunzianten. Sadisten ⟨u. Bluthunde⟩ als Regierende.

---

8. Dez. 1941.

Während noch diplomatische Besprechungen zwischen dem japanischen Botschafter in Washington und dem ⟨amerikanischen⟩ Minister des Aeußeren stattfanden, griffen japanische Flugzeuge amerikanische Stützpunkte im Stillen Ozean an. Japan zeigt sich der Welt in seinem niederträchtigen, hinterlistigen Wesen. Japan ist ein gelehriger Schüler Deutschlands. Endlich, endlich gibt es jetzt klare Fronten. Nun wird es Kriegserklärungen regnen.[a]

Werden jetzt den Herren Isolationisten in USA. die Augen aufgehen? Welch eine Verblendung von diesen feigen Gestalten. Wie kann man bei diesem gigantischen Ringen um Menschenwürde u. Freiheit durch Neutralität ⟨den Abseitsstehenden spielen⟩, in Wirklichkeit ⟨aber⟩ auf Seiten der Tyrannenstaaten Deutschland, Japan und Italien stehen?

Jetzt entgehen Deutschland, Japan und Italien ihrem wohlverdienten Schicksal nicht mehr.

Das harte Urteil der Geschichte wird gesprochen werden.

99% Schuldige in Deutschland!!!

9. Dez. 1941

Eine bei der Familie F[...] einquartierte Düsseldorfer Frau hat ihre Gefühle anläßlich des von Japan angezettelten Krieges im fernen Osten mit folgender Aeußerung zum Ausdruck gebracht:

»Ist das nicht wunderbar, dieser neue Krieg«! Wie diese brutale Arierin, ⟨so⟩ sind recht viele Exemplare in dem kriegswütigen Deutschland zu finden, weil sie glauben, ⟨dieser Krieg im fernen Osten würde Entlastungsvorteile für Deutschland bringen.⟩ Im Weltkrieg 1914/1918 war es ähnlich. »Hier werden noch Kriegserklärungen angenommen«, wurde frohlockend in die Welt hinausgerufen.

Es bedarf noch sehr starker Kriegseinwirkungen bis alle Deutschen den Krieg satt haben.

10. Dez. 1941.

Es ist köstlich, zu sehen, wie die Parteigenossen aus den Anfangserfolgen der Japaner neuen Mut schöpfen. Voran Dr. Josef Göbbels. In großer Aufmachung feiert er jap. Siege. Was hat Deutschland davon, wenn Japan die Hawaii-Inseln, die Philippinen u. die Halbinsel Malaka angreifen? Das ist doch kein Grund für die Nazi, Freudentänze aufzuführen.

Etwas anderes wäre es, wenn Japan gegen Rußland (Ostsibirien) das Schwert gezogen hätte, dann könnte man von einer Entlastung Deutschlands im Osten sprechen. Bis jetzt hat uns Japan diese Gefälligkeit nicht erwiesen.

Die NSDAP. braucht deshalb auch nicht zu frohlocken. –

Ich bin der Meinung, daß die Ausbreitung der Kriegshandlungen unter allen Umständen nachteilige Folgen – mindestens indirekter Art – für uns haben werden. Die

a) *Kriegserklärungen regnen:* Der japanische Angriff auf Pearl Harbor am 7. Dezember 1941 hatte den Kriegseintritt der USA zur Folge. Hitler erklärte den USA wenige Tage später am 11. Dezember den Krieg. Vgl. Benz/Graml/Weiß 2007, S. 842.

europäischen Länder haben immer noch Waren aus Asien u. Amerika bezogen, und es fiel für Deutschland noch etwas ab. Sei es über Portugal, Spanien, Italien usw. Jetzt, wo Amerika selbst im Kriege steht, ist eine Ausfuhr von Amerika nach Europa ausgeschlossen. Die kommende Entwicklung wird es auch den törichten u. unbelehrbaren Nationalsozialisten zum Bewußtsein bringen, was es heißt, sich mit der ganzen Welt zu verfeinden. –

Wenn diese Tyrannenherrschaft der Nazibonzen zusammengebrochen ist und ich darnach gefragt werde, welche Maßnahme der Nazis mir die größten seelischen Beschwerden zugefügt hätte, dann werde ich ohne längeres Besinnen die Einführung des Tyrannengrußes

»Heil Hitler«

nennen.

Dieser Oberverbrecher zwingt auch noch die ⟨von ihm unterdrückten⟩ Menschen, ihn täglich im Gruß anzuhimmeln. So etwas hat jedenfalls die Weltgeschichte noch nicht erlebt. Das ist einmalig.

12. Dez. 1941

Adolf Hitler u. Mussolini haben USA. den Krieg erklärt!

Bei meiner Einstellung erübrigt es sich, daß ich hierzu ein Kommentar schreibe.

Wen Gott vernichten will, den hat er zu allen Zeiten mit Blindheit geschlagen.

Der neutrale und normale Mensch wird bei Betrachtung der Lage, selbst wenn er sie wohlwollend für Deutschland untersucht, nur zu der einen Lösung kommen können, daß diese Kriegserklärungen günstigen Falls den Krieg verlängern.

Tatsächlich kann als Endergebnis nur die totale Niederlage der Vertragspartner[113] Deutschland, Italien u. Japan herauskommen.

Wer nun annimmt, daß das deutsche Publikum in seiner Mehrheit sich diesen Erwägungen etwa anschließen würde, der wird schwer enttäuscht werden.

Es ist eine harte Strafe, in Deutschland geboren zu sein. Dieses Volk ist vollkommen wahnsinnig geworden. Die Anfangserfolge der Japaner haben sie außer Rand und Band gebracht; sie haben einfach den Verstand verloren. Sonst wäre es doch nicht möglich, daß viele »Volksgenossen« allen Ernstes zum Ausdruck gebracht haben, nun würde der deutsche Sieg schneller errungen werden!!!!!

Ich bin über eine derartige Idiotie einfach erschüttert. Ich könnte laut heulen über eine solche Verblödung. –

Allerdings[114] haben wieder einmal[115] die Gegner Deutschlands die Unterlagen für diese geistige Haltung eines Großteils des deutschen Volkes[116] geliefert.

Die Unfähigkeit maßgebender militärischer Persönlichkeiten auf der Gegenseite ist denn auch wirklich zu kraß.

Schlachtkreuzer auf dem Präsentierteller den japanischen Bombern darzubieten, ist eine sträfliche Dummheit.

Die amerikanische Flotte darf sich doch nicht an irgend einer Insel hinlegen und abschlachten lassen.

Wenn die Hawai-Inseln sich nicht mit Ferngeschützen und schweren Bombern sowie zahlreichen Jagdflugzeugen verteidigen können, dann ist es schon besser, die Inseln einfach dem Gegner zu überlassen.

Das gleiche gilt für die engl. Flotte bei Singapur. Lassen die Engländer sich die größten Schlachtschiffe »Prinz of Wales« u. »Repulse« von japan. Bombenflugzeugen vernichten.

Wo waren die Flugzeugträger als Beschützer dieser Schlachtschiffe und wo waren die Jagdflugzeuge der Insel Malaka?

Ein sehr trauriges Kapitel des englischen »Weltreiches«!

Ich will nicht nur kritisieren, ich will auch verraten, wie ich mich als Befehlshaber der Engländer u. Amerikaner verhalten würde. Hintennach kann ja schließlich jeder sagen »das hätte ich so gemacht« ⟨u. deshalb will ich mich heute vor Beginn größerer Kampfhandlungen festlegen.⟩

Amerika, England, China u. Russland haben ungeheure Chancen strategischer Art, wenn sie an der richtigen Stelle angreifen.[117]

Angreifen meine Herrschaften!!

Angreifen an den schwachen Stellen der Deutschen, Italiener u. Japaner.

Letztere haben ihre Kräfte bereits verzettelt.

Ein entscheidender Fehler.

Also haut diese Japser in Stücke!

⟨Meine Pläne wären:⟩

China: (Tschiang-Kai-Shek)	Großangriff in Südchina mit allen ⟨dem General Tschiang Kai Shek⟩ zur Verfügung stehenden Kräften. Ziel: Kanton. Damit eine Basis für die Landung amerikanischen Kriegsmaterials u. Truppen geschaffen wird. Ist dieses Ziel erreicht, dann sind die Japaner in Indochina und Siam zu vernichten.
USA.:	Sämtliche Bombenflugzeuge nach Ostasien (Sibirien (Küstenprovinzen)) und England. Großangriffe auf Japan und Deutschland. Die japanischen Holzhäuser müssen flackern. Der Krieg muß unter allen Umständen in die Länder der Kriegsverbrecher getragen werden.
England u. USA.	Die Flotten des Atlantischen Ozeans haben ⟨1.)⟩ Italien anzugreifen u. diesem halbverwesten Staat den Gnadenstoß zu geben. ⟨2.)⟩ In Norwegen landen! ⟨3.)⟩ Truppen u. Material sind ⟨auch⟩ über Persien nach Rußland zu bringen. Unterstützung Rußlands u. China!

Das Aufsparen der engl. Flotte ist ein verhängnisvoller ⟨u. kostspieliger⟩ Irrtum gewesen. Was hätte die engl. Flotte mit den in 2 Jahren nach u. nach vernichteten[118] Schiffen anfangen können, wenn sie zu einer Konzentration zusammengefaßt worden wäre?

Nichts hat die engl. Flotte gegen Deutschland unternommen.

Gegen Italien nur schwaches Flickwerk. Das ist einer großen Flotte unwürdig.

Die geringe Zahl ⟨bei Kriegsausbruch vorhandener⟩ englischer U-Boote ist geradezu ein Verbrechen!

Als weitere Maßnahme würde ich einen gemeinsamen Angriff auf Norwegen u. Finnland in Scene setzen, um Verbindung mit Rußland zu erhalten.

Verstärkung der russischen Truppen in Murmansk-Abschnitt und Archangelsk durch kanadische u. amerikanische Truppen.

Hierdurch Aufrollen der gesamten Front.

Bewaffnung der Norweger.

Angriff gegen Schweden bei weiterem saumäßigen Verhalten der Welt gegenüber. Diese schwedischen Hundsfötter liefern Deutschland Eisenerze!

Hoffentlich, hoffentlich findet sich wenigstens ein Mann mit einer halbwegs vernünftigen Idee in Amerika.

Herrgott hilf' doch wenigstens ein kleines bißchen, und gib den amerikanischen Offizieren den erforderlichen Schneid und Verstand!

Ran an die Feinde der Menschheit: Deutschland, Italien u. Japan!

13. Dez. 1941.

Die Geisteskrankheit erfaßt auch die »höheren« Kreise. Die Witwe des Oberamtsrichters Zimmermann in Laubach ⟨hat sich⟩ dahin geäußert, daß sie es einfach lächerlich fände, zu glauben, der Krieg würde wegen der Kriegserklärung an Amerika länger dauern. »Wir siegen schneller«, sprach diese Dame mit vollster Ueberzeugung.

Bei dieser Logik ist man entwaffnet. –

Seltener Besuch: Die Frau unseres Oberamtsrichters ⟨war⟩ bei mir auf dem Büro wegen Steuerangelegenheiten. Es entwickelt sich nachstehendes Zwiegespräch.

Ich: Nun, Frau Sch[...], ich habe doch Recht behalten, daß es mit Rußland eine recht langweilige Geschichte gibt.

Frau Sch[...]: Das kann man nicht sagen.

Ich: Unsere Front im Osten wankt. Das war der größte Fehler, der gemacht werden konnte, vor Einbruch des Winters so weit nach Rußland hineinzuziehen.

Frau Sch[...]: Die Front im Osten steht. Im Frühling geht es weiter. –

In den Gesichtszügen dieser Frau las ich, daß ihr meine Bemerkungen im höchsten Grade unangenehm waren. Diese Leute haben sich zu sehr mit dem Nationalsozialismus (von dem sie für ihre Person sich große Vorteile versprachen) eingelassen. Selbst der geringste Mißerfolg wird weggewünscht.

Der deutsche Heeresbericht verkündet nichts von irgendwelchen Rückzügen an der Ostfront.

Glauben die Herren an ein Wunder?

Die ausgemergelte deutsche Armee kann keinen nennenswerten Widerstand mehr leisten, sie braucht größte Ruhe.

Reserven werden nach diesen mörderischen Kämpfen vor Moskau kaum vorhanden sein. Jetzt ist der Augenblick gekommen, wo jeder begangene Fehler Früchte trägt.

Ja, meine gescheiten Herren Generäle, hat denn wirklich keiner den Herrn Gefreiten u. Oberstkommandierenden Hitler vor seinen größenwahnsinnigen Welteroberungsplänen gewarnt?

Oder sollte der eine oder andere vielleicht absichtlich geschwiegen haben?

Wer kennt die Seelen dieser adeligen ⟨national⟩sozialistischen Heerführer?

Trau, schau, wem![119]

Jetzt schauen die ⟨deutschen⟩ Truppen in Afrika, Italien, Jugoslawien, Griechenland Frankreich, Belgien, Holland, Dänemark u. Norwegen zu, wie ihre Kameraden verlaust u. verbittert, teilnahmslos u. stur mit gesenkten Häuptern ihre mit schwersten Opfern eroberten Stellungen aufgeben und an irgend einer Stelle – wenn der Feind es gestattet – lustlos halt machen. Kein Truppenteil weiß etwas vom Nachbar. Hält die Division X? Wo greift der Feind erneut an? Ist unser Nachschub intakt? Das sind so die Fragen.

Die deutsche Armee geht schweren Tagen entgegen.

Und das deutsche Volk weiß nichts davon.

Weihnachten 1941 gibt kein frohes Fest.

Zum 13. Dez. 1941:[120]

Die Ehefrau des Oberamtsrichters Schmitt erwähnte noch, daß sie von einem Bekannten, der an der russ. Front in der Nähe von Tischwin steht, einen Feldpostbrief erhalten habe.

Dieser Soldat schrieb u.a., ihnen gegenüber würden nur Kinder u. Greise als russische Soldaten stehen und die Deutschen seien 10mal besser für den Winter ausgerüstet als die Russen!! Ich sagte: »Von Tischwin wird dieser Soldat Ihnen nie wieder schreiben.«

(Tischwin ist nämlich von den Russen zurückerobert worden). –

Wenn unsere Soldaten glauben, mit wahrheitswidrigen, überheblichen, einfältigen Berichten ihre Lage zu verbessern und den Feind zu erschüttern, dann können sie mir von Herzen leid tun.

14. Dez. 1941 (Sonntag).

Soeben zog ein Haufen Jugendlicher an der Wohnung vorbei. Sie brüllten:

…
»wir werden weitermarschieren
wenn ⟨auch⟩ alles in Scherben fällt.
Heute gehört uns Deutschland,
Morgen die ganze Welt.«

Diese aufgeblasene, hohlköpfige Jugend kann vielleicht nichts dazu, daß sie von Größenwahnsinnigen mißbraucht wird. Die Schuldigen sind an der Spitze ⟨der Partei⟩ u. des Reiches zu suchen.

Nach diesem Kriege müssen in erster Linie die Erzieher zu Menschen erzogen werden und dann kann die verwilderte Jugend an die Reihe kommen.

Ein anderes Deutschland muß entstehen, ein gesittetes Deutschland. Ein Deutschland, das man als Kulturland bezeichnen kann und in dem Künstler und Wissenschaftler[121] frei ⟨gestalten u.⟩ arbeiten können.

Heute ist lediglich festzustellen, daß die großen Männer der Vergangenheit umsonst gelebt haben. Rohe Macht ist z.Z. Ersatz für Kunst und Wissenschaft.

Deutschland kann und wird erst gesunden, wenn von ⟨den⟩ führenden Männern mit Fug und Recht behauptet wird:

Es ⟨sind oder es⟩ waren edle Männer, trachtet darnach, es ihnen gleich zu tun. –

Bis dahin muß noch viel Blut fließen. Ich bin nicht felsenfest davon überzeugt, daß aus diesem Blutbad ohne weiteres ein Deutscher entsteht, der seine germanischen Charaktereigenschaften ⟨ändert⟩ und das Muster aus seinen Heldensagen verwirft.[122] Die Keime dieser Krankheit sitzen derart tief, daß noch viele Jahre erforderlich sein werden, um einen neuen, sympathischen Typ heranzubilden, von dem die anderen Völker sagen werden:

Der Deutsche ist ein anständiger Mensch.

15. Dez. 1941.

Es verlautet, daß die[123] Juden einiger Bezirke[124] irgendwohin abtransportiert werden.[a] Sie dürfen etwas Geld u. 60 ℔ Gepäck mitnehmen. Die Nationalsozialisten sind stolz auf ihr Tierschutzgesetz. Aber die Drangsale[125], die sie den Juden angedeihen lassen, beweist, daß sie die Juden schlechter als die Tiere gesetzlich behandeln.

a) *irgendwohin abtransportiert:* Mitte Oktober 1941 begann die Deportation der Juden aus dem Reichsgebiet, deren Ziele zunächst das Getto Litzmannstadt, Riga, Kowno und Minsk waren. Es ist unklar, auf welche Deportationen Kellner sich in dem Eintrag bezieht. Am 11./12. November 1941 wurden Juden aus Frankfurt nach Minsk deportiert, am 22. November 1941 verschleppten die Nationalsozialisten 992 Juden aus Frankfurt nach Kowno, wo sie außerhalb der Stadt erschossen wurden. Schließlich verließ am 9. Dezember 1941 ein Zug mit 1034 Juden den Kasseler Hauptbahnhof nach Riga. Sie kamen aus dem gesamten Regierungsbezirk Kassel. Vgl. Gottwaldt/Schulle 2005, S. 93, 106f. und 126f.

Diese grausame, niederträchtige, sadistische, über Jahre dauernde Unterdrückung mit dem Endziel Ausrottung ist der größte Schandfleck auf der Ehre Deutschlands. Diese Schandtaten werden niemals wieder ausgelöscht werden können.[a] –

Den Ortsgruppenleitern ist eine ungeheure Gewalt eingeräumt. Sekretär Becker soll zum Obersekretär befördert werden.[126] Das geht nicht ohne Befürwortung durch die Partei. Ortsgruppenleiter Pott mußte über die Persönlichkeit des Becker, insbesondere über[127] dessen politische Zuverlässigkeit u. kirchliche Gesinnung, ein Urteil abgeben. Pott sagte zu Becker, er hätte die Beförderung befürwortet u. ihn als Nichtkirchengänger bezeichnet, da die Partei keine Beamten wünscht, die zur Kirche Beziehungen haben!![128]

⟨Wenn die engl. Flieger eine Kirche treffen, dann weint Göbbels Krokodiltränen. Heuchler!⟩

Derartige Dinge werden natürlich niemals in der Oeffentlichkeit besprochen. Die Kirche wird von den Nazis auf heimtückische u. raffinierte Art bekämpft.

Und trotzdem hat es eine große Anzahl evangelischer Pfarrer gegeben, die sich dieser kirchenfeindlichen Partei mit ganzem Herzen verschrieben haben. Es sind die gleichen Gestalten, die im vorigen Kriege der kriegshetzerischen »Vaterlandspartei« angehörten und die von Haus zu Haus liefen, um Unterschriften zu Gunsten von Annexionen sammelten.

(z.B. Pfarrer Nebel[129] in Laubach)

Hätten sich die evangelischen Pfarrer nur um die Seelsorge gekümmert und die christlichen Lehren wirklich vertreten, dann wäre der Abfall von der Kirche niemals in so hohem Maße eingetreten. Die Erziehung der Pfarrer läßt ungemein viel zu wünschen übrig. Es darf auch keiner zugelassen werden, der nicht voll und ganz von[130] den[131] ⟨Lehren des⟩ Christentums überzeugt ist. Brotstudium muß ausgeschlossen sein.

a) *Diese Schandtaten:* Gerüchte und Informationen über Massaker an den sowjetischen Juden seit Mitte 1941 kursierten bereits im Herbst und Winter 1941. Über das Schicksal der seit Mitte Oktober deportierten Juden aus dem Deutschen Reich wurden Spekulationen angestellt. Im November 1941 äußerten sich Propagandaminister Goebbels und Alfred Rosenberg, Reichsminister für die besetzten sowjetischen Gebiete, relativ offen über die Ermordung der Juden. Goebbels erinnerte in einem vielbeachteten Artikel in der Wochenzeitung »Das Reich« an Hitlers Prophezeiung vom Januar 1939, ein neuer Weltkrieg werde die Vernichtung des Judentums in Europa nach sich ziehen, und verkündete den Vollzug dieser Warnung. Rosenberg bekannte auf einer Pressekonferenz offenherzig, die Juden würden nun »biologisch ausgemerzt«. Vgl. Dörner 2007, S. 386-389 und 426-434.

16. Dez. 1941.
»Frankf. Zeitung, 15. Dez. 1941.«

An der Ostfront.

Berlin, 14. Dezember. Das »Deutsche Nachrichtenbüro« gibt folgende Erläuterungen zur Lage an der Ostfront: »Der Einbruch des russischen Winters hat seit geraumer Zeit umfangreiche Angriffsoperationen im Osten zunächst unmöglich gemacht. Der Einsatz der deutschen Heeresverbände ist daher in der abgelaufenen Woche durch zahlreiche örtliche Kampfhandlungen an der langen Ostfront gekennzeichnet. Der Feind versuchte täglich, an vielen Stellen unter Ausnutzung des Nebels oder im Schutze der Nacht und mit Unterstützung aller Waffen immer wieder die deutschen Linien einzudrücken oder sie gar zu durchstoßen. Unsere Soldaten wiesen aber die zum Teil mit Panzern, schwerer Artillerie und Flugzeugen verstärkten Angriffe der Bolschewisten blutig zurück. Im übrigen ist jetzt bis auf weiteres nicht der Besitz dieses oder jenes Landstreifens entscheidend, sondern nur die Tatsache, den Feind an der Klinge zu halten und ihm so auch weiterhin schwere Verluste an Menschen, Waffen und Geräten beizubringen, wie es die durch die Wetterlage und die Geländeverhältnisse bedingten Umstände zulassen. Nicht die Erreichung oder das Festhalten irgendeines Ortes oder Punktes ist wichtig, sondern die Besetzung der taktisch oder für die Unterbringung der Truppen günstigen Stellungen im weiten Umkreis.

Täglich erkunden Späh- und Stoßtrupps die Feindlage. Sie und die sich oft acht- bis zwölfmal täglich wiederholenden Angriffe der Bolschewisten bewirkten auch in der vergangenen Woche, daß die Ostfront an keiner Stelle erstarrte.

Die deutsche Luftwaffe, die auch in der letzten Woche den Truppen des Heeres kameradschaftliche Hilfe und Unterstützung leistete, brachte den Bolschewisten zahlreiche Schläge bei. Die Zahl von 228 abgeschossenen bolschewistischen Flugzeugen in der Zeit vom 29. November bis zum 5. Dezember beweist gleichermaßen den Umfang des feindlichen Einsatzes wie aber auch die Ueberlegenheit der deutschen Flieger überall dort, wo sie auf bolschewistische Piloten trafen. Der Verlust von nur 21 eigenen Flugzeugen erhärtet dies. Tag für Tag und nicht selten auch nachts lagen Stellungen, Truppenansammlungen und Kolonnen, Panzerbereitstellungen, rückwärtige Gebiete mit Eisenbahnlinien und Industriewerken unter der Wirkung deutscher Bomben und Bordwaffenangriffe.«[132]

Obige »Erläuterung« zu den nichtssagenden Heeresberichten dieser Tage ist eine merkwürdige Angelegenheit. Plötzlich spielt der russische Winter eine Rolle. Das in Wort u. Schrift vernichtete oder zusammengebrochene Heer der Russen kümmert sich nicht um diesen Winter und die für das deutsche Heer so dringend notwendige Ruhe. »Nicht die Erreichung oder das Festhalten irgendeines Ortes oder Punktes ist wichtig, sondern die Besetzung der taktisch oder für die Unterbringung der Truppen günstigen Stellungen im weiten Umkreis.« Der Verfasser dieser Erläuterung hat ein kindliches Gemüt. Wenn er eine günstige Verteidigungsstellung sucht, so wird sich diese immer an Ortschaften oder Städte anlehnen, die nach seinen eigenen Angaben – wenn es in den Kram paßt – selbstverständlich dann gar nicht so wichtig sind. Vor Tische las man das wesentlich anders.[133] Ich will es Euch sagen: der mißlungene Angriff auf Moskau ist der verlorenen Marneschlacht gleichzuachten.[a] Das ist die ungeschminkte Wahrheit. Diese Wahrheit ist aber für das deutsche Volk ein schwerer Schlag, weil es durch die Berichterstattung der Obersten Heeresleitung zu der unerschütterlichen Ueberzeugung gebracht worden ist, daß an dem Endsieg überhaupt nicht gezweifelt werden kann.

Der Glaube an den Sieg ⟨ist u.⟩ war bei der großen Mehrheit des deutschen Volkes gewaltig.

Ein Bollwerk des Nationalsozialismus!

Am 10. Oktober 1941 schrieb der »Völkische Beobachter«, Südd. Ausgabe:

Die große Stunde hat geschlagen.

Feldzug im Osten entschieden.

Heeresgruppen Timoschenko und Woroschilow eingeschlossen. Heeresgruppe Budjenny in Auflösung.[134]

Und der Tagesbefehl des Führers an die Soldaten der Ostfront vom 2. Oktober 1941 enthielt nachstehende Andeutung:

»... In diesen 3½ Monaten, meine Soldaten, ist nun aber endlich die Voraussetzung geschaffen worden zu dem

letzten gewaltigen Hieb,

der noch vor dem Einbruch des Winters diesen Gegner zerschmettern soll. Alle Vorbereitungen sind – soweit sie Menschen meistern können – nunmehr fertig. Planmäßig ist dieses Mal Schritt um Schritt vorbereitet worden, um den Gegner in jene Lage zu bringen, ihm jetzt den tödlichen Stoß versetzen zu können ...«[135]

Man spürt richtig diesen Stoß, der im Führerhauptquartier am 2. Oktober 1941 geführt wurde.

Bescheidenheit ist eine Zier,
doch weiter kommt man ohne ihr.

Anscheinend hat Adolf Hitler noch nie Schach gespielt. Sonst müßte er wissen, daß man erst dann über einen Zug jubeln kann, wenn der Gegner keinen besseren dagegensetzt.

Die Nazis überschätzen sich und unterschätzen alle anderen.

———

Gleiche Brüder, gleiche Kappen![136]

a) *der verlorenen Marneschlacht gleichzuachten:* Kellner bezieht sich auf die 1. Marne-Schlacht im September 1914: Die 1. Armee war in hohem Tempo bis in Vororte von Paris vorgedrungen. Wegen des raschen Vormarsches blieben zahlreiche Soldaten zurück, und die Nachschubwege waren unzureichend gesichert. Deswegen und wegen taktischer Änderungen konnten französische und britische Truppen die deutsche Offensive in blutigen Schlachten aufhalten und zurückdrängen. Vgl. Enzyklopädie 2009, S. 697-699.

Der japanische Ministerpräsident Tojo hat durch den Rundfunk zum jap. Volke gesprochen u. zwar als Vertreter der »Habenichtse« (Goebbels'sche Erfindung Kllr) und als Repräsentant eines rohstoffarmen, übervölkerten Staates, wie er sagte. Er wies u.a. darauf hin, daß der Schlüssel zum Siege im Glauben an den Sieg liege.[137] – (Gläubige Menschen werden leichter verführt.)

Diese angeblichen »Habenichtse« (deutsche, ital. u. japanische) haben in einer Weise gerüstet, daß die gesamte übrige Welt ihre liebe Not haben wird, diese drei Raubstaaten zurückzuweisen und auf den Weg des Rechts zu führen.

Warum haben denn diese 3 Länder die für Rüstungen hinausgeworfenen märchenhaften Summen nicht für den Ankauf der ihnen fehlenden Waren oder Rohstoffe verwendet? Allein aus dieser widerspruchsvollen Haltung ist ersichtlich, daß es ihnen lediglich auf die Beherrschung der Welt ankommt. Nur die Machtpolitik war für ihre Ueberrüstungen maßgebend.

18. Dez. 1941

Die Nationalsozialisten berauschen sich an den japanischen Siegen. Ersatz für die ausbleibenden eigenen Erfolge. Wie kurzsichtig sind doch diese Nazis. Der Japaner macht keinen Finger krumm zu Gunsten Deutschlands, denn sonst hätte er die Russen in Sibirien angreifen müssen. Die gelben Räuber haben sich im Weltkriege 1914/1918 ihren Verbündeten (England pp.) gegenüber genau so benommen wie sie es heute ihrem »Freunde« Deutschland beweisen. Diese gelben Gauner haben damals für ihr Nichtstun Tsingtau und die ozeanischen Inseln (Marianen und Karolinen) erhalten, ohne einen Schuß für ihre Verbündeten abgeschossen zu haben. Sie waren lediglich passiv oder neutral.

Es geschieht Deutschland recht. Deutschland hat ⟨sich⟩ als Hauptbundesgenossen Italien und Japan herausgesucht. Mit diesen beiden Staaten hätte ich niemals einen Vertrag abgeschlossen.

Erstens wegen ihres Verhaltens 1914-1918 und dann, weil es Nationen sind, von den keine Unterstützung zu erwarten ist.

Ein Bündnis mit England wäre mir sehr sympathisch. Deutschland könnte mit einer kleinen Flotte vorlieb nehmen und wäre geheilt von dieser Zukunftskrankheit (»Unsere Zukunft liegt auf dem Wasser«[138]).

Bis jetzt liegt der größte Teil dieser Zukunftshoffnung auf dem Meeresgrund.

19. Dez. 1941.

Allenthalben stößt man auf Zeitgenossen, die sich merkwürdigen Illusionen hingeben. Sie waren begeistert, daß USA. mit Japan u. Deutschland Krieg führt. Die Zeitungen feiern die Siege der Japaner wie die eigenen – und schweigen sich zu gegebener Zeit aus.

Ohne Illusionen geht es nicht.

20. Dez. 1941.
28 Staaten befinden sich ⟨z.Z.⟩ im Krieg.

Deutschland steht im Kriege gegen 17 Staaten (hierbei ist das britische Empire als 1 Staat gerechnet).

Auffällig ist, daß Finnland, Bulgarien u. Japan nicht an Rußland den Krieg erklärt haben. Finnland hat auch USA. nicht den Krieg nicht erklärt, obwohl die übrigen Staaten des Dreimächtepaktes (Bulgarien, Kroatien, Slowakei, Ungarn u. Rumänien) den Beispielen Japans, Italiens u. Deutschlands gefolgt sind. –

Jetzt in diesem allgemeinen Trubel reizt es mich, einige Voraussagen niederzuschreiben.

Vor längerer Zeit – es sind schon einige Monate her – habe ich Amtsgerichtsrat Dr. Hornef gesagt, daß am 1. Januar 1943 kein kämpfender deutscher oder italienischer Soldat mehr sich in Afrika befindet.

Bezüglich Abessinien, ital. Somaliland u. Eritrea stimmt meine Voraussage bereits 100%ig.

In Nordafrika finden z.Z. Kämpfe statt, die nur mit einer vollkommenen Niederlage der deutschen und italienischen Truppen enden können. –

Was den Weltkrieg Nr. 2 anlangt, so habe ich noch keinen Augenblick daran gezweifelt, daß Deutschland, Italien, Japan u. deren Trabanten diesen Krieg mit Pauken u. Trompeten verlieren werden.

Japan wird aus China hinausgeworfen. Rußland jagt die deutschen Armeen aus seinem Lande.

Es entsteht ein neuer Staat »Polen« unter Anlehnung an Rußland.

Oesterreich u. Tschechoslowakei werden wieder frei.

Norwegen, Dänemark, Holland, Luxemburg, Belgien, Frankreich, Jugoslawien u. Griechenland werden wieder souveräne Staaten.

Der erste Verbündete von Deutschland, der zusammenbricht, ist Finnland. Hierdurch wird unsere Nordfront in Nordfinnland u. Norwegen russischen Angriffen ausgesetzt.

⟨Dann kommt der Zusammenbruch von Italien u. Rumänien.⟩

Die Faschisten in Italien und die Nationalsozialisten in Deutschland werden vernichtet.

In allen Ländern Europas werden diejenigen Politiker pp. ausgerottet, die sich von Adolf Hitler bestechen ließen.

Auf den Zeitpunkt des Eintritts dieser Ereignisse kommt es weniger an. Dies würde ich auch nicht sagen können.

Das Wort hat nun die Zukunft.

Nach dem Kriege muß eine neue Weltordnung unter amerikanisch-englischer Führung kommen.

21. Dez. 1941.
Das gleiche Führerhauptquartier, das seit Beginn des russischen Feldzuges mit siegesbewußten, bombastischen und übertriebenen Meldungen den Glauben des deutschen Volkes an den Endsieg immer wieder zu steigern versuchte, sieht sich nun nach 6 Monaten bitterster Kämpfe zu nachstehenden Bekanntmachungen und Entschuldigungen gezwungen.

Wehrmachtberichte

Aus dem Führerhauptquartier, 17. Dezember ⟨41⟩
Das Oberkommando der Wehrmacht gibt bekannt:
Im Zuge des Übergangs aus den Angriffsoperationen zum Stellungskrieg der Wintermonate werden zurzeit an verschiedenen Abschnitten der Ostfront die erforderlichen Frontverbesserungen und Frontverkürzungen planmäßig vorgenommen.[139]

Hamburger Fremdenblatt v. 18.12.41:

Der Stellungskrieg im Osten

Meldung unseres Vertreters
eh. **Rom,** 18. Dezember ⟨41⟩
Der Beschluß des Oberkommandos der deutschen Wehrmacht, während der Wintermonate die großen strategischen Operationen an der Ostfront einzustellen, findet in Italien volle Billigung. »Popolo di Roma« schreibt, daß das deutsche Oberkommando, um diese neue Phase zu kennzeichnen, zwar das Wort Stellungskrieg gebraucht habe, ohne jedoch damit dem Ausdruck dieselbe Bedeutung zu geben, die er im Kriege 1914/18 hatte. Obwohl die starke Kälte, vor allem im mittleren Frontabschnitt, die Abwicklung einer planmäßigen deutschen Offensive hindert, sei damit nicht gesagt, daß die Operationen sich auf irgendeine beliebige Widerstandslinie kristallisiert hätten. Die zeitweilige Unterbrechung der deutschen Offensivtätigkeit ist, so stellt das römische Blatt mit Nachdruck fest, einer genau abgewogenen deutschen Initiative zuzuschreiben, so wie auch die Überwinterungslinie von den Deutschen gewählt und festgesetzt worden ist. Dieser neue Stellungskrieg werde der Ostfront ein eigenes Gepräge geben und fuße auf der Idee einer größtmöglichen Anpassung an die Bodenverhältnisse. Durch die Ausrichtung und Verkürzung der Front werde deutscherseits nicht nur eine bedeutende Ersparnis an Menschen und Material erzielt, sondern auch eine weitere Verteidigung sichergestellt, während dem Gegner die ungünstigsten Stellungen überlassen bleiben.[140]

Es ist menschlich verständlich, daß das Führerhauptquartier bezw. der Verfasser der Heeresberichte (ich vermute Adolf Hitler)[a] die Wahrheit mit allen Mitteln zu vertuschen sucht.

a) *Verfasser der Heeresberichte:* Der Wehrmachtbericht wurde zunächst vom Leiter der Abteilung Wehrmachtpropaganda, zu Kriegsbeginn Hasso von Wedel (1898-1961), bei dem täglich die Berichte der drei Wehrmachtteile Heer, Luftwaffe und Kriegsmarine eingingen, zusammengestellt und innerhalb seiner Abteilung gekürzt. Im zweiten Kriegsjahr wurde ein Referat »W« zum Zwecke der Formulierung eingerichtet, ab 1944 wiederum ein Militärschriftsteller für die Bearbeitung eingesetzt. In den letzten Kriegswochen waren innerhalb der Abteilung OKW/Wehrmachtpropaganda eine Nord- und eine Südgruppe mit der Ausarbeitung der Berichte befasst. Während der

Im Jahre 1914 habe ich die »Frontverbesserung« in Frankreich mitgemacht. Wir Soldaten haben allerdings unsere rückwärts gerichteten Bewegungen schlicht und einfach als Rückzug bezeichnet. Was gibt es da zu bemänteln? Mit der Zeit kommt selbst der dümmste Nationalsozialist hinter die amtlichen Schönfärbereien.

Es ist sehr peinlich – ich verstehe das gut –, daß ausgerechnet dieser Gegner, dessen Zusammenbruch schon mehrfach amtlich bestätigt wurde, die »unbesiegbare beste Armee der Welt« langsam aber sicher dahin zurückdrückt, wo sie hergekommen ist.

Daran ändern die Phrasen der obigen Zeitungsmeldung rein gar nichts. Es ist geradezu dummdreist bei dieser Sachlage noch von einer deutschen Initiative zu reden.

Die russische Armee hat durch ihre Angriffe die deutsche Armee zum Rückzug gezwungen.

Das ist die nackte Wirklichkeit!

Wenn das deutsche Oberkommando die Heimat mit dem »Stellungskrieg der Wintermonate« zu trösten oder zu täuschen versucht, so sage ich diesen Herren, daß nicht sie, sondern die Russen über die Art der kommenden Kriegführung zu entscheiden haben.

Auch im Jahre 1914 wäre es nicht zu dem blöden Stellungskrieg gekommen, wenn die Franzosen etwas getaugt hätten und die Engländer eine ihrer Größe entsprechende Wehrmacht besessen hätten.

Ich glaube nicht an einen Winterschlaf der Russen!!

Die Verknappung aller Waren hat dazu geführt, daß derjenige, der »etwas hat«, nach dem Gesetz der Selbsterhaltung auf dem Tauschwege sich zusätzliche Rationen verschafft.

Der Bauer, der ausgerüstet mit seinen vitaminhaltigen Erzeugnissen zu dem ollen »ehrlichen« ⟨städtischen⟩ Kaufmann kommt, wird nie mit leeren Händen in seine Heimat zurückkehren.

Die Ware hat das Geld besiegt. Im vorigen Kriege[141] haben die Papierscheine den geldgierigen[142] Bauer zur Herausgabe von Nahrungsmitteln veranlaßt. Heute ist der Tausch Ware gegen Ware Trumpf. Der Kampf gegen diese Entartung der Wirtschaft wird zwar behördlicherseits geführt, aber er hat keinerlei Aussicht auf Erfolg.

Der Autarkie und der Zwangswirtschaft werden in diesem Kriege Niederlagen bereitet, die hoffentlich für alle Zeiten ernüchternd und gesundend wirken werden. –

gesamten Kriegszeit musste der Vorschlag für den Wehrmachtbericht jeweils an den Chef des Wehrmachtführungsstabes, Jodl, weitergeleitet werden, der den Bericht zu prüfen und schließlich dem Obersten Befehlshaber der Wehrmacht, Adolf Hitler, vorzulegen hatte. Freigegeben wurde der Bericht erst nach Berücksichtigung der Änderungswünsche Hitlers. Die Weiterleitung der Wehrmachtberichte an die Zeitungsredaktionen oblag dem Reichspressechef Otto Dietrich. Vgl. Kohlmann-Viand 1991, S. 40-43.

Tauschhandel verstößt gegen Berufsehre

boqu. Die Wirtschaftsgruppe Groß-, Ein- und Ausfuhrhandel veranstaltete mit ihren Fachgruppen eine Arbeitstagung, auf der die aktuellen Probleme der wirtschafts- und berufspolitischen Arbeit des Großhandels besprochen wurden.

Im Zusammenhang mit der Behandlung von Fragen der Berufsordnung im Großhandel wies der stellvertretende Hauptgeschäftsführer der Wirtschaftsgruppe, Dr. Dohrendorf, darauf hin, daß die Wirtschaftsgruppe mit allen Gliederungen hier und da auftretende Erscheinungen des Tauschhandels Aufmerksamkeit schenken müßte. Im ganzen betrachtet versehe der deutsche Großhandel seine Versorgungsaufgaben in selbstverständlicher Pflichterfüllung. Eine anständige kaufmännische Grundhaltung, bei der die Ehre des Berufs und die kriegswirtschaftliche Verantwortung im Vordergrund stünden, sichere reibungslosen und korrekten Warenverkehr zwischen dem Großhandel und seinen Lieferanten und Abnehmern. Verstöße gegen die Begriffe eines ehrenbewußten Kaufmanns seien in irgendeinem bemerkenswerten Umfang der Berufsorganisation des Großhandels nicht bekanntgeworden.

Trotzdem sei es im Hinblick auf die innerbetriebliche Bewirtschaftung von Mangelwaren Pflicht der Großhandelsorganisation, an ihre Mitgliedsbetriebe zu appellieren, jedes Ansinnen abzulehnen, das darauf gerichtet ist, zusätzlich Mangelware durch Austausch gegen andere Waren zu erhalten.

Unter keinen Umständen dürften Kunden bevorzugt werden, die in der Lage seien, ihrerseits im Tauschwege Ware zu liefern. Soweit überhaupt irgendwelche Lieferbedingungen durch Tauschangebote zur Ausnutzung einer Mangellage mißbraucht würden, habe der Großhandelskaufmann derartige Angebote abzulehnen und mit seiner Berufsorganisation für Abstellung jener Mißstände zu sorgen, die geeignet sind, die Versorgungsleistung der Kriegswirtschaft zu beeinträchtigen. Die Wirtschaftsgruppe Groß-, Ein- und Ausfuhrhandel werde in Erfüllung ihrer kriegsverpflichtenden Berufspolitik solche Ausnahmeerscheinungen, die sich gegen die Gesetze der Kriegswirtschaft vergehen und das Ansehen der Berufsgemeinschaft schädigen, vorbehaltlos zur Verantwortung ziehen.[143]

Die nebenstehende »Ehre des Berufs« ist weniger wert als 1/2 Pfund Butter!

Das habe ich praktisch recht häufig erlebt – und meine Zeitgenossen werden das wohl restlos bestätigen können.

22. Dezember 1941.

6 Monate Krieg mit Rußland.

Die Vernichtung des russischen Heeres – das Kriegsziel des deutschen Generalstabes – ist bis jetzt nicht geglückt.

Der Wechsel im Oberkommando beweist, daß nicht alles von vornherein einkalkuliert war (wie der Führer einmal behauptete).

Die Russen sind stets ausgewichen und holen jetzt zu Gegenschlägen aus. Das deutsche Heer befindet sich bei Beginn dieses Winters in einer wenig beneidenswerten Weise.

Jetzt ist Adolf Hitler, der »unfehlbare« Führer, der Oberste Befehlshaber.

Jetzt trägt er die alleinige Verantwortung für alle Fronten. Jetzt werden seine Gläubigen von ihm erwarten, daß er als

»Retter Deutschlands«

in die Geschichte eingeht.

In einigen Wochen ⟨oder Monaten⟩ werde ich zu diesem Strohhalm Stellung nehmen.

Generalfeldmarschall v. Brauchitsch ist seines Amtes enthoben worden.[a] Er wurde am 4.II.1938 Nachfolger von Fritsch, der die Politik Hitlers nicht mitmachen wollte.

Brauchitsch hat sich sklavisch dem Gefreiten Hitler unterworfen.

Einer von den vielen minderwertigen Charakteren.

Es ist eine gerechte Strafe für diesen Handlanger[144] Hitlers. Wieviel anders hätte alles werden können, wenn sich nach der Beseitigung des echten Soldaten Fritsch kein Offizier gefunden hätte, den Verräter an der Ehre des deutschen Offizierkorps[145] zu spielen.

Ab 1933 ist es schwer, überhaupt einen charaktervollen Menschen zu finden.

23. Dez. 1941.

Zu den Anfangserfolgen der Japaner möchte ich auch einmal Stellung nehmen.

Erstaunlich ist, daß die Japaner überall Landungen vornehmen können u. daß die Engländer bis heute es nicht fertig gebracht haben, in Norwegen, Dänemark, Holland, Belgien, Frankreich oder Italien gleiches zu tun. Ueber USA. u. England ist zu sagen, daß beide Länder in der Vorkriegszeit eine unselige Politik getrieben haben u. wenig vorausschauend handelten[146]. Die elenden Kapitalisten beider Länder taten alles, um die Ueberrüstungen der Japaner, Italiener u. Deutschen zu unterstützen, damit diese den Russen den Garaus machen können. Hier liegt das Geheimnis des Versagens der Engländer u. Amerikaner verborgen.

Deutschland wäre nicht in der Lage gewesen, Europa zu überfallen, wenn es nicht von England u. Amerika die erforderlichen Rohstoffe erhalten hätte.

a) *seines Amtes enthoben:* Das Oberkommando des Heeres (OKH) war die oberste Kommando- und Verwaltungsbehörde des Heeres und wurde bis zum 4. Februar 1938 von Werner Freiherr von Fritsch (1880-1939) und bis zum 19.12.1941 von Walther von Brauchitsch (1881-1948) geleitet. Die Amtsniederlegung von Brauchitschs stand in direktem Zusammenhang mit dem Scheitern der Offensive vor Moskau. Nach Übernahme des Kommandos durch Hitler persönlich verlor das OKH stetig an Kompetenzen. Vgl. Benz/Graml/Weiß 2007, S. 681; Weiß 2002, S. 57.

Das stimmt doch, Herr Lindberg? Sie wissen doch Bescheid, nicht wahr?[b]

Ich würde es sehr bedauert haben, wenn nicht USA. endlich einmal aufgerüttelt worden ⟨wäre.⟩ Japan ist der Hecht im Karpfenteich. Das ist gut so.

Habt Ihr jetzt ausgeschlafen, Ihr Amerikaner?

Jetzt wird es natürlich allerlei Mühe kosten, den Japaner von seiner Machtpolitik zu heilen. Vor Jahren war es leichter u. wesentlich billiger.

China (Tschiangkeischek) mußte mit allen Mitteln unterstützt werden.

Auch heute wäre ⟨es⟩ erforderlich, jede Unterstützung China u. Russland angedeihen zu lassen. Wann werden die blinden Demokratien sehend?

1. Weihnachtsfeiertag 1941.

Am 19. Dezember 1941 hat Adolf Hitler »im Bewußtsein einer inneren Berufung« die Befehlsgewalt über die gesamte Wehrmacht persönlich übernommen, nicht ohne auch dieses Mal den Herrgott anzurufen. Der Schlußsatz des Aufrufs an die Soldaten vom 19.12.41 lautet: »Der Herrgott aber wird den Sieg seinen tapfersten Soldaten nicht verweigern!«[147]

———

Ich meine, der Herrgott wird schon wissen, was er zu machen hat. –

Jetzt hat der nationalsozialistische Herrgott (Adolf Hitler) sein Todesurteil selbst unterschrieben.

Jetzt gibt es kein Entrinnen mehr.

Es ist nicht mehr möglich, einen General zum Sündenbock zu stempeln.

Wir werden sehen!

Kriegsweihnachten! (1941)

Der Frieden auf Erden ist noch weit entfernt.

Ist überhaupt ein wirklicher Friede möglich?

Ich bejahe diese Frage. Ich glaube an eine einmal kommende sittliche Weltordnung. Die Voraussetzungen dieser Weltordnung müssen aber erst geschaffen werden. Gelingt dies, dann waren die gesamten Opfer ⟨in diesem größten aller Kriege⟩ nicht umsonst gebracht worden.

Diese neue Ordnung kann nur beruhen auf Recht, Gerechtigkeit und Vertragstreue.

b) *Herr Lindberg:* vermutlich bezieht sich Kellner auf den legendären amerikanischen Flugpionier Charles Lindbergh (1902-1974), der sich zeitweise für eine Kooperation der westlichen Nationen (USA, England, Frankreich und Deutschland) gegen die Sowjetunion aussprach. Nach mehreren Besuchen in Deutschland, bei denen es ihm auch gestattet war, Rüstungsbetriebe der Luftwaffe zu besichtigen, wurde er 1938 mit dem von Hitler gestifteten »Großkreuz des Deutschen Adlerordens« ausgezeichnet. Lindberghs »diplomatische« Haltung gegenüber NS-Deutschland war stark antikommunistisch, wie auch antisemitisch geprägt. Bis zum Überfall auf Pearl Harbor im Dezember 1941 war er, als Sprecher des »America First Committee« (AFC), ein entschiedener Gegner eines amerikanischen Kriegseintritts. Vgl. Berg 1999, S. 323-400.

Auch die kleinen Nationen müssen volle Freiheit und volle Rechte genießen.

Innerhalb jeder Nation sind die Grundrechte des ⟨eigenen⟩ Volkes unabänderlich festzulegen, insbesondere die Freiheit des Einzelnen zu garantieren.

Die Freundschaft unter den Völkern ist durch eine gerechte Verteilung der Rohstoffe zu unterbauen.

Alle Völker haben sich der Weltordnung zu unterwerfen unter Verzicht auf Willkürherrschaft.

Die Neigung eines einzelnen Volkes (z.B. d. Deutschen) zur Schaffung eines Weltreiches ist dadurch zu beseitigen, daß die ⟨für friedliche Zwecke⟩ zur Verfügung gestellten Rohstoffe nicht zu Rüstungszwecken mißbraucht werden dürfen. (Kontrolle!)

Offene oder verschleierte Unterdrückungen von Rassen oder Völkern sind auszumerzen.

---

27. Dez. 1941.

Gestern meldete der deutsche Heeresbericht, Bengasi, die Hauptstadt der Cyrenaika, sei planmäßig geräumt worden.[148]

Das Wort »planmäßig« spielt in den Berichten eine erhebliche Rolle. Was soll »planmäßig« heißen? Niemand ist in der Lage, die Richtigkeit zu prüfen. Selbst wenn der Gegner den Willen diktiert – wie jetzt in Nordafrika –, wird die Pose von der Planmäßigkeit den horchenden Gläubigen dargeboten.

Das Volk wird »zwangsläufig« »planmäßig« belogen.

Als Beweis diene nachstehender Bericht:

Abwehrkämpfe in Nordafrika

eh. **Rom,** 17. Dezember ⟨41⟩

Der 15. Dezember, so sagt ein Stefani-Frontbericht, war durch besonders heftige Kämpfe in der Marmarika gekennzeichnet. Der Feind warf frische motorisierte und Panzerkräfte gegen die deutsch-italienischen Stellungen und versuchte, um jeden Preis Breschen in die Verteidigungslinien der Achse zu schlagen. Um dieses Ziel zu erreichen, richtete der Gegner wiederholt an mehreren Punkten gleichzeitig Angriffe gegen die Achsentruppen. Starke Panzereinheiten übten den ganzen Tag, von der Artillerie und der Luftwaffe unterstützt, heftigen Druck gegen alle Abschnitte der neuen deutsch-italienischen Widerstandslinien aus, die jedoch an keiner Stelle durchbrochen werden konnten. Mehrere Gegenangriffe der Achsentruppen fügten den Briten empfindliche Verluste zu. Eine italienische Division vernichtete eine feindliche Panzerabteilung und machte zahlreiche Gefangene, während eine andere über 100 britische Panzer und Kraftwagen vernichtete.[149]

Dieser Berichterstatter will wider besseres Wissen den Eindruck erwecken, als könnten die deutschen u. italienischen Truppen in der Cyrenaika erfolgreich Widerstand leisten. Einige Tage darauf gab selbst der deutsche Heeresbericht die schlechte Lage der Achsentruppen in der Marmarika, wenn auch etwas verschleiert, zu.

Heute befindet sich bestimmt kein kämpfender deutscher od. ital. Soldat mehr in diesem Gebiet.

Welchen Nutzen hat nun ein derartiger einfältiger Bericht?

Es ist das krankhafte Bestreben, keinen Erfolg des Gegners einzugestehen. Schweigen wäre philosophischer.

1942.

1. Jan. 1942.

Am 1. Januar 1941 – also vor einem Jahre – erließ der »Führer« an die Nationalsozialisten und Parteigenossen (an mich wendet er sich nicht!) einen Aufruf und einen Tagesbefehl an die Wehrmacht. –

Ich will es nicht als meine Aufgabe ansehen, mich mit den Verdrehungen, ganzen u. halben Lügen, Verunglimpfungen anderer Völker in den Aufrufen auseinanderzusetzen. Das mögen einmal Berufenere tuen.

Mich interessieren mehr die Lobpreisungen, Ueberheblichkeiten und Voraussagen dieses »größten Feldherren der Weltgeschichte«, zu dem ihn die deutsche Propaganda unter Leitung des Mephistos Göbbels, der Welt gegenüber gemacht hat.

Zurück zum Aufruf (1.I.41):

»... In diesem Kriege siegt nicht das Glück, sondern endlich einmal das Recht.

»... Der Herrgott hat bisher unserem Kampf seine Zustimmung gegeben. Er wird uns auch in Zukunft nicht verlassen.«[150]

In dem Befehl an die Wehrmacht heißt es:

»... Das Jahr 1941 wird die Vollendung des größten Sieges unserer Geschichte bringen!«[151]

Nun ist das Jahr 1941 vorübergegangen. Es hat uns den prophezeiten größten Sieg unserer Geschichte nicht gebracht. Mit großmäuligen Phrasen und Drohungen kann dieser Krieg von Deutschland nicht gewonnen werden. Abgesehen davon, daß er bereits verloren war, ehe er begonnen wurde.

Heute müßten schon verschiedene Wunder geschehen, wenn Deutschland mit heiler Haut aus diesem Durcheinander herauskäme.

Bei nüchterner Betrachtung komme ich zu der Ueberzeugung, daß es für Deutschland unmöglich ist, diesen Krieg zu gewinnen.

Der Erfinder des totalen Krieges[a], der Diktator Europas, dieser blutdürstige Adolf Hitler, kann und darf diesen Krieg nicht gewinnen. Durch seine brutale Machtgier hat er nicht nur fremden Völkern, auch seinem eigenen Volke, unsagbares Leid[152] zugefügt.

Seine Laufbahn, aufgebaut auf groben Rechtsverletzungen und gemeinen Unterdrückungsmethoden, hat[153] der Welt nur Unglück gebracht.

Wann wird der Wahnsinn enden? Wann wird diesen Wahnsinnigen das verdiente Schicksal ereilen[154]?

2. Jan. 1942.

Japan geht im Stillen Ozean auf Raub aus.

Japan hat auf den Philippinen, Borneo u. der Halbinsel Malaka Truppen gelandet.

Japan macht in seiner Machtgier den gleichen Fehler wie Deutschland.

Die Japaner können für die Dauer sich auf den genannten Inseln nur halten, wenn sie über eine überlegene Flotte verfügen. Ihre Flotte müßte also stärker sein wie diejenigen von England und Amerika zusammengenommen.

Der vorübergehende Sieg der Japaner ist nicht von langer Dauer.

Wenn die Verhältnisse im Mittelmeer zu Gunsten Englands bereinigt sind, dann wendet sich die Lage im fernen Osten.

U.S.A. werden Japan schon die richtige Antwort mit nachhaltiger Wirkung erteilen. Es braucht nur etwas Zeit.

3. Jan. 1942.

Die gesamte Nazipresse stimmt auf höheren Befehl und mangels eigener Siege ein hysterisches Geschrei über die Raubzüge der gelben Gauner an.

Mit verzerrter Fratze verzapfen sie ein öliges Gefasel.

Es ist geradezu ekelhaft, eine derartige Würdelosigkeit zur Schau zur tragen. Sie schämen sich keineswegs – diese Arier – sich mit den fremden japanischen Federn zu schmücken. Dem Volke müssen »Siege« dargereicht werden. Einerlei, woher sie kommen. Von den eigenen Niederlagen kein Sterbenswörtchen. Welch' grandiose Bescheidenheit. Sogar die Erläuterungen zum Heeresbericht[155] halten die Herren im Propagandaministerium jetzt auf einmal für gänzlich überflüssig.

a) *totaler Krieg:* »Form des Krieges, bei dem die alte Unterscheidung zwischen Kombattanten und Nichtkombattanten aufgehoben ist und alle Kräfte und Mittel des gesamten Volkes für das Kriegsziel mobilisiert werden« (Schmitz-Berning 2000, S. 611f.).

4. Januar 1942.

Dr. Goebbels hat sich in einem eindringlichen Aufruf am 19. Dez. 1941 über alle Rundfunksender an das ganze deutsche Volk gewandt. In bewegten Worten schilderte er die Entbehrungen der kämpfenden Front und wies darauf hin, daß die Heimat keine ruhige Stunde mehr verdienen würde, wenn auch nur ein einziger Soldat ohne ausreichende Winterausrüstung den Unbilden der Witterung ausgesetzt bliebe. Er forderte die Heimat auf, zu helfen u. die von der Front dringend benötigten Wintersachen in der Zeit vom 27. Dez. 1941 bis 4. Januar 1942 bei den Sammelstellen abzuliefern.[156] –

Ich habe seither die vielleicht weltfremde Auffassung gehabt, die Armeeverwaltung würde für die Ausrüstung der Truppen sorgen, besonders aber war ich ohne Sorgen, weil wir ja einen Führer haben, der von vornherein stets alles einkalkulierte. Bestärkt wurde ich noch in dieser meiner Auffassung durch die stolzen Berichte in der gesamten Presse. Greifen wir einmal hinein und holen einen Artikel heraus.

Schwarzes Korps, 16. Okt. 1941.

Ueberschrift: Die Tore sind aufgestoßen.

»... Und ich sage Euch, gehen wir in einen Winterfeldzug, dann zwingt der Führer auch den Winter auf seine Seite, dann sind wir gerüstet auch gegen den Schnee und gegen die Kälte, dann wird der Führer auch die Schrecken des Winters ausnützen zum Verderbnis der Gegner, so wie er das Meer und die Wüste gezwungen hat, sein Bundesgenosse zu sein«. Und an einer anderen Stelle:

»Er (Hitler) hat uns noch stets damit überrascht, wie er die größten Unwägbarkeiten sicher in Betracht zog, wie er alle Möglichkeiten souverän beherrschte, wie er alle Ueberraschungen parierte, weil es einfach keine Ueberraschung geben kann, gegen die er sich nicht gesichert haben würde.«[157]

Gegen solche Phrasen ist jeder Kampf vergebens. Tief bedauerlich ist nur, daß der Verfasser der Phrasen nicht in der vordersten Linie an der Ostfront stehen muß. Ich glaube, er würde nach 24 Stunden die fürchterlichsten Flüche gegen seinen unfehlbaren »Führer« zum Winterhimmel senden. Leider ist es so, daß alle Verherrlicher des Krieges und die begeisterten Lakaien von Hitler ⟨sich⟩ im warmen Hintergrund aufhalten – und das arme Volk quälen und drangsalieren.

Bis die Stunde der Rache kommt.
Volk erwache![158]

9. Jan. 1942.

Soeben erfahre ich, daß AGRat Boländer am 17. Jan. einrücken muß. Wird er daran denken, als ich ihm vor ungefähr einem Jahre sagte:

»Sie marschieren noch gegen Russland«. ?

Er wollte mich damals eindringlichst belehren, daß wir mit Rußland die besten Beziehungen hätten.

Ich war wesentlich anderer Auffassung. Deutschland konnte den Krieg überhaupt nur fortsetzen, wenn es immer auf neuen Raub ausgeht. Die Blockade durch England machte sich mit der Zeit eben doch bemerkbar. Woher nehmen und nicht stehlen? England angreifen bringt nichts ein. England muß ja selbst sehr viel einführen. Was blieb da schon noch übrig. Ich bin felsenfest davon überzeugt, daß wir später einmal erfahren werden, was der wirkliche Beweggrund für den Angriff ⟨auf⟩ Rußland gewesen ist.

Der »Kampf gegen den Bolschewismus« ist ja nur eine dumme Phrase, wie alles, was der Nationalsozialismus verzapft. Damit meint er, die gesamte Menschheit betören zu können. Na, genug sind darauf hineingefallen. So langsam dämmert's aber.

10. Januar 1942.

»Für den deutschen Soldaten gibt es keine Schwierigkeiten«, so schmetterten die Propagandafanfaren. Und das deutsche Volk starrte mit aufgerissenen Mäulern auf dieses übermenschliche Phänomen, »Soldat« genannt.

Kadavergehorsam ist noch lange kein Heldenmut. Stures Vorwärtsstürmen auch nicht.

Ich bin auch kein heldenhafter Kämpfer, wenn es mir gelingen sollte, mit dem Kopf eine Wand umzurennen[159]. Oder wenn es der deutschen Wehrmacht gelingen sollte, sämtliche Kirchturmspitzen Europas zu erstürmen, so ist das immer noch keine unvergleichliche Leistung. Das deutsche Draufgängertum hat Aehnlichkeit mit dem Verhalten eines wild gewordenen Stieres. Bei diesem Tier fehlt jede Ueberlegung. Es läßt die entfesselten Kräfte handeln. Von Geist ist da nichts zu spüren. –

Was war das schon für eine bedenkliche Strategie, Norwegen zu besetzen? Was war damit erreicht? Die Bevölkerung Norwegens kann niemals von dem deutschen Eindringling begeistert sein. Wir können gar nicht auf lange Dauer uns dort halten. Es sind lediglich Kräfte festgehalten, die einmal notwendig an einer anderen Stelle gebraucht werden können. Und dann bleibt es stets ein Angriffspunkt für einen stärkeren Gegner, sobald es ihm in den Kram paßt. Unsere wilde Eroberungssucht ist einfach eine furchtbare Sache.

Die »hohen« Offiziere scheinen wirklich von allen guten Geistern verlassen zu sein. Die Elite der Deutschen wird kaum darunter zu suchen sein. Wenn die Söhnchen gewisser Kreise zu nichts anderem taugen, dann werden sie Offizier. Für den Kasernenhof reicht der Verstand gerade noch.

Im Kriege allerdings, da kommen die großen und kleinen Geister zum Vorschein. Der kleine Geist wird dann unbändiger Draufgänger, läßt sich Orden auf Orden anhängen und endigt im Massengrab. Dann werden ihm noch entsprechende Nachrufe gewidmet. Mit der Zeit bleicht aber der Lorbeerkranz.

Die »Großen« kann man zählen. Und weiß man noch nicht einmal, ob nicht die größere Dummheit des gegenüber stehenden Generals den Ausschlag für den »Ruhm« des Siegers gegeben hat.

Alles in allem wäre es wirklich Zeit, daß die Menschen sich endlich einmal überlegen würden, auf welche Weise den Generalen das Handwerk gelegt werden kann.

11. Jan. 1942.
Wie kleinlaut unsere Heeresberichte geworden sind!

Wenn sich später ein berufener Mann findet, der die Verlautbarungen unserer Heeresleitung während des Feldzugs gegen Rußland einer sachlichen Kritik unterzieht, so wird die Nachwelt vielleicht Zweifel bekommen, ob denn das wirklich in der Tat so gewesen ist, wie der Kritiker es beschreibt.

Die Ueberheblichkeiten und die Prahlereien sind eines echten Soldaten vollkommen unwürdig. An dem Gegner (Rußland) wurde kein gutes Haar gelassen. Sämtliche schlechten Eigenschaften, die ein Soldat haben kann, wurden der Führung u. den Untergebenen angedichtet. Für die Einfältigen konnte es nur eine Frage von Tagen sein, und der Gegner war vollkommen zusammengebrochen – allerdings nur im Gehirne des Verfassers der d. Heeresberichte.

Heraus mit dem Verfasser!

Glaubt dieser Bursche, die spätere Generation würde ihm für seine »Leistungen« auch noch eine Pension zahlen.

Wer so gemein lügt, ist ein Schurke!

Jetzt muß unsere[160] »ruhmreiche« Armee Stück für Stück des eroberten Bodens diesem »zusammengeschlagenen« und »vernichteten« »unfähigen« Gegner überlassen.

Hochmut kommt vor dem Fall.[161] Es ist aber nicht nur Hochmut, es ist eine geistige Erkrankung, seinen Gegner derart zu unterschätzen.

Aber wer annehmen sollte, daß die Menschen aus dieser (russischen) Erfahrung ⟨in Rußland⟩ ihre Lehren ziehen, der täuscht sich gewaltig. Ich sehe es in meiner Umgebung. Ich muß mir die erdenklichste Mühe geben, meinen Bekannten beizubringen, daß Amerika gewaltige Leistungen vollbringen wird, denen wir nichts entgegen stellen können. In nicht so wenig Fällen begegne ich ungläubigen Gesichtern[162]. Viele glauben einfach nicht, daß auch der Gegner in der Lage ist, eines Tages zu zeigen, daß er ebenfalls rüsten kann.

Was soll unsereiner tun? Es ist zermürbend, wenn man seiner Umgebung Bedenken in die deutsche Macht u. Herrlichkeit einflößen will. Es ist leichter, einen Bunker zu stürmen. Herrgott, warum hast du die Hirnschalen der Dickhäuter so undurchdringlich gemacht?

12. Jan. 1942.
Insp. P[...] besuchte die Dienststelle und teilte mit, daß er zu den Pionieren gezogen sei. (Jahrgang 1908) Er war seither unabkömmlich und markiert den Begeisterten. Er ist voller Hoffnung und betont, daß ein Vetter von ihm, der z.Z. verwundet in Gießen sich befindet, von dem Siege Deutschlands überzeugt sei. An dem Siege Deutschlands könnte überhaupt nicht gezweifelt werden.

Ob die Siegeszuversicht nur mir gegenüber besonders betont wird, vermochte ich nicht zu ergründen. Von der Unübertrefflichkeit des deutschen Heeres ist P[...] jedenfalls felsenfest überzeugt. Es ist wertlos, hiergegen anrennen zu wollen. Hoffentlich hat er als Pionier Gelegenheit, uns und die anderen näher kennen zu lernen. –

⟨»Völk. Beobachter«⟩

Tschungking-Truppen bei Tschangscha aufgerieben.

Tokio, 6. Januar ⟨42⟩

Über die erfolgreichen Kämpfe der japanischen Truppen bei Tschangscha in der chinesischen Provinz Hunan bringt Domei eine längere Übersicht. Danach wurde Tschangscha von den japanischen Truppen vollständig besetzt, nachdem letztere seit dem 1. Januar mit dem 10. Armeekorps der Tschungking-Truppen, das sich aus der 3., 10. und 90. Division zusammensetzte, Straßenkämpfe ausgefochten hatten. Das genannte Armeekorps wurde völlig aufgerieben. Es verlor 19000 Tote und 7000 Gefangene. Eine Menge Kriegsmaterial wurde erbeutet. Mehrere Bunker und militärische Ziele innerhalb und außerhalb der Stadt wurden vollständig zerstört.[163]

Die Nachwelt mag an nebenstehendem Beispiel sehen, in welcher Weise das deutsche Volk belogen worden ist.

Das Gegenteil ist nämlich wahr. Die Japaner haben bei Tschangscha eine sehr schwere Niederlage erlitten.

Die »aufgeriebenen« Chinesen kämpfen genau so siegreich wie die »vernichtete« russische Armee.

17. Jan. 1942.

Und es begab sich, daß 2 Richter ein Stück des Weges ⟨zusammen⟩ fuhren. Es war⟨en dies⟩ Oberamtsrichter Dr. Schmitt, der nach Weimar fuhr, und Dr. Hornef, der nach Grünberg fuhr. Dr. Schmitt meinte, daß der Gebietsverlust in Russland nicht viel zu sagen hätte, es wäre die Hauptsache, daß die Elitetruppen der Russen bereits vernichtet worden wären. –

Ich glaube, daß auch unsere »Elite«truppen arg zerzaust sind. Es ist daher sehr kindlich mit diesem Argument, dem Endsieg gläubig entgegenzusehen. Die Herren, die natürlich 100%ig sich dem Nationalsozialismus verschrieben haben, glauben alles, was sie wünschen.

Zu denen gehören auch diejenigen, die ihre letzte Hoffnung auf die Japaner setzen – oder mindestens glauben, daß Amerika alle Hände voll zu tun habe, um sich die Japaner vom Halse zu halten. Der gefährlichste Gegner von Japan ist aber ⟨m. Erachtens⟩ vorerst China. Die Amerikaner brauchen deshalb zu ihrer Entlastung nur die Chinesen wirksam zu unterstützen. Das ist doch in erster Linie zu beachten. Ebenso ist es mit Rußland. Wenn die Engländer den Russen Material liefern, dann schützt sich England selbst – und eines Tages wird schließlich auch das ⟨lahme u.⟩

langweilige England mit seiner Rüstung fertig sein und zum Angriff übergehen können.

Um diesen Krieg zu verlieren, muß aber Deutschland sehr viel Geduld haben!

19. Jan. 1942

Generalfeldmarschall v. Reichenau soll einem »Schlaganfall« erlegen sein.[164] Wie dem auch sei, er ist fort. Dieser Herr war einer der militärischen Berater des »Führers« Adolf Hitler.

Es gibt Lücken nicht nur in den Reihen der Geführten (besser: Verführten), sondern auch in denen der Führenden. Es kommt die Zeit, da können diese Lükken überhaupt nicht mehr voll ausgefüllt werden. Und dann? Ja, dann sind aber die Amerikaner u. Engländer vollkommen ungeschwächt noch vorhanden.

21. Jan. 1942

Wer seinen Blick rückwärts wendet u. die Zeit von 1919 bis 1932 an sich vorüberziehen läßt, der wird angesichts der[165] begangenen Fehler von[166] tiefster Wehmut beschlichen werden.

Nachdem Hitler sein Buch »Mein Kampf« unter die Menschen brachte, war es allerhöchste Zeit, den schärfsten Kampf gegen die darin festgelegte Lehre (Irrlehre) und die ausgestreuten Wahnideen zu beginnen. Den gesamten vorhandenen Parteien[167] und den Staatseinrichtungen, auch denjenigen, die nach Jahrhunderte langen mühseligen und opfervollen Bemühungen zustande gebracht worden waren, hatte Hitler den Garaus angekündigt. Was würde jeder Mensch tun, wenn ein Einbrecher den beabsichtigten Einbruch vorher anzukündigen sich erdreistete? Jedenfalls geeignete Sicherungsmaßnahmen ergreifen. Und was haben Regierung und Volksvertreter zur Abwehr getan? So gut wie nichts. Ein mürbes, schwaches und krankes Volk sowie eine kraft- und saftlose Regierung ließ sich von einem Kurpfuscher schlimmster Sorte Heilung vorgaukeln. Für alles hatte dieser Gaukler die einzig richtige Medizin. ⟨Er allein besaß den Zauberstab, menschliche Schwächen auszurotten und Engel hervorzubringen.⟩ Wie jeder echte Kurpfuscher selbstverständlich dem zu Behandelnden den Glauben an die Unfähigkeit der gesamten Aerzte einträufelt, so griff auch Hitler vor allen Dingen die Körperschaft an, die seinen Machtgelüsten im Wege stand. Seine Giftspritze stieß er tief hinein. Und siehe da, die Angegriffenen rührten sich überhaupt nicht. War es denn unmöglich, sich zur Wehr zu setzen? Oder entsprachen die Behauptungen des Anklägers der Wahrheit?

Man bedenke: Das Volk wählte seine Vertreter in den Reichstag. Jeder Wahlberechtigte konnte dem Manne seiner Anschauung, seines Vertrauens, die Stimme geben. Und ausgerechnet diesen ⟨deutschen⟩ Reichstag mit seinen gesamten Abgeordneten kann ein oesterreichischer Gast in der gemeinsten Form beschimpfen. Mit dem Ergebnis, daß weder der Reichstag noch irgendeiner seiner Abgeordneten diesen Maulhelden zur Rechenschaft zog[168] und ihm sein unsauberes Handwerk legte. Das verstehe wer will. Eine ganz unglaubliche Fahrlässigkeit und ein sträflicher Leichtsinn, der seinesgleichen sucht.

Wenn auch zur Entschuldigung der damaligen Politiker gesagt werden könnte, das gesamte hypnotisierte Volk habe versagt u. willenlos den Einflüsterungen Gehör geschenkt, so muß trotzdem festgehalten werden, daß die Einsichtigen die Flinte in das Korn warfen und die Zügel schleifen ließen. Kämpfer, die sich für ihre Ueberzeugung einsetzten, gab es nur in den extremen Parteien. Die raffiniert geführten Nationalsozialisten und die schlecht geführten Kommunisten beherrschten das Feld. Die »Bürger« freuten sich innerlich, daß die Nazis die Ausrottung des Kommunismus auf ihre Fahne geschrieben hatten. Die ahnungslosen »Bürger« kamen nicht auf die Idee, ihre Grundrechte zu verteidigen. Gegen jeden, möge er sich nennen, wie er wollte!

Darin liegt die Tragik des deutschen Volkes.

24. Januar 1942.

Seit 22. Juni 1941 kämpfen unsere Soldaten im Osten ohne Unterbrechung. Erst Hitze, Staub, Wassermangel, dann Nässe, Schlamm, schlechte Straßen. Jetzt Schnee und Kälte. Es gab kaum eine Kampfpause. Für die Infanterie fortgesetzt Märsche u. Märsche. Wer von den hohen und allerhöchsten Herrschaften sich etwa eingebildet hat, es gäbe Winterruhe u. die so dringende Erholung für die Truppen, der wird eine grausame Enttäuschung erleben. Die Russen haben für das deutsche Ruhebedürfnis keinerlei Verständnis. Es wird keine Atempause geben, und das ist der Sieg für Rußland.

Von vornherein hatte ich die Vermutung, daß der russische Generalstab mit Zeit und Raum kämpft sowie Reserven im Hintergrunde besitzt. Wenn jetzt genügend Stoßkraft bei den Russen vorhanden ist – dann kann es eine Katastrophe für das deutsche Heer geben. Ähnlich derjenigen, die das Heer unter Napoleon im Jahre 1812 erlitt.[a]

Maßlosigkeiten kann man nicht bis in die Ewigkeit fortsetzen.

Napoleon war ein Wahnsinniger und die heutigen Gewaltherrscher in Deutschland sind in vielen Punkten noch furchtbarer wie dieser Despot Napoleon gewesen ist.

a) *unter Napoleon im Jahre 1812:* Im Juni 1812 marschierte Napoleon mit einem großen Heer in Russland ein, in der Hoffnung, einen schnellen Sieg zu erringen. Zwar erreichte er Moskau, sein Heer wurde anschließend aber wieder zurückgedrängt und erlebte eine vernichtende Niederlage. Vgl. Ullrich 2004, S. 110-115; Willms 2005, S. 536-569.

26. Jan. 1942

Japans Geste gegen China

Tokio, 24. Januar ⟨42⟩

In einer Rede vor dem Unterhaus wiederholte Premierminister Tojo, daß Japan bereit sei, von Tschungking Vorschläge für eine Versöhnung entgegenzunehmen, wenn dieses Regime seine Haltung ändere. Tojo erklärte: »Obwohl Japan in den letzten fünf Jahren gegen Tschungking kämpft, so betrachtet es China immer noch als Schwesternation, und sein Wille, Tschungking mit offenen Armen zu empfangen, wenn es nur seine irrigen Ideen aufgibt, ist unverändert. Japan hat sein verdorbenes Kind, das von England und USA verzärtelt worden war, zurechtgewiesen. Alle seine Fehler in der Vergangenheit werden vergessen sein mit dem Verschwinden des englischen und amerikanischen Einflusses. Jetzt ist die Zeit für Tschungking da, zu erwachen, und ich benutze diese Gelegenheit, es dazu aufzufordern.«[169]

Da soll einmal einer sagen, dieser japanische Ministerpräsident Tojo wäre kein kluger Mann. 5 Jahre Krieg gegen China und heute – weil es gerade sehr passend wäre – dicke Freundschaft mit China. Natürlich wird sich dieser Herr Tojo sagen, daß es mit der Zeit doch brenzlich werden könnte, wenn man mit allen Ländern einen uferlosen Krieg führt. Mit der Zeit wird es aber das gesamte japanische Volk merken, daß es unmöglich ist, Länder wie USA. und England ungestraft zu überfallen. Japan muß die Nachschublinien nach den eroberten Inseln im Stillen Ozean verteidigen. Das ist nur möglich mit einer sehr großen Flotte. Ob sich dieser Aufwand rentiert, ist selbstverständlich eine andere Frage. Dann besteht die Gefahr, daß zu einem den Engländern oder Amerikanern passenden Zeitpunkte die Rückeroberung mit überlegenen Kräften stattfindet. Nach meiner Meinung ist den Amerikanern nicht unmöglich, was den Japanern möglich war. Ist die Besitzergreifung irgend einer Insel für USA. wichtig, dann kann sich Japan darauf verlassen, daß die Amerikaner zugreifen werden. Es handelt sich also nur um eine Frage der Zeit und der Rüstung. Das Schiffbauprogramm der Vereinigten Staaten ist ganz gewaltig. Der Tag wird kommen, an dem Amerika dem frechen Japan die Quittung erteilt. In der Zwischenzeit ist Japan auf der See geschwächt worden, weil die gegnerischen U-Boote und Flugzeuge aller Voraussicht nach nicht untätig sein werden.

28. Jan. 1942.

Im »Völkischen Beobachter« Südd. Ausg. v. 27. Jan. 1942 steht in großen Lettern zu lesen:

»England läßt Australien im Stich.«[170]

Das soll natürlich ein Hieb gegen England sein u. jede Gelegenheit, die sich ⟨hierzu⟩ bietet, wird reichlich benutzt. Nur weiß ich nicht, was mit derartigen Angriffen erreicht wird. Soll das irgendeinen Nutzen für uns abwerfen? Ich sehe keinen. Ausgenommen es wäre so, England würde ⟨also⟩ Australien nicht unterstützen, dann könnte Deutschland meiner Ansicht nach nur entzückt darüber sein u. den Engländern heimlich danken. In erster Linie wird sich Australien schon selbst verteidigen können. Hat Australien nichts für seine Verteidigung getan, dann ist ihm überhaupt nicht zu helfen. Der japanische Nachbar war doch noch nie ladenrein! Wenn sich jeder freiheitsliebende Australier zur Wehr setzt, dann müßte es schon mit merkwürdigen Dingen zugehen, in einem solchen Falle eine besondere Gefahr für Australien kommen zu sehen.

Australien kann und wird auch mit Kriegsmaterial von Amerika und Südafrika unterstützt werden, da braucht sich Herr Dr. Göbbels keineswegs heute schon über einen englischen Mißerfolg zu freuen. Abwarten Herr Göbbels! Du hast ja auch Mitte 1940 bereits behauptet, die amerikanische Hilfe für Großbritannien käme »zu spät«. Ich bin wesentlich anderer Meinung. Die Hilfe kommt gerade zur rechten Zeit.

Von allem abgesehen, Herr Göbbels, warum schweifen Sie denn in so weite Fernen? Gibt es keine Ostfront? Kommt nicht vielleicht in absehbarer Zeit noch eine Westfront dazu?

Deutschland hat doch wirklich im Osten alle Hände voll zu tun.

Unsere Soldaten sind beinahe ein ganzes Jahr ohne Urlaub gewesen.

Herr Göbbels, kümmern Sie sich doch um die Dinge in Deutschland und bei der Armee und nicht um Australien!

30. Jan. 1942

Nach einer vertraulichen Mitteilung des Reichsministers der Justiz v. 6.1.42 (2344–Ia^{5}–2755/41) sind die Kraftstoffkontingente der Landeswirtschaftsämter zur Sicherstellung des Kraftstoffbedarfs der Front so stark gekürzt worden, daß es sich nicht mehr umgehen ließ, die Zuteilung für die Personenkraftwagen der Dienststellen, die nicht in die Erzeugung oder Ernährung eingeschaltet sind, weitgehend einzuschränken. –

Die Gerichtsvollzieher erhalten z.B. keinen Treibstoff mehr. –

Gestern Abend wurde in Parteikreisen bekannt gegeben, daß sämtliche Keller von einer Kommission besucht werden, um die Kartoffelbestände einer Revision zu unterziehen. Es werden also Ueberbestände an Kartoffeln gesucht!

Bei dieser Sachlage ist es doch recht merkwürdig, daß die deutsche Einheitspresse sich mit viel Vergnügen darüber hermacht, daß Churchill im Unterhaus gesagt haben soll: »Wir halten immer gerade nur unsern Kopf über Wasser«.[171]

Ich weiß nicht, wie dieser angebliche Ausspruch Churchills aufzufassen ist, weil ich den Zusammenhang nicht kenne. Die Offenheit, ⟨mit der die Schwäche Englands zugegeben wird⟩, würde beweisen, daß England für diesen Waffengang keineswegs gerüstet war und auch seither nicht mit der höchstmöglichen Anstrengung alle Menschen eingesetzt hat. Ein »Weltreich« müßte wahrlich anders dastehen.

Es ist[172] kläglich, ⟨zu sehen⟩, wie England seine »Verteidigung« sich vorgestellt hat.

Wo sind die Unterseeboote, um die Dominion zu schützen?

Es ist England zu empfehlen, sich künftig deutsche und japanische Fachleute für die englische Marine zu engagieren. Mit Krämergeist sind nun einmal keine Heldentaten zu vollbringen.

1. Febr. 1942.

Sie kommen mit den Büchsen u. Sammellisten. Sonntag für Sonntag. Anstatt ein Huhn im Topf: Geld aus der Tasche. Deutscher Volksgenosse, gib den Nazis alles, was du hast, den Rest kannst Du für Dich behalten! Wer auf Adolf Hitler schwört, hat nichts mehr, was ihm selbst gehört.

Gibt es aber noch einen Deutschen, der sein Vaterland mehr liebt wie die gesamten Peiniger zusammengenommen, weil er seine Heimat vor den Folgen einer wahnsinnigen Eroberungspolitik bewahrt sehen wollte, dann ist er in den Augen der Partei-Deutschen ein »Staatsfeind« und wird entsprechend behandelt.

Wenn die Generalreinigung kommt, muß jede Missetat aufgezeichnet und die Schuldigen dürfen nicht wie 1918 ihr Unwesen im Hintergrund weiter treiben. Jeder Quäler, die kleinen und großen Schurken, die gemeinen Denunzianten müssen zur Rechenschaft gezogen werden. Keine Kriegerdenkmäler, sondern »Schandmale«, auf denen die Namen der Lumpen u. Vagabunden, die unser deutsches Reich vorsätzlich in den Abgrund gestürzt haben, verewigt werden.

Die Gerechtigkeit ist das Fundament eines Staates. Zeigt den Verbrechern der Jahre 1933 bis   , wie ein freies Volk seine Sklavenketten sprengt und auf welche Weise es Vergeltung übt für die Mißhandlungen an Körper und Geist.

Die Sklavenhalter, Parteibonzen und Parteigenießer sollen alles, was sie zerstört haben, wieder aufbauen, und ihre Vermögen müssen dazu benutzt werden, den Geschädigten Schadensersatz zu leisten.

Es ist in den vergangenen Zeiten so unendlich viel von »Verantwortung« geschwätzt worden.

Nun, deutsches Volk, zeige den Verantwortlichen, was es heißt, sich zu verantworten.

Die künftigen »Staatsmänner« werden sich vielleicht dann hüten, das Volk in sein Verderben zu »führen«.

Nur wenn diese Feststellung der Verantwortlichen getroffen wird, kann mit einer Aenderung der geistigen Verfassung gerechnet werden!!

Nach 1918 hätte es nicht möglich sein dürfen, daß die reaktionären Kreise es meisterhaft verstanden haben, dem dämlichen Volke die Schuld an der Niederlage in die Schuhe zu schieben. Da wurde der »Dolchstoß« erfunden und Millionen Idioten plapperten es nach.

Am 8. August 1918 war der Krieg militärisch verloren. Die Revolution im Nov. 1918 war lediglich die Folge der militärischen Niederlage.

Die maßgebenden Persönlichkeiten mußten damals sofort verantwortlich vernommen und ihre Verantwortung geschichtlich festgestellt werden.

Nach dem verlorenen Kriege 1914-1918 waren leider keine energischen Persönlichkeiten vorhanden.

Nach einer derartigen Niederlage konnte der friedliche Aufbau nur begonnen werden, wenn im Innern die Störungsversuche mit allen Mitteln unterdrückt wurden. Besonders 1923![a]

Wer guten Willens war, konnte mitarbeiten. Und wer sich der Mitarbeit durch Unterhöhlung der Ordnung entzog, war ein Staatsfeind.

Selbstverständliche Voraussetzung war dabei natürlich, daß die soziale Ordnung auf gerechter Grundlage zu errichten war. Die Kräfte, die vor 1914 die Gewalt hatten, hatten sich zu fügen. Denn ihrer »Führung« war schließlich die »herrliche Zeit« zu verdanken. Wilhelm 2. sagte doch einmal: »Ich führe Euch herrlichen Zeiten entgegen.«

4. Febr. 1942:

Frau R[...] erzählte heute der Frau J[...], daß ihr Sohn Willi geschrieben habe, sie seien im Osten 120 km zurückgegangen, um »Winterquartiere« zu beziehen. Dieses Winterquartier habe aber nur 3 Tage gedauert. –

Der »Führer« hat das am 30. Januar 1942 in seiner Sportpalast-Rede in folgende Form gekleidet:

»Der Feind ist an einzelnen Stellen wenige Kilometer vorwärts gekommen.«[173]

Ferner: »Im Frühjahr werden wir die Sowjets niederschlagen.« –

Die »Sowjets« sind amtlich schon so oft vernichtet und niedergeschlagen ⟨worden⟩, daß derartige Ankündigungen auf mich keinerlei Eindruck machen können. Ich vermute nur, daß die Russen auch schlagen werden. Warten wir ab!

a) *1923* war das Krisenjahr der Weimarer Republik. Anfang 1923 besetzten französische und belgische Truppen das Ruhrgebiet, woraufhin sich dort aktiver und passiver Widerstand formierte, teilweise gestützt und finanziell getragen durch die Reichsregierung. Die finanzielle Unterstützung Berlins verstärkte die Inflation, die sich rasch zu einer Hyperinflation entwickelte. Überdies kam es zu separatistischen Bestrebungen und Umsturzversuchen von links und rechts in verschiedenen Regionen des Reiches, der bekannteste ist der sogenannte Hitler-Putsch in München im November. Der Reichsregierung gelang es mit Hilfe des Einsatzes der Reichswehr und durch die Verhängung des Ausnahmezustands, die Lage allmählich wieder in den Griff zu bekommen. Vgl. Büttner 2008, S. 199-206.

8. Febr. 1942.

⟨1942⟩

Weniger britische Einflüge

Beachtliche Steigerung der deutschen Abwehrkraft.

Die Einflugtätigkeit der britischen Luftwaffe auf deutsches Reichsgebiet ist in den letzten Wochen nicht nur absolut, sondern auch relativ geringer geworden. So unternahmen britische Bomber im Dezember 1941 zehn, im Monat Januar 1942 sogar nur sieben militärisch völlig bedeutungslose Angriffe auf das Reichsgebiet. Diesen 17 Angriffen stehen für die beiden gleichen Monate der Jahreswende 1940/41 34 Einflüge gegenüber.

In noch stärkerem Ausmaße, als die britischen Angriffe an Zahl weniger geworden sind, ist eine Steigerung der Wirksamkeit der deutschen Abwehr feststellbar. Während im Dezember 1940 und Januar 1941 insgesamt 17 feindliche Bomber abgeschossen wurden, brachten Flak, Nachtjäger und Marine-Artillerie in den zwei gleichen Monaten 1941 bzw. 1942 bei nur der Hälfte von britischen Einflügen etwa viermal soviel Flugzeuge, nämlich 67 Bomber, zum Absturz. Ein ebenso eindrucksvolles Ergebnis ergibt ein Vergleich des Zeitraums vom 1. Juli bis 31. Dezember 1940 mit den Monaten Juli bis Dezember des Jahres 1941. Im zweiten Halbjahr von 1940 wurden bei der Abwehr von 155 britischen Nachteinflügen in das Reichsgebiet 221 Bomber abgeschossen. In den letzten sechs Monaten des Jahres 1941 flogen die Briten nur 105mal ein, verloren dabei aber über doppelt soviel Flugzeuge, nämlich 470. Dem Absinken der britischen Angriffskraft steht also eine beachtliche Steigerung der deutschen Abwehrkraft gegenüber.[174]

———

Und wie steht es mit den deutschen Einflügen in England?

Darüber spricht man nicht! Die deutsche Flugwaffe ist bescheiden geworden, wenn die großen Töne des Jahres 1940 zum Vergleich herangezogen werden.

Die Gründe der geringer gewordenen Einflüge sind bei den Deutschen und Engländern entgegengesetzt.

Deutschland muß sparen. Seine militärische Ausbreitung in Europa, die fortgesetzten Kämpfe an der Ostfront und die Unterstützung Italiens im Mittelmeer sowie in Nordafrika erlauben keine massierten Angriffe auf Großbritannien.

England dagegen wird zweifellos wegen des Winters die Angriffe herabsetzen, um dann im Frühjahr mit größtem Kräfteeinsatz die Offensive zu beginnen. Deutschland muß sich darauf gefaßt machen, daß die Produktion der Wintermonate von Amerika, Kanada u. England im Frühjahre im Westen (an der 2. Front) in Erscheinung treten wird.

An obigem Beispiel ist die irrsinnige Nazi-Propaganda klar zu erkennen. Mit allen Mitteln wird die wirkliche Lage verschleiert und Schönfärberei getrieben.

Die Vergeßlichkeit des deutschen Volkes ist derart groß, daß sich die Machthaber alles leisten können. Wenn Goebbels morgen das Gegenteil trompetet u. wenn er übermorgen das am Tage vorher Gesagte auf den Kopf stellt, das macht nichts. Er kann tun u. lassen, was er will. Die leichtgläubige Masse schluckt den ihm dargereichten Brei u. zwar mit Begeisterung.

12. Febr. 1942.

Die Erfolge des Generals Rommel[175] frischen die schlapp werdenden Gemüter derjenigen kriegsmüden Deutschen wieder auf, die anfingen ihre Siegeszuversicht zu verlieren. Was soll man diesen Leuten angesichts der erbärmlichen »Leistungen« der Engländer entgegnen?

Jeder Deutsche ist – genährt von der Propaganda – felsenfest davon überzeugt, daß der Engländer dort, wo er selbst tätig sein muß, einfach außerstande ist, irgend einen Sieg von bleibender Dauer zu erringen.

Das eine kann ich den Engländern in ihr Stammbuch schreiben, sie haben jede Achtung eingebüßt. England u. Kanada zusammen genommen ergeben immerhin: 60 Millionen Einwohner!

Was haben diese 60 Millionen gegenüber 80 Millionen Deutscher geleistet? Nichts!!

Die Engländer bringen es noch nicht einmal fertig, aus ihren afrikanischen Besitzungen ein Truppenkontingent zusammenzustellen, das in der Lage wäre, die Truppen des Generals Rommel zu besiegen. England ist ohne jede innere Berechtigung ein sogenanntes »Weltreich«. Es ist noch nicht einmal eine Seemacht von erstklassigem Range. Das wurde durch den Angriff Deutschlands gegen Norwegen und die fortgesetzten Truppen- u. Material-Verschiffungen nach Afrika eindeutig bewiesen.

Gibraltar, Malta u. Aegypten waren nicht in der Lage, etwas zur Verteidigung von Kreta zu unternehmen.

Das Urteil über die »Seemacht« England ist schon allein durch die geringe Zahl von U-Booten gesprochen, über die es verfügt. Es müßte doch ausgeschlossen sein, daß Deutschland den Schiffsverkehr nach dem nördl. Eismeer aufrechterhält. Die Schiffe fahren der langen Küste von Norwegen entlang, an manchen Stellen nur 500–600 km von England entfernt.

Auch den Luftangriffen mangelt es an jeder Planmäßigkeit. Anstatt ein Gebiet durch fortgesetzte Großangriffe so lange anzugreifen bis das Verkehrs- und Wirtschaftsleben lahmgelegt ist, werden Mückenstiche ausgeteilt.

In Gegenden, wo keinerlei Abwehrmaßnahmen vorhanden waren, wurde von den engl. Fliegern einfach nichts getroffen. In solchen gefahrlosen Fällen hätten sie von ihrer krankhaften Feigheit einmal Abstand nehmen können. Ich bin überzeugt, daß die amerikanischen Flieger künftig bessere Leistungen vollbringen werden. Da es bei unseren Gegnern immer nur sehr langsam vorangeht, wird das auch noch gute Weile haben.

Goebbels u. Fritsche haben wenigstens reichlich Gelegenheit, sich über die Hilflosigkeit unserer Gegner lustig zu machen.

Ich möchte einmal persönlich wissen, was die Generalstäbe in den gegnerischen Ländern in Friedenszeiten eigentlich getrieben haben. Skat gespielt?

Sind diese Herren niemals dazu gekommen, sich darüber zu unterhalten, wie benehmen wir uns, wenn dieser oder jener Staat uns angreift? Da müssen doch Pläne fix und fertig vorliegen. Da darf nur auf den Knopf gedrückt werden. Ja, die Engländer müssen diesen Knopf aber erst durch das Unterhaus, den Senat u. den König genehmigen lassen, wenn der Krieg bereits ausgebrochen ist.

Pardon! Ich habe nicht an diese Tradition gedacht. Ich bin hierzu zu wenig konservativ u. heiße nicht Chamberlain.

13.II.42.

Da haben wir es wieder. Ein Studienrat aus Grünberg (Oberhessen) spricht sich in der Eisenbahn laut u. vernehmlich dahin aus, daß das Weltreich England binnen 4 Monaten vollständig zusammengebrochen sei. –

Das Getrommel unserer Propaganda fordert Opfer. Wenn schon ein Studienrat keine eigene Meinung mehr hat, was soll ⟨dann⟩ das einfache Volk für eine Auffassung haben? Das Versagen der Engländer in allen Weltteilen unterstützt natürlich die[176] Annahme vieler Menschen, England würde tatsächlich auf dem letzten Loche pfeifen. Man muß schon ein ganz großer Gegner der Nazis sein, um einen Hoffnungsschimmer sich zu reservieren. Ich sage mir, England u. Amerika setzen alles auf die Karte »Zeit«. Und damit hapert es bei uns ein bißchen. Wir in Deutschland haben gar keine »Zeit«. Stündlich wird es schlechter. In jeder Beziehung. Material- u. Menschenreserven sind beinahe erschöpft. Wir sind nicht weit von dem Zustande des Jahres 1918 entfernt.

Bei dieser Sachlage halte ich es immerhin für wahrscheinlich, daß unsere Gegner jetzt endlich ihre Trümpfe ausspielen werden.

16.II.42.

Singapur ist von den Japanern erobert worden!

Das soll nun einer der stärksten Kriegshäfen der Engländer gewesen sein.

Auf Sumatra sind ebenfalls Japaner gelandet. Der Japaner kann landen, wo er will, niemand setzt ihm energischen Widerstand entgegen.

Nur Java und Australien sind bis heute noch nicht von den Japanern berührt. Wie lange noch?

Selbstverständlich muß Japan weiter angreifen, wenn es seine seitherigen Eroberungen stabilisieren will. Wird[177] diesen Räubern endlich einmal auf die Finger geschlagen werden?

Der Mangel an Idealismus ist es vornehmlich, der besonders bei den Engländern die wahre Schuld an ihrem Versagen auf allen Kriegsschauplätzen bedeutet. 5 Jahre steht China im Kampfe gegen Japan, und da hatte es England fertig gebracht, eine Zeit lang die Burmastraße für die Beförderung von Kriegsmaterial zu sperren! Was soll man dazu sagen? Das ist ein Verbrechen. Anstatt mit allen Mitteln China zu unterstützen, macht das einfältige England den Chinesen auch noch Schwierigkeiten. Warum sind nicht sofort (ich meine vor 5 Jahren) Chinesen in England u. Amerika als Flieger ausgebildet worden?

Aber selbst wenn von dieser vorausschauenden Maßnahme kein Gebrauch gemacht wurde, mußten wenigstens in den engl. Besitzungen Befestigungen jeder Art errichtet werden.

Das kann ich den Engländern versichern, unter deutscher Herrschaft wäre Singapur nicht in einer Woche gefallen. Ein Beweis dafür ist Kiautschou (1914).

Der Befehlshaber in Singapur hätte doch ⟨wenigstens⟩ ab 1939 wissen müssen, wohin die Karre geht. Aber es war doch schon lange vorher zu erkennen, daß die Japaner darauf ausgehen, ganz Asien zu unterwerfen.

Auch den deutschen Machthabern möchte ich dringend raten, den Ausdehnungsgelüsten der Japaner nicht auch noch zuzujubeln.

Wenn den Japanern die Unterwerfung Asiens gelingen würde, dann können die übrigen Industriestaaten der Welt von diesem Erdteil fernbleiben, denn sie werden niemals konkurrenzfähig sein können.

23. Feb. 1942.

Alle Schuld rächt sich auf Erden! Der SA.-Führer von Laubach und Judenverfolger Lehrer Albert H[...] ist gefallen. Nun hat er seinen Lohn für alle seine Schandtaten erhalten. Hoffentlich werden die übrigen Mitschuldigen den gleichen Weg gehen. Es darf keiner übrig bleiben. Dann glaube ich an eine überirdische Gerechtigkeit.

5. Maerz 1942.

Heute möchte ich einer Sache gedenken, für die viele praktisch veranlagte Beamte keinerlei Verständnis aufbringen konnten. Es handelt sich um das Verzeichnis der ausgebürgerten Personen. Wegen des Vermögensverfalles an das Reich und der erb- und schenkungsrechtlichen Beschränkungen wurde von jedem Ausgebürgerten ein Blatt mit den genauen Personalien zu den Sammlungen bei jeder Behörde, auch dem kleinsten Amte, geliefert. Eine Unsumme von Arbeitsleistungen mußten vollbracht werden, um die Nachträge einzuordnen, und große Mengen von Papier wurden vergeudet. Jeder Praktiker staunte über einen solchen Wahnsinn – nur die maßgebenden zuständigen Persönlichkeiten merkten nichts.

Jetzt endlich nach vielen Jahren kommt eine Rundverfügung geschlichen (R.S. v. 11.II.42 – IVb 2.224), wonach grundsätzlich für jeden Landgerichtsbezirk ein Verzeichnis als ausreichend angesehen wird.

Was jeder Facharbeiter, vorausgesetzt, daß er sich noch etwas gesunden Menschenverstand bewahrt hatte, natürlich von vornherein sofort als richtig erkannt haben würde[178], das finden die blinden nationalsozialistischen Herrenmenschen erst nach Jahr und Tag. Und warum sind solche Dinge möglich? Weil keiner der Untergebenen etwas sagen darf. Es wird regiert (aber wie?) und das übrige Krummzeug hat das Maul zu halten!

Der Landgerichtsbezirk Gießen hat 16 Amtsgerichte. Jetzt auf einmal genügt eine Kartothek – seither mußten es 16 sein. Das nennt man »Führerstaat«. Unter den Fittichen des allmächtigen »Führers« geschehen wunderliche Dinge. Wer diesen Misthaufen einmal aufräumen muß, den kann man heute schon bedauern.

Vorerst aber immer lustig weiter!

Es muß noch mehr Gestank erzeugt werden.

7. Maerz 1942.

Bahnfahrt von Laubach nach Mühlacker. Ab Laubach 13.52 Uhr, an Mühlacker 1.30 Uhr nachts. Beschränkter Zugverkehr, Zugverspätungen, überfüllte Züge.

9. Maerz 1942.

Weiterfahrt nach Freudenstadt über Karlsruhe. In K. trafen wir uns mit Heinrich u. Lines, deren D-Zug mit 140 Minuten Verspätung eintraf.

9.-26. Maerz 1942:

Urlaub in Freudenstadt. Unterkunft u. Verpflegung wie im Jahre 1941 im Gasthof »Dreikönig« (Besitzer: Max Finkbeiner). Trotz der schwierigen Verhältnisse war die Verpflegung reichlich und gut. Kurfremde sind nur in geringer Zahl in F. Dagegen viel Besucher von erkrankten oder verwundeten Wehrmachtangehörigen. Sämtliche großen Hotels (Palmenwald, Waldesruhe, Waldeck, Teucheleswald, Rappen, Adler usw.) sowie die Hospize u. Erholungsheime sind in Lazarette umgewandelt.

Das Geschäftsleben liegt durch den Warenmangel darnieder. Viele Geschäfte haben wegen Einberufung u. wegen Krankheit (mit behördlicher Genehmigung) geschlossen. Andere nur während einiger Stunden (z.B. v. 15-18 Uhr) geöffnet. In den Schaufenstern befinden sich unverkäufliche Schaustücke oder leere Schaupackungen u. leere Flaschen. Alles in allem ein trübes Bild.

Am 20. Maerz 42 erfuhren wir die demnächst in Aussicht stehende Verkürzung der Lebensmittelrationen. 300 Gramm Fleisch oder Wurstwaren in der Woche!

Der Führer hat einmal behauptet, daß er das Recht habe, Opfer zu fordern, weil er selbst bereit sei, jedes persönliche Opfer zu bringen.[179]

Wenn er sich nun in den Kopf gesetzt hätte, zu verhungern, dann möchte ich ihm doch das Recht bestreiten, von allen Menschen gleiches zu verlangen.

11. April 1942.

Der Herr Reichsminister der Justiz hat durch Erlaß vom 1. April 1942 – 1273-Pr. Allg. 24/42 – eine grundlegende Neuordnung der Gerichtsberichterstattung verfügt.

In diesem Erlaß wird angegeben, daß die Arbeit der Justiz in der Presse »als dem getreuen Spiegelbild des Volkslebens« eine sachliche und dem Ernst der erfüllten Volksaufgaben entsprechende Darstellung und Würdigung finden muß.

Was geschieht nun, um das »getreue Spiegelbild« hervorzuzaubern? Der Nationalsozialismus ist durchaus nicht verlegen. Der Herr Reichsjustizminister verbietet einfach die freie Gerichtsberichterstattung und setzt an ihre Stelle einfach die ausschließliche amtliche Berichterstattung.[180] Presseberichte über Gerichtsverfahren dürfen also nur noch in dem amtlich zur Verfügung gestellten Wortlaut veröffentlicht werden. Die Herausgabe von Gerichtsberichten obliegt damit der gemeinsamen Arbeit der Justizpressestellen und Reichspropagandaämter.

Das Reichspropagandaamt sorgt selbstverständlich für das »getreue Spiegelbild des Volkslebens«. Wenn derartige Dinge sich während der von der NSDAP. so reichlich gelästerten »Systemzeit«[a] ereignet hätte, was würde da Dr. Göbbels gesagt haben? Er hätte mit seiner Giftspritze solange gearbeitet, bis die verantwortlichen Männer erledigt gewesen wären. Dieselben Herren, die früher behaupteten, sie allein hätten »das Ohr am Volke«, pfeifen seit der Machtergreifung auf jede Volksmeinung und fabrizieren ein staatliches Gebilde auf den widernatürlichsten Unterlagen.

Der Keim des Unterganges entfaltet sich mächtig. Wie hat doch die SA früher immer gebrüllt?

»... Die Knechtschaft dauert nur noch kurze Zeit«.

Ob die Sänger heute wissen, was Knechtschaft ist?

13. April 1942.

> **Leutnant der Artillerie**
> **Albert Kehrberger**
> geb. am 17.7.1921
> gef. am 25.2.1942
> **als Komp.-Führer in e. Inft.-Regt.**
> Kulmbach, 1. April 1942.
> **Hans u. Elsa Kehrberger**, geb. Pippig, Eltern; **Helga Kehrberger**, Schwester.
> Es wird gebeten, von Beileidsbezeigungen absehen zu wollen.[181]

Mancher Schlauberger hatte sich der größeren Sicherheit wegen zur Artillerie gemeldet, weil allgemein die Infanterie als die Waffengattung angesehen wird, welche die größten Verluste zu erleiden hat. Die nebenstehende Anzeige beweist, daß man als Artillerist bei der Infanterie fallen kann. Das war im Weltkrieg 1914/1918 genau so.

a) *»Systemzeit«:* »verächtlich für die Weimarer Republik« (Schmitz-Berning 2000, S. 597-599).

Bemerkenswert ist noch, daß dieser Leutnant als Minderjähriger Kompagnieführer gewesen ist.

Die Kürze der Anzeige ist zu loben.

Die Lage ist noch nicht durchsichtig genug. Ob Deutschland fähig[182] ist, in diesem Frühjahre oder Sommer eine Offensive gegen Rußland zu beginnen? Ich möchte annehmen, daß diese angedrohte Offensive der angedrohten Invasion in England gleichzusetzen ist. Es widerspricht allen militärischen Grundsätzen, im voraus seine Pläne hinauszuposaunen. Aus diesem Grunde bin ich von einer Offensive von deutscher Seite nicht überzeugt. Dagegen könnte es möglich sein, daß England – von USA unterstützt – endlich einmal etwas unternimmt. Es liegt dies deshalb im Bereiche der Möglichkeit, weil die Engländer im Herbst u. Winter ungestört produzieren konnten. Rechnet man noch die Leistungen der amerikanischen Industrien hinzu, so ist es durchaus denkbar, daß unsere Gegner demnächst ausreichend gerüstet sind.

1917 – 1942. Diese Jahre können sich die Hände reichen. Im J. 1917 haben unsere Machthaber sich über Amerika lustig gemacht u. 1918 gaben die Amerikaner den Ausschlag. Wir hatten nichts mehr in die Waagschale zu werfen. Und heute? Mindestens ähnlich.

17. April 1942.

Eine Dame aus Dortmund hat die Hoffnung, daß die Engländer demnächst verhungern!

Sie täte gut daran, zu befürchten, daß wir große Ernährungsschwierigkeiten bekommen. Es ist aber leichter, sich der entgegengesetzten Hoffnung hinzugeben. Die meisten Menschen haben ein kindliches Gemüt.

20. April 1942!

Heute wird er 53 Jahre alt, der »Führer« des deutschen Volkes. Der schrecklichste Mensch in der Geschichte Deutschlands. »Und der schrecklichste der Schrecken, dies ist der Mensch in seinem Wahn«, sagt der Dichter Schiller. Was würde er erst geschrieben haben, wenn er diesen wahnsinnigen Hitler miterlebt hätte.

Wer wird diesen Rattenfänger Adolf Hitler unseren Nachkommen in seiner ganzen Furchtbarkeit schildern können?

Ihn, den Alleinschuldigen an dem großen Menschenmorden ab 1939! Allerdings gibt es noch eine erhebliche Anzahl Mitschuldiger. Die Steigbügelhalter, Speichellecker und gesinnungs- u. charakterlosen Mitläufer. –

Nach meinem Gefühle muß die Wendung in diesem Kriege sich bald zeigen. Aus den Reihen der Angegriffenen werden die Angreifer kommen. Auf der ganzen Linie. In ganz Europa.

Vielleicht sind es nur noch Tage, und die Ouvertüre beginnt. Die Flugzeuge der Engländer und Amerikaner werden den Angriff einleiten. Die kommenden klaren Nächte werden dem deutschen Volke unwillkommene Besuche bringen. Was wir den anderen Völkern zugefügt haben, wird Deutschland zurückgegeben werden. Das ist dann die ausgleichende Gerechtigkeit. »Wie Du mir, so ich Dir«[183].

27.4.42.

Gestern, am Sonntag dem 26. April 1942, sprach der Allmächtige zu den Reichstagsabgeordneten vor dem Reichstage. Diese Hampelmänner durften sich von ihren Sitzen erheben und »einstimmig« dem letzten Ermächtigungsgesetz zustimmen.[184] Eine neue Epoche. Die Partei hat restlos die Gewalt. Gewalt vor Recht in höchster Potenz. Der sogenannte unabhängige Richter (den es seit 1933 nur noch auf dem Papier gibt) wurde endgültig begraben. Die Wutschreie gegen die Beamtenschaft und insbesondere gegen die Justiz sind nur zu verstehen für den, der hinter die Kulissen zu schauen vermag. Es müssen hier und dort noch angehende Männer gesessen haben, die auf ihre »wohlerworbenen Rechte« pochten. Damit hat »er« gestern aufgeräumt.

»Es gibt keine Rechte, nur noch Pflichten«, so dröhnte es im Reichstagssaal – und die Anwesenden zollten Beifall!![185]

Da die Juden dem Volke nicht mehr als Sündenbock dargestellt werden können, muß eben eine andere Menschengruppe herhalten. Jetzt sind die Beamten an der Reihe. Gerade in der Justiz habe ich reichlich Gelegenheit gehabt, jene zu »bewundern«, die weit päpstlicher wie der Papst gewesen sind. Es gibt unter den Beamten eine überaus reiche Zahl von speichelleckerischen, unterwürfigen Knechtsseelen. Insbesondere unter den Richtern. Und jetzt werden sie aus Dankbarkeit dem Volke ⟨zum Auffressen⟩ hingeworfen. Wenn die Geschichte schief geht, soll die Bestie etwas zum Zerfleischen [haben]. Ja, Ihr Herren Mitläufer u. Nachäffer, so ist es richtig. Die Knechtsseligkeit erhält ihre verdiente Strafe! Die Dirne »Justiz« wird so behandelt, wie sie es von vornherein für ihr Verhalten verdient hat. Im Jahre 1933 sind sie alle mitgekrochen. Heute gibt's Fußtritte. Für mich ist das eine köstliche Zeit.

Nur so weiter, Adolf Hitler! Es könnte keiner besser machen. Deine Schafherde ist sehr geduldig. Lobe nur den Infanteristen. Er läßt sich dann mit um so größerer Begeisterung für seinen höchsten Kriegsherrn totschießen.

Ein verrücktes Volk!!

28. April 1942:

Ein Zeitgenosse (Pfarrer Goldmann aus Laubach) sagt zur Führerrede vom 26.4.: »Das war eine wunderbare Rede des Führers.«

Dieser feine Pfarrer freut sich jedenfalls besonders darüber, daß er keine Rechte mehr hat. –

Der Stellv. Bauernführer Gäbisch erwähnte am 26.4. in der Bauernversammlung, daß es Beamte gegeben habe, die im vergangenen Sommer an Sonntagen spazieren gegangen seien!

Es ist doch eine köstliche Zeit!!!

Dieser Bauernlümmel legt sich im Winter auf die faule Haut und erlaubt sich, sich um Menschen zu kümmern, die nach 6 Tagen Arbeit in muffigen, staubigen Büroräumen sonntags wenigstens einmal etwas frische Luft schnappen wollen.

Für einen solchen Kerl kann nur eine Tracht Prügel in Frage kommen, an die er sein Lebtag denkt.

Aus so einem Beispiel sieht man[186], daß die Rechtsentwicklung einen schauderhaften Weg gegangen ist. Das Faustrecht ist in einem derartigen Fall das einzig Richtige. Ungestraft kann ein derartiger Wicht sein Unwesen treiben.

Der Bauer ist der allerletzte, der in den Wintermonaten einer anderen Berufsgattung hilft. Nur die egoistischen Bauern wollen von der gesamten Welt, unentgeltlich natürlich, geholfen haben.

29. April 1942.

Jetzt regieren die Herren Bormann[187], Himmler[188] und Saukel[189] (Saukerl müßte der heißen). Viel Vergnügen meine Herren!

Höher geht es nicht mehr. Die Spitze ist erreicht. Nun kann nur der Abstieg kommen. –

Wenn das kommende Deutschland der Welt nicht den Beweis liefert, daß es mit der gegenwärtigen Geistesrichtung nichts gemein hat, wird Deutschland nie mehr auferstehen.

Ich verstehe darunter in erster Linie die vollkommene Austilgung sämtlicher Menschen innerhalb der deutschen Reichsgrenzen, die sich irgendwie verantwortlich gemacht haben an dem heutigen Zustande.

Die Schuldigen müssen fallen.

Die Gerechtigkeit muß einen überwältigenden Sieg davontragen. Die Gerechtigkeit verlangt[190], daß sämtliche Verbrecher, deren Schuld einwandfrei feststeht, für die begangenen Schandtaten büßen müssen. –

100000 RM. Belohnung

Der französische General Giraud
aus deutscher Kriegsgefangenschaft
geflüchtet

Berlin, 25. April. Der französische General Giraud[191], der sich in deutscher Kriegsgefangenschaft befand, ist aus der Festung Königstein geflüchtet.

Dem General war wegen seines Gesundheitszustandes größere Bewegungsfreiheit gewährt worden. Er machte sich dieses Entgegenkommen zunutze und entfloh.

Jeder, der dem entflohenen General bei seiner Flucht behilflich ist, wird mit dem Tode bestraft. Für die Ergreifung des Generals sind 100 000 RM. Belohnung ausgesetzt. General Giraud ist 1,82-1,85 m groß, schlank, hat graue Haare und grauen Schnurrbart und spricht Deutsch mit französischem Akzent. Sachdienliche Mitteilungen nimmt jede Wehrmacht- und Polizeidienststelle entgegen.[192]

Das muß ein wertvoller General sein.

Mit wessen Hilfe ist er ausgerückt?

Bei hohen Belohnungen ist es häufig der Fall, daß sie nie verwirklicht werden.

Bestimmt ist das hier auch so.[193] Als die Veröffentlichung in den Zeitungen erschien, war der General schon über alle Berge – in der Schweiz.

Als Offizier verkleidet u. in einem Wagen der Wehrmacht kann man in aller Ruhe durch Deutschland fahren.

1. Mai 1942.

Im Reichsgesetzblatt I 1942 S. 247 ist der Beschluß des Großdeutschen Reichstages vom 26.4.1942 verkündet worden.

Hiernach ist der Führer

– ohne an bestehende Rechtsvorschriften gebunden zu sein – :

1.) Führer der Nation,
2.) Oberster Befehlshaber der Wehrmacht,
3.) Regierungschef und oberster Inhaber der vollziehenden Gewalt,
4.) Oberster Gerichtsherr,
5.) Führer der Partei.

Kürzer gefaßt:

Der Herrgott von Deutschland.

Vor mir liegen zwei kleine Werkchen aus vergangenen Tagen:

a.) Deutschland in seiner tiefen Erniedrigung,[194]

b.) Das Elend der Fremdherrschaft.[195]

Beide handeln von der Zeit Napoleons.

Es ist merkwürdig, wie feinfühlend das deutsche Volk ⟨damals⟩ gewesen ist, als es selbst der leidende Teil war. Seit 1939 ist das Volk begeistert von der Unterdrükkung anderer, fremder Völker und hat auch nicht das leiseste Mitgefühl mit den unendlichen Leiden ⟨der Bevölkerung in⟩ den überrannten Ländern. Was wir vor 130 Jahren für uns in Anspruch nahmen, die Befreiung von fremder Willkürherrschaft, das kann heute ganz Europa mit Fug u. Recht uns gegenüber in Anspruch nehmen. Unser ganzes Benehmen zeigt lediglich einen brutalen, rücksichtslosen Egoismus. Und dafür erhalten wir die Quittung.

Heft 4

1. Mai[1] 1942
bis
14. August 1942

1. Mai 1942

Trotz der Ankündigung ⟨in der Rede des Führers am 26.4.1942⟩, daß es für uns in diesem Jahre keinen Urlaub gibt,[2] ist der 1. Mai (verlegt auf den 2. Mai) ein Feiertag. Die Bauern dürfen arbeiten. Die Arbeiter haben zu ruhen. Also ruhen wir. Auch der Sonntag, der 3. Mai, wird von mir zum Ruhetag erhoben. Nehmen wir an, das wären 2 Urlaubstage. Warum dann solches Geschrei?

2. Mai 1942.

Nationaler Feiertag. Ruhestörende Veranstaltungen sind zu unterlassen. In den Jahren 1933-1939 konnte gar nicht genug an öffentlichen Veranstaltungen u. Feiern unternommen werden. Warum auf einmal so bescheiden? Befürchten die Herren Störungen durch die ausl. Arbeiter, die sich als Zwangsarbeiter in Deutschland befinden? Irgend etwas steckt dahinter.

3. Mai 1942.

Wenn irgendeiner irgendwo sich einbildet, das deutsche Volk würde sich gegen die Diktatur Hitler erheben, so kann ich nur feststellen, daß sich die gesamte Welt in diesem Punkte genau so täuscht wie über den Anfang der deutschen Rüstung vor 1939.

Es ist vergebene Liebesmühe, mit Worten eine Regierung Hitler beseitigen zu wollen.

So wenig, wie Napoleon auf der Höhe seiner Macht gestürzt worden ist. Erst die Niederlage auf dem Schlachtfelde leitete seinen Untergang ein. So ist es auch mit Hitler. Nur eine militärische Niederlage kann eine Aenderung bringen.

Hitler hat die ganze Welt übertölpelt. Er hatte das von mir nicht geahnte Glück, ungemein schwache und schwächliche Gegner vor sich zu haben. ⟨Feige⟩ Völker, die nichts von Idealismus u Solidaritätsgefühl ⟨wissen⟩, die keine Ehre und keine Freiheitsliebe besaßen. Von Hitler bestochene Politiker ⟨(Norwegen, Ungarn, Rumänien)⟩ bliesen in das gleiche Horn wie der Herr u. Meister. Unfähige Generalstäbe auf der ganzen Linie ⟨(auf der Gegenseite)⟩. Gardeflotten, aber keine Schlachtflotten. Kleinhändlergeist, aber keine Staatskunst. Das ist die Welt von 1939-1942. Ausgenommen Deutschland und Japan. Nirgends wird den Japanern nennenswerter Widerstand entgegengesetzt. Selbst auf dieser Erdhälfte brachten es die gesamten übrigen Nationen nicht fertig, ihre Kräfte zu konzentrieren u. an einer Stelle die Japaner zu schlagen. Damit der Nimbus der Unbesiegbarkeit verschwindet.

Wann werden unsere Gegner angreifen? Geschwätzt haben sie überreichlich genug. Wie soll das deutsche Volk zur Besinnung kommen, wenn es eine Haltung von Großbritannien u. USA. beobachten kann, die der eigenen Haltung des deutschen Volkes diametral entgegengesetzt ist. Wird sich ein Schwergewichtsboxer von dem Augenrollen seines Partners besiegen lassen? Oder wenn dieser draufschlägt?

Das Rezept Adolf Hitlers war gar nicht so überwältigend kompliziert und geistreich. Es konnte natürlich nur gelingen auf dem Boden der rücksichtslosesten Diktatur. Darin ist Hitler unbestrittener Meister. Die Verzierungen waren Selbstverständlichkeiten.

1.) Propaganda.
2.⟨a)⟩ Einheitspresse (Gleichschaltung)
⟨2b. Ausschaltung der freien Meinungsäußerung.⟩
3.) Militarisierung der Jugend.
4.) " des gesamten Volkes.
5.) Aufrüstung (90 Milliarden), trotzdem wir Habenichtse sind.
6.) Unterdrückung der Minderheiten.
7.) Germanisierung Europas.
8.) Weltkrieg 1939-1943.

Auf militärischem Gebiete fand er ebenso rücksichtslose Mitarbeiter. Disziplin u. nochmals Disziplin. Kadavergehorsam in höchster Potenz. Schaffung der Angriffswaffen (Tanks u. Sturzkampfflieger). Beseitigung ⟨veralterter u.⟩ verkalkter Kriegsführungstaktik.

Dazu kommt, daß auf der Gegenseite nicht eine einzige brauchbare militärische Idee auch nur zur Entfaltung kam. Blindheit des Gegners im Erkennen unserer schwachen Stellen. Die Zerstörung der Verkehrswege durch Luftlandetruppen u. fortgesetzte Bombenangriffe mußte das alleinige Ziel unserer Gegner sein. Ferner Brandbomben auf Getreideäcker u. Wälder. Getreide u. Holz sind rare Artikel. Und was ist geschehen? Sehr wenig, teilweise nichts.

Die Haupteisenbahnlinien zur Beförderung der Kohlen blieben vollkommen ungeschoren. Im Winter lagen die Schiffe in den Rheinhäfen. Es ist ihnen nichts geschehen. Ungeschützte Elektrizitätswerke im Hinterlande erfreuen sich bester Gesundheit. Die wenigen Zementwerke in Deutschland (darunter Mainz u. Heidelberg)[3] werden fürsorglich geschont, vielleicht wegen der engl. Aktionäre.

Die Störungen der Eisenbahnlinien hätten den Zusammenbruch gebracht, weil wir kein Benzin u. Oel haben, um andere Fahrzeuge einzusetzen. Unsere Gegner sind nette Menschen, sie wünschen nicht, daß wir diesen Krieg verlieren.

Unsere Aufrüstung war durchaus sichtbar. Tempelhofer Feld, Parteitag in Nürnberg, Erntedankfest auf dem Bückeberg, brachten stets militärische Darbietungen.[4] Und trotzdem hat die Welt absichtlich geschlafen. Ich vergaß die Schmiergelder an sämtliche Botschafter u. Generäle des Auslandes. Nur so ist überhaupt die ganze Situation zu erklären.

Es machte diesen Herrschaften Spaß, daß Hitler die Arbeiterschaft zu Sklaven geformt hatte; sie wollten es in den eigenen Ländern auch so haben. Darin liegt das ganze Geheimnis der offenen u. geheimen Sympathie mit dem Hitlerismus. Wagt mir einer zu widersprechen von diesen kapitalistischen Verbrechern? Euer mangelnder Widerstandswillen und die mangelnde Rüstung ist der klarste Beweis.

Frankreich u. Polen waren verbündet. Frankreich sah mit Behagen zu, wie Polen vernichtet wurde. Eine unvergleichliche »Bündnistreue«. Der »schweigsame« Gamelin[5] muß eine ungeheure Summe erhalten haben. Daneben die gesamten Kapitalisten Frankreichs. Sie opferten den Ruhm Frankreichs. Wenn sie nur erreichten, daß die Arbeiter niedergedrückt werden. Die Büros in Frankreich zur Anwerbung von Freiwilligen für den Krieg gegen Rußland dürften auch ein Beweis für die Richtigkeit meiner Behauptungen sein. Laval[6], Petain & Co! Kommentar überflüßig.

Unsere Gegner haben es noch nicht ⟨einmal⟩ fertig gebracht, die deutschen Propaganda-Sendungen zu stören u. auch dem deutschen Rundfunk Vergeltung zu zeigen für die gestörten Sendungen nach Deutschland.

Wenn ich der Befehlshaber der engl. Luftflotte wäre, dann hätte ich mein ganzes Augenmerk auf die fortgesetzte Störung des Eisenbahnverkehrsnetzes gelegt. ⟨Fabriken erst in 2. Linie, denn die fertige Ware muß doch transportiert werden!⟩ Insbesondere mußte der Verkehr vom Westen über den Rhein u. derjenige vom Norden nach dem Süden angegriffen werden. Letzterer ist durch seine geringe Anzahl von Eisenbahnlinien zu bevorzugen. Die Eisenbahnknotenpunkte Koblenz, Bingen-Bingerbrück, Mainz, ⟨Bischofsheim⟩, Gross-Gerau, Frankfurt, Darmstadt, Offenbach, Hanau, Aschaffenburg, Würzburg, Fürth, Nürnberg vermitteln den Verkehr von Norddeutschland nach Süddeutschland. Von Westen nach Osten sind es die Strecken Wesel – Münster, Aachen – Köln, Trier – Koblenz, Saarbrücken – Bingen, Kaiserslautern – Ludwigshafen, Saarbrücken – Landau – Germersheim. Alles in allem keine überwältigende Aufgabe. Konzentrierte methodische Angriffe: Bahnhöfe, Güterbahnhöfe, Reparaturwerkstätten, offene Strecken, Brücken (!).

Zwischen Westdeutschl. u. Mitteldeutschland liegen die wichtigen Bahnhöfe Kassel, Marburg, Gießen, Bebra, Fulda. Die Strecke Kassel – Frankfurt, eine der wichtigsten Linien, hat noch keinen Angriff erlebt. Betrachtet man diese Tatsache des mangelnden Könnens Englands und der zögernden Haltung Amerikas (über 140 Tage im Kriege und noch keinen Finger krumm gemacht), dann kann man ⟨es⟩ den einfachen Menschen in Deutschland noch nicht einmal verübeln, wenn er der deutschen Propaganda erliegt und es für unmöglich hält, daß jemals England sich zu einem entscheidenden Angriff auf das Festland wird entschließen können. Die Angriffe auf Lübeck u. Rostock[a] mögen erheblich gewesen sein, unsere ⟨hiesige⟩ Bevölkerung sieht davon nichts. Was man nicht weiß, macht einen nicht heiß. –

a) *Lübeck u. Rostock:* In der Nacht vom 28. auf den 29.3.1942 warf ein britisches Bomberkommando Brandbomben auf Lübeck, die weite Teile des Stadtkerns verwüsteten und 320 Menschen töteten. Vom 24. bis zum 27.4.1942 zerstörten britische Bomber in vier Angriffen große Teile der Rostocker Altstadt, 204 Menschen kamen dabei ums Leben. Vgl. Hillgruber/Hümmelchen 1978, S. 123 u. 126.

6. Mai 1942.
Ein guter Witz: bei dem Attentat in München (Nov. 1939) gab es 9 Tote, 23 Verletzte u. 80 Millionen »Verkohlte«.[7] –

Meine Gedanken über die Zeit ab 1933 will ich zusammenfassend niederschreiben. Zur Zeit beginne ich das Manuskript. In erster Linie soll die Niederschrift meinen Nachkommen einen Blick vermitteln in die Zeit meiner tiefsten Erniedrigung als Mensch. Je nach Gelingen werde ich dann vielleicht versuchen, die Arbeit als Buch herauszugeben.

Titel: »Aus einem Narrenhause« ⟨oder »Ein Narrenhaus«⟩.

Der »Rattenfänger aus Braunau am Inn« wäre auch ganz hübsch.

Darüber will ich mir heute noch nicht den Kopf zerbrechen. Kommt Zeit, kommt Rat. An's Werk![8]

10. Mai 1942.
Heute vor 2 Jahren drangen die deutschen Armeen in Holland u. Belgien ein. Ein Ueberfall auf 2 Länder, denen der Nichtangriff garantiert war. Das deutsche Volk geriet in Verzückung über die militärischen Erfolge. Sondermeldung auf Sondermeldung. Siege am laufenden Band. Ohnmacht unserer Gegner.

Wie sieht die Sache heute aus? War der Krieg im Westen wirklich ⟨im Juni 1940⟩ beendet, wie es behauptet wurde? Fallen nicht heute noch Soldaten in den besetzten Ländern im Westen?

Wir sind von einem friedlichen Zustande sehr weit entfernt. Welchen Gewinn hat Deutschland von seinen Eroberungen gehabt? Was hat es geerntet? Haß und nochmals Haß! Und was werden wir noch weiter ernten? Vergeltung für unsere Taten. So sieht es heute am 10. Mai 1942 aus. –

Ein »Gauredner« ⟨namens⟩ von Harlen sprach im Schützenhof über »Sieg um jeden Preis«. Die Versammlung soll sehr stark besucht gewesen sein.[9]

Ich glaube es ohne weiteres, daß die Herren Nationalsozialisten um jeden Preis siegen müssen. Bleibt der vielbesungene ⟨und noch mehr⟩ versprochene Sieg aus, dann ist es um diejenigen geschehen, die sich für die Partei und gegen das Volk mit allen Fasern ihres Herzen eingesetzt haben. Den Rednern wäre zu empfehlen, bei den Bauern zu helfen. Sollte es wirklich noch Parteigenossen geben, die da glauben, das Parteigeschwätz würde die Lage verbessern? Innerhalb der deutschen Landesgrenzen ist bedauerlicherweise unendlich viel durch Verdummung der deutschen Bevölkerung für die Firma Hitler & Co. erreicht worden. Aber es hat doch alles seine Grenzen. Die fremden Völker hatten inzwischen reichlich Gelegenheit, die nationalsoz. Theorie mit der prosaischen Praxis zu vergleichen. Die schönsten Reden ziehen nicht mehr. Das ist endgültig vorbei.

15. Mai 1942.
Der Vorsitzende des Ministerrats für die Reichsverteidigung[a], Herr Göring, hat am 10. April 1942 eine Anordnung über die Mindestarbeitszeit für den öffentl. Dienst während des Krieges erlassen. (Reichsh. u. Besoldungsbl. Nr. 11/1942)

Die Mindestarbeitszeit der Beamten ist auf 56 Stunden festgesetzt worden. »Wie der Soldat an der Front ungeachtet aller Entbehrungen und Gefahren keine Begrenzung seines Dienstes kennt, hat jeder Behördenangehörige seine Dienstgeschäfte täglich so wahrzunehmen, daß keines unerledigt bleibt. Am Sonnabendnachmittag und Sonntag herrscht keine Arbeitsruhe«.[10] So lautet die menschenfreundliche Anordnung des Reichsmarschalls Göring.

Ich freue mich aufrichtig über derartige Anordnungen; sie besitzen geschichtlichen Wert. Nun haben wenigstens alle diejenigen ihre Quittung, die mir vor 1933 entgegneten: »Es muß einmal anders werden«. Jawohl, Ihr Idioten, jetzt ist es ja anders. Prosit!

20. Mai 1942
Ausschr. d. OLG Pr. Dr. Scriba[11] v. 19.5.42 zu 2043 E.P.

Mit Wirkung v. 21.5.42 ist die Arbeitszeit für die Justizbehörden wie folgt festgesetzt:

Montag bis Freitag: 7 – 13 u. 14.30 – 18.30 Uhr
Samstag 7 – 13 Uhr u. 15 – 17 Uhr
Sonntag 10 – 12 Uhr.

Damit wollen die hohen Herren den Krieg gewinnen. Nur hübsch so weiter.

Nichts zu fressen u. mehr arbeiten. Das ist nationalsozialistisches Gemeingut. »Heil Hitler«!

a) Der *Ministerrat für Reichsverteidigung* war mit Erlass Hitlers vom 30. August 1939 unter Vorsitz Hermann Görings ins Leben gerufen worden und sollte für eine kriegsbedingte einheitliche Führung von Wirtschaft und Verwaltung Sorge tragen. Tatsächlich aber blieb der Ministerrat im NS-Herrschaftsgefüge weitgehend bedeutungslos. Vgl. Benz/Graml/Weiß 2007, S. 641.

❅#×[a] Nr. 187. **Trageweise des Kriegsverdienstkreuzes 2. Klasse mit Schwertern. AB. d. RJM.[b] v. 11.5.1942 1106/4 – I.a 9 878. – Deutsche Justiz S. 329 –**
Nachstehenden Auszug eines RdSchr. des Staatsministers und Chefs der Präsidialkanzlei des Führers und Reichskanzlers gebe ich zur Beachtung bekannt.

»An der kleinen Ordensschnalle werden auf dem Band des Kriegsverdienstkreuzes 2. Klasse mit Schwertern zwei gekreuzte Schwerter in der Farbe des Kriegsverdienstkreuzes, d. h. in Bronze, getragen. Sofern das Band des Kriegsverdienstkreuzes mit Schwertern aus dem Knopfloch des Uniformrocks getragen wird, dürfen auf ihm nach Entscheidung des Führers Schwerter nicht getragen werden.«

Der Führer hat auch seine Sorgen. Er kümmert sich sogar um die – Knopflöcher. An diesen Löchern dürfen keine Schwerter getragen werden.

Merkt es Euch, Ihr Arschlöcher!

21. Mai 1942.

Es ist ungemein interessant, einen Blick in die Vergangenheit, in die Vorkriegszeit zu werfen. Vor mir liegt die Heimatzeitung vom 23. September 1937. ⟨(Laubacher Anzeiger)⟩

Auf der ersten Seite ein Artikel von Dr. Otto Dietrich[12] über die Gemeinsamkeiten des Nationalsozialismus und des Faschismus. Er führt darin aus, daß beide Bewegungen[13] in Grundhaltung und Idee wesensverwandt sind: Grundsätzliche Gegnerschaft gegen die parlamentarische Demokratie. Unversöhnliche Gegnerschaft gegen Marxismus und Bolschewismus. Dr. Dietrich meint am Schlusse seiner Ausführungen: »Die Volkwerdung der deutschen und italienischen Nation hat jenen großen Umschichtungsprozeß im Denken der Völker eingeleitet, der berufen ist, die internationale Ordnung der Völker untereinander besser zu gewährleisten als bisher, durch eine natürliche Abgrenzung ihrer Lebensbedürfnisse und Interessen. Der Nationalsozialismus hat ebenso wie der Faschismus der Idee Geltung verschafft, daß die Beziehungen der Staaten zueinander dauerhafter hergestellt werden können, wenn das Gesicht der Nationen klar und geschlossen, wenn ihre Führung verantwortlich und autoritär im Volke wurzelt.«[14] –

Auf der 2. Seite steht ein Artikel: »Eine Giftmischerin. Neue Lügen der Außenpolitikerin[15] des Oeuvre«. Die »Giftmischerin« behauptete nämlich, daß deutsche Truppen den Befehl erhalten würden, in Oesterreich einzurücken.[16] –

Im Frühjahr 1938 wurde diese »lügenhafte« Prophezeiung zur Wirklichkeit. –

a) In den Ausgaben der »Deutschen Justiz« werden die Symbole wie folgt erklärt: »❅gilt auch im Bezirk der OLG. Graz, Innsbruck, Linz und Wien, # gilt auch im Bezirk des OLG Leitmeritz, × gilt auch im Bezirk des deutschen OLG Prag.«

b) *RJM:* Reichsjustizminister(ium).

Neue Hetzrede Finkelsteins

Beschimpfungen, Verdrehungen und Verleumdungen.

Genf, 22. September ⟨1937.⟩

Im Anschluß an die Ausführungen des Australiers Bruce hielt es der Sowjetvertreter Litwinow-Finkelstein wieder einmal für notwendig, der Völkerbundsversammlung eine seiner sattsam bekannten üblen Hetzreden aufzutischen, in deren Mittelpunkt wie üblich die wüstesten Beschimpfungen und Verdächtigungen der »drei Angreiferstaaten«, womit Deutschland, Italien und Japan gemeint sein sollen, standen.

Litwinow-Finkelstein kritisierte zunächst am Bericht des Völkerbundssekretariats die angebliche Zurückhaltung gegenüber den »verschiedenen Angriffshandlungen«, die auf der mißverständlichen Auffassung beruhe, daß der Völkerbund Angriffe deshalb nicht bekämpfen könne, weil die »Schuldigen« nicht im Völkerbund seien. Weiter erging sich der Sowjetvertreter in Auslassungen, aus denen deutlich zu ersehen war, wie unangenehm den Moskauer Gewalthabern die wachsende Erkenntnis der bolschewistischen Weltgefahr und die Aufklärungsarbeit der antikommunistischen Staaten allmählich wird. Unter Anwendung aller jüdisch-bolschewistischen Verdrehungskünste versuchte Litwinow-Finkelstein der Völkerbundsversammlung daher klar zu machen, daß die Sowjetunion keinerlei wirtschaftliche oder strategische Interessen in Spanien habe. In dreister Weise wurden demgegenüber Deutschland und Italien verdächtigt, unter dem Deckmantel des Antikommunismus selbstsüchtige Ziele in Spanien zu verfolgen.

Litwinow-Finkelstein warf schließlich dem Völkerbund seine Passivität während des mandschurischen Konfliktes, beim »Angriff« auf Abessinien, beim »spanischen Experiment« und bei dem neuen »Angriff« auf China vor und meinte, eine entschlossene Völkerbundspolitik in einem Angriffsfall würde alle anderen Fälle erledigen. Dann würden alle Staaten auch die Ueberzeugung gewinnen, daß sich ein Angriff nicht lohne. Dann würden auch die früheren Mitglieder wieder den Weg nach Genf finden und, so schloß Litwinow-Finkelstein salbungsvoll und scheinheilig, »im friedlichen Nebeneinanderbestehen aller gegenwärtigen Regime könnte das gemeinsame Ideal eines universalen Völkerbundes erreicht werden«.[17]

Nebenstehend ein weiterer Artikel der gleichen Nummer v. 23.9.37.

Der Außenminister Litwinow[18] von Rußland hatte den Finger auf dem richtigen Loch. Aber die ⟨anderen⟩ Staaten haben nicht ⟨so⟩ gehandelt, wie es erforderlich gewesen wäre. Es hat zuviel Menschen gegeben, die annahmen, daß die drei Staaten (Deutschland, Italien u. Japan) ihre Ueberrüstungen nur gegen Rußland verwenden würden. Und das war natürlich den Herren Großkapitalisten in allen Ländern mehr als angenehm.

Ja, meine Herren, Ihr habt Euch verrechnet, die ⟨deutschen, ital. u. jap.⟩ Krokodile fressen alles, was vor sie kommt – nicht nur Bolschewisten.

22. Mai 1942.

Die deutsche Presse ist ein Kapitel für sich. Alles, was die Gläubigen sich wünschen, wird ihnen in marktschreierischer Manier vorgesetzt. Nachstehend einige Schlagzeilen u. Ueberschriften von Artikeln in der Zeit vom 14. Mai – 21. Mai:

Großer Sieg der deutschen Waffen. Durchbruchschlacht von Kertsch entschieden.[19] Stukas pflügen pausenlos die Erde um.	Völk. Beobachter 14.5.42
Neun Geleitfrachter auf Englandfahrt in mehrtägigem Kampf vernichtet. 15 000 Häuser auf Malta zerstört oder unbrauchbar.	V.B. 15.5.42
Zwischen Nordkap u. Spitzbergen. Deutscher Luftwaffenerfolg gegen USA.-Geschwader. U-Boot Gefahr von ungeheurem Ausmaß.	V.B. 16./17.5.42
Steigende deutsche U-Boot-Erfolge. In 18 Tagen schon über 500 000 Tonnen versenkt! USA. in der Zange des Zweifrontenkrieges.	V.B. 19.5.42
Die Bolschewisierung Südafrikas schreitet fort. Inflationsgespenst in den USA. England bangt um den Lebensstandard. Wasser in Churchills Wein.	V.B. 21.5.42
Täuschung des USA.-Volkes.[20] Die tödliche U-Boot-Gefahr (von Konteradmiral Tägert).[21] Drei sowjetische Armeen vernichtet.[22] Roosevelts Seekriegsstrategie torpediert.[23] In der Schlacht von Charkow verbluten die sowjetischen Massen.[24]	Hessische Landeszeitung 16.5.42 bis 20.5.42

Am 22. Mai 1942 bringt der Völk. Beobachter in roten Lettern:

»Eiserne Härte garantiert den Endsieg«

(Hermann Göring sprach zur schaffenden Heimat).[25] –

So nebenbei wird noch einiges über Roosevelt verzapft. Die Feder sträubt sich, das wiederzugeben. Nachdem der »Säufer« Churchill etwas in den Hintergrund getreten ist, wird die ganze schriftstellerische Jauche über Roosevelt gegossen. USA. wurde von Japan angegriffen u. Deutschland hat im Dez. 1941 ⟨USA.⟩ Amerika den Krieg erklärt. Trotzdem ist »das kranke Gehirn Roosevelts an diesem Krieg schuld«. »Roosevelt ist ein unter aller männlicher Vorstellung stehendes feiges Subjekt«. Die Amerikaner hätten gut daran getan »ihren kranken Präsidenten in einer entsprechenden Anstalt, statt im Weißen Hause, unterzubringen.« In diesem Versmaß geht es Tag für Tag weiter. Die »peinliche Dummheit Roosevelts« ist noch eine zarte Blüte deutscher Zeitungsschmiererei.[26] –

Wozu dieses blöde Geschmier? Der Gegner wird nicht erschüttert werden. Der tiefste Tiefstand im deutschen Zeitungswesen ist erreicht. Von Kultur keine Spur.

Mitunter ist einmal eine Nachricht in einer Zeitung zu lesen, die einen Hinweis enthält, daß der Krieg doch noch nicht beendet ist.

An das japanische Volk

Tokio, 21. Mai ⟨42⟩

In der ersten Sitzung des neugegründeten politischen Verbandes zur Unterstützung der Kaiserpolitik betonte Premierminister Tojo, daß die Wahlen zum Reichstag den klaren Wunsch des japanischen Volkes nach Erlangung der Ziele des großostasiatischen Krieges bezeugt und so die Voraussetzung für die Bildung eines starken Reichstages geschaffen hätten. Zur Verwirklichung der Volkswünsche, die gleichzeitig auf stärkste Konzentrierung der politischen Macht abzielten, sei ein neuer Verband ins Leben gerufen worden. Nachdem die japanischen Armeen den Gegner überall geschlagen hätten und zahlreiche feindliche Bollwerke in japanische Hände gefallen wären, müßte die große Aufbauarbeit geleistet werden, obwohl noch viele Anstrengungen zur Vernichtung Englands und Amerikas notwendig wären. Es sei natürlich, daß die Feindmächte versuchen würden, verlorenes Gelände zurückzuerobern. Für Japan habe der Krieg erst jetzt begonnen; es sei daher unerläßlich, daß das Volk Geduld übe, seine Einigkeit festige und überall seine Pflicht erfülle.

⟨Hamb. Fremdenblatt⟩

Nebenstehend wird aus Tokio gemeldet, daß noch viele Anstrengungen zur Vernichtung Englands und Amerikas notwendig wären. –

Der großasiatische Krieg wird ein Lehrmeister für Japan werden. Die Japaner werden noch lernen, bescheidener zu werden. Hochmut kommt immer vor dem Fall. Wir wollen sehen, was Japan den kommenden Angriffen in den Weiten des Stillen Ozeans entgegensetzen kann. Wir wollen sehen, ob Japan in der Lage ist, den Raub zu verteidigen. Wir wollen sehen!

— —

23.5.42

Die Reichsfrauenführerin in der Gaubräuteschule

ks. **Pirmasens,** 18. Mai ⟨42⟩

Auf ihrer Reise durch den Gau Westmark[a] stattete die Reichsfrauenführerin Scholtz-Klink[27] auch der Gaubräuteschule in Pirmasens einen Besuch ab, wo ihr von über 300 Amtsleiterinnen der NS.-Frauenschaft ein herzlicher Empfang bereitet wurde. In Anwesenheit der Gaufrauenschaftsführerin wurde eine ausgedehnte Besichtigung der Schule vorgenommen, an der auch der Kreisleiter und die Kreisfrauenschaftsleiterin teilnahmen. Mit dem Besuch von Frau Scholtz-Klink in Metz, wo sie in einer Großkundgebung zu den Lothringer Frauen sprach, fand die Fahrt durch das Gaugebiet ihren Abschluß.[28]

Die Gaubräuteschule ist in der Hauptsache für die schwangeren »Bräute« der SS bestimmt.

Dem deutschen Volke wird Tag und Nacht gepredigt, keine Reisen zu unternehmen. In Pirmasens kamen 300 »Amtsleiterinnen« zusammen, um der Reichsfrauenführerin einen »herzlichen Empfang« zu bereiten. Für diesen Zirkus sind noch ausreichend Menschen u. Eisenbahnmaterial vorhanden.

Gauleiter Hofer[29] im Kreis Dornbirn

fkr. **Dornbirn,** 18. Mai ⟨42⟩

Gauleiter Reichsstatthalter Hofer weilte am Wochenende im Kreis Dornbirn, wo am Samstag das Kreisschießen seinen Anfang genommen hat. Am Sonntag vollzog der Gauleiter im feierlichen Rahmen die Eröffnung der neuen Großmolkerei in Dornbirn, nachdem er tags zuvor dort verschiedene neu eingerichtete Dienststellen besichtigt hatte. Sonntag nachmittag besuchte der Gauleiter den Schießstand in Feldkirch.[30]

Reichsminister Rust im Gau Tirol-Vorarlberg

fkr. **Innsbruck,** 18. Mai ⟨42⟩

Zu Dienstbesprechungen mit Gauleiter und Reichsstatthalter Hofer weilte der Reichserziehungsminister Rust in Innsbruck. Die Einladung des Gauleiters, an seiner Fahrt in den Kreis Dornbirn teilzunehmen, nahm der Reichsminister gern an, um einen größeren Teil des Gaues Tirol-Vorarlberg kennenzulernen.[31]

a) Als *Gau Westmark* bezeichnete man seit dem 7. Dezember 1940 den aus dem Zusammenschluss des Saarlandes mit der Pfalz entstandenen Gau Saarpfalz. Vgl. Benz/Graml/Weiß 2007, S. 773.

Die Nazi-Bonzen sind weniger an der Front vor dem Feinde tätig als weit hinten in der sicheren Heimat. Was z.B. ein Gauleiter für einen schweren Beruf hat, geht aus nebenstehender Notiz hervor. Er muß eine Molkerei feierlich eröffnen u. einen Schießstand besuchen. Die Frontsoldaten werden sich freuen, daß wenigstens die Parteigrößen, ohne mit dem Feinde in Berührung zu kommen, ungehindert in Deutschland herumfahren können.

Der Reichsminister Rust[32] benutzt auch die Kriegszeit, um Tirol kennenzulernen. Man könnte vermuten, daß er markenfreie Unterkunft sucht. Was sage ich da, so was tut doch ein nationalsoz. Reichsminister nicht. Auf den Bildern sind die Herren noch in alter, ungeschmälerter Frische zu erblicken. Bei den Arbeitern sind die hohlen Wangen und ⟨die⟩ vorstehenden Backenknochen schon eher festzustellen. Nun ja, es braucht doch schließlich nicht allen Deutschen schlecht zu gehen.

– Reichsmarschall Göring sagte auf dem feierlichen Staatsakt im Mosaiksaal der Neuen Reichskanzlei am 21. Mai 1942: »Dieser Krieg muß durchgestanden werden, gleichgültig, wie lange er dauert«.[33] Hermann Göring kann in die Reihen der Miesmacher gestellt werden, die stets einen langen Krieg voraussagten.

25. Mai 1942.

1. Pfingstfeiertag. Ausflug nach Schotten. Die beabsichtigte Tour auf den Hoherodskopf konnte wegen heftigen Regens nicht zur Ausführung gelangen. Wir versuchten in 5 Gasthöfen, Mittagessen zu bekommen. Vergeblich! Im »Adler« erhielten wir einen Teller dünne Suppe.

Deutschland, du hast dich gewaltig verändert!!

Der nationalsozialistische Kelch ist noch nicht ganz leer. Erst wenn kein Tropfen mehr heraus kommt – dann ist das Ende nahe. Zuvor kommen die Steckrüben an die Reihe.

USA.-Kriegsschiffe reißen vor japanischen Flugzeugen aus

Tokio, 18. Mai ⟨42⟩

Wie zuverlässig verlautet, sichtete die japanische Luftwaffe am Freitagmorgen 500 Seemeilen östlich der Salomonsinseln eine in westlicher Richtung fahrende feindliche Flotte, bestehend aus den nordamerikanischen Flugzeugträgern »Hornet« und »Enterprise« sowie einigen Kreuzern und Zerstörern. Als die Gegner die japanischen Flugzeuge entdeckten, drehten sie in östlicher Richtung ab, ohne sich zum Kampf zu stellen.

Japanische Marinesachverständige erblicken in dem plötzlichen Auftauchen zweier Flugzeugträger in diesen Gewässern die indirekte Bestätigung für den Verlust der nordamerikanischen Flugzeugträger »Saratoga« und »Yorktown« in der Schlacht in der Korallen-See. Man betont, daß kaum eine Notwendigkeit für die Entsendung zweier so wertvoller Schiffe wie des »Hornet« und der »Enterprise« bestanden hätte, wenn die »Saratoga« und »Yorktown«, wie Washington behauptet, noch existierten und in kampffähigem Zustande seien. Andererseits sei es auch möglich, daß die Amerikaner mit der Entsendung ihrer verbleibenden Träger der Welt vortäuschen wollten, als ob die »Saratoga« und »Yorktown« noch aktionsfähig seien. Auf ein derartiges Täuschungsmanöver werde jedoch niemand hereinfallen. Die Tatsache, daß amerikanische Kriegsschiffe lieber geflohen seien, als sich zum Kampf zu stellen, beweise, wie groß die Achtung der Gegner vor der enormen Kampfstärke der japanischen Flotte und Marineluftwaffe geworden sei, die ihr Können in einer Serie glänzender Siege und erst kürzlich wieder in der Schlacht im Korallen-Meer gezeigt hätten.

⟨Völk. Beobachter 19.5.1942⟩

Die japanische Berichterstattung ist eine ganz offensichtliche Schwindelei. Derartiges Zeug wagt noch nicht einmal Goebbels dem deutschen Volke vorzusetzen. Es ist hellste Idiotie, davon zu sprechen, daß USA. Kriegsschiffe vor japanischen Flugzeugen ausreißen. Die Japaner behaupteten, 2 Flugzeugträger versenkt zu haben. Die Amerikaner bestritten jeden Verlust. Jetzt kommen die jap. Märchenerzähler u. geben an, 2 ⟨andere⟩ Flugzeugträger gesehen zu haben u. das sei die »indirekte Bestätigung« für den Verlust der amerikanischen Flugzeugträger ⟨»Saratoga u. Jorktown«[34]⟩. Selbst die Insassen eines Irrenhauses werden staunen über die verrückten Argumente der Tokioter Märchenzentrale.

---

26. Mai 1942.

Japan brüstet sich – wie oben ersichtlich – mit der enormen Kampfstärke seiner Flotte u. der Luftwaffe. In der Tat hat Japan gewaltige Erfolge errungen. Für einen unbeteiligten Zuschauer ist es vollständig unverständlich, daß Staaten wie England, Holland,

USA., Australien usw. nicht früher Maßnahmen zu einer ernsten Gegenwehr trafen. Die Rüstung von Japan konnte doch nur mit Lieferungen aus den angegriffenen Ländern bewerkstelligt werden.

Auch Deutschland u. Italien konnten gar keine Ueberrüstungen vornehmen, wenn sie nicht von außen beliefert worden wären. Erst wird ein Versailler-Vertrag auf die Beine gestellt, und dann schauen sie alle zu – mit den Händen in den Hosentaschen –, wie diese Angreiferstaaten zu einem Weltkriege das Signal geben. Unbegreiflich! Wo waren in den angegriffenen Ländern die Staatsmänner? Wo Menschen mit einem Blick für die Wirklichkeit?

Nachdem er vorübergehend wieder Dienst getan hatte, ist der Kreisleiter Backhaus in Gießen erneut »krank« geworden.[a] Er soll in der Sache des verhafteten Bürgermeisters von Steinbach eine gewisse Rolle spielen.[35] Die Eierpfannkuchen haben den Kreisleiter nicht beseitigen können, nun scheinen die Wurstpakete zum Verhängnis geworden zu sein.

Es ist auch zu auffällig, daß die Parteigrößen ihren alten Körperumfang trotz dreier Kriegsjahre beibehalten haben. –

Der Reichsminister ⟨u. Bauernfänger⟩ Darré, der Hauptverfechter der Idee »Blut u. Boden«, ist aus Gesundheitsrücksichten durch den Herrn Backe ersetzt worden.[36] Wieder ein Edelstein aus der natsoz. Krone gefallen. Die schlechten Ernten haben seinen Rechenkünsten einen Strich durch alle Rechnungen gemacht. Es ist nichts so fein gesponnen – es kommt doch an der Sonnen.[37]

27. Mai 1942.

Der Geometer G[…] aus Gießen hofft, daß den Engländern bald die Zunge aus dem Halse hängen wird. –

Ein typisches Beispiel für die geistige Verfassung vieler deutscher Zeitgenossen. Nur nicht daran denken, daß uns selbst vielleicht der Hunger noch zu schaffen machen könnte. Bei unserer Ernährungslage hätten wir allen Grund, vor unserer eigenen Türe zu kehren. Aber nein, es ist doch so bequem, die anderen Völker verhungern oder zusammenklappen zu lassen.

28. Mai 1942

Nach dem Erlaß des Reichsministers für Ernährung und Landwirtschaft vom 24. Maerz 1942 (IIc1 – 1085) erhalten Polinnen und Jüdinnen keine Lebensmittelzulagen für werdende Mütter, Wöchnerinnen u. stillende Mütter.

a) *erneut »krank« geworden:* Die »Heimatzeitung« berichtet, dass Backhaus sich aus Gesundheitsgründen zu einem Kuraufenthalt nach Bad Nauheim begeben habe. Die Vertretung übernahm der Gießener Oberbürgermeister Ritter. Vgl. die Kurzmeldung »Vertretung des Kreisleiters«, in: Heimatzeitung, 13.6.1942, S. 5.

Der Herr Reichsgesundheitsführer hat seine Ärztl. Bezirksvereinigungen mehrfach in Rundschreiben und bei Tagungen darauf hingewiesen, daß für jüdische Kranke Zulagen nur nach strengster Prüfung bewilligt werden können.

(Das kann wohl unter das Kapitel »Ausrottung der Juden und Polen« gebracht werden.) –

1000 Tage Krieg! Keiner von den verantwortlichen Männern in Deutschland hat im Traume daran gedacht, daß dieser Krieg lange dauern würde. Im Jahre 1939 hat man es seinem Volke schmackhaft gemacht mit Bemerkungen über »Blitzkrieg«. Alle Deutschen sind auf die Propaganda hereingefallen, daß nach den ⟨ersten⟩ Siegen die Gegner bereit wären, die Gewaltherrschaft Deutschlands anzuerkennen. Selbst diejenigen, die politisch mit dem Nazi-Regime nicht einverstanden sind, ließen sich durch die militärischen Erfolge blenden. Auch heute noch gibt es verschwindend wenig Menschen, die ⟨von⟩ einer vollständigen Niederlage Deutschlands felsenfest überzeugt sind. Meine Frau und ich waren von Anbeginn an nicht davon abzubringen, daß Deutschland diesen Krieg verlieren wird. Wir standen oft auf weiter Flur ganz allein.

Augenblicklich ist wieder zu beobachten, wie der Glauben an den Sieg Auftrieb erhält. Die übertriebenen Heeresberichte über die Kämpfe auf der Halbinsel Kertsch und bei Charkow bringen denen, die den Kopf hängen ließen, neuen Mut. Das Hoffnungs-Barometer steigt. Die Nazis kennen die Psyche des Volkes genau. Und doch ist der ganze Zauber wertlos. Was soll damit gewonnen sein? Der Gegner ist durch derartige Manipulationen nicht zu erschüttern. Bei dem eigenen Volke hält die Siegeszuversicht nur an, wenn Sieg auf Sieg folgt, in der Annahme, dann sei der Schluß des Krieges zu erwarten. Ueber das Wie macht sich die Masse keinerlei Kopfzerbrechen. Sie denken, der Gegner bricht zusammen u. wir knien auf ihm. Auf meine Frage, wie der Frieden einst aussehen wird, habe ich noch niemals eine Antwort erhalten.

Von England u. Amerika weiß die Menge nichts oder sehr wenig. Goebbels hat das Können dieser Länder stets verhöhnt u. die ⟨militär.⟩ Fähigkeiten dieser Völker lächerlich gemacht. »Der deutsche Soldat ist der beste Soldat der Welt«, diese Schmeichelei war ein ausgezeichneter Trumpf. Der selbstzufriedene Deutsche fühlt sich gehoben u. dünkt sich erhaben über alles in der Welt. Seine Selbstüberschätzung nimmt manchmal krankhafte Formen an. Der Geltungstrieb, seine Liebe für Orden und Auszeichnungen wurden von den führenden Männern richtig erkannt u. sie nutzten die Schwächen der großen Mehrheit des Volkes reichlich aus. Was die Herrschenden erdachten, waren von A-Z Mittel, die einem Zwecke dienen mußten: Rücksichtslose Selbstaufopferung, Mißachtung des Lebens.

29. Mai 1942

Heute kam der Bürodiener Scherdt und brachte fünf Plakate mit der Inschrift:

In diesem Raum besteht die Pflicht für jeden,

mit Höflichkeit zu handeln und zu reden.

Dieses Plakat soll in jedem Dienstzimmer angebracht werden. –

Wieder ein Beweis dafür, daß kein Papiermangel herrscht.

Wenn alle maßgebenden Persönlichkeiten mit gutem Beispiel vorangingen, insbesondere sich im Rundfunk als gebildete, höfliche Menschen der Welt zeigen würden, dann würde das Volk sicher sich bemühen, ebenfalls höflich zu erscheinen.

In der Zeit ab 1933 waren besonders die Verlautbarungen der Parteistellen von der Höflichkeit meilenweit entfernt. Meist war von einer ⟨guten⟩ Kinderstube nichts zu spüren.

30. Mai 1942.

Warum kann Deutschland diesen Krieg nicht gewinnen?

1.) Weil seine Flotte und seine Luftflotte den vereinigten Kräften von England u. USA. unterlegen sind.

2.) Weil die Fliegerangriffe auf Deutschland im Laufe des Jahres 1942 Schäden hervorrufen werden, die unsere Kriegsmaschinerie erheblich stören.

3.) Weil bei einem Angriff der Engländer u. Amerikaner auf das Festland Europa sämtliche unterdrückten Völker sich erheben werden. Die dadurch hervorgerufene Unsicherheit wird den Zusammenbruch der von Hitler errichteten »neuen Ordnung« herbeiführen.

Ich habe einmal zum Ausdruck gebracht: »Eines Tages wissen wir nicht mehr, wohin wir schießen sollen.«

Bei dem allgemeinen Durcheinander gibt es natürlich eine Revolution in Deutschland.

»Adolf Hitler, ein Verhängnis für Deutschland«![a]

Dann hat selbstverständlich jeder Spießbürger gewusst, daß der Nationalsozialismus auf diese Weise enden würde, und keiner war Nationalsozialist gewesen.

a) Kellner bezieht sich auf das Buch »Hitler – ein deutsches Verhängnis« von Ernst Niekisch, das 1932 im Berliner Widerstands-Verlag erschien. Niekisch (1889-1967), 1917 Mitglied der SPD und von 1919 bis 1922 der USPD, gehörte in der Weimarer Republik zu den führenden nationalbolschewistischen Vertretern und war von 1927 bis 1934 Herausgeber der Zeitschrift »Der Widerstand. Zeitschrift für nationalrevolutionäre Politik«. 1937 wurde er von der Gestapo verhaftet und 1939 vom Volksgerichtshof zu einer lebenslangen Zuchthausstrafe verurteilt. Nach 1945 gehörte Niekisch der KPD, später SED an. Nach dem Aufstand vom 17. Juni 1953 verließ er die DDR nach West-Berlin. Vgl. Benz/Graml/Weiß 2007, S. 952f. In seinem Buch befasst sich Niekisch in drei Abschnitten mit dem Aufstieg der nationalsozialistischen Bewegung und ihren Gefahren: »Der Nationalsozialismus ist kein Beginn – er ist ein Ende. [...] Ein ermattetes, erschöpftes, enttäuschtes Volk bleibt dann zurück, das alle Hoffnung fahren läßt und müde am Sinn jeder ferneren deutschen Gegenwehr verzweifelt. Die Versailler Ordnung aber wird gefestigter sein, als sie es jemals war« (Niekisch 1932, S. 35f.).

In Wirklichkeit gab es höchstens 1 v. hundert überzeugte Gegner des Hitlerismus. Die übrigen 99 v. h. haben sich entweder sehr aktiv beteiligt oder doch wenigstens durch schlappe Haltung, lammfromm und ergeben, sich unter das Joch der NSDAP. gebeugt.

»Männer« habe ich derart wenig kennen gelernt, daß ich sie sämtlich in einem Zimmer 5:4 qm unterbringen könnte.

Hoffentlich gibt es wenigstens unter den Emigranten einige mutige und entschlossene Männer, denn nur diese werden in der Lage sein, nach Beendigung des Krieges, den Sauhaufen einigermaßen in Ordnung zu bringen. Ohne Blutvergießen geht es nicht ab. Die Kreise, die uns den 2. Weltkrieg bescherten, dürfen niemals mehr Gelegenheit bekommen, zum dritten Male ihre wahnsinnigen Ideen der Welt aufbürden zu wollen. Was in den Novembertagen 1918 versäumt wurde, ist nachzuholen. Und was die Hauptsache ist: Fortgesetzte schärfste Beobachtung aller Kreaturen, die aus den 2 Weltkriegen nichts gelernt haben. Bei dem leisesten Versuch, in irgend einer Form den Völkerfrieden zu stören, muß rücksichtslos zugegriffen werden. Vor allem ist der Rassenhaß auszutilgen. Dem deutschen Volke muß es für ewige Zeiten unmöglich gemacht werden, Völker wie die Juden u. Polen, in sadistischer Weise zu behandeln und deren systematische Ausrottung zu bewerkstelligen. –

Durch Sondermeldung wurde bekannt gegeben: die Schlacht um Charkow ist beendet. Ueber 250000 Gefangene wurden eingebracht. Der Feind erlitt blutigste Verluste.[38] –

Ueber die eigenen Verluste ist nichts gesagt worden.

Es wird mit der Zahl der Gefangenen so sein wie mit den Bruttoregistertonnen. Nach oben keine Grenze.

Wie lange wird man brauchen, um 250000 Gefangene zu zählen?

31. Mai 1942.

Die Zeitungen bringen fortgesetzt Nachrichten über Erfolge deutscher U-Boote vor der Küste Nordamerikas. Ich will durchaus anerkennen, daß die Leistungen der deutschen Unterseeboote erstaunlich sind. Um so erstaunlicher, als man bis jetzt nichts davon gehört hat, daß amerikanische Unterseeboote vor den Küsten Japans oder englische Unterseeboote in der Ostsee operieren. Warum diese Unfähigkeit bei unseren Gegnern?

Trotzdem halte ich diesen U-Boot Krieg vor den Toren Nordamerikas für einen großen politischen Fehler. Der Durchschnittsamerikaner hatte im Jahre 1939, bei Kriegsbeginn, bestimmt keine Lust, sich um den europäischen Krieg besonders zu kümmern. Der Präsident Roosevelt mußte sein Volk fortgesetzt aufrütteln und auf die von ihm erkannte Gefahr aufmerksam machen. Er wurde von deutscher Seite als »Kriegshetzer« gebrandmarkt. Jetzt sind ⟨es⟩ die Deutschen, die auch dem dümmsten Amerikaner den klaren Beweis liefern, daß Roosevelt doch einen sehr guten Riecher gehabt hat. Besser als Worte vorausschauender amerikanischer Politiker wirken die Taten deutscher Unterseeboote. Es ist keine Utopie von denen gewesen, die auch den Weltteil Amerika als Gefahrenzone bezeichneten.

Die deutschen U-Boote mögen noch mehr Schiffe versenken, sie vermögen aber nicht die Massenangriffe der engl. u. amerikanischen Flugzeuge auf deutsche Industriestädte zu verhindern.

1. Juni 1942.

Der Oberbürgermeister Dr. Barth[39] in Mainz ist als Oberleutnant an der Ostfront gefallen.

Dr. Barth war vor der »Machtergreifung« als Gerichtsassessor bei dem Amtsgericht Mainz tätig. Er ist mir als Fanatiker bekannt. Ein rücksichtsloser Akademiker u. ebensolcher Gewaltpolitiker. Freikorpskämpfer. Dr. Barth ist zu den Reventlow u. Genossen zu zählen. Im 1. Weltkrieg sammelten sich derartige Leute unter der Firma »Vaterlandspartei«. Gattung: Kriegsverlängerer. Dieser Mann wollte aktiver Offizier werden. Das 100000-Mann-Heer[a] konnte nur eine beschränkte Zahl von Herrenmenschen aufnehmen. Dr. Barth wurde Jurist. Sein Haß wendete sich gegen alle, die nach seiner Meinung daran Schuld waren, daß er kein aktiver Offizier werden konnte.

Die Partei verherrlicht ihn wie folgt:

a) *100 000-Mann-Heer:* Artikel 160 des Versailler Vertrags bestimmte den Abbau der deutschen Armee, die fortan auf 100 000 Mann beschränkt bleiben sollte.

Mainz, 29. Mai ⟨1942⟩ (Kreisleiter Oberbürgermeister Dr. Barth gefallen.) An der Front im Osten fiel als Oberleutnant der Infanterie am 15. Mai Kreisleiter⟨**T**⟩ Oberbürgermeister Dr. Barth (Mainz). Seiner Kompanie im Kampf voranstürmend, wurde er schwer verwundet und starb kurze Zeit später auf dem Wege zu einem Hauptverbandsplatz. – Kreisleiter Dr. Barth, der im Verlauf dieses Krieges bereits zweimal verwundet worden war und mit beiden Eisernen Kreuzen ausgezeichnet wurde, krönte mit seinem Heldentod ein Leben des Kampfes, das er im Jahre 1918 mit seinem Eintritt als Fahnenjunker in das Infanterie-Regiment 136 in Straßburg begann. Bereits als Frontsoldat des Weltkrieges mit dem E. K. ausgezeichnet, setzte er nach Kriegsende in den Reihen eines Freikorps und der vorläufigen Reichswehr in Berlin und im Ruhrgebiet sein Leben im Kampf gegen den Spartakismus[a] ein. Im Jahre 1921 kämpfte er im Verband eines oberschlesischen Freikorps gegen die polnischen Eindringlinge. Später war er dann im Bund Oberland[b] tätig. Im Jahre 1931 stieß er zur Partei, in deren Reihen er seinen ihm stets innewohnenden Geist des Mutes und der Treue wirksamst einsetzte. Nach der Machtübernahme berief der Gauleiter diesen bewährten Nationalsozialisten in hervorragende Dienststellungen der Partei und des Staates. Nach seiner erfolgreichen Tätigkeit in den Stellungen als Polizeidirektor in Worms und Mainz und als komm. Oberbürgermeister der Städte Darmstadt und Mainz wurde er im Jahre 1934 endgültig zum Oberbürgermeister der Stadt Mainz ernannt. – Das Leben dieses Nationalsozialisten, dessen Persönlichkeit in bester Weise eine gerade und aufrechte Gesinnung mit einem hervorragenden beruflichen Können vereinigte, stand stets im kämpferischen Einsatz für die Belange um die Freiheit des deutschen Volkes. Im Opfertod für Führer und Volk fand es seine höchste Vollendung. Die Bewegung in Hessen-Nassau gedenkt voller Stolz eines ihrer Besten.[40]

T Propaganda für die Kreisleiter. Die Mehrzahl der Kreisleiter kämpft hinter der Front gegen das eigene Volk.

---

2. Juni 1942.

Der Altbürgermeister Böhm[41] aus Laubach ging gestern Nachmittag auf der Friedrichstraße an mir vorbei, blieb stehen und rief mir mit lauter, erhobener Stimme »Heil Hitler« nach. Dem Anscheine nach hatte ich seinen Gruß zu schwach beantwortet. Es ist derselbe Herr, der vor einigen Jahren auf der Wetterfelderstraße, nachdem ich ihn mit »Guten Tag« grüßte, nachrief: »Es heißt »Heil Hitler«, junger Mann.«

Leider konnte ich in beiden Fällen aus naheliegenden Gründen nicht die einzig richtige schlagfertige Antwort erteilen. Hoffentlich läßt der Herrgott uns beide noch einige Zeit leben, damit ich nach dem Kriege das Versäumte nachholen kann. –

a) *Spartakismus:* Der Spartakusbund wurde am 11. November 1918 von einer Gruppe um Rosa Luxemburg und Karl Liebknecht gegründet und vertrat marxistische Positionen links von der SPD. Anfang 1919 ging der Spartakusbund in der KPD auf. Vgl. Büttner 2008, S. 75.

b) Der *Bund Oberland* ging im Oktober 1921 aus dem ehemaligen Freikorps Oberland hervor und verfolgte in enger Kooperation mit der NSDAP antirepublikanische und völkische Ziele. Nach seiner Beteiligung an Putschversuchen, unter anderem auch dem sogenannten Hitler-Putsch, wurde der Bund 1923 verboten, existierte in anderer Organisationsform jedoch weiter. 1925 wurde er wieder zugelassen, 1930 folgte jedoch die endgültige Auflösung. Vgl. Hübner 2009.

Das Oberkommando der Wehrmacht gibt unter anderem bekannt, daß englische Flieger »Terrorangriffe« auf Köln ausgeführt haben und dabei natürlich nur friedliche Wohnbezirke getroffen haben.[42]

Von »Terrorangriffen« zu sprechen ist der Gipfelpunkt der ⟨Frechheit u.⟩ Lächerlichkeit. Es ist kindlich und kindisch, heute ein Zetergeschrei über »Terrorangriffe« anzustimmen. Es gab Zeiten, da haben wir ohne Rücksicht auf die Ansichten der gesitteten Menschheit mit einer Rücksichtslosigkeit ohnegleichen von der Flugwaffe Gebrauch gemacht u. tausende Menschen schonungslos vernichtet[43]. Damals waren wir im Vollbesitz unserer Kräfte, und der Gegner konnte nicht gleiches mit gleichem vergelten. Deutschland war brutal und frech. Heute hat sich das Blatt gewendet, und da kommen wir mit derartigen dummdreisten Mätzchen von wegen »Terror«. Was jetzt dem deutschen Volke angetan wird, ist ein Gottesgericht. Es muß am eigenen Leibe spüren, was es mit hochmütiger Begeisterung anderen Völkern zugefügt hat. Deutsche, denkt an Polen, Holland, Frankreich, Jugoslawien, England u. Rußland! In diesen Ländern haben die deutschen Flieger nach Herzenslust gewütet.

Wer hat Warschau u. Rotterdam verwüstet? Wer hat London in Schutt u. Asche gelegt (so schrieben wenigstens die Zeitungen)?[44]

Wer wollte die englischen Städte ausradieren? War das nicht der Führer Hitler?[45] Hat nicht ganz Deutschland über die »Heldentaten« der Flieger frohlockt? Und jetzt auf einmal kommen die gleichen Gaukler auf den Dreh, von »Terror« zu sprechen. Würden sie schweigen u. dulden, ⟨da⟩ könnte man noch eine gewisse Achtung haben. Es ist aber zuviel verlangt, von sadistischen Halunken etwas Würde zu erwarten. –

3. Juni 1942.

Wenn später ein Volkslexikon über diese »herrliche« Zeit ausgegeben wird, dann bitte ich um Stellungnahme zu den Buchstaben G und H.

Gangster,
Göbbels,
Göring;
Haderlumpen[c],
Halunken,
Henker,
Heydrich,
Himmler,
Hitler.

c) *Haderlumpen:* ›liederliche Menschen, verkommene Subjekte‹, österr.

6. Juni 1942

Seit einigen Tagen werden die Bewohner von Laubach, deren Behausungen sich in der Nähe des Ramsberges befinden, von morgens bis abends von den »lieblichen« monotonen Tönen der Signalhörner erquickt. Die »Führer« der Hitler-Jugend sind hier zusammengezogen, nicht etwa um den Bauern zu helfen, sondern ⟨um⟩ in militärischen Dingen unterrichtet zu werden. Vormilitärische Ausbildung wird das genannt. Die Militarisierung der Jugend beginnt mit dem zehnten Lebensjahr. Armes deutsches Volk!

8.6.42.

Hamburger Fremdenblatt **Montag, 1. Juni 1942**

SHD[a] wird Luftschutzpolizei

Der Sicherheits- und Hilfsdienst I. Ordnung, den das deutsche Volk durch seinen tapferen Einsatz bei den Luftangriffen bereits kennt, geht mit Wirkung vom 1. Juni 1942 auf Befehl des Reichsmarschalls und Oberbefehlshabers der Luftwaffe in den Befehlsbereich des Reichsführers SS und Chefs der deutschen Polizei über. Der SHD wird der Ordnungspolizei unterstellt und führt von heute ab den Namen »Luftschutzpolizei«.[46]

Der »Sicherheitsdienst« (SHD) wird von Himmler unter seine Fittiche genommen. Das hat seine guten Gründe. Unter den Männern des Sicherheitsdienstes befinden sich nämlich auch solche, die von dem Nationalsozialismus nicht viel wissen wollen. Bei Fliegeralarm sind es aber diejenigen, die sich auf den Straßen aufhalten können. Hier und dort ist es vorgekommen, daß während des Fliegeralarms aufreizende Sätze an die Mauern geschrieben wurden. Jetzt wird der SHD von der SS beaufsichtigt. Sie haben doch alle Hände voll zu tun, um überall für ihre Sicherheit zu sorgen. Eines Tages wird dieses raffiniert aufgebaute System wie ein Kartenhaus zusammenfallen. Man kann nicht zu jedem Europäer einen SS-Mann stellen. Wie heißt es doch? »Nicht Roß, nicht Reisige, sichern die steilen Höh'n, wo Fürsten steh'n …«.[47]

Die Liebe des freien Mannes zu seiner Regierung ist ganz allein die Gewähr für Ordnung und Sicherheit. Alle Unterdrückungsmaßnahmen erzeugen wieder Druck.

---

a) *SHD:* Der Sicherheits- und Hilfsdienst fasste unter Leitung der Polizei diejenigen staatlichen, kommunalen und privaten Organisationen zusammen, die schon in Friedenszeiten für Katastrophen- und Luftschutzdienste u. Ä. zuständig waren, etwa den Feuerlöschdienst, den Sanitätsdienst u. a. Vgl. Hampe 1963, S. 61f.

»Sondermeldung«

Marschklänge! Dazwischen die ruhige, starke Stimme des Sprechers: »Wir erwarten in Kürze eine Sondermeldung des Oberkommandos der Wehrmacht!«

Wieder Marschklänge! Wir schweigen gespannt, zu uns spricht der Krieg.

Es ist nicht mehr der Kampf, das große Ringen fern der Heimat, unser Kampf, unser Sieg klingt aus dem Lied in den Raum, füllt ihn ganz, und läßt ihn weiter und weiter werden. Mitten unter ihnen leben wir, mitten unter unsern Soldaten. »Wir sind Kameraden auf See!«[48]

Das Bild wird klarer, schärfer. – Wir spüren das Meer, wir hören den Sturm – und da sind auch sie, deren Gesichter wir so gut kennen: der Freund, der Verwandte; auch sie gehören zu denen, die da »fahren gegen Engelland«.

Schon will in uns das Lied aufklingen, das der Sondermeldung folgen wird – da reißen Fanfaren uns hoch, sammeln unsere Gedanken auf dies eine Ereignis, das sie ankündigen. Sieg! schlagen unsere Herzen und Sieg! ruft auch die dritte Fanfare uns zu.

Noch einmal breitet sich neue kurze, erwartungsvolle Stille über uns alle ... »Das Oberkommando der Wehrmacht gibt bekannt: Am Tage der Skagerrakschlacht versenkten Unterseeboote im Westatlantik wieder 22 Schiffe mit 106 800 BRT.«

Nüchterne Zahlen – gesprochen von einer sachlichen Stimme.

Der wachgerüttelte Mensch aber hört und erlebt den Sieg.

Wieder hat die feste, klare Stimme uns mit der ruhigen Gewißheit auf den Endsieg erfüllt. Wieder schlagen unsere Herzen ganz im Rhythmus des Kampfes, und in uns singt es mit: »Denn wir fahren, denn wir fahren gegen Engelland!«[49]

U.B.

Die Sondermeldungen sind zu Fanfaren geworden. Marschklänge! Taratata!

Theater – nur Theater.

Das Volk muß aufgerüttelt werden. Sieg auf Sieg. Sie flöten von der »ruhigen Gewißheit auf den Endsieg«. Sehr richtig. Auf den Endsieg wird es vermutlich ankommen. Bei Licht betrachtet sind wir von diesem Endsieg sehr weit entfernt. Die USA. und so nebenbei auch England müssen erst noch besiegt werden.

Wir fahren schon beinahe 3 Jahre gegen Engeland – und sind immer noch nicht dort.

Ein fernes Land dieses Engeland. – Zu den Engeln sind schon viele gefahren.[b]

b) *Zu den Engeln:* Kellner spielt, wie auch die Unterstreichung der Konsonanten »ll« im Zeitungsausschnitt erkennen lässt, mit der Doppelbedeutung des Wortes im sog. Engellandlied. Tatsächlich war »Engelland« in den NS-Liederbüchern eine übliche Schreibweise. Wohl um unerwünschten Assoziationen Einhalt zu gebieten, war bereits am 1. Februar 1940 eine Presseanweisung an die deutschen Zeitungen ergangen, die darauf hinwies, dass bei Rubriken mit der Überschrift »Wir fahren gegen Engeland« die Schreibweise »Engelland« zu unterlassen sei; die Anweisung wurde allerdings nicht konsequent umgesetzt. Vgl. Kohlmann-Viand 1991, S. 116 und 177, Anm. 63.

9. Juni 1942.

Ich wollte »Grundbesitzer« werden und wandte[50] mich an den Grafen zu Solms-Laubach[51] wegen ⟨Ankaufs⟩ eines Grundstücks in der Größe von ca 600 qm am Ramsberg.[a]

Gestern erhielt ich ein Schreiben des Inhalts, daß der Herr Graf »vorderhand den Verkauf des gewünschten Geländes nicht vornehmen möchte, da eine Bebauung des Grundstücks während des Krieges doch nicht in Frage kommen kann«.

Die Ablehnung ist mir mit dieser Begründung nicht schmackhaft gemacht worden, denn ich hätte mit der Anlegung eines Gartens beginnen können.

Ehrlicher wäre es gewesen, wenn der Herr Graf bezw. seine Berater mir kurzerhand gesagt hätten, bei diesen gegenwärtigen Verhältnissen verkaufen wir nichts, denn mit dem Gelde können wir nichts anfangen.

Heute hat jeder Geld – zu kaufen ist aber so gut wie nichts. Das Geld hat dadurch seinen Reiz verloren. Auch eine Erscheinung dieses Nazi-Zeitalters.

Nach dem RGBl. I 1942 (S. 377) ist als feindliches Ausland anzusehen:

1.) Vereinigtes Königreich von Großbritannien u. Nordirland mit seinen Kolonien sowie die Dominien Canada, Australischer Bund, Neuseeland, Südafrikan. Union;
2.) Französ. Besitzungen, Kolonien, Protektorate u. Mandatsgebiete (ausgenommen: Marokko, Algerien, Tunesien, Indochina);
3.) Ägypten, Sudan, Ital. Ostafrika (von England besetzt);
4.) Irak und Iran;
5.) Union der Sozial. Sowjetrepubliken;
6.) Belg. u. Niederl. Kolonien;
7.) Vereinigte Staaten von Amerika;
8.) Costa Rica, Cuba, Dominikan. Republik, Guatemala, Haiti, Honduras, Nicaragua, Panama, El Salvador;
9.) Bolivien, Brasilien, Columbien, Ecuador, Mexico, Paraguay, Peru, Uruguay und Venezuela.[52]

Die Einwohnerzahl der feindl. Länder beträgt ungefähr 500 Millionen Menschen. Deutschland, Italien u. Japan ⟨sowie Bundesgenossen⟩ haben zusammen 320 Mill. Einwohner.

a) *Ankaufs eines Grundstücks:* Erst nach dem Krieg gelang es Friedrich Kellner, das Grundstück am Ramsberg (Andree-Allee 7) zu erwerben, auf dem er ein Haus baute.

Einwohnerzahl[53]
von Deutschland, Italien u. Japan
(nach Velhagen & Klasing »Großer Volksatlas« 1940).

Deutsches Reich	86	Mill.
Italien	44	"
Japan	100	"

Von Deutschland besetzte Länder:

Norwegen	3	Mill.
Jugoslawien	15	"
Griechenland	7	"
Lettland	2	"
Litauen	2	"
Estland	1	"
Dänemark	4	"
Slowakei	3	"
Belgien	8	"
Polen	32	"
Tschechei	12	"

Einwohnerzahl
des feindlichen Auslandes.
Hauptgegner:

Großbritannien	47	Mill.
Dominien:		
Canada	11	"
Südafrikan. Union	10	"
Australien	9	"
Neuseeland	2	"
Union der Soz. Repl. (UdSSR)	175	"
Ver. Staaten von Amerika	130	"[54]

10. Juni 1942.

Wenn in den Zeitungen des dritten Reiches die soldatischen Tugenden des deutschen Volkes gepriesen werden, so wissen die Verfasser sehr gut, daß Hitler gerade diese angebliche Tugend als Basis für sein »neues« Deutschland benutzte. Die Jugend wurde nur im Geiste der Wehrhaftigkeit Deutschlands erzogen. Adolf Hitler als Repräsentant der Frontsoldaten, die das heldische Erbgut der Nation wahren, hingestellt und die »toten Helden« und ihre »Heldentaten« als Vorbild bezeichnet. In der Tat gibt es nicht wenig gediente Soldaten, die sich bis in das hohe Alter an einem Marsch mit klingendem Spiel begeistern können. Der »soldatische Geist« hat uns den 1. u. den 2. Weltkrieg gebracht, daran änderten auch nichts unsere verlogenen Behauptungen von der Einkreisung⟨sabsicht⟩ oder der Angriffslust unserer heutigen Gegner. Stets waren die Maßnahmen der ⟨anderen⟩ Länder auf[55] die militärischen Spielereien Deutschlands zurückzuführen. Die Träger des soldatischen Geistes sind die Offiziere. Im Ruhestand erscheinen sie als Vorsitzende von Krieger- u. Veteranenvereinen oder treiben ihr Unwesen als militär. »Sachverständige« in der Presse. In der Rüstungsindustrie sind sie natürlich als Aufsichtsräte vertreten oder nehmen getarnte Stellungen im Auslande ein.

> Herrn Major a. D. Franz Stiebler, Ost.-Eberstadt, Villenkolonie, zu seinem 70. Geburtstag, den er in seltener körperlicher und geistiger Frische begehen kann. Nachdem er im Frieden seine Fähigkeiten auf pioniertechnischem Gebiet als Mitarbeiter in hohen militärischen Dienststellen und als Kriegsschullehrer erwiesen hatte, wurde er im vorigen Weltkriege zu verantwortlichen Posten berufen, wie zum Pionierkommandeur bei dem bekannten Detachement Griepenkerl und zum Kommandeur der Pioniere beim HKK 6. Dazwischen führte er mehrmals Pionierbataillone in der Front und hat sich in 27 Schlachten, auch nach schwerer Verwundung, durch persönliche Tapferkeit so ausgezeichnet, daß er außer dem E.K. II und I das Ritterkreuz des Hohenzollernordens mit Schwertern erhielt. <u>Nach dem Kriege ließ ihn seine kämpferische Natur nicht ruhen: er stand in den Reihen des Freikorps »Selbstschutz Oberschlesien 1921« und betätigte sich auch weiterhin führend im vaterländischen Dienst.</u>[56]

Einer unter diesen vielen ist nebenstehend geschildert. Heute braucht man sich keine Zurückhaltung mehr aufzuerlegen, und da kommt die Kulissenarbeit dieser Herren ans Tageslicht. »<u>Auch nach dem Kriege ließ ihn seine kämpferische Natur nicht ruhen</u>«, das wird besonders hervorgehoben. Der bodenlosen Borniertheit des deutschen Volkes wird damit eine bemerkenswerte Quittung erteilt.

Sofern nach diesem Kriege nicht mit allem Ernste und mit aller Strenge an der <u>Verhütung</u> einer Wiederholung des Auflebens des verfluchten militärischen Geistes gearbeitet wird, ist der Untergang des deutschen Volkes einfach nicht mehr aufzuhalten.

Nur eine wirkliche Umstellung auf friedliche Ziele kann einen – wenn auch langsamen – Wiederaufstieg bringen.

Kreisleiter Schöne im Felde gestorben

Frankfurt a. M., 5. Juni ⟨42⟩. In einem Feldlazarett im Osten starb an den Folgen einer heimtückischen, schweren Krankheit als Wachtmeister und Offiziersanwärter der Leiter des Kreises Oberlahn-Usingen, Kreisleiter Heinz Schöne.

Kreisleiter Schöne, der seit 1923 der nationalsozialistischen Bewegung angehört und am Kampf um die Säuberung Frankfurts von rotem und jüdischem Gesindel hervorragend beteiligt war, begann seinen Weg in den Reihen der Bewegung als SA.-Mann, um dann als Blockleiter, Zellenleiter und Ortsgruppenleiter im Jahre 1937 vom Gauleiter mit der Leitung des Kreises Oberlahn-Usingen beauftragt zu werden. Er hat sich in allen seinen politischen Dienststellungen als treuer Gefolgsmann Adolf Hitlers bewährt. Seine idealistische Haltung bewies er auch als Soldat des Führers im Freiheitskampf unseres Volkes, in welchem er durch sein tapferes, vorbildliches Verhalten im feindlichen Feuer mit dem Eisernen Kreuz ausgezeichnet wurde.[57]

Die Nazis sind Meister in der Verdrehung. Aus einem Sadisten machen sie einen Idealisten. Aus einem Unhold fabrizieren sie einen treuen Gefolgsmann Adolf Hitlers.

Der Kreisleiter Schöne hat sich zweifellos besonders »ausgezeichnet«, das beweist sein politischer Werdegang. Der Typ eines rücksichtslosen, gewalttätigen Menschen, der an der »Säuberung Frankfurts von rotem und jüdischem Gesindel hervorragend beteiligt war«. Auch das ist Verdrehungskunst. Denn das schlimmere Nazigesindel blieb leider in Frankfurt und sättigte sich an geraubtem Gut.

Die Vergeltung, die den Kreisleiter Schöne bereits traf, wird an den übrigen Nazi-Banditen nicht spurlos vorübergehen! Da möchte ich heute schon einen Eid darauf leisten.

Ehrenurkunden für Hinterbliebene der Kriegsmarine

Berlin, 28. Mai ⟨42⟩

Im Marineverordnungsblatt ist eine Verfügung erschienen, wonach ab sofort für die Dauer des Krieges den nächsten Angehörigen der Gefallenen und Verstorbenen der Kriegsmarine eine Ehrenurkunde über den ehrenvollen Tod ihres Angehörigen auszustellen ist.

Diese Ehrenurkunde wird durch den zuständigen Vorgesetzten ausgefertigt und möglichst zugleich mit der Benachrichtigung über den Todesfall den Angehörigen übersandt. Solche Ehrenurkunden sind bestimmt in je einer besonderen Ausfertigung für Angehörige von Gefallenen oder infolge Verwundung Verstorbener und für Angehörige aus sonstigen Gründen Verstorbener. Für die rückliegende Zeit kann auf Antrag der Angehörigen die Ausstellung einer Ehrenurkunde nachgeholt werden.[58]

Da in den Todesanzeigen oft die Worte des Führers der betr. Einheit aus den Beileidsbriefen zitiert werden, so ist anzunehmen, daß auch diese »Ehrenurkunden« als Pflaster begrüßt werden.

Man muß es den Herren Machthabern neidlos bestätigen, daß sie die Psyche »ihres« Volkes ganz großartig kennen.

Immer mehr Orden, Auszeichnungen, Urkunden usw.

Das Volk hungert gern, wenn es nur »ausgezeichnet« wird.

Die Dummheit muß auch ein Erbgut sein.

Im 11. Kapitel 2. Band »Mein Kampf« sagt Hitler: »Der Organisator muß in erster Linie Psychologe sein. Er hat den Menschen zu nehmen, wie er ist, und muß ihn deshalb kennen«.[59]

Ich will es Hitler gerne bescheinigen, daß er ein ausgezeichneter Kenner der Seele des deutschen Volkes ist. Dies ist um so höher zu werten als er Oesterreicher ist. Er hat die ungewöhnlichen Schwächen des Volkes erkannt u. die Bestialität für seine Zwecke ausgenutzt. Es ist ihm besonders gut gelungen, jene aus der Masse herauszufischen, die sich seiner Idee blind unterwarfen und zu revolutionären Fanatikern wurden. Durch die radikale u. aufpeitschende Propaganda sind allerdings schon keine zarten Naturen zu ihm gekommen. Mit ehrsamen, friedlichen Menschen hätte er ⟨schließlich auch⟩ keine Revolution herbeiführen können. Er brauchte entschlossene Aktivisten u. hat sie gehabt. Als das fanatische Ziel erreicht war, wurden dann diese ⟨politischen⟩ »Kerntruppen« auf das ⟨übrige⟩ deutsche Volk losgelassen. Wehe denen, die sich im politischen Kampfe der NSDAP entgegengestellt hatten. Zum Glück gelang es einer nicht unerheblichen Zahl, den deutschen Boden zu verlassen. Sie werden wiederkehren als Sieger!!

Dann können sie für alles Leid gerechte Vergeltung verlangen. Nur so kann überhaupt von Gerechtigkeit gesprochen werden. Die Schurken werden den Lohn erhalten, den sie seit 1933 tausendfältig verdient haben.

Möge der Herrgott mich das erleben lassen.
Gerechtigkeit bis in die tiefste Tiefe!
Wage es keiner, die Gerechtigkeit mit Redensarten ausschalten zu wollen.

---

12. Juni 1942.

Wenn ich bei Bekannten der Ueberzeugung Ausdruck gebe, daß ich unbedingt an einen Angriff Englands u. Amerikas gegen Deutschland in absehbarer Zeit glaube, so begegne ich stets der gleichen ungläubigen Haltung.

AgRat Dr. Hornef glaubt einfach nicht daran, daß die Engländer einen Angriff unternehmen können.

Bis jetzt habe ich in meiner Umgebung – ausgenommen meine Frau – noch niemand getroffen, der meiner Annahme mit Ueberzeugung beipflichtete. Der eine oder andere hat vielleicht meiner Argumentation nicht widersprochen, innerlich aber auch der offiziellen Anschauung ⟨gehuldigt⟩, daß der Engländer einfach unfähig ist, irgend etwas mit Nachdruck gegen uns zu unternehmen.

Die Wirkung der ⟨deutschen⟩ Propaganda ist außerordentlich nachhaltig. Der Gegenpropaganda fehlen die Beweismittel. Der Verstand ist auf sich allein angewiesen, und er ist nicht stark vertreten. Der eine Beweis ist jetzt schon erbracht, daß die Menschen sehr vergeßlich sind.

Hitler schreibt im 6. Kapitel seines Buches »Mein Kampf« ⟨(S. 198)⟩: »Die Aufnahmefähigkeit der großen Masse ist nur sehr beschränkt, das Verständnis klein, dafür jedoch die Vergeßlichkeit groß«. Die Vergeßlichkeit ist riesengroß. Es sind genau 25 Jahre her, daß USA. in den ersten Weltkrieg eintrat: Alle öffentlichen Stimmen machten sich ⟨damals⟩ über Amerika lustig, es wurde bestritten, daß amerikanische Soldaten nach Europa kommen könnten – und im Jahre 1918 gab die amerikanische Armee den Ausschlag. In jeder Beziehung. Moralisch und wirklich. In diesem Kriege erleben wir dasselbe Schauspiel. Mit etwas anderen ⟨Schattierungen u.⟩ Redensarten. Man läßt Japan als drohendes Gespenst aufmarschieren – und verschweigt die kommende Gefahr für Deutschland. Vor allem werden die Aeußerungen von Amerikanern über ihre Rüstungskraft als Lügen bezeichnet. Warum sollen U.S.A., als größtes Industrieland der Erde, nicht in der Lage sein, die deutschen Rüstungen zu überbieten? Das ist die Frage, die ich mir immer wieder vorlege. Die U.S.A. haben A gesagt und sie werden auch B sagen. Und jeder Tag macht unsere Gegner stärker. Die Zeit arbeitet gegen Deutschland. Die Zeit war auch 1914-1918 gegen uns. Es ist nur nicht zu fassen, daß in Deutschland die sogenannte »Intelligenz« alle diese Dinge nicht zu beachten gelernt hat. Adolf Hitler hat sie hypnotisiert. Oder haben sie mit halboffenen Augen geschlafen? Der Unverstand der Massen ist eine gegebene Tatsache, da braucht man sich weiter nicht darüber aufzuregen. Aber wenn Menschen, die kraft ihrer Schulbildung, ihres Studiums u. ihrer Lebenserfahrung eine Anschauung über die Grenzen des Möglichen unbedingt haben müßten, diesem »Führer« Beistand gewährten, dann findet man tatsächlich nicht die richtigen Worte.

Schicksal und Zukunft der Niederlande

Schon seit zehn Jahren hat die Nationalsozialistische Bewegung der Niederlande auf die Gefahr hin, sich unpopulär zu machen, den Mut besessen, gegen die unverantwortliche Politik der Regierung Stellung zu nehmen. In einer Versammlung, die der Kreis Hamburg der »Nationaal-sozialistischen Beweging in Nederland« im Bundeshaus Riemann, Moorkamp 5, veranstaltete, sprach Prof. Dr. Dr. van Genechten[60], Utrecht, über die Schuld am Untergang der Niederlande. Die Niederlande, vor dem Kriege sorglos und nur seinen eigenen Wünschen lebend, beachteten nicht die Spannungen, die die Welt beunruhigten. Sie betrieben eine Politik, die dem kapitalistischen und plutokratischen Westen zuneigte und verkannten die Wichtigkeit ihrer Lage, Tor des germanischen Festlandes zu sein. Abhängig vom englischen Wirtschaftssystem, wendete man die Wirtschaft der Niederlande von ihrer natürlichen Basis, dem europäischen Festland, ab, um sie immer mehr den politischen Zielen der westlichen Staaten unterzuordnen. Der Redner erklärte zum Schluß, daß die niederländischen Nationalsozialisten den festen Glauben haben, daß die Niederlande an der Seite des mächtigen Deutschlands einer großen und glänzenden Zukunft entgegensehen werden.[61]

K.

In den Nachbarländern gibt es auch Kreaturen, die dem Nazirummel huldigen.

Der Professor van Genechten markiert den nationalsoz. »Arbeiter« und drischt Phrasen. Es ist immer dasselbe Spiel. »Wie er sich räuspert und wie er spuckt, das haben sie ihm glücklich abgeguckt.«[62] Daß die niederl. Nazis den festen Glauben haben, daß die Niederlande an der Seite des mächtigen Deutschlands einer großen und glänzenden Zukunft entgegensehen werden, diese Versicherung dieses gekauften Professors, darf natürlich nicht fehlen.

Holland war ein freier Staat. Unter den Fittichen eines Hitlers ist es ein Sklavenstaat. Nur ein ganz großer Lump kann sich so verhalten wie dieser ekelhafte »Professor«. Pfui!

Der müßte in Ketten gelegt werden.

16. Juni 1942

Es ist sehr lehrreich, einen Blick in eine alte Zeitung zu werfen. Oberstleutnant a.D. Benary schrieb in dem Hamburger Fremdenblatt vom 12. November 1940 einen Artikel über »Rußlands Wehrkraft«. Da zu dieser Zeit gerade der russische Außenminister Molotow in Berlin weilte, »um die freundschaftlichen Beziehungen zu vertiefen« (so hieß es in den amtlichen Berichten[63]), durfte einmal die Wahrheit geschrieben werden. Das deutsche Volk sollte sehen, daß Rußland ein beachtlicher Vertragspartner ist. Später wurde unter Göbbels' Leitung, nachdem wir Rußland überfallen hatten, aus dem russ. Heere ein wilder Haufen gemacht. Wie's eben paßt.

Also der Oberstleutnant war jedenfalls im Jahre 1940 noch der Ansicht, daß die Rüstungskraft Rußlands groß ist. Er meinte ferner, daß die Wehrstärke Rußlands in der Weite seines Raumes, dem Reichtum seiner Rohstoffe und der Fülle seiner Menschen liegen würde. Er schrieb u.a.: »Die Weite seines Raumes ist stets Rußlands bester Schutz[64] gewesen. Sie läßt die Kraft einbrechender Heere versickern. Sie ward selbst einem Napoleon zum Verderben. Sie bietet auch heute noch, im Zeichen der Fernflugzeuge, so große Ausweichmöglichkeiten, daß Rußland zum einzigen Land Europas wird, das seine Kriegsindustrie ungestört von feindlichen Luftangriffen weiß. Desgleichen braucht es sich als eines der wenigen Länder des Erdballes keine Sorgen um Beschaffung kriegsnotwendiger Rohstoffe, um das Versagen seiner Rohstoffquellen zu machen. Kohle, Erze, Oel und was immer sonst sich die Rüstungswirtschaft wünscht, alles birgt in reicher Fülle der heimische Boden. Und der Ernährungswirtschaft geht es nicht schlechter. Es wächst genügend Korn, es weidet genügend Vieh zwischen Ostsee und Stillem Ozean, um Volk und Wehrmacht zu ernähren. An Menschen fehlt es erst recht nicht. Millionen und aber Millionen stehen bereit, Waffen zu tragen, Waffen zu schmieden, Rohstoffe zu fördern, Nahrungsmittel zu ergänzen.«[65]

Besser hätte es auch ein Russe nicht schildern können.

Oberstleutnant a.D. Benary hat nach meiner Meinung Rußland richtig eingeschätzt.

In der Tat leistet die russische Armee äußerst hartnäckigen Widerstand. Die Siege der deutschen Armee sind auf Ueberraschung und Ueberrumpelung zurückzuführen.

Wundern muß man sich darüber, daß die deutschen angriffslustigen Politiker u. Generäle nicht besser unterrichtet waren.

Hamb. Fremdenblatt v. 6. Okt. 1940:

»Englands Zusammenbruch kein Problem mehr«.

»Es handelt[66] sich jetzt nicht mehr darum, England zum Frieden zu zwingen, sondern um die Zerschlagung des ganzen britischen Systems in der Welt. Der Zusammenbruch Englands ist schon unvermeidlich und nur noch eine Frage der Zeit. Er bildet kein Problem mehr für Deutschland und Italien.«[67]

Schnell fertig sind die Nazis mit dem Wort.[68]

Mit dem großen Maul glauben sie die ganze Welt vernichten zu können.

17. Juni 1942

Seit 2 Jahren (1940 – 1942) ist ein sichtbarer Umschwung im Zeitungswesen eingetreten. Das »Hamburger Fremdenblatt« leistete sich 1940 immerhin noch durchschnittlich 8-10 Seiten bei einer Ausgabe.

Heute sind es meistens 4 Seiten.

Die Todesanzeigen[a] wurden in großer Aufmachung gedruckt. Zur Zeit nehmen sie 1/6 des Raumes von 1940 ein. Ja, wir sind bescheidener geworden. Der Papiervorrat dürfte langsam zur Neige gehen. Welch ein Glück, wenn es solche Zeitungen nicht mehr gäbe. Die heißhungrigen Gläubigen könnten sich dann nicht mehr an den »Leistungen« Dr. Göbbels' und seiner Helfershelfer aufrichten.

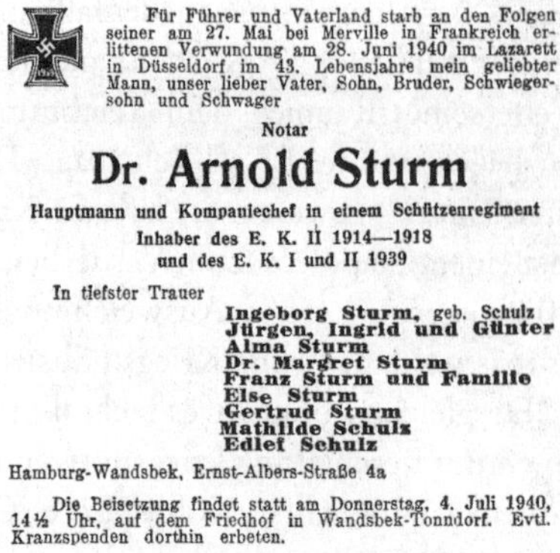

Für Führer und Vaterland starb an den Folgen seiner am 27. Mai bei Merville in Frankreich erlittenen Verwundung am 28. Juni 1940 im Lazarett in Düsseldorf im 43. Lebensjahre mein geliebter Mann, unser lieber Vater, Sohn, Bruder, Schwiegersohn und Schwager

Notar

Dr. Arnold Sturm

Hauptmann und Kompaniechef in einem Schützenregiment

Inhaber des E. K. II 1914—1918
und des E. K. I und II 1939

In tiefster Trauer

Ingeborg Sturm, geb. Schulz
Jürgen, Ingrid und Günter
Alma Sturm
Dr. Margret Sturm
Franz Sturm und Familie
Else Sturm
Gertrud Sturm
Mathilde Schulz
Edlef Schulz

Hamburg-Wandsbek, Ernst-Albers-Straße 4a

Die Beisetzung findet statt am Donnerstag, 4. Juli 1940, 14½ Uhr, auf dem Friedhof in Wandsbek-Tonndorf. Evtl. Kranzspenden dorthin erbeten.

1940

Hart traf uns die Nachricht, daß unser lieber Sohn, unser Bruder u. Neffe, Unteroffizier

Werner Glied

geb. 9. September 1919

am 20. Mai im Osten auf dem Felde der Ehre gefallen ist.

Familie Max Glied; Familie Adolph Eckert sowie die Betriebsgemeinschaft der Fa. *König & Wiegand.*

Hamburg, Blankenese, Schanghai.

——> 1942

———

18. Juni 1942.

Nur ein größenwahnsinniger Fanatiker konnte diesen Krieg vom Zaune brechen.

Noch 4 Tage und wir stehen 1 Jahr im Kampfe mit Rußland. Hitler sagte am 1.9.39 im Reichstage:

»... Wir (Deutschland und Rußland)[71] haben uns daher entschlossen, einen Pakt abzuschließen, der zwischen uns beiden für alle Zukunft jede Gewaltanwendung ausschließt.«[72]

Und am 9. November 1940 wurde amtlich mitgeteilt, daß die freundschaftlichen Beziehungen zwischen Rußland und Deutschland anläßlich des Besuches des Volkskommissars Molotow in Berlin durch erneute persönliche Fühlungnahme fortgesetzt und vertieft wurden.[73] –

a) *Todesanzeigen:* Wie Friedrich Kellner beobachtet auch Victor Klemperer die im Kriegsverlauf sichtbar werdenden Veränderungen im Format der Todesanzeigen. Im Kapitel »Familienanzeigen als kleines Repetitorium der LTI« schreibt er: »1939, als der Tod fürs Vaterland noch eine neue und nicht gar so alltägliche Sache war, als noch Überfluß an Papier und Setzern herrschte, gab es Gefallenenanzeigen, die ein großes dick umrandetes Quadrat füllten. [...] Zuletzt aber blieb der einzelnen Familienanzeige selten mehr als zwei Zeilen der engsten Spalte. Auch der Rahmen um die einzelnen Anzeigen fiel fort. Wie in einem Massengrab lagen die Toten in einem einzigen schwarz umzogenen Viereck eng zusammengepackt« (Klemperer 1996, S. 131). Beispiele für solche »Massengräber« zeigt Kellners Tagebucheintrag vom 29. August 1944.

Dabei war der Dolch schon geschliffen, um den Nichtangriffspartner meuchlings umzubringen. Am 9. Nov. 1940 sind die freundschaftlichen Beziehungen vertieft worden, und am 22. Juni 1941 gab Hitler den deutschen Truppen Befehl, Rußland anzugreifen.

Die »Freundschaft« währte vom August 1939 bis 21. Juni 1941.

---

19. Juni 1942.

Häufig hat Dr. Göbbels in die Welt hinausgerufen, der Nationalsozialismus sei keine Exportware. Das Gegenteil ist wahr. Der Direktor der Hamburger Stadtbibliothek, Dr. Wahl, hat die verschiedenen Uebersetzungen des Buches »Mein Kampf« in einer Ausstellung zusammengestellt.

Die Nazizeitungen brüsteten sich damit, daß »Mein Kampf« in allen Kultursprachen erschienen sei und nur die Bibel einen Vergleich mit der weiten Verbreitung dieses Buches aushielte.

»Es ist notwendig, sich gerade im Krieg daran zu erinnern, daß der deutsche Kampf um die Macht in seinen Gründen ein Kampf um den Geist ist«, schreibt der Berichterstatter H. P. in seinem Bericht über diese Buchausstellung. –

Stets war es meine Auffassung, daß der in Deutschland herrschende »Geist« der Gewaltanbetung ⟨es⟩ war, der die Welt nicht zur Ruhe kommen ließ.

Es wird erst einmal dann einen Frieden geben können, wenn dieser barbarische Geist aus den Köpfen aller Deutschen entfernt ist.

Eine schwere Aufgabe! Sie ist aber des Schweißes der ganzen Welt wert.

Der Sparkassendirektor Hugo L[...] hat sich heute fernmündlich verabschiedet, er tritt einen Posten in der Ukraine an. Die Bezirkssparkasse Laubach hatte vor dem Kriege an ihrem Hause alljährlich Plakate der deutschen Arbeitsfront mit der Aufschrift »Wir marschieren mit« angebracht. Seither hat das nicht so ganz gestimmt, denn der Herr Direktor (Jahrgang 1900) hatte das Glück, weder im vorigen noch in diesem Kriege zu marschieren. Jetzt kommt er wenigstens der Front etwas näher u. kann politische Studien treiben.

Es tut mir leid, ihn nicht bedauern zu können.

Heil Hitler!

⟨Nach einigen Tagen wieder zurückgekehrt. K.⟩

Willi R[...], angeblich der Sohn eines franz. Kriegsgefangenen aus dem Weltkriege, ist zum Leutnant befördert worden.

Bei Kriegsausbruch diente er aktiv.

Er hat sich auch aktiv bei den Judenpogromen hervorgetan.

20. Juni 1942.

Die Nazis lieben ihn nicht. Wen? Roosevelt.

Der Mann im Bilde, nebenan, ist es.

Warum spricht der Führer von dem wahnsinnigen Roosevelt?

Weil dieser »Wahnsinnige« den Führer und seine Bewegung schon sehr früh richtig durchschaut hatte. Leider, leider, hat ein großer Teil des amerikanischen Volkes in der schlimmsten Weise versagt – und deshalb befindet sich Amerika heute selbst im Kriege u. zwar in einem Kriege von ganz ungeheurem Ausmaße.

Dieser Krieg ist deswegen sehr lehrreich für die überklugen ⟨amerikan.⟩ Egoisten, die sich um die übrige Welt nicht kümmern wollen und erst dann etwas merken, wenn der ⟨eigene⟩ Hosenboden bereits ziemlich warm geworden ist.

23. Juni 1942.

Vor der Jugend-Strafkammer in Gießen wurden am 2. Juni 1942

1.) der Friseur Karl Pf[...], geb. 25.6.1924 zu Laubach
2.) der Elektrolehrling Ernst P[...], geb. 12.3.25 »

wegen Körperverletzung mit Todesfolge (§ 226 StGB.) zu Jugendgefängnis von unbestimmter Dauer mit einem Mindestmaß von 2 Jahren und einem Höchstmaß von 4 Jahren (Pf[...]) u. zu 1 Jahr 6 Monaten Gefängnis (P[...]) verurteilt.

Die Verurteilten haben in der Nacht vom 16. auf 17. Okt. 41 auf dem Wege von Grünberg nach Laubach ihren Kameraden Adolf Jäger aus Laubach mißhandelt.[a] An den Folgen der Mißhandlung starb Jäger in der gleichen Nacht.

a) *Adolf Jäger aus Laubach mißhandelt:* Die »Heimatzeitung« berichtete im Herbst des Vorjahres mehrfach über den Fall, so am 21. Oktober 1941 (»Vermißt«), am 28. Oktober 1941 (»Tot aufgefunden«) und am 1. November 1941 (»Der Fall Jäger«). Was sich während des Gallusmarkts zutrug, wird in der Zeitung wie folgt beschrieben: »Seit anderthalb Wochen wurde, wie von uns berichtet, in Laubach der 17 Jahre alte Adolf Jäger vermißt. Der junge Mann hatte mit drei gleichaltrigen Kameraden den Grünberger Gallusmarkt besucht und war von dort nicht mehr zurückgekehrt, während seine drei Begleiter am Abend ohne ihn wieder nach Hause kamen. Nachforschungen nach dem Vermißten durch Feld- und Waldstreifen blieben erfolglos. Nunmehr wurde der junge Mann am gestrigen Sonntag bei Wetterfeld tot aus dem Mühlgraben vor der Schuttschen Mühle gezogen. Wodurch er zu Tode gekommen ist, soll heute durch die Sektion der Leiche festgestellt werden. Die Gießener Kriminalpolizei hat vorläufig einmal seine drei Begleiter in Haft genommen und nach Gießen in Polizeigewahrsam überführt. Von einem ansehnlichen Geldbetrag, den Jäger zu Einkäufen in Grünberg mit sich geführt hatte, wurde ein Teil nicht mehr bei ihm vorgefunden. Die Ermittlungen der Polizei gehen weiter« (ebd., 28.10.1941, S. 5). Die Sektion ergab, »daß der Kopf des Toten einen Schädelriß aufweist. [...] Die von der Kriminalpolizei Gießen in Gewahrsam

Pf[...], P[...] u. Jäger gehörten dem Spielmannszug der Hitler-Jugend an.
Das Motiv der Tat wurde nicht aufgeklärt.
In dem Urteil wurde die große Rohheit und Feigheit sowie die grobe Verlogenheit der Angeklagten festgestellt.
Mit einem Worte: Hitler-Jugend!
Die Eigenschaften der jugendlichen Täter sind bei dem gesamten Volke festzustellen.
Der Ueberfall auf die heute von den deutschen Truppen besetzten Länder zeugt ebenfalls von Rohheit und Feigheit.
Dazu kommt noch die verlogene Begründung der deutschen Untaten.
Z.B. bei Russland. Wir wären nur einem Angriff zuvorgekommen!

---

24. Juni 1942.

Wenn das Kriegsbegeisterungsthermometer in Deutschland einen bedenklichen Tiefstand anzeigt, dann sind es stets die Engländer gewesen, die für erhöhte Temperatur gesorgt haben. Die angekündigte ⟨deutsche⟩ Generaloffensive gegen Rußland ist bis jetzt ausgeblieben. Dafür kommt als Ersatz eine Siegesmeldung aus Nordafrika. Generalfeldmarschall Rommel hat die Engländer geschlagen und Tobruk erobert.[b]

(Rommel ist aus Anlaß dieses Sieges Generalfeldmarschall geworden! Als Rommel im Jahre 1940 mit dem Führerhauptquartier in Laubach ⟨er war Kommandant des Hauptquartiers⟩ einquartiert war, ist er Generalmajor gewesen. Seit 1940 – also in 2 Jahren – ist er Generalleutnant, General, Generaloberst u. jetzt Feldmarschall geworden!)

Ich bedaure es, den Engländern sagen zu müssen, daß sie in Nordafrika eine überaus klägliche, unfaßbare Kriegsführung gezeigt haben. Es ist einfach nicht zu verstehen, daß sie ihre afrikanischen Kolonien nicht besser einsetzen. England hat doch wahrlich lange genug Zeit gehabt. Aber nicht allein die eigenen Kolonien (Süd. Rhodesia, Nord. Rhodesia, Kenialand, Nigeria, Goldküste u. andere) stehen ihnen zur Verfügung, sondern auch ⟨die Kräfte der⟩ Union der südafr. Republ., Belgisch-Kongo u. ein Teil der franz. Kolonien konnten ausgenutzt werden. Der Nichteingeweihte steht vor einem Rätsel. Sind die Engländer von allen guten Geistern verlassen? Haben sie keinen Organisator gefunden, der die Kolonien zu unterstützenden Gliedern des Engl. Empire emporrichtet? Selbst ab 1939 wäre es noch möglich gewesen. Die Erfahrungen des Krieges 1914-1918 hätten die engl. Regierung dazu bringen müssen, eine bessere Kolonialpolitik in die Wege zu leiten. Nicht vom Gesichtspunkt des

genommenen drei jungen Leute aus Laubach verbleiben zunächst noch in polizeilicher Verwahrung« (ebd., 1.11.1941, S. 5).

b) *Tobruk erobert:* Am 21. Juni 1942 hatten deutsche und italienische Truppen die Festung Tobruk eingenommen und gut 32 000 Gefangene gemacht. Vgl. Hillgruber/Hümmelchen 1978, S. 133.

Gewinns, sondern auf Grund idealer Motive. Anstatt 8 oder 9 Millionen Menschen in London auf einem Klumpen ansammeln zu lassen, hätte ich die Erwerbslosen in den Kolonien angesiedelt. Dann wäre es nicht nötig, jeden Schraubenschlüssel erst aus dem Mutterlande kommen zu lassen. In Aden ist zwar ein Flugplatz. Aber vergeblich wird man eine Flugzeugfabrik suchen. Und so geht es überall. Das ist eine überaus traurige Bilanz. Wäre nicht in höchster Not Amerika eingesprungen, die Todesstunde des Empire hätte bestimmt geschlagen. England wäre ein Opfer seiner satten Bequemlichkeit u. des Mangels an Idealen geworden. –

Der Kardinalfehler Englands liegt nach meiner Auffassung darin, daß es seine gesamten Besitzungen wie kleine Kinder behandelte, denen alles gebracht werden muß, die aber nie zu selbständigen Wesen erzogen wurden.

Siedeln, meine Herren Engländer, müssen Sie, siedeln und nochmals siedeln!

Hitler hat es fertig gebracht, daß Hunderttausende Franzosen für Deutschland arbeiten.[a] Angesichts dieser Tatsache ist es eine ungeheure Blamage, daß England mit den vielen Millionen Menschen in seinen afrikan. Kolonien nichts anzufangen weiß.

Warum werden Aegypten u. Abessinien nicht zur Verteidigung herangezogen?

26. Juni 1942

»Mehr handeln, weniger reden!«

Genf, 25. Juni ⟨42⟩

Die Zeitung »New York World Telegram« greift in einem Leitartikel die Regierungen der USA und Englands heftig an und fordert statt der vielen Redereien um den Sieg und das, was man dann machen würde, endlich entschlossenes Handeln.

»Zu dem Gerede über die zweite Front«, so meint das Blatt ironisch, »kann man nur bemerken, daß kaum ein Tag vergangen ist, ohne daß irgendein Politiker in Washington oder London dieselbe abgedroschene Drohung wiederholt hat, was man alles im Hinterland Hitlers anrichten würde. Eine erfolgreiche Offensive ist verzweifelt notwendig, wenn wir jedoch nicht stark genug sind, so sollten wir den Versuch erst gar nicht machen. Was uns am meisten beunruhigt, ist die Tatsache, daß die amerikanische und die britische Regierung weiterhin viel reden.« »Wenn sie mehr handeln und weniger reden würden«, so betont das Blatt abschließend, »würden sie bedeutend weniger das Vertrauen der Öffentlichkeit in sie untergraben.«[74]

a) *für Deutschland arbeiten:* Etwa 1 Million französische Kriegsgefangene arbeiteten im Deutschen Reich, überwiegend in der Landwirtschaft, aber auch im Bergbau und Baugewerbe. Überdies arbeiteten französische Zivilarbeiter in Deutschland (im September 1941 ca. 50 000). Eventuell meinte Kellner mit seiner Bemerkung auch französische Arbeiter, die für deutsche Zwecke in Frankreich selbst arbeiteten. Vgl. Herbert 1999, S. 111-114.

Es ist eine große Seltenheit, daß ich mit den Ausführungen eines Naziblattes übereinstimme. In diesem Falle tue ich es vollkommen uneingeschränkt.

Was denken denn die Honigkuchenmänner in England u. Amerika? Glauben diese vielleicht, es würde irgend einen Eindruck machen, wenn sie beinahe drei Jahre lang drohen und schwätzen?

Es ist vollkommen unmilitärisch, mit einer kriegerischen Handlung zu drohen, die vielleicht einmal zur Ausführung gelangen kann. Man droht überhaupt nicht. Eindruck macht einzig und allein das Handeln. Damit hat es sowohl bei England als auch bei Amerika seither sehr gehapert. Bis jetzt habe ich nur ganz klägliche Aktionen und Rückzüge gesehen. Die genannten Länder werden sich sehr anstrengen müssen, wenn sie wieder das verloren gegangene Vertrauen zurückgewinnen wollen. –

Schon in der Tatsache, daß über eine »zweite Front« überhaupt geredet werden muß, liegt ein Beweis für eine nach deutschen Begriffen unvorstellbare Schwäche. Nachdem bei Beginn des Krieges (1939) der unverzeihliche Fehler des ruhigen Wartens an der deutschen Westfront durch die Franzosen u. Engländer der staunenden Welt gezeigt worden ist, hätte man annehmen können, daß die verantwortlichen Männer ⟨der Gegenseite⟩ wenigstens im Laufe dieses Krieges etwas von der Kriegsführung Deutschlands gelernt hätten. Angreifen! Angreifen!

Es ist ganz einerlei, wo die Kräfte Englands u. Amerikas angesetzt werden, nur müssen die Angriffe mit konzentrischer Wucht erfolgen. Die ungeheuer langen Fronten in Europa reizen ja förmlich zum Angriff.

Schon 3 Jahre lang werden angeblich kanadische Truppen in England gelandet. Aber es ist noch nichts erfolgt. Die Truppen lungern in England herum. Wer rastet, der rostet!

Darüber könnten sich jetzt eigentlich alle Gegner Deutschlands klar geworden sein: Deutschland muß auf den Schlachtfeldern besiegt werden. Eine Umwälzung kommt erst nach militärischen Niederlagen.

Von Deutschland aus gesehen, erscheinen unsere Gegner nicht als der Block, der die Voraussetzung für ihren Sieg bilden würde. Es sieht so aus, als wenn jeder noch zuviel egoistische Eigeninteressen beobachten würde.

Eine Kampfgemeinschaft muß starke Ideale besitzen. Einer für alle, alle für einen.[75] Es genügen nicht kalte Lieferungen von Kriegsmaterial. Mannschaften sind einzusetzen. Das stärkt den Kampfesmut u. die Opferbereitschaft. Die Russen leisten heroischen Widerstand. Es wäre aber nötig, daß sie mit Truppen unterstützt würden.

Bis jetzt ist es im Jahre 1942 keine Spur besser wie im Jahre 1939.

Das »Schwarze Korps« schrieb einmal: »Wie eine Kriegführung aussieht, wenn man sich nicht auf die eigene Kraft, sondern auf eine Revolution im Lager des Gegners zu verlassen gedenkt, zeigte uns das Beispiel der Westmächte im ersten Kriegsabschnitt 1939 bis 1940. Hinter der Maginotlinie in ungestörter Sicherheit sich wiegend, erhofften Chamberlain und Daladier[76] ein baldiges Ende des Krieges durch innere deutsche Schwäche. Nicht kämpfend wollten sie an den Rhein gelangen,[77] sondern deutsche Novemberlinge und Separatisten sollten ihnen die Tore des Westwalls von innen her öffnen. So erklärten sie einen Krieg, den sie ernsthaft gar nicht zu führen gedachten. So unterließen sie einen Angriffsversuch selbst in den ihrem Kriegsglück verheißungsvollsten Wochen, als ein großer Teil der deutschen Wehrmacht in Polen beschäftigt war.«[78]

---

4. Juli 1942

Es herrscht wieder einmal unter der Volksmenge starke Siegeszuversicht. Die Erfolge in Afrika und auf der Halbinsel Krim haben das Vertrauen in den Endsieg erheblich gestärkt. Wenngleich auch kein lauter Jubel ausbricht – das hängt mit der Ernährungslage zusammen – so ist bei den Menschen immer noch die Hoffnung vorhanden, daß irgend ein Gegner zusammenbricht.

Z.B. hat das Herr Blockleiter Walter so ausgedrückt: »Die Russen werden jetzt bestimmt mit einem Friedensangebot kommen.« –

Und da gibt es Ausländer, die sich seit Kriegsbeginn einreden, das deutsche Volk würde das Hitler-Regime beseitigen. Das ist ein gewaltiger Irrtum. Wenn England ein Interesse daran hat, als Sieger aus diesem Ringen hervorzugehen, dann muß es sich dazu aufraffen, selbst einmal etwas zu leisten – und nicht immer andere die Kastanien aus dem Feuer holen zu lassen.

18. Juli 1942.

Großes Wunschkonzert in Laubach zu Gunsten des Kriegshilfswerkes des Roten Kreuzes am 18.7.42 abends 8 Uhr im Solmser Hof.

Ein Ereignis für Laubach. Es wird stark getrommelt. Der Herr Ortsgruppenleiter macht bei den Behörden Besuche zur Aufmunterung. Gedruckte Einladungen flattern in alle Häuser. Spendeneinsammler ziehen von Haus zu Haus.

Geringste Spende: 3 RM. Eintritt: 2 RM.

Wir zeichnen 5 RM, nehmen keine Eintrittskarte und wünschen nichts. –

Die lieben Kleinstädter sind in Form. Natürlich überfüllter Saal.

Der Ansager gibt die Stiftungen bekannt. Das sind fette Bissen für »Freunde« u. Bekannte. Gesprächsstoff für einige Tage. Jeder hält sich darüber auf, daß der Arzt Dr. M[…] nur 10 RM gestiftet hat.

Die kleinen Kriegsgewinnler zeigen natürlich, daß sie es können. Sägewerk Sch[…] 50 RM, Weber R[…] 50 RM, Maurermeister R[…] 50 RM, Kolonialwarenhändler J[…] 30 RM.

Man fühlt sich. Kleine Leute!

Lieber Musikfreund!

Auch Du hast sicher unter der reichhaltigen Auswahl vorstehend verzeichneter Musik- und Gesangstücke eine Deiner Lieblingsmelodien festgestellt, die Du gewiss gerne wieder einmal hören möchtest. Dieser Wunsch kann schnellstens erfüllt werden. Du musst allerdings eine nicht unter RM 3.00 liegende Spende, die dem Kriegshilfswerk des Deutschen Roten Kreuzes zugeführt wird, zeichnen. Allerdings kannst Du auch in Gemeinschaft mit Deinen Freunden, Bekannten, Arbeitskameraden, Gesellschaften, Vereinskameradschaften usw. gegen Zahlung einer Sammelspende von nicht unter RM 15.00 einen Wunsch äussern.

Die Spender werden im Wunschkonzert bekanntgegeben.
Triff also Deine Wahl umgehend!

Fülle den anliegenden Abschnitt schnellstens aus und gib ihn Deinem Blockleiter oder Blockwalter ab. Dein Wunsch muss bis spätestens 14. Juli vorliegen, damit alle Vorbereitungen noch getroffen werden können. Bis dahin muss auch Deine Spende bei dem Ortskassenwalter der NSV oder aber über Deinen Blockwalter gegen Quittung eingezahlt sein.

Sichere Dir rechtzeitig Deine Eintrittskarte!

Im Vorverkauf durch alle Amtsleiter und Amtswalter der Ortsgruppe zum Preise von RM 2.00.
Bei Ueberweisungen: NSG. »Kraft durch Freude«[a], Kr. Wetterau. Bank: Bezirkssparkasse Giessen, Konto Nr. 5085 / Postscheck: Frankfurt a. M. 48961 Betr.: Wunschkonzert in Laubach.

19. Juli 1942.
Metzgermeister R[…] glaubt nicht, daß die USA. in Europa eingreifen! Einer von sehr vielen. R. ist zwar kein Nationalsozialist, aber ein Militarist und wünscht selbstverständlich den Sieg der deutschen Wehrmacht.

a) *NSG. »Kraft durch Freude«:* Die NS-Gemeinschaft »Kraft durch Freude« (KdF), war im November 1933 nach dem Vorbild des italienischen Freizeitwerks »Dopo lavoro« (›Nach der Arbeit‹) als Teil der Deutschen Arbeitsfront (DAF) gegründet worden. Die Ziele der KdF reichten von der ideologischen Gewinnung der Arbeiterschaft über die Steigerung der Arbeitsleistung und -motivation bis zur organisatorischen Erfassung des Freizeitbereichs. Zu den KdF-Bereichen gehörten ab 1938 kulturelle Veranstaltungen, Betriebssport, politische Schulungskurse, die Betreuung von Wehrmachtheimen, die Bereiche »Schönheit der Arbeit« sowie »Reisen, Wandern und Urlaub«. Vgl. Benz 1996b, S. 119-121; Pätzold/Weißbecker 2005, S. 186f.; Schmitz-Berning 2000, S. 437f.

10. Aug. 1942.

Oberkommando der Wehrmacht.
AZ. 2 f 24.82 h Chef Kriegsgef. San/Allg. (Ia) Org. IVc
Nr. 3142/42 Berlin-Schöneberg, 20. Juli 1942.
Badensche Str. 51
Betr.: Kennzeichnung der sowjetischen Kriegsgefangenen durch ein Merkmal.
1.) Die sowj. Kriegsgefangenen sind durch ein besonderes und dauerhaftes Merkmal zu kennzeichnen.
2.) Das Merkmal besteht in einem nach unten geöffneten spitzen Winkel von etwa 45° und 1 cm Schenkellänge auf der linken Gesäßhälfte (∧), etwa handbreit von der Afterspalte entfernt. Es ist mit Lanzetten[a], wie sie bei jeder Truppe vorhanden sind, auszuführen. Als Farbstoff ist chinesische Tusche[b] zu verwenden.
... (folgt Gebrauchsanwendung) ...
Da z.Z. noch keine ausreichenden praktischen Erfahrungen über die Dauer der Haltbarkeit der Kennzeichnung vorliegen, ist zunächst in Abständen von 14 Tagen, 4 Wochen und nach einem Vierteljahr die Kennzeichnung zu überprüfen und notfalls zu erneuern.
...
7.) Die erfolgte erste Kennzeichnung ist sofort auf der Personalkarte I in der Spalte »Besondere Kennzeichen« mit:
»∧ am 1942« zu vermerken, desgleichen jede erforderlich gewordene Erneuerung der Kennzeichnung.

Sehr erfindungsreich! Wenn der Gegner nun seinerseits dazu übergeht, jedem Deutschen auf beiden Gesäßhälften je ein Hakenkreuz aufzuzeichnen, dann besteht erst eine richtige Weltordnung. Später sind bei gegenseitiger Begrüßung zur Legitimation die Ärsche vorzuzeigen.

Die getroffene Maßnahme deutet darauf hin, daß unser Oberkommando der Wehrmacht entweder sehr viel chinesische Tusche besitzt oder an einen sehr langen Krieg denkt.

Die Welt hat allmählich in die Methoden zur Entfachung der Begeisterung der Soldaten Einblick gewonnen. Der Deutsche ist ungemein ehrgeizig, empfänglich für ein Lob und begeistert von einer besonderen Auszeichnung. Wenn er nur ein Sternchen, ein Litzchen oder eine Ordensschnalle mehr hat wie sein Nachbar. Darauf bildet er sich nicht so wenig ein. –

a) *Lanzetten:* ›kleine, zweischneidige Operationsmesser‹, frz.
b) *Chinesische Tusche* ist die am längsten bekannte Tusche, bestehend aus Lampenruß, der mit Bindemitteln getrocknet und erst kurz vor dem Gebrauch mit Wasser versetzt wird.

Der Führer hat schon frühzeitig die Schwächen »seines« Volkes erkannt und nutzt sie auch nach Strich und Faden aus. Fortgesetzt gibt es neue Abzeichen u. Auszeichnungen.

Am 25. Juli 1942 hat der Führer zur Erinnerung an die Kämpfe um die Krim den »Krimschild« gestiftet.

(RGBl. I 1942 S. 487)

Der Krimschild wird am linken Oberarm getragen. Alle Wehrmachtsangehörigen, die in der Zeit vom 21. September 1941 bis 4. Juli 1942 an den Kämpfen um die Krim teilgenommen haben, erhalten den Krimschild als Kampfabzeichen.[79]

11.8.42.

Reichsminister Dr. Goebbels veröffentlichte im »Reich« einen Aufsatz unter dem Titel »Auch der Versuch ist strafbar«, worin er zur Frage der Errichtung einer zweiten Front durch unsere Gegner Stellung nimmt. Nach seiner Manier verhöhnt er insbesondere die Engländer und stellt es so dar, als wäre es für Deutschland ein Vergnügen, die englischen Truppen auf dem europäischen Festlande zu sehen. »Wir rufen deshalb den Engländern ein herzliches Willkommen zu. Hoffentlich bringen sie auch einige Amerikaner mit.« ⟨(Archiv S. 5582)⟩[80] Diese Worte von Goebbels klingen frech und bubenhaft. Der Herr Goebbels markiert den starken Mann. Der wirklich Starke brüstet sich nicht mit seiner Stärke. Aber abgesehen davon ist es immerhin eine ernste Situation, wenn andere Nationen nach 3 Kriegsjahren mit Kriegshandlungen beginnen. Darüber Hohn und Spott zu empfinden, blieb dem Herrn Propagandaminister vorbehalten.

Im großen u. ganzen ist hüben und drüben schon recht viel von dieser »zweiten Front« geschwätzt worden. Wie ja überhaupt die Zahl der Schwätzer in diesem Kriege reich bemessen ist.

Von meiner Warte aus betrachtet, muß seitens der Gegner Deutschlands ein Angriff erfolgen – wenn sie den Krieg gewinnen wollen. Irgendwo u. irgendwann werden also England u. Amerika nicht nur so tun, als ob sie wollten (vergl. 1939), sondern wirklich zum Angriff übergehen. Daß das über Gebühr lange gedauert hat, ist kein Ruhmesblatt für diese Nationen u. hat ihnen selbst den meisten Schaden zugefügt. Darüber habe ich viel geschimpft und geschrieben.

Welchen Grad die Vorbereitung erreicht hat, läßt sich nicht mit Bestimmtheit sagen, weil der Einblick fehlt. Bis jetzt sieht es so aus, als seien Engl. u. USA. noch nicht zu überstürztem Handeln gezwungen. Das scheint eher für als gegen sie zu sprechen. Wenn sie einen Verzweiflungsangriff unter allen Umständen machen müßten, dann wären die Vorschußlorbeeren von Goebbels beinahe gerechtfertigt. Weil die zukünftigen Angreifer sich aber Zeit lassen, könnte man für Deutschland nachteilige Schlüsse ziehen. Jedenfalls werden die Gegner, entgegen der Meinung Goebbels', weder mit Golf- noch mit Tennisschlägern kommen. Sie werden zuerst Bomben regnen lassen. Ueberhaupt werden alle Kriegsmittel zum Einsatz kommen, die nach dem heutigen Stande möglich sind. So stelle ich mir die Sache wenigstens vor. Und wenn der Gegner nicht nur von unfähigen Menschen geführt wird, dann wird ihm der Angriff bestimmt gelingen. Vielleicht sagen sie sogar nach vollbrachter Tat: »Was waren wir für Esel, daß wir das nicht schon früher gemacht haben.«

Bei genauer Prüfung ist es vielleicht doch mehr die mangelhafte Rüstung als die militärische Unfähigkeit gewesen, die bei England vorherrschend war.

Von veralteten Kriegspraktiken u. Vorstellungen müssen die maßgebenden Herren allerdings abrücken. Neue Ideen, die der Kühnheit nicht entbehren, sind erfolgreicher als ängstliches Kleben an der Tradition. Der deutsche Angriff gegen Frankreich hat den Beweis erbracht. Was getan wird, muß gründlich erfolgen.

Wenn der Gegner an irgend einer Stelle in Deutschland Luftlandetruppen absetzt, dann können diese Truppen bei geschickter Führung unendlichen Schaden anrichten.

In der Nähe eines Kriegsgefangenenlagers wird die Sache dann besonders erfolgreich sein. Fernsprech- u. elektr. Lichtanlagen, Fabriken, Bahnübergänge, Eisenbahnanlagen, Vorratslager zerstören, Wälder anstecken.

Ich werde es niemals verstehen, warum bis heute keine Rheinbrücken zerstört u. die Rheinschiffahrt behindert wurden. Bei Bingen kann mit ganz geringem Aufwand der beiderseitige Bahnverkehr lahmgelegt werden u. zwar in[81] Bingerbrück u. Rüdesheim. Ferner ist es möglich am sog. Bingerloch durch Abwurf von Steinen, Eisenteilen u. dergl. (Transportflugzeugen) die Durchfahrt für die Schiffe zu sperren. Nichts von alledem ist bis jetzt geschehen – aber es kann noch kommen.

Ich vermute, daß im September der allgemeine Angriff ⟨vorsichgeht⟩. Wir werden also in naher Zukunft mit schweren Fliegerangriffen zu rechnen haben.[a]

12. Aug. 1942.

Nun haben wir einen gottbegnadeten Politiker und Strategen bei uns. AGRat Bischoff[82] aus Alsfeld. Dieser »Unabkömmliche«, der 37 Jahre alt ist, hat es bis jetzt fertig gebracht, im Hinterlande den Ruhm der deutschen Truppen zu besingen. Selbstverständlich kommt es ihm auf eine handvoll Uebertreibungen nicht an. »Im Kaukasus werden die Russen vom Oel abgeschnitten u. dann sind sie fertig, denn die ganze russische Armee ist motorisiert«, so spricht Herr Bischoff. Meinen Einwand, daß Rußland im Ural u. Sibirien noch Oel besitze,[83] will er nicht gelten lassen. Einige markante Aeußerungen dieses Akademikers sollen festgehalten werden:

»Wir müssen die amerikan. Rüstungskapazität abschnüren, wir müssen verhindern, daß Amerika Kriegsmaterial nach den Fronten bringt«.

a) *mit schweren Fliegerangriffen zu rechnen haben:* Bereits in der gleichen Nacht begann ein zwei Nächte dauernder Luftangriff auf Mainz, vom 27. auf den 28. August folgte Kassel, eine Nacht später Saarbrücken und Nürnberg. Im September folgten Bombenangriffe auf Karlsruhe (2./3.9.), Bremen (4./5. und 13./14.), Duisburg, (6./7.) Frankfurt am Main (8./9.), Düsseldorf (10./11.) und München (19./20.) Vgl. Hillgruber/Hümmelchen 1978, S. 139-144.

(ich wende ein: »es wird für uns nicht leicht sein, die amerikanischen Flugzeuge am Fluge nach England zu verhindern«. Bischoff: »Das spielt keine Rolle«.)

»Im Kaukasus greifen die Türken u. wir von zwei Seiten an u. schneiden die Russen ab.«

»Wenn wir alle Juden totgeschlagen hätten, dann wäre dieser Krieg nicht gekommen.«

(Wenn kein Jude auf der ganzen Welt gewesen wäre, hätte Hitler doch Polen überfallen u. im Osten Raum stehlen wollen. Das habe ich vorsichtshalber dabei nur gedacht. Kllr.)

Dieser Amtsrichter sorgt dafür, Einblick in das Seelenleben eines echten deutschen Akademikers zu gewinnen. Ich werde hoffentlich Gelegenheit erhalten, noch einige Aufnahmen markanter Art vorzunehmen.

13. Aug. 1942.

In der Nacht vom 11. zum 12. August 1942 ist Mainz durch engl. Flieger angegriffen worden.[b] Nachdem wir es am Morgen des 12. Aug. erfuhren, versuchte ich sofort, mit Mainz fernmündlich zu sprechen. Die Post konnte keine Verbindung herstellen. Im Laufe des Tages wurde durch Ferngespräche aus der Umgebung von Mainz bekannt, daß es sich um einen schweren Bombenangriff gehandelt hat. Verschiedene öffentl. Gebäude (Finanzamt, Post, Bahnhof) sollen zerstört sein. Erfahrungsgemäß müssen nähere Nachrichten abgewartet werden, da in derartigen Fällen gern Uebertreibungen vorkommen.

Soeben erhielten wir einen Einschreibebrief u. ein Brieftelegramm aus Mainz. »Alles gesund, Käte.« Die Besorgnisse bezüglich der Verwandten sind wenigstens zerstreut. Käte schildert in großen Zügen die Ereignisse. Hiernach muß es eine furchtbare Nacht gewesen sein. Traurig ist einzig und allein, daß auch der Gerechte leiden muß. Diejenigen, die sich über die Bombenangriffe auf England usf. herzlich gefreut haben, können gar nicht hart genug bestraft werden. Das deutsche Volk muß am eigenen Leib spüren, was Krieg heißt. Seither konnte es sich in fremden Ländern austoben u. Tod und Verderben bringen.

Es gibt eine grausame Abrechnung! Aber[84] verdient ist dieses Schicksal. Es gibt Männer im deutschen Volke, die eine Aenderung herbeiführen könnten. Keiner rührt sich. Deshalb ist es vollkommen gerechtfertigt, daß das gesamte Volk – ohne

b) *durch engl. Flieger angegriffen:* In der Nacht auf den 12. August und in der folgenden Nacht warfen britische Flugzeuge zahllose Bomben über Mainz ab. Mindestens 161 Menschen fielen den Bomben zum Opfer, 781 Häuser wurden vollständig zerstört, zahlreiche weitere beschädigt. Vgl. Busch 1988, S. 32. Ein Bericht über die Bombenangriffe auf Mainz mit über 80 Todesopfern sowie ein Aufruf von Reichsstatthalter Sprenger finden sich unter der Überschrift »Die britischen Terrorangriffe auf Mainz. Vorbildliche Haltung der Bevölkerung«, in: Heimatzeitung, 15.8.1942, S. 5; vgl. auch »Trauerakt für die Opfer des Luftangriffes auf Mainz«, in: ebd., 20.8.1942, S. 3.

jede Ausnahme – zur Rechenschaft gezogen wird. Unerbittlich ⟨hart⟩ und wirkungsvoll muß die Strafe sein. –

14. Aug. 1942.
In einem Aufsatze »Der Kampf um Afrika« von Dr. Colin Roß[85] heißt es am Schlusse:

> Der Kampf um Afrika wird für Europa gegen Amerika und das heute in seinem Solde stehende England geführt und gewonnen werden.[86]

⟨Ein Riesenroß! Im Mai 1942 haben England u. Amerika den ganzen Erdteil Afrika im Besitze gehabt! Kllr⟩

Von einem nationalsozialistischen Schriftsteller wird kein Kenner Vernunft und Verstand verlangen. Der Kampf in Afrika wird »für Europa« gegen Amerika geführt und selbstverständlich gewonnen, so spricht Herr Dr. Roß und die lieben Leser nicken dazu. –

Ohne die Räuber Italien u. Deutschland wäre in Afrika vermutlich tiefster Frieden, das meine ich wenigstens.

Schon eine geraume Zeit spielt die »zweite Front« eine erhebliche Rolle in den deutschen Zeitungen. Anfänglich wurde die Möglichkeit einer zweiten Front im Westen als eine lächerliche Idee dargestellt. Es fehlte nicht an »Sachverständigen«, die bewiesen, daß eine Landung an den Küsten Norwegens, Hollands, Belgiens oder Frankreichs überhaupt unmöglich sei. Dann wurden die Küstenverteidigungen von hohen Militärs besichtigt und abschließend festgestellt, daß die Befestigungen uneinnehmbar seien. Zuerst wurde der Gegner verhöhnt, dann wurde ihm Angst eingejagt. Um die Unfähigkeit unserer Gegner glaubhaft zu machen, erscheinen von Zeit zu Zeit Artikel, die darauf hinweisen, daß die Russen stürmisch einen Angriff der Engländer u. Amerikaner verlangen.[87] Damit soll dem Anscheine nach dargetan werden, daß die Russen auf dem letzten Loche pfeifen u. andererseits unsere Gegner zu einer militärischen Aktion nicht imstande sind. Die Propaganda will 2 Fliegen mit einem Schlage treffen. Die Herrschaften kennen »ihr« Volk und wissen genau, daß der weitaus größte Teil des deutschen Volkes nachbetet, was ihm vorgesetzt wird.

Wenn es tatsächlich der Fall wäre, daß Rußland[a]

a) Der Satz bricht hier ab und wird in Heft 5 fortgesetzt.

Heft 5

14. August 1942
bis
18. Januar 1943

14.2.1942 (Fortsetzung)
sich in großer Gefahr befände, so glaube ich, daß dies der New Yorker Nachrichtendienst uns bestimmt nicht auf die Nase hängen würde. Ich bin felsenfest davon überzeugt, daß die führenden Russen über die strategischen Pläne der nahen Zukunft genau unterrichtet sind und ihrerseits ihre eigenen Maßnahmen entsprechend treffen. Unsere Teiloffensive nach dem Süden und der Vorstoß in den Kaukasus ist für England u. Amerika weder gefährlich noch erschütternd. Die Russen habe ich in Verdacht, daß sie uns nach dieser Richtung einen gewissen Spielraum freiwillig eingeräumt haben. Wenn wir nämlich nicht in den Kaukasus kommen dürften, wäre der Widerstand bestimmt stärker gewesen. Unsere Nachschublinien werden immer länger. Es ist doch auffällig, daß Petersburg u. Moskau von uns nicht erreicht wurden. Die Verteidigung von Stalingrad ist ebenfalls äußerst hartnäckig. Hier sind die Brennpunkte von größter Wichtigkeit – und der zweite russische Winter naht. –

Die Nationalsozialisten sollen sich beruhigen, die amerikanischen Flieger u. Truppen sind nicht nach England gekommen, um sich England zu betrachten. Sobald die geeignete Stunde herannaht, werden sie zum Kampfe gegen Deutschland antreten. Denn Deutschland ist für USA. der Hauptgegner.

Sowjets fordern offiziell die »zweite Front«

Genf, 3. August. ⟨42⟩. Dem New Yorker Nachrichtendienst ist zu entnehmen, daß die Regierung der Sowjetunion an die Regierungen der Vereinigten Staaten und Großbritanniens offiziell die Forderung nach der sofortigen Eröffnung einer zweiten Front gerichtet hat.[1]

---

17. Aug. 1942.

Adolf Hitler in seiner »Friedensrede« am 17. Mai 1933:

»Die Generation dieses jungen Deutschlands, die in ihrem bisherigen Leben nur die Not, das Elend und den Jammer des eigenen Volkes kennen lernte, hat zu sehr unter dem Wahnsinn gelitten, als daß sie beabsichtigen könnte, das gleiche anderen zuzufügen. Unser Nationalismus ist ein Prinzip, das uns als Weltanschauung grundsätzlich allgemein verpflichtet. Indem wir in grenzenloser Liebe und Treue an unserem eigenen Volkstum hängen, respektieren wir die nationalen Rechte auch der anderen Völker aus dieser selben Gesinnung heraus und möchten aus tiefinnerstem Herzen mit ihnen in Frieden und Freundschaft leben.«[2]

So sprach dieser Rattenfänger u. Phrasendrescher im Jahre 1933. Damals hatte dieser Wolf einen Schafspelz umgehängt, weil er noch nicht gerüstet war. Er markierte den friedensliebenden Staatsmann, dem das Wohl aller Völker am Herzen lag. Im Jahre 1939 hat Hitler seine wirkliche Gesinnung ohne Scham gezeigt.

Die Welt ließ sich täuschen. Ich bin stolz darauf, nicht zu den Getäuschten zu gehören. Zu keiner Stunde habe ich auf der Seite von Hitler gestanden.

18. Aug. 1942.
Der Leiter der Justizpressestelle in Darmstadt (1273 Pr. 1375/42), ein sehr rühriger Herr Dr. Wellmann, teilt den Pressedezernenten am 15.8.42 mit:

»Der Herr Pressereferent im Reichsjustizministerium weist darauf hin, daß Verfahren gegen Polizeibeamte, die im Rahmen ihrer Amtstätigkeit bei der Vornahme von Ermittlungsmaßnahmen oder Vernehmungen ihre Befugnisse überschreiten und dadurch straffällig werden, in der Regel zur Presseberichterstattung ungeeignet sind ... Die freie Berichterstattung der Tageszeitungen über derartige Strafverfahren wird durch eine Anordnung des Reichspropagandaamts gesperrt werden.« –

Zur Presseberichterstattung sind sehr viele Dinge in diesem Musterstaat ungeeignet. Gerade Herr Goebbels, der vor 1933 Spezialist im Herumstöbern gewesen ist, treibt jetzt die größte Verdunklungstaktik. Er scheut das Licht wie die Pest.

Von einer »freien« Berichterstattung zu reden, ist ein Hohn.

21. August 1942.
Bei einer Kundgebung in Holitsch in der Slowakei sagte der slowakische Staatspräsident Dr. Tiso (diesen Mann muß man sich besonders merken) u.a.:

»Wenn Deutschland im vergangenen Jahre der Slowakei nicht ausgeholfen hätte, dann hätte es in der Slowakei schlimm ausgesehen.«[3]

Dieser Trabant hat ⟨ausnahmsweise⟩ einmal verraten, warum die Slowakei zu Deutschland hält. Deutschland hat nicht nur mit Nahrungsmitteln »ausgeholfen«. Herr Dr. Tiso wird auch entsprechende Summen für seine »Treue« in Empfang genommen haben. –

Früher hat die Slowakei Waren ausgeführt, heute muß sie Almosen empfangen.

Das ist der Segen der »neuen Ordnung«! Kein Land, das wir gutwillig oder böswillig uns unterworfen haben, bringt uns Vorteil. Aber eine ungeheure Menge von Deutschen läßt sich aufbinden, daß die eroberten Länder uns liefern.

22. Aug. 1942. ⟨(Münster)⟩[a]
»Nach dem Kriege haben wir wieder alles in Hülle und Fülle«, so sprach die Frau eines Ortsbauernführers. Diese und andere Redensarten werden dem Volke dargereicht, damit es in der Hoffnung lebt und sich tröstet. Die Kirche tröstet mit dem Jenseits. Die Partei tröstet mit Versprechungen und faulen Phrasen.

Es fällt mir ungemein schwer, nicht mit dem Knüppel dreinzuschlagen. Die Frau eines Frontsoldaten ist fest davon überzeugt, daß jeder Krieger ein Häuschen bekommt. Die Hoffnungen, die ⟨besonders⟩ an den Raumgewinn im Osten geknüpft werden, sind so tief eingewurzelt, daß mit irgend welchen Gegenargumenten nicht anzukommen ist.

a) *Münster:* Heute ein Ortsteil von Laubach.

Der Glaube versetzt tatsächlich Berge. Nationalsozialisten verfügen außerdem noch über ein Propagandaministerium und den Nürnberger Trichter. Da kann es überhaupt an nichts fehlen. O selig, ein gläubiger Nationalsozialist zu sein.[4] Ein leichtes Leben und einen leichten Tod. Sie haben keinen Geist aufzugeben.

Jeder legt sich seinen »siegreichen« Krieg nach optimistischen Gesichtspunkten aus, und keiner macht sich die geringste Mühe, über den Frieden nachzudenken. Der Friede wird – das ist meine felsenfeste Überzeugung – ein schlimmes Erwachen bringen. Der Friede wird[5] furchtbar werden.

23. Aug. 1942.

Nun hat uns auch Brasilien den Krieg erklärt.[b] Der uneingeschränkte U-Bootkrieg wird Deutschland auch in diesem Kriege zum Verhängnis. Alles vergessen, und nichts dazu gelernt. Da war es nicht nötig, daß Hitler in seinem Buche »Mein Kampf« der kaiserlichen Regierung zum Vorwurf machte, »daß sie sich mit Gott und der Welt überworfen habe«.[6] Er, der genialste von allen, bringt es noch besser fertig.

Wenn deutsche U-Boote in der Nähe von Südamerika auch schließlich eine gewisse Anzahl von Schiffen versenken, so ist der Kriegseintritt Brasiliens doch ein weitaus größerer Schaden für die deutsche Sache. Die Deutschen in Brasilien sind die Notleidenden. Aber was fragt schon eine brutale Nazi-Regierung darnach. In der Auslandspropaganda wurden die Auslandsdeutschen angelockt u. verhätschelt. Jetzt erhalten auch sie ihren Lohn. Für viele wird es ein durchaus gerechter Lohn sein. Wenn ein Deutscher in einem fremden Lande sich niederlässt, da hat er sich in erster Linie als anständiger Gast zu betragen und nicht für die Politik seines Heimatlandes zu wirken. Derartiges Lumpengesindel müsste erbarmungslos aus allen Ländern hinausgeworfen werden. Da wurde deutsche »Kultur« mit dem Revolver in der Tasche getrieben.[7]

Auf noch etwas will ich hinweisen:

Es wurden von deutschen U-Booten mehrere brasilianische Schiffe versenkt. Brasilien hat mit der Kriegserklärung auf sich warten lassen. Die Kriegserklärung macht überhaupt auf das überhebliche deutsche Volk keinerlei Eindruck. Deutsche verstehen nur die Sprache der Gewalt. Es müßte daher sofort, als Strafe für die vorgenommenen Versenkungen, Deutschland Schaden zugefügt werden. Wie du mir, so ich dir.

Brasilianische Flugzeuge könnten von England aus immerhin schon einiges bewerkstelligen und neben den Bomben auch Flugblätter abwerfen:

»Das verdankt Ihr Eurem Führer.«

Die Verantwortung trägt für alle Untaten in erster Linie der Führer.

b) *den Krieg erklärt:* Brasilien erklärte dem Deutschen Reich offiziell am 22. August 1942 den Krieg. Vgl. Hillgruber/Hümmelchen 1978, S. 142.

24. Aug. 1942.

Es ist mir schwül geworden bei einer Unterredung mit AgRat Bischoff. Wie dieser Herr mit den schwierigsten Kriegsproblemen fertig wird, das kann vielleicht nur noch von Stammtischbrüdern im Hinterlande fernab von jeder Heeresstraße überboten werden. Ein Optimist reinsten Wassers. Bei ihm sind sowohl die Amerikaner als auch die Engländer bereits schachmatt gesetzt. Diese besitzen überhaupt keinen Raum, um Kriegshandlungen zu beginnen. Wir werden ganz bestimmt – so meint Bischoff mit vollster Ueberzeugung – die Insel nehmen. Diese Insel ist England. Ich kann nur schwache Einwendungen machen, da er sich sofort auf die Feindpropaganda bezieht. Aus Gründen der Vorsicht muß ich zurückhaltend sein.

Ich erwähnte, daß Brasilien uns den Krieg erklärt habe. Er bezeichnet das als lächerlich. »Ganz Amerika kann uns überhaupt nichts wollen.« »Die ganze Schiffahrt Amerikas wird durch Japan gebunden«. »Nie mehr wird Amerika ⟨die Inseln⟩, die es im Stillen Ozean verloren hat, wiedergewinnen.« In diesem ⟨Versmaß⟩ hat mir dieser Unabkömmliche seine Ueberzeugungen herunter gehaspelt.

B. ist der reinste Typ eines gewordenen Nationalsozialisten, die personifizierte Ueberheblichkeit.

Die leichtfertigsten Redensarten werden von derartigen Menschen zu heiligen Formeln erhoben. Es ist grausam, sich mit derartigen Kerlen überhaupt befassen zu müssen.

Diese Sorte weiß selbstverständlich, daß ein verlorener Krieg auch ihnen den Garaus machen wird. Fanatisch klammern sie sich an die Goebbels'schen Weisheiten und weisen jede von der Vernunft eingegebene Kritik brüsk zurück. Nun denn, so muß ich alles[8] der Zukunft überlassen u. zur gegebener Zeit dieses Herrchen an der Krawatte packen. Ich werde keinen der Herren Akademiker schonen. Denn es ist eine Schande, in welcher schmierigen Art sie sich den nationalsozialistischen Gewalthabern unterwarfen und auf welche Weise sie die Verdummung des Volkes führend förderten. Diese Kreise, die Kraft ihrer Schulbildung, ihrer Studien u. ihrer Berufsausbildung nicht hemmungslos jedem falschen Propheten nachlaufen dürften, sie trifft vielleicht die größte Schuld an dem Untergange Deutschlands, denn sie mußten wissen, daß es einfach unmöglich ist, gegen den größten Teil der Welt Gewalt anzuwenden.

25. August 1942.

Es gibt einen Sicherheitsdienst des Reichsführers-SS. Dieser SD hat neuerdings die Aufgabe als Nachrichtenorganisation für Partei und Staat die Führerstellen des Reichs über die »stimmungsmäßigen Auswirkungen behördlicher Maßnahmen in der Bevölkerung« zu unterrichten.

Der Sicherheitsdienst (SD) ist personell und organisatorisch eine Einrichtung der Partei.[a] Die allmächtige Partei mit dem Allmächtigen an der Spitze kämpft bis zum

a) Der *Sicherheitsdienst* (SD) wurde 1931 unter der Leitung von Reinhard Heydrich gegründet und diente der Überwachung politischer Gegner sowie innerparteilicher Opponenten. Nach 1933

letzten Atemzuge für ihr Bestehen. Die Parteigrößen sind der Auffassung, daß ihre Organisationen eine Wiederholung des 9. Nov. 1918 verhindern können. Nichtahnend, daß Situationen kommen können, die diese Parteistellen samt u. sonders wie Spreu hinwegfegen. Z.B. ein Eindringen der feindl. Heere in Deutschland. Bis dahin kann noch eine geraume Zeit vergehen. Ich rechne aber damit.

26. Aug. 1942

Die Verbesserer der deutschen Sprache werden stolz gewesen sein als sie für das griechische Wort »Stenographie« (Engschrift) das deutsche Wort »Kurzschrift« erfunden hatten. Die Freude war nur von kurzer Dauer.

Der Führer hat jetzt angeordnet, daß in Zukunft nicht mehr die Bezeichnung »Kurzschrift«, sondern lediglich die Bezeichnung »Stenografie«[9] Verwendung finden soll (Deutsche Justiz 1942 S. 543).[10] –

So ein Führer hat doch seine Sorgen.

Keine Sorgen macht sich das »Schwarze Korps«, dafür ist es auch die Zeitung der Schutzstaffeln der NSDAP.

In der Nummer vom 27. August 1942 steht da in dem Aufsatz »Was wird mit England?« u.a. folgendes geschrieben:

»... Wir wissen nicht, wie lange die Atempause währt, die das Schicksal den Briten noch zubilligt. Wir wissen nur eines: Eines Tages werden die deutschen Waffen auch den militärischen Schlußstrich unter die längst vollzogene Niederlage Englands ziehen. England ist schon in den vergangenen Jahren überall geschlagen worden, wo es mit dem deutschen Soldaten die Klingen kreuzte. Die Endabrechnung aber wird vollzogen werden von Männern und Waffen, die im Osten der schwerste Kampf gestählt hat, der je gekämpft wurde.

Es ist nicht deutsche Art, den Gegner zu unterschätzen. Man frage aber die Männer der deutschen Wehrmacht, die aus der schweren Prüfung des Winterkrieges nach dem Westen versetzt wurden, um hier der Drohung mit der »zweiten Front« zu begegnen. Jeder von ihnen brennt darauf, seine Kraft, die im Osten ins Ungeahnte wuchs, am britischen oder gar am amerikanischen Gegner zu erproben. Jeder ist überzeugt, daß seine Reise an die ›zweite Front‹ nach der harten Schule des Ostens unter allen Umständen nur eine Erholungsreise sein kann. Die Briten wußten ja nicht, was Krieg ist, als sie ihn 1939 erklärten. Daß wir es besser wußten, haben sie bereits erfahren. Nun aber wissen wir es ganz. Wir haben die einsame Höhe uner-

übernahm die Gestapo Teile seiner Aufgaben. Seit 1937 sammelte der SD Informationen über ideologische Gegner und ermittelte die Stimmung der Bevölkerung, über die er ab 1939 in den »Meldungen aus dem Reich« an einen Kreis von Beamten und Parteifunktionären berichtete. Der SD ging als Amt III im Herbst 1939 im Reichssicherheitshauptamt auf und war maßgeblich an der Vernichtungspolitik des NS-Regimes in den besetzten Gebieten beteiligt. Vgl. Benz/Graml/Weiß 2007, S. 637f. u. 793f.; Wildt 2003.

reichbarer Meisterschaft erklettert. Wir haben alles von uns abgestreift, was uns in Jahrhunderten verweichlicht haben könnte.

Das war ⟨kein⟩ Krieg, fremde Völker und Söldner für sich bluten zu lassen. Das war kein Krieg, einen Sieg durch den Hunger zu erstreben.[11] Aber Krieg wird das sein, was über England kommt, wenn die Stunde geschlagen hat.

Die Zeit verrinnt unerbittlich. Die Angriffskeile unserer Panzerarmeen im Osten sind die Zeiger auf Englands Totenuhr.«

Und also sprach das »Schwarze Korps«.[12] –

Nach drei Kriegsjahren wäre es eigentlich am Platze, das Maul nicht mehr so voll zu nehmen, wie es die Redaktion des Schwarzen Korps hier tut. Das ist frech und überheblich. Der Krieg im Osten ist noch nicht beendet. Und selbst wenn er tatsächlich beendet wäre, dann müsste eine ungeheure Arbeit geleistet werden, die gesamte Kriegsmaschinerie nach dem Westen zu bringen. Ganz abgesehen davon, daß sehr starke Kräfte im Osten auf lange Zeit gebunden wären. Aber wie gesagt, der Krieg im Osten ist noch nicht erledigt.

Das »Schwarze Korps« steht jedoch auf dem Standpunkte, daß England noch an die Reihe kommt. Wenn die Wehrmacht dann England besetzt hat, was – nach der Auffassung des Schwarzen Korps – kein Kunststück ist, so wird sich das Heer gegen Nord- u. Südamerika wenden. Ich nehme das wenigstens an. Wie sollte dieser nationalsozialistische Krieg auch anders erledigt werden können?

Vielleicht kommt es doch anders, als die Redakteure des »Schwarzen Korps« denken. –

27. Aug. 42

Der stellv. Justizminister Schlegelberger[13] ist in den Ruhestand getreten. Zum Reichsjustizminister ist Dr. Thierack[14] ernannt worden. Dieser SA-Brigadeführer[15] erhält besondere Vollmachten.[16]

… »Ich beauftrage und ermächtige daher den Reichsminister der Justiz, nach meinen Richtlinien und Weisungen im Einvernehmen mit dem Reichsminister und Chef der Reichskanzlei und dem Leiter der Parteikanzlei eine nationalsozialistische Rechtspflege aufzubauen und alle dafür erforderlichen Maßnahmen zu treffen.

Er kann hierbei vom bestehenden Recht abweichen.

Führerhauptquartier, 20. August 1942
Der Führer:
gez: Adolf Hitler.
Der Reichsminister und Chef der
Reichskanzlei:
gez: Dr. Lammers.«[17]

———

Nun kann's losgehen. Vom bestehenden Recht kann abgewichen werden. Der Rechtsstaat ist damit endgültig begraben.

Unrecht ist Trumpf,
Willkür ist Recht.

Wer wird die Scherben zusammenkehren?

In dem amtlichen Blatt der deutschen Rechtspflege »Deutsche Justiz« befaßt sich in Nr. 33/1942 der Assessor W. Schmidt-Rost in Berlin mit den Reformproblemen der akademischen Rechtswahrerausbildung.

Seit 1933 ist über dieses Problem schon sehr viel geschrieben worden. Es wurde auch schon viel daran herumgedoktert. In der praktischen Auswirkung ist aber so gut wie nichts zu merken. Bei den Prüfungen wird immer wieder das mangelnde Können der Prüflinge hervorgehoben, und die Prüfungsnoten geben Auskunft darüber, wie wenig hervorragende Leistungen zu verzeichnen sind. Im Umgange mit den akademischen Rechtswahrern – in einer Zeitspanne von 40 Jahren – habe ich feststellen können, daß mir nur sehr wenige Juristen begegnet sind, die über eine bemerkenswerte gehobene Allgemeinbildung verfügten.

Erschütternde Schwächen in Geschichte, Geographie u. Politik habe ich dagegen immer wieder bemerkt.

Interessant ist, was Assessor W. Schmidt-Rost über die Rechtslehrer sagt.

Zur Auswahl der Rechtslehrer

Von einem Universitätslehrer im herkömmlichen Sinne erwartete man besonders folgende Eigenschaften: Er mußte viel wissen, klar denken, gut vorlesen können und in seinem literarischen Schaffen einen guten Rang einnehmen. Da nun das menschliche Hirn durchaus nicht so vollkommen ist, wie man es sich als Neuling vorstellt, mußte ich auf der Universität erfahren, daß die erwarteten Eigenschaften in ungleichem Maße in der Einzelpersönlichkeit in Erscheinung traten. Es gab da – um die Extreme zu kennzeichnen – Professoren, die ein sehr großes Wissen hatten, deren Denkweise aber eine klare Erfassung erschwerte. Andererseits fand ich Professoren, die sich durch die Klarheit ihres Denkens auszeichneten, die aber wegen einiger Schwächen ihres stets gegenwärtigen Fachwissens gelegentlich etwas in Verlegenheit gebracht werden konnten. Dann waren Professoren da, die in ihren hochgeschätzten Schriften nichts von dem übersahen, was auf ihrem Arbeitsgebiet geschrieben wurde, die aber im mündlichen Vortrag ihren Hörern nur schlecht zu geben vermochten, was diese brauchten. Dann gab es noch vorzügliche Lehrer, die bei ihren Kollegen in dem Rufe standen, wissenschaftlich nicht ganz erstklassig zu sein. Viele Lehrer waren eine Mischung dieser Extreme. Diese waren die besten. Alle Rechtslehrer aber blieben in ihrer erzieherischen Leistung auf ihr Spezialgebiet beschränkt und in dessen Betrachtung geistig mehr oder minder erstarrt. Sie waren selten überragende Persönlichkeiten und, wenn sie es waren, so konnten sie nichts zur Pflege der Persönlichkeitswerte ihrer jungen Hörer beitragen, vor allem wohl deshalb, weil die akademische Vorlesung sich nicht dazu eignet.[18]

Das deckt sich vollständig mit meinen Erfahrungen, die ich mit Richtern gemacht habe. War einmal einer dabei, dessen Spezialwissen hervorleuchtete, dann zeigte sich auf anderen Gebieten eine geistige Erstarrung, die geradezu bedenklich war. –

Es konnte nicht ausbleiben, daß der Verfasser ⟨Ass. Schmidt-Rost⟩ vor der heutigen Zeit eine Verbeugung macht:

> Über die Auswahl des allgemeinwissenschaftlichen Lehrstoffes nur einige kurze Andeutungen: Die Philosophie ist diejenige Wissenschaft, die im Rechtsunterricht die mannigfaltigste Berücksichtigung finden kann. Es geht nicht an, daß – wie zu meiner Zeit – die angehenden Rechtswahrer über die philosophischen Erkenntnisprobleme, die den Hintergrund jeder Geisteswissenschaft bilden, so gut wie gar nicht nachdenken. Andererseits hat es keinen Zweck, einen Überblick über die Gedankengebäude aller bedeutenderen Philosophen vom Altertum bis zur Neuzeit geben zu wollen. Viele dieser philosophischen Gedanken vermögen leider eher die Denkkraft und die Erkenntnis zu verwirren, als sie zu fördern. Notwendig ist eine Erklärung kantischer Lehrsätze und die Aufzeichnung der Entwicklungslinien, die von ihnen zur modernen Philosophie, insbesondere aber zu Rosenbergs »Mythus des 20. Jahrhunderts«[a] führen. Im übrigen ziehen die Studenten den besten Teil ihrer Lebensweisheit aus der nationalsozialistischen Weltanschauung, von der sie sich vieles schon als Schüler erarbeiten und außerhalb der Bildungsstätten erfahren können. Weltanschauliche Probleme können schließlich auch an Hand einzelner Rechtssätze gut erläutert werden.[19]

Ich empfinde tiefes Mitleid mit den Studenten, die ihre Weisheiten aus dem Nationalsozialismus schöpfen wollen ⟨oder sollen⟩. Das Tun und Treiben der Parteibonzen ist wahrhaftig nicht nachahmenswert. Vergeblich wird man ⟨bei ihnen⟩ edle Regungen suchen.

Selbstherrlich, rücksichtslos und brutal sind alle Parteigewaltigen. Und da sollen sich die Studenten den besten Teil ihrer Lebensweisheit abgucken. Arme deutsche Studenten!

28. Aug. 1942.

Nur noch wenige Tage, und wir beginnen das 4. Kriegsjahr.

Wie sagt doch Dr. Goebbels in dem Vorwort zu seinem Buche »Vom Kaiserhof zur Reichskanzlei«?:

a) *»Mythus des 20. Jahrhunderts«:* In seiner 1930 erschienenen Schrift »Der Mythus des 20. Jahrhunderts. Eine Wertung der seelisch-geistigen Gestaltenkämpfe unserer Zeit« interpretierte der Parteiideologe Alfred Rosenberg (1893-1946) die Weltgeschichte als eine Geschichte von Rassenkonflikten. Das Buch war 1942 bereits in über einer Million Exemplaren verkauft, dürfte aber von den wenigsten Käufern auch tatsächlich gelesen worden sein. Rosenberg war Nationalsozialist der ersten Stunde und Chefredakteur des »Völkischen Beobachters«. 1933 übernahm er die Leitung des Außenpolitischen Amtes der NSDAP, im Jahr darauf wurde er »Beauftragter des Führers für die Überwachung der gesamten geistigen und weltanschaulichen Schulung und Erziehung der NSDAP«. Im November 1941 wurde er Reichsminister für die besetzten Ostgebiete. Nach dem Krieg verurteilte das Nürnberger Kriegsverbrecher-Tribunal Rosenberg zum Tode. Vgl. Benz/Graml/Weiß 2007, S. 649 und 964. Ausführlich zu Rosenberg und seinem Hauptwerk Piper 2005, S. 179-212.

»Fast traumwandlerisch sicher ging der Führer seinen Weg. Er allein hat sich niemals getäuscht. Er hat immer recht behalten. Er hat sich von der Gunst oder Ungunst des Augenblicks niemals blenden oder versuchen lassen. Er erfüllte wie ein Diener Gottes das Gesetz, das ihm aufgegeben war, und wurde so im höchsten und besten Sinne seiner geschichtlichen Mission gerecht.«[20]

Dieser Mephisto u. Erzlügner Goebbels hatte damals allen Grund, seinen Adolf Hitler zum Herrgott zu erheben, denn ihm winkte ein Ministeramt. Daher die oeligen Phrasen.

Eines stimmt. Hitler hatte sich über die geistige Verfassung des deutschen Volkes nicht getäuscht. Er hat sich auch nicht über die Skrupellosigkeit u. Niederträchtigkeit der Industriellen getäuscht. Auch nicht darüber, daß ihm Geldmittel reichlich zufließen würden, weil er versprach, die Gewerkschaften zu zerschmettern.

Er hat es auch fertig gebracht, mit seinem Kommunistenschreck die besseren Herrschaften der ganzen Welt zu betrügen.

Doch über die Grenzen Deutschlands hinaus war ihm kein volles Glück beschieden.

Da nahm er die Karte »Krieg« und spielte sie aus. Das war sein Verhängnis. Mit ihm sausen alle Freunde und Geldgeber in den Abgrund. Niemals dürfen diese Schakale mehr auferstehen.

Bei diesem Kampfe will ich dabei sein.

29. Aug. 1942.

Auch der ⟨Gegner oder⟩ Neider muß es anerkennen, daß die NSDAP. mit einer nicht erlahmenden Zähigkeit und einem unbeschreiblichen Fanatismus nicht allein ihre Mitglieder, sondern das ganze Volk fortgesetzt in Atem hält. Zur Zeit werden wieder sog. »Appells« abgehalten. »Erscheinen ist Pflicht«. Daraus entsteht also ein Pflichtappell. Wie beim Militär. Da kommen die ⟨NS.⟩ Zellenleiter, Vertrauensmänner des Reichsbundes deutscher Beamten u. die Amtswalter der Deutschen Arbeitsfront zusammen u. der Kreisobmann hält eine Ansprache. Er erinnert vor allen Dingen an die Aufgaben, die jeder einzelne Politische Leiter und jeder Beauftragte der Partei in den Betrieben zu erfüllen habe: »Im Aufbau des Staates war und ist die geistig-seelische Haltung des Politischen Leiters pp. von maßgebender Bedeutung. Der Gegner weiß genau, daß der Krieg für ihn militärisch verloren ist und setzt seine letzte Hoffnung auf die im Schmelztiegel des Nationalsozialismus überwundene deutsche Zwietracht. Das deutsche Volk erlebt heute die größte Entscheidung seiner Geschichte. Millionen stehen an der Front und erfüllen tapfer ihre Pflicht. Millionen stehen auf den Feldern u. in den Fabriken und schaffen das Brot für die Heimat sowie die Waffen für die Front. Wir werden daher rücksichtslos gegen alle diejenigen vorgehen, die annehmen, die Gemeinschaft untergraben zu können. Friedrich der Große schuf einst den Orden der Offiziere u. den Orden der Beamten. Der Führer schenkte dem deutschen Volke den Orden der NSDAP, der seine Ideen und Grundsätze in die fernere Zukunft weitertragen wird. Für alle Politischen Leiter bedeutet dies Mahnung und höchste Verpflichtung. Nur wer selbst gläubig ist, kann andere gläubig machen, nur wer selber brennt, kann andere entzünden. Deutschland ist die NSDAP, die NSDAP ist Deutschland. Und noch in tausend Jahren wird es heißen: Mein Führer ist Adolf Hitler!« Die Versammelten erheben sich am Schlusse des Appells »spontan« und stimmen nach dem Gruß an den Führer »begeistert« die Lieder der Nation an.

So geschieht es nicht nur an einem Orte oder in einer Versammlung, nein, in ganz Deutschland wird nach dem gleichen Rezept verfahren. Ueberall dieselben Phrasen, überall dasselbe Theater.

Die Nazis haben sich in hysterischer Weise eingeredet, der Feind habe den Krieg bereits verloren. Nach ihrem erprobten System muß das stündlich wiederholt werden, damit es schließlich ⟨selbst⟩ der Gegner auch noch glaubt.

Die »1000 Jahre« spielen eine gewaltige Rolle u. Friedrich der Große muß immer herhalten.[a] Das ist die Schlagsahne für den dargereichten Kuchen. So ganz nebenbei wird den Meckerern Furcht und Schrecken eingejagt. Damit glauben die Nazis, eine unerschütterliche innere Front aufgerichtet zu haben. Mit allen erdenklichen Mitteln kleben u. kitten sie die Menschen der Heimat zusammen. Sie sind felsenfest davon überzeugt, daß ein Zusammenbruch wie am 9. Nov. 1918 unter ihrer glorreichen Führung u. mit Hilfe ihrer Arznei einfach nicht möglich ist.

–

Trotz allem kann das Kartenhaus jäh zusammenfallen.

Ich habe schon so oft darauf hingewiesen, daß die Vorbedingung dafür aber erst erfüllt werden muß. Das ist die militärische Niederlage. Es gibt gar viele Leute, die niemals mit der nationalsozialistischen Führung einverstanden waren. Aber an die militärischen Siege knüpfen sie gewisse Hoffnungen, sie glauben insbesondere, daß die siegreiche Wehrmacht in dieser oder jener Beziehung auf die künftige Entwicklung u. Gestaltung des großdeutschen Reiches Einfluß gewinnen könnte[21]. Unsere Führung kennt diese Richtung. Die ganze Kriegsführung war auf schnelle »Siege« eingestellt. Damit wurde das gesamte Volk hypnotisiert. Ich bin überzeugt, daß bei einem Endsieg der Nazis die Militairs mit Lorbeeren überschüttet würden – aber irgendwelchen Einfluß gäbe man ihnen nicht. Wie nach allen Kriegen würden sich die Herren Offiziere im Ruhme sonnen u. auf ihren Lorbeeren ausruhen. Sie ließen Hitler Hitler sein. ⟨Was liegt denen am Volk.⟩

a) *»1000 Jahre«:* Durch die Propagierung des »Tausendjährigen Reiches« sollte eine Kontinuität mit dem Alten Reich hergestellt und zugleich eine Legitimation für die Eroberung neuen »Lebensraums« geschaffen werden. Vgl. Benz/Graml/Weiß 2007, S. 824. Friedrich der Große stand als Zeichen nationaler Größe und als Symbol für Heldentum und Gelassenheit auch in schwierigen Zeiten bereits vor dem Krieg hoch im Kurs der NS-Propaganda. Während des Krieges steigerte sich das noch. Vor allem nachdem sich der Krieg zunehmend zuungunsten Deutschlands entwickelt hatte, entfalteten Goebbels und sein Propagandaapparat einen Friedrichkult, in dessen Zentrum Friedrich der Große als ein Mann stand, der trotz zwischenzeitlicher Rückschläge und Niederlagen an seiner Siegeszuversicht festgehalten und schließlich auch den Sieg errungen habe. Vgl. Bramsted 1971, S. 577f.

So geht es also nicht. Den Unterstützern des heutigen Systems muß radikal entgegen getreten werden. Das Versäumte von 1918 ist nachzuholen.

Ohne Bedenken – mitleidlos.

Die Gerechtigkeit verlangt nach Berücksichtigung.

30. Aug. 1942.

Im Hamburger Fremdenblatt erschien am 8. Aug. 1942 ein von S. v. M. gezeichneter Aufsatz »Unterschiede«.

Was dieser Geisteskranke da an wirrem Zeug zusammengeschmiert hat, geht wirklich auf keine Kuhhaut.

Vom Tonnagemangel kommt er auf Stahlmangel. Ausgerechnet die Vereinigten Staaten sollen Stahlmangel haben.

»Der größte Kontrakt der Marinekommission in Washington auf 200 Liberty-Schiffe mußte trotz kostspieliger Vorarbeiten annulliert werden.«

»Die Toddwerften haben den ihnen zugeteilten Stahl wieder abgeben müssen, weil er anderweitig dringender benötigt wird.

Andere Rüstungsunternehmen stehen vor der Schließung, und neuerbaute Werke haben schon monatelang stilliegen müssen, einige davon werden überhaupt nicht in Betrieb genommen werden können. Selbst die Stahlerzeugung[22] der Fabriken, die für das Pacht- und Leihprogramm arbeiten, musste um 50 v. H. eingeschränkt werden.«[23] –

Das ist eine Kostprobe aus diesem famosen Aufsatz. Im Krieg muß sich jeder gefallen lassen, daß er belogen wird. Aber dieser Schwindel ist dann doch etwas zu stark.

Im Weltkrieg 1914-1918 hat die Presse auch respektable »Leistungen« für sich buchen können. Aber in diesem Kriege hat die Einheitspresse wahre Orgien gefeiert.

Ich hoffe, daß diese Pest nach dem Kriege ausgerottet wird. Es geht nicht an, diese Giftmischer ⟨u. Halunken⟩ unbestraft zu lassen.

An den Galgen mit ihnen!

31. Aug. 1942.

Deutsches Recht!

In Strafverfahren gegen Deutsche muß jede Möglichkeit, ohne Polen oder Juden als Zeugen auszukommen, ergriffen werden. Ist die Vernehmung eines Polen oder Juden nicht zu umgehen, so darf er nicht in der Hauptverhandlung gegen den Deutschen als Zeuge auftreten, vielmehr muß die Vernehmung immer von einem beauftragten oder ersuchten Richter durchgeführt werden.

Strafanzeigen von Polen oder Juden können ein Einschreiten gegen Deutsche nur dann rechtfertigen, wenn hinreichende Anhaltspunkte dafür bestehen, daß die Anzeige begründet ist. (Ausschreiben des Reichsministers der Justiz vom 7. Aug. 1942 4110 – IV a4 – 1586)[24]

Man stelle sich vor: Ein Pole zeigt einen Parteigenossen an. Welcher Staatsanwalt würde da die Anklage erheben?

Juden und Polen sind vollkommen rechtlos!

Es ist tief bedauerlich, daß es Deutsche gibt, die so gesunken sind, daß sie anderen Völkern nicht die primitivsten Menschenrechte zubilligen.

Ferner ist es sehr bedauerlich, daß der anständige Teil des deutschen Volkes später unter den Vergeltungsmaßnahmen schwer leiden muß.

———

Das Gegenstück zu der rigorosen Strafrechtspflege gegen Juden u. Polen fehlt nicht. Ich lasse den Herrn Justizminister selbst sprechen:

Der R. d. J. Berlin W.8, den 7. Aug. 1942
9133/2 – IVa 4.1573

Der kompromißlosen Härte der Strafrechtspflege gegen wirkliche Volksschädlinge auf der einen Seite muß die verständnisvolle Behandlung derjenigen Volksgenossen entsprechen, die anständig im Gemeinschaftsleben ihre Pflicht tun und nur einmal unerheblich und ohne großen Schaden anzurichten gestrauchelt sind. Sie durch übermäßige Härte niederzudrücken, wäre eine Verkennung der Aufgabe der Strafrechtspflege. Hier muß sie vielmehr auf das Ehrgefühl einwirken.

Zur harmonischen und daher guten Auswirkung kommt die Arbeit der Strafrechtspflege nur, wenn sie im Einzelfall stets zwischen dem Verbrecher und dem gestrauchelten, im übrigen aber anständigen Volksgenossen wohl zu unterscheiden versteht. ...

In Vertretung:
gez: Dr. Freisler.[25]

Aus dem obigen Erlaß geht hervor, daß es eine kompromißlose und übermäßige Härte gegeben hat. Vermutlich sind auch Parteigenossen von dieser Härte getroffen worden. Und siehe da, schon wird ein Ausweg gesucht. Die »Gestrauchelten« (das sind immer nur Parteigenossen) müssen zärter behandelt werden. Da hat es ⟨dem Anscheine nach⟩ Richter gegeben, die keinen Unterschied zwischen Parteigenossen und Volksgenossen gemacht haben. Das ist der tiefere Sinn dieses Ausschreibens.

———

1. September 1942.

Drei Jahre Krieg liegen hinter uns.

Das 4. Kriegsjahr hat begonnen.

Am 1. September 1939 wurde das Signal zum Kriegsbeginn von Adolf Hitler gegeben. Nach langjährigen Vorbereitungen wurde ein Vorwand gefunden, die Polen zu überfallen. Ein »Blitzkrieg« sollte es sein. Was daraus entstanden ist, das haben wir erlebt. Adolf Hitler war fähig, diesen Krieg mit allen seinen Schrecken frivol vom Zaune zu brechen. Aber bis jetzt war er nicht in der Lage, ihn zu beenden. Das ist die Tragik des Geschehens. Es ist ein Kampf um Sein oder Nichtsein geworden, nicht nur für die Herren Nationalsozialisten, für das ganze deutsche Volk.

Dieser Krieg war nicht nötig. Denn er löst ebenso wenig die Menschheitsprobleme wie irgendeiner seiner Vorgänger.

Das »Herrenvolk« wollte ein »Großdeutsches Reich« mit Gewalt errichten und rücksichtslos über andere Völker herrschen. Die Herrschsucht gab sich nicht mit einer geschichtlichen Entwicklung zufrieden. Ausplündern, ausrotten wollen die Nationalsozialisten. »Lebensraum« schaffen nennen sie das.

Nun denn, mag das Schicksal seinen Lauf nehmen.

Wenn die Schandtaten, die ab 1933 begangen worden sind, nicht gesühnt werden, dann kann niemals mehr von Recht und Gerechtigkeit gesprochen werden.

Das möge sich die ganze Welt merken.

---

2. Sept. 1942.

Der Führer Adolf Hitler hob in seinem Erlaß vom 20.8.42 ⟨über besondere Vollmachten an den Justizminister⟩ besonders hervor, daß zur Erfüllung der Aufgaben des Großdeutschen Reiches eine starke Rechtspflege erforderlich sei. Hatte irgend jemand den Eindruck, daß seither eine schwache Rechtspflege vorgeherrscht hat? Die Köpfe sind nur so gerollt. Nichtsdestoweniger soll trotzdem jetzt (mitten im Kriege!) eine starke, nationalsozialistische Rechtspflege aufgebaut werden. (Keine deutsche, sondern eine nationalsozialistische.) ⟨Es war doch seit 1933 ausreichend Zeit, natsoz. Gesetze vom Stapel zu lassen!⟩ Der Antrittserlaß des neuen Reichsjustizministers Dr. Thierack erwähnt das in den einleitenden Sätzen. Der neue Mann verrät in seiner Antrittsrede gar mancherlei. Er will das Ziel nie aus den Augen lassen. Die Rechtspflege soll lebendig werden. Am Tage des Sieges muß diese neue[26] Rechtspflege stehen, bereit, ihre für die Zukunft des Reiches so wichtige Aufgabe zu erfüllen. Die Richter müssen in Zukunft als tragende Säulen hervorragen. Thierack will keine Richter sehen, deren[27] Kunst sich darin erschöpft, das gesetzte Recht aus dem ihnen unterbreiteten Sachverhalt mehr oder weniger scharfsinnig auszulegen. Der neue Justizminister meint, der Richter ist der beste und kann allein Anerkennung verdienen, dessen Urteile das vom Volke getragene Rechtsgefühl verkörpern. Sollte ein Richter glauben, durch das Gesetz gezwungen zu sein, ein lebensfremdes Urteil zu fällen, so darf er sich an den Justizminister wenden, damit ihm dieser das ⟨erforderliche⟩ richtige Gesetz zur Verfügung stellt. »Ich möchte im Urteil des Richters den deutschen Menschen erkennen, der mit seinem Volke lebt,« so schließt der Erlaß vom 24. August 1942.[28] –

Was soll der Fachmann hierzu sagen? Soll er lachen oder weinen? Seit 1933 wurden Gesetze fabriziert wie nie zuvor. Zuerst sollte die Gesetzgebung kristallklar werden. Die Gesetze waren oft nicht umfangreich, damit sollte jedenfalls von ferne die Klarheit demonstriert werden. Dann kamen aber hinterher die Durchführungsverordnungen u. Durchführungsbestimmungen. Schließlich auch noch Ausführungsbestimmungen. Und mit der Kristallklarheit war es endgültig vorbei.

Genau so geht es mit dem Volksempfinden[a], Rechtsgefühl, Rechtsgedanken u. Rechtsgestaltung oder wie die Schlagwörter sonst noch heißen mögen.

Ich danke Gott, daß ich kein Richter des dritten Reiches bin. Ehrliche Menschen wissen genau, daß es mit dem Rechtsgefühl bei dem Volke sehr schlecht bestellt ist. Wer wie ich lange Jahre täglich mit Rechtsuchenden Umgang hatte, der kann sich ⟨darüber⟩ ein Urteil erlauben. Es gibt überhaupt sehr wenig Menschen mit einem ausgeprägten Rechtsgefühl. Die Rechtsvorstellungen werden stets von dem Egoismus gelenkt u. geleitet. Was dem Einzelnen nützt, das hält er für Recht.

Was ist heute Rechtens? Wenn ein Urteil das vom Volke getragene Rechtsgefühl verkörpert, sagt der neue Justizminister.

Meine Herren ⟨der NSDAP⟩, sagen Sie mir doch bitte, auf welche Weise Sie das Rechtsempfinden oder Rechtsgefühl des Volkes feststellen? Die Mehrheit des Volkes schweigt. Das Volk hat keinerlei freie Meinungsäußerung und trotzdem weiß dieser Tausendkünstler Thierack genau, welche Meinung das Volk hat.

Wenn im Sportpalast in Berlin eine Radaurede gehalten wird u. die bestellten Statisten brüllen Beifall, dann ist diese Willenskundgebung noch lange keine rechtsgestaltende Aeußerung.

Der Masse wird ein aufgelegter Schwindel serviert[29]. Durch die besondere Betonung »vom Volke getragenes Rechtsgefühl« soll den ganz Dummen gezeigt werden, daß ihre Gedanken bei[30] den Herren Tyrannen Berücksichtigung finden. Der allerhöchste Gerichtsherr kommt nie mit dem eigentlichen Volke in Berührung u. läßt nur durch seine Helfershelfer die Gaukeleien vollziehen. Wer ist also »Volk«? Die »Volksmeinung« wird im Propagandaministerium hergestellt u. das »Rechtsgefühl« von dem ausführenden Nazi-Richter in unbestimmten Redewendungen auf Bestellung verabreicht.

In diesem Narrenhaus weiß keiner mehr aus und ein.

Kein Fußballspiel kann ohne Schiedsrichter und ohne Regeln ausgetragen werden, aber der Richter soll richten, ohne sich vom Gesetz beherrschen zu lassen.

Für einen unbestochenen, aufrichtigen, mutigen Richter ist die Situation einfach furchtbar.

a) *Volksempfinden:* Das Schlagwort diente den Nationalsozialisten als Legitimation für die Verurteilung von »Volksschädlingen« aller Art wie auch insbesondere für die Entrechtung und Verfolgung der Juden. Roland Freisler hatte bereits 1935 in der »Deutschen Justiz« den Unterschied zwischen dem »gesunden«, d.i. durch Hitler personifizierten, und dem »tatsächlichen Volksempfinden« dargelegt. 1945 verbot der Alliierte Kontrollrat deutschen Richtern Urteilsfindungen unter Berufung auf das Kriterium »gesundes Volksempfinden«. Richter, die diese Begründung in der NS-Zeit angewendet hatten, konnten aber ihre Karrieren weiterführen. Vgl. Pätzold/Weißbecker 2005, S. 133-135; Schmitz-Berning 2000, S. 270f.

Er mag machen, was er will, er macht es bestimmt falsch.

Es ist unmöglich, daß ein Richter immer es so trifft, wie gerade der Führer oder der Justizminister es wünschen.

Ich bin gespannt, welchen Fortgang dieses Komödienspiel nimmt.

3. Sept. 1942.

Ein Bonner Professor (Jurist) demonstrierte seinen Studenten einmal das »Rechtsgefühl«. Er trug einen Fall vor u. stellte dann die Frage für die Lösung so, daß jeder Hörer nur mit ja oder nein zu antworten brauchte. Das Spiel beginnt: »Ja, nein, nein, ja, ja, nein, ja, nein, nein, ja, ja, usw.«

Zum Schlusse sagte der Professor: »Ich danke Ihnen meine Herren, jetzt wissen Sie, was Rechtsgefühl ist«.

Der nachstehende Beschluß hat auch mit »Recht« absolut nichts zu tun.

Beschluß

Auf Grund des Gesetzes über die Einziehung volks- und staatsfeindlichen Vermögens vom 26. Mai 1933 / 14. Juli 1933 (RGBl. I S. 293/479) in Verbindung mit dem Erlaß des Führers und Reichskanzlers vom 29. Mai 1941 (RGBl. I S. 303) wird hiermit das bewegliche und unbewegliche Vermögen der jüdischen Eheleute Hirsch, Otto Julius Israel, geboren am 20. Oktober 1863 in Mainz, verstorben am 21. Mai 1942 daselbst, und Hirsch Melanie Sara, geb. Roos,[b] geboren am 6. Oktober 1872 zu Speyer, wohnhaft in Mainz, Schusterstraße 47,[31] zugunsten des Deutschen Reiches eingezogen.[32]

Gegen diese Verfügung ist ein Rechtsmittel nicht gegeben.

Darmstadt, den 24. August 1942.

Geheime Staatspolizei – Staatspolizeistelle Darmstadt

In Vertretung: gez. Fentz.[33]

Die Vorsehung, auf die sich Hitler so gern beruft, hat dem deutschen Reiche einen Strich durch die Rechnung gemacht. Das Grundstück der Eheleute Hirsch und alle übrigen in der Schusterstraße ⟨in Mainz⟩ liegenden Häuser sind bei den Bombenangriffen am 12. u. 13. August 1942 zerstört worden.

Unrecht Gut gedeihet nicht!

b) *Melanie Hirsch*, geb. Roos, wurde am 28. September 1942, mit dem Transport XVII/1 von Darmstadt nach Theresienstadt deportiert, wo sie am 2. Januar 1943 starb (The Central Database of Shoah Victims' Names, Yad Vashem).

4. Sept. 1942.
Aus den Mitteilungen, die wir bis jetzt aus Mainz erhalten haben, geht hervor, daß besonders die Innenstadt durch die Fliegerangriffe gelitten hat. Das gleiche war in Köln u. Karlsruhe der Fall. Es hat den Anschein, daß die Engländer sich davon etwas versprechen. Soll der Kriegswillen der Bevölkerung gebrochen werden? Wenn meine Annahme richtig ist, dann muß ich diejenigen bedauern, die sich derartige Dinge in den Kopf setzen. Wenn die Häuser der Altstadt von Mainz zertrümmert werden, wird weder die Front noch die Kriegsmaschine irgendwie erschüttert. Ich wüßte andere Ziele in Mainz und Umgebung. Da wäre in erster Linie an die Verkehrswege zu denken. Drei Brücken über den Rhein u. zwei Brücken über den Main (Kostheim, Bischofsheim). Die Mainschleuse bei Kostheim. Die großen Bahnhofsanlagen in Mainz u. Bischofsheim. Der Güterbahnhof in Mainz-Bischofsheim ist eine der größten Gleisanlagen Deutschlands. An bedeutenden Industrieunternehmen sind zu nennen:

Zementwerke Weisenau, Zementwerke Dyckerhof in Amöneburg, Maschinenfabrik Augsburg-Nürnberg, Werk Gustavsburg; ⟨Heddernheimer Kupferwerke, Werk Gustavsburg⟩, chemische Fabriken Mombach, Budenheim u. Amöneburg; Waggonfabrik in Mainz-Mombach. Auf der Ingelheimer Aue befinden sich das Elektrizitätswerk für Mainz u. Wiesbaden sowie das Gaswerk.

Alle diese von mir soeben genannten Werke u. Anlagen erfreuen sich bester Gesundheit.

Wenn also die Kriegsmaschine Hitlers zum Stillstand gebracht werden soll, müßten Angriffe erfolgen, die mit Wucht u. Konzentration auf wichtige Ziele gelenkt werden. Von Anfang an habe ich von den Streu-Angriffen nichts gehalten. Das sind in der Tat nur Mückenstiche. Wie wäre es aber gewesen, wenn in den vergangenen ⟨3⟩ Jahren alle Angriffe auf das rheinisch-westfälische Industriegebiet unternommen worden wären?

Würde in diesem Falle heute noch das Ruhrgebiet Kohlen an Italien liefern können?

Die Engländer haben bis heute noch keinen Angriff gegen den Hafen von Kehl unternommen. Das ist ein wichtiger Umschlaghafen für Kohlen, die nach Italien rollen.

Es hat beinahe den Anschein, als würden derartige Angriffe absichtlich unterlassen, damit der Krieg recht lange dauert. Ich sträube mich dagegen, anzunehmen, daß nur Unfähigkeit ⟨u. Torheit⟩ bei unseren Gegnern vorherrschend sind.

7. Sept. 1942.
Am Samstag u. Sonntag waren wir in Mainz, um mit eigenen Augen zu sehen, welche Schäden durch die Fliegerangriffe angerichtet wurden.

Derjenige, der sich von der[34] Eisenbahnbrücke ⟨her⟩ der Stadt nähert, wird im ersten Augenblick kaum den Eindruck haben, daß 1/3 der Stadt zerstört ist. Es ist insbesondere die innere Stadt, die verwüstet ist. Das Gebiet Tritonplatz, alte Universitätsstraße, Fuststraße, Schöfferstraße, Schusterstraße, Stadthausstraße, Karmeliterstraße, Karmeliterplatz, Mitternacht, Mitternachtsgasse, Bauerngasse, Löhrstraße ist ein Trümmerhaufen. Größere Verwüstungen sind noch in den Bezirken Große Bleiche – Mittl. Bleiche – Hintere Bleiche zwischen Schießgartenstraße u. Bauhofstraße sowie am Schloßplatz. Ferner Gärtnergasse, Kaiserstraße zwischen Boppstraße u. Bahnhof sowie Zanggasse u. Bahnhofstraße.

Militärische oder kriegswichtige Ziele sind das nicht gewesen. Bleibt also nur der Angriff gegen die Bevölkerung.

1958 Häuser zerstört oder schwer beschädigt, darunter 161 Gaststätten.

Es sollen in den 2 Nächten 460 Spreng- u. ungefähr 40000 Brandbomben abgeworfen worden sein.

Von Sachverständigen ist der reine Gebäudeschaden auf 600 Millionen RM geschätzt worden.

Zweifellos sind die Zerstörungen groß, aber sie werden in dieser Art keinen Einfluß auf eine Wendung im Kriege ausüben. Wenn also die maßgebenden Engländer glauben, durch derartige Angriffe eine Aenderung zu ihren Gunsten herbeiführen zu können, so muß ihnen entgegnet werden, daß sie ungemein schlecht beraten sind. Selbst wenn ganz Mainz ein Trümmerhaufen wäre, würde der Krieg ruhig seinen Fortgang nehmen.

Diejenigen Werke, die Kriegsmaterial herstellen konnten, bleiben verschont (z.B. Opelwerke in Rüsselsheim a. M.). ⟨Nb. Die Opelwerke sind am 9. Sept. 1942 beschädigt worden. K.⟩

Die Verkehrseinrichtungen sind unberührt. Ich erwähne nur in unserer Umgebung die Bahnhofsanlagen von Gießen, Friedberg, Frankfurt a. M., Höchst, Mz-Bischofsheim, Mainz, Wiesbaden, Offenbach usw. Elektrizitätswerke in Wölfersheim! Dabei sind die meisten Anlagen ohne jeden Fliegerabwehr-Schutz.

Bei so einer Kriegsführung seitens unserer Gegner kann der Krieg zu einer Dauereinrichtung werden.

Verstehen kann man das nicht. Ob es uns später erklärt werden kann?

8. Sept. 1942.

»Kein Vergleich möglich« lautet der Leitartikel des »Schwarzen Korps« vom 3.9.1942. Unverblümt wird darin zugegeben, daß der Krieg 1914-1918 bereits 1917 entschieden gewesen ist, »wenn auch die Front und die Besten des Volkes nicht daran glauben mochten«.[35] Also doch nicht der sogenannte »Dolchstoß«? Die Schuldigen erfanden den Dolchstoß, und das dumme Volk glaubte daran.

Sehr oft höre ich, daß ein Vergleich mit dem 1. Weltkrieg nicht angebracht ist. Mit was soll ich diesen Krieg vergleichen?

Das Schwarze Korps sagt:

»Ueber den Ablauf des Krieges selbst Vergleiche mit dem Ersten Weltkrieg anzustellen oder gar das Jahr 1942 mit dem Jahr 1917 zu vergleichen, das wäre ein für unsere Zeit und ihre Männer geradezu beleidigendes Beginnen, denn die Unterschiede sind so drastisch, daß es wahrlich nicht nötig ist, sie zu unterstreichen. Auch der Erste Weltkrieg brachte glanzvolle deutsche Siege, aber er brachte keinen, der entscheidend gewesen wäre.

In diesem Kriege aber hat der deutsche Soldat unter einer glänzenden Führung nur entscheidende Siege errungen, er hat die Initiative in keinem Augenblick dem Feinde überlassen, er ist stets einer in ihrer Einfachheit grandiosen Planung gefolgt, und das Bild des Endsieges stand stets klar vor unseren Augen. Als unbestimmte Größe erschien uns immer nur der Faktor Zeit. Wir fragten wohl manchmal: Wann? aber niemals Wie?«

Das »Schwarze Korps« lügt bewußt, wenn es behauptet, im Ersten Weltkrieg seien keine entscheidende Siege errungen worden.

Rußland ist im Jahre 1917 sogar zum Frieden gezwungen worden, so entscheidend war es geschlagen!

Vollkommen besiegt waren auch Serbien und Rumänien.

Meine Herren vom Schwarzen Korps, so ist es nicht, wie sie es gern haben möchten. Gewiß, Siege sind in diesem Kriege errungen worden, darüber kann kein Zweifel herrschen. Deutschland hat viele Länder zusammengeschlagen, aber – es ist noch weit davon entfernt, den Endsieg errungen zu haben. Und darauf dürfte es ankommen.

Hat Deutschland die Engländer, Amerikaner, Brasilianer usw. entscheidend geschlagen? Das wird doch wohl selbst der bornierteste Nationalsozialist nicht behaupten wollen. Wie gedenkt unsere Führung diese Länder zum Frieden zu zwingen?

Es wird oft von tragischen Versäumnissen im Ersten Weltkriege gesprochen z.B. davon, daß der U-Boot-Krieg zu spät geführt worden sei. Diesen Vorwurf wird diesmal niemand erheben können. Der U-Boot-Krieg hat uns bereits ganz Amerika an den Hals gehetzt. Immerhin eine respektable Leistung. Die Unterseeboote haben große Leistungen vollbracht; sie werden aber nicht den Endsieg erzwingen. Das ist entscheidend.

Als England in den Krieg eintrat, war auch dieser Krieg verloren. Genau wie am 4. Aug. 1914.

Das Hinzukommen von USA. usw. sind zwangsläufige Erscheinungen. England u. Amerika haben derart wuchtige Produktionsmöglichkeiten, daß Deutschland einfach nicht mitkann. Deutschland versenkt Schiffe. Die Welt baut Schiffe gegen Deutschland. Viele Hunde sind des Hasen Tod. Sobald USA. mit seiner Rüstung fertig ist, werden seine Heere, seine Marine u. nicht zuletzt die Luftgeschwader den Ausschlag geben. Genau wie 1918! Verzeihen Sie, meine Herren Nationalsozialisten, diesen Vergleich.

Ich weiß es, daß den Siegesbewußten dieses Vergleichen im höchsten Grade unangenehm ist. Indessen, mit was soll denn ein Mensch diesen Krieg vergleichen? Mit einer Kirchweihe ist ein Krieg schließlich auch nicht zu vergleichen.

16. Sept. 1942.
In den letzten Tagen sind die Juden unseres Bezirkes abtransportiert worden. Von hier waren es die Familien Strauß u. Heinemann. Von gut unterrichteter Seite hörte ich, daß sämtliche Juden nach Polen gebracht[a] u. dort von SS-Formationen ermordet würden.

Diese Grausamkeit ist furchtbar. Solche Schandtaten werden nie aus dem Buche der Menschheit getilgt werden können. Unsere Mörderregierung hat den Namen »Deutschland« für alle Zeiten besudelt. Für einen anständigen Deutschen ist es unfaßbar, daß niemand dem Treiben der Hitler-Banditen Einhalt gebietet.

17. Sept. 1942.
In einem Artikel »Was sie erwarten dürfen« beschäftigt sich das »Schwarze Korps« in seiner Nummer 37 vom 10. September 1942 mit der Ostsiedlung. Es wird behauptet, daß »die ganze Nation der Ostsiedlung ein ungeheures Interesse entgegenbringt«.[36] Soweit der Westen Deutschlands in Frage kommt, ist diese Behauptung eine »ungeheure« Lüge. Ich habe noch nie einen Menschen getroffen, der sich für den Ostraum interessiert hat. Das Gegenteil ist wahr. Jeder, der zwangsweise dort an der großen Ostfront zu tun hat, würde lieber heute als morgen in seinen früheren Standort zurückkehren. Jedenfalls soll durch diese Behauptung des »ungeheuren« Interesses der Krieg gegen Rußland untermauert werden. Ich will nicht bestreiten, daß es in manchen Gebieten Leute geben mag, die aus irgendwelchen Gründen den Osten als ihren zukünftigen Siedlungsraum ansehen. Aber im Westen haben die Herrschaften mit ihrer Werbung kein Glück.

Nachstehende Sätze aus dem angeführten ⟨Artikel⟩ sind sehr bemerkenswert:

a) *sämtliche Juden nach Polen gebracht:* Helene und Joseph Strauß sowie Sally und Hulda Heynemann wurden nach Polen deportiert und dort ermordet; vgl. Kingreen 2000, S. 67 (Kingreen führt den 30.9.1942 als Zeitpunkt des Transports an). Zu den abtransportierten Personen gehörten auch die Juden des (heutigen) Laubacher Ortsteils Ruppertsburg, darunter der verwitwete Samuel Wallenstein (geb. 11.8.1858 in Ruppertsburg, dep. 27.9.1942 nach Theresienstadt, dort gest. 28.11.1942), Alexander Baum (geb. 26.7.1877 in Geilshausen, dep. 27.9.1942 nach Theresienstadt, dort gest. 25.7.1943), Kathinka Baum, geb. Wallenstein (geb. 28.8.1885 in Ruppertsburg, dep. nach Theresienstadt 27.9.1942, weiterdep. nach Auschwitz 16.5.1944) und Sophie Baum (geb. 3.9.1910, dep. nach Polen 30.9.1942); vgl. Kingreen 2000, S. 71 (Namenliste). Die im September 1942 aus Oberhessen verschleppten Juden kamen – über Sammellager in Gießen und Friedberg – zunächst in das zentrale Sammellager von Darmstadt, um von dort aus nach Theresienstadt (als Durchgangslager) oder direkt in ein Vernichtungslager weiterverschickt zu werden. Ende September 1942 verließ ein Zug mit 329 Männern und 554 Frauen aus Oberhessen Darmstadt, darunter Juden aus Gießen. Vermutlich wurden sie ins Vernichtungslager Treblinka im besetzten Polen gebracht, wo sie unmittelbar nach ihrer Ankunft in den Gaskammern getötet wurden. Dieser Deportationszug war bereits für August 1942 vorgesehen, wurde aber verschoben. Vermutlich wurden die Juden aus Oberhessen frühzeitig für den Transport zusammengezogen. Zu diesem Zeitpunkt war das Wissen um den Mord an den Juden bereits verbreiteter, zumal auch im Sommer und Herbst 1942 wieder Meldungen über den Vollzug der Prophezeiung Hitlers vom Januar 1939 kursierten. Vgl. Dörner 2007, S. 443f.; Gottwaldt/Schulle 2005, S. 228.

»Heute schon ist zu erkennen, daß die deutsche Nation in ihrer Gesamtheit den Schicksalsauftrag erkennt, der ihr nach dem Kriege gestellt wird: die Ostsiedlung! Das ist, auf weite Sicht gesehen, vielleicht die schönste Frucht jener einzigartigen Erziehungsarbeit, die der Führer und seine Bewegung am deutschen Volk geleistet hat.

Erst die Ostsiedlung wird darüber entscheiden, ob der mit bestem Blut durchtränkte Boden für immer deutsch bleibt, ob das Reich die Weltmachtstellung verdient und behält, die seine Soldaten ihm erringen, und ob damit Zeit und Raum für ein tausendjähriges Zeitalter der Deutschen gesichert sind. ...

Das deutsche Volk übernimmt seine geschichtliche Aufgabe im Osten nicht um der Arbeit willen, die dort zu leisten ist, sondern es will arbeiten, um seine Zukunft, Macht und Größe zu sichern. Es braucht seine Macht und Größe nach außen, um im Innern frei und glücklich zu sein.«

Hier wird unumwunden zugegeben, daß der Führer und die Partei das deutsche Volk für einen Eroberungskrieg erzogen hat.

Die Germanen, die einst zwischen Elbe und Oder gehaust haben, sind heute nicht mehr so bescheiden. Der Osten muß Siedlungsland geben. Dieses Gebiet muß also anderen Völkern geraubt werden, um Deutschlands Macht und Größe zu sichern.

Der nationale Egoismus besitzt Raubtiereigenschaften und kümmert sich demgemäß auch nicht um die Angelegenheiten seines Opfers. Der Daseinszweck des Opfers ist nach der Meinung der Nationalisten eben nur der, Opfer zu sein.

Diese Geistesverfassung ist natürlich für einen Menschen, der einmal über seine Zeit hinaus blickt, etwas fürchterliches. Der Dichter sagt richtig »der schrecklichste der Schrecken, das ist der Mensch in seinem Wahn.«

Wenn schon das deutsche Volk für sich den rücksichtslosen Standpunkt einnimmt, sich nach Gutdünken ausbreiten zu dürfen, dann kann es niemals das gleiche einem anderen Volke übelnehmen. Diebstahl und Raub sind dann ⟨eben⟩ Dinge geworden, die weltpolitisch gesehen zu Rechtshandlungen erhoben werden müssen.

Heute stiehlt das ⟨eine⟩ Volk, morgen stiehlt das andere Volk. Eine nette Weltordnung nationalsozialistischer Prägung. Im gleichen Atemzuge behaupten wir, die Engländer hätten alles zusammen gestohlen. Logischerweise müssten die Nazis die Engländer zu Ehrenmitgliedern ernennen und sie mit der goldenen Parteinadel auszeichnen. Denn wenn es wirklich so ist, wie die Nazis behaupten, dann sind die Engländer das germanischste Volk der Erde.

Der Machtfimmel und der Größenwahn der Nationalsozialisten haben die Welt aus den Angeln gehoben. Und dafür sterben Millionen von Menschen. –

Der neue Staatssekretär im Reichsjustizministerium Dr. Kurt Rothenberger[37] (vorher Oberlandesgerichtspräsident in Hamburg) spricht sich in der »Deutschen Justiz« 1942 S. 565 über »die ersten Gedanken über den Aufbau einer nationalsozialistischen Rechtspflege« aus.

Selbstverständlich macht der neue Herr erst einmal eine vorschriftsmäßige Verbeugung vor der Staatsführung. Das gehört zum Handwerk. »Die Welt befindet sich seit 1914 in einer der größten Umwälzungen ihrer Geschichte. Der Nationalsozialismus ist der Angelpunkt dieser Umwälzung.[38] Nachdem er in den Jahren 1918 bis 1933 das deutsche Volk innenpolitisch zu einer Volksgemeinschaft zusammengeschweißt hat, steht er im jetzigen wirklichen Weltkrieg im Begriff, Europa neu zu ›ordnen‹ und ein neues Weltbild zu gestalten.[39] Das Ziel[40] dieser gewaltigsten Neuordnung der Welt ist, daß zum erstenmal in der Weltgeschichte nicht die Macht, sondern das Recht siegen wird.«[41]

Herr Rothenberger! Sie haben ein großes Wort gelassen ausgesprochen.[42] Möge es wirklich wahr werden, daß in diesem Völkerringen das Recht siegen wird. Wir haben vielleicht verschiedene Auffassungen über Recht und Gerechtigkeit. Es wird deshalb in erster Linie erforderlich sein, das »Recht« zu präzisieren!

Ich kann es einfach nicht begreifen, daß Deutschland in Europa eine Neuordnung errichten will unter dem Vorgeben, an Stelle von Macht und Willkür die Ordnung zu setzen. Deutschland hat unter Verletzung bestehender Verträge die Lebensrechte anderer Völker brutal verletzt.

Deutschland hat unter verschiedenen Vorwänden – ohne Kriegserklärung – fremde Länder besetzt u. in diesen Ländern gefügige Kreaturen als Scheinregierungen eingesetzt. Recht spielt gar keine Rolle. Nur Macht und Willkür. Was Napoleon versucht hat, eine Oberherrschaft in Europa zu errichten, genau dasselbe wird heute wiederholt. Diesmal von Deutschland. Napoleon ist an der Größe der Aufgabe gescheitert. Auch ein Adolf Hitler wird scheitern.

Wenn Napoleon in seinem Lande Reformen durchgeführt und Handel u. Gewerbe zum blühen gebracht hätte, dann wäre ihm ein unvergänglicher[43] Ruhm sicher gewesen. Er hat den Ruhm auf Schlachtfeldern gesucht u. ist auf St. Helena als Gefangener gestorben.

Wie u. wo endet Hitler? Ich will in diesem Punkte kein Prophet sein. Hoffentlich bleibt Hitler bis zum vollendeten Untergang am Leben. Den Märchenerzählern muß der Stoff genommen werden. Denn es ist klar, daß ein vorzeitiger Abgang zum Grund für den schlechten Ausgang erhoben würde. »Mit Hitler hätten wir diesen Krieg nie verloren«, das würde das Leitmotiv aller Geschichtsfälscher werden.

»Mit Hitler in den Abgrund«, das wünsche ich dem deutschen Volke.

---

21. Sept. 1942.

Langsam tagt es. Von 17 Gefallenen, deren Tod im Hamburger Fremdenblatt vom 19. Sept. 1942 angezeigt wird, sind nur 3 »für den Führer« gefallen, darunter 1 für den geliebten Führer. Das ist immerhin bemerkenswert.[44]

25. Sept. 1942.

Blick in die Presse

Die Bereinigung Südosteuropas von Juden

In der »Berliner Börsen-Zeitung« Nr. 424 vom 8.9.1942 wird über die planmäßige Entjudung Südosteuropas folgendes berichtet: ⟨Deutsche Justiz Nr. 38 1942.⟩

Vor fünf Jahren noch hätte es jedermann für unmöglich gehalten, daß die Judendämmerung in Südosteuropa so rasch kommen könnte, wie es tatsächlich geschehen ist. Alle Staaten entlang der Donau haben nach dem Beispiel Großdeutschlands begonnen, das parasitäre Dasein der Juden einzudämmen, den jüdischen Einfluß auszuschalten und die Juden aus dem eigenen Lebensraum abzuschieben. Die Slowakei beschritt als erster Staat nach Großdeutschland zielstrebig den Weg zur vollständigen Entjudung. Schrittweise drängte sie seit 1939 das Judentum hinaus und begann im Frühjahr 1942 mit der Aussiedlung der Juden. Von 89000 Juden wurden 65000 in Transporten abgeschoben, 6000 sind nach Ungarn geflüchtet und 18000 warten auf den Abtransport.[45] ⟨Wohin?⟩ Ungarn, das besonders von Juden geplagt ist und allein 800 000 Konfessionsjuden zählt, ungeachtet der Täuflinge und Mischlinge, hat einen komplizierten Weg zur allmählichen Ausscheidung der Juden angetreten und bereits wertvolle Ergebnisse erzielt. Die große Zahl und die tiefgreifende Einnistung der Juden in alle Lebensgebiete macht die Arbeit in Ungarn besonders schwer, aber auch dringend. Das Kulturleben ist bereits weitgehend, im Bereich des Theaters, Films und Schrifttums vollständig entjudet.[46] Kroatien hat seine annähernd 60000 Juden aus dem nationalen Leben völlig ausgeschaltet und sie zu nützlichen Arbeiten auf der Adriainsel Pag und bei verschiedenen Meliorationsarbeiten[a] eingesetzt.[47] Serbien und das Banat sind judenrein und die ersten Landschaften in Südosteuropa, in denen es keinen Juden mehr gibt.[48] Bulgarien hat energisch alle Einflußmöglichkeiten der etwa 80000 Juden auf das bulgarische Leben unterbunden und die Juden streng abgesondert; ihre Kennzeichnung mit dem Judenstern wird vorbereitet.[49] Rumänien, das vor zwei Jahren noch fast ebenso viele Juden beherbergte wie Ungarn, zählt ohne Transnistrien, Bessarabien und Buchenland heute noch 272000 Juden, außerdem im Buchenland 16 000, während Bessarabien judenrein ist. Etwa 112000 Juden befinden sich in Lagern in Transnistrien. Fast ein Drittel der Juden, 98000, lebt in Bukarest. Die Aussiedlung wird vorbereitet.[50]

Dieser knappe Überblick zeigt den bedeutsamen Fortschritt: in einem Jahr wird es in der Slowakei, in Kroatien, in Serbien und Rumänien keinen Juden mehr geben. Der gefährliche innere Feind wird planmäßig beseitigt.[51]

Die sogenannte »Bereinigung« Europas von Juden wird ein dunkles Kapitel in der Menschheitsgeschichte bleiben.

Wenn wir in Europa soweit sind, daß wir Menschen einfach beseitigen, dann ist Europa rettungslos verloren. Heute sind es die Juden, morgen ist es ein anderer schwacher Volksstamm, der ausgerottet wird. Die Nazis sagen, die Juden haben sich »eingenistet«. Haben sich nicht auch deutsche überall[52] auf der ganzen Welt eingenistet? Sind die Deutschen nicht gerade im Begriffe im Osten sich einen Ostraum zu schaffen und dort »einzunisten«?

a) *Meliorationsarbeiten:* Arbeiten zur Verbesserung der Landwirtschaft, zu lat. *meliorare* ›verbessern‹.

Die »Berliner Börsenzeitung« prophezeit: »In einem Jahre wird es in der Slowakei, in Kroatien, in Serbien u. Rumänien keinen Juden mehr geben«. (Vielleicht auch keinen Deutschen! Kllr)

Welches hysterische Geschrei würde die Börsenzeitung erheben, wenn irgend ein Staat die »eingenisteten« Deutschen abschieben würde?

Die Europäer mögen es sich gesagt sein lassen, auf diese Weise stellt man keine neue Ordnung her. Irgendwann einmal stoßen die sich vermehrenden Völker Europas aufeinander. Z.B. liegt die Slowakei im Herzen Europas. Wohin will sich die Slowakei ausdehnen? Die Aussiedlung von 90000 Juden ⟨in der Slowakei⟩ ist nur ein verschwindend kleines Hilfsmittel, um Platz für die eigene Vermehrung zu schaffen. Nach verhältnismäßig kurzer Zeit sind die regierenden Herren vor die gleichen Probleme gestellt. Wer wird dann beseitigt? Wie gesagt, so geht es keineswegs. Ich vergaß beinahe, daß die Russen von den Nationalisten noch ausgerottet werden können. Dann allerdings wäre auf einige Jahre Platz vorhanden. Alles in allem: unser Zeitalter ist einfach furchtbar.

Es gibt[53] nach meiner Meinung nur eine Möglichkeit, den Ausdehnungsdrang der Völker zu bändigen, das ist die Geburtenbeschränkung. Ich höre ohne weiteres das Geschrei der Nationalisten. Jede Nation fühlt sich berufen – das gilt insbesondere für Deutschland – das Recht zu besitzen, möglichst viel Kinder zu zeugen, hierauf den Mangel an Raum zur Kenntnis zu bringen u. schließlich diesem Uebelstand durch Vernichtung der Nachbarn abzuhelfen. Ist nun der Nachbar zufällig nicht gewillt, sich auffressen zu lassen, so wird ein »Verteidigungskrieg« in Scene gesetzt. Augenblicklich sind wir an diesem Punkt angelangt. Wir brauchen ⟨angeblich⟩ den Ostraum. Der Russe verteidigt seinen Heimatboden. Der Stärkere –[54] siegt. Der Unterlegene lernt aus seiner Niederlage, und nach einiger Zeit geht der Jahrmarkt von neuem los. Keiner der maßgebenden Politiker sucht nach dem Keime dieser Menschheitskrankheit, weil selbstverständlich auf diesem Gebiete keine Lorbeeren zu ernten sind und die Schwierigkeit der gestellten Aufgabe schließlich wenig anziehend ist. Für die Kriegsgewinnler besteht bei dieser Sachlage immerhin noch die Aussicht, nicht zu schnell brotlos zu werden.

6. Okt. 1942

Am 27. Sept. 1942 hat der Reichsminister des Auswärtigen, von Ribbentrop, aus Anlaß des zweiten Jahrestages der Unterzeichnung des Dreimächtepaktes einen Empfang im Hotel Kaiserhof in Berlin veranstaltet u. dabei eine Rede über den Zweck des Dreimächtepaktes gehalten. Der Pakt sollte eine Warnung an USA. sein. Der Reichsaußenminister zog eine Bilanz. Ueber den Krieg im Osten ließ er es an starken Tönen nicht fehlen. »Mit Beendigung der militärischen Operationen der verbündeten Armeen in diesem Jahre (1942) wird die Sowjetunion in eine äußerst schwere Lage geraten. Die Verluste an Territorien, Menschen, Ernährungsbasen, Erzen, Rohstoffen aller Art, an industriellen, verkehrstechnischen u. schließlich auch militärisch-strategischen Möglichkeiten sind derart, daß der sowjetische Koloß schon heute weit mehr als die Hälfte, auf wichtigen Gebieten bis zu 2/3 und mehr seiner Kräfte eingebüßt hat. ... Mit dem Totalverlust von 14 Millionen ihrer besten Soldaten aber hat die Sowjetunion über 2/3 ihrer gesamten wehrfähigen Männer verloren. ... Die Sowjetunion nähert sich sowohl in der Menschenfrage als auch in der Frage ihrer Lebensmittelversorgung u. Rohstoffversorgung für die ihr noch verbliebene Industrie der Grenze der Erschöpfung.[55] Es kann kein Zweifel darüber sein, daß einem Land mit solchen Verlusten zwangsläufig früher oder später der Atem ausgehen muß. ⟨Und wenn der Atem aber nicht ausgeht, was dann?⟩[56]

Deutschland mit seinen Verbündeten ist heute so stark, daß Versuche zur Errichtung einer zweiten, dritten, vierten oder einer wievielten Front, von denen Herr Roosevelt prahlt, das stetig fortschreitende Erlahmen Sowjetrußlands nicht mehr aufhalten können.«[57]

Zusammenfassend meint der Herr von Ribbentrop, daß

1.) die Ernährung ganz Europas durch die eroberten Gebiete in Rußland in Zukunft sicher gestellt sei,
2.) ernste Hemmungen in der Aufrüstung bei unseren Gegnern wegen des Mangels an wichtigen Rohstoffen, wie Gummi, Zinn usw. durch den Verlust der ostasiatischen und anderen Einfuhren eintreten werden,
3.) die Dreierpaktmächte sich überall uneinnehmbare militärische Positionen erobert haben, von denen aus sie dem Gegner entgegentreten und ihm blutige Verluste beibringen oder selbst die Initiative ergreifen u. ihn aus weiteren Positionen vertreiben können.

Er schloß mit den Worten: »So gehen wir in das dritte Jahr unseres Dreimächtepaktes und das vierte Kriegsjahr mit der felsenfesten Ueberzeugung, daß die Zeit jetzt endgültig für die Dreierpaktmächte arbeitet.« –

Ich darf wohl sagen, Herr ⟨v.⟩ Ribbentrop hat sehr kühne Behauptungen aufgestellt. Ob die Ernährung sichergestellt ist, läßt sich nicht ohne weiteres weder beweisen noch bestreiten. Der Mangel an Rohstoffen besteht bestimmt in Deutschland. Wer jedes Stückchen Metall zusammensucht, hat zweifellos keinen[58] Ueberfluß. Ueberhaupt besteht in Deutschland an allen Rohstoffen – sie mögen heißen, wie sie wollen – großer Mangel. In den Geschäften ist nur noch Kitsch zu haben. Um 5 Liter Benzin zu erhalten, mußte Herr Römheld[59] nach Gießen fahren u. den Landrat persönlich um Zuteilung bitten.

Die Gegner werden niemals wegen Rohstoffmangels die Flinte ins Korn werfen. Bei ihnen ist es nur eine Frage der Organisation. Herr Ribbentrop ist ungemein schlecht unterrichtet, wenn er von fehlendem Gummi u. Zinn bei den Gegnern spricht.

Gummi gibt es in Brasilien, Liberia, Gambia, Somaliland, ⟨Iran u. Arabien⟩, Belgisch-Kongo, Kamerun u. Ostafrika. Zinn in Rußland, Nigeria, Uganda, Südafrika, Südostafrika, Kamerun u. Bolivien.

Es besteht also für England ⟨pp.⟩ keinerlei Grund zu verzweifeln. Ob die »Zeit« für Deutschland arbeitet, das wird sich ja bald zeigen. Die wenigen Gramm Brot u.

Fleisch, die es demnächst mehr geben wird (wie lange?), sind weiß Gott keine Merkmale einer günstigen Aenderung der Lage. Ich sehe nach wie vor sehr schwarz in die Zukunft. Wenn man die Augen offen hält und um sich blickt, dann sind doch Dinge zu sehen, die jeden erfahrenen Menschen bedenklich stimmen müssen.

Das Kartensystem, Bezugsscheine, Kontigentierungen und vollkommene Unterbindung jeder freien Wirtschaft sind nicht dazu angetan, die Herzen der Untertanen höher schlagen zu lassen. Wenn heute ein Fronturlauber nach dem Kriegsende gefragt wird, dann ist keiner da, der ein baldiges Ende voraussagt. Alle sind sie der Meinung, daß der Krieg noch lange dauert. Sie wollen also nicht von einem verlorenen Krieg reden, sondern die Entscheidung hinausschieben. In der Annahme, es könnte vielleicht doch noch ein Wunder geschehen.

12. Okt. 1942

Die Bereinigung Bulgariens von Juden

In Ergänzung des Berichts vom 8.9.1942 über die planmäßige Entjudung Südosteuropas in der »Berliner Börsen-Zeitung« Nr. 424, abgedruckt in der Deutschen Justiz S. 611, hat die »Berliner Börsen-Zeitung« in Nr. 442 vom 18.9.1942 über die Maßnahmen gegen die Juden in Bulgarien folgenden Bericht gebracht:

⟨D. Justiz 1942 S. 643.⟩

Auch Bulgarien hat nun ein Judengesetz auf rassischer Grundlage erlassen. Dadurch soll die vollkommene Ausscheidung der Juden, die etwa 80000 Köpfe zählen, beschleunigt werden. Unter Leitung des Rechtsberaters des Innenministeriums, Dr. Beleff, wurde ein für alle Judenfragen zuständiges Kommissariat errichtet. Als Jude gilt nach den neuen Bestimmungen jeder, dessen Eltern oder Großeltern unabhängig von seiner eigenen Religion und seinem Volksbekenntnis ursprünglich jüdischen Glaubens waren. Die Juden müssen einen gelben Judenstern tragen, sie müssen auch ihre Geschäfte und ihre Wohnungen kennzeichnen, ebenso ihre Erzeugnisse und Briefpapiere. Juden und Nichtjuden dürfen nicht zusammenwohnen. Juden dürfen ohne Sonderbewilligung ihren Wohnort nicht verlassen, sie dürfen weder Kraftwagen, noch Fernsprecher, noch Rundfunkgeräte besitzen. Mischehen sind verboten, der Begriff der Rassenschande wird eingeführt. Bis 1. November 1942 werden die beschäftigungslosen Juden aus Sofia ausgesiedelt, die übrigen folgen. Die wirtschaftliche Betätigung der Juden wird weitgehend eingeschränkt. Aus dem Getreidehandel, Groß- und Ausfuhrhandel, der Industrie, dem Transport- und Schifffahrtswesen werden die Juden ausgeschlossen, ebenso aus dem Grundbesitz und Grund- und Realitätenverkehr[a]. An Wirtschaftsunternehmungen dürfen sich Juden höchstens mit einem Kapital von 500000 Lewa beteiligen, und sie dürfen sich nicht durch dritte Personen an ihren früheren Unternehmungen beteiligen. Alle Vorteile der privilegierten Juden werden durch die neuen Bestimmungen aufgehoben. Ausgenommen werden Juden, die bereits am 1. September 1940 getauft waren, mit Bulgarinnen verheiratet sind oder kriegsbeschädigt sind; diese tragen einen gelben Kreis und gelten als bulgarische Staatsbürger mit deren Rechten. Ausländische Juden müssen ebenso einen Kreis als Erkennungszeichen tragen. Personen, die jüdisches Kapital tarnen, werden streng bestraft.[60]

Etwas menschlicher als die Deutschen scheinen die Bulgaren zu sein.

a) *Realitätenverkehr:* ›Handel mit Immobilien‹, österr.

Die Regelung der Judenfrage hat auch in Bulgarien mit »Recht« nichts zu tun. Indessen deuten die zugelassenen Ausnahmen darauf hin, daß ein kleiner Rest von Anstand noch vorhanden ist.

15. Okt. 1942.
Ueber »das Recht und die europäische Neuordnung« schrieb Generalgouverneur Dr. Frank (DRW 1942 S. 993):

> • Es handelt sich jetzt nicht darum, etwa einen Völkerbund zu schließen, sondern als höchste Moral die Führung Europas durch die geschichtlich hierzu berufenen Nationen Europas sich bewähren zu lassen. Am wichtigsten ist die Garantie der völkisch-kulturellen Eigenentwicklung für alle Völker. Die europäische Neuordnung ist im Einklang mit den Zeitideen als Kameradschaft der europäischen Völker unter Führung der Berufenen auf der Grundlage der gegenseitigen gerechten Arbeitsteilung aufzufassen. Dem Recht wird seine dominierende Rolle zuerkannt sein. Im deutschen Volke lebt die Rechtssehnsucht, das Rechtsgefühl und das Gerechtigkeitsbedürfnis. Im Rahmen der europäischen Neuordnung bedeutet das Recht den von der Führungsmacht garantierten Schutz des Schwächeren gegen mögliche Uebergriffe. Den Schutz der kleineren Völker und der kleinen wirtschaftlichen Potenzen, vor allem aber auch den Schutz des kleinen Europas gegenüber den Gewaltmächten der Welt. DRW 42, 993.[61]

Ich verstehe nicht ohne weiteres, daß sämtliche europäischen Völker den deutschen Führungsanspruch als geschichtlich gegebene ⟨Tatsache⟩ hinnahmen und die Deutschen als die »Berufenen« anerkannten.

Unter Umständen könnte es bei genauer Betrachtung so sein, daß sich die Nazis auf Grund ihrer Ellenbogen-Strategie nur einbilden, die Berufenen zu sein.

Wir wollen uns heute noch nicht über derartige Dinge aufregen. Der Friedenszustand wird die Machtansprüche der Herren Nationalsozialisten – wenn sie dann noch leben – nicht beachten.

In der Rede vom 1. Okt. zeigt sich Adolf Hitler seinen Parteigenossen als Prophet von ganz großem Format. Der tosende und der brausende Beifall hat dem Propheten sicher gut getan. Die größten Entfernungen schwächen diese geniale Gabe durchaus nicht. So behauptet er z.B. von den Japanern, daß sie Neu Guinea noch ganz erobern werden.[62]

Japaner 32 km vor Port Moresby

Berlin, 3. Oktober ⟨42⟩ Nach harten Kämpfen Mann gegen Mann warfen die Japaner die Australier auf Neuguinea bis über ihre Ausgangsstellungen zurück. Die Australier hatten bei diesem vergeblichen Versuch, den japanischen Vormarsch auf die Mandatshauptstadt Port Moresby aufzuhalten, sehr erhebliche Verluste. Der Geländegewinn der Japaner in Richtung auf Port Moresby betrug sechs Kilometer; sie sind jetzt nur noch 32 Kilometer von diesem wichtigen australischen Stützpunkt entfernt.[63]

Goebbels gibt in den Zeitungen den Ton an u. da darf doch der Führer nicht zurückstehen.

Nun, wir wollen einmal gerade unsere Aufmerksamkeit diesem Gebiet um Neu-Guinea zuwenden und beobachten, ob und wann Neu-Guinea von den Japanern erobert sein wird.

Ich vermute, daß sowohl in Afrika als auch im Gebiete des Stillen Ozeans sich größere Kampfhandlungen demnächst abspielen werden.

England und Amerika müssen ⟨schließlich⟩ endlich einmal zur Offensive schreiten; sie haben den auf Befreiung wartenden Völkern u. den Ländern, denen sie ihre Unterstützung zugesagt haben, viel Geduld zugemutet.

17. Okt. 1942.

Im Schalterraum des Bahnhofes von Laubach sprach ich mit Insp. Schmier[64] u.a. auch über die Kriegsdauer. Er meinte, wenn wir jetzt Rußland auf die Knie gezwungen haben, dann würde sich die Lage ändern. Ich erwiderte: »Das erleben Sie nicht, daß wir Rußland auf die Knie zwingen. Notieren Sie es, daß ich das heute gesagt habe.«

Die Propaganda hat die Köpfe der Menschen verwirrt.

21. Okt. 1942

2720. **Allg. z. BGB.** Weigelin, Dr., LGDir. a. D., Recht und Grenzen des Positivismus. • Das Recht wurzelt in der Sittlichkeit. Dem einzelnen Menschen muß eine gewisse Freiheit verbleiben; er ist nicht bloß Glied der Gemeinschaft, sondern außerdem selbständige Persönlichkeit, die ihre Aufgabe nur erfüllen kann, wenn ihr eine gewisse, von oben her nicht zu verkümmernde Bewegungsfreiheit verbleibt. Nicht der Verstand, sondern allein das Gemüt kann offenbaren, auf welches Ziel die absoluten sittlichen Forderungen gerichtet sind. Jherings J 54,1.

Es gibt also doch noch so etwas wie weiße Raben. Da wagt es sogar einer, von einer gewissen Freiheit, die dem Mensch verbleiben müßte, zu schreiben. Wer das Wort »Freiheit« in den Mund nimmt, ist ohne weiteres ein Staatsfeind. Nicht etwa in meinen Augen, aber bei der herrschenden Clique. Allerdings ist es durchaus nicht so, daß es im »3. Reich« keine Freiheiten gäbe. Diese Freiheiten sind aber einzig u. allein für die Parteibonzen da.

Unsere Nachkriegsgeneration wird sich sehr viel Mühe geben müssen, um dem ganzen Volke die Begriffe von Sittlichkeit, Menschlichkeit, Recht und Gerechtigkeit so beizubringen, daß Deutschland überhaupt neben zivilisierten Völkern leben und bestehen kann.

22. Okt. 1942.

Die parteiamtlichen Gerüchtemacher sind wieder einmal am Werk. Amtsgerichtsrat Bischoff erklärte mir, daß den Soldaten (Urlaubern) mitgeteilt würde, wo sie sich im Falle eines Waffenstillstandes oder Sonderfriedens mit Rußland zu melden hätten.

In Laubach geht das gleiche Gerücht um. Ein Soldat habe es im Eisenbahnzug erklärt. Jetzt wird also wieder ein neuer Hoffnungsschimmer hervorgezaubert. Damit soll dargetan werden, daß das deutsche Volk nur noch eine kleine Weile auszuhalten brauche. Der Gegner ist – nach Meinung der Gerüchtefabrikanten – sozusagen schon erledigt. –

Ich lese in der Hess. Landeszeitung vom 20. Okt. 1942:

»Der neue Raubzug Roosevelts. Amerikanische Truppen besetzen die afrikanische Negerrepublik Liberia. Vergewaltigung eines neutralen Staates«.[65]

Es gehört schon eine große Portion Frechheit dazu, wenn die Nazis ⟨mit Empörung⟩ einer anderen Nation Vergewaltigung eines neutralen Staates vorwerfen. In der Vergangenheit hat es noch nie ein Land gegeben, das ⟨wie Deutschland⟩ in einer so kurzen Spanne Zeit (von 1938-1941) eine derart große Zahl von Ländern annektierte, überfiel, ausraubte u. ausplünderte: Oesterreich, Tschecho-Slowakei, Polen, Dänemark, Norwegen, Holland, Belgien, Luxemburg, Frankreich, Jugoslawien u. Griechenland. Diese große Räuberbande wagt es, auf die Splitter in des Nachbars Auge zu deuten. Der Mangel an Rechtsgefühl ist nicht zu überbieten. Desgleichen die Dreistigkeit. –

24. Okt. 1942

In dem gigantischsten aller Kriege sollte man annehmen, daß alle Kräfte in der Heimat ausschließlich für Kriegszwecke eingesetzt würden. Wer dies glaubt, begeht einen grundlegenden Irrtum. Die Einrichtungen der Partei und die Amtsträger sind bis heute in jeder Beziehung von dem Kriege vollkommen verschont geblieben. Rein persönlich haben sie keinerlei Opfer gebracht. Ihre Körperfülle hat nicht im geringsten gelitten. Sie sitzen überall an der Quelle und an der Krippe. Ihre Reisen dienen äußerlich der Partei. In den mit Benzin reichlich ausgestatteten Autos werden die gehamsterten Dinge nachts nach Hause gebracht. Ueberall sind »Parteigenossen« an allen wichtigen Stellen und Aemtern, und die befreundeten Gutsbesitzer u. Bauern sorgen gegen entsprechende Bevorzugungen dafür, daß die Bonzen keine Not leiden.

Die Versammlungen dienen natürlich auch dem Zwecke, alte Freundschaften zu erneuern.

Wie eine derartige Versammlung »aufgezogen« (wie die Nazis so gerne sagen) wird, beweist nachstehender Bericht:

Nationalsozialistische Schulung:

Erziehung durch Vorbild

Der Gauleiter sprach auf der Gauschulungstagung

NSG. **Frankfurt a. M.,** 12. Oktober ⟨42⟩. Gauleiter und Reichsstatthalter Sprenger sprach zu den zu einer Gauschulungstagung im Adolf-Hitler-Haus in Frankfurt am Main versammelten Kreisschulungsleitern, den Schulungsbeauftragten der Gliederungen und angeschlossenen Verbände der Partei und den Schulungsrednern über die entscheidende Bedeutung der Schulungsarbeit auf dem Gebiet der geistig-seelischen Kriegsführung.

Nachdem der Gauleiter in seiner Rede die weltanschauliche Frontenstellung sowie die politische und militärische Lage des Reiches in eingehender Weise dargelegt hatte, befaßte er sich mit dem Erziehungsauftrag des Nationalsozialismus. In grundsätzlichen Ausführungen stellte er dabei heraus, daß nach der nationalsozialistischen Erkenntnis das Vorbild die allein erfolgversprechende Voraussetzung jeder Erziehungsarbeit sei. An der Schwelle der Schulung stehe daher für jeden Nationalsozialisten die Selbstschulung. Nur wer selber den Höchstwerten des Nationalsozialismus mit eignem Tun und Handeln gerecht werde, wird von der Partei für würdig befunden, Schulungsarbeit zu leisten. Prägnant kennzeichnete der Gauleiter schließlich das Ziel dieser Arbeit in der anhaltenden Verstärkung und Festigung der deutschen Volksgemeinschaft. Als das wesentliche Fundament aller unserer bisherigen Erfolge werde sie durch die Vermittlung klarer Erkenntnisse über die weltanschauliche Front und damit den Sinn dieses Krieges auch zukünftig jede Belastung und Anforderung an ihre Opferfreudigkeit nach den Befehlen des Führers zu tragen wissen.

Auf der Tagung, die vom Vertreter des Gauschulungsleiters, Kreisleiter Ziegler, geleitet wurde, wurden weiterhin verschiedene Referate zu besonderen Aufgabenstellungen der Schulungsarbeit gehalten.[66]

Die Erziehungsarbeit gipfelt in einer Vernichtung jeglichen selbständigen Denkens und einer durch Terror unterstützten Unterdrückung jeder Freiheitsregung.

Der nationalsozialistische Edelmensch soll eine gelb angestrichene uniformierte Attrappe in Gestalt eines Hammels sein. Die Hammelherde wird Volk genannt. Der Pferch ist die Gemeinschaftszelle. Die Schäfer sind die Amtsträger der Partei. Der große Stall heißt: Deutschland; die verschworene Gemeinschaft: Bonzen.

---

25. Okt. 1942.
In jüngster Zeit wird sehr viel gesprochen und geschrieben von der nicht zu überbietenden Tapferkeit, Einsatzbereitschaft, todesmutigen Entschlossenheit u. ⟨dem⟩ strahlenden Heldentum unserer deutschen Soldaten.

Ein Kriegsberichterstatter schreibt:

»Der Tod hat für den Frontsoldaten längst seine Schrecken verloren, er wird als Schicksal und als Fügung des Unabänderlichen hingenommen. Er marschiert als Spießgeselle in jeder Kompagnie mit, und keiner weiß, wann es ihn trifft.«[67]

Hier wird also der Tod als die selbstverständlichste Angelegenheit bezeichnet. Die Gedanken und Regungen der Frontkämpfer werden nicht preisgegeben. Keiner darf schreiben, welche Vorstellungen und Empfindungen ihn bewegen.

Das Schlachtopfer hat zu schweigen!
Der Herr Berichterstatter berichtet hinten, fern vom Schuß. –
Armes deutsches Volk!!

Ich kann mir sehr gut vorstellen, daß später einmal unsere Nachkommen uns ungläubig zuhören, wenn wir die eine oder andere Begebenheit zum besten geben werden: Ausschnitte aus der Nazizeit. Die Begleiterscheinungen des Hitlerismus sind mitunter[68] kaum zu verstehen. Besonders die »Leistungen« der gleichgeschalteten Nazipresse sind oft für den gesunden Menschenverstand vollkommen unverdaulich. Was soll es schon heißen, wenn heller Blödsinn in den Zeitungen steht? Was wird damit gewonnen? Da erlaubt sich z.B. ein Dr. Danzer einen Aufsatz über die Entwicklung der Heiratsmöglichkeiten zu schreiben. Er stellt die hahnebüchene Behauptung auf, daß der Ausblick auf die Heiratsmöglichkeiten der deutschen Mädchen in den kommenden 10 Jahren (also von 1943-1953) denkbar günstig seien.

Nachstehend der Aufsatz:

⟨Hess. Landeszeitung v. 13. Okt. 1942⟩

Wieder Frauenüberschuß?

Die Entwicklung der Heiratsmöglichkeiten / Antwort auf einen weitverbreiteten Irrtum

Einem Aufsatz von Dr. P. Danzer in der NSK[a]. entnehmen wir folgendes:

Auch der Laie weiß, daß am Ende des ersten Weltkrieges sich auf viele Jahre hinaus die Heiratsmöglichkeiten der Mädchen wegen des Verlustes von zwei Millionen heiratsfähiger Männer außerordentlich verringert hatten, rund 1½ Millionen deutscher Frauen konnten dadurch nicht zur Eheschließung gelangen. Der Mensch ist stets geneigt, Wiederholungen im Ablauf der Ereignisse zu erwarten, obwohl die Geschichte ihn dazu keineswegs berechtigt. Jedenfalls glauben heute sehr viele Mädchen und Mütter von Töchtern, es stünde wieder das Gespenst des Frauenüberschusses vor der Türe.

Die landläufige Uebung innerhalb der Geburtenjahrgänge die Zahl der Männer der Zahl der Frauen gegenüberzustellen, führt dazu, daß im Säuglingsalter in der Regel 106 Knaben auf 100 Mädchen treffen, also ein Knabenüberschuß von 6 v. H. besteht. In früheren Zeiten zeigte sich, da Knaben anfälliger für Kinderkrankheiten sind, daß sich bis zum Eintritt ins heiratsfähige Alter das Zahlenverhältnis einigermaßen ausglich. Die Verbesserung der Säuglings- und Kleinkinderpflege hat aber dahin geführt, daß (nach den Sterbetafeln von 1932-34) dieser Altersausgleich der Geschlechter heutzutage erst im 56. Lebensjahr eintritt. Bis dahin besteht also innerhalb der Geburtenjahrgänge ein geringer Männerüberschuß.

Will man jedoch die Heiratsmöglichkeiten richtig beurteilen, so darf man überhaupt nicht die Männerzahl eines Jahrgangs der Frauenzahl des gleichen Jahrgangs gegenüberstellen, sondern muß davon ausgehen, daß im Durchschnitt gesehen die Männer um drei Jahre jüngere Frauen heiraten. Wenn ein Volk im Wachsen ist, ist der später geborene Jahrgang stärker als der früher geborene, enthält also auch mehr Mädchen als der Geburtenjahrgang, aus dem die Männer stammen. Das deutet auf Frauenüberschuß hin.

Für die acht Männerjahrgänge 1923-1930 und die Frauenjahrgänge 1926-1933 hat sich bei Erreichung des Heiratsalters ein Männerüberschuß von 538 985 ergeben.

Die praktische Anwendung dieser Berechnungsmethode auf die zahlenmäßigen Ergebnisse der Volkszählung 1939 – wobei ebenfalls ein Unterschied des Heiratsalters von drei Jahren zugrunde gelegt wurde – ergibt, daß wir in den Krieg mit einem Männerüberschuß eingetreten sind, der allein schon in den zwölf Männerjahrgängen 1903-1914 (gegenüber den Frauenjahrgängen 1906 bis 1917) über 600 000 betrug. Prüft man die nachfolgenden Geburtenjahrgänge (Männer von 1920-1930, Frauen von 1923-1933), so lassen diese wieder einen Männerüberschuß von rund 700 000 erwarten. Diese Tendenz zu steigendem Männerüberschuß wird erst dann verschwinden, wenn wieder Geburtenjahrgänge mit größerer Geburtenzahl ins ehefähige Alter treten, also etwa in zehn Jahren.

Es kommt bei der praktischen Beurteilung der Heiratsmöglichkeiten noch hinzu, daß seit 1933 eine sehr starke Zunahme der Eheschließungen eingetreten ist, der mit Kriegsbeginn noch eine weitere starke Welle folgte. Im Zuge dieser Erscheinungen heirateten u. a. ungewöhnlich viele Männer älterer Jahrgänge, sie wählten aber meist ihre Frauen nicht aus den »ihnen zustehenden« nur drei Jahre jüngeren Jahrgängen, sondern aus sehr viel jüngeren. So ergab sich das Bild, daß eine Ueberzahl von Männerjahrgängen ihre Frauenwahl auf eine Minderzahl der jüngsten heiratsfähigen Mädchenjahrgänge richtete, aus denen gewissermaßen »vorzeitig« Mädchen herausgeheiratet wurden.

Der Ausblick auf die Heiratsmöglichkeiten der deutschen Mädchen in den kommenden zehn Jahren ist also denkbar günstig, und es ist die Hoffnung durchaus nicht vermessen, daß auch ein Fortgang des Krieges in dieser Hinsicht keine grundlegende Aenderung bringen wird.

Diese Klärung der Heiratsaussichten ist keineswegs eine müßige Sache, die etwa nur die Mädchen und die Mütter von Töchtern anginge. Die Heiratsmöglichkeiten haben wesentlichen Einfluß auf die Volkserhaltung, darüber hinaus auf die Gattenwahl, also die Tüchtigkeit des Nachwuchses, auf die Lebensgestaltung des weiblichen Volksteils, die Frauenarbeit, nicht zuletzt die Wohnraumversorgung und weitere Bereiche der Volksbetreuung.[69]

a) *NSK:* Nationalsozialistische Parteikorrespondenz, ein 1932 eingerichteter Pressedienst zur Versorgung der Parteipresse mit Informationen über die NSDAP. Ab 1933 musste sie von allen deutschen Zeitungen bezogen werden. Vgl. Krings 2010, S. 111-113.

Dieser Salonschwindler gibt also zu, daß im vorigen Kriege wegen des Verlustes von zwei Millionen heiratsfähiger Männer die Heiratsmöglichkeiten der Mädchen ⟨sich⟩ außerordentlich verringert hatten. Dieses Mal – jedenfalls weil die Nazis den Krieg begonnen haben – soll auf einmal gerade das Gegenteil der Fall sein. »Denkbar günstig« schildert dieser Hexenmeister die Heiratsmöglichkeiten in den kommenden zehn Jahren. Der Herr Dr. Danzer ignoriert einfach den Verlust der Männer in diesem Kriege. Fast erweckt es den Anschein, als sei dieser Aufsatz überhaupt vor dem Kriege geschrieben worden. Vielleicht[70] hat ein abgefeimter Nazi den Aufsatz entdeckt u. als willkommene Beruhigungspille für besorgte Mütter in die Zeitungen lanziert. Oder Danzer ist ein Anhänger der SS-Idee[a], jedem zeugungsfähigen Manne 10 Weiber zuzuteilen!

Jedenfalls wird es sehr interessant sein, nach dem Kriege über diese Frage zu diskutieren.

---

26. Okt. 1942.

Der »Eroberer von Berlin« in München!

Dr. Josef Goebbels, dieser kleine Klumpfuß, sprach in einer Großkundgebung vor der Münchener Feldherrnhalle am 18. Oktober 1942. Die Regisseure walteten ihres Amtes und sorgten für die nötige Kampfstimmung. Unter Marschklängen zogen die Standarten und Banner der »Bewegung« in die Feldherrenhalle ein. Unter »stürmischen Heilrufen« der Versammelten hieß der Münchener Gauleiter Paul Giesler[71] den Reichsminister Dr. Goebbels willkommen.[72]

Goebbels brachte natürlich wieder einmal seine spitzfindigen Redensarten unter das Volk und erntete dafür den bestellten u. gut organisierten Beifall. Einige markante Stellen der Rede sollen hier festgehalten werden:

»...Ich weiß aber auch, daß wir in diesen Jahren zwar die letzte, aber auch die größte Chance unserer nationalen Geschichte besitzen. Wir kämpfen um Sein oder Nichtsein.[73]

... Es geht diesmal nicht um bloße Ideale, auch nicht um Thron und Altar, es geht um unser Lebensrecht, aber auch um unsere Lebensmöglichkeit. Der Raum, den wir als Volk besiedeln, ist zu eng. Wir können uns auf diesem Raum nicht ernähren, also muß er ausgeweitet werden. Eine günstigere Gelegenheit dazu als die, die wir heute besitzen, werden wir nie bekommen. Dieser Krieg ist also nicht eine Sache der Preußen oder Bayern, der Sachsen oder Württemberger, sondern unsere gemeinsame deutsche Sache, die uns alle angeht (stürmischer Beifall).

a) Mit der *SS-Idee* bezieht sich Kellner auf Gerüchte, die sich um den »Lebensborn e.V.« der SS rankten und besagten, es gebe »Begattungsheime« der SS. Eine organisierte »Menschenzüchtung« hat dort jedoch nicht stattgefunden. Vgl. Benz 1996b, S. 144-147. Zum »Lebensborn e.V.« vgl. auch Lilienthal 2003.

... Diesmal geht es um wichtigere Dinge: um Kohle, Eisen, Oel und vor allem um Weizen, um das tägliche Brot auf dem Tisch unseres Volkes.[74] ...

Während wir früher ein Volk ohne Raum[b] waren, ist das heute nicht mehr der Fall. Wir müssen nur dem Raum, den unsere Soldaten erobert haben, eine Form geben, ihn organisieren und nutzbar machen; das dauert eine gewisse Zeit. Wenn aber die Engländer behaupten, wir verlören den Krieg, weil wir Zeit verlören, so zeige diese Beweisführung ihren ganzen Unverstand. Die Zeit arbeitet nur gegen den, der keinen Raum und keine Rohstoffe besitzt. Wenn wir die Zeit nützen, den eroberten Raum zu organisieren, so arbeitet die Zeit nicht gegen, sondern für uns. ...

Wie verzweifelt die Situation für die Gegenseite geworden ist, kann man daraus ersehen, daß der Kreml unentwegt auf eine ›Zweite Front‹ drängt.

... Die Engländer sind nicht in der Lage, eine ›Zweite Front‹ zu errichten, allein schon, weil ihnen dazu die nötige Tonnage fehlt.« –

Also sprach Herr Goebbels,[75] der Eroberer von Berlin u. derzeitiger Propagandaminister. Eine derart schwache u. schlechte Rede habe ich von diesem gerissenen Mephisto noch nicht vernommen. Er appelliert an die niedrigsten Instinkte des denkfaulen, ungebildeten Volkes. »Aus den Habenichtsen sind mittlerweile schon Besitzende geworden, und die Besitzenden werden immer weiter zu Habenichtsen werden«, so frohlockte Göbbels unter starkem Beifall seiner Zuhörer. Göbbels soll sich nicht zu früh freuen, denn der Krieg ist noch nicht beendet. Ganz abgesehen davon, daß das deutsche Volk erst dann die eroberten Gebiete ausnutzen kann, wenn der Eigentümer den Raub sich gefallen läßt. Davon kann niemals die Rede sein. Es ist sehr primitiv von einem Staatsmann, nur die Interessen des eigenen Volkes zu sehen und rücksichtslos über die Lebensrechte der Nachbarvölker hinwegzuschreiten.

Belgien ist das bevölkertste Land in Europa und uns benachbart. Wenn sich nun Belgien auf das ⟨derzeitige⟩ germanische Recht der erlaubten Ausbreitung stützen u. ein Teil des deutschen Bodens für sich beanspruchen würde, was könnte Deutschland zu diesem Verlangen sagen? Was dem einen recht ist, muß dem andern billig sein. Oder die Schweiz, sie ist umringt von großen Ländern. Wie stellt sich Deutschland zu einem Ausbreitungsdrang der Schweiz? Vermutlich hat sich noch kein nationalsoz. Räuber darüber irgendwelche Gedanken gemacht. Der sagt einfach, uns fehlt Eisen, Oel oder sonst etwas, unser Nachbar besitzt diese Dinge, stehlen wir es. Mit solchen Räubermethoden glauben diese Nazibanditen im 20. Jahrhundert eine

b) *Volk ohne Raum:* Dieses von Goebbels in der Rede benutzte Schlagwort geht zurück auf den 1926 erschienenen gleichnamigen Roman von Hans Grimm, der weite Verbreitung fand. Es diente den Nationalsozialisten als Begründung ihrer Lebensraum-Politik. Diese hatte eine zentrale Bedeutung in der NS-Ideologie, der zufolge die Deutschen im Reich auf zu engem Raum lebten und daher im Osten neuen Lebensraum gewinnen müssten, um neues Siedlungsgebiet zu erschließen, Autarkie zu erreichen und somit erfolgreich Kriege führen zu können. Das basierte auf einer Rassenideologie, nach der die Deutschen als »Herrenrasse« an der Spitze einer Rassenhierarchie, Slawen und Juden als »Untermenschen« ganz unten standen. Vgl. Benz/Graml/Weiß 2007, S. 620 und 852f.; weiter Pätzold/Weißbecker 2005, S. 277f.

»neue Ordnung« herstellen zu können. Bei uns wachsen keine Orangen, Zitronen, auch kein Reis. Für einen echten Nazi ist diese Frage sehr schnell gelöst. In jenen Ländern wachsen diese Dinge. Vorwärts, holen wir uns den geeigneten Raum. Wer Gelegenheit hat, mit Nazis über diese Angelegenheiten zu sprechen, der wird sich darüber wundern, mit welch einer unvergleichlichen Selbstverständlichkeit die von den Nazis beliebten Methoden als durchaus am Platze begeistert gepriesen werden.

Die Gebote Gottes machen auf die Anhänger Hitlers überhaupt keinen Eindruck. Sie sagen: »Recht ist, was dem deutschen Volke nützt«. Jedes weitere Wort ist da überflüssig. Ob das deutsche Volk von dieser geistigen Erkrankung zu heilen ist??

---

27. Okt. 1942.

Bescheidenheit ist eine Eigenschaft, die bei einem Nationalsozialisten sehr schwer zu entdecken ist. Dieser Mangel führt dazu, daß die Oeffentlichkeit Einblick erhält in die Tätigkeit führender Männer. Es ist ausgezeichnet, daß sie heute im Gefühle ihrer Stärke manches verraten, was in den sog. »Kampfjahren« mitunter nur wenigen Eingeweihten bekannt gewesen ist. Man lernt die Tätigkeit gewisser Herren kennen. Eine dieser Gestalten ist der Vizepräsident des Volksgerichtshofs, Karl Engert[76]. Früher Amtsrichter in Bayern. Er wird von der Partei gelobt. Das muß der richtige Bursche sein. In der »Deutschen Justiz« werden seine Dienste für Führer, Volk u. Vaterland hervorgehoben:

Vizepräsident Engert 65 Jahre

⟨D. Justiz 1942 S. 691⟩

Am 23. Oktober 1942 vollendet der Vizepräsident am VGH. ⟨Volksgerichtshof⟩, Karl Engert, Träger des Goldenen Ehrenzeichens der Partei und SS-Oberführer, sein 65. Lebensjahr. Reichsminister der Justiz Dr. Thierack hat dem bewährten Beamten und verdienstvollen nationalsozialistischen Vorkämpfer zu diesem Tage seine herzlichsten Glückwünsche und Dank und Anerkennung für sein berufliches Wirken ausgesprochen. Karl Engert ist aus dem bayerischen Richterdienst hervorgegangen und dort zuletzt Landgerichtspräsident in Schweinfurt und Ministerialrat im Bayerischen Justizministerium gewesen. Mit der Verreichlichung der Justiz ist er in die Personalabteilung des Reichsjustizministeriums übergetreten. Seit 1. Mai 1936 wirkt er als Vorsitzer des zweiten Strafsenats am VGH., zu dessen Vizepräsidenten er Anfang 1938 bestellt ist. In dieser Stellung hat er sich bei der Bekämpfung der Feinde des nationalsozialistischen Staates bleibende Verdienste erworben. Von nationalsozialistischem Fühlen, Denken und Wollen tief durchdrungen, hat er als einer der ältesten Mitkämpfer des Führers – besonders in seiner engeren Heimat – dem Durchbruch der nationalsozialistischen Bewegung mit den Weg bereitet, als Reichsredner der Partei und AO.[a] hat er bei zahlreichen Vorträgen und Reisen im In- und Ausland sich einen bekannten Namen verschafft.
Alle, die im Laufe der Zeit ihm nähergetreten sind, gedenken seiner an seinem 65. Geburtstag mit dem herzlichen Wunsch, daß es ihm vergönnt sein möge, noch lange Jahre zum Wohle für Führer, Volk und Vaterland seine ungeschwächte Kraft einzusetzen und wie bisher hervorragende und erfolgreiche Dienste zu leisten.

a) *AO.:* Auslandsorganisation. Die Auslandsabteilung der NSDAP, ab 1934 als »AO« bezeichnet, wurde als eigener Gau unter Leitung von Ernst Wilhelm Bohle (1903-1960) geführt und war vor allem für die ideologische Schulung der Reichsdeutschen im Ausland und die Bekämpfung gegnerischer Propaganda zuständig. Vgl. Benz/Graml/Weiß 2007, S. 425.

Engert ist der typische Vertreter derjenigen Akademiker, die die Vernichtung der Republik als ihre Lebensaufgabe ansahen. Heute bekämpft er die »Feinde« des nationalsoz. Staates, während er selbst illegal ein Feind des Volkes in den Jahren vor 1933 gewesen ist.

Diese Sorte muß endgültig beseitigt werden!

---

28. Okt. 1942.

Vor zwanzig Jahren hatte die faschistische Partei in Italien durch ihren Marsch auf Rom, dem demokratischen Regierungssystem ein Ende bereitet.

Der König und die Armee standen Gewehr bei Fuß und die Faschisten waren im Nu die Herren des Landes. Selbstverständlich war das Heer – genau wie in Deutschland – vollkommen faschistisch eingestellt und maßgebende Offiziere (z.B. de Bono, Balbo) zählten zu den engsten Mitarbeitern Mussolinis. Die Schwarzhemden (bewaffnete Kampfbünde) waren die Träger der Revolution u. am Abend des 28. Okt. 1922 war Mussolini mit der Bildung der Regierung beauftragt worden. Der gleiche Vorgang wie am 30. Jan. 1933 in Deutschland.

Wohin Mussolini Italien geführt hat, wissen wir. Nach Abessinien und in den Krieg. Der Ausgang des Abenteuers in Afrika war sehr kostspielig. Es hat nur Verluste eingebracht. Die Teilnahme am Krieg wird kein anderes Ergebnis haben. Für den »unbeschreiblichen Jubel« des ganzen Volkes anläßlich des Sieges des Faschismus wird das ital. Volk noch einen Denkzettel erhalten.[77] –

29. Okt. 1942.

Der Reichspressechef Dr. Dietrich wäre kein Nationalsozialist, wenn er nicht mit überheblicher Manier sich über die Tagesereignisse aussprechen würde.

Im Okt. 1941 war er derjenige, der den ausländischen Pressevertretern gegenüber die Lage schilderte und dabei die Behauptung aufstellte, der Feldzug im Osten sei entschieden.[78] Im »Völkischen Beobachter« ⟨v. 27.10.42⟩ hat er einen Artikel »Die Tonnageschlacht« geschrieben.

Von seiner Großspurigkeit hat der Herr Reichspressechef rein gar nichts eingebüßt. In dem besagten Artikel spuckt er große Töne:

... »Amerika ist ein Mythos, die Ueberlegenheit seines Kriegspotentials ist Legende und das ›Arsenal der Demokratie‹ ein Kinderschreck für ängstliche Europäer. Die Kontinentalfestung Europa[b] ist uneinnehmbar, aber der Schiffsraum ist die Stelle, an

b) *Kontinentalfestung Europa:* Das von der NS-Propaganda in den ersten Kriegsjahren immer wieder bemühte Schlagwort von der »Festung Europa« sollte die Uneinnehmbarkeit und Einheit des Kontinents suggerieren sowie – in ideologischer Abgrenzung gegen den »bolschewistischen« Osten – Kollaborateure mobilisieren. Vgl. Pätzold/Weißbecker 2005, S. 110-112, hier S. 111; Schmitz-Berning 2000, S. 232f.

der die seebeherrschenden Mächte sterblich sind. Die Tonnageschlacht ist für sie – nicht für uns – der Kampf um ihr Leben.«[79]

In seinen Ausführungen jongliert Dr. Dietrich viel mit Zahlen, die selbstverständlich keine Menschenseele nachprüfen kann. Immerhin billigt er unseren Gegnern heute noch für ihren gesamten Verkehr 21,4 Mill. BRT zu. Die 4/10 Mill. soll jedenfalls dartun, wie genau er den Rest der feindl. Tonnage ausgerechnet hat.

Er schreibt hierzu: »Dieser Schiffsraum reicht zur Zeit gerade noch aus, um neben ihrem aufs äußerste eingeschränkten nackten Lebensbedarf die bereits bestehenden weitverzweigten Operationsgebiete zu versorgen und aufrechtzuerhalten. Schon jetzt muß die für die Ernährung des engl. Mutterlandes abgestellte Schiffszahl zugunsten reiner Kriegstransporte ständig beschränkt werden. Für neue militärische Großunternehmungen sind bei dieser Schiffsraumlage die Voraussetzungen nicht mehr gegeben. … So gewaltige Anstrengungen Amerika u. England auch immer unternehmen werden, um die Erreichung des Krisenpunktes hinauszuzögern, die effektive Verminderung der Welttonnage wird anhalten und damit ihre Lage ständig weiter verschlechtern.«

Der Artikel schließt: »Wann in diesem Kriege der Krisenpunkt für die angelsächsische Schiffahrt erreicht sein wird, vermag heute niemand zu sagen. Aber unsere Gegner mögen davon überzeugt sein, daß Deutschland diesmal seine Gewehre nicht fünf Minuten zu früh an die Wand stellt.« –

Dr. Dietrich ist davon überzeugt, daß die Schiffsbauprojekte der Amerikaner undurchführbar sind und daß die verzweifelten Bemühungen, den Wettlauf zwischen Versenkungen und Neubauten zu gewinnen, auch in Zukunft ohne Erfolg bleiben werden. –

Dr. D. ⟨u. alle Nazis⟩ wünschen das, was sie sagen. Bei ihnen ist immer der Wunsch der Vater des Gedankens. Es ist unmöglich, mit solchen Menschen zu streiten. Wenn nun Amerika, England u. alle verbündeten Länder es aber trotzdem fertig bringen, die Zahl der Neubauten gegenüber den Versenkungen zu erhöhen, was dann, Herr Dr. Dietrich?

Das wagen Sie noch nicht einmal zu denken, geschweige denn zu schreiben!

Meine Meinung ist die, daß es den Amerikanern pp. sehr wohl gelingt, ihre Schiffsbauprojekte zur Ausführung zu bringen. Und zwar aus dem sehr einfachen Grunde, weil es sich bei ihnen nur um eine Frage der Organisation dreht. Rohstoffe und Menschen sind vorhanden. Was den USA etwa fehlen sollte, spenden die Freunde des Erdteils Amerika. USA. haben bis jetzt noch keine nennenswerte Verluste erlitten. Ihre gesamte Kraft ist noch für die Produktion vorhanden. Warum sollte USA. diesmal weniger tüchtig sein als im Weltkrieg 1914-1918? Damals hatte Amerika tatsächlich das Kunststück fertig gebracht, die Schiffsbauproduktion erstaunlich zu fördern.

Dr. Dietrich gibt zu, daß der heute den Engländern pp. zur Verfügung stehende Schiffsraum gerade noch ausreicht. Hiernach werden also die kommenden Monate den Ausschlag geben. Achten wir darauf.

Die SS-Formationen entfalten eine rege Agitation, um die Hitler-Jugend zum Eintritt bei der Waffen-SS im vormilitärischen Alter zu bewegen. Die SS-Agenten lassen sich von den Jugendlichen Formulare unterschreiben. Die Zustimmung der Eltern ist nicht erforderlich.

> Für Führer und Vaterland ist unser innigstgeliebter, guter Sohn, Bruder, Enkel u. Neffe,
>
> **Helmut Wiegand**
>
> **Kriegsfreiwilliger, SS-Ober-Schütze in einem Poliz.-Batl., Inh. des Silbernen Sturmabzeichens,**
> im Osten im blühenden Alter von 18 Jahren, nach seiner schweren Verwundung am 19.9.1942, den Heldentod gestorben.
>
> **In tiefem Schmerz: August Wiegand u. Frau Johanna,** geb. Weilbächer, **Schwester Liselotte u. alle Angehörigen.**
>
> Mainz (Pankratiusstr. 20 pt.), Hochheim, Wiesbaden, im Oktober 1942.[80]

Ein großer Teil der verführten Jugend wird auf diese Weise bereits mit 17 Jahren zu der Waffen-SS eingezogen, und nicht wenige von ihnen dürfen bereits mit 18 Jahren – wie aus nebenstehender Todesanzeige hervorgeht – mit Auszeichnung den »Heldentod« sterben.

Noch Kind und schon toter »Held«!

Die Nazibanditen töten nicht nur die Kinder anderer Völker, sie machen auch vor dem eigenen Nachwuchs keinen Halt. –

30. Okt. 1942.

Großkundgebung der NSDAP.

ks. Ludwigshafen, 26. Oktober ⟨1942.⟩
Im Mittelpunkt einer Großkundgebung der NSDAP. in Ludwigshafen am Rhein stand eine Ansprache von Gauwirtschaftsberater, Parteigenossen Bösing, Präsident der Wirtschaftskammer Westmark. Vor allem behandelte der Redner die Frage, worum es in diesem Krieg eigentlich geht. Die Arbeitsamkeit und der Fleiß des deutschen Volkes hat den Haß des Judentums auf sich gezogen, weil dieses nicht nur die Arbeit scheut, sondern auch nicht arbeiten kann. Deshalb wurden damals in Versailles die Völker eingeteilt in solche, die man um den Ertrag ihrer Arbeit prellen wollte, und solche, die von dem Ertrag der Arbeit anderer glaubten leben zu können. Das deutsche Volk will nichts, als von dem Ertrag seiner eigenen Arbeit leben, will den Parasiten Juden nicht. Ihm liegt nichts am Gold, sondern sein höchstes Ziel ist, alles zu tun, das Volk körperlich und geistig gesund zu erhalten und es zahlenmäßig immer stärker werden zu lassen.

Heute kämpfen wir um den Durchbruch der Macht der Arbeit gegen die Macht des Geldes. Der Kampf ist gewaltig und die Gegner werden das Letzte versuchen, ihn zu bestehen. Wir aber wissen, daß der Endsieg auf unserer Seite ist, wenn jeder einzelne ein treuer Mitkämpfer bleibt. Heute kommt alles darauf an, daß wir länger als unsere Gegner die Nerven behalten und auch nicht die kleinsten Kratzer auf der spiegelglatten Politur des nationalsozialistischen Staates entstehen. Dann wird die Zukunft des deutschen Volkes auf Jahrhunderte hinaus gesichert sein.[81]

Ich habe schon mehrfach darauf aufmerksam gemacht, daß die Partei mit einer bemerkenswerten Sturheit die Mittelchen aus ihrer »Kampfzeit« anwendet, um auch im Kriege das Volk fortgesetzt in Atem zu halten. Da werden die abgeleiertsten Sprüche hergesagt und der unverdaulichste Quatsch zum besten gegeben. Die Nazis schwören darauf, daß durch immerwährende Wiederholung schließlich aus der dümmsten Lüge noch ein Quäntchen Wahrheit herausgeholt werden kann. Die Vernebelung der Gehirne hat in der Vergangenheit sichtbare Erfolge gezeitigt. Jetzt im Kriege haben es die Nazis etwas schwerer. Ihre Methode ist für einen Dauerkrieg doch nicht so ganz geeignet. Mit der Zeit merkt es selbst der bornierteste Parteigenosse, daß das Geschwätz mit der Wirklichkeit nicht ganz übereinstimmt. Schon wird dem Volke vorgemacht, daß es auf die Nerven ankomme. Also nicht mehr auf die Waffen? Ich erinnere mich genau, daß ich diese Melodie im Jahre 1918 schon einmal vernommen habe.

Die Sucht, zu herrschen, leuchtet immer wieder aus den Reden und Schriften hervor. Aber nicht nur über das eigene Volk wollen sie schrankenlos herrschen, nein, die ganze Welt soll ihnen zu Willen sein. Der obengenannte Parteigenosse Bösing[82] bezeichnet es als höchstes Ziel, das Volk körperlich und geistig gesund zu erhalten und es zahlenmäßig immer stärker werden zu lassen. Ganz hübsche Aussichten für unsere Nachbarn. Wenn auch bei den anderen Völkern die gleichen Narren ihre Tätigkeit entfalten, dann gibt es nirgends mehr Platz u. jeder sucht Raum für seinen Ueberschuß. Zuletzt hat der Mensch noch den Wert von Kaninchen, Ratten, Heuschrecken, Wanzen u. Flöhen. Dieses Getier hat auch nur einen Lebenszweck: Vermehrung.

31. Okt. 1942.

Am 25. September entschlief nach langem, schwerem Leiden unsere liebe, unvergeßl. Tochter, Schwester, Nichte und Cousine,

Anni Peiler

im blühenden Alter von 18 Jahren.

In tiefer Trauer: **Hermann Peiler u. Ehefrau Käthi Peiler nebst allen Verwandten.**

Mainz, den 25. September 1942. – Beerdigung: Montag, 28. September, nachm. 1.30 Uhr, vom Portal des Friedhofes.[83]

Nach kurzer Krankheit verschied plötzlich und unerwartet unser einziges, innigstgeliebtes Söhnchen, unsere Hoffnung und Sonnenschein,

Norbert

im fast vollendeten 4. Lebensjahre.

In tiefem Schmerz: **Anna und Fritz Smakmann nebst Angehörigen.**

Mainz (Gartenfeldstr. 18), 30. Sept. 42. – Die Beerdigung findet Samstag, den 3. Oktober, 10.15 Uhr, vom Friedhof aus statt.

Nach Gottes heiligem Willen entschlief heute um 7.20 Uhr nach schwerer Krankheit meine liebe Tochter, unsere gute Schwester, Schwägerin und Tante, Fräulein

Elisabeth Neumann

im Alter von 18¾ Jahren, wohlvorbereitet durch die Tröstungen ihrer Kirche.

In tiefer Trauer: **Sofie Neumann Wwe.**, geb. Schöffel, **Sofie Berg**, geb. Neumann, **Dr. med. Willi Neumann**, **cand. med. Franz Neumann**, Feldwebel, z. Z. im Felde, Richard Neumann, Peter Heinrich Berg, z. Z. bei der Wehrmacht, **Hilde und Rudolf Berg**.

Budenheim a. Rh., 1. Oktober 1942. – Die Beerdigung findet statt am Sonntag, 4. Oktober 1942, 15 Uhr, vom Trauerhause, Ad.-Hitler-Str. 32, aus. – Das feierliche Requiem wird am Montag, 5. Oktober 1942, in der Pfarrkirche Budenheim gehalten.

Nach langem, schwerem, mit großer Geduld ertragenem Leiden verschied unsere innigstgel. Tochter, Schwester und Schwägerin, Fräulein

Elisabeth Rauch

im jugendlichen Alter von 28 Jahren. Sie folgte ihrer um 2 Jahre älteren Schwester nach 5 Monaten.

In tiefer Trauer: **Familie Wilhelm Rauch**.

Mz.-Ginsheim, den 1. Oktober 1942. – Die Beerdigung findet am Samstag, dem 3. Oktober 1942, nachm. 15.00 Uhr, vom Trauerhause, F. K.-Oberlandstraße 51, aus statt.[84]

In den nationalen Heldenbüchern wird man vergeblich nach der Schilderung der Schattenseiten eines Krieges suchen. Da werden nur die Ruhmestaten mit günstigem Ausgange geschildert.

Ich habe zufällig aus einer Nummer des Mainzer Anzeigers 4 Todesanzeigen jugendl. Menschen herausgeschnitten, die in der Zeit vom 25.9. bis 1. Okt. 1942 gestorben sind.

Das ist kein normaler Abgang. Hier müssen die Zeitverhältnisse entscheidend mitgewirkt haben.

Die schlechte Ernährung und der Mangel an Apothekerwaren macht sich eben infolge der Länge des Krieges nachteilig bemerkbar. Es ist heute ausgeschlossen, daß ein geschwächter Körper durch Stärkungsmittel wieder widerstandsfähig gemacht werden kann.

Wo sollen die Menschen Milch, Fett u. eiweißhaltige Speisen hernehmen?

Diese Kriegsopfer werden totgeschwiegen. Kein Heldenbuch befaßt sich mit ihnen.

... und das Volk war begeistert!

Die »schönen« militärischen Erfolge haben das deutsche Volk entzückt. Nur wenige machten sich Gedanken darüber, welche Folgen u. Begleiterscheinungen der Krieg für alle bringen wird. Eigentlich hätte das gesamte Volk die Erfahrungen des Krieges 1914-1918 hervorholen sollen. Es hatte aber alles vergessen u. nichts dazu gelernt. Mit der Vergeßlichkeit haben Hitler u. Genossen gerechnet u. sie hatten sich in diesem Punkte in der Tat nicht verrechnet.

Hoffentlich wird das deutsche Volk nachhaltig an diesen Krieg erinnert. Es wird eine ungeheure Aufgabe sein, die Charakterveranlagung des deutschen Volkes von Eroberungen fernzuhalten und zu friedlichen Dingen hinzulenken.

Es ist zu bedenken, daß die Jugend durch und durch vom Hitlergeist verseucht worden ist.

1. Nov. 1942.
Der Reichsjustizminister erließ am 12. Okt. 1942 eine Verfügung betr. Bezeichnung des Richters.

– 2200 Ia9 1631 –

»Der Richter nimmt unter den Staatsdienern eine Stellung eigener Art ein; er handelt als Lehnsmann des Führers Kraft eines unmittelbar von ihm empfangenen Auftrags. Dadurch unterscheidet er sich grundlegend von allen anderen Beamten. Künftig soll diese Unterscheidung auch dadurch ihren staatsrechtlichen Ausdruck finden, daß der Richter aus dem Beamtentum herausgehoben wird. Im Hinblick auf diese künftige Entwicklung bitte ich, schon jetzt, den Richter nicht mehr als Beamten zu bezeichnen, auch nicht mehr von richterlichen Beamten, sondern nur noch vom Richter zu sprechen.«

In Vertr. gez. Dr. Rothenberger.

Sowohl der neue Justizminister Dr. Thierack als auch der neue Staatssekretär Dr. Rothenberger haben unumwunden zugegeben, daß die Partei der Justiz gegenüber Mißtrauen an den Tag gelegt hat, weil die Rechtswahrer bei ihrer Denkweise mit der Dynamik des Nationalsozialismus in Konflikt gerieten u. auch wenige in der Kampfzeit den Anschluß an die Bewegung gefunden hatten.

Beide Herren sind der Auffassung, daß heute insgesamt kein Richterstand vorhanden ist, der dem natsoz. Idealziel entspricht.

Wie soll der künftige Richter beschaffen sein?

Der Richter soll die Verkörperung des lebendigen Gewissens der Nation sein.

Er ist der Gehilfe der Staatsführung und Träger der völkischen Selbsterhaltung.

Dem Richter wird von der Staatsführung die allgemeine Linie gegeben, die eingehalten werden muß. Er bedarf einer gewissen Führung.[85] –

Kein Zweifel kann darüber bestehen, daß der sogenannte »unabhängige« Richter der Vergangenheit angehört. Die Richter empfangen ihre Richtlinien von der Staatsführung und haben so zu richten, wie es von oben gewünscht wird. Hierdurch wird der politische Richter geformt, der nicht das geschriebene Recht zu achten hat, sondern das »Recht« anzuwenden verpflichtet ist, das ihm von der Staatsführung als Recht bezeichnet wird.

Recht ist, was die Führung als Recht im Augenblick der Bekanntgabe formuliert! –

3. Nov. 1942

Unser geliebter, herzensguter, sonniger Sohn[a], Bruder, Schwager, Onkel und Neffe, der Sanitätssoldat

Siegfried Werner

ließ im Alt. v. 20 Jahr. bei Ausübg. sein. Pflicht als Sanitäter am 28. Sept., am Wolchow sein Leben. Vielen hat er geholfen. Ihm konnte keiner mehr helfen. – In tiefer Trauer

seine geliebt. **Eltern**; Geschwister **Edi, Gertrud, Ilonka; Marlenchen, Dudy u. Büberle**; Tanten, Onkel, Neffen und alle, die ihn liebhatten.
Altona, General-Litzmann-Str. 81, pt.[86]

Die Eltern des am 28. September 1942 an der Ostfront gefallenen ⟨Sanitäters⟩ Siegfried Werner stellen in der Todesanzeige resigniert fest: »Vielen hat er geholfen. Ihm konnte keiner mehr helfen«.

Das wird dermaleinst haargenau auf den »Führer« Adolf Hitler passen. Er, der gewalttätigste Despot aller Zeiten, hat vielen seiner Anhänger zu vorübergehenden Vorteilen verholfen, er hat sie mit Auszeichnungen und Beförderungen überschüttet und ihnen hohe Einkommen verschafft – aber keiner von allen wird ihm helfen, wenn sein Stern untergeht.

Der Oberlandesgerichtspräsident in Darmstadt erließ am 27. Oktober 1942 ein vertrauliches Rundschreiben betr. Krankenstand bei den Behörden.

Auf Ersuchen des Bevollmächtigten für den Arbeitseinsatz im Gau Hessen-Nassau der NSDAP. soll, wie schon bezüglich der Gefolgschaftsmitglieder in den nichtbehördlichen Betrieben durchgeführt, der Krankenstand der Behördenangehörigen einer laufenden Nachprüfung unterzogen werden, um unveranlaßten Krankmeldungen entgegenzuwirken.

Allmonatlich ist über den Krankenstand zu berichten.

Erforderlichenfalls sind auch die Maßnahmen darzulegen, die die Behördenleiter zur Senkung des Krankenstands getroffen haben.

a) *sonniger Sohn:* Speziell über das in Todesanzeigen wiederkehrende Wort »sonnig« schreibt Victor Klemperer in seiner »LTI«. So sei »›sonnig‹ als stereotypes Schmuckbeiwort selbst älterer Menschen von Anfang des Krieges an äußerst verbreitet. Es scheint, es sei im Hitlerreich jeder Germane jederzeit sonnig, so wie die Hera des Homer immer rinderäugig und der große Karl des Rolandliedes immer weißbärtig ist. Erst als sich die Sonne des Hitlertums schon tief verhüllt hat und als das Epitheton sonnig schon ebenso abgegriffen wie tragikomisch wirkt, wird es seltener. Völlig verschwindet es bis zuletzt nicht [...]« (Klemperer 1996, S. 129).

Der Bevollmächtigte für den Arbeitseinsatz verweist mit Nachdruck auf die Einschaltung des ärztlichen Dienstes bezw. der Ärzte, die den verschiedenen Dienststellen zur Verfügung stehen. –

Die Nazis sind sehr feine Arbeitgeber. Es wage aber keiner, etwa krank zu werden. Dann wird er von den Gesundbetern so lange verfolgt, bis er gern wieder gesund wird. Ich rechne übrigens mit einem Verbot des Sterbens.

Bei Gott und den Nazis ist alles möglich.

Nur so weiter meine Herren! Ihr macht es richtig.

4. Nov. 1942.

Am 31. Oktober 1942 ist unser aller Sonnenschein

Herbert Rudolf

im Alter von 6 Monaten nach kurzer Krankheit sanft entschlafen.

In tiefem Schmerz: **Friedrich Gerbig u. Frau Marie,** geb. Bischoff, **und Kinder; nebst allen Angehörigen**

Darmst., Moldenhauerweg 41
Beerdigung: Dienstag, 3. November, auf d. Waldfriedhof.

Plötzlich und unerwartet verschied nach kurzem schweren Leiden unser liebes

Brigittchen

im Alter von 1¾ Jahren.

Im Namen der trauernden Hinterbliebenen: **Familie Franz Schäfer, Hilde Zeiß**

Da.-Eberstadt, Alicenstr. 2
Beerdigung: Heute, Montag, 2. November, nachm. 3 Uhr.[87]

Schon seit einiger Zeit fällt es mir auf, daß die Sterblichkeit unter den Kindern zugenommen haben muß.

In der Hess. Landeszeitung häufen sich die Todesanzeigen aus dem Darmstädter Bezirk.

Der Krieg ist auch hier die mittelbare Ursache. In normalen Zeiten kam 1 Arzt auf 2000-3000 Menschen. In diesem Kriege ist der Bedarf an Aerzten für die Wehrmacht so gewaltig, daß es Bezirke gibt, in denen 15 000 Einwohner mit einem Arzt auskommen müssen.

Dr. Erich Widdecke ist der Verfasser eines Artikels »Schau in die Zukunft«, der in der Westfälischen Landeszeitung am 22. Oktober 1942 erschienen ist.

Zum erstenmal wird in einer Nazizeitung der Versuch gemacht, die Frage vieler Menschen nach dem Ende des Krieges beruhigend zu beantworten.

Dr. W. meint selbstverständlich, der Kampf sei im Grundsätzlichen schon heute zu unseren Gunsten entschieden. »Denn mit der Besetzung fast ganz Europas durch die Kräfte der Achse ist des Führers Ziel, Deutschlands Zukunft zu sichern, im Prinzip erreicht«.[88]

Wie wird aber der Krieg sein Ende finden?

Eine Beendigung durch einen Friedensvertrag ist – nach der Meinung Dr. Widdecke's – nicht zu erwarten. Er erklärt: »In dem Augenblick nun, da im Osten alle notwendigen gebietsmäßigen Ziele zur Fundierung der Zukunft Europas aus eigenen Kräften erreicht worden sind, nimmt der Kampf der Waffen in irgendeiner Form dort ein Ende, auch wenn die Schaffung einer Sicherungsfront in ähnlicher Weise erforderlich sein sollte, wie sie die Römer im Limeswall gegen die immer wieder in ihre Gebiete eindrängenden germanischen Völkerschaften bauten. Der Kampf aber in den Ländern des Nahen Ostens und auf afrikanischem Boden sowie im Atlantik wird – wie aus den letzten Reden hervorging – als offensiver Abwehrkrieg gegen die beiden angelsächsischen Länder so lange fortgesetzt werden müssen, bis der Gegner selbst zur Einsicht kommt, daß die ›Festung Europa‹ einfach nicht zu besiegen[89] ist.«[90]

Diese Schau in die Zukunft ist recht düster. Kein Friedensvertrag! Der Krieg geht weiter! Ueber das Ende hat er eigentlich gar nichts verraten. So kann nur ein Nazi denken und schreiben.

Ueber die krankhafte Ueberheblichkeit der Nazis muß man einfach hinwegblikken, denn sie ist schlechterdings unverständlich ⟨u. undiskutabel⟩. Der Vergleich mit dem römischen Limes ist einfach köstlich. Hat denn den Römern der Limes etwas genützt? Vorübergehend ja, aber für ewige Zeiten gibt es keinen Limes. In einer Kleinkinderschule wird Herr Dr. Widdecke gläubige Zuhörer finden, aber in Rußland wird lautes Lachen erschallen. Die Nazis achten ihre Gegner grundsätzlich nicht, sie vermögen sich überhaupt nicht vorzustellen, daß eines Tages ihr Kartenhaus umgeblasen wird. Die politischen Erfolge und die Waffensiege haben ihnen jegliche Vernunft geraubt. Die augenblicklichen außergewöhnlich hartnäckigen Kämpfe bei Stalingrad müßten doch eigentlich selbst einen Phantasten ein klein wenig bedenklich stimmen. Denn ein Gegner, der so heldenhaft kämpft, bricht weder morgen noch übermorgen zusammen. Und wenn an irgend einer Stelle – wo, ist ganz einerlei – die frischen Kräfte Amerikas eingesetzt werden, was dann, Ihr Nazis? Da helfen keine einfältigen Phrasen oder Redensarten. Diesen Truppen können keine Hampelmänner oder die Hitler-Jugend gegenüber gestellt werden, da ist die beste Armee gerade gut genug. Also müssen Truppen aus der Ostfront oder dem künftigen Limes herausgenommen werden. Die Ostfront wird also dünner besetzt! Das ist dann der Augenblick, der von der Roten Armee zur Befreiung Rußlands benutzt wird. So sieht das »Ende« aus, Herr Dr. Erich Widdecke!

Das große Mundwerk der Nazis ist das hervorstechendste Merkmal an diesen einmaligen Gestalten. Keiner ausgenommen. Sogar die Offiziere sind davon angesteckt.

Generalfeldmarschall Rommel sprach am 3. Okt. 1942 in Berlin vor deutschen und ausländischen Pressevertretern über die Ereignisse auf dem nordafrikanischen Kriegsschauplatz.

Rommel sagte u.a.:

»Ich kann mit Stolz sagen, daß wir es verstanden haben, dem Engländer die Position wegzunehmen, die er im Mittelmeergebiet schon erobert hatte. Zweimal war es ihm bereits gelungen, nach der Cyrenaika vorzustoßen, aber dank der Tapferkeit unserer Truppen sind wir in einem harten Ringen mit ihm fertig geworden, obwohl unsere militärische Kraft ihm zahlenmäßig oft unterlegen war. Aber die Qualität unserer Truppen und der Führung hat uns den Sieg verschafft. Wenn später die Geschichte über diese Ereignisse berichten wird, so wird die Welt vielleicht erstaunt sein, mit welch geringen Kräften wir es fertigbrachten, den Engländer zu schlagen und weit über die Grenzen Aegyptens zurückzutreiben. Heute stehen wir 100 km vor Alexandrien und Kairo und haben das Tor Aegyptens in der Hand – und zwar mit der Absicht, auch hier zu handeln!

Wir sind dort nicht hingegangen, um uns über kurz oder lang wieder[91] zurückwerfen zu lassen. Man kann sich auch hier darauf verlassen:

Was wir haben, halten wir fest!«[92] –

Das ist ausgesprochene Kraftmeierei. Derartige Großsprechereien sind bedenklicher Natur. Auch der Sieger sollte etwas bescheidener sein, zumal er ja morgen schon wieder zu den Geschlagenen zählen kann. Der Vorstoß Rommels nach Aegypten war eine große militärische Leistung, darüber kein Zweifel. Die Niederlage Englands geradezu niederschmetternd. Trotz allem fehlt der Leistung Rommels der Abschluß. Warum hat Rommel 100 km vor Alexandria bezw. Kairo Halt gemacht? Doch wohl deshalb, weil seiner Armee die Stoßkraft fehlte. Die italienische Armee blieb auch s.Z. an der aegyptischen Grenze stecken u. ließ sich vernichten. Ich glaube nicht, daß es sich militärisch rechtfertigen läßt, an dieser Stelle (100 km von Alexandria entfernt), weit von der Versorgungsbasis entfernt, einen Stellungskrieg zu führen. Der Verbrauch an Kraft ist auf deutscher u. italienischer Seite viel zu groß u. der Nutzen ist gleich Null. Dieser afrikanische Kriegsschauplatz ist wegen der italienischen Prestigefrage über Gebühr zu einer wichtigen Angelegenheit erhoben worden. Die Zersplitterung unserer Kräfte ist hier besonders augenfällig.

Nutzlose Vergeudung von Menschen und Material! Und am Ende ist den Italienern trotzdem nicht damit geholfen worden. Auch ital. Nordafrika geht zum Teufel!

Amerika bringt fortgesetzt Truppen nach Afrika und dem Nahen Osten. Da geschieht doch irgend etwas. Vielleicht werden wir bald darüber aufgeklärt werden.

6. Nov. 1942.
Der Feldmarschall Rommel hat anfangs Oktober der Welt verkündet, daß er das Tor Aegyptens in der Hand habe, und zwar mit der Absicht, zu handeln.

Kaum 1 Monat ist seit dieser Ankündigung verflossen und schon werden die Propaganda-Sonderberichte auf das Volk losgelassen, nicht etwa, um von aktiven Handlungen zu berichten, sondern eine Abwehrschlacht bei El Amein[a] zu schildern.

Der Kriegsberichterstatter Rudolf Kettlein nimmt in seinem Bericht aus Nordafrika (Hess. Landeszeitung 5. Nov. 1942) den Mund noch reichlich voll.

»Der Tommy[b] soll nur kommen. Wir werden ihn zurückschlagen.«

Er schließt seinen Bericht mit den Worten:

»Die britische Offensive ist noch nicht beendet. Noch immer toben erbitterte Kämpfe. Um jeden Meter Boden wird zäh gerungen. Die Schlacht ist hart, sie verlangt alles von unseren Soldaten. Die ›Stunde der Abrechnung‹ von der der Oberbefehlshaber der 8. engl. Armee, Montgomery, sprach,[93] wird jedoch nie kommen. Was Generalfeldmarschall Rommel gesagt hat, dafür treten seine Soldaten ein, mehr denn je. Was sie haben, das halten sie fest.«[94] Das ist die Ueberzeugung des Kriegsberichterstatters. Ich meine, daß es mehr auf die Stoßkraft der 8. engl. Armee ankommt. Bei Panzer- u. Flugzeug-Ueberlegenheit hilft die größte Tapferkeit nichts. Gerade die deutschen Heere haben das in diesem Kriege mehr als einmal bewiesen. Jetzt spüren sie am eigenen Leibe die Wirkung ihrer Strategie. Heute ist der Gegner der Stärkere. Schicksal!

7. Nov. 1942.
Mit Rücksicht darauf, daß nach Bekämpfung der christlichen Religion dem Volke doch etwas göttliches geboten werden mußte, ist in jahrelanger Kleinarbeit aus Hitler von Partei wegen ein Herrgott gemacht worden. Wie das nun im täglichen Leben bewerkstelligt wird, das möchte ich hier aufzeichnen.

Ein gewisser Dr. Edzard Hobbing schreibt einen Aufsatz über »Das Ziel im Auge« (Nr. 273/1942 Hess. Landeszeitung) und beginnt folgendermaßen:

»Wenn im Ausland bekannt wird, daß die Uebertragung einer Führerrede im Rundfunk bevorsteht, so gibt es heute schon unzählige Menschen, die zwar kaum ein Wort Deutsch verstehen und darum nur selten imstande sein werden, den Sinn der Rede zu erfassen, die es aber gleichwohl nur ungern versäumen, sie anzuhören. Bei Ertönen der dunklen Stimme des Führers lauschen sie fasziniert und lassen sich rasch von ihr bannen. Eine strahlende Macht geht nicht nur von den Augen des Füh-

a) *El Amein:* Der Name der ägyptischen Kleinstadt, in der vom 23. Oktober bis 4. November 1942 heftige Kämpfe stattfanden, ist El Alamein. Die dortigen Kämpfe endeten mit einem Sieg der englischen Truppen unter General Bernard Law Montgomery. Vgl. Stumpf 1990, S. 688-709.

b) *Tommy:* als Bezeichnung für »einfacher Soldat« Spitzname für die britischen Soldaten des Ersten und Zweiten Weltkriegs; eigentlich nur eine Verkleinerungsform von Thomas nach dem früher auf englischen Formularen vorgedruckten Namen Thomas (Thommy) Atkins.

rers, sondern auch von seiner Stimme aus. Die Menschen erliegen dem Zauber dieses gebietenden Organs. Uebereinstimmend sagen viele ausländische Hörer, daß es die Stimme eines Mannes ist, der will und weiß, was er will.«[95]-

Ganz Deutschland ein Narrenhaus! Dieser ganz verrückte Dr. Hobbing will dem deutschen Volke weismachen, daß selbst diejenigen Ausländer, die kein deutsch verstehen, »fasziniert« sind, also behext oder verblendet sind, wenn sie des Führers Stimme vernehmen.

Woher weiß das dieser Idiot? Selbst wenn es irgendwo einen Menschen gäbe, der sich von dem Gebrüll eines Hitler behexen ließe, so wäre das nicht erwähnenswert.

Millionen Menschen ⟨in der Welt⟩ (darunter auch ich) sind bis jetzt dem »Zauber« der Stimme Hitlers nicht erlegen.

Die Stimme hat auf mich ⟨stets⟩ den denkbar schlechtesten Eindruck gemacht. Ich glaube, daß es jedem Menschen mit einem natürlichen Instinkt ebenso ergeht.

Der genannte Dr. Hobbing preist Hitler in dem Aufsatze »Das Ziel im Auge« nach allen Regeln der Kunst.

»Er (Hitler) ist durch und durch Realpolitiker und ein so nüchtern rechnender Stratege, wie man sich nur wünschen kann. Dieses kühl überlegende Abwägen aller Möglichkeiten, die Aufstellung eines wohldurchdachten Planes, die umfassende Vorbereitung zu seiner Verwirklichung und dann die Ausführung mit aller nur möglichen Tatkraft und Schnelligkeit waren immer kennzeichnend für die heutige deutsche Führung. Schon das Vorbereiten vor dem Kriege ist eine Ruhmestat von Planung auf weite Sicht.[96] Rechtzeitig wurden die Wehrmacht mit höchster Intensität ausgebaut, das Oberkommando in der Hand des Führers vereinigt, der Westwall errichtet, Aufmarschpläne für jede Eventualität geschaffen, die Vierjahrespläne ausgeführt, Rohstoffe angesammelt und überhaupt die Wirtschaftskriegführung bis ins einzelne organisiert. Auf weiteste Sicht arbeitete die Landwirtschaft mit ihrer Erzeugungsschlacht und der Rationierungsvorbereitung, deren Ergebnis mit Ausbruch des Krieges schlagartig in Kraft gesetzt wurde. Man beobachte nur[97] die Entwicklung der deutschen Bündnispolitik seit 1933. Wie großartig und rasch wurde bis 1939 die neue deutsche Luftwaffe aus dem Boden gestampft.

Voraussicht – das ist das Charakteristikum der gesamten Politik des Führers seit der Machtübernahme. Nichts trifft ihn unvorbereitet, und niemand weiß besser als er, daß ein guter Start in den Krieg schon ein halbgewonnener Krieg ist, weil er die besten Ausgangspunkte für die Hauptentscheidung sichert. Mit kalter Ruhe und Zielsicherheit steuert der Führer dieser Hauptentscheidung entgegen, die für ihn in der endgültigen Auseinandersetzung mit England liegt.«

»Es gibt wohl zur Zeit keine Staats- und Armeeführung die so phantasievoll, klug und realistisch plant, aber auch so kühl vorbereitet und tatkräftig ausführt wie die deutsche.« Zum Schlusse beschäftigt er sich noch mit den Gegnern wie nebenstehend:

> Englands großes Verhängnis von heute ist eben der schlechte Start in den Krieg mit dem notwendigen Gegenstück eines guten Startes seines deutschen Gegners. Es ist anscheinend überhaupt ein Kennzeichen der Kriegführung unserer Gegner, daß sie bei ihrem Sprung in den Krieg schlecht abkommen und dem Deutschen, Italiener oder Japaner sofort die Initiative überlassen müssen. Auch hier wirkt sich das Moment kühler und überlegener Planung entscheidend aus. Deutschland schlug gegen Polen zurück, als es seine Rüstung annähernd für fertig halten durfte. England blieb also nichts anderes übrig, als entweder Polen im Stich und Deutschland einen relativ leichten und ungefährlichen, aber wesentlichen Sieg über Polen zu lassen, oder aber zu einem ihm völlig ungelegenen Zeitpunkt an Deutschland den Krieg zu erklären. Im Vertrauen auf falsch einkalkulierte Faktoren zog London die Kriegserklärung vor. Wahrscheinlich bereut es sie heute mehr denn je. In ähnlich schiefer Lage schritten, wie erinnerlich, die USA. unter den Wirkungen des Angriffes auf Pearl Harbour in ihren Krieg.
>
> Was England und die USA. im Augenblick des Kriegsbeginns verloren, bringt ihnen keine Ewigkeit zurück. Mochten beide wenigstens in dieser Hinsicht ursprünglich einen Plan gehabt und eine bestimmte Linie verfolgt haben, so müssen sie doch die Folgen daraus tragen, daß sie schlecht berechnet und den Feind vollkommen falsch eingeschätzt hatten. Ihr unglücklicher Kriegsbeginn wirkt kausal fort bis zum Ende des Konfliktes.[98]

Man muß den Nazis dafür dankbar sein, daß sie mit Offenheit von ihrer Vorbereitung zum Kriege sprechen.

Für mich war stets der Name Hitler gleichbedeutend mit Krieg. Alle seine Reden über »Frieden« waren nur zur Täuschung der Nachbarn berechnet, die auch prompt darauf hineinfielen.

Man sieht auch hier wieder wie dumm ⟨sog.⟩ Staatsmänner sein können.

Mit echter Nazi-Leichtfertigkeit setzt sich der Verfasser über England und USA. hinweg: »Was diese Länder im Augenblick des Kriegsbeginns verloren haben, bringt ihnen keine Ewigkeit zurück.«[99] So will es Dr. Hobbing!

Stundenlang müßte so ein Kerl verdroschen ⟨werden⟩. Ich bin gespannt, ob etwas gegen derartige Wichte unternommen wird. Wenn sie ungestraft ihr Unwesen treiben können, dann wird es nie besser in der Welt. Gutenberg, deine Druckkunst ist verhunzt!

9. Nov. 1942.

Fortdauer der schweren Kämpfe in Nordägypten

Berlin, 8. November ⟨1942⟩. In Nordägypten setzten die Briten am 7. November ihre Angriffe im Raum von Marsa Matruk unter Einsatz starker Panzerangriffe fort. Im zusammengefaßten Abwehrfeuer der deutschen und italienischen Truppen hatte der Feind, nach den beim Oberkommando der Wehrmacht vorliegenden Nachrichten, hohe Verluste und erhebliche Ausfälle an Panzern, Geschützen und Fahrzeugen aller Art. In wiederholten Gegenstößen wurden die feindlichen Verbindungslinien an mehreren Stellen unterbrochen und zahlreiche Gefangene eingebracht. Der Feind führte aber immer neue Verbände ins Feuer, und der Kampf dauert in voller Heftigkeit an.

Deutsche und italienische Jagd- und Kampffliegerverbände setzten auch in der Nacht zum 8. November ihre Angriffe auf marschierende britische Kolonnen im Küstengebiet ostwärts Fuka fort. Die Ziele waren im Schein der Leuchtbomben klar zu erkennen. In mehreren Wellen, die bis zum Morgen andauerten, wurden Panzer- und Fahrzeugkolonnen angegriffen. Lodernde Brände und heftige Detonationen zeugten von den schweren Schlägen, die den Briten in dieser Nacht zugefügt wurden.

Der italienische Wehrmachtbericht

Rom, 8. November. Der italienische Wehrmachtbericht vom Sonntag hat folgenden Wortlaut:

Am 7. November übten beträchtliche feindliche Panzerstreitkräfte einen starken Druck im Gebiet von Marsa Matruk aus, wo lang und hart gekämpft wurde.

Die Luftwaffe der Achsenmächte beteiligte sich am Kampf durch fortgesetzte Angriffe gegen die feindlichen motorisierten Kolonnen und Nachschubwege.

In vergangener Nacht erfolgte ein neuer Luftangriff auf Genua durch feindliche Flugzeugverbände, die in mehreren Wellen Stadt und Hafen angriffen. Die Schäden sind sehr groß. Die Zahl der Opfer ist noch nicht festgestellt. Britische Flugzuge warfen ferner, ohne Schäden anzurichten, einige Bomben auf den Stadtrand von Mailand, Savona und Cagliari.[100]

Aus den Berichten geht bereits hervor, daß die Stellungen bei El Alamein durchbrochen sind und im Raume von Marsa Matruk schwere Kämpfe stattfinden.

Der Feind hat natürlich die sattsam bekannten »hohen Verluste.« Ueber die eigenen Verluste schweigt man sich aus.

Der ital. Wehrmachtbericht kommt der Wahrheit immer etwas mehr näher. Wenn die Italiener von harten Kämpfen sprechen, dann kann sich das ital. Volk auf Hiobsbotschaften gefaßt machen. Das habe ich bis jetzt stets beobachtet.

Der Großsprecher Rommel hat also einen Bezwinger gefunden.

Wo bleiben die Prahlereien im Sportpalast?

»Was wir haben, halten wir fest«. Rommel, der Schwätzer!

B. **Berlin,** 8. November ⟨1942⟩. (Drahtbericht unserer Berliner Schriftleitung) **Amerikanische und englische Streitkräfte haben in den Morgenstunden des 8. November die Küsten Französisch-Nordafrikas angegriffen und um 3.30 Uhr nach schwerer Bombardierung in der Gegend von Algier Landungsversuche durchgeführt. Mehrere dieser Angriffe sind nach amtlichen Meldungen aus Vichy zurückgewiesen worden, insbesondere ein Angriff auf den Hafen von Algier und auf das Gebäude der französischen Admiralität. Vichy gibt amtlich bekannt, daß um 4 Uhr in der Frühe des 8. November Landungsboote mit Verlusten zurückgeschlagen seien. An anderen Punkten sollen die Angreifer in der Lage gewesen sein, festen Fuß zu fassen. In amtlichen Mitteilungen der französischen Regierung wird die Lage als ernst betrachtet und betont, daß wahrscheinlich größere Einheiten amerikanischer und britischer Schiffe an die Mittelmeerküste der französischen Kolonien herangeführt und daß Landungen großen Umfangs vorbereitet wurden. Auch bei Oran und mehreren anderen Stellen an der nordafrikanischen Küste seien Landungsversuche unternommen und unter schweren Verlusten abgewiesen worden. Weitere Landungsversuche seien im Gange.**[101]

Am 8. November 1942 sind amerikanische und englische Truppen in Franz. Nordafrika gelandet!

Die gewundene Sprache in dem nebenstehenden Bericht versucht, an der Tatsache noch etwas zu verwischen. Da hilft kein Winseln.

Die Amerikaner sind da! An einer äußerst unangenehmen Stelle für die Herren in Berlin. Das wird von weittragendster Bedeutung sein. Der Angriff gegen Italien beginnt. Herr Mussolini, machen Sie Ihr Testament!

Endlich einmal eine erfreuliche Nachricht.

Jetzt wird der Krieg erst interessant.

Eine Frage an Hitler: Wie war es möglich, daß die Truppen von Amerika nach Afrika ungehindert transportiert werden konnten?

Wo waren Ihre U-Boote, Herr Hitler?

Eine Frage an Göring: Sie haben vor wenigen Tagen zum Ausdruck gebracht, die Amerikaner würden nur bluffen. Ist[102] die Landung in Nordafrika auch ein Bluff?

Eine Frage an Pressechef Dr. Dietrich:

In Ihrem Artikel »Die Tonnageschlacht« haben Sie behauptet, daß für neue militärische Großunternehmungen ⟨der Gegner⟩ bei der von Ihnen geschilderten Schiffsraumlage die Voraussetzungen nicht mehr gegeben sind. Wo haben die Amerikaner den Schiffsraum für die Landung in Afrika her?

Wollte man alle Ueberheblichkeiten aufzeichnen, deren sich die Parteiidioten schon bedient haben, so würde das Bände füllen. Besonders im Kriege war es eine überaus dankbare Aufgabe – im nationalsoz. Sinne – zur Erhöhung des deutschen Ruhmes dadurch beizutragen, daß der Gegner ohne Unterlaß verleumdet, beleidigt und bespuckt ⟨u. geschmäht⟩ wurde.

Unsere Gegner sind – wir hören es immer wieder aus dem Munde Hitlers – Nullen, Narren, Gängster, Obergängster, Gauner, Verrückte, Geisteskranke, Säufer ⟨usw.⟩ Und wie er sich räuspert, so machen es selbstverständlich alle die kleinen Hitlerchen ebenfalls. Mitunter etwas salonfähiger.

Der Verfasser des nachstehenden Artikels ist von der Unfähigkeit der Engländer vollkommen überzeugt. Die Amerikaner beachtet er schon gar nicht mehr. Er suggeriert dem deutschen Volke, daß es nur innerlich stark zu bleiben braucht, dann hat der Gegner keine Hoffnung[103] mehr.

Ihre letzte Front

Die großen strategischen Linien dieses Krieges verlaufen in einer anderen Ebene, als die Demokratien von gestern es wünschen oder begreifen können. Was sie auch immer beginnen mögen, es wird schief gehen, wie alles Bisherige, weil die Grundfläche, auf der sie stehen, sich abwärts neigt, und eine neue Zeit mit neuen Maßen mißt.

Wie viele der falschen Hoffnungen, die sie sich selbst und den Völkern machten, sind schon zerronnen! Einige von ihnen, mit denen sie aufs neue die Welt zu täuschen versuchen, wurden in den vorangegangenen Artikeln aufgedeckt. Andere werden ihren Weg weitergehen zu den harmlosen und primitiven Gemütern, für deren Glaubensseligkeit sie bestimmt sind. Aber einsichtige Kreise in aller Welt, die dieses Spiel durchschauen, stellen sich mit Recht die Frage: Wodurch und womit will England diesen Krieg eigentlich noch gewinnen? Worin besteht die sagenhafte gemeinsame Strategie der Demokratien, worin das »Problem der Entfaltung und der Konzentration«, über das sie sich in dunklen Andeutungen ergehen? Die Antwort auf diese Frage tritt immer klarer zutage, je mehr man in die Geheimnisse ihrer »geistigen« Kriegführung eindringt.

Sie erwarten den Sieg nicht mehr auf dem Schlachtfeld, nicht mehr von der Sprache ihrer Waffen, sondern von der Strategie der Worte auf dem Kampffeld der schwachen Gemüter! Das ist das Feld, auf dem unsere Gegner im seligen Gedenken an Lord Northcliff und den vergangenen Weltkrieg sich auch in diesem Kriege noch stark fühlen. Sie sehen nur noch eine Aussicht, nur noch eine Möglichkeit für ihren Sieg, nämlich das Ziel, das deutsche Volk von innen heraus zu schwächen, um es seelisch und geistig zu zermürben und niederzubrechen. Das ist der Kriegsschauplatz, auf dem sie wirklich bis zur Entscheidung zu kämpfen beabsichtigen! »Wir müssen alles daransetzen, um die moralische Kraft und den Kriegswillen des deutschen Volkes zu brechen.« Das ist die zweite Front, von der sie wirklich ihren Sieg erhoffen, die Front, an der Presse und Rundfunk ihre Waffen, Bluff ihre Taktik und große Worte ihre Generale sind.

Aber es ist ihr Verhängnis, daß sie auch hier auf dem Kampfplatz der inneren Front der gleichen Begriffstäuschung über die formenden Kräfte unserer Zeit erliegen, als auf all den anderen Gebieten bisher. Heute steht ihnen nicht wie im Jahre 1918 ein schlecht geführtes, seelisch schwaches und innerlich zerrissenes Volk gegenüber, sondern der starke Geist einer harten, zielbewußten und innerlich gefestigten Gemeinschaft, durchdrungen vom Geist und Willen des Führers, vertrauend auf die Kraft seiner unvergleichlichen Wehrmacht und getragen von der Dynamik der Nationalsozialistischen Partei wird allen Stürmen zu trotzen wissen. An dieser Front wird auch die letzte Hoffnung unserer Gegner zerschellen.[104]

⟨»V. Beobachter Südd. Ausgabe v. 27. Okt. 1942.«⟩

11. Nov. 1942.

Der obige Artikelschreiber hat wirkliches Pech. Kaum hatte er sein Gehirnschmalz für die Parteigenossen[105] verschwendet, als auch schon die bösen Gegner nicht mit Worten, sondern mit Waffen hantierten. Ich nehme das wenigstens an, denn ich glaube nicht, daß der große Generalfeldmarschall Rommel etwa vor dem lauten Geschrei der Engländer aus Aegypten geflüchtet ist. Es ist zu vermuten, daß die Engländer Waffen in Anwendung brachten, die sich mit den deutschen Waffen messen könnten.

Die Behauptung, daß alles schief gehen wird, »was die Gegner auch immer beginnen mögen«, ist ebenfalls durch die Tatsache der Landung der Nordamerikaner in Nordafrika Lügen gestraft worden.

Ob der deutsche Spießbürger sich noch weiter durch die Kraftmeierei u. Besänftigungsmethoden einlullen läßt? Selbstverständlich, denn der deutsche Spießbürger hat einen unbändigen Glauben an seine Militärmacht. Erst wenn überall, an allen Fronten, die Truppen zurückgeworfen werden, dann gehen ihm so langsam die Augen auf u. das Brett vor dem Hirn wird durchlässig. Bis dahin müssen wir uns gedulden. Indessen ist der Anfang in Nordafrika gemacht. Das Verhängnis für die Herren Nazis naht!

Der frivole Demagoge (Volksverführer) ⟨Hitler⟩ wird von den Gegnern die einzig richtige Antwort bekommen. Wie sagte er doch am 30. Sept. 1942 im Berliner Sportpalast: »Denn wenn ich einen Gegner von Format hätte, dann könnte ich mir ungefähr ausrechnen, wo er angreift.[106] Wenn man aber militärische Idioten[107] vor sich hat, da kann man natürlich nicht wissen, wo sie angreifen, es kann ja auch das verrückteste Unternehmen sein. Und das ist das einzig Unangenehme, daß man bei diesen Geisteskranken oder ständig Betrunkenen nie weiß, was sie anstellen werden.«[108]

Welche Vermessenheit von diesem Adolf Hitler. Dieser arme Irre hält seine Widersacher für geisteskrank!

14. Nov. 1942.

Frau D[...] aus Gießen, Crednerstr., äußerte zu Frau M[...]: »Hitler ist uns von Gott gesandt«. Die Menschen haben von Gott eine sehr merkwürdige Vorstellung. Der Name »Gott« ist in diesem Kriege schon sehr mißbraucht worden. Mit »Gott« wurden Kriege begonnen, und »Gott« wird angerufen, damit er den Deutschen den erforderlichen Sieg verleiht. –

Aus Mainz erhielten wir einen Brief von Käte, worin sie erwähnt: »Man ist in Mainz sehr gläubig wie die Kinder in der Weihnachtszeit.«

Damit ist der Glauben an Hitler gemeint.

Phantasie und Gemüt werden von der famosen Einheitspresse gelenkt. Dazu kommt noch mangelndes Wissen u. eine Portion Denkfaulheit. Hitler verlangt von seinen Anhängern einen fanatischen Glauben an den Erfolg, an den Sieg. Wer nun einmal die Parteinadel an seinen Rock gesteckt hat oder in seinem Leben nur Spießer gewesen ist, der hat Vertrauen zu Hitler und ist von seinem Handeln überzeugt.

Mit dem gesunden Menschenverstand oder Vernunftgründen ist den Anhängern dieses fürchterlichen Systems einfach nicht beizukommen. Da ist alles Ueberzeugenwollen vergebene Liebesmühe. Nur die militärische Niederlage wird einmal die behexten Deutschen zur Vernunft bringen und ihren Glauben an den »genialen« Führer Adolf Hitler erschüttern.

16. Nov. 1942.

Wer zahlt die Kosten der Niederlage? Das gesamte deutsche Volk. Jedenfalls werde ich aber dafür unablässig kämpfen, daß die[109] Vermögen der Parteigenossen und Parteigenießer in erster Linie herangezogen werden, um die Schäden zu ersetzen. Wer in den Jahren ab 1933 die Nutznießer der Hitlerei gewesen sind, die mögen auch die Verantwortung für die Nachteile ihrer Politik voll u. ganz tragen.

Daß die Vermögen der Bonzen dem Staate verfallen, versteht sich eigentlich von selbst. Die Nazis müssen am eigenen Leibe spüren, was sie den Juden zugefügt haben.

Auch die Arbeiterschaft ist dafür zu bestrafen, daß sie anstatt 8 Stunden für den Frieden mitunter 16 Stunden täglich für den Krieg arbeitete!

17. Nov. 1942.

Ich habe AgRat Bischoff gegenüber zum Ausdruck gebracht, daß die Landung der Amerikaner u. Engländer in Nordafrika bedenklich sei. B. erklärte mir, die Gegner hätten den einen schweren Fehler begangen, denn der Nachschub wäre gefährdet; abgesehen von allem sei uns der Endsieg gewiß.

Das war der Augenblick, wo ich schweigen mußte, denn Kollege Delp – Darmstadt, der Bischoff kennt, ermahnte mich zur Vorsicht. B. ist alter Parteigenosse u. war Bannführer bei der HJ. Es versteht sich von selbst, daß dieser Mann den Krieg gewinnen muß.

Wenn in Kürze kein Deutscher u. kein Italiener mehr frei in Afrika herumläuft, da will ich einmal sehen, was die Parteipropaganda zu sagen hat. Ein Pflästerchen findet sie selbstverständlich auch für diese Wunde. Bis zum letzten Atemzuge werden die Nazis mit Lug und Trug kämpfen. Das gehört zu ihrer Natur. Ihre Seele war schwarz, ist schwarz und wird auch beim Untergange schwarz bleiben.

20. Nov. 1942.

Aus den deutschen Zeitungen ist noch nicht herauszulesen, daß wir an einem Wendepunkt in diesem Kriege angelangt sind. Das kann auch niemand von den Erzlügnern verlangen. Die lügen und betrügen weiter. Nur das »Schwarze Korps« vom 19. Nov. 1942 bringt einige merkwürdige Redewendungen, die davon zeugen, daß sich diese Herren doch schon Gedanken machen:

»Wir haben keinen Anlaß, die Ankunft der Amerikaner[110] in Afrika mit frenetischem Jubel zu begrüßen, denn sie bedeutet: mehr Anstrengung, noch höhere Leistung auf allen Gebieten des militärischen Einsatzes und der Kriegswirtschaft. Das bedeutet auch: die Friedensaussicht wird wieder einige Löcher zurückgesteckt«.[111]

Das ist immerhin schon viel gesagt für eine nationalsozialistische Zeitschrift. Daß die Landung in Afrika als »Abenteuer« bezeichnet wird, ist für den Spießbürger bestimmt. Zum Schlusse des Artikels »Erst mal abwarten!« findet das »Schwarze Korps« die richtigen Besänftigungsworte:

»Wir sind auch nicht einen Augenblick aus dem Gleichgewicht geraten. Selbst der Zeigefinger des Biertischstrategen wird am Ende profunder Darlegungen vielsagend nach dem Hauptquartier des Führers [deuten]. Dort holt sich selbst der Schwächling neue Kraft. Und unbekümmert fließen die Ströme der Siegeszuversicht weiter in dem einen Bett blinden Vertrauens.« –

Es werden Stunden kommen, da wird selbst der blindeste aller Blinden merken, daß es mit der Siegeszuversicht allein nicht getan ist. Nach meinem Dafürhalten ist der Zeitpunkt der allgemeinen Erleuchtung gar nicht mehr so weit entfernt.

Wenn die Amerikaner u. Engländer – unterstützt von den Kolonialfranzosen – die gesamte Küste von Afrika in Besitz genommen haben, dann schlägt die Schicksalsstunde für Italien. Der Traum dieses Raubstaates von einem ital. Imperium ist ausgeträumt. Italien kann überhaupt keinen erfolgreichen Widerstand leisten. Wir werden es ja erleben.

Dann darf man aber auch nicht die Ostfront vergessen. Die deutsche Armee ist in ganz Europa engagiert, sie muß jetzt ihr Augenmerk auf den Süden von Europa richten. Die Besetzung des seither unbesetzten Frankreich ist bereits eine Ausweitung. Die Unterstützung von Italien ist die 2. nachteilige Folge der Landung der Amerikaner in Afrika. In diesem Augenblick muß es zur Erstarrung der Ostfront kommen – wenn dies die Russen zulassen. Bringt es Rußland fertig – woran ich glaube – seine Reserven zu einem konzentrischen Angriff zu verwenden, so sind Ueberraschungen an der Ostfront durchaus möglich.

Ich halte z.B. unsere Front im Kaukasus für äußerst gefährdet. Der Vorstoß nach dem Kaukasus ⟨bezw. durch den Kaukasus⟩ hätte glücken müssen, d.h. Georgien u. Aserbeidschan mußten erobert werden. Wir sind auf halbem Wege stecken geblieben! Ein ausgesprochener Mißerfolg! Aus Prestigegründen die heutigen Stellungen halten zu wollen, ist ein militärischer Unsinn 1. Klasse. So etwas kann nur ein deutsches stures Führerhauptquartier fertig bringen.

Mir persönlich ist das natürlich sehr angenehm. Auf diese Weise werden die notwendigen deutschen Niederlagen vorbereitet.

Deutschland blickt auf den Führer! Der Führer als Ultima ratio!

Wir gehen »herrlichen« Zeiten entgegen!!

Reichsfeldmarschall Göring, der bei vielen Deutschen wegen seiner volkstümlichen Sprechweise beliebt ist, hielt im Berliner Sportpalast am Erntedankfest (4. Okt. 1942) eine Rede.

Wer vieles bringt, wird manchem etwas bringen,[112] so dachte Göring, und seine Zuhörer waren begeistert:

Mit Bluff können uns die USA. nicht imponieren

⟨»⟩Darüber hinaus haben sie irgendwelche Hoffnungen auf astronomische Zahlen der amerikanischen Rüstung. Nun bin ich der letzte, der die amerikanische Rüstung unterschätzt. Die Amerikaner haben auf gewissen Gebieten technisch und auch in der Herausbringung zweifellos etwas geleistet. Wir wissen, sie haben kolossal viele und schnelle Autos gemacht, dann gehörte noch der Radio[113] zu ihren besonderen Taten und die Rasierklinge. Auf diesen drei Gebieten haben sie zweifellos immer Kolossales geleistet. Aber das sind immerhin noch andere Dinge als die, die man für den Krieg braucht. Und wenn ich das auch keinesfalls unterschätze, so weiß ich doch zu genau, welche ungeheuren Schwierigkeiten beim Aufbau einer Rüstung zu überwinden sind. Auch dort drüben ist es so, daß, wenn auch Roosevelt dauernd zweimal zwei gleich fünf oder sechs oder acht rechnet, trotzdem auch in Amerika zweimal zwei gleich vier bleibt. Daran ändert er nichts, und auch in Amerika wird nichts schneller geschehen, sondern im Gegenteil langsamer als bei uns. Auch in Amerika braucht man Rohstoffe, und ebenso braucht man auch Arbeiter. Man kann nicht gleichzeitig ein Heer von mehreren Millionen aufstellen und auf der anderen Seite die Arbeiterzahl verdreifachen. Das geht auch in Amerika nicht. Also auch diese Quelle einer propagierten Siegeszuversicht muß man amerikanisch werten. Denn drüben werden die Leute mit astronomischen Zahlen benebelt.

Vergessen Sie nie: Amerika hat ein Wort ganz groß geschrieben, riesengroß, und dieses Wort heißt Bluff. Das hat es immer am allergrößten gemacht, vom Präsidenten bis runter zum Nigger. (Beifall.)

Auch die sonstigen Leistungen – ich will gar nicht sagen, daß es nicht auch tüchtige und tapfere amerikanische Soldaten gibt – lagen ja bisher auf anderen Gebieten. Wir kennen da die eigenartigsten Ambitionen. Wer 72 Stunden mit verrenkten Gliedern und vollkommen starren und verdrehten Augen noch einen Wackeltanz aufführte, wurde preisgekrönt, und wer den anderen in einem Schlammbad beim Boxen und Ringen zu Boden warf, war auch wieder ein Nationalheld. Hier haben sie sich auf Gebieten betätigt, die uns völlig fremd sind und mit Soldatentum gar nichts zu tun haben. Auch hieraus können sie kaum eine wahre und echte Siegeszuversicht entnehmen.

Mehr U-Boote bei uns, weniger Schiffe bei ihnen

Aber die Herren sind ja sehr schwer belehrbar. Sie setzen also die Hoffnung auf den inneren deutschen Zerfall. Das ist heute noch, obgleich amerikanische und auch englische Zeitungen zu warnen beginnen, daß man sich hier nicht täuschen solle, ihre letzte Hoffnung. Sie hoffen auf den Hunger durch die Blockade, so wie 1918, obwohl sie nun allmählich wissen müßten, daß es mit der Blockade jetzt umgekehrt liegt. Blockiert wird – wie ich vorhin schon ausführte – zunächst bei ihnen, und wir wollen abwarten, wie sich das weiter entwickelt. Wir haben mehr U-Boote, und sie haben immer weniger Schiffe. Und je weniger Schiffe sie haben, desto weniger kriegen sie herein. Ich bin überzeugt, es wird in England schlechter in dem gleichen Maße, wie es hier besser wird. Aber entscheidend ist eines, daß es bei uns besser wird.⟨«⟩[114]

Göring hat sich sehr getäuscht. Die Landung in Afrika ist kein Bluff.

Da sich der Führer stets als Prophet »seinem« Volke zeigt, so muß Göring in dieser Beziehung auch einmal etwas tun. Und so orakelt er von der Zukunft:

> **Und nun möchte ich zu den Zukunftsaussichten noch etwas sagen. Der Gegner sagte: Ja, das alles ist nur ein Pflaster; die Stimmung ist jetzt besonders mies und schlecht gewesen und da mußte man dem deutschen Volke, bevor der strenge Winter kommt, ein Pflaster geben** (Heiterkeit), **da kann ich nur unseren Gegnern sagen, dieses Pflaster bleibt aber während des ganzen Krieges liegen und wird noch vergrößert werden.** (Heiterkeit und stürmischer Beifall.)
>
> **Ich würde es für ein Verbrechen halten, dem deutschen Volke heute etwas in Aussicht zu stellen, von dem ich nicht sicher weiß, daß ich es einhalten kann.** (Starker Beifall.) **Und deshalb kann ich sagen: Das Schwerste, auch in der Ernährung, ist überwunden. Von heute ab wird es dauernd besser werden; denn die Gebiete mit fruchtbarer Erde besitzen wir. Es ist jetzt nur eine Frage der Organisation – und alles können sie uns nachsagen, schlechte Organisation aber nicht. Der General Wirrwarr ist nicht bei uns angestellt, sondern bei den drüben.** (Stürmischer, anhaltender Beifall.)

Also: Es wird immer besser! Warten wir in Ruhe ab. Das ist erst in der Zukunft zu kontrollieren. –

21. Nov. 1942

Forstmeister Z[...] aus Laubach, der sich im Osten als Förster befindet u. z.Z. im Urlaub sich hier aufhält, sagte zu Obersekretär Becker: »In diesem Winter verhungern die Russen«. Als Becker nicht gläubig zustimmte, wiederholte Z[...] seine Behauptung mit dem Brustton vollster Ueberzeugung.

Ist es nicht traurig, daß alle Akademiker ihren Verstand verloren haben? Oder sollten sie etwa nie einen solchen besessen haben?

---

22. Nov. 1942.

Die Tonnagenot bei den Amerikanern und Engländern ist ein sehr beliebtes Thema in den deutschen Zeitungen. Da können sie so recht nach Herzenslust schwindeln und versenken, ohne daß auch nur ein Mensch in Deutschland in der Lage ist, die Behauptungen nachzuprüfen.

Den U-Booten werden Leistungen angedichtet, die diese nie vollbracht haben noch überhaupt vollbringen können.

Der U-Boot-Kommandant meldet die »Erfolge«, die Marineleitung rundet die Zahlen nach oben ab, die Propaganda »verbessert« schließlich noch das Resultat und – die Sondermeldung ist da. In der Zwischenzeit benutzen die Gegner ihren »versenkten« Schiffsraum und bringen Truppen um Truppen nach den Kriegsschauplätzen. Letzteres läßt sich nicht ganz verheimlichen, indessen wird auch da noch ein Pülverchen benutzt, um die deutsche Seele zu beruhigen.

> Ein krasses Schlaglicht auf die große Tonnagenot der Alliierten wirft eine Meldung aus Edinburgh, die besagt, daß alle von Amerika nach England fahrenden Truppentransporter derart überladen seien, daß jeder Soldat während der Ueberfahrt seinen Schlafplatz mit drei Kameraden teilen müsse. Daraus lassen sich die schweren Verluste ermessen, die die USA. bei der Versenkung der drei britischen Transporter erlitten haben müssen.[115]

———

Warum werden die »überladenen Truppentransporter« nicht von unseren herrlichen U-Booten wirklich versenkt? Mit einer behaupteten Versenkung ist es nicht getan. Auch im vorigen Weltkrieg wurde nicht ein einziger Truppentransporter versenkt.

Der Militarismus ist eine deutsche Krankheit:

> **SS-Brigadeführer Generalleutnant Fett 70 Jahre alt.** Heute begeht der Gaukriegerführer im NS-Reichskriegerbund, Generalleutnant z. V.[a] SS-Brigadeführer Fett, Frankfurt a. M., in geistiger und körperlicher Frische seinen 70. Geburtstag. Am 30. September ds. Js. gab Generalleutnant Fett das Kommando der bisher von ihm geführten Division ab, schied aus dem Heeresdienst aus und übernahm am 1. Oktober wieder die Führung des Gaukriegerverbandes.[116]

Seit 70 Jahren hält dieser Generalleutnant Fett immer noch keine Ruhe. Im Kriegerverband wird der militärische Geist gepflegt und wachgehalten. Diese Kriegerverbände sind die Brutstätten künftiger Kriege.

Augen auf nach diesem Kriege!

———

Am Sonntag, dem 8. November 1942, landeten Amerikaner und Engländer in Afrika. Ein Tag vorher, in der Samstag-Nummer der Hess. Landeszeitung (7.11.42), war zu lesen:

> Ohne sich nervös machen zu lassen, trifft Frankreich in Marokko alle Vorbereitungen, um Ueberraschungen militärischer Art von jenseits des Atlantik auszuschalten.[117]

Alles, was die Nazis wünschen, das glauben sie hartnäckig.

»Da kanscht nix mache«, sagt der Schwabe.

a) *z. V.:* zur Verwendung.

24. Nov. 1942

⟨25.9.42⟩

Wegen Disziplinlosigkeit entlassen

Die vierzigjährige Angestellte einer Berufsgenossenschaft hatte während des Gemeinschaftsempfanges einer Führerrede im Winter 1941/42 – einen Schundroman gelesen. Diese Disziplinlosigkeit führte zur fristlosen Entlassung. Auf einen Einspruch des Gefolgschaftsmitgliedes hin bestätigte das Landesarbeitsgericht die Entlassung als zu Recht bestehend. In der Entscheidung wird die schwere Verfehlung der Frau gekennzeichnet und u. a. die mangelnde Achtung, die die Klägerin dem Führer entgegengebracht habe, gebrandmarkt.[118]

Und da wagen es die Redner, in den Versammlungen über »Freiheit« zu sprechen!

Elende Knechtschaft! Hundsgemeine Bande! Rücksichtslose Barbaren!

Die Sonne der Freiheit wird eines Tages das Dunkel dieser Tyrannenzeit erleuchten.

Wehe den Helfershelfern!!

Zeit und Raum unsere Verbündeten

Gö. **Berlin,** 5. Oktober ⟨42⟩. (Drahtbericht unserer Berliner Schriftleitung) Der Unterschied zwischen unserer eigenen und der Lage des Feindes konnte durch nichts deutlicher beleuchtet werden als durch die Rede des Reichsmarschalls Göring, die heute Gegenstand aufmerksamen Leserinteresses ist. Das deutsche Volk hat in den letzten Tagen aus dem Munde seiner berufenen Führer drei inhaltsschwere Reden gehört. Jede einzelne davon konnte eine neue Welle des Glaubens und der Zuversicht, der Siegesgewißheit in uns allen auslösen. Denn es ist das besondere Kennzeichen der Reden deutscher Staatsmänner, das sie von den Salbadereien eines Churchills und Roosevelts, eines Eden und Duff Coopers usw. grundlegend unterscheidet, daß diese Reden des Führers und des Reichsmarschalls nicht nur Worte sind, sondern gleichzeitig Taten darstellen. Gerade die zum Erntedanktag von dem Reichsmarschall gehaltene Rede beweist das sehr deutlich, wenn Göring hier feststellte, daß die Enge des deutschen Raumes heute gesprengt, und daß die Ernährung des deutschen Volkes mit den Eroberungen unserer Waffen endgültig gesichert ist. Wenn er schließlich ein umfassendes Bild der nun endgültig gesicherten Blockadefestigkeit des Reiches und Europas entwarf, so sind das eben nicht nur Worte, sondern Tatsachen, die bis in den letzten Haushalt hinein und auf dem Tisch eines jeden Volksgenossen zu verspüren sein werden.

Die Quintessenz der Ausführungen des Reichsmarschalls findet sich in jenem Satz seiner Rede enthalten, in dem er erklärte, daß die Generale Zeit und Raum in das deutsche Lager übergelaufen seien. Auch der Reichsaußenminister hatte in seiner Rede bereits gesagt, daß die Zeit nunmehr endgültig für Deutschland arbeite. Dieses fundamentale Ergebnis der bisherigen deutschen Kämpfe in diesem Kriege kann nun auch der Gegner nicht länger verheimlichen. Bisher hatte man vornehmlich in England erklärt, daß die Deutschen zwar vorläufig einen Sieg nach dem anderen errängen, daß aber trotzdem die Zeit der Verbündete Englands sei. Nun sieht sich der Sprecher des Londoner Nachrichtendienstes zu einem Rückzug gezwungen, indem er diese englische Behauptung dahingehend abschwächt, daß die Zeit auf keiner Seite stehe und also neutral sei. Das stellt ein nur schlecht verhülltes Eingeständnis der Tatsache dar, die von der Rede des Reichsmarschalls herausgearbeitet wurde und die darin besteht, daß die Fortsetzung des Krieges für uns nicht mehr so schwer als bisher sein wird. Der Grund dafür liegt in dem Umstand, daß der gegnerische Plan der Aushungerung, auf den ursprünglich die gesamte Kriegführung überhaupt aufgebaut war, nunmehr auch vom Feinde als endgültig gescheitert angesehen werden muß. Materiell ist das Reich in der Weiterführung des Krieges völlig gesichert. Die Zeit steht auf unserer Seite.

Aber auch der Raum ist zum Verbündeten Deutschlands geworden. Die Nahrungsmittel- und Rohstofferzeugung der eroberten Gebiete fällt für die Kriegführung des Gegners aus. Sie kann in der Folge nur noch uns zugute kommen.[119]

⟨Hessische Landeszeitung 6. Okt. 1942.⟩

Es ist amüsant, was die Nazi-Zeitungsschmierer alles zusammenbrauen. Jetzt, da schließlich nicht mehr zu leugnen ist, daß der Krieg länger dauert als sämtliche »berufenen Führer« im Jahre 1939 ahnten, jetzt auf einmal ist sogar die Zeit für Deutschland. Aber nicht allein die Zeit, auch noch der Raum soll[120] ein Verbündeter von Deutschland sein.

Als ob die Gegner keinen Raum hätten. Jeden Tag erhalten die Gegner mehr Raum. Ganze Erdteile stehen ihnen zur Verfügung. Z.B. Amerika, Afrika und Australien. Und nicht so wenig Raum in Asien. Das brauchen diese Hornochsen von Nazis natürlich nicht zu beachten.

»Raum u. Zeit stehen auf unserer Seite«, wer wagt es zu widersprechen? Methode: Adolf Hitler.

Nur ein ganz verblödeter Mensch kann behaupten, die Zeit sei für Deutschland. Gerade der gepriesene »Raum« ist ein Unglück für Deutschland. Aus diesem gestohlenen Raum kommt das Verhängnis.

Die Verblendung der Hitlerianer ist nicht mehr zu überbieten. In ihrer Sprache nennen sie das: Glauben, Zuversicht, Siegesgewißheit.

25. Nov. 1942

Beschluß. Auf Grund des § 1 des Gesetzes über die Einziehung kommunistischen Vermögens vom 6.5.1933 (RGBl. I S. 293) in Verbindung mit dem Gesetz über die Einziehung volks- und staatsfeindlichen Vermögens vom 14.7.1933 (RGBl. I S. 479) und dem Erlaß des Führers und Reichskanzlers über die Verwertung des eingezogenen Vermögens von Reichsfeinden vom 29. Mai 1941 (RGBl. I S. 303) wird das gesamte bewegliche und unbewegliche Vermögen des verstorbenen Juden Maximilian Franz Israel Carlebach[a], geb. am 2.9.1883 in Mainz, zuletzt wohnh. in Mainz. Eisgrubenweg 7, zugunsten des Deutschen Reiches eingezogen. Gegen diesen Beschluß ist ein Rechtsmittel nicht gegeben. Darmstadt, den 11. November 1942. Geheime Staatspolizei, Staatspolizeistelle Darmstadt.[121] gez. Mohr

Wenn einmal dereinst das Vermögen der nationalsozialistischen Menschenfeinde beschlagnahmt wird, können sich die Vollstrecker den nebenstehenden Beschluß zum Muster nehmen.

Es wird Zeit, daß diesen Nazi-Sadisten das Handwerk gelegt wird, damit die ganze Welt aufatmen kann.

---

a) *Franz Carlebach* starb am 14. März 1942 im Konzentrationslager Sachsenhausen (The Central Database of Shoah Victims' Names, Yad Vashem).

26. Nov. 1942

> Die Strafvollzugsordnung vom 22. Juli 1940 (Amtliche Sonderveröffentlichung der Deutschen Justiz Nr. 21) wird mit sofortiger Wirkung wie folgt geändert:
> 1. Die Vorschrift unter Nr. 90 Abs. 3 Satz 3 erhält folgende Fassung:
> »Religiöse Bücher werden dem Gefangenen nur auf seinen ausdrücklichen Wunsch ausgehändigt; von der Bibel darf nur das Neue Testament ausgegeben werden.«[122]

⟨D. Justiz 1942 S. 752⟩

Dem Anscheine nach haben die Nazis vor dem Alten Testament Angst.

Politische, d.h. nationalsoz. Bücher erhalten die Gefangenen, ob sie es wünschen oder nicht. In diesem Punkte sind die Herren des 3. Reiches weniger feinfühlend.

27. Nov. 1942.

Am vergangenen Sonntag war in der »Traube« eine Kundgebung. Der Vernebeler sprach über:

»Freiheit, Recht und Brot.«[123]

Ein merkwürdiges Thema. Ich weiß nicht, was der Redner den Gläubigen erzählt hat. Freiheit und Recht gibt es in Deutschland nicht. Und das Brot ist derart schlecht, daß es die Menschen kaum fressen können. Das wäre alles, was ich über die 3 Begriffe schwätzen würde.

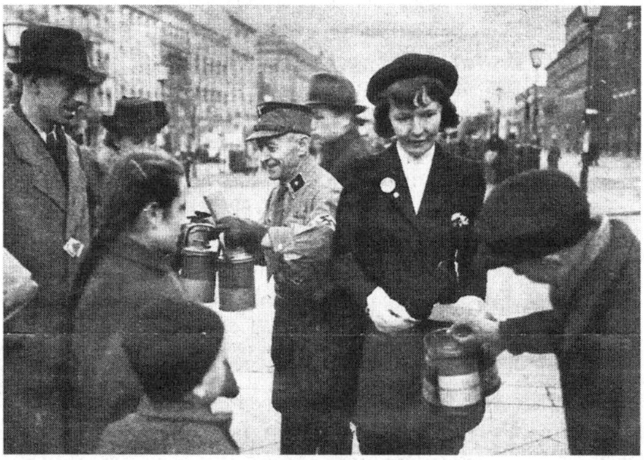

Die WHW-Reiterin[a] Friedel Schumann und der Oberscharführer Trawnik sahen bei der gestrigen Reichsstraßensammlung auf ein zehnjähriges Sammler-Jubiläum zurück.[124] Auf. Hoffmann

Das Wahrzeichen von Hitler-Deutschland (Bettelland) ist die Sammelbüchse.

a) *WHW*: Winterhilfswerk.

Sehr viele »alte Kämpfer« widmen sich der Tätigkeit als Sammler mit wahrer Begeisterung. Hierbei muß doch etwas zu verdienen sein. Die Nazis haben zwar vor der sogenannten »Machtergreifung« sich als die edelsten Idealisten bezeichnet, um später nach Tische sich als die wildesten Materialisten u. Egoisten zu entpuppen. Die richtige Bezeichnung wäre:

Nationalistische Egoisten
und nicht
Nationalsozialisten.

28. Nov. 1942.

Ich glaube, es ist an der Zeit, die militärische Lage Deutschlands einer kritischen Betrachtung zu unterziehen. Was zeigt uns ein Rundblick?

Augenblicklich kämpft das deutsche Heer im Raume von Stalingrad, im Kaukasus, in Lybien und in Tunesien.

An der Ostfront haben die Russen, an einer nach meinem Dafürhalten sehr gefährlichen Stelle (nordwestlich von Stalingrad), angegriffen. Aus den deutschen Heeresberichten kann kein Mensch klug werden. Es ist z.Z. unmöglich ein klares Bild über die strategische Lage zu erhalten. Aber so viel scheint schon erkennbar zu sein, daß eine ganz große Gefahr für unsere Truppen im Raum von Stalingrad und im Kaukasus besteht.

Der Größenwahn unserer Heeresleitung kennt keine Grenzen. Wie kann ein[125] Generalstab angesichts der ⟨im Süden⟩ anrückenden englischen u. amerikanischen Heere sich noch erdreisten, fortgesetzt Angriffe bei Stalingrad u. im Kaukasus durchführen zu lassen? Anstatt jeden Mann für die Verteidigung aufzusparen, sind in den letzten Monaten hunderttausende deutscher Soldaten geopfert worden.

Schon im vergangenen Winter mußte unsere Front radikal zurückgenommen werden.

Jetzt wird das Verhängnis mit Riesenschritten nahen – kurz vor dem russischen Winter!

Wen Gott vernichten will, den schlägt er mit Blindheit.

Wie gut könnten wir heute diejenigen Truppen brauchen, die sich in ganz Europa herumtreiben, vom Nordkap bis zur Insel Kreta.

Die Großraumsucht führt zum Untergang der Nazityrannei.

Die hochmütigen Bonzen, wie haben sie den Gegner herabgesetzt und sich mit Eigenlob überschüttet.

Aber es war immer so: Hochmut kommt vor dem Fall!

Die Künstler sind von ihrer Kunst und die Phrasendrescher von ihren Phrasen überzeugt.

An den Bahnhöfen sind überall Schilder angebracht mit der Inschrift:

»Räder müssen rollen für den Sieg«.[a]

Viel Zeit und viel Material wurden verschwendet, um in »Großdeutschland« einer fixen Idee zum Siege zu verhelfen.

Der Endsieg wird ⟨aber⟩ nicht mit Redensarten errungen. Die Nationalsozialisten glauben nun[126] einmal an ihren Krampf. Davon sind sie nicht abzubringen. Da ist nichts zu machen.

29. Nov. 1942.

Als sich der Gefreite Adolf Hitler aus eigener Machtvollkommenheit zum obersten Befehlshaber der Wehrmacht ernannte, da mögen wohl sehr viele Parteigenossen entzückt gewesen ⟨sein⟩, daß dieser »geniale« Feldherr von keinem militärischen Fachmann mehr abhängig zu sein braucht. Jetzt konnte sich sein Genie erst richtig entfalten, so dachten bestimmt die glücklichen Gläubigen. Und was ist daraus geworden? Ein Abenteurer-Feldzug. Im hohen Norden u. in Afrika. Im Osten u. im Westen. Ueberall Truppen u. Kriegsmaterial. Nirgends entscheidende Siege. Eine Zersplitterung der Kräfte schlimmster Art. An jeder Stelle können die Gegner mit überlegenen Kräften angreifen u. an keinem Punkte vermag Deutschland den Widerstand zu leisten, der zur Erhaltung des Großraums erforderlich wäre.

Der eroberte Raum ist viel zu groß, um ihn auf längere Zeit mit Waffengewalt zu halten, und er ist andrerseits wieder zu klein, die Gesamtbevölkerung zu ernähren und einen Dauerkrieg nebenher zu führen.

Das sind alles Dinge, die ein vernünftiger Mensch erwägen muß. Hat das die deutsche Führung etwa nicht nötig? Ich vergaß: Der Führer denkt ganz allein, er braucht keine Sachverständigen (so hat er einmal in einer Rede gesagt). Und so sieht nun heute der Laden auch wirklich aus. Eine ganz verrückte Sache.

»Adolf Hitler, ein Verhängnis für Deutschland.«

Der dieses Buch geschrieben hat, war ein Prophet. Adolf Hitler bildet sich ein, ein Prophet zu sein. Er ist aber nur ein sehr kleiner Mann, der das große Glück hatte, ein feiges, schwaches, zermürbtes, geisteskrankes Volk vorzufinden mit einer geistigen Oberschicht, die nicht Wert ist, samt u. sonders aufgehängt zu werden. Das ist die Sachlage!

In Italien genau dasselbe Bild. Der Zirkusclown Mussolini machte einen Marsch auf Rom, riß die Gewalt an sich u. gebärdete sich wie ein Verrückter. Ein Narr in ganz großem Format. Die Folge war: In allen Ländern reckten die seelenverwandten Geschöpfe die Köpfe und siehe da, sie ahmten das italienische Beispiel nach. Aus einem italienischen Gruß wird ein »deutscher« Gruß und so weiter. In Deutschland

a) *»Räder müssen rollen für den Sieg«:* Diese Kampagne wurde im Sommer 1942 vom Reichsverkehrsministerium ins Leben gerufen. In Zeitungsanzeigen, auf Plakaten und mit Bannern wurde die Bevölkerung aufgerufen, auf unnötige Bahnreisen zu verzichten. Anlass waren erhebliche Nachschubprobleme an der Ostfront. Vgl. Pätzold/Weißbecker 2005, S. 224f.

hatte die Sache im November 1923 nur nicht geklappt – dann schlugen die Herrschaften den »legalen« Weg ein. So kam 1933. Nicht ohne fürstliche, industrielle, kapitalistische Helfershelfer. Prinz August Wilhelm[127], Vögler[128], ⟨Schacht⟩, Schröder[129], von Papen und Konsorten. Die Offiziere des Heeres u. der Marine, mindestens die Jungen, waren begeisterte Anhänger von Hitler. Sie sahen ihren Weizen blühen. Sie erlagen sämtlich ihren materiellen Trieben. Spatzenhirne bleiben eben doch Spatzenhirne. Bis zur Nasenspitze reicht der Verstand – weiter aber bestimmt nicht.

Adolf! Dein Kartenhaus wackelt!
Die Purzelei kann beginnen!

---

30. Nov. 1942.

Die Reichspropagandaleitung der NSDAP gibt einen »Wochenspruch« heraus, den sämtliche Behörden abnehmen müssen.

Der »Wochenspruch« kostet für 52 Wochen: 12.48 RM. Die Partei kann sich diese Papierverschwendung leisten. Die Hauptsache dabei ist aber, daß dieser Vertrieb eine Portion »Unabkömmlicher« beschäftigt.

Die »Deutsche Kulturpropaganda«[b] (Alleinvertrieb) befindet sich in Berlin-Charlottenburg 9, Platanenallee 16.

An allen Ecken u. Enden soll Papier gespart werden. Die Partei hat aber die alleinige Befugnis, Papier zu verschwenden.

Wenn nur irgend etwas mit dieser Propaganda erreicht werden würde, da könnte man darüber hinwegsehen.

Diese »Wochensprüche« sind auf gutem Papier gedruckt und sollen in den Amtszimmern an den Wänden prangen.

Ich greife einen »Wochenspruch« heraus:

Mutige
Initiative und
schnelles Handeln
sind meist
die Hälfte
des Erfolges.
Dr. Goebbels.[130]

b) Die *»Deutsche Kulturpropaganda«* war eine Organisation, die im April 1933, zunächst unter dem Namen »Institut für deutsche Wirtschaftspropaganda e.V.«, durch die Reichsführung des »Kampfbundes des gewerblichen Mittelstandes« in der Reichsleitung der NSDAP gegründet worden war. Ende 1939 wurde der Bereich Wirtschaftspropaganda an den »Reichsausschuß für volkswirtschaftliche Aufklärung GmbH« abgegeben. Eigentümer des Gebäudes war ab 1940 die »Deutsche Kulturpropaganda GmbH«. Heute ist an gleicher Stelle eine Musikschule untergebracht; eine Schautafel gibt Aufschluss über die Geschichte des Gebäudes. Für Näheres zum »Institut für deutsche Kultur- und Wirtschaftspropaganda« vgl. Rücker 2000, S. 298f.

Stimmt das übrigens, was da von Dr. Goebbels behauptet wird? Ja und nein.

Ich glaube ein ganzer Erfolg mit »Erst wägen, dann wagen« ist besser als die Hälfte des Erfolges durch schnelles Handeln.

Hitler hat in diesem Kriege mutige Initiative und schnelles Handeln gezeigt. Die 2. Hälfte des Erfolges steht aber noch aus!

In den Akten Ruppertsburg 269 befindet sich ein Vorgang, wie Grundeigentum eines Juden auf Grund einer Beschlagnahme auf das Deutsche Reich (Reichsfinanzverwaltung) übergegangen ist.

Ein Federstrich genügt.
Deutsches Recht!

Pfarrer Goldmann – Laubach ist fanatischer Nationalsozialist. Ein Pfarrer u. der Antichrist Hitler sind ein merkwürdiges Gespann. Für diese saumäßige Haltung des Pfarrers muß der Lohn nachträglich festgesetzt werden.

Das Urteil kann nur lauten:

Wegfall der Pension.

Das ist Gerechtigkeit.

1. Dez. 1942.

Als ich heute Vormittag den AGRat Bischoff frug, ⟨was er von Toulon[a] halte,⟩ gab er mir unwirsch zur Antwort, daß ihn das nichts anginge, ich würde nur Miesmachereien aussprechen.

Jetzt ist es Zeit, vorsichtig zu werden.
Ich muß warten, bis die »Miesmacher« gesiegt haben.
Dann sprechen wir uns!

2. Dez. 1942:

AGRat Bischoff: »Ich hasse die Juden, die müssen ausgerottet werden. An allen Kriegen sind die Juden schuld.«

Diese Worte sprach der »Richter« Bischoff mit stärkster Betonung.

a) Im Hafen von *Toulon* befand sich mehr als die Hälfte der französischen Flotte, die auch nach dem Sieg über Frankreich 1940 dem deutschen Zugriff entzogen war. Im Zuge des Einmarsches in den bislang unbesetzten Teil Frankreichs sollte ein geheimes SS-Kommandounternehmen die Versenkung der Schiffe verhindern, was jedoch misslang. Der französische Flottenchef gab wenige Stunden vor Ankunft der Deutschen im Hafen den Befehl zur Selbstversenkung. Vgl. Stumpf 1990, S. 744f.

⟨Die Kriege 1864, 1866, 1870/1871 sind von Bismarck in die Wege geleitet worden. War das auch ein Jude? War Napoleon ein Jude? War Alexander der Große ein Jude?⟩

B. erwähnte, daß er der Brigade »Oberland« angehört habe, die politisch den Deutschnationalen nahe stand.

B. äußerte auf eine Entgegnung von mir:

»Die Juden arbeiten bewusst darauf hin, daß Kriege entstehen, weil sie dann am Blute Geld verdienen.«

Als ich sagte: »Krupp – Essen verdient auch am Kriege«, da war es mit der Ruhe dahin. Er meinte, ich hätte eine ganz merkwürdige geistige Einstellung, die er schon oft bemerkt habe.

Dieser Bischoff ist ein Mann, der einer schlagenden Verbindung angehört hat, später im deutschnationalen Fahrwasser sich bewegte [und] dann sich der[131] NSDAP anschloß. Sein alter Geist ging natürlich weiter in der »Arbeiter«-Partei um. Alle Altdeutschen, Vaterlandsparteiler, Chauvinisten, Antisemiten treiben ihr Unwesen in dieser Sammelsurium-Partei. Nach außen Firmenschild: Nationalsozialisten. Innerlich: gemeine Schweinehunde.

Diesen Menschen (Menschenverachtern), erzogen zu Herrenmenschen, wurden Irrlehren eingetrichtert, die sie nur so herunterhaspeln können.

Wird es jemals möglich sein, derartige Kerle zu heilen? Ich halte das für gänzlich ausgeschlossen.

Hier kann nur größte Schärfe u. mitleidlose Härte angewendet werden. Es gibt auch einen strafenden oder rächenden Gott, nach diesem muß gehandelt werden.

8. Dez. 1942.

Bis zum Sieg

Meldung unseres Vertreters

eh. **Rom,** 5. Dezember ⟨42⟩

Dem 25. Jahrestag der Unabhängigkeitserklärung Finnlands widmet die italienische Presse warmherzige Gedenkartikel. »Giornale d'Italia« veröffentlicht dazu eine Unterredung mit dem finnischen Gesandten in Rom, O. Talas, der dabei auch über die finnischen Kriegsziele eine kurze Erklärung abgab:

»Kein Finne kann sich ruhig fühlen, solange nicht der Bolschewismus vernichtet ist. Bis dahin wird auch unser Krieg dauern, denn unser Ziel ist das gleiche wie euer Ziel. Wie wäre es möglich, einen Frieden mit einem Staat zu schließen, der in wiederholten Fällen bewiesen hat, daß er Verträge nicht hält? Wir kämpfen, und wir werden solidarisch mit Deutschland und Italien weiterkämpfen, bis der Sieg im Kampf um die Freiheit Europas errungen ist.« Auch in der Konferenz der ausländischen Presse wurde dem finnischen Heldenvolk in sehr herzlicher Weise die Bewunderung Italiens, seine Sympathie und Solidarität zum Ausdruck gebracht.[132]

Dasjenige Wort, das im Kriege am meisten gebraucht wird, ist das Wort »Sieg«.

Alle Machthaber kämpfen bis zum Sieg, d.h. sie lassen vorsichtshalber andere bis zum angeblichen Sieg kämpfen. Genau betrachtet ist das eine ganze blödsinnige Redensart, denn ein Krieg wird vom Angreifer kaum je begonnen worden sein, um eine Niederlage zu erleiden. Wenn dem nun so ist – und daran kann kein Zweifel sein – warum vergeht um Gottes Willen kaum ein Tag, an dem wir nicht in irgend einer Formulierung hören müssen, daß bis zum Endsieg gekämpft wird?

Der finnische Gesandte in Rom will auch solange kämpfen (er kämpft in Rom!), bis der Sieg errungen ist. Der Krieg wird nach seiner Meinung dauern, bis der Bolschewismus vernichtet ist. Das kleine Finnland setzt ⟨also⟩ seine Hoffnung darauf, daß es nur leben kann, wenn das große Rußland verschwunden ist.

Glaubt Finnland wirklich, daß seine »Freiheit« eine vollkommene sein wird, wenn etwa Deutschland siegt?

Es gibt nicht wenig Menschen, die den Zustand in Deutschland als Hölle auf Erden bezeichnen. Ausgerechnet das wünscht sich dieser finnische Kapitalist. Hinter allem Geschwätz verbirgt sich ja nur der Kampf des Kapitalismus gegen das Wirtschaftssystem in Russland. Anfänglich wurden in allen Ländern tendenziöse Darstellungen ⟨über⟩ die Verhältnisse in Rußland verbreitet, um die Menschen abzuschrekken, etwa auch in der eigenen Heimat entsprechende Aenderungen zu wünschen. Nachdem aber nach und nach erkennbar wurde, daß in Rußland ein neuer Aufbau gelingt, da fanden sich in ganz Europa die gleichgesinnten Bolschewikenfresser zusammen und der »Kreuzzug« nahm unter dem Führer Hitler am 21. Juni 1941 seinen Anfang.

Diese Herrschaften haben alle zusammen übersehen, daß in Rußland die Masse der Arbeiter u. Bauern es unter dem Bolschewistensystem doch wesentlich besser hatte als unter der Zarenherrschaft. Die Ansätze zu einer allgemeinen Besserung des Lebensniveaus sind zweifellos dem russischen Volk sichtbar geworden, und aus diesem Grunde verteidigen die Russen ihre Heimaterde, ihr Vaterland, mit zäher Hartnäckigkeit. Während bei uns die Bonzen glaubten, die Russen wären begeistert, sich »befreien« zu können, erleben wir jetzt einen gigantischen Kampf auf Leben und Tod.

10. Dez. 1942.

Bei der deutschen Sonnenpolitik gehört es schon zu den Seltenheiten, wenn einmal Bedenken in irgend einer Form in der Oeffentlichkeit geäußert ⟨werden⟩. Neuerdings wird von den höchsten Stellen gegen das deutsche Erbübel der »Objektivität« gewettert.[133] Es ist also in diesem »freien« Deutschland noch nicht einmal erlaubt, sachlich zu sein. Die Sachlichkeit ist schon der Anfang von Landesverrat. Wer sachlich ist, übt hierdurch schon eine unerlaubte Kritik. Der Nationalsozialismus verträgt einfach keine Sachlichkeit.

Was haben diese Nazis aus Deutschland gemacht? Das größte Narrenhaus aller Zeiten!

Bei dieser Sachlage ist es wirklich als ein großes Wunder zu bezeichnen, daß das »Schwarze Korps« am 10. Dez. 1942 in dem Leitartikel »Dolchstoß in Frankreichs Herz« schreibt:

... »Die Verräter und ihr Anhang haben ja nicht nur das Kolonialreich verspielt und ihr Wort gebrochen, sie haben nicht nur Dinge getan, die ihrer persönlichen Meinung nach Frankreich zunutze sein sollten, sie haben auch das Mutterland von seiner wichtigsten Lebensbasis Nordafrika abgeschnitten und damit die Ernährung des französischen Volkes zu einem überaus fragwürdigen, kaum zu lösenden Problem gemacht.«

Hier wird also angedeutet, daß die Ernährung Frankreichs ein kaum zu lösendes Problem werden wird. Und Frankreich ist in seiner ganzen Ausdehnung von deutschen Truppen besetzt. Deutschland wird demnach zum ersten Male in diesem Krieg nicht auf Raub ausgehen können, sondern muß seine Truppen von Deutschland aus versorgen.

Daß die Nationalsozialisten auf die französischen »Verräter« nicht gut zu sprechen sind, ist sehr verständlich. In Deutschland war man begeistert, als sich die deutsche Flotte bei Scapa Flow selbst versenkte. Einem anderen Lande wird das gleiche Verhalten als Verbrechen ausgelegt. Ich vergaß, es gibt ja keine Sachlichkeit in Deutschland.

Wenn in Frankreich, nach dem Zusammenbruche 1940, sich Männer von Format gefunden hätten, dann wäre nur eine Marschrichtung möglich gewesen: Rette sich, wer kann, nach Afrika!

Offiziere, Flieger, Handelsschiffe u. Kriegsschiffe mußten nach Afrika abhauen. Das wäre das einzig Richtige gewesen. Leider waren nur armselige Kreaturen an der Spitze. Ein alter Trottel namens Pétain.

Lächerliche Figur.

Die Nazis wollen die Franzosen damit ködern, daß sie behaupten, die Amerikaner u. Engländer würden sich der franz. Kolonien bemächtigen u. sie behalten.

Das gleiche Rezept ist im vergangenen Weltkrieg angewendet worden. Jeder »Politiker« gab der Ueberzeugung Ausdruck, daß England Calais usw. behalten würde. Nichts dergleichen ist geschehen. Wir unterschieben den anderen unsere Gesinnung.

Auch dieses Mal kann gar keine Rede davon sein, daß Amerika u. England den Franzosen Gebiete abnehmen.

Wenn Frankreich gerettet werden will, dann muß es ohne jede Einschränkung begeistert auf Seiten Englands und Amerikas stehen.

Jeder Franzose, der mit Hitler paktiert, ist ein ganz gemeiner Halunke!

Soeben war der alte Spengler D[...], bei dem Vorsicht am Platze ist, bei mir. Ich frug ihn nach der Lage. Er äußerte mit Ueberzeugung: »Meine Hoffnung ist, daß wir den Krieg gewinnen. Ich glaube nicht, daß wir ihn verlieren. Ich bin ganz beruhigt und sehr froh, gestern gab es wieder eine Sondermeldung über versenkte Schiffe.«

Siehe da, Herr Dr. Göbbels, Sie haben unbestreitbare Erfolge. Mich berühren die Sondermeldungen überhaupt nicht. Aber das Volk glaubt an die Erfolge der U-Boote und setzt seine ganze Hoffnung auf die Versenkungen.

Diese Hoffnung immer wieder von neuem aufzufrischen, das ist die Aufgabe der nationalsozialistischen Propaganda und der Einheitspresse.

Unsereiner hat nur eine Waffe: Geduld.

Allen Bekannten u. Freunden die frohe Botschaft, daß mein lieber Verlobter,
unser guter Schwiegersohn, der Mech.-Mt. (T.)
Hans Woelk
noch lebt und sich in englischer Gefangenschaft befindet. – In unermeßlicher Freude
Juliane Sonntag und Eltern
Hbg. 20, Lenhartzstr. 23 Dez. 42.[134]

Das kommt auch einmal vor, daß jemand unermeßliche Freude empfindet, wenn ein Angehöriger in Gefangenschaft gerät.

Im allgemeinen ist der Eindruck vorherrschend, daß die Soldaten mit Begeisterung für ihren heißgeliebten Führer sterben.

11. Dez. 1942

Zu Beginn des Krieges brüstete sich Adolf Hitler oft damit, daß er den gegnerischen Politikern ein großes Schnippchen geschlagen habe, indem er sich mit Rußland (Aug. 1939) verständigte.

So erwähnte er z.B. am 30. Jan. 1940 das gute beiderseitige Einvernehmen zwischen Rußland u. Deutschland mit nachstehenden Worten:

> **Und ich begreife auch, daß das, was bei Herrn Chamberlain ein gottwohlgefälliges Werk gewesen wäre, bei mir ein Gott nicht wohlgefälliges ist. (Stürmische Heiterkeit) Aber immerhin – ich glaube, der Allmächtige wird zufrieden sein, daß in einem großen Gebiet ein sinnloser Kampf vermieden wurde. (Langanhaltender Beifall.) Durch Jahrhunderte haben Deutschland und Rußland in Freundschaft und Frieden nebeneinander gelebt. Warum soll es in der Zukunft nicht wieder möglich sein? Ich glaube, es wird möglich sein, weil die beiden Völker dies wünschen. Jeder Versuch der englischen und französischen Plutokratie, uns in einen neuen Gegensatz zu bringen, wird scheitern aus der nüchteren Erkenntnis dieser Absichten. So ist heute Deutschland zunächst politisch in seinem Rücken frei.**[135]

Wir hatten seither ausreichend Gelegenheit, zu beobachten, welcher Wert den Aeußerungen unserer führenden Männer beizumessen ist.

Auch bezüglich der »Freundschaft« mit Rußland hat Hitler schwer daneben gehauen. Nicht die englischen u. französischen Plutokraten, sondern ausgerechnet er, Hitler, hat den Krieg mit Rußland in Scene gesetzt. Am 21. Juni 1941 hat Hitler den Truppen den Befehl gegeben, die Russen anzugreifen, und heute ist noch nicht abzusehen, wann dieses Ringen beendigt sein wird. Jedenfalls wird dieser Kampf nicht so enden, wie Hitler u. Genossen es sich ausgemalt haben.

In meiner Eigenschaft als Meckerer und Miesmacher habe ich weitaus klarer gesehen als die gesamte Partei zusammengenommen. Erst vor wenigen Tagen gab AGRat Hornef unumwunden zu, daß er sich über Rußland sehr getäuscht habe u. meine Auffassung über die Kräfte Rußlands jedenfalls zugetroffen hätten.

Wenn die Russen mit Schaumschlägereien, Redensarten, Uebertreibungen und Lügen hätten bekämpft werden können, dann wäre der Krieg schon lange beendet.

12. Dez. 1942.
Betr.: Verfahren bei Todesfällen in Justizvollzugsanstalten.

Der Reichsminister der Justiz hat am 5. Nov. 1942 neue vertrauliche Bestimmungen über Todesfälle herausgegeben.

(4518 – VS1 – 1657)

Beim Tode von Zuchthausgefangenen, die wegen Hochverrats, Landesverrats oder eines aus politischen Gründen begangenen anderen Verbrechens verurteilt sind, von Juden u. von Polen hat die Aufforderung an die nächsten Angehörigen sich darüber zu erklären, ob sie die Bestattung übernehmen wollen, zu unterbleiben.

Stirbt ein Untersuchungsgefangener, der des Hochverrats, Landesverrats oder eines aus politischen Beweggründen begangenen anderen Verbrechens beschuldigt ist, so trifft der Anstaltsvorstand die Entscheidung darüber, ob die Aufforderung ergehen soll, im Einvernehmen mit dem zuständigen Richter oder Staatsanwalt.

In Fällen, in denen eine Aufforderung zur Erklärung über die Uebernahme der Bestattung durch die Angehörigen noch zulässig ist, wird die Herausgabe der Leiche davon abhängig gemacht, daß die Bestattung am Sitz der Vollzugsanstalt vorgenommen wird. –

Es muß schon eine große Anzahl geheimnisvoller Todesfälle geben, wenn derartige Maßnahmen getroffen werden.

Die Bestattung am Sitz der Strafanstalt soll zweifellos die Untersuchung der Leichen erschweren.

Des Führers Beispiel

⟨Dez. 1939.⟩

Tapferkeit wirkt Wunder

Es ist eine der seltsamsten Erscheinungen im Leben eines Volkes, daß nach einer Epoche entwürdigender Schläfrigkeit und Apathie das Beispiel einer überragenden Persönlichkeit die Millionenmassen hochreißt und gleichsam als zündender Funke einen lodernden Brand entfacht. Was ein Volk dem Beispiel seiner großen Männer verdankt, und wie es als Gesamtheit und Gemeinschaft an der Gestalt eines einzelnen wachsen kann, erleben wir mit Bewunderung und Ergriffenheit in der Jetztzeit, die Adolf Hitler als den weltgeschichtlichen Führer zur Verwirklichung größter Ideen kennenlernt.

Vor unseren Augen und Herzen steht seine Gestalt in schier unbegreiflicher Größe. Die Kraft seines Glaubens, seine seelische Stärke, die Konsequenz seines Charakters vermag der Durchschnittsmensch nicht zu fassen. Er ahnt nur ihre zwingende Gewalt, und wo er ihren Quellen nachzuspüren bemüht ist, stößt er auf die Fülle der Beispiele menschlicher Bewährung. Beispiele, durch die der politische Führer mit forderndem Anspruch vor seine Gefolgschaft tritt.

Schicksal, Berufung und Führertum fielen Adolf Hitler nicht in den Schoß. Tausendmal hat er sie mit Opfer und Einsatz, Blut, Enttäuschung und zähem Neuanfang bezahlen müssen. Daß die kleinen menschlichen Widerwärtigkeiten ihm nicht erspart blieben, macht den Mann nur noch größer, der schon zu seinen Lebzeiten eine fast mythische Figur geworden ist. Wie er die Kleinigkeiten meisterte, ist beispielhaft. So meistert er auch die großen Dinge. Dadurch, daß er mit seinem Idealismus nach den Sternen griff, hob er sein Volk über sich selbst hinaus, dadurch, daß er wirklichkeitsnah, praktisch und lebensvoll blieb, lieh er ihm die Kraft zum Bestehen des politischen und wirtschaftlichen Tageskampfes. Adolf Hitlers Leben bietet mehr als ein klassisches Beispiel dafür, wie eng im Dasein von Menschen und Völkern das Banale und Nüchterne neben dem Hohen und Begeisternden stehen kann. Nur, wer mit beiden fertig wird, meistert die Zeit und das Leben. Wer nur vor einem versagt, versagt vor dem Ganzen.

Es bleibt das größte an unserer ereignisreichen Zeit das Beispiel der Person Adolf Hitlers. Es wirkt um so mehr, als es heute ein lebendiger Aufruf an das ganze deutsche Volk ist. Wir müssen jetzt unseren Schicksalskampf bestehen. Adolf Hitler hat uns stark gemacht dafür. Um stark zu bleiben, brauchen wir sein großes Vorbild. Der Blick auf den Führer ist unser stärkster Vorsprung vor jedem Feind, denn er stärkt unsere Volksseele und zieht von unserer Stirn die Wolken des Unmuts, der Verzagtheit und Ermüdung fort, die den Kopf eines Volkes ohne höchstes Beispiel nur zu leicht verhüllen.[136]

Der Verfasser nebenstehenden Ergusses ist E. G. Dickmann.[137] Ein Speichellecker größten Formats.

Noch niemals hat Hitler in irgend einer Form Stellung genommen gegen Kriecherei, Speichelleckerei u. Knechtsseligkeit. Er liebt demnach den Kult u. Götzendienst, der um seiner Person willen getrieben wird.

Aus allen seinen Reden und Niederschriften geht immer wieder hervor, daß er sich selbst für etwas Gottähnliches hält.

Er ist die verkörperte Ichheit.

Ich Prophet. Ich Staatsmann. Ich Oberkommandierender. Ich höchster Gerichtsherr. Ich, der von der Vorsehung Auserwählte.

Da ist es bei dieser Sachlage an sich kein Wunder, daß der Byzantinismus[a] in höchster Blüte steht u. auch von der Umgebung stets mit höchstem Eifer gepflegt wird.

»Mein Führer« hinten und »Mein Führer« vorn, da ist die Unterwürfigkeit durch nichts mehr zu überbieten.

Das Volk muß dann noch »Heil Hitler« bei Tag und bei Nacht rufen.

Auf diese Weise ist ein irdischer Gott geschaffen worden. Die Halbgötter preisen ihren Schöpfer, den Gott Hitler, dessen Existenz mit der ihrigen auf Gedeih und Verderb verbunden ist, und hieraus ist die »verschworene Gemeinschaft« entstanden.

Das Ganze ist gar nicht so kompliziert. Ein raffiniert durchdachter Aufbau. Dazu ein Schreckensregiment. Der Teufel in eigener Person als Propagandaminister. Das gab die Hölle auf Erden. Und aus dem Volk der Dichter und Denker ward ein Volk, das den Hunnen und Barbaren in jeder Beziehung überlegen ist.

Es wird viele Menschen geben – dazu zähle auch ich – die bei dieser Entwicklung in keiner Weise irgendwie beteiligt waren. Für diese Menschen ist diese Zeit grauenhaft. Es ist für sie einfach unfaßbar, wie ein einziger Mensch – dieser Hilfsarbeiter Adolf Hitler aus Oesterreich – ein ganzes Volk hypnotisieren konnte. –

Hitler kann sagen und unternehmen, was er will, es wird immer in der Oeffentlichkeit als eine ganz ungewöhnliche Sache hingestellt. »Der Führer hat immer recht.« »Der Führer weiß alles im voraus.« »Der Führer hat sich noch nie geirrt.« »Der Führer ist das Vorbild des Volkes.«

Der »Führer« kann sich sogar erlauben – wie er es am 1. Sept. 1939 im Reichstag getan hat – zu sagen:

»Wir haben nichts zu verlieren, aber alles zu gewinnen.«[138]

> I.
> Millionen deutsche Volksgenossen haben, als der Feldzug gegen Polen ausbrach, mit Erschütterung des Führers Wort gehört: »Wir haben nichts zu verlieren, aber alles zu gewinnen«. Wie groß muß der Idealismus eines Mannes sein, der nach einem solchen 25jährigen Weg des Kampfes und Aufstiegs diese Parole aussprechen darf![139]

Das wird dann obendrein noch als »Idealismus« bezeichnet.

Wenn Millionen Frauen, Mütter, Bräute, ihre Männer, Söhne u. künftigen Männer verlieren, so ist das bei Hitler »nichts«.

Wenn hunderttausende Menschen ihr Heim u. ihre Existenz verlieren, so ist das wiederum »nichts«.

a) *Byzantinismus:* (abwertend) ›Kriecherei, Schmeichelei‹, nach den Zuständen am Kaiserhof in Byzanz.

Und wenn ungezählte Männer Gliedmaßen oder[140] die Gesundheit verlieren, so ist das selbstverständlich auch »nichts«.

Wenn schon Kinder ihre Väter verlieren, so ist das nicht der Rede wert, also: »Nichts«.

»Wir haben nichts zu verlieren, aber alles zu gewinnen.«

In diesem Satz steckt der ganze Hitler.

Wenn Deutschland eines Tages diesen Schurken Hitler verliert, dann hat es in ihm nichts verloren, durch ihn aber alles, besonders den deutschen[141] Namen und Deutschlands[142] Ehre.

---

14. Dez. 1942.
Je aufpeitschender und aufreizender eine Rede Hitlers gewesen ist, desto mehr Eindruck hat sie auf primitiv veranlagte Menschen gemacht.

Sämtliche Reden sind nur auf die breite Masse zugeschnitten, deren geistiges Niveau nicht sehr hoch zu veranschlagen ist. Wenn in den Reden nur recht viel »vernichtet« und »ausgerottet« worden ist, dann war das ein Hochgenuß für die verrohte Meute. Oft habe ich vernommen, daß mit Wohlbehagen geäußert wurde: »Hitler hat's denen wieder einmal gesagt.«

15. Dez. 1942.
Die Frauenschaftsführerin Frl. Fritsch bemüht sich wieder einmal, sich hervorzutun und zu glänzen – auf Kosten der Allgemeinheit. Am 2. Weihnachtsfeiertag sollen die Einwohner von Laubach verwundete Soldaten als Gäste aufnehmen.

Dieser Terroristin u. Hitleristin Fritsch ist genau bekannt, daß die zugeteilten Lebensmittel gar knapp bemessen sind, dagegen wird die Wehrmacht noch immer ausgiebig versorgt. Den Leuten wird also zugemutet, von ihren Nahrungsmitteln an Soldaten abzugeben, obwohl die Soldaten weitaus besser versorgt werden als die Zivilbevölkerung.

Bei dieser Fritsch geht es natürlich nur darum, sich ein rotes Röckchen zu verdienen und mit dem Kriegsverdienstkreuz (Kriegsverlängerungskreuz) ausgezeichnet zu werden.

Bestürzung

Ein sehr beliebtes Wort, das immer wiederkehrt, ist das Wort »Bestürzung«.

In[143] der ganzen Welt herrscht »Bestürzung« über irgend eine Begebenheit. Einmal herrscht Bestürzung bei unseren Gegnern über die U-Boot-Erfolge Deutschlands oder die schwindende Tonnage bei den Engländern oder Amerikanern.

Ich habe gerade eine ältere Zeitung vor mir liegen, da heißt es:

»Bestürzung in New York.

In Neuyork wird die Bestürzung über das unaufhaltsame Vordringen der deutschen Truppen im Osten immer größer.«[144]

»Bestürzung in Australien über die Siege der Japaner« usw.

Also in ganzen Erdteilen herrscht Bestürzung. So malt es sich wenigstens der Zeitungsberichter in seiner Wohnung vor seinem Schreibtische aus.

Uebertreibungen und Superlative sind die Werkzeuge unserer deutschen Presse. Wie einfältig sind doch derartige Machwerke. Was nützt es uns, wenn wir uns in Deutschland etwas wünschen, das in den feindlichen Ländern geschehen sollte, aber nicht geschieht. Wie oft haben wir schon den Engländern den Untergang, den Hungertod, die Vernichtung und sonstige schöne Dinge angedichtet. England lebt immer noch u. wird weiterleben.

Ich vermute, daß der Tag kommt – vielleicht gar nicht mehr so fern ist –, wo in Deutschland eine Bestürzung über die schamlose Lügerei u. den infamen Volksbetrug der Hitler u. Genossen herrscht, die keine Grenzen kennt und einen Zusammenbruch zur Folge hat, wie er noch niemals in irgend einem Lande sich ereignete.

16. Dez. 1942.

Die gegenüber Friedenszeiten auffälligen Todesfälle von Kindern nehmen ihren Fortgang. In der Hess. Landeszeitung vom 9. Dez. 1942 standen wieder nachfolgende 3 Todesanzeigen:

Nach Gottes unerforschlichem Ratschluß entschlief am 2. Dezember 1942 nach kurzer, schwerer Krankheit unser herzliebes Kind und gutes Schwesterchen

Hannelore Berta

im zarten Alter von 2¼ Jahren. Die Beisetzung erfolgte in aller Stille am 5. Dez. auf dem Waldfriedhof.
Allen Bekannten, die uns in unserem tiefen Schmerz ihre Teilnahme bekundeten, danken wir herzlich.

Familie Karl Palm

Darmstadt, Karlsstraße 73,
den 8. Dezember 1942

Unser

Renatchen

3 Jahre, ist für immer eingeschlafen.
In tiefem Schmerz: Oberwachtm. der Schutzpolizei
Walter Wille und Frau
Darmstadt, den 6. Dez. 1942
Beerdigung: Heute, 14.15 Uhr, Waldfriedhof.

Plötzlich und unerwartet wurde uns unser ganzes Glück, unser lieber, braver Junge

Wolfgang

im Alter von 4¾ Jahren entrissen.
In unsagbarem Schmerz:
Heinrich Seibel, Landw.-Rat, z. Z. Wehrm., in Urlaub, **und Frau Johanna**, geb. Orth, **u. Schwesterchen Waltraud**
Darmstadt, Schepp Allee 73, Hamm (Rhh.), 8. Dez. 1942
Beerdigung: Donnerstag, um 14.15 Uhr, von der Kapelle des Waldfriedhofes aus.[145]

Der Ostraum forderte von der hiesigen Einwohnerschaft das zweite Opfer ⟨1. Högy⟩. In Litauen verstarb plötzlich die NS. Schwester Lilli Boehm (Tochter des Altbürgermeisters Boehm).[146] Da diese Familie eine reiche Anzahl von begeisterten Nationalsozialistinnen gestellt hat, wird dieses ⟨Opfer⟩ für die Idee Adolf Hitler bestimmt gern gebracht werden.

Die ⟨Halb⟩schwester der Verstorbenen, Frau D[...], hat die Mitgliedsnummer 1 in Laubach. Eine andere Schwester, Frau H[...], ist in der Frauenschaft führend tätig.

Für eine nationalsozialistische Krankenschwester ist die »Weltanschauung« besonders wichtig. In §8 Abs. 5 der Verordnung über die berufsmäßige Ausübung der Krankenpflege (RGBl. I 1942 S. 679) ist bestimmt:

»Die Einführung in die weltanschaulichen Grundlagen des Berufs obliegt der Nationalsozialistischen Deutschen Arbeiterpartei. Die Zahl der hierfür anzusetzenden Unterrichtsstunden bestimmt der Leiter der Partei-Kanzlei.«[147]

Die Seele einer Krankenschwester muß »ausgerichtet« werden, wie es im Jargon der Nazis heißt. Die Hauptsache wird wohl sein, zu lernen, auf welche Weise kranke u. alte Menschen in ein besseres Jenseits zu befördern sind.

17. Dez. 1942.

Wenn man sich auch dagegen sträubt, immer wieder muß man sich mit Adolf Hitler beschäftigen.

Wie war es möglich, daß dieser Mann die ganze Erde in Wallung bringen konnte? Wie war es möglich, daß dieser Mann die gesamte deutsche Nation ungestraft knechten durfte? Ja, wie war das möglich?

Dieser Adolf Hitler ist der raffinierteste Verbrecher aller Zeiten. Er ist Satan und Teufel in einer Person. Der blutrünstigste Tyrann, voll gepfropft mit Grausamkeit u. unbarmherziger Härte.

Er, der das Volk betört, verführt, belogen u. betrogen hat, gewann Millionen Anhänger und machte sie zu fanatischen Verfechtern seiner Irrlehre, die nichts anderes ist, als das Konglomerat gestohlener Gedanken anderer Fanatiker.

Ein Kopist reinsten Wassers. Nichts, was er hervorbrachte, ist auf seinem eigenen Mist gewachsen. Nichtsdestoweniger begeisterte er sogar Gelehrte u. Wissenschaftler.

Alles dies ist unfaßbar – aber wahr.

Adolf Hitler konnte über 20 Jahre ⟨lang⟩ tun und lassen, was er wollte, nach seiner Pfeife tanzten Männer, Frauen und Kinder. Er herrschte nicht nur in Deutschland, nein, in ganz Europa ist er tonangebend gewesen. Seine Peitsche knallte in allen Ländern, sein Gift wurde auf der gesamten Erde herumgereicht – und genommen.

Adolf Hitler durfte Verträge zerreißen[148], das gegebene Wort brechen, andere Länder überfallen und ⟨andere Völker ausplündern u. ausrotten,⟩ alles fand den begeisterten Beifall seiner Anhängerschaft.

Je fanatischer u. grausamer er war, desto höher stieg die Begeisterung. Der Taumel grenzte oft an Wahnsinn.

Hitler durfte Krieg um Krieg beginnen, Millionen zur Schlachtbank führen, keiner hat ihm ein Leid zugefügt.

Wie ist das zu erklären?

Es gibt eigentlich nur eine einzige Erklärung:

Das mußte alles so kommen.

Dieser Hitler ist erstanden, um einmal ein leuchtendes Beispiel des Abscheus für die Menschheit zu sein.

Für mich ist er immer das gewesen, was er war: ein Bandit, eine Bestie!

Dieser Einzelmensch trägt die gesamte Verantwortung. Vergessen dürfen wir aber nicht, daß er sehr viele Helfershelfer hatte. Mittäter, Gehilfen!

Vergessen wir auch nicht diejenige sog. Intelligenz, die sich[149] an die Rock[schöße][a] ⟨Hitlers⟩ hängten und zu 150%igen Nazis wurden u. sich noch wilder gebärdeten wie ihr Herr und Meister.

Vergessen wir auch nicht die Akademiker, die sich immer als die schlimmsten Antisemiten benahmen – aus Konkurrenzneid!

(Richter, Anwälte, Aerzte usw.)

19. Dez. 1942.

Adolf Hitler hat 1 Jahr die Befehlsgewalt über die gesamte Wehrmacht.

Am 19. Dez. 1941 hat sich der ehemalige österreichische Hilfsarbeiter und Gefreiter des Weltkrieges selbst zum Oberkommandierenden befördert.

Jeder Handwerkermeister muß 2 Prüfungen ablegen ([150] Geselle, Meister), ehe er zum Meister seines Handwerks erhoben wird. Oberkommandierender kann – wie das Beispiel Hitler es zeigt – jeder Landstreicher werden.

a) Im Manuskript »Rockchaise«; gemeint ist wohl »Rockschöße«. Zum zeitgenössischen Sprachgebrauch vgl. die Überschrift »›Verraten und verkauft!‹ Kein Amerikaner hängt sich an die Rockschöße der britischen Politik«, in: Heimatzeitung, 21.9.1939, S. 6.

Die stolzen preußischen Offiziere haben sich in hündischer, sklavischer Weise diesem Demagogen u. Despoten Hitler unterworfen. Keiner hat sich ihm – bis heute wenigstens – mit

Gewalt widersetzt.

Auch das ist unfaßbar!

Wenn anstatt des Gefreiten Hitler der Offizier-Stellvertreter Kellner Oberkommandierender geworden wäre, was hätte er getan?

Vor allem hätte ich als Staatsmann niemals diesen Krieg begonnen. Ich würde grundsätzlich nur ⟨einen⟩ reinen Verteidigungskrieg auf erfolgten Angriff führen.

Nur ein Adolf Hitler konnte gegen Rußland marschieren und den Vereinigten Staaten den Krieg erklären!

Ein sturer, bornierter Oesterreicher!

Also, was ⟨hätte⟩ ich am 19.12.1941 befohlen?

Rückzug – Verzeihung: Absetzung vom Feind, überall wo es taktisch ohne große Verluste möglich war.

Zurücknahme der gesamten Ostfront auf eine Verteidigungslinie: Polen – Galizien – Rumänien.

Sofortige Aufgabe Afrikas. Verwendung dieser Truppen im Osten.

Eine scharfe Konzentration der deutschen Streitkräfte an den Grenzen Deutschlands.

Mit anderen Worten: Uebergang zum Verteidigungskrieg. Fallenlassen der Eroberungsabsichten. Friedensverhandlungen mit den Gegnern.

Das wäre meine Strategie.

Nicht erst heute!

Aber: die Nationalsozialisten kapitulieren nicht. Sehr gut; sie werden vernichtet.

Umso besser für die Gegner der Nazis, wozu auch ich zu zählen bin.

21. Dez. 1942.

Eine unausrottbare Krankheit ist die Unterschätzung des Gegners:

> Mit Aufmerksamkeit verfolgt man in Japan eine wachsende Ablösung der englischen Truppen an der Burmagrenze durch USA.-Streitkräfte. Die nordamerikanischen Verbände werden bereits mit etwa 50 000 Mann angegeben. Der Kampf an diesen Fronten nehme in wachsendem Maße den Charakter einer Auseinandersetzung zwischen Japan und den USA. an. Vor allem sind die Luftwaffenverbände weitgehend von Amerikanern verdrängt worden. Anscheinend könne England die eingerissenen Lücken nicht mehr auffüllen.[151]

Warum soll England die Lücken nicht mehr auffüllen können? Der Aderlaß Englands hat bei weitem nicht die Stärke wie derjenige Deutschlands.

Gerade weil die Presse den Anschein erwecken will, daß England schwach ist, gerade deshalb ist die Wirklichkeit das Gegenteil.

Japan kann sich darauf verlassen, daß es seine exponierten Stellungen der Reihe nach verlieren wird. Japan ist gar nicht in der Lage, seinen Schiffsraum so zu dirigieren, daß an den bedrohten Stellen zur richtigen Stunde das notwendige Kriegsmaterial und die erforderlichen Truppen vorhanden sind.

Japan wird den Unterschied zwischen seinen hinterlistigen Angriffen und den Angriffen von USA u. England kennen lernen. Es ist gar kein Kunststück gewesen, die Inseln des Stillen Ozeans u. die schlecht verteidigten Gebietsteile in Asien zu überfallen. Aber diese Gebiete zu halten ⟨u. zu verteidigen⟩, das ist der schwierigere Teil. Sobald die Flotten Amerika und England im Gebiete des Stillen Ozeans der Flotte Japans überlegen sind, ist es um Japan geschehen.

Ich habe nie den leisesten Zweifel an der zunehmenden Stärke der angegriffenen Nationen gehabt. Es hat allerdings den Anschein, als würde das Drama erst in Europa sich vollziehen.

Sind Italien und Deutschland erledigt, dann Gnade Gott den Japanern.

Dann erfüllt sich das, was ich in Mainz vor vielen Jahren dem Koll. Curschmann gegenüber erklärt habe:

»Wenn Deutschland, Italien u. Japan vernichtet sind, wird es Ruhe auf der Erde geben.«

Daß mir dieser Ausspruch (wie Koll. K[...] bestätigte) sehr verübelt worden ist, ändert nichts an seiner Richtigkeit. Koll. K[...] warnte mich eindringlichst davor, derartige Aeußerungen zu ehemaligen Bekannten zu machen, da die Menschen sich dem Hitlerismus zugewendet und damit gefährlich geworden seien.

Ich werde nicht versäumen, Herrn Oberinspektor Curschmann zu gegebener Zeit, zu erinnern.

Zu diesem Zwecke habe ich das Zwischenspiel hier vermerkt.

Es dient der Unterstützung des Gedächtnisses.

Bald wird es an der Zeit sein, die Ungerechtigkeiten und Gewalttaten, die sich im hiesigen Bezirke ereignet haben, aufzuzeichnen, damit Vergeltung geübt werden kann.

1. Fall: Mordsache Oppenheimer[a] – Langsdorf

a) *Mordsache Oppenheimer:* Am 30. Juni 1934 kam es in Langsdorf, einem Dorf zwischen Lich und Hungen, zu Ausschreitungen gegen jüdische Einwohner, bei denen Moritz Oppenheimer erschossen und mehrere Menschen (Familie Nelkenstock, Brüder Goldstein, Berta Oppenheimer sowie die Söhne Hugo und Siegfried Oppenheimer) teils schwer verletzt wurden. Die Täter waren Angehörige des SS-Sturmes 1/83, die sich in Hungen versammelt hatten und – nach vorherigen Ausschreitungen gegen die Hungener Juden – mit Schusswaffen und Dolchen bewaffnet nach Langsdorf fuhren, um die dortigen Juden zu »maßregeln«. Nach dem Krieg wurden die Verbrechen vor der Strafkammer des Gießener Landgerichts verhandelt. Fünf der Angeklagten wurden zu Gefängnisstrafen verurteilt (der Mörder von Moritz Oppenheimer, der Arbeiter H. aus Steinheim, erhielt eine Haftstrafe von vier Jahren), der Landwirt K. aus Langsdorf wurde mangels Beweisen freigesprochen. Zum Langsdorfer Judenpogrom und zu Details des Gerichtsverfahrens vgl. die Dokumentation Konrad-Tromsdorf 1989. Zum Tathergang vgl. weiter den Brief des in

(Täter in Nonnenroth u. Ettingshausen.)
2. " H[...] – Ruppertsbg (Verfolgung von Juden)[152]
3. " Judenpogrom in Laubach (9.11.1939)[153]
Schiebung H[...] (Haus zu Spottpreis, zinslose Stundung).

L[...] – Ruppertsburg (Bekanntmachung, daß Stricke vorhanden seien, um diejenigen zu hängen, die[154] gegen Hitler bei der Wahl mit »Nein« stimmten)

Spitzel Scherdt! St[...] (er wird die Bevölkerung »Heil Hitler« sagen lernen).

B[...] jr. u. Frau (desgl.)

Der NSV. Gewaltige: Mönnig verzehrte einen für die NSV gestifteten Hasen, »weil niemand danach gefragt hatte«!

Henze[155] zog mit seiner Garde im Bezirke umher u. brachte die Zeitungskästen[156] an. Devise: Die Juden sind unser Unglück. (In Wirklichkeit sind die Nazis das größte Unglück für Deutschland.)

R[...] verbrannte die schwarz-rot-goldene Fahne!

Willi R[...], der Hauptvandale bei der Zertrümmerung des Eigentums der Juden.

22. Dez. 1942.

Als Ludwig Heck vor einigen Wochen uns als Unteroffizier von der Ostfront besuchte, war er voll des Lobes über unsere uneinnehmbaren Stellungen. Dem Anscheine nach wird das den Soldaten fortgesetzt gepredigt u. schließlich glaubt es auch derjenige, der eigentlich auf Grund seines Umganges mit Antinationalsoz. kritischer eingestellt sein sollte. Als ich ihm die totale Niederlage unserer deutschen Armeen ankündigte, war er jedenfalls von meinen Worten nicht im entferntesten überzeugt.

Es geht diesem Soldaten wie dem größten Teile des deutschen Volkes. Selbst wenn unsereiner mit Engelszungen reden würde, es hat alles keinen Wert. Vernünftigen Erwägungen ist das Volk nicht zugänglich. Bis das Wasser in den Mund hineinläuft, dann erst merken sie, daß sie dem Ertrinken nahe sind.

Die deutschen Soldaten sind sehr überheblich und unterschätzen ihre Gegner!

25. Dezember 1942.

4. Kriegs-Weihnachten!

Einen Tannenbaum haben wir durch die Städt. Försterei erhalten. Das ist aber auch alles. Wären nicht 3 freie Tage (Freitag, Samstag, Sonntag), so würde kein Mensch etwas von »Weihnachten« spüren. Die üblichen Geschenke fielen ganz aus, da in den Geschäften tatsächlich nichts zu erhalten ist. Für Textilien, Wäsche- u.

Langsdorf als »Judendoktor« verunglimpften Arztes Otto Bausch an die in den USA lebende Witwe von Moritz Oppenheimer (undatiertes Schreiben, vor Mai 1947; Privatbesitz, Abschrift im Archiv der Arbeitsstelle Holocaustliteratur, Gießen). Eine Überblicksdarstellung zur Geschichte der Juden in Langsdorf findet sich bei Arnsberg 1971, Bd. 1, S. 477f.

Gebrauchsgegenstände sind entweder Bezugsscheine oder »Punkte« erforderlich. In den meisten Fällen ist aber trotz erfüllter Voraussetzung nichts zu kaufen. Ich suche seit 2 Monaten 1 Paar Hausschuhe. Vergeblich! Der Bezugsschein muß erneuert werden, weil er nach 2 Monaten verfällt. Das ist doch wirklich eine ganz »große« Zeit!

Wir wollen das alles ertragen in dem Bewußtsein, bis Ende 1943 von der Hitler-Tyrannei befreit zu sein. Wir nehmen dabei aber nicht etwa an, daß dann glückliche Zeiten kommen. Wir wissen, daß uns Deutschen (einerlei ob wir Nazis oder Nazigegner waren) allerhand bevorsteht.

Es ist aber ein verdientes Schicksal. Das beruhigt alle diejenigen, die sich frei von jeder Schuld fühlen. Dazu zählen wir in vorderster Linie. Wir (meine Frau und ich) waren die hartnäckigsten Gegner der nationalsoz. Irrlehre und der Parteigenossen.

Vielleicht werden wir dafür von der Vorsehung einmal belohnt.

Daß uns in der abgelaufenen Zeit trotz gefährlicher Augenblicke nichts wesentliches angetan wurde, ist ein Beweis dafür: Der Herrgott ist auf unserer Seite (auf der Seite der Familie Fritz Kellner)!

30. Dez. 1942.

Der neue Reichsminister der Justiz Dr. Thierack will dem Führer beweisen, daß er in der Lage ist, aus der Justiz ein politisches Instrument zu machen. Der Anfang wird mit der Menschenführung gemacht. Nach der AV. d. RJM.[a] v. 9.12.1942 (D. Justiz S. 818) ist mit Wirkung vom 1. Januar 1943 bei allen Justizbehörden des Reiches ein besonderes »Amt für Gemeinschaftspflege« einzurichten. Die Aufgabe dieses neuen Amtes besteht darin, in enger Zusammenarbeit mit den bei der Behörde eingesetzten Vertrauensmännern der NSDAP. und der DAF. laufend alle diejenigen Maßnahmen anzuregen, vorzubereiten und durchzuführen, die der behördlichen Gemeinschaftspflege im weitesten Sinne des Wortes dienen.[157] –

Wieder ein neues Amt. Immer mehr Hampelmänner. Die Hirne der Nazis sind vollkommen zerfressen. Sie lassen sich noch nicht einmal durch den Krieg davon abhalten, immer neuen Krampf aufzubringen.

Krampf bis zum letzten Atemzuge!

Man stelle sich vor: Unser Amt besteht aus 3 männlichen Beamten u. 1 weibl. Angestellten.

In diesem Amt muß ein Amt für Gemeinschaftspflege gebildet werden.

Wenn das keine Narretei ist, dann gibt es überhaupt nichts Verrücktes mehr auf dieser Welt.

Wie lange noch wird die Lammesgeduld des deutschen Volkes mißbraucht?

a) *AV d. RJM.:* Allgemeine Verfügung des Reichsjustizministers.

31. Dezbr. 1942.
Adolf Hitler erließ in jedem Jahre zum Jahreswechsel Aufrufe an die Wehrmacht und an die Partei

1939 (31. Dez.):	Mit solchen Soldaten muß Deutschland siegen![158] Möge das Jahr 1940 die Entscheidung bringen. Sie wird, was immer auch kommen mag, unser Sieg sein![159]
1940 (31. Dez.):	Soldaten der nationalsozialistischen Wehrmacht des Großdeutschen Reiches! Das Jahr 1941 wird die Vollendung des größten Sieges unserer Geschichte bringen![160]
1941 (31. Dez.):	Das Jahr 1942 soll – darum wollen wir alle den Herrgott bitten – die Entscheidung bringen zur Rettung unseres Volkes und der mit uns verbündeten Nationen.[161]

Das Jahr 1942 geht heute zu Ende, und es hat die von Hitler gewünschte Entscheidung keineswegs gebracht. Es hat ⟨uns⟩ noch nicht einmal die strategischen Ziele erreichen lassen: Stalingrad bezw. die Wolga und das Oel im Kaukasus sind nach wie vor in russischer Hand. Die Offensive der Russen ist noch in vollem Gange und es können an anderen Stellen Ereignisse eintreten, die von vernichtender Wirkung sind.

Mit diesen Aussichten steuert Deutschland in das Jahr 1943.

1943.

1. Januar 1943.
Das Jahr hat seinen Anfang genommen, von dem ich in den vergangenen Kriegsjahren immer wieder behauptete, daß es das Kriegsende bringen würde.

Das Kriegsglück stand Deutschland in einer Weise zur Seite, wie es vordem in der Geschichte kaum Beispiele gibt. Der Höhepunkt war 1940 mit der vollkommenen Niederlage Frankreichs erreicht. Die Erfolge gegen Rußland waren ebenfalls groß, hier fehlt aber bis heute der krönende Abschluß. Rußland ist keineswegs besiegt. Dort in den weiten Gebieten Rußlands liegt der Keim für die endgültige Niederlage Deutschlands. Den in diesem Jahre an die deutsche Armee gestellt werdenden Anforderungen ist sie keineswegs gewachsen. Ueberall, an allen Fronten, aber auch in den besetzten Ländern, werden die Flammen aus den glimmenden Brandherden hervorlodern und einen Zusammenbruch bringen, wie ihn die Weltgeschichte noch nicht erlebt hat.

Das ist meine Prognose.

Ich sah noch keinen glücklich enden,
Auf den mit immer vollen Händen,
Die Götter ihre Gaben streu'n.[162]

Alexander der Große (vergiftet), Jesus (gekreuzigt), ⟨Hannibal (Selbstmord)⟩, Julius Cäsar (ermordet), Napoleon (in der Gefangenschaft gestorben).

Warum sollte da Adolf Hitler glücklich enden?

Es schien so, als wollten die Götter eine Ausnahme machen, da packte der Satan den Gefreiten Hitler am Kragen und zerrte ihn auf den Weg zur Weltherrschaft. Nur auf den Weg – an das Ziel wird er nie kommen.

Wer die Gewalt anbetet, wird durch die Gewalt beseitigt werden.[163] Wer sich friedlichen Werken widmet, dem kann das irdische Glück zu teil werden.

Frieden auf Erden – dem Menschen ein Wohlgefallen.[164]

Adolf Hitler wollte stets den Kampf. Jetzt hat er ihn in gigantischen Ausmaßen. Hitler kann diesen Kampf nicht mehr lenken. Es ist vorbei.

5. Jan. 1943.

Der Mineralölgroßhändler Otto A. F[...] in Gießen, Memeler Straße 4, ist ein sehr großer Stammtisch-Stratege. Derartige Männer besitzen immer ein übergroßes Maul. Vor einigen Tagen hat er zu G. Becker geäußert, im Osten gingen unsere Truppen etwas zurück, aber im Frühjahr würde das verloren gegangene Gelände wieder erobert.

Es wäre nun richtig, wenn derartige Gestalten der vordersten Linie zugeteilt würden, damit sie jeden Tag stürmen u. erobern könnten.

7. Jan. 1943.

Der Typ des gläubigen Nationalsozialisten ist einem Ausländer gar nicht so leicht zu schildern. Der Ausländer wird sofort einwenden, daß er das alles nicht fassen könne. Dem ist bestimmt auch so. Das muß ein Mensch miterlebt haben, wie aus der unverständigen Masse eine nationalistische Masse geformt worden ist, mit allen Mitteln des Terrors und der Verführungskunst.

Eines will sogar ich dem Volksverführer u. Betörer Adolf Hitler einräumen: die breite Masse des Volkes hat er richtig beurteilt. Er ist ein Menschen- u. Seelenkenner. Aus dieser Kenntnis hat er seine zusammengeklaute Lehre methodisch aufgebaut. Die gefühlsmäßige Einstellung des Volkes hat Hitler mit gutem Instinkt zu lenken gewußt, und daraus erwuchs der nationalsozialistische Glaube. Insbesondere der Glaube an den unfehlbaren und allmächtigen Adolf Hitler. Steter Tropfen höhlt den Stein. Ueber 20 Jahre wird schon das Gift der Hitler-Irrlehre auf die Hirne der deutschen Menschen geträufelt. Ueber 20 Jahre wird Haß gepredigt und der Wille zur Macht[165] gestärkt. Die Nationalisierung der breiten Masse wurde durch rücksichtslose und fanatische einseitige Einstellung auf das zu erstrebende Ziel erreicht.

Objektivität und Humanität sind beseitigt worden. Das deutsche Volk wurde durch Adolf Hitler und seine Partei zu extremen Nationalisten erzogen. Fanatismus und Hysterie waren das Unterpfand des nationalsozialistischen Glaubens geworden. War es etwa keine Hysterie wenn die Volksmenge in Sprechchören nicht endenwollend rief: »Sieg Heil, Sieg Heil, Wir wollen unseren Führer sehen … Führer befiehl, wir folgen … Das verdanken wir unserem Führer«.

Die Masse des Volkes beseelte ein Fanatismus, wie er von der glühendsten Phantasie vorher nicht ausgemalt werden konnte.

Wille und Kraft begeistern das Volk. Die Kraftmeierei und Prahlerei erwecken tosende Beifallsstürme.

Rücksichtsloser Angriff auf jeden Widersacher und die Vernichtung des anderen werden zu den erstrebenswertesten Zielen Deutschlands erhoben – und keine Stimme wagt es, sich dagegen zu erheben.

Die nationalsozialistische Idee wurde bei der Masse des deutschen Volkes zur Religion erhoben. Unduldsam gegen alles andere und fanatisch überzeugt vom eigenen Recht! Das ist der Nationalsozialismus!

9. Jan. 1943

In einem NS.-Kindergarten müssen die kl. Kinder folgenden Spruch lernen:

»Händchen falten, Köpfchen senken,
Immer an den Führer denken.«

Auf diese Weise entsteht mit der Zeit der Herrgott Nr. 2.

13. Jan. 1943.

Sogar der Fachmann muß sich darüber wundern, mit welch einer unvergleichlichen Hartnäckigkeit die einmal in Gang gebrachte Bürokratie auf das ihr gesteckte Ziel losrennt. Ohne Rücksicht darauf, ob das begonnene »Werk« mit der allgemeinen Kriegslage in Einklang zu bringen ist.

Es kann gar keinem Zweifel unterliegen, daß die dafür eingesetzten Kräfte mit Macht arbeiten, ⟨um⟩ im Hintergrunde – abseits von der Kampffront – ihr Dasein zu fristen. In der Hauptsache sind es Parteigenossen, die sich auf diese Weise »unabkömmlich« regieren.

Da gibt es Aemter, Dienststellen und Kommandostellen, die den an sich schon aufgeblähten Beamtenapparat für einen Laien vollkommen unübersehbar machen. Die Aemter bleiben um ihrer selbst willen hartnäckig bestehen, breiten sich aus und sind nicht mehr zu vertilgen.

Besonders die SS ist eine Meisterin in der Schaffung von neuen Posten u. Pöstchen. Das geschieht vornehmlich aus politischen Gründen zur Stärkung der inneren Front. Gerade gestern hatte ich Gelegenheit, 2 Angehörige der SS zu sehen, die (im militärpflichtigen Alter) nicht etwa an der Front sich befinden – sondern bei der Eisenbahn.

Da gibt es bei dem Reichsführer der SS ein Amt: Reichskommissar für die Festigung deutschen Volkstums[a]. Dieses Amt fabriziert »Anordnungen«, daß es nur so eine wahre Lust ist.

Z.B. Allgemeine Anordnung Nr. 14/IV betr. bevorzugte Seßhaftmachung von Kriegsversehrten, Kriegsdienstbeschädigten[166], Kämpfern der Nationalen Erhebung sowie deren Hinterbliebenen im Rahmen der Festigung deutschen Volkstums in den neuerworbenen (!) Gebieten des deutschen Reiches.

Diese Anordnung wurde erlassen im Einvernehmen mit dem Oberkommando der Wehrmacht

Hauptfürsorge- u. Versorgungsamt der Waffen-SS
Partei-Kanzlei
Reichsminister für Ernährung u. Landwirtschaft.

(s. Deutsche Justiz 1943 Seite 17)

Also alle diese Stellen haben sich auch mit dieser Frage beschäftigt.

Die Seßhaftmachung als Bauern soll erfolgen
in den eingegliederten Ostgebieten,
in der Untersteiermark,
in Oberkrain,
im Elsaß
und in Lothringen.[167] –

Jedermann weiß, daß dieser Krieg noch keineswegs beendet ist. Selbst der optimistischste Parteigenosse ist nicht in der Lage, zu sagen, wie der Frieden einmal aussehen wird. Nichtsdestoweniger befassen sich die oben genannten Aemter mit der Seßhaftmachung von Deutschen in Gebieten, die dem deutschen Reiche noch keineswegs gehören.

Das Fell wird verteilt, bevor das Wild erlegt ist. Das ist nationalsozialistische Planung!

In Wirklichkeit ist das eine unerhörte Sauwirtschaft. Jeder Narr, jeder Verrückte kann sich im 3. Reich ausleben. Es gibt keinerlei Meinungsäußerung, und somit sind die vernunftwidrigsten Dinge obrigkeitlich geschützt. Wie lange noch?

a) Als *Reichskommissar für die Festigung deutschen Volkstums* (RKF) bezeichnete sich Himmler selbst auf Grundlage eines Erlasses Hitlers vom 7. Oktober 1939. Der RKF war für die ethnische Neuordnung Europas auf Basis der NS-Rassenideologie zuständig. Ziel war ein ethnisch homogenisiertes und um Gebiete im Osten erweitertes Deutsches Reich, was Himmler durch die Ingangsetzung einer großangelegten Germanisierungs- und Umsiedlungspolitik zu erreichen suchte. Deutsche Volksgruppen aus Ostmitteleuropa wurden vor allem in die annektierten polnischen Gebiete umgesiedelt. Von dort wurden etwa eine Million Polen und Juden vertrieben, um den Neuansiedlern Platz zu machen. Vgl. Benz/Graml/Weiß 2007, S. 740f.

14. Jan. 1943.

Ein römischer Kaiser hat einmal gesagt: »Der Staatsmann muß das Mögliche und das Unmögliche voraussehen.«

Was war das doch für ein Stümper gegenüber den heutigen Machthabern.

Bei dem Hitlerismus gibt es grundsätzlich keine Unmöglichkeiten. Voraussichtlich werden ⟨aber⟩ alle Nazis doch noch erleben, daß derjenige schwer bestraft wird, der die Naturgesetze nicht achtet.

Gottes Mühlen mahlen langsam, aber sicher![168]

15. Jan. 1943.

Der Kreisleiter Backhaus in Gießen (ein ehemaliger Postbeamter aus Hamburg) wünscht von den Amtsgerichten ein Verzeichnis über die Kirchenaustritte.

Innerhalb der Partei wird wieder einmal gewirkt für die Austritte. Besonders diejenigen, die irgend ein Amt inne haben, werden mit Hochdruck bearbeitet. Der Bezirksbauernführer Metzger aus Röthges hat gestern seine Austrittserklärung von mir beurkunden lassen.

Nationalsozialismus und Christentum sind in der Tat vollkommen unvereinbar. Die Kirchen werden von den Nazis wegen der internationalen Einstellung gehaßt. Es mag jeder zu der Kirche stehen, wie es ihm beliebt. Ich selbst gehöre keiner Kirche an[a] und kann deshalb als Außenstehender meine neutrale Meinung darüber einmal sagen. Zu der christlichen Sittenlehre stehe ich. Es ist aber nach meiner Auffassung nicht erforderlich, einer Kirche, die Machtpolitik treibt, anzugehören. Ich bin aus der Evang. Kirche ausgetreten, weil sie und ein großer Teil ihrer Pfarrer in den Kriegsjahren 1914 bis 1918 sich unchristlich verhielten. In Wort u. Schrift wurde für

a) *gehöre keiner Kirche an:* Friedrich Kellner war – wie auch seine Ehefrau Pauline – bereits am 1. Juni 1920 aus der evangelischen Kirche ausgetreten.

einen Gewaltfrieden eingetreten, und zwar von maßgebenden christlichen Kreisen. Auch in diesem Kriege ist wieder zu beobachten, daß die Kirche ⟨in Deutschland⟩ keine Stellung nimmt gegen die furchtbaren Greueltaten, die an den Juden verübt werden.

Das Christentum hat leider die Völker weder zum Frieden noch zur Zügelung der wilden Instinkte zu erziehen vermocht, aber es muß trotzdem anerkannt werden, daß das Christentum für den Einzelnen viel Segen brachte. In Not u. Drangsal bringt es Trost u. Stärke. Jedenfalls sollte niemals das Christentum von Amts wegen bekämpft werden, wie es die Nazis nach der Art des Meuchelmordes zu tun belieben. In Zukunft muß es Freiheit der religiösen Anschauung geben. Der Staat hat mit seiner reinen Gesittung erzieherisch zu wirken. Achtet ein Staatswesen die Sittengesetze nach innen und außen, dann wird auch der Bürger seine tierischen Instinkte eindämmen.

18. Jan. 1943.

Die deutschen Heeresberichte sprechen schon seit Wochen von fortgesetzten schweren Abwehrkämpfen. Sonderbar! Die Russen waren doch nach amtlichen Verlautbarungen bereits zusammengebrochen und konnten sich nie mehr erheben. Warum waren die Russen damals (im Okt. 1941) bereits erledigt? Warum greifen sie heute ohne Unterbrechung die deutschen Stellungen an? Und warum gibt die deutsche Heerführung keine Niederlage ⟨zu⟩?

Da es bekanntlich kein Kunststück ist, hinterdrein der Klügere zu sein, so will ich einige meiner Gedanken über Rußland hier niederlegen.

Sowohl die maßgebenden Kreise der führenden Schichten als auch das übrige deutsche Volk hatte niemals eine richtige sachliche Vorstellung von den Verhältnissen in Rußland. Besonders die kapitalistischen Kreise gaben sich die größte Mühe, tendenziöse, entstellte Berichte über Rußland in Umlauf zu setzen. Es durfte einfach nicht bekannt werden, daß der Umbau und Neuaufbau in Rußland schließlich nach vielen Jahren doch noch Erfolge zeitigten. Nach 1933 war es mit der Objektivität ganz aus. Jetzt hatte die Propaganda das Wort. Da mußte mit allen Mitteln bewiesen werden, daß es für die Arbeiterschaft nur ein Paradies gibt: Deutschland. Die Hölle war natürlich Rußland. Das mußte immer wieder von neuem nachgewiesen werden, damit die deutsche Arbeiterschaft nicht etwa nach Rußland sich zu schielen erlaubte. Aus diesem Grunde waren alle Berichte über Rußland parteiamtlich gefärbt.

Nicht allein das Volk konnte sich keine klare Vorstellung über die Verhältnisse machen, auch die Parteigenossen wurden allesamt über die wirkliche Kraft u. Stärke Rußlands getäuscht. Sogar die führenden Herren wurden ein Opfer ihrer eigenen Märchendichtung. Sonst wäre es einfach nicht denkbar, daß kurz nach Beginn des Krieges bereits von den »letzten Reserven«[169] gesprochen und geschrieben wurde und der Reichspressechef Dr. Dietrich im Okt. 1941 (!) in die Welt hinausposaunte: Der Krieg im Osten ist entschieden!

Einen Gegner zu unterschätzen, ist geradezu eine verbrecherische Leichtfertigkeit.

Schon lange Jahre vor dem Kriege habe ich mich für Rußland interessiert. Ich wollte die Wahrheit über Rußland wissen u. war zu dem Ergebnis gelangt, daß jedenfalls eine Studienreise die einzige Möglichkeit bietet, die Wirklichkeit kennen zu lernen.

Man stelle sich vor: Ein Deutscher wollte (ohne Spion zu sein) nach 1933 nach Rußland reisen. Das war natürlich ein Kommunist in den Augen der Bevölkerung u. ⟨er⟩ wäre bestimmt beobachtet u. bespitzelt worden. Somit war das ein unmöglicher Weg. Es blieb der Rundfunk übrig. Auch hier äußerste Vorsicht am Platze. Nach der einen wie nach[170] der anderen Richtung. Selbstverständlich stellten die politischen ⟨russ.⟩ Berichte den Sowjetstaat als angehendes oder künftiges Arbeiterparadies dar. Das mußte bei der Beurteilung berücksichtigt werden.

Der anständige Beobachter konnte aber doch aus allem Material herausfinden, daß der Sowjetstaat niemals mit dem Zarenreich verglichen werden konnte.

Die Sowjets hatten das russische Volk aufgerüttelt und ihm viele Wege zur fortschreitenden Entwicklung geebnet. Es sei nur an die Beseitigung der Analphabeten und die Errichtung von neuen Industriegebieten gedacht.

Der Deutsche ⟨war⟩ in seiner maßlosen Ueberheblichkeit felsenfest davon überzeugt, daß die Russen niemals auch nur im entferntesten mit der deutschen Industrie konkurrieren könnten. Der Deutsche ließ sich ohne weiteres einreden: Deutschland über alles.

Heft 6

18. Januar 1943
bis
2. September 1943.

18. Jan. 1943.
Ueber die wahren Verhältnisse in Rußland durfte das deutsche Volk nichts erfahren. Eine bedenkliche Unkenntnis über Rußland herrscht aber auch selbst in höheren Kreisen. Ich bin oft verwundert angestaunt, vielleicht auch als verkappter Bolschewist eingeschätzt worden, wenn ich über die gewaltigen Leistungen Rußlands in den letzten 15[1] Jahren sprach. Jedenfalls habe ich stets feststellen können, daß über die Errichtung zahlreicher großer Industriebetriebe im Uralgebiet und in Westsibirien vollkommene Unkenntnis herrschte. Namen wie Magnitogorsk, Swerdlowsk, Tscheljabinsk, Kusnezker Kohlenbecken usw. waren für die meisten Menschen unbekannte Begriffe. Schon bei Bekanntwerden des russ. 1. Fünfjahresplans (1928-1932) habe ich mich im Lexikon unterrichtet und mir auf der Karte die geographische Lage eingeprägt. Schon damals war es mir klar geworden, daß die russische Regierung in kluger Voraussicht diejenigen Maßnahmen ergriff,[2] die Rußland gegen einen zu erwartenden Angriff sichern sollten.[3]

Die Russen brauchten ja nur die Bibel der Nazis, »Mein Kampf«, zu lesen, da stand alles, was sie wissen wollten.

Z.B. in dem Abschnitt »Mit England gegen Rußland«:

»Wollte man in Europa Grund und Boden, dann konnte dies im großen und ganzen nur auf Kosten Rußlands geschehen, dann mußte sich das neue Reich wieder auf der Straße der einstigen Ordensritter in Marsch setzen, um mit dem deutschen Schwert dem deutschen Pflug die Scholle, der Nation aber das täglich Brot zu geben.«[4]

Ueber die Ostpolitik sagt Hitler weiterhin: »Nicht West- und nicht Ostorientierung darf das künftige Ziel unserer Außenpolitik sein, sondern Ostpolitik im Sinne der Erwerbung der notwendigen Scholle für unser deutsches Volk.«[5]

Mit dem Regierungsantritt Hitlers war es für Rußland eine Selbstverständlichkeit geworden, daß eines Tages Hitler seine Lieblingsidee in die Tat umsetzen würde. Im Jahre 1939 war Rußland noch nicht fertig – auch nicht fertig für eine reine Verteidigung. Daher der Vertrag vom Aug. 1939, den ich bis heute noch nicht verstanden habe. Der Angriff Deutschlands gegen Rußland kam den Russen meiner Ansicht nach unerwartet. Rußland u. die ganze Welt fiel auf die deutsche Agitation »Kampf gegen England« hinein. Jeder war von einem Angriff auf England überzeugt – nur ich nicht, wie aus meinen Aufzeichnungen hervorgeht.

Dem überraschenden Angriff begegnete Rußland nicht mit einer überlegenen Strategie. Ich sah viel zu viel Improvisationen. Die Ueberlassung des russ. Raumes war gut u. die Zerstörung des Gebietes heroisch, sowie unbedingt richtig. Für die Abwehr der durchstoßenden deutschen Panzerkräfte war ⟨aber⟩ nicht ausreichend gesorgt. Mit Inf.Waffen durfte auf russ. Seite überhaupt nicht operiert werden, sondern nur mit leicht beweglichen Maschinengewehr-, Panzerabwehr- und motor. Artilleriekräften, wenigstens in den ersten Monaten. Seit Mitte 1942 ist die Führung der Russen sehr gut. Die Offensiv-Aktionen seit Nov. 1942 großartig, sie könnten nicht besser sein. Ist es in der Kriegsgeschichte schon einmal vorgekommen, daß die Belagerungsarmee (bei Stalingrad[6]) selbst belagert wird und vom Erdboden verschwindet? Das haben die Russen im Kampfe gegen die 6. deutsche Armee fertig gebracht. Ueberhaupt wird Stalingrad ein Ruhmesblatt für die Russen bleiben.

Der sture deutsche Oberkommandierende (Adolf Hitler) klebt wie ein Besessener an den einmal erreichten Punkten. Ein Opfer der Prestige!

Wenn die Russen die Stoßkraft – woran ich nicht zweifle – noch einige Zeit beibehalten können, dann wird es eine dramatische Wendung auf dem Kriegsschauplatze in Rußland geben.

Im vergangenen Winter (1941/1942) glaubte Hitler, den Fehler gemacht zu haben, ⟨daß⟩ die Verproviantierung der Armee aus zu weiter Entfernung von der Front vorgenommen wurde. Diesmal wollte er klüger sein. Er verlegte die Depots nahe an die kämpfende Truppe, mit dem Erfolg, daß die Lager den Russen bei den Durchbrüchen sofort in die Hände fallen. Dieser Verlust ist überhaupt nicht mehr einzuholen unter Berücksichtigung der Tatsache, daß Rußland fortgesetzt von Amerika u. England unterstützt wird und dadurch uns enorm überlegen ist.

Hitler wagt es nicht, dem deutschen Volke auch nur annähernd die Wahrheit zu sagen. Vor einigen Tagen war erstmals aus dem Heeresbericht zu ersehen, daß die deutsche Armee ⟨bei Stalingrad⟩ »von allen Seiten« angegriffen wird.[7] Daß die deutsche Armee eingeschlossen ist, wird immer noch nicht verraten. Das ist mehr als blöde. Einmal kommt die Wahrheit doch an den Tag. Wie diese Herren um eine Galgenfrist kämpfen!

19. Jan. 1943.

Die Ehefrau des »alten Kämpfers« Heinrich H[...] ist heute noch davon überzeugt, daß wir im Frühjahr Stalingrad nehmen, so äußerte sie zu Alice Sch[...]. Diese politischen Weiber sind begeistert, wenn »genommen« wird, u. fragen selbst nicht darnach, ob der Mann, der bei Stalingrad sich befindet, zu Schaden kommt.

Frau H[...] wird sich wundern, wenn sie die Wahrheit erfährt, sie lautet:
Stalingrad ist russisch und wird russisch bleiben.

Der Gauleiter Sprenger[8] läßt den Behörden mitteilen, daß in Bezug auf den Dienstrang der einzelnen Stelleninhaber Mißverständnisse aufgekommen sind. Er hat an alle Behörden Listen derjenigen Parteigenossen des Gaues senden lassen, die sich in führenden Stellen befinden und dabei darauf hingewiesen, daß die Anrede der Politischen Leiter mit ihrem Dienstrang erfolgt.

So eine Gauleitung ist immerhin schon ein ganz ansehnlicher Apparat. Die Gauleitung Hessen-Nassau in Frankfurt a. Main besteht aus:

Name:	Dienststellung:	Dienstrang:
Linder, K.	Stellvertretender Gauleiter	Hauptdienstleiter
Avieny, W.	Gauwirtschaftsberater	Bereichsleiter
Bickendorf, H.	Gauinspekteur	Oberbereichsleiter
Dippel, H.	Amtsleiter NSKOV[a]	Hauptabschnittsleiter
Eck, W.	Gauobmann der DAF[b]	Oberbereichsleiter
Fuchs, F.	Gauamtsleiter der NSV[c]	Oberbereichsleiter
Gamer, H.	Leiter des Amtes für Handel u. Handwerk	Gauamtsleiter
Guthmann, Prof. Dr. H.	Dozentenbundführer	Abschnittsleiter
Hildebrandt, Dr. W.	Gauamtsleiter z. V.	Oberbereichsleiter
Immel, W.	Gaupersonalamtsleiter	Kreisamtsleiter
Kränzlein, Dr. G.	Leiter des Amtes für Technik	Abschnittsleiter
Kranz, Prof. Dr. W.	Leiter d. Rassenpol. Amtes	Hauptabschnittsleiter
Kremmer, J.	Leiter d. Amtes f. Beamte	Bereichsleiter
Kugel, P.	Gauorganisationsleiter	Oberbereichsleiter
Lincker, von J.	Vorsitzender des Gaugerichts	Gaurichter
Mörchen, Dr. W.	Leiter des Amtes für Volksgesundheit	Gauhauptstellenleiter
Reiße, H.	Gaustabsamtsleiter	Oberbereichsleiter
Rekowski, von H.	Gauwart d. NSG »KdF«	Gauamtsleiter
Reyl, Dr. J.	Sonderbeauftragter des Gauleiters für Rechtsfragen	Abschnittsleiter
Ruder, W.	Gauschulungsleiter	Oberbereichsleiter
Stöhr, W.	Gaupropagandaleiter	Oberbereichsleiter
Uckermann, K.	Leiter des Gaupresseamtes	Oberbereichsleiter
Schönberger, W.	Gauschatzmeister m.d.W.d.G.b.[d]	Obergemeinschaftsleiter[9]

Diese Nationalsozialistische Deutsche Arbeiter Partei (NSDAP) treibt einen ungeheuren Aufwand, um ihre Daseinsberechtigung unter Beweis zu stellen. Es reihen sich Amt an Amt und Leiter an Leiter. Vorstehend nur die führenden Personen der Gauleitung, einer von 38 Gauen.

Es folgen dann noch: Kreisleiter, Ortsgruppenleiter, Sektionsleiter, Zellenleiter und Blockleiter.

a) *NSKOV:* Nationalsozialistische Kriegsopferversorgung.
b) *DAF:* Deutsche Arbeitsfront.
c) *NSV:* Nationalsozialistische Volkswohlfahrt.
d) *m.d.W.d.G.b.:* mit der Wahrnehmung der Geschäfte beauftragt.

Eine ungeheure Zahl von beamteten Parteigenossen. Das nennen die Nazis die »verschworene Gemeinschaft«.

20. Jan. 1943

Parteigenosse Scherdt äußerte zu Heinr. B[...]: »Nach dem Kriege können die sich auf etwas gefaßt machen, die nicht mitgemacht haben.«

Dieser Naziterrorist hat eine Stinkwut über diejenigen Nichtparteigenossen, die es fertig bringen, sich gelegentlich zu drücken. Besonders uns hat dieser Blödling in sein Herz geschlossen. Er macht keinen Hehl aus seiner haßerfüllten Gesinnung. Meine Frau grüßt er nicht;[10] mich beachtet er nur, wenn er dienstlich mit mir in Berührung kommen muß. Die Begeisterung dieses gewordenen Nationalsozialisten rührt daher, daß er an einem Parteitag in Nürnberg teilnahm und als vollkommen bekehrter Mann zurückkehrte. Das Gesehene, der Glanz und die Partei-Herrlichkeit, hatte einen sehr tiefen Eindruck auf ihn gemacht. Scherdt erzählte damals auf unserer Geschäftsstelle, wer das gesehen hätte, müßte von der Sache überzeugt sein. An einem solchen Beispiel ist deutlich zu ersehen, aus welchen Gründen die Parteitage mit außergewöhnlichem Gepränge veranstaltet wurden. Der Zweck heiligt die Mittel; der einfache Parteigenosse wurde überwältigt von dem Fahnenprunk, den Aufmärschen der Gliederungen (Sturmabteilungen SA, Schutzstaffeln SS, Nat. soz. KraftfahrerKorps NSKK, Hitler-Jugend HJ), den Schaustellungen u. den vielen Reden. Die Aeußerlichkeiten mußten die innerliche Leere ersetzen und die Kraft u. Macht des Nationalsozialismus zum Ausdruck bringen.

Nicht nur die Seele des einfältigen Gemeindedieners Scherdt wurde auf diese Weise eingefangen, nein, es fielen auch Intellektuelle dem Prunk zum Opfer. Was für den Militarismus die Paraden sind, das waren für die NSDAP die Parteitage.

Für diejenigen, die bei den Veranstaltungen nicht dabei waren, ist dann schließlich die Presse als Trösterin aufgetreten. Ihre farbenreichen, übertriebenen Schilderungen brachten den Daheimgebliebenen Ersatz in Worten, und die Sehnsucht wurde obendrein noch gesteigert, auch einmal dabei zu sein. Da hatte die Propaganda bereits wieder für den nächsten Parteitag eingesetzt u. Stimmungsmache vorbereitet. Von diesen erprobten Mittelchen hat die Partei reichlich und unablässig auch bei Veranstaltungen in kleinerem Rahmen Gebrauch gemacht. Im Nazi-Jargon wurde das »aufgezogen«[11] genannt.

21. Jan. 1943.

Entschlossenheit zum Sieg

Berlin, 18. Januar ⟨43.⟩

In Berlin fand eine Kriegsarbeitstagung der deutschen Presse statt, auf der Reichspressechef Reichsleiter Dr. Dietrich die publizistische Aufgabe im gegenwärtigen Stadium des Kriegsgeschehens umriß, in dem die Entscheidung letzten Endes bei den Menschen, bei ihren höheren Werten, bei ihrer Haltung und ihrem Charakter liege. Dieser Krieg werde gewonnen durch die Überlegenheit aller menschlichen Werte eines Volkes neben dem soldatischen Einsatz durch die technischen Fähigkeiten einer Nation, ihre geistigen Kräfte und seelischen Energien, ihren Glauben und ihren Idealismus, ihren Willen, ihre Nerven, ihre Härte und ihre Ausdauer und nicht zuletzt durch ihre Fähigkeit zum Heroismus. Die Kraft zum Siege erwachse nur aus letzter Entschlossenheit. Jeder einzelne müsse Träger dieses Glaubens, Erwecker des Willens und ein Fels der Zuversicht sein. Diesen Geist in der Heimat, in den Massen, im ganzen deutschen Volk zu erwekken und wachzuhalten, das sei die vornehmste Aufgabe der deutschen Presse im gegenwärtigen Schicksalskampf.[12]

Die Heimkrieger wollen auch etwas tun, an der Spitze der Reichspressechef Dr. Dietrich. Er kommt nun nicht etwa auf die fixe Idee, an die Front zu eilen und der bedrängten Wehrmacht mit dem Gewehr in der Hand zu helfen. Ach nein, das überläßt der Pressechef allen anderen Leuten. Er gibt der Presse die »vornehme« Aufgabe, den richtigen Geist im deutschen Volke zu erwecken und wachzuhalten. Das ist bestimmt wesentlich vornehmer, in Berlin den Durchhalte-Geist anzufachen als in einer zerlumpten Uniform in Rußland den Gegner am weiteren Vordringen zu hindern.

Im »gegenwärtigen Stadium des Kriegsgeschehens« ist es erkennbar geworden, daß unsere Propaganda ihre freche Sicherheit verloren hat. Zu wem spricht denn eigentlich Dr. Dietrich? Die Miesmacher und Meckerer werden von den Ausführungen des Pressechefs nicht eines besseren belehrt werden. Diese Kategorie von Volksgenossen wird ohne weiteres fühlen, daß die »Entschlossenheit zum Sieg« nichts anderes ist als ein Notschrei an die Parteigenossen. Letztere werden also inbrünstig ermahnt, ihren Glauben, Idealismus, die Härte u. die Ausdauer zum unüberwindlichen Heroismus zu steigern.

Diese Melodie habe ich schon einmal gehört. Es war im Jahre 1918. Alte Platten auf neuen Apparaten!

Herr Dietrich! Ich will nicht bestreiten, daß Sie es fertig bringen können, wankende Parteigenossen aufzurichten oder sinkende Hoffnungen neu zu beleben. Das ist durchaus möglich. Erreicht wird damit aber nur, daß ein innerer Zusammenbruch etwas hinausgeschoben wird. Das ist alles.

Es kommt jetzt vor allen Dingen darauf an, ob die deutsche Wehrmacht in der Lage ist, den Sieg zu erringen. Das kann sie nie. Dazu fehlt ihr die Kraft; sie weicht vor den Russen zurück. Wie soll die deutsche Wehrmacht bei dieser Sachlage auch noch die Amerikaner und Engländer von dem europäischen Festlande fernhalten?

Die nat. soz. Stimmungsmache ist keine geeignete Waffe, um die Gegner niederzuringen. Aber nichtsdestoweniger werden sich die Nazis nicht davon abbringen lassen, bis zum letzten Atemzuge ihre Siegesposaunen zu blasen.

Stimmung! Stimmung!

Das deutsche Volk wird noch unendlich viel erdulden müssen. Ein qualvolles Leiden.

26. Jan. 1943.

Unter den Parteigenossen scheint es sich so langsam herumzusprechen, daß es an der Ostfront wenig zuversichtlich aussieht. Die Heeresberichte sind zwar immer noch wahrheitswidrig abgefaßt, aber sie lassen doch hin und wieder etwas durchsickern. Die Verschleierung wird von der breiten Masse nicht erkannt. Es gibt eine Menge von Beharrlichen, die sich einreden, im Frühjahr würde eine Wendung zu Gunsten Deutschlands eintreten. Das »Absetzen vom Feinde« und die »Frontverkürzungen« werden durchaus nicht tragisch genommen. Die Volksmenge ist viel zu dämlich, die wirkliche Lage zu erkennen. Die Schönfärber u. Phrasendrescher haben immer noch verhältnismäßig leichte Arbeit. Es müssen also noch kräftigere Brocken geflogen kommen, bis der deutsche Bürger überhaupt von den Dingen, die sich in der nächsten Zeit ereignen werden, etwas merkt. Das entmündigte deutsche Volk wird von seinen Beherrschern genau so behandelt wie ein geschäftsunfähiges Kind. Das Volk hat nur Kanonenfutter zu liefern. Die Gefallenen werden noch nicht einmal als Nummern geachtet, denn es gibt keine Verlustliste. In einem Schlachthaus werden wenigstens die Zahl der geschlachteten Tiere registriert und der Oeffentlichkeit bekannt gegeben. Noch nicht einmal die den Schweinen, Kälbern, Rindern u. Ochsen zu teil werdende Ehre, wenigstens eine Zahl zu bedeuten, wird den sogenannten »Helden« zugebilligt. Mit dem deutschen Volk kann man alles machen. Heil Hitler!!

28. Jan. 1943.

Hilde C[...] macht den Truppen bei Stalingrad den Vorwurf, sie seien schuld daran, daß es zu der Niederlage gekommen sei.

Dieses Naziweib will die Schuld auf die Soldaten abwälzen. Der Führer ist natürlich unfehlbar u. unantastbar.

Wer hat denn den Truppen den Durchhalte-Befehl gegeben u. sie vor allen Dingen nicht frühzeitig genug aus dem Stalingrad-Gebiet herausbefohlen? Doch der Oberkommandierende. Prestigegründe sind für die sinnlose Aufopferung der 20 eingeschlossenen Divisionen maßgebend gewesen.

Am 30. September 1942 hat Hitler unter dem brausenden und tosenden Beifall seiner Zuhörer im Sportpalast gesagt:

»Wir werden Stalingrad nehmen – worauf Sie sich verlassen können.[13]

... Jetzt ist es insbesondere die Inbesitznahme von Stalingrad selbst, die abgeschlossen werden wird. Und Sie können der Ueberzeugung sein, daß uns kein Mensch von dieser Stelle mehr wegbringen wird. (Tosender Beifall durchbraust minutenlang den Sportpalast).« –

Weil Hitler Stalingrad in Besitz nehmen u. diese Stelle halten wollte, einzig und allein deswegen wurden hunderttausende von Soldaten in den Tod gejagt.

Die Russen haben sich um die Prahlereien eines Hitler nicht gekümmert und die deutschen Truppen trotz den Beteuerungen des Oberkommandierenden Hitler aus Stalingrad und Umgebung hinausgeworfen.

⟨Hess. Landeszeitung 27. Jan. 1943.⟩

Nun erst recht!

In der klaren Erkenntnis, daß es um Sein oder Nichtsein unserer nationalen Existenz und damit um aller Glück und Leben geht, kämpfen seit Wochen und Monaten unsere Soldaten an der Ostfront und vor allem die Helden in Stalingrad einen Kampf, dessen Schwere und Härte für die Heimat kaum vorstellbar ist. Der von uns am gestrigen Tage veröffentlichte PK.-Bericht[a] des Kriegsberichters Herbert Rauchhaupt, der im Toben der Schlacht in Stalingrad geschrieben wurde, zeichnet ungeschminkt den Ernst der Lage, das übermenschliche Opfer, das Grenadiere und Offiziere nicht nur stündlich, nein Minute für Minute, in dem von einem fanatisierten Gegner eng umschlossenen Trümmerfeld von Stalingrad bringen. Es dürfte heute wohl keinen Mann und keine Frau in den deutschen Gauen mehr geben, deren Gedanken nicht unablässig bei den Helden am Ufer der Wolga weilen, die dort ganz auf sich gestellt, im klirrenden Frost, vielleicht schon verwundet und trotzdem in ihrem Kampfeswillen unerschüttert, für Deutschland und damit für jeden einzelnen von uns ausharren und, wenn es sein muß, das höchste Opfer bringen, das sie zu geben imstande sind, ihr Leben!

Diesem heldenhaften Verhalten der Kämpfer von Stalingrad kann die Heimat nie etwas gleichwertiges entgegensetzen. Wir alle können die unermeßliche Dankesschuld, in der wir bei jedem einzelnen Stalingradkämpfer stehen, nur dadurch schwach entgelten, daß wir geloben, mag kommen, was da will, in Härte allen Schwierigkeiten, allen Schicksalsschlägen zu trotzen, unbeugsam zu sein gegenüber allen Widerwärtigkeiten, die uns noch bevorstehen. Der Name Stalingrad soll, muß und wird uns emporreißen, wenn das Schicksal und die Wechselfälle des Krieges, dunkle gefahrvolle Stunden bringen. Mit dem Namen Stalingrad soll von jetzt ab ein »nun erst recht« verbunden sein! Der wirkliche totale Krieg, der auch den letzten Mann, die letzte Frau in all ihrem Tun und Lassen erfaßt, beginnt für uns erst jetzt! Nun erst recht nur eines: den Sieg, für den die Helden von Stalingrad kämpfen, leiden und sterben![14]

Clemens Schocke

a) *PK.-Bericht:* Die sog. PK-Berichte wurden von Angehörigen der Propagandakompanien (PK) verfasst. Im Unterschied zu den zivilen Kriegsberichterstattern handelte es sich bei den PK-Berichtern um Soldaten, die selbst am Kampfgeschehen beteiligt waren. 1943 umfassten die Propagandakompanien insgesamt ca. 15000 Soldaten. Das PK-Material (darunter auch Bildmaterial) wurde in der Regel über Nachrichtenagenturen an die Zeitungen verteilt; nur größeren Blättern ging es direkt zu. Da die PK-Berichte bei der Bevölkerung gerne gelesen wurden, unterlag ihre Verwertung in der Presse strengen Vorschriften. Vgl. Kohlmann-Viand 1991, S. 46-53.

Die Heldengesänge ändern gar nichts an der Tatsache, daß die Opfer von Stalingrad umsonst gebracht worden sind.

Es hat keinen Sinn, zwanzig Divisionen vernichten zu lassen, um den Opfermut des deutschen Soldaten zu loben und zu preisen.

Was hier in und um Stalingrad an Menschenleben nutzlos vergeudet wurde, kann nur als Wahnsinn bezeichnet werden.

Nachdem bereits im Herbst 42 erkennbar war, daß das strategische Ziel, die Umfassung der russischen Armee bei Stalingrad, nicht erreicht werden konnte, gab es nur eine vernünftige Entscheidung:

Aufgeben der gefährlichen Stellung im Raume Stalingrad. –

Jetzt geht der Tanz los! Das Drama von Stalingrad führt etwa nicht dazu, die unfähige deutsche Führung hinwegzufegen. Wer das glaubt, kennt die Nazis nicht. Jetzt beginnt – wie die Berichterstatter in den Zeitungen verkünden – der wirkliche totale Krieg. Ich war seither der Meinung, der totale Krieg hätte schon im Jahre 1939 begonnen. Das scheint aber ein Irrtum gewesen zu sein. Die Erfolge der Russen haben die führenden Herren der NSDAP ganz aus dem Häuschen gebracht. Sie wissen nicht mehr ein noch aus. Alle Zeitungsschmierer, Biertischstrategen und Redner werden mobil gemacht, um in Wort und Schrift den Kampfeswillen der deutschen Nation auf höchste Touren zu bringen. Die Partei-Hysteriker sind am Werk. Ihr Wutgebrüll soll den Spießer zu einer vermehrten Kraftentfaltung veranlassen. Das ganze deutsche Volk soll von einem fanatischen Siegeswillen erfaßt werden. Diese Konsequenz ziehen die Bonzen aus der gegenwärtigen Lage. –

Ach wie bald, ach wie bald, schwindet Schönheit und Gestalt.[15] –

Wie ist es doch so merkwürdig, daß die Nazis ausgerechnet von dem Gegner in wilde Aufregung versetzt werden, von dessen Unfähigkeit sie seit Beginn des Krieges nicht genug sprechen konnten. Angefangen von den »letzten« Reserven im Juli 1941 bis zur endgültigen Vernichtung durch die Reden Hitlers ist dem deutschen Volke immer wieder eingeredet worden, daß die Beendigung des russischen Krieges nahe bevorstehe. »Der Feind ist niedergeschlagen und wird sich nie mehr erheben«, verkündete der Führer bereits im Herbst 1941.[16] Eine ungeheure Täuschung. Oder ein schamloser Betrug?

Und heute? Die Zeitungen belehren uns. Einige Schlagzeilen mögen dies veranschaulichen:

»Treue und Pflichterfüllung bis zum Aeußersten.[17]
Der Heldenkampf in Stalingrad, stärkstes Unterpfand für den deutschen Endsieg.[18]
Hart sein – härter werden.[19]
Die letzte Arbeitskraft heran für den Sieg.[20]
Warum Stalingrad?[21]
Wir mobilisieren die Masse.[22]
Die Jugend im totalen Krieg.[23]
Siegen heißt für die Heimat noch mehr arbeiten.«[24]

Nun kann sich das deutsche Volk noch auf etwas gefaßt machen, bis die Tyrannen ausgewütet haben. Die Masse soll es jetzt schaffen. Von der Masse versprechen sie sich den Endsieg.

Kann man Toren zur Vernunft bringen? Nein, niemals. Sie müssen sich austoben. Und wenn sie sich ausgetobt haben, dann sind wir genau so weit wie vor dem Tobsuchtsanfall.

Ich lasse die Nazis toben. Für mich ist es eine freudige Genugtuung, daß sich meine Wünsche langsam aber sicher erfüllen. Nur jetzt nicht die Ruhe verlieren!

29. Jan. 43.

Der Kadavergehorsam des deutschen Soldaten bis zur eigenen Vernichtung hat bei Stalingrad triumphale Formen angenommen. Kein Volk in der ganzen Welt würde sich einem derartigen irrsinnigen Befehl beugen, den Hitler seinen Truppen vor Stalingrad gegeben hat: Aushalten, auch auf verlorenem Posten.

Gleiches geschieht auch mit der Zivilbevölkerung. Männer von 16-65 Jahren u. Frauen von 17-45 werden für die Kriegsmaschine mobilisiert. Auch hier: Blinder Gehorsam bis zur Vernichtung.

Schon bisher wurde jeder brauchbare Mensch irgendwie eingespannt. Dieses allerletzte Aufgebot soll lediglich die Nazis vor dem Vorwurfe schützen, nicht alles eingesetzt zu haben. Selbst wenn noch eine Armee aus den Betrieben zusammengekratzt wird, ändert das keineswegs etwas an unserer katastrophalen Lage. Bis diese Armee zusammengestellt wird, haben sich die Verluste wieder derart vermehrt, daß schließlich am Ende die jetzt eingezogenen wehrfähigen Männer lediglich als Ersatz und nicht als Vermehrung zu werten sind.

Die 6. Armee kämpft heldenhaft weiter

Winterschlacht im Osten mit unverminderter Stärke – Neun Britenbomber abgeschossen

Aus dem Führerhauptquartier, 27. Januar (43). Das Oberkommando der Wehrmacht gibt bekannt: Die große Winterschlacht an der Ostfront dauert mit unverminderter Stärke an und weitet sich auf neue Räume aus.

Die noch kampffähigen Teile der 6. Armee verkrallten sich in die Trümmer der Stadt Stalingrad. Unter Aufbietung aller Verteidigungsmöglichkeiten gegenüber pausenlosen Angriffen der Sowjets auf der Erde und aus der Luft binden sie die Kräfte mehrerer Sowjetarmeen. Eine in die Stadt vorgedrungene feindliche Kräftegruppe wurde in erbitterten Kämpfen zerschlagen.

Im Kubangebiet verlaufen die eigenen Bewegungen völlig planmäßig. Feindliche Angriffe westlich Manytsch wurden zum Teil im Gegenstoß abgeschlagen.

Dem Angriff der deutschen Divisionen zwischen Manytsch und Don setzte der Feind verstärkt erbitterten Widerstand entgegen. Weitere Geländegewinne wurden erzielt.

Der Versuch des Gegners, den Aufbau der neuen Abwehrfront westlich von Woronesch zu verhindern und in diese unter Aufbietung starker Infanterie- und Panzerkräfte einzubrechen, wurde blutig abgewiesen.

In der Schlacht am Ladogasee wurden starke Panzer- und Infanteriekräfte, die sich an einer Stelle zehn-, an einer anderen Stelle achtmal wiederholten, von unseren Truppen unter schwersten feindlichen Verlusten abgewiesen. Einzelne kleinere Einbrüche wurden im sofortigen Gegenstoß bereinigt.

Die Luftwaffe entlastete die Verbände des Heeres durch zahlreiche Angriffe auf Truppenbereitstellungen und rückwärtige Verbindungen des Feindes.

Jagdverbände schossen in fünf Tagen südlich des Ladogasees 97 sowjetische Flugzeuge bei nur einem eigenen Verlust ab.

In Nordafrika nur Spähtrupptätigkeit. Schnelle deutsche Kampfflugzeuge zersprengten in Tunesien motorisierte Abteilungen des Feindes und vernichteten oder beschädigten auf einem Flugzeugstützpunkt eine größere Anzahl abgestellter Bombenflugzeuge. In den Gewässern von Algier wurde ein großes feindliches Transportschiff in Brand geworfen.

Bei Tages- und Nachtvorstößen in die besetzten Westgebiete verlor der Feind neun Flugzeuge. Einzelne feindliche Bomber flogen in der vergangenen Nacht unter Verletzung schweizerischen Hoheitsgebietes in Süddeutschland ein, ohne jedoch Bomben zu werfen.

Eine Hafenstadt an der Südostküste Englands und eine Ortschaft im Südosten der Insel wurden am gestrigen Tage mit Bomben schweren Kalibers angegriffen.[25]

Die Berichte des Oberkommandos der Wehrmacht sind in finsteren Tagen noch nie sehr offenherzig gewesen. Der einfache Mann kann sich überhaupt kein Bild von der wirklichen Lage machen. Während bei dem siegreichen Vordringen der deutschen Truppen stets die Ortsnamen der eroberten Städte genannt wurden, schweigt sich das Oberkommando heute aus. Es wird von »Räumen« oder »Gebieten« gesprochen.

Der obige Bericht erwähnt, daß die Winterschlacht sich auf »neue Räume ausweitet«. Welche Räume sind das?

»Die noch kampffähigen Teile der 6. Armee verkrallen sich in die Trümmer der Stadt Stalingrad«. Wir werden bald erfahren, daß der letzte deutsche Soldat in Stalingrad gewesen ist. Die geringen noch vorhandenen deutschen Truppen können niemals »mehrere Sowjetarmeen« binden. Das war einmal. Im November u. Dezember 1942. Aber nicht heute.

»Im Kubangebiet verlaufen die eigenen Bewegungen völlig planmäßig«, erklärt das Oberkommando. Daraus geht hervor, daß die deutschen Truppen nicht mehr im Kaukasus stehen und im Begriffe sind, das Kubangebiet zu räumen. Dieser Entschluß ist vom Feinde erzwungen. Vor 4 Wochen wäre es eine strategische Maßnahme gewesen, heute jedoch werden die Rückwärts-Bewegungen vom Feinde diktiert. Die Kriegslage hat sich gewaltig geändert. Die Initiative ist in den Händen der Russen. Im Winter 1941/1942 wurde der deutsche Angriff auf Moskau von den Russen aufgehalten u. die angreifende deutsche Armee aus dem Raume Moskau hinausgedrängt. In diesem Winter greifen die Russen auf der ganzen Ostfront an und bringen die gesamte Front in Bewegung. Es kann sich eine Katastrophe für das deutsche Heer entwickeln, sofern die Rote Armee genügende Stoßkraft in den nächsten Wochen behält. Aus dem Raume Woronesh droht nach meiner Meinung die schwerste Gefahr für die deutschen Stellungen in der Ukraine. Vom oberen Don bis zum mittleren Dnjepr sind ⟨nur⟩ Entfernungen von 400-500 Kilometer zu überwinden. Dabei ist zu berücksichtigen, daß die Russen das obere u. mittlere Dongebiet fest in der Hand haben und sich bereits dem Donnez in breiter Front nähern. Ferner ist zu beachten, daß die Russen den größten Teil ihrer Truppen aus dem Raume von Stalingrad zum Entsatz der Ukraine verwenden können u. natürlich auch verwenden, zudem nur 300-400 Kilometer zurückzulegen sind.

Das deutsche Oberkommando hat den verhängnisvollen Fehler begangen, sich überall festzukrallen, anstatt frühzeitig auf geeignete Stellungen zurückzugehen und sich ausreichende Reserven für operatives Handeln zu sichern. Mitten im Winter und bedrängt vom Gegner ist das nicht möglich. Der Verlust an Menschen und Material ist nicht von heute auf morgen auszugleichen.

30. Januar 1943.

Wie war es vor zehn Jahren? Dr. Joseph Göbbels schildert es in seinem Buche »Vom Kaiserhof zur Reichskanzlei« sehr anschaulich:

… »Nun liegt die Etappe des Kampfes um die Macht hinter uns. …

Es herrscht unbeschreiblicher Jubel … Hunderttausende und Hunderttausende ziehen im ewigen Gleichschritt unten an den Fenstern vorbei … In einem sinnlosen Taumel der Begeisterung geht diese Nacht des großen Wunders zu Ende. … Das neue Reich ist erstanden.«[26] –

Das war vor 10 Jahren: Macht … Jubel … Begeisterung … sinnloser Taumel. –

Und heute nach 10 Jahren: Krieg … Krieg … und nochmals Krieg. –

In würdigen Feiern soll des Tages der »Machtergreifung« gedacht werden. Ohne Fahnenschmuck. Eine merkwürdige Entwicklung!

Das war ⟨vielleicht⟩ Euer letzter 30. Januar, Ihr Herren Machtergreifer!

Ihr seid reichlich in Blut gewatet, und im Blute werdet Ihr untergehen!

In dieser Stunde wollen wir nicht vergessen, daß der Krieg in den Rüstungswerkstätten geplant worden ist u. das Preußentum sich voll und ganz hinter Hitler verschanzte. Alle führenden Männer der Industrie u. fast alle Offiziere stellten sich hemmungslos dem Gefreiten Hitler zu Verfügung. Sie müssen dementsprechend beurteilt und behandelt werden. Hoffentlich finden sich harte Männer, die es nicht zulassen, daß sich die Schuldigen wie 1918 u. den folgenden Jahren ein Schafsfell umhängen und bei der ersten sich bietenden Gelegenheit wieder zu reißenden Wölfen werden.

1. Febr. 1943.

Frau Rektor D[...] kann die Völker, die sich gegen uns stellen, nicht verstehen, da wir ihnen doch nur Gutes (!) bringen wollen. –

Derartige Idiotie ist weiter verbreitet als mancher annimmt. Das deutsche Volk hat in seiner großen Mehrheit weder Verstand noch irgend welches Gerechtigkeitsgefühl.

2. Febr. 1943.

Die Schlacht in und um Stalingrad hat heute um 4 Uhr ihr Ende gefunden.

Das Drama ist aus!

Die 6. Armee unter Generalfeldmarschall Paulus hat aufgehört zu existieren.

Ueber 300000 Mann tot oder in Gefangenschaft.

Hitler hatte verlangt, daß sich die Truppen bis zum letzten Manne aufopfern.

100% Generale = 24 Stück haben es aber vorgezogen, lebend in russische Gefangenschaft zu wandern. Der Heldentod ist nur für die Dummen.

Die deutsche Armee hat unter dem »genialsten Feldherr aller Zeit« (wie Hitler nach dem Siege über Frankreich genannt wurde)

die größte Niederlage aller Zeiten

erlitten.

Warum? Weil der »geniale Feldherr« keinen blassen Dunst von wirklicher Strategie hat. Aus Prestigegründen wollte er krampfhaft die Stellungen in und um Stalingrad halten, denn er hatte am 30. Sept. 1942 im Berliner Sportpalast großsprecherisch der Welt verkündet, daß »wir Stalingrad nehmen und daß uns kein Mensch mehr von dieser Stelle wegbringen wird.« Deshalb wurden fanatisch u. sinnlos Hunderttausende geopfert.

»Wir nehmen« so hat dieser Idiot geschrieen, aber er und die anderen Schreier sind ruhig im Hintergrunde geblieben.

Jetzt toben die Bonzen und Propagandisten. Mit prahlerischen Tiraden wird versucht, den Schandfleck »Stalingrad« zuzudecken und das blöde Volk erneut aufzurütteln und zum Einsatz der letzten Kräfte zu bewegen.

Hessische Landes-Zeitung

Lieber Volksgenosse!

⟨28.I.43.⟩

Der totale Krieg und du

Hand aufs Herz, lieber Volksgenosse in der Heimat, hast du bis heute von der Kriegszeit als Notzeit viel gespürt? Gewiß, auch du mußt dich einschränken, du mußt mehr und schwerer arbeiten als im Frieden, nimmst Verzichte und Entbehrungen auf dich: du hast auch deine Sorgen. Du hast sogar zusätzlich einige Aufgaben übernommen, du hast deine Spenden für das Kriegs-WHW freiwillig erhöht und hast auch sonst immer wieder zu beweisen versucht, daß du den Ernst der Zeit verstehst und im Gleichtakt mit den andern Volksgenossen marschierst, die vielleicht ein hohes Opfer mit dem Tod eines lieben Angehörigen für den Krieg brachten. Aber die letzten Kraftanspannungen, die letzten Reserven haben wir alle noch nicht aus uns herausgeholt. Wie oft magst auch du schon das Wort vom totalen Krieg in den Mund genommen haben in der Ueberzeugung, daß wir diesen totalen Krieg schon seit 1939 führen.

Totaler Krieg! Das ist ein Wort, dessen ganze Tragweite, dessen ernstes, unser Leben völlig umwandelndes Gesetz wohl den wenigsten bis heute klargeworden ist. Die höchsten Lasten und Leiden des totalen Krieges tragen allein unsere tapferen Soldaten, und die Heimat folgte ihrem Heldengang in dankbarer Bewunderung, froh, daß das Chaos von Blut, Brand und Eisen in immer weitere Fernen rückte. Vorausschauende Planung hat uns trotz aller Blockade das tägliche Brot gesichert; das Leben mußte sich zwar kriegsbedingten Einschränkungen unterwerfen, behielt aber trotzdem viele Anklänge an friedenszeitliche Regelungen. Und es gibt auch heute noch manche untätigen Hände: ohne zwingenden Grund liegen sie brach, obwohl sie für Krieg und Sieg fleißig mitschaffen könnten.

Totaler Krieg aber fordert: Aufgebot aller Kräfte, Zupacken des letzten Mannes, der letzten Frau an den Aufgaben der Kriegsführung. Wir alle haben jetzt nur das zu tun, was dem harten, unerbittlichen Kampfe dient, wir alle haben das zu lassen, was – und sei es auch nur in Kleinigkeiten des Alltags – den Kampfwillen, die Siegesentschlossenheit des einzelnen und der Gesamtheit im geringsten hemmen könnte. Es gibt keine andere Wahl: entweder Sieg oder Untergang, Freiheit oder Bolschewismus, Durchbruch zu strahlender Zukunft oder Sturz ins finstere Nichts. Als leuchtendes Fanal und zwingende Mahnung an die deutsche Heimat und die europäische Welt steht vor uns der wahrhaft heroische Kampf unserer Soldaten in Stalingrad.

Der Ruf an dich, lieber Volksgenosse, ergeht in schicksalhafter Stunde. Immer hat der Führer nur das vom deutschen Volke gefordert, was notwendig ist: auch im Kriege ist es nicht anders. Wir alle wissen, daß wir siegen müssen. Wir alle müssen um unser Leben und um unsere Zukunft kämpfen. Die Kraft unserer Herzen, Hirne und Fäuste, die ganze leidenschaftliche Entschlossenheit, flammende Wut und unbeirrbare Kampfbereitschaft unseres Volkes kann heute nur dem einen großen Ziele dienen: Totaler Krieg an der Front und in der Heimat, bis die Feinde für immer niedergezwungen sind.[27]

Die letzte Arbeitskraft heran für den Sieg

Der Gauleiter sprach auf einem Betriebsappell im Kreise Groß-Gerau

NSG. **Frankfurt a. M.,** 26. Januar ⟨43⟩ Gauleiter und Reichsstatthalter Sprenger sprach am Dienstagnachmittag im Rahmen eines Betriebsappells zu der Belegschaft eines Werkes im Kreis Groß-Gerau über die gegenwärtige politische und militärische Lage und über die Aufgaben der Heimat.

Nach der Begrüßung durch den Betriebsführer behandelte der Gauleiter zu Beginn seiner Rede die Erfolge des Nationalsozialismus, die in den zehn Jahren seit der Machtübernahme das deutsche Volk zu einer verschworenen Gemeinschaft zusammengeschmiedet haben. Genau so wie der Nationalsozialismus vor der Machtübernahme gegen die Kräfte des Chaos ringen mußte und dabei auch erst nach härtestem Einsatz den Sieg davongetragen habe, so kämpfe heute das ganze deutsche Volk in eiserner Härte gegen Bolschewismus und Plutokratie. Der Krieg, so führte der Gauleiter weiter aus, ist nun in seiner ganzen Totalität in Erscheinung getreten. Unsere Soldaten an der Ostfront stehen in härtestem Kampf gegen eine Flut von Menschen und Material, die der Bolschewismus jahrzehntelang in systematischer und rücksichtsloser Weise für die Weltrevolution vorbereitet hatte. Wenn auch dieser gewaltige Einsatz unseren Gegnern gewisse Erfolge gebracht hat, so sind wir doch voller Zuversicht. Die Konsequenz, die das deutsche Volk aus dem verstärkten Ansturm des Ostens zieht, ist allein die der vermehrten Kraftentfaltung. Jetzt gelte es kompromißlos alle zur Verfügung stehenden Kräfte einzusetzen. Jeder einzelne hat heute die heilige Verpflichtung, sich in den Produktionsprozeß einzuschalten und so mit für den Endsieg beizutragen. Mit der gleichen Härte wie unsere Soldaten im Kampfe stehen, hat jeder Deutsche jetzt seinen Arbeitsplatz auszufüllen. Die Geschichte hat gezeigt, daß ein Sieg nicht ohne Verluste und Rückschläge errungen werden kann. Nur der wird Sieger sein, der bis zuletzt das Kampffeld behauptet. Niemand in der Heimat zweifelt daran, daß dies der deutsche Soldat sein wird.

Zum Schluß seiner Ausführungen richtete der Gauleiter nochmals einen eindringlichen Appell an die Belegschaft, ihre ganze Kraft einzusetzen. Die Heimat müsse jederzeit vor der Front bestehen können. Das ganze deutsche Volk muß von einem fanatischen Siegeswillen erfaßt sein. Wir werden es schaffen, weil wir es wollen und weil Adolf Hitler uns führt.

⟨28.I.1943.⟩

Wir mobilisieren die Masse

Die deutsche Kriegführung hat bisher ausschließlich mit der überlegenen Haltung und Leistung des Einzelkämpfers und der besseren Qualität des Materials operiert. Die Quantität hatte sie dabei nicht vergessen. Das Gewicht aber der Massen an Menschen und Material, die der Gegner immer mehr einsetzt, zwingt uns heute zu einer gewissen Umstellung. Sie beruht auf der Erkenntnis, daß Masse nur bis zu einem gewissen Grade durch Leistung aufgewogen werden kann. Die Masse überflutet jetzt unsere heroischen Stalingradkämpfer. Mit der Masse steht unsere gesamte Ostfront in furchtbarstem Ringen. Durch ein ununterbrochenes Massenaufgebot an der ganzen Front werden wir zu einer Abwehr gezwungen, die alle sonst zum Entsatz verfügbaren Kräfte bindet. Mit der Masse haben es auch unsere anderen Fronten und die U-Boote zu tun.

Wir müssen nun der Masse die Masse entgegenstellen. Zu letztem Einsatz muss jeder Mann, jede Frau aufgeboten werden. Massen von deutschen Soldaten, jeder ein überragender Einzelkämpfer, müssen an die Kampffront, um der geistlosen Masse des Feindes eine Masse voller Geist, Charakter und kämpferischer Leistung entgegenzustellen. Jede Frau muss an die Front der Arbeit, um den Materialmassen des Feindes Massen an viel besserem Material entgegenzuwerfen. Wir müssen die dumpfen Massen des Feindes mit einer Masse stärkster Höchstleistungen besiegen. Der statischen Masse des Gegners müssen wir mit der dynamischen Energie der Masse unseres gesamten Volkes überwältigend antworten.

Jeder von uns muß seinen kämpferischen Einsatz vervielfachen, der Mann an der Front, die Frau in der Heimat. Es gilt die größte Kraftprobe, die unser Volk jemals zu bestehen hatte. Die Stalingradhelden sind unerreichbares Vorbild! Mit dem Blick auf sie schreitet unser Volk heißen Herzens in den Kampf und an die Arbeit.

Dr. Edzard Hobbing

Der totale Krieg!
Das Aufgebot der ganzen Nation!

Die unwiderruflich allerletzte Hoffnung. Das hilft nichts. Flickwerk – sonst nichts. Göbbels hat einmal den Amerikanern zugerufen, ihre Hilfe für England käme zu spät.

Dieses »zu spät« passt aber ausgezeichnet für alle Maßnahmen, die jetzt angesichts der sehr schlechten Lage an der Ostfront in aller Eile getroffen werden. Mit Improvisationen kann der jetzt siegreichen russischen Armee nicht entgegengetreten werden.

Die Russen werden ausgezeichnet geführt. Diese Führung ist nicht mit Hilfsmaßnahmen zu erschüttern.

Ich will nicht leugnen, daß noch mancher deutsche Mann aus der Heimat an die Front gebracht werden könnte. Aber die Menschen allein genügen nicht. Ganz abgesehen davon, daß die Qualität dieser Not-Kämpfer im 4. Kriegsjahr viel zu wünschen übrig lassen wird. Der Soldat braucht Waffen und wieder Waffen. In den vergangenen 2 Monaten hat das deutsche Heer enorme Mengen von Kriegsmaterial verloren. Das noch verbliebene Heeresgut wird durch den Rückzug bei dieser Jahreszeit stark strapaziert. Uniformen u. Schuhe der Soldaten leiden Not u. können nicht in großen Massen erneuert werden. Wer all diese Dinge berücksichtigt, wird mit mir zu der Ueberzeugung kommen, daß die Lage Deutschlands anfängt, sich in eine Katastrophe zu verwandeln.

4. Febr. 1943.

Von der Niederlage bei Stalingrad haben die meisten Menschen noch nicht die richtige Vorstellung. Zwar ist die Zahl derer, die zu denken beginnen, etwas angestiegen. Aber die breite Masse des Volkes weiß immer noch nicht, was eigentlich los ist. Die Propaganda sorgt dafür, daß der Siegeswille nicht zu rapid sinkt. Die Wahrheit wird nach wie vor unterdrückt. Die Niederlage wird beschönigt und Rückschläge als Bestandteil des Endsieges bezeichnet. Das durch Siege verwöhnte Volk ist unzweifelhaft etwas erschüttert, es sind aber noch mehrere eindrucksvolle Niederlagen erforderlich, um dem Glauben des Volkes einen vernichtenden Schlag zu versetzen. Indessen – wir befinden uns auf dem Wege zum Zusammenbruch aller Hoffnungen.

8.II.1943

Um den sinkenden Mut und die hier u. dort im Abflauen befindliche Siegeszuversicht zu stärken u. erneut auflodern zu lassen, machen Presse und Partei die verzweifeltsten Anstrengungen.

Betriebsappelle, Versammlungen, Schulungen sollen helfen, den Endsieg zu erringen. Hoffnung ist der Wanderstab, von der Wiege bis zum Grab.

Gestern waren die Amtsleiter des hiesigen Bezirks nach Hungen gerufen worden, um die letzte Oelung zu erhalten. Es sprachen ein Gauredner, der Tierarzt Dr. Erb aus Lich und der Schulungsleiter Obersteiger Karl Dietrich aus Lardenbach, Bahnhofstraße 71. Wie mir erzählt wurde, ist der Gauredner noch nicht erschüttert, er schwärmte von den Siegen an allen Fronten. Erb soll etwas nüchterner gesprochen und auf die Zusammenfassung aller Kräfte hingewiesen haben. Ihm war es besonders darum zu tun, die Stimmung im Volke aufrechtzuerhalten. Erb forderte die Versammlungsteilnehmer auf, auf diejenigen zu achten, die durch Gerüchte oder Miesmachereien eine Verschlechterung der Stimmung hervorrufen wollen. Man solle für einwandfreie Zeugen sorgen und die Geheime Staatspolizei anrufen!

Alle Parteigenossen stehen auf dem Standpunkte: es geht um Sein oder Nichtsein u. deshalb müssen »wir« siegen. Das ist eigentlich verständlich, wenn sich einer mit Herz und Hand der Partei verschrieben hat.

Die Presse ist ebenfalls eifrig bemüht, die letzten Kräfte aufzubieten. In den Redaktionsstuben haben schon immer die kühnsten Phantasten und die verrücktesten Eroberer ihr Unwesen getrieben. Die Einheitspresse ist keinerlei Kritik ausgesetzt und kann sich jeden Schwindel erlauben. Vom Blitzkrieg bis zum Endsieg. Das deutsche Volk schluckt alles widerstandslos.

Zur Zeit ist unsere Kriegslage mehr als trüb. Trotzdem bringt es ein Artikelschreiber fertig, ausgerechnet unseren Truppen in Afrika, Offensiv-Absichten anzudichten. Es ist nichts zu dumm, es findet doch sein Publikum.

> Indessen geht die Schlacht in Afrika den planmäßigen Gang, den ihr die deutsche Führung zu geben entschlossen ist. Mit der Aufgabe von Tripolis, die als Zeichen militärisch nüchternen Denkens unseres faschistischen Verbündeten hoch anzuschlagen ist, zeigt es sich, daß der Grundgedanke der Achsenstrategie in Nordafrika der ist, die beiden großen Kräftegruppen, die durch Tausende von Kilometern getrennt operierten, zu gemeinsamem Handeln zusammenzuführen. Gestützt auf das seestrategische Dreieck Tunis-Sizilien-Sardinien bildet dann Tunesien einen Brückenkopf für die Gesamtstreitkräfte der Achse in Nordafrika, der ihr jederzeit die Freiheit läßt, ihre Aufgaben in der Abwehr des feindlichen Drucks zu sehen oder in der einen oder der anderen Richtung zu eigener Offensive zu schreiten.[28]

Sogar Dr. Josef Goebbels hat seine freche Sicherheit verloren und klammert sich an den Wunderglauben.

Am 30. Jan. 1943 schrie er in die Welt hinaus:

»Wir glauben an den Sieg, weil wir den Führer haben.« So ganz nebenbei bemerkt, habe ich diesen Mephisto Goebbels, diesen geriebenen Fuchs, für gescheiter gehalten.

Die von Hitler höchst persönlich begangenen groben Fehler rechtfertigen keineswegs einen solchen ⟨von Göbbels inszenierten⟩ Glauben. Hitler als Retter in der Not? Nichts verkehrter als das.

Ich glaube, daß wir den Krieg verlieren, weil wir den Führer Hitler haben. Jeder andere verantwortungsbewußte Mensch hätte diesen Krieg nicht ⟨so⟩ weit getrieben wie dieser Massenmörder Adolf Hitler.

Die Presse mag sich noch so viel anstrengen u. von totalem Kriegseinsatz mit geballter Kraft schreiben. Die Zusammenfassung aller Energien ändert nichts an der Tatsache, daß die totgesagten Russen gewaltige Fortschritte erzielt haben u. unseren Truppen Tag und Nacht schwer zusetzen. Heute ist noch nichts davon zu merken, daß die Stoßkraft der Russen nachläßt. Selbst wenn dies zutreffen würde, daß die russ. Armee eine Zeitlang ausschnaufen müßte, dann kommen die Gewitterwolken eben aus einer anderen Richtung. Irgendwo im Raume des Mittelmeeres wird ein Angriff der Engländer u. Amerikaner zu erwarten sein. Die Bedrohung des nahen Ostens ist durch die Rückzüge Rommels und der Kaukasus-Armee ausgeschaltet. Hierdurch sind die engl. Truppen (9. u. 10. Armee) zu einer anderen Verwendung frei geworden.

Italien oder der Balkan werden als Angriffsziele in Betracht kommen. Ferner ist auch noch mit einer Offensive aus England zu rechnen. Dort liegen aufgesparte engl. u. kanadische Armeen. Wenn das Gewitter losbricht, kann sich Deutschland an allen Ecken und Kanten zur Wehr setzen. Dann werden wir auch sehen, daß der »totale Kriegseinsatz« zwar ein Hilfsmittel aber keine ausreichende Hilfe gewesen ist.

In meiner Eigenschaft als Meckerer ist mir aufgefallen, daß in den Reihen der Amtsleiter u. Bonzen kein sehr großes Verlangen nach der Front im Osten festzustellen ist. Sie reden alle vom Kriegseinsatz, bleiben aber ruhig an Ort u. Stelle. Die müßten mit gutem Beispiel vorangehen. Das meine ich. Ein ganzes Heer von Parteigenossen, Heimkriegern, Reiserednern, Amtsleitern, Journalisten u. Propagandisten wäre zusammenzustellen. Die Partei u. die Gliederungen sind keine lebensnotwendigen Dinge. In der Vergangenheit wurden die Kriege ohne diese Einrichtungen geführt. Bitte meine Herrschaften, auf zur Front!

(Mein Ruf wird ergebnislos verhallen.)

Mit einem Kriegsgefangenen eingelassen[a] ⟨1943.⟩

Als Ehefrau eines Wehrmachtangehörigen hat sich die 22jährige Else Wingert aus Darmstadt in besonders schwerer Weise auf ihrer Arbeitsstelle mit einem französischen Kriegsgefangenen eingelassen und bei diesen scham- und würdelosen Beziehungen zeitweise sogar Fluchtabsichten unterstützt. Das Sondergericht in Darmstadt verurteilte die Täterin wegen dieses Verbrechens zu einem Jahr und 5 Monaten Zuchthaus.

a) *Mit einem Kriegsgefangenen eingelassen:* Else Wingert habe, da die Gefangenen immer hungerten, einem der Arbeiter von ihrem Brot gegeben. Daraufhin sei sie denunziert und verhaftet worden (schriftliche Auskunft der Familie an die Arbeitsstelle Holocaustliteratur, Gießen, 2.7.2009). Die Akten des Strafverfahrens gegen Else Wingert sind vernichtet (HStAD, Best. G 27 Darmstadt Nr. 1191).

12.II.43

Die Ehefrau des Bauers D[...], Ruppertsburg, Unterm Steinberg 6, äußerte zu ihrem Bruder August H[...] 2., daß »wir« Stalingrad wieder nehmen werden. –

Die furchtbaren Verluste, die das deutsche Heer bei Stalingrad erlitten hat, machen gar keinen Eindruck auf dieses Bauernmensch. Ich wüßte ein sehr gutes Mittel, um diese Wiedereroberungsfanatiker zum Schweigen zu bringen: Jeder, der die von dem deutschen Heere aufgegebenen Gebiete wieder »nehmen« will, hat sich sofort mit der Waffe an die Ostfront zu begeben. Anderen die Eroberung zu überlassen, ist wenig eindrucksvoll. Selbst ist der Mann!

Uebrigens muß das Geschwätz von der Wiedereroberung in Parteikreisen kolportiert werden, denn ich habe auch hier in Laubach davon sprechen hören. Die Partei will mit allen Mitteln eine Verschlechterung der Stimmung verhindern. Da die gegenwärtige schlechte Kriegslage immerhin dazu angetan ist, Bedenken zu erregen, wird die Hoffnung in Form eines Wechsels auf die Zukunft genährt. »Im Frühjahr wird alles wieder erobert und noch mehr dazu«, so und ähnlich lauten die Voraussagen der Optimisten.

Besonders bemerkenswert ist, daß keiner von den Parteigenossen sich Gedanken über die kommenden Kriegshandlungen der Engländer und Amerikaner macht. Mit einer geradezu erstaunlichen Sorglosigkeit ignorieren die Parteianhänger einfach das Vorhandensein einer Gefahr im Westen. Die Vogelstrauß-Politik hilft augenblicklich noch – bis zu dem Tage, an dem für jedermann die gefahrbringenden Handlungen der Engländer und Amerikaner spürbar werden.

14.II.43.

Der Reichswirtschaftsminister erließ drei Anordnungen zum umfassenden Einsatz. Alle Arbeitskräfte für die Aufgaben der Kriegsführung, so lautet die Parole.[29]

Der Sinn der Verordnungen besteht darin, beschleunigt die im Handel, Handwerk, Gaststättengewerbe, bei den Banken und Versicherungsgesellschaften nicht kriegswichtig beschäftigten Menschen herauszuholen und die Betriebe, die nicht kriegswichtige Arbeit leisten, zu schließen. Bei der Prüfung, welche Betriebe geschlossen werden sollen, wirkt die Partei mit, weil die Ausführung den Gauleitern in ihrer Eigenschaft als Reichsverteidigungskommissare obliegt. Zu einem bestimmten Termine werden die für die Schließung vorgesehenen Betriebe geschlossen, so daß mit einem Schlage die dadurch frei gemachten Kräfte dem Arbeitsamt zur Verfügung gestellt werden können. Das Arbeitsamt muß dann dafür Sorge tragen, daß die neu gewonnenen Kräfte schnell und zweckmäßig in der Kriegswirtschaft eingesetzt werden. Das ist der Wunsch und der Wille der Partei. –

Inwieweit diese Maßnahmen von Bedeutung sind, bleibt abzuwarten. Von heute auf morgen wird kein Gewinn zu erzielen sein. Ganz abgesehen davon, daß die täglich eintretenden Verluste ersetzt werden müssen. Schließlich ist auch nicht über Nacht aus einem ungelernten Arbeiter ein gelernter Arbeiter zu machen. Ersatz bleibt auch hier Ersatz.

15.II.43

Berlin, 5. Februar ⟨43.⟩
Die Forderungen des totalen Krieges stellen das deutsche Volk vor Aufgaben, von deren Meisterung die Herbeiführung des siegreichen Kriegsendes stärkstens beeinflußt wird. Je entschlossener und härter diese Aufgaben angepackt werden, um so rascher und gewisser wird das Ziel erreicht. Die Kraft, die im deutschen Volke steckt, ist ungeheuer. Sie ist unwiderstehlich, wenn sie kompromißlos nur noch diesem einen großen Ziel dienstbar gemacht wird. Mit der Verordnung über die Kriegsdienstpflicht für Männer und Frauen ist die totale Mobilisierung unserer Volkskraft eingeleitet worden. Sie reicht aber noch lange nicht aus, um restlos alle Hände frei zu machen für die Erringung des Sieges.

Es gibt im Bereich unseres wirtschaftlichen Lebens noch Betriebe und Funktionen, deren Bestehen im Frieden selbstverständlich, heute aber nicht mehr zu verantworten ist, weil sie nicht ausschließlich der Führung des totalen Krieges dienen. Nur dieses Merkmal ist heute noch ausschlaggebend für die Frage, ob Arbeitskräfte, Material und Energie eingesetzt werden dürfen. Was nicht unmittelbar dem Kampf an der Front, der Rüstung und der kriegsnotwendigen Versorgung dient, hat solange keine Daseinsberechtigung mehr, bis der Sieg errungen ist.

Daher hat der Reichswirtschaftsminister drei Anordnungen erlassen, die aus dem Gebiet des Handels, des Handwerks und des Gaststättengewerbes den umfassenden Einsatz von Arbeitskräften für die Aufgaben der Kriegführung ermöglichen sollen. Die vorgesehenen Maßnahmen sind für die Betroffenen in vielen Fällen hart. Niemand wird bestreiten, daß hiermit große persönliche Opfer verlangt werden – niemand aber auch vergessen, daß diese Opfer und Härten noch immer nicht verglichen werden können mit dem, das täglich an Hingabe und Selbstaufopferung von Millionen deutscher Frontsoldaten erreicht werden soll: die Erzwingung eines baldigen siegreichen Friedens!
~~Die Anordnungen haben im wesentlichen folgenden Inhalt:~~ [30]

Die Nationalsozialisten sind der Auffassung, daß es im 3. Reiche, das einen totalen Krieg führt, keine Reste der Friedenswirtschaft mehr geben darf.

Am 27. Januar 1943 erließ der Generalbevollmächtigte für den Arbeitseinsatz, Gauleiter und Reichsstatthalter Sauckel seine Verordnung, die die Arbeitsmeldepflicht für alle einsatzfähigen Männer und Frauen mit sich brachte.[31]

Die Ausrichtung der Heimat auf den totalen Krieg soll damit restlos vollzogen werden.

Meine Meinung: Die Nazis mögen alles auf den Kopf stellen, das ändert nichts daran, daß auf diesen totalen Krieg, die totale Niederlage folgt.

In dem »Völk. Beobachter, Südd. Ausgabe, v. 6.II.1943« erschien ein Aufsatz »Brükkenkopf Tunis« von Oberstleutnant A. v. Olberg. Er gibt sich die größte Mühe, den Rückzug von Rommel als Strategie darzustellen, und ist begeistert von dem Brückenkopf Tunis. Nebenstehend der Schluß des Aufsatzes. –

> Jetzt bildet ganz Tunesien einen starken gut gesicherten und bestens mit Truppen ausgestatteten weiträumigen Brückenkopf am Mittelmeer, der das seestrategische Dreieck wirkungsvoll nach Süden verlängert. Diese Gesamtstellung ist in der Lage, als Rückhalt für alle militärischen Aufgaben zu dienen, die dieser Südfront der Achse in kommenden Zeiten zufallen können. Sie trennt nicht nur das Mittelmeer in zwei Teile, sondern sie schiebt sich als Querriegel zwischen die direkte Seeverbindung zur Armee Montgomery und sichert zugleich die gesamte europäische Südflanke. Sie verhindert so auch jede Möglichkeit einer feindlichen Landung in Italien.[32]

Dieser Brückenkopf ist nach meiner Auffassung einem konzentrischen Angriff nicht gewachsen. Die Gegner haben seither – wie ich vermute – nur deswegen still gehalten, um sofort nach Beseitigung des Brückenkopfes, die Landung in Europa zu erzwingen. Wenn der Nachschub geregelt ist, dann geht es los.

16.II.43

Der Kaufmann R[...] aus Breitenbach fühlt sich als Parteigenosse verpflichtet, seine Kunden politisch zu schulen. In seiner Filiale in Laubach hat er sich vor einigen Tagen wie folgt geäußert: »Wir müssen den Krieg gewinnen, und wir werden ihn gewinnen. Dieses Jahr gibt das Jahr der Entscheidung. Es wird ein hartes Jahr werden. Dieses Jahr müssen wir mit Rußland fertig werden. England u. Amerika sind als Gegner nicht schlimm. England muß 75% seiner Lebensmittel einführen und wird von uns ganz abgeschnitten. Es ergibt sich dann von selbst, und Amerika zieht sich auf seinen Kontinent zurück.« Das ist also eine zeitgemäße Aeußerung eines in ein Irrenhaus gehörigen Parteigenossen.

18.II.43

»Sieg um jeden Preis.«

Reichsredner sprechen im Kreis Wetterau.

In den Tagen vom 18. bis zum 21. Februar 1943 führt die Kreisleitung Wetterau der NSDAP. in zahlreichen Ortsgruppen des Kreisgebietes große politische Versammlungen durch, in denen der Reichsredner Prinz zu Schaumburg-Lippe und die Reichseinsatzredner Jäger, Aßling, Ohlendorf sowie der Gauredner Winke über die heutige Lage sprechen werden.

In Gießen spricht am 20. Februar, um 20 Uhr, in der Aula der Universität der Reichsredner Prinz zu Schaumburg-Lippe. Die gesamte Bevölkerung wird heute mehr denn je das Bedürfnis haben, sich über die gegenwärtige Lage aus berufenem Munde unterrichten zu lassen. Deshalb versäume niemand, die Versammlungen zu besuchen.[33]

Die Gauredner, Reichseinsatzredner und Reichsredner werden als Sendboten Adolf Hitlers in dem Lande herumgeschickt und müssen den von Josef Goebbels angerührten Brei dem deutschen Volke verabreichen.

Hat es bei den Germanen auch Redner gegeben oder haben sich die Germanen mehr als Kämpfer mit den Waffen gezeigt?

Die Nazis brüsten sich stets mit »Kämpfen«. Da gibt es »alte Kämpfer« oder die »Kampfzeit«. Die Nazis verwechseln schwätzen mit kämpfen. Die Ruhmredner und Papageien könnten ihre Kräfte an der Ostfront einsetzen. Es ist allerdings vorerst noch mit weniger Gefahren verbunden, dem geduldigen, unmündigen Volke auswendig gelernte Phrasen herunterzuleiern.

Der Reichsredner Prinz zu Schaumburg-Lippe[34] hat sich einen kugelsicheren Posten ausgesucht. Es ist besser, für Hitler zu reden als für ihn zu sterben. Das glaubt dieser Prinz. Es naht aber die Zeit der Abrechnung. Mit Rücksicht auf diesen Zeitpunkt wäre es klüger gewesen, wenn der Prinz – geschwiegen hätte. In seiner Eigenschaft als Helfershelfer wird er genau so zur Rechenschaft gezogen wie die Haupttäter, Mittäter, Anstifter oder Gehilfen. Jeder, der wissentlich Hilfe geleistet hat, ist verantwortlich für die Taten des 3. Reiches.

19.2.1943.

Um die totale Kriegsführung zu begründen, wurde Reichsminister Dr. Goebbels am 18. Februar 1943 im Berliner Sportpalast auf die Oeffentlichkeit losgelassen. Goebbels hatte dafür gesorgt, daß die Zusammensetzung der Zuhörermassen von vornherein die Gewähr für eine »begeisterte« Kundgebung gab. Mit allen Mitteln der Rhetorik malte er für den einfältigen Bürger das Gespenst des Bolschewismus an die Wand. Er benutzte damit ein uraltes Kampfmittel der Nazis. Diese Angstmacherei ist vor 1933 gegen den Kommunismus mit ausgezeichnetem Erfolg angewendet worden. Jetzt glaubt Goebbels, nicht nur Deutschland, sondern die ganze Welt mit seinen Argumenten betören zu können. Wenn der Bolschewismus wirklich so gefährlich ist, warum haben die heutigen Machthaber ausgerechnet mit diesem Gegner im August 1939 einen Bündnisvertrag geschlossen u. darüber triumphiert, daß sie den Engländern ein Schnippchen geschlagen haben? Warum sind alle Methoden des Bolschewismus in Deutschland zur Anwendung gekommen? Warum wird jetzt der von Stalin im Jahre 1941 ausgerufene totale Krieg auch von Hitler nachgeahmt?

Die Nazis schreien hysterisch um Hilfe und wollen die angebliche bolschewistische Gefahr mit »gleichwertigen« Methoden niederringen.

Die Welt hat nicht vergessen, daß es die Deutschen waren, die in Europa mit Einverleibungen und Eroberungen begonnen haben (Oesterreich 1938, Tschechoslowakei 1939).

Die Welt hat auch nicht vergessen, daß Deutschland im Juni 1941 seinen Bundesgenossen Rußland ohne Kriegserklärung überfiel.

Deutschland hat durch seinen Ueberfall überhaupt erst die Voraussetzung für die Einigung des russischen Volkes und für die ungeheure Widerstandskraft des gesamten Volkes gegeben. Die Gewalttaten des deutschen Heeres hat das russische Volk zu einem Block zusammengeschweißt. Es wurde geeint durch die Taten des deutschen Eindringlings, geeint in dem Gedanken, gemeinsam alle Kraft aufzubieten, um die Deutschen von dem russischen Boden zu verjagen. Dem Eroberer wird die Vaterlandsliebe entgegengesetzt. Der vaterländische Krieg ist für jeden Russen eine Selbstverständlichkeit.

Die russische Regierung hätte niemals die Volksmassen für einen Eroberungskrieg begeistern können. Nachdem aber die deutschen Truppen bis zur Wolga vorgedrungen waren, da bedurfte es keiner langatmigen Aufmunterung oder Erklärung. Die Parole war klar und einfach: Der Feind ist aus Rußland zu vertreiben!

Die Sympathien der Menschheit sind in diesem Kampfe auf Seiten Rußlands. Rußland ist das angegriffene und von den Kriegswirkungen am schwersten heimgesuchte Land.

Für was kämpft der deutsche Soldat in Rußland?
Den Raub zu behalten.
Für was kämpft der russische Soldat?
Das ihm Geraubte zurück zu gewinnen.
Auf welcher Seite wird die Vorsehung stehen?
Die Geschichte wird diese Frage beantworten.

Am Schlusse seiner Rede sagte Goebbels:

»Wir müssen nur die Entschlußkraft aufbringen, alles andere seinem Dienst unterzuordnen. Das ist das Gebot der Stunde. Und darum lautet die Parole: Nun Volk, steh' auf und Sturm, brich los!«

(Die letzten Worte des Ministers gehen nach dem Zeitungsbericht in nicht endenwollenden stürmischen Beifallskundgebungen unter).[35]

Nun, Volk, steh' auf! Das wäre schon richtig, aber nicht um den Krieg zu verlängern, sondern um sofort Schluß mit diesem wahnsinnigen Krieg zu machen.

4. Maerz 1943.

Angesichts der heutigen heftigen Kämpfe an der Ostfront ist es ungemein interessant, das durchzulesen, was die deutschen Zeitungen im Jahre 1941 über den Feldzug im Osten geschrieben haben.

Der »Völkische Beobachter« Nordd. Ausgabe vom 10. Oktober 1941:

Die große Stunde hat geschlagen:

Der Feldzug im Osten entschieden!

Heeresgruppen Timoschenko u. Woroschilow eingeschlossen – Heeresgruppe Budjenny in Auflösung.[36]

Der Verfasser »ts« des Artikels »Das militärische Ende des Bolschewismus« schlägt gewaltige Purzelbäume. Er berichtet: »Heute vor einer Woche, in der Nacht vom 1. zum 2. Oktober 1941[37] hat der Führer in einem Aufruf, dessen Wortlaut wir auf Seite 3 wiedergeben, die deutschen Soldaten der Ostfront aufgefordert, ›zu dem letzten gewaltigen Hieb, der noch vor dem Einbruch des Winters diesen Gegner zerschmettern soll‹ – aufgerufen zur ›letzten großen Entscheidungsschlacht dieses Jahres‹. Das war ein Befehl von einer Größe und Kühnheit wie kaum ein anderes Dokument der Kriegsgeschichte. Heute, eine einzige Woche später, meldet die Front Führer und Volk, daß der Befehl im wesentlichen vollzogen, daß die Entscheidung im Sinne dieses Befehls strategisch gefallen ist. Wenn jemals der Begriff des Blitzkrieges verwirklicht werden konnte – hier ist er verwirklicht worden. Sieben kurze Tage haben genügt, um der ungeheuerlichsten Kriegsmaschine aller Zeiten den tödlichen Stoß zu versetzen, von dem sie sich niemals wieder erholen kann.«[38]

An einer anderen Stelle sagt der Artikelschreiber: »Mit der Heeresgruppe Timoschenko ist die letzte militärische Säule von Stalins Macht zerbrochen und beseitigt.«

Welch eine ungeheure Täuschung und folgenschwerer Irrtum liegt in der damaligen Beurteilung der Lage von Seiten aller maßgebenden Persönlichkeiten!

Heute nach 18 Monaten müssen die gleichen Herrschaften die »planmäßige« Räumung stärkster Stellungen bekanntgeben.

Der Feldzug im Osten war also im Oktober 1941 nicht entschieden und die Rote Armee war keineswegs vernichtend geschlagen. Zu keinem Zeitpunkt hatte der Russe die »letzten« angekündigten Reserven eingesetzt.

9.3.43

Ab morgen, den 10. Maerz 1943, habe ich die Ehre und das zweifelhafte Vergnügen, an 3 Tagen in der Woche bei dem Amtsgericht Altenstadt[a] (an der Strecke Frankfurt – Lauterbach) tätig zu sein. Meine Aufzeichnungen werden hierdurch spärlicher werden, da ich zweifellos in der ersten Zeit über wenig freie Stunden verfügen kann. Der Krieg hält jetzt Einzug bei mir selbst. Durchaus unverdient. Wer fragt danach?

a) *Altenstadt* in der Wetterau liegt etwa 40 km südlich von Laubach.

23.3.43

Wir verhüten Herz- und Kreislaufstörungen

Vortrag im Volksgesundheitsbund Darmstadt ⟨23.3.43⟩

Die Ortsgemeinschaft Darmstadt des Deutschen Volksgesundheitsbundes veranstaltete im Festsaal des Luftschutzhauses einen Vortragsabend. Reichsredner und Gaubeauftragter des DVB., Rudolf Simon, Köln, behandelte die Bekämpfung der Herz- und Kreislaufstörungen und gab Ratschläge, wie man durch naturverbundene, vernunftgemäße Lebensführung Herz- und Kreislaufstörungen vermeiden kann. Er riet zu fleißiger Atemgymnastik, richtiger Hautpflege, Luftbädern und Waschungen. Ernste Ermahnungen galten den Frauen, für eine richtige Ernährung zu sorgen. Weiter wurde die richtige Zubereitung von Frischkost (Rohkost), von Vollkornbrot, Sauerkraut u. v. a. besprochen. Zum Schluß würdigte der Redner das seelische Moment und zeigte an Beispielen, wie wir uns Aerger und Aufregungen ersparen können im unbedingten Vertrauen auf unseren Führer, der in der Hand der Vorsehung den Krieg bestimmt zum siegreichen Ende führen werde. Die Zuhörer dankten dem Vortragenden mit reichem Beifall.[39]

— S.

Der Führer als Verhütungsmittel gegen Herzstörungen!

So etwas muß man schwarz auf weiß sehen, denn geglaubt würde es einem später bestimmt nicht.

Also bitte meine Herrschaften, nur keine Aufregungen. Der Führer macht alles. »Er ist in der Hand der Vorsehung«, so behauptet es wenigstens der Reichsredner und Schaumschläger Rudolf Simon aus Köln. Dieser Vernebelungs- u. Verdummungskünstler sollte lieber die Knarre in die Hand nehmen und seinem »Führer« weiterhelfen, anstatt solch blödes Zeug seinen Zuhörern vorzusetzen.[40]

Wenn es noch eines Beweises bedurft hätte, daß Deutschland ein Narrenhaus ist, der Beweis wäre jetzt erbracht.[41]

13. April 1943.

Aus dem Führerhauptquartier wurde am 12.4.43 u.a. gemeldet, daß in Tunesien »im Zuge planvoller Bewegungen« Sfax und Kairouan geräumt worden sind.[42]

Unsere natsoz. Beschöniger sind glänzende Erfinder. Aus einem regelrechten Rückzuge mit Worten eine »planvolle Bewegung« zu machen, das ist für sie lediglich eine Sache ihres Erfindergeistes. Wenn der Gegner einen Rückzug bewerkstelligt, dann blasen die Göbbels-Trompeten nicht endenwollende Siegesfanfaren. Wir Deutschen setzen uns lediglich »unter dem Druck der feindlichen Uebermacht« vom Feinde ab, ohne daß dieser selbstverständlich irgend etwas davon merkt. Wir sind Teufelskerle![43]

Generalleutnant Graf von Soden gestorben

◘ Lübeck, 12. April ⟨43⟩. Generalleutnant Alfred Graf von Soden, Ritter des Ordens Pour le Merite von 1900, ist am 9. April in Lübeck im 77. Lebensjahr gestorben. Bekannt wurde sein Name anläßlich des Boxeraufstandes in China im Jahre 1900, bei dem damals auf offener Straße der deutsche Gesandte, Freiherr von Ketteler, ermordet wurde. Danach griffen die aufständischen Boxer die Gesandtschaftsviertel in Peking an, so daß höchste Gefahr für Leib und Leben der Gesandtschaftsmitglieder bestand. Da war es Graf von Soden, damals Premierleutnant im Kieler Seebataillon, der vor allen, auch rangältesten fremden Offizieren mutig und entschlossen die Führung übernahm und die Verteidigung organisierte. Der Führer hat diesen glänzenden Beweis deutschen Soldatentums und deutscher Führerqualität dadurch anerkannt, daß er den verdienten Soldaten Graf von Soden zu seinem 50jährigen Militärjubiläum am 10. Januar 1937 durch ein persönliches Handschreiben ehrte und ihn anläßlich des Jahrestages von Tannenberg am 27. August 1939 zum Generalleutnant beförderte.[44]

Adolf Hitler hatte es verstanden, sich die Gunst der militärischen Kreise durch Beförderungen zu sichern. Die Herren Offiziere duldeten ihn, den ehemaligen Gefreiten, als Oberkommandierenden. Dafür zeigte sich der Nichtoffizier durch einen überaus reichen Segen von Beförderungen und Ordensspenden aus.

Die alte Armee brachte es nicht fertig, aus einem Unteroffizier einen Offizier zu machen. Da gab es nur einen Feldwebel-Leutnant. Der hatte dann seine sichtbaren Abstammungs-Stempel weg.

Die gewürfelten Nazis waren nicht so kleinlich. Da kann jeder etwas werden. Vorausgesetzt, daß er sich blind in den sicheren Tod jagen läßt. Wenn später einmal die Zahl der gefallenen Offiziere bekannt wird, dann wird das Volk staunen. Die Nazis-Menschenkenner wissen genau, daß der Ehrgeiz einer der schwächsten Stellen beim Menschen ist. Mit Hilfe dieser Schwäche konstruieren sie die Heldentaten mit nachfolgender Ehrung. Entweder eisernes oder hölzernes Kreuz![45]

14. April 1943.

Todesstrafe für Rundfunkverbrecher ⟨1943.⟩

◘ Wien, 12. April. Der 47jährige Oskar Uebel in Wien war von dem Sondergericht in Wien wegen Rundfunkverbrechens rechtskräftig zu zehn Jahren Zuchthaus verurteilt worden. Auf die Nichtigkeitsbeschwerde des Oberreichsanwalts[46] wurde das Urteil aufgehoben und an das Sondergericht zurückverwiesen. Wie das Sondergericht in seinem neuen Urteil feststellt, hat Uebel in seiner Wohnung mit mehreren jungen Männern in 30 bis 40 Fällen fortgesetzt feindliche Auslandsender abgehört. Das Gehörte besprach er dann mit ihnen in deutschfeindlichem Sinne. Er hat dieses Abhören und Weiterverbreiten geradezu organisiert. Das Sondergericht nahm einen besonders schweren Fall im Sinne des § 2 der Rundfunkverordnung an, der dafür die Todesstrafe androht. Es verurteilte ihn daher zum Tode. Die Todesstrafe ist bereits vollstreckt worden.[47]

10 Jahre Zuchthaus für das »Rundfunkverbrechen«, das war dem Herrn Oberreichsanwalt zu wenig. Er ruhte nicht und fand auch ein Gericht, das die Todesstrafe fällte. Man bedenke: Die Todesstrafe für das Abhören ausländischer Sender![a] Es ist unvorstellbar, daß in der übrigen Welt für das Abhören deutscher Sendungen eine derartige Strafe ausgesprochen werden könnte. Bis in die fernsten Zeiten hat sich dieses Schrekkensregiment ein scheußliches Denkmal gesetzt.

Ob sich das nicht rächt, Herr Oberreichsanwalt?

25. April 1943.

Der »Atlantik-Wall«[b] ist z.Z. ein sehr beliebtes Agitationsthema in der Presse und im Rundfunk. Dem Spießbürger wird beigebracht, daß er sich in der »Festung Europa« vollkommen geborgen fühlen kann. Der »undurchdringliche und uneinnehmbare Wall aus Beton und Eisen« von dem Nordkap bis zur spanischen Grenze, wie er in Wort und Bild dem staunenden Europäer vorgezaubert wird, hat ungefähr den gleichen Rang wie die Maginotlinie für das in Sicherheit sich wiegende schlafende Frankreich ⟨gehabt hat⟩. Die »Mareth-Linie«[c] in Südost-Tunesien war auch als uneinnehmbar geschildert worden u. in wenigen Tagen war sie in Besitz der Engländer.

Genau die gleiche Presse, die uns bewies, daß die Maginotlinie den Franzosen nicht helfen konnte, erzählt uns heute Wunderdinge über den Atlantik-Wall.

Abgesehen davon, daß es allen militärischen Regeln widerspricht, militärische Anlagen den Blicken Unberufener auszusetzen, ist es peinlich dumm, anzunehmen, daß unsere Gegner etwa in Furcht und Schrecken versetzt werden könnten.

Es ist schon nicht einfach auf beschränktem Raume eine Festung in einen – wenigstens vorübergehenden – »uneinnehmbaren« Zustand zu versetzen. Bei einer Strecke von tausenden von Kilometern kann kein vernünftiger Mensch von einer »Festung« sprechen oder gar glauben, daß eine festungsähnliche Verteidigungslinie

a) *Todesstrafe für das Abhören ausländischer Sender!:* Auf Zeitungsmeldungen über »Rundfunkverbrechen« und andere »kriminelle« Handlungen, wie das Verteilen von Flugblättern, scheint Kellner, da es ihn auch selbst hätte treffen können, ein besonderes Augenmerk zu haben. Im Tagebucheintrag vom 30. März 1945 äußert er sich offen zu seinen Rundfunkaktivitäten. Unter Punkt 2 der Liste »Aktiver Widerstand« führt er auf: »Ständige Unterrichtung meiner Mitarbeiter u. Bekannten über die ausl. Radiomeldungen«. Punkt 6 derselben Aufstellung enthält den Kurzvermerk: »Verteilung von Flugblättern (in Wartesälen und Eisenbahnzügen ausgelegt, an schwankende Parteigenossen gesandt« (undatiertes Einzelblatt; Privatbesitz).

b) Der *»Atlantik-Wall«*, ab Sommer 1942 von der Organisation Todt errichtet, war eine Befestigungsanlage an der Atlantik-Küste von den Niederlanden bis zur spanisch-französischen Grenze, die dem Schutz vor einer Invasion der Alliierten dienen sollte. Bis zum Beginn der Landung der Alliierten in der Normandie im Juni 1944 war allerdings nur ein kleiner Teil der Befestigungsanlagen voll funktionstüchtig. Vgl. Benz/Graml/Weiß 2007, S. 419.

c) Die *»Mareth-Linie«*, auch »Gabeslinie« genannt, war eine Befestigungsanlage in Südtunesien zwischen britischen Streitkräften und der italienischen Armee. Im März 1942 durchbrachen und umgingen die Briten die Befestigungslinie innerhalb weniger Tage und zwangen die Gegner zum Rückzug. Vgl. Stumpf 1990, S. 730ff.

überhaupt hergestellt werden könnte. Eine solche sagenhafte »Festung« ist lediglich eine Vorspiegelung einer falschen Tatsache oder unter Benutzung eines modernen Wortes: ein Bluff. Daran wird auch nichts dadurch geändert, daß gewisse neutrale Herren an eine bestimmte Stelle zur Besichtigung des märchenhaften Atlantik-Walls hingeführt werden. Dieses Theater erübrigt sich vollkommen, denn jedermann kann ohne weiteres als feststehend unterstellen, daß die deutsche Heeresverwaltung seit 1940 selbstverständlich an vielen strategisch wichtigen Punkten moderne Befestigungen errichtet hat. Das weiß auch jedes Kind auf der anderen Seite. Der Gegner wird deshalb, aller Voraussicht nach, auf Grund alter militärischer Regeln, nicht die stärksten[48] Stellungen an den Küsten sich für seine Landungen aussuchen. Von dieser Regel glaubte einmal ein deutscher Generalstab abweichen zu dürfen. Es kam dann zu der Tragödie von Verdun im Jahre 1916.[d] So ehrgeizig sind die Engländer gar nicht, alte militärische Gesetze außer Kraft setzen zu wollen. Die Engländer haben seither nicht angegriffen, weil sie mit ihren Vorbereitungen noch nicht fertig ⟨waren⟩ und wir Deutschen noch nicht mürbe genug sind.

Ich habe keinerlei Zweifel, daß irgendwo an unseren entsetzlich weit gespannten Kriegsgrenzen ein Angriff auf das europäische Festland erfolgt – und auch gelingt. Deutschland kann gar nicht überall gleich stark oder stärker als der Angreifer sein. Wundern muß man sich nur darüber, daß sämtliche Staaten, die heute unsere Gegner sind, so ungemein schlecht gerüstet waren u. solange brauchen bis sie den notwendigen Angriff auf Deutschland wagen.

Der deutsche Ausdehnungsdrang wird sich sichtbar als der größte begangene Fehler in dem Augenblick erweisen, wenn ein gelungener Angriff unserer Gegner beginnt, an Raum zu gewinnen. Die unterdrückten Völker werden begeistert das Joch abschütteln und den Deutschen die Quittung für empfangene »Wohltaten« erteilen.

Das Verhängnis naht mit Riesenschritten. Der ⟨deutsche⟩ Wolf hat viel zu viel gefressen und muß daran zugrunde gehen.

In der Mäßigung hätte sich der Meister zeigen müssen!

Die Ueberheblichkeit, die Unbescheidenheit und die Phrasendrescherei sind die schlimmsten Feinde jeder Mäßigung. Kann sich übrigens ein Zeitgenosse einen bescheidenen Nationalsozialisten vorstellen? Mit ehrlicher Ueberzeugung muß jeder antworten: Nein! Einfach unvorstellbar!

d) *Tragödie von Verdun:* In der Gegend von Verdun befand sich seit Ende des 19. Jahrhunderts Frankreichs stärkste Verteidigungsanlage, vor der der deutsche Vormarsch im Ersten Weltkrieg zum Halten gebracht wurde. Ein späterer Versuch der deutschen Truppen, 1916 hier den Durchbruch zu schaffen, scheiterte. Verdun wurde bereits seinerzeit zum Symbol der Verteidigung Frankreichs. Später wurde die Schlacht um Verdun von 1916 zum Inbegriff der fast in Bewegungslosigkeit verharrenden Materialschlachten des Ersten Weltkriegs, die auf beiden Seiten zahllose Opfer forderten. Vgl. Enzyklopädie 2003, S. 942-945.

Aufn.: OT[a]-Kriegsberichterstaffel (Sch)[49]

Es ist zu allen Zeiten und in allen Ländern verboten gewesen, Festungsanlagen zu photographieren.

Wir – die unbesiegbaren Deutschen – können es uns erlauben, sogar während eines Krieges die Aufnahmen von Festungen zu zeigen – damit die Feinde Angst bekommen.[50]

a) *OT:* Organisation Todt. Unter Leitung von Fritz Todt (1891-1942) 1938 ins Leben gerufene Organisation, die insbesondere militärische Anlagen errichten sollte, ab 1939 vor allem in den besetzten Gebieten. Auf den Baustellen der OT mussten Hunderttausende Zwangsarbeiter, Kriegsgefangene sowie KZ-Insassen arbeiten. Vgl. Benz/Graml/Weiß 2007, S. 688f.

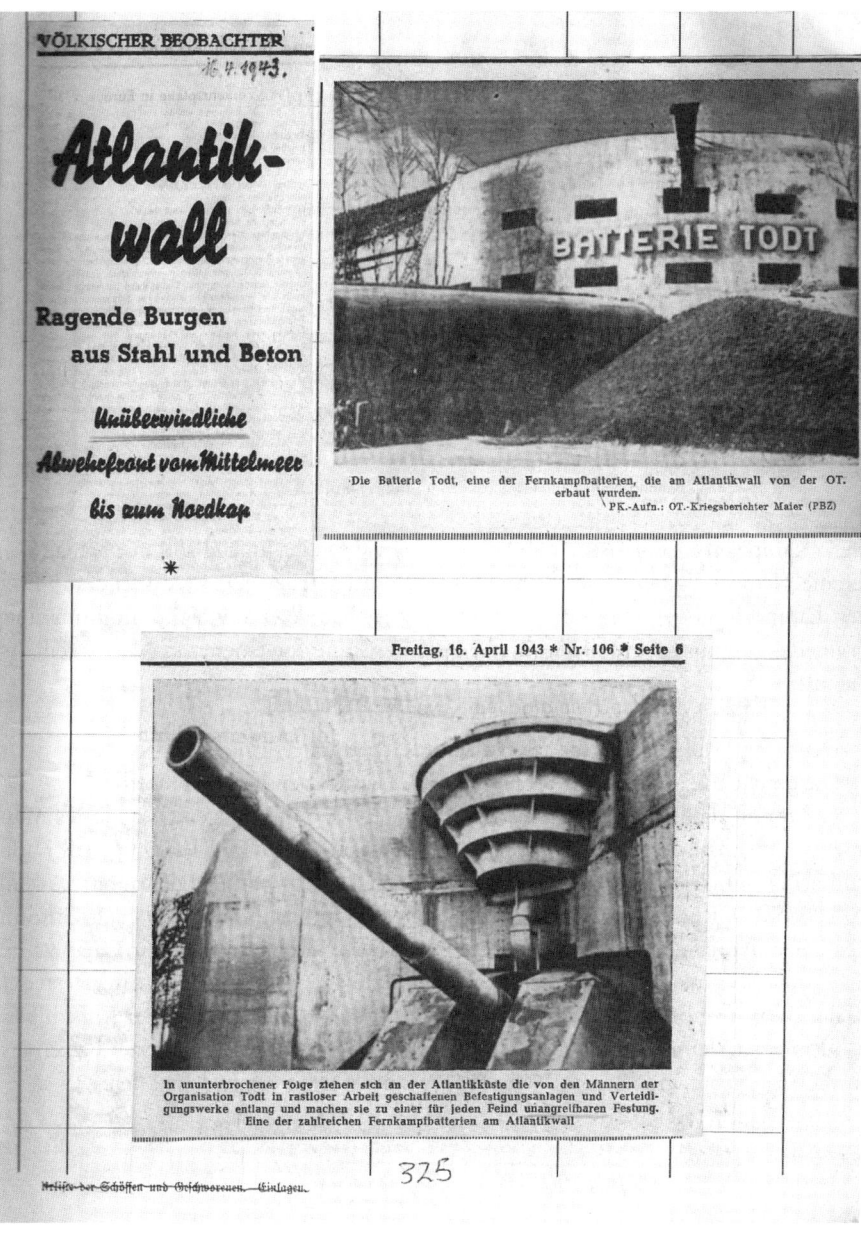

VÖLKISCHER BEOBACHTER

16.4.1943.

Atlantik-wall

Ragende Burgen aus Stahl und Beton

Unüberwindliche Abwehrfront vom Mittelmeer bis zum Nordkap

*

Die Batterie Todt, eine der Fernkampfbatterien, die am Atlantikwall von der OT. erbaut wurden.
PK.-Aufn.: OT.-Kriegsberichter Maier (PBZ)

Freitag, 16. April 1943 * Nr. 106 * Seite 6

In ununterbrochener Folge ziehen sich an der Atlantikküste die von den Männern der Organisation Todt in rastloser Arbeit geschaffenen Befestigungsanlagen und Verteidigungswerke entlang und machen sie zu einer für jeden Feind unangreifbaren Festung. Eine der zahlreichen Fernkampfbatterien am Atlantikwall

325

~~Arlisse der Schöffen und Geschworenen. Einlagen.~~

[Zu Foto oben[51], zu Foto unten[52]]

26.4.1943.

»Der Kampf im Osten«

Ein Schülerwettbewerb über dieses Thema im Gange

Die deutsche Wehrmacht und mit ihr das ganze deutsche Volk kämpfen in diesem Kriege für die Lebensgrundlagen, die Freiheit und Ehre der Nation. Deutschlands Jugend nimmt geschlossen an diesem Kampfe innerlich teil und leistet selbst alles, was in ihren Kräften steht. Schon seit Beginn des Krieges haben viele Jungen und Mädel das Kriegstagebuch des »Hilf mit!«-Werkes geführt. Darüber hinaus hat die Jugend versucht, das gesamte Geschehen unseres großdeutschen Freiheitskampfes zur Darstellung zu bringen. Innerhalb des allgemeinen Schülerwettbewerbs »Für Deutschlands Freiheit« stellte der Führer selbst der deutschen Jugend das Thema »Der Kampf im Osten«. Sämtliche Wettbewerbsarbeiten waren bis zum 31. März abzuliefern. Jetzt ist das Preisgericht an der Arbeit. In wenigen Wochen wird das Ergebnis der Oeffentlichkeit vorgelegt werden. Die besten Arbeiten werden zu einer Ausstellung im Vorraum des Landesmuseums vereinigt.[53]

Der »Kampf im Osten« ist in den Schulen gelandet. Der Jugend soll mit Schlagworten die Notwendigkeit dieses Kampfes eingeimpft werden. Da wird von dem »Freiheitskampf« und der »Ehre der Nation« gesprochen. Wenn es sich schon um einen Freiheitskampf handeln soll, dann aber ganz bestimmt um einen russischen Freiheitskampf!

Deutschland hat ohne Kriegserklärung Rußland angegriffen.

Deutsche Truppen sind tief in russisches Gebiet eingedrungen.

Die deutschen Machthaber wollen Land im Osten den Russen entreißen.

Es kommt nicht darauf an, daß der deutschen Ostpolitik irgend ein ideales Mäntelchen umgehängt ⟨wird⟩. Maßgebend ist einzig und allein, die Tatsache, daß Hitler und seine militärischen Ratgeber geglaubt haben, den richtigen Zeitpunkt gewählt zu haben, um Rußland vernichtend zu schlagen. Und dann natürlich nach Gutdünken den entsprechenden »Lebensraum« zu erobern. Deshalb haben wir einen Kampf im Osten. So ganz im Hintergrunde standen natürlich vorerst noch weiter gesteckte Ziele. Darüber gibt das Schlußwort in »Mein Kampf« den notwendigen Aufschluß:

»Ein Staat, der im Zeitalter der Rassenvergiftung sich der Pflege seiner besten rassischen Elemente widmet, muß eines Tages zum Herren der Erde werden.«[54]

Also: Weltherrschaftspläne!!!

Der jüngste Lehrgang

Am Vorabend des Führergeburtstages finden im ganzen Reiche die feierlichen Aufnahmeappelle der zehnjährigen Pimpfe[a] und Jungmädel[b] statt. Zur Aufnahme in die Hitler-Jugend gelangt der Jahrgang 1932/33.

Der Großdeutsche Rundfunk unterstreicht die Bedeutung dieses Tages mit einer Reichssendung am Abend des 19. April aus der Marienburg, in der Reichsjugendführer Artur Axmann[55] zum jüngsten Jahrgang der Hitler-Jugend sowie zur Jugend und Elternschaft überhaupt sprechen wird. Fanfarenrufe, Chöre oder gemeinsame Lieder der angetretenen Einheiten werden die örtlichen Aufnahmeappelle einleiten. Ein Wort des Führers soll die jüngsten Pimpfe und Jungmädel daran erinnern, daß ein Deutschland der Kraft, der Ehre, der Ordnung und der Treue nur dann bestehen kann, wenn diese Tugenden des Reiches von den Jungen und Mädeln vorher selbst geübt und gelebt werden, daß die Größe unseres Reiches in der Disziplin der Jugend ihre Wurzel hat und daß die Jugend die Erfüllung der Wünsche und Erwartungen des Führers für ein kommendes Deutschland bringen muß. Ebenso wird sich der Reichsjugendführer mit einer persönlichen Botschaft an den Jahrgang der Zehnjährigen wenden, die vom Standortführer im Rahmen der örtlichen Aufnahmeappelle bekanntgegeben wird.

Die Schwertworte des Jungvolks heißen:

»Pimpfe sind hart, schweigsam und treu.
Pimpfe sind Kameraden!
Der Pimpfe Höchstes ist die Ehre!«

Die Leitsätze der Jungmädel lauten:

»Jungmädel, sei Kamerad,
sei treu, gehorsam,
tapfer und verschwiegen!
Jungmädel, wahre deine Ehre!«

Darauf erfolgt die Aufnahme der Zehnjährigen durch Handschlag und unter namentlichem Aufruf. Dieser feierliche Akt klingt mit einem Chor oder einem gemeinsamen Lied »Nun trag die Trommel vor uns her« aus.[56]

Die »Verpflichtung der Jugend« findet überall im Reich zum Geburtstag des Führers statt.

Die zehnjährigen Jungen und Mädel werden an diesem Tage mit dem entsprechenden Pomp in die Hitler-Jugend aufgenommen.

Die militärische Laufbahn des Deutschen beginnt mit 10 Jahren. Die Kinder wissen zwar in diesem Alter noch nicht sehr viel von der »Kraft« und der »Ehre« Deutschlands, aber sie erhalten wenigstens eine Uniform.

a) *Pimpfe:* Offizielle Bezeichnung für die Mitglieder des »Deutschen Jung-Volks« (DJ) in der Hitlerjugend. Der Ausdruck ist eigentlich ein lautmalerisches Schimpfwort ›kleiner Furz‹ und ist in dieser Bedeutung im 19. Jahrhundert bezeugt. Daraus wird in übertragener Bedeutung ›kleiner Halbwüchsiger‹. Weil die ursprüngliche Bedeutung um 1920 nicht mehr bekannt ist, findet das Wort Eingang in die Jugendbewegung (Wandervogel etc.), von dort in den Nationalsozialismus. Vgl. Schmitz-Berning 2000, S. 467f.

b) *Jungmädel:* Bezeichnung für die 10- bis 14-jährigen Mädchen in der Hitlerjugend. Vgl. Schmitz-Berning 2000, S. 342.

Die Zehnjährigen verspüren den Hauch des Militarismus, der sie fortan bis zum Massengrab nicht mehr aus den Krallen lässt. –

27. April 1943.
Die Führung hat es zugegeben u. jeder denkende Deutsche hat es schon frühzeitig herausgefunden gehabt, daß die Befürworter des Feldzuges gegen Rußland sich schwer geirrt haben.

Der Feldzug war von langer Hand vorbereitet. Die militärische Organisation klappte hervorragend. In dieser Beziehung kann also kein Vorwurf erhoben werden. Die Täuschung lag auf einem anderen Gebiet. Darüber wird in Parteikreisen überhaupt nicht gesprochen. Die Führung glaubte nämlich an eine Unterstützung durch das russische Volk. Die Nazis hofften, daß die Russen begeistert wären, durch die Nazis von dem bolschewistischen »Joche« befreit zu werden. Und siehe da: Das Gegenteil traf zu. Das russische Volk hat die schwersten Opfer ertragen und sich heldenhaft zur Wehr gesetzt.

Der Irrtum über die Haltung des russischen Volkes ist keine Annahme von mir. Ich bin zufällig in der Lage, den Beweis für meine Behauptung zu liefern. Der Völkische Beobachter, Südd. Ausgabe, vom 25. Juni 1941, Seite 4, bringt folgendes zur Kenntnis seiner Leser:

»Nach bewährter Sowjetmanier werden landauf und landab Protest- und Treuekundgebungen veranstaltet und ›Resolutionen‹ verfaßt, in denen keines der alten abgedroschenen bolschewistischen Schlagwörter fehlt. Selbst aus dem fernen Kamtschatka klingen, wenn man der ›TASS‹ glauben darf, die Entrüstungsrufe der Pelzjäger bis nach Moskau. Ein ›Held der Arbeit‹ droht uns mit den Sowjetfliegern, die ›wie Löwen kämpfen werden‹ und mit dem ›sehr zu fürchtenden Zorn des gesamten Sowjetvolks‹.«[57] Der Artikelschreiber des Völk. Beobachters, der dieser Warnung der Agentur »TASS« keinen Glauben beizumessen vermag, läßt nunmehr die Katze aus dem Sack und schreibt:

»Wie die Völker Rußlands wirklich über die Kraftprobe zwischen ihren Peinigern im Kreml und den Vorkämpfern einer echten europäischen Revolution denken, wird sich ja in absehbarer Zeit erweisen.«

Der Völk. Beobachter und alle Nationalsozialisten werden in der Zwischenzeit erkannt haben, daß sie sich besser auf realere Dinge hätten verlassen sollen als auf die Hoffnung, das russische Volk würde zu Gunsten des Nationalsozialismus sich gegen die eigene Regierung wenden.

Es mag auch deutsche Emigranten oder ausländische Politiker gegeben haben, die von dem deutschen Volke ähnliches erwarteten und dies in ihre Rechnung miteingestellt hatten.[58] Mit solchen »Posten« führt man keinen Krieg. Wünsche und Hoffnungen sind keine Utensilien für Staatsmänner. In Kriegen entscheidet die

Wirklichkeit, die vorhandenen Kräfte und das zur Verfügung stehende Kriegsmaterial.

10. Mai 43.

B UNGARN. Außenpolitik. Innenpolitik. – Ministerpräsident Graf Teleki gab Pressevertretern gegenüber folgende Erklärung ab:

⟨(Mai 1940)⟩

»Ich war einige Tage unpäßlich und inzwischen kam es schon wieder zu Aufregungen. Obwohl einerseits wirklich kein Grund für besondere Aufregung vorliegt, erlebt anderseits Europa und mit ihm erleben auch wir solche Zeiten, daß es ein frevelhaftes Beginnen ist, Erregung zu stiften und zu erhöhen. Zur Aufregung besteht gar kein Grund. Unsere Sache ist in Ordnung. Die Nation mag das Bewußtsein haben, daß sie in zwanzig Jahren aus dem Nichts sehr vieles neu erbaut hat. Es gelang, Ungarns Ansehen zu erhöhen. Anerkannterweise hatten wir Anteil daran, daß wir unsere deutschen und italienischen Freunde durch unsere Selbstdisziplin und Ruhe nach besten Kräften in ihrem Vorhaben unterstützt haben, den Frieden auf dem Balkan und im Donauraume bisher zu wahren und aufrechtzuerhalten. Es ist natürlich, daß, wenn ein so gewaltiger Krieg Europa erschüttert, alle Länder ohne Ausnahme besorgt aufhorchen und auch Vorsichtsmaßnahmen ergreifen. Daß wir nicht allein abseits stehen konnten, ohne solche Maßnahmen zu ergreifen, wurde – wie ich mit Beruhigung sehe – auch vom Auslande überall verstanden und auch hierzulande hat man die patriotischen Pflichten verstanden und in vollem Maße gewürdigt. Regierung und Heeresleitung werden hinwieder dafür sorgen, daß die Ernte und die übrigen landwirtschaftlichen Arbeiten ordentlich und zeitgerecht durchgeführt werden. Was nun die Zukunft und die innere Lage unseres Vaterlandes und unseres Volkes anlangt, sehe ich, daß eine große Angst sich zu zerstreuen beginnt. Bis zum vergangenen Monat hat die ganze Welt mit einer langen, ja sogar sehr lange Jahre währenden Dauer des Krieges gerechnet, und zwar nach den Erfahrungen des Krieges 1914-1918. Die sicheren und großen Siege der Deutschen, die vielleicht viele – Freunde wie Feinde – überrascht haben, lassen es viel wahrscheinlicher erscheinen, daß der Krieg nicht von so langer Dauer, ja sogar von unerwartet kurzer Dauer sein wird. Eine große Angst beginnt sich zu zerstreuen, habe ich gesagt, weil es für alle kleinen Nationen, bzw. Länder höchst schwierig wäre, einen lange Jahre währenden Krieg, sei es als Nichtteilnehmer, sei es als Neutrale wirtschaftlich durchzuhalten. Besonders gilt dieser Satz für uns, die wir erst jetzt unser Land aus dem vor zwanzig Jahren hereingebrochenen Elend wieder aufgebaut und zuletzt alle unsere Kräfte für die Wiederaufrüstung unserer Wehrmacht eingesetzt haben. Ein langer Krieg hätte die Wiederaufbauarbeit, die nicht nur fortgesetzt, sondern sowohl auf wirtschaftlichem als auch auf sozialem Gebiete mit großer Schwungkraft weiter geführt werden muß und auch kann, behindert, verlangsamt und hinausgeschoben. Ich bin überzeugt, daß den Staaten Europas nicht die Aufgabe bevorsteht, lange Jahre hindurch eine kriegerische Bereitschaft aufrechtzuerhalten und daß demzufolge auch für uns früher die segensreiche Periode der bürgerlichen Arbeit eintritt, in der wir eine kraftvolle wirtschaftliche Tätigkeit von beschleunigtem Rhythmus durchführen müssen und auch können, eine Periode, in der wir mit Hilfe dieser Aktivität und mit allen notwendigen Maßnahmen unsere sozialen Zustände verbessern und unser Volk endgültig aus jenem schweren Schicksal befreien können, das es bisher tragen mußte und auch heute trägt. Heute beschäftigen wir uns schon mit den Problemen der Übergangswirtschaft und der Planwirtschaft, wir bereiten diese vor und organisieren die hierzu notwendigen Institutionen. Heute hegen wir schon die ernste Hoffnung, daß unsere Einkünfte binnen kurzem für die Lösung sozialer Aufgaben und jener des nationalen Aufbaues frei werden.«

Mit einem Hinweis, daß die Friedensarbeit bald eine reiche Produktion mit sich bringen werde, schloß Graf Teleki. **(L.B. Außenpolitik 4549 E, Innenpolitik 4504 A.)**[59]

Drei Jahre sind nun verflossen seit der damalige Ministerpräsident von Ungarn, Graf Teleki, der Meinung Ausdruck verlieh, »daß der Krieg nicht von langer Dauer, ja sogar von unerwartet kurzer Dauer sein wird.«

Als Privatmann hätte er sich diese Kurzsichtigkeit ruhig leisten können, als Staatsmann aber niemals. Mindestens mußte er die Möglichkeit ins Auge fassen, daß der Krieg gegen England zu Ueberraschungen hinsichtlich der Dauer führen könnte. Wenn ich als einfacher Mensch von vornherein, unter Würdigung aller Umstände, die felsenfeste Ueberzeugung hatte, daß es sich bei diesem Kriege um einen solchen von langer Dauer handelt, so muß von einem sogenannten »Staatsmann« erwartet werden, daß er doch ein klein wenig vorausschauend ist. Vor allem darf er nicht die deutsche Propaganda als Quelle seiner Unterrichtung benutzen. Selbstverständlich hatte damals (im Jahre 1940) Dr. Josef Göbbels alle Register seines Könnens gezogen und der Welt in allen Tonarten den »genialsten Feldherren aller Zeiten« und die unbesiegbare deutsche Wehrmacht ohne Unterlaß gepriesen und vorgestellt. Indessen sind weder die Engländer noch ich auf diese Propaganda hineingefallen. Taktisch war das Vorgehen der deutschen Propaganda kaum zu beanstanden. Politisch hat aber Deutschland zu dieser Stunde mehr als versagt. Es hat der große Mann, der geniale und bescheidene Sieger gefehlt. –

Malta wird unschädlich gemacht

ð **Rom**, 2. Aug. ⟨43⟩. Italienische Marinesachverständige stellen die gegenwärtige Lage im Mittelmeer folgendermaßen dar: 1. Nach den Aktionen gegen Gibraltar und Haifa gibt es keinen Punkt mehr im gesamten Mittelmeerraum, der vor italienischen Luftangriffen sicher wäre. – 2. Die Operationstätigkeit im östlichen Mittelmeer wird noch lebhafter werden, weil es in diesem Abschnitt um lebenswichtige englische Verbindungen geht und hier allein noch ein System britischer Flottenstützpunkte besteht. – 3. Anstatt Malta zu besetzen, zieht Italien es vor, die Insel einstweilen durch regelmäßige Luftaktionen unschädlich zu machen, was weniger Opfer fordert und zum gleichen Ergebnis führt.

Nach vorgefaßtem Plan werden die italienischen Operationen im Mittelmeer ihren Fortgang nehmen und die Hauptlebensader des englischen Weltreiches für die Engländer gänzlich unbrauchbar machen.[60]

Die billigen Siege gegen Polen, ⟨Norwegen,⟩ Holland, Belgien und Frankreich hatten naturgemäß dem ganzen Volke den klaren Verstand hinweg genommen. Eine alle Grenzen übersteigende Ueberheblichkeit war zum Allgemeingut geworden. Von Bescheidenheit aber auch keine Spur zu entdecken. Dieser ⟨akute⟩ Siegesrausch entwikkelte sich zu einem chronischen Siegestaumel. Die chauvinistischsten Presseerzeugnisse wurden mit einem wahren Heißhunger verschlungen und von den Spießbürgern und Biertischstrategen noch entsprechend ausgeschmückt. In nebenstehendem Artikel bringt es sogar einer fertig, das Mittelmeer unbrauchbar zu machen. Stets und immerdar war bei unseren nationalsoz. Optimisten der Wunsch der Vater des Gedankens. Das wäre an sich noch zu ertragen, wenn nicht beinahe das gesamte schwachsinnige Volk alles Dargebotene kritiklos geschluckt und sich an den Prahlereien und Großsprechereien gesonnt hätte.

11. Mai 1943.

Der Völkische Beobachter – Südd. Ausg. – vom 10. Mai 1943 bringt Auslassungen über die Kämpfe in Tunesien. Selbstverständlich haben sich hiernach die Truppen der Achse mit höchstem Ruhm bedeckt. Die Nazipresse kennt ihre Leser, sonst könnte sie ja keinen solchen Bockmist zusammenschmieren.

»Die Achsentruppen fesseln ihrem Auftrag gemäß nach wie vor beträchtliche gegnerische Streitkräfte«, faselt dieser Zeitungsidiot.[61] Ein sehr merkwürdiger Auftrag. Hierzu würde eine geringere Streitmacht ausgereicht haben. Der Brückenkopf Tunis wurde mit verhältnismäßig starken Kräften verteidigt. Es wurden sogar schwere Schiffsverluste in Kauf genommen. Und dies alles nur um den Gegner zu fesseln? Die Tatsache, daß Deutschland mindestens 200000 Mann in Tunesien zur Verfügung hatte, erbringt den Beweis, daß dieses Gebiet vom militärischen Standpunkt aus betrachtet, für äußerst wichtig angesehen worden ist. In Wirklichkeit ist der Sieg der Engländer u. Amerikaner von ausschlaggebender Bedeutung für die Gesamtlage. Insbesondere ist die Fahrt durch das Mittelmeer, entlang der afrikanischen Küste, jetzt wieder zu einer fast gefahrlosen Angelegenheit geworden. Der Besitz von Nordafrika in den Händen des Gegners bedeutet eine ungeheure Bedrohung von Italien, überhaupt der ganzen Südfront.

Die »Bindung feindlicher Kräfte« ist eine ganz dumme Ausrede, haben nicht vielleicht die in Afrika stehenden Truppen manchmal an der Ostfront gefehlt? Wäre es nicht möglich gewesen, mit diesen Divisionen der 6. Armee bei Stalingrad zu Hilfe zu eilen? Die Wahrheit ist also, daß die deutsche Armee sich selbst gefesselt hatte, einzig u. allein natürlich zu dem Zwecke, Italien bei der Stange zu halten u. den allgemeinen Zusammenbruch zu verzögern.

Der Artikel im V.B. schließt mit folgenden Sätzen:

»Wenn jemals in der Kriegsgeschichte die Bindung feindlicher Kräfte in einem kriegswichtigen Umfange gelungen ist – so zweifellos in Nordafrika! Vergessen wir nicht, daß in keiner einzigen Phase dieses Kampfes die Panzersoldaten, Flieger und Seemänner der Achse auch nur einigermaßen zahlenmäßig dem Gegner gewachsen waren, daß, mit anderen Worten, mit einem verhältnismäßig geringen Aufwand weitreichende strategische Wirkungen erzielt worden sind: Wirkungen, die sich nicht in der Bindung von vier ganzen feindlichen Armeen erschöpften, die darüber hinaus mehrere Millionen Tonnen Schiffsraum des Feindes beschlagnahmten und, was vielleicht das wichtigste ist, wertvollste Zeit gewannen für die Verstärkung der westlichen und südlichen Abwehrflanken Europas.«

Die Nazis sind hiernach sehr bescheiden geworden, sie begnügen sich mit einem Zeitgewinn zum Zwecke der Verstärkung der Verteidigung. Was nützt schon einem zum Tod Verurteilten die Galgenfrist für die Einreichung eines Gnadengesuches?

23. Mai 1943.

Bei einem Tagesluftangriff des Feindes in die Deutsche Bucht hatte die Bevölkerung Verluste. In den Stadtgebieten von Wilhelmshaven und Emden entstanden größere Schäden. Durch Jäger sowie durch Flakartillerie der Kriegsmarine und der Luftwaffe wurden 17 der angreifenden viermotorigen Bomber abgeschossen. Zwei deutsche Jagdflugzeuge gingen hierbei in den Luftkämpfen verloren. Bei Einflügen in die besetzten Westgebiete wurden vier feindliche Flugzeuge vernichtet.[62]

Das Oberkommando der Wehrmacht gab am 22. Mai 1943 Tagesluftangriffe des Feindes bekannt. Hierbei wird sogar verraten, daß »größere Schäden« entstanden sind. Die Zeit des »geringen Sachschadens« scheint der Vergangenheit anzugehören.

Als die Engländer ihre Nachtangriffe begannen, da wurden natürlich in den Zeitungen hämische Bemerkungen über die Nachtpiraten und die feigen feindlichen Flieger, die das Tageslicht scheuen, losgelassen. Ich bin überzeugt, daß die Tagesangriffe denselben Herrschaften auch nicht passen.

Das Küstengebiet von Attu gesäubert

Tokio, 22. Mai ⟨43.⟩

Der Sprecher des Informationsdienstes beim Kaiserlichen Hauptquartier, Generalmajor Nakao Yahagi, erklärte, daß die japanischen Truppen auf der Insel Attu den zahlenmäßig überlegenen amerikanischen Truppen, deren Zahl immer noch zunimmt, einen entschlossenen Widerstand entgegensetzten. Er eröffnete, daß der Feind mit der Landung seiner Panzer und anderen schweren Waffen am 16. Mai begann. Yahagi teilte weiter mit, daß die japanischen Truppen mit der Säuberung des Küstengebietes von in diesem Abschnitt gelandeten feindlichen Truppen beschäftigt sind und daß sich in diesem Abschnitt kein Feind mehr befindet.[63]

Die feindliche Streitmacht besteht ungefähr aus einer Division, mit Panzern, schweren Kanonen versehen und von starken Flotten- und Lufteinheiten unterstützt. Yahagi fügte hinzu, daß die japanischen Streitkräfte dem Feind trotz heftiger Bombardierungen durch Flieger und Artillerie schwere Verluste zugefügt haben.[64]

Das Lügen ist im Kriege an der Tagesordnung. Obwohl damit noch nie ein Krieg gewonnen worden ist. Die hervorragendsten Schwindler sind nach meiner Beobachtung die Japaner. Was diese gelben Gauner sich schon geleistet haben, das übersteigt unsere europäische Vorstellungskraft. Vielleicht ist in Asien das Lügen eine vornehme Tugend. Ich weiß es nicht. Wie das kaiserliche japanische Hauptquartier lügt, zeigen die Zeitungsausschnitte auf dieser Seite.

Am 22. Mai 1943 wird behauptet, daß die japanischen Truppen mit der Säuberung eines Abschnittes auf der Insel Attu beschäftigt sind und daß sich in diesem Abschnitt kein Feind mehr befindet. Jeder Leser kommt hierbei auf den Gedanken, daß die Landungsversuche der Amerikaner teilweise gescheitert sind. Wie es jedoch sich in Wirklichkeit verhält, das wird uns von dem gleichen Hauptquartier genau 1 Woche später unter großem Phrasenschwall beigebracht. Unter Lobhudeleien und billigen Heldengesängen wird der Mitwelt beigebracht, daß von den japanischen Truppen auf der Insel Attu nichts mehr vorhanden ist. Es mag übergeschnappte Japaner geben, die sich daran berauschen, daß die Kämpfe der Japaner auf dieser Insel Attu »mit goldenen Lettern in das Buch der japanischen Kriegsgeschichte eingehen werden«. Für mich ist jedoch die nüchterne Tatsache maßgebend, daß die Amerikaner die Japaner vertrieben haben.

Japan wird noch mehr solcher unangenehmen Ereignisse erleben.

Letzter heldenhafter Angriff der Japaner auf Attu

2000 gegen 20 000 Mann – »Würdig der Tapfersten der japanischen Geschichte«

◘ Tokio, 30. Mai ⟨43⟩.
Aus einer Mitteilung des kaiserlichen Hauptquartiers geht hervor, daß sich die japanischen Besatzungstruppen der Insel Attu, die seit dem 12. Mai gegen einen zahlenmäßig weit überlegenen Gegner einen heldenhaften Abwehrkampf führten, entschlossen, in der Nacht zum 29. Mai in einer letzten Anstrengung einen Beweis des japanischen Heldengeistes zu geben und einen Angriff zu unternehmen. Nachdem nach dieser Unternehmung die Verbindung zu den kämpfenden Truppen abgeschnitten ist, wird, wie das kaiserliche Hauptquartier bekannt gibt, angenommen, daß alle Ueberlebenden nunmehr gefallen sind. Diejenigen Soldaten, die infolge einer Verwundung oder anderer Umstände nicht an diesem Angriff teilnehmen konnten, hatten sich vorher bereits selbst entleibt. Die japanischen Besatzungstruppen hatten, wie der Bericht des kaiserlichen Hauptquartiers weiter besagt, aus etwas über 2000 Mann unter dem Befehl des Obersten *Yasuyo Yamazaki* bestanden. Die feindlichen Kräfte sind etwas über 20 000 Mann stark gewesen und waren auch in der Ausrüstung erheblich überlegen. Die Verluste, die ihnen die Japaner beibrachten, werden auf über 6000 Mann geschätzt. Die Insel Kiska ist, wie die Bekanntmachung noch besagt, weiter in japanischen Händen.

Generalmajor Yahagi, der Chef der Presseabteilung im kaiserlichen Hauptquartier, würdigte in einer Rundfunkansprache die Heldentaten der kleinen japanischen Garnison auf der Insel Attu und erinnerte die gesamte Nation daran, daß ihr Heldentod sich würdig anreihe an die Taten der Tapfersten der japanischen Geschichte.

In Ergänzung des Berichtes des kaiserlichen Hauptquartiers teilte Yahagi mit, daß der Feind auf der Insel Attu an drei Punkten, nämlich im Süden, Osten und Norden gelandet war. An der Ostküste gelang es den Japanern, die Angreifer zurückzuweisen, an den anderen beiden Stellen wurden ihnen schwere Verluste zugefügt. Nachdem die Nordamerikaner ständig Verstärkungen landeten und weitere heftige Beschießungen und Luftangriffe durchführten, kam es am 27. Mai zu heftigen Nahkämpfen. Der Befehlshaber der japanischen Garnison, Oberst Yamazaki, forderte niemals während der heftigen Kämpfe Verstärkungen an. Am 28. Mai war die Garnison auf ungefähr hundert Mann zusammengeschmolzen und Oberst Yamazaki entschloß sich deshalb zu einem letzten Angriff. Dieser letzte mutige Gegenangriff der Verteidiger Attus und ihr Ende werden, so erklärte Generalmajor Yahagi abschließend, mit goldenen Lettern in das Buch der japanischen Kriegsgeschichte eingehen.

Der Reichsaußenminister an Esteva

Berlin, 22. Mai ⟨43⟩

Während der Kämpfe in Tunesien hat der französische Generalresident Admiral Esteva in korrekter und loyaler Weise mit den Achsenmächten zusammengearbeitet. Aus diesem Grunde hat der Reichsaußenminister von Ribbentrop an Admiral Esteva ein Schreiben gerichtet, in dem er den Beitrag des Admirals an der Verteidigung des tunesischen Raumes gegen die englisch-nordamerikanischen Eindringlinge und die abtrünnigen französischen Generäle hervorhebt. Durch die Mitwirkung Admiral Estevas bei der Aufstellung des französischen Freiwilligenverbandes, des französischen Arbeitsdienstes und durch den Einsatz des französischen Verwaltungsapparates in Tunesien hat der Admiral das reibungslose Zusammenwirken der verschiedenen Bevölkerungsteile in Tunesien mit dem deutschen und italienischen Verbänden ermöglicht und damit die Kriegführung der Achsenmächte erleichtert. Der Reichsaußenminister spricht daher am Schluß seines Briefes Admiral Esteva den Dank und die Anerkennung der Reichsregierung aus. Admiral Esteva hat in einem Schreiben dem Reichsaußenminister von Ribbentrop geantwortet und seinen Dank zum Ausdruck gebracht.

Admiral Esteva hat ferner an den französischen Staatschef Marschall Pétain und an den französischen Regierungschef Laval Briefe gerichtet, in denen er seine Loyalität und seine Treue zur Politik des Marschalls und der Regierung Laval erneut bekräftigt.

Von Pétain geehrt

Paris, 22. Mai ⟨43⟩

Marschall Pétain hat auf Vorschlag des Regierungschefs Laval ein Dekret unterzeichnet, durch das Admiral Esteva ohne Beschränkung durch eine Altersgrenze im aktiven Dienst behalten wird. Durch diese Maßnahme, die im allgemeinen nur für Kommandierende Generale im Kriege getroffen wird, wollte der Marschall öffentlich die beispielhafte Haltung Admiral Estevas anerkennen, die er im Laufe der Ereignisse in Tunis gezeigt hat.[65]

Der Zusammenbruch Frankreichs im Jahre 1940 ist für viele Menschen in der Welt ein wirkliches Rätsel gewesen. Heute wird es genau so viele geben, die das Verhalten von Pétain, Laval und Konsorten einfach nicht verstehen können.

Frankreich wurde von Deutschland überfallen, ausgeraubt und ausgeplündert sowie vollkommen besetzt. Trotz allem gibt es Franzosen, die sich voll und ganz auf die Seite von Hitler stellen.

Der deutsche Reichsaußenminister hat es dem französischen Admiral Esteva schriftlich gegeben, daß er (Esteva) in seiner Eigenschaft als französischer Generalräsident in Tunis »die Kriegführung der Achsenmächte erleichtert habe«. Das ist auch ein Ruhm, Herr Esteva, aber ein sehr trauriger.

Genau wie bei uns in Deutschland vor 1933 Heer und Marine vollkommen verseucht waren, so haben wir auch in Frankreich dasselbe Bild gesehen. Die ⟨deutsche u. französische⟩ Demokratie hat ungewöhnlich wenig für ihre Sicherheit getan. Wo waren die demokratischen Generäle und Offiziere? Es war niemand zu sehen!

Diese Schuld hat sich schwer und bitter gerächt. Im Grunde genommen sind die schwächlichen Demokratien die Erzeuger der Alleinherrscher vom Stile eines Mussolini und eines Hitler gewesen.

Wird das deutsche Volk hieraus etwas gelernt haben?

25. Mai 1943.

Parteikundgebung in Mannheim

Gauleiter und Reichsstatthalter Wagner sprach

Mannheim, 24. Mai ⟨43.⟩

Auf einer Mitgliederversammlung der NSDAP. am Sonntag sprach Gauleiter Robert Wagner und betonte einleitend, Jahrhunderte des Friedens und des bequemen Lebens, wie sie anderen Völkern beschieden waren, seien uns fremd. Fast alle Geschlechter vor uns haben schwere Opfer an Gut und Blut bringen müssen, einzelne sogar noch weit mehr als wir. Was aber unseren gegenwärtigen Kampf von dem unserer Vorfahren unterscheidet, sei die Überzeugung, daß er eine glücklichere und friedlichere Zeit erringen könnte. Es gäbe diesmal keinen Frieden, es sei denn, daß dieser Frieden unser Sieg sei. Wir hätten gar nicht die Auswahl, etwa einen anderen Frieden zu schließen. Unser Versagen würde nicht ein neues Versailles, es würde unvergleichlich Schlimmeres bedeuten. Die Welt stehe nicht mehr vor der Entscheidung: Demokratie oder Nationalsozialismus, sie stehe nur noch vor der Frage: Sieg der nationalen und sozialistischen Ideen oder Untergang im Bolschewismus. Was aber Deutschland im Falle eines bolschewistischen Sieges ereilen würde, sei gar nicht auszudenken.

In dieser Zeit werde der einzelne auf seinen wahren Wert hin gewogen. Gewogen werde zunächst die Partei. Sie müsse jeder Schwäche, jeder Gesinnungslosigkeit und jeder Verräterei mit allen zu Gebote stehenden Mitteln entschlossen entgegentreten. Für weiche Empfindungen, kraftlose Gefühle und himmelweite Illusionen sei jetzt kein Platz in dieser Welt. Es sei wieder Kampfzeit für die Partei, Kampfzeit wie nie zuvor. Gewogen werde aber auch nun wieder unser Volk. Wo das organisierte Steppenmenschentum in den Besitz modernster Kriegswaffen gelange, da versagten alle Werte der alten Welt, da hälfen nur neue Erkenntnisse und ein neuer fanatischer Glaube.

Die edelsten Tugenden entfalteten sich nicht in den Zeiten der Siege, sondern in denen der Niederlagen. Innere Anfechtungen habe jeder hinzunehmen. Die davon Befallenen seelisch wieder aufzurichten, sei die ureigenste Aufgabe der Partei. Diejenigen aber, die unsere Kameradschaft ablehnten, seien unsere Feinde. Es sei selbstverständlich, daß nicht nur die Parteimitgliedschaft, sondern jeder aufrechte Deutsche jeder Gesinnungs- und Charakterlosigkeit sofort und mit aller Entschiedenheit entgegentrete. Es solle sich jedermann gesagt sein lassen, daß das Jahr 1943 nicht das Jahr 1918 sei. Draußen nicht und in der Heimat nicht.

Der Gauleiter schilderte dann die gegenwärtige militärische Lage. Durch Gegenüberstellung der Kräfte wies er überzeugend nach, daß zu Befürchtungen gar kein Anlaß bestehe. Adolf Hitler sei uns der sicherste Garant für den Sieg. Auch die Opfer der britisch-amerikanischen Terrorangriffe würden einst zu denen gehören, denen unser Volk eine glücklichere Zeit verdanke.

»Vorwärts zum Siege!« rief der Gauleiter am Schluß seiner von leidenschaftlichem Glauben getragenen, oft von starkem Beifall unterbrochenen Rede. [66]

y.

*

Einer der fanatischsten und ergebensten Hitlerianer ist der Gauleiter Robert Wagner.[67] Seine Rede ist in erster Linie gegen diejenigen Parteigenossen gerichtet, die erkannt haben, wohin der Karren läuft, und durch ihre lauwarme Haltung sich mildernde Umstände bei dem Volke verdienen wollen.

Die Partei befindet sich offen[sich]tlich in einer Krise. Die Niederlagen bei Stalingrad und in Afrika sind nicht ohne Hinterlassung von Spuren überwunden worden. Solange gesiegt wurde, bestand für das Parteigefüge keinerlei Gefahr. Die Trompeten von Göbbels u. denjenigen des Propagandaministeriums sorgten dafür, daß die Siege mit der nötigen Lautstärke und ohne Unterlaß ertönten. Aber in den letzten 5 oder 6 Monaten hat sich doch so manches ereignet, was auch den gläubigsten Nationalsozialisten mindestens einmal aufhorchen ließ oder zum Nachdenken veranlaßte. Mit Wünschen und Hoffnungen allein ist kein Krieg zu gewinnen. Selbst der bornierteste Nazi muß einsehen, daß wir weder die Gegner daran hindern[68] können, deutsches Gebiet mit Bomben heimzusuchen noch, daß wir in der Lage sind, ⟨wirkungsvolle⟩ Vergeltungsangriffe zu unternehmen.

Die Kriegslage hat sich also grundlegend verändert. Deshalb kriselt es in der Partei. Der Appell an den Glauben mag in früherer Zeit die Anhängerschaft aufgerüttelt haben, denn da sind[69] Erfolge hervorgezaubert worden. Das war für jedermann sichtbar, und da konnte auch je nach Temperament und Veranlagung an die rosigsten Zeiten geglaubt werden. Der Glaube ist aber durch viele Fehler und Irrtümer der Führung erschüttert worden. Mit der Leidenschaft und dem Fanatismus allein ist es nicht getan, heute nicht mehr. Heute ist vielleicht mancher unter den[70] alten Kämpfern, der die Verlogenheit des ganzen nationalsozialistischen Systems erkannt und dem das reale Geschehen doch die Augen geöffnet hat.

Wenn der Herr Gauleiter Wagner meint, Adolf Hitler sei der sicherste Garant für den Sieg, so kann man eigentlich dazu überhaupt nichts sagen. Das ist eben eine Sache des Glaubens. Ich glaube, daß Hitler das größte Verhängnis für Deutschland ist. Nun wollen wir sehen, wer sich geirrt hat. –

11. Juni 1943.

Nach der verlorenen Schlacht um Stalingrad wurde das deutsche Volk auf die Frühjahrs-Offensive vertröstet. Die Trostspender sind nie verlegen, es kommt ihnen gar nicht darauf an, selbst mit Hochstaplermanieren die hochgespanntesten Erwartungen unbeugsamer Optimisten noch mit Versprechungen kühnster Art zu unterbauen.

Ein Blick in die Zeitungen lehrt uns täglich, wie dem Volke suggeriert wird, daß es nur eine starke Haltung einzunehmen brauche, um den Sieg zu erringen.

Schlagzeilen in der Hess. Landeszeitung:[71]

6. Juni 1943: Unsere Rüstungsproduktion gigantisch!
Wir sind unschlagbar.
Für die entscheidende letzte Viertelstunde gerüstet.

Einzigartige Erfolge wurden erzielt.
Produktionsleistungen von unfaßbarer Größe.
Industrie mit Begeisterung und Hingabe am Werk.
Erfindung vollständig neuer Waffen.

7. Juni 1943: Noch in der letzten Viertelstunde bei Atem bleiben!

8. Juni 1943: Deutschlands Siegesgewißheit beruht auf sehr soliden Grundlagen.

9. Juni 1943: Auch im Nervenkrieg sind wir dem Feind überlegen.
Jeder Schlag macht sie härter (gemeint sind die Bewohner der Luft kriegsgebiete).

In diesem Stil wird das deutsche Volk bearbeitet. Wer diese Ergüsse täglich kritiklos in sich aufnimmt, der hat natürlich einen unzerstörbaren Glauben an den Endsieg. Es gibt immer noch eine Anzahl Menschen, insbesondere Parteigenossen, die unentwegt und unerschütterlich das glauben, was die Partei erzählt.

Mit einer ⟨beispiellosen⟩ Unverfrorenheit wird das tollste Zeug in den Zeitungen verzapft. Die größten Lügner und Schwindler aller Zeiten dürfen ungestört sich ausleben.

Die Hess. Landeszeitung vom 10. Juni 1943 schreibt:

»Pantelleria und Lampedusa leisten zähen Widerstand. Dämpfer für Anglo-Amerikas Invasionsfieber. Das schwer befestigte Europa wird dem Gegner noch unendlich härtere Aufgaben stellen. Italiens tapfere Wehrmacht kämpft mit ganzem Einsatz.«[72]

Die von Deutschland ausgehaltenen spanischen Zeitungen müssen natürlich auf Befehl ähnlichen Mist ihren Lesern vorsetzen. Die spanische Zeitung[73] »Informaciones« spricht von einem »Scheitern der ersten anglo-Amerikanischen Offensivaktion gegen Europa«.[74]

Die Inseln Pantelleria und Lampedusa werden in kürzester Frist in den Händen der Engländer u. Amerikaner sein. Das ist sonnenklar. Wenn irgendein Spähtruppunternehmen des Gegners gegen die Insel Lampedusa von deutscher Seite zu einer »Aktion« aufgebauscht wird, so ändert das an der verzweifelten Lage Italiens rein gar nichts.

Die stolzeste Antwort

Meldung unseres Vertreters

e. h. Rom, 10. Juni ⟨1943⟩

Die Kapitulationsaufforderung, die der amerikanische General Spaatz an die Besatzung der Inselfestung Pantelleria gerichtet hat, ist ohne Antwort geblieben. Pantelleria, das seit dem 9. Mai nicht weniger als fünf Schiffsbombardements und mehr als 140 Luftangriffe erlebt hat, kämpft weiter. Die Angriffe haben sich bis zu einem Durchschnitt von zwölf Tages- und neun Nachtangriffen gesteigert. Obwohl dabei viel Schaden angerichtet worden ist, hat die Küstenabwehr gerade bei dem letzten Angriff gezeigt, daß sie keineswegs niedergekämpft ist. Die vom italienischen Oberkommando gemeldeten 15 Abschüsse des Dienstag kommen zu den 116 Abschüssen des vergangenen Monats hinzu.[75]

12. Juni 1943.

Gestern noch auf stolzen Rossen, heute durch die Brust geschossen …,[76] so kann man wohl mit Fug und Recht zu der Inselfestung Pantelleria sagen, denn trotz des ganzen Geschreibsels der Nazis und der Faschisten sitzen heute die Gegner auf dieser Insel. Die Ruhmsucht, die Eitelkeit und die Kraftausdrücke sind schwache Verteidigungswerke.

Jetzt ist es wirklich nur noch ein Sprung nach Sizilien und nach Italien. Für mich besteht gar kein Zweifel darüber, daß Italien verloren ist. Italien ist überhaupt nicht zu verteidigen. Italien bricht in jeder Beziehung zusammen: wirtschaftlich, politisch und militärisch.

Tojo an die Italiener

ep. **Tokio,** 10. Juni ⟨43⟩

Seinem unerschütterlichen Vertrauen auf den Sieg hat der japanische Premierminister Tojo erneut in einer Glückwunschbotschaft Ausdruck gegeben, die er anläßlich der dritten Wiederkehr des Tages, an dem Italien in den Krieg eingetreten ist, an das italienische Volk richtete. In dieser Botschaft erklärt Tojo u. a.: »Die Bindung zwischen den Achsenmächten ist seit Kriegsbeginn ständig enger geworden. Wir wissen, daß das italienische Volk unter der starken Führung von Premierminister Benito Mussolini alle bestehenden Schwierigkeiten tapfer überwinden wird im festen Vertrauen auf den unausbleiblichen Sieg.« Der japanische Premierminister spricht dann in seiner Botschaft von dem entscheidenden Stadium, in das der Krieg jetzt getreten sei, und bezeichnete die geplante angloamerikanische Offensive als »unmöglich«. Dieser Krieg sei zwar der größte der Geschichte, und die Schwierigkeiten seien zwangsläufig ebenfalls größer denn je, »aber«, so erklärte Tojo abschließend, »wie groß auch die Schwierigkeiten und Hindernisse sein mögen, ich bin fest davon überzeugt, daß wir den Krieg für eine gerechte Sache führen und schließlich den Sieg erringen werden«.[77]

Die tröstenden Worte des japanischen Premierministers Tojo ändern ebensowenig an der Sachlage wie die Beruhigungspillen, die dem deutschen Volke von Herrn Goebbels verabreicht werden.

Ich möchte übrigens daran zweifeln, daß der japanische Minister überhaupt die ihm in den Mund gelegten Worte gesprochen hat. Sollte ich mich jedoch täuschen, dann steht fest, daß Japan von einem Esel regiert wird. Oder ich will mich so ausdrücken: Entweder ist Tojo ein Esel oder ich bin einer. Ende dieses Jahres wird diese Frage geklärt sein.

»Kein Schiffsraum für Invasion großen Stils«

Das Blatt der spanischen Falange[a] über die Tonnagelage Englands und der USA.

ep. Madrid, 9. Juni ⟨1943⟩.

Die Invasion Europas in größerem Maßstab ist den Achsengegnern nach dem Urteil des Marinesachverständigen der Zeitung »Arriba« aus Mangel an Schiffsraum unmöglich. Gleichwohl könnten Landungsaktionen durchgeführt werden, doch entscheide über ihren Erfolg der Kampf der deutschen U-Boote auf den Weltmeeren. Anhand einer eingehenden Untersuchung des Tonnageproblems der Alliierten kommt der spanische Autor zu dem Schluß, daß lediglich fünf Millionen Tonnen für Militärtransporte nach Nordafrika, Kleinasien, Australien, der Sowjetunion usw. zur Verfügung stehen. Dabei ist die 50prozentige Verringerung der Leistungsfähigkeit der im Konvoi fahrenden Schiffe nicht in Betracht gezogen, wohl aber wurde berücksichtigt, daß die Unsicherheit im Mittelmeer immer noch belastend auf den vorhandenen Schiffsraum der Alliierten einwirkt; daß die englischen Häfen der Nordsee nur beschränkt benutzt werden können und etwa eine Million Tonnen Schiffsraum dadurch stillgelegt wird; daß durch Unglücksfälle jährlich eine halbe Million Tonnen verloren gehen und daß allein 1½ Millionen Tonnen englischen Schiffsraums sich ständig in Reparatur befinden. Ferner wurde eine Million Tonnen abgeschrieben für alle diejenigen Schiffe, die Hilfsdienst in der Kriegsmarine leisten und für Transporte ausscheiden. Diesen 5 Millionen Tonnen verfügbaren Schiffsraums stellt der Marinekritiker die Angaben des Präsidenten der USA.-Marinekommission Admiral Land gegenüber, der erklärte, daß man zur Erhaltung eines Invasionsheeres von 3 Millionen Mann 6 Millionen Tonnen Handelsschiffsraum benötige und daß für die Entsendung weiterer 2 Millionen Soldaten nach dem Pazifik 12 Millionen Tonnen Schiffsraum nötig seien. Selbst wenn man die Ziffern zugunsten der »Alliierten« etwas korrigiere, so schließt der Aufsatz, müsse immer noch festgestellt werden, daß für eine Invasion Europas nicht genügend Schiffsraum zur Verfügung stehe.[78]

a) *Falange:* Faschistische Staatspartei Spaniens; aus lat. *phalanx* ›Stoßtruppe‹.

Die Faschisten aller Länder gleichen sich. Gleiche Brüder, gleiche Kappen. Es sind sture Böcke. Was die sich in den Kopf gesetzt haben, ist nicht mehr herauszubringen. Im Oktober 1942 blamierte sich der deutsche Pressechef mit seiner Behauptung, daß den Alliierten für eine größere militärische Operation kein ausreichender Schiffsraum zu Verfügung stünde. Nur wenige Tage darauf, anfangs November 1942, landeten die Engländer und Amerikaner in Nordafrika. Was soll es nun heute heißen, wenn so ein spanischer Idiot die Behauptung aufstellt, »es sei kein Schiffsraum für eine Invasion großen Stils« vorhanden.

Die Herren Falangisten, Faschisten und Nationalsozialisten wünschen und hoffen selbstverständlich, daß eine Invasion Europas »aus Mangel an Schiffsraum« unmöglich sei. Es ist immer dasselbe Lied: Die Unterschätzung der Gegner.

Beruhigt Euch, Ihr Herren Faschisten, die Alliierten haben den für eine Invasion erforderlichen Schiffsraum! Die nächste Zukunft wird den Beweis erbringen.

So sind sie in diesen Krieg hineingetorkelt. Ohne Ueberlegung, ohne Bedenken. Wer an der eigenen Stärke zweifelte war bereits ein Staatsfeind und wer gar einwendete, daß die Gegner vielleicht Widerstand leisten werden, der wurde zum Landesverräter gestempelt.

Hochmut kommt vor dem Fall!

14. Juni 1943.

Der letzte Funkspruch

Berlin, 15. Mai ⟨43⟩

Der heroische Kampf der deutschen Truppen auf afrikanischem Boden bis zur letzten Patrone zeigte sich in einer großen Zahl von Gefechtsberichten, aber auch in vielen kurzen Funksprüchen. Das deutsche und italienische Volk und seine Freunde grüßen in tiefster Verbundenheit diese heldenmütigen Soldaten, die der Welt ein Beispiel von Opfermut, Standhaftigkeit und heißer Liebe zur Heimat gegeben haben. Selbst der Gegner, der nur mit einem riesigen Aufgebot von Menschen und Waffen schließlich nach ungeheuren Verlusten die Afrikafront der Achse überwinden konnte, muß die Tapferkeit der deutsch-italienischen Truppen anerkennen.

Auch die letzten Funksprüche eingeschlossener deutscher Verbände bekunden ungebrochenen Kampfesgeist und unlösbare Verbundenheit mit der Heimat. So funkte der Kommandant eines Flughafenbereichs aus dem Raum östlich Tunis noch in den frühen Morgenstunden des 13. Mai: »Gestern zwei feindliche Angriffe gehabt, zehn Panzerwagen geknackt, zehn Gefangene eingebracht. Wir halten, bis die Munition zu Ende geht. Wir haben eine gute Stellung und hoffen, die Letzten zu sein. Ihr bekommt laufend Bescheid, bis es nicht mehr geht. Unseren Müttern und Frauen zum Muttertag am 16. Mai die herzlichsten Glückwünsche und Grüße aus Afrika.« Kurze Zeit später verabschiedete sich diese tapfere Kampfgruppe mit dem allerletzten Funkspruch: »Es lebe der Führer, es lebe die Heimat!«

Mit den letzten Granaten

Berlin, 15. Mai ⟨43⟩

Bis in die Mittagstunden des 13. Mai stand eine deutsche Kampfgruppe der Luftwaffe in Tunesien auf der Halbinsel von Kap Bon noch im Gefecht mit feindlichen Panzern. Die völlig auf sich selbst gestellten Trupps haben mit ihren letzten Granaten in den Vormittagstunden des 13. Mai noch zehn feindliche Panzerkampfwagen vernichtet.

Diese ihren Kampfauftrag vorbildlich erfüllenden Gruppen gehörten zu den Nachhuten, die nach der Aufgabe von Tunis in den frühen Abendstunden des 7. Mai den stürmisch nachdrängenden feindlichen Panzern den weiteren Vorstoß auf der großen nach Südosten führenden Straße bei Hammam-Lif zu verwehren suchten. Nach schwierigem Nachtmarsch quer durch die tunesischen Berge erreichte sie morgens die Auffangstellungen auf der Halbinsel von Kap Bon. Dort schlossen sie sich anderen, ebenfalls ausgewichenen Kampfgruppen an und setzten gemeinsam mit ihnen den Widerstand fort, dessen letzten Erfolg der Funkspruch vom 13. Mai meldete.[79]

»Die letzte Patrone«, »Der letzte Funkspruch« und »Die letzte Granate«, das sollen einmal die Requisiten für die Heldengesänge und die Heldenkitschgeschichten sein.

Jeder halbwegs vernünftige Mensch konnte voraussehen, daß die deutschen Truppen in Afrika auf vollkommen verlorenem Posten stehen.

Wenn Italien mit seinen nahezu 50 Millionen Einwohnern nicht in der Lage ist, seine gestohlenen Gebiete mit Erfolg zu verteidigen – dann brauchte sich schon Deutschland gar keine Mühe zu geben, an diesem Abenteuer unbedingt beteiligt zu sein.

Der unvernünftige Ehrgeiz eines Mussolini und seiner Komplizen hat nun die verdiente Niederlage erlitten.

Es ist nur zu hoffen, daß sie so vollkommen und endgültig sein wird, daß den Italienern für alle Zeiten das räuberische Handwerk gelegt wird.

Hoffentlich wird dafür gesorgt werden, daß die Afrikaner künftig aus eigener Kraft (durch Zusammenschluß aller Staaten) jeden Räuber zum Teufel jagen können.

Warum kommen eigentlich die Völker nicht einmal auf die Idee, die Eroberungen zu unterlassen und sich nur mit dem friedlichen Handel zu beschäftigen?

———

Messe wurde Marschall

Meldung unseres Vertreters

eh. **Rom,** 14. Mai ⟨43⟩

Mit Dank und Anerkennung ehrt Italien seine 1. Armee, die als letzte drüben auf afrikanischem Boden ausgeharrt und die letzten Granaten und Kugeln in Gegenangriffen verbraucht hat. Ritterkreuzträger General Messe ist zum Marschall Italiens befördert worden, bevor ihn das Telegramm des Duce erreichte, den Kampf einzustellen.

In einem Telegramm an Marschall Messe spendete General von Armin den italienischen Einheiten höchstes Lob für die glänzende Haltung, mit der sie seine Befehle ausführten, besonders auch der Artillerie, die sich in unvergleichlicher Weise schlug. Die Artillerie verschoß am Mittwoch ihren geringen Vorrat an Munition, und die letzte Salve wurde unter dem Ruf: ›Es lebe der König – es lebe die italienische Artillerie‹ abgefeuert. Auf den Befehl des Duce mußte dann der Kampf eingestellt werden, nachdem die Geschütze der Artillerie und alle Waffen der Infanterie zerstört waren.[80]

Eine neue fixe Idee der Faschisten u. Nazis ist die Beförderung von Generalen nach der Niederlage.

Eine ganz verrückte Bande!

Was hätte aber beispielsweise die deutsche Propaganda gesagt, wenn der englische Befehlshaber nach der Schlacht bei Dünkirchen zum Marschall befördert worden wäre?

Wenn 2 dasselbe tun, ist es eben doch nicht dasselbe.

Deutschland kann sich alles erlauben. Die Führer nehmen sich gar nichts übel.

Morde in Frankreich

Meldung unseres Vertreters

kn. **Paris,** 17. Mai ⟨43⟩

Sonntag wurde in Perrefitte der Bürgermeister Raymond Dirr ermordet. Er wartete an der Haltestelle auf einen Omnibus, als ein Wagen, in dem sich zwei junge Männer befanden, vor ihm zum Stehen gebracht wurde. Der eine von den Insassen sprang heraus und gab zwei Schüsse auf den Bürgermeister ab. Die Täter hatten im Wagen in einer Seitenstraße auf Dirr gewartet und dann die offensichtlich seit langem geplante Tat durchgeführt, als der Überraschte seine Zeitung las und von der ihm drohenden Gefahr nichts ahnte. Sie sind unerkannt entkommen.

In Portier wurde am Freitag der Arzt Michel Guerin niedergestochen. Er wurde von einem Unbekannten zu einer Kranken gerufen. Als er die Haustür aufstieß, drangen vier Männer mit Messern auf ihn ein und verletzten ihn so schwer, daß er am Sonnabend verschied.

Die beiden Ermordeten waren tätige Mitglieder der Partei Doriots, die viele ihrer Ziele mit der deutschen NSDAP gemein hat, der sie entsprechen will. Diese beiden Verbrechen zeigen die Erbarmungslosigkeit, von der die durch die Emigranten aufgewiegelten Kreise erfüllt sind. Von gleichem Geist spricht auch die Verurteilung des Admirals Esteva, des Generalresidenten von Tunis in Abwesenheit zum Tode, da er mit den Kräften der Achse zusammengearbeitet hat. Die Verurteilung erfolgte durch die Gerichte Girauds, obwohl der Admiral den Anweisungen seiner legalen Regierung in Vichy pflichtgetreu gefolgt war. Das gleiche Urteil wurde von den französischen Dissidenten über vier andere regierungstreue hohe französische Funktionäre ausgesprochen.[81]

Die Mitglieder der Partei Doriots[a] werden einen kleinen Vorgeschmack bekommen von dem, was ihnen passiert, wenn ihr Schutzpatron Hitler aus Frankreich verschwunden sein wird.

So tief war Frankreich noch kaum gesunken wie[82] unter dem Regime Petain-Lavall u. Co.

Es durfte sich niemals ein Franzose finden, der so innig mit der NSDAP. zusammenarbeitete.

Charakter wäre wenigstens nach dem Zusammenbruch notwendig gewesen.

Lumpen haben aber keinen Charakter. Die Herren Lavall und Genossen haben natürlich an den Sieg Hitlers geglaubt und wollten aus seiner Hand den »Dank« für ihre Unterwürfigkeit und Mitarbeit empfangen. Was liegt solchen Kerlen an ihrem Vaterland? Nur der Geldbeutel ist maßgebend.

Die Abrechnung mit diesen gemeinen Kreaturen muß radikal sein. Es darf keiner übrig bleiben. –

Der italienische Wehrmachtbericht vom 12. Juni 1943 freut sich darüber, daß Lampedusa noch Widerstand leistet.

Der Bericht lautet wörtlich:

»Der Gegner richtete erneute und verstärkte Angriffe von der Luft und von See aus gegen die kleine Besatzung von Lampedusa, die die Aufforderung zur Uebergabe ablehnte und heldenhaften Widerstand leistet.«[83]

Erfahrungsgemäß erfolgt bei den Italienern die Meldung des »heldenhaften« Widerstandes kurz vor der Uebergabe. Warum soll es in diesem Falle nicht so sein? Ohne Krampf geht es nicht.

16. Juni 1943.[84]

Zwei mir unbekannte Herren saßen bei mir am Tische im Wartesaal in Stockheim (Oberhessen) und sprachen über die Verluste der Gegner. Sie waren der Meinung, daß sich die Verluste, insbesondere der englischen Flieger, doch bald bemerkbar machen müßten. Der eine glaubte auch, daß etwas gegen England unternommen wird, und wenn dann England besetzt ist, herrscht Ruhe. Wenn man dabei sitzt, wenn solche Weisheiten ausgesprochen werden und muß schweigen, anstatt aufklärend zu wirken, so ist das geradezu eine Tortur.

Es zeugt von sehr oberflächlichem Denken, wenn Deutsche heute annehmen, der aktive Gegner würde in einem Augenblicke, in welchem seine Angriffe für Deutsch-

a) *Partei Doriots:* Jacques Doriot (1898-1945) gründete 1936 die rechtsradikale Parti Populaire Français und kollaborierte nach der deutschen Besetzung Frankreichs. Schließlich nahm er mit der von ihm gegründeten Légion Tricolore am Feldzug gegen die Sowjetunion teil. Vgl. Benz/Graml/Weiß 2007, S. 907.

land anfangen schmerzhaft zu werden, ausgerechnet wegen einiger Verluste an Fliegern, die Tätigkeit einschränken. Deutschland hat ja auch im Jahre 1940 mehrere tausend Flieger über England geopfert – allerdings ohne einen entscheidenden Erfolg zu erringen. England hat in diesem Kriege noch keine bedeutenden Verluste erlitten, jedenfalls sind sie mit den unsrigen im Osten nicht zu vergleichen. Warum sollten nun die Engländer nicht auch einmal einen Einsatz wagen, der unter Umständen von ausschlaggebender Bedeutung sein kann? Gegen Ende des 4. Kriegsjahres kann jedenfalls das englische Volk seiner Regierung nicht den Vorwurf machen, die Kräfte wären vorzeitig verbraucht worden oder es hätte haushälterischer damit umgegangen werden müssen. England hat sich wirklich Zeit gelassen. Sofern es ⟨sich⟩ nicht nur um Taktik handelt – und das ist wohl kaum anzunehmen – war es eine kühle und überaus kühne Berechnung bei unseren Gegnern. Jetzt ist der Zeitpunkt gekommen, wo es sichtbar wird, daß unser Vorsprung in der Rüstung, wenn nicht überholt, so doch eingeholt worden ist. Sich damit zu trösten, die Verluste des Gegners würden seinem Tun Beschränkungen auferlegen, ist fahrlässige Gedankenlosigkeit.

Wie würde über einen Soldaten gedacht werden, der sich der Hoffnung hingeben würde, der gegenüberliegende Feind könnte eines Tages wegen Munitionmangels das Feuer einstellen? Jedermann würde sagen, das ist ein sehr schlechter Trost. Genau so ist es mit den Verlusten unserer Gegner. Die Verluste des Gegners überschätzen und die eigenen Verluste unterschätzen, das ist eine äußerst beliebte Methode geworden. Die Propagandisten schmücken die Verlustmeldungen noch phantastisch aus. Hierdurch entsteht dann bei der wenig denkfähigen Bevölkerung der Eindruck, als sei es in Wirklichkeit so, wie die Meldungen lauten. Schon oft habe ich gelesen, die Propaganda sei eine Waffe. Es wird schwer sein, nachzuprüfen, in welchem Umfange der Propaganda im Kriege eine entscheidende Rolle zukommt. Die nationalsozialistische Propaganda hat ganz zweifellos vor dem Kriege tiefen Eindruck auf die Auslandsdeutschen hervorgerufen. Die Propaganda hat in der raffiniertesten Weise auf einfältige Gemüter gewirkt und steten Sonnenschein in Deutschland dargestellt.

Nicht die Propaganda scheint die Waffe zu sein, sondern die Lüge.

Was ist in diesem Kriege nicht schon alles zusammengelogen worden. Auf die Dauer wird aber die Lüge unterliegen und der Wirklichkeit und damit der Wahrheit Platz machen müssen.

<u>17. Juni 1943.</u>

Dr. Goebbels besichtete die Schadensstellen in der Stadt Essen[a] und sprach auf einem Appell der Parteiführerschaft des Gaues Essen. Den Kern seiner Ausführungen bil-

a) *Stadt Essen:* Mit dem Großangriff in der Nacht vom 5. auf den 6. März 1943 begann die britische Royal Air Force die Luftschlacht um das Ruhrgebiet. Essen besaß als Sitz der Krupp-Werke einen besonderen symbolischen Wert für die Alliierten und galt als das Herz der deutschen Rüstungsindustrie. Der letzte große Angriff vor Goebbels' Besuch erfolgte vom 27. auf den 28. Mai 1943. Vgl. Boog 2001, S. 16-19.

dete der Luftkrieg. Er gab zu, daß der Luftkrieg für das deutsche Volk nicht nur eine materielle, sondern auch eine psychologische Belastung bedeutet. Dr. G. meinte, daß das was die Bevölkerung zu erleiden habe, schon bald nach dem Kriege vergessen sein werde. Aus Ruinen würden sich neue Straßen und neue Städtebilder erheben. Die Engländer seien nur vorübergehend in einer besseren Situation als wir. Sie könnten durch den Luftkrieg beachtlichen, aber nicht kriegsentscheidenden Schaden zufügen. Unser U-Boot-Krieg halte sie jedoch an der Kehle. Hier könnten die Engländer tödlich getroffen werden. Nach einem gewissen Zeitraum würde der ⟨durch den⟩ U-Boot-Krieg den Engländern zugefügte Schaden sich materiell nachhaltig auswirken, vorausgesetzt, daß unser Volk dem englischen Luftkrieg die moralische Haltung entgegensetzt, die die gegenwärtige Situation erfordert.

Zur gegenwärtigen Lage sagte Dr. Goebbels, daß die Probleme, um die es sich bei Beginn dieses Krieges gehandelt habe, daß die deutsche Stadt Danzig in den Verband des Reiches zurückkehre und ein Korridor durch den sog. Polnischen Korridor gelegt werde, zwergenhaft erscheinen gegenüber denen, die dieser überkontinentale Krieg mittlerweile aufgeworfen habe. Niemand von uns habe im September 1939 auch nur in seinen kühnsten Träumen zu hoffen gewagt, daß es unserer heldenhaften Wehrmacht jemals möglich sein werde, die deutschen Verteidigungslinien so weit in den feindlichen Raum vortreiben, wie das in der Tat geschehen sei. Damit hielten wir eine einmalige Chance in unserer Hand.

Wann die große Stunde des Sieges kommen werde, das vermöge im Augenblick niemand zu sagen. Man müsse sich nur darauf vorbereiten. Heute wie morgen und für die fernere Zukunft gelte deshalb für die ganze deutsche Nation mehr denn je das Wort: In Bereitschaft sein ist alles![85]

Dr. Göbbels tröstete also die Bewohner der schwer heimgesuchten Gebiete damit, daß sie das Erlebte schon bald nach dem Kriege wieder vergessen haben (ungefähr so wie sie auch die vielen Versprechungen der Nazis schon vergaßen), ferner mit unserem U-Boot-Krieg. Diesen angekündigten Erfolg knüpft er allerdings an die Voraussetzung, daß das Volk die Luftangriffe schön ruhig über sich ergehen läßt und Haltung bewahrt. Selbst wenn das ganze Ruhrgebiet zerstört wird. Die Hauptsache ist:

Haltung und Bereitschaft!

Bereit, für Goebbels u. Konsorten zu sterben.

18. Juni 1943.

Kassel, 15. Juni ⟨43.⟩
Zwei pflichtvergessene deutsche Frauen im Alter von 34 und 40 Jahren hatten zwei junge ausländische Arbeiter zu sich in die Wohnung geladen. Beim Kaffeekochen hatte man offenbar vergessen, den Gashahn zu schließen. Als Hausbewohner am nächsten Morgen starken Gasgeruch bemerkten und die Wohnungstür aufbrachen, wurden alle vier Personen gasvergiftet aufgefunden. Drei der Verunglückten waren nicht mehr zu retten; nur ein 19jähriger Belgier kam mit dem Leben davon.

Die Verherrlicher des Krieges schweigen sich über die Schattenseiten der Kriegszeiten aus. Deshalb ist es erforderlich, sich mit dem Tun der Menschen zu befassen.

Die viel besungenen deutschen Frauen haben zu einem nicht geringen Teil kläglich versagt. Die Dichter mögen künftig etwas vorsichtiger sein und nicht so überschwengliche Loblieder auf die Frauen im allgemeinen singen. Schweigen ist besser als preisen. Mit Rücksicht auf die Naturgesetze sind vielleicht als die wirklich Schuldigen diejenigen anzusprechen, die für die Kriege verantwortlich sind. Abgesehen davon soll man aber darauf hinarbeiten, den Menschen in Friedenszeiten den Krieg mit seiner Fülle von Unmoral wahrheitsgetreu zu schildern. Dann wird es nur wenige geben, die auf einen Krieg versessen sind.

Das »Schwarze Korps« teilt in seiner Nummer vom 17. Juni 1943 seinen gewiß erstaunten Lesern mit, daß Europa keine Festung ist. Lassen wir es selbst sprechen: … »Von einer Festung Europa zu sprechen, wie wir es gerne tun, ist eigentlich ein Widersinn. Eine Festung ist nicht nur rings vom Feinde eingeschlossen, sie lebt auch von ihren Vorräten. Die Vorräte können reichlich sein, dann mag sich die Festung lange halten. Aber irgendeinmal gehen sie zu Ende. Die Zeit steht immer auf seiten des Angreifers. Europa aber ist in diesem Sinne keine Festung – es ist ein Raum, der sich selbst versorgt.«[86]

Das »Schwarze Korps« widerlegt also hier das Wort von der »Festung Europa«. Die eigenen Gesinnungsgenossen, die Erfinder der »Festung Europa«, müssen sich belehren lassen. Warum wohl? Die Logik hat den Sieg davon getragen, denn eine Festung kann sich nicht ewig halten. Die Zeit – die von den Nazis als Bundesgenosse in Anspruch genommen wird – ist niemals der rettende Engel einer Festung. Da mußte etwas anderes erfunden werden. Die Nazis sind nicht verlegen. Europa ist autark, behaupten sie. Europa soll hiernach ein Raum sein, der sich selbst versorgt.

Wenn dem so ist, warum der Schrei nach Kolonien?

Ich will zugeben, daß sich Europa vorübergehend kümmerlich ernähren kann. Wir werden in den nächsten Wochen noch nicht verhungern, das mag stimmen. Europa ist aber nicht in der Lage, diesen Krieg noch lange durchzuhalten. Europa besitzt nicht die ausreichende Menge von Rohstoffen, um das erforderliche Kriegsmaterial für einen langjährigen Krieg herzustellen. Das werden die Nazis niemals zugeben, denn merkwürdigerweise sind sie der Auffassung, daß Zeit und Raum für Deutschland wirken. Im Zeitalter der Schlagworte braucht es niemand zu wundern, wenn jetzt auch noch die Worte »Zeit« und »Raum« als Waffen in Anspruch genommen werden. Ein gleichnamiger Artikel in dem »Schwarzen Korps« v. 17.6.1943 will beweisen, daß Raum und Zeit für uns arbeiten. – Die Russen haben noch mehr Raum. Wie steht es eigentlich damit?

Aus »Zeit und Raum«:

Wir brauchen im Grunde genommen nichts anderes zu tun, als uns zu verteidigen und dem Gegner in der Verteidigung schwerste Schläge zu versetzen, so lange, bis er zusammenbricht. Er wird zusammenbrechen in dem Stadium des Krieges, in dem seine Angriffskraft erlahmt. Das ist gewiß keine Verkleinerung der vor uns stehenden Aufgaben, keine Bagatellisierung der Opfer, die wir noch zu bringen haben, und noch weniger ist es eine – Ausrede. Dies schon deshalb nicht, weil ja noch niemand behauptet hat, daß man eine Verteidigung – wie etwa die gegen britische Terrorangriffe – nicht auch offensiv führen könne. In dieser Verteilung der Rollen liegt ganz einfach das zwangsläufig herrschende Gesetz dieses Krieges in seiner letzten Phase.

Der Unterschied

Der Gegner hat bereits erkannt, daß die sogenannte Festung Europa gar keine Festung ist, die sich durch die Zeit bezwingen ließe. Er ist eben dabei, zu erkennen, daß die Zeit vielmehr auf unserer Seite steht, so wie der Raum sich endgültig mit uns verbündet hat. Das ist ein Handicap, das ihm nur eine Möglichkeit noch offenläßt: die Schnelligkeit des Handelns. Er muß den Erfolg im Angriff, und zwar sofort, in diesem Jahr noch, zu erzwingen suchen.

Scheitert er, so hat er den Sieg vertan. Denn wir können ja in der Verteidigung verharren, solange es nötig ist. Er aber kann sich nie wieder in die Verteidigung zurückziehen. Für ihn bedeutet Stillstand immer schon Niederlage, Zeitverlust, Kraftgewinn Europas und – Ablauf der Fristen, mit denen die jüdischen Verführer der Feindvölker vor der unaufhaltsamen Gefahr des Antisemitismus noch zu rechnen haben.

Wir haben nach Stalingrad gelernt, den Krieg mit anderen Augen zu sehen. Dazu gehört, daß wir uns auch mit anderen Zeitmaßen vertraut machten und mit dem Bundesgenossen Zeit auf du und du stellten. Wir haben bisher noch von jedem beginnenden Sommer die Entscheidung erhofft, jene Entscheidung, die dem stürmenden Angreifer als die einzig denkbare vorschwebt. Jetzt haben wir umgelernt. Und wir glauben trotzdem und erst recht, daß dieses Jahr ein entscheidendes im Kriege sein wird. In ihm wird sich erweisen, wie wir die Vorteile zu nützen wissen, die Raum und Zeit uns zuweisen. Mag dann der Krieg auch dieses Jahr noch überdauern. Die Entscheidung wird doch im wesentlichen gefallen sein. Wenn wir überhaupt die Kraft haben, unser Leben festzuhalten, dann halten wir es für immer.

Vor 25 Jahren, im Sommer 1918, traten deutsche Divisionen im Westen zu ihrem letzten großen Angriff an. Die Aussichten standen wie zehn zu hundert, daß sie gewinnen, und wie neunzig zu hundert, daß sie den Kampf verlieren würden. Sie griffen trotzdem an, denn dieser Angriff war die letzte Chance. Hinter ihnen stand das Gespenst des Hungers und des Zusammenbruchs. Was hätten die führenden Männer damals dafür gegeben, wenn sie den letzten Verzweiflungsgang nicht hätten wagen müssen, wenn sie sich hätten sagen dürfen: Wir können warten; wir können den Feind anrennen lassen; Zeit und Raum wirken für uns!

An diesem Beispiel kann man den Unterschied ermessen, der das Heute vom Damals trennt. Diesen Unterschied aber hat uns das Schicksal nicht in den Schoß gelegt. Er ist erkämpft worden durch eine bessere Führung auf dem Fundament eines Volkes, das heute ganz anders als damals weiß, worum es geht.

Auf einmal wird sogar die Verteidigung als Mittel zum Endsiege gepriesen. Wenn das ein Mensch im September 1939 von dem »genialsten Feldherrn aller Zeiten« verlangt hätte. Um Gotteswillen. Verteidigung war seither gleichbedeutend mit Hochverrat. Bei den Deutschen ist stets der Angriff die beste Verteidigung gewesen. Jetzt auf einmal ist entdeckt worden, daß wir uns solange verteidigen können bis der Gegner zusammenbricht.

Der Gegner soll angeblich zusammenbrechen, wenn seine Angriffskraft erlahmt. Das wünschen und hoffen die Nazis. Wunschträume sind das, sonst nichts. Wenn die Gegner aber nicht zusammenbrechen, wenn sie uns diesen Gefallen nicht tun, was dann? Darüber spricht man nicht!! Warum soll überhaupt die Kraft der Gegner eher erlahmen als die unsrige? Ausgerechnet auch noch diejenigen Gegner, die sich seither keineswegs verausgabt haben und zum Teil (z.B. USA.) gerade erst beginnen, mit ihrer ⟨1.⟩ Rüstungs⟨etappe⟩ abzuschließen und die Truppen in die vordere Linie zu bringen.

Selbstverständlich muß der Gegner »den Erfolg im Angriff zu erzwingen suchen.« Ich glaube es ist noch nie ein Krieg auf andere Art gewonnen worden.

Das »Schwarze Korps« ist ungeheuer bescheiden geworden. Es wollte doch früher alle Gegner zusammenschlagen, vernichten und ausrotten. Heute klammert es sich an »Zeit und Raum«. Die letzten Strohhalme für die Ertrinkenden.

Welcher Trost wird gespendet werden, wenn die Gegner demnächst mit ihren Angriffen beginnen?

Zeit und Raum

⟨Schwarzes Korps 17.6.1943.⟩

Nach der Beendigung des Afrikafeldzuges haben die Briten und Amerikaner mit gewaltigem Getöse ihren Sieg gefeiert. Da es in vier Jahren Krieg der erste und einzige war, kann man ihnen das Bedürfnis nachfühlen. Noch besser nachfühlen kann man es den Völkern, daß sie nach vier Jahren Blut und Tränen – oder, was die Amerikaner betrifft, immerhin nach harten Kriegsanstrengungen und schwerwiegenden Verzichten – endlich greifbare Früchte so vieler Mühen sehen wollten. Aber es zeigt sich, daß der Tunis-Rummel doch nicht ausgereicht hat, ihre Wünsche zu befriedigen. Sogar die Briten und die Yankees haben sich in diesem Krieg dazu bequemen müssen, Geographie zu studieren. Und der Blick auf die Landkarte beweist ihnen, daß – Tunis hin, Tunis her – immer noch kein Anglo-Amerikaner den Boden Europas betreten hat. Das ist nicht viel in einem Kriege, der auf die Beherrschung Europas abzielt und dessen Triumph in der Zerstückelung Deutschlands und der Versklavung des deutschen Volkes und seiner Verbündeten gipfeln soll. Die Zeitungen, die sich eben erst in Siegeshymnen überschlugen, müssen schon wieder leise treten und den Leuten klarmachen, daß der Krieg für ihre Völker – wenn er wunschgemäß verlaufen soll – ernstlich noch gar nicht begonnen habe.

Es dämmert auch jene andere Erkenntnis, daß nämlich die Achsenmächte, indem sie in der Verteidigung verharren, nicht unbedingt die Schwäche zeigen, die man aus dem »Nachlassen ihrer Offensivtätigkeit« bisher so gerne abgeleitet hat. Die Reden und Mitteilungen der Reichsminister Speer und Goebbels haben hier die letzten Unklarheiten beseitigt. Wenn der Feind Europa erobern will, so wird er nach Europa kommen müssen. Der Empfang, der ihm hier bereitet wird, erfüllt ihn heute schon mit bösen Ahnungen.

Europa ist autark

Die Eroberung Europas ist eine andere Aufgabe als die Niederringung der zwanzigfach unterlegenen Afrikaarmee, deren Nachschub durch die Linien des Feindes erfolgen mußte. Man hätte von einer Festung Tunis sprechen können, die belagert wurde und deren Widerstand nur eine Frage der Zeit war. Von einer »Festung Europa« zu sprechen, wie der Feind und auch wir es gerne tun, ist eigentlich ein Widersinn. Eine Festung ist nicht nur rings vom Feinde eingeschlossen, sie lebt auch von ihren Vorräten. Die Vorräte können reichlich sein, dann mag sich die Festung lange halten. Aber irgendeinmal gehen sie zu Ende. Die Zeit steht immer auf seiten des Angreifers.

Europa aber ist in diesem Sinne keine Festung. Europa – mit dem Vorfeld, das ihm die deutschen Waffen im Osten freilegten – ist ein Raum, der sich selbst versorgt. Dieser Raum ist nicht nur imstande, seinen Bedarf an Menschen und Material, Lebensmitteln und Rohstoffen eben gerade zu decken, jeweils das zu ersetzen, was der Krieg verschlingt. Europa ist überhaupt erst durch die deutsche Führungsleistung aus einem geographischen Begriff zu einem Organismus geworden, der noch im Stadium unverbrauchter Jugendlichkeit steht und weit davon entfernt ist, seine volle Leistungskraft zu entfalten. Er trägt in sich alle Reserven, die der Krieg noch in Anspruch nehmen könnte.

Wenn wir dank der Mobilmachung der deutschen und europäischen Arbeitskraft in einem Monat des Jahres 1943 so viele Panzer erzeugen wie im Gesamtjahr 1942, so ist das die deutlichste Widerlegung des Wortes von der »Festung Europa«. Europa zehrt nicht von seinen Vorräten, es ist überhaupt erst dabei, sich seine Kraftquellen zu erschließen. Es wird nicht schwächer mit jedem Tage der »Belagerung«, sondern stärker. Die Zeit steht auf seiten der Verteidiger.

Wie lange ist es denn her, daß Europa zu einem politisch-militärischen Begriff wurde? 1939 gab es nur den Kern Europas, das Reich. Seine Nachbarn waren entweder »neutral« oder feindwärts orientiert. Am Ende des Jahres 1940 standen unsere Soldaten am Nordkap und an der Atlantikküste, Italien war zu uns gestoßen. Aber das unbesetzte Frankreich und der Balkan im Süden waren unsicheres Niemandsland voller Gefahren. Und im Osten drohte das große Fragezeichen des moskowitischen Kolosses, der sich westwärts in Bewegung gesetzt hatte und mit seinem Vorposten vor Memel, am Bug und vor den Ölfeldern Rumäniens stand. Wir sprachen zwar auch schon damals vom Europa, in dessen Namen wir diesen Kampf führten, aber dieses Europa war noch ein Torso. In diesem Zustand belagert, wäre es wirklich eine »Festung« gewesen mit allen Nachteilen, die dem Verteidiger aus einer solchen Lage erwachsen. Unser Krieg war dazumal ein Offensivkrieg. Hätten wir ihn in der Verteidigung führen müssen, so wäre unsere Situation, trotz zahlreicher, bei weitem günstigerer Umstände, schließlich doch vergleichbar gewesen jener der Mittelmächte im Ersten Weltkrieg, die wirklich in einer Festung eingeschlossen waren, wirklich von der Hand in den Mund lebten und deren Aussichten, je länger der Krieg dauerte, zwangsläufig immer nur schlechter werden konnten.

Das Jahr 1941 brachte uns aber die Ausweitung des Kernlandes Europa zum Kontinent Europa. Wir haben auf dem Balkan die Südbastion besetzt und damit die Lücke geschlossen, durch die dem Feind im Jahre 1918 der entscheidende Einbruch gelang. Und wir haben uns im Osten den Raum gesichert, dessen Fehlen bisher noch jedes Europa dazu verurteilt hat, eine lebensunfähige Halbinsel im Westen der eurasischen Landmasse zu sein. Der Osten sichert uns die Lebensmittel, deren wir bedürfen, die Rohstoffe, die uns noch fehlen, die Arbeitskräfte für eine in ihrem Potential vervielfachte Rüstungsindustrie und – nicht zuletzt – die Möglichkeit einer beweglichen Kriegführung, die in der beengten Geographie Alteuropas im Zeitalter der Panzerschlachten nicht mehr gegeben war.

21. Juni 1943.
In dem vorseitigen Artikel bemüht sich der Verfasser, seine Leser zu überzeugen, daß Europa keine Festung sei. Schon seit langer Zeit wird beinahe täglich von der »Festung Europa« gesprochen. Gestern noch eine Festung, heute schon keine mehr. Was aber nicht ausschließt, daß morgen Europa wieder zu einer unbezwingbaren Festung erhoben wird. Wie es gerade paßt.

Eins ist übrigens erfreulich an diesem Artikel. Der Einbruch des Feindes auf dem Balkan im Jahre 1918 war für unsere Niederlage entscheidend. Also nicht der sogenannte »Dolchstoß«.

---

22. Juni 1943.
2 Jahre Krieg gegen Rußland! In der Sprache der Nazis heißt es: 2 Jahre Krieg gegen den Bolschewismus. Was waren die tieferen Gründe für den Feldzug gegen Rußland? Es wird niemand erwarten können, daß wir noch während dieses Krieges genau erfahren, welche Kräfte geholfen haben, den Feldzug gegen Rußland zu planen und auszuführen. Viele Meinungen wird es heute darüber geben, je nachdem dieser Fall von der militärischen, wirtschaftlichen oder politischen Seite einer Betrachtung unterzogen wird.

Was hat den Ausschlag gegeben, den Befehl zum Angriff zu erteilen? Vielleicht standen politische und militärische Gesichtspunkte im Vordergrunde. Vielleicht waren es politische, militärische und wirtschaftliche Gründe im Zusammenwirken. Die maßgebenden Personen werden in diesem Stadium der unvollendeten Ausführung der Wahrheit nicht die Ehre geben. Und später, wenn die Sache schief gegangen ist, wird[87] das allgemeine Reinwaschen beginnen und jeder die Schuld von sich auf andere abwälzen – sofern die Schuldigen noch in der Lage sein werden, sich zu verteidigen. Wer sich entschuldigt, klagt sich an.[88] Dieses französische Sprichwort wird dann wohl anzuwenden sein.

Militärisch war Deutschland z.Z. des Angriffs tatsächlich überlegen. Es hatte die notwendigen Angriffswaffen geschmiedet. Deutschland benutzte auch den Vorteil der Ueberrumpelung, und die Kriegshandlungen spielten sich restlos auf dem Gebiete des Angegriffenen ab.

Politisch konnte der Angelegenheit ein Mäntelchen umgehängt werden. »Kreuzzug gegen den Weltfeind Bolschewismus«, darin lag der Versuch, die ganze Welt einzuspannen, um dem eigenen Eroberungsplan rasch zum Siege zu verhelfen. In der Tat sind sämtliche Randstaaten Rußlands – abgesehen von der Türkei – mehr oder weniger aktiv auf die Seite Deutschlands getreten. Bei diesen Ländern waren politische Gründe ausschlaggebend.

Wirtschaftlich gesehen, waren die militärischen Erfolge von größter Bedeutung für die Versorgung des Heeres und schließlich mit der Zeit auch für die Heimat. Der Raumgewinn ermöglichte erst eine Kriegsführung von längerer Dauer. –

Augenblicklich sind die Kriegshandlungen ziemlich zum Stillstand gekommen. Für Deutschland handelt es sich darum, das eroberte Gebiet in Europa zu verteidigen. Jeder Geländeverlust wird uns wirtschaftlich und damit auch militärisch treffen, d.h. schwächen.

Die Gegner müssen versuchen, uns die eroberten Gebiete zu entreißen oder die Industriegebiete von der Luft aus anzugreifen.

Fortgesetzte schwere Luftangriffe sind durchaus in der Lage, die Produktion erheblich zu stören und damit uns – auf längere Sicht gesehen – militärisch derart zu schwächen, daß wir schließlich überhaupt nicht mehr in der Lage sind, den weiten Raum mit Erfolg zu verteidigen.

Die Gegner lassen sich Zeit für ihren Einfall. Darin liegt meiner Ansicht nach bereits ein strategischer Erfolg für unsere Gegner. Sie können in aller Ruhe ihre Vorbereitungen treffen. Sie sind nicht gezwungen, überstürzt zu handeln. Der einzige Nachteil für sie besteht darin, daß die Verteidigungswerke verbessert werden können. Ihre Luftangriffe zerstören aber andererseits viele Produktionsstätte, was auf eine allgemeine Schwächung unserer Verteidigung hinausläuft.

Unter Würdigung aller Umstände kann mit Fug und Recht behauptet werden, dieser Krieg ist für Deutschland verloren.

Adolf Hitler und seine Ratgeber haben sich als politische Dummköpfe und unfähige Dilettanten erwiesen.

Und das deutsche Volk? Ueber diese Sorte Menschen habe ich in meinen Aufzeichnungen sehr viel geschrieben. Ich habe dem weder etwas hinzuzufügen noch etwa reumütig etwas zu ändern.

Der ehemalige SS-Mann und jetzige Unteroffizier Willi L[...] sprach mit OSekr. Metzger. L. befindet sich in Litzmannstadt[a] beim Bekleidungsamt. Er meint, der Krieg würde noch Jahre dauern. Für solche Leute in sicherer Position kann der Krieg gar nicht lange genug dauern. Er gab auch seiner Meinung Ausdruck, daß Hitler nach dem Kriege in das Schloß nach Posen ziehen würde.[89] Wenn dieser Nazi sich nur nicht irrt.

Reichsminister Dr. Goebbels hat am 18. u. 19. Juni 1943 die von den britischen Luftangriffen heimgesuchten Gebiete besucht und in Wuppertal u. Dortmund Reden gehalten. Was er in Wuppertal sagte, folgt nachstehend:

a) *Litzmannstadt:* Am 11. April 1940 wurde Łódź von den Nationalsozialisten in Litzmannstadt umbenannt. Damit ehrten sie Karl Litzmann (1850-1936), der im Ersten Weltkrieg in der Nähe von Łódź bei Brzeziny eine siegreiche Schlacht geschlagen hatte. Litzmann war 1929 der NSDAP beigetreten, für die er 1932 auch in den Reichstag zog. Vgl. Lilla 2004, S. 378.

»Es ist ein trauriger und ergreifender Anlaß, der mich heute in diese Stadt meiner jungen Mannesjahre zurückruft. Ich stehe hier als Beauftragter des Führers und des ganzen deutschen Volkes, um Abschied zu nehmen von den Gefallenen von Wuppertal, die als Opfer auf dem Trümmerfeld des britischen Luftterrors liegen. Für Front und Heimat sichtbar, möchte ich mich bei dieser Gelegenheit in Trauer und Stolz verneigen vor allen Gefallenen des zivilen Lebens, die in den Luftkriegsgebieten ihre Treue zum Reich mit dem Tode bezahlten. Mich persönlich stimmt die Stunde dieses ergreifenden Ereignisses besonders wehmütig, da es eine Stadt betrifft, in der ich die schönsten Jahre meines politischen Kampfes durchlebt habe.

Leid und Schmerz, die in den hart getroffenen Städten der Luftkriegsgebiete in so manche Familie einziehen, sind ein Teil des Leides und des Schmerzes, die heute das ganze deutsche Volk um die teueren Toten empfindet. So wie wir in der großen Vergangenheit die Freuden und die stolzen Erhebungen unseres nationalen Lebens gemeinsam getragen und brüderlich geteilt haben, so tragen wir heute gemeinsam und teilen wir brüderlich Schmerzen und Leiden, die der Krieg über so viele deutsche Familien bringt.

Die Bevölkerung dieser Provinzen kämpft ihren schweren Kampf weder allein noch auf verlorenem Posten. Das ganze deutsche Volk ist bei ihr und umgibt sie mit seiner Liebe und Treue. Mit stolzer Bewunderung schaut die Nation auf das trotzig verbissene Ausharren dieses Teiles unseres Volkes gegen den feindlichen Luftterror, der zwar Städte und Dörfer in Schutt und Asche legen mag, niemals aber die Herzen der Menschen brechen kann. Die ungeheuren Sorgen und Belastungen, Schmerzen und Peinigungen, die auf die Schultern dieser Bevölkerung gelegt werden müssen, sind ein Teil des Gesamtkrieges. Es ist eine Ehrenpflicht der deutschen Nation, ihr sofort und ohne Zögern soviel davon abzunehmen, wie überhaupt nur möglich ist. Was jetzt schon zur Linderung ihres materiellen Leides geschehen kann, das geschieht. Die Reichsregierung ist unentwegt bemüht, ihr in Zusammenarbeit mit den örtlichen Partei- und Verwaltungsstellen alle Hilfe angedeihen zu lassen. Wenn der Feind ihre Häuser und Wohnungen in Trümmer verwandelt, so kann sie davon überzeugt sein, daß das ganze deutsche Volk nach errungenem Siege seine ungeheuere materielle Kraft zusammenfassen wird, um die zerstörten Dörfer und Städte dieser Provinzen schöner denn je wieder erstehen zu lassen. Neues Leben wird dann aus den Ruinen erblühen; die uns heute umgeben. Die verbrannte Habe wird in vollem Umfange wieder ersetzt werden, ja, auch jetzt schon tun wir alles, um der Bevölkerung das Leben, wenn auch in primitivem Zuschnitt, weiter zu ermöglichen.

Aber ein Rest wird immer ungelöst bleiben. Die Toten können wir dem Leben nicht zurückschenken. Sie sind, wie der Soldat an der Front, im Kampfe um Deutschlands Freiheit und Größe auf dem Felde der Ehre gefallen.

Wir wissen alle, worum es in diesem Kriege geht. Der Feind hat es uns selbst oft genug ins Gesicht geschrien, daß er uns, wenn wir schwach wären, einen Frieden auferlegen würde, dem gegenüber der Krieg nur als wahre Wohltat empfunden werden kann. Gegen einen solchen niederträchtigen Versuch der Ausrottung des größten und stolzesten Kulturvolkes der Erde erhebt sich in geschlossener Einheit die deutsche Nation, stark an Waffen, aber auch stark an Männer-, Frauen- und Kinderherzen. Mit einer moralischen Haltung ohnegleichen stemmt sie sich in den Provinzen, die der Feind zum ersten Ziel seiner heimtückischen Wünsche machen will, gegen die feige Bedrohung ihrer nationalen Ehre, Einheit und Standhaftigkeit. Unsere Toten sind unsere Zeugen. Ihnen gegenüber allein fühlen wir uns verpflichtet. Wenn wir sie in die m terliche Erde zurückbetten, dann wissen wir, daß sie im selb Ehrengrabe ruhen, in dem unsere gefallenen Soldaten drauß an den Fronten schlafen. Ihr Erbe übernimmt das deutsche Vo Es wird einmal der Tag kommen, an dem wir sie rächen könn und werden.

Laut und allen vernehmbar will ich in dieser Stu de reden, daß niemand mich überhört. Ich stehe hi als Ankläger vor der Weltöffentlichkeit. Ich erhe Anklage wider einen Feind, der sich mit seinem br talen Luftterror nichts anderes zum Ziele gesetzt ha als eine wehrlose Zivilbevölkerung zu quälen und s damit zum Verrat an ihrer nationalen Sache zu e pressen. Niemals kann ein solcher Versuch gelinge aber ewig mit Schande bedecken wird sich mit dies feigen Untat der nationale Ruf der Völker, deren R gierungen zu solchen verwerflichen und heimtück schen Mitteln der Kriegführung gegen Frauen, Grei und Kinder greifen.

Der Feind weiß ganz genau, daß die Schädigungen, die uns in unserer Rüstungs- und Kriegsindustrie zufügen kann, r von ganz relativem Wert sind. Darum geht es ihm auch gar nic Es geht ihm vor allem darum, die wehrlose Zivilbevölkerung quälen, den Tod in ihre Häuser und Wohnungen hineinzutrag und damit den Versuch zu machen, die deutsche Kriegsmoral brechen. Hierin sieht er den letzten Ausweg seiner sonst auswe losen Kriegführung.

Zahlreiche hingemordete Frauen, Greise und Ki der zeugen wider die anglo-amerikanischen Pl tokratien. Sie erheben mit mir Anklage gegen ei Kriegführung, die jeder Menschlichkeit Hohn sprich Ungezählte zerstörte Schulen, Krankenhäuser, K chen und Kulturdenkmäler in den Luftkriegsgebiet erheben mit ihren Trümmerresten gleichsam wie a klagend ihre Hände, um vor aller Welt ihr Verda mungsurteil über eine Kriegführung auszusprech die sich solcher Verbrechen schuldig macht.

〈Genau wie in England 1940 bei den deutschen Luftangriffen!〉

Im kranken Gehirn der plutokratischen Weltzerstörer ist di Art des Luftterrors geboren worden. Der Führer hat nichts unv sucht gelassen, den Krieg zu vermeiden und, wo er uns auf zwungen wurde, ihm wenigstens humane Formen zu geben. allem England hat all diese Versuche in den Wind geschlag Vom Kindermord in Freiburg am 10. Mai 1940 bis zum heutig Tage zeugt eine lange Kette von Leid und tiefster menschlic Not in allen durch den britisch-amerikanischen Bombenkr heimgesuchten deutschen Städten wider England und USA. u ihre feigen und grausamen plutokratischen Führungsschichter

Der Feind gibt seine Schuld auch in unbewachten Augenb ken offen zu. Er macht gar keinen Hehl daraus, daß er s mit seinem Luftkrieg zum Ziel gesetzt hat, die moralische W derstandskraft des deutschen Volkes in der Heimat zu brech In zynischer Offenheit sagte kürzlich ein amtlicher Sprecher d englischen Rundfunks: »Man ertappt sich immer wieder dab daß man sich freut, wenn Männer, Frauen und Kinder gezw gen werden, so schrecklich zu leiden.« Einer direkten Auf derung zum Mord an deutschen Frauen und Kindern komm gleich, wenn schon lange vordem eine britische Nachrich agentur schreibt: »Um Himmelswillen, fangt endlich mit der d schen Zivilbevölkerung an aufzuräumen, denn es ist bewies daß dies der einzige Weg ist, ihre Moral zu brechen.« Se die Kirche von England erklärte noch jüngst zu dieser Fra »Wir können mit der Bewegung zur Unterbindung der Luf griffe auf Städte, weil dabei Zivilisten getötet werden, nicht s pathisieren. Für den Bomber sind wir alle gleich. Die Bomben machen keinen Unterschied zwischen Männern, Frauen und Kindern.«

So sagt die englische Kirche. Die anglo-amerikanische Kriegführung erweitert diesen Satz nur dahin, daß sie nicht nur keinen Unterschied zwischen Männern, Frauen und Kindern macht, sondern ihn gar nicht machen will. Sie trägt bewußt und zynisch den Krieg in die rückwärtigen Heimatgebiete hinein, stempelt das zivile Land zum Kriegsgebiet und zwingt damit Frauen, Greise und Kinder, wie Soldaten zu leben und zu kämpfen.

Damit entscheidet sich nicht nur an den Kriegsfronten, sondern auch hier das militärische Schicksal und die Zukunft unseres Volkes. Die Kinder, die in den Luftkriegsgebieten dem feindlichen Terror zum Opfer fallen, bahnen Millionen Kindern in der späteren Zukunft des Reiches den Weg. Die Frauen, die in diesen Gebieten unter dem feindlichen Bombenterror ihr Leben aushauchen, geben Millionen Frauen in kommenden Jahrzehnten und Jahrhunderten wieder das Recht und die Möglichkeit, Kindern das Leben zu schenken.

Wenn ich zu Ihnen spreche, um den Gefallenen dieser Stadt und aller Luftkriegsgebiete des Reiches Worte wärmster Trauer und stolzester Verbundenheit nachzurufen, so weiß ich, daß ich damit der Bevölkerung dieser Provinzen aus dem tiefsten Herzen spreche. Für sie ist das Opfer des Lebens, das so viele ihrer Landsleute für die Freiheit und die Zukunft des Vaterlandes bringen müssen, nur ein Grund und eine Verpflichtung mehr, sich auch in Zukunft mit verbissenem Trotz dem feindlichen Luftterror entgegenzustemmen.

Es ist sonst nicht üblich, an offenen Gräbern dem Haß das Wort zu geben. Der Tod hat anderswo meistens neben dem Leid, das er bringt, etwas Versöhnliches an sich. In diesem Falle aber schreit er nach Vergeltung. Denn die Toten, deren Gedächtnis wir heute feierlich begehen, sind einem kalten berechnenden Zynismus des Gegners zum Opfer gefallen. Dieser Zynismus wird erst dann ein Ende finden, wenn er durch schmerzhafte, immer sich wiederholende Gegenschläge niedergeschlagen wird. Das deutsche Volk gelobt durch meinen Mund unseren Toten, daß wir ihr Opfer in diesem Sinne verstehen und es deshalb auch nicht umsonst gewesen ist.

Es wird einmal die Stunde kommen, daß wir Terror durch Gegenterror brechen. Der Feind häuft Gewalttat über Gewalttat und macht damit eine blutige Rechnung auf, die eines Tages beglichen werden muß. Ungezählte Arbeiter, Ingenieure und Konstrukteure sind am Werk, um diesen Tag beschleunigt herbeizuführen. Ich weiß, daß das deutsche Volk ihn mit brennender Ungeduld erwartet. Ich weiß, welche Gedanken alle Herzen erfüllen, wenn wir das Gedächtnis unserer Gefallenen des Luftkrieges in feierlicher Zeremonie begehen. In diese Herzen hat der Feind in den leid- und kummervollen Wochen, die hinter uns liegen, in unverwischbaren Buchstaben ein Schuldbekenntnis hineingeschrieben, das ihm eines Tages als Gegenrechnung und Begründung für unser Handeln vorgelegt werden wird.

Bis dahin gebe der Bevölkerung dieser Gaue ihre nationalsozialistische Standfestigkeit die Kraft, Schweres und Schwerstes zu ertragen. Das ganze Volk schaut mit verhaltenem Atem ihrem Kampfe zu. Die Städte, die im Brand und auf ihren Trümmern ungebrochen stehen, winden einen unverwelklichen Lorbeerkranz um ihre Wappen. Wenn an dem glücklichen Tage des Sieges, den wir nicht nur alle herbeisehnen, für den wir vielmehr mit aller Kraft kämpfen und arbeiten, über dem Reich die Glocken ihre ehernen Münder öffnen, dann werden auch auf den Brandruinen dieser zerstörten Straßen und Häuser die Fahnen unseres Reiches hochgehen; mehr als jede andere Provinz können dann Westen und Nordwesten des Reiches von sich sagen: Der Krieg hat uns in die vorderste Reihe der kämpfenden Heimatfront gestellt. Bei uns hatte er in seiner grausamsten Gestalt Platz genommen. Nun haben wir auch als Erste das Recht, uns vor der Geschichte zu verneigen, um den Lorbeer des Sieges entgegenzunehmen.«

*

Im weiteren Verlauf seiner Fahrt durch die Städte an Rhein und Ruhr sprach Reichsminister Dr. Goebbels auch in Dortmund. Während seiner Fahrt durch die Luftkriegsgebiete konnte sich Dr. Goebbels immer wieder mit besonderer Genugtuung von der harten und entschlossenen Haltung seiner westdeutschen Heimat überzeugen, die damit einen entscheidenden Beitrag leistet zum Endsieg unseres Volkes.[90]

*

Die Reden von Dr. Goebbels würden unter Umständen in der übrigen Welt einen gewissen Eindruck hervorrufen – wenn es nicht Deutschland gewesen wäre, das in der Vergangenheit die Luftwaffe rücksichtslos eingesetzt hätte.
Mit welchen Absichten hat die deutsche Luftwaffe im Jahre 1940 schwere und schwerste Angriffe auf England vorgetragen? Dr. Goebbels braucht ja nur nachzulesen, was er u. seine Presse in dieser Zeit geschrieben hat.

Das gesamte Volk war s.Z. aus dem Häuschen und wartete nur auf die Meldung, daß England vom Erdboden verschwunden sei.

Es ist eine elende Heuchelei, heute – weil z.Z. Deutschland leidtragend ist – die ganze Schuld dem Gegner aufzubürden. Erbärmliche Gesellschaft!

Eine Armada der Rache wird erstehen ⟨20.6.43.⟩

Reichsminister Dr. Goebbels sprach in Dortmund / Die Führung hat ihre Gründe, mit dem Gegenschlag zu warten

rd. Dortmund, 19. Juni. (Eigene Meldung.) Auf seiner Fahrt durch das rheinisch-westfälische Industriegebiet weilte Reichsminister Dr. Goebbels am Freitag, wie gemeldet, auch in Dortmund, um hier in einer großen Kundgebung in der Westfalenhalle zu sprechen.

In seiner Rede bezeichnete Dr. Goebbels es als eine selbstverständliche Pflicht der Führung, nicht vom grünen Tisch aus die Probleme des Krieges zu lösen, sondern in stetiger Fühlung mit dem Volke. Der Luftkrieg werde von der Regierung mit kühler Vernunft und wachsamem Auge betrachtet. Und wenn die Führung im Augenblick noch nicht Terror mit Gegenterror beantworte, so sei zu bedenken, daß nicht nur das Handeln, sondern auch das Warten oft Ausdruck höchster staatsmännischer Kunst ist. Die Stunde kommt jedoch, wo der Terror gegen die Zivilbevölkerung, und solches ist der Luftkrieg ausschließlich, vergolten wird. Ungeheure Zustimmung brandete dem Minister entgegen, als er ankündigte, daß eine Armada der Rache auferstehen werde, und daß er selbst den Monat genau wisse, an dem sie zuzuschlagen begänne. Bis dahin gelte es, sich in Geduld zu fassen, den Feind zu hassen, ohne nach rechts und links zu schauen und nur so zu handeln und zu leben, wie es das Wohl des deutschen Volkes gebiete.

Dr. Goebbels auch in Bochum

dnb. **Bochum**, 19. Juni. Im Verlaufe seiner Reise durch die luftbedrohten Westgebiete besuchte Reichsminister Dr. Goebbels in Begleitung des stellv. Gauleiters Hoffmann auch die Stadt Bochum, wo er sich an Ort und Stelle von dem raschen Fortschreiten der für die betroffene Bevölkerung eingeleiteten Maßnahmen überzeugen konnte. Auch hier, wie an allen anderen Orten der rheinisch-westfälischen Gaue, war Dr. Goebbels tief beeindruckt von der unbeugsamen Haltung, mit der die Bevölkerung den schweren Belastungen des feindlichen Luftterrors trotzt.

Im Anschluß an die Trauerkundgebung für die bei dem feigen britischen Terrorüberfall ums Leben gekommenen Volksgenossen in Wuppertal begab sich Dr. Goebbels in Begleitung von Gauleiter Florian zum Friedhof, wo er einige Zeit an Gräbern von Gefallenen verweilte.

Wir haben vorgesorgt

ips. Berlin, 19. Juni. (Von einem militärischen Mitarbeiter.) London und Washington stellen von Zeit zu Zeit immer wieder die Behauptung auf, sie hätten durch angeblich erfolgreiche Luftangriffe auf deutsche Industriezentren dem Kriegspotential des Reiches bereits spürbare Schläge versetzt.

Was ist an dieser Behauptung wahr?

Eine Reise durch die betroffenen Gebiete beweist zunächst nur, daß die feindlichen Bomber sich fast ausschließlich Wohnviertel und Kulturdenkmäler zum Ziel genommen haben, und daß dort, wo wirklich einmal Bomben Industriebetriebe trafen, der Endeffekt der Bombardierung nicht erreicht wurde, weil er nicht erreicht werden konnte.

Die militärischen Stellen geben aus begreiflichen Gründen keinerlei Auskunft über die wirklichen Schäden, die der Gegner durch seinen Luftkrieg der Kriegsindustrie hat zufügen können. Aber aus den verschiedensten Veröffentlichungen der Tagespresse und der Fachzeitungen sind doch aufschlußreiche Tatsachen zu entnehmen. So findet man hier belegt, daß die Organisation der deutschen Rüstungsindustrie von jeher auf eine Zusammenballung gerade der Waffen- und Munitionserzeugungsstätten, das heißt auf Errichtung von Mammutbetrieben verzichtet hat. Die rationell arbeitenden Betriebe mittlerer und größerer Ordnung liegen über dem ganzen Reichsgebiet verstreut und sind dadurch nur wenig luftempfindlich. Durch ein vielgliedriges Streusystem ist es möglich, die zeitweilig ausgefallene Produktion einzelner Betriebe auf andere Werke zu verteilen, so daß im Endeffekt tatsächlich keinerlei Produktionsminus entsteht. Die Großbetriebe der Rüstungsindustrie, deren rapides Anwachsen Reichsminister Speer in seiner letzten Rede mehrfach hervorhob, liegen außerdem so versteckt, daß sie von der Luft her nicht entdeckt werden können. Sie arbeiten in Gebieten, die für die englischen und amerikanischen Bomben so gut wie unerreichbar sind. Die Auswahl der Standorte der neuen Rüstungsbetriebe konnte besonders nach Ausweitung des deutschen Machtbereiches noch mehr die Luftgefahr berücksichtigen, so daß alle neuen Betriebe und der größte Teil der alten Kriegsindustriewerke Bombenangriffen keine Ziele bieten.

Nicht zu leugnen ist die Tatsache, daß zum Beispiel der Kohlenbergbau und gewisse Stätten der Schwerindustrie an den Ort gebunden sind. Aber der Kohlenbergbau ist als solcher, da er sich unter der Erde vollzieht, fast luftunempfindlich, und die deutsche Schwerindustrie führte gewisse Schutzmaßnahmen durch, die die Wirkung feindlicher Luftangriffe ganz erheblich herabmindern.

Aus alledem ergibt sich, daß die unter dem Luftterror der Engländer und Amerikaner leidenden Objekte am wenigsten militärische Ziele, Rüstungsbetriebe, Produktionsstätten usw., sind, sondern vielmehr die im Westen des Reiches dichtbevölkerten Städte. Ziel des Gegners ist demnach, den Widerstandsgeist der Bevölkerung zu brechen. Aber schon jetzt läßt sich sagen, daß auch dieses Ziel für den Gegner nicht zu erreichen ist; denn die Haltung der Bevölkerung in den bombardierten Gebieten ist über jeden Zweifel erhaben.[91]

Bis jetzt hat die »Armada der Rache« lediglich die Bedeutung einer Drohung. Die Drohung als Waffe wird sehr oft von Kindern benutzt. Selbst wenn es zuträfe, daß Deutschland ebenfalls schwere Bomber in großer Zahl herstellen würde, so wird das unsere Gegner nicht hindern, augenblicklich uns nach Strich und Faden zu bombardieren. Das scheint mir doch der springende Punkt zu sein. Unsere zerstörten Städte werden nicht durch Racheakte wiederhergestellt.

24. Juni 1943.

Als die deutsche Luftwaffe im Jahre 1940 ihre schweren Angriffe gegen England richtete, muß damit von der Heeresleitung eine bestimmte Wirkung erwartet worden sein.

Ob daran gedacht wurde, die Industrie zu zerstören oder die Nerven der Engländer zu ruinieren, um sie friedensgeneigter zu machen, das muß einem künftigen Geständnis vorbehalten bleiben.

Die derzeitige Luftoffensive der Engländer wird jedenfalls als ein Teil des Angriffs auf das Festland zu werten sein. Ich glaube nicht daran, daß die Angriffe ausschließlich den Zweck haben sollen, das deutsche Volk zu zermürben. Es ist vielmehr anzunehmen, daß die gesamte Kriegsmaschinerie nach einem Plane gestört und lahmgelegt werden soll. Die Bombardierungen der Stadtzentren könnte allerdings zu der Annahme führen, daß es vornehmlich auf die Menschen abgesehen ist. Zu einer Kriegsindustrie zählen in erster Linie die Menschen. Wenn nun deren Heime und diejenigen der Lebensmittelverteiler getroffen werden, so entsteht schon allein hierdurch eine nicht zu unterschätzende Störung der Industrie. Da keine Stelle in Deutschland uns die wirklichen Schäden an Industriegebäuden bekannt geben wird, ist es naturgemäß außerordentlich schwer, sich ein Bild von der Lage der deutschen Rüstungsindustrie zu machen. Der Behauptung, daß bis jetzt keinerlei Produktionsminus eingetreten sei, ist kein Glauben zu schenken. Ueberall werden Betriebe u. Verkehrswege durch die Luftangriffe in Mitleidenschaft gezogen – abgesehen von dem Verlust an Menschenleben – so daß schon hierdurch zweifellos ein Rückgang in den Produktionsleistungen erfolgt. Zugegeben wird das selbstverständlich von amtlicher Seite niemals werden. Zum Schlusse bleibt nichts anderes übrig, als das Trauerspiel abrollen zu lassen bis eines Tages auch die dickste Lüge nicht mehr in der Lage ist, den Niedergang zu verdecken. Es ist unsagbar traurig, daß Deutschland in eine derartige Sackgasse geraten ist, aus der ein Entrinnen nach menschlichem Ermessen nicht ⟨mehr⟩ möglich zu sein scheint.

26. Juni 1943.
Ein verwundeter Soldat des Reservelazaretts Laubach[a] – Abteilung Solmser Hof – wurde mit 14 Tagen Arrest bestraft, weil er nächtliche Ausflüge unternommen hatte. Er wurde erwischt, als er nachts gegen 4 Uhr das Haus »Im Hain 12« verließ. Es war nicht das einzige Mal. Er gab zu, daß er bereits viermal den gleichen Abstecher gewagt hatte. Wer war die Partnerin? Die junge Frau des Studienassessors K[...], der sich z.Z. bei der Wehrmacht befindet. Frau K[...] ist als Dienstverpflichtete in der Küche der Lazarett-Abteilung »Solmser Hof« ⟨tätig⟩ und hat sich dem Anscheine nach in den Soldat verliebt. Gelegenheit macht Diebe. Ich erwähne diesen Fall nur deshalb, weil die akademischen Kreise sich so gern erhaben fühlen über ihre Mitmenschen. Sie haben gar keinen Grund dazu. In dem kleinen Nest Laubach, das nur 1800 Einwohner zählt und unter denen ⟨sich⟩ nur eine geringe Anzahl akademische Familien (es mögen 12 sein) befinden, sind mir nicht weniger als 4 Frauen bekannt, die alles andere als ladenrein sind. Besonders toll treibt es die Ehefrau des Studienassessors K[...].

---

a) *des Reservelazaretts Laubach:* Die Einrichtung des Laubacher Reservelazaretts (u.a. im örtlichen Krankenhaus) war im Sommer 1942 begonnen worden. Vgl. »Laubach erhält ein Reserve-Lazarett«, in: Heimatzeitung, 2.7.1942, S. 3.

⟨Hess. Landes-Zeitung 24.6.43.⟩

Niemals wird ein Kompromiß die Lösung sein!

Verabschiedung des Stoßtrupps im Wiesbadener Paulinenschlößchen

nsg. Frankfurt a. M., 23. Juni. Der Besuch des auf Einladung von Gauleiter und Reichsstatthalter Sprenger im Rhein-Main-Gebiet weilenden Stoßtrupps des Heeres fand am Dienstagabend seinen Abschluß in einem Empfang und einer Kundgebung in Wiesbaden.

Zu einem Höhepunkt wurde die Kundgebung im Paulinenschlößchen. Nach dem Grußwort des Kreisleiters an den Stoßtrupp, an die Volksgenossen und an die Vertreter von Partei, Wehrmacht und Staat, unter ihnen der Stellv. Kommandierende General des XII. Armeekorps, Ritterkreuzträger General Schroth, überbrachte Oberbereichsleiter Ruder die Grüße des dienstlich verhinderten Gauleiters. Er betonte, daß der Gauleiter in Erinnerung an eigenes Soldatentum während des Weltkrieges in Gedanken den Stoßtrupp auf dem Wege des weiteren kämpferischen Einsatzes begleite und ihm und allen seinen Kameraden draußen an der Front auch fernerhin die Kraft zu dem großen Ringen unseres Reiches wünsche.

Dann zeichnete Oberbereichsleiter Ruder den Kampf gegen den Bolschewismus auf, wie er vor genau zwei Jahren entbrannte. In diesem entscheidenden Ringen gehe es entweder um den Sieg der neuen großen Idee einer europäischen Ordnung oder den Untergang unseres Kontinents durch eine brutale jüdisch-internationale bolschewistische Weltherrschaft. Besonders dem deutschen Soldaten sei es angesichts seiner Erlebnisse im sowjetischen Staat klar geworden, daß hier niemals ein Komromiß die Lösung sein könne. In dem Wissen, warum und gegen wen sie zum Kampfe angetreten seien, werden hier nur die Tapferkeit der deutschen Soldaten und die Haltung der deutschen Heimat den Sieg über das Judentum davontragen.

Auf die Terrorangriffe eingehend, hob Oberbereichsleiter Ruder hervor, daß das deutsche Volk wisse, daß im entscheidenden Augenblick der Führer wieder zuschlagen werde. Der Feind werde es niemals erreichen, die Kriegsmoral zu lähmen. Im Gegenteil, in den Stunden härtester Prüfung habe sich unser Volk wie ein Mann in der Heimat erhoben und sei im Rahmen der totalen Mobilisierung an alle Arbeitsstätten getreten. Dieser Geist – das wisse auch die kämpfende Front – werde am Ende dieses Krieges zwangsläufig Herr und Sieger der Lage sein. Sich an den Stoßtrupp wendend, versicherte der Oberbereichsleiter den tapferen Soldaten, daß die Heimat nichts ungeschehen lasse, um der Front an neuen Waffen und an neuer Munition alles Erforderliche in größter Zahl zur Verfügung stellen zu können. Der Soldat an der Front und das deutsche Volk seien sich klar darüber, daß am Ende dieses Schicksalskampfes um die Zukunft des Reiches, unseres Volkes und seiner Jugend die deutsche Fahne die Fahne des Sieges bleiben werde.

Ein Hauptmann dankte als Führer des Stoßtrupps in begeisterten Worten, zugleich im Namen seiner Kameraden, Gauleiter und Reichsstatthalter Sprenger für seine Einladung und versicherte, daß das, was sie an Arbeitseifer innerhalb der Städte und Dörfer des Rhein-Main-Gebietes erlebt hätten, sie davon überzeugt habe, daß die Heimat fest und geschlossen hinter der kämpfenden Front stehe. »Hier«, so sagte der Hauptmann, »haben wir sehen können, daß es sich lohnt, zu kämpfen. Ja, wir sind einer Jugend begegnet, die nicht ängstlich beiseite steht, sondern darauf wartet, daß sie eingesetzt wird, um mit der Waffe in der Hand den Feind des nationalsozialistischen Deutschlands vernichten zu helfen!«[92]

»Wie er sich räuspert und wie er spuckt, das haben sie ihm glücklich abgeguckt«, kann mit Schiller zum Abschluß dieser Propaganda-Kundgebung gesagt haben. Immer noch sehr hohe Töne und sehr große Worte. Daß es keinen Kompromiß gibt, das hat uns der Herr und Meister Hitler schon reichlich oft gesagt. Weshalb soll das Gefolge weniger stur sein? Nur immer lustig so weiter. Die Nazis brüsten sich damit, daß die Heimat der Front alle erforderlichen Waffen liefern werde. Das zerstörte Ruhrgebiet kann jedenfalls nicht mehr soviel liefern als es geliefert hat. Da helfen keine Sprüchelchen. Auch die Wutanfälle und Drohungen ändern nichts daran. Die Industrien im übrigen Deutschland sind sämtlich mehr oder weniger von dem Rhein- und Ruhrgebiet abhängig. Wenn schon in strengen Wintern die Kohlenlieferungen ab und zu nicht mit der gewünschten Pünktlichkeit erfolgten und hierdurch Betriebsausfälle entstanden, um wievielmehr müssen in diesem Herbste und Winter Störungen hervorgerufen werden, sofern die Fliegerangriffe gegen das Kohlengebiet und die Verkehrswege in der seitherigen Weise fortgesetzt werden.

Aus dem Führerhauptquartier, 12. Juni ⟨43⟩. **Das Oberkommando der Wehrmacht gibt bekannt:**

In der vergangenen Nacht griffen britische Bomber westdeutsches Gebiet, vor allem die Stadt Düsseldorf an. Durch Bombentreffer in Wohnvierteln entstanden schwere Verluste unter der Bevölkerung und erhebliche Schäden an Wohnhäusern und öffentlichen Gebäuden. Nach bisherigen Feststellungen verlor der Feind bei diesen Angriffen insgesamt 54 meist viermotorige Bomber.[93]

Aus dem Führerhauptquartier, 15. Juni ⟨43⟩. **Das Oberkommando der Wehrmacht gibt bekannt:**
Nördlich des Kuban und im Raum von Belew scheiterten örtliche Angriffe des Feindes.

Im Seegebiet von Pantelleria erzielten schnelle Kampfflugzeuge Bombentreffer auf sieben Transportschiffen mittlerer Größe. Schwere deutsche Kampf-[94]

Britische Bomber flogen in der vergangenen Nacht in westdeutsches Gebiet ein. Durch Bombentreffer in Wohnvierteln, die erhebliche Zerstörungen zur Folge hatten, erlitt vor allem die Bevölkerung der Stadt Oberhausen Verluste. Bisher wurde der Abschuß von 20 Bombern festgestellt.[95]

An der Ostfront fand nur geringe örtliche Kampftätigkeit statt. Vor der Fischer-Halbinsel wurde ein Küstenfrachter durch Bombentreffer versenkt.

Ein Nachtangriff starker deutscher Kampffliegerverbände richtete sich gegen ein sowjetisches Rüstungswerk an der Wolga.

Während am gestrigen Tage einzelne feindliche Flugzeuge in das Reichsgebiet einflogen, griff ein starker Verband britischer Bomber in der vergangenen Nacht westdeutsches Gebiet an. Besonders in den Wohnvierteln der Stadt Krefeld entstanden durch Spreng- und Brandbomben starke Schäden. Neben zahlreichen Gebäudeblocks wurden zwei Krankenhäuser zerstört. Die Bevölkerung hatte Verluste. Bisher steht der Abschuß von 39 mehrmotorigen Bombern fest.[96]

Aus dem Führerhauptquartier, 23. Juni ⟨43⟩
Das Oberkommando der Wehrmacht gibt bekannt:

Von der Ostfront wird nur örtliche Kampftätigkeit gemeldet.

Die Luftwaffe griff Flugstützpunkte und Rüstungswerke im feindlichen Hinterland an und warf im finnischen Meerbusen drei Küstenfrachter in Brand.

Britische und nordamerikanische Fliegerkräfte führten am gestrigen Tage und in der vergangenen Nacht mehrere schwere Angriffe gegen Städte in Westdeutschland und in den besetzten Westgebieten.

Besonders in den Wohnvierteln der Städte Oberhausen und Mülheim/Ruhr entstanden erhebliche Zerstörungen. Die Bevölkerung erlitt größere Verluste.

Von den amtlichen Stellen wird zwar immer wieder darauf hingewiesen, daß die englischen Luftangriffe das erstrebte Ziel nicht erreichen. Es wird niemand erwarten dürfen, daß dem Volke während des Krieges auch nur entfernt die reine Wahrheit gesagt werden wird. Vor allem sind seither die Erfolge des Gegners stets bagatellisiert worden. Selbst wenn ein großes Industrieunternehmen zerstört wird, so werden nach den Berichten nur »Wohnviertel und öffentliche Gebäude« getroffen. Krankenhäuser und Kirchen werden auch genannt. Dadurch soll der Haß gegen England entfacht werden.

In der letzten Zeit muß sich das Oberkommando der Wehrmacht dazu verstehen, in seinen Berichten die Schwere der Luftangriffe anzudeuten. Es wird von schweren oder größeren Verlusten unter der Bevölkerung sowie von erheblichen Schäden, starken Schäden und erheblichen Zerstörungen gesprochen. Wenn das schon zugegeben wird, dann muß es in Wirklichkeit in diesen Gebieten sehr schlimm aussehen.

Tat und Haltung entscheiden

Merksätze für den Kriegsalltag der Parteigenossen (1) ⟨20.6.43.⟩

Schöne Worte glitzern wie wertloser Flitter. Braust ein Sturmwind darüber hinweg, rast ein Regenschauer über sie nieder, bleibt von ihnen nichts als häßlicher Plunder. Wir verachten die Phrase seit je; im Kriege aber haben wir sie hassen gelernt.

Wie mancher, der in Zeiten der Hochstimmung jubelte und Hurra schrie, dem kein Wort zu schwer, kein Ton zu laut war, um seines Herzens Stimmung zu verraten, verstummte ärmlich und ängstlich unter dem ersten Gewitter des Krieges! Wo er Treue predigte, ward er zweifelnd; wo er mit Mut prahlte, ward er verzagt, wo er den Glauben pries, verlor er die Zuversicht.

Ob eines Mannes Worte Phrase waren oder Bekenntnis, das erwies sich unter den Belastungen des Krieges, die den Starken vom Schwachen und den Bekenner vom Maulhelden trennen.

Auf den Führer zu schwören, war kein Heldenstück, als er sichtbar von Erfolg zu Erfolg schritt, als seine Taten unser aller spürbarer Fortschritt war. Ihm zu folgen, war in der politischen Kampfzeit ein Beweis mannbarer Haltung und echter Gesinnung. Ihm treu zu sein, ist auch heute wieder nicht mit dem Bekenntnis der Lippen abgetan, sondern verlangt den Beweis der Tat.

Heilrufe und Begeisterungsstürme mögen zu ihrer Zeit am Platze sein. Tönende Worte und bombastische Phrasen hassen wir, weil sie nur allzu oft als Hohn erscheinen auf den Ernst der Zeit und die Größe unserer Last. Wer nicht zum Reden berufen ist, zum Appell an das Volk – und deren sind nur wenige –, der handle zehnmal, bevor er einmal redet! Nur dessen Worte haben Gewicht, dessen Herz stark ist, dessen Gedanken schöpferisch sind, dessen Hände zupacken.

Das Herz ist wichtiger als die Zunge. Der Soldat schweigt; aber er handelt. Er ist mutig; aber er prahlt nicht. Auch der Einsatz der Heimat erfordert solchen schweigsamen Mut. Nicht so sehr gegen die Gefahr des Lebens, als tagaus tagein gegenüber den Widerwärtigkeiten des Alltags, den Entbehrungen des Krieges, den stetig wachsenden Pflichten. Sie verlangen von uns nicht die Tollkühnheit des entscheidenden Augenblicks, sondern die mutige Beharrlichkeit des Ausharrens, die Zähigkeit des Herzens in der Abwehr feindlicher Einflüsse wie im eigenen schöpferischen Schaffen.

Diese Zähigkeit aber gilt dem Werk, nicht der eigenen Person. Wir haben den Grundsatz des Gemeinwohls und der nationalen Solidarität gutgeheißen und gepredigt. Auch diese These verlangt im Kriege mehr als je den Beweis der Tat. Wer will an sich selber denken, da es um die Zukunft aller, um den Sieg des Volkes geht? Unsere Opfer sind die Saat des Sieges; wer einstmals ernten will, muß nun sich selbst verleugnen, seine Wünsche auf den Altar des Krieges legen, seinen – sonst wohl sehr gesunden – Anspruch an das Leben bannen bis zum Tag der Freiheit. Was uns jetzt groß macht, ist die Bescheidenheit im Kleinen; unsere Stärke liegt nun im Verzichten; unser Wert im Selbstlos sein.

Worte verblassen, wenn hinter ihnen nicht Herz und Hirn und Hand steht. Auf die Tat kommt es an; die Haltung entscheidet.

Darum heißt der erste der zwölf Merksätze der NSDAP. für den Parteigenossen im Kriege: »Beweise dem Führer deine Treue durch die Tat! Im Kampf und im Schaffen sei mutig, zäh, selbstlos und verschwiegen!«[97]

Noch nie hat es Menschen gegeben, die mehr der Phrase huldigten als die Nationalsozialisten. Jetzt auf einmal fangen sie an, die tönenden Worte und die bombastischen Phrasen zu hassen. Die fürchterlichen Schwätzer werden zum Schweigen ermahnt und die Großmäuligen zur Bescheidenheit getrieben. Reichlich spät. Die Früchte reifen nicht mehr. Obige Mahnung an die Parteigenossen wäre ja vollkommen überflüssig wenn – wie es immer behauptet wurde – nur die Besten der Nation zu der Elite, zur NSDAP., gehören würden. Nur der Abschaum der Menschheit hat sich um den Phrasendrescher u. Dämagogen Hitler geschart, in der Annahme, unter seiner Führung käme das Paradies für die Parteigenießer. An den Felsen der Wirklichkeit sind die Phrasen zerschellt, und ein armseliges Gestammel bleibt übrig.

Die hohlen Köpfe können noch einige Zeit sich Mut zureden. Hilfe bringt das nicht mehr. Es ist bald vorbei. Deutsches Volk erwache!

27. Juni 1943.

Eine neue Oelleitung durch Alaska

ips. Berlin, 24. Juni ⟨43⟩.

Die US.-Amerikaner sind in Alaska seit einigen Monaten an der Arbeit, um von der kanadischen Grenze an das Beringmeer eine Autostraße zu bauen. Zehntausende Arbeitskräfte sind Tag und Nacht eingesetzt, um sie in kürzester Frist zu vollenden und den Nachschub von Waffen, Munition und Lebensmitteln für die Amerikaner zu erleichtern, die auf den Aleuten kämpfen.

Jetzt meldet ein Sonderkorrespondent des »Daily-Telegraph« aus White Horse (Yukon), daß unmittelbar neben dieser Autostraße auch eine Oelleitung gebaut wird, die dem neuen Verkehrsweg erst seine volle militärische Bedeutung verleiht. Man habe nämlich entdeckt, daß die Oelfelder des Mackenzie River alle geologischen Berechnungen an Oelreichtum um ein Vielfaches übertreffen. Nach ihrer völligen Entwicklung dürften sie zu den größten Oelfeldern des amerikanischen Festlandes zählen. Ständig lege man neue Bohrtürme an, vor allem in dem Gebiet des Forts Norman. Von diesem Punkte aus werde auch die neue Oelleitung gelegt. Ihre Länge wird mit über eintausend Meilen angegeben. Durch diese Leitung sollen die Kraftwagenkolonnen auf der nach und durch Alaska führenden Autostraße sowie Flugzeuge auf den Flugplätzen Alaskas und Schiffe in den Häfen des Beringschen Meeres mit Brennstoff versorgt werden. Die Amerikaner hoffen, mit der Anlage dieser Oelleitung schon Ende dieses Jahres fertig zu sein.[98]

Ich bin erstaunt darüber, daß wir wissen dürfen, daß in den USA. Kriegsvorbereitungen gegen Japan getroffen werden. Schon kürzlich wurde gemeldet, daß eine 2700 km lange Autostraße in Kanada fertiggestellt worden sei, die USA. mit Alaska verbindet.

Es mag sehr peinlich für diejenigen Herren sein, die von Amts wegen dem deutschen Volke Märchen über Rohstoffmangel bei den Gegnern erzählen müssen. Bald war Mangel an Gummi, bald an Oel, dann wieder an Arbeitskräften und sofort. Jetzt lesen wir, daß das oelreiche Amerika auch noch neue Oelfelder entdeckt hat und nur so in Oel schwimmt. Lügen haben kurze Beine.

Infolge eines im Osteinsatz zugezogenen Leidens verstarb am Mittwoch im 52. Lebensjahr der frühere Landesgruppenleiter der Auslands-Organisation der NSDAP. in China, Franz Xaver Hasenöhrl[99], Hauptmann a. D. und Ministerialdirigent z. V. im Reichsministerium für Volksaufklärung und Propaganda. Mit Franz Xaver Hasenöhrl verliert das nationalsozialistische Auslandsdeutschtum einen vorbildlichen Kämpfer, der bereits vor der Machtübernahme die erste Parteiorganisation in China gründete.[100]

Der Nationalsozialismus ist keine Exportware, versicherten alle Prominenten. Sie kämpften gegen die Komintern. Dabei waren es die gleichen Brüder. Nur eine andere Fakultät. In äußerst raffinierter Weise wurden in allen Ländern Auslands-Organisationen der NSDAP. gegründet; das waren nichts anderes als Spionage- und Wühlorganisationen. Wir sehen hier an der Spitze der Auslandsorganisationen in China einen Hauptmann a.D., Xaver Hasenöhrl. Nebenbei war dieser Herr auch noch Ministerialdirigent zur besonderen Verwendung im Reichsministerium für »Volksaufklärung und Propaganda.« Sehen Sie, das ist ein Geschäft das bringt noch was ein!

Diesen Kerlen war die Republik ein Greuel, da konnte nicht viel gefischt werden. Aber dann kam ein Eldorado für alle Kasernenhof-Idioten: Das 3. Reich. Der Militarismus konnte sich nun nach Herzenslust tummeln und austoben.

Die Welt soll sich das künftige Deutschland genau betrachten, denn die Offiziere sind die gefährlichsten Gegner eines Friedens. Dieser lange Krieg wird vielleicht – ganz überzeugt bin ich noch nicht davon – eine geistige Umwälzung zur Folge haben. Das sollte jedoch die übrige Welt nicht hindern, stets die Augen offen zu halten und scharf auf jede Tarnung zu achten. Insbesondere auf die führenden Personen und ihr Vorleben das Augenmerk richten. Das fängt nämlich mit Turnvereinen oder Kameradschaften an, und schon befinden sich an der Spitze ehemalige Offiziere oder andere unbelehrbare Militaristen.

Ehescheidung nach dem Tode

Die neue Verordnung zum Ehegesetz

rd. Bielefeld, 24. Juni ⟨43⟩. (Eigene Meldung.)

Während bisher eine schwebende Ehescheidungsklage mit dem Tode eines der Ehegatten seine Erledigung fand, die Scheidung also nicht ausgesprochen wurde, gibt die fünfte Durchführungsverordnung zum Ehegesetz vom 18. März 1943 die Möglichkeit, auch noch nach dem Tode eines der Ehegatten die gerichtliche Feststellung des Rechtes auf Ehescheidung treffen zu lassen. Den entsprechenden Antrag stellt in diesem Falle der Staatsanwalt, und zwar nur dann, wenn er auch unter Berücksichtigung des Verhaltens des Verstorbenen die Schuld des überlebenden Ehegatten für so schwer erachtet, daß dieser aus Gründen des öffentlichen Wohles unwürdig erscheint, die rechtliche Stellung eines Verwitweten zu behalten.

Eine Zivilkammer des Landgerichts Bielefeld hat jetzt nach dieser neuen Verordnung zum Ehegesetz entschieden. Der frühere Kläger, ein am 25. August 1942 im Osten gefallener Obergefreiter, hatte am 10. Mai 1940 mit der Beklagten in Bielefeld die Ehe beschlossen. Er hatte dann unter dem 16. Juli 1942 die Ehescheidungsklage angestrengt und diese damit begründet, daß seine Frau die Ehe gebrochen habe. Er bezog sich dabei auf einen zu den Akten gegebenen Brief seiner Frau vom 21. Juni 1942, worin sie ihm mitteilte, daß sie sich vergessen habe und von einem anderen Mann ein Kind erwarte. – In den Entscheidungsgründen wird gegenüber dem von der Beklagten erhobenen Einwand der Verzeihung festgestellt, daß sich nichts ergeben hat, was auf einen Verzeihungswillen des Verstorbenen schließen läßt. Auch aus Gründen des öffentlichen Wohles erschien die Beklagte, die ihren als Soldat im Osten kämpfenden Ehemann schnöde hinterging, unwürdig, die rechtliche Stellung einer Verwitweten zu behalten und als Witwe des Verstorbenen durchs Leben zu gehen.[101]

Auf die Heirat nach dem Tode und die Beförderung nach dem Tode erfolgt jetzt auch noch die Ehescheidung nach dem Tode.

Für die Eheschließung genügt eine Postkarte, und wer das Bedürfnis hat, sich mit einem Leichnam zu verehelichen, der kann das ebenfalls nach nationalsozialistischen »Rechtsbegriffen«.

Die nebenstehend geschilderte Ehescheidungssache hätte vermutlich bei Durchführung zu Lebzeiten mit einer Abweisung der Klage geendet, weil Verzeihung vorlag. Die Nazis kümmern sich jedoch nicht um das Recht, sondern verhelfen der Heuchelei und der Phrase zum Siege. Das »öffentliche Wohl« und die »unwürdige« Haltung schreien nach Vergeltung. Siehe da, es findet sich ein Richter, der »volksnahe« Justiz übt. Sie lassen die Schuldlosen schuldig werden und verdammen sie dann. Nur weil der Henker ein Opfer haben will.

Die wunderbare Erziehung der Jugend durch die HJ. bringt immer schärfere Gesetze gegen die Jugend hervor. Zum »Schutze der Jugend«!

Varietés und Kabaretts für Jugendliche verboten

Polizeiverordnung zum Schutze der Jugend in neuer Form ⟨1943.⟩

Die Polizeiverordnung zum Schutze der Jugend vom 9. März 1940 ist jetzt vom Reichsführer SS und Chef der deutschen Polizei auf Grund der in den drei letzten Jahren gesammelten Erfahrungen in neuer Form herausgegeben, im Reichsgesetzblatt vom 16. Juni veröffentlicht worden und am 23. Juni in Kraft getreten. Darin wurden die Bestimmungen zur Fernhaltung Jugendlicher von öffentlichen Schieß- und Spieleinrichtungen sowie die allerdings gegenwärtig bedeutungslose Fernhaltung Jugendlicher von öffentlichen Tanzlustbarkeiten miterfaßt. Die hierfür ergangenen besonderen Reichspolizeiverordnungen konnten deshalb aufgehoben werden. Im einzelnen bestimmt die Verordnung vor allem:

Minderjährigen unter 18 Jahren ist der Aufenthalt auf öffentlichen Straßen und Plätzen oder sonstigen öffentlichen Orten während der Dunkelheit verboten. Minderjährigen unter 16 Jahren ist ein Besuch in Gaststätten ohne Begleitung nur bis 21 Uhr erlaubt.

Weiterhin ist der Besuch von Lichtspielvorführungen nach 21 Uhr ohne Begleitung der Eltern verboten. Dazu ist zu bemerken, daß der nicht jugendfreie Film auch nicht mit den Eltern besucht werden darf. Völlig neu ist, daß nunmehr der Besuch von Kabarett- und Varietéveranstaltungen für Minderjährige unter 18 Jahren gänzlich untersagt ist, auch in Begleitung der Eltern.

Die Einschränkung des Alkoholgenusses und das Verbot des Rauchens in der Oeffentlichkeit sind unverändert in die Fassung übernommen worden, da gerade in der heutigen Zeit auf die Gesunderhaltung der Jugend besonderer Wert gelegt werden muß.

Neu ist die Vorschrift, daß der Erziehungsberechtigte als seinen Beauftragten im Sinne der Verordnung nur eine volljährige Person ermächtigen darf. Da die Verordnung vor allem vorbeugend ist und erziehend wirken will, sind als polizeiliche Maßnahmen gegen Verstöße der Jugendlichen in erster Linie Belehrung, Ermahnung und Verwarnung vorgesehen. Beim Versagen dieser Maßnahmen kann Jugendarrest verhängt werden, der durch freiwillige Arbeitsleistung abgelöst werden kann. Geldstrafen kommen nur ausnahmsweise in Frage. Gegen säumige und pflichtwidrig handelnde Erziehungsberechtigte, Unternehmer oder Veranstalter sieht die Verordnung Geldstrafen und Haft vor.

Wie bisher finden die Vorschriften der Verordnung auf Angehörige der Wehrmacht und des Reichsarbeitsdienstes[a] keine Anwendung. Auch werden Veranstaltungen der Partei und ihrer Gliederungen von der Verordnung nicht berührt. Endlich gelten die Gebote über den Lokalbesuch nicht für solche Minderjährige, die sich nachweislich auf Reisen befinden.[102]

Und Herr Goebbels schrie: »Die Jugend hat immer recht.«

28. Juni 1943.

Auch der Südostwall steht ⟨16.6.43.⟩

Höchste Abwehrkraft und kampferprobte Soldaten in der Aegäis konzentriert

rd. Im Südosten, im Juni 1943. (Eigener Bericht.) Die Augen der Welt sind auf den Südosten Europas gerichtet. Fast zwei Jahre lang lag dieser alte Wetterwinkel außer dem Bereich beredenswerter Möglichkeiten für größere Entscheidungen. Jetzt hofft man im anderen Lager auf die neue Lage, die durch den Abschluß des Afrikakampfes entstanden ist.

Europa hat nur eine Antwort gehabt: Den fast stummen, aber um so wirksameren Hinweis auf die Wallmauer des Kontinents, ob im hohen Norden, am Atlantik, im Mittelmeer oder in der Aegäis. Auch der Südostwall steht. In vielen Monaten ist er vorausberechnet und ausgebaut worden. Die Schienenstränge hallen wieder von den ununterbrochen rollenden Transporten, die diesen Südostwall verstärkt und auf volle Abwehrkraft gebracht haben. Das Bild in den Standorten ist ein anderes geworden. Man sieht viele neue Gesichter, Gesichter, an denen man seine Freude hat, in denen man aber bereits eine ganze Lebensgeschichte ablesen kann. Es sind nicht alles Neue, manch einer nennt sich für den griechischen Raum neuer »Alter«. Vor zwei Jahren sind sie schon einmal mit ihrer Truppe im Balkan gewesen, haben damals den Grundstein für die Möglichkeit des Ausbaues eines Südostwalles gelegt und feiern nun Wiedersehen mit Hellas. Damals waren die meisten noch unbekümmerte Burschen. In ihren Augen lag der Glanz der blitzschnell erfochtenen Siege.

Aus den unbekümmerten Burschen sind reife Männer geworden, kampferprobte Soldaten, obwohl manchen von ihnen im Zivilleben noch nicht einmal ein Schnurrbart zieren würde. Sie sind anders geworden, als sie es vor zwei Jahren waren. Der Krieg hat sie gewandelt: nicht nur ihre Seelen. Die Erlebnisse harter Kämpfe, unsagbarer Strapazen, ungezählter Entbehrungen über zwei lange Sommer und Winter in der unendlichen Weite des Ostens haben auch ihr Aeußeres umgeprägt. Die stolze Haltung ist geblieben, ist vielleicht noch stolzer geworden. Der Schneid des unbekümmerten jungen Kriegers ist nunmehr gepaart mit dem Wissen um die Gefahr und um die stete Todesnähe, mit der Schlauheit und dem Instinkt des Naturwesens. Sie sind hart geworden im Geben und Nehmen. Auch auf jungen, noch unbedeutenden Gesichtern liegt heute der Adel des Kämpfers. Das rote Band mit dem schwarz-weißen Streifen der Ostmedaille, aber auch eine Anzahl anderer Auszeichnungen, vom Eisernen Kreuz 1. und 2. Klasse, von den Sturmabzeichen der verschiedenen Waffen, ob Infanteriesturmabzeichen oder Panzerkampfabzeichen bis zu den übrigen Auszeichnungen, Medaillen und Schildern sind häufig geworden und deuten an, daß es kampferprobte Soldaten sind, die den Südostwall verstärkt haben, Soldaten, die den Krieg und seine härtesten Anforderungen bereits kennengelernt haben.

Nicht alle, die jetzt hier heruntergekommen sind, waren damals vor zwei Jahren schon dabei. Nur ein Teil feiert Wiedersehen mit Hellas. Die Jungen, die erst vor kurzem die Uniform des Arbeitsdienstmannes mit dem feldgrauen Rock gewechselt haben und den erprobten Kämpen beigegeben sind, haben noch erst den Beweis zu erbringen, daß sie ihrer gefallenen Kameraden, deren Stelle sie nunmehr einnehmen, würdig sind.

Das Wiedersehen mit Hellas endete mit dem stummen Gelöbnis, niemals im Kampf um die Bewachung Europas weich zu werden, und wer die Männer sieht, die heute am Südostwall stehen, der kann voller Vertrauen auf sie rechnen, daß sie bereitstehen, jeden Angreifer gebührend zu empfangen. [103]

Kriegsberichter Lothar Karl Schlebusch

a) *Reichsarbeitsdienst (RAD):* Ab Juni 1936 waren alle Männer zwischen 18 und 25 Jahren zur Ableistung eines halbjährigen Arbeitsdienstes verpflichtet, Frauen konnten diesen bis 1939 freiwillig leisten. Die Arbeit bestand in erster Linie aus Forst- und Wegebauten und Hilfsarbeiten beim Autobahnbau. Vgl. Benz/Graml/Weiß 2007, S. 726f.

Um das deutsche Volk zu beruhigen und Eindruck bei den Verbündeten sowie in den neutralen Ländern hervorzurufen, wird neuerdings auch Reklame für einen

»Südostwall«

gemacht.

Als noch deutsche und italienische Truppen in Afrika standen, da wurde nie von einem Südostwall gesprochen, aus dem einfachen Grunde, weil überhaupt keiner da war. Jetzt auf einmal »steht auch der Südostwall«.

Diese Nazis sind Teufelskerle – mit den Mundwerkzeugen.

Nach Abschluß des Afrikakampfes ist die Südfront (Italien u. Balkan) in das Blickfeld der betrachtenden Welt geraten, und da darf die deutsche Propaganda nicht fehlen.

In nicht allzu ferner Zeit werden wir Gelegenheit haben, den Südostwall zu bestaunen. In all seiner Größe und Herrlichkeit. Der Bluff ist nur wirksam so lange er sich in weiter Entfernung befindet. Die Gegner haben das Afrikakorps aus Afrika entfernt und sie werden auch den »kampferprobten« ⟨deutschen⟩ Soldaten auf dem Balkan beweisen, daß der Südostwall lediglich eine Fata Morgana war.

Der Wert unserer Propaganda war noch nie so fragwürdig als augenblicklich. Es ist vollkommen vergebliche Mühe, etwa die Pläne der Gegner zu stören oder Verwirrung in deren Reihen zu bringen.

Härte und Würde

m. München, 22. Mai ⟨43.⟩

Wir Deutschen wissen daß wir von vielen anderen Völkern in der Welt um unsere Härte beneidet werden. Sie ist der Ausdruck für alle soldatischen Erscheinungen in diesem Krieg. Wie der Soldat draußen kämpft, wie der Arbeiter in der Heimat seine Pflicht erfüllt, daran wird das Maß der Härte eines Volkes abgelesen. Die Härte liegt zum großen Teil schon in der Veranlagung unseres Volkes. Aus unserer Herkunft und Geschichte sind uns soldatische Eigenschaften überkommen, die sich unter dem Einfluß des totalen Kriegs eher vervollkommnet haben, als daß sie Spuren des Nachlassens zeigten, die wir an anderen Völkern, die uns gegenüberstanden und stehen, beobachten können.

Zu den soldatischen Eigenschaften zählt aber nicht nur die Standhaftigkeit, das Widerstandsvermögen selbst, gleichzeitig sollte dem inneren Zustand auch immer der äußere Ausdruck entsprechen. Das Leben in unserer Zeit hat seinen eigenen Stil; er ist erst dann vollendet, wenn neben der inneren Härte die äußere Würde immer und überall selbstverständlich geworden ist. In den großen Zeiten der Menschheitsgeschichte, wenn unerschütterlicher Mut die höchsten Taten vollbrachte, zeugten die Ereignisse gleichzeitig auch vom höchsten Grad menschlicher Würde. So sehen wir unsere Soldaten heute vor dem Feind als die Beherrscher des Schlachtfeldes ebensosehr im militärischen Erfolg wie in der menschlichen Haltung.

Unsere Revolution – der Nationalsozialismus – hat nicht nur ein politisches Ziel gehabt, sie hat sich sofort auch auf das Verhalten der Menschen erstreckt. Die Lebensführung des einzelnen ist entscheidend für die politische Erneuerung geworden. In dieser Zeit muß jeder Mensch den Anspruch an sich selbst möglichst hoch bestimmen. Daß er keine Schwäche zeigt, beweist den Mann, beweist auch im totalen Krieg die Ebenbürtigkeit der deutschen Frau. Zum Bilde des deutschen Menschen in dieser Zeit gehört als natürliche Ergänzung der seelischen Widerstandskraft eine Würde, die ihn niemals verläßt, nicht im Handeln und nicht im Reden. Den ganzen Alltag soll sie erfüllen und damit uns allen erleichtern.[104]

Auf die »Härte« haben sich die Nationalsozialisten nicht so wenig eingebildet. Die gesamte Erziehung der Jugend war seit 1933 darauf eingerichtet, das Volk vollkommen hart zu machen. Diese Härte ist aber bereits bei oberflächlicher Betrachtung als Roheit und Gefühllosigkeit zu erkennen. Ob dieser Eigenschaften wird aber das deutsche Volk nicht etwa beneidet, wie nebenstehend behauptet wird – sondern es wird aus tiefster Seele gehaßt.

Die Jugenderziehung folgte militärischen Gesetzen, um einen Menschentyp von ausgesprochen soldatischer Prägung heranzuzüchten. Der Jugend wurde stets gepredigt, daß sie hart wie Krupp-Stahl[a] sein müsse. Und was daraus geworden ist, das sehen wir an unserer Wehrmacht, an der Behandlung der Bevölkerung in den besetzten Gebieten sowie an der Behandlung der Gefangenen zu Beginn des russischen Feldzuges. Die Grausamkeiten gegen die Juden sind der Ausfluß der gerühmten »Härte«. Ein überaus trauriges Kapitel in der blutrünstigen deutschen Geschichte.

»Wir sehen unsere Soldaten heute vor dem Feind als die Beherrscher des Schlachtfeldes«, meint der Artikelschreiber. Bei Stalingrad und in Afrika haben sie die Schlachtfelder nicht behauptet, und in welcher Haltung die deutschen Soldaten in russische und englische Gefangenschaft gewandert sind, entzieht sich meiner Kenntnis.

Von »Würde« sehe ich um mich herum nicht sehr viel. Die Menschen benehmen sich vielmehr genau so wie die Angeklagten, wenn sich der Gerichtshof zur Beratung zurückgezogen hat. Sie harren in der Erwartung der kommenden Dinge in gedrückter Stimmung und haben dunkle Vorahnungen. Das ist die Wirklichkeit.

a) *hart wie Krupp-Stahl:* Die Formulierung geht auf eine Stelle in »Mein Kampf« zurück, wo Hitler seine Vorstellung vom Charaktertypus des Parteikämpfers beschreibt: »Flink wie Windhunde, zäh wie Leder und hart wie Kruppstahl« (Hitler 1930, S. 392). Auf dem Reichsparteitag der NSDAP des Jahres 1935 wurde der Ausspruch zum Leitbild der NS-Jugenderziehung in Schule und HJ. Vgl. Pätzold/Weißbecker 2005, S. 142f.

Der schwarze Markt

m. München, 24. Juni ⟨43⟩

Man lernt die Völker heute kennen auf dem schwarzen Markt. Es wäre eine Illusion, anzunehmen, daß er irgendwo fehlt. In allen Zeiten, in denen gewisse Waren knapp werden, bildet sich der heimliche Markt. Wir in Deutschland wissen, daß einer da ist und daß es noch Sogenannte gibt, die einen unerlaubten zusätzlichen Bedarf auf ihm decken. Gekennzeichnet ist aber nicht die Moral des deutschen Volkes durch den schwarzen Markt, sondern durch die reibungslose und ausreichend funktionierende Rationierung. Was wir beanspruchen dürfen, ist auch für uns vorhanden.

In Amerika schreien jetzt die Zeitungen, daß kein Fleisch mehr zu haben ist. Konserven und Frischgemüse sind knapp, zum Teil von den Märkten völlig verschwunden. Ein riesiger schwarzer Markt hat sich gebildet, ehe überhaupt die Frage der rationierten Bedarfsdeckung aufgeworfen und geregelt ist. Daß in der Sowjetunion der schwarze Markt für die wenigen Bevorzugten, die Juden und ihre Handlager, seit je vorhanden war, sei nur am Rande bemerkt. Aber auch in England wächst der Zorn der Bevölkerung auf den schwarzen Markt. Verschiebung und Verschacherung der Mangelware haben hier einen Umfang angenommen, der die in England unter der Decke schwelende Judenfeindschaft offen ausbrechen läßt. Die Zeitschrift »Spectator« schreibt deshalb, daß man der Öffentlichkeit einen großen Dienst erweise, wenn man offen ausspreche, daß die jüdische Bevölkerung in Großbritannien einen Höchstrekord hinsichtlich der Vergehen am schwarzen Markt erreiche. Und die Zeitschrift begründet dieses offene Wort, zu dem in der Tat viel Mut gehört hat, damit, daß jede Rücksichtnahme die Juden nur zu einem Fortführen ihres Treibens ermutigen würde, und zwar bis zu einem Ausmaß, das leicht gefährlich werden könnte. »Die Frage ist«, heißt es zum Schluß, »ob dieser Punkt nicht schon erreicht ist.«

Das hat offenbar auch der Oberrabiner J. H. Hertz empfunden, als er sich gezwungen sah, seine Rassegenossen in aller Öffentlichkeit zu warnen. Wörtlich erklärt Hertz: »Die Teilnahme der Juden an diesen und anderen Vergehen ist in hohem Grade an der schwerwiegenden Verdammung des Judentums sowie des jüdischen Namens schuld.«

Jedes Volk hat den schwarzen Markt, den es verdient. Das deutsche Volk weiß gar nicht, welche Verstimmung und welche Entmutigung ihm dadurch erspart geblieben ist, daß der jüdische schwarze Markt in Deutschland fehlt. [105]

Unglaublich, aber wahr: Eine führende nationalsozialistische Zeitung gibt zu, daß es auch in Deutschland einen sogenannten »schwarzen Markt« gibt. Judenrein – und trotzdem! Die Partei gibt also demnach offen zu, daß trotz aller Maßnahmen noch genug Lücken vorhanden sind, um sich zusätzlich Nahrungsmittel zu beschaffen. Natürlich nicht für jedermann. Die Behörden wissen es, die Partei weiß es, überhaupt ganz Deutschland hat Kenntnis davon.

Zum Troste wird gesagt, was wir zu beanspruchen haben, ist auch für uns vorhanden. Es muß anerkannt werden, daß die Lebensmittelversorgung in diesem Kriege weitaus besser klappt als im Weltkrieg 1914-1918. Es wird aber genau so wie damals oder noch schlimmer hinten herum geschoben. Der Besitzer oder Hersteller von Mangelwaren hat alles, was er wünscht. Er leidet keinerlei Not. Tausch ist Trumpf. Gib mir dies, dann erhältst du das. Es gibt in Deutschland keinen Handwerker oder Kaufmann, der nicht in der einen oder andren Weise gegen die bestehenden Bestimmungen verstößt oder verstoßen hat. Die Landwirte sind diesmal weniger versessen auf das Geld, sie greifen lieber nach Sachwerten und erreichen au[ch] mit Hilfe ihrer begehrten Produkte, daß sie bevorzugt behandelt werden.

Der heimliche Markt verdankt sein Dasein dem Mangel, der Verknappung an Waren. Die Nazis haben es auch mit den drakonischsten Mitteln nicht fertig gebracht, diese Schiebungen zu unterbinden.

Der Seitenhieb gegen die Juden ist völlig unangebracht, denn in Deutschland gibt es keine Juden mehr. Trotzdem ist der schwarze Markt vorhanden. Die Juden sind nicht schlechter als die Menschen im allgemeinen. Die Balken in den eigenen Augen wollen die Naziheuchler einfach nicht sehen.

Wer in Deutschland nur auf die zugeteilten Nahrungsmittel angewiesen ist, der dürfte nicht mehr weit von der vollständigen Entkräftung entfernt sein. Der Selbsterhaltungstrieb zwingt dazu, die Gebote mißachtend, sich so gut wie irgend möglich mit zusätzlicher Nahrung zu versorgen[106]. Das gilt für alle.

6. Juli 1943

Oeffentliche Groß-Kundgebungen der NSDAP.
des Kreises Darmstadt

Dieser Krieg wurde von den Feinden mutwillig erklärt wegen der Rückgliederung von Danzig und dem Verbindungsweg durch den Korridor zu dieser deutschen Stadt. Ursächlich wurde er von den Juden als Drahtzieher begonnen. Der internationale Jude hat im Wahn, auf diese Weise seine Weltherrschaft aufrichten zu können, Plutokratien und Bolschewismus, die ihm hörigen Widersacher, eingespannt, um das deutsche Volk zu vernichten. Der Jude ist der Urheber des Weltenringens. Seine Absicht, Deutschland zu zerschmettern, wird niemals gelingen. Mit unserer totalen Kraft haben wir uns jetzt zur Wehr gesetzt. An der unübertrefflichen Tapferkeit unserer Soldaten, an der gewaltigen Schlagkraft unserer Armeen und an dem freudigen Einsatz aller Kräfte der Heimat wird der Ansturm der Feinde scheitern. Wir alle treten an! Wir alle helfen mit! Es gilt, Deutschlands Zukunft zu sichern. Der Sieg wird unser sein!

In vier öffentlichen Groß-Kundgebungen sprechen in Darmstadt am 10. April 1943, abends 8 Uhr, die aus der Kampfzeit bekannten Redner Gaupropagandaleiter Stöhr, Frankfurt a. M., im Saalbau, Gauamtsleiter Fuchs, Mainz, im Orangeriehaus, SA.-Gruppenführer Kögelmaier in der Otto-Berndt-Halle, Kreisleiter Holländer, Worms, im Luftschutzhaus. Gleichzeitig finden am 10. und 11. April ⟨1943⟩ öffentliche Kundgebungen in allen Orten unseres Kreises statt.

Bevölkerung des Kreises Darmstadt, bekunde auch Du Deinen Willen zum Sieg![107]

(PKA.)

Die Nazis sind nicht zu heilen. Sie glauben mit ihren Methoden aus der sogenannten »Kampfzeit«, diesen Krieg gewinnen zu können. Das deutsche Volk konnten die Nazis leider mit Drohungen und Phrasen betören, aber unsere heutigen Gegner sind damit nicht abzuschütteln.

Mit dummdreisten Lügen (z.B. »dieser Krieg wurde von den Feinden mutwillig erklärt«) ist aber auch gar nichts auszurichten. Die verblödetsten Menschen in Deutschland wissen, daß Hitler der schuldigste aller Schuldigen ist. Er ist der Schöpfer dieses Weltkrieges. Und das weiß – Gott sei Dank – die ganze Welt. Daran ist nichts zu deuteln. Wie Deutschland in den vergangenen Jahren an allen Fronten siegreich war, da wurde auch gar kein Hehl daraus gemacht, daß das »unser« Krieg ist. Jetzt allerdings, wo die Sache anfängt schief zu gehen, da wird mit allen Mitteln versucht, jegliche Schuld von Deutschland abzuwälzen. Das ist aber ein ganz und gar vergebliches Bemühen. Noch nie lag eine Schuld klarer vor aller Augen. Dieses Mal hilft kein Wenden und kein Drehen.

Die »totale Kraft«, die »unübertreffliche Tapferkeit«, die »gewaltige Schlagkraft« und der »freudige Einsatz«, das sind alles Dinge, die sich im Munde von Parteirednern ihren Platz gesichert haben. Schlagwörter sind keine geeigneten Waffen, um den Ansturm der Feinde aufzuhalten.

Im Volke gibt es immerhin noch eine Anzahl, die sich an den Reden der Parteibonzen berauschen. Der Katzenjammer wird gewaltig sein.

Samstag, 26. Juni 1943 * Nr. 177 * Seite 2

Über Westdeutschland 31 Terrorbomber abgeschossen

17 Sowjetlandungsboote im Lagunengebiet des Kuban versenkt

Aus dem Führerhauptquartier, 25. Juni ⟨43⟩ Das Oberkommando der Wehrmacht gibt bekannt:

An der Ostfront verlief der Tag bis auf örtliche Kämpfe im Raum von Welikije Luki ruhig.

Die Luftwaffe versenkte im Lagunengebiet des Kuban 17 Landungsboote und bekämpfte Stellungen, Truppen, Unterkünfte und Nachschubverbindungen des Feindes.

Im Mittelmeerraum wurden ohne eigene Verluste 33 britische und nordamerikanische Flugzeuge abgeschossen. Davon allein 23 von deutschen Jägern.

Britische Bomberverbände flogen während der letzten Nacht in westdeutsches Gebiet ein und griffen mehrere Städte, darunter besonders Wuppertal-Elberfeld und Remscheid mit zahlreichen Spreng- und Brandbomben an. Die Verluste der Bevölkerung der angegriffenen Städte sind schwer. Bisher wurde der Abschuß von 31 feindlichen Bombern festgestellt. Weitere acht Flugzeuge verlor der Feind bei Tagesangriffen gegen die besetzten Westgebiete. Schnelle deutsche Kampfflugzeuge bombardierten in der Nacht zum 25. Juni Einzelziele an der englischen Südküste.

Deutsche Unterseeboote versenkten im Mittelmeer in schweren Kämpfen aus stark gesicherten Geleitzügen drei Schiffe mit 15 000 BRT.[108]

Wenn das Oberkommando der Wehrmacht die Verluste der Bevölkerung der Städte Wuppertal (Elberfeld) und Remscheid als schwer bezeichnet, dann muß die Zahl der getöteten Menschen[a] schon ganz erheblich sein.

Was der Herr Marschall Hermann Göring heute denkt, möchte ich gerne wissen, denn er war es doch, der im August und September 1939 behauptete, daß Industriegebiet würde keiner einzigen feindlichen Bombe ausgesetzt werden.

Welch dummes Zeug ist schon im 3. Reich zusammengeredet worden.

Das einfältigste Geschwätz findet immer wieder begeisterte Zuhörer. Es braucht sich nur jeder die Beifallsstürme zu vergegenwärtigen, die stets dann einsetzten, wenn der Redner den Mund so richtig voll nahm.

»Wir werden ihre Städte ausradieren«, schrie Adolf Hitler. Damit meinte er die englischen Städte. In der Tat werden heute Städte »ausradiert« – es sind aber deutsche Städte.

Die Nazis legen großen Wert darauf, das Willensstrafrecht immer mehr auszubauen. Dem verbrecherischen Willen ⟨des Täters⟩ soll entscheidende Bedeutung beigemessen werden.

Adolf Hitler wollte die englischen Städte ausradieren lassen, er hat es nur bis jetzt noch nicht fertig gebracht.

Der Wille des Täters ist jedoch maßgebend.

a) *Zahl der getöteten Menschen:* In der Nacht vom 24. auf den 25. Juni 1943 griffen über 500 britische Bomber Wuppertal an. 1800 Menschen kamen ums Leben, 6000 Häuser wurden zerstört und 5000 weitere schwer beschädigt. Bei einem Angriff Ende Mai wurden 3000 Menschen getötet. Vgl. Boog 2001, S. 17 und 20f.

⟨V. B. 21.6.43⟩

Deutschland wird niemals kapitulieren

Gauleiter Sauckel sprach in einem südwestdeutschen Großbetrieb

Straßburg, 20. Juni ⟨43⟩ Arbeiter im blauen Kittel neben dem General, die Arbeiterin neben dem Politischen Leiter, Uniformen und Abzeichen fast aller Gliederungen der Bewegung – das war das äußere Bild einer geschlossenen Willenskundgebung der Schaffenden der Stirn und der Faust in einem südwestdeutschen Großbetrieb am Freitag. Heimat und Front reichten sich hier wieder einmal die Hand zu gemeinsamem Wollen.

Innerlich gespannt folgen sie alle den Ausführungen des Generalbevollmächtigten für den Arbeitseinsatz, des Gauleiters Reichsstatthalter Sauckel, der zusammen mit Gauleiter Reichsstatthalter Robert Wagner erschienen war.

Der deutsche Arbeiter, so sagte Gauleiter Sauckel u. a., müsse heute wissen, daß er von Menschen geführt werde, die nicht vom grünen Tisch her und nicht aus einer ganz anderen gegensätzlichen Sphäre sich etwa als Besserwisser und Unterdrücker aufschwingen wollten. Auf den Arbeitseinsatz fremdländischer Kräfte in Deutschland eingehend, sagte der Redner, heute arbeite Europa in Deutschland. Im einzelnen erläuterte er an Hand unwiderlegbarer Beweise noch einmal die starke Position des Reiches, das heute von Männern – an der Spitze Adolf Hitler – geführt werde. Deshalb sei es auch nicht zu vergleichen mit dem kaiserlichen Deutschland des ersten Weltkrieges. Das nationalsozialistische Deutschland werde auf noch so verlockende Angebote, hinter denen sich die jüdische Fratze verberge, nicht hereinfallen. Das eine könne er unseren Feinden schon heute mit voller Offenheit sagen: Deutschland wird niemals kapitulieren! Die Lügen von 1918 haben es immun gemacht.

Das Reich hält alle Möglichkeiten zur Erringung des Sieges in seiner Hand. Diese sind so gewaltig, daß es den Krieg gar nicht verlieren kann. Der totale Arbeitseinsatz brachte nie geahnte Reserven zur Entfaltung. Er wird noch ständig erweitert und vertieft. Ein Dreifaches an schaffenden Händen gegenüber dem ersten Weltkrieg arbeitet heute in Deutschland, ganz abgesehen von den uns zusätzlich zur Verfügung stehenden besetzten Gebieten, deren prozentualer Anteil am Arbeits- und Produktionsertrag ebenfalls ein Vielfaches gegenüber früher ausmacht. Neben allen anderen militärischen und wirtschaftlichen Vorteilen haben wir in diesem Krieg auch die besseren Nerven, die siegentscheidend sein werden.

Mit einem aufrüttelnden Appell an die Arbeiter und Arbeiterinnen, an Betriebsführer und Ingenieure, an alle Schaffenden der Stirn und der Faust, auch weiterhin in einem nie erlahmenden Glauben an den deutschen Endsieg das Letzte an Pflichterfüllung und Arbeitseifer herzugeben, schloß Gauleiter Sauckel seine mit stürmischen Zustimmungskundgebungen aufgenommenen, überzeugungsstarken und siegesgewissen Ausführungen.[109]

Wer die Seele der Nazis kennt, der ⟨ist⟩ nicht darüber erstaunt, daß Deutschland niemals kapitulieren wird und ein Kompromiß nicht in Frage kommt. Solange die Nazis am Ruder sind, wird es keinen Ausgleich geben.

Davon war ich schon von allem Anfang an überzeugt, daß unsere derzeitige Führung eher das gesamte Volk opfert als nachgeben wird.

Das deutsche Volk kann sich also noch auf etwas gefaßt machen. Es wird die Zeit kommen, da das Volk erkennt, daß die Revolution im Jahre 1918 es vor vielen Leiden bewahrt hat. Deutschland war wenigstens damals nicht zerstört worden. Hätte es weiter sinnlosen Widerstand geleistet, so war es schon 1918 um Deutschland geschehen. Der »Dolchstoß« war in Wirklichkeit ein Segen. Die falschen Propheten haben diesmal das Wort. Wir werden sehen.

Neuerdings wird von Parteigenossen das Gerücht verbreitet, japanische Flieger wären in Deutschland eingetroffen. Damit soll der Glaube an den Sieg neuen Auftrieb erhalten. Für diejenigen, die niemals alle werden, ist das wieder ein Hoffnungsschimmer.

Es mag sein, daß einzelne japanische Flieger sich in Deutschland befinden. Die machen die Suppe auch nicht fetter.

Ich meine: Der Starke ist am mächtigsten allein.[110] –

Unsere Bundesgenossen können sich selbst nicht helfen.

Die Schlußparole der Journalistentagung

Unsere Völker kämpfen um vier Freiheiten

vb. **Wien,** 26. Juni ⟨43⟩

Die II. Internationale Journalistentagung der Union Nationaler Journalistenverbände wurde am Freitag beendet. Die Tagung, an der über 400 Journalisten aus 21 Nationen teilgenommen haben, war, wie der Geschäftsführende Präsident Helmut Sündermann in seiner zusammenfassenden Abschlußrede feststellte, das erste politische Ereignis im Leben des europäischen Kontinents, an dem Vertreter aller Völker dieses Erdteils Anteil genommen und damit einen Beitrag geleistet haben zu einer Demonstration, die sowohl der Vergangenheit wie der Gegenwart und der Zukunft Europas galt.

Sündermann bezeichnete es als den Zweck der Tagung, vor dem Forum und aus dem Kreis der europäischen Journalisten heraus jene Gedanken und Überzeugungen zu erkennen und auszusprechen, die den Völkern dieses Kontinents gemeinsam seien. Es sei die eindrucksvollste Erkenntnis der Tagung gewesen, daß Europa in seinem heutigen großen Lebenskampf auch von einer klaren kontinentalen Idee erfüllt sei. Europa sei nicht nur ein geographischer, nicht nur politischer Begriff, es sei nicht nur Geschichte und Vergangenheit, sondern es stelle ein Programm dar, es sei eine Mission.

Noch ein weiteres habe man in Wien erkannt: Wenn unsere Gegner von vier Freiheiten phantasieren, die in ihrem eigenen Hause bisher völlig unbekannte Größen waren, so hätte man aus den Erklärungen auf der Tagung ebenfalls vier Freiheiten erkannt, die die notwendige Grundlage jeder menschlichen Zukunftsentwicklung seien. Unsere vier Freiheiten seien freilich keine nebelhaften Propagandasprüche für das leichtgläubige Publikum, sondern sie seien die Parole für reale Befreiungstaten, das Ideal für den kämpferischen Einsatz von Millionen tapferer Soldaten. Unter anhaltenden stürmischen Beifallskundgebungen der Tagungsteilnehmer faßte Stabsleiter Sündermann unsere vier Freiheiten zu den folgenden Formulierungen zusammen:

»Die Befreiung der Völker von der Geißel der jüdischen Weltvergiftung – das ist die erste der Befreiungstaten, die uns aus den Erkenntnissen dieser Tagung als Forderung emporleuchtet.

Die Befreiung der Welt vom Alpdruck des bolschewistischen Mordsystems – das ist die zweite Freiheit, für die wir mit dem Mute dessen kämpfen, der erfahren hat und weiß, daß jeder menschliche Wert in diesem Kampf auf dem Spiele steht.

Die Befreiung der schaffenden Menschen von der kapitalistischen Ausbeutung – das ist uns nach den Bekenntnissen dieser Tagung die dritte Freiheitstat, die im Dienste der schöpferischen Entfaltung aller Tüchtigen errungen werden muß und wird.

Schließlich wurde uns die Befreiung der Welt vom anglo-amerikanischen Imperialismus als notwendige Voraussetzung jedes friedlichen Zusammenlebens der Völker überzeugend dargestellt«.

Diese großen Freiheitsanforderungen seien, wie Sündermann weiter darlegte, das Bekenntnis[111]

Diese »internationale« Journalistentagung ist eine befohlene Zusammenkunft von Faschisten und Nationalsozialisten verschiedener Länder.

In Scene gesetzt wurde diese Tagung von dem deutschen Propagandaministerium. Derartige Zirkusvorstellungen dürften in der freien Welt wenig Eindruck erwecken. Für gewöhnliche Menschen müssen die Räder für den Sieg rollen. Erst siegen, dann reisen. Diese Journalisten-Statisten können natürlich auf der Eisenbahn herumlungern.

Wenn heute oder morgen in allen Ländern die deutschen Soldaten verschwunden sein werden, dann werden die Menschen staunen, wie schnell auch die Befürworter des »Neuen« Europa faschistischer Färbung weggeblasen sind.

Dann ist niemand mehr zu finden, der sich für eine nationalsozialistische »kontinentale Idee« einsetzt.

Keiner wird zugeben, daß er jemals an so etwas überhaupt gedacht habe. –

Der Nazi-Stabsleiter Sündermann wird voraussichtlich nach dem Kriege sich in einem Arbeitslager befinden, damit er arbeiten lernt.[112]

Sie wollen die deutschen Kulturdenkmäler zerstören

Außer dem Kölner Dom bisher 133 Kirchen zerstört, 494 schwer beschädigt

dnb. Berlin, 30. Juni ⟨43⟩. Wie der Londoner Korrespondent von »Svenska Dagbladet« berichtet, würden in London die dort einlaufenden Meldungen über eine schwere Zerstörung des Kölner Doms mit Bedauern kommentiert. Man betone, so meldet das schwedische Blatt weiter, daß die britischen Flieger sich überall bemühten, eine Beschädigung von Kirchen zu vermeiden. Gleichzeitig werde in London darauf hingewiesen, daß der Kölner Dom nach 117 Angriffen auf die Stadt keine schweren Schäden davongetragen habe. Sollte er jetzt durch die letzten Bomben beschädigt worden sein, so sei das gegen den Willen der britischen Flieger geschehen.

Wir verzichten darauf, uns mit London über dieses Thema in Erörterungen einzulassen. Wir lassen Tatsachen sprechen und diese Tatsachen sind folgende:

Nach einer von zuständiger Stelle aufgestellten Liste waren bis zum 23. Mai 1943 im Reichsgebiet 133 Kirchen zerstört und 494 schwer beschädigt, und zwar sind das u.a. folgende Kirchen:

In Köln allein sind 31 Kirchen total vernichtet worden, darunter solche, die auf eine tausendjährige Geschichte zurückblicken. Wir erwähnen St. Apostel, St. Maria im Capitol, eines der hervorragendsten Denkmäler der karolingischen Kunst, Groß-St.-Martin, ein Bauwerk der romanischen Zeit, St. Pantaleon und St. Severin.

In Mainz wurde die St.-Stephans-Kirche, eines der schönsten Bauwerke gotischer Kunst aus dem 14. Jahrhundert fast völlig zerstört.

In Essen wurde die tausendjährige Münster-Kirche, eine der reichsten Kirchenschatzkammern Deutschlands und eines der ältesten christlichen Baudenkmäler, ferner die Gertrudiskirche, die 900jährige Markt-Kirche und die 800jährige Johannis-Kirche völlig vernichtet.

In Duisburg wurden die Salvator-Kirche und die Paulus-Kirche sowie die altehrwürdige Liebfrauen-Kirche zerstört.

In Dortmund fielen die Rainoldi-Kirche, ein Bauwerk aus dem 14. Jahrhundert, die aus dem 13. Jahrhundert stammende Petri-Kirche und die Probstei-Kirche aus dem 17. Jahrhundert den Terrorangriffen zum Opfer.

In München wurde die Sakristei der berühmten Frauenkirche schwer beschädigt.

In Nürnberg trug die Jakobi-Kirche, ein Bauwerk aus dem Jahre 1209, schwere Schäden davon.

In Kassel fiel die älteste frühgotische Kirche Deutschlands, der Martins-Dom, der Vernichtung anheim.

In Lübeck wurden die drei berühmtesten Kirchen völlig vernichtet, und zwar der von Heinrich dem Löwen gegründete Dom, mit dem auch alle die wertvollen Kunstschätze verloren gingen, wie der Hochaltar, die Rochustafel, das Jüngste Gericht von Burchard Wulff, die große Orgel, das Levitengestühl und der Krämer-Chor. Mit der Petri-Kirche wurde die Orgelbekleidung und die Kanzel von Hinrich Mathis vernichtet. Durch die Zerstörung der Marienkirche gingen unersetzliche Kunstwerke verloren, darunter der Hochaltar, der Greberoden-Altar, das Triptichon, der Bergenfahrer-Altar, der Lettner und die Kanzel, die große Orgel, die astronomische Uhr, das Schonenfahrergestühl, das Bergenfahrergestühl, das Nowgorodfahrergestühl, der Senatsstuhl, der weltberühmte Totentanz und die Gregor-Messe.

In Rostock liegen alle berühmten Backsteinkirchen aus dem 13. Jahrhundert in Schutt und Asche, darunter die Nikolai- und die Petri-Kirche.

In Berlin wurde die weltberühmte Hedwigskirche ein Opfer der britischen Gangster.

Diese Liste ist ein neuer Beitrag zur britischen Kulturschande. Sie kennzeichnet die Ausflüchte Londons als abgrundtiefe Heuchelei und infame Lügen, die darauf berechnet sind, sich von einer ungeheuerlichen Schuld reinzuwaschen. Aber die zerstörten Kirchen und die zahlreichen Kultur- und Baudenkmäler, die Zeugen deutschen Kulturwillens und Kunstschaffens sind, klagen die Mordbrenner an.[113]

Wieviel Kirchen und andere Kulturdenkmäler sind von der deutschen Wehrmacht zerstört worden?

Wer hat sämtliche Synagogen in Deutschland u. den besetzten Gebieten vernichtet? Diejenigen, die den totalen Krieg verkündeten, sind nicht berechtigt irgend eine Klage zu erheben.

Wie die deutschen Flieger in Spanien, Polen, Holland, Belgien, Frankreich, Jugoslawien usw. Bombenangriffe unternahmen, da werden sie bestimmt nicht nur militärische Ziele gesucht u. getroffen haben.

Wer den Krieg verherrlicht, muß auch Hiebe einstecken. C'est la guerre!

7. Juli 43

Das Parteiprogramm immer in die Praxis umsetzen

Der Gauleiter sprach bei der Einführung des Regierungspräsidenten Schwebel in Wiesbaden

nsg. Frankfurt a. M., 30. Juni ⟨43⟩. In Wiesbaden wurde am Mittwochvormittag der bisherige Kreisleiter der Gauhauptstadt Frankfurt am Main, Oberbereichsleiter Schwebel, in sein neues Amt als Regierungspräsident des Regierungsbezirkes Wiesbaden eingeführt. Mit Gauleiter und Reichsstatthalter Sprenger hatten sich zu dieser kurzen Feierstunde führende Vertreter der Partei sowie der Staats- und Kommunalbehörden eingefunden.

Nachdem der neue Regierungspräsident im Auftrag des Oberpräsidenten durch Regierungspräsident Beckmann begrüßt und den Mitarbeitern vorgestellt worden war, ergriff der Gauleiter das Wort, um in einem Rückblick und einer Ausschau das nationalsozialistische Berufsethos des deutschen Beamten klar zu umreißen. Er erläuterte in seiner Rede, daß die Aufgabenerfüllung des Beamten durch das Treueverhältnis zum Führer bestimmt sei. Das Leitmotiv seines Handelns habe in jedem Falle die nationalsozialistische Weltanschauung zu sein, die in den 25 Programmpunkten der Partei ihre feste Grundlage besitze. Das Programm der Partei sei folglich gleichsam die Verfassung des Großdeutschen Reiches. Der Beamte, und hier besonders der leitende Beamte, habe dafür zu sorgen, daß dieses Programm fortwährend in die Praxis umgesetzt werde. Mit sehr deutlichen Worten wandte sich der Gauleiter gegen jene horizontbeschränkten Paragraphenreiter, die sich nur zu oft in alte, ausgefahrene Geleise festführen. Dabei verwies er darauf, daß dem weltanschaulich gefestigten, tat- und verantwortungsfrohen Beamten die alten Geleise nie gefährlich werden könnten. Er erhalte seine Dynamik aus der nationalsozialistischen Weltanschauung und wende sie in seinem Aufgabengebiet allen bürokratischen Hemmnissen zum Trotz zum Wohle der Gemeinschaft an.

Der Gauleiter kennzeichnete den politischen Werdegang des neuen Regierungspräsidenten als den unentwegten Einsatz eines alten nationalsozialistischen Kämpfers. Seine bisher bewiesene Bewährung gäbe dafür Gewähr, daß auch auf dem Gebiet der Verwaltung, der durch das umfangreiche Arbeitsgebiet der Unterstützungs- und Betreuungsmaßnahmen für die Bevölkerung im totalen Kriegseinsatz eine besondere Bedeutung zukomme, alle Kräfte auf den Endsieg ausgerichtet und damit für eine Zukunft der nationalen Freiheit und des sozialen Fortschritts unseres Volkes eingesetzt werden.

Mit dem neuen Regierungspräsidenten begrüßte der Gauleiter den neuen Vizepräsidenten Dr. Bäckmann, der bisher als Regierungsdirektor am Oberpräsidium Kattowitz tätig war.[114]

Die größten Schwindler aller Zeiten berufen sich heute – nachdem sie 10 Jahre regieren – auf das Parteiprogramm.

Von allen Versprechungen haben sie nur die Ausrottung der Juden gehalten.

Der Rest: Phrasen.

Der große Siedlerzug nach dem neuen Osten ⟨26.6.43⟩

Tochtergründungen von Altreichsdörfern

dnz. Berlin, 25. Juni ⟨43⟩. In der Juniausgabe der von Staatssekretär Herbert Backe herausgegebenen Zeitschrift »Deutsche Agrarpolitik« werden die europäischen Aufgaben der Ostsiedlung behandelt. Dabei weist Oberlandwirtschaftsrat Dr. Medrow darauf hin, daß wir gegenwärtig die Geburtsstunde einer neuen Siedlungsepoche erleben. Die atembeklemmende Raumenge des deutschen Lebensbereiches ist durch die Feldzüge dieses Krieges gesprengt worden. Die kommende Ostsiedlung wird das größte Siedlungswerk der deutschen Geschichte sein und braucht die Trägerschaft der Gesamtheit des deutschen Volkes. Dabei besteht die Notwendigkeit, das Landvolk in die Durchführung der Ostsiedlung aktiv einzuschalten. Nicht allerdings soll dies die Rückkehr zum Rhythmus der Ostsiedlung unserer Ahnen bedeuten, denn heute kann es der Siedlergemeinschaft nicht mehr überlassen werden, das Dorf selbst zu bauen, Wege anzulegen, für Elektrifizierung zu sorgen usw. Wohl aber können wir vom geschichtlichen Vorbild die Werte gemeinschaftlicher Zusammenfassung übernehmen. Daher werden bei der kommenden Ostsiedlung die zum Einsatz kommenden Siedlergruppen bereits in der Heimat zusammengestellt. Das geschieht durch Bauernführer, die, selbst Siedlungsbewerber, für die verantwortungsvolle Aufgabe der Führung einer Siedlergruppe die erforderliche Eignung besitzen.

Besonders wichtig ist die Zusammensetzung der Gruppe nach landsmannschaftlichen Gesichtspunkten, weil dadurch auch zur neuen Scholle leichter ein Heimatgefühl entwickelt werden kann. Darüber hinaus sollen die neuen Siedlungen bewußt als Tochtergründungen der Altreichsdörfer und Gaue angesehen werden. Die alte Heimat soll an der weiteren Entwicklung und am Schicksal des neuen Dorfes Anteil nehmen, ja sich dafür verantwortlich fühlen. Gaue und Dörfer des Altreiches werden den neuen Gründungen Pate und Wegbereiter sein. Beim Ausbau des neuen Dorfes und der einzelnen Höfe wird die Siedlergruppe, die nun zur Aufbaugemeinschaft wird, selbst mitwirken. Die vertrauten Formen heimatlicher Bauweise werden mit in den Osten verpflanzt werden. Vielleicht werden die Siedlergruppen sogar Baumeister aus ihrer Heimat mit in den Osten nehmen. Besonders wichtig ist für die neuen Siedlerdörfer der Einsatz genossenschaftlicher Einrichtungen. Das Genossenschaftshaus, das vor allem dem gemeinschaftlichen Maschineneinsatz dient, ist daher für jedes Siedlerdorf von hervorragender Bedeutung. Aber auch die Landarbeiterfrage muß gleichzeitig mit der Neusiedlung erfolgreich gelöst werden. Hierzu erklärt Reichslandwirtschaftsrat Dr. Hatesaul u. a., daß der Tag, an dem die bäuerliche Wiedereindeutschung und Neusiedlung des weiten Ostraumes im großen Stil beginnen kann, der Anfang auch einer neuen sozialen Zukunft für den strebsamen deutschen Landarbeiter sein wird. Gleichzeitig mit den Neubauern sind daher deutsche Landarbeiterfamilien im neuen Osten seßhaft zu machen. Die Landarbeiterstellen müssen gewissen materiellen Mindestanforderungen entsprechen und können darüber hinaus, je nach Lage im Einzelfall ausgebaut werden. Die Zukunft des Landarbeiters gipfelt in der Aussicht auf den eigenen Hof.[115]

8. Juli 1943.

Aus dem Führerhauptquartier, 7. Juli. Das Oberkommando der Wehrmacht gibt bekannt: Im Raum von Bjelgorod und südlich Orel scheiterten auch gestern schwere Angriffe, die die Sowjets mit stärksten, seit Wochen bereitgestellten Verbänden führten. Demgegenüber traten unsere Truppen, von der Luftwaffe wirksam unterstützt, selbst zum Angriff an. Es gelang, tief in die feindlichen Stellungen einzubrechen und dem Feind schwerste Verluste zuzufügen. Allein von Truppen des Heeres wurden über 300 feindliche Panzer, zum Teil neuester Bauart, vernichtet oder bewegungsunfähig geschossen.

Auch in der Luft kam es über diesem Kampfraum zu erbitterten Gefechten mit starken sowjetischen Fliegerverbänden. Am 5. und 6. Juli wurden in Luftkämpfen und durch Flakabwehr bei 41 eigenen Verlusten 637 Sowjetflugzeuge abgeschossen, darunter eine große Zahl von Schlachtflugzeugen. Starke Kampfverbände der Luftwaffe bombardierten Nachschubverbindungen, Flugplätze und Bahnhofsanlagen im rückwärtigen Gebiet des Feindes mit nachhaltiger Wirkung.[116]

Schamhaft wird die deutsche Offensive im Osten so dargestellt, als handele es sich um einen deutschen Gegenstoß.

Ich bin jedenfalls sehr überrascht darüber, daß unser verbrecherisches Oberkommando im Osten sich nochmals einen Angriff leistet und nutzlose Opfer hervorruft. Ausgerechnet in einem Augenblick, der aller Voraussicht nach einen Angriff unserer Gegner im Süden Europas erwarten läßt.

11. Juli 43

Entschlossener Widerstand auf Sizilien

Rom, 10. Juli ⟨43⟩ Der italienische Wehrmachtbericht vom Samstag hat folgenden Wortlaut:

Der Feind begann in der vergangenen Nacht mit Unterstützung starker See- und Luftstreitkräfte und durch Landung von Fallschirmjägerabteilungen den Angriff auf Sizilien.

Die verbündeten Streitkräfte setzten der feindlichen Aktion entschlossenen Widerstand entgegen. Die Kämpfe sind längs des südlichen Küstenstreifens im Gange.

Bei den Angriffen, die die feindliche Luftwaffe am gestrigen Tage auf Ortschaften in Sizilien durch-[117]

Der Angriff der Amerikaner und Engländer gegen Italien hat begonnen!

Jetzt hat die Welt Gelegenheit, die »Festung Europa« und den »Südwall« sowie die »eiserne Entschlossenheit« der Italiener zu bewundern!!

Der deutsche Wehrmachtbericht v. 10.7.43 meldet kurz:

In der Nacht zum 10. Juli hat der Feind mit Unterstützung starker See- und Luftstreitkräfte den Angriff auf Sizilien begonnen. Er traf sofort auf heftige Abwehr auf der Erde und in der Luft. Die Kämpfe sind im Gange.[118]

Diese spärlichen Nachrichten lassen noch keine Beurteilung der Lage zu. Eines ist allerdings sicher: Der Feind ist gelandet.[a] Diese Landung konnte also nicht verhindert werden. Weder die Luftwaffe noch die Landstreitkräfte waren in der Lage, die Lan-

a) *Feind ist gelandet:* Im Mai 1943 hatten sich Roosevelt und Churchill darauf geeinigt, die Invasion in Frankreich auf Mai 1944 zu verschieben und zunächst Truppen in Süditalien landen zu lassen. Am 10. Juli 1943 begann die Operation »Husky« erfolgreich in Sizilien. Vgl. Schmidt 2008, S. 163.

dung abzuwehren. Eigentlich müßte ich mich darüber freuen, denn ich habe stets die Meinung vertreten, daß die Gegner überall da landen können, wo sie es wollen.

Wo sind die U-Boote und die faschistischen Maulhelden gewesen? Vor dem Angriff schrieben die Zeitungsschmierer:

Italien erwartet den Angriff des Gegners

Die feindlichen Vorbereitungen beendet? / Zuversichtliche Tapferkeit des italienischen Volkes

sf. Rom, 26. Juni ⟨43⟩. (Drahtmeldung unseres Korrespondenten.) In der heutigen römischen Morgenpresse ergreifen die Leitartikler das Wort, um dem italienischen Volk den Charakter des Augenblicks darzustellen und es zur Bereitschaft für kommende Ereignisse aufzurufen.

»Ein Abschnitt der Schlacht gegen Italien«, so schreibt »Messangero«, »geht zu Ende. Es ist notwendig, diesen geschichtlichen Augenblick festzuhalten. In Casablanca und in Washington wurde zwischen den beiden Männern des Krieges jener Plan entworfen, der mit dem Angriff in Tunesien seinen Anfang nehmen sollte und der nach der vollständigen Eroberung Nordafrikas durch die Engländer und Amerikaner intensiviert worden ist. Der Plan Churchills, den er geschmackvoll den Plan der »Peitsche und der Mohrrübe« nannte, ging auf ein bestimmtes Ziel, die unmittelbare Uebergabe Italiens.« Das Blatt erwähnt die Bombenangriffe, deren Aufgabe es sei, wie eine Peitsche über die italienischen Städte und Dörfer niederzusausen. Die »Befreier« befleckten sich mit schwersten Verbrechen und bedeckten sich mit unauslöschlicher Schmach. Die Angebote, die Waffen niederzulegen, zergingen in Verachtung und Lächerlichkeit. An einem gewissen Punkt habe der sowjetische Diplomat Litwinow eingegriffen, um zu enthüllen, daß jene nationale Integrität, die Roosevelt den Italienern als Wechsel für die Uebergabe versprochen hatte, sich in eine tödliche Verstümmelung verwandelt haben würde: die Adria sei auf der Karte der feindlichen Koalition als sowjetische See bezeichnet. Der Abschnitt der Schlacht gegen Italien, der einer militärischen Entscheidung gleichkommend moralische Wirkungen erzielen sollte, schließe folglich mit dem vollständigen Scheitern aller Einschüchterungs- und Betrugsversuche ab«.

»Popolo di Roma« schreibt: Die Terrorangriffe bildeten keinen Selbstzweck, sondern sollten einen zweiten Abschnitt des englisch-amerikanischen Planes einleiten, nämlich die Landung. Hierfür wurden gewaltige Vorbereitungen getroffen, und es scheint, daß sie beendet sind. England und Amerika haben gegen uns im Mittelmeer die Elite ihrer Land-, See- und Luftstreitkräfte konzentriert. Die »freien« Franzosen, griechische, jugoslawische und polnische Banden, sowie die Reste aller geschlagenen Heere, man sagt sogar, eine Vertretung der Soldaten des Negus haben sich angehängt. Churchill und Roosevelt weisen niemanden zurück, der ihnen bei dem Plan, Italien anzugreifen, helfen möchte. Zwar besteht auf der Gegenseite keine volle Einigkeit über die Zweckmäßigkeit dieses Angriffes. »Wir sind stolz darauf«, so schreibt das Blatt, »in der ersten Verteidigungslinie des Kontinents zu stehen, wie wir entschlossen sind, dem Feind den erbittertsten Widerstand entgegenzusetzen, den er sich nur vorstellen kann. Das Unternehmen wird für ihn das Schwierigste sein, das er jemals gewagt hat. Die europäische Festung ist mit ihren kolossalen Befestigungswerken unangreifbar, und Italien bildet in ihr eine Falltüre, mit der der Feind katastrophale Erfahrungen machen wird. Der Geist des italienischen Volkes ist auf der Höhe. Die Ereignisse, auch die Schrecklichsten, werden von uns mit Ruhe und kaltem Blut beurteilt, das ist die Wirklichkeit der Lage.«[119]

Die Artikelschreiber reden sich und dem italienischen Volke Mut zu. Redensarten werden aber Redensarten bleiben und sich keineswegs in tödliche Geschosse verwandeln. Was nützt das ganze Geschwätz?

Das italienische Volk hat die[120] heikle Situation dem »Duce« zu verdanken. Dieser Leichenfledderer wollte im Jahre 1940 leichte Beute einheimsen.

Mussolini war verblendet genug, sich von dem Augenblick täuschen zu lassen. Ein wirklicher Staatsmann, der voraussehen muß, mußte mindestens neutral bleiben.

Das ital. Volk hat bis zum heutigen Tage das Regime Mussolini geduldet. Dafür muß es bestraft werden.

12. Juli 43

Italiens Küsten zur Verteidigung bereit

Die italienischen Streitkräfte für jeden Eventualfall gerüstet / Ganz Italien kampfentschlossen

dr. v. I. Rom, 27. Juni ⟨43⟩. (Eigene Drahtmeldung.) Eine Reihe von Umständen spricht nach römischer Ansicht, der auch die hiesige Presse Ausdruck gibt, dafür, daß der Feind augenscheinlich bald versuchen werde, seine seit zwei Jahren bestehenden, bisher aber immer gescheiterten Invasionspläne gegen das europäische Festland nun im Mittelmeer in die Tat umzusetzen. Man schließt dies aus der Bereitstellung von Landtruppen und Kampfmitteln in den Häfen Nordafrikas und Kleinasiens, soweit sie sich in englischem Besitz befinden, aus der britischen Flottenkonzentration im Mittelmeer, aus der gesteigerten Terrortätigkeit der britisch-amerikanischen Luftwaffe gegen die Städte Siziliens, Sardiniens und Süditaliens und schließlich aus dem gesteigerten Zuzug von Generalen, Politikern und sonstigen Personen aus dem angelsächsischen Lager zu dem Bereitstellungsraum.

Bei dieser Lage im Vorfeld Südeuropas hat die Frage: Wie steht es um Italiens Verteidigung?, eine über den Mittelmeerraum hinausgreifende Aktualität gewonnen. Diese Frage wurde zum ersten Male im Laufe des Mittelmeerkrieges aktuell, als am 8. November des vorigen Jahres Amerikaner und Briten mit dem Ueberfall auf Algerien in das westliche Mittelmeer eindrangen. Damals wurde diese Frage dahin beantwortet, daß zum Ausbau der Verteidigung eine längere Zeit benötigt würde. Dieser notwendige Zeitgewinn wurde im Tunesienfeldzug dank des heroischen Einsatzes unserer Afrikakämpfer mit fast 8 Monaten herausgeholt. Die Vorbereitung der Verteidigung beanspruchte auch aus dem Grunde ihre besondere Zeit, weil die britische Admiralität infolge Erfahrungen aus dem vergangenen Weltkrieg genau über die Küstentopographie Italiens informiert ist.

Heute nach dem Verstreichen dieser acht Monate wird nun in der italienischen Oeffentlichkeit die Frage nach der Stärke der Verteidigung Italiens bei einem Invasionsversuch überzeugt mit der Feststellung beantwortet, zur Verteidigung wie zum Gegenstoß seien jetzt alle militärischen Mittel vorhanden. Die Verteidigungsstellungen seien vervollständigt und vermehrt worden. Zahl und Beschaffenheit der Kampfmittel reichten für die Aufgabe aus. Dabei wird insbesondere auch der Anteil Deutschlands und die deutschen Leistungen mit Truppen- und Kampfmittelentsendungen sowie die deutsch-italienische Zusammenarbeit in den Vorbereitungen genannt. Die im Mittelmeerraum vom 1. bis 25. Juni erlittenen Verluste der britischen und amerikanischen Luftwaffe mit 314 zum größten Teil schweren Flugzeuge wird als Beweis der verstärkten Abwehr angesehen. Mehr als zwei Drittel der Verluste (215 Flugzeuge) wurden dem Gegner durch die deutschen und italienischen Jäger zugefügt. Bekanntlich hatten die Angelsachsen nach dem Fall von Tunis nach entsprechenden Andeutungen ihrer Presse ihre Pläne zumindest zum Teil auf die Annahme des angeblichen »Nichtvorhandenseins« der Jagdwaffe der Achse gegründet wobei die Verhältniszahl der in Nordafrika auf beiden Seiten eingesetzten Jäger angeführt wurde. Die Entwicklung im Luftraum über Italien und seinen Inseln während des Monats Juni hat diese Annahme nicht bestätigt.

Für den tatsächlichen Fall eines Invasionsversuches gegen italienisches Gebiet hat der Feind darüber hinaus mit dem Einsatz der strategischen Reserven der Achse zu rechnen, die das Zahlenverhältnis noch stärker wandeln würden.[121]

Wie sich doch eine militärische Lage grundlegend ändern kann. Von den bombastischen imperialistischen Eroberungsplänen der faschistischen Machthaber ist nur der Schrei zur Verteidigung übrig geblieben.

Jetzt klammern sie sich an die Verteidigungswerke der Küsten Italiens.

Ein Blick auf die Karte genügt, um festzustellen, daß es kaum ein Land gibt, das schwieriger zu verteidigen ist[122] als Italien. Die Küsten Italiens können nicht so befestigt werden, daß sie jedem ernsten Angriff standhalten können. Das ist vollkommen unmöglich. Und weil das unmöglich ist, werden selbstverständlich die Amerikaner und Engländer Italien erobern.

Dafür gibt es für mich gar keinen Zweifel. –

Vor den »strategischen Reserven« brauchen die Angelsachsen keine Angst zu haben, denn es wird sich sehr bald zeigen, daß es an Reserven hapert. Wenn Europa an allen Ecken brennt, dann werden wir mit der Stallaterne die »Reserven« suchen müssen. Die »strategischen Reserven« sind ein ungemein schlechter Trost. –

3. Juli 1943.

Ein komplettes Narrenhaus!

Italien steht mit eiserner Entschlossenheit bereit ⟨6.7.43.⟩

Aus 46 Millionen Italienern sind 46 Millionen tatbereite, kräftige Kämpfer geworden – Eine Rede des Duce

Rom, 5. Juli. Der Duce nahm in einer längeren Rede zu der Botschaft Stellung, die das Direktorium der Partei ihm im vergangenen Monat überreichte. In dieser Botschaft hatte die Faschistische Partei die volle und ganze Verantwortung für die Betreuung und Verteidigung der Nation in Anspruch genommen und in neun Punkten einzelne Forderungen aufgestellt.

In seiner Rede wies Mussolini einleitend auf den Massencharakter der Faschistischen Partei hin und betonte dabei, daß die Partei auch in Zukunft stets eine Partei der Massen sein werde. Ein 46-Millionen-Volk, das bald 50 Millionen zählen werde, bedürfe zu seiner Führung einer solchen Organisation, die von Hunderttausenden vom gleichen Glauben beseelten Mitarbeitern getragen würde. Der Duce unterstrich mit eindrucksvollen Worten, daß die Faschistische Partei zu aller Zeit und in jedem Fall ihren Aufgaben gewachsen sei. Die Faschistische Partei, so sagte er, bestehe nicht nur aus den durch die Mitgliederzahl ausgewiesenen Angehörigen, sondern ebenso sehr auch ihren Gefallenen, aus Kriegsfreiwilligen und ihren Märtyrern, deren Handeln auf der idealen Linie liege, die er stets verteidigen werde.

Der Duce nahm dann zu den bekannten Punkten des Partei-Direktoriums im einzelnen Stellung. Zu der Forderung nach scharfem Vorgehen gegen negative Elemente sprach der Duce von der einfachen, bewundernswerten Haltung des italienischen Volkes, das dem Lande seine Söhne und seine Habe zur Verfügung stellte und das der ganzen Achtung und ganzen Liebe würdig sei. Die grundsätzlichen Opponenten seien zumeist Ueberbleibsel verschwundener Parteien und seien nichts gegenüber dem faschistischen Regime. Besonders unterstrich der Duce die Forderung nach stärkerer Konzentration der Industrie und Landwirtschaft sowie nach restloser Durchführung der Arbeitsdienstpflicht. In diesem Zusammenhang betonte er, daß die Arbeiter ausgerichtet in der Front der Nation ständen.

Der Duce spendete dann der faschistischen Miliz ein besonderes Lob und hob hervor, daß die Miliz gegenwärtig über Hunderttausende von Milizangehörigen verfüge, daß in ihren »M«-Bataillonen die Blüte der Miliz zusammengefaßt sei und daß die Miliz auch über eine eigene Panzer-Division verfüge, deren Bewaffnung ihr als Ausdruck der Kampfgemeinschaft von der SS geliefert worden sei.

Zur inneren und äußeren Haltung aller Mitglieder der faschistischen Partei bemerkte der Duce, daß alle Mitglieder, die innere Ueberzeugungen haben, und diese wie ein Evangelium ins Volk tragen müßten, daß es in diesem Kriege nur einen Weg gibt, der bis zum Siege weiterbeschritten werden muß. »Entweder wir gewinnen diesen Krieg, wie ich selbst mit aller Entschiedenheit gemeinsam mit den Kameraden der Achse und des Dreierpaktes glaube, oder Italien erhält einen Frieden der Schande.« Kapitulation würde für Italien Schande und Zusammenbruch, Entwaffnung und Vernichtung bedeuten.

»Zweiflern muß man sagen, daß dieser Krieg Entwicklungsmöglichkeiten hat, die noch nicht vorausgesehen werden können: Entwicklungsmöglichkeiten auf politischem, und nicht nur politischem Gebiet, die der Reife entgegengehen«, führte der Duce weiter aus. Auf der Gegenseite sei inzwischen festzustellen, daß beispielsweise die Ereignisse in Detroit die Atlantik-Charta zu einem Fetzen Papier gemacht haben. »Der Feind muß jetzt eine Karte ausspielen, er muß den Versuch machen, die Invasion durchzuführen, von der er soviel gesprochen hat, wenn er sich nicht vor Beginn des Kampfes für geschlagen geben will«, stellte der Duce sodann fest.

Das italienische Volk sei nunmehr überzeugt davon, daß es sich in diesem Krieg um eine Angelegenheit auf Leben und Tod handele. Pflicht der Faschisten sei es, dem Volke die absolute Gewißheit zu geben, daß einem feindlichen Landungsversuch mit allen Mitteln und mit eiserner und unerschütterlicher Entschlossenheit begegnet werden wird. Mehr denn je müsse die faschistische Partei in diesem Augenblick zum bewegenden Moment des Lebens der ganzen Nation und zu ihrem Vorbild werden. Die Partei müsse mitten im Volke stehen und dem Volke helfen, denn das Volk verdiene diese Hilfe.

»Wir müssen durchhalten! So ist es das Gebot der Ehre!« rief Mussolini aus. »Der Feind darf nicht Recht behalten mit seiner niederträchtigen Behauptung, die Italiener seien nicht fähig, bis 12 Uhr Widerstand zu leisten, sondern würden um ¾12 Uhr nachgeben.« Neben diesen Fragen der Ehre ständen jedoch die höchsten Interessen der Nation auf dem Spiel, es gehe um die Erringung eines siegreichen Friedens, der Italien nach 30 Jahren ständigen Kampfes die Ruhe und die Mittel geben werde, um seine geschichtliche Aufgabe zu erfüllen, die es für den Rest des Jahrhunderts beschäftigen werde.

Die Größe des Augenblicks werde von allen Soldaten empfunden. Das italienische Volk besitze noch immer unberührte moralische Hilfsquellen. Der Gegner, der den Zusammenbruch des italienischen Volkes nach drei Monaten vorausgesehen hatte, sei im Begriff, sich davon zu überzeugen, daß 20 Jahre faschistischen Regimes nicht ohne Spur am italienischen Volke vorübergegangen seien. Und daß es unmöglich sei, diese Spuren auszuwischen. »Heute, da der Feind an den geheiligten Grenzen des Vaterlandes steht, sind aus den 46 Millionen Italienern 46 Millionen tatbereite und kräftige Kämpfer geworden, die an den Sieg glauben, weil sie an die unvergängliche Kraft des Vaterlandes glauben.« Mit diesen Worten schloß der Duce seine Rede, die von der italienischen Presse in größter Aufmachung wiedergegeben wird.[123]

Italien hat 46 Millionen Einwohner. Aus diesen 46 Millionen hat der Duce[124] tatbereite, kräftige Kämpfer gemacht. Die Säuglinge sind also auch in Italien Kämpfer. Desgleichen alle Mädchen und Frauen. Man könnte beinahe Angst bekommen. Daß noch niemand auf den Gedanken gekommen ist, den Duce einzufangen und in eine Irrenanstalt zu setzen, ist eigentlich sehr bezeichnend für dieses verrückte Zeitalter.[125]

Aus: »Das Reich« vom 4. Juli 1943 (Wochenzeitung). Das Denkmal der nationalen Solidarität. Von Reichsminister Dr. Goebbels.

»... Als wir das letzte Mal in Düsseldorf, Wuppertal, Bochum und Dortmund waren, um den so schwer geprüften Städten einige Hilfe zu bringen und ein Wort der Ermunterung zuzurufen, wurden wir uns ganz tief bewußt, eine wie starke Wirkung die Luftkriegsgebiete heute auf die ganze deutsche Heimat ausüben können. ... Wenn man durch die zerstörten Straßen eines hart mitgenommenen Wohnviertels geht, wird einem erst richtig klar, was der feindliche Terrorkrieg auch für die deutsche Heimat bedeutet. Wir zahlen hier einen hohen Zoll für den Sieg. ... Die Bevölkerung des Westens und Nordwestens ist in den Bombennächten unmittelbar handelnd in die militärischen Operationen eingeschaltet, auch wenn sie nur in der zivilen Abwehr aktiv werden kann. Der Luftkrieg ist eben Krieg. Daran ändert selbst der Umstand nichts, daß der Feind nach vollzogenem Ueberfall wieder zurückgeht. Er führt die Spitze seines Stoßes gegen einen Faktor, der für die Kriegsführung gänzlich unentbehrlich ist, nämlich die Moral des Volkes. Sie wird angegriffen, sie muß sich also auch verteidigen.

... Es wird nach dem Kriege einmal unsere schönste Aufgabe sein, an dem Neuaufbau der Gebiete mitzuwirken, die heute durch den feindlichen Luftterror zerstört werden. ... Die verwüsteten Gebiete werden schöner denn je neu erstehen. Weitangelegte Städte, saubere, großzügige Wohnblocks, monumentale öffentliche Gebäude, im Frieden eines tiefen und verdienten sozialen Glücks liegende Provinzen werden dann zeugen von der Verbundenheit eines ganzen Volkes, das hier seiner nationalen Solidarität das schönste Denkmal setzt.«[126] –

Also sprach Dr. Goebbels in seiner Eigenschaft als Propagandaminister ⟨u. Prophet⟩ des dritten Reiches. Er, der das deutsche Volk schon so oft betört hat, glaubt hier die richtigen Worte gefunden zu haben, ⟨um⟩ Versprechungen für die Zukunft als Balsam auf[127] die schweren Wunden ganzer Gebiete zu liefern.

Das ist der Goebbels, wie er leibt und lebt.

Kein Wort über die ⟨eigenen⟩ Schuldigen an dem heutigen Zustande.

Kein Wort über das nächstliegende Problem und die Frage: Wie wird den Leiden der Betroffenen u. noch betroffen werdenden Bevölkerung ein Ende bereitet?

Kein Wort über das schwierige Problem der Beseitigung des Schuttes vor dem Wiederaufbau.

Auch kein Wort darüber, wo die Fachleute und das Rohmaterial für die »monumentalen öffentlichen Gebäude« plötzlich nach dem Frieden herkommen sollen.

Natürlich auch kein Wort darüber, was u. wo die Arbeiter schaffen werden, deren Fabriken in Schutt u. Asche liegen!

Der Sonnenredner Goebbels hat es nicht nötig, dem deutschen Volke reinen Wein einzuschenken, das wäre vielleicht trotz der Gutmütigkeit der Menschen etwas zu gefährlich.

Mit einigen Phrasen lassen sich die schwierigsten Dinge lösen von diesen beruflichen Schönfärbern.

Der Chef vom 3. Reich, der ja alles ⟨angeblich⟩ von vornherein einkalkuliert hatte, und der Reichsmarschall, der keine Bombe auf das Ruhrgebiet zulassen wollte, diese beiden Helden haben sich bis heute noch nicht im Luftkriegsgebiet sehen lassen. Ihre Gewissen lassen das nicht zu. Sie schicken deshalb ihren Teufelskerl Josef Goebbels, den Eroberer von Berlin. Es kommt der Tag, da wird auch dieser gerissene Gauner sein letztes Sprüchelchen gebraut und unter die Menschen gebracht haben. –

Ich glaubte, ich ertrüge es nie, habe es aber doch ertragen, aber fragt mich nur nicht: wie![128]

17. Juli 1943.

Die Meldungen von dem südl. Kriegsschauplatz lassen noch nichts von dem Ernst der Lage der Italiener erkennen. Das alte Rezept von dem Kampfwillen der Italiener wird uns fortgesetzt aufgetischt. Auf Grund dieses Willens hat Italien bereits seine sämtlichen Besitzungen in Afrika verloren und ist gerade im Begriffe, Sizilien zu verlieren.

Entschlossener Kampfwille ganz Italiens[129]

Sizilien bedeutet für die Sowjets keine Entlastung[130]

Heftige Gefechte auf Sizilien[131]

Gegenangriff auf Sizilien[132]

Die Luftabwehr am Mittelmeer

sf. Rom, 3. Juli ⟨43⟩. (Drahtmeldung unseres Korrespondenten.) Wie in Rom mitgeteilt wird, wurden im Mittelmeerbereich in den letzten vier Monaten vom 1. März bis 30. Juni von den Achsenstreitkräften insgesamt 1586 englisch-amerikanische Flugzeuge vernichtet. Diese Zahl bringt den Umfang des Luftkampfes zum Ausdruck, der das Kriegsgeschehen im Mittelmeer bestimmt und zugleich die Kraft der deutsch-italienischen Abwehr. Man rechnet, daß zusammen mit den Flugzeugen 8000 Mann der Besatzung verloren gingen![133]

Da über »Siege« nichts geschrieben werden kann, wird dem Volke wenigstens etwas über die Verluste der Gegner erzählt. Stets werden die »schweren Verluste« der anderen in den Vordergrund gestellt. Ueber die eigenen Verluste schweigt man sich aus. Und das Volk – schweigt ebenfalls. O diese Lammesgeduld!

Prof. Dr. Hermann Bohle gestorben

dnb. Berlin, 13. Juli, Infolge eines schweren Leidens starb am 12. Juli in Berlin im 67. Lebensjahre der Gründer der Landesgruppen der Auslands-Organisation der NSDAP. in der Südafrikanischen Union, Oberbereichsleiter Professor Dr.-Ing. e. h. Hermann Bohle. Bereits vor der Machtübernahme war Hermann Bohle Landesgruppenleiter der AO. der NSDAP. in Südafrika und hat es in jahrelanger Arbeit verstanden, die dortigen Reichsdeutschen in nationalsozialistischem Sinne zusammenzuschließen. Als Hochschullehrer und Universitätsprofessor in England und Südafrika war er schon lange vor dem Ersten Weltkrieg stets der Exponent eines unbeugsamen deutschen Standpunktes.

Für seine jahrelange politische Tätigkeit als auslandsdeutscher Nationalsozialist verlieh ihm der Führer das Goldene Ehrenzeichen der NSDAP. und für seine wertvollen Forschungsarbeiten auf dem Gebiete der Elektrotechnik die Goethemedaille für Kunst und Wissenschaft.[134]

Ein Sendbote des Nationalsozialismus! Einer von jener Sorte, die im Auftrage der Partei im Auslande stänkerten. Anstatt sich im Ausland als anständige Gäste zu betragen, haben diese Nazis in hochmütiger Weise ihre idiotische Lehre verbreitet und in den Gastländern Unruhe gestiftet. Es ist tief bedauerlich gewesen, daß die betr. Länder diese Burschen nicht kurzerhand hinausgeschmissen haben.

17. Juli 1943.

Die Meldungen von dem südl. Kriegsschauplatz lassen noch nichts von dem Ernst der Lage der Italiener erkennen. Das alte Rezept von dem Kampfwillen der Italiener wird uns fortgesetzt aufgetischt. Auf Grund dieses Willens hat Italien bereits seine sämtlichen Besitzungen in Afrika verloren und ist gerade im Begriffe, Sizilien zu verlieren.

Entschlossener Kampfwille ganz Italiens

Sizilien bedeutet für die Sowjets keine Entlastung

Heftige Gefechte auf Sizilien

Gegenangriff auf Sizilien

Die Luftabwehr am Mittelmeer

sk. Rom, 3. Juli. 43 (Drahtmeldung unseres Korrespondenten.) Wie in Rom mitgeteilt wird, wurden im Mittelmeerbereich in den letzten vier Monaten vom 1. März bis 30. Juni von den Achsenstreitkräften insgesamt 1586 englisch-amerikanische Flugzeuge vernichtet. Diese Zahl bringt den Umfang des Luftkampfes zum Ausdruck, der das Kriegsgeschehen im Mittelmeer bestimmt und zugleich die Kraft der deutsch-italienischen Abwehr. Man rechnet, daß zusammen mit den Flugzeugen 8000 Mann der Besatzung verloren gingen!

Da über „Siege" nichts geschrieben werden kann wird dem Volke wenigstens etwas über die Verluste der Gegner erzählt. Stets werden die „schweren Verluste" der anderen in den Vordergrund gestellt. Ueber die eigenen Verluste schweigt man sich aus. Und das Volk – schweigt ebenfalls. O diese Lammesgeduld!

Prof. Dr. Hermann Bohle gestorben

dnb. Berlin, 13. Juli. Infolge eines schweren Leidens starb am 12. Juli in Berlin im 67. Lebensjahre der Gründer der Landesgruppen der Auslands-Organisation der NSDAP. in der Südafrikanischen Union, Oberbereichsleiter Professor Dr.-Ing. e. h. Hermann Bohle.

Bereits vor der Machtübernahme war Hermann Bohle Landesgruppenleiter der AO. der NSDAP. in Südafrika und hat es in jahrelanger Arbeit verstanden, die dortigen Reichsdeutschen in nationalsozialistischem Sinne zusammenzuschließen. Als Hochschullehrer und Universitätsprofessor in England und Südafrika war er schon lange vor dem ersten Weltkrieg stets der Exponent eines unbeugsamen deutschen Standpunktes.

Für seine jahrelange politische Tätigkeit als auslandsdeutscher Nationalsozialist verlieh ihm der Führer das Goldene Ehrenzeichen der NSDAP. und für seine wertvollen Forschungsarbeiten auf dem Gebiete der Elektrotechnik die Goethemedaille für Kunst und Wissenschaft.

Ein Sendbote des Nationalsozialismus! Einer von jener Sorte, die im Auftrage der Partei im Auslande stänkerten. Anstatt sich im Auslande als anständige Gäste zu betragen haben diese Nazis in hochmütiger Weise ihre idiotische Lehre verbreitet und in den Gastländern Unruhe gestiftet. Es ist tief bedauerlich gewesen, daß die betr. Länder diese Burschen nicht kurzerhand hinausgeschmissen haben.

371

Die zweite Phase des Kampfes auf Sizilien

Noch keine feste Frontlinie – Das ungeheure Aufgebot des Feindes

ips. Berlin, 15. Juli ⟨43⟩. Kurz und bündig stellt der italienische Wehrmachtbericht vom Mittwoch fest: »Es ist dem Feinde, der bei seiner Offensive beständig neue Verbände einsetzt, gelungen, den Küstenstreifen von Licata bis Augusta zu überwinden. Er stößt in das Bergland von Südostsizilien vor und steht vor der Ebene von Catania.«

Von maßgebender italienischer Seite wird dazu mitgeteilt, daß im Laufe der Nacht von Dienstag auf Mittwoch neue starke feindliche Verbände sowohl an von den Amerikanern als auch an den von den Engländern gehaltenen Küstenabschnitten gelandet worden sind. An den englischen Küstenabschnitten erfolgten die Landungen im Sektor Syrakus – Augusta mit dem Ziel, die begonnenen Angriffsoperationen in der Ebene von Catania weiter zu verstärken. Schwere Geschütze der britischen und amerikanischen Kriegsschiffe unterstützen die Kämpfe. Der Feind macht größte Anstrengungen, um die von Licata bis Augusta geschaffenen Brückenköpfe weiter auszubauen und zu verstärken. Die Kämpfe sind gegenwärtig an sämtlichen Abschnitten in vollem Gange. Die feindlichen Landungsoperationen gehen weiter, eine feste Frontlinie ist bisher noch nicht zustandegekommen, vielmehr ist die gesamte Front noch im Flusse, erst im Laufe der nächsten Tage dürfte hier eine Klärung eintreten.

Damit ist die Schlacht auf Sizilien in ihre zweite Phase eingetreten. Sie ist noch erbitterter geworden und erstreckt sich auf immer ausgedehntere Gebiete. Der britische Generalstab, schreibt Gayda im »Giornale d'Italia«, zieht aus der Unterlegenheit an Luft- und Seestreitkräften, in der sich Italien trotz der Unterstützung durch deutsche Streitkräfte gegenüber den Massen der Feindtruppen befindet, Nutzen. Die feindliche Ueberlegenheit zeigt klar, daß die Anglo-Amerikaner im Washingtoner Kriegsrat auf den Vorschlag Churchills hin den pazifischen Raum und jeden anderen Angriffsplan auf Europa zurückgestellt haben, um in diesem Augenblick das ganze Schwergewicht aller verfügbaren Streitkräfte gegen Sizilien zu werfen. Tatsächlich sind seit der Nacht auf den 10. Juli ununterbrochen See- und Luftstreitkräfte sowie ein unermeßlicher Strom von Transporten nach der Insel angesetzt worden. Ohne Unterbrechung sind die gelandeten Streitkräfte, die über umfangreiches Panzermaterial und Artillerie verfügen, versorgt worden.

Der Kampf fordert von den Italienern, schreibt Gayda weiter, größte Anstrengung aller Kräfte des Willens und des Glaubens. Noch einmal trägt Italien auf seinen Schultern das Schwergewicht des anglo-amerikanischen Krieges. Um seine imperialistischen Ziele zu entwickeln, haben England und USA. den asiatischen Krieg und die Versorgung der sowjetischen Kräfte in den Hintergrund gestellt. Damit zeichnet sich die Position Italiens im Rahmen dieses Weltkrieges und seine Funktionen im Kriegssystem der Dreierpaktmächte klar ab. Italien hält weiterhin unbeugsam und tapfer seine Kampfstellung.

Es steht nicht allein. Wiederum sieht es, wie schon bisher, an allen Fronten deutsche Soldaten im Kampfe gegen den gemeinsamen Feind an seiner Seite. Deutsche Truppen, die mit den Italienern auf afrikanischem Boden kämpften, schreibt General Bollati im »Giornale d'Italia«, nehmen heute an der Verteidigung des italienischen Bodens trotz der vielfältigen und gewaltigen anderen Aufgaben teil, die gegenwärtig von der deutschen Kriegführung zu bewältigen sind. Im Zeichen der Rettung der europäischen Kultur stellen sich die deutschen Truppen bereits im fernen Sizilien dem Feind, anstatt sich darauf zu beschränken, den angelsächsischen Gegner am Brenner zu erwarten, während Italien Gefahr laufen würde, erdrückt zu werden. Die Parolen »Zwei Völker – ein Kampf« und »Mit dem Freund bis ans Ende marschieren« werden heute an den Küsten und auf den Bergen Siziliens und morgen vielleicht anderswo entschieden in die Tat umgesetzt.[135]

Dem Anscheine nach läßt es sich doch nicht länger verschweigen, daß die Landungen der Engländer und Amerikaner an den Küsten Siziliens voll und ganz geglückt sind.

Die unverwüstliche Zuversicht der faschistisch und nationalsozialistisch angehauchten Gemüter hat doch einen Knax bekommen. Redensarten verblassen eben doch vor Tatsachen. Mit vernünftigen Erwägungen ist in Deutschland – wenigstens bei diesem furchtbaren System – nichts auszurichten. Knüppeldick muß es auf die Köpfe niedersausen bis die Masse überhaupt zur Besinnung kommt. Es schwelgen noch immer reichlich viele Parteigenossen und Mitläufer in den Phrasen der Propaganda. Aber schon nahen sich die Gestalten der rächenden Menschheit.

Es wird kein Entrinnen geben!

18. Juli 1943

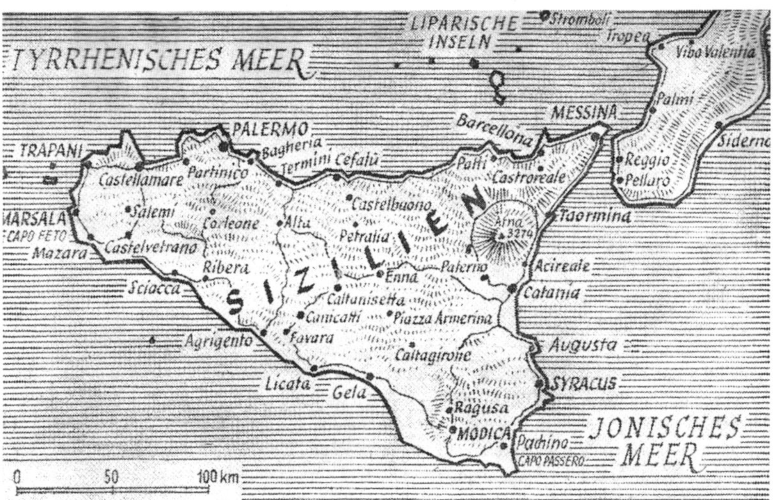

Karte zu den Kämpfen auf Sizilien[136] Scherl Bilderdienst (Trester)

Deutsche Truppen kämpfen auf der Insel Sizilien. Sinnlose Opfer werden gebracht. Die gelandeten Engländer und Amerikaner können einige Tage aufgehalten werden, das ändert aber gar nichts an dem Endergebnis, denn die Insel wird bald in den Händen der Gegner sein. Die Deutschen haben den italienischen Bundesgenossen aus Prestigegründen Hilfe angedeihen lassen. Das ist lediglich eine Geste u. verleitet vielleicht einen Teil der Italiener dazu, nutzlosen Widerstand zu leisten.

Deutschland ist im Osten und im übrigen Europa derart stark engagiert, daß seine ⟨begrenzte⟩ Unterstützung nicht ausreicht, die starken Gegner aufzuhalten.

Für Italien gibt es nur eine Möglichkeit:

Kapitulation!

Auch wenn Mussolini und Genossen ihre Anhänger zu einem verzweifelten Widerstand aufputschen, so wird der Enderfolg dieser Anstrengungen lediglich verwüstete Städte und Landschaften sein.

Ich rechne mit einer Revolution gegen das faschistische Regime. Hoffentlich rafft sich das italienische Volk hierzu auf.

20. Juli 1943.

Landung – aber was dann?

Es ist sicher, daß der Gegner den gewaltigen Aufwand seiner Kräftekonzentration im Mittelmeer nicht gemacht hat, um ihn unausgenutzt zu lassen. Er trägt sich schon mit sehr ernsten Angriffsabsichten. Nur scheint er unsicher geworden zu sein, ob es schon an der Zeit ist, die gewagte und große Probe aufs Exempel zu machen. Der Angriff gegen ein verteidigtes Süditalien ist eine risikoreiche Sache. »Laboro Fascista« sieht das Problem vom italienischen Standpunkt aus so: »Der Feind wird den Fuß auf unseren heiligen Boden setzen können, aber dieses Unternehmen wird nicht leicht und vor allem mit der Landung nicht beendet sein. Er wird dann vielmehr große Schlachten im Innern schlagen müssen, vielleicht einander folgende Schlachten mit langen und für ihn unsicheren rückwärtigen Verbindungen. Dann wird er den wahren italienischen Soldaten kennenlernen, der seine Heimat und seinen Herd verteidigt.« Diese italienische Stimme unterscheidet also in der kommenden Schlacht gegen Italien bestimmte Abschnitte. Schon eine Landung dürfte ihre Schwierigkeiten haben. Aber erst mit der Landung beginnen die großen Probleme des Angriffs. Dieser müßte laufend von rückwärts genährt werden, und zwar über See her, also auf immer anfälligem Wege. Eine Landung mit beschränkten Kräften aber ist gefährlich, weil sie gar nicht ausreichen kann, entscheidende Schlachten zu schlagen. Die englischen und amerikanischen Soldaten aber, die der Achse in Afrika entgegentraten, sind nur gewohnt, in großer Ueberlegenheit an Zahl zu kämpfen. Mit einer solchen kann der Feind selbst dann, wenn ihm eine Landung gelingen sollte, nicht rechnen. Die tatsächlichen Schwierigkeiten beginnen also erst dann, wenn die feindlichen Streitkräfte ihren Fuß auf italienischen Boden gesetzt hätten. Und dazu ist es noch nicht gekommen. Selbst das wird schwierig sein. Dieser erste Schritt ist nur unter Opfern zu erreichen, die nicht gering sein werden. Die dreihunderttausend Tonnen, die im Juni außer Betrieb gesetzt wurden, sind eine Mahnung, die vielleicht nicht beherzigt wird, die aber besteht. Dieser Vorgang macht auch die Zurückhaltung der feindlichen Führung verständlich, die bisher immer noch mit der Abgabe des Startschusses zum Angriff zögerte, weil ihr nicht alles gefallen haben kann, was seit dem Ende der Schlacht um Afrika geschehen ist.

Italien und Deutschland leben von Illusionen!

Täuschung, Trug und Wahn sind die Hilfsmittel der Faschisten und Nazis zur Bearbeitung der Menschen.

Da setzt sich so ein geisteskranker Artikelschreiber hin und faselt von den Schwierigkeiten der anderen bei einer Landung. Durch diesen Quatsch wird kein einziger Soldat zurückgehalten. Was kommt schon dabei heraus, sich selbst zu betrügen?

Die Gegner sind gelandet und werden auch noch an anderen Stellen landen. Italien konnte nicht verhindern, daß sein Kolonialreich verloren ging – trotz stets behaupteter »heldenhafter« Verteidigung. Warum soll Italien jetzt auf einmal den vereinten Kräften von England und USA. gewachsen sein? Laßt alle Hoffnung sinken, Ihr verrückten Faschisten, denn Euch ist tatsächlich nicht mehr zu helfen![137]

Der Hauptschuldige ist Benito Mussolini.

Neben ihm alle Helfershelfer, die da glaubten, bei dem verruchten faschistischen System sich bereichern zu können.

Hoffentlich wird mit dieser Tyrannenherrschaft für alle Zeiten aufgeräumt.

Je eher, desto besser!

Hessisches Regierungsblatt Nr. 8 von 1943:
Durch Urkunde des Führers wurde ernannt
unter Berufung in das Beamtenverhältnis:
am 24. Februar 1943:

der Kreisleiter der NSDAP.
Heinrich Backhaus zum Präsidenten
der Hessischen Brandversicherungskammer.[138]

(Wo ist das Gesetz zum Schutze des Berufsbeamtentums?)[139]

Die Nazis haben in ihrer sogenannten Kampfzeit das Schlagwort vom »Parteibuch-Beamten« geprägt und damit auch erhebliche politische Geschäfte gemacht. Jeder Neider war damit gewonnen worden. Dabei waren die Stellen, die von Politikern besetzt waren, vor 1933 verhältnismäßig sehr dünn gesät. Dem Volke wurde eingeredet, bei den Nationalsozialisten gäbe es keine Partei-Wirtschaft. Bis sie am Ruder waren. Da entfalteten sich die Raubtier-Instinkte. Da begann das Rennen um die Stellen und die Jagd auf Posten wie nie zuvor. Schließlich wurde jede Zurückhaltung beiseite geschoben und auf die Zugehörigkeit zur NSDAP. gepocht.

Mit Schwindel begonnen und mit Betrug fortgesetzt. Es ist nur ein Glück, daß die Bäume nicht in den Himmel wachsen. Die Parteigenießer werden noch viel Kummer erleben, und es wird mancher darunter sein, der das materialistische Streben tief bedauern wird.

Der Kreisleiter Backhaus hat sich auch nicht lange seines Beamtenverhältnisses erfreut, denn er ist inzwischen gestorben. Und die anderen werden ihm folgen.

Das mit vollem Recht!

26. Juli 1943.

Der Achsenbruch ist da!

Mussolini ist zurückgetreten!![a]

Dieser Diktator hat ausgewirtschaftet. Er ist von der Bühne verschwunden. Das faschistische Affentheater ist aus. Die Scherben bleiben dem Volke.

Wenn dieser Tyrannenhäuptling innerhalb seiner Landesgrenzen gewütet und gehaust hätte, dann war es lediglich Sache des italienischen Volkes, ob es sich fügen will oder nicht. Da aber bei derartigen Gewaltmenschen der Größenwahn vor der Mäßigung rangiert, ist auch die übrige Welt in Mitleidenschaft gezogen worden.

Der italienische Herrgott, der Duce, ist nicht mehr bei der »Achse« Berlin – Rom!

Interessante Tage werden kommen.

Was wird Dr. Goebbels dazu sagen?

Regierungswechsel in Italien

Mussolini als Regierungschef und Ministerpräsident zurückgetreten – Marschall Badoglio zum Nachfolger ernannt – Das neue Kabinett

⟨1943.⟩

dnb. Rom, 26. Juli. Wie die Agentur Stefani am Sonntagabend bekanntgab, hat der König und Kaiser von Italien eine von Benito Mussolini angebotene Demission vom Amt des Regierungschefs und Ministerpräsidenten angenommen. Er hat zu seinem Nachfolger als Regierungschef und Ministerpräsidenten den Marschall von Italien, Pietro Badoglio, ernannt. Man nimmt an, daß dieser Regierungswechsel auf den Gesundheitszustand des Duce zurückzuführen ist, der in der letzten Zeit erkrankt war.[140]

Ein ruhmloser Abgang eines Ruhmsüchtigen!

»Man nimmt an«, daß Mussolini erkrankt ist. »Man« hat die Sprache verloren. Hitlers Freund und Bundesgenosse ist allerdings krank gewesen und zwar geisteskrank. Aber schon seit mehr als 20 Jahren. –

Unverkennbar bedeutet dieses Erlebnis eine schwere Erschütterung für den Nationalsozialismus.

a) *Mussolini ist zurückgetreten:* Anders als die NS-Propaganda glauben machen wollte, wurde Mussolini abgesetzt und inhaftiert. Die Landung der Alliierten in Sizilien und zunehmende wirtschaftliche Probleme hatten dazu beigetragen. Die neu eingesetzte italienische Regierung schloss am 8. September 1943 Waffenstillstand mit den Alliierten. Vgl. Benz/Graml/Weiß 2007, S. 578.

Aufruf Viktor Emanuels III. an das italienische Volk

er König und Kaiser von Italien hat aus Anlaß der Ernennung es Marschalls Badoglio zum Regierungschef folgenden Aufruf lassen:

Italiener! Ich übernehme heute das Kommando aller Wehrachtteile in der feierlichen Stunde, die auf dem Schicksal des aterlandes lastet. Jeder nehme seinen Posten der Pflicht, des laubens und des Kampfes wieder auf. Kein Abweichen kann eduldet werden, keinerlei Beschuldigung kann gestattet werden. der Italiener beuge sich vor den großen Wunden, die in den eiligen Boden des Vaterlandes gerissen wurden. Italien wird auf rund der Tapferkeit seiner Wehrmacht, auf Grund des entschlossenen Willens aller Bürger in der Achtung der Einrichtungen, die m Aufstieg anfeuerten, den Weg des Wiederaufstiegs finden.

Italiener! Ich bin heute mehr denn je untrennbar mit Euch in erschütterlichem Glauben an die Unsterblichkeit des Vaterlanes vereint.

om, 25. Juli 1943.

Viktor Emanuel III.
Marschall Badoglio

Aufruf des neuen Regierungschefs

Der neuernannte italienische Regierungschef Marschall Badoio hat unmittelbar nach Uebernahme seines Amtes folgenden ufruf erlassen:

»Auf Befehl des Königs und Kaisers übernehme ich die militäsche Regierung des Landes mit allen Vollmachten. Der Krieg eht weiter. Italien ist in seinen überfallenen Provinzen, in seien zerstörten Städten hart getroffen, hält aber als eifersüchtiger Vächter seiner tausendjährigen Tradition dem gegebenen Wort e Treue.

Schließt die Reihen um den König und Kaiser, das lebendige orbild des Vaterlandes, das Beispiel für alle! Der mir zuteil geordene Auftrag ist klar und präzise. Er wird skrupellos durcheführt, und jeder täuscht sich, der glaubt, seine normale Durchhrung beeinträchtigen zu können. Wer versucht, die öffentliche einung zu stören, wird unerbittlich bestraft werden. Es lebe lien! Es lebe der König!«

Die Ministerliste

Die Agentur Stefani meldet: Seine Majestät der König und Kair hat auf Vorschlag des Regierungschefs und Ministerpräsidenn folgende Minister ernannt:

Außenminister: Botschafter Raffaele Guariglia;
Innenminister: Präfekt Bruno Fornaciari;
Minister für Italienisch-Afrika: General Senator Meliade Gabba;
Justizminister: Generaldirektor des Justizministeriums Dr. Gaetano Azzariti;
Finanzminister: Generaldirektor Domenico Bartolini;
Kriegsminister: Staatsrat General Antonio Sorice;
Marineminister: Konteradmiral Raffaele de Courten;
Luftfahrtminister: General der Flieger Renato Sandalli;
Erziehungsminister: Staatsrat Dr. Leonardo Severi;
Minister für öffentliche Arbeiten: Generaldirektor im inisterium für öffentliche Arbeiten Dr. Domenico Romano;
Landwirtschafts- und Forstminister: Senator Prof. Alesndro Brizzi;
Verkehrsminister: General Frederico Amoroso;
Korporationsminister: Staatsrat Dr. Leopoldo Piccardi;
Volkskulturminister: Botschafter Guido Rocco, bish. Geneldirektor der Auslandspresseabteilung;
Außenhandelsminister: Generaldirektor der Banca Italia Dr. Giovanni Acanfora;
Minister für Rüstungsindustrie: General Carlo Favagrossa;
Unterstaatssekretär im Ministerpräsidium: Dr. Petro irotone.

Sitz der neuen Regierung Marschall Badoglios ist der Quirinal.

Der bisherige italienische Botschafter in Ankara, Guariglia, wurde zum Außenminister ernannt. Er hat Ankara bereits verlassen.

Anordnungen des Regierungschefs

Marschall Badoglio hat eine Reihe von Anordnungen erlassen, um die Ruhe und Ordnung in Italien sicherzustellen. In diesen Anordnungen wird u. a. bestimmt, daß Kundgebungen, die die öffentliche Ruhe stören, nicht geduldet werden. Alle bewaffneten Streitkräfte des Staates und die Polizeitruppen in den Provinzen, die verschiedenen Milizen, die bewaffneten Zivilkorps und die Wachtruppen werden dem Befehl des Marschall Badoglio unterstellt.

Von der Abend- bis zur Morgendämmerung wird ein Ausgehverbot eingeführt. Kein Zivilist darf während dieser Zeit außerhalb seiner Wohnung sein. Oeffentliche Aemter aller Art, Varietés, Theater, Kinos, und Sporthallen müssen während der Stunden des Ausgehverbots geschlossen bleiben. Unter allen Umständen ist es dauernd verboten, daß mehr als drei Personen sich in der Oeffentlichkeit oder in geschlossenen Räumen versammeln oder miteinander reden. Das Anschlagen von gedruckten Zetteln, Manuskripten oder Propagandamaterial jeder Art auf öffentlichen Plätzen ist verboten. Das Tragen von Waffen wird der Bevölkerung untersagt.

Alle Italiener, die ihre Wohnung verlassen, müssen Ausweispapiere mit einem Lichtbild bei sich tragen. Auf Ersuchen der Angehörigen der Militär- und Amtsbehörden müssen sie ihre Kennkarten vorweisen. Die Türen aller Gebäude, die auf eine öffentliche Straße führen, müssen Tag und Nacht geöffnet bleiben und im Rahmen der geltenden Verdunkelungsbestimmungen beleuchtet sein. Während der Stunden des Ausgehverbotes müssen die Fenster aller Gebäude geschlossen sein.

Die Anordnungen des Marschalls Badoglio schließen mit der Feststellung, daß die Durchführung der öffentlichen Ordnung und der von den Militärbehörden verfügten Maßnahmen gegebenenfalls mit Waffengewalt durchgesetzt wird.

Das italienische Volk wird vermutlich von der Ankündung: »Der Krieg geht weiter« nicht sehr entzückt sein. Der Krieg geht natürlich weiter – bis zur Kapitulation.

Diese Verlegenheits-Regierung kann kein langes Leben haben. Das verkündete Standrecht über Italien weist darauf hin, daß es in Italien gärt und brodelt.

Wenn keine grundlegende Aenderung der Politik beabsichtigt ist, dann ist für den Fernstehenden nicht sichtbar, warum eigentlich Mussolini von der Bildfläche verschwunden ist.

Meint der Herr Marschall vielleicht, die Soldaten würden sich unter seinem Kommando mit größerer Begeisterung als seither einsetzen?

⟨27.7.43⟩ Der Peloponnes in Waffen

pk. Als vor zwei Jahren die Reste der geschlagenen griechischen Armee und ihre englischen Verbündeten, soweit sie nicht in Gefangenschaft gerieten, in wilder Flucht auf die Schiffe gegangen waren, war bald tiefe Ruhe auf dem Peloponnes eingetreten. Die Achsenmächte haben seitdem die Zeit gut ausgenützt. Wenn man heute den Peloponnes auf den recht guten Straßen durchfährt, trifft man allerorts deutsche und italienische Truppen. Die Küsten, im Vorfeld durch ausgedehnte Minensperren geschützt, werden durch mächtige Batterien verteidigt, deren Zahl sich täglich erhöht. Tief in die ragenden Felsen sind Stellungen und Unterstände gesprengt worden. Unterirdisch, sicher vor dem schwersten Fliegerangriff, lagern Munition, Brennstoff und Verpflegung. Um die Verteidigung beweglicher zu gestalten und die Abwehrkräfte an bedrohten Punkten zusammenballen zu können, sind kampferprobte Panzerdivisionen aus Rußland zentral eingesetzt, die ganz andere Entfernungen zu durcheilen vermögen, als sie hier auf dem kleinen Peloponnes bestehen, um rechtzeitig den Gegner zu werfen.

Prächtige Soldaten, erprobt in vielen Schlachten, brennen darauf, ihre Kameraden in Afrika zu rächen und dem Tommy die Stirn zu zeigen. Ein Oberst erzählt von den neuen Waffen, Panzern und Geschützen und Transportwagen, mit denen die hierher verlegten Divisionen ausgerüstet sind. Der Oberst ist nicht der einzige Eichenlaubträger in seiner Division, die außerdem 19 Ritterkreuze und 55 Deutsche Kreuze in Gold aufzuweisen hat.[141]

Kriegsberichter Kurt von Steinitz

Da zu erwarten ist, daß auch der Balkan wieder Kriegsschauplatz wird, dürfen die Kriegsberichter nicht auf dem Plane fehlen. Die Propaganda hält sich bestimmt für eine wichtige Einrichtung, denn bei jeder sich bietenden Gelegenheit bringt sie ihre Weisheiten an den Mann.

Jetzt ist also der Peloponnes in Waffen u. zwar in »neuen« Waffen. Soll durch derartige Mätzchen dem Gegner Furcht und Schrecken eingejagt oder unseren Soldaten Mut eingeflößt werden?

Ich weiß es nicht, was diese Art von Propaganda bedeuten soll.

Die Gegner sind über die Befestigungen und die Truppenstärke genau unterrichtet und werden mit entsprechenden Kräften angreifen.

Das wird Herr Kurt von Steinitz noch zu beobachten in der Lage sein.[142]

Aus der deutschen Wochenzeitung »Das Reich« vom 18. Juli 1943:

Im Schatten des Waffenkrieges.
Von Reichsminister Dr. Goebbels.

»Neben dem Krieg der Waffen, der soeben in ein neues Stadium getreten ist, spielt sich ein erbitterter Krieg der Nerven ab. Er verdient mehr Beachtung, als ihm im allgemeinen geschenkt wird. Selbstverständlich können nur die Waffen die letzte Entscheidung bringen; aber dazu bedürfen sie einiger[143] Voraussetzungen, unter denen die Kriegstüchtigkeit der Moral von hervorragendster Bedeutung ist. Es wurde schon öfter darauf hingewiesen, daß wir den ersten Weltkrieg auf diesem Felde verloren haben, ein Beweis dafür, daß das Fehlen dieser Voraussetzung kriegsentscheidend sein kann. Infolgedessen müssen wir heute in dieser Beziehung besonders vorsichtig und argwöhnisch sein, schon weil es naheliegend erscheint, daß der Feind nach seinem unverdienten und wohl auch gänzlich unerwarteten Erfolg vom November 1918 gerade hier wieder mit seinen Hoffnungen, aber auch mit seinen Versuchungen einsetzen wird.

... Ein Grundgesetz des Kampfes lautet, bis zur letzten Minute den Atem behalten.[144] Daß diese letzte Minute die schwerste ist, liegt auf der Hand.

... Wir kämpfen immer noch mit den weitaus größeren Chancen, nur daß der Feind verzweifelt aufzuholen versucht und schon beim Entstehen einer kritischen Situation für sich einen psychologischen Vorteil verbucht. Wir müssen uns also daran gewöhnen, daß die Auseinandersetzung, zumal im augenblicklichen Stadium einen flüssigeren Charakter angenommen hat, dürfen aber nicht in den Fehler verfallen, uns von der vom Besiegten aus durchsichtigen Gründen verbreiteten Psychose seines langsamen Kommens anstecken zu lassen. Auf dieses Ziel läuft die feindliche Propaganda besonders im Zusammenhang mit den Kämpfen um Sizilien hinaus. Sie bauscht die wirklichen oder vermeintlichen Erfolge des Gegners, die unseren kriegsentscheidenden gegenüber nur von zweitrangiger Bedeutung sind, in einer Art und Weise auf, die dem leicht zu beeinflußenden Beobachter den Eindruck aufzwingen soll, daß der Feind sich auf der Straße des Sieges befindet. Dabei hat er als beachtliche und schon feststehende Ergebnisse seiner Kriegführung überhaupt nur die vergangene Winterkrise, Nordafrika und den Luftkrieg zu verzeichnen. ...

Die anglo-amerikanische Kriegführung führt gerade im gegenwärtigen Entwicklungsstadium des Krieges gegen die Achsenmächte eine Nervenkampagne durch, die sich zum Ziel gesetzt hat, ihre Führungen und Völker an der Sieghaftigkeit ihrer Sache irre zu machen. Dieser Plan ist zwar für Leichtgläubige raffiniert und boshaft angelegt, kann aber beim Kenner keinerlei Eindruck hervorrufen. Wenn man in London oder Washington in ziemlich regelmäßigen Abständen einmal an den und einmal an jenen Achsenpartner mit dem Ersuchen herantritt, bedingungslos zu kapitulieren, so ist das dasselbe, wie wenn der Spielführer einer unterlegenen an den Spielführer der siegenden Mannschaft das Ansinnen stellt, das Spiel bei einem Vorsprung von etwa 9:2 abzubrechen, weil es dem Sieger angeblich keine Chancen mehr böte. Man würde eine Mannschaft, die darauf einginge, mit Recht auslachen und anspucken. Sie hat ja schon gesiegt, sie muß ihren Sieg nur verteidigen.«[145]

Soweit Dr. Goebbels. Was ist hierzu zu sagen?

Dr. Goebbels ist ein Mann, der auch aus einer schlechten Sache noch etwas zu machen vermag. Von allen Häuptlingen der NSDAP. ist er zweifellos der fähigste. Aber heute ist er auch an dem Punkte angelangt, wo nur noch die Leichtgläubigen seinen Worten kritiklos unterliegen. Dr. G. hat Pech, insofern als beinahe zur gleichen Stunde das »Schwarze Korps« gegen die Schlagworte wettert und als Erfinder des »Nervenkrieges« die Juden bezeichnet.[146] Jeder Kenner weiß, daß die judenreine NSDAP. die größte Fabrikantin von Schlagzeilen und Schlagworten ist. Da sich Dr. G. eingehend mit dem »Nervenkrieg« (richtiger vielleicht: Kriege gegen die Nerven) beschäftigt, so ist es nicht sehr heldenhaft, dieses Schlagwort den aus Deutschland verschwundenen Juden aufzubürden.

Dr. G. irrt auch gewaltig, wenn er als Erfolge der Gegner nur die Winterkrise, Nordafrika u. den Luftkrieg zugibt. Es hat doch wirklich keinen Sinn, die Erfolge der Gegner zu verheimlichen, denn sie liegen vor aller Welt offen dar. Unsere Niederlagen vor Leningrad, Moskau, Stalingrad u. ⟨im⟩ Kaukasus sind ebenfalls Erfolge unserer Gegner. Die Besetzungen von Island, Grönland, franz. Afrika, Syrien, Irak u. Iran sind schließlich nicht zum Vorteil für uns gewesen. Dann dürfen auch die Gebietsverluste unseres Achsenpartners Italien nicht schamhaft verschwiegen werden, weil sie von größter Bedeutung für das künftige Verhalten dieses Bundesgenossen sein können.

Mit der siegreichen Fußballmannschaft hat G. bei mir auch kein Glück. Dieser Vergleich ist sehr oberflächlich. Bei dem Stande von 9:2 wird natürlich niemals eine Mannschaft an ihre Niederlage denken, zudem sie ja nur 90 Minuten zu spielen hat. Wie ist es aber, wenn ihr zugemutet würde, sofort noch 2 Spiele gegen engl. u. amerikanische Auswahlmannschaften auszutragen? Nicht ein einziger Spieler oder Zuschauer könnte dabei auch nur im entferntesten an eine Chance denken, geschweige denn, an einen Sieg glauben.

Worauf es ankommt, darüber hat Goebbels geschwiegen: Der vollkommen ungeschwächte Gegner Amerika, dem wir noch keine Niederlage beigebracht haben, tritt erst auf den Plan. Amerika fängt erst an – und Deutschland kämpft schon 4 Jahre!!

28. Juli 1943.

Wenn ich Franzose wäre, würde ich den derzeitigen Regierungschef Laval als einen Schurken größten Formats bezeichnen.

Am 5. Juli 1943 äußerte er vor Vertretern der französischen Presse: »Es gibt viele Franzosen, die glauben, daß wir durch die Vereinigten Staaten, durch England und zum Ueberfluß noch von Giraud und de Gaulle eines Tages gerettet werden. Ich teile diese Illusionen nicht. Das deutsche Heer wird nicht geschlagen werden. Europa wird nicht besiegt werden von den Armeen, die von wo anders herkommen. Diese

Illusionen von einer deutschen Niederlage, die so viele Franzosen haben, können für unser Land nur eine tödliche Krise hervorrufen.«[147]

Laval wünscht demnach den Sieg Deutschlands und die Unterdrückung Frankreichs. Daß Frankreich bei einem Siege Deutschlands für alle Zeiten erledigt wäre, darüber braucht kein Wort verloren zu werden. Moralisch tiefer zu sinken als Laval, dürfte nicht möglich sein. Selbst wenn Laval aus angeborener Unfähigkeit nicht in der Lage ist, sich eine Vorstellung von den kommenden Dingen zu machen, dann müßte er mindestens soviel Charakter besitzen, sich Schweigen aufzuerlegen.

Es wird Sache der hoffenden Franzosen sein, diesem Lavall und seinen Gesinnungsgenossen den Garaus zu machen und ein freies Frankreich aufzubauen.

Laval würde sich übrigens sehr wundern, wenn er die Gedanken von vielen Deutschen lesen könnte. Die Zahl derer, die von einer Niederlage Deutschlands überzeugt sind, ist ständig im Wachsen begriffen. »Das deutsche Heer wird nicht geschlagen werden«, ist dummes Gerede. Propaganda-Geschwätz.

Auf welche Weise will Deutschland siegen?

Wie kann Deutschland seine Gegner zum Frieden zwingen?

Diese Fragen sind zu beantworten.

Regen wir uns nicht auf. Die Zeit wird diese Fragen klar und deutlich, u. für Herrn Lavall verständlich, beantworten.

Es ist schade, daß man den Völkern unserer Feinde nicht die Deutsche Wochenschau vorführen kann, denn dann müßten sie durch die eindringliche Sprache der Tatsachen erkennen, daß sie ihre Hoffnungen an Täuschungen und Phrasen ihrer Staatsmänner sinnlos vergeuden. Gerade die letzten Filmstreifen aus dem Geschehen der Zeit bezeugen wieder die unversiegbare Kraft Deutschlands und seiner Verbündeten. Diese materielle Stärke, verbunden mit Opferbereitschaft, Glauben und Vertrauen berechtigt zu jener heiligen Siegeszuversicht, der der Führer am 30. Januar ⟨42⟩ im Namen des ganzen deutschen Volkes erneut Ausdruck verliehen hat. Die Begeisterung und der Jubel um Adolf Hitler – von der Kamera im Berliner Sportpalast auf das Filmband gebannt – ist ein unwiderlegliches Dokument von der großartigen Haltung des Volkes, und wie sich diese Haltung im einzelnen offenbart, zeigen wieder die unvergleichlichen Beispiele von Heldenmut und Tapferkeit seiner Soldaten.

Die deutsche Propaganda hat alle technischen Hilfsmittel in ihren Dienst gestellt. Der Film und die illustrierten Zeitungen sind pausenlose Verkünder des »Ruhmes«, des »Heldenmutes« und der »Tapferkeit« des deutschen Heeres.

Vergeblich wird eine Darstellung gesucht werden, die zum Nachdenken oder gar zur kritischen Stellungnahme reizen könnte. In den gezeigten Bildern gibt es nur vollkommene Siege und erstklassische Helden. Niemals wird ein toter deutscher Soldat zu sehen ⟨sein⟩, auch kein abgestürztes deutsches Flugzeug ist zu erblicken. Der Tausendkünstler Goebbels und seine Gehilfen wissen sehr genau, was der überhebliche deutsche Spießer vorgesetzt haben möchte. In den Kinos darf selbstverständlich niemals die »Wochenschau« fehlen. Da begeistert sich der Kinobesucher an der »unversiegbaren« Kraft Deutschlands – und legt sich beruhigt in sein Bett, hoffend auf den nach seiner Meinung unausbleiblichen Endsieg.

Derjenige, der mit Inbrunst die deutsche Presse studiert und sich auf den Filmstreifen noch die Bestätigung der gelesenen Berichte zeigen läßt, der kann nur ein überzeugter Optimist sein. Objektivität gibt es im dritten Reiche nicht. Daher steigen auch bei der Masse keinerlei Bedenken auf. Deutschland hat den genialsten Feldherren. Es hat die besten Generale, die tapfersten Soldaten und die stärksten Waffen. Was kann da unsereiner schon dagegen machen? Eingeträufelte Zweifel werden immer wieder von Hoffnungen beseitigt. Der Durchschnittsdeutsche hofft und hofft ... selbst am Grabe pflanzt er noch die Hoffnung auf.[148]

Gerade in den letzten Tagen hatte ich Gelegenheit, angesichts der Umbildung der Regierung in Italien die Hoffnungsfreudigkeit vieler Menschen zu beachten.

Meine Stellungnahme war klar und eindeutig: Der Sturz Mussolinis ist der Anfang vom Ende. Der Faschismus ist erledigt. Die Folgen für Deutschland und die mit ihm verbündeten Staaten sind noch nicht abzusehen, jedenfalls werden sie das Ende des Krieges beschleunigen. Das ist meine Meinung. Was höre ich nun in meiner Umgebung? In erster Linie peinliche Ueberraschung, dann zögernd dunkle Ahnungen, Kopfschütteln, Achselzucken und Versuche, noch einen Strohhalm zu erwischen. Hoffnungen fehlen nicht. Sogar sehr weitgehende, in dem Sinne, daß der Sturz Mussolinis vorteilhaft für Deutschland sein könnte. Im allgemeinen herrscht aber eine gedrückte Stimmung, die auf irgend etwas Erlösendes wartet. Sehr auffällig ist das Fehlen von Kommentaren in den Zeitungen. Bis jetzt nur Wiedergabe der amtlichen italienischen Meldungen. Keine Nachrufe für den scheidenden Freund. Sollte Josef Goebbels das Gleichgewicht verloren haben? Das wäre das erste Mal. Welch eine Wendung!

29. Juli 1943.

Bald wird das 5. Kriegsjahr seinen Anfang nehmen. Der Luftkrieg hat die Schrecken des Krieges in einer Weise nach Deutschland gebracht, die von den Befürwortern dieses Krieges nicht vorausgesehen wurden. Hitler hatte es verstanden, die Welt zu täuschen, in dieser Epoche ungeheuer zu rüsten und dann überraschend loszuschlagen. Er mimte den Friedliebenden. Beweisen wir es ihm:

»Mein Kampf«, S. 687:	»Es kann keine außenpolitische Erwägung von einem anderen Gesichtspunkt aus geleitet werden als dem: Nützt es unserem Volke jetzt oder in Zukunft oder wird es ihm von Schaden sein?«[149]

Rede am 1.8.1923 in München:	»Gerade weil wir national gesinnt sind, haben wir Achtung vor dem Nationalgefühl der anderen Völker. Unser Nationalstolz heißt nicht: andere verachten, sondern das eigene Volk achten und lieben!«[150]
Rede am 14.10.1933 in Berlin:	»Nach der Rückkehr des Saargebietes zum Reich könnte nur ein Wahnsinniger an die Möglichkeit eines Krieges zwischen den beiden Staaten denken.«[151]
Interview am 18. Okt. 1933 in Berlin:	»Niemand von uns denkt daran, mit Polen wegen des Korridors einen Krieg zu beginnen.«[152]
Rede am 23.3.1933:	»Gegenüber der Sowjetunion ist die Reichsregierung gewillt, freundschaftliche, für beide Teile nutzbringende Beziehungen zu pflegen. Gerade die Regierung der nationalen Revolution sieht sich zu einer solchen positiven Politik gegenüber Sowjetrußland in der Lage. Der Kampf gegen den Kommunismus in Deutschland ist unsere innere Angelegenheit.[153] Die staatspolitischen Beziehungen zu anderen Mächten, mit denen uns gemeinsame Interessen verbinden, werden davon nicht berührt.«[154]
Rede am 24. Okt.1933 in Berlin:	»Es gibt in Europa Deutsche, und es gibt in Europa Polen. Die beiden werden sich daran gewöhnen müssen, nebeneinander und miteinander zu leben und auszukommen. Weder können die Polen das deutsche Volk aus der europäischen Landkarte wegdenken noch sind wir unverständig genug, um etwa die Polen wegdenken zu wollen. Wir wissen, beide sind da, sie müssen miteinander leben.«[155]
Rede am 23.3.1933 in Berlin:	»Aber auch da, wo die gegenseitigen Beziehungen mit Schwierigkeiten behaftet sind, werden wir uns um einen Ausgleich bemühen.«[156]
Rede am 24.10.1933 in Berlin:	»Nicht Haß anderen Völkern, sondern Liebe zu der deutschen Nation.«[157]
Rede am 10.11.1933 in Berlin:	»Wir wollen Frieden und Verständigung, nichts anderes. Wir wollen unseren früheren Gegnern die Hand geben, es muß wieder ein Strich gezogen werden unter die traurigste Zeit der Weltgeschichte.«[158]
Interview 18.10.1933 in Berlin:	»Die Frage der Zuteilung kolonialer Gebiete, ganz gleich wo, wird niemals für uns die Frage eines Krieges sein. Wir sind der Ueberzeugung, daß wir genau so fähig sind, eine Kolonie zu verwalten und zu organisieren wie andere Völker. Allein wir sehen in all diesen Fragen überhaupt keine Probleme, die den Frieden der Welt irgendwie berühren, da sie nur auf dem Wege von Verhandlungen zu lösen sind.«[159]

Rede am 23.3.1933 in Berlin:	»Die nationale Regierung ist bereit, jedem Volk die Hand zu aufrichtiger Verständigung zu reichen, das gewillt ist, die traurige Vergangenheit[160] einmal grundsätzlich abzuschließen. Die Not der Welt kann nur vergehen, wenn durch stabile politische Verhältnisse die Grundlage geschaffen wird und wenn die Völker untereinander wieder Vertrauen gewinnen.«[161]
Rede am 10.11.1933 in Berlin:	»Man sollte mir nicht zumuten, daß ich so wahnsinnig sei, einen Krieg zu wollen.«[162]
Rede am 2.10.1933 in Hameln:	»Der Sinn unseres politischen Kämpfens und Ringens ist[163] nicht die Gewinnung oder gar Eroberung fremder Völker, sondern die Erhaltung und Sicherung unseres eigenen Volkes.«[164]
Rede am 21.3.1933 in Potsdam:	»Der Welt gegenüber wollen wir, die Opfer des Krieges von einst ermessend, aufrichtige Freunde sein eines Friedens, der endlich die Wunden heilen soll, unter denen alle leiden.«[165]
Ansprache am 12.9.34 in Berlin:	»Es ist mein Wille, enge und aufrichtige Verbindungen zwischen Deutschland und den fremden Mächten zu erhalten.«[166]
Interview am 5.8.34 in Berlin:	»Soweit es an Deutschland liegt, wird es keinen neuen Krieg geben.«[167]
Rede am 7.8.34 in Tannenberg:	»Für das nächste Jahrhundert wird es das deutsche Volk nicht nötig haben, seine Waffenehre zu rehabilitieren.«[168]
Ansprache am 12.9.34 in Berlin:	»Das unverrückbare Ziel meiner Politik ist: Deutschland zu einem festen Hort des Friedens zu machen.«[169]

Nachdem nun im geheimen die Rüstungen im Gange waren, wurde die Sprache etwas fester. Die »Ehre« der Nation und die »Freiheit« wurden mehr in den Vordergrund gerückt.

Rede am 18.6.34 in Gera:	»So bedingungslos unsere Friedensliebe ist, so wenig Deutschland einen Krieg will, so fanatisch werden wir für die deutsche Freiheit und die Ehre unseres Volkes eintreten. Die Welt muß wissen: Die Zeit der Diktate ist vorbei!«[170]
Interview am 16.1.35 in Berchtesgaden:	»Wir wollen friedlich sein, aber unter gar keinen Umständen ehrlos.«[171]

Interview am 17.1.35:	»Ich spreche[172] zwei Bekenntnisse ganz offen aus: 1. Deutschland wird von sich aus niemals den Frieden brechen und 2. Wer uns anfaßt, greift in Dornen und Stacheln. Denn ebenso wie wir den Frieden lieben, lieben wir die Freiheit.«[173]
Aufruf am 1.1.35 an die NSDAP.:	»Unserem Volke aber wollen wir nichts besseres wünschen als ein Leben in Ehre und Frieden.«[174]
Rede am 6.11.33 in Kiel:	»Es ist nicht wahr, wenn erklärt wird, daß das[175] deutsche Volk aus Haß und Rache einen Krieg beginnen will. Nein, es will seine Ruhe haben, seinen Frieden und will allerdings auch seine Ehre haben und sein klares Recht!«[176]
Rede am 26.2.1934 in München:	»Aufgabe der Bewegung ist die Eroberung des deutschen Menschen für die Macht dieses Staates.«[177]
Rede am 9.11.1934 in München:	»Wir wollen stets entschlossen sein zu handeln, jederzeit bereit, wenn es notwendig ist, zu sterben, niemals gewillt zu kapitulieren.«[178]
Rede am 18.6.1934 in Gera:	»Dieser Staat steht erst in seiner ersten Jugend. In Jahrhunderten soll er sein Mannesalter erreichen, und Sie können überzeugt sein, daß ihn ein Jahrtausend noch nicht gebrochen haben wird!«[179]

31. Juli 1943.
Großes Pech hatte das »Hamburger Fremdenblatt«, das am 24. Juli 1943, ausgerechnet an dem Tage, an dem Mussolini sein Amt niederlegte, einen Artikel über Mussolini brachte.

Der Duce

⟨24. Juli 1943.⟩

Am 29. Juli begeht Benito Mussolini seinen 60. Geburtstag.

.....
......
......

Wir können hier nicht alle Taten die Mussolinis würdigen, die ein verlorenes Land in die Großmachtstellung geführt haben. Allein die Umformung einer Kampfbewegung zur Trägerin des Staatsgedankens war eine grandiose Leistung in so brodelnder Zeit. Denken wir nur an die »Getreideschlacht«, an die sozialen Reformen, an die Erfassung der Jugend, die Ordnung der Finanzen, die riesigen Entwässerungs- und Bewässerungsarbeiten und vor allem an die Stärkung der militärischen Kraft in einem armen Land mit sehr bescheidenen Rohstoffquellen. Besonders die kolonisatorische Erschließung Libyens wird immer eine Ruhmestat faschistischer Staatsführung bleiben. Im abessinischen Feldzug hat sich gegen die Sanktionen des Völkerbundes die von Mussolini mobilisierte Kraft der italienischen Nation bewährt. Diese Zeit war aber zugleich die Geburtsstunde der deutsch-italienischen Freundschaft, die sich auch bei härtesten Erprobungen bewährt hat. Wir Deutschen, denen das Schicksal Adolf Hitler gegeben hat, haben Verständnis dafür, was ein genialer Mann für sein Volk zu bedeuten vermag, was er von ihm fordern kann und wie sein Wille Richtschnur für Einsatz und Handeln aller ist. Mussolini hat dem italienischen Volk unendlich viel gegeben, die Größe seines Geistes, das Vorbild des Kämpfers, die Klarheit des Willens und den Glauben an die Zukunft der Nation. Mögen auch schwarze Wolken über Italien drohen und der jüdische Terror seine Orgien blinden Hasses feiern, so wissen wir doch, daß der beste Mann unbeugsam auf der Kommandobrücke steht, dem sein Volk nicht nur in Stunden des Triumphes zujubelt, sondern um den es sich schart, wenn es um die letzte Bewährung geht.[180]

S. v. M.

Den Lobhudeleien ist ein Dämpfer aufgesetzt worden. Jetzt heißt es: Zurück zur Wirklichkeit.

Der »geniale« Mann, der »beste« Mann ist gleich einer Seifenblase zerplatzt.

Das Volk ist weit davon entfernt, sich um den »Duce« zu scharen. Auch er mußte erfahren, daß die Macht nur ein vorübergehendes Schutzmittel ist.

Mussolini teilt das Schicksal aller Tyrannen – und keiner lernt etwas daraus.

Mussolini war der Meister der Revolutionäre. Hitler ist sein gelehriger Schüler. Ein Kopist, wie er im Buche steht.

Mussolini wollte das 1000 jähr. Imperium erstehen lassen. Hitler faselte ebenfalls von einem 1000 jähr. Reiche.

Das Reich Mussolinis hat 20 Jahre gelebt.

Das Reich Hitlers ist 10 Jahre alt!

Wie lange wird es noch leben?

Wenn der Feind, vor den Toren stehend, sich anschickt, die Grenzen Deutschlands zu überschreiten, dann naht die Todesstunde des »Dritten Reiches«.

Die Nazis werden alles tun, diesen Krieg zu verlängern. Der deutsche Soldat hat es in der Hand, die Leiden abzukürzen. Ein Ende mit Schrecken!

1. August 1943.
Die Propaganda lebt trotz allem noch.

Die Propaganda teilt Illusionen aus.

Es soll uns nachgewiesen werden, daß die Landung der Gegner in Sizilien eine kostspielige Angelegenheit für diese ist:

Empfindliche Schläge

ab. **Rom,** 13. Juli ⟨43.⟩
Empfindliche Schläge hat der Feind in Sizilien schon in den ersten drei Tagen hinnehmen müssen.[181]

Starke Feindverluste auf Sizilien[182]

Sizilien – Aderlaß feindlicher Tonnage[183]

Italien will entschlossen weiterkämpfen[184]

Der faschistische Parteisekretär Minister Scorza im Rundfunk – Ein flammender Aufruf zum Kampf[185]

»Oberstes Gebot für ganz Italien:

Widerstand leisten!«

Es soll uns eingehämmert werden, daß die Angriffe der Russen zerschellen:

Gewaltige Einbußen der Sowjetrüstung[186]

Die gewaltige Panzerschlacht
im Raum von Bjelgorod bis Orel[187]

⟨13. Juli 1943.⟩

Feindliche Kräftegruppe vernichtet
In sieben Kampftagen 1640 Sowjetpanzer und 1400 Geschütze[188]

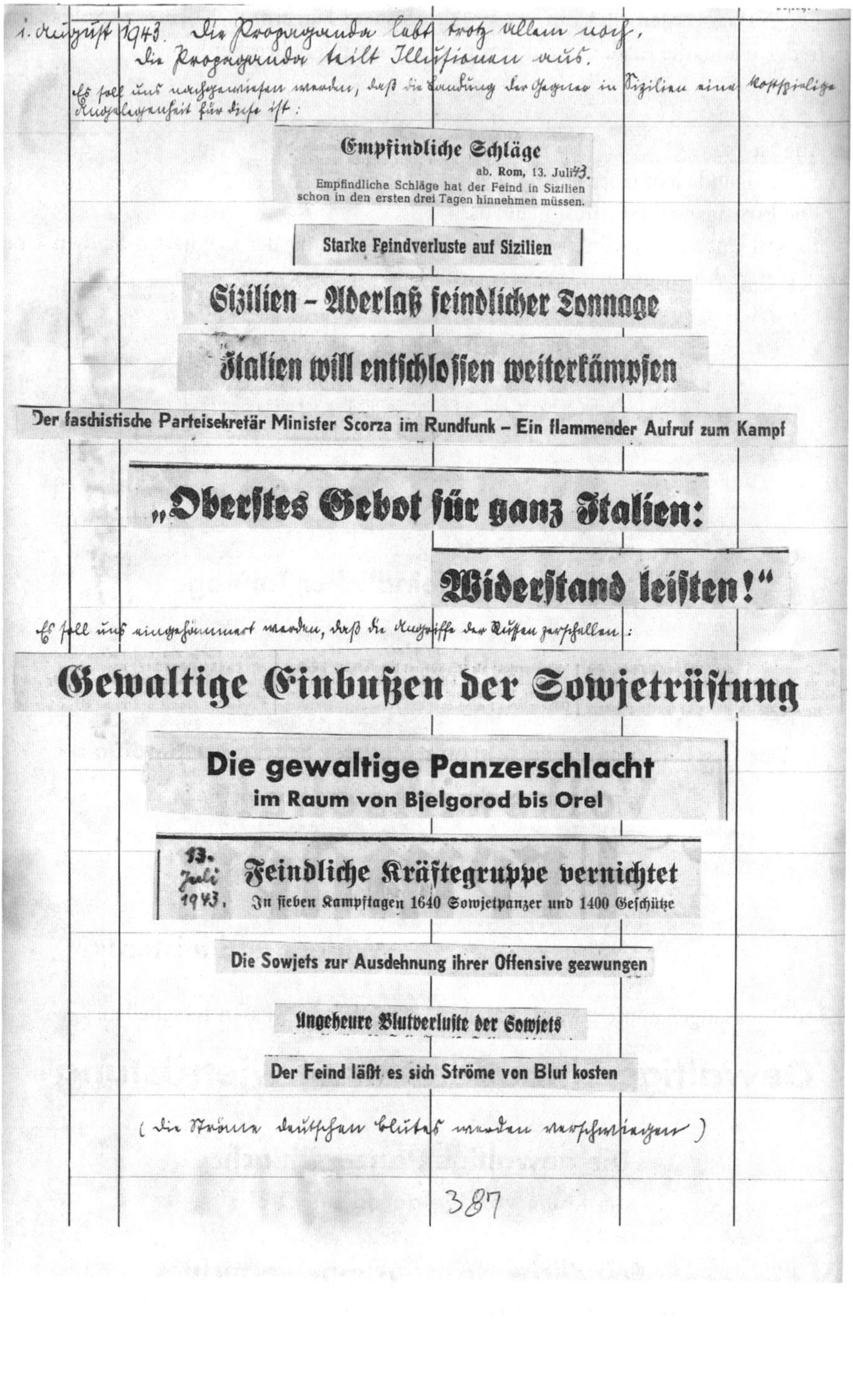

1. August 1943. Die Propaganda lebt trotz allem noch.
Die Propaganda teilt Illusionen aus.

Es soll uns nachgewiesen werden, daß die Landung der Gegner in Sizilien eine kostspielige Angelegenheit für diese ist:

Empfindliche Schläge

ab. Rom, 13. Juli 43.
Empfindliche Schläge hat der Feind in Sizilien schon in den ersten drei Tagen hinnehmen müssen.

Starke Feindverluste auf Sizilien

Sizilien – Aderlaß feindlicher Tonnage

Italien will entschlossen weiterkämpfen

Der faschistische Parteisekretär Minister Scorza im Rundfunk – Ein flammender Aufruf zum Kampf

„Oberstes Gebot für ganz Italien:
Widerstand leisten!"

Es soll uns eingehämmert werden, daß die Angriffe der Russen zerschellen:

Gewaltige Einbußen der Sowjetrüstung

Die gewaltige Panzerschlacht
im Raum von Bjelgorod bis Orel

13. Juli 1943. **Feindliche Kräftegruppe vernichtet**
In sieben Kampftagen 1640 Sowjetpanzer und 1400 Geschütze

Die Sowjets zur Ausdehnung ihrer Offensive gezwungen

Ungeheure Blutverluste der Sowjets

Der Feind läßt es sich Ströme von Blut kosten

(die Ströme deutschen Blutes werden verschwiegen)

387

Die gefährdeten Zonen werden stark gesichert:

Abwehrbereiter Vorposten im Südosten

Festung Kreta – eine feuerspeiende Insel

Südostwall immer stärker

Die Propaganda versucht Uneinigkeit unter den Gegnern herbeizuführen:

Die Sowjets fordern wirksame Entlastung

„England gehört den USA!"

Die USA. kämpfen bis zum letzten englischen Schiff

USA. und England machen sich die Erdpole streitig

USA.-Luftwaffe kann Tschungking nicht helfen

Die Sorgen sind bei den anderen:

13. 7. 1943. Englische Beklemmung über die Kriegslage

Not der amerikanischen Arbeiter

Wenn wir keine Siege haben, dann hat sie eben der ferne Freund:

Japanischer Fliegererfolg

Japanischer Erfolg

388

Die Sowjets zur Ausdehnung ihrer Offensive gezwungen[189]

Ungeheure Blutverluste der Sowjets[190]

Der Feind läßt es sich Ströme von Blut kosten[191]

(Die Ströme deutschen Blutes werden verschwiegen)
Die gefährdeten Zonen werden stark gemacht:

Abwehrbereiter Vorposten im Südosten

Festung Kreta – eine feuerspeiende Insel[192]

Südostwall immer stärker[193]

Die Propaganda versucht Uneinigkeit unter den Gegnern hervorzurufen:

Die Sowjets fordern wirksame Entlastung[194]

»England gehört den USA!«[195]

Die USA. kämpfen bis zum letzten englischen Schiff[196]

USA. und England machen sich die Erdpole streitig[197]

USA.-Luftwaffe kann Tschungking nicht helfen[198]

Die Sorgen sind bei den andern:

⟨13.7.1943.⟩

Englische Beklemmung über die Kriegslage[199]

Not der amerikanischen Arbeiter

Wenn wir keine Siege haben, dann hat sie eben der ferne Freund:

Japanischer Fliegererfolg[200]

Japanischer Erfolg[201]

Die Propaganda heilt alle Wunden!

3. August 1943.
Augenblicklich finden heftige Kämpfe im Raume von Orel statt. Der deutsche Heeresbericht gibt »planmäßiges« Aufgeben von Stellungen zu.[202] Das deutsche Heer brüstete sich stets mit seiner unwiderstehlichen Offensivkraft. Jetzt wird nur noch von der Abwehr gesprochen.

Im »Völkischen Beobachter« v. 23.7.1943 schreibt Generalmajor Rudolf Ritter von Xylander[203] über »Worum geht es zwischen Orel und Bjelgorod?«. Er erwähnt, daß eine Schlachtschilderung zu geben unmöglich sei. Der Generalmajor gibt sich große Mühe, mit vielen Worten wenig zu sagen. Er meint, es handele sich um eine große Schlacht von entscheidender Bedeutung und tröstet sich damit, daß Deutschland auf dem besten Wege sei, die Kampfkraft des Ostfeindes zu schwächen.[204] –

Wir sind also bescheiden geworden, von »vernichten« und »ausrotten« ist nicht mehr die Rede. Die Offiziere sind schon zufrieden, wenn der Gegner »geschwächt« wird. Das scheint mir doch ein bemerkenswerter Umschwung zu sein. In der Vergangenheit haben wir immer behauptet, der Russe wäre nur im Winter fähig, Angriffshandlungen größeren Stils vorzunehmen. Und nun ist mitten im Sommer eine riesige Angriffsschlacht der Russen im Gange.

Die Begleitmusik der Presse lautet:

Ungeschwächte Schlagkraft unseres Ostheeres[205]

Die Sowjets erleiden furchtbare Verluste[206]

Kritische Lebensmittellage in den UdSSR

Stockholm, 24. Juli ⟨43⟩[207]

Aus dem neutralen Auslande wird dann noch ein Bericht über die schlechte Lebensmittellage in Rußland fabriziert.

Der deutsche Bürger kann also vollkommen beruhigt sein, es ist alles in brauner Butter.

Schon 4 Jahre erleiden unsere Gegner die entsetzlichsten Verluste. 4 Jahre hungern sie, einer nach dem anderen – und trotzdem greifen sie überall an. Jedenfalls aus Hunger oder Verzweiflung über ihre Lage. So wünschen es die Nazis. In Wirklichkeit ist die Lage für Deutschland mehr als kritisch.

7. August 1943.

Was spricht das Volk? Im allgemeinen herrscht keine rosige Stimmung. Ein klares Bild ist nicht zu gewinnen, da es zu wenig Menschen gibt, die rückhaltlos ihrer Meinung Ausdruck geben. Die Angst hütet immer noch den Wald. Unter gleichgesinnten Gegnern der Nazis gibt es keinen Zweifel mehr über die Niederlage Deutschlands. Es ist aber nicht möglich, den Hundertsatz der Optimisten und Pessimisten festzustellen. Tatsache ist aber, daß die Zahl der Hoffenden immer noch ziemlich erheblich ist. Die Hoffnung ist also noch vorhanden, und es scheint so, als würde die Hoffnung überhaupt nicht zu vernichten sei. Wenn ich heute hören mußte, daß der »Schlag« gegen England in der nächsten Zeit zu erwarten ⟨sei⟩ (es wurde sogar der 17. August genannt), dann ist es für einen halbwegs vernünftigen Menschen einfach nicht möglich, hierzu noch etwas zu sagen. Es hat keinen Wert, den Geisteskranken Vernunft beibringen zu wollen. Die optimistischen Gerüchte sind sämtlich Produkte der Partei.

Selbst die härtesten Schläge, die Deutschland einstecken muß, werden in der Presse beinahe zu Siegen umgemodelt. Voran das Oberkommando der Wehrmacht. Im Bericht vom 5.8.43 heißt es u.a.:

> **Im Orelbogen wurde im Zuge der Frontverkürzung, die seit längerer Zeit vorgesehene Räumung der Stadt Orel in der Nacht vom 4. zum 5. August vom Feinde ungestört durchgeführt. Sämtliche Vorräte wurden planmäßig zurückgeführt, die kriegswichtigen Anlagen restlos zerstört.**[208]

Orel ist von den deutschen Truppen 2 Jahre besetzt und ausgebaut worden. Orel wurde in der Vergangenheit hartnäckig angegriffen und ebenso hartnäckig verteidigt. Jetzt auf einmal kommt die Meldung, daß »im Zuge der Frontverkürzung« die Stadt Orel geräumt worden ist. Für den Spießbürger wird zum Troste hinzugefügt, daß alle kriegswichtigen Anlagen restlos zerstört worden seien. An der Zerstörung habe ich keinen Zweifel. Ich kenne die Fähigkeiten der deutschen Armee im Zerstören.

Warum hat das Oberkommando der Wehrmacht seither das Gebiet von Orel mit allen Mitteln verteidigt?

Warum wurde die Front erstehen lassen, wenn sie heute verkürzt werden muß?

Auf diese Fragen erwarte ich keine wahrheitsgemäßen Antworten. Von dem gegenwärtigen Oberkommando jedenfalls nicht.

Auch die Presse wird mir nicht antworten.

Die Presse, diese Vernebelungskünstlerin, ist überhaupt in Form. Seit die schweren Kämpfe um Orel im Gange sind, wird die Leserschaft mit Redensarten und Phrasen überschüttet, womit der Eindruck hervorgerufen werden soll, als seien alle Versuche der Russen, bei Orel einen Erfolg zu erringen, aussichtslos. Ich bringe nachstehend Auszüge aus den Zeitungen: »... Täglich neu bewährte elastische Abwehrtaktik[209] ... Anhaltend schwere Sowjetverluste ... Verhältnismäßig geringe eigene Ausfälle ... Hohes Maß militärischen Könnens der deutschen Führung und des deutschen Soldaten sichert diese Erfolge[210] ... Abgeriegelte örtliche Einbruchsstellen[211] ... alle Vorstöße des Feindes scheitern ...[212] erbitterter Widerstand unserer Truppen[213] ... alle Sowjetangriffe abgewehrt[214] ... Gigantische Schlacht um Orel, in der das Material Triumphe feiert.[215] ... der Gegner rennt überall vergeblich an.[216] ... der deutsche Soldat macht die feindlichen Pläne zuschanden ... die elastische Abwehrtaktik zielt auf die Vernichtung der feindlichen Angriffskräfte hin ... bewährte bewegliche Kampfführung wurde der anstürmenden Massen Herr ... stellenweise wurden unwichtige Geländestreifen aufgegeben... die Lage der sowjetischen Ernährung ist mitbestimmend für den Sommerangriff ... die Sowjetunion ist infolge ihrer ausgehungerten Bevölkerung ⟨zu verzweifelten Angriffen⟩ gezwungen, ⟨um⟩ eine Entscheidung herbeizuführen ... der bolschewistische Angriff ist längst in eine Abnutzungsschlacht größten Ausmaßes zu Ungunsten der Sowjets umgeschlagen.[217] ... –

In diesem Versmaß rauscht es durch die deutschen Blätter.

8. Aug. 1943.

Die Nazis bringen es fertig, auch aus einer Niederlage noch etwas zu machen.

Vor Orel verbluteten seit dem 5. Juli weit über 300 000 Sowjets

Wellenbrecher Orel hat seinen Zweck erfüllt – Ungeheure Abnutzung der sowjetischen Kräfte – Räumung seit Wochen vorbereitet und planmäßig ausgeführt

dnb. Berlin, 5. Aug. ⟨43⟩. In der Nacht zum 5. August räumten unsere Truppen die Stadt Orel. Diese seit Wochen vorbereitete Maßnahme ist ein Teil unserer mit großer Beweglichkeit und Wirkung geführten Abwehrkämpfe. Unsere Heeresverbände setzen sich immer nur dort zum äußersten Widerstand fest, wo sie die Basis wirksamer Gegenangriffe schaffen wollen, im übrigen aber zermürben sie durch Ausweichen und folgende Gegenstöße in die Flanken und in den Rücken der vordringenden Bolschewisten die

feindlichen Offensivkräfte bis zu deren Vernichtung.

Im Rahmen der großen Abwehrschlacht hatte daher der Raum von Orel die Bedeutung eines Wellenbrechers vor der deutschen Front. An ihm zerbrachen Tag für Tag die Massen der bolschewistischen Divisionen. Um diesen Abnutzungsprozeß möglichst in die Länge zu ziehen und damit die feindlichen Verluste ins ungeheure zu vergrößern, führten unsere Soldaten ihre vierwöchigen hinhaltenden Verteidigungskämpfe mit oft unvorstellbarer Härte. Ueber 3500 Sowjetpanzer haben sie seit dem 5. Juli allein bei Orel abgeschossen und hunderte weiterer wurden von der Luftwaffe vernichtet. Dazu kommt auf feindlicher Seite eine Zahl von Gefangenen, die noch gar nicht zu übersehen ist und nach sehr vorsichtigen Schätzungen weit über 300 000 liegt.

Nachdem somit unsere Truppen im Bollwerk Orel ihre Aufgaben erfüllt hatten, wurde der Frontvorsprung zugunsten einer verkürzten Linie aufgegeben. Unsere Verbände haben westlich der Stadt neue Stellungen bezogen, in denen sie den weiteren Anprall der bolschewistischen Flut erwarten. Die Räumung der Stadt selbst vollzog sich völlig planmäßig. Schon seit 14 Tagen waren sämtliche Verpflegungs- und Waffenlager, Werkstätten und Lazarette abtransportiert worden, nachdem zuvor schon die Bevölkerung den Marsch ins Hinterland angetreten hatte. So sah die Stadt in den letzten Tagen nur noch Einheiten der kämpfenden Truppe. Am 4. August und in der letzten Nacht wurden dann die seit langem vorbereiteten Sprengungen der militärisch wichtigen Gebäude und der Oka-Brücken gezündet, so daß den Bolschewisten nur ein Trümmerfeld ohne wirtschaftliche oder militärische Bedeutung verblieb.

Noch kurz vor der Räumung versuchten die Sowjets von Osten her in die Stadt einzudringen und griffen mit starken Infanteriekräften und 50 Panzern an. Unsere Grenadiere und Panzermänner schlugen aber die Angriffe blutig zurück und vernichteten dabei 30 der vorstoßenden Panzer. Da der Feind nach dieser neuen Schlappe nicht weiter angriff, zogen unsere bis dahin noch östlich Orel kämpfenden Truppen ungehindert durch die zerstörte Stadt hindurch.[218]

Südwestlich Orel entwickelten sich nur örtlich begrenzte Kämpfe, in deren Verlauf wieder zahlreiche feindliche Panzer vernichtet wurden. Im Bereich eines hier eingesetzten Panzerkorps schossen unsere Truppen in drei Tagen allein 183 Sowjetpanzer ab, und eine rheinisch-westfälische Infanterie-Division, die kürzlich an einem Kampftage im Süden der Stadt 109 Panzer zur Strecke bringen konnte, erhöhte die Zahl ihrer Panzerabschüsse seit dem 5. Juli auf über 200.

Unsere Luftwaffe griff mit starken Verbänden in die Kämpfe ein und bombardierte insbesondere feindliche Truppen und Felsstellungen südwestlich und nördlich sowie Transportzüge und Flugplätze im Hinterland. Sie vernichtete oder beschädigte zahlreiche Panzer sowie fünf Materialzüge und setzte auf dem Flugplatz Korolnowka mehrere Boxen mit abgestellten Flugzeugen in Brand.[219]

Die deutsche militärische Führung unternahm im Rahmen dieses Krieges keine einzige Handlung aus reinen Prestige-Gründen. Sie verzichtet ebenso im Falle Orel darauf, die Stadt aus Prestige-Erwägungen heraus zu halten. Orel hat mit der Vernichtung ungeheurer feindlicher Truppenmassen und eines kaum mehr zu überblickenden Materials vornehmlich an Panzern der deutschen Führung mehr Erfolge gebracht, als erwartet werden durfte. Es hätte militärisch keinerlei Sinn mehr gehabt, die Reste der Stadt auch jetzt noch zu erhalten und aus einem falschen Ehrgeiz heraus das Leben auch nur eines einzigen unserer Soldaten zu opfern, nachdem der strategische Zweck, dem Orel diente, erreicht ist. Mit der Frontverkürzung wurde eine weitere Festigung der deutschen Hauptkampflinie erzielt, deren Festigkeit aus den übrigen Mitteilungen des OKW.-Berichtes über die Kämpfe am Mius, nördlich Kuibyschewo, am mittleren Donez, bei Bjelgorod und südlich des Ladoga-Sees hervorgeht.[220]

Zum Troste für das deutsche Volk werden dann auch noch gigantische Verluste des Gegners bekanntgegeben:

Erst vor wenigen Tagen ist amtlich festgestellt worden, daß vom 5. bis 30. Juli in der gegenwärtigen Sommerschlacht des Ostens weit über 7000 Sowjetpanzer vernichtet worden sind. Diese Ziffer ist seitdem von Tag zu Tag gestiegen, damit hat sich die Zahl der bisher von deutschen Truppen während dieses Krieges überhaupt vernichteten sowjetischen Panzer auf weit über 50 000 erhöht.[221]

Keine Menschenseele kümmert sich um die deutschen Verluste.

Der »strategische Zweck ist erreicht«, so wird mit kindlicher Naivität die Niederlage bei Orel umschrieben. Vielleicht wird uns eines Tages erzählt, daß die ganze Ostfront aufgegeben worden ist, weil das Gebiet infolge der Zerstörungen doch wertlos sei. Erstaunt wäre ich nicht, wenn eine solche oder ähnliche Begründung für die kommenden »Frontverkürzungen« gebraucht würde.

Afrika hat seinen Zweck erfüllt, Sizilien ebenfalls. Die Gefallenen haben auch ihren Zweck erfüllt. Also, deutsches Volk, du kannst doch wirklich zufrieden sein, daß du so ⟨sorgfältig⟩ vorschriftsmäßig und zweckmäßig aufgeopfert wirst! –

Die Auszeichnungen, die in großen Mengen zur Förderung des Ehrgeizes ausgeteilt werden, erfüllen auch ihren Zweck. Hitler kennt die Deutschen. Er ist deshalb bei der Verteilung von Orden nicht knauserisch. Hitler weiß, daß die Ausgezeichneten sich immer wieder hervortun wollen – bis der Heldentod ein Ziel setzt.

Bei den schweren Kämpfen südlich des Ilmensees Ende März 1943 hatte Oberst Georg Hachtel, Kommandeur eines Ulmer Jägerregiments, besonderen Anteil. Diese Leistung, für die er das Ritterkreuz erhielt, ist um so höher zu werten, da Oberst Hachtel schon damals schwer erkrankt war. An dieser Krankheit ist der tapfere Offizier in Konstanz gestorben.[222]

*

Der Obergefreite Schiemann, der am 28. April 1943 mit dem Ritterkreuz ausgezeichnet wurde, ist am 13. Juli bei den Kämpfen im Osten gefallen.[223]

An der Ostfront fiel Hauptmann Walther Krauß, Gruppenkommandeur in einem Sturzkampfgeschwader, der sich als Aufklärer im Westfeldzug das Ritterkreuz des Eisernen Kreuzes erwarb.

*

Oberfeldwebel Willi Zahn, Zugführer in einem pommerischen Grenadier-Regiment, wurde am 18. Juli mit dem Ritterkreuz des Eisernen Kreuzes ausgezeichnet. Er hat die Verleihung nicht mehr erlebt, am 16. Juli fand er in den Kämpfen südlich Orel den Heldentod.[224]

*

Wenn dann einmal ein Gefreiter oder Unteroffizier ausgezeichnet wird, weil die Gewalthaber dokumentieren wollen, daß sie keine Unterschiede machen, so wird die Freude der Ausgezeichneten kaum von langer Dauer sein. Der Obergefreite Schiemann hat das Ritterkreuz 2 1/2 Monate tragen dürfen, und der Oberfeldwebel Zahn hat die Verleihung nicht erlebt.

Die hohen Offiziere dürfen überzeugt sein, daß die Träger von der anderen Fakultät kaum diesen Krieg überleben werden – dafür sorgt der Führer. Deshalb kann er das Ritterkreuz u. die anderen hohen Orden gönnerhaft zahlreich austeilen. Er tut es auch mit viel Tamtam.

Die neue Wochenschau: ⟨7.8.43⟩

Tiger rollen vor – Das Bild der Schlacht bei Orel

Ueber 7000 Panzerkampfwagen der Bolschewisten wurden in drei Wochen erbittertster Materialschlacht erbeutet oder vernichtet. Was diese Tatsache bedeutet, erhärten die Aufnahmen der neuen Wochenschau aus der Schlacht bei Orel. Unsere »Tiger« rollen vor und stellen sowjetische Panzer zum Kampf. Im Gebrüll der Schlacht steht Material gegen Material, lenkt menschlicher Wille den Kampf und entscheidet. Ungeheuer wird der bildmäßige Eindruck, wenn unsere Werferbatterien zu sprechen beginnen, wenn die blitzdurchzuckten Nebelschwaden aus den Mündungen der Geschütze schräg durchs Bild jagen und der Landschaft ein phantastisches Gesicht verleihen, das kein Maler als Symbol des Krieges stärker zu gestalten vermöchte. Und die Kamera führt unser Auge über das Schlachtfeld hin, über Leichen der Sowjets, über vernichtete Panzer. Immer wieder wird alles von den Einschlägen der Granaten und dem Dröhnen der Flugzeuge übertönt, und wir erkennen das gewaltige Ausmaß dieser Schlacht.

Berichter der Kriegsmarine sandten einen interessanten Bildstreifen von der Ausfahrt eines U-Tankers und von der Versorgung eines U-Bootes auf hoher See ein. Rasch und exakt hat alles zu geschehen, denn jeden Augenblick muß mit dem Auftauchen feindlicher Streitkräfte gerechnet werden. Man sieht wieder einmal, welch technischer Apparat und welch technische Beherrschung der Dinge durch jeden einzelnen Mann dieser Krieg bei jeder Waffe erfordert, und erkennt erneut, mit welcher Sicherheit und Ueberlegenheit die Männer auch in den schwierigsten Situationen ans Werk gehen.

Aus der Heimat sehen wir das fröhliche Leben von Großstadtkindern an der Ostsee und den begeisterten Empfang von Stoßtruppkämpfern in Lübeck. Im Landdienst bewährt sich germanische Jugend aus verschiedensten Ländern und nicht zuletzt werden jene Bilder unsere Aufmerksamkeit finden, die uns militärische Führer und Minister bei Besprechungen im Führerhauptquartier zeigen.[225]

Fritz Gay

Die »Wochenschau« erfüllt restlos alle Wunschträume der Spießbürger. Er sieht nur Leichen der Sowjets und fröhliche Gesichter in der Heimat.

Wie lange noch?

11. August 1943.

Zur Abwechslung will ich einmal von mir selbst etwas schreiben. Die vergangene Nacht war kriegsmäßig. 21.30 Uhr Bettruhe. Bereits kurz nach 24 Uhr durch heftiges Gepolter aufgewacht. Bombeneinschläge und Flakabwehr deutlich zu hören. Ich vermutete, Frankfurt oder Umgebung. Bis 2 Uhr wach. 3 1/4 Uhr Alarm des Weckers. Die Nacht bereits vorbei. Mit dem Zuge 4.57 Uhr über Hungen (nahezu 1 Stunde Aufenthalt) – Stockheim (1 1/4 St. Aufenthalt) nach Altenstadt. Ankunft: 8.25 Uhr. Jede Woche am Mittwoch Einsatz in Altenstadt für 3 Tage. Ich wohne bei dem Gastwirt und Landwirt August H[...]. Auch diese Unterkunft ist kriegsmäßig und ländlich.

Im Laufe des Tages wurde bekannt, daß nicht Frankfurt, sondern Nürnberg[226] von Fliegern angegriffen worden ist. In der Nacht vorher waren die Flieger[227] in Mannheim. Süddeutschland[228] scheint jetzt an der Reihe zu sein.

Die Presse hat bereits den richtigen Dreh gefunden, inspiriert selbstverständlich von dem Meisterjongleur Goebbels:

⟨8.8.43⟩

Mit dem Luftterror selbst aber werden wir fertig werden. Kühl und nüchtern werden die Zurückgebliebenen den Dingen ins Auge sehen! Es gilt alle Maßnahmen – sie sind hinreichend bekannt – zu treffen, um dem Terror zu begegnen und Hab und Gut zu schützen. Man möge sich auf der Gegenseite keine Illusionen darüber machen, daß wir weich würden! Wir sind zu jedem Einsatz und zu jedem Opfer bereit, weil es um den Bestand des Reiches und das Leben unseres Volkes geht. Je mutiger wir den Gefahren ins Auge sehen, um so leichter werden wir sie auf ein erträgliches Maß begrenzen. Die Stunde der Bewährung ist für uns gekommen. Der Terror macht uns nur noch härter und lehrt uns einen unbändigen Haß gegen jene, die einen Krieg der Unmenschlichkeit gegen die nichtkämpfende Zivilbevölkerung heraufbeschworen haben. Man möge auf der Feindseite nicht glauben, daß wir dem Wüten der Terrorbomber untätig zusähen! Auch unsere Stunde wird wieder kommen. Wann, das wollen wir dem Führer überlassen. Wir sind gewohnt, nicht zu reden, sondern zur gegebenen Zeit zu handeln.

Der Feind irrt, wenn er glaubt, das deutsche Rüstungspotential zu seinen Gunsten beeinflussen zu können. Unsere militärische Abwehrkraft wächst von Woche zu Woche. Die Heimat weiß, was sie der kämpfenden Front gerade in diesen Tagen schuldig ist. Wir werden arbeiten und den Tag unseres Gegenschlags mit verbissener Geduld erwarten. Man wird uns nie nachsagen können, daß wir schwächer im Hinnehmen seien als es der Engländer im Herbst 1940 war! Mit eiserner Disziplin und unerschütterlicher Standhaftigkeit steht die Heimat in der Zeit der Bewährung bereit, weil sie überzeugt ist, daß auch für uns die Stunde der Wendung kommt. Und bei uns wird man nicht so lange darauf warten müssen wie jenseits des Kanals![229]

Die Deutschen müssen nur mutig, kühl und nüchtern bleiben – wenn ihr gesamtes Hab und Gut mit samt den Wohnstätten sich in einen Trümmerhaufen verwandeln. So wünscht es die Regierung. Die Hauptsache ist die Bewährung! Eiserne Disziplin und unerschütterliche Standhaftigkeit wird obendrein verlangt. Dafür kommt dann die Stunde der Vergeltung. Vorerst jedoch nur auf dem Papier. Schadet aber gar nichts.[230] Es ist sehr billig, das Volk zu vertrösten und ihm Versprechungen anzubieten. Ich habe in den letzten Tagen eine Reihe von Parteigenossen gehört, die allerlei Andeutungen von geheimnisvollen Vorbereitungen für den »Schlag« gegen England unter die Masse brachten. Das geschieht auf höhere Weisung. Von einem stellv. Ortsgruppenleiter ⟨Hainchen⟩[a] erfuhr ⟨ich⟩, daß in einer vor einigen Tagen stattgefundenen Versammlung der Amtswalter in Büdingen durch den Kreisleiter Görner[231] scharfe Worte gegen diejenigen Parteigenossen ausgesprochen wurden, die sich jetzt am liebsten in ein Mauseloch verkriechen würden. Der Kreisleiter verlangte starken Bekennermut und Kampf gegen jedes lauwarmes Verhalten. Insbesondere sollen die Amtswalter in ihren Gemeinden auf die Schwätzer achten, der Bevölkerung Mut zusprechen und für gehobene Stimmung sorgen. Die Amtswalter sollen – wenn nötig – gegen Wankelmütige oder Parteigegner – genau wie vor 1933 – tätlich vorgehen. Dabei erwähnte der Kreisleiter, daß kein Parteigenosse in einem solchen Falle gerichtlich belangt werden würde!

⟨(Kreisleiter von Büdingen)⟩

a) *Hainchen* ist ein Ortsteil der Gemeinde Limeshain im Wetteraukreis.

hlz Berlin, 8. August ⟨43⟩ (Von unserer Berliner Schriftleitung.) Zur Zeit ist die Lage so, daß weder an der Ostfront noch auf Sizilien die Besetzung von Quadratkilometern den Gegner dem Siege näher bringen kann. Es hat schon einen tieferen Sinn, wenn vor allem die Amerikaner so unverhüllt ihrer Enttäuschung über den zähen Widerstand der deutschen Divisionen auf Sizilien Ausdruck geben. So berichtet jetzt der amerikanische Korrespondent Willard über »bittere Erfahrungen, die die amerikanischen Infanteristen hier hätten sammeln müssen«. Es sei außerordentlich schwierig, an die deutschen Stellungen auf den Bergkämmen heranzukommen. Wenn es da und dort gelinge, sich den gegnerischen Stellungen zu nähern, so kämpften die deutschen Verteidiger geradezu wie eine wahre Heldentruppe, in dem sie sofort hartnäckige Gegenangriffe einleiteten. Die Aufmerksamkeit dieses amerikanischen Kriegsberichterstatters richtet sich besonders gegen das System der deutschen Verteidigungsanlagen. Er meint schließlich, daß man die Landminen ebenso verbieten müßte wie die Giftgase. Die Landminen unserer Verteidigung fallen also den Amerikanern sehr auf die Nerven.

Die ihnen unerwartete Zähigkeit des deutschen Widerstandes und die Wirksamkeit unserer Verteidigungsanlagen scheinen den Leuten auf der Gegenseite immer mehr in dem Sinne zu denken zu geben, daß es den für sie einsetzbaren militärischen Kräften nicht beschieden sein wird, einen entscheidenden Sieg in Europa innerhalb des von ihnen vorgesehenen Zeitprogramms zu erringen. Dieses Zeitprogramm ist aber von geradezu entscheidender Bedeutung bei der Erkenntnis, daß Japan absolut unangreifbar werden muß, wenn sich die Vereinigten Staaten nicht in absehbarer Frist mit geballter Kraft gegen den Gegner im Pazifik wenden können. Es ist fraglos ein Symptom der beginnenden Resignation, wenn führende amerikanische Militärs nach britischem Vorbild wieder stärker als bisher ihre Hoffnungen darauf setzen, daß andere Völker für sie die Kastanien aus dem Feuer holen werden. So hat jetzt der Oberkommandierende der amerikanischen Flotte, Admiral King, es als der Weisheit höchsten Schluß und als die einzig mögliche Strategie gepriesen, auf der einen Seite Tschungking-China kampffähig gegen Japan zu erhalten und auf der anderen Seite den Sowjets zu helfen, indem man deutsche Truppen von der Ostfront ablenke, weil schließlich nur die Sowjetunion in der geographischen Lage und im Besitz der Menschenmengen sei, die militärisch im Kampf gegen Deutschland von ausschlaggebender Bedeutung werden könnten.

Wohin die Spekulation mit dem sowjetischen und tschungkingchinesischen Kanonenfutter schließlich führen wird, das muß sich erst noch zeigen. Darüber gehen die Meinungen auch in England und in den Vereinigten Staaten auseinander, ob die Bolschewisten angesichts ihrer Nahrungs- und Rohstoffnöte noch sehr lange solche Aderlässe ertragen können, wie sie mit ihren gegenwärtigen verzweifelten Offensivstößen verbunden sind, zumal, wenn diese schließlich nur zum Gewinn einer Anzahl von strategisch und wirtschaftlich nicht bedeutsamen Quadratkilometern führen. Was Tschungking betrifft, so wird gerade jetzt von der United Preß die Auffassung eines aus Tschungking zurückgekehrten bolschewistischen Journalisten wiedergegeben, der ernsthafte Besorgnisse über die politischen Kräfte in Tschungking äußert, auf die Dauer einen Zusammenbruch Tschungking-Chinas für unvermeidlich hält und in einem Ausgleich mit Japan den einzigen Ausweg erblickt.

Wir lassen uns durch solche Besorgnisse eines Gegners durchaus nicht zu Illusionen treiben, aber für die Amerikaner muß sich doch je länger desto mehr die Frage erheben, wie sie gegebenenfalls nur auf sich gestellt nach einer großen Rüstungspause für Japan, das als Grundlage dafür ein neues Weltreich besitzt, den Krieg im Pazifik zum Ende führen wollen. Was die Amerikaner bis jetzt als ihre Gegenoffensive bezeichnen, das erschöpft sich doch wirklich in der Strategie des Sprunges von Insel zu Insel, die allen einsichtigen Militärs in den Vereinigten Staaten ein Schaudern verursacht, weil sie genau wissen, daß sie auf diesem endlosen Wege niemals zum Siege gelangen können. In dem riesigen Raume, den die Japaner militärisch beherrschen, spielen Quadratkilometer noch weniger eine Rolle, als an den europäischen Fronten. Die »Nippon Times« hat gewiß recht, mit dieser Feststellung: »Falls die Amerikaner heute noch glauben, mit ihrer Gegenoffensive etwas erreicht zu haben, brauchen sie nur auf die Landkarte zu sehen, um herauszufinden, wo ihre Streitkräfte im Pazifik vor einem halben Jahr standen und wo sie heute stehen. Der Krieg wird nicht mit Worten gewonnen, sondern mit harten Ergebnissen und Tatsachen.« Diese Tatsachen stellen sich an den europäischen Fronten wie im Pazifik so dar, daß die Gegner für eine Anzahl von Quadratkilometern mit geradezu unheimlichen Verlusten bezahlen müssen. Die Zeit wird lehren, was schließlich wesentlicher war und ist, die Quadratkilometer oder die schweren Aderlässe.[232]

Die Berichte zur Lage, die augenblicklich den deutschen Lesern erstattet werden, versuchen den Nachweis zu führen, daß alle Unternehmungen unserer Gegner zu Mißerfolgen verurteilt seien.

Tagtäglich werden die unheimlichen Verluste der Gegner in den Vordergrund gerückt, um das Volk über die eigenen Verluste hinwegzutrösten.

Wie einfältig ist das alles.

Planmäßige Absetzbewegung auf Sizilien

Aus dem Führerhauptquartier, 8. August ⟨43⟩. Das Oberkommando der Wehrmacht gibt bekannt:

Am Kuban-Brückenkopf erneuerten die Sowjets unter Einsatz von zahlreichen Schlachtfliegern ihre Angriffe. Sie wurden in harten Kämpfen abgeschlagen.

Im Raum von Bjelgorod dauert der harte Abwehrkampf gegen die mit starken Kräften angreifenden Sowjets weiter an.

Auch im Frontabschnitt von Orel griff der Feind mit neu herangeführten Truppen an. Seine Versuche, unsere Abwehrfront zu durchbrechen, scheiterten.

Südlich des Ladoga-Sees und an der Murman-Front blieben örtliche feindliche Vorstöße erfolglos.

Die Luftwaffe griff mit starken Sturzkampf-, Kampf- und Nahkampfgeschwadern wirksam in die Erdkämpfe ein, vernichtete zahlreiche Panzer und Fahrzeuge und zersprengte Truppenansammlungen des Feindes. In Luftkämpfen wurden 91 Sowjetflugzeuge abgeschossen.

An der Front auf Sizilien kam es zu keinen größeren Kampfhandlungen. Unsere Truppen haben sich, vom Feinde ungehindert, in einigen Abschnitten auf neue vorbereitete Stellungen abgesetzt.

Ein starker Verband schwerer deutscher Kampfflugzeuge griff in der Nacht den Hafen von Biserta an. Ein Kreuzer sowie ein weiteres Kriegsfahrzeug und 15 Transporter wurden zum Teil erheblich beschädigt. Ueber der Messina-Straße und im Küstengebiet Sardiniens schossen deutsche Jagdflugzeuge vier feindliche Flugzeuge ab.

In der vergangenen Nacht warfen einige feindliche Störflugzeuge eine geringe Zahl von Sprengbomben im Rheinland. Die Schäden sind unerheblich.[233]

Das Oberkommando der Wehrmacht verschanzt sich ebenfalls hinter Redensarten.

Rückzüge sind grundsätzlich »Frontverbesserungen, Frontverkürzungen, Absetzbewegungen«.

Damit nicht genug, derartige Dinge müssen sich immer in Wort und Schrift »vom Feinde ungehindert oder gar unbemerkt« vollziehen. –

Dumme Ausreden sind eines Soldaten unwürdig.

Orel kostete den Feind 600000 Mann an Gefallenen, Verwundeten, Gefangenen

dnb Berlin, 6. August ⟨43⟩. Der erfolgreiche Verlauf der Kämpfe um Orel unterstreicht von neuem die Bedeutung des großen, von unseren Truppen in den letzten vier Wochen errungenen Abwehrerfolges. Drei Faktoren sind es vor allem, die für seine Beurteilung entscheidend sind, nämlich, daß unsere Verbände den Feind in beweglicher Verteidigung immer wieder hart zu treffen verstehen, daß unsere schweren Waffen auf der verkürzten Frontlinie wirksamer eingreifen können als zuvor, und schließlich, daß die Sowjets nahezu 600 000 Mann an Gefangenen, Toten und Verwundeten verloren haben, ein Aderlaß, dessen Auswirkungen nicht ausbleiben können.

Der Ablauf der nunmehr vierwöchigen Kämpfe zeigt zwei große Abschnitte. Der erste begann am 5. Juli als sich die deutsche Führung entschloß, in die erkannten Offensivvorbereitungen des Feindes hineinzustoßen, bevor diese Kräfte noch ihren Aufmarsch vollendet hatten. Der Stoß schwächte den Feind um rund 40 000 Gefangene und etwa das Sechs- bis Siebenfache dieser Zahl an Toten und Verwundeten. Der Angriff löste aber auch, wie erwartet, die feindliche Offensive zu einem uns genehmen Zeitpunkt und in einem Gelände aus, das durch mehrmonatige rastlose Arbeit für den beweglich geführten Abwehrkampf vorbereitet worden war. Am 21. Juli folgte dann der bolschewistische Hauptangriff. Fortgesetzt berannte der Feind seither unsere Linien, doch ungezählte Divisionen und Panzerbrigaden verbluteten sich und zer-[234]

Am 5. Aug. (siehe Aufzeichnung vom 8. Aug.) wurde in großen Lettern von 300000 verbluteten Sowjets gesprochen. Diese Zahl war den Regisseuren sicherlich nicht hoch genug. Und siehe da, am 6. Aug. waren es dann 600000 Gefallene, Verwundete und Gefangene.

Das deutsche Heer ist nur in der Lage, die Zahl der Gefangenen anzugeben. Das deutsche Heer gibt fortgesetzt Gelände auf und ist mit Rücksicht darauf überhaupt nicht in der Lage, über die Gefallenen u. Verwundeten auf der Feindseite eine auch nur einigermaßen der Wirklichkeit entsprechende Zahl zu nennen. Aber von allem abgesehen, warum wird nichts über die deutschen Gefallenen und die deutschen Verwundeten oder Vermißten geredet? Warum nicht?

Die deutsche Heimat hat doch in erster Linie das größte Interesse an den eigenen Verlusten, an dem Tode ihrer[235] Söhne.

An Stelle der Verlustlisten reihen sich Artikel an Artikel über die geradezu ungeheuren Verluste der Sowjets. Bald sind es die Aussagen gefangener sowjetischer Truppenführer, bald ⟨angebliche⟩ Auslassungen in den engl. oder amerikanischen Zeitungen, die zur Unterstützung der Behauptung herangezogen werden. Da es möglich wäre[236], daß vielleicht irgend ein Leser auf den Gedanken kommen könnte, sich zu fragen, warum denn nun die Russen die dargestellten ⟨sinnlosen⟩ Opfer bringen, so ist Goebbels nicht verlegen, eine Auskunft von vornherein zu geben.

»Der Zweck der sowjetischen Riesenopfer:
Um das Versorgungsproblem militärisch zu lösen.«[237]
Aha! Da haben wir es.

Alle diese nicht bei offiziellen Anlässen, sondern mehr am Rande des Zeitgeschehens gemachten Geständnisse im Lager unserer Feinde zusammengenommen ergeben ein höchst aufschlußreiches Bild der Situation: die Bolschewisten müssen immer wieder angreifen, um wenigstens den Versuch zu machen, die verlorene Kornkammer Ukraine zurückzugewinnen. Zu Englands Riesenverlusten an Schiffen kommen jetzt die gewaltigen Einbußen an Flugzeugbesatzungen. Die britischen Indexziffern sind gefälscht, ebenso wie sich die Angaben über die USA.-Produktion immer wieder als Bluff erweisen.

Die Propaganda will uns also beweisen: Entweder verblutet sich der Russe oder er verhungert. Jedenfalls überwinden wir ihn so oder so (nach Goebbels!).

Goebbels vergißt auch nicht hinzuzufügen: Deutschlands Endsieg ist sicher – wenn die deutsche Heimat bis zum letzten Atemzuge durchhält. – Womit wir die Zeit vom Aug-Nov. 1918 glücklich erreicht haben.

Es ist mehr als Hysterie, was aus den Spalten der deutschen Zeitungen hervorschaut.

Wahnsinn in Reinkultur.

Die Erlösung, die Aufklärung muß bald kommen, sonst wird das gesamte Volk unheilbar geisteskrank.

---

12. August 1943.

Der Hauptschriftleiter Ernst Hiemer[238] von der Wochenschrift »Der Stürmer« schreibt in der Nummer vom 12. Aug. 1943 über seine Reise nach Frankreich. Er gibt an, viele photographische Aufnahmen von Negern, Indochinesen, Chinesen, Arabern, Juden, und vor allem von Bastarden gemacht zu haben. Hiemer bedauert, daß er Jacques Doriot nicht sprechen konnte u. schreibt von diesem: »Doriot begnügt sich nicht damit, sich als Judengegner und Antibolschewist zu bekennen, sondern er steht auch mit der Tat zu seiner Ueberzeugung. Doriot befindet sich heute mit den[239] Gesinnungsgenossen an der Ostfront und kämpft unter Einsatz seines Lebens für seine Idee.«[240]

Wenn also Monsieur Doriot für seine »Idee« kämpft, so ist das immerhin noch beachtlich. Aber wie steht es mit dem Hauptschriftleiter Hiemer und anderen »Größen« der »Bewegung«? Warum kämpfen diese Kumpane im Hintergrunde und nicht an der Ostfront?

Wahrlich, es ginge bestimmt auch ohne ⟨Gauleiter,⟩ Kreisleiter usw.

Weil es keinen »9. November« geben soll, deshalb haben sich die Nazis in die Idee der »inneren Front« verrannt. Nicht ohne dabei an ihre kostbare Person zu denken. Trotzdem fallen sie so oder so, dann wackelt eben diesmal in erster Linie die äußere Front. Es ist gehupft wie gesprungen.

13. August 1943.

Den Krieg gegen Rußland hat Adolf Hitler in seinem Buche »Mein Kampf« bereits vorbereitet. Da wies er seinen Anhängern den Blick nach dem Osten:

»Wenn wir aber heute in Europa von neuem Grund und Boden reden, können wir in erster Linie nur an Rußland und die ihm untertanen Randstaaten denken.«[241]

Die folgenschwersten Irrtümer hat Hitler seinen Parteigenossen als der Weisheit letzten Schluß gepredigt.

Vor allem hat er die Russen zu einer »minderwertigen Rasse« gestempelt. Dann behauptete er:

»Das Riesenreich im Osten ist reif zum Zusammenbruch«. Hitler war felsenfest überzeugt, daß Rußland dem Untergange geweiht sei.

Auf solchen Unterlagen hat Hitler seine Außenpolitik aufgebaut!

Nicht minder fragwürdig ist die fortgesetzt erhobene Forderung nach Grund und Boden, denn sie läßt sich sittlich und moralisch nie rechtfertigen. Ganz abgesehen davon, daß ein durch Krieg erlangter Bodengewinn unter den heutigen Verhältnissen keinen dauernden Friedenszustand zulassen würde. Es ist gar nicht auszudenken, was eine Besitzergreifung von Polen oder der Ukraine durch Deutschland für Folgen nach sich ziehen würde.

Einem Nazi ist das natürlich nie klar zu machen. Aus diesem Grunde muß dieser Krieg ein Denkzettel für herrsch- u. eroberungssüchtige Deutsche werden.

Nur ein gebranntes Kind scheut das Feuer.

Was würden die deutschen Eroberer der Ostgebiete dazu sagen, wenn Rußland aus irgend welchen Gründen (vielleicht wegen des Klimas) eine Wanderung ihrer Völker nach dem Westen beginnen würde?

Wenn man selbst die Eroberung fremden Gebietes befürwortet, dann dürfte schwerlich ein Einwand gegen derartige Gelüste zu erheben sein. Allein schon aus diesem Grunde muß das eigene Verhalten einwandfrei sein.

17. August 1943.

Nachmittag. Es dröhnt. Flugzeug-Geräusch. Hoch in den Lüften 3 große Gruppen von Flugzeugen. Rätselraten: deutsche oder feindliche? Ich tippe auf amerikanische Flieger, da sie sehr hoch fliegen. Es wird versucht zu zählen. Wir kommen auf 180 Stück. Die Flugzeuge kommen von Osten u. ziehen nach Westen. Vielleicht waren sie in Nürnberg?

Eine merkwürdige Situation. Im Luftraum über Deutschland bewegt sich der Feind, als sei er hier zu Hause. Wer beherrscht nun eigentlich den deutschen Luftraum?

18. August 1943.
Auf der Fahrt nach Altenstadt erfahre ich, daß die feindl. Flieger in Schweinfurt gewesen sein sollen. In der Nähe von Nidda versuchten mehrere deutsche Jagdflieger anzugreifen. Mit negativem Erfolg. 2 ⟨Jagdflieger⟩ wurden heruntergeschossen. Der eine Flieger (ein Offizier) sprang mit dem Fallschirm ab und verletzte sich an beiden Beinen. Er kam in das Lazarett nach Bad Salzhausen. –

Im Wartesaal in Stockheim kam ich ins Gespräch mit einem Reisenden. Es stellte sich heraus, daß es ein alter Parteigenosse war. Seine Ausführungen hatten einen pessimistischen Anstrich. Er sagte offen zu mir, daß die Fliegerangriffe am hellen Tage ihm den Glauben genommen hätten. Der »alte Kämpfer« sah ein, daß Deutschland zu schwach ist, die Angriffe der Flieger mit Erfolg abzuwehren. –

Selbst die ältesten Parteigenossen fangen also an, ihren Glauben an die Allmacht Hitlers zu verlieren. Das ist aber erst eine Schwalbe, und die macht bekanntlich noch keinen Sommer. Es ist noch etwas Geduld erforderlich. Die Lage muß so werden, daß selbst der dümmste Pg keinen Ausweg mehr sieht.

Nur der militärische Zusammenbruch kann die Erlösung bringen. Dann ist die letzte Hoffnung aus dem Wege geräumt.

Die Germanen sind nun einmal eine Rassenklasse für sich. –

Woher schöpft nun eigentlich der Durchschnittsdeutsche seine nie versiegenden Hoffnungen?

Die Tagespresse und der Rundfunk geben sich die erdenklichste Mühe, mit al len Mitteln den Glauben an den Endsieg aufrechtzuerhalten. Mögen selbst an den Fronten bedenkliche Schlappen erlitten werden. Dies ändert gar nichts an der zuversichtlichen Darstellung der Lage. Nur nicht wankelmütig werden; das ist die Parole aller Redner u. Berichterstatter. Niederlagen werden in großartige Leistungen umgedeutet, und wenn es gar nicht mehr anders geht, ist ein Rückzug von langer Hand vorbereitet und erfolgte durchaus »planmäßig«. Vertröstungen sind an der Tagesordnung, und Trostworte werden in reichen Mengen gespendet.

Ein Blick in die Zeitungen zeigt uns das Wesen der Propaganda. Die Schlagworte und Schlagzeilen sind der »Hessischen Landeszeitung« entnommen:[242]

10.8.43: »Moskaus Sommeroffensive erreicht keines ihrer Ziele.«
»352 Panzer in den beiden letzten Tagen abgeschossen.«
11.8.43: »Erfolgreicher Verlauf der Abwehrkämpfe im Osten.«
»Im Zeichen harten deutschen Siegwillens.«
12.8.43: »Am Dienstag 348 Sowjetpanzer abgeschossen.«

»Angriffe auf Sizilien abgewehrt.«
»Feindliche Transportflotte erneut schwer getroffen.«
»Sowjetpanzerarmee zerschlagen.«
»Tiefe Gärung in Indien.«
13.8.43: »Unerhörter Materialeinsatz der Sowjets bei Wjasma.«
»Ansturm zweier Sowjetarmeen abgeschlagen.«
»Abwehrschlacht bei Bjelgorod dauert an.«
14.8.43: »Blutige Verluste zwangen die Sowjets zu verstärktem Materialeinsatz.«
»Deutschland so stark wie je zuvor.«
»Blutige Sowjetverluste.«
»Die Sowjets opferten am Ladogasee vergeblich etwa 100 000 Mann.«
15.8.43: »Fast 2000 Sowjetpanzer in der letzten Woche vernichtet.«
»Hohe blutige Verluste der Bolschewisten.«
»Schwere Niederlage der USA.-Luftwaffe im Pazifik.«
»Ernährungsschwierigkeiten bei den Achsengegnern in Sizilien.«
»Japans Kampfentschlossenheit ist unerschütterlich.«
16.8.43: »Feindlicher Nachschub für Sizilien versank im Mittelmeer.«
»Sowjets an allen Fronten blutig abgewiesen.«
17.8.43: »Die große Abwehrschlacht im Bogen von Orel.«
»Weiter schwerste Verluste der Sowjets.«
»In Britisch-Indien fehlen mindestens 1 Million Tonnen Getreide.«
19.8.43: »Ständig wachsende Erfolge der deutschen Luftabwehr.«
»Unsere Luftaufrüstung immer spürbarer.«
»England mit der Kriegslage im Osten unzufrieden.«

19. Aug. 43:
In Büdingen sind die amtlichen Meldungen eingetroffen, daß im Kreise Büdingen vorgestern drei deutsche Jagdflieger von den amerikanischen Bombern abgeschossen wurden. Trotzdem bringt es der deutsche Wehrmachtbericht fertig, von einem abgeschossenen Jagdflieger zu sprechen.[243] In den Angriffsgebieten Schweinfurt und Regensburg sind zweifellos auch noch deutsche Flieger abgeschossen worden.

In diesem Falle steht die Lügerei des Oberkommandos einwandfrei fest. Es wird dummdreist gelogen. Wozu? Der Gegner kennt die Abschüsse, und die deutschen Fliegerhorste wissen ebenfalls, wer von ihren Kameraden nicht mehr zurückkehrt.

25.8.43.

Der Wehrmachtbericht meldete die »planmäßige« Räumung von Charkow.[244] In der letzten Zeit war das Wort Charkow in den Berichten ängstlich vermieden worden. Stets wurde von dem »Raume von Bjelgorod« oder »südwestlich von Bjelgorod« gesprochen.

Rundfunk und Presse geben sich gemeinsam besondere Mühe, den Fall von Charkow in eine Angelegenheit zweiten Ranges umzudeuten. Der »Völkische Beobachter« macht das wie folgt:

Die Räumung von Charkow

vb. Berlin, 24. August ⟨43⟩

Den Trost, den unsere Feinde aus der Räumung des Trümmerfeldes von Charkow schöpfen mögen, wird nicht lange vorhalten. Denn damit hat sich an der gesamten Kriegslage im Osten nichts Wesentliches geändert. Bereits der Bericht des Oberkommandos der Wehrmacht vom Sonntag ließ erkennen, daß die Kämpfe südwestlich von Bjelgorod sich allmählich in die unmittelbare Nähe von Charkow verlagert hatten. Er teilte gleichzeitig mit, daß im Nordwesten der Stadt schwere Panzerkämpfe zwischen vorgedrungenen feindlichen Panzerkeilen und deutschen motorisierten Verbänden im Gange sind. Diese erbitterten Kämpfe dauern nach wie vor an, und heute erfahren wir, daß es gelungen ist, hier die vorgeschobenen Spitzen des Feindes abzuschnüren. Sie gehen ihrer Vernichtung entgegen, eine Operation, die durch die Räumung der Stadt in keiner Weise beeinträchtigt wird.

Der Wert, den Charkow als Verkehrs- und Versorgungszentrum besaß, war ohnehin herabgemindert, nachdem die Stadt wieder in unmittelbarer Frontnähe lag. Ihre Preisgabe ist daher kein Ereignis von übermäßiger Bedeutung. Entscheidend ist, daß an den Brennpunkten der sowjetischen Offensive der Feind nach wie vor gehalten wird und es ihm nirgends gelungen ist, zu einem strategischen Durchbruch zu gelangen. Auch im Raum von Charkow ist die deutsche Führung jederzeit Herr ihrer Entschlüsse geblieben. Der weitere Verlauf der Kämpfe wird das augenfällig beweisen.[245]

Die Bedeutung von Charkow wird ohne weiteres daraus zu erkennen sein, daß die deutsche Armee diese Stadt zweimal unter den größten Anstrengungen im Laufe dieses Feldzuges erobert und verloren hat.

Warum ist jetzt auf einmal der Wert herabgemindert? Jedenfalls deshalb, weil wir diese Schlüsselstellung endgültig aufgegeben haben.

Es ist ein sehr schlechter Trost, daß den Russen der strategische Durchbruch nicht gelungen sei. Wissen wir überhaupt, ob die Russen in diesem Augenblick durchbrechen wollten?

Der Durchbruch kommt zur gegebenen Zeit. Wenn die Russen über die erforderliche Stoßkraft verfügen, werden sie schon durchbrechen. In diesen Tagen drücken sie uns langsam, aber sicher zurück. Jeden Tag 5 km ergibt in 100 Tagen 500 km. Die fortgesetzte Schwächung unserer Front ist die Voraussetzung für einen erfolgreichen Durchbruch der Russen.

26. Aug. 1943.

Im Wartesaal in Stockheim hörte ich durch den Rundfunk die Meldung von der Veränderung in der Regierung.

Veränderung in leitenden Stellen

Dr. Frick Reichsprotektor in Böhmen und Mähren

Himmler Reichsminister des Innern

Der Reichsarbeitsdienst Oberste Reichsbehörde
Reichsarbeitsführer Hierl Reichsminister – Staatssekretär Frank Staatsminister

Berlin, 25. August ⟨43⟩
Der Führer hat den Reichsprotektor in Böhmen und Mähren, Konstantin Freiherr von Neurath auf seinen Antrag von diesem Amt entbunden. Zum Reichsprotektor in Böhmen und Mähren hat der Führer den Reichsminister des Innern Dr. Wilhelm Frick ernannt und ihn von den Ämtern des Reichs- und preußischen Ministers des Innern sowie des Generalbevollmächtigten für die Reichsverwaltung entbunden. Freiherr von Neurath und Dr. Frick bleiben weiterhin Reichsminister.

Den Leitenden Staatssekretär im Reichsministerium des Innern Hans Pfundtner hat der Führer auf seinen Antrag in den Wartestand versetzt.

Zum Reichs- und preußischen Minister des Innern sowie zum Generalbevollmächtigten für die Reichsverwaltung hat der Führer den Reichsführer SS und Chef der Deutschen Polizei Heinrich Himmler ernannt.

Der Reichsarbeitsdienst scheidet aus dem Geschäftsbereich des Reichsministeriums des Innern aus.

Der Reichsarbeitsführer untersteht als Chef einer Obersten Reichsbehörde dem Führer unmittelbar. Dem Reichsarbeitsführer Konstantin Hierl hat der Führer Titel, Rang und Befugnis eines Reichsministers verliehen.

Die Ernennung des Reichsprotektors hat zur Folge, daß der dem SS-Oberstgruppenführer und Generaloberst der Polizei Daluege erteilte Auftrag, die Geschäfte des Reichsprotektors vertretungsweise zu erfüllen, beendet ist.

Den Staatssekretär beim Reichsprotektor in Böhmen und Mähren, Karl Hermann Frank, hat der Führer zum Staatsminister ernannt und im Rang den Reichsministern gleichgestellt.

Der Führer hat den Reichsministern Frh. von Neurath und Dr. Frick, dem SS-Oberstgruppenführer und Generaloberst der Deutschen Polizei Daluege sowie dem Staatssekretär Pfundtner in besonderem Handschreiben seinen Dank für die dem deutschen Volk geleisteten großen Dienste ausgesprochen.[246]

Himmler ist Reichsminister des Innern geworden! Das ist die Ultima ratio.[a]

Das letzte Mittel oder die letzte Oelung.

Himmler wird nicht mehr tun können als er schon getan hat. Und er hat viel getan. Jetzt sind an allen Stellen die radikalsten Männer. Meine Meinung: Der gespannte Bogen kann nur noch platzen, sonst nichts. Langsam aber sicher nähert sich die Sache ihrem Ende.

a) *Das ist die Ultima ratio:* Mit Wirkung zum 26. August 1943 wurde Himmler als Nachfolger von Wilhelm Frick, der im Krieg einen schleichenden Machtverlust erlebt hatte, Reichs- und Preußischer Minister des Innern. Der Personalwechsel ist im Zusammenhang mit dem Sturz Mussolinis einen Monat zuvor zu sehen, der vor allem bei Hitler die Angst vor einem »Dolchstoß« schürte. Daher ernannte er den ihm treu ergebenen und mächtigen Himmler, dessen Aufgabe vor allem darin bestehen sollte, die Ruhe in der Bevölkerung zu gewährleisten und alle Kräfte für den Kampf zu mobilisieren. Vgl. Lehnstaedt 2006, S. 639-641.

28. Aug. 1943.
Am Mittwoch Abend (25.8.) war ich in Stammheim[a] bei den Familien Justizassistent Hühn und Lehrer B[...] zu Gast. Bei Lehrer B[...] befand sich Amtmann B[...] und Frau aus Mainz. Es ist nicht zu vermeiden, daß das Gespräch schließlich auch auf den Krieg gelenkt wird. Ich war wirklich erschüttert über die geistige Verfassung des Dorfschullehrers B[...]. Der Typ jener Leute, die auf das falsche Pferd gesetzt haben und ⟨unter⟩ gar keinen Umständen sehen wollen, daß der Gaul lahmt und deshalb[247] überhaupt im Endkampf keinerlei Chancen mehr hat.

Mit Enthusiasmus schilderte Lehrer B[...] seine felsenfeste Ueberzeugung von dem Gelingen der Vergeltungsmaßnahmen gegen England. Das ist z.Z. der Lieblingsgedanke aller rachsüchtigen Heimkrieger. Ich erwähnte, daß selbst bei Verwirklichung derartiger Wunschträume noch nicht die Angriffe der englischen Flieger auf deutsches Gebiet beseitigt wären. Erreicht wäre damit nur, daß wir den Engländern ebenfalls Schaden zufügen würden. Es handelt sich aber doch für uns darum, die Bombardierung deutscher Städte zu verhindern. Dafür gibt es bis jetzt noch kein Wundermittel. Jagdflieger und Flak sind diejenigen Waffen, die gegen die feindlichen Bomber eingesetzt werden können. Vermutlich werden dies auch – wenigstens in diesem Kriege – die einzigen Verteidigungswerkzeuge bleiben.

Die Sprache kam auch noch auf Italien. B[...] meinte, Mussolini hätte den König und den Papst besei[ti]gen müssen, dann wäre er Sieger geblieben. Als höchsten Trumpf spielte B. die Behauptung aus, Mussolini würde von Deutschland wieder eingesetzt und an unserer Seite mit seinen Schwarzhemden weiterkämpfen.

Es ist nichts zu dumm,
Es findet doch sein Publikum.

Meine Entgegnung, daß die Italiener ja drei Jahre Gelegenheit gehabt hätten, ihre militärischen Fähigkeiten zu zeigen und daß das italienische Volk nach meiner Auffassung kriegsmüde sei, machte auf den Verkünder der neuesten Weisheiten keinen sichtbaren Eindruck. –

Solche Menschen wollen einfach nicht denken, sondern leben von der einen zur anderen Hoffnung in den Tag hinein. Und selbst am Grabesrand pflanzen sie noch eine Hoffnung auf. –

Damit muß man sich abfinden.

Das Rezept.

In einem Aufsatz »Die Partei im Generalgouvernement« schildert der Parteigenosse Dr. A. Dresler[248] im »Völkischen Beobachter« vom 17.8.43 den Arbeitsbereich der NSDAP. im Generalgouvernement. Die Parteigenossen haben dafür gesorgt, daß eine außergewöhnlich reiche Zahl von Aemtern und Stellen geschaffen wurde und ihre Unabkömmlichkeit dadurch verankert worden ist.

a) *Stammheim:* Gemeint ist Stammheim in der Wetterau, heute ein Ortsteil von Florstadt.

Die Organisation (Sitz Krakau) geht über die Distrikte, Kreisstandorte, Standorte, Zellen bis in die Blocks hinein. Auf diese Weise glaubt der Parteiapparat, eine tragende Säule des Lebens im Generalgouvernement zu sein. Das Rezept der Partei, ausprobiert in der »Kampfzeit« und tausendfältig angewendet in den Jahren 1933-1943, wird auch im Osten verschrieben:

> Vor allem aber sorgt die NSDAP. durch ihre Kundgebungen und Veranstaltungen, durch Schulung und Freizeitgestaltung, durch Presse und Rundfunk dafür, daß der alte Kampfgeist der Partei erhalten bleibt und hier weiterentwickelt wird, wo er seine Bewährung im Kampfe gegen fremdes Volkstum findet. Hat sich nationalsozialistische Gesinnung und Tatkraft bereits bei der Errichtung des Generalgouvernements und in seiner Verwaltung schon dadurch tausendfach bewährt und in stärkstem Ausmaß durchsetzen können, daß Generalgouverneur Dr. Frank zu seinen Mitarbeitern eine große Zahl aus den alten Parteigenossen berufen hat, die aus der Kampfzeit der Partei hervorgegangen waren, so ist die Partei durch ihre ständige Arbeit auf allen Gebieten, durch ihren dauernden gesinnungsmäßigen Einsatz und durch ihr kraftvolles Vorkämpfertum zum entscheidenden Faktor für die Erfüllung der gewaltigen geschichtlichen Aufgaben geworden, die der Führer unserem Volke heute im Osten wieder gestellt hat.[249]
>
> *Dr. A. Dresler*

29. August 1943.

Die Nazis wissen sehr genau, aus welchen Gründen sie bei jeder Gelegenheit von der »besten Armee« und dem »besten Soldaten der Welt« sprechen. Ich weiß nicht, ob die Deutschen ein besonderer Menschenschlag sind oder ob bei anderen Völkern ähnliche Erscheinungen zu beobachten sind. Der Deutsche ist jedenfalls für ein Lob sehr empfänglich. Er fühlt sich, wenn seine Leistungen besonders erwähnt werden, und er ist mit Worten zur Höchstleistung zu bringen. Er überbietet sich selbst, die Nazis haben das jedenfalls erkannt und spielen dieses Instrument mit wahrer Virtuosität. So nebenbei wird dem Arbeiter noch einiges »nach dem Kriege« versprochen. Auf eine Handvoll kommt es gar nicht an. Verschiedene Industrielle haben den Dreh auch heraus und bringen damit Produktionssteigerungen fertig. Der NSKK.-Standartenführer Dr. Werner (ein Auslandsdeutscher), stellvertretender Vorsitzender des Industrierates des Reichsmarschalls und Leiter des Sonderreferates für Fertigungseinrichtungen beim Reichsminister für Bewaffnung und Munition, ist Verfasser nachstehenden Aufsatzes:

Jedem anderen Arbeiter überlegen

Von Wehrwirtschaftsführer Dr. William Werner[250]

Träger des Ritterkreuzes des Kriegsverdienstkreuzes

Wer wie wir, die wir vom Reichsmarschall und Reichsminister Speer mit verantwortlichen Aufgaben der Rüstung und ihrer Produktionssteigerung betraut wurden, jederzeit genauen Einblick in die Arbeit und Leistung unserer Rüstungsschaffenden hat, der empfindet immer aufs neue dankbar und stolz, wie gerecht und gültig die Worte sind, die Reichsminister Speer im Sportpalast aussprach, als er bei der Bekanntgabe der Produktionsziffern die gewaltigen Erfolge des deutschen Arbeiters würdigte und die gewaltigen Erfolge der Fertigung auf dessen Idealismus und Arbeitswillen zurückführte. Keine der stolzen Ziffern, die dem deutschen Volk und der Welt über die wachsende Stärke des deutschen Schwertes genannt wurden, wären denkbar ohne sein Können, seinen unermüdlichen Fleiß und seine tatsächlich fanatische Hingabe an die Aufgaben. Vor früher undenkbare Anforderungen werden die Arbeiter gestellt, weil der Schicksalskampf es erfordert, – sie meistern alle, zeitgerecht, gewissenhaft und mustergültig. Gewaltige Leistungen müssen vollbracht werden – sie erfüllen sie prompt und ohne Zaudern. Neue Methoden, Verfahren, Umstellungen und Einsparungen sind nötig – unsere Arbeiter gehen mit einer Fähigkeit an sie heran, die wirklich aller Bewunderung wert sind.

Alle unsere Planungen, Neuerungen und Berechnungen werden in ihrer Hand Wirklichkeit, und es ist nicht nur ihr gediegenes Fachkönnen und ihre gründliche Ausbildung, die sich an ihnen erprobt, sondern vor allem ihr Mitdenken, ihre verstandesmäßige Mitarbeit und ihr starkes Herz, am meisten aber ihr Wille, Besonderes und mehr zu schaffen, der sie zu den Leistungen anspornt, von denen die Welt jetzt einen Teil erfahren hat. Schweigend und ohne große Worte opfern sie ihre Feiertage, wenn es notwendig ist; sie machen kein Aufhebens davon, wenn sie, um eine eilige Lieferung termingerecht zu schaffen, selbst im Werk nächtigen und tagelang ihren Schlaf auf wenige Stunden beschränken; freiwillig und selbstverständlich stellen sie sich zusätzlichen Aufgaben zur Verfügung und beweisen damit ein Vertrauen zu ihrer Betriebsführung, das durch keine noch so hoch geschraubte Forderung getrübt werden kann.

Dieser Geist der unbedingten Bereitschaft, die gestellten Ziele zu erreichen und, wenn möglich, zu überbieten, diese Einsicht in die Erfordernisse unserer Rüstungswirtschaft und dieser Wille, über die Pflicht hinaus für die Front zu schaffen und zu leisten, was an Zahl und Güte nur möglich ist, – das sind die in keinem anderen Land zu findenden inneren Kräfte, die unsere Rüstung jeder anderen überlegen machen.

Wir haben dem deutschen Arbeiter in den letzten Jahren und Monaten, die unerhörte Leistungsproben von ihm forderten, wirklich ins Herz gesehen und dabei begriffen, daß er der befähigste und leistungsfähigste Arbeiter der Welt ist, des besten Soldaten der Welt wahrhaft würdig.[251]

Mit diesen Worten ist auch gleichzeitig der Grundstein gelegt zu der grenzenlosen Ueberheblichkeit des gesamten deutschen Volkes. Der deutsche Arbeiter läßt sich durch diese Lobhudelei tatsächlich anspornen, denn sonst würde ja dieser Kapitalist Werner sich nicht so ins Zeug legen.

Um sich ein Urteil bilden zu können, ob die Arbeiterschaft ohne jede Ausnahme den Flötentönen ihrer Herren Sklavenhalter erlegen ist, wäre es notwendig, längere Zeit in einem Rüstungsbetrieb unter den Wölfen zu leben. Dazu fehlt mir die Möglichkeit, aber auch die Liebe.

Dr. Werner schließt seine Tiraden mit folgenden Worten:

> Wie kein Zweifel daran besteht, daß der deutsche Arbeiter der brauchbarste und zuverlässigste der Welt ist, so wissen wir auch, daß es keine leeren Hoffnungen sind, wenn Reichsminister Speer in seiner Sportpalastrede die feste Absicht bekundete, die erreichten Produktionszahlen des Mai 1943 auf breiter Grundlage nicht nur zu halten, sondern die monatliche Fertigung auch weiterhin wesentlich zu steigern. Die Energie und Umsicht der führenden Männer unserer Rüstung gibt die Gewähr dafür, und der nur auf ein Ziel gerichtete Arbeitswille all unserer Arbeiter ist die sicherste Bürgschaft, daß, wenn angesichts der Anstrengungen des Feindes auf rüstungswirtschaftlichem Gebiet noch höhere Leistungen gefordert werden müssen, jede denkbare Steigerung unter Einsatz aller Leistungsreserven erzielt werden wird – weil die Stunde es von unserem Volk verlangt.
>
> Denn wir haben es erlebt, und es ist unser großer Stolz: Der nationalsozialistische Arbeiter kennt kein unmöglich, weil er gemeinsam mit dem Heldenmut unserer Soldaten, dem er die besten Waffen schafft, siegen will!

Vom klügsten Arbeiter der Welt hat er nicht gesprochen!

31. August 1943.

Dr. Joseph Goebbels schrieb vor einigen Tagen über »Die Realitäten des Krieges«. Bemerkenswerte Sätze will ich nachstehend zitieren:

»... Es ist eine allseitig bekannte Tatsache, daß die lautesten Schreier im Glück ebenso auch die lautesten Schreier im Unglück sind. Wie sie sich in guten Tagen in Illusionen wiegen, so baden sie sich in schlechten Tagen in Hoffnungslosigkeit und Pessimismus. Man kann sie nur mit Verachtung strafen, etwas anderes verdienen sie nicht. Es ist nur zu begrüßen, daß sie bei uns eine hoffnungslose Minderheit darstellen und als solche keinerlei Einfluß besitzen. ...Wir Deutschen haben in unserer Geschichte viel Unglück gehabt und sind einer Erfolgsserie gegenüber deshalb außergewöhnlich argwöhnisch. Wird sie aber durch gelegentliche Mißerfolge abgelöst, dann gefallen wir uns in einer Art von Selbstanklagen, die nur geeignet erscheinen, unsere Aktivität und unsere Selbstsicherheit zu lähmen. Die nationalsozialistische Führung fühlt sich von diesem deutschen Erbübel vollkommen frei. ... Es gibt keine

Schwierigkeit, die nicht gemeistert werden kann, wenn ein großes Volk sie meistern will. Unser Urteil über den Krieg ist infolge der großen Siege der Vergangenheit etwas voreingenommen. Sie haben uns eine Auffassung von den Dingen vermittelt, die vielfach durch falsche Vorstellung getrübt ist. Vielfach hat man sich zeitweise eingebildet, daß man eines so gewaltigen Weltkampfes ohne Krisen Herr würde. ... Wir mußten von Anfang an damit rechnen, daß die enormen Belastungsproben erst noch kommen würden und es als wahres Glück anzusehen sei, wenn wir uns in der ersten Hälfte dieses Krieges so viele Faustpfänder sichern konnten, daß wir ihnen gewachsen wären. ... Am besten dient heute der dem Vaterlande, der aufrecht und tapfer seine Pflicht erfüllt, treu und unbeirrt an unsere große Sache glaubt und sich durch nichts und durch niemanden in seinem Vertrauen auf den Endsieg beirren läßt. ... Die deutsche Führung kennt nicht nur die Möglichkeiten, die uns heute, sondern auch die, die uns in der näheren und weiteren Zukunft geboten sind. Wenn alles das, was wir in der Vorbereitung und in der Reserve haben, offen ausgesprochen werden könnte, würde vermutlich auch der Zweifler eines besseren belehrt sein. ... Wenn die deutsche Führung schweigt, so hat sie noch immer einen Grund zum Schweigen gehabt. Niemals war aber dieser Grund in einer inneren Unsicherheit zu suchen. ...

Wo hätte je ein Volk am Vorabend des fünften Jahres eines so gewaltigen Krieges eine gleich günstige Position zum Siege gehabt wie heute das unsere? Die Fronten stehen unerschüttert. Die Heimat zeigt sich dem gegnerischen Bombenterror moralisch und materiell gewachsen. Ein Strom von Kriegsmaterial verläßt unsere Fabriken. Eine neue Angriffswaffe[a] gegen den Luftkrieg des Feindes ist im Aufbau. Tag und Nacht schaffen ungezählte fleißige Hände daran. Sie stellen uns zwar noch auf eine harte Geduldsprobe, aber die wird sich eines Tages lohnen.«[252] –

Dr. Goebbels vertröstet. Er macht geheimnisvolle Andeutungen. Diejenigen, die an Wunder glauben, haben wieder einmal eine Spritze erhalten. Goebbels allein wagt noch, auf die Plattform zu treten und dem Volke Trostworte zuzurufen. Hitler, Göring und Konsorten schweigen. Ihre Schweigsamkeit währt schon eine geraume Zeit, über 6 Monate. Es wäre auch zuviel verlangt, daß sie über ihre falschen Prophezeiungen oder die deutschen Niederlagen sprechen sollten.

a) *neue Angriffswaffe:* Nach der verlorenen Schlacht um Stalingrad berichtete die NS-Propaganda von neuartigen Waffen, um der kriegsmüden Bevölkerung neue Siegeszuversicht zu geben. Diese Propaganda wurde zunehmend intensiviert. Die später eingesetzten Fernwaffen, etwa Raketen, entfalteten aber in der Realität nicht die von der Propaganda versprochene Wirkung. Vgl. Benz 1996, S. 225-227.

1. September 1943.

Das fünfte Kriegsjahr hat begonnen!

An die »Realitäten des Krieges«, von denen Goebbels sprach, wurden wir vergangene Nacht erinnert. Zwischen 12 und 2 Uhr nachts zogen in endloser Reihe feindliche Flugzeuge über Laubach. Berlin ist bombardiert worden.

Die Zerstörungen der deutschen Städte nehmen ihren Fortgang. Auch der Krieg an den anderen Fronten geht lustig weiter, obwohl für Deutschland keinerlei Aussicht besteht, ihn zu seinen Gunsten zu entscheiden.

Die Machthaber sind zu feige, abzutreten.

Schicksal, nimm deinen Lauf!

AGRat Boländer, der auf Urlaub in Grünberg sich befindet, hat mich heute besucht. Seine Einheit ist z.Z. auf der Krim. B. war ein großer Optimist. Heute dagegen läßt er den Kopf hängen. Er gab unumwunden zu, daß ich in allen Punkten recht behalten hätte. Heute kommt[253] diese Einsicht zu spät. Die Herren Akademiker hätten vor 1933 klüger sein sollen und die Ansichten von unsereinem nicht mit einem mitleidigen Lächeln abtun dürfen. Eigentlich müßte ich ungemein stolz darauf sein, daß sämtliche Richter, die mit mir arbeiteten[254], großen Wert darauf legen, meine Meinung über die Kriegsereignisse und die Kriegslage zu hören.

---

2. Sept. 1943.

Wie zur Bestätigung dessen, was ich gestern über Amtsgerichtrat Boländer schrieb, erschien heute AGRat Bischoff, der in Hersfeld als Kraftfahrer ausgebildet wird. Sofort nach der Begrüßung sagte er unvermittelt:

»An der Front steht es nicht gut, ich glaube der Kellner behält recht.«

Spät, sehr spät kommt die Erkenntnis!

Nicht einer dieser Herren verfügte über ein reifes politisches Urteil. Ich will nicht behaupten, daß keiner Verstand hätte, das wäre übertrieben. Aber Vorstellungskraft konnte ich bei keinem feststellen. Sie beteten einfach nach, was ihnen die nationalsozialistische Obrigkeit eintrichterte. Anstatt kritisch zu denken, glaubten sie blindlings. Das ist eine überaus bedauerliche Angelegenheit, da es sich gerade um diejenigen handelt, die eigentlich geistig führen sollten.

Heft 7

3.9.1943
bis
11.3.1944.

3. Sept. 1943.
Wir durchleben auf der ganzen Linie ereignisvolle Tage. An der Ostfront sind seit 5. Juli 1943 anhaltend schwere Kämpfe im Gange. Der von den Russen bis jetzt erzielte Raumgewinn[a] ist bei Orel, Kursk, Bjelgorod u. Charkow ziemlich erheblich. Das Führerhauptquartier tröstet sich und das deutsche Volk damit, daß es den Russen nicht gelungen sei »die deutsche Front zu durchbrechen und aufzurollen«. Von der beabsichtigten Zertrümmerung der russischen Armee durch die deutschen Truppen bis zu dieser Feststellung, daß die deutsche Front gerade noch gehalten wird, ist aber eine sehr merkwürdige Wendung des Kriegsgeschehens zu verzeichnen. Dieser Werdegang ist doch wohl kaum von einem der führenden Herren vorausgesehen worden.

Auch der weitere Trost von der Verkürzung der Front und der Gewinnung neuer Reserven muß als äußerst schwach bezeichnet werden, denn der Gegner gewinnt ebenfalls Reserven.

Aus dem Führerhauptquartier, 30. August ⟨43⟩
Das Oberkommando der Wehrmacht gibt bekannt:
In den schweren Schlachten, die seit dem 5. Juli fast ohne Unterbrechung im Osten anhalten, ist es den Sowjets trotz ihrer großen zahlenmäßigen Überlegenheit an Menschen und Material nirgend gelungen, die deutsche Front zu durchbrechen und aufzurollen. Wenn auch der Feind ohne Rücksicht auf seine starken Verluste immer neue Verbände dort in den Kampf warf, wo er Einbrüche erzielt hatte, so gelang es doch immer wieder durch die verbissene Abwehr und die Gegenangriffe unserer unvergleichlich kämpfenden Infanterie, die von den anderen Waffengattungen hervorragend unterstützt wurde, die Linien zu halten oder wieder zu nehmen. Wo Ausweichbewegungen vorgenommen wurden, geschah dies in voller Ordnung nach Zerstörung aller für den Feind wichtigen Objekte und stets mit dem Zweck, die Front zu verkürzen und dadurch neue Reserven zu gewinnen. Auch gestern kam es besonders im Südabschnitt der Ostfront zu schweren Abwehrkämpfen. Das völlig zerstörte Taganrog wurde planmäßig geräumt.[1]

Der von den Russen westlich Bjelgorod und Charkow in der Richtung auf die Nord-Ukraine gewonnene Boden ermöglicht es den Russen, von diesem Raume aus weitere Angriffsoperationen zu unternehmen, die große Veränderungen in der gesamten strategischen Lage mit sich bringen können.

Die Durchbrechung der Front ist gar nicht erforderlich, um unsere Niederlage herbeizuführen. Für die Russen handelt es sich darum, uns durch kluge Manöver aus Rußland hinauszubringen. Das ist deren Taktik, die auf dem Wege ist, zum Ziele zu führen.

a) *der bis jetzt erzielte Raumgewinn:* Anfang Juli 1943 ging die Rote Armee zu einer Gegenoffensive über, in der sie am sogenannten Kursker Bogen (Orel, Kursk, Charkow) trotz starker Übermacht keinen entscheidenden Durchbruch erzielen konnte und um das Zehnfache höhere Verluste erlitt als die Wehrmacht. Anfang August 1943 begann an der Linie Belgorod – Charkow eine Offensive der sowjetischen Truppen, an deren Ende der Durchbruch stand. Vgl. Frieser 2007, S. 173-208.

König Boris †[2]

Sofia, 30. August ⟨43⟩

Am Sonnabend, dem 28. August, um 20 Uhr, hat Ministerpräsident und Außenminister Professor Filoff folgende Proklamation verlesen: »Seine Majestät der König Zar Boris III., der Einiger, ist nach kurzer und schwerer Krankheit heute am 28. August 1943 um 16 Uhr 22 im Kreise seiner Familie verschieden. Unermeßlich ist der Schmerz Bulgariens und des bulgarischen Volkes. Wir alle haben die heilige Pflicht, sein Vermächtnis zu erfüllen und einig und unbeirrt den von ihm vorgezeichneten Weg weiterzuschreiten.«[3]

Ein treuer Knecht von Adolf Hitler ist plötzlich gestorben. Bulgarien hatte im vorigen Kriege, genau wie in diesem, auf das falsche Pferd gesetzt. Die Herrscher können es sich leisten, die Stimme des Volkes einfach zu überhören. Das bulgarische Volk darf die Kosten bezahlen. Die Dummheit der Völker kennt keine Grenzen. Warum kann ein Tyrann der Gesamtheit seinen Willen aufzwängen?

Ausnahmezustand in Dänemark

dnb. Kopenhagen, 30. August ⟨43⟩

Der Oberbefehlshaber der deutschen Truppen in Dänemark hat zur Sicherung der dänischen Küste und gegen die Tätigkeit feindlicher Agenten den Ausnahmezustand verhängt. Die notwendigen Maßnahmen wurden inzwischen durchgeführt, wobei es zu keinen nennenswerten Zwischenfällen gekommen ist.[4]

Die von den Nazis erfundene »Neue Ordnung« in Europa ist erschüttert.

Die unterdrückten Völker haben ihren Freiheitsdrang noch nicht eingebüßt, bald wird er sich entfalten können.

Englische und kanadische Truppen sind in Süditalien gelandet. Die »Festung Europa« beginnt Kriegsschauplatz ⟨im Süden⟩ zu werden.

Göring dankt dem Bergmann

Berlin, 30. August ⟨43⟩

Seit über zwei Jahren haben die Männer des Kohlenbergbaues zusätzlich Arbeit an Sonn- und Feiertagen geleistet, um den im Kriege immer mehr gestiegenen Kohlenbedarf zu decken. In den letzten Monaten hat jeder Bergmann über seine Sonntagspflichtschicht hinaus eine freiwillige Schicht verfahren, die aus den Kreisen des Bergbaues den Namen »Panzerschicht« erhielt. Der Vorsitzer der Reichsvereinigung Kohle, Staatsrat Paul Bleiger, hat dem Reichsmarschall in diesen Tagen über die bisherigen Erfolge dieser zusätzlichen Arbeit im Bergbau berichtet. Reichsmarschall Göring hat daraufhin dem deutschen Bergmann in nachfolgender Verlautbarung seinen Dank für das bisher Geleistete ausgesprochen:

Männer des deutschen Bergbaues!

Unter Anspannung aller Kräfte habt Ihr die Kohlenförderung in den letzten Jahren gesteigert. Durch Euren Fleiß und Eure Mühe konnte der wachsende Bedarf an Kohle, dem wichtigsten Grundstoff unserer Rüstungsindustrie, gedeckt werden.
Obwohl Euer Werktag besonders schwer ist, schwerer als der fast aller anderen Berufe, habt Ihr zusätzlich Sonntagsarbeit geleistet. Darüber hinaus habt Ihr noch freiwillig eine »Panzerschicht« verfahren, bei der Ihr auf Euren Lohn zugunsten der Herstellung von Waffen für die deutsche Wehrmacht verzichtet habt. Ihr habt damit der heldenhaft ringenden Front ein leuchtendes Beispiel von dem Einsatz und der Haltung der Heimat gegeben.
Für Eure Anstrengungen und Euren Opferwillen danke ich Euch herzlich. Meine besondere Anerkennung gilt den Arbeitskameraden im luftbedrohten Westen, die trotz des brutalen Feindterrors ihre Pflicht unverzagt erfüllt und in ihrem Schaffenseifer nicht nachgelassen haben.
Für die Zukunft unseres Volkes und Reiches habt Ihr in gemeinsamer Anstrengung unter den harten Voraussetzungen des Krieges Leistungen vollbracht, die denen unserer tapferen Soldaten zu Lande, zu Wasser und in der Luft ebenbürtig sind.

gez. Hermann Göring.[5]

Ich möchte annehmen, daß nicht die gesamte deutsche Arbeiterschaft von allen guten Geistern verlassen ist. Aber eine große Zahl von Arbeitern ist der deutschen nationalsozialistischen Propaganda erlegen und darf dafür heute Ueberschichten leisten. Das ist eine kleine Strafe. Nach dem Zusammenbruch müssen die Nazibrüder unter den Arbeitern herausgefischt u. zu einer Zwangsarbeits-Armee zusammengestellt werden.

8. Sept. 43.
Am 3. Sept. 43 gab der italienische Wehrmachtbericht an, daß der Feind an der Küste schnell zurückgewiesene Landungsversuche unternommen ⟨habe⟩,[6] und heute, am 8. Sept. 1943, hat

Italien bedingungslos kapituliert!

Der Anfang vom Ende ist da!

Nun brauchen die italienischen Wehrmachtlügner ihr schmutziges Amt nicht mehr auszuüben.

Die Kapitulation Italiens ist von ungeheurer Bedeutung. Bereits die nächsten Tage werden die Folgen erkennen lassen. –

Die Nazipresse dagegen wird bis zum letzten Atemzuge zuversichtlich bleiben. Vor mir liegt das »Hamburger Tageblatt« vom 3. Sept. 1943:

»Schwindende Hoffnung im Feindlager ... So kommt zum Beispiel die argentinische Zeitung ›Pampero‹ auf Grund der Beobachtung der deutschen Anstrengungen zu dem Schluß, daß Deutschland im fünften Kriegsjahr zur Gegenoffensive schreiten wird, die den Endsieg sichert.«[7]

Ausgerechnet eine Zeitung in Argentinien faselt vom deutschen Endsieg. – Das »Hamburger Tageblatt« v. 3.9.43 schreibt in seinem Leitartikel:

»Entschlossener denn je, an der Schwelle des 5. Kriegsjahres«. Am Schluß dieses Artikels heißt es: »Das 5. Kriegsjahr findet uns nicht kleinmütig und verzagt. Die Erfolge der ersten 4 Kriegsjahre haben uns stark und stolz gemacht, stark durch das drinnen und draußen im unermüdlichen Einsatz Erreichte, und stolz im unbeugsamen Glauben an die sieghafte Kraft des deutschen Geistes und der deutschen Waffen«.[8] Der Verfasser »Lö.–« verschweigt die schweren Niederlagen des deutschen Heeres. Dieser »unbeugsame Glaube« kann nur durch Tatsachen belehrt werden. Es ist nur sehr traurig, daß die Gläubigen und die Ungläubigen vom Schicksal gleichmäßig behandelt werden. Wie dürfen nie vergessen, was diese verrückten Nazis mit ihrer schauderhaften Politik uns zugefügt haben. Die Vergeltung muß streng und gerecht sein.

Die Nazis, diese Va banque-Spieler, müssen so getroffen werden, daß es in den nächsten Jahrhunderten ähnlich gearteten Narren vergeht, vielleicht wieder einmal an den »Glauben« und die »sieghafte Kraft der deutschen Waffen« zu appellieren.

10.9.43
Heute gab der Landrat des Landkreises Gießen seinen Bürgermeistern den Auftrag, den »Gerüchten« über Italien entgegen zu treten und beruhigend auf die Bevölkerung einzuwirken. Die Beruhigungspillen, die verabreicht werden, sind wirklich erbärmlich. Dem Volke soll gesagt werden, daß eine faschistische italienische Regierung gebildet worden sei, die an deutscher Seite weiterkämpfen werde und der Führer würde demnächst sprechen.

Ach, dieser Führer hat doch in der Tat in der Vergangenheit soviel gesprochen und versprochen, daß eigentlich nicht mehr viel zu sagen übrig bleibt.

Der Aufbruch im Westen des Reiches.

Wir haben die Tage und Wochen des ersten Anlaufs der Anfänge einer gänzlich neuen Ordnung im Elsaßland in den Monaten Juli, August und September vor drei Jahren noch in frischer, freudiger Erinnerung. Wir erlebten, wie in knappen sechs, zehn, zwölf Wochen eine rund 22jährige, künstlich hochgezogene landfremde Fassade einstürzte. Wir denken aber mit Schaudern zurück an den unendlich trostlosen Anblick eines völlig verödeten, versteppten Landstreifens längs der ehemaligen Maginotlinie, wo sonst fruchtgesegnete, ertragschwere Felder und Äcker ihre Gabenfülle abwarfen, haben das Werk sinnlosester Zerstörung plastisch vor Augen und können es heute kaum mehr glauben, daß Straßburg einst eine tote Stadt, die man zum Glacis gemacht und deshalb bereits abgeschrieben hatte, war.

Wie im Altreich in der Kampfzeit und nach der Machtübernahme, so war auch nach dem Einmarsch deutscher Truppen und dem Einzug deutscher Verwaltungsorgane in das befreite Elsaß die Partei mit ihren Gliederungen der volltourig laufende Motor, der mit seinen Impulsen das wieder erwachende Leben im Lande mit dem Rhythmus dynamischer Gesetze erfüllte. Sie legte die festen Grundlagen, auf denen nun auf- und weitergebaut werden konnte. Der Wall einer inneren Voreingenommenheit gegen die »Nazis« bei einem damals sicherlich nicht kleinen Teil unserer elsässischen Landsleute bröckelte angesichts, man kann ruhig sagen, einmaliger Leistungen deutscher Organisationskunst und nationalsozialistischer Zielklarheit des Wollens wirklich hörbar, d. h. durch laut geäußertes Lob und im eigenen Hammerschlag tatkräftigen Mittuns am Aufbauwerk ab. Das Gift jüdisch-marxistischer und rein frankophiler Elemente hatte trotz jahrelanger Verabreichung durch Rundfunk und Presse auch bei der überwältigenden Mehrheit dieser deutschen Menschen elsässischen Volkstums den Kern in Wahrheit nicht infiziert. Der »Hausputz quer durchs ganze Land« offenbarte das am besten im Sommer und Herbst 1940 in beglückender Weise. Der Weg war gewiesen und abgesteckt als die Idee der Bewegung. Anfänglich Hunderte, nach und nach Tausende, später Zehntausende und heute Hunderttausende erkannten in ihm als freiwillig gewähltes politisches Glaubensbekenntnis Marschrichtung und verheißungsvolles Mitziel auch der deutschen Menschen im Elsaßland. Die Etappen des Entwicklungsganges im Aufbau waren selbstverständlich gekennzeichnet durch die Bedingtheiten und Erfordernisse des gegenwärtigen Ringens von weltweitem Ausmaß. Die Proklamierung des totalen Krieges fand das Land aber ebenfalls schon ideell und materiell bereit.

Heute, an der Schwelle zum vierten Aufbaujahr steht jeder Elsässer und jede Elsässerin deshalb auch im totalen Kriegseinsatz. Unsere Aufklärungsarbeit und die harte Sprache der Wirklichkeit, die durch Tatsachen überzeugt, blieben nicht ohne Früchte: man weiß, um was es geht: Bolschewistisches Chaos oder europäische Ordnung! Der Sieg des Reiches, der außerhalb jeder negativen Diskussion steht und ohne Wenn und Aber unseren fanatischen Glauben an ihn bis zum letzten Atemzuge ausfüllt, wird diese schicksalhafte Alternative für immer entscheiden. Dafür liefert die elsässische Heimat, deren Söhne wieder Schulter an Schulter mit ihren deutschen Brüdern aus allen anderen Gauen des Reiches als tapfere deutsche Soldaten an der Front ihre Pflicht erfüllen, bereits wenige Jahre nach vollzogenem Aufbruch einen wesentlichen Beitrag.

»Denn«, so verkündete Gauleiter Robert Wagner in seiner letzten rechenschaftslegenden und bilanzziehenden großen Kolmarer Rede unter anderem, »aus der kämpferischen Bewährung werden auch dem Elsaß alle Rechte erwachsen. Es kann nicht abseits stehen in einer Zeit, in welcher sich eine alles erfassende Weltrevolution vollzieht.«[9]

Walter Meyer.

Das war ein Fressen für die Nazis, als sie die »Segnungen« des »Dritten Reiches« im Elsaß[a] ausbreiten konnten. Dieses Neuland für den Nationalsozialismus wurde dann auch entsprechend bearbeitet. »Bewährte« alte Kämpfer brachten den Elsässern – ob sie wollten oder nicht – die »neue Ordnung« in ihre Häuser. Rechte sind den Elsässern ebenfalls versprochen worden, aber erst nachdem sie sich kämpferisch bewährt haben, werden sie merken, aus was diese »Rechte« bestehen. Wir »Altreichler« wissen Bescheid – und die anderen werden es noch erfahren.

11. Sept. 1943.

Die Regierung Badoglio hat kapituliert[b]. Die italienische Armee wird von den deutschen Truppen entwaffnet. An einigen Stellen finden Kämpfe zwischen deutschen und italienischen Truppen statt, die jedoch von kurzer Dauer sein dürften.

Mussolini soll von deutschen Einheiten befreit worden sein. Die gelandeten engl. und amerikanischen Truppen kommen nur langsam vorwärts. Da fehlt jeder Elan. Was der Gegner da zeigt, ist wenig eindrucksvoll. Die Russen kommen im Donez-Becken unter schweren Kämpfen schneller voran als die engl. Armee ohne nennenswerten Widerstand in Calabrien.

Deutschland hat unverkennbar neue Truppen nach Italien geworfen. Die Absicht Badoglios, Italien aus dem Kriege herauszubringen, ist als gescheitert anzusehen. Italien wird Kriegsschauplatz. Hitler hat es also vorerst wieder erreicht, den Krieg von der Südgrenze Großdeutschlands fern zu halten.

Es wird nunmehr darauf ankommen, wie sich unsere Bundesgenossen Bulgarien, Rumänien u. Ungarn in den nächsten Wochen verhalten. Rein gefühlsmäßig kann angenommen werden, daß das Beispiel Italiens nicht ohne Wirkung in den genannten Ländern sein wird. Der weitere Vormarsch der Russen wird etwas nachhelfen. Vielleicht tritt auch die Türkei aus der Reserve heraus und übernimmt die Rolle Italiens i.J. 1940. Leichenfledderer gibt es immer[c].

Schließlich ist der nächste Schachzug Englands u. der USA. auch noch ausstehend. Wie im Jahre 1918 wird vermutlich der Balkan anziehend wirken. Denn in

a) *»Segnungen« des »Dritten Reiches« im Elsaß:* Elsass-Lothringen wurde aus Rücksicht auf die französische Kollaborationsregierung nicht annektiert, aber von den Gauleitern der benachbarten reichsdeutschen Gaue Baden und Saarpfalz mitverwaltet. Langfristige Planungen sahen eine Verschmelzung mit dem Reich vor. Zu deren Vorbereitung unternahmen beide Gauleiter während des Krieges erste Schritte einer Germanisierungspolitik, etwa durch Vertreibungen frankophoner Bevölkerungsteile. Vgl. Benz/Graml/Weiß 2007, S. 489.

b) *Regierung Badoglio hat kapituliert:* Nach dem Sturz Mussolinis verhandelte die neue Regierung unter Pietro Badoglio (1871-1956) mit den Alliierten. Am 8. September 1943 wurde die Kapitulation Italiens verkündet. Mussolini wurde am 12. September von einem deutschen Spezialkommando aus der Haft befreit. Vgl. Benz/Graml/Weiß 2007, S. 578.

c) *Leichenfledderer gibt es immer:* Italien hatte sich 1940 gewissermaßen in letzter Minute seinen Anteil an der Beute in Frankreich gesichert, indem seine Truppen erst in Südostfrankreich einmarschierten, als Deutschland den Krieg gegen Frankreich längst entschieden hatte.

diesem Gebiet kann damit gerechnet werden, daß die Alliierten von der Bevölkerung weitgehendst unterstützt werden. Damit wäre die Parallele zu den Ereignissen im Jahre 1918 gezogen. Ende September 1918 schloß Bulgarien einen Sonderwaffenstillstand. Die Türkei folgte am 30. Oktober 1918. Nichtsdestoweniger fand die »Dolchstoß«-Legende nach dem Kriege viele Anhänger. Die britisch-französische Orientarmee wäre über Ungarn, Oesterreich in Deutschland eingedrungen, selbst wenn die deutsche Armee über den 9. Nov. 1918 hinaus im Westen weiteren Widerstand geleistet hätte. Diese verwundbarste Stelle im Süden des Reiches wurde ⟨absichtlich⟩ von den Dolchstoß-Lügnern einfach nicht gesehen und auch überhaupt später nie erwähnt.

Hoffentlich gibt es in diesem Kriege keinen »Dolchstoß«, und hoffentlich wartet Adolf Hitler wirklich bis 5 Minuten nach 12 Uhr. Dann ist den kommenden Revanche-Schreiern wenigstens die Möglichkeit genommen, zu sagen:

»Hätten wir noch 14 Tage weitergekämpft«. Ich aber kann sagen: »Hättet Ihr keinen Krieg angefangen«.

---

12. Sept. 1943.
Es ist ungemein lehrreich, einen Blick in ältere Zeitungen zu werfen. Vor mir liegt »Das Schwarze Korps« vom 14. Januar 1943. Damals war die Winteroffensive der Russen im Gange. In einem Artikel: »Einmal ganz objektiv« ist zu lesen:

»...Wenn es nicht gelingt, die gesamte deutsche Front in rückläufige Bewegung zu bringen und Gebiete zu erobern, die nach Ausmaß und Bedeutung einen erheblichen Kraftzuwachs einbringen, ist alles vergeblich vertan, und noch niemand weiß, woher dann Stalin die Menschen und das Material nehmen wird, die der zu erwartenden ⟨deutschen⟩ Sommeroffensive standhalten und womöglich noch besser standhalten sollen als im Vorjahr. Denn was im Winter als Vorteil der Sowjets, als Nachteil der Deutschen erscheint, das wird sich im Sommer wieder gegenteilig auswirken. Die Sowjets können im Winter alles ›zeigen‹, was sie haben, die Deutschen können es nicht. Irgendwo in Deutschland ballt sich die Gesamtproduktion der deutschen Rüstung, die im Sommer 1942 erst richtig anlief, irgendwo stehen die frischen, ausgeruhten, in aller Ruhe ausgebildeten deutschen Divisionen. Und sie werden im Frühjahr zur Stelle sein und Stalins verschleißten Armeen gegenübertreten. Stalin vermag viel, aber er vermag es nicht, bis ans Ende aller Tage.«[10] –

Das waren also die Gedanken des »Schwarzen Korps« im Januar 1943. Die Nazis formen ihre Gedanken nach ihren Wünschen und Hoffnungen.

Wie ist es nun in Wirklichkeit geworden? Vorerst sei festgestellt, daß auf allen Seiten stets die Ziele der Aktionen ⟨des Gegners⟩ als weiter gesteckt angegeben werden, um die Erfolge zu verkleinern. Wir wollen nicht darüber sprechen, was die Russen erreichen wollten, sondern was sie tatsächlich in der Winteroffensive 1942/1943 erreicht haben.

1.) Die Russen haben die 6. deutsche Armee bei Stalingrad vernichtet.

2.) Die Russen haben das Gebiet zwischen Don und Donez sowie den Kaukasus zurückerobert. –

Das deutsche Volk wurde auf die Frühjahrs- oder Sommeroffensive 1943 vertröstet. Bei Kursk u. Orel war sie auch eingeleitet worden – aber bereits nach wenigen Tagen waren die deutschen Angriffe Mitte Juli 1943 zum Stehen gebracht worden. Dagegen begann erstmals eine ⟨große⟩ russische Sommeroffensive im Juli 1943 auf der Linie Orel – Kursk – Charkow – Taganrogg. Die Offensive ist noch nicht beendigt. Die Rollen sind vertauscht: Die Russen gehen im Sommer vor und die Deutschen im Sommer zurück.

Die Erfolge der Russen sind sehr erheblich. Sie haben bis jetzt zurückerobert die Gebiete um Orel, Bjelgorod, Charkow, Woroschilowgrad, Gorlowka, Makejewka, Stalino, Taganrogg u. Mariupul. Das ganze Donez-Becken befindet sich in ihren Händen. Das Industriegebiet im Donez-Becken allein wäre schon ein Erfolg von ganz besonderer Bedeutung. Die Folgen ihrer Siege werden aber noch ein großes Ausmaß annehmen. Der Vorstoß gegen Kiew und den Dnjepr wird dazu führen, daß die Krim geräumt werden muß und die Ukraine ihren Besitzer wechselt! Wohlgemerkt im Sommer 1943!

Der Herbst und der Winter stehen vor der Türe. Da selbst die Nazis zugeben, daß die Russen uns im Winter überlegen sind, so braucht man gar kein Prophet zu sein, um vorauszusagen, daß die deutsche Armee langsam aber sicher aus Rußland hinausgeworfen wird.

13. Sept. 1943.

Beinahe hätte ich vergessen, die Rede des Führers zu erwähnen. Adolf Hitler hielt am 10.9. aus seinem Hauptquartier eine Ansprache an das deutsche Volk.

Der Zusammenbruch Italiens hat also dem Führer den Mund geöffnet. Hitler beschäftigte sich in seiner Ansprache mit dem Bündnisbruch Italiens, dem er folgende Bedeutung gibt:

»Der Ausfall Italiens bedeutet militärisch nur wenig,[11] denn der Kampf in diesem Lande wurde seit Monaten in erster Linie durch deutsche Kräfte gestützt und getragen. Wir werden diesen Kampf nunmehr frei von allen belastenden Hemmungen fortsetzen.«

Hitler erwähnte ferner:

»Ich habe schon am 1.9.39 im Reichstag erklärt, daß weder Zeit noch Waffengewalt das deutsche Volk jemals niederringen[12] werden. Seitdem ist in erster Linie durch unsere eigene Kraft der Feind zum Teil mehr als 1000 Kilometer von den deutschen Grenzen zurückgedrängt worden. Nur auf dem Luftweg vermag er die deutsche Heimat zu terrorisieren. Allein auch hier sind die technischen und organisatorischen Voraussetzungen im Entstehen, um nicht nur seine Terrorangriffe endgültig zu brechen, sondern durch andere und wirkungsvollere Maßnahmen zu vergelten. Es mögen uns nun taktische Notwendigkeiten zwingen, in diesem gewaltigen Schicksalskampf das eine oder andere Mal an einer Front etwas aufzugeben oder besonderen Bedrohungen auszuweichen, so wird aber niemals der stählerne Reif zerbrechen, der, durch die deutsche Heimat geschmiedet, durch das Heldentum und Blut unserer Soldaten gehalten, das Reich beschirmt.«

Die Ansprache endete wie nachstehend:

»Die zum Schutze der deutschen Interessen angesichts des Vorganges in Italien angeordneten Maßnahmen sind sehr harte. Soweit sie Italien betreffen, verlaufen sie schon jetzt planmäßig und erfolgreich. Das Beispiel des Verrats Jugoslawiens hat uns schon vorher eine heilsame Aufklärung und wertvolle Erkenntnisse gegeben. Das Schicksal Italiens selbst aber mag für alle auch eine Lehre sein, um in Stunden der härtesten Bedrängnis und der bittersten Not niemals dem Gebot der nationalen Ehre zu entsagen, treu zu unseren Bundesgenossen zu stehen und gläubigen Herzens das zu erfüllen, was die Pflicht zu tun uns auferlegt. Dem Volke, das diese Prüfungen vor der Vorsehung besteht, wird am Ende der Allmächtige als Lohn den Lorbeerkranz des Sieges und damit den Preis des Lebens reichen. Die[s] muß und wird aber unter allen Umständen Deutschland sein.«[13] –

Diese nach langer Pause gehaltene Ansprache ist ein Appell in der Stunde des Schicksals zum Durchhalten. Dem Volke wird nichts gesagt von der Ostfront, von dem Versagen der U-Boote und von dem Aussehen des Sieges bzw. des Friedens. Die früheren kühnen Prophezeiungen sind eingedämmt. Lediglich von einer »Vergeltung« des Luftterrors werden dunkle Andeutungen gemacht. Von dem einstigen Jubel und Beifall bei den Reden ist nichts mehr vorhanden.

Der Ernst der Stunde mahnt!

Der Zusammenbruch Italiens ist darauf zurückzuführen, daß 1 Mann, Mussolini, die Politik Italiens bestimmte. Dieser Alleinherrscher hat die Grenzen der Kräfte des italienischen Volkes nicht vorausgesehen, sondern lediglich nach seinen größenwahnsinnigen Ideen gehandelt. Das ist seine Schuld. Wenn jetzt Hitler u. Konsorten Gift u. Galle speien, weil sich ⟨in Italien⟩ Männer gefunden haben, die mit dem Krieg Schluß machen wollen, so ist das vom Standpunkt Hitlers aus betrachtet verständlich. Er tobt über den »Treubruch«. Da ist aber einzuwenden, daß auch ein gewisser Herr Hitler die Treue gebrochen hat. Am 22. Juni 1941 brach Hitler die Bündnistreue gegenüber Rußland. Daran ist nicht zu rütteln. Die faule Ausrede[a], Rußland wäre bereit gewesen, Deutschland anzugreifen, ist lediglich eine Behauptung. Sonst nichts. –

a) *faule Ausrede:* Die von der NS-Propaganda in die Welt gesetzte Behauptung, Deutschland sei 1941 einem Angriff der Sowjetunion zuvorgekommen (»Präventivkriegsthese«), ist durch die Forschung lange widerlegt und wird nur noch vereinzelt verbreitet. Vgl. Pietrow-Ennker 1990.

14. Sept. 1943.

Auch im Nervenkrieg sind wir überlegen

So steht es geschrieben. Und warum sind wir überlegen (nach Meinung der Nazis)? Sehr einfach. Weil Deutschland bereits gesiegt hat. Die Achsenmächte und Japan haben den Sieg errungen, als sie sich die europäischen und großasiatischen Kampfbasen auf breitestem Raum und auf der strategischen inneren Linie sichern konnten. Die Gegner müssen sich – auf Wunsch der Nazis – heute schon als geschlagen bekennen. –

Der »breite Raum« hat bei der Siegeszuversicht schon immer einen Ehrenplatz eingenommen. Diejenigen, die sich nach dem Kriege abmühen werden, die Fehler dieses Krieges festzustellen, werden aber gerade an diesem »breiten Raum« eine der Hauptursachen der Niederlagen Deutschlands und Japans sehen.

Die Vergeltung wird systematisch vorbereitet

Wenn es dem deutschen Volke eine tiefe Beruhigung gab, als Dr. Goebbels erklärte, daß die riesigen Anstrengungen im Zeichen des totalen Krieges nicht umsonst seien, sondern eines Tages zum Einsatz kommen würden, so haben auch bei den Gegnern diese Worte ihren Eindruck nicht verfehlt. So nervös sie dauernd um das Invasionsthema herumreden, so bedrückt sie die Frage des »wann« und »wo« in einem ganz anderen Sinne offenkundig doch aufs schwerste. Vor allem die Ankündigung, daß die Vergeltung für das Mordbrennertum aus der Luft systematisch vorbereitet wird, konnte nicht ungehört verhallen. Der »Popolo d'Italia« zieht schon die richtige Folgerung, daß das präzise und förmliche Versprechen von Dr. Goebbels für eine Wiedervergeltung der feindlichen Luftangriffe an die vorausgehende Lösung von industriellen, technischen und militärischen Problemen gebunden sei. Man wisse aber, daß Deutschland besonders auf dem Gebiet der Konstruktion neuer Bomber vor unvorstellbaren Rekorden stehe, während andererseits eine immer größere Phalanx junger Piloten einsatzbereit sei, so daß England, wenn die Stunde der Vergeltung gekommen sei, hinsichtlich seiner Verteidigung vor einem außerordentlich schwierigen Problem stehen werde. Wenn die Stunde kommt, wird sich auch nach dieser Richtung hin die Operationsbasis Europa als der strategisch weit überlegene Ausgangspunkt für entscheidende Schläge erweisen.[14]

Der Führer hat bereits in seiner Ansprache vom 10. Sept. 43 erwähnt, daß die »technischen und organisatorischen Voraussetzungen im Entstehen« seien, um den feindlichen Fliegerangriffen mit entsprechenden Maßnahmen zu begegnen.

Nach den Angaben Hitlers sind »die Voraussetzungen im Entstehen.« Goebbels droht schon längere Zeit mit der Vergeltung.

Aus alle dem geht jedenfalls klar hervor, daß Deutschland zur Zeit nicht in der Lage ist, sich gegen die Luftangriffe wirksam zur Wehr zu setzen oder Gegenangriffe zu unternehmen. Die gegenwärtige Sachlage ist für die Verantwortlichen höchst peinlich. Es bleibt nur ein Ausweg: Vertröstung. Wunderdinge werden kaum zu erwarten sein. Es ist schon immer mit Wasser gekocht worden. Welche Erwartungen sind im Weltkriege 1914-1918 an die Luftschiffe, schweren Geschütze (»dicke Bertha«[a]) und die U-Boote geknüpft worden? Mit welchen Enderfolgen? Alles vergeblich! Warum soll es diesmal anders sein?

Wäre es nicht möglich, daß auch unsere Gegner noch mit irgendeiner Verbesserung oder Erfindung aufzuwarten haben? Darüber spricht man natürlich nicht. Eines ist jedenfalls sicher: die feindliche Luftwaffe wird nicht schwächer, sondern täglich stärker. Das allein ist schlimm genug.

15. Sept. 43.

Mussolini war von der Regierung des Marschalls Badoglio verhaftet worden, als er zum Rücktritt veranlaßt wurde. Seitdem war über den Aufenthalt von ihm nichts bekannt geworden.

Nunmehr durcheilt die Kunde die Welt, daß Mussolini von einem Sonderkommando des Sicherheitsdienstes der SS und Fallschirmtruppen befreit worden sei.[15]

Dieses Befreiungsunternehmen mit seinem sensationellen Erfolg wirkt belebend auf die Stimmung des deutschen Volkes. Die Gegner scheinen wenig Verständnis dafür zu haben, was die Masse des Volkes für Gefühle hat. Die von Deutschland gezeigte Initiative ist wirkungsvoll. Die ausgeklügelten Berechnungen der Engländer und die jeden Schwung entbehrenden militärischen Aktionen der Amerikaner machen auf das deutsche Volk gar keinen Eindruck.

Es ist doch bestimmt ein unentschuldbarer Leichtsinn, nicht sofort alle namhaften faschistischen Persönlichkeiten in Gefangenschaft zu nehmen. Vor Abschluß der Waffenstillstandsverhandlungen mußte das geregelt sein.

Ich halte den General Eisenhower[16] für einen unfähigen Menschen. In Nordafrika konnte durch forsches Vorgehen der Feldzug in Tunesien vermieden werden. Dann war das Unternehmen in Sizilien kläglich, da den deutschen Truppen der Rückzug nach Süditalien nicht abgeschnitten wurde. Schließlich ist die Landung bei Salerno nicht zu verstehen. In der Provinz Latium mußte gelandet werden, um die deutschen Truppen in Süditalien von ihrer Nachschubbasis abzuschneiden.

Auch der Luftkrieg wird von den Gegnern schlapp geführt. Gerade in dem Augenblick, in dem die Angriffe begonnen haben, Wirkungen zu zeigen (z.B. Hamburg), ist ein Nachlassen der Luftangriffe festzustellen. Seit 5./6. September hat überhaupt kein Angriff mehr stattgefunden.

Was denkt eigentlich der Gegner? Mit Redensarten ist dieser Krieg von keiner Seite zu gewinnen.

a) Als *dicke Bertha* wurde im Volksmund eine schwere Kanone der Firma Krupp bezeichnet, die Geschosse von fast einer Tonne Gewicht abfeuerte. Benannt wurde sie nach der ältesten Tochter Friedrich Alfred Krupps. Vgl. Enzyklopädie 2003, S. 440f.

Dreinschlagen! Mehr Mut, meine Herrschaften! Wirkliche Leistungen wurden seither nur von den Deutschen, Griechen, Japanern und Russen gezeigt.

Alle anderen Völker sind Schlappsäcke. Angefangen an den Belgiern mit ihrem König Leopold 3.[17] an der Spitze bis zu den Italienern, die sich von den Deutschen entwaffnen lassen, ohne sich zur Wehr zu setzen.

Es gab sogar Völker, die noch nicht einmal den Mut aufbrachten, in irgendeiner Weise passiven Widerstand zu leisten.

20. Sept. 1943.

Todesstrafe für verräterischen Defaitisten

Berlin, 2. September ⟨43⟩

Am 25. August 1943 ist der 52jährige Regierungsrat Theodor Korselt aus Rostock hingerichtet worden, den der Volksgerichtshof wegen Feindbegünstigung und Wehrkraftzersetzung zum Tode verurteilt hat. Korselt hat durch üble defaitistische Redensarten und Gerüchteverbreitung versucht, die Kriegsmoral des deutschen Volkes zu beeinträchtigen und hat dadurch an den kämpfenden Fronten Verrat geübt.

Für Volksverräter, die sich eines solchen Verbrechens schuldig machen, gibt es nur noch die Todesstrafe.[18]

Volksverräter hingerichtet

Berlin, 10. September ⟨43⟩

Am 3. September ist der 24 Jahre alte Student Arnd Freiherr von Wedekind hingerichtet worden, den der Volksgerichtshof wegen Feindbegünstigung und Wehrkraftzersetzung zum Tode verurteilt hat. Von Wedekind war aus gesundheitlichen Gründen wehrdienstuntauglich; er konnte daher an einer deutschen Universität sein Studium fortsetzen. Fremden Volksangehörigen gegenüber äußerte er sich in der gemeinsten Weise über das deutsche Volk und seinen Kampf.

Er verriet aber nicht nur sein Volk, sondern hat auch noch deutschen Volksgenossen gegenüber defaitistische Äußerungen gebraucht.[19]

Wegen Feindbegünstigung hingerichtet

Berlin, 14. September ⟨43.⟩

Am 7. September 1943 sind der 49 Jahre alte Erich Ferbandt und der 60 Jahre alte Richard Buchwald, beide Kellner, aus Königsberg, sowie der 61 Jahre alte Kaufmann Erich Ruchin aus Metz hingerichtet worden, die der Volksgerichtshof wegen Wehrkraftzersetzung und Feindbegünstigung zum Tode verurteilt hat.

Ferbandt und Buchwald haben durch ungewöhnlich zersetzende Äußerungen in einer Gastwirtschaft, Ruchin durch defaitistische Äußerungen gegenüber Geschäftsbekannten die Kampfmoral der Heimatfront zu untergraben versucht.[20]

Wegen Feindbegünstigung hingerichtet

dnb. Düsseldorf, 14. September. Am 7. September 1943 ist der 27 Jahre alte Pianist Karl Robert Kreiten aus Düsseldorf hingerichtet worden, den der Volksgerichtshof wegen Feindbegünstigung und Wehrkraftzersetzung zum Tode verurteilt hat.

Kreiten hat durch übelste Hetzereien, Verleumdungen und Uebertreibungen eine Volksgenossin in ihrer treuen und zuversichtlichen Haltung zu beeinflussen versucht und dabei eine Gesinnung an den Tag gelegt, die ihn aus der deutschen Volksgemeinschaft ausschließt.[21]

Heinrich Himmler bei der Arbeit!

Wie mögen Himmler und Konsorten in den von den Deutschen besetzten Gebieten »arbeiten«, wenn selbst in Deutschland wegen einer Aeußerung Volksgenossen zum Tode verurteilt werden.

Es ist ungewöhnlich lebensgefährlich, die Wahrheit zu sagen. Aus den drakonischen Maßnahmen ist klar zu erkennen, in welch schlechter Lage wir uns befinden. Bei unseren Gegnern ist selbst scharfe öffentliche Kritik möglich. Das ist Stärke. Bei uns in Deutschland ist das Denken bereits eine gefährliche Sache.

21. September 1943.
Nach den Wehrmachtberichten erleben wir zur Zeit großzügige Frontbegradigungen und Absatzbewegungen.

Besonders interessant ist der Bericht aus dem Führerhauptquartier vom 19. September 1943, da heißt es u.a.:

»Die im Raume von Salerno seit zwei Wochen anhaltenden schweren Kämpfe haben den britisch-nordamerikanischen Landungstruppen nicht den erwarteten operativen Erfolg gebracht. Es gelang ihnen nicht, die in Süditalien befindlichen deutschen Divisionen abzuschneiden. Gegen zahlenmäßig weit überlegene ⟨feindliche⟩ Kräfte haben unsere Truppen jede Ausweitung des feindlichen Landekopfes verhindert. Im Gegenangriff wurde der Feind trotz starken Feuers der Schiffsgeschütze auf einen engen Küstenstreifen zusammengedrängt.«

In dem gleichen Bericht wird am Schlusse gesagt:

»Nach der Vereinigung aller in Süditalien stehenden deutschen Verbände haben sich unsere Truppen planmäßig vom Feinde gelöst und eine kürzere Widerstandslinie bezogen.«[22]

Dieser Wehrmachtbericht behauptet also in einem Atemzuge, der Feind habe keinen operativen Erfolg gehabt und die deutschen Truppen hätten planmäßig sich vom Feinde gelöst.

Der unvoreingenommene Beobachter wird zu der klaren Feststellung kommen, daß die deutschen Truppen die Schlacht bei Salerno in Italien verloren haben.

Auf diese Weise wird der Krieg »planmäßig« verloren.

Oberleutnant Josef Lang, Kompanieführer in einem Pionierbataillon, hatte das Ritterkreuz des Eisernen Kreuzes bereits im Westfeldzug für hervorragende Tapferkeit erhalten. Als Feldwebel stellte er mit vier Mann eine vom Feind zur Sprengung vorbereitete Brücke über den Aisnekanal sicher. Obwohl zwei seiner Pioniere bei der Annäherung über dekkungsloses Gelände ausfielen, stürmte er mit den beiden übrigen weiter vor, zerschnitt im stärksten feindlichen Feuer das Drahthindernis und zerstörte die an der Brücke angebrachte Sprengladung. Nunmehr ist dieser vorbildliche Offizier einer schweren, bei den Kämpfen im Osten erlittenen Verwundung erlegen.
Oberleutnant Lang wurde am 20. Februar 1914 in Stetten an der Donau (Kr. Tuttlingen) als Sohn des Messerschmiedes Lorenz L. geboren. Er besuchte die Volks- und Berufsschule und erlernte das Maurerhandwerk. Später meldete er sich freiwillig zum Heeresdienst und trat 1934 in das Pionierbataillon 5 in Ulm ein. Zum Pionierbataillon 15 versetzt, zog er mit diesem ins Feld. 1940 zum Oberfeldwebel und 1942 zum Oberleutnant befördert.[23]

Schon lange vor der sog. »Machtergreifung« hat Hitler einmal in einer Versammlung gesagt, daß er nicht die befähigsten, sondern die ihm ergebensten ⟨Parteigenossen⟩ zu leitenden Personen erheben werde.

Bei der Wehrmacht sind es die Draufgänger, die besonders bevorzugt werden. Beförderungen und Auszeichnungen sind die Belohnungen. Der Heldentod ist dann der Schlußstein. Der nebenstehende Oberleutnant Lang war 1940 noch Oberfeldwebel, heute ist er ein toter Oberleutnant.

Bei den höheren Offizieren geht die Beförderung mit der gleichen Schnelligkeit. z.B. Generalleutnant Hermann Kreß:

1913 Fahnenjunker,
1914 Leutnant,
1937 Oberstleutnant,
1938 Kommandeur eines Gebirgsjägerregimentes,
1940 Oberst,
1943 Generalleutnant u. Kommandeur einer Gebirgsdivision.[24]

Darin ist die willenlose Ergebenheit der Wehrmacht zum System Hitler zu suchen.

27. Sept. 1943.

Gestern (Sonntag, 26.9.) waren wir bei Dr. W[...] – Grünberg zum Bohnenkaffee eingeladen gewesen. Hierbei war auch Familie H[...] anwesend. Frau H[...], mit dem Parteiabzeichen geschmückt, verstieg sich zu der Behauptung, daß bei dem Rückzuge in Rußland keine Schraube und keine Eisenbahnschiene zurückgelassen würden. Jeder Einwand war vergeblich.

Bei solchen Menschen ist die Vernunft einfach als nicht vorhanden zu betrachten. Diese Sorte kann nur am Ende belehrt werden, wenn sie den Trümmerhaufen ihrer Hoffnungen klar und deutlich vor sich liegen sehen. Bis dahin heißt es, weitere Geduld zu üben. Geduld und nochmals Geduld.

10. Okt. 1943.
Sonntagsausflug nach Bad-Nauheim, herrliches Wetter. Ein Sommertag im Herbst. Wir besuchten auch den Friedhof und hatten hierbei Gelegenheit, die Gräber der im Weltkrieg 1914-1918 in Bad-Nauheim verstorbenen Soldaten zu sehen. Das berühmte »ehrende Andenken« bestand zum größten Teile in etwas Efeu. Sehr viele Gräber zeigten nur einen kleinen Erdhügel ohne jeglichen Schmuck.

Das ist ungemein traurig, besonders für einen Staat, der wie das 3. Reich in tendenziösester Weise die Taten seiner Wehrmacht verherrlicht. Wenn der Mohr seine Schuldigkeit getan hat, dann wird er einfach vergessen.[25]

Der »Dank des Vaterlandes« ist Euch gewiß, hieß es im 1. Weltkrieg. Wir hatten Gelegenheit, diesen »Dank« zu besichtigen.

14. Okt. 1943, 3 Uhr nachmittags.
Altenstadt. Soeben ist starkes Geräusch von Flugzeugmotoren hörbar. Hoch in der Luft spielen sich Kämpfe ab. Zum ersten Male habe ich Gelegenheit, den Angriff von Jagdfliegern zu beobachten. 2 amerikanische Bombenflugzeuge stürzten brennend, in Stücke geteilt, ab. Nach dem Absturz des einen Flugzeuges, dessen Rumpf in dem Walde zwischen Rommelhausen und Oberau niederging, erfolgte eine heftige Explosion. Starke Rauchwolken stiegen auf. 12 Fallschirme sind sichtbar. Ein drittes abgestürztes Flugzeug, das in Spiralform, schnell drehend, zur Erde fiel, ist jedenfalls ein deutsches Jagdflugzeug gewesen.

15. Okt. 1943.
In der Umgegend von Altenstadt sollen mindestens 5 bis 6 amerikanische Bomber abgeschossen worden sein. Ein Soldat des Flugplatzes Altenstadt erzählte mir heute, daß die ⟨angreifenden⟩ Jagdflieger in Hannover stationiert sind und hier tankten. Im Walde von Langenbergheim liegen die Trümmer von mehreren Flugzeugen und die Leichen von Fliegern. Der abgestürzte deutsche Jagdflieger hat sich durch Fallschirmabsprung gerettet. –

Der ⟨stellv.⟩ Bürgermeister von Höchst a.d.N.[26] berichtete auf der Geschäftsstelle, daß die Stimmung der Truppen zuversichtlich sei. Ein Offizier habe ihm gesagt, in ungefähr 2 Wochen würde ein Wunder geschehen. –

Ich bedaure es, nicht an Wunder glauben zu können.

16. Okt. 43

Wenn bei einem Teile des deutschen Volkes – insbesondere bei Soldaten – die Siegeszuversicht und der Glaube an die »Vergeltung« und sonstige Wunderdinge noch vorhanden sind, so ist das einzig und allein auf die unverständliche Kriegführung unserer Gegner zurückzuführen. Bei diesen Leuten fehlt jeglicher Elan. Man könnte auf den Gedanken kommen, daß Engländer usw. überhaupt nicht siegen wollen.

Gemessen an den Leistungen Deutschlands und Rußlands ist das, was die Engländer und Amerikaner bis jetzt gezeigt haben, wenig eindrucksvoll.

Es sieht fast so aus, wie die nationalsoz. Propaganda oft schon behauptet hat, daß die Engländer den Wunsch haben, Deutschland und Rußland sich zerfleischen zu lassen, um dann zum Schlusse mühelos auf den Schlachtfeldern zu erscheinen.

Der Mangel an idealen Beweggründen wird einmal der englischen Nation teuer zu stehen kommen. Die kalte Berechnung mögen die Engländer sich als Klugheit anrechnen, sie sollen aber auch bedenken, daß Rußland die zögernde Haltung Englands in der Zukunft einmal vergelten kann.

Die Engländer haben genügend Truppen im Mutterland, in Nordafrika und im nahen Osten. Aber nichts wird unternommen zur Entlastung Rußlands. Das kriechende Vorgehen in Italien ist geradezu jammervoll. Das kann nur Absicht sein.

26. Oktober 1943.

Jeden Montag müssen sich die Rechtspfleger Oberhessens in Gießen einfinden, um an Fortbildungskursen teilzunehmen. Mitten im Kriege glaubt die nationalsoz. Justizverwaltung, sich es leisten zu können, ältere Beamte mit Kursen zu quälen. Während einer Pause wurde ich zu dem Landgerichtspräsidenten Jacobi[27] gerufen, der mir eine Gardinenpredigt hielt. Er sagte u.a., der Ortsgruppenleiter Pott in Laubach habe sich darüber beschwert, daß das Amtsgericht Laubach nicht einsatzfreudig genug sei. Auch gegen mich persönlich hatte der Ortsgruppenleiter Pott Beschwerden vorzubringen. Er behauptete, bei Sammlungen wäre oft meine Türe verschlossen, und man habe den Eindruck, daß ich mich absichtlich zu drücken versuche. Mein Einwand, daß das Versäumte bei den nachfolgenden Spenden nachgeholt würde, ließ der Präsident nicht gelten. Er sagte, ich hätte als Beamter die Pflicht, mit gutem Beispiel voranzugehen und müsse – sofern ich an den Opfersonntagen abwesend sei – vorher meine Spende bei der maßgebenden Stelle zeichnen!

Dieser kleine Ausschnitt aus dem Leben eines »Volksgenossen« im Dritten Reich dürfte kommenden Generationen eine Lehre darstellen, niemals eine Tyrannei zu dulden.

Sonnabend, 23. Oktober 1943

Lokales

Die Sammelbüchsen klappern!

Deutsche Arbeitsfront und NS.-Volkswohlfahrt! Diese beiden Begriffe sind jedem Deutschen vom Zeitpunkt ihrer Gründung an so geläufig geworden, daß sie nicht mehr aus dem, Leben der Nation wegzudenken sind. Obwohl äußerlich die Aufgaben dieser beiden Organisationen grundverschieden erscheinen, so haben sie doch einen unlösbaren inneren Zusammenhang. NSV. und DAF. sind zusammengenommen Träger und Vollstrecker einer sozialen Ordnung, die auf dem Bestreben aufgebaut ist, den Wohlstand zu heben und zu sichern, und alle Gefahrenquellen bei Gesundheit und Wohlstand rechtzeitig zu erkennen und zu beseitigen. Deshalb setzt diese Arbeit bereits an der Wiege des Lebens ein und betreut den schaffenden Menschen auch noch während seiner beruflichen Tätigkeit und darüber hinaus.

Wenn sich heute und morgen die Organisationen der DAF. und der NS.-Gemeinschaft Kraft durch Freude dafür einsetzen, der NS.-Volkswohlfahrt die Mittel für ihre volkspflegerische Arbeit bereitstellen zu helfen, dann werden sie gerade bei den Schaffenden größtes Verständnis für ihre Sammlung finden. »Schaffende sammeln, Schaffende geben«, – diese Parole wird auch diesmal wieder die Herzen und Hände zum Geben bereitfinden und damit einen Beitrag für die Sicherung des deutschen Sieges leisten.[28]

Das deutsche Volk wird sich in künftigen Jahren mit sehr gemischten Gefühlen an die Zeit der Sammelbüchsen-Sozialisten erinnern.

Die Sammelbüchsen haben gar reichlich geklappert, und in der ersten Zeit nach der »Machtergreifung« hat mancher »alte Kämpfer« seine Einnahmen mit Hilfe des Inhalts einer Sammelbüchse wesentlich erhöht. Eine schärfere Kontrolle hat erst Platz gegriffen, nachdem der Gestank bis zu den höchsten Stellen drang.

---

1. Nov. 1943

Schwere Bluttat eines ausländischen Arbeiters

Im Anwesen eines Bauern im Kreis Biberach überfiel ein ausländischer Arbeiter morgens im Stall zwei Töchter des Bauern und brachte ihnen mit einem Messer an Brust und Rücken lebensgefährliche Verletzungen bei. Dann legte er an das Anwesen Feuer, so daß es größtenteils ausbrannte. Darauf flüchtete der Täter in den Wald und erhängte sich an einen Baum, wozu er anscheinend die Vorbereitungen schon am Tage vorher getroffen hatte. Die ruchlose Tat löste bei der Bevölkerung starke Empörung aus.

Wer hat die ausländischen Arbeiter zur Verrichtung von Zwangsarbeiten nach Deutschland gebracht und die deutschen Arbeiter dafür als Kanonenfutter nach dem Osten befördert? Die Befehlshaber des Dritten Reiches tragen die alleinige Schuld an derartigen Vorkommnissen. In sehr vielen Fällen ist auch die brutale Behandlung der ausländischen Arbeiter der Grund zu Rachehandlungen.

2. November 1943.

Der Kriegsberichter Eugen Feederle behauptet in seinem Aufsatze »Zurück zum Dnjepr«, daß der deutsche Soldat Entscheidungen, wie den Rückzug, ohne Wimperzucken trägt und an die kommende Abrechnung mit den Feinden voller Inbrunst glaubt. Der Herr Berichterstatter sieht es als seine besondere Aufgabe an, die Frontzurücknahme oder Frontverkürzung als eine besonders klug berechnete Maßnahme der deutschen Heeresleitung darzustellen. Er spricht sogar von einem »freien Entschluß in selbstgewählter Zeitfolge« und deutet an, daß der Weg zum Gegenangriff offensteht.[29]

Die Propagandisten bringen es natürlich fertig, den fortgesetzten Rückzug im Osten zu einer Glanzleistung der deutschen Armee zu erheben. Es ist ganz einerlei, ob wir siegen oder unterliegen, die Nazis machen daraus eine gigantische Angelegenheit. Bei den Gegnern wenden sie allerdings eine andere Methode an. Als der engl. General Alexander in Burma zurückgehen mußte, wurde er fortan in der Nazipresse der »Rückzugsgeneral«[30] genannt. Bei dem genialen Oberkommandierenden Hitler gibt es keinen Rückzug, sondern nur strategische Absetzbewegungen oder Frontverkürzungen.

Mit großer Begeisterung wird dann noch geschildert, in welcher Verfassung den Russen die geräumten Landstriche überlassen werden. »Gewiß, die kleine Bauernfamilie behält[31] meist, soweit es die militärischen Erfordernisse und der Gang des Kampfes zulassen[32], ihr bescheidenes Besitztum, aber alle größeren Anlagen von militärischer oder wirtschaftlicher Bedeutung, Fabriken, Mühlen, Güter mit großem Erntevorrat wurden von uns so gründlich zerstört, daß der Feind auf lange Zeit hinaus keinen Nutzen mehr davon haben wird.«

Feederle sagt zum Schlusse:

»Der deutsche Soldat, der sich in diesen Wochen marschierend und kämpfend auf die Winterstellungen am Dnjepr zurückzog ... Die Zeit wird einmal kommen, und dann wird die in einer Stunde der Prüfung geglückte Frontverkürzung zu den unvergänglichsten Leistungen dieses Weltkrieges gerechnet werden.«[33]

Dies meint der Kriegsberichter Eugen Feederle.

Ich meine: Die »Winterstellung am Dnjepr« wird ein großer deutscher Irrtum sein. Die unvergänglichsten Leistungen haben die Russen vollbracht, denn sie haben die »beste Armee der Welt« samt dem »genialsten Feldherren aller Zeiten« nach allen Regeln der Kriegskunst schwer geschlagen. So ist die Wirklichkeit. –

9. November 1943.
Der Führer hat in München zu seiner »alten Garde« gesprochen.[34]

Einiges aus seiner Rede:

»Zwanzig Jahre sind nun seit jenem 8. November vergangen. Wenn wir uns heute seiner in besonderer Ergriffenheit erinnern, dann bewegen uns zwei Erkenntnisse:

Erstens: Welch wunderbarer Weg unserer Bewegung!
Was für eine Kraft des Glaubens unserer Anhänger!

Ohne den 8. November 1923 wäre die nationalsozialistische Bewegung nicht das geworden, was sie ist. Ohne die nationalsozialistische Bewegung gäbe es heute kein starkes Reich, und ohne dieses Deutsche Reich, das ohne Zweifel der militärisch wirkungsvollste Staat Europas ist, gäbe es schon jetzt keine europäische Zukunft mehr.«

»Der Kampf im Osten ist der schwerste, den das deutsche Volk jemals durchzustehen hatte. Was unsere Männer hier ertragen, kann überhaupt nicht verglichen werden mit dem, was unsere Gegner leisten. Auch hier wird das letzte Ziel, die deutsche Front zum Einsturz zu bringen, nicht nur nicht erreicht werden, sondern wie immer in der Weltgeschichte, die letzte Schlacht allein die Entscheidung bringen. Diese Schlacht aber wird das Volk zu seinen Gunsten buchen, das mit dem größten inneren Wert, in größter Beharrlichkeit und mit größtem Fanatismus die entscheidende Stunde wahrnimmt. Was ich deshalb vom deutschen Soldaten fordere, ist Ungeheures.

... In knapp zwei, drei Jahren nach Kriegsende sind die Wohnungen restlos wieder da, mögen sie zerstören, soviel sie wollen.

... Die Herren mögen es glauben oder nicht, die Stunde der Vergeltung wird kommen.

(Ein Jubelsturm ohnegleichen erhebt sich. Minutenlange Ovation umbraust, sich immer erneuernd, den Führer. »Völk. Beobachter«)

... Wenn wir auch im Augenblick Amerika nicht erreichen können, so liegt uns doch – Gott sei Dank – ein Staat greifbar nahe. Und an den werden wir uns halten. (Wieder braust stürmisch der Beifall empor.)

... Es mag dieser Krieg dauern, so lange er will, niemals wird Deutschland kapitulieren! (Starker Beifall.) Niemals werden wir den Fehler des Jahres 1918 wiederholen, nämlich eine Viertelstunde vor Zwölf die Waffen niederzulegen. Darauf kann man sich verlassen:

Derjenige, der die Waffen als allerletzter niederlegt, das wird Deutschland sein, und zwar fünf Minuten nach Zwölf! (Stürmischer Beifall.)

... Deutsches Volk, sei völlig beruhigt, was auch kommen mag, wir werden es meistern! Am Ende steht der Sieg! (Minutenlanger, brausender Beifall.)

... Ich weiß, daß ich die ganzen Jahre hindurch gerade in den Frauen des Volkes meine fanatischsten Anhänger besitze.

... Sieg Heil!« –

Ueber die Kriegslage im allgemeinen, über die Verluste an Menschen und Material sowie darüber, in welcher Weise der Sieg Deutschlands errungen wird, darüber hat der Führer Adolf Hitler nichts gesagt. Daß bis 5 Minuten nach zwölf gekämpft wird, das ⟨war⟩ mir eigentlich schon im Jahre 1933 klar. Daß Adolf Hitler zuschauen könnte, wenn das ganze Volk unterginge, darüber hatte ich noch niemals einen Zweifel. Ein Tyrann ist eben ein Tyrann.

12. November 1943.

Das Donezbecken völlig unbrauchbar

nwd. Berlin, 11. November. (Eigenbericht.) Die diesjährige sowjetische Sommer- und Herbstoffensive hatte insbesondere die Kohlengruben und Eisenhütten des Donezbeckens zum Ziel. Es erhob sich im anglo-amerikanischen Blätterwald ein gewaltiges Triumphgeschrei, als die Sowjets das Donezbecken wiederbesetzt hatten. Jetzt meldet die »Times« kleinlaut aus Moskau, daß Sowjetfachleute zu ihrem Leidwesen hätten feststellen müssen, daß die Donezindustrie von den Deutschen vor ihrem Abzug völlig unbrauchbar gemacht worden sei. Kein einziges Stahlwerk sei der Vernichtung entgangen, alle Hochöfen, Walzwerke und Kokereien seien sorgfältig zerstört worden, so daß ein Wiederaufbau sehr lange Zeit erfordern werde. Außerdem sei es den Deutschen gelungen, viele wertvolle Maschinen rechtzeitig abzutransportieren. Die Hoffnungen, welche die Sowjetindustrie auf das Donezbecken gesetzt hatte, sind also gründlich enttäuscht worden.[35]

Soldaten brüsten sich damit, daß nicht nur militärische oder industrielle Anlagen zerstört worden seien, sondern auch das Eigentum der schwergeprüften Einwohnerschaft.

Es gibt auch einige wenige menschlich veranlagte Soldaten, die diese Kriegsführung verabscheuen. Leider ist das eine kleine Minderheit. Das deutsche Volk wird bestimmt für die begangenen Grausamkeiten büßen müssen. Hoffentlich werden alle wirklich Schuldigen zur Rechenschaft gezogen. Es darf keiner vergessen werden. Auch diejenigen, die in Wort und Schrift die Taten auch noch verherrlichten oder billigten, müssen gebrandmarkt werden.

In München fand am 10. November 1943 eine Tagung der Reichsleiter, Gauleiter und Verbändeführer der NSDAP. unter Leitung des Leiters der Parteikanzlei, Reichsleiter Martin Bormann, statt. Der Reichsmarschall des großdeutschen Reiches und Oberbefehlshaber der Luftwaffe, Hermann Göring, sprach über Fragen der Reichsverteidigung und des Einsatzes der deutschen Luftwaffe. Der Reichsmarschall gab seiner festen Ueberzeugung Ausdruck, daß wir, wenn ein jeder an seinem Platz seine Pflicht bis zum letzten erfüllt und wir insgesamt unsere Kraftentfaltung in diesem Kampf auf das äußerste steigern, unser Schicksal meistern und siegen werden.

Auf dieser Tagung gab General Jodl[36] einen Ueberblick über die gesamte militärische Lage, den bisherigen Kriegsverlauf und die augenblickliche Kampfsituation. General Jodl erklärte, daß die Leistungen der deutschen Truppen jede Siegeshoffnung der Gegner in das Gebiet der Utopie verweisen würden. Seine »tiefste Zuversicht« – so sagte Jodl – »gründet sich darauf, daß an der Spitze Deutschlands ein Mann steht, der nach seiner ganzen Entwicklung, seinem Wollen und Streben vom Schicksal nur dazu ausersehen sein kann, unser Volk in eine hellere Zukunft zu führen.«

»Was sich im Verlauf des Krieges, so erklärte General Jodl, noch alles an Erwägbarem ereignen wird, wie viele Hoffnungen enttäuscht und wie viele Sorgen sich ins Gegenteil verkehren werden, liegt im Dunkel der Zukunft verborgen. Sicher ist nur, daß wir nie aufhören werden, zu kämpfen, bis der Sieg errungen ist.«

General Jodl schloß seine Ausführungen wie folgt:

»Ich möchte in dieser Stunde nicht mit dem Munde, sondern aus tiefstem Herzen bekennen,

daß unser Vertrauen und unser Glaube an den Führer grenzenlos ist,

daß es für uns kein höheres Gesetz gibt und keine heiligere Pflicht, als bis zum letzten Atemzug für die Freiheit unseres Volkes zu kämpfen. Daß wir alles Weiche und Pflichtvergessene abstoßen wollen,

daß uns alle Drohungen unserer Gegner nur noch härter und entschlossener machen werden,

daß wir uns keiner feigen Hoffnung hingeben, als könnten uns andere von dem Bolschewismus retten, der alles hinwegfegen würde, wenn Deutschland fallen sollte,

daß wir siegen werden, weil wir siegen müssen, denn sonst hätte die Weltgeschichte ihren Sinn verloren.«[37]

Beide Reden von Göring und Jodl gipfeln darin, daß wir siegen werden. Das ist dem deutschen Volke schon so oft versichert worden, daß es eigentlich gar nicht zu verstehen ist, warum diese Versicherung immer wiederholt wird. Es ist sehr geistreich: »Wir siegen, weil wir siegen müssen«, da lacht ein Gaul!

18. Nov. 43.

Posen, 24. Oktober ⟨43⟩
In einem für den späteren Frontkämpfereinsatz im wiedergewonnenen deutschen Osten bedeutungsvollen Akt wurde der Eichenlaubträger Oberbannführer Hauptmann Gerhard Hein in den ihm vom Gauleiter und Reichsstatthalter Greiser geschenkten Bauernhof in Wollheim im Kreise Gnesen eingewiesen.
In Anwesenheit führender Persönlichkeiten aus Partei, Staat und Wehrmacht nahm Gauleiter und Reichsstatthalter Greiser den feierlichen Akt zum Anlaß, um die kommenden Siedlungsaufgaben im Wartheland zu kennzeichnen.
Die alteingesessenen deutschen Bauern dieses Landes, so sagte der Gauleiter, seien seit jeher Kämpfer um die Erhaltung ihres Volkstums und ihrer wirtschaftlichen Existenz gewesen, ebenso wie die vielen Hunderttausend von Umsiedlern, die, dem Rufe des Führers folgend, sich in den vergangenen Jahren in die Reihen dieser völkisch kämpfenden Bauernfront gestellt haben. Hinzu trete jetzt der neue und doch so alte germanisch-deutsche Typ des Wehrbauern, der mit den schon ansässigen Siedlern in den nächsten Jahren und Jahrzehnten zu einem neuen Typ des politisch kämpferischen Wehrbauern zusammenschmelzen werde. Durch den Einsatz von Kriegsversehrten in die für sie bereitgestellten Höfe sei bereits der Anfang gemacht.
Mit Willkommensgrüßen im Namen aller Deutschen des Warthelandes, das den größten Teil seines Bodens und anderer Einsatzmöglichkeiten Frontkämpfern vorbehalten hat, übergab dann Gauleiter Greiser als Beauftragter des Reichskommissars für die Festigung deutschen Volkstums den Hof an Eichenlaubträger Hein, der in schlichten Worten für das Geschenk und die ihm zuteil gewordene Ehrung dankte und versicherte, dass er ebenso wie er als Soldat seine Pflicht erfüllt habe, jetzt alles daransetzen werde, um auch als Bauer auf völkisch umkämpftem Boden seinen Mann zu stellen.[38]

Die Nazis bauen vor, sie denken bereits an den »späteren« Frontkämpfereinsatz.

Der Gauleiter »schenkt« einem Parteigenossen, z.Z. Hauptmann, einen Bauernhof im Kreise Gnesen.

Wem wird dieser Bauernhof gehört haben? Was ist mit dem Eigentümer geschehen? Diese Fragen interessieren weder den Schenker noch den Beschenkten.

Auf diese Weise soll der alte germanische Wehrbauer wieder erstehen. Das wissen die heutigen Machthaber nur zu gut, daß die geraubten Güter verteidigt werden müssen. Den Verführten gegenüber spielen sie sich als dankbare Geber auf. Aus Gründen der Vorsicht siedeln sie sich aber nicht selbst an, sondern überlassen es leichtgläubigen Frontkämpfern, die Haut nochmals zu Markte zu tragen. Unrecht Gut gedeihet nicht, das werden alle jene Frontkämpfer erleben, die da glauben, bedenkenlos »Geschenke« entgegennehmen zu dürfen.

Generalleutnant Franz Westhoven, am 7. Dezember 1894 als Sohn des Arztes Hofrat Dr. Ernst W. in Ludwigshafen (Gau Westmark) geboren, verhinderte im Raum von Charkow durch seine Entschlossenheit einen Durchbruch des vielfach überlegenen Gegners. An der Spitze seiner Brandenburger meisterte er in drei nacheinander geführten Gegenangriffen die schwierige Lage und gewann die alte Hauptkampflinie wieder. Generalleutnant Westhoven trat nach Ablegung der Reifeprüfung am Gymnasium in seiner Heimatstadt 1913 als Fahnenjunker in das Jäger-Regiment zu Pferde Nr. 3 ein, in dem er 1914 Leutnant wurde. 1919 gehörte er dem Freikorps Hindenburg an. Nach seiner Beförderung zum Hauptmann fand er einige Jahre Verwendung im damaligen Reichswehrministerium. 1939 wurde er Oberst, 1942 übernahm er als Generalmajor eine Panzer-Division und wurde 1943 zum Generalleutnant befördert.[39]

Nicht wenig Deutsche hat es gegeben, und gibt es heute noch, die der Auffassung waren, dem Nationalsozialismus würde eines Tages durch eine militärische Revolution der Garaus gemacht werden.

Es hat sich aber gezeigt, daß die Offiziere der neuen Wehrmacht und die führenden Personen des »Dritten Reiches« eine festgefügte Gemeinschaft bilden. Der eine Teil schützt und stützt den anderen, und jeder heimst seine Vorteile ein. Die Mehrzahl der Offiziere sind geistig verwandt mit den führenden Persönlichkeiten und haben in ihrer Jugend völkischen Gruppen angehört, die älteren sind durchweg Gegner aller demokratischen Einrichtungen gewesen. Das Regime Hitler sagt ihnen wie kein anderes zu, weil ihre Wünsche in vollstem Maße erfüllt ⟨werden⟩. Hitler beschenkt die Offiziere mit Orden u. Beförderungen. Die Offiziere ihrerseits lassen Hitler nach Herzenslust toben. Doch der Krug geht auch hier nur solange zum Brunnen bis er bricht …

Gau Baden Elsaß

Ernennung des Gauamtsleiters für Volkstumsfragen

Straßburg, 5. November ⟨43.⟩

Nach einer Mitteilung des Gaupersonalamts hat Gauleiter und Reichsstatthalter Robert Wagner den Oberstadtkommissar in Straßburg, Dr. Robert Ernst, mit der Leitung des Gauamts für Volkstumsfragen, dessen Errichtung auf Grund einer Verfügung des Führers vom 12. März 1942 erfolgt, beauftragt. Außerdem wurde Dr. Ernst durch den Präsidenten des VDA[a]. zum Gauverbandsleiter in Baden berufen.

Gauamtsleiter der NSDAP. für Volkstumsfragen Dr. Ernst entstammt einer alteingesessenen elsässischen Familie. Den ersten Weltkrieg machte er als Freiwilliger, zuletzt als Beobachter bei der Fliegertruppe mit. Um nicht die französische Staatsbürgerschaft erwerben zu müssen, verließ die ganze Familie Ernst nach dem Zusammenbruch 1918 das Elsaß. Während seines Studiums in Heidelberg und Tübingen fasste Dr. Ernst die elsaß-lothringischen Studenten an den deutschen Hochschulen in einem Verband zusammen und übernahm im Februar 1921 die elsaß-lothringische Abteilung im Deutschen Schutzbund für Grenz- und Auslandsdeutsche. 1923 gründete er die in Berlin erschienene Zeitschrift »Elsaß-Lothringer Heimatstimmen«. Im Jahre 1933 übernahm Dr. Ernst die Leitung des Bundes der Elsaß-Lothringer im Reich und des von ihm gegründeten Bundes »Deutscher Westen«. So hielt er mit den heimattreuen Kreisen im Elsaß ständige Verbindung; in der Zwischenzeit war er von den Franzosen im Abwesenheitsverfahren zu 15 Jahren Zuchthaus verurteilt worden. Einige Jahre hindurch war er auch Stellvertretender Vorsitzender des VDA. Als im Juni 1940 die deutsche Wehrmacht in das befreite Elsaß und in die alte Reichsstadt Straßburg einmarschierte, wurde Dr. Ernst von Gauleiter Robert Wagner zum Generalreferenten beim Chef der Zivilverwaltung im Elsaß berufen und als Oberstadtkommissar an die Spitze der Stadtverwaltung Straßburg gestellt.[40]

z

Der Oberstadtkommissar Dr. Ernst ist der Typ jener Deutschen, die zu den Kriegstreibern gehören. In Friedenszeiten gehören sie allen möglichen nationalen Vereinen und Verbänden an. In diesen Vereinigungen schüren und hetzen sie ohne Unterlaß bis die erforderliche Glut entfacht ist. Haben sie dann ihr Ziel – den Krieg – erreicht, dann sind sie nicht etwa unter den Kämpfern an der Front zu finden, das wäre ja ein viel zu gefährliches Handwerk, nein, dann sind sie derart unentbehrlich – so ganz hinten –, daß nur die fettesten Posten für sie gerade noch gut genug sind.

Das dumme, verhetzte Volk aber, das läßt sich zur Schlachtbank führen: ... auf das »Feld der Ehre«.

Nach diesem Kriege wird es erforderlich sein, derartige Kreaturen ständig zu überwachen und jede Tarnung unmöglich zu machen. Im Keime muß alles erstickt werden, was sich vielleicht wieder einmal zu einem Nationalismus bekannter Art

a) *VDA:* Volksbund für das Deutschtum im Ausland.

entwickeln könnte. Wenn hier nicht mit aller Schärfe durchgegriffen wird, dann war auch diese Schlächterei 1939-1944 wiederum umsonst.

19. Nov. 1943.

Der als Betreuungs-Offizier in Laubach tätig gewesene Hauptmann Menz (Zivilberuf: Gerichtsvollzieher in FFM) ist in Berlin vor dem Militärgericht zu 3 Jahren Zuchthaus verurteilt worden, weil er beleidigende Aeußerungen gegen Hitler verbreitet hatte.

Als Zeuginnen waren die Denunzianten Ehefrau des Gastwirts Hermann D[...] und die Büroangestellte F[...] beim Res. Lazarett Lb. (Kassenverwaltung) geladen.

Die F[...] soll die Anzeige unterschrieben haben.

20. Nov. 1943.

Der gegenwärtige Stand der Schlacht bei Kiew

⟨13.11.43⟩ Offensivstoß nordwestlich Tschernigow steckengeblieben

ks. Berlin, 12. November. (Eigener Drahtbericht.) Die von Norden am Westufer des Dnjepr auf Kiew zu vorstoßenden starken sowjetischen Offensivverbände haben zwar die Räumung Kiews bewirkt, doch konnte ihre Absicht, über Kiew hinaus nach Süden und Südwesten vorzustoßen, durch die schnelle Aufstellung deutscher Sperriegel vereitelt werden. Nachdem somit der eigentliche Angriffsweg verlegt worden war, wich der Feind nach Westen aus und erreichte jene Vertiefung des Kampfraumes westlich Kiew, von der der Wehrmachtbericht in den letzten Tagen sprach. Auch von den Kämpfen am Donnerstag meldet der Wehrmachtbericht am 12. November, daß die Schlacht in der Tiefe des Einbruchsraumes westlich Kiew mit unverminderter Heftigkeit anhalte. Offensichtlich lassen sich die Sowjets bei diesem Vorstoß nach Westen von der Ueberlegung leiten, daß ihnen eine Erweiterung des Kampfraumes nach Norden oder nach Süden im weiteren Verlauf der Schlacht gelingen wird. Andernfalls könnten sich Entwicklungen anbahnen, die bei der Isolierung der vorgestoßenen feindlichen Angriffsspitzen zu kritischen Situationen für die Sowjets führen könnten. Der Feind spürt wohl diese Möglichkeiten und hat infolgedessen südlich Kiew heftige Angriffe unternommen, die jedoch vollkommen mißlungen sind. Statt dessen konnte sogar durch deutsche Gegenangriffe verloren gegangener Raum zurückerobert werden. Eine Entscheidung in der Kiew-Schlacht steht also durchaus noch aus, wenn gleich nicht verkannt werden soll, daß der feindliche Einsatz sehr groß ist und zur Zeit immer noch zunimmt. Jedoch hat die deutsche Führung ebenfalls Verstärkungen herangeführt, so daß mit einer weiteren Steigerung der Kämpfe gerechnet werden muß.

Eine interessante Entwicklung hat sich in diesem Zusammenhang nordwestlich Tschernigow ergeben. Ermutigt durch die Anfangserfolge in der Kiew-Schlacht, hat die sowjetische Führung starke Truppenkontingente auch nordwestlich Tschernigow zum Angriff antreten lassen. Wäre diese feindliche Operation gelungen, so hätte tatsächlich die Möglichkeit bestanden, dass die Tschernigower Offensivgruppe sich im Hintergelände der Schlacht westlich Kiew mit den dort kämpfenden feindlichen Angriffsspitzen vereinigt hätte. Der feindliche Stoß traf jedoch auf eine überaus starke deutsche Abwehrstellung, die offensichtlich besonders gut mit panzerbrechenden Waffen bestückt war. Der Wehrmachtbericht vom Donnerstag meldet an dieser Stelle den Abschuß von über 200 feindlichen Panzern, während der Wehrmachtbericht vom Freitag den erneuten Abschußerfolg wiederum eines Korps von 57 feindlichen Panzern bekanntgibt. Unter diesen Umständen ist nicht verwunderlich, daß die Wucht der feindlichen Angriffe nachgelassen hat, womit der sowjetische Offensivstoß nordwestlich Tschernigow als vorläufig steckengeblieben bezeichnet werden kann. Unterstrichen wird diese Auffassung durch die Tatsache, daß die Sowjets den ganzen groß angelegten Durchbruchsversuch und sein Mißlingen völlig verschweigen.

Die Kämpfe auf der Krim führten zu schönen Abwehrerfolgen der dort eingesetzten deutsch-rumänischen Truppen. Nachdem der Versuch des Feindes, seine beiden Brückenköpfe südlich und nördlich Kertsch zu verstärken und zu erweitern, durch die Erdtruppen in Zusammenarbeit mit Luftwaffenverbänden und deutschen Seestreitkräften verhindert worden ist, schickten die Sowjets Infanterieverbände nordöstlich Perekop nach durch das höchstens 80 Zentimeter tiefe Faule Meer. Der Wehrmachtbericht gibt bekannt, daß diese Abteilungen im Nahkampf vernichtet worden sind.[41]

Die Kämpfe »im Raume« Kiew oder »bei« Kiew, wie sie in den Heeresberichten und Zeitungen bezeichnet werden, können jedenfalls die eine Tatsache nicht bestreiten, daß Kiew fest in russischer Hand ist und die Russen hier einen Brückenkopf besitzen, der von größter strategischer Wichtigkeit ist. Der Einbruch in den Raum westlich von Kiew ist ja auch von der deutschen Heerführung als ernst angesehen worden, da durch Gegenstöße aus dem Raum Shitomir, die Russen aufgehalten werden sollen. Was an dieser Stelle augenblicklich auch gelungen zu sein scheint. Es ist immerhin aber zu bedenken, daß die Russen die Kraft besaßen, Kiew zu nehmen und den Uebergang über den Dnjepr in sehr breiter Front zu erzwingen. Wenn also die Russen an anderen Stellen durchbrechen, dann hat der Aufenthalt bei Shitomir gar keine Bedeutung. Nach meiner Meinung ist ein Vordringen im Raum des Pripet-Flusses gegen Pinsk – Warschau ungeheuer gefährlich, weil die deutsche Front in 2 Teile gespalten würde. Die nächsten Wochen werden eine höchst interessante – für Deutschland schlimme – Entwicklung bringen. –

Bei der heutigen Lage ist es bereits klar zu erkennen, wie töricht es von der deutschen Führung war, nicht frühzeitig genug Raum aufgegeben zu haben, mit der Absicht, taktische Reserven bereit zu stellen.

Die unsinnigen Verluste, die durch das Halten von Stellungen aus Prestige-Gründen hervorgerufen wurden, sind vollkommen zwecklos gebracht worden. Denn die Russen nähern sich trotz allem den ehemaligen polnischen Grenzen.

Wie wäre es aber gewesen, wenn bereits vor 2 Jahren starke Stellungen in der Linie Düna –Wolynien – Carpathen – Rumänien – aufgebaut worden wären? Jedenfalls könnte die deutsche Armee heute mit sehr starken Reserven aufwarten. Reserven, die ihr heute fehlen. Das ist kriegsentscheidend.

Ich habe natürlich nicht nur eine starke Stellung im Auge, sondern nebenher diplomatische Bemühungen zum Abschluß eines Friedens im Jahre 1941.

Was vergangen, kehrt nicht wieder![42]

Nationalsozialisten kapitulieren bekanntlich nicht; sie kennen auch keine Kompromisse.

Hinrichtung eines Verräters

dnb. Berlin, 16. November ⟨43⟩. Der 54 Jahre alte Friedrich Schwarz aus Waren in Mecklenburg, den der Volksgerichtshof zum Tode verurteilt hat, ist hingerichtet worden. Schwarz hat, als der Umsturz in Italien bekannt wurde, den Verrat Badoglios zum Anlaß genommen, in seinem Betriebe über die deutschen Truppen in Italien niederträchtige Behauptungen aufzustellen und alarmierende Lügen über die damalige Kriegslage zu verbreiten. So erklärte er u. a., daß feindliche Streitkräfte den Brennerpaß besetzt und gesperrt hätten. Sein Verhalten und seine Aeußerungen hatten unter seinen Arbeitskameraden große Empörung hervorgerufen. Er hat in einem Augenblick politischer Höchstspannung den Versuch unternommen, die Haltung der Heimatfront zu zersetzen und deswegen den Tod verdient.[43]

Ein solches Urteil kann nur in Deutschland gefällt werden. Wesentlich war doch, daß der Gegner nicht am Brenner stand. Die Lage Deutschlands ist auch bestimmt nicht dadurch irgendwie beeinträchtigt worden, daß der Mann aus Mecklenburg eine falsche Angabe verbreitete. Wenn nur amtliche Wahrheiten bekannt gegeben würden, dann wäre niemals Raum für Verbreitung von Gerüchten. Aber … wer ist also der Alleinschuldige?

Der oder die Patentlügner und Schönfärber.

21. Nov. 43.

Avantgarde der Rache

Reichsorganisationsleiter Dr. Ley in Mannheim

Mannheim, 15. November ⟨43.⟩

Der Lebenswille einer schwergeprüften deutschen Stadt bekundete sich am Sonntagvormittag in Mannheim. Dort fanden sich über 30 000 Menschen vor dem von den anglo-amerikanischen Barbaren zerstörten altehrwürdigen Mannheimer Schloß zu einer machtvollen Kundgebung zusammen. Die Bevölkerung, die dort auf zahlreichen mitgeführten Plakaten ihren Haß gegen England zum Ausdruck brachte, war mit Spaten und Piken bewaffnet und zog anschließend in die von den Barbaren zerstörten Stadtteile, um dort in einer großangelegten Selbsthilfe- und Gemeinschaftsaktion aufzuräumen und zu bergen.

Im Mittelpunkt dieses arbeitsreichen Sonntags der Mannheimer Bevölkerung stand eine Ansprache des Reichsorganisationsleiters Dr. Ley, der noch am Vortage zu schaffenden Volksgenossen im ebenfalls vom Luftterror betroffenen Rhein-Ruhr-Gebiet gesprochen hatte. »Die Flutwelle aus dem Osten wird gebrochen werden«, rief der Reichsorganisationsleiter aus, »auch unsere Luftabwehr ist von Monat zu Monat stärker und erfolgreicher geworden. Hier in Mannheim und all den anderen bombenbetroffenen Städten bestätigt sich das vom Führer kürzlich ausgesprochene Wort, dass die bombengeschädigten Volksgenossen die Avantgarde der Rache sind.«

Stärkste Zustimmung klang Dr. Ley entgegen, als er im Angesicht der Trümmerstätte eines zerstörten Stadtteils noch einmal wiederholte, daß wir niemals kapitulieren würden. »Die Gewißheit nehmt mit: Was Adolf Hitler sagte, dass er nie die Nerven verlieren wird, gilt für die gesamte deutsche Führung und auch für das gesamte deutsche Volk.«[44]

Dafür ist der unabkömmliche Organisationsleiter Dr. Ley[45] da, daß er etwas organisiert. Ihm kann es auch gleichgültig sein, ob die deutschen Arbeiter sich einmal ausruhen wollen. Die Hauptsache ist das Affentheater und das hysterische Gebrüll dieses Alkoholikers Dr. Ley. Angeblich hat er 30 000 Menschen mit Spaten pp. zusammen getrommelt, um eine »Aktion« darzubieten. Auf eine Null mehr oder weniger ist es den Nazis noch nie angekommen. Ob es 30 000 waren, sei deshalb dahingestellt. Diese Art »Rache« ist nicht weit von der Lächerlichkeit entfernt. Die ganze Aktion war auch nur eine Kulisse. Der Berichterstatter gibt zu, daß im Mittelpunkt nicht etwa die Spaten der Erschienenen, sondern die Ansprache des Reichsorganisationsleiters gestanden hat. Der nichtschaffende Leiter hat zu den schaffenden Volksgenossen gesprochen. Jetzt kann er »seinem« Führer berichten, daß die »Avantgarde der Rache« in voller Blüte sei.

Die Nerven des Führers werden hierdurch sicher gestärkt. Voraussichtlich oder jedenfalls.

22. Nov. 1943.

Partei und Frauen ⟨⟨9.11.43⟩⟩

Eine amerikanische Zeitschrift hat vor kurzem geschrieben, das Schlimmste am Nationalsozialismus seien die Frauen. Der Nationalsozialismus habe ohne Zweifel für die deutschen Frauen mehr getan als die anderen Völker. Er habe sie sozial gehoben. Er sei dazu übergegangen, sie in gewaltigen Organisationen zusammenzufassen. Er schicke Frauen der gebildeten Stände in die Fabriken hinein, damit Arbeiterinnen in Urlaub gehen könnten usw., und sie schließt, das könnten die Demokratien nicht nachmachen. Und weil sie das nicht nachmachen könnten, müssten sie darum in Zukunft die nationalsozialistischen Frauen ausrotten, denn sie seien fanatisch und unbelehrbar.

Das ist auch richtig! Ich weiß, daß ich die ganzen Jahre hindurch gerade in den Frauen des Volkes meine fanatischsten Anhänger besitze. Das muß in der Zukunft erst recht so sein! Die Frauen müssen zusammen mit den Männern der Bewegung auch in schweren Zeiten den Halt geben.

Wenn Bombenangriffe kommen, ist es in erster Linie die Partei, die dafür sorgt, daß die Ordnung aufrechterhalten bleibt und daß alles getan wird, was überhaupt getan werden kann. Können Sie sich überhaupt vorstellen, meine Parteigenossen und Parteigenossinnen, daß wir im Weltkrieg auch nur einen Monat lang das hätten erdulden und ausstehen können, was wir jetzt seit Jahren ertragen. Können Sie sich das vorstellen? Das ist das Verdienst der männlichen Erziehung unseres Volkes, das ist das Verdienst des nationalsozialistischen Glaubens! (Wieder unterbricht stürmischer Beifall den Führer.)

Solange uns diese Kraft bleibt, brauchen wir nicht nur nicht zu verzweifeln, sondern können im Gegenteil mit stolzer Zuversicht in die Zukunft blicken.

Ich bin nur auf wenige Stunden hierher gekommen, um zu euch, meine alten Anhänger, zu sprechen, und gehe schon morgen wieder zurück und nehme mit mir eine schöne Erinnerung an meine alten Kampfgefährten und unsere alte Kampfzeit.

Auch ihr sollt von hier hinausgehen mit der fanatischen Zuversicht und dem fanatischen Glauben, daß es gar nichts anderes geben kann als unseren Sieg! Dafür kämpfen wir, dafür sind sehr viele gefallen, dafür werden noch andere das gleiche Opfer bringen. Dafür leben Generationen, und zwar nicht nur jetzt, sondern auch in der Zukunft. Das, was wir jetzt an Blut vergießen, wird unserem Volke einst reichlich vergolten werden. Es wird in neuen Heimstätten Millionen Menschen wieder ihr Dasein geben können.

Damit erinnern wir uns so aller unserer Kameraden, die als nationalsozialistische Kämpfer einen Weg vorangegangen sind, der nur der Weg der Größe unseres Vaterlandes, der Größe unseres deutschen Volkes sein kann.

Unsere Nationalsozialistische Partei, unser Deutsches Reich Sieg-Heil!

Adolf Hitler beschäftigte sich in seiner Rede zum 9. Nov. auch mit den Frauen. Er bezeichnete die Frauen als seine fanatischsten Anhänger und nahm hierbei Bezug auf eine amerikanische Zeitschrift, die geschrieben haben soll, das Schlimmste am Nationalsozialismus seien die Frauen. Stimmen die Auffassungen der Zeitschrift und die Angaben von Hitler?

Im allgemeinen wird der männliche Fanatiker mit der weiblichen Fanatikerin so ziemlich auf eine Stufe gestellt werden können.

Für Hitler war das natürlich eine willkommene Gelegenheit, seinen Parteiweibern ein Lob zu spenden und sie zu weiteren »Taten« anzuspornen.

Einfältige Menschen sind bekanntlich für ein Lob sehr empfänglich.

Die amerikanische Zeitschrift wird sich jedenfalls ihre Meinung lediglich aus dem deutschen Propagandamaterial gebildet haben. Es gibt keine illustrierte Zeitung in Deutschland, die nicht irgendwie die Mädchen und Frauen in den Vordergrund stellt. Seien es lachende Mädchen als Helferinnen oder sporttreibende Angestellte bezw. Arbeiterinnen sowie glückstrahlende Mütter mit ihren spielenden Kindern. Nur Sonne, nichts als Sonne. Das ist nationalsozialistische Propaganda. Auf diese Propaganda ist das Inland und das Ausland glatt hereingefallen.

Die holde Weiblichkeit hat es gar nicht gemerkt, daß sie unter dem Regime der Nazis ausgesprochene Sklavinnen geworden sind. In einem Punkte hat die Weiblichkeit allerdings zügellose Freiheit: auf dem Gebiete der Erotik. Ob das der Grund ist, daß viele Frauen sich dem Nationalsozialismus mit Haut und Haaren verschrieben haben?

Sicher ist jedoch, daß ich sehr viele Frauen kenne, die von der NSDAP. nichts wissen wollen. Vornehmlich solche, die irgendwie kirchlich gebunden sind. Aber es steht ja die Frage im Vordergrund, was viele Frauen bewogen hat, sich fanatisch für die Partei einzusetzen. Was wirkte anziehend? Das ist gar nicht so einfach zu beantworten. Der übertriebene Nationalismus hat zweifellos sehr stark gewirkt. Auch gewisse mythische Ideen machten Eindruck. Dem Heldenkult sind Frauen sehr leicht zugänglich. Dieser Kult hat ebenfalls die Anziehungskraft verstärkt. Abgesehen hiervon ist das Programm der NSDAP. umfangreich und vielgestaltig. Wer vieles bringt, bringt jedem etwas. Und wenn der Einzelne gefragt wird, was hat dich bewogen, Nationalsozialist zu werden, kommt meistens nichts gescheites dabei heraus.

Der Nationalsozialismus ist eine Krankheit, eine Seuche. Vielleicht ist das die beste Erklärung. Jedenfalls sind alle hysterischen Frauenzimmer ganz bestimmt Parteigenossinnen. Diese Weiber wollen sich in den Vordergrund drängen und haben nun in der Partei ausgezeichnete Gelegenheit, sich nach Herzenslust auszutoben u. ihre Mitmenschen zu quälen. Hieraus entwickeln sich dann die fanatischsten Anhänger, wie sie Hitler braucht.

23. Nov. 43.

Todesstrafe für drei Volksschädlinge

In Nordstemmen haben, wie wir kürzlich berichteten, die Geschwister Mohrlüder als Hauseigentümer Bombengeschädigten aus Hannover die Aufnahme verweigert, obwohl sie über zehn Zimmer verfügten. Auf dringende Vorstellungen hin schafften sie eine völlig verschmutzte Matratze in den Vorflur ihres Hauses und muteten dem erschöpften und hart betroffenen Ehepaar aus Hannover zu, gemeinsam mit ihrem Kind hierauf zu nächtigen. Die Verfolgung dieses unglaublichen Verhaltens brachte dann die Entdekkung, daß es sich bei den Mohrlüders um geradezu unverschämte Hamsterer handelte, deren Vorräte einen ganzen Gasthaussaal füllten. Das Sondergericht Hannover hat den 52jährigen Heinrich Mohrlüder, die 65jährige Frieda Mohrlüder und die 54jährige Marta Mohrlüder als Volksschädlinge zum Tode verurteilt.[46]

Wenn einmal dem deutschen Volke von der übrigen Welt der Vorwurf gemacht werden wird, daß es gar zu willenlos sich der Herrschaft eines Hitler gebeugt habe, dann wird es gut sein, sich dieses Todesurteils zu erinnern.

In dem deutschen Strafgesetzbuch befindet sich kein Paragraph, auf den sich dieses Urteil stützen könnte. Trotzdem ist es ein Todesurteil gegen »Volksschädlinge« geworden. Jeder, der sich in irgendeiner Weise gegen nationalsozialistische Anordnungen oder Befehle auflehnt, ist sofort ein »Volksfeind« oder »Volksschädling«. Diese Bezeichnung genügt schon, einen Menschen zum Todeskandidaten in Deutschland zu stempeln. Es bedarf keiner besonderen Erläuterung, daß derartige Urteile Schrecken verbreiten. Erregung von Schrecken durch Gewaltmaßnahmen dient zur Einschüchterung des gesamten Volkes. Die Regierungskunst von Hitler und Genossen besteht in fortgesetzter Anwendung von Gewalt.

Durch dieses System des Terrorismus herrscht die NSDAP. –

Nicht erst heute habe ich mich zu der Erkenntnis durchgerungen, daß dieses Regierungssystem von innen heraus überhaupt nicht zu beseitigen ist. Insoweit war die Prahlerei mit dem 1000jähr. Reich gar nicht so übertrieben.

Hitler kann nur fallen durch einen verlorenen Krieg. Sonst durch nichts.

Die Gegner des Systems von heute dürfen sich nicht offen zu erkennen geben, sonst sind sie ohne weiteres verloren.

Hitler geniert sich durchaus nicht, täglich Todesurteile vollziehen zu lassen. Ich bin davon überzeugt, daß ihn noch nicht einmal das Schicksal des gesamten deutschen Volkes irgendwie beeindrucken würde. Er könnte 80 Millionen deutsche Tote liegen sehen und wäre noch in der Lage zu seinem Freunde Dr. Josef Goebbels zu sagen: »Siehst du, Joseph, das hat vor mir keiner fertig gebracht und wird auch niemand nach mir fertig bringen. Ich bin der genialste Massenmörder aller Zeiten.«

Zur Gewaltherrschaft gehört auch die vollendete Beherrschung sämtlicher Gehilfen. Wie das gemacht wird, zeigt die nächste Seite.

Sonnabend, 20. November 1943

PARTEIAMTLICHE BEKANNTMACHUNGEN

NSDAP., Ortsgruppe Schloßgarten. Diejenigen Parteigenossen, die an dem Generalmitgliederappell im Orpheum am 14. 11. nicht teilgenommen haben, erscheinen zum Generalmitgliederappell der Nachbarortsgruppen am Sonntag, 21. 11., 10.30 Uhr, im Saalbau.

Ortsgruppe Rheintor. Am Sonntag, 21. Nov., 16 Uhr, findet im Städtischen Saalbau der Generalmitgliederappell der Ortsgruppe statt. Es spricht Kreisleiter Dr. Schilling. Sämtliche Parteigenossen und Parteigenossinnen haben daran teilzunehmen.

Ortsgruppe Mitte. Am Sonntag, 21. 11., um 10.30 Uhr, findet im Städtischen Saalbau ein Generalmitgliederappell statt. Es spricht der Kreisleiter. Sämtliche Parteigenossen haben ausnahmslos teilzunehmen. Uniformträger in Uniform.

Ortsgruppe Steinberg. Am Sonntag, 21. 11., 10.30 Uhr, haben alle Pg. und Pgn., die am 14. Nov. entschuldigt oder unentschuldigt am Generalmitgliederappell nicht teilgenommen haben, am Mitgliederappell der OG. Gervinus, Jägertor und Mitte im Saalbau zu erscheinen.

Ortsgruppe Da.-Arheilgen. Morgen findet in der Turnhalle um 10 Uhr der Generalmitgliederappell unserer Ortsgruppe statt, zu dem alle Parteigenossen und Parteigenossinnen ausnahmslos erscheinen müssen.

NSDAP., Hitler-Jugend, Standortorchester. Das Orchester tritt Montag, 22. 11., 18.45 Uhr spielfertig im großen Saal des Luftschutzhauses an. Notenständer mitbringen.

NSDAP., Hitler-Jugend, Bann 115. Mädel-Sing- und -Spielschar. Am Sonntag tritt die Gruppe (auch die Werkschar) 9 Uhr in Uniform in der Jugendmusikschule (Sandstraße 36) an.

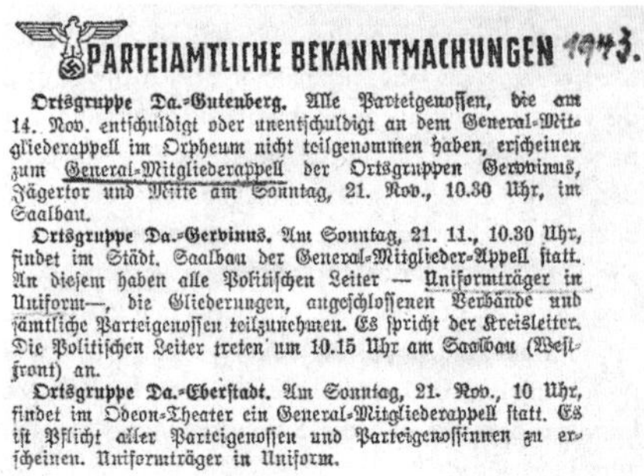

PARTEIAMTLICHE BEKANNTMACHUNGEN 1943.

Ortsgruppe Da.-Gutenberg. Alle Parteigenossen, die am 14. Nov. entschuldigt oder unentschuldigt an dem General-Mitgliederappell im Orpheum nicht teilgenommen haben, erscheinen zum General-Mitgliederappell der Ortsgruppen Gervinus, Jägertor und Mitte am Sonntag, 21. Nov., 10.30 Uhr, im Saalbau.

Ortsgruppe Da.-Gervinus. Am Sonntag, 21. 11., 10.30 Uhr, findet im Städt. Saalbau der General-Mitglieder-Appell statt. An diesem haben alle Politischen Leiter — Uniformträger in Uniform—, die Gliederungen, angeschlossenen Verbände und sämtliche Parteigenossen teilzunehmen. Es spricht der Kreisleiter. Die Politischen Leiter treten um 10.15 Uhr am Saalbau (Westfront) an.

Ortsgruppe Da.-Eberstadt. Am Sonntag, 21. Nov., 10 Uhr, findet im Odeon-Theater ein General-Mitgliederappell statt. Es ist Pflicht aller Parteigenossen und Parteigenossinnen zu erscheinen. Uniformträger in Uniform.

⟨1943.⟩

[Zum Artikel links[47], zum Artikel rechts[48]]
Der beste Soldat ist derjenige, der nicht denkt, da gibt es ein ganz einfaches Mittel, ⟨um das zu erreichen⟩. Der Soldat muß immer beschäftigt werden, damit er nicht zum Denken kommt. Diese Weisheit der militärischen Erzieher wird nach allen Regeln der Findigkeit in der Praxis zur vollsten Blüte gebracht. Jeder, der Soldat war, kennt die »nützlichen« Beschäftigungen, deren Sinn nicht immer auf den ersten Hieb zu erraten war. Da gab es insbesondere Appelle buntester Art. Und wenn gar nichts mehr zu besichtigen war, dann wurde zur Wanzenvertilgung geschritten.

So ähnlich wird auch in der NSDAP. gearbeitet, nur noch etwas einheitlicher. Da gibt es nur einen Befehl für das gesamte Reichsgebiet. Das Programm u. der Inhalt der Ansprachen gehen von einer Zentrale aus. Tausendfach die gleichen Worte prasseln auf die Parteigenossen nieder. Einer zieht an der Strippe in Berlin und hunderttausend und noch mehr Anhänger machen die gewünschten Bewegungen.

In diesen Mitglieder-Appellen wird die politische Erziehungsarbeit in Gang gebracht. Da werden unausgesetzt Disziplin und Verantwortungsfreudigkeit gepredigt. Da wird den Parteigenossen beigebracht, daß sie als Idealisten den Nationalsozialismus in seiner letzten Konsequenz bejahen und den übrigen Volksgenossen als Nationalsozialisten vorleben müssen. Bei diesen Mitglieder-Appellen werden auch die Parolen für das gewöhnliche Volk ausgegeben. Auch die Flüsterpropaganda nimmt ⟨von⟩ hier aus ihren Weg zu der Masse »Volk«.

24. Nov. 43
Augenblicklich dringen ernstere Worte an unser Ohr:

»Es geht um Sein oder Nichtsein.«
»Entweder Sieg oder Tod.«
»Wir kämpfen bis 5 Minuten nach zwölf.«
»Die Stunde der Vergeltung wird kommen.«

Etwas von der Hoffnung ist immer dabei. Das Volk weiß aber trotz aller Not einen Ausweg. Es macht noch Witze.

Einer davon: »Wissen Sie den Unterschied zwischen einem Gewitter und der Vergeltung?«

»Bei einem Gewitter sieht man den Blitz und hört den Donner. Von der Vergeltung ist aber weder etwas zu sehen noch zu hören.«

So denkt der aufgeweckte Teil des Volkes.

Fünf Minuten nach zwölf

Die Stunde der Vergeltung wird kommen[49]

Hitler kann sich einfach nicht darüber trösten, daß die Regierung im Jahre 1918 – nach seiner Auffassung – 1/4 Stunde vor 12 Uhr die Waffen niedergelegt hat. Er will deshalb bis 5 Minuten nach 12 Uhr kämpfen.

Jeder vernünftige Mensch mit Verantwortungsbewußtsein weiß, daß der Krieg 1914/1918 niemals für Deutschland gewonnen werden konnte. Der Krieg wäre damals auch 5 Minuten nach 12 Uhr verloren worden. Allerdings mit noch größeren Verlusten und umfangreicheren Verwüstungen. Mit vernünftigen Erwägungen ist aber bei einem Teile unseres Volkes nichts zu erreichen. Das sind sture Idioten. Deshalb ist es erforderlich – so unsäglich traurig das ist –, daß dieser Kampf wirklich ausgekämpft wird und keine nationalistische Parole übrig bleibt.

Es wird sich – leider – bewahrheiten, was ich schon vor vielen Jahren andeutete:

»Dieser nationalsozialistische Kelch muß bis zum letzten Tropfen geleert werden.«

25. Nov. 43.

Britische Bomberverbände führten in den gestrigen Abendstunden einen schweren Terrorangriff gegen die Reichshauptstadt. Durch Abwurf zahlreicher Spreng- und Brandbomben entstanden Verwüstungen in mehreren Stadtteilen. Eine Reihe unersetzlicher Kunststätten wurde vernichtet. Die Bevölkerung hatte Verluste.[50] (23. Nov.)

Die Reichshauptstadt wurde in den Abendstunden des 23. November erneut von starken britischen Bomberverbänden angegriffen. Durch diesen Terrorangriff entstanden in mehreren Stadtteilen neue Schäden. Neben Wohngebieten wurden zahlreiche öffentliche Gebäude, darunter Kirchen, Wohlfahrtseinrichtungen und Kunststätten zerstört. Jagdverbände und Flakartillerie der Luftwaffe schossen trotz schwieriger Abwehrbedingungen 19 feindliche Flugzeuge ab.[51] (24. Nov.)

Am 23. und 24. November 1943 berichtete das Oberkommando der Wehrmacht aus dem Führerhauptquartier über die Fliegerangriffe gegen Berlin.

Die Verhältnisse haben sich grundlegend geändert. Im Jahre 1940 wurde Deutschland nicht müde, in allen Tonarten die Angriffe der deutschen Flieger gegen England, insbesondere gegen London, zu loben und zu preisen. Ich kann mich noch sehr gut erinnern, daß damals in weitesten Kreisen der Bevölkerung eine große Begeisterung über die fortgesetzten Luftangriffe gegen England herrschte. Es konnte gar nicht toll genug über England hergehen. Von »Terrorangriffen« habe ich damals nie etwas gehört.

Jetzt auf einmal, weil der Gegner das, was ihm angetan wurde, mit Zinsen und Zinseszinsen zurückzahlt, jetzt, weil wir die Leidenden sind, wird der »Terrorangriff« entdeckt. Ihr Herren Nationalsozialisten, der Luftkrieg gehört auch zum Krieg. Sofern Ihr anderer Meinung sein solltet, dann hättet Ihr ihn auch nicht gegen Polen, Norwegen, Holland, Belgien, Frankreich usw. anwenden dürfen! Der totale Krieg ist überdies auch noch eine Erfindung von Euch!

Also, warum diese erbärmliche Heuchelei?

Für sein geliebtes Vaterland starb im Osten den Heldentod mein hoffnungsvoller, tapferer Sohn, mein Bruder, mein treuer Enkel, unser Neffe und Vetter

Harald von Scheidt
gen. Weschpfennig
Leutnant und Kompanieführer
in einem Grenadier-Regt.
Inh. des EK. 1 und 2 und des
Verwundetenabzeichens

im Alter von 19 Jahren.

In tiefem Schmerz: **Frau Elisabeth v. Scheidt gen. Weschpfennig,** geb. Spieß; **Edgar v. Scheidt gen. Weschpfennig; Frau Elisabeth Spieß Wwe.,** geb. Gerhard; **Major Otto Lehmann und Familie;** Oberfähnrich **Georg Spieß u. Fam.**

Darmstadt, Kasinostr. 2, München, Böhlen b. Leipzig und im Felde, im Nov. 1943.

Beileidsbesuche dankend verbeten.[52]

Mit 19 Jahren Kompagnieführer. Als Minderjähriger Vorgesetzter von Volljährigen.

Das gibt zu schwerwiegenden Bedenken Anlaß.

Nur noch Kanonenfutter?

Sonst nichts mehr?

Liebes Vaterland, höre auf! Ich meine es gut mit Dir!

Der Führer verlieh am 18. November ⟨43⟩ das Eichenlaub zum Ritterkreuz des Eisernen Kreuzes an Hauptmann Willi Johannmeyer, Bataillonskommandeur in einem Grenadier-Regiment, als 329. Soldaten der deutschen Wehrmacht.

Hauptmann Willi Johannmeyer wurde am 27. Juli 1915 als Sohn des Kreisausschußoberinspektors Friedrich Johannmeyer in Iserlohn geboren. Nach Ablegung der Reifeprüfung an der Ober-Realschule in Iserlohn trat er 1936 als Fahnenjunker in das Infanterie-Regiment 64 in Soest ein. 1938 wurde er zum Leutnant befördert und gehörte 1939 als Nachrichtenoffizier und Führer des Regimentsnachrichten-Zuges dem Infanterie-Regiment 503 an. 1940 wurde er Oberleutnant, 1942 Hauptmann und Bataillonskommandeur.[53]

Vor 7 Jahren noch Fahnenjunker. Heute, mit 28 Jahren, bereits Hauptmann und Bataillonskommandeur. In Deutschland kann einer bei der Wehrmacht noch etwas werden. Nur Einsatzfreudigkeit wird verlangt. Alles andere kommt »zwangsläufig«, wie der Führer sagt.

26. Nov. 43.

Mit dem Eichenlaub ausgezeichnet

Führerhauptquartier, 21. November ⟨43⟩. Der Führer verlieh am 18. November das Eichenlaub zum Ritterkreuz des Eisernen Kreuzes an Major d.R. Josef Heindl, Führer des Grenadier-Regiments »List« als 328. Soldaten der deutschen Wehrmacht. Major Heindl starb an der Ostfront den Heldentod.

Diese Auszeichnung bildet die äußere Anerkennung der hervorragenden Tapferkeit, mit der Major d. R. Heindl, der am 10. September 1943 im Osten gefallen ist, vom 5. August bis zum 10. September 1943 zuerst ein Feldausbildungs-Bataillon und dann das Grenadier-Regiment »List« geführt hat, Major d. R. Heindl wurde am 10. März 1904 als Sohn des Postbeamten Franz Heindl in München geboren. Er besuchte die Volksschule in Mindelheim und die Fortbildungsschule in München. 1921 gehörte er dem Freikorps Epp als Zeitfreiwilliger an und trat nach Abschluß einer Lehrzeit als Elektromonteur 1923 in das Infanterie-Regiment 19 in München ein. 1936 wurde er nach 13jähriger Dienstzeit als Feldwebel aus dem Heeresdienst entlassen. In den folgenden Jahren war er nach entsprechender Ausbildung am Landesvermessungsamt München tätig. Nach seiner Einberufung 1939 wurde er 1940 zum Hauptmann d. R., 1943 zum Major d. R. befördert.[54]

1936 als Zwölfender[a] entlassen. 1940 bereits Hauptmann und 1943 als Major und Regimentsführer gefallen, das ist schon kein alltäglicher Vorgang mehr. In der alten Armee konnte ein ehemaliger Unteroffizier niemals bis zum Regimentsführer emporsteigen. Und trotzdem wurde der Krieg verloren!

Aus diesem Beispiel geht unzweifelhaft hervor, daß ein gewaltiger Mangel an aktiven Offizieren herrscht. Dem Führer ist das wurscht, er kämpft bis 5 Minuten nach zwölf.

Personalveränderungen im Reichwirtschaftsministerium

dnb. Berlin, 18. November ⟨43⟩. Der Staatssekretär im Preußischen Finanzministerium, Dr. Landfried, der seit März 1939 zugleich das Amt des Staatssekretärs im Reichswirtschaftsministerium geführt hat, ist von diesem Amt entbunden worden. Der Führer hat Dr. Landfried aus diesem Anlaß für die geleisteten Dienste seinen Dank und seine Anerkennung ausgesprochen und in Aussicht genommen, ihm auch in Zukunft besondere wirtschaftspolitische Aufgaben zu übertragen.

Der Führer hat auf Vorschlag des Reichswirtschaftsministers Funk den bisherigen Leiter der Reichsgruppe Handel, SS-Brigadeführer Dr. Franz Hayler, mit der Führung der Geschäfte des Staatssekretärs im Reichswirtschaftsministerium und den SS-Brigadeführer Otto Ohlendorf mit der Führung der Geschäfte eines Hauptabteilungsleiters im Reichswirtschaftsministerium beauftragt.

Reichswirtschaftsminister Funk hat den Hauptabteilungsleiter Ohlendorf zum ständigen Vertreter des Staatssekretärs im Reichswirtschaftsministerium bestimmt.[55]

a) *Zwölfender:* ›Soldat mit einer Dienstzeit von zwölf Jahren‹.

In der letzten Zeit mehren sich die Fälle, daß Fachbeamte aus den Ministerien verschwinden, um Parteigrößen Platz zu machen.

SS marschiert auf der ganzen Linie!

Die Rücksichtslosigkeit wird Triumphe feiern. Was werden wir noch erleben müssen, bis wir ausgelitten haben?

27. Nov. 1943.

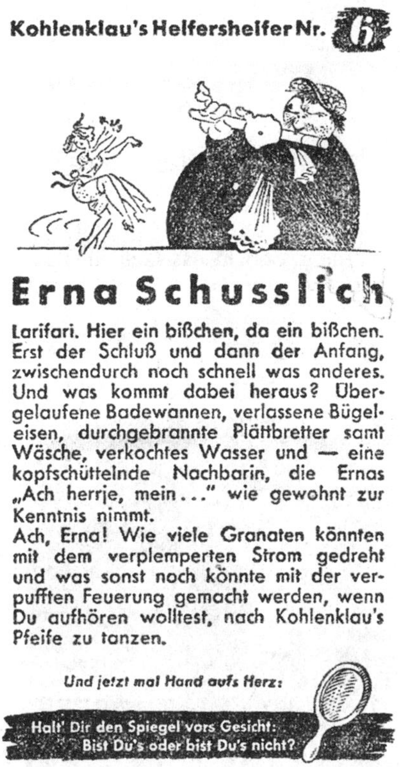

Kohlenklau's Helfershelfer Nr. 6
Erna Schusslich
Larifari. Hier ein bißchen, da ein bißchen. Erst der Schluß und dann der Anfang, zwischendurch noch schnell was anderes. Und was kommt dabei heraus? Übergelaufene Badewannen, verlassene Bügeleisen, durchgebrannte Plättbretter samt Wäsche, verkochtes Wasser und — eine kopfschüttelnde Nachbarin, die Ernas „Ach herrje, mein ..." wie gewohnt zur Kenntnis nimmt.
Ach, Erna! Wie viele Granaten könnten mit dem verplemperten Strom gedreht und was sonst noch könnte mit der verpufften Feuerung gemacht werden, wenn Du aufhören wolltest, nach Kohlenklau's Pfeife zu tanzen.
Und jetzt mal Hand aufs Herz:
Halt' Dir den Spiegel vors Gesicht:
Bist Du's oder bist Du's nicht?

[Zu dieser Anzeige[56]]

Diese »Kohlenklau«-Figur und die mit ihr gemachte Propaganda ist um deswillen bemerkenswert, weil hier einmalig im Dritten Reich der Versuch gemacht wird, ohne Todesstrafe etwas zu erreichen.

In allen ⟨Eisenbahn⟩zügen, in den Zeitungen u. ⟨auf⟩ Plakatsäulen erscheinen Anschläge mit »Kohlenklau« als warnendes Beispiel. Die Menschen sollen fortgesetzt daran erinnert werden, an Kohle und Licht zu sparen.[57]

Diese Methode der Erziehung zum Einsparen ist wenigstens frei von brutaler Strenge und deshalb nicht unsympathisch.

Die Losverkäufer kommen wieder

Am 1. Dezember beginnt die Kriegswinterhilfe-Lotterie 1943/44. Die Losverkäufer werden wieder in den Straßen sein und in die Lokale kommen; man kann im Handumdrehen gewinnen, und wer verloren hat, der konnte im Vorübergehen Gutes tun. Dieses Lotteriespiel aus den Bauchläden hat eine doppelte Moral, es macht niemanden arm, es gibt jedem die Möglichkeit, sich durch ein paar Groschen glücklich zu fühlen, gleich, ob er gewinnt oder verliert. Es werden zwar jetzt nicht mehr so viele Losverkäufer unterwegs sein wie früher, aber sonst bleibt alles wie gewohnt. In den großen Straßen wird es wieder kleine Gruppen geben und der Losverkäufer wird wieder rufen: »Bitte nähertreten, hier können Sie ganz nebenbei Ihr Glück machen, und wenn nicht, dann waren Sie für kurze Augenblicke die hilfsbereitesten und uneigennützigsten Bürger der Stadt.«[58]

chw.

Der Zweck heiligt die Mittel. Alles, was sich in den vergangenen Jahren bewährt hat, kommt unaufhaltsam wieder.

Dafür gibt es Nationalsozialisten. Ist einmal ein Gewinn unter den zahlreichen Nieten, so wird das in allen Zeitungen veröffentlicht. Sobald das Geld im Kasten klingt ...[59]

1. Dezember 1943.

Immer wo die Sowjets von Deutschen geräumtes Gebiet betreten, finden sie nichts als planmäßig zerstörte Anlagen vor. Unser Bild hält den Augenblick fest, in dem eine Fabrik durch Feuer niedergelegt wird[60]

PK.-Aufn. Kriegsberichter Blume (PBZ.)

In langen Trecks wandern Pferde- und Rinderherden ins Hinterland, ehe sich die deutschen Truppen im Osten planmäßig vom Feinde absetzen

PK.-Aufn. Kriegsberichter Willerich (HH.)

Wenn die Gegner einmal deutsches Gebiet betreten und »planmäßige« Zerstörungen durchführen sowie das Eigentum deutscher Bauern mißachten, dann brauchen meine Landsleute keine Klagen zu erheben und Zeder und Mordio[61] zu schreien. Ich werde ihnen dann die Bilder auf der vorhergehenden Seite zeigen.

Alle Schuld rächt sich auf Erden!

Der zweiundneunzigjährige Postagent Peter Garrn in Mittelnkirchen, Kreis Stade, leitet nicht nur die Mittelnkirchener Posthilfsstelle, sondern vertritt auch gleichzeitig den seit Kriegsbeginn bei der Wehrmacht stehenden Schwiegersohn in der Führung des Ladengeschäfts und der Gastwirtschaft.[62]

Hat noch irgendjemand gezweifelt, daß wir uns in einem Irrenhaus befinden?

Ein 92 jähr. Mann versieht noch mehrere Posten!

Auf, Ihr Hundertjährigen, Ihr alten Faulenzer, meldet Euch sofort zum Heeresdienst!!

Auch dieser Schmerz geht vorbei.

Es geht alles vorüber, es geht alles vorbei,
auch Adolf Hitler samt seiner Partei.[63]

2. Dez. 1943.

Während des Krieges ein freudiges Ereignis. Gibt es so etwas?

Heute erhielten wir durch das deutsche ⟨Rote⟩ Kreuz in Berlin über das internationale ⟨Rote⟩ Kreuz in Genf einen Brief von unserer Schwiegertochter Freda Kellner aus New Haven (Conn.) mit der Mitteilung, daß es allen gut gehe und sie ein drittes Kind, einen Knaben bekommen hätten, der 14 Monate alt sei.[64] Der Brief, der nur 25 Worte enthalten darf, ist vom 19.August 1942 (!) datiert. Er hat also 15 Monate gebraucht bis er in unsere Hände kam. Wir haben sofort geantwortet, ebenfalls 25 Worte. Wann wird dieser Brief in USA. eintreffen? Vor Kriegsende? Niemand weiß es. Hoffen wir, daß unser Sohn und seine Familie in absehbarer Zeit ein Lebenszeichen von uns erhält.

3. Dez. 1943.

Das trübe Wetter bringt trübe Gedanken hervor. Für diejenigen Menschen, die wie ich von vornherein felsenfest davon überzeugt waren, daß Deutschland diesen Krieg niemals gewinnen wird, für die ist eine Ausschau nach der kommenden Entwicklung eine furchtbare Angelegenheit. Ich sehe so tief schwarz in die Zukunft, daß ich mir alle Mühe geben muß, den letzten Rest von Lebensmut zu bewahren. Vielleicht ist[65] der Glaube, daß aus Amerika irgend ein Hoffnungsstrahl in unsere dunkle Zukunft dringt, der einzige Grund, den Kopf noch einigermaßen hoch zu halten.

Man braucht durchaus kein Schwarzseher zu sein, wenn man sich die Zukunft düster vorstellt. Wie kann es überhaupt anders sein? Allein schon die Verhältnisse, die sich unter der deutschen Bevölkerung herausbilden werden, sind Grund genug, mit tiefem Ernst vorwärts zu schauen.

Wenn es der anständige Teil des deutschen Volkes nicht fertig bringt, der Gerechtigkeit[66] volle Genugtuung zu verschaffen und das Volk geistig zu heilen, dann ist Deutschland für immerdar verloren.

Unter Gerechtigkeit verstehe ich vor allen Dingen die Achtung der Rechte und die Rücksicht auf die Rechte anderer Menschen. Diese Rechte dürfen nicht verletzt und die Verletzung keineswegs geduldet werden. Die Gerechtigkeit erfordert selbstverständlich vollkommene Wiedergutmachung aller verletzten Rechte seit der Machtergreifung durch die Nationalsozialisten.

Die Gerechtigkeit fordert Bestrafung aller Schuldigen an Rechtsverletzungen jeder Art. Wer durch Taten die Rechte seiner Mitmenschen verletzt oder wer durch Wort oder Schrift diese Taten gebilligt hat, ist als schuldig zu betrachten.

Den Grundsätzen von Treu und Glauben, den Sittengesetzen ist Rechnung zu tragen.

Es wird auch zur Gerechtigkeit gehören, daß die Mittel zur Wiedergutmachung in erster Linie aus den Vermögen der Parteigenossen entnommen werden. Wer die Nutznießung seit 1933 hatte, der muß auch den Schaden ersetzen, der durch die Partei und deren Organe entstanden ist.

Wenn so verfahren wird, dann wird auch das Ausland mit der Zeit wieder eine gewisse Achtung uns bezeugen. Selbstverständlich werden die begangenen Taten nie ausgelöscht, aber die künftigen Generationen können durch anständiges Verhalten sich nach und nach wieder einreihen in den Bund der Nationen.

Was wird aus Deutschland und seinen Bewohnern?

Darüber kann man sich heute überhaupt noch kein Bild machen, weil ja jedes politisches Flämmchen von den Nazis erstickt wird. Es kann nichts keimen, geschweige denn wachsen. Daraus geht hervor, daß äußere Einflüsse den Ausschlag geben werden. Aus dem Osten oder dem Westen?

Ich neige dazu, dem Einfluß aus dem Osten die Siegespalme zuzuerkennen, weil diese politische Richtung in Deutschland noch nicht führend gewesen ist und die Demokratie in der Zeit von 1918 bis 1932 nicht stark genug war, sich zu behaupten. Was vergangen, kehrt in der gleichen Gestalt nicht wieder. Zu beachten ist allerdings, daß das Programm der Sozialdemokratie nicht durchgeführt werden konnte, weil hierzu die Diktatur erforderlich gewesen wäre. Auf demokratischer Grundlage konnte nur die Erringung der Mehrheit zum Ziele führen. Bei der Vielgestaltigkeit des politischen Denkens der deutschen Bevölkerung war kaum eine Durchführung des sozialistischen Gedankens zu ermöglichen.

Nach dem Zusammenbruch im Jahre 1918 mußte mit Elan eine neue Wirtschaftsordnung geschaffen werden. Es hat an einem mitreißenden politischen Führer gefehlt. Gar zu viele politische Spießbürger waren am Werke.

Was soll geschehen?

Da der Kapitalismus die höchste Stufe der Entwicklung erreicht zu haben scheint, neige ich zu der Auffassung, daß nach diesem Kriege nur der wirtschaftliche Kollektivismus d.i. der Sozialismus als einzige sittlich berechtigte Eigentumsform wirtschaftliche Daseinsberechtigung hat.

Die Produktionsmittel müssen Gemeineigentum werden, damit der unheilvolle Einfluß der Wirtschaftsführer endgültig beseitigt wird.

Der Sozialismus ist als Wirtschafts- und Lebensform durchaus durchführbar. Es wird auch niemanden geben, der etwa behaupten wolle, der Sozialismus (wenn auch in etwas anderer Form) habe in Russland versagt. Die Leistungen der Russen in diesem Kriege entspringen ihrer Wirtschaftsform.

Zu welcher Form des Sozialismus die Entwicklung führen wird, darüber braucht heute noch nicht gestritten zu werden. Auch in Russland ist ein Abschluß noch nicht erfolgt. Eins ist sicher: der Kapitalismus ist auf der ganzen Welt dem Untergange geweiht. Der Faschismus konnte ihn auch nicht mehr retten. –

Rußland wird in Europa in der Zukunft eine äußerst wichtige Rolle spielen. Durch seine Stärke wird Rußland ohne weiteres in allen Ländern Europas mehr oder weniger maßgebenden Einfluß gewinnen. Es ist undenkbar, daß sich in nächster Nähe der Grenzen Rußlands ein extrem anders gerichteter Staat lebensfähig halten könnte. Die Sonne geht auch von Osten nach Westen.

Deutschland, Frankreich u. Italien werden nach dem Kriege arme Länder sein. Die Hilfe anderer Staaten wird jedenfalls erst in die Länder sich ergießen, die durch Deutschland ausgeplündert worden waren. Die Bewohner Deutschlands müssen mit ungemein schweren Zeiten rechnen. Das deutsche Volk wird die Folgen dieses Krieges in einer Weise zu spüren ⟨bekommen⟩ wie vielleicht noch kein Volk in der Vergangenheit. Ein durchaus verdientes Schicksal. –

4. Dez. 1943.

Drohende Erschöpfung der USA.-Rohstoffvorkommen

Auch der durch die Entwicklung der Rüstungsindustrie notwendig gewordene Raubbau in den amerikanischen Rohstoffvorkommen beunruhigt die maßgebenden Wirtschaftskreise der Vereinigten Staaten immer mehr. Nachdem vor kurzem verschiedene Senatoren und Mitglieder des Repräsentantenhauses wiederholt auf die in absehbarer Zeit drohende Erschöpfung der Ölvorkommen hingewiesen hatten, wird jetzt von kriegswirtschaftlicher Seite erklärt, daß auch andere Rohstoffe infolge des Raubbaues in der Gefahr baldiger Erschöpfung stehen.

In den Senatskreisen wird diese drohende Erschöpfung der amerikanischen Rohstoffvorkommen dazu benutzt, um auf England einen starken Druck auszuüben. Die Senatoren sind der Ansicht, daß England seine eigenen Rohstoffschätze, vor allem seine Ölreserven, nicht in dem Maße kriegswirtschaftlich einsetzt, wie dies notwendig ist, sondern systematisch für die Nachkriegszeit aufspart und dafür lieber im Pacht- und Leihverkehr amerikanisches Öl und amerikanische Rohstoffe bezieht.[67]

Alle derartigen Zeitungsartikel verfolgen den Zweck, das deutsche Volk zu weiterem Ausharren aufzumuntern.

Gerade Deutschland ist dasjenige Land, das wahrlich sich um den Mangel an sämtlichen Rohstoffen im eigenen Gebiete und in Europa zu kümmern genügend Anlaß hätte. Abgesehen hiervon ist es aber geradezu albern, von einer drohenden Erschöpfung der Rohstoffe in Amerika zu sprechen.

In diesem Kriege ist den Gegnern in der deutschen Presse schon allerlei Mangel, Mutlosigkeit, Verzweiflung, Wirren und selbst Hungersnot zudiktiert worden – und trotzdem geht der Krieg weiter. Keiner unserer Gegner kümmert sich um die Erfindungen nationalsozialistischer Journalisten. Komische Menschen, unsere Gegner, nicht wahr Ihr Herren bei der NSDAP.?

Zur Bestätigung dessen, was ich soeben über die deutsche Presse schrieb, bringt der »Völk. Beobachter« Südd. Ausg. vom 25. November 1943 einen Artikel über

⟨»⟩ Versorgungsnöte unserer Gegner. ⟨«⟩

Darin wird u.a. gesagt, daß sich die Alliierten vielen Problemen gegenüber sehen, eines der größten u. schwersten zu lösenden sei aber die Lebensmittelversorgung. In England vergegenwärtige man sich kaum die Ernsthaftigkeit der Weltnahrungsmittelkrise. In Indien stürben Tausende an Hunger, und in China habe der Hunger in diesem Jahre die Leben von Millionen gefordert. Die Sowjets kämpften unter Entbehrungen, die ihre übrigen Schwierigkeiten gewaltig erhöhten. In der Sowjetunion werde es in diesem Winter sowohl leere Mägen als auch Schmerzen der Herzen geben. An ihrer Versorgungsnot änderten die jüngsten Gebietszurückeroberungen nichts, da diese Gebiete eine Wüste seien. – Soweit der Artikel im »Völk. Beobachter«.[68]

Wenn eine »Weltnahrungsmittelkrise« angeblich bestehen soll, dann wüßte ich eigentlich nicht, warum ausgerechnet der Großdeutsche Raum davon verschont worden ist. Ich glaube, im Jahre 1944 wird in Deutschland nicht nur eine Krise, sondern eine Nahrungsmittelnot bestehen. Weshalb kümmern sich die Nazis um die Nöte der Gegner? Kehrt doch vor Eurer eigenen Türe!

5. Dez. 1943.

Die Führungsaufgabe der deutschen Presse

Pressepolitische Arbeitstagung des Gaupresseamtes

nsg. Frankfurt a. M., 29. November ⟨43⟩. Das Gaupresseamt hatte am Sonntag die Kreispresseamtsleiter, die Pressereferenten der Gliederungen und angeschlossenen Verbände sowie sämtliche Schriftleiter der Parteipresse des Gaues Hessen-Nassau im Adolf-Hitler-Haus in Frankfurt a. M. zu einer pressepolitischen Arbeitstagung versammelt.

Der Leiter des Gaupresseamtes, Oberbereichsleiter Uckermann, behandelte die Aufgabenstellung des pressepropagandistischen Einsatzes. Er kennzeichnete dabei vor allem die Führungsaufgabe der Presse, die sich für die Kriegsführung unseres Volkes in der Erzielung einer einheitlichen nationalen Willensbildung besonders erfolgreich auswirke. Besonders in Zeiten, wo das Glück der Waffen schwanke, offenbare die Presse ihr Gewicht als geistiges Kriegsinstrument der Nation und präge das seelische Bild des Volkes in hervorragendem Maße.

Der Gaupresseamtsleiter dankte den Angehörigen des pressepolitischen Apparates der Partei für ihren uneigennützigen, neben der beruflichen Arbeit geleisteten Einsatz, der dafür sorge, daß die Pressearbeit stets in naher Verbindung mit den volksführenden Aufgaben der Partei bleibt. Den Schriftleitern der Parteipresse sprach er seine Anerkennung aus, für die trotz personeller Schwierigkeiten immer wieder bewiesene initiativ-schöpferische Arbeit. Dieser Erfolg zeichne sie nicht nur als Journalisten, sondern als jene mit politischer Leidenschaft erfüllten Kämpfer des Führers aus, die sich in Stunden des härtesten Einsatzes mit überzeugender Glaubenskraft noch immer bewährten. Das Schriftleiterkorps der Parteipresse sowie der pressepolitische Apparat der Partei werden in dieser Haltung dafür sorgen, dass ihre Aufgabe allein dem Siege und damit dem Leben und der Zukunft unseres Volkes diene.

In weiteren Referaten über das pressepolitische Arbeitsgebiet sprachen auf der Tagung der Geschäftsführer des Gaupresseamtes, Obergemeinschaftsleiter Engemann, der Leiter der Hauptstelle Parteipresseverbindung, Abschnittsleiter Schweikart, und Kreispresseamtsleiter Kaufmann.[69]

Bei dem größten Schwindel aller Zeiten, als den ich den »Nationalsozialismus« so oft und gerne bezeichnet habe, spielt selbstverständlich die Presse eine ungewöhnliche Rolle. Es ist zu bedenken, daß es eine nicht geringe Menge von Menschen gibt, die in der Tat alles glauben, was ihnen gedruckt vorgesetzt wird. Selbst bei denjenigen, die etwas kritisch veranlagt sind, konnte ich feststellen, daß die immer wieder vorgebrachten Verdrehungen und Behauptungen, hundertfach wiederholt, schließlich doch als Wahrheit empfunden wurden. Die Einheitlichkeit der Presse sollte mit der Zeit eine einheitliche Willensbildung im gesamten Volke hervorbringen. Soweit die

Parteigenossen in Frage kommen, kann die gestellte Aufgabe als geglückt bezeichnet werden. Die Parteigenossen verschlingen die dargereichte geistige Nahrung mit einem beinahe bewundernswerten Heißhunger. Sie glauben alles. Dieser Glaube empfängt fortgesetzt seine Nahrung aus der Presse, die das Feld souverän beherrscht, weil sie ja keinen Widerspruch kennt und keinerlei Kritik und Entgegnung zu gewärtigen hat. Die Presse ist wirklich ein Machtinstrument erster Klasse in den Händen des Propagandaministeriums. Die Presse schreibt nicht etwa so, wie es ist, sondern so, wie die Herren Machthaber es ihrem Volke beibringen und der Welt vormachen wollen. Das seelische Bild des Volkes wird von einigen gerissenen Darstellern geprägt und dem Volk als Spiegel vorgehalten. Kein Protest ändert an dieser Sachlage etwas. Wer wagte auch schon zu protestieren oder was hätte es für einen Sinn, dagegen etwas zu unternehmen? Die »schöpferische« Arbeit der Schriftleiter besteht darin, den Führer zu verherrlichen und sein Werk zu loben und zu preisen. Wobei der Hauptwert darauf zu legen ist, alle Bilder im grellsten Sonnenschein zu bringen. Sonnen-Politik ohne Kompromiß. Wer das am besten fertigbringt, ist der fanatischste Kämpfer für den Führer und wird allen anderen als ein mit politischer Leidenschaft durchglühter Journalist vorgeführt. – In einigen Jahren wird man den Kopf schütteln und sich gegenseitig fragen: »Wie war so etwas überhaupt möglich?« Bei Gott und den Deutschen ist alles möglich.

Italiens Juden ins Konzentrationslager

ep. Rom, 1. Dezember ⟨43⟩. Alle in Italien lebenden Juden, gleichviel welcher Staatsangehörigkeit, müssen in Konzentrationslager gebracht werden, ordnet eine italienische Polizeiverfügung an alle Provinzialchefs, wie am Mittwoch bekannt wird, an. Das gesamte bewegliche und unbewegliche Vermögen wird – so besagt die gleiche Verordnung sofort beschlagnahmt, um später enteignet zu werden. Die Republik wird diese Vermögen unter die bombengeschädigten Italiener verteilen. Alle Halbjuden – so heißt es abschließend – werden unter scharfe Polizeiaufsicht gestellt werden.

Die Präfekten der italienischen Provinz, die jetzt den Titel »Chef der Provinz« tragen, vereinigen nach einem Dekret des Duce für die Dauer des Krieges in ihrer Person die gesamte politische und vollziehende Gewalt. Sie stehen damit nicht nur an der Spitze der Provinzialverwaltungen, sondern sind zugleich Hoheitsträger der republikanisch-faschistischen Partei.[70]

Sinnlos und grausam? Das sind nicht die richtigen Bezeichnungen für diese faschistischen Untaten.

Diese Bestien wissen einfach nicht mehr, was sie vor ihrem Untergange noch für Schandtaten begehen sollen.

Vielleicht sind das in faschistischem Sinne »Heldentaten«?

Wir wissen nicht, was in kranken Hirnen vorgeht.

8. Dez. 1943.

Das ist der »Duce«. Das ist der Mann, der Italien mit seiner Großmannssucht und seinen wahnsinnigen Ideen an den Rand des Abgrundes gebracht hat.

Das italienische Volk muß die Kosten zahlen, weil es vor der Zeche nicht den Mut fand, seine demokratischen Rechte zu verteidigen.

Die OT auch im höchsten Norden

Von der Biskaya bis zu den höchsten nördlichen Spitzen Europas erstreckt sich das Arbeitsgebiet der OT. Alle Völker Europas sind durch Angehörige ihrer Nationen und Rassen in die Aufbauarbeit der OT eingespannt. Unser Bild zeigt Lappen, die mit ihren originellen und zweckmäßigen Renntierschlitten ein OT-Lager an Europas höchster Nordspitze betreuen[71]

Aufn. Wb. OT-Kriegsberichterstatter

⟨30.11.43.⟩

In den dritten Ostwinter

SS-PK. Herbststürme brausen über das Land am Dnjepr, spielen leicht tändelnd mit dem in allen Farben schillernden Blätterwald, kräuseln die Wasser des Stromes zu Wellenbergen und knicken die ausgedörrten Halme der Sonnenblumen. Das vor einigen Wochen noch trächtige Land träumt dem Winterschlaf entgegen. An den Ufern des Stromes steht der deutsche Soldat und hält die Stellungen oder kämpft an Einbruchsstellen, die ihrer Bereinigung entgegen gehen. Mit Zuversicht und Vertrauen auf sein eigenes Können und seine Stärke geht der Grenadier der Ostfront in die kommenden Monate, die wieder die weiten Ebenen in ein einziges Weiß einhüllen werden.

Schon zwei Winter hindurch hat der Grenadier im Osten den Unbilden des Steppenwinters getrotzt und weit über 40 Grad Kälte ertragen. Noch brausen die Herbstwinde, die in den Nächten empfindliche Kühle bringen. Aber in vier Wochen schon werden die Steppenwinde als Schneestürme über unsere Stellungen am Dnjepr hinwegjagen.

Der Mann in der vordersten Linie hat sich eingegraben, in altgewohnter Weise für den Winter vorgesorgt, seinen Bunker gezimmert, einen aus Lehm gefertigten Ofen hineingestellt, mit Stroh und Stoffresten die Lücken zwischen den Balkenlagen verstopft und Zeitungspapier an die Wände geheftet, um vor Ungeziefer sicher zu sein. Die Winterbekleidung, die eine opferbereite Heimat geschaffen, liegt bereit, in den Bunkerecken stehen die Skier, bei den Gefechtstrossen die stets einsatzbereiten Akjas[a]. Der Grenadier der Ostfront ist für den Winter gerüstet. Ueberraschungen kann es für ihn nicht mehr geben. Sie werden wieder in hellen Scharen kommen die tierischen Söhne der Steppe, die aber nur in der Masse kaltschnäuzig sind und nur in der Masse vorgetrieben werden können. Der Grenadier der vordersten Linie wird dann wieder angreifen und schießen und wieder schießen, wie er es schon seit langem gewohnt ist. Aber geschlagen gibt er sich nicht, so lange ihm Waffen und MG-Gurte zur Seite stehen.[72]

Die Propaganda-Krieger müssen schließlich etwas schreiben. Es ist nicht leicht, aus einer schlechten Sache noch etwas schmackhaftes herauszuholen. Aber die Propagandisten wissen, welche Töne angestimmt werden müssen, um die Heimat einzulullen. Illusionen und Hoffnungen finden immer Gläubige. Der Dnjepr sollte nach der Meinung aller »Strategen« der Schutzwall für die vorderen Stellungen der Winterfront werden. Von der Wolga, dem Don und Donez wird nicht mehr gesprochen. Vergan-

a) *Akja:* ›Rettungs- und Transportschlitten‹; aus dem Samischen.

gene Zeiten! An den Ufern des Dnjeprs liegen nun die Hoffnungen vieler Deutschen. Dabei hat der Winter in diesem Jahre noch nicht begonnen. Die Russen haben mit ihrer Winteroffensive noch nicht angefangen. Und da glaubt der optimistische Berichterstatter, der deutsche Soldat hält die Stellungen am Dnjepr und bereinigt die Einbruchsstellen. An dem Dnjepr-Bogen sind die Russen bereits an mehreren Stellen über den Dnjepr vorgedrungen. Wie ist es aber nun, wenn diese »Einbruchsstellen« nicht bereinigt werden können?

Ich bin überzeugt davon, daß die russische Armee Kraft genug besitzt, ihre Säuberungsaktion mit Erfolg weiter fortzusetzen. Die deutsche Armee wird bereits seit Mitte Juli 1943 fortgesetzt zurückgedrängt, abgesehen von den Gebietsverlusten im Winter 1941/1942 und 1942/1943. Das gibt doch zu erheblichen Bedenken Anlaß. Die deutsche Armee kann die eroberten Gebiete nicht halten, sonst hätte sie es seither getan. Mit Verteidigung rückwärts gerichteter Kampflinien ist noch kein Feldzug gewonnen worden. –

9. Dez. 1943.

Am 16. Nov. 1943 fiel im Osten an der Spitze eines von ihm geführten Regiments uns. lieb. Sohn und Bruder, Hauptmann

Otto Burk

im Alter von 28 Jahren,. Inh. d. gold. Verw.-Abz., des EK 2 u. 1, des Panz.-Sturm-Abz. u. d. Ostmedaille

Dr. med Arnold Burk und Frau Lotte, geb. Strasser; **Martin Burk,** cand.-med., Fhj.-Feldw. d. R. (im San.-Korps); **Klaus Burk,** Leutn.

Hamburg 21, Auguststraße 3, I.
Bitte keine Besuche.[73]

Wenn ein Hauptmann von 28 Jahren ein Regiment führen muß, dann liegt ein ganz ungewöhnlicher Mangel an Stabsoffizieren vor, daß jetzt in größerer Anzahl »angehende« Offiziere (Offizier-Bewerber) den Fronttruppen zugewiesen werden, das kann den Mangel an höheren Offizieren nicht herabmindern. Diese jungen Offiziersanwärter finden als Zugführer Verwendung und dürfen in den meisten Fällen während der Bewährungszeit den Tod für »Volk und Führer« sterben.

Graf Reventlow gestorben

Berlin, 22. November ⟨43⟩
In München starb der bekannte völkische Vorkämpfer, der nationalsozialistische Schriftsteller und Journalist Ernst Graf zu Reventlow im Alter von 74 Jahren.

In dem Reichstagsabgeordneten Graf Ernst zu Reventlow, der am 20. November von uns gegangen ist, verliert die nationalsozialistische Bewegung einen ihrer verdientesten Vorkämpfer. Seit 1924 verfocht Graf Reventlow im Deutschen Reichstag die völkische Weltanschauung seit 1927 als Gefolgsmann Adolf Hitlers in den Reihen der nationalsozialistischen Reichstagsfraktion. Eine ausgeprägte, eigenwillige Persönlichkeit aus uraltem niederdeutschen Adelsgeschlecht, setzte er seine Ehre darein, für einen kompromißlosen deutschen Sozialismus einzutreten. Um ihn zu ermöglichen, kämpfte Graf Reventlow – der bei der kaiserlichen Marine als Kapitänleutnant seinen Abschied genommen hatte, um Politiker zu werden – schon vor und während des ersten Weltkrieges für eine kraftvolle Außenpolitik, zu der sich das morsche Wilhelminische System leider unfähig erwies.

Als Sprecher der nationalsozialistischen Fraktion hat Graf Reventlow zahlreiche, vorwiegend außenpolitische Reichstagsreden gehalten, bei denen er unter anderem mit der Stresemannschen Erfüllungspolitik, der Dawes- und Young-Schmach erbarmungslos ins Gericht ging. Sein von den Gegnern gefürchteter Sarkasmus wirkte um so vernichtender, als er mit der Miene völliger äußerer Gelassenheit vorgebracht wurde. Durchdrungen von einer auf kantischer Philosophie aufbauenden religionsphilosophischen Überzeugung führte er eine scharfe Klinge gegen jeglichen Mißbrauch der Religion zu parteipolitischen Zwecken.

Graf Reventlow, der gleich den anderen, damals noch ganz wenigen nationalsozialistischen Abgeordneten in Volksversammlungen um die deutsche Seele warb, gehörte neben Dr. Goebbels z. B. zu den Sprechern der ersten Großkundgebung der NSDAP. im Berliner Sportpalast. Er war der Verfasser zahlreicher politischer sowie verschiedener religionsphilosophischer Schriften (z.B. 1934 »Wo ist Gott?«). Sein letztes politisches Werk »Von Potsdam nach Doorn« schildert die Regierungszeit des letzten Kaisers und die Ursachen seines Sturzes, vor denen Graf Reventlow als aufrechter Deutscher schon 1906 in der Schrift »Kaiser Wilhelm II. und die Byzantiner« vergeblich zu warnen versucht hatte. Durch seine politisch-weltanschauliche Zeitschrift »Der Reichswart«, in der er seit Jahrzehnten seine Ideen entwickelte, hat Graf Reventlow bis zum letzten Atemzug für Deutschlands Zukunft gewirkt und so auch im gegenwärtigen großdeutschen Freiheitskampf seinen Beitrag zum Endsieg geleistet, den zu erleben ihm nicht mehr vergönnt war.[74]

Graf Reventlow hatte auch bereits vor und während des ersten Weltkrieges (1914-1918) zu jenen Deutschen gezählt, die durch ihre Gier nach Macht und die Idee der Vormachtstellung des deutschen Reiches in der Welt, dem deutschem Reiche schweren Schaden zugefügt haben. Die übertriebene nationalistische Gesinnung dieser Menschensorte erzeugte Intoleranz, Ueberheblichkeit, Streit und Krieg.

Jene Kreise sind es gewesen, die ständig mit dem Säbel rasselten, die ganze Welt gegen Deutschland aufputschten, die Macht anbeteten und den Krieg als Heilmittel für die Völker bezeichneten. Sie gingen sogar so weit, den Krieg als eine von Gott gefügte Ordnung aufzufassen und eine längere Friedensperiode als ein nationales Unglück für Deutschland zu bezeichnen.

Dieser Graf Reventlow (ein ehemaliger Marineoffizier) ist ein Kriegshetzer, Kriegsschwärmer und Kriegsverherrlicher gewesen, der stets für das Recht des Stärkeren brutal eingetreten ist und natürlich deshalb immer eine entsprechende »kraftvolle« Außenpolitik verlangt hat.

Der Chauvinist Graf Reventlow ist keiner Volkswut in den Revolutionstagen des Jahres 1918 zum Opfer gefallen. Das ermutigte ihn, seine Politik in verbesserter Form unter das Volk zu ⟨bringen⟩. Wie alle extremen nationalistischen Politiker fand er den Weg zur Nationalsozialistischen-Deutschen-Arbeiter-Partei. Er, der

Sprößling eines alten Adelsgeschlechts, huldigte nunmehr dem »Sozialismus«! Gerade hieraus ist klar ersichtlich, daß es der NSDAP. niemals ernst gewesen ist, den Sozialismus in irgendeiner Form einzuführen. Denn sonst wären die Adeligen nicht beinahe restlos zu der NSDAP. gegangen.

Der National-Sozialismus ist der größte Schwindel aller Zeiten. Das Wort »Sozialismus« wurde mißbraucht, um die Arbeitermassen zu betören. Ich las einmal (i.J. 1933 oder 1934) in einer Gewerkschaftszeitung einen Artikel von Graf Reventlow, in welchem den Arbeitern erklärt wurde, daß sie vor 1933 von ihren Gewerkschaftsführern belogen und betrogen worden seien!!

Ausgerechnet Graf Reventlow als Ratgeber der deutschen Arbeiterschaft!

Es ist sehr bedauerlich, daß Graf Reventlow vor dem von ihm erhofften »Endsieg« gestorben ist. Oder ist er vielleicht in Vorahnung der Dinge, die da kommen werden, heimlich, still und leise ausgerückt? Dessertiert??

10. Dez. 1943.

Heldensöhne eines badischen Weltkriegsflieger

Straßburg, 6. Dezember ⟨43.⟩

Der Gauamtsleiter des Amtes für Kriegsopfer der NSDAP., Parteigenosse Julius Weber, erhielt kürzlich die Nachricht, daß sein ältester Sohn Wilhelm vor dem bolschewistischen Feind geblieben ist. Oberfeldwebel Wilhelm Weber war Träger beider Eiserner Kreuze, des Infanterie-Sturmabzeichens, des Verwundetenabzeichens, der Ostmedaille und anderer Auszeichnungen.

Fast gleichzeitig wurde der Familie Weber auch mitgeteilt, daß ihr zweiter Sohn, Feldwebel und Flugzeugführer Lothar Weber von seinem 307. Feindflug nicht zurückgekehrt ist. Zwei Tage nach seinem Bruder beendete er im gleichen Abschnitt der Ostfront seinen Kampf für die Zukunft unseres Volkes. Neben anderen Auszeichnungen besaß Lothar Weber beide Eiserne Kreuze, die Goldene Frontflugspange, den Ehrenpokal des Reichsmarschalls, die Ostmedaille und das Verwundetenabzeichen.

Und wiederum fast zur gleichen Stunde erhielt Gauamtsleiter Weber die Mitteilung, daß der Führer seinen Heldensöhnen Wilhelm und Lothar das Deutsche Kreuz in Gold verliehen hat. Diese hohe Auszeichnung ehrt nicht nur die beiden tapferen Soldaten, sondern auch ihre Lieben in der Heimat, die schwere Opfer bringen in treuer Erfüllung des Führerwortes vom 9. November, daß die Last des Kampfes am vorbildlichsten in erster Linie die Parteigenossen tragen müssen. Alle Nationalsozialisten und ganz besonders die alten Kämpfer der Bewegung sowie die Kriegsversehrten und -hinterbliebenen unseres Gaues fühlen sich in stolzer Trauer und unerschütterlicher Siegeszuversicht mit ihrem Kameraden Julius Weber, Träger des Goldenen Ehrenzeichens der NSDAP., verbunden, der als Weltkriegsflieger im Luftkampf so schwer verwundet wurde, dass ihm ein Oberschenkel amputiert werden mußte.[75]

Manchmal möchte man glauben, es gäbe kein überirdisches Walten. Dann werden aber von Zeit zu Zeit immer wieder die Menschen daran erinnert, daß es doch noch eine Vergeltung gibt. Der Parteibonze Julius Weber hat trotz seiner Beinamputation sich nicht für den Frieden begeistern können. Der erste Weltkrieg war für ihn keine Warnung. Er hat sich einem Adolf Hitler verschrieben, von dem er wußte, daß dieser Volksverführer mit allen Mitteln einen noch gewaltigeren Weltkrieg hervorrufen würde.

Jetzt hat er für sein Tun die einzig richtige Belohnung erhalten: 2 Söhne gefallen.

Dafür aber eine Menge Orden in Empfang genommen. Ferner die Genugtuung, für den Führer wirkliche Opfer gebracht zu haben. Heil Hitler!

Seinen immerwährenden begeisterten Einsatz für das Ziel des Führers, im festen Glauben an Großdeutschlands Sieg, hat in soldatischer Pflichterfüllung im Kampf gegen den Bolschewismus mit seinem Heldentod besiegelt unser hoffnungsvoller, guter Junge, unser stets fröhlicher Bruder, Schwager und Onkel

Herbert Brandt

SS-Oberscharführer i. d. Waffen-SS

Inhaber des EK. 2. Klasse
und anderer Auszeichnungen

ᛉ 17. 8. 1917 ᛣ 21. 8. 1943

Du warst uns alles, unser Stolz und unsere Freude! Für den Sieg Deutschlands sind wir bereit, alles zu geben.

Klaus Brandt und Frau **Dora,** geb. Röschmann; **Heinrich Brandt,** z.Z. Lazarett, und Frau **Bertha**, geb. Reese, **Gerhard Brandt** und Frau **Frieda,** geb. Seemann; **W. Heinr. Ochs,** z.Z. Lazarett, und Frau **Grete,** geb. Brandt; **Johs. Weidemann,** z.Z. im Felde, und Frau **Magda,** geb. Brandt, und seine Nichten und Neffen.

Groß-Nordende, 11. September 1943.

Wir bitten Kameraden unseres Sohnes, sich mit uns in Verbindung zu setzen.

Der Nachwelt soll es erhalten bleiben, welche Gefühle waschechte Nationalsozialisten bei Bekanntgabe eines Trauerfalls gehabt haben.

Ueberschwengliche Beteuerungen, Phrasen und Irrungen wechseln sich ab.

Für den Sieg Deutschlands wollen die Hinterbliebenen alles geben! Noch mehr anzukündigen, ist nicht möglich. Welchen Sinn hätte der Sieg. wenn nichts mehr vorhanden ist? Ich verstehe es, man muß Nationalsozialist sein, um die Gedanken der Hinterbliebenen gebührend zu würdigen.

Ein neuer Ritterkreuzträger in der Justiz ⟨D.J. 1943 / 519⟩

Der Führer hat dem Hauptmann der Reserve Hans Helmling, ap. Justizinspektor bei dem Amtsgericht Schorndorf (Oberlandesgerichtsbezirk Stuttgart), das Ritterkreuz zum Eisernen Kreuz verliehen. In einem persönlichen Schreiben hat Reichsminister Dr. Thierack dem jüngsten Ritterkreuzträger in der Reichsjustizverwaltung die herzlichsten Glückwünsche übermittelt und ihn gleichzeitig zum Justizoberinspektor befördert.[76]

Wohin wir geraten sind, beweist nebenstehende Beförderung. Der auf Probe tätige Justizinspektor wurde zum Justizoberinspektor befördert, weil ihm bei der Wehrmacht das Ritterkreuz verliehen wurde. Ein glücklicher Zufall bewahrte ihn bei seiner Handlung vor dem Heldentod. Was hat dieser Vorfall mit dem Zivilberuf zu tun? Dann kann man auch einen Heilgehilfen zum Medizinalrat befördern. Gegen solche Verrücktheiten muß nach dem Kriege mit aller Schärfe vorgegangen werden. Das dient auch zur Verhütung der Züchtung von kriegsbegeisterten Ehrgeizigen. Wenn in einem Kriege nichts mehr zu verdienen ist, hört vielleicht die Begeisterung von selbst auf.

Die Zusammenkünfte der gegnerischen Staatsmänner in Kairo und Teheran[a] haben die Nazis in eine ohnmächtige Wut versetzt. Seit geraumer Zeit war die deutsche Propaganda bemüht, den Glauben zu erwecken, die Interessengegensätze von Rußland, England u. USA. kämen eines Tages Deutschland zugute. Es wurde also stark auf die Uneinigkeit unserer Gegner spekuliert. Da nun diese letzte Hoffnung in die Brüche gegangen ist, kommen die Wutausbrüche zum Vorschein. In dem »Völk. Beobachter« Südd. Ausgabe vom 6. Dezember 1943 schreibt ein Herr Karl Neuscheler einen Leitartikel »Bedingungslose Kapitulation«, in dem er eine wüste Schimpfkanonade losläßt:

a) *Zusammenkünfte der gegnerischen Staatsmänner in Kairo und Teheran:* Anfang November 1943 versuchte Großbritannien in Kairo dem Wunsch der drei Alliierten näher zu kommen, die Türkei zum Kriegseintritt auf ihrer Seite zu bewegen, indem es die sofortige Benutzung der türkischen Flugplätze durch die Royal Air Force verlangte. Der türkische Außenminister lehnte dies ab, unter anderem mit dem Argument, nicht wie Italien 1940 in Frankreich nun seitens der Türkei in letzter Minute »Leichenfledderer« zu sein. Vgl. Krecker 1964, S. 237f. Auf der Konferenz von Teheran vom 28.11. bis zum 1.12.1943 trafen sich die Regierungschefs von Großbritannien, der Sowjetunion und den USA. Die Westalliierten sagten die Eröffnung einer »zweiten Front« im Westen für den Mai 1944 zu. Stalin sicherte Hilfe bei der Niederringung Japans zu, sobald der Krieg in Europa beendet sei. Themen waren überdies die Westverschiebung Polens und eine Aufteilung Deutschlands. Vgl. Benz/Graml/Weiß 2007, S. 824f.

»Bedingungslose Kapitulation«

Das klägliche politische Konzept unserer Feinde gipfelt in der seit Casablanca mit bemerkenswerter Sturheit und Beharrlichkeit nach allen Seiten hin stets wiederholten Formel »Bedingungslose Kapitulation«. Wenn der japanische Regierungssprecher soeben der in Kairo nun auch Japan gegenüber amtlich verkündeten Forderung der bedingungslosen Kapitulation, als einer papageienhaften Lächerlichkeit jede ernsthafte Erwiderung verweigert, so findet er die Zustimmung aller vernünftigen Menschen auf der ganzen Welt.

Noch niemals und nirgendwo in der Weltgeschichte ist es jemand dem eindeutigen militärischen Sieger gegenüber jemals eingefallen von Kapitulation zu sprechen, bevor diesem nicht der Sieg zweifelsfrei entrissen war. Dies bleibt dem neuen politischen und militärischen Gangsterstil Roosevelt-Amerikas vorbehalten. In Casablanca freilich, wo die plutokratischen Kriegsherren den politischen und moralischen Blankoscheck der italienischen Verräter bereits so gut wie in der Tasche hatten, da konnten sie wenigstens Italien gegenüber mit einem gewissen Grund diesen, ihren politischen Erpressertrick zur Anwendung bringen. Aber Deutschland gegenüber, als eindeutigem Sieger in den Schlachten um Europa, war es damals und ist es heute dieselbe Lächerlichkeit und Dummheit wie gegenüber Japan, dem glänzenden Sieger auf den ostasiatischen Kriegsschauplätzen und im Pazifik.

Wie kommt es aber, daß sich die feindliche Koalition unentwegt dieser lächerlichen politischen Formel verschreibt, obwohl sie sich darüber klar sein muß, daß damit gar nichts für sie erreicht ist und im Gegenteil der Widerstandswille ihrer Gegner dadurch nur noch unbedingter werden muß?

Die Formel »bedingungslose Kapitulation« ist ein rein militärischer Begriff und betrifft in der Kriegsgeschichte meist belagerte Festungen oder hoffnungslos eingeschlossene bzw. geschlagene Heere. Aber diese Fälle sind, wenigstens in größerem Maße, verhältnismäßig selten. Wohl musste die Armee Mac Mahons bei Sedan, hoffnungslos zusammengedrängt und geschlagen, samt dem Kaiser Napoleon im Jahre 1870 bedingungslos kapitulieren, aber selbst dem mit Erfolg belagerten Paris und dem völlig besiegten Frankreich wurde im Jahre 1871 auf dem Wege ehrenvoller Verhandlungen ein Waffenstillstand und Friede gewährt. Der Weltkrieg allerdings aber endete, dank des Wilsonschen Betruges, mit einer erpressten Kapitulation und einem entehrenden Friedensdiktat. Damals war schon die gleiche politische Schule des Westens am Werke, die wir heute dort in höchster Blüte sehen.

Es ist die Schule des Gangstertums, in der Polizeigewalt und organisiertes Verbrechertum nach den Regeln des Faustrechts auf gleichem Fuße stehen und unterhandeln, ihre gemeinsamen Gewinne teilen und das ahnungslose Publikum mit ihren Erpressermanieren terrorisieren und bluffen. So ist der an sich noch immer militärisch ehrenhafte Begriff der bedingungslosen Kapitulation nach einem zwar erfolglosen, aber immerhin ehrenhaften Kampfe in eine Ebene hinabgedrückt worden, die den Begriff der Ehre überhaupt nicht kennt. Ebenso wie das Pacht- und Leihgesetz ein Erpresserinstrument der Kriegsgewinnler ist, so ist der Begriff »bedingungslose Kapitulation« im Munde der Roosevelt-Churchill-Stalin nichts anderes als das zynische Eingeständnis, dass man diesen Krieg angezettelt hat und zu dem einzigen Zweck führt, denen mit allen Mitteln Ehre und Freiheit zu rauben, die es bisher gewagt haben, sich ihren Erpressermethoden nicht zu fügen.

Wenn man so diese Sippschaft betrachtet, die sich da so häufig bei ihren Konferenzen in Casablanca, in Quebec, in Moskau, in Kairo und zuletzt in Teheran traf, wie könnte die Welt von ihr auch nur das geringste Positive erwarten! Es ist ja ein ausgesprochener Querulantenverein, der sich hier zusammengefunden hat, und der Inbegriff einer Minderwertigkeit, die von sich selbst weiß, daß sie allem wahrhaft Schöpferischen, Großen und Edlen gegenüber nichts zu melden hat. Diese Minderwertigkeit ist auch die Wurzel ihres abgrundtiefen Hasses gegen die freien und starken Völker und ihre Führer. Sie zwingt sie auch, mit minderwertigen Mitteln ihren Kampf zu führen, mit den Mitteln der Lüge, hemmungsloser Diffamierung, Mord, Erpressung, Terror, Raub und Niedertracht in jeder Form. Um selbst als Heilige, Propheten und Weltverbesserer zu erscheinen, die von Ewigkeit her dazu bestimmt sind, über Menschen und die Güter dieser Erde nach freiem Gutdünken zu verfügen, müssen sie alles, was von ihrer Gottähnlichkeit nicht überzeugt ist und auf dieser Erde sein eigenes Lebensrecht beansprucht, schlecht machen, unterjochen oder beseitigen.[77]

Ich weiß nicht, ob es von unseren Gegnern wirklich so dumm und lächerlich (wie der Artikelschreiber behauptet) ist, wenn sie Deutschland die »bedingungslose Kapitulation« ankündigen. Angesichts der Kräfteverhältnisse ist ⟨es⟩ nach menschlichem Ermessen ausgeschlossen, daß Deutschland etwa seinen Gegnern den Frieden diktieren könnte. Kann also Deutschland aus irgendeinem Grunde die Kampfhandlungen nicht mehr fortsetzen, so ist ihm heute schon bekannt, daß es keine Bedingungen stellen kann. Die Bedingungen werden die Gegner stellen. Das ist der Sinn des Begriffes »bedingungslose Kapitulation« und zwar aufgrund des Verhaltens der deutschen Nation in den Jahren 1933 bis jetzt. Der Verfasser irrt gewaltig, wenn er Deutschland als eindeutigen Sieger bezeichnet. Davon kann gar keine Rede sein. Es ist nicht angängig, nach Teilaktionen ein Urteil zu fällen. Der Krieg muß als ganzes betrachtet und beurteilt werden. Die Schlacht um Stalingrad ist doch wirklich kein deutscher Sieg gewesen. Deutschland hat viele Schlachten gewonnen. Den Krieg muß es aber noch gewinnen. Die Journalisten, die bekanntlich mit der Feder »bis zum letzten Atemzuge« kämpfen, müßten sich schon noch entschließen, das Gewehr in die Hand zu nehmen. Sonst langt es nicht. –

11. Dez. 1943.

»Der Glaube der Deutschen«, so steht geschrieben in der Zeitung der Schutzstaffeln der NSDAP, dem Organ der Reichsführung der SS, vom 25. November 1943.[78]

»Der Glaube der Deutschen«.

Das »Schwarze Korps« nimmt es ohne weiteres für sich in Anspruch, ganz allgemein von dem Glauben der Deutschen, demnach aller Deutschen zu sprechen. Richtiger wäre es natürlich, von dem Glauben der Parteigenossen zu sprechen, denn bei dieser Gruppe von Deutschen ist der Glauben ziemlich einheitlich ausgerichtet. Erziehung, Belehrung, Schulung und vor allem die Propaganda im Rundfunk und der Presse haben einen tiefen Partei-Glauben herangebildet. Das »Schwarze Korps« wird diese Tatsache immer verheimlichen und den Eindruck erwecken, daß alle Deutschen unterschiedslos von einer einzigen grundlegenden Gläubigkeit besessen sind. Der Glaube kommt von glauben. Glauben heißt, etwas aus subjektiven Gründen für wahr halten. Bei den Parteigenossen steht im Vordergrunde der Autoritätsglauben. Das Schwören auf die Worte Adolf Hitlers. Das eigene Wissen wird ausgeschaltet. Es hat sich in den Kreisen der Partei ein Ueberglaube an übernatürliche Fähigkeiten des Führers[a] eingenistet.

Die Weltanschauung von Adolf Hitler beruht darauf, seine Ideen in den Formen militärischer Machtmittel voranzutragen. In seinem Buche »Mein Kampf« sagt er in dem Kapitel »Vom politischen Bekenntnis zur Kampfgemeinschaft« folgendes:

a) *übernatürliche Fähigkeiten des Führers:* Victor Klemperer führt in seinem Buch »LTI« zahlreiche Beispiele für die Inszenierung Hitlers als deutschen »Sonderheiland« an. Vgl. Klemperer 1996, S. 117-127.

»Die Umsetzung einer allgemeinen weltanschauungsmäßigen Vorstellung von höchster Wahrhaftigkeit in eine bestimmt begrenzte, straff organisierte, geistig und willensmäßig einheitliche politische Glaubens- und Kampfgemeinschaft ist die bedeutungsvollste Leistung, da von ihrer glücklichen Lösung allein die Möglichkeit eines Sieges der Idee abhängt. Hier muß aus dem Heer von oft Millionen Menschen, die im einzelnen mehr oder weniger klar und bestimmt diese Wahrheiten ahnen, zum Teil vielleicht begreifen, einer hervortreten, um mit apodiktischer Kraft aus der schwankenden Vorstellungswelt der breiten Masse granitene Grundsätze zu formen und so lange den Kampf für ihre alleinige Richtigkeit aufzunehmen, bis sich aus dem Wellenspiel einer freien Gedankenwelt ein eherner Fels einheitlicher glaubens- und willensmäßiger Verbundenheit erhebt.«[79]

Es kam u. kommt Adolf Hitler nur darauf an, aus seinen Phantasien eine Weltanschauung zu formen. Die aufgestellten Grundsätze wurden zum Fels erhoben, daran niemand mehr zu rütteln hat. Dann wurden diese Grundsätze mit einer an Sturheit grenzenden Hartnäckigkeit in die Hirne der Anhänger hineingepresst, bis diese Gedanken[80] in papageienhafter Manier auch von den blödesten Parteigenossen nachgeschwätzt und weiterverbreitet werden können. Durch die immerwährenden Wiederholungen von Plattheiten, Redensarten und Phrasen ist dann der Wunderglaube entstanden, wie wir ihm in jeglicher Gestalt täglich begegnen:

Der Glaube an den unbekannten Gefreiten des Weltkrieges!
Der Glaube an die Wunder des Aufstiegs!
Der Glaube an die Währung, gestützt auf die Arbeitskraft des Volkes!
Der Glaube an das militärische Genie des Führers!
Der Glaube an die Unbesiegbarkeit des deutschen Heeres!
Der Glaube an den Endsieg Deutschlands!

Die Nazis sind allesamt felsenfest davon überzeugt, daß ihr Führer Adolf Hitler Herr wird über alle Schwierigkeiten. Ihr Glaube versetzt Berge, davon träumen sie.

Alles, was Adolf Hitler denkt und tut, ist allein richtig. Darauf schwören sämtliche Parteigenossen. Die übrige Welt hat diese Krankheit nicht rechtzeitig erkannt und an eine Heilung durch Gegenpropaganda gedacht. Es gibt nur ein Heilmittel: handeln, kämpfen, angreifen! Mit den gleichen Waffen wie die Nazis 1939 ihre Erfolge errangen: ⟨mit⟩ Flugzeugen und Tanks!

11./12. Dez. 1943.

Auf der Suche nach den Schuldigen.

Die Nationalsozialisten sprechen nicht gern davon, daß ihr Führer am 1. Sept. 1939 den Befehl zum Einmarsch in Polen gegeben, am 22. Juni 1941 Rußland überfallen u. im Dez. 1941 USA. den Krieg erklärt hat. Hingegen reden sie immer von dem »uns aufgezwungenen Krieg.«[a] Das macht natürlich keinerlei Eindruck mehr, denn auch

a) *dem »uns aufgezwungenen Krieg«:* Die Formel vom »aufgezwungenen Krieg«, die bereits zu Beginn des ersten Weltkrieges von Bethmann Hollweg benutzt worden war (Reichstagsrede am

unter den Deutschen ist es nur eine unbeachtliche Minderheit, die nicht wissen will, daß Deutschland diesen Krieg von langer Hand vorbereitete und an dem Ausbruch die alleinige Schuld trägt.

Solange nun das deutsche Heer gesiegt hat, wurden die Lorbeeren von allen Beteiligten schmunzelnd entgegengenommen, und es gab keinerlei Kritik. Nachdem das Kriegsglück sich aber gedreht hat, ist eine andere Situation eingetreten.

Schon oft habe ich darauf gewartet, bis in den Reihen der Partei einmal damit begonnen wird, Ausschau nach etwaigen Schuldigen zu halten. In der Presse ist darüber bis jetzt noch nichts geschrieben worden, weil ja dann die Leser darauf aufmerksam würden, daß die Sache schief geht. Zur Zeit wird also immer noch in allen Tonarten vom »Sieg« geredet, und die Sündenböcke brauchen vorerst keineswegs einen Ueberfall zu befürchten. Darüber besteht heute schon vollkommene Klarheit: Niemals werden die Nazis zugeben, daß sie in irgendeiner Weise an den eingetretenen Verhältnissen auch nur die geringste Schuld tragen. Seither wurden von den Nazis für alle Vorkommnisse nachteiliger Art die Juden, Plutokraten und Bolschewisten verantwortlich gemacht. Persönlich ausgedrückt: Roosevelt, Churchill u. Stalin, beeinflußt durch die Juden.

Falls der Karren aber wirklich nicht mehr aus dem Dreck herausgezogen werden kann, müssen sich die verantwortlichen Leiter der Geschicke Deutschlands frühzeitig bemühen, selbst den Schein der Schuld auf andere zu lenken. An diesem Punkt scheinen wir angelangt zu sein. Erstmals habe ich eine Spur entdeckt, und zwar in der Zeitung »Das Schwarze Korps«, in der Nummer v. 2.12.43. Getarnt sind die ersten Fingerzeige in dem Artikel »Das nackte Leben« enthalten.

Von dem Wert des Lebens ausgehend bringt die Zeitung ein nicht stattgefundenes Gespräch in einer Notunterkunft zwischen einem »Mütterchen« (eine beliebte Figur bei den Nazis) und einem Kaufmann. Dem armen »Mütterchen« werden 5 Söhne an der Front und dem reichen Kaufmann eine Tochter zudiktiert. Es entwickelt sich ein Gespräch über das nackte Leben, Kinderreichtum, Lebenssicherheit durch Geburtenbeschränkung. In die Diskussion über das Leben der Armen u. der Reichen greift zur Unterstützung des »Mütterchens« ein Verwundeter ein, damit das Gespräch die richtige Wendung erhält. Das »Schwarze Korps« läßt den Verwundeten zu dem Kaufmann sagen:

4. August 1914), wurde im Zweiten Weltkrieg systematisch propagiert, um die Unausweichlichkeit des – vermeintlich ungewollten – Krieges zu suggerieren und so die Kriegsstimmung anzufachen. Vgl. Pätzold/Weißbecker 2005, S. 61f.

> Sehen Sie, müßte er sagen, die fünf Söhne dieser Frau kämpften gewiß in verschiedenen Truppenteilen, aber man könnte auch einen einzigen MG-Trupp aus ihnen bilden. Dann hat uns, der Front, dem Volk, dem Vaterland oder, wie Sie es nennen wollen, diese Frau einen MG-Trupp gestellt, eine von diesen kleinen Einheiten, von denen Sie ja alle Tage lesen oder hören, wie sie entscheidend ins Kampfgeschehen eingreifen, wie sie vielleicht den Angriff eines ganzen sowjetischen Bataillons zum Erliegen bringen.
>
> **Ich will Ihnen, lieber Herr, und Ihrer einzigen Tochter gewiß nicht zu nahe treten.**
>
> **Aber das eine müssen Sie doch zugeben: hätten Sie gleichfalls fünf Söhne gehabt, so hätten wir einen MG-Trupp mehr, und auch dieser könnte eines Tages einen feindlichen Angriff auffangen, der andernfalls deshalb unsere Linien eindrückt, weil uns vielleicht gerade dieser MG-Trupp an wichtiger Stelle gefehlt hat.**[81]

Jetzt wissen wir Bescheid, der reiche Kaufmann mit der einzigen Tochter, das ist schon ein Schuldiger. Denn hätte dieser Mann – so argumentieren die Nazis – fünf Söhne und die vielen Millionen Väter von einzigen Kindern ebenfalls je fünf Söhne, dann hätte Deutschland genügend Soldaten.

Schuld an der unzureichenden Kinderzahl tragen nach Angabe des Schwarzen Korps diejenigen, die an das Märchen von der Lebenssicherheit durch Geburtenbeschränkung geglaubt hätten. Mit diesem Märchen seien sämtliche Kulturvölker Europas verrückt gemacht worden. Es wäre geglaubt worden, wenn sich weniger Kinder in die Bodenschätze und Nahrungsmittel, in das ganze Volksvermögen zu teilen hätten, dann würde es dem einzelnen Kinde besser gehen.

Das »Schwarze Korps« fährt dann fort:

Wenn unsere Elterngenerationen nicht in großen Teilen diesem Irrwahn der Kinderbeschränkung verfallen wären, dann könnten wir aus jedem Geburtsjahrgang vielleicht eine halbe Million Männer mehr zu den Waffen rufen. Wissen Sie, was das bedeuten würde? Wissen Sie, wie viele MG.-Trupps, Bataillone, Regimenter, Divisionen das sind? Wissen Sie, wie sich das in unserer Rüstung auswirken würde? Wie viele gesunde und fähige Männer wir dann in der Heimat belassen könnten, damit sie an wichtiger Stelle noch mehr Waffen und Munition erzeugen? Und wissen Sie, daß der Krieg dann schon längst gewonnen wäre?

Fragen Sie die Männer von der Front, ob wir dann einen Winter 1941/42, ob wir dann ein Stalingrad erlebt hätten, ob es denn notwendig gewesen wäre, unsere Front im Osten zurückzunehmen, uns hier und draußen mit Aushilfen und wiederum mit Aushilfen zu behelfen, mit denen wir zwar am Ende auch siegen werden, weil wir die besseren Menschen und den härteren Glauben haben, die aber doch nur dann wirken können, wenn wir die Zeit zum Bundesgenossen machen, wenn wir statt eines kürzeren einen langen Krieg führen?!

Glauben Sie denn, der Feind hätte überhaupt Zeit gehabt, seine Terrorwaffe zu entwickeln? Glauben Sie, wir müßten dann den nötigen Zeitgewinn mit so vielen Opfern an Gut und Leben bezahlen?

Sehen Sie, das ist das Ergebnis jener falschen Rechnung: weil die Eltern sich und ihrem Volke so viele Menschen vorenthalten haben, deshalb müssen wir so viele Leben opfern. Weil unsere Eltern auf materielle Sicherheit spekulierten, deshalb ist die große materielle Unsicherheit über uns gekommen! Hätten sie nicht geglaubt, es wäre der Vorteil ihres Kindes, ihres einzigen Kindes, das einzige Kind zu sein, hätten sie statt dessen fünf Kindern das Leben geschenkt, so hätten sich diese fünf dereinst in ihr schönes Vermögen teilen können, und es wäre für jedes einzelne immer noch ein achtbares Stück geblieben. Jedenfalls ist ein Fünftel von etwas besser als ein ganzes Nichts.

Kanonenfutter?

Und Sie sehen jetzt auch, wie unsinnig das Gerede mancher Eltern war, die zu sagen pflegten: **was nütze es, Kinder zu zeugen und großzuziehen, da sie ja in immer neuen Kriegen vielleicht doch nur totgeschossen würden!**

Es gibt keine bessere Sicherung gegen das Totgeschossenwerden als viele Kinder, als eine große Volkszahl. Eine große Volkszahl bedeutet viele Soldaten, viele Soldaten bedeuten einen kurzen Krieg. Und in einem kurzen Krieg der Vielen ist das Risiko für den einzelnen doch gewiß geringer als in einem langen Krieg der Wenigen. Und ich gehe noch weiter und sage: je größer die Volkszahl ist, um so geringer wird überhaupt die Aussicht auf einen Krieg. Wäre die Kinderfreudigkeit der Urgroßeltern und der Großeltern den Eltern erhalten geblieben, so lebte heute in der Mitte Europas ein deutsches Volk von 120 Millionen Menschen. Und wer hätte

Eine bittere Lehre

es gewagt, mit diesem Volke jemals anzubinden? Wir sind im Laufe eines Menschenalters nur deshalb zweimal überfallen worden, weil man uns für schwach gehalten hat!

Wie wenig klug waren doch die so klugen Leute, die ihr Volk schwächen, um einen Besitz zu sichern, den sie doch nur einem starken Volk verdankten! Die geistige Krankheit der Geburtenbeschränkung ist während des wirtschaftlichen Aufstiegs am Ende des neunzehnten Jahrhunderts ausgebrochen, damals, als das Bürgertum emporstieg und zu Wohlstand gelangte, als die Menschen in die Städte strömten, um mehr zu verdienen und die Früchte der Zivilisation zu genießen. Damals beschränkte man also die Kinderzahl, um einerseits selber das Leben genießen zu können, um andererseits den Kindern den erworbenen Besitz zu sichern. Welchem Umstand verdankte man aber den also zu sichernden Wohlstand? Vornehmlich dem gewonnenen Krieg von 1870/71, der Deutschland einig und stark gemacht hatte und fähig, seine Position im Welthandel zu erringen.

Der Krieg von 1870/71 ist aber gewonnen worden durch die Kinderfreudigkeit unserer Urgroßmütter. Und eben diesem Umstand verdankten wir die lange Friedensperiode von 1871 bis 1914, die es dem Bürger gestattete, seinen Wohlstand zu sichern und zu mehren. Die Kinderarmen haben also um des Besitzes willen das Prinzip verraten, dem sie ihren Besitz verdankten! Sie haben selbst die Fundamente ihres Hauses untergraben. Sie haben sich materielle Sicherheit gewünscht und Unsicherheit heraufbeschworen! Sie wollten ihren Kindern »das Leben leichter machen«. Sie haben es ihnen so schwer gemacht, daß sie am Ende froh sind, wenn sie das Leben und nur das Leben bewahren.

Die Mär von der materiellen Sicherung des Daseins zerstiebt in unseren Tagen wie ein Haufen Spreu vor dem Sturmwind und das hat bei all den tragischen Momenten, die das Wirken des Lehrmeisters Schicksal uns aufnötigt, auch ein Gutes: wir lernen die Nichtigkeit dessen kennen, was wir uns durch einen so folgenschweren Eingriff in die Lebensvorgänge des Volkes erwerben und sichern wollten.

Was ist aller Besitz neben dem einen Gefühl: ich lebe! Wie oft haben wir Soldaten im feindlichen Feuer daran gedacht, daß wir gerne allen Besitz hergeben würden, wenn wir nur heil aus dieser Stunde kämen! Wie oft haben wir also im Gedanken all das verschenkt, was unsere Eltern uns sichern wollten, als sie sich entschlossen, dem einzigen Sohn keine Geschwister zu geben. Und nun wissen auch die Eltern in den heimgesuchten Städten, wie sehr sie fehlten, als sie den Besitz neben das Leben und gar über das Leben gestellt haben. Was ist Besitz und was ist Leben!

Aus dieser bitteren Lehrzeit wird ein gewandeltes Volk hervorgehen, ein Volk, das nicht mehr den traurigen Mut besitzt, dem Herrgott ins Handwerk zu pfuschen, ein Volk, das alles wieder ins rechte Lot bringt nach der Formel, daß das Leben nur dem gehört, der es uneingeschränkt und ungeteilt bejaht.

Ueber Bevölkerungstheorie und Bevölkerungspolitik gehen die Meinungen sehr weit auseinander. Ich neige zu der Auffassung, daß der Mensch durch vernünftiges, sittliches Verhalten einer zu starken Vermehrung vorbeugen sollte. Wozu hat der Mensch die Vernunft? Wo würde es hinführen, wenn die Menschen sich immerfort in dem gleichen Tempo vermehren wie in den vergangenen 100 Jahren? Die Bevölkerung Deutschlands hat sich in diesem Zeitraum etwa verdreifacht. In weiteren 100 Jahren ergäbe das eine Ueberbevölkerung von 240 Millionen Menschen.

Imperialisten benötigen Kanonenfutter. Daher ist der Standpunkt des Schwarzen Korps sehr verständlich. Die Nazis schimpfen auf die Kinderbeschränkung, weil nach ihrer Meinung ein kinderreiches Deutschland den Krieg schon lange gewonnen hätte.

Verzeihen Sie, meine Herren, war Ihnen die Zahl der wehrfähigen Männer im Jahre 1939 nicht bekannt? Die militärischen Ratgeber mußten mit der Wirklichkeit rechnen und von einer Weltbeherrschung Abstand nehmen. Für diesen Größenwahn reichen die vorhandenen Soldaten nicht aus. Darüber kann es gar keinen Zweifel geben.

»Viele Soldaten bedeuten einen kurzen Krieg«, sagt das Schwarze Korps. Angenommen wir hätten eine weitaus größere Zahl von Soldaten gehabt, dann darf aber nicht unbeachtet gelassen werden, daß aller Voraussicht nach die anderen Länder zu irgend welchen Gegenmaßnahmen geschritten wären. England würde bestimmt die allgemeine Wehrpflicht im Mutterland und den Besitzungen eingeführt haben. Ferner darf nicht vergessen werden, daß viele Soldaten auch viel Material brauchen. Sind unsere Rohstoffquellen unerschöpflich?

»Und wer hätte es gewagt, mit diesem Volk (120 Millionen) jemals anzubinden?«, fragt das Schwarze Korps. Nun wird es Tag. Mit uns hat noch nicht einmal jemand angebunden, als wir 60 Millionen Einwohner hatten. Der Krieg 1870/71 ist ein Werk Bismarcks gewesen, und der Weltkrieg 1914/1918 ist durch das Verhalten unseres Bundesgenossen Oesterreich angezettelt worden. Ferner konnte dieser 1. Weltkrieg durch eine klügere Politik Deutschlands (Freundschaft mit Rußland) vermieden werden. Wer 1939 angefangen hat, ist der ganzen Welt bekannt. Es ist eine unglaubliche Frechheit, die Behauptung aufzustellen, wir seien zweimal überfallen worden. Das ist so richtig nationalsozialistisch. Die dümmsten Behauptungen aufstellen, weil niemand widersprechen kann. –

Kein Wörtchen ist in dem Artikel zu lesen, inwieweit der 1. Weltkrieg (1914-1918) starke Umwandlungen in der Bewegung der Bevölkerung gebracht hatte. Die natürliche Volksvermehrung ist durch den Weltkrieg gehemmt und herabgedrückt worden.

Die Jahrgänge 1914, 1915, 1916, 1917 u. 1918 weisen Geburtenrückgänge auf, weil die Männer beim Heere waren. 2 Millionen Gefallene kommen als Erzeuger in Wegfall. Hierauf ist es auch zurückzuführen, daß eine große Anzahl von Witwen mit einem Kinde vorhanden sind.

Alle diese Tatsachen werden von dem »Schwarzen Korps« überhaupt nicht gewürdigt. Die Wut richtet sich gegen die Kinderarmen. Diese tragen die Schuld, daß Deutschland nicht noch mehr Divisionen zur Schlachtbank führen kann.

Es wird künftig nicht darauf ankommen, auf wen die Nazis die Schuld an dem verhängnisvollen Ausgange dieses Ringens abwälzen wollen.

Die Unterschätzung der Gegner durch alle maßgebenden Persönlichkeiten des »Dritten Reiches« ist in Reden und Zeitungsartikeln derart häufig zum Ausdruck gebracht worden, daß es keiner besonderen Beweiserhebung mehr bedarf. Diejenigen tragen also in erster Linie die Hauptschuld, die es zu diesem Drama kommen ließen, weil sie die Gegner Deutschlands als Säufer, Irre, Gangster, Nullen und militärische Idioten einschätzten.

12. Dezember 1943.

Heute ist Sonntag. Dieser Tag ist bei den Nazis kein Ruhetag, Um 13.45 Uhr sind die Luftschutz-Gemeinschaften in die Stiftsstraße bestellt. Ich gehöre zum Block 10. Die Luftschutzgemeinde soll im Arbeitsanzug mit Gasmaske und Luftschutzgerätschaften antreten. Unterwegs leihe ich mir einen Strick, damit ich etwas in der Hand habe. Männlein und Weiblein pilgern nach der Stiftsstraße. Die Weiber in Männerkleidung. Vor dem ehemaligen Nachtquartier für Umherziehende versammelt sich die Luftschutzmenge. Es wird Aufstellung genommen. Ein Auto erscheint. Ihm entsteigen uniformierte ⟨u. dekorierte⟩ Herren aus Gießen. Begrüßung durch den einheimischen Luftschutzleiter. Er gibt bekannt, daß die Gemeinde Laubach das kl. Häuschen für Luftschutzzwecke zur Verfügung gestellt hat. Das Wort ergreift alsdann der hohe Herr aus Gießen. Von seinen Ausführungen höre ich nur Bruchstücke, z.B. wer bei Fliegergefahr sein Köfferchen nimmt und abhaut, das ist ein Fahnenflüchtiger. Inzwischen hatte ich kalte Füße bekommen. Da ich bei derartigen Gelegenheiten mich stets im Hintergrunde aufhalte, beschloß ich, der »Feier« ein Ende zu bereiten und mich langsam, aber sicher zu entfernen. In entgegengesetzter Richtung verschwand ich. –

Warum diesen Lärm für nichts?

Die Luftschutzämter u. Luftschutzämtchen müssen ihre Existenzberechtigung nachweisen. Die Amtsträger ziehen die Sache nach nationalsozialistischer Manier auf. Dann berichten sie nach oben, was sie für eine bombige Sache auf die Beine gebracht haben und wie wunderbar alles geklappt hat. Das ist Nationalsozialismus!

Reichsminister Dr. Goebbels sprach am 8. Dezember 1943 zum Tag des Deutschen Eisenbahners. Seine Ansprache stand unter dem Motto: »Weder Terror noch Drohungen können uns schrecken«. Seine Stimme klang ausgesprochen pastoral. Manchmal fibrierte[a] sie und zuweilen ähnelte sie dem Wutgeheul eines schwer getroffenen Raubtieres. Das war nicht mehr der freche, zynische Goebbels von ehemals. Einige markante Stellen seiner Rede folgen nachstehend:

a) *fibrieren:* wohl hyperkorrekt statt *vibrieren.*

Eisenbahner sein heißt heute etwas mehr als einem x-beliebigen Berufsstand angehören. Es heißt heute, einen Teil der Kriegsentscheidung in der Hand haben. Daß Euch dieses Gefühl einen hohen persönlichen Stolz verleiht, ist natürlich und verständlich.

Was wir selbst noch nicht aus uns machen konnten, das hat jetzt der Feind aus uns gemacht: ein kämpfendes 90-Millionen-Volk, geeint im Glauben, aber auch geeint in Haß.

Niemand denkt daran, sich dem Terror zu beugen.

Darum spreche ich heute besonders gerne zum Tag der deutschen Eisenbahner. Ich finde damit eine willkommene Gelegenheit, den ungezählten Männern und Frauen von der Deutschen Reichsbahn vor dem ganzen Volke den Dank abzustatten, den sie sich verdient haben.

Niemals und unter gar keinen Umständen, das kann ich dem feindlichen Ausland sagen, wird dieser Fall eintreten, nie und nie! Wenn unsere Feinde siegen wollen; dann sollen sie kommen und kämpfen, die deutschen Waffen werden ihnen dann die Antwort nicht schuldig bleiben, ihre Reden und Proklamationen imponieren uns nicht. Sie werden in Deutschland mit Verachtung beiseitegeschoben.

Kürzliche Besuche bei den ausgebombten Arbeitern im früher rötesten Wedding in Berlin haben mich wieder einmal belehrt, welch eine Wandlung unser ganzes Volk vor diesem Kriege und im Verlauf dieses Krieges durchgemacht hat. Unsere Feinde können anfangen und anstellen, was sie wollen, mit diesem Volke werden sie nicht fertig. Es wird nicht bedingungslos, wie sie hoffen und wünschen, und es wird überhaupt nicht kapitulieren, sondern dem Feind die Gewehrläufe zeigen! Was sollte es auch für eine Veranlassung zur Kapitulation haben!

Wir halten im Gegensatz zu 1918 unsere Waffen fest umklammert und verteidigen unser bedrohtes, nationales Leben. Ein zwar teuer bezahlter, aber darum um so größerer Sieg wird einmal der Preis unserer harten Anstrengungen sein.

In dieser Stunde brausen Tausende von Zügen unter der Führung Eurer Kameraden kreuz und quer durch Europa. Sie bringen Waffen und Munition an alle Fronten, in die Hände des besten Soldatentums gelegt, das die Welt jemals kannte. Dieses Soldatentum verteidigt damit nicht nur unser Land, sondern unseren Erdteil gegen die infamste Verschwörung, die die Geschichte je gesehen hat. Hier kämpfen in Wirklichkeit Licht und Finsternis miteinander in einem Ringen auf Leben und Tod. Aber mit derselben Gesetzmäßigkeit, mit der der Tag der Nacht folgt, wird hier das Licht über die Finsternis triumphieren.

Je kühler und schneidender die Stunde des Krieges wird, desto näher ist der Morgen des Sieges. Dann wird sich das dunkle Gewölk, das den Himmel verfinstert, zerteilen und die Sonne wieder aufgehen über unseren Häuptern.[82]

Der feindliche Luftterror hat uns nicht gebeugt, sondern nur mehr gehärtet. Und wo früher vielleicht noch eine Lücke in unserer Gemeinschaft festzustellen war, da ist sie jetzt durch die Flammenwand geschlossen worden, die der Feind in unseren Luftnotgebieten entzündet hat.

Aus dem Angriff ist eine Verteidigung geworden.
Welch ein Wandel!

Kriegsarbeitstagung der deutschen Presse beendet

Gauleiter Lauterbacher und Generalleutnant Warlimont sprachen über die Abwehr des Bombenterrors und die militärische Lage

Weimar, 8. Dezember ⟨43⟩

Die Kriegsarbeitstagung der deutschen Presse, die in Weimar stattfand, hat ihren Abschluß gefunden. Im Anschluß an eine Sondertagung der Hauptschriftleiter, in der unter Leitung des Stellvertretenden Pressechefs der Reichsregierung, Stabsleiter Sündermann, in eingehender Aussprache aktuelle Fragen der Pressepolitik und der journalistischen Zeitungsgestaltung ausführlich behandelt wurden, sprachen am letzten Tag der Gauleiter des Gaues Südhannover-Braunschweig, Hartmann Lauterbacher sowie der Stellvertretende Chef des Wehrmachtführungsstabes, Generalleutnant Warlimont, zu den versammelten deutschen Journalisten.

Gauleiter Lauterbacher zeichnete in seinen auf die praktischen Probleme des Widerstandes der Heimat gegen den feindlichen Bombenterror abgestellten Ausführungen ein eindrucksvolles Bild von den Leistungen, die die Partei heute an der Heimatfront vollbringt. Seine Mitteilungen gaben einen Überblick über die Präzision, mit der wir heute dem organisierten Mordterror begegnen und seine Auswirkungen ausgleichen. Es ist eine klare Strategie nationalsozialistischer Organisation und Hilfeleistung, mit der die Partei diese größten Prüfungen meistert.

Gauleiter Lauterbacher unterstrich dabei auch die Bedeutung, die der Presse als dem im Bombenterror einzig wirksamen Volksführungsmittel zukommt, und befaßte sich eingehend mit den psychologischen Wirkungen, die die Luftangriffe in den schwer getroffenen Gebieten auf die Haltung der Bevölkerung ausüben. Mit schlagenden Argumenten bestätigte er aus seiner Erfahrung die Tatsache, daß die Einstellung der vom britisch-amerikanischen Bombenterror getroffenen Volksgenossen zu den ihnen gestellten neuen Lebensbedingungen von ungebrochenem Arbeitswillen und gesteigerter Härte und Kampfentschlossenheit gekennzeichnet ist.

Generalleutnant Warlimont gab in seinen Ausführungen einen eingehenden Überblick über die gesamte militärische Lage am Jahresende 1943. Ausgehend von einer Schilderung der strategischen Absichten, mit denen unsere Feinde in dieses Jahr eintraten und die sie mit einem lange angesammelten Aufgebot an Offensivkräften zu verwirklichen trachteten, entwarf Generalleutnant Warlimont ein überaus wirkungsvolles und überzeugendes Bild von der kämpferischen Leistung des deutschen Soldatentums, das an allen Fronten des europäischen Krieges dem Ansturm standgehalten und die Vernichtungsabsichten des Feindes zunichte gemacht hat.

Bei nüchterner Abwägung der militärischen Gegebenheiten und unter Würdigung des Einflusses des ostasiatischen Kriegsschauplatzes auf die allgemeine strategische Lage befaßt sich Generalleutnant Warlimont mit dem Gesamtbild des Krieges, wie es sich jetzt darstellt. Er kennzeichnete die neuesten propagandistischen Manöver der Feindmächte als eine logische Folge der Tatsache, daß jede weitere operative Maßnahme ihnen Opfer in steigendem Umfange aufzwingt.

Generalleutnant Warlimont schloß seine Ausführungen, die den deutschen Journalisten wichtige Gesichtspunkte zur laufenden sachgemäßen Unterrichtung der Öffentlichkeit vermittelten, mit dem überzeugenden Bekenntnis, daß Deutschland angesichts seiner überlegenen Führung, seines unerschütterlichen und unüberwindlichen Soldatentums und der in diesem Kriege so einzigartigen inneren Verbundenheit von Front und Heimat den entscheidenden Lebenskampf, den es heute zu bestehen hat, mit einem geschichtlichen Siege beenden wird.

Mit einem Appell an die aus allen Gauen des Reiches versammelten Journalisten, auch weiterhin die entschlossenen Sprecher des deutschen Kampf- und Siegeswillens zu sein, schloß Reichspressechef Reichsleiter Dr. Dietrich die bedeutsame Tagung.[83]

Der Bonze Lauterbacher[84] bezeichnet die Presse als Volksführungsmittel. In Wirklichkeit dient die Presse der Verführung des Volkes.

Die Partei berief sich bei der obigen Tagung auf Organisation und Hilfeleistung, mit der die Partei die größten Prüfungen meistert.

Der Generalleutnant Warlimont[85] kann nicht mit realen Dingen aufwarten. Mit einem Bekenntnis und der inneren Verbundenheit von Front und Heimat sowie dem Willen zum Sieg ist der Gegner nicht zu schlagen. Nur mit überlegenen Kräften und

Waffen. Es fällt mir auf, daß bei dieser Tagung gar nicht von der Vergeltung gesprochen wurde. Sollte etwa mit der Vergeltung etwas nicht stimmen?

13. Dezember 1943.

18 Schlachtschiffe und 27 Flugzeugträger!

Die Erfolge der japanischen Marine in zwei Jahren Krieg

Tokio, 8. Dezember ⟨43.⟩
In den zwei Jahren des Großostasienkrieges ist es – wie das Kaiserlich-japanische Hauptquartier meldet – der japanischen Marine gelungen, folgende Erfolgszahlen zu erreichen: 1868 feindliche Schiffe wurden vernichtet, 6874 Flugzeuge wurden abgeschossen.

An feindlichen Kriegschiffen wurden versenkt: 18 Schlachtschiffe, 27 Flugzeugträger, 92 Kreuzer, 79 Zerstörer, 147 U-Boote, sechs weitere Schiffe unbestimmten Typs; 78 Kriegsschiffe anderer Art, insgesamt 447 Kriegsfahrzeuge.

In Brand gesetzt wurden: 15 feindliche Schlachtschiffe, zwölf Flugzeugträger, 56 Kreuzer, 47 Zerstörer, 62 U-Boote, fünf Kriegsschiffe unbekannten Typs, 44 weitere Kriegschiffe, zusammen 241 Kriegsfahrzeuge.

Es wurden also mehr als 688 feindliche Kriegsschiffe versenkt oder in Brand gesetzt.

An weiteren Schiffen wurden 677 in Brand gesetzt oder versenkt, 503 weitere Schiffe wurden beschädigt, 1868 sind demnach versenkt oder beschädigt worden.

Feindliche Flugzeuge: 5158 abgeschossen, 1716 in Brand gesetzt, mithin sind 6874 feindliche Maschinen vernichtet.

Die japanischen Verluste betragen: 54 Kriegsschiffe versenkt, 32 Kriegsschiffe beschädigt, 96 weitere Schiffe gesunken, 1253 Flugzeuge verloren.[86]

Ob es sich um eine Wiedergabe einer Originalmeldung der japanischen Marine oder um ein eigenes Fabrikat der Propaganda handelt, das kann z.Z. niemand aufklären.

Nach einem Abkommen zwischen Großbritannien, den Ver. St. v. A. und Japan betrug das »Soll« der Kriegsschiffe der Vereinigten Staaten vor dem Kriege:

15 Schlachtschiffe
50 Kreuzer
145 Zerstörer
? Flugzeugträger.

Was seit dem Kriege hinzugekommen ist, bleibt unbekannt. Japan will 18 Schlachtschiffe versenkt und 15 Schlachtschiffe in Brand gesetzt haben. Das ist derartig unwahrscheinlich, daß über die ganze Meldung kein Wort mehr zu verlieren ist. Lügen scheint eine Haupttugend der Japaner zu sein.

Welchen Sinn hat es, so zu schwindeln?

Dafür fehlt mir jedes Verständnis.

In diesem Kriege ist schon etwas zusammengelogen worden. Das ist ekelhaft!

14. Dez. 43.

Sowjetische Eisen- und Stahlindustrie zerstört

Stockholm, 3. Dezember ⟨43⟩
Ein Sonderkorrespondent des »Manchester Guardian« in Moskau hatte Gelegenheit, mit verschiedenen Fachleuten zu sprechen, die von einer längeren Rundreise durch das Donezbecken und andere Industriegebiete nach Moskau zurückgekehrt waren.

Diese Fachleute erklärten, im Laufe der großen deutschen Absetzbewegung sei praktisch nicht ein einziges Unternehmen der Eisen- und Stahlindustrie der Sowjetunion unbeschädigt geblieben. Alle Hochöfen, Walzwerke, Koksöfen, Fördereinrichtungen, Schächte usw. seien so gründlich zerstört worden, daß ihre Wiederherstellung auf viele Jahre hinaus unmöglich sein dürfte.[87]

Die gründliche Zerstörung durch die deutschen Truppen wird kein Mensch bezweifeln. Diese Handlungen beweisen, daß die deutsche Heerführung von der endgültigen Räumung überzeugt ist. Es wird verschwiegen, was außer Industrieanlagen sonst noch zerstört worden ist. Am 30. August 1943 hieß es z.B. im d. Heeresbericht: »Das völlig zerstörte Taganrog wurde planmäßig geräumt.«

VÖLKISCHER BEOBACHTER

⟨9.12.43.⟩

Jüngste Helfer der Soldaten

Den Soldaten längst zu guten Kameraden, den Außenstehenden längst zu einem festen Begriff geworden, selbst glücklich über den ihnen anvertrauten Einsatz zum Schutze der Heimat, stehen sie in einer geschlossenen Gemeinschaft in ihren Batterien, unsere »Luftwaffenhelfer der Hitler-Jugend«. Die blaugrauen Uniformen mit der HJ.-Armbinde und dem blauen Luftwaffenadler gehören zum gewohnten Straßenbild, so wie alle anderen Uniformen. Eines aber haben sie den übrigen Uniformträgern voraus, nämlich zwei Formationen zu vertreten: Sie sind Hitlerjungen geblieben und stehen als solche in den Reihen der Soldaten.

Daß sie bereits die ersten Bewährungsproben gut bestanden haben und neben den Flaksoldaten und den Männern der Heimatflak in gleichem, vollwertigem Einsatz ihren Mann stehen, ist bewiesen. Die Luftwaffenhelfer der HJ. sind in Baracken untergebracht und erfahren dort neben vormilitärischer Ausbildung eine weitgehende Betreuung durch Schule und Hitler-Jugend. 18 Stunden wöchentlich nehmen sie in den örtlichen Lehranstalten am Schulunterricht teil, am Nachmittag bürgt die unter Kontrolle stehende Studierzeit für die Fortbildung ihres schulischen Könnens. Genau angelegte und streng geführte Bücher bieten einen Einblick in die regelmäßigen schulischen Leistungen und die Teilnahme am HJ.-Dienst der Sonderformationen.

Die jungen Helfer werden vollständig wie richtige Soldaten von der Luftwaffe eingekleidet, in selbstausgestalteten, wohnlichen Barackenräumen finden sie ein neues Heim. Hitler-Jugend wie Wehrmacht legt auf die kulturelle Betreuung der Jungen größten Wert. Im großen und ganzen aber kommt gerade durch den Einsatz dieser Hitler-Jugend als Luftwaffenhelfer die erzieherische Wirkung der HJ. zu einem schöpferischen, selbstgestalteten Willen in ausgeprägter Form zum Ausdruck. An der Spitze der Batteriechef, im internen Kreise der Mannschaftsführer der HJ., bilden die Luftwaffenhelfer eine weltanschaulich gefestigte Gemeinschaft, die den Soldaten als brauchbare Hilfen zur Seite gestellt sind.[88]

I. Sch.

Häufig war in den Zeitungen zu lesen, daß bei den Bolschewisten Kinder und Greise kämpfen würden. Damit sollte jedenfalls dargetan werden, daß die unwiderruflich allerletzten Reserven eingesetzt worden seien.

Seit einiger Zeit ist Deutschland dazu übergegangen, planmäßig die Schüler höherer Lehranstalten bei der Flak zu verwenden.

Sie werden als »Luftwaffenhelfer der Hitler-Jugend« bezeichnet, tragen militärische Uniformen und werden bei den Flakgeschützen verwendet.

15- u. 16-jährige Kinder als Krieger!

Wenn der Krieg noch lange dauert, kommen vielleicht auch noch die Säuglinge zum Einsatz.

Totaler Krieg!!

Volksgenossen, die nie am Arbeitsplatz fehlen ⟨9.12.43.⟩

Ein aufschlußreicher Blick in die Vorkriegszeit

Es gibt viele Volksgenossen, die sich kaum erinnern können, überhaupt jemals krank gewesen zu sein. Mit Recht sind sie stolz darauf, viele Jahre oder gar jahrzehntelang ihre Berufs- und Dienstpflichten erfüllt zu haben, ohne daß sie je an ihrem Arbeitsplatz gefehlt hätten. Ihnen gegenüber stehen jene Volksgenossen, die öfter oder sogar häufig erkranken und immer wieder einmal auf jeweils längere oder kürzere Zeit ihrer Arbeit fernbleiben. Nun kann gewiß in manchen Fällen ein kurzfristiges Fernbleiben unvermeidlich sein, um – wenn man schon fehlen muß – eine aufkommende Erkältung im Keim zu ersticken, wodurch ein voller Krankheitsausbruch verhütet und eine längere Arbeitsunfähigkeit erspart werden kann.

Zahlreiche ständig kränkelnde Menschen verdanken ihre relativ leichte Anfälligkeit für Krankheitsstoffe aller Art nicht zuletzt einer allzu nachgiebigen Bereitwilligkeit, sich auch schon in ersichtlich unnötigen Fällen »krank« hinzulegen, um sich dann widerstandslos und in ängstlicher Besorgtheit ständig auf Krankheitszeichen zu beobachten, bis sie in zunehmender Krankheitsfurcht immer öfter und leichter, und schließlich auch tatsächlich ernsteren Erkrankungen anheimfallen.

Mancher wird freilich geneigt sein einzuwenden, daß es sich bei solchen »Erkrankungen«, bei denen oft die eine die andere ablöst, vor allem um »Kriegserscheinungen« handele, für die neben den einschlägigen Krankheitsursachen vornehmlich auch Mängel der Kriegszeit verantwortlich zu machen wären. Ein solcher Einwand ist aber fast immer unberechtigt. Die Erfahrung hat vielmehr erwiesen, daß sich die kriegsmäßigen Einschränkungen z. B. auf dem Gebiete der Ernährung bei zahlreichen Volksgenossen keineswegs nachteilig ausgewirkt haben. Jedenfalls müßte die Krankheitshäufigkeit vor dem Kriege sehr wesentlich geringer sein als jetzt, wenn ein erheblicher Teil der jetzt vorkommenden Erkrankungen vorwiegend auf vermeintliche Kriegsmängel zurückzuführen wäre.

Beispielsweise im Jahre 1936 (als die Wirtschaftsnöte aus der Zeit vor der nationalsozialistischen Machtergreifung bereits überwunden waren, also von Mängeln jener Krisenzeit nicht mehr, und von Kriegswirkungen noch nicht gesprochen werden konnte) kamen nach Feststellungen des Arbeitswissenschaftlichen Instituts der DAF. innerhalb Jahresfrist auf je 100 Männer zwischen 20 und 25 Jahren nicht weniger als 199,3 Krankheitsfälle, und bei den Frauen in den Altersklassen bis zum 30. Lebensjahre wurden je 100 sogar 223,9 Krankmeldungen gezählt! Das heißt, daß sich sogar junge Leute dieser körperlich besonders kräftigen Altersklasse damals durchschnittlich mehr als zweimal je Jahr krank meldeten! Und es wird kaum behauptet werden können, dies sei weniger oft, als es jetzt geschieht.

Die Zahlen des Beispieljahres 1936 verraten aber auch noch etwas anderes, was viele sicherlich überraschen wird, nämlich: daß die Krankheitshäufigkeit der älteren Jahrgänge geringer war. Sie sank mit zunehmendem Alter bei den Männern auf 147,6 je Hundert bis zum 60. Lebensjahre und schließlich bis auf 128,1 je Hundert bis zum vollendeten 69. Lebensjahre. Auch die gesonderte Erfassung der mit Arbeitsunfähigkeit verbundenen Krankmeldungen zeigte das gleiche Bild: Die Höchstzahl lag ebenfalls bei den jungen Leuten zwischen 20 und 25 Jahren mit 51,5 Fällen je Jahr und je Hundert, um mit zunehmendem Alter immer mehr abzusinken bis auf 19,3 Fälle je Hundert.

Diese Zahlen sind sehr aufschlußreich. Sie ergeben zunächst, daß selbst unter den besten Vorbedingungen für ein gesundes Leben, wie sie die Vorkriegszeit nach 1933 in jeder nur erdenklichen Hinsicht geboten hatte, die Krankheitshäufigkeit nicht nur außerordentlich gewesen ist, sondern für alle rückblickend wahrscheinlich sogar überraschend hoch. Diese Höhe der Vorkriegskrankheitsziffern zeigt unzweifelhaft, daß die Krankheitshäufigkeit mit »Mängeln«, wie sie im Kriege unvermeidlich sind, nur sehr bedingt etwas zu tun hat, sondern viel eher mit Alter und Geschlecht, – jedoch nicht etwa so, daß die Krankheitshäufigkeit mit steigendem Alter zunimmt, wie mancher vermutet haben wird, sondern daß die Krankmeldungen gerade bei den körperlich kräftigen, jungen Jahrgängen am zahlreichsten und im reifen Alter am geringsten sind.

Es besteht kein Zweifel, daß Krankheitshäufigkeit und Ausfälle von Arbeitstagen vor allem auch von der inneren Haltung der Arbeitskameraden beeinflußt werden, daß es sich hier also in hohem Maße um eine Sache des persönlichen Verantwortungsbewußtseins handelt! Wer eine Erkrankung vorzutäuschen sucht, eine geringfügige Unpäßlichkeit übertreibt und unnötig seinem Arbeitsplatz fernbleibt, der hemmt den Produktionsgang im deutschen Arbeitsleben und hilft durch diese Schwächung der deutschen Wehrkraft im Kriege dem Feind, zum Schaden seines um alle Lebensrechte kämpfenden Volkes und damit seiner selbst![89]

Die neuesten »Staatsfeinde« und »Volksschädlinge« sind diejenigen Volksgenossen, die sich erdreisten, krank zu werden. In dem schönen Deutschland ist es nicht gestattet, zu sterben, krank zu werden und weniger als 24 Stunden täglich zu arbeiten. Ich habe kein Mitleid[90] mit der arbeitenden Bevölkerung. Sie haben es einmal gut gehabt und wollten es noch besser haben. Sie haben die Demokratie nicht verteidigt. Heute hat Hitler die Macht und gebraucht sie auch. –

Militärjustizinspektor Langwasser besuchte heute unser Amt. Es hat keinen großen Wert, mit derartigen Etappen-Kriegern zu sprechen. Er behauptete, er wäre an der Ostfront Optimist geworden. Alle Soldaten seien Optimisten. Mit einem Wort: alles in bester Ordnung. Hiergegen kämpfen Götter selbst vergebens. Die Zukunft wird es lehren. Augenblicklich sind solche Leute nicht zu überzeugen; sie haben mitgemacht und wünschen zu siegen. –

Roosevelt und Churchill trafen sich mit Inönü

B—r. **Bern,** 8. Dezember ⟨1943.⟩

Mit der schon üblich gewordenen Verspätung ist jetzt auch über die weiteren Konferenzen berichtet worden, die Roosevelt und Churchill nach ihrer Rückkehr aus Teheran in Kairo gehabt haben, nämlich über eine mehrtägige Zusammenkunft mit dem Präsidenten der Türkei, Inönü, und über Besprechungen mit dem südafrikanischen Premierminister Smuts, der aus London nach Kairo beordert worden war.

Es war in diesem Falle schon seit Tagen bekannt, dass der türkische Staatspräsident sich nach Kairo begeben hatte, um Roosevelt und Churchill zu treffen. Die Konferenz fand am 4., 5. und 6. Dezember auf demselben Gelände statt, auf dem sich die Anglo-Amerikaner kürzlich mit Tschiangkaischek getroffen hatten. Wie sich aus dem Kommuniqué ergibt, ist Staatspräsident Inönü zu dieser Konferenz gemeinsam von den Regierungen der Vereinigten Staaten, Großbritanniens und der Sowjetunion eingeladen worden, aber trotzdem war die Sowjetunion nicht offiziell an der Konferenz beteiligt. Damit wird offenbar angedeutet, daß Roosevelt und Churchill in diesem Falle als Beauftragte Stalins handelten und dessen Wünsche an die türkische Regierung weiterzugeben hatten. Als Beobachter hatte Stalin, wie ergänzend berichtet wird, seinen Botschafter in Ankara, Winogradow, nach Kairo geschickt, der bei allen Verhandlungen zwischen den anglo-amerikanischen und den türkischen Vertretern anwesend war. Staatspräsident Inönü war von dem türkischen Außenminister Menemencoglu begleitet, Roosevelt von seinem engen Mitarbeiter Hopkins, Churchill von Außenminister Eden. Dazu kam auch diesmal ein umfangreicher Stab von Beratern.

Das Kommuniqué besagt, daß die politische Lage im allgemeinen erörtert worden sei und die gemeinsamen Interessen wie die Interessen der beteiligten Länder in Betracht gezogen worden seien.[91]

Für den Beobachter ist es ungemein schwer, aus der Haltung der Türkei bestimmte Schlüsse zu ziehen. Seither war es jedenfalls so, daß die Türkei strengste Neutralität kundgab, obwohl sie auf Grund ihres Vertrages mit England verpflichtet gewesen wäre, Farbe zu bekennen und sich England anzuschließen. Nicht sofort 1939, sondern als der Krieg sich im Mittelmeerraum abzuspielen begann. Mit Deutschland u. Bulgarien hat die Türkei Nichtangriffspakte abgeschlossen. Mit Rußland sollen gute Beziehungen bestehen – angeblich.

Nun ist es zu einer Zusammenkunft von Roosevelt und Churchill mit dem Präsidenten der Türkei, Inönü, in Kairo gekommen. Das ist immerhin bedeutsam. Die Türkei neigt also heute nach der anderen Seite.

Die Türkei war sehr vorsichtig und hat den Zeitpunkt abgewartet, zu welchem eine endgültige Stellungnahme nicht mehr mit einem allzu großen Risiko verbunden ist.

Herr von Papen hat demnach nichts erreicht.

Flucht in die Entrüstung

Berlin, im Dezember 1943

Am letzten Samstag hat der Reichspressechef vor den führenden Männer der deutschen Presse eine Analyse der geistigen Kriegführung beider Seiten gegeben, die für jedermann in der Welt, der ehrlich die Wahrheit sucht, eine Fülle von Stoff zum Nachdenken lieferte. Fast zur gleichen Stunde hat der Reichsaußenminister den schwedischen Geschäftsträger in Berlin nachdrücklich darauf hingewiesen, daß dem deutschen Volk das Messen der Kriegführenden mit zweierlei Maß, wie es heute in Schweden üblich ist, völlig unverständlich ist. Anlaß war die Einmischung der Stockholmer Regierung in eine deutsch-norwegische Angelegenheit. Aus gänzlich verschiedenen Anlässen sind damit zufällig an einem Tage zwei deutsche Kundgebungen hinausgegangen, die trotzdem die gleiche tiefere Ursache haben: Die Weigerung eines großen Teils der feindlichen und neutralen Umwelt, den Tatsachen dieses Krieges ins Gesicht zu sehen. Während in den ersten Kriegsjahren auch im anderen Lager ein gewisser Realismus die Oberhand behalten hatte, haben die militärischen Teilerfolge unserer Gegner in den letzten anderthalb Jahren eine vollständige Verzerrung aller Begriffe verursacht.

Die Verkehrung der Urteilskraft ist z. T. bewußt von der plutokratisch-bolschewistischen Kriegsleitung herbeigeführt worden. Angst vor der endgültigen Ausblutung seiner Menschenreserven auf seiten Stalins und heftige Scheu vor wirklichem soldatischem Einsatz auf seiten Stalins und auf seiten Churchills und Roosevelts haben die drei zu dem Versuch bewegt, den Sieg durch einen riesigen Bluff zu gewinnen: »Wenn wir mit der nötigen Lautstärke Freund und Feind einreden, daß der Krieg militärisch praktisch bereits entschieden sei, wenn wir durch ständiges Reden von der Nachkriegswelt die Gehirne von den Schlachtfeldern ablenken und mit Friedensplänen füllen, dann müßte es gelingen, die Deutschen und Japaner innerlich zu brechen und alle Schwankenden endgültig auf unsere Seite zu bringen.« Das ist der Grundgedanke, der die »Nervenoffensive« des Feindes ausgelöst hat und diktiert. Uns Deutschen, deren Kraftgefühl ungebrochen ist, mag dieser typisch jüdische Versuch ebenso schäbig wie kindisch erscheinen. Aber vergessen wir nicht, daß die Kriegsköche der Gegenseite in einer uns unbegreiflich gewordenen, versinkenden Vorstellungswelt leben, daß sie immer noch auf die Erfahrungen des Jahres 1918 bauen und daß sie vor allem riesige Stücke auf die Wirksamkeit des Bombenterrors setzen! Vergessen wir ferner das italienische Beispiel nicht! Und seien wir uns auch darüber klar, daß es in den neutralen und halbneutralen Ländern breite Schichten gibt, die für den »Nervenkrieg« durchaus anfällig sind.

Es ist eine alte Erfahrung, daß die Zaungäste eines Kampfes ihre Nerven viel weniger im Zaum halten als die Kämpfer selbst. Erst die wirkliche, persönliche Prüfung bringt die soldatischen Tugenden ans Tageslicht, die in jedem gesunden Menschen und jedem aufstrebenden Volke stecken. Nur der Kämpfer selbst wächst über sein kleines Alltags-Ich hinaus und gewinnt die Kraft des Körpers und des Geistes, große Opfer für ein höheres und weiteres Ziel zu bringen. Den bloßen Zuschauer aber – nicht nur den Neutralen im engeren Sinne, sondern auch den Nichtkämpfern im Kämpfenden, den Spießbürger, den die Geißel des Krieges noch nicht unmittelbar getroffen hat, beherrscht nur die Sehnsucht nach dem »Schluß«, der brennende Wunsch nach dem »Frieden«. Nicht die allgemeine Friedenssehnsucht meinen wir hier. Sie ist selbstverständlich zumal im fünften Jahre eines so furchtbaren Krieges. Die Spekulation der Nervenkrieger richtet sich vielmehr auf jene breite Schicht, die den »Frieden um jeden Preis« will, die das »Ende mit Schrecken dem Schrecken ohne Ende« vorzieht.[92] Das verrät die feindliche Agitation auf das deutlichste, indem sie ihre Sirenenklänge – hierin von der Methode des Jahres 1918 abweichend – mit Racherufen und wüsten Drohungen mischt. Wenn sie die »bedingungslose Kapitulation« fordert, so geschieht das einmal, um die Behauptung vom bereits gewonnenen Siege zu untermalen, zum andern aber, das Schreckmoment zu verstärken und uns in kopflose Panik zu versetzen. Sie sind so vernarrt in ihre Nervenoffensive, daß sie uns ernstlich die Flucht in den Selbstmord aus Angst vor dem Tode zutrauen.

Auch für diesen Wahnwitz haben sie mildernde Umstände: Denn ein Teil jener Neutralen im weiteren Sinne befindet sich tatsächlich auf der Flucht in den bolschewistischen Tod. Obwohl sie in ihren spärlichen klaren Stunden ganz genau wissen, daß Stalins Ziele und Methoden heute genau die gleichen sind wie vor zehn und zwanzig Jahren, obwohl ihnen sogar die Feindpresse – besonders die nordamerikanische – das mitunter ganz kalt bestätigt, obgleich ein Prominenter, wie Smuts, erst dieser Tage die Sowjetherrschaft über Europa als etwas Unvermeidliches und Selbstverständliches angekündigt hat – trotz alledem reden jene »Neutralen« krampfhaft von »Rußland«.[93]

Der Artikel ist von Seibert[94] verfaßt. Er ist um deswillen besonders auffällig, weil offen zugegeben wird, daß die Kriegsbegeisterung in Deutschland bei breiten Schichten als nicht mehr vorhanden angesehen werden kann.

15. Dezember 1943.

Darmstadt, Sonnabend, 11. Dezember 1943

USA.-Truppen hefteten bisher keinen Ruhm an ihre Fahnen

Nach zwei Jahren Krieg mit den Vereinigten Staaten von Nordamerika
Die klare Sprache der Tatsachen

rd Berlin, 10. Dezember ⟨43.⟩ (Eigener Drahtbericht). Ueberblickt man nach den zwei Jahren Krieg Deutschlands mit den USA. die bisherigen militärischen Begegnungen dieser beiden Gegner, so drängt sich einem die Erkenntnis auf, lediglich einen schmalen Teilabschnitt, der außerdem keine permanente Berührung stellt, vor sich zu sehen. Die wirklichen Einsatzstellen und Einsatzzeiten nordamerikanischer Einheiten in diesem Kampf sind so spärlich bemessen, daß sich sofort die Frage ergibt: »Wie kommt es, daß die Amerikaner in so stark aufwirbelnder Heftigkeit von der Existenz einer »First Europa«-Strategie sprechen? Wo sind denn die gewaltigen Truppenmassen, die dem zahlenmäßigen Uebergewicht des nordamerikanischen Volkes gegenüber den Briten entspräche? Oder ist das gerade von der zuerst notwendigen Wendung des Krieges in Europa genau so Zukunftsmusik wie die Zukunftsdrohungen gegen Japan?«

Doch lassen wir in einem ungefähren Ueberblick das Geschehen der letzten zwei Jahre, soweit es deutsch-amerikanische Begegnung war, oder soweit sich die Planung einer solchen Begegnung in den Dispositionen der amerikanischen Führung ankündigte, die wirklichen Ereignisse zur Sprache kommen.

Solange die ersten Kontingente noch die britische Insel unsicher machten durch den Elan ihrer Uniformen und durch die Kaufkraft ihrer Dollars, ging von ihnen ein brillierender Ruf durch die feindliche und pseudoneutrale Presse. Aber unter der heißen Sonne Nordafrikas schmolz dieser billige Ruf dahin. Als Hilfstruppen endigten dann die Yankees auf Sizilien. Bei Salerno half ihnen nur noch der energische und überlegene Einsatz der englischen Mittelmeerflotte, gegen die Deutschland kein gleichwertiges Kampfmittel zur Verfügung stand, über eine vollständige Niederlage hinweg und bei den gegenwärtigen Offensivversuchen im Ostabschnitt der süditalienischen Front stecken sie schwere Schläge ein. Das wären die nicht erworbenen Lorbeeren der bisherigen Landkämpfe. Wir wissen nicht, wie weit die Selbsterkenntnis der nordamerikanischen militärischen Führung gediehen ist, aber zu der Schlußfolgerung, daß die nordamerikanischen Divisionen allein längst schon wieder in die verschiedenen Meere geworfen worden wären, dazu wird es bei ihnen hoffentlich reichen. Die nordamerikanischen Divisionen aber, die sich nun seit geraumer Zeit in England vergnügen oder in den Zwischenpausen auf Invasion gedrillt werden, treten bereitwilligst anscheinend einstweilen noch in den Hintergrund. Ihr kämpferischer Mut konnte auch mit Recht durch die Erfahrung der bereits Kämpfenden etwas abgekühlt sein.

Den Einheiten der nordamerikanischen Marine, die in Griffnähe der deutschen Abwehr gerieten, gelang es ebenfalls nicht, mit Ruhm bedeckt in die Heimatgewässer zurückzukehren. Mehrere nordamerikanische Kreuzer wurden von U-Booten oder durch die Luftwaffe versenkt, so einer bei dem Angriff der Luftwaffe gegen ein nordamerikanisches Geschwader zwischen Nordkap und Spitzbergen (Sondermeldung vom 15. Mai 1942), ein weiterer wurde aus der Sicherung eines Großgeleitzuges auf der Murmanskroute versenkt, ein dritter verschwand im August 1943 in den Fluten. Zahlreiche mittlere und kleine Einheiten der USA.-Flotte fielen den deutschen U-Booten oder der Luftwaffe bei den Aktionen im Atlantik, im Mittelmeer, und selbst in der Karibischen See zum Opfer.

Wochenlang hieß es in den Meldungen aus Gibraltar, daß schwer angeschlagene Einheiten der USA.-Flotte in diesem Schiffslazarett einliefen. Der nordamerikanischen Handelsflotte schlugen die deutschen U-Boote empfindliche Wunden. Aus jüngsten Warnungen des USA.-Marineministers K n o x ist zu entnehmen, daß die Gefährdung der amerikanischen Schifffahrtslinien auch von Washington aus keineswegs etwa als weniger schwer als in den schlimmsten Monaten angesehen wird. Auch Nordamerika weiß das Schwanken der Versenkungskurve richtig zu beurteilen. So bleibt als letzte Front die Bewegung in der Luft. Es steht fest, daß die Amerikaner gerade auf diesen Kampfabschnitt ihre höchstgeschraubten Erwartungen setzten. Von dem »Flugzeugträger« England aus, sowie von Basen in Süditalien her wollen sie mit den schwer bewaffneten Geschwadern ihrer »Viermotorigen« die deutsche Industrie zerschlagen und die deutsche Bevölkerung in einen Taumel der Angst versetzen.

Hier stellt sich zweifelsohne das bitterste Kapitel der deutsch-nordamerikanischen Kampfbegegnung vor. Nicht etwa deshalb, weil wir hier die Unterlegenen wären, sondern weil die Nordamerikaner als Mordbrenner und Gangster gegen das hochkultivierte Mitteleuropa eingesetzt werden, wo jeder Fußbreit Boden getränkt ist mit den heiligen Zeichen der Kultur, wo jede Stadt Schätze zu verlieren hat, die ganz Amerika mit allen seinen Rohstoffen und allen Reichtümern nie zu ersetzen vermag. Das bitterste Kapitel deshalb, weil hier ein Kampf durchgefochten wird, der keine eigentliche kriegerische Begegnung darstellt, sondern von deutscher Seite aufgefaßt werden muß als die möglichst wirksame Verhinderung von Verbrechen. So hat er auch zwei Seiten: Eine ist die Begegnung zwischen Luftwaffe und Luftwaffe, die andere der Schandtat und verbrecherischen Vernichtung. Erfahrungen wie die von Schweinfurt und ähnliche mehr werden den skrupellosen Organisatoren der großen Verbrechen die wachsende Angriffskraft Deutschlands klar gemacht haben. Ihre Verluste an Menschen und Maschinen mögen auch sie bedenklich stimmen. Dennoch ist es leider nicht möglich, die harte Prüfung, die das deutsche Volk durch diese Art der Kriegführung durchstehen muß, mit militärischen Mitteln allein abzuwenden. Die Zerstörung wertvollster Kulturgüter, die Vernichtung kostbarster Menschenleben ist der Unkultur von jenseits des Ozeans als einziges Erfolgsmittel gegeben. Wie sie es und daß sie es benutzen, spricht das Urteil über ihre menschliche und geistige Substanz. So ist auch dieser Abschnitt der deutschen Begegnung mit Amerika ein Zeugnis des Unwertes und der Schwäche dieses Feindes.[95]

Vor 2 Jahren hat Hitler den Vereinigten Staaten von Nordamerika den Krieg ⟨erklärt⟩. Dieses Land hat eine Einwohnerzahl von über 130 Millionen. Deutschland mit den Neuerwerbungen ungefähr 90 Millionen. Bei diesem Uebergewicht der Amerikaner konnte eigentlich erwartet werden, daß der Eintritt Amerikas in den Krieg eine schnellere Wendung bringen würde. Leider muß ich mich dazu verstehen – ich tue es nicht gern –, dem nationalsozialistischen Berichterstatter zuzustimmen. In der Tat ist es ungewöhnlich kläglich, was die Amerikaner bezüglich der Erdtruppen, sowohl was Führung und Truppen anlangt, bis jetzt gezeigt haben. Ja, geradezu erbärmlich sind die »Leistungen«.

Die USA mögen sich einmal bemühen, nach Rußland und Deutschland zu blikken, was in diesen Ländern vollbracht worden ist. Die Amerikaner können sich nicht damit herausreden, daß sie auch noch in Ostasien engagiert seien. Bei einer verständnisvollen Politik konnte es gar keinem Zweifel unterliegen, daß zuerst der europäische Kriegsschauplatz für die USA. in Betracht zu kommen hat. In Ostasien durfte nur eine Unterstützung der Chinesen, im übrigen eine reine Verteidigung erfolgen. Erst wenn Deutschland besiegt ist, gibt es auch eine Wendung in Asien. Denn so verrückt ist der Japaner gar nicht, daß er dann – wenn er allein dasteht – nicht doch klein beigeben würde. –

Der vorseitige Artikel bringt offen das Geständnis, daß wir die Luftangriffe nicht allein mit militärischen Mitteln bekämpfen können. Was sich übrigens bereits in ganz Deutschland herumgesprochen hat. Flieger können nur durch Flieger wirksam bekämpft werden. Das war mein Standpunkt von Anfang an. Die geheimnisvollen Waffen und das Märchen von der »Vergeltung« sind keine Maßnahmen, denen irgendeine Wirkung zugesprochen werden kann. Das hindert die Partei aber nicht, ihre Mitglieder bei diesem Glauben zu lassen. Erst in den letzten Tagen hatte ich Gelegenheit, in den Wartesäälen in Hungen und Stockheim Gespräche zu hören, die sich mit der »Vergeltung« befaßten. In Hungen brachte[96] ein Parteigenosse aus Ulrichstein einem Unteroffizier gegenüber zum Ausdruck, daß die Vergeltung bestimmt komme. Er will es von einem Arbeiter, der an einer geheimen Waffe beschäftigt sei, gehört haben. Aus dem Gesichtsausdruck des Unteroffiziers ging hervor, daß er an den Worten seines Gesprächspartners zweifelte. In Stockheim raunte ein Bauer dem Bahnhofswirt zu, daß der Krieg in 4 Wochen – auf den Tag – siegreich beendet sei. Der Wirt sagte: »Hoffentlich«.

Die Zahl derer, die überzeugt sind, daß Deutschland den Krieg überhaupt nicht gewinnen kann, ist in Folge der ausbleibenden deutschen Siege im Wachsen begriffen. Diejenigen, die von vornherein von der deutschen Niederlage felsenfest überzeugt waren oder die Niederlage wünschten, sind eine kleine Minderheit gewesen.

Die Mehrzahl der Parteigenossen sind natürlich auch heute noch Optimisten. Wenngleich mir verschiedene bekannt sind, die sehr skeptisch über den Ausgang des Krieges denken.

Die unverbesserlichen Spießbürger, Idioten und sonstiges Krummzeug glauben bis zur letzten Minute an ihren »Führer« Adolf Hitler. Die Gegner haben bis jetzt nicht sehr viel getan, diesen Glauben zu erschüttern. Das ist der Stand der Dinge von heute. –

17. Dezember 1943.

Abendausgabe Nr. 318
⟨13.12.43.⟩

Steine und Betonklötze flogen durch die Luft

Hafenmauern, Molen und Kaimauern von kleinen Häfen in Italien, die für uns keinen Verkehrswert mehr haben, werden systematisch gesprengt, um Landungen im Rücken unserer Front unmöglich zu machen[97]

PK.-Aufn. Kriegsberichter Funke (PBZ.)

Die Steine und Betonklötze treffen aber auch nicht militärische Anlagen und zerstören die Wohnungen der Einwohner.

Diese Zerstörungen mögen den Gegner etwas aufhalten und hemmend wirken, aber sie können keineswegs das weitere Vordringen der Gegner verhindern. Das haben wir in Rußland klar und deutlich gesehen. Seit Juli wird alles systematisch gesprengt, und trotzdem dringen die Russen unaufhaltsam vor. Genauso ist es hier in Italien.

Zuletzt ist es doch nur eine sinnlose Zerstörung gewesen.

Das Land des ehemaligen Bundesgenossen wird genau so verwüstet wie das Land des Feindes – nur weil eine Anzahl sturer Faschisten nicht einsehen wollen, daß ihr Krieg schon verloren war, bevor sie ihn angefangen hatten. An der Spitze der »große Duce«. Trösten wir uns: Es muß so sein, bis der Geist, der Italien u. Deutschland beherrscht, ausgehaucht ist.

21. Dez. 43

Der Krieg wird auch in Oberhessen fühlbarer. Am Abend des 20. Dezember 1943 fand ein Luftgefecht zwischen deutschen Nachtjägern und englischen Bombern[a] statt. In unserer Gegend sind einige englische Flugzeuge abgeschossen worden, darunter eins zwischen Laubach und Weickartshain in der Nähe der Pestburg. 6 Leichen (5 im Flugzeug u. 1 in der Nähe) wurden gefunden, sie sind auf dem Friedhofe in Laubach beerdigt worden. –

Dem Anscheine nach sammeln sich die engl. Flugzeuge in Oberhessen, denn wir werden fortgesetzt überflogen. Seither blieben sie unbehelligt. Erst in letzter Zeit sind deutsche Nachtjäger zu spüren. –

Sowjetrußland hungert

ep. Lissabon, 17. Dezember ⟨43⟩. Im heutigen Sowjetrußland kommt die bittere Qual des Hungers genau so regelmäßig wie der Tagesanbruch. »Der Durchschnittsrusse lebt von weniger als zwei Pfund Nahrungsmitteln je Tag«, stellt die USA.-Zeitschrift »Time« fest. Davon bestehe die Hälfte aus schwarzem Brot, der Rest setze sich aus Kartoffeln, Kohl usw. zusammen. Zucker sei rar, Butter fast gar nicht zu bekommen. Dabei müßten die Frauen 66, die Männer 84 Stunden wöchentlich und Kinder schwerer arbeiten als Erwachsene vor dem Kriege.[98]

a) *Luftgefecht zwischen deutschen Nachtjägern und englischen Bombern:* In der Nacht vom 20. auf den 21. Dezember 1943 waren rund 390 Flugzeuge des britischen Bomber-Command mit dem Ziel Frankfurt am Main im Einsatz. Die in der Nähe von Laubach abgestürzte Lancaster-Maschine gehörte zu der sogenannten Pathfinder-Einheit der 8th Bomber Group, die das Zielgebiet für die nachfolgenden Bomber kennzeichnen sollte. Das Flugzeug wurde beim Zielanflug auf Frankfurt von einem deutschen Nachtjäger getroffen. Vgl. Mank 2007, S. 106-113.

Recht beliebt ist es in Deutschland, von den Nöten unserer Gegner zu sprechen. Wir werden zwar davon nicht satter, aber das Volk soll doch ständig daran erinnert werden, daß es nur durchhalten muß – bis die anderen verhungert sind.

Blindgänger der Erzeugungsschlacht

Kartoffeln, Kraut und Sellerie sind nichts für das Karnickelvieh![99]

Unsere Ernährungslage ist ziemlich gespannt. Verschiedene Anzeichen deuten darauf hin, daß die verantwortlichen Stellen sich große Mühe geben, alles Genießbare der menschlichen Ernährung zuzuführen. Selbst der Kampf gegen die Stallhasen hat begonnen. Hier und da hat ein stiller Genießer sich Stallhasen zugelegt, damit er seine Fleischportionen etwas erhöhen kann. In städtischen Gebieten mag vielleicht für die Hasen Futter verwendet werden, das auch für Menschen geeignet wäre. Aber im großen und ganzen werden doch in der Hauptsache Abfälle verfüttert. Trotzdem diese Propaganda gegen die Stallhasen …

1400 Zentner Kartoffelverlust im Gaugebiet. Die sparsamste und verlustloseste Verwendung der Kartoffeln ist auch für unseren dichtbevölkerten Gau ein Gebot der Stunde. Wir müssen uns auf den Standpunkt stellen, daß wirklich nicht eine einzige Kartoffel verlorengehen darf. Bei der großen Zahl von Haushaltungen in unserem Gau würde ein Verlust von 1400 Zentnern eintreten, wenn jeder dieser Haushalte in einem Jahr nur eine einzige Speisekartoffel verkommen ließe (nsg).[100]

Die Aufmerksamkeit wird bereits auf jede einzige Kartoffel gelenkt. Wir sind also von dem russischen Hunger – dem Anscheine nach – nicht sehr weit entfernt. –

24. Dezember 1943.
Die 5. Kriegs-Weihnachten in diesem Kriege steht vor der Türe. Im Ersten Weltkriege haben wir viermal Weihnachten während des Krieges »gefeiert«.

Die Menschheit ist tief zu bedauern, daß sie sich nicht zu einem Rechtszustande bekennen will, der einen wirklichen Frieden gewährleisten würde. Die Achtung der nachbarlichen Rechte bringt ohne weiteres einen friedlichen Zustand.

Der Rechtsbrecher muß mit friedlichen Mitteln zur Verantwortung gezogen werden.

Wenn alle geistig hochstehenden Menschen ihre tierischen Instinkte durch einen festen Charakter bekämpfen und den übrigen Bürgern ein gutes Beispiel bezüglich der Achtung des Rechtes geben, warum soll ein Frieden dann nicht möglich sein?

Der begeisterte Kriegshetzer muß durch einen unnachgiebigen Friedensfreund ersetzt werden. –

Diese Weihnachten werden ungewöhnlich bescheiden sein. Es besteht keine Möglichkeit, Geschenke zu kaufen.

Unsere Ausgaben betragen 30 Rpf für ein kleines Christbäumchen!

Auf den »Frieden auf Erden« warten wir immer noch. Unser »Führer« will bis 5 Minuten nach zwölf Uhr kämpfen. Deshalb geht der Krieg weiter. Er kann keinen Frieden brauchen. Der Selbsterhaltungstrieb zwingt ihn zur Weiterführung dieses Krieges. Hitler kämpft aus Verzweiflung!

82. Jahrgang **Darmstadt, Montag, 20. Dezember 1943**

Festung Europa an jeder Stelle gleich stark

Marschall Rommel inspiziert die Schlagkraft der bereitgestellten deutschen Eingreifreserven im Westen[101]

Rommel am Atlantikwall

dnb Berlin, 19. Dezember. Generalfeldmarschall Rommel, der vom Führer den Auftrag erhielt, die Verteidigungsbereitschaft der Festung Europa zu überprüfen, traf nach Abschluß seiner Besichtigungsreise durch Dänemark im Hauptquartier des Generalfeldmarschalls von Rundstedt ein. Im Mittelpunkt des Besuches werden neben Besprechungen der im Kampf gegen die Westmächte hochverdienten Feldmarschälle ausgedehnte Besichtigungsreisen zur Ueberprüfung der Abwehrkraft des Atlantikwalles und der Schlagkraft der bereitgestellten Eingreifreserven stehen.[102]

Der Liebling der Propaganda, der große Rückzugs-Generalfeldmarschall Rommel, der einmal »das Tor von Aegypten« in der Hand hatte, wird jetzt aus der Mottenkiste herausgeholt. Sein befleckter Ruhm soll die Vergeßlichen mit Hoffnung erfüllen.

Rommel und von Rundstedt[103] sowie der sagenhafte Atlantikwall werden nicht imstande sein, den bevorstehenden Angriff der Amerikaner und Engländer aufzuhalten.

Die »Schlagkraft der bereitgestellten Eingreifreserven« wird vor der Schlagkraft der anrollenden Uebermacht unserer Gegner zurückweichen müssen.

Die deutsche Armee ist einfach den gleichzeitigen Angriffen von Osten, Westen und Süden nicht gewachsen.

Da kann kein Rommel u. kein v. Rundstedt, oder wie er sonst heißen mag, etwas daran ändern.

Die wohlverdiente endgültige Niederlage rückt näher heran. Das Ende mit Schrecken!

27. Dez. 1943.

Franzosen in der Waffen-SS

ep. Paris, 17. Dezember ⟨43⟩. Die französischen Mitarbeiter des »Radio Journal Paris«, Jean Herold Paquis, Jean Azema, Jean Loustan und Jacques Barthaud haben sich, gleich dem Chef der französischen Milizen, Joseph Dernand, zu dem französischen Regiment der Waffen-SS gemeldet, um auf diese Weise ihren praktischen Einsatz für die von ihnen vertretenen Gedanken der deutsch-französischen Zusammenarbeit zu bekunden.[104]

Protest aus Prag

Prag, 18. Dezember ⟨43.⟩

Staatspräsident Dr. Emil Hacha und die tschechischen Minister der autonomen Regierung des Protektorats Böhmen und Mähren haben zu dem Vertragsabschluß Beneschs in Moskau folgende gemeinsame Erklärung abgegeben:

»Im Namen des gesamten tschechischen Volkes erheben wir als seine legale und zuständige Regierung feierlich Protest gegen den Versuch unverantwortlicher Emigranten, unsere Heimat dem bolschewistischen Imperialismus auszuliefern. Das tschechische Volk und seine Regierung werden eingedenk ihrer europäischen Verpflichtung niemals einen Pakt mit dem Bolschewismus anerkennen, sondern sich mit allen Kräften gegen den Verrat der böhmischen Länder an den Bolschewismus wenden. Wir stehen treu zum Reich, dessen Wehrmacht heute allein die Errettung der europäischen Völker und ihrer Kultur verbürgt.

Staatspräsident: Dr. Hacha,
Der Vorsitzende der Regierung
Justizminister: Dr. Krejci,
Der Minister des Innern: Dr. Bjenert,
Der Minister für Schulwesen und Minister für Volksaufklärung: Moravec,
Der Minister für Landwirtschaft: Hruby,
Der Minister für Verkehr und Technik: Dr.Kamelicky,
Der Finanzminister: Dr. Kalfus.«

In allen Ländern haben die Nationalsozialisten Helfershelfer.

Es ist von größter Wichtigkeit, die Namen dieser Freunde der Nazis sich gut zu merken.

Diese Kerle denken überhaupt nicht an ihre Völker. Die Herrschsucht hat sie an die Seite Hitlers gebracht, und sie dürfen heute die Befehle ihres Meisters ausführen.

Geradezu neckisch ist es, daß die tschechischen Minister von Hitlers Gnaden »treu zum Reich stehen, dessen Wehrmacht heute allein die Errettung der europäischen Völker und ihrer Kultur verbürgt«.

Die Wehrmacht, die sengend, plündernd und mordend in Europa umherzieht, soll die Kultur der europäischen Völker schützen – nach Meinung dieser Prager Herren. In Wirklichkeit handelt es sich lediglich um den Schutz von Cliquen-Wirtschaften auf kapitalistischer Grundlage. Zu allen Zeiten haben es die Herrschenden versucht und auch fertig gebracht, dem einfältigen Volke die Furcht und Angst vor jenen Ideen beizubringen, die vielleicht einmal ihren Sesseln gefährlich werden könnten. Vor 100 Jahren wurde vor der Demokratie gewarnt, dann wurden die »Sozzen«, später die Kommunisten bekämpft und heute wird der Bolschewismus in Schrecken erwekkender Manier dargestellt.

Die Methode ist sich gleich geblieben. Es muß immer ein »schwarzer Mann« für die kindlichen Völker erfunden werden.

28. Dezember 1943.

Das Eichenlaub für die Verteidigung von Tscherkassy

Führerhauptquartier, 16. Dezember ⟨43.⟩ **Der Führer verlieh am 10. Dezember das Eichenlaub zum Ritterkreuz des Eisernen Kreuzes an Oberstleutnant Karl Baacke, Kommandeur eines Grenadierregiments, als 352. Soldaten der deutschen Wehrmacht.**

Oberstleutnant Baacke wurde am 27. April 1941 im Wehrmachtbericht genannt und erhielt für seine hervorragenden Waffentaten bei dem Kampf um die Thermopylen am 30. Juni 1941 das Ritterkreuz des Eisernen Kreuzes.

Als der Kampf der im Wehrmachtbericht vom 6. Dezember 1943 genannten moselländischen 72. Infanteriedivision in Tscherkassy auf dem Höhepunkt angelangt und die Stadt vom Feind vorübergehend eingeschlossen war, sprengte Oberstleutnant Baakke, Kommandeur eines Grenadierregiments dieser Division, den Einschließungsring der Sowjets und ermöglichte dadurch den Abtransport der Verwundeten und die Zuführung wichtiger Versorgungsgüter. Am nächsten Tage wiederum von allen Seiten umfaßt, brachte er einen Angriff starker feindlicher Infanterie- und Panzerkräfte zum Scheitern und stellte durch die Erstürmung eines von den Bolschewisten stark ausgebauten Stützpunktes erneut die Verbindung nach außen her. Bei allen diesen Kämpfen führte Oberstleutnant Baacke sein Grenadierregiment in vorderster Linie und spornte durch sein Vorbild die seit 14 Tagen in pausenlosen Kämpfen stehenden Grenadiere zu höchster Leistung an.

Oberstleutnant Baacke wurde am 15. Mai 1907 als Sohn des Magistratsobersekretärs August Baacke in Aurich (Gau Weser-Ems) geboren. Er trat in das Infanterieregiment Nr. 16 in Oldenburg ein und wurde 1934 Leutnant und 1937 Hauptmann. Als Kompaniechef in einem Trierer Grenzinfanterieregiment zog er ins Feld.

Der letzte Offizier am Staudamm von Saporoshje

Führerhauptquartier, 16. Dezember ⟨43.⟩ Der Führer verlieh, wie bereits gemeldet, das Eichenlaub zum Ritterkreuz des Eisernen Kreuzes am 9. Dezember an Oberst Heinrich Voigtsberger, Regimentskommandeur in einer Panzer-Grenadier-Division, als 351. Soldaten der deutschen Wehrmacht.

Mitte Oktober deckten die Lüdenscheider Grenadiere die planmäßige Räumung des Brückenkopfes Saporoshje. Die Bolschewisten versuchten durch immer erneute Vorstöße die Abriegelungsfront einzudrücken, wurden aber jedes Mal blutig abgewiesen. Erst als das Regiment seine Aufgabe in hervorragender Weise erfüllt hatte, setzte es sich auf das westliche Dnjepr-Ufer ab. Hierbei überschritt Oberst Voigtsberger als letzter Kampftruppenkommandeur mit seiner Nachhut den Staudamm, kurz bevor dieser gesprengt wurde.[105]

Aus allen Situationen holt das Führerhauptquartier noch etwas für die Propaganda hervor. Mangels Siegen werden einfach die Niederlagen honoriert. Der Laie staunt! Tscherkassy und Saparoshje wurden preisgegeben, trotzdem werden Orden verliehen. Das soll ein Ansporn für diejenigen sein, die den Befehl erhalten: »Die Stellung um jeden Preis zu halten«. Die Ehrgeizigen, die den Befehl ausführen und sich nicht ergeben, sterben den »Heldentod«. Die führenden Offiziere, ⟨die⟩ sich oft im Hintergrunde befinden und noch fliehen können, werden dann dekoriert. Die Taktik ist verlustreich und bringt keinen Nutzen. Die Russen rücken trotz allem unaufhaltsam vor.

30. Dezember 1943.

⟨16.12.43.⟩

»Der deutschen Mutter« – Fünf Jahre Ehrenkreuz

Vor nunmehr fünf Jahren, am 16. Dezember 1938 erging eine Anordnung des Führers, deren wesentlicher Inhalt in einem einzigen Satze besteht: »Als sichtbares Zeichen des Dankes des deutschen Volkes an kinderreiche Mütter stifte ich das Ehrenkreuz der deutschen Mutter.« Die Verehrung des Muttertums, die im deutschen Wesen tief wurzelt, die insbesondere auch ein festes Band inniger Verbundenheit von Front und Heimat bildet, erhielt damit zum ersten Male in der Geschichte unseres Volkes weithin sichtbare Sanktion durch das Reich.

Das Ehrenzeichen, ein längliches Kreuz, blau emailliert mit weißem Bande, ist inzwischen zum festen Begriff in unserer Volksgemeinschaft geworden. Auf rundem weißem Schilde trägt es das schwarze Hakenkreuz und darum einen Metallrand mit der Aufschrift »Der deutschen Mutter«. Die Rückseite zeigt das Datum der Stiftung, den 16. Dezember 1938, und den Namenszug des Führers. Für Mütter von vier und fünf Kindern wird die dritte Stufe, in Bronze, für Mütter von sechs und sieben Kindern die zweite, in Silber, und für Mütter von acht und mehr Kindern die erste, in Gold, verliehen. Voraussetzung ist, daß die Eltern der Kinder deutschblütig und erbtüchtig, die Mütter der Auszeichnung würdig und die Kinder lebendig geboren sind. Die Vorschläge auf Verleihung des Ehrenkreuzes werden vom Bürgermeister von Amts wegen oder auf Antrag des Ortsgruppenleiters der NSDAP. oder des Kreiswarts des Reichsbundes Deutsche Familie aufgestellt. Bei einer dieser drei Stellen kann die Verleihung auch von einem Familienangehörigen angeregt werden. Jede Mutter erhält bei Aushändigung des Ehrenkreuzes ein vom Staatsminister und Chef der Präsidialkanzlei des Führers gegengezeichnetes Besitzzeugnis.

Es sind nun in den ersten fünf Jahren, bis 1. Oktober 1943, insgesamt 4 975 845 Ehrenkreuze verliehen worden, davon eigenartigerweise fast ebensoviel goldene wie silberne, nämlich 1 277 768 bzw. 1 280 591, während die bronzenen mit 2 414 486 wieder fast der Summe der goldenen und silbernen entsprechen. Die hohe Gesamtzahl erklärt sich aus der Tatsache, daß die Verleihungen zunächst bei vielen alten Müttern nachzuholen waren, während nun im wesentlichen nur mehr die jungen, eben kinderreich gewordenen Mütter in Betracht kommen; sie können die drei Stufen nacheinander erhalten. Gewaltig war das Echo des Dankes und der Freude zu dieser ausdrucksvollen Führerehrung des deutschen Muttertums. Es findet seinen Niederschlag in vielen Tausenden von Briefen an den Führer, die zahlreiche umfängliche Bände in der Präsidialkanzlei füllen. Eine mit dem goldenen Ehrenkreuz beliehene Mutter, Frau Antonie L. aus A., mag hier für alle sprechen, wenn sie in ihrem Dankbrief schreibt:

»Geliebter Führer! ... meine Freude darüber ist so groß, daß ich sie in Worten nicht genug auszusprechen vermag. Darum wünsche ich, daß die junge Generation sich ein Beispiel an uns kinderreichen Müttern nehmen möge. Dann wird auch unser Großdeutsches Reich groß und stark bleiben ...« Der schlichte Dank dieser Mutter ist eine verpflichtende Mahnung an die noch Kommenden. Sie auszusprechen sind gerade im Kriege die fünf Millionen Trägerinnen des Mutter-EK. berufen. Denn sie haben sich um die Voraussetzungen des Sieges ebenso verdient gemacht wie ihre Gatten und Söhne, die sich mit der Waffe in der Hand das soldatische EK. erwarben. Neben der unerläßlichen allgemeinen Kräftigung der Volksstärke sind im übrigen gerade aus dem deutschen Kinderreichtum in auffallender Zahl Genies und hervorragende Männer erwachsen. So war Friedrich der Große das vierte von zehn Kindern, Bismarck das vierte von sechs, Blücher das siebente von sieben, Richard Wagner das neunte von neun, Werner von Siemens das vierte von vierzehn, Kant das vierte von elf, der U-Boot-Held Otto Weddigen das achte von elf, und Schlageter das sechste von sieben Kindern.[106]

Das Ehrenkreuz soll ein Zeichen des Dankes des deutschen Volkes an kinderreiche Mütter sein. Die Erfinder und Stifter dieses Ehrenkreuzes denken gar nicht daran, etwa die Mutter zu ehren, nein, sie wollen nur erreichen, daß ehrgeizige Mütter nach dem Ehrenkreuz streben und dadurch die Zahl der Kinder erhöht wird. Sie brauchen

Kinder als Kanonenfutter. Das ist der einzige Sinn und Zweck der Auszeichnung kinderreicher Mütter.

Kinder sind eine Voraussetzung für eine imperialistische Politik. Kinderreichtum führt unfehlbar zum Krieg. Das Motto heißt dann: »Volk ohne Raum«.

Millionen Mütter verlieren in einem Kriege ihre Söhne, Millionen Frauen ihre Männer.

Das ist die Kehrseite des Mutterkreuzes!

31. Dezember 1943.

Wiederum gehört ein Jahr der Vergangenheit an. Ein Kriegsjahr. Es brachte uns nicht das Ende des Krieges. Der gesunde Menschenverstand nahm an, daß es der Zusammenfassung der Kräfte unserer Gegner gelingen würde, den Krieg zu beenden. Dem war aber nicht so. Länder wie England und die USA. haben es nicht fertig gebracht, ihren Kriegseinsatz so zu steigern, daß der Zusammenbruch des deutschen Widerstandes bereits im Jahre 1943 erfolgt wäre. Es können nur politische Gründe gewesen sein, die diese Länder zu ihrem gezeigten Verhalten veranlaßten.

Wie ist die Kriegslage von unserem Stand aus betrachtet?

Die russische Armee nähert sich den Grenzen von Polen, Ungarn und Rumänien. Die beiden deutschen Bundesgenossen Ungarn und Rumänien werden binnen kurzer Frist vor schwerwiegendste Fragen gestellt werden. Widerstand und Vernichtung oder Trennung von Deutschland. Während unsere Truppen im Osten in schwerer Bedrängnis sind, befinden sich in ganz Europa vom Norden bis zum Süden deutsche Soldaten als Besatzung in eroberten Ländern! Diese »geniale« Leistung ist von allen beteiligten Offizieren nicht beanstandet worden. Kein General hat sich gefunden, der es ablehnte, einen solchen Blödsinn mitzumachen. Eine überaus traurige Kriegsgeschichte!

1. Januar 1944.

Das deutsche Volk wurde – wie alljährlich – mit Aufrufen der regierenden Herren überschüttet. Auszüge aus dem Aufrufe des Führers nachstehend:

a) *abgejobbert:* zu *Jobber* ›Börsenspekulant‹.

Bittere und schwere Entschlüsse

gendes kann heute festgestellt werden:
1. Nach über vier Jahren Krieg hat das Deut-
e Reich nicht einen Quadratmeter seines
dens verloren. Allein unsere Gegner nennen
ute große Teile ihres ehemaligen Besitzes nicht
hr ihr eigen, selbst wenn sie sich diese auf
n Umwege von Leih- und Pachtverträgen als
selstützpunkte« usw. gegenseitig abgejob-
rt" haben.
2. Das Deutsche Reich ist in diesem gewal-
en Kampf nicht nur nach allen Seiten zum
nutze dieses Kontinents weit vorgestoßen, son-
n es hat dabei bisher noch jeden einzelnen
kschlag immer wieder überwunden.
Die schwersten Rückschläge in diesem Kampf
uns das Jahr 1943 gebracht. Unser ältester
bündeter ist zunächst ausgefallen, ausgefal-
durch einen lange andauernden und plan-
ßig organisierten Verrat einer Clique, die
n mit dem großkaptalistischen Westen genau
identisch fühlte, wie sie den Zersetzungen der
rxistischen Ideologie geistig hilflos gegen-
ersteht. Schon seit der Zeit vor dem Kriegs-
inn war das unterirdische Wirken dieses um
n König gescharten Finanz-, General- und Po-
erklüngels zu beobachten gewesen. Sowohl
Schwierigkeiten in Nordafrika als auch die
dem Balkan waren letzten Endes auf die
iarrlichen Sabotage- und Lähmungsversuche
ser plutokratischen Gegner des faschistischen
ksstaates zurückzuführen. Ihrer fortgesetzten
otage gelang es nicht nur, die Zufuhren
ch Afrika und später auch nach Italien
ch immer neue Methoden einer passiven Re-
enz zu drosseln und damit unseren und den
ihrer Seite stehenden italienischen Soldaten
Zufluß der materiellen Substanz zur Führung
Kampfes zu unterbinden, sondern auch auf
n Balkan die durch das deutsche Eingreifen
lärte Lage planmäßig zu erschweren oder
verwirren. Das Bandenunwesen war das
schließliche Produkt der unterirdischen politi-
en und militärischen Maßnahmen dieser Kräf-
Ebenso war der vollständige Zusammenbruch
Ausfall der italienischen Verbände im Osten
die Auswirkungen dieser Kriege zurückzufüh-
. Der endlich offen getätigte Verrat an dem
ce und die schamlose, niederträchtige Ver-
wörung mit den Gegnern sollten nach
n Willen dieses Königs und seiner Clique den
chismus in Italien und das nationalsozialisti-
e Deutsche Reich zum Einsturz bringen.

n diesem Jahr, meine Volksgenossen, ßten sehr bittere und schwere Ent- lüsse getroffen werden. Nachdem durch den Wort- und Treuebruch nzösischer Admirale, Generale und fiziere den Alliierten gelungen war, Französisch-Nordafrika zu landen, ßte ich versuchen, unter allen Umständen die Zeit zu gewinnen, die wir benötigten, um nicht nur die Aufstellung der unbedingt erforderlichen neuen deutschen Armeen durchzuführen, sondern um auch jene Maßnahmen vorzubereiten, die dem nicht mehr zu übersehenden drohenden Abfall des Königs von Italien entgegengesetzt werden konnten. Die spätere Kriegsgeschichte wird einmal feststellen, wer nun in dieser Zeit gut geführt hat: unsere Gegner oder wir. Ich glaube nicht, daß – wenn uns das Schicksal jemals solche Möglichkeiten geboten haben würde – wir sie dann so schlecht ausgewertet hätten, wie dies auf der Seite unserer Feinde geschah. Wir dürfen nur der Vorsehung danken, daß sie uns trotz dieser harten Prüfungen immer wieder die Möglichkeit offenließ, durch schnelles Handeln schwere Krisen zu meistern, scheinbar verlorene Situationen wieder in Ordnung zu bringen und dabei den Ausbau unserer militärischen Kräfte planmäßig durchzuführen. Der schmachvolle Verrat am Duce, dem Italien alles verdankt, hat mit einem Schlag das Deutsche Reich und seine Führung vor schwerste Entschlüsse gestellt. Daß die sich daraus ergebenden Konsequenzen auf das gesamte Kriegsgeschehen einen Einfluß ausübten, ist selbstverständlich. Die deutsche Führung war gezwungen, unter rücksichtsloser Überprüfung des Notwendigen gegenüber dem nicht unbedingt Erforderlichen sehr harte Entscheidungen zu treffen, die besonders für den einzelnen Soldaten, der, ohne angegriffen worden zu sein, oft Hunderte von Kilometern zurückmarschieren mußte, sehr schwer zu verstehen waren. Trotzdem kann jeder Deutsche überzeugt sein: Es ist und es wird nicht mehr geschehen, als was unbedingt notwendig ist, um den neuen großen und gewaltigen Aufgaben gerecht zu werden. Diese Aufgabe aber heißt nur: Auf jeden Fall den Krieg zu gewinnen.

Der Aufbau neuer gewaltiger Etappenlinien, die Inbesitznahme großer Eisenbahnstrecken, ihre Sicherung und Betriebsführung zwangen zur Beschränkung an anderen Fronten. Dieser Ausgleich der Kräfte, den wir anstrebten, kann schon heute als gelungen angesehen werden. Wenn daher durch Reisen, Konferenzen, Neubestellung von Oberkommandierenden und durch alle sonstigen Manöver zurzeit versucht werden soll – mangels einer anderen Unterstützung der russischen Offensive –, Deutschland, das deutsche Volk und seine Führung durch einen Nervenkrieg zu belasten, so verkennt man nicht nur das deutsche Volk, sondern man verwechselt vor allem die deutsche Führung mit der des ehemalig königlichen Italiens. Daß die Engländer beabsichtigten, im Westen oder auf dem Balkan eine Landung vorzunehmen, oder in Norwegen, Holland, Portugal oder irgendwoanders, ist uns nichts Neues, ganz abgesehen davon, daß sie ja auf den meisten dieser Plätze schon einmal gewesen sind. Daß sie weiter diese Landungen mit allen Mitteln, die sie besitzen, durchführen wollen, ist wohl selbstverständlich. Daß sie dabei auch besondere Oberbefehlshaber für diese Landungen bestimmen, ist in der Kriegsgeschichte ebenfalls nichts Neues. Das war selbst bei den jämmerlichsten Koalitionskriegen in der Vergangenheit schon so. Daß sie endlich den Plan haben, uns dabei zu schlagen, war doch wohl ihre Absicht von Anfang an.

Ich kann dem deutschen Volk deshalb nur versichern, daß wir alle diese Absichten von vornherein in Rechnung stellten und uns vorbereiteten, und zwar nicht nur personell oder materiell, sondern auch durch einen Ausbau jener Punkte, die uns als entscheidend oder wichtig für eine solche Landung erscheinen, in einem Ausmaß, das unsere Gegner wahrscheinlich mehr überraschen wird, als ihre Landung es uns könnte.

Wenn man versichert, daß die neue Invasion nicht mehr verglichen werden kann mit dem Landeversuch von Dieppe, dann erwarten wir auch nichts anderes. Denn auch unsere Abwehr ist selbstverständlich seitdem anders geworden, und vor allem: die Engländer, die in Dieppe landeten, haben ja mit der damaligen deutschen Abwehr überhaupt noch keine Bekanntschaft gemacht.

Ich spreche vor dem deutschen Volk in voller Zuversicht, daß, wo immer auch die Alliierten ihre Landung durchführen, der Empfang ein gebührender sein wird. Der deutsche Soldat wird auch hier in Erkenntnis der schicksalhaften Bedeutung dieses Kampfes seine Pflicht erfüllen. Es ist bei einem so weltweiten, gewaltigen und entsetzlichen Kampf nicht zu vermeiden, daß die physischen Belastungen der einzelnen Männer oft bis zur Grenze des Erträglichen gehen, ja daß sie diese manches Mal auch überschreiten. Trotzdem ist, im großen gesehen, jeder deutsche Verband in kurzer Zeit nach der notwendigsten Erholung immer wieder seinen Pflichten gerecht geworden. Das Heldentum unserer Soldaten des Heeres, der Marine, der Luftwaffe und der Waffen-SS ist ein geschichtlich einmaliges![107]

Adolf Hitler baut sich ein Bild von der Lage auf, das seinen Wünschen und Träumen entspricht. Die eigenen Fehler werden unterschlagen und die Niederlagen anderen, den »Verrätern«, in die Schuhe geschoben. Alle übrigen Behauptungen werden von der Zukunft widerlegt werden.

Der Aufruf schließt mit nebenstehenden Worten:

Das Jahr 1944 wird harte und schwere Forderungen an alle Deutschen stellen. Das ungeheure Kriegsgeschehen wird sich in diesem Jahre der Krise nähern: Wir haben das volle Vertrauen, daß wir sie erfolgreich überstehen. Unser einziges Gebet an den Herrgott soll nicht sein, daß er uns den Sieg schenkt, sondern daß er uns gerecht abwägen möge in unserem Mut, in unserer Tapferkeit, in unserem Fleiß und nach unseren Opfern. Das Ziel unseres Kampfes ist ihm bekannt. Es ist kein anderes, als unserem Volke, das er selbst geschaffen hat, das Dasein zu erhalten. Unsere Opferwilligkeit, unser Fleiß werden ihm nicht verborgen bleiben. Wir sind bereit, alles zu geben und alles zu tun, um dem zu dienen. Seine Gerechtigkeit wird uns so lange prüfen, bis er sein Urteil sprechen kann. Unsere Pflicht ist es, dafür zu sorgen, daß wir vor seinen Augen als nicht zu leicht erscheinen, sondern jenen gnädigen Richterspruch erfahren, der »Sieg« heißt und damit das Leben bedeutet!

Der Herrgott, der von allen Nationalsozialisten berufsmäßig gelästert worden ist, der wird jetzt in der höchsten Not von dem Führer angefleht.

Eine ungewöhnliche Heuchelei!

Der Tagesbefehl an die deutschen Soldaten bringt u.a. die nachfolgenden markanten Stellen:

Trotzdem gibt es gar keinen Zweifel darüber, daß dieses größte Krisenjahr in unserer Geschichte, von dem die Engländer und die Bolschewisten felsenfest überzeugt waren, daß es mit einem vollkommenen deutschen Zusammenbruch enden wird, ein großer geschichtlicher Erfolg geworden ist. Es mögen die Kämpfe im Osten noch so schwer gewesen und weiterhin schwer sein; der Bolschewismus hat sein Ziel nicht erreicht. Es mag die plutokratische Welt im Westen ihren angedrohten Landeversuch unternehmen, wo sie will; er wird scheitern. Der Versuch, die deutsche Heimat zu zermürben, führt zum Gegenteil! Ihre Absicht, die deutsche Kriegsproduktion auszuschalten, wird zuschanden gemacht. Unser Widerstand wird nicht geringer werden, sondern er wird im Jahre 1944 erfolgreicher sein.

Das Jahr 1943 ist nun zu Ende! Es hat den Gegnern nicht nur verweigert, was sie sich erhofften, sondern im Gegenteil zu ihrer, vielleicht schwersten Enttäuschung geführt.

Das Jahr 1944 wird ein sehr hartes sein. Unsere gemeinsame Aufgabe ist es aber, in ihm die Periode der reinen Verteidigung wieder zu überwinden und dem Gegner mit schweren Schlägen solange zuzusetzen, bis endlich die Stunde kommt, da die Vorsehung dem Volke den Sieg geben kann, das ihn am meisten verdient. Wenn ich aber den Blick auf Euch, meine deutschen Soldaten, werfe. Euer Heldentum, Eure Tapferkeit und Euren Mut bedenke und die Opfer und Leistungen der Heimat abwäge, dann wird meine Zuversicht zur unerschütterlichen Gewißheit: Mehr kann kein Volk leisten, erdulden und ertragen. Wenn daher die Vorsehung das Leben als Preis demjenigen schenkt, der es am tapfersten erkämpft und verteidigt, dann wird unser Volk die Gnade vor demjenigen finden, der als gerechter Richter zu allen Zeiten immer noch jenen den Sieg gab, der seiner am meisten würdig war. In diesem Kampf um Sein oder Nichtsein wird am Ende Deutschland siegen![108]

Adolf Hitler behauptet, daß die Russen ihr »Ziel« nicht erreicht hätten. Er mag sich trösten, was die Russen noch nicht erreicht haben, das werden sie in den kommenden Wochen erreichen. Der sachliche Beobachter wird zugeben müssen, daß die Russen im Jahre 1943 äußerst beachtliche Erfolge errangen. Von Stalingrad bis zur polnischen Grenze in fortgesetzten Kämpfen ist immerhin eine bedeutende Leistung.

Der Tagesbefehl enthält auch wieder einmal eine Prophezeiung:

»Es mag die plutokratische Welt im Westen ihren angedrohten Landeversuch unternehmen, wo sie will: er wird scheitern!«

Hitler ist kurz angebunden, der Landeversuch scheitert, damit basta.

Durch das Schicksal gehärtet

Berlin, 31. Dezember ⟨43.⟩

Der Neujahrsaufruf des Reichsmarschalls an das deutsche Volk lautet:

Deutsche Volksgenossen!

Im vergangenen Jahr sind die Anforderungen des Krieges erneut gewachsen. Schwerste Materialschlachten sind geschlagen und die erbittertsten Abwehrkämpfe bestanden worden. In entsagungsvoller Pflichterfüllung hat der deutsche Soldat zu Lande, zu Wasser und in der Luft an allen Fronten wieder höchstes Heldentum bewährt und die feindlichen Massen auch in diesem Kriegsjahr den deutschen Grenzen und den Kerngebieten des europäischen Festlandes ferngehalten.

Auch die Heimat hat höchste Belastungen ertragen und sich der kämpfenden Front und dem selbstlosen Opfer der Gefallenen würdig erwiesen. Mit allen ihren Kräften arbeitet sie in äußerster Konzentration und unter schwierigen Bedingungen für die Sicherung der Landesverteidigung. Hunderttausende früher nicht berufstätiger Frauen haben neben ihren im Kriege ohnehin erschwerten häuslichen Aufgaben noch zusätzliche Pflichten im Daseinskampf unseres Volkes übernommen. Tag und Nacht braust die Arbeit in den gewaltigen Rüstungswerken; und das Landvolk hat wieder mit Mühe und Fleiß für das tägliche Brot gesorgt.

Diese starke Arbeitskraft der im Kriegseinsatz Schaffenden ist auch unter dem Luftterror der Feinde nicht zerbrochen. Auf meinen Besichtigungsreisen habe ich in den letzten Monaten die Städte aufgesucht, die von den brutalen Angriffen britischer und amerikanischer Flieger am schwersten betroffen sind. Dort habe ich mit Werktätigen aller Berufe und namentlich auch mit Frauen gesprochen. Niemals bin ich stolzer gewesen, ein Deutscher zu sein, nie zuvor glücklicher, meine ganze Kraft diesem Volke widmen zu dürfen. Mit tapferem Herzen erträgt es die grausam schweren Schläge einer so barbarischen Kriegführung gegen Frauen und Kinder, gegen Heim und Hof, gegen Kultur und Gesittung! Mutig und zäh geht es immer wieder unbeirrt an die Arbeit und an die Beseitigung der Schäden! Hier zeigt sich, daß der Geist der Front auch in der Heimat lebt. Ein solches Volk kann niemals untergehen. Es wird, das ist meine heilige Überzeugung, auch allen kommenden Gefahren trotzen und sich in den Stürmen dieser Zeit behaupten.

Durch das Schicksal gehärtet und in unserer Gemeinschaft innerlich gefestigt, gehen wir in das vor uns liegende Jahr, in ein neues Jahr schwerster Kämpfe und größter Anstrengungen. Wir hängen keinen Illusionen nach und täuschen uns nicht darüber, daß noch viel, sehr viel von uns verlangt wird. Jeder einzelne von uns ist bereit, das Äußerste einzusetzen, um unsere Freiheit zu wahren und die Pläne unserer Feinde zu zerschlagen, die unser Vaterland vernichten und uns alle in den Abgrund endloser Not und bittersten Elends stürzen wollen. In unserem Schwert allein liegt unser Heil! Wir legen es erst aus der Hand, wenn Volk und Reich für alle Zukunft gesichert sind.

Richten wir in dieser Stunde unseren Blick unerschrocken und mutig vorwärts! Vor uns liegt die uns vom Schicksal gestellte große Aufgabe. Wir können ihr nicht ausweichen. Wir müssen und werden sie lösen. Beharrlich und siegesgewiß werden wir weiterkämpfen und arbeiten und den Terror der Feinde mit härtesten Schlägen brechen. In Treue und Gehorsam zu unserem geliebten Führer, der unerschrocken als leuchtendes Beispiel vor uns steht, werden wir unsere Pflicht erfüllen, bis das Ziel erreicht und der ersehnte Frieden errungen ist.

Die Losung für das neue Jahr lautet: Alle Kräfte und jedes Opfer für die Freiheit und den Sieg!

Hermann Göring,
Reichsmarschall des Großdeutschen Reiches,
Beauftragter für den Vierjahresplan[109]

Auch Goebbels hat einen Aufruf losgelassen. Die Schlußworte lauten:

Um den Führer geschart

Um den Führer geschart stehen wir Volk der Deutschen am Ende dieses harten Kriegsjahres und tun mutig den Schritt in die noch unbekannte Zukunft. Wir wissen, es wird unsere Zukunft sein. Das Schicksal schenkt sie uns nicht, wir müssen sie uns erkämpfen. Das wollen wir tun. In trotziger Verbissenheit erwarten wir den Feind, ob er sich bei Nacht und Nebel an unsere Städte heranschleicht, ob er im Osten unsere Front mit einem Übermaß von Menschen und Material berennt, ob er sich im Süden blutige Köpfe holt oder ob er am Ende den Sturm auf den Atlantikwall wagt. Überall, wo er gegen uns antritt, stehen ihm an der Front deutsche Männer und in der Heimat, wo diese fehlen, deutsche Frauen, Knaben und Mädchen gegenüber. Das Jahr 1944 wird uns bereit finden.

An den großen Lehren der Geschichte geschult, im Geiste des Nationalsozialismus erzogen, das Beispiel unserer Väter vor Augen, so nehmen wir den Kampf um unser Leben auf. Er wird uns endgültig den Weg in die weite Zukunft öffnen. Ein Führer, wie wir ihn besitzen, ein Volk, wie wir es sind und immer sein wollen, wer könnte da noch am Siege zweifeln! In der ersten Hälfte dieses Krieges mußten wir ihn durch Tapferkeit erringen, in der zweiten Hälfte des Krieges müssen wir ihn durch Zähigkeit verteidigen. Das wollen wir tun mit der ganzen Kraft unseres Herzens.

Es ist keiner unter uns, der nicht wüßte, wofür.[110]

Himmler und Friedrich der Große:

Der Reichsführer SS, Reichsminister des Innern Heinrich Himmler, erläßt zum Jahreswechsel folgenden Tagesbefehl:

Männer der Waffen-SS und Polizei!

Während des Siebenjährigen Krieges schrieb Friedrich der Große folgende Worte nieder:

»Wir werden uns so lange herumschlagen, bis unsere verfluchten Feinde sich zum Frieden bequemen.«

Dieser Satz ist unsere Parole für das Jahr 1944.

Feldkommandostelle, 31. Dezember 1943.

Heil Hitler! H. Himmler, Reichsführer SS, Reichsminister des Innern.[111]

9. Jan.44.

Heißes Wasser mit Brot..., so lebt man in der Sowjetunion

Jahrelange durchgreifende Warenknappheit hat zur allgemeinen Verelendung geführt – Der Arbeiter schuftet bis zum Umfallen[112]

Hin und wieder lassen sich die deutschen Zeitungen von ihren Korrespondenten Berichte aus dem neutralen Auslande über die Lebensverhältnisse in der Sowjetunion übermitteln. Selbstverständlich wird hierbei meistens noch ein »neutraler Journalist« eingeschaltet, der dann die Lage in den schwärzesten Farben schildern muß, weil ihm ja sonst seine Auftraggeber für seine Arbeit keinen Heller zahlen würden. Am beliebtesten sind die Schilderungen, die erkennen lassen, daß die gesamte russische Nation sich kurz vor dem Aussterben befindet. In den Berichten ist die Butter- und Fettration auf monatlich 100 Gramm gesenkt worden, Obst, Milch und Zucker sind überhaupt nicht zu haben, zum Frühstück gibt es heißes Wasser mit Brot, zum Mittagessen eine Kohlsuppe usw. Die Sowjetbehörden haben nach den Schilderungen eingesehen, daß sie die Lebensmittelverteilung nicht mehr steuern können. Kurz und gut, es ist also eine allgemeine Verelendung Sowjetrußlands eingetreten. Der verheißungsvolle Artikel »Heißes Wasser und Brot.... so lebt man in der Sowjetunion« schließt wie folgt:

Nicht nur die jahrelange durchgreifende Warenknappheit hat zu dieser Verelendung geführt. Ausschlaggebend sind hierfür auch die Verhältnisse auf allen anderen Lebensgebieten. In normalen Zeiten bewohnten z. B. in den Städten im allgemeinen fünf Personen ein Zimmer. In einer Sechszimmerwohnung mit einer Küche lebten also bereits rund zwanzig Menschen, die infolge des Aufeinanderhockens in eine Art Lagerpsychose gerieten, sich gegenseitig bespitzelten und so zusätzlich das Leben unerträglich machten. Von Wohnungshygiene konnte schon lange vor dem Kriege keine Rede sein. Die 1941 begonnene Evakuierung der sowjetischen Bevölkerung aus Gebieten, die bald darauf von deutschen Truppen besetzt wurden, steigerte noch vor allem in Großstädten, wie Moskau, Ufa, Taschkent, Swerdlowsk, die Massierung der Menschen. Sie führte naturgemäß zu einer weiteren Verschlechterung der Lebensmittellage und Zersetzung des Gemeinschaftssinns. In den weiten Räumen der Sowjetunion bestehen natürlich zahlreiche Unterschiedlichkeiten in den Lebensbedingungen. Im Kaukasus sind Lebensmittel noch nicht so knapp wie in Ostsibirien. In Moskau hungern die Menschen nicht in dem Maße wie in Leningrad. Auch überall in der Sowjetunion herrscht tiefes verzweifeltes Elend und die geschilderten Zustände gelten für die gesamte UdSSR.

Der Sowjetmensch hat es sich längst abgewöhnt, gegen diejenigen, denen er dieses Schicksal zuzuschreiben hat, aufzubegehren. Er ist gleichgültig und stumpf geworden. In dieser Verfassung rennt der Rotarmist sinnlos gegen die deutschen Linien. Der Arbeiter schuftet bis zum Umfallen.

Es wird keinen Menschen geben, der in der Lage ist, über die derzeitigen Verhältnisse in Rußland einen einwandfreien, sachlichen Bericht zu erstatten. Alles, was über Rußland gesprochen oder geschrieben wird, wird nach der einen oder anderen Seite tendenziös entstellt oder gefärbt. Wer will sich erdreisten, zu behaupten, er könne den weiten Raum Rußlands überblicken? Wer weiß irgend etwas aus den Gebieten des Urals oder Westsibiriens? Unsere Soldaten kennen nur das zerstörte Kampfgebiet und formen sich Wunschbilder. Sie u. das deutsche Volk wünschen den Zusammenbruch Rußlands, damit der Krieg ein Ende nimmt. Und die deutsche Presse nährt die diesbezüglichen Hoffnungen.

Das angebliche verzweifelte Elend in der UdSSR. hindert indessen die russischen Herren nicht, die im Juli 1943 begonnenen Offensivoperationen auch in diesem Winter 1943/1944 mit unverminderter Heftigkeit fortzusetzen und die deutschen Truppen aus Rußland hinauszudrängen. Schon haben die Russen die alte polnische Grenze von 1939 im Raume westlich von Kiew überschritten. Das Vordringen aus den Räumen Berditschew und Kirowograd gegen Bug und Dnjestr wird die vollkommene Räumung der Ukraine durch die deutschen Truppen zur Folge haben.

Das sieht durchaus nicht danach aus, als hätten wir es mit einem Rußland zu tun, das dem Hungertode nahe sei. –

Wünsche und Hoffnungen sind keine Waffen, die dem Gegner gefährlich werden können, sie erwecken nur Illusionen.

---

13. Januar 1944.

123 Abschüsse

Führerhauptquartier, 12. Januar ⟨44.⟩

Das Oberkommando der Wehrmacht gibt bekannt:

In den frühen Morgenstunden des 11. Januar griffen nordamerikanische Bomber einige Orte in Mitteldeutschland an. Infolge der sofort einsetzenden deutschen Abwehr kamen die Angriffe nicht zu geschlossener Wirkung. Dagegen wurden nach den bisher schon vorliegenden noch unvollständigen Meldungen durch deutsche Jäger, Zerstörer und Flakbatterien über dem Reichsgebiet und den besetzten Westgebieten 123 nordamerikanische Flugzeuge, in der Masse viermotorige Bomber, abgeschossen. Der Abschuß weiterer Flugzeuge konnte wegen Einbruchs der Dunkelheit noch nicht bestätigt werden.

Dem außerordentlich hohen Verlust des Feindes an Flugzeugen und Besatzungen steht nach bisherigen Meldungen der Verlust der Besatzungen zweier deutscher Jagdflugzeuge gegenüber. Sieben weitere Besatzungen werden vermißt.[113]

Eine »Sondermeldung« aus dem Führerhauptquartier. Seit geraumer Zeit hat es keine Sondermeldungen mehr gegeben. Es ist still geworden in der Küche der Sieger.

Nun ist eine größere Luftschlacht der willkommene Anlaß, dem Volk wieder einmal etwas zu bieten. Die Wirkung bleibt auch tatsächlich nicht aus. Allenthalben ist das Tagesgespräch: Abschüsse. Viele Menschen hoffen, daß die Fliegerangriffe durch die deutsche Abwehr zurückgedämmt werden. Ich gehöre nicht zu dieser Gruppe. Für mich ist es klar, daß die Gegner ausreichend mit Flugzeugen und Fliegern versehen sind. Augenblicklich ist der Kriegseinsatz der Amerikaner und Engländer einzig und allein auf die Luft konzentriert. Die Ausfälle sind von vornherein eingerechnet. Aus diesem Grunde sind die Verluste kein Trost. –

Merkwürdig ist die Meldung bezüglich des Verschweigens der angegriffenen Plätze. Was heißt »einige Orte in Mitteldeutschland«? Aus dem Verschweigen ist der Schluß zu ziehen, daß kriegswichtige Anlagen getroffen wurden.

14. Januar 1944.

⟨3.I.44⟩

Abwehrbereite Kanalküste

Eine in eine Felsspitze eingebaute Geschützstellung des Atlantikwalles[114]
PK.-Aufn. Kriegsberichter Müller (Scherl)

Der Atlantikwall in Wort und Bild ist ein beliebtes Thema unserer Propaganda. Dem eigenen Volke soll hierdurch Mut zugesprochen, dem Gegner dagegen Furcht und Schrecken eingejagt werden. In Wirklichkeit handelt es sich nach meiner Ueberzeugung um einen Bluff.

Es ist ganz unmöglich, die gesamte Atlantikküste in einen undurchdringlichen Wall zu verwandeln. Ganz abgesehen davon, daß keine Veranlassung besteht, ausgerechnet die gepanzerten Stellen anzugreifen. Ich würde den Süden Europas (Südfrankreich, Norditalien oder Balkan) als erstes Angriffsziel wählen. Der Atlantikwall fällt dann von selbst. Überfliegen kann man ihn auch.

Verona, 12. Januar ⟨44.⟩
Das außerordentliche Sondertribunal zur Aburteilung der 19 Mitglieder des Großen Rates des Faschismus, die in der Sitzung vom 24. auf den 25. Juli des vergangenen Jahres die Entschließung Grandis gegen den Duce unterschrieben und damit den Staatsstreich Badoglios ermöglichten und den Duce und den Faschismus verrieten, fällte am Montag nach dreitägigen Verhandlungen seinen Urteilsspruch. Von den 19 Angeklagten wurden 18 zum Tode verurteilt, darunter 13 in contumaciam[a]. Von den sechs anwesenden Angeklagten wurden fünf zum Tode verurteilt, nämlich der frühere Außenminister Graf Ciano, Marschall de Bono, der frühere Landwirtschaftsminister Pareschi, der frühere Verwaltungsleiter der Faschistischen Partei Marinelli und der frühere Leiter des Verbandes der italienischen Industrie Gottardi. Der frühere Korporationsminister Cianetti wurde zu 30 Jahren Zuchthaus verurteilt. Der Staatsanwalt hatte für sämtliche 19 Angeklagten »im Namen der faschistischen Revolution in ihrer neuen republikanischen Form« die Todesstrafe beantragt.
Das Urteil ist bereits am Dienstagvormittag kurz nach 9 Uhr an de Bono, Ciano, Gottardi, Marinelli und Pareschi vollzogen worden.[115]

Es ist eine sehr gefährliche Sache, eine andere Meinung wie der regierende Tyrann zu haben.

Besonders interessant ist die Tatsache, daß der Schwiegervater Mussolini seinen Schwiegersohn Ciano hinrichten ließ.[116] Die Hingerichteten sind dem Faschismus zum Opfer gefallen. Diesem Faschismus haben sie selbst lange Jahre gedient. Aus diesem Grunde fällt es mir schwer, Mitleid zu empfinden. Daran ändert auch nichts der Umstand, daß sie kurz vor Toresschluß ihre eigene Politik umwarfen. In Wirklichkeit wollten sie nur ihre Haut retten.

———

a) *in contumaciam:* zu lat. *contumācia* ›Unbeugsamkeit, Eigensinn, Trotz‹, hier: fachsprl. ›einer richterlichen Vorladung nicht folgend‹.

Sicherheit des Sieges

Berlin, 12. Januar ⟨44⟩

Am Montag versammelten sich in Berlin die Kreispropagandaleiter der Bewegung aus dem ganzen Reich zu einer Arbeitstagung, auf der in einer Reihe von Vorträgen namhafte Persönlichkeiten der Partei, der Wehrmacht und des Staates zur politischen und militärischen Lage das Wort ergriffen.

So gab unter anderen Reichsminister Speer ein eindrucksvolles Bild vom Stand der deutschen Rüstung, während Großadmiral Dönitz über die Seekriegslage und die kommenden Möglichkeiten des U-Boot-Krieges sprach. Generalfeldmarschall Milch behandelte das Thema des Luftkrieges, wobei er unsere ständig wachsende Abwehrkraft in den Mittelpunkt seiner Ausführungen stellte. General der Infanterie Jaschke sprach über die Aufgaben des Heeres, erörterte eingehend die militärische Lage und charakterisierte mit Zuversicht die kommende Entwicklung an den Fronten. In weiteren Referaten kamen SS-Obergruppenführer Kaltenbrunner, der Chef des Propagandaamtes, Wächter, und Ministerialdirektor Dr. Naumann vom Reichsministerium für Volksaufklärung und Propaganda zu Wort.

Zum Schluß der Tagung sprach der Reichspropagandaleiter, Reichsminister Dr. Goebbels, der in grundsätzlichen Ausführungen die Lage darlegte, in der sich das Reich politisch und militärisch zu Beginn dieses entscheidungsreichen Kampfjahres befindet. Die Rede des Ministers gab den Versammelten das geistige Rüstzeug mit, dessen sie bedürfen, um die nationalsozialistische Vorstellungswelt immer tiefer im Bewußtsein des deutschen Volkes zu verankern und so auch politisch und moralisch die Voraussetzungen zu schaffen, allen Fährnissen zum Trotz die Chancen unseres sicheren Sieges wahrzunehmen.

Die Versammelten legten am Schluß der Arbeitstagung ein einmütiges Bekenntnis der Treue, der Kampfbereitschaft und des entschlossenen Siegeswillens ab. Der Geist, der die Veranstaltung erfüllte, bildete einen überzeugenden Beweis für die politische und moralische Kraft der Bewegung, während die Vorträge und Referate selbst die sachliche Begründung und Untermauerung für die Sicherheit unseres Sieges lieferten. [117]

»Erst siegen – dann reisen« ist in allen Bahnhöfen zu lesen. Das hat natürlich für die Bonzen der NSDAP keinerlei Geltung.

Da fahren die Kreispropagandaleiter – diese unabkömmlichen Parteigenossen – aus dem gesamten Reiche nach Berlin und empfangen das »Rüstzeug« für die Fortsetzung der Vernebelung. Das »einmütige Bekenntnis« und der »entschlossene Siegeswille« haben noch bei keiner Zusammenkunft gefehlt. Wenn damit der Krieg zu gewinnen wäre, dann würde Dr. Goebbels schon vor geraumer Zeit die Siegespalme verdient haben.

Warum gehen diese Propagandaleiter nicht an die Ostfront? Der Krieg ist für die minderwertigen Volksgenossen, nicht wahr?

15. Januar 1944.
Gestern Abend verkündete der Sprecher im Radio u.a.: »Die deutschen Truppen haben Stepan, 500 km östlich von Kattowitz, geräumt«.

Stepan liegt in Wolynien, das vor 1939 polnisch war. Die Meldung soll den ängstlichen Gemütern klar machen, daß die Russen noch sehr weit von den deutschen Grenzen entfernt sind. Welch eine Wendung! Vor Jahresfrist prahlten die Herren mit einer Entfernung von beinahe 2000 km, von der Heimat bis zur Front. Und heute? Heute müssen sie bereits zu Tricks ihre Zuflucht nehmen. Von Stepan nach der ostpreußischen Grenze sind es nämlich nur noch 370 km! Nach Schlesien allerdings ungefähr 500 km. Heute noch. Aber morgen, übermorgen, in den nächsten Wochen?

Der Sprecher erwähnte nichts von Großdeutschland, kein Wort von dem großdeutschen Raum mit den angeblich deutschen Städten. Aus dem einfachen Grunde, weil die russischen Truppen sich diesen Städten im Eiltempo nähern. Die Bekanntgabe der Entfernungen von der durchbrochenen Front und den vordringenden Russen zu den Städten Lemberg, Krakau, Warschau würde im Osten Deutschlands eine Panikstimmung hervorrufen. Deshalb mußten Kattowitz herhalten und die 500 km. Diese Beruhigungspillen wirken aber nur auf kurze Zeit. Es geht den deutschen Truppen an der Ostfront sehr, sehr schlecht. Der Durchbruch in der Mitte der Front, in dem Gebiet der Pripet-Sümpfe, zerreißt die deutsche Front und gestattet den Russen, gefährliche Operationen zu unternehmen. Das blödsinnige Festhalten der Stellungen im Dnjepr-Bogen ist eine kapitale Dummheit. So etwas bringt nur ein Gefreiter fertig. Wo sind die gescheiten Generale? Die melden sich erst wieder, wenn wieder im Trüben gefischt werden kann. Baltikumkämpfe, schwarze Reichswehr, Kapp-Putsch[a] u. dergl. Dinge, da helfen sie im Hintergrunde mit. So war es nach 1918.

Möge das deutsche Volk – aber auch unsere derzeitigen Gegner – aus der Vergangenheit wenigstens etwas gelernt haben, damit sich wenigstens diese furchtbaren Fehler nicht wiederholen.

Vollkommene Entwaffnung auf der ganzen Linie muß die Parole sein. –

a) *Baltikumkämpfe, schwarze Reichswehr, Kapp-Putsch:* Die Freikorps, militärische Freiwilligenverbände, die 1918 bis 1921 in Deutschland in gegenrevolutionären Aktionen gegen die politische Linke aktiv waren, kämpften u.a. im Baltikum gegen die Rote Armee. Insgesamt gab es etwa 100 bis 120 Verbände mit insgesamt ca. 400 000 Angehörigen. Vielfach rekrutierten sie sich aus den Reihen der Reichswehr, aber auch aus Schülern und Studenten. Die angeordnete Auflösung der Brigade Ehrhardt, eines der Freikorps, war Auslöser für den Kapp-Putsch im März 1920. Die Reichsregierung floh aus Berlin, konnte jedoch nach wenigen Tagen zurückkehren, da ein Generalstreik dem Putsch ein Ende bereitet hatte. Vgl. Enzyklopädie 2003, S. 503f.; Büttner 2008, S. 137-143; Sauer 2004.

24. Januar 1944.

Gestoppte Feindoperation an der Ostfront

Feindangriffe im Westen der süditalienischen Front abgewiesen

sch. Berlin, 23. Januar ⟨44⟩. (Eigener Drahtbericht). Die Verlagerung der Akzente der bolschewistischen Winteroffensive aus dem Südraum der Ostfront nach dem Mittelabschnitt und dem Leningrader Raum halten weiter an. Gegenwärtig lassen sich drei Schwerpunkte feststellen, die sämtlich nicht zu den Hauptkampfräumen der letzten vier Wochen gehören. Die trotz gewaltiger Opfer gescheiterte Durchbruchsschlacht bei Witebsk ist noch nicht wieder aufgenommen worden. Ebenso haben die Angriffe im Raum Shitomir-Berditschew nachgelassen.

Dagegen ist der Charakter der neuen bolschewistischen Offensive an der Nordfront noch nicht vollständig zu erkennen. Reuter meint, sie erstrebe keine hochgespannten Ziele. Der Militärkorrespondent des »Evening Standard« glaubt, die Bolschewisten hätten lediglich die Absicht, ihre Front im Leningrader Raum zu kürzen. Tatsache ist jedenfalls, daß die deutschen Truppen sowohl nördlich des Ilmensees als auch südöstlich Leningrad alle Angriffe des Feindes, die mit starken Kräften unternommen worden waren, zurückgeschlagen und die sowjetischen Durchbruchsversuche vereitelten. Damit sind an zwei der neuen Brennpunkte des Winterkrieges die bolschewistischen Operationen abgestoppt worden, bevor sie zu einer Auswertbarkeit für den Feind gelangten.

Im dritten Hauptkampfraum, in dem Gebiet zwischen den beiden Flüssen Pripjet und Beresina stehen die deutschen Abwehrdivisionen in einem sehr schweren Kampf gegenüber den mit stärksten Kräften unternommenen Feindversuchen, nach dem Scheitern der Offensive bei Newel und bei Witebsk sich hier ein neues Einfallstor nach dem Westen zu verschaffen. Den Kämpfen in diesem Abschnitt dürfte zur Zeit die größte Bedeutung beigemessen werden. Ein deutscher Erfolg an dieser Stelle erhöht die Stabilität des mittleren Ostens, die sich bereits in den harten Abwehrschlachten der vergangenen Monate als undurchdringbar erwies.

An der süditalienischen Front rannten am Sonnabend die englischen und nordamerikanischen Divisionen gegen die durch den deutschen Gegenstoß gewonnenen Höhen im Gebiet Minturno-Castelforte erneut an. Besonders heftige Kämpfe entbrannten um den Colle Salvatito, südlich Castelforte, der mehrmals seinen Besitzer wechselte. Die schweren Angriffe des Feindes wurden abgewiesen. Auch an der Einmündung des Gari in den Liri wiederholte der Feind seine Vorstöße mehrfach in Bataillonsstärke. Sämtliche Angriffe wurden unter blutigen Verlusten für die Angreifer zurückgeschlagen und dabei Gefangene eingebracht. Besonders wirksam war die Unterstützung durch die eigene Artillerie und das Feuer unserer Werfer, die auch zahlreiches feindliches Pioniergerät zum Uebersetzen über den Fluß vernichteten. – Im Berggelände bei San Elia lebte die Gefechtstätigkeit wieder auf. Mehrfache feindliche Vorstöße bis zu Kompaniestärke wurden blutig abgewiesen.

In den frühen Morgenstunden des Sonnabends landete der Feind an der Küste des Tyrrhenischen Meeres westlich Littoria. Er konnte unter dem Schutz der schweren Schiffsartillerie und starker Jagdfliegerverbände den Hafen Nettuno besetzen und einen kleinen Brückenkopf bilden. Nettuno liegt rund 50 km südlich von Rom. Die Abwehrmaßnahmen gegen den eingedrungenen Feind sind im Gange.[118]

Die Heimatfront wird fortgesetzt getröstet. Kein Tag vergeht, an dem nicht irgend ein »Durchbruchsversuch« der Russen gescheitert ist. Diese ständige Wiederholung des Wortes »Durchbruchsversuch« soll den Anschein erwecken, als sei es tatsächlich unmöglich, die Verteidigungsfront der deutschen Armee zu durchbrechen. Ich bezweifle sehr stark, daß seither die Russen einen wirklichen Durchbruch geplant hatten. Hierzu wären ungewöhnlich starke Truppenverbände oder eine erschütterte Widerstandskraft des deutschen Heeres erforderlich. Letzteres ist noch nicht der Fall. Wenn der russische Generalstab seine Taktik der stückweisen Zurückdrängung fortsetzt, erreicht er auch sein Ziel. Vor einem Jahre fanden noch Kämpfe um Stalingrad statt, heute ist die Kampffront an manchen Stellen über 1000 km westlich von Stalingrad. Immerhin eine sehr beachtenswerte Tatsache.

Alle Durchbruchsversuche der Sowjets vereitelt

Anglo-amerikanische Landung beiderseits Nettuno von der Luftwaffe wirksam bekämpft

Aus dem Führerhauptquartier, 23. Januar ⟨44⟩. Das Oberkommando der Wehrmacht gibt bekannt:

Während im Raum von Kirowograd die Kampftätigkeit etwas auflebte, beschränkte sich der Feind im übrigen Südteil der Ostfront auf örtliche Unternehmungen, die erfolglos blieben.

Im Gebiet von Shaschkoff wurden bei der Säuberung zurückeroberter Gebiete in der Zeit vom 18. bis 22. Januar über 1000 Gefangene eingebracht, 45 Panzer, 57 Geschütze sowie zahlreiche sonstige Waffen erbeutet oder vernichtet.

Zwischen Pripjet und Beresina geht die Abwehrschlacht mit steigender Heftigkeit weiter. Erneute Durchbruchsversuche der Bolschewisten wurden in schweren wechselvollen Kämpfen unter besonders wirksamer Unterstützung durch unsere Artillerie vereitelt, einige Einbrüche abgeriegelt.

Auch nördlich des Ilmensees setzten die Sowjets ihre Angriffe mit starken Kräften fort. Sie wurden unter hohen Verlusten für den Feind abgewehrt, um eine Einbruchsstelle wird noch erbittert gekämpft.

Südwestlich Leningrad vereitelten unsere Truppen in harten Kämpfen auch gestern alle Durchbruchsversuche der Bolschewisten und schossen 20 feindliche Panzer ab.

Im Westabschnitt der süditalienischen Front griff der Feind nach starker Artillerievorbereitung erneut unsere Höhenstellungen an. Er wurde unter hohen Verlusten abgewiesen. Feindliche Uebersetzversuche über den Gari brachen im zusammengefassten Feuer unserer Artillerie zusammen. 500 Gefangene wurden eingebracht.

In den Morgenstunden des 22. Jan. landeten britisch-nordamerikanische Truppen beiderseits Nettuno an der Küste des Tyrrhenischen Meeres. Die Gegenmaßnahmen laufen. Die Luftwaffe bekämpfte die feindliche Landungsflotte mit gutem Erfolg, versenkte vier große Landungsschiffe von insgesamt 12 000 BRT und beschädigte acht größere Einheiten und mehrere Landungsboote schwer. In Luftkämpfen und durch Flakartillerie wurden im italienischen Raum 13 feindliche Flugzeuge abgeschossen.[119]

Harte Abwehrschlacht bei Kirowograd

Bei Nettuno 3 Zerstörer und 4 Handelsschiffe versenkt, zahlreiche Transporter beschädigt

Aus dem Führerhauptquartier, 25. Januar ⟨44⟩. Das Oberkommando der Wehrmacht gibt bekannt:
Bei Kertsch verstärkten die Sowjets ihren Druck. Die von Panzern und Schlachtfliegern unterstützten feindlichen Angriffe dauern noch an.

Nordwestlich Kirowograd griffen die Bolschewisten mit mehreren Divisionen an. Sie wurden nach wechselvollen Kämpfen abgeschlagen, eine Einbruchstelle im Gegenangriff eingeengt.

Südwestlich Pogrebischtsche nahmen unsere Truppen durch Artillerie und Luftwaffe wirksam unterstützt nach hartem Kampf stark ausgebaute feindliche Stellungen. Gegenangriffe der Sowjets blieben erfolglos. Die Kämpfe sind noch im Gange.

Zwischen Pripjet und Beresina brachen erneute heftige Durchbruchsversuche der Bolschewisten in schweren Kämpfen zusammen. Mehrere Einbrüche wurden abgeriegelt.

Auch nördlich des Jlmensees und im Raum südlich Leningrad setzten die Sowjets ihre Durchbruchsangriffe mit steigernder Heftigkeit fort. Während sie in einigen Abschnitten abgewehrt oder aufgefangen wurden, dauern an mehreren Stellen noch erbitterte Kämpfe mit vordringenden feindlichen Kampfgruppen an.

In Süditalien wiesen unsere Truppen im Westabschnitt erneute von Artillerie und Schlachtfliegern unterstützte feindliche Angriffe unter hohen Verlusten für den Feind ab.

Bei den schweren Abwehrkämpfen der letzten Tage hat sich die 15. Panzergrenadier-Division unter Führung des Generalmajors Rodt bei der Abwehr aller Durchbruchsversuche des Feindes durch beispielhafte Standhaftigkeit hervorragend bewährt.
Im Landekopf von Nettuno griff der Feind an mehreren Stellen unsere Gefechtsvorposten an. Er wurde abgewiesen. Durch eigene Aufklärungsvorstöße wurden Gefangene eingebracht.

Die Luftwaffe griff bei Tag und Nacht mit Kampf- und Torpedoflugzeugen die feindliche Landungsflotte vor Anzio mit gutem Erfolg an. Nach vorläufigen Meldungen wurden drei Zerstörer und ein Handelsschiff von 6000 BRT. versenkt. Die Vernichtung von drei weiteren Schiffen mit zusammen 26 000 BRT. ist als sicher anzunehmen. Elf Transporter wurden zum Teil schwer beschädigt.

Nordamerikanische Bomber flogen am gestrigen Tage in das Reichsgebiet ein. Durch planlosen Bombenabwurf entstanden in einigen Orten des westdeutschen Grenzgebietes geringe Schäden. Nach bisher vorliegenden Meldungen wurden 15 feindliche Flugzeuge abgeschossen.

Der Kommodore eines Nachtjagdgeschwaders, Major Prinz zu Sayn-Wittgenstein, fand im nächtlichen Kampf gegen feindliche Terrorflieger bei seinem 83. Nachtjagdsieg nach Vernichtung von fünf britischen Bombern den Heldentod. Der Führer ehrte den gefallenen Nachtjäger durch Verleihung des Eichenlaubs mit Schwertern zum Ritterkreuz des Eisernen Kreuzes. Mit ihm verliert die deutsche Luftwaffe einen ihrer hervorragendsten Nachtjagdflieger.[120]

26. Jan. 1944

Seit Juli 1943 finden ununterbrochen »siegreiche« Abwehrschlachten statt. Deutsche Niederlagen gibt es überhaupt nicht. Das Wort »Rückzug« ist ausgerottet worden. Stattdessen gibt es »planmäßige« Frontverkürzungen oder »Begradigungen«. Diese Bewegungen finden durchweg vom Feinde »unbemerkt« statt. Das aufgegebene Gelände ist selbstverständlich vollkommen wertlos, weil es zerstört oder verwüstet ist. Die feindlichen Angriffe werden stets »abgeschlagen« oder »abgewehrt«, Einbruchsstellen »eingeengt« oder »abgeriegelt«, Durchbruchsversuche »aufgefangen«.

Die Sprache des Oberkommandos der Wehrmacht will verstanden sein. Ein Jeder kann das nicht.[121]

Die Zahl der Gefangenen, der erbeuteten oder zerstörten Panzer und Geschütze wird prompt registriert. Allerdings nur, soweit der Gegner in Frage kommt. Die eigenen Verluste werden schamhaft verschwiegen.

Das wird nun schon über 4 Jahre dem deutschen Volke vorgesetzt. Und immer gibt es noch Menschen, die sich an den dargereichten Zahlen berauschen.

Nur wenige denken über die Wirklichkeit nach.

Da spricht der Heeresbericht von Kämpfen »südwestlich« von Leningrad.[122] »Südwestlich« ist ein sehr dehnbarer Begriff. Er läßt nicht erkennen, in welcher Tiefe erobertes Gebiet aufgegeben worden ist. Noch Ende Dezember 1943 wurde über die Beschießung von Leningrad berichtet. Heute ist die Belagerung von Leningrad zu Ende und die Russen marschieren gegen Estland. Das ist auch südwestlich von Leningrad. Wenn es den Russen gelang, die schwer befestigten deutschen Stellungen um Leningrad zu durchstoßen, dann ist das immerhin ein Beweis dafür, daß von ihnen noch einiges zu erwarten sein wird. Die politischen Folgen der russischen Siege werden hinter den militärischen nicht zurückstehen. In Finnland, Ungarn, Rumänien und Bulgarien sind Veränderungen in der Haltung zu Deutschland abhängig von der Kriegslage. Dadurch, daß allen Truppenteilen befohlen wird, die Stellungen um jeden Preis zu halten, verzögert sich in den genannten Ländern der Umwandlungsprozeß etwas, weil die Machthaber immer noch glauben, Deutschland könne durch ein Wunder gerettet werden. Wenn einmal die letzte Hoffnung geschwunden ist und diese Länder Kriegsschauplatz werden, kann eine Aenderung mit rasender Schnelligkeit eintreten. Das wird alsdann das Ende des Krieges beschleunigen. –

Bis dahin wird aber die heimische Propaganda, das Führerkorps der Partei, der Gliederungen und der angeschlossenen Verbände in gewohnter Weise weiterwirken. Gauleiter und Reichsstatthalter Sprenger hat am 23. Jan. 1944 bei einem Gauappell die Parole ausgegeben: »Für das ganze deutsche Volk hat der Führer einen kategorischen Befehl gegeben, er heißt: Sieg! Deutschland ist unbesiegbar, wenn es sich selbst treu bleibt.« Zum Schlusse sagte Sprenger: »Der Führer wird siegen. Es lebe der Führer!«[123]

Die Vorsehung hat immer wieder den Mann und die Stunde geschaffen, um Europa vor dem Untergang zu bewahren. Die weitschauende Voraussicht, der Mut und die Tapferkeit des Herzens, die einst einen Karl Martell der Araberflut, einen Miltiades oder Themistokles dem Persersturm oder die Ritter des Herzogs von Liegnitz den Horden Dschingiskhans entgegentreten ließen, sie leben heute im Führer und in der deutschen Wehrmacht. Führer und Wehrmacht schützten mit ihrem historischen Entschluß vom 22. Juni 1941 und stündlich seit diesem Tage all das, was im Laufe von zweieinhalb Jahrtausenden abendländischer Geist politisch, wirtschaftlich und technisch geschaffen, wissenschaftlich gedacht und künstlerisch geformt hat, vor dem Untergang in wilder barbarischer Flut.[124]
Theodor Schulze

Wer die ehrliche Absicht gehabt hat, Europa vor dem Untergange zu retten, der durfte keinen Krieg beginnen. Es sind nicht die Russen gewesen, die in Dänemark, Norwegen, Holland, Belgien, Luxemburg, Frankreich, Jugoslawien, Griechenland einmarschiert sind.

Deutschland hat Polen und Rußland überfallen. Keine irgendwie geartete Begründung kann das aus der Welt schaffen. Um jeden Verdacht zu beseitigen, mußte sich Deutschland angreifen lassen. Es durfte aber nicht selbst angreifen.

Unwahre USA.-Angaben richtiggestellt[125]

⟨(15.I.44)⟩

Das Oberkommando der Wehrmacht gibt ferner bekannt:
Um den Eindruck der fortgesetzten schweren Verluste, die die nordamerikanischen Terrorflieger bei ihren Angriffen gegen die deutsche Bevölkerung erleiden, in der amerikanischen Öffentlichkeit abzumildern, gibt die amerikanische Luftwaffe fortlaufend weit übertriebene Abschußzahlen deutscher Jäger bekannt. So behaupten die Amerikaner bei ihren Angriffen am 14. Oktober auf Schweinfurt 104, am 11. Dezember 1943 auf Emden 138 und am 11. Januar 1944 in Mitteldeutschland 152, also insgesamt 394 deutsche Jäger abgeschossen zu haben. Die tatsächlichen Verluste dagegen betragen 98 deutsche Flugzeuge. Mehr als ein Drittel der Besatzungen konnte mit Fallschirm abspringen und blieb unversehrt.

Die Meldungen der Amerikaner über die Verluste der deutschen Jäger veranlaßten das Oberkommando – reichlich spät – Abschußzahlen bekanntzugeben.

Es handelt sich um drei Angriffe: am 14. Oktober ⟨43⟩ auf Schweinfurt, am 11. Dezember 43 auf Emden und am 11. Januar 1944 auf Mitteldeutschland.

Das Oberkommando gab am 15. Jan. 1944 die Zahl der abgeschossenen deutschen Jäger bei den 3 amerikan. Angriffen auf 98 an.

Wieviel eigene Verluste wurden s.Z. sofort nach den Angriffen angegeben?

⟨1.⟩⟩ **Wehrmachtbericht vom 15. Oktober** ⟨43.⟩

Aus dem Führerhauptquartier, 15. Oktober ⟨43⟩

Das Oberkommando der Wehrmacht gibt bekannt:

Nördlich des Asowschen Meeres und am mittleren Dnjepr führte der Feind an mehreren Abschnitten heftige, aber erfolglose Angriffe. Der Brückenkopf von Saporoshje wurde von unseren Truppen befehlsgemäß nach Zerstörung wichtiger Anlagen geräumt.

Am Dnjepr, an der Pripjet-Mündung und am Ssosh brachten eigene Angriffsunternehmungen weitere Erfolge. Einige feindliche Landeköpfe auf dem Westufer der Flüsse wurden beseitigt, andere eingeengt.

Westlich Kritschew und besonders westlich Smolensk scheiterten auch gestern starke Durchbruchsversuche der Sowjets. Allein im Kampfraum südwestlich Smolensk wurden dabei 46 Sowjetpanzer vernichtet. In den letzten drei Tagen verlor der Feind bei seinen vergeblichen Angriffen insgesamt 354 Panzer und 233 Flugzeuge.

Hauptmann Nowotny, Gruppenkommandeur in einem Jagdgeschwader, erzielte gestern an der Ostfront den 250. Luftsieg.

In den schweren Abwehrkämpfen im mittleren Frontabschnitt hat sich die 1. SS-Freiwilligen-Grenadier-Brigade (mot.) besonders ausgezeichnet.

In Süditalien traten die britisch-nordamerikanischen Truppen am Nachmittag des 14. Oktober mit überlegenen Infanterie- und Panzerkräften zu dem erwarteten Angriff gegen unsere vorgeschobenen Stellungen am Volturno beiderseits Capua an. Schwere und erbitterte Kämpfe sind noch im Gange.

Starke nordamerikanische Bomberverbände griffen gestern die Stadt Schweinfurt an und verursachten erhebliche Schäden in Wohn- und Geschäftsvierteln. Deutsche Jagd- und Zerstörergeschwader warfen sich dem Feind entgegen und fügten ihm in einer heftigen Luftschlacht im Zusammenwirken mit der Flakartillerie eine schwere Niederlage zu. ⟨14.10.43⟩

Von etwa 250-300 angreifenden Bombern wurden nach bisherigen Meldungen 121 zum Absturz gebracht. Der Abschuß weiterer Bombenflugzeuge ist wahrscheinlich.

Unterseeboote versenkten in schweren Kämpfen gegen britisch-nordamerikanische Geleitzüge elf Schiffe mit zusammen 74000 BRT und zwei Zerstörer. Zwei weitere Schiffe und ein Zerstörer wurden durch Torpedotreffer schwer beschädigt.[126]

Eigene Verluste verschwiegen!

⟨2.⟩⟩ Aus dem Führerhauptquartier, 12. Dezember ⟨43⟩

Das Oberkommando der Wehrmacht gibt bekannt:

Südlich Kertsch versuchten die Sowjets erneut eine nächtliche Landung. Sie scheiterte im Abwehrfeuer aller Waffen, wobei zwölf Landungsboote vernichtet wurden.

Östlich Kirwograd setzte der Feind auf breiter Front seine Angriffe fort. Sie wurden in erbitterten Kämpfen unter Abschuß von 68 Sowjetpanzern abgeschlagen. Auch erneute feindliche Angriffe bei Tscherkassy blieben erfolglos.

Im Kampfraum von Schitomir und Korosten nahmen unsere Truppen zahlreiche Orte im Sturm.

An der übrigen Ostfront fanden keine größeren Kampfhandlungen statt.

Die Luftwaffe bekämpfte mit zusammengefaßten Kampf- und Schlachtfliegerkräften bei Tag und Nacht den Nachschubverkehr des Feindes zu Lande und zu Wasser und vernichtete zahlreiche stark beladene Eisenbahnzüge und eine Anzahl Schleppkähne.

An der süditalienischen Front kam es auch gestern nur zu örtlichen Kämpfen. Feindliche Angriffe beiderseits Venafro und an der adriatischen Küste wurden abgeschlagen.

Nordamerikanische Bomberverbände führten am gestrigen Tage einen Terrorangriff gegen die Wohnviertel der Stadt Emden. In heftigen Luftkämpfen und durch Artillerie wurden 24 feindliche Flugzeuge, meist schwere viermotorige Bomber, abgeschossen.

In der vergangenen Nacht überflogen einzelne Störflugzeuge das westliche Reichsgebiet.[127]

Eigene Verluste verschwiegen!

⟨3.⟩⟩ **123 USA.-Flugzeuge abgeschossen**

Aus dem Führerhauptquartier, 11. Januar ⟨44⟩.
Das Oberkommando der Wehrmacht gibt bekannt:

In den frühen Morgenstunden des 11. Januar griffen nordamerikanische Bomber einige Orte in Mitteldeutschland an. Infolge der sofort einsetzenden deutschen Abwehr kamen die Angriffe nicht zu geschlossener Wirkung. Dagegen wurden nach den bisher schon vorliegenden, noch unvollständigen Meldungen durch deutsche Jäger, Zerstörer und Flakbatterien über dem Reichsgebiet und den besetzten Westgebieten 123 nordamerikanische Flugzeuge, in der Masse viermotorige Bomber, abgeschossen. Der Abschuß weiterer Flugzeuge konnte wegen Einbruch der Dunkelheit noch nicht bestätigt werden.

Dem außerordentlich hohen Verlust des Feindes an Flugzeugen und Besatzungen steht nach bisherigen Meldungen der Verlust der Besatzungen zweier deutscher Jagdflugzeuge gegenüber. Sieben weitere Besatzungen werden vermißt.[128]

9 deutsche Flugzeuge als abgeschossen gemeldet.
Insgesamt nach den Angriffen gemeldet:

Schweinfurt	0
Emden	0
Mitteldeutschland	9
zusammen	9.

Nachträglich sind es aus diesen 9 angegebenen Flugzeugen 98 geworden! Immerhin ein gewaltiger Unterschied. Sofern das Oberkommando in der Lage war, jeweils die Zahl der angeblich abgeschossenen amerikanischen Bomber zu ⟨zählen und⟩ bekanntzugeben, mußte es unter allen Umständen ⟨auch⟩ die deutschen Verluste der deutschen Oeffentlichkeit verraten. Nach längerer Zeit die angeblichen tatsächlichen Verluste zu sagen, klingt wenig glaubwürdig. Dann wäre es schon besser, weder feindliche noch eigene Verluste anzugeben. –

Gerammt und glatt gelandet

gh. Berlin, 21. Januar. (Eigener Drahtbericht.) Bei dem Terrorangriff auf die Reichshauptstadt am Abend des 20. Januar vollbrachte eine besondere Leistung Eichenlaubträger Prinz von Sayn-Wittgenstein, der seit langem zu den erfolgreichsten deutschen Nachtjägern gehört. Nachdem er drei Luftsiege in kürzester Zeit erkämpft hatte, wurde beim Angriff auf einen vierten Bomber sein Flugzeug von einer anderen feindlichen Maschine gerammt. Wegen der erlittenen, schweren Beschädigungen seines Nachtjagdflugzeuges mußte Major Prinz Wittgenstein den Luftkampf abbrechen. Es gelang ihm jedoch, sein Flugzeug trotz der Havarie glatt zu landen.[129]

Gestern noch ein großer Fliegerheld – heute tot.

Vor einigen Tagen meldete der Heeresbericht, daß der Nachtjäger Major Prinz von Sayn-Wittgenstein[130] von einem Nachtfluge nicht mehr zurückgekehrt sei.

Einer nach dem anderen stirbt für den Führer.

28. Januar 1944.

Hauptmann Meurer gefallen

Nach erbittertem Luftkampf, in dem er, wie vorher schon oft, gegen mehrere Terrorbomber Sieger geblieben war, ist der Eichenlaubträger und Gruppenkommandeur in einem Nachtjagdgeschwader Hauptmann Manfred Meurer gefallen.

Hauptmann Manfred Meurer wurde 1919 in Hamburg geboren. Da sein Wunsch, Marineoffizier zu werden, nicht in Erfüllung gehen konnte, trat er nach Absolvierung des Hamburger Johanneums bei der Hamburger Flak als Fahnenjunker ein und meldete sich 1939 freiwillig zu den Fliegern. Nach mehrjähriger gründlicher Ausbildung trug ihm sein erster Einsatz als Nachtjäger im März 1942 den ersten Sieg ein. Weitere zehn Abschüsse blieben Einzelerfolge. Im Februar 1943 begann dann die Zeit seiner »Serien« mit zwei, drei und auch vier Abschüssen in einer Nacht, was ihm eine namentliche Erwähnung im Wehrmachtbericht eintrug. Nach 23 Nachtjagdsiegen wurde ihm am 16. April 1943 das Ritterkreuz des Eisernen Kreuzes verliehen. Nach dem 50. Abschuß hat er am 4. August 1943 das Eichenlaub zum Ritterkreuz aus der Hand des Führers entgegengenommen. Bis zu seinem Heldentod ist Meurer noch fünfzehnmal Sieger im Kampfe geblieben. Mit der Luftwaffe, die einen ihrer Besten verloren hat, trauert Hamburg um einen seiner tapfersten Söhne.[131]

s.

Die Nachtjagdjäger werden in der letzten Zeit besonders häufig gerühmt und haben sich zu einer neuen »Hoffnung« entwickelt. Der Ruhm ist von kurzer Dauer.

Nach einem Bericht des »Hamburger Fremdenblattes« war Hauptmann Meurer von starker Siegesgewißheit erfüllt. Die Zeitung zitiert eine Stelle aus einem Brief dieses Fliegers:

»Der Tommy wird die Quittung für seine Terrorpolitik, geboren aus der Ueberheblichkeit der vermeintlichen eigenen Unangreifbarkeit, schon noch bekommen. Jeder Erfolg, den wir angesichts unserer brennenden Heimat erringen, bereitet uns besondere Genugtuung und spornt uns immer wieder zur höchsten persönlichen Leistung an.« –

Ich glaube nicht, daß die Engländer im Jahre 1940 der Meinung gewesen sind, sie seien unangreifbar.

Damals hatte Deutschland in der Luft die Oberhand und hat sich durch kein englisches Wehgeschrei beirren lassen. Heute ist uns England u. Amerika überlegen. Es gibt Menschen, die das voraussahen. Aber diese Sorte hat im Dritten Reich noch weniger wie nichts zu reden.

Diejenigen, die »alles von vornherein einkalkuliert« hatten, die mußten eben wissen, daß der Luftkrieg auch Krieg ist. Heute darüber in ohnmächtiger Wut ⟨schimpfen und⟩ zu drohen ist kindlich oder kindisch. –

»Unser Gegenschlag wird brutal sein«

ep. Paris, 8. Januar ⟨44⟩. Der neu ernannte Generalsekretär für die Aufrechterhaltung der öffentlichen Sicherheit, Joseph Darnand, hat der Wochenzeitschrift »Je suis partout« eine Erklärung abgegeben, derzufolge man voraussehen kann, daß nun in Frankreich mit aller Energie gegen den Terror vorgegangen wird.

Darnand erklärte: »Die Zeit der Nachsicht ist vorbei. Fünf Monate hat die französische Miliz die Schläge der Mörder hingenommen, ohne zurückzuschlagen. Der Terror ist immer weiter gestiegen. Er hat alle politischen Kreise, alle Berufe, alle Einzelpersonen, selbst jene, die sich vor den »befreundeten« Maschinenpistolen in Sicherheit wähnten, ergriffen. Wir haben uns für den Kampf organisiert. Unser Gegenschlag wird brutal sein. Kein Verbrechen unserer Gegner wird ungesühnt bleiben und mit Berufsverbrechern diskutieren wir nicht. Ich habe nicht die Absicht, der individuellen Vergeltung das Wort zu reden und die Justiz jedem Bürger in die Hand zu geben. Solche Methoden würden uns zur Unordnung und zum Bürgerkrieg führen. Die Vergeltung muß von einer hohen Autorität angeordnet sein. Aber die Franzosen haben ein Recht, geschützt zu werden.«[132]

Diejenigen Deutschen, die während der Besatzungszeit (1918-1930) im Rheinland mit den Franzosen liebäugelten[a], waren bei ihren Landsleuten nicht sehr beliebt. Es gab einige (z.B. Schlageter), die wegen ihres Verhaltens zu Nationalhelden erhoben wurden. Genau das gleiche Verhältnis besteht heute in Frankreich. Man kann es sehr gut verstehen, daß freiheitsliebende Franzosen sich gegen die Politik Pétain & Co. wenden. Der Freiheitswille wird nicht mit den feinsten Mitteln unterdrückt. Dagegen wird gleichfalls Terror zur Anwendung gebracht. Terror gegen Terror. Die Ankündigung besonderer Brutalität ist ein Kennzeichen des Faschismus und des Nationalsozialismus. Aller Voraussicht nach werden die Brutalitäts-Fanatiker eines Tages Opfer ihrer Brutalität werden.

a) *mit den Franzosen liebäugelten:* Der Versailler Vertrag schrieb eine 50 km breite entmilitarisierte Zone rechts des Rheins vor. Das linke Rheinufer war, wie auch Brückenköpfe bei Koblenz, Köln und Mainz, von alliierten Truppen besetzt, die in drei Schritten das Gebiet nach fünf, zehn oder fünfzehn Jahren räumen sollten. In diesen Gebieten gab es separatistische Bewegungen, die eine Loslösung vom Deutschen Reich erwogen. Vgl. Büttner 2008, S. 125.

29.I.44

In Jahresfrist vom Major zum General

Der Träger der Brillanten zum Ritterkreuz Oberst Schulz zum Generalmajor befördert

dnb. Berlin, 10. Januar ⟨44⟩. Wie bereits kürzlich gemeldet, verlieh der Führer dem am 20. Dezember 1903 in Berlin geborenen Oberst Adalbert Schulz als 9. Soldaten der deutschen Wehrmacht das Eichenlaub zum Ritterkreuz des Eisernen Kreuzes mit Schwertern und Brillanten. Der Führer empfing am 9. Januar 1944 den verdienten Panzeroffizier und überreichte ihm die hohe Auszeichnung. Gleichzeitig beförderte er ihn zum Generalmajor. Damit ist Generalmajor Adalbert Schulz innerhalb Jahresfrist vom Major zum General befördert worden.

Generalmajor Adalbert Schulz, der erst vor wenigen Wochen 40 Jahre alt geworden ist, hat in ungezählten Kämpfen bewiesen, daß er ein Panzerführer großen Formats ist. Auf den Maashöhen bei Dinart, bei Smolensk, bei Bjelgorod und Shitomir hat er immer wieder, oft mit zahlenmäßig schwachen Kräften, hervorragende Leistungen vollbracht, deren Auswirkungen weit über den von ihm geführten Verband hinausgingen. Gerade bei den Kämpfen der letzten Monate, für die er auch mit den Brillanten ausgezeichnet wurde, wurde er oft von einem Brennpunkt der über hunderte Kilometer ausgedehnten Schlacht zum anderen geworfen und hat häufig, auf sich allein gestellt, feindliche Uebermacht zurückgeschlagen. Das hat gezeigt, daß er Draufgängertum mit Besonnenheit, Wendigkeit mit zäher Entschlossenheit in sich vereinigt, daß er ein Kämpfer mit heißem Herzen und kaltem Kopfe ist. So steht er vor uns als der Typ des Panzerführers, wie ihn diese junge Waffe braucht. Wie sie in mancher Beziehung die Nachfolgerin der Kavallerie ist, so läßt die Beförderung des Obersten Schulz zum Generalmajor unwillkürlich auch an einen der berühmtesten und bekanntesten Reiterführer, General von Seydlitz, denken. Die hohe Auszeichnung des Generals gilt mit ihm zugleich den unvergänglichen Leistungen der Panzerwaffe des deutschen Heeres.[133]

In meinen Aufzeichnungen habe ich schon mehrfach Fälle festgehalten, in denen Offiziere mit Windeseile Karriere machten. Der Zweck heiligt die Mittel. Für den Führer ist es die Hauptsache, daß er ehrgeizige Offiziere findet, die sich blindlings aufopfern. Als Ansporn dienen die Orden und die Beförderungen. Gegeizt wird mit diesen Dingen nicht. Die Draufgänger sind sehr beliebt und werden dementsprechend behandelt.

Schulz ist mit 40 Jahren General geworden. Jetzt mußte er zeigen, was er für ein Kerl ist. Und siehe da – sein Heldentod wird im Heeresbericht bekanntgegeben.

Er wird als Held einige Tage gefeiert, mehr kommt nicht dabei heraus. Ablösung vor! Andere gehen den gleichen Weg.

Brillantenträger Adelbert Schulz starb den Heldentod

Das ganze deutsche Volk trauert um einen seiner tapfersten Helden

dnb. Berlin, 30. Januar ⟨44⟩. Wie der Wehrmachtbericht vom 30. Januar meldet, ist am 28. Januar 1944 Generalmajor Adelbert[134] Schulz, Träger der Brillanten zum Ritterkreuz des Eisernen Kreuzes mit Eichenlaub und Schwertern, als Kommandeur einer thüringischen Panzer-Division an der Ostfront gefallen. Ein echtes Soldatenleben hat im gewaltigen Ringen der Winterkämpfe an der Ostfront auf dem Schlachtfeld seine höchste Vollendung gefunden: Generalmajor Schulz war selbst aus dieser Division hervorgegangen, in der er einen im deutschen Heer ohne Beispiel dastehenden Aufstieg genommen hat. Als Kompaniechef hatte ihm sein damaliger Divisionskommandeur, der jetzige Generalfeldmarschall Rommel, nach dem Frankreich-Feldzug das ihm vom Führer verliehene Ritterkreuz des Eisernen Kreuzes überreicht, im Ostfeldzug verhalf er der Division als Abteilungskommandeur und zuletzt als Kommandeur eines Panzerregiments zu hervorragenden Ehren. Nachdem Generalmajor Schulz soeben erst die höchste deutsche Tapferkeitsauszeichnung aus der Hand des Führers empfangen und einen kurzen Urlaub in der Heimat verlebt hatte, übernahm er als Kommandeur die Panzerdivision. Erst wenige Tage stand er wieder an der Front, als es galt, eine Stadt, in die sowjetische Uebermacht eingedrungen war, wieder zu nehmen. Nachdem sein Panzerangriff bereits zum vollen Erfolg geführt hatte, setzte ein Granatsplitter dem Leben dieses hervorragenden Offiziers ein Ende. Auf der Höhe seines Ruhms als jüngster Divisionskommandeur des Heeres hat er im Panzerkampf, den er durch die Verbindung von ungestümen Draufgängertum mit kaltblütiger Ueberlegenheit, Umsicht und taktischem Geschick wie kaum ein anderer beherrschte, den Soldatentod gefunden. Mit seiner Division, die voll Stolz zu ihm aufblickt, trauert das gesamte deutsche Volk um einen seiner größten Helden.[135]

Wieviel Menschen mögen durch das »ungestüme Draufgängertum« ihr Leben eingebüßt haben?

Generalmajor Schulz gefallen

Berlin, 31. Januar ⟨44.⟩

Wie der Wehrmachtbericht vom 30. Januar meldet, ist am 28. Januar 1944 Generalmajor Adalbert Schulz, Träger der Brillanten zum Ritterkreuz des Eisernen Kreuzes mit

Eichenlaub und Schwertern, als Kommandeur einer thüringischen Panzerdivision an der Ostfront gefallen.

*

Generalmajor Schulz hat einen in der deutschen Armee ohne Beispiel dastehenden Aufstieg genommen. Im Frankreich-Feldzug, als er von seinem Divisionskommandeur, dem jetzigen Generalfeldmarschall Rommel, das ihm vom Führer verliehene Ritterkreuz des Eisernen Kreuzes entgegennahm, war er noch Kompaniechef: im Ostfeldzug hat er sich als Abteilungskommandeur und als Kommandeur eines Panzerregiments vielfach hervorgetan. In seiner starken Persönlichkeit vereinigten sich ungestümes Draufgängertum mit Kaltblütigkeit, Umsicht und taktischem Geschick, so daß wir in ihm das Idealbild des deutschen Truppenführers erkennen. Nachdem der Generalmajor soeben erst aus der Hand des Führers die höchste deutsche Tapferkeitsauszeichnung, die Brillanten zum Ritterkreuz des Eisernen Kreuzes mit Eichenlaub und Schwertern in Empfang genommen und einen kurzen Urlaub in der Heimat verlebt hatte, übernahm er als Kommandeur die Panzerdivision, aus der er hervorgegangen war. Auf der Höhe seines Ruhms als jüngster Divisionskommandeur des Heeres hat er nun den Soldatentod gefunden. Sein Panzerangriff hatte schon zu vollem Erfolg geführt, da setzte ein Granatsplitter seinem Leben ein Ende. Mit seiner Division und der ganzen deutschen Wehrmacht trauert das deutsche Volk um einen wahrhaften Helden.[136]

5. Febr. 44

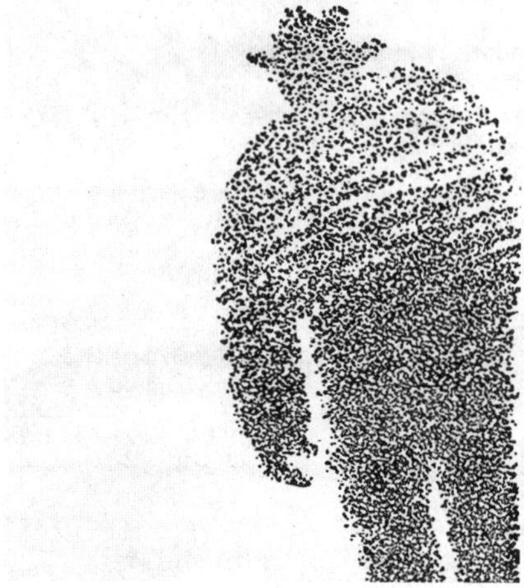

Nicht nur an der Front

steht der Feind, nein – er hat sich auch bei uns eingeschlichen.[137] **Wie ein Schatten folgt er dir, deutscher Mann, und dir, deutsche Frau! Er belauert dich und hört jedes Wort mit, das du sprichst! Er ist schwer zu erkennen und kaum zu greifen, aber er ist da! Mitten unter uns. Jeder Tag bringt uns neue, blutige Beweise dafür. Also: Seht euch vor! Schweigt!**[138]

Die Zeitungen, Plakatsäulen, Amtsräume, Bahnhöfe, Eisen⟨bahn⟩wagen, Schaufenster usw. zeigen Plakate mit nebenstehender Figur in schwarzer Farbe und der warnenden Aufschrift:

»Feind hört mit.«[139]

Die Zahl der »Feinde« muß unheimlich groß sein, wenn auf diese Weise gewarnt werden muß. Oder sollte[140] etwa ein anderer Zweck damit erreicht werden? Der Befehl: »Schweigt!« läßt vermuten, daß darauf abgezielt wird, den Deutschen Angst vor dem Sprechen einzujagen.

Schweigt! Die Machthaber wünschen, daß über Not, Elend, Verzweiflung, Zerstörung, Tod und Niederlagen möglichst wenig gesprochen wird.

Deshalb: »Schweigt!«

Der »Feind, der sich bei uns eingeschlichen hat«, könnte auch der ausländische Arbeiter sein. Doch hat sich dieser nicht eingeschlichen, sondern ist durch Zwang und Gewalt in das deutsche Reichsgebiet geschleppt worden. Die Gegner haben zweifellos diese wunderbare Gelegenheit ausgenutzt und Spione mit diesen Arbeitern eingeschmuggelt. So leicht haben sie es im Kriege 1914-1918 nicht gehabt. Die Regierungskunst der Nazis leistet der feindlichen Spionage vortreffliche Dienste. Die Propaganda muß den wirklichen Sachverhalt vertuschen und dem deutschen Volke etwas vorzaubern. Die Taktik der Vernebelung. Aber – die Wahrheit dringt trotzdem durch. Langsam – aber sicher! –

Das Oberkommando der Wehrmacht gibt bekannt:
Die Briten versuchen, die Wirkung der deutschen Luftangriffe auf London in der Nacht vom 21./22. Januar und vom 29./30. Januar 1944 durch bewußt falsche Angaben über die Zahl der angreifenden deutschen Flugzeuge und die entstandenen Schäden zu verkleinern. Demgegenüber wird festgestellt: Eingesetzt waren über 900 Flugzeuge, von denen 750 Flugzeuge London mit insgesamt weit über 1000 Tonnen Spreng- und Brandbomben angriffen. Die restlichen Flugzeuge führten Ablenkungsangriffe über Südostengland durch. Von allen Angriffen werden 34 Flugzeuge vermißt.
Nach Meldungen der Besatzungen sind bei beiden Angriffen im Stadtgebiet von London große Brände und Zerstörungen im Tiefflug beobachtet worden.[141]

Das Volk wartet auf die »Vergeltung«. Aus diesem Grunde mußte etwas geschehen. Und es geschah auch etwas: Deutsche Luftangriffe auf London.[a] Ob die Berliner Bevölkerung nunmehr die Angriffe der Engländer leichter erträgt? Oder ob vielleicht der eine oder der andere die Heftigkeit des deutschen Angriffs bezweifelt? Auffällig ist jedenfalls, daß plötzlich 900 Flugzeuge eingesetzt worden sein sollen, nachdem seither in den letzten Monaten nur schwache deutsche Kräfte im Luftraum über England tätig waren. Eine sich steigernde Angriffstätigkeit von 100, 200, 300, 400 ... Flugzeugen wäre wahrscheinlicher gewesen. Warum wurde gewartet bis es 900 waren?? Es wird kaum möglich sein, während dieses Krieges die reine Wahrheit zu erfahren. Aber selbst angenommen, die behauptete Zahl von 900 würde mit der Wirklichkeit übereinstimmen, so ist doch dazu zu sagen, daß die Engländer und Amerikaner hierdurch an der Fortsetzung ihrer Angriffe keineswegs gehindert werden. Erst am Freitag, dem 4. Febr. 1944, hatte ich Gelegenheit, in Altenstadt in den Mittagsstunden den Angriff amerikanischer Flugzeuge auf Frankfurt a. M. zu beobachten. Von Flak u. Jägern nicht gestört, zogen die Geschwader ihre Bahn, die Luft souverän beherrschend. Der Angriff gegen Schweinfurt im Herbst und der gestrige Angriff zeigt eine erhebliche Veränderung. Damals wurden die Bomber im Luftraum um Frankfurt am Main sehr stark angegriffen u. die Verluste waren auch dementsprechend. Gestern waren allerdings die Bomber durch Jagdflugzeuge gesichert. Das mag ein Grund für

a) Der *deutsche Luftangriff auf London* in der Nacht vom 21. auf den 22. Januar 1944 leitete eine Serie mehrerer Luftangriffe bis April 1944 ein. Sowohl die genannte Menge der Flugzeuge als auch die der Spreng- und Brandbomben entsprechen weitgehend den Tatsachen. Vgl. Hillgruber/Hümmelchen 1978, S. 199.

das Fernbleiben deutscher Jäger gewesen sein. Oder müssen wir sparsam mit unseren Flugzeugen u. Flugpersonal umgehen? –

Generaloberst Jodl an der Kanalküste

Bei der Kriegsmarine,
3. Februar (PK) ⟨44.⟩
Kaum für den Eingeweihten in ihrer ganzen inneren Dramatik faßbar, bilden sich die großen Kraftzusammenballungen der Geschichte. Sie treten erst aus dem Verborgenen heraus, wenn die Waffen aufeinanderprallen, und messen sich dann auf Leben und Tod. Aber das Vorhandensein der zur Entscheidung drängenden Spannungen diesseits und jenseits des Kanals spüren wir schon heute. Wir wissen, daß drüben eine Invasionsarmee bereitsteht, die mit den modernsten technischen Mitteln ausgerüstet ist, Europa zu stürmen. Ihre Oberbefehlshaber haben den Angriff auf verschiedene Punkte der europäischen Westküste vorausgesagt. Sie können nicht anders, sie müssen ihr Wort einlösen, auch wenn sie vor der Tat ein Grauen packt. Denn wir haben von drüben auch die Stimmen der Ernüchterung gehört.

Nach einem Wort von Feldmarschall Rommel befindet sich die Westküste Europas heute im Zustand völliger Bereitschaft. Der Feind kann uns in keinem Augenblick überraschen.

Der Besuch des Chefs des Wehrmachtführungsstabes, Generaloberst Jodl, an wichtigen Abschnitten des Kanals hat diese Abwehrbereitschaft erneut unterstrichen. Tiefgegliedert bis weit ins Hinterland hinein ist die Verteidigungszone wie ein eiserner Gürtel gelegt. Alle drei Wehrmachtteile sind in gleicher Weise hervorragend daran beteiligt, daß hier der Panzerschild Europas nach Westen hin geschmiedet werden konnte. Unsere Sicherungsverbände auf See sind die Vorhut; sie operieren im Vorfeld und sind die ständigen Fühlungshalter mit dem Feind.

Auf dem Gefechtsstand des Seekommandanten erhält der Generaloberst Bericht über die Befestigungsanlagen im Bereich der Kriegsmarine, die nicht nur draußen auf See, sondern auch längs der Küste den Schutz übernommen und ein Bollwerk errichtet hat, das jedem Ansturm gewachsen ist. Durch den tiefen Schlamm des vom Regen aufgeweichten Bodens geht dann der Generaloberst zu den Verteidigungsständen einer Batterie der Marine-Artillerie. Auf den einzelnen Stationen prüft er eingehend den Wirkungsbereich der Waffen. Dicht an der steil abfallenden Küste verweilt er bei einem Geschütz etwas länger. Hier ist ein Vorsprung, als stemme sich ein Berg gegen die heranrollenden Wasser. Aber der Berg tönt lauter als die stürmischen Wellen dort unten. Klirrend und rasselnd knirschen die Maschinen, hämmernd dröhnt ihr Räderwerk hinter den mächtigen Bunkern. Es ist kein Stillstand und kein Genügen, der Berg wächst ununterbrochen weiter in seiner Kraft. Drohend und jederzeit feuerbereit ragen die schweren Geschützrohre auf. Schon weit auf See liegt der Feind in unserem wirkungsvollen Feuerbereich.

An den Laufgräben vorbei, dem Stacheldraht und den einzelnen Verteidigungsnestern entlang geht die Besichtigungsfahrt des Generalobersten weiter bis zum Hafen. Ein vielmaschiges Netz der Abwehr ist entwickelt, das keine Lücke offen läßt. Leichte und schwere Batterien wechseln ab mit panzerbrechenden Waffen. Mächtige Bunker sorgen für den Schutz der leichten Seestreitkräfte. Aber wir haben uns nicht an der Westküste eingemauert, um nur Schutz gegen einen Angriff zu suchen, sondern alle diese Befestigungsanlagen sind dazu bestimmt, eine offensive Verteidigung zu ermöglichen.
Die eiserne Faust wird zuschlagen, wenn der Feind kommt.[142]

Kriegsberichter Dr. W. Stöber

———

Vor einigen Wochen hat Feldmarschall Rommel den Atlantikwall besichtigt. Nunmehr folgt Generaloberst Jodl. Es ist noch gar nicht so lange ⟨her⟩, da wurde der angedrohte Angriff gegen die Atlantikküste als Bluff der Engländer bezeichnet. Nachdem dann bekannt wurde, daß amerikanische u. kanadische Truppen nach England transportiert worden waren, verlegte man sich darauf, dem Gegner Angst einzuflößen u. ihm anzukündigen, er werde nicht länger als 9 Stunden auf dem Festlande verweilen. Jetzt sind wir in der 3. Phase. Das deutsche Oberkommando rechnet bestimmt mit einem Angriff und einer erfolgreichen Landung. Das geht daraus hervor, daß wir angeblich eine tiefgegliederte Verteidigungszone angelegt haben. Sofern der Gegner diese ausgebauten Stellungen angreifen sollte, müssen unsere Truppen sich auf ungewöhnlich schwere Luftangriffe gefaßt machen. Erst wenn die Verteidigung zermürbt ist, kommt der Angriff u. zwar von allen Seiten. –

6. Febr. 1944.

Eisenhower und Co.

Von unserem Vertreter

pt. **Stockholm,** Anfang Februar ⟨44.⟩

Das Wie, Wann und Wo der nun seit zwei Jahren von unseren Gegnern in bald an-, bald abschwellender Lautstärke in Aussicht gestellten »zweiten Front« liegen noch im Dunkel der Zukunft dieses Krieges. Sicher ist nur, daß wohl niemals vorher in der Kriegsgeschichte der modernen Zeiten ein militärisches Großunternehmen, von dem seine Urheber die Entscheidung erwarten, mit solcher Publizität behandelt und umgeben worden ist. Es ist allein schon ungewöhnlich und steht im Widerspruch zu dem militärischen Grundsatz, daß Überraschungen den halben Erfolg bedeuten können. Erstaunlich ist, daß beispielsweise die genaue Zusammenstellung des für dieses Unternehmen vorgesehenen Oberkommandos heute bereits bekanntgegeben wird. Als geradezu verblüffend erscheint es also, daß auch die strategischen, taktischen und geographischen Möglichkeiten dieser Aktion in der feindlichen Presse mit einer Ausführlichkeit behandelt werden, die heute schon viele Bände füllen könnte, in Wirklichkeit ist es jedoch so, daß gerade diese bewußte Agitation, die von Eisenhower & Co. mit der Gründlichkeit eines Reklamechefs betrieben wird, der einen Großmarkt für einen neuen Artikel vorzubereiten hat, einen wichtigen Bestandteil des Unternehmens, wenigstens nach der Ansicht unserer Gegner, darstellt.

Die enge Verschmelzung von Agitation und Kriegführung zieht sich wie ein roter Faden durch den gesamten angloamerikanischen Einsatz hindurch. Sie hat in der vorbereitenden Regie ihre oft groteske und lautstärkste Bestätigung im Gesamtrahmen des Nervenkrieges gefunden. Dieser Ansturm gegen die moralische Widerstandskraft der Massen hinter der kämpfenden Front, eine mit großer Ausdauer und unleugbarer Begabung betriebene Spezialität angelsächsischer Kriegskunst hat ihren Ausdruck ebenso in dem brutalen Luftterror wie in der Daueroffensive mit Gerüchten und Falschmeldungen und schließlich in der breitesten Ausmalung der bevorstehenden Aktionen erfahren. Dieser Versuch, die Moral des Gegners durch möglichst phantastische und eindrucksvolle Beschreibungen und Vorankündigungen mürbe zu machen und wenn möglich in eine Art fatalistischer Schrecklähmung zu versetzen, noch bevor man selbst zum risikoschweren Einsatz antreten muß, entspricht im übrigen genau der immer wiederholten Taktik der Briten und Nordamerikaner auf dem Schlachtfeld. Was sie im Kampf durch den massierten Einsatz von Material, durch Luft- und Artilleriebombardements, bevor die Infanterie vorgeschickt wird, immer wieder durchexerziert haben, das versuchen sie im weiteren Rahmen als Trommelfeuer des Nervenkrieges zur Vorbereitung der von ihnen selbst gefürchteten großen militärischen Leistungsprobe, so daß man in dem reklamehaften Feuerzauber selbst Mut und Anfeuerung für den gefürchteten Sprung ins große Abenteuer sucht.[143]

Die nebenstehende Kritik ist berechtigt vom Standpunkte derjenigen Völker, die vergeblich seither gehofft hatten, durch einen englisch-amerikanischen Angriff von der deutschen Besatzung befreit zu werden. Man muß sich nur einmal in die seelische Verfassung jener Menschen hineinversetzen, denen von Kriegsbeginn an »Hilfe« versprochen worden ist, und zwar nicht von beliebigen Politikern, sondern von maßgebenden Staatsmännern.

In der Tat war es in der Vergangenheit nicht üblich gewesen, ein militärisches Unternehmen in reklamehafter Weise jahrelang vorher anzukündigen und in allen Einzelheiten öffentlich zu besprechen. Ein deutsches Sprichwort sagt: »Frisch gewagt ist halb gewonnen«. Jedenfalls haben die Amerikaner und Engländer andere Sprichwörter und folgen diesen.

Ministerpräsident Churchill hat am 21.9.43 vor dem Unterhaus eine Rede gehalten, in der er bezüglich der »zweiten Front« folgendes ausführte:

»Eines Tages, wenn wir und unsere amerikanischen Alliierten den richtigen Augenblick für gekommen halten, wird auch auf dieser Front das Tor aufgestoßen werden und eine Masseninvasion des Kontinents aus dem Westen gleichzeitig mit einer Invasion vom Süden aus einsetzen wird. Das Haus kann absolut sicher sein, daß die augenblickliche Regierung sich niemals von einer schlecht beratenen Agitation leiten oder beeinflussen lassen wird, so natürlich und wohlgemeint ein gewisser Druck in Angelegenheiten dieser Art sein mag. Unsere Regierung wird sich nicht zu großangelegten Kriegsoperationen gegen ihre bessere Einsicht zwingen oder überreden lassen, um eine politische Einstimmigkeit oder den Beifall aus allen Kreisen zu erhalten. Der blutigste Teil dieses Krieges – das dürfen Sie sich nicht verhehlen – das blutigste Kapitel für Großbritannien und USA. liegt noch vor uns.[144] Wir werden kein Opfer für die gemeinsame Sache scheuen, doch muß ich es als eine Angelegenheit meiner persönlichen Ehre betrachten, nur dann mit der Gewißheit des Erfolges zu handeln, wenn bei Operationen ganz großen Ausmaßes der Rat der ersten Fachleute auf diesem Gebiet, der uns zur Verfügung steht, eingeholt worden ist.«[145]

Der richtige Augenblick ist also noch nicht da gewesen.

»Auf jede Kriegsdauer eingerichtet«

Spanische Stimmen zu den Kämpfen an der Ostfront

Madrid, 3. Februar ⟨44⟩ Die Verlagerung der sowjetischen Angriffe von der südlichen nach der nördlichen Ostfront hat unter den spanischen Militärberichterstattern ein gewisses Aufsehen erregt. Man fragt sich nach dem Grund dieses dauernden Wechsels der Angriffstellen und kommt zu dem Schluß, daß die sowjetische Führung aus Mangel an wirklich operativen Erfolgen gezwungen sei, an der gesamten Ostfront nach schwachen Stellen zu suchen. Abgesehen aber davon, daß dieses Abtasten eine erhebliche Verzettelung der Kräfte bedeute, stelle die deutsche Führung diesen Durchbruchsversuchen nicht nur das vorzüglich durchgebildete System der elastischen Verteidigung, sondern auch moralisch und soldatisch überlegene Truppen entgegen.

So schreibt der militärische Kommentator der Madrider Morgenzeitung »Noche de Lunes«, daß die unaufhörlichen Angriffe der Sowjets Ströme von Menschen und Material gekostet hätten. Gewisse Anfangserfolge hätten deshalb nicht ausgenützt werden können, weil die bolschewistischen Truppen sich in der Ausbildung nicht mit den deutschen messen können, es liege in der Natur der deutschen Taktik, daß der Gegner die Initiative ergriff und dank seiner Materialmassierung örtliche Erfolge habe. Aber das genügt nicht – fährt der Verfasser fort, und die Verluste sind derartig gewaltig, daß der Bolschewistenmarschall ob seiner mißglückten Durchbruchsversuche nunmehr nur noch auf eine Erleichterung durch den kommenden Angriff seiner Verbündeten zu hoffen wagt. Er ist sich klar darüber, daß seine improvisierten Soldaten und der Mangel an guter militärischer Führung ihn nicht mehr zum Erfolg führen werden, denn was hat dieser Winterfeldzug im Osten den Sowjets eingebracht? Mehr oder weniger große Geländegewinne, aber von einem Zusammenbruch der deutschen Front kann keine Rede sein. Dafür habe der ausgezeichnete Geist der deutschen Truppen und die überlegene deutsche Führung gesorgt.

Deutschland habe 1943 den Faktor der Zeit für seine neuen Rüstungen weitgehend ausgenützt und brauche nunmehr den beabsichtigten konzentrischen Angriff auf Europa nicht zu fürchten. Deutschland, schließt der Artikel, ist heute auf jede Kriegsdauer eingerichtet.[146]

Die Behauptung, daß die Russen keine »operativen Erfolge« aufzuweisen haben, kehrt in den Berichten immer wieder. Wenn unter einem »operativen Erfolg« ein Durchbruch mit anschließendem Einmarsch in Berlin verstanden wird, dann haben allerdings die Russen bis jetzt noch keinen »operativen« Erfolg zu verzeichnen. Der ganze russische Feldzug wird aber zu einer vollendeten Wahnsinnstat, wenn das Vorrücken der deutschen Truppen ohne jede Bedeutung gewesen sein soll. Denn diese Vormärsche u. Geländegewinne waren sinnlos, wenn heute die Behauptung aufgestellt wird, daß die deutschen Truppen unwichtige Gelände aufgeben. Es ist jedenfalls eine unbestreitbare Tatsache, daß die Russen überaus große Geländegewinne erzielt haben, insbesondere seit Februar 1943. Die Russen haben Gelände zurückerobert, das wehrwirtschaftlich von der größten Wichtigkeit ist. Man kann sagen, daß gerade wegen dieses Geländes mit seinen Rohstoffen und seiner Fruchtbarkeit der Krieg gegen Rußland begonnen worden ist. Manganerz, Kohlen, Oel, Getreide. Diese wichtigen Dinge waren es, die anziehend wirkten.

Die Frage des Berichterstatters: »Was hat dieser Winterfeldzug im Osten den Sowjets eingebracht?«, ist verfrüht gestellt. Der Winter ist nämlich noch nicht zu Ende. Er währt noch bis zum 20. Maerz, und im Osten muß oft bis ⟨in den⟩ April ⟨hinein⟩ mit winterlichen Witterungsverhältnissen gerechnet werden. Aber auch bis zum gegenwärtigen Zeitpunkt sind die Erfolge der Russen immerhin schon beachtlich. Das Vordringen bis zu den Grenzen von Estland u. Lettland, das Eindringen in ehemals polnisches Gebiet (Rowno, Luck) und das Zerreißen der deutschen Front im Dnjepr-Bogen sind nicht dazu angetan, mit hochmütiger Miene das von den Russen Errungene zu verkleinern. »Von einem Zusammenbruch der deutschen Front kann keine Rede [sein]«, schreibt die Madrider Zeitung. Das stimmt an und für sich betrachtet. Ob wir mit oder ohne Zusammenbruch aus Rußland hinausgeworfen werden, wird sich am Schlusse gleich bleiben. Das ist der reinste Galgenhumor, auf den noch nicht erfolgten Zusammenbruch der Front zu verweisen und diese Feststellung als Aktivposten zu werten. Ein Trost zwar, aber ein sehr schlechter. –

Die Nordfront hält in schwerer Abwehr stand

Bisher nur örtliche Landungskämpfe im Brückenkopf von Nettuno

v. o. Berlin, 29. Januar ⟨44⟩. (Von unserem ständigen militärischen Mitarbeiter.) Ein Rückblick auf die militärischen Ereignisse an der Ostfront während der letzten Woche zeigt uns, daß die Großoffensive der Sowjets an der gesamten Front mit frischen Kräften aufgelebt hat. Was Stalin an Menschenmassen und Material hier wieder in den Kampf wirft, um an irgendeiner Stelle den Durchbruch und damit die Aufrollung der deutschen Front, vielleicht sogar die Einkesselung deutscher Heeresverbände zu erreichen, übersteigt nahezu alles, was wir bisher im Osten erlebt haben. Die Härte des Ringens wird immer wieder durch die täglich gemeldeten, ins Ungemessene gehenden blutigen Verluste und die vor unseren Fronten liegen gebliebenen zerschossenen Panzer und abgeschossenen Schlachtflugzeuge gekennzeichnet. Unerhört sind die Leistungen unserer Truppen, die hier ihr Letztes einsetzen, um dem vielfach überlegenen Gegner seine Hoffnungen zu zerschlagen! Unerhört aber auch die Leistungen der Führung, die es versteht, wo auch immer die Sowjets mit wechselnden Schwerpunkten ihre Großangriffe ansetzen, die unbedingt erforderlichen Eingreifdivisionen rechtzeitig zur Abriegelung und zum Ausgleich entstehender Frontlücken zur Hand zu haben.

Das blutigste und schwerste Ringen spielt sich zur Zeit zweifellos zwischen Ilmensee und der Kronstädter Bucht ab. Hier greifen die Sowjets seit dem 15. Januar mit einer Verbissenheit und Wucht an, die kaum noch zu überbieten sein dürfte. Freilich dreht es sich hier für sie auch nicht nur um einen Durchbruch und ein Aufrollen der deutschen Nordfront, sondern ihr Ziel liegt an der Ostsee, in der Rückgewinnung Estlands.

Wohl wurde den Sowjets das Kampfgelände westlich Nowgorod überlassen, aber südwestlich Leningrad stießen die konzentrischen Angriffe südlich von Puschkin und südwestlich von Krasnoje Selo auf zäh verteidigte deutsche Fronten.[147] Auch südöstlich Leningrad wurde am Wolchow unsererseits eine Frontverkürzung durchgeführt, aber auch die neue Riegelstellung sperrt zurzeit weiter die für die Sowjets wichtige Versorgungsbahn von Moskau. Mit zwei Stoßkeilen im Norden von Gatschina zielend, im Süden aus Nowgorod heraus erstreben die Bolschewisten von neuem einen Durchbruch. Ihr strategisches Ziel zeigt ein Blick auf die Karte. Mustergültige deutsche Führung und heldenhafter Einsatz unserer Truppen hat den operativen Durchbruch auch hier bisher vereiteln können.

Der zweite Schwerpunkt liegt in dem weiten Einbruchsraum um Kiew. Hier streben die Sowjets, zwischen Pripjet und Beresina in ständiger Offensive unsere Riegelstellungen ostwärts der Rokitno-Sümpfe einzudrücken. Dies ist ihnen ebenso wenig gelungen wie die geplante Erweiterung der weit vorspringenden Einbruchszungen von Sarny und Nowograd Wolinsk. Am interessantesten in diesem Kampfraum ist die Entwicklung am Südrand bei Berditschew und Pogrebischtsche. Dort drängen die deutschen Truppen in scharfem Offensivstoß den Gegner dauernd zurück, während gleichzeitig in Nachbarabschnitten die Sowjets Gegenstöße nach Süden führen. Dicht aneinander streben die Stoßkeile vorbei. In geschicktester Ausnutzung dieser Tatsache durchschnitten aber unsere Divisionen die feindlichen Marschsäulen und konnten so hinter unserer Front eine Feindgruppe bei Polonnoje vernichten und einen anderen Feindkessel bei Shaschkoff erledigen. Starke Infanterie- und Panzerangriffe der Sowjets bei Belaja Zerkow wurden nicht nur abgewiesen, sondern im Nachstoßen erweiterten unsere Grenadiere ihre Erfolge, die zur Ausschaltung eines bedrohlich nach Westen vorgeschobenen sowjetischen Frontbogens führten.[148]

Der nebenstehende Bericht vom 29.I.44 führt aus, daß in dem Raume zwischen Ilmensee und Kronstädter Bucht seit dem 15. Januar 1944 außergewöhnlich schwere Kämpfe stattfinden. Es wird besonders betont, daß die Angriffe der Russen südlich von Puschkin und südwestl. von Krasnoje Selo (das ist das Gebiet zwischen den Eisenbahnlinien Leningrad – Luga und Leningrad – Nowgorod) auf zäh verteidigte deutsche Fronten stoßen.

Das Oberkommando der Wehrmacht gab am 29. I. 44 bekannt:

Nordwestlich des Jlmensees und im Raum südlich Leningrad stehen unsere Divisionen weiter in schweren Abwehrkämpfen gegen weit überlegene feindliche Kräfte.
Bei einer planmäßigen Zurücknahme unserer Linien wurden die Orte Loßno und Gattschina aufgegeben.
Seit Beginn der Winterschlacht vor Leningrad wurden in diesem Frontabschnitt nach bisherigen Meldungen 510 feindliche Panzer vernichtet.[149]
Die rheinisch-westfälische 126. Infanteriedivision hat sich unter Führung des Obersten Fischer bei diesen Kämpfen besonders ausgezeichnet.[150]

Die Propaganda ist nicht müßig und hebt auffallend die Vernichtung der russ. Panzer hervor:

Vor Leningrad bis jetzt 510 Feindpanzer vernichtet

Wieviel deutsche Panzer sind vernichtet worden, meine Herren Kriegsberichterstatter? Ach so, das dürfen Sie nicht sagen. Verzeihen Sie bitte meine Neugierde. Mich interessieren tatsächlich nur die deutschen Verluste. Ihre Berichterstattung ist also für mich vollkommen wertlos!

Nachdem wir oben gelesen haben, daß an der Nordfront ein »blutiges u. schweres Ringen« stattfindet und die deutschen Truppen ihre Stellungen »zäh verteidigen«, wird der aufmerksame Teil der Leser sehr erstaunt gewesen sein, den Bericht vom 10. Februar 1944 vorgesetzt zu erhalten. Innerhalb von 14 Tagen ist das beschriebene Gelände militärisch unwichtig geworden. Man lese und staune:

Deutsche Kavallerie an der Ostfront

Die Absetzbewegungen zwischen Ilmen- und Peipussee[151]

rd. Berlin, 10. Februar ⟨44⟩. (Eigener Drahtbericht.) Der Wehrmachtbericht teilte erstmalig mit, daß am Mittwoch deutsche Kavallerieverbände an der Ostfront eingesetzt worden sind und in schneidigem Vorstoß mehrere feindliche Kompanien zerschlagen haben. Bereits seit geraumer Zeit hatten die Sowjets Kavallerie eingesetzt, die sich bei den schwierigen Gelände- und Witterungsverhältnissen, die in den weiten russischen Räumen typisch sind, oftmals zu Einzelaktionen besser geeignet erwiesen haben, als motorisierte Verbände. So wurde aus dem Einbruchsraum von Shitomir heraus ein sehr starker sowjetischer Kavallerieverband nach Westen vorgesandt, der die Aufgabe hatte durch deutsche Frontlücken vorzustoßen und das Hintergelände zu berunruhigen. Der Vorstoß des Feindes über Rowno und Luzk hinaus wurde im wesentlichen von diesen feindlichen Reitermassen getragen. Es erscheint beachtlich, daß sich die deutsche Truppenführung nun entschlossen hat, in den gleichen Räumen deutsche Kavallerieverbände einzusetzen, die das wirksamste Gegenmittel gegen die feindlichen Kavallerieangriffe darstellen dürften.

Die bisher schon weitgehend beweglich geführte deutsche Verteidigung wird damit in die Lage versetzt, sich noch mehr als bisher schnell den wechselnden Gegebenheiten des Kampfgeländes anzupassen.

Aus der Tatsache, daß im Raum von Shaschkoff am 8. Februar 113 feindliche Panzer vernichtet worden sind, geht hervor, daß die Sowjets hier offenbar einen starken Vorstoß von Norden nach Süden geplant hatten, der jedoch von eigenen Panzerkräften aufgefangen worden sein dürfte.

Die Absetzbewegungen zwischen Ilmen- und Peipussee dienen einer schon seit langer Zeit sich abzeichnenden allgemeinen Frontverkürzung im Norden der Ostfront. Nach der Aufgabe der Belagerung von Leningrad konnte die deutsche Truppenführung kein Gewicht mehr auf eine Verteidigung des umfangreichen Sumpfgeländes zwischen Ilmensee und dem Finnischen Meerbusen legen. Dementsprechend sind, wie aus der Mitteilung des Wehrmachtberichtes hervorgeht, Rückmarschbefehle erteilt worden, die eine Aufgabe dieses militärisch unwichtigen Geländes mit sich gebracht haben.[152]

2 1/2 Jahre war dieses Gebiet von deutschen Truppen besetzt. 2 1/2 Jahre wurden die Stellungen um den Ilmensee festungartig ausgebaut. Zehntausend junger Männer sind in hartnäckigen Kämpfen dort gefallen, und trotzdem wagt es ein Nazi-Schmierfink, von einem »unwichtigen Gelände« zu sprechen.

Aus dem Führerhauptquartier, 9. Febr. ⟨44.⟩
Das Oberkommando der Wehrmacht gibt bekannt:
Von vorbildlichem Kampfgeist erfüllt, wiesen unsere Truppen in schweren Abwehrkämpfen bei Nikopol, westlich Tscherkassy, östlich Shaschkoff, südlich der Beresina, südlich und westlich des Ilmensees sowie im Raum von Luga starke bolschewistische Angriffe und Durchbruchsversuche unter Bereinigung oder Abriegelung örtlicher Einbrüche ab.
Der Brückenkopf von Nikopol wurde nach sorgfältiger Zerstörung aller militärischen und kriegswirtschaftlichen Anlagen befehlsgemäß geräumt.
Östlich Shaschkoff wurden in Abwehr und Gegenangriff 58 feindliche Panzer vernichtet, südlich der Beresina, wo die Bolschewisten mit Strafgefangenenformationen angriffen, 15 weitere Kampfwagen abgeschossen.[153]

Es ist zu einer ständigen Uebung geworden, die Erfolge zu übertreiben und die Niederlagen zu beschönigen.

Am 9. Febr. wurde z.B. gemeldet, daß die russ. Angriffe im Raume von Luga von den von »vorbildlichem Kampfgeist erfüllten« deutschen Truppen abgewiesen worden sind.

Dieser Kampfgeist ist aber auch bei den Russen vorhanden, denn am 12. Februar haben sie Luga und das anliegende Gebiet erobert.

Brückenkopf Nikopol. Immer wieder rannten, wie der Bericht des OKW. wiederholt meldete, die Sowjets gegen diesen Eckpfeiler im Dnjeprknie an, ohne jedoch bisher ihre Absicht, unsere Front hier zurückzudrücken, verwirklichen zu können. Blick vom Brückenkopf über den Dnjepr zum andern Ufer.[154]
PK.-Aufn.: Kriegsber. Scheerer (Atl)

Der Brückenkopf Nikopol ist am 9.II.44 an die Russen verloren gegangen.

Alles umsonst! Die Heeresleitung gab sich die größte Mühe, Nikopol zu halten. Ob nur wegen des Erzes oder auch als Ausgangsstellung zur Entsetzung der Krim, mag dahingestellt bleiben.

Die großen Opfer sind vergeblich gebracht!

Die unsinnigen Kämpfe gehen weiter!

Niemand gebietet Einhalt!

Die Herren Offiziere haben kein Verantwortungsgefühl dem Volke gegenüber.

Die Offiziere folgen einem Adolf Hitler in den Abgrund!

Vielleicht muß auch das so sein. –

Die Räumung des Brückenkopfes von Nikopol

Große Verluste der Sowjets in der zweiten Abwehrschlacht von Witebsk

⟨1944.⟩

ks. Berlin, 9. Februar. (Eigener Drahtber.) Die Brückenkopfstellung von Nikopol war monatelang der Schauplatz heftiger Kämpfe. Ebenso stark und zäh wie die Sowjets den Brückenkopf bedrängten, war auch die deutsche Verteidigung. Selbst die außerordentlich ungünstige Ausbuchtung der Südfront nach Osten wurde deutscherseits in Kauf genommen, im wesentlichen nur wegen des Brückenkopfes von Nikopol. Es war klar, daß sich diese äußerste Ostposition des gesamten deutschen Stellungssystems gegen die Sowjets nicht auf die Dauer würde halten lassen, was auch augenscheinlich gar nicht in der Absicht der deutschen Truppenführung lag. Nikopol hatte niemals die Bedeutung eines strategischen Punktes, war aber wehrwirtschaftlich von äußerster Wichtigkeit wegen seiner Manganerzlager, die schon in der Vorkriegszeit auf über 10 Millionen Tonnen geschätzt worden sind. Dieses für die Stahlherstellung wichtige Metall war seit 1942 von uns gefördert worden und die Vermutung scheint berechtigt, daß der Brückenkopf von Nikopol so lange gehalten werden mußte, wie es notwendig schien, um uns für absehbare Zeit mit diesem Erz in ausreichender Menge zu versorgen. Der Wehrmachtbericht meldet nun, daß alle militärischen und kriegswirtschaftlichen Anlagen zerstört worden sind. Damit entfällt jeder Wert dieser Stadt, und der Zeitpunkt der Räumung war gegeben. Immer aber wird sich mit dem Begriff Nikopol nicht nur die Erinnerung an hervorragende militärische Abwehrleistungen verbinden, sondern auch der Gedanke an eine weit vorausschauende kriegswirtschaftliche Planung und an hervorragende ingenieurtechnische Leistungen.

An allen anderen Brennpunkten der Abwehrschlacht des Ostens gehen die harten Kämpfe weiter. Bemerkenswert ist wieder der Raum von Witebsk, wo zur Zeit die zweite Abwehrschlacht tobt. Wieviel Kräfte die erste Abwehrschlacht, in der 50 sowjetische Schützendivisionen und zahlreiche Panzerverbände zerschlagen wurden, bereits absorbiert hatte, erkennt man aus der Tatsache, daß dort die sowjetische Truppenführung nun bereits wieder eine Kampfpause einlegen mußte, um die Kampfverbände neu zu formieren. Auch an der Nordfront westlich des Ilmensees sowie im Raum von Luga scheint sich die Lage zusehends zu stabilisieren.[155]

[Zu nebenstehender Seite[156]]

Am 30. Januar 1944 behauptete Adolf Hitler, daß der Sieg Deutschlands für jeden Nationalsozialisten eine innere Gewißheit sei.

Beim besten Willen vermag ich bei den abgebildeten prominenten Persönlichkeiten keine Spur von einer Siegeszuversicht zu entdecken.

Dr. Josef Goebbels sieht aus, als wäre er voller Todesahnungen.[157]

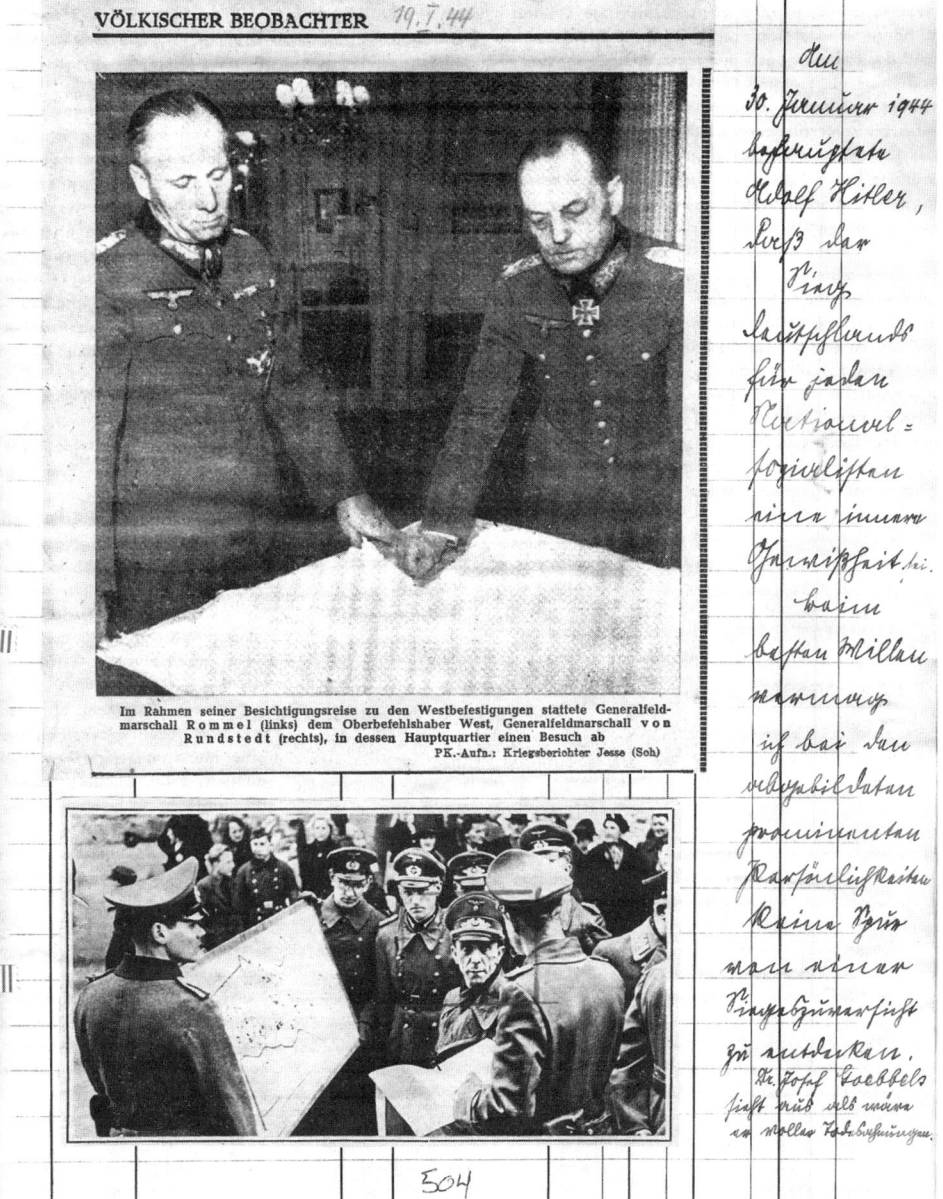

VÖLKISCHER BEOBACHTER 19.I.44

Im Rahmen seiner Besichtigungsreise zu den Westbefestigungen stattete Generalfeldmarschall R o m m e l (links) dem Oberbefehlshaber West, Generalfeldmarschall v o n R u n d s t e d t (rechts), in dessen Hauptquartier einen Besuch ab

PK.-Aufn.: Kriegsberichter Jesse (Sch)

Am 30. Januar 1944 bekräftigte Adolf Hitler, daß der Sieg Deutschlands für jeden Nationalsozialisten eine innere Gewißheit sei.

Beim besten Willen vermag ich bei den abgebildeten prominenten Persönlichkeiten keine Spur von einer Siegeszuversicht zu entdecken.

Dr. Josef Goebbels sieht aus als wäre er voller Todesahnungen.

504

Aufruf zum freiwilligen Ehrendienst

Der Generalbevollmächtigte für den Arbeitseinsatz: »Die kriegswirtschaftliche Erzeugung muß auf ihren höchsten Stand gebracht werden«

VB. Berlin, 17. Februar ⟨44⟩ Der Sieg, dem zuliebe wir die Schwere der Zeit willig tragen, weil er allein uns eine menschenwürdige Zukunft in Freiheit und Sicherheit verbürgt, hängt von der Tapferkeit unserer Soldaten an der Front, von dem zähen Widerstand der Heimat gegen den feindlichen Terror und nicht zuletzt von der deutschen Produktion ab. Sie muß desto intensiver vorangetrieben werden, je mehr sich die gewaltige Auseinandersetzung ihren Entscheidungen nähert. Die Mobilmachung der Arbeitskraft ist hierfür schon weithin erfolgt, doch haben nach dem ausdrücklichen Willen des Führers Pflichten auf dem Gebiet des Arbeitseinsatzes nur in einem aus vielen Gründen beschränkten Umfang eine gesetzliche Auflage gefunden. Daß über sie hinaus noch unerschlossene Reserven der Arbeitskraft vorhanden sind, ergibt sich allerorten. Je umfassender sie auf der Basis der Freiwilligkeit erschlossen werden können, desto nutzbringender werden sie zum Einsatz kommen. Aus dieser Erkenntnis erläßt der Generalbevollmächtigte für den Arbeitseinsatz, Gauleiter Sauckel, einen Aufruf an das deutsche Volk, in dem er zum freiwilligen Ehrendienst zugunsten der deutschen Rüstung auffordert. Dem guten Willen und der Bereitschaft werden dabei keine Grenzen gesetzt, um die kriegswirtschaftliche Erzeugung auf ihren höchsten Stand zu bringen. Es sollen demnach jeder arbeitsfähige deutsche Mann und jede arbeitsfähige deutsche Frau, die, etwa wegen Überschreitung der Altersgrenze, pflichtmäßig zur Arbeit noch nicht herangezogen wurden, sich freiwillig auf Kriegsdauer zur Aufnahme einer ihnen genehmen Beschäftigung melden, wobei auf die persönlichen Wünsche weitgehend Rücksicht genommen werden kann. Der Aufruf des Generalbevollmächtigten hat folgenden Wortlaut:

Wie noch nie zuvor in der deutschen Geschichte ist das deutsche Volk mit seiner Führung zu einer unzerstörbaren und unauflöslichen Einheit verschworen und verschmolzen.

Auf der Grundlage der nationalsozialistischen Lebens-, Not- und Schicksalsgemeinschaft, d. h. einer ebenso natürlichen wie zweckvollen und vernünftigen sozialen, politischen und staatlichen Ordnung kämpft es den gewaltigsten Kampf der Völkergeschichte dieser Erde um sein Dasein, um Ehre, Freiheit und Brot gegen die beabsichtigte totale Vernichtung. Weder die verlogenen Versprechungen und Sirenenklänge seiner Feinde, noch ihre ungeheuerlichen Drohungen können Volk und Führung in dem unerbittlichen Entschluß, diesmal bis zum Siege um jeden Preis durchzuhalten, für ihn zu kämpfen und zu arbeiten, erschüttern. Millionen deutscher Soldaten ringen an allen Fronten um den Endsieg. Millionen deutscher Arbeiter der Stirn und der Faust, Millionen deutscher Frauen und Mädchen, Millionen deutscher Bauern verbürgen durch ihren Fleiß beim Arbeitseinsatz in der gesamten deutschen Kriegswirtschaft auch auf dem ebenfalls kriegsentscheidenden Kampffeld der Arbeit und der höchsten Leistung die Produktion der lebensnotwendigen Güter und vor allem aber aller Waffen, der Ausrüstung, Nahrung und Kleidung, die zum Siege gebraucht werden.

So ringt das deutsche Volk geschlossen um sein Leben. Niemals wird der furchtbare Blutsauger und Massenmörder Stalin, niemals werden die abgefeimten und erbärmlichen Judenknechte Churchill und Roosevelt ihr Ziel erreichen. Niemals werden die unvergleichliche Kultur und segensreiche soziale Ordnung unseres Reiches zerstört werden; denn wie noch niemals im Laufe der Zeiten erfüllt das ganze deutsche Volk gegenüber Vergangenheit und Zukunft seine Pflicht, sei es an der Front oder bei der Arbeit zu Hause.

Trotz der Härte des Kampfes und der Schwere der Zeit herrschen in unserer Heimat gegenüber allen anderen Staaten die denkbar geordnetsten Zustände. Die zum Leben notwendige Nahrung und aller wirklich lebenswichtige Bedarf ist für alle Volksgenossen durch eine gerechte und soziale Kriegsordnung unseres Führers Adolf Hitler gesichert. Der Gesundheit der Frauen und Kinder, wie des ganzen Volkes wird im größten Ausmaß Rechnung getragen. Im fünften Kriegsjahr herrscht noch immer ein reiches kulturelles Leben, und die geistige und seelische Betreuung des ganzen Volkes ist trotz aller Kriegsnot und Arbeit einzigartig in der ganzen Welt.

Das alles ist bei unseren Gegnern vollkommen anders. Dort erfreuen sich lediglich die Plutokraten und Kapitalisten ohne Rücksicht auf die Not der Massen eines ungeschmälerten, ja skandalösen Lebensstandards. Sowohl in England wie in Amerika lassen die blutsaugerischen Ausbeuter, Kapitalisten und Juden die Massen ihrer Völker materiell und seelisch, vor allem auch ihre Jugend verwahrlosen. In der Sowjetrepublik herrschen nur der Schrecken, die Angst, der blutigste Terror und der grausamste Zwang. All dies Schreckliche, für das deutsche Volk und seine Verbündeten Unausstehliche gilt es von Deutschland und Europa fernzuhalten.

Deutsche Volksgenossen und Volksgenossinnen, helft darum auch alle noch mehr als bisher mit, Deutschlands Leistung auf all jenen Gebieten des Lebens, die für die Kriegführung wichtig sind, zu steigern! Dadurch helft ihr mit, den Tag des Endsieges näherzurücken.

Alle deutschen Volksgenossen und Volksgenossinnen aber, die auf Grund dieser Für- und Vorsorge des Führers keiner gesetzlichen Arbeitspflicht unterliegen, die sich aber selbst noch fähig und gesund fühlen, ihrem Volk in dieser gewaltigen und großen Zeit einen wertvollen Dienst zu leisten, werden hiermit aufgerufen, sich dem Arbeitseinsatz in einem freiwilligen Ehrendienst zur Verfügung zu stellen. Dem guten Willen und der Bereitschaft sind keine Alters- und sonstigen Grenzen gesetzt. Im Jahre 1944 muß in dem großen Ringen um die Freiheit Europas die kriegswirtschaftliche Erzeugung auf ihren höchsten Stand gebracht werden. Durch die Verordnung über die Meldepflicht von Männern und Frauen für Aufgaben der Reichsverteidigung und durch die neue Verordnung zur Erfassung von Männern und Frauen, die aus Anlaß des Luftkrieges ihre bisherige Tätigkeit aufgegeben haben, sind schon weite Kreise der deutschen Bevölkerung auf gesetzlicher Grundlage zum Kriegsarbeitseinsatz herangezogen worden.

Es kommt nunmehr aber darauf an, daß jeder arbeitsfähige deutsche Mann und jede arbeitsfähige deutsche Frau, die durch diese Verordnungen nicht erfaßt werden und denen es ihre sonstigen Verhältnisse gestatten, freiwillig nach bestem Können und Vermögen ihren Beitrag zum deutschen Siege leisten.

Männer und Frauen, die ihr auf Grund der gesetzlichen Bestimmungen zu einer Meldung für den Arbeitseinsatz nicht verpflichtet seid, ich rufe euch deshalb unter Hinweis auf die vorstehenden Ausführungen besonders auf, stellt eure Arbeitskraft in diesem Jahre größter Entscheidungen freiwillig zur Verfügung!

Der Aufruf ergeht an diejenigen, bei denen sich durch eine Änderung ihrer persönlichen Verhältnisse neue Möglichkeiten des Einsatzes ergeben können oder schon ergeben haben. Ich denke dabei auch an Haushaltungen, die in der Lage sind, alle nicht wirklich ganz unentbehrlichen Hausangestellten ganz oder teilweise zur Verfügung zu stellen. Auch für diejenigen, die nach der Altersgrenze der Meldepflichtverordnung für den Kriegseinsatz nicht erfaßt sind, bietet sich die Gelegenheit eines wertvollen kriegswichtigen Arbeitseinsatzes und dabei auch selbstverständlich eines lohnenden Verdienstes.

Auf persönliche Wünsche wird bei diesem freiwilligen Einsatz so weit wie möglich Rücksicht genommen. Das gilt insbesondere auch dann, wenn nur halbtags- und stundenweiser Einsatz in Frage kommt sowie für den Einsatz in Heimarbeit und am Wohnort.

Es ist selbstverständlich, daß für eine freiwillige Verpflichtung nur die Kriegszeit in Frage kommt. Auf die Ausstellung eines Arbeitsbuches wird in diesem Falle verzichtet.

Angesichts der unvergleichlichen Leistungen unserer Soldaten, aber auch unserer schon in Arbeit stehenden Volksgenossen und Volksgenossinnen in Stadt und Land prüfe jeder ernsthaft sein Gewissen und stelle, soweit wie möglich seine Arbeitskraft für die deutsche Kriegswirtschaft und damit für den Sieg freiwillig zur Verfügung.

Männer und Frauen, meldet euch daher sofort bei dem für euren Wohnort zuständigen Arbeitsamt! Die Dienststellen der Nationalsozialistischen Frauenschaft werden den Frauen dabei beratend und helfend zur Seite stehen.[158]

Der Generalbevollmächtigte für den Arbeitseinsatz, der Gauleiter Fritz Sauckel, hat vorstehenden Appell zum »freiwilligen Ehrendienst« an das deutsche Volk gerichtet.

Im Februar 1943, also genau vor einem Jahre, wurde der totale Krieg proklamiert. Jetzt folgt der totalste Kriegseinsatz; die allerletzte Arbeitskraft soll mobilisiert werden. Es fällt auf, daß nicht im Wege der Gesetzgebung vorgegangen wird. An die Freiwilligkeit wird appelliert. Zur Begründung dieses Vorgehens wird gesagt:

> ⟨»⟩Der Führer hat auf dem Gebiet des Arbeitseinsatzes unserer Volksgemeinschaft nur solche Pflichten durch Gesetz auferlegen lassen, die – im Gegensatz zu den Maßnahmen unserer Feinde, die schon Jugendliche in die Bergwerke zwingen und auf kranke Frauen keine Rücksicht nehmen – mit der Gesunderhaltung unseres Volkes vereinbar sind.⟨«⟩

Nun soll noch einer behaupten, der Führer wäre nicht rücksichtsvoll. –

Was bis jetzt noch nicht erfaßt ist, das kann niemals von ausschlaggebender Bedeutung sein. Die Frauen bis 45 und die Männer bis 65 Jahre sind bereits durch Gesetz zur Arbeit verpflichtet und durch die Arbeitsämter in den Arbeitsprozeß gebracht worden. Was verspricht sich Sauckel von seinem Aufruf? Hier und dort mag es noch einen arbeitslosen Mann und eine nicht beschäftigte Frau geben. Im großen und ganzen sind aber alle wirklich arbeitsfähigen Menschen irgendwo tätig. Von dieser allerletzten Reserve verspreche ich mir gar nichts. Wir werden es sehen. –

23. Febr. 1944.
Erhöhte Fliegertätigkeit! Tag und Nacht summt und brummt es. Dem Anscheine nach ist das die Ouvertüre zu der angedrohten Invasion. Herr Churchill hatte sie zwar schon angekündigt »wenn die Herbstblätter fallen«. Aber es ist jedenfalls das Recht aller Staatsmänner, möglichst viel zu schwätzen und das Blaue vom Himmel herunter zu lügen. Wie verhält sich das Volk? Auf meinen Eisenbahnfahrten habe ich Gelegenheit, »die Stimme des Volkes« zu vernehmen. Fürs erste kann gesagt werden, daß die Propaganda wieder einmal einen Anfangserfolg zu buchen hat. Die Masse ist hypnotisiert von den gemeldeten Abschußzahlen. Wohlweislich werden z.Z. nur die angeblich abgeschossenen engl. u. amerikanischen Bomber mitgeteilt. Die Menschen sind damit zufrieden und rechnen damit, daß die Feinde sich derartige Verluste auf die Dauer nicht leisten können. Die Hoffnung ist nicht unterzukriegen. Trotz schlechter Erfahrungen in diesem Kriege wird weiter gehofft.

Wo es geht, weise ich darauf hin, daß die Gegner nicht schwächer, sondern stärker werden. Das glaubt mir keiner. Ich erwähne auch, daß mich die Verluste der Gegner überhaupt nicht interessieren. Ich wünsche die deutschen Verluste zu hören. Das macht auf die meisten Hörer wenig Eindruck. Sie wollen einfach von der Wirklichkeit nichts wissen. Nur nicht denken. Die süße Propaganda wie besessen schlürfen, da sind sie alle bei der Hand. Ja, das deutsche Volk ist eine Rasse für sich. Auf die totale Ernüchterung bin ich gespannt.

24. Febr. 1944.
Der Heeresbericht vom 23. Februar 1944 sagt u.a. folgendes:

> **Südöstlich Kriwoj Rog durchbrachen unsere Grenadiere von Sturmgeschützen unterstützt die feindliche Stellung und fügten den zäh Widerstand leistenden Sowjets in weiterem Vorstoß schwere blutige Verluste zu. Die Stadt Kriwoj Rog wurde nach erbitterten Kämpfen und nach Zerstörung aller kriegswichtigen Anlagen geräumt.**
>
> **Im Raum von Swenigorodka und in dem Gebiet südlich des Pripjet verliefen eigene Angriffe erfolgreich.**
>
> **Bei einem überraschenden Luftangriff gegen den sowjetischen Flugplatz Shitomir wurden zwanzig feindliche Flugzeuge vernichtet.**
>
> **Während südlich der Beresina und südöstlich Witebsk örtliche Angriffe der Bolschewisten abgewiesen wurden, dauern nordöstlich Rogatschew die schweren Kämpfe mit eingebrochenen feindlichen Kräften an.**
>
> **Im Nordabschnitt der Ostfront verlaufen unsere Absetzbewegungen südwestlich und westlich des Ilmensees planmäßig. Östlich des Peipussees scheiterten wiederholte Angriffe der Sowjets.**
>
> **Am gestrigen Tage verlor der Feind an der Ostfront 47 Flugzeuge.**[159]

⟨Und wir?⟩

Die »schweren Verluste der Gegner« und die ständigen »Abwehrerfolge« werden hin u. wieder vermischt mit Räumungen zerstörter Städte und planmäßigen Absetzbewegungen. Im großen und ganzen sind dem deutschen Volke seither nur glänzende Abwehrerfolge der deutschen Truppen vorgeführt worden. Eine Niederlage wird derartig umschrieben, daß schließlich doch noch ein deutscher Sieg daraus gemacht wird. Die Verfasser der Berichte können sich alles erlauben, denn es gibt in Deutschland niemand, der Gelegenheit hätte, Kritik zu üben. Die »Staatsfeinde« u. »Volksschädlinge« sowie die »Zersetzer der Widerstandskraft der Wehrmacht« müssen schweigen, denn einmal entdeckt, wäre es um sie geschehen.

Nach obigem Berichte dauern bei Rogatschew »die schweren Kämpfe mit eingebrochenen feindlichen Kräften an«. Wir wollen einmal beobachten, wie die Fortsetzung lautet, d.h. der Ausgang dieser Kämpfe uns schmackhaft gemacht wird. –

Vor einem neuen Auftakt an der Ostfront

Starke feindliche Bereitstellungen erkannt – Absetzbewegungen im Norden

ks. Berlin, 23. Februar ⟨44⟩. (Eigener Drahtbericht.) Die Kämpfe an der Ostfront haben in den letzten Wochen ausgesprochen örtlichen Charakter getragen, obwohl von den verschiedensten Stellen der Front starke feindliche Angriffe gemeldet worden sind. Wichtiger noch als diese Angriffe ist die Tatsache, dass die Sowjets neue starke Kräfte für Großangriffe bereitstellen. Demgemäß kommt den jetzigen Kämpfen nur die Bedeutung zu, örtliche Angriffsbasen zu schaffen, von denen aus die kommenden Offensivbemühungen der Sowjets ihren Anfang nehmen sollen. Deutscherseits sind hiergegen selbstverständlich Maßnahmen ergriffen worden, zu denen nicht zuletzt auch die Absetzbewegungen im Norden der Ostfront gerechnet werden müssen. Hier wird zwischen dem Peipussee und dem Ilmensee eine neue deutsche Frontlinie aufgebaut, über deren mutmaßlichen Verlauf die bisherigen Veröffentlichungen des Oberkommandos der Wehrmacht noch keinen Aufschluß geben. Auch die Freigabe der Stadt Kriwoj Rog ist unter diesem Gesichtspunkt zu werten. Nachdem der Brükkenkopf von Nikopol geräumt worden war, konnte es sich nur noch um einige Tage handeln, bis auch Kriwoj Rog dem Feind wieder überlassen werden mußte.

Die schwersten Kämpfe der letzten Tage an der Ostfront spielen sich im Kampfraum nordöstlich Rogatschew ab, wo die Sowjets wohl das Ziel verfolgen, eine ganz besonders günstige Basis für kommende Ereignisse zu schaffen. Der Wehrmachtbericht meldet, daß feindliche Kräfte in die deutschen Stellungen eingebrochen sind. Die nächsten Tage werden erweisen, ob sich hinter diesen örtlichen Offensivanstrengungen der Sowjets weiterreichende Pläne verbergen.

An den beiden italienischen Fronten bei Cassino und am Landekopf von Nettuno hat die Kampftätigkeit nachgelassen, nachdem die deutschen Truppen im Nettuno-Abschnitt einige Tage lang eine Gegenoffensive durchgeführt hatten. Damit jedoch dürfte noch keine Bereinigung und Ausgleichung der Lage auf diesen beiden Kampffeldern erfolgt sein, vielmehr tragen die Stellungen der beiden Parteien zur Zeit den Keim kommender Auseinandersetzungen in sich. Man kann also auch hier in den nächsten Tagen ein Wiederaufleben der Kämpfe erwarten.[160]

Obiger Bericht bereitet die Leser darauf vor, daß Großangriffe der Russen zu erwarten sind.

Im Jahre 1941 wurde uns die russische Armee von amtlicher Seite so dargestellt, als wäre ihr unrühmliches Ende sehr nahe. Blättern wir also in dieser Kriegsgeschichte etwas zurück:

Deutscher Frontbericht v. 13. Juli 1941:

»Bei zahlreichen feindlichen Verbänden zeigen sich Verfalls- und Auflösungserscheinungen«.[161]

Frontbericht v. 17. Juli 1941:

»Durch Einsatz ihrer letzten Reserven versucht die Sowjetführung dem Ansturm der deutschen Wehrmacht und ihrer Verbündeten Halt zu gebieten.«[162]

Frontbericht v. 22. Juli 1941:

»Die Durchbruchsoperationen der deutschen Wehrmacht u. ihrer Verbündeten haben die sowjetische Verteidigungsfront in zusammenhangslose Truppen zerrissen.«[163]

Frontbericht v. 23. Sept. 1941:

»... es machen sich zunehmende Auflösungserscheinungen des Feindes bemerkbar.«[164]

Aus der Rede des Führers vom 3. Okt. 1941: »... Ich spreche das erst heute aus, weil ich es heute sagen darf, daß dieser Gegner bereits gebrochen und sich nie mehr erheben wird.«[165] –

Dieser gebrochene u. sich nie mehr erhebende Gegner lebt i. J. 1944 immer noch und ist im Begriffe, die deutschen Truppen aus Rußland zu vertreiben.

Sonderbar, sonderbar!!!

25. Februar 1944.

An den Brennpunkten der Winterschlacht

Trotz heftiger feindlicher Angriffe ungehinderte Bewegungen im Norden der Ostfront

dnb. Berlin, 24. Februar ⟨44⟩. Am 23. Februar lag das Schwergewicht der Winterschlacht im Abschnitt Beresina – Rogatschew und an der Front zwischen Ilmensee und Peipussee. Daneben entwickelten sich Angriffs- und Abwehrkämpfe im Raum westlich Tscherkassy sowie südlich des Pripjet, am Südostbogen der Witebskfront und im Narwa-Abschnitt. Bei Kriwoj Rog ließ dagegen die feindliche Angriffstätigkeit vorübergehend nach. Hier sahen sich die Bolschewisten durch ihre schweren bei den Kämpfen der Stadt erlittenen Verluste gezwungen, eine Kampfpause zur Umgruppierung ihrer Verbände einzuschalten. Zur Verschleierung ihrer Maßnahmen griffen sie an mehreren Stellen in Bataillonsstärke erfolglos an.

Westlich Swenigorodka machte der deutsche Angriff zur Frontbegradigung weitere Fortschritte. Trotz zäher feindlicher Gegenwehr wurden mehrere Ortschaften genommen. Oestlich Shaschkoff versuchten die Sowjets von neuem, vorspringende Teile unserer Hauptkampflinie einzudrücken. Sie griffen wiederholt mit Infanterie- und Panzerkräften an. Die Vorstöße scheiterten jedoch unter Verlust von zwanzig Panzern. Zur Unterstützung der Heeresverbände eingesetzte Schlachtfliegerstaffeln zersprengten in den Bereitstellungsräumen des Feindes Truppenansammlungen und Marschkolonnen.

In der Mitte der Ostfront nahmen die Bolschewisten zwischen Pripjet und Beresina ihre Durchbruchsversuche unter Verlagerung des Angriffschwerpunktes nach Süden wieder auf. Sie führten starke, von Panzern unterstützte Stöße in nördlicher Richtung, die aber in wechselvollen Kämpfen abgewiesen wurden. Nur an einer Stelle konnten Teilkräfte in geringer Tiefe in unsere Linien eindringen. Von Panzern begleitete Gegenstöße riegelten die Einbruchsstelle ab. Auch nördlich Rogatschew blieb den Sowjets der erstrebte Durchbruchserfolg in Richtung auf Bobruisk wiederum versagt. Der Feind suchte sich in dem vor zwei Tagen geschaffenen Einbruchsraum zu verstärken. Eigene Reserven verhinderten jedoch die Ausweitung des Einbruchs und brachten den fortgesetzt angreifenden Sowjets starke Verluste bei. An einer Stelle blieben allein sechs zerschossene Panzer und über 400 gefallene Bolschewisten liegen. Unsere Schlachtflieger griffen mit starker Wirkung anrückende Verstärkungen, biwakierende Truppen und Batteriestellungen an. Besondere Erfolge errangen die unmittelbar in die Erdkämpfe eingreifenden Staffeln.

Harte Kämpfe entwickelten sich im mittleren Frontabschnitt etwa in der Mitte zwischen der Rollbahn Smolensk – Orscha und Witebsk. Am Dienstag hatten hier die Bolschewisten einige örtliche Einbrüche erzielen können. Meist sind diese aber schon wieder bereinigt oder sie werden von allen Seiten durch unser Feuer so beherrscht, daß die Sowjets aus ihnen bisher keinerlei Nutzen ziehen konnten. Dennoch versucht der Feind seine geringfügigen Vorteile auszubauen. Er führte laufend Verstärkungen heran, und erhöhte die Wucht seiner Angriffe durch Einsatz zahlreicher Panzer. Es gelang ihm vorübergehend auch in dem unübersichtlichen Waldgelände dieses Frontabschnittes etwas vorwärts zu kommen. Zum Gegenangriff angetretene Tiger und Grenadiere stellten die Lage jedoch im wesentlichen wieder her und vereitelten die feindlichen Versuche, bis zu unseren Artilleriestellungen vorzustoßen. Trotz seiner neuerlichen Mißerfolge verstärkte sich der Feind aber weiter und hält seinen Druck in Richtung auf die Straße Witebsk – Orscha aufrecht. Im Lutschessa-Brückenkopf von Nowiki griffen die Sowjets ebenfalls, wenn auch wiederum vergeblich an.

Die auch im Norden der Ostfront zum Teil zu größerer Härte anschwellenden Kämpfe entwickelten sich aus den Versuchen des Feindes, unsere seit einigen Tagen laufenden Absetzbewegungen zur Frontverkürzung zu stören. Da die Bolschewisten aus ihren teuer bezahlten Erfahrungen im Abschnitt nördlich des Ilmensees wissen, daß ein Nachstoß durch das Sumpf- und Waldgebiet nordwestlich Cholm mit schweren Materialverlusten verbunden sein würde, stürzten sie sich auf das verhältnismäßig gute Straßen- und Bahnnetz zwischen Ilmensee und Peipussee und drückten aus diesem Raum sowie über das Eis des Peipussees nach Süden. Alle Angriffe auf die Abriegelungsfront, in deren Schutz die eigenen Bewegungen ungehindert weitergingen, wurden somit zum Stehen gebracht oder abgewiesen. Auch im Raum von Narwa lebte die Kampftätigkeit stärker auf. Schlacht- und Kampfflieger griffen zur Unterstützung der Heeresverbände bei Tage und in der Nacht zum 24. Februar feindliche Artilleriestellungen und stark belegte Truppenquartiere an.[166]

Wer zwischen den Zeilen zu lesen vermag, wird herausfinden, daß die deutsche Ostfront keine stabile Front mehr ist. Die Erfolge der Russen werden zwar durch Redensarten verschleiert, aber schließlich sind doch die deutschen »Absetzbewegungen« keine siegreichen Betätigungen. Die Einbruchsstellen der Russen werden stets »abgeriegelt«. »Aus örtlichen Einbrüchen kann der Gegner keinen Nutzen oder nur geringfügige Vorteile ziehen«. Aber schließlich müssen die Herren Berichterstatter kleinlaut zugeben, daß hinter der Abriegelungsfront weitere rückwärtige Bewegungen vorgenommen werden. Wenn die Russen ihre Nachschublinien gesichert und den Armeetroß nachgebracht haben, dann beginnen neue Angriffe und – neue Absetzbewegungen der deutschen Truppen. Der Tag ist nicht mehr fern, an dem kein deutscher Soldat mehr sich vom russischen Boden »absetzen« kann, weil er nämlich aus Rußland vertrieben ist.

29. Februar 1944.

Heute hat unser Sohn Geburtstag.[a] Nur alle 4 Jahre. Seine Gedanken werden nach Deutschland schweifen. Er wird auch daran denken, daß seine Eltern klüger waren als der größte Teil des deutschen Volkes, der sich blindlings dem Welteroberer Hitler und der »neuen Idee« verschrieb. Armes, geisteskrankes Volk! –

a) Gemeint ist Friedrich Kellners einziger Sohn Karl Friedrich Wilhelm Kellner (geb. 29.2.1916 in Mainz, gest. 30.5.1953 in Bezons bei Paris).

3. Maerz 1944.

Hermann Göring:

Die Luftwaffe wird mit neuen Kräften und neuen Waffen dem Feind antworten

Tagesbefehl des Reichsmarschalls zum Tag der Luftwaffe

Berlin, 2. März ⟨44⟩. Der Reichsmarschall hat zum »Tag der Luftwaffe« folgenden Aufruf erlassen: »Soldaten der Luftwaffe! Meine Kameraden! An unserem Ehrentag fühle ich mich mit jedem von Euch besonders stark verbunden. Ihr habt Euch auch im neunten Jahre der wiedererstandenen deutschen Luftwaffe in Angriff und Abwehr, in härtester Pflichterfüllung hervorragend bewährt, an den Fronten, in treuester kameradschaftlicher Verbundenheit mit den heldenhaft kämpfenden Musketieren und Panzergrenadieren, so auch im Heimatkriegsgebiet in entschlossenem Kampf gegen die Schänder unserer so geliebten deutschen Erde.

Dafür danke ich Euch!

Kameraden, die herrliche Haltung des deutschen Volkes, allem grausamen Bombenterror zum Trotz, ist uns höchste Verpflichtung. Diesem Feind wird mit neuen Kräften und mit neuen Waffen Antwort gegeben, die er verdient. Ich vertraue auf Euch und ich weiß, daß sich der Führer in den Stunden der großen Entscheidung auf seine Luftwaffe verlassen kann.

Erfüllt von unbeirrbarer Siegeszuversicht gedenken wir am heutigen Tage in unendlicher Dankbarkeit der lieben, vor dem Feind gebliebenen Kameraden und der gleich den Soldaten an der Front für Deutschlands große Zukunft Gefallenen der Heimat. Ihr Opfergang ist der große Befehl in uns.

Kameraden, wir grüßen den Führer! Heil, meine Luftwaffe!«

Göring,
Reichsmarschall des Großdeutschen Reiches und
Oberbefehlshaber der Luftwaffe[167]

Und was sagte der Herr Reichsmarschall am 9. August 1939?

> »... denn das Ruhrgebiet werden wir auch nicht einer einzigen Bombe feindlicher Flieger ausliefern.«[168]

Was sagte ich damals zu den Schwätzern, die das nachbeteten?

> »Habt ihr eiserne Vorhänge, die vom Himmel herunter gelassen werden, damit die feindlichen Flieger nicht in Deutschland einfliegen können?«

Ich gehörte damals zu den ekelhaften »Miesmachern« und wurde dementsprechend behandelt. Die Nazis sahen mich alle mit scheelen Augen an, denn ich übte (wie Herr Mönnig an den Kreisleiter Backhaus schrieb) »einen schlechten Einfluß auf die Laubacher Bevölkerung aus«.

So geht der Kampf gegen den Unverstand der Massen ohne Unterbrechung seit der »Machtergreifung« weiter. Die Gläubigen Hitlers sind etwas zusammengeschmolzen. Der Hauptkampf kommt aber erst noch. –

4. Maerz 1944.

Hohe Auszeichnungen für die Tscherkassy-Kämpfer

Führerhauptquartier, 24. Februar ⟨44⟩. Der Führer hat nach Abschluß der Durchbruchskämpfe westlich Tscherkassy eine große Anzahl hoher Tapferkeitsauszeichnungen an Heeresangehörige verliehen. Bereits am 18. Februar erhielten, wie schon gemeldet, General der Artillerie Stemmermann und Generalleutnant Lieb das Eichenlaub zum Ritterkreuz des Eisernen Kreuzes. Am 21. Februar wurden weiterhin verliehen: das Eichenlaub mit Schwertern zum Ritterkreuz des Eisernen Kreuzes an General der Panzertruppen Hermann Breith, Kommandierender General eines Panzerkorps, als 48. und Oberstleutnant d. R. Franz Bäke, Kommandeur eines Panzerregiments, als 49. Soldaten der deutschen Wehrmacht; das Eichenlaub zum Ritterkreuz des Eisernen Kreuzes an Major Robert Kästner, Führer eines Grenadierregiments als 401. Soldaten der deutschen Wehrmacht.

General Breith ist am 7. Mai 1892 zu Pirmasens als Sohn des Vorstandes der dortigen Reichsbank-Nebenstelle Louis Breith geboren. Oberstleutnant Bäke ist geboren am 28. Februar 1898 als Sohn des Obergerichtsvollziehers Bäke in Schwarzenfels, Kreis Schlüchtern. Major Kästner wurde am 27. Oktober 1913 in Frankfurt a. M. geboren.[169]

Die Russen behaupten, daß es ihnen gelungen sei, in dem Raume westlich Kanew – Tscherkassy 10 deutsche Divisionen einzukesseln und zu vernichten.

Das deutsche Oberkommando gibt an, diese Divisionen hätten sich durchgeschlagen. Wer sagt die Wahrheit?[a]

Die Auszeichnung der hohen Offiziere besagt noch nichts, denn es ist durchaus möglich, kleinere Gruppen aus einem Kessel mit Flugzeugen herauszubringen.

Die Offiziere werden mit Orden geschmückt, weil sie den sturen Befehl zum Durchhalten ausführten. Für diesen Kadaver-Gehorsam sind sie vom Führer belohnt worden.

Was erhielten aber die vielen Grenadiere, die in dem Kessel geopfert wurden? Sinnlos geopfert, denn der Raum ist in russischen Händen. Diese bedauernswerten

a) *Wer sagt die Wahrheit?:* Der Raum Kanev-Čerkassy war Anfang 1944 der letzte Frontabschnitt, der noch an den Dnjepr reichte und unter allen Umständen gehalten werden sollte, um von dort aus im Frühjahr eine Offensive gegen Kiew zu beginnen. Ende Januar 1944 gelang es der Roten Armee, die deutschen Verbände hier einzukesseln, allerdings weit weniger als die sowjetische Propaganda verkündete: Statt der genannten zehn Divisionen waren nur sechs bereits stark dezimierte deutsche Divisionen eingeschlossen. Mehrere Versuche, die deutschen Divisionen durch Angriffe von außen zu befreien, endeten in einem Debakel, so dass Mitte Februar der Ausbruchversuch von innen unternommen wurde. Von den etwas über 50 000 Eingeschlossenen konnten mindestens ca. 40 000 Mann aus dem Kessel ausbrechen. Sowohl die sowjetische als auch die deutsche Propaganda feierten die Schlacht als Sieg. Vgl. Frieser 2007, S. 396-419.

Schlachtopfer erhielten noch nicht einmal ein schlichtes Holzkreuz oder Reisigbündel auf ihre Massengräber.

Der Bolschewistenschreck geht wieder um. Wie der Herr (Dr. Goebbels), so's Gescherr:

Estland steht an der Narwa[170]

Von Robert Krötz

In diesem Artikel zieht der Artikelschreiber sämtliche Register seines Könnens. Er schildert die Schreckensherrschaft der Bolschewisten in den blutigsten Farben, um im Schlußabsatz seine wahre Absicht durchleuchten zu lassen. Er will ganz Europa gegen Rußland mobilisieren und schreibt:

> ⟨»⟩Noch ist es nicht zu spät. Aber es ist höchste Zeit, dorthin zu sehen, wo es brennt. Es brennt an der Narwa. Ein europäisches Vorwerk ist in Gefahr. Die Esten kämpfen schon. Wollen die anderen, die klugen Leute in Paris, Stockholm und Brüssel sich beschämen lassen von den estnischen Fischern und Bauern, die ihre Stunde erkannt haben?⟨«⟩

Was mag Herr Robert Krötz[171] geschrieben haben, als Deutschland mit Rußland im Jahre 1939 einen Vertrag schloß oder als Hitler am 22. Juni 1941 ohne Kriegserklärung in Rußland einfiel?

Nur die heutigen Machthaber in Deutschland tragen durch ihren Ueberfall die Schuld daran, daß die Russen einen gewaltigen Verteidigungskampf führen. Alle Schuld rächt sich auf Erden!

Sven Hedin[172] wird auch noch aufgeboten. In seiner Eigenschaft als Großkapitalist ist er selbstverständlich kein Freund der Russen.

> **Stockholm,** 1. März ⟨44⟩
>
> Der schwedische Forscher Sven Hedin richtet an den Rektor der Universität Dorpat einen Brief, in dem er besonders der engen Beziehungen gedenkt, die die von König Gustav Adolf gegründete Universität immer zu Schweden unterhalten habe. Sven Hedin verweist auf die gefährliche Agitation, die zum Ausdruck bringe, daß die baltischen Staaten im Falle eines sowjetrussischen Sieges sozusagen automatisch an Sowjetrußland fallen würden, da sie sich ja freiwillig angeschlossen hätten und als sowjetrussische Republik fühlten. Jeder, der die politische Entwicklung der letzten Jahre verfolgt habe, wisse aber, daß sich die baltischen Länder niemals irgendwie mit der Sowjetunion verbunden gefühlt haben, sondern im Sowjetstaat und im Bolschewismus ihre Todfeinde sehen.
>
> Sven Hedin gibt der festen Überzeugung Ausdruck, daß die deutschen Truppen die bolschewistische Lawine aufhalten und damit die Existenz und die Zukunft der baltischen Völker sichern werden. Es gäbe, so schließt der Brief, nur die Alternative: Sieg Deutschlands oder Bolschewismus.[173]

Eine gute Regie läßt auch noch einen Esten zu Worte kommen. Der Rektor der Universität Dorpat, E. Kant[174], wendet sich an Sven Hedin. Dieser Brief wurde im »Völkischen Beobachter« zur Kenntnis gebracht mit der Ueberschrift:

Estland: »Widerstand bis zum letzten Hauch«

Der Rektor der Universität Dorpat an Sven Hedin

Der Rektor der Universität Dorpat ist nach dem Inhalt des Briefes mit den deutschen Nationalsozialisten geistig verwandt, und so ist es denn nicht zu verwundern, daß er seine Landsleute auffordert, gegen die Russen zu kämpfen. Der Herr Rektor ist von Deutschlands Waffenmacht begeistert. Er beweist damit, daß er ein äußerst unkluger Mann ist. Rußland kann und wird niemals an seiner Seite ein Estland dulden, das mit Rußlands Todfeinden Arm in Arm geht. Ganz abgesehen davon, daß Estland seit Anfang des 18. Jahrhunderts zu Rußland gehörte. 200 Jahre war Estland eine russische Provinz. Welchen Standpunkt würde Deutschland einnehmen, wenn eine seiner Provinzen verloren gegangen wäre? Würde Deutschland nicht bemüht sein, das verloren gegangene Gebiet wieder zu erlangen? Was dem einen recht, ist dem anderen billig.

VÖLKISCHER BEOBACHTER ⟨2.3.44.⟩

Der Führer hat dem Arzt und Forscher Prof. Dr. Theo Morell das Ritterkreuz zum Kriegsverdienstkreuz verliehen. Prof. Morell, der seit 1936 Leibarzt des Führers ist, hat in jahrzehntelanger Arbeit als Vorkämpfer auf dem Gebiet der Vitamin- und Hormonforschung sich besondere Verdienste erworben.[175]

Presse-Hoffmann

Der ehemalige Hilfsarbeiter aus Oesterreich und Gefreiter des 1. Weltkrieges, Adolf Hitler, hat es zu etwas gebracht. Er kämpfte für den Sozialismus und besitzt heute einen Leibarzt wie einst Kaiser und Könige. Darüber kein Zweifel: Die soziale Frage ist sowohl für den »Führer« Hitler als auch für den »Leibarzt« Dr. Morell[176] vortrefflich gelöst worden. Zum Beweise dafür, daß das nationalsozialistische Nahrungsmittel-Kartensystem nichts zu wünschen übrig läßt, dient der fettreiche Umfang des Vitamin-Mastschweines Prof. Dr. Morell. Heil Hitler!!!

5. Maerz 1944.

Im 1. Weltkrieg war der Großadmiral v. Tirpitz[177] einer von denjenigen, die sich für eine energische Seekriegführung, insbesondere den uneingeschränkten Unterseebootshandelskriegs einsetzten. Die Befürworter der warnungslosen Versenkung von Handelsschiffen waren und sind vielleicht heute noch davon überzeugt, daß der 1. Weltkrieg gewonnen worden wäre, wenn die Unterseeboote rechtzeitig rücksichtslos eingesetzt wurden. Gegen eine derartige Ueberzeugung kann mit Vernunftgründen nicht angekämpft werden. In diesem Weltkrieg ist dieser »Fehler« des späten Einsatzes nicht gemacht worden und siehe da: die Situation ist keineswegs zu Gunsten Deutschlands umgeschlagen. Trotzdem die Zahl der Unterseeboote in diesem Kriege die Zahl der U-Boote des Weltkrieges weit übertrifft. Wo ist nun diesmal die Fehlerquelle zu suchen? Genau dort, wo sie auch 1914-1918 lag. Der Eintritt der Vereinigten Staaten von Amerika hat in beiden Fällen den Ausschlag dafür gegeben, daß der Unterseebootshandelskrieg niemals kriegsentscheidend sein kann.

In beiden Fällen haben die maßgebenden politischen und militärischen Führer vollkommen versagt. In der Hauptsache wegen der angeborenen Ueberheblichkeit.

Im 1. Weltkrieg ist es von deutscher militärischer und Marineseite überhaupt bezweifelt worden, daß amerikanische Truppen nach Europa gebracht werden könnten. Man hatte den U-Booten märchenhafte Fähigkeiten zugeschrieben. In erster Linie wurde bestritten, daß die USA. rechtzeitig Truppen ausbilden könnten, mindestens aber nicht in der Lage wären, das erforderliche Kriegsmaterial über das Meer zu bringen. In Wirklichkeit standen Ende 1918 zwei Millionen Amerikaner in Frankreich. Und die Waffen waren auch dabei.

Deutschland hat nichts gelernt! Die Überheblichkeit feiert Triumphe.

Roosevelt ruft »General Humbug« zu Hilfe

Phantastische Pläne zur Beseitigung der großen Tonnageschwierigkeiten

Berlin, 6. August ⟨42⟩. (Eigener Drahtbericht) Man kann ja begreifen, daß Roosevelt zur Zeit erhebliche Tonnageschmerzen hat. Man weiß auch, daß das Wort Humbug aus Amerika stammt, aber wenn es sich um so ernste Dinge handelt wie einen Krieg, dann sollte man doch meinen, daß ein Mann, der, wenn auch nur mit Hilfe eines ungeheuerlichen Wahlschwindels über ein Volk von vielen Millionen gesetzt wurde, sich mit einigermaßen vernünftigen Plänen abgibt. Aber man scheint im Weißen Hause so allmählich über den Tonnagemangel den Verstand zu verlieren, falls etwas derartiges seit Roosevelts Einzug selbst überhaupt zu finden war.

Zur Zeit streitet man sich nämlich über die entscheidende Frage, ob man besser Riesenflugboote von 60 000 PS. bauen soll, mit denen man auf einmal 3000 Soldaten transportieren kann oder Riesenunterseeboote von so etwa 7500 Tonnen Frachtraum, mit denen man 2500 Mann nach Europa bringen könnte.

Es ist nun nicht etwa so, daß irgendein vernünftiger Mann aufsteht und Roosevelt klarmacht, dass so etwas phantastische Gebilde sind, die vielleicht immer ein Traum bleiben werden, nein, das sind Projekte, die ernsthaft, von Fachleuten und Offizieren geprüft und diskutiert werden. Selbst Roosevelt beteiligt sich an den Debatten, welcher der beiden Pläne mehr für sich habe.

Uns soll gar nicht wundern, wenn Roosevelt eines Abends an seinem Kamin darüber nachgrübelt, wie man am besten den ganzen amerikanischen Kontinent mittels einer neuen Erfindung die paar tausend Seemeilen weiter östlich verlegt, die ihn von Europa trennen. Aber davon gingen die Tonnageschmerzen ja auch nicht vorbei, und überdies besitzt unsere Wehrmacht sowohl für Riesenfahrzeuge als auch für Ueber-Unterseeboote, die richtigen Gegenmittel.[178]

Im 1. Weltkrieg haben die USA. mit erstaunlicher Schnelligkeit Schiffe gebaut und den Ausfall an versenkten Schiffen wettgemacht. In diesem Kriege sehen wir das gleiche Bild. Außerdem sind auch noch die Abwehrmittel wesentlich verbessert worden.

Ein vernünftiger Mensch wird ohne weiteres einsehen, daß Amerika mit seinem Menschenmaterial und seinen Rohstoffen gewaltiges zu leisten vermag. Nur die Herren Nationalsozialisten brauchen das nicht zu wissen. Die erklärten auch noch den USA. den Krieg! Eine kapitale Dummheit!

Herr Goebbels schwor darauf, daß die Hilfe der Amerikaner »zu spät« käme. Die Herren Hitler, Göring u. Konsorten erwähnten bei jeder Gelegenheit, daß die Amerikaner »bluffen«.

Gesetzt den Fall, sie kommen nicht zu spät und sie bluffen auch nicht. Was dann? Mit dieser Frage hat sich kein einziger Nazi beschäftigt. Die Meckerer und Miesmacher mögen einen derartigen Gesprächsstoff behandelt haben, ein echter Nazi aber, der »glaubt« nur. Der glaubt, daß die Deutschen die tüchtigsten, fähigsten u. gescheitesten Menschen sind. Daran ist nichts zu ändern.

Es wird interessant sein, sich mit den Auslassungen führender Personen zu beschäftigen:

Adolf Hitler (am 30.1.1942): »Auf dem Meere aber werden unsere Streitkräfte, unsere U-Boote das zuschanden machen, was dieser Präsident Roosevelt beabsichtigt hatte.« (Archiv 1942 S. 5380)[179]

Dr. Goebbels (12.3.42): … »Herr Churchill und Herr Roosevelt können uns mit ihren phantastischen Zahlen und ihren Zukunftsprognosen nicht imponieren. Wir wissen, was sie aufzubringen vermögen; wir wissen aber erst recht, was wir aufbringen können«. (Archiv 1942 S. 5428)[180]

Adolf Hitler (26.4.42): ... »Gegen England selbst aber kommt zunächst als erstes die deutsche U-Boot-Waffe immer mehr zum Tragen. ... Wie unsere U-Boote wirken können, das wird sich von Monat zu Monat mehr erweisen. Die Zahl der deutschen U-Boote wächst nach einem festen Rhythmus von Monat zu Monat und hat die Höchstzahl der U-Boote des Weltkrieges weit hinter sich gelassen.«[181]

Von Ribbentrop (27.9.42): ... »Und wenn in Zukunft unsere Feinde in der Lage sein sollten, ihre Schiffsneubauten trotz aller Schwierigkeiten noch erheblich zu steigern, so können wir ihnen versichern, daß man auf unseren U-Boot-Werften und in den Flughallen nicht untätig sein wird. Eines steht jedenfalls heute schon fest, nämlich: daß – ganz gleich, was man auf der anderen Seite an Tonnage bauen wird – die Dreierpaktmächte immer in der Lage sein werden, weitaus mehr Handelsschiffstonnage zu versenken, als von unseren Feinden nachgebaut werden kann.« (Archiv 1942 S. 5650)[182]

Reichsmarschall Göring (4.10.42): ... »Denn drüben werden die Leute mit astronomischen Zahlen benebelt. Vergessen Sie nie: Amerika hat ein Wort ganz groß geschrieben, riesengroß, und dieses Wort heißt Bluff. Das hat es immer am allergrößten gemacht, vom Präsidenten bis runter zum Nigger.

... Sie (die Feinde)[183] hoffen auf den Hunger durch die Blockade, so wie 1918, obwohl sie nun allmählich wissen müßten, daß es mit der Blockade jetzt umgekehrt liegt. Blockiert wird[184] zunächst bei ihnen, und wir wollen abwarten, wie sich das weiter entwickelt. Wir haben mehr U-Boote, und sie haben immer weniger Schiffe. Und je weniger Schiffe sie haben, desto weniger kriegen sie herein. Ich bin überzeugt, es wird in England schlechter in dem gleichen Maße, wie es hier besser wird.«[185]

Dr. Goebbels (19.10.42): ... »Die Engländer sind nicht in der Lage, eine 2. Front zu errichten, allein schon, weil ihnen dazu die nötige Tonnage fehlt.

... Nicht viel erfolgreicher als Churchill lügen die Amerikaner. Sie behaupten, ihre Werften bauen einen 10000-Tonner in zehn Tagen. Wir warten nur noch darauf, daß man in USA. einen 10000-Tonner bei Bestellung gleich mitnehmen kann. Für so dumm hält man uns also dort drüben. Wir fallen nicht auf diesen amerikanisch-englischen Bluff herein.« (Archiv 1942 S. 5682)[186]

Adolf Hitler (8. Nov.42) ... Wenn sie sagen: Wir bauen soundso viele Kriegsschiffe – ja, wenn sie ihre Korvetten und ihre Heringsschiffe und was sonst[187] alles dazurechnen und dann eine Kanone daraufstellen, mag das ja der Fall sein. Wenn wir aber alles rechnen, bauen wir garantiert nicht weniger, nur, glaube ich, zweckmäßigere Schiffe als sie. Das hat sich wieder einmal erwiesen. Wir haben jetzt immerhin über 24 Millionen Tonnen versenkt – das sind fast 12 Millionen Tonnen mehr als im Weltkrieg insgesamt, und die Zahl der U-Boote übertrifft heute die Zahl der U-Boote im Weltkrieg um ein Bedeutendes.[188]

Diese Blütenlese über unsere Stärke und ⟨über⟩ die Schwäche der Gegner läßt sich um ein vielfaches vermehren. Die obige Auswahl mag für heute genügen.

Aus allen Aeußerungen führender Männer des »Dritten Reiches« gehen zwei Dinge mit aller Klarheit hervor:

1.) Unverzeihlicher Mangel an Voraussicht.
2.) Maßloser Mangel an richtiger Einschätzung der eigenen Schwäche sowie der Stärke des Feindes.

Wer ein Staatsmann sein will, muß aber das Mögliche und das Unmögliche voraussehen können. Kann er das nicht, dann ist er eben kein Staatsmann, sondern ein Hohlkopf.

7. Maerz 1944.

Wenn einmal das deutsche Volk nach Beendigung dieses Krieges sich aufrafft und sich bemüht, nach den dunkelsten Punkten während der Tyrannenzeit Hitlers zu suchen, dann werden die Presse und deren Mitarbeiter in der Anklageschrift ziemlich am Anfang stehen.

Die Ausschaltung ⟨der freien⟩ Meinungsäußerung, selbst von den sachverständigen Menschen, ist nach meinem Dafürhalten eines der größten Verbrechen, das an Deutschland und dem deutschen Volke begangen wurde.

Nach meinem Dafürhalten müssen diese Helfershelfer mitleidlos gebranntmarkt und zur Rechenschaft gezogen werden. Insbesondere ist darauf zu achten, daß es diese Gauner nicht nach der Art des Chamäleons machen und ihre Farbe im Handumdrehen wechseln. Wir haben dafür Beispiele traurigster Art in der Zeit nach 1918 erlebt. Heute monarchistisch, morgen republikanisch und übermorgen faschistisch. Leider ist in dieser Beziehung die Gutmütigkeit ⟨der Demokratie⟩ in sträflichen Leichtsinn ausgeartet gewesen.

Wer von diesen Schmierfinken das deutsche Volk ab 1933 in der gemeinsten, widerwärtigsten Weise belogen und betrogen hat, der muß für alle Zeiten abtreten. Für den kommt höchstens Zwangsarbeit in Frage. Aus der Fülle meines Materials werde ich zu gegebener Zeit mit Namen und Beweisen dienen.

Bei der widerwärtigen Schreibweise dieser Zeitgenossen ist es oft schwer, herauszufinden, ob es sich um infame Verbrecher oder Irre handelt. Nachstehend bringe ich die Namen einiger Journalisten, deren Aufsätze in der Zeit von 20.-29. Februar 1944 in den Zeitungen erschienen. Aus jedem Aufsatz nehme ich markante Sätze zur Illustration heraus.

Dr. Wilhelm Feldner »Die Bewegung trägt das Reich«:

»... Im Kampf um Sieg oder Untergang des Reiches gegen alle vereinigten Mächte des Verderbens legen die politischen Soldaten des Reiches[189] nun ihre höchste Bewährungsprobe ab im Kämpfen, Glauben und vorbildlicher Aufopferung in allen Pflichten.«[190]

Erich Wagner (Berlin) »Neue Städte werden entstehen«:

»... Wir haben gesehen, daß weder von den Kosten noch von dem Einsatze der Arbeitskräfte her Schwierigkeiten zu befürchten sind. Einzig die Frage, wie die Schuttmassen zu entfernen und Baustoffe in den dann notwendigen ungeheuren Mengen an die Baustellen heranzuführen sind, wird nicht ohne weiteres und leicht zu lösen sein. Daß aber auch sie gelöst wird, ja daß sie bereits in dem Augenblick der großen Arbeitsaufnahme als gelöst betrachtet werden kann, steht außer Zweifel. Fahrbare Bagger werden den Schutt erfassen, es wird riesige Aufbereitungsmaschinen geben, in die eben die Steinmassen gekippt werden, um nach einer maschinell erfolgten Sortierung zerschlagen, zermalmt, pulverisiert und an Ort und Stelle wieder vermauert zu werden. ... Die Trümmer werden keine Denkmäler der Erinnerung an die Zerstörung sein, denn aus der Asche unserer Städte wird in Wahrheit Neues erstehen.«[191]

Dr. Edzard Hobbing »Der Schwur auf die Fahne«:

»... Der Führer verkörpert heute in seiner Person die Gesamtheit unseres Volkes und damit das Reich. Was er fordert, das fordert das deutsche Volk, was er gebietet, das gebietet das Reich.

... Wer heute dem Führer Treue und Gehorsam schwört, ist nicht mehr sein eigener Herr. Er verschreibt sich dem Führer und seinem Volk, denen er seine Ehre verpfändet hat. Das aber bedeutet, daß er sich dem Kampf für das Reich verschworen hat und für sein ganzes Leben Soldat geworden ist.

... Und der fanatische Einsatz unserer Jungen und Mädel für Deutschland ist mit einer der wichtigsten Bürgen für den Sieg und für ein kommendes Reich in Macht und Herrlichkeit«.[192]

Eitel Kaper »Deutsches Erfindertum«:

»... Die besten Waffen, die herrlichsten Friedensplanungen wären ein Nichts ohne den deutschen Menschen, der sie führt und der sie zum Siege bringt. ... Wir alle aber dürfen stolz sein auf diese Weltmacht deutschen Geistes. Schon wachsen die jungen Talente, die künftigen Genies heran. Mögen noch schwere Probleme so wie gewaltige erratische Blöcke am Wege liegen, die früheren Bemühungen spotteten. Wir wissen, daß sie der siegreiche deutsche Geist meistern wird.«[193]

Herbert Niekampf »Pausenlos«:

»... Er weiß es gar nicht, dieser Soldat der östlichen Massen- und Materialschlachten, daß er eine Höhe des Kriegertums erklommen hat, auf der er einsam und groß in die strenge Luft der Weltgeschichte ragt. Denn wann und wo ist klaglos und todestreu Gleiches von Soldaten geleistet worden?«[194]

Karl Otto Zottmann »Die besseren Nerven«:

»... Durchhalten! Das ist es. In aussichtsloser Lage noch einmal unerschrocken gegen den Feind anstürmen, durch den Glauben die Wankenden mitreißen: wenn alles verzweifelt, sich noch[195] aufraffen, noch einmal zuschlagen: das bringt den Sieg. Solange einer die Nerven nicht verliert und auch im wildesten Durcheinander den kühlen Kopf behält, solange kann jede Krise gemeistert werden. Unsere Feinde können Massen von Material einsetzen, können Heere von Maschinen gegen uns auffahren: Unser Sieg beruht auf den besseren Nerven!«[196]

Dr. Clemens Schocke »Unterschiede im Luftkrieg«:

»... Aus verständlichen Gründen ist es der deutschen Führung nicht immer möglich, unsere Verlustziffern offen bekanntzugeben. Der Feind erhielte dadurch zu tiefe Einblicke in unsere Verhältnisse. Das deutsche Volk muß sich daher mit allgemeinen Angaben begnügen. ... Der zweite Grund, der unsere Flieger von den britischen und vor allem von den amerikanischen Flugzeugbesatzungen himmelweit trennt, ist das Motiv des fliegerischen Einsatzes. Der deutsche Pilot fliegt und kämpft, um seine Heimat, und alles, was dieses Wort umschließt, vor blindwütigen, erbarmungslosen Feinden zu sichern und zu bewahren.«[197]

10. Maerz 1944.

In dem »Frankfurter Anzeiger« vom 3. Maerz 1944 steht folgender Aufruf:

»Gefallen für die Freiheit unseres Volkes.

Den feindlichen Terrorangriffen vom 29. Januar, 4. Februar, 8. Februar und 11. Februar 1944 auf die Gauhauptstadt Frankfurt am Main fielen folgende Volksgenossen zum Opfer:

... (die Namen von 1156 Personen sind angegeben).

Sie fielen für Führer und Volk. Ihr Opfer ist nicht umsonst gewesen. Im Siege unserer Waffen und damit in der Freiheit unseres Volkes wird es unsterblich sein.

gez: Sprenger
Gauleiter und Reichsstatthalter.«[198]

Die drei Schwerpunkte im Süden der Ostfront

Deutsche Gegenstöße gegen vordringende feindliche Angriffsspitzen

ks. Berlin, 7. März ⟨44⟩. (Eigener Drahtbericht.) Die neuerliche Offensive der Bolschewisten im Süden der Ostfront erbrachte am 2. Tag der feindlichen Angriffstätigkeit keine wesentliche Veränderung der Lage. In zwei groß angelegten Unternehmungen versuchte der Feind einmal beiderseits Kriwoj-Rog und zum anderen in den Räumen Swenigorodka und Schepetowka einen starken Druck auf die gesamte Südfront auszuüben, mit dem Ziel, sie entweder zu durchstoßen oder zurückzudrängen. Wie bei den meisten großangelegten Angriffshandlungen konnte der Feind auch hier am Anfang gewisse Einbrüche erzielen, die er nunmehr operativ auszuweiten sich bemüht. Die vielfältige Geschichte dieses Krieges zwischen Deutschland und der Sowjetunion hat eine Fülle ähnlicher Vorfälle mit sich gebracht. Immer standen am Anfang eines sowjetischen Angriffes eine starke Massierung feindlicher Kräfte und große Bereitstellungen von Material. Im weiteren Verlauf der Kämpfe wurden dann meistens deutsche Gegenbewegungen ausgelöst, die die feindliche Angriffswucht einige Tage lang verminderten und schließlich den Feind dort festhielten, wo es der deutschen Truppenführung in Anbetracht der Gesamtoperation gegen die Sowjets dienlich erschien.

Wir befinden uns jetzt in der ersten Phase der neuen gegen die Südfront gerichteten Offensive, die in den oben genannten drei Schwerpunkten entbrannt ist. Sie wird gekennzeichnet durch feindliche Angriffsunternehmungen und deutsche Gegenstöße gegen vordringende Angriffsspitzen. Erfahrungsgemäß hält diese erste Phase, die die feindlichen Kräfte abnutzen soll, einige Tage an, je nach der Zahl der eingesetzten Verbände. Im jetzigen Fall dürfte die Länge der ersten Phase kürzer sein, als bei früheren ähnlichen Ereignissen. Denn es ist nicht vorstellbar, daß die Sowjets nunmehr auch nur annähernd so starke Kräfte einzusetzen in der Lage sind, wie dies während der Winteroffensive der Fall war. Vorläufig bleibt der Ausgang dieser ersten Entwicklung abzuwarten.[199]

Der vorseitige Bericht über die neue Offensive an der russischen Südfront bringt es fertig, mit vielen Worten sehr wenig zu sagen. Sicher ist jedenfalls, daß die Russen Anfangserfolge zu verzeichnen haben, und zwar an der linken und rechten Flanke der Südfront. Die deutschen Truppen in der Ukraine stehen auf verlorenem Posten, denn nach der heutigen strategischen Lage hätte eine vernünftige Führung sich nicht durch die Angriffe des Gegners die Richtung des Rückzuges vorschreiben lassen dürfen. Prestigegründe müßten in derartigen Fällen unbedingt ausscheiden. Eine rechtzeitige, planvolle Zurücknahme der Front würde Menschen und Material gespart haben, ohne daß damit ohne weiteres ein Verlust an Prestige verbunden gewesen wäre. Jetzt ist der Triumph des Gegners weitaus größer und die verbündeten Länder (Rumänien, Bulgarien, Ungarn) haben keinerlei Vorteile aus dem sturen Festhalten unhaltbarer Stellungen ziehen können.

Adolf Hitler sagte in einer Rede am 8. November 1942: »... Was wir einmal besitzen, das halten wir dann auch tatsächlich so fest, daß dort, wo wir in diesem Kriege in Europa stehen, ein anderer nicht mehr hinkommt.«[200] Diese grundlegende Auffassung ist in der gesamten Kriegführung im Osten klar zu erkennen, obwohl gerade dort es erforderlich gewesen wäre, sich der jeweiligen Lage elastisch anzupassen. Vor allen Dingen mußte selbstverständlich ein tiefes Eindringen nach Rußland vermieden ⟨werden⟩, weil dieser große Raum militärisch einfach nicht zu beherrschen ist. Der preußische General von Clausewitz hatte Vorwitzige gewarnt. Die Generale des 3. Reiches dünkten sich klüger. Oder sollte die ganze Schuld dem »genialsten Feldherren aller Zeiten«, Adolf Hitler, zuzuschreiben sein? Trotzdem sind die maßgebenden Offiziere schuldig. Sie mußten sich einfach weigern, unsinnige Befehle auszuführen.

Ich sehe es kommen, daß alle Beteiligten die gesamte Schuld auf den unbelehrbaren Oberkommandierenden wälzen werden. Damit können sie aber keineswegs ihre Freisprechung herbeiführen. Gehilfen, Anstifter und Mittäter haben den gleichen Rang wie der Haupttäter. Ohne Helfershelfer hätte sich dieses Drama nicht abspielen können. Der erhoffte große Ruhm wird sich als eine Schande von weltgeschichtlichem Range darstellen. Das ist dann die Sühne für die Schuld.

11. Maerz 1944.

Wandlung der Angriffe zu Luftschlachten

dz. Berlin, 8. März ⟨44⟩. (Drahtbericht unserer Berliner Schriftleitung.) Die letzten Vorstoßversuche starker Verbände der amerikanischen Bomberwaffe gegen das Gebiet der Reichshauptstadt, pointiert durch die Mittwoch-Wiederholung der Ereignisse des Montag, gaben dem Luftkrieg völlig neue Nuancen, die sowohl militärisch wie politisch außerordentliches Interesse verdienen, da sich in ihnen eine Entwicklung abhebt, die weniger durch den gesteigerten Angriffswillen, der westlichen Gegner, als vor allem durch den Ausbau der deutschen Luftverteidigung bewirkt wurde.

Ein Vergleich der angerichteten Schäden und der erzielten Abschußergebnisse der deutschen Luftverteidigung unterstreicht, daß der eigentliche Sinn des Wortes Tagesluftangriff eine Verschiebung erfuhr, die bei einigermaßen günstiger Witterung den Haupteffekt von den eigentlichen Angriffen an sich zu den großen Luftschlachten verlagert, wie sie sich am Mittwoch und am Montag über den deutschen Gauen abspielten. Wenn heute anglo-amerikanische Rundfunk- und Pressekommentare den Sinn der gesteigerten Tagesluftangriffe dahingehend deuten, daß die Industrieziele bereits nächtlich bombardierter deutscher Städte nur bei Tage und bei guter Sicht gefunden und getroffen werden könnten, die sich entwickelnden Luftschlachten aber gerade diese Durchführung planmäßiger Bombardements verhinderten, so deutet sich schon allein in diesen Gegensätzlichkeiten sehr klar die Tatsache an, daß diese jüngste Wandlung vom Angriff an sich zur kräftezehrenden Luftschlacht nicht etwa von der anglo-amerikanischen Bomberführung erwünscht, sondern ihr durch die wachsende deutsche Verteidigung aufgezwungen wurde.[201]

Aus den stärker werdenden Tagesangriffen der amerikanischen Bomber zieht die deutsche Propaganda Schlüsse, die mit der Wirklichkeit nach meinem Dafürhalten wenig zu tun haben.

Die Engländer greifen nachts und die Amerikaner tagsüber an. Letztere haben seither keine Großangriffe unternommen. In der vergangenen Woche haben sie mit größeren Verbänden angegriffen und in der Hauptsache Fabrikstädte bombardiert, in denen sich Flugzeugwerke befinden. Der Kampf gilt also der Flugzeugproduktion und der Zermürbung der Abwehrkräfte (Jagdflieger). Da liegt Methode darin. Wenn der Angriff der Engländer endlich startet, dann soll die deutsche Luftabwehr derart geschwächt sein, daß sie nicht mehr entscheidend mitwirken kann.

Kinder müssen ruhig schlafen!

Deutschland, das diesen Krieg für seine Kinder führt, tut alles, um ihnen die Schrecken des Luftterrors zu ersparen: die Kinder-Landverschickung (KLV) sorgt dafür, daß Kinder im Kreise von Gleichaltrigen froh und geborgen leben können. Wo Kinder bereits in Sicherheit gebracht wurden, gilt stets auch das Wort von Reichsminister Dr. Goebbels:
»Ich muß in diesem Zusammenhang allerdings eindringlich vor der Ansicht warnen, der großzügige Umquartierungsprozeß könne durch zeitweiliges Aussetzen der feindlichen Lufttätigkeit in diesem oder jenem Gebiet wieder rückgängig gemacht werden.«

Nicht leichtsinnig werden! Bewahrt Eure Kinder vor Bombenterror![202]

Die Hauptregel des preußischen Militarismus bestand darin, den Krieg in den Raum des Gegners zu tragen.

Beispiele dafür sind die Kriege 1864, 1866, 1870/71, 1914/18 und 1939/1944.[a]

Durch diese taktische Maßnahme sollten die Schrecken des Krieges von Deutschland ferngehalten werden. In der Tat ist das den Kriegsmachern auch geglückt. Ferner wurde erreicht, daß die deutsche Bevölkerung keine große Abneigung gegen Kriege hatte. Nur gebrannte Kinder scheuen das Feuer. In diesem Kriege hat sich nun das Blatt gewendet. Die Luftwaffe hat den Krieg in alle Gaue Deutschlands gebracht. Jetzt ruft die Propaganda: »Kinder müssen ruhig schlafen; Kinder in Sicherheit bringen.« In der Ankündigung wird die tolle Behauptung aufgestellt: »Deutschland führt diesen Krieg für seine Kinder«.

a) *die Kriege 1864, 1866, 1870/71, 1914/18 und 1939/1944:* Das waren der Deutsch-Dänische Krieg 1864, der Preußisch-Österreichische Krieg 1866 (auch: Deutscher Krieg oder Einigungskrieg), der Deutsch-Französische Krieg 1870/71 sowie der Erste Weltkrieg von 1914 bis 1918.

An den Fronten und in der Heimat werden Millionen Menschen für diese Kriegsführung geopfert, darunter eine erhebliche Zahl von Kindern. Während den Kriegszeiten war stets die allgemeine Sterblichkeit besonders hoch. Dennoch behaupten diese Verbrecher, »der Krieg wird für die Kinder geführt«. Gerade diese Kinder sind es, die unter dem Krieg und seinen Folgen in hohem Maße leiden müssen. Der Verlust des Erziehers, mangelhafte Erziehung, unzureichende Schul- u. Berufsausbildung, schlechte Ernährungsverhältnisse sind das Produkt eines Krieges, und die kommende Generation wird nie ganz diese Einflüsse überwinden.

»Bewahrt Eure Kinder vor Bombenterror«, rufen die Nazis. Das hätten sie sich 1939 reiflich überlegen sollen.

Der Bombenterror ist nur durch den Frieden zu beseitigen. Friede ernährt, Zwietracht verzehrt![203]

Wie sich dieser Krieg für die Kinder auswirkt, zeigen die nachstehenden Todesmeldungen:

Unendlich schweres Herzeleid ist über uns gekommen. Durch Fliegerangriff in der Nacht v. 27./28. Juli auf Hamburg verlor ich meine innigstgeliebte, treusorgende Frau, unsere liebe Mutter, Tochter, Schwiegermutt., Großmutt., Schwägerin und Tante

Marie Planthaber
geb. Schulz

57 J., meinen innigstgeliebt., treuen Lebenskameraden, meine unvergeßliche Tochter, Schwester, Schwiegertochter, Tante, Schwägerin und Enkelin

Marie Pantelmann
geb. Planthaber

36 Jahre, und unsere Enkelkinder

Sonja 18 Jahre
Ursula 17 Jahre
Harald 10 Jahre
Werner 4 Jahre

In tiefer Trauer:
Hans Planthaber sen., Harald Pantelmann, zzt. im Osten; **Arendine Tiemann,** geb. Jantzen; **Walther Schmidt u. Frau Else,** geb. Planthaber; **Hans Planthaber,** zzt. im Osten, **und Frau; Walter Planthaber; Otto Pantelmann und Frau** sowie **alle Verwandten**

zzt. Hambg., Breitenfelder Str. 21/27[204]

Erst jetzt erhielten wir die grausame Bestätigung, daß unsere liebe, herzensgute und fleißige Tochter, Schwester und Schwägerin

Johanna Wolf
geb. Hansen,

33 J., und ihre vier lieben Kinder

Marga, 12 Jahre
Klauß, 5 Jahre
Peter, 3 Jahre
Heiner, 2 Jahre

in der Nacht zum 27./28. Juli 1943 ihr junges Leben lassen mußten.

Die tiefbetrübten Eltern
Max Bindszus u. Frau, geb. Hokemeyer, verw. Hansen; **Berthold Freese u. Frau Erna,** geb. Hansen; **Arthur Stenihusen**[205] als Pflegebruder

Hamburg, Düppelstraße 41, III.[206]

Uns wird nach langem Warten nun doch zur traurigen Gewißheit, daß beim Terrorangriff vom 27./28. Juli 1943 Lieselottes liebe, unersetzliche Eltern, Geschwister, unsere lieben Kinder und Enkelkinder, unsere liebe Schwester u. unser lieber Schwager

Walter Lohse
38 Jahre

Therese Lohse
geb. Trapp, 33 Jahre

Ingrid, 9 Jahre
Anneliese, 7 Jahre
Walter, 5 Jahre
Werner, 2 Jahre

zum Opfer gefallen sind. Schmerzl. vermißt und betrauert von ihrer
kleinen Lieselotte; Martha Lohse Wwe., geb. Specht; **Rudolf Trapp und Frau,** geb. Pohlmann; Oberschirrm. **Walter Trapp,** zzt. Gefangenschaft Amerika, **nebst Frau** und **Klein Anke;** Uffz. **R. Trapp;** Soldat **Hans Trapp** u. alle Verw.

zzt. Glückstadt, Nordmarkerstr. 29 bei Justus; zzt. Hamburg 22, Osterbeckstraße 102, bei Pohlmann[207]

Nicht nur in Hamburg sind eine große Anzahl Kinder Opfer dieses sinnlosen Krieges geworden. In ganz Deutschland, in Städten und Dörfern, hat der Krieg gehaust und Massengräber hervorgebracht.

Der Besitz des einzelnen ist ersetzbar. Sein Verlust wiegt viel weniger als der Verlust, den die Mütter, Frauen und Kinder gefallener Männer erleiden. Das deutsche Volk wird ihn viel schneller überwinden, als es den Verlust so vielen besten Blutes je überwinden kann. Und dieser materielle Verlust wird auf die biologische Qualität, soziale Struktur, Weltanschauung und Lebenshaltung unseres Volkes einen ungleich geringeren Einfluß ausüben als der Aderlaß des Krieges, wenn auch über das eine heutigentags mehr gesprochen wird als über das andere.

Clausewitz sagt irgendwo: **»Der Wille des Menschen schien mir immer das Mächtigste auf Erden.«** Jeder einigermaßen unvoreingenommene Beobachter wird zugeben müssen, daß die »Enteignung« des deutschen Volkes durch den Bombenterror unsere Willenskräfte nur zu einer um so größeren Machtentfaltung angefacht hat. Für die Willensmacht, mit der wir diesen Krieg gewinnen, wird die Neuschaffung materieller Werte kein Problem sein.

»Das Mächtigste auf Erden« wird sich auch auf diesem Gebiete mächtiger erweisen als die Mächte der Zerstörung. Aber das ist nicht das Wesentliche. Das Wesentliche ist, daß wir auf Schicksalsschläge überhaupt mit einem Aufgebot zielklaren Willens reagieren und nicht mit sanfter Fügsamkeit oder stoischem Gleichmut. Dies allein enthebt uns jener Gefahr der kalten Bolschewisierung, die der so wohlwollende Neutrale uns verheißt, weil sie ihn der Notwendigkeit entheben würde, im Daseinskampf Europas Partei zu ergreifen.

Die Entscheidung ist, ehe sie auf den Schlachtfeldern fällt, in unseren Herzen ausgetragen worden. Es lag an uns, die materielle Neigung in uns selbst durch das Blut der besseren Rasse zu überwinden und durch den heiligen Willen zum Leben die Waffe des »Mächtigsten auf Erden« in unsere Faust zu zwingen.[208]

Das »Schwarze Korps« vom 9. Maerz 1944 bringt einen Leitartikel »Das Mächtigste auf Erden«.

In diesem Aufsatz setzt sich das »Schwarze Korps« mit einem Artikel in einer Züricher Zeitung auseinander, worin behauptet wird, der deutsche Sieg würde einem System, einer Lebensart zum Erfolg verhelfen, die sich vom Bolschewismus nicht sonderlich unterscheidet.

Das »Schwarze Korps« meint, das Schlagwort vom »braunen Bolschewismus« würde da wieder seine Auferstehung erleben. Ein oberhessischer Bauer äußerte einmal »Der Bolschewismus und der Nationalsozialismus sind Geschwisterkinder«.

Wenn den führenden ⟨National-⟩Sozialisten die in ihrem Programm angekündigte Sozialisierung wirklich am Herzen liegen würde, dann ist es nicht zu verstehen, warum sie mit den Russen einen Kampf auf Leben und Tod führen.

In Rußland ist der Privat-Kapitalismus tatsächlich beseitigt. Sollten in Deutschland nicht etwa die Kapitalisten hinter Hitler gestanden haben, um ihn zur Vernichtung des russischen Systems zu veranlassen?

Deshalb das Schreckgespenst »Bolschewismus«!

Friedrich Kellner

„Vernebelt, verdunkelt sind alle Hirne“

Band 2

Schriftenreihe Band 1195

Friedrich Kellner

„Vernebelt, verdunkelt sind alle Hirne“

Tagebücher 1939–1945

Herausgegeben von
Sascha Feuchert, Robert Martin Scott Kellner, Erwin Leibfried,
Jörg Riecke und Markus Roth

unter Mitarbeit von Elisabeth Turvold und Diana Nusko
sowie Nassrin Sadeghi und Birgit M. Körner

bpb:
Bundeszentrale für politische Bildung

Der Autor

Friedrich Kellner (1885–1970) war schon früh ein entschiedener Gegner der Nationalsozialisten. 1933 wurde er Geschäftsstellenleiter des Amtsgerichts in Laubach (Oberhessen) und setzte dort seine offene Kritik am Regime fort. Mehrfach wurde er bedroht und entging nur mit Glück einer Einweisung in ein KZ. Nach dem Krieg war Kellner Stadtrat in Laubach.

Die Herausgeber

Sascha Feuchert ist Leiter der Arbeitsstelle Holocaustliteratur an der Justus-Liebig-Universität Gießen und Honorarprofessor für »German and Holocaustliterature« an der Eastern Michigan University, Michigan (USA). Er ist Mitglied der internationalen Schriftstellervereinigung P.E.N.

Robert Kellner war Professor für »American Literature« und »Writing« an der University of Massachusetts und der Texas A&M University.

Erwin Leibfried ist Professor i.R. für Allgemeine Literaturwissenschaft in Gießen und war langjähriger Leiter der Arbeitsstelle Holocaustliteratur.

Jörg Riecke ist Professor für Germanistische Sprachwissenschaft an der Ruprecht-Karls-Universität Heidelberg.

Markus Roth ist Historiker und stellvertretender Leiter der Arbeitsstelle Holocaustliteratur.

Die Edition der Tagebücher wurde über drei Jahre hinweg umfangreich von der Ernst-Ludwig Chambré-Stiftung zu Lich gefördert.

Bonn 2011
Lizenzausgabe für die Bundeszentrale für politische Bildung
Adenauerallee 86, 53113 Bonn

Umschlaggestaltung: Michael Rechl, Kassel
Umschlagfotos: © Wikipedia – Common Licence / Professor Robert Scott Kellner

Druck und Verarbeitung: Friedrich Pustet, Regensburg

ISBN 978-3-8389-0195-4

www.bpb.de

Inhalt

Band 1

Band 2

Heft 8

12. März 1944
bis
26. August 1944.

12.3.44.
Die Reichsarbeitskammer[a] hielt am Mittwoch, dem 1. Maerz 1944, in der Werkhalle eines Rüstungsbetriebes eine Tagung ab. Im Mittelpunkt stand die Auszeichnung der leistungsfähigsten Betriebe aus dem ganzen Reiche.

»In der großen Werkhalle leuchtete an der Stirnwand in großen goldenen Lettern auf weißem Grunde die Parole: ›Alles für den Sieg‹, gekrönt von einem riesigen goldenen Hakenkreuz. Zu beiden Seiten des Rednerpultes hatten die Betriebs- und goldenen Fahnen der ausgezeichneten Betriebe Aufstellung genommen. Das Kernstück des imposanten Bildes, das von Hakenkreuzfahnen und Hakenkreuzbannern umrahmt war, bildeten die Tausende und aber Tausende von Arbeitern und Arbeiterinnen dieses Werkes in ihren schlichten Arbeitskitteln, Kopf an Kopf, Männer und Frauen, die sonst hier Tag und Nacht trotz aller Schwierigkeiten unter Einsatz ihrer ganzen Kraft wirken und nun begeistert und mitgehend Zeuge dieses Appells sein wollen«. So schildert uns einleitend der Zeitungsberichterstatter diesen Appell der Reichsarbeitskammer.[1]

Es sprachen Reichsorganisationsleiter Dr. Ley und Oberdienstleiter Dr. Hupfauer[2].

»Trotz Terrorangriffen Rüstungssteigerung«, lautet die Ueberschrift des Berichtes. Es dürfte kaum zu erwarten sein, daß jemals zugegeben wird, die Luftangriffe hätten verminderte Leistungen zur Folge. Selbst wenn keine Fabrik mehr vorhanden ist, wird die Rüstung vermehrt. Dafür leben wir im Staate Adolf Hitlers. Das ist meine Meinung.

Dr. Ley sprach über den »Beitrag des Arbeiters zum Sieg«. Er führte u.a. aus:

»Der Führer hat erklärt, daß er aus diesem Krieg als noch größerer Sozialist denn je zurückkommen werde. Dies bedeutet, daß nach dem Kriege für den schaffenden deutschen Menschen alles das verwirklicht werde, was er ersehnt und erhofft habe.

Arbeitslos wird in Deutschland nach dem Kriege niemand jemals mehr werden, und das Recht auf Arbeit wird nach dem Kriege erst recht verankert. Wenn wir nach dem Kriege unsere Altersversorgung eingeführt haben, die in ihren Grundzügen bereits festliegt, wird keiner im Alter Sorgen haben, sondern die Nation wird im Alter das zurückgeben, was er ihr während seines Arbeitslebens an Leistungen gab. Ebenso wird die in Deutschland bereits weitestgehende Sicherung bei Krankheit, Invalidität und Mutterschaft noch ausgebaut werden. Der Wohnungsbau wird im größten Stil erfolgen, die Pflege der Gesundheit wird stärker denn je und der Anteil aller deutschen Schaffenden an der Kultur groß sein. Freizeit und Urlaub werden das Bild abrunden.«[3] –

a) *Reichsarbeitskammer:* In der 1935 gebildeten Reichsarbeitskammer, einem Gremium der DAF, berieten Vertreter aus Wirtschaft und Politik über sozialpolitische Fragen. Die Kammer, zunehmend dominiert von der NSDAP, hatte nur beratende Funktion. Vgl. Benz/Graml/Weiß 2007, S. 727.

Also sprach und versprach Dr. Ley. »Nach dem Kriege« wird Deutschland das reinste Paradies für die Arbeiterschaft werden, wenigstens auf Grund der gegebenen Versprechungen.

Merkwürdig, sehr merkwürdig ist nur, daß der gleiche Dr. Ley in der Zeit von 1933 bis 1944 die Probleme zur neuen Gesellschaftsordnung nicht gelöst hat. »Nach dem Kriege« verspricht er heute. »Nach dem Kriege« hat dieser Herr nichts mehr zu reden!

Vor dem Bau der Autostraßen, vor der Rüstung, vor dem Kriege, da war ausreichend Zeit und Gelegenheit für Dr. Ley und Genossen, ihre in der »Kampfzeit« und bei der »Machtergreifung« den Arbeitern abgegebenen Versicherungen und Bekenntnisse in Taten zu verwandeln.

Die Wünsche der Kapitalisten auf Auflösung der Gewerkschaften sind prompt erfüllt worden. Für die Arbeiter wurden Phrasen gedroschen. Und die Mehrzahl der Arbeiter hat sich betören lassen. Das ist ein Kapitel für sich. Die Dummheit kennt keine Grenzen. Warum soll der deutsche Arbeiter davon verschont werden? Wenn der deutsche Arbeiter gelobt wird und eine Fahne ⟨oder einen Orden⟩ erhält, dann schafft er freiwillig 24 Stunden am Tage. –

»Deutsche Armee unbesiegbar«
Eine Ansprache Lavals

Paris, 4. März ⟨44.⟩

Anläßlich eines Empfanges französischer Handwerkskammer-Vorsitzender hielt Regierungschef Laval eine Ansprache, in der er sagte, daß die deutsche Armee nicht geschlagen werden könne, da sie über beträchtliche Reserven verfüge. Laval ging dann kurz auf die Dissidenten ein und erklärte, daß diejenigen, die das Land verlassen hätten, im Falle eines »alliierten« Sieges den Bolschewismus mitbringen würden. Was sich in Algier abspiele, sei nur ein Vorspiel von dem, was man in Frankreich zu sehen bekäme. Zum Schluß sagte Laval, er setze sich ein, um zu versuchen, das Leben Frankreichs zu retten.[4]

Der Wunsch ist und bleibt immer der Vater des Gedankens.

Als im Jahre 1940 Frankreich durch die Mitschuld der Kreise um Laval zusammengebrochen war, da kroch der Leichenfledderer Laval sofort unter die Fittiche des vermeintlichen Siegers Adolf Hitler. Laval und Konsorten unterwarfen sich und pfiffen auf ihr »Vaterland«. Hierdurch kamen sie an die Macht und wurden von Deutschland geduldet. Es ist ohne weiteres verständlich, daß die Firma Laval & Co inbrünstig den Endsieg Deutschlands herbeisehnt und auch bis zuletzt an diesen Sieg glaubt. Ohne diesen Sieg Deutschlands wird das Leben Lavals und der anderen Egoisten ein Ende mit Schrecken finden. –

14.3.44

In der Wochenzeitung »Das Reich« schreibt der Reichsminister Dr. Goebbels allwöchentlich den Hauptartikel. In der Nummer vom 20. Februar 1944 hieß das Thema: »Die Entscheidung über Leben und Tod«. Ich will es ohne weiteres zugeben, Dr. Goebbels hat es auch in seiner Eigenschaft als Tausendsasa in der augenblicklichen Phase des Krieges nicht leicht, dem deutschen Volke den Glauben an den Endsieg immer wieder von neuem aufzufrischen. Es ist eine Lieblingsbeschäftigung von Dr. Goebbels geworden, die Gefahr vor dem Bolschewismus in den leuchtendsten Farben zu schildern, in der Hoffnung, die Westmächte (insbesondere England) würden noch in der letzten Minute sich ebenfalls gegen Rußland wenden. Darüber kann ich nur sagen, daß ich eigentlich Goebbels für gescheiter gehalten habe. An diesen Strohhalm hätte er sich wirklich nicht klammern sollen. Es mag sein, daß einige englische Lords den Argumenten von Goebbels in aller Stille beipflichten, denn vor irgend etwas haben derartige »Bürger« ja immer Angst. Das englische Volk indessen steht mit seiner Sympathie voll und ganz auf der Seite des angegriffenen Rußland und seiner ruhmvoll kämpfenden Armee. Vielleicht stünden die Dinge etwas anders, wenn Deutschland von Rußland angegriffen worden wäre. Aber so besteht für die übrige Welt keinerlei Anlaß, etwa dem in Bedrängnis geratenen Angreifer zu Hilfe zu eilen, damit er seinen Raub doch noch bergen kann. Nein, Herr Goebbels! So wie Sie sich das hinter den Mauern des Propagandaministeriums ausgedacht haben, wird es bestimmt nicht gehen.

Nun, hören wir den Verfasser selbst:

»Der Krieg eilt mit Riesenschritten seinem dramatischen Höhepunkt und damit seiner Krise zu. Das Jahr 1944 hat auf dem militärischen und politischen Kraftfeld mit entscheidenden Ereignissen begonnen. Sie sind aber nur erst als Vorspiel zu dem zu werten, was uns noch bevorsteht. Ein Ringen von weitesttragender Bedeutung bahnt sich an, und von seinem Ausgang wird es abhängen, ob das Ende der europäischen Geschichte gekommen ist oder ob unser Kontinent vor einem neuen Anfang steht. Unsere Feinde werden zweifellos alles daransetzen, in dieser Auseinandersetzung das Reich in die Knie zu zwingen. Würde ihnen das gelingen, dann wäre damit der Fall Europas unvermeidlich geworden. Eine Katastrophe von unvorstellbaren Ausmaßen würde die Folge sein. Auch die blühendste Phantasie ist unfähig, sich diese in ihren Einzelheiten auszumalen. Eine dunkle Schmutzwelle aus den sibirischen Tundren würde sich gegen unseren Kontinent in Bewegung setzen. Es ist die Stunde nahe, ihr mit letzter Kraft Widerstand zu leisten, da sie sonst Staaten und Völker unseres Erdteils überfluten würde. Das ahnt man auch heute in ganz Europa. Kaum sind noch Stimmen zu vernehmen, die der Hoffnung Ausdruck geben, daß England und die Vereinigten Staaten zu Hilfe eilen würden, wenn die Länder unseres Kontinents in die unmittelbare Bedrohung durch den Bolschewismus gerieten. Jedermann weiß, daß ihr Schicksal und ihre Zukunft allein und ausschließlich von der Härte und Dauerhaftigkeit des deutschen Widerstands abhängen.

Dahin also haben die westlichen Plutokratien Europa gebracht; und doch scheint der Augenblick noch nicht gekommen zu sein, wo seine Völker aus ihrer Narkose erwachen und sich zur Verteidigung ihres Lebens aufraffen. Eine hinterhältige[5] jüdische Propaganda tut alles, sie weiter einzuschläfern und ihren Selbsterhaltungstrieb mehr und mehr abzustumpfen. Die Kremlgewaltigen lassen kein Mittel unversucht, die europäische Oeffentlichkeit an das Vorhandensein der bolschewistischen Bedrohung zu gewöhnen und sie dadurch unempfindlich für ihre Nähe und Größe zu machen.

... Anstatt Europa in seinen Vorkriegszustand zurückzuwerfen, bahnen England und die USA. dem bolschewistischen Koloß den Weg zu seiner totalen Beherrschung, und die Sprache, die heute schon der Kreml ihnen gegenüber anzuwenden für gut befindet, ist ein beredtes Zeichen dafür, daß sie im Begriff stehen, die Partie auf der ganzen Linie zu verlieren. Hier entscheiden nicht mehr Deklarationen oder utopische Wunschträume, sondern nur noch die militärischen Machtmittel. Wo aber sind diese außerhalb der deutschen Wehrmacht in ausreichendem Umfange vorhanden, um dem Vordringen des militanten Bolschewismus entgegenzutreten?

Stalin spielt vorläufig noch den harmlosen, braven Hausvater des russ. Volkes, dem nur das Glück und der Frieden der Menschheit am Herzen liegen. Aber das kann und wird sich schnell ändern, wenn er fest genug im Sattel sitzt. Hin und wieder zeigt er jetzt schon die Krallen, beispielsweise in den flegelhaften Anpöbeleien, mit denen die ›Prawda‹ die Bundesgenossen der Sowjets England und die USA. bedenkt, die sonst von ihr nur mit einer kalten Höflichkeit behandelt werden. Bei solchen Ausfälligkeiten pflegt man in London und Washington seinem verblüfften Erstaunen Ausdruck zu geben. Man wundert sich über den rauhen und barschen Ton, der in Moskau angeschlagen wird, ist aber geneigt, ihn für gelegentliche Eskapade zu halten, während er in Wirklichkeit eine Probe des Dialektes darstellt, den die Sowjets einzuführen beabsichtigen, wenn es einmal so weit ist und sie die Engländer und Amerikaner in der Falle haben. So war das immer noch bei einem Zusammengehen bürgerlicher Kreise mit dem Bolschewismus. Warum sollte es hier anders sein?

... Nur ein Land, das die Keime der bolschewistischen Zersetzung aus seinem eigenen Volkskörper ausgeschieden hat, kann sich freisprechen von jeder Gefahr der Bedrohung durch sie. Das ist bei uns der Fall. Es gäbe keine Rettung mehr für Europa, wenn nicht im Herzen dieses Erdteils eine Macht stände, die durch Tapferkeit und Beharrlichkeit die immer wiederholten Anstürme des Bolschewismus abwehrte und dadurch das Schlimmste verhütete. Es ist nicht auszudenken, was geschehen würde, wenn diese Macht zusammenbräche und damit der Weg für den Marsch der Roten Armee nach dem Westen frei wäre.

Die heute noch Grund zum Triumph zu haben glauben, würden dann bittere Tränen vergießen. Sie reden vom bolschewistischen Schreckgespenst, das wir an die Wand malten, wenn wir die Gefahr beim Namen nennen.

... Die Weltgeschichte ist das Weltgericht, im Guten wie im Bösen. Wir sind einmal ausgezogen, um der Gerechtigkeit zum Siege zu verhelfen. Wenn wir in diesem Kampfe nicht erlahmen, dann wird sie uns eines Tages auch zuteil werden. – «[6]

17.3.1944.
Die »Darmstädter Zeitung« vom 16. Maerz 1944 brachte einen Aufsatz über

Der politische Soldat[7]

von einem Leutnant Fritz Hain, der sich als »Nationalsozialistischer Frontoffizier einer Division« bezeichnet.

»N.S.F.O.«[a], eine ganz neue Erscheinung! Die Erfolge der Russen bringen das Oberkommando dazu, russische Einrichtungen nachzuahmen.

Die Rote Armee hatte tatsächlich vom Augenblick ihrer Entstehung an großen Wert auf die politische Schulung ihrer Angehörigen gelegt. Die russische Masse war ungebildet, stumpf und gleichgültig. Es war eine zwingende Notwendigkeit, den bolschewistischen Gedanken in die Volksmassen hineinzubringen und das Volk zum aktiven politischen Leben emporzureißen. Das war damals in der Uebergangszeit vom zaristischen zum bolschewistischen System eigentlich eine Selbstverständlichkeit, denn die russische Regierung wollte und mußte sich auf die breite Masse des Volkes stützen. Der Russe war beherrscht worden; nun sollte er mitherrschen. In den Jahren nach der Revolution sah der Russe die Auswirkung der neuen Politik. Er erlebte die Entstehung des Sozialismus. Der Kapitalismus war zertrümmert worden. Also hier war eine Unterlage für den politischen Unterricht der Soldaten vorhanden. Und in Deutschland? Hier ist noch nicht einmal der Versuch gemacht worden, den Sozialismus zu beginnen, geschweige denn, den Kapitalismus zu beseitigen.

In Deutschland ist der Sozialismus andeutungsweise im Namen der herrschenden Partei (Nationalsozialistische Deutsche Arbeiterpartei) und in einigen Punkten des niemals erfüllt werdenden Parteiprogramms enthalten.

Die Russen erlebten Tatsachen. Die Deutschen dagegen Vertröstungen und Versprechungen.

Die NSDAP. sollte es sich sparen, heute, da sie in den letzten Zügen liegt, die Truppen mit »politischen« Offizieren zu versorgen. –

Der Aufsatz »Der politische Soldat« schließt wie folgt:

a) *N.S.F.O.:* Nationalsozialistischer Führungsoffizier. Der NSFO wurde durch Befehl Hitlers vom 22. Dezember 1943 eingesetzt und war für die weltanschauliche Schulung der Soldaten verantwortlich. Vgl. Benz/Graml/Weiß 2007, S. 667.

Politische Führungsarbeit tritt nur selten augenfällig in Erscheinung. Wer sich ihr verschreibt, muß an der Front auf den Ansporn messbarer Erfolge verzichten. Erst in Zeiten schwerster Krisen wird das Gewicht der Summe dieser politischen Arbeit spürbar. Im Frontsektor trat auf sowjetischer Seite dieser Fall im Herbst des Jahres 1941 ein. Unweigerlich hätte die Auflösungskrise unter den nur kurzfristig ausgebildeten Sowjetmassen zur Katastrophe führen können, wenn nicht ein eisenharter politischer Führungsapparat das Ganze zusammengehalten hätte.

Der deutsche Soldat hat die ersten Krisen des Krieges (Winter 1941/42 und Stalingrad) aus dem Erfolgsguthaben überwunden, das die deutsche Führung auf Grund ihrer überzeugenden Siege im Herzen eines jeden Mannes besitzt. In kommenden Krisen aber muß sich die Parole, unter der wir angetreten sind, als stark genug erweisen, um den Widerstandswillen über alle Belastungen hinweg zu erhalten. Darum mißt die oberste Führung der politischen Erziehungsarbeit in der Wehrmacht eine so überragende Bedeutung zu. »Macht des Volkes Seele stark«, so lautete das letzte große Mahnwort des Feldherrn Ludendorff an die neue deutsche Wehrmacht. Er hat so klar wie kaum ein anderer Offizier erkennen müssen, daß in der letzten Entscheidung eines großen Krieges die seelischen Kräfte ausschlaggebend sind. Die Entscheidung unseres großen Weltringens steht vor der Tür, sorgen wir zu unserem Teile dafür, daß die uns anvertrauten Soldaten in diese Entscheidung als unerschütterliche, politisch geschulte Kämpfer hineingehen.

Leutnant Fritz Hain, N.S.F.O. einer Division

Um die Seele des deutschen Volkes, namentlich des deutschen Soldaten, im Sinne national-sozialistischen Denkens, stark zu machen, wurden auch Propaganda-Kompagnien geschaffen. Es gibt eine stattliche Anzahl von Kriegsberichtern, die den PK angehören. Ich bringe den Beginn und den Schluß eines Berichtes von Kriegsberichter Herbert Wiedemann:

Bildnis eines Jünglings

(PK) In den ersten Wochen des neuen Jahres starb der Jüngste der Staffel, der zwanzigjährige Unteroffizier Werner, den Fliegertod. Dieses Leben war schlicht und einfach, die Glorifizierung ins Ungewöhnliche wäre eine Verfälschung. Er hatte weder den Faust im Rucksack noch den Zarathustra. Es geht nicht an, seine Ideale an den Sehnsüchtigen des Alkibiades[8] zu messen, seine Jünglinghaftigkeit hatte kein antikes Maß. Es fehlte ihm jene titanische Vermessenheit, die man in der Literatur dem jungen Deutschen nachsagt. Nicht die Hybris, sondern die echte Einfalt war sein kennzeichnender Wesenszug. Ist nicht auch die Einfalt eine Tugend? Ist nicht schon die gläubige Hingabe eine Zier des Jünglings? Nichts, will uns scheinen, müßte einer kämpfenden Nation kostbarer sein als solch prunklose Jungmännlichkeit. Dieses früh vollendete Fliegerleben ist ein Beispiel – für viele seiner Art.

> Als seine Maschine ausgeblieben, fanden wir auf seinem Tisch zwei behutsam verschnürte Päckchen an das Mädchen. Der Untergang der Frühvollendeten ist nichts als eine gültige Verheißung, es ist trostreich zu wissen, daß unser Volk an solchen schlichten Jünglingsgestalten nicht arm ist, die sich gläubig hingeben, mit dem Herzen und mit der Tat. Hölderlin, der Dichter der Deutschen, ruft es uns zu aus stygischer Dämmerung: »Die Schlacht ist unser. Lebe droben, o Vaterland. Und zähle nicht die Toten! Dir ist, Liebes, nicht einer zu viel gefallen.«[9]
>
> Kriegsberichter Herbert Wiedemann

Von 100 Buben würden – sofern der Einfluß der Eltern ausgeschaltet bleibt – sich 99 als Flieger melden. In früheren Zeiten mögen sie im gleichen Verhältnis sich zu den Landsknechten hingezogen gefühlt haben. Die Jugend liebt die Abenteuer und denkt nicht an die Gefahren. Der die Jugend verführen will, hat stets leichtes Spiel. Aus Mangel an Erfahrung ist die Jugend schnell begeistert. Die Fliegerei wird entsprechend verherrlicht, und schon nahen die Begeisterten in hellen Strömen, wie die Motten dem Lichtkegel.

Der Fliegerunteroffizier W. fiel. Ob er sterben wollte? Vermutlich, nein. Er dachte jedenfalls: »Warum gerade ich?« Ist an diesem Vorgang etwas großes, heldisches herauszufinden? Kann da von »Hingabe« oder »Vollendung« gesprochen werden? Durchaus nicht. Mit diesen Begriffen wird die Jugend betört. Und sie stirbt daran. Nicht ahnend, daß sie alle umsonst gefallen sind. Wenigstens nach meiner Ueberzeugung.

18.3.44.

»Deutschlands Siegeschancen«

Darüber sprach Dr. Goebbels in Salzburg. Der Zeitungsbericht beginnt wie folgt:

»In einer Stunde von erhebender Feierlichkeit gedachte am 13. Maerz 1944 in Salzburg Reichsminister Dr. Goebbels jener Tage, da vor 6 Jahren die Alpen- und Donaugaue heimkehrten und sich die deutschen Menschen dieser Landstriche mit ihren Brüdern und Schwestern zusammengeschweißt haben zum Reich aller Deutschen.«[10]

Nachdem der Minister die feindliche Kriegführung einer kritischen Betrachtung unterzogen hatte, betonte er, daß das englische Weltreich in eine absolute ideologische und praktische Abhängigkeit vom Kreml geraten sei und auch innenpolitisch dem Bolschewismus Tür und Tor öffnen müsse.

Der Minister fuhr fort, daß es vielleicht günstig für uns sei, wenn unsere Feinde den entschlossenen Siegeswillen unterschätzten; denn sofern sie wüßten, wie standhaft das ganze deutsche Volk die Belastungen dieses gewaltigen Ringens auf sich nimmt, dann würden sie möglicherweise nicht wahrmachen, was sie planten und vorbereiteten, die Invasion. Der Feind, der vor dem gewaltigsten militärischen Risiko seiner Geschichte stehe, müsse heute schon erkennen, daß er im Luftkrieg zwei grundlegende Mißerfolge für sich zu verbuchen habe. Er habe nicht vermocht, die deutsche Moral zu brechen, und es sei ihm außerdem auch nicht gelungen, die deutsche Rüstungsproduktion in ihrem Kern zu treffen oder auch nur eines ihrer lebenswichtigen Organe entscheidend zu verletzen. Unsere auf dem ganzen Kontinent verteilte Kriegsproduktion sei heute weitgehend den Einwirkungen des feindlichen Luftkrieges entzogen.

Zu den Chancen unseres Sieges erklärte der Minister, daß wir heute eine Vielzahl von Trümpfen in unseren Händen hielten. In nicht zu ferner Zeit werde die Initiative wieder auf uns übergehen, und langsam aber sicher würden wir den vorübergehenden technischen Vorsprung des Feindes nicht nur aufholen, sondern darüber hinaus selbst einen Vorsprung gewinnen.

Eine Mahnung des Ministers löste Beifall und Zustimmung bei den vielen Tausenden aus: »Wenn wir jetzt in dieser entscheidenden Stunde standhalten, nie die Nerven verlieren, unerschütterlich an unsere gerechte Sache glauben, an unser Schicksal und an unser Leben, dann werden wir dieses geschichtliche Ringen meistern und siegreich bestehen.«

Dr. Goebbels fügte hinzu, daß er hier nicht aus Überzeugung und Glauben, sondern auch aus reicher Erfahrung spreche, und zwar als ein Mann, der mehr als 20 Jahre neben dem Führer gearbeitet und mit diesem mehr sorgenvolle als glückliche Tage erlebt habe, Tage aber, in denen der Führer stets mit eiserner Ruhe das Steuer der Partei und des Reiches fest in seinen Händen hielt.

Der Minister stellte abschließend fest, daß ein ganz realistischer und nüchterner Gesamtüberblick über die Lage zu einem für uns günstigen Ergebnis führe. Wir würden zwar noch schwere Belastungen durchmachen müssen, aber wir besäßen auch die Kraft und die Ausdauer, sie zu überstehen. Sicherste Gewähr unseres Sieges aber sei der Führer. »Es ist für das deutsche Volk«, so schloß Dr. Goebbels seine von stürmischem Beifall begleitete Rede, »ein geschichtliches Glück, während des Krieges an seiner Spitze einen Mann stehen zu sehen, der mit unerschütterlicher Kraft und unbeirrt die Nation durch alle Fährnisse leitet. Niemals sahen wir ihn an seiner Mission, an der Rechtlichkeit seines Handelns, an der Gerechtigkeit unserer Sache und an dem siegreichen Ausgang dieses Kampfes zweifeln. Wenn eine Nation sich von derselben Unbedingtheit bis zur letzten Faser durchdringen läßt, so wird sie siegen; denn die Geschichte bietet kein Beispiel dafür, daß ein solches Volk jemals unterlegen wäre. Auch Athen, Sparta, Rom und Preußen siegten in ihrer Geschichte nicht durch die Zahl, sondern durch die hohen Tugenden der Standhaftigkeit, der Treue und der Unerschütterlichkeit. Ob im Siebenjährigen Krieg das Schicksal und das Kriegsglück manchmal auch gegen den Großen Friedrich zu sprechen schienen, er hat an seinem Erfolg nicht gezweifelt. Wenn man heute sagt, er habe eben Glück gehabt, daß im entscheidenden Augenblick die Zarin Elisabeth starb, so ist darauf zu erwidern: entscheidend war, daß er in diesem Augenblick noch auf dem Schlachtfeld stand und die günstige Chance nützen konnte.

Auch uns wird sich eines Tages die große Chance bieten. Wir müssen uns mit allen uns zur Verfügung stehenden materiellen und moralischen Kräften auf diese Stunde vorbereiten. Dieser Krieg ist ein langes, zähes und erbittertes Ringen; aber um so mehr gilt gerade für ihn das Wort Theodor Fontanes: ›Große Zeit ist immer nur, wenn's beinahe schief geht, wenn man jeden Augenblick denkt, jetzt ist alles vorbei. Dann zeigt sich's, Courage ist gut, aber Ausdauer ist besser. Ausdauer, das ist die Hauptsache‹.«[11]

Dr. Josef Goebbels hat in seinen Geschichtskenntnissen herumgekramt, um dem deutschen Volke zu beweisen, daß es nur auszuhalten braucht. Durch Standhaftigkeit und Unerschütterlichkeit wird dann der Sieg errungen.

Bei jeder Gelegenheit wird Friedrich der Große hervorgezerrt. Dieser Preuße hat lediglich sehr viel Glück gehabt. Die damaligen Zeitverhältnisse lassen sich überhaupt nicht mit der Gegenwart vergleichen. Die russischen Armeen sind im Begriffe, in Rumänien, Ungarn, Polen u. den baltischen Staaten einzudringen.

Ferner stehen die englischen und amerikanischen Truppen bereit, den Angriff gegen Deutschland zu beginnen.

Was hat dies alles mit Athen, Sparta, Rom u. Preußen zu tun?

Im Jahre 1942 hatte Goebbels ebenfalls »Trümpfe« in der Hand. Es waren dies die weiten eroberten Gebiete Rußlands, insbesondere der Kaukasus, der Kuban, das Donez-Becken, die Ukraine. Kohlen, Erze u. Getreide. Und heute? Diese begehrten Gebiete sind wieder von Rußland zurückerobert. Was die Helden der deutschen Propaganda aber nicht hindert, so zu tun, als sei überhaupt nichts nachteiliges geschehen. Wenn ein echter Nazi die Gesamtlage überblickt, ist noch alles in bester Ordnung, in brauner Butter. Die »sicherste Gewähr für den Sieg ist der Führer«. Da kämpfen Götter selbst vergebens.

Heute hörte ich im Rundfunk den General-Schwindler Fritsche. Das ist eine Marke für sich. Der braut das tollste Zeug zusammen und reicht es den Hörern. Nach ihm ist die Zeit für uns, das deutsche Volk kann überhaupt nicht geschlagen werden, England wird das Opfer unserer Vergeltung, der Feind lebt nur von Illusionen, Wünschen u. Hoffnungen. –

Ich wäre gar nicht erstaunt darüber, wenn von maßgebender Seite behauptet würde, die Zurückeroberung der Ukraine durch die Russen sei eine der größten russischen Niederlagen und ein gewaltiger strategischer Erfolg der Deutschen.

21.3.44

Der Sprecher des deutschen Kurzwellensenders sagte am 20. Maerz abends an, die deutsche Regierung habe sich an Schweden mit dem Ersuchen gewandt, die vereinbarungsgemäß innerhalb der nächsten 6 Monate zu liefernden Kugellager binnen 8 Wochen zu liefern, und zwar zur Ueberwindung des durch die Luftangriffe entstandenen Engpasses in der Produktion. Schweden ist also das Land, das für die unnütze Verlängerung dieses Krieges verantwortlich zu machen ist. Bei genauer Untersuchung trägt vielleicht sogar Schweden die Hauptschuld an den beiden Weltkriegen. Ohne die schwedischen Erzlieferungen[a] hätte zum mindesten keiner dieser Kriege von Deutschland auf lange Dauer geführt werden können.

a) *die schwedischen Erzlieferungen:* Der Anteil der schwedischen Erze an der Eisenerzversorgung des Deutschen Reiches lag 1943 bei 27,5 Prozent und hatte damit eine zentrale Bedeutung für die deutsche Kriegswirtschaft, so auch in anderen Bereichen, etwa der Stahlversorgung. Im Laufe des

Wenn ich Schweden sage, so meine ich die Großverdiener und Kapitalisten dieses Landes.

22.3.44.
Professor Theo Morell, geb. 22. Juli 1886 zu Trais-Münzenberg (Oberhessen), Leibarzt des Führers, gehört seit Frühjahr 1936 zu dessen engster Umgebung. Professor Morell hat – wie die Wochenzeitung »Das Reich« angibt – erzählt: »Die ganzen Feldzüge und die Zeit vorher war ich an der Seite des Führers. Aber die Vorsehung hat es glücklicherweise gewollt, daß ich nur selten in Aktion zu treten brauchte«.[12]

Die Vorsehung wird hoffentlich ein Einsehen haben und den Führer das Ende dieses Krieges erleben lassen. Denn es wäre grausam, hören zu müssen: »Wenn der Führer am Leben geblieben wäre, dann hätten wir diesen Krieg niemals verloren.«[13]

Wir wollen gemeinsam das dicke Ende erleben. –

23.3.44.
Der Kriegsberichter Otto Hermann gibt in einem PK.-Sonderbericht bekannt, welche Maßnahmen deutscherseits in den Niederlanden getroffen worden sind, um einer britisch-amerikanischen Invasion zu begegnen. Zum Schutze gegen feindliche Einbrüche wird ein Teil der Niederlande überflutet! Die Bevölkerung wurde bereits seit einiger Zeit aus dem Frontgebiet evakuiert. Fruchtbarer Boden wird in den Fluten versinken. Der Kriegsberichter tröstet die Betroffenen folgendermaßen: »Für den Bauern ist diese Folge des Krieges ein harter Schlag, aber das Opfer, das er für die Sicherheit Europas bringen muß, ist klein im Vergleich zu dem, was auf dem Spiele steht. Wenn es den Engländern und Amerikanern gelänge, durch ihre Invasionsabenteuer die deutsche Ostfront so zu schwächen, daß die Sowjets durchbrechen könnten, dann wäre Europa verloren, und auch dem holländischen Bauern bliebe bestenfalls ein elendes Sklavendasein.«[14]

Ob der Kriegsberichter Otto Hermann der Meinung ist, daß Holland im Jahre 1940 von den deutschen Truppen wegen europäischer Interessen überrannt worden ist? Warum war das deutsche Reich in den Jahren 1939/1940 mit den »gefährlichen« Sowjets verbündet? Warum hat der Führer das Bündnis mit Rußland vor aller Welt als eine große Tat gepriesen? –

Jahres 1944 drosselte Schweden die Lieferungen schrittweise, u.a. weil die Gefahr einer deutschen Besetzung schwand. Vgl. Müller 1999, S. 509f.

25.3.44

Alle Faustpfänder des Sieges in unserer Hand

Heidenheim, 16. März ⟨44⟩

Krönender Abschluß der ersten Welle von 21 Versammlungen, welche die Partei im Kreisgebiet durchführte, war eine Kundgebung im Konzerthaussaal, bei welcher Gauredner Mutschler das Wort ergriff. Er führte seine Hörer noch einmal in die Geschichte der Kampfzeit der Partei zurück, brandmarkte das Judentum als den Todfeind des deutschen Wesens und erfüllte alle Anwesenden mit einem starken Glauben, weil wir alle Faustpfänder des Sieges in unseren Händen halten und nach seiner Erringung der Welt wieder einen Sinn geben werden.[15]

Allenthalben finden wieder Appells und Versammlungen statt. Dem Anscheine nach verspricht sich die Partei sehr viel von derartigen Versammlungen. In Büdingen hat der Kreisleiter einen Appell abgehalten und hierbei verlangt, daß jeder Behördenleiter mit seinen Schäfchen erscheint und die Zahl der Erschienenen zu Beginn meldet. Echt militärisch!

Mädelführerinnen tagten

Metz, 16. März ⟨44⟩

Die üblichen Tagungen der Mädelführerinnenschaft des Gaues, die der Zielsetzung und Ausrichtung auf die sommerlichen Aufgaben dienen, wurden mit der Zusammenfassung der lothringischen Führerinnen in Metz und der saarländischen in Völklingen eröffnet.

Bei beiden Arbeitsbesprechungen kennzeichnete Gebietsführer Keller als Erziehungsideal der männlichen Hitler-Jugend den jungen Kriegsfreiwilligen, der aus seiner charakterlichen und weltanschaulichen Einstellung heraus kein anderes Ziel kennt, als möglichst schnell an die Front zu kommen, um dort seine letzte Einsatzbereitschaft und kämpferische Haltung unter Beweis stellen zu können. Dieser wehrgeistigen Erziehung der Jungen parallel müsse auch die Ausrüstung der Mädel verlaufen, die, ein hochgemutes Frauentum verkörpernd, als Kameradin den Kämpfern zur Seite stünden und nur den zum Gefährten erwählten, der die männlichen Tugenden, Tapferkeit, Mut, Härte, verkörpere.

Gebietsmädelführerin Carola Limbach wies darauf hin, daß der bedingungslose Einsatz aller Angehörigen des Mädelbundes, vor allem der Führerinnen, in dieser Zeit eine Selbstverständlichkeit sei, die nicht mehr als besondere Leistung gewertet werden dürfte. Es gelte für jede einzelne, darüberhinaus an sich selbst zu arbeiten und damit der Gemeinschaft mittelbar in dem Streben nach menschlicher und beruflicher Vervollkommnung einen um so größeren Dienst zu leisten. Trotz aller anstrengenden Arbeit des Alltags müsse immer noch die Kraft vorhanden sein, sich mit Dingen zu beschäftigen, die Verstand und Geist weiterbilden. Der Ehrgeiz, am Arbeitsplatz die erste zu sein, müßte für jede pflichtbewußte BDM.-Führerin Ehrensache sein. Schließlich bedürften auch die charakterlichen Eigenschaften und Fähigkeiten einer sorgsamen Pflege und Überwachung, die Voraussetzung für eine Steigerung bilden. Aus dieser Anspannung und Entwicklung aller Kräfte des Herzens, des Geistes und der Seele heraus erwache die tiefste Tatbereitschaft, aus der die Möglichkeit zu letzter Hingabe, zu Opfer und Verzicht entspringe, wie sie Kriegszeit von vielen schon gefordert habe und in Zukunft noch fordern werde.[16]

Die Jugend wird nach allen Regeln der Ueberredungskunst für den Kriegseinsatz gedrillt. Als Lohn für ihre Bemühungen sind die Gebietsführer »unabkömmlich«. Sie schicken die anderen an die Front. Angeblich kennt die Jugend nur ein Ziel: sich möglichst schnell totschießen zu lassen.

29.3.44.

Der Kriegsberichter Eugen Feederle schrieb im Oktober 1943:

»Der Soldat ist vom unerbittlichen Entweder – Oder der Schlachtfelder so hart zum Wirklichkeitsmenschen erzogen worden, daß er Entscheidungen, die sein müssen, ohne Wimperzucken trägt. Nur so war im Kriegskalender die Wiederkehr des Januar und Februar 1943 zu vermeiden (Stalingrad!)[17], nur so war der Zeitgewinn möglich, den wir brauchen für unsere kommende Antwort. An die kommende Abrechnung mit den Feinden aber glaubt der Soldat voller Inbrunst. Der voreilige Triumph unserer Todfeinde regt gerade den Frontkämpfer am wenigsten auf; er läßt ihnen die Vorfreude auf das Bärenfell, weil er die tatsächliche Bedeutung dieser Frontzurücknahme aus eigenem Urteil überprüfen kann. ... Der deutsche Soldat, der sich in diesen Wochen marschierend und kämpfend auf die Winterstellungen am Dnjepr zurückzog, er weiß, die Sonne hellen Ruhmes ist dem Gewaltigen heute noch nicht beschieden, das er dem Schicksal in verbissenem Kampf abrang. Die Zeit ist noch nicht reif, von all dem zu sprechen, was so schwer zu tragen war und was er dennoch aufrecht, schweigend, vertrauend trug – aber sie wird einmal kommen, und dann wird die in einer Stunde der Prüfung geglückte Frontverkürzung zu den unvergänglichen Leistungen dieses Weltkrieges gerechnet werden.«[18] –

Das und noch einiges mehr hatte uns der Kriegsberichter Feederle über »Zurück zum Dnjepr« im Oktober 1943 zu erzählen. Am Dnjepr sollten Winterstellungen bezogen werden. Der kalendermäßige Winter dauert vom 21. Dezember bis 20. Maerz. Die viel besungene »Frontverkürzung« wäre zu ertragen gewesen, wenn es tatsächlich der deutschen Armee gelungen wäre, die Russen am Dnjepr zu halten – aber nicht nur im Winter. Auf diese Weise hätte die Ukraine gerettet werden können.

Was hat sich aber nun in Wirklichkeit ereignet? Bereits vor Beginn des Winters sind die Russen an mehreren Stellen über den Dnjepr vorgedrungen, vereitelten den Ausbau von Winterstellungen und eroberten große Gebiete der Ukraine, besonders im Norden, zurück. Hierdurch verlor die »Frontverkürzung« ihren strategischen Wert. Wenn auch augenblicklich noch Gebietsteile der Süd-Ukraine in deutscher Hand sind, so ist das ohne jede Bedeutung, weil die deutschen Truppen binnen kürzester Frist dieses Gebiet verlassen müssen. Die aus der nördlichen und mittleren Ukraine vordringenden russischen Armeen haben bereits den Bug und Dnjestr überschritten und stehen am Pruth. Sie kämpfen demnach bereits in Bessarabien und der Bukowina! Am 22.6.41 haben die deutschen Truppen den Pruth überschritten, und heute stehen sie wieder an ihren Ausgangsstellen. Das ist ein militärisches Drama erster Ordnung. Ohne Beispiel in der Geschichte!

Mit einem Hochmut, der nicht überboten werden kann, überfiel das deutsche Heer – ohne Kriegserklärung – Rußland.

Die »Vorsehung« hat ihr Urteil gesprochen; die Geschichte wird es noch verkünden!![19]

30.3.44.

Sogar Reichsminister Dr. Goebbels ist mit seinem Latein am Ende. In der Wochenzeitung »Das Reich« vom 26. Maerz 1944 bringt er einen Artikel »Das letzte Hindernis«. Dr. Goebbels hat seinen Parteigenossen nicht mehr sehr viel aufmunternde Worte zuzurufen. Es klingt aus dem Munde eines Propagandaministers ungemein pessimistisch, wenn er am Anfange seiner Ausführungen sagt:

> »Niemand vermag heute mit Bestimmtheit zu sagen, wie dieser Krieg sich weiter entwickeln und wann und durch welches Ereignis er seine Entscheidung finden wird.«[20]

»Wie und wann«, das fragen sich viele Deutsche. Keiner der Halbgötter kann eine zufriedenstellende Antwort geben. Sie wissen alle, daß es für Deutschland unmöglich ist, diesen Krieg zu gewinnen. Die maßgebenden Herrschaften kämpfen um eine Galgenfrist. Wie erbärmlich ist dieses Verhalten.

In dem erwähnten Artikel befinden sich noch einige Stellen, die Goebbels vor Jahren niemals zur Kenntnis gebracht hätte:

»Kann aber einer dafür bürgen, daß entsprechend diesem vollkommenen Wandel der allgemeinen Kriegsvorstellungen von 1939 bis heute sich nicht auch von heute bis zum Ende des Krieges wiederum ein gleicher Wandel der gegenwärtigen Kriegsvorstellungen vollziehen wird? ... Wir leben in einer ungezählten inneren und äußeren Einwirkungen unterworfenen Zeit. ... Seine letzten Geheimnisse wird der Krieg[21] uns, wenn überhaupt, dann erst geraume Zeit nach seinem Ende entschleiern. Bis dahin aber ist er das Rätsel aller Rätsel. Infolgedessen erscheint es auch ganz abwegig, ihn in seinen einzelnen Ereignissen vorherbestimmen zu wollen. Das kann niemand. ... Schicksal und Glück tragen ihr Teil zu ihm bei, der Zufall meldet sich zu Wort, auch das Wetter spielt eine ausschlaggebende Rolle, kurz und gut, es treten bei ihm eine Reihe von sehr bestimmenden Faktoren mit in Erscheinung, die selbst aber gänzlich unbestimmbar sind, da sie sich der menschlichen Einwirkungskraft entziehen. Und trotzdem entscheiden sie manchmal eine Schlacht oder gar einen Feldzug.« –

Warum hat Goebbels diesen Erwägungen vor Beginn dieses wahnwitzigen Unternehmens keinen Raum gegeben? Nur ein Sprichwort hätte beachtet werden müssen: Hochmut kommt vor dem Fall. –

In seinem Artikel »Das letzte Hindernis« sagt Dr. Goebbels zum Schlusse:

»Die Lügen und Versuchungen unserer Feinde prallen wirkungslos am Panzer unserer seelischen Härte und Standhaftigkeit ab. Wir sind über den Berg hinweg. Was wir Deutschen in unserer Geschichte nur sehr selten lernen wollten, daß Not und Gefahr ein Volk zu einem einzigen Willensblock zusammenschweißen müssen, das wissen wir jetzt. Der Feind hat nichts versäumt, uns dahin zu belehren. Wir wollen uns dadurch erkenntlich zeigen, daß wir seine Absichten durchkreuzen und seine Pläne zerschlagen.

Es wird die Stunde kommen, daß wir das letzte Hindernis vor der Entscheidung nehmen müssen. Wir werden dann unsere Herzen mit beiden Händen fassen und über die Hürde springen. In diesem Sprung liegt die große Rettung. Denn auf der anderen Seite bereitet sich die Welt im Lichte eines schöneren Friedens aus. Er soll des Kampfes, den wir führten, würdig sein und damit die Opfer rechtfertigen, die wir für ihn gebracht haben.« –

Ich muß offen gestehen, daß ich nicht so recht verstehe, was Goebbels unter dem letzten »Hindernis« verstanden haben will. Eines allerdings weiß ich ganz gewiß: Es wird die Stunde kommen, da werden sämtliche nationalsozialistischen Sprüche und Sprüchelchen ohne jede Wirkung sein, sie werden verpuffen. Es wird die Stunde kommen, da wird der Geist eines Dr. Goebbels und seiner Spießgesellen in Schimpf und Schande untergehen. Es wird die Stunde kommen, da Gericht gehalten wird über diejenigen, die das deutsche Volk in das Verderben geführt haben. Diese Stunde kommt!

31.3.44.

In dem Zentralorgan des NS.-Rechtswahrerbundes »Deutsches Recht« befindet sich in dem Heft 8/9 ein Aufsatz von Ministerialdirektor Karl Engert[22] in Berlin über »Zum Jahrestag des Hitler-Prozesses[a] am 26. Februar 1924«. Hierin werden Ausschnitte aus den Schlußworten Adolf Hitlers vor dem Volksgericht München I erwähnt: »... Deutschland irrt friedlos in der Welt umher ... jeder Staatsbeamte ist in sich selbst zerrissen ... einmal kommt die Stunde, daß ... dann die Versöhnung kommt beim ewigen letzten Gottesgericht, zu dem anzutreten wir willens sind. Das Urteil spricht das ewige Gericht der Geschichte. Es wird über uns richten, die wir als Deutsche das beste gewollt haben für unser Volk und Vaterland, die dafür kämpfen und sterben wollten ... Die Göttin des ewigen Gerichtes spricht uns frei«.[23]

Ministerialdirektor Engert schließt seine Ausführungen wie folgt:

a) *Jahrestag des Hitler-Prozesses:* Vom 26. Februar bis zum 1. April 1924 fand vor dem Münchener Volksgericht der Prozess gegen Hitler und neun Mitangeklagte wegen des sogenannten Hitler-Putsches im November 1923 statt. Der Hochverratsprozess geriet zu einem Propagandaauftritt Hitlers und endete mit einem skandalös milden Urteil. Hitler wurde zu fünf Jahren Festungshaft verurteilt und entgegen den gesetzlichen Bestimmungen nicht als ausländischer Staatsbürger des Landes verwiesen. Er saß lediglich acht Monate Haft unter komfortablen Bedingungen ab. In dieser Zeit schrieb er »Mein Kampf«. Vgl. Kershaw 1998, S. 269-274.

»Der Führer hat recht behalten. Kein Mensch beschäftigt sich mehr mit dem Urteil des Volksgerichts vom 1. April 1924; es ist vom Winde verweht. Aber über dem Verfahren vom Anfang bis zum Ende stehen die Worte:

›Die Weltgeschichte ist das Weltgericht‹.

Trotz des Krieges und trotz aller Verleumdungen des Führers durch das Ausland können wir sagen, daß niemand das Handeln Adolf Hitlers am 8. und 9. November 1923 heute mehr als Hochverrat betrachtet. Deutschland stand damals politisch, wirtschaftlich und kulturell vor dem Abgrund. Ist derjenige, der dies nötigenfalls mit Gewalt, ändern will, ein Hochverräter? Des Führers Ziel war: Los von Versailles! Dieses Ziel hat er erreicht. Und nun schreitet er einem größeren Ziel entgegen: dem Neuaufbau Europas unter Führung Deutschlands. Und der Sicherung unseres Vaterlandes im europäischen Raum. Denn nicht dem Imperialismus oder dem Krieg gilt sein Sinnen und Handeln, sondern dem Frieden.[24] Der Hitler-Prozeß aber hat das deutsche Volk aufgerüttelt und hat die Voraussetzungen geschaffen für den endgültigen Befreiungskampf, den wir gegenwärtig zu bestehen haben und den wir nach dem Wort des Führers beenden werden

›mit einem der größten Siege in der deutschen Geschichte‹«.–

So etwas erlaubt sich der Herr Ministerialdirektor Engert zu einem Zeitpunkte zu schreiben, an dem wir mit Riesenschritten der größten Niederlage, nicht nur in der deutschen Geschichte, sondern überhaupt in der Weltgeschichte zueilen.

Solche Menschen[25] sitzen an verantwortlichen Stellen in der Regierung – anstatt im Narrenhause!

5. April 1944.

Der Reichsjustizminister Dr. Thierack sprach am 25. Maerz 1944 im Rundfunk über die Aufgaben, die der deutschen Justiz im Kriege gestellt sind.

Er wandte sich auch an die Einzelgänger im deutschen Volke, die den Siegesglauben durch staatsfeindliche Reden und falsche Nachrichtenverbreitung zu untergraben versuchen, und sagte über sie:

»Wir nennen sie die Defaitisten. Diese Kreaturen besorgen damit die Geschäfte unseres Feindes und fallen der kämpfenden Front in den Rücken. Hier gibt es keine Rücksicht. Auch hier versteht die Justiz aber wohl zu unterscheiden zwischen einem Volkgenossen, der in einer Bombennacht einmal die Nerven verliert, und einem Staatsfeind, der den Siegeswillen unseres Volkes planmäßig untergraben will. Und auch hier und gerade hier gilt der Satz: Je höher die Stellung, desto größer die Verantwortung. Wir sind es unseren Kameraden an der Front, ihren Opfern und ihrem Vertrauen zur Heimat schuldig, daß wir nicht versagen, sondern solche Elemente ausrotten, ehe sie ihr Gift weiter ausgestreut haben. So sehen wir die Justiz im Kriege auf allen Lebensgebieten ständig in wachsamer Bereitschaft. Das deutsche Volk kann sich auf seine Justiz verlassen.«[26]

Der Parteibulle Dr. Thierack benutzt das Schlagwort »Defaitist«, um einen Feldzug gegen die Schwarzseher oder Flaumacher zu eröffnen. Er will diese Sorte von Menschen »ausrotten«. Da kann man diesem Herren nur empfehlen, das gesamte Volk, soweit es noch mit etwas gesundem Menschenverstand ausgestattet ist, zu vernichten. Der »Siegesglaube« wird nicht etwa erschüttert durch die von dem Justizminister erwähnten »Einzelgänger«, sondern durch die haarsträubenden Fehler der militärischen Führer. Der Weltkrieg 1914-1918 ist auch nicht durch den erfundenen »Dolchstoß«, sondern durch die militärischen Berater verloren worden.[27]

In diesem Kriege wird versucht, einen Sündenbock zu konstruieren. Der harmlose Kritiker oder Schwarzseher ist dann schuld, wenn die Sache schief geht. Der hätte auch noch »glauben« sollen. –

Schuld sind diejenigen, die ein Volk kämpferisch erziehen, um es in einen Krieg zu führen.

Schuld sind diejenigen, die nicht alles einsetzten zur Erhaltung des Friedens.

Schuld sind vor allen Dingen die wirtschaftlichen und militärischen Berater eines Eroberers![28]

Dieser Krieg wird nicht etwa verloren, weil einige »Defaitisten« unter dem deutschen Volke herumlaufen. Nein, meine Herren, so leicht ist diesmal die Schuld nicht abzuwälzen.

Die Ruhmsucht u. Eroberungssucht, die Ueberheblichkeit und die mangelnde Einsicht haben als Paten mitgewirkt, als die Idee der Beherrschung der Welt durch den deutschen Geist aus der Taufe gehoben wurde.[29]

Der deutsche Herrenmensch, diese blonde Bestie, wollte herrschen und unterdrücken. Andere Völker zu Sklaven erniedrigen, unliebsame und unbequeme Rassen ausrotten, fremde Länder ausplündern. Dafür sind die Germanen des Dritten Reiches unter Führung von Goldfasanen in den Krieg gezogen. Indessen, sie haben sich nicht zu knapp verrechnet. Die überfallenen Völker bestehen doch nicht nur aus Herdenmenschen. In Deutschland waren Hitler und Genossen beinahe zu 100% Sieger geworden. Mit dem deutschen Volke ist alles zu machen. Was kein Häuptling in Afrika mit seinen Stammesbrüdern wagen würde, zu unternehmen, das konnte Adolf, der Allmächtigste in Deutschland, mit den Parteigenossen und Volksgenossen sich leisten. Wäre Hitler innerhalb der Landesgrenzen geblieben, wer weiß ob das tausendjährige Reich sich als Utopie erwiesen hätte. Hitler fällt, weil er so vermessen war, mit Gott und der ganzen Welt Streit anzufangen. Man soll auch einen Krieg mit Vernunft führen. Bei den Nazis ist aber die Vernunft ausgeschaltet. Und so nehmen die Dinge den von mir vorausgesehenen Verlauf. – [30]

9.4.44.
In Anwesenheit zahlreicher Ehrengäste aus Partei, Staat, Wehrmacht und Stadtverwaltung beging der Chefarzt und Leitende Arzt des Elisabethenstiftes in Darmstadt, Professor Dr. Paul Zander[31], den Tag seines 25. Jubiläums im Darmstädter Elisabethenstift.

Der Kreisamtsleiter der NSV., Pg. Trumpfheller, überbrachte die Glückwünsche des Stiftes und überreichte eine Führerbüste (Bildhauer: A. Antes, Darmstadt[32]).

Prof. Dr. Zander sprach seinen Dank aus und sagte u.a.:

> »An den kommenden Sieg zu glauben, wenn man mitten in der Niederlage steckt, darauf kommt es an, und das vermag kein Optimismus. Dazu gehört«, betonte Prof. Zander, »das »Dennoch!« des Glaubens. Die Kraft unseres Lebens ist immer nur so groß, wie der Glaube stark ist, und so werden Sie verstehen, warum in meinem Leben ein Ereignis eine solch große Bedeutung gewonnen hat, das ist die Erscheinung des Führers. Deshalb bin ich tief glücklich, daß man mir einen langgehegten Wunsch mit diesem wundervollen Geschenk seiner Büste gemacht hat, so daß ich diesen Mann immer wieder vor mir sehen kann. Wie oft schaute ich in die Augen seines Bildes über meinem Arbeitsplatz, wenn die Mutlosigkeit mich zu überkommen suchte. Sein Leben und sein Vorbild haben eine aufreißende Bedeutung für mich gehabt. Denn bei ihm lernt man kennen, was Glauben ist. Und wenn man sieht, wie er in diesen letzten fünf Kriegsjahren alle die Rückschläge überwunden und immer wieder die Zuversicht festgehalten hat, dann weiß man, was man an ihm hat. Darum möchte ich Ihnen ein Wort zurufen, das in meinem Leben eine so große Rolle gewonnen hat: »Hingabe tut überall das Beste zur Sache. Hingabe geht nimmer fehl!«[33] Wenn jeder auf seinem Wege dies wahrmacht, dann ist uns in diesem Krieg, der Deutschlands Schicksal entscheidet und eine neue Weltenwende heraufführt, der Sieg schon heute gewiß.«[34]

Die Feier fand am 23. Maerz 1944 statt.

Auf Befehl der Partei heißt das Elisabethenstift in Darmstadt fortan:

»Paul-Zander-Krankenhaus«.[a]

Dieser Professor, der jetzt tiefglücklich ist, daß er stets die Büste des Führers betrachten darf, muß ein uralter Parteigenosse sein, sonst hätte sich die Partei nicht in dieser Weise um ihn bemüht.[35] –

Ich bin glücklich, nicht zu der Gruppe von Menschen zu zählen, die sich durch unwürdige Kriecherei hochgestellten Personen gegenüber auszeichnen.

a) *»Paul-Zander-Krankenhaus«:* Während das Krankenhaus nach dem Krieg seinen alten Namen wieder annahm, gibt es in Bad König im Odenwald, dem Todesort Paul Zanders, noch heute eine Paul-Zander-Straße.

Dr. Goebbels
Stadtpräsident von Berlin

Berlin, 7. April ⟨44.⟩

Der Führer hat dem Gauleiter von Berlin, Reichsminister Dr. Goebbels, in Abweichung von den diesbezüglichen Bestimmungen des Gesetzes über die Verfassung und Verwaltung der Reichshauptstadt die Lenkung der Verwaltung der Reichshauptstadt zur Konzentration ihrer Kräfte, insbesondere für die Zwecke des Krieges übertragen.[36]

Der »Eroberer von Berlin« hat wieder ein neues Amt erhalten. Er ist zum Stadtpräsident von Berlin ernannt worden. Mithin ist er der Diktator von Berlin.

Wenn in Berlin alles in bester Ordnung wäre, wie dies immer wieder von maßgebender Seite behauptet wird, so wäre diese Maßnahme jedenfalls kaum erforderlich gewesen.

In stark ausgebauten Stellungen steht deutsche Marineartillerie an der Straße von Kertsch bereit, um die Sowjets gebührend zu empfangen

⟨8.4.44⟩ PK.-Aufn.: Kriegsber. Spitzner (Sch)

In dem »Völkischen Beobachter«, Südd. Ausg., vom 8. April 1944 wird in stolzer Zuversicht der Meinung Ausdruck verliehen, daß die deutsche Marineartillerie die Russen ⟨an der Straße von Kertsch⟩ »gebührend empfangen« werde. Dieser Stolz hatte kein langes Leben. Bereits der Wehrmachtbericht vom 12. April 1944 gibt bekannt, daß Stadt und Hafen Kertsch geräumt worden seien.[37]

Wozu diese Kraftmeierei? Es würde sich geziemen, im allgemeinen etwas bescheidener zu werden. –

15. April 1944.
Das Wehrbezirks-Kommando Gießen hat mich durch Postkarte aufgefordert, mich am 15. April 1944 um 8 Uhr beim Musterungsstab in Gießen, Gasthaus Burghof, zur Musterung einzufinden.

Außer mir waren noch die Männer der Geburtsjahrgänge 1884 bis 1888 aus Laubach geladen.

Es ist eine sonderbare Angelegenheit, als Großvater im 60. Lebensjahr ausgemustert zu werden.

Als Ergebnis der Musterung wurde mir von dem leitenden Offizier (Oberst u. Kommandeur) bekanntgegeben:

»Bedingt kriegsverwendungsfähig«.

Auf Grund eines vorliegenden Antrages der Justizverwaltung bin ich bis zum 31. Oktober 1944 als »unabkömmlich« zurückgestellt worden. –

Ob bis dahin die Würfel gefallen sind? Wer vermag es mit Bestimmtheit vorauszusehen? In Berücksichtigung des hinauszögernden Verhaltens der Engländer und Amerikaner kann niemand einen Zeitpunkt bezüglich des Endes dieses schauderhaften Krieges nennen.

Ein Angriff mit Landtruppen auf dem Balkan oder sonstwo würde das Kriegsende beschleunigt herbeiführen. Es ist nicht zu verstehen, warum unsere Gegner nicht angreifen. Haben sie sich durch unsere Propaganda bluffen lassen oder sind sie davon überzeugt, daß Deutschland ausblutet? Auch ohne konzentrischen Angriff? Wünschen unsere Gegner einen Spaziergang über Leichen und Trümmer zu unternehmen? Dann dauert dieser Krieg noch einige Zeit. Die Nazis sind nämlich an der Macht. Ein demokratisches Deutschland hätte die Flinte schon ins Korn geworfen. Aber der Führer des heutigen Deutschland wird bis zum letzten Grenadier kämpfen. –

An einem Eisenbahnzuge soll nachstehender Vers angeschrieben gewesen sein:

»Adolf zieht die Opa's ein!
Soll das die Vergeltung sein?«

21.4.44.
Es war einmal eine Zivilverwaltung im Reichskommissariat Ukraine[a] mit vielen, vielen gänzlich unabkömmlichen, edlen Parteigenossen.

In einem »vertraulichen« Ausschreiben des Oberlandesgerichtspräsidenten in Darmstadt v. 12.4.1944 (9170 Ost/neu) betr.: Rechtshilfeverkehr mit dem Reichskommissariat Ukraine steht geschrieben:

»... Sämtliche Ersuchen um Rechtshilfe ... sind für den Bereich des Reichskommissariats Ukraine unmittelbar zu richten an:

Die Staatsanwaltschaft bei dem deutschen Obergericht Rowno
zur Zeit
in Frankfurt an der Oder,
Fürstenwalder Post-Straße 80.«

Sie haben sich im Generalgouvernement nicht halten lassen. Sie wollten ohne Zwischenstation sofort »heim ins Reich«. Gar viele Eroberer hatten sich in kühnen Träumen schon als Herren des Ostens gesehen. Nun flüchten sie wieder dahin, wo sie hergekommen waren. –

Die Truppen müssen auch das eroberte Gelände im Stiche lassen. Das geht zwar etwas langsamer als bei den Zivilverwaltungen. Aber immerhin ist doch schon eine gewaltige Wegstrecke von Stalingrad bis nach Tarnopol zurückgelegt worden. Viel Kriegsmaterial und die Gräber blieben in Feindeshand.

Zu gleicher Zeit erfolgte der Großangriff der Bolschewisten aus dem Raum von Kertsch nach Westen. Auch hier zogen sich unsere Truppen unter anhaltenden schweren Kämpfen, die den Sowjets ebenfalls hohe blutige Verluste einbrachten, nach Zerstörung aller kriegswichtigen Einrichtungen der Stadt Kertsch zunächst auf vorbereitete Stellungen in der Landenge von Akmonai zurück. Inzwischen gehen die deutschen und rumänischen Truppen im Zuge der mit großer Beweglichkeit geführten Kämpfe weiter nach Westen und Süden zurück.[38]

Es mag Parteigenossen geben, die sich trösten lassen durch die Versicherung, daß in der Stadt Kertsch alle kriegswichtigen Einrichtungen zerstört worden seien. Das ist aber ein sehr schwacher Trost. An der Tatsache, daß die Opfer für die Eroberung der Krim umsonst gebracht worden sind, dürfte sich kaum etwas ändern.

a) Das *Reichskommissariat Ukraine* war Teil der besetzten Ukraine, das die Zentralukraine und Wolhynien umfasste. Die Zentrale der deutschen Besatzungsverwaltung, die der ostpreußische Gauleiter Erich Koch (1896-1986) leitete, befand sich in Rowno. Vgl. Benz/Graml/Weiß 2007, S. 741f.

Zu den deutschen Absetzbewegungen an der Ostfront schreibt die führende portugiesische Zeitschrift »Accao«, es scheine sich um ein großartiges Manöver zu handeln, das trotz der großen Schwierigkeiten mit Meisterschaft durchgeführt wurde. »Ein Heer, das eine solche Operation durchführen kann, ist auch jederzeit in der Lage, zur Offensive überzugehen.« Die Initiative scheine in den Händen des Ausweichenden und nicht in den Händen des Vordringenden zu liegen.

Gleiche Brüder, gleiche Kappen! Das portugiesische Nazischreiberlein muß natürlich – getreu den gegebenen Richtlinien – aus dem deutschen Rückzuge einen grandiosen deutschen Sieg machen. Was hätten die Nazis für ein Geschrei erhoben, wenn jemand im Jahre 1941 behauptet haben würde, bei dem russischen Rückzuge bis vor Moskau, da sei die Initiative in den Händen der Russen gewesen. Es ist immer dasselbe Bild. Die törichsten Auslassungen werden gedruckt, wenn sie nur den Schimmer einer Hoffnung auf Besserung der Lage durchblicken lassen. –

Oster-Fußball-spiele

Die Sechs-Mann-Mannschaftsspiele an den Ostertagen fanden großen Zuspruch. Oben St. Pauli – HEBC[b]; unten Victoria[c] – Komet[d] (Siehe Sport)[39] Aufnahmen Schorer

b) *HEBC:* Hamburg-Eimsbütteler-Ballspiel-Club e.V.
c) *Viktoria:* Viktoria Hamburg.
d) *Komet:* Komet Hamburg.

Nicht immer sind die Berichterstatter bei ihren gewohnheitsmäßigen Lügereien so zu ertappen wie bei dem oberen Bilde. Der »große Zuspruch« besteht aus einer fehlenden Zuschauermenge. Schon in den Geburtsstunden der Partei wurde die Lüge zur Helferin herangezogen. Die in der Oeffentlichkeit genannten Mitgliederzahlen waren stets gefälscht. Von den »überfüllten« Veranstaltungen bis zu dem »Endsiege« bewegt sich alles auf einer Ebene: Schwindel! –

Nichts kann unsere Treue zum Führer erschüttern

Treuekundgebungen in München – Ansprache von Reichsorganisationsleiter Dr. Ley

dnb. München, 20. April ⟨44⟩. Am Vorabend des Geburtstages des Führers fand die Vereidigung der Politischen Leiter in München statt, die zu einer gewaltigen Glaubens- und Treuekundgebung zum Führer wurde.

Gauleiter Giesler bezeichnete den Eid, den die Politischen Leiter jetzt ablegen, als ein unbedingtes Glaubens- und Treuebekenntnis zum Führer. »Bedenkt immer«, sagte er, »daß der Nationalsozialismus von euch, meine Kameraden, vorgelebt werden muß. Jeder Politische Leiter muß ein Stück des Volkes sein und durch sein Beispiel wirken. Mehr denn je sind gerade heute Worte ohne Wert, wenn das Beispiel fehlt. Wer dem Führer folgt und die Ehre hat, in dessen Namen Menschen führen zu dürfen, muß einen klaren, lauteren Charakter haben, an den niemand rütteln kann. Opfern und dienen allein, sichern unsere Zukunft.

In einer mitreißenden, immer wieder von langanhaltendem Beifall unterbrochenen Rede würdigte Reichsorganisationsleiter Dr. Ley Werk und Persönlichkeit Adolf Hitlers.

»Ihr, meine Parteigenossen«, so führte er u. a. aus, »seid hier zusammengekommen, um den Eid auf den Führer abzulegen. Ihr gelobt damit einem Manne Treue und Gehorsam, der alles das in sich verkörpert, an das wir Deutsche glauben. Adolf Hitler ist Deutschland und Deutschland ist Adolf Hitler.

Wenn man den einfachen Volksgenossen fragt, weshalb er Adolf Hitler liebt, so wird er darauf nur eine Antwort geben: weil er sich ihm vertraut und ihm verbunden fühlt. Das Kind liebt seine Eltern nicht deshalb, weil sie reich oder arm sind, sondern weil es fühlt, daß sich die Eltern um das Kind bekümmern und sorgen. So ist es auch mit uns und Adolf Hitler, unserem Führer. Hieraus allein ist die Innigkeit und die Bezeichnung »mein Führer« und »unser Führer« zu erklären.

Alles, was wir Nationalsozialisten und darüber hinaus wir Deutschen sind, verdanken wir Adolf Hitler und seiner nationalsozialistischen Idee. Wir erkennen die Welt als eine gesetzmäßige, göttliche Ordnung, die unabänderlichen Disziplinen gehorcht, eine Welt der Kraft und der Stärke, der Gesundheit und der Ordnung. Wir bejahen diese Welt und ordnen uns freiwillig darin ein und glauben daran, daß auch wir eine Mission in dieser Welt haben. Wir glauben an die Gemeinschaft unseres Blutes und sehen die Nation nicht als einen schematischen Begriff von Gesetzen und Verordnungen, geographischen Grenzpfählen und zufälligen Sprachgleichheiten. Das ist deutsch, was unseres Blutes ist und zu unserer Rasse gehört. Wir wollen kein bequemes Leben, sondern wollen ein Leben des Fortschritts und der Entwicklung. Wir glauben an die Freude, an das Schöne und lieben die Kultur. Oberstes Gesetz für uns alle ist die deutsche Volksgemeinschaft, der wir uns unterordnen müssen.

Adolf Hitler, unser Führer, strafte alle jene Lügen, die geglaubt hatten, daß er nur der Trommler und bestenfalls der Platzhalter für abgetakelte Monarchen sei. Adolf Hitler ging als Revolutionär seinen völlig neuen und eigenen Weg. Er brachte es mit seiner Partei fertig, in kaum elf Jahren Deutschland um- und umzuwandeln.[40] Jedoch das Größte an diesem einmal Großen der Geschichte ist sein unverändertes Menschentum, seine Kameradschaft und seine unwandelbare Treue zu seinen Mitkämpfern. Er ist unser aller Kamerad geblieben. Wir haben es in diesen elf Jahren der Macht erlebt, daß der Glaube Berge versetzen kann und auch wirklich Berge von Hindernissen versetzt hat. Vor allem ist es der Glaube an die Richtigkeit unserer Idee und an die Größe Adolf Hitlers, die uns beharrlich im Kampf macht und durch nichts erschüttern kann.

Meine Parteigenossen, ich richte an euch den Appell: Werdet niemals schwach im Glauben, komme, was da mag. Arbeitet und laßt nicht nach, für die Partei zu werben und Vorbild des Fleißes und des Einsatzes zu sein. Unser Sieg ist nur eine Frage des Willens, denn wir besitzen alle Voraussetzungen und alle Chancen zu einem totalen und vollkommenen Siege über unsere Feinde.[41]

Dieser Dr. Ley hat schon recht, wenn er behauptet, Adolf Hitler und die Partei hätten Deutschland in kaum elf Jahren um- und umgewandelt. Nur der 30-jährige Krieg hat es noch besser gemacht. Was nicht ist, kann ⟨aber⟩ noch werden.

Ich glaube, daß Deutschland nicht mehr wiederzuerkennen ist, wenn die Partei in naher Zukunft ihren Geist aushaucht.

Ein Spaziergang durch Frankfurt[a] wird jeden Parteigenossen und Volksgenossen belehren, daß Deutschland tatsächlich umgewandelt ist. Daran ist nicht zu rütteln. –

⟨20.4.44.⟩

Auf Leben und Tod: Unser Hitler!

Reichsminister Dr. Goebbels sprach am Vorabend des Führer-Geburtstages[42]

Dr. Goebbels hielt am 19. April 1944 in der Staatsoper Berlin eine Rede aus der bemerkenswerte Stellen hier folgen:

Vollstrecker des Willens unseres ganzen Volkes

Bei uns ist der Führer Wortführer und Vollstrecker des Willens des ganzen Volkes. Es hat vom ersten Tage des Krieges bis zu dieser Stunde entgegen allem feindlichen Verleumdungsgeschrei in Deutschland nicht einen einzigen Fall gegeben, wo ein Soldat seinem Führer die Treue brach, in dem er die Waffen, oder wo ein Schaffender in der Heimat seinem Führer die Treue aufkündigte, indem er die Arbeit niederlegte.
Wir wissen, daß das feindliche Ausland das nicht verstehen kann und deshalb diese Tatsache auf Druck oder Gewalt zurückführt. Was wir als Volk und Führung in diesem Kriege durchgemacht und gemeistert haben, kann mit solchen Mitteln überhaupt nicht bezwungen werden. Hier müssen schon andere Kräfte am Werke sein, Kräfte der Treue und der Zusammengehörigkeit, die von Menschen, die sie nicht selbst in sich verspüren, auch nicht begriffen werden können. Was wir vor dem Kriege in jahrelanger Arbeit gesät haben, das geht in diesem Kriege auf: die reiche Ernte der Solidarität zwischen Führung und Volk.

Ich muß mir die Freiheit nehmen, in dieser Ansprache an das ganze deutsche Volk in der Heimat und an der Front auch einige Worte über den Führer persönlich zu sagen. Ich hatte das Glück, wie früher in den Zeiten unseres Kampfes um die Macht, so auch jetzt in denen dieses gigantischen Krieges, in vielen, ja in den meisten besonders glücklichen und auch besonders kritischen Stunden in seiner unmittelbaren Nähe zu sein. Er ist sich immer gleich geblieben. Ich sah ihn niemals zweifeln und niemals wanken. Er folgte stets der Stimme seines Blutes, und wo die ihn rief, da ging er seinen Weg, gleichgültig, von welchen Schwierigkeiten er begleitet sein mochte. Er zeichnet sich vor allen anderen Staatsmännern unserer Zeit dadurch aus, daß er Gefahren rechtzeitig erkennt und ihnen dann auch mutig entgegentritt. Das dankt ihm heute das deutsche Volk.

a) *Ein Spaziergang durch Frankfurt:* Frankfurt am Main war in den Wochen zuvor Ziel mehrerer schwerer Luftangriffe gewesen, z.B. in der Nacht vom 18. auf den 19. und vom 22. auf den 23. März 1944. Vgl. Hillgruber/Hümmelchen 1978, S. 205.

Das höchste geschichtliche Führertum

Die ganze zivilisierte Menschheit wird es ihm später danken müssen. Wenn es auf dem Gebiete der Volks- und Staatsführung eine divinatorische Begabung gibt, die aus dem Instinkt heraus das Richtige und Notwendige wittert, und wenn diese zusammen mit der unbeirrbaren Erkenntnis des jeweils Zweckmäßigen das höchste geschichtliche Führertum darstellt, dann ist er sein begnadeter Träger. Daß die parlamentarischen Eintagsfliegen auf der Gegenseite das nicht wahrhaben wollen, ist eher ein Beweis dafür als dagegen.

Auch das größte Führertum bleibt in seinem Wirken nicht von Rückschlägen und Niederlagen verschont. Sie sind die einzigen Gelegenheiten, in denen es sich ganz beweisen kann. Darum stellt der Krieg unter allen Menschen und Völkern jene harte und mitleidlose Auslese dar, die das Starke vom Schwachen und das Tüchtige vom Untüchtigen scheidet. Wo hätte das Reich und seine Führung vor einer dieser Proben versagt? Wo standen wir jemals ratlos und verzweifelt vor den Gewalten eines über uns hereinbrechenden Schicksals, denen wir keinen Halt ⟨mehr zu bieten vermocht hätten?⟩

. . . .

Sicherstes Zeichen des Sieges

Daß er an der Spitze der Nation steht, das ist für uns alle das sicherste Zeichen des kommenden Sieges. Nie war er uns so nahe, wie in den Augenblicken der Gefahr, nie fühlten wir uns ihm so verbunden wie dann, wenn wir das Empfinden hatten, daß er uns so sehr brauchte, wie wir ihn brauchten. Wir haben damit die große Hoffnung unserer Feinde zerschlagen. Sie wollten, daß wir selbst das täten, was sie aus eigener Kraft nicht vollbringen können, nämlich uns zu bewältigen. Hier lag für sie die einzige Möglichkeit unserer Niederlage. Wir haben daraus die größte Chance unseres Sieges gemacht.

Ich bin glücklich, das in dieser Stunde vor dem deutschen Volk aussprechen zu dürfen. Wenn wir uns ein ganzes Jahr durch unseren Fleiß und durch unsere Tapferkeit zum Werke des Führers bekennen, dann wollen wir uns an seinem Geburtstag einmal auch in Worten, die aus der Tiefe unserer Herzen kommen, zu seiner Person bekennen dürfen.

Dichter noch stehen wir hinter ihm

Sagen wollen wir ihm dabei, wie er uns alles ist, sowohl in dieser leidvollen Gegenwart, wie auch in der kommenden lichteren Zukunft. Wünschen wollen wir ihm Gesundheit und Kraft und eine gesegnete Hand. Wissen soll er zu jeder Stunde, daß er sich auf sein Volk verlassen kann. Wenn Not und Gefahr dicht vor ihm stehen, dann stehen wir dichter noch hinter ihm. Wir glauben an ihn und an sein geschichtliches Werk und daran, daß er es am Ende mit dem Sieg krönen wird. Nicht seine Widersacher, er wird der Mann dieses Jahrhunderts sein. Denn er gab ihm den Sinn, den Inhalt und das Ziel. Diesen Sinn bejahend und diesen Inhalt begreifend, werden wir dieses Ziel erreichen. Er aber ist der Wegweiser dahin. Er befiehlt. Wir folgen.

In der ersten Reihe hinter ihm marschieren wir, seine alten Kampfgenossen. Erprobt in der Gefahr, gestählt im Unglück, gehärtet in Sturm und Not, aber auch ruhmbedeckt mit Siegen und Erfolgen, in denen der Anfang der kommenden neuen Welt liegt, so bilden wir hinter ihm die Spitze der unübersehbaren Millionengefolgschaft, die des Reiches Zukunft trägt und verteidigt. Es ist die Sache des Volkes, die wir dabei verfechten. Sie hat im Führer selbst ihre Gestalt gefunden.

Auch in diesem Kampfe auf Leben und Tod ist und bleibt er uns das, was er uns immer war:

Unser Hitler!

Wenn ein Propagandaminister eine Rede hält, weiß jeder, daß vieles, was gesprochen wird, eben »Propaganda« ist. Man wird keinen sehr strengen Maßstab anlegen dürfen. In der Propaganda können also Luftschlösser gebaut werden. Doch das hat auch seine Grenzen. Dr. Goebbels hat in dieser Rede u.a. noch nachstehendes behauptet:

> ⟨»⟩Man wird beispielsweise zehn Jahre nach Friedensschluß in deutschen Städten vermutlich kaum noch Ueberbleibsel der Zerstörungen entdecken können, die der feindliche Luftterror in ihnen angerichtet hat. Aus diesem Kriegskapitel wird also wahrscheinlich hauptsächlich die Gesinnung und Haltung übrig bleiben, die seine Schrecken überwand. Ob aber Europa bolschewistisch wird oder ob es uns gelingt, unseren Kontinent vor dieser Gefahr zu bewahren und seine Völker damit aus dieser tödlichsten Bedrohung zu erretten, diese Entscheidung wird das Bild der zukünftigen Welt auf viele Generationen hin, wenn nicht gar für immer maßgeblich bestimmen.⟨«⟩[43]

Kürzlich hat der Führer behauptet, in 2-3 Jahren wäre wieder alles aufgebaut.

Dr. Goebbels braucht »vermutlich« 10 Jahre. Immerhin schon ein erheblicher Unterschied.

Wer falsche Tatsachen vorspiegelt, ist ein Betrüger. Beide Herren müssen es wissen, daß die zerstörten Städte weder in 3 noch in 10 Jahren aufgebaut sein können. Beide verschweigen, daß eine überaus große Zahl historischer Gebäude für alle Zeiten zerstört sind und nie mehr erstehen werden. Auch nicht beim besten Willen kommender Geschlechter. Wenn der Krieg beendet ist, wird das erste Bestreben sein müssen, einfachste Unterkunftsmöglichkeiten zu errichten, abseits der Zerstörungen, denn es muß doch vor dem Wiederbau zuerst der Schutt entfernt werden. Ein Problem, dessen Lösung jedenfalls nicht leicht sein wird. Ueber diese Schwierigkeiten setzen sich die führenden Schichten mit einem Schwung hinweg, der bewundernswert ist. –

Unseren Gefallenen
Von Jakob Sprenger

Mit schmerzerfüllter Trauer haben wir in den vergangenen Tagen unsere Gefallenen begraben. In der Zeit zwischen den Alarmen standen wir an ihren Gräbern, um von dem, was an ihnen vergänglich ist, Abschied zu nehmen, zugleich jedoch zu bezeugen, daß wir uns für die Unsterblichkeit ihrer Opfer mit der Unerschütterlichkeit unseres Freiheitswillens verbürgen.

Nahezu 1600 Männer, Frauen und Kinder fielen im Monat März den Terrorangriffen des Feindes auf die Gauhauptstadt Frankfurt a. M. zum Opfer. Zählt man die während der vergangenen Jahre im Luftkrieg Gefallenen hinzu, so wurden im Gaugebiet bisher insgesamt 4363 wehrlose Volksgenossen von einem sadistischen Feind gemordet. Sie fielen einem Gegner zum Opfer, der verblendet genug ist, zu glauben, daß er mit der Terrorisierung der Zivilbevölkerung seinem Kriegsziel entscheidend näherkommen könnte. Der Feind mordet Frauen und Kinder in der Annahme, daß die lumpenhafte Feigheit im deutschen Volke größer sein könne als das zwingende Gebot der Ehre.[44]

Jakob Sprenger, der Gauleiter, hat vergessen, was die gesamte deutsche Presse im Jahre 1940 über die deutschen Bombenangriffe auf England geschrieben hat. Da kannte die Genugtuung keine Grenzen. »London in Schutt und Asche«, das war der Wunsch und das Ziel. Wenn es damals nicht gelungen ist, dann sind jedenfalls nicht Erwägungen der Humanität berücksichtigt worden, sondern der Mangel an militärischem Können. Welcher Jubel wäre in dem Sportpalast in Berlin ausgebrochen, bei der Verkündung: »London ist vom Erdboden verschwunden«. Ein Beifallssturm ohnegleichen wäre die Begleitmusik gewesen.

Nur derjenige ist berechtigt, seine Stimme gegen den Bombenkrieg zu erheben, der grundsätzlich die Flugwaffe verdammt!

Wer hat im Bürgerkrieg ⟨in Spanien⟩ seine Luftwaffe ausprobiert und seine Geschwader mit Lob u. Ruhm überschüttet?

Wer hat sich damit gebrüstet, daß der Vorsprung der deutschen Luftwaffe von niemand mehr aufgeholt werden könnte?

War das nicht der Luftmarschall Göring?

Es steht diesem Herren heute schlecht an, darüber Tränen zu vergießen, daß der Gegner uns überholt hat und diese Waffe so anwendet, wie wir sie selbst angewendet haben oder jedenfalls bestimmt anwenden würden – wenn wir nur könnten.

Das Mitleid der Menschheit wird Deutschland kaum erwecken können. Dafür sind die Taten der deutschen Flieger ein Hindernis. –

»Wie ein Felsblock im brandenden Meer«

Vom Aus- und Durchbruch einer von den Sowjets eingeschlossenen Armee

Berlin, 24. April ⟨44.⟩

Von dem heldenhaften Einsatz und den hervorragenden Leistungen unserer im Osten schwer ringenden Grenadiere, die auch in den schwierigsten Situationen nicht verzagen, über einen ungebrochenen Siegeswillen verfügen und dazu auch in aussichtslosen Lagen den Humor nicht verlieren, sprach vor Vertretern der deutschen Presse Ritterkreuzträger Oberst Bechler, der Kommandeur des Grenadierregiments 504, das sich bei den erfolgreichen deutschen Angriffen südwestlich Proskurow und im Raum von Stanislau sowie bei der Abwehr starker sowjetischer Gegenangriffe besonders ausgezeichnet hat und in diesem Zusammenhang im Wehrmachtbericht vom 2. April genannt wurde.

Oberst Bechler gab zunächst einen Überblick über die erbitterten Kämpfe, in denen die Armee des Generalobersten Hube, dem der Führer die Brillanten zum Eichenlaub des Ritterkreuzes verlieh, sich hervorragend bewährte. Die Armee war durch eine starke feindliche Übermacht eingeschlossen und von ihren Verbindungen getrennt worden. Die Bolschewisten glaubten, einen gewaltigen Sieg erringen zu können. Sie hatten sich aber getäuscht. Die Armee stand wie ein Felsblock im brandenden Meer und wies alle Angriffe ab, bis der Befehl gegeben wurde, sich nach Westen durchzukämpfen und anzugreifen.

Dieser Durchbruch und die Angriffe wurden so durchgeführt, daß die Panzerverbände nach Westen den Weg freikämpften, während die Infanteriedivisionen die Nachhut bildeten und die Flankendeckung übernahmen. Sie konnten die pausenlosen Angriffe der Sowjets, die immer wieder die Flanken einzudrücken versuchten, erfolgreich abwehren. Die Haltung der Truppe war ausgezeichnet.

Von den zu überwindenden besonderen Schwierigkeiten nannte Oberst Bechler vor allem die unvorstellbaren Hindernisse, die den Bewegungen der Truppe durch Wetter und Geländeverhältnisse entgegentraten. Regen wechselte mit Schnee, der wagentiefe Schlamm ließ uns nicht vorwärtskommen. Abseits der Rollbahn war ein Durchkommen mit Kraftfahrzeugen gar nicht möglich. Nur mit größter Mühe gelang es, die leichten Feldhaubitzen auf dem unwegsamen Grund, in dem selbst Panje-Fahrzeuge steckenblieben, Schritt für Schritt vorwärtszubringen. So waren die körperlichen und seelischen Belastungen für Führung und Truppe außerordentlich hart. »Ich bin«, so bemerkte Oberst Bechler, »seit dem ersten Tage im Osten an der Front eingesetzt und habe allerlei erlebt, aber das war doch das Härteste, was ich je kennenlernte, zuletzt kamen noch Berge von etwa drei- bis vierhundert Meter Höhe dazu, ein Gelände, das von Pferd und Mann die höchsten Anstrengungen verlangte.«

Welche Anforderungen jedem einzelnen Mann auferlegt waren, zeigte nicht zuletzt die Tatsache, daß sechs Wochen lang keine Möglichkeit bestand, auch nur einmal den Rock auszuziehen oder etwa zu schlafen. Den pausenlosen Angriffen am Tage folgten ständige Absetzbewegungen in der Nacht, und die neuen Widerstandslinien mußten gleich ausgebaut werden.

»Und wie war bei diesen Strapazen die Haltung der Truppe? Einfach phantastisch«, sagte Oberst Bechler. Höchste Anerkennung und Bewunderung gebühre der Infanterie-Division. Es habe Beispiele prächtiger Kameradschaft gegeben.

An mehreren Einzeldarstellungen zeigte Oberst Bechler sodann die beispielhafte Pflichterfüllung bei der Bewältigung besonders schwieriger Aufgaben und schilderte einige Fälle hervorragender soldatischer Tapferkeit. Ein Dorf mußte gehalten werden, weil drei Kilometer rückwärts die Rollbahn lag, die der Gegner unter keinen Umständen erreichen durfte. Dabei habe ein Unteroffizier der 8. Kompanie mit zehn Mann gegen eine beträchtliche Übermacht an diesem Tage 12 feindliche Angriffe, darunter siebenmal mit zwei Panzern, hervorragend abgeschlagen, so daß der Gegner sein Ziel nicht erreichte. Er sei zur Auszeichnung mit dem Ritterkreuz vorgeschlagen worden, habe aber leider diese Ehrung nicht mehr erleben können.

Oberst Bechler erwähnte in diesem Zusammenhang, daß seine Division nacheinander elf sowjetischen Schützendivisionen gegenübergestanden habe. Davon seien neun so zerschlagen worden, daß sie abgelöst werden mußten.
Als besonders bemerkenswert stellte Oberst Bechler die Tatsache heraus, daß es trotz aller ungeheuren Schwierigkeiten und der gewaltigen feindlichen Übermacht gelungen sei, alle Verwundeten, deren Abtransport ja nicht möglich gewesen sei, mitzuführen, wie auch das Regiment nicht eine einzige Waffe einzubüßen brauchte. Daß unter diesen Umständen sogar der Humor, oft in den schwierigsten Situationen, sein Recht behielt, machte Oberst Bechler an einigen netten witzigen Beispielen klar. So seien die Worte »Kik« und »Kak« geprägt worden, Abkürzungen für die Worte: »Kamerad im Kessel« bzw. »Kamerad aus dem Kessel« – heute noch Kik aber vielleicht übermorgen Kak. Mit diesem Humor und diesem Optimismus habe man sich auch noch in anscheinend aussichtslosen Lagen weitergeholfen, und als dann nach allen möglichen Entbehrungen die Hoffnungen tatsächlich erfüllten und man nach vielen Leiden endlich einen festen Weg unter den Füßen hatte, da hätten die Leute sofort zu singen begonnen. Dies habe auf ihn, so bemerkte Oberst Bechler, einen tiefen Eindruck gemacht, wobei er die Sangesfreudigkeit der Truppe als besonders wertvoll herausstellte.

Zum Schluß seiner spannenden Ausführungen zitierte Oberst Bechler aus dem Armee-Tagesbefehl des Generalobersten noch folgende Sätze: »Die Armee ist wieder frei und steht mit ihrer Masse bereit, dem Gegner, der diese Schlacht und damit einen kriegsentscheidenden Erfolg verlor, weiter so harte Schläge zu versetzen, wie es befohlen wird.«

Oberst Bechler fügte hinzu: »Wir freuen uns darauf, wenn es wieder vorwärts geht.[45] Mit solchen Grenadieren, mit dieser Infanterie, mit dieser Haltung und mit unserem obersten Befehlshaber, unserem Führer an der Spitze, kann der Krieg nur gewonnen werden. So haben auch wir einen Zweifel an dem Erfolg nie gehabt. Unser Glaube und Wille hat recht behalten. Wir sind stolz auf die Erfolge.«[46]

Oberst Bechler mit seinem »ungebrochenen Siegeswillen« will wieder vorwärts gehen. Der hat noch nicht genug deutsche Gräber auf russischem Boden angelegt. Viel Vergnügen!, Herr Oberst Bechler.

30.4.1944.

Gott der Allmächtige nahm uns plötzlich und unerwartet nach 1tägiger Krankheit unser gutes, liebes Kind, Brüderchen und Enkelkind

Peterle

im Alter von 2 ¼ Jahren.

In tiefem Schmerz: **Georg Heiligenthal u. Frau Else,** geb. Heider, **und Schwesterchen sowie alle Angehörigen**

Darmstadt, Gutenbergstraße 66, im April 1944
Beerdigung: Samstag, 22. April, 11 1/2 Uhr, Friedhof, Nieder-Ramstädter Straße.

Unser aller Sonnenschein, unser liebes, herziges Kind,

Wilfried

verschied plötzlich u. unerwartet im zarten Alter von 7 Monaten.

Im Namen der Hinterbliebenen: Feldw. **Wilhelm Aessinger,** z. Z. im Osten, **u. Frau Liesel,** geb. Reitz, **und Kind**

Beerdigung: Samstag, 22. April, 11 Uhr, alter Friedhof, Nieder-Ramstädter Straße.

Nach kurzer, schwerer Krankheit verschied am 18. April unerwartet unser gutes, herziges, heißgeliebtes Kind und Enkelchen

Johannachen

im zarten Alter von 5 Jahren.

In tief. Herzeleid: **Frau Maria Kögel Wwe.,** geb. Huthmann, **und alle Verwandten**

Pfungstadt, den 21. April 1944

Beerdigung: 22. April, um 3 Uhr, vom Portal des Friedhofs aus. Einsegnung 10 Minuten vorher.[47]

Die Todesanzeigen von Kindern sind schon seit längerer Zeit fast in jeder Nummer der Tageszeitungen zu lesen.

Das sind auch Kriegsopfer. Der Mangel an Aerzten und Arzneimitteln verhindern rasche Hilfe.

Die wenigen noch vorhandenen Aerzte sind derart in Anspruch genommen, daß sie selbst dringende Rufe unbeachtet lassen müssen. So geschah es vor einiger Zeit in einem kleinen Nachbardorf, daß 2 Kinder an einem Tage starben, weil der Arzt nicht sofort zur Stelle sein konnte.

Die Kriegsbegeisterten kümmern sich weder um diese Toten noch um jene, die auf den Schlachtfeldern oder infolge der Luftangriffe den »Heldentod« für den Führer sterben dürfen.

Die Menschen sind durch die fortgesetzten, sich steigernden Verluste nach meiner Beobachtung beinahe gefühllos geworden. Ueber die Gefallenen wird gesprochen, als sei das Sterben der Soldaten die selbstverständlichste Angelegenheit der Welt. Gestern einer, heute einer, morgen bereits vergessen. Jeder denkt nur gerade noch an sich selbst. Diese Welt ist schrecklich geworden. Reif für den Untergang.

1. Mai 1944.

Als wir anläßlich eines Besuches bei Familie S[…] in Bad-Nauheim durch die Straßen dieser weltbekannten Badestadt wandelten, konnten wir an der traurigen Wirklichkeit nicht vorbeisehen. Jeder Schritt, jeder Blick zeigte uns erbarmungslos, daß wir uns im fünften Kriegsjahr befinden. Das ist ein Trauerspiel. Die meisten Läden überhaupt geschlossen, teils wegen Einberufung zur Wehrmacht, teils auf behördliche Anordnung. Eine Buchhandlung hat nur Umschläge der Bücher ausgestellt. Ein Plakat weist daraufhin: »Nur für Bombengeschädigte«. In einem Schaufenster sind einige Sachen zu sehen, die als Ausstellungsware gelten oder nur bei der Räumung abgegeben werden. Hier und dort steht noch Kitsch herum. Alles in allem ein Bild der Trostlosigkeit. Man könnte sagen: am Vorabend des Unterganges.

Ausgeschaltete Kriegsgewinnler

Die Preisüberwachungsstelle Braunschweig hat die Firma Zumbusch & Co., Braunschweig, Gesellschafter Dr. Karl Worts in Wolfenbüttel und Otto Wiechers in Braunschweig, in eine Ordnungsstrafe von 300 000 RM genommen und hat gleichzeitig die dauernde Geschäftsschließung angeordnet. Die Firma hatte sich schwere Preisverstöße zuschulden kommen lassen, da sie zu hohe Gewinnzuschläge laufend berechnete. Sie hat ferner Gewinne gemacht, die unangemessen hoch waren und hat sich auch ohne kriegswirtschaftlich gerechtfertigte Gründe in den Weg der Ware vom Erzeuger zum Verbraucher eingeschaltet.

ld.

Diese Firma ist keine Einzelerscheinung. Die ganz Großen heimsen märchenhafte Gewinne ein. Das Programm der Nationalsozialistischen Deutschen Arbeiterpartei spricht zwar in § 11 von der Abschaffung des mühelosen Einkommens und in § 12 von der restlosen Einziehung aller Kriegsgewinne.[48] Aber das ist nur fauler Zauber. Vielleicht gibt es auch heute noch einige Verblödete, die an dieses Programm glauben. Die maßgebenden Parteigenossen sind schlimmere Materialisten als die Kapitalisten ältester Prägung je gewesen sind. Es ist schauderhaft, daß das Volk gemeinhin gar keinen Anstoß an dem Tun und Treiben der berüchtigten »Nationalsozialisten« nimmt. Mit einigen Redensarten vom deutschen Sozialismus (den sie aber nicht erläutern) wird die Menge eingeschläfert.

Die Nazis haben vor der Machtergreifung mit Vorliebe gebrüllt: »Deutschland erwache«. Es wäre heute weitaus notwendiger, diesen Kampfruf erschallen zu lassen. Aber ... keiner wird rufen. Draußen in der Welt wird das niemand verstehen. Es ist aber so. Die Gläubigen sind immer noch gläubig. Und die Ungläubigen sind mürbe und apathisch. Ohne Hilfe von draußen gibt es keine Aenderung. Die »Hilfe« liebt das Schneckentempo.

⟨Sie verdienen sich einen roten Rock.⟩[49]

Forsteinsatz der Wanderer

Um dem Mangel an Arbeitskräften für die Bewirtschaftung unseres Waldes abzuhelfen, haben sich die deutschen Wanderer bekanntlich den Forstbehörden bereitwillig zur Verfügung gestellt. Der Zweigverein Darmstadt des Odenwaldklubs setzte deshalb am letzten Sonntag statt der vorgesehenen Wanderung die erste Arbeitsgruppe im Bezirk der Försterei Frankenstein ein. An der Haltestelle Frankenstein erwartete Förster Trautmann die 43 Hilfskräfte, unter denen sich auch der Führer des Gesamtodenwaldklubs, Landesforstmeister Dr. Hesse, befand. In emsiger Arbeit gelang es, in 5 Arbeitsstunden die Riedberghöhe wieder neu einzupflanzen zur Genugtuung der Helfer und Helferinnen und zur Freude der Forstverwaltung, die durch Forstrat Bechtel vertreten war.[50]

S.

Parteiaufmärsche

Biberach, 29. April ⟨44.⟩

Im gesamten Kreis Biberach finden zur Zeit in allen Gemeinden große Aufmärsche der Partei statt, welche der inneren Stärke, dem Kampf- und Siegeswillen der Heimat Ausdruck verleihen. Daran schließen sich überall Kundgebungen, wobei am zweiten Marschtag Kreisleiter Bauer in Rot an der Rot und in Erolzheim das Wort ergriff.[51]

Das Liebkindmachen ist zwar nicht heldenhaft, aber trotzdem beliebt bei jenen Größen, die um die Gunst der allein selig machenden Partei buhlen.

Früher sprach man von dem Männerstolz vor Fürstenthronen[52], der auch zu jener Zeit so spärlich vertreten war.

Die Daheimgebliebenen wollen zeigen, was sie für grandiose Leistungen vollbringen. Sie wollen teilhaben am Ruhm. Es muß etwas getan werden, damit die Menschen nicht auf die Idee kommen, zu denken. Die Straße frei den braunen Bataillonen! Der Deutsche marschiert gern in Schritt und Tritt. Ein Erbstück seiner Ahnen!

Zum Tode verurteilt

Breslau, 1. Mai ⟨44.⟩

In mehrtägiger Verhandlung hatten sich vor dem Sondergericht in Breslau der 36jährige Fritz Koschyk aus Breslau und fünf weitere Angeklagte zu verantworten.

Koschyk, der Inhaber eines Breslauer Unternehmens für Tiefbau, Eisenbahnbau und Kiesgewinnung ist, hat in den Jahren 1939 bis 1942 bei Ausführung von Aufträgen für eine Dienststelle Arbeiten berechnet, die tatsächlich gar nicht ausgeführt wurden. Dadurch erschwindelte er sich – nach den Feststellungen des Gerichts – mindestens 250 000 RM. Der 33jährige Werner Schubert und der 46jährige Otto Weise aus Breslau haben ihn hierbei unterstützt. Koschyk hat ferner unter Ausnutzung seiner Stellung als Betriebsführer große Mengen an Lebensmitteln und Kohlen der Kriegswirtschaft entzogen. Mit seinem Wissen und Willen sind von seinem Unternehmen laufend für ein von der Firma eingerichtetes Arbeitslager mehr Lebensmittelbezugscheine vom Ernährungsamt angefordert worden, als nach der tatsächlichen Stärke der Belegschaft erforderlich waren.

Die zu Unrecht bezogenen Lebensmittel wurden von dem Angeklagten Koschyk und einigen seiner Angestellten, dem 30jährigen Adolf Schotte, dem 54jährigen Kurt Bunzek und dem 45jährigen Walter Gralka aus Breslau verbraucht. Koschyk und diese drei Mitangeklagten nahmen auch Lebensmittel an sich, die für die Verpflegung der Arbeiter im Arbeitslager bestimmt waren. Sie bezogen außerdem Lebensmittel auf ihnen nicht zustehende Schwerarbeiterzusatzmarken.

Schotte und Bunzek haben ebenso wie Koschyk auch Kohle beiseite geschafft. Der Hauptangeklagte hat schließlich auch mehrere Rechnungen zum Zwecke der Täuschung falsch angefertigt, wobei ihn Schotte unterstützte.

Koschyk ist bereits wegen Anstiftung zur Kuppelei mit drei Jahren Zuchthaus und fünf Jahren Ehrverlust vorbestraft.

Das Sondergericht verurteilte ihn als Volksschädling wegen fortgesetzten Betruges, ferner wegen fortgesetzter Bestechung, fortgesetzten Kriegswirtschaftsverbrechens in einem besonders schweren Falle und Urkundenfälschung zum Tode sowie zu 500 000 RM Geldstrafe. Bunzek und Gralka wurden wegen fortgesetzten Kriegswirtschaftsverbrechens zu je fünf Jahren Zuchthaus und fünf Jahren Ehrverlust verurteilt, Schotte wegen fortgesetzten Kriegswirtschaftsverbrechens und Beihilfe zur Urkundenfälschung zu fünf Jahren und einem Monat Zuchthaus und zu fünf Jahren Ehrverlust. Schubert und Weise erhielten wegen Beihilfe zum Betrug und wegen schwerer Bestechlichkeit Zuchthausstrafen von je zwei Jahren und je zwei Jahre Ehrverlust.[53]

Ein mit Zuchthaus vorbestrafter »Betriebsführer«. Arier u. Nationalsozialist. Wenn das im Auslande passiert oder von Juden verübt worden wäre, da gäbe es Schlagzeilen. Aber so, im Lande der Engel, in Deutschland. Kaum zu glauben. –

5. Mai 1944.

Denn dies darf nicht vergessen werden dabei, der Atlantikwall ist noch recht jungen Datums. Als wir im August 1940 die Küste Frankreichs am Kanal und Atlantischen Ozean sahen, dehnte sich der Strand noch weithin ohne einen einzigen Betonbunker, ohne einen einzigen Panzerturm. Später erst ist die planmäßige Befestigung begonnen worden. Seit zwei Jahren, seit dem Versuch von Dieppe, ist dem Atlantikwall durch die Tiefengliederung jene Vollendung gegeben worden, die ihn heute so gefährlich macht für jeden Angreifer, die Zeit der Befestigung fällt also – mit Ausnahme einiger Monate – genau zusammen mit der Zeit der britischen Terrorangriffe. Die Verstärkung aber ist genau in den beiden Jahren vor sich gegangen, in denen Großbritannien mit Rostock und Köln die Verschärfung der Angriffe gegen die Zivilbevölkerung heraufführte. Während langer Monate und Jahre also war das verwickelte Geflecht der Befestigungen noch im Bau. Schon mittlere Bomben konnten hier schwere Verheerungen anrichten, zusammengefasste und unausgesetzte Angriffe schwerer Bomberverbände hätten den Bau außerordentlich gestört, vielleicht unmöglich gemacht. Während dieser ganzen Zeit sind die britischen Bomber dauernd an ihm vorbeigeflogen, um sich die Kirchen von Lübeck, den Kölner Dom und die Frankfurter Altstadt als Ziele auszusuchen, seit Neuestem sind sie freilich auch auf den Gedanken gekommen, man könne es ja vielleicht versuchen, auch einmal die militärischen Ziele am Atlantikwall anzugreifen. Aber da war es natürlich zu spät. Die schweren Betondecken hielten auch dem größten vom Gegner verwandten Kaliber stand.

Aus eben diesen, von den Briten während der Bauzeit so unbegreiflich geschonten Panzerwerken aber wird sich demnächst der erbarmungslose Feuerhagel ergießen, der so vielen jungen Briten und Amerikanern das Leben kosten wird. Hunderttausende und aber Hunderttausende von britischen und amerikanischen Müttern werden dann weinen über den Tod ihrer Söhne, ihrer Männer und ihrer Väter. Noch bevor die eigentliche deutsche Vergeltung gegen den britischen Luftterror ihren Anfang genommen hat, wird das Schicksal auf eine furchtbare Weise mit den beiden Nationen dafür abrechnen, daß sie jahrelang ihre freudige Zustimmung zu der Tötung deutscher Frauen und deutscher Kinder gegeben haben. Wenn die Transportdampfer der Gegner in den Fluten versinken oder wenn ihre gelichteten Bataillone am Strand sich stöhnend unter dem Feuer der deutschen Granaten ducken, dann werden sie damit eine der schlimmsten militärischen Fehlrechnungen aller Zeiten bezahlen müssen. Die Geschichte kommender Jahrhunderte aber wird es zu den großen Unbegreiflichkeiten zählen, wie im Großbritannien dieser Jahre Strategie und Mord auf eine gefährliche Weise verwechselt worden ist, obwohl das Unheil dicht vor der Türe stand.[54]

Sethe[55]

Der Atlantikwall hat es den Berichterstattern angetan. Die Engländer werden dank der Bemühungen von Presse und Rundfunk jetzt endlich das Gruseln gelernt haben. Der Festungsbau war in vergangenen Zeiten mehr eine Sache der Geheimnistuerei als der Reklame. Es war jedenfalls in allen Ländern streng verboten im Festungsgelände sich herumzutreiben oder gar Aufnahmen zu machen. Die deutschen Zeitungen bringen dagegen Bilder von dem Atlantikwall, als wäre das ein Ausstellungs-Gegenstand. Man kann ja so vieles auf allen Seiten in diesem Kriege nicht verstehen. Damit muß sich jeder abfinden.

Der Berichterstatter wundert sich über die Engländer, daß sie die Panzerwerke ruhig bauen ließen. Das ist eigentlich gar nicht so verwunderlich. Die Arbeiter, die an den Panzerwerken bauten, konnten nicht für andere Zwecke verwendet werden. Oder aber, den Engländern ist es einerlei, ob wir an den Stellen, an denen sie nicht angreifen, großartige Verteidigungsmaßnahmen treffen oder nicht. Der Schleier wird auch hier eines Tages gelüftet werden. Es wird lange Gesichter geben – in Deutschland.

6. Mai 1944.

Der Rummel mit Rommel.

»Jede Division eine Festung«

Rommel im Atlantikwall

Die Angloamerikaner haben das Thema Invasion mit einem großen Reklamerummel umgeben. Offenbar betrachten sie diese Erörterungen als einen Teil des Nervenkrieges und sparen nicht mit Überheblichkeiten und Drohungen. Gar nicht so selten unterlaufen aber auch Wendungen, die beweisen, daß sich hinter ihrer Maske der Sorglosigkeit eine beklommene Furcht vor der so vielfach bewiesenen deutschen Stärke verbirgt. Wir dürfen der Auffassung sein, daß sich die Nerven der Angloamerikaner in weniger gutem Zustand befinden als unsere. Wie besonnen und vorausschauend unsere Vorbereitungen zur Abwehr einer Invasion getroffen worden sind, mit welcher gelassenen Ruhe, aber auch mit welcher wachsamen Bereitschaft die deutsche Führung wie auch die deutsche Truppe den kommenden Dingen entgegensieht, beweist der folgende Bericht über eine Inspektion des Generalfeldmarschalls Rommel in der zweiten Linie des Atlantikwalls, d. h. in der Tiefe des Landes, in dem sich möglicherweise schon bald entscheidende Kämpfe abspielen werden.

Für den, der zum ersten Male herauf an die nordfranzösische Küste fährt, ist das erstaunlich: In der Dämmerung des Tages trifft man auf den Straßen und Gassen noch so einsamer und kleiner Orte, die zuweilen kaum mehr als 150 Seelen zählen, immer auf deutsche Soldaten. Es gibt hier anscheinend keinen Fleck, auf dem er nicht steht und wacht. Wir haben im Laufe der mehrtägigen Besichtigungsfahrt Generalfeldmarschall Rommels immer wieder das Wort »Landfront« fallen hören. Wir, die wir dieses Land zum ersten Male sahen, hatten durch Berichte, Photos und Wochenschauen gewisse Vorstellungen von den Befestigungen an der Küste, aber es erscheint wesentlich, nun einmal auch von der Front zu sprechen, die in der Tiefe des Landes steht und genau so stark ausgebaut und besetzt ist wie die an der Küste.

Es gab bei dieser Besichtigungsfahrt beim Zusammentreffen mit den Kommandeuren – gleich viel, in welchem Rang sie standen – keine höfliche einleitende Konversation, keine großen Vorstellungen, keine offiziellen Reden, die nur Zeit stehlen: der Feldmarschall kam an, stieg aus seinem Wagen, ließ sich an Hand von Karten von den Verteidigungsabschnitten der Kommandeure berichten und machte dann Stichproben. Zwischen 8 Uhr morgens und 19 Uhr abends gab es nur eine Pause während des Mittagessens, die übrige Zeit waren wir mit dem Wagen oder zu Fuß unterwegs.

Der Soldat, der in ungezählten Stützpunkten steht, ist ein erfahrener, in vielen Schlachten bewährter Kämpfer. Männer mit EK, Nahkampfspangen, Sturmabzeichen sind weitaus in der Überzahl. Hier wacht keine zweite Garnitur. Wir haben immer wieder gestaunt, mit welcher inneren Festigkeit, Sicherheit und Geistesgegenwart Offiziere und Mannschaften dem unverhofft eintreffenden Besucher ihre Meldungen und Erklärungen abgaben.

Bis zum letzten Mann

Unvergeßlich sind die Meldungen der Stützpunktekommandanten, die mit den Worten schlossen: »Wir haben Befehl, diesen Stützpunkt bis zum letzten Mann zu halten« oder: »Offiziere und Mannschaften halten als entschlossene Kampfgemeinschaft diesen Stützpunkt im Falle eines Angriffs bis zum letzten Atemzug«. Diese Worte klangen völlig unpathetisch aus den Mündern junger Männer. Der Feldmarschall nahm sie als nichts Besonderes hin, sondern als eine Selbstverständlichkeit.

Ein Posten unter Gewehr, der vor einem Stützpunkt an einem Schlagbaum stand, ließ sich durch den heranfahrenden Wagen des Feldmarschalls keinesfalls ins Bockshorn jagen, fragte, wie es sein Befehl ihm auferlegt hatte, nach den Ausweisen und öffnete erst, als er sich überzeugt hatte, daß der, der im Wagen saß, wirklich Rommel war.

»Wieviel Männer haben Sie in Ihrer Division?«, fragte Rommel den mit dem Verwundetenabzeichen ausgezeichneten Kommandeur. Er erhielt die Antwort, daß im Augenblick so und so viel Männer in der Verpflegung seien.

»Es gibt, wenn es ernst wird«, antwortete der Feldmarschall, »nur Männer hier, die kämpfen. Ihre Division ist bis zum letzten Mann eine einzige Festung.« Diese Feststellung, die gleichzeitig ein Befehl war, klang nüchtern und beinah sachlich-kalt. Aber man muß die Entschlossenheit fühlen, mit der sie aufgenommen wird.

»Was machen Sie, wenn der Feind völlig laut[los] nachts mit Lastenseglern mitten in Ihrer Batterie landet?« fragt der Feldmarschall einen Batteriechef. Der Hauptmann wies auf die Gräben, auf die MG-Nester.

Mit allem rechnen

Aber der Feldmarschall war noch nicht ganz zufrieden. Er sagte: »Beachten Sie, was ich sage. Ich will annehmen, daß der Feind lautlos kommt ...« und gab dann praktische Anweisungen, was zu machen sei, um eine Landung aus der Luft von vornherein in jedem Fall zum Scheitern zu bringen. Er schloß mit den Worten: »Denken Sie immer daran, täglich und stündlich, daß man mit allem rechnen muß. Wir können mit unseren Vorbereitungen nie fertig sein, es gibt überhaupt kein »Fertig« bei uns.«

Wir haben während dieser Fahrt, auch während der Essenspausen, keine Gespräche gehört, die von anderem gehandelt hätten, als Minen, Vorstandssperren, Hindernissen, Geschützen. Wir sahen einmal eine wunderbare Wiese mit bunten Frühlingsblumen unter einem herrlichen Himmel. Ein Idyll des Friedens. »Wunderbar!«, sagte der Feldmarschall, »wunderbar« sagten auch wir, in dem Anblick versunken. Er aber setzte hinzu: »Wunderbar, wenn man bedenkt, daß unter diesen Blumen achtzigtausend Minen liegen!«

Oder: Wir gingen durch einen Küstenwald mit hochstämmigen Bäumen. Es waren prachtvolle

Stämme, wie sie hier oben selten sind. Und jemand sagte: »Prächtige Bäume, wie hoch mögen sie sein?« Darauf Rommel: »Acht Meter schätze ich. Welch herrliche Hindernisse würden sie abgeben …«

Der Feldmarschall haßt Phrasen: »Am liebsten«, sagte er einmal unterwegs, »würde ich kein Mittagessen einnehmen. Das macht nur müde!«

Lob verteilt er sparsam. Einem Kommandeur rief er zu: »Das beste Lob für Sie ist, wenn Sie mit dem, was Sie hier geleistet haben, im Ernstfall das Blut Ihrer Soldaten sparen!«

Nicht zu verblüffen

Er braucht nur einen Blick auf die Karte zu werfen, und er lebt in diesem Gelände, als sei es ihm seit Jahren vertraut. »Haben Sie an Rundumverteidigung gedacht?« fragt er. Oder ein anderes Mal: »Im großen und ganzen bin ich zufrieden, aber Sie müssen das Gelände dort versauen.« Oder: »Wieviel Zeit brauchen Sie, um diesen Punkt hier im eigenen Verteidigungsabschnitt unter Feuer zu nehmen?« – »Zwei Minuten!« lautete die Antwort des jungen Offiziers.

Auf einer schmalen Küstenstraße kam der Wagenkolonne des Feldmarschalls in brausendem Tempo ein Kradmelder entgegen. Auf dem Sozius saß ein Mädchen, genau so blond und frisch wie der junge Gefreite, der sie verbotenerweise fuhr. Einen Augenblick hält alles den Atem an: Ist der Junge verrückt …? Aber nun passiert folgendes:

Der Kradmelder stoppt sein Krad aus dem höchsten Tempo ab, daß es sich beinahe überschlägt, springt ab, baut sich zackig auf und meldet alles andere, als wir erwarteten, nämlich: »Gefreiter S. mit der Wäscherin des Bataillons auf dem Wege zum Troß!«

Alles ist verblüfft. Der Feldmarschall lächelt, alle lächeln. Der Gefreite macht kehrt, schwingt sich auf sein Krad und braust davon.

Eine nebensächliche Anekdote, hingegen beweist sie für beide etwas: für den Feldmarschall wie für den Gefreiten: sie haben ein Herz, sie haben Humor, sie nutzen den Augenblick und sind nicht aus der Fassung zu bringen.

Nach dem offiziellen Teil der Besichtigung besuchten wir abends noch unverhofft einen Stützpunkt. Die Sonne lag auf dem Wasser, unten am Strand arbeiteten Soldaten und rammten Pfähle ein. Da zum erstenmal, zwischen diesen schwer arbeitenden Männern und angesichts dieses vollendeten Hindernisses, sah ich das Gesicht des Feldmarschalls aufleuchten. Er ließ sich von dem Unteroffizier, dessen Gesicht vor Freude und Überraschung erschüttert war, Meldung machen und sparte nicht mit seinem Lob.

Er ließ sich mit den Soldaten photographieren, sah immer wieder über den Strand, der nach seinem Herzen war, und ging dann. Im Wagen meinte er: »Ich habe noch 500 Harmonikas zu Hause, die will ich denen beim nächsten Mal mitbringen. Die haben es verdient.«

Das war ein verdienter Orden![56]

Kriegsberichter Hans H. Henne

———

Vermutlich werden auch die Engländer wissen, daß die Atlantikküste sehr stark befestigte Stellen aufzuweisen hat. Es fragt sich nur, ob sie gerade uns Deutschen den Gefallen erweisen, an jenen Plätzen anzugreifen, wo Generalfeldmarschall Rommel seine Hauptverteidigungswerke errichtet hat.

Nach einem uralten militärischen Gesetz soll der Gegner an der schwächsten Stelle angegriffen werden.

Die Festung Europa hat auch schwache Stellen. Wir hüten uns nur, davon zu sprechen.

Es ist durchaus vorstellbar, daß die »Festung« Europa von innen heraus erschüttert wird u. zwar durch Luftlande-Truppen in Verbindung mit der Bevölkerung der besetzten Länder. In Jugoslawien ist meiner Ansicht nach gar keine erhebliche Unterstützung mehr von außen erforderlich, um ein Uebergewicht über die dort stationierten deutschen Truppen zu erlangen.

Die Kriegsgefangenen und die ausländischen Arbeiter bedeuten ebenfalls eine sehr große Gefahr.

Wenn das Gewitter von allen Seiten hereinbricht, dann kann unter Umständen sehr schnell eine Lage entstehen, der Deutschland machtlos gegenüber steht. Da hilft keine Parteiorganisation mehr. Da muß die weiße Fahne gehißt werden. Ich habe zwar persönlich nichts dagegen einzuwenden, wenn die Parteigenossen bis zum letzten Atemzuge kämpfen, also bis 12 Uhr 5 Minuten. Manchmal kommt es mir vor, als sei es bereits 12 Uhr.

a) *nibelungenhafte Treue:* Der Ausdruck Nibelungentreue wurde 1909 durch Reichskanzler von Bülow als Ausdruck für ein unauflösbares Staatenbündnis in das politische Vokabular eingeführt und später auf das Motiv der unerschütterlichen Vasallentreue bis in den Tod (im »Nibelungenlied« personifiziert durch Hagen von Tronje) ausgedehnt. Vgl. Pätzold/Weißbecker 2005, S. 208f., Zitat S. 209.

Vollendung des politischen Kämpfertums

Von SA-Obersturmbannführer Hannes Kremer

Als der Führer am 4. Mai 1943 der damaligen 60. Infanteriedivision (mot.) nach Eingliederung des SA-Regimentes »Feldherrnhalle« den Namen »Panzergrenadierdivision Feldherrnhalle« verlieh, sagte er in seinem Tagesbefehl, daß damit der hervorragende Einsatz seiner SA im Kampfe für das Großdeutsche Reich eine sichtbare Anerkennung, zugleich aber auch der heldenhafte Kampf der vor Stalingrad gebliebenen Angehörigen der 60. Infanteriedivision eine verpflichtende Würdigung in der deutschen Wehrmacht und vor dem ganzen deutschen Volke finden sollten. Mit dieser Manifestation wurde die neue Division »Feldherrnhalle« zum Traditionsträger einer Gesinnung und Haltung, die aus tiefster Leidenschaftlichkeit für das Reich über jede Grenze einer herkömmlichen Opferbereitschaft hinaus sich bewährt und vor der ganzen Nation die heroischste Beweisführung dafür erbracht hatte, daß die Macht des Glaubens an Führer und Volk und die idealistische Hingabe jene einzigen Garanten der Ueberwindung äußerster nationaler Krisenstunden und aller siegreichen Wiederauferstehung inmitten eines unerbittlichen und scheinbar nur Vernichtung säenden Schicksales sind.

Diese Namensverleihung bedeutete die Sichtbarmachung der rücksichtslosen Konsequenz, mit der sich der kämpferische Nationalsozialist von allem Anfang an als politischer Soldat für die Freiheit und den Schutz der Lebensrechte des deutschen Volkes einsetzte und die er heute im Entscheidungskampfe in einem alle menschliche Voraussicht übersteigenden Maße als Waffenträger auf den Schlachtfeldern bewähren muß.

Die symbolische Verbindung der geschichtlichen Opferbereitschaft besten deutschen Mannestums im Kampfe um die Wiedererhebung und im Kampfe um den Bestand Deutschlands im Zeichen und Namen der Feldherrnhalle verpflichtet die Träger der vier Runen als eine kämpferische Garde von Freiwilligen, deren oberste Tugend die bedingungslose Treue zum Führer und der bedingungslose Einsatz für das nationalsozialistische Reich ist. Hunderttausende von SA-Männern haben von der ersten Stunde dieses Krieges an in allen Wehrmachtteilen diese gleiche Gesinnung und Treue als namenlose Soldaten unter Beweis gestellt, und es ist nicht so, als ob die Division »Feldherrnhalle« etwa den Auftrag bekommen hätte, für sie einen Maßstab dessen aufzurichten, was die Angehörigen der SA als Soldaten der nationalsozialistischen Bewegung und dem deutschen Volke gegenüber einzulösen hätten. Heute stehen über drei Viertel der gesamten SA als Soldaten bei der Wehrmacht, und das sind nahezu ausnahmslos alle, die überhaupt wehrdienstfähig sind. Unter ihnen finden sich bisher mehrere Träger der Schwerter, viele Eichenlaubträger und eine hohe Zahl Ritterkreuzträger und Träger des Deutschen Kreuzes in Gold.

Diese Bilanz beleuchtet symptomatisch, in welchem Maße die SA dem Frontkämpfertum als ein integrierendes und hervorragendes Element eingeschmolzen ist. Der besondere Sinn und der besondere Auftrag, der Division »Feldherrnhalle« liegt daher darin, die sichtbare Verkörperung jenes politischen Soldatentums zu sein, das in ungezählten deutschen Männern heute seine höchste soldatische Bewährung erfährt und dessen geistige Urzelle die Sarkophage der Ewigen Wache auf dem Königlichen Platze zu München sind. Diese Division trägt ihr Vermächtnis zu treuen Händen, so wie jene Angehörigen der vorwiegend aus SA-Männern gebildeten einstigen 60. Infanteriedivision vor Stalingrad dieses Vermächtnis bewahrten und sich in seinem Geiste in nibelungenhafter Treue[a] für Deutschland opferten.

Das alte SA-Regiment »Feldherrnhalle« hatte, als es diese Tradition übernahm, unzählige Beweise dafür erbracht, daß es eines so hohen Auftrages würdig war. Aus seinen Kontingenten entstammten jene Freiwilligen unserer ersten Fallschirmjägerverbände, die sich seiner Zeit bei Eben-Emaël, bei Rotterdam und Kreta in ungestümem Angriffsgeist und mit höchstem Mute unvergänglichen Ruhm erwarben. Aus ihrer Haltung und aus ihrem Vorbild formte sich jener Geist, der jüngst bei Cassino neuen Lorbeer an unsere Fahnen heftete und den Feind mit ohnmächtigem Ingrimm erkennen ließ, was es heißt, mit den jungen nationalsozialistischen Soldaten die Klinge zu kreuzen. Es ist der unerschütterliche Mut, die hohe Opferbereitschaft, der harte, entschlossene Siegeswille – alles geboren aus dem gläubigen Idealismus und der fanatischen Treue zum Führer und zur gerechten Sache unseres Volkes –, was dieses nationalsozialistische Soldatentum geprägt und zum Schrecken des Feindes, zum Vorbild des ganzen kämpfenden Volkes gemacht hat.

Die deutsche Oeffentlichkeit entsinnt sich auch noch jener Kompanie des damaligen Infanteriebataillons »Feldherrnhalle«, die in den mörderischen Winterkämpfen des Februar 1942 am Wolchow bis zur letzten Patrone und bis auf den letzten Mann einer wilden Uebermacht der Bolschewisten standhielt und unter dem Namen »Horst-Wessel-Kompanie« als leuchtendes Beispiel höchster soldatischer Pflichterfüllung in die Erinnerung der Heeresverbände eingegangen ist, bei denen sie eingesetzt war. Es erhellt wohl aus alledem, daß die heutige »Panzergrenadierdivision Feldherrnhalle« eine beispielhafte und symbolische Vollendung jenes politischen Kämpfertums bedeutet, das seinen Marschbefehl vor mehr als zwei Jahrzehnten aus den Gräberreihen der einst verratenen Helden erhielt und sich, wissend um die Unabänderlichkeit des Opfers vor allem Siege, freiwillig in bedingungsloser Bereitschaft dem Reiche, dem Volke und dem Führer verschrieben hat.

Der schwulstige Erguß zeigt, daß es die Nazis verstehen, aus einer der größten Niederlagen in der deutschen Kriegsgeschichte, aus dem Fall von Stalingrad, für die Nachwelt noch einen »unvergänglichen« Lorbeerkranz zu flechten.

Dadurch, daß unser Neffe Erwin Ganglberger vor einigen Tagen, nach Beendigung seines Arbeitsdienstes, in diese Division »Feldherrnhalle« hineingepreßt worden ist, wissen wir, mit welchen Mitteln die Reserven dieser Division zu künftigen »Helden« dressiert werden.

7. Mai 1944.

So sind wir Deutschen!

〈»Schwarzes Korps«〉

So beginnt der Leitartikel in der Zeitung der Schutzstaffeln der NSDAP vom 4. Mai 1944.

Verfasser: Frau Leni Hieke-Witkowski.

Zuvor muß ich eine kleine Korrektur vornehmen. Ich weigere mich, zu solchen Deutschen gezählt zu werden. Es muß also lauten:

»So sind viele, sehr viele Deutsche!«

Vor nun schon geraumer Zeit schrieb uns eine Mutter – oder jedenfalls eine Frau, die sich Mutter nannte, einen Brief, worin sie sich dagegen verwahrte, daß man immerfort »Propaganda« für das Kinderkriegen mache. Der Krieg und die Opfer, die er fordere, müßten doch hinlänglich deutlich dartun, daß es besser sei, den Kindern ein Leben voller Sorgen und Schrecknisse zu ersparen.

Damals kam der wunderbare Antwortbrief einer anderen Mutter – einer ganz anderen Mutter –, der heute noch so gut im Gedächtnis der Leser haftet, daß sie ihn häufig zitieren. Wir schrieben darüber: »Es lebe das Leben!« Denn ein solches Bekenntnis war sein Inhalt. Wir knüpften daran freilich noch eine andere Bemerkung. Wir sagten so ungefähr: Diese Frau habe freilich noch ihren Mann, sie habe noch keine Opfer gebracht, wenn sie über die Opfer und das Leben spräche, säße sie gewissermaßen als Zuschauerin in der Loge. Aber sie sei wohl von der Art des ewigen deutschen Muttertums, das sich auch unter der Last des Schicksals als treue Hüterin des Lebens bewähre.

Bewährung

Nun stehen am Anfang eines neuen Briefes dieser Mutter die Worte:

»Ich habe meinen Logensitz abgeben müssen. Ich spiele unten auf der Bühne mit und bemühe mich, den Leuten halbwegs glaubhaft das vorzuspielen, was man als Haltung bezeichnet. Mein Mann ist nämlich Anfang Februar im Osten gefallen.«

Eine Frau, die den Mann, eine Mutter, die den Vater ihrer Kinder verlor, erzählt die Geschichte ihrer Bewährung. Von ihrer eigenen Haltung ist dabei gar nicht viel die Rede. Sie spielt sie nicht, nicht für sich und nicht für die Tribüne, sie ist wohl der selbstverständlichste Teil ihres Wesens. Es kennzeichnet sie, daß sich in diesen schweren Wochen ihre mütterlichen Sinne der Umwelt öffnen, daß sie ein getreuer Spiegel des Volkes wird, das in ihrem Umkreis seinen Tugenden und Fehlern lebt. Daß sie das Leben sucht und findet, dem sie ihre Kinder schenkte und dessen Ansprüchen ihr Mann sich opfernd unterwarf. »Es lebe das Leben!«, steht auch über diesem Brief.

»Zuallererst möchte ich das sagen, was sich mir in diesen Wochen als besonders tröstlich offenbart hat: Dieses Volk, für das unser Vati sein Leben gab, ist auch das allergrößte, allerherbste Opfer wert! Nicht weil Nachbarinnen mich tränenüberströmt umarmten, nicht weil ich überall, auch dort, wo ich es kaum vermutete, eine ehrliche Anteilnahme fand und die manchmal bedingungslose Bereitschaft, mir tragen zu helfen – nein. Das alles würde kaum dieses Opfers Sinn bedeuten. Aber die Gemeinschaft unseres Volkes fühlt sich fast ausnahmslos mir und meinen Kindern verpflichtet, die Gemeinschaft dieses Volkes weiß im Innersten, daß sie von meinem Mann, von den Kindern und mir zu ihrem Nutzen und Heil ein Geschenk erhalten hat. Das ist es. Auch die unentwegtesten Meckerer werden still und raffen sich dann zu irgendwelchen positiven Worten auf. Hinterher meckern sie wahrscheinlich wieder weiter. Aber warum ist es keinem, aber auch

keinem einzigen eingefallen, aus dem Schlag, den ich empfangen habe, Propagandamaterial herauszuholen und mir zu sagen: »Aha, sehen Sie, das haben Sie davon!« Wer hat ihnen gesagt, daß ich in meinem Jammer nicht aufhorchen und mich aus einer Begeisterten in eine Gegnerin verwandeln würde? Ja, sie meckern und raunzen. Aber ein untrügliches Gefühl sagt mir, daß sie dies nur gerade so lange tun, als es gilt, Lappalien zu bemeckern. Streift sie ein Hauch des ganz Großen, dann werden sie still und reihen sich ein in die Front dieses Krieges. Ich wohne in Wien, und bis heute haben die Herren Anglo-Amerikaner (der Brief wurde Anfang April geschrieben) uns noch kaum einen eindrucksvollen Besuch abgestattet. Aber sollten sie es tun, heute weiß ich es sicherer denn je, daß auch die Wiener wortlos ihre Pflicht tun und noch emsiger und noch haßvoller an den Waffen für der versinkenden Welt endgültige Vernichtung arbeiten würden.

Das ist das eine. Mag man sich auch hier und da ärgern über einen besonders auffallenden Vertreter der Klasse Rindvieh, aber ihrer sind so unglaublich wenige, daß sie eben deshalb gar so unerträglich auffallen. Auf einen einzigen dieser Sorte kommen tausend andere, die sich ehrlich bemühen um unser aller endlichen Sieg.

Nein, nein, ihr Herren in London, Washington und Moskau, seid beruhigt: uns besiegt man nicht.[57] **Ihr könnt aus braven, fleißigen Arbeitern haßerfüllte Gegner euch machen, das wohl. Aber zu besiegen sind wir nicht. Wir sind gescheiter als ihr, wir sind geschickter als ihr, wir sind fleißiger als ihr, wir haben die besseren Soldaten, vor allem: wir haben den Führer,**[58] **wir wissen um unsere einmalige Chance, wir haben die bessere Organisation, wir haben die besseren Nerven, wir haben die gesünderen Menschen, die idealste Jugend der Welt – ihr ahnt vielleicht gar nicht, was wir noch alles haben – und wir haben die Gewißheit des Endsieges. Und die vielen, die das Liebste schon geopfert haben, das sind die Fanatiker unter uns, die ewigen Mahner: ihr dürft nicht schlapp machen, damit unser Opfer nicht seinen Sinn verliere!**

Der Sinn unseres Opfers! In den ersten Tagen sieht man nur die Sinnlosigkeit, daß ein Herrgott es zuläßt, daß wahrscheinlich ein verlaustes Halbtier aus irgendeiner Lumpenhöhle der Steppe einen hellen, gesunden, hochbegabten Menschen so einfach umlegt. Daß nun meines Kameraden liebe, fleißige Hände, sein wacher, nimmermüder Geist untätig sein müssen, uns allein lassen, und ein stumpfer Steppenmensch in seinem ganzen Leben vielleicht nicht soviel schuf wie unser Vati in einer einzigen Stunde, daß dieses Geschöpf weitervegetiert und weiter Sinn in Unsinn verkehren kann nach einem teuflischen Plan. Das können wir nicht begreifen. Und auch das Wort: »Nie mehr!« hat so viel Ewigkeitsgehalt in sich, daß unser armer Seelenmagen es schwer, sehr schwer verdauen kann. Nie, nie mehr! Jedes Werk seiner Hände schreit es, und besonders alles das, was er in die erträumte und ersehnte Zukunft hineinbaute. Man muß eben manchen Gedanken so oft denken, bis er sich so weit abgestumpft hat, daß man sich doch nicht ständig an ihm wundreißt. Die Tage, an denen die Sachen eintreffen, die er sich in Monaten für seinen so heiß ersehnten und immer wieder verschobenen Urlaub zusammensparte, sind so ganz ohne Licht, daß nur schwere Arbeit oder konzentrierte geis ge Tätigkeit hilft und ein traumloser Schlaf. Sog die Kinder sind kaum ein Trost. So hold und si sie sind – immer wieder der Gedanke. Ich darf d alles sehen, alles miterleben, und er? Und man gr belt und sucht und sucht einen Weg. Ja doch, ein Weg! Denn so war es ja auch abgemacht. Das l ben geht weiter. Nur wie?

Die Kinder

Ehe wir uns versehen, hat sich dann eines Tag unser Gesicht der Sonne unseres Lebens zugekeh die bis jetzt ja doch nur eine Nebensonne war u nur in Stunden von Gefahr und Krankheit, alles a dere verdrängend, in den Vordergrund trat: unse Kinder! Freilich, Kameraden sind sie noch nicht. D Band des innigen Verstehens ist zerrissen, das sü Sichanlehnendürfen ist vorbei, das holde Sichg henlassen und Sichselbstvergessen im geliebten D Nun ist unser Leben anders. Aber schön – ja, w müssen es zugeben, ob wir wollen oder nicht, sch ist es noch immer! Wären diese weichen Patsc händchen nicht und dieses Schelmenlachen, das fertigbringt, unter dem schrecklichen Trauerhut, d solch ein Kerlchen zu erwischen und sich aufzus zen wußte, aus der düsteren Floren uns entgegen strahlen, ach wäre das nicht, wie weit wären wir erst drunten?[59]

Die Verfasserin fährt dann fort:

»Es war vielleicht nicht der erste Gedanke, der mich überfiel, als ich die niederschmetternde Nachricht zu fassen versuchte, aber es war der zweite oder sicher der dritte: Nun ist auch das vorbei, nun kann ich meines Mannes geliebtes Bild nicht mehr in vielen Menschen seines Blutes suchen! Und ich hatte mir doch einmal so sehr recht viele Kinder gewünscht.

Heute muß ich an die Zuschrift denken, die damals Anlaß meiner Stellungnahme war, jene Zuschrift, in der eine angebliche Mutter sich ob unseres ständigen Appells an die deutsche Frau, sich viele Kinder zu wünschen, entsetzte.

Ich wollte heute, ich wäre vor Jahren – es war allerdings im ›allerchristlichsten Ständestaat‹ – auch so klug gewesen und hätte manche Erkenntnis von heute schon damals gehabt und hätte den Mut aufgebracht, mich nicht dem fordernden Leben zu verschließen. Heute hätte ich schon Kameraden an meiner Seite, die mich besser verstünden als meine winzigen Tschapperln[a], die von Kummer und Not noch so gar nichts ahnen. Mein Mann hat alles, was er begann, auch gründlich getan. Wenn er heute im Osten seine Wache hält, dann ist es sicher: Kein Volk, kein nimmersatter Verbrecher wird in absehbarer Zeit aufstehen wider uns und unsere Kinder! Um meine jungen Soldaten werde ich wahrscheinlich doch nicht so leiden müssen wie um ihren Vater, daran glaube ich fest. Und nun darf ich nur zwei aus seinem Blut in die schönere Zukunft hineinführen, nur zwei!

Ich komme zum Schluß und zu dem Kernthema aller Gedanken: Der Sinn unseres Opfers, der Sinn dieses Krieges. Verantwortung über sein eigenes Leben hinaus beseelte den Gefallenen, als er hinüberging, ich weiß das. Das große Weltgewissen war auch in ihm lebendig, diese unbedingte Ablehnung des ›Nach mir die Sintflut!‹«

a) *Tschapperln:* zu *Tschapperl* ›unbeholfener, tapsiger, junger Mensch‹, österr.

⟨Den Krieg hat doch Hitler angefangen!⟩[60]

Wir Deutsche, so glaube ich, sind so unbescheiden, daß wir nicht genug Erfüllung finden in unserem kurzen Leben. Darum muß, was wir gebaut haben, womöglich noch ein paar tausend Jahre stehen und unsere Augen erfreuen, wenn es auch schon die Augen unserer Urenkel sind. So sind wir. Die Russen bauen sich Lehmkaten. Morgen verweht sie der Wind, nitschewo[a]! Die Franzosen stellen sich breite Betten in Luxuswohnungen und träumen, werden sie alt, in einem Provinzstädtchen ihr Rentierdasein zu Ende. Wir Deutsche aber kümmern uns darum, ob in hundert Jahren – ja in tausend Jahren ein Mensch unseres Blutes noch Raum genug haben werde, um ein richtiges Leben zu leben. Wir sorgen uns darum, daß die »Spur von unseren Erdentagen« nicht am Ende, »in Aeonen« untergehen[61] möge! So sind wir!

Front gegen das Pack

Und diesem unserem Wesen hat nun alles Gesindel der Welt den Krieg erklärt. Die Faulen, die Dumpfen, die Lumpen, die Spitzbuben und die, die plötzlich erkennen, daß es aus ist mit dem: von unserer Arbeit gut leben können. Auch in unserem Volke sind ja solche Herrschaften zu finden. Und nichts konnte meinen Mann mehr in Harnisch bringen als deren Stumpfheit, Dumpfheit und Niedertracht. Diese Lumpen, Nimmersatten und Verbrecher sterben aber nun deshalb nicht schon aus, wenn wir uns nur manierlich benehmen. Wir dürfen nicht glauben, daß im Wirtshaus des Lebens Ruhe und Friede sein wird, nur weil wir sittsam und brav unser Stammgericht verzehren. Da müssen wir schon die Hemdärmel aufkrempeln und uns diese Ruhe verschaffen. Deshalb brauchen wir doch keine Schlagetote und Raufbolde zu sein. Wir sprechen ja auch nicht von einer »Kriegsmacht«, sondern von einer »Wehrmacht«. Sich wehren, das ist es! Sich wehren gegen das Gesindel dieser Welt, sich wehren gegen Stumpfheit, Dummheit, Überheblichkeit, Nimmersattheit und Niedertracht, gegen all dieses Pack, das uns den Krieg erklärt hat und das – wenn auch nur sehr sporadisch, in unserer Heimat auch hie und da uns entgegentritt in welcher Gestalt auch immer und, unfähig, uns zu schaden, nur insgeheim hofft, daß alle Niedertracht, Unfähigkeit und Instinktlosigkeit über die unbequeme Konkurrenz der Fleißigen und Begabten siegen möge.

Unsere Männer wehrten von ihren Frauen und Kindern und Müttern und Schwestern den Überfall ab. Gibt es eine Frau, eine Mutter, die wünschte, ihr Mann, ihr Sohn hätte sie preisgegeben, statt sich selbst zu opfern? Auch der Instinktlose wird sich wehren, wollte einer kommen und seine Wohnung begehren, nur um ihm dafür eine Sowjetkate zu bieten.

Und die Menschen unseres Blutes, die am ersten dem Überfall standzuhalten haben, die an den Grenzen haben ein Recht, die große Gemeinschaft zu Hilfe zu rufen gegen die Bedrohung. Und daß wir alle kommen und daß wir damit auch alle Folgen auf uns nehmen, das ist ja doch selbstverständlich. Die sowjetische Bedrohung nun kapieren bei uns auch die am wenigsten Schlauen. Und daß sie am Ende nicht etwa Sympathie für unsere westlichen Gegner empfinden, dafür sorgen die schon mit ihrem Krieg gegen die Säuglinge. Die Briten und USA.-Gangster wären nicht unsere Gegner, wären sie anders.

a) *nitschewo:* ›macht nichts‹, russ.

Das Glück der Zukunft

Eines Tages werden unsere Kinder mit den Augen ihrer Väter die weite Welt sehen, die uns verschlossen blieb. Das Opfer dieser Väter stieß ihnen das Tor auf in den Raum, den Lebensraum, in dem man uns Atem zu schöpfen hämisch verwehren wollte. Und wie nichts auf dieser Welt ohne Maß übermächtig werden kann, ohne eine Gegenkraft auf den Plan zu rufen, so wird auch unserem Leid eines Tages ein ebenso unerhört großes Glück erwachsen. Unser Denken kann dieses Glück noch kaum erahnen. Und wir, die Träumer und Phantasten, die träumten, als die andern die Erde unter sich verteilten, wir, die Enterbten, woher sollten wir die Kühnheit nehmen, uns das Glück unseres Siegfriedens auch nur im entferntesten auszumalen? Und wie sollten wir wissen, wie weltweites Glück, wie weltweiter Raum aussieht?

In Hans Grimms Volk ohne Raum heißt es – so entsinne ich mich ungefähr –: »In der Fremde ist jeder Bettler eines mächtigen Reiches ein König, jeder König aber eines ohnmächtigen Reiches ein Bettler!« Wie sollen wir armen Teufel ahnen, wie es uns zumute sein wird, wenn wir einmal die Welt mit den Augen und in den Würden von Königen schauen werden? Bisher haben wir immer nur die Erfahrung machen müssen, daß unseren Träumen ein ernüchterndes Erwachen folgte.

Heute haben wir das Träumen aufgegeben. Heute ist unser die Tat, und zwar die gründlichste, die deutsche Tat! Sie wird nicht ohne Frucht bleiben. Und mit Tränen der Freude werden wir die neue Zeit in Besitz nehmen. Dies ist mein Glaube, und mit diesem Glauben durfte auch ich nun aus den schwärzesten Nächten meines Lebens wieder erstehen zum doch so geliebten Leben. Und wenn auch noch manchmal die Nacht hereinbrechen will, meine jauchzenden Kinder erinnern mich immer wieder an das, was ich einmal schrieb und was ich heute erst recht und doppelt unterschreibe: Es lebe das Leben, trotz Tod und Nacht und Leid!

Leni Hieke-Witkowski.«

Frau Leni Hieke-Witkowski! Hier haben wir es mit einer Frau zu tun, die den SS-Geist in vollen Zügen eingesogen hat. Das ist ein schlimmer Fall! Schier unheilbar.

Frau Hieke-Witkowski glaubt alles mit Inbrunst, was sie wünscht. Sie glaubt, daß das, was die Deutschen getan haben und noch zu tun gedenken, eben wohlgetan ist. Sie glaubt an die Gewißheit des Endsieges und an den Lebensraum.

Frau Leni H.-W. wird es sich nicht nehmen ⟨lassen⟩, weiter zu glauben, daß sie einer ganz besonderen Rasse angehört.

Das ist unverfälschter nationalsozialistischer Geist. Dieser Geist wird noch lange nachklingen.

Es wird die schwierigste Arbeit sein, diese Menschen zu heilen. Die Zukunft wird sie praktisch belehren. Ob sie aber geheilt werden, davon bin ich heute noch nicht überzeugt. Es handelt sich um eine geistige Erkrankung. Und da ist eine Heilung bekanntlich sehr schwer, wenn nicht gar ausgeschlossen. – F.K.[62]

10. Mai 1944.

Die Wochenschrift »Das Reich« schreibt über Dr. Lammers. Wer ist Dr. Lammers? L. war im 1. Weltkrieg Offizier d.R. Vor 1933 war er Ministerialrat im Reichsministerium des Innern und gehörte bereits damals der NSDAP an. Vorher befand er sich im deutschnationalen Lager. Heute ist er »Reichsminister u. Chef der Reichskanzlei«. Nach Hitler der mächtigste Mann. Wo die Richtlinien des Führers festliegen, entscheidet Lammers aus eigener Machtvollkommenheit. Er ist am 27. Mai 1879 in Lublinitz (Oberschlesien) als Sohn eines Tierarztes geboren u. studierte die Rechte.

Ueber seine Tätigkeit im Reichsministerium des Innern verrät »Das Reich« (Nr. 19 v. 7. Mai):

»Es paßt zu der merkwürdigen Halbheit der Weimarer Republik, daß sie diesen Mann, dem nicht erst die marxistische Presse die rechtsradikale Gesinnung nachzusagen brauchte – denn er machte kein Hehl aus ihr – 1920 in das Innenministerium berief und daß er sich als Referent für die Verfassung ohne große Schwierigkeiten dem Eide auf eben diese zu entziehen wußte. Er überdauerte Disziplinarverfahren, Angriffe der ›Vossischen Zeitung‹, die Teilnahme am Harzburger Treffen[63] und eine nicht geringe Anzahl Minister verschiedener Parteifarbe. Er lebte u. wirkte in der sicheren Erwartung eines neuen starken Reiches, dem er unter Beanspruchung des von der Weimarer Verfassung gewährten Rechtes der freien Meinung die Bahn bereiten half. Hierin, dem höheren ⟨nationalen⟩ Zwecke dienend, Nutznießer der Verfassung, stand er ihr in 12-jährigem Verwaltungsdienst nicht nur instinktiv gegensätzlich gegenüber, sondern auch in voller Einsicht eines ihrer konstitutionellen Geburtsfehler, des Einbaues der Justiz zum Austrag politischer Streitigkeiten. Seinem Sinn für Politik wie seiner rechtlichen Denkart mußte es gleich ablehnenswert erscheinen, daß die Justiz politisiert wie daß die Politik justifiziert wurde. Als Adolf Hitler 1922 zum erstenmal in Berlin sprach, im Nationalen Club[a], lernte Lammers ihn kennen. Nach Neugründung der Partei nahm er die Fühlung mit ihr auf, trat ihr nach seinem Bruch mit den Deutschnationalen lange vor der Machtergreifung bei und wirkte öffentlich für sie.«[64]

a) In »Das Reich«: »Nationalen Klub«. Sein Auftritt im »Nationalen Klub« 1922 verschaffte Hitler Zugang zu konservativen und rechtsradikalen Kreisen in Norddeutschland. Vgl. Fest 1987, S. 204.

Das ist Dr. Lammers. Es wirkt neckisch, daß dieser Mann mit der rechtsradikalen Gesinnung von 1920 ab im Reichsministerium des Innern als Ministerialrat tätig war. Referent für die Verfassung der Demokratischen Republik u. Spitzel für die NSDAP! Alles in einer Person.

Wundert sich da noch jemand, daß die Demokratie zum Teufel ging?

Die Nachkommen dieser ⟨heutigen⟩ NSDAP-Regierung mögen sich diesen Fall Lammers zur Warnung dienen lassen. –

11. Mai 1944.

Im Reichsgesetzblatt I 1944 S. 113 ist der Erlaß des Führers über die Wehrpflicht und die Reichsarbeitsdienstpflicht von Staatenlosen vom 25. April 1944 abgedruckt. Hiernach können Staatenlose, die sich im Reichsgebiet dauernd aufhalten, zur Erfüllung der Wehrpflicht und der Reichsarbeitsdienstpflicht wie deutsche Staatsangehörige herangezogen werden.[65]

Deutschland ist nicht mehr sehr wählerisch. Auch der Staatenlose darf sich für Deutschland opfern. Mit den Reserven ist es dünn bestellt, sonst würde nicht auf die Staatenlosen zurückgegriffen werden.

In diesen Tagen wird wieder viel gedroht. Die Presse droht. Goebbels droht u. der »berühmte« Feldmarschall Rommel droht auch. In Afrika hatte er vor seinem großen Rückzuge ebenfalls sehr starke Worte ertönen lassen. Heute klingt das wie ohnmächtige Wut.

Nach einer Besichtigungsfahrt im Westen erklärte Feldmarschall Rommel:

»Der deutsche Soldat kennt heute seinen klaren Kampfauftrag. Er hat alte, bewährte und daneben auch neue Waffen in der Hand, und er ist zum äußersten Widerstand entschlossen. Der Zusammenprall mit der deutschen Küstenfront wird für den Gegner fürchterlich werden. Ich bin überzeugt, daß jeder einzelne deutsche Soldat dann seinen Beitrag zu jener Vergeltung leisten wird, die er dem anglo-amerikanischen Geist für seine verbrecherische und bestialische Luftkriegführung gegen unsere Heimat schuldet.«[66]

Ueber die »Invasion«, den »Atlantikwall« und die Küstenfront ist reichlich viel geredet und geschrieben worden.

Man möchte ausrufen: »Laßt endlich Taten sehen«. Dann wird der Beweis erbracht werden, ob der sagenhafte Atlantikwall zu durchdringen ist oder nicht. Im Osten sind die stärksten Befestigungen von den Russen bezwungen worden. Warum soll das im Westen nicht möglich sein?[67]

Wir werden es bald sehen!

In der Darmstädter Zeitung v. 9. Mai 1944 steht geschrieben:

»In einer Reportage über den Atlantikwall erleben wir die Abwehrbereitschaft dieses gewaltigsten Festungsgürtels aller Zeiten. Wir bestaunen das vielfach und verwirrend gegliederte System der Gräben, Riegel und Sperren, der Bunker und MG-Stände, die drohend sich emporreckenden Schlünde der überschweren Geschütze – und wir verstehen die nervöse Stimmung auf der britischen Insel, wo man vergebens hoffte, die Nerven des deutschen Volkes durch das Geschrei um Invasion und ›Zweite Front‹ zu verschleißen«.[68]

12.5.44.
Die Gießener Zeitung vom 8. Mai 1944 bringt nachstehende äußerst beachtenswerte Notiz:

> **Laubach.** Die Fähnlein des Jungstammes V/116 trafen sich in Wetterfeld. Der Tag begann mit einem Marsch durch Laubach und Freienseen. Wer den Zug singender Pimpfe sah, weiß, daß es der Feind auch im fünften Kriegsjahr nicht fertig bringt, uns in die Knie zu zwingen. Nach gemeinsamem Abkochen begann ein Singwettstreit, an den sich lustige Vorführungen und Spiele anschlossen, wobei sich die Fähnlein 21 und 32 besonders bewährten.[69]

Also: Der Beweis für den deutschen Endsieg ist erbracht. Die Laubacher Hitler-Jugend singt noch. Auf Grund dieser überwältigenden Tatsache wird uns der Feind nicht bezwingen.

Wenn nun aber auf der Feindseite von der Jugend auch gesungen wird zum Zeichen deren Sieges, was dann?

Die Entscheidung wird etwas kompliziert. –

Unser geliebter jüngster Sohn

SS-Mann

Pg. **Karl-Heinz Weißer**
Leutnant und Kompanieführer in einem Inf.-Rgt.

Inhaber des EK. 1 und 2, des Inf.-Sturm- und Verwundetenabzeichens

ᛉ 23.2.1924 ᛦ 14.1.1944

fand in harten Abwehrkämpfen im Osten den Heldentod wie sein lieber Bruder, SS-Mann **Wolfgang Weißer**, Gefr. in einem Inf.-Rgt., Inh. des EK 2, Teilnehmer am Westfeldzug, geb. 4.7.1921, gest. 21.8.1941, der auch im Osten gefallen ist. In ihrer Tapferkeit und Treue werden sie uns immer unvergessen sein.

SS-Untersturmführ. **Gottl. Weißer**, zZ. im Osten; Frau **Berta Weißer**, geb. Waldmann, u. Angehörige.
Seestadt Rostock, Liskowstr. 33,
April 1944.

Für Deutschlands Zukunft und getreu seinem Fahneneide starb den Heldentod an der Ostfront mein einziger, geliebter, hoffnungsvoller Sohn, unser lieber Neffe und Vetter

Pg. **Wolfgang Förster**
SS-Obersturmführer und Bataillonsführer in einem SS-Panzer-Grenadier-Regiment

Inh. des EK. 2, des Inf.-Sturmabzeichens, der Ostmedaille und des Verwundetenabzeichens

ᛉ 14.8.1921 ᛦ 22.3.1944

Wwe. **Margarete Förster,** geb. Steffen, gleichzeitig auch im Namen aller Verwandten.
Berlin-Mariendorf, Straße 282.
Kameraden, die mit meinem Sohn zuletzt zusammen waren, bitte ich um Nachricht.

Ein 19-jähriger Kompagnieführer und ein 22-jähriger Bataillonsführer! Das dürfte kaum noch zu überbieten sein. Die »beste Armee der Welt« hat sehr jugendliche »Führer«.

Die erbitterten Kämpfe vor Sewastopol[70]

Weiterhin vergeblicher Ansturm der Sowjets

Die Trümmer von Sewastopol geräumt[71]

Nach der Räumung der Krim

Von unserem militärischen Mitarbeiter

v.O. **Berlin**, 16. Mai ⟨44.⟩

Die stolze Meldung des OKW-Berichts, daß es gelungen ist, nahezu die gesamte deutsche Krim-Armee in einer einzigartigen Übersetzbewegung auf das Festland zurückzuführen, muß einmal auf dem Hintergrund der großen operativen Gesamtlage betrachtet werden, wie wir sie heute im Zusammenhang mit zu erwartenden großen Ereignissen der kommenden Wochen sehen. Es ist ja nicht nur an dem, daß es der deutschen Führung gelungen ist, Zehntausende deutscher und rumänischer Soldaten der Gefangenschaft oder gar der Vernichtung zu entziehen, worin ja letzten Endes die Aufgabe der 4. ukrainischen Armee und des mit ihr zusammenkämpfenden Marinekorps gestanden hat. Wichtiger noch ist für die Zukunft die Tatsache, daß die bisher auf der Krim weit von den derzeitigen Brennpunkten der Kämpfe entfernten Divisionen jetzt der Führung der deutschen Südarmee zur Festigung ihrer Widerstandslinien zur Verfügung stehen, bereitgestellt an einem Punkt, der gerade dort liegt, wo die sowjetische Führung angesichts ihrer Planungen eines Einbruchs in die rumänische Pforte bei Galatz am allerwenigsten das Auftreten frischer starker Reserven wünschen kann. Zeit zur Auffüllung dürfte genügend vorhanden sein, bis der Einsatz dieser gleichsam als Eingreiftruppe bereitgehaltenen Kräfte erforderlich wird.[72]

Die Engländer werden sich freuen, wenn sie erfahren, daß der militärische Mitarbeiter des »Hamburger Fremdenblattes« den OKW-Bericht über die Räumung der Krim als eine »stolze« Meldung bezeichnet. Hierdurch wird der Rückzug der Engländer aus Dünkirchen ebenfalls zu einer ruhmreichen Tat.

Wenn hinterher versucht wird, einen Rückzug oder eine Räumung durch viele Worte zu erklären oder zu entschuldigen, so macht ein derartiges Verfahren auf unbefangene Betrachter gar keinen Eindruck.

Eine strategische Räumung der Krim hätte rechtzeitig und ohne erbitterte Kämpfe stattfinden müssen.

Die deutschen Truppen sind nach allen Regeln militärischen Könnens aus der Krim entfernt worden. Die Deutschen haben 10 Monate vor Sewastopol gelegen, bis es erobert wurde. In wenigen Tagen wurde diese starke Festung von den Russen zurückerobert. Jedenfalls eine hervorragende Leistung. Wenn auch noch die Behauptung aufgestellt wird, die deutsche Krimarmee würde der Stärkung der Gesamtfront dienen, so weiß man nicht, was dazu gesagt werden soll. Die Toten u. Gefangenen sind jedenfalls in Abzug zu bringen. Werden nicht auch russische Truppen frei?

Die Schlacht auf der Krim

V. B. **Berlin**, 11. Mai ⟨44⟩

Die deutschen und rumänischen Divisionen auf der Halbinsel Krim hatten in den letzten Winter- und ersten Frühjahrsmonaten eine bedeutsame strategische Aufgabe zu erfüllen. Sie deckten den rechten Flügel der Verbündeten auf dem Festland, der sonst in der Luft gehangen hätte. Wenn damals der Hafen von Sewastopol und die Flugplätze der Krim in sowjetischen Händen gewesen wären, so hätte von dort aus die deutsche Flanke zur See und in der Luft ständig empfindlich gestört werden können. Diese Gefährdung von den auf dem Festland kämpfenden Kameraden abzuhalten, war der Sinn des Festhaltens der verbündeten Truppen auf der Krim. Damit erklärte sich auch, daß die deutsche Führung nicht bereits im Herbst, bei der großen Rückzugsbewegung auf Cherson und dem unteren Dnjepr, auch die Krim geräumt hat. Die Gründe konnten damals der Öffentlichkeit nicht mitgeteilt werden; sie liegen aber rückschauend für den unbefangenen Beobachter auf der Hand.

Seine operative Krönung fand der Abwehrkampf der Divisionen auf der Krim, als im März und im April auf dem Festlande die Rückzugsbewegung von Cherson weiterging bis zum Dnjestr. In diesen Rückmarsch hätte ein sowjetisches Angriffsunternehmen von der See her unter Umständen verwirrend und gefährdend hineinstoßen können. Dadurch, daß damals noch bei Perekop und bei Kertsch die Truppen der Verbündeten standen, ist diese Gefahr vermieden worden.

In dem Augenblick, als der äußerste südöstliche Flügel der riesigen Front den Dnjestr erreicht hatte, war die strategische Aufgabe der Besatzung auf der Krim erfüllt. Daß dann die Räumung zu geschehen habe, war bereits vorher beschlossene Sache. Das ist keine billige Hinterherweisheit. Der Entschluß lag vor Wochen bereits vor, und ein Blick auf die Karte lehrt, wie sehr er im Sinne gesunder und nüchterner militärischer Überlegungen lag. Natürlich enthielt der Plan, Städte wie Simferopol und Sewastopol wieder zu räumen, sehr viel Schmerzliches. Aber Empfindungen solcher Art haben dem Gebot der militärischen Zweckmäßigkeit zu weichen.

Die sowjetische Offensive, die dann vor einigen Wochen von Perekop her wie von Kertsch her begann, konnte keineswegs den Sinn in sich tragen, die Deutschen zum Verlassen der Krim zu bewegen, da dies ohnehin vorbereitet war. Dagegen sollte sie gerade diese Räumung unmöglich machen, das heißt die noch auf der Halbinsel stehenden Verbände der Verbündeten zerschlagen, bevor die Einschiffung möglich gewesen war. Diese Feindabsicht hat sich nicht erfüllt. Der ungeheuren Übermacht des Gegners gelangen Einbrüche in das nördliche und südliche Verteidigungssystem der Halbinsel, aber nicht das Abschneiden der Armee auf der Krim. Vor Sewastopol blieben die sowjetischen Angriffe im Feuer der Verteidiger liegen, bis das gesamte, zur Verschiffung bereitgestellte Material und der größte Teil der Divisionen abtransportiert war. Das ist in den letzten vierzehn Tagen geschehen und hat von den Sowjets auch nicht verhindert werden können. Entgegenstehende Angaben der Sowjets sind Großsprecherei, vermutlich zurückzuführen auf Berichte untergeordneter Stellen nach Moskau, die ihren Mißerfolg nicht einzugestehen wagten.

Die noch in Sewastopol zurückgelassene Besatzung, die mit ihrem heldenmütigen Widerstand den Abtransport der Kameraden erkämpft hatte, hielt auch in den letzten Tagen noch die Stadt und das umliegende Feld gegen alle Angriffe der Sowjets. Ein weiteres Verbleiben wäre aber jetzt sinnlos geworden und hätte nur unnötiges Blutvergießen bedeutet. So ist auch diese Besatzung der Stadt nach dem Befehl der Führung, nicht unter dem unmittelbaren taktischen Druck des Gegners, auf die Schiffe gebracht und abtransportiert worden. Die deutsche Luftwaffe hat bis zuletzt den Rückzug gedeckt. Der Gegner hat auch das Fortschaffen der Nachhut nicht zu hindern vermocht.

Das Verharren der Divisionen auf der Krim im Winter und Vorfrühling und ebenso der Abtransport in den letzten Tagen sind beide im Rahmen der großen Operationen dieses Ostfeldzuges zu sehen. Sie haben die kämpferische Entschlossenheit der verbündeten Truppen auch unter ungünstigen Umständen ebenso bewiesen, wie den Willen der deutschen Führung, an ihrem Gesamtplan festzuhalten und militärische Fragen mit kühler Überlegung allein unter dem Gesichtspunkt militärischer Notwendigkeiten zu behandeln. Nunmehr ist die Krimarmee frei geworden zur Stärkung der Gesamtfront auf dem Festlande. Die Dankbarkeit der verbündeten Völker wird sie bei der Fülle ihrer neuen Aufgaben begleiten.[73]

15. Mai 1944.

Bei einem Terrorangriff durch britisch-amerikanische Mordbomber fielen aus unserem Kreisgebiet für Führer und Reich folgende Volksgenossen:

Margarete Löffler
Adam Mohr
Rosa Mohr
Gertrude Mohr
Marianne Mohr
Magdalene Müller
Hedwig Zachmann

Großdeutschland wird seiner Toten immer gedenken!

Dr. Schilling[74], Kreisleiter

⟨11.5.44.⟩[75]

Als die deutsche Luftwaffe zu Beginn des Krieges allen anderen Luftwaffen weit überlegen war, da gab es in Deutschland keine Stimme, die sich gegen »Terrorangriffe« und »Mordbomber« erhob.

Auch im spanischen Bürgerkrieg war die deutsche Flieger-Legion Condor mehrere Jahre tätig, und niemand hat daran Anstoß genommen, wenigstens nicht in Deutschland.

Heute bedeutet es Scheinheiligkeit, wenn sich die Befürworter der Luftwaffe über Fliegerangriffe entrüsten, die sich gegen Deutschland richten. Sofern wir den anderen nichts zugefügt hätten, wären unsere Klagen berechtigt. Mit dieser Heuchelei aber werden wir in der Welt kein Mitleid einheimsen. Die Wutanfälle der Kreisleiter sind ohne Belang. –

---

22. Mai 1944.
Betr.: Nachrufe beim Ableben von Behördenangehörigen.

Der Reichsminister der Justiz gibt seinen Behörden einen Runderlaß des Reichsministers des Innern bekannt.

III a 5050/44 II. Runderlaß v. 31. Maerz 1944
zugleich im Namen sämtlicher Reichsminister, des Preußischen Ministerpräsidenten u. des Preußischen Finanzministers.

»Nach einer Anordnung des Präsidenten der Reichspressekammer v. 14.12.43 können Traueranzeigen in Zeitungen und Zeitschriften vom 1. Jan. 1944 ab nicht mehr mit Zusätzen von Behörden und sonstigen Dienststellen (Gemeinden, Gemeindeverbände u. sonstigen Körperschaften des öffentlichen Rechts) veröffentlicht werden. Von Aufträgen zur Aufnahme solcher Zusätze für gefallene oder verstorbene Behördenangehörige ist daher vorerst abzusehen.

Ich bitte diesen Runderlaß den nachgeordneten und den Ihrer Aufsicht unterstehenden Dienststellen in geeigneter Weise bekanntzugeben, von einer öffentlichen Bekanntgabe oder einer Erörterung des Erlasses in den Amtsblättern oder in der Presse aber abzusehen.«

Alle unangenehmen Dinge werden vertuscht. Der Papiermangel läßt die Nachrufe nicht mehr zu. Die NSDAP dagegen druckt nach wie vor ohne jede Einschränkung. Das ist eine traurige Tatsache. –

23. Mai 1944.
Gerichtsvollzieher Brunner hat heute in der Geschäftsstelle seine Meinung über die Dauer des Krieges geäußert. Gereizt durch den Widerspruch der Anwesenden sagte er mit besonderer Betonung:

»Der Krieg geht dieses Jahr nicht aus, er geht auch im nächsten Jahre noch nicht aus. Schreiben Sie sich das auf.« Den Gefallen habe ich Herrn Brunner hiermit erwiesen.

Nachdem zu Beginn des Krieges die gesamte Bevölkerung stets an ein rasches Ende glaubte, verfallen heute viele Zeitgenossen in das entgegengesetzte Extrem und sehen überhaupt keinen Schluß der Kampfhandlungen kommen.

Die augenblickliche Ruhe im Osten und Westen verführt viele dazu, anzunehmen, unsere Gegner würden keine entscheidenden Handlungen unternehmen. Ich bin vom Gegenteil felsenfest überzeugt. Für mich besteht keinerlei Zweifel an bevorstehenden Großangriffen an allen Fronten. Wenn die Engländer und Amerikaner ihre zaghafte Haltung aufgeben und geschickt angreifen, vor allen Dingen mit Luftlandetruppen, so ist es durchaus möglich, daß ein verhältnismäßig rascher deutscher Zusammenbruch erfolgt. Voraussetzung ist natürlich, daß unsere Gegner daran denken: Frisch gewagt ist halb gewonnen. Kümmerliche Landungen (wie in Italien) führen kein schnelles Ende herbei.

Die Zahl derer, die ein Ende mit Schrecken den Schrecken ohne Ende vorzuziehen beginnen, ist im Zunehmen begriffen.

Herr, mach' ein Ende![76]

24. Mai 1944.

Die »Sachverständigen«.

Sofia, 29. September ⟨41⟩
Die Abendzeitung »Slowo« veröffentlicht einen Artikel des bekannten bulgarischen Militärschriftstellers Oberst a. D. Alexander Gantscheff über die ersten drei Monate Krieg im Osten. Darin erklärt der Verfasser u. a., so hartnäckig auch der von den Sowjetmarschällen organisierte Widerstand sei, lange werde er nicht dauern können. Als oberflächlich bezeichnete er weiter die Vergleiche zwischen dem heutigen deutschen Vormarsch und dem Napoleons im Jahre 1812 und als grobe Täuschung die Hoffnungen auf die zahlenmäßige Stärke der Sowjets. Angesichts der bisherigen Verluste an Menschen werde keine Hilfe, ganz gleich welchen Ausmaßes, der Sowjetarmee mehr helfen, wieder auf die Beine zu kommen.[77]

Die »Sachverständigen« und »Propheten« haben während dieses Krieges auf ihre Art Leistungen vollbracht, welche die Nachwelt in helles Erstaunen versetzen werden.

Dank der Vergeßlichkeit der Menschen werden diese Betrüger leider nicht gesteinigt werden.

Der »Sachverständige« sitzt irgendwo weit ab vom Geschehen und saugt sich etwas aus den Fingern. Durchweg sind es lediglich Wunschbilder, die den Mitmenschen gezeigt werden. Der obengenannte Militärschriftsteller konnte doch bei sachlicher Betrachtung der damaligen Lage überhaupt kein Urteil abgeben über die Widerstandskraft der russischen Armee. Er hätte es noch nicht einmal beurteilen können, wenn er in Rußland hinter der Front gewesen wäre, denn dort sah der Einzelne auch nichts. Lediglich bei Kenntnis der Anordnungen und Planungen des russischen Generalstabes kann ein sachverständiger Beurteiler seine Meinung als Gutachten bekanntgeben. Im Jahre 1941 behauptete der bulgarische Militärschriftsteller, der Widerstand der Russen könne nicht mehr lange dauern und der Sowjetarmee sei nicht mehr zu helfen. Der Herr Oberst a. D. hat sich derart schwer geirrt, daß ihm die Fähigkeit, sich als Militärschriftsteller oder gar als »Sachverständiger« zu betätigen, unbedingt abgesprochen werden muß. Dieser Oberst a. D. versteht von seinem Handwerk überhaupt nichts. Derartige »Sachverständige« dürfen besonders im 3. Reiche ihre Stimme ertönen lassen. Diejenigen aber, die wirklich etwas wissen und sich bemühen, sachlich zu sein, müssen schweigen. Zum Schaden des deutschen Volkes hat sich ein Zustand herausgebildet, der die Vorstufe des Untergangs ist. Ein wohlverdientes Schicksal!

26. Mai 1944.
Die ausbleibenden Siege erschweren es dem Reichsminister Dr. Goebbels, schwungvolle Aufsätze für die Wochenzeitung »Das Reich« zu schreiben. In der letzten Zeit sind seine wöchentlichen Gaben etwas übersinnlich gehalten. In der Nummer vom 14. Mai 1944 widmet er einen Artikel der Partei. Er lautet:

»Die Partei im Kriege«.

Einige bemerkenswerte Stellen sollen der Nachwelt erhalten bleiben. Ich erteile Dr. Goebbels das Wort:

»Man braucht nur das deutsche Volk mit den anderen kriegführenden Völkern zu vergleichen, um die wahrhaft entscheidende, den Sieg bestimmende Aufgabe zu erkennen, die die Partei in diesem Kriege erfüllt. Jedermann wird zugeben müssen, daß die deutsche Haltung von heute sich grundlegend von der des ersten Weltkrieges etwa in den Jahren 1917/1918 unterscheidet.

... Der Grund zu diesem tiefgreifenden und entscheidenden Unterschied ist nicht schwer zu finden. Das deutsche Volk von damals war führungslos; heute aber wird es von fester Hand geführt, und zwar nicht nur von einer zentralen Stelle, sondern von ungezählten Führungsstellen im Lande aus, die bis in die letzte Zelle des letzten Dorfes reichen. Diese kriegsentscheidende Aufgabe führt die Partei durch. Sie bedient sich dabei der verschiedenartigsten Führungsorgane und Führungsmittel; aber sie alle empfangen ihren Antrieb und ihre Impulse durch die Partei. Es geschieht nichts im öffentlichen Leben, auf das sie nicht den maßgeblichsten Einfluß ausübte, und zwar erschöpft sich ihre Führungskunst keineswegs darin, vom grünen Tisch aus zu verordnen und zu dekretieren. Sie steht mitten im Volke, hält ständig die Hand an seinem Pulsschlag und sorgt dafür, daß seine Lebensbedürfnisse einerseits und die Bedürfnisse des Krieges andrerseits ständig untereinander ausgeglichen werden. Unser Staat ist von Grund auf nationalsozialistisch. Er wird nach den Prinzipien unseres Parteiprogramms verwaltet und geführt. Aber es ist gleichwie die Partei nur ein Mittel zum Zweck. Selbstzweck unserer politischen Arbeit ist das Volk. Es steht über allem. Seinem Wohle, seiner Gesundheit, seinem Leben und seiner Zukunft zu dienen, ist gleicherweise Aufgabe der Partei und Aufgabe des Staates.

Die Partei ist nicht durch die Gewalt an die Macht gekommen, wie unsere Feinde immer wieder behaupten, sondern durch den Willen des Volkes. Keines der in den verschiedenen kriegführenden Ländern herrschenden Regime kann sich einer gleichen Verbundenheit mit dem Volke rühmen wie das nationalsozialistische. ...

Nirgendwo im politischen Leben ist auch nur das geringste Anzeichen eines Abweichens der Volksmeinung von den Forderungen und Zielen der nationalsozialistischen Führung zu entdecken. (????!) Diese Tatsache ist die Voraussetzung des Sieges. Deutschland wurde in vergangenen[78] Kriegen nur geschlagen, wenn es uneins war; aber die Geschichte bietet kein Beispiel dafür, daß ein einiges deutsches Volk jemals besiegt worden wäre. Die Einigkeit unseres Volkes ist das Resultat einer Unzahl von Faktoren und Gegebenheiten, die in ihrer Gesamtheit das politische Leben der Nation bestimmen.

... Die Partei führt das Volk, die Regierung den Staat. Die Aufgaben der Volksführung aber sind gerade im Kriege so umfassend geworden, daß über ihren Wert und ihre Bedeutung kaum noch gestritten werden kann. Wie wollten wir beispielsweise mit dem feindlichen Luftterror und seinen manchmal schrecklichen Folgen fertig werden, wie wollten wir die damit zusammenhängenden Probleme meistern, wenn die Partei nicht wäre! ... Hier ist eine Millionenschar von freiwilligen und in der weitaus überwiegenden Mehrzahl ehrenamtlichen Helfern am Werke, die aus reinstem Idealismus ihrem Volke dienen und keinen anderen Ehrgeiz kennen, als für sein Wohl zu sorgen. Ihre Autorität beruht auf ihrer Leistung und ist im ganzen Volke verankert. Der politische Wille der Nation wird in der Hauptsache durch sie geformt und gestaltet. Auf sie kann der Führer sich verlassen. Sie sind seine politische Garde. Es ist unter den gegebenen Umständen ganz ausgeschlossen, daß die Partei einmal volksfremd würde. Sie stellt ja den besten und idealistischsten Teil unseres Volkes dar. Sie unterscheidet sich von der breiten Volksgefolgschaft nicht so sehr durch den Anspruch auf höhere Rechte, sondern durch die Erfüllung höherer Pflichten, und zwar sowohl in der Heimat wie an der Front. ... Wo es eine schwierige Aufgabe zu lösen gibt, da springt ein Parteimann in die Bresche. Es sind fast nur alte, bewährte Parteigenossen, die auf allen sichtbaren und unsichtbaren Führungsstellen die Verantwortung tragen. Sie verbinden Mut und Intelligenz mit Charakterstärke und Improvisationsgabe. Sie werden in der Regel auch mit den kompliziertesten Problemen fertig. ...

In diesem Kriege kann sich nur ein Volk behaupten, das auf dem Boden eines klaren und unumstößlichen, weltanschaulich begründeten politischen Glaubens steht. Der Krieg selbst ist ein Glaubensbekenntnis der Waffen. Diesen Glauben aber im Volke zu verankern, ihn zu pflegen und täglich durch neue Kraftzufuhr zu stärken, kann nicht Sache einer staatlichen Verwaltung, sondern nur Sache der politischen Führung durch die Partei sein. Denn sie ist die Trägerin dieses Glaubens. Im unermüdlichen Kampf für ihn ist sie an die Macht gekommen. Ihm galt ihre Arbeit nach der Machtübernahme. Er ist heute der Motor ihres Kampfes und ihrer Arbeit im Kriege. ... Je nationalsozialistischer man eine wenn auch noch so schwierige Aufgabe anfaßt, desto sicherer kann man damit rechnen, daß man damit fertig wird. Es hat sich erwiesen, daß der Nationalsozialismus Kräfte im deutschen Volke freigelegt hat und immer wieder freilegt, die wir selbst gar nicht kannten und mit deren Vorhandensein wir deshalb auch nicht rechnen konnten. Sie stellen einen Zuschuß an nationaler Energie und Entschlossenheit dar, der für den Sieg von ausschlaggebender Bedeutung ist. ...

... Die Partei stellt zwar eine zahlenmäßige Minderheit dar, aber sie wird vom Volke in seiner Gesamtheit getragen. Die Führungsaufgaben, die sie bestreitet, werden nur auf Grund der persönlichen Tüchtigkeit und Leistung vergeben. Vettern- und Cliquenwirtschaft sind in ihr unbekannt. Jeder hat die Chance, sich in ihr emporzuarbeiten ohne Rücksicht auf Geburt, Stand, Beruf und Vermögen. Damit ist von vornherein die Gefahr ausgeschaltet, daß sich im Lande selbst in den kritischsten Zeiten eine nennenswerte Opposition bildet. Alle arbeiten nur daran, die Krisen zu überwinden, statt sie zu staatsfeindlicher Tätigkeit auszunutzen. (Herr Goebbels, Ihre Partei hat vor der Machtergreifung aber die Krisen zu gemeinster staatsfeindlichster Tätigkeit benutzt!!) ...

Die Partei braucht nur ihrer Aufgabe und Sendung treu zu bleiben, dann ist ihr Führungsanspruch von ewiger Dauer. Weil sie die Interessen des Volksganzen vertritt, wird sie von der Volksgesamtheit getragen. Sie empfängt vom Volke das Maß von Vertrauen, das sie sich durch ihre Arbeit und durch ihre Leistung verdient. Wer wollte bezweifeln, daß es noch niemals so groß war wie in diesem Kriege? Das deutsche Volk weiß zu genau, was es an der Partei hat und daß wir die schwere Schicksalsprobe dieses Krieges ohne sie überhaupt nicht bestehen könnten. ... Die Partei ist die Verkörperung unseres politischen Lebens. Sie repräsentiert deshalb auch den unerschütterlichen Glauben unseres Volkes an den deutschen Sieg. ... Sie wird dem deutschen Volke in den kommenden Wochen und Monaten der großen Entscheidungen auch jenen revolutionären Elan geben, der zum Siege führt. Unsere Feinde mögen uns auf diesem oder jenem Gebiet der materiellen Bereitschaft überlegen sein, auf dem des politischen Willens und der nationalen Entschlossenheit sind sie uns hoffnungslos unterlegen; und hier wird die Entscheidung fallen. Auf sie hat die Partei unser ganzes Volk vorzubereiten. Sie ist dabei die treue Sachwalterin des Willens des Führers und damit des Willens der Nation. In Kampf und Krisen erprobt, wird sie jede Schwierigkeit meistern und am Ende doch über ihre Feinde triumphieren. Wie die Revolution ihre Zeit nötig hatte, so auch dieser Krieg. Aber an seinem Ende steht hier wie dort der Sieg.«[79]

Dr. Josef Goebbels, dieser einmalige Großlügner, hat wieder einmal die Register seines »Könnens« gezogen. Der Artikel ist von A bis Z eine wider besseren Wissens erzeugte Verhimmelung der Partei.

Nur ein ganz niederträchtiger Gauner kann behaupten, das gesamte Volk stünde hinter dem Hitler-Regime.

Wahr ist, daß es noch zu keiner offenen Rebellion im Dritten Reiche gekommen ist.

Wahr ist, daß das deutsche Volk, genau wie eine Schafherde, sich führen und treiben läßt.

Daraus aber den Schluß zu ziehen, die Herde sei mit ihrem Schäfer und den Hunden zufrieden, das geht über die Hutschnur. Ein Ausländer mag das alles nicht verstehen, weil er es nicht miterlebt hat; er mag auch an ein Wunder oder an geheimnisvolle Kräfte des Führers glauben. Dies alles kommt nicht in Frage. Das deutsche Volk ist jedenfalls ein Volk, dem jede Zivil-Courage fehlt und das sich kuranzen[a] läßt, wenn es auf militärische Art behandelt wird.

a) *kuranzen:* ›bedrängen, schikanieren‹; zu lat. *cūrāre* ›sorgen, befehligen‹ mit dem Suffix *-anzen/-enzen* wie in nhd. ›faulenzen‹.

Von vornherein haben die Nazis in ihrem Sinne den richtigen Weg eingeschlagen. Sie kannten die Deutschen und wußten nur zu gut: Die Angst hütet den Wald! Das ist die Erklärung für ihre Erfolge. Anwendung von Terror in jeder Form und brutalste Unterdrückung der Widersacher.

Beweis:

Hetzer hingerichtet

Berlin, 5. April ⟨44.⟩

Der bei einer Reichsbehörde in gehobener Stellung tätige Direktor Wilhelm Zwilling hatte in verschiedenen Unterhaltungen mit anderen Volksgenossen versucht, deren aufrechte Haltung durch niederträchtige Hetz- und Schimpfreden zu beeinflussen. Der Volksgerichtshof verurteilte den verantwortungslosen Hetzer, der von empörten Volksgenossen mehrfach gestellt worden war, zum Tode. Das Urteil ist bereits vollstreckt worden.[80]

Wer also vermeiden will, daß er auf diese Art beseitigt wird, muß warten, bis seine Stunde ⟨kommt⟩. Auch wenn das Ausland das nicht verstehen will oder kann.

27.5.44.

Wo bleibt die zweite Front?

ep. Ankara, 12. Mai ⟨44⟩. Zu der Frage, ob und wann England und die USA. die Schaffung der sogenannten zweiten Front versuchen werden, bemerkt die türkische Zeitung »Tasviri Efkjar« ironisch:

»Das britische Luftfahrtministerium hat die zweite Front bereits als eröffnet gemeldet. Reuter erklärte, die Westmächte seien gerade dabei, sie zu eröffnen. Die Sowjetrussen aber warten nach wie vor darauf, und deutscherseits wird immer wieder an Englands Adresse die Einladung gerichtet, die zweite Front doch endlich zu errichten.« Vor allem die Sowjetunion verlange den Invasionsversuch immer nachdrücklicher, und die Regierungen Englands wie der USA., so fährt das türkische Blatt fort, stünden in dieser Hinsicht auch unter dem Druck der öffentlichen Meinung ihrer Länder.[81]

Was der Feind vom Atlantikwall sagt

dnb. Vigo, 12. Mai ⟨44⟩. Der militärische Sachverständige der »New York Times« erklärt, daß die deutschen Befestigungen in Westeuropa »außerordentlich mächtig« seien. Das Blatt schreibt, die deutsche Verteidigung in Westeuropa sei auf einem steilen und schwierigen Küstengelände begründet, hinter dem die Divisionen für die Verteidigung der Küste, unterstützt von beweglichen modernen Reserven, ständen. Weiter im Inland seien weitere Verteidigungsgrenzen vorbereitet. An der Küste beruhe die Verteidigung auf schweren Geschützstellungen, Bunkern, Stacheldrahthindernissen, Millionen von Landminen, Unterwasser-Hindernissen, Hunderten von automatischen Waffen und gewaltigen Panzerhindernissen.

Fast jede Stadt an der Küste und auch viele Bauernhäuser seien in kleine Festungen verwandelt worden, wobei die Mauern mit Eisenbeton verstärkt und Pakgeschütze[a] in den Fenstern, die die Küste überblicken, eingebaut seien. MG.-Nester befinden sich in den zu Bunkern ausgebauten Türen. An Teilen der Küste sei das deutsche Küstenverteidigungssystem 10 oder 12 Meilen tief. Gewaltige eingebaute Geschütze, von denen einige aus der Maginotlinie entfernt worden seien, ständen, unterstützt von Eisenbahngeschützen und der Artillerie der einzelnen Divisionen, für die Küstenverteidigung bereit.

Die meisten Infanteriedivisionen zur Küstenverteidigung wären durch weitere Artillerie-, Pak- und Flakgeschütze verstärkt. Viele dieser Geschütze, besonders die Panzergeschütze und die kleinen automatischen Waffen befänden sich in Kasematten oder in unterirdischen Stellungen, während bombensichere Unterstände für die Bedienungsmannschaften gebaut worden seien. Am Strande erhöben sich oft Eisenbetonmauern, die viele Fuß hoch und viele Fuß stark wären und die man überbrücken müsse, ehe Panzer oder Mannschaften hinüber könnten. Auch Panzergräben seien ausgehoben worden. Die berühmten »Drachenzähne«, besondere Eisenbetonblöcke, die für einen großen Teil des deutschen Westwalles charakteristisch waren, seien ebenfalls zur Panzersicherung eingebaut worden.[82]

Die »zweite Front« und der »Atlantikwall« lassen den Schriftgelehrten der NSDAP keine Ruhe.

Was heißt »zweite Front«? Ist Afrika keine Front gewesen? Die Südfront in Italien ist auch eine Front. Und die Kämpfe in der Luft sind ebenfalls beachtenswert. Die Sticheleien der deutschen Propagandisten sind fehl am Platze.

Diese Herren werden bestimmt ein sehr dummes Gesicht machen, wenn der allgemeine Angriff gegen Deutschland seinen Anfang nimmt. Da wird auch der sagenumwobene »Atlantikwall« kein Hindernis für die Gegner darstellen. Bis jetzt sind sämtliche umkämpften, als uneinnehmbar bezeichneten Befestigungen gefallen. Ich erinnere nur an die Stellungen vor Leningrad, am Wolchow, Briansk, Smolensk, Charkow, Kiew, Miusfront, Tunis, Biserta, Cassino usw.

Es kann unterstellt werden, daß die Befestigungen besonders an der Küste in Frankreich, seit 1940 sehr stark ausgebaut wurden. Müssen die Gegner diese fe-

a) *Pakgeschütze:* »Pak« ist die Abkürzung für »Panzerabwehrkanone«.

stungsartigen Stellungen anrennen? Ich verneine diese Frage. Denn es ist sehr auffällig, daß während der Bauzeit keine größeren Störungsaktionen unternommen wurden. Daraus geht zweierlei hervor. Der Gegner duldete den Bau aus taktischen Erwägungen. Durch sein Nichtstun begünstigte er die Verschwendung an menschlicher Kraft und an Material. Er dachte: »Baut Ihr nur«. So könnte es aufzufassen sein. Die deutsche Armee ist äußerst stark gebunden. Es muß eine Armee bereit stehen, um den Festungsbau zu verteidigen. Darin liegt ein Nachteil. Der gegnerische Generalstab ist in der Lage, die ungefähre Stärke der deutschen Truppen zu berechnen. Er weiß dann auch, wie es mit den Reserven bestellt ist. Das scheint mir der springende Punkt zu sein. Die größte Gefahr für die an den Küstenfronten befindlichen Truppen ist die Störung des Nachschubs und die Hinderung eines normalen Verkehrs. Wenn nunmehr die Gegner an diesen schwachen Stellen ihre Kräfte ansetzen, dann ist es um den Atlantikwall geschehen.

Außer Luftlandetruppen sind noch die Einwohner der besetzten Länder, sowie die Gefangenen und ausländischen Arbeiter als Hilfstruppen zu zählen. Alles in allem genommen, wenig erfreuliche Aussichten.

Die italienische Front ist schon als »Nebenkriegsschauplatz« bezeichnet worden. Wenn ich der Oberkommandierende auf der anderen Seite wäre, dann würde Italien ein Hauptkriegsschauplatz mit Ausstrahlungen nach Frankreich und dem Balkan werden.

Für mich gäbe es vorerst 2 Angriffsrichtungen. Im Norden (Norwegen) und im Süden (Italien).

Vor der »Malariaschlacht« ⟨17.5.44.⟩

Die Pontinischen Sümpfe wurden wieder überschwemmt

pk. Die kommenden Kämpfe werden alles seit einem Jahrzehnt Gewohnte überbieten, nachdem die Deutschen die Pontinischen Sümpfe wieder unter Wasser gesetzt haben. In der »Malariaschlacht« sind die Alliierten im Nachteil, da die deutschen Stellungen zum Teil bedeutend höher liegen als die des Gegners. Nichts fürchtet die Malariamücke mehr als den frischen Wind, der von den Albaner Bergen in die deutschen Stellungen herunterkommt. Die Deutschen befinden sich in einer viel besseren Lage, da schon ein Höhenunterschied von fünf bis zehn Meter in diesem Klima von großer Bedeutung ist. Hunderte von kleinen tiefeingewaschenen Bächen, die im schnellen Lauf durch die deutschen Linien eilen, ergießen sich hinter den anglo-amerikanischen Stellungen in Form versumpfter Deltas ins Meer.

Aus der klaren Erkenntnis, daß das Ackerland der ehemaligen Pontinischen Sümpfe für die nächsten Jahre ohnehin nur im beschränkten Ausmaß benutzbar sein wird, haben die deutschen militärischen Stellen große Gebiete in das Verteidigungssystem mit einbezogen. Die riesigen Pumpwerke wurden außer Betrieb gesetzt. Das Wasser in dem weitverzweigten Netz der Kanäle ist wieder angestiegen und das alte Sumpfgelände wieder überschwemmt. Millionen kleiner Mücken werden sich bald aus ihm erheben. Dann beginnt die eigentliche Malariaschlacht. Ihre große Entscheidung wird über den alliierten Stellungen geschlagen, während die deutschen Soldaten lediglich mit der Seitensicherung der gefährlichen geflügelten Millionenarmee fertig werden müssen. Das wird ihnen um so leichter fallen, als bei allen im Süden eingesetzten Teilen der deutschen Wehrmacht seit Jahren vorbeugend Antimalariakuren durchgeführt worden sind. Außerdem kommt für die Deutschen die seit Jahren betriebene wissenschaftliche Beobachtung der in Italien auftretenden Malaria hinzu und ihre eindeutige Ueberlegenheit auf chemisch-pharmazeutischem Gebiet. Als wesentlichen Faktor aber wird kein militärischer Beobachter die Schwierigkeiten der Alliierten übersehen können, die gezwungen sind, ihre Truppen an der Nettunofront über See abzulösen, während die Deutschen in der Lage sind, einen ständigen Wechsel der eingesetzten Verbände vorzunehmen.[83]

Kriegsberichter Kurt Neher

Schon nach wenigen Tagen hat es sich gezeigt, daß die Pontinischen Sümpfe kein Hindernis für ein weiteres Vordringen der Engländer und Amerikaner sind. Es wird bereits in dem gebirgigen Gelände hinter den Sümpfen gekämpft. Die unsinnigen Ueberschwemmungen schaden also lediglich dem italienischen Volke, den Bundesgenossen.

30.5.44.

⟨26.5.1944.⟩

Von den Volsker Bergen bis zur HKL[a]. Ein Ausschnitt aus der italienischen Front. Cisterna, die seit Wochen heiß umkämpfte Stadt, ist nur noch Trümmerfeld. Artilleriebeschuß und Bombenwurf konnten zwar die Mauern zerbrechen, nicht aber den Widerstand der hier eingesetzten deutschen Verbände[84]

SS-PK.-Aufnahme: Kriegsberichter Hoppe (PBZ)

Am 26. Mai 1944 brachte der »Völkische Beobachter« nebenstehendes Bild.

Cisterna wird hier als heiß umkämpfte Stadt bezeichnet. Nur ein Trümmerfeld soll noch vorhanden sein – aber trotzdem hält der Widerstand der deutschen Verbände an. So schildert es der Kriegsberichter, der vorsichtshalber sich nicht bei den Verteidigern des Trümmerhaufens länger als notwendig für seine Aufnahmen aufhält.

Trotz aller Wünsche und Hoffnungen ist Cisterna von den Gegnern erobert worden.

a) *HKL:* Hauptkampflinie.

5.6.44.

Besatzung von Cisterna schlug alle Angriffe zurück[85]

Fanatischer deutscher Verteidigungswille bei Cassino[86]

Alle diese Meldungen sind wertlos geworden.

Gestern, am 4. Juni 1944, sind amerikanische Truppen in Rom eingedrungen.

Dieser Erfolg der alliierten Truppen ist von größter Bedeutung. Dies geht schon allein daraus hervor, daß das deutsche Oberkommando südlich von Rom Verteidigungsanlagen errichtete und monatelang schwere Kämpfe tobten.

6. Juni 1944.

Endlich![87]

Mit größter innerer Erregung haben wir heute die Kunde vernommen, daß an der nordfranzösischen Küste Landungen vorgenommen[a] wurden.

Die Bevölkerung reagiert sehr verschieden auf dieses wichtige Ereignis, wobei zu beachten ist, daß ein großer Teil des Volkes sein Wissen einzig und allein aus den Verlautbarungen des Rundfunks oder der Presse holt. Was kann schon dabei herauskommen? Die Hoffnung, daß die deutsche Armee, die Eindringlinge besiegt, ist stark vertreten. Darüber braucht man sich auch nicht zu wundern. Dr. Goebbels und sein großer Stab haben dafür gesorgt, daß die Oeffentlichkeit in der gewünschten Weise unterrichtet und vorbereitet wird.

Mit welchem Hochmut die Nazis-Schreiberlinge ihr Handwerk verrichten, davon mögen die nachstehenden Auszüge Zeugnis ablegen.

a) *Landungen vorgenommen:* Am 6. Juni 1944, dem sogenannten D-Day, eröffneten die Westalliierten mit der Landung in der Normandie die lange erwartete zweite Front. Innerhalb von wenigen Tagen brachten sie über 600 000 Soldaten und 95 000 Fahrzeuge an Land, womit sie eine Übermacht herstellten. Mitte August 1944 folgte die Landung alliierter Truppen an der französischen Mittelmeerküste, die am 11. September zu den Verbänden aus der Normandie stießen. Vgl. Vogel 2001, S. 536-543; Benz/Graml/Weiß 2007, S. 577.

dz. Berlin, 6. Juni. (Drahtbericht unserer Berliner Schriftleitung.) Am 5. Juni erfolgte aus dem Führerhauptquartier die Ankündigung, daß das Jahr der Invasion dem Gegner an der entscheidenden Stelle eine vernichtende Niederlage bringen wird. In der Frühe des 6. Juni haben die Briten und Amerikaner mit dem Angriff auf Europa an der nordfranzösischen Küste begonnen. Ihr Unternehmen ist und bleibt nun von der drohenden Prophezeiung aus dem Führerhauptquartier unmittelbar und aufs stärkste beschattet. Das deutsche Volk vernimmt die Nachricht vom Invasionsbeginn mit dem tiefen Ernst, der ihr gebührt, aber auch mit der unerschütterlichen Zuversicht, daß wir aus diesem gewaltigen Ringen um Freiheit und Zukunft der Nation und um den Bestand der abendländischen Kultur siegreich hervorgehen werden. Wir sind uns darüber klar, daß wir in dem schicksalsschweren Endabschnitt, in dem wir mit dem heutigen Tage eingetreten sind, das Letzte an Kraft und Tapferkeit, an Hingabe und Durchhaltevermögen einsetzen müssen, das wir in uns tragen. Wir wissen aber auch, daß uns dieser Kampf bis zum äußersten vorbereitet findet.[88]

Der Führer hat also wieder einmal sich zu einer Prophezeiung emporgeschwungen. Er prophezeite am 5. Juni, ein Tag vor dem Angriff, dem Gegner eine vernichtende Niederlage. Was hat dieser Herr im Laufe dieses Krieges schon alles prophezeit. Das hindert ihn jedoch nicht, sein beliebtes Verfahren bis zum Ende fortzusetzen. Und wie der Herr, so's Gescherr:

Nun haben wir sie endlich vor unserer Klinge!

Glänzende Rechtfertigung der deutschen Strategie – Der Feind kam dort, wo wir ihn erwarteten

»Wir bereiten ihnen einen heißen Empfang!«

Erklärung des Reichspressechefs Dr. Dietrich zur Landung des Feindes

Hoch gerüstet erwartete der gepanzerte Atlantikwall den Feind[89]

Die Ueberraschung gelang nicht

Sofortiges Einsetzen der Abwehr – Schwere Kämpfe zwischen Cherbourg und Le Havre[90]

Der Oberbefehlshaber West, Generalfeldmarschall v. Rundstedt

Aufn.: PK.-Kriegsber. Jesse (Sch.)[91]

Der Bericht des OKW.

Aus dem Führerhauptquartier, 6. Juni. Das Oberkommando der Wehrmacht gibt bekannt:

In der vergangenen Nacht hat der Feind seinen seit langem vorbereiteten und von uns erwarteten Angriff auf Westeuropa begonnen.

Eingeleitet durch schwere Luftangriffe auf unsere Küstenbefestigungen setzte er an mehreren Stellen der nordfranzösischen Küste zwischen Le Havre und Cherbourg Luftlandetruppen ab und landete gleichzeitig, unterstützt durch starke Seestreitkräfte, auch von See her. In den angegriffenen Küstenstreifen sind erbitterte Kämpfe im Gange.[92]

Churchill zur Invasion

GENF, 7. Juni. (DNB.) Wie Reuter meldet, kam Churchill am Dienstag im Unterhaus auf die Invasion zu sprechen. Er teilte mit, daß in der Nacht zum Dienstag und in den frühen Morgenstunden des Dienstags der Beginn der Invasion auf dem europäischen Kontinent stattgefunden habe. Die Schlacht werde, so erklärte er weiter, fortwährend an Umfang und Intensität anwachsen, und zwar für viele Wochen.

Die Schlacht um Europa

Was sagen sie zur Invasion?

Preßburg: Invasion scheitert

ep PRESSBURG, 6. Juni. Der Beginn der Invasion hat in der Slowakei kaum eine Sensation hervorgerufen, da man seit längerer Zeit damit rechnete. Man kann feststellen, daß überall mit Ruhe und Vertrauen der weiteren Entwicklung entgegengesehen wird. Die militärische Kraft Deutschlands wird so zuversichtlich beurteilt, daß man glaubt, jedes feindliche Invasionsunternehmen werde nach kurzer Zeit zum Scheitern verurteilt sein.

Paris: Deat glaubt an deutschen Sieg

ep PARIS, 6. Juni. In Paris nimmt das Leben seinen normalen Fortgang, und es kann schon jetzt gesagt werden, daß alle Spekulationen der feindlichen Propaganda, es werde im Augenblick des Beginns des Invasionsversuches in Frankreich zu Unruhen kommen, sich als fehlgeschlagen erweisen. Die Vertreter der französischen Regierung im besetzten Gebiet, Botschafter de Brinon sowie der Arbeitsminister Deat gaben ihrer unbedingten Zuversicht hinsichtlich des Scheiterns der britisch-nordamerikanischen Invasionsversuche und eines raschen Sieges der deutschen Waffen Ausdruck.

Madrid: Die entscheidende Stunde

ep MADRID, 6. Juni. Die Nachricht über die heute begonnene Invasion haben die Madrider Zeitungen veranlaßt, Sonderausgaben zu veröffentlichen. In politischen Kreisen zeigt man sich davon überzeugt, jetzt habe die entscheidende Stunde des Krieges geschlagen. Während die Invasoren ursprünglich eine wechselseitige militärische Ermüdung zwischen der Sowjetunion und Deutschland als Voraussetzung für die Invasion geplant hätten, müsse man jetzt die Aktion starten, obgleich Deutschland seine militärische Hauptkraft nach Westeuropa verlegt habe.

Lissabon: Kein Vertrauen für Eisenhower

ep LISSABON, 6. Juni. Mit der ersten deutschen Meldung über den Beginn der lange angekündigten Invasion hatte sich der portugiesischen Hauptstadt eine große Spannung bemächtigt, die von Stunde zu Stunde steigt. In Lissabon herrscht nicht die Ueberzeugung, daß die Westmächte in der Lage sein werden, eine militärische Leistung von Format zu zeigen, die dem Kriege die wirkliche entscheidende Wendung geben könnte.

New York: Gespannt, aber in Sorge

ep LISSABON, 6. Juni. New York war in der Nacht zum Dienstag, wie Reuter zugeben muß, auf die ersten deutschen Meldungen über den Beginn der Invasion in Nordfrankreich angewiesen. Da keine eigenen Informationen vorlagen, brachten die Zeitungen die deutschen Berichte über die Invasion mit Extrablättern. Gespannt, aber nicht ohne Beimischung von Sorge, sieht New York der weiteren Entwicklung der Dinge entgegen.

Die Schlacht hat begonnen

Von Gustav Staebe

Mit tiefem Aufatmen begrüßt das deutsche Volk die Stunde, in der die anglo-amerikanische Kriegführung endlich mit ihren Versuchen beginnt, den europäischen Verteidigungsring zu sprengen und eine Entscheidung zu erzwingen. Endlich! Ein kleines, kurzes Wort voll großer, schicksalsschwerer Bedeutung. Ein Wort, das eine erwartungsvolle Spannung löst und auch den Letzten zu seiner Aufgabe ruft. Das deutsche Volk hat sich in der Geduld als Meister erwiesen, es hat sich in schweren Stunden, in denen es den Sinn der Absetzbewegungen verstehen lernte und aus Trümmern und Flammen zum Leben zurückfand, diszipliniert, tapfer und männlich gezeigt. So nimmt es die Meldung über den Beginn der Invasion erleichtert auf, denn die letzte Entscheidung liegt nicht im Stillhalten, sondern im Kampf. Endlich! Das sagen nicht Schwächlinge, denen die Nerven gerissen sind und die nun ungeduldig ein Ende um jeden Preis erwarten, sondern Millionen, die sich an der Front und in der Heimat seit langem vorbereitet haben, die ein unerschütterliches Vertrauen auf ihren Mut und ihre Waffen setzen, und die nun darauf brennen, in den letzten Schlachten dieses Krieges an entscheidender Stelle eingesetzt zu werden. Die ersten Kriegsjahre sind im Grunde nur die Vorgefechte der großen Entscheidung gewesen, um die nun mit größten Einsätzen gerungen wird.

Zwar lassen sich schon jetzt einige Brennpunkte erkennen, an denen zäh und verbissen gekämpft wird. Im großen läßt sich der Ablauf natürlich noch nicht übersehen, wenn auch die Kämpfe in Italien und im Osten Bestandteile des aufeinander abgestimmten Programms der Feinde sind. Zweifellos haben die Generalstäbe der Anglo-Amerikaner und der Bolschewisten gemeinsame Pläne ausgearbeitet, die Operationen von bisher nicht dagewesenen Dimensionen vorsehen. Aber auch diesseits der europäischen Küste sind die vergangenen Jahre nicht in schlaffem Müßiggang dahingegangen. Während die englischen und amerikanischen Zeitungen seit langer Zeit jede Phase der feindlichen Invasionsvorbereitungen benutzten, um den Nervenkrieg gegen Deutschland und seine Verbündeten zu führen, hatten an den für eine Invasion in Frage kommenden Küsten Hunderttausende zugepackt und ein Verteidigungssystem geschaffen, das sich in den kommenden Kämpfen bewähren wird. Jetzt wird es sich zeigen, ob der Krieg mit Redensarten oder mit Taten gewonnen wird.

Der nationalsozialistische Schriftleiter Gustav Staebe[93] hat dem Anscheine nach vergessen, wer in der Vergangenheit den Krieg mit Propaganda, also mit Phrasen und Redensarten, gewinnen wollte. Wer den Krieg mit Redensarten verlieren wird, das zeigt sich in nicht zu ferner Zeit.

10. Juni 1944.

Adolf Hitler am 30. September 1942:

> »... Ob Herr Churchill nun den ersten Platz, an dem er die ›Zweite Front‹ starten will, geschickt und militärisch klug ausgewählt hat oder nicht[94], ich kann ihm jedenfalls versichern: Ganz gleich, wo er sich den nächsten Platz aussucht, er kann überall von Glück reden, wenn er neun Stunden an Land bleibt!« (Tosende Heiterkeit)[95]

Die Schlacht um Europa

Was sagen sie zur Invasion?

Preßburg: Invasion scheitert

ep PRESSBURG, 6. Juni. Der Beginn der Invasion hat in der Slowakei kaum eine Sensation hervorgerufen, da man seit längerer Zeit damit rechnete. Man kann feststellen, daß überall mit Ruhe und Vertrauen der weiteren Entwicklung entgegengesehen wird. Die militärische Kraft Deutschlands wird so zuversichtlich beurteilt, daß man glaubt, jedes feindliche Invasionsunternehmen werde nach kurzer Zeit zum Scheitern verurteilt sein.

Paris: Deat glaubt an deutschen Sieg

ep PARIS, 6. Juni. In Paris nimmt das Leben seinen normalen Fortgang, und es kann schon jetzt gesagt werden, daß alle Spekulationen der feindlichen Propaganda, es werde im Augenblick des Beginns des Invasionsversuches in Frankreich zu Unruhen kommen, sich als fehlgeschlagen erweisen. Die Vertreter der französischen Regierung im besetzten Gebiet, Botschafter de Brinon sowie der Arbeitsminister Deat gaben ihrer unbedingten Zuversicht hinsichtlich des Scheiterns der britisch-nordamerikanischen Invasionsversuche und eines raschen Sieges der deutschen Waffen Ausdruck.

Madrid: Die entscheidende Stunde

ep MADRID, 6. Juni. Die Nachricht über die heute begonnene Invasion haben die Madrider Zeitungen veranlaßt, Sonderausgaben zu veröffentlichten. In politischen Kreisen zeigt man sich davon überzeugt, jetzt habe die entscheidende Stunde des Krieges geschlagen. Während die Invasoren ursprünglich eine wechselseitige militärische Ermüdung zwischen der Sowjetunion und Deutschland als Voraussetzung für die Invasion geplant hatten, müsse man jetzt die Aktion starten, obgleich Deutschland seine militärische Hauptkraft nach Westeuropa verlegt habe.

Lissabon: Kein Vertrauen für Eisenhower

ep LISSABON, 6. Juni. Mit der ersten deutschen Meldung über den Beginn der lange angekündigten Invasion hatte sich der portugiesischen Hauptstadt eine große Spannung bemächtigt, die von Stunde zu Stande steigt. In Lissabon herrscht nicht die Ueberzeugung, daß die Westmächte in der Lage sein werden, eine militärische Leistung von Format zu zeigen, die dem Kriege die wirkliche entscheidende Wendung geben könnte.

New York: Gespannt, aber in Sorge

ep LISSABON, 6. Juni. New York war in der Nacht zum Dienstag, wie Reuter zugeben muß, auf die ersten deutschen Meldungen über den Beginn der Invasion in Nordfrankreich angewiesen. Da keine eigenen Informationen vorlagen, brachten die Zeitungen die deutschen Berichte über die Invasion mit Extrablättern. Gespannt, aber nicht ohne Beimischung von Sorge, sieht New York der weiteren Entwicklung der Dinge entgegen.

Die Schlacht hat begonnen

Von Gustav Staebe

Mit tiefem Aufatmen begrüßt das deutsche Volk die Stunde, in der die anglo-amerikanische Kriegführung endlich mit ihren Versuchen beginnt, den europäischen Verteidigungsring zu sprengen und eine Entscheidung zu erzwingen. Endlich! Ein kleines, kurzes Wort voll großer, schicksalsschwerer Bedeutung. Ein Wort, das eine erwartungsvolle Spannung löst und auch den Letzten zu seiner Aufgabe ruft. Das deutsche Volk hat sich in der Geduld als Meister erwiesen, es hat sich in schweren Stunden, in denen es den Sinn der Absetzbewegungen verstehen lernte und aus Trümmern und Flammen zum Leben zurückfand, diszipliniert, tapfer und männlich gezeigt. So nimmt es die Meldung über den Beginn der Invasion erleichtert auf; denn die letzte Entscheidung liegt nicht im Stillhalten, sondern im Kampf. Endlich! Das sagen nicht Schwächlinge, denen die Nerven gerissen sind und die nun ungeduldig ein Ende um jeden Preis erwarten, sondern Millionen, die sich an der Front und in der Heimat seit langem vorbereitet haben, die ein unerschütterliches Vertrauen auf ihren Mut und ihre Waffen setzen, und die nun darauf brennen, in den letzten Schlachten dieses Krieges an entscheidender Stelle eingesetzt zu werden. Die ersten Kriegsjahre sind im Grunde nur die Vorgefechte der großen Entscheidung gewesen, um die nun mit größten Einsätzen gerungen wird.

Zwar lassen sich schon jetzt einige Brennpunkte erkennen, an denen zäh und verbissen gekämpft wird. Im großen läßt sich der Ablauf natürlich noch nicht übersehen, wenn auch die Kämpfe in Italien und im Osten Bestandteile des aufeinander abgestimmten Programms der Feinde sind. Zweifellos haben die Generalstäbe der Anglo-Amerikaner und der Bolschewisten gemeinsame Pläne ausgearbeitet, die Operationen von bisher nicht dagewesenen Dimensionen vorsehen. Aber auch diesseits der europäischen Küste sind die vergangenen Jahre nicht in schlaffem Müßiggang dahingegangen. Während die englischen und amerikanischen Zeitungen seit langer Zeit jede Phase der feindlichen Invasionsvorbereitungen benutzten, um den Nervenkrieg gegen Deutschland und seine Verbündeten zu führen, hatten an den für eine Invasion in Frage kommenden Küsten Hunderttausende zugepackt und ein Verteidigungssystem geschaffen, das sich in den kommenden Kämpfen bewähren wird. Jetzt wird es sich zeigen, ob der Krieg mit Redensarten oder mit Taten gewonnen wird.

Der nationalsozialistische Schriftleiter Gustav Staebe hat dem Anschein nach vergessen, wer in der Vergangenheit den Krieg mit Propaganda, also mit Phrasen und Redensarten, gewinnen wollte. Wer den Krieg mit Redensarten verlieren wird, das zeigt sich in nicht zu ferner Zeit.

Generalfeldmarschall Göring am 9. September 1939 in einem großen Berliner Rüstungswerk:

> »... Wenn jetzt der Pole niedergeschlagen ist, dann hört damit auch die Bedrohung Deutschlands an zwei Fronten endgültig auf. Das war ja immer die schwere Lage für uns, nach zwei Fronten kämpfen zu müssen. Durch das geniale Abkommen des Führers mit Rußland ist diese Gefahr nun auch endgültig, ein für allemal, beseitigt. Wenn uns jetzt der Gegner angreift, dann haben wir ihn nur an einer Front mit der ganzen Kraft der deutschen Wehrmacht und des deutschen Volkes zu schlagen.«[96]

So sprachen die Führer des deutschen Reiches in den vergangenen Kriegsjahren.

Und heute? Das Schweigen im Walde! Nur einer, der Gauleiter von Berlin, jetziger Schuttherr von Berlin, Dr. Josef Goebbels, läßt sein Mundwerk noch spazieren gehen.

Zur Zeit haben wir 3 Fronten: Rußland, Italien und Frankreich.

Die weiteren Fronten sind im Anmarsch!

15. Juni 1944.

10 Tage ist die Invasionsschlacht im Westen, in der Normandie, im Gange. Die Gefühle sind verschiedenartig, je nachdem, welche Erwartungen an den Invasionsbeginn geknüpft worden sind.

Von meinem Standpunkte aus betrachtet sind folgende Tatsachen zu berücksichtigen:

1.) Die deutschen Flieger konnten die Vorbereitungen des Gegners in den Häfen in England nicht stören.
2.) Die deutsche Marine war nicht in der Lage, die Ueberfahrt von England nach Frankreich zu stören.
3.) Die Verteidiger der Küste in der Normandie konnten die Landung in Frankreich nicht verhindern.

London und Washington verschweigen die Verluste

Von unserem Stockholmer Berichterstatter

Dr. Th. B. **Stockholm,** 8. Juni ⟨44⟩.
24 Stunden nach der Landung der ersten britischen, kanadischen und amerikanischen Truppen an der normannischen Küste ist man in London und Washington in seinen Kundgebungen und Erklärungen sehr viel leiser und bescheidener geworden. Zwar versucht man die Bildung eines Brückenkopfes an der Mündung der Orne als einen Anfangserfolg hinzustellen, verschweigt aber bewußt, daß der Versuch zur Bildung weiterer Brückenköpfe zerschlagen wurde und daß vor allem die bisher eingesetzten Luftlandetruppen größtenteils eine vernichtende Niederlage erlitten.

Übrigens waren es an mehreren Punkten wiederum kanadische Truppen, die als erste ins Feuer geworfen wurden und dabei schwerste Verluste erlitten. Da viele ihrer Landungsboote in dem hohen Seegang kenterten, ging ihre gesamte Ausrüstung verloren, so daß sie sich teilweise nur mit dem Bajonett verteidigen konnten, bis sie aufgerieben wurden. Überhaupt bekam die britische Bevölkerung bereits nach 24 Stunden die ungeheuren Opfer vor Augen geführt, die das auf Befehl Stalins begonnene Unternehmen kosten muß. Schon am Dienstagnachmittag rollten viele Lazarettzüge mit verwundeten Engländern, Kanadiern und Amerikanern durch Südengland.[97]

Das sind jedenfalls Tatsachen, denen unsere Propaganda nur die Behauptung von großen Verlusten entgegenzustellen vermag. Die deutsche Heeresleitung war seither in der Bekanntgabe von Verlusten außergewöhnlich zurückhaltend. Niemand kennt die Verluste der deutschen Truppen im Osten, in Afrika oder in Italien. Bei dieser Sachlage mutet es recht merkwürdig an, wenn dem Gegner vorgehalten wird, er verschweige die Verluste.

Deutschland soll doch einmal mit gutem Beispiel vorangehen und seinerseits die eigenen Verluste angeben. Im Westen ist jetzt die beste Gelegenheit dazu. Wir werden vergeblich warten.

Die Partei sorgt augenblicklich dafür, daß die Spießer nicht unruhig werden. Das in Umlauf gesetzte Parteigeschwätz soll das Volk optimistisch stimmen. Es wird gesagt, die Landung des Gegners wäre zu begrüßen, weil unsere Truppen auf diese Weise den Gegner schlagen können. Noch wird das geglaubt, wenigstens von denjenigen, welche der deutschen Truppe sehr viel zutrauen.

Der Kriegsberichter Dr. Schäfer hielt gestern einen Vortrag im Rundfunk. Bei ihm ist die Landung ein Mißerfolg. Die Häfen Cherbourg und Le Havre seien noch nicht einmal bedroht. Der Gegner müsse aber Häfen besitzen, wenn sein Unternehmen von Erfolg gekrönt sein soll. –

Die augenblickliche Lage im Kampfgebiet in der Normandie ist noch nicht dazu angetan, die Gläubigen unter den Deutschen zu erschüttern. Die eigenen Meldungen lauten sehr zuversichtlich. Und daran klammert sich der größte Teil des Volkes. So ein Restchen von Hoffnung ist beinahe bei jedem anzutreffen.

In der Tat ist die Landung nicht wuchtig genug gewesen, um so zu wirken, wie es erwünscht wäre bei denen, die ein Ende dieses Krieges herbeisehnen.

Bei kritischer Betrachtung der gegenwärtigen Situation fällt immer wieder – wie im ganzen Verlauf dieses Krieges – auf, daß die Gegner ihre Kräfte nicht stark genug konzentrieren.

Zum Beispiel wäre doch in Italien ein rascherer Siegeslauf zu erreichen gewesen, wenn im Rücken der deutschen Front Landungen stattgefunden hätten.

Jeder deutsche Soldat eine Festung!

Wie ein Adlerhorst klebt die Maschinengewehrstellung der Fallschirmjäger zwischen Felsen und Trümmern über dem süditalienischen Schlachtfeld. An diesen Bastionen der überragenden Einzelkämpfer zerschellt immer wieder die Woge der feindlichen Übermacht PK-Aufnahme: Kriegsberichter Uecker (WBD.)

Diese »Festungen« in Süditalien hätte jeder größere Feldherr durch Landungen in Mittel-Italien oder sogar in Norditalien beseitigt. Stützpunkte: Sardinien und Korsika. –

Der Umschwung wird voraussichtlich erst kommen, wenn die Russen an der gesamten Ostfront zum Angriff übergehen.

Der finnische Heeresbericht

Helsinki, 11. Juni ⟨44.⟩

Der finnische Wehrmachtbericht vom 10. Juni lautet:

In den frühen Morgenstunden des gestrigen Tages begann der Feind auf der Karelischen Landenge eine allgemeine Offensive, unterstützt von besonders heftigem Artilleriefeuer und starken Luftstreitkräften. Die Angriffe, die an verschiedenen Punkten vorgetragen wurden, wurden abgewiesen bis auf einige kleine begrenzte Einbrüche. Der Feind erlitt bedeutende Verluste an Gefallenen. Zehn Kampfwagen wurden vernichtet. Unsere Jäger und Luftabwehr schossen 24 feindliche Maschinen ab. Der Kampf geht weiter.

An den anderen Teilen unserer Landfronten Spähtrupptätigkeit.[98]

Der Anfang ist auf der Karelischen Landenge gemacht worden.

Wie nicht anders zu erwarten, vermeidet es der finnische Heeresbericht, den Finnen die Wahrheit zu sagen.

Lügen haben kurze Beine. Es wird nicht sehr lange dauern bis das finnische Volk merkt, was vorsichgeht.

Warum diese Mätzchen?

16. Juni 1944

»Kämpfen und siegen, wenn wir leben wollen«

Staatssekretär Dr. Naumann über die Invasion

Eigener Bericht des »VB.«

Berlin, 12. Juni ⟨44⟩.

Der Staatssekretär im Reichsministerium für Volksaufklärung und Propaganda, Dr. Naumann, sprach am Sonnabend in einer Massenkundgebung auf dem Marktplatz einer thüringischen Stadt über den deutschen Schicksalskampf, der mit dem Beginn der Invasion in das Entscheidungsstadium getreten ist. Dr. Naumann unterstrich dabei, daß die Invasion keine Frage von einigen Tagen, sondern eine sehr ernste Auseinandersetzung sei, die den ganzen hingebungsvollen Einsatz der Front und der Heimat erfordere. Übersichtlich zog der Staatssekretär vor den vielen tausend Arbeitern der Stadt die Bilanz des bisherigen Krieges und zeigte auf, wie die Engländer und Amerikaner in die Invasion hineinmanövriert wurden und dabei ihre politische Handlungsfreiheit an Moskau verloren. Stalin diktierte und die Anglo-Amerikaner parierten. England ging damit ein großes Risiko ein. Es setze alles auf eine Karte. Gelinge die Invasion nicht, dann sei Englands Schicksal besiegelt. Der Redner ließ keinen Zweifel über die Schwere der Aufgabe, die mit dem Beginn des Kampfes im Westen an den deutschen Soldaten und an die deutsche Heimat herangetreten sei. »Wir stehen damit vor der größten Kraftanstrengung dieses Krieges und müssen sie bestehen. Es ist ein Krieg des ganzen Volkes auf Tod und Leben.«

»Wir müssen also kämpfen«, so rief Staatssekretär Dr. Naumann unter der begeisterten Zustimmung der Massen aus. »Kämpfen und siegen, wenn wir leben wollen!« Und zum Kampf bis zum siegreichen Ende ist die deutsche Führung rücksichtslos entschlossen. Sie hat hinter sich den besten Soldaten und das fleißigste und tapferste Volk.

Am gleichen Tage fand auch eine Tagung der Kreispropagandaleiter des Gaues Thüringen statt, zu denen Staatssekretär Dr. Naumann über die Grundsätze der Menschenführung sprach, wobei er aufschlußreiche Einblicke in die gerade in diesen entscheidungsvollen Tagen hochbedeutsame Aufgabe der politischen Volksführung durch die Propaganda bot.[99]

An wen hat sich die Propaganda zu wenden?

Adolf Hitler beantwortet diese Frage in seinem Buche »Mein Kampf«:

»… Die Propaganda hat sich ewig nur an die Masse zu richten! Für die Intelligenz ist nicht Propaganda, sondern wissenschaftliche Belehrung da.[100]

… Jede Propaganda hat volkstümlich zu sein und ihr geistiges Niveau einzustellen nach der Aufnahmefähigkeit des Beschränktesten unter denen, an die sie sich zu richten gedenkt. ... Jede Abwechslung darf nie den Inhalt des durch die Propaganda zu Bringenden verändern, sondern muß stets zum Schlusse das gleiche besagen.«

Der Staatsekretär Dr. Naumann[101] aus dem Reichsministerium für Propaganda weiß bestens Bescheid. Wenn er also dem Volke zuruft: »Wir müssen kämpfen«, so will er damit das Volk auf den Kampf bis zum letzten Atemzuge vorbereiten. »Wir«, das ist das Volk, sofern es sich um das Kämpfen handelt. Wenn »wir« leben wollen, da meint er die Bonzen der Partei.

Würde der Krieg von Deutschland gewonnen werden, dann hätte ihn selbstverständlich die Partei gewonnen. Geht er verloren, dann waren es die übrigen Deutschen, die die Schuld tragen.

Wie die »Menschenführung« propagandistisch gehandhabt wird, das sollen uns die nachfolgenden Schlagzeilen erzählen, die den Zeitungen aus der Zeitspanne vom 6. Juni bis 17. Juni 1944 entnommen sind und die Kämpfe in Frankreich (Normandie) betreffen.

17.6.44.

⟨8.6.44.⟩

Mehrzahl der Feindbrückenköpfe zerschlagen

Schwerste Verluste der Landungstruppen[102]

Die Schlacht in der Normandie[103]

Gedämpfte Stimmung in London[104]

Ruf nach Sowjethilfe[105]

Keine Spur von Invasionsbegeisterung in USA[106]

Der Feind setzt alles auf eine Karte[107]

Die Welt erwartet den deutschen Gegenschlag[108]

Deutsche Reserven im Gegenangriff[109]

»Ganze Einheiten sind gefallen«[110]

Das System des Atlantikwalls bewährt sich[111]

Schwere Panzerkämpfe in Küstennähe[112]

Der deutsche Sperriegel am Brückenkopf hält[113]

Aufmarsch im Feuerhagel[114]

Eisenhowers Konzept verdorben[115]

Schlacht in der Normandie strebt dem Höhepunkt zu[116]

Erbitterte Kämpfe[117]

Unübersehbare feindliche Verluste[118]

〈16.6.44.〉

Bestürzung in England

Schwierigkeiten für die Invasionsarmee immer größer[119]

Die britische Fehlrechnung über deutsche Widerstandskraft [120]

Montgomery unter strategischem Zwang[121]

Heranreifende Entscheidung

Luftlandetruppen umzingelt[122]

8.6.44.

Mehrzahl der Feindbrückenköpfe zerschlagen

Schwerste Verluste der Landungstruppen

Die Schlacht in der Normandie

Gedämpfte Stimmung in London

Ruf nach Sowjethilfe

Keine Spur von Invasionsbegeisterung in USA

Der Feind setzt alles auf eine Karte

Die Welt erwartet den deutschen Gegenschlag

Deutsche Reserven im Gegenangriff

„Ganze Einheiten sind gefallen" 584

Das System des Atlantikwalls bewährt sich

Schwere Panzerkämpfe in Küstennähe

Der deutsche Sperriegel am Brückenkopf hä

Aufmarsch im Feuerhagel

Eisenhowers Konzept verdorben

Schlacht in der Normandie strebt dem Höhepunkt z

Erbitterte Kämpfe

Unübersehbare feindliche Verluste

583

Statt schnell zu siegen – festgerannt[123]

Erfolgloser Druck in Richtung Cherbourg[124]

Es folgen noch einige Ausschnitte aus Zeitungsartikeln:

»Die moderne Großlandung«

⟨10.6.44.⟩ Bei einer solchen Entwicklung einer modernen Großlandung liegt es nahe, daß sich erst allmählich ein klares Bild über die verschiedenen Landungsoperationen und den eigentlichen Schwerpunkt gewinnen lassen wird. So wird geraume Zeit vergehen, bis sich im Verlauf der nun beginnenden Materialschlacht überblicken läßt, ob und wieweit es den gelandeten Truppen gelingt, nicht nur den im ersten überraschenden Stoß gewonnenen Boden zu halten, sondern erhebliche weitere Fortschritte zu machen, die sich zu strategisch bedeutsamen Operationen ausweiten lassen. Erst in diesem Stadium wird sich zeigen, ob der Gegner die beabsichtigten und dringend benötigten außerordentlichen Nachschubmengen und Tonnagemittel ungehindert und fortlaufend über See wird heranführen können.

Zwar sind im begrenzten Seeraum des Küstenvorfelds zwischen Atlantik und Nordsee dem Einsatz der U-Boot-Waffe natürliche Grenzen gesetzt. Wenn die Invasion trotz jahrelangen Vorbereitungen sich nicht zu einer Materialschlacht großen Stils entwickeln könnte, so hätte sie ihren Sinn verloren. Eine solche Materialschlacht bedarf aber eines ständigen Zustroms an Truppen und Nachschubgütern aller Art, der über die Raumweite des Atlantik herangeführt werden muß. Es wird sich zeigen, welche Opfer diese lebenswichtigen Ueberseetransporte auf die Dauer in Kauf nehmen müssen und können, ob und welchen Einfluß solche Verluste durch deutsche U-Boote und Flugzeuge auf den Fortgang der Landeoperationen gewinnen.

Das ist in groben Strichen umrissen die Lage, vor der wir stehen. Wir dürfen ihr mit Ruhe ins Auge sehen. Nicht trotzdem, sondern eben weil wir ihren ganzen entscheidungsvollen Ernst erkennen. Diese Erkenntnis ist nicht von heute, sondern aus sorgfältigen und verantwortungsbewußten Ueberlegungen geboren, die längst in eine Fülle praktischer und, wie wir erwarten dürfen, wirksamer Maßnahmen umgewandelt sind.

Wir erkennen die Größe der Entscheidung, wir haben sie erwartet und werden sie meistern, weil jeder Deutsche draußen und daheim sich dieser Zusammenhänge bewußt ist. Unsere Nerven sind aufs äußerste gespannt, aber unser Herz schlägt fest und ruhig.[125] **Korvettenkapitän Rudolf Krohne**

Knut Hamsun:

Die Rettung Europas in Deutschlands Hand

Oslo, 13. Juni ⟨44⟩.

Knut Hamsun gab zur Invasion folgende Erklärung ab: »Wir warteten Monate, wir warteten Jahre. So kam sie endlich, die Landung in Europa. Wie es vorauszusehen war, kam sie mit Wucht, aber Deutschland hatte den Empfang bereitet. Wie die Front im Osten bis zum heutigen Tag ungebrochen ist, so wird auch die Front im Westen stehen bis zum Ende. Das ist kein Wunschtraum. Es geht hier um Europas Schicksal, um Leben oder Tod. Europa aber wird das Leben wählen. In diesen Tagen, wo die Anglo-Amerikaner mit Tod und Verderben für uns alle wüten, werden die Deutschen – Europas Wacht – vom ersten Augenblick an die Rettung in ihrer Hand halten.«[128]

Wir sind erst am Anfang der schweren Schlacht. Auf beiden Seiten sind erst Teile der zur Verfügung stehenden Truppen eingesetzt. Der Kampf geht weiter. Er hat seinen Höhepunkt noch nicht erreicht, der Gegner ist sehr stark. Er wird neue Verstärkungen holen, er wird vielleicht auch an anderer Stelle landen. Dann werden ihm andere deutsche Truppen entgegentreten. Ein genaueres Urteil wird erst möglich sein, wenn der Kampf in seiner vollen Ausdehnung entbrannt ist. Aber der Verlauf der ersten Tage berechtigt uns bereits dazu, dem Fortgang des Kampfes mit der Zuversicht entgegenzusehen, die die Leistungen unserer Truppen verdienen.[126]

se.

⟨11.6.44.⟩ Es ist vom modernen Krieg gesagt worden, daß er sich im dreidimensionalen Raum abspielt. Wie kaum wo anders findet diese These hier ihren Beweis. Sie erfordert ein unerhörtes Maß von organisatorischen Voraussetzungen und eine unerhörte Präzision im Ablauf des gesamten Geschehens.

Den feindlichen Unternehmungen stellt sich die deutsche Luftabwehr energisch in den Weg. Tag- und Nachtjäger lösen sich ab auf dem Posten, der eine harte Pflichterfüllung erfordert. Der Wehrmachtbericht vom 7. Juni meldete 104 Abschüsse, der vom 8. Juni 89, die allein durch die Jagdabwehr zu verzeichnen sind. So ist in einem großen Umkreis von der eigentlichen Landungsstelle ein Kampf entbrannt, der nicht weniger entscheidend ist als der Einsatz an der normannischen Küste selbst.

Der durchlöcherte Luftschirm – das ist die Tatsache, vor der die Anglo-Amerikaner stehen. Die Landungsoperationen haben kein massives Dach, es ist vielfach durchsiebt und weist viele Lücken auf, durch die die deutsche Luftwaffe in forschem Draufgängertum vorstößt.[127]

Kriegsberichter Erich Wenzel

Norwegens Minister Fuglesang zur Invasion

Oslo, 13. Juni ⟨44⟩

Auf einer Versammlung in Drammen äußerte sich Minister Fuglesang zur Invasion. Den Angehörigen aller europäischen Völker sei es heute klarer als jemals zuvor, daß der Ausgang dieses Kampfes Europas Sein oder Nichtsein entscheide. In diesem europäischen Existenzkampf komme es darauf an, alle Kräfte des Kontinents zu sammeln.

Der Minister schloß mit folgendem Bekenntnis: »Wir glauben, daß Europa siegt, wir glauben, daß Europas Kraft so stark ist, daß sie alle Gefahren niederschlagen wird, um den Bestand unseres Weltteils zu sichern, und wir glauben, daß durch diesen Sieg auch unserem Volk die Grundlage für eine leichte und glückliche Zukunft geschaffen wird.«[129]

Musserts Entschluß

Amsterdam, 14. Juni ⟨44.⟩

In einer öffentlichen Versammlung der NSB[a]. erklärte Mussert, im Falle einer Invasion in den Niederlanden werde er unter allen Umständen in der Stadt Utrecht (Sitz der NSB.) sein. Er werde dann die Uniform eines Freiwilligen der deutschen Wehrmacht anziehen. Mussert dankte dem Personal der niederländischen Eisenbahnen, das unter den heutigen schwierigen Verhältnissen seine Pflicht erfülle. Auch dankte Mussert der deutschen Wehrmacht, daß sie die niederländische Küste in Verteidigungszustand gebracht habe.[130]

Wenn Mussert[131] die Mehrheit des holländischen Volkes hinter sich hätte, dann wäre es nicht notwendig, daß er sich als »Freiwilliger der deutschen Wehrmacht« tarnen würde. Da er aber genau weiß, daß er bald ausgemussert hat, so will er sich heute schon aus Gründen der Sicherheit bei der deutschen Wehrmacht anmelden. Das ist eine Angelegenheit auf kurze Frist. Nach der deutschen Niederlage wird Herr Mussert ausgeliefert werden. Dieser Strolch wird der gerechten Strafe zugeführt werden.

20. Juni 1944.

Heute habe ich Gerichtsassessor Holzschuh auf Wunsch die strategische Lage, wie ich sie sehe, erklärt. Insbesondere habe ich der Ueberzeugung Ausdruck gegeben, daß die Russen bald – jedenfalls am 22. Juni 1944 – mit Großangriffen beginnen werden. Der Schauplatz der ersten Kämpfe zur Erinnerung an den deutschen Ueberfall vor 3 Jahren wird meiner Meinung nach im Norden zu suchen sein. Richtung: Estland, Lettland, Litauen. Hierdurch würde vor allen Dingen die Befreiung Weißrußlands mit einbezogen werden können.

Ich bin selbst gespannt, ob ich militärisch richtig vorausschaue. Seither habe ich fast ausnahmslos klar gesehen. Im Tempo habe ich mich allerdings hin und wieder geirrt. Ich hatte nicht genügend beachtet, daß der Engländer, der kalte Rechner, gar

a) *NSB:* Nationaal-Socialistische Beweging der Nederlanden.

viel Zeit nötig hat, bis alle i-Tüpfelchen sorgfältig gemalt sind. Churchill hat im Jahre 1940 geäußert, man dürfe nicht nur so tun, als ob man rüsten würde, man müsse wirklich rüsten! Also selbst im Jahre 1940 hatten die maßgebenden Männer in England noch nicht ernstlich an einen totalen Einsatz gedacht. Während in Rußland und Deutschland die größten Anstrengungen gemacht wurden, ruhten sich in England Millionen Soldaten (Engländer, Amerikaner, Kanadier u. viele Hilfsvölker) auf ihren noch nicht errungenen Lorbeeren aus. Das ist keine Kriegsführung!

Das Hinauszögern ist besonders in Italien klar ersichtlich. 10. Juli 1943: Landung in Sizilien, 3. Sept. 43 in Calabrien, 9. Sept. fiel Neapel, am 4. Juni 44 wurde Rom genommen. Fast ein ganzes Jahr wird bereits in Italien gekämpft und noch immer ist Nord-Italien nicht erreicht. Es wird mich niemals ein Engländer belehren können, daß es nicht möglich gewesen wäre, etwas mehr Truppen in Italien einzusetzen. –

21. Juni 1944.
Was ist geschehen? Die Spießbürger sind wieder voller Hoffnung. Die »Vergeltung«, an die sie nicht mehr glaubten, hat begonnen.

Aus dem Führerhauptquartier, 16. Juni ⟨44.⟩
Das Oberkommando der Wehrmacht gibt bekannt:
Südengland und das Stadtgebiet von London wurden in der vergangenen Nacht und heute vormittag mit neuartigen Sprengkörpern schwersten Kalibers belegt.[132]

Es ist nicht zu leugnen, diese Meldung ist knapp und schlicht. Trotzdem ist das ein Fressen für das Propagandaministerium, denn es [ist] seither gar karg hergegangen mit Siegesmeldungen und Sondermeldungen. Da muß Goebbels etwas daraus machen. Er tut es auch, und nicht so knapp.

Gegen London und Südengland
Mit neuen Spreng⟨-⟩körpern größten Kalibers[133]

Südengland unter Dauerfeuer[134]

Mit stärksten Zerstörungen ist zu rechnen[135]

Schwerstes Störungsfeuer fast ohne Unterbrechung auf London[136]

Der Eindruck in London weitaus stärker als im Herbst 1940[137]

Englische Abwehr bisher wirkungslos[138]

Vergebliches englisches Flakfeuer gegen die deutschen Sprengkörper

Berlin, 18. Juni ⟨44.⟩

Dem schweren Schlag, den die neue deutsche Waffe seit der Nacht zum Freitag gegen London und andere südenglische Städte führt, glauben die Briten durch ein Flakfeuer, wie es der Krieg bisher noch nicht erlebt hat, begegnen zu können. In ihrer Bestürzung setzten sie sogar Jäger gegen die von ihnen als pilotenlose, ferngesteuerte Flugzeuge bezeichneten Sprengkörper ein. Über der ganzen Südostküste Englands stand eine Licht- und Feuerwand Hunderter von Scheinwerfern und Zehntausender krepierender Granaten. Die Hoffnung, die Sprengkörper noch in der Luft vernichten zu können, blieb trügerisch. Aus den getroffenen Zielen quollen riesige Qualmwolken gegen den brandroten Himmel empor. Im Laufe des Tages gingen zahlreiche weitere Geschosse nieder. Bald in geringerer, bald in größerer Höhe flogen sie gegen London und Teile Südenglands. Neue Brände entstanden, deren Rauchpilze die tiefhängenden Wolken durchdrangen. Schon aus Entfernungen von über 200 Kilometer wiesen sie unseren Aufklärern den Weg.[139]

Die Propaganda hat also gesprochen. Jetzt wollen wir die Wirkungen der »Wunder-Waffe« abwarten.

Dem Anscheine nach handelt es sich um eine fliegende Bombe oder Luft-Torpedo.[a] Zweifellos werden Zerstörungen – allerdings wahllos – hervorgerufen. Ob die Wirkung aber stärker ist als bei einem konzentrisch geführten Bombenangriff, möchte ich bezweifeln.[140]

Alle starren nach England und keiner denkt an Rußland.

Wo ist die »Wunderwaffe« gegen die Russen?[141]

Bei der kommenden Offensive Rußlands wird es Deutschland wenig nützen, wenn Sprengkörper über den Kanal nach England gejagt werden.[142]

a) *Luft-Torpedo:* Ab dem 12. Juni 1944 startete das Deutsche Reich eine neue Offensive im Luftkrieg gegen England, in der die sogenannte V 1, eine neuartige Flugbombe, eingesetzt wurde. Insgesamt forderte der Einsatz der V 1-Waffe 6860 Tote in England. Vgl. Boog 2001, S. 385-397.

22.6.44.

⟨19.6.44⟩

Eine Waffe und ihre Wirkung

Von
Helmut Sündermann

Die ersten Nachrichten, die das deutsche Volk von dem Einsatz neuer deutscher Kampfmittel gegen England erhalten hat, haben naturgemäß ein leidenschaftliches Echo gefunden. Die kargen, aber doch vielsagenden Berichte, die seitdem aus London vorliegen, zeigen, daß viele an den Einsatz neuer Waffen geknüpfte Erwartungen erfüllt worden sind. Südengland und London haben zum zweiten Male den Begriff der Vergeltung zu spüren bekommen. Schon im Juni 1940, als der Führer zum ersten Male Befehl gab, Ziele in England anzugreifen, nachdem die britischen Flieger dies bereits seit Januar gegenüber Deutschland getan hatten, war die Überraschung in England groß, die militärische und moralische Wirkung beträchtlich. Heute zeigen alle Anzeichen, daß schon der erste Beginn der neuen Angriffe, die zweifellos auf lange Sicht geplant sind und sich weiterer Mittel bedienen werden, in England tiefgreifende Wirkungen ausgelöst hat.

Es sind vor allem zwei Gründe, die es der Churchill-Regierung erschweren werden, die Widerstandskraft zu befestigen: als erstes ist die Tatsache zu nennen, daß England und nur England sowohl am Ausbruch des Krieges wie auch am Beginn und der Entwicklung der Bombenstrategie die alleinige und auch dem britischen Volk erkennbare Schuld trägt. Jeder deutsche Sprengkörper, der auf britischen Boden niederfällt, ist Ernte aus der Saat, die Herr Churchill und seine Kriegsverbrecherclique selbst gesät haben!

Ein zweiter Grund für die inneren Schwierigkeiten, die sich in England aus den Ereignissen entwikkeln mögen, ist in dem Umstand zu suchen, daß die Kriegshetzer seit geraumer Zeit dem britischen Volk eine Auffassung von der Kriegsentwicklung vorgaukeln, die den Mann auf der Straße glauben machen mußte, der Kampf sei von der Koalition der Plutokratie und des Bolschewismus so gut wie gewonnen. Das Kartenhaus der Spruchbeutel, die in dreistester Weise sogar gegenüber neutralen Regierungen sich gebärdeten, als gelte es nur noch die letzten Monate eines bereits entschiedenen Krieges zu absolvieren, ist schon durch die ersten Angriffe der neuen deutschen Waffe umgeblasen worden.

Das Deutschland, von dem sie sprachen, als sei seine Vernichtung nur eine Frage der Zeit, hat plötzlich einen überraschenden Schlag gelandet, es ist in einem für das englische Volk überaus wichtigen Bereich wieder offensiv geworden. Die ernüchternde Erkenntnis der Briten, daß ihre Vorstellung von einem raschen Kriegs ende eine Utopie ist, wird auf die Dauer nicht ohne Wirkung auf das Verhältnis des britischen Volkes zu seiner Kriegsverbrecherclique bleiben und damit wohl auch für die allgemeine Kriegsentwicklung Bedeutung gewinnen.

In gleichem Maße, in dem wir solche politischen Fernwirkungen der Ereignisse dieser Tage in den Kreis unserer Betrachtung ziehen – die besondere militärische Bedeutung des angegriffenen Raumes braucht im gegenwärtigen Zeitpunkt nicht noch hervorgehoben zu werden – wollen wir uns freilich auch selbst vor einem Fehler bewahren, den wir beim Feinde bemerkt haben: Wir wollen uns nicht über die Größe des gesamten Kriegsgeschehens hinwegtäuschen und nicht durch den Gedanken an einen bedeutenden und wichtigen Erfolg das Wissen von der Härte des Kampfes an anderen Fronten beeinträchtigen lassen.

Dieser Krieg ist ein gewaltiges Ringen, in dem nicht Einzelereignisse allein entscheiden werden. Nur die Summe der Tapferkeit, der Einsatzbereitschaft und Ausdauer eines Volkes, nur alle Waffen zusammen werden den Sieg erzwingen, der das Leben unserer Nation für kommende Zeiten sichern kann. Wir wollen dankbar sein für jede Hilfe, die Erfindungsgeist und Tatkraft uns auf technischem Gebiete zur Verfügung stellen, wir wollen die Waffen gebrauchen, deren Einsatz so vielversprechend begonnen hat, wie wir auch alle weiteren Mittel zu nutzen wissen werden, mit denen wir die Briten lehren können, daß man nicht ungestraft Kriege heraufbeschwört und Europa zu terrorisieren versucht.

Wir wollen aber all dieses vor allem als ein Zeichen nehmen für den unermeßlichen Reichtum an Energie und Leidenschaft, der in unserem Volke und in uns selbst liegt: wir wollen die gute Nachricht als einen Aufruf empfinden, unsere ganze Kraft in den Kampf zu werfen, wo immer er an uns herantritt, unseren fanatischen Willen einzusetzen, um den Ansturm des Feindes zu brechen, wo immer er nach unserer Freiheit greift. In solchem nationalen Impuls wird dann die neue Waffe, von der wir heute so freudig sprechen, eine nicht geringere Wirkung besitzen, wie in ihrem direkten Ansturm auf den Feind.

Wer so kaltblütig im Urteil, aber auch so entschlossen im Handeln ist wie wir, so erfüllt von dem Gedanken an die Bedeutung eines Lebenskampfes und von dem Willen, ihn zu bestehen, dem kann der Sieg auf die Dauer nicht entrissen werden, weil er ihm gehört.[143]

Kaum drei Tage sind vergangen seit die Parteigenossen und die übrigen Spießbürger zu heller Begeisterung sich aufrafften, und da kommt auch schon wieder der kalte Wasserstrahl. Dem Volke wird beigebracht, daß es keine übertriebenen Hoffnungen haben darf, denn die neue Waffe richtet sich nur gegen England. Da haben wir den Salat! Jetzt haben sich schon so viele Zeitgenossen die vollkommene Zerstörung Englands und den baldigen Endsieg im Geiste vorgestellt. Es ist gar nicht schön von der Propaganda, den hübschen Traum so schnell zu zerstören.

Die »Wunderwaffe« ist nach nebenstehendem Artikel nur als ein »Einzelereignis« anzusehen, und nur alle Waffen zusammen werden den »Sieg« erzwingen!!

Die Wirkung auf das Gemüt des Durchschnittsdeutschen mag aus nachfolgender Aeußerung hervorgehen. In einem Abteil 2. Klasse auf der Fahrt von Laubach nach Hungen sagte ein Evakuierter zu seiner Frau: »Wenn das in England klappen würde, dann wäre der Krieg in 6 Monaten zu Ende.« –

»Wenn« der Führer am 1. Sept. 1939 nicht gegen Polen marschiert wäre, dann würden wir vermutlich diesen 2. Weltkrieg nicht erlebt haben.

»Wenn« die in die neue Waffe gesetzten Erwartungen nicht erfüllt werden, was geschieht dann, Ihr Herren Spießbürger?[144]

Der finnische Wehrmachtbericht

Alle Angriffe der Sowjets verlustreich zurückgeschlagen

Helsinki, 15. Juni ⟨44⟩.

Im westlichen und mittleren Teil der Karelischen Landenge hat der Feind seine Angriffe fortgesetzt. In den Abschnitten von Vannelsuu und Kivennapa wurden die feindlichen Angriffe abgewehrt, die schwersten Kämpfe wurden in Kivennapa in Richtung Siiranmäki geführt, wo unsere Truppen die den ganzen Tag hindurch unternommenen Angriffe zurückschlugen und dem Feind Verluste von etwa 1000 Mann an Gefallenen zufügten. Auch westlich vom Lempaalasee wurden feindliche Angriffe abgewehrt. Ein eigener Zug vernichtete eine feindliche, 60 Mann starke Abteilung bis zum letzten Mann. Im Laufe des gestrigen Tages wurden sieben schwere Panzer vernichtet.

Im westlichen Teil der Aunuslandenge griff der Feind nach heftiger Feuervorbereitung und Einnebelung einen unserer Stützpunkte an. Der Angriff wurde abgewehrt und dem Feind ein Verlust von etwa 100 Mann an Gefallenen zugefügt. An den anderen Teilen der Aunuslandenge wurden an drei Stellen feindliche Kampftrupps vertrieben und der Versuch einer feindlichen Abteilung über den Swir zu setzen, vereitelt. Von den übrigen Teilen der Landfronten ist nichts Besonderes zu melden.[145]

Der uneingeweihte Leser kann sich auf Grund der Wehrmachtberichte keinerlei Vorstellung von der tatsächlichen Lage machen.

Täglich werden »alle Angriffe zurückgeschlagen oder abgewehrt«. In Wirklichkeit sind die russischen Truppen bereits durch die gesamte karelische Landenge vorgedrungen und haben Wiborg genommen. Auch die finnischen Stellungen zwischen Ladoga-See und Onega-See wurden durch die Russen erobert.

Die Lage Finnlands ist hoffnungslos. Aus den Zeitungsberichten ist das aber nicht zu entnehmen.

Da heißt es:

> Sicherlich: Viipuri, die alte Grenzfeste Finnlands und Hauptstadt Kareliens, ist erneut bedroht. Aber ungebrochen ist der Wille der Finnen, erbitterten Widerstand zu leisten und den Feind in günstigeren Stellungen zum Stehen zu bringen. Ständig strömen weitere Reserven heran, trotz schwerer feindlicher Luftangriffe auf die Nachschublinien.[146]

Der »erbitterte Widerstand« führt zu neuen, sinnlosen Opfern. Es grenzt schon an Wahnsinn, anzunehmen, Finnland könne sich bei den derzeitigen Machtverhältnissen erfolgreich verteidigen. Es gab für Finnland nur ein Gebot: Freundschaft mit Rußland und nicht mit Hitler![147]

23.6.44.

Überflutung des niederländischen Küstengebiets
Wo einst Treibhäuser und fruchtbare Wiesen waren, sind jetzt nur noch weite Wasserflächen zu sehen. Für Schlauchboote zu flach und für Fußtruppen zu tief, liegt hier ein fast unüberwindlicher Sperriegel vor unseren Stellungen und Panzerwerken[148]

»Wo einst Treibhäuser und fruchtbare Wiesen waren«, die auch Deutschland versorgten, da sind heute Wasserflächen.

Wundert sich in Deutschland noch irgend jemand darüber, daß der Haß gegen die Deutschen in den besetzten Ländern von Tag zu Tag wächst?

Das ist ein Teil des »neuen« Europa!

25.6.44.

Materialsturm gegen Cherbourg[149]

PK. ...., 24. Juni ⟨44.⟩

Nach der Erreichung der Westküste der Halbinsel Cotentin durch die nordamerikanischen Panzerspitzen trägt nun der Festungsbereich Cherbourg die Schwere des auf Stadt und Festung niederprasselnden ungestümen Angriffs. Endlich sieht sich der Gegner in die Lage versetzt, das Bollwerk berennen zu können, von dem er nach der Planung des ganzen Landungsunternehmens, das die Abschnürung der Halbinsel bereits am zweiten Tage der Invasion vorsieht, erhoffen durfte, daß es ihm im Überraschungsangriff schon in der ersten Woche in die Hände fallen würde. Der Widerstandsgeist und die Kampfkraft der deutschen Divisionen, die die Halbinsel an den Einbruchsstellen und gegen den dreifachen Stoßkeil der Amerikaner zu verteidigen hatten, haben es zuwege gebracht, daß erst volle vierzehn Tage später die Küste erreicht und dann der Angriff auf Cherbourg mit den auch jetzt dem Feind wieder reichlich zur Verfügung stehenden Kräften an Menschen und Material gestartet werden konnte.

Die Verteidiger von Cherbourg stehen in einem wütenden Sturm des feindlichen Großangriffs, der vom Meer, aus der Luft und in immer neuen Angriffswellen auf der Erde gespeist wird. Sie kämpfen und halten in diesen Stunden, wo die Invasionsschlacht in der Normandie eigentlich nur den Pulsschlag des Ringens um Cherbourg kennt, unter harten Kampfbedingungen, die in der Massierung der Mittel eindeutig für den Gegner sprechen.

Kriegsberichter Lutz Koch

Ich bin erstaunt darüber, daß die Ueberlegenheit der angreifenden ⟨amerikanischen⟩ Truppen an Material zugegeben wird. Das war nicht immer so. Es gab Zeiten, da haben sich die Herren um Hitler über Amerika lustig gemacht. Da waren sie übermütig und hochmütig.[150]

In einer im Berliner Sportpalast am 4. Oktober 1942 anläßlich des Erntedankfestes veranstalteten Kundgebung hielt Reichsmarschall Göring eine Rede, in der er u.a. erwähnte:

»Wie soll denn nun eigentlich der Gegner seine fortgesetzt geäußerte Ansicht, er werde diesen Krieg gewinnen, wahrmachen?[151] Wer hinter die Kulissen sehen kann, der weiß, daß sie verdammt wenig Chancen haben mit ihrer zweiten Front. ... Eines wissen sie genau, dort, wo der deutsche Soldat steht, da kriegen sie ihn nicht weg. ... Sie (die Gegner) haben irgendwelche Hoffnungen auf astronomische Zahlen der amerikanischen Rüstung. ... Denn drüben werden die Leute mit astronomischen Zahlen benebelt. Vergessen Sie nie: Amerika hat ein Wort ganz groß geschrieben, riesengroß, und dieses Wort heißt Bluff. Das hat es immer am allergrößten gemacht, vom Präsidenten bis runter zum Nigger. ... Wir haben mehr U-Boote, und sie haben immer weniger Schiffe. Und je weniger Schiffe sie haben, desto weniger kriegen sie herein. Ich bin überzeugt, es wird in England immer schlechter, in dem gleichen Maße, wie es hier besser wird.«[152] –

Göring hat in dieser Rede am 4. Oktober 1942 mit einfältigen Witzen sämtliche Gegner lächerlich zu machen versucht. Er ist von Irrtum zu Irrtum getorkelt und hat Prophezeiungen vom Stapel gelassen, die sich lediglich auf falsche Hoffnungen stützten.[153]

Von solchen »Staatsmännern« wird das deutsche Volk seit 1933 regiert. Keiner von diesen Hasardspielern hat sich einmal die Mühe gemacht, sachlich nachzuprüfen, wie Amerika in den Jahren 1917 und 1918 in erstaunlich kurzer Zeit gerüstet hatte. Anstatt die Leistungsfähigkeit Amerikas ohne weiteres als einen sicheren Faktor in Rechnung zu stellen und die deutsche Politik danach zu gestalten, hat der »genialste Feldherr aller Zeiten« auch noch den USA. den Krieg erklärt.

Sowohl Deutschland als auch Japan haben inzwischen erfahren, daß die USA keinen »Bluff« vorgeführt haben. Ich wäre nie auf die Idee gekommen, anzunehmen, die USA würden bluffen. Schon deshalb nicht, weil dieses Land von Japan angegriffen wurde und Deutschland ihm den Krieg erklärte. Mit »Bluff« könnten USA den Krieg nicht gewinnen. Es ist aber anzunehmen, daß sie den Krieg nicht verlieren wollen. Aus diesem Grunde werden Japan und Deutschland die Tatkraft der Vereinigten Staaten zu spüren bekommen.[154]

Heroischer Widerstand der Verteidiger von Cherbourg

Im Mittelabschnitt der Ostfront tobt die Abwehrschlacht mit unverminderter Heftigkeit – Zwei Kreuzer versenkt

Aus dem Führerhauptquartier, 26. Juni ⟨44.⟩

Das Oberkommando der Wehrmacht gibt bekannt:
Die tapfere Besatzung von Cherbourg unter Führung des Generalleutnants von Schlieben zusammen mit starken Teilen der Kriegsmarine und der Luftwaffe steht seit gestern innerhalb der Stadt und im Hafengebiet in erbittertem Häuserkampf. Zwei Aufforderungen des Gegners, den Kampf einzustellen und die Festung zu übergeben, wurden nicht beantwortet. Der Hafen und alle kriegswichtigen Anlagen sind gesprengt. Vor dem Gefechtsstand des Festungskommandanten und vor dem Arsenal brachen die feindlichen Angriffe im Feuer der Verteidiger zusammen.[155]

27. Juni 1944.
Man erlebt immer wieder das gleiche Spiel wie vor Stalingrad. Die deutschen Truppen werden von der Führung in aussichtslosen Lagen nutzlos geopfert. Ob Cherbourg am ersten oder am vierten Tage der Belagerung in die Hände der Amerikaner gefallen ist, das bleibt sich wirklich einerlei. Jeder deutsche Soldat, der in Cherbourg fiel, ist für das wahnsinnige Oberkommando der Wehrmacht gestorben.[156]

Erbitterter deutscher Widerstand

VB. **Berlin,** 27. Juni ⟨44.⟩

Die neue sowjetische Offensive, die am 22. Juni begonnen hat, ist an einigen Stellen abgeschlagen worden, sie hat an anderen dem Angreifer Erfolge gebracht. Die Verbände der sogenannten Ersten und Zweiten weißrussischen Front sind in die deutschen Stellungen eingebrochen (der sowjetische Ausdruck »Front« als Bezeichnung für einen größeren Truppenverband ist schwer zu übersetzen. Nach der Zahl der eingesetzten Kräfte bedeutet er ein Mittelding zwischen einer Heeresgruppe und einer Armee). Die Besatzung der Stadt Witebsk ist in eine schwierige Lage geraten. Der sowjetische Druck hält weiter an, und er wird auf den vorspringenden deutschen Frontbogen ziemlich gleichmäßig von Nordosten und Südosten her geführt.[157]

Meine Voraussage ist genau eingetroffen. Die neue Offensive wurde allgemein erwartet, aber jeder glaubte, Rumänien sei der Schauplatz. Ich ging bei meinen Erwägungen davon aus, daß Rumänien vorerst nicht in Frage kommt; weil die Oelfelder Rumäniens fortgesetzt von Italien aus durch engl. u. amerikan. Flieger angegriffen werden.

Der mittlere u. nördliche Teil der russischen Front befindet sich noch auf russischem Gebiet. Dieses gilt es zu befreien. Im nördl. Teil der Front winken große strategische Erfolge. Nicht allein Befreiung von Estland, Lettland, Litauen u. Weißrußland, sondern auch Bedrohung von Ostpreußen.

Die letzte Stunde des deutschen Ostheeres hat geschlagen!

4. Juli 1944.

VÖLKISCHER BEOBACHTER ⟨28.6.44.⟩

Unser Ostheer in der Gesamtstrategie

V.B. **Berlin,** 27. Juni

Die neue sowjetische Offensive, die am 22. Juni begonnen hat, ist an einigen Stellen abgeschlagen worden, sie hat an anderen dem Angreifer Erfolge gebracht. Die Verbände der sogenannten ersten und zweiten weißrussischen Front sind in die deutschen Stellungen eingebrochen. (Der sowjetische Ausdruck »Front« als Bezeichnung für einen größeren Truppenverband ist schwer zu übersetzen. Nach der Zahl der eingesetzten Kräfte bedeutet er ein Mittelding zwischen einer Heeresgruppe und einer Armee.) Die Besatzung der Stadt Witebsk ist in eine schwierige Lage geraten. Der sowjetische Druck hält weiter an und er wird auf den vorspringenden deutschen Frontbogen ziemlich gleichmäßig von Nordosten und Südosten her geführt.

Die deutschen Truppen verteidigen sich wieder mit der äußersten Hartnäckigkeit. Sie machen dem Gegner das Vordringen sehr schwer. Er hat zahlreiche Panzer bereits in den ersten Schlachttagen verloren. Wo immer der Gegner eingebrochen ist, stößt er nach kurzer Zeit auf ihn zueilende Gegenkräfte, die einen Riegel vor die Einbruchsstelle schieben und im Gegenangriff die Sowjets daran hindern, die Keile ihres Vordringens zu erweitern, zu vertiefen und von diesen Stellen aus frei in das Land zu strömen. Auch wo der Gegner an Zahl besonders überlegen ist, muß er sich doch jeden Fußbreit Bodens teuer erkaufen.

Natürlich kann kein Krieg allein in der Verteidigung geführt werden, auch nicht der im Osten. Aber indem sich jetzt die deutschen Soldaten wieder mit der äußersten Zähigkeit zur Wehr setzen, helfen sie der Führung die Zeit gewinnen, die sie braucht. Beim Feldzug im Osten werden auf beiden Seiten nicht unbeachtliche Kräfte eingesetzt, und es kann jeden Augenblick sein, daß er sich auf andere Landschaften ausdehnt, das heißt also, daß noch mehr Kräfte in den tobenden Kampf hineingezogen werden. Aber auch der Feldzug im Osten steht unter dem Gesetz des gesamtstrategischen Ablaufs. Er kann und darf zu keiner Stunde in der Vereinzelung gesehen werden. Das deutsche Ostheer hat bereits die Schlacht des Winters und des Frühjahrs durchfechten müssen, ohne aus dem Bestand der obersten Führung an operativen Reserven Hilfe zu bekommen. Das wird auch in den kommenden Wochen nicht anders sein. In diesem Satz liegt die ganze Schwere der Aufgabe für das deutsche Ostheer enthalten. In ihm liegt aber zugleich der Zwang für den kämpfenden Soldaten wie für den Betrachter, den Blick immer auf das Gesamtgeschehen gerichtet zu halten.

Wenn die deutsche Führung die Ereignisse auf den verschiedenen Fronten gegeneinander abwägt, so muß sie es mit dem höchsten Aufgebot an Kaltblütigkeit tun. Sie läßt sich die nach ernsthaftem Wägen gefaßte Linie der Entschlüsse nicht durch Teilergebnisse verbieten oder zerstören. So haben in den großen, der Entscheidung zudrängenden Augenblicken der

Schwere Abwehrkämpfe sind bei Witebsk und an der Rollbahn nach Smolensk im Gange. Weltbild-Gliese

Kriegsgeschichte alle bedeutenden Führer gehandelt und der Erfolg hat ihnen schließlich recht gegeben. Wenn die deutsche Führung das schwerringende Ostheer in den Monaten des Winters und des Frühjahrs immer wieder auf die eigenen Kräfte verwies, so tat sie es gewiß nicht leichten Herzens. Sie tat es, weil sie mit Sicherheit ahnte, daß im Westen Schlachten von entscheidender Bedeutung bevorstünden. Das war nicht die volle Sicherheit der mathematischen Rechnung, sondern mehr die Sicherheit des strategischen und politischen Instinkts. Die Landung der Engländer und Nordamerikaner am 6. Juni hat diesem Instinkt die erste Rechtfertigung gegeben. Um so weniger wird, wie wir annehmen dürfen, die deutsche Führung heute geneigt sein, von der Grundkonzeption abzugehen, die sie seit langem trägt: im Westen dem entscheidungssuchenden Angriff des Gegners nicht auszuweichen, sondern sich ihm entgegenzustellen, im Verlauf einer vermutlich längeren Reihe von Gefechten und Schlachten eine Entscheidung wenigstens für den westlichen Kriegsschauplatz herbeizuführen, und erst nach dieser Vorentscheidung dem Gegner im Osten wieder mit voller Stärke entgegenzutreten.

Es ist deutlich, daß dieser Entschluß vom Betrachter den leichteren Teil der Aufgabe fordert: nämlich zu begreifen, der schwere Teil fällt dem Ostheer zu, das bis zur Herbeiführung dieser Vorentscheidung im Westen immer wieder der überlegenen Anzahl des Gegners gegenübertreten muß. Aber da im Ostheer jeder Soldat von der weitreichenden Bedeutung seines eigenen Handelns weiß und den operativen Sinn des zähen Festhaltens oder auch des fechtenden Zurückgehens versteht, läßt dieser Widerstand in keiner Minute nach. Immer wieder muß der Angreifer neue Massen aufbieten, um wenigstens Stücke der Landschaft zu gewinnen. Dabei gibt es für die Deutschen mitunter die Preisgabe von Gegenden und Städten, die für sie sehr schmerzlich ist. In dem Wissen um die Bedeutung ihres Kampfes für das Gesamtgeschehen trägt die Front auch diese Belastung. Ihr Widerstand wird dadurch um nichts geringer, die Anstrengungen des Gegners müssen ständig auf der gleichen äußersten Höhe bleiben.

Es ist deutlich, wie sehr ähnliches auch für die letzten Ereignisse im Westen gilt. Die Nordamerikaner haben das Eindringen in die Stadt Cherbourg teuer bezahlen müssen. Im Kampf gegen eine vielfache Uebermacht hat die tapfere Besatzung unter dem General von Schlieben es erreicht, daß genügend Zeit blieb, die Hafenanlagen nach dem Bericht der örtlichen Führung bis zur Unkenntlichkeit zu zerstören. Auf absehbare Zeit wird sich kein Truppentransporter an die Kais legen können. Aber sie hilft vor allem der Führung, den Aufmarsch im Hinterland der normannischen Front zu vollenden. Die deutsche Führung hat bis zur Stunde noch nicht zu dem eigentlichen Hauptstoß gegen die Invasionstruppen angesetzt. Sie wartet in Geduld, wohl in hoher Spannung, aber auch in hoher Gelassenheit, den richtigen Zeitpunkt dazu ab. Sie ist bereit, die Entscheidungsschlacht zu schlagen. Aber sie will das erst zu der Stunde, die ihr die richtige und die genehme erscheint. Ihr zu helfen, daß sie in dieser Stunde, die kommen wird, möglichst stark ist, ist auch die Aufgabe der Verteidiger von Cherbourg und von Witebsk. Diese Aufgabe wird erfüllt. Das ist im Lichte der Gesamtstrategie gesehen das Kennzeichen der erbitterten Kämpfe der gegenwärtigen Wochen.

Als Friedrich der Große gegen mehrere Gegner zu kämpfen hatte, hätte es vielleicht nahegelegen, sich nach allen Seiten gleichmäßig stark zu machen. Aber der König wußte, daß man nicht überall die gleiche Zahl aufstellen, sondern am Schauplatz der Entscheidung die größtmögliche Zahl von Streitern zusammenballen soll. So gewann er Leuthen, so konnte er im Osten das Aufgegebene wiedergewinnen. Keine kriegsgeschichtliche Situation ist genau gleich der anderen. Aber was bei einer Führung, die den Sieg und nichts als den Sieg will, immer gleich bleibt, ist der starke, durch nichts erschütterte Wille, seine Kräfte auf den Ort der Entscheidung zu konzentrieren. Diese Stunde der kriegsgeschichtlichen Entscheidung liegt gegenwärtig immer noch vor uns. Wenn sie da ist, wird man sich dankbar auch vor dem Gedächtnis der Kämpfer von Cherbourg und Witebsk neigen, die das äußerste an Hingabe und soldatischer Kraft leisteten, um diese Stunde herbeizuführen.[158]

Bei den seitherigen Kämpfen im Osten sind stets deutsche Divisionen von anderen Fronten (insbesondere aus dem Westen) herbeigeholt worden, sofern kritische Situationen entstanden waren. Von woher sollen jetzt die operativen Reserven genommen werden? Der »Völkische Beobachter« will seinen Lesern glauben machen, daß das deutsche Heer stark genug sei, auf dem westl. Kriegsschauplatz eine »Vorentscheidung« herbeizuführen und dann dem Gegner im Osten mit voller Stärke entgegenzutreten. Diese Behauptung ist eine bewußte Irreführung der Gläubigen. In Wahrheit sind die deutschen Truppen an allen Fronten zu schwach, um sich wirksam zu verteidigen. Besonders im Osten ist die Lage des deutschen Heeres äußerst schlecht. Sämtliche starke Stellungen bei Witebsk, Orscha, Mogilew, Minsk und Polozk sind im Laufe von nur 12 Tagen von den Russen erobert worden. Die russischen Heere stoßen gegen Lettland, Litauen und Ostpreußen vor und befinden sich augenblicklich nicht weit von den Grenzen von Lettland und Litauen. Das ist eine wahrhaft heikle Lage für das Ostheer. Auch wenn der baltische Raum von Deutschland aufgegeben wird, ist keine Rettung mehr möglich.[159] Die Entwicklung in den kommenden Tagen und Wochen wird meine Annahme bestätigen. Die Initiative ist voll und ganz in den Händen unserer Gegner, die jetzt nicht mehr locker lassen. Wird von unserem Oberkommando eine schwache Stelle gestärkt, so entsteht sofort an einem anderen Platze wieder die Gefahr des Entstehens einer Lücke. Schließlich sind die Löcher nicht mehr zuzustopfen. Ganz abgesehen davon, daß man nicht nach allen Richtungen improvisieren kann.

Die deutsche Gesamtstrategie hat schwere Fehler begangen, und zur Zeit werden dem deutschen Oberkommando sämtliche militärischen und politischen Unsinnigkeiten der letzten 5 Jahre auf einem Haufen zur Betrachtung vorgeführt.

Wer vernunftwidrig handelt, kann sich über die Strafe des Schicksals nicht beschweren. – [160]

5. Juli 1944.

Wachsende Wirkung der V. 1[161]

Angesichts der verhängnisvollen Niederlage im östlichen »Lebensraum« muß schließlich von der Propaganda etwas getan werden, um zu verhüten, daß das Stimmungs-Barometer nicht unter Null sinkt. Große Auswahl ist zwar nicht vorhanden. Das wenige ist entsprechend herauszustellen. Die neue Wunderwaffe wird als »V 1« bezeichnet. V = Vergeltung. Die Zahl 1 soll darauf hindeuten, daß noch mehr solcher Dinge zu erwarten sind. Vorerst wird behauptet, die Waffe »V 1« würde mit wachsender Wirkung angewendet. Diese Behauptung ist nicht zu kontrollieren. Es bleibt der Phantasie des Einzelnen überlassen, sich die Wirkung so oder so vorzustellen.[162] Wenn in der Vergangenheit sich das Kriegsglück unseren Gegnern zuwendete, dann haben wir stets propagandistisch zu neuen Waffen unsere Zuflucht genommen. Ich erinnere an die Panzer »Tiger« und »Panther« sowie das Sturmgeschütz »Ferdinand«.[a]

a) *Panzer »Tiger« und »Panther« sowie das Sturmgeschütz »Ferdinand«:* Die Panzer »Panther« und »Tiger« wurden in Reaktion auf den überlegenen sowjetischen Panzertyp T 34 entwickelt; der »Panther« wurde nach Anlaufschwierigkeiten zu einem der besten Panzer seiner Klasse. Das Sturmgeschütz »Ferdinand«, benannt nach seinem Entwickler Ferdinand Porsche, war ein Jagdpanzer. Er wies als Folge der anfangs geforderten kurzen Lieferfristen zahlreiche Mängel auf. Vgl. Benz/Graml/Weiß 2007, S. 861; Hölsken 1984.

Neue deutsche Panzerabwehrwaffen:

»Panzerfaust« **»Panzerschreck«**[163]

Ein Witzbold hat aus V »Verzweiflung« gemacht. Gar nicht übel.

Ein anderer Witzbold hat aus dem Sprichwort »Lügen haben kurze Beine« die Einzahl wie folgt gebildet: »Der Lügner hat ein kurzes Bein.« ⟨Goebbels⟩

6.7.44.
Das Volk wird getröstet: Unsere Stunde wird wieder kommen! Wann?

⟨30.6.44.⟩

⟨»Völk. Beobachter.«⟩

Unsere Stunde wird wieder kommen

Im Zentrum des Sturmes auf Europa

V.B. **Berlin,** 29. Juni.

»Das 12. Jahr der Neuorganisation unseres Volkes wird an die Front und an die Heimat härteste Anforderungen stellen«, sagte der Führer in seiner Rede zum 11. Jahrestag der Machtergreifung. »Wie sehr aber auch der Sturm um unsere Festung toben und heulen mag«, so fuhr er fort, »am Ende wird er sich wie ein Gewitter eines Tages legen, und aus finsteren Wolken wird dann wieder eine Sonne hervorleuchten auf diejenigen, die standhaft und unerschütterlich, ihrem Glauben treubleibend, die Pflicht erfüllen.« Heute stehen wir im Zentrum des Sturmes, der gegen Europa entfesselt worden ist, und den der Führer kommen sah.

Briten, Amerikaner und Bolschewisten haben sich mit dem Einsatz ihres ganzen Potentials an Menschen und Material zum Sturm gegen das Bollwerk der abendländischen Kultur, im Westen, im Osten und im Süden vereinigt, um die langen, zähen Kämpfe des vergangenen Jahres, in denen ihnen trotz allem Raumgewinn der strategische Erfolg versagt blieb, womöglich mit einer einzigen gewaltigen Anstrengung zur Entscheidung zu bringen. Sie haben dabei Teilerfolge errungen, haben die Halbinsel Cotentin abgeschnitten, haben mit zehnfacher Übermacht die Festung Cherbourg angegriffen und mit der Unterstützung der Artillerie ihrer Schlachtschiffe zum großen Teil niedergekämpft.

Damit haben sie sich nach drei schweren Kampfwochen unter hohen Verlusten die normannische Halbinsel als Brückenkopf gesichert. Sie haben eine Ausfallsstellung gewonnen, aber noch keinen Platz für große Ausladungen, wie sie ihn brauchen, denn die Hafenanlagen von Cherbourg sind zerstört. Bei dem großen Unterschied von Ebbe und Flut aber ist der Hafen, der keine natürlichen Möglichkeiten bietet, ohne die technischen Einrichtungen für lange Zeit unbrauchbar. Auch die operative Freiheit müssen sie sich aus der Halbinsel Cotentin heraus und an der Front von Caen bis Coutances erst noch erkämpfen, und zwar jetzt ohne die Unterstützung durch ihre Schiffsgeschütze.

Was sie im Abschnitt Cherbourg erreicht haben, das haben sie, wie aus ihren eige nen Berichten hervorgeht, nicht der überlegenen Tapferkeit ihrer Soldaten, sondern der vielfach größeren Zahl, der Masse ihres Materials und im besonderen der zahlenmäßigen Überlegenheit ihrer Luftwaffe zu verdanken. Der deutsche Soldat hat unbeugsam gekämpft, auch als er auf einen taktischen Erfolg nicht mehr hoffen konnte, und er hat sich in den Widerstandsnestern oft genug mit der blanken Waffe verteidigt.

Seinem Heldentum blieb die Krönung durch den Siegeslorbeer versagt – darüber aber soll sich niemand täuschen: der Tag wird kommen, an dem die Früchte auch dieses Kampfes reifen werden. Keine Tapferkeit ist umsonst, kein Opfer vertan. Aus der blutigen Saat der Schlacht um Cherbourg wird zur rechten Zeit die Ernte reifen.

Niemand soll auch glauben, daß wir die Materialüberlegenheit der Gegner als unausweichliches Schicksal hinzunehmen hätten. Wie im Kampf an der Front zuletzt nicht die Masse Mensch entscheidet, sondern der kämpferische Wille des einzelnen Soldaten, seine Standhaftigkeit und innere Überlegenheit, so entscheidet in dem stillen Krieg am Schreibtisch, am Zeichenbrett, im Laboratorium, auf dem Versuchsfeld und in der Fabrik nicht die rohe Masse des erzeugten Materials, sondern seine Wirksamkeit. Als uns die Engländer, vorwärts gestoßen von Roosevelt und der amerikanischen Judenschaft, den Krieg erklärten, waren wir mit neuen Waffen besser gerüstet als sie ahnten. Dann haben sie von uns gelernt, haben den Vorsprung zum Teil ausgeglichen, haben auf dem einen oder anderen Gebiet mehr Waffen erzeugt wie wir. Sie mein ten, das wäre die Entscheidung und sie brauchten nun nur ihren gewaltigen technischen Apparat gegen uns abrollen zu lassen, um ganz Europa zu zermalmen. Sie werden erfahren, daß es ein Irrtum ist.

Wir setzen der Masse ihres Materials neue Waffen von größerer Wirksamkeit entgegen; auch in der Kriegstechnik entscheidet wie in der Politik zuletzt die Idee. Wie unsere politische Idee ihrem brutalen Materialismus überlegen ist, so wird sich der deutsche Erfindergeist gegen ihre Fabrikation durchsetzen und eine neue Entwicklung bewirken. Das ist mit der deutschen Vergeltungswaffe »V 1« schon geschehen, aber das ist erst der Anfang. Andere Kriegsmittel werden folgen und eingesetzt werden, genau zu der Stunde und genau in der Lage, die ihre größte Wirksamkeit gewährleistet. Das wird nicht zu früh sein, wie ja auch der Führer mit dem Einsatz der »V 1« den rechten Augenblick abgewartet hat, trotz der ungeheuren Belastung, die manchen wohl veranlaßt hätte, die Sprengmittel vorzeitig zu lösen. Wir dürfen aber auch vertrauen, daß keine Minute zu spät das technische Gleichgewicht hergestellt sein wird.

Wie an den Soldaten, so werden auch an das Volk in der Heimat noch härteste Anforderungen gestellt werden, bis die Gewalt des feindlichen Sturmes gebrochen ist. Daß sich das deutsche Volk nicht brechen läßt, das hat es dem Gegner, der uns durch seinen Luftterror zu zerschmettern suchte, bewiesen. Damit haben wir eine moralische Position gewonnen, eine Bereitschaft der Herzen, eine Kraft des Willens, aber auch eine Festigkeit des Glaubens, die sich auch in den letzten schwersten Proben bewähren wird, bis eines Tages die Sonne wieder leuchtet über dem deutschen Volk, das gegen eine Welt von Feinden den Sieg erkämpft und damit das Leben und die Freiheit.[164]

7. Juli 1944.
In dem »Völkischen Beobachter«, Norddeutsche Ausgabe, vom 22. Juni 1944 ist ein Artikel von Dr. W. Koppen über das Thema

»Drei Jahre Krieg gegen die bolschewistische Aggression.
Deutschlands Schwert schützt Europa.«

Der Anfang und das Ende des Artikels folgen nachstehend.

Berlin, 21. Juni ⟨44.⟩

Als vor drei Jahren die Front Europas von Petsamo bis zur Donaumündung zum Kampf antrat, da mag sich mancher noch gefragt haben: War dieser Zusammenstoß des Abendlandes mit der Sowjetunion unvermeidbar? Diese Frage ist heute auch für den beantwortet, der ohne eindringende Kenntnis der Entwicklung, die zu dieser gewaltigen Entscheidung drängte, den Ablauf dieses Ringens besonders in seinen politischen Auswirkungen verfolgte. Er sah, wie die Bundesgenossen der Sowjets unter dem wachsenden Druck Moskaus zu Schrittmachern des Bolschewismus wurden, auf dessen Befehl sie auch die Invasion unternahmen, um Europa für den Einbruch der Sowjets sturmreif zu machen, nachdem sie den Kontinent für den Fall eines gemeinsamen Sieges schon längst Stalin ausgeliefert hatten. Er konnte Schritt für Schritt verfolgen, wie der Kreml unverhüllt sein weltrevolutionäres Ziel anstrebte, – während er von einem »nationalen Verteidigungskrieg« sprechen ließ. Und immer deutlicher prägte sich den Völkern der Alten Welt die beherrschende Tatsache ins Bewußtsein: Am 22. Juni 1941 sprengte die Tat des Führers in letzter Stunde eine Lawine, die Europa unter sich verschütten sollte. Die Ostfront aber ist der Schutzdamm, der das Abendland vor unabsehbarem Unheil schützt.[165]

. . . .

. . . .

Den einzigen Schutz vor den Plänen des Bolschewismus bietet Europa nach wie vor die Ostfront, welche die Sowjets an der Klinge hält und die Tore des Abendlandes schirmt. Das war der Sinn des Kampfes, den Deutschland am 22. Juni 1941 im Bewußtsein seiner historischen Verantwortung auf sich nahm, und das Ziel, das damals verfolgt wurde, ist unverändert das gleiche geblieben: Die Rettung Europas vor der Katastrophe, auf die Moskau seit 1917 hinarbeitet und die dauernde Beschwörung der Gefahr, die den Kontinent aus dem Osten bedroht. Es war ein harter, wechselvoller, opferreicher Kampf, der diese drei Jahre erfüllte, aber es ist unsere sichere Gewißheit, daß er zum siegreichen Ende führen wird und daß sich damit der Sinn der Geschichte erfüllt, unter derem Gesetz wir zu diesem schweren Ringen angetreten sind. Dr. W. Koppen

Die Bemühungen von Dr. W. Koppen, den »Kreuzzug« Europas gegen den Bolschewismus wieder auf das Tapet zu bringen, ist vergebliche Liebesmühe. Dr. Goebbels hat in einer schwachen Stunde verraten, daß es um ganz reale Dinge bei unserem Feldzug gegen Rußland geht. Adolf Hitler hat in seinem Buch »Mein Kampf« mit allen Mitteln der Ueberredungskunst dem deutschen Volk den Weg nach dem Osten schmackhaft gemacht. Weshalb nun heute diese Heuchelei? Es wird der Tag kommen, an dem wir alle Einblick gewinnen in die Geheimnisse des Vorspiels zu diesem Drama. Gesetzt den Fall, die »bolschewistische Aggression« wäre Tatsache geworden, so ist trotzdem der Angriff Deutschlands am 22. Juni 1941 nicht zu rechtfertigen. Sofern Rußland diejenigen Gebiete, die es vor 1914 besessen hat, wieder begehrt, so kann man dieses Bestreben kaum als »Aggression« bezeichnen. Gerade das Deutschland von 1933 ist es gewesen, das jeden Gebietsverlust unter allen Umständen rückgängig machen wollte und den Versailler Vertrag zerriß.

Den Angriff gegen Rußland weltanschaulich oder politisch zu begründen, ist eine Lüge. Der Angriff ist eine große Torheit gewesen, selbst wenn es richtig sein sollte, daß Rußland seinerseits zum Angriff übergegangen wäre. Ich kenne die Absichten Rußlands nicht, nehme aber an, daß es nicht so töricht ist, die Welt erobern zu wollen. Derjenige, der davon überzeugt war[166], daß Rußland angreifen würde, mußte sich auf eine reine Verteidigung einstellen. Dadurch wäre Rußland ins Unrecht versetzt worden, sofern es angegriffen hätte. Die ganze Welt wäre gegen den Angreifer gewesen. Es kann wohl keinen Zweifel darüber geben, auf wessen Seite England gestanden haben würde, falls Rußland gegen Deutschland Krieg geführt hätte.

Es ist natürlich nicht möglich, einen Nationalsozialisten über die begangenen Torheiten aufzuklären. Deshalb wird auch heute noch bis zum »Endsieg« gekämpft. –

Tagesbefehl des Führers

Generaloberst Dietl für seinen heldenhaften Einsatz mit den Schwertern ausgezeichnet

Der Führer erließ zum Tode des Generalobersten Dietl folgenden Tagesbefehl:

Am 23.6.1944 ist Generaloberst Dietl bei einem Flugzeugunfall tödlich verunglückt.

Als hervorragender Soldat im Ringen um unser nationalsozialistisches Großdeutschland hat sich Generaloberst Dietl besonders im Kampf um Norwegen und Finnland ausgezeichnet und seine Männer von Sieg zu Sieg geführt.

Unvergeßlich wird sein Kampf um Narvik bleiben, gegen stärkste Übermacht des Feindes und unter härtesten Bedingungen.

Generaloberst Dietl wird für alle Soldaten und für das ganze deutsche Volk der Inbegriff des Glaubens an unser nationalsozialistisches Deutschland und seinen Sieg sein, sein Vorbild unnachgiebiger Härte und nie erloschener Treue bis zum Tode.

Als Tapfersten der Tapferen wurde ihm am 19. Juli 1940 als erstem Soldaten unserer stolzen Weltmacht das Eichenlaub zum Ritterkreuz des Eisernen Kreuzes verliehen.

Als fanatischer Nationalsozialist hat sich Generaloberst Dietl in unwandelbarer Treue und leidenschaftlichem Glauben seit Beginn des Kampfes unserer Bewegung für das Großdeutsche Reich persönlich eingesetzt.

Ich selbst verliere deshalb in ihm einen meiner treuesten Kameraden aus langer, schwerer, gemeinsamer Kampfzeit.

Sein Name wird in seiner stolzen Gebirgsarmee weiterleben und darüber hinaus verbunden sein mit dem unserer tapferen finnischen Verbündeten. Er wird als Symbol dieser Waffenbrüderschaft gelten.

Sein Name aber trägt seinen Stempel der opfermütigen Treue und des bedingungslosen Glaubens an den endgültigen Sieg.

In Würdigung seines immerwährenden heldenhaften Einsatzes verleihe ich dem Generaloberst Dietl das Eichenlaub mit Schwertern zum Ritterkreuz des Eisernen Kreuzes.

In stolzer Trauer senkt das Heer vor seinem Helden von Narvik die Reichskriegsflagge.[167]

Dietl ist einer von den vielen deutschen Offizieren gewesen, die in Hitler den Mann der Revanche erkannten und sich der Politik Hitlers mit Haut und Haaren verschrieben hatten. Dietl ist auch noch der militärische Berater gewesen, dessen Fanatismus in grenzenlosen Wahn ausartete. In dem Augenblick, als die Russen zu ihrer letzten Offensive starteten, ist Dietl tödlich verunglückt. Ein merkwürdiger Zufall. Oder?[168]

9. Juli 1944.
Die Zuversicht der Parteigenossen ist noch nicht erschüttert. Gestern erwähnte der Ortsgruppenleiter Hauck aus Hainchen, daß die Amerikaner und Engländer auf der Halbinsel Cherbourg restlos vernichtet würden. Er glaube unentwegt an den Führer und den Endsieg. –

Da kann man nichts machen.

Vernünftige Erwägungen sind bei solchen Parteigenossen vollkommen ausgeschlossen. Der blinde Glaube an Hitler steht über Vernunft und Verstand.

---

14. Juli 1944.
In der »Darmstädter Zeitung« vom 22. Juni 1944 ist ein Aufsatz von Hans Hertel »Drei Jahre Krieg im Osten« zu lesen. Ich bringe nachstehend einige beachtenswerte Stellen:

Drei Jahre Krieg im Osten

. . . .

Als Bilanz des dreijährigen Ringens im Osten können wir feststellen, daß der geplante bolschewistische Angriff gegen Europa abgewehrt wurde. Die bolschewistischen Truppen sind nicht in das Reichsgebiet eingedrungen. Sie haben etwa 20 Millionen Mann an Toten, Schwerverwundeten und Gefangenen verloren und haben damit ihre Angriffskraft soweit vermindert, daß sich jetzt die Auseinandersetzung zwischen uns und den Anglo-Amerikanern im Westen abwickeln kann, ohne daß uns vom Osten her die Entscheidung aus der Hand gewunden werden könnte.

. . . .

In diesem Ringen gegen den bolschewistischen Weltfeind zeigt der kleinste deutsche Grenadier im Osten mehr politisches Verständnis als mancher neutrale Schwätzer, der sich für einen Politiker oder gar Staatsmann hält. Das aber ist das größte Ergebnis des Ostfeldzuges, daß hier der politische Soldat geboren wurde, der einmal als Grenadier Adolf Hitlers in die Geschichte eingehen wird, wenn die Namen eingebildeter Größen längst vergessen sind. Zu ihm bekennt sich heute mit dem deutschen Volk das verantwortungsbewußte Europa, das seine Existenz allein dem deutschen Soldaten verdankt.[169]

Hans Hertel

So verblendet ist dieser Nazi Hertel durch die Propaganda seines Herrn und Meisters Dr. Goebbels, daß er den Russen nichts mehr zutraut. Es hat allerdings den Anschein, als ob auch das Oberkommando der Wehrmacht ebenfalls die russischen Kräfte unterschätzt hat. Ich kann das nicht verstehen. Für mich stand es fest, daß die Russen zu letzten, entscheidenden Angriffshandlungen übergehen werden, sobald im Westen die Landung der Alliierten vollzogen ist. Die Herren Nazis werden noch die Angriffskraft der Russen kennen lernen. Allerdings zu spät.

19. Juli 1944.

»Wir halten alle Chancen des Sieges in unseren Händen«

Reichsminister Dr. Goebbels sprach vor 200 000 Volksgenossen[170]

Berlin, 8. Juli ⟨44.⟩

Reichsminister Dr. Goebbels sprach am Freitagabend auf einer Massenkundgebung in einer Gauhauptstadt im Osten des Reiches. Seine von fester Sicherheit und Siegeszuversicht getragenen Ausführungen in diesem entscheidenden Stadium des Krieges um unser nationales Leben wurden von den Massen, die sich zu über 200 000 in den Hallen und Sälen der Stadt sowie auf den Plätzen der durch Drahtfunk angeschlossenen Kreisstädte versammelt hatten, mit begeisterter Zustimmung aufgenommen. Diese bekundeten damit den entschlossenen Willen der Heimat, an der Seite unserer kämpfenden Soldaten unerschütterlich und treu alle Kräfte für den Sieg des Reiches einzusetzen.

Dr. Goebbels kennzeichnete diesen Krieg als eine einmalige historische Auseinandersetzung, die nicht mit vergangenen Kriegen verglichen werden könne. Heute gehe es um Sein oder Nichtsein der Nation. Die Forderung der Stunde sei ein totaler Kriegseinsatz jedes einzelnen und der gesamten Nation mit allen materiellen und seelischen Reserven, die zur Verfügung stehen.

Das deutsche Volk befinde sich in Gefahr: Also müsse sich jeder einzelne Volksgenosse in seinem Tun und Lassen, in seiner Arbeit und in seinem Kampf so verhalten, als befände er sich ⟨auch selbst⟩ in Lebensgefahr. In den großen geschichtlichen Auseinandersetzungen, so erklärte Dr. Goebbels, gibt immer neben den materiellen Hilfsmitteln die bessere Idee, neben der Quantität die Qualität und die höhere politische Moral den Ausschlag.

Der politische Glaube eines Volkes an seine irdische Sendung und sein unbeugsamer Wille, koste es was es wolle, einen Krieg nur mit Sieg zu beenden, sei für solche Auseinandersetzungen ebenso wichtig wie die Zahl der Waffen oder Menschen.

Dr. Goebbels sprach auch davon, daß die eigentliche Entscheidungsschlacht noch bevorstehe und rühmte den männlich-soldatischen Geist, der heute in diesem Kriege das ganze deutsche Volk an der Front und in der Heimat beseelen muß.

Dr. Goebbels schloß seine Rede wie folgt:

⟨»⟩Unser erstes Ziel muß es sein, überall und unter allen Umständen standhaft und erfolgreich auf dem Schlachtfeld zu bleiben, tapfer um uns zu schlagen und nicht eher mit unseren Kriegsanstrengungen nachzulassen, als bis sich der Feind an unserem härteren Widerstand die Zähne ausgebissen hat. Wir wissen, daß wir damit alle Chancen zum Sieg in unseren Händen halten.

Die Früchte der ersten Kriegsjahre gilt es jetzt mit fanatischer Zähigkeit zu verteidigen. Gewiß kann es dabei Rückschläge und Mißerfolge geben. Aber sie sind für uns nur die Gelegenheiten, daran unseren männlichen Mut und unsere Widerstandskraft zu erproben. Keiner darf sich dadurch beirren lassen. Wir haben allen Grund, den kommenden entscheidenden Monaten mit souveräner Gelassenheit und im Bewußtsein unserer materiellen und moralischen Stärke entgegenzuschauen!

Das deutsche Volk, so erklärte Dr. Goebbels, habe gerade in den zurückliegenden schweren Monaten und Jahren eine moralische Härte, einen Fleiß und eine Opferbereitschaft bewiesen, die es berufen erscheinen ließen, alle kommenden Prüfungen zu bestehen. Der Kampfgeist unserer Front sei nach fünf schweren Kriegsjahren trotz vielfacher Rückzüge und Rückschläge unerschüttert. Unsere Soldaten bewiesen gerade in diesen Tagen an allen Fronten einen Heldenmut, der die Nation nur mit tiefster Bewunderung erfüllen könne. Die Heimat aber zeige sich vor allem in den schwer getroffenen Luftnotgebieten, in den Fabriken und Rüstungswerken sowie auf den Äckern, auf denen unser Brot wachse, in Stadt und Land durchaus würdig. Ein solches Volk werde in der entscheidenden Stunde vor der Geschichte bestehen und aus allen Prüfungen schließlich siegreich hervorgehen.

»Wir Nationalsozialisten«, schloß Dr. Goebbels unter dem stürmischen, lang anhaltenden Beifall der Massen, »haben so viele Krisen und Prüfungen in der Geschichte unserer Bewegung und der des Reiches durchgemacht und überwunden, daß wir nie einen Augenblick an unserem Erfolge zweifeln. Die beste Sicherheit dafür bietet uns der Führer selbst. In gläubigem Vertrauen schauen wir auf ihn. Er wird die Nation mit sicherer Hand durch alle Gefahren und Prüfungen hindurchführen. Sein Bekenntnis ist auch das unsere, daß ein Kampf, hinter dem der ganze Fanatismus einer Nation steht, nie anders als mit einem Siege enden kann.«

Es ist nicht zu leugnen, Dr. Goebbels versteht sein Handwerk und kennt seine Hörer.

Dr. G. vermag mit Worten aus einer schlechten Sache noch »Chancen« herauszuzaubern.

Er braucht nur zu behaupten, alle Chancen zum Sieg seien in unseren Händen, und siehe da, schon jubelt ihm die Menge zu.

Ich weiß nicht, was er unter diesen »Chancen« versteht. Ich sehe alles andere, nur keine Chancen. Was nützen uns die vermeintlichen »Chancen« eines Propagandaredners, wenn sämtliche Siegesaussichten sich auf Seiten unserer Gegner befinden.

Ein Kartenspiel ohne Trümpfe und zählende Karten wird kein vernünftiger Mensch als chancenreich bezeichnen. –

Wie lange noch wird das deutsche Volk geduldig ausharren?

22. Juli 1944.

Wiederum Dr. Goebbels:

In der Wochenzeitung »Das Reich« tobt sich Dr. Goebbels aus. In der Nummer vom 16. Juli 1944 erschien der Aufsatz:

»Was alle sich wünschen.«

Ich bringe den Anfang: »Es gibt nur wenige Menschen, die sich über den vermutlichen weiteren Verlauf dieses Krieges eine klare Vorstellung machen können. Wir Deutschen wissen zwar alle, daß er für uns allein mit Sieg enden kann und darf; in welchen Etappen er sich aber zum Höhepunkt seiner jetzigen Krise und damit zu seiner Entscheidung entwickeln wird, darüber vermögen nicht allzu viele eine halbwegs plausible Auskunft zu geben ...«.[171] –

Für so beschränkt halte ich den Dr. Josef Goebbels gar nicht, als wenn er sich über den Ausgang dieses Krieges kein klares Bild machen könnte. Aus agitatorischen Gründen stellt er die gegenwärtige Lage so hin, als wären die Aussichten für den deutschen Endsieg durchaus in greifbarer Nähe, und es bedürfe ⟨nur⟩ noch eines »gläubigen Ausharrens«.

Das System der Nationalsozialisten ist in seiner Furchtbarkeit eine einmalige Angelegenheit in der Menschheitsgeschichte. Nur diejenigen Deutschen sind überhaupt daseinsberechtigt, welche ohne eigenes Hirn blind folgen und vertrauen. Selbst der klügste Deutsche kann nicht zu Wort kommen, sofern seine Auffassung von derjenigen der führenden Schicht abweicht.[172]

In seiner beispiellosen Raffiniertheit behauptet Dr. Goebbels, daß nur wenige Menschen sich über den vermutlichen weiteren Verlauf dieses Krieges eine klare Vorstellung machen könnten. Damit will er bekunden, daß die Gefahr einer deutschen Niederlage noch nicht in Frage kommt und die Chancen der Gegner unsichtbar sind. Damit ist die Lage nach Dr. Goebbels vollkommen ungeklärt und durchaus hoffnungsvoll.

Auf diese Art werden nicht nur die Parteigenossen immer wieder veranlaßt, neue Hoffnung zu schöpfen, auch solche Deutschen, die Gegner der Nazis sind, aber den Krieg nicht verlieren wollen, klammern sich an jeden Strohhalm. Erst vergangene Woche äußerte ein Frankfurter Friseurmeister, er hätte geglaubt, daß die neue Waffe V 1 den Sieg bringen würde. Vor Einsatz dieser Waffe war er ausgesprochener Schwarzseher.

23. Juli 1944.

In der Zeit vom 11. bis 17. Juli 1944 wurde München, »die Stadt der Bewegung«, viermal durch nordamerikanische Bomber angegriffen. Der Gauleiter Giesler[173] teilte nach den Angriffen Kriegsverdienstkreuze aus und hielt dabei eine Ansprache. Er sagte u.a.: …

⟨»⟩Schwere dunkle Wolken liegen heute über Deutschland. Das Schicksal prüft uns. Einst aber wird der Himmel wieder blau werden, wir werden wieder in stolze Zeiten eingehen, wenn wir tapfer sind, wenn wir festhalten an der Treue zum Führer und zu uns selbst. Denn wir, wir sind mehr als Engländer und wir sind mehr als Amerikaner, wir sind Deutsche, die für die höchsten Güter der Menschheit ringen, wenn sie um die Erhaltung ihrer selbst, ihrer Kultur und ihres Geistes kämpfen.«

Nach diesen Worten schritt der Gauleiter die Fronten der tapferen Helfer im Kampf gegen den Luftterror entlang, drückte jedem die Hand und richtete ein persönliches Wort an jeden, der die Auszeichnung empfing. »Wie alt bist du?« fragte er einen Jungen. »Sechzehn Jahre erst? Und hast gehandelt wie ein Mann!« Manche der Ausgezeichneten trugen den Arm in der Schlinge oder einen Verband um den Kopf. Nicht wenige Gesichter zeigten Spuren von Blut, als habe sie ein Sprühregen von Splittern getroffen. Alle Herzenswunden aber verbargen sich hinter soldatischer Haltung. Von einem jungen Mann wurde dem Gauleiter berichtet, er habe Tag und Nacht im Dienst der Bedrängten gestanden, obwohl er selbst beim ersten Angriff seine Frau verlor …

Noch an zwei anderen Schadenstellen nahm Gauleiter Giesler die Auszeichnung solcher Menschen vor, die sich selber ausgezeichnet hatten und durch die des Volkes Treue zum Volk zur Tat geworden war. gst.

Die meisten Deutschen sind stets sehr erstaunt, wenn sie erfahren, daß sie im Auslande nicht sehr beliebt sind.

Wenn »wir«, d.h. die Deutschen nationalsozialistischer Prägung, angeblich für die höchsten Güter der Menschheit ringen, dann müßte das Verhalten in der Praxis wesentlich anders aussehen. Vom 1. Sept. 1939 ab hat die Welt Gelegenheit gehabt, die Nationalsozialisten ohne Maske u. ohne Schminke in Reinkultur kennen zu lernen.

Es ist eine unglaubliche Ueberheblichkeit, die Behauptung aufzustellen, wir (die Deutschen) seien mehr als Engländer und Amerikaner, mithin wertvoller. Das macht der Herr Gauleiter seinen Schäfchen weis, und diese bilden sich nicht wenig darauf ein. –

32 Stunden hintereinander gearbeitet

Kattowitz, 16. Juli ⟨44⟩. Überall in Deutschland wird heute weit über das übliche Maß hinaus gearbeitet, wenn es die Notwendigkeiten der Rüstungsfertigung erfordern. In einem oberschlesischen Werk haben sich acht Gefolgschaftsmitglieder besonders bewährt. Ein Kessel war schadhaft geworden. Das bedeutete einen großen Produktionsausfall. Die acht Gefolgschaftsmitglieder haben sich freiwillig zur Verfügung gestellt und 32 Stunden hintereinander gearbeitet, um diese Betriebsabteilung wieder produktionsfähig zu machen. Nach 24 Stunden hatte der Betrieb zwar freigestellt, den Arbeitsplatz zu verlassen, aber sie gaben noch einmal ihre normale Schicht dran und waren so lange tätig, bis der Kessel intakt war.[174]

Die Arbeiterschaft schmiedet die Waffen für die Kriegsverlängerung. Man kann beobachten, daß es gerade die Arbeiter sind, die sich blind unterwerfen. Die in Rüsselsheim in den Eisenbahnzug einsteigenden Arbeiter u. Arbeiterinnen zeichnen sich durch besondere Betonung des Grußes »Heil Hitler« aus.

24. Juli 1944.

20. Juli 1944![175]

Verräter wollten Adolf Hitler morden

Der Führer lebt

Tod der Meuchlerclique![176]

Amtliche Mitteilung über das Attentat

Führerhauptquartier, 20. Juli ⟨44⟩. Auf den Führer wurde heute ein Sprengstoffanschlag verübt.

Aus seiner Umgebung wurden hierbei schwer verletzt: Generalleutnant Schmundt, Oberst Brand und Mitarbeiter Berger.

Leichtere Verletzungen trugen davon: Generaloberst Jodl, die Generale Korten, Buhle, Bodenschatz, Heusinger, Scherff, die Admirale Voß, von Puttkammer, Kapitän z. S. Aßmann und Oberstleutnant Borgmann.

Der Führer selbst hat außer leichten Verbrennungen und Prellungen keine Verletzungen erlitten. Er hat unverzüglich darauf seine Arbeit wieder aufgenommen und, wie vorgesehen, den Duce zu einer längeren Aussprache empfangen.

Kurze Zeit nach dem Anschlag traf der Reichsmarschall beim Führer ein.[177]

Adolf Hitlers Ansprache an das deutsche Volk

Die Hintergründe des Mordplans

Kleine Generalsclique betrieb als Handlanger des Feindes den Verrat

)NB. **Führerhauptquartier,** 21. Juli ⟨44.⟩

er Führer hielt heute nacht im utschen Rundfunk folgende Anrache an das deutsche Volk:

Deutsche Volksgenossen und lksgenossinnen!

Ich weiß nicht, zum wievielten ale nunmehr ein Attentat auf ich geplant und zur Ausführung kommen ist. Wenn ich heute zu nen spreche, dann geschieht es er besonders aus zwei Grünn:

1. Damit Sie meine Stimme hön und wissen, daß ich selbst unrletzt und gesund bin.

2. Damit Sie aber auch das Näre erfahren über ein Verbreen, das in der deutschen Gehichte seinesgleichen sucht.

Eine ganz kleine Clique ehrgeiger, gewissenloser und zugleich rbrecherischer dummer Offiziere t ein Komplott geschmiedet, um ich zu beseitigen und zugleich it mir den Stab der deutschen ehrmachtführung auszurotten.

Die Bombe, die von dem Oberst af von Stauffenberg gegt wurde, krepierte zwei Meter meiner rechten Seite. Sie hat e Reihe mir teurer Mitarbei- sehr schwer verletzt, einer gestorben. Ich selbst bin völ unverletzt bis auf ganz kleine utabschürfungen, Prellungen er Verbrennungen. Ich fasse s als eine Bestätigung des Aufges der Vorsehung auf, mein bensziel weiter zu verfolgen, wie [ich] es bisher getan habe. nn ich darf es vor der ganzen ation feierlich gestehen, daß ich it dem Tage, an dem ich in die ilhelmstraße einzog, nur einen nzigen Gedanken hatte, nach stem Wissen und Gewissen mei- Pflicht zu erfüllen und daß ich, it mir klar wurde, daß der Krieg 1 unausbleiblicher war und nicht ehr aufgeschoben werden konn- eigentlich nur Sorge und Arbeit nnte und in zahllosen Tagen und rchwachten Nächten nur für ein Volk lebte.

Es hat sich in einer Stunde, in der die deutschen Armeen in schwerstem Ringen stehen, ähnlich wie in Italien, nun auch in Deutschland eine ganz kleine Gruppe gefunden, die nun glaubte, wie im Jahre 1918 den Dolchstoß in den Rücken führen zu können. Sie hat sich diesmal aber schwer getäuscht.

Die Behauptung dieser Usurpatoren, daß ich nicht mehr lebe, wird jetzt in diesem Augenblick widerlegt, da ich zu euch, meine lieben Volksgenossen, spreche. Der Kreis, den diese Usurpatoren darstellen, ist ein denkbar kleiner. Er hat mit der deutschen Wehrmacht und vor allem auch mit dem deutschen Heer nichts zu tun. Es ist ein ganz kleiner Klüngel verbrecherischer Elemente, die jetzt unbarmherzig ausgerottet werden.

Ich befehle daher in diesem Augenblick:

1. Daß keine zivile Stelle irgendeinen Befehl entgegenzunehmen hat von einer Dienststelle, die sich diese Usurpatoren anmaßen;

2. daß keine militärische Stelle, kein Führer einer Truppe, kein Soldat irgendeinem Befehl dieser Usurpatoren zu gehorchen hat, daß im Gegenteil jeder verpflichtet ist, den Übermittler oder den Geber eines solchen Befehls entweder sofort zu verhaften oder bei Widerstand augenblicklich niederzumachen.

Ich habe, um endgültig Ordnung zu schaffen, zum Befehlshaber des Heimatheeres den Reichsminister Himmler ernannt. Ich habe in den Generalstab Generaloberst Guderian berufen, um den durch Krankheit zurzeit ausgefallenen Generalstabschef zu ersetzen, und einen zweiten bewährten Führer der Ostfront zu seinem Gehilfen bestimmt.

In allen anderen Dienststellen ändert sich nichts. Ich bin der Überzeugung, daß wir mit dem Austreten dieser ganz kleinen Verräter- und Verschwörerclique nun endlich aber auch im Rücken der Heimat die Atmosphäre schaffen, die die Kämpfer der Front brauchen, denn es ist unmöglich, daß vorn hunderttausende und Millionen braver Männer ihr Letztes hergeben, während zu Hause ein ganz kleiner Klüngel ehrgeiziger erbärmlicher Kreaturen diese Haltung dauernd zu hintertreiben versucht.

Diesmal wird nun so abgerechnet, wie wir das als Nationalsozialisten gewohnt sind.

Ich bin überzeugt, daß jeder anständige Offizier, jeder tapfere Soldat in dieser Stunde das begreifen wird.

Welches Schicksal Deutschland getroffen hätte, wenn der Anschlag heute gelungen sein würde, das vermögen die wenigsten sich vielleicht auszudenken. Ich selber danke der Vorsehung und meinem Schöpfer nicht deshalb, daß er mich erhalten hat – mein Leben ist nur Sorge und ist nur Arbeit für mein Volk –, sondern ich danke ihm nur deshalb, daß er mir die Möglichkeit gab, diese Sorgen weitertragen zu dürfen und in meiner Arbeit weiter fortzufahren, so gut ich das vor meinem Gewissen verantworten kann.

Es hat jeder Deutsche, ganz gleich, wer er sein mag, die Pflicht, diesen Elementen rücksichtslos entgegenzutreten, sie entweder sofort zu verhaften oder, wenn sie irgendwie Widerstand leisten sollten, ohne weiteres niederzumachen. Die Befehle an sämtliche Truppen sind ergangen. Sie werden blind ausgeführt entsprechend dem Gehorsam, den das deutsche Heer kennt.

Ich darf besonders Sie, meine alten Kampfgefährten, noch einmal freudig begrüßen, daß es mir wieder vergönnt war, einem Schicksal zu entgehen, das nicht für mich Schreckliches in sich barg, sondern das den Schrecken für das deutsche Volk gebracht hätte.

Ich ersehe daraus auch einen Fingerzeig der Vorsehung, daß ich mein Werk weiter fortführen [muss] und daher weiter fortführen werde.[178]

Wie durch ein Wunder gerettet

Die Ansprache des Reichsmarschalls Hermann Göring

Aus dem Führerhauptquartier, 21. Juli. Der Reichsmarschall richtete folgende Ansprache an die Luftwaffe:

Kameraden der Luftwaffe! Ein unvorstellbarer gemeiner Mordanschlag wurde am Donnerstag von einem Obersten Graf Staufenberg im Auftrage einer erbärmlichen Clique von ehemaligen Generalen, die wegen ihrer ebenso feigen wie schlechten Führung, davongejagt werden mußten, gegen unseren Führer durchgeführt. Der Führer wurde durch die allmächtige Vorsehung wie durch ein Wunder gerettet.

Diese Verbrecher versuchen jetzt als Usurpatoren durch falsche Befehle Verwirrung in die Truppen zu bringen. Ich befehle daher: Im Reich führt in meinem Auftrag Generaloberst Stumpf als Oberbefehlshaber der Luftflotte Reich alle Verbände der Luftwaffe innerhalb des Reichsgebietes. Nur meinem und seinen Befehlen ist Folge zu leisten.

Der Reichsführer SS Himmler ist von allen Dienststellen der Luftwaffe auf Anforderung tatkräftig zu unterstützen. Kurierflüge, gleichgültig mit welchen Maschinen, dürfen nur mit meiner Erlaubnis oder seiner Erlaubnis durchgeführt werden.

Offiziere und Soldaten, gleich welchen Ranges, ebenso Zivilpersonen, die für diese Verbrecher auftreten und sich Euch nähern, um Euch für ihr erbärmliches Vorhaben zu überreden, sind sofort festzunehmen und zu erschießen.

Wo Ihr selbst zur Ausrottung dieser Verräter eingesetzt werdet, habt ihr rücksichtslos durchzugreifen. Das sind dieselben Jämmerlinge, die die Front zu verraten und zu sabotieren versuchten.

Offiziere, die sich an diesen Verbrechen beteiligten, stellten sich außerhalb ihres Volkes, außerhalb der Wehrmacht, außerhalb jeder soldatischen Ehre, außerhalb von Eid und Treue, Ihre Vernichtung wird uns Kraft geben. Entgegen diesem Verrat setzt die Luftwaffe ihre verschworene Treue und heiße Liebe zum Führer und ihren rückhaltlosen Einsatz für den Sieg.

Es lebe unser Führer, den der allmächtige Gott heute so sichtbar segnete![179]

Diese Schurken sind Handlanger der Feinde

Ansprache des Oberbefehlshabers der Kriegsmarine Großadmiral Dönitz

Führerhauptquartier, 21. Juli. der Oberbefehlshaber der Kriegsmarine, Großadmiral Dönitz, richtete folgende Ansprache an die Männer der Kriegsmarine:

Männer der Kriegsmarine! Heiliger Zorn und maßlose Wut erfüllt uns über den verbrecherischen Anschlag, der unserem geliebten Führer das Leben kosten sollte. Die Vorsehung hat es anders gewollt. Sie hat den Führer beschirmt und beschützt und damit unser deutsches Vaterland in seinem Schicksalskampf nicht verlassen.

Eine wahnsinnige kleine Generalsclique, die mit unserem tapferen Heere nichts gemein hat, hat in feiger Treulosigkeit diesen Mord angezettelt, gemeinsten Verrat an dem Führer und dem deutschen Volke begehend. Denn diese Schurken sind nur die Handlanger unserer Feinde, denen sie in charakterloser, feiger und falscher Klugheit dienen.

In Wirklichkeit ist ihre Dummheit grenzenlos. Sie glauben, durch die Beseitigung des Führers uns von unserem harten, aber unabänderlichen Schicksalskampf befreien zu konnen – und sehen in ihrer verblendeten, angstvollen Borniertheit nicht, daß sie durch ihre verbrecherische Tat uns in entsetzliches Chaos führen und uns wehrlos unseren Feinden ausliefern würden. Ausrottung unseres Volkes, Versklavung unserer Männer, Hunger und namenloses Elend würden die Folge sein. Eine unsagbare Unglückszeit würde unser Volk erleben, unendlich viel grausamer und schwerer als auch die härteste Zeit sein kann, die uns unser jetziger Kampf zu bringen vermag.

Wir werden diesen Verrätern das Handwerk legen. Die Kriegsmarine steht getreu ihrem Eid in bewährter Treue zum Führer, bedingungslos in ihrer Einsatz- und Kampfbereitschaft. Sie nimmt nur von mir, dem Oberbefehlshaber der Kriegsmarine, und ihren eigenen militärischen Führern Befehle entgegen, um jede Irreführung durch gefälschte Weisungen unmöglich zu machen. Sie wird rücksichtslos jeden vernichten, der sich als Verräter entpuppt.

Es lebe unser Führer Adolf Hitler![180]

Das Komplott völlig zusammengebrochen

dnb. **Berlin, 21. Juli. Wie das Deutsche Nachrichtenbüro erfährt, ist das Komplott der verbrecherischen Offiziersclique völlig zusammengebrochen. Die Rädelsführer haben sich nach dem Scheitern ihres Anschlages zum Teil selbst entleibt, zum Teil wurden sie von Bataillonen des Heeres füsiliert. Unter den Erschossenen befindet sich auch der Attentäter Oberst Graf von Stauffenberg. Zu Zwischenfällen ist es nirgends gekommen. Die übrigen durch ihr Verhalten an dem Verbrechen Schuldigen werden zur Verantwortung gezogen werden.**[181]

Treuekundgebungen in Städten und Dörfern[182]

Millionenvolk in Wallung

Berlin, 21. Juli ⟨44.⟩

Die Nachricht vom Mordanschlag auf den Führer und von seiner glücklichen Bewahrung hat ihren Weg in die Städte und Dörfer des Reiches, zu Front und Heimat mit erregender Eile genommen und das ganze Volk in einer beispiellos spürbaren Tiefe bewegt. Die wenigen Sätze der ersten amtlichen Meldung brachten trotz ihrer sachlichen Abfassung ein Millionenvolk in Wallung, und als der Führer um ein Uhr nachts über den Rundfunk zum deutschen Volk sprach, schlug ihm das Herz der ganzen Nation entgegen. Auf den Straßen und in den Betrieben, in den Heimstätten aller deutschen Familien und überall dort, wo deutsche Menschen zusammenkommen, äußert sich ein heißes Glücks- und Dankgefühl über das Mißlingen der ruchlosen Tat. Die Bevölkerung der Reichshauptstadt und aller Gaue Großdeutschlands wurde durch das Geschehen dieser Stunden aufs stärkste berührt.

Die Männer und Frauen, die in den frühen Morgenstunden zur Arbeit gingen, drängten zu den Zeitungsverkaufsständen oder sammelten sich an den Rundfunkapparaten. Als wenig später Extrablätter mit der Rede des Führers herauskamen, eilte unausgesprochen oder lautkündend die beglückende Gewißheit durch die Straßen: »Unser Führer lebt!« In Städten und Dörfern sammelten sich auf den Plätzen oder an den Arbeitsstätten, wie aus den zur Stunde in immer größerer Zahl eingehenden Berichten hervorgeht, die Bevölkerung zu Dankes- und Treuekundgebungen. Die Zeitungen aber bringen die Gefühle des ganzen Volkes zum Ausdruck, wenn sie als Folge dieses ungeheuerlichen Mordanschlages auf unseren Führer die Entschlossenheit und Treue, mit der sich nunmehr alle Deutschen noch enger um den Führer scharen, mit Leidenschaft betonen.[183]

Sechs Stunden nach dem Attentat die letzten Verschwörer verhaftet

Berlin, 22. Juli ⟨44.⟩

Von offizieller Seite wird in Berlin bekanntgegeben, daß der Ablauf des Komplotts von dem Augenblick des Attentats bis zur Festnahme des letzten Mitverschworenen insgesamt nicht länger als sechs Stunden gedauert hat. Der Versuch der kleinen Verschwörerclique, sich in den Besitz der Machtmittel des Reiches zu setzen, konnte ohne Zusammenziehung von Truppenverbänden, mühelos im Keim erstickt werden, ohne daß ein Tropfen Blut bis auf das der Verräter geflossen ist.[184]

Noch härter!

Der Sprengstoffanschlag auf den Führer und dessen Errettung haben mit einem Mal erneut wieder zum vollen Bewußtsein gebracht, unter welchem Schicksal heute das deutsche Volk steht. In der Persönlichkeit des Führers ist eine Epoche Deutschlands und Europas heraufgezogen, die zu dem Erhabensten gehört, wofür auf unserem Kontinent jemals gekämpft wurde. In einem unerhörten Ringen ist diese Epoche das Leben von uns allen geworden. Durch Entsagungen, Opfer und Siege kam aus der dunkelsten Zeit der Wille zur Wiedergeburt, entstieg der Traum einer neuen großen Zukunft, bildete sich die Gestalt einer neuen Ordnung. Mit all diesem Werden einer neuen Zeit ist der Führer verbunden als Urheber des neuen Weltbildes, als das glühende Herz, das immer wieder uns alle fortriß, als Symbol schließlich für hundert Millionen Deutsche, das den heutigen größten Schicksalskampf trägt und über dem Reiche wacht wie kaum je einer auch der ganz Großen der großen Vergangenheit. Mit tiefer Dankbarkeit dem Schicksal gegenüber empfinden wir es, daß erneut feindliche Niedertracht und Heimtücke ihr Ziel verfehlt haben. Mit der alten Unbeirrbarkeit hat der Führer seine Arbeit sofort wieder aufgenommen – und er weiß, daß seine Soldaten nun erst recht kämpfen, kämpfen und kämpfen werden. Der Führer weiß, daß die ganze Nation nun erst recht hart bleiben und noch härter werden wird. Der 20. Juli 1944 wird einen neuen Kraftstrom in Deutschland entsenden. Er wird anfeuernd durch alle Städte, alle Dörfer und alle Rüstungswerke gehen.

Das Schicksal hat den Führer beschirmt, der Führer wird wieder dem Schicksal des Reiches in Europa stehen. Er wird die deutsche Nation durch die Feuer der Gegenwart hindurchführen in jene Zukunft, die das deutsche Volk mit Recht beanspruchen darf, für die es hart kämpft und deren es durch große Opfer würdig geworden ist.[185]

Alfred Rosenberg

Reichsinnenminister
Reichsführer SS Himmler

Generaloberst
Guderian

Generaloberst
Stumpf[186]

Unser Dank: Alle Kräfte für den Sieg![187]

⟨Völk. Beobachter v. 22. Juli 1944.⟩

Schufte!

Eine Schrecksekunde lähmenden Entsetzens hat jeder Deutsche heute durchlebt, als ihn die Nachricht von dem Mordanschlag auf den Führer überfiel: zum zweiten Male in seinem langen Kämpferleben hat das Schicksal den Mann um Haaresbreite vor einem tückischen Tode bewahrt, der der Inbegriff unserer Vorstellung von Deutschlands Größe und Deutschlands Zukunft geworden ist. Ein gnädiges Schicksal? Hier kann von Gnade keine Rede sein! Ein gerechtes Schicksal, denn es wäre ein Aberwitz der Weltgeschichte, wenn ein Mann wie Adolf Hitler dem feigsten aller Kampfmittel zum Opfer gefallen wäre. Unsere zweite Reaktion ist die: Der Führer ist kaum verletzt – der Führer lebt – der Führer hat seine Arbeit unverzüglich fortgesetzt. Alles andere tritt hinter dieser ebenso nüchternen wie tiefbeglückenden Tatsache in diesem Augenblick zurück. Das ist zweifellos auch die Überzeugung der Soldaten, die an der Seite des Führers heute ihr Blut vergossen haben.

Der nächste Gedanke gilt den Anstiftern der Tat. Diese kleine Clique von Generalen, die Verrat an Führer und Volk zu üben wagt, ist ebenso am entschlossenen Zugriff der rächenden Gerechtigkeit zu Grunde gegangen wie an ihrer erbärmlichen Nichtigkeit und abgrundtiefen Verworfenheit. Sie hatte innerlich nichts gemein mit dem deutschen Soldaten, der an allen Fronten für Führer und Volk Wunder der Treue und Tapferkeit vollbringt. Es war das gleiche Gelichter, das man draußen im Feindeslager mit einem Gefühl innerer Verwandtschaft so gern als »Opposition« hinstellte und damit offenbarte, welche Fäden zu diesem Kreis abgefeimter Verbrecher liefen.

Die Führer der plutokratisch-bolschewistischen Weltverschwörung wünschten nichts sehnlicher, als den Mann beseitigt zu sehen, den sie als die Seele und den Kopf des Kampfes um Deutschlands und Europas Freiheit erkannt haben. Nicht heute erst – schon damals, kurz nach Beginn ihres Krieges haben sie in München im Bürgerbräukeller die Hand wider das Leben des Führers erhoben, um die mit dem jungen Lorbeer des Polenfeldzugs geschmückte deutsche Wehrmacht ihres Feldherrn, Deutschland seines Erweckers und Europa seines genialen Organisators zu berauben. Sie haben nie ein Hehl daraus gemacht, daß der Mord an Adolf Hitler zu ihren heißesten Wunschträumen gehört. Unter den Augen des Weltbeglückers Roosevelt sind in den USA. zahlreiche Zeitungsaufsätze, ja ganze Broschüren erschienen, die in Wort und Bild entweder Vorschläge für Attentate gegen den Führer machten, oder in sadistischen, von echt jüdischer Phantasie strotzenden Schilderungen die vollbrachte Tat vorwegnahmen. Daß diese wüsten Schweinereien ungestraft – und noch dazu vor Kriegseintritt der USA. – in »Gottes eigenem Land« erscheinen durften, würde allein schon genügen, um Roosevelt vor einem Weltgericht des Mordes schuldig zu sprechen.

Auch der Zeitpunkt des Anschlages spricht eindeutig für die Art seiner Hintermänner. Vorgestern, am Dienstag, hat der Generalansturm gegen die Festung Europa mit dem Beginn der Feldschlacht in der Normandie seine volle Breite erreicht. Im Westen setzen die Invasionstruppen zum Durchbruch an, im Osten steht der Bolschewismus vor den Toren Europas, im Süden dringen die Scharen des Generals Alexander gegen den Apenninenwall, über dem Reichsgebiet hat die Bomberoffensive einen neuen Höhepunkt erreicht. In diesem Augenblick erfolgt der Anschlag gegen Adolf Hitler selbst! Er stellt nichts anderes dar, als die Kampferöffnung auf der fünften Front – auf Kopf und Herz der deutschen Kriegsleitung …

Wir wollen es festnageln, für uns, für unsere Kinder und Enkel: Daß der Feind zum zweiten Male das Mittel des gemeinen Meuchelmordes versucht hat, um unseren Mut zu lähmen, unsere Nervenkraft zu schwächen und unsere Sinne zu verwirren. Wir wollen sie offen, vor dem Angesicht der Welt, Feiglinge und Mörder nennen, die feinen Herren der westlichen Zivilisation – Feiglinge und Mörder, die selbst in dem Augenblick, in dem sie nach jahrelanger Drückebergerei endlich doch zur Schlacht antreten mußten, die Ehre ihrer Waffen besudeln, indem sie zu der Gangstermethode zurückkehren, die ihnen angeboren und, wie ihre riesige kriminelle Literatur beweist, zu einem wahren Lebensbedürfnis geworden ist und so gesehen, müssen auch die Verschwörer bewertet werden, die sich zu Handlangern der mordbeflissenen Gangster des Westens machten, als sie ihre Hand gegen den Führer zu erheben wagten. Sie haben ihren Lohn dafür!

Das deutsche Volk tritt an diesem 20. Juli 1944 aufs neue hinter seinen Führer. Es gelobt ihm unverbrüchliche Treue und verspricht ihm, mit jedem Gedanken und jeder Muskelfaser an nichts anderes zu denken als an Beharrung und Sieg.
Es lebe der Führer![188]

VB.

VÖLKISCHER BEOBACHTER ⟨23. Juli 1944.⟩

Soldaten hörten den Führer

PK. …

Immer noch stehen wir erschüttert unter dem Bann der Nachricht von dem neuen Mordanschlag auf unseren Führer. Immer noch können wir es nicht fassen, daß das Leben des Mannes vor wenigen Stunden noch gefährdet war, dem gerade wir Soldaten mit einer leidenschaftlichen Hingabe verschworen sind. Denn wenn es jemand ganz zu begreifen vermag, was Adolf Hitler heute dem deutschen Volke bedeutet, dann sind es seine Soldaten, die seit Jahren an den Fronten dieses Krieges ständig neu erfahren haben, um was es dabei geht. Für sie alle ist die Persönlichkeit des Führers untrennbar mit dem Begriff unseres Volkes und der Vorstellung des Friedens verbunden, eines Friedens, den wir uns unter seiner Führung in diesem Kriege erkämpfen können.

In dieser aus ganzem Herzen kommenden Überzeugung wissen wir uns unlösbar verbunden mit allen unseren Kameraden auf den Schlachtfeldern dieses Krieges. Ob sie im Westen oder an der Ostfront, in Italien oder im hohen Norden kämpfen – uns allen ragt sein Wesen als siegverheißende Fahne hoch über den Stürmen der Zeit. Wir haben nie viel darüber gesprochen, aber unser Bemühen und unser Kämpfen, das Blut und der Tod unserer Kameraden sind gültige Zeichen dafür. Und in dieser Stunde bekennen wir es laut vor uns und vor aller Welt: daß wir lieber von unserem Besitz und Leben lassen, als von der Treue zu ihm. Denn allein in dieser Treue ist alles bewahrt, was unseren Herzen nahewohnt: ich und du, unsere Frauen und unsere Kinder, unsere Heimat und unser Volk. Dies alles bleibt nur so lange Wirklichkeit solange es die Kraft unserer Treue vor dem Ansturm aus Osten und Westen beschützt. Wir sprechen hier etwas aus, was uns allen seit Jahren verständlich geworden ist.

So traf uns die Nachricht vom Anschlag auf sein Leben auch hart. Denn wir empfinden diesen verbrecherischen Plan ebenso als einen Anschlag auf uns selber und auf unsere Liebsten daheim. Wir blieben an diesem Abend noch lange beisammen. Und obwohl nur wenige behutsame Worte dabei gesprochen wurden, wir fühlten, wie wir in dieser Stunde noch enger zusammenrückten, wie sich unsere Kraft noch dichter ballte, unser Haß noch brennender wurde. Und wir dachten an unsere Kameraden an den anderen Fronten, sahen sie um diese Stunde in einem Panzerwagen oder einem Grabenstück beisammenkauern und spürten überall denselben Schlag der Herzen wie in uns. In diese Gedanken und Gespräche versunken, erreichte uns nach Mitternacht die Mitteilung des Sprechers des Großdeutschen Rundfunks, daß in Kürze eine Ansprache des Führers zu erwarten wäre. Wir saßen schweigend um den Empfänger und warteten, warteten wie alle unsere Kameraden, die in dieser Stunde dazu Gelegenheit hatten. Und dann hörten wir aus seinem Munde das uns jetzt noch Unfaßbare: daß eine winzige Clique in Deutschland den Anschlag vorbereitet und ausgeführt habe. Wir konnten den andern Worten nicht mehr ganz folgen, denn in uns hämmerte diese nüchterne Klarlegung, hämmerte so lange, bis uns die blinde Wut in den Fäusten zuckte. Da stehen unsere Kameraden an allen Fronten in den entscheidenden Kämpfen dieses erbitterten Ringens, da tragen Millionen Frauen und Kinder daheim täglich tapfer die Schrecken und Grauen des Bombenkrieges – und da wagen es Elemente, durch einen Dolchstoß in das Herz unserer Welt –, den Weg zum Zusammenbruch zu bahnen.

Wir haben in diesen vergangenen Jahren manches erlebt. Wir sahen, wie verschüttete Frauen aus den Trümmern unserer Städte geborgen wurden, wie verletzte Kinder auf Tragbahren in die Krankenhäuser kamen – das alles sahen wir und haben es ertragen. Aber dies alles, so schmerzhaft und so schrecklich es im einzelnen auch war, dies alles rief nicht soviel Abscheu und Haß gegen unsere Feinde in uns hervor, wie diese Nachricht über diese erbärmlichen Verräter.

Uns alle erfüllt jetzt der feste Glaube, daß auch diesmal das gütige Geschick, das uns den Führer erneut am Leben erhielt, mit in das tiefe, schicksalhafte Wirken verflochten ist, das über dem Leben Adolf Hitlers von Anfang an stand. Seine Worte, daß er nun erst recht sein ganzes Dasein seinem Volke weihen würde, sind uns ebenso Verpflichtung für das eigene Tun und Denken. Über alles hat uns ein Kamerad aus dem Herzen gesprochen, der morgens um 1 Uhr diese Sendung mitangehört hat. Er sagte: »Nun weiß ich erst ganz gewiß, daß wir diesen Krieg gewinnen werden. Denn wen die Vorsehung so sichtbar bewahrt, dem wird sie am Ende auch den Sieg schenken!«[189]

Kriegsberichter Hans Metzler

Treuebekenntnis der Werktätigen

Dr. Ley sprach in einer Berliner Großkundgebung über das Attentat auf den Führer

Berlin, 22. Juli ⟨44⟩.

Der tiefe Abscheu, der die gesamte deutsche Nation gegenüber dem feigen Mordanschlag auf den Führer erfaßt hat, fand spontanen Ausdruck in einer in einem Berliner Großbetrieb am Sonnabend abgehaltenen Kundgebung, auf der sich Reichsorganisationsleiter Dr. Ley zum Dolmetscher der Gefühle machte, die nach dem ruchlosen Anschlag das werktätige Volk erfüllt.

In einer riesigen Werkhalle mit dem weithin leuchtenden Spruchband »Es lebe der Führer« waren hier Tausende von Arbeitern und Arbeiterinnen zusammengeströmt, um an der Stätte ihres Schaffens zwischen Bohrwerken und Fräsmaschinen Dr. Ley zu hören und ein überwältigendes Treuebekenntnis zum Führer abzulegen. Der Großappell wurde über alle deutschen Sender übertragen und von den Gefolgschaften der deutschen Betriebe im Gemeinschaftsempfang während der Werkpause miterlebt. In unzähligen Betrieben kam es nach Beendigung der Übertragung zu gleichen spontanen Treuekundgebungen für Adolf Hitler, ebenso wie die Massen ihren Abscheu vor den Verbrechern, die den Mordanschlag verübten und denen, die hinter ihnen standen, zum Ausdruck brachten.

Die Millionen in der Rüstung schaffenden Volksgenossen lauschten dem Reichsorganisationsleiter atemlos und folgten mit grimmiger Verbitterung gegen die Verbrecher der flammenden Anklage Dr. Leys, dessen Rede sie immer wieder durch Zurufe und Beifall unterbrachen. Dieser große Appell an der Stätte des deutschen Werkschaffens brachte wiederum in einer historischen Stunde überzeugend die enge und durch nichts zu erschütternde Verbundenheit zwischen der nationalsozialistischen Führung und dem gesamten deutschen Volk zum Ausdruck.

Dr. Ley führte aus:

⟨»⟩Wir alle haben die vergangenen beiden Tage und Nächte bewußt miterlebt. Millionen deutscher Menschen stockte der Atem, als wir die Nachricht von dem Mordanschlag auf Adolf Hitler hörten: Im Augenblick wurde der Nation klar, was aus Deutschland würde, wenn dieser Mordanschlag wirklich die von den Mördern beabsichtigten Folgen gehabt hätte und Adolf Hitler nicht mehr wäre.

Die Auswirkungen wären unfaßbar, unvorstellbar. Mit einem Male wäre ein gewaltiges Werk vernichtet, alle Aussichten auf Erfolg und Sieg wären verschwunden. Vor allem aber würden Millionen deutscher Menschen in ein unsagbares Elend, in Sklaverei, Vernichtung, Armut, Not und Hunger hineingeführt – ganz abgesehen davon, daß die Opfer, die Millionen von Soldaten und Familien in der Heimat durch Hingabe ihres Blutes gebracht hatten, vergeblich gewesen wären. Unser Volk würde hilflos unseren erbarmungslosen Feinden ausgeliefert sein.

Um so dankbarer waren wir alle, als wir den nächsten Satz jener ersten Meldung hörten, daß der Führer unverletzt ist (Bravo-Rufe, langanhaltender Beifall). Das deutsche Volk hat diesen Satz in sich aufgesogen. Der Führer unverletzt! Wie durch ein Wunder hat er nichts davongetragen, obwohl er am nächsten war, während alle anderen teils schwer, teils leicht verletzt wurden. Ich bin weiß Gott kein Mystiker, und ich glaube nicht an Wunder. Aber hier möchte ich wirklich sagen, daß der Herrgott seine Hand im Spiele hatte und diesen Mördern die Bombe aus der Hand nahm. Ehrfurchtsvoll stehen wir vor der Tatsache.

Es paßte einigen reaktionären Herren nicht, daß sie in der deutschen Politik nichts mehr zu sagen haben sollten. Wie hat der Führer sie dabei behandelt: ohne ihn hätten sie inzwischen längst alles verloren. Er aber gab ihnen alles, auf das sie mit Fug und Recht einen Anspruch haben konnten. Er hat diesen Mördern erst die Uniform wiedergegeben, denn Deutschland besaß vorher nur ein kleines Heer. Der Führer gab Deutschland wieder Macht und Herrlichkeit und damit auch ihnen. Diese Verbrecher lohnen es ihm mit Bomben, Mord und Undank. Ein Arbeiter sagte mir gestern: »Gott sei Dank, daß das kein Arbeiter getan hat!« Jawohl, jeder deutsche Stand, überhaupt jeder deutsche Mensch schämt sich, wenn er mit jenen Mördern auch nur weitläufig, und sei es nur über den Beruf, in Verbindung gebracht würde. Die Mörder besaßen jene internationalen Bindungen, die wir eben in ihren Kreisen kennen.

Das deutsche Volk verlangt heute, daß die Revolution alles nachholt, was sie versäumt hat. (Lebhaft zustimmende Zurufe, langanhaltender Beifall.) **Diese Kreaturen muß man vernichten. Jeder Deutsche muß wissen, daß sein Blut ausgerottet wird, wenn er Deutschland verrät.**

Somit glaube ich, im Namen des Volkes sprechen zu können, wenn ich folgendes feststelle: Uns hat ein heiliger Zorn ergriffen, der aus der Tiefe dieser Nation kommt. Während der deutsche Arbeiter, anständig, fleißig, unermüdlich arbeitet, noch und noch schafft, zehn Stunden, elf, zwölf, ja mitunter bei dringendem Programm 16 Stunden arbeitet, oft ohne Sonntag und ohne Feiertag, darf es nicht sein, daß irgendwelche nichtstuenden idiotischen Verbrecher Deutschland anfallen können und ihm seinen Führer zu nehmen drohen. Das darf nicht sein!

Adolf Hitler ist uns alles! (Minutenlanger Beifall.) Wir gehören ihm und er gehört uns. Und das ist das Gute, was diese Tat offenbarte, die enge Verbundenheit der breiten Massen mit diesem eigenartigen Mann, mit Adolf Hitler. Es wird jetzt vieles anders werden. Die Eiterbeule ist Gott sei Dank zeitig geplatzt. Das ist nicht nur eine gewonnene Schlacht, sondern der gewonnene Krieg. (Stürmischer Beifall.)

Ich spreche im Namen der vielen Tausende schaffender Menschen in dieser Halle und zugleich im Namen des ganzen deutschen Volkes, wenn ich den Herrgott bitte: Bewahre uns Adolf Hitler, wie du ihn bisher geschützt hast! Halte deine starke Hand über ihn! Was das Schicksal uns auch auferlegt, werden wir ertragen. Es mag noch so hart kommen. Wir werden alles meistern. Nur um eins bitten wir das Schicksal, daß es uns den Führer erhalte!

Nach der Kundgebung erklärten die Arbeiter in zahlreichen Einzelgesprächen dem Reichsorganisationsleiter eindeutig in ihrer ungeschminkten Berliner Sprache, wie sie über den Attentäter und seine Hintermänner denken. Mit noch verstärktem Eifer gingen sie anschließend wieder an ihre Arbeit in dem Willen, durch ihr unermüdliches Schaffen an der Rüstung ihren Abscheu gegen die Verbrecher durch die Tat zu bekunden, und damit zugleich der Front zu beweisen, daß diese sich auf das schaffende Volk in der Heimat in jeder Situation felsenfest verlassen kann.

Auf einem Rundgang besichtigte nach Abschluß des Appells der Reichsorganisationsleiter die sozialen Einrichtungen des Betriebes, die praktisch erkennen ließen, welche umfangreichen sozialen Taten im Auftrage des Führers seit der Machtübernahme durch den Nationalsozialismus im Interesse der breiten Masse des Volkes vollbracht wurden und die Herzen der deutschen Arbeiter so eng mit Adolf Hitler und dessen Bewegung verbinden.[190]

Die Aeußerungen der maßgebenden Parteigrößen über das Attentat haben wir vernommen.

Was hat unsereiner zu diesem Ereignis zu sagen?

Meine ersten Gedanken beschäftigten sich damit, ob der Anschlag überhaupt in der mitgeteilten Art und Weise erfolgt ist.

Die erste amtliche Mitteilung verschwieg den Hergang und die Namen der Täter.

Der Führer sprach von einer »ganz kleinen Clique« von Offizieren. Das deutsche Nachrichtenbüro gab bekannt, daß die Rädelsführer zum Teil von Bataillonen des Heeres füsiliert worden seien. Man sollte annehmen, daß zur Bekämpfung einer »ganz kleinen Clique« keine Bataillone erforderlich sind!

Die angeblich von Oberst Graf von Staufenberg gelegte Bombe soll 2 m von dem Führer entfernt krepiert sein. Der Führer blieb unverletzt. Das ist der Kernpunkt der ganzen Geschichte. Wer zweifelt noch daran, daß der Führer von der »Vorsehung« geschützt wurde? Es ist also ein sichtbares Wunder geschehen. Worauf es ankam.

Das Volk muß die Ueberzeugung gewinnen, daß der Führer nach dieser Rettung am Ende mit dem Siege belohnt wird.

Der fortgesetzte Rückzug im Osten ist dazu angetan, den Glauben an den Führer herabzumindern. Die Regie mußte deshalb etwas unternehmen, wobei dem Volke klar gemacht wird, daß Generale, die wegen ihrer feigen und schlechten Führung davon gejagt wurden, die Anstifter waren. Diese Generale werden ohne weiteres dann als die Sündenböcke angesehen. Das könnte das Motiv des Zwischenfalles sein. Sollte aber tatsächlich der Anschlag nur von Offizieren veranlaßt und ausgeführt worden sein, dann ist das ein ganz stümperhaftes Unternehmen gewesen. Eine Revolution kann nur auf breitester Grundlage erfolgversprechend sein. Eine Revolution, nur von Offizieren (ohne Volk) geführt, ist eine Totgeburt.

Uebrigens begrüße ich die Rettung des Führers, weil er aus taktischen Gründen bis zum bitteren Ende dabei sein muß. Es darf für künftige Zeiten keine Ausrede möglich sein. Er muß da bleiben bis es gar keinen Ausweg mehr gibt, bis selbst die »Vorsehung« nicht mehr helfend ihm zur Seite steht. –

In den kommenden Tagen werden wir Gelegenheit haben, die neusten Leistungen der Propaganda zu bewundern. Stoff ist genügend vorhanden. Der Tanz beginnt:

⟨25.7.44.⟩

Signal zur Tat

Von Helmut Sündermann

Kein Deutscher wird die Bilder von der Stätte des verbrecherischen Anschlags auf den Führer sehen, ohne sich erneut bewußt zu werden, daß es wahrhaft ein Werk der Vorsehung war, das uns den Führer erhalten hat. Jeder wird von dem Gefühl ergriffen sein, daß wir hier eine Dankesschuld an das Schicksal abzutragen haben, daß wir ein Opfer schuldig sind. Wir wissen alle, daß auch dann, wenn das ungeheuerliche Verbrechen zum beabsichtigten Ziele geführt hätte, die Clique der Verräter dennoch hinweggefegt worden wäre und unser unausweichlicher Lebenskampf weiter hätte fortgeführt werden müssen. Aber wir wissen auch, ein wieviel unendlich härterer, opferreicherer Weg vor uns gelegen hätte. Was uns erspart wurde, weil der Führer uns erhalten blieb, wollen wir aber – das ist unser innerstes Empfinden – in einer großen nationalen Herstellung würdigen, zu der uns ein Höherer das Zeichen gab.

In der Stunde, in der die Verräter das Reich zu zerstören beabsichtigten, wollen wir es zum entscheidenden Schlag gegen den Feind rüsten und es zum endgültigen Siege stark machen. In dem Augenblick, von dem die jüdische Brut des Bolschewismus und der Plutokratie sich einen Triumph versprachen, wird sich zeigen, daß in Wirklichkeit wir die Starken, jene aber die Morschen sind, daß sie eine niederbrechende, wir aber die aufsteigende Welt verkörpern. Daß sie die Schatten des Verderbens darstellen, während vor uns das Licht der Zukunft leuchtet. Alles dessen ist sich das deutsche Volk durch die Tat des 20. Juli so recht bewußt geworden. Es will siegen, weil es weiß, daß es siegen muß.

Und es hat nie deutlicher gefühlt als jetzt, daß es auch siegen wird, wenn es sich nur seiner ganzen geistigen und materiellen Kraft erinnert und sie entschlossen einsetzt.

In solchem Wissen hört Deutschland heute den Ruf: »Volk ans Gewehr!«[191] Es ist bereit, auch die letzten Reserven einzusetzen nach dem Grundsatz, alles zu tun, was dem Siege dient und ebenso alles zu lassen, was den Kampf hindert.

Die völlige Durchsetzung dieses Grundsatzes wird – dessen sind wir uns bewußt – noch viel tiefer in das Leben der Heimat und auch der Front eingreifen, als wir das bisher gewohnt waren. Aber wir sind uns bewußt, daß ein halbes Opfer ein ganzes sein müßte, während die völlige Ausschöpfung der kämpferischen Kraft eines Tages durch den Sieg glorreich ausgeglichen wird.

Das deutsche Volk kennt jenes Kriegsgesetz bereits: Es hat in seinen Städten dem Bombenterror nur dadurch getrotzt, weil es dort bereit war, sich ohne jeden Rückhalt diesem Gesetz unterzuordnen. Es erwartet heute nichts anderes, als daß die Lehre des rücksichtslosen Einsatzes jedes Deutschen, die im Luftterror wie an der kämpfenden Front Selbstverständlichkeit ist, zur Grundregel des deutschen Kriegslebens überhaupt erhoben wird. »Eine Etappe« kann es heute weder an der Front noch in der Heimat, weder im Arbeitsprozeß noch im soldatischen Bereich geben. Hier wie dort werden wir uns zudem daran gewöhnen, auf manches zu verzichten, was sonst als selbstverständlicher Inbegriff geregelten Daseins erschien. Wir werden mancher Merkmale des öffentlichen Lebens zu entraten vermögen, wir werden, um dem Reich den Sieg zu sichern, gerne alles nicht Lebensnotwendige streichen, was uns der Staat bisher noch geboten haben mag. Wir werden ein riesiges Volk von Kämpfern im wörtlichen Sinn dieses Wortes sein und es solange bleiben, bis die Stunde gekommen ist, in der die Ernte dieser Saat aufgeht.

Das Schicksal fordert von uns nur eines, aber das bedeutet alles: Daß wir den Kampf meistern und seinen unerbittlichen Forderungen genügen. Daß wir das Reich verteidigen, unseren Sieg erzwingen und uns damit für die Zukunft alles sichern und erringen, auf was wir in der Gegenwart verzichten müssen.

Das Erlebnis der Rettung des Führers, die Erinnerung an das Verbrechen des 20. Juli soll uns ein Signal zur Tat sein, zur härtesten, entschlossensten, zur wahrhaft revolutionären Tat, zur Tat, die dem Kampfe eine Wendung zur Entscheidung geben wird. Diese aber soll uns gerüstet finden.[192]

Wir wollen sehen, auf welche Weise sich Herr Helmut Sündermann und die übrigen Parteibonzen einsetzen. Bonzen ans Gewehr!

28. Juli 1944.

Der Abwehrerfolg bei Kowel

Sowjetischer Durchbruch zum Bug restlos gescheitert

PK., …, 12. Juli.

Der erste großangelegte Versuch der Sowjets, den Südabschnitt der Ostfront mit großem Materialaufwand zu überrennen und die Operationen im Mittelabschnitt von Südosten her zu unterstützen, hat in den letzten Tagen mit einer schweren Niederlage der Bolschewisten und mit einem eindrucksvollen Abwehrerfolg der deutschen Truppen westlich Kowel geendet. Mit der Vernichtung von rund 300 Feindpanzern bei verschwindend geringen eigenen Ausfällen wurde den Sowjets nahezu die Gesamtheit der an dieser Stelle zur Unterstützung angesetzten Panzerverbände zerschlagen. Neben den deutschen Panzern, die sich hier wiederum hervorragend bewährten, haben auch alle übrigen Waffen des Heeres. Insbesondere die neuen Panzerabwehrwaffen der Infanterie, die Panzerjäger, die Artillerie sowie auch die bekannten Panzerschlächter der Luftwaffe an diesem Abwehrerfolg gleichermaßen ihren verdienstvollen Anteil.

....

....

Die deutsche Front vor Kowel sieht im stolzen Bewußtsein eines glänzenden Abwehrerfolges und in vollem Vertrauen zu ihren erprobten Waffen.[193]

Kriegsberichter Fritz Meske

⟨12.7.44⟩

Die Propaganda hat schon manchen großen Sieg erfochten. Auch bei Kowel hat der Kriegsberichter Fritz Meske am 12. Juli 1944 den sowjetischen Durchbruch zum Bug restlos scheitern lassen. Trotzdem fortgesetzt behauptet wird, die Durchbruchsversuche der Russen seien ohne Erfolg, läßt es sich nicht verheimlichen, daß die Russen vom 22. Juni 1944 ⟨an⟩ überaus große Geländegewinne erzielten und stellenweise bis zu 500 km vordrangen. Sicher zum Leidwesen des schlecht vorausschauenden Kriegsberichters Meske und gegen seinen Willen haben die Russen mittlerweile den Bug in breiter Front überschritten und stehen bereits an der Weichsel und dem San. Dies alles in ungefähr 14 Tagen seit dem »Sieg« bei Kowel.

Bei dieser Sachlage ist es zu verstehen, wenn der totalste Kriegseinsatz propagiert wird und die allerletzten Reserven zusammengekratzt werden.

Todesstrafe für einen Volksverräter

Berlin, 20. Juli ⟨44⟩

Der Anton Waffler aus München hat als Zivilangestellter einer Wehrmachtdienststelle gegenüber ihm unterstellten weiblichen Angestellten lange Zeit hindurch defaitistische und aufreizende Reden geführt. Die Volksgenossinnen, die er mit seinem dummen, aber volksverräterischen Geschwätz belästigte, traten ihm mehrfach energisch entgegen. Als er trotzdem mit seinen Aeußerungen fortfuhr, brachten sie die Vorgänge zur Anzeige. Der Volksgerichtshof verurteilte Waffler zum Tode. Das Urteil ist bereits vollstreckt.[194]

Wegen defaitistischer Reden ist in München ein Mann hingerichtet worden. Dabei kann jede Aeußerung, die den Nazis nicht genehm ist, als »defaitistisch« bezeichnet werden.

Wieviel Menschen mögen schon im dritten Reiche durch elende Denunzianten zum Tode verurteilt worden sein?

Hoffentlich werden die Strafakten nach dem Kriege sorgfältig geprüft und die Angeber der gerechten Strafe zugeführt. Das muß eine der Hauptaufgaben sein. Es gibt eine ausreichende Zahl älterer Justizbeamter, die sich zur Durchsicht der Akten gern zur Verfügung stellen werden.

»Operative Bewegungsfreiheit nicht verloren«

Eigener Bericht des »VB.«

th. **Bukarest,** 21. Juli ⟨44.⟩

Zum Verlauf der gleichgeschalteten Offensiven der Engländer, Amerikaner und Bolschewiken in den letzten Monaten bemerkt man in Bukarest, die deutsche Wehrmacht habe ihre operative Bewegungsfreiheit nicht nur nicht verloren, sondern man könne behaupten, daß gerade das deutsche Oberkommando den Rhythmus der Kampfhandlungen bestimme. Die Abwehrschlacht im Osten ebenso wie die schweren Kämpfe in Frankreich und Italien müßten als Episoden im Rahmen der großen strategischen Pläne des deutschen Oberkommandos betrachtet werden.

Diese Feststellungen werden auch in der Bukarester Presse unterstrichen.[195]

Ein Halunke bleibt ein Halunke. Von dieser Sorte gibt es auch im Auslande genug. Da schreiben diese Kerle wider besseres Wissen ⟨ein⟩ Zeug zusammen, das nicht zu verdauen ist. Den »Rhythmus der Kampfhandlungen (soll wohl Rückzüge heißen) bestimmt niemand anderes als der russische Generalstab«.

Rückführung der Rußlanddeutschen

Im Zuge der Absetzbewegungen im Osten wurden unter Führung der Volksdeutschen Mittelstelle[a] beim Reichsführer SS 350 000 Rußlanddeutsche zurückgeführt. Sie legten den Weg zum größten Teil im Treck, zum geringeren Teil mit der Bahn zurück. Eine besondere Leistung vollbrachten die 130 000 Deutschen aus Transnistrien, von denen der sogenannte Nordtreck quer durch die Moldau und die Karpaten nach Nordsiebenbürgen zog und von dort auf die Bahn verladen wurde, während der Südtreck durch die Dobrudscha am südlichen Donauufer entlang wanderte, am Eisernen Tor übersetzte und vom Banat/Serbien aus den Heimweg mit der Bahn antrat. Es ist dies die bisher größte Umsiedlungsaktion der Weltgeschichte. Die Ansiedlung der Rußlanddeutschen erfolgt im Reichsgau Wartheland.[196]

908 000 Deutsche zurückgeführt

Berlin, 25. Juli ⟨44.⟩

Mit der Heimkehr der 350 000 Rußlanddeutschen, die jetzt mit der Rückkehr und Rücksiedlung von 130 000 Deutschen der Volksgruppe in Transnistrien abgeschlossen wurde, ist die Zahl der Deutschen, die seit dem Herbst 1939 bis zum Juli 1944 von der Volksdeutschen Mittelstelle in das Reich rückgesiedelten Deutschen auf insgesamt 908 000 gestiegen. Es handelt sich dabei um die deutschen Volksgruppen im baltischen Raum, in Wolhynien, Galizien, aus dem Narew-Gebiet, dem Cholmer und Lubliner Land und aus Bessarabien, dem Nordbuchenland, dem Südbuchenland, der Dobrudscha, aus Bosnien und aus den deutschen Siedlungsräumen vom Kaukasus bis zum Dnjestr.

Der Auftrag, den der Reichsführer SS Heinrich Himmler als Reichskommissar für die Festigung deutschen Volkstums dem Hauptamt Volksdeutsche Mittelstelle erteilte, wurde in umfangreichem Maße durchgeführt. Er verhinderte die weitere Ausrottung wertvollen deutschen Blutes in der Sowjetunion und erfüllte die Sehnsucht der deutschen Volksgruppen, aus den gefährdeten Räumen des Ostens und des Balkans in das Reich heimkehren zu dürfen.

a) *Volksdeutsche Mittelstelle:* (VoMi) koordinierte die NS-Politik bezüglich der deutschen Minderheiten im Ausland. Ab Oktober 1939, mit der Ernennung Himmlers zum Reichskommissar für die Festigung deutschen Volkstums, organisierte die VoMi die Umsiedlungspolitik, soweit sie die sogenannten Volksdeutschen betraf, d.h. ihre Rücksiedlung in Reichsgebiet, Unterbringung in Übergangslager etc. Vgl. Benz/Graml/Weiß 2007, S. 854f.

2. Aug. 1944.

Der Deutsche Gruß in der Wehrmacht eingeführt

Führerhauptquartier, 24. Juli ⟨44.⟩

Der Reichsmarschall des Großdeutschen Reiches hat als rangältester Offizier der Deutschen Wehrmacht, zugleich im Namen von Generalfeldmarschall Keitel und Großadmiral Dönitz, dem Führer gemeldet, daß alle Wehrmachtteile aus Anlaß seiner Errettung gebeten haben, in der Wehrmacht den Deutschen Gruß als ein Zeichen unverbrüchlicher Treue zum Führer und engster Verbundenheit zwischen Wehrmacht und Partei einführen zu dürfen.

Der Führer hat dem Wunsch der Wehrmacht entsprochen und seine Zustimmung erteilt.

Mit sofortiger Wirkung tritt daher an die Stelle der Ehrenbezeigung durch Anlegen der rechten Hand an die Kopfbedeckung Ehrenbezeigung durch Erweisen des Deutschen Grußes.[197]

Der deutsche Gruß »Heil Hitler« soll ein Zeichen unverbrüchlicher Treue zum Führer sein. Ich halte diesen Gruß für eine geschmacklose, nichtssagende Aeußerlichkeit.

Der Führer dankt für Glückwünsche und Treuekundgebungen

Führerhauptquartier, 24. Juli ⟨44.⟩

Der Führer gibt bekannt:

Aus Anlaß des gegen mich und meine Mitarbeiter gerichteten Anschlages sind mir aus allen Kreisen des deutschen Volkes, insbesondere der Partei und der Wehrmacht, so zahlreiche Glückwünsche und Treuekundgebungen zugegangen, daß ich allen, die meiner in diesen Tagen besonders gedacht haben, auf diesem Wege für mich und meine Kameraden den herzlichsten Dank übermitteln möchte.[198]

gez. Adolf Hitler

Die Teilnehmer an dem Putschversuch vom 20. Juli 1944

Berlin, 29. Juli ⟨44.⟩

Bei den von Reichsminister Dr. Goebbels in seiner Rundfunkansprache gebrandmarkten Teilnehmern an dem Putschversuch des 20. Juli handelt es sich um

1. den General der Infanterie Olbricht, der standrechtlich erschossen worden ist,

2. den ehemaligen Generalstabschef Generaloberst Beck, der sich bei der Verhaftung selbst erschoß,

3. den Generalobersten Höppner, der verhaftet wurde und seiner Aburteilung entgegensieht.[199]

Sind das alle Teilnehmer? Warum glaubten diese hohen Offiziere nicht an den Endsieg?

Völk. Beobachter, Südd. Ausgabe, v. 25. Juli 1944.

»Schwere Abwehrschlacht im Osten.«
»Zwischen Pleskau und Lemberg.«[200]

VB. **Berlin,** 24. Juli ⟨44.⟩

Der sowjetische Druck westlich von Wilna und Grodno ist seit etwa einer Woche schwächer geworden. Das mag zum Teil an dem wachsenden deutschen Gegendruck liegen, zum Teil aber auch daran, daß die sowjetischen Truppen bei einem weiteren Vordringen im Norden eine offene Flanke geboten hätten, die sie schützen mußten. So haben die Sowjets seit etwa acht Tagen entschiedenere Vorstöße gegen die deutsche Heeresgruppe Nord begonnen, die in den baltischen Staaten steht. Sie drücken von Osten her stark gegen die an der lettischen Grenze stehenden deutschen Truppen, die Pleskau aufgegeben haben und sie bedrohen im Augenblick die Eisenbahn von Dünaburg nach Pleskau. Besondere Aufmerksamkeit wird man aber auch dem Vorstoß schenken müssen, der zwischen Dünaburg und Kauen in der Richtung auf den Eisenbahnknotenpunkt Schaulen vor sich geht. Es ist möglich, daß die Sowjets beabsichtigen, von dieser Stelle aus bis zur Ostsee vorzudringen.

Währenddessen hat sich die Annahme bestätigt, daß die Sowjets mit einem Hauptteil ihrer Streitkräfte weiter südlich der bisherigen Angriffsfront vorstoßen würden. Sie haben den Bug überschritten und sind bis zum San nördlich von Przemysl vorgedrungen. Sie stehen im Generalgouvernement und beabsichtigen offenbar, mit ihren Panzern die Weichsellinie zu erreichen und wohl auch zu überschreiten.

Die Abwehrschlacht tobt also gegenwärtig mit ungeheurer Gewalt im ganzen Bereich der Ostfront von Pleskau bis in das nördliche Karpatenvorland. Nur im südlichen Karpatenvorland und in Rumänien ist zur Zeit noch Ruhe. Die Gesamtrichtung der sowjetischen Offensive geht zur Zeit nicht mehr wie in den vergangenen Jahren nach Süden, sondern nach Westen (was naturgemäß gewisse örtliche Abweichungen von dieser Richtung nicht ausschließt). Das Ziel ist ganz augenscheinlich eine große Entscheidung auf dem Boden des Generalgouvernements und dem des Reichs. Dieses Ziel wird von starken Kräften und einem entschlossenen Willen zur Eroberung verfolgt.

Die Truppen der deutschen Front kämpfen auch gegenwärtig im vorletzten Monat des fünften Kriegsjahres mit der gleichen unbeugsamen Widerstandskraft wie zu Beginn. Wo sie können, begnügen sie sich nicht mit der Verteidigung, sondern gehen immer wieder zu Gegenstößen vor, werfen den Gegner zurück, knicken Panzerspitzen ab und bringen dem Feind Ueberraschung überall, wo er sich allzu sicher gefühlt hat. Wo sie den Befehl zum Ausweichen haben, gehen sie fechtend zurück. Der Feind erhält den Boden, den er gewinnt, nicht billig.

Naturgemäß kann die Tapferkeit der fechtenden Truppe allein auf die Dauer den Feind nicht aufhalten. Aber Maßnahmen der Führung kommen hinzu und werden noch weiter hinzukommen. Angesichts der Stärke der feindlichen Offensive kann man sich dabei mit Maßnahmen nicht begnügen, die unter früheren Umständen ausgereicht hätten, wie das tropfenweise Heranschieben von Eingreifkräften in die fechtende Front. Solche Maßnahmen mögen auch jetzt noch an vielen Stellen notwendig und nützlich sein; doch hängt die Entscheidung in der Abwehrschlacht von großzügigeren Entschlüssen ab; sie werden vor allem darin bestehen, hinter der gegenwärtigen Front neue starke Kräfte zu versammeln, die dann die zurückgehenden Verbände aufnehmen, um mit ihnen zusammen in neuen stärkeren Kampfgruppen dem Feind ein endgültiges Halt gebieten zu können. Wo diese Linie liegen wird, hängt von der Möglichkeit ab, die Eingreifverbände schnell zu versammeln und von der Abschätzung der weiteren Kraft der feindlichen Offensive.

Die Vorbereitungen dafür sind gegenwärtig im Gange; bis sie abgeschlossen sind, muß die Front des Heeres den sowjetischen Druck weiter aufhalten in biegsamer Abwehr, im Wechsel zwischen Rückzug und örtlichem Gegenstoß, zwischen Ausweichen und Festkrallen an der Erde. Die Aufgabe ist nicht leicht. Jeder an der Front und in der Heimat weiß, wie angespannt die Lage ist, aber der Widerstand wird erleichtert durch das Wissen von der geschlossenen Einigkeit von Front und Heimat, in dem Willen, der tödlichsten Bedrohung mit allen ineinander verschmolzenen Kräften entgegenzutreten.[201]

Am 22. Juni 1944 standen die deutschen Truppen noch im Gebiete des oberen Dnjepr, und Ende Juli 1944 hatten die Russen bereits die Weichsel südlich von Warschau erreicht! Das läßt sich natürlich weder vertuschen noch entschuldigen. Aber die Propaganda muß doch etwas tun! Das Parteigeschwätz hat zum Inhalt, daß Deutschland irgendwo im Hinterlande starke Kräfte sammelt, um dem Gegner an der von dem Führer bestimmten Stelle ein endgültiges Halt zu gebieten.

Wiederum ein Hoffnungsstrahl für diejenigen, welche nicht alle werden.

3. Aug. 1944.

⟨V.B. 26.7.44.⟩

Die harte Abwehrschlacht im Osten

Zwischen Pleskau und Lemberg

VB **Berlin,** 25. Juli ⟨44⟩ Der sowjetische Druck westlich von Wilna und Grodno ist seit etwa einer Woche schwächer geworden. Das mag zum Teil an dem wachsenden deutschen Gegendruck liegen, zum Teil aber auch daran, daß die sowjetischen Truppen bei einem weiteren Vordringen im Norden eine offene Flanke geboten hätten, die sie schützen mußten. So haben die Sowjets seit etwa acht Tagen Vorstöße gegen die deutsche Heeresgruppe Nord begonnen, die in den baltischen Staaten steht. Sie drücken von Osten her stark gegen die an der lettischen Grenze stehenden deutschen Truppen, die Pleskau aufgegeben haben, und sie bedrohen im Augenblick die Eisenbahn von Dünaburg nach Pleskau. Besondere Aufmerksamkeit wird man aber auch dem Vorstoß schenken müssen, der zwischen Dünaburg und Kauen in der Richtung auf den Eisenbahnknotenpunkt Schaulen vor sich geht. Es ist möglich, daß die Sowjets beabsichtigen, von dieser Stelle aus bis zur Ostsee vorzudringen.

Währenddessen hat sich die Annahme bestätigt, daß die Sowjets mit einem Hauptteil ihrer Streitkräfte weiter südlich der bisherigen Angriffsfront vorstoßen würden. Sie haben den Bug überschritten und sind bis zum Gebiet des San nordöstlich von Przemysl vorgedrungen. Sie stehen zum Teil im Generalgouvernement und beabsichtigen offenbar, mit ihren Panzern die Weichsellinie zu erreichen und wohl auch zu überschreiten.

Die Abwehrschlacht tobt also gegenwärtig mit ungeheurer Gewalt in dem ganzen Bereich der Ostfront von Pleskau bis in das nördliche Karpatenvorland. Nur im südlichen Karpatenvorland und in Rumänien ist zurzeit noch Ruhe. Die Gesamtrichtung der sowjetischen Offensive geht zurzeit nicht mehr wie im vergangenen Jahr nach Süden, sondern nach Westen (was gewisse örtliche Abweichungen von dieser Gesamtrichtung nicht ausschließt). Das Ziel ist ganz augenscheinlich eine große Entscheidung auf dem Boden des Generalgouvernements. Dieses Ziel wird mit starken Kräften und einem entschlossenen Willen zur Eroberung verfolgt.

Die Truppen der deutschen Front kämpfen auch gegenwärtig, im vorletzten Monat des fünften Kriegsjahres, mit der gleichen unbeugsamen Widerstandskraft wie zu Beginn. Wo sie können, begnügen sie sich nicht mit der Verteidigung, sondern gehen immer wieder zu Gegenstößen vor, werfen den Gegner zurück, knicken Panzerspitzen ab und bringen Überraschung über den Feind, wo er sich allzu sicher gefühlt hat. Wo sie den Befehl zum Ausweichen haben, gehen sie fechtend zurück. Der Feind erhält den Boden, den er gewinnt, nicht billig.

Naturgemäß kann die Tapferkeit der fechtenden Truppe allein auf die Dauer den Feind nicht aufhalten. Aber Maßnahmen der höheren Führung kommen hinzu und werden noch weiterhin kommen.

Angesichts der Stärke der feindlichen Offensive kann man sich dabei mit Maßnahmen nicht begnügen, die unter früheren Umständen ausgereicht hätten, wie das tropfenweise Hereinschieben von Eingreifkräften in die fechtende Front. Solche Maßnahmen mögen auch jetzt noch an vielen Stellen notwendig und nützlich sein; doch hängt die Entscheidung in der Abwehrschlacht von großzügigeren Maßnahmen ab. Sie werden vor allem darin bestehen, hinter der gegenwärtigen Front neue starke Kräfte zu versammeln, die dann die zurückgehenden Verbände aufnehmen und mit ihnen zusammen in neuen, stärkeren Kampfgruppen dem Feind ein endgültiges Halt gebieten können. Wo diese Linie liegen wird, hängt von der Zeit ab, die bis zur Versammlung der Eingreifverbände notwendig ist, und von der Abschätzung der weiteren Kraft der feindlichen Offensive.

Die Vorbereitungen dafür sind gegenwärtig im Gange. Bis sie abgeschlossen sind, muß die Front des Ostheeres den sowjetischen Druck weiter aushalten, in biegsamer Abwehr, im Wechsel zwischen Rückzug und örtlichem Gegenstoß, zwischen Ausweichen und Festkrallen an der Erde. Die Aufgabe ist nicht leicht. Jeder in der Front und in der Heimat weiß, wie angespannt die Lage ist. Aber der Widerstand wird erleichtert durch das Wissen von der geschlossenen Einigkeit von Front und Heimat in dem Willen, der tödlichsten Bedrohung mit allen ineinander verschmolzenen Kräften entgegenzutreten.[203]

In dem Völkischen Beobachter (Nordd. Ausgabe) erschien der bereits auf der Vorseite gebrachte Artikel in dieser Aufmachung. »Zwischen Pleskau und Lemberg« wird derartig hervorgehoben, daß der Leser der Meinung sein könnte, als sei das ein Erfolg wenn die deutschen Truppen zwischen den inzwischen verlorenen Städten Pleskau und Lemberg kämpfen. Aus den überheblichen deutschen Siegesberichten sind jetzt angesichts der ungeheuren Rückschläge kindliche Berichte geworden. »Es ist möglich, daß die Sowjets bis zur Ostsee vordringen«, sagt der Berichterstatter. Das ist nicht »möglich«, sondern so sicher wie das tägliche Erscheinen der Sonne.

Unsere Operationen an der Ostfront

Berlin, 26. Juli ⟨44⟩.

An der Ostfront sind jetzt, abgesehen von der energischen Abfuhr, die unsere Truppen örtlich vorfühlenden feindlichen Kräften am unteren Dnjestr und am Pruth erteilten, aus der großen Zahl der schweren Abwehr- und Angriffskämpfe drei bedeutungsvollere Operationen herauszuheben, nämlich das Eindrücken feindlicher Brückenköpfe am San und am mittleren Bug, die Vernichtung zweier sowjetischer Regimenter im Zuge unseres Gegenangriffes nordöstlich Kauen und der Abwehrerfolg bei Narwa.

Die Erfolge unserer Panzerverbände am San und Bug gewinnen ihre richtige Bedeutung erst dann, wenn man berücksichtigt, daß im Raum zwischen Lemberg und Brest-Litowsk durch die bewegliche Verteidigung gleichsam zwei hintereinander liegende Fronten entstanden sind. Im Rücken des in einigen Abschnitten vorstoßenden Feindes setzen unsere Truppen in Angriff und Abwehr ihren verbissenen Widerstand fort und hindern die Bolschewisten an der Ausnutzung ihrer Einbrüche. Gleichzeitig verzehren sich die vorgedrungenen Stoßkeile des Feindes im Kampf gegen unsere geschickt geführten und energisch zupackenden Panzerverbände. Die Beseitigung feindlicher Brückenköpfe am San verringerte die Gefahr der Umfassung Lembergs von Norden, und durch das Zerschlagen der über dem mittleren Bug vorgestoßenen sowjetischen Kräfte wurde die Nordflanke des Abschnittes von Bresk-Litowsk entlastet. Damit sind die Bewegungen zweier der großen, nach Westen vorgetriebenen sowjetischen Angriffskeile abgestoppt.

In Auswirkung dieser geglückten Operationen können sich nunmehr auch unsere Gegenmaßnahmen gegen die 3. in der Mitte zwischen beiden angesetzte sowjetische Stoßgruppe entfalten, die im Raum von Lublin gegen die Weichsel drängt. Hinter diesen drei am weitesten nach Westen vorgeschobenen Kampfplätzen geht das Ringen bei Lemberg, Lublin und Brest-Litowsk weiter. Östlich Lemberg wurden zahlreiche von Panzern unterstützte feindliche Angriffe abgeschlagen und neue Sperrlinien aufgebaut. Durch sie in ihrem Rücken geschützt, verhinderten die Verteidiger der Stadt das weitere Vordringen des Feindes und schossen dabei am Hauptbahnhof 15 Sowjetpanzer ab. In Lublin erwehrte sich die Besatzung in heldenhaften Kämpfen ebenfalls der von allen Seiten vorgetragenen feindlichen Angriffe, und bei Brest-Litowsk behaupteten unsere Truppen in harten Kämpfen die Riegelstellungen östlich der Stadt wie die südlichen Abschirmungslinien gegenüber dem feindlichen Einbruchsraum bei Lublin.

Vom Bug-Bogen nordwestlich Brest-Litowsk bis hinauf in den Raum nordöstlich Kauen scheiterten wiederholte starke Angriffe der Sowjets, bei deren Abwehr Truppen des Heeres und der Waffen-SS durch Flankenstöße die rückwärtigen Verbindungen vorgepreller feindlicher Kräfte unterbrachen. Da die Frontalangriffe an diesem ganzen Frontabschnitt vergeblich blieben, versuchten die Bolschewisten in dessen Nordteil, unsere Linien nordöstlich Kauen durch Umfassung und Durchbruch aufzureißen. Hier ergab sich der zweite große Abwehrerfolg unserer Truppen. Der geworfene Feind hatte sehr erhebliche Verluste.

An den Schutzstellungen südlich Dünaburg sowie zwischen Dünaburg und Peipus-See griffen die Bolschewisten ebenfalls an zahlreichen Stellen an. Ihre vergeblichen Angriffe bei Dünaburg kosteten sie 28 Panzer. Bei der Abwehr der übrigen Durchbruchsversuche verlor der Feind zahlreiche weitere Kampfwagen. Gegenangriffe gegen die an einigen Stellen eingebrochenen Sowjets sind im Gange. Truppen einer deutschen Armee vernichteten hier in den letzten acht Tagen 204 bolschewistische Panzer.

Der täglich aus diesem Raum gemeldeten steigenden Zahl abgeschossener feindlicher Panzer entspricht ein ständiges Wachsen der Kampfkraft unserer Truppen.

Die neuen Waffen »Panzerschreck« und »Panzerfaust« leisteten ihnen gerade in den unübersichtlichen Wäldern und Sumpfgebieten dieses Frontabschnittes außerordentliche Dienste. Noch bedeutsamer als diese erfolgreichen Abwehrkämpfe war die blutige Schlappe, die unsere Truppen dem Feind bei Narwa beibrachten. Hier hatten die Bolschewisten in den letzten Wochen sehr starke Kräfte zusammengezogen, die nach heftiger Artillerievorbereitung, von Schlachtfliegern und Panzern unterstützt, aus der Front-einbuchtung südwestlich der Stadt nach Norden angriffen. Der erstrebte Durchbruch zur Küste sollte das Bollwerk von seinen rückwärtigen Verbindungen abschneiden. Unsere Truppen hielten jedoch dem Ansturm stand. Unter sehr schweren Verlusten an Menschen, Panzern und Flugzeugen brach der bolschewistische Angriff zusammen. Narwa blieb fest in unserer Hand.[203]

Zeichnung: Gliese (Weltbild)

Der vorstehende ⟨Artikel⟩ ist vom 26. Juli 1944 datiert. Da wird der Abwehrerfolg bei Narwa gepriesen. »Narwa blieb fest in unserer Hand«. Ferner werden heldenhafte Kämpfe der Besatzung von Lublin gemeldet. Aber bereits am 27. Juli 1944, also 24 Stunden später, wurde aus dem Führerhauptquartier bekannt gegeben: Die Stadt Lublin ging nach erbittertem Kampf verloren und die Stadt Narwa wurde geräumt!

Das Ringen um die Zeit

Die sowjetischen Offensivziele

VB. **Berlin,** 28. Juli ⟨44⟩

Es wird immer deutlicher, daß die Hauptkräfte der sowjetischen Stoßarmee nicht im Vorfeld Ostpreußens, sondern im Generalgouvernement etwa in der Linie Brest-Litowsk – Lemberg, also in einer Ausdehnung von rund 200 Kilometer stehen. Im Vorfeld Ostpreußens zwischen Grodno und Kauen fechten die Sowjets seit Tagen verhaltener. Dagegen verdient besondere Aufmerksamkeit nach wie vor die Entwicklung bei der deutschen Heeresgruppe Nord. Ihre Führung hat den Befehl gegeben, die Stadt Narwa zu räumen, die in einem vorspringenden Frontbogen lag. Ein weiteres Verharren der deutschen Kräfte in der Stadt hätte den Sowjets die Möglichkeit zu einem konzentrierten Angriff gegeben. Auf dem rechten Flügel der Heeresgruppe versucht die sowjetische Panzerarmee Bagramjan nach wie vor mit nicht unbeträchtlichen Kräften den Durchbruch auf Schaulen. Was ihr vorschwebt, ist offenbar ein zweites Abbeville. Man sieht von neuem, wo die Vorbilder der sowjetischen Führung liegen. Aber die Kopie ist immer schlechter als das Original. Das erstrebte Durchrasen bis zur Ostsee ist nicht gelungen. Nordöstlich sind der Armee bei Bagramjan Kräfte entgegengetreten, die sie binden und ihren Vormarsch ins Stocken gebracht haben.

Der nachhaltigste Druck auf die deutschen Kräfte liegt aber noch immer im Generalgouvernement. Starke und schnelle sowjetische Kräfte streben dem Weichselbogen bei Demblin (dem früheren Iwangorod) zu. Das Nahziel dieser Kräfte ist vermutlich Warschau, doch ist bei dem besonders hohen Kräfteeinsatz anzunehmen, daß der sowjetischen Führung auch noch fernerliegende Ziele vorschweben.

Es muß wiederholt werden, daß die Aufgaben der deutschen Führung nicht darin liegen, im Kampf mit kleinen Mitteln die gegenwärtige Frontlinie zu halten. Dafür ist die gegnerische Anstrengung zu groß. Das Gebot der Lage ist die Heranführung frischer und stärkerer Kräfte, ihre Versammlung in Räumen, die nicht zu nahe an der Kampffront liegen dürfen, damit der Aufmarsch nicht in die Gefahr des Zerreißens gerät und erst nach Beendigung dieses Aufmarsches und nach der Aufnahme der ausweichenden Truppen das entschlossene Ausholen zum Gegenschlag. Das erfordert Zeit und das erfordert Kräfte. Es bedeutet, daß aus der Heimat Verbände zunächst die aus den vorhandenen Reserven, später auch neu aufgestellte Divisionen in den Versammlungsraum entsandt werden. Jeder weiß oder fühlt es doch, daß mit hoher Anstrengung aller nationalen Kräfte daran gearbeitet wird. Es ist auch deutlich, daß das Zeitmaß gegenüber ähnlichen früheren Fällen außerordentlich beschleunigt wird. Dennoch bleibt es natürlich bestehen, daß dieser ganze Vorgang Zeit erfordert, bis er beendet ist. Bis dahin gilt es gelassen zu bleiben und zum Teil eines jeden an diesen Anstrengungen mitzuarbeiten.

Das ist um so mehr der Fall, als der rein militärische Prozeß der Versammlung von Einkreiskräften im Osten keineswegs der einzige ist, auf den wir warten. Jeder weiß, daß Hand in Hand mit ihm sich zugleich jener andere nicht weniger bedeutsame der technischen Umrüstung vollzieht. Das Stadium der Neuschöpfung technischer Ideen liegt bereits hinter uns. Wir befinden uns gegenwärtig mitten in der Periode der Umsetzung dieser Ideen in die Massenfertigung. Erst wenn beide Prozesse, der rein militärische und der mehr technische abgeschlossen sind, wird der Krieg im Jahre 1944 sein eigentliches Gesicht erhalten.

Der Gegner, der nach der Behauptung von Adolf Hitler im Oktober 1941 so niedergeschlagen war, daß er sich nie mehr erheben wird, befindet sich zur Zeit in erstaunlicher Kampfstärke vor den Toren Ostpreußens sowie im Weichselraum und in Galizien.

Kein deutscher Soldat steht mehr auf russischem Gebiet.

Das ist jedenfalls eine Glanzleistung der Russen, die in der Vergangenheit ohne Beispiel ist.

Was haben unsere deutschen Papier-Strategen dem entgegenzustellen? Dr. Goebbels hat die unwiderruflich allerletzte totalste Mobilmachung angekündigt, um neue Divisionen für die Ostfront auf die Beine zu bringen. Dem deutschen Volke wird allerorts gepredigt, daß neue Kräfte (bereits vorhandene u. neu gebildete) demnächst zum Gegenschlag ausholen werden. Dabei wird durchblicken lassen, daß die Sammlung aller Kräfte noch etwas Zeit erfordert. Das Volk soll nur Geduld haben und restlos sich durch Mitarbeit einsetzen.

Inwieweit die totale Mobilisierung den Zusammenbruch hinausschiebt, kann nicht ohne weiteres beurteilt werden. Maßgebend ist einzig und allein, ob die Gegner dem deutschen Generalstab Zeit lassen.

Dr. Goebbels ordnet an: Keine Scheinarbeit mehr

Deine Arbeitskraft gehört der Nation

Helft alle mit durch positive Vorschläge

Berlin, 28. Juli ⟨44⟩

Im Einvernehmen mit dem Reichsbevollmächtigten für den totalen Kriegseinsatz, Reichsminister Dr. Goebbels, hat Gauleiter Sauckel als Generalbevollmächtigter für den Arbeitseinsatz eine Verordnung über die Beschäftigung von Arbeitskräften in Scheinarbeitsverhältnissen erlassen.

Die Verordnung betrifft alle jene Arbeitspflichtigen, die ihrer Arbeitspflicht nur dem Schein nach genügen, d.h. die sich unter Ausnutzung verwandtschaftlicher oder sonstiger Beziehungen ein Arbeitsverhältnis verschafft haben, das ihnen ein bequemes Leben fern von den gemeinsamen Kriegsanstrengungen der Nation ermöglicht und nur dem Schein nach den gesetzlichen Bestimmungen entspricht.

Alle Volksgenossen, die sich zur Zeit noch aus Bequemlichkeit oder weil sie die Forderungen des totalen Krieges bisher nicht verstanden haben, in einem solchen Scheinarbeitsverhältnis befinden, werden zum letztenmal Gelegenheit haben, einen Wechsel ihres Arbeitsplatzes vorzunehmen, um ihre Arbeitskraft wirklich restlos in den Produktionsprozeß einzuschalten. Sie melden sich sofort auf den Arbeitsämtern, die ihnen eine ihren Kräften und ihrem Können angemessene kriegswichtige Beschäftigung vermitteln.

Bis zum 15. August 1944 müssen alle Scheinarbeitsverhältnisse gelöst sein. Nach diesem Termin wird rücksichtslos durchgegriffen.

Wer dann noch immer ein solches Scheinarbeitsverhältnis benützt, um sich an den gemeinsamen Anstrengungen für den Endsieg vorbeizudrücken, stellt sich damit außerhalb der kämpfenden deutschen Volksgemeinschaft. Das gleiche gilt für den, der ein solches verantwortungsloses Handeln duldet oder ihm Vorschub leistet. Arbeitgeber und Arbeitnehmer haben in einem solchen Fall schärfste Bestrafung zu erwarten. Nach dem 15. August 1944 werden Kontrollen durchgeführt. Bei Bestehen eines Scheinarbeitsverhältnisses werden die Schuldigen unnachsichtig zur Rechenschaft gezogen.

Der Reichsbevollmächtigte für den totalen Kriegseinsatz ist mit dem Reichsjustizminister darin einig, daß in solchen Fällen bis zum Höchstmaß der vorgesehenen Strafbestimmungen eingeschritten wird.

Einen gleichen Verstoß gegen die Gesetze der nationalen Solidarität stellt es dar, wenn ein Arzt seine Sorgfaltspflicht außer acht läßt, indem er an arbeitsunwillige Elemente Atteste ausstellt, die diesen die Möglichkeit geben, sich von einem Arbeitseinsatz zu drücken.

Wer seine Arbeitskraft der um ihr Dasein kämpfenden Nation vorenthält oder anderer dabei Vorschub leistet, <u>dient dem Feind!</u>

V.B. Die Lasten müssen gerecht verteilt werden – dieser Grundsatz, den Dr. Goebbels verkündete, ist das Fundament der gewaltigen Kraftanstrengung, zu der das deutsche Volk jetzt ausholt, um das Schicksal zu zwingen und dem Krieg die entscheidende Wendung zu geben. In dieser Lage muß jede Arbeitskraft nicht nur eingesetzt, sondern völlig ausgeschöpft werden. Ausflüchte können heute weniger denn je geduldet werden. Wer wollte auch zurückstehen, wenn es gilt, durch eine Leistungssteigerung ohnegleichen den unbeugsamen Lebenswillen der Nation zu bekunden und den Vernichtungsplänen des Feindes die Entschlossenheit zum Kampf bis zum Endsieg entgegenzusetzen? Das deutsche Volk, das in seiner übergroßen Mehrheit in angespanntester Arbeit diesem Ziele dient und bereit ist, seine Leistung noch weiter zu erhöhen, verlangt gebieterisch von jenen Volksgenossen, die bisher noch abseits standen oder Scheinarbeit versahen, den ganzen Einsatz ohne Ansehen der Person.

Die Verordnung gibt die Handhabung zur Verwirklichung dieser Forderung. Sie appelliert an das Ehrgefühl aller, die es angeht, und es ist nicht zu bezweifeln, daß dieser Ruf weithin verstanden werden wird. Wer sich ihm aber verschließen sollte, der muß damit rechnen, die Folgen eines solchen volksschädlichen Verhaltens zu tragen. In Reih und Glied zu treten, das ist das Gebot der Stunde, das an jeden ergeht und dem sich keiner entziehen darf. Denn wenn wir alle die Früchte des Sieges genießen wollen, für den wir kämpfen, so müssen auch alle dazu beitragen, daß er errungen wird, müssen alle Reserven aufgeboten werden, die noch ungenutzt sind.[204]

Feldpostnummer 08 000 merken!

Anregungen zum totalen Kriegseinsatz einsenden

Berlin, 28. Juli

Von zuständiger Seite wird mitgeteilt, die restlose Durchführung der umfassenden Aufgaben, die Reichsminister Dr. Goebbels als Reichsbevollmächtigter für den totalen Kriegseinsatz gestellt sind, ist nur mit der Unterstützung jedes einzelnen Volksgenossen möglich. In zahlreichen Zuschriften aus allen Kreisen der Bevölkerung ist Dr. Goebbels nicht nur die begeisterte Mitarbeit an der nunmehr wirklich totalen Erfassung aller Kräfte für den Endsieg zugesichert worden, es wurden auch bereits viele praktische Vorschläge für einzelne zu treffende Maßnahmen eingereicht.

Für Einsendungen dieser Art besteht seit kurzer Zeit die Feldpostnummer 08 000. Unter dieser Anschrift sind alle weiteren Hinweise und Anregungen zum totalen Kriegseinsatz portofrei einzusenden. Es wird natürlich nicht möglich sein, jeden einzelnen Brief zu beantworten. Kein Vorschlag wird jedoch, wenn er nur irgend brauchbar ist, unbeachtet bleiben.

Um auch hier jede überflüssige Arbeit zu vermeiden, wird gebeten, von langen Denkschriften und umfangreichen Ausarbeitungen abzusehen. Je kürzer und prägnanter der Vorschlag ist, um so eher kann er verwirklicht werden. Namen und Adresse des Absenders sind beizufügen!

Es muß gelingen, den Befehl des Führers so schnell und so gründlich wie nur möglich durchzuführen. Jeder hat Gelegenheit mit dazu beizutragen. Darum Augen auf, wo noch etwas zu verbessern, zu rationalisieren, zu vereinfachen oder als nicht kriegswichtig abzuschaffen ist.

Feldpostnummer 08 000! Kennwort: »Totaler Kriegseinsatz.«[205]

Merkwürdig! Die Nazis wissen, daß seither Scheinarbeitsverträge bestanden haben und versäumten es, zuzugreifen.

Wie wäre es übrigens mit einem Fronteinsatz sämtlicher Parteibonzen?

4. Aug. 1944

VÖLKISCHER BEOBACHTER ⟨31.7.44.⟩

Mobilisierung deutscher Leistungsreserven

Der verstärkte Einsatz der Kriegsheimarbeit

Berlin, 30. Juli ⟨44⟩

Reichsorganisationsleiter Dr. Ley und Reichsminister Speer sprachen auf einer Arbeitstagung von Mitgliedern der Rüstungskommissionen, den Gauwaltern für Heimarbeit der Deutschen Arbeitsfront, Vertretern der Parteikanzlei, der Reichsfrauenführung, des Bevollmächtigten für den Arbeitseinsatz sowie Betriebsführern der deutschen Wirtschaft über den verstärkten Einsatz der Kriegsheimarbeit.

Dr. Ley hat hierbei auf die einmalige Leistungsbereitschaft des deutschen Volkes hingewiesen, welches selbst unter härtesten kriegsbedingten Arbeitsverhältnissen bis zum letzten Mann und zur letzten Frau bereit ist, seinen Beitrag zum totalen Kriegseinsatz zu leisten.

Die auf einer Schulungsstätte der NSDAP. abgehaltenen Arbeitsbesprechungen wurden von Hauptdienstleiter Dr. Hupfauer gleichzeitig im Auftrage des Reichsministers für Rüstung und Kriegsproduktion sowie des Reichsorganisationsleiters und Leiters der Deutschen Arbeitsfront geleitet. Hauptdienststellenleiter Dr. Hupfauer und weitere führende Persönlichkeiten des Wirtschaftslebens und der Sozialpolitik wiesen im einzelnen Wege zur praktischen Durchführung der wirksamen und umfangreichen Erweiterung der Kriegsheimarbeit in allen ihren möglichen Erscheinungsformen.

Wie Reichsorganisationsleiter Dr. Ley ausführte, wird im Zuge der Mobilisierung der deutschen Leistungsreserven auch die Kriegsheimarbeit in stärkstem Umfang ausgedehnt. Um einen vollen Erfolg zu erzielen werde sich auch die Partei sowie insbesondere die Deutsche Arbeitsfront voll in den Dienst dieser Aufgabe stellen. Immer wieder treffe er, Dr. Ley, bei seinen ständigen Besuchen von Betrieben in allen deutschen Gauen außerordentliche Arbeitsleistungen an. Die deutschen Arbeiter schaffen ebenso wie das Landvolk mit einem Fleiß und einer Ausdauer, die früher nicht für möglich gehalten worden wären. Trotz des intensiven Arbeitstempos seien jedoch noch vielfach Leistungsreserven vorhanden.

Dr. Ley äußerte sich dann über einige Einzelheiten der verstärkten Kriegsheimarbeit im Sinne der totalen Mobilmachung des gesamten Volkes. Heimarbeiter und Heimarbeiterinnen stünden uns im großen Umfang zur Verfügung, und nun komme es darauf an, daß die Betriebe von diesen zusätzlichen Produktionsmöglichkeiten reichlich Gebrauch machen. Es sei Vorsorge getroffen, daß von der Deutschen Arbeitsfront, die bereits über langjährige Erfahrungen bei der Betreuung der Heimarbeit besitze, weitgehend Hilfe zur praktischen Verwirklichung der verstärkten Heimarbeit geleistet werde. Wichtig und vordringlich sei insbesondere die rechtzeitige Beschaffung bzw. Disponierung von Fertigungen, die für die Heimarbeit geeignet seien. In mehreren Gauen seien seit geraumer Zeit mit größtem Erfolg entsprechende Versuche angestellt worden. Es sei selbstverständlich, daß vor allem für die Frauen, die sich jetzt der Kriegsheimarbeit zur Verfügung stellen, die erforderliche soziale Fürsorge geleistet werde (z.B. Einrichtung von Kindertagesstätten usw.). Auch das Handwerk wäre in der Kriegsheimarbeit sehr nützlich.

Es gäbe in Deutschland noch ungezählte Möglichkeiten der Mobilisierung von Arbeitskräften, die jetzt energisch und umsichtig ausgeschöpft würden. Die größte Reserve unserer Nation sei jedoch das Volk in seiner beispielhaften Haltung selbst, die Partei und in erster Linie der Führer, der die Gewähr biete, daß die jetzigen Anstrengungen der Nation im Siege unserer Waffen enden werden.[206]

Außer der Verordnung gegen die Scheinarbeit[207] ist am 30. Juli 1944 eine weitere Maßnahme zur Totalisierung der Kriegsanstrengungen in Kraft getreten. Die Altersgrenze der meldepflichtigen weiblichen Arbeitskräfte ist vom 45. auf 50. Lebensjahr heraufgesetzt worden. Alle Frauen zwischen dem vollendeten 45. und dem vollendeten

50. Lebensjahr unterliegen also jetzt der gesetzlichen Meldepflicht für den Arbeitseinsatz.[208]

Die Nazis stehen auf dem Standpunkte, daß diese Frauen im Vergleich zu jüngeren Frauen ein fast friedensmäßiges Dasein geführt haben. –

Der gesamte Staatsapparat wird radikal dem Krieg angepaßt

Dr. Goebbels kündigt einschneidende Maßnahmen an – Stillegung ganzer Arbeitsgebiete des öffentlichen Dienstes – Ministerbesprechung in Berlin

dnb. Berlin, 31. Juli. Unter dem Vorsitz des Chefs der Reichskanzlei, Reichsminister Dr. Lammers, fand in Berlin eine Besprechung der Reichsminister, der Leiter der Obersten Reichsbehörden, der Chefs der Zivilverwaltung in den besetzten Gebieten und der Staatssekretäre der Reichsministerien statt, in deren Mittelpunkt Ausführungen des Reichsbevollmächtigten für den totalen Kriegseinsatz, Reichsminister Dr. Goebbels, standen.

In seinen einführenden Worten verwies Reichsminister Dr. Lammers auf den Zusammenhang zwischen den ersten Maßnahmen, die im Frühjahr 1943 zum Ziele der Totalisierung des nationalen Kriegseinsatzes durchgeführt wurden und der grundlegenden Erweiterung, die der damalige, an einen Dreierausschuß des Reichskabinetts gerichtete Führerauftrag durch die jetzige Bestellung eines Reichsbevollmächtigten erfahren hat. Nun sei ein Instrument geschaffen, das die völlige Konzentration der Kräfte und Ausschöpfung der Reserven unseres Kriegspotentials gewährleiste, und dabei eine kraftvolle, mit der Volksführung und Menschenführung vertraute Persönlichkeit zur Wirkung bringe.

In mehr als einstündigen, sehr eindringlichen Ausführungen, die auch zahlreiche wichtige Einzelfragen beleuchteten, gab Reichsminister Dr. Goebbels einen Ueberblick über die Grundsätze und Methoden, mit denen er seinen Auftrag als Reichsbevollmächtigter für den totalen Kriegseinsatz wahrzunehmen beabsichtigt. Unser fester Wille, die heutige Kriegslage zu meistern, zwinge uns dazu, einschneidende Maßnahmen zu ergreifen. Mutig und vorbehaltlos müsse daran gegangen werden, den ganzen Staatsapparat ausschließlich für den eigentlichen Kriegszweck einzusetzen und alle Arbeiten, die nicht unmittelbar mit den Kriegsbedürfnissen zusammenhingen, einzustellen. Auch mit der Stillegung ganzer Arbeitsgebiete des öffentlichen Dienstes müsse gerechnet werden, da vor allem durch solche tiefgreifenden Maßnahmen große Kraftreserven für den unmittelbaren Kriegseinsatz an der Front und in der Rüstung freigemacht werden.

Dr. Goebbels betonte in diesem Zusammenhang erneut den Grundsatz, daß alle Opfer und Lasten, die dabei das deutsche Volk treffen werden, gleichmäßig und ohne Unterschied auf alle Schichten der Nation verteilt und von ihnen gemeinsam getragen werden müßten. Zum Schluß seiner Ausführungen richtete er einen besonderen Appell an alle Chefs der Obersten Reichsbehörden, in eigener Initiative die Entwicklung Deutschlands zu einem wahren »Volk im Kriege« voranzutreiben. »Wir haben«, so betonte Dr. Goebbels mit Nachdruck, »die wirkungsvollsten Pfänder des Sieges in der Hand, wenn wir sie nur restlos mobilisieren. Ich bin überzeugt, daß wir auch das neue, vom Führer bezeichnete Ziel erreichen und daß dies im wahren Sinne des Wortes kriegsentscheidend sein wird.«

Reichsminister Dr. Lammers gab im Anschluß an die Ausführungen Dr. Goebbels' dem Willen der Mitglieder des Reichskabinetts und aller Anwesenden Ausdruck, Dr. Goebbels einmütig zu unterstützen und seine Forderungen mit aller Energie in die Tat umzusetzen, bis zum Sieg unserer gerechten Sache.[209]

Meine Meinung: Es unterliegt gar keinem Zweifel, daß in Deutschland noch eine Ausschöpfung von Reserven möglich ist, sofern rücksichtslos zugegriffen wird. Diese radikalen Maßnahmen mußten jedoch schon vor mehreren Jahren getroffen werden. Die Menschen, die heute in den Kriegseinsatz gepreßt werden, sind durchweg wenig begeisterte und vor allen Dingen ungelernte Arbeiter. In Rußland wurde im Herbst 1941 eine Totalisierung des Kriegseinsatzes durchgeführt. Es hat 2 bis 3 Jahre gedauert, bis in Rußland die Wirkungen der totalen Mobilisierung an der Front klar zu erkennen waren. Als feststehend kann deshalb gelten, daß jede Maßnahme bis zur Auswirkung mehr oder weniger Zeit beansprucht. Da die Gegner augenblicklich aber an allen Fronten mit starken Kräften den Grenzen Deutschlands zustreben, ist für Deutschland überhaupt keine Zeit zu verlieren. Es fehlt aber nicht nur an Zeit, es mangelt auch an Material in jeder Beziehung. Abgesehen davon gibt es ein Maß in allen Dingen, und es gibt auch bestimmte Grenzen, die nicht überschritten werden können. –

a) *Meintat:* zu mhd. *mein-tât* ›falsche, treulose Tat‹, zu mhd. *mein* ›Verbrechen‹, das heute standardsprachlich nur noch in *Meineid* erhalten ist.

Drückeberger werden als Feiglinge vor dem Feind bestraft

Der Gauleiter sprach in Alzey über den totalen Kriegseinsatz der Heimat

nsg. Frankfurt a. M., 30. Juli ⟨44⟩. Zu einem eindrucksvollen Bekenntnis der unerschütterlichen Kampfgemeinschaft von Front und Heimat gestaltete sich eine Kundgebung der Partei in der Kreisstadt Alzey, auf welcher Gauleiter und Reichsstatthalter Sprenger am Sonntagvormittag zu mehreren tausend Volksgenossen über die Pflichten sprach, die das Gebot der Stunde heute jedem Deutschen auferlege.

Auf dem fahnengeschmückten Marktplatz hatten sich mit der Stadt- und Landbevölkerung, den Formationen der Partei und ihrer Gliederungen, mehrere hundert verwundete Soldaten und Ehrenformationen der Wehrmacht versammelt. Das gemeinsam gesungene Sturmlied der Bewegung vom Kampf gegen die rote Front leitete die Kundgebung ein. Nachdem dann der Leiter des Kreises Alzey, Oberbereichsleiter Wirth, den Gauleiter mit herzlichen Begrüßungsworten willkommen geheißen hatte, ergriff dieser das Wort zu einer die Herzen und Gemüter aufrüttelnden Rede.

Seine Worte, die zunächst auf die entscheidende Bedeutung der geistig-seelischen Haltung unseres Volkes hinwiesen, kennzeichneten dann treffend die anglo-amerikanisch-bolschewistischen Gegner als Söldlinge des Weltjudentums. Die von alttestamentarischem Haß erfüllten Ausrottungspläne des Judentums gegenüber dem deutschen Volk, so führte der Gauleiter hierbei aus, sind vor allem darauf zurückzuführen, daß sich der Jude schon längst im Besitz der Weltherrschaft gewußt hätte, wenn ihm nicht das Deutschland Adolf Hitlers als europäische Ordnungsmacht in den Weg getreten wäre. Die Vorsehung ist mit dem deutschen Volke gewesen, als sie ihm nach dem ersten Versklavungsversuch unserer Nation, nach dem Schanddiktat von Versailles, den Führer sandte, der es aus Knechtschaft und Zerfall wieder zu Macht und Ansehen führte. Der Gauleiter erinnerte dabei an den Weg des Führers, der schließlich den Traum vom Reich, dem die Besten unseres Volkes in allen Jahrhunderten mit dem Einsatz ihres kämpferischen Lebens verbunden waren, verwirklichte. Gegen diesen Erfolg der nichts anderes als die Sicherung der Lebensrechte unserer Art bedeutete, ist schließlich das Weltjudentum mit einer anglo-amerikanisch-bolschewistischen Koalition erneut aufgetreten, um das deutsche Volk für immer unter seine Willkürherrschaft zu bringen.

Nach einem kurzen Ueberblick über den bisherigen Ablauf des Krieges, der den Versammelten noch einmal den Stolz für den unvergleichlichen Siegeslauf des deutschen Soldaten nahebrachte, stellte der Gauleiter mit den Worten des Führers fest, daß die vom Gegner in den letzten beiden Jahren errungenen Vorteile sich nunmehr langsam aber stetig auf unsere Seite verlagern werden. Der erste Vorgeschmack davon ist dem Feinde in dem Augenblick gegeben worden, so führte er aus, als er glaubte, uns den Todesstoß versetzen zu können. Die erste Vergeltungswaffe nahm ihren Weg nach England und brachte Schrecken und Vernichtung in eines der Hauptaufmarschgebiete des Feindes. Weitere Ueberraschungen, die davon zeugen werden, daß deutscher Erfindergeist in den vergangenen Jahren nicht geschlafen habe, werden unserer Front auch in technischer Hinsicht die Rüstung zur Ueberwindung der zurzeit noch vorhandenen materiellen Ueberlegenheit des Feindes in die Hände geben.

Der Gauleiter ging dann auf die Verschwörung des kleinen reaktionären Offizierklüngels gegen die Freiheit des deutschen Volkes ein. Ausgerechnet in diesem Augenblick, wo wir im Begriff sind, die überragenden Ergebnisse unserer Forschung und Arbeit der vergangenen Jahre zum Einsatz zu bringen, so führte er aus, fanden sich erbärmliche Schufte, die als Söldlinge einer fremden Macht einen ruchlosen Anschlag auf das Leben des Führers unternahmen. So wie aber hier ein Gottesurteil diese Schandtat vereitelte und der Führer unverletzt blieb, wird auch das Leben des deutschen Volkes durch den Sieg über seine Feinde bewahrt bleiben. Nach dem lähmenden Entsetzen über die Meintat[a], nach der tiefen Dankbarkeit gegenüber der Vorsehung für die wunderbare Errettung des Führers fordere das deutsche Volk nun aber, daß auch die letzte Kraft der Nation für die Erringung des Sieges eingesetzt werde. Das Volk, das in seiner überwiegenden Mehrheit seit Jahren arbeite, kämpfe und opfere, verlange, daß auch diejenigen, die sich bisher durch Appelle an die Moral nicht auf ihre Pflichten besannen, nun durch zwingende Gesetze dem Kriege verpflichtet werden. Jeder, der sich vor der Arbeit drücke und jeder, der anderen zu dieser Drückebergerei verhelfe, werde daher in Zukunft so bestraft werden, wie das einem Verbrechen der Feigheit vor dem Feinde gebühre. Als eine unerschütterliche Gemeinschaft nationalsozialistischer Revolutionäre werden Front und Heimat mit fanatischer Hingabe dem Kriege geben, was des Krieges ist und das ist zur Stunde alles. Der Tag, wo die in der göttlichen Ordnung der Welt begründete Idee des Nationalsozialismus dann über die Tyrannei des Weltjudentums den Sieg davontragen wird, so schloß der Gauleiter seine Rede, kann dann nicht ausbleiben.

Der lebhafte Beifall der Versammelten dankte dem Gauleiter für seine glaubensstarken, wegweisenden Worte. Als Antwort und zustimmendes Bekenntnis hallte das Lied »Volk ans Gewehr« über den Platz. Es war gleichsam der kämpferische Ausdruck der Empfindung der Versammelten, die den an sie ergangenen Appell im Alltag mit erhöhter Einsatzfreude und Tatbereitschaft erfüllen werden.[210]

Aus dem Führerhauptquartier, 24. Juli ⟨44⟩
Das Oberkommando der Wehrmacht gibt bekannt:
In der Normandie kam es gestern zu keinen größeren Kampfhandlungen. Der Feind führte nur südwestlich Caen mehrere Angriffe, bei denen er 19 Panzer verlor, ohne Erfolge zu erringen. Am Westflügel des Landekopfes wurde ein örtlicher Einbruch aus den Vortagen im Gegenstoß beseitigt. Der Feind verlor dabei 450 Tote und 300 Gefangene.
Im französischen Raum wurden durch Fallschirm abgesetzte englische Sabotagetrupps und 219 Terroristen im Kampf niedergemacht.
Das Vergeltungsfeuer auf London wurde bei Tag und Nacht fortgesetzt.

Seit einiger Zeit melden die Berichte des Oberkommandos der Wehrmacht, daß »Terroristen niedergemacht« worden sind.

»Niedergemacht« ist ein ganz niederträchtiger Ausdruck. Dem Anscheine nach gibt es ⟨nur⟩ in Deutschland Freiheitskämpfer und Freiheitshelden. Bei den anderen Völkern sind das Banditen und Terroristen. Der französische »Terrorist« ist nichts anderes als der deutsche Freiheitskämpfer.

Europäische Presse zum Attentat auf den Führer

»Wir danken der Vorsehung, daß er Europa erhalten blieb«[211]

Wegen Mittäterschaft am Attentat auf den Führer gesucht

DNB. **Berlin,** 1. August ⟨44⟩

Wegen Mittäterschaft am Attentat auf den Führer am 20. Juli 1944 ist seit diesem Tage flüchtig geworden: Oberbürgermeister a. D. Dr. Karl Gördeler[212], 31. Juli 1884 in Schneidemühl geboren, zuletzt wohnhaft gewesen in Leipzig.
Für Angaben, die zu seiner Ergreifung führen, wird eine Belohnung von 1 000 000 RM. ausgesetzt. Alle Personen, die irgendwelche Angaben machen können, werden gebeten, sich bei der nächsten Polizeibehörde zu melden.[213]

Aufn.: Presse-Hoffmann

Das muß ein kostbarer Gegner von Adolf Hitler sein, wenn 1 Million Belohnung auf seinen Kopf gesetzt wird.

Tagesbefehl des Reichsführers SS an das Ersatzheer

dnb. Berlin, 2. August ⟨44⟩. Der Reichsführer SS Heinrich Himmler hat als Befehlshaber des Ersatzheeres folgenden Tagesbefehl erlassen:

»Am 20. Juli hat mich unser Führer und Oberster Kriegsherr Adolf Hitler zum Befehlshaber des Ersatzheeres und Chef der Heeresrüstung ernannt.

Heute, am 1. August, an dem vor dreißig Jahren der Kampf um die Erhaltung, um das Leben unseres deutschen Volkes begann, wende ich mich zum ersten Male an euch.

Front und Heimat erwarten mit Recht vom Ersatzheer größte Leistungen.

Wir werden weder die Kameraden an der Front, noch das teuerste, was unser Volk hat, Kinder, Frauen und Eltern, enttäuschen.

Ich weiß, das Heimatheer wird beispielhaft in seiner Treue und seinem Gehorsam sein.

Ich befehle, daß in Garnisonen und Stäben Tag für Tag zumindest solange ausgebildet, Dienst geleistet und Pflicht erfüllt wird, solange der Rüstungsarbeiter in seiner Fabrik arbeitet.

Ich fordere, daß von Offizier und Mann und allen Angehörigen des Heeres kompromißlos und ehrlich Absage getan wird jeder Selbstsucht und dem verfluchten Etappengeist.

Ich verlange, daß jeder Offizier und jeder Mann, der in der Heimat eingespart werden kann, seinem Wunsche gemäß zur Front geschickt, oder wenn er dafür aus Gründen des Alters und der Gesundheit nicht tauglich ist, zur Rüstungsarbeit freigegeben wird.

Von den Offizieren und Beamten insbesondere erwarte ich, daß sie nur das eine Vorrecht wahrnehmen: mehr Pflichten zu erfüllen, mehr Dienst zu tun und an der Front noch tapferer und standhafter als die Männer zu sein.

Niemals wankend in unserer Treue und in unserem Glauben, ohne Zögern in unserem Gehorsam, anständig in unserer Gesinnung, nimmer müde in unserem Fleiß, gewissenhaft in der Erfüllung unserer Pflichten haben wir uns vorgenommen, durch Tat und Leistung die Schande des 20. Juli vergessen zu machen und zu werden des Führers und seines Reiches nationalsozialistische Volksarmee.

H. Himmler,
Reichsführer SS, Befehlshaber des Ersatzheeres.
Feldkommandostelle, 1. August 1944«[214]

Das Heer stößt die Verräter aus seinen Reihen

Führerhauptquartier, 4. August ⟨44.⟩

Das Heer hat dem Führer den Wunsch unterbreitet, zu sofortiger Wiederherstellung seiner Ehre schnellstens durch eine rücksichtslose Säuberungsaktion auch von den letzten am Anschlag vom 20. Juli 1944 beteiligten Verbrechern befreit zu werden. Es möchte die Schuldigen sodann der Volksjustiz überantwortet sehen.

Der Führer hat diesem Wunsch entsprochen, zumal der schnelle und tatkräftige Zugriff des Heeres selbst den volks- und hochverräterischen Anschlag im Keime erstickt hat:

Im einzelnen hat der Führer bestimmt:

Ein Ehrenhof von Feldmarschällen und Generalen hat zu prüfen:
wer an dem Anschlag irgendwie beteiligt ist und aus dem Heer ausgestoßen werden soll,
wer als verdächtig zunächst zu entlassen sein wird:

In diesen Ehrenhof hat der Führer berufen:

Generalfeldmarschall Keitel
Generalfeldmarschall v. Rundstedt
Generaloberst Guderian
General der Infanterie Schroth
Generalleutnant Specht
Als Vertreter:
General der Infanterie Kriebel
Generalleutnant Kirchheim

Der Führer hat sich vorbehalten, über die Anträge des Ehrenhofs persönlich zu entscheiden.

Soldaten, die der Führer ausstößt, haben keine Gemeinschaft mehr mit den Millionen ehrenhafter Soldaten des Großdeutschen Reiches, die die Uniform des Heeres tragen und mit den Hunderttausenden, die ihre Treue mit dem Tode besiegelten. Sie sollen daher auch nicht von einem Gericht der Wehrmacht, sondern zusammen mit den anderen Tätern vom Volksgerichtshof abgeurteilt werden.

Dasselbe muß gelten für die Soldaten, die zunächst aus der Wehrmacht entlassen werden.

Die Anträge des Ehrenhofes

Der vom Führer berufene Ehrenhof des Heeres ist am 4. August zusammengetreten und hat auf Grund der vorliegenden Untersuchungsergebnisse dem Führer folgende Anträge unterbreitet:

Aus der Wehrmacht werden ausgestoßen:

a) die in Haft befindlichen:
Generalfeldmarschall von Witzleben,
General der Nachrichtentruppen Fellgiebel,
Generalleutnant v. Hase,
Generalmajor Stieff,
Generalmajor v. Treskow,
Oberst i. G. Hansen,
Oberstleutnant i. G. Bernardis,
Major i. G. Hayessen,
Hauptmann Klausing,
Oberleutnant d. R. Graf von der Schulenburg,
Oberleutnant d. R. v. Hagen,
Leutnant d. R. Graf York von Wartenburg.

b) Die am 20. Juli standrechtlich Erschossenen:
General d. Inf. Olbricht,
Oberst i. G. Graf von Stauffenberg,
Oberst i. G. Mertz v. Quirnheim,
Oberleutnant d. R. von Haeften.

c) Die Verräter, die sich durch Selbstmord selbst als schuldig bekannt haben:
Generaloberst a. D. Beck,
General d. Artl. Wagner,
Oberst i. G. von Freytag-Loringhoven,
Oberstleutnant Schrader.

d) Die Fahnenflüchtigen:
General d. Artl. Lindemann,
Major i. G. Kuhn (zu den Bolschewisten übergelaufen).

e) Ein Antrag auf Ausstoßung des ehem. Generalobersten Höppner erübrigt sich, da Höppner – als im Jahre 1942 bereits aus der Wehrmacht ausgestoßen – dem Heer nicht mehr angehört.

Der Führer hat den Anträgen stattgegeben. Die Ausgestoßenen werden dem Volksgerichtshof zur Aburteilung übergeben.

Die Verhandlung vor dem Volksgerichtshof gegen die Schuldigen findet in Kürze statt.[215]

Reichs- und Gauleitertagung der NSDAP.
Ein heiliger Volkskrieg!
Goebbels, Speer und Himmler über den Einsatz des deutschen Kräftepotentials

Berlin, 5. August ⟨44.⟩

Die Nationalsozialistische Parteikorrespondenz meldet:

Am 3. und 4. August fand eine Tagung der Reichsleiter, Gauleiter und Verbändeführer der NSDAP. statt. Die Tagung, die vom Leiter der Parteikanzlei, Reichsleiter Bormann, einberufen worden war und unter seiner Leitung stand, wurde zu einer bedeutsamen und eindrucksvollen Kundgebung der inneren Geschlossenheit und des festen Siegesvertrauens. Die Zusammenkunft war beherrscht vom Geiste unbeugsamen Willens und leidenschaftlicher Kampfentschlossenheit. Sie stand ganz im Zeichen der Forderungen und Aufgaben der gegenwärtigen Stunde.

Sowohl der Reichsbevollmächtigte für den totalen Kriegseinsatz, Reichsminister Dr. Goebbels, wie der Reichsminister für Rüstungs- und Kriegsproduktion, Reichsminister Speer, und der Befehlshaber des Heimatheeres, Reichsführer SS Himmler, gaben in jeweils mehrstündigen Ausführungen Berichte und Überblicke über die gegenwärtige Lage auf allen Gebieten der nationalen Kriegsanstrengung.

Sie vermittelten der versammelten Parteiführerschaft wichtige Richtlinien für die erforderlichen Maßnahmen und richteten an sie den Appell, die großen Möglichkeiten und Kraftreserven, die dem deutschen Volke in seinem entscheidungsvollen Kampf zur Verfügung stehen, voll auszuschöpfen und entschlossen einzusetzen.

Reichsleiter Dr. Goebbels, der als erster Redner das Wort ergriff, erklärte es als die geschichtliche Aufgabe der Partei, die Nation zur höchsten Kraftanstrengung mitzureißen, um dem Krieg eine neue entscheidende Wende zu geben. Er entwarf ein großes Programm des Kriegseinsatzes der Heimat. Im deutschen Volk ruhe ein gewaltiges und bei vollem Einsatz unüberwindliches Kräftepotential. Es jetzt voll auszuschöpfen und ganz einzusetzen sei nicht nur eine Lebensfrage der ganzen Nation, sondern auch eine Ehrensache ihrer Führung. Das deutsche Volk müsse sich erheben wie in den großen Zeiten deutscher Geschichte, dann werde es auch jetzt das Schicksal meistern.

Reichsminister Speer gab der Parteiführerschaft einen ins einzelne gehenden Überblick über die bisherige außerordentliche Aufwärtsentwicklung der deutschen Rüstungsproduktion, über ihren gegenwärtigen Stand und die weiteren großen Forderungen, die zur Wiedergewinnung eines technischen Übergewichts über den Feind von der heimatlichen Produktion erfüllt werden müssen. Es komme jetzt darauf an, nicht nur mehr Waffen und neue Waffen herzustellen, sondern gleichzeitig der kämpfenden Front mehr Soldaten zu geben. In überzeugender Weise wies Reichsminister Speer nach, daß die Erfüllung aller dieser für den Sieg des Reiches entscheidenden Forderungen nicht nur möglich, sondern gewiß ist, wenn alle vorhandenen nationalen Kraftreserven voll zur Wirkung gebracht werden. Das deutsche Volk besitze nicht zuletzt auf technischem Gebiet die Chance für den Endsieg und werde sie entschlossen und mit aller Kraft ergreifen.

Die Reihe der Vorträge auf der Tagung der Reichs- und Gauleiter wurde abgeschlossen durch eine mehrstündige überaus eindrucksvolle Rede des Reichsführers SS Himmler. Nachdem er der Parteiführerschaft einen ausführlichen Bericht über die verbrecherischen Vorgänge des 20. Juli gegeben hatte, wandte sich der Reichsführer SS den Gedanken und Grundsätzen zu, mit denen er seine neue Aufgabe innerhalb des deutschen Heeres erfüllen wird. Der gegenwärtige Kampf um das Schicksal unseres Reiches müsse ein heiliger Volkskrieg sein und als solcher geführt werden. Die Grundsätze der nationalsozialistischen Volksarmee seien Treue und Gehorsam, Tapferkeit und Standhaftigkeit, ihre einzige Aufgabe und ihr Ziel: den Krieg zu gewinnen. Das Schicksal schmelze heute die Armee, die Partei und ganz Deutschland zu bedingungsloser Einigkeit zusammen. Enger geschlossen als jemals zuvor werde sich das deutsche Volk des Führers und seines Beispiels würdig zeigen, die große Prüfung bestehen und die Entscheidung des Krieges für sich erzwingen.

Reichsleiter Bormann gab in seinem Dank an die Parteigenossen Dr. Goebbels, Speer und Himmler der Entschlossenheit der versammelten Parteiführerschaft Ausdruck, in leidenschaftlichem Einsatz und mit allen ihren Kräften die geschichtliche Aufgabe der Partei im Kampf für den Sieg des Reiches zu erfüllen. Er schloß die Tagung mit dem Gruß an den Führer.[216]

Gläubiges Vertrauen und seine Grundlagen

dz. Berlin, 6. August ⟨44⟩. (Drahtbericht unserer Berliner Schriftleitung.) Wenn Reichsleiter und Reichsarbeitsführer Hierl zum Abschluß einer Tagung der Parteiführerschaft im Führerhauptquartier sagte, daß es für die Treue zum Führer keine Einschränkung und keine Steigerung gäbe, so soll diese Antwort auf die Ausführungen und auf den Appell des Führers für die überwältigende Mehrheit der ganzen deutschen Nation gelten. Wenn uns der Führer sagt, daß er noch nie in seinem Leben so zuversichtlich gewesen sei wie nach dem 20. Juli, so erfüllt uns das alles gerade in einer Zeit, wo unter dem Generalansturm der Feinde aus allen Himmelsrichtungen der äußere Anschein der Ereignisse manchmal gegen uns sprechen könnte, mit einer tiefen Ruhe als der Grundlage einer absoluten Zuversicht ebenso sehr wie der höchstgesteigerten Anstrengungen. Aus dem Munde des Führers, der unser grenzenloses und blindes Vertrauen immer rechtfertigt und rechtfertigen wird, erfahren wir heute, daß nach der Selbstentlarvung der Verräter die Quelle einer verbrecherischen Sabotage und damit die Ursache vieler Fehlschläge endgültig zerstört ist. Während bis zum 20. Juli die Schuldigen sich geschickt zu tarnen wußten und darum nicht recht zu fassen waren, ist jetzt die geradezu explosive Entfaltung gewaltiger, noch nicht ausgeschöpfter Kräfte der Nation freigeworden. Und dann, das hat der Führer festgestellt, wenn im Rücken absolute Sicherheit, gläubiges Vertrauen und treue Mitarbeit herrschen, dann kann am Ende dieses gewaltigen Ringes nichts anderes als unser Sieg stehen.

Es grenzt schon ans Wunderbare, wenn in der denkbar kürzesten Frist, seitdem die uneingeschränkten Maßnahmen zum totalen Kriegseinsatz eingeleitet sind, bereits die ersten durchaus noch improvisierten Anstrengungen gegenüber der bolschewistischen Lawine im Osten schon erkennbare Erfolge erzielt haben. Wenn weit östlich von Warschau ein sowjetisches Panzerkorps vernichtet werden konnte, wenn im Raum zwischen Weichsel und Memel, in Lettland und zwischen Düna und Pleskauer See die Ortsnamen der Kampfhandlungen seit einer Woche im wesentlichen die gleichen geblieben sind, so deutet das doch schon sehr deutlich eine kommende Wende an, ohne daß wir uns auch weiterhin nicht verhehlen wollen, daß die Sowjets alle ihre Kräfte erneut sammeln, um zu ihrem strategischen Ziel zu gelangen, ehe ein operativer Gegenschlag auf der Grundlage der umfassendsten deutschen Volkserhebung und eines entscheidenden waffentechnischen Vorsprungs zur Auswirkung gelangen kann. Wie man die Möglichkeiten der Entwicklung nach dieser Richtung im angloamerikanischen Lager beurteilt, das bezeugt ein Londoner Bericht der spanischen Zeitung »Arriba«. Man hoffe in England und den Vereinigten Staaten zwar, so heißt es in diesem Artikel, daß Deutschland nicht die notwendige Zeit gewinnen werde. Man sei aber doch über die Tatsache stark beunruhigt, daß das Deutsche Oberkommando noch nicht auf seine Reserven zurückgegriffen habe. Zwar sei Deutschland gezwungen gewesen, infolge der kritischen Lage im Osten seine Streitkräfte an der dortigen Front zu verstärken, aber trotzdem habe die deutsche Führung immer noch nicht die unbekannten strategischen Reserven angegriffen und ins Feld geführt.

Wenn die Entwicklung an der Ostfront schon deutlich Stabilisierungsmomente erkennen läßt, so braucht andererseits der Ausbruch der amerikanischen Panzerkräfte aus der Frontlücke von Avranches so lange kein Anlaß zu Besorgnis zu geben, wie eben diese Frontlücke noch so schmal ist und infolgedessen das tollkühne amerikanische Ausbruchsmanöver auf den über 100 km langen Flanken aufs Aeußerste bedroht bleibt. Der Sperriegel an der Caen-Front ist intakt und [an] allen Abschnitten südlich Caen sowie nordöstlich und östlich von Vire blieben die starken Panzerangriffe des Feindes weiterhin völlig erfolglos. Auch der Reuter-Korrespondent von der Normandie-Front muß bestätigen, daß an einem Frontabschnitt »durch starke und hartnäckige deutsche Gegenangriffe die Alliierten mehr als 2 km zurückgetrieben worden seien«, daß die Deutschen vor Villers Bocage nicht an Boden verloren hätten, und daß bei Vire »die Lage noch sehr verwickelt sei«. »Die Deutschen«, so heißt es am Schluß des Berichtes, »haben das ganze Gebiet mit Panzern und Infanterie verstärkt und werfen neue Truppen in den Kampf, um das Gelände zu halten.«
Sehr zuversichtlich klingt das nicht. Die Lage in der Bretagne braucht daher von uns noch keineswegs als gespannt angesehen zu werden, auch wenn die Nennung von Kampforten wie Mayenne und Laval zunächst stutzig machen und auf die Absicht des Gegners deuten könnte, die deutsche Sperriegelfront im Raum westlich Avranches bis südlich Caen von Süden her zu erschüttern. Gewiß bleibt die Lage so lange noch offen, ehe nicht zu übersehen ist, wieweit der Gegner seinen riskanten Ausbruch weiter mit starken Kräften aus dem Raum der Cotentin-Halbinsel vereinen will. Aber auch auf der Westfront kämpfen die Besatzungen unserer Stützpunkte mit erhöhter Erbitterung, und an diese erbitterte Abwehr knüpfen wir die Hoffnung, daß sie wie im Osten die zeitlichen Voraussetzungen für die Stabilisierung und schließlich für den deutschen Gegenschlag schaffen werden.[217]

In der künstlichen Darstellung von Trugbildern haben es die Nazis in ihrer Regierungszeit zu einer Meisterschaft gebracht. Das »gläubige Vertrauen« wird in allen Winkeln und Gassen gepredigt. Die Zahl derjenigen, welche mit Fanatismus an irgendwelche Wunderdinge glauben, ist noch groß.

Der 20. Juli 1944, der Tag des Anschlags, hat allen Wunderpredigern neuen Stoff geliefert.

In der Wirtschaft Geist in Altenhain hat der Eisenbahnbeamte N[...] von Mücke seine ihn beseelenden Gefühle laut und vernehmlich verkündet. N[...] führte aus, daß Hitler ein Gesandter Gottes sei, der uns den Endsieg bringen würde. Wir müßten nur glauben, und dieser Glaube mache uns innerlich und äußerlich stark. N[...] erwähnte auch, daß, wenn er seinen Sohne verlöre, er dem Vaterlande ein Opfer gebracht habe.

Es ist nicht etwa so, daß derartige Exemplare von Phantasten nur vereinzelte Erscheinungen wären, nein, die da glauben und hoffen bis zum letzten Atemzuge sind noch recht zahlreich vertreten. Vor allen Dingen sind es die Parteigenossen, die aus jeder amtlichen Verlautbarung und aus jeder Aeußerung führender Männer, neue Hoffnung und neuen Mut schöpfen.

Ich will auch etwas hoffen, und zwar sehnlichst, daß nach Kriegsende alle Märchenerzähler und Zauberer fein säuberlich aus der Menge herausgesucht werden und daß diesen Lumpen das Handwerk für alle Zeiten gelegt wird.

Die Ansprache vor dem politischen Führerkorps

Berlin, 6. August ⟨44⟩. Die Nationalsozialistische Parteikorrespondenz meldet: Am 4. August wurden die Reichsleiter und Gauleiter zum Abschluß ihrer Tagung vom Führer in seinem Hauptquartier empfangen.

Reichsleiter General Ritter von Epp machte sich zum Sprecher der Parteiführerschaft, indem er mit bewegten Worten der Freude Ausdruck gab, den Führer nach dem ruchlosen Anschlag des 20. Juli in voller Gesundheit und Schaffenskraft zu sehen.

Der Führer sprach dann zu seinem politischen Führerkorps. Er beleuchtete die Hintergründe und Zusammenhänge des 20. Juli. Bei der Beurteilung des Verbrechens dürfe, wie der Führer erklärte, nicht vergessen werden, daß diese Verräter tatsächlich nicht erst seit 1941, sondern schon seit der nationalsozialistischen Machtergreifung fortgesetzt die Anstrengungen und den Kampf der Nation sabotiert hätten. Die Clique sei zahlenmäßig begrenzt, aber einflußmäßig bedeutend gewesen. Der Führer schilderte im einzelnen, wie von diesen Kreisen ein permanenter Widerstand gegen alle Maßnahmen der Führung ausging, der sich bis zum offenkundigen Verrat an der kämpfenden Truppe und bis zur direkten Sabotage der Frontversorgung steigerte. Die überwältigende Mehrheit, hunderttausende braver deutscher Offiziere, habe mit diesem verbrecherischen Klüngel nichts gemein gehabt und wende sich [von] ihm mit Empörung und Ekel ab. Er selbst empfinde es als eine Schicksalsfügung und eine persönliche Entlastung, daß jetzt endlich dieser bisher nie greifbare innere Widerstand aufgedeckt und die Verbrecherclique beseitigt werden konnte. Jetzt gelte es, die Konsequenzen aus diesen Vorgängen zu ziehen. Schließlich werde man dann abschließend noch einmal erkennen, daß diese im Augenblick so schmähliche Tat vielleicht die segensreichste für die ganze deutsche Zukunft gewesen sei.

»Den Kampf gegen die Feinde nach außen«, so erklärte der Führer, »scheue ich nicht. Mit diesen werden wir am Ende trotz allem fertig.

Ich muß nur das Bewußtsein haben, daß im Rükken absolute Sicherheit, gläubiges Vertrauen und treue Mitarbeit herrschen. Das ist die Voraussetzung. Die Mobilisierung aller Kräfte in unserem Volke, wie sie heute stattfindet, hätten wir nicht vornehmen können, wenn das verbrecherische Treiben der jetzt beseitigten Saboteure weiter angedauert hätte. Durch den Einsatz der gesamten militärischen und inneren Kraft der Nation werden wir alle Schwierigkeiten meistern.

Ich bin dem Schicksal dafür, daß es mich am Leben ließ, nur deshalb dankbar, weil ich den Kampf weiter führen kann, denn ich glaube, daß ich für die Nation notwendig bin, daß sie einen Mann braucht, der unter keinen Umständen kapituliert, sondern unentwegt die Fahne des Glaubens und der Zuversicht hochhält, und weil ich glaube, daß das kein anderer besser machen würde, als ich es tue. Was immer für Schicksalsschläge kommen mögen, immer werde ich als Träger der Fahne gerade stehen.

Ich habe gerade durch den 20. Juli eine Zuversicht bekommen, wie vordem noch nie in meinem Leben. Wir werden diesen Krieg am Ende deshalb siegreich bestehen.«

Am Schluß der Ansprache des Führers bereitete ihm die versammelte Parteiführerschaft eine Kundgebung der Treue und des gläubigen Vertrauens. Reichsleiter und Reichsarbeitsführer Hierl gab diesem Gefühl Ausdruck mit den Worten: »Sie kennen Ihre alten Mitarbeiter und Mitkämpfer, mein Führer! Sie wissen, wie wir mit Ihnen verbunden sind. Ihr Leben ist unser Leben. Ich glaube nicht, daß es notwendig ist, Ihnen nochmals unsere Treue besonders zu bekunden. Diese Treue ist selbstverständlich, für diese Treue gibt es keine Einschränkung und auch keine Steigerung. Für uns Parteigenossen gibt es nur eine wahre Treue, und diese schließt alles in sich: Kampf und Opfer, Leib und Leben. Es lebe der Führer – Siegheil!«[218]

14. August 1944.
Auch die Herren Professoren, die mit ihrer »Wissenschaft« dem Ruhme Hitlers dienten, dürfen nicht vergessen werden:

Adolf Hitler Vollender des Reiches

Professor Walter Frank sprach im Gau Salzburg

Salzburg, 10. August ⟨44.⟩
In der von Gauleiter und Reichsstatthalter Dr. Scheel im Gau Salzburg eingerichteten Vortragsreihe der NSDAP. sprach im Mozarteum der Präsident des Reichsinstituts für Geschichte des neuen Deutschland, Professor Walter Frank, über das Thema »Deutsche Geschichte und deutsche Gegenwart«. Die Kundgebung, an der Gauleiter und Reichsstatthalter Dr. Scheel, General Schönheer in Vertretung des Befehlshabers im Wehrkreis XVIII, das Führerkorps des Gaues, das Offizierkorps des Standorts Salzburg sowie die führenden Männer des Geisteslebens teilnahmen, war über den Rahmen eines Vortrags hinaus ein auf die Ereignisse der Gegenwart abgestimmtes bedeutsames politisches Ereignis.

Nach der Eröffnung durch Gaupropagandaleiter Dr. Wolff gab Professor Walter Frank einen von tiefer Sachkenntnis getragenen Abriß über zweitausend Jahre deutscher Geschichte. Frank wandte sich gegen die Legende, die Deutschen seien ein unpolitisches Volk. Was den Deutschen gefehlt habe, sei nicht die Begabung zur Politik, sondern die ungebrochene Tradition und die Kontinuität der nationalen Entwicklung. Immer habe es in der deutschen Geschichte Hemmnisse gegeben, welche der Entwicklung eines deutschen Nationalcharakters im Wege standen. Ein Volk aber, welches die Ottonen, die Stauffer, die Welschen, die Ordensritter, schließlich den Großen Friedrich und Maria Theresia, einen Stein und Bismarck und endlich Adolf Hitler hervorgebracht habe, offenbare eine solche Fülle reichsgründender Kraft, daß der Vorwurf, es sei unpolitisch, unbegründet sei.

Professor Frank schilderte die Entwicklung der Reichsidee in zwei Jahrtausenden und stellte die Führerpersönlichkeiten der deutschen Geschichte als die schöpferische Kraftdar, die das Reich über alle politischen und konfessionellen Gegensätze hinweg seiner Vollendung entgegenführten. Mit Bismarck, so führte Professor Frank aus, seien die Deutschen wieder unter die großen Führervölker der Welt getreten. Gegen die Erbsünde der Deutschen habe der Kanzler die Gespenster der reichslosen Zeit gewendet. Nach dem Zusammenbruch von 1918 habe das »deutsche Wunder« die gewaltigste Reaktion des reichebauenden Geistes der Deutschen offenbart.
Die beste Kraft der Nation habe das Todesurteil vom November 1918 nicht anerkannt. Aus dem Mutterschoß der Nation sei zum dritten Male in den Jahrhunderten unserer modernen Entwicklung das weltgeschichtliche Genie geboren worden. Zum ersten Male aber in der deutschen Geschichte wurde das Reich von unten her gegründet und der Nationalsozialismus sei die erste große politische Volksbewegung des gesamten Deutschtums geworden, die sich in diesem Kriege in der entscheidenden Phase ihrer Bewährung befindet.
In diesem Zusammenhang erklärte Frank, der Anschlag auf den Führer sei von einer Clique feudaler, besitzbürgerlicher Prägung unternommen worden, die den aus der Tiefe des Volkes emporgestiegenen Führer als eine Kränkung ihrer vermeintlichen »gesellschaftlichen Vorrechte«, empfunden habe. Die Errettung des Führers werde mit Recht als ein Wunder Gottes bezeichnet. Die Vorsehung habe es nicht gewollt, daß die deutsche Geschichte, die mit dem Mord an Arminius begann, mit dem Mord an Adolf Hitler endete. Unser Volk habe dieses Zeichen verstanden. Heute wachse es in Kämpfen und Leiden zum Reichsvolk und Führervolk zusammen. Seine Treue zum Führer gründe sich nicht nur auf das Gebot der Ehre, sondern darüber hinaus auf die klare Einsicht, daß in Adolf Hitler heute die große Reihe unserer Reichsgründer mündet und daß sie in ihm um ihre Erfüllung kämpft.[219]

se.

Adolf Hitler wird die Vernichtung des Reiches vollenden, Herr Professor Frank[220]!

Ein Beitrag zur totalen Mobilisierung:

Betr.: Beschaffung von Schutzbekleidung aus Werkstoff für Gefangene.

Abschrift. Berlin, den 5. Juli 1944.
Reichsjustizministerium.
Zentralbeschaffungsamt
der Justizvollzugsanstalten.
Vs 5 9035/44.

Mit Bezug auf meine RV. v. 19.10.1943 (5460 Vs 5 9035).

Der auf Grund meiner vorbezeichneten Verfügung angemeldete Bedarf an Schutzbekleidung aus Werkstoff für Gefangene ist von mir bei der Firma Adolf Gerlach in Berlin SW 68, Ritterstraße 87, zur Lieferung in Auftrag gegeben worden.

Die Firma hat bei den zuständigen Stellen das Material für die Herstellung der Schutzbekleidung beantragt. Dieses ist aber noch nicht geliefert worden. Die Auslieferung der bestellten Sachen wird sich daher noch einige Zeit hinauszögern.

(Von Erinnerungen bitte ich deshalb abzusehen.).

---

15. Aug. 1944.

Dieser Fall aus der Praxis wird in der deutschen Presse oder im Rundfunk nicht besprochen werden.

Die »Mobilisierung der deutschen Leistungsreserven« und der »heilige Volkskrieg« werden das gleiche Ergebnis zeitigen wie die Beschaffung von Schutzbekleidung aus Werkstoff für Gefangene. Die Arbeitsämter werden bestimmt noch eine stattliche Zahl von Arbeitskräften in ihre Listen eintragen und die Wehrbezirkskommandos werden mit Hilfe ihrer Gesundbeter ebenfalls noch viele seitherige Unabkömmliche erfassen. Diese ganzen Maßnahmen sind jedoch viel zu spät getroffen worden, um auf den verschiedenen Kriegsschauplätzen noch eine Aenderung zu Gunsten Deutschlands herbeiführen zu können. Es muß insbesondere beachtet werden, daß die Reserven der Gegner (vor allem der Engländer und Amerikaner) bereits bereitstehen und gegenwärtig sofort in den Kampf eingreifen werden. Ferner darf nicht übersehen werden, daß die deutschen Truppen seit Juni 1944 enorme Verluste an Menschen und Material zu verzeichnen haben. Die Ausfüllung der entstandenen Lücken wird schon allein eine große Anstrengung bedeuten. Darüber hinaus aber etwa noch neue Divisionen aufzustellen wird überhaupt nicht in Frage kommen. Menschen sind noch vorhanden. Indessen ist mit Soldaten ohne Waffen kaum etwas anzufangen. In erster Linie sind also Rohstoffe notwendig. Und da hapert es ganz gewaltig.

Der Krieg geht nicht erst heute oder morgen für Deutschland verloren, er ist bereits 1943 verloren gewesen. Da hätte er auch beendet werden müssen.

19. Aug. 1944.

Der Führer: »Wir werden alle Schwierigkeiten meistern«[221] ⟨4.8.44.⟩

Der große Prophet Hitler meistert alle Schwierigkeiten, wenigstens behauptet er das. Hitler kann seiner gläubigen Herde jeden Tag etwas neues aufbinden. Es wird ihm keiner widersprechen. Die Denkfähigkeit der Masse ist sehr gering zu bewerten. Die Vergeßlichkeit überwältigend groß. Wer heilt das deutsche Volk?

Kriegsentscheidende Aufgaben für Geilenberg
Neuer Leiter des Hauptausschusses Munition

Berlin, 6. August ⟨44.⟩
Der Reichsminister für Rüstung und Kriegsproduktion, Albert Speer, hat dem bisherigen Leiter des Hauptausschusses Munition, Direktor Geilenberg, Träger des Ritterkreuzes des Kriegsverdienstkreuzes mit Schwertern, kriegsentscheidende Aufgaben übertragen, für die Direktor Geilenberg vom Führer mit einer besonderen Vollmacht ausgestattet worden ist.
Zum Leiter des Hauptausschusses Munition hat Reichsminister Speer den bisherigen Leiter von zwei Sonderausschüssen des gleichen Hauptausschusses, Generalkonsul Dietrich Stahl, berufen.[222]

»Kriegsentscheidend« klingt sehr geheimnisvoll, verpflichtet aber zu nichts. Kriegsentscheidend sind in Wirklichkeit die militärischen Maßnahmen der Gegner Deutschlands an allen Fronten. Kriegsentscheidend ist vor allen Dingen der Untergang der deutschen Armee in Frankreich und die Befreiung Frankreichs. Alle kriegsverwendungsfähigen Franzosen werden gegen Deutschland marschieren. Diesem Kräftezuwachs auf der anderen Seite hat Deutschland nichts entgegen zu setzen. Kriegsentscheidend ist schließlich auch noch das Verhalten von Bulgarien, Rumänien, Ungarn und Finnland. Wie lange noch werden diese Länder sich an der Seite Hitlers befinden? Jeder Abfall beschleunigt dann den Zusammenbruch Deutschlands. Da hilft keine sagenhafte Geheimwaffe oder Wunderwaffe.

Ein echter Nazi-General möchte sich verewigen:

General Kriebel über die Vorgänge am 20. Juli ⟨44.⟩

Das Bekenntnis der Kriegsfreiwilligen des Jahrganges 1928 der Hitler-Jugend

Rosenheim, 6. August ⟨44.⟩ **Hitler-Jugend und Wehrmacht veranstalteten am 5. August 1944 in Rosenheim gemeinsam eine eindrucksvolle Kundgebung als Bekenntnis zum freiwilligen kämpferischen Einsatz für Deutschland.**

Zahlreiche Vertreter der Partei, des Staates, der Stadt und der Wehrmacht nahmen als Ehrengäste teil. Gebietsführer Tom Stöckl erinnerte die jungen Kriegsfreiwilligen in tiefbewegten Worten an die großen Beispiele aus der deutschen Geschichte. Es war das Schicksal der Deutschen zu allen Zeiten, sich die kargsten Freuden erkämpfen zu müssen. Das hat uns hart gemacht und das deutsche Gesicht und die deutsche Seele geprägt. Männer von starkem Herzen und tiefem Glauben an den Sieg führten das deutsche Volk in Zeiten härtester Not empor zum Licht und rissen es aus Schmach und Schande: Friedrich der Große, die Helden der Befreiungskriege, Bismarck, der Führer: der Kriegsfreiwillige von 1914! Mit Wünschen und Sprüchen läßt sich das Schicksal nicht ändern. Das Leben ist ein klares Gesetz, zu dem wir uns bekennen. Als aufrechte Deutsche wollen wir kämpfen aus eigenem Entschluß, als Kriegsfreiwillige wollen wir die Stoßtrupp kämpfer der jungen Generation sein. Unser Glaube ist der, daß der Soldat und nicht das Material den Kampf entscheiden wird.

Dann spricht der Gebietsführer vom Heldentum der Grenadiere an den Fronten, dem Vorbild der Kriegsfreiwilligen, die vor ihm stehen: »Aus freiem Willen, als ganze Kerle wollt Ihr die Waffen in Eure starken jungen Fäuste nehmen, um für Führer, Volk und Heimat zu kämpfen. Das gibt Euch das Recht, Euch Kameraden dieser namenlosen Helden zu nennen, die auf allen Schlachtfeldern kämpfen und den Glauben an den Sieg nie verloren haben.«

Zum Schluß der Kundgebung sprach der Befehlshaber, General der Infanterie Kriebel, zu den Jungen. Nachdem er in Worten höchster Anerkennung die vorbildliche Zusammenarbeit von Hitler-Jugend und Wehrmacht hervorgehoben und Gebietsführer Stöckl besonders herzlich für das persönliche Eingehen auf die Erfordernisse der Wehrmacht gedankt hatte, kennzeichnete der Befehlshaber in tiefschürfenden Worten das Vorbild der Kriegsfreiwilligen, denn die höchste Weihe des Kämpfertums und des Soldatentums liegt in der Freiwilligkeit des Einsatzes für einen Eid.

»Soldaten werdet Ihr erst, wenn Ihr den Fahneneid auf den Führer geleistet habt«, führte der Befehlshaber aus. Für den Hitlerjungen, der das braune Hemd der politischen Soldaten des Führers trägt, sei dieser heilige Eid eine Selbstverständlichkeit.

»Daß es einen Bruch des Fahneneides geben kann, haben die Ereignisse des 20. Juli bewiesen, wo ein kleiner Kreis meist ehemaliger Offiziere den Fahneneid gebrochen und den wahnsinnigen Versuch gemacht hat, den Schicksalsweg der Nation mit ihren unreinen Händen abzubiegen. Es liegt in der menschlichen Unzulänglichkeit, daß, wie es beim einzelnen Schwächemomente gibt, auch im großen Rahmen eines Vielmillionenheeres schwache Elemente auftauchen können. Das ist schmerzlich, aber es berührt nicht die Gemeinschaft.

Wenn Millionen Tote im grauen Rock und Tausende und aber Tausende gefallener Offiziere des Heeres ihren Fahneneid mit dem Tode besiegelt haben, dann steht die Ehre dieses Heeres so unermeßlich hoch, daß sie nicht von einigen Schurken besudelt werden kann.

Im Gegenteil: Wenn es noch eines Beweises bedurft hätte, daß sich ein 1918 in dem Deutschland Adolf Hitlers niemals wiederholen kann und daß gerade das Heer hundertprozentig hinter diesem Führer, dem es ja sein Dasein und seinen Ruhm verdankt, steht, dann hat diesen Beweis der 20. Juli 1944 erbracht. Die Verrätergruppe wurde schon in der Bendlerstraße durch Offiziere aller Dienstgrade und Lebensalter gestellt und erledigt. Außerdem: Wo ist auch nur ein Truppenteil, nur eine Kompanie, ja nur eine Gruppe im Feldheer und im Ersatzheer gewesen, die den Gehorsam verweigert und die Befehle der Rebellen befolgt hätte? Selbst der Versuch, mit der falschen Nachricht vom Tode des Führers Verwirrung zu stiften, ist auch dort, wo man ursprünglich dieser Falschmeldung Glauben schenkte, restlos gescheitert. Diese Rebellion, die sich zu ihrer Verwirklichung nicht einmal des revolutionären Kampfes, sondern nur bürokratischer Mittelchen bediente, ist so erbärmlich zusammengebrochen, wie sie aufgezogen war.

Es war ein erhebendes Gefühl, daß ich in dieser kritischen Nacht nichts, aber auch gar nichts feststellen konnte bei den Offizieren und den Soldaten meines Wehrkreises, was auch nur im geringsten nach Sympathien mit den Berliner Verbrechern ausgesehen hätte. Hier war alles eine Empörung, eine Trauer, daß so etwas nur möglich sei, eine stille Wut, eine stumme Bereitschaft, wenn es notwendig sei, zuzuschlagen.

Es gab bei uns im Wehrkreis auch keine falschen Gerüchte und keine Unklarheiten. Wir standen in dieser Nacht in engster Tuchfühlung mit der Gauleitungen meines Befehlsbereiches, indem der Chef des Stabes in München und ich zuerst in Augsburg und dann auch in München sofort mich persönlich mit den Gauleitern zusammensetzte.

Das wäre ja auch undenkbar, daß hier im Wehrkreis mit der Hauptstadt der Bewegung und dem Traditionsgau der NSDAP. nicht alles nach einer klaren Linie gelaufen wäre, die nicht nur die Stimme des Gewissens und der Fahneneid vorschreibt, sondern der Ruf des Herzens und der wache politische Sinn, der immer die letzten Jahrzehnte hier in der frischen Luft der schwäbisch-bayerischen Hochebene geherrscht hat, kurz, die persönliche Verbundenheit mit dem Führer und seiner geschichtlichen Sendung. Dafür daß der Wehrkreis VII sich in seiner Liebe und Treue zum Führer von keinem anderen Befehlsbereich übertreffen läßt, dafür bürgt auch der Name Kriebel und meine Person.«

General Kriebel schloß mit der Aufforderung an die Kriegsfreiwilligen, sich als Vollstrecker des geschichtlichen Auftrages einzusetzen, der uns Deutschen gestellt wurde, und für ihn und den Führer zu kämpfen.[223]

20. August 1944.

Volksschädling zum Tode verurteilt

Berlin, 11. August ⟨44.⟩

Johann Hauptmann aus Oberort bei Marburg hat seit Kriegsbeginn laufend englische Sender abgehört. Er verbreitete die feindlichen Hetzparolen unter seinen Arbeitskameraden, um sie dadurch in volksverräterischer Weise zu beeinflussen. Darüber hinaus äußerte er sich auch sonst häufig in staatsfeindlichem Sinne.

Der Volksgerichtshof verurteilte den Angeklagten, der sich durch seine verabscheuungswürdigen Verbrechen selbst aus der Volksgemeinschaft ausgeschlossen hat, zum Tode. Das Urteil ist bereits vollstreckt.[224]

Jeder Arbeiter in England und Amerika kann deutsche Sender abhören, ohne daß ihm ein Haar gekrümmt wird.

In Deutschland ist es ein »verabscheuungswürdiges Verbrechen«, einen ausländischen Sender zu hören. Daraus allein mag die übrige Welt erkennen, welch ein furchtbares Regierungssystem in Deutschland wütet. –

Feindlandung im Raum Toulon – Cannes

Neuer Großangriff des Feindes südlich und südöstlich Caen
Dom von Trier durch Terrorbomber schwer getroffen

Aus dem Führerhauptquartier, 15. August ⟨44.⟩

Das Oberkommando der Wehrmacht gibt bekannt:

Südöstlich und südlich Caen ist der Feind nunmehr erneut mit starker Artillerie- und Panzerunterstützung zum Großangriff angetreten, um den im Raum nördlich Carrouges stehenden amerikanischen Verbänden, die durch unseren Gegenangriff gestern in die Abwehr gedrängt wurden, entgegenzustoßen. Nach erbitterten Kämpfen gelang es dem Feind an einigen Abschnitten, in unsere Front einzudringen. Gegenangriffe brachten ihn zum Stehen. 40 feindliche Panzer wurden abgeschossen.

Im Kampfraum von Brest wurden örtliche Angriffe des Gegners abgewiesen und erneute Bereitstellungen durch zusammengefaßtes Artilleriefeuer zerschlagen.

Die Besatzungen von St. Malo und Dinard behaupteten ihre Stützpunkte gegen den erneut mit überlegenen Kräften angreifenden Feind. Das Fort de la Varde ging nach heldenhaftem Widerstand seiner zusammengeschmolzenen Besatzung in den Abendstunden verloren.

Nachdem der Feind in den letzten Tagen seine Luftangriffe gegen Verteidigungsanlagen und Verkehrsverbindungen im südfranzösischen Küstenraum wesentlich verstärkt hatte, landete er in den frühen Morgenstunden des heutigen Tages im Raum von Toulon – Cannes. Unsere Küstenverteidigung steht im Kampf mit den feindlichen Landungstruppen.

Marineflakbatterien und Sicherungsfahrzeuge schossen über west- und südfranzösischen Küstengewässern 30 feindliche Flugzeuge ab.

Im französischen Hinterland wurden 26 Terroristen im Kampf niedergemacht.

Das Vergeltungsfeuer auf London dauert an.

In Italien verlief der Tag bei geringer örtlicher Kampftätigkeit ohne besondere Ereignisse.

Im Karpatenvorland kam es gestern nur zu örtlichen Kampfhandlungen. Im Verlauf der noch anhaltenden Kämpfe westlich Baranow wurden gestern allein im Bereich eines Armeekorps 51 feindliche Panzer abgeschossen.

Südöstlich Warka griffen die Bolschewisten mit mehreren Schützendivisionen an. Auch hier sind die Kämpfe noch in vollem Gange.

In Litauen warfen unsere Grenadiere, unterstützt von Panzern und Sturmgeschützen bei Raseinen die Bolschewisten aus einer Einbruchsstelle der letzten Tage. 63 feindliche Panzer und 18 Geschütze wurden vernichtet.

In Estland scheiterten wiederholte Angriffe der Sowjets bei Modohn. Im Einbruchsraum südwestlich des Pleskauer Sees konnten die Bolschewisten trotz sehr starken Kräfteeinsatzes gegen unsere zäh und verbissen kämpfenden Truppen nur geringfügig Boden gewinnen.

Schlachtfliegerverbände unterstützten die Abwehrkämpfe und fügten dem Feind hohe Menschen- und Materialverluste zu.

Durch die Angriffe feindlicher Bomberverbände entstanden gestern Schäden in Mannheim, Ludwigshafen, Trier und Kaiserslautern. Die Bevölkerung hatte Verluste. Der Dom von Trier wurde schwer getroffen.

In der Nacht warfen feindliche Flugzeuge Bomben auf Berlin und im rheinisch-westfälischen Gebiet. Über dem Reichsgebiet und den besetzten Westgebieten verlor der Feind gestern 22 Flugzeuge.[225]

Am 15. August 1944 vollzog sich wiederum eine Landung der Alliierten, diesmal an der Küste Südfrankreichs zwischen Toulon und Cannes. Der »genialste Feldherr aller Zeiten« ist wieder einmal von den »militärischen Idioten« unserer Gegner überlistet worden.

Diese Landung ist von größter strategischer Bedeutung. Die in Südfrankreich stehenden deutschen Truppen sind verloren. Die Franzosen werden sich erheben, und die Alliierten können sich durch das Rhône-Tal nach Deutschland sowie über die Riviera nach Italien begeben.

Humorvoll ist, daß bei dieser wenig angenehmen Situation, die Partei das Gerücht ausstreut, wir würden die gegnerischen Truppen absichtlich hereinlassen, um sie dann besser vernichten zu können!

Und das wird geglaubt!!

Es ist nichts zu dumm, es findet trotzdem sein Publikum. –

Stopft allen Schwätzern den Mund!

Schwätzer sind Verräter! – Schwerste Strafen für Ausplaudern von Staatsgeheimnissen

dnb. Berlin, 16. August ⟨44⟩. Trotz dauernder öffentlicher Mahnung, hat eine ganze Reihe von Schwätzern, meist aus Geltungssucht, in der letzten Zeit Geheimnisse auf dem Gebiet der Vergeltungswaffen weitergetragen. Die Schuldigen wurden vor ein Wehrmachtgericht gestellt und verurteilt.

V-1-Geheimnisse weitererzählt

Der 49 Jahre alte Wachtmeister K. hatte bei einer militärischen Dienststelle ein Geheimgerät abzuholen. In einem Zimmer mußte er warten. Er sagte: »Nun, macht schon, das ist für V 1.« Einer der Anwesenden erwiderte: »Was hast Du schon mit V 1 zu tun?« Wachtmeister K. erzählte nun alle wichtigen Einzelheiten dieser Waffe, sprach ferner von neuen Versuchen, zählte die Herstellungsorte und die Lieferfirmen auf. Ferner sprach er von den Entwicklungsstufen anderer Waffen. Während seiner Erzählung kamen mehrere andere Personen, darunter auch zwei Angestellte, vorübergehend hinzu. Trotzdem erzählte K. unbekümmert weiter. Er wurde zum Tode verurteilt.

Ein anderer Soldat, der zur Fertigung einer Vergeltungswaffe abkommandiert war, lernte in Berlin am Bahnhof Friedrichstraße eine Frau kennen, ging mit ihr ins Café und erzählte ihr, daß er bei einer wichtigen Waffe tätig sei. Als die Frau nach einiger Zeit bemerkte: »Ich kann doch Spionin sein, warum erzählen Sie mir das alles?«, erwiderte der Soldat, das hielte er für ausgeschlossen, und erzählte weiter, er sei auf der Reise zu einem Hauptherstellungsort der Waffe. Bei einem zweiten Wiedersehen mit dieser Frau berichtete er darüber, daß sein Arbeitsplatz bombardiert worden sei, daß aber trotzdem dort weitergearbeitet werde. Das Wehrmachtgericht verurteilte ihn zu zehn Jahren Zuchthaus.

Der 36jährige Soldat M. wurde zur Wachtmannschaft eines V-1-Werkes kommandiert und war, wie seine Kameraden, besonders auf Geheimhaltung verpflichtet worden. Bei der Unterhaltung in einer Gastwirtschaft erzählte er einem Ehepaar, daß er für V 1 Wache steht. Die Frau gab beim nächsten Alarm die Geschichte im Luftschutzkeller weiter. Von dort aus verbreitete sie sich blitzschnell durch den ganzen Ort. Der Schwätzer wurde zu sieben Jahren Zuchthaus verurteilt.

Wer zuhört, ist mitschuldig!

Das sind nur einige Fälle, die in den letzten zwei Monaten zur Aburteilung kamen. Stets handelt es sich um gedankenlose Schwätzereien und Geltungssucht. Besonders im Umgang mit Frauen glauben verantwortungslose Männer, sich durch Wichtigtuerei ein Ansehen zu verschaffen, als ob sie große Abenteurer oder Alchimisten wären. Sie verraten damit oft wichtigste militärische Geheimnisse. Jeder, der ihnen begegnet, hat die Pflicht, sie unverzüglich zum Schweigen aufzufordern. Die Zeit ist zu ernst für Schwätzer. Wir alle sind mitverantwortlich, daß ihnen unverzüglich der Mund gestopft wird. Es darf niemals so weit kommen, daß Verantwortungslose ihre Geheimnisse ausplaudern und dann erst Anzeige erstattet wird. Wer sie reden läßt, macht sich gegenüber dem Volke mitschuldig![226]

Der Ober-Henker Himmler geht um! Es ist zu beachten, daß der zum Tode verurteilte Wachtmeister ganz belanglose Dinge Deutschen erzählt hat. In der illustrierten Zeitschrift »Die Wehrmacht« ist die Waffe »V 1« sehr deutlich abgebildet.[227] Für mich unterliegt es gar keinem Zweifel, daß die Engländer über die Konstruktion der »V 1« genauestens unterrichtet sind. Für England ist es sinnlos, eine derartige Waffe hervorzubringen. Die englischen Bomber sind eine unvergleichlich bessere Waffe als das Spielzeug »V 1«. Wie lange wird überdies noch »V 1« nach England geschossen werden? Ich glaube, ihre Tage sind gezählt. Die amerikanischen Panzer befinden sich bereits in der Nähe von Paris. Von Paris bis zu den Abschuß-Rampen der »V 1« ist kein weiter Weg mehr. Wegen einer derartigen blödsinnigen Waffe werden Soldaten zum Tode verurteilt oder ins Zuchthaus gesteckt, unter der übertriebenen Behauptung, sie hätten »Geheimnisse« verraten. Die Idiotie steht in vollster Blüte.

Was wird nicht alles zum »Geheimnis« erhoben. Dabei arbeiten in allen Fabriken ausländische Arbeiter oder Gefangene. Abgesehen davon gibt es auch genügend deutsche Soldaten, die in der Gefangenschaft alles erzählen, was sie wissen. Sehr viele militärische »Geheimnisse« werden durch Lichtbildaufnahmen der Flieger ermittelt. In unserer Nachbargemeinde Freienseen wird eine Fabrik gebaut. Das ist auch ein »Geheimnis«.[228] Glaubt ein vernünftiger Mensch ein solches »Geheimnis« würde dem Gegner verborgen bleiben?

Der Gegner hat Eile – wir ringen um Zeitgewinn

Unsere angekündigten neuen Waffen haben den Feind alarmiert – Rätselraten in der Weltöffentlichkeit

bb. Berlin, 16. August ⟨44⟩. (Eigener Drahtbericht.) Raketenprinzip, Fernlenkverfahren, Flugmaschinen ohne Propeller, Flügelbomben, unbemannte Panzer – wo liegen die Geheimnisse des Künftigen? Kann der Krieg sein Antlitz völlig verändern, strategische Grundsätze aufheben, alte Gesetze unwirksam machen? Es sind eine Fülle von Fragen, die heute die Weltöffentlichkeit bewegen.

Als der englische Premier Churchill zu seinem dritten Frontbesuch in den Invasionsraum reiste, kreuzten Salven deutscher Raketenbomben als erste Anzeichen neuer deutscher Waffenentwicklung in umgekehrter Richtung den Kanal. Diese Begegnung darf als symbolisch gewertet werden. Sie bestätigt die Arbeit des deutschen Volkes, in der sich Ideen der Erfinder in die Tat umsetzen, um das Uebergewicht an Menschen und Material des Gegners durch neue Waffen auszugleichen.

Tausende alliierter Agenten sind seit Wochen tätig, diese deutschen Geheimnisse zu entschleiern. Zeitungsnotizen und eigene Beobachtungen werden wie Mosaiksteinchen zu einem Bild zusammengetragen, das noch keine Klarheit zuläßt. Luftaufklärer sind eingesetzt und in den Laboratorien der Plutokraten wird Tag und Nacht fieberhaft gearbeitet, um jenes Gegenmittel für die Dinge zu finden, deren unbekannte Gestalt man nur tastend fühlen kann. Die USA.-Regierung hat ihre diplomatischen Vertreter in den neutralen Staaten angewiesen, jede auch noch so unwichtig erscheinende Nachricht über neue deutsche Waffen einem Zentralbüro in New York zu melden, das zur Auswertung eiliger Informationen eingerichtet wurde. Meldungen der britischen und amerikanischen Presse sollen die deutsche Führung aus ihrer Reserve herauslocken. Es erübrigt sich, darauf einzugehen, denn sie tasten im Dunkeln und verfolgen lediglich den Zweck, auf den Busch zu klopfen.

Der englische Premierminister Churchill ist nach all seinen Aeußerungen fest davon überzeugt, daß die deutschen Waffen revolutionierend wirken und unter Umständen alle Vorbereitungen hinfällig machen können, wenn nicht Deutschland im letzten Augenblick die Möglichkeit genommen werden könne, von der Planung zur Wirklichkeit zu kommen. Diese Wirklichkeit besteht für die Gegner heute noch als drohende Vermutung.

Die erste Probe neuer deutscher Kampfmittel – soviel kann gesagt werden – bezeugen die völlige Beherrschung sowohl des Raketenprinzips, wie es in der Flügelbombe und auch in den Panzerbekämpfungsmitteln zum Ausdruck kommt, als auch des Fernlenkverfahrens, das zum Beispiel den »Goliath« steuert. Der erste Grundsatz dieser neuen Waffen ist die Forderung nach rationeller Ausnutzung der vorhandenen Rohstoffe. Die deutsche Flügelbombe vermag sich bis auf geringe Teile der technischen Ausrüstung völlig in Explosivkraft umzusetzen. Die Menscheneinsparung bei V 1 ist vorbildlich. Nur auf zahlenmäßig geringes Bedienungspersonal angewie-sen, erzielt sie Wirkungen, die nicht das Leben eines einzigen deutschen Soldaten fordern. Die Kampfmittel wie Panzerfaust und Panzerschreck werden von einem Mann bedient und vermögen Erfolge zu erzielen, wie sie sonst nur eine Geschützbesatzung erreichen kann.

Nicht der Glaube an Zufälligkeiten hilft uns, sondern der Glaube an unsere eigene Kraft, eines deutschen Erfindergeistes und die leidenschaftliche Hingabe des gesamten Volkes durch restlose Arbeit. Wenn auch die neuen Waffen Menschen sparen werden, so können sie doch nicht den Menschen völlig entbehren. Wir wissen, daß der Krieg nicht durch Roboter und nicht durch Maschinen entschieden werden kann, sondern daß stets Menschen hinter diesen Maschinen zu stehen haben. Erfolge müssen stets erkämpft und errungen werden. So wie wir jetzt um den Zeitgewinn ringen müssen, so werden wir mit den neuen Waffen zu kämpfen wissen.

Im Augenblick spielt noch die zahlenmäßige und materielle Ueberlegenheit des Gegners eine Rolle. Er hofft eine schnelle Entscheidung erzwingen zu können, bevor uns die Möglichkeit des Ausspielens unserer Trümpfe gegeben ist. Churchill unternahm allein drei Reisen an die Invasionsfront, um in Verhandlungen mit Montgomery und Bradley restlosen Einsatz zu fordern. Eisenhower gab einen Tagesbefehl heraus, in dem er die Eile als das Gebot der Stunde erklärte.

Churchill reiste nach Italien und hatte für nichts anderes Sinn als eine Beschleunigung der Kriegshandlungen im Mittelmeer zu erreichen. Er forderte die Landung an der südfranzösischen Küste. Die Dramatik dieser Phase liegt weniger in dem Kampf selbst, in den weit ausholenden Bewegungen des Gegners und in den Versuchen, die deutsche Normandiefront zu umfassen, einzukesseln und auszuschalten, sondern das erbitterte Ringen um die Zeit ist das besondere Merkmal des Augenblicks. Wir haben selbst unter Hinnahme räumlicher Verluste um den zeitlichen Brückenschlag zu kämpfen, bis neue Divisionen mit neuen Waffen zum Einsatz bereit stehen. Ist dieser Brückenschlag erfolgt, dann haben der tapfere Hinhalt der deutschen Soldaten und die äußerste Hingabe des Volkes ihren Sinn erfüllt.[229]

Angenommen, es wäre so, daß Deutschland den anderen Mächten ⟨irgendwie⟩ waffentechnisch überlegen wäre. Wir waren einmal in der Luft überlegen, unsere U-Boote und Erdtruppen waren in jeder Beziehung allen anderen überlegen. In der Zwischenzeit haben die Gegner, die nicht gerüstet waren, uns eingeholt und überholt. Strategie, Menschen und Material sind die entscheidenden Posten in diesem Kriege. Nicht diese oder jene einzelne Waffe gibt den Ausschlag. Gewehr gegen Gewehr, Kanone gegen Kanone, Flugzeug gegen Flugzeug, Panzer gegen Panzer. Wer hat die meisten Menschen und die größte Menge Kriegsmaterial? Augenblicklich ist es in Frankreich zu sehen, wer überlegen ist. Kämpfe im Norden, Kämpfe im Süden, Kämpfe in ganz Frankreich. Deutschland ist gar nicht in der Lage, den Gegnern überall in der erforderlichen Stärke entgegenzutreten. Das ist maßgebend und nicht der Besitz von Flügelbomben und sonstigen geheimnisvollen Waffen in geringen Mengen. Auch wenn es möglich wäre, tatsächlich neue Divisionen mit neuen Waffen hervorzuzaubern, so könnten diese »neuen« Divisionen keineswegs die Lücken ausfüllen, die im Osten und Westen in den letzten Monaten entstanden sind. Es genügt nicht, etwa das Gleichgewicht einigermaßen wiederherzustellen, nein, es müßte ein Uebergewicht – eine Ueberlegenheit – erzielt werden. Und dazu ist Deutschland einfach nicht in der Lage. Das müßte eigentlich sogar ein Gefreiter einsehen. In diesem Nichtsehenwollen, in dieser sturen Borniertheit liegt die Tragik allen Geschehens, soweit Deutschland in Frage kommt. Aber die Mitschuld des gesamten Volkes steht außer Zweifel. Die Hauptschuldigen sind diejenigen, welche die Demokratie in Deutschland beseitigten oder stillschweigend der Diktatur zum Siege verhalfen.

⟨18.8.44⟩

Hohe Auszeichnung für Botschafter von Papen

Aufn.: Presse-Hoffmann

Führerhauptquartier
Der Führer verlieh auf Vorschlag des Reichsministers des Auswärtigen von Ribbentrop dem bisherigen deutschen Botschafter in der Türkei, Franz von Papen, für besondere Leistungen und persönlichen Einsatz im Dienste des Reiches das Ritterkreuz des Kriegsverdienstkreuzes mit Schwertern.
Der Führer überreichte Botschafter von Papen diese hohe Auszeichnung anläßlich seiner Berichterstattung im Führerhauptquartier.[230]

Ein erstrangiger Totengräber des demokratischen deutschen Reiches war Herr von Papen. Jetzt hat ihn sein »Führer« wegen seiner »Leistungen« ausgezeichnet. Er hat es fertig gebracht, daß die Türkei nicht neutral geblieben ist.

In Deutschland wird der Erfolg und der Mißerfolg preisgekrönt. Verliert ein General eine Schlacht, so wird er befördert oder mit hohen Orden behängt. Dem Anscheine nach werden die betreffenden Offiziere deshalb belohnt, weil sie auf verlorenem Posten aushielten oder die Befehle des Führers blindlings und stur befolgten.

Herr von Papen hat vielleicht die Auszeichnung erhalten, weil er nicht im Auslande geblieben ist, das soll nämlich vorkommen, daß das sinkende Schiff nicht mehr bestiegen wird.

Generalleutnant Dittmar zur militärischen Lage

Zuführung neuer Verbände nach dem Osten – Auflockerung der Kampffront im Westen

ips. Berlin, 17. August ⟨44⟩. (Eigener Bericht.) In seinem Rundfunkvortrag über die militärische Lage sagte Generalleutnant Dittmar:

Wir dürfen heute wohl mit aller Offenheit darüber sprechen: Es hat im Verlaufe des Monats Juli Tage ernster Sorge gegeben. Was an deutschen Truppen in der Mitte der Ostfront, vom Nordrand der Pripjet-Sümpfe bis herauf nach Witebsk, in der Kampffront gestanden hatte, war nach heldenmütigem Widerstand dem Massensturm der Bolschewisten erlegen oder in die Unwegsamkeit der Sümpfe und Wälder des Hinterlandes abgedrängt. Feindliche Panzer und motorisierte Verbände stießen längs der Straßen und Rollbahnen nach Westen vor. Was ihnen in örtlichen Sperr-Riegeln oder improvisierten festen Plätzen an Widerstand entgegentrat, wurde durch Umfassung unwirksam gemacht. Der Weg nach Ostpreußen, in das Generalgouvernement, also zur unteren und mittleren Weichsel, im Süden zum Quellgebiet von Weichsel und über die Beskidenpässe in die ungarische Tiefebene schien den Sowjets offenzustehen. Der deutsche Osten, wesentliche Grundlage unserer nationalen Widerstandskraft, mußte als schwer bedroht angesehen werden.

Die Umstände, die zu einer derartigen Verschärfung der Lage geführt hatten, lassen sich überwiegend auf eine einzige Ursache zurückführen: die zahlenmäßige Ueberlegenheit des Gegners. Wir wissen heute, daß das Verhältnis der großen Einheiten auf deutscher und auf sowjetischer Seite sich alles in allem etwa auf eins zu zwanzig belaufen hat. Daß hierbei die Zahl der gepanzerten und sonstigen motorisierten Verbände auf sowjetischer Seite noch ein besonderes Uebergewicht ergab, verschärfte die Lage für uns ebenso wie die vielfach höhere Zahl an Luftstreitkräften bei den Bolschewisten. Was demgegenüber zunächst auf deutscher Seite zur Verfügung stand, waren an vielen Stellen Truppen minderen Kampfwertes.

Inzwischen wurde an kampfkräftigen Verbänden herangeführt, was anderwärts verfügbar geworden war, nachdem die Hauptstoßrichtungen der Sowjets einwandfrei feststanden. Auch der Kampf dieser Verbände war im wesentlichen noch hinhaltender Natur und mußte es sein, weil auch ihre Zahl noch nicht zu einem annähernden Ausgleich der beiderseitigen Kräfte genügte. Immerhin konnte die Abwehr weit aktiver als vordem gestaltet werden, eine Tatsache, die von sich aus schon zu einer Abschwächung des feindlichen Vormarschtempos beitrug. Zwar konnten die natürlichen Verteidigungslinien von San, Weichsel und Njemen nicht gehalten werden, aber ihre Bezwingung wurde dem Gegner wenigstens nicht leicht gemacht.

Einen wesentlich anderen Charakter konnten die Kämpfe im Osten erst annehmen, als sich in immer steigendem Maße die Zuführung von Verbänden aus der Heimat bemerkbar machte. In diesem noch nicht beendeten, sondern erst angebahnten Stadium der Entwicklung stehen wir heute. Ihr Einfluß hat sich bereits in ersten größeren Rückschlägen für den bisher so erfolgreichen Gegner bemerkbar gemacht.

Ein Ausblick auf die Lage im Osten würde ohne Würdigung der letzten Ereignisse im Westen unvollständig und deshalb unbefriedigend sein. Die Kämpfe hier wie dort sollen ja nach dem Plane unserer Feinde in engster Wechselwirkung miteinander stehen. Sie sollen, das ist offensichtlich, die deutschen Kräfte zur Teilung zwingen, die Aufmerksamkeit der deutschen Führung wie den Einsatz der Reserven zersplittern und auf diese Weise unsere Abwehrkraft zum allmählichen Erliegen bringen. Man kann wohl sagen, daß bisher feindlicherseits nichts unterlassen wurde, um diese angesichts aller bestimmenden Umstände naheliegende Planung in vollem Umfang durchzuführen.

Die Entwicklung, die die Kampflage an der normannischen Front letzthin genommen hat, stellt sich – das läßt sich nicht bestreiten – als neue schwere Belastung für uns dar. Der Durchbruch von Avranches hat die durch fast acht Wochen hindurch stabil und örtlich begrenzt gehaltene Front bis an die Westspitze der Bretagne erweitert, hier allerdings ohne dem Gegner bisher operative Früchte zu bringen. Weit ernster ist im Augenblick der Versuch der Briten und Amerikaner zu bewerten, von Le Mans über Alencon her die allgemein nach Norden gerichtete, deutsche Front zwischen Orne und Vire von Süden her in die Zange zu nehmen. Es wird sehr geschickter Operationen unsererseits bedürfen, um dieser Gefahr zu begegnen. Aber wir dürfen nicht verkennen, daß eine Auflockerung der Kampffronten, wie sie jetzt eingetreten ist, auch manche Aussicht zu wirkungsvollen Gegenschlägen zu geben vermag, die dem Kampf um Zeitgewinn, den wir vornehmlich im Hinblick auf künftige waffentechnische Entwicklungen führen, immer erneute Aussichten verleihen.[231]

Im Jahre 1944 hat es ein Rundfunk-General weitaus schwerer als in den Erfolgsjahren 1939 und 1940. Der obige Lagebericht zeigt eine Offenheit, die erstaunlich und bemerkenswert zugleich ist. Denn die Machthaber dieses Reiches haben es seither als ihre Hauptaufgabe angesehen, jedes unangenehme Ereignis entweder überhaupt zu verschweigen oder mindestens zu entstellen und zu beschönigen. Aus der jetzigen Offenheit kann nur der Schluß gezogen werden, daß es um Deutschlands Lage äußerst schlecht bestellt ist.

Generalleutnant Dittmar[232] gibt an, daß der ungünstige Stand der Dinge im Osten auf die Ueberlegenheit des Gegners zurückzuführen sei. Da muß ich doch sofort die Frage einschalten: War den maßgebenden Männern in Deutschland die zahlenmäßige Ueberlegenheit der Russen vor dem 22. Juni 1941 nicht bekannt? Der Krieg gegen Rußland wurde frivol, ohne jede Ueberlegung unter Ueberschätzung der eigenen Kraft und Unterschätzung der Kräfte Rußlands begonnen. Das ist eine Tatsache.

Die von Gen.Lt. Dittmar erwähnte Zuführung neuer Verbände nach dem Osten sollen eine Aenderung der augenblicklichen Kampflage herbeigeführt haben. Hier täuscht sich Dittmar gewaltig. Die Russen haben während ihrer Offensive seit dem 22. Juni 1944, also in zwei Monaten einen Weg von 400-600 km zurückgelegt. Es ist selbstverständlich, daß die Armeen für ihre letzte Aufgabe, den Einmarsch in Deutschland nicht mit leeren Munitionswagen hantieren können. Es gilt, den gesamten Nachschub u. auch die Verkehrswege zu regeln und zu organisieren. Das ist der Grund, weshalb in diesen Tagen der Vormarsch an vielen Stellen abgestoppt worden ist und nur örtlich begrenzte russ. Angriffe erfolgten.

Das Signal zur Fortsetzung der russischen Offensive wird bald ertönen.

Die Kampflage im Westen ist – nach Dittmar – belastend für uns. Aber es wäre kein echter General des 3. Reiches, wenn er nicht den Trost u. die Hoffnung auf Besserung spenden würde.

Dittmar spricht von Gegenschlägen, Zeitgewinn und künftige waffentechnische Entwicklungen. –

Die Partei vertröstet z.Z. ihre Anhängerschaft ebenfalls auf die Zukunft. In den Parteiversammlungen werden einheitliche Berichte zur Lage verkündet. Die Parteigenossen haben dann die Aufgabe, das Gehörte weiterzuverbreiten. Ueberall begegnet man den gleichen Hoffnungen.

Die Frau des Landgerichtsrats Zimmermann sagte mir, sie vertraue auf »V 2«, denn irgend etwas müsse doch geschehen. Die Frau des Oberamtsrichters Schmitt äußerte, wir würden alle

Engländer und Amerikaner hereinlassen und sie dann vernichten.[233]

Die Partei-Stichworte spuken in allen Köpfen.

Das wird ein Erwachen geben![234]

Eine Evakuierte aus Frankfurt am Main erzählte, ihr Mann habe zahlreiche Flugblätter gesammelt u. abgeliefert – ohne sie zu lesen. Es wäre streng verboten, Flugblätter zu lesen. Das gibt es auch noch. Mit solchen Deutschen kann Adolf Hitler bis zum vollendeten Untergang kämpfen.[235]

⟨Ein Volk von Rindviechern!⟩

25. Aug. 1944.

St. Malo wird fanatisch verteidigt[236]

Das Eichenlaub für den Verteidiger von St. Malo

Berlin, 18. August

Der Führer verlieh dem Kommandanten der Festung St. Malo, Oberst Andreas von Aulock, als 551. Soldaten der deutschen Wehrmacht das Eichenlaub zum Ritterkreuz des Eisernen Kreuzes.

*

Oberst Andreas von Aulock, am 23. März 1893 als Sohn eines Rittergutsbesitzers in Kochelsdorf (Kreis Kreuzburg/Oberschlesien) geboren, hat sich das Ritterkreuz, das ihm Ende 1943 verliehen wurde, bei den Kämpfen im Kuban-Brückenkopf erworben. Hier wurde sein Name für die Soldaten seines Grenadier-Regiments der Inbegriff von Härte und eiserner, fanatischer Kampfentschlossenheit. Schon im ersten Weltkrieg galt er – vier seiner Brüder fielen damals im Kampf um Deutschland – als vorbildlicher Truppenführer. Seine soldatische Laufbahn wird gekrönt durch den gegenwärtigen härtesten Kampfauftrag: Die Verteidigung der bretonischen Seefestung St. Malo.

Zusammen mit dem Hafenkommandanten, Kapitän zur See Endell, und Oberst von Bacherer hat er aus Verbänden des Heeres, der Kriegsmarine und der Luftwaffe eine Kampfgruppe geschmiedet, die allen Anstürmen der Amerikaner bis zum letzten Blutstropfen Widerstand entgegengesetzt und diesen jetzt in schier aussichtsloser Lage noch in der Zitadelle der Festung fortgesetzt. Die Truppen von Aulocks erfüllen damit die heroische Aufgabe, bis zum letzten Augenblick feindliche Verbände zu binden und ihre Kameraden an den anderen Stellen der Invasionsfront dadurch zu entlasten. Dreimal richteten die Amerikaner an ihn die Aufforderung zur Kapitulation, und dreimal wurde sie abgelehnt. Die amerikanische Nachrichtenagentur United Preß mußte gestehen: Man hat es mit allen Mitteln versucht, mit Luftangriffen, Artilleriebeschuß und zahlreichen Ultimaten. Der Stalingrad-Veteran und jetzige Kommandant von St. Malo gab aber den Widerstand nicht auf. Oberst von Aulock ist die Seele dieses heldenhaften Widerstandes, der für den Feind ein Rätsel bildet. [237]

Führerhauptquartier, 18. Aug.
Der Kommandant der Festung St. Malo, Oberst Andreas von Aulock, hat am 18. August mittags folgenden Funkspruch an den Führer gerichtet:
»Mein Führer! Der Kampf um St. Malo wird heute oder morgen sein Ende nehmen. Unter dem schwersten Beschuß fällt ein Werk nach dem anderen in Trümmern zusammen. Gehen wir unter, so soll es nur nach Kampf bis zum Letzten sein. Der Herrgott halte schützend seine Hand über Sie! – Es lebe unser Führer!
Oberst von Aulock.«
Der Führer antwortete mit folgendem Funkspruch:
»An den Festungskommandanten von St. Malo, Oberst von Aulock.
Ich danke Ihnen und Ihren heldenhaften Männern in meinem und im Namen des deutsches Volkes. Ihr Name wird für immer in die Geschichte eingehen.
Adolf Hitler.«[238]

Der Kommandant kennt nur eine Parole: Keine Uebergabe![239]

Nachdem dieser Nazi-Offizier von seinem »Führer« das Eichenlaub zum Ritterkreuz des eisernen Kreuzes erhalten hatte, ergab er sich und ging in die Gefangenschaft. Die »heldenmütige« Verteidigung der bretonischen Festung St. Malo war lediglich Mittel zum Zweck. Hunderte von Soldaten mußten für die sinn- und nutzlose Verteidigung ihr Leben lassen, damit der Herr Kommandant dekoriert werden kann. Wer die Befehle Hitlers stupid ausführt, wird befördert oder ausgezeichnet. Früher kannte man nur eine Belohnung des Siegers. Heute wird der Kadaver-Gehorsam in aussichtslosen Lagen als größtes Heldentum gepriesen. Die ehrgeizigen Offiziere haben keinerlei Verantwortungsbewußtsein dem Volke gegenüber. Sie glauben als »Helden in die Geschichte einzugehen«. Der Weg vom Helden zum Verbrecher ist nicht weit.

26. August 1944.
Wozu wird der Krieg geführt?

Alle »Heldentaten« werden nur vollbracht, weil die Namen der Ehrgeizigen in den Zeitungen veröffentlicht werden und die Heldenbrust mit Orden behängt wird. Dafür werden Kriege leichtfertig gewünscht und jahrelang erduldet.

Neue Ritterkreuzträger

Der Führer verlieh das Ritterkreuz des Eisernen Kreuzes an Oberst Helmut Witt, Kommandeur eines sächsischen Artillerie-Rgts., geboren am 7.2.1904 in Eddelak; Hauptmann Martin Lohs, Bataillonskommandeur in einem Heilbronner Füsilier-Rgt., geboren am 18.4.1919 in Welzheim in Württemberg als Sohn des Stadtpfarrers L.; Gefreiten Eugen Flath, MG.-Schütze in einem schlesischen Füsilierbataillon, geboren am 12.7.1921 in Wendlingen am Neckar.

*

Der Führer hat auf Vorschlag des Oberbefehlshabers der Kriegsmarine, Großadmiral Dönitz, dem Hafenkommandanten von St. Malo, Kapitän zS. Werner Endell, und dem Chef der Marine-Batterie Ile de Cezembre, Oberleutnant M. A. d. R. Richard Seuss, das Ritterkreuz des Eisernen Kreuzes verliehen.

Kpt. z. S. Endell ist am 5. März 1894 in Berlin-Steglitz, Oblt. M. A. Seuss am 28. August 1897 in Leipzig geboren.

*

Der Führer verlieh auf Vorschlag des Oberbefehlshabers der Luftwaffe, Reichsmarschall Göring, das Ritterkreuz des Eisernen Kreuzes an: Oberleutnant Schmidt, Staffelkapitän in einem Nachtjagdgeschwader (geboren am 17. Juni 1919 in Karlsruhe); Oberleutnant Rökker, Staffelkapitän in einem Nachtjagdgeschwader (geboren am 20. Oktober 1920 in Oldenburg); Fahnenjunker-Feldwebel Bachnick, Flugzeugführer in einem Jagdgeschwader (geboren am 9. Februar 1920 in Mannheim); Oberfeldwebel Gänsler, Bordschütze in einem Nachtjagdgeschwader (geboren am 22. Mai 1919 in Oberndorf).

Der Führer verlieh auf Vorschlag des Oberbefehlshabers der Luftwaffe, Reichsmarschall Göring, das Ritterkreuz des Eisernen Kreuzes an Hauptmann Sommer, Staffelkapitän in einem Jagdgeschwader (geb. 14.9.1919 in Steinpleis); Hauptmann Drewes, Gruppenkommandeur in einem Nachtjagdgeschwader (geb. 20.10.1918 in Lobmachtersen); Leutnant Weik, Staffelkapitän in einem Jagdgeschwader (geb. 6.7.1922 in Heilbronn); Feldwebel Handke, Bordfunker in einem Nachtjagdgeschwader (geb. 2.11.1920 in Darmstadt).[240]

Das Ritterkreuz nach dem Heldentod

Berlin, 21. August

Bei den schweren Kämpfen nordwestlich Winniza Mitte März 1944 zeichnete sich der erst 22 Jahre alte Unteroffizier Peter Brenig in einem westfälischen Grenadierregiment durch Tapferkeit und Entschlossenheit aus. Hierfür wurde der tapfere Unteroffizier, der kurze Zeit später den Heldentod fand, vom Führer mit dem Ritterkreuz des Eisernen Kreuzes ausgezeichnet.[241]

Das Eichenlaub mit Schwertern

Führerhauptquartier, 18. August

Der Führer verlieh am 14. August das Eichenlaub mit Schwertern zum Ritterkreuz des Eisernen Kreuzes an Major Kurt Bühligen, Kommodore eines Jagdgeschwaders, als 88. Soldaten der deutschen Wehrmacht.[242]

Das Eichenlaub verliehen

Berlin, 20. August.

Der Führer verlieh am 11. August das Eichenlaub zum Ritterkreuz des Eisernen Kreuzes an Oberst dR. Rudolf Bacherer, Kommandeur eines Grenadierregiments, als 550. Soldaten der deutschen Wehrmacht.[243]

Das Eichenlaub nach dem Heldentod

Führerhauptquartier, 19. August

Der Führer verlieh am 11. August das Eichenlaub zum Ritterkreuz des Eisernen Kreuzes an Generalleutnant Dietrich Kraiß, Kommandeur der am 11. Juni 1944 im Wehrmachtbericht genannten 352. Infanterie-Division, als 549. Soldaten der deutschen Wehrmacht.

Am 2. August ist der tapfere Divisionskommandeur seinen schweren Verwundungen erlegen, die er inmitten seiner Grenadiere erlitten hatte.[244]

Hohe Kriegsauszeichnung für einen deutschen Handelsschiffskapitän

Berlin, 22. August

Der Führer verlieh das Ritterkreuz zum Kriegsverdienstkreuz mit Schwertern dem Kapitän Franz Landskron. Damit wurde wiederum die besondere Bewährung deutscher Seeleute im Kriegseinsatz anerkannt. Kapitän Landskron gelang bereits bei Kriegsausbruch der erfolgreiche Blockadedurchbruch. Seit dieser Zeit steht er unermüdlich im Einsatz und hat bei zahlreichen Fahrten im Seekriegsgebiet sein hohes seemännisches Können und sein Verantwortungsbewußtsein gegenüber der ihm anvertrauten Besatzung und Ladung immer aufs neue bewiesen.[245]

Ritterkreuz des Kriegsverdienstkreuzes mit Schwertern

Berlin, 23. August

Der Führer verlieh auf Vorschlag des Reichsministers für Rüstung und Kriegsproduktion und Chef der OT., Speer, das Ritterkreuz des Kriegsverdienstkreuzes mit Schwertern den Einsatzgruppenleitern der OT., Willi Henne und Karl Weis.

OT.-Einsatzgruppenleiter Willi Henne wurde am 12. Juli 1907 in Grub (Württemberg) geboren.

OT.-Einsatzgruppenleiter Karl Weis wurde am 2. März 1897 in Kaiserslautern geboren.[246]

Keitel überreicht Mannerheim das vom Führer verliehene Eichenlaub

Das Ritterkreuz für den finnischen General Heinrichs[247]

Die Brillanten für Generalfeldmarschall Model

Berlin, 18. August ⟨44.⟩

Der Führer verlieh Generalfeldmarschall Walter Model, Oberbefehlshaber der Heeresgruppe Mitte, als 17. Soldaten der deutschen Wehrmacht das Eichenlaub mit Schwertern und Brillanten zum Ritterkreuz des Eisernen Kreuzes.

Generalfeldmarschall Model ist damit der zweite Brillantenträger des Heeres. Die höchste deutsche Tapferkeitsauszeichnung, die ihm jetzt verliehen wurde, stellt gleichzeitig eine Anerkennung dar für die hart kämpfenden deutschen Truppen der Ostfront.[248]

Heft 9

27. August 1944
bis
10. April 1945.

27. August 1944.

Höchster Krafteinsatz

Von Generalfeldmarschall von Brauchitsch

Der 20. Juli 1944 war der dunkelste Tag in der Geschichte des deutschen Heeres. Männer, die den Ehrenrock des Soldaten getragen haben, sind zu Verbrechern und Meuchelmördern geworden. Sie haben einen Dolchstoß zu führen versucht, dessen Gelingen den Untergang Deutschlands bedeutet hätte. Daran gibt es nichts zu deuteln und zu beschönigen.

Das Heer selbst hat den geplanten Anschlag im Keim erstickt. Es hat die Unwürdigen ausgestoßen und damit äußerlich und innerlich alle Bande der Kameradschaft zu ihnen durchschnitten. Ihre Namen werden ausgelöscht.

Neben der tiefen Dankbarkeit über die wunderbare Rettung des Führers erfüllen Wut und Scham jeden ehrlichen Soldaten. Zugleich aber hat alle ein unbändiger Wille erfaßt, nun erst recht alle Kräfte einzusetzen, um den Massenansturm der Feinde zu brechen. Die Ehre des Heeres ist durch den 20. Juli unbefleckt geblieben. Die Leistungen von fünf Kriegsjahren und der Heldentod Hunderttausender kann nicht durch die Wahnsinnstat einer Zahl Ehrvergessener, Feiger und Treuloser verdunkelt werden. Nach dem Beispiel des Führers, der unmittelbar nach dem mißglückten Mordanschlag seine Arbeit wieder aufnahm, erfüllt der Soldat mit noch härterem Siegeswillen seine Pflicht.

Mit der Ernennung des Reichsministers Himmler zum Befehlshaber des Ersatzheeres und Chef der Heeresrüstung sind Heer und SS, die seit Jahren auf allen Kriegsschauplätzen gemeinsam gekämpft und geblutet haben, noch enger zusammengerückt. Mancher Soldat wird zunächst bedauert haben, daß diese Aufgabe nicht einem bewährten Offizier des Heeres anvertraut wurde. Er wird jedoch bald die Weisheit der Entscheidung des Führers erkennen. Die Zeit, in der Heer und Waffen-SS in gegenseitigem Wettbewerb standen, war eine notwendige Entwicklungsperiode. Jetzt werden beide vereint in gemeinsamer Verantwortung, getragen von dem Glauben an den Führer und Deutschlands Zukunft, das Höchste für den Einsatz zum Siege leisten. Als Nationalsozialist und als ehemaliger Oberbefehlshaber des Heeres bejahe ich die Entscheidung des Führers mit Herz und Verstand.

Der Ernst der Lage am Ende des fünften Kriegsjahres zwingt zum höchsten Kräfteeinsatz auf allen Gebieten. Wenn wir wirklich alles darauf einstellen, daß wir den Krieg gewinnen, und alles unterlassen, was nicht unbedingt diesem Ziele dient, haben wir ungeahnte Möglichkeiten. Sie zu erkennen und auszuschöpfen, ist oberstes Gesetz. Nur wenn neben der staatlichen Lenkung von oben Wille und Pflichtbewußtsein des einzelnen mitwirken, kann das gelingen. Jeder fange bei sich und seiner persönlichen Lebensführung an! Jeder wirke an seiner Arbeitsstelle durch Vorbild und Beispiel! Viel unnötiger Ballast kann noch über Bord geworfen, viel Papier kann noch eingespart werden. Der Amtsschimmel ruhiger Friedenszeiten muß auch in seinen letzten Exemplaren aussterben!

Das ganze Volk steht im Kampf. Die Front führt ihn mit der Waffe, die Heimat mit der Arbeit. So werden beide alle Schwierigkeiten meistern. Alles andere ist unwesentlich.

Die Mobilisierung aller Kraftreserven gibt uns erneut das Recht zur Siegesgewißheit. Kein Mensch auf der ganzen Welt kann sachlich bestreiten, daß das deutsche Volk seinen Feinden an fachlichem Können, an kämpferischen Leistungen und kriegerischer Moral weit überlegen ist. Den Beweis dafür haben der Soldat, der Arbeiter, der Wissenschaftler, der Landmann, der Handwerker und alle anderen Berufe, nicht zuletzt auch die deutsche Frau und die deutsche Jugend erbracht. Das deutsche Volk ist durch den Führer unter einer starken Regierung in einer tragenden Idee wie niemals zuvor in seiner Geschichte geeint. Über Sinn und Ziel dieses Krieges besteht kein Zweifel. Bei den Feinden steht die zahlenmäßige Überlegenheit an Menschen und Material. Sie sind sich aber nur in der Verneinung einig. Immer noch haben im Enderfolg Glaube, Geist und Gemeinschaftskraft über Geld, Haß und Masse triumphiert.

Das deutsche Volk wurde immer nur durch eigene Schuld überwunden und ist immer nur aus eigener Kraft wieder hochgekommen. Ein Krieg, wie wir ihn zu führen gezwungen sind, ist ohne schwere Rückschläge und Ausfälle undenkbar. Aus der Not wächst immer die höchste Kraft. Sie gilt es jetzt einzusetzen. Dann wird aus der Schmach des 20. Juli der Wendepunkt zum endgültigen Siege werden.[1]

Adolf Hitler ist in seinem Buche »Mein Kampf« wesentlich anderer Meinung als Generalfeldmarschall von Brauchitsch. In dem Abschnitt »Staatsautorität nicht Selbstzweck« und »Menschenrecht bricht Staatsrecht« führt Hitler u.a. aus: »Es ist das Verdienst der alldeutschen Bewegung[2] der neunziger Jahre gewesen, in klarer und eindeutiger Weise festgestellt zu haben, daß eine Staatsautorität nur dann das Recht hat, Achtung und Schutz zu verlangen, wenn sie den Belangen eines Volkstums entspricht, mindestens ihm nicht Schaden zufügt.

Staatsautorität als Selbstzweck kann es nicht geben, da in diesem Falle jede Tyrannei auf dieser Welt unangreifbar und geheiligt wäre. Wenn durch die Hilfsmittel der Regierungsgewalt ein Volkstum dem Untergang entgegengeführt wird, dann ist die Rebellion eines jeden Angehörigen eines solchen Volkes nicht nur Recht, sondern Pflicht.

Die Frage aber, wann ein solcher Fall gegeben sei, wird nicht entschieden durch theoretische Abhandlungen, sondern durch die Gewalt – und den Erfolg.

Da jede Regierungsgewalt selbstverständlich die Pflicht der Erhaltung der Staatsautorität für sich in Anspruch nimmt, mag sie auch noch so schlecht sein und die Belange eines Volkstums tausendmal verraten, so wird der völkische Selbsterhaltungstrieb bei Niederkämpfung einer solchen Macht, zur Erringung der Freiheit und Unabhängigkeit dieselben Waffen zu führen haben, mittels deren der Gegner sich zu halten ⟨ver⟩sucht. Der Kampf wird demnach so lange mit ›legalen‹ Mitteln gekämpft werden, solange auch die zu stürzende Gewalt sich solcher bedient; es wird aber auch nicht vor illegalen zurückzuschrecken sein, wenn auch der Unterdrücker solche anwendet.

Im allgemeinen soll aber nie vergessen werden, daß nicht die Erhaltung eines Staates oder gar die einer Regierung höchster Zweck des Daseins der Menschen ist, sondern die Bewahrung ihrer Art.

Ist aber einmal diese selber in Gefahr, unterdrückt oder gar beseitigt zu werden, dann spielt die Frage der Legalität nur mehr eine untergeordnete Rolle. Es mag dann sein, daß sich die herrschende Macht tausendmal sogenannter ›legaler‹ Mittel in ihrem Vorgehen bedient, so ist dennoch der Selbsterhaltungstrieb der Unterdrückten immer die erhabenste Rechtfertigung für ihren Kampf mit allen Waffen.

Nur aus der Anerkennung dieses Satzes allein sind die Freiheitskämpfe gegen innere und auch äußere Versklavung von Völkern auf dieser Erde in so gewaltigen historischen Beispielen geliefert worden.

Menschenrecht bricht Staatsrecht.

Unterliegt aber ein Volk in seinem Kampf um die Rechte des Menschen, dann wurde es eben auch auf der Schicksalswaage zu leicht befunden für das Glück der Forterhaltung auf der irdischen Welt. Denn wer nicht bereit oder fähig ist, für sein Dasein zu streiten, dem hat die ewig gerechte Vorsehung schon das Ende bestimmt.

Die Welt ist nicht da für feige Völker.«[3]

———

Das ist also die Meinung Hitlers über eine Rebellion gegen eine Tyrannei.

von Brauchitsch dagegen bezeichnet die Offiziere, die gegen Hitler rebelliert haben, als Verbrecher.

Nach Hitler (»Mein Kampf« S. 104) ist die Rebellion als solche gerechtfertigt, wenn die Regierungsgewalt ein Volkstum dem Untergang entgegenführt. Die Offiziere können der Meinung gewesen sein, daß die Fortsetzung des Krieges den Untergang bedeutet. Sie hielten offenbar Adolf Hitler für denjenigen, der einer rechtzeitigen Beendigung des Krieges im Wege steht. Am Rande sei bemerkt, daß ich diesen Krieg für einen vollendeten Wahnsinn halte. Dieser Krieg ist nie zu rechtfertigen gewesen. Aber trotzdem muß Adolf Hitler bis zum bitteren Ende der Oberkommandierende bleiben. Als Abschreckungsmittel für alle Zeiten!

Insoweit habe ich demnach eine andere Auffassung wie die Offiziere, denen am 20. Juli 1944 ein Erfolg nicht beschieden war und auch nicht gelingen konnte, weil das Unternehmen mit untauglichen Mitteln am untauglichen Objekt begonnen wurde.

Aus Paris in die Normandie

Deutsche Truppen und Kraftfahrkolonnen marschieren über die Champs Elysées in Paris zur Front in die Normandie. Die Pariser geben den abrückenden deutschen Soldaten, die ja nun auch für sie und ihre Heimat kämpfen, Blumen mit auf den Weg SS-PK.-Aufn. Kriegsberichter Mielke/Atlantik

Der Kriegsberichter Mielke[4] hält seine Landsleute für wesentlich dümmer als er selbst ist. Mit solchen gestellten Bildern kann er keinen vernünftigen Menschen von der »Begeisterung« der französischen Bevölkerung für die deutschen Truppen überzeugen. Die kleine Abteilung Soldaten rückt nicht mit der Mütze und ohne Gepäck an die Front. Die Blumen tragenden Frauen und Mädchen, die jedenfalls aus einer nahen Markthalle des Weges daher kamen, machen keinerlei Anstalten, den Truppen Blumen zu geben.

Es ist überaus traurig, mit welchen Mitteln und von welchen Stümpern das deutsche Volk sich belügen und betrügen lassen muß.

Erbärmliche Schwindler!

82jährige meldete sich zur Arbeit

Bunzlau, 19. August ⟨44.⟩

Ein schönes Beispiel des totalen Krafteinsatzes für den Sieg bot eine 82jährige Frau aus Gnadenberg, die dieser Tage auf dem Bunzlauer Arbeitsamt erschien, um sich für einen ganztägigen Arbeitseinsatz zur Verfügung zu stellen. Sie erklärte sich bereit, den hierfür notwendig werdenden Fußmarsch von etwa drei Kilometer täglich zweimal zurückzulegen. Es wurde ihr eine Bürobeschäftigung zugewiesen, bei der sie außerdem noch dank ihrer Sprachkenntnisse den Verkehr mit den im Betrieb beschäftigten Ausländern wahrnehmen kann. Auf diese Weise füllt die 82jährige den Platz einer vollwertigen Arbeitskraft aus.[5]

Es gibt doch noch Prachtexemplare im deutschen Volke. Die Zeit ist nicht mehr fern, wo die Partei die Toten auferwecken wird. Das ist eher möglich als die unabkömmlichen Partei-Bürokraten an die Front zu bringen.

Verstärkter Abschuß von Schwarzwild

Die aus kriegsbedingten Gründen gestiegenen Bestände an Schwarzwild müssen auf ein erträgliches Maß zurückgeführt werden. Zwar sind die Abschüsse gegenüber dem Vorjahr höher, doch reichen sie noch immer nicht aus, um die Wildschäden in erträglichen Grenzen zu halten. Man hat sogar den Abschuß von führenden Bachen zugelassen und den Jagdausübungsberechtigten in bezug auf die Verwendung und Anrechnung von Frischlingen und Überläufern Vergünstigungen gewährt.

Es ist nun darauf hingewiesen worden, daß an Schwarzwildjagden häufig ein größerer Personenkreis beteiligt werden muß, wenn solche Jagden unter den heutigen Verhältnissen mit Erfolg durchgeführt werden sollen.

Da die den Jagdausübungsberechtigten und den anderen jagdbeteiligten Personen anrechnungsfrei verbleibenden Stücke nicht immer ausreichen, um allen Beteiligten einen angemessenen Anteil an der Strecke zum Eigenverbrauch zu überlassen, ermächtigt der Reichsminister für Ernährung und Landwirtschaft im Einvernehmen mit dem Reichsjägermeister die Landesernährungsämter, auf Vorschlag des Gaujägermeisters oder der höheren Forstbehörde im Einvernehmen mit dem Gauleiter die Stückzahl an Schwarzwild dem Jagdausübungsberechtigten ohne Anrechnung auf die Fleischkarte zu erhöhen.

Die HV. der deutschen Viehwirtschaft wird eine diesbezügliche Ergänzungsanordnung erlassen. In dem Erlaß wird weiter betont, daß man davon abgesehen hat, die Stückzahl die anrechnungsfrei belassen werden kann, zu begrenzen, doch wird erwartet, daß die Ablieferung eines angemessenen Anteils an den Wildhandel für die allgemeine Wildversorgung sichergestellt wird.[6]

Dr. Goebbels wird auch einsehen lernen müssen, daß es viele Stellen gibt, die nicht beseitigt werden können. Die Gefahr des Zusammenbruchs der Ueberorganisation ist zu groß für das geliebte Vaterland und den Bestand der arischen Rasse.

Um die Stückzahl des Abschusses von Schwarzwild zu erhöhen, treten folgende Instanzen in Tätigkeit:

Reichsminister für Ernährung,
Reichsjägermeister,
Landesernährungsamt,
Gaujägermeister oder
Forstbehörde und der
Herr Gauleiter.

Da meinen vielleicht unsere Gegner, wir hätten im 5. Kriegsjahr keine Reserven mehr.

29. August 1944.

Die Sprache der Nazis hat für jede Lebenslage ein Schlagwort. Die Geburt eines Kindes nach dem Tode des gefallenen Vaters wird zu einem „Vermächtnis". Für die Vermächtnisbekommerin wäre es vielleicht eines Tages vorteilhafter, wenn sie kein „Vermächtnis" erhalten hätte. –

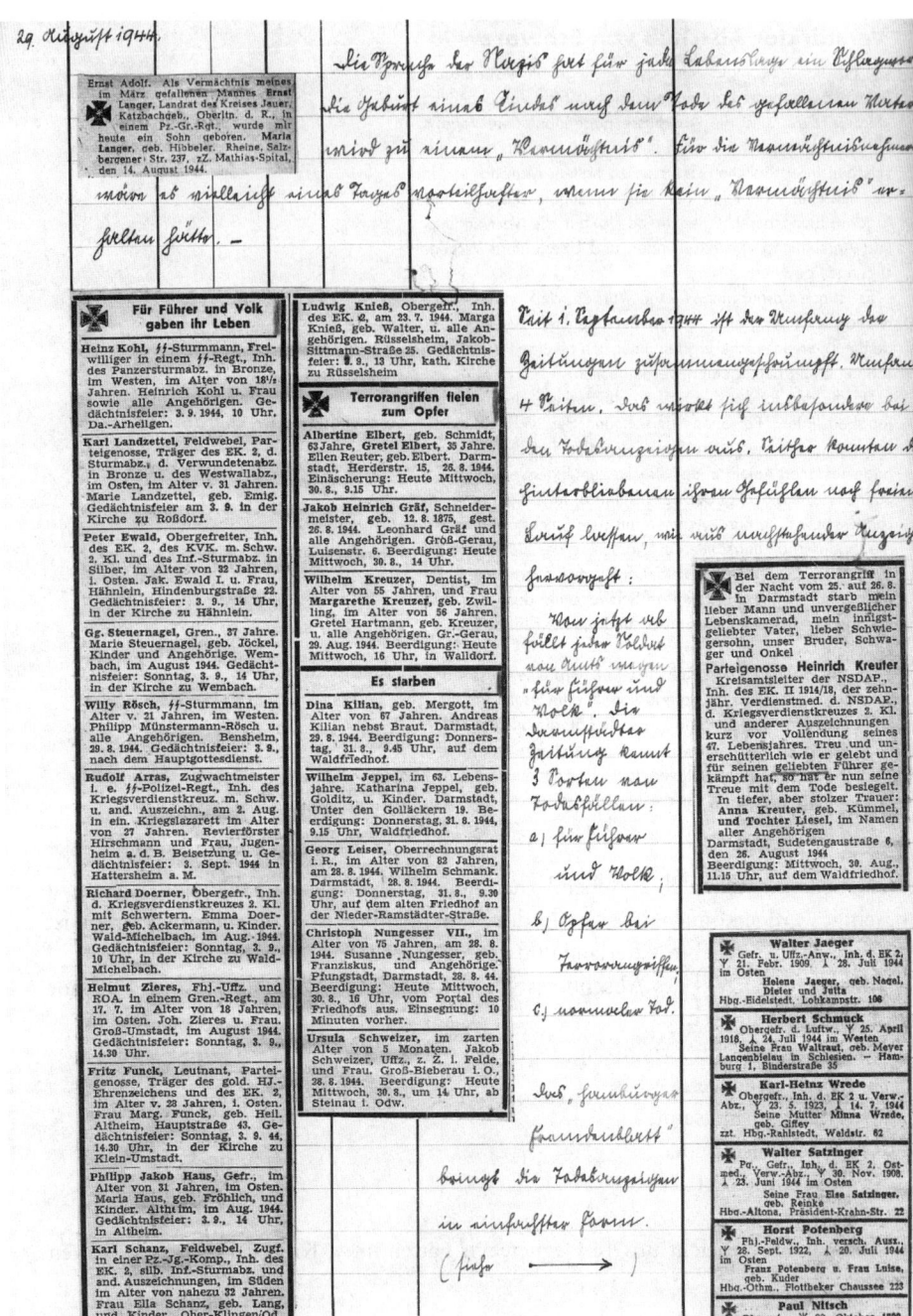

Ernst Adolf. Als Vermächtnis meines im März gefallenen Mannes **Ernst Langer**, Landrat des Kreises Jauer, Katzbachgeb., Oberltn. d. R., in einem Pz.-Gr.-Rgt., wurde mir heute ein Sohn geboren. **Maria Langer**, geb. Hibbeler. Rheine, Salzbergener Str. 237, zZ. Mathias-Spital, den 14. August 1944.

Für Führer und Volk gaben ihr Leben

Heinz Kohl, ⚡⚡-Sturmmann, Freiwilliger in einem ⚡⚡-Regt., Inh. des Panzersturmabz. in Bronze, im Westen, im Alter von 18½ Jahren. Heinrich Kohl u. Frau sowie alle Angehörigen. Gedächtnisfeier: 3. 9. 1944, 10 Uhr. Da.-Arheilgen.

Karl Landzettel, Feldwebel, Parteigenosse, Träger des EK. 2, d. Sturmabz., d. Verwundetenabz. in Bronze u. des Westwallabz., im Osten, im Alter v. 31 Jahren. Marie Landzettel, geb. Emig. Gedächtnisfeier am 3. 9. in der Kirche zu Roßdorf.

Peter Ewald, Obergefreiter, Inh. des EK. 2, des KVK. m. Schw. 2. Kl. und des Inf.-Sturmabz. in Silber, im Alter von 32 Jahren, i. Osten. Jak. Ewald I. u. Frau, Hähnlein, Hindenburgstraße 22. Gedächtnisfeier: 3. 9., 14 Uhr, in der Kirche zu Hähnlein.

Gg. Steuernagel, Gren., 37 Jahre. Marie Steuernagel, geb. Jöckel, Kinder und Angehörige. Wembach, im August 1944. Gedächtnisfeier: Sonntag, 3. 9., 14 Uhr, in der Kirche zu Wembach.

Willy Rösch, ⚡⚡-Sturmmann, im Alter v. 21 Jahren, im Westen. Philipp Münstermann-Rösch u. alle Angehörigen. Bensheim, 29. 8. 1944. Gedächtnisfeier: 3. 9., nach dem Hauptgottesdienst.

Rudolf Arras, Zugwachtmeister i. e. ⚡⚡-Polizei-Regt., Inh. des Kriegsverdienstkreuz. m. Schw. u. and. Auszeichn., am 2. Aug. in ein. Kriegslazarett im Alter von 27 Jahren. Revierförster Hirschmann und Frau, Jugenheim a. d. B. Beisetzung u. Gedächtnisfeier: 3. Sept. 1944 in Hattersheim a. M.

Richard Doerner, Obergefr., Inh. d. Kriegsverdienstkreuzes 2. Kl. mit Schwertern. Emma Doerner, geb. Ackermann, u. Kinder. Wald-Michelbach, im Aug. 1944. Gedächtnisfeier: Sonntag, 3. 9., 10 Uhr, in der Kirche zu Wald-Michelbach.

Helmut Zieres, Fhj.-Uffz. und ROA. in einem Gren.-Regt., am 17. 7. im Alter von 18 Jahren, im Osten. Joh. Zieres u. Frau. Groß-Umstadt, im August 1944. Gedächtnisfeier: Sonntag, 3. 9., 14.30 Uhr.

Fritz Funck, Leutnant, Parteigenosse, Träger des gold. HJ.-Ehrenzeichens und des EK. 2, im Alter v. 28 Jahren, i. Osten. Frau Marg. Funck, geb. Heil. Altheim, Hauptstraße 43. Gedächtnisfeier: Sonntag, 3. 9. 44, 14.30 Uhr, in der Kirche zu Klein-Umstadt.

Philipp Jakob Haus, Gefr., im Alter von 31 Jahren, im Osten. Maria Haus, geb. Fröhlich, und Kinder. Altheim, im Aug. 1944. Gedächtnisfeier: 3. 9., 14 Uhr, in Altheim.

Karl Schanz, Feldwebel, Zugf. in einer Pz.-Jg.-Komp., Inh. des EK. 2, silb. Inf.-Sturmabz. und and. Auszeichnungen, im Süden im Alter von nahezu 32 Jahren. Frau Ella Schanz, geb. Lang, und Kinder. Ober-Klingen/Od., Neckarstr. 7. Gedächtnisfeier: Sonntag, 10. 9., 13.30 Uhr, in Ober-Klingen.

Ludwig Knieß, Obergefr., Inh. des EK. 2, am 23. 7. 1944. Marga Knieß, geb. Walter, u. alle Angehörigen. Rüsselsheim, Jakob-Sittmann-Straße 25. Gedächtnisfeier: 3. 9., 13 Uhr, kath. Kirche zu Rüsselsheim

Terrorangriffen fielen zum Opfer

Albertine Elbert, geb. Schmidt, 63 Jahre, **Gretel Elbert**, 35 Jahre. Ellen Reuter, geb. Elbert. Darmstadt, Herderstr. 15, 26. 8. 1944. Einäscherung: Heute Mittwoch, 30. 8., 9.15 Uhr.

Jakob Heinrich Gräf, Schneidermeister, geb. 12. 8. 1875, gest. 26. 8. 1944. Leonhard Gräf und alle Angehörigen. Groß-Gerau, Luisenstr. 6. Beerdigung: Heute Mittwoch, 30. 8., 14 Uhr.

Wilhelm Kreuzer, Dentist, im Alter von 55 Jahren, und Frau **Margarethe Kreuzer**, geb. Zwilling, im Alter von 56 Jahren. Gretel Hartmann, geb. Kreuzer, u. alle Angehörigen. Gr.-Gerau, 29. Aug. 1944. Beerdigung: Heute Mittwoch, 16 Uhr, in Walldorf.

Es starben

Dina Kilian, geb. Mergott, im Alter von 67 Jahren. Andreas Kilian nebst Braut. Darmstadt, 29. 8. 1944. Beerdigung: Donnerstag, 31. 8., 9.45 Uhr, auf dem Waldfriedhof.

Wilhelm Jeppel, im 63. Lebensjahre. Katharina Jeppel, geb. Golditz, u. Kinder. Darmstadt, Unter den Golläckern 19. Beerdigung: Donnerstag, 31. 8. 1944, 9.15 Uhr, Waldfriedhof.

Georg Leiser, Oberrechnungsrat i. R., im Alter von 82 Jahren, am 28. 8. 1944. Wilhelm Schmank. Darmstadt, 28. 8. 1944. Beerdigung: Donnerstag, 31. 8., 9.30 Uhr, auf dem alten Friedhof an der Nieder-Ramstädter-Straße.

Christoph Nungesser VII., im Alter von 75 Jahren, am 28. 8. 1944. Susanne Nungesser, geb. Franziskus, und Angehörige. Pfungstadt, Darmstadt, 28. 8. 44. Beerdigung: Heute Mittwoch, 30. 8., 16 Uhr, vom Portal des Friedhofs aus. Einsegnung: 10 Minuten vorher.

Ursula Schweizer, im zarten Alter von 5 Monaten. Jakob Schweizer, Uffz., z. Z. i. Felde, und Frau. Groß-Bieberau i. O., 28. 8. 1944. Beerdigung: Heute Mittwoch, 30. 8., um 14 Uhr, ab Steinau i. Odw.

Seit 1. September 1944 ist der Umfang der Zeitungen zusammengeschrumpft. Umfang: 4 Seiten. Das wirkt sich insbesondere bei den Todesanzeigen aus. Seither konnten die Hinterbliebenen ihren Gefühlen noch freien Lauf lassen, wie aus nachstehender Anzeige hervorgeht:

Bei dem Terrorangriff in der Nacht vom 25. auf 26. 8. in Darmstadt starb mein lieber Mann und unvergeßlicher Lebenskamerad, mein innigstgeliebter Vater, lieber Schwiegersohn, unser Bruder, Schwager und Onkel

Parteigenosse **Heinrich Kreuter**

Kreisamtsleiter der NSDAP., Inh. des EK. II 1914/18, der zehnjähr. Verdienstmed. d. NSDAP., d. Kriegsverdienstkreuzes 2. Kl. und anderer Auszeichnungen kurz vor Vollendung seines 47. Lebensjahres. Treu und unerschütterlich wie er gelebt und für seinen geliebten Führer gekämpft hat, so hat er nun seine Treue mit dem Tode besiegelt.

In tiefer, aber stolzer Trauer: **Anna Kreuter**, geb. Kümmel, **und Tochter Liesel**, im Namen aller Angehörigen

Darmstadt, Sudetengaustraße 6, den 26. August 1944

Beerdigung: Mittwoch, 30. Aug., 11.15 Uhr, auf dem Waldfriedhof.

Von jetzt ab fällt jeder Soldat von Amts wegen „für Führer und Volk". Die Darmstädter Zeitung kennt 3 Sorten von Todesfällen:

a) für Führer und Volk;

b) Opfer bei Terrorangriffen;

c) normaler Tod.

Das „Hamburger Fremdenblatt" bringt die Todesanzeigen in einfachster Form.

(siehe →)

Walter Jaeger
Gefr. u. Uffz.-Anw., Inh. d. EK 2, ᛉ 21. Febr. 1909 ᛣ 28. Juli 1944 im Osten
Helene Jaeger, geb. Nagel, Dieter und Jutta
Hbg.-Eidelstedt, Lohkampstr. 108

Herbert Schmuck
Obergefr. d. Luftw., ᛉ 25. April 1918, ᛣ 24. Juli 1944 im Westen
Seine Frau Waltraut, geb. Meyer
Langenbielau in Schlesien. – Hamburg 1, Binderstraße 35

Karl-Heinz Wrede
Obergefr., Inh. d. EK 2 u. Verw.-Abz., ᛉ 23. 5. 1923, ᛣ 14. 7. 1944
Seine Mutter Minna Wrede, geb. Giffey
zzt. Hbg.-Rahlstedt, Waldstr. 62

Walter Satzinger
Pg., Gefr., Inh. d. EK 2, Ostmed., Verw.-Abz., ᛉ 30. Nov. 1908, ᛣ 23. Juni 1944 im Osten
Seine Frau Else Satzinger, geb. Reinke
Hbg.-Altona, Präsident-Krahn-Str. 22

Horst Potenberg
Fhj.-Feldw., Inh. versch. Ausz., ᛉ 28. Sept. 1922, ᛣ 20. Juli 1944 im Osten
Franz Potenberg u. Frau Luise, geb. Kuder
Hbg.-Othm., Flottbeker Chaussee 223

Paul Nitsch
Obergefr., ᛉ 22. Oktober 1899, ᛣ 24. Juli 1944 im Osten
Seine Frau Anni Nitsch, geb. Prignitz, Horst und Ilse
Hamburg-Stellingen, Basselweg 25

653

29. August 1944.

Ernst Adolf. Als Vermächtnis meines im März gefallenen Mannes **Ernst Langer,** Landrat des Kreises Jauer, Katzbachgeb., Oberltn. d. R., in einem Pz.-Gr.-Rgt., wurde mir heute ein Sohn geboren. **Maria Langer,** geb. Hibbeler. Rheine, Salzbergener Str. 237, z.Z. Mathias-Spital, den 14. August 1944.[7]

Die Sprache der Nazis hat für jede Lebenslage ein Schlagwort. Die Geburt eines Kindes nach dem Tode des gefallenen Vaters wird zu einem »Vermächtnis«. Für die Vermächtnisnehmerin wäre es vielleicht eines Tages vorteilhafter, wenn sie kein »Vermächtnis« erhalten hätte.[8] –

Für Führer und Volk gaben ihr Leben

Heinz Kohl, SS-Sturmmann, Freiwilliger in einem SS-Regt., Inh. des Panzersturmabz. in Bronze, im Westen, im Alter von 18½ Jahren. Heinrich Kohl u. Frau sowie alle Angehörigen. Gedächtnisfeier: 3. 9. 1944, 10 Uhr, Da.-Arheilgen.

Karl Landzettel, Feldwebel, Parteigenosse, Träger des EK. 2, d. Sturmabz., d. Verwundetenabz. in Bronze u. des Westwallabz., im Osten, im Alter v. 31 Jahren. Marie Landzettel, geb. Emig. Gedächtnisfeier am 3. 9. in der Kirche zu Roßdorf.

Peter Ewald, Obergefreiter, Inh. des EK 2, des KVK. m. Schw. 2. Kl. und des Inf.-Sturmabz. in Silber, im Alter von 32 Jahren, i. Osten, Jak. Ewald I. u. Frau, Hähnlein, Hindenburgstraße 22. Gedächtnisfeier: 3. 9., 14 Uhr, in der Kirche zu Hähnlein.

Gg. Steuernagel, Gren., 37 Jahre. Marie Steuernagel, geb. Jöckel, Kinder und Angehörige. Wembach, im August 1944, Gedächtnisfeier: Sonntag, 3. 9., 14 Uhr, in der Kirche zu Wembach.

Willy Rösch, SS-Sturmmann, im Alter v. 21 Jahren, im Westen, Philipp Münstermann-Rösch u. alle Angehörigen. Bensheim, 29. 8. 1944. Gedächtnisfeier: 3. 9., nach dem Hauptgottesdienst.

Rudolf Arras, Zugwachtmeister i. e. SS-Polizei-Regt., Inh. des Kriegsverdienstkreuz. m. Schw. u. and. Auszeichn., am 2. Aug. in ein. Kriegslazarett im Alter von 27 Jahren. Revierförster Hirschmann und Frau, Jugenheim a. d. B. Beisetzung u. Gedächtnisfeier: 3. Sept. 1944 in Hattersheim a. M.

Ludwig Knieß, Obergefr., Inh. des EK. 2, am 23. 7. 1944. Marga Knieß, geb. Walter, u. alle Angehörigen. Rüsselsheim, Jakob-Sittmann-Straße 25. Gedächtnisfeier: 3. 9., 13 Uhr, kath. Kirche zu Rüsselsheim.

Terrorangriffen fielen zum Opfer

Albertine Elbert, geb. Schmidt, 63 Jahre, **Gretel Elbert,** 35 Jahre. Ellen Reuter, geb. Elbert. Darmstadt, Herderstr. 15, 26. 8. 1944. Einäscherung: Heute Mittwoch, 30. 8., 9.15 Uhr.

Jakob Heinrich Gräf, Schneidermeister, geb. 12. 8. 1875, gest. 26. 8. 1944, Leonhard Gräf und alle Angehörigen. Groß-Gerau, Luisenstr. 6. Beerdigung: Heute Mittwoch, 30. 8., 14 Uhr.

Wilhelm Kreuzer, Dentist, im Alter von 55 Jahren, und Frau **Margarethe Kreuzer,** geb. Zwilling, im Alter von 56 Jahren. Gretel Hartmann, geb. Kreuzer, u. alle Angehörigen. Gr.-Gerau, 29. Aug. 1944. Beerdigung: Heute Mittwoch, 16 Uhr, in Walldorf.

Es starben

Dina Kilian, geb. Mergott, im Alter von 67 Jahren. Andreas Kilian nebst Braut. Darmstadt, 29. 8. 1944. Beerdigung: Donnerstag, 31. 8., 9.45 Uhr, auf dem Waldfriedhof.

Wilhelm Jeppel, im 63. Lebensjahre. Katharina Jeppel, geb. Golditz, u. Kinder. Darmstadt, Unter den Golläckern 19. Beerdigung: Donnerstag, 31. 8. 1944, 9.15 Uhr, Waldfriedhof.

Georg Leiser, Oberrechnungsrat i. R., im Alter von 82 Jahren, am 28. 8. 1944. Wilhelm Schmank. Darmstadt, 28. 8. 1944. Beerdigung: Donnerstag, 31. 8., 9.30 Uhr, auf dem Alten Friedhof an der Nieder-Ramstädter-Straße.

Richard Doerner, Obergefr., Inh. d. Kriegsverdienstkreuzes 2. Kl. mit Schwertern. Emma Doerner, geb. Ackermann, u. Kinder. Wald-Michelbach, im Aug. 1944. Gedächtnisfeier: Sonntag, 3. 9., 10 Uhr, in der Kirche zu Wald-Michelbach.
Helmut Zieres, Fhj.-Uffz. und ROA. in einem Gren.-Regt., am 17. 7. im Alter von 18 Jahren, im Osten. Joh. Zieres und Frau. Groß-Umstadt, im August 1944. Gedächtnisfeier: Sonntag, 3. 9., 14.30 Uhr.
Fritz Funck, Leutnant, Parteigenosse. Träger des gold. HJ.-Ehrenzeichens und des EK. 2, im Alter v. 28 Jahren, i. Osten. Frau Marg. Funck, geb. Heil. Altheim, Hauptstraße 43. Gedächtnisfeier: Sonntag, 3. 9. 44, 14.30 Uhr, in der Kirche zu Klein-Umstadt.
Philipp Jakob Haus, Gefr., im Alter von 31 Jahren, im Osten. Maria Haus, geb. Fröhlich, und Kinder. Altheim, im Aug. 1944. Gedächtnisfeier: 3. 9., 14 Uhr, in Altheim.
Karl Schanz, Feldwebel, Zugf. in einer Pz.-Jg.-Komp., Inh. des EK. 2, silb. Inf.-Sturmabz. und and. Auszeichnungen, im Süden im Alter von nahezu 32 Jahren. Frau Ella Schanz, geb. Lang, und Kinder. Ober-Klingen/Od., Neckarstr. 7, Gedächtnisfeier: Sonntag, 10. 9., 13.30 Uhr, in Ober-Klingen.
Christoph Nungesser VII., im Alter von 75 Jahren, am 28. 8. 1944. Susanne Nungesser, geb. Franziskus, und Angehörige. Pfungstadt, Darmstadt, 28. 8. 44. Beerdigung: Heute Mittwoch, 30. 8., 16 Uhr, vom Portal des Friedhofs aus. Einsegnung: 10 Minuten vorher.
Ursula Schweizer, im zarten Alter von 5 Monaten. Jakob Schweizer, Uffz., z. Z. i. Felde, und Frau. Groß-Bieberau i. O., 28. 8. 1944. Beerdigung: Heute Mittwoch, 30. 8., um 14 Uhr, ab Steinau i. Odw.[9]

Seit 1. September 1944 ist der Umfang der Zeitungen zusammengeschrumpft. Umfang: 4 Seiten. Das wirkt sich insbesondere bei den Todesanzeigen aus. Seither konnten die Hinterbliebenen ihren Gefühlen noch freien Lauf lassen, wie aus nachstehender Anzeige hervorgeht:

Bei dem Terrorangriff in der Nacht vom 25. auf 26. 8. in Darmstadt starb mein lieber Mann und unvergeßlicher Lebenskamerad, mein innigstgeliebter Vater, lieber Schwiegersohn, unser Bruder, Schwager und Onkel

Parteigenosse Heinrich Kreuter

Kreisamtsleiter der NSDAP.,

Inh. des EK. II 1914/18, der zehn jähr. Verdienstmed. d. NSDAP., d. Kriegsverdienstkreuzes 2. Kl. und anderer Auszeichnungen kurz vor Vollendung seines 47. Lebensjahres. Treu und unerschütterlich wie er gelebt und für seinen geliebten Führer gekämpft hat, so hat er nun seine Treue mit dem Tode besiegelt.

In tiefer, aber stolzer Trauer:

Anna Kreuter, geb. Kümmel, und **Tochter Liesel,** im Namen aller Angehörigen

Darmstadt, Sudetengaustraße 6, den 26. August 1944

Beerdigung: Mittwoch, 30. Aug., 11.15 Uhr, auf dem Waldfriedhof.[10]

Von jetzt ab fällt jeder Soldat von Amts wegen »für Führer und Volk«. Die Darmstädter Zeitung kennt 3 Sorten von Todesfällen:

a) für Führer und Volk;

b) Opfer bei Terrorangriffen;

c.) normaler Tod.

Das »Hamburger Fremdenblatt« bringt die Todesanzeigen in einfachster Form. (siehe →)

Walter Jaeger

Gefr. u. Uffz.-Anw., Inh. d. EK 2.

ᛉ 21. Febr. 1909. ᛦ 28. Juli 1944 im Osten[11]

Helene Jaeger, geb. Nagel, **Dieter** und **Jutta**

Hbg.-Eidelstedt, Lohkampstr. 106

Herbert Schmuck

Obergefr. d. Luftw., ᛉ 25. April 1918, ᛦ 24. Juli 1944 im Westen

Seine Frau **Waltraut,** geb. Meyer

Langenbielau in Schlesien. – Hamburg 1, Binderstraße 35

Karl-Heinz Wrede

Obergefr., Inh. d. EK 2 u. Verw.-Abz., ᛉ 23.5.1923, ᛦ 14.7.1944

Seine Mutter **Minna Wrede,** geb. Giffey

zzt. Hbg.-Rahlstedt, Waldstr. 62

Walter Satzinger
Pg. Gefr., Inh. d. EK 2, Ostmed., Verw.-Abz., ᛉ 30. Nov. 1908.
ᛦ 23. Juni 1944 im Osten
Seine Frau **Else Satzinger,** geb. Reinke
Hbg.-Altona, Präsident-Krahn-Str. 22

Horst Potenberg
Fhj.-Feldw., Inh. versch. Ausz.
ᛉ 28. Sept. 1922, ᛦ 20. Juli 1944 im Osten
Franz Potenberg u. Frau Luise,
geb. Kuder
Hbg.-Othm., Flottbeker Chaussee 223

Paul Nitsch
Obergefr., ᛉ 22. Oktober 1899,
ᛦ 24. Juli 1944 im Osten
Seine Frau **Anni Nitsch,** geb. Prignitz,
Horst und **Ilse**
Hamburg-Stellingen, Basselweg 25[12]

1. Sept. 1944.

Die militärische Lage

dz. Berlin, 9. August ⟨44⟩. (Drahtbericht unserer Berliner Schriftleitung.) Das anglo-amerikanische Bemühen, auf dem Schlachtfeld des Westens durch den Einsatz von vier Armeen die Enge des normannischen Invasionsraumes zu sprengen und den nordamerikanischen Panzervorstoß aus dem Raum von Avranches zum Träger einer großen operativen Bewegung in östlicher Richtung über Le Mans hinaus zu gestalten, bestimmt völlig die Kräftekonzeption des Krieges in den Brennpunkten der Westschlacht. Als außerordentlich hemmend wird es dabei von dem Gegner empfunden, daß als Verbindung zu der in der Bretagne stehenden 3. nordamerikanischen Armee nach wie vor lediglich die schmale Frontlücke von Avranches nutzbar ist, die zudem in den letzten Tagen durch deutsche Gegenoperationen enger zusammengepreßt wurde. Um diese gewisse Zwangslage zu meistern, wurden einmal hartnäckige Gegenangriffe gegen die deutschen aus dem Raum von Mortain herstoßenden Bewegungen angesetzt, zum anderen soll der Großangriff der britischen Division aus dem Raum von Caen heraus die noch festliegende Frontlinie im Ostteil des Landekopfes in Bewegung bringen. Der britische Angriff wurde mit einer selbst für das Verhältnis der Materialschlacht des Invasionsraumes ungewöhnlichen Massierung von Waffen vorgetragen. Etwa 6000 Tonnen Bomben wurden auf den relativ kleinen Abschnitt beiderseits der Straße nach Falaise abgeworfen. Wenn trotzdem lediglich ein drei bis vier Kilometer tiefer, alsbald abgeriegelter Einbruch erzwungen werden konnte, so zeugt dieser für die Verteidigungsbereitschaft der deutschen Truppen in diesem Raum, die ihre Stellungen als klemmende Tür vor dem Ausfluß aus dem Kessel der Normandie empfinden und dem Gegner lediglich die kleine Oeffnung bei Avranches überließen.[13]

Auf dem westlichen Kriegsschauplatz hat sich die militärische Lage im August 1944 gewaltig geändert. Anfangs August wurde noch in den Gegenden von Avranches und Caen gekämpft, und Ende August hatten die Alliierten bereits die Seine, Somme und Marne überschritten. Es ist deshalb nicht ohne Interesse, rückblickend die Berichterstattung einer näheren Betrachtung zu unterziehen. Von dem ungewöhnlichen Ernst der Lage des deutschen Heeres haben die Berichter nichts zu sagen.

Bradleys Augenblicksstrategie unter starkem deutschen Druck

Der amerikanische Vorstoß in Richtung der Normandie und nach Norden

rd. Berlin, 12. August ⟨44⟩. (Eigener Drahtbericht.) Während sich die Engländer immer noch – im wesentlichen vergeblich – bemühen, den deutschen Sperriegel südostwärts Caen zu durchstoßen, haben die Amerikaner von der Bretagne aus zu einer großzügigen Umfassungsbewegung ausgeholt, die den Schwerpunkt der Kämpfe im Westen verlagert hat. Die 3. amerikanische Armee, die zum Teil motorisiert ist, hatte bekanntlich bei Avranches einen Durchbruch erzielen können, nachdem sie ohne Rücksicht auf Flankendeckung in die Bretagne vorstieß und sogar die Loire südlich Nantes erreichen konnte. Von hier aus wandten sich die Amerikaner nach Osten und dringen bis Le Mans vor. Diese Ostbewegung hörte in dem Augenblick auf, als die deutsche Truppenführung immer stärkeren Druck auf die offene Flanke der Amerikaner ausüben konnte. Dadurch entstand nämlich für die Amerikaner die Gefahr der Abschneidung ihrer Nachschublinie.

Man konnte gespannt sein, wie die amerikanische Truppenführung auf den deutschen Vorstoß reagieren werde. Inzwischen haben die Amerikaner diese Frage geklärt, indem sie sich von Le Mans aus mehr nach Norden gewandt haben. Damit hoffen sie in den Rücken der deutschen Grundfront zu gelangen. Ihre Absicht geht dahin, entweder die deutschen rückwärtigen Verteidigungslinien abzuschneiden oder zumindesten die Bedrohung ihrer Verbindungslinien bei Avranches durch die deutschen Truppen auszuschalten. Die amerikanischen Spiralenbewegungen lassen erkennen, daß die feindliche Truppenführung ihre Pläne nach den Gegebenheiten des Tages richtet und keineswegs nach einem vorher festgelegten Feldzugsplan operiert. Ein Blick auf die Karte lehrt, daß die amerikanische Augenblicksstrategie zwar Ueberraschungen bringt, aber auch viele Gefahren in sich birgt. Ueberall, wohin die amerikanischen Verbände bisher gedrungen sind, sind sie angreifbar. Die Tatsache, daß deutsche Panzerverbände verschiedentlich im Rücken der amerikanischen Truppen sitzen und auf keinerlei Widerstand gestoßen sind, läßt die amerikanische Truppenführung einem Stier vergleichbar erscheinen, der einen großen Teil seiner Kräfte dazu verwendet, Lufthiebe auszuteilen. Unter diesen Umständen ist Bradleys Panzervorstoß bisher durchaus nicht tragisch zu nehmen und die große Doppelschlacht zwischen der Bretagne und Normandie hängt noch von vielen harten Kämpfen ab, bei denen auch der Amerikaner sich stellen muß.

Weder in Italien noch an der Ostfront ergeben sich neue Momente, nachdem sich der deutsche Widerstand insbesondere vor der ostpreußischen Grenze erheblich versteift hat.[14]

Fronten in der Bedrängnis der Zeit

Die Situation im Osten und Westen – Weshalb sparsame Verteidigung?

dz. Berlin, 20. Aug. (Drahtbericht unserer Berliner Schriftleitung.) Die militärischen Operationen der Feinde im Westen, Süden und Osten des Kontinents lassen während des Wochenwechsels jene Tendenz besonders deutlich werden, die im Laufe der hinter uns liegenden Woche durch die einzelnen Angriffe angedeutet wurde. Von dem Drängen der Zeit angespornt, versuchen die Gegner in Gewaltoperationen der deutschen Führung die Voraussetzung für eine Wandlung der Grundlagen des Krieges zu nehmen, wie sie durch die Anwendung neuer Waffen unter Ausgleich der augenblicklich vorhandenen technischen Ueberlegenheit des Gegners bewirkt werden kann. Die Sowjets traten zu neuen Großangriffen im östlichen Vorfeld der ostpreußischen Grenze und im Raum zwischen Warschau und Augustow mit dem Ziel an, Ostpreußen von Osten und Südosten her gleichzeitig zu berennen und den Krieg auf deutsches Gebiet zu tragen. Im Westen versuchen die anglo-amerikanischen Truppen nach dem Scheitern der Anstrengungen, zwischen Falaise und Alencon den Kessel um die deutschen Truppen der normannischen Abwehrfront zu schließen, dieses Abschneidemanöver in weiter östlich gelegenen Räumen zu wiederholen. Das Prestigeziel Paris hofft man durch eine Umgehungsaktion zu erreichen, die von Dreux aus zum nördlichen und von Chartres aus zum südlichen Abschnitt der Seine beiderseits Paris zielt.

Im Süden Frankreichs lassen die feindlichen Absichten sich jetzt ebenfalls klarer bezeichnen. Zu Beginn der neuen Landung zwischen Cannes und Toulon mochte es noch unklar erscheinen, ob der Gegner sich in östlicher Richtung, dem oberitalienischen Gebiet zu, oder in westlicher Richtung entwickeln würde. Nach neuen Landungen, durch die den vier an Land gebrachten Divisionen jetzt starke Panzerkräfte zur Verfügung gestellt wurden, wird jetzt ersichtlich, daß die Invasion Südfrankreichs als Nahziel eine Ausschaltung des Hafens von Toulon erstrebt. Offenbar sollen aber dort die Operationen weiter in westlicher Richtung vorgetrieben werden, um Marseille und damit einen Ausgangspunkt zu Unternehmen in nördlicher Richtung – das Rhonetal entlang – zu erreichen. Im gegenwärtigen Augenblick erscheint eine Ausdehnung in nördlicher Richtung als unmöglich, da die hohe Gebirgsbarriere sich der Küste entlang zieht und unüberwindliche Schwierigkeiten bei weiteren Vorstößen in das Landesinnere bieten würde.

Zweifellos stellt das hartnäckige Drängen des Gegners nach schnellen, unwiderruflichen Erfolgen die deutsche Verteidigung vor außerordentliche Schwierigkeiten. Das Charakteristikum des gegenwärtigen Abwehrkampfes wird ja durch die Tatsache gebildet, daß die Verteidigung in der Zeitspanne zwischen der augenblicklichen Materialüberlegenheit des Gegners und der kommenden Anwendung neuer Kampfmittel durch sparsamste Verwendung von Truppen und Material geführt werden muß. Der Führer bezeichnete in dem Funkspruch an den tapferen Verteidiger von St. Malo das standhafte Ausharren in dem bestürmten Hafenstützpunkt der Bretagne als einen wertvollen Zeitgewinn für die deutsche Kriegführung. Hier wird von höchster Stelle die Grundtendenz unserer gegenwärtigen Anstrengungen unterstrichen: es geht um den Zeitgewinn, der m
sparsamsten Mitteln erreicht werden muß.

Sicherlich ließe sich manche kritische Lage, mag s
nun vor der ostpreußischen Grenze oder auch im Rau
der Seine beiderseits Paris entstehen, durch die völli
Ausschöpfung der uns im Augenblick zur Verfügung s
henden Mittel leichter lösen. Das würde bedeuten, d
die Divisionen der für kräftige Gegenschläge im Ost
bereitgestellten Gegenarmee ihrer ursprünglichen Aufg
be, großzügige operative Maßnahmen zur vollständig
Ueberwindung der sowjetischen Gefahr durchzuführe
entzogen und zur Erzielung von Augenblickserfolg
geschwächt würde. Eine gleiche Schlußfolgerung lie
sich im Westen ziehen. Besonders eindringlich aber w
de eine derartige Vergleichsstellung bei der Betrachtu
der neuen deutschen Waffen werden. Von autoritativ
Seite wurde mitgeteilt, daß verschiedene dieser neu
Waffen sich bereits in der Fertigung befinden. Wür
man jedoch heute schon die ersten Erzeugnisse die
Art in den Kampf werfen, so hätte das eine Minderu
ihrer Wirkungskraft zur Folge. Jede neue Waffe hat n
eine bestimmte Zeit der Wirksamkeit, bis sie vom Geg
derart erkannt ist, daß sich entsprechende Gegenmit
finden lassen. Wir selbst haben diese Erfahrungen b
spielsweise im U-Boot-Krieg sammeln müssen, wo sich c
Anwendung einer neuen Angriffsmethodik zugleich
die Geburtsstunde neuer Abwehrverfahren herausstell
Würde also heute die relativ geringe Menge der bere
jetzt fertig gestellten neuen Waffen in den Kampf gew
fen werden, so müßte der sich auf diese Weise errei
te Augenblickserfolg dadurch erkauft werden, daß d
Feind die Möglichkeit zur Erfindung von Gegenwaff
vorzeitig gegeben würde, ja, es wäre vielleicht sog
theoretisch möglich, daß der Gegner eben durch die fr
zeitige Bekanntschaft mit den neuen Waffen bereits üb
eine vollkommene Abwehrmethodik zu dem Zeitpunkt v
fügen würde, an dem Deutschland die Massen der neu
Waffen durch die bereit gehaltenen neuen Divisionen z
Anwendung bringen wird.

Diese Gedankengänge, die auf theoretischen G
dankengängen fußen, erscheinen zum Verständnis c
gegenwärtigen Frontensituation notwendig, um eb
zu erkennen, daß selbst schmerzliche Raumverluste
Gesamtlage nicht zu ändern vermögen, wenn der de
schen Führung die operative Bewegungsfreiheit erhal
bleibt, und die durch den Kampf der Fronten erzwunge
gewonnene Zeitspanne durch restlose Ausschöpfung
Volkskraft zur baldigen Herbeiführung einer neuen, du
neuartige deutsche Waffen bestimmten Kriegsphase
nutzt wird.[15]

Während in den vorseitigen Berichten vom 9. und 12. August 1944 noch von der schmalen Frontlücke bei Avranches, der Verteidigungsbereitschaft der deutschen Truppen, dem Sperriegel von Caen gesprochen wird und die Amerikaner vor Ueberraschungen in ihrer Flanke gewarnt werden, befaßt sich der Drahtbericht vom 20. August 1944 bereits mit Dingen, die mit der Gegenwart nichts zu tun haben. Die Hoffnungen des Propagandaministeriums und vielleicht auch einiger mystisch veranlagter Herren bei dem Oberkommando liegen in der Zukunft. Das deutsche Volk soll auf die deutschen Gegenschläge, die Masse der neuen Waffen und den Zeitgewinn vertröstet werden.

Neue Ueberholungsversuche der Amerikaner

Tapfere Gegenwehr unserer Verbände in Rumänien

ks. Berlin, 29. August ⟨44⟩. (Eigener Drahtbericht.) Die Nordamerikaner haben nunmehr die strategische Absicht, die mit ihrem Seine-Uebergang südlich von Paris verbunden war, zu erkennen gegeben. Ihr neuer starker Panzerangriff auf breiter Front nach Norden, der sich auf die Grundlinie Chalons sur Marne – Chateau Thierry – der Wehrmachtbericht spricht es bereits aus – hat die Aufgabe, unsere Südflanke anzugreifen und einen Durchbruch in Richtung auf Amiens zu erzielen.[16] Damit hofft man auf feindlicher Seite, die rückwärtigen Verbindungslinien derjenigen deutschen Divisionen abzuschneiden, die im Raum von Rouen und an der unteren Seine eine starke und oft vergeblich berannte Widerstandslinie gebildet haben. Gegen den Vorstoß sind deutscherseits Truppen angesetzt worden, die den Feind an der Marne in heftige Kämpfe verwickelt haben.

Auf den anderen Kampffeldern in Frankreich ist eine Veränderung nicht zu erkennen, nachdem Paris sich in den Händen der Feinde befindet und die deutschen Absetzbewegungen im südfranzösischen Raum weiterlaufen.

Der rumänische Verrat wirkt sich, wie jetzt immer stärker erkennbar wird, für die an der äußersten Südflanke der Ostfront eingesetzten deutschen Divisionen in zunehmendem Maße aus. Die Sowjets konnten unsere Kampfgruppen abschneiden und stürmen nunmehr von allen Seiten gegen diese deutschen Verbände an, die im Vertrauen auf die rumänische Verteidigung an den Brennpunkten der zu erwartenden Offensive der Sowjets eingesetzt waren. Nachdem die Rumänen, denen lediglich die Aufgabe anvertraut war, die rückwärtigen Verbindungen zu bewachen und aufrecht zu erhalten, augenscheinlich die Sowjets planmäßig in den Rücken der deutschen Verbände geführt hatten, blieb unseren Truppen nur der Versuch übrig, sich nach Westen durchzuschlagen. Mehrere Tage dauert bereits der heftige Kampf, der jedoch bis zur Stunde unseren Truppen noch nicht die Befreiung gebracht hat.

Die Kämpfe im ungarischen Grenzgebiet und an den anderen Teilen der Ostfront weisen keine neuen Momente auf und haben auch keine größere Ausdehnung angenommen.[17]

Generalleutnant Dittmar im Rundfunk:

Der gewaltige Kampf geht weiter

Kampf bis aufs Messer für unser Volk das Gebot höchster Zweckmäßigkeit

ips. Berlin, 30. August ⟨44⟩. (Eigener Bericht.) Der bekannte militärische Sprecher des deutschen Rundfunks, Generalleutnant Dittmar, sagte zur militärischen Lage:

Der gewaltige Kampf wird weitergehen. Er muß weitergehen, weil und solange unsere Feinde auf ihren Kriegszielen beharren, solange nicht Vernunft und bessere Einsicht an die Stelle jenes Willens zur Vernichtung getreten sind, der die Bereitschaft zum Aeußersten zur Ultima ratio unseres Volkes stempelt.

Die Entwicklung der Lage in diesen Wochen mag freilich bei unseren Feinden die Hoffnung erweckt haben, als stünde das Ziel der militärischen Niederwerfung Deutschlands nicht mehr in gleich weiter Ferne wie noch vor einigen Wochen. Wir haben in zwei Monaten erhebliche Teile von dem verloren, was wir als Frucht als unserer Eroberungen in den ersten Jahren des Krieges fest in der Hand zu halten glaubten, was als erwünschte Verbreiterung der wirtschaftlichen Grundlage unserer Kriegsführung angesehen werden konnte. Frankreich ist zum größten Teil unserer Hand entglitten. Wir stehen in schwersten Kämpfen um die Behauptung wichtigster Restgebiete, sowohl an der Küste wie im nordöstlichen und östlichen Frankreich. Ein Bewegungskrieg ist hier entfesselt, der in mehr als einer Hinsicht an die Kämpfe des Jahres 1940 erinnert. Was damals die durchdachte Konsequenz in der Anwendung neuzeitlicher Kampfmittel zum Erfolge tun mußte, das leistet heute beim Gegner die Ueberzahl. Es ist das Hohelied des deutschen Einzelkämpfers und der deutschen Führung, wenn wir feststellen, daß – anders als im umgekehrten Fall 1940 nach ungleich kürzerer Kampfzeit – Briten und Amerikaner noch immer auf einem blutigen und mühseligen Wege begriffen sind, dessen Ende auch heute noch nicht abzusehen ist.

Auch die Kämpfe im südfranzösischen Raum haben für die Alliierten bisher nicht die Ergebnisse gehabt, die ihnen bei der Einleitung ihrer Operationen vor Augen gestanden haben mögen. Jeder Schritt, den unsere sich rhoneaufwärts absetzenden Verbände nach Norden Raum gewinnen, macht die Errichtung einer neuen festen Front wahrscheinlich.

Betrachten wir die Dinge im Osten, so wird klar, daß manche Gefahr, die noch vor wenigen Wochen in ihrer unmittelbaren Bedrohung des Reichsgebietes als brennend angesehen werden mußte, heute als vorläufig beschworen gelten kann. Dieser Stand der Dinge ermutigt uns, daran zu glauben, daß auch die unmittelbaren militärischen Folgen des verräterischen Abfalls jener Kreise, die sich des jugendlichen rumänischen Königs als Werkzeug bedienten, verwunden werden können. Es wäre töricht, zu leugnen, daß diese Entwicklung uns in jeder Hinsicht unwillkommen ist. Neben minderwertigen Teilen enthielt die rumänische Armee Verbände, die bisher auch in schwersten Lagen tapfer an unserer Seite standen.

Wenn unsere Feinde angesichts dieser äußeren Entwicklung der Dinge triumphieren zu können glauben, so mag ihnen das unbenommen bleiben. Sicher ist, daß die Freude, die sie äußern, dem Gedanken entspringt, einem Ende dieses auch auf ihnen mit größter Schwere lastenden Krieges nahe zu sein. Es sind Töne der Erleichterung, die allzu deutlich aus ihrem Jubel wiederklingen.

Diese Tatsache ist es, die uns am besten lehren kann, unsere Lage zutreffend zu bestimmen. Sie zeigt uns, welchen Weg wir gehen müssen. Wir stehen vor einer Notwendigkeit, die keine Alternative zwischen Weiterkämpfen und billigem Ausgleich mehr kennt. Kampf bis aufs Messer ist uns das Gebot höchster und letzter Zweckmäßigkeit, weil nur so unsere Feinde – zunächst die Völker, aber mittelbar auch die Regierungen – vor die Notwendigkeit gestellt werden, die Frage nach dem Sinn der Opfer und Einbußen, der gebrachten wie künftigen, der militärischen wie der politischen, in letzter Klarheit zu beantworten.[18]

Das hört sich zwar heldisch an, wenn ein Rundfunk-General ohne Waffen den Kampf bis aufs Messer empfiehlt. Ich glaube jedoch, daß in der Wirklichkeit gegen die amerikanischen Panzer-Corps mit Messern nicht sehr viel auszurichten ist. Herr Generalleutnant Dittmar, legen Sie Ihr Messer weg! Es lebe V 8 = 1 Stock mit einem weißen Tuche!!

3. Sept. 1944.

Das Geheimnis der letzten Kriegsphase

Von SS-Kriegsberichter Achim Fernau[19]

Ein neuer Stern am Himmel der Berichterstattung. Es folgt Anfang und Ende seines Berichts.

pk. .... 28. August ⟨44⟩. In einem halben Jahr spätestens werden wir wissen, was heute noch wenige wissen, daß diese letzte Kriegsphase, die am 16. Juni 1944 anbrach, ein Geheimnis gehabt hat, und daß die drei Monate Juni, Juli und August in Wahrheit ein ganz anderes Gesicht hatten, als wir alle glaubten. Die Geschichte hat ja immer bewiesen, daß sich hinter den Kulissen der Völker Dinge abgespielt haben, die im Moment überhaupt nicht sichtbar waren; daß Augenblicke ein so seltsames Doppelgesicht zeigten, daß ganze Nationen ratlos wurden; daß Kontinente oft gebannt auf ein Ereignis starrten, das ganz gleichgültig war, und daß im Rükken, unbeachtet und gänzlich übersehen, eine Tür dauernd offen stand.

Sieg – das ist das Wort, um das unsere Gedanken ununterbrochen kreisen, Frieden allein gibt es nicht mehr, es gibt nur noch Sieg. Wenn wir in Gedanken noch einmal durchgehen, wieviel Fürchterliches, wieviel Leid die Kriegsjahre über Europa gebracht haben und daß das Schicksal auch alle anderen Völker gezwungen hat, diese entsetzliche Rechnung mit zu unterschreiben, ob schuldig oder nicht, dann kann einem bei dem Gedanken an die Verblendung der Attentäter vom 20. Juli und an den Weg des Gnadengesuches, den sie beschreiten wollten, fast der Atem stocken.

Diese Zeit, die wir jetzt, unmittelbar jetzt, durchmachen, ist das Dramatischste, was die moderne Weltgeschichte jemals erleben kann. Spätere Zeiten werden einmal klar und deutlich sehen, daß es auf Millimeter und Sekunden ankam und daß es auszurechnen gewesen sein mußte, warum Deutschland siegte.

Ich erinnere mich noch sehr gut, daß die Terroristen in Frankreich im vergangenen Jahr folgendes Zeichen an die Wände schrieben: »1918 = 1943«. 1943 sollte unser 1918 werden. Heute weiß ich, das war keine Propagandatheorie, es war ein Programm, es war bitterste Notwendigkeit. Churchill kann nämlich rechnen! Er kannte Termine, die nicht einmal wir selbst kannten und heute noch nicht kennen. Wir fanden bei einem Gefangenen eine einige Jahre alte englische Zeitschrift, in der die V 1 abgebildet war, falsch, aber immerhin ungefähr. Als ich das sah, war mir alles klar, es beweist:

1. Churchill hat von den kommenden Waffen frühzeitig gewußt.
2. Er hat den Bau nicht verhindern können.
3. Er hat sie nicht vor uns konstruieren können.
4. Er hat keine Abwehr gefunden.
5. Er wußte damit, daß es einen Termin geben würde, an dem eine dritte Kriegsphase beginnt, und an dem nun Deutschland, genau wie er im Jahre 1942, den Krieg noch einmal von vorn anfangen würde. Und in dieser Phase würde dann Deutschland oben sein.

So wie er von V 1 wußte, wird er auch von anderen »schrecklichen Dingen«[a] wissen. Und er weiß noch etwas, für ihn viel Grauenhafteres: Er kennt den Termin.

Deshalb schrieb er »1918 = 1943«, deshalb hätte das Ende – unser errechnetes Ende aus Erschöpfung – unbedingt 1943 kommen müssen. Das Jahr ging vorüber. Wir selbst ahnten nicht, was das für Churchill und Roosevelt bedeutete. Jetzt gab es nur noch einen Versuch für sie: in den letzten Minuten »ihrer Kriegsphase« einen verzweifelten Gesamteinsatz zu wagen, und den erleben wir jetzt.

Wenn es für diese Gedankengänge noch eines letzten Beweises bedurfte, dann hat ihn Churchill selbst in einem Interview vor einigen Tagen erbracht. Er sagte: »Wir müssen den Krieg bis zum Herbst beenden, sonst …« und dann schwieg der alte Herr, der Brandstifter.

Bis zum Herbst, damit wissen wir, wofür wir die letzte große Kraftanstrengung machen müssen. Sie geht auch nicht über unsere Kräfte. Wir haben in diesem Kriege noch nie in einer kritischen Lage aufgegeben. Wir werden den letzten Preis, den wir noch zu bezahlen haben, eben bezahlen. Mit allen Mitteln und mit allen Kräften. Der Sieg ist wirklich ganz nahe!

Achim Fernau heißt der Verfasser des »Geheimnisses der letzten Kriegsphase«. Eigentlich kommt es auf einen Irren mehr oder weniger gar nicht an. Ich habe mich daran gewöhnt, daß in einem Irrenhause Verrückte sein müssen, sonst wäre es kein Narrenhaus. Dieser Achim Fernau hat bestimmt den Vogel abgeschossen. Er meint, in einem halben Jahre spätestens werden wir wissen, daß die letzte Kriegsphase (ab Juni 1944) ein Geheimnis in sich barg. Herr Fernau, Sie irren! Noch im September 1944 werden Sie und die übrigen Deutschen erfahren, auf welch geheimnisvolle Weise die Alliierten ihren Einzug in Deutschland gehalten haben. Ihr prophetischer Ausspruch »Der Sieg ist wirklich ganz nahe« ist bestimmt richtig, insoweit der Sieg der Engländer und Amerikaner gemeint ist.

Ueber was sprechen die deutschen Zeitungen?

Unsere gesamte nationale Kraft darf nur noch der Erringung des Sieges dienen[20]

Die neuen Maßnahmen zur totalen Kriegsführung[21]

Der Feind begreift: Deutschland kapituliert nie![22]

Zeit gewinnen heißt für Deutschland alles gewinnen[23]

Starke zusätzliche Kräfte für Front und Rüstung[24]

Ungarn: Konzentration aller Kräfte![25]

Der Verrat König Michaels[26]

a) *von anderen »schrecklichen Dingen«:* Auf das Stilmittel der ironischen Anführungszeichen in der NS-Sprache verweist Victor Klemperer: »Dagegen bedient sich LTI bis zum Überdruß dessen, was ich die ironischen Anführungszeichen nennen möchte. Das einfache und primäre Anführungszeichen bedeutet nichts anderes als die wörtliche Wiedergabe dessen, was ein anderer gesagt hat. Das ironische Anführungszeichen beschränkt sich nicht auf solch neutrales Zitieren, sondern setzt Zweifel in die Wahrheit des Zitierten, erklärt von sich aus den mitgeteilten Ausspruch für Lüge. Indem das im Reden durch einen bloßen Zusatz von Hohn in der Stimme des Sprechers zum Ausdruck kommt, ist das ironische Anführungszeichen aufs engste mit dem rhetorischen Charakter der LTI verbunden.« (Klemperer 1996, S. 78-80, Zitat S. 78f.).

V1 in Serien auf London[27]

Churchill findet keine Lösung für das V-1-Problem

Kritische Aeußerungen in der englischen Presse – Neue Schäden durch die neue Waffe[28]

Täglich 17000 Gebäude durch V 1 in England zerstört[29]

Wie lange wird »V 1«, diese Vergeltungsbombe, nach England noch geschossen werden? Die Gegner sind im Begriffe, Nordfrankreich und Belgien in Besitz zu nehmen. Dort befinden sich die Abschußrampen dieser fliegenden Bomben. Dann ist es auch mit dieser Hoffnung aus. Eine der letzten, der allerletzten Hoffnungen. Die Kriegsgeschichte wird einmal vermerken, daß »V 1« eine Versager-Waffe gewesen ist.

7. Sept. 1944.

Arbeitszeit ⟨24.8.44.⟩

5. Zur vollen Ausnutzung der Arbeitskraft wird die Arbeitszeit in den öffentlichen Verwaltungen und Büros der Wirtschaft einheitlich auf mindestens 60 Stunden in der Woche festgesetzt. Davon unberührt bleiben jene Arbeitszweige, in denen zur Erledigung kriegsentscheidender Aufträge ohnehin schon wesentlich länger gearbeitet wird.

Eine neue Errungenschaft des Nationalsozialismus: Mindestens eine Arbeitszeit von 60 Stunden in der Woche wird den geplagten Menschen in Deutschland aufgebürdet. Dabei ist zu beachten, daß es Betriebe gibt, in denen die Arbeiter noch länger schaffen müssen. Ein Sklavendasein, wie es schlimmer nicht gedacht werden kann. Trotzdem sind die »Heil Hitler«-Rufer noch nicht ausgestorben. Die deutschen Knechtseelen kennen keine Freiheitsliebe. –

Auf dem Schlachtfeld von Langemarck[a]

Brüssel, 26. August ⟨44.⟩
Am Montag fand in Langemarck, eine eindrucksvolle Gedenkfeier zu Ehren der mehr als 10 000 dort ruhenden deutschen Soldaten statt, die 1914 bis 1918 auf flandrischem Boden für Deutschland ihr Leben gelassen haben. Unter den Anwesenden bemerkte man den Kommandanten der Sturmbrigade Langemarck, Schellong, den Dichter Cyrill Verchave und den Leiter der deutsch-flämischen Arbeitsgemeinschaft, Dr. Jef van der Wiele. Nach Vorbeimarsch der Truppen legte der Kommandant der Sturmbrigade »Langemarck« einen Kranz mit Inschrift »Deutschland muß leben und wenn wir sterben müssen« am Ehrenmal nieder.

In einer Gedächtnisrede für Tausende junger deutscher Studenten, die ihr Blut bei Langemarck vergossen, [sagte] Dr. Jef van der Wiele, daß ihr Opfer ein Beispiel für die flämische Jugend sei und allein der Heroismus Flandern retten könne. »Wir wollen Männer, Soldaten unseres Volkes, des Reiches und des Führers sein. Dort, wo wir stehen, werden wir kämpfen und siegen«.

Er hob die Leistungen der flämischen Ostfrontkämpfer hervor und brachte seinen Stolz darüber zum Ausdruck, daß er auf seinem Ärmel den Namen »Langemarck« Symbol des Glaubens an den Sieg, tragen dürfe.[30]

In den Jahren 1914 und 1940 sind deutsche Truppen ohne Kriegserklärung in Belgien einmarschiert und hielten Belgien von 1914 bis 1918 und von 1940 bis 1944 besetzt. Auf belgischem Boden ist viel Blut geflossen, und die Bevölkerung wurde schwer heimgesucht. Unsagbares Elend, großes Leid herrschte in den Kriegsjahren in Belgien. All dies hat auf viele flämische Politiker keinen Eindruck gemacht; sie gehen Arm in Arm mit dem Bedrücker Belgiens, mit dem Führer Adolf Hitler. Mit dieser geistigen Verwirrung muß das belgische Volk aufräumen. Es geht einfach nicht an, daß einige Narren fortgesetzt mit ihren fixen Ideen das gesamte Volk eines Landes

a) In *Langemarck*, einem Ort in der belgischen Provinz Flandern, fanden im Oktober und November 1914 heftige Gefechte statt, bei denen vorwiegend Reservetruppenteile aus Studenten, Schülern und altgedienten Reservisten eingesetzt wurden. Die Kämpfe endeten – unter schweren eigenen Verlusten – mit der Einnahme der gegnerischen Stellungen. Das Geschehen um Langemarck wurde von der Obersten Heeresleitung (OHL) und der Kriegspropaganda zum Mythos und Sinnbild bedenkenloser Opferbereitschaft der Jugend stilisiert. In der NS-Zeit fanden jährlich in der Potsdamer Garnisonkirche Langemarck-Kundgebungen verschiedener Jugendverbände und der Berliner Studentenschaft statt. Jedes HJ-Mitglied hatte monatlich einen »Langemarck-Opferpfennig« zu entrichten. Vgl. Pätzold/Weißbecker 2005, S. 192-194. Obwohl der Heroenkult um den soldatischen Opfertod ab 1943 weitgehend auf die Stalingrad-Kämpfer übertragen wurde (vgl. ebd., S. 194), blieb der Langemarck-Mythos als propagandistisches Mittel präsent.

durcheinander bringen, Unruhe stiften und zu neuen Zwistigkeiten ihre Vorbereitungen treffen. Es ist eine blöde Verführung der »flämischen« Jugend, Opfer von ihr zu verlangen für eine Sache, die nur in kranken Hirnen Platz finden kann. Was wollen denn die Flamen? Ihre Kultur wird von niemand gestört. Ein selbständiges Flandern ist niemals lebensfähig. Es müßte sich doch an einen Nachbarstaat klammern. –

Das Eichenlaub für Léon Degrelle

Aus dem Führerhauptquartier, 30. August ⟨44⟩.
Der Führer hat dem Kommandeur der 5. SS-Freiwilligen-Panzer-Brigade »Wallonien«, SS-Sturmbannführer Léon Degrelle, das Eichenlaub zum Ritterkreuz des Eisernen Kreuzes verliehen.

Am 28. August wurde eine Kampfgruppe der SS-Sturmbrigade »Wallonien« unter SS-Sturmbanführer Degrelle im Nachtrag zum OKW.-Bericht lobend erwähnt, nachdem sie sich bei den Kämpfen westlich des Pleskauer Sees durch besondere Zähigkeit und Angriffsschwung ausgezeichnet hatte.

Am 23. August hat sich Léon Degrelle bei den schweren Kämpfen südwestlich Dorpat erneut durch rücksichtslosen persönlichen Einsatz ausgezeichnet. In einer außerordentlich kritischen Situation, als starke sowjetische Kräfte einen entscheidenden Durchbruch erzielt hatten, formierte Léon Degrelle einige schwache örtliche Verbände zu einer Kampfgruppe und baute mit dieser an dem Schwerpunkt der feindlichen Stoßrichtung eine neue, den ganzen Tag über festbleibende Sicherungslinie auf. Aufrecht auf dem Grabenrand stehend, gab Degrelle seine Befehle und verhinderte durch seine Initiative, daß durch ein weiteres Vordringen des Feindes in Richtung Dorpat die noch südlich der Stadt kämpfenden deutschen Truppen abgeschnitten wurden. Degrelle, der sich oftmals schon als Führer und Soldat in harten Lagen hoch bewährt hat, hat damit erneut eine für die Kampfführung seines Bereiches entscheidende Waffentat vollbracht.

Léon Degrelle wurde am 15. 6. 1906 in Bouillon in der belgischen Provinz Luxemburg als Sohn eines Landwirts geboren. Seit der Gründung seiner Rexistenbewegung im Jahre 1930 hat sich Degrelle unentwegt für den Kampf gegen den Bolschewismus eingesetzt, einen Kampf, den er selbst zunächst jahrelang als hervorragender Redner, Schriftsteller und Journalist führte, und in dem er jetzt schon seit einigen Jahren als aktiver Soldat in den Reihen der Waffen-SS im Osten steht. Mit den ersten Freiwilligen der wallonischen Legion eilte er als einfacher Soldat an die Ostfront. Im April 1942 erhielt er das Eiserne Kreuz und wurde im Mai desselben Jahres wegen Tapferkeit vor dem Feinde zum Leutnant befördert. Am 20. Februar 1944 erhielt Léon Degrelle aus der Hand des Führers das Ritterkreuz zum Eisernen Kreuz als Anerkennung für seine vorbildliche Haltung an der Spitze seiner wallonischen Legion beim Durchbruch aus dem Kessel von Tscherkassy.[31]

Léon Degrelle[32], ein Belgier, der sich zum Führer einer »wallonischen« Legion gemacht hat und mit dieser Truppe an der Seite Deutschlands gegen die Russen kämpft. Was hat Rußland den Wallonen getan?

Es wäre eine natürliche Angelegenheit, wenn Degrelle und die von ihm Verführten als Freiheitskämpfer gegen Deutschland aufgetreten wären. Das würde in der übrigen Welt verstanden werden. Aber dieses unglaubliche Verhalten eines Degrelle, des »wallonischen« Tyrannen-Anwärters, wird kein vernünftiger Mensch verstehen.

Es kommt der Tag, da ist der Degrelle-Spuk vom Boden Belgiens verschwunden und das freie Belgien wird diesem Schurken ein Schandmal errichten. –

Gefährlicher Hetzer hingerichtet

dnb. Berlin, 30. August ⟨44⟩. Der 52 Jahre alte Johann Kalla aus Kreuzenfeld (Bez. Loben), der bereits im Jahre 1941 wegen staatsfeindlicher Aeußerungen vom Sondergericht bestraft worden war, führte als Versicherungsvertreter gegenüber Müttern und Frauen von Soldaten volksfeindliche und defaitistische Reden, um sie zum Abschluß einer Lebensversicherung geneigt zu machen. Soldatenfrauen brachten diesen gefährlichen Hetzer zur Anzeige, so daß ihm sein schmutziges Handwerk gelegt werden konnte. Der Volksschädling wurde vom Volksgerichthof zum Tode verurteilt. Das Urteil ist bereits vollstreckt.[33]

Wer in Deutschland die Regierungskunst der Nazis kritisiert oder bange Sorge um Deutschland hegt, ist ein »Staatsfeind« oder ein »Volksschädling«. Die wirklichen Verderber und Volksschädlinge sind Ankläger und Richter gegen Unschuldige.

Die Vergeltung wird nicht ausbleiben!
Das kommende Urteil wird auch vollstreckt!!

»Hamburger Zeitung«

Kriegsgemeinschaft der Hamburger Abendblätter

Der Präsident der Reichspressekammer, Herr Reichsleiter Amann, hat der deutschen Öffentlichkeit bereits vor einiger Zeit die Mitteilung gemacht, daß auch die deutsche Presse ihren höchstmöglichen Beitrag zum totalen Kriegseinsatz der deutschen Heimat bringen wird. Die Hamburger Presse wird einen besonders wertvollen Beitrag leisten. Sie wird, wie es der Reichsleiter bereits angekündigt hat und wie es der Gauleiter und Reichsstatthalter Karl Kaufmann forderte, jede Kraft dem Kriege und der Rüstung geben, die unter Anlegung schärfster Maßstäbe zu entbehren ist. Um zum besten Erfolg zu kommen, werden sich darum die drei Hamburger Abendblätter – Hamburger Anzeiger, Hamburger Fremdenblatt, Hamburger Tageblatt – wie schon einmal in einer Stunde des äußersten Einsatzes der Hansestadt Hamburg zu einer einzigen Zeitung – der »Hamburger Zeitung« – zusammenschließen.

In der Kriegs-Arbeitsgemeinschaft, die für die Dauer des totalen Kriegseinsatzes der deutschen Nation die »Hamburger Zeitung« herausbringen wird, werden Schriftleiter, Techniker und Verlagskaufleute aus den drei beteiligten Verlagen in einer Gemeinschaft zusammenwirken. Das fachliche Können der drei Blätter wird in den Dienst der gemeinsamen Sache gestellt. Die Führung der neuen Gemeinschaft ist dem Gaupresseamtsleiter des Gaues Hamburg der NSDAP, Parteigenossen Hermann Okraß, übertragen worden.

Die »Hamburger Zeitung« wird sechsmal wöchentlich in den Nachmittagsstunden zu den bisher gewohnten Zeiten erscheinen. Sie wird durch die Vertriebsstellen der drei Blätter, die auch ihrerseits eine Konzentration der Kräfte vornehmen werden, vertrieben und wird im übrigen wie üblich in den Zeitungshandel gehen. Die Leserschaft wird sich in allen Zustellungsfragen weiterhin an die gewohnten Vertriebsstellen wenden können. Um Hamburg am Sonntag nicht ohne Zeitung zu lassen, wird am Sonntagnachmittag eine besondere Ausgabe des »Mittagsblatt« zusätzlich erscheinen, die im Straßenhandel zu haben sein wird.

Der Bezugspreis der »Hamburger Zeitung« ist dem niedrigsten Bezugspreis der drei Blätter angepaßt. Er beträgt beim Bezuge durch Vertriebsstellen monatlich frei Haus RM 1,80, durch die Post RM 2,50 einschließlich des Bestellgeldes. Im Einzelhandel wird die Zeitung für 10 Pfennig zu haben sein. Die Sonnabend-Ausgabe wird 15 Pfennig kosten. Die Postbezieher des Hamburger Fremdenblatts außerhalb des nordwestlichen Heimatgebietes (Postleitgebiete 3, 20, 23, 24) erhalten die Reichsausgabe.

Die »Hamburger Zeitung« will und soll sein ein Sinnbild der Gemeinschaftsleistung, wie sie heute unser Volk auf allen Gebieten des Lebens im Dienste des totalen Krieges vollbringt. Sie ist ein Kriegskind, das auch nur für Kriegsdauer in Hamburg auftritt. Normale Zeiten werden in Hamburg wieder normale Zeitungsverhältnisse sehen.

*

Das Hamburger Fremdenblatt verabschiedet sich mit der morgigen Abendausgabe von seinem Leserkreis, der volles Verständnis für die kriegsbedingten Maßnahmen haben wird. Alle Kräfte auch unseres Hauses werden sich mit letzter Hingabe einsetzen für den Sieg. Ist er erfochten, wird das Hamburger Fremdenblatt wieder vor seine Leser treten als Künder eines nie erlahmenden weltweiten hanseatischen Geistes.

Heil Hitler!
Hamburger Fremdenblatt
Verlag und
Schriftleitung[34]

⟨30.8.44.⟩

⟨»Wehrmacht«⟩

Im Zuge der durch den totalen Krieg bedingten Konzentrationsmaßnahmen auf dem Gebiet der Presse stellt unsere Zeitschrift das Erscheinen für die Dauer des Krieges ein. Es werden dabei weitere Kräfte für die Wehrmacht und die Rüstung frei. Wir danken unseren Lesern und Freunden für die uns erwiesene langjährige Treue. Mit unserem zuversichtlichen Glauben an den Sieg verbinden wir die Hoffnung, unsere Zeitschrift nach dem Siege allen Beziehern wieder in gewohnter Weise liefern zu können.

Zuviel bezahlte Bezugsgebühren fließen aus arbeitstechnischen Gründen und auf Anweisung der Reichspressekammer dem Roten Kreuz oder dem Winterhilfswerk zu. Diejenigen Bezieher, die mit dieser Regelung nicht einverstanden sind, mögen sich wegen derRückvergütung an den Verlag wenden.[35]

Das »Schwarze Korps« und die Hauptblätter der Partei erscheinen weiter. Der Tag ist in Sicht, an dem der Presse-Terror sein unrühmliches Ende finden wird. Zum Segen der Menschheit.

⟨»Das Schwarze Korps.«⟩ ⟨31.8.44.⟩

Mensch, Linhardt!

Die Brandenburger Stadtsparkasse erhielt einen Brief des zur Zeit im Felde stehenden Maschinenarbeiters Fritz Linhart[36] aus Brandenburg, Carl-Reichstein-Straße 25, worin er sie bat, seine Ersparnisse, das sind 1680 Reichsmark, der Kreisleitung der NSDAP. zu überweisen. »Es soll«, so schreibt er, »ein kleiner Dank an das Schicksal sein, das uns Adolf Hitler erhielt. Es lebe der Führer!«

Man kann auf diese Nachricht auf verschiedene Weisen reagieren. Die einen fragen vielleicht: Was fängt das Schicksal mit 1680 Mark an? Oder: Ist dieses Geld in der Hand dessen, der es sauer ersparte, nicht mehr wert als in der Hand des Staates, dem es doch nur ein Tropfen auf dem heißen Stein sein kann? Die so fragen, das sind die Nützlichkeitsmenschen unter uns, die immer den Rechenstift bei der Hand haben. Auch sie spenden für dies und das, aber sie wollen einen möglichst unmittelbaren Erfolg sehen. Am liebsten wäre ihnen, sie könnten für ihre monatliche Gabe einen gefüllten MG.-Gurt oder ein Dutzend Windeln erstehen, weil sie dann eine plastische Vorstellung von ihrem Anteil an der Gesamtleistung des Volkes hätten. Sie können es sich nicht vorstellen, daß einer etwas gibt aus innerem Antrieb: nur weil es Freude macht.

Der Obergefreite und Maschinenarbeiter Linhart muß diese Freude wohl als tiefes Glücksgefühl empfunden haben. Wollte man ihm zurufen: Mensch, Linhart, weniger hätte es auch getan! – so würde er es sich verbitten, daß man um seine Freude schachert. So sind solche Opfer zu verstehen: sie sind nur die äußere Hülle einer Gabe, die viel reicher ist als ein Sparkassenkonto: Hier hat einer nicht nur seine Ersparnisse dem Schicksal als Dank dargeboten, sondern sich selbst.[37]

Millionen verwünschen Adolf Hitler; der Maschinenarbeiter Linhardt spendet seine Ersparnisse aus Freude über die Errettung Hitlers am 20.7.44.

Es ist nötig, sich diese Sorte von Menschen zu merken und sie nach dem Kriege erzieherisch zu behandeln.

Finnland auf gefährlicher Bahn

Abbruch der Beziehungen zu Deutschland – Sowjetische Bedingungen angenommen

dz. Berlin, 3. Sept. ⟨44⟩. (Drahtbericht unserer Berliner Schriftleitung.) Die finnische Regierung hat sich, nach Informationen aus Regierungskreisen in Helsinki, entschlossen, die Beziehungen zu Deutschland abzubrechen, um durch Annahme der von der Sowjetunion gestellten Bedingungen eine Verhandlungsbasis mit dem Gegner zu gewinnen. In einer Rede versuchte der finnische Ministerpräsident die Motive dieses Verhaltens klarzulegen, wobei er die anglo-amerikanische Einflußnahme auf die Entschließungen der finnischen Regierung andeutete.

Der Entschluß Finnlands trifft Deutschland als bisherigen Waffengefährten nicht unvorbereitet. Seit Monaten waren in Helsinki gewisse Strömungen zu beobachten, die eine Unterwerfung unter den Gegner einer Fortsetzung des Kampfes um die Selbständigkeit des Landes vorziehen. Auch als sich die Kräfte der Kampfentschlossenheit durchsetzten und die Vertreter der Unterwerfungspolitik für eine Zeitspanne zum Schweigen verurteilten, mußte die deutsche Regierung mit wachen Augen die Politik Helsinkis verfolgen, da sich aus einer Nachgiebigkeit gegenüber dem Gegner erhebliche Nachteile für die deutsche Kriegführung zu ergeben vermochten. Vor allem galt es, Maßnahmen zur Sicherheit der deutschen in Nordfinnland stehenden Truppen für jeden Eventualfall vorzubereiten. Durch diese Maßnahme kann heute der neu geschaffenen Lage Rechnung getragen werden.

Der Abfall Finnlands wird einen weiteren Beweis dafür bieten, daß ein Ausscheiden aus der kämpfenden Front gegen den Bolschewismus das nationale Ende eines Volkes bedeutet. Mag die finnische Regierung heute noch glauben, auf dem Verhandlungswege von der Sowjetunion irgendwelche Zugeständnisse im Hinblick auf die Selbständigkeit des Landes erhalten zu können, so dürften die jüngsten Ereignisse in Rumänien und Bulgarien und ihre Auswirkungen auf die Völker des Balkans die überzeugteste Kommentierung dafür abgeben, daß das Paktieren mit den Sowjets stets mit einer Aufsaugung durch den bolschewistischen Koloß gleichbedeutend ist. »Wir verbergen nicht, daß der uns auferlegte Waffenstillstand große Opfer von uns fordert und in unseren Herzen schmerzende Wunden hinterläßt«, mußte jetzt der Exponent der neuen Regierung des wortbrüchigen Königs Michael, der rumänische Politiker Maniu, erklären, nachdem bekannt wurde, daß die Sowjetunion ¼ Million rumänische Arbeiter als Hilfskräfte für die Sowjetunion fordert. Der junge König Michael suchte den Frieden und fand als einzigen Ausweg lediglich den Zwang zu einer Fortsetzung des Krieges, diesmal jedoch nicht mit dem Ziel einer Unabhängigkeit Rumäniens und einer Sicherung seiner Existenz, sondern heute im Dienste der Sowjets, die das Land besetzen. Es ist nicht anzunehmen, daß Moskau den Finnen mildere Bedingungen gewähren wird. Bisher sind Einzelheiten über die neuen sowjetischen Bedingungen noch nicht bekannt geworden. Dieser Hinweis aus offiziöser finnischer Quelle läßt jedoch den Rückschluß zu, daß die Sowjetregierung die ursprünglich formulierten Waffenstillstandsbedingungen für Finnland heute nicht mehr als ausreichend ansehen wird, wie ja auch die im April aufgestellten Bedingungen für Rumänien jetzt sehr verschärft wurden. Finnland hat sich also auf eine sehr abschüssige Bahn begeben, deren Ziel noch nicht klar zu umreißen ist.

Die deutsche Reaktion auf den von den Anglo-Amerikanern veranlaßten und zugunsten Moskaus ausfallenden Schritt Finnlands muß abgewartet werden. Es wäre unsinnig, die Erschwernisse zu übersehen, die aus den jüngsten politischen Ereignissen für die Kriegführung erwachsen. Noch unsinniger wäre es jedoch, sie als Beispiel für eigenes Verhalten anzusehen. Das deutsche Volk weiß die rückläufigen Bewegungen der Front und die Erschwernisse der Kriegführung nach dem Ausfall von Bundesgenossen richtig zu werten: Ganz allein auf sich gestellt, führt es den Kampf weiter mit unbändigem Vertrauen, die gegenwärtige Phase des Krieges zu überwinden, um auf eine neue zu warten, und diese Wartezeit arbeitend und kämpfend abzukürzen, um mit neuen Mitteln und mit neuen Kräften aus sich heraus den Erfolg zu erringen. Die Fronten nähern sich den Grenzen. Mit diesem Herannahen aber steigert sich der Widerstandsgeist.[38]

16.9.44
Wenn deutsche Truppen eine größere Stadt oder ein Gebiet, das sie längere Zeit besetzt hielten, räumen mußten, so war bald darauf in den Zeitungen zu lesen, daß nach der Räumung und Besetzung durch die feindlichen Truppen Hungersnot ausbrach.

Hunger und Teuerung in Paris[39]

Florenz – »eine hungernde Stadt«

Genf, 15. September ⟨44.⟩
Unter der Überschrift »Eine hungernde Stadt« veröffentlicht die »Times« einen Bericht eines Sonderkorrespondenten in Italien, der sich bemüht, ein möglichst günstiges Bild der Lage in Florenz zu geben. Trotzdem muß er zugeben, daß von einer planmäßigen Lebensmittelversorgung der großen Stadt am Arno noch immer nicht gesprochen werden kann.

Der Berichterstatter fragte eine Anzahl Frauen nach den Lebensmittelbedingungen ihrer Familien. Eine erklärte, von den angekündigten anglo-amerikanischen Verteilungen noch nicht ein Körnchen gesehen zu haben. Noch nie sei ihr Brot zugeteilt worden. Eine andere sagte, sie habe zweimal in acht Tagen eine winzige Brotzuteilung und etwas Trockengemüse erhalten. Um mit Wasser versorgt zu werden, müsse jede Familie täglich drei bis vier Stunden Schlange stehen.

Seuchengefahr bestehe zwar, aber sie dürfe nicht »übertrieben« werden, fügt der Korrespondent unter dem Druck der Zensur hinzu. »Nur« Paratyphus sei bisher aufgetreten, Cholera nur in einzelnen Fällen.[40]

Diese tendenziösen Berichte sollen dartun, daß unsere Feinde kein Organisationstalent besitzen und das deutsche Volk zu äußerstem Widerstand aufstacheln, damit es ihm nicht ergeht wie den Einwohnern der von den Alliierten eroberten Gebiete.

Durch einen Zufall haben wir feststellen können, daß die »Hungersnot« in den geräumten Gebieten auf deutsche Organisation zurückzuführen ist. H[...] sandte aus Krakau an unsere Anschrift 15 Pakete, die zum größten Teile Lebens- u. Genußmittel enthielten. Da die Pakete in schlechter Verfassung hier ankamen, war der Inhalt erkennbar geworden u. wir machten H. Vorwürfe, daß er Sachen einpackte, die bei uns erhältlich sind. H. klärte uns daraufhin auf, daß die Lager in Krakau geräumt, verteilt und die Waren fortgeschafft werden mußten. Auf höheren Befehl! Wo also Zeit für die Räumung vorhanden war, da wurde frühzeitig dafür gesorgt, daß alle Vorräte verschwanden. Auf diese Weise wird demnach die Propaganda-»Hungersnot« hervorgerufen.

Aber alles das, was die Deutschen sich in den fremden Ländern erlaubt haben, wird auf Deutschland zurückfallen. Diese Vergeltung bleibt nicht aus. Das deutsche Volk muß schwer büßen für alle Abscheulichkeiten, die in seinem Namen begangen wurden.

⟨16.9.44⟩

»VB.«-Splitter

Bei einem Terrorangriff auf die Umgebung von Weimar am 23. August wurde auch das Konzentrationslager Buchenwald von zahlreichen Sprengbomben getroffen. Unter den dabei ums Leben gekommenen Häftlingen befinden sich u. a. die ehemaligen Reichstagsabgeordneten Breitscheid[41] und Thälmann[42].

Am 16. Sept. wurde erstmals gemeldet, daß am 23. August ein »Terrorangriff« auf das Konzentrationslager Buchenwald stattgefunden habe. Es ist äußerst merkwürdig, daß die Bekanntgabe erst nach über 3 Wochen erfolgt ist.

Vielleicht stellt es sich einmal heraus, wer diesen Angriff arrangiert hat[a]. Unsere Gegner haben kein Interesse daran, politische Gegner der NSDAP. zu vernichten. –

»Luftlandung in Holland **abgeriegelt** ⟨«⟩

verkündet das »Hamburger Fremdenblatt« vom 18. September 1944 in großen Lettern.[43] Seit den rückläufigen Bewegungen der deutschen Armee findet das Wort »abriegeln« häufige Verwendung. Trotz der immer wieder angewendeten »Abriegelei« dringen unsere Gegner immer näher an und über die deutschen Grenzen. Die »Riegel« verhindern dem Anscheine nach keineswegs das Vorrücken der alliierten Armeen.

DNB. **Aus dem Führerhauptquartier,** 18. Sept. ⟨44⟩ **Das Oberkommando der Wehrmacht gibt bekannt:**

Im holländischen Raum setzte der Feind gestern mittag nach vorausgegangenen starken Luftangriffen Fallschirmjäger und Luftlandetruppen hinter unserer Front mit Schwerpunkt im Raum von Arnhem, Nimwegen und Eindhoven ab. Am Nachmittag trat er dann zwischen Antwerpen und Maastricht zum Angriff an, um die Verbindung mit seinen abgesprungenen Verbänden herzustellen. Besonders im Raum von Neerpelt entwickelten sich dabei heftige Kämpfe, in deren Verlauf der Feind geringen Geländegewinn nach Norden erzielen konnte. Gegen die feindlichen Luftlandekräfte sind konzentrische Gegenangriffe angesetzt.

Zwischen Maastricht und Aachen sowie im Raum von Nancy stehen unsere Truppen weiterhin in schwerem Abwehrkampf mit starken feindlichen Kräften. In den übrigen Abschnitten der Westfront wurden zahlreiche schwächere Angriffe des Feindes zerschlagen.

a) *wer diesen Angriff arrangiert hat:* Das Konzentrationslager Buchenwald wurde tatsächlich bei einem Luftangriff, der SS- und Rüstungsbetrieben gegolten hatte, von alliierten Bomben getroffen. Zumindest Ernst Thälmann aber kam dabei, anders als die NS-Propaganda meldete, nicht ums Leben; er wurde am 18.8.1944 erschossen. Vgl. Konzentrationslager 1999, S. 205f.

Der Heeresbericht vom 18. September 1944 gibt bekannt, daß Landungen in Holland aus der Luft stattgefunden haben und Gegenangriffe angesetzt worden sind. Hieraus ergibt sich nicht, daß die Luftlandung »abgeriegelt« worden ist. Die Zeitungsstrategen gehen also wieder einmal einen Schritt weiter als das Oberkommando der Wehrmacht. Wenn die Engländer oder Amerikaner mit Erfolg in Holland gelandet[a] sind, dann besteht für mich keinerlei Zweifel darüber, daß dieses Unternehmen für die weitere Entwicklung ⟨des Kampfes⟩ auf dem westlichen Kriegsschauplatze von größter Bedeutung ist.

Die Luftlandestellen Arnhem, Nimwegen und Eindhoven befinden sich westlich des Ruhrgebietes. Von Arnhem und Nimwegen aus kann das Ruhrgebiet in der Flanke gefaßt werden. Vermutlich dürfte sich Westfalen bald als Kriegsschauplatz zeigen. –

»Der Feind vor den Toren.« Darmstadt, den 9. Sept. 1944.

Nachstehend der Schluß dieses Aufsatzes: …

a) *in Holland gelandet:* Am 17. September landeten britische und kanadische Streitkräfte bei Arnheim, Nijmwegen und Eindhoven. Während die Landung bei Arnheim durch den Widerstand eines SS-Panzer-Korps abgewehrt wurde, konnten die Alliierten die übrigen Stellungen halten, da die britische Armee von der südholländischen Front einen Korridor bis nach Eindhoven und Nijmwegen schaffen konnte. Vgl. Hillgruber/Hümmelchen 1978, S. 237.

Indessen muß einmal ausdrücklich festgestellt werden, daß wir keinen Anlaß haben, die Lage des kämpfenden Reiches für wirklich düster zu erklären. Sie ist ernst, das wissen wir, und es liegt auch nicht der mindeste Grund dazu vor, sie nun etwa zu beschönigen. Das Vordringen des Gegners auf Aachen, die neuen Angriffsvorbereitungen Eisenhowers und die Entwicklung im Osten sprechen eine ebenso deutliche wie harte Sprache. Aber wir haben trotzdem alle Ursache, gelassen und ruhig in die Zukunft zu sehen und uns nicht von den andrängenden Sorgen des Tages niederdrücken zu lassen. Wir glauben unerschütterlich daran, daß ein Volk, das so tapfer, treu und opferbereit, so voller Haltung und Disziplin, so anständig und idealistisch ist wie das deutsche, nicht besiegt werden kann, sondern um so gewisser der Sieger in diesem gewaltigen Ringen sein wird als es auch in Arbeit und Kampf so groß ist wie kein anderes. Auf dieses Volk, dem anzugehören wir die Ehre haben, können wir unsäglich stolz sein!

Nichts kann uns ferner davon abbringen, zu glauben, daß kein Kampf aussichtslos ist, so lange die Führung nicht versagt und den Kopf verliert. Die Führung des Reiches mag manches getan haben, was wir nicht begreifen; das ist im Kriege, wo nicht jede Handlung der Führung erläutert werden kann, ebenso selbstverständlich wie das Auf und Ab des Krieges überhaupt. Aber die deutsche Führung hat auch in den schwierigsten Lagen nicht versagt, hat immer kaltes Blut und klaren Kopf behalten, ist nie einer Entscheidung ausgewichen und niemals in ihren Entschlüssen schwankend gewesen oder wankend geworden. Sie hat immer auf weite Sicht geplant, das für richtig erkannte entschieden durchgeführt und ist allen Wandlungen des Kriegsglückes mit einer so schnellen und kühnen Reaktion begegnet, die noch immer das Erstaunen des Gegners hervorgerufen hat. In der Schnelligkeit und Klarheit ihrer Entschlüsse, der Umsicht und dem Weitblick ihrer Planung, dem Mut, der Energie und Kraft ihres Handelns ist sie immer eine wirkliche Führung gewesen. Mag sie auch geirrt oder Fehler begangen haben, da sie ja auch nur aus Menschen besteht, so bleibt doch unbestreitbar, daß sie immer mutig, ideenreich, straff und energisch geführt und darin bis auf den heutigen Tag nicht nachgelassen hat. Wir sind der festen Ueberzeugung, daß sie auch die sehr schwere Situation von heute meistern wird, mag der Feind auch die Reichsgrenzen hier und da erreichen oder überschreiten. Kein Volk ist verloren, das eine gute Führung hat, und kein Volk braucht seine gute Sache aufzugeben, solange die Führung sie nicht aufgibt. Diese Führung denkt aber gar nicht daran, aufzugeben, sondern ist entschlossen, bis zum äußersten zu kämpfen und dabei immer wirklich zu führen! Solange wir aber diese Führung haben, ist nichts verloren, sondern jede Chance bleibt uns gewahrt.

Unsere rasch sich vollziehende totale Mobilmachung, die gewaltige, in fieberhafter Arbeit und Eile heranreifende Umrüstung, die zielbewußt durchgeführte Konzentration aller Kräfte unseres Volkes, die Neuaufstellung zahlreicher Divisionen und der Aufbau einer neuen Bewaffnung sind schlagende Beweise für die ungebrochene und frische Energie, mit der unsere Führung die Lage anpackt und zu meistern entschlossen ist. Keiner erkennt klarer als der Feind die neue Lage, die sich aus allen diesen Maßnahmen ergeben wird. Es hat schon seinen guten Grund, daß England und die USA., den Krieg bis zum Herbst beenden wollen. Sie fürchten die neuen Waffen und Divisionen, die Energie der deutschen Führung und den Kampfgeist unseres Volkes, dessen Härte in Tat und Haltung sie immer aufs neue widerwillig anerkennen müssen. Selbstverständlich wissen sie, daß auch ihre eigene innerpolitische und wirtschaftliche Lage und die Entwicklung des Verhältnisses zwischen England, USA. und der Sowjetunion gebieterisch höchste Eile und schnelle Beendigung des Krieges von ihnen fordern.

Wir haben demgegenüber dafür zu sorgen, daß der Feind den Krieg nicht so rasch beendet wie er es will und nötig hat. Die Zeit scheint heute für den Feind zu arbeiten. Wenn wir aber jetzt standhalten und in Kampf und Arbeit, Tapferkeit und Opferwille nicht einen Augenblick nachlassen, dann arbeitet die Zeit für uns! Niemand weiß es besser als der Gegner. W i r müssen es aber noch besser wissen als er!

Dann wird unser Volk keinen anderen Gedanken kennen als Kampf, nochmals Kampf und wieder Kampf! Dann wird es sich nur noch von dem Willen zum Sieg um jeden Preis beherrschen lassen und sich, da d e r F e i n d v o r d e n T o r e n d e s R e i c h e s s t e h t, die Worte des Generals von Clausewitz zur unverrückbaren Richtschnur nehmen:

»Ich glaube und bekenne:

daß ein Volk nichts höher zu achten hat als die Würde und Freiheit seines Daseins;

daß es diese mit dem letzten Blutstropfen verteidigen soll;

daß es keine heiligere Pflicht zu erfüllen, keinem höheren Gesetze zu gehorchen hat;

daß der Schandfleck einer feigen Unterwerfung nie zu verwischen ist;

daß dieser Gifttropfen in dem Blute eines Volkes in die Nachkommenschaft übergeht und die Kraft später Geschlechter lähmen und untergraben wird.«[44]

Dr. Edzard Hobbing

Todesurteil für weitere Verbrecher des 20. Juli ⟨44⟩

Leben, Freiheit und Zukunft des Volkes verraten

Berlin, 11. September ⟨44⟩

Nachdem am 7. und 8. August der Volksgerichtshof die an den Ereignissen des 20. Juli militärisch beteiligten Verräter abgeurteilt hatte, hat er nunmehr auch über diejenigen Personen das Urteil gesprochen, die als Politiker an dem Anschlag des 20. Juli mitgewirkt haben und damals eine Regierung des Verrats unter Auslieferung des deutschen Volkes an seine Feinde aufrichten wollten. Es sind politische Ignoranten, skrupellose Ehrgeizlinge, abgewirtschaftete Parteipolitiker und ehrvergessene Reaktionäre, die die Anklagebank füllen. Sie hatten sich unter der Führung des ehemaligen Oberbürgermeisters und Preiskommissars Goerdeler zusammengefunden, bereit, ihrem persönlichen Ehrgeiz Leben, Freiheit und Zukunft des deutschen Volkes bedenkenlos zu opfern.

Den »Liquidationsausschuß des Deutschen Reiches und Volkes« nannte der Präsident des Volksgerichtshofes mit Recht diese Anhäufung politischer Verbrecher, die sich als eine »deutsche Regierung« etablieren wollten. Ehemalige Parlamentarier, wie der frühere Abgeordnete Lejeune-Jung, ehemalige Systemminister, wie der frühere hessische Innenminister Wilhelm Leuschner, ein ehemaliger Rechtsanwalt Josef Wirmer, ehemalige Diplomaten, wie der frühere Botschafter Ulrich von Hassell und der ehemalige Legationsrat im Auswärtigen Amt Trott zu Solz, der ehemalige Polizeipräsident von Berlin, der inzwischen aus der Partei, dem Beamtenstand und dem Reichstag ausgestoßene Graf Helldorf, hatten sich zusammengefunden, um nach der beabsichtigten Ermordung des Führers zusammen mit eidbrüchigen ehemaligen Generalen eine Diktatur aufzurichten, die die kämpfende Front durch eine Kapitulation verraten und das ganze deutsche Volk seinen haßerfüllten Feinden ausliefern sollte.

Die Verhandlungen vor dem Volksgerichtshof haben den Verdacht, daß die Verschwörerbande von Anfang an Verbindung zu den Feinden gehabt und von ihnen sowohl Weisungen als auch Mittel zur Durchführung des Attentats auf den Führer erhalten haben, nunmehr zur traurigen Gewißheit werden lassen.

Bei Goerdeler, der als Kopf der Verschwörung für den Posten des »Reichskanzlers« ausersehen war, liefen alle Fäden zusammen. Er war es, der die Verrats- und Attentatspläne mit dem feindlichen Ausland abstimmte, der seit 1942 die Verbindung zwischen den militärischen Verrätern einerseits und den politischen Verschwörern andererseits herstellte und in zahlreichen Unternehmungen alle Einzelheiten des Komplotts und des Attentats vorbereitete. Er hat von Anfang an darauf gedrängt, die Umsturzpläne durch einen direkten Mordanschlag auf den Führer einzuleiten. Nach dem Gelingen des Attentats wollte er eine Militärdiktatur einführen, Standgerichte einsetzen und vor dem Feinde kapitulieren. Schärfste Sozialreaktion nach innen und würdeloseste und feigste Unterwerfung nach außen – das waren die Grundlagen des von ihm aufgestellten »Regierungsprogramms«.

Leuschner, der zum »Vizekanzler« ausersehen war, war ebenfalls über die Absichten eines Mordanschlages auf den Führer völlig unterrichtet. Im übrigen spielte Leuschner bereits mit dem Gedanken, noch vor dem Putsch mit Hilfe von Stauffenberg wieder den Goerdeler zu stürzen und selbst Kanzler zu werden.

Hassell, den man auf Grund seiner früheren außenpolitischen Tätigkeit als zum »Außenminister« prädestiniert glaubte, hat ebenfalls gestanden, sich »an den Vorbereitungen und Handlungen, die eine gewaltsame Beseitigung der deutschen Reichsregierung zum Ziel hatten, beteiligt zu haben«. Er hat laufend an den Aktionsbesprechungen teilgenommen und wußte seit spätestens im Frühjahr 1943, daß gegen den Führer ein Mordanschlag verübt werden sollte.

Wirmer fand sich 1942 mit Goerdeler auf dem Boden der gemeinsamen Feindschaft gegen den Führer und das nationalsozialistische Deutschland. Er hat in mehrfachen Vorbesprechungen mit Stauffenberg die »Ministerliste« zusammengestellt, in der er selbst als »Justizminister« figurierte. Er gibt zu, daß er es war, der Goerdeler immer wieder gedrängt habe, die »Aktion« doch möglichst zu beschleunigen, woraufhin Goerdeler seinerseits wieder Stauffenberg drängte, den Mord an dem Führer so schnell wie möglich zu vollziehen.

Lejeune-Jung, der präventive »Wirtschaftsminister«, gestand ebenfalls, daß er über alle Einzelheiten des Komplotts im Bilde war.

Helldorf erklärte bei seiner Vernehmung, daß er sich schon seit längerer Zeit vom Führer und der nationalsozialistischen Bewegung aus gekränktem persönlichem Ehrgeiz entfernt habe. Er habe mit Olbricht und Beck Verbindung gehalten und sei von ihnen in alle Einzelheiten ihrer Pläne eingeweiht worden. Er selbst sollte dabei als Polizeipräsident von Berlin für die Aktion in der Reichshauptstadt alles Notwendige vorbereiten und Kriminalbeamte zur Verhaftung der nationalsozialistischen Minister bereitstellen. Er bekannte, daß er durch sein Verhalten treulos und zum Verräter geworden sei.

Zum Kreise des ehemaligen Botschafters Hassell gehörte Trott zu Solz, der sich Stauffenberg als »außenpolitischer Berater« zur Verfügung stellte und unter anderem seine dienstlichen Reisen nach Schweden dazu benutzte, um wichtige Geheimnisse der deutschen Kriegführung mit feindlichen Ausländern zu besprechen.

Damit vollendet sich das Bild des Verrats. Nach der Anklagerede des Oberreichsanwalts verkündet der Präsident des Volksgerichtshofs das Urteil: Todesstrafe durch den Strang für sämtliche Angeklagte.[45]

Nach den ersten Darstellungen war der Anschlag des 20. Juli 1944 von einer »kleinen Clique« ersonnen worden. Der 2. Prozeß läßt erkennen, daß es sich doch um einen größeren Kreis von »Verschwörern« gehandelt hat.

Staatssekretär Dr. Naumann in Danzig:

Unsere Gegner täuschen sich!

»Die Festung Deutschland wird verteidigt wie nie zuvor eine Festung – dann aber wird unsere Stunde kommen!«

Danzig, 2. September ⟨44.⟩

In Danzig, der Stadt, die unseren Gegnern vor fünf Jahren als Vorwand diente, diesen schwersten und blutigsten aller Kriege zu entfesseln, marschierten am Vorabend des Tages, an dem sich der Führer entschloß, die frechen, haßerfüllten Provokationen des von England mit einem Blankowechsel ausgestatteten polnischen Staatsgebildes mit dem Donner der Kanonen zu beantworten, die führenden Männer von Partei und Staat, um in einer von Gauleiter Forster einberufenen Kundgebung stellvertretend für das ganze deutsche Volk ihrer unbedingten Siegeszuversicht und durch nichts zu erschütternden Kampfbereitschaft Ausdruck zu verleihen. Im Mittelpunkt der mitreißenden Kundgebung stand eine großangelegte Rede von Staatssekretär SS-Brigadeführer Dr. Naumann**, in der dieser mit der Nüchternheit des an der Front gehärteten politischen Soldaten ein ungeschminktes, durch keinerlei Winkelzüge beschönigtes Bild der Lage gab, getragen von der Gläubigkeit des Nationalsozialisten und dem Wissen um die Kräfte, die im deutschen Volk in den kommenden Monaten wirksam werden, seinen Zuhörern aber gleichzeitig die deutschen Siegeschancen überzeugend zu begründen vermochte. So klang die Kundgebung in einem einzigen großen und flammenden Bekenntnis zum Führer und seiner Idee aus.**

Staatssekretär Dr. Naumann wies zu Beginn seiner Rede daraufhin, wie sehr die letzten Ereignisse gezeigt hätten, daß es England nie um Polen oder polnischen Boden gegangen sei. Kalten Herzens habe es das Land, das es einstmals »garantierte«, in Teheran den Sowjets ausgeliefert, wie es auch Rumänien widerstandslos dem Bolschewismus überlasse und selbst in Italien Schritt um Schritt vor den Forderungen Moskaus kapituliere. Denn von Anfang an sei dieser Krieg nicht um Grenzen oder einige Quadratkilometer Bodens geführt, sondern um Europa und den Nationalsozialismus schlechthin, die Weltanschauung also, die sich anschickte, den ganzen Kontinent mit einem neuen sozialen und kulturellen Lebensgefühl zu erfüllen. Diese Weite des Kampfes müsse notgedrungen auch die Ausmaße des Ringens und die Größe der Opfer bestimmen. Ein totaler Erfolg sei daher nur durch einen wahrhaft totalen Einsatz möglich, und den Wellenbergen unserer Siege von gestern und vorgestern entsprächen die Wellentäler, die das deutsche Volk jetzt durchschreiten müsse.

Die Tage des Eintritts in das sechste Kriegsjahr fielen in solch ein Wellental. Trotzdem hätten die vergangenen fünf Jahre uns selbst und unseren Feinden einige Tatsachen zur Kenntnis gebracht, in denen die Überwindung aller Krisen bereits vorgezeichnet sei.

1. **Der Führer sei nicht vom deutschen Volk zu trennen, und das deutsche Volk stehe bedingungslos zu ihm;**
2. **das deutsche Volk sei nationalsozialistisch, nicht allein in glücklichen, sondern erst recht in schweren Tagen;**
3. **es gebe kein Versagen der deutschen Heimat, – in der Gewißheit des Sieges sei diese im Gegenteil bereit, alle Opfer zu bringen;**
4. **ebensowenig gebe es ein Versagen der Front. Gerade in diesen Wochen kämpften viele deutsche Soldaten wie in Brest, Lorient oder St. Malo ganz allein auf sich gestellt. Sie kämpften, getragen von dem unerschütterlichen Glauben, um die Zeit, die wir zur Mobilisierung unserer Reserven noch benötigten;**
5. **es gebe in Deutschland keine Macht und keinen Stand, der bereit wäre, über eine Kapitulation zu verhandeln.**

Staatssekretär Dr. Naumann wandte sich dann der gegenwärtigen politischen und militärischen Lage zu und betonte, daß die Führung des Reiches keineswegs durch die Entwicklung der letzten Monate überrascht sei. Sie haben den Generalansturm der Gegner erwartet und alle Vorbereitungen getroffen, ihn abzufangen und zu überwinden. »Unsere Gegner täuschen sich!« rief er aus, »wenn sie sich am Vorabend des Sieges glauben! Sie sollen wissen, daß ihre Schwierigkeiten um so größer werden, je näher sie den Reichsgrenzen kommen. Im Osten wächst von Tag zu Tag ein tief gegliedertes Verteidigungswerk von der Memel bis zu den Karpaten. Im Westen konzentrieren wir unsere Kräfte auf ein strategisch günstiges Vorfeld. Neue Divisionen rücken an die Front, Millionen neuer Arbeitskräfte sind durch die Maßnahmen zur totalen Kriegführung mobilisiert, der Ausstoß unserer Rüstungsindustrie ist trotz des feindlichen Luftkrieges größer denn je, und neue Waffen werden uns einen neuen technischen Vorsprung sichern und dazu beitragen, die Wende des Kriegsgeschehens herbeizuführen. Denn die Festung Deutschland wird verteidigt werden, wie nie zuvor eine Festung verteidigt wurde, – dann aber wird unsere Stunde kommen!«

Unsere Feinde sehen diese Entwicklung voraus, stellte Staatssekretär Dr. Naumann in diesem Zusammenhang fest. Daher ihre erbitterten Bemühungen um einen schnellen Sieg, ihr verzweifelter Wettlauf mit der Zeit! Sie wüßten, daß jede Woche, die das Reich überstehe, das deutsche Volk dem Augenblick näherbringe, da seine gesammelten und konzentrierten Anstrengungen wirksam würden, – sie fürchteten deshalb schon heute den Augenblick, da ihre üppig ins Kraut geschossenen Hoffnungen einer tiefen Enttäuschung weichen müßten. Demgegenüber stehe das deutsche Volk in fünf schweren Kriegsjahren gehärtet und im Schmelztiegel seines Kampfes gestählt wie nie zuvor, von einer wilden und fanatischen Entschlossenheit durchdrungen, sein Land, sein Leben und seine Weltanschauung bis zum letzten Blutstropfen zu behaupten. Denn diese Weltanschuung, die es in den Jahren der härtesten Erprobung als die allein richtige erkannt habe, sei ihm nicht von atmosphärischen Bedingungen abhängig, es kämpfe für sie, in schlechten Tagen mit größerer Entschlossenheit als in den guten und glücklichen Stunden.[46]

20. Sept. 1944.

Das Eichenlaub für den Helden von Cecembre

Berlin, 4. September ⟨44.⟩
Der Führer hat in der vergangenen Nacht dem Reserveoffizier der Ile de Cecembre, Oberleutnant der Marineartillerie Richard Seuß, für seinen bei der Verteidigung der militärisch wichtigen Inselstellung Cecembre bewiesenen fanatischen Widerstandswillen und seine an die Grenze des Menschenmöglichen gehende Tapferkeit das Eichenlaub zum Ritterkreuz des Eisernen Kreuzes verliehen.

Oberleutnant Seuß sandte an den Seekommandanten der Kanalinseln folgenden offenen Funkspruch: »Nach hartem Ringen, nach völliger Zerstörung letzter Waffen und Unterstände durch den Feind und am Ende der Kraft meiner Soldaten übergebe ich.« Seitdem hat sich Cecembre nicht mehr gemeldet. Damit hat ein mehrwöchiger Kampf gegen die ununterbrochenen massierten Angriffe der Engländer und Amerikaner aus der Luft, von See und Land her sein Ende gefunden.

Seuß, seine Marineartilleristen und ihre Leistungen sind einmalig. Die Kriegsgeschichte kennt nur wenige Beispiele, daß ein Offizier an der Spitze seiner Truppe in so aussichtsloser Lage bis zur restlosen Vernichtung aller seiner Waffen kämpfte und dadurch dem Gegner über Wochen hinweg die Erreichung eines für ihn strategisch außerordentlich wichtigen Zieles verwehrte, so daß er ununterbrochen zum Einsatz an Kampfkraft vielfach überlegener Streitkräfte aller seiner Wehrmachtteile gezwungen war, die der Verwendung an anderer Stelle verlorengingen. »Cecembre« ist damit zum Inbegriff höchster soldatischer Tugenden geworden und beispielhaft für Front und Heimat.[47]

Innsbruck, 4. September ⟨44.⟩
In Wörgl wurde das SA.-Wehrabzeichen an Soldaten überreicht, die an die Front abgingen. Die Überreichung ging in feierlicher Form auf dem Nahkampfübungsplatz vor sich, der durch Hissung der Reichskriegsflagge und der Fahnen der Partei in einen Feierplatz umgewandelt worden war.

Nachdem der Wehrmacht-Standortälteste, Oberstleutnant Giehl, in Begleitung des Führers der SA.-Gebirgsjägerstandarte 4, Standartenführer Kleißner, sowie des Ortsgruppenleiters und Bürgermeisters Gschöpf die Front abgeschritten hatte, wurde die Feier mit dem Kampflied »Volk ans Gewehr« eingeleitet. Dann wies Standartenführer Kleißner auf die Bedeutung des SA.-Wehrabzeichens als Ehrenzeichen des deutschen Mannes und als Zeichen enger Verbundenheit der Partei und ihrer SA. mit der Wehrmacht hin. Hierauf übergab er 160 von den angetretenen Soldaten die Abzeichen.

Nach dem Lied »Nur der Freiheit gehört mein Leben« sprach der Standortälteste Oberstleutnant Giehl zu den zur Front abgehenden Soldaten. Er wies insbesondere die jungen Gruppenführer auf ihre künftige Aufgabe als Führer in dem entscheidenden Ringen hin, die, wie er überzeugt sei, auf Grund ihres Könnens als Gruppenführer und als Einzelkämpfer, auf Grund ihrer Erziehung zum nationalsozialistischen, politischen Soldaten und auf Grund des Geistes der Truppe den Aufgaben, die sie erwarten, voll gewachsen sind. Der Führer, der schon längst der Vertraute jedes einzelnen Soldaten geworden ist, vertraut in diesem Kampf besonders auf die Tapferkeit des Grenadiers. Der Standortälteste beförderte daraufhin eine Anzahl schon frontbewährter Soldaten zu Oberjägern.

Ein Jäger trug daraufhin Worte von Clausewitz vor, und nachdem der Ortsgruppenleiter Gschöpf zu den Soldaten gesprochen hatte, fand die Feier mit dem Sieg-Heil auf den Führer, den Hymnen der Nation und einem Vorbeimarsch vor dem Standortältesten ihr Ende. [48]

li.

Empfang eines erfolgreichen Jagdfliegers

Nürnberg, 4. September ⟨44.⟩
Der Träger des Eichenlaubs zum Ritterkreuz des Eisernen Kreuzes, Hauptmann Batz, wurde in diesen Tagen im Gauhaus empfangen. Hauptmann Batz ist einer unserer erfolgreichsten Jagdflieger und Kommandeur der Jagdfliegergruppe, der auch Brillantenträger Oberleutnant Hartmann als Staffelkapitän angehört. Stellvertretender Gauleiter Karl Holz ließ sich von Hauptmann Batz über dessen bisherigen Einsatz berichten und beglückwünschte den tapferen Offizier auch im Namen der fränkischen Bevölkerung zur hohen Auszeichnung. Hauptmann Batz empfing nach Eintragung in das Ehrenbuch des Gaues aus der Hand des Gauleiters eine Erinnerungsgabe.

Eichenlaubträger Hauptmann Batz wurde am 21. Mai 1916 in Bamberg geboren und hat seit 1927 seinen Wohnsitz in Nürnberg. Er war als Parteigenosse bereits vor der Machtübernahme aktiver Mitkämpfer der nationalsozialistischen Bewegung. Am 26. März 1944 erhielt Hauptmann Batz das Ritterkreuz des Eisernen Kreuzes und nun vor wenigen Tagen das Eichenlaub aus der Hand des Führers.[49]

g.r.

*

Die Fabrikation von »Helden« steht im Reiche des Nationalsozialismus oder besser gesagt des Hitlerismus in großer Blüte. Bei der Hitler-Jugend beginnt die Erziehungsarbeit. Neuerdings wird die Freiwilligenmeldung bei der Hitler-Jugend bereits mit einer Auszeichnung bedacht. Der »Kriegsfreiwillige« darf eine rote Kordel tragen. Nach amtlicher Meinung sind die Hitler-Jungen mit den roten Litzen auf den Schulterklappen »die Stoßtruppkämpfer einer jungen Generation« und die Träger der Kordel sind »stolz« darauf, sich von den wenigen Wankelmütigen dadurch zu unterscheiden. – Es ist schon richtig: Dummheit und Stolz wachsen auf einem Holz.

21.9.44

Die Deutschen aller Schattierungen haben seit 1933 oft Gelegenheit gehabt, zu erfahren, was in der Sprache der Nationalsozialisten das Wort »freiwillig« bedeutet. Die »Freiwilligkeit« ist eine boshafte Lüge. Es ist alles freiwilliger Zwang von A bis Z. Wie das praktisch gemacht wird, dem Zwang ein freiwilliges Mäntelchen umzuhängen, das zeigt uns Generaloberst Guderian in seinem Appell an die Hitler-Jugend:

Guderian: Freiwillige vor!

Der Chef des Generalstabs des Heeres appelliert an die gesamte deutsche Jugend

Berlin, 3. September ⟨44.⟩ **Den 6. Jahrestag des deutschen Freiheitskampfes beging die Hitler-Jugend mit einem demonstrativen Bekenntnis zur Kriegsfreiwilligkeit. Frontbewährte und kriegsversehrte Persönlichkeiten sprachen zu den Kriegsfreiwilligen des zur Wehrmacht anstehenden Jahrganges.**

An die gesamte deutsche Jugend richtete an diesem Tag der Chef des Generalstabes des Heeres, Generaloberst Guderian, einen soldatischen Appell.

Hunderte von Jungen hatten sich an der ostpreußischen Grenze um den bewährten Truppenführer und treuen Mitarbeiter des Führers geschart, ihr Oberkörper braun gebrannt und in ihren jungen Fäusten die Spaten, hinter ihnen die Wälle und Gräben, die sie zum Schutze ihrer Heimat gebaut haben.

Reichsjugendführer Axmann begrüßte den Generaloberst, dem Front und Jugend Verehrung und Vertrauen entgegenbringen.

Generaloberst Guderian richtete seinen Appell in ernster Stunde an die deutsche Jugend. Eine gewaltige feindliche Überzahl, so sagte er, habe in mehrjähriger Anstrengung unsere Fronten zurückzudrängen vermocht. Unsere Soldaten seien hart entschlossen, den Feind am Betreten deutschen Bodens zu verhindern. Diese Aufgabe sei zu lösen, wenn das ganze deutsche Volk zusammenstehe. In herzlichen Worten dankte der Generaloberst den Jungen für ihre vorbildliche Leistung im Schanzeinsatz.

»Denkt bei jedem Spatenstich daran«, so sagte er, »daß er getan wird für unsere Soldaten, denen Ihr einen starken Rückhalt gebt; für unsere Arbeiter, die in der Rüstungsproduktion stehen; für die Bauern und Bäuerinnen, die uns das tägliche Brot liefern müssen; für Eure Mütter und Schwestern, nach denen die Hand grausamer Feinde greifen will.«

Der Generaloberst würdigte sodann die hohe Kampfmoral, die aus dem freiwilligen Dienen erwachse. Die Hitler-Jugend habe sich in den vergangenen Kriegsjahren in ständig zunehmender Zahl freiwillig zum Dienst an der Waffe gemeldet und im Kampf an allen Fronten gestanden. Was freiwillige Truppen zu leisten vermögen, zeigte der Generalstabschef des Heeres am Beispiel der SS-Panzer-Division »Hitlerjugend«, die ein Vorbild an Manneszucht, Mut, Einsatzbereitschaft, an gläubiger und froher Kameradschaft abgegeben hat. »Diese Division«, so sagte er, »hat die höchste Anerkennung des Führers gefunden. Ihre Freiwilligen aus der Hitler-Jugend haben sich überboten im Anstürmen gegen die feindlichen Panzer. Sie haben sich die Faustpatronen gegenseitig aus der Hand gerissen, um als erste den schweren Kampfauftrag zu erfüllen. Weder durch Bombenteppiche noch durch schwere Schiffsartillerie waren sie zu erschüttern.«

Generaloberst Guderian berichtete vom Einsatz der Freiwilligen in Divisionen des Heeres, die ihre ganze Kraft einsetzten, um dem Ansturm im Osten zu bannen. »Ihr glaubt nicht«, sagte er, »wie solche Beispiele echten Soldatentums den Führer erfreuen, wie seine Augen leuchten und seine Stimme warm wird, wenn er von seinen Jungen spricht, wie er stolz darauf ist, daß seine Jugend in diesem Geiste erzogen, sich so hervorragend vor dem Feind schlägt.« Als sein Mitarbeiter schilderte der Generaloberst die Überfülle von Verantwortung, Arbeit und Sorgen, die auf dem Führer lasten. So wie er dennoch aber immer wieder Kraft und Siegeszuversicht ausstrahle, müsse ihm die deutsche Jugend durch ihre Haltung und Treue immer von neuem neue Kraft für sein Werk schenken.

An die Kriegsfreiwilligen gerichtet, sprach der Generaloberst über die Wahl der Waffengattungen und setzte voraus, daß der Dienst in allem gleich ehrenvoll sei. Den größten Bedarf an Freiwilligen aber habe die Infanterie, die die meisten Regimenter umfasse, sehr schwere Kampfaufträge habe und ganze Männer, vor allem Männer mit Führereigenschaften, benötige. Die neuzeitliche Infanterie besitze eine reiche Ausstattung moderner Waffen und Kampfmittel und biete auch dem technisch interessierten Jungen vielfache Anregungen.

Generaloberst Guderian schloß seinen Appell mit den Worten: »Haltet Kameradschaft untereinander und bewahrt Euch den Schwung der Jugend und den Glauben an den Führer. Es geht in diesem Kriege um Euer Deutschland, Eure Zukunft und Euer Glück. Ihr müßt darum kämpfen, wie fast jede deutsche Generation darum gekämpft hat. Nur aus dem tapfer geführten Kampf für Adolf Hitlers großes Werk erwächst der Sieg. Deutschland ist auferstanden, an Euch ist es nun, das Werk zu vollenden. Den Ruf ›Freiwillige vor!‹ wird die deutsche Jugend mit einem freudigen »Hier« beantworten.«[50]

Man stelle sich vor, wenn der Führer einer Hitler-Jugendeinheit eine »zackige« Ansprache hält und daran anschließend die Meldungen der »Freiwilligen« entgegennimmt. Welcher Jüngling kann sich unter diesen Umständen der Meldung entziehen? Der Herr Generaloberst beantwortete die Frage bereits im voraus. Etwa in dem Sinne, es soll ja keiner wagen, sich etwa nicht »freiwillig« zu melden.

Meine Kritik soll nicht mißverstanden werden. Ich bin nicht etwa der Meinung, daß die Kriegsfreiwilligkeit nur durch Druck oder Zwang des Gewissens hervorgerufen wird. Ich weiß sehr wohl, daß unter den Jugendlichen auch heute noch eine stattliche Zahl begeisterter Freiwilliger zu finden ist. Es ist an sich schon nicht schwer, die Jugend für irgend eine Sache zu begeistern. Ehrgeiz, Abenteurerlust u. Tatendrang werden durch Schule und politische Erziehung gefördert. Rundfunk, Presse und Kino überbieten sich in der Heldenehrung und Schilderung von Heldentaten, denen meistens noch der Stempel geschichtlicher Einmaligkeit aufgedrückt wird. Die Führung kennt die Menschen und besonders ihre Schwächen. Jedes Bauernbürschchen sieht sich im Geiste als gefeierten Helden[51] mit ordengeschmückter Brust in sein Heimatdorf einziehen. Der Ehrgeiz ist die Wurzel der Kriegsfreiwilligkeit.

Die Tapfersten ⟨2.9.44⟩

Wer erhielt die Brillanten zum Ritterkreuz des Eisernen Kreuzes?

Groß ist die Zahl derer, die in diesen ersten fünf Kriegsjahren wegen ganz besonderer Tapferkeit oder hervorragender Leistung geehrt werden konnten. Sind doch bis zum 1. August 1944 verliehen worden: Das Ritterkreuz rund 4800 mal, das Eichenlaub 539 mal, die Schwerter 83 mal.

Träger der Brillanten und damit der höchsten deutschen Tapferkeitsauszeichnung überhaupt sind bisher: Oberstleutnant Werner Moelders, Oberst Adolf Galland, Major Gordon Gollob, Oberleutnant Hans-Joachim Marseille, Oberleutnant Hermann Graf, Generalfeldmarschall Erwin Rommel, Korvettenkapitän Wolfgang Lueth, Hauptmann Walter Nowotny, Oberst Adalbert Schulz, Major Hans-Ulrich Rudel, Oberst Hyazinth Graf Strachwitz, SS-Gruppenführer und Generalleutnant der Waffen-SS Herbert Gille, Generaloberst Hans Hube, Generalfeldmarschall Albert Kesselring, Oberleutnant Helmut Lent, der Kommandierende General des 1. Panzerkorps Leibstandarte SS-Oberst-Gruppenführer und Panzergeneraloberst der Waffen-SS Sepp Dietrich, Generalfeldmarschall Model und Oberleutnant Hartmann, Staffelkapitän in einem Jagdgeschwader.

Achtzehnmal sind also die Symbole der höchsten deutschen Heldenehrung bisher verliehen worden, das Großkreuz zum Eisernen Kreuz hat nur der Reichsmarschall Hermann Göring bekommen.

Die äußere Ausgestaltung dieser hervorragenden Tapferkeitsauszeichnungen und der dazugehörenden Verleihungsurkunden entspricht in künstlerischer und materialmäßiger Hinsicht der Würde so stolzer Symbole deutschen Heldentums. Der Führer selbst unterzeichnet jede der Verleihungsurkunden vom Ritterkreuz an persönlich. Der Brillantenträger erhält das Eichenlaub zu seinem Ritterkreuz mit Schwertern mit einer ganzen Anzahl von Brillanten bedeckt. Er bekommt dazu eine zweite Ausgabe mit Simili-Steinen[a], die er im Einsatz tragen kann.[52]

Die goldene Nahkampfspange aus des Führers Hand

Berlin, 30. August ⟨44⟩ Aus dem Führerhauptquartier geht der deutschen Soldatenzeitung »Front und Heimat« ein Bericht über die Auszeichnung von 14 Nahkämpfern durch den Führer zu. In dem Bericht heißt es:

Der Führer empfing am 27. August in seinem Hauptquartier die Soldaten des Heeres und der Waffen-SS, denen kürzlich als ersten Angehörigen der deutschen Wehrmacht die goldene Nahkampfspange verliehen wurde. Der Führer überreichte diesen Soldaten persönlich die hohe Auszeichnung, die wie keine andere die höchste Anerkennung für den persönlichen Einsatz in mehr als 50 Nahkampftagen darstellt.

Folgende Soldaten erhielten aus der Hand des Führers die goldene Nahkampfspange:

1. Oberleutnant Rudolf Becker aus Königsborn, 2. SS-Obersturmführer Julius Weck aus Bühlertal (Baden), 3. SS-Untersturmführer Wilhelm Schasche aus Villach (Kärnten), 4. Oberfeldwebel Georg Aniol aus Beuthen (Oberschlesien), 5. Oberfeldwebel Franz Ingenbrand aus Landsberg a. d. Warthe, 6. Feldwebel Kurt Buschbeck aus Marienberg, 7. Feldwebel Karl Homberger aus Hartmannsöd, 8. Feldwebel Benno Paffrath aus Wuppertal-Vohwinkel, 9. Feldwebel Franz Schmid aus Aislingen, 10. Unteroffizier Johann Friedberg aus Stockerau bei Wien, 11. Unteroffizier Anton Hermann aus Krentnitz, 12. Unteroffizier Oskar Menz aus Günthersberg, 13. Unteroffizier Hans Georg Rusdorf aus Göhrdeforst, 14. Unteroffizier Fritz Willing aus Kleinleitzkau.

Die goldene Nahkampfspange wurde vom Führer am 25. November 1942 als Zeichen der Anerkennung für den mit der blanken Waffe und Nahkampfmitteln Mann gegen Mann kämpfenden Soldaten und als Ansporn zu höchster Pflichterfüllung gestiftet. Als Nahkampftage gelten hierbei solche Kampftage, in denen die auszuzeichnenden Kämpfer Gelegenheit hatten, das »Weiße im Auge des Feindes« zu sehen, an denen sie in Angriff oder Abwehr, im Stoßtrupp oder bei einzelnen Spähtruppunternehmungen im Kampf Mann gegen Mann bis zur letzten Entscheidung standen. Für 50 derartige Nahkampftage verleiht der Führer die goldene Nahkampfspange, deren Überreichung er sich persönlich vorbehalten hat. Schon aus dieser Tatsache geht die hohe Bedeutung dieser Auszeichnung hervor, da der Führer sonst nur Auszeichnungen vom Eichenlaub an persönlich überreicht.

Etwa 50 goldene Nahkampfspangen sind bereits verliehen worden, von denen nun die ersten vierzehn diese Auszeichnung schon erhielten, während die übrigen zur Zeit an der Front unabkömmlich sind oder im Lazarett der Ausheilung ihrer Verwundung entgegensehen.

Oberleutnant Rudolf Becker meldete als Rangältester dem Führer seine angetretenen Kameraden, die durchweg Inhaber des silbernen, einige auch des goldenen Verwundetenabzeichens sind, darunter ein Beinamputierter. Sie sind sämtlich Träger des Eisernen Kreuzes 1. Klasse, teilweise des Deutschen Kreuzes in Gold und zwei des Ritterkreuzes zum Eisernen Kreuz.

Der Führer begrüßte jeden einzelnen von ihnen mit Handschlag und überreichte ihnen die Nahkampfspange. Er sprach daraufhin längere Zeit mit den Soldaten über diese einzigartige Kriegsauszeichnung, deren wahre Bedeutung man erst nach dem Kriege schätzen lernen werde, weil sie jene Soldaten kennzeichne, die sich immer wieder, auch in schwersten Kriegszeiten, dem Feind entgegengeworfen und im letzten Einsatz sich stets behaupteten.[53]

a) *Simili:* ›Nachahmungen (besonders von Edelsteinen)‹, aus ital. *simili* ›die Ähnlichen‹.

22.9.44.

Früchte feigen Verrats

Rasche Bolschewisierung Rumäniens und Bulgariens Bevölkerung Nordfinnlands flüchtet vor den Sowjets[54]

VB. **Berlin,** 10. September

Die politische Blindheit morbider nervenschwacher Hof- und Regierungsklüngel offenbart sich in ihren grauenhaften Folgen für die verratenen Völker von Tag zu Tag in immer erschreckenderen Ausmaßen. Die deutschen Warnungen, jahrelang wiederholt, mit unzweideutigen Zeugnissen belegt, aber immer wieder als eigennützige Agitation verdächtigt, belächelt und in den Wind geschlagen, bewahrheiten sich jetzt unter den Augen der ganzen Welt und unter dem krampfhaften Beifall der Downing Street und des Weißen Hauses. Italien, Bulgarien, Rumänien, Finnland, dank gaullistischer Hilfe für die Angloamerikaner auch Frankreich, erleben wehrlos die Unterminierung ihres völkischen und staatlichen Daseins durch den Bolschewismus. Für die bürgerlichen und aristokratischen Handlanger der Sowjets, die in Moskau antichambrieren oder mit des Kremls Duldung und unter seinem Diktat in Rom, Sofia, Bukarest, Helsinki und Paris machtlos der schnellen Bolschewisierung ihre Hand leihen, gibt es kein Zurück mehr.

Aus der Waffenbrüderschaft mit Deutschland sind ausgeschieden:

Italien,
Rumänien,
Bulgarien und
Finnland.

Nur Ungarn hat den Weg aus dem Kriege noch nicht gefunden. Bis heute nicht, aber wie wird es in allernächster Zukunft aussehen? Für Ungarn gibt es gar keine Möglichkeit, sich mit Erfolg zu verteidigen, nachdem Rumänien nicht mehr auf der Seite Deutschlands kämpft. Es wäre ausgesprochener Selbstmord, wenn Ungarn nicht unverzüglich die Waffen niederlegen würde. Die russischen Truppen sind im Begriffe, von Norden, Osten u. Süden in Ungarn einzudringen. Deutschland hat kein Verständnis für die Zwangslage seiner »Bundesgenossen«. Die deutsche Propaganda wird nur von »Verrat« sprechen und diesen Staaten den Untergang im bolschewistischen Chaos voraussagen. –

Churchill malt den Sieg schon an die Wand

Wir haben noch eine kleine Randbemerkung dazu —

Zeichnung: Mjölnir[55]

Die deutschen Witzblätter und Zeichner wären in arger Verlegenheit, wenn es keinen Churchill gäbe. Trotz allem Spott – oder gerade deswegen – ist und bleibt Churchill derjenige engl. Politiker, der die Absichten Hitlers richtig erkannt hatte.

Die Vergeltungs- oder Wunder-Waffen sollten eine Wendung des Kriegsglücks zu Gunsten Deutschlands bringen. Es waren nicht wenige, die tatsächlich an Wunderwaffen glaubten bezw. noch glauben.

Nun lese ich heute zu meinem nicht geringen Erstaunen in dem »Frankfurter Anzeiger« vom 23./24. September 1944 einen Artikel »An den Toren des Reiches«, in dem es u. a. heißt:

»... Wir fassen alle Macht zusammen, der materiellen Uebermacht des Feindes wirksam zu begegnen, und wir zweifeln nicht, daß es uns gelingen wird, die Panzerkeile der Briten und Amerikaner zu vernichten, die den heiligen Boden Deutschlands betreten haben. ... Wir sind nicht wundergläubig und rücken von den vielfachen Gesprächen um den Einsatz neuer Kampfmittel, von denen alles Heil kommen soll, ab. Das Wunder, an das wir glauben, das ist Deutschlands unversiegbare Widerstandskraft. Sie kommt aus den Elementen unseres Charakters und unserer Weltanschauung, für die der Führer wieder den Sinn geweckt hat. Treue und Opferbereitschaft, Selbstvertrauen und Tapferkeit, das sind die Tugenden, mit denen wir die großen Siege unserer Geschichte gewonnen haben.«[56] –

Ob das bei den deutschen Spießbürgern wie eine kalte Dusche wirken wird?

Es war doch so schön für viele Zeitgenossen, an Wunder zu glauben.

Mussert spricht zum holländischen Volk

EP. **Amsterdam,** 12. September ⟨44⟩.
»Hitler wird siegen. Ein neues Europa, ein fester Verband von freien Völkern wird unter seiner Leitung entstehen.« Mit diesen Worten schloß der Leiter der niederländischen nationalsozialistischen Bewegung, Mussert, eine Rundfunkansprache an das niederländische Volk.

Die niederländischen Nationalsozialisten, so führte Mussert weiter aus, glauben daran, daß es ihre Aufgabe ist mitzuhelfen, Europa vor dem Imperialismus der Sowjetunion und der USA. zu retten. Dieser Kampf um die Rettung Europas sei schwer. Mussert forderte das niederländische Volk auf, sich ein Beispiel zu nehmen an der Zähigkeit und dem Widerstandsgeist, den das deutsche Volk zur Schau trage. Erfüllt von solchem Geist und in der Liebe zum Vaterland könne die niederländische nationalsozialistische Bewegung nicht in die Knie gezwungen werden.[57]

Die Ideenverbindung zwischen Mussert und Hitler beruht darauf, daß Mussert in seinem Vaterlande nur herrschen kann, wenn er von der Macht Hitlers unterstützt wird. Es handelt sich keineswegs um die Herstellung eines »neuen« Europas oder um die Bildung von »freien« Völkern, sondern lediglich um die Herrschsucht von Despoten. Wie es unter den »freien« Völkern aussieht, wenn Hitler u. Mussert Alleinherrscher sind, das beweist nebenstehende Meldung. Wo gibt es in der Welt noch einmal eine solche Barbarei?

Handlanger unserer Feinde

Berlin, 29. September ⟨44.⟩
Friedrich Lüben, Albert Brust und Heinrich Haase aus Berlin haben sich jahrelang staatsfeindlich betätigt, laufend den Londoner Sender abgehört und die feindlichen Lügennachrichten weiter verbreitet. Lüben ließ sogar zwei ausländische Arbeiter mithören, die die Hetzmeldungen an ihre Landsleute weitergaben, um sie im bolschewistischen Sinne zu beeinflussen.

Die schamlosen Verräter, die sich durch ihr verabscheuungswürdiges Handeln selbst aus der Volksgemeinschaft ausgeschlossen haben, wurden vom Volksgerichtshof zum Tode verurteilt. Das Urteil ist bereits vollstreckt.[58]

24.9.44.
Aus der Zeitung »Das Reich« vom 17.9.44.
»Zu allem bereit und entschlossen« von Reichsminister Dr. Goebbels.
Auszüge aus seinem Artikel: …
»Man kann im Kriege keinen größeren Fehler begehen als den, bei Erfolgen sich eitlen Selbsttäuschungen hinzugeben. … Entscheidende geschichtliche Erfolge sind nicht selten nach schweren Niederlagen errungen worden, und sie waren in der Hauptsache darauf zurückzuführen, daß die vermeintlichen Sieger sich in Hoffnungen und Illusionen wiegten, die in den harten Tatsachen keinerlei Bestätigung fanden.«[59]

Dr. Goebbels glaubt, die Alliierten vor Selbsttäuschungen warnen zu sollen. Seine Worte sind aber hervorragend geeignet, auf ihn selbst und sämtliche Nationalsozialisten angewendet zu werden.

Wir wollen einmal einige »eitlen Selbsttäuschungen, Hoffnungen und Illusionen« von führenden Männern dieses Reiches an uns vorbeimarschieren lassen:

I. Adolf Hitler.

Am 24.II.1940: »Weder militärisch noch wirtschaftlich kann Deutschland niedergerungen[60] werden.«[61]

16. Maerz 1941: »Keine Macht und keine Unterstützung der Welt werden am Ausgang dieses Kampfes etwas ändern. England wird fallen!«[62]

Am 3. Okt.1941: »Ich spreche es erst heute aus, weil ich es heute sagen darf, daß dieser Gegner (Rußland) bereits gebrochen ist und sich nie mehr erheben wird!«[63]

Am 26. April 1942: »Deshalb kann und wird dieser Krieg nur mit einer Katastrophe des britischen Weltreiches enden.«[64]

Am 8. Nov. 1942: »Was wir einmal besitzen, das halten wir dann auch tatsächlich so fest, daß dort, wo wir in diesem Kriege stehen, ein anderer nicht mehr hinkommt.«[65]

II. Hermann Goering.

Am 4. Okt. 1942: »Das Schwerste, auch in der Ernährung ist überwunden. Von heute ab wird es dauernd besser werden, denn die Gebiete mit fruchtbarster Erde besitzen wir. ... Im Osten[66] wird der Gegner niedergeworfen werden. Und dann Gnade Gott! Dann sprechen wir uns in England wieder.«[67]

III. Reichsaußenminister von Ribbentrop.

Am 24. Dez. 1941: »So sicher, wie die Erde um die Sonne sich dreht, wird am Ende dieses großen Ringens nur der vollkommene Sieg Deutschlands und seiner Verbündeten stehen.«[68]

IV. Dr. Joseph Goebbels.

Am 25. Maerz 1942: »Das britische Weltreich ist ein Todkranker, dessen innere Organe so zerstört sind, daß er nur noch durch künstliche Behelfsmittel am Leben erhalten werden kann.«[69]

Am 8. Okt. 1942: »... Niemand wird behaupten wollen, daß die bolschewistische Wehrmacht je noch einmal die Kraft besitzen werde, die Grenzen des Reiches offensiv zu bedrohen.«[70] –

Ich könnte noch eine sehr lange Reihe ähnlicher Auslassungen rezitieren.

Meine Herren Nationalsozialisten, besteht Ihre gesamte Politik und Regierungskunst nicht aus lauter Selbsttäuschungen, Hoffnungen und Illusionen?

Finnischer Minister Hillilä fordert »Ruhe und Ordnung«

Volksverräter proklamieren nationalen Selbstmord

Feige Clique kapitulierte, obwohl »Armee und Volk standhaft blieben«

VB. Berlin, 22. September ⟨44.⟩

Zeigte schon die Rede des stellvertretenden Ministerpräsidenten von Born die völlige Haltlosigkeit der Verräterclique, die Finnland in unabsehbares Unglück gestürzt hat, so vertieft eine Rundfunkansprache des Innenministers Hillilä diesen Eindruck. »Wir sind die Verlierer, obwohl Heer und Heimatfront standhaft geblieben sind«, so sagte dieser Mann. Er hätte hinzufügen müssen: aber dafür haben wir, ein kleiner Freimaurerklüngel, unter Ausnützung der Schwäche und mangelnden Einsicht des greisen Mannerheim dafür Sorge getragen, daß Heer und Volk um die Frucht ihres tapferen Kampfes geprellt und das Land dem bolschewistischen Einbruch geöffnet wurde. Wir haben uns von britischen und amerikanischen Einbläsern einreden lassen, daß alles nicht so schlimm kommen würde, wenn wir nur die Waffen streckten und nach Moskau gingen. Jetzt soll das finnische Volk gefälligst die Suppe auslöffeln, die wir Feiglinge ihm eingebrockt haben – und wenn es daran zugrunde geht.

Hillilä redete also salbungsvoll von Disziplin, die gewahrt werden müsse. Dieser typisch liberale Spießbürger ruft zur Wahrung von Ruhe und Ordnung auf, als ob Finnland noch damit rechnen könnte, jetzt Ruhe und Ordnung zu finden und nicht dem sowjetischen Diktat widerstandslos ausgeliefert wäre! Der Genosse Schdanow, der als oberster Parteifunktionär des Leningrader Gebietes seit langen Jahren Übung in solchen Dingen hat, wird als Leiter der Kontrollkommission in Helsinki den Born und Hillilä sehr schnell begreiflich machen, was die Bolschewisten unter Ruhe und Ordnung verstehen, und vor allem wird er dabei zwei Punkten der Kapitulation eine entsprechende Auslegung geben. Im Punkt 12 verpflichtet sich nämlich Finnland mit den Sowjets »bei der Verhaftung von Personen, die Kriegsverbrechen beschuldigt werden, und bei ihrer Aburteilung zusammenzuarbeiten« und im Punkt 21 hat es zugestanden, alle Organisationen aufzulösen, »die feindliche Propaganda gegen die alliierten Nationen und besonders gegen die UdSSR. betreiben und in Zukunft das Vorhandensein solcher Organisationen nicht zuzulassen«. Der Genickschuß und Verschickung nach Sibirien werden danach künftig zum Grundgesetz in Finnland werden und »Ruhe und Ordnung« bestimmen, und die jetzt wieder zugelassene kommunistische Partei wird für das übrige sorgen.

»In der Lage, in der sich Finnland jetzt befindet, ist kein Platz für Illusionen. Wir dürfen uns nicht zuviel einbilden und dürfen auch nicht zuviel hoffen«, so mußte Hillilä feststellen. Das finnische Volk macht sich zweifellos keine Illusionen, bildet sich nichts ein und hofft auf nichts. Illusionen hegten nur die Verräter, die Moskau in die Tasche krochen. Und da Hillilä wohl selbst nicht glaubt, daß alle Finnen gewillt sind, sich ohne weiteres abschlachten und verschleppen zu lassen, redete er ihnen zu: »Es ist jetzt keine Zeit zur Kritik oder inneren Streitigkeiten. Die Temperamente müssen gezügelt werden. Ich bin von der Regierung ermächtigt, bekanntzugeben, daß sie unter keinen Umständen die geringste Unordnung dulden wird.« Nur so ließen sich »die auferlegten Verpflichtungen« erfüllen.

Das ist die Sprache von Bankrotteuren, die schon schreckhaft bei dem Gedanken zusammenzukken, daß ihnen ihre Schande ins Gesicht geschrien werden könnte, und daß andere weniger unterwürfig wären als sie selbst. Sie behaupten, Finnland habe kapitulieren müssen. In Wirklichkeit war die Lage des Landes kein Grund für diese ehrlose Handlung. Mit Hilfe deutscher Truppen war die karelische Front wieder gefestigt, das Volk willens, den Kampf um sein Leben mit der Waffe weiterzuführen. Aber die Mannerheim-Clique ruhte nicht, bis sie den Rücktritt des Präsidenten Ryti erzwungen hatte. Sie verleugnete die Verpflichtung, die Ryti dem Reich gegenüber anläßlich des Ribbentropbesuches in Helsinki übernommen hatte. Der Ministerpräsident Hackzell isolierte damit Finnland gegenüber den Sowjets, denn wie es mit der erhofften Rückendeckung durch London und Washington stand, das lehren die hämischen Randbemerkungen der englischen und amerikanischen Presse.

In jedem Punkt bietet das »Abkommen« den Sowjets eine Handhabe, Erfüllungsverzug zu konstruieren und danach zu handeln. Wer die bolschewistische Praxis kennt, weiß Bescheid, wie die Dinge unfehlbar laufen werden. Gemäß Punkt zwei über die Bekämpfung der früheren Waffenbrüder werden die Sowjetarmeen in Finnland einbrechen.

Das finnische Volk hat die Zeche der feigen Kapitulanten zu zahlen, die es in Entehrung, Elend und Tod getrieben haben, in das dunkle Schicksal, das jede Nation ereilt, die in entscheidender Stunde glaubt, sich durch Unterwerfung das nackte Leben zu sichern und dafür die entsprechende Quittung erhält.[71]

1. Okt. 1944.

Wer sich dem Einsatz entzieht ⟨30.9.44.⟩

Wegen eines Verbrechens gegen die Notdienstverordnung hatte sich der 58jährige Ernst Gaetke aus Würzburg vor dem Sondergericht zu verantworten. Gaetke hatte in den ersten Septembertagen seinen Einsatzbefehl für den Stellungsbau an der Grenze erhalten, und war auch mit einem Transport in Marsch gesetzt worden. Noch bevor der Transport an seinem Bestimmungsort angekommen war, verließ Gaetke ohne begründeten Anlaß den Zug und konnte ihn dann nicht mehr erreichen. Anstatt sich in der nächsten Station entsprechend zu erkundigen, fuhr er kurzerhand wieder nach Würzburg zurück. Der Angeklagte wurde wegen dieses Verhaltens zu einer Gefängnisstrafe von sechs Monaten verurteilt.

Der Vorsitzende des Sondergerichts Würzburg geißelte mit scharfen Worten, daß Gaetke völlig versagt und in der Stunde höchster Not und Gefahr des Vaterlandes das denkbar schlechteste Beispiel gegeben habe. Er sei gewissermaßen fahnenflüchtig geworden; in dieser Zeit, in der unser Vaterland um seine Existenz kämpft und Millionen deutscher Soldaten ihr Leben für seinen Bestand einsetzen, gelte nur der bedingungslose Einsatz und die restlose Hingabe an Führer und Volk. Wer dabei versage, müsse um so härter angepackt werden, je höher er stehe. Bisherige Straflosigkeit und berufliche Verdienste seien bei einem Mann in der Stellung des Angeklagten Selbstverständlichkeiten und könnten nicht strafmildernd berücksichtigt werden. Besonders als Parteigenosse und Politischer Leiter – Gaetke wurde bereits vor der Verhandlung aus der Partei ausgestoßen – hätte er in vorbildlicher Einsatzbereitschaft der Notdienstverordnung folgen müssen.[72]

cht.

Da ist einer von denen erwischt worden, die zwar bei jeder Gelegenheit den höchsten Einsatz predigen und ihn von anderen verlangen, sich selbst aber weit hinten aufhalten.

Politischer Leiter zu sein ist eine ausgezeichnete Lebensversicherung. Viele haben es glänzend verstanden, sich vollkommen »unabkömmlich« zu machen und für die Partei den Krieg im Hintergrunde zu führen.

Die Absetzbewegungen in Estland

Berlin, 27. September ⟨44.⟩
Die Zurücknahme unserer Front aus dem estnischen Raum, die durch die finnische Kapitulation notwendig wurde, verlief trotz der vielfachen bolschewistischen Störungsversuche planmäßig weiter. Unsere Truppen schlugen alle Durchbruchsversuche blutig ab. Besonders beiderseits der Straße Pleskau – Riga und der Eisenbahn Ergli – Riga setzte der Feind eine Reihe von stärkeren Angriffen an, die im wesentlichen abgewiesen wurden und die Bewegungen unserer Truppen nicht hinderten.

Auch der starke bolschewistische Vorstoß von Bauske nach Norden, mit dem die Bolschewisten unserer Nordfront bei Riga zu durchschneiden versucht hatten und aus dessen Einbruchsraum sie in den letzten Tagen zahlreiche Ausweitungsangriffe unternahmen, ist gescheitert. Truppen des Heeres und der Waffen-SS engten in mehreren Gegenangriffen diesen Einbruchsraum ein und nahmen gegen zähen Widerstand ein wichtiges Höhengelände. Unsere Schlachtflieger zerschlugen im gleichen Raum wiederum sechs feindliche Panzer und rund 60 Nachschubfahrzeuge.

Der bolschewistische Versuch, uns an der Nordfront die Initiative aus der Hand zu nehmen, ist nicht gelungen. Die meisterhaft geführten und in ihrer ersten Phase dem Feind völlig unbemerkt gebliebenen Absetzbewegungen beweisen ebenso wie die sowjetischen Verlustzahlen bis zum 12. Tage der Schlacht in Kurland die Kampfkraft unserer Truppen.

In den übrigen Abschnitten der nördlichen und mittleren Ostfront kam es zu keinen größeren Kampfhandlungen. Während im hohen Norden unsere Truppen die nachdrängenden Bolschewisten vor neuen Linien blutig zurückwiesen, herrscht längs der ostpreußischen Grenze und des großen Weichselbogens außer geringer Späh- und Stoßtrupptätigkeit im allgemeinen Kampfruhe.

Im Stadtgebiet von Warschau schreitet die Bereinigung der noch vorhandenen einzelnen Widerstandsnester der Aufständischen fort.

Im Südabschnitt der Ostfront zeichnete sich die einheitliche Absicht deutlich ab, die von den Sowjets längs der Karpaten bis nach dem Nordwesten Rumäniens verfolgt wird. Die nun bereits 16 Tage währende Schlacht südlich der Linie Krosno – Sanok – Chyrow hat den Bolschewisten wohl einigen Geländegewinn eingetragen, sie aber ihrem eigentlichen Ziel, dem Einbruch über die Karpatenpässe hinweg in die Slowakei und damit in das Donautal, nicht näher gebracht.

Auch der zähe Kleinkrieg in den Ostkarpaten brachte den Feind seinen Zielen nicht näher; die Ungarn verteidigten hier die Grenzen ihres Vaterlandes mit fanatischer Verbissenheit. Der weit vorspringende südliche Teil des Szekler Zipfels ist ihm zwar überlassen worden, bei dem Versuch, östlich Sächsisch-Regen über eine wichtige Bahn- und Straßenlinie weiter vorzudringen, holte er sich trotz des Einsatzes stärkerer Kräfte aber blutige Köpfe.

Auch im Südteil Siebenbürgens, im Raum von Thorenburg, halten wohl örtliche Kämpfe an, doch mußten die Bolschewisten und Rumänen aus der anfänglichen Angriffstätigkeit immer mehr in die Verteidigung übergehen und früher gewonnenes Gelände wieder aufgeben. Dagegen verstärkten sie nunmehr ihren Druck aus dem Bereitstellungsraum von Arad und stießen in westlicher, nordwestlicher und nördlicher Richtung vor, um in Ungarn einzubrechen. Im Grenzgebiet sind harte Abwehrkämpfe gegen die feindlichen Angriffsspitzen im Gange.[73]

»Das Schwarze Korps« v. 28.9.44.

Die Quelle unserer Kraft

Den Deutschen, so liest man wohl in geschichtskritischen Werken, hätte es im Ersten Weltkrieg nicht gut getan, daß sie den Feind nicht im eigenen Lande hatten. Sie hätten sich sozusagen müde gesiegt. Weil ihnen die Fortsetzung des Krieges nicht als unerbittliche Notwendigkeit erschien, wären die breiten Massen den Dunkelmännern nachgelaufen, die den Geist der Revolte mit solch nebensächlichen Dingen wie »Parlamentarismus«, »Demokratie« und ähnlichem Humbug zu füttern wußten.

Es wäre wohl ein läppisches Beginnen, hieraus zu folgern, daß wir die Amerikaner eigentlich mit Hurrageschrei begrüßen müßten, nun, da sie im Westen den heiligen Boden des Reiches betreten haben. Der Feind braucht nicht erst in unser Land zu kommen, um uns zu sagen, wofür es zu kämpfen gilt. Die Trümmer unserer Städte vor Augen, sein mißtönendes Geschrei nach Vernichtung des Reiches, nach Ausrottung unseres Volkes in den Ohren, sind wir gegen jeden Anfall der Schwäche gefeit und gründlichst davor bewahrt, in irgendwelchen inneren Streitigkeiten nach Ausflüchten und Auswegen zu suchen. Trotzdem ist der Augenblick, in dem der Feind seinen Fuß auf deutsche Fluren setzt, ein Anlaß entscheidender Selbstbesinnung. Mit den letzten Nebelschleiern, die Sinn und Gesetz dieses Krieges diesem oder jenem noch verhüllt haben mögen, müssen nun auch alle Rücksichten fallen, die wir lange genug gegen uns selbst geübt haben.

Es ist nicht zu unserm Besten, wollten wir Fehler, die auch wir gemacht, und alle Unterlassungen, die wir geduldet haben, dem Schicksal ankreiden, das uns wie dem biblischen Hiob seine Prüfungen sendet.

Nicht das Schicksal hat den Feind an die deutschen Grenzen geführt, sondern die überlegene Macht seiner Flugzeuge und Panzer. Und wir haben nicht, wie der biblische Hiob, ein widriges Schicksal solange geduldig zu ertragen, bis es der Vorsehung einfällt, uns für unseren Glauben und für unsere Standhaftigkeit zu belohnen, sondern wir haben mehr Panzer und mehr Flugzeuge zu produzieren, solange, bis die Überlegenheit des Feindes aufhört, »schicksalhaft« zu sein. Wir werden aber dieses »Schicksal« nur meistern können, wenn wir uns darüber klarwerden, weshalb wir es bisher nicht gemeistert haben.[74]

Oh, wir sind nicht mit einemmal Schüler der materialistischen Weltlehre geworden, die da meint, allein die bewegte Masse, das Geld also, entscheide die Kriege und bestimme den Ablauf der Geschichte. Wir sind, weil man mit dem Glauben allein keine Flugzeuge und Panzer abschießen kann, nicht plötzlich glaubenslos geworden. Wir wollen nur alles an der richtigen Stelle wirken sehen. Es soll dort geglaubt werden, wo der Glaube Berge versetzt. Es soll aber auch dort gearbeitet werden, wo der Glaube allein noch keine Flugzeuge baut.

Es ist unser unzerstörbarer Glaube, daß das geistige Ringen eines Volkes auf seinem geschichtlichen Weg nicht neue Gedanken gebiert, daß es nicht das Alte in heißem Bemühen überwindet, damit am Ende das übermächtige Gewicht der geistlosen Materie die neuen Gedanken wieder auslöscht und das Alte, vom Tode auferstehend, billige Triumpfe feiert.

Die Menschheit hat noch keinen neuen Gedanken gedacht, der dem Beharrungsvermögen der überwundenen Kräfte erlegen wäre. Das Christentum hat die alten Götter von den Altären verdrängt, obwohl sie sich auf die irdische Weltmacht Rom stützen konnten. Die Reformation hat überall dort gesiegt, wo die Menschen der Freiheit des Denkens aufgeschlossen waren, mochte die Welt auch voller Teufel sein. Der Geist der Aufklärung hat die Fesseln des Absolutismus zerbrochen und deutsche Kleinstaaterei durch eine deutsche Nation überwunden, obwohl die Metterniche auf hunderttausend Bajonetten saßen. Es gab und gibt im Ringen der Völker um bessere Lebensformen niemals ein Zurück. Der geistige Kampf hat sich, wenn auch nach schwerem Ringen, immer noch den Sieg ertrotzt.

Es ist unser unzerstörbarer Glaube, daß auch der Nationalsozialismus nur diesen Weg nehmen kann. Er ist ja nicht ein System, das sich wie ein Gewand anlegen und wieder ausziehen läßt, er ist ja nicht eine Staatsform, die man nach jeweiligen Gutdünken ändern könnte, er wird nicht getragen von einer Schicht, die eines Tages abtritt, um einer anderen Platz zu machen, so etwa, wie in Nikaragua ein Diktator einem parlamentarischen Regime und ein parlamentarisches Regime einem Diktator folgt, oder wie in England oder den USA., wo die Konservativen und Labourleute, die Demokraten und Republikaner verwechselt das Bäumchen spielen.

Der Nationalsozialismus ist die Frucht einer Entwicklung, die für uns Deutsche spätestens mit dem Zusammenprall der bürgerlichen westlerischen Revolution und deutscher Gläubigkeit anhub, die späte Frucht also der Befreiungskriege, der Achtundvierziger-Zeit, die Frucht auch des Ringens um die Befreiung des Arbeiters, das unter marxistischem Vorzeichen begann, die Frucht endlich des Ersten Weltkrieges und seiner bitteren Lehren. Er stellt den geglückten Versuch dar, alle Probleme, die ein turbulentes Jahrhundert vor uns aufwarf, im deutschen Sinne doch noch zu lösen, aber er löste sie nicht durch Kompromisse – deren es ja beliebig viele geben könnte –, sondern durch eine Generalbereinigung: durch ihre Zurückführung auf das biologische Lebensgesetz der Nation.

ɪs ist der schöpferische, wahrhaft revolutionäre Impuls
ɪr Gedankenwelt des Führers, daß er alle miteinander
ɪnden Strömungen und -ismen, alle einander feindli-
Interessen, alle Konstruktionen und Meinungen dem
gen Kriterium unterwarf: wie stehen sie zu der göttli-
Tatsache, die deutsches Volk heißt? Und daß er alles
'arf, was die gegebene, die gottgewollte Einheit Volk
ulösen drohte; und daß er alles in neuer, sinnvoller
ıung zusammenfügte, was dazu dienen konnte, dem
ichen Auftrag, der Völker werden ließ, gehorsam zu

19. Jahrhundert entstanden auf den Böden dynastisch
ımmter Staaten die nationalen Eigenheime der Völker.
Volk ist, so wie wir es sehen, so wie wir bewußt in ihm
ı, eine Entdeckung dieser Zeit, und alle revolutionä-
Wirren, alle sozialen Kämpfe sind eine Folge dieser
eckung. Der Nationalsozialismus Adolf Hitlers hat aus
ɪr Entdeckung die einzig möglichen Konsequenzen
gen. Gibt es ein Volk? Fühlen wir uns als Volk? Wün-
n wir, als Volk unter Völkern zu leben, nach den nahen Gesetzen, die Rasse und Sprache, Volkscharakter
Sitte, geschichtliche Entwicklung und die uns innewoh-
'en Fähigkeiten uns auferlegen? Ja oder nein? Wenn
ein sagst, bist du unser Feind, denn über die Grund-
unserer völkischen Existenz gibt es keine Diskussion.
t du aber ja, dann mußt du, als unser Volksgenosse,
den für alle bindenden Gesetzen unterwerfen, dann
du mit uns versuchen, unserem Dasein eine Ordnung
eben, in der jeder Volksgenosse am Leben und am
k seines Volkes teilhat, dann muß dein Leben dem
chen Willen gehorchen, der unser Volk werden ließ
'ne einzige große Familie; dann mußt du auch verges-
daß du einen Ellenbogen besitzest und Wünsche und
ungen empfindest, denen man außerhalb des Volkes,
das Volk, gegen das Volk bequemer folgen könnte.
ist Nationalsozialismus! Nicht ein Sammelsurium von
tzen, Bestimmungen, Verordnungen, die sich aus den
vendigkeiten des Tages ergeben, sondern dieses eine
gen zur Lebensfrage der Nation.

önnte man den Nationalsozialismus wieder löschen und zur geschichtlichen Episode ma-, so wären damit nicht nur das große Werk s einmaligen Mannes und die große Leistung es großen Volkes nutzlos vertan, sondern gesamte Ringen der Völker, die anderthalb hunderte lang um die Festigung und Klä- ihrer nationalen Ideen gekämpft haben, e ein Irrtum gewesen, ein Weg in die Sack- se. Ein zutiefst geschichtswidriger Gedanke! es ist nicht vermessen, dieses Unmögliche Gegenstand eines heißen Glaubens zu ma-. Woran denn sonst sollten Menschen je- s glauben dürfen, wenn nicht an das Walten erer Gerechtigkeit und natürlicher Logik in großen Abläufen ihrer Entwicklung!

er diese Gerechtigkeit und diese Logik werden ih-
ıicht geschenkt. Die Völker haben sich neue, bessere
insbedingungen und ihre geistigen Voraussetzungen
ɪr in schweren Kämpfen erringen und sichern müssen.
Kampf, in dem wir heute stehen, ist, so schwer er uns
dünkt, dem Ziel angemessen, das wir erstreben.

Wenn wir gegen Todesgefahr unser Leben und mit unserem Leben den Sieg und mit dem Sieg die besseren Lebensbedingungen für Kinder und Enkel erringen wollen, müssen wir die Mächte schlagen, die sich dem Durchbruch der deutschen Nation zur Freiheit ihres Lebens und ihres Handelns in den Weg stellen, und zwar alle Mächte, die in dieser Durchbruchsschlacht zur Erfüllung des göttlichen Auftrages »Volk« das Prinzip der Zerstörung vertreten. Diese Mächte heißen nicht nur England, Amerika, Sowjetunion, Judentum, Freimaurerei. Das ist eine Weisheit für Schulfibeln, eine vereinfachende Begriffsbildung für den alltäglichen Sprachgebrauch. Wir führen ja nicht einen Kabinettskrieg gegen Staaten und Völker. Wir führen, wie alle großen Revolutionen, einen Weltanschauungskampf auf der weltanschaulichen Ebene.

Und das heißt: Wir müssen diesen Kampf führen gegen alle Mächte der Zerstörung, die sich der Nationsbildung feindselig entgegenstemmen, sie mögen wie immer heißen und sie mögen wo immer stehen. Sie bedienen sich der staatlichen Mächte Englands, der USA., und Sowjetrußlands. Aber sie sind damit nicht abgegrenzt und wir sind damit nicht der Notwendigkeit behoben, mit ihnen auch dort fertig zu werden, wo sie nicht hinter diesen Schildern und vielleicht mit anderen Waffen gegen uns antreten. Wir haben es ja gesehen, daß sie auch hinter den verbündeten Schildern Italiens, Rumäniens, Bulgariens, Finnlands ihre Fronten bezogen. Und dieser Kampf ist deshalb so schwer, weil wir überall mit ihnen fertig werden müssen, wo immer sie unserer Revolution entgegentreten.[75]

Nach diesen Ausführungen der Zeitung »Das Schwarze Korps« könnte man zu der Auffassung gelangen, daß in den Kreisen der SS der Wunderglaube an »neue« Waffen nicht vorherrschend ist, denn es wird in vorstehendem Artikel lediglich verlangt, mehr Panzer und Flugzeuge zu produzieren.

Das sind aber alte Waffen. Sollten die von Dr. Goebbels angekündigten »neuen« Waffen doch nicht von kriegsentscheidender Bedeutung sein?

Von Antwerpen bis Belfort

Die Abwehrschlacht im Westen

VB. **Berlin,** 24. September ⟨44.⟩

Die Berichte der Korrespondenten aus dem Hauptquartier des Generals Eisenhower in Frankreich lassen Züge von Nachdenklichkeit erkennen. Die letzten vierzehn Tage haben den Lorbeer etwas zerzaust, den allzu eifrige Anhänger bereits auf das Haupt des Generals gedrückt hatten. Die Engländer und Amerikaner werden sicherlich in den nächsten Wochen ihre Verbände zu verstärken suchen und dann neue Offensiven beginnen. Im Augenblick jedoch können sie nicht so weiter, wie sie das gerne möchten. Von der britischen 1. Luftlandedivision bei Arnheim kämpfen nur noch schwache Trümmer; bei Nimwegen stockt der Angriff ebenso wie bei Aachen; in Lothringen müssen die Amerikaner örtliche Angriffe der Deutschen abwehren.

Über all diesen Feststellungen liegt ein Hauch von Verdrossenheit, von ihm gewinnt man aber auch erst das richtige Licht zur Beurteilung der Vorgänge im August. Als die Nordamerikaner einmal bei Avranches durchgebrochen waren, stießen sie in Mittelfrankreich in freies Gelände. Hier standen schwache deutsche Sicherungstruppen, die sich dem Gegner auch entschlossen entgegenwarfen, aber keine Armeen. So konnten die Amerikaner mehrere Wochen lang große Strecken Landes schnell überwinden. Es war selbstverständlich, daß unter solchen Umständen sich auch die beiden deutschen Armeen aus der Normandie zurückziehen mußten. Ihr Rückzug war schwierig. An vielen Stellen wurde der Zusammenhang der deutschen Truppen unterbrochen. Eine eigentliche Front bestand nicht mehr. In die Lücken schoben sich amerikanische und britische Panzerverbände. Auch in Nordfrankreich und schließlich in Belgien konnte so der Vormarsch der Verbände der Westmächte im Sturmtempo vor sich gehen.

Diese Ereignisse sind nun, das ist heute deutlich zu sehen, beim Gegner auf das gründlichste mißverstanden worden. Da sein Vormarsch so schnell vor sich ging, glaubte man drüben, das müßte immer so weitergehen. Da die Deutschen in der Schlacht und auf dem Rückzug natürlich auch Verluste hatten, wiegte man sich im Hauptquartier Eisenhowers bereits in die rosigsten Träume. Man hoffte, wenn man an die Reichsgrenzen kommen werde, dort überhaupt keinen organisierten deutschen Widerstand zu finden. Das sind nicht nachträgliche deutsche Unterstellungen. Im August sind beim Feind genug Äußerungen gemacht worden, die diese Hoffnungsseligkeit bestätigen. Von solchen weitgespannten Erwartungen aus wird die Kühle des Tones verständlich, mit der heute aus der Umgebung Eisenhowers berichtet wird.

In Wirklichkeit hatte es nur einen Weg gegeben, die stürmischen Hoffnungen zu verwirklichen: Die deutsch Armeen in Frankreich zu vernichten. Man weiß, daß d General Eisenhower das mehr als einmal versucht h man weiß auch, daß es ihm mißlungen ist. Die Krieg geschichte wird die Gründe prüfen. Heute genügt die T sache, daß ein wesentliches Stück der Operationsplä des Gegners nicht erfüllt werden konnte.

Die Gefechte und Rückzugskämpfe im Monat Augu sind von einem großen Teil der Weltöffentlichkeit so v standen worden, als gehe es dabei um den Besitz v Paris, Orleans, Lyon, Verdun, Lille, als gehe es um d Besitz von Frankreich. Man konnte sie nicht schlimm mißverstehen. Nach dem Tage von Avranches war es o nehin klar, daß die deutsche Führung darauf verzicht würde, Frankreich zu behaupten. Das ist keine billige H terherweisheit; unsere Leser erinnern sich, daß solche G danken bereits sehr früh in diesen Spalten ausgesproch wurden. Die Schlacht in Frankreich hatte ein ganz and res Ziel, und sie ging um einen ganz anderen, viel höh ren Preis, als um den Besitz von Paris oder Verdun: O es den Deutschen gelingen werde, eine neue Fro aufzubauen. Von dieser Frage hing das Schicksal d Feldzuges im Westen ab.

Heute kann mit Gelassenheit, aber nicht ohne Erleic terung festgestellt werden, daß dieses Ziel erreicht i Gestützt auf die alten Befestigungen an der Grenze d Reiches, verstärkt durch die neuen Systeme der Schar arbeit in diesen Monaten, mit der Umgruppierung d aus Frankreich heimgekehrten Divisionen und mit Unt stützung frischer Verbände aus dem Reich, so ist dem G neralfeldmarschall Model von neuem die erstaunlic Leistung gelungen, die er acht Wochen vorher in Pol vollbracht hatte. Diese Front ist biegsam, sie ist an v schiedenen Stellen verschieden stark, aber sie ist da, u ihre einzelnen Glieder stehen auch im taktischen Zusa menhang miteinander. Ihre Kraft haben vor allem die N damerikaner, die am weitesten vorgeprescht waren, der letzten Woche erfahren müssen, als sie verschiede ihrer Kampfgruppen umzingelt und abgeschnitten sahe

Das Werk war gewiß nicht leicht. Auch der Gener feldmarschall Model hätte es nicht vollbringen könne ohne die Hingabe und das Geschick der Truppe, die si gerade in diesen drangvollen Wochen wieder am groß tigsten bewegte. Die beste der Wunderwaffen i noch immer der deutsche Soldat; das has sich i August und September erneut bestätigt.[76]

Der Durchbruch von Avranches hat die Eroberung von Frankreich und Belgien zur Folge gehabt. Ob General Eisenhower geplant hatte, seinen Einmarsch in Deutschland ohne Pause zu vollziehen, glaube ich nicht.

Das wäre nur dann möglich gewesen, wenn in Deutschland eine Revolution ausgebrochen wäre und die Wehrmacht die Verteidigung eingestellt hätte.

Der Einmarsch in Deutschland erfordert eine gewaltige Konzentration der Kräfte. Ein derartiges Unternehmen setzt einen riesigen Nachschub an Kriegsmaterial voraus. Und dieser Nachschub muß über das Wasser herangebracht werden. Das nimmt Zeit in Anspruch.

7. Okt. 1944.

Dönitz: neue Schiffe und Waffen

Dank und Anerkennung für den Einsatz der schaffenden Heimat

Berlin, 24. September ⟨44.⟩

Der Oberbefehlshaber der Kriegsmarine, Großadmiral Dönitz, sprach auf einem eindrucksvollen Betriebsappell im Nordsee-Gau Weser-Ems zu schaffenden Männern und Frauen.

Er nahm in packenden, soldatisch knappen Worten zu den Gegenwartsproblemen des Schicksalskampfes unseres Volkes Stellung. Schon mit den ersten Worten, in denen er dem unermüdlich schaffenden Volksgenossen Dank und Anerkennung für seine oft gerade diesem Gau unter schwersten persönlichen Opfern geleistete Arbeit aussprach, hatte er seine zahlreichen Zuhörer und Zuhörerinnen gepackt.

»Was der deutsche Arbeiter in diesem Krieg geleistet hat und leistet, ist einmalig«,[77] stellte Großadmiral Dönitz fest: »es ist vielleicht mit das größte Ruhmesblatt in der Geschichte dieses Krieges, daß wir diese Leistungen fertigbrachten trotz aller Belastungen und Erschwernisse durch die Luftangriffe. Dazu muß man sagen: Das bringt nur der deutsche Arbeiter fertig und es gibt keinen Soldaten und keinen Volksgenossen, der dem deutschen Arbeiter dafür nicht auf das tiefste dankbar sein muß.«

Großadmiral Dönitz kam dann auf den Sinn des Seekrieges, insbesondere auf den Tonnagekrieg, zu sprechen und stellte unter dem Beifall seiner Zuhörer fest, daß die Leistungen unserer Kriegsmarine, vor allem der U-Boot-Waffe, bisher einmalig gewesen seien. Daran ändere auch nichts eine vorübergehende[78] Überlegenheit unserer Gegner. Sie sei aber für uns Grund und Ansporn, nun mit allen Mitteln so schnell wie möglich auch hier neue Schiffe und Waffen erstehen zu lassen.

»Eines ist sicher«, rief der Oberbefehlshaber der Kriegsmarine aus, »die Kampfmoral der Kriegsmarine ist ungebrochen. Die Notwendigkeit, gegen eine Übermacht zu kämpfen, schweißt die Besatzungen, die wissen, was kämpfen heißt, zu einer ungeheuren Härte zusammen. Und sie werden so hart, daß sie nicht zu zerbrechen sind. Es ist selbstverständlich, daß dieser Krieg nicht ohne Verluste abgehen kann; aber eine Truppe, die zu sterben weiß, ist unsterblich, und aus ihr wachsen immer wieder neu Kräfte und neue Helden heran.«

Großadmiral Dönitz legte dann klar und eindeutig da was mit dem deutschen Volke geschehen würde, wenn e kapituliere, wenn es entwaffnet wäre und mit bloßen Hä den abwarten müßte, was unsere unmenschlichen Feind mit ihm machten. Wir müßten uns schämen vor denen, d für uns gefallen seien, vor unseren Kindern und Enkel die uns sagen würden: Ihr ward zu feige, und wir müsse es nun ausbaden, statt daß ihr damals hart geblieben se und ausgehalten hättet.

Dank der einhelligen Geschlossenheit unseres Volke sei ein Nachgeben für uns Gott sei Dank unmöglich. F uns gebe es nur den Weg des rücksichtslos harten Durc stehens und Kämpfens. Einen Mittelweg gibt es nicht: w müssen zusammenstehen. Sie arbeiten für die Rüstur und wir Soldaten kämpfen.

Wir müssen fanatisch zusammenstehe Das ist unsere größte Stärke. Und wir müsse alle fanatisch unserem Führer anhängen, die sem Mann, der in einmaliger Größe die vol Menschlichkeit eines warmen Herzens mit e nem ungeheuren Wissen, Können und eine eisernen Willen vereint. Es gibt niemande dem man mit mehr Liebe anhängen müßte a diesem einzigartigen Menschen. Eine Führun die härter ist als das Schicksal, wird letztli immer siegen.«

Abschließend dankte Großadmiral Dönitz den Sch fenden nochmals für das, was sie bisher schon für d deutsche Wehrmacht mit ihrer Hände Arbeit schufe und appellierte mit eindringlichen Worten an alle, au weiterhin mit aller Hingabe zu helfen und Waffen schmieden. Der Soldat werde damit kämpfen für Volk u Vaterland.[79]

Der Großadmiral Dönitz, der einmal felsenfest davon überzeugt war, daß mit Hilfe der deutschen U-Boote der Sieg errungen werden würde, schreit nach neuen Schiffen und Waffen.

In den vergangenen 61 Monaten war es nicht möglich, mit den alten Schiffen und alten Waffen die Gegner zu besiegen, nun glaubt der Großadmiral an den Fanatismus appellieren zu sollen, damit eine Wendung erzielt wird.

Aus einer Panikstimmung heraus rufen die Kriegsverlängerer nach Hilfe und hoffen auf Wunder. Aber diese Wunder geschehen nie. Das Feldherrngenie Adolf Hitler hat es fertig gebracht, daß Deutschland von allen Seiten eingeschlossen ist. In dieser Phase des Krieges gibt es natürlich von Seiten der Führung kein Nachgeben, denn das würde das Ende der Hitlerei und das Ende aller verantwortlichen Beteiligten bedeuten. Aus diesem Grunde geht der bereits verlorene Krieg weiter, bis die Gegner mit ihren Heeren durch Deutschland marschieren und die Kriegsmaschine stoppen.

⟨2.10.44.⟩

»V 1« über Frankfurt am Main?

Feindagenten verbreiten Gerüchte

NSG. Einzelne Störflugzeuge haben in den vergangenen Nächten im Stadtgebiet von Frankfurt am Main und seiner Umgebung wiederholt großkalibrige Sprengbomben abgeworfen. Vereinzelt fielen diese Bomben, ohne daß vorher Alarm gegeben worden war. Der Alarm blieb aus, da das Warnkommando annehmen mußte, daß es sich bei den einzelnen Flugzeugen um Aufklärer handelte. Die durch diesen Umstand bedingte zweifellose Ueberraschung der Bevölkerung und ein damit ausgelöstes Unsicherheitsgefühl haben sich Feindagenten zunutze gemacht, um durch die Verbreitung unsinnigster Gerüchte Beunruhigung hervorzurufen. So werden die unmöglichsten Vermutungen über diese nächtlichen Bombenabwürfe verbreitet und leider nur allzu oft auch geglaubt. Die Gerüchte steigerten sich bis zu der Feststellung, daß es sich bei dieser Feindeinwirkung um die Verwendung erbeuteter »V 1«-Geschosse handele. Der Großteil der Bevölkerung wird ohnehin diesen Unsinn nicht glauben. Trotzdem sei für diejenigen, die diesem Gerücht noch immer Glaubwürdigkeit beimessen, nachdrücklich darauf hingewiesen, daß es sich bei ihm um die Arbeit von Feindagenten handelt, die unfreiwillig durch die phantastischsten sogenannten Augenzeugenberichte einzelner Volksgenossen besonders unterstützt wurden.

In diesem Zusammenhang sei auch festgestellt, daß eine vor kurzem verbreitete Parole, wonach sich die Bevölkerung ab 20 Uhr auch ohne Alarm regelmäßig luftschutzmäßig verhalten solle, den gleichen Quellen entstammt. Die Bevölkerung wird den Versuchen einzelner Feindagenten, unsere Gemeinschaft zu beunruhigen, mit eiserner Disziplin begegnen, da sie sich fest darauf verlassen kann, daß sie alle Maßnahmen, die für ihren Schutz getroffen werden können, nicht auf dem Weg über das Gerücht, sondern durch amtliche Anordnungen erfährt.[80]

Die nebenstehende Schilderung soll den Zweck verfolgen, die Verwendung von Geschossen, die der »V 1«-Bombe ähneln, zu bestreiten.

Ein aus Frankfurt a.M. stammender Unteroffizier erzählte mir, er habe ein kometartiges, feuriges Geschoß gesehen.

Ob es sich um »Gerüchte« oder Tatsachen handelt, kann ich nicht sagen. Es wäre immerhin denkbar, daß auch die Gegner mit neuen Waffen aufwarten können. Das soll aber gerade abgeleugnet werden.

Rundfunkverbrecher zum Tode verurteilt

Berlin, 26. September (44.)

Vor dem Volksgerichtshof hatten sich Otto Gießelmann, Paul Brockmann, Rudolf Sauer und Gustav Milse aus Bielefeld zu verantworten. Die Angeklagten hörten jahrelang die Hetzsendungen des englischen und sowjetischen Rundfunks ab. Sie tauschten die Nachrichten der Feindsender untereinander aus, benutzten sie als Grundlage für staatsfeindliche Diskussionen und verbreiteten sie auch unter ihren Arbeitskameraden.
Die ehrlosen Volksverräter, die zu Handlangern unserer Feinde geworden sind, wurden zum Tode verurteilt. Das Urteil ist bereits vollstreckt.[81]

*#Nr. 188. **Anwendung des Grußes »Heil Hitler« im Schriftverkehr. AB. d. RJM. v. 13. 9. 1944 (1410 – VIII a11 491). – Deutsche Justiz S. 249 –**
AB. v. 8. 8. 1935 (Dt. Just. S. 1116) und AB. v. 9. 7. 1936 (1410 – I a 13590) – GGZ. Nr. 206, 207 –.
Der Schlußgruß »Heil Hitler« ist von den Justizbehörden auch bei dienstlichen Schreiben an Privatpersonen anzuwenden, wenn sie nicht rein dienstlich, sondern etwas persönlich gehalten und eigenhändig unterzeichnet sind.
Satz 2 des Runderlasses des Reichsministers des Innern vom 26. 7. 1935 (I A 7405/5100), mitgeteilt durch AB. vom 8. 8. 1935 (Dt. Just. S. 1116; GGZ. Nr. 206) ist insoweit überholt.[82]

Die Meinungen von Zeitgenossen.

In einem Abteil auf der Strecke Hungen – Nidda entnahm ich aus den Gesprächen von Mitreisenden:

1.) »Wir werden den Spieß bald herumdrehen«. (d.h. also, daß die deutschen Truppen bald siegreich vorgehen werden.)
2.) »Der Krieg darf jetzt nicht enden, sonst sind wir verloren, er muß noch lange dauern.«
(das sagte ein Unteroffizier zu einem Soldaten)

———

16. Okt. 1944.

Bitteres Erwachen in Bulgarien

Aufruf der Nationalregierung – Lieber den Tod als die Schande

(Eigene Drahtmeldung der DZ.)

R. Berlin, 17. September. Der Minister für Unterricht und Propaganda der bulgarischen Nationalregierung, Christo Staneff, richtete in einer Sendung des nationalbulgarischen Rundfunks einen Aufruf an das bulgarische Volk, in dem er scharf mit den Verrätern an seinem Volk abrechnete, deren Würdelosigkeit und politische Kurzsicht Bulgarien in die Arme des Bolschewismus getrieben habe. Der Bolschewismus bemühe sich bereits, den ganzen geistigen und materiellen Gehalt des bulgarischen Volkes zu beherrschen. Wenn die Pseudoregierung in Sofia heute die Worte Volksregierung, Volkstum und Volksgewalt im Munde führe, so seien das nur Köder, um allmählich das vaterländische Gefühl in jedem Bulgaren abzustumpfen und ihn so unbemerkt mit dem schweren Joch des bolschewistischen Regimes zu versöhnen. »Doch ihr werdet sehen«, so sagte der Minister weiter, »wie das ganze bulgarische Volk eines Tages erwachen wird, obdachlos, besitzlos, brotlos, seiner elementarsten Freiheiten beraubt, und zu Sklaven des russischen Bolschewismus herabgewürdigt.«

Wie die letzten Meldungen besagen, haben die sowjetischen Truppen von Sofia bereits Besitz ergriffen. Eine Welle von Verhaftungen geht über das Land. Alle Politiker, die am deutschfreundlichen Kurs der letzten fünf Jahre »mitschuldig« sind, werden aufgestöbert und in Haft genommen. Auf der Schwarzen Liste stehen vermutlich alle Abgeordneten des Sobranje, alle Wirtschaftsführer des Landes und der größte Teil der Intelligenz. Einer Reutermeldung zufolge haben sich bereits mehrere Generale, Schriftleiter, Aerzte, Rechtsanwälte und ehemalige Minister das Leben genommen, weil sie die Schmach ihres Vaterlandes nicht ertrugen, so u. a. der berühmte Professor Sanitätsscheff, Innenminister im Kabinett Bagrianoff, der Befehlshaber des V. Armeekorps General Staymoff mit seiner Frau, der berühmte Journalist Kraptscheff, der ehemalige Minister für öffentliche Arbeiten Radoslawoff und Eisenbahndirektor Koltscheff. In Haft befinden sich der frühere Transportminister Dimitri Schischmanoff und der ehemalige Außenminister Murawieff. Der ehemalige Ministerpräsident Filoff wurde in einer ausländischen Botschaft in Tschankaria verhaftet. Er, der ehemalige Ministerpräsident Boschiloff und der frühere Gouverneur von Sofia Iwanoff teilen dieselbe Strafzelle.

Die Errichtung einer sowjetischen Kontrollkommission in Sofia stellt einen Schlußakt der innerhalb weniger Wochen vollzogenen totalen Umwälzung dar und ist zugleich der Auftakt für die Sowjetrepublik Bulgarien. Moskau ist es, das über die weitere Behandlung Bulgariens zu bestimmen hat. Die Waffenstillstandsdelegation, die nach Kairo entsandt worden war, ist bereits auf dem Rückwege, unverrichteterdinge natürlich. Dafür hatten bereits die sowjetischen Delegierten gesorgt, die dieser Abordnung vorsorglich zugeteilt worden waren.

Die einmarschierende sowjetische Stoßarmee ist von der Schwarzmeerhafenstadt Warna aus bis zur türkischen Grenze gelangt und marschiert nun, nach einem Londoner Bericht, nach Süden weiter, um die Verbindung mit den griechischen Banden zu suchen. Der Bolschewismus breitet sich unaufhaltsam aus. Bald werden die Völker Südosteuropas mit Schrecken erkennen müssen, was sie angerichtet haben, als sie die deutsche Wehrmacht verrieten und vermeintlichen Schutz in Moskau suchten.[83]

Das »bittere Erwachen« wird vor allen Dingen in den Reihen der bulgarischen Nazis eintreten. Und das mit Fug und Recht. Diejenigen Politiker, die Bulgarien zum zweiten Male in 25 Jahren an der Seite Deutschlands in den Krieg gehetzt haben, müssen von der Bildfläche verschwinden. Die bulgarischen Machthaber glaubten, sich auf Kosten Jugoslawiens und Griechenlands bereichern zu können. Gemeines Raubgesindel! Mazedonien und Thrazien sollten als Geschenk für das Bündnis mit Deutschland den Bulgaren in den Schoß fallen. Das waren nicht etwa die Früchte des deutschen Sieges auf dem Balkan allein, das war vielmehr auch der Lohn des Räuberhauptmannes Hitler an seinen Unterräuber König Boris. Dies alles war von langer Hand vorbereitet. Das »Schwarze Korps« vom 21.9.44 sprach in seiner Wut über den Abfall Bulgariens aus der Schule.

In dem Leitartikel »Das klassische Beispiel« heißt es u.a.: ...

»Bulgarien besaß ein schlagkräftiges Heer, das seit 1937 mit deutscher Hilfe aufgerüstet wurde. ...«[84]

Schon 1937 stand es also fest, daß Rußland von Deutschland und dessen Spießgesellen angegriffen werden sollte!

Der Führer empfing den Poglavnik

Führerhauptquartier, 20. September ⟨44.⟩ Der Führer empfing am 18. September in seinem Hauptquartier den Staatschef des unabhängigen Staates Kroatien, Dr. Ante Pavelic.

Der Führer hatte mit dem Poglavnik[85] eine längere Unterredung über den gemeinsamen Kampf gegen die Bolschewisten und ihre englisch-amerikanischen Helfershelfer und über die Fragen der Sicherung des kroatischen Raumes. Getreu dem Bündnis des Dreierpaktes wird die deutsche Wehrmacht an der Seite der kroatischen Soldaten und Ustaschas die Freiheit und Selbständigkeit Kroatiens verteidigen.

Die Unterredung beim Führer, an der Reichsminister des Auswärtigen v. Ribbentrop und Generalfeldmarschall Keitel und von kroatischer Seite der kroatische Außenminister Alajbegovic und General Gruic teilnahmen, verlief im Geiste der aufrichtigen und treuen Freundschaft zwischen beiden Völkern.

Im Anschluß an den Empfang beim Führer hatte der Reichsaußenminister mit dem Poglavnik und seinen Mitarbeitern eine längere und herzliche Aussprache.

In der Begleitung des Poglavnik befanden sich ferner der Minister für Volksaufklärung Makanec und der Leiter des kroatischen Arbeiterverbandes Blasnov. Der deutsche Gesandte in Agram, Kasche, und der kroatische Gesandte in Berlin, Kosak, waren gleichfalls im Hauptquartier anwesend.[86]

Der »Poglavnik«, der Tyrann von Kroatien, durfte bei seinem Herrn und Meister Adolf Hitler in dessen Hauptquartier die Befehle für die kommenden Tage entgegennehmen. Es wird sich in Wirklichkeit weniger darum handeln, daß die deutsche Wehrmacht den »unabhängigen« Staat Kroatien verteidigt, als darum, die Kroaten nach berühmten Mustern zu veranlassen, bis zum letzten Atemzuge für Hitler zu kämpfen. Auch das wird vergebliche Liebesmühe sein, denn der »Poglavnik« und seine Helfershelfer werden bald aus Kroatien flüchten.

Appell an alle Flamen

DNB. **Berlin,** 17. September ⟨44⟩. Der Landesleiter des Flamenverbandes, Dr. Jef van de Viele, hat einen Aufruf erlassen, in dem er dazu auffordert, daß alle wehrfähigen Flamen sich in den Reihen der Waffen-SS unmittelbar zum Fronteinsatz bereitstellen. Zur Stunde, da dieser Appell erging, hatten sich die meisten wehrfähigen Flamen bereits aus eigenem Entschluß zum Waffeneinsatz gemeldet. Ihre offizielle Ueberführung wird voraussichtlich in den nächsten Tagen in feierlicher Form erfolgen. Das ist die konsequente Folge des Entschlusses, den das gesamte flämische Volk gefaßt hat: Befreiung der Heimat![87]

Der Einsatz der Flamen

Berlin, 4. Oktober ⟨44⟩

Der Landesleiter der Flamen, Dr. Jef von de Wiele, berief die Landesleitung Flandern zur ersten Sitzung ein. Während dieser historischen Stunde, die im Zeichen der völkischen Selbständigkeit Flanderns im Reich der germanischen Blutsgemeinschaft stand, bekundete der Landesleiter bedingungslose Treue zum Führer, zum Reich, zur nationalsozialistischen Weltanschauung und zu Flandern. Getragen vom unerschütterlichen Willen bis zum Endsieg zu kämpfen, traf die Landesleitung die ersten Maßnahmen für den totalen Fronteinsatz der Flamen.[88]

Wenn die Flamen ihre Heimat »befreien« wollten, dann mußten sie mit allen Mitteln gegen Deutschland kämpfen. Die deutschen Truppen haben Flandern von 1914 bis 1918 und von 1939 bis 1944 widerrechtlich besetzt gehabt. Statt dessen kämpft der Flamenverband unter seinem Landesleiter van de Viele auf deutscher Seite. Hier kann nur von einer geistigen Verwirrung gesprochen werden. –

Schweiz stellt Export von Kriegsmaterial ein

Berlin, 2. Oktober ⟨44.⟩

Die Schweizer Regierung hat, wie in Bern amtlich bekanntgegeben wird, beschlossen, den Export von Kriegsmaterial nach allen kriegführenden Ländern mit Wirkung vom 1. Oktober an einzustellen.[89]

Dazu kann gesagt werden:

»Spät kommt Ihr, doch Ihr kommt«.

Die Lieferung von Kriegsmaterial eines sogenannten »neutralen« Staates an ein kriegführendes Land ist eine Durchbrechung der Neutralität.[90]

Wenn künftige Kriege unmöglich gemacht werden sollen, dann muß diese Frage der Lieferung von Kriegsmaterial eine Lösung finden. Das klassische Beispiel ist Schweden. Schweden bezeichnet sich als neutral, liefert aber Kriegsmaterial in rauhen Mengen.

Hätte Deutschland 2 Weltkriege ohne das schwedische Erz führen können? Ich glaube, diese Frage wird von den Sachverständigen verneint werden. Schweden ist also mitschuldig. Wer einen Angreifer unterstützt, ist genau so zu behandeln wie dieser. Tod den Lieferanten!

Es darf einfach nicht mehr vorkommen, daß ein Land wie Schweden aus den Blutopfern anderer Staaten Gewinne für Lieferung von Rohstoffen und Kriegsmaterial einheimst.

17. Okt. 44.

⟨7./8.X.44⟩

Der Kamerad aus Aachen

(P. K.) Wir anderen wissen von Aachen, daß es etwa sieben Jahrhunderte hindurch die Krönungsstadt der deutschen Könige war, und daß sein Münster die ehrwürdige Gruft des großen Kaisers Karl birgt. Der Kamerad aus Aachen aber weiß mehr. Für ihn ist diese Stadt der Inbegriff der Heimat. Er kennt das Haus, in dem er geboren wurde, das andere, in dem er mit seiner Frau und seinen Kindern wohnte, bis es die Bomben zerstört haben, und noch viele andere Häuser dazu, die für ihn mit persönlichen Dingen verbunden sind. Dort war die Schule, dort starb die Mutter, da war sein Geschäft, da sein Sturmlokal und da die Ortsgruppe mit dem Zimmer, in dem ihm durch einen klaren Entscheid sein lang verwehrtes Existenzrecht gegeben worden ist. Sagte man »Aachen«, dann klang das alles, was sein früheres Leben umschloß, in ihm auf, dann wurde er lebhaft, dann strahlten seine Augen.

Heute, da die Stadt im Bereich der Front liegt, vermeiden wir es mit der fast zarten Feinfühligkeit, die wir erstaunlicherweise unter der rauhen Schale des Soldaten bewahren, in seiner Gegenwart von Aachen zu sprechen. Spricht der Wehrmachtbericht von Aachen, dann leuchtet das Gesicht des Kameraden nicht mehr auf wie früher, dann stehen ein paar steile Falten auf seiner Stirne und manchmal verläßt er die Unterkunft, um mit sich allein zu sein.

Wenn er dann zurückkommt, führen wir Gespräche, die indirekt Ansprachen an ihn sind. Wir berichten von der Fürsorge der Partei, die Frauen und Kinder vor der Feuerwalze und dem anrückenden Feind in Sicherheit bringt, wir verweisen darauf, daß die Heimat noch enger zusammenrückt und sagen, daß wir verbissen und treu kämpfen müssen, bis unsere Stunde wieder schlägt.

Der Kamerad aus Aachen aber brauchte uns nicht. Er ist mit sich selbst fertig geworden und überraschte uns damit, daß er unser Mitgefühl und unseren Trost mit einer Handbewegung unter den Tisch fegte. Keiner von uns hat es besser verstanden als er, um was der Kampf nun geht und daß wir siegen müssen, koste es, was es wolle.

Der Kamerad aus Aachen ist heute derjenige in unserem Kreis, der uns anfeuert und mitreißt, der zu immer neuen Leistungen anspornt, uns selbst Beispiel über Beispiel des Verzichtes und des Einsatzes gibt.

Die Not ist es, die den Menschen über sich selbst hinauswachsen läßt, und wenn der Feind nun über die Grenze kam und den Krieg in unser eigenes Land hineingetragen hat, so kann uns das nur härter und unerbittlicher im Kampf und gegen uns selbst machen.

Es ist nicht so, wie der Feind meinte, daß wir »grenzempfindlich« seien und zusammenbrechen würden, wenn er nahe ans Reich heranrückt. Es ist anders. Es ist so, daß wir uns gerade zum größten und rücksichtslosesten Einsatz erheben. Das lehrte uns der Kamerad, dessen Heimat die alte deutsche Stadt im Westen ist, und das wird der Feind jetzt und in den kommenden Wochen und Monaten am eigenen Leib erfahren.[91]

Kriegsberichter Karl Stauder

Ueber Aachen müßte künftig ein mächtiges, leuchtendes Schild mit der Aufschrift:

»Das verdanken wir unserem Führer«

prangen.

Herrlich weit hat der Nationalsozialismus Deutschland gebracht. Hitler wollte die Städte Englands »ausradieren«. Jetzt fallen die deutschen Städte in Schutt und Asche, weil ein Wahnsinniger es will.

Unbeugsamer Wille

VB. **Berlin,** 6. Oktober ⟨44⟩

Vor den Menschen seiner rheinischen Heimat hat Dr. Goebbels in mitreißenden Worten zum Ausdruck gebracht, was in dieser Zeit das Leben jedes Deutschen erfüllt. Es gibt heute keinen unter den 80 Millionen, der das Schicksal seines Volkes nicht in allen Stücken als das seine empfände und selbst in den bedrohten Grenzen des Reiches, die der Feind mit aller Kraft bestürmt. Diese Lande, die einmal lange schwere Jahre der Last und der Schmach einer feindlichen Besatzung tragen mußten, sehen jetzt den Krieg in seiner ganzen Härte an ihren Toren. Und wie sie die Aufgabe begreifen, die ihnen diese Lage stellt, das zeigte ihr tatkräftiger Einsatz, für den ihnen Dr. Goebbels den Dank des Führers und des ganzen Volkes aussprach.

Seine Rede gab ein klares Bild der Kampflage, die sich im Verlauf der Invasion herausgebildet hat, und die durch folgende Tatsachen bezeichnet ist: Der übermächtig scheinende Stoß der feindlichen Armeen wurde in der Tiefe des Raumes aufgefangen und ein Stillstand erzwungen. Eine neue Westfront schirmt das Reich. Ihr strömen ständig frische Kräfte zu, es wurde Zeit gewonnen, die sich im letzten als entscheidend erweisen wird, weil sie ermöglicht, den technischen Vorsprung des Gegners auszugleichen und das Gewicht zu unseren Gunsten zu verschieben, was sich besonders in der Luftverteidigung auswirken wird. So sieht sich Churchill gezwungen, wieder einmal seinen Terminkalender zu ändern und das englische Volk auf das nächste Jahr zu vertrösten, nachdem er ihm den vollen Triumph bis zum Oktober verheißen hatte.

Das ist die erste geschichtliche Auswirkung des verstärkten Einsatzes unserer Kampfkraft seit dem Rückschlag im Hochsommer. Was in diesen zwei Monaten unter zielbewußter Lenkung geschehen ist, um dem totalen Vernichtungswillen und vorzeitigen Siegestaumel des Feindes den totalen Behauptungswillen der Nation und die äußerste Entschlossenheit zur siegreichen Durchfechtung dieses Schicksalskampfes entgegenzustellen, wird wohl erst der Geschichtsschreiber der Zukunft in allen Einzelheiten und in seiner vollen Tragweite schildern können. Die Miterlebenden fühlen aber schon, so sehr sie sich des Ernstes der gestellten Aufgabe bewußt sind, so nüchtern sie jede Möglichkeit ins Auge fassen, daß die Wende des Krieges sich angebahnt hat, daß wir wieder im Kommen sind und daß sich die ungeheure zusätzliche Anstrengung unseres Volkes weit über das Maß des schon Erkennbaren hinaus fühlbar machen wird.

Wir gehen in die Entscheidung mit dem Stolz und der Selbstsicherheit hinein, die dem Bewußtsein unserer Kraft entspricht. Dr. Goebbels hat darauf verwiesen, was uns der Feind zudenkt für den Fall, daß seine Waffe siegreich bliebe. Uns erschrecken diese Drohungen nicht, und sie überraschen uns auch nicht. Wir wissen, mit wem wir es zu tun haben und welche Antwort einem Gegner gebührt, der uns ans Leben greifen und ein großes Volk zu grauen Heloten erniedrigen will. Geschart um den Führer treten wir an, um diesen Kampf zu bestehen und kein Opfer zu scheuen, das unsere Zukunft als freie Nation sichert und in jedem Fall geringer ist als die vernichtenden Substanzverluste, die der Feind Reich und Volk zufügen würde, wenn er uns überwältigen könnte.

Diesen Sieg wird er niemals erringen, das ist unser unbeugsamer Wille. Jedes Haus werde eine Festung sein, so sagte Dr. Goebbels. Wenn der Gegner damit gerechnet hat, er könne auf einen Schwächeanfall des deutschen Volkes zählen, wie er 1918 eintrat, so hat er sich bitter getäuscht.[92]

Nicht unsere Gegner vernichten Deutschland, sondern Goebbels und Genossen. Wenn jedes Haus eine Festung sein wird – wie es Dr. Goebbels wünscht, dann wird eben jedes Haus zerstört.

Diese Herren wünschen, daß das ganze deutsche Volk mit ihnen untergeht.

Es geht alles, wenn man will

Größere Aufgaben mit weniger Kräften

Die Arbeit der NSDAP. nach den Einsparungsmaßnahmen

Berlin, 13. Oktober ⟨44.⟩ Einsparungsmaßnahmen der Partei in dieser Zeit bedeuten, daß nun Führungsaufträge noch enger zusammengefaßt und von den verbleibenden wenigen hauptamtlichen Amtsleitern konzentriertester Einsatz verlangt wird. Bereits 1940 wurden vom Leiter der Partei-Kanzlei, der vom Führer auch jetzt wieder den Auftrag erhalten hat, Einschränkungsmaßnahmen durchzuführen, eine Reihe von Einrichtungen, beispielsweise der NS.-Lehrerbund, der Rechtswahrer- und der Beamtenbund stillgelegt.

Mag vielleicht das Urteil des oberflächlichen Betrachters bei ähnlichen Vorkehrungen lauten: »Es geht auch ohne so viel Organisation«, so bedenkt er nicht die ungeheure Bedeutung, die der Partei in unserem Alltag bis in den persönlichen Lebenskreis zukommt. Wir nehmen ihre Bemühungen um die Ordnung des luftschutzmäßigen Verhaltens, um die Unterbringung umquartierter Frauen und Kinder und die helfende Sorge nach einem Terrorangriff, die Betreuung am Arbeitsplatz und vieles mehr als gewohnt entgegen. Darin liegt die Antwort auf die Frage nach der Bedeutung der Partei. Wir können uns die Gestaltung des Alltags nicht mehr ohne sie denken.

Die Partei ist die Seele aller Dinge. Die Grenze der ursprünglichen Aufgabe, politische Willensträgerin zu sein, hat sie längst gesprengt. Mit jedem weiteren Kriegsjahr wuchsen ihre Aufgaben an, die bei Festsetzung der hauptamtlichen Führungskräfte nicht bedacht gewesen waren. Welche umfassenden Aufgaben erwuchsen beispielsweise den Gauleitern allein durch ihren neuen Auftrag als Reichsverteidigungskommissare! Während sie sich als Gauleiter aller Sorgen annehmen, die aus der Bevölkerung zu ihnen gelangen, steuern sie als Reichsverteidigungskommissare das Fremdarbeiterproblem, den Arbeitseinsatz, die Industrieverlagerung, Rohstofferfassung, sind sie zur Durchführung der Luftschutzmaßnahmen zuständig usw.

Es gibt keine Form biegsamerer Elastizität in der Führung als die der Partei. Sie ist ständig in der Entwicklung begriffen. Die Vielzahl neuer Aufgaben führte sie unter fortlaufendem Austausch ihrer Führungskräfte durch. Es gibt heute kaum einen hauptamtlichen Politischen Leiter, Gliederungsführer usw., der nicht Soldat gewesen ist. Reichsleiter Bormann erfüllte den Auftrag des Führers, einen gesunden Austausch aller Kräfte durchzuführen, ohne daß eine unentbehrliche Dienststelle lahmgelegt wurde. Der Dienst an der Front findet seinen Ausdruck in den hohen Blutopfern, die die Führungskräfte der Partei für den Sieg zahlten. Am Platz des eingezogenen hauptamtlichen Führers nahm der ehrenamtliche Mitarbeiter die Arbeit auf. Da für die Kriegsverwendung dieser ehrenamtlichen Führer lediglich Wehrmacht oder Zivilbetriebe maßgebend sind, stehen heute weiterhin alle jungen Ortsgruppenleiter, Stellenleiter usw., die k.v. sind, als Soldaten an der Front. So unterliegt das Bild der Führungskräfte einer ständigen Veränderung. Um so bemerkenswerter ist die Tatsache, daß die Partei mit nahezu 99 Prozent ehrenamtlich tätigen Führern die gewaltigen Aufgaben bewältigt, die ihr fünf Kriegsjahre brachten.

Greifen wir die Tatsache heraus, daß im Zuge der Einsparungsmaßnahmen auch sämtliche Beförderungen eingestellt werden. Selbst eine solche Maßnahme ist weder so leicht noch so selbstverständlich, wie sie scheint. Bei längerer Dauer würde sich diese Verordnung bei den heranwachsenden jungen Führungskräften unangenehm auswirken. Denn die Arbeit geht ja so fortlaufend weiter und die Aufgaben bleiben auch nicht auf dem jetzigen Stand stehen; immer werden neue hinzukommen und es werden Führer notwendig sein, sie anzupacken und ihre Durchführung zu veranlassen. Die Reichsleitung der NSDAP. muss diesen Entwicklungsgang beobachten und beeinflussen. Vorausschauend geht daher die Partei bei ihren Einsparungsmaßnahmen von der Tatsache aus, daß es nicht der Zweck des totalen Krieges sein kann, Arbeitsgebiete stillzulegen, sondern Männer für die Front, die Rüstungswirtschaft oder besonders wichtige Führungsaufgaben freizumachen.

Wenn einmal die Anteile überprüft werden, die dem Sieg der politischen Führung zukommen, werden wir erkennen, daß allein die Partei in der Heimat die Möglichkeiten zum Durchhalten des Kampfes gab. Ihre Kräfte sind in den Betrieben wie in den Familien wirksam. Wenn der Luftkrieg unser Volk nicht schwach machen wird, ist diese feste Haltung nicht zuletzt dem Wirken der Partei zu verdanken. Durch ihr unermüdliches und wendiges Eingreifen ist unser Volk in seiner vorbildlichen Haltung gestärkt worden.

Der Krieg ist die Bewährungsprobe für die Partei. Sie hat sie bestanden. Mit dem nun weiterhin eingeschränkten Führungsapparat werden die größeren Aufgaben trotzdem gemeistert werden. Ein Wort des Führers, unter dem die Partei zu der Führungsmacht von heute wuchs, steht auch der weiteren Arbeit voran: »Nichts ist unmöglich und es geht alles, wenn man will.«[93]

H.O.

Es wird ihnen nicht gelingen!

Reichsmarschall Hermann Göring sprach vor deutschen Rüstungsarbeitern

Berlin, 15. Oktober ⟨44⟩

Gelegentlich der Besichtigung von Fliegerhorsten und Einheiten der Jagdwaffe besuchte Reichsmarschall Göring in der vergangenen Woche ein neues Rüstungswerk in Mitteldeutschland, das unter der tatkräftigen Leitung des Gauleiters Sauckel und dank der Gemeinschaftsarbeit seines Gaues in Rekordzeit aufgebaut werden konnte. An die Arbeiterschaft dieses gewaltigen Werkes richtete der Reichsmarschall eine mitreißende Ansprache, die von einem unbeirrbaren Glauben an den Endsieg und die Zukunft des deutschen Volkes und Reiches getragen war.

Er führte darin u. a. aus, daß die Feindmächte vergeblich gehofft hatten, in diesem Monat durch ungeheure Anstrengung und Anspannung aller Kräfte Deutschland zu Boden zu werfen und vernichten zu können. »Wie stolz können wir«, so sagte der Reichsmarschall, »auf unser Volk sein! Die drei größten Mächte der Erde, Sowjetrußland, die Vereinigten Staaten und das britische Weltreich, kämpfen heute gegen unser Volk und unser Reich. Was für eine Kraft steckt im deutschen Volk! Und wenn sie ihre ganze Macht gegen Deutschland vereinigen müssen, trotz allem: Sie werden nicht siegen, es wird ihnen doch nicht gelingen!

Gewiß, der Feind steht heute an den Grenzen, wir kämpfen und ringen um die Heimat, um unsere Zukunft, unsere Freiheit und unser Leben. Das Schicksal stellt uns vor die härteste Probe, die es jemals einem Volke auferlegt hat. Bestehen wir aber diese Probe, behaupten wir uns, beweisen wir, daß diese Weltkoalition Deutschland nicht vernichten kann, dann ist schon damit der Sieg Deutschlands erkämpft.«

Der Reichsmarschall warnte anschließend in seiner Rede vor der Auffassung, daß England und Amerika, sollte es ihnen im Verein mit Sowjetrußland je gelingen, Deutschland zu besiegen, es hindern könnten, daß der Bolschewismus in Deutschland herrschen würde; ebenso leichtfertig sei eine Überschätzung der gewiß vorhandenen Differenzen unter den Feindmächten; gegenwärtig sind sie doch alle einig in dem Willen, Deutschland zu vernichten. »Was wir heute auch zu leiden haben durch Fliegerangriffe, was wir auch zu erdulden haben an Unannehmlichkeiten, an Verlusten, an Bitterstem und Schwerstem, so bedeutet das doch alles nichts gegenüber dem, was über uns hereinbrechen würde, wenn nur einer unserer Gegner zum Zuge käme. Sie brauchen nur einmal einen Blick hinter die Front zu werfen, einen Blick dorthin, wo die Amerikaner und die Engländer als sogenannte Befreier auftreten. In ihrem Gefolge ist augenblicklich der Bolschewismus eingezogen. Wo Deutschland einst für Ruhe und Ordnung gesorgt hat, da tobt heute der Bolschewismus, tobt der Bürgerkrieg, versinken Recht und Gesetz in Blutrausch. Und glauben sie mir, bei uns würde es nach all den Ankündigungen unserer Feinde noch ganz anders, noch viel schlimmer werden. Dieses Schicksal darf nicht über uns hereinbrechen! Wir müssen alles auf uns nehmen, was auch kommen mag, nur kapitulieren dürfen wir niemals! Je härter die Drohungen unserer Gegner sind, um so härter muß unser Wille sein, ihnen zu widerstehen«.

»Nur zwei Wege«, so hob der Reichsmarschall hervor, »kann es geben, um das uns von den Feinden zugedachte Schicksal abzuwenden: In der Heimat arbeiten, arbeiten und noch einmal arbeiten, in der Heimat die Waffen schmieden, die gebraucht werden. Und an den Fronten kämpfen, noch härter, zäher und verbissener kämpfen als bisher.

Denn jetzt gilt es nicht, irgendeine sowjetische Provinz, irgendeine französische oder belgische Stadt zu behaupten, sondern jetzt gilt es, Deutschland zu verteidigen. Die Welt soll sehen, wie das deutsche Volk sein Vaterland zu verteidigen weiß. Und ich bin überzeugt, daß uns das gelingen wird. Das ist unser unbändiger Wille!«

Seine Worte, die in der Arbeiterschaft begeisterte Zustimmung fanden, schloß der Reichsmarschall mit einem Dank an alle Schaffenden dieses Rüstungswerkes und mit einem flammenden Appell: »Arbeiten Sie nach wie vor unverzagt weiter! Nehmen Sie alles auf sich, halten Sie durch und stehen Sie in fanatischem Glauben und bedingungsloser Treue zu unserem Führer, der uns allen Vorbild und Beispiel ist. Wenn einige volksfremde Verräter wagten, die Hand wider unseren Führer zu erheben, so hat sich gezeigt, daß der Allmächtige den Führer sichtbar gesegnet hat. Darum bin ich aufs tiefste davon überzeugt: Wenn auch noch schwere Tage kommen, so ist die Zukunft doch unser.

Und die Zukunft heißt: Deutschland!«[94]

Es ist schon richtig, daß Göring auf »sein« Volk stolz sein kann, denn in der ganzen Welt gibt es kein Volk mehr, das ähnliches mit sich machen ließe wie dieses armselige deutsche Volk. Diese stupide Hammelherde!

Unter den Arbeitern, die den Worten Görings begeisterten Beifall zollen, befinden sich natürlich eine reichlich große Anzahl, die auf den nationalsozialistischen Leim gekrochen sind und alle Phrasen für bare Münze hielten. Diese Sorte hofft weiterhin und glaubt, es würden noch Wunder geschehen. Das »Durchhalten« hat lediglich den einzigsten Zweck, das äußerst kostbare Leben derer um Hitler etwas zu verlängern. Der dafür zu zahlende Preis ist ein vernichtetes Deutschland, das sich nie mehr erholen wird.

28. Okt. 44.

Der Erlaß des Führers

Berlin, 18. Oktober ⟨44.⟩

Der Erlaß des Führers über die Bildung des Deutschen Volkssturms hat folgenden Wortlaut: »Nach fünfjährigem schwerstem Kampf steht infolge des Versagens aller unserer europäischen Verbündeten der Feind an einigen Fronten in der Nähe oder an den deutschen Grenzen. Er strengt seine Kräfte an, um unser Reich zu zerschlagen, das deutsche Volk und seine soziale Ordnung zu vernichten. Sein letztes Ziel ist die Ausrottung des deutschen Menschen.

Wie im Herbst 1939 stehen wir nun wieder ganz allein der Front unserer Feinde gegenüber. In wenigen Jahren war es uns damals gelungen, durch den ersten Großeinsatz unserer deutschen Volkskraft die wichtigsten militärischen Probleme zu lösen, den Bestand des Reiches und damit Europas für Jahre hindurch zu sichern. Während nun der Gegner glaubt, zum letzten Schlag ausholen zu können, sind wir entschlossen, den zweiten Großeinsatz unseres Volkes zu vollziehen. Es muß und wird uns gelingen, wie in den Jahren 1939/41 ausschließlich auf unsere eigene Kraft bauend, nicht nur den Vernichtungswillen der Feinde zu brechen, sondern sie wieder zurückzuwerfen und so lange vom Reich abzuhalten, bis ein die Zukunft Deutschlands, seiner Verbündeten und damit Europa sichernder Frieden gewährleistet ist.

Dem uns bekannten totalen Vernichtungswillen unserer jüdisch-internationalen Feinde setzen wir den totalen Einsatz aller deutschen Menschen entgegen.

Zur Verstärkung der aktiven Kräfte unserer Wehrmacht und insbesondere zur Führung eines unerbittlichen Kampfes überall dort, wo der Feind den deutschen Boden betreten will, rufe ich daher alle waffenfähigen deutschen Männer zum Kampfeinsatz auf.

Ich befehle:

1. Es ist in den Gauen des Großdeutschen Reiches aus allen waffenfähigen Männern im Alter von 16 bis 60 Jahren der Deutsche Volkssturm zu bilden. Er wird den Heimatboden mit allen Waffen und Mitteln verteidigen, soweit sie dafür geeignet erscheinen.

2. Die Aufstellung und Führung des Deutschen Volkssturms übernehmen in ihren Gauen die Gauleiter. Sie bedienen sich dabei vor allem der fähigsten Organisatoren und Führer der bewährten Einrichtungen der Partei, SA., SS, NSKK. und HJ.

3. Ich ernenne den Stabschef der SA. Schepmann zum Inspekteur für die Schießausbildung und den Korpsführ NSKK. Kraus zum Inspekte für die motortechnische Ausb dung des Volkssturmes.

4. Die Angehörigen des De schen Volkssturmes sind wä rend ihres Einsatzes Soldat im Sinne des Wehrgesetzes.

5. Die Zugehörigkeit der A gehörigen des Volkssturm zu außerberuflichen Org nisationen bleibt unberüh Der Dienst im Deutschen Volk sturm geht aber jedem Dien in anderen Organisationen v

6. Der Reichsführer SS als Befehlshaber des Ersa heeres verantwortlich für d militärische Organisation, Ausbilder, Bewaffnung u Ausrüstung des Deutsch Volkssturms.

7. Der Kampfeinsatz d Deutschen Volkssturmes erfo nach meinen Weisungen dur den Reichsführer SS als BdE.

8. Die militärisch Ausführungsbestimmungen läßt der BdE. Reichsführer Himmler, die politischen u organisatorischen in meine Auftrage Reichsleiter Bo mann.

9. Die Nationalsozialistisc Partei erfüllt vor dem de schen Volk ihre höchste renpflicht, indem sie in ers Linie ihre Organisationen Hauptträger dieses Kamp einsetzt. [95]

Adolf Hit

Zur Erinnerung an die sogenannte »Völkerschlacht bei Leipzig« haben sich die nationalsozialistischen Geschichtsfälscher veranlaßt gesehen, die waffenfähigen Männer von 16 bis 60 Jahren aufzurufen und in einem »Volkssturm« zu vereinigen. Als wenn das Jahr 1813 überhaupt in irgend einer Beziehung mit 1944 zu vergleichen wäre!

1.) 1813 hatte es Europa mit einem Tyrannen, Napoleon, zu tun, der in Rußland im Jahre 1812 schwer geschlagen worden war.
2.) England und Rußland standen auf der Seite Deutschlands.
3.) Die deutsche Jugend kämpfte für die Befreiung Deutschlands gegen den Tyrannen Napoleon.
4.) Während der Schlacht bei Leipzig wurde Napoleon von[96] mit ihm verbündeten deutschen Fürsten im Stiche gelassen.

Wie sieht es im Jahre 1944 aus?

1.) Die deutsche Jugend kämpft für einen Tyrannen gegen die übrige Welt.
2.) Englands und Rußlands Heere stehen an den Grenzen Deutschlands als Feinde.
3.) Sämtliche europäischen Verbündeten Deutschlands haben sich von Deutschland losgesagt und kämpfen teilweise sogar gegen Deutschland.

In einem Augenblick, in dem sich die Heere unserer Gegner anschicken, zum letzten Schlage auszuholen und in Deutschland ihren Einzug zu halten, da glauben die nationalsoz. Hasardeure ihre allerletzte Karte, den »Volkssturm«, ausspielen zu sollen.

Hier handelt es sich um einen offensichtlichen Wahnsinnsakt u. eine Erfindung des Teufels!

Wie können 16. jähr. Jünglinge u. 60 jähr. Greise sich mit den siegreichen, voll ausgerüsteten Armeen der Alliierten messen wollen?

Sollen die engl. u. amerikanischen Panzer mit Mistgabeln u. Dreschflegeln bekämpft werden?

Allenthalben hört man von Urlaubern und Verwundeten, daß es an den Fronten oft an ausreichender Munition und an genügenden Waffen mangelt.

Bei dieser Situation will der »geniale« Feldherr Hitler auch noch ein Zusatzheer aufstellen!

Es ist allerhöchste Zeit, daß dem Nazi-Spuk ein rasches Ende bereitet wird, damit die ganze Welt aufatmen kann. –

Diejenigen Deutschen, die sich als Gegner des Nazisystems bekennen, können es nicht begreifen, daß die Herren Offiziere der Wehrmacht nicht endlich zu einer mutigen Tat sich aufraffen und dem Verderber Deutschlands den Gehorsam verweigern.

Es kann nur eine vernünftige Erklärung für die unverständliche Haltung der Wehrmacht geben: Die Befehlshaber sind mitschuldig an den begangenen Greueltaten und befürchten Vergeltungsmaßnahmen.

Auch unter den Mannschaften und Unteroffizieren befinden sich eine stattliche Menge, die ein sehr schlechtes Gewissen haben, denn sie haben wie die Hunnen und Barbaren in den fremden Gebietsteilen gehaust.

Darmstädter Zeitung ⟨11. Okt. 44⟩

Mauern können brechen, unsere Herzen nicht!

Kreisleiter Dr. Schilling sprach zu Arbeitskameraden – Uebergabe einer Leistungsurkunde

Am Dienstag versammelten sich die Gefolgschaften von zwei Darmstädter Betrieben, um den Kreisleiter, Oberbereichsleiter Dr. Schilling, der mit Kreisobmann Hofmann gekommen war, zu hören.

Zu Beginn gab der Kreisleiter seiner Genugtuung Ausdruck, dem einen Betrieb als besondere Anerkennung seiner Mannschaftsleistung im Kriegsleistungskampf der Betriebe die erste Urkunde überreichen zu können, ein Zeichen, daß die in Frage kommenden Arbeitskameraden überall zugepackt hatten. Mit dem Dank an die Leistungsgemeinschaft verband der Kreisleiter die Aufforderung, nun erst recht alle Kraft für Führer, Volk und Vaterland einzusetzen.

Hierauf befaßte sich der Kreisleiter mit all dem, was die Herzen der schaffenden Menschen bewegt, vor allem mit den hinter uns liegenden schweren Wochen und den Stunden jener Nacht, die die Darmstädter aufs Tiefste erschütterten. »Wir haben unser Darmstadt lieb gehabt, es war uns Sinnbild unseres Volkstums, unserer Landschaft und unserer Tradition. Erbarmungslos wurde alles von unmenschlichen Feinden vernichtet, aber das Volkstum unserer Stadt kann nie vernichtet werden. Ueber Ruinen und Trümmern steht fest das Vertrauen in die Freiheit deutschen Schaffens, der Glaube, daß wir Neues wieder bauen werden. Man kann unsere Mauern brechen, aber unsere Herzen nicht.«

Der Kreisleiter gedachte der vielen Familien, Männer, Frauen und Kinder, die so jäh Abschied von uns nehmen mußten. Die Sache, für die sie starben, soll uns tapfer und hart machen. Das Andenken der Gefallenen zu bewahren, in ihrem Geist zu handeln und bei allem Schmerz niemals die Grausamkeit des Feindes zu vergessen, solle uns Gelöbnis sein.

In schicksalhaften Stunden, so betonte der Kreisleiter, habe sich die Gemeinschaft bewährt. Arbeitskameraden der Betriebe hätten zugegriffen, Frauen und Mädchen sich tapfer gezeigt, wie man es nie für möglich gehalten habe. Schwierigkeiten seien mit Aufbietung aller Kräfte nach und nach gemeistert worden, niemand sei verhungert oder erfroren und jeder habe erfahren, daß der Einsatz der Partei, von maßgebender Bedeutung gewesen ist. Ernst, aber entschlossen blicke der Darmstädter in die Welt. »Wir retten uns selbst, wenn wir gemeinschaftlich alle Gefahren anpacken«, betonte der Kreisleiter. Die politische Lage veranlasse uns, unsere Kraft und Arbeit voll im Kampf einzusetzen. Wie im ersten Weltkrieg seien es heute die gleichen Parolen der Feinde uns anzugreifen. Immer wieder fielen sie über Deutschland her, weil ihnen deutsches Wesen, deutsche Arbeit und Qualität, deutsche Erfindergabe und der deutsche schaffende Mensch ein Dorn im Auge waren. Daß wir unter Adolf Hitler in unserem Reich Ordnung geschaffen haben, daß wir es nach nationalsozialistischen Grundsätzen aufbauten, war unser gutes Recht. Im eigenen Haus wollen wir die Herren sein. Die Gegner aber fürchteten unsere Leistungskraft, sie, die keine Volkslieder, keine Musik und Dichtung wie wir kennen, paktieren mit dem internationalen Juden, um uns zu vernichten.

Dr. Schilling sagte zum Schluß: »Wir werden nicht darauf verzichten, unser eigener Herr zu bleiben. Unser Schweiß soll nicht von Börsengaunern ausgenutzt werden. Wir verteidigen unseren Sozialismus. An der Spitze steht ein Mann, der den deutschen Arbeiter repräsentiert und sein deutsches Denken nie verrät, unser Führer. Wir müssen und werden uns wehren, denn das Schicksal unserer schönen Heimat, unserer Frauen und Kinder liegt in unserer Hand. Wir kämpfen bis zu dem Augenblick, der uns den Sieg bringt. Mit Vertrauen und unerschrockenem Herzen schauen wir auf die Führung. Die neuen Waffen, sie kommen, die große Wende, sie kommt. Wir harren des Tages, an dem das alles vergolten wird, was auch unserem Darmstadt und seinen Menschen angetan wurde. Ein neues kraftvolles Deutschland wird durch den Willen der Vorsehung entstehen, durch Adolf Hitler und die Schaffenskraft aller Deutschen.«

Der lebhafte Beifall der Zuhörer bezeugte, daß sie den tiefen Sinn unseres Schicksalskampfes durch Treue, Mut und kämpferische Bereitschaft erfüllen wollen.[97]

Der Kreisleiter und die Seinen kämpfen ebenfalls weiter. Es bleibt ihnen kaum etwas anderes übrig, als gläubig und voller Vertrauen auf den Sieg zu warten. Sie gehörten zu denen, die da glaubten, es werde kein feindliches Flugzeug über Deutschland fliegen, und wo der deutsche Soldat stehe, komme kein anderer hin. Sie glauben alles, was ihnen[98]

6. Nov. 44.

Hetzer zum Tode verurteilt

Innsbruck, 19. Oktober ⟨44.⟩

Josef Axinger aus Axams, Kreis Innsbruck, hatte eine Anzahl abgeworfener Feindflugblätter gefunden. Anstatt sie sofort bei der nächsten Polizeidienststelle abzuliefern, hat er sie in staatsfeindlicher Absicht planmäßig weiterverbreitet. Außerdem hörte er häufig Feindsender und erzählte feindliche Lügennachrichten in hetzerischer Absicht weiter. Axinger hat sich durch diese schweren Straftaten zum Handlanger unserer Feinde gemacht. Er wurde vom Volksgerichtshof in Berlin zum Tode verurteilt. Das Urteil ist bereits vollstreckt worden.[99]

dnb.

Die Frau eines Amtswalters in Ffm behauptete vor einiger Zeit in der Gastwirtschaft von A. H[...] in Altenstadt, daß das Lesen von Flugblättern streng verboten sei!

Revolution unserer Herzen

Ritterkreuzträger Major Lindenberg vor mainfränkischen Offizieren

Würzburg, 23. Oktober ⟨44⟩

Nach einem gemeinsamen Lied »Nur der Freiheit gehört unser Leben« und einem Vorspruch durch Ritterkreuzträger Feldwebel Schneider begrüßte der Standortkommandeur von Würzburg, Generalleutnant Bornemann, das Offizierskorps und Unterführerkorps des Standortes Würzburg, sowie ganz besonders den stellv. Gauleiter Parteigenossen Kühnreich, der mit einigen Gaustabsmitgliedern erschienen war.

Getragen von dem Fronterlebnis legte Ritterkreuzträger Major Lindenberg vor dem Offizierskorps in begeisterten und aus fanatischem Herzen kommenden Worten die Aufgaben und Pflichten dar, die der deutsche Offizier als treuester Gefolgsmann des Führers in Deutschlands schwerster und schicksalsentscheidender Zeit zu erfüllen habe. Zweimal in der geschichtlichen Vergangenheit habe unser Volk die Gefahr einer Todesstunde erlebt (1648 und 1806), die ihm beidemal von einem haßerfüllten Gegner bereitet worden sei. Zum dritten Male versuche nun eine feindliche Welt unserem Volk den Todesstoß zu versetzen. Diesmal wüßte das ganze Volk, daß es um das nackte Leben gehe. Erstmalig aber in der Geschichte könnten wir Kraft schöpfen aus der Erkenntnis und dem Bewußtsein, die Geschicke des Reiches und Volkes in den Händen eines Mannes zu wissen, der in sich vereinigt, was die ewige Sehnsucht aller Deutschen war und immer sein wird. Er sei mit dem großen Erlebnis der Front ausgezogen, erfüllt von dem Glauben an die deutschen Wesenszüge, Treue, Mut, Tapferkeit und Anständigkeit und habe seinem Volke dann seine Weltanschauung gegeben, eine Weltanschauung, die geboren sei aus dem gemeinsamen deutschen Blut. Sie werde dem jüdischen Ansturm, seinem Verrat und seiner Vernichtung in aller Welt jetzt wiederum trotzen, wenn die gesamte Nation von ihrem Geist und ihrem Willen erfüllt sei. Es siege in diesem Kampf nur die Waffe, die von den stärksten Herzen getragen würde. Wenn der Führer mitten im sechsten Kriegsjahr die Revolutionierung des Krieges befohlen habe, bedeute das, daß damit auch eine Revolution der Herzen, ihrer Aktivierung und Fanatisierung einzusetzen habe. Hinter diesem Führerbefehl stehe die klare Erkenntnis, daß dieser Krieg nur zu Ende gehen könnte mit dem Sieg des nationalsozialistischen Lebens oder mit dem ewigen Untergang des deutschen Volkes. Wenn der junge Soldat, der durch die Erziehung des Elternhauses, der Hitler-Jugend und des RAD. gegangen sei, dem Unteroffizier und Offizier zur Ausbildung als Waffenträger der Nation zu treuen Händen übergeben werde, müsse er fühlen, daß er in eine Gemeinschaft aufgenommen werde, die vom Pulsschlag und vom Willen des gesamten Volkes getragen sei. Wer als Offizier oder Unteroffizier in dieser großen und schweren Zeit seiner Pflicht und Verantwortung gerecht werden wolle, könne dies nur mit einem politisch deutschen Herzen, das vom Nationalsozialismus und von unabänderlicher Treue zum Führer durchglüht sei und über alles Persönliche vordringlich und in erster Linie das Wohl des Volkes stelle.[100]

cht.

Die fanatischen Maul- und Messerhelden sind von einer fixen Idee besessen. Niemand wird sie von ihrem Wahne heilen können – auch nicht die Niederlage. Sie bleiben unbelehrbar, und sie würden – wenn sie könnten – noch einen dritten Weltkrieg anfangen.

✠ **Hella.** Am 11. Oktober 1944 wurde mir als letztes heiliges Vermächtnis meines geliebten Mannes, des im Osten gefallenen Leutnants in einer Panz.-Abt., **Heinz Wüsteneck,** unser Töchterchen geschenkt. In stiller Dankbarkeit: **Rita Wüsteneck,** geb. Schneider. Berlin NO 18, Landsberger Allee 51, z.Z. Vorwalde, Kr. Kalisch/Wartheland.[101]

Unter den weiblichen Einwohnern Deutschlands hat es sehr wenig vernünftige Exemplare gegeben. Die geistige Einstellung ließ es nicht zu, an die Folgen der nationalsoz. Weltbeherrschung zu denken. Jetzt bleibt nur noch der Trost, die Erinnerung an das »letzte heilige Vermächtnis«.

Schwere Kämpfe in Ostpreußen

Das Ringen um die Heimat

V. B. Berlin, 24. Oktober (44.)

In diesen Tagen richten sich die Augen des deutschen Volkes mit leidenschaftlicher Gespanntheit auf alle Frontabschnitte, vor allem aber auf die in Ostpreußen. Der bolschewistische Feind ist in eine unserer schönsten Heimatprovinzen eingedrungen. Die Wehrmacht setzt ihm den äußersten Widerstand entgegen und verteidigt jeden Zollbreit des deutschen Bodens. Dennoch bleibt über den Ernst der Lage kein Zweifel. Der Feind unternimmt seinen Angriff mit starken Kräften und er wird nach aller Wahrscheinlichkeit versuchen, ihn in den nächsten Tagen fortzusetzen. In der unmittelbarsten Bedrohung deutschen Bodens aber empfindet die Nation stärker die Verpflichtung, das Äußerste herzugeben, damit der drohende Schrecken der Vernichtung und des Volkstodes von dieser einen Provinz wie vom ganzen Reich ferngehalten werde. Am Sonntag drängten sich in allen Meldestellen die Freiwilligen für den Volkssturm. In dieser Tatsache lag bereits ein Beweis dafür, wie wenig das deutsche Volk daran denkt, sich der Drohung des Feindes zu unterwerfen. Es wird sich ihr mit allen Mitteln des kriegerischen und moralischen Widerstandes entgegenwerfen, weil es weiß, daß nur so Freiheit und Zukunft gesichert werden kann.

Der Ansturm der sowjetischen Divisionen an der ostpreußischen Grenze und innerhalb der Provinz selbst hat sich in den letzten Tagen noch verstärkt. Zu einem Teil sind die Sowjets dabei weiter vorgedrungen, zu einem Teil sind sie durch erbittertsten Widerstand festgehalten worden oder haben Rückschläge erlitten. Der Panzerdurchbruch in der Romintener Heide hat die Sowjets bis nach Goldap geführt. Aber weiter nördlich sind sie beiderseits Ebenrode – dem früheren Stallupönen – nicht weiter vorwärtsgekommen. Dazu ist der Vorstoß der Sowjets wohl bis in den Bereich von Gumbinnen gelangt. Aber dieser Einbruchskeil ist noch sehr schmal. Die nördliche und südliche Flanke des Keils hat eine beträchtliche Länge. In diese tiefen Flanken sind deutsche Gegenstöße vorgedrungen, und südlich Gumbinnen hat das für die Sowjets eine unerwartete Verschlechterung ihrer Lage zur Folge gehabt. Hier nämlich ist der schmale Keil völlig durchschnitten worden und die allzu schnell und allzu siegesgewiß vorgedrungenen sowjetischen Kräfte sehen sich jetzt von ihrer Basis abgeschnitten. Hier ist also ein kleinerer Kessel entstanden, in dem die sowjetische Panzerspitze gezwungen worden ist, nach allen Seiten zu kämpfen.

Inzwischen hat sich auch die Ausdehnung des sowjetischen Angriffsbereiches nach Süden erweitert. Er ist bis zu den Wäldern bei Augustow verbreitert worden. Insgesamt mag er jetzt rund 100 Kilometer betragen (Der Angriff an der Mündung der Memel ist davon getrennt; er steht offenbar zur Zeit noch in keinem unmittelbaren taktischen Zusammenhang mit der Offensive zwischen Augustow und Schirwindt). In dieser Verbreiterung nach Süden hin darf ein Beweis gesehen werden dafür, daß die Sowjets beabsichtigen, die deutsche Stellung am Narew, die frontal zu zertrümmern ihnen bisher nicht recht gelungen war, nun von Norden her durch Überflügelung zum Einsturz zu bringen. Im ganzen kann nach der Ausdehnung der Front wie nach der Zahl der eingesetzten Kräfte kein Zweifel darüber sein, daß den Sowjets mit der Offensive, die am vergangenen Dienstag auf schmaler Front bei Wilkowischken begonnen hat, große Ziele vorschweben. Sie ist auf das Herz der Provinz gerichtet, sie hat den Durchbruch nach der Mitte Ostpreußens und vielleicht noch darüber hinaus zum Ziel.

Die Bolschewisten sind damit auf den verbissensten Widerstand gestoßen. Die Abschnürung des Angriffskeiles südlich von Gumbinnen erweist, daß auch für den Verteidiger Möglichkeiten bestehen, durch geschickte Ausnützung von Schwächen und durch die Hingabe der Truppen beträchtliche Erfolge zu erzielen. Jeder der dort kämpfenden Soldaten weiß auch, worum es geht. Die Verteidigung des Heimatbodens spannt die Kräfte der Deutschen zum leidenschaftlichsten Widerstand an. Aber niemand wird sich bei dieser Feststellung beruhigen. Die Sowjets sind im Augenblick aufgehalten worden. Aber sie werden ihre Angriffe erneuern. Die schwere Gefahr, die über Ostpreußen und dem Reich steht, wird auch in den nächsten Tagen und Wochen nicht weichen. Ihr zu begegnen, darf nicht Sache der Wehrmacht allein bleiben.

Die Verteidigung Deutschlands geht jeden Deutschen an. Wer die Berichte aus Ostpreußen offenen Auges liest, der weiß, was die bolschewistische Gefahr bedeutet, der wird mit vielleicht noch stärkerem Antrieb als sonst die Sache des Volkssturmes zu seiner eigenen machen. Niemand denkt daran, den alten Landsturm von 1813 einfach zu kopieren. Wohl wird nicht umsonst der Geist der Freiheitskämpfer von 1813 beschworen. Aber der mit modernen Waffen versehene Volkssturmmann von heute kann mit höherem Recht als sein Vorfahr hoffen, in Unterstützung der regulären Wehrmacht dem eindringenden Feind entgegenzutreten. Daß er diese Notwendigkeit ganz begreift, und daß er sie in ernster Überzeugung erfüllt, dazu hat der sowjetische Ansturm in Ostpreußen durch die Besetzung zweier deutscher Städte – Eydtkau und Goldap – durch die Bolschewisten entscheidend beigetragen.[102]

Hitler-Jugend im Volkssturm

Berlin, 30. Oktober. Mit begeistertem Herzen hat die deutsche Jugend den Befehl des Führers zur Errichtung des Deutschen Volkssturmes aufgenommen und sich mit den Einheiten ihrer ältesten Jahrgänge eingegliedert. Der kämpfenden Jugend im Westen galt der Besuch des Reichsjugendführers Artur Axmann, wo er auf einem Appell zur Hitler-Jugend im Volkssturm sprach. Mit ihren Führern und Ausbildern, die die Tapferkeitsauszeichnungen dieses Krieges tragen, war die Jugend, die sich in diesen Tagen erneut als Fronthelfer im Schanzeinsatz und im Dienst der Luftwaffe bewährte, angetreten. Die Jugend des Großdeutschen Reiches, erklärte Artur Axmann, habe das Gebot der Stunde erkannt. Dem infernalischen Haß und Vernichtungswillen des Gegners trete sie wie die Kriegsfreiwilligen an der Front auch in der Heimat als die Avantgarde des Glaubens, der Einsatzbereitschaft und Standhaftigkeit entgegen.

Auf der vormilitärischen Ausbildung der Hitler-Jugend aufbauend erfolgt die Aufstellung geschlossener Einheiten des Jahrganges 1928 unter Führung der Hitler-Jugend im Volkssturm. Er erfahre hier in Zusammenarbeit von Hitler-Jugend und Reichsarbeitsdienst in mehrwöchentlichen Lagern eine erweiterte vormilitärische und militärische Ausbildung, während die jüngeren Jahrgänge wie bisher in jugendgemäßer Form in den Wehrertüchtigungslagern der Hitler-Jugend vormilitärisch vorbereitet werden. Diese umfangreiche Ausbildung dient dem Ziel, nach dem Willen des Führers gerade die jüngeren Jahrgänge gewissenhaft und vielseitig auszubilden. Die hohe Kampfmoral müsse immer verbunden sein mit einer vollkommenen Beherrschung der Waffen. In den Einheiten der Hitler-Jugend im Volkssturm erstehen Verbände, die zu höchster Pflichterfüllung bereit seien. Auf Grund ihrer Ausbildung sind sie zugleich der am besten vorbereitete Ersatz für die Wehrmacht.[103]

Die Propaganda stürzt sich auf den »Volkssturm«. Dieser zusammengewürfelte Haufen soll das Vaterland retten. Deutschland hat stets mit Entrüstung ⟨u. Verachtung⟩ von den Freiheitskämpfern anderer Länder gesprochen und diese als »Banden«, »Banditen«, »Partisanen« und »Terroristen« bezeichnet. Und was ist der Volkssturm?

Churchill will nicht mehr prophezeien

Der deutsche Widerstand zu hart – Eingeständnisse des Kriegshetzers

Von unserem Berichterstatter

Dr. Th. B. **Stockholm**, 1. November ⟨44.⟩

Seit der Sache mit dem Herbstlaub ist der Glaube der Engländer an die prophetische Gabe Winston Churchills erheblich gesunken. Auch in diesem Herbste sollte, genauso wie im Jahre 1942, mit dem Herbstlaub die große Entscheidung über Sieg und Frieden fallen. Nun sind die Bäume kahl, und ebenso kahl die Hoffnungen, einem sechsten Kriegswinter zu entgehen. Kahl und dürr und nicht in seiner sonstigen blumenreichen Sprache mußte der Prophet Churchill dieses Eingeständnis im Unterhaus machen.

Es galt, die Abgeordneten davon zu überzeugen, daß noch auf ein Jahr hinaus Burgfriede gewahrt, die Koalition zusammengehalten und alle Wahlhoffnungen begraben werden müßten. Um mit Churchill zu sprechen: »Ich kann nicht voraussagen und noch weniger garantieren, daß der Krieg gegen Deutschland vor dem Frühling oder selbst vor dem Frühsommer zu Ende ist.«

Die Weigerung, Prophezeiungen zu machen, kehrt in vielen Variationen in der gesamten Erklärung Churchills wieder. Diese Erklärung hatte den Zweck, das Unterhaus zu der Annahme des Beschlusses zu bewegen, sein Alter noch einmal um ein weiteres Jahr zu verlängern. Der Beschluß wurde natürlich gefaßt, und das Unterhaus trat damit in sein elftes Lebensjahr ein, ein immerhin höchst seltenes Ereignis in der englischen Geschichte.

»Wir können nicht sagen, wann der Krieg gegen das nationalsozialistische Deutschland endgültig zu Ende ist«, so lautete eine der Variationen, und eine andere: »Wie ich schon einmal sagte, kann jeder Versuch, den Zeitpunkt zu berechnen, wann der Krieg gegen Deutschland offiziell als beendet erklärt werden kann, nichts anderes als eine Vermutung sein.« Und wieder eine andere: »In militärischer Hinsicht erscheint es schwer, zu glauben, daß der Krieg vor Weihnachten oder selbst vor Ostern abgeschlossen werden kann.«

Wichtiger als diese Variationen, die alle das gleiche sagen, ist das Thema, das ihm zugrunde liegt. Es ist sozusagen ein Doppelthema: einmal die Erkenntnis, daß auf einen inneren Zusammenbruch des deutschen Volkes nicht zu rechnen ist, und zweitens die Erkenntnis, daß die deutschen Soldaten nicht gewillt sind, der feindlichen Übermacht freiwillig auch nur einen Meter deutschen Bodens freizugeben. Um wieder mit Churchill zu sprechen: »Eine politische Umwälzung in Deutschland könnte den Krieg zu einem raschen Ende bringen. Wir können aber mit keiner solchen Reaktion rechnen.«

Und zweitens: »Obwohl uns gesagt wurde, daß viele hohe militärische Behörden, die alle Mittel zu einer Beurteilung der Lage besitzen, sich hoffnungsvoll geäußert haben und obwohl gegen den Feind alle Anstrengungen gemacht wurden und gemacht werden, kämpfen die deutschen Truppen mit äußerster Entschlossenheit, auch wenn sie an manchen Stellen abgeschnitten wurden und sich auf verlorenen Stellungen verteidigten. Sie sind sogar zu kräftigen Gegenangriffen übergegangen.«

Churchill wagte sogar einen vorsichtigen Hinweis auf den klaren deutschen Abwehrerfolg in Ostpreußen. Wohl hätten, so erklärte er, die Sowjets Erfolge gehabt, »der Abstand ist indessen sehr groß, und viele der feindlichen Verteidigungsstellungen müssen erst noch gestürmt oder umgangen werden«. Auf diese Feststellung folgte eine neue Variation: »Bei allen diesen Umständen kann ich sicherlich nicht voraussagen, noch viel weniger garantieren, daß der Krieg gegen Deutschland vor Ende des Frühlings, ja selbst, ehe wir in den Frühsommer kommen, zu Ende ist.«

Wer vorher den Burgfrieden bräche, meinte Churchill, würde ein Unglück über England heraufbeschwören. Es sei auch die Frage, ob man nicht auch noch das Ende des Krieges gegen Japan abwarten solle, der mindestens noch eineinhalb Jahre länger dauern werde als der Krieg gegen Deutschland. Ein Unglück braucht Churchill in dieser Hinsicht von keiner der englischen Parteien zu befürchten, da der sogenannte Sprecher der Opposition, der Labourabgeordnete Greenwood, ihm versicherte, seine Partei wolle mit den Neuwahlen gern auch noch bis zum Schluß des Krieges gegen Japan warten. Das Unterhaus hat also alle Aussicht, noch älter zu werden. Als Ausdruck der englischen Volksmeinung kann es heute schon nicht mehr gelten.[104]

Wenn unsere Propagandisten sich über den »Prophet« Churchill lustig machen, dann müßten sie eigentlich einen kleinen Rest von Sachlichkeit bewahren und zur Kenntnis bringen, daß sich sämtliche Staatsmänner mehr oder weniger geirrt ⟨haben⟩. Die Reden Hitlers stellen eine Fundgrube für falsche Prophezeiungen dar.

Von Deutschland aus betrachtet, ist es nicht zu verstehen, daß die zusammengefassten Kräfte der Alliierten dem Kriege in Europa nicht ein rascheres Ende bereiten können. Vollkommen unbegreiflich ist das Schneckentempo der Kämpfe in Italien, sowie die mangelnde Unterstützung der Jugoslawen. Es fehlt überhaupt bei den Gegnern Deutschlands – abgesehen von Rußland – an einem wirklichen ernsthaften Einsatz der vollen militärischen Machtmittel. Insbesondere England erscheint als dasjenige Land, das mehr rechnend vorsichtig denn kühn ist.

⟨2.11.44.⟩

Einer von ihnen

Der SS-Unterscharführer Martin Zoppelt kam bei Kriegsausbruch illegal aus seiner siebenbürgischen Heimat ins Reich, um am Freiheitskampf des deutschen Volkes teilnehmen zu können. 1940 gelang ihm der Eintritt in die Waffen-SS. Er machte den Ostfeldzug als Angehöriger einer SS-Kavallerie-Division mit. Im August 1943 wurde er schwer verwundet, sein rechter Oberschenkel wurde amputiert. Seit vielen Monaten liegt er in einem Lazarett und muß im Rundfunk »Tag für Tag anhören, was unsere tausendmal verfluchten Feinde mit unserem lieben Deutschland vorhaben«. Aus dieser Stimmung schreibt er uns seinen Brief.

»Auch ich will nicht länger beiseite stehen in dieser harten Zeit, wo es um die schwerste und letzte Entscheidung geht. Ich kann nicht beiseite stehen, denn wenn das Herz befiehlt, muß ihm der Kopf gehorchen.«

Es wurmt ihn, daß er nun schon so lange Zeit ein unnützer Esser ist. Ja, dieser Bauernsohn aus Siebenbürgen, der freiwillig ins Reich kam, freiwillig Soldat wurde, der tapfer kämpfend eine Pflicht erfüllte, zu der ihn nur sein deutsches Gewissen rief, der sein Blut hergab und seine gesunden Knochen, er meint noch nicht genug getan zu haben. Es will ihm unerträglich scheinen, daß er nun, selbst hilfsbedürftig, dem deutschen Volk nichts mehr zu bieten hat.

»Um meine Pflichten nachzuholen, die ich im letzten Jahr habe versäumen müssen, bin ich bereit, die Kriegsbesoldung seit meiner Beförderung zum Rottenführer, ab 1. November 1942, und die Kriegsbesoldung seit meiner Beförderung zum Unterscharführer, ab 1. März 1944, einer kinderreichen Familie, deren Ernährer an der Front gefallen ist, rückwirkend und laufend bis zum Kriegsende zur Verfügung zu stellen.«

Damit nicht genug, hofft er auch auf persönlichen Einsatz. »Ich freue mich unbändig, bald wieder einsatzbereit zu sein, und noch mehr darüber, daß mich der Russe in keiner Weise hat kleinkriegen können. Mit meinem Bein, das sich der Iwan bei Charkow geholt hat, mag er selig werden. Ich bin nun wieder intakt und jederzeit bereit, wo es auch sein mag, meine noch heilen Knochen dem Vaterland restlos zur Verfügung zu stellen. Heil Hitler! Martin Zoppelt, SS-Unterscharführer, SS-Lazarett.«[105]

Unsere Gedanken sind heute in der Heimat dieses tapferen, unbeugsamen Kameraden, die der Verrat der rumänischen Königsclique dem bolschewistischen Moloch preisgab. Sie sind bei seinen Vätern, Brüdern und Schwestern, diesem im Karpatenwall vereinsamten deutschen Vorposten, der seinem Volk durch 800 Jahre immerwährenden Kampfes in wunderbarer Weise die Treue hielt. Die 250 000 Deutschen Siebenbürgens haben vor Jahr und Tag schon viele tausend Männer, fast die gesamte wehrfähige Mannschaft, einem einmalig hohen Hundertsatz ihres Volksbestandes als Freiwillige zur Waffen-SS entsandt. Sie haben dennoch die Kraft gefunden, auch gegen die rumänischen Verräter, auch gegen die moskowitische Sturmflut blank zu ziehen. Dieser Martin Zoppelt ist nur einer von ihnen. Wir neigen uns in Ehrfurcht vor ihrer Treue und vor ihrem Beispiel.

Die sogenannten »Auslandsdeutschen« hatten zwar keinen Grund und keinerlei Ursache, sich an dem Raubkriege Adolf Hitlers zu beteiligen. Der Krampf, der mit diesen »Deutschen« gemacht worden ist, diente lediglich dem einzigen Zwecke, Kanonenfutter zu erhalten. Die Mehrzahl dieser Menschen lebten in ihrer zweiten Heimat freier, glücklicher und zufriedener als die meisten Einwohner in den Dörfern u. Städten des Deutschen Reiches.

Der nebenstehend genannte Bauernsohn aus Siebenbürgen verließ ungesetzlich seine Heimat, um sich an dem »Freiheitskampf« des deutschen Volkes zu beteiligen. »Freiheitskampf« nennen die Nazibanditen diesen gemeinsten aller Kriege.

Dieser Martin Zoppelt ist einer jener verrückten Kreaturen, die jeder geistlosen Utopie sich beugen, wenn nur ausreichend Gelegenheit vorhanden ist, brutale Handlungen zu begehen.

Dieser »Einer von ihnen« wird hoffentlich auch nach diesem Kriege einer von denen sein, die in die Wüste geschickt werden, wenn sie für ihre freiwillige Kriegsbeteiligung auch noch durch eine Rente oder milde Gaben belohnt sein wollen. –

⟨Aus der Goebbels-Rede:⟩ ⟨27.10.44.⟩

Unsere neuen Aussichten

Kein Frieden ohne Lebensrecht

Wir gewinnen den Wettlauf um die Zeit

Wieder eine feste Front im Westen

Auch die Sowjets erschöpfen sich einmal

Neue Jagd- und Bombenflugzeuge

Kasernen und Fabriken aufgefüllt

Größte Hoffnungen auf ganz neue Waffen

Kein Wunder, doch gründliche Wandlung[106]

Der Führer steht wie ein Fels

(Schluß der Goebbels-Rede)

Als ich in der vergangenen Woche einige Tage beim Führer in seinem Hauptquartier weilte, wurde mir wieder einmal von Grund auf klar, was die Nation an ihm besitzt. In dieser harten Zeit, da in anderen Ländern auch sogenannte nationale Führungen vor dem herannahenden großen Schicksal wie Espenlaub zittern, die Flinte ins Korn werfen und durch ihre Schwäche und Charakterlosigkeit ihre Völker in ihren eigenen Abgrund mit hinunterrissen, steht er wie ein Fels im brandenden Meer dieses größten Krieges aller Zeiten. Als er mir beim Abschied sagte, er habe noch niemals so fest an den Sieg geglaubt wie heute, da er durch tausend Schicksalsschläge immer wieder aufs neue gefährdet werde, da wußte ich, daß dieser Mann, nach dem man später einmal unser Jahrhundert benennen wird, so nur aus der tiefsten und reinsten Gläubigkeit seiner starken Seele sprechen konnte, die mir und dem ganzen deutschen Volk mehr Beweiskraft verkörpert als die eitlen und vergänglichen Prahlereien käuflicher Schwätzer auf der Feindseite, die ein großes und zu allem bereites Volk nach ihren eigenen Maßstäben messen und nicht nach den Gesetzen, die es in sich selbst trägt.

Ich glaube im Namen unseres ganzen Volkes zu sprechen, wenn ich der Welt zur Kenntnis bringe, daß wir uns dem Führer und seiner Sache, die auch die unsere ist, nie so verbunden gefühlt haben wie jetzt, da wir unter Einsatz unseres Lebens dafür kämpfen müssen.

Auf der Heimfahrt nach Berlin tauchte dann in meiner Erinnerung ein Brief auf, den Friedrich II., der Einzige unter den Königen, im Jahre 1759, auf einem der kritischsten Höhepunkte des Siebenjährigen Krieges, an einen Freund schrieb und in dem er sagte:

»Ich liebe den Frieden ebenso wie Sie und sehne ihn herbei; aber ich will einen guten, dauerhaften und ehrenvollen Frieden. Glauben Sie, es sei ein Vergnügen, dieses Hundeleben zu führen, Tag für Tag Freunde und Bekannte zu verlieren, immerzu den eigenen Ruf den Launen des Zufalls preiszugeben und fortwährend Leben und Glück aufs Spiel zu setzen? Den Wert der Ruhe, die Reize der Geselligkeit, die Freuden des Lebens kenne ich wahrhaftig und möchte ebenso gern glücklich sein wie irgendeiner. Aber obwohl ich alle diese Güter herbeiwünsche, will ich sie doch nicht mit Schmach und Niedrigkeit erkaufen. Die Philosophie lehrt uns, unsere Pflicht zu tun, dem Vaterlande treu zu dienen, ihm unser Blut, unsere Ruhe, unser ganzes Sein zu opfern.«

Das sind die Grundsätze, nach denen wir auch heute zu denken und zu handeln haben. Sie stehen wie einsam leuchtende Sterne am hohen Firmament unseres Lebens; zu ihnen schauen wir auf mit der tiefsten Gläubigkeit unserer Seelen, die die Tugend derer ist, die den letzten Sieg davontragen werden.«[107]

Am 27. Oktober 1944 sprach wieder einmal Dr. Goebbels. Er ist der standhafteste Redner der NSDAP. Wenn sie alle schweigen, Goebbels wird reden, reden, reden.

Sogar der Führer schweigt. Sogar zum 9. November konnte das Volk nicht die Stimme seines Führers hören. Dafür ist aber der Führer – nach Goebbels – der Fels.

⟨26.10.44.⟩

Der Volkssturm völkerrechtlich

Was die Haager Landkriegsordnung sagt

»Kombattant im Sinne der Haager Landkriegsordnung«, so lautet die militärische Charakterisierung für die Volkssturmmänner, die jetzt überall aufgerufen werden. Es ist deshalb geboten, sich in die Erinnerung zu rufen, was die Haager Landkriegsordnung unter den Kombattanten versteht.

Artikel 1 dieser internationalen Regelung wichtiger Grundsätze der Kriegführung besagt, daß die Gesetze, Rechte und Pflichten des Krieges nicht nur für das Heer gelten, sondern auch für Milizen und für die Freiwilligenkorps. Voraussetzung ist, daß auch an der Spitze dieser letzteren Organisationen jemand steht, der für seine Untergebenen verantwortlich ist. Ferner müssen sie ein bestimmtes, aus der Ferne erkennbares Zeichen tragen. Auch müssen sie die Waffen offen führen und im übrigen bei ihren Unternehmungen die Gesetze und Gebräuche des Krieges beachten. In Artikel 2 der Haager Landkriegsordnung wird unter bestimmten Voraussetzungen sogar noch eine weiterhin erleichterte Anerkennung kämpfender Menschen als Kombattanten festgesetzt. Es wird nämlich auch die Bevölkerung eines nicht besetzten Gebietes als kriegführend betrachtet, soweit sie beim Herannahen des Feindes aus eigenem Antrieb zu den Waffen greift, um die eindringenden Truppen zu bekämpfen, ohne daß sie Zeit gehabt hätte, sich gemäß Artikel 1 zu organisieren. Auch von der Bevölkerung eines nicht besetzten Gebietes wird jedoch hierbei verlangt, daß sie die Waffen offen führt und die Gesetze und Gebräuche des Krieges einhält.

Der Volkssturmmann erfüllt in jeder Weise die Voraussetzungen, die die Haager Landkriegsordnung an den Kombattanten stellt. Er steht unter verantwortlicher Führung, führt die Waffen offen und wird besonders einheitlich gekennzeichnet durch die Armbinde, die seine Zugehörigkeit zu den kämpfenden Einheiten der Wehrmacht eindeutig dartut. Außerdem erfüllt er auch die Voraussetzung einen Kombattanten-Ausweis zu besitzen.

Von besonderem Interesse ist in diesem Zusammenhang eine Verfügung des OKW., die zusammenfassend feststellt, wer außer dem Volkssturm als Kombattant im Sinne der Haager Landkriegsordnung zu gelten hat. Es sind die folgenden sechs Gruppen:

1. Die Angehörigen aller Wehrmachtteile,
2. die Luftwaffen- und Marinehelfer,
3. die uniformierten Helferinnen aller Wehrmachtteile,
4. die uniformierten Angehörigen der Deutschen Polizei,
5. die männlichen Angehörigen des Reichsarbeitsdienstes (RAD-Männer und -Führer),
6. Die uniformierten Angehörigen der OT.

Ausgenommen sind nach dem internationalen Recht aus den Reihen der Kombattanten die im Sanitätsdienst eingesetzten und durch die vorgeschriebenen Abzeichen und Ausweise gekennzeichneten Personen sowie die Feldgeistlichen. Diese Gruppen gehören nicht zu den kämpfenden Kriegsteilnehmern. Sie unterstehen besonderen internationalen Kriegsbestimmungen im Felde.[108]

Die nationalsozialistische Frechheit und Unverschämtheit werden jetzt gekrönt durch die Bezugnahme auf die Haager Landkriegsordnung. Jetzt auf einmal pocht man deutscherseits auf das internationale Recht. In dem Augenblick, da in Deutschland die dem feindlichen Ausland angedichteten »Partisanen« und »Banditen« auch in Deutschland als edler »Volkssturm« ihre Auferstehung feiern, wird von amtlicher Seite auf die internationalen Regeln hingewiesen.

Wo war dieses internationale Recht, wenn das Oberkommando der Wehrmacht beinahe täglich berichtete, daß in Rußland, auf dem Balkan oder in Frankreich »Banden« oder »Terroristen« vernichtet oder »niedergemacht« wurden?

Warum ist das deutsche Volk damals nicht darüber belehrt worden, daß alle diese Freiheitskämpfer als rechtmäßige Kombattanten anzusehen sind?

Das deutsche Volk sollte alle anderen Völker, die um ihre Freiheit kämpften, hassen lernen. Deshalb die gemeine Bezeichnung »Banditen« etc. Auch das wird sich rächen!

Nationalsozialistische Deutsche Arbeiterpartei
Ortsgruppe Laubach/Hessen
Laubach den 9. November 1944

An Herrn

Friedrich Kellner

in Laubach
Friedrichstr. 19

Gemäß Erlaß des Führers vom 25. 9. 1944 sind Sie zum Deutschen Volkssturm herangezogen und zur Dienstleistung in diesem gesetzlich verpflichtet.

Ich fordere Sie hiermit auf, am Sonntag den 12. Nov. 1944 um 13.^{30} Uhr zwecks Vereidigung auf dem Marktplatz in Laubach anzutreten.

Anzug möglichst Stiefelhose mit Stiefeln oder Gamaschen.

Heil Hitler

Dapper

Ortsgruppenleiter[109]

12. November 1944.

Sonntag, den 12. November 1944.

Nun ist es doch noch so weit gekommen, daß wir Alten »herangezogen« werden. Wir wurden aufgefordert, um 13.30 Uhr zwecks Vereidigung auf dem Marktplatz in Laubach anzutreten.

Bei strömendem Regen versammelten sich die Männer des »Volkssturms« zur festgesetzten Stunde auf dem Marktplatz.

Bauinspektor Heinrich Schmier aus Laubach ließ in Amtswalteruniform im Beisein des Bürgermeisters Dapper[110] in 3 Gliedern antreten und abzählen. Die Namen wurden verlesen. Anwesend: 113 Mann. Rechts um! Im Gleichschritt, Marsch! Richtung: Park des Schlosses. Der nordöstliche Seitenbau des Schlosses war mit großen Hakenkreuzfahnen behängt. Auf der Freitreppe stand ein Rednerpult. Neben der Treppe war eine Kanone aus vergangenen Jahrhunderten aufgestellt. Die einzige sichtbare Waffe. Als Statisten fungierten: Landwache, Hitler-Jugend (männl. u. weibl.), eine Anzahl Verwundeter mit einem Feldwebel als Führer sowie einige Frauen in Trauerkleidung.

Die Parteifahne nahm vor der Truppe Aufstellung. Als erster Redner erschien der Bürgermeister, zugleich Leiter der Vereidigung. 1 Strophe des Liedes »Volk ans Gewehr« wurde unter äußerst schwacher Beteiligung seitens des »Volkssturms« gesungen. Forstmeister Ostheim trug ein Gedicht in Parteiuniform vor. Dann folgten eine Ansprache von Schmier und eine Rede des Kreisleiters. Hierauf kam die Beeidigung. Die Eidesformel wurde vor- u. von den Volkssturmmännern nachgesprochen. 6 Mann hatten mit ihrer linken Hand die Parteifahne angefaßt. – Es geht alles vorüber – auch solch ein Zauber.[111]

Aufn.: Stier/TO.-EP.

Wartheländischer Volkssturm erstmalig mit seinen Waffen beim Vorbeimarsch am »Tag der Freiheit 1944« in der Gauhauptstadt Posen[112]

So sieht ein für die Wochenschau zurecht geputzter »Volkssturm« aus. In den Landgemeinden, abseits vom Film, ist lediglich ein bunt zusammen gewürfelter Haufen Zivilisten zu sehen, von denen nicht einer solche Stiefel besitzt, wie sie im Bilde nebenstehend zu erblicken sind. Das Schuhwerk wäre für Herbst und Winter die erste Voraussetzung zur Aufstellung einer einigermaßen gebrauchsfähigen Feldformation. Von den übrigen Ausrüstungsstücken und den Waffen will ich schon gar nicht reden. Die Wehrmacht hat Mangel an Uniformen, Ausrüstungen und Waffen aller Art. Was bleibt da für den Volkssturm übrig? –

⟨17.10.44.⟩

Die Partei ist der Kraftquell des Volkes

Rechenschaftsbericht des Kreises Darmstadt der NSDAP. in Nottagen

* Um den Kreisleiter Oberbereichsleiter Dr. Schilling scharten sich am Freitag die Führer und Führerinnen der Partei, ihrer Gliederungen und angeschlossenen Verbände, um Rückblick auf die hinter uns liegenden schweren Wochen zu halten und die dringendsten Probleme eingehend zu behandeln. Als Vertreter des Gauleiters nahm, vom Kreisleiter herzlich begrüßt, Gaustabsamtsleiter Wagner an der Tagung teil.

Nach Bekanntmachung des Kreisstabsamtsleiters Ekkert zur Ortsgruppenarbeit, zur Versorgung der im Westeinsatz stehenden Männer mit warmer Kleidung und zum Einsatz ausländischer Arbeitskräfte durch die DAF. nahm der Kreisleiter das Wort. Noch einmal ließ er die schweren Stunden des mit vernichtender Brutalität geführten Angriffes des Feindes auf Darmstadt wach werden und umriß hierbei die Aufgabe der Partei, der Bevölkerung aus der großen Not herauszuhelfen. Der Kreisleiter betonte, daß, wenn auch die Stadt zerstört wurde, die Volkskraft nie zerstört werden könne, die uns befähigt, Neues zu schaffen. – Alle Anwesenden gedachten der vielen Gefallenen, die für Deutschland ihr Leben gaben.

Der Kreisleiter sprach dann allen seit den ersten Tagen im Einsatz Stehenden den Dank aus für ihre vorbildliche Bereitschaft. Meist auf sich selbst angewiesen, oft ohne Hilfe von auswärts, wurde in den ersten Tagen von allen Parteidienststellen das Menschenmöglichste getan. Nun ist es die weitere Aufgabe, den geprüften Menschen weiter zu helfen, wo es geht, und die Arbeit fortgehen zu lassen in einer Zeit, die äußerste Härte von allen erfordert.

Die einzelnen Beauftragten berichteten über Arbeitseinsatz, Lösung von Transportfragen, Versorgung der Bevölkerung mit Lebensmitteln und Textilien, die sich inzwischen schon viel gebessert hat.

Ueber Wohnungsfragen und andere Maßnahmen gab Oberbürgermeister Wamboldt Auskunft, während Kreisamtsleiter Trumpfheller den Einsatz der NSV. klarlegte. Der Einsatz der SA., des NSKK. und anderer Gliederungen beim Bergen und Abtransport von Hab und Gut fand die Anerkennung des Kreisleiters. Auf jeden Fall hat die Partei wiederum bewiesen, daß sie in schwersten Stunden auf dem Damm und Kraftquell für die Volksgenossen war.

Nachdem der Kreisleiter einen Ueberblick über die allgemeine Lage gegeben hatte, sprach der Vertreter des Gauleiters, Bereichsleiter Wagner, vom Westeinsatz, diesem symbolhaften Schaffen von Greisen und Jugendlichen. Die Heimat habe damit der Front den Rücken gestärkt, so daß wir mit Vertrauen in die Zukunft sehen könnten. Auch hier wie überall habe die Partei alles getan, was zu tun war. Die Stunde werde kommen, in der sich die große Entscheidung zum Siege Deutschlands wenden werde. Bis dahin müßten wir gläubige Menschen mit festen Herzen sein und im Vertrauen auf den Führer uns einsetzen. Mit dem Treuegruß an den Führer endete die von unbedingtem Einsatzwillen getragene Arbeitstagung der Partei.[113] (KPA.)

Ich habe auch mit einigen Parteigenossen über den Wert oder Unwert des »Volkssturms« gesprochen u. bin dabei ebenfalls auf sehr skeptische Meinungen gestoßen. Indessen ist bei Parteigenossen immer doch noch wenigstens ein Fünkchen Hoffnung vorzufinden. Sie glauben an irgend etwas, an unbekannte neue Waffen, vielleicht auch an Wunder. –

V. Wehrmachtangehörige als Gepäckdiebe in Bayern

Am 13. 9. 44 wurden Reisende auf Eisenbahnfahrt auf Bahnhof Würzburg und während Weiterfahrt von dort nach Nürnberg von 2 unbek. Wehrmachtangehörigen um ihr Gepäck und zahlreiche Lebensmittelkarten bestohlen. Einen der Täter bat die Frau in Würzburg während eines Fliegeralarms, ihr beim Tragen behilflich zu sein. Der Soldat verschwand im Gedränge mit einem Sack Betten. Bei Weiterfahrt nach Nürnberg erzählte die Bestohlene einem in ihrem Abteil mitreisenden Soldaten ihr Mißgeschick und bat diesen, auf ihr restliches Gepäck zu achten, während sie im Zuge nach dem Dieb Ausschau halten wollte. Als sie in Nürnberg wieder ins Abteil zurückkehrte, war auch dieser Soldat mit den Sachen (Rucksack und Koffer, in denen sich 2 Daunendecken, 2 Herrenmäntel und 1 Herrenanzug befanden), ferner unter Mitnahme einer Lebensmittelkartentasche mit sämtlichen Lebensmittelkarten der 66. Zuteilungsperiode für 4 Personen, auf Namen Bolender, 2 Kinderkleiderkarten auf Ingeborg und Beate Bolender, Kennkarte auf Namen Herta Bolender geb. Speer, 31. 7. 10 Straßburg, und Reichskleiderkarte für Luise Weißenheim, verschwunden. Dieser Täter wollte sich angebl. auf der Fahrt von Lazarett in Neuenahr b. Koblenz nach Linz befinden. Seit 1 J. will er angebl. in Köln a. Rh. ausgebombt sein.

Soldaten als Verbrecher sind leider keine Einzelerscheinungen. Der Soldat macht keinen Unterschied mehr zwischen Ausland und Heimat. Er setzt seine Schandtaten, die er mit oder ohne Billigung seiner Vorgesetzten in den besetzten Ländern begangen hat, hemmungslos fort. Raub, Plünderung und Diebstahl werden in der Soldatensprache mit »organisieren« bezeichnet. Hierdurch werden diese Handlungen aus der Zone der Strafbarkeit herausgenommen und in eine von oben stillschweigend geduldete Tätigkeit verwandelt.

Selbst wer nicht viel Phantasie besitzt, kann sich die kommenden Zustände bereits heute in äußerst dunklen Farben ausmalen.

Herbert Kloss
Oberstltn. u. Rgts.-Kdr., Inh. d. Ehrenbl.-Sp., d. EK 2 u. 1 u. a. Ausz., unser geliebter letzter Sohn u. Bruder erlag am 29. 10. 44, 29 J. alt, einer i. F. zugezogenen Krankheit.

Major a. D. Dr. **Kloss u. Frau,** geb. Jung; **Ilse Kloss.**

Z.Z. Dresden, Weißer Hirsch[114]

An der Spitze seiner Kompanie fand den Heldentod im Osten unser sonniger Junge,

Leutnant und Kompaniechef
Siegfried Richter

ᛘ 11. 11. 1924 ᛣ 20. 9. 1944

Paul Richter, Kreis-Ob.-Insp., im Namen aller Angehörigen.

Dessau, Amalienstraße 2.[115]

V. Wehrmachtangehörige als Gepäckdiebe in Bayern

Am 13. 9. 44 wurde Reisende auf Eisenbahnfahrt auf Bahnhof Würzburg und während Weiterfahrt von dort nach Nürnberg von 2 unbek. Wehrmachtangehörigen um ihr Gepäck und zahlreiche Lebensmittelkarten bestohlen. Einer der Täter bat die Frau in Würzburg während eines Fliegeralarms, ihr beim Tragen behilflich zu sein. Der Soldat verschwand im Gedränge mit einem Sack Betten. Bei Weiterfahrt nach Nürnberg erzählte die Bestohlene einem in ihren Abteil mitreisenden Soldaten ihr Mißgeschick und bat diesen, auf ihr restliches Gepäck zu achten, während sie im Zuge nach dem Dieb Ausschau halten wollte. Als sie in Nürnberg wieder ins Abteil zurückkehrte, war auch dieser Soldat mit den Sachen (Rucksack und Koffer, in denen sich 2 Daunendecken, 2 Herrenmäntel und 1 Herrenanzug befanden), ferner unter Mitnahme einer Lebensmittelkartentasche mit sämtlichen Lebensmittelkarten der 66. Zuteilungsperiode für 4 Personen, auf Namen Bolender, 2 Kinderkleiderkarten auf Ingeborg und Beate Bolender, Kennkarte auf Namen Herta Bolender geb. Speer, 31. 7. 10 Straßburg, und Reichskleiderkarte für Luise Weißenheim, verschwunden. Dieser Täter wollte sich angebl. auf der Fahrt von Lazarett in Neuenahr b. Koblenz nach Linz befinden. Seit 1 J. will er angebl. in Köln a. Rh. ausgebombt sein.

Soldaten als Verbrecher sind leider keine Einzelerscheinungen. Der Soldat macht keinen Unterschied mehr zwischen Ausland und Heimat. Er setzt seine Schandtaten, die er mit oder ohne Billigung seiner Vorgesetzten in den besetzten Ländern begangen hat, hemmungslos fort. Raub, Plünderung und Diebstahl werden in der Soldatensprache mit „organisieren" bezeichnet. Hierdurch werden diese Handlungen aus der Zone der Strafbarkeit herausgenommen und in eine von oben stillschweigend geduldete Tätigkeit verwandelt.

Selbst wer nicht viel Phantasie besitzt kann sich die kommenden Zustände bereits heute in düstersten dunklen Farben ausmalen.

Herbert Kloss
Oberstltn. u. Rgts.-Kdr., Inh. d. Ehrenbl.-Sp., d. EK 2 u. 1 u. a. Ausz., unser geliebter letzter Sohn u. Bruder erlag am 29. 10. 44, 29 J. alt, einer i. F. zugezogenen Krankheit.
Major a. D. Dr. Kloss u. Frau, geb. Jung; Ilse Kloss.
ZZ. Dresden, Weißer Hirsch.

Was heißt in diesem Kriege militärische Erfahrung besitzen? Dieser Eigenschaft bedarf es augenscheinlich nicht. Eines ist erforderlich: Fanatisches Draufgängertum!
Mit 29 Jahren Regimentskommandeur und mit 19 Jahren Kompaniechef!

An der Spitze seiner Kompanie fand den Heldentod im Osten unser sonniger Junge, Leutnant u. Kompaniechef
Siegfried Richter
✝ 11. 11. 1924 ⅄ 20. 9. 1944
Paul Richter, Kreis-Ob.-Insp., im Namen aller Angehörigen.
Dessau, Amalienstraße 2.

Wer in aussichtslosen Stellungen den Befehl des Führers, bis zur letzten Patrone zu kämpfen, nachzukommen bereit ist, der wird den höchsten militärischen Grad mühelos erreichen. Der Zweck heiligt die Mittel. Die Hauptsache ist und bleibt der Kadavergehorsam.

701

Was heißt in diesem Kriege militärische Erfahrung besitzen? Dieser Eigenschaft bedarf es augenscheinlich nicht. Eines ist Erfordernis: Fanatisches Draufgängertum!

Mit 29 Jahren Regimentskommandeur und mit 19 Jahren Kompagniechef!

Wer in aussichtlosen Stellungen dem Befehle des Führers, bis zur letzten Patrone zu kämpfen, nachzukommen bereit ist, der wird den höchsten militärischen Grad mühelos erreichen. Der Zweck heiligt die Mittel. Die Hauptsache ist und bleibt der Kadavergehorsam.

19. Nov. 44.

Volkssturm im Geist der Feldherrnhalle[116]

Zur Verteidigung

Der Schwur der Herzen

Wenn jemals in der Geschichte des deutschen Volkes eine heilige Tradition sich unaufhörlich mit neuem Leben erfüllte, so ist es diejenige des 9. November. Dieser Tag, da vor einundzwanzig Jahren sechzehn gläubige Idealisten ihr Leben für einen Führer und eine Idee hingaben, ist wohl das markanteste Beispiel dafür, daß echte Tradition mehr ist als die langsam erstarrende und entrückende Erinnerung an ein großes Ereignis, daß ihr Geist vielmehr weiterlebt, daß aus ihm nach dem Gesetz der unzerstörbaren Werte fortzeugend neue schöpferische Taten erstehen und sich solcherart das, was wir Tradition nennen, als ein unversiegbarer Mutterschoß erweist, dem die Nation ihren Bestand verdankt.

Der Strom des Segens, der in kaum mehr als zwei Jahrzehnten aus der Tradition der Münchener Feldherrnhalle floß und weiterfließt, wird später erst in seiner ganzen Bedeutung geweckt und gewürdigt werden können. Aus den sechzehn Opfern von 1923 sind inzwischen Hunderttausende von Helden geworden, die ihr Leben für den gleichen Führer und für die gleiche Sache gaben; und aus den Marschierern von damals ward ein marschierendes Volk, das gleich den Blutordensträgern aufbrach, um, erfüllt von der Gerechtigkeit und dem Zukunftswert seiner Mission, einer feindlichen Umwelt zu trotzen und, wenn nötig, kämpfend zu sterben. Es ist darum mehr als nur eine geschickt wahrgenommene Äußerlichkeit, daß wir am heutigen Sonntag die Feier des 9. November mit der Vereidigung des Deutschen Volkssturms vereinigen. Waren jene Bannerträger, deren großes Beispiel wir feiern, aus anderem Blut und anderem Geist als die Millionen deutscher Männer, die heute zu schwören bereit sind, dem Führer bedingungslos treu und gehorsam zu sein, tapfer für die Heimat zu kämpfen und lieber zu sterben, als die Freiheit und damit die soziale Zukunft des Volkes preiszugeben?

Die Erhebung derer von 1923 war kein Parademarsch; und auch der Deutsche Volkssturm ist kein Gardekorps mit trainierten Körpern und glänzenden Uniformknöpfen; alt und jung, groß und klein, alle Schichten und Stände des deutschen Volkes finden sich hier zusammen; äußerlich bunt zusammengewürfelt, innerlich aber durch das gemeinsame Schicksal gestählt, von demselben Glauben erfüllt und durch das gleiche Kampfziel verbunden. Der heutige Massenaufmarsch der Volkssturmsoldaten, jene drei jüngsten und drei ältesten Volkssturmmänner jeder Kompanie, die bei der Vereidigung vor die geweihte Fahne treten, symbolisieren die kämpfende Volksgemeinschaft schlechthin, erinnern schon äußerlich an das bunte und doch so entschlossene Bild derer von 1923, und sind, gleich jenen, sowohl Soldaten wie auch politische Kämpfer. Es ist weniger der soldatische Gehorsam oder der Zwang des Gesetzes, als vielmehr die Not der Stunde, der Ruf aus der eigenen Brust und der Befehl des Gewissens, dem sie folgten; und eben dies haben sie gemeinsam mit den freiwilligen Bahnbrechern von der Feldherrnhalle.

Vielen von uns, gewiß, mag das Ethos der Kämpfer von 1923 damals unbekannt und fremd gewesen sein. Aber längst haben wir, mit wachsendem Bewußtsein, ihre Fußtapfen als Wegweiser und ihre Mission als von uns zu verwaltendes Erbe übernommen. Im Deutschen Volkssturm verkörpert sich diese Entwicklung mit besonderer Deutlichkeit; hier hat sich die ganze wehrhafte Heimat in die Kolonne derer eingereiht, die seit einem Vierteljahrhundert um den Sieg unserer gerechten Sache kämpfen, die alles hinter sich ließen, um den Schritt nach vorne zu tun, die ein friedliches Dasein, Besitz, Freiheit, Wohlfahrt aufgaben, um dies alles für ihr Volk in Wahrheit zu gewinnen, die selbst ihr Leben riskierten, um es nicht kampflos zu verlieren oder es in ein menschenunwürdiges und geknechtetes einzutauschen.

Die Tugenden solchen Kämpfertums sind auch die Parolen des sich zum Widerstand erhebenden Volkes. Wenn in den sechs Kampfsätzen des Deutschen Volkssturms, die vor der Vereidigung verlesen und damit jedem deutschen Mann als Richtschnur des Handelns und der Haltung vorangestellt werden, der Volkssturm als die »Armee der größten Idealisten Deutschlands« bezeichnet wird, so will dies besagen, daß es der Geist ist, der diesen Bataillonen das Gepräge und seinen höchsten Wert gibt, und daß Bewaffnung, Ausrüstung, Uniformierung, Organisation, Befehlsgewalt – so wichtig diese Dinge auch sein mögen und genommen werden – hinter den moralischen Werten rangieren, aus denen der Volkssturm entstand und die ihn tragen und zum Siege führen. Das Wort mag kühn klingen, denn unter Millionen von Menschen befinden sich nicht lauter große Idealisten, sondern wohl auch Kleingläubige, Wankelmütige und Verzagte; sie aber werden geführt, gestärkt, ermutigt und angefeuert werden von Starken, Glaubenden, Unentwegten, Mutigen, deren Züge der Deutsche Volkssturm tragen wird, die allein in ihm führend sein werden und ihm ihren Geist einhauchen. Treue, Gehorsam und Tapferkeit, Selbstlosigkeit und Kameradschaft, Ritterlichkeit gegen Frauen und Rücksicht gegenüber Hilfsbedürftigen, Standhaftigkeit sowohl gegenüber Verlockungen wie Drohungen, Verschwiegenheit, Hingabe bis zum Letzten und Siegesgläubigkeit auch in hoffnungslos erscheinender Lage; das sind Tugenden, die der deutsche Mann im Blute trägt, zu denen er nicht gewaltsam geführt werden muß, zu deren Verwirklichung er nur immer wieder die rechten Vorbilder braucht, wenn er nicht selber eins ist. Die letzte Verbissenheit aber, den unerbittlichen Haß, die ursprünglich vielleicht nicht jedes deutschen Mannes Art sind, im gegenwärtigen Ringen aber zu geheiligten Gesetzen wurden, hat der Feind selber gesät, indem er zu den unmenschlichsten, grausamsten und verbrecherischsten Mitteln griff, die jemals in einem Kriege ausgedacht und angewandt wurden.

Der Feind wird ernten müssen, was er gesät hat. Der Deutsche Volkssturm, der nun in allen deutschen Gauen zur Vereidigung auf den Führer antritt, ist nicht unser einziges und letztes, aber sicher unser entscheidendstes, unzerstörbarstes und edelstes Kampfpotential, weil es zutiefst in der Kraft unserer Herzen wurzelt. Bleiben wir dieser Kraft treu, so wie es der Eid von uns fordert, so wird man auch zu uns einst sagen müssen: »Und ihr habt doch gesiegt!«[117]

Herbert Hahn

Ich habe noch keinen Menschen getroffen, auf den der Tod der 16 Ruhestörer (1923) irgend welchen Eindruck gemacht hätte. Es bleibt ein Privatvergnügen der Partei, Märtyrer zu fabrizieren und diese den Parteigenossen als »Blutzeugen« jeweils am 9. November vorzuführen. Eine Sache des ganzen Volkes war es niemals, der fixen Idee eines Adolf Hitler, Märtyrer zu züchten, Beifall zu zollen. Vollkommen absurd ist es, den »Volkssturm« mit dem Geiste der angeblichen politischen Kämpfer des Jahres 1923 in Verbindung ⟨zu bringen⟩. Den »Volkssturm«, den ich gesehen habe, kann man nur als einen Haufen unwilliger, mißgestimmter Sklaven bezeichnen, die auch noch nicht einmal die geringste Spur von jenem Geiste besaßen, der ihnen von der Parteileitung so gern zugesprochen werden möchte. Die Partei wird mit dem »Volkssturm« ein Fiasko erleben, wie mit keinem ihrer Erzeugnisse der Vergangenheit.

(»Völkischer Beobachter«) **17. November 1944 *Nr. 313 * Seite 3**

Die Vernichtungswut der Feinde

Aus der Proklamation des Führers vom 9. November geht hervor, daß dieser Krieg sich von den früheren Kriegen in Europa – vielleicht abgesehen vom letzten Weltkrieg – ganz wesentlich unterscheidet. Es ging damals niemals um den Bestand der Völker selbst, sondern Kriege wurden um ganz bestimmter Ziele willen geführt. Sie hatten deshalb auch in der Absicht, diese Ziele zu erreichen, einen Grund. Der jetzige zweite Weltkrieg hat keinen Grund. Weshalb Engländer und Amerikaner gegen Deutschland losgeschlagen haben, wissen die Völker selbst nicht, und die Juden hüten sich wohl, es ihnen zu sagen. Weil dieser Krieg nicht um irgendein bestimmtes Ziel geführt wird, das unsere Feinde gegen uns Deutsche durchsetzen wollen, wollen sie in Bausch und Bogen das deutsche Volk und das Deutsche Reich vernichten, und damit die lebenden Generationen des deutschen Volkes ausrotten und seine Wirtschaft zerstören. Das ist auch ganz logisch: weil sie kein bestimmtes Ziel haben, kämpfen sie für unbestimmte Ziele. Und weil sie vom deutschen Volke nichts zu verlangen haben, kämpfen sie gegen den Bestand und die Zukunft des deutschen Volkes selbst. Das hat auch der Führer in seiner Proklamation festgestellt, mit den das allgemeine Ziel unserer Feinde kennzeichnenden Worten: »Die Vernichtung unseres Volkes, die Ausrottung und damit die Beendigung seines Daseins.«

Nach dem Ersten Weltkrieg lebten nach der Meinung unserer Feinde 20 Millionen Menschen zuviel in Deutschland. Niemand wird bestreiten können, daß sie nicht alles getan hätten, was sie konnten, um die deutsche Bevölkerungszahl auf den von ihnen gewünschten Stand hinabzudrücken. Sie haben trotz des Waffenstillstandes seinerzeit die vernichtende Hungerblockade weiter aufrechterhalten, sind widerrechtlich ins Ruhrgebiet eingebrochen, haben die deutsche Inflation ins Rollen gebracht und haben uns schließlich ihre Tributdiktate auferlegt. Um die 30er Jahre schienen sie so weit zu sein, daß der innere Zusammenhalt des deutschen Volkes sich auflockerte. Das Anwachsen der Arbeitslosigkeit und damit die endgültige Zerstörung der deutschen Wirtschaft schien nach menschlichem Ermessen ebenso unausbleiblich zu sein wie die Zerrüttung des deutschen Bauerntums und damit der Anfang des völkischen Todes.

Der Nationalsozialismus hat diese Feindabsichten durchkreuzt. Unsere Feinde ziehen aus dieser beispielgebenden Tat des Nationalsozialismus die Schlußfolgerung, daß nicht 20 Millionen, sondern 40 Millionen Deutsche zuviel auf der Erde lebten. Daß heißt also, sie wollen jene Anstrengung, die sie nach dem Ersten Weltkrieg unternommen haben, um die Kraft des deutschen Volkes zu brechen, verdoppeln. Inzwischen haben sie auch manches dazugelernt. Und der alte Haß würde mit den neuen Mitteln seine Ziele erreichen, wenn die deutsche Führung das nicht unmöglich machte.

Von der Feindseite treffen jeden Tag bei uns neue feindliche Vernichtungspläne ein. Gewiß sind sie verrückt. Anders sind sie nicht zu bezeichnen. So sollen die deutsche Metall- und Chemische Industrie über das übrige Europa zerstreut und in der Hauptsache nach der Sowjetunion transportiert werden. Das Ruhrgebiet soll internationalisiert werden, und alle männlichen deutschen Arbeitskräfte zwischen 16 und 60 Jahren und alle Frauen bis zu 45 Jahren sollen als Zwangsarbeiter aus dem deutschen Reichsgebiet herausgebracht werden und besonders in der Sowjetunion Sklavendienste leisten. Das ist nur ein kurzer Ausschnitt aus der langen Liste der Feindabsichten.

Aus der Tatsache, daß diese Pläne verrückt sind, zöge man gerade die falsche Schlußfolgerung, wenn man glaubte, daß sie deshalb nicht durchgeführt werden würden. Wer das tut, könnte selbstverständlich mit Recht darauf verweisen, daß die Feinde mit der Vernichtung Deutschlands nicht nur auf dem deutschen Gebiet, sondern in ganz Europa ein Chaos schaffen würden, und daß kein vernünftiger Mensch sich einen Krankheitsherd unmittelbar vor der Türe seines Hauses anlegt. Sachlich sind diese Überlegungen sicher richtig; aber politisch sind sie falsch. Denn sie übersehen, daß diese Pläne ja gar nicht aus dem Willen zur wirtschaftlichen Vernunft und aus irgendwelchen politischen und wirtschaftlichen realen Zielsetzungen heraus geboren sind, sondern aus dem puren Haß, der durch die typisch jüdische Lebensangst noch verstärkt worden ist.

Und niemand soll sich einbilden, daß unseren Feinden die Durchführung ihrer Haßpläne aus irgendwelchen Gründen unmöglich wäre, wenn die Fronten militärisch und das Reich politisch zusammenbrächen. Nach dem Ersten Weltkrieg bereitete es allerdings manche Schwierigkeiten, die Blütenträume des Hasses des Versailler Friedensdiktates Frucht ansetzen zu lassen. Die technischen Möglichkeiten jener Zeit waren noch verhältnismäßig klein, und zudem waren die politischen Führungen unserer damaligen Feinde nicht einheitlich genug, um stur die Haßpläne auch dann zu verwirklichen, wenn die eigenen Völker dabei einige Nachteile in Kauf nehmen mußten. Heute ist das anders. Die technischen Möglichkeiten sind gewaltig gestiegen. Die Vernichtung eines Industrieblocks, wie Deutschland ihn darstellt, macht für die Welt nichts aus, nachdem z.B. die amerikanische Produktion während des Krieges allein um die 120 Milliarden Dollar im Jahr angestiegen ist. Die Welt würde den Ausfall Deutschlands als Produzent kaum merken. Zudem würde die gemeinsame Vernichtung des deutschen Volkes, des Deutschen Reiches und der deutschen Wirtschaft den sogenannten Alliierten nach dem Kriege noch eine gewisse Periode der »Zusammenarbeit« verschaffen, an der den Engländern um so mehr liegen muß, als sie eine Galgenfrist vor dem Zeitpunkt darstellt, an de diese Zusammenarbeit mit dem Bolsch wismus aufhört und damit England geli fert ist. Vergessen wir nicht, daß Englan seine eigene Existenz noch etwas verlä gert, wenn es den Bolschewisten hil Deutschland kurz und klein zu schlagen.

Die endgültige Vernichtung des Reich und Zerstörung des deutschen Volkes w len die Bolschewisten vorbereiten durc die Deportation der deutschen Männ und Frauen. Die amerikanischen Jude sprachen früher von einer Sterilisierun Es sei zugegeben, daß diese Absicht blö sinnig zu sein schien, aber die Deporta on der deutschen Männer und Frauen i arbeits- und zeugungsfähigen Alter ist e Plan, der nicht nur den jüdischen Haß z Mutter, sondern den eiskalten bolschewis schen Verstand auch noch zum Vater hc Der Wille zu dieser Deportation ist se ernst zu nehmen. Dieser Plan schlägt zw Fliegen mit einer Klappe: der deutscl Volkskörper wird ausgehöhlt, und daz erhalten die Bolschewisten ein umfan reiches neues Sklavenmaterial, nachde ihnen die eigenen Sklavenbestände wä rend dieses Krieges in reichlichem Umfa ge ausgeschossen worden sind. Daß d gesamte deutsche Volk, Arbeiter, Baue und Intelligenzler deportiert werden wi den, wenn unsere Feinde das könnte steht fest. Und ebenso fest steht, daß d Männer nicht zusammen mit den Fraue in die Sowjetsklaverei verbracht würde sondern Männer und Frauen getrennt. A die Familie hat der Bolschewist noch n Rücksicht genommen, und es besteht ke Grund anzunehmen, daß er es in diese Falle tun wollte. Dem Mann würde d Frau und die Kinder und jedem einzelne Kind die Eltern und Geschwister geno men werden. Und diese aus allen ihre Bindungen herausgerissenen Mensche wären dann für Stalin das Sklavenmate al, wie es ihm am besten paßt.[118]

Nonnenbru

Die Stimme des Führers war zum 9. November, dem heiligen Parteifeiertag, nicht zu hören. Warum schweigt der Mann, der früher seine Stimme gar nicht oft genug erklingen lassen konnte? Seltsame Angelegenheit! Wo ist der »Führer« des deutschen Volkes in diesen ernsten Stunden?

Herr Heinrich Himmler, der Ersatz-Führer, verlas eine Proklamation des Führers Adolf Hitler, die keinerlei Neuigkeiten brachte. Abgedroschene Behauptungen, die nicht deswegen überzeugender wirken, weil sie immer wieder wiederholt werden.

Am 9. Oktober starb im Westen den Heldentod für Großdeutschland unser einz. Sohn

Horst Heitjohann

Uffz. u. Gruppenführ. in e. Pi.-Btl. Inh. d. EK. 2. Kl., d. Pion.-Sturmabzeichens u. and. Auszeichnungen.

Willi Heitjohann und **Frau,** geb. Stede; **Martha Stede**, Cousine.

Altes Lager (Waldlager), 9. 11. 44.

Unser einziger Junge

Heribert Aulmann

SS-Sturmmann

ᛉ 12. 9. 1925 ᛣ 21. 10. 1944

der große Bruder seiner 4 Schwestern, ist am 21. 10. 1944 im Westen für Führer und Volk gefallen.

Adolf u. **Elisabeth Aulmann; Felizitas, Gertrud, Edelgard** u. **Waltr.**

Lippoldsberg üb. Bodenfelde/Weser

Am 22. Oktober 1944 fiel im Osten unser geliebter, einziger Sohn,

Dr. med. Helmut Caßebaum

Marine-Oberassistenzarzt

im Alter von 29 Jahren.

In tiefer Trauer: Rechtsanw. Dr. **Caßebaum; Editha Caßebaum**

Bln.-Lichterfelde, Berliner Str. 152; Nordhausen (Harz), Schillerstr. 8.

Am 18. 10. 1944 fand unser lieber, einziger Junge

Gefreiter

Wolfgang Zimmermann

in treuer Pflichterfüllung im blühenden Alter von 18½ Jahren im Osten den Heldentod.

In tiefstem Schmerz: **Hugo Zimmermann** und **Frau**.

Berlin, Schiffbauerdamm 2.

Im Osten fiel an der Spitze seiner Kompanie unser einziger Junge

Klaus-Richard Grosser

Leutnant u. Führer einer Kanonier Kompanie in einem Artl.-Rgt.

ᛘ 23. 6. 1924 ᛣ 25. 9. 1944

In tiefem Schmerz: **Richard Grosser**, Major, und **Frau Lore**, geb. Biedermann. Landsberg/W[119]

Im Kriege beruht der Vernichtungswille auf Gegenseitigkeit. Das Wesen des Krieges beruht auf Zerstörung und Vernichtung. Der einfältigste Mensch muß sich darüber klar sein, daß nicht nur der andere, der Gegner, sondern auch er selbst ⟨, der Einfältige⟩ das Opfer in einem Kriege sein kann.

Die behauptete Vernichtungswut unserer Gegner mag noch so groß sein, sie hätte sich jedoch nicht entfalten und entwickeln können, wenn nicht am 1. September 1939 ein gewisser Herr Hitler derjenige gewesen wäre, der diesen fürchterlichen Krieg entfesselte. Aus diesem Grunde ist in Wirklichkeit er der Vernichter der jungen Generation.

4329 Bolschewistenpanzer

DNB. **Berlin,** 1. November. An der Ostfront wurden durch Truppen des Heeres im Monat Oktober 4329 bolschewistische Panzer vernichtet.[120]

Die »vernichteten« Panzer der Russen werden pünktlich bekannt gegeben. Die eigenen, die deutschen Panzerverluste werden schamhaft verschwiegen.

20. Nov. 1944.

Die Jugend in Waffen
Axmann zur HJ. im Volkssturm

DNB. Berlin, 29. Oktober. Mit begeistertem Herzen hat die deutsche Jugend den Befehl des Führers zur Errichtung des Deutschen Volkssturms aufgenommen und sich mit den Einheiten ihrer ältesten Jahrgänge eingegliedert. Der kämpfenden Jugend im Westen galt der Besuch des Reichsjugendführers Axmann, wo er auf einem Appell zur Hitler-Jugend im Volkssturm sprach.

Axmann erklärte, auf der vormilitärischen Ausbildung der Hitler-Jugend aufbauend, erfolge die Aufstellung geschlossener Einheiten des Jahrganges 1928 unter Führung der Hitler-Jugend im Volkssturm. Er erfahre hier in Zusammenarbeit von Hitler-Jugend und Reichsarbeitsdienst in mehrwöchigen Lagern eine erweiterte vormilitärische Ausbildung, während die jüngeren Jahrgänge, wie bisher, in jugendmäßiger Form in den Wehrertüchtigungslagern der Hitler-Jugend vormilitärisch vorbereitet werden. Die deutsche Jugend erreiche nun den Stand totaler Einsatzbereitschaft. Die Jugend in Waffen ist aufgestanden, erklärte Axmann, hinter der Fahne des Führers formiert, zum Sturm für die Freiheit unseres Volkes bereit.[121]

Der Welt wird zur Kenntnis gebracht, daß die deutsche Jugend mit »begeistertem Herzen« sich in den Volkssturm eingliedern läßt. Außer dem Herrn Axmann werden sehr wenig Deutsche von dieser »Begeisterung« etwas gemerkt haben. Tatsache ist, daß 16-Jährige über die Einrichtung des Volkssturms an die Front gebracht werden. Vielleicht hat sich die Wehrmacht geniert, Kinder als Soldaten anzunehmen.

Nummer 290 Mittwoch, 1. November 1944

London: »Die letzte Chance für 1944 verloren«

Auswirkungen des Mißerfolgs der Sowjetoffensive in Ostpreußen – Feindklagen über die verlorene Zeit in West und Ost

(Drahtbericht unserer Berliner Schriftleitung)

Dr. W. Sch. **Berlin,** 31. Oktober. Im ostpreußischen Grenzraum ist ein Abwehrsieg errungen worden, der in seiner ganzen strategischen Bedeutung für die weitere Kriegführung noch gar nicht zu übersehen ist. Das ist der Sinn der Feststellung im heutigen Wehrmachtbericht, nach der die deutschen Truppen unter dem Befehl des Generals der Infanterie Hoßbach in einer Schlacht von 14 Tagen Dauer die sowjetischen Großangriffe zum Stehen gebracht und den Feind unter schwersten Verlusten geschlagen haben. Die Zahlen über den enorm hohen Menschen- und Materialeinsatz der Sowjets und über die gewaltigen Materialausfälle, die der Gegner in der vierzehntägigen Schlacht erlitten hat, unterstreichen noch einmal die weitgehenden Spekulationen, die der Feind mit dem Beginn der Offensive gegen die östliche Provinz des Reiches verbunden hatte.

Wenn wir uns auch keineswegs der Hoffnung hingeben, daß die Bolschewisten jetzt bereits am Ende ihrer Offensivkraft angekommen seien, wenn wir vielmehr mit einer Wiederholung und vielleicht sogar mit einer Steigerung der sowjetischen Anstrengungen zu rechnen haben, so ist doch gerade auch nach betrübten Feststellungen im gegnerischen Lager ganz klar zu erkennen, daß man dort jetzt eine entscheidende Chance als vernichtet ansehen muß, das für das Jahr 1944 aufgestellte Kriegführungsprogramm auf dem Wege der konzentrischen und synchronisierten Großangriffe vom Westen, vom Osten und vom Süden her erfolgreich zu Ende zu führen. Der britische Militärkritiker Cyrill Falls gibt offen zu, daß nach dem Stocken des angloamerikanischen Angriffs im Gebiet unserer westlichen Grenzen den Deutschen eine entscheidende Niederlage in diesem Jahr nur noch mit Hilfe eines erfolgreichen Vormarsches der Roten Armee in Ostpreußen und in Polen hätte beigebracht werden können. Es sei wahrscheinlich, daß Churchill Stalin über die Pläne unterrichtet habe, nach denen die Alliierten im Westen eine weitere große Anstrengung machen wollten, um die deutsche Verteidigung zu brechen, und daß er vorgeschlagen habe, diesen Versuch durch eine sowjetische Offensive zu unterstützen. Aber General Eisenhower war im Westen gezwungen, all seine Anstrengungen auf eine vorbereitende Aktion zu konzentrieren, die auf die Oeffnung des Hafens Antwerpen und damit auf die Beseitigung von unüberwindbaren Nachschubschwierigkeiten zielt.

Gleichzeitig ist im Osten die sowjetische Großoffensive gegen Ostpreußen zum Stehen gebracht worden. Hier handelt es sich, wie Cyrill Falls offen zugibt, um »die einzige in diesem Winter noch verbliebene Chance«. »Es ist Selbstbetrug«, so stellt er tief bekümmert fest, »wenn wir das nicht einsehen.« Cyrill Falls bestätigt weiter, daß die deutsche Verteidigung in der Umgebung von Antwerpen, zusammen mit dem heroischen Widerstand in den Atlantikstützpunkten darüber entschieden habe, daß der Krieg 1944 nicht zu Ende gehen könne. »Das ist ein sehr schwerer Schlag, da man im alliierten Lager fest mit dem Siege in diesem Jahre gerechnet hatte.« Es handelt sich bei diesen englischen Betrachtungen durchaus nicht um eine vereinzelte Stimme in der Wüste. Der britische Generalleutnant Martin stellte im gleichen Sinne im »Daily Telegraph« fest, daß die Ueberschreitung der deutschen Grenze zwar eine gute Schlagzeile für die englisch-amerikanischen Blätter geliefert, aber nicht den Krieg zu gewinnen geholfen habe, weil der Nachschub nicht sichergestellt sei. Wenn schließlich einmal sehr verspätet die Scheldemündung von den Anglo-Amerikanern beherrscht werden sollte, so wird[122]

Im Zeitalter der Abwehrsiege ist es eine beliebte Methode geworden, den Feinden vorzuwerfen, daß sie ihre Ziele nicht erreicht hätten. Das ändert aber keineswegs etwas daran, daß sie ihr Ziel, die Niederringung Deutschlands, glatt erreichen werden.

VÖLKISCHER BEOBACHTER

Verspäteter Offensivbeginn

Eisenhowers erster großer Herbstangriff

VB. **Berlin,** 11. November ⟨44.⟩ Längst hat die feindliche Führung begriffen, wie töricht das Schlagwort ist, daß sie Zeit genug habe. Sie weiß, daß Eile ein dringendes Gebot für sie ist. Wenn der Gegner darangeht, diese Einsicht in die Wirklichkeit umzusetzen, gibt es zwar mehr als einmal die ernstesten Schwierigkeiten, und er stößt oft genug auf unerwartete Reibungen, die er erst sehr spät und oft nicht zu überwinden vermag. Aber der theoretische Wunsch bleibt doch ganz klar, den Krieg so schnell wie möglich zu beenden. Zuviel politische und militärische Überlegungen bewegen die Absichten des Generals Eisenhower in dieser Richtung.

Als einen ersten Versuch, die rinnende Zeit doch noch zu erhaschen, darf man die Offensive ansehen, die am Mittwochmorgen in Lothringen zwischen Pont á Mousson und Chateau Salins begonnen und sich am Freitag bis nördlich von Diedenhofen verbreitert hat. Die Gesamtausdehnung der Angriffsfront mag jetzt achtzig Kilometer betragen. Seit dem Vorstoß auf Arnheim, also seit mehr als einem Monat, sehen wir wieder den ersten Versuch vor uns, Bewegung in die erstarrte Westfront zu bringen.

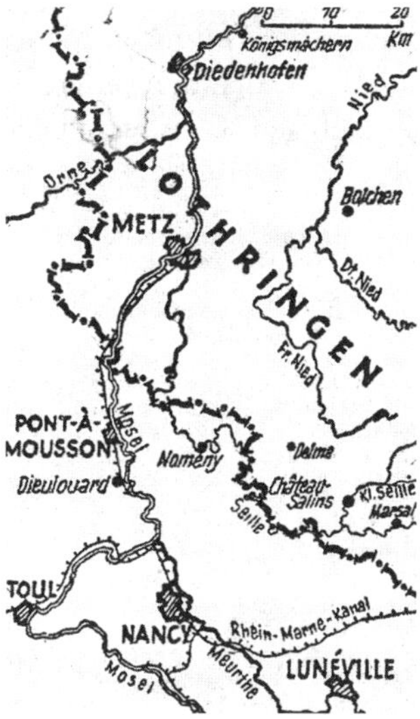

»VB.«-Karte (Kurzhauer)

Die Offensive hat bisher die Anfangserfolge gebracht, die gewöhnlich erreicht werden, wenn ein Gegner an einer bestimmten Stelle einer längeren Front Truppen und Kriegsgerät anhäufen kann. Östlich von Pont á Mousson ist Nomény genommen; der Angriff ist hier bis in die Gegend von Delme vorgetragen worden. Bei Diedenhofen hat die Infanterie des Generals Patton, der mit der 3. amerikanischen Armee den Angriff führt, die Mosel überschritten. Um Königsmachern wird heftig gekämpft. Die eigentliche Festungsfront westlich von Metz ist noch nicht angegriffen. Es ist deutlich zu sehen, daß der Gegner zunächst den unmittelbaren Bereich von Metz aussparen und nördlich und südlich daran vorbeistoßen will. Sein Fernziel ist aus der Karte abzulesen: das Saargebiet.

Er hat es schon einmal erreichen wollen, das war Ende August und Anfang September. Damals hatte er gehofft, im schnellen Durchstoß seiner vorgetriebenen Panzerspitzen sich in den Besitz der Stadt Saarbrücken setzen zu können. Schwache deutsche Verbände haben ihn damals aufgehalten. Inzwischen ist seine Streitmacht auch an dieser Stelle beträchtlich verstärkt. Aber inzwischen ist auch aus den schwachen deutschen Verbänden eine kräftige Front geworden, die auch dann ihren Zusammenhang nicht aufgibt, wenn sie sich federnd zurückzieht. Inzwischen sind auch in ganz Lothringen und noch weiter rückwärts unzählige Gräben und Stellungen entstanden, in die sich vorstürmende Kolonnen des Gegners immer wieder verfangen.

Wird die lothringische Offensive die einzige sein, die der General Eisenhower in diesem Herbst versucht? Das ist nach Lage der Dinge kaum wahrscheinlich. Der Druck, der auf ihm liegt und der aus der öffentlichen Meinung der feindlichen Länder ebenso rührt wie aus den objektiven Notwendigkeiten, ist so groß, daß ein Abwarten an den anderen Teilen der Westfront unwahrscheinlich ist. Manche Anzeichen deuten daraufhin, daß dem lothringischen Versuch an anderen Stellen andere und vielleicht noch stärkere Angriffe folgen werden. Man wird im ganzen das Gefühl nicht los, daß sich an der Westfront noch in diesem Herbst eine dramatische Entwicklung vorbereitet, ein mit allen Kräften unternommener Versuch des Gegners den Krieg in das Innere des Reiches zu tragen. Aber wenn der General Eisenhower solche Pläne hat, so fällt freilich in diesen Tagen darauf ein Schatten. Dieser Schatten heißt Antwerpen.

Die beiden Armeen des Feldmarschalls Montgomery haben in den letzten Wochen sehr viel Anstrengungen unternommen, sie haben viele Kräfte dafür eingesetzt und sie haben auch viel Blut dafür geopfert, um den Hafen von Antwerpen freizubekommen. Aber in demselben Maße, in dem die Ufer der Hafeneinfahrt von den kanadischen Truppen in Besitz genommen wurden, in demselben Maße verminderte sich auch der Wert des Hafens selber. Der hartnäckige Widerstand an der Scheldemündung ist nicht umsonst gewesen. Er erst gewährte den weit hinter der Front stehenden deutschen Kameraden von der Fernwaffe die Möglichkeit, ihre unheimlichen Geschosse auf die Kaimauern und Krananlagen von Antwerpen zu richten. Die deutsche Strategie – die in diesen Monaten notwendigerweise eine Strategie des Zeitgewinns ist – erfährt hier eine überzeugende Bestätigung.

Sie hätte es nicht tun können ohne die Hingabe der Truppe an ihre schwere Aufgabe. Nachhutkämpfe sind niemals leicht. Sie haben ihren Sinn darin, daß ein überlegener Feind immer wieder aufgehalten werden soll. Das Aufhalten wie das Sichlösen vom Gegner erfordert im besonderen soldatisches Geschick. Aber Nachhuten haben doch die Aussicht, wenn ihre Aufgabe gelungen ist, wieder mit dem Gros der Truppe vereinigt zu werden. Die Kämpfer von Walcheren und von Breskens hatten diese Hoffnung nicht. Sie haben dennoch ausgehalten viele bittere Tage und Wochen lang. Am Ende hatte der Feind die zusammenschmelzende Schar der Verteidiger überwältigt. Aber gerade das lange Ausharren hatte seinen höheren Sinn erhalten noch über die Bestätigung soldatischen Wertes hinaus. Bei den kommenden Abwehrschlachten werden den deutschen Divisionen die Früchte des Ausharrens ihrer Kameraden von der Schelde zugute kommen.[123]

Die Amerikaner und Engländer haben den Atlantikwall, der von unserer Propaganda als uneinnehmbar hingestellt wurde, bezwungen, sie sind über die Seine, Maas und Mosel gekommen, haben die Festungen Maubeuge, Verdun u. Diedenhofen[124] erobert, und sie werden deshalb auch die weiteren Hindernisse aus dem Wege räumen – wenn das auch die gläubigen Nazis nicht begreifen wollen.

Eisenhower hat eine zweite Offensive begonnen

Kämpfe der Vorbereitung

VB. **Berlin,** 16. November ⟨44.⟩ **Im Wehrmachtbericht taucht zum ersten Male der Name Gravelotte auf. Der General Patton hat sich also entschlossen, den Festungsbereich von Metz auch von Westen her anzugreifen.**

Das war ursprünglich nicht so geplant. Die ganze Anlage des amerikanischen Angriffes beweist, daß der Westen von Metz ausgespart bleiben sollte, bis die Stadt und möglicherweise noch ein großer Teil der lothringischen Landschaft auch von Osten her umgangen und abgeschnitten worden sei. Aber dieser Plan hat sich nicht durchhalten lassen. Die beiden Arme von Pattons Zange sind von den deutschen Grenadieren und Panzern bei Königsmachern und Mörchingen aufgehalten worden. Der deutsche Gegendruck hat sie verhindert, sich zu schließen. Um die Festung Metz selber spannt sich zwar von Norden über Westen nach Süden ein Halbkreis, aber der Weg nach Osten ist offengeblieben. So hat sich Patton am siebenten Tage der lothringischen Schlacht dazu entschließen müssen, auch die bisher noch ruhig gebliebene Stelle der Front seiner Armee in den Bereich der Angriffsschlacht einzubeziehen. Währenddessen versucht auf seiner rechten Flanke der General Patch mit den angrenzenden Divisionen der 7. Armee – die von Toulon bis hierher marschiert ist – in der Gegend von Baccarat vorzudringen. Er will so dem erlahmenden Angriffsschwung von Pattons rechtem Flügel neuen Auftrieb geben.

Die lothringische Schlacht spielt sich noch immer im Vorfeld des eigentlichen deutschen Westbefestigungssystems ab, das an der früheren Reichsgrenze von 1939 liegt. Es kann sich also bei Pattons Vorstoß noch nicht um einen Versuch handeln, unmittelbar den Bewegungskrieg in das Innere des Reiches zu tragen. Offenbar will er sich erst einmal an die Maginotlinie, den Westwall und das Netz der in den letzten Monaten damit verbundenen neuen Stellungen heranschieben.

»VB.«-Karte (Kurzhauer)

Um eine ähnliche Vorbereitungsoffensive handelt es sich vermutlich bei dem Angriff, den Dempseys 2. britische Armee am Dienstag in der Richtung auf die Maas und die deutsch-niederländische Grenze südöstlich von Helmond mit dem Nahziel der Städte Venlo und Roermond begonnen hat. Dem Leser der Wehrmachtberichte war seit langem klar, daß Dempsey hier stärkere Truppenverbände zu Angriffszwecken zusammengezogen hatte. Hier ist möglicherweise auch eine der Lieblingsgegenden in den Eisenhowerschen Plänen einer Generaloffensive gegen das Deutsche Reich. Doch braucht dies nicht zu bedeuten, daß am Dienstag bereits diese Generaloffensive begonnen habe. Wahrscheinlicher ist es wohl, daß Dempseys neuer Angriff zunächst erst einmal das Ziel verfolgt, das Gelände westlich der Maas in seinen Besitz zu bringen und so Ausgangsstellungen für die kommende Generaloffensive zu gewinnen. Auch hier spielen sich also zunächst vorbereitende Kämpfe ab. Es wird aber auch immer deutlicher, daß der General Eisenhower die große Offensive möglichst noch in diesem Jahr beginnen möchte.

*

Auf dem Balkan schieben sich die deutschen Divisionen langsam nach Norden. Seit dem Abfall Rumäniens und Bulgariens hatte ihr Verbleiben in Griechenland und Serbien keinen militärischen Sinn mehr. Der Rückzug aber ist nicht leicht. Die Freischaren des Marschalls Tito haben an vielen Stellen die Bahnen unterbrochen. Die Straßen sind spärlich und nicht immer gut. Von Osten her versuchen die Sowjets, den Rückmarschierenden den Weg zu verlegen. Aber Führung und Truppe zeigen sich wieder völlig als Herren auch einer schwierigen Lage. Die letzten Wochen geben uns das Vertrauen, daß es ihnen auch in Zukunft gelingen wird, alle Hemmnisse zu meistern.

Die sowjetischen Versuche, von Osten her in die Rückzugsstraßen zu stoßen, sind in harten Kämpfen abgewiesen worden. Titos Freischaren sind freilich lange Monate im Hinterland außerordentlich lästig gewesen, aber wo sie geschlossenen Verbänden deutscher Armeen gegenüberstehen, vermögen sie das Feld nicht zu behaupten und werden in entschlossenem Angriff beiseite gedrückt. Die feindliche Agitation hat in den letzten Wochen höchst düstere Bilder von dem Schicksal der deutschen Balkantruppen entworfen, die sie bereits als völlig abgeschnitten und für die deutsche Gesamtwehrkraft als verloren schilderte. Aber immer mehr zerfließen diese Bilder. Gegenwärtig sehen wir die deutschen Balkandivisionen im Begriff, in einer außerordentlichen militärischen Leistung die beträchtlichen Schwierigkeiten zu überwinden, die ihnen vom Gelände wie vom Feinde bereitet waren.[125]

Ob Metz einen Tag mehr oder weniger in deutschem Besitz ist, das dürfte bei Würdigung der Gesamtlage ohne Belang sein. Interessant ist allerdings, daß den Lesern beigebracht wird, die gegenwärtigen Kämpfe würden sich im »Vorfeld« des eigentlichen deutschen Westbefestigungssystems abspielen. Damit soll gesagt sein, daß das »Vorfeld«, das in den kommenden Tagen aufgegeben werden wird, nicht so wichtig ist. Um Ausreden sind die Nazis nie verlegen gewesen.

⟨30.10.44⟩ DARMSTÄDTER ZEITUNG

Würdeloses »Schuldbekenntnis« Bulgariens

Außenminister Tainoff im Kreml: »Fällen Sie das Urteil über uns!«

(Eigene Drahtmeldung der DZ.)

R. **Budapest,** 29. Oktober. Drei Tage haben in Moskau die Waffenstillstands-»Verhandlungen« mit der bulgarischen Delegation gedauert, aber das Wort Verhandlungen paßt schlecht. Die Bulgaren haben ein würdeloses Schuldbekenntnis abgelegt und die Sowjets haben diktiert, während die Anglo-Amerikaner als Zaungäste der Aburteilung des bulgarischen Volkes zuschauten.

Zweimal wurde den bulgarischen Abgesandten Gelegenheit geboten, sich zu äußern. Jedesmal traten sie bereitwilligst in der Rolle der Angeklagten auf, die sich selbst als Verbrecher bezichtigten. »Wir sind gekommen«, erklärte der bulgarische Außenminister Tainoff, »um Ihr Urteil entgegenzunehmen. Fällen Sie das Urteil über uns!« Vor dem Moskauer Waffenstillstandstribunal gestand er, daß Bulgarien mit größter Achtung auf die Anglo-Amerikaner sehe und mit Liebe und Verehrung sich der Sowjetunion nahe,[126] die das Land befreit habe. Er beeilte sich, dem sowjetischen »Staatsanwalt« zu versichern, daß die größten Umwälzungen in Bulgarien vor sich gingen. Rücksichtslos würden alle beseitigt, die an der bisherigen nationalen Politik mitgewirkt hätten. Radikal werde das Unterste zu oberst gekehrt. Aus den Selbstanklagen Tainoffs war zu entnehmen, daß die bulgarische Regierung ihr Heil in dem bedingungslosen Zusammengehen mit dem Mob sucht.

Die zweite Erklärung stammt ebenfalls vom bulgarischen Außenminister und wurde durch die sowjetische Nachrichtenagentur verbreitet. Sie enthält ein Kriegsschuldbekenntnis der bulgarischen Regierung: »Auf dem Gewissen des gesamten Volkes lastet ein schweres Verbrechen, das von der bulgarischen Regierung begangen wurde.« Der Konferenzsaal verwandelte sich zur Szene eines Schauprozesses, durch den sich ein ganzes Volk den Sowjets an das Messer lieferte.

Der Vorgang dürfte beispiellos in der Geschichte sein. Er übertrifft an Feigheit und Ehrlosigkeit noch das, was sich die rumänischen Delegierten an Charakterschwäche und Kleinmut geleistet hatten. Molotow fand es somit nicht schwer, den Bulgaren die Waffenstillstandsbedingungen zu diktieren.

Bis zur Stunde ist das Diktat noch nicht veröffentlicht. Das bulgarische Volk kennt also noch nicht die Einzelheiten der Knechtschaft, die nun beginnt. Trotzdem hat sich in Sofia bereits eine dumpfe, verzweifelte Stimmung ausgebreitet.

Tainoff beeilte sich zu versichern, das bulgarische Kabinett werde äußerste Anstrengungen machen, um die Forderungen Moskaus zu erfüllen. So kann nur ein Außenminister sprechen, der mit gebrochenem Rückgrat die Folterkammer des Kremls verlassen hat.[127]

Die deutschlandfreundlichen Bulgaren haben ihrem Lande einen äußerst schlechten Dienst erwiesen, als sie sich in diesem Kriege an die Seite Deutschlands stellten. Es ist durchaus nicht würdelos, wenn die derzeitigen machthabenden bulgarischen Politiker das Kind beim Namen nennen. Das kann nur reinigend wirken und künftigen Verantwortungslosigkeiten vorbeugen.

Araber in deutscher Uniform

VB. **Berlin,** 16. November ⟨44.⟩
Schon seit einiger Zeit hat sich im Verband des deutschen Heeres eine Truppe gebildet, die anfangs die Bezeichnung Deutsch-Arabische Legion führte. In dieser Formation sammelten sich die aktivsten Elemente der auf europäischem Boden lebenden Araber. Sie wurden in deutsche Uniformen eingekleidet, mit deutschen Waffen und Gerät ausgerüstet und von deutschen Gruppen-, Zug- und Kompanieführern ausgebildet. Die in der Legion eingesetzten deutschen Ausbilder, dh. das sogenannte Stammpersonal, setzen sich vor allem aus Palästina-Deutschen zusammen, denen Sprache und Eigenart der Araber durch ihren früheren Aufenthalt in Palästina bekannt sind und die so die notwendigen Voraussetzungen und das Verständnis für die arabischen Freiwilligen besitzen.

Als besonderes Abzeichen tragen die Freiwilligen auf dem linken Oberarm des Waffenrocks, bzw. der Feldbluse sowie des Mantels das Abzeichen ihres Verbandes. Dieser Ärmelschild besteht aus der Flagge des Irak, die eine Abwandlung der alten Hedschas-Flagge ist. Er zeigt die Farben schwarz-weißgrün und rot und im oberen roten Teil zwei siebenstrahlige Sterne. Im oberen Teil des Ärmelabzeichens befindet sich die arabische Inschrift: »Bilad al Arab al Hurrah«, deren deutsche Übersetzung »Freies Arabien« am unteren Teil der Flagge angebracht ist.
Nachdem die deutsch-arabische Legion ihre Ausbildungszeit auf einem deutschen Truppenübungsplatz beendet hatte, wurde sie auf ihren eigenen Wunsch zum Einsatz gebracht. Inzwischen hatte die Legion auch ihren Namen geändert und hieß von nun an Arabisches Freiheitskorps. Nach einem längeren Transport wurde der Freiwilligenverband nach Mazedonien verlegt, wo die Araber den Schutz der Verkehrslinien übernahmen. Wege und Straßen wurden gegen Bandenüberfälle gesichert, und besondere Maßnahmen zum Schutze der Bahnlinien wurden getroffen. Minenfelder und Stacheldrahthindernisse, Flandernzäune und Stolperdraht umgaben die Backsteinhütten, die Postentürmchen, Zelte, MG.- und Granatwerferstände der Stützpunkte. In Angriff und Abwehr taten die arabischen Freiwilligen ihren Dienst, und Tage und Nächte waren ausgefüllt mit Spähtrupps in die Umgebung der Stützpunkte oder Verbesserungen der Verteidigungsanlagen.

Seit Beginn der Aufstellung der Freiwilligen-Verbände in der deutschen Wehrmacht hat die deutsche militärische Führung der Betreuung ausländischer Freiwilliger besonderes Augenmerk gewidmet. Sie ist ständig bestrebt, die nationale Eigenart der Freiwilligen zu fördern und ihr jede nur mögliche Unterstützung zu gewähren. Es ist selbstverständlich, daß auf die kulturellen und religiösen Gewohnheiten der arabischen Freiwilligen, wie sie der Koran den Mohammedanern vorschreibt, in der ganzen Dienstgestaltung Rücksicht genommen wird.[128]

Araber in deutscher Uniform! Sollen die es schaffen? Haben wir mit fremden Völkern nicht schon genug schlechte Erfahrungen gemacht? In der Not frißt aber der Teufel Fliegen u. mancher Deutscher schöpft wieder Hoffnung. Angenommen, die Engländer hätten diese Araber als Mitkämpfer eingereiht, dann würde die deutsche Presse schreiben:

Die Engländer benutzen Araber als Kanonenfutter!

Auf die religiösen Gewohnheiten der deutschen Volksgenossen wird wenig Rücksicht genommen. Eine erbärmliche Heuchlerbande!

Wir werden fanatisch kämpfen

Die neue Feindoffensive trifft auf den leidenschaftlichen deutschen Widerstand

DZ. **Darmstadt,** 17. November ‹1944›. Als die anglo-amerikanischen Panzerdivisionen über die französischen Straßen jagten, als nach wenigen Wochen die britischen und amerikanischen Armeen die bisher von uns besetzt gewesenen Gebiete durcheilt hatten und an vielen Punkten an die deutsche Grenze gekommen waren, da schienen ihnen die strategischen Ziele Eisenhowers greifbar nahe zu liegen. Eine eherne Mauer gebot ihnen Halt. Nur an wenigen Stellen gelang es dem Feind, deutschen Boden zu betreten, und das nur unter ungeheuren Opfern an Menschen und Material. Eine feste und dennoch elastische Linie baute sich auf, gegen die es nun nur noch ein Vorwärtskämpfen Schritt für Schritt gab. Trotz aller Ueberlegenheit an Menschen und Waffen war der schnelle Vormarsch endgültig zu Ende.

Die englischen und amerikanischen Armeen mußten neu aufgestellt werden. Wochenlang sammelten sie sich in bestimmten Räumen zur Großoffensive. Lange Zeit stand im Mittelpunkt der Kämpfe die alte Kaiserstadt Aachen. Dreimal hat bis jetzt der Feind hier gestürmt. Zuerst wurde er hier Ende September geschlagen, als er von Belgien her die Grenze überschritt. Am 23. Oktober endete die zweite Schlacht, mit der Eisenhower den Durchbruch erzwingen wollte. In den Mittagsstunden des 16. November entbrannte nun die Schlacht bei Aachen zum dritten Mal.

Stärkste Kräfte sind angesetzt worden. Eine ganze Armee, die 9. nordamerikanische, wurde eingeschoben. Starke Bomberverbände griffen unablässig unsere Stellungen und das Hinterland an. »Trommelfeuer aus der Luft« lag über dem Raum Geilenkirchen, Stolberg, Düren und Jülich. Bis zu zwölfmal flogen Jagdbomber unsere Stützpunkte und Geschützstellungen an. Massierte Artillerie hielt das ganze Gelände unter wahnsinnigem Feuer. Gegen 11 Uhr traten Infanterie und Panzer zum Angriff an. Auf 30 Kilometer Breite zwischen Geilenkirchen und Gressenich schlug aus den zerschmettert geglaubten Stellungen den Angreifern massiertes Abwehrfeuer aller Waffen entgegen. Welle auf Welle brach zusammen. Im Kreuzfeuer der Stützpunkte, im Nahkampf an Paksperren, Panzergräben und Bunkergruppen blieben sie liegen. Nur zwischen Geilenkirchen und der Straße Aachen–Erkelenz konnte sich der Feind an zwei Dörfer heranschieben.

Mit diesen Angriffen stehen nun alle an der Westfront zusammengezogenen USA.-Armeen im Kampf. Die Briten werden sich in Kürze anschließen. Dann wird die ganze Front von Holland bis zur schweizerischen Grenze im Zeichen der feindlichen Großoffensive stehen. Wir haben sie erwartet. Wir haben uns seelisch und materiell darauf vorbereitet. Wir werden allen Angriffen mit Leidenschaft entgegentreten. Sie werden hie und da ein Dorf nehmen, in eine Widerstandslinie einbrechen, unter ungeheuren Opfern ein paar Kilometer vorwärtskommen, aber sie werden ihre weitgesteckten Ziele nicht erreichen, denn sie werden unseren Kampfgeist und Siegeswillen nie beugen können.[129]

»Wir« werden fanatisch kämpfen! Wer sind[130] »wir«?

Die prominenten Nazis befinden sich jedenfalls nicht in der vordersten Linie. Die Kampfeinheiten der Wehrmacht und der SS versuchen, die ihnen angewiesenen Stellungen zu verteidigen. Es m[ag] viele Deutsche und Ausländer geben, die sich den Kampfgeist der deutschen Truppen nicht erklären können. Die Propaganda und der Parteigeist haben es tatsächlich fertig gebracht, die Soldaten auch in aussichtslosen Lagen zum zähesten Widerstand zu veranlassen. Der fanatische Glaube an den Sieg ist bei den deutschen Soldaten in der Tat noch vorhanden. Jeder ist davon überzeugt, daß wir siegen müssen, um nicht ganz verloren zu sein. Viele hoffen auch, daß die Einigkeit unserer Gegner zerbricht und wir deswegen nur auszuharren brauchen, um schließlich den Sieg zu erringen. Im großen und ganzen ist der Soldat kein Denker. Die meisten Soldaten sind durch die Schule des Nationalsozialismus gegangen, und sie sind deshalb auch von dem Recht Deutschlands, die Welt zu beherrschen, fest überzeugt.

Meisterhafter Rückzug auf dem Balkan

Berlin, 20. November ⟨44.⟩

Fast täglich verzeichnet der deutsche Wehrmachtbericht den erfolgreichen Fortgang der Rückführung der deutschen Truppen auf dem Balkan. Seitdem Rumänien und Bulgarien aus der gemeinsamen Kampffront ausgebrochen sind und sich als Hilfsvölker dem Bolschewismus zur Verfügung gestellt haben, ergab sich für die deutsche militärische Führung die Notwendigkeit, die bedrohte Balkan-Position aufzugeben und die Truppen auf eine Linie zurückzuführen, auf der ein Einsatz für aktive Operationen wieder möglich ist. Diese ohnehin schwierige Aufgabe wurde durch die Gelände- und Witterungsschwierigkeiten noch erschwert, aber dank der vorbildlichen Zusammenarbeit von Heer, Marine und Luftwaffe konnte der Plan restlos durchgeführt werden.

Unter ständigen Kämpfen mit den bolschewistischen Banden und bulgarischen Truppen setzten sich die Truppen planmäßig ab, wobei ihnen allerdings in Anbetracht des völlig unzureichenden und durch Bandeneinwirkung vielfach unterbrochenen Bahnnetzes und der für motorisierte Verbände nur beschränkt passierbaren Straßen und Wege große Marschleistungen zugemutet werden müssen. Wohl hat der Feind die Rückführung unserer Verbände zu verhindern versucht und unsere Truppen zur dauernden Abwehr der feindlichen Angriffe gezwungen, aber trotz allem wurden die befohlenen neuen Räume zum festgesetzten Zeitpunkt erreicht.

So hat sich zwischen Nordmazedonien und Kroatien eine neue deutsche Abwehrfront gebildet, die bereits Flankenfühlung mit der Donaufront vor Budapest genommen hat. Diese Entwicklung wird sich sehr bald vorteilhaft für die deutsch-ungarischen Abwehrkämpfe im ungarischen Raum auswirken.[131]

Die Nazis sind Schönfärber von ganz großem Format. Sämtliche Niederlagen seit Stalingrad sind stets in Erfolge umgedichtet worden. Die Nazis glauben, dem deutschen Volke alles weismachen zu können. Jeder Rückzug wird als Glanzleistung dargestellt. Jeder Rückzug ist eine geniale strategische Maßnahme. Der Rückzug ist kein Rückzug, sondern eine »Absetzung« oder eine »Rückführung.« In der nationalsozialistischen Sprache gibt es überhaupt keine deutschen Niederlagen, nur »Erfolge« und siegreiche Abwehrkämpfe. –

Wlassow an Ribbentrop

Kampf bis zum Sturz der Sowjettyrannei

Berlin, 18. November ⟨44⟩. Aus Anlaß der Gründungsversammlung des Befreiungskomitees der Völker Rußlands am 14. November hat der Vorsitzende des Befreiungskomitees, Generalleutnant Wlassow, folgendes Telegramm an den Reichsminister des Auswärtigen von Ribbentrop gesandt: »Im Namen und Auftrage des Befreiungskomitees der Völker Rußlands spreche ich Ihnen meinen aufrichtigen Dank für die von Ihnen ausgesprochene Anteilnahme und die von Ihnen zugesagte Hilfe im Kampf gegen den grimmigen Feind der ganzen Menschheit und für die im Namen der Deutschen Reichsregierung durch Ihren Sonderbevollmächtigten ausgesprochene Unterstützung aus. Die Geschichte wird zeigen, wie groß die Gefahr war, die vom Bolschewismus her der Kultur, Zivilisation und Freiheit der Völker drohte.

Ich bitte, dem Führer des deutschen Volkes meine Versicherung zum Ausdruck zu bringen, daß die Völker Rußlands vom unbeugsamen Willen erfüllt sind, den Kampf bis zum siegreichen Ende durchzustehen und nicht eher die Waffen niederlegen werden, bis die bolschewistische Tyrannei gestürzt ist.«[132]

Verhältnismäßig lange hat es gedauert, bis die Propaganda der Nazis angeblich einen russischen General entdeckt hat, der bereit ist, unter den russischen Gefangenen Kanonenfutter für Adolf Hitler herauszufischen. Ob dieser General überhaupt existiert, das mag noch dahingestellt sein.[133] Aber selbst wenn sich einer gefunden hätte, dann kann man sagen, daß eine Schwalbe noch keinen Sommer macht. Mehr als einen Strohhalm dürfte diese ganze Aktion nicht bedeuten. –

9. Dez. 1944.

Gau Tirol-Vorarlberg

Getreu der Tradition der Kaiserjäger

Gauleiter Hofer sprach zu 3000 Standschützen

Innsbruck, 7. November ⟨44⟩

Gauleiter und Reichsstatthalter Hofer besichtigte in den letzten Tagen wieder einen Lehrgang von Standschützen aus dem Gau Tirol-Vorarlberg, die zur Ausbildung als Unterführer und Führer einberufen sind.

Bei dieser Gelegenheit hielt der Gauleiter vor über 3000 Standschützen eine Rede, indem er insbesonders darauf hinwies, daß jetzt die Zeit der Entscheidung gekommen ist, die zu seinen Gunsten zu erzwingen der Gegner keine Mittel scheut. Uns aber kann die Erkenntnis von der Schwere der Aufgabe nicht verzagt machen, im Gegenteil, sie weckt alle noch in uns schlummernden Kräfte. Immer und immer wieder, fuhr der Gauleiter fort, hat der deutsche Stamm in den Bergen, haben die Standschützen aus Tirol und Vorarlberg im Laufe der Geschichte nach dem ehernen Naturgesetz gehandelt, daß nur der bestehen könne, der bereit ist, Leib und Leben für sich, seine Heimat und sein Volk einzusetzen. Nun ist wieder eine Zeit gekommen, da Volk und Reich bedroht sind. Der Führer hat den Volkssturm aufgerufen. Diesem Rufe folgen freudig und begeistert auch die Standschützen. Die Führer- und Unterführeranwärter, die in diesem Lehrgang von bewährten Frontkämpfern und Politischen Leitern der NSDAP. gemeinsam geführt werden, haben die bedeutungsvolle Aufgabe, an der Ausbildung jener Einheiten der Standschützen mitzuwirken, die die Südgrenze des Reiches schützen sollen. Sie übernehmen damit die Tradition der Vorfahren, die unter Michel Gaismair und unter Andreas Hofer kämpften, sie übernehmen als Verpflichtung die Tradition der ruhmreichen Regimenter der Tiroler Kaiserjäger und Kaiserschützen und der Standschützen, die im Ersten Weltkrieg Heldentaten höchster Tapferkeit vollbrachten.

Die bisherige Ausbildung hat bereits die Früchte der Wehrertüchtigung gezeigt, die der Standschützenverband seit der Rückkehr des Gaues in das Reich in ständiger Breitenarbeit geleistet hat. Oberstes Gesetz der Standschützen sind Kameradschaft und Leistung. Unterführer und Führer wird der soldatisch Tüchtige, der in Haltung und Gesinnung vorbildlich ist.

Der Gauleiter besuchte vor seiner Abfahrt noch die Unterkünfte und unterhielt sich in den einzelnen Stuben mit den Standschützen seines Gaues, von denen viele im Kampfe der Bewegung um die Macht schon Jahre hindurch seine treuen Gefolgsleute waren.[134] lf.

*

Gau Mainfranken

Äußerste Pflichterfüllung

Würzburg, 7. November ⟨44⟩

Im Zeichen des großen Gegenwartsgeschehens stand die Besprechung, zu der Kreisleiter Oberbereichsleiter Schilling die Ortsgruppenleiter und den engeren Kreisstab des Kreises Obernburg-Miltenberg berufen hatte. Nach Einführung des neuen K.-Ortsgruppenleiters Dr. Schulz, Kleinwallstadt, und Dankesworten an den bisherigen Ortsgruppenleiter Alexander, zeichnete der Kreisleiter ein klares Bild von der gegenwärtigen Lage. Alle Aufgaben und Arbeitsgebiete der NSDAP. ständen auch in Zukunft unter dem Grundsatz »Hilf dir selbst, dann hilft Dir Gott!« Pflichterfüllung bis zum letzten sei Selbstverständlichkeit für jeden Beauftragten der NSDAP. Kreisamtsleiter Miltenberger behandelte anschließend alle Fragen, die die Wohnraumbeschaffung betrafen. Alle mit dem Einsatz von Arbeitskräften verbundenen Probleme besprachen ausführlich Kreisgeschäftsführer Leiblein, Kreisamtsleiter Klein und der Leiter der Nebenstelle des Arbeitsamtes Aschaffenburg, Burkel.[135] cht.

Gau Württemberg-Hohenzollern

Kundgebung mit dem neuen Kreisleiter

Tuttlingen, 7. November ⟨44⟩

Im »Kreuzsaal« in Spaichingen fand unter stärkster Anteilnahme der Bevölkerung und aller Formationen die erste Kundgebung mit dem neuen Kreisleiter, Oberbereichsleiter Baptist, statt. Der Kreisleiter sprach dabei über das Ziel unseres Kampfes und ermahnte alle Anwesenden, unter den harten Bedingungen dieses Krieges auch hart gegen sich selbst zu sein und die letzte Kraft zu nutzen, um ein schöneres und glücklicheres Deutschland zu gestalten.[136]

Kampfansage an alle Schwächlinge

Balingen, 7. November ⟨44⟩

Zum erstenmal seit seiner Amtstätigkeit sprach Kreisleiter Uhland bei einer Kundgebung der NSDAP. in Grosselfingen über die gegenwärtige Lage, die kriegswichtigen Maßnahmen und Aufgaben jedes einzelnen sowie über die verschworene Gemeinschaft des ganzen Volkes. Der Kreisleiter geißelte dabei auch die armseligen Gestalten von Schwarzsehern und Schwätzern und brandmarkte den Verrat als eine elende und nichtswürdige Gemeinheit, die nur der begehen könne, der keinen Funken Ehre mehr im Leibe habe.[137]

*

Die unabkömmlichen Parteigewaltigen müssen immer wieder beweisen, daß sie tatsächlich unabkömmlich sind. In allen Gauen finden deshalb Besprechungen oder Kundgebungen in gewissen Zeitabständen statt. Bei diesen Zusammenkünften wird den Getreuen wieder Hoffnung und Zuversicht für die kommenden Tage eingeflößt und Mut zugesprochen. Die Herren Amtsleiter werden von der Parteileitung einheitlich unterrichtet, und diese weiß, was sie ihren Schäfchen zu sagen hat. Die Menschen glauben immer das, was sie wünschen und hoffen. Diese menschliche Schwäche[138] nützt die Partei aus und läßt sich selbst bei den augenblicklichen schwierigen Verkehrsverhältnissen nicht herbei, eine Aenderung ihrer traditionellen Vernebelungsaktionen herbeizuführen. Trotz dieser zähen u. beachtlichen Beharrlichkeit wird die Partei ein Opfer alles Vergänglichen werden. Das ist meine Hoffnung!

Kampf ohne weiße Fahne

Der Gauleiter vor den Bataillonsführern des Deutschen Volkssturmes

NSG. **Frankfurt,** 24. November ⟨44⟩. Gauleiter und Reichsstatthalter Sprenger sprach auf einer Fahnenjunkerschule zu den auf einem Lehrgang versammelten Bataillonsführern des Deutschen Volkssturmes im Gau Hessen-Nassau über die Dynamik der nationalsozialistischen Weltanschauung.

Der Gauleiter kennzeichnete zu Beginn seiner Rede an Hand geschichtlicher Beispiele, daß nicht Waffentechnik und Waffenhandwerk, auch nicht die Kriegskunst im Ringen der Völker allein entscheidend sind, sondern die geistig-seelische Haltung noch immer den Ausgang des Kampfes bestimme. Der Führer ist es gewesen, der aus dieser Erkenntnis nach dem Zusammenbruch des Reiches im Jahre 1918, der vor allem in seiner politisch-weltanschaulichen Zerrissenheit begründet war, die Folgerung zog, dem deutschen Volke eine einheitliche, den göttlichen Gesetzen des Lebens verbundene Weltanschauung zu geben. Nachdem die Partei in der Kampfzeit mit ihrer Organisation bewiesen hatte, daß ihr Ideengut fanatische, opferbereite Kämpfer an sich zog, die sich als Gefolgsmänner des Führers auf freiwilliger Grundlage mit Treue und Gehorsam auszeichneten, ist die Idee der Bewegung schließlich Lebensgesetz des Reiches geworden.

Im einzelnen behandelte der Gauleiter dann den dynamischen Charakter der Idee, wie er sich nach der Machtübernahme in allen Lebensbezirken unseres Volkes auswirkte und schließlich mit der Rückführung unserer, in fremden Staatswesen vom Volke abgetrennten deutschen Brüder in der Werdung des Reiches seinen Höhepunkt fand. Der Haß des Judentums und der Neid der ihm hörigen Söldlinge sind es dann gewesen, die unsere Umwelt gegen den Nationalsozialismus und seinen ordnenden Aufbau aufhetzten.

Die Worte des Gauleiters ließen dann in aller Klarheit die Abhängigkeit der sogenannten Demokratien mit ihrem liberalistischen Wirtschaftssystem und des Bolschewismus mit seinem Staatskapitalismus von den jüdischen Weltdiktatoren erkennen.

Das im Nationalsozialismus geeinte deutsche Volk kämpft nunmehr wie ein Mann gegen die Versklavungsabsichten des Feindes. Es ist heute ohne Ausnahme mit nationalsozialistischem Ideengut revolutioniert und in seinen Organisationen einheitlich erfaßt. Dies vor allem verleiht ihm die Widerstandskraft in den harten Belastungen, die das Kriegsgeschehen uns gegenwärtig auferlegt. Auch der deutsche Soldat hat nunmehr an dem geistigen Werden unseres Volkes vollen Anteil. Der Paragraph 16 des Wehrmachtgesetzes, der bisher immer als ein Hemmnis für eine bewußte nationalsozialistische Betätigung des deutschen Soldaten empfunden wurde, ist nunmehr gefallen und an seine Stelle die Verpflichtung eines revolutionären nationalsozialistischen Soldatentums getreten. Der vom Führer in der Notzeit unseres Volkes aufgerufene Volkssturm ist vor allem in diesem politisch-weltanschaulichen Soldatentum begründet. Jeder wehrfähige deutsche Mann kämpft heute um die Sicherung unseres Volkes und damit um die Erhaltung unserer Art. Er hat die Aufgabe, diesen Sinn unseres Kampfes seinen Soldaten immer wieder aufklärend vor Augen zu führen, und ihm damit erst die feste Grundlage zu geben, auf der dann das Waffenhandwerk aufbaue.

Der Gauleiter schloß seine Rede, die die versammelten Fahnenjunker und Bataillonsführer tief beeindruckte, mit dem Hinweis auf die erzieherische Kraft des Vorbildes. Der Führer des Deutschen Volkssturmes wird jederzeit als Vorbild leben und kämpfen. Für ihn ist die weiße Fahne, die die Kapitulation anbietet, nicht vorhanden. Er kämpft und stirbt nach dem Führerbefehl an das deutsche Ostheer: »Jetzt gilt es zu stehen oder zu fallen!«

Anläßlich des Besuches des Lehrganges der Bataillonsführer des Volkssturmes auf der Fahnenjunkerschule nahm der Gauleiter an einer Geländeübung teil, besichtigte den theoretischen Unterricht und war bei einer Feierstunde, die, von den Fahnenjunkern gestaltet, zu einem besonderen Erlebnis wurde, zugegen. Sein Dank galt vor allem dem Kommandeur der Schule und dem Ausbildungspersonal, die sich mit Eifer und Hingabe ihrer Aufgabe als Erzieher des politisch-weltanschaulichen Soldatentums verpflichtet fühlen.[139]

Es dürfte ein gewaltiger Unterschied sein zwischen einer Kapitulation des Gauleiters Sprenger und seinen Parteigenossen sowie den übrigen Volksgenossen. Ich erwarte gar nicht, daß Sprenger etwa die weiße Fahne hissen sollte, denn das wäre gleichbedeutend mit seinem Untergange. So oder so fällt er. Nur der Zeitgewinn bedeutet eine Galgenfrist. Um diese wird soeben gekämpft. Dieser Umstand spricht für die Haltung aller Parteibonzen.

Das deutsche Volk dagegen könnte, oder besser gesagt, müßte die weiße Fahne hissen, weil der Krieg schon lange verloren ist. Das deutsche Volk läuft nicht Gefahr, vernichtet zu werden, denn es kann gar nicht in seiner Gesamtheit plötzlich untergehen. Für einen denkenden Menschen ist es vollkommen unverständlich, daß das deutsche Volk sein Schicksal nicht in die eigenen Hände nimmt, sondern gleichgültig seine Ketten weiterträgt. Wann wird die unglaubliche Geduld des deutschen Volkes ein Ende haben?

10. Dez. 1944.

In der Nacht vom Mittwoch (6. Dez.) auf Donnerstag (7. Dez.) sind die männlichen Bewohner von Laubach alarmiert worden, um an den Aufräumungsarbeiten in Gießen teilzunehmen. Der Alarm wurde nur von einem Teil gehört. Am Mittwoch Abend zwischen 9 und 10 Uhr fand ein Angriff englischer Flieger auf Gießen statt.[140] Von Ruppertsburg aus sahen wir die Angriffszeichen (im Volksmunde »Christbäumchen«[141] genannt) und den hell erleuchteten Raum von Gießen. Es war zu erkennen, daß in der Hauptsache Brandbomben geworfen wurden. Die Brände waren weithin sichtbar. Noch morgens habe ich vom Bahnhofe Hungen aus den Flammenschein gesehen.

Schon lange wurde ein Angriff auf Gießen erwartet, da es sich um einen wichtigen Bahnknotenpunkt handelt. Der Gegner hat dem Anscheine nach keine Eile. Die Strecke der Main-Weser-Bahn ist äußerst wichtig. Erst in den letzten Wochen hat der Gegner begonnen, sich um diese Bahnstrecke zu kümmern. Jagdbomber hatten allerdings schon seit einiger Zeit das Gebiet Oberhessens mit wenig Erfolg angegriffen. Auf den eingleisigen Strecken wurden einige Lokomotiven getroffen. Bombentrichter in der Nähe der Gleise deuten darauf hin, daß die Bomben ihr Ziel verfehlt haben. Bedeutende Zerstörungen habe ich lediglich bis jetzt im Bahnhofsgebiet Friedberg gesehen. Aber auch hier ist die Zahl der Fehltreffer enorm. Viele Aecker und Wiesen sind mit Trichtern übersät, der Bahnhof Friedberg aber erfreut sich noch bester Gesundheit.

Die Angriffe auf Frankfurt (Main), Gießen und Friedberg haben allerdings den Bahnbetrieb empfindlich gestört, er ist zweifellos ins Wanken geraten. Das Reisen auf der Eisenbahn ist zur Qual geworden. Die Zugverspätungen, der Aufenthalt in den Wartesälen und die Fahrt in ungeheizten Zügen tragen dazu bei, den Wunsch auf endgültige Einstellung des Eisenbahnbetriebes für Zivilreisende verständlich erscheinen zu lassen. Wer heute reist, kann viel erzählen.

Der in Büdingen um 18 Uhr abfahrende Zug war in Gießen nicht abgelassen worden. Was tun? Kurz entschlossen wanderte ich nach Stockheim, um dort den Zug nach Altenstadt zu erreichen. Ergab eine Wanderung von 2 Stunden. In Stockheim stand zwar ein Zug, Richtung Frankfurt, der aber die verschiedenen Anschlüsse abwarten mußte. 3 Stunden Wartezeit. Abfahrt: nach 23 Uhr. Ankunft in Altenstadt kurz vor Mitternacht. –

Am 8. Dezember. Abfahrt Altenstadt um 14 Uhr. In Heldenbergen umgestiegen. Der Zug von Hanau nach Friedberg 1 Stunde Verspätung. In Friedberg wurde bekannt gegeben, daß der fahrplanmäßig um 16.18 Uhr abfahrende Zug ausfällt. Wartezeit: 3 Stunden. Um 19.11 Uhr soll der nächste Zug abfahren, er setzt sich aber erst um 20 Uhr in Bewegung und hält dann in Hungen eine Stunde. Um 22 Uhr Ankunft in Laubach. Für eine Entfernung von 44 km wurden 8 Stunden benötigt. –

Morgens 6.40 Uhr wollte ich von Altenstadt nach Büdingen fahren. Auskunft: Der Zug steht noch in Frankfurt. Ich machte mich auf den Weg und traf nach 3 Stunden in Büdingen ein.

Das sind einige meiner Reiseerlebnisse im 6. Kriegsjahre.

Ich werde keineswegs darüber erstaunt sein, wenn die Deutsche Reichsbahn in absehbarer Zeit ihren Betrieb einstellen muß. Besser ein Ende mit Schrecken als Schrecken ohne Ende.[142] –

Die näher rückende Front bringt uns täglich mehr in den Bereich der taktischen Luftwaffe der Engländer und Amerikaner. Das war vor einigen Monaten noch anders. Da wurden im Westen die Verkehrseinrichtungen von Frankreich, Belgien und Holland mit Bomben belegt. Nachdem nun aber die Schlachtfelder in das Rheinland und Saargebiet verlegt worden sind, beginnt auch für unsere Gegend die Gefahr fortgesetzter Angriffe und die damit verbundene Störung oder Außerbetriebsetzung der Eisenbahnen. –

Unsere Gemeinschaft

Themen auf der Gaupressekonferenz

NSG. **Frankfurt,** 24. November ⟨44⟩. Auf der Pressekonferenz des Gaupresseamtes sprachen der Gaustabsführer des Deutschen Volkssturmes, SA.-Standartenführer Schädlich und der Leiter des Gauorganisationsamtes, Oberbereichsleiter Stavinoga, vor den versammelten Hauptschriftleitern über aktuelle Fragen ihres Aufgabengebietes.

Der Gaustabsführer des Deutschen Volkssturmes stellte heraus, daß der Gau Hessen-Nassau seine Ehre darein setze, im Aufgebot des Reiches zur Freiheit unseres Volkes mit einer Mannschaft vertreten zu sein, die sich besonders durch ihre politisch-weltanschauliche Haltung auszeichnet. Der Gauorganisationsleiter behandelte den Einsatz der Zehntausende von Männern und Jugendlichen unseres Gaues beim Bau der Westbefestigungen. Er verwies auf die beispielhafte Arbeitsleistung, die nur durch die hinter der Aufgabe stehende anständige Gesinnung, mit der sie gelöst wurde, zu erreichen war. Im einzelnen erläuterte er den organisatorischen Aufbau dieses großen Verteidigungswerkes, das sich bereits in diesen Tagen für unsere Heimat zu bewähren hat. Er behandelte die mit der Improvisation verbundenen unumgänglichen Schwierigkeiten und Härten und verwies auf die opferbereite Haltung, mit der die Männer unseres Gaues diese überwanden und schließlich den Auftrag voll erfüllten.[143]

Die Partei muß ihre Daseinsberechtigung und die Amtsleiter müssen ihre Unabkömmlichkeit unter Beweis stellen, deshalb der Bau der Westbefestigungen. Eine Improvisation bleibt eine Improvisation. Der militärische Wert der in Eile hergestellten Befestigungen kann nur sehr fragwürdiger Natur sein. Wenn der in jahrelanger Arbeit hergestellte Atlantikwall durchbrochen wurde, um wie viel weniger können dann Feldbefestigungen ein wirkliches Hindernis darstellen. Während dieses Krieges hat es sich immer wieder herausgestellt, daß keine Festung einem konzentrischen Angriff standhalten konnte. Sofern eine Befestigung genommen werden soll, wird sie niemals den massierten Kräften der Artillerie und der Flugwaffe auch nur einigermaßen wirksamen Widerstand entgegenzusetzen in der Lage sein. Dies alles brauchen die sturen Parteiidioten nicht zu beachten. Sie kämpfen um Zeitgewinn. –

Blickpunkt Straßburg

(Drahtbericht unserer Berliner Schriftleitung)

Dr. W. Sch. **Berlin,** 24. November ⟨44⟩. So erregend zunächst die Nachricht klingt, daß einer feindlichen Panzergruppe aus der Senke von Zabern heraus der Einbruch in die Stadt Straßburg gelungen ist, so bleibt doch festzustellen, daß auch in diesem Raum ebensowenig wie im oberen Elsaß neue vollendete strategische Tatsachen geschaffen worden sind. Die Entwicklung der Kämpfe befindet sich im Norden wie im Süden des Elsaß durchaus noch im Fluß, und der Erfolg der natürlich sofort eingeleiteten deutschen Gegenmaßnahmen muß abgewartet werden. Die Ausbruchversuche der im Oberelsaß abgeschnittenen Feindkräfte in westlicher und nordwestlicher Richtung sind bisher erfolglos geblieben, während südöstlich von Mülhausen die Kampfentwicklung bereits wieder im Zeichen erfolgreicher deutscher Gegenaktionen steht. Dem amerikanischen Panzerraid[a] von Zabern bis nach Straßburg blieb immerhin der letzte angestrebte Erfolg insofern versagt, da die Absicht, die Brücke nach Kehl überraschend in Besitz zu nehmen, von unseren Sicherungsstreitkräften verhindert werden konnte.[144]

Es ist ein überaus schlechter Trost, den Amerikanern weiter gesteckte Ziele zu unterschieben, die sie angeblich nicht erreichten. Der Durchbruch nach Straßburg ist der Anfang vom Ende der Besatzungsherrlichkeit im Elsaß. Bald wird kein deutscher Soldat mehr in Elsaß-Lothringen anzutreffen sein. Dieser Erfolg ist immerhin recht beachtlich. Das nächste Opfer der gegnerischen Angriffe wird das Saargebiet sein. Bei dieser Sachlage gibt es noch Menschen, die an den Endsieg der deutschen Waffen glauben. Denen ist nicht zu helfen.

12. Dez. 1944.

⟨(Nonnenbruch)⟩

England in USA-Fesseln

England hat diesen Krieg begonnen, weil es an seiner in der Vergangenheit zwar bewährten, inzwischen aber überholten Konzeption des »europäischen Gleichgewichts« festgehalten hat. Im Verlauf dieses Krieges sind nicht nur die Grundlagen dieser englischen Politik weggeschwommen, sondern die während des Krieges aufgetauchten neuen politischen und wirtschaftlichen Tatbestände lockern die Grundfesten des englischen Staates und der englischen Wirtschaft auf. Kennzeichnend dafür sind die gegenwärtige Lage und die Entwicklungsaussichten des englischen Außenhandels.[145]

Die deutsche Propaganda bemüht sich in neuester Zeit, die Frage der Kriegsschuld nach nationalsozialistischer Methode zu behandeln.

Die Nazis behaupten stets in krankhafter Weise, daß alles was sie tun, das verkörperte Recht sei. Dagegen begeht der Gegner nur Unrecht.

In dem Abschnitt »Psychologie der Propaganda« in seinem Buche »Mein Kampf« verrät Adolf Hitler seinen Anhängern das Wesen seiner Propaganda.

Er schreibt: »Jede Propaganda hat volkstümlich zu sein und ihr geistiges Niveau einzustellen nach der Aufnahmefähigkeit des Beschränktesten unter denen, an die sie sich zu richten gedenkt.[146] … Je mehr die Propaganda ausschließlich auf das Fühlen der Masse Rücksicht nimmt, um so durchschlagender ist der Erfolg. … Gerade darin liegt die Kunst der Propaganda, daß sie, die gefühlsmäßige Vorstellungswelt der großen Masse begreifend, in psychologisch richtiger Form den Weg zur Aufmerksamkeit und weiter zum Herzen der breiten Masse findet. …

Die Aufnahmefähigkeit der großen Masse ist nur sehr beschränkt, das Verständnis klein, dafür jedoch die Vergeßlichkeit groß. …

Die Aufgabe der Propaganda ist z. B. nicht ein Abwägen der verschiedenen Rechte, sondern das ausschließliche Betonen des einen eben durch sie zu vertretenden.

a) *Panzerraid:* zu *Raid* ›begrenzte militärische Operation, Überraschungsangriff‹, aus engl. (schott.) *raid*.

Die Propaganda hat nicht objektiv die Wahrheit, soweit sie den anderen günstig ist, zu erforschen, um sie dann der Masse in doktrinärer Aufrichtigkeit vorzusetzen, sondern ununterbrochen der eigenen zu dienen.

Es war grundfalsch, die Schuld am Kriege von dem Standpunkt aus zu erörtern, daß nicht nur Deutschland allein verantwortlich gemacht werden könnte für den Ausbruch dieser Katastrophe, sondern es wäre richtig gewesen, diese Schuld restlos dem Gegner aufzubürden, selbst wenn dies wirklich nicht so dem wahren Hergange entsprochen hätte.

... Die breite Masse eines Volkes besteht nicht aus Diplomaten oder auch nur Staatsrechtlehrern, ja nicht einmal aus lauter vernünftig Urteilsfähigen, sondern aus ebenso schwankenden wie zu Zweifel und Unsicherheit geneigten Menschenkindern. Sowie durch die eigene Propaganda erst einmal nur der Schimmer des Rechts auch auf der anderen Seite zugegeben wird, ist der Grund zum Zweifel an dem eigenen Rechte schon gelegt. Die Masse ist nicht in der Lage, nun zu unterscheiden, wo das fremde Unrecht endet und das eigene beginnt.

... Propaganda hat die Masse zu überzeugen. Diese aber braucht in ihrer Schwerfälligkeit immer eine bestimmte Zeit, ehe sie auch nur von einer Sache Kenntnis zu nehmen bereit ist, und nur einer tausendfachen Wiederholung einfachster Begriffe wird sie endlich ihr Gedächtnis schenken.

Jede Abwechslung darf nie den Inhalt des durch die Propaganda zu bringenden verändern, sondern muß stets zum Schlusse das gleiche besagen. So muß das Schlagwort wohl von verschiedenen Seiten aus beleuchtet werden, allein das Ende jeder Betrachtung hat immer von neuem beim Schlagwort selber zu liegen. Nur so kann und wird die Propaganda einheitlich und geschlossen wirken.

Die große Linie allein, die nie verlassen werden darf, läßt bei immer gleichbleibender konsequenter Betonung den endgültigen Erfolg heranreifen. Dann aber wird man mit Staunen feststellen können, zu welch ungeheuren, kaum verständlichen Ergebnissen solch eine Beharrlichkeit führt.« –

Adolf Hitler hat richtig spekuliert. Mit seinen Tiraden hat er nicht nur die Dümmsten unter der Masse des Volkes, sondern auch leider eine große Menge jener Leute eingefangen, die sich zur Intelligenz rechneten. Es ist unbestreitbar, daß Hitler das Volk durch seine Propaganda für sich gewonnen hat. Der Erfolg lag in der Dauer und der gleichmäßigen Einheitlichkeit ihrer Anwendung.

Wir sind heute in der Lage – um mit Hitlers Worten zu reden – »mit Staunen festzustellen, zu welch ungeheuren und kaum verständlichen Ergebnissen solch eine Beharrlichkeit führt«.

Ungeheuer und unverständlich!

Das Fundament der Propaganda Hitlers war und ist nur Lug und Trug. Hitler ist der gemeinste Schwindler aller Zeiten. Seine Jünger haben ihm getreulich die Grundgedanken seiner Propaganda nachgeahmt, und daraus entstand das fürchterlichste Kind des Hitlerismus: die Nazipresse. Diese Schwarzkünstler darf das Volk bei der kommenden Abrechnung nicht vergessen. Einer von ihnen ist: Nonnenbruch.

Dreist und frech schreibt dieser Halunke: »England hat diesen Krieg begonnen.« Die Schuld restlos dem Gegner aufbürden und keinen Schimmer des Rechts der anderen Seite zubilligen, das ist eben nationalsozialistische Propaganda. Diese Schmierfinken vom Schlage eines Nonnenbruch wissen, daß sie der großen Masse des Volkes jede Lüge servieren können, da die Denkfähigkeit gering, die Vergeßlichkeit dagegen groß ist.

Nonnenbruch behauptet also: England hat diesen Krieg begonnen.

Nonnenbruch verschweigt die geschichtliche Tatsache, daß Adolf Hitler am 1. September 1939 den Krieg dadurch begonnen hat, daß er den deutschen Truppen den Befehl gab, in Polen einzumarschieren.

Es ist nun aber nicht so, daß dieser Krieg plötzlich über Nacht ausgebrochen wäre, nein, er war jahrelang vorbereitet und überlegt entfesselt worden.

Die Vorbereitungen für den Ueberfall auf Polen waren bereits im Sommer 1939 getroffen worden. Es ist mir bekannt, daß die Munitionszüge mehrere Monate vor dem 1. Sept. 1939 gegen Osten rollten und das Bahnpersonal zu besonderer Verschwiegenheit verpflichtet worden war.

Hitler selbst verriet am 1. Sept. 1939 im Reichstag folgendes: »Mehr als 6 Jahre habe ich nun am Aufbau der deutschen Wehrmacht gearbeitet. In dieser Zeit sind mehr als 90 Milliarden für den Aufbau unserer Wehrmacht aufgewendet worden. Sie ist heute die am besten gerüstete der Welt und steht weit über jedem Vergleich mit der des Jahres 1914! Mein Vertrauen auf sie ist unerschütterlich.«[147] –

Niemand kann der Armee des deutschen Kaiserreiches etwa den Vorwurf machen, die Armee sei schlecht ausgerüstet gewesen. Am 1. Sept. 1939 hat aber Adolf Hitler vor der ganzen Welt sich damit gebrüstet, daß seine Armee weit besser gerüstet sei als irgend eine andere und ⟨auch⟩ über der des Jahres 1914 stünde.

Hitler vertraute auf seine Ueberrüstung. Er wußte, daß kein anderes Land auf einen Krieg vorbereitet war. Deshalb hat Hitler am 1. September 1939 das Signal zum Kriegsausbruch gegeben.

Die Kriegsschuld Deutschlands braucht nicht nachgewiesen zu werden, sie liegt klar vor den Augen der Welt.

Die Vorbereitungen für diesen fürchterlichsten aller Kriege sind jedoch sofort nach Beendigung des ersten Weltkrieges (1914/1918) begonnen worden. In der Gründung der NSDAP ist der Beginn der Vorbereitungen zu erblicken. Die Partei war das Sammelbecken der Revanche-Politiker, der Imperialisten, der Militaristen und Kriegshetzer aller Schattierungen. Die Partei setzte es sich zum Ziel, vor allen Dingen einen Menschentyp zu züchten, den sie willenlos zur Schlachtbank führen kann. Das ist ihr nun auch wirklich hervorragend gelungen. Auf welche Weise die Züchtung erfolgte, das lesen wir in dem Kapitel »Die innere Formgebung« in Hitlers Werk »Mein Kampf«.[148]

Hitler ist gar kein heimtückischer Mensch. Im Gegenteil, er läßt jeden seine Seele betrachten. In »Mein Kampf« hat Hitler seine intimsten Gedanken ganz offen zum Ausdruck gebracht. Die Anderen haben nur nicht an die Möglichkeit der Durchführung seiner Pläne geglaubt – oder aber das Buch »Mein Kampf« überhaupt nicht gelesen! In der Tat haben mir viele Zeitgenossen etwas beschämt zugegeben, daß sie »Mein Kampf« noch nicht gelesen haben. Sogar Parteigenossen! Unglaublich, aber wahr!

So sind die Menschen, sie laufen[149] jedem nach, der ihnen möglichst viel verspricht und bei dessen Lehre sie möglichst wenig zu denken brauchen. Nachplappern; nur um Gottes Willen nicht selbst denken.

(Mein Kampf) S. 392, 394.
Die innere Formgebung der[150] Bewegung.
Die führenden Männer müssen aus einem Holz geschnitzt sein, das sie befähigt, nicht nur den fanatischen Glauben an den Sieg einer Bewegung im Herzen zu tragen, sondern auch mit unerschütterlicher Willensenergie und, wenn nötig, mit
brutalster Rücksichtslosigkeit
die Widerstände zu beseitigen, die sich dem Emporsteigen der neuen Idee in die Wege stellen. –
Die Zeit des Winters 1919/1920 war ein einziger Kampf, das Vertrauen in die siegende Gewalt der jungen Bewegung zu stärken und zu jenem Fanatismus zu steigern, der als Glaube dann Berge zu versetzen vermag. –
(S. 385) Die Größe jeder gewaltigen Organisation als Verkörperung einer Idee auf dieser Welt liegt im religiösen Fanatismus, indem sie sich unduldsam gegen alles andere, fanatisch überzeugt vom eigenen Recht, durchsetzt.[151]

✠ Mich erreichte die Nachricht vom Heldentod unseres lieben Sohnes, Oberfeldw. **Herbert Dehrmann** Jagdfl. u. Staffelf., Inh. d. Gold. Frontflugspange, d. EK. 2 u. 1 ᛉ 24. 9. 1920, ᛣ 6. 8. 1944 i. Westen Für alle Leidtragenden: **Gertrud Stöwesand,** verw. Dehrmann, geb. Brunk, zZ im Einsatz.[152]

Ein Oberfeldwebel als »Staffelführer«. Daraus geht der Mangel an Fliegeroffizieren hervor.

Nimwegen – Aachen – Schlettstadt – Fünfkirchen
Die Lage an den Fronten

VB. **Berlin,** 3. Dezember ⟨44.⟩

Nach englischen Berichten hat sich die Umgruppierung der Heeresgruppe des Feldmarschalls Montgomery fortgesetzt. Einige Divisionen der 2. britischen Armee waren bereits Mitte November aus den Niederlanden nach Südosten in Marsch gesetzt worden und hatten den Abschnitt der Kampffront bei Geilenkirchen besetzt. Das hätte an sich eine Verdünnung der Linien der 2. Armee bedeuten müssen. Montgomery hat aber eine solche Auseinanderziehung gerade der 2. Armee verhindern wollen, und er hat darum das nördlichste Stück der bisher von Dempseys Engländern gehaltenen Linie von den Kanadiern der 1. Armee besetzen lassen. Darnach reicht nunmehr der Kampfraum der 1. kanadischen Armee von der Maasmündung über Nimwegen bis südlich davon. In diesem Nimwegener Bogen standen bisher die Engländer. Welche Bedeutung die Änderung für Montgomerys Offensiventwürfe hat, bleibt abzuwarten.

Östlich von Aachen sind die Nordamerikaner kaum weitergekommen. Ihre Angriffe blieben meistens liegen. An der Saar schieben sie sich langsam an das Vorfeld des Westwalles heran. Den Truppen der 3. Armee des Generals Patton steht hier dieselbe mühselige und dornenreiche Aufgabe bevor, an der sich die Divisionen Simsons und Hodges nun schon mehr als zwei Wochen versuchen.

Im Elsaß schält sich deutlicher die neue Lage heraus. Nördlich von Straßburg verläuft die Front aus der Gegend des Flüßchens Moder (bei Hagenau) ziemlich in westlicher Richtung über die Saar, geht hier auf das westliche Ufer und läuft dann in nordwestlicher Richtung, bis sie bei Merzig wieder das westliche Ufer erreicht. Südlich von Straßburg läuft sie von Rheinau in einem Bogen bis westlich Schlettstadt (die Nordamerikaner sind hierin vom Vogesenkamm bis Markirch hinuntergestoßen), sie geht aus dieser Gegend auf den Vogesenkamm, läuft hier in südlicher Richtung, biegt dann hart nach Osten und erreicht nördlich von Mülhausen den Rhein. Dabei ist zu beachten, daß bei Belfort noch immer heftig gekämpft wird. Die deutsche Stellung im Elsaß ist also nach der Aufgabe von Straßburg und Erstein im wesentlichen ein großer Brückenkopf geworden, in dessen Mitte Kolmar liegt.

Im Osten werden die Blicke des Beobachters gegenwärtig auf die Gegend von Fünfkirchen gelenkt. Die Sowjets haben ihre Offensive aus der Gegend östlich von Budapest mit der Fähigkeit zum schnellen Wechseln der Schwerpunkte, die ihre Führung in den letzten Jahren gelernt hat, auf das westliche Donauufer verlegt. Nach der Einnahme von Fünfkirchen stießen sie fächerförmig nach Nordwesten und Norden vor. Ihre Absicht ist dabei ganz deutlich, Budapest von Westen her zu überflügeln, nachdem der Überflügelungsversuch von Nordosten her ebenso gescheitert ist, wie vorher der Frontalangriff von Süden her. Bei ihrem neuen Vorstoß sind die Sowjets in zwei Tagen etwa vierzig Kilometer nordwestlich von Fünfkirchen in der Richtung auf den Plattensee und etwa siebzig Kilometer in der Richtung auf die ungarische Hauptstadt vorgestoßen. Die Schnelligkeit dieser Bewegungen beweist, daß sich hier im Süden ein neuer Gefahrenherd gebildet hat und daß es notwendig ist, auch hier eine neue Abwehrfront aufzubauen. Die Erfolge der bisherigen deutsch-ungarischen Abwehr berechtigen zu der zuversichtlichen Erwartung, daß es auch diesmal gelingt, die sowjetische Offensive aufzuhalten.[153]

Sämtliche Städte, die in der Ueberschrift des Lageberichtes angegeben sind, befinden sich in der Hand des Gegners: Nimwegen, Aachen, Schlettstadt und Fünfkirchen. Der Widerstand der deutschen Truppen ist noch erstaunlich fest. Es hat den Anschein, als wollten sich die Kämpfe an der Westfront zu einem Stellungskrieg nach dem Muster 1914/1918 auswachsen. Das wäre eine durchaus unerfreuliche Erscheinung. Aus welchen Gründen die Gegner nicht ihre Kräfte zu einem entscheidenden Durchstoß ansetzen, ist nicht zu erkennen. Auf was warten sie? Auf den wirtschaftlichen und militärischen Zusammenbruch Deutschlands? Ist ihnen Deutschland heute noch zu stark? Oder haben sich die Gegner allesamt verrechnet?

⟨18./19.11.44⟩

Volkssturmmänner
ans Gewehr!

Laßt ins Land die Glocken schallen
Erz'nen Munds von Turm zu Turm!
Laßt sie mahnend widerhallen,
Daß der Weckruf dringt zu allen!
Packt den Strang und läutet Sturm!
Baut von Leibern eine Mauer
Um die teure Heimat her,
Gegen alle Feindgewalten
Sie den Kindern zu erhalten!
Volkssturmmänner ans Gewehr!

Wetterleuchtend droh'n Gefahren,
Not und Hunger, Mord und Brand,
Judas feile Söldnerscharen,
Treibt sie kampfergrimmt zu Paaren,
Von der See zum Alpenrand!
Baut von Leibern eine Mauer
Um die teure Heimat her,
Gegen alle Feindgewalten
Sie den Kindern zu erhalten!
Volkssturmmänner ans Gewehr!

Mag die Welt in Schutt versinken –
Unser Glaube baut sie neu!
Mag die Erde Herzblut trinken –
Einmal wird der Sieg uns winken,
Wenn wir tapfer sind und treu!
Baut von Leibern eine Mauer
Um die teure Heimat her,
Gegen alle Feindgewalten
Sie den Kindern zu erhalten!
Volkssturmmänner ans Gewehr!

Heinrich Anacker[154]

Die Konjunktur-Dichter haben wieder neuen Stoff: Der Volkssturm.

Der Befehl: »Volkssturmmänner ans Gewehr« dürfte zur Zeit noch wenig Widerhall finden, und zwar aus dem sehr einfachen Grunde, weil für den Volkssturm – wenigstens in unserem Bezirk – überhaupt keine Gewehre vorhanden sind. Selbst wenn Uebereifrige an das Gewehr rennen wollten, könnte ihr Verlangen nicht gestillt werden. Hoffen wir, daß dieser Zustand recht lange noch so bleibt, denn ich fühle keinen Drang in mir, mit dem »Volkssturm« gegen den Feind zu ziehen. Aus der Erwägung heraus, daß der Kampf gegen einen modern ausgerüsteten Gegner nicht von einer Knüppelgarde aufgenommen werden kann.

Am Freitag, dem 22. Dezember 1944, konnte ich meine Erfahrungen als Reisender um ein weiteres Erlebnis vermehren.

Der von Stockheim in Richtung Gießen fahrende Zug kam um 9 Uhr in Nidda an. Da erscholl der amtliche Ruf: »Nidda, alles aussteigen!« Eine äußerst unangenehme Ueberraschung. Es war zwar keine angenehme Fahrt in einem ungeheizten Wagen mit zerbrochenen Scheiben bei Kältegraden, aber immerhin, schlecht gefahren soll besser sein als gut gegangen. Um nicht stundenlang in dem kalten Wartesaal sitzen zu müssen, entschloß ich mich, nach Laubach zu wandern.

Nach einer Marschzeit von 4 Stunden traf ich um 13 Uhr in Laubach ein. Der Weg führte an dem Flugplatz Borsdorf vorbei, über Ulfa und Gonterskirchen.

Aufruf in entscheidender Stunde

⟨6.12.44.⟩ **Wehrhilfe der deutschen Frauen und Mädel**

Deutsche Frauen und Mädel!

Der Haß der Feinde will unser deutsches Volk auslöschen. Ihr wißt, der Gegner steht nicht nur vor den Toren des Reiches, er hat bereits an mehreren Stellen die Grenzen überschritten. Frauen und Kinder wurden aus ihrer Heimat vertrieben. Viele von ihnen haben Unsägliches gelitten. Sie sind hart geworden in dieser Zeit, sie ertragen nicht nur tapfer ihr Schicksal, sondern dienen noch täglich und stündlich mit ihrer Arbeit und ihrer Treue unserem Vaterland. Je enger der Kreis um uns herum wurde, desto lauter wuchs der Wunsch vieler Frauen und Mädchen, an der aktiven Verteidigung unseres Reiches teilhaben zu können. Viele Tausende stehen bereits im Dienste der Wehrmacht, und mit Flakwaffenhelferinnenkorps haben wir den ersten geschlossenen direkten Einsatz in der Landesverteidigung geschaffen.

Heute nun, wo jeder wehrfähige deutsche Mann sich seinem Vaterland stellt, wollen wir Frauen und Mädel alles tun, um Soldaten des Heimatgebietes restlos den Fronteinsatz zu ermöglichen. Wir ergänzen deshalb in diesen Tagen die schon bestehenden Fraueneinsätze zu einem Wehrmachthelferinnenkorps, in dem jede wehrwillige deutsche Frau ab 18. Lebensjahr an Stelle eines Soldaten jeglichen Dienst leisten kann, der ihr in diesem Korps nach ihrer Meinung zugewiesen wird. So wie wir uns noch nie in diesem Krieg vergeblich an euch gewandt haben, so rufen wir in entscheidender Stunde allen, die nicht in einem kriegswichtigen Spezialeinsatz stehen, zu:

Freiwillige vor!

Meldepflichtige und noch nicht Eingesetzte, schließt euch an!

Alle aber, die zu diesem Korps eingezogen werden, sollen wissen: Wir treten an zur Wehrhilfe der deutschen Frauen und Mädel für die kämpfende Front. Unsere Parole heißt: Hilf dir selbst, so hilft dir Gott!

gez. Dr. Jutta Rüdiger,
Reichsreferentin des BDM.
gez. Gertrud Scholtz-Klink,
Reichsfrauenführerin.[155]

Die neue Maßnahme zum totalen Kriegseinsatz bringt Frauen in den Wehrdienst. Seither wurden bei der Wehrmacht die jüngeren Jahrgänge immer wieder und immer radikaler mit älteren für die kämpfende Front ausgetauscht. Es handelt sich jetzt um eine letzte Rationalisierung. Zahllose männliche Kräfte im rückwärtigen Dienst, die zwar unentbehrlich, aber nicht unersetzlich sind, sollen jetzt durch Frauen freigemacht werden. Mancher, der einen schönen Posten inne hatte, wird mit Wehmut an die vergangenen Tage denken. Manche »Braut« wird durch ihren Kriegsdienst mithelfen, daß mehr Männer in das Massengrab gelegt werden und die Zahl der Frauen, die ledig bleiben müssen, sich gewaltig erhöhen.

Jede Einrichtung, die geschaffen wird, richtet sich schließlich nur gegen die Menschen selbst. Und nicht wenige sind es, die auch noch begeistert mitwirken.

Als die Russen im Herbst 1941 in höchster Not ihre Menschenreserven mobilisierten und auch Frauen heranzogen, da fehlte es nicht an hämischen Bemerkungen über »Kinder, Greise und Flintenweiber«. Jetzt bemühen sich die Zeitungsschreiber darzutun, daß das neue Wehrmachtshelferinnenkorps nichts mit den »Flintenweibern« sowjetischer Prägung zu tun hat. Selbstverständlich ist der Wehrdienst für die deutschen Frauen und Mädchen ein »besonderer Ehrendienst, der jeglicher Entweihung fraulichen Wesens entbehrt«.

»Flintenweiber« gibt es nur bei den Gegnern.

Die weiblichen Soldaten werden den Krieg verlängern helfen, an dem verderblichen Ausgange werden sie nichts ändern.

Es sind Maßnahmen eingeleitet, um auch im Bereich der Wehrmacht die menschliche Schaffens- und Kampfkraft höchst rationell einzusetzen. Das Wehrmachthelferinnenkorps aber stellt das geeignete Mittel dar, um in kürzester Zeit alle irgendwie entbehrlichen Kv.-Soldaten der Fronttruppe zuzuführen, den Wall an den bedrohten Grenzen zu verstärken und den Kriegsverlauf zu einer glücklichen Wende zu führen.

Der Dienst in der Wehrmacht, zu dem nun Zehntausende deutscher Frauen und Mädel gerufen werden, wird damit zu einem besonderen Ehrendienst, der jeglichen Vorteils und jeglicher Entweihung fraulichen Wesens entbehrt. Die NS.-Frauenschaft aber, die in diesem Kriege, wenn auch oftmals still und anspruchslos, schon manch unentbehrlichen Kampfbeitrag geleistet hat – wir denken dabei nur etwa an die Bekämpfung der Folgen des Bombenkrieges, an die Versorgungsaufgaben im Stellungsbau, an die Organisation der Heimarbeit –, hat nun, indem sie dem Wehrmachthelferinnenkorps die Führung stellt und der neuen Einrichtung organisatorisch und psychologisch den Weg bahnen hilft, wohl ihre schönste und schwerste Aufgabe in diesem Krieg übernommen: durch die fleißigen Hände und tapfere Herzen der Frauen die Waffentat der Männer zu stützen.[156]

Herbert Hahn.

Staatssekretär Dr. Naumann in der Münchener Kundgebung:

Bedingungsloser Widerstand bis zum deutschen Endsieg

Wachsende Feindschwierigkeiten – Gegenmaßnahmen des Reiches verstärkt

VB. **München**, 10. Dezember ⟨44.⟩

Inmitten der gewaltigen Auseinandersetzung Deutschlands mit seinen Feinden hat Staatssekretär Dr. Naumann am Samstag im Rahmen einer eindrucksvollen Massenkundgebung der Münchener Bevölkerung zu den brennendsten militärischen und politischen Problemen unserer Tage grundsätzliche Stellung genommen.

Die Ereignisse der vergangenen Wochen auf den Schlachtfeldern und in den Hauptstädten unserer Widersacher ha[ben] uns Deutschen den vollgültigen Beweis erbracht, daß sowohl an den Kampffronten als auch in der politischen Regie der Anglo-Amerikaner und der Bolschewisten die Schwierigkeiten sich weiter merklich steigern. Der überraschend starke Widerstand unserer Divisionen und die Entschlossenheit innerhalb der Festung Deutschland, um jeden Preis durchzustehen, gibt der Führung des Reiches die Möglichkeit, die deutschen Gegenmaßnahmen derart vorzubereiten, daß sie unserem Volk nach all den harten und bitteren Prüfungen den Endsieg sichern werden.

So war das Zirkusgebäude am Münchener Marsfeld, wie schon so oft in den vergangenen Jahrzehnten, zu einer Wallfahrtsstätte des Glaubens und der unbedingten Siegeszuversicht geworden, als am Samstag viele Tausende von Männern und Frauen und unsere Jugend sich zusammenfanden. Die Volkssturmbataillone der Hauptstadt der Bewegung waren mit besonderen Abordnungen vertreten, verwundete Soldaten und Hinterbliebene der Gefallenen hatten Ehrenplätze eingenommen.

Mit Begeisterung wurde der Gauleiter des Traditionsgaues München-Oberbayern, Paul Giesler, mit seinem Ehrengast, Staatssekretär Dr. Naumann, begrüßt, die gemeinsam mit den Vertretern von Partei, Staat, Stadt und Wehrmacht, darunter Reichsleiter Fiehler und der Befehlshaber im Wehrkreis VII, General der Infanterie Kriebel, den Kundgebungsraum betraten.

Nach dem gemeinsam gesungenen Lied: »O Deutschland hoch in Ehren ...«[157] richtete

Gauleiter Giesler

an den Redner des Abends herzliche Begrüßungsworte. Er wurde zum Dolmetsch der hart geprüften Hauptstadt der Bewegung, als er – unter stürmischer Zustimmung der Versammelten – davon sprach, daß München unter dem Terror der Anglo-Amerikaner sich so standhaft gezeigt habe, wie nur je eine deutsche Stadt.

»Wir sind längst in die Front der großen Entscheidung eingerückt«, rief der Gauleiter, »und wir werden so stehen wie der Name dieser Stadt uns dazu verpflichtet.«

Unsere Verteidigungskraft von Woche zu Woche größer

Staatssekretär Dr. Werner Naumann erörterte sodann in seiner mit großer Begeisterung und leidenschaftlicher Zustimmung oftmals unterbrochenen Rede die militärischen, politischen und wirtschaftlichen Zusammenhänge und erteilte ebenso deutliche wie offene Antworten auf Elemente, die ihre mangelnde Charakterstärke mit einer verderblichen Klugheit tarnen und ihre Aufgabe darin sehen, als angeblich kühle und rechnende Realpolitiker an unserer gegenwärtigen Lage Kritik zu üben. Wir kennen sie aber, die uns durch anscheinend geistreiche Argumentation davon überzeugen wollen, daß unser Kampf gegen die zeitweise personelle und materielle Überlegenheit unserer Feinde aussichtslos sei.

Diese Realpolitiker sind keine kühlen Rechner, sondern Schwächlinge und Feiglinge, die angesichts der Schwierigkeit den Mut verlieren, anstatt die letzten hundert Meter durchzustehen.

Die Weltgeschichte beweist an vielen Beispielen, daß die Überlegenheit einer Idee auf der einen Seite eine Überlegenheit von Menschen und Material auf der anderen Seite oft nicht nur ausgleicht, sondern schließlich auch zum Siege führt. Dieses in der Geschichte der Menschheit immer wieder zu erkennende Gesetz ließ Athen über die überlegene Macht des Perserkönigs, das Christentum über die antike Welt, Rom über Kathargo siegen. Der Glaube an die auf eine Fahne geschriebene Idee befähigte die Regimenter der französischen Revolutionsarmee, siegreich durch Europa zu marschieren, und die überlegene Kraft ihrer Idee war es schließlich, die

die nationalsozialistische Bewegung allen sogenannten vernunftmäßigen Berechnungen und Erwartungen zum Trotz an die Macht führte. Ein Mann mit sechs Gefolgsmännern begann vor über zwanzig Jahren einer ganzen Welt des Verfalls den Kampf anzusagen.

Damals konnte der Führer **auch nicht mathematisch vorher berechnen, wann er wohl einmal an die Macht kommen würde. Er hatte sich aber vorgenommen, ein zerrissenes Deutschland zu einigen. Und das fast Wunderbare geschah: Wenige Jahre später führte dieser gleiche Mann ein Volk von hundert Millionen in einer niemals für möglich gehaltenen Einigkeit und Stärke, wie es heute nach fünfeinhalb Jahren Krieg an allen Fronten gezeigt und demonstriert wird.**

Genau so wie der Führer damals mit den gegen ihn anstürmenden Schwierigkeiten fertig wurde und sie bezwang, genau so wird er auch heute mit allen Schwierigkeiten am Ende fertig werden. Die materielle Überlegenheit ist nicht allein ausschlaggebend, sie muß und wird selbstverständlich von einer klugen politischen Führung mit in Rechnung gezogen werden. Die deutsche Führung macht die Zukunft unseres Volkes auch nicht abhängig von Zufälligkeiten. Nur zum Unterschied zu den oben angeführten Kritikern haben wir neben dem Verstand ein gläubiges Herz, an das wir uns halten, wenn es hart umgeht an den Fronten und in der Heimat. Die Geschichte lehrt uns, daß es keine verzweifelten Situationen gibt, sondern höchstens verzweifelte Menschen. Zu den verzweifelten Menschen aber gehört die nationalsozialistische Führung auf keinen Fall.

Unsere Lage ist heute nicht schlechter als zu Beginn des Krieges im Jahre 1939, sie ist aber besser, als wir vor drei Monaten befürchten mußten, daß sie heute sein könnte.

Wenn wir auch Abschied nehmen müssen von mancherlei Vorstellungen und uns in einem kleineren Raum mit den uns zur Verfügung stehenden Kräften einzurichten haben, so können wir bereits auf wesentliche Erfolge hinweisen. Der Feind kennt die Gefahr der Zusammenballung des deutschen Widerstandswillens. Er versucht deshalb selbst unter den ungünstigsten äußeren Umständen und kürzester Zeit von allen Seiten her durch konzentrischen Angriff uns zu bezwingen. Er muß Tag für Tag erfahren, daß die moralische Haltung der deutschen Truppen im sechsten Kriegsjahr genau so gut und hervorragend ist, wie am ersten Tag des Krieges. Alle seine voreiligen Siegesgesänge haben jetzt einer traurigen Betrachtungsweise Platz machen müssen.

Unsere Gegenmaßnahmen sind im Anlaufen. Das Ringen um das technische Übergewicht hat für uns Deutsche erfolgreich begonnen, unsere Rüstung und unsere Wissenschaft stehen in seinem Zeichen. Trotz Verkehrsstörungen und Ausfällen verschiedener Art ist kein Zurückgehen der Produktionszahlen im Vergleich zu früheren Monaten erfolgt.

Deutschland weiß, daß es heute eine Festung ist, die verteidigt werden muß um jeden Preis. In dieser Festung herrschen Gesetze, denen sich jeder einzelne zu unterwerfen hat. Die Festung Deutschland wird niemals kapitulieren. Kommt der Feind da und dort in das Land, so tritt ihm ein Volk in Waffen entgegen, das entschlossen ist, um jede Stadt, um jedes Dorf, um jedes Waldstück zu kämpfen, das dem Feind Verluste zufügen wird, die er auf die Dauer nicht ertragen kann. An den Grenzen des Reiches traf der Gegner nicht eine zur Übergabe bereite Bevölkerung, sondern einen Widerstandsgeist, den er in dieser Form noch nie erlebte. Der Deutsche Volkssturm wird sich als eine wertvolle zusätzliche Verstärkung unserer militärischen Kraft erweisen, die Volkssturmbataillone werden nicht schlechter kämpfen als die deutschen Divisionen in aller Welt es taten.

»Kein Deutscher verläßt den Führer!«

Staatssekretär Dr. Naumann gab weiter eine großangelegte Darstellung der innen- und außenpolitischen Verhältnisse, wobei er vor allem des tapferen japanischen Bundesgenossen gedachte, mit dem sich das kämpfende deutsche Volk zutiefst verbunden fühlt. Die Wirkungen der feindlichen Allianz in den von ihr besetzten Ländern geißelte er mit Tatsachenmeldungen, die nachhaltigen Eindruck hinterließen. Das Ergebnis der Politik des Feindes ist eine Verstärkung der Gefahr der Bolschewisierung Europas. Eine einzige Welle von Unordnung, Aufstand der Unterwelt, Chaos und Elend erscheint dort, wo die Armeen der Alliierten marschieren. Unter deutscher Besetzung hatte Europa Arbeit, Essen und geordnete Verhältnisse, unter der Herrschaft der Alliierten hat es Hunger, Aufstand, Streiks und Gefangenenaufstände. Es ist der Aufstand der Unterwelt gegen die abendländische Gesittung. Europa steht heute vor der Entscheidung: Sieg oder bolschewistisches Chaos! Unsere alte Parole hat nach wie vor Gültigkeit, eine dritte Möglichkeit gibt es nicht. Wer leben will, muß kämpfen.

Dieser Krieg ist nicht der Krieg der Nationalsozialistischen Partei, er ist eine elementare Auseinandersetzung mit Naturgewalten, die ohne die Kraft der nationalsozialistischen Weltanschauung niemals geführt oder gewonnen werden könnte.

Das gleiche Volk, das 1918 die Nerven verloren hat, zeigt heute eine unvergleichliche Härte dank seiner besseren Führung und dank der Tatsache, daß es sein Kriegsziel kennt. Unsere Verteidigungskraft wird von Woche zu Woche größer. Solange deutsche Soldaten kämpfen, ist es ein Verbrechen, die Frage des deutschen Sieges überhaupt nur zu zitieren. Ein Krieg ist erst verloren, wenn ihn das Volk, das ihn führt, verloren gibt.

Das deutsche Volk wird nicht nachgeben, kein Deutscher verläßt in dieser Situation unseren Führer, der bei bester Gesundheit mit größtem Optimismus und eiserner Energie die Geschicke Deutschlands in seinen treuen Händen hält, bis der Sieg alle gebrachten Opfer lohnt.

In dieser ernstesten Stunde unseres Vaterlandes sei unsere Parole: Bedingungsloser Widerstand, zäher Wille, die letzten Entscheidungen zu bestehen im Sinne des alten Kampfspruches:
»Hitler treu ergeben, treu bis in den Tod,
Hitler wird uns führen auch aus dieser Not.« [158]

Wer wollte verlangen, daß der Staatssekretär Dr. Naumann mit weniger Fanatismus sprechen soll? Er muß so sprechen wie er spricht. Er muß auch sagen, daß die Schwierigkeiten bei den Gegnern sich merklich steigern. Das gibt neue Hoffnungen.

Zur Lage sagt er u.a.: »Unsere Lage ist heute nicht schlechter als zu Beginn des Krieges im Jahre 1939, sie ist aber besser, als wir vor drei Monaten befürchten mußten, daß sie heute sein könnte.«

Welcher Parteigenosse kann sich darunter etwas vorstellen? Ich muß gestehen, daß ich auf Grund dieser Angaben mir wirklich nicht vorstellen kann, wie unsere Lage nun eigentlich ist. Nach Dr. Naumann soll sie nicht schlechter sein als 1939. Ich vermute, daß Dr. Naumann mit seiner kühnen Behauptung so ziemlich allein auf weiter Flur steht. Es hat keinen Sinn, mit derartigen fanatischen Menschen sich zu streiten. Die Zukunft wird es uns zeigen, ob der Optimismus des Dr. Naumann berechtigt war.

7. Maerz 1945.
Die Pause in meinen Aufzeichnungen ist darauf zurückzuführen, daß meine Reisen von Laubach nach Altenstadt und zurück mit ungewöhnlichen Zeitverlusten verbunden waren. So habe ich z.B. von Altenstadt nach Laubach am 19. Januar 1945 nicht weniger als 14 Stunden benötigt, und zwar von nachmittags 2 Uhr bis nachts 4 Uhr[159]. Der Aufenthalt in dem Amtszimmer in Laubach ist mangels ausreichender Wärme (es fehlt Koks für die Heizung) im höchsten Grade unangenehm und regt fürwahr nicht an, die Feder zu führen. Im Amtsgerichtsgebäude Laubach ist eine Lazarett-Abteilung untergebracht, und trotzdem konnte während der kältesten Tage von der Militärverwaltung kein Koks herbeigeschafft werden. Im Dezember u. Januar wurde mit Holz gefeuert. Die Heizkraft des Holzes reicht aber für die Heizungsanlage nicht aus. Koks kann nicht durch Holz ersetzt werden. In diesem Winter hatten wir einen kalten Bau.

Der Krieg dringt in jede Haushaltung. Für die Heizperiode 1944/1945 haben wir ungefähr 5 rm Holz (Scheiter) erhalten. Früher wurde das Holz mit der Maschine geschnitten und von uns kleingehackt. Diesmal fehlt uns die Maschine. Die Holzschneider sind bei der Wehrmacht. Was tun? »Bist Du Gottes Sohn, so hilf Dir selbst«, kann man auch hier sagen.[160] Wir müssen also das Holz selbst sägen. Dabei geht viel Zeit verloren. Seit Anfang Februar bin ich krank und dienstunfähig. Die Strapazen dieses Winters haben meine Gesundheit untergraben. Der Arzt stellte Grippe, Erkrankung des Herzens, Kreislaufstörungen u. Bronchialkatarrh fest. Alle diese Umstände tragen Schuld an der Unterbrechung meiner Berichterstattungstätigkeit. Die Sonntage gehörten auch nicht mehr voll und ganz mir, da der Volkssturm 1. Aufgebot, dem ich leider angehören muß, jeden Sonntag Vormittag Dienst hat. –

Nun einige Bemerkungen zur Lage von meinem Standpunkt aus: Der Krieg hat in jeder Beziehung seinen Höhepunkt erreicht, wenn nicht sogar bereits überschritten. Der Weg, der zum Abgrund führt, wird von dem deutschen Volk augenblicklich eingeschlagen. Partei-Patrioten glauben und hoffen immer noch. Es gibt auch noch Menschen, die nichts sehen wollen und vom Führer irgend eine Wundertat erwarten. Das sind diejenigen Menschen, welche selbst am Grabesrand die Hoffnung nicht aufgeben. Im übrigen wächst die Zahl der Friedensfreunde von Stunde zu Stunde. Kommende Generationen und das Ausland werden es nie verstehen, warum das deutsche Volk die Parteifessel nicht mit Gewalt beseitigt und sich gegen die Partei-Tyrannei wendete, damit dieser grausame Krieg beendet wurde. Hierzu ist manches zur Aufklärung zu sagen.

Vor allen Dingen ist zu berichten, daß die Zahl der Parteimitglieder, insbesondere der Parteifunktionäre, überaus groß ist. Es handelt sich hierbei um Millionen

Menschen, denen der Glaube an die nationalsozialistische Idee und die Sendung des Führers in jahrelanger Kleinarbeit eingetrichtert wurde. Das eigene Denken ist vollkommen ausgeschaltet, und nur die von der Führung herausgegebenen Richtlinien sind für sie maßgebend und werden von ihnen weiterverbreitet. Es sind durchaus Fanatiker, die bereit und willens sind, mit brutaler Rücksichtslosigkeit die ihnen gegebenen Befehle durchzuführen und jeden Widerstand unter Anwendung von Gewalt und Terror zu beseitigen.

Was steht nunmehr heute diesem Partei-Block gegenüber?

1.) Die Wehrmacht, die in allen ihren Teilen von Parteianhängern durchsetzt ist.

2.) Die Nicht-Parteimitglieder, also die »Volksgenossen«, jene Masse eingeschüchterter und mutloser Menschen, denen in den 12 Jahren nationalsozialistischer Regierungskunst, beinahe jede eigene Meinung abhanden gekommen ist und die mangels Energie und geeigneter Führung zu keiner Aktion fähig sind.

Es gibt keine maßgebende Stelle beim Staat oder in der Privatwirtschaft, die nicht mit bewährten Parteigenossen besetzt wäre. Adolf Hitler hatte schon vor der Machtergreifung klar und deutlich verkündet, daß er alle Aemter nicht etwa mit den befähigsten, sondern mit den ihm ergebensten Parteigenossen besetzen würde. Das hat er auch restlos getan. Also überall da, wo der Hebel zu einer Gegenbewegung angesetzt werden müßte, stehen Wächter Hitlers.

Alle diejenigen, welche in irgend einer Beziehung sich für Hitler eingesetzt haben, scheiden ebenfalls als Gegner des Hitlersystems aus, denn sie wünschen den Sieg und nicht die Niederlage Hitlers. Schon aus dem einfachen Grunde, weil sie bei einer Niederlage alles zu verlieren haben, wenngleich mancher doch glimpflicher behandelt würde als es sich seine schwarze Seele vorstellt.

Ueber den kleinen Rest von Deutschen, die zu einer Rebellion befähigt wären, muß noch gesprochen werden. Zur Durchführung einer Rebellion gehört eine Organisation, die aber kräftig genug sein müßte, wenigstens den Anfangserfolg zu garantieren. Schon daraus erhellt ohne weiteres, daß ⟨nur⟩ eine größere Gruppe mit den erforderlichen Mitteln in Betracht kommt. Der Mißerfolg am 20. Juli 1944 beweist die Richtigkeit meiner Auffassung.

Der einzelne Revolutionär ist eine lächerliche Figur, wenigstens unter den derzeitigen Verhältnissen, da er nicht für seine Idee werben kann, um Anhänger zu gewinnen.

Kleinere Gruppen von Revolutionären könnten unter Umständen einen gewissen Erfolg erringen, wenn sie entschlossen geführt würden und einen einheitlichen Willen verkörpern. Voraussetzung für das Gelingen ist aber in diesem Falle eine weite Verbreitung und eine Verbindung untereinander. Also: Organisation!

Trotzdem heute unsere Gegner im Westen am Rhein und im Osten an der Oder stehen, glaube ich immer noch nicht an einen Zusammenbruch durch einen Aufstand des Volkes. Ohne Hilfe von auswärts ist daran gar nicht zu denken.

Nur die Wehrmacht wäre in der Lage, Schluß zu machen. Da fehlt ⟨aber⟩ der einheitliche Wille. Die führenden Offiziere wissen genau so gut wie die Parteifunktionäre, daß ein verlorener Krieg sie endgültig hinwegfegen wird. Der Nationalsozialismus und der Militarismus haben dann aufgehört zu existieren. Deshalb geht der Krieg weiter – bis die Unmöglichkeit, ihn fortzuführen, praktisch in Erscheinung tritt. Wenn also die Gegner immer weiter vorrücken und die deutschen Truppen schließlich kein ausreichendes Kriegsmaterial mehr haben, um Widerstand zu leisten.

So stelle ich mir das Ende des Krieges vor.

Die Gegner müssen noch etwas einsetzen, um den Krieg zu beenden.

Unsere Kriegsberichterstatter haben das »siegreiche« Ende dieses Krieges schon so oft vorausgesagt, daß der Krieg eigentlich schon vergessen sein müßte. Diese Ruhmredner lassen sich ⟨durch⟩ keine Niederlage u. Preisgabe eroberter Gebiete aus der Fassung bringen.

Eine kleine Broschüre des SS-Kriegsberichters Joachim Fernau, betitelt »Das Geheimnis der letzten Kriegsphase«, läßt einen Einblick in die wirren Gedankengänge eines Erznazis gewinnen. Er schreibt u.a.: »Sieg – das ist das Wort, um das unsere Gedanken ununterbrochen kreisen. Frieden allein gibt es nicht mehr, es gibt nur noch Sieg. ...

Alle unsere Landverluste sind unwichtig. Nur muß man dazu vorher das nötige Land gehabt haben. Und das hatten wir. Dies war ohne Zweifel der Sinn der vergangenen Jahre. ... Die letzte Kraftanstrengung geht nicht über unsere Kräfte. Wir haben in diesem Kriege noch nie in einer kritischen Lage aufgegeben. Wir werden den letzten Preis, den wir noch zu bezahlen haben, eben bezahlen. Mit allen Mitteln und mit allen Kräften. Der Sieg ist wirklich ganz nahe.«

Das schrieb dieser Mann im Sommer 1944. –

An den Mauern steht: »Wir müssen siegen«. Ueber das Wie hat bis jetzt noch keiner gesprochen oder geschrieben. –

Feindnachrichten verbreitet – hingerichtet

Berlin, 17. Januar ⟨45⟩.

Ferdinand Lang aus Salzburg hat von 1940 bis 1943 laufend Feindsender abgehört. Er verbreitete die feindlichen Hetz- und Lügenmeldungen unter seinen Arbeitskameraden und versuchte, ihren Glauben an den Endsieg durch staatsfeindliche Äußerungen zu erschüttern. Obwohl seine empörten Arbeitskameraden ihn zur Rede stellten, setzte Lang sein schändliches Treiben fort.

Der ehrlose Verräter mußte sich nun vor dem Volksgerichtshof verantworten, der ihn zum Tode verurteilte. Das Urteil ist bereits vollstreckt.[161]

Es sind gar nicht die »Hetz- und Lügenmeldungen«, die unsere Regierung von ihren schwachnervigen Untertanen fernhalten möchte. Lügen haben bekanntlich kurze Beine. Sehr bald würde es jeder Deutsche herausfinden, was Hetzereien und Lügen sind. Das, was die Nazis wie die Pest fürchten, das ist die Wahrheit und die Erkenntnis der wirklichen Lage.

Nur mit einem unaufgeklärten, falsch unterrichteten Volk kann ein bereits verlorener Krieg sinnlos fortgesetzt werden.

Aber dem deutschen Volk geht es genau so, wie es ihm ergehen muß kraft seines Verhaltens von 1933 bis 1945. Wer nicht hört, muß fühlen!

Stärker und gläubiger denn je!

Der Aufruf des Gauleiters zum Kampfjahr 1945

Nationalsozialisten!

Männer und Frauen des Gaues Hessen-Nassau!
Ein Jahr härtester Prüfungen liegt hinter uns, ein Jahr, in welchem das Schicksal sich oft genug gegen uns entschied und uns härteste Belastungen auferlegte, die uns alle seelischen und physischen Kräfte abverlangten. Das Waffenglück wandte sich von unseren Fronten. Der Bombenterror des Feindes verwüstete sadistischer denn je unsere Heimat. Mehrere unserer Verbündeten zogen die Sklaverei der Freiheit vor, und in unseren eigenen Reihen fanden sich erbärmliche Feiglinge und ehrvergessene Verräter, die unserem Volke und seinen Gefallenen die Treue brachen und als Mörder die Hand gegen unseren Führer erhoben.

Wenn wir dies alles dennoch mit standfestem Mut und ungebrochener Kampfkraft ertragen haben, so deshalb, weil uns das unabdingbare Ziel unseres Kampfes, die Freiheit unseres Volkes, jedes Opfer auferlegen darf, und weil wir darüber hinaus von der unbeirrbaren Zuversicht an die Wende unseres Geschickes erfüllt sind.

Wir haben in den vergangenen Jahren von den letzten Dingen Abschied genommen, die noch abseits des Krieges lagen. Wir taten es in dem Bewußtsein des Notwendigen. Wir wurden von den Schlägen des Schicksals zu einem Volk in Waffen geschmiedet und wissen heute, daß wir diese niemals niederlegen werden, bevor unserer Heimat, das Leben unserer Frauen und Kinder und die Verwirklichung eines sozialistischen Aufbaues unserer Nation für alle Zeiten gesichert sind.

So gehen wir in das neue Kampfjahr 1945 mit dem Bewußtsein unserer Kraft, die wir in den vergangenen Monaten unter den höchsten Anforderungen unter Beweis stellten, und in der Gewißheit, daß das, was uns in der Vergangenheit nicht umbrachte, uns in der Zukunft nur stärker auf dem Plane finden wird.

Wir wissen, daß wir noch einen weiten Weg zurückzulegen haben. Er kann uns jedoch an Schwierigkeiten nicht mehr bringen, als wir bisher bereits überwunden haben. Wir wissen darüber hinaus aber, daß die Kraft unserer Waffen in immer steigendem Maße zukünftig den Mut unserer Herzen unterstützen wird.

In dieser Haltung wollen wir das neue Jahr begrüßen. Es mag von uns verlangen, was immer es will. Wir werden seine Aufgaben mit opferbereiter Tapferkeit, unbeirrbarer Gläubigkeit an den Endsieg unseres Volkes und unerschütterlicher Treue zum Führer erfüllen.

Wir werden damit zu jeder Stunde unter dem Befehl der gefallenen Männer, Frauen und Kinder aus unserer Gemeinschaft stehen, der gebieterisch fordert, daß ihr Opfer in der gesicherten Zukunft unseres Volkes und dem ewigen Bestand unseres Reiches erfüllt wird!

Heil Hitler!

⟨*Jakob*⟩ Sprenger

Gauleiter und Reichsverteidigungskommissar[162]

Gläubiger denn je! Das sagt Jakob Sprenger. Das predigt der Führer, davon sprechen alle Bonzen.

Diesem Glauben verdanken sie ihr Leben. Deshalb darf keiner im Glauben wankend werden.

Und sie kennen ihr Volk nur zu gut. Eine große Menge von Gläubigen schart sich immer noch um diese Volksverderber und Volksmörder.

Mögen sich die Willkürherrscher noch so wehren, die Stunde der Vergeltung naht trotzalledem.

---

31. Dezember 1944 * Nr. 351* Seite 2

Aufruf zum Jahreswechsel

Noch mehr leisten, noch beharrlicher sein!

Dr. Ley vor den politischen Leitern

Berlin, 30. Dezember.

Der Reichsorganisationsleiter der NSDAP., Dr. Ley, erläßt an die Politischen Leiter folgenden Neujahrsaufruf:

Der Führer spricht auf dem, ›Reichsparteitag der Freiheit‹ 1935: »Die Partei hat mithin aus ihrer Organisation für die Zukunft dem deutschen Staat die oberste und allgemeine Führung zu geben.«

Das ist nun zur Tatsache geworden. Das Schicksalsjahr 1944 hat die totale Führung der NSDAP. auf allen Gebieten zum Durchbruch gebracht. Die Partei führt den Staat. Die Partei trägt die Rüstung und Produktion. Die Partei mobilisiert das Landvolk. Die Partei baut die Schutzwälle in Ost, Süd und West. Die Partei organisiert den Volkssturm. Die Partei ist die Seele des deutschen Widerstandes. Die Partei ist Deutschland. Adolf Hitler ist die Partei und Deutschland ist Adolf Hitler. Das ist die große, zwingende Erkenntnis des Jahres 1944. Das ist der Sieg des 20. Juli und der Sieg über die Katastrophe der verhängnisvollen Monate des August und September. Die nationalsozialistische Revolution hat gesiegt und marschiert. Kameraden der nationalsozialistischen Führung, dieser herrlichste aller Siege verpflichtet:

Noch mehr zu arbeiten, noch mehr zu leisten und noch standhafter und beharrlicher zu sein als bisher. Dein Glaube sei Gehorsam, dein Bekenntnis sei Fleiß, und deine Treue sei Ausdauer und Zähigkeit! Unsere Ehre aber sei Deutschland! [163]

Dr. Robert Ley.

Dr. Ley hebt die Partei in den Himmel. Die Partei ist ein allmächtiger Faktor. Natürlich nur deshalb, weil die Partei von Dr. Ley und den übrigen Kumpanen gelenkt u. als Deckmantel für ihre Herrschergelüste benutzt wird.

Dr. Ley vergaß zu sagen, daß die Partei es fertig gebracht ⟨hat⟩, in 12 Jahren Deutschland in den Abgrund zu führen und Millionen seiner Bürger auszurotten.

24. Maerz 1945.

Am 27. Februar 1945 erlitt Mainz einen schweren Fliegerangriff, der diese Stadt in einen Trümmerhaufen verwandelte. Es sollen nur noch 200 Häuser stehen. Familie Fischler u. Käte Ganglberger sind obdachlos geworden und haben Zuflucht in Laubach gesucht und bei uns gefunden. Die Häuser, in denen sie wohnten, sind vollkommen zerstört, die Keller ausgebrannt. Es konnte nichts gerettet werden.[a]

Ich wäre nicht aus Mainz weggegangen, weil ich der Auffassung bin, daß eine Rückkehr mit erheblichen Schwierigkeiten verbunden sein wird und zeitlich auch noch nicht annähernd bestimmt werden kann. Die Mainzer Einwohner sind zwar 2 Tage in der Kampflinie gewesen, aber dann haben sie den Krieg hinter sich gehabt.

Die meisten Menschen besitzen keinerlei Mut und wollen noch nicht einmal das geringste Risiko übernehmen, selbst auch dann nicht, wenn ihnen die Befreiung vom Nazijoche winkt. Die Flüchtlinge rennen vor dem Kriege her und in die Kampfhandlungen hinein. Die Parole müßte lauten: Heraus aus dem Kriege!

Heinrich u. Lines Fahrbach verließen ebenfalls Mainz und wollten bei uns bleiben. Nach Aufklärung über die Sachlage sahen sie die von ihnen begangene Torheit ein und fuhren wieder nach Mainz zurück. Ich vermute jedoch, daß es ihnen nicht mehr gelungen ist, über den Rhein zu kommen, da die Brücken zwischen Her- u. Rückfahrt gesprengt wurden.

Fahrbachs ließen ihr Hab und Gut im Stich! Das ist eine nicht zu verzeihende Feigheit und Dummheit.

Parteibonzen veranlaßten die Bewohner von Mainz zur Räumung. Den militärpflichtigen Personen ist befohlen worden, Mainz zu verlassen. Die Parteigewaltigen versäumten nicht zu betonen, daß Mainz in 6 Wochen wieder zurückgewonnen würde und die Räumung notwendig sei, weil die Stadt nach Einzug des Gegners von der deutschen Artillerie und den Vergeltungswaffen beschossen würde. Diese Botschaft fand ebenfalls Gläubige.

In 6 Wochen existiert vielleicht kein Bonze mehr.

Je länger diese Herren am Ruder sind, desto größer werden die Verwüstungen und desto schwieriger der Wiederaufbau sein.

Wie lange kämpft die Wehrmacht noch in sinn- und nutzloser Weise?

Wird das deutsche Volk nach Beendigung des Krieges die Kriegsverlängerer zur Verantwortung ziehen oder ihnen hohe Ruhegehälter garantieren?

Nach 1918 hat das deutsche Volk vollkommen versagt.

Warum soll es diesmal klüger sein?

---

a) *Es konnte nichts gerettet werden:* Der Luftangriff auf Mainz am 27. Februar 1944 war der schwerste, den die Stadt erlebte. Vor allem das Stadtzentrum und der Osten der Stadt waren betroffen. Bei dem Angriff kamen etwa 1200 Menschen ums Leben, 5 670 Gebäude wurden zerstört. Vgl. Boog 2008, S. 783.

Das Ritterkreuz
für die Verteidigung von
Schneidemühl

In schwersten Kämpfen behauptet sich die Besatzung von Schneidemühl gegen den von allen Seiten mit vielfacher Übermacht angreifenden Feind. Täglich werden starke Angriffe der Bolschewisten blutig abgewiesen, werden sowjetische Einbrüche im Gegenstoß beseitigt oder abgeriegelt. Bis zum 8. Februar 1945 hat die Besatzung 56 feindliche Panzer vernichtet. Neben alten erprobten Ostkämpfern stehen hier Angehörige von Alarmeinheiten und Wehren tapfer und opferbereit und weisen den Ansturm der Bolschewisten ab.

Die Seele des Widerstandes ist der Kommandant Heinrich Remlinger. Er hat es verstanden, die ihm für die Verteidigung von Schneidemühl zur Verfügung stehenden Verbände zu einer festen kämpferischen Einheit zusammenzuschließen.

Der Führer verlieh ihm nunmehr das Ritterkreuz des Eisernen Kreuzes.

Die »Seele des Widerstandes« hat viele Soldaten nutzlos geopfert; nachdem ihm das Ritterkreuz verliehen war, ging er mit dem Rest der Besatzung ruhig und gelassen in russische Gefangenschaft.

Jeder Widerstand bedeutet heute Verlängerung der Leiden und Qualen der deutschen Bevölkerung. Warum wird weitergekämpft? Weil die Kriegsverbrecher nichts mehr zu verlieren haben. Das Ende des Krieges bedeutet auch ihr Ende. Deshalb:

»Kampf bis zum letzten Atemzuge!«

26. Maerz 1945.

Der Rhein überschritten!

Die Sprengung der Rheinbrücken durch die Wehrmacht (abgesehen von der Brücke bei Remagen) ist eine der vielen sinnlosen Taten während dieses verfluchten Krieges. Die Alliierten wurden durch die Sprengungen der Brücken nicht aufgehalten. Die Ueberquerung des Rheines an zahlreichen Stellen ist eine großartige Leistung, sie wurde allerdings dadurch erleichtert, daß die deutsche Strategie vollkommen versagt hat. In dem Augenblick, als das Gebiet um Aachen verloren und der Gegner in die Eifel eingedrungen war, durften die Stellungen am linken Rheinufer nur dem einen Zwecke dienen, der Masse des Heeres den ordnungsmäßigen Rückzug auf das rechte Rheinufer zu ermöglichen – und schleunigst Schluß zu machen. Die Strategen um Hitler haben gerade das Gegenteil von dem gemacht, was verantwortungsbewußte Männer in dieser Lage tun würden. Ich bin etwa nicht der Auffassung, daß wir das rechte Rheinufer hätten halten können, aber die Städte und Dörfer im Rheinland wären nicht restlos zerstört worden.

Jetzt ist die Lage so, daß das rechte Rheinufer in verhältnismäßig kurzer Zeit von den Truppen der Alliierten besetzt sein wird und aus den Brückenköpfen bei Wesel, Remagen, Boppard und Oppenheim die Vorstöße in das Herz Deutschlands erfolgen werden.

Zum ersten Male in diesem Kriege zeigen unsere westlichen Gegner einen beachtenswerten Angriffselan auf breiter Front. Die Armeegruppe des amerikan. Generals Patton ist in vorbildlicher Weise von dem Moselgebiet in das Rheingebiet unaufhaltsam vorgedrungen und hat den Rhein bei Oppenheim überschritten. Heute stehen die amerikan. Panzer bereits im Raume Aschaffenburg (!) und sind im Begriffe, nach allen Richtungen sich auszubreiten. Nur so und nicht anders kann dem Kriege ein schnelles Ende bereitet werden. Endlich haben es die Amerikaner und Engländer begriffen, daß die Deutschen nicht durch Propaganda im Rundfunk und Ueberredungskünste, sondern nur durch Waffengewalt besiegt und belehrt werden können.

Soeben höre ich, daß hier Gerüchte im Umlauf sind, die Vergeltungswaffen würden baldigst eingesetzt. Die Partei benutzt die Lügen bis zum letzten Atemzuge als Schutzmittel. Damit schüchtert sie die ⟨politischen⟩ Gegner ein und reicht ihren Parteigenossen Beruhigungspillen. Es ist ja so unglaublich einfach, dieses deutsche Volk am laufenden Bande zu belügen und am Narrenseil herumzuführen.

27. Maerz 1945.

Die deutsche Armee auf der Flucht!

Seit gestern Abend (26.3.45) rasen Autos in östlicher Richtung an unserem Gebäude vorbei. Wir konnten die ganze Nacht wegen des Lärms nicht schlafen. Die »beste Armee der Welt« (wie es so oft hieß) flutet zurück. Wohin? An die Weser? Ach Gott, Ihr Toren, Ihr habt den Atlantik- und West-Wall sowie den Rhein nicht verteidigen können, was wollt Ihr im Innern Deutschlands tun?[164] Was auch die Kriegsverlängerer noch ersinnen mögen, die Auflösung ist in vollem Gange – und zu irgend einer Stunde in absehbarer Zeit bleibt die Kriegsmaschine von selbst stehen. Dann beginnt nach dem fürchterlichsten aller Kriege eine ungemein ernste und äußerst schwere Zeit des Wiederaufbaus. Wenige sind sich darüber im klaren; der Krieg hat ihr Denken beeinflußt, und ihre Handlungen sind einzig und allein auf den Krieg abgestellt. Der Katzenjammer wird länger dauern als der größte Schwarzseher es sich heute vorstellt.

28. Maerz 1945.

Ausnahmsweise habe ich um 11 Uhr einige Augenblicke einer deutschen Sendung im Radio zugehört. Der Sprecher sagte gerade: »... in Mannheim stehen die Volkssturmmänner und Hitlerjungen zur Verteidigung bereit«!!! Da kann man nur ausrufen: »Herr, verzeihe ihnen, denn sie wissen nicht was sie tun.«[165]

Ueberhaupt herrscht ein tolles Durcheinander. Befehle kreuzen sich, mehrmals im ⟨Laufe des⟩ Tages wird gegeneinander regiert. Aus dem Lazarett wurden gestern die gehfähigen Patienten entlassen – auf die Landstraße geschickt – einem unbekannten Schicksal entgegen.[166] Man vergegenwärtige sich die augenblickliche Situation: Lastkraftwagen jeden Musters mit Menschen (Zivilisten u. Soldaten) sowie Material sausen gegen Osten. Fußgänger mit Lasten aller Art ziehen die gleiche Richtung. Dieser organisierte Irrsinn in das Ungewisse treibt nun schon einige Tage sein Wesen. Flucht! Wohin? Wo ist das Ziel? Das ist Wahnsinn in höchster Blüte![167]

Frau M[…] (Frauenschaftsmitglied Nr. 1 in Büdingen) teilte uns mit, daß Knaben der Geburtsjahre 1929-1931 aus unserem Gebiet ebenfalls abtransportiert werden sollten. Viele davon sind jedoch ausgerissen und ins Elternhaus zurückgekehrt oder haben sich versteckt. Die Kinder sind gescheiter als die alten Kamele.

Die führenden Parteibonzen des Kreises Gießen sollen getürmt sein! Ein erhabener Augenblick! Zwölf Jahre gemeinster Unterdrückung sind jetzt vorbei.

Fast fehlt einem noch[168] die innere Kraft, seiner Freude offen Ausdruck zu verleihen. Aber wenn der letzte vorbeimarschierende SS-Bandit das Weite gesucht haben wird, dann wird das erlösende … (am Schreibtisch sitzend, kurz nach 15 Uhr kreisen Flieger über Laubach, die deutschen Kolonnen verfolgend. Plötzlich – mein Blick ist auf den Himmel gerichtet – ein Bombeneinschlag in das Postamt und die 2. Bombe in den Eingang zum Hofe R[…]. Vorderfassade des Amtsgerichts beschädigt u. sämtliche Fensterscheiben zerstört. Kleinere Schäden in unserer Wohnung. Mein Oelbild »Plönlein«[a] ist durchlöchert. Mein Schreibtisch ist übersät mit Glassplittern und Dachziegelscherben. Die Vorhänge u. die Blumen sind stark mitgenommen) … Aufatmen, sich einstellen.

Es ist eine Tücke des Schicksals, daß wir noch in letzter Minute vor Toresschluß in Mitleidenschaft gezogen worden sind.[169]

Aber wir wollen alles ertragen, wenn wir nur die Gewissheit haben, daß das Ungeheuer Hitler mit seiner unersättlichen Blut- und Plünderungsgier bald seine letzten Schandtaten begangen haben wird.

Die letzten Reste der Hitler'schen »Armee« sind heute Mittag an uns vorübergezogen. Wie wilde Horden, einer Räuberbande ähnlich sehend, ein Sauhaufen schlimmster Sorte, eine öde, tierische Masse von Hunnen und Barbaren. Mancher Wagen sah aus, als sei er unterwegs den Zigeunern abgenommen worden. Zerfetzte Soldaten auf den Verdecken der Wagen, auf den Trittbrettern u. Kühlern in allen möglichen Stellungen. »Mit Mann, mit Roß und Wagen, hat sie der Herr geschlagen«, sagte Hitler im Herbste 1939 im Reichstag.[170] Er meinte die polnische Armee. Und heute?

a) *Plönlein* ist der Name einer mittelalterlichen Weggabelung in Rothenburg ob der Tauber. Wegen seiner idyllischen Lage ist das Plönlein bis heute ein beliebtes Motiv für Bilder und Ansichtskarten. Anzunehmen ist, dass Kellner das Bild selbst gemalt hatte. Einige von Kellner stammende Ölgemälde, darunter eines mit dem Titel »Weißer Turm in Rothenburg ob der Tauber«, befinden sich noch heute im Besitz von Ludwig Heck (Ludwig Heck im Gespräch mit Birgit Maria Körner und Nassrin Sadeghi am 24.3.2009).

Gegen Abend wird es ruhiger auf den Straßen. Vereinzelte Wagen in übler Verfassung u. müde Wanderer schleichen hinter den abziehenden Nachhuten in der Richtung nach Freienseen. Das Trauerspiel scheint vorüber zu sein.

Das, was wir an uns vorüberziehen sahen, war also ein Bestandteil jener deutschen Armee, die als Landräuber auszogen, um andere Länder auszurauben, auszuplündern, Schandtaten auf Schandtaten zu häufen und den deutschen Namen auf ewige Zeiten zu schänden. Hoffentlich finden sich unbelastete Teilnehmer, die der Nachwelt die nackte Wahrheit verkünden. Das ist mein heißester Wunsch. Nicht »Helden« müssen den Nachkommen gezeigt werden, sondern Bestien in Menschengestalt. –

Jetzt sind wir in Erwartung der näher rückenden Amerikaner. Es ist möglich, daß in späterer Zeit einmal die Leser dieser Zeilen nicht das richtige Verständnis für unsere Haltung haben. Wir können es gar nicht erwarten bis die amerikanischen Truppen eintreffen und uns von den Hitler-Tyrannen befreien. Für unsere Gegend ist dann der Krieg aus. Nach langen, qualvollen Bedrückungen seelischer Art endlich der Beginn der Erlösung.

Morgen werden die ersten Amerikaner eintreffen.

Die kommende Nacht wird nicht ruhig verlaufen, denn wir wissen noch nicht, ob die deutschen Truppen noch Widerstand leisten oder nicht. Ich neige zu der Annahme, daß sich hier keine Rückzugsgefechte abspielen werden. Eher werden die Orte Hungen, Nonnenroth, Röthges, Grünberg in Mitleidenschaft gezogen, da dort die Hauptstraße sich hinzieht.

Kanonendonner ist zu hören. Ich schätze die Entfernung auf 10 bis 15 km. Die Nacht bricht an. Wir legen uns schlafen.

Die Nacht vom 28. zum 29. Maerz 1945.

Der Schlaf ist sehr unruhig. Einschläge sind zu hören. Der Gefechtslärm nähert sich. Zwischen 2 u. 3 Uhr stehen wir auf und versammeln uns in ⟨der⟩ Küche. Außer uns sind Philipp und Anna Fischler sowie Käte Ganglberger anwesend. Von Zeit zu Zeit gehe ich in den Garten und stelle die Richtung des Artillerie- u. Maschinengewehrfeuers fest. Glücklicherweise zieht sich das Nachhutgefecht von Südwesten nach Nordwesten und Norden. Unser Gebiet wird nach meinem Ermessen verschont bleiben. Wir gehen wieder zu Bett.

29. Maerz 1945.

Kurz nach 15 Uhr Geräusche auf der Straße. Im Keller unseres Gebäudes versammeln sich die von der Goebbels-Propaganda eingeschüchterten Verwundeten und Nachbarn. Darunter natürlich Parteimitglieder, die kein reines Gewissen haben. Diese glauben, die einrückenden Truppen würden sich genau so benehmen wie die deutschen Soldaten in Polen usw. Diese blöde Angst macht mir Freude. Ich lasse es an höhnischen Bemerkungen nicht fehlen.

Wir begeben uns an den Hofeingang und lassen die Spitze der Vorhut an uns vorbeifahren. Panzer, Panzerwagen, Lastkraftwagen u. Autos. Wir sehen zum ersten Male Amerikaner. Die Soldaten sind hervorragend ausgerüstet. ⟨Ihr Aussehen ist bemerkenswert gut, wohlgenährt.⟩ Das Material ist mit dem deutschen nicht zu vergleichen. Jedenfalls macht die amerikan. Armee ⟨den Eindruck⟩ einer ausgezeichneten, disziplinierten Truppe. Ich will hoffen, daß dieser gute Eindruck auch künftig erhalten bleibt.[171]

30. Maerz 1945.
Die Partei hat etwas hinterlassen: Gerüchte. Sie schwirren umher. Irgendwo wird eine Gaszone gebildet und in 6 Wochen sind die deutschen Truppen wieder in Laubach, behaupten die Gerüchtemacher. Auch das wird geglaubt. Die Partei ist noch nicht tot. –

Der 2. Akt des Dramas hat begonnen. Die Besatzungszeit nimmt ihren Anfang. Sämtliche Wehrpflichtigen u. Volkssturmmänner mußten sich auf dem Marktplatz versammeln. Ich hatte das Ausschellen nicht gehört u. war deshalb mit erheblicher Verspätung am Schlusse der Aktion erschienen. Waffen, Munition, Foto-Apparate u. Ferngläser abliefern. Radio-Apparate anmelden. Mein Degen wandert zur Ablieferungsstelle. Häuser werden für das Militär beschlagnahmt. Die Einwohner haben ihre Wohnungen zu verlassen. Tränen fließen. Der Krieg rast immer noch. Es hat keinen Sinn zu jammern, wenn man für die Leiden der anderen Völker kein Verständnis u. kein Gefühl hatte. Ich meine meine Mitmenschen. Ich selbst habe es ehrlich verdient, von allen unangenehmen Begleiterscheinungen einer Besetzung verschont zu bleiben, weil ich 12 Jahre lang erbittert gegen den Hitlerismus gekämpft habe. Ob wir mit einem blauen Auge davonkommen, muß jedoch abgewartet werden.

Verräter an der kämpfenden Front

Da er jahrelang regelmäßig den Londoner Sender abgehört hatte und die feindlichen Lügennachrichten systematisch an seiner Arbeitsstätte verbreitete und seine Arbeitskameraden im volksfeindlichen Sinne zu beeinflussen suchte, wurde der Verräter Paul Johannssen aus Wiesbaden vom Volksgericht in Frankfurt a. M. zum Tode verurteilt. Das Urteil ist bereits vollstreckt worden.

5 Jahre u. 7 Monate haben wir ohne Unterbrechung »feindliche« Sender gehört und uns über die Lage in der Welt unterrichtet. Auf die Lügenmeldungen von Dr. Goebbels & Co. legten wir keinerlei Wert. Wir haben auch die Nachrichten des engl., amerikan. u. russ. Rundfunks verbreitet und dafür gesorgt, daß die nationalsoz. Vernebelung an manchen Stellen nicht lange gewirkt hat. Das Schicksal hat es gewollt, daß wir den großen Gefahren entronnen sind. Vielleicht empfangen wir auch weiterhin noch etwas Gnade.

> Was unserem Volke bevorsteht, erleben wir schon jetzt in großen Teilen des Ostens und in vielen Gebieten des Westens. Was wir daher zu tun haben, ist jedem klar: solange Widerstand zu leisten, und auf die Feinde zu schlagen, bis sie am Ende müde werden und doch zerbrechen! Es erfülle deshalb jeder seine Pflicht!
> Hauptquartier, 11. März 1945[172] Adolf Hitler.

Das ist also die unwiderruflich letzte Vergeltungswaffe des »Führers«: Geduld bis der Gegner müde wird. Wie ist das nun, wenn der Gegner nicht müde wird? Ein wundergläubiger Nazi braucht darüber nicht nachzudenken, er überläßt alles dem »genialen« Führer. –

10. April 1945.

Für Soldaten der USA. Army sind eine Anzahl Häuser in Laubach beschlagnahmt worden. Die Bewohner mußten ihre Wohnungen verlassen. Zweifellos eine unangenehme Sache für die Betroffenen. Aber es ist noch Krieg, und es kann gegen derartige Maßnahmen nichts gesagt werden. Es ist allerdings sehr zu bedauern, daß viele Häuser von namhaften Parteigenossen nicht in Anspruch genommen worden sind. Gerade diese Herrschaften müßten in erster Linie die Lasten des Krieges zu spüren bekommen. Ueberhaupt haben die Gegner der NSDAP. den Eindruck, daß sich noch sehr wenig geändert hat und die Partei nach wie vor unsichtbar regiert. Der eingesetzte Bürgermeister Willi Michel[173] war selbst 10 Jahre Parteigenosse und ist sicher weit davon entfernt, seinen ehemaligen Parteifreunden wehe zu tun. Von einer revolutionären Stimmung ist unter der Bevölkerung wenig zu spüren. Dem Anscheine nach glaubt in der Tat noch mancher den ausgestreuten Gerüchten von einer Wiederkehr der deutschen Truppen u. der Anwendung von neuen Geheimwaffen. Was soll unsereiner tun? Genau wie in den vergangenen 12 Jahren fehlt es an mutigen, aktionsfreudigen Menschen. In einer kleinen Gemeinde wie in Laubach ist keine große Auswahl zu treffen. Der kleinbürgerliche Geist geht um. Aus Spießbürgern sind keine Heldengestalten zu formen. Damit muß ich mich abfinden. –

Heute sind Anna u. Philipp Fischler abgereist. Sie wollen zu Fuß nach Mainz wandern, hatten aber von hier aus Gelegenheit, mit einem Lastauto bis Bellersheim zu fahren. Das Gestell eines Kinderwagens wurde von Schmied K[...] in[174] einen Transportwagen verwandelt, der Sack u. Pack bis Mainz bringen soll. Zur Zeit gibt es keinen anderen Ausweg. Wer kann voraussagen, bis wann die Eisenbahn wieder fährt? Allenthalben sind auf den Straßen Wanderer zu sehen, die ihrer Heimat zustreben. Das ist der erste Schritt zum Wiederaufbau. Ungeheure Schwierigkeiten werden zu überwinden sein. Wird das deutsche Volk in der Lage ⟨sein⟩, sich aus eigener Initiative einen neuen Staat zu bauen? Frei von Wahnideen? Ich bin in dieser Beziehung nicht allzu optimistisch. Das Chaos ist näher als der Aufbau. Die Selbstzerfleischung wahrscheinlicher als der Wille zur Selbsterkenntnis, die der erste Schritt zur Besserung wäre. Die Hirne der Menschen sind verseucht. Das deutsche

Volk ist in seiner Gesamtheit geistig erkrankt. Eine Geisteskrankheit ist aber sehr schwer zu heilen. Darauf kommt es an!

Friedrich Kellner

Heft 10

20.4.1945
bis
8. Mai 1945.

– Das Ende der Herrschaft der NSDAP. –

20.4.1945.

Der Krieg rast immer noch über die Fluren eines Teiles von Deutschland. Die Fortsetzung der Kriegshandlungen kann nur als ein großes Verbrechen bezeichnet werden. Jedes Opfer wird für eine sinnlose Sache gebracht. Diejenigen Offiziere und Soldaten, die jetzt noch kämpfen, sind Verbrecher und müssen zur Rechenschaft gezogen werden. Es gibt zuviel Schuldige in diesem Kriege. Diese fürchten den Frieden, weil sie zur Verantwortung gezogen werden. Es geht ihnen wie dem Verbrecher, der umstellt ist und keinen Ausweg mehr finden kann, er kämpft bis zur letzten Patrone, die für ihn selbst bestimmt ist.

Von reuigen Sündern habe ich bis jetzt noch recht wenig gemerkt. Einige Parteigenossen zeigen einen Gesichtsausdruck, der zwar erkennen läßt, daß sie keine guten Dinge erwarten. Andere dagegen sind frech und anmaßend. Der Sattler Sch[...] äußerte im Wachtlokal (im Rathaus): »Was haben wir Parteigenossen getan? Ich habe nur das Beste gewollt!« Der Händler St[...] bezeichnete uns jetzt als »wehrlos – ehrlos«. Frau Amtsgerichtsrat Schmitt ist der Meinung, daß wir nicht geknechtet worden sind.

Es wird ein hartes Stück Arbeit werden, dem deutschen Volke einen anderen Geist beizubringen.

Wenn die neue ⟨kommende⟩ Regierung es nicht fertig bringt, der Gerechtigkeit zum Siege zu verhelfen, dann wird ein Wiederaufbau überhaupt unmöglich sein. Unter Gerechtigkeit verstehe ich: Vergeltung und Bestrafung der Sünder. Der Nationalsozialismus muß mit Stumpf und Stiel ausgerottet werden.

21.4.1945.

Heute erschien Landrat Weber aus Gießen[1] in meiner Wohnung. Er wollte feststellen, ob ich bereit sei, Bürgermeister von Laubach zu werden. Ich lehnte aus gesundheitlichen und beruflichen Gründen ab. Der Landrat richtete an mich die merkwürdige Frage, warum ich kein Nationalsozialist gewesen wäre. Ich gab zur Antwort, daß ich von vornherein die Ueberzeugung hatte, daß Hitler und seine Politik Krieg bedeuteten. Meine weiteren Ausführungen waren dem Landrat sichtbar zu radikal, und er war zweifellos froh, daß er mit mir als »Bürgermeister« nichts zu tun haben wird. Wenn der neue Staat keine anderen Männer findet als solche Bürger vergangener Zeiten, dann muß jede Hoffnung auf grundlegende Aenderungen begraben werden. Das sind keine Kämpfer für ein neues Deutschland, das seine begangenen Schandtaten ehrlich bereut und der Welt den Beweis liefert, eine anständige, friedliebende Nation zu werden![2]

1. Mai 1945

Adolf Hitler soll tot sein.

Sich widersprechende Nachrichten lassen nicht klar erkennen, auf welche Weise Hitler gestorben ist. Ob sein Tod eine feststehende Tatsache ist, muß abgewartet werden. Ueber die Leiche ist noch nichts berichtet worden.

Der angeblich von Hitler eingesetzte Nachfolger, Großadmiral Dönitz, verkündete im Rundfunk, daß Hitler auf seinem Gefechtsstand in Berlin gefallen sei.

Das ist also der Anfang einer Legendenbildung.[3]

Mehr als merkwürdig ist es, daß sich zur Fortsetzung des Wahnsinns ein Nachfolger zur Verfügung gestellt hat. Ein Beweis dafür, daß wenig Aussicht besteht, auf ein Aussterben von Irrsinnigen oder Verbrechern zu hoffen.

Die Tyrannen sind sonderbare Könige. Da glaubt ein Hitler, er könne seine Macht mit einem Federstrich übertragen, ohne auf das Volk Rücksicht zu nehmen.

Adolf Hitler, »der genialste Feldherr aller Zeiten«, der allmächtige Herrscher über das 1000 jähr. Reich, das nach 12 Jahren unterging, ist jedenfalls von der Bildfläche verschwunden.

Die NSDAP ist ruhmlos zusammengebrochen!

Die Vorsehung, die Hitler so gern angerufen hat, hat gegen ihn entschieden. Das verruchteste aller politischen Systeme, der einmalige Führerstaat, hat das verdiente Ende gefunden. Die Geschichte wird für ewige Zeiten festhalten, daß das deutsche Volk nicht in der Lage war, aus eigener Initiative das nationalsozialistische Joch abzuschütteln. Der Sieg der Amerikaner, Engländer und Russen war erforderlich, den nationalsozialistischen Irrwahn und die Welteroberungspläne zu zerstören.

5. Mai 1945.

Sensation auf Sensation!

Die Ereignisse überstürzen sich!

Berlin von den Russen erobert!

Hamburg in den Händen der Engländer!

Russen u. Amerikaner an der Elbe zusammengetroffen!

Die deutschen Truppen in Italien u. West-Oesterreich haben kapituliert.

Heute Vormittag ist auch noch die Kapitulation der deutschen Armee in Holland, Dänemark u. Nordwestdeutschland in Kraft getreten.

Auflösung an allen Fronten.

Nur in Böhmen, Mähren u. im Donaugebiet haben die Truppen noch keinen Schluß gemacht. Aber das wird nur noch eine Frage von Stunden sein. Dann herrscht in ganz Europa Waffenruhe. Die einst so stolze deutsche Armee ist auf allen Fronten regelrecht geschlagen worden. Da hilft keine Ausrede. Die grandiose Niederlage dieses Krieges wird hoffentlich dazu beitragen, den schauderhaften militärischen Geist aus den Hirnen des gesamten deutschen Volkes entfernen zu helfen. Ich wünsche das jedenfalls von ganzem Herzen. Ein friedliebendes Deutschland wird wieder Freunde erwerben, und wer gute Freunde hat, braucht nicht zu befürchten, überfallen zu werden.

Zur Erinnerung an die nationalsozialistische Propaganda möchte ich aus meinem gesammelten Material »Die Parole der Woche« (parteiamtliche Wandzeitung der NSDAP)[4] vom 17. – 29. Januar 1943, da sie von augenblicklicher Bedeutung ist, hier wieder an das Tageslicht bringen:

Das Feldherrngenie des Führers,
die Tapferkeit unserer Soldaten
und die Ueberlegenheit der Waffen
entscheiden diesen Krieg![5]

Diese drei Hauptpunkte (Feldherrngenie, Tapferkeit u. Ueberlegenheit an Waffen) können oder werden einen Krieg entscheiden. Es fragt sich nur, auf welcher Seite in diesem Krieg das Uebergewicht bei jedem einzelnen dieser Punkte vorzufinden war.

Die Parteigenossen und die Propaganda haben sich ganz gewaltig geirrt. Dieser Irrtum zog seine Nahrung aus der angeborenen preußischen Anmaßung und der nationalen Ueberheblichkeit.

Das dem »Führer« angedichtete »Feldherrngenie« hat noch nicht einmal ausgereicht, während der einzelnen Entwicklungsstufen dieses Krieges die kritischen Situationen zu erkennen, das Mögliche vorauszusehen, die Konsequenzen zu ziehen und vernünftige Entschlüsse zu fassen.

Die »Tapferkeit der Truppen« beruhte im wesentlichen auf der sturen Befolgung der erteilten Befehle unter Ausschaltung des eigenen Denkens.

Die »Ueberlegenheit der Waffen« war eine vorübergehende Erscheinung und eine Ueberschätzung der eigenen Kraft. Zu Beginn des Krieges ist durch die ungeheure Ueberrüstung ein Vorsprung vorhanden gewesen, der jedoch von den Gegnern eingeholt und überholt wurde.[6]

Sämtliche Thesen der Nazis sind in ein Nichts zusammengebrochen, weil unter den Bausteinen die Vernunft gefehlt hat.

6. Mai 45.

Familie G[...] besuchte uns und beklagte sich darüber, daß Herr G[...] zu Vergeltungsarbeiten befohlen worden sei, weil er »Amtsleiter« gewesen wäre. Die Amtsleiter müssen den durch Nazis demolierten jüdischen Friedhof wiederherstellen.

Frau G[...] führte aus, daß gerade sie und ihr Mann mit den Aktionen gegen die Juden nicht einverstanden waren und es als unrecht empfinden, an der Wiedergutmachung beteiligt zu werden. Es trifft zwar zu, daß Lehrer G[...] zu den harmlosen Parteigenossen zu zählen ist und innerlich kein Nationalsozialist war. Aber er war Mitglied der NSDAP und hat auch das Amt eines Amtsleiters (Funkwart) verwaltet.

Jeder Parteigenosse trägt für das Tun und Treiben der Partei die Mitverantwortung. Es geht nicht an, die gesamte Schuld dem Führer Adolf Hitler und dem Führerstab aufzubürden. Wer 12 Jahre die Wohltaten als Parteigenosse nicht zurückgewiesen hat, ist Nutznießer des nationalsoz. Systems gewesen und muß die Lasten des Zusammenbruchs in vorderster Linie tragen.

Wer den Geist, der zum Kriege führte, nicht bekämpfte, hat nie ein Recht, sich über die Folgen der Niederlage zu beklagen.

Es werden bei der Beurteilung der Taten der einzelnen Nationalsozialisten sich bezüglich der Schwere der begangenen Handlungen Unterschiede ergeben, bei der allgemeinen Buße kann es aber nur heißen: Mitgegangen – mitgehangen! –

Heute will natürlich keiner ein echter Nazi gewesen sein. Jeder drückt sich vor der Verantwortung. Die Gerechtigkeit wird stets darin bestehen, Vergeltung zu üben und die Sünder zu bestrafen. Das ist auch der Inbegriff der göttlichen Gerechtigkeit, denn es gibt nicht nur einen liebenden, sondern auch einen strafenden Gott.

Im Jahre 1933 war das Verhalten vieler Menschen genau umgekehrt. Da wollten die Betreffenden mit den fadenscheinigsten Angaben den Beweis führen, daß sie schon immer Nationalsozialisten gewesen wären. Es gibt Helden und »Helden«. Arme Menschheit!

7. Mai 45.

In den Rundfunksendungen der Alliierten wurden in den letzten Tagen Schilderungen über die Zustände in den deutschen Konzentrationslagern gebracht, die nur als bestialisch und unverzeihlich bezeichnet werden können. Das Bestehen eines Konzentrationslagers war an sich schon eine Kulturschande. Hier wurden Menschen gepeinigt und getötet, nur aus dem Grunde, weil sie nach der Auffassung irgend eines Sadisten oder Verbrechers keine vollkommenen Nazis zu werden vermochten. Auch gemeine Denunzianten konnten[7] unglückliche Opfer ihrer Rachsucht in die berüchtigten Lager bringen.

Diese Auswüchse der Willkürherrschaft Adolf Hitlers und seiner ihm ergebenen Banditen werden bis in die fernsten Zeiten als leuchtende Warnungssignale in dem Geschichtsbuch der Menschheit bestehen bleiben. Auch eine Höchstleistung!!

Im Rundfunk hörte ich ausländische Stimmen, die dem gesamten deutschen Volke die Schuld an den Zuständen in den Konzentrationslagern auferlegen wollen.[8]

Gegen eine derartige ungerechte Beurteilung möchte ich Verwahrung einlegen. Jeder, aktiven oder passiven Widerstand leistende, Deutsche wäre dann ebenfalls schuldig. Das ist keine Logik seitens der Ankläger.

Wenn in USA. Neger gelyncht worden sind, so war diese Art von Justiz für gesittete Menschen höchst verabscheuungswürdig. Aber es ist doch deshalb keinem vernünftigen Menschen eingefallen, jeden Bewohner der Vereinigten Staaten von Amerika für diese Gewaltakte verantwortlich zu machen.

Auch in dem Falle »Konzentrationslager« können nur die wirklich Schuldigen zur Rechenschaft gezogen werden. Schuldig sind die geistigen Urheber und alle diejenigen, welche die Menschen in den Lagern internierten, ⟨sie⟩ peinigten und ihren Tod herbeiführen halfen.

Die moralische Schuld an den in den Konzentrationslagern begangenen Untaten trifft allerdings einen sehr großen Kreis deutscher Menschen. In erster Linie alle Parteimitglieder der NSDAP sowie alle Befürworter des nationalsozialistischen Systems.

Keiner wird leugnen können, daß ihm das Wesen und die Gewaltmaßnahmen der Geheimen Staatspolizei (Gestapo) nicht bekannt gewesen sind. Die Einrichtung »Gestapo« wird ein unvergängliches Schandmal bleiben. Die Gestapo konnte jede Gewaltmaßnahme vornehmen. Rechtschutz für Freiheit und Eigentum gab es nicht. Unbescholtene Menschen wurden ohne Untersuchung und Gerichtsurteil in Haft genommen, einzig und allein deshalb, weil sie anderen Weltanschauungen huldigten. Die Roheiten und Rücksichtslosigkeiten der Gestapo blieben unbestraft, denn Beschwerden konnten an keiner anderen Stelle vorgebracht werden. Die Schreckensherrschaft der Gestapo war unantastbar. Wer in die Klauen der Gestapo geriet und aus irgend welchen Gründen mißliebig und verleumdet war, der bekam Willkür und Unrecht erbarmungslos zu spüren. Das war die größte Kulturschande gewesen, die je erzeugt worden ist.

8. Mai 1945.

Bei jeder passenden und unpassenden Gelegenheit hat Adolf Hitler verkündet: »Es gibt keinen 9. November 1918 mehr.« Das war der Tag der Ausbruch der deutschen Revolution. Am 11. Nov. 1918 kam der Waffenstillstand von Compiègne zustande. Die militärische, politische und wirtschaftliche Lage Deutschlands war hoffnungslos geworden. Das Volk hatte bis zur letzten Erschöpfung durchgehalten. Die militärischen Kräfte waren verbraucht, die Rohstoffvorräte zusammengeschmolzen und [9]
die Nahrungsmittelversorgung unter das Existenzminimum hinabgesunken. Die Revolution beschleunigte die Beendigung des Krieges, aber der Zusammenbruch wäre auch ohne die Volkserhebung sehr rasch gekommen. Die »Novemberverbrecher«[a] (so nannten die Nazis die damaligen Revolutionäre) hatten erreicht, daß das deutsche Gebiet von Kriegshandlungen verschont blieb. Dafür ernteten sie nicht den Dank des gesamten deutschen Volkes. Diejenigen Interessengruppen, die sofort nach Kriegsende an Revanche dachten, hatten es fertig gebracht, durch Legendenbildung (Dolchstoß,

a) *»Novemberverbrecher«:* Mit diesem Schlagwort suchten große Teile der deutschen Eliten, die Revolution von 1918 als Verbrechen an Volk und Nation zu verunglimpfen. Hitler verwendete es erstmals in seiner Rede am 18. September 1922 im Münchener Zirkus Krone. Nach 1933 diente es den Nationalsozialisten als Grundlage der Verfolgung jener, die sich der Zerstörung der Weimarer Republik in den Weg gestellt hatten. Vgl. Pätzold/Weißbecker 2005, S. 211f. Eine zeitgenössische Erläuterung findet sich bei Büchmann 1942, S. 643; dort wird u.a. auf einen Artikel Hitlers (»Nieder mit den Novemberverbrechern!«) im »Völkischen Beobachter« vom 13. Januar 1923 verwiesen.

Fortsetzung des Krieges statt Revolution) die Wahrheit zu verschleiern. Viele Deutsche glaubten daran, daß der Krieg 1914/1918 durch Weiterkämpfen hätte gewonnen werden können. Wenige Nachbeter wußten überhaupt, daß unsere Verbündeten (Oesterreich-Ungarn, Bulgarien und Türkei) bereits im September und Oktober 1918 die Kampfhandlungen eingestellt hatten! Bei dieser Sachlage war ein Sieg Deutschlands vollkommen ausgeschlossen. Trotzdem wurde das Volk betört und betrogen. Vor allem von den Militärs. Denn diese Herren mußten den wirklichen Sachverhalt kennen, und sie haben deshalb wider besseres Wissen gehandelt. –

War die Vergangenheit Lehrmeister gewesen? Nein, keineswegs. Der Werdegang des Krieges 1939-1945 hat gezeigt, daß der preußische Militarismus in seiner bornierten Hartnäckigkeit unbelehrbar geblieben ist. Dafür ist der 8. Mai 1945 ein hervorragender Beweis.

Das Oberkommando der Wehrmacht hat mit den gesamten deutschen Streitkräften den Alliierten gegenüber bedingungslos kapituliert.

Die einst so überaus stolze und »unbesiegbare« deutsche Wehrmacht hat keinen anderen Ausweg mehr gehabt als die ruhmlose Kapitulation!

Die arroganten, ruhmredigen deutschen Heerführer haben das deutsche Heer nach allen Regeln der Stümperei in den tiefsten Abgrund geführt.

Es ist damit zu rechnen, daß sie auch diesmal nicht den Mut haben werden, der Wahrheit die Ehre zu geben. Sie werden sich hinter den dem Führer geleisteten Eid verschanzen und alle Fehlleistungen ihrem Oberkommandierenden, dem Gefreiten Adolf Hitler, aufbürden.

Der deutsche Generalstab, der auch im Weltkriege 1914-1918 ein gerütteltes Maß voll Schuld an der Niederlage hatte, verstand es meisterhaft, sich jeder Verantwortung zu entziehen und sich als unfehlbares Instrument des preußischen Militarismus am Leben zu erhalten sowie hinter den Kulissen den 2. Weltkrieg vorzubereiten.

Adolf Hitler war der Tölpel, der dem deutschen Volk als Genie und nationaler Herrgott dargestellt wurde. Die Drahtzieher und Günstlinge wurden mit Beförderungen und Orden überschüttet. Das war der Dank für ihre lohnende Unterwürfigkeit.

Adolf Hitler wäre niemals in der Lage gewesen, diesen verfluchten Krieg zu führen, wenn nicht eine überaus stattliche Anzahl von gewissenlosen Helfershelfern ihm zur Seite gestanden hätten. Hierzu sind nicht nur der Generalstab und die sonstigen höheren Offiziere, sondern auch maßgebende Industrielle, Wirtschaftler, Gelehrte u. Diplomaten zu rechnen. Die Herren des Propagandaministeriums und der Presse dürfen ⟨ebenfalls⟩ nicht vergessen werden.

Wenn nun jetzt, nach dem Zusammenbruch, sich einige dieser Lakaien von Adolf Hitler die Frechheit erlauben, als harmlose Mitläufer gelten zu wollen, dann kann man nur wünschen, daß sie schnellstens die Wut der rächenden Menschheit zu spüren bekommen.

Wer den Willkürherrscher Adolf Hitler mit Rat und Tat unterstützte, damit er den zweiten Weltkrieg entfesseln konnte, wird als Mitschuldiger gelten.

Wer in dünkelhafter Ueberheblichkeit oder aus Trotz den Gefreiten Adolf Hitler auch dann noch unterstützte, als erkennbar war, daß Deutschland in ein Trümmerfeld verwandelt werden sollte, der muß als gemeiner Schurke bezeichnet werden.

Wer gar dem untergegangenen System stille Tränen nachweint oder den Versuch macht, in irgend einer Form den Nationalsozialismus wiederauferstehen zu lassen, der ist als irrsinniger Lump zu behandeln.

Die vernünftigen und einsichtsvollen Deutschen, die 12 Jahre lang dem nationalsozialistischen Terror aktiven oder passiven Widerstand entgegensetzten, dürfen Stolz und Genugtuung darüber empfinden, daß ihr Kampf kein vergeblicher gewesen ist und der Ablauf der Geschehnisse ihre Haltung in jeder Beziehung gerechtfertigt hat.

17. Mai 1945

Der neu ernannte Bürgermeister Heinrich Schmidt hatte mich zu sich auf die Bürgermeisterei gebeten, weil ich sein Stellvertreter werden soll. Ich war zugegen, wie Frl. Thea W[...] vorsprach. Sie wollte erreichen, daß ihr Vater aus der amerikanischen Haft entlassen wird und sie an Stelle ihres Vaters tritt, weil sie die Arbeiten für die NSDAP verrichtet habe und ihr Vater schuldlos sei. Sich gegen den im Zimmer des Bürgermeisters befindlichen Maler Erbes wendend, sagte Frl. W[...]: »Sie, Herr Erbes, tragen allein die Schuld, daß mein Vater verhaftet worden ist. Sie sind kein Nationalsozialist gewesen, Sie sind aber auch kein Deutscher.«

Es ist typisch für die geistige Verfassung dieser sogenannten »nationalen« Kreise, daß sie jeden, der ihre politische Haltung bekämpft, als Nichtdeutschen oder sogar als Vaterlandsverräter bezeichnen. Wenn es eine hohe Ehre wäre, Deutscher zu sein, dann könnte von einer Beleidigung gesprochen werden, aber unter den gegenwärtigen Umständen ist es eine unangenehme Belastung, sich zu den Deutschen rechnen zu müssen.

Vorstehende Gedanken sind von mir in der Zeit vom 20. April 1945 bis 8. Mai 1945 eigenhändig niedergeschrieben worden, und zwar in meiner Dienstwohnung im Amtsgerichtsgebäude in Laubach (Oberhessen).

August Friedrich Kellner.[10]

⟨Frankfurter Presse 31.5.45⟩

London:

Botschaft der Hoffnung

LONDON. – Der Erzbischof von Canterbury, Dr. G. F. Fisher, äußerte sich in einem Hirtenbrief an seine Diözese über Deutschland und das deutsche Volk. Der Erzbischof führte aus: »Wir dürfen nicht vergessen, daß es Deutsche gibt, die sich dem Nationalsozialismus widersetzten und dafür in Konzentrationslagern leiden mußten. Diese Deutschen waren über ihr eigenes Volk beschämt und sind tief gedemütigt. Wir haben durch die Besiegung Deutschlands nicht alles getan. Für viele Jahre haben wir die schwierige und verantwortungsvolle Aufgabe zu erfüllen, das Leben der Deutschen zu lenken und sie auf gutnachbarliche Gedankengänge zu führen. Die unerträglichen Enthüllungen der Zustände in den Konzentrationslagern haben uns nicht nur tief berührt, sondern uns vor Augen geführt, wie tief das deutsche Volk gesunken war. Es ist nicht möglich, das ganze Volk von dem Mitwissen und der Duldung der furchtbaren Grausamkeiten freizusprechen. Es ist nach den ganzen Umständen schwer, nicht die ganze Rasse zu verurteilen. Aber wir dürfen uns nicht hinreißen lassen, über die Tatsache hinwegzusehen, daß es auch Deutsche gab, die das Uebel bekämpft haben, mögen es auch wenige gewesen sein, und die für ihren Kampf gegen das große Uebel gelitten haben. Denn gerade in diesen liegt unsere Hoffnung für die Bereinigung und die moralische Aufrichtung des deutschen Volkes.«[11]

⟨31.5.45.⟩ **Frankfurter Presse**

Ehrenbezeigung ist Pflicht

Deutsches Militärpersonal grüßt alliierte Offiziere bei Befehlserteilung – Keine deutschen Hymnen

Es wird amtlich verlautbart: Militärische Ehrenbezeigung ist der Ausdruck der Achtung gegenüber einer Nation, den Symbolen einer Nation oder gegenüber Einzelpersonen in Ansehen ihres Ranges in der Armee der betreffenden Nation. Stramme Ausführung militärischer Ehrenbezeigungen ist der Ausdruck der Achtung, die dieser Nation oder der Einzelperson gebührt. Deutsche im besetzten Deutschland werden in Militärpersonen und Zivilisten eingeteilt. Militärpersonen sind Kriegsgefangene und entwaffnete Wehrmachtangehörige, die die Entlassung aus dem Dienst oder sonstige Verfügungen erwarten. Zu den Zivilpersonen gehören alle anderen, einschließlich Polizei und Feuerwehr. Zivilpersonen, die noch die frühere Uniform tragen, dürfen keine Rangabzeichen, militärische oder nationalsozialistische Parteiabzeichen oder Auszeichnungen tragen. Zwischen deutschem Militärpersonal und alliierten Soldaten wird kein militärischer Gruß gewechselt. Ebenso findet kein Grußwechsel zwischen deutschen Zivilpersonen und alliierten Soldaten statt. Deutsches Militärpersonal hat jedoch alliierte Offiziere zu grüßen, falls diese dienstlich Befehle erteilen. Dieser Gruß wird erwidert werden. An Stelle des militärischen Grußes haben deutsche Militärpersonen in einem geschlossenen Raum stramm zu stehen, sobald ein alliierter Offizier eintritt. Deutsches Mannschaftspersonal hat die gleiche Ehrenbezeigung alliierten Soldaten, auch unter dem Offiziersrang, zu erweisen. Deutsche Militärpersonen, die sich bei Mitgliedern der alliierten Armeen zur Entgegennahme von Befehlen melden, haben Kopfbedeckung abzunehmen und stramm zu stehen. Deutsche Offiziere zeigen bei dienstlichen Meldungen außerdem ihre Ausweispapiere vor. Wenn die Nationalhymne einer der Vereinten Nationen oder ähnliche Märsche oder Hornsignale gespielt werden, haben alle deutschen Männer die Kopfbedeckung abzunehmen und stramm zu stehen. Wenn deutsche Männer an einer der Flaggen der Vereinten Nationen vorbeigehen, haben sie die Kopfbedeckung abzunehmen. Eine vorbeigetragene Flagge ist mit Abnehmen der Kopfbedeckung und Strammstehen zu grüßen. Dieselben Verhaltensmaßregeln gelten für Begräbnisse und das Vorbeiführen von Särgen alliierten Militärpersonals auf Lafetten oder in Leichenwagen. Deutsche Militärpersonen können ihren vorgesetzten Offizieren die militärische Ehrenbezeigung leisten. Als Gruß ist nur der vor 1933 übliche militärische Gruß zugelassen. Keine deutsche Hymne, Marschmusik oder Hornsignale dürfen öffentlich gespielt oder gesungen werden. Nationalsozialistische Lieder oder Märsche dürfen weder öffentlich noch privat gespielt oder gesungen werden. Das Zeigen von nationalsozialistischen Flaggen oder Abzeichen ist sowohl öffentlich als auch in privaten Stätten verboten.[12]

Mißhandlungen – »büromäßig«

Ein Vormittag im Frankfurter Polizeigefängnis – Aussagen ohne Bekennerm

»Es hat uns Freude gemacht, einen totzuschießen«

Diese Zeichnung wurde der »Frankfurter Presse« von einem befreiten Insassen des Konzentrationslagers Flossenbürg zur Verfügung gestellt. Sie stellt ein Selbsterlebnis dar.

FRANKFURT. – Viele Frankfurter haben sich die Frage vorgelegt, wie es heute hinter den Gittern des Polizeigefängnisses aussieht. Unser Sonderberichterstatter hat dem Polizeigefängnis in der Starkestraße einen Besuch abgestattet, das Gefängnis besichtigt und mit verschiedenen politischen Gefangenen eine Unterhaltung geführt.

»Zwangsläufig« in der SS

Da es an Aufsichtspersonal vorläufig noch fehlt, können nicht alle ständig zur Arbeit herangezogen werden. Einstweilen werden sie zu Aufräumungsarbeiten in den Polizeidienststellen und im Polizeipräsidium eingesetzt. Alle sehen einer regelrechten Untersuchung und einem gerichtsmäßigen Freispruch oder einer Aburteilung entgegen. Ich unterhalte mich mit einigen der politischen Gefangenen.

Als erster tritt ein kleiner, unscheinbarer Mann zögernd an den Schreibtisch. Sein Name: Jakob *Reyl*. Ich frage ihn: »Waren Sie nicht Rechtsberater von Gauleiter Sprenger?« Nein, nein, wie dieses Mißverständnis aufgekommen ist, weiß ich aber auch nicht,« sagt der kleine Mann mit dem schmerzlichen Gesichtsausdruck. »Ich war Leiter der Invaliden-Versicherung« in Darmstadt, und zwar als Oberregierungsrat, und ich habe nur ehrenamtlich für Gauleiter *Sprenger* jede Woche eine halbe Stunde gearbeitet.« »Was haben Sie für ihn gearbeitet?« »Ich mußte mir lediglich Akten ansehen und sie dem Gauleiter zur Unterschrift vorlegen.« »Was für Akten waren denn das?« »Ach, bloß Anträge vom Gaugericht. Meistens Verwarnungen oder Verweise oder Ausschluß aus der Partei. Reine Parteisachen.« »War das keine verantwortungsvolle Stellung?« »Ach, ich habe mir die Akten immer nur angesehen und habe sie weitergegeben – habe nie was selbst unterschrieben.« »Wann sind Sie in die Partei eingetreten?« »Das war 1931, aber ich wollte nur die Erwerbslosigkeit bekämpfen. Ich hatte studiert, mich immer selbst hochgearbeitet, und meine ganze Familie ...« »Und wann kam es ihnen zum Bewußtsein, daß der Nationalsozialismus zur Katastrophe führte?« »Ja, bei Kriegsausbruch war ich sehr bestürzt. Ich hätte nie gedacht ...« Der deutsche Gefängnisvorsteher, der die ganze Zeit zugegen ist, verliert seine Geduld und unterbricht den ehemaligen Oberregierungsrat: »Na, hören Sie mal, Sie haben doch studiert. Wozu haben wir denn die ganze Zeit gerüstet. ›Kanonen statt Butter‹, hieß es doch!« Jakob Reyl antwortet fassungslos: »Ja, aber da war doch das Friedensprogramm, die Reichsautobahnen. Und ich bin doch auch nie in der Partei öffentlich hervorgetreten. Wenn Sie auf die Gauleitung gekommen wären, hätte mich kein Mensch gekannt. Mir sind doch nur Akten zugeleitet worden ...«

Die Polizeiakten Jakob Reyls ergaben, daß Reyl als Präsident der Landesversicherungsanstalt und Gauhauptstellenleiter das Vertrauen von Gauleiter Sprenger genossen hat. Sein ungewöhnlich rascher Aufstieg nach 1931 war auf seine Eigenschaft als »Alter Kämpfer« zurückzuführen. Er ist bezeichnenderweise vor kurzem aus der Kirc
ausgetreten.

Ein Mann von etwa 46 Jahren wird
Zimmer gebracht. Seine Züge verzieh
sich zu einem verbindlichem Lächeln,
nicht recht gelingen will. Es ist Gesta
Inspektor Ludwig *Datz*[13], Mitgründer u
Leiter des »Nachrichtendienstes« in d
berüchtigten Gebäude in der Lindenstra
und Chef der Gestapo-Kundschafter,
von ihm als »Vertrauensleute« oder »G-
sonen« bezeichnet werden. Er beschre
sich als »Sacharbeiter« und meint, er h
seine Arbeit *»rein büromäßig«* betrieb
1942 sei er »zwangsläufig« Mitglied
SS geworden. Ich befrage ihn über die
beit seines »Betriebes«.

»Nachrichtendienst«

»Der Nachrichtendienst wurde 1938
höheren Befehl gegründet,« erzählt er, »
die Bildung kommunistischer Zellen in
Betrieben zu verhindern und die Auslar
arbeiter zu überwachen. Die verschiede
Vertrauensleute meldeten zersetzende Tä
keit vor allem in Betrieben. Das ging a
alles schriftlich, ich übergab die Sac
jeweilig dem zuständigen Sachbearbe
Das Schicksal der Angezeigten ent
sich natürlich ganz meiner Kenntnis.«
die Frage, ob er von irgendwelchen M
handlungen von Gefangenen von se
der Gestapo Kenntnis gehabt hätte, me
Gestapo-Inspektor Datz zögernd: »Man
gehört, daß der eine oder andere hin
wieder geschlagen wurde ... Ich frage
»Wissen Sie, was die Männer der Gest
in der ganzen Welt für einen Ruf habe
Datz zuckt mit den Schultern und erk
mit einer Geste der Resignation: »Ja,
ist natürlich bedauerlich. Aber ich hatte
Mißhandlungen nie etwas zu tun. Für m
ging das alles rein büromäßig. Da wo
natürlich andere Beamte ...« Es folgt
Liste von Namen der Beamten, die für
Gewalttaten verantwortlich gewesen se

Das Geständnis

Ich verabschiede mich vom Gefängnis
steher. Bei der Militärregierung spreche
mit dem amerikanischen Soldaten, der
Akten der politischen Häftlinge bearbe
»Schade, daß Sie nicht vor zwei Woc
da waren,« meinte er, »da hatten wir e
Mann hier, der Sie auch interessiert hä
Er händigt mir eine Mappe aus. Ich lese

»Ich, SS-Rottenführer Willy Mohr, geb
am 6.5.1905 in Quedlinburg im Harz,
vom 1.1.1932 bis 1.3.1932 Mitglied
SA und wurde anschließend von dem
Totenkopf-Regiment übernommen. Ich h

als überzeugter Nationalsozialist im Kz Menschen erschossen, Juden halbtot- und auch totgeschlagen, und zwar mit Gewehrkolben und Gummiknüppel. Ich gebe zu, daß ich 5 Juden mit meinem Gewehrkolben eigenhändig totgeschlagen habe. Als überzeugter Nationalsozialist war ich auch damit einverstanden, daß die Leute in einem Krematorium in Flossenbürg[b] verbrannt wurden. Ich habe 3 Menschen auf eine Entfernung von 5 Meter totgeschossen. Es hat uns Freude gemacht, wenn wir einen totschießen konnten. Ich habe dann mit Stolz berichtet, daß ich für den Führer eine »asoziale Bestie« wieder vernichtet hatte. Ich bestätige, daß die Häftlinge, die in die politische Abteilung kamen, erschossen wurden.«

Rottenführer Willy Mohr wurde an die zuständige Behörde abgeliefert. Ihn, wie alle anderen, die im Dritten Reich ihre Mitmenschen terrorisierten, mit der Feder oder dem Gewehrkolben, wird das gerechte Schicksal ereilen.[14]

a) *berüchtigten Gebäude in der Lindenstraße:* Die Frankfurter Gestapo hatte ihren Sitz in der Lindenstraße. Berüchtigt war vor allem der Keller, in dem sich Zellen befanden und gefoltert wurde. Vgl. Diamant 1988.

b) Im Konzentrationslager *Flossenbürg* im Nordosten Bayerns unweit der tschechischen Grenze waren im Laufe seines Bestehens von Mai 1938 bis April 1945 etwa 100 000 Häftlinge, von denen mehr als 30 000 ums Leben kamen. Flossenbürg diente u.a. als Exekutionsort; mehrere tausend Menschen wurden dort getötet, darunter kurz vor Kriegsende Dietrich Bonhoeffer und andere Widerstandskämpfer. Die Leichen der Opfer wurden im Krematorium verbrannt. Vgl. die Beiträge in Benz 2007.

Anmerkungen

Heft 1

1 Ursprünglich: »Nicht«.
2 Nach Informationen von Else G., dem damaligen Dienst- und Kindermädchen im Hause Schmitt, kam Oberamtsrichter Dr. Ludwig Schmitt (geb. 1898) an die Ostfront, wo er in sowjetische Kriegsgefangenschaft geriet. Schmitt soll sechs Jahre in einem sowjetischen Kriegsgefangenenlager verbracht haben, bevor er dort starb (Schreiben Else G. an Scott Kellner, 17.11.2003; Privatbesitz). Noch im Januar 1942 hielt Schmitt, der zu jener Zeit als Kriegsgerichtsrat tätig war, in der Laubacher Gaststätte »Schützenhof« einen stark antikommunistisch geprägten Vortrag über seine Erlebnisse in der Sowjetunion; vgl. »Erlebnisse im Osten«, in: Heimatzeitung, 13.1.1942, S. 5.
3 »himmelhoch jauchzend, zu Tode betrübt«; nach Goethes »Egmont«, III, »Klärchens Wohnung«.
4 Bürgermeister von Lardenbach, einem heutigen Ortsteil von Grünberg, war bis zu seiner Einberufung zur Wehrmacht 1943 Otto Keil.
5 Ursprünglich: »Du wirst«.
6 »Gegen Dummheit kämpfen Götter selbst vergebens«; Friedrich Schiller, »Die Jungfrau von Orleans«, III,6.
7 Nachfolgend gestrichen: »seligen«.
8 Nachfolgend gestrichen: »der Kampf«.
9 In »Mein Kampf« heißt es: »Man vergesse doch nie, daß die Regenten des heutigen Rußlands blutbefleckte, gemeine Verbrecher sind, daß es sich hier um einen Abschaum der Menschheit handelt, der, begünstigt durch die Verhältnisse in einer tragischen Stunde, einen großen Staat überrannte, Millionen seiner führenden Intelligenz in wilder Blutgier abwürgte und ausrottete und nun seit bald zehn Jahren das grausamste Tyrannenregiment aller Zeiten ausübt« (Hitler 1930, S. 750). – Kellner bezieht sich auf die 1930 erstmals herausgegebene einbändige Ausgabe von »Mein Kampf«. Zur Publikationsgeschichte von »Mein Kampf« vgl. Plöckinger 2006, S. 173-202.
10 Vgl. Hitler 1930, S. 749.
11 Ursprünglich: »bewegten«.
12 Ursprünglich: »übertriebenen«.
13 Ursprünglich: »gedämpft«.
14 Ursprünglich: »(Jeder leichtgläubige)«.
15 »Wen Gott vernichten will, den schlägt er mit Blindheit«; nach einem Scholion zu Sophokles' Tragödie »Antigone«. Das deutsche Sprichwort entwickelte sich vermutlich unter dem Einfluss der alttestamentlichen Wendung *mit Blindheit schlagen* zu seiner heute bekannten Form. Vgl. Duden 2002, S. 765f.
16 Ursprünglich: »feiges«.
17 Otto Högy (1900-1942) war von 1928 bis 1940 Bürgermeister von Laubach. Im April 1940 wurde er zum Bürgermeister bzw. Amtskommissar von Moschin (Mosina) bei Posen (Poznań) ernannt. Wenige Monate später verließ er Laubach. Die Todesanzeige ist abgedruckt in: Heimatzeitung, 13.10.1942, S. 6. Vgl. »Zum Tode Bürgermeister Högys«, in: ebd., 15.10.1942, S. 4. Högy hatte zunächst eine juristische Laufbahn eingeschlagen, war aber zweimal (1927 und 1928) an der Staatsprüfung gescheitert. In einem Schreiben der Prüfungskommission heißt es über Högy: »Er ist unbegabt und hat wenig Kenntnisse, die er nicht zu verwenden weiß« (HStAD, Best. G 21 B, Nr. 886: Schreiben der Prüfungskommission für das Justiz- und Verwaltungs-

fach an den Hessischen Justizminister, Betr. die Staatsprüfung des Referendars Otto Högy in Lauterbach, 5.6.1928). In einer zum 50. Jahrestag der »Reichspogromnacht« erschienenen Dokumentation über die Laubacher Juden ist ein von Otto Högy unterzeichnetes Dokument zur Enteignung jüdischer Geschäfte von 1938 abgebildet (vgl. Friedenskooperative Laubach 1988, S. 91 und 93f.). Auch die behördlichen Zwangsmaßnahmen im Zusammenhang mit dem Verbot der SPD im Jahr 1933 in Laubach tragen Högys Unterschrift; vgl. etwa Braunroth/Feuchert/Schäfer 2000, S. 66: Schreiben der Hessischen Bürgermeisterei, gez. Högy, an den Sozialdemokraten Ernst Fißler, 27.7.1933.

18 Ursprünglich: »Kapitel«.

19 Kellner stand dem Kolonialismus skeptisch gegenüber. Am 17. Mai 1939 war er vom Oberverbandsleiter zum Kassenleiter des Reichskolonialbundes, Ortsverband Laubach, bestimmt worden. Kellner lehnte das Amt ab, »weil ich Verwalter der Gerichtszahlstelle Laubach bin« (Abschrift des Schreibens Reichskolonialbund, Ortsverband Laubach, gez. Desch, an Inspektor Kellner, mit Vermerk der Ablehnung »Urschriftlich zurück«, 17.5.1939; Privatbesitz).

20 »Erst wägen, dann wagen« geht wohl zurück auf einen der Denksprüche der sieben Weisen Griechenlands; vgl. Wander 1964, Bd. 4, Sp. 1738. Der Spruch gilt als Handlungsmaxime des preußischen Generalfeldmarschalls Graf von Moltke.

21 »Das ist des Pudels Kern«; nach Goethes »Faust I«, Szene »Im Studierzimmer I«.

22 Willi Wolf (geb. 1907) war am 1. April 1932 in die NSDAP eingetreten. In einer Aufstellung über die Laubacher Mitglieder der NS-Organisationen wird Wolf als Einziger unter der Überschrift »Pg. in der S.S.« aufgeführt.

23 Nachfolgend gestrichen: »Noch niemand«.

24 Ursprünglich: »etwas«.

25 Ursprünglich: »dicken«.

26 Nach Kriegsende sprach Dr. Hemeyer in einem Brief an Kellner ihre gemeinsame Ablehnung des Nationalsozialismus an: »Ich glaube, wir haben uns wohl keinen Illusionen bezüglich unseres Schicksals hingegeben im Falle des Sieges der braunen Pest« (Schreiben von Dr. Hemeyer an Friedrich Kellner, 31.7.1945, Privatbesitz).

27 Nachfolgend gestrichen: »L[...]«.

28 Otto Dirlam (1911-1941) war Absolvent der Landespolizeischule und Angehöriger der SS. Von 1933 bis 1937 war er bei der Bereitschaftspolizei Worms, danach in Darmstadt. Ab 16. Oktober 1937 war er als Büroangestellter in Gießen tätig. Sein SS-Aufnahmegesuch stammt vom 9. März 1939. Dirlam fiel am 23. Juli 1941 im Rang eines Feldwebels in Finnland (R.u.S.-Fragebogen, 1.4.1937, BArch, RS, Dirlam, Otto, 14.2.1911; Stadtarchiv Laubach, VIII.8.6.25: Gefallene, hier: Verzeichnis der für Großdeutschland im Bereich der Ortsgruppe Laubach gefallenen und gestorbenen Soldaten: 1940-1945).

29 Gemeint ist Else G., die mit Pauline Kellner, der Ehefrau Friedrich Kellners, befreundet war und den Kellners zuweilen hilfreiche Informationen und Warnungen zukommen ließ. Heute lebt Else G. in Baltimore, Maryland.

30 Nachfolgend gestrichen: »ist«.

31 Neville Chamberlain (1869-1940), britischer Politiker der Konservativen, vom 28. Mai 1937 bis zum 10. Mai 1940 Premierminister. Chamberlain war Vertreter der Appeasementpolitik, dem Versuch, einen Krieg in Europa durch weitgehende Zugeständnisse an die deutschen Forderungen und durch die Einbindung Deutschlands in ein Geflecht von Absprachen und Abkommen zu verhindern. Vgl. Benz/Graml/Weiß 2007, S. 408f. und 903.

32 Hermann Göring (1893-1946) war seit Mai 1933 Reichsminister für Luftfahrt. 1936 wurde er überdies Beauftragter für den Vierjahresplan. Im September 1939 bestimmte Hitler ihn zu seinem Nachfolger. Nach dem Krieg wurde er vom Nürnberger Hauptkriegsverbrechertribunal zum Tode verurteilt. Der Urteilsvollstreckung entzog er sich durch Selbstmord. Vgl. Benz/Graml/Weiß 2007, S. 918f.

33 Ursprünglich: »behindert«.

34 Nachfolgend gestrichen: »im Felde«.
35 Ursprünglich: »frug er mich«.
36 Ursprünglich: »könnte«.
37 Nach Sebastian Brants »Narrenschiff« (1494): »die wellt die will betrogen syn«. Vgl. Büchmann 1998, S. 81.
38 Vgl. Goethe, »Maximen und Reflexionen« (Nachlass): »Ein gebranntes Kind scheut das Feuer, ein oft versengter Greis scheut, sich zu wärmen« (Münchner Ausgabe, Bd. 17, Nr. 931).
39 »Die Landkarte geht aus den Fugen«; nach Shakespeare, »Hamlet«, I,5: »Die Zeit ist aus den Fugen: Schmach und Gram, / Daß ich zur Welt, sie einzurichten, kam« (übers. von August Wilhelm Schlegel).
40 Die Formulierung »Untergang des Abendlandes« geht zurück auf Oswald Spenglers (1880-1936) gleichnamiges geschichtsphilosophisches Hauptwerk aus den Jahren 1918-1922. Ausgehend von einem romantisch-konservativen Kulturideal, entwirft Spengler ein System von gesetzmäßig sich vollziehenden, aufblühenden und wieder zerfallenden Kulturzyklen, deren Regelhaftigkeit er auf den abendländischen Kulturkreis überträgt. Für Näheres zu Person und Werk vgl. Boterman 2000.
41 Die Formulierung »Volk ohne Hirn« ironisiert die nationalsozialistische Phrase vom »Volk ohne Raum«, Titel eines 1926 erschienenen Romans von Hans Grimm (1875-1959). Vgl. Sarkowicz/Mentzer 2000, S. 176-180.
42 »O Herr, lasse Dein Licht leuchten u. sei diesem Volke gnädig!«; vgl. den kirchlichen Segen nach 4. Mos 6,25.
43 Seine Vorstellungen vom »Lebensraum« im Osten Europas hat Hitler in »Mein Kampf« ausführlich dargelegt. Dort heißt es u.a.: »Wir setzen dort an, wo man vor sechs Jahrhunderten endete. Wir stoppen den ewigen Germanenzug nach dem Süden und Westen Europas und weisen den Blick nach dem Land im Osten« (Hitler 1930, S. 726-758, Zitat S. 742 sowie Schmitz-Berning 2000, S. 375-380).
44 Ursprünglich: »ist erkennbar«; »erkennbar« zunächst ersetzt durch: »sichtbar«, »sichtbar« wiederum ersetzt durch »zeigt sich«.
45 »Erkläre mir Graf Oerindur, den Zwiespalt der Natur«, nach Adolf Müllners Drama »Die Schuld«, II,5: »Und erklärt mir, Oerindur, / Diesen Zwiespalt der Natur! / Bald möcht' ich in Blut sein Leben / Schwinden sehn, bald ihm vergeben«.
46 »Irrtümer in der Kabinettspolitik der großen Mächte strafen sich nicht sofort, weder in Petersburg noch in Berlin, aber unschädlich sind sie nie. Die geschichtliche Logik ist noch genauer in ihren Revisionen als unsre Oberrechnungskammer« (Bismarck 1928, S. 505).
47 Vgl. die letzte Strophe des Goetheschen Gedichts: »Natur und Kunst sie scheinen sich zu fliehen«, entstanden 1800: »Wer Großes will, muß sich zusammenraffen; / In der Beschränkung zeigt sich erst der Meister, / Und das Gesetz nur kann uns Freiheit geben.«
48 »Die Angst hütet den Wald«; sinngemäß belegt in Wendungen wie »forcht hütet den wâld«, »Die Furcht bewacht den Forst«, »Die Furcht hütet den Wald mehr als der Jäger« u.a. Vgl. DWB 1854-1960, Bd. 4, 1.1, Sp. 690, sowie Wander 1964, Bd. 1, Sp. 1273.
49 Im Manuskript: »kriegen«.
50 Ursprünglich: »auf«.
51 Nachfolgend gestrichen: »übrigen«.
52 Ursprünglich: »würde«.
53 Ursprünglich: »Welcher Staat«.
54 »Hoffnung ist der Wanderstab von der Wiege bis zum Grab«; belegt in der Volkskunst (Stickbilder etc.) sowie in Poesiealben.
55 Kellner bezieht sich auf die Reichstagsrede Hitlers am 6. Oktober 1939, abgedruckt etwa in: HLZ, 7.10.1939, S. 3-6, Zitat S. 6: »Das Polen des Versailler Vertrages wird niemals wieder erstehen.«
56 Ursprünglich: »verbergen«; »ver« gestrichen.

57 Nachfolgend gestrichen: »heute«.
58 Nachfolgend gestrichen: »mehr«.
59 Ursprünglich: »Gruß«; nachträglich ergänzt durch »Zwangs«.
60 Nachfolgend gestrichen: »Teilung«.
61 Ursprünglich: »Vorraum«.
62 Ursprünglich: »das Volk unserer Vorfahren«; »das Volk« gestrichen.
63 Ursprünglich: »ausgelegt«; »aus« gestrichen.
64 Ursprünglich: »die Gesamtpolitik«.
65 Vgl. DJ, Ausg. A, Jg. 101, Nr. 39 (29.9.1939), S. 1558, Nr. 431.
66 Nachfolgend gestrichen: »beinahe«.
67 Nachfolgend gestrichen: »Mehr als Vermutungen wird dabei nicht«.
68 Ferdinand Scriba war von 1927 bis 1957 Pfarrer in Wetterfeld, einem heutigen Ortsteil Laubachs, und seit dem 1. April 1931 Mitglied der NSDAP sowie der SA (Stadtarchiv Laubach, XIX.5.1.79: N.S.D.A.P., hier: Verzeichnis der Mitglieder der Ortsgruppe, mit persönlichen Daten und Angaben der zeitweiligen Verwendung: 1943). In der Pfarrchronik aus den Jahren 1939-1945 hat Scriba zahlreiche Kriegsereignisse in und um Wetterfeld festgehalten. Auszüge hieraus sind – unter dem Titel »Zweite Wetterfelder Kriegschronik« – abgedruckt bei: Friedenskooperative Laubach 1990, S. 225-248. In ihr finden sich einige persönliche Angaben. 1941 wurde Scriba von der NSDAP-Kreisleitung Gießen anlässlich einer Ortsgruppen-Amtswaltertagung wegen seines Pfarrberufes seines Amtes als NSV-Zellenverwalter enthoben (S. 229). 1942 wurde er von der Gestapo verhört und erhielt eine Verwarnung, da er die Lesung des sogenannten Möldersbriefs im Gottesdienst erlaubt hatte. In diesem Brief wandte sich Oberst Werner Mölders (1913-1941) gegen die von NSDAP und v.a. SS betriebene Ablehnung des Christentums und betonte die Vorzüge christlicher Soldaten. Scriba kommentiert sein Verhör folgendermaßen: »Es muß der Aufrichtigkeit halber anerkannt werden, daß der vernehmende Beamte korrekt verfuhr und ihm die Absicht abzuspüren war, sich auf eine formelle Ausführung seines Auftrags zu beschränken« (S. 230).
69 Ursprünglich: »den«.
70 »O sancta simplicitas!« (»Oh, heilige Einfalt!«), nach Hieronymus, Epistulae, 57,12, soll der Reformator Jan Hus auf dem Scheiterhaufen ausgerufen haben, als er sah, dass ein Bauer in blindem Glaubenseifer Holz zu den Flammen herbeitrug. Vgl. Büchmann 1998, S. 347f.
71 Ursprünglich: »Im gewöhnlichen Leben glaubt«.
72 Ursprünglich: »können«.
73 Ursprünglich: »Die Völkergemeinschaft«.
74 Ursprünglich: »aus dem Körper herausgerissen«.
75 Auch die Situation der »Zigeuner«, die Kellner in seinem Tagebucheintrag derjenigen der Juden gegenüberstellt, hatte sich seit Machtübernahme der Nationalsozialisten zusehends verschlechtert. Waren sie zuvor bereits tiefsitzenden Vorurteilen und Diskriminierungen ausgesetzt gewesen, folgte nach 1933, vor allem seit 1936, die systematische Ausgrenzung auf dem Gesetzesweg. Vielfach wurden sie in »Zigeuner-Gemeinschaftslager« gezwungen, vereinzelt auch in Konzentrationslager. Im Zuge einer reichsweiten Verhaftungsaktion gegen »Asoziale« und »Arbeitsscheue« im Juni 1938 wurden arbeitsfähige Männer in die Konzentrationslager eingewiesen. Wenige Tage nach Kellners Tagebucheintrag, am 17. Oktober 1939, folgte ein »Feststellungserlass«, dem zufolge »Zigeuner« ihren Wohnort nicht mehr verlassen durften und in Sammellagern zusammengetrieben werden sollten. Im Laufe des Krieges wurden die »Zigeuner« aus Deutschland überwiegend nach Auschwitz deportiert, wo die meisten an den Folgen von Unterernährung, Seuchen und Misshandlungen starben. Von rund 40000 in Deutschland und Österreich registrierten »Zigeunern« fielen etwa 25000 der Verfolgung zum Opfer. Vgl. Benz/Graml/Weiß 2007, S. 795-797; Zimmermann 1996.
76 »Der Fluch dieser bösen Tat«; nach Friedrich Schiller, »Piccolomin«, V,1 »Das eben ist der Fluch der bösen Tat, / Daß sie, fortzeugend, immer Böses muß gebären.«

77 Die Überschrift in der »Hessischen Landes-Zeitung« lautet: »Chamberlain verhöhnt den Frieden / Anmaßende Antwort des britischen Premierministers auf die Friedensrede des Führers – England will Deutschland vernichten«. Vgl. HLZ, 13.10.1939, S. 1.

78 Nachfolgend gestrichen: »Schlachtschiff«.

79 Nachfolgend gestrichen: »Richtigkeit«.

80 »die Sonne bringt es an den Tag«; nach dem Grimm'schen Kinder- und Hausmärchen Nr. 115 (»Die klare Sonne bringts an den Tag«). Das Märchen handelt von einem Schneider, der einen weit zurückliegenden Mord an einem Juden zu verheimlichen sucht, aber schließlich durch das Lichtspiel der Sonne an seine Schuld erinnert und gerichtet wird.

81 Die Leichtgläubigkeit der Deutschen wird ausgiebig thematisiert in »Napoleons Proklamation an die Völker Europas vor seinem Abzug auf die Insel Elba« (erschienen 1814 im »Rheinischen Merkur«, abgedruckt in Görres 1914, S. 55-81), die allerdings nicht von Napoléon Bonaparte, sondern von seinem Kritiker Joseph Görres (1776-1848) stammt. In dieser fiktiven Erklärung Napoléons heißt es u.a.: »Leichtgläubiger ist kein Volk gewesen, und töricht toller kein anderes auf Erden. Aberglauben haben sie mit mir getrieben, und als ich sie unter meinem Fuß zertrat, mit verhaßter Gutmütigkeit mich als ihren Abgott noch verehrt. Als ich sie mit Peitschen schlug, und ihr Land zum Tummelplatz des ewigen Kriegs gemacht, haben ihre Dichter als den Friedensstifter mich besungen. [...] Keine Lüge ist so grob ersonnen worden, der sie nicht in unbegreiflicher Albernheit Glauben beigemessen hätten« (ebd., S. 66). Vgl. Bockholt 2006, S. 76, Anm. 125.

82 Ursprünglich: »arc«.

83 Zur Rede, die Außenminister von Ribbentrop am 24. Oktober 1939 in Danzig hielt, vgl. etwa HLZ, S.1f. und 5f.

84 Nachfolgend gestrichen: »auch die leiseste«.

85 Ursprünglich: »Haufen«.

86 *alle Latrine uns aufbinden:* hier im Sinne von ›unverbürgte Nachricht‹. Vgl. Küpper 1965-1970, Bd. 6, S. 195.

87 Ursprünglich: »oder«.

88 Nachfolgend gestrichen: »schon«.

89 Ursprünglich: »einer«.

90 »rücksichtslose« ursprünglich in Anführungszeichen.

91 »Wie der Herr, so's Gescherr«; wohl zurückgehend auf C. Petronius Arbiter, Satiricon 58: »Qualis dominus, talis et servus«.

92 Ursprünglich: »Hofbräuhaus«.

93 In der Rede, die Hitler am 8. November 1939 im Münchener »Bürgerbräukeller« hielt, heißt es: »Sie werden uns weder militärisch noch wirtschaftlich auch nur im geringsten niederzwingen können. Es kann hier nur einer siegen, und das sind wir!« Zur Rede vgl. etwa HLZ, 9.11.1939, S. 3f., Zitat S. 4.

94 Ursprünglich: »daß«.

95 Vgl. z.B. »Attentat mit einer Höllenmaschine / Die Spuren des feigen Verbrechens weisen nach England« (S. 1) und »Englands Verbrechen in München« (S. 3), in: HLZ, 10.11.1939.

96 Nachfolgend gestrichen: »nicht so«.

97 Kurzportraits der Anschlagopfer enthält der Artikel »Die Opfer des ruchlosen Verbrechens / 7 tote Kameraden«, in: VB, Süddt. Ausg., 11.11.1939, S. 5.

98 Ursprünglich: »deutschen«.

99 Zitat durch einen roten Balken am linken Seitenrand hervorgehoben. – In Goebbels' Schrift »Der Angriff« heißt es: »Das birgt um so größere Gefahren in sich, als ja kein Volk so wie das deutsche dem gedruckten Wort glaubt und niemand sonst in der ganzen Welt wie der Deutsche sich so fest und vertrauensvoll an das klammert, was er schwarz auf weiß besitzt« (Goebbels 1935, S. 197).

100 Ursprünglich: »was«.

101 Bei der alten Frau könnte es sich um Henriette Katz, geb. Arnstein (1869-1942), gehandelt haben. Sie war verheiratet mit Maier Katz (1873-1943). Am 30. Juli 1940 zogen die Eheleute von Laubach nach Bad Nauheim. Am 27. September 1942 wurden sie nach Theresienstadt deportiert. Vgl. Friedenskooperative Laubach 1988, S. 81, sowie Kingreen 2000, S. 78f. Zwei weitere jüdische Familien des Namens Katz hatten Laubach zum Zeitpunkt des Tagebucheintrags bereits verlassen (Vgl. Friedenskooperative Laubach 1988, S. 80).

102 Heinrich Scherdt (1892-1956) war seit 1933 Mitglied der NSDAP (Stadtarchiv Laubach, XIX.5.1.79: N.S.D.A.P., hier: Verzeichnis der Mitglieder der Ortsgruppe, mit persönlichen Daten und Angaben der zeitweiligen Verwendung: 1943, mit dem Vermerk: »Wmacht«; Standesamt Laubach: Sterberegister). Nach seinem Militärdienst 1911-1920 war Scherdt als Schutzmann und Gemeindediener bzw. Amtsgehilfe in Laubach tätig, nach dem Krieg (1948-1953) war er Polizeidiener (Stadtarchiv Laubach, XV.3.22.7: Personalverwaltung, hier: Verzeichnis des Personalbestandes 1941, und XV.3.22.26: Personalunterlagen: von Heinrich Scherdt, Polizeidiener: 1948-1953).

103 »Es ist etwas faul im Staate!« Nach William Shakespeare, Hamlet I,4: »Es ist etwas faul im Staate Dänemark«.

104 Ursprünglich: »Sitte«.

105 »Dem Manne kann geholfen werden«; nach Friedrich Schiller, »Die Räuber«, V,2: »Man hat tausend Louisdore geboten, wer den großen Räuber lebendig liefert – dem Mann kann geholfen werden.«

106 Nachfolgend gestrichen: »traurigen«.

107 Ursprünglich: »verbürgen«.

108 Vgl. etwa »›Admiral Graf Spee‹ selbst gesprengt«, in: HLZ, 18.12.1939, S. 1. Da sich der Kapitän in aussichtsloser Lage wähnte, versenkte die Besatzung die »Graf Spee« im Río de la Plata vor Uruguay.

109 Vgl. etwa »Großer Luftsieg an der Nordseeküste / Von 44 Bombern 34 abgeschossen«, in: HLZ, 19.12.1939, S. 1.

110 Die Information über die Selbstversenkung der »Columbus« dürfte Kellner aus einer Rundfunkmeldung bezogen haben. Erst am nachfolgenden Tag finden sich vereinzelt Zeitungsberichte über das Ereignis. Vgl. etwa »Dampfer ›Columbus‹ von der eigenen Besatzung versenkt«, in: HLZ, 21.12.1939, S. 2. Der Kapitän befahl die Versenkung, um einer Kaperung durch die Briten zu entgehen.

111 Heinrich Backhaus (1888-1943), von Beruf Postinspektor, hatte seine politische Laufbahn 1925 mit dem Eintritt in die NSDAP in Norddeutschland begonnen und war seit dem 1. Oktober 1937 NSDAP-Kreisleiter des Kreises Wetterau. Vgl. »Kreisleiter Backhaus 50 Jahre alt«, in: GA, 2./3.12.1938, o. S. Möglicherweise durch seine »Krankheit« bedingt wechselte Backhaus in der Folgezeit seinen Posten; ab 24. Februar 1943 wird er als Präsident der Hessischen Brandversicherungskammer aufgeführt (Regierungsblatt 1943, Beilage 8, S. 32).

112 »Wär' der Gedanke nicht verflucht gescheit, so wär' er herzlich dumm zu nennen«; nach Friedrich Schiller, »Die Piccolomini«, II,7.

113 Ursprünglich: »bewahrt«.

114 Vgl. »Rückkehr notgelandeter Flieger durch die Maginot-Linie«, »12 französische Flieger reißen vor 4 deutschen Jägern aus« und »U-Boot meldet: 36000 Tonnen versenkt«, in: VB, Süddt. Ausg., 5.3.1940, alle S. 1.

115 Ursprünglich: »Auf«.

116 Ursprünglich: »verfehlt«; zunächst ersetzt durch: »macht«; »macht« wiederum ersetzt durch: »erzeugt«.

117 Ursprünglich: »ist«.

118 Auszug aus dem Lied »Es zittern die morschen Knochen« von Hans Baumann (1914-1988). Der Refrain der von Kellner wiedergegebenen Fassung lautet: »Wir werden weiter marschieren, / wenn alles in Scherben fällt, / denn heute gehört uns Deutschland / und morgen die ganze Welt« (Pallmann 1934, S. 128). Eine andere Textfassung (1. Strophe: »Denn heute da hört

uns Deutschland / und morgen die ganze Welt«; 4. Strophe: »die Freiheit stand auf in Deutschland / und morgen gehört ihr die Welt«) ist abgedruckt in Baumann 1939, S. 111. Zu den unterschiedlichen Fassungen des Liedes vgl. Bengelsdorf 2002; auch Victor Klemperer notiert in seiner »LTI«: »Genau zwischen ›gehören‹ und ›hören‹ läuft der Grenzstrich im nazistischen Selbstbewußtsein« (Klemperer 1996, S. 263-265). Eine mentalitätsgeschichtliche Analyse zum nationalsozialistischen Liedgut findet sich bei Heyer 1980.

119 Ursprünglich: »ihr«.

120 Nachfolgend gestrichen: »Entwicklung«.

121 Nachfolgend gestrichen: »Eigentum«.

122 Nachfolgend gestrichen: »durch franz. Kolonien«.

123 Nachfolgend gestrichen: »wenn es Not am Mann geht«.

124 Nachfolgend gestrichen: »Deutschlands«.

125 Zum Angriff auf Sylt heißt es im Wehrmachtbericht vom 20. März 1940: »Am 19. März, gegen 20 Uhr, griffen britische Flugzeuge die Insel Sylt an. Die Angriffe wurden von einigen Flugzeugen bis 2.40 Uhr fortgesetzt. Ein Haus wurde getroffen, sonst dank der deutschen Abwehr kein Schaden angerichtet. Die meisten Bomben fielen ins Wasser. Ein britisches Kampfflugzeug wurde durch deutsche Flak abgeschossen« (HLZ, 21.3.1940, S. 1).

126 Vgl. etwa »Sechs Flugzeuge bei Sylt abgeschossen«, in: HLZ, 26.3.1940, S. 1.

127 Nachfolgend gestrichen: »sie haben«.

128 Satzanfang ursprünglich: »Mit«; gestrichen.

129 Ursprünglich: »bringen aber«.

130 Nachfolgend gestrichen: »zu«.

131 Wie die »Heimatzeitung« unter der Überschrift »Vortragsabend« berichtet, hielt »der bekannte Freienseener U-Bootfahrer Pg. Karl Kratz« Mitte April 1940 im »Solmser Hof« einen Vortrag über seine Erlebnisse: »Pg. Kratz erklärte die technische Beschaffenheit eines U-Bootes und berichtete dann von abenteuerlichen Kriegsfahrten im Weltkrieg, an denen er selber teilgenommen hatte. Die mitreißenden, spannenden Ausführungen ließen erkennen, daß sich Kratz in Gedanken bei den Kameraden auf seinem ehemaligen U-Boot befand. Nach einigen Lichtbildern aus der Skagerrakschlacht beendete er seinen Vortrag mit einem stillen Gedenken an die toten Kameraden beider Kriege. Der Ortsgruppenleiter dankte ihm und ließ den Abend in einem dreifachen Sieg-Heil auf den Führer und den Nationalliedern ausklingen« (Heimatzeitung, 16.4.1940, S. 3).

132 Emil Hofmann (1883-1948) war seit 1. Juli 1931 Mitglied der NSDAP, zudem Mitglied der SA. Seit 1933 war er Ortsgruppenleiter und nach der Besetzung Polens Wirtschaftsführer eines landwirtschaftlichen Guts im »Warthegau« (Koller 1995, S. 65). Wie aus der »Heimatzeitung« unter der Überschrift »Schulungsabend der NSDAP.« hervorgeht, war er auch 1940 als Schulungsleiter tätig: »Am Mittwochabend fand hier im Hotel ›Schützenhof‹ ein Schulungsabend der Ortsgruppe Laubach für alle Parteigenossen und Führer der angeschlossenen Verbände statt. Nach einleitenden Begrüßungsworten des Ortsgruppenleiters sprach der Schulungsleiter, Pg. Emil Hofmann (Freienseen), über das Thema ›Die Stimme der Ahnen‹. Sein Vortrag handelte von der seherischen Gabe unserer Ahnen, wie sie in den alten Märchen zutage trat, von nationalsozialistischer Rassepolitik, von Grund- und Bodenständigkeit, von der Reinhaltung des Blutes, der Freiheit und Unabhängigkeit des Vaterlandes und von deutscher Kolonialpolitik. Der Redner hielt die Anwesenden in steter Spannung, und reicher Beifall belohnte seine interessanten Ausführungen« (Heimatzeitung, 30.11.1940, S. 5). – Nach dem Krieg wurde Hofmann im Zusammenhang mit der Erschießung des amerikanischen Bomberpiloten William H. Mooney am General Military Government Court in Dachau vor Gericht gestellt. Mooney war am 24. Dezember 1944 nahe Freienseen mit seinem Flugzeug abgestürzt, hatte sich aber zunächst durch einen Fallschirmabsprung retten können. Er wurde von Wachsoldaten gestellt und vor den Augen der Dorfbewohner in Richtung Laubach abgeführt; auf dem Wege nach Laubach wurde er erschossen. Der Prozess gegen Emil Hofmann und zwei Mitangeklagte, der am 15. April 1947 begann, endete mit der Verurteilung Hofmanns zum Tod durch den Strang;

die Mitangeklagten wurden freigesprochen. Am 22. Oktober 1948 wurde das Urteil in Landsberg am Lech vollstreckt. Vgl. Koller 1995.

133 Nachfolgend gestrichen: »auto«.

134 Über Pläne zur militärischen Tarnung von Straßen durch ein spezielles Spritzverfahren ist nichts bekannt. Allerdings gab es Überlegungen zu »Schutzpflanzungen in der Wehrlandschaft«, die in der »Landschaftsfibel« von Heinrich Friedrich Wiepking-Jürgensmann im Detail dargelegt sind. Vgl. Wiepking-Jürgensmann 1942, S. 275-306, hier insbesondere S. 302-306. Nach Küster 2003, S. 56, ist es äußerst unwahrscheinlich, dass eine solche vor Feinden getarnte Straße wirklich gebaut wurde.

135 Vjačeslav Michajlovič Molotov (1890-1986) war von 1921 bis 1957 Mitglied des Zentralkomitees der KPdSU und ab dem 3. Mai 1939 sowjetischer Außenminister. Nach Stalins Tod 1953 wurde er entmachtet und verlor seine Ämter. 1962 wurde er aus der Partei ausgeschlossen, 1984 aber wieder aufgenommen. Vgl. Benz/Graml/Weiß 2007, S. 949.

136 Die Rede, die der russische Außenminister Molotov am 29. März 1940 hielt, ist protokolliert in: AdG 1940, S. 4471-4473 (B).

137 Schlagzeilen wie »Sicherung Norwegens in vollem Gang / Blitzartige Antwort an England« und »Dänemarks Schutz« finden sich etwa in: HF, Abend-Ausg., 9.4.1940, S. 1 bzw. 2. Der »Völkische Beobachter« berichtet erst am Folgetag ausführlich über den Einmarsch in Norwegen und Dänemark; vgl. diverse Artikel unter der Schlagzeile »Blitzartige Antwort auf die britische Kriegsausweitungspolitik im Norden / Deutschland rettet Skandinavien / Norwegen und Dänemark unter den Schutz des Reiches genommen«, in: VB, Süddt. Ausg., 10.4.1940, S. 1.

138 Zum Wehrmachtbericht vom 10. April 1940 vgl. etwa HLZ, 11.4.1940, S. 1.

139 Nachfolgend gestrichen: »auch«.

140 Ursprünglich: »einem«.

141 Nachfolgend gestrichen: »gegenüber«.

142 Albert Joseph Graefling (1906-1978), NSDAP-Mitglied seit dem 1. Mai 1933, war ab dem 1. Juni 1939 Hilfsrichter in den Orten Groß-Gerau, Homberg, Laubach, Gießen, Grünberg, Friedberg, Altenstadt und Vilbel; 1942 wurde er als Anwärter übernommen (HStAD, Best. G 21 B, Nr. 1068: Personalakte Albert Gräfling; Lebensdaten nach Auskunft des Standesamts Duisburg).

143 »Unrecht Gut gedeihet nicht«; nach Spr 10,2: »Unrecht Gut hilft nicht; aber Gerechtigkeit errettet vom Tode«.

144 »Was du nicht willst, was man dir tu, das füg auch keinem anderen zu«; nach Tob 4,16: »Was du nicht willst, daß man dir tue, das tu einem andern auch nicht.«

145 Das Sprichwort »Der Krug geht so lange zum Brunnen, bis er bricht«, in der Bedeutung »alles geht einmal zu Ende, jedes Unrecht wird schließlich doch einmal bestraft«, ist in vielen Sprachen bekannt und bereits bei Sebastian Franck in seinen Sprichwörtern (1,76b; 1541) verzeichnet. Vgl. Röhrich 1991-1992, Bd. 2, S. 895.

146 »Begehre nicht deines Nächsten ...«; 10. Gebot: »Laß dich nicht gelüsten deines Nächsten Hauses. Laß dich nicht gelüsten deines Nächsten Weibes, noch seines Knechtes, noch seiner Magd, noch seines Ochsen, noch seines Esels, noch alles, das dein Nächster hat« (2. Mos 20,17).

147 »Du sollst nicht töten«; 5. Gebot (2. Mos 20,13).

148 Nach Mt 7,3 (Bergpredigt): »Warum siehst du den Splitter im Auge deines Bruders, aber den Balken in deinem Auge bemerkst du nicht?«

149 Nach Ps 37,3: »Hoffe auf den Herrn, und tue Gutes; bleibe im Lande und nähre dich redlich.«

150 »Edel sei der Mensch, hilfreich und gut«; aus Goethes Gedicht »Das Göttliche«: »Edel sei der Mensch, / Hilfreich und gut! / Denn das allein / Unterscheidet ihn / Von allen Wesen, / Die wir kennen.«

151 Richard Walther Darré (1895-1953) war von 1931 bis 1938 Leiter des SS-Rasse- und Siedlungshauptamtes. 1933 wurde er Reichsminister für Ernährung und Landwirtschaft und »Reichs-

bauernführer«, aber im Mai 1942 wegen »persönlichen Versagens« wieder entlassen. Nach seiner Verhaftung 1945 wurde er im April 1949 im sogenannten »Wilhelmstraßen-Prozess«, einem der zwölf Nachfolgeprozesse des Nürnberger Hauptkriegsverbrecherprozesses, zu sieben Jahren Haft verurteilt, aber bereits 1950 entlassen. Vgl. Benz/Graml/Weiß 2007, S. 905f.

152 Gemeint ist wohl Wilhelm Lauber, seit 1930 Polizeihauptwachtmeister und zunächst beim Polizeiamt Gießen, Friedberg, tätig (HStAD, Best. G 12 C, Nr. 1987: Akten des Ministeriums des Innern betreffend den Schutzpol. Oberwachtm. der 10. Ber. in Friedberg Wilhelm Lauber, ohne Datum).

153 Nachfolgend gestrichen: »das Altmetall«.

154 Nachfolgend gestrichen: »so«.

155 Ludwig Weißbart war von 1902 bis 1922 Lehrer am Fridericianum in Laubach und 1940 Lehrer u.a. am Realgymnasium. Vgl. Rodenhausen 1987, S. 61.

156 Auszug aus dem sogenannten Engellandlied von Hermann Löns (Text). Der Refrain lautet: »Gib mir deine Hand, deine weiße Hand, leb' wohl, mein Schatz, leb' wohl, mein Schatz, leb' wohl, lebe wohl, denn wir fahren, denn wir fahren gegen Engelland, Engelland. Ahoi!«. Vgl. Breuer o.J., S. 5.

157 Ursprünglich: »wie«.

158 Ursprünglich: »vergangenen«.

159 Ursprünglich: »Das«.

160 Nach dem Ausspruch Kaiser Wilhelms II. in einer Rede am 24. Februar 1892: »Ich führe Euch herrlichen Zeiten entgegen« (Büchmann 1998, S. 386).

161 Nachfolgend gestrichen: »West«.

162 Ursprünglich: »war auf der deutschen Seite«.

163 Nachfolgend gestrichen: »zu verstehen ist«.

164 Nachfolgend gestrichen: »all«.

165 In »Mein Kampf« schreibt Hitler über Frankreich: »Denn darüber muß man sich endlich vollständig klar werden: Der unerbittliche Todfeind des deutschen Volkes ist und bleibt Frankreich. Ganz gleich, wer in Frankreich regierte oder regieren wird, ob Bourbonen oder Jakobiner, Napoleoniden oder bürgerliche Demokraten, klerikale Republikaner oder rote Bolschewisten: das Schlußziel ihrer außenpolitischen Tätigkeit wird immer der Versuch einer Besitzergreifung der Rheingrenze sein und einer Sicherung dieses Stromes für Frankreich durch ein aufgelöstes und zertrümmertes Deutschland« (Hitler 1930, S. 699).

166 Ursprünglich: »erwartet«.

167 Nachfolgend gestrichen: »Wie ich später in«.

168 Ursprünglich: »eröffnet«.

169 Oberbürgermeister von Karlsruhe war Dr. Oskar Hüssy (1903-1964). Hüssy wurde bereits 1923 Mitglied der NSDAP und nahm am sogenannten Hitler-Putsch im November 1923 in München teil. Vor seiner Amtszeit als Oberbürgermeister, die am 1. Oktober 1938 begann und 1945 endete, war er Vorsitzender des NSDAP-Gaugerichts Baden. Nach dem Krieg war er bis 1948 in französischer Internierung. 1949 wurde Hüssy als Mitläufer entnazifiziert. Anschließend war er bis 1963 in der Textilbranche tätig. Vgl. Klee 2007b, S. 274.

170 Werner Vogels (1888-1942) war Verfasser des Kommentars zum Reichserbhofsgesetz und Teilnehmer der Tagung der höchsten Juristen des Reichs im April 1941, auf der über die Ermordung der Insassen von Heil- und Pflegeanstalten mit Giftgas informiert wurde. Vgl. Klee 2007b, S. 643.

171 »(Saarbrücken usw.)« ist eine Hinzufügung Kellners.

172 Vgl. DJ, Ausg. C, Jg. 102, Nr. 28 (12.7.1940), S. 785-788: Schuldenabwicklung im Freimachungsgebiet nach der Verordnung vom 5. Juli 1940, Zitat S. 785.

173 Nachfolgend gestrichen: »sicher«.

174 Nachfolgend gestrichen: »vorhanden«.

175 Ursprünglich: »würde«.

176 Nachfolgend gestrichen: »von der Lage«.
177 Nachfolgend gestrichen: »Kampf«.
178 Beispiele von Drohungen gegen England »im deutschen Blätterwalde« finden sich zahlreich in der »Hessischen Landes-Zeitung«: »London torkelt in den Abgrund« (23.7.1940, S. 1f.), »England lehnt den Friedensplan ab / [...] Die deutsche Wehrmacht wird diesem Heuchler die nötige Antwort geben« (24.7.1940, S. 1f.), »›Die deutsche Luftarmada bereit‹« (25.7.1940, S. 1), »›Morgen wird das Weltreich zerfallen‹« (ebd., S. 2).
179 Beispiele deutscher Siegesmeldungen in der »Hessischen Landes-Zeitung« sind die Artikel »Häfen und Tankanlagen in Flammen« (22.7.1940, S. 1), »40000 BRT aus einem Geleitzug versenkt« (23.7.1940, S. 1), »Schwere britische Verluste im Mittelmeer« (ebd.), »Deutsches U-Boot versenkt 18000 BRT« (24.7.1940, S. 1), »Ein Geleitzug von Kampffliegern vernichtet« (25.7.1940, S. 1).
180 Ursprünglich: »spüren«.
181 Nachfolgend gestrichen: »mit«.
182 Nachfolgend gestrichen: »es«.
183 Ursprünglich: »Die Vorsehung ist nicht mehr auf unserer Seite«.
184 Nachfolgend gestrichen: »mehr glauben«.
185 Im Wehrmachtbericht vom 15. August 1940 heißt es: »Durch die zahlenmäßig geringen britischen Nachtangriffe vom 14. zum 15. August wurde bei Derichsweiler eine Kirche zerstört, sonst kein besonderer Schaden angerichtet.« Vgl. etwa HLZ, 16.8.1940, S. 1; AdG 1940, S. 4660 (B).
186 Vgl. VB, Süddt. Ausg., 22.8.1940, S. 1.
187 Ursprünglich: »alles«.
188 »Das geht auf keine Kuhhaut«; nach einer mittelalterlichen Vorstellung, dass der Teufel einem Sterbenden dessen Sündenregister auf einem aus Kuhhaut gefertigten (d.i. sehr großen) Pergament vorhält, wobei es von besonders großer Sündhaftigkeit zeugte, wenn die Übeltaten darauf keinen Platz fanden. Vgl. Röhrich 1991-1992, Bd. 2, S. 906-908.
189 Ursprünglich: »derartigen«.
190 Nachfolgend gestrichen: »vielleicht«.
191 Nachfolgend gestrichen: »die«.

Heft 2

1 Beispiele aus der »Hessischen Landes-Zeitung« vom August 1940 sind etwa die Artikel: »Britische Flugplätze in Schutt und Asche« (16.8.1940, S. 1), »Hafenanlagen von Portsmouth in Flammen« (25.8.1940, S. 1), »1500 Bomben von 150000 kg in einer Nacht« (27.8.1940, S. 1), »England im Bombenregen« (ebd.), »London in dichte Rauchwolken gehüllt« (ebd.), »Dover überhaupt keine Stadt mehr« (30.8.1940, S. 1).
2 Ursprünglich: »große«.
3 Ursprünglich: »kann«.
4 Vgl. »England, wir kommen!«, in: Das Schwarze Korps, Jg. 6, Nr. 32 (8.8.1940), S. 1f.
5 Nach Mt 5,3: »Selig sind, die da geistlich arm sind; denn das Himmelreich ist ihr.«
6 Ursprünglich: »großen«.
7 Nachfolgend gestrichen: »ungeheuren«.
8 Ursprünglich: »zwei«.
9 Die vorhergehenden vier Sätze sind durch einen roten Balken am linken Seitenrand hervorgehoben.
10 Vgl. Goethes gleichnamiges Epigramm »Kommt Zeit, kommt Rat«.
11 In der HLZ erscheint der Wehrmachtbericht vom 5. September 1940 unter der Überschrift

»Glanzleistungen der deutschen Schnellboote / [...] 57 britische Flugzeuge und 6 Zerstörer versenkt«. HLZ, 6.9.1940, S. 1.

12 Vgl. »Von Hamburg abgedrängt«, in: HF, Abend-Ausg. 2, 5.9.1940, S. 9.

13 Vgl. etwa »Bomben auf das Brandenburger Tor – Reichstag und Akademie der Künste« (»die britischen Nachtpiraten«) und »Acht Luftpiraten abgeschossen«, beide in: HLZ, 12.9.1940, S. 1. Die »Heimatzeitung« vom 12.9.1940 titelt: »Piratenüberfall auf Berlin«.

14 Von »englischen Luftpiraten« und »einem feigen Bombenangriff britischer Nachtpiraten« ist in zwei Todesanzeigen des »Hamburger Fremdenblatts« vom 14. September 1940 die Rede. In der ersten, von der NSDAP, Kreis Hamburg I, geschalteten Anzeige heißt es: »In Ausübung ihres Dienstes in der Heimat fielen für den Führer und Großdeutschland der Blockleiter der NSDAP Pg. Karl Ohse und Amtsträger des RLB Ludwig Sonntag / Sie fielen den englischen Luftpiraten zum Opfer [...]«. Die zweite, von der NSDAP, Kreis VIII, gezeichnete Anzeige lautet: »In der Blüte ihres Lebens fiel einem feigen Bombenangriff britischer Nachtpiraten zum Opfer die Parteigenossin Wally Rachow [...]« (HF, Abend-Ausg., 14.9.1940, S. 3).

15 Vgl. »Sie haben es ja gewollt!«, in: Das Schwarze Korps, Jg. 6, Nr. 38 (19.9.1940), S. 1f. Das »Schwarze Korps« erschien in Berlin mittwochs, in der Provinz donnerstags, war aber stets auf den Donnerstag datiert. Vgl. Zeck 2002, S. 99.

16 Nachfolgend gestrichen: »Recht gibt es überhaupt nicht.«

17 Ursprünglich: »Machtangeber«.

18 »Der schrecklichste der Schrecken, das ist der Mensch in seinem Wahn«; nach Friedrich Schiller, »Das Lied von der Glocke«.

19 Ursprünglich: »Die Zeit«.

20 Nachfolgend gestrichen: »Die Vereinbarung«.

21 Ursprünglich: »bereits«.

22 Ursprünglich: »Abmachung«.

23 Chiang Kai-shek (1887-1975) kämpfte im Bürgerkrieg gegen die kommunistischen Truppen Maos. Nach seiner endgültigen Niederlage 1949 floh er nach Taiwan, wo er 1950 Staatspräsident wurde. Vgl. Benz/Graml/Weiß 2007, S. 904.

24 Ursprünglich: »wie«.

25 Vgl. »Britische Mordbestie tobte in Berlin«, in: HLZ, 9.10.1940, S. 1f.

26 Ursprünglich: »möglich«.

27 Am linken Seitenrand in Höhe des letzten Satzes zwei Fragezeichen.

28 »Japan bereit, jedem Feind entgegenzutreten«, in: HF, Abend-Ausg., 8.10.1940, S. 2.

29 Eine Illustration zu den Siegesfeierlichkeiten in Rumänien findet sich in: VB, Norddt. Ausg., 11.10.1940, S. 3.

30 Zur Auffassung, dass der Nationalsozialismus »keine Exportware« sei, vgl. etwa das Rundschreiben Nr. 53 der Auslandsorganisation der NSDAP (AO) vom 3. Oktober 1933 (BArch, Slg. Schumacher/293).

31 Ursprünglich: »Die Ähren werden«.

32 Ursprünglich: »Aus unseren Taten«.

33 Nachfolgend gestrichen: »zeigen eindeutig«.

34 Vermutlich der Artikel »England bedroht Rumäniens Erdölfelder«, in: HLZ, 11.10.1940, S. 1.

35 Nachfolgend gestrichen: »oft«.

36 Nachfolgend gestrichen: »Wirksamkeit«.

37 Ursprünglich: »der«.

38 Ursprünglich: »streckt«.

39 Satz mehrfach korrigiert. Ursprünglich: »– was nicht ich, sondern die öffentlichen Verlautbarungen meinen –«.

40 Ursprünglich: »wird«.

41 Ursprünglich: »kann«.

42 Ursprünglich: »und«.

43 Ursprünglich: »alle«.
44 »weißer Rabe« (lat. *corvus albus*): Bezeichnung für einen seltenen Menschen bzw. einen Menschen, der eine Ausnahmerolle in der Gesellschaft einnimmt. Der Ausdruck geht zurück auf die »Satiren« VII,2 des römischen Schriftstellers Juvenal: »Jedoch ein solcher Glückspilz ist seltener als ein weißer Rabe.«
45 »Wie lange noch, Herr Hitler, werden Sie die Lammesgeduld der unseligen Menschheit mißbrauchen?«; vgl. Marcus Tullius Cicero, »Reden gegen Catilina«, I,1: »Wie weit eigentlich, Catilina, wirst du unsere Langmut noch missbrauchen? Wie lange noch wird dein Wahnwitz uns zum Gespött machen? Wo wird deine hemmungslose Dreistigkeit ihr Ende finden?« (Cicero 1989, Bd. 1, S. 269).
46 Nachfolgend gestrichen: »wird zum Himmel lodern«.
47 Ursprünglich: »es«.
48 Ursprünglich: »entstehen«; »ent« ersetzt durch »er«.
49 Ursprünglich: »wir«.
50 Ursprünglich: »Natürlich«.
51 Ursprünglich: »ihnen«.
52 »Willst du nicht mein Bruder sein, schlag ich dir den Schädel ein«; zurückgehend auf das jakobinische Wort der Französischen Revolution: »La fraternité ou la mort« (»Brüderlichkeit oder Tod«). Der Vers wurde 1848 durch eine Rede des Fürsten Bernhard von Bülow bekannt. Vgl. Büchmann 1998, S. 428.
53 Nachfolgend gestrichen: »sich«.
54 Großbritannien hatte nach der Übernahme Albaniens durch Italien eine vage Garantieerklärung für Griechenland abgegeben. Vgl. Benz/Graml/Weiß 2007, S. 543. Eine britische Garantieerklärung zugunsten Polens hatte sich bereits als wirkungslos erwiesen.
55 Nachfolgend gestrichen: »fast«.
56 »Chamberlain gestorben«, in: HLZ, 11.11.1940, S. 1.
57 »Du kennst Deine Pappenheimer«; nach Friedrich Schiller, »Wallensteins Tod«, III,15: »Daran erkenn ich meine Pappenheimer«.
58 Fritz Boländer (geb. 1907), ehemals Gerichtsassessor am Amtsgericht Grünberg, war im September 1939 zum Amtsgerichtsrat in Lampertheim ernannt worden. Vgl. »Ernennung«, in: Heimatzeitung, 28.9.1939, S. 3.
59 Ursprünglich: »sprechen«.
60 Nachfolgend gestrichen: »auch«.
61 Ursprünglich: »würde«.
62 Vgl. »Der italienische Einmarsch in Griechenland«, in: HLZ, 30.10.1940, S. 1.
63 Vgl. »Italienischer Vormarsch in 70 km Tiefe«, in: HLZ, 1.11.1940, S. 1.
64 »Wenn es aber dem Esel zu wohl ist, geht er auf das Eis tanzen«; sprichwörtlich in der Bedeutung ›wenn es jemandem zu gut geht, wird er übermütig (und bringt sich in Gefahr)‹, bereits seit 1582 belegt bei Johannes Agricola, I,81. Vgl. Wander 1964, Bd. 1, Sp. 869; Duden 2008, S. 204.
65 Nachfolgend gestrichen: »Engländer gegen Libyen«.
66 Nachfolgend gestrichen: »Und«.
67 Ursprünglich: »ja«.
68 Nachfolgend gestrichen: »in«.
69 Ursprünglich: »weiß«.
70 Ursprünglich: »sieht«.
71 Nachfolgend gestrichen: »zu höheren Strafen«.
72 Zum italienischen Heeresbericht vom 8. Januar 1941 vgl. etwa HLZ, 9.1.1941, S. 2.
73 Ursprünglich: »wenn«.
74 Die Entschließung des italienischen Ministerrats wird wiedergegeben im Artikel »Der Kampf geht weiter bis zum Sieg / Der italienische Ministerrat grüßt die Verteidiger von Bardia«, in: VB, Süddt. Ausg., 9.1.1941, S. 1.

75 Nachfolgend gestrichen: »der«.
76 Zum italienischen Heeresbericht vom 23. Januar 1941 vgl. etwa HLZ, 24.1.1941, S. 2.
77 Ursprünglich: »wäre«.
78 Ursprünglich: »was«.
79 Vermutlich bezieht sich Kellner auf eine Aussage aus einem Interview Görings vom 9. August 1939: »Denn das Ruhrgebiet werden wir auch nicht einer einzigen Bombe feindlicher Flieger ausliefern.« AdG 1939 (F), S. 4166f. Kellner hat diesen Satz in seinem eigenen Exemplar des »Archivs der Gegenwart« markiert.
80 Ein Artikel in der »Hessischen Landes-Zeitung« unter der Überschrift »Die Krise des Empire« könnte Kellners Quelle gewesen sein: »Vor allem aber: wenn Churchill auf amerikanische Hilfe in Englands jetzigem Kampf spekuliert, so können selbst alle Gesten Roosevelts, die noch so sehr zu Churchills Entlastung bestimmt sein mögen, eins nicht aus der Welt schaffen, – daß nämlich alle Hilfe aus den Vereinigten Staaten für England zu spät kommen würde. Eine versuchsweise Fortsetzung des Kampfes von Uebersee aber könnte nur ein Ergebnis haben: die Ueberführung der Reste des englischen Empire in ein amerikanisches« (HLZ, 25.7.1940, S. 1).
81 Ursprünglich: »haben«.
82 Ursprünglich: »fertig gebracht«.
83 Die Angabe zu den Rüstungsausgaben geht vermutlich auf die Reichstagsrede Hitlers am 1. September 1939 zurück: »Mehr als sechs Jahre habe ich am Aufbau der deutschen Wehrmacht gearbeitet. In dieser Zeit sind mehr als 90 Milliarden für den Aufbau unserer Wehrmacht aufgewendet worden. Sie ist heute die am besten ausgerüstete der Welt und steht weit über jedem Vergleich mit der des Jahres 1914! Mein Vertrauen auf sie ist unerschütterlich« (AdG 1939, S. 4199-4201 (G), Zitat S. 4200).
84 Nachfolgend gestrichen: »Möglichkeit«.
85 Ursprünglich: »eine Aufgabe«.
86 Nachfolgend gestrichen: »Kommt Zeit, kommt Rat.«
87 Haile Selassie (1892-1975; Geburtsname: Tafari Makonnen) war von 1930 bis 1974 Kaiser in Äthiopien. Im Jahre 1936, nach dem italienischen Einfall in Abessinien 1935, begab er sich nach Großbritannien ins Exil und kehrte nach der Kapitulation der italienischen Truppen vor britischen Verbänden 1941 auf den Thron zurück. Vgl. Brogini Künzi 2006, S. 138-141.
88 Vgl. »›England geht seinem sicheren Untergang entgegen‹«, in: HLZ, 29.1.1941, S. 1f.
89 Erich Raeder (1876-1960) war seit dem 1. Januar 1935 Oberbefehlshaber der Marine, ab dem 1. April 1939 Großadmiral. Nach einem Zerwürfnis mit Hitler wurde er am 30. Januar 1943 von Karl Dönitz abgelöst. Am 1. Oktober 1946 wurde Raeder im Nürnberger Hauptkriegsverbrecherprozess zu lebenslanger Haft verurteilt, am 26. September 1955 jedoch aus gesundheitlichen Gründen entlassen. Vgl. Fischer 1998.
90 »Wer anderen eine Grube gräbt, fällt selbst hinein«; nach Spr 26,27: »Wer eine Grube macht, der wird drein fallen, und wer einen Stein wälzet, auf den wird er zurückkommen.«
91 Kellner dürfte sich auf die folgende Passage der Sportpalast-Rede Hitlers vom 30. Januar 1941 beziehen: »Und wenn sie dann als letztes sagen: ›Ja, aber die Fehler, die sie machen!‹ – Gott, wer macht keine Fehler? Ich habe heute früh gelesen, daß ein englischer Minister – ich weiß nicht wer – durch ein Verfahren ausgerechnet hat, daß ich im vergangenen Jahre – also im Jahre 1940 – sieben Fehler gemacht habe, sieben Fehler! Der Mann hat sich geirrt! Ich habe es nachgerechnet: ich habe nicht sieben Fehler gemacht, sondern 724, aber ich habe weiter gerechnet: und meine Gegner haben 4385000 Fehler gemacht! (Tosende Heiterkeit.) Wer kann mir das glauben?! Ich habe es genau nachgerechnet! Wir werden mit unseren Fehlern schon weiterkommen. Wenn wir in diesem Jahr so viele Fehler machen wie im vergangenen, werde ich am Ende dieses Jahres meinem Herrgott auf den Knien danken und wenn unsere Gegner genau so viel Gescheites machen, wie in diesem vergangenen Jahr, dann kann ich auch zufrieden sein. (Erneute brausende Heiterkeit.)« (HLZ, 31.1.1941, S. 3-6, Zitat S. 6).
92 Nachfolgend gestrichen: »Der Führer hat immer«.

93 »Harte Kämpfe in Italienisch-Ostafrika«, in: HLZ, 6.2.1941, S. 1.
94 Im »Hamburger Fremdenblatt«: »die Trasse der Küstenstraße«.
95 Rudolfo Graziani (1882-1955) wurde zu Beginn des Krieges von Mussolini zum Generalstabschef des Heeres und wenig später auch zum Generalgouverneur in Libyen ernannt.
96 Vgl. »Der Fall von Tobruk«, in: HF, Abend-Ausg. 2, 27.1.1941, S. 1f.
97 Ursprünglich: »Aber er hat wirklich«.
98 Nachfolgend gestrichen: »gar bei ihren Betrachtungen noch nicht einmal«.
99 Nachfolgend gestrichen: »da wo es den Engländern«.
100 Nachfolgend gestrichen: »sich«.
101 Vgl. RGBl. I, Nr. 87, 1937, S. 829f.: Verordnung zur Sicherstellung des Brotgetreidebedarfs, 22.7.1937.
102 Ursprünglich: »vertrieben«.
103 »Wohin bist du entschwunden, du gute, alte Zeit?«; vgl. das Studentenlied »Rückblicke eines alten Burschen« (1825): »O alte Burschenherrlichkeit / wohin bist du entschwunden / Nie kehrst du wieder gold'ne Zeit / so froh und ungebunden!« (Büchmann 1998, S. 197).
104 Karl Naumann, seit 1. Mai 1931 Mitglied der NSDAP (Stadtarchiv Laubach, XIX.5.1.77: N.S.D.A.P., hier: Verzeichnis der Mitglieder der Ortsgruppe Laubach, mit dem Datum des Eintritts in die Partei: 1942), gehörte zu den Mitbegründern der NSDAP-Ortsgruppe Laubach. Vgl. »Elf Jahre Ortsgruppe Laubach«, in: Heimatzeitung, 16.9.1941, S. 5.
105 Ursprünglich: »angab«.
106 Nach Büchmann 1998, S. 373, geht der Ausspruch auf Papst Julius III. (1550-1555) zurück. Dieser soll einem portugiesischen Mönch, der ihn bemitleidete, weil er mit der Herrschaft über die ganze Welt belastet sei, geantwortet haben: »Wenn Ihr wüßtet, mit wie wenig Aufwand von Verstand die Welt regiert wird, so würdet Ihr Euch wundern.«
107 Unter anderem heißt es in »Mein Kampf«: »Die breite Masse eines Volkes besteht nicht aus Diplomaten oder auch nur Staatsrechtslehrern, ja nicht einmal aus lauter vernünftig Urteilsfähigen, sondern aus ebenso schwankenden wie zu Zweifel und Unsicherheit neigenden Menschenkindern. [...] Das Volk ist in seiner überwiegenden Mehrheit so feminin veranlagt und eingestellt, daß weniger nüchterne Überlegung als vielmehr gefühlsmäßige Empfindung sein Denken und Handeln bestimmt. Diese Empfindung aber ist nicht kompliziert, sondern sehr einfach und geschlossen« (Hitler 1930, S. 196-201, Zitat S. 200f.).
108 Nachfolgend gestrichen: »eine Frage von«.
109 Ursprünglich: »Wer so frivol wie Mussolini gehandelt«.
110 Nachfolgend gestrichen: »müßt«.
111 Nachfolgend gestrichen: »Die Selbstsucht u. die Machtgelüste fordern ihre Opfer u. bekommen sie wahr«.
112 Nachfolgend gestrichen: »sich«.
113 Vgl. »Sieg ohne Waffen«, in: HF, Abend-Ausg. 2, 25.3.1941, S. 1f.
114 Nachfolgend gestrichen: »garantiert«.
115 Nachfolgend gestrichen: »doch«.
116 Nachfolgend gestrichen: »wenn«.
117 »viele Hunde sind der Hasen Tod«; belegt in alten Sprichwörtersammlungen: »Vil hund seind der hasen todt«, lat. »Multitudo canum mors est leporum«. Vgl. Wander 1964, Bd. 2, Sp. 860f.; Duden 2008, S. 384.
118 Ursprünglich: »sehr«.
119 Ursprünglich: »ist«.
120 Hans Fritzsche (1900-1953) war Journalist und hochrangiger Mitarbeiter des Reichsministeriums für Volksaufklärung und Propaganda. Einem breiten Publikum wurde er durch seine wöchentliche Rundfunksendung bekannt. Nach Kriegsende war er in Nürnberg als Hauptkriegsverbrecher angeklagt, wurde aber am 1. Oktober 1946 von allen Anklagepunkten freigesprochen. Im Spruchkammerverfahren wurde Fritzsche zu neun Jahren Arbeitslager verurteilt,

1950 aber bereits entlassen. Anschließend war er in der Werbebranche tätig. Vgl. Bonacker 2007.

121 Die Aussage geht auf eine Reichstagsrede Bismarcks am 5. Dezember 1876 zurück: »Ich habe gesagt: ich werde zu irgend welcher activen Betheiligung Deutschlands an diesen Dingen [den orientalischen] nicht rathen, so lange ich in dem ganzen für Deutschland kein Interesse sehe, welches auch nur – entschuldigen Sie die Derbheit des Ausdrucks – die gesunden Knochen eines einzigen pommerschen Musketiers werth wäre« (Bismarck 1893, S. 461).

122 Ausschnitt aus dem Artikel »Empfänge beim Führer im Belvedere«, in: VB, Süddt. Ausg., 27.3.1941, S. 2.

123 »Abgereist«, »Telegramm an den Führer« und »Empfang des Reichspressechefs«, in: ebd.

124 Dragiša Cvetković (1893-1969) war vom 5. Februar 1939 bis zum 27. März 1941 jugoslawischer Ministerpräsident.

125 »USA begeistert«, in: HF, Abend-Ausg. 2, 29.3.1941, S. 1.

126 Am rechten Seitenrand in Höhe des vorhergehenden Satzes ein roter Balken sowie ein Fragezeichen.

127 »Zwetkowitsch verhaftet«, in: HF, Abend-Ausg. 2, 28.3.1941, S. 1.

128 »Ein Staatsstreich in Jugoslawien«, in: HLZ, 28.3.1941, S. 2.

129 Vermutlich bezieht sich Kellner auf eine Sendung der »Deutschen Wochenschau«. Tripolis wurde in DW 550 (19.3.1941), DW 551 (26.3.1941) und DW 552 (2.4.1941) gezeigt. Vgl. Bucher 1984, S. 106.

130 Nachfolgend gestrichen: »Das Gespräch«.

131 »Er hat's im Griff wie der Bettelmann die Laus«, im Sinne von »etwas (fest) unter Kontrolle haben«. Vgl. Röhrich 1991-1992, Bd. 1, S. 581, und Bd. 2, S. 935ff.

132 Die Schrift »Was wir als Kriegsberichterstatter nicht sagen durften!« wurde von dem ehemaligen Kriegsberichterstatter Heinrich Binder verfasst und erschien kurz nach dem Ersten Weltkrieg im Selbstverlag. Im Kapitel »Die Behandlung der Presse« beklagt der Autor »die völlige Knebelung der deutschen Presse« (S. 12) und führt weiter aus: »In der vorgenannten Knebelung der deutschen Presse zeigte sich nun wieder das unnachahmliche Talent der deutschen Behörden, eine Sache bis ins kleinste hinein zu organisieren. Von Königsberg bis nach Straßburg und von Aurich bis nach Görlitz erschien keine Zeitung, die nicht nahezu täglich ihre Anweisungen darüber bekam, was sie bringen durfte und was verboten war, zu veröffentlichen. Das Wolff-Büro in Berlin war das ausführende Organ der Oberzensurstelle des Deutschen Reiches. Vor allen Dingen wurde bekannt gemacht, daß alle vom Wolff-Büro veröffentlichten Berichte ohne Abänderung gebracht werden mußten; jeder Kommentar zu irgendeiner Nachricht war verboten. Es durften selbst Unterstreichungen oder Sperrungen einzelner Worte nicht vorgenommen werden« (S. 13). Die Beispiele, die Binder nennt, reichen von Detailanweisungen wie »Besprechungen über die herrschende Butter- und Fettknappheit müssen unterbleiben« (S. 14) bis zum Thema »Deutschlands Menschenverluste im Kriege«, dem der Autor ein ganzes Kapitel widmet; dies mit dem Fazit: »Nur eines wissen wir: Das deutsche Volk, das Land der Dichter und Philosophen, das hochentwickelte Volk leistungsfähigster Wirtschaft und allumfassender Kultur hat in seiner Gesamtheit keinen Sinn für weiteres Blutvergießen. Es war hineingepreßt in eine Form, in eine Form, die zersprang« (S. 63). Vgl. Binder 1919.

133 Nachfolgend gestrichen: »Dinge«.

134 Friedrich Kellner bezieht sich auf das »Sammel-Sachregister Nr. 7 zum »Archiv der Gegenwart« für die Zeit vom 1. Januar bis 31. Dezember 1941«, in: AdG 1941, S. 1-28.

135 Ursprünglich: »Die Reden«.

136 Henri Pétain (1856-1951) war 1916 Oberbefehlshaber bei der Verteidigung Verduns. Nach dem deutschen Angriff 1940 wurde er stellvertretender Ministerpräsident und am 10. Juli 1940 zum Chef de l'État Français gewählt. Er verfolgte den deutschen Besatzern gegenüber eine weitreichende Kollaborationsstrategie. Am 15. August 1945 wurde er zum Tode verurteilt, aber aus Altersgründen zu Festungshaft begnadigt. Vgl. Benz/Graml/Weiß 2007, S. 955.

137 Am linken Seitenrand zwei Ausrufezeichen hinzugefügt.
138 »Wartet nur, balde ruhet Ihr auch.« Nach Johann Wolfgang von Goethe, »Wandrers Nachtlied II« (1780): »Über allen Gipfeln / Ist Ruh, / In allen Wipfeln / Spürest du / Kaum einen Hauch; / Die Vögelein schweigen im Walde, / Warte nur, balde / Ruhest du auch.«
139 Vgl. »Die Fronten sind klar«, in: HLZ, 1.4.1941, S. 1f.
140 Die Wendung »steter Tropfen höhlt den Stein« beruht auf Hiob 14,19, wo es im Text der Vulgata heißt: »Lapides excavant aquae«. Ovids Formulierung »Gutta cavat lapidem« (»Epistolae«, IV,10,5) entspricht dem deutschen Sprichwort noch genauer. Vgl. Büchmann 1998, S. 336 und 351f.
141 Am linken Seitenrand ein Ausrufezeichen.
142 Der Eintrag ist durch einen roten Balken am linken Seitenrand hervorgehoben.
143 Vgl. Hitler 1930, S. 742.
144 Vorhergehender Satz durch einen doppelten roten Balken am linken Seitenrand hervorgehoben.
145 Nachfolgend gestrichen: »Photographien«.
146 Vgl. etwa »Coventry liegt in Schutt und Asche«, in: HLZ, 16.11.1940, S. 1. Eine Abbildung der beschriebenen Art findet sich wenige Tage später in demselben Blatt; vgl. HLZ, 21.11.1940, S. 3 (Bildunterschrift »Erstes Bildtelegramm von dem Vergeltungsangriff auf Coventry«). »Wie Coventry unterging« lautet der Titelbericht in: HF, Abend-Ausg., 16.11.1940, S. 1. Die »Heimatzeitung« desselben Tages vermeldet auf ihrer Titelseite: »Rüstungszentrum Coventry vernichtet!«
147 Zum Wehrmachtbericht vom 9. Mai 1941 vgl. etwa HLZ, 10.5.1941, S. 1.
148 »Wie Schuppen von den Augen«; nach Apg 9,18: »Und alsobald fiel es von seinen Augen wie Schuppen, und er ward wieder sehend«.
149 Nachfolgend gestrichen: »eingeweihte«.
150 Ursprünglich: »2«.
151 Rudolf Heß (1894-1987), in den zwanziger Jahren Hitlers Privatsekretär und ab 1933 dessen Stellvertreter als Parteiführer, besaß im »Dritten Reich« wenig Macht und beschäftigte sich lieber mit Wahrsagerei, Anthroposophie u.Ä. Am 10. Mai 1941 flog er nach Großbritannien, um einen Friedensschluss mit London zu erreichen. Heß wollte Hitler damit den Rücken im Osten freihalten und wähnte sich als Sendbote Hitlers. Der allerdings sah sich verraten; Heß wurde in Deutschland für geisteskrank erklärt. In Großbritannien wurde Heß verhaftet und nach dem Krieg im Nürnberger Hauptkriegsverbrecherprozess zu lebenslanger Haft verurteilt. 1987 nahm Heß sich das Leben. Vgl. Benz 1996b, S. 94f. Zu den Reaktionen in der NS-Führung und in der Bevölkerung vgl. Nolzen 2004, S. 138-153.
152 Nachfolgend gestrichen: »allein«.
153 Ursprünglich: »für«.
154 Nachfolgend gestrichen: »Aus diesem«.
155 Nachfolgend gestrichen: »Vermutung«.
156 Nachfolgend gestrichen: »Raffinesse«.
157 »Rudolf Heß verunglückt«, in: HLZ, 13.5.1941, S. 1.
158 »Da ist der Wunsch der Vater des Gedankens«; nach Shakespeare, König Heinrich IV., Zweiter Teil, IV,4. Vgl. Büchmann 1998, S. 264.
159 »Die Reichs- und Gauleiter beim Führer« und »Partei-Kanzlei«, in: HLZ, 14.5.1941, S. 1.
160 Hans Frank (1900-1946) gehörte seit 1923 der NSDAP an. Als Rechtsanwalt vertrat er Hitler und andere Nationalsozialisten in zahlreichen Prozessen vor Gericht. 1928 gründete er den Nationalsozialistischen Rechtswahrerbund, 1933/34 war er bayerischer Justizminister und ab 1934 Reichsminister ohne Geschäftsbereich. 1939 wurde er Generalgouverneur der besetzten polnischen Gebiete, die nicht ins Deutsche Reich eingegliedert wurden. Im Nürnberger Hauptkriegsverbrecherprozess wurde Frank zum Tode verurteilt und anschließend hingerichtet. Vgl. Schenk 2006.

161 Vgl. »Die Internationale Rechtskammer. Rede des Generalgouverneurs, Reichsministers Dr. Hans Frank auf der Internationalen Juristenbesprechung am 5. April 1941 in Berlin«, in: DRW, Jg. 11, Nr. 17 (26. April 1941), S. 897-899, Zitat S. 899.

162 Günther Lütjens (1889-1941) gehörte seit 1907 zur Marine. Er war an der Besetzung Norwegens beteiligt und wurde danach im September 1940 zum Admiral ernannt. Am 27. Mai 1941 wurde das neue Schlachtschiff »Bismarck« versenkt. Von den rund 2100 Männern an Bord überlebten nur 115; Lütjens ging mit dem Schiff unter. Vgl. Hümmelchen 1998, S. 136-139.

163 »Und wenn der letzte Tropfen aus dem Leidenskelch geleert ist«; nach Jes 51,17: »Wache auf, wache auf, stehe auf, Jerusalem, die du von der Hand des Herrn den Kelch seines Grimmes getrunken hast! Die Hefen des Taumelkelchs hast du ausgetrunken und die Tropfen geleckt.«

164 Vidkun Quisling (1887-1945) war norwegischer Politiker und Offizier. 1933 gründete er eine faschistische Partei, die später als Nasjonal Samling bekannt wurde. Nach der deutschen Besetzung Norwegens suchte Quisling die Zusammenarbeit mit den deutschen Okkupanten; 1942 wurde er schließlich Ministerpräsident einer Marionettenregierung. Im Mai 1945 wurde Quisling verhaftet und im September zum Tode verurteilt. Sein Name wird bis heute im Sinne von »Kollaborateur« gebraucht. Vgl. Benz/Graml/Weiß 2007, S. 958.

165 »Aus Deutschland zurück«, in: HF, Abend-Ausg. 2, 29.5.1941, S. 1.

166 Ursprünglich: »muß«.

167 Ausschnitt aus »Der Irak auf Vorposten«, in: HLZ, 23.5.1941, S. 2.

168 »Der Nahe Osten meldet seine Ansprüche an« und »Wilson wütet gegen die Araber Palästinas«, in: HLZ, 23.5.1941, S. 2.

169 »Gegen britische Lügenmeldungen über den Irak«, in: HLZ, 28.5.1941, S. 4.

170 Nachfolgend gestrichen: »erschwerten«.

171 Der Wetterfelder Pfarrer Ferdinand Scriba notiert dieses Ereignis in der Pfarrchronik von 1941 und bewertet es ebenso wie Kellner: »Evakuierte aus dem Rheinland: Ende April traf eine Anzahl von etwa 20-30 Frauen und Kindern aus Düsseldorf hier ein. Sie waren in Erwartung von Luftangriffen von dort evakuiert worden und wurden in geeigneten Familien untergebracht. Da aber die Luftangriffe ausblieben, kehrten sie nach einigen Monaten nach und nach wieder in ihre Heimat zurück. Von einzelnen Ausnahmen abgesehen, war das Zusammenleben mit der einheimischen Bevölkerung nicht allzu harmonisch. Die Gäste fühlten sich vielfach als Sommerfrischler, die nicht daran dachten, den unter Menschenmangel leidenden Gastgebern behilflich zu sein« (Friedenskooperative Laubach 1990, S. 229).

172 »Milch und Honig fließen«; nach 2. Mos 3,7-8: »Und der Herr sprach: Ich habe gesehen das Elend meines Volks in Ägypten, und habe ihr Geschrei gehöret über die, so sie drängen; ich habe ihr Leid erkannt, und bin herniedergefahren, daß ich sie errette von der Ägypter Hand und sie ausführe aus diesem Lande in ein gut und weit Land, in ein Land, darinnen Milch und Honig fleußt [...].«

173 »Erbitterter Kampf um Bagdad«, in: HLZ, 1./2.6.1941, S. 3.

174 Ein rotes Fragezeichen vor dem ersten Wort der Unterzeile.

175 »Der Ministerpräsident des Irak an der Front«, in: HLZ, 31.5.1941, S. 2.

176 Vgl. »Scharfer englischer Ton gegen Frankreich«, in: HF, Abend-Ausg., 5.6.1941, S. 1.

177 Ursprünglich: »werden«.

178 »150-Gramm-Gerichte verboten«, in: HLZ, 31.5.1941, S. 5.

179 Bekanntmachung in: HLZ, 29.5.1941, S. 6.

180 Ursprünglich: »allgemein«.

181 »Als Offizier zur Kriegsmarine«, in: HLZ, 4.6.1941, S. 3.

182 Ursprünglich: »Haupteinstellungsdatum«.

183 Der französische General Charles de Gaulle (1890-1970) ging nach der französischen Niederlage 1940 ins britische Exil und rief von dort zur Fortsetzung des Kampfes gegen Deutschland auf. Von der französischen Kollaborationsregierung in Vichy wurde de Gaulle deswegen zum Tode verurteilt. Im Juni 1943 wurde er Chef der französischen Exilregierung. 1945/46,

nach der Befreiung Frankreichs, war er Ministerpräsident und Staatsoberhaupt. Im Dezember 1958 wurde de Gaulle erster Präsident der fünften Republik. Im April 1969 trat er zurück. Vgl. Benz/Graml/Weiß 2007, S. 916.

184 »Ein Verräter richtet sich selbst«, in: HLZ, 5.6.1941, S. 1.

185 Philibert Collet (1896-1945) beging nicht in Palästina Selbstmord, sondern starb krankheitsbedingt am 15. April 1945 in Toulouse (vgl. http://www.ordredelaliberation.fr [7.7.2009]).

186 Vgl. ähnlich »40000 Tote in England«, in: HLZ, 14.6.1941, S. 3.

187 »Bei Gott und den Diktatoren ist alles möglich«; nach Mt 19,26: »Bei den Menschen ist's unmöglich; aber bei Gott sind alle Dinge möglich.«

188 Ausschnitt aus »Die Atlantik-Schlacht«, in: HLZ, 12.6.1941, S. 1f., hier S. 2.

189 Ursprünglich: »damit wird England nicht niedergeschlagen«.

190 Über Pfarrer Johannes Wilhelm Adolf Goldmann (1877-1954) schreibt die »Heimatzeitung« anlässlich seiner silbernen Hochzeit Ende 1941: »Pfarrer Goldmann wirkte vor dem Weltkrieg zehn Jahre als Lehrer im höheren Schuldienst Preußens und Sachsens, nahm am Krieg als Landwehrmann und Unteroffizier, später als Feldgeistlicher teil und war von 1919 bis 1927 in Preußen, von 1927 bis 1940 in Sachsen als Pfarrer tätig. Am 1. Juli 1940 zog er in den Ruhestand nach Laubach. Pg. Goldmann ist Mitglied der NSDAP. seit 1931 und treuer Mitarbeiter der Heimat-Zeitung« (Heimatzeitung, 23.12.1941, S. 6).

191 »Halb Semendria zerstört«, in: HLZ, 10.6.1941, S. 1.

192 Die vorhergehenden beiden Absätze sind durch einen roten Balken am linken Seitenrand hervorgehoben.

193 Die Schließung der US-Konsulate wird in der deutschen Presse als Reaktion der Reichsregierung auf das Verhalten der amerikanischen Behörden dargestellt. So führt das »Hamburger Fremdenblatt« unter der Überschrift »Schließung der USA-Konsulate« u.a. aus: »Dem amerikanischen Geschäftsträger in Berlin wurde gestern im Auswärtigen Amt eine Note übergeben, in der die Reichsregierung darauf hinweist, daß das Verhalten der amerikanischen Konsularbehörden und des amerikanischen Reisebüros American Expreß Company seit längerer Zeit zu schweren Beanstandungen Anlaß gibt und daß die Reichsregierung daher gezwungen ist, die amerikanische Regierung zu ersuchen, alle amerikanischen Beamten und amerikanischen Angestellten der Konsularbehörden der Vereinigten Staaten im Deutschen Reich sowie in Norwegen, Holland, Belgien, Luxemburg, den besetzten Teilen Frankreichs, in Serbien und in den von deutschen Truppen besetzten Teilen Griechenlands spätestens bis zum 15. Juli aus diesen Gebieten zurückzuziehen und die Konsularbehörden zu schließen. Gleichzeitig wird in der Note die Schließung der Niederlassung der ›American Expreß Company‹ in den oben genannten Gebieten und die Entfernung der amerikanischen Angestellten dieser Gesellschaft bis spätestens 15. Juli d. J. gefordert, da sich die ›American Expreß Company‹ und ihre Angestellten in einer Weise verhalten haben, die den Interessen des Deutschen Reiches zuwiderläuft« (HF, Abend-Ausg. 2, 20.6.1941, S. 2). Ähnlich lautende Meldungen finden sich auch in: HLZ, 20.6.1941, S. 1 (»Note an USA«), sowie in: VB, Süddt. Ausg., 21.6.1941, S. 1.

194 Vorhergehender Absatz durch einen roten Balken am linken Rand hervorgehoben.

195 Nach Goethes Ballade »Erlkönig« (1782): »›Ich liebe dich, mich reizt deine schöne Gestalt, / Und bist du nicht willig, so brauch' ich Gewalt!‹ / Mein Vater, mein Vater, jetzt faßt er mich an! / Erlkönig hat mir ein Leids getan!«

196 Nachfolgend gestrichen: »die politisch geschult waren«.

197 Nachfolgend gestrichen: »gesamten«.

198 Dr. Josef Hornef (1896-1971) war seit 1934 Amtsgerichtsrat in Grünberg. Zuvor war er Rechtsanwalt in Worms und ab 1929 Amtsgerichtsrat in Lorsch (Hessisches Regierungsblatt, Jg. 1929, Nr. 10, S. 79 / Hessisches Regierungsblatt, Jg. 1934, Nr. 8, S. 52). In Kellners Wiedergutmachungsakte ist eine »Erklärung« Hornefs enthalten, in welcher dieser bescheinigt: »Ich habe ihn als rechtlich gesinnten, aufrechten Beamten kennen gelernt, der unter den Nazis tapfer seinen Mann stellte. Wir haben uns damals sehr freimütig über unsere Anti-Naziauffassung

ausgetauscht. [...] Ich bin überzeugt, dass er, wenn nicht die Nazis an der Macht gewesen wären, frühzeitig befördert worden wäre« (HHStAW, Abt./Nr. 518/29744: Wiedergutmachungsakte Friedrich Kellner, Bl. 15, Erklärung Landgerichtsdirektor i.R. Hornef, 5.10.1965).

199 Ludwig Brunner war seit 1932 Gerichtsvollzieher (GV) mit Amtssitz Laubach. Seine Laufbahn hatte er als Amtsgerichtsgehilfe und Kanzleigehilfe (ab 1921) beim Amtsgericht Michelstadt begonnen (Hessisches Regierungsblatt, Jg. 1921, Beilage 9, S. 85 / Hessisches Regierungsblatt, Jg. 1932, Nr. 11, S. 90).

200 Die vorhergehenden beiden Absätze sind durch einen roten Balken am linken Seitenrand hervorgehoben.

201 Anthony Eden (1897-1977) war von 1923 bis 1957 konservativer Abgeordneter des britischen Unterhauses. Von 1935 bis 1938 war Eden Außenminister, 1940 Kriegsminister. Von 1940 bis 1945 und von 1951 bis 1955 war Eden erneut britischer Außenminister, von 1955 bis 1957 schließlich Premierminister. Vgl. Benz/Graml/Weiß 2007, S. 908.

202 Der Ausspruch geht auf eine BBC-Rede Churchills am 20. Januar 1940 zurück, in der dieser die politische Passivität der »neutralen« Länder Europas kritisiert: »They bow humbly and in fear to German threats of violence, comforting themselves meanwhile with the thought that the Allies will win, that Britain and France will strictly observe all the laws and conventions, and that breaches of these laws are only to be expected from the German side. Each one hopes that if he feeds the crocodile enough, the crocodile will eat him last« (Churchill 1983, Bd. 6, S. 215-218, hier S. 217).

203 Vgl. die Tischreden Martin Luthers: »Übermut tut selten gut / Anmaßende Klüglinge sind dem Ikarus gleich, der in den Himmel fliegen wollte; wie man sagt: Willst du sicher wandeln, so fliege nicht zu hoch. Fliegst du zu hoch, so verbrennst du die Federn« (Luther 1960, S. 152). Zu Varianten vgl. Wander 1964, Bd. 4, Sp. 1396.

Heft 3

1 Vgl. »Europas Front gegen Moskau, in: FGA, 28./29.6.1941, S. 1.

2 Vgl. »Der Kontinent im Kreuzzug«, in: ebd.

3 Schweden war zwar im Zweiten Weltkrieg formell neutral, aber seit der Besetzung Dänemarks und Norwegens de facto von Deutschland eingekreist und als Folge der britischen Seeblockade auf deutsche Importe angewiesen. Unter anderem um direkte Eingriffe Deutschlands in die schwedische Politik zu verhindern, gestattete Schweden Truppen- und Gütertransporte an die Ostfront durch schwedisches Territorium. Vgl. Enzyklopädie 1995, Bd. 3, S. 1291.

4 Nachfolgend gestrichen: »Kriegsverbündeten«.

5 Ursprünglich: »kommt«.

6 Alfred Kästner schreibt: »Nachdem uns die Sowjetregierung, ihrem verbrecherischen Triebe gehorchend, diesen Kampf aufgezwungen hat, wird er von der deutschen Wehrmacht mit all der granitharten Entschlossenheit und Energie durchgefochten, die alle unsere Feldzüge in diesem Kriege auszeichnete« (»Der Kontinent im Kreuzzug«, in: FGA, 28./29.6.1941, S. 1).

7 Die zwölf Sondermeldungen des Oberkommandos der deutschen Wehrmacht (OKW) vom 29. Juni 1941 sind u.a. abgedruckt in: VB, Südt. Ausg. (2. Druck), 30.6.1941, S. 1f.

8 In den Sondermeldungen über die Kämpfe an der Ostfront heißt es u.a.: »Die einleitenden Operationen gegen Sowjetrußland haben in der kurzen Zeit vom 22. bis 27. Juni 1941 zu Ergebnissen geführt, die trotz der Unmöglichkeit, die Beute schon jetzt auch nur annähernd zu erfassen, gewaltige sind. Außer den schwersten blutigen Verlusten des Feindes sind schon in den ersten Tagen mehr als 40000 Gefangene in unsere Hand gefallen. Über 600 Geschütze wurden als Beute gezählt. 2233 Panzerkampfwagen, darunter 46 schwerste Panzer von 52 Tonnen Gewicht, sind teils vernichtet, teils erbeutet. Dazu kommen gewaltige Mengen an

Panzerabwehr- und Fliegerabwehrgeschützen sowie Maschinengewehre, Gewehre, Kraftfahrzeuge usw. Diese Zahlen erhöhen sich stündlich. Sie werden aber gewaltig anschwellen nach den Kapitulationen oder der Vernichtung der jetzt eingeschlossenen sowjetischen Armeen« (HLZ, 30.6.1941, S. 1).

9 Ursprünglich: »sie«.

10 Nach Mt 16,26: »Was hülfe es dem Menschen, so er die ganze Welt gewönne, und nähme Schaden an seiner Seele?«

11 Ernst Graf zu Reventlow (1869-1943) gehörte der antisemitischen Deutsch-Völkischen Freiheitspartei an, für die er 1924 in den Reichstag einzog. 1927/28 wechselte er zur NSDAP. Vgl. Enzyklopädie 2003, S. 329f. und 417. Zu Reventlow vgl. Meyer zu Uptrup 2003, S. 114.

12 Nachfolgend gestrichen: »unmöglichen fr«.

13 Nachfolgend gestrichen: »Aufbau«.

14 Ursprünglich: »Wer«.

15 Goebbels gebrauchte das Schlagwort von den »Habenichtsen« gehäuft im Jahre 1939, um die deutschen Gebietsansprüche zu legitimieren; vgl. etwa »Ein Aufruf zur Vernunft. Rede zur Eröffnung der Leipziger Frühjahrsmesse«, 5.3.1939: »Wir sind kaum noch in der Lage, das deutsche Volk mit den notwendigsten Nahrungs-, Lebens- und Genußmitteln zu seinem täglichen Gebrauch zu versorgen. [...] Es gehört zu den sogenannten Habenichtsen« (Goebbels 1941, S. 56-63, Zitat S. 57).

16 Ursprünglich: »Grünberg (Oberhessen)«.

17 Nachfolgend gestrichen: »ganz«.

18 Nachfolgend gestrichen: »wir«.

19 Nachfolgend gestrichen: »aus«.

20 Ursprünglich: »rüsten kann«.

21 Kellners Vater, Georg Friedrich Kellner (geb. 7.7.1862 in Arnstadt/Thüringen, gest. 8.11.1926 in Mainz) wäre am 7. Juli 1941 nicht 80, sondern 79 Jahre alt geworden. Kellner zählt den Tag der Geburt als ersten Geburtstag.

22 »Redner in der Wüste«; ›Ein Mensch, auf dessen Ermahnung nicht gehört wird‹, die Redewendung geht auf Joh 1,23 bzw. Jes 40,3 zurück, wo sie allerdings in anderer Bedeutung verwendet wird.

23 Ursprünglich: »Menschenfresser«.

24 Nachfolgend gestrichen: »Wer hat nicht alles beinahe«.

25 Ursprünglich: »wurde generell daraus«.

26 Ursprünglich: »man«.

27 Nachfolgend gestrichen: »ist es wirklich eine«.

28 Ursprünglich: »Dieser«.

29 Ursprünglich: »Der«.

30 Nachfolgend gestrichen: »(Synagogen)«.

31 Das geflügelte Wort wird Friedrich dem Großen zugeschrieben (»In meinem Staate kann jeder nach seiner Façon selig werden«). Vgl. Büchmann 1998, S. 411.

32 Erich Ludendorff (1865-1937) war preußischer General und stieg während des Ersten Weltkriegs zum Ersten Generalquartiermeister in der Obersten Heeresleitung auf. Er galt als »heimlicher Diktator« und vertrat umfassende Annexionspläne. Nach dem Krieg engagierte er sich in völkischen Gruppen. Vgl. Enzyklopädie 2009, S. 685f.

33 Zur Sprache der Wehrmachtberichte vgl. Zehender 2004, S. 31-87.

34 Ursprünglich: »Das«.

35 Ursprünglich: »Todeskandidatenliste«.

36 In »Mein Kampf« heißt es: »In Deutschland aber züchtete man allmählich über den Weg der Schule, Presse und Witzblätter von dem Wesen des Engländers und noch mehr fast seines Reiches eine Vorstellung, die zu den bösesten Selbsttäuschungen führen mußte; denn von diesem Unsinn ward langsam alles angesteckt, und die Folge dessen war eine Unterschätzung, die sich

dann auch auf das bitterste rächte« (Hitler 1930, S. 158f.). Zu Hitlers Überlegungen über einen »Bundesgenossen« England vgl. ebd., S. 154-157.

37 Vgl. Hitler 1930, S. 705, das folgende Zitat ebd., S. 711.

38 Nach Heines Gedicht »Die Heimkehr« (1823/24) aus dem »Buch der Lieder«: »Du hast Diamanten und Perlen, / Hast alles, was Menschenbegehr, / Und hast die schönsten Augen – / Mein Liebchen, was willst du mehr?« Friedrich Kellner besaß eine bei Hübel und Denck (Leipzig) erschienene Ausgabe von Heines »Buch der Lieder«.

39 Kellner bezieht sich vermutlich auf eine Stelle aus der Sportpalast-Rede Hitlers am 30. Januar 1941: »Auf was hoffen sie [die Engländer]? Auf andere Hilfe? Auf Amerika? Ich kann nur eines sagen: Wir haben jede Möglichkeit von vornherein einkalkuliert«. Vgl. AdG 1941, S. 4871-4875 (A), Zitat S. 4874.

40 Nach Goethe, »Wilhelm Meisters theatralische Sendung«, 4. Buch, Kap. 13, Lied des Harfenspielers: »Wer nie sein Brot mit Tränen aß / Wer nie die kummervollen Nächte / Auf seinem Bette weinend saß / Der kennt euch nicht ihr himmlischen Mächte. // Ihr führt ins Leben uns hinein / Ihr laßt den Armen schuldig werden, / Dann überlaßt ihr ihn der Pein; / Denn alle Schuld rächt sich auf Erden.« Vgl. auch Büchmann 1998, S. 120.

41 Nachfolgend gestrichen: »ist ekelhaft«.

42 Ursprünglich: »das«.

43 NS-gefärbte und führertreue Formeln in Todesanzeigen, wie Kellner sie anführt, waren in den ersten Kriegsmonaten weit verbreitet. Mitte 1941 gab es jedoch einen Einbruch, und im weiteren Kriegsverlauf nahmen derartige Formeln stetig ab. Insofern deckt sich Kellners Beobachtung mit neueren Untersuchungen am Beispiel von Frankfurter Zeitungen. Vgl. Schmitt/Westenberger 2006, S. 112. – Wie Kellner beobachtet auch Victor Klemperer die Sprache in zeitgenössischen Todesanzeigen: »Das Gros der Gefallenen hat die längste Zeit über sein Leben gelassen ›für Führer und Vaterland‹. [...] Höhere Wärmegrade des Nazismus geben sich kund in den Wendungen: ›er fiel für seinen Führer‹, und ›er starb für seinen geliebten Führer‹, wobei das Vaterland ungenannt bleibt, weil es in Adolf Hitler selber dargestellt und beschlossen ist wie der Leib des Herrn in der geweihten Oblate. Und dies ist der Ausdruck höchster nazistischer Glut, daß man Hitler in unzweideutigen Worten an die Stelle des Heilands setzt: ›Er fiel in festem Glauben an seinen Führer.‹ Wiederum, wenn man mit dem Nationalsozialismus gar nicht einverstanden ist, wenn man seiner Abneigung, vielleicht gar seinem Haß, Luft machen möchte, ohne doch nachweisbare Opposition zu betreiben, denn soweit reicht der Mut nun doch nicht, dann formuliert man: ›Für das Vaterland fiel unser einziges Kind‹, und läßt den Führer beiseite. [...] Im gleichen Maße wie die Zahl der Opfer anstieg und die Hoffnung auf Sieg sich verringerte, scheinen mir auch die Ausdrücke der Führerverehrung seltener geworden zu sein, aber beschwören möchte ich das nicht trotz mancher Zeitungsprobe« (Klemperer 1996, S. 130f.).

44 Nachfolgend gestrichen: »vorstellen«.

45 Nachfolgend gestrichen: »Außenwelt nicht mit den weich«.

46 Ursprünglich: »Ereignisse«.

47 Nachfolgend gestrichen: »unglückliche«.

48 Vgl. RStBl., Jg. 31, Nr. 62 (7.8.1941), S. 553, Nr. 599: RFH-Urteil v. 23 Juli 1941 VI a 34/41. Dort heißt es u.a.: »Es würde dem gesunden deutschen Volksempfinden widersprechen, wenn der Beschwerdeführerin, einer rein jüdischen Einrichtung, Steuerbefreiung gewährt würde. [...] Maßgebend für die Entscheidung ist allein die heutige Weltanschauung.«

49 Nachfolgend gestrichen: »einzig und allein«.

50 Vgl. »Die Stunde Europas«, in: Das Schwarze Korps, Jg. 7, Nr. 33 (14.8.1941), S. 1f. Die folgenden Zitate ebd.

51 Nachfolgend gestrichen: »Lügenbrut«.

52 Zitat aus dem Wehrmachtbericht vom 24. Juni 1941; abgedruckt etwa in: HLZ, 25.6.1941, S. 1.

53 Zitat aus dem Wehrmachtbericht vom 25. Juni 1941; abgedruckt etwa in: HLZ, 26.6.1941, S. 1.

54 Kellner folgt dem Wehrmachtbericht vom 2. Juli 1941; abgedruckt etwa in: HLZ, 3.7.1941, S. 1.

55 Zitat aus dem Wehrmachtbericht vom 8. Juli 1941; abgedruckt etwa in: HLZ, 9.7.1941, S. 1.

56 Kellner folgt dem Wehrmachtbericht vom 11. Juli 1941; abgedruckt etwa in: HLZ, 12.7.1941, S. 1.

57 Zitat aus dem Wehrmachtbericht vom 12. Juli 1941, abgedruckt etwa in: HLZ, 13.7.1941, S. 2.

58 Kellner folgt dem Wehrmachtbericht vom 13. Juli 1941; abgedruckt etwa in: HLZ, 14.7.1941, S. 2.

59 Zitat aus dem Wehrmachtbericht vom 14. Juli 1941; abgedruckt etwa in: HLZ, 15.7.1941, S. 1.

60 Zitat aus dem Wehrmachtbericht vom 15. Juli 1941; abgedruckt etwa in: HLZ, 16.7.1941, S. 1.

61 Kellner folgt dem Wehrmachtbericht vom 17. Juli 1941; abgedruckt etwa in: HLZ, 18.7.1941, S. 1.

62 Kellner folgt dem Wehrmachtbericht vom 19. Juli 1941; abgedruckt etwa in: HLZ, 20.7.1941, S. 1.

63 Zitat aus dem Wehrmachtbericht vom 20. Juli 1941; abgedruckt etwa in: HLZ, 11.7.1941, S. 1.

64 Zitat aus dem Wehrmachtbericht vom 22. Juli 1941; abgedruckt etwa in: HLZ, 23.7.1941, S. 2.

65 Zitat aus dem Wehrmachtbericht vom 28. Juli 1941, in: AdG 1941, S. 5129 (E).

66 Zitat aus dem Wehrmachtbericht vom 29. Juli 1941; abgedruckt etwa in: HLZ, 30.7.1941, S. 1.

67 Zitat aus dem Wehrmachtbericht vom 30. Juli 1941, in: AdG 1941, S. 5136 (D).

68 Zitat aus dem Wehrmachtbericht vom 4. August 1941; abgedruckt etwa in: HLZ, 5.8.1941, S. 1.

69 Ein Bericht über die Ansprache Mussolinis am 5. April 1941, der auch einen Redeauszug enthält, ist abgedruckt in: VB, Süddt. Ausg. (3. Druck), 6.8.1941, S. 1.

70 Kellner folgt dem Wehrmachtbericht vom 7. August 1941; abgedruckt etwa in: HLZ, 8.8.1941, S. 1.

71 Vgl. »Generalleutnant Sueßmann gefallen«, in: HLZ, 15.8.1941, S. 2.

72 Nachfolgend gestrichen: »die«.

73 Ursprünglich: »das«.

74 Ursprünglich: »Die Bewohner des Hauses«.

75 Im Wehrmachtbericht vom 13. September 1941 heißt es zu dem Bombenangriff in der Nacht vom 12. auf den 13. September: »Britische Flugzeuge griffen in der letzten Nacht den Raum Frankfurt a. M. – Mannheim an. Bombenwürfe auf Wohnviertel forderten einige Verluste unter der Zivilbevölkerung. Flakartillerie schoß zwei feindliche Bomber ab.« Vgl. etwa HLZ, 14.9.1941, S. 1.

76 Vgl. RGBl. I, 30.9.1941, S. 591: Erlaß des Führers über die vertretungsweise Führung der Geschäfte des Reichsprotektors in Böhmen und Mähren, 27.9.1941.

77 Ursprünglich: »menschenferne«.

78 Satzanfang ursprünglich: »In«.

79 Die Familien Strauß und Heynemann gehörten zu den wenigen noch in Laubach verbliebenen Juden. Um 1930 hatte es acht Laubacher sowie zwei Ruppertsburger Familien gegeben, die der israelitischen Gemeinde der Stadt angehörten; darüber hinaus fünf weitere Juden und drei Familien christlicher Konfession von teilweise jüdischer Herkunft. Vgl. Helge Braunroth: »Laubacher Juden 1930-1945. Ein Überblick«, in: Friedenskooperative Laubach 1988, S. 24-27, hier S. 24. Zu den erhalten gebliebenen Stätten früheren jüdischen Lebens in Laubach vgl. Damrath o.J. (jüdischer Friedhof) und Becher-Göbel o.J. (ehemaliges Judenbad). – Joseph Strauß (geb. 1884, dep. 30.9.1942 nach Polen) und seine Ehefrau Helene Strauß, geb. Katz (geb. 1886, dep. 30.9.1942 nach Polen) hatten vormals ein Wäschegeschäft am Marktplatz betrieben. Der Laden war 1938 als letztes jüdisches Geschäft in Laubach – unter Befürwortung von Bürgermeister Otto Högy – in »arische Hände« übergegangen; dies mit der Begründung: »wir haben festgestellt, dass der Jude Strauss nicht mehr hinter dem Geschäft steckt, dieselben Feststellungen hat Ortsgruppenleiter B [Name unkenntlich gemacht] getroffen durch Einsichtnahme in die Rechnungen« (Schreiben Bürgermeister Högy an das Kreisamt Schotten, 3.3.1938, abgedruckt in: Friedenskooperative Laubach 1988, S. 91). Vgl. zu den übrigen Angaben Kingreen 2000, S. 67. – Die Familie Heynemann gehörte – neben der Familie Meyer Wallenstein, die 1939 nach Brasilien auswandern konnte (vgl. Friedenskooperative Laubach 1988, S. 79) –, zu den einst wohl-

habenden Kaufhausbesitzern in Laubach. Eine Zeitzeugin erinnert sich an das Textilgeschäft: »Heynemanns hatten ein noch größeres Textilgeschäft wie Wallensteins, auch Kleider und Personal im Laden. Dort kamen junge Burschen im schwarzen Anzug zum Bedienen, da ging es fein zu« (Aufzeichnung Udo Schmidt, in: Friedenskooperative Laubach 1988, S. 32). Zum Zeitpunkt des Tagebucheintrags lebten von den Familienmitgliedern in der Stadt nur noch Sally (auch: Salli) Heynemann (geb. 1879 in Laubach, dep. 30.9.1942 nach Polen) und seine Frau Hulda Hortense Heynemann, geb. Haas (geb. 1879, dep. 30.9.1942 nach Polen); vgl. Kingreen 2000, S. 67. Den Kindern der Heynemanns, Lucie (1907-1992) und Robert (1911-1970er Jahre) war die rechtzeitige Flucht in die USA gelungen; vgl. Friedenskooperative Laubach 1988, S. 28, 39 und 79. Friedrich Kellner soll, wie er selbst erzählte, in den Jahren 1935/36 der Tochter Lucie Abt, geb. Heynemann, und ihrem kleinen Sohn John Peter (geb. 1935 in Laubach) sowie ihrem Ehemann Julius Abt (1904-1984) dazu verholfen haben, nach Amerika auszureisen. Auch soll er versucht haben, die älteren Heynemanns zum Verlassen des Landes zu bewegen, sie hätten aber die drohende Gefahr nicht wahrhaben wollen. Aus den Familienerinnerungen von John Peter Abt, Ph.D., der heute in San Diego, Kalifornien, lebt, geht hervor, dass Lucie, kurz nachdem sie Opfer einer Hausdurchsuchung geworden war, Laubach gen Norddeutschland verließ und im März 1936 in Ellis Island / USA eintraf. Julius Abt hatte Deutschland bereits 1935 – nach einem handgreiflichen Streit mit einem örtlichen Nationalsozialisten – verlassen, um einer Verhaftung zu entgehen (E-Mail-Korrespondenz Scott Kellner/John Peter Abt, 3.11.2003; Kopien im Archiv der Arbeitsstelle Holocaustliteratur, Gießen).

80 Ursprünglich: »von«.

81 Ursprünglich: »wo«.

82 Vgl. »Feldzug im Osten entschieden«, in: VB, Süddt. Ausg. (3. Druck), 10.10.1941, S. 1.

83 Karl Poth, der als Marineartillerist eingezogen war, starb im Alter von 41 Jahren. Die Todesanzeige ist abgedruckt in: Heimatzeitung, 28.10.1941, S. 6.

84 Zur ß-Schreibung und der von Hitler verordneten Schriftreform vgl. Birken-Bertsch/Markner 2000, hier besonders S. 37-40.

85 »Ostfeldzug entschieden, aber noch nicht beendet«, in: VB, Süddt. Ausg. (3. Druck), 16.10.1941, S. 2.

86 Clemens August Graf von Galen (1878-1946) wurde im September 1933 Bischof von Münster. Der anfangs pronationalsozialistische von Galen wurde bald regimeskeptischer, vor allem wegen der kirchenfeindlichen Politik und neuheidnischen Vorstellungen in der NS-Ideologie. 1941 wurde er mit seinen Protestpredigten gegen die Euthanasie-Morde landesweit bekannt. Deswegen und weil während des Krieges eine Auseinandersetzung mit den Kirchen vermieden werden sollte, kam es zunächst zu keiner Verhaftung des Bischofs. Gegen die Verfolgung und Ermordung der Juden hat er seine Stimme nicht erhoben. Im Zuge der Massenverhaftungen nach dem gescheiterten Attentat auf Hitler am 20. Juli 1944 wurde von Galen verhaftet und blieb bis Kriegsende im Lager Sachsenhausen inhaftiert. Nach 1945, kurz vor seinem Tod, wurde von Galen Kardinal. Vgl. Enzyklopädie 1995, Bd. 1, S. 502.

87 Ursprünglich: »eine«.

88 Die Predigt des Bischofs von Galen vom 13. Juli 1941 ist abgedruckt in: von Galen 1996, Bd. 2, Nr. 333, S. 843-851. Zeitgenössische Drucke erschienen u.a. in englischen Flugblattzeitungen. In der deutschen Sendung von Radio London (zuerst am 18. Oktober 1941) wurde die Predigt zusammenfassend wiedergegeben; vgl. ebd., S. 843 und 851, Anm. 8. Vgl. auch Gołaszewski 2010.

89 Nachfolgend gestrichen: »Graf von Galen wird fortleben«.

90 Herbert Tingsten (1869-1973) war ein schwedischer Staatswissenschaftler, Publizist und Schriftsteller. Von 1935 bis 1946 war er Professor für Staatswissenschaften in Stockholm, von 1946 bis 1959 Chefredakteur der Zeitung »Dagens Nyheter«. Tingsten trat in den dreißiger Jahren als Mahner vor den Gefahren auf, die von Nationalsozialismus und Bolschewismus ausgingen. Vgl. Bohman/Dahl 1954, S. 558-560.

91 Vgl. »Ein weißer Bantuneger«, in: Das Schwarze Korps, Jg. 7, Nr. 43 (23.10.1941), S. 5.

92 Ferdinand von Schill (1776-1809) kam in den Befreiungskriegen zu Ruhm; Johann Philipp Palm (1768-1806) veröffentlichte eine antinapoleonische Schrift und wurde deswegen hingerichtet; Andreas Hofer (1767-1810) führte Tiroler Verbände 1809 gegen napoleonische Truppen; Albert Leo Schlageter (1894-1923) war im Widerstand gegen die französische Armee nach der Ruhrbesetzung 1923 aktiv, nachdem er zuvor bereits mit Freikorps im Baltikum gekämpft hatte und 1920 am Kapp-Putsch beteiligt war. Nach einem von ihm verübten Anschlag auf eine Eisenbahnbrücke in Düsseldorf wurde er hingerichtet. Vgl. Veltzke 2009; Zwicker 2006.

93 Nachfolgend gestrichen: »die«.

94 Nachfolgend gestrichen: »getan«.

95 Vgl. 1. Kor 13,1: »Wenn ich mit Menschen- und mit Engelzungen redete, und hätte der Liebe nicht, so wäre ich ein tönend Erz oder eine klingende Schelle«.

96 Der Brief der Königin Luise von Preußen an ihren Vater vom April 1808 ist – mit leicht abweichendem Text – abgedruckt bei Rothkirch 1985, S. 422-426. Die Echtheit des Schreibens wird allerdings angezweifelt; vgl. Kommentar, ebd., S. 426.

97 Nachgewiesen ist der – allerdings etwas kürzere – Artikel »Armeebefehl Dr. Tisos«, in: HF, Abend-Ausg. 2 sowie 3, 27.10.1941, S. 2.

98 Werner Mölders (1913-1941) war Jagdflieger und mit der Legion Condor im Spanischen Bürgerkrieg aktiv. Im Zweiten Weltkrieg wurde er hoch dekoriert. Mölders starb bei einem Flugzeugabsturz, als er auf dem Weg zur Beerdigung des Generalflugzeugmeisters Ernst Udet war. Nach seinem Tod wurde er Objekt des NS-Heldenkults. Vgl. Benz/Graml/Weiß 2007, S. 948f.; Klee 2007b, S. 413.

99 Nachfolgend gestrichen: »vernichteten Gegnern u.«.

100 Vgl. RGBl. I, 1941, S. 675: Verordnung über die Beschäftigung von Juden, 3.10.1941.

101 Ursprünglich: »Heiratsgelder«.

102 Vgl. Walk 1996, S. 54: Verordnung zur Durchführung der Verordnung über die Beschäftigung von Juden, 31.10.1941.

103 »In der Luft, zu Pferde und am Funk«, in: HF, Spät-Ausg., 7.11.1941, S. 4.

104 Die Rede Hitlers vom 9. November 1941 ist abgedruckt in: HLZ, 10.11.1941, S. 1-3. Das folgende Zitat vgl. ebd.

105 Nachfolgend gestrichen: »Gefangen«.

106 Reichsbeamtenführer war Hermann Neef (1904-1950), der den Reichsbund der Deutschen Beamten leitete, eine Zwangsorganisation für alle Beamten, dessen Hauptaufgabe darin bestand, die Mitglieder zu vorbildlichen Nationalsozialisten zu erziehen. Vgl. Benz/Graml/Weiß 2007, S. 730 und 952; Klee 2007b, S. 430.

107 Vgl. »Der Reichsbeamtenführer im Generalgouvernement«, in: NSBZ. Der Deutsche Justizbeamte, Jg. 10, Nr. 20/21 (9.11.1941), S. 170f.

108 Nachfolgend gestrichen: »Angriffe«.

109 Ernst Udet (1896-1941), bekannt geworden als Jagdflieger im Ersten Weltkrieg, wurde 1935 Oberst im Reichsluftfahrtministerium und 1936 Inspekteur der Jagd- und Sturzkampfflieger. Nach einem Konflikt mit Hitler und Göring um die Rüstung der Luftwaffe nahm er sich das Leben. Udets Biographie hat Carl Zuckmayer in seinem Drama »Des Teufels General« verarbeitet. Vgl. Klee 2007b, S. 633. – Helmut Wilberg (1880-1941), während des Ersten Weltkriegs Fliegerkommandeur, war nach 1918 an dem geheimen Wiederaufbau der durch den Versailler Vertrag verbotenen Luftwaffe beteiligt. In den dreißiger Jahren war Wilberg Oberst im Reichsluftfahrtministerium. Er starb bei einem Flugzeugabsturz auf dem Weg zu Udets Beerdigung. Wilberg war nach nationalsozialistischer Definition »Halbjude«, wurde aber 1935 zum »Arier« erklärt. Vgl. Rigg 2003, S. 238.

110 Otto Meißner (1880-1953) war parteiloser Chef der Präsidialkanzlei unter den Reichspräsidenten Friedrich Ebert, Paul von Hindenburg und schließlich auch unter Adolf Hitler. Im Nürnberger Wilhelmstraßen-Prozess wurde er freigesprochen. 1951 wurde Meißner als »Belasteter« entnazifiziert. Vgl. Klee 2007b, S. 401; Weiß 2002, S. 316.

111 Franz von Papen (1879-1969) war vom 1. Juni bis 17. November 1932 Reichskanzler. Ab dem 30. Januar 1933 war Papen Vizekanzler unter Hitler. Nachdem er zunehmend Kritik an radikalen Kräften der NSDAP geübt hatte, wurde er im Juli 1934 als Botschafter nach Ankara abgeschoben, wo er bis August 1944 blieb. Nach dem Krieg wurde er im Nürnberger Hauptkriegsverbrecherprozess angeklagt, aber von allen Vorwürfen freigesprochen. Vgl. Benz/Graml/Weiß 2007, S. 954f.

112 Hjalmar Schacht (1877-1970) war von 1923 bis 1930 und erneut von 1933 bis 1939 Reichsbankpräsident. Zusätzlich war er von 1935 bis 1937 Reichswirtschaftsminister und Generalbevollmächtigter für die Kriegswirtschaft und damit zentral an der Aufrüstung beteiligt. Schacht drängte bei Reichspräsident Hindenburg auf die Ernennung Hitlers zum Reichskanzler. Später hatte er jedoch Kontakte zum Widerstand und wurde am 29. Juli 1944 nach dem fehlgeschlagenen Attentat auf Hitler verhaftet. Nach dem Krieg wurde Schacht 1946 zu acht Jahren Arbeitslager verurteilt, 1950 schließlich freigesprochen. Ab 1953 war er Mitinhaber einer Bank und Berater von Staaten wie Ägypten, Syrien und Libyen. Vgl. Benz/Graml/Weiß 2007, S. 966; Klee 2007b, S. 522.

113 Ursprünglich: »Achsenmächte«.

114 Ursprünglich: »Selbstverständlich«.

115 Nachfolgend gestrichen: »dieser«.

116 Nachfolgend gestrichen: »dargeboten«.

117 »angreifen« dreifach unterstrichen.

118 Nachfolgend gestrichen: »An«.

119 Verkürzt aus »Traue, aber schau, erst wem«, in der Bedeutung, dass man anderen nicht leichtfertig vertrauen soll. Belegt sind u.a. dramatische Bearbeitungen mit diesem Titel, so etwa Johann Christian Brandes, »Der Gasthof, oder Trau, schau, wem!« (1767). Vgl. Duden 2002, S. 686, und Wander 1964, Bd. 4, Sp. 1286.

120 Nachfolgender Text mit der Überschrift »Zum 13. Dez. 1941« auf einem lose eingelegten Blatt.

121 Ursprünglich: »Gelehrte«.

122 Nachfolgend gestrichen: »Diese Krankheit ist«.

123 Ursprünglich: »sämtliche«.

124 Ursprünglich: »des Bezirks in Gießen«.

125 Ursprünglich: »Behandlung«.

126 Die Justizsekretäre Georg Heinrich Becker und Heinrich Metzger wurden im März 1942 zu Justizobersekretären ernannt. Vgl. »Ernennungen«, in: Heimatzeitung, S. 6. Im Mai desselben Jahres beging Becker sein 40-jähriges Dienstjubiläum; vgl. »Dienstjubiläum«, in: ebd., 30.5.1942, S. 6.

127 Nachfolgend gestrichen: »seine«.

128 Absatz durch einen roten Balken am linken Seitenrand hervorgehoben. – Bereits seit 1933 wurden bei Personalentscheidungen Beurteilungen der lokalen Parteiinstanzen eingeholt, seit 1935 durfte jedoch nur noch vom Kreisleiter aufwärts eine solche Beurteilung ausgestellt werden. Dieser holte aber entsprechende Informationen bei den unteren Parteidienststellen ein. Ausschlaggebend war die Beurteilung der Haltung zum Nationalsozialismus, aber auch die Spendenbereitschaft und andere Faktoren flossen in die Beurteilung ein. Vgl. Rebentisch 1981. Eine strikte antikirchliche Stoßrichtung verfolgten die Nationalsozialisten mit ihrer Beamtenpolitik nicht.

129 Theodor Nebel (1855-1930) war von 1894 bis 1926 erster Pfarrer der evangelischen Kirchengemeinde in Laubach.

130 Nachfolgend gestrichen: »sei«.

131 Ursprünglich: »dem«.

132 »An der Ostfront«, in: FZ, 16.12.1941, S. 2.

133 Nach Friedrich Schiller, »Die Piccolomini«, IV,7: »Ihr merkt es wohl, vor Tische las mans anders«.

134 Vgl. »Feldzug im Osten entschieden«, in: VB, Süddt. Ausg. (3. Druck), 10.10.1941, S. 1.
135 Hitlers Tagesbefehl an die Soldaten der Ostfront wurde in der Nacht vom 1. auf den 2. Oktober 1941 verlesen. Zum Aufruf vgl. etwa »Die letzte große Entscheidungsschlacht des Jahres«, in: ebd., S. 1f.
136 Zurückgehend auf die gleiche Tracht von Mönchen desselben Ordens. Vgl. Wander 1964, Bd. 1, Sp. 487.
137 Vgl. »Premierminister Tojo: Noch niemals ist Japan besiegt worden«, in: VB, Süddt. Ausg. (2. Druck), 10.12.1941, S. 2.
138 Ausspruch Kaiser Wilhelms II. bei der Einweihung des neuen Hafens in Stettin am 23. September 1898. Vgl. Meyers Großes Konversations-Lexikon 1905ff., Bd. 19, S. 933.
139 Ausschnitt aus »Wehrmachtberichte vom 17. Dezember«, in: HF, Abend-Ausg., 18.12.1941, S. 2.
140 »Der Stellungskrieg im Osten«, in: HF, Abend-Ausg., 18.12.1941, S. 1.
141 Nachfolgend gestrichen: »hat das Geld den«.
142 Ursprünglich: »geldhungrig«.
143 Ein ähnlicher Artikel, ebenfalls unter der Überschrift »Tauschhandel verstößt gegen Berufsehre«, findet sich in: VB, Süddt. Ausg. (3. Druck), 20.12.1941, S. 4.
144 Nachfolgend gestrichen: »v. Brauchitsch«.
145 Ursprünglich: »Offiziertums«.
146 Ursprünglich: »gehandelt haben«.
147 Zum Aufruf Hitlers am 19. Dezember 1941 vgl. etwa »Der Führer übernimmt das Oberkommando des Heeres«, in: HLZ, 22.12.1941, S. 1. Im Vorspann zum Redetext heißt es dort: »Außerdem sprach aber noch das Bewußtsein einer inneren Berufung und der ihm eigene Wille zur Verantwortung mit, als sich der Staatsmann Adolf Hitler entschloß, sein eigener Feldherr zu sein.«
148 Im Wehrmachtbericht vom 26. Dezember 1941 heißt es: »In Nordafrika dauern die Kämpfe an. Bengasi wurde planmäßig geräumt und vom Feind ohne Kampf besetzt. Deutsche Kampfflugzeuge bombardierten militärische Anlagen an der Nordküste der Cyrenaika.« Vgl. etwa HLZ, 27.12.1941, S. 2.
149 »Abwehrkämpfe in Nordafrika«, in: HF, Abend-Ausg., 17.12.1941, S. 1.
150 Zum Neujahrsaufruf Hitlers 1940/41 vgl. etwa HLZ, 2.1.1941, S. 3f.
151 Zum Tagesbefehl Hitlers an die Wehrmacht zum Jahreswechsel 1940/41 vgl. etwa VB, Süddt. Ausg. (2. Druck), 1.1.1941, S. 3; AdG 1941, S. 4834f.
152 Nachfolgend gestrichen: »gebracht«.
153 Nachfolgend gestrichen: »(dem deutschen Volke)«.
154 Ursprünglich: »treffen«.
155 Nachfolgend gestrichen: »hält man im«.
156 Ein Bericht über den Rundfunkaufruf am 19. Dezember 1941 findet sich in: HLZ, 21.12.1941, S. 1. Für Auszüge aus der Ansprache vgl. AdG 1941, S. 5327 (C).
157 Vgl. »Die Tore sind aufgestoßen«, in: Das Schwarze Korps, Jg. 7, Nr. 42 (16.10.1941), S. 1f.
158 »Volk erwache«; vgl. das gegen Napoleon gerichtete »Lied der Rache« (1811) von Ernst Moritz Arndt (1769-1860). Die erste Strophe lautet: »Auf zur Rache! auf zur Rache! / Erwache, edles Volk, erwache! / Erhebe lautes Kriegsgeschrei! / Laß in Thälern, laß auf Höhen / Der Freiheit stolze Fahnen wehen! / Die Schandeketten brich inzwei!« Vgl. Arndt 1860, S. 191f.
159 Ursprünglich: »einzurammen«.
160 Nachfolgend gestrichen: »glorreiche«.
161 Nach Spr 16,18: »Wer zu Grund gehen soll, der wird zuvor stolz, und Hochmut kommt vor dem Fall.«
162 Ursprünglich »einer ungläubigen Stimmung«.
163 »Tschungking-Truppen bei Tschangscha aufgerieben«, in: VB, Süddt. Ausg. (2. Druck), 7.1.1942, S. 1.
164 Generalfeldmarschall Walter von Reichenau (1884-1942) war ab Ende November 1941 Be-

fehlshaber der Heeresgruppe Süd in Russland und ein radikaler Verfechter des Vernichtungskrieges und der Ermordung der Juden. Er starb, wie Kellner schreibt, an einem Schlaganfall. Vgl. Benz/Graml/Weiß 2007, S. 960.

165 Ursprünglich: »vor den«.

166 Ursprünglich: »mit«.

167 Nachfolgend gestrichen: »war der«.

168 Ursprünglich: »zieht«.

169 »Japans Geste gegen China«, in: HF, Morgen-Ausg., 25.1.1942, S. 2.

170 Vgl. »England läßt Australien im Stich«, in VB, Süddt. Ausg. (2. Druck), 27.1.1942, S. 1.

171 Vgl. etwa »Churchill gibt zu: Fehlschläge an allen Fronten«, in: HLZ, 28.1.1942, S. 2, wo es heißt: »Zu dem angekündigten Angriff auf seine Kritiker wegen der ostasiatischen Niederlagen übergehend rief Churchill pathetisch aus: ›[...] In den letzten zweieinhalb Jahren haben wir nur noch den Kopf über Wasser halten können. Jetzt sieht es so aus, als wenn wir in eine besonders dunkle Zeit hinein kämen. Aber wenn wir das letzte Atom unserer Stärke in die Waagschale werfen, dann werden wir es schaffen.‹« Vgl. Churchill 1983, Bd. 7, S. 309-327, Zitat S. 315.

172 Nachfolgend gestrichen: »manchmal«.

173 Zur Sportpalast-Rede Hitlers am 30. Januar 1942 vgl. etwa HLZ, 31.1.1942, S. 2-5, dort auch das folgende Zitat.

174 »Weniger britische Einflüge«, in: Heimatzeitung, 5.2.1942, S. 2.

175 Erwin Rommel (1891-1944) war seit Februar 1941 Oberbefehlshaber des Deutschen Afrika-Korps. Im Juni 1942 wurde er Generalfeldmarschall, und ab dem 18. August 1943 war er als Oberbefehlshaber der Heeresgruppe B für die Verteidigung Italiens und die Abwehr einer alliierten Invasion zuständig. Rommel hatte Kontakte zum Widerstand und wurde nach dem 20. Juli 1944 verhaftet und zum Selbstmord gedrängt.

176 Nachfolgend gestrichen: »übertriebenen«.

177 Nachfolgend gestrichen: »dann«.

178 Ursprünglich: »hat«.

179 Vermutlich erinnert sich Kellner an die Reichstagsrede Hitlers vom 1. September 1939, wo es heißt: »Wenn ich diese Wehrmacht aufrief, und wenn ich nun vom deutschen Volk Opfer, und wenn notwendig, alle Opfer fordere, dann habe ich ein Recht dazu, denn auch ich selbst bin heute genau so bereit, wie ich es früher war, jedes persönliche Opfer zu bringen.« Zum Redetext vgl. HLZ, 2.9.1939, S. 3-5, Zitat S. 4.

180 Nachfolgend gestrichen: »um eine solche«.

181 Todesanzeige, in: VB, Süddt. Ausg. (2. Druck), 9.4.1942, S. 6.

182 Ursprünglich: »in der Lage«.

183 Rechtssprichwort, vgl. Duden 2002, S. 783; Wander 1964, Bd. 5, Sp. 223f.

184 Vgl. Beschluß des Großdeutschen Reichstags vom 26. April 1942, in: RGBl., Teil I, 1942, Nr. 44, S. 247. Darin heißt es: »Der Führer muß daher – ohne an bestehende Rechtsvorschriften gebunden zu sein – [...] jederzeit in der Lage sein, nötigenfalls jeden Deutschen [...] mit allen ihm geeignet erscheinenden Mitteln zur Erfüllung seiner Pflichten anzuhalten und bei Verletzung dieser Pflichten nach gewissenhafter Prüfung ohne Rücksicht auf sogenannte wohlerworbene Rechte mit der ihm gebührenden Sühne zu belegen, ihn im besonderen ohne Einleitung vorgeschriebener Verfahren aus seinem Amte, aus seinem Rang und seiner Stellung zu entfernen.« Zum Reichstagsbeschluss und seinen Folgen vgl. Gruchmann 2003.

185 Zur Reichstagsrede Hitlers am 26. April 1942 vgl. HLZ, 27.4.1942, S. 1.

186 Ursprünglich: »Darin liegt aber gerade«.

187 Martin Bormann (1900-1945) war bereits in den zwanziger Jahren in völkischen Kreisen aktiv, bevor er sich 1927 der NSDAP anschloss. Ab 1933 war Bormann Stabsleiter beim Stellvertreter des Führers und Mitglied des Reichstags. Nach dem England-Flug von Heß wurde Bormann Leiter der Parteikanzlei, der spätestens damit über alle wichtigen Bereiche der NS-

DAP herrschte. Im April 1943 wurde Bormann überdies Sekretär des Führers und im Laufe des Krieges zu einer der wichtigsten Personen der Führungsriege, da er das Vertrauen Hitlers genoss, direkten Zugang zu diesem hatte und ihn nach außen hin abschirmen konnte. Bormann kam Anfang Mai 1945 in Berlin ums Leben. Vgl. Weiß 2002, S. 49-51; Benz/Graml/Weiß 2007, S. 899f.

188 Heinrich Himmler (1900-1945) war seit 1929 Reichsführer SS. Die SS stieg unter seiner Führung zur zentralen Terror- und Mordinstitution auf. Nach dem Machtantritt der Nationalsozialisten 1933 erlangte Himmler schrittweise die Kontrolle über die Polizei, die immer enger mit der SS verschmolz. Himmler vereinigte zahlreiche zentrale Funktionen auf sich: 1939 wurde er Reichskommissar für die Festigung deutschen Volkstums, 1943 Reichsinnenminister und 1944 Befehlshaber über das Ersatzheer. Himmler und sein Apparat waren führend in der Planung und Durchführung der Ermordung der Juden in Europa sowie der Rassenpolitik der Nationalsozialisten. Nach dem Krieg tauchte er unter falschem Namen unter. Nach seiner Verhaftung und Enttarnung nahm er sich das Leben. Vgl. Longerich 2008.

189 Fritz Sauckel (1894-1946) war bereits ab 1919 im »Deutschvölkischen Schutz- und Trutzbund« aktiv, bevor er 1922 der SA und 1923 der NSDAP beitrat. Ab 1927 war er NSDAP-Gauleiter von Thüringen, 1932 dort auch Ministerpräsident. Am 21.3.1942 ernannte Hitler ihn zum Generalbevollmächtigten für den Arbeitseinsatz. Damit war Sauckel für die Rekrutierung von Millionen von Zwangsarbeitern vor allem im besetzten Osteuropa verantwortlich. Sauckel wurde im Nürnberger Hauptkriegsverbrecherprozess zum Tode verurteilt und anschließend hingerichtet. Vgl. Klee 2007b, S. 520; Benz/Graml/Weiß 2007, S. 965.

190 Nachfolgend gestrichen: »jedoch«.

191 General Henri Giraud (1879-1949) war im Mai 1940 in deutsche Kriegsgefangenschaft geraten, aus der er am 17. April 1942 floh. Ausgestattet mit falschen Papieren und ausreichend Geld konnte er die Schweizer Grenze erreichen und ins unbesetzte Frankreich gelangen, wo er wegen Differenzen mit dem herrschenden Regime im Untergrund lebte, bis ihn die Alliierten nach Gibraltar brachten. Vgl. Merz 2005.

192 »100000 RM. Belohnung«, in: HLZ, 26.4.1942, S. 2.

193 Nachfolgend gestrichen: »der Fall«.

194 Gemeint ist das antifranzösische Pamphlet »Deutschland in seiner tiefsten Erniedrigung«, das 1806 anonym im Verlag des Buchhändlers Johann Philipp Palm erschien. Palm wurde noch im selben Jahr auf Anordnung Napoleons in Braunau am Inn hingerichtet. Ein 1933 erschienener Neudruck der Schrift ist mit einer Widmung an Hitler versehen: »Braunau! Ein Streiter für Deutschlands Freiheit vergoß hier sein Blut! Aus ihm erstand Deutschlands Befreier: Adolf Hitler. Ihm, dem Führer des Deutschen Volkes, ist diese Schrift zugeeignet« (Anon. 1933, o.S.).

195 Vgl. Bechtolsheimer 1913. Heinrich Bechtolsheimer (1868-1950) war ein seinerzeit gerne gelesener rheinhessischer Heimatschriftsteller; vor allem die Erzählung »Hungerjahr« (1907) erreichte hohe Auflagen. Von 1907 bis 1938 war er als Pfarrer der Lukasgemeinde in Gießen tätig. Vgl. Wilhelm 1978, zu seiner historischen Schrift »Das Elend der Fremdherrschaft« S. 106-110.

Heft 4

1 Ursprünglich: »17. Juni«.

2 Hitler hatte sich in einer wenige Tage zuvor gehaltenen Reichstagsrede zum Thema Urlaub geäußert: »Es interessiert mich daher nicht, ob während der jetzigen Notzeit in jedem einzelnen Fall bei Beamten oder auch bei Angestellten Urlaub usw. gewährt werden kann oder nicht, und ich verbitte mir auch, daß dieser Urlaub, der nicht gegeben werden kann, etwa aufgerechnet wird für spätere Zeiten. Wenn überhaupt jemand das Recht besäße, Urlaub zu verlangen, dann

wäre das in erster Linie nur unser Frontsoldat, und in zweiter Linie der Arbeiter oder die Arbeiterin für die Front.« Zur Rede vgl. etwa HLZ, 27.4.1942, S. 1-4 (dort unter der Überschrift »Des Führers Appell an die Nation: / Nur ein Recht: die Pflicht – ein Ziel: der Sieg!«), Zitat S. 3.

3 Vermutlich bezieht sich Kellner auf die Portland-Zementwerke Heidelberg, zu denen u.a. ein Werk in Mainz-Weisenau gehörte. Vor allem das Mainzer Werk wurde im weiteren Verlauf des Krieges (1944) schwer beschädigt.

4 Kellner bezieht sich auf zentrale Orte und Tage im nationalsozialistischen Kalender. Auf dem Tempelhofer Feld in Berlin versammelten sich zum 1. Mai Menschenmassen zur zentralen Feier. In Nürnberg fand bis 1938 alljährlich der Reichsparteitag der NSDAP statt. Das Erntedankfest gehörte zu den wenigen Staatsfeiertagen, es diente der Zelebrierung der Blut-und-Boden-Ideologie. Die zentrale Veranstaltung fand jährlich auf dem Bückeberg zwischen Hannover und Hameln statt, an der in den dreißiger Jahren bis zu einer Million Menschen teilnahmen. Vgl. Reichel 1993, S. 212-218.

5 Maurice Gamelin (1872-1958) war Befehlshaber der alliierten Streitkräfte in Frankreich. Er wurde am 18. Mai 1940 abgesetzt, da er angeblich damit überfordert war, angemessen auf die Taktik und den Vormarsch der Deutschen zu reagieren. Vgl. Rousso 2009, S. 18.

6 Pierre Laval (1883-1945) übte vor 1940 zahlreiche Regierungsämter aus. 1931/32 und 1935/36 war er Ministerpräsident. Nach der deutschen Besetzung Frankreichs wurde er stellvertretender Regierungschef in Vichy in der unbesetzten Zone Frankreichs. Auf Druck aus Berlin wurde er im April 1942 Ministerpräsident. Im September 1944 wurde er nach Deutschland verschleppt, wo er Anfang 1945 von den Alliierten verhaftet wurde. In Frankreich wurde Laval als Kollaborateur zum Tode verurteilt und hingerichtet. Vgl. Benz/Graml/Weiß 2007, S. 940.

7 »Politische Witze weiterverbreitet« lautet der siebte Punkt in Kellners Liste »Aktiver Widerstand« (undatiertes Einzelblatt; Privatbesitz). Der Tagebucheintrag liefert ein anschauliches Beispiel dafür, um welche Art Witze es sich dabei gehandelt haben mag. Weitere politische Witze hat Kellner im Eintrag vom 5. Juli 1944 festgehalten. Zur Funktion der sogenannten Flüsterwitze im »Dritten Reich« vgl. Gamm 1990; Deutschkron 2008.

8 Das Manuskript, von dem Friedrich Kellner im Tagebucheintrag vom 6. Mai 1942 spricht, ist nicht erhalten. Um 1959/1960, nachdem Kellner seine kommunalpolitischen Ämter im Alter von 74 Jahren »aus gesundheitlichen Gründen« niedergelegt hatte (Brief an den Magistrat der Stadt Laubach, 10.11.1959; Privatbesitz), habe er sich, aus einer Haltung der Resignation heraus, von vielen seiner gesammelten Dokumente und persönlichen Aufzeichnungen getrennt. Auch habe er, wie er Scott Kellner während dessen zweiten Laubach-Besuches im Juli 1968 anvertraute, in Erwägung gezogen, die Tagebücher zu vernichten. Die Gründe für die Niedergeschlagenheit lagen zum einen im privaten Bereich – 1953 hatte sich sein einziger Sohn Fred in Frankreich das Leben genommen –, zum anderen war er von der politischen Nachkriegsentwicklung maßlos enttäuscht: restaurative Tendenzen in der Bundesrepublik, Etablierung eines neuen totalitären Systems in Ostdeutschland und Osteuropa, Verhärtung der ideologischen Fronten.

9 Vgl. »Sieg um jeden Preis!«, in: Heimatzeitung, 12.5.1942.

10 Vgl. Reichshaushalts- und Besoldungsblatt, Jg. 1942, Nr. 11 (12.5.1942), S. 105f., Nr. 4001: Anordnung über die Mindestarbeitszeit für den öffentlichen Dienst während des Krieges.

11 Dr. Ludwig Scriba (1885-1968) war seit 1936 OLG-Präsident in Darmstadt (HStAD, Best. G 21 B 1059-1 und 1059-3). Seit 1. Dezember 1932 Mitglied der NSDAP, war er als Gaumitarbeiter und Kreisstellenleiter parteipolitisch tätig. Aufschluss zur Person gibt ein Vermerk auf einem erhalten gebliebenen parteiamtlichen Formular, der sich auf einen 1938 von Scriba besuchten Lehrgang für Kreisamtsleiter und Ortsgruppenleiter in Kronberg/Taunus bezieht: »Pg. S. zeigte im Lehrgang eine selten vorbildliche Haltung nach der disziplinären wie auch nach der kameradschaftlichen Seite hin. Er verfügt über eine hervorragende Allgemeinbildung und ein gründliches Wissen in weltanschaulich politischen Fragen, wozu sich noch ein klarer Verstand gesellt. Charakterlich ist Pg. Scriba ein sauberer zuverlässiger Mensch« (BArch [ehem. BDC], PK, L 0190: Scriba, Ludwig, 1.4.1885 [Formular zur Parteitätigkeit Ludwig Scribas]). Ein unda-

tiertes Schriftstück zum 40-jährigen Dienstjubiläum Scribas vermerkt: »Oberlandesgerichtspräsident Dr. Scriba fand im hiesigen Bezirk [...] ein fruchtbares Arbeitsgebiet für seinen persönlichen und politischen Einsatz im Sinne des Führerauftrags zur Ausrichtung der Rechtspflege nach nationalsozialistischen Grundgedanken« (HStAD, Best. G 21 B 1059-3).

12 Dr. Otto Dietrich (1897-1952) war ab 1931 Pressechef der NSDAP, 1933 Reichspressechef, Vorsitzender des Reichsverbands der deutschen Presse und Vizepräsident der Reichspressekammer. 1937 wurde er Staatssekretär im Reichsministerium für Volksaufklärung und Propaganda. Im Wilhelmstraßen-Prozess wurde Dietrich zu sieben Jahren Haft verurteilt, aber 1950 bereits entlassen. Anschließend arbeitete er bei der Deutschen Kraftverkehrsgesellschaft. Vgl. Krings 2010.

13 Ursprünglich: »Staatsformen«.

14 Vgl. »Die Gemeinsamkeiten«, in: Heimatzeitung, 23.9.1937, S. 1.

15 Es handelt sich um die Journalistin und Schriftstellerin Geneviève Tabouis (1892-1985). Tabouis, die ihre journalistische Laufbahn in den 1920er Jahren als Korrespondentin der Zeitungen »La petite Gironde« und »Le petit Marsaillais« begann, machte sich vor allem als Mitarbeiterin der linksgerichteten Tageszeitung »L'Œuvre« einen Namen; ihre politischen Kommentare gehörten in den Jahren vor dem Zweiten Weltkrieg zu den meistzitierten Pariser Zeitungsstimmen. Die Kriegsjahre verbrachte sie als Exilantin in den USA, wo sie als Radiokommentatorin und Mitarbeiterin bei New Yorker Zeitungen sowie als Publizistin der französischsprachigen Zeitung »New York en 1940« tätig war. 1945 kehrte sie nach Frankreich zurück und nahm dort ihre journalistische Tätigkeit wieder auf. Vgl. Munzinger Archiv 2004.

16 Vgl. »Eine Giftmischerin«, in: Heimatzeitung, 23.9.1937, S. 2. Die »Heimatzeitung« zitiert hier aus dem »Völkischen Beobachter«, der sich wiederum mit einem Artikel der Pariser Zeitung »L'Œuvre« über einen »angeblichen deutschen Putschplan gegen Oesterreich« befasst. Im »Völkischen Beobachter« werden die Österreich-Pläne Hitlers, wie die »Heimatzeitung« referiert, als »gewissenlose Erfindungen« und Agitation von Seiten Moskaus zurückgewiesen.

17 »Neue Hetzrede Finkelsteins«, in: ebd.

18 Maxim L. Litwinow, eigentlich Max Wallach-Finkelstein (1876-1951), war von 1930 bis Mai 1939 Volkskommissar für auswärtige Angelegenheiten der Sowjetunion. Von 1941 bis 1943 war er Botschafter in Washington. Vgl. Benz/Graml/Weiß 2007, S. 943.

19 Alle Überschriften lassen sich wie von Kellner belegt in der süddeutschen Ausgabe des »Völkischen Beobachters« finden.

20 »Täuschung des USA.-Volkes«, in: HLZ, 18.5.1942, S. 1.

21 »Die tödliche U-Boot-Gefahr«, in: HLZ, 19.5.1942, S. 1.

22 »Drei sowjetische Armeen vernichtet«, in: HLZ, 20.5.1942, S. 1.

23 »Roosevelts Seekriegstrategie torpediert«, in: HLZ, 15.5.1942, S. 1.

24 »In der Schlacht von Charkow verbluten die Massen«, in: HLZ, 22.5.1942, S. 1.

25 »Eiserne Härte garantiert den Endsieg«, in: VB, Süddt. Ausg. (2. Druck), 22.5.1942, S. 1f.

26 Die von Kellner beschriebene Zeitungskampagne gegen den amerikanischen Präsidenten findet ihren Höhepunkt im Artikel »Der Narr im Weißen Haus«, in: VB, Süddt. Ausg. und Norddt. Ausg., 19.5.1942, jeweils S. 1f. Dort wird Roosevelt als »komisches Exemplar menschlicher Entartung« und »Mischung von Bosheit, Minderwertigkeitskomplexen und Größenwahn« diffamiert. Weiter heißt es: »Unter der Präsidentschaft Roosevelts des Wahnsinnigen sind die Vereinigten Staaten in einen geradezu vorsintflutlichen Zustand von Geistesverwirrung und politischer Verblödung hineingeraten. Ein Hexensabbat von grotesker Unwissenheit und hysterischen Wahnvorstellungen beherrscht heute die öffentliche Meinung dieses Landes.« »Judenknecht Roosevelt« lautet die Überschrift eines weiteren Kurzartikels, in: VB, Süddt. Ausg., 19.5.1942, S. 2.

27 Gertrud Scholtz-Klink (1902-1999) trat 1928 in die NSDAP ein und übernahm 1930 die Leitung der NS-Frauenschaft im Gau Baden. 1934 wurde sie Leiterin des weiblichen Arbeitsdienstes und Reichsführerin der NS-Frauenschaft und des Deutschen Frauenwerks. Im Entnazifizierungsver-

fahren wurde Scholtz-Klink 1950 zu 30 Monaten Haft verurteilt. Sie war weiterhin eine überzeugte Nationalsozialistin. Vgl. Klee 2003, S. 557.

28 »Die Reichsfrauenführerin in der Gaubräuteschule«, in: VB, Süddt. Ausg. (3. Druck), 19.5.1942, S. 4.

29 Franz Hofer (1902-1975) trat 1931 der österreichischen NSDAP bei. 1933 wurde er wegen NS-Aktivitäten zu 30 Monaten Haft verurteilt. Hofer floh nach Deutschland, wo er 1937 Leiter des Flüchtlingshilfswerks für österreichische Nationalsozialisten im Reich wurde. 1938 übernahm er als Gauleiter den Gau Tirol-Voralberg, wurde dort zugleich Landeshauptmann und ab 1940 Reichsstatthalter. Im September 1943 wurde er Hochkommissar für die norditalienischen Provinzen Bozen, Triest und Belluno. Nach dem Krieg war Hofer Firmeninhaber in Mülheim an der Ruhr. Vgl. Klee 2003, S. 264.

30 »Gauleiter Hofer im Kreis Dornbirn«, in: VB, Süddt. Ausg. (3. Druck), 19.5.1942, S. 4.

31 »Reichsminister Rust im Gau Tirol-Vorarlberg«, in: ebd.

32 Bernhard Rust (1883-1945) war von 1909 bis 1930 Studienrat für Deutsch und Latein. Er trat nach längerem Engagement in anderen völkischen Organisationen 1925 der NSDAP bei und wurde Gauleiter von Hannover-Nord. 1930 wurde Rust in den Reichstag gewählt, 1934 Reichsminister für Erziehung und Volksbildung. Rust nahm sich 1945 das Leben. Vgl. Lilla 2004, S. 532f.; Klee 2003, S. 516; Pedersen 1994.

33 Zur Rede Görings auf einem feierlichen Staatsakt in der Reichskanzlei, der nicht am 21., sondern am 20. Mai 1942 stattfand, vgl. etwa »Was die Front braucht, wird die Heimat geben!«, in: HLZ, 22.5.1942, S. 1-3, Zitat S. 2.

34 Gemeint ist der Flugzeugträger »USS Yorktown«. Zwar war das Schiff am 7./8. Mai 1942 in der Schlacht im Korallenmeer schwer beschädigt worden, wurde aber erst am 7. Juni 1942 in der Schlacht um Midway so schwer getroffen, dass es am darauffolgenden Tag sank. Vgl. Rohwer/Hümmelchen 1968, S. 252.

35 Bürgermeister von Steinbach bei Gießen, heute ein Ortsteil der Gemeinde Fernwald, war seit 1934 Heinrich Rink (1902-1988). Rink, der laut Gemeinderatsprotokoll vom 31. Oktober 1935 von den Gemeinderäten »Treue zum Führer und völkische Hingabe nach dem Grundsatz des Nationalsozialismus: Gemeinnutz geht vor Eigennutz« gefordert hatte, war im Dorf durch häufige Feiern aufgefallen, bei denen Fleisch und Wurst, Butter und Kuchen reichlich serviert wurden. Am 22. März 1942, dem Verpflichtungssonntag der HJ, soll er betrunken gewesen sein, woraufhin Anzeige bei der Kreisleitung der NSDAP und beim Landrat erstattet wurde und – so die Kirchenchronik des Gemeindepfarrers – »eine peinliche Untersuchung« begann. Rink und drei weitere angeblich an der Affäre beteiligte Personen kamen nach Gießen in Untersuchungshaft. Am 20. Mai 1942 wurde Rink wegen des Vorwurfs der Unterschlagung seines Bürgermeisteramtes enthoben und zugleich als Ortsgruppenleiter abgesetzt. Nach einer Gefängnisstrafe von 14 Monaten wurde er zur Wehrmacht eingezogen. Vgl. Müller 2003, S. 15f., 122f., 149 und 319.

36 Während des Krieges sanken die Produktionsergebnisse der deutschen Landwirtschaft kontinuierlich, die Versorgungslage spitzte sich immer mehr zu, so dass Senkungen der Rationen nicht abzuwenden waren. Infolgedessen ließ Hitler nach längerem Zögern Richard Walther Darré am 20.5.1942 fallen und setzte dessen bisherigen Stellvertreter Herbert Backe als Minister ein. Backe (1896-1947) war ab 1936 Chef der Gruppe Ernährung in der Vierjahresplanbehörde. Er propagierte eine Hungerpolitik im Osten, die den Tod von Millionen Menschen billigend in Kauf nahm. 1947 nahm er sich in Untersuchungshaft das Leben. Vgl. Klee 2003, S. 23; Müller 1999, S. 472f.

37 Vgl. Theodor Fontanes Novelle »Unterm Birnbaum« (Kap. 20.): »Er [der Kaufmann und Gasthofbesitzer Abel Hradscheck] verfing sich aber schließlich in seiner List und grub sich, mit dem Grabscheit in der Hand, in demselben Augenblicke sein Grab, in dem er hoffen durfte, sein Verbrechen für immer aus der Welt geschafft zu sehn. Und bezeugte dadurch aufs neue die Spruchweisheit: ›Es ist nichts so fein gesponnen, 's kommt doch alles an die Sonnen‹.«

38 Möglicherweise bezieht sich Kellner auf eine Sondermeldung im Rundfunk. Im Wehrmachtbe-

richt vom 30. Mai 1942 heißt es: »Wie bereits durch Sondermeldung bekanntgegeben, ist die große Schlacht um Charkow beendet. Im Frontabschnitt des Generalfeldmarschalls von Bock haben die Armeen des Generalobersten von Kleist und des Generals der Panzertruppen Paulus die Abwehr schwerster feindlicher Großangriffe in einen stolzen Vernichtungssieg verwandelt. Ein rumänisches Armeekorps unter Führung des Generals Cornelio Dragalina sowie ein italienischer, ein ungarischer und ein slowakischer Verband haben Seite an Seite mit den deutschen Truppen gekämpft und neuen Ruhm an ihre Fahnen geheftet. Die Luftwaffenverbände des Generalobersten Löhr und des Generals der Flieger Pflugbeil unterstützten in schonungslosem Einsatz die Kämpfe des Heeres in der Abwehr wie im Angriff und schlugen die feindliche Luftwaffe aus dem Felde. Die sowjetische 6., 9. und 57. Armee mit rund 20 Schützendivisionen, 7 Kavalleriedivisionen und 14 Panzerbrigaden sind vernichtet. Die Zahl der Gefangenen ist auf 240.000 gestiegen. Die blutigen Verluste des Gegners sind überaus groß. [...]« Vgl. etwa HLZ, 31.5.1942, S. 1 (dort unter der Überschrift »Der stolze Vernichtungskrieg bei Charkow«).

39 Für weitere Angaben zu Robert Barth vgl. Balzer 1985, S. 356, der bei der Beurteilung Barths weniger deutliche Worte findet als Kellner: »Mag Dr. Barth auch ein gutgläubiger Nationalsozialist und ein korrekter Oberbürgermeister gewesen sein, die Schrecken des 8. November 1938, als die Synagoge in Flammen aufging, konnte er nicht verhindern.«

40 »Kreisleiter Oberbürgermeister Dr. Barth gefallen«, in: Heimatzeitung, 30.5.1942, S. 6.

41 Julius Johann Böhm hatte das Amt des Laubacher Bürgermeisters von 1922 bis 1928 inne (Stadtarchiv Laubach, XIX.5.1.79: N.S.D.A.P., hier: Verzeichnis der Mitglieder der Ortsgruppe, mit persönlichen Daten und Angaben der zeitweiligen Verwendung: 1943).

42 Im Wehrmachtbericht vom 31. Mai 1942 heißt es: »Britische Bomber unternahmen in der vergangenen Nacht einen Terrorangriff auf die Innenstadt von Köln, wobei große Schäden durch Spreng- und Brandwirkung, vor allem in Wohnvierteln, an mehreren öffentlichen Gebäuden, u. a. auch an drei Kirchen und zwei Krankenhäusern, entstanden. Bei diesem ausschließlich gegen die Zivilbevölkerung gerichteten Angriff erlitt die britische Luftwaffe schwerste Verluste«. Vgl. etwa HLZ, 1.6.1942, S. 1 (dort unter der Überschrift »36 britische Bomber abgeschossen«).

43 Ursprünglich: »niedergemacht«.

44 Die Angriffe auf London wurden seit dem Spätsommer/Herbst 1940 von einer auffallend aggressiven Presseberichterstattung begleitet, so etwa im »Völkischen Beobachter«, Süddt. Ausg.: »Bis jetzt über eine Million Kilogramm Bomben auf das Hafen- und Industriegebiet an der Themse« (9.9.1940, S. 1), »Gewaltige Feuersbrünste in London« (ebd.). Die nach ihrer Emigration in London lebende Schriftstellerin Hilde Spiel erinnert an diese und die folgenden Bombenangriffe sowie an die Gelassenheit der Londoner Zivilbevölkerung im Kapitel »Winter des Mißvergnügens« ihrer Autobiographie »Die hellen und die finsteren Zeiten«, S. 176-206.

45 Hitler hatte am 4. September 1940 in einer Rede gedroht: »Und wenn sie erklären, sie werden unsere Städte in großem Ausmaß angreifen – wir werden ihre Städte ausradieren!« Vgl. etwa HLZ, 6.9.1940, S. 3-5 (dort unter der Überschrift »Adolf Hitlers neue Kampfparole«), Zitat S. 4.

46 »SHD wird Luftschutzpolizei«, in: HF, Abend-Ausg., 1.6.1942, S. 3.

47 Nach dem Lied »Heil dir im Siegerkranz« (2. Strophe) von Heinrich Harries (1790), bearbeitet und gekürzt von Balthasar Gerhard Schumacher (1793). Eine bei Hansen 1978, S. 8, reproduzierte Textfassung lautet: »Nicht Roß und Reisige / Sichern die steile Höh', / Wo Fürsten steh'n: / Liebe des Vaterland's, / Liebe des freien Mann's / Gründen des Herrschers Thron / Wie Fels im Meer!« Im Deutschen Reich 1871 bis 1918 hatte das Lied den Status einer – inoffiziellen – preußischen Kaiserhymne. Vgl. Hansen 1978, S. 7-21.

48 »Wir sind Kameraden auf See!«; Titel und Refrain eines Marschlieds von Götz Otto Stoffregen (Text). Zu Textquellen und Tondokumenten vgl. Prieberg 2004, S. 4042f.

49 »Sondermeldung«, in: HF, Abend-Ausg., 1.6.1942, S. 3.

50 Ursprünglich: »wendete«.

51 Graf Georg Friedrich zu Solms (1899-1969) gehörte in der Weimarer Republik zum rechtskonservativen politischen Umfeld und war prominentes Mitglied des »Stahlhelm«-Bundes.

1925 gründete er zusammen mit Werner Best (1903-1989) den »Nationalblock in Hessen«, ein kurzlebiges Sammelbecken radikaler Verbände in Hessen. Sein Verhältnis zum Nationalsozialismus und dessen Organisationen scheint ab der Machtübergabe aber ein zunehmend distanziertes gewesen zu sein. Vgl. Herbert 1996, S. 89; Friedenskooperative Laubach 1990, S. 39-68, hier S. 45-47. In den erhalten gebliebenen Aufstellungen aus der NS-Zeit wird er als NSDAP-Mitglied (seit 1.5.1933) geführt (Stadtarchiv Laubach, XIX.5.1.77: N.S.D.A.P., hier: Verzeichnis der Mitglieder der Ortsgruppe Laubach, mit dem Datum eines Eintritts in die Partei: 1942). Die Korrespondenz zur Parteiaufnahme »trotz der bestehenden Mitgliedersperre« (Schreiben der Aufnahme-Abteilung, 18.7.1933) ist im Bundesarchiv Berlin erhalten (BArch [ehem. BDC], PK, L 0322: Solms-Laubach, Georg Friedrich, 7.3.1899).

52 Vgl. RGBl. I, 6.6.1942, S. 377f.: Bekanntmachung zur Verordnung über den Nachrichtenverkehr (vom 30.5.1942), Artikel I.

53 Die nachfolgende Gegenüberstellung von Einwohnerzahlen steht auf der Vorder- und Rückseite eines lose eingelegten Blatts.

54 Kellner rundet die im »Volksatlas« genannten Zahlen auf bzw. ab. Vgl. Preuss 1940, S. 12f. sowie S. 34-39.

55 Nachfolgend gestrichen: »unsere«.

56 »Wir gratulieren«, in: HLZ, 30.5.1942, S. 5.

57 »Kreisleiter Schöne im Felde gestorben«, in: HLZ, 6.6.1942, S. 2.

58 »Ehrenurkunden für Hinterbliebene der Kriegsmarine«, in: VB, Süddt. Ausg. (3. Druck), 29.5.1942, S. 4.

59 Vgl. Hitler 1930, S. 650.

60 Robert van Genechten (1895-1945) war niederländischer Nationalsozialist und unter deutscher Besatzung zeitweise Generalstaatsanwalt am Gerichtshof in Den Haag. Nach dem Krieg nahm er sich in der Haft das Leben. Vgl. Rees 1990.

61 »Schicksal und Zukunft der Niederlande«, in: HF, Abend-Ausg. 2, 11.6.1942, S. 3.

62 Nach Friedrich Schiller, »Wallensteins Lager«, I,6: »Sie bekam Euch übel, die Lektion. / Wie er räuspert und wie er spuckt, / Das habt Ihr ihm glücklich abgeguckt; / Aber sein Schenie, ich meine sein Geist, / Sich nicht auf der Wachparade weist.«

63 Vgl. etwa »Molotow kommt nach Berlin«, in: HLZ, 10.11.1940, S. 1. Molotow werde sich, so die »Hessische Landes-Zeitung«, binnen kurzem zu einem Besuch nach Berlin begeben, »um im Rahmen der freundschaftlichen Beziehungen zwischen den beiden Ländern den laufenden Gedankenaustausch durch eine erneute persönliche Fühlungnahme fortzusetzen und zu vertiefen«.

64 Im »Hamburger Fremdenblatt«: »Landesschutz«.

65 Vgl. »Rußlands Wehrkraft«, in: HF, Abend-Ausg. 2, 12.11.1940, S. 1f.

66 Im »Hamburger Fremdenblatt«: »handle«.

67 Vgl. »Englands Zusammenbruch kein Problem mehr«, in: HF, Morgen-Ausg., 6.10.1940, S. 2.

68 »Schnell fertig sind die Nazis mit dem Wort«; nach Friedrich Schiller, »Wallensteins Tod«, II,2: »Schnell fertig ist die Jugend mit dem Wort, / Das schwer sich handhabt, wie des Messers Schneide«.

69 Todesanzeige in: HF, Abend-Ausg., 1.7.1940, S. 4.

70 Todesanzeige in: HF, Morgen-Ausg., 14.6.1942, S. 4.

71 »(Deutschland und Rußland)« ist ein Zusatz Kellners.

72 Vgl. die Reichstagsrede Hitlers am 1. September 1939, abgedruckt etwa in: HLZ, 2.9.1939, S. 3f., Zitat S. 4, mit leicht abweichendem Text.

73 Vgl. »Molotow kommt nach Berlin«, in: HLZ, 10.11.1940, S. 1.

74 »Mehr handeln, weniger reden!«, in: HF, Abend-Ausg. 2, 25.6.1942, S. 2.

75 Nach Alexandre Dumas, »Die drei Musketiere«: »alle für einen, und einer für alle! nicht wahr, das ist unser Losungswort«.

76 Édouard Daladier (1884-1970), französischer Sozialist und zeitweilig Ministerpräsident in der

Vorkriegszeit, gehörte zu den Mitunterzeichnern des Münchener Abkommens 1938. Von der französischen Kollaborationsregierung in Vichy wurde er 1940 vor Gericht gestellt; 1943 bis 1945 war Daladier in Deutschland inhaftiert. Nach Kriegsende war er wieder führend bei den französischen Sozialisten aktiv. Vgl. Benz/Graml/Weiß 2007, S. 905.

77 Im »Schwarzen Korps« nachfolgend: »um dort ihre schmutzige Wäsche aufzuhängen.«.

78 Vgl. »Haben wir uns verrechnet?«, in: Das Schwarze Korps, Jg. 7, Nr. 35 (28.8.1941), S. 1f.

79 Vgl. RGBl. I, 7.8.1942, S. 487: Verordnung über die Stiftung des Krimschildes.

80 Kellner stützt sich auf einen Auszug des genannten Artikels »Auch der Versuch ist strafbar«, in: AdG 1942, S. 5582 (D). In der persönlichen »Archiv«-Ausgabe Kellners ist der zitierte Satz mit einer Markierung versehen. Zum vollständigen Wortlaut vgl. Goebbels 1943, S. 414-420 (datiert 2.8.1942).

81 Ursprünglich: »bei«.

82 Heinrich Bischoff (geb. 1904) war seit 1939 Amtsgerichtsrat in Alsfeld und Vorsitzender am Anerbengericht Alsfeld, seit 1940 zudem Leiter des Entschuldungsamtes Lauterbach (HStAD, R 4 Kartei). – Gut zwanzig Jahre nach dem Krieg, im Zuge des von Kellner in die Wege geleiteten Wiedergutmachungsverfahrens, gehörte Bischoff zu jenen Personen, die durch ihre Stellungnahme dazu beitrugen, dass Kellner als »wiedergutmachungsberechtigter Verfolgter« anerkannt und ihm aufgrund des entstandenen Schadens ein höheres Ruhegehalt gewährt wurde. Im Zeugnis Bischoffs heißt es u.a.: »Besonders ist mir die Art seiner gedrängten sachlichen und zutreffenden Verfügungen und Entscheidungen noch in Erinnerung. Eine Beförderung des damaligen Justizinspektors im Rahmen der Möglichkeiten seines Berufsstandes drängte sich daher auf. Wenn ich gefragt worden wäre, hätte ich seine bestklassige Qualifikation bescheinigen müssen« (HHStAW, Abt./Nr. 518/29744: Wiedergutmachungsakte Friedrich Kellner, Bl. 22, Zeugnis Oberamtsrichter Bischoff, 15.2.1966).

83 Nachfolgend gestrichen: »macht kei«.

84 Nachfolgend gestrichen: »ehrlich«.

85 Colin Ross (1885-1945) war ein bekannter österreichischer Reiseschriftsteller, der zahlreiche Bücher bei Ullstein und F.A. Brockhaus veröffentlichte. Am 29. April 1945 nahm er sich gemeinsam mit seiner Frau das Leben. Vgl. Klee 2009, S. 453, Baumunk 1999.

86 Ausschnitt aus »Der Kampf um Afrika«, in: HLZ, 4.8.1942, S. 1f., hier S. 2.

87 Vgl. etwa »Moskau fordert offiziell die zweite Front«, in: VB, Süddt. Ausg. (2. Druck), 4.8.1942, S. 1.

Heft 5

1 »Sowjets fordern offiziell die ›zweite Front‹«, in: HLZ, 4.8.1942, S. 2.

2 Zur Reichstagsrede Adolf Hitlers am 17. Mai 1933 vgl. etwa VB, Norddt. Ausg. A, 18.5.1933, S. 1-3, Zitat S. 2.

3 Zur Kundgebung des slowakischen Staatspräsidenten Jozef Tiso in der westslowakischen Stadt Holitsch (Holíč) am 18. August 1942 vgl. den Artikel »Dr. Tiso zur Judenfrage«, in: VB, Süddt. Ausg. (3. Druck), 19.8.1942, S. 4, dort: »Wenn Deutschland, so stellte der Präsident fest, im vergangenen Jahre der Slowakei nicht ausgeholfen hätte, dann hätte es in der Slowakei schlimm ausgesehen.« Tiso äußert sich in dieser Ansprache eingehend über das »jüdische Element« in der slowakischen Gesellschaft.

4 »O selig, ein gläubiger Nationalsozialist zu sein«; nach Albert Lortzings 1837 uraufgeführter Oper »Zar und Zimmermann«, III,5, Lied Nr. 14: »O selig, o selig, ein Kind noch zu sein!« Vgl. Büchmann 1998, S. 192.

5 Ursprünglich: »kann«.

6 In »Mein Kampf« heißt es: »Wenn die deutsche Nation den Zustand ihrer drohenden Ausrot-

tung in Europa beenden will, dann hat sie nicht in den Fehler der Vorkriegszeit zu verfallen und sich Gott und die Welt zum Feind zu machen.« Vgl. Hitler 1930, S. 711.

7 Vgl. zur Geschichte des Nationalsozialismus in Lateinamerika Müller 1997 und zur Lage der Deutschen in Brasilien Oberacker 1979.

8 Ursprünglich: »es«.

9 Ursprünglich: »Stenographie«; geändert in »Stenografie«. Am linken Seitenrand nochmals: »Stenografie«. Die Verdeutschung *Kurzschrift* ist wohl eine Nachbildung von engl. *short-hand-writing* und wurde schon im 19. Jahrhundert gebraucht.

10 Vgl. DJ, Ausg. A, Jg. 104, Nr. 34 (21.8.1942), S. 543, Nr. 317: Stenografie, 15.8.1942.

11 Nachfolgend ist ein Satz ausgelassen: »Das war kein Krieg, nächtlings die Wohnstätten unbewaffneter Menschen und historische Denkmäler einer überlegenen Kultur zu zerstören.«

12 Vgl. »Was wird mit England?«, in: Das Schwarze Korps, Jg. 8, Nr. 35 (27.8.1942), S. 1f.

13 Franz Schlegelberger (1876-1970) war seit Oktober 1931 Staatssekretär im Reichsjustizministerium und von Februar 1941 bis zum 20. August 1942 mit der Wahrnehmung der Geschäfte des Justizministers beauftragt. Schlegelberger wurde 1947 im Nürnberger Juristen-Prozess zu lebenslanger Haft verurteilt; im Januar 1951 jedoch wieder entlassen. Vgl. Klee 2003, S. 538.

14 Otto Thierack (1889-1946) war seit 1933 sächsischer Justizminister und ab 1936 Präsident des Volksgerichtshofs. Am 20. August 1942 wurde Thierack Reichsjustizminister. Nach dem Krieg nahm er sich 1946 im Internierungslager Eselheide das Leben und entging so einer Anklage im Nürnberger Juristen-Prozess. Vgl. Klee 2003, S. 622f.

15 Ursprünglich: »SA-Obergruppenführer«.

16 Der »Erlaß des Führers über besondere Vollmachten des Reichsministers der Justiz« vom 20. August 1942 ist abgedruckt in: DJ, Ausg. A, Jg. 104, Nr. 35 (28.8.1942), S. 549.

17 Hans Heinrich Lammers (1879-1962) arbeitete seit 1921 im Reichsinnenministerium und wechselte im Februar 1932 von der DNVP zur NSDAP. Seit dem 30. Januar 1933 war er Chef der Reichskanzlei. Im sogenannten Wilhelmstraßen-Prozess wurde er 1949 zu 20 Jahren Haft verurteilt, im Dezember 1951 aber bereits entlassen. Vgl. Weiß 2002, S. 288f.

18 Ausschnitte aus »Zur Reform der akademischen Rechtswahrer-Ausbildung«, in: DJ, Jg. 104, Nr. 33 (14.8.1942), S. 518-520, hier S. 519f.

19 Die vorhergehenden drei Sätze sind durch einen roten Balken am rechten Rand hervorgehoben.

20 Vgl. Goebbels 1934, S. 14.

21 Ursprünglich: »wird«.

22 Im »Hamburger Fremdenblatt«: »Stahlzuteilung«.

23 Vgl. »Unterschiede«, in: HF, Abend-Ausg. 2, 8.8.1942, S. 1f.

24 Zu dem Rundschreiben des Reichsjustizministers 4110 – IV a – 4 – 1586 vgl. Walk 1996, S. 383: Polen und Juden in Verfahren gegen Deutsche, 7.8.1942.

25 Roland Freisler (1893-1945) war Soldat im Ersten Weltkrieg. Im Oktober 1915 geriet er in russische Kriegsgefangenschaft. Von 1917 bis 1920 war er dort als Lagerkommissar für die Organisation des Proviants verantwortlich. Nach seinem Jura-Studium arbeitete Freisler von 1924 bis 1933 als Rechtsanwalt. Seit Juli 1925 gehörte er der NSDAP an und war zeitweise stellvertretender Gauleiter von Hessen-Nassau. 1932 wurde er Abgeordneter des preußischen Landtags, im November 1933 des Reichstags. 1933 wechselte er ins Reichsjustizministerium, wo er kurz darauf Staatssekretär wurde. Im August 1942 wurde Freisler Präsident des Volksgerichtshofes und war verantwortlich und direkt beteiligt an zahlreichen Todesurteilen gegen Regimegegner. Seinen Aufstieg verdankte Freisler seinem frühen völkischen Engagement. Für den Völkisch-Sozialen Block war er Stadtverordneter in Kassel, Mitglied des kurhessischen Kommunallandtags und des hessisch-nassauischen Provinziallandtags. Freisler kam im Februar 1945 bei einem Luftangriff ums Leben. Vgl. Lilla 2004, S. 155f.; Weiß 2002, S. 130f.

26 Nachfolgend gestrichen: »deutsche«.

27 Ursprünglich: »dessen«.

28 Der »Antrittserlaß des neuen Reichsjustizministers« vom 24. August 1942 ist abgedruckt in: DJ,

Ausg. A, Jg. 104, Nr. 35 (28.8.1942), S. 550. Aus ihm geht die fundamentale Abkehr vom bis dahin geltenden Anspruch an die Rechtspflege deutlich hervor: »Rechtsprechen bedeutet keine Übung eines geschulten Verstandes, sondern das Ordnen von Lebensvorgängen im Volke. Ich will keine Richter sehen, deren Kunst sich darin erschöpft, das gesetzte Recht auf den ihnen unterbreiteten Sachverhalt mehr oder weniger scharfsinnig auszulegen. Das mögen Rechtsgelehrte tun, von denen das Volk kein Urteil verlangt. Der Richter ist der beste und kann allein Anerkennung verdienen, dessen Urteile das vom Volke getragene Rechtsgefühl verkörpern. Das gesetzte Recht soll dem Richter hierbei helfen, nicht aber soll es den Richter so beherrschen, daß er darüber die Verbindung zu dem Rechtsgefühl seines Volkes verliert. Das Recht ist Leben, nicht die starre Form eines Rechtsgedankens. Rechtsgestaltung ist lebenswahre Anwendung des Rechtsgedankens, nicht die Auslegung toter Buchstaben. Ihnen zuliebe darf das wirkliche Leben nicht zurechtgebogen werden. Jedem Richter ist es unbenommen, sich an mich zu wenden, falls er glaubt, durch das Gesetz gezwungen zu sein, ein lebensfremdes Urteil zu fällen. In einem solchen Notfall wird es meine Aufgabe sein, das Gesetz zur Verfügung zu stellen, das erforderlich ist. Ich möchte im Urteil des Richters den deutschen Menschen erkennen, der mit seinem Volke lebt.«

29 Nachfolgend gestrichen »›auch die‹«.

30 Ursprünglich: »von«.

31 Der Wohnort ist durch eine kleine rote Markierung am rechten Rand des Zeitungsausschnitts hervorgehoben.

32 Zur Praxis der Einziehung jüdischen Vermögens durch die hessische Reichsfinanzverwaltung vgl. Meinl/Zwilling 2004, insbesondere S. 133-175.

33 »Beschluß« vom 24. August 1942, in: HLZ, 30.8.1942, S. 6.

34 Ursprünglich: »über die«.

35 Vgl. »Kein Vergleich möglich«, in: Das Schwarze Korps, Jg. 8, Nr. 36 (3.9.1942), S. 1f.

36 Im »Schwarzen Korps« heißt es: »Wenn daher bei unzähligen zuständigen und nichtzuständigen Stellen jetzt schon Anfragen und Anträge in großer Zahl aus allen Gauen, Schichten, Ständen und Altersklassen einlaufen, so ist das zwar ein aufschlußreicher und daher auch begrüßenswerter Beweis für das ungeheure Interesse, das die ganze Nation der Ostsiedlung entgegenbringt, aber all diesen Volksgenossen – sofern sie nicht zu den eben genannten Gruppen gehören – kann vorerst nur gesagt werden, daß sie sich bis zur Heimkehr der Front gedulden müssen« (»Was sie erwarten dürfen«, in: Das Schwarze Korps, Jg. 8, Nr. 37 (10.9.1942), S. 4).

37 Curt Rothenberger (1896-1959) war ab 1931 Landgerichtsdirektor und ab 1933 Justizsenator in Hamburg, wo er 1935 Präsident des Oberlandesgerichts wurde. Ab August 1942 war er Staatssekretär im Reichsjustizministerium, aus dem er 1943 wieder ausschied. Im Nürnberger Juristen-Prozess wurde er zu sieben Jahren Haft verurteilt, 1950 aber bereits wieder entlassen. 1959 nahm er sich das Leben. Vgl. Klee 2003, S. 510f.

38 In der »Deutschen Justiz« heißt es: »Der Nationalsozialismus, dessen Geburtsstunde bereits im ersten Weltkrieg liegt, ist der Angelpunkt dieser Umwälzung.«

39 Es werden drei Sätze ausgelassen.

40 In der »Deutschen Justiz«: »Aber das Ziel [...]«.

41 Vgl. »Die ersten Gedanken über den Aufbau der nationalsozialistischen Rechtspflege«, in: DJ, Ausg. A, Jg. 10, Nr. 36 (4.9.1942), S. 565-568, Zitat S. 565.

42 »Sie haben ein großes Wort gelassen ausgesprochen«; nach Goethe, »Iphigenie auf Tauris«, I,3 (Thoas zu Iphigenie): »Du sprichst ein großes Wort gelassen aus.«

43 Ursprünglich: »unvergleichlicher«.

44 Zu den genannten 17 Todesanzeigen vgl. HF, Abend-Ausg. 2, 19.9.1942, S. 4.

45 Nach der Zerschlagung der Tschechoslowakei wurde die Slowakei am 14. März 1939 ein eigenständiger, autoritär regierter Einparteienstaat unter Führung des katholischen Priesters Jozef Tiso. In enger Anlehnung an und in Zusammenarbeit mit Deutschland wurde in der Slowakei eine umfassende antijüdische Gesetzgebung entwickelt, einhergehend mit der Ausplünderung der slowakischen Juden. Ab Ende März 1942 wurden, auch auf Initiative der Slowakei, slowaki-

sche Juden nach Polen verschleppt und dort nach kurzem Aufenthalt in den Vernichtungslagern getötet. Bis Oktober 1942 wurden etwa 58 000 slowakische Juden deportiert, vor allem nach Auschwitz, Majdanek und in die Region von Lublin. Zahlreiche Juden flohen aus der Slowakei nach Ungarn, von März 1942 bis Sommer 1944 insgesamt mehr als 10 000. Vgl. Enzyklopädie 1995, Bd. 3, S. 1322-1327; Hilberg 1991, S. 766-794.

46 Ungarn war, unter der autoritären Regierung des Reichsverwesers Miklós Horthy, Verbündeter des Deutschen Reichs und kämpfte u.a. an dessen Seite gegen die Sowjetunion. 1941 lebten laut Volkszählung rund 725 000 Juden in Ungarn, fast 5 Prozent der Gesamtbevölkerung. Hinzu kamen 75 000 bis 100 000 Juden nichtjüdischen Glaubens. Seit den dreißiger Jahren gewann der Antisemitismus in Ungarn immer mehr an Bedeutung und schlug sich in antijüdischen Gesetzen nieder, die auf die Reduzierung von Juden in bestimmten Berufen und Wirtschaftszweigen abzielten und einen Arbeitsdienst für männliche Juden einführten. Im April 1941 wurden Rassegesetze erlassen, die den Nürnberger Rassegesetzen von 1935 ähnelten. Dem Drängen, die ungarischen Juden in die »Endlösung« mit einzubeziehen, widersetzte sich die ungarische Regierung allerdings bis zum Frühjahr 1944. Im März 1944 besetzte die Wehrmacht Ungarn, Horthy ernannte auf deutschen Druck eine neue Regierung. In der Folge wurden zahlreiche weitere Einschränkungen erlassen, die Juden unterlagen einer Kennzeichnungspflicht, wurden in Gettos isoliert und schließlich deportiert. Zwischen dem 15. Mai und dem 9. Juli 1944 wurden etwa 440 000 Juden aus Ungarn nach Auschwitz-Birkenau deportiert, wo die überwiegende Mehrheit von ihnen direkt in den Gaskammern ermordet wurde. Vgl. Enzyklopädie 1995, Bd. 3, S. 1464-1468; Hilberg 1991, S. 859-926; Varga 1996, S. 333-351.

47 Nach der deutschen Besetzung Jugoslawiens im April 1941 wurde ein unabhängiger Staat Kroatien gegründet, der unter Führung von Ante Pavelić und dessen Ustascha-Bewegung zu einem faschistischen Staat wurde. Dem brutalen Ustascha-Regime fielen 500 000 Serben zum Opfer, eine Viertelmillion Serben wurde vertrieben. Tatsächlich lag die Zahl der Juden in Kroatien bei etwa 40 000, die hauptsächlich in den großen Städten lebten. Unmittelbar nach Machtantritt erließen die kroatischen Faschisten zahlreiche antisemitische Gesetze, in deren Folge Juden ausgeplündert, in ihrer Bewegungsfreiheit eingeschränkt und isoliert wurden. Nach dem Überfall auf die Sowjetunion hat man die kroatischen Juden in Konzentrationslager deportiert, überwiegend in das Lager Jasenovac, wo sie bei der Ankunft oder kurz darauf ermordet wurden. Die im Artikel erwähnte Insel Pag beherbergte mehrere dieser Lager, die von Juni bis Ende August 1941 bestanden. Hier wurden Hunderte Juden, etwa aus Zagreb, ermordet. Im August 1942 wurden 5500 kroatische Juden nach Auschwitz deportiert. Nur wenige Juden überlebten den Krieg in Kroatien. Vgl. Enzyklopädie 1995, Bd. 2, S. 824-829; Sundhausen 1996, S. 321-326.

48 Serbien und das Banat unterlagen seit der deutschen Besetzung Jugoslawiens im April 1941 einer Militärverwaltung. Im Zuge eines nach dem deutschen Überfall auf die Sowjetunion ausgebrochenen Aufstands in Serbien entfalteten die deutschen Besatzer ein Terrorregime. Für jeden getöteten Deutschen wurden 100 Männer als Vergeltung getötet, für jeden Verwundeten 50. Die serbische Bevölkerung wurde davon weitgehend verschont, überwiegend wurden jüdische Männer getötet. Bis Ende 1941 waren die meisten männlichen Juden Serbiens diesem Massenmord zum Opfer gefallen. Die verbliebene jüdische Bevölkerung, fast ausschließlich Frauen und Kinder, wurde schließlich von März bis Mai 1942 mit Hilfe eines Gaswagens ermordet. Insgesamt töteten Wehrmacht und SS annähernd 11 000 Männer, Frauen und Kinder. Vgl. Enzyklopädie 1995, Bd. 3, S. 1301-1304; Hilberg 1991, S. 725-737.

49 In Bulgarien, einem Verbündeten des NS-Staates, lebten seit August 1940 etwa 63 400 Juden, die in der Vergangenheit wenig mit Antisemitismus konfrontiert gewesen waren. Im Oktober 1940 erließ die bulgarische Regierung jedoch ein antijüdisches Gesetz, das die Tätigkeit von Juden einschränkte, und kam damit Forderungen aus Deutschland nach. Trotz erheblicher Proteste in der bulgarischen Gesellschaft trat das Gesetz im Januar 1941 in Kraft. Der Vollzug der gesetzlichen Regelungen wurde recht locker gehandhabt, lediglich die Konfiszierung jüdischen Eigentums wurde strikt durchgeführt. Dem fortgesetzten Druck aus Deutschland auf eine Verschärfung

der Verfolgung der Juden widerstand Bulgarien weitgehend. Die Kennzeichnung der Juden, die das Gesetz vom Januar 1941 vorsah, wurde offenbar auch nur lasch verfolgt, was entsprechenden Protest von deutscher Seite hervorrief. 1943 kam es zu Deportationen von Juden, die sich weitgehend auf solche aus den seit dem Frühjahr 1941 bulgarisch besetzten Gebieten Griechenlands und Jugoslawiens beschränkten, während die Juden »Alt-Bulgariens« überwiegend verschont blieben. Vgl. Enzyklopädie 1995, Bd. 1, S. 262-267; Hilberg 1991, S. 794-811; Hoppe 1996, S. 275-310. Zur Geschichte eines »jüdischen Lebens« in Bulgarien vgl. auch Arditti 2002.

50 Rumänien, das seit Herbst 1940 unter Leitung von General Ion Antonescu faschistisch regiert wurde, geriet zunehmend in deutsche Abhängigkeit. Seit Oktober 1940 befanden sich zwölf Divisionen der Wehrmacht im Lande, im Laufe der nächsten Monate bis März 1941 wuchsen die deutschen Truppen in Rumänien auf 330000 Soldaten an. Im Juni 1941 kämpften rumänische Soldaten an der Seite Deutschlands gegen die Sowjetunion, vor allem in der Hoffnung, die 1940 an die Sowjetunion verlorenen Gebiete Bessarabien und die nördliche Bukowina (das Buchenland) zurückzugewinnen. In diesen Gebieten wurden die Juden von der rumänischen Armee in Kooperation mit deutschen Armee-Einheiten und den Mordkommandos der Einsatzgruppe D der Sicherheitspolizei ermordet. Dem fielen bis Mitte September rund 160000 Menschen zum Opfer. Die überlebenden ca. 150000 Juden wurden nach Transnistrien in der südlichen Ukraine deportiert. Bereits auf dem Weg dorthin wurden Zehntausende erschossen oder kamen durch Hunger und Entkräftung ums Leben. In Transnistrien wurden sie in Gettos und Lagern inhaftiert und mussten Zwangsarbeit leisten. In den zentralrumänischen Gebieten unterlagen die Juden bereits seit längerem einer antisemitischen Gesetzgebung, verloren ihren Besitz und konnten zur Zwangsarbeit herangezogen werden. Die dort lebenden 292000 Menschen (Mai 1942) deportierte die rumänische Regierung auch trotz Drängens aus Deutschland nicht. Ausschlaggebend dafür waren die Enttäuschung über die ausbleibende Rückgabe des nördlichen Siebenbürgens an Rumänien sowie die sich abzeichnende Kriegswende. Die zentralrumänischen Juden blieben daher vom Massenmord weitgehend verschont. Vgl. Enzyklopädie 1995, Bd. 3, S. 1249-1258; Hilberg 1991, S. 811-858.

51 »Die Bereinigung Südosteuropas von Juden«, in: DJ, Ausg. A, Jg. 10, Nr. 38 (18.9.1942), S. 611.

52 Ursprünglich: »irgendwo«.

53 Nachfolgend gestrichen: »überhaupt«.

54 Nachfolgend gestrichen: »nicht das Recht«.

55 Nachfolgend werden drei Sätze ausgelassen.

56 Nachfolgend wird eine längere Passage ausgelassen.

57 Zur Rede von Reichsaußenminister von Ribbentrop am 27. September 1942, die Kellner mit geringen Abweichungen zitiert, vgl. etwa HLZ, 28.9.1942, S. 1f.

58 Nachfolgend gestrichen: »Ueberschuß«.

59 Philipp Römheld (1887-1956) war langjähriger Leiter der 1879 gegründeten Eisengießerei A. Römheld GmbH, die bis 1928 ihren Sitz in Friedrichshütte bei Laubach hatte. Nach Schließung des dortigen Betriebes – Grund waren u.a. die hohen Kosten für den Eisenbahnanschluss – ließ Philipp Römheld ein neues Werk in Laubach (Bahnhofsnähe) errichten, das als erster Industriebetrieb der Stadt gilt. Die Laubacher Fabrik nahm im Januar 1929 die Produktion auf; Probleme infolge der Weltwirtschaftskrise führten jedoch in den 1930er Jahren zur zeitweiligen Unterbrechung der Herstellung und schließlich 1935 zur Auflösung der GmbH. Der Neuanfang 1936 wurde durch die herrschenden politischen Verhältnisse zusätzlich erschwert. So soll Philipp Römheld aus seiner Abneigung gegen den Nationalsozialismus keinen Hehl gemacht und es abgelehnt haben, Rüstungsprodukte herzustellen, was dazu führte, dass ihm sukzessive Arbeitskräfte genommen, Maschinen beschlagnahmt und Rohstofflieferungen versagt wurden (Schmahl 1957, S. 150). Ein erhalten gebliebener handschriftlicher Brief vom Sommer 1941 scheint die nachteilige Situation zu bestätigen; Römheld klagt über Personalmangel und äußert sich – ähnlich der Beschreibung Kellners – zum Kraftstoffproblem: »Benzin ist knapp, aber es ist immer noch genug da für die Großen. Ich habe seit Februar keins mehr bekommen. Also

der Kleine wird überall an die Wand gedrückt« (Schreiben Philipp Römheld an Eugen Jäger, 7.8.1941; Familienarchiv Ehrhardt/Rößler, Laubach). Am 2. Januar 1942 wurde die Laubacher Eisengießerei an die Firma Wilhelm Helwig, eine Landmaschinenfabrik in Ziegenhain, verkauft. Römheld selbst blieb für eine Übergangszeit als Betriebsleiter angestellt, bevor er sich im verlassenen Gebäude der ehemaligen Chemischen Fabrik Friedrichshütte eine behelfsmäßige Reparaturwerkstätte einrichtete. Mitte 1944 wurde er als Techniker in eine Pionierabteilung der Marine eingezogen und geriet in englische Gefangenschaft, aus der er im Herbst 1945 zurückkehrte. Vgl. Schmahl 1957, sowie Ehrhardt/Rößler 2007, hier insbesondere den Beitrag von Kurt Stein, S. 58f.

60 »Die Bereinigung Bulgariens von Juden«, in: DJ, Ausg. A, Jg. 10, Nr. 40 (2.10.1942), S. 643.

61 Ausschnitt aus »Das Recht und die europäische Neuordnung«, in: DRW, Jg. 12, Nr. 28/29 (11./18.7.1942), S. 993f.

62 Über die japanischen Eroberungen äußert sich Hitler in seiner am 30. September 1942 gehaltenen Sportpalast-Rede wie folgt: »Nur haben diese Japaner zwischendurch Hongkong genommen, und sie haben sich Singapurs bemächtigt, und sie haben die Philippinen in ihren Besitz gebracht, und sie sitzen auf Neuguinea und werden Neuguinea noch ganz erobern, und sie haben Java erobert und Sumatra.« Zur Rede vgl. HLZ, 1.10.1942, S. 2-4, Zitat S. 3.

63 »Japaner 32 km vor Port Moresby«, in: HLZ, 4.10.1942, S. 2.

64 Aller Wahrscheinlichkeit nach handelt es sich um Bauinspektor Heinrich Schmier (1894-1981). Er war seit dem 1. Mai 1937 Mitglied der NSDAP (Stadtarchiv Laubach, XIX.5.1.79: N.S.D.A.P., hier: Verzeichnis der Mitglieder der Ortsgruppe, mit persönlichen Daten und Angaben der zeitweiligen Verwendung: 1943; Standesamt Laubach, Sterberegister).

65 Vgl. »Der neueste Raubzug Roosevelts«, in: HLZ, 20.10.1942, S. 1. Die Unterüberschrift lautet vollständig: »Amerikanische Truppen besetzen die afrikanische Negerrepublik Liberia – Ein Hohn auf die Atlantik-Charta – Vergewaltigung eines neutralen Staates«.

66 »Erziehung durch Vorbild«, in: HLZ, 13.10.1942, S. 1.

67 Vgl. »Das große Leben«, in: HLZ, 13.10.1942, S. 1f.

68 Nachfolgend gestrichen: »auch«.

69 »Wieder Frauenüberschuß?«, in: HLZ, 13.10.1942, S. 4.

70 Ursprünglich: »Jedenfalls«.

71 Paul Giesler (1895-1945), eigentlich Architekt, war seit den zwanziger Jahren in der NSDAP aktiv. 1933 wurde er Mitglied des Reichstags, und ab 1935 war er Führer verschiedener SA-Brigaden. Im November 1941 übernahm er die Gauleitung Westfalen-Süd, im Juni 1942 in Oberbayern. Giesler wurde im November 1942 zusätzlich bayerischer Ministerpräsident. 1945 nahm er sich das Leben. Vgl. Klee 2003, S. 184.

72 Zur Rede von Joseph Goebbels in der Münchener Feldherrnhalle am 18. Oktober 1942 vgl. etwa HLZ, 19.10.1942, S. 1f.

73 Kellner gibt den Redetext gekürzt wieder. Der vollständige Satz lautet: »Ich weiß aber auch – und das scheint mir das wichtigste zu sein –, daß wir in diesen Jahren zwar die letzte, aber auch die größte Chance unserer nationalen Geschichte besitzen« (vgl. ebd., S. 1).

74 Vorhergehender Satz durch einen roten Balken am linken Seitenrand hervorgehoben.

75 »Also sprach Herr Goebbels«; nach Friedrich Nietzsche, »Also sprach Zarathustra«.

76 Karl Engert (1877-1951) trat bereits 1921 der NSDAP bei. Er wurde nach dem Krieg im Nürnberger Juristen-Prozess angeklagt, schied aber im August 1947 aus gesundheitlichen Gründen aus dem Verfahren aus. Vgl. Klee 2003, S. 136f.

77 Zu den Jubiläumsfeierlichkeiten vgl. etwa »Zwanzig Jahre faschistisches Italien« und »Die Wiedergeburt Italiens«, in: HF, Abend-Ausg., 26.10.1942, S. 1 bzw. 1f. Eine »Chronik des Marsches auf Rom« ist veröffentlicht in: VB, Süddt. Ausg., 28.10.1942, S. 1 und 4; darüber hinaus enthält die Ausgabe eine Bildseite »Das neue Italien« (S. 3).

78 Vgl. etwa »Der Feldzug im Osten endgültig entschieden«, in: HLZ, 10.10.1941, S. 1f.

79 Vgl. »Die Tonnageschlacht«, in: VB, Süddt. Ausg. (3. Druck), 27.10.1942, S. 1f.

80 Todesanzeige in: Mainzer Anzeiger, 6.10.1942, S. 6.

81 »Großkundgebung der NSDAP.«, in: VB, Süddt. Ausg. (3. Druck), 27.10.1942, S. 5.
82 Wilhelm Bösing (1902) war bis 1933 Lehrer und anschließend ab März 1933 hauptamtlicher Gauwirtschaftsfachberater bei der Gauleitung Rheinpfalz. Seit 1934 war er überdies Mitglied des Reichstags. Am 1. März 1935 wurde er Leiter der Abteilung Wirtschaft beim Reichskommissar für die Rückgliederung des Saarlandes. Von 1936 bis 1940 war Bösing Gauamtsleiter und Gauwirtschaftsberater der Gauleitung Saarpfalz, von 1940 bis 1945 der Gauleitung Westmark. Vgl. Lilla 2004, S. 51; Stockhorst 1967, S. 68.
83 Todesanzeige in: Mainzer Anzeiger, 26.9.1942, S. 7.
84 Todesanzeigen in: Mainzer Anzeiger, 2.10.1942, S. 4.
85 Vgl. »Gedanken zum Neuaufbau der deutschen Rechtspflege« von Reichsminister der Justiz Dr. Thierack (Teil I) und Staatssekretär Dr. Rothenberger (Teil II), in: DJ, Ausg. A., Jg. 10, Nr. 42 (16.10.1942), S. 661-664, zur sogenannten Richterreform S. 661f.
86 Todesanzeige in: HF, Abend-Ausg. 2, 29.10.1942, S. 4.
87 Todesanzeigen in: HLZ, 2.11.1942, S. 4.
88 In der »Westfälischen Landeszeitung« heißt es: »Denn mit der Besetzung fast ganz Europas durch die Kräfte der Achse und mit der Eroberung der an landwirtschaftlicher Produktion und Rohstoffen so reichen Ostgebiete ist des Führers Ziel, Deutschlands Zukunft und damit auch die des europäischen Erdteils aus eigener Kraft zu sichern, im Prinzip erreicht.«
89 In der »Westfälischen Landeszeitung«: »bezwingen«.
90 Vgl. »Schau in die Zukunft«, in: WLZ, 22.10.1942, S. 1f.
91 »wieder« ist eine Hinzufügung Kellners.
92 Zum Redetext vgl. AdG 1942, S. 5661 (A).
93 »der Oberbefehlshaber der 8. engl. Armee« ist eine Hinzufügung Kellners.
94 Vgl. »Die Abwehrschlacht in Nordafrika an den Toren Aegyptens«, in: HLZ, 5.11.1942, S. 2.
95 Vgl. »Das Ziel im Auge«, in: HLZ, 4.10.1942, S. 1f.
96 Kellner hat den Text stark gekürzt. Der Satz lautet vollständig: »Schon das Vorbereiten des längst für unvermeidlich erkannten, weil vom Feind seit Jahren erstrebten großen Waffenganges vor dem Kriege ist eine Ruhmestat von Planung auf weite Sicht.«
97 In der »Hessischen Landes-Zeitung«: »auch nur«.
98 Ausschnitt aus »Das Ziel im Auge«, hier S. 2.
99 »… bringt ihnen keine Ewigkeit zurück«; nach Friedrich Schillers Gedicht »Resignation«: »Was man von der Minute ausgeschlagen, / Gibt keine Ewigkeit zurück«.
100 »Fortdauer der schweren Kämpfe in Nordägypten« und »Der italienische Wehrmachtbericht« in: HLZ, 9.11.1942, S. 2.
101 Ausschnitt aus »England und USA. überfallen ihren ehemaligen Verbündeten«, in: HLZ, 9.11.1942, S. 1 und 4.
102 Nachfolgend gestrichen: »das«.
103 Ursprünglich: »Waffen«.
104 Ausschnitt aus »Die Tonnageschlacht«, in: VB, Süddt. Ausg. (3. Druck), 27.10.1942, S. 1f.
105 Ursprünglich: »das Vaterland«.
106 Der vollständige Satz lautet: »Aber daß wir nachgrübeln müssen, da haben Sie [gemeint ist Churchill] recht, denn wenn ich einen Gegner von Format hätte, dann könnte ich mir ungefähr ausrechnen, wo er angreift.«
107 Ursprünglich: »Kindsköpfe«. Sowohl in der »Hessischen Landes-Zeitung« als auch im »Archiv der Gegenwart«: »Kindsköpfe«.
108 Zur Sportpalast-Rede Hitlers am 30. September 1942 vgl. etwa HLZ, 1.10.1942, S. 2-4, Zitat S. 2.
109 Ursprünglich: »das«.
110 Im »Schwarzen Korps«: »seine Ankunft«.
111 Vgl. »Erst mal abwarten!«, in: Das Schwarze Korps, Jg. 8, Nr. 47 (19.11.1942), S. 1f.

112 »Wer vieles bringt, wird manchem etwas bringen«; nach Goethe, »Faust I«, »Vorspiel auf dem Theater«.

113 der Radio: bair.

114 Ausschnitt aus »Aus der Einigkeit des deutschen Volkes wird des Reiches Größe und Freiheit erwachsen«, in: HLZ, 6.10.1942, S. 1-5, hier S. 3. Der folgende Ausschnitt S. 2.

115 Am rechten Rand des Zeitungsausschnitts in Höhe des vorhergehenden Satzes ein Fragezeichen.

116 »SS-Brigadeführer Generalleutnant Fett 70 Jahre alt«, in: HLZ, 1.11.1942, S. 5.

117 Ausschnitt aus »Casablanca zwischen gestern und morgen«, in: HLZ, 7.11.1942, S. 3.

118 »Wegen Disziplinlosigkeit entlassen«, in: HLZ, 23.9.1942, S. 3.

119 »Zeit und Raum unsere Verbündeten«, in: HLZ, 6.10.1942, S. 1f.

120 Ursprünglich: »ist«.

121 »Beschluß«, in: HLZ, 17.11.1942, S. 6.

122 Ausschnitt aus DJ, Ausg. A, Jg. 10, Nr. 47 (20.11.1942), S. 751, Nr. 422: Vierte Änderung der Strafvollzugsordnung.

123 »Freiheit, Recht und Brot«: Ein längerer Bericht über den Vortrag findet sich in der »Heimatzeitung« vom 24.11.1942, S. 3. Redner der Parteiveranstaltung, die sich laut »Heimatzeitung« zu einer »außerordentlich eindrucksvollen Feierstunde« gestaltete, war ein Vertreter der Landesbauernschaft Hessen-Nassau, Dr. Georg Henner. Im Hinblick auf die Ernährungslage appellierte er an das Verantwortungsbewusstsein und Verständnis der Bevölkerung: »An das Landvolk müssen weiterhin große Ansprüche gestellt werden, damit wir ernährungsmäßig auf der Höhe bleiben. [...] An die Bauern ergehe die Aufforderung, in nächster Zeit die Ablieferungen zu erhöhen, denn die kleinste Mehrablieferung wirke sich in der Gesamtheit zu großen Mengen aus. Pflicht des Verbrauchers jedoch sei es, diese Maßnahmen, die alle Volksgenossen gleichmäßig sicherstellen, richtig zu verstehen. Je mehr der Einzelne mithelfe durch verständnisvolle Haltung wie durch tatkräftigen persönlichen Einsatz, um so schneller werde der Krieg beendet sein«.

124 Abbildung »Reichsstraßensammlung«, in: HF, Abend-Ausg. 3, 23.11.1942, S. 5.

125 Nachfolgend gestrichen: »unvernünftiger«.

126 Nachfolgend gestrichen: »alle«.

127 August Wilhelm Prinz von Preußen (1887-1949), auch »Auwi« genannt, war der vierte Sohn Wilhelms II. Im Ersten Weltkrieg war er Landrat des Kreises Ruppin, arbeitete anschließend bei einer Bank und studierte Malerei an der Kunstakademie Berlin-Charlottenburg. Von 1927 bis 1929 war er Mitglied des »Stahlhelms«, 1929 trat er der SA bei, im Jahr darauf der NSDAP. In der SA war er zuletzt Obergruppenführer. Er engagierte sich in Wahlkämpfen stark für die NSDAP. 1933 wurde er Mitglied des Reichstags, politischen Einfluss erlangte er jedoch nicht mehr, vielmehr geriet er zunehmend ins Abseits. Nach Kriegsende war er lange Zeit interniert; 1948 wurde er im Spruchkammerverfahren als Belasteter eingestuft. Vgl. Lilla 2004, S. 479.

128 Albert Vögler (1877-1945) war von 1915 bis 1926 Generaldirektor der Vereinigten Stahlwerke AG, saß 1920 bis 1924 für die DVP im Reichstag und gehörte 1930 bis 1933 zu den finanziellen Förderern der NSDAP. Von 1933 bis 1945 war er Mitglied des Reichstags und Aufsichtsratsvorsitzender der Ruhrgas AG und der Gelsenkirchener Bergwerks AG. Vögler nahm sich in amerikanischer Gefangenschaft das Leben. Vgl. Lilla 2004, S. 687f.; Benz/Graml/Weiß 2007, S. 982.

129 Kurt Freiherr von Schröder (1889-1966) war Bankier und Mitinhaber des Bankhauses J.H. Stein sowie Präsident der Industrie- und Handelskammer Köln. Schröder setzte sich 1932 für eine Kanzlerschaft Hitlers ein. 1933 trat er der NSDAP, 1936 auch der SS bei. Er war Aufsichtsratsvorsitzender diverser Unternehmen. Nach dem Krieg lebte er in Schleswig-Holstein. Vgl. Benz/Graml/Weiß 2007, S. 968f.; Klee 2003, S. 560f.

130 Vgl. den »Wochenspruch der NSDAP.«, Folge 44 (25.-31.10.1942). Die Ausgaben des »Wochenspruchs« sind über die digitale Bildersammlung der IMLS (Institute of Museum and Library Services) einsehbar. URL: http://imlsdcc.grainger.uiuc.edu.

131 Nachfolgend gestrichen: »deutschen«.
132 »Bis zum Sieg«, in: HF, Morgen-Ausg., 6.12.1942, S. 1.
133 Im »Schwarzen Korps« heißt es beispielsweise: »Dies sei nicht den Franzosen gesagt, sondern jenen Deutschen, die im unsterblichen Erbübel deutscher ›Objektivität‹ immerfort nach französischen ›Standpunkten‹ fahnden, die man verstehen und würdigen könnte.« Vgl. den Artikel »Dolchstoß in Frankreichs Herz«, in: Das Schwarze Korps, Jg. 8, Nr. 50 (10. Dez. 1942), S. 1f.
134 Anzeige in: HF, Abend-Ausg., 4.12.1942, S. 4.
135 Ausschnitt aus »England wird den Kampf bekommen«, in: HLZ, 31.1.1940, S. 1-3, hier S. 3.
136 Ausschnitt aus »Des Führers Beispiel«, in: HLZ, 21.12.1939, S. 1f.
137 Ernst Günter Dickmann (geb. 1911) war Schriftleiter der »Nationalsozialistischen Parteikorrespondenz« sowie Verfasser mehrerer Bücher, u.a. über Horst Wessel. Nach 1945 war Dickmann Journalist in Freising und Verfasser von Romanen. Vgl. Klee 2007a, S. 113.
138 Der Satz »Wir haben nichts zu verlieren, nur zu gewinnen« entstammt der Ansprache Hitlers vor den Oberbefehlshabern auf dem Obersalzberg am 22. August 1939. Zum Redetext vgl. Jacobsen 1977, S. 23-26, Zitat S. 24.
139 Weiterer Ausschnitt aus »Des Führers Beispiel«, hier S. 2.
140 Nachfolgend gestrichen: »Körper«.
141 Ursprünglich: »seinen«; zunächst ersetzt durch: »Deutschlands«, schließlich durch: »den deutschen«.
142 Ursprünglich: »seine«.
143 Ursprünglich: »Auf«.
144 Kellner bezieht sich auf den Artikel »Bestürzung in Neuyork«, in: HLZ, 10.10.1941, S. 1.
145 Todesanzeigen in: HLZ, 9.12.1942, S. 6.
146 Die Todesanzeige von Lilli Boehm ist abgedruckt in: Heimatzeitung, 24.12.1942, S. 9. Sie starb – wie es heißt – »[i]n treuer Pflichterfüllung im Dienst am deutschen Volke« am 15. Dezember 1942 in Kaunas.
147 Vgl. RGBl. I, 1942, S. 678f.: Zweite Verordnung zur Änderung der Ersten und Zweiten Verordnung über die berufsmäßige Ausübung der Krankenpflege und die Errichtung von Krankenpflegeschulen, 8.12.1942. Der Text lautet vollständig: »Die Einführung in die weltanschaulichen Grundlagen des Berufs obliegt der Nationalsozialistischen Deutschen Arbeiterpartei. Die Zahl der hierfür anzusetzenden Unterrichtsstunden bestimmt der Leiter der Partei-Kanzlei im Einvernehmen mit dem Reichsminister des Innern; sie ist auf die Stunden für den fachlichen Unterricht nicht anzurechnen«.
148 Ursprünglich: »brechen«.
149 Nachfolgend gestrichen: »ihm«.
150 Nachfolgend gestrichen: »Lehrling«.
151 Ausschnitt aus »Amerikaner rückten in die Burmastellung ein«, in: HLZ, 2.12.1942, S. 2.
152 Die Bemerkung »Verfolgung von Juden« bezieht sich auf die Ausschreitungen gegen die Ruppertsburger Juden in der Nacht vom 9. auf den 10. November 1938. Ph. Debus aus Ruppertsburg erinnert sich an die Ereignisse in den Abendstunden: »Und als wir nach Ruppertsburg zurückkamen, hatte sich bei dem Hause Wallenstein-Baum, der einzigen Judenfamilie [neben der Familie Stein, die zu einem nicht näher bezeichneten Zeitpunkt vor 1940 nach Frankfurt am Main zog], eine Schar fanatisierter Jugendlicher versammelt, versuchte die Fensterscheiben einzuwerfen und in das Haus einzudringen, um, wie in Laubach, jüdisches Mobiliar zu zerstören. Daß es dazu nicht kam, ist unserem ehemaligen Bürgermeister W.L. zu verdanken, der die Bürschchen unter Androhung von Schlägen verjagte« (Erinnerungen Ph. Debus, 23.9.1959, in: Friedensinitiative Laubach 1988, S. 49). Vgl. auch den Bericht »Die Ruppertsburger Juden«, in: ebd., S. 43f., sowie das genealogische Verzeichnis S. 81.
153 Judenpogrom in Laubach: In der sogenannten Reichskristallnacht wurden die Wohnungen der Laubacher Juden verwüstet und die Inneneinrichtung der Synagoge zerstört. Alle männlichen Juden der Stadt wurden verhaftet und in die Konzentrationslager Buchenwald, Dachau oder

Oranienburg gebracht: Albert Kaufmann, Max Katz, Sally Heynemann, Meyer Wallenstein, Joseph Strauß, Meyer Katz und Emanuel Zodick. Nach wochenlanger Haft wurden sie gegen hohe Lösegelder wieder freigelassen. Einige von ihnen konnten kurze Zeit später mit ihren Familien ins Ausland flüchten, so Albert Kaufmann und Meyer Wallenstein, vermutlich auch Max Katz. Vgl. Friedenskooperative Laubach 1988, S. 26 und 79-81; Kropat 1988, S. 112. – Ilse Wallenstein erinnert sich an den Novemberpogrom 1938: »In der Kristallnacht, 10.11.38, wurde bei uns alles zerschlagen; Möbel, Kristall, Porzellan, alles, was es gab, der Schmuck gestohlen, es war furchtbar. Mein Vater und alle anderen jüdischen Männer kamen am Nachmittag, den 10. November nach Buchenwald ins Konzentrationslager. Nach vier Wochen kam mein Vater nach Hause, nachdem er dort sein Eisernes Kreuz aus dem Ersten Weltkrieg vorzeigen konnte. [...] In der Kristallnacht konnte man, wie in anderen Städten, die Synagoge nicht verbrennen, da sie zwischen den Häusern gestanden hat. So wurde der jüdische Leichenwagen geholt und alles was in der Synagoge war an Gebetbüchern und heiligen Rollen, war darauf geladen und auf dem Platz vor der Helle, wo die Turnhalle war, verbrannt. Lehrer H. war der Anführer für alles« (Brief Ilse Wallenstein an U.S., 20.11.1978, in: ebd., S. 38f.). E.R., ehemaliges Dienstmädchen im Hause Wallenstein, berichtet: »Mein Mann kam damals heim und sagte: ›Gut, daß du das nicht gesehen hast. Du hättest geheult. Das ganze Geschirr – Porzellan und Kristall – haben sie alles kaputtgeschlagen, die Wäsche von der Ilse Wallenstein auf den Marktplatz geworfen.‹ Später hat die Frau Wallenstein mir den Keller gezeigt, da lag noch alles voll Scherben. Und die am schlimmsten gehaust haben, hatten den größten Vorteil davon; die haben das meiste mitgenommen, was noch da war« (Interview einer Arbeitsgruppe der Gesamtschule Laubach 1985, in: ebd., S. 41). – Über das Ende der Laubacher Synagoge berichten ehemalige Nachbarn. E.F. erzählt: »Gegen Abend drangen Männer mit Pickeln und Äxten in die Judenkirche und in die Wohnung des Rabbi ein, um dort nicht nur sämtliche Glaubensutensilien, sondern auch alle Einrichtungsgegenstände – unter anderem ein Klavier – zu zerstören. Die Trümmer, die dabei entstanden, wurden auf der Straße verbrannt. Die zerbrochenen Fensterscheiben flogen teilweise bis in die Nachbargärten« (Interview einer Arbeitsgruppe der Gesamtschule Laubach 1985, in: ebd., 42f.). Ph. Debus aus Ruppertsburg schreibt: »Kollege E. und ich befanden uns auf dem Heimwege und zwar zwischen 6 und 7 Uhr. Was sahen wir? Auf dem Laubacher Festplatz, genannt ›Helle‹, stand ein hoher Scheiterhaufen in hellen Flammen. Auf Befehl hatten SA- und SS-Leute die Laubacher Synagoge demoliert, das gesamte Mobiliar mit Äxten und Beilen herausgehauen, auf die Helle gefahren und dort zu diesem Scheiterhaufen aufgebaut und angezündet. Wir bekamen einen Schrecken, hatten wir es doch nicht für möglich gehalten, daß deutsche Männer fähig wären, ›Heiligtümer‹ zu zerstören« (Erinnerungen Ph. Debus, 23.9.1959, in: ebd., S. 49). – Die nationalsozialistische Darstellung der Ereignisse ist in der »Heimatzeitung« nachzulesen: »Laubach, 12. Nov. (Antijüdische Aktion auch in Laubach.) Unmittelbar nach dem Bekanntwerden des Todes des Gesandtschaftsrates Dr. Ernst vom Rath, der an den Folgen des jüdischen Mordbubenstreiches in Paris verstarb, nahmen auch in Laubach weite Kreise der Bevölkerung an der spontanen Kundgebung gegen das Volk Israel teil. Am Donnerstagmittag wurden 7 Juden kurzerhand mit dem hiesigen Polizeiwagen in Schutzhaft gebracht. Fast zu gleicher Zeit wurde auch die Synagoge ausgeräumt und die Einrichtung mit Wagen auf die Helle transportiert und dort verbrannt. Das Gebäude ist erhalten geblieben. Die Stätte, wo einst die allem nichtjüdischem Wesen todfeindlichen Lehren des Talmud und des Schulchan-aruch gepflegt wurden, dient hoffentlich bald einem besseren Zweck. Die Bilanz der Aktion der erregten Bevölkerung zeigt: einige in Stücke gegangene Fensterscheiben, demolierte Einrichtungen, zerbrochenes Küchengeschirr und eine ausgeräumte Synagoge. Nur zu sehr ist es verständlich, daß sich die deutsche Volksgemeinschaft nun in aktiver Weise gegen die volksfremden Juden zur Wehr setzt, sind sie doch eng verfilzt mit ihren Rassegenossen im Ausland, die in ihrem Haß gegen das neue Deutschland auch vor einem Mord nicht zurückschrecken. Bei der nächtlichen antijüdischen Demonstration der hiesigen Bevölkerung – das muß festgestellt werden – ist nirgends einem

Juden ein Haar gekrümmt worden« (Heimatzeitung, 12.11.1938, S. 6; abgedruckt auch in: Friedenskooperative Laubach 1988, S. 92).

154 Nachfolgend gestrichen: »sich«.

155 Gustav Henze (geb. 1884), seit 1. April 1931 Mitglied der NSDAP (Stadtarchiv Laubach, XIX.5.1.77: N.S.D.A.P., hier: Verzeichnis der Mitglieder der Ortsgruppe Laubach, mit dem Datum eines Eintritts in die Partei: 1942). Von August 1931 bis Oktober 1932 und von Juni 1933 bis zu seiner »Beurlaubung« im Februar 1936 war Henze Ortsgruppenleiter in Laubach. 1938 wurde er wegen parteischädigenden Verhaltens, darunter Geschäftsbeziehungen (als Versicherungsvertreter) mit einem Juden und Korruption, vor dem Obersten Parteigericht der NSDAP durch eine Verwarnung sowie durch Ausschluss von allen Parteiämtern für die Dauer von drei Jahren (bis 22.2.1941) bestraft. In der Urteilsbegründung heißt es u.a.: »Es ist ohne Zweifel richtig, daß sein Verkehr mit einem Juden der NSDAP. in Laubach geschadet hat, zumal allgemein bekannt war, daß der Angeschuldigte seit 1931 Parteigenosse und von August 1931 bis Oktober 1932 sogar Ortsgruppenleiter war und gegen die Juden öffentlich gesprochen hat«. Auch habe Henze als Ortsgruppenleiter sowie 1. Beigeordneter der Stadt Laubach »in starker Gegnerschaft zu dem Bürgermeister von Laubach, Pg. Högy, gestanden« und Material gegen diesen zu sammeln versucht. Henze wird in der erhalten gebliebenen Gerichtsakte zugutegehalten, dass er 1931/32 und 1934 bis Anfang 1936 »zur Zufriedenheit seines Kreisleiters« im Amt tätig gewesen sei: »Es erschien daher gerechtfertigt, dem Angeschuldigten mildernde Umstände zuzubilligen und deshalb eine Verwarnung zu erteilen« (BArch [ehem. BDC], PK, E 0148: Henze, Gustav, 14.5.1884 [Urteilsbegründung im Verfahren vor dem Obersten Parteigericht der NSDAP. am 22.2.1938, mit Stempel »Kartei erledigt« vom 9.6.1938]).

156 In Zeitungskästen, den sogenannten Stürmer-Kästen, wurde das antisemitische Hetzblatt »Der Stürmer« des fränkischen Gauleiters Julius Streicher ausgehängt. »Die Juden sind unser Unglück«, ein Satz des Historikers Heinrich von Treitschke (1834-1896), stand ab 1927 in jeder Ausgabe als Fußleiste auf der Titelseite. Vgl. Benz/Graml/Weiß 2007, S. 821.

157 Vgl. DJ, Ausg. A, Jg. 10, Nr. 51/52 (20.12.1942), S. 818, Nr. 446: Schaffung eines Amtes für Gemeinschaftspflege bei allen Justizbehörden.

158 Aufruf Hitlers an die Wehrmacht zur Jahreswende 1939/40. Vgl. etwa HLZ, Neujahr 1940, S. 1; weiter AdG 1939, S. 4366 (C). Der vollständige Satz lautet: »Denn: mit solchen Soldaten muß Deutschland siegen!«

159 Aufruf Hitlers an die Partei zur Jahreswende 1939/40. Zum Wortlaut vgl. etwa HLZ, Neujahr 1940, S. 1f.

160 Tagesbefehl Hitlers an die Wehrmacht zur Jahreswende 1940/41. Vgl. etwa VB, Süddt. Ausg., 1.1.1941, S. 3.

161 Aufruf Hitlers an das deutsche Volk zur Jahreswende 1941/42. Vgl. etwa HLZ, 2.1.1942, S. 1f.

162 »Ich sah noch keinen glücklich enden«; nach Friedrich Schiller, »Der Ring des Polykrates« (11. Strophe): »Noch keinen sah ich fröhlich enden, / Auf den mit immer vollen Händen / Die Götter ihre Gaben streun.«

163 »Wer die Gewalt anbetet, wird durch die Gewalt beseitigt werden«; Mt 26,52: »Da sprach Jesus zu ihm: Stecke dein Schwert an seinen Ort; denn wer das Schwert nimmt, der soll durchs Schwert umkommen.«

164 Weihnachtsbotschaft nach Lk 2,14: »Ehre sei Gott in der Höhe und Friede auf Erden und den Menschen ein Wohlgefallen!«

165 »Wille zur Macht«; nach Friedrich Nietzsches 1886 begonnenem, unvollendet gebliebenem Werk »Der Wille zur Macht. Versuch einer Umwertung aller Werte« (1895). Vgl. auch Büchmann 1998, S. 223.

166 Im Text der »Deutschen Justiz«: »Kriegsdienstbeschädigten des Weltkrieges«.

167 Vgl. DJ, Ausg. A, Jg. 11., Nr. 1/2 (5.1.1943), S. 17f., Nr. 8: Bevorzugte Seßhaftmachung von Kriegsversehrten, Kriegsdienstbeschädigten des Weltkrieges, Kämpfern der Nationalen Erhebung sowie der Hinterbliebenen in den neuerworbenen Gebieten des Deutschen Reiches.

168 Das Motiv der strafenden Gottheit findet sich schriftlich festgehalten erstmals im 2. Jahrhundert nach Christus bei Sextus Empiricus; im deutschen Sprachraum 1541 in der Sprichwortsammlung Sebastian Francks. Friedrich von Logau prägte 1654 im Sinngedicht »Göttliche Rache« die heute gebräuchliche Form: »Gottes Mühlen mahlen langsam, mahlen aber trefflich klein; / Ob auß Langmuth er sich seumet, bringt mit Schärff er alles ein.« Vgl. Büchmann 1998, S. 90.

169 Vgl. den Wehrmachtbericht vom 17. Juli 1941, u.a. abgedruckt in AdG 1941, S. 5120 (A): »Durch Einsatz ihrer letzten Reserven versucht die Sowjetführung, dem Ansturm der deutschen Wehrmacht und ihrer Verbündeten Einhalt zu gebieten.«

170 Ursprünglich: »oder«.

Heft 6

1 Ursprünglich: »10«.

2 Nachfolgend gestrichen: »die ihr heute«.

3 Vorhergehender Absatz durch einen roten Balken am linken Seitenrand hervorgehoben.

4 Vgl. Hitler 1930, S. 154.

5 Vgl. Hitler 1930, S. 757.

6 Stalingrad, das 1940 etwa 450000 Einwohner hatte, war ein wichtiges Rüstungszentrum der Sowjetunion. Wehrmachtverbände erreichten die Stadt im September 1942 und hatten unter hohen Verlusten bis Mitte November etwa 90 Prozent der Stadt erobert. Die daraufhin einsetzende massive Gegenoffensive der Roten Armee führte nach nur wenigen Tagen zur Einkesselung der deutschen Streitkräfte. Mit der Eroberung des wichtigsten Flugplatzes am 16. Januar 1943 durch die Rote Armee brach die Luftversorgung der Deutschen zusammen, und die sowjetischen Soldaten konnten in den folgenden Wochen die Stadt in einem erbitterten Häuserkampf Schritt für Schritt befreien, bis schließlich am 2. Februar 1943 die Kapitulation der letzten noch kämpfenden deutschen Einheiten folgte. Ungefähr 150000 deutsche Soldaten starben, etwa 91000 gerieten in sowjetische Kriegsgefangenschaft. Stalingrad wurde vielfach als Wende an der Ostfront gesehen und wirkte sich, zumindest zeitweise, vor allem negativ auf die Moral der Deutschen aus, zumal die Schlacht um Stalingrad zum Symbol deutschen Siegeswillens wochenlang die NS-Propaganda beherrscht hatte. Vgl. Benz/Graml/Weiß 2007, S. 813.

7 Im Wehrmachtbericht vom 16. Januar 1943 heißt es: »Im Raum von Stalingrad schlugen unsere Truppen, die dort seit Wochen im heldenmütigen Abwehrkampf gegen den von allen Seiten angreifenden Feind stehen, auch gestern starke Angriffe feindlicher Infanterie- und Panzerverbände unter großen Verlusten für die Bolschewisten ab. Führung und Truppe gaben damit wiederum ein leuchtendes Vorbild heroischen deutschen Soldatentums.« Vgl. etwa HLZ, 17.1.1942, S. 1.

8 Jakob Sprenger (1884-1945), Postbeamter, trat nach eigenen Angaben 1922 der NSDAP bei und war während ihres Verbots in diversen völkischen Organisationen aktiv. Von 1925 bis 1933 war er Stadtverordneter der NSDAP in Frankfurt am Main, von 1927 bis 1932 Gauleiter von Hessen-Nassau-Süd. Von Ende 1932 bis 1945 war Sprenger Gauleiter von Hessen-Nassau. Überdies war er von 1933 bis 1945 Reichsstatthalter in Hessen und von 1930 bis 1945 Mitglied des Reichstags. 1944/45 war er zudem Oberpräsident der neugebildeten Provinz Nassau. Sprenger floh im März 1945 aus Frankfurt und nahm sich im Mai gemeinsam mit seiner Frau das Leben. Vgl. Lilla 2004, S. 633f.; Zibell 1999.

9 Näheres zu einigen Funktionären der Gauleitung Hessen-Nassau: Friedrich Wilhelm Karl Linder (1900-1979) trat 1923 der NSDAP bei und war 1926/27 Gauleiter des Gaus Hessen-Nassau-Süd, bis August 1932 stellvertretender Gauleiter des neugebildeten Gaus Hessen-Nassau und anschließend bis Dezember 1932 dort Gauleiter. 1928 bis 1930 war er Stadtverordneter in

Frankfurt, 1930 wurde er Mitglied des Reichstags. Von März 1933 bis Juni 1937 war er Bürgermeister von Frankfurt am Main. Ab 1937 war er erneut stellvertretender Gauleiter. Linder hatte sich gegen Kriegsende gegen die Sprengung der Frankfurter Mainbrücken ausgesprochen und sich überdies einer Aufforderung der Parteikanzlei zur Meldung zur Wehrmacht verweigert. Daher fiel er in Ungnade. Vgl. Stockhorst 1967, S. 271; Klee 2003, S. 373; Lilla 2004, S. 377f. – Wilhelm Avieny (geb. 1897) war Vizepräsident der Industrie- und Handelskammer in Frankfurt, Gauamtsleiter der NSDAP und Mitglied in zahlreichen Aufsichtsräten. Vgl. Stockhorst 1967, S. 37. – Heinz Bickendorf (geb. 1907) war Gauamtsleiter der NSDAP. Vgl. Stockhorst 1967, S. 57. – Hans Dippel (geb. 1893) war von 1920 bis 1932 Kaufmann. 1928 trat er der SA und der NSDAP bei und war von 1929 bis 1933 Stadtverordneter der NSDAP in Korbach. 1933 wurde er Mitglied des Reichstags. Ab August 1935 war er Abteilungsleiter bei der Obersten SA-Führung in Berlin und ab 1938 Gauobmann der NS-Kriegsopferversorgung des Gaus Hessen-Nassau. 1942 stieg er zum SA-Gruppenführer auf. Vgl. Stockhorst 1967, S. 107; Lilla 2004, S. 105. – Walter Eck (geb. 1893) war Gauamtsleiter und Gauschatzmeister der NSDAP im Gau Hessen-Nassau. Vgl. Stockhorst 1967, S. 117. – Fritz Fuchs (1894-1977), von 1911 bis 1923 Bankbeamter, trat 1925 der NSDAP bei und wurde 1933 zunächst ehrenamtlicher, 1937 dann hauptamtlicher Kreisleiter. Ab 1940 war er Gauamtsleiter der NSV in Hessen-Nassau. 1943 wurde Fuchs zum Kreisleiter in Mainz ernannt und wurde überdies Mitglied des Reichstags. Vgl. Stockhorst 1967, S. 148; Lilla 2004, S. 166. – Hermann Gamer (geb. 1899) war neben seiner Tätigkeit als Gauamtsleiter Mitglied in zahlreichen Aufsichtsräten. Vgl. Stockhorst 1967, S. 150f. – Heinrich Guthmann (geb. 1893) war als Gynäkologe ab 1921 an der Frankfurter Universitätsfrauenklinik tätig, seit 1930 als außerordentlicher Professor und ab 1938 als Ordinarius. Guthmann war zur Durchführung von Sterilisationen durch Strahlen ermächtigt. Von 1940 bis 1944 war er Gaudozentenführer. Vgl. Klee 2003, S. 211. – Werner Hildebrandt (geb. 1903) war 1937 Kreisleiter des Kreises Wetterau und später Gauamtsleiter des Gaus Hessen-Nassau. Vgl. Stockhorst 1967, S. 197f. – Georg Kränzlein (1881-1943) war Abteilungsleiter im I.G.-Farbenwerk Höchst, Mitglied von NSDAP und SS und ab 1940 Gauamtsleiter. Vgl. Klee 2003, S. 333. – Heinrich Wilhelm Kranz (1897-1945) war Augenarzt. 1931 trat er der NSDAP und SA bei. 1933 wurde Kranz Leiter des Rassenpolitischen Amtes des Gaus Hessen-Nassau. 1937 bis 1942 war er Professor für Erb- und Rassenforschung in Gießen, von 1940 bis 1942 Rektor. 1942 wechselte er nach Frankfurt auf den Lehrstuhl für Erbbiologie und Rassenhygiene. Im Mai 1945 nahm er sich das Leben. Vgl. Klee 2003, S. 335. – Josef Kremmer (geb. 1886) war Fraktionsmitglied der NSDAP, Bürgermeister in Frankfurt am Main und Gauamtsleiter. Vgl. Stockhorst 1967, S. 251. – Heinrich von Wantoch-Rekowski (geb. 1901) war seit 1930 Schriftführer und Propagandaleiter der Ortsgruppe Süd der NSDAP im Kreis Wiesbaden. Vgl. Stockhorst 1967, S. 438. – Wilhelm Ruder (geb. 1910) trat bereits 1929 der NSDAP bei. 1929 bis 1933 studierte er Philologie. Von 1934 bis 1939 war er Gauschulungsleiter, 1939/40 Leutnant an der Westfront und von 1940 bis 1942 Gaustabsamtsleiter. Von April 1942 bis Juni 1943 war Ruder Oberleutnant an der Ostfront, anschließend Oberdienstleiter in der Parteikanzlei. Vgl. Rebentisch 1983, S. 317. – Willi Stöhr (geb. 1903) trat 1923 der NSDAP bei. 1933 wurde er Stadtverordneter der Stadt Frankfurt. Von 1933 bis 1937 war er Adjutant von Gauleiter Jakob Sprenger (1884-1945). Ab 1937 war er Leiter der Landesstelle Hessen-Nassau des Reichspropagandaamtes. Im Oktober 1944 wurde er Chef der Zivilverwaltung in Lothringen und im Februar 1945 Gauleiter der »Westmark«. Nach 1945 nach Kanada emigriert. Vgl. Klee 2003, S. 605.

10 Immer wieder wird deutlich, dass Pauline Kellner ihrem Ehemann in ihrer Widerstandshaltung in nichts nachstand, was im Kleinstadtmilieu nicht verborgen bleiben konnte. Friedrich Kellner hat seiner Frau Pauline in einer Nachkriegsaufzeichnung seine ausdrückliche Anerkennung für ihren ungebrochenen Widerstandsgeist ausgesprochen: »Mehrere Jahre hindurch ist meiner Frau durch die Frauenschaftsführerin oder Blockwalterin ein Aufnahmevordruck für die ›Frauenschaft‹ persönlich in meiner Wohnung überreicht worden, mit dem Bemerken, daß dieser Vordruck nach einigen Tagen wieder abgeholt würde. Trotz dieser mehrfachen Bemühungen

ist meine Frau kein Mitglied der Frauenschaft geworden. Ich vermute, daß in ganz Deutschland wenig Ehefrauen von Beamten zu finden sind, die den gleichen Mut aufgebracht haben. Jawohl, Mut! Der Leser wird Verständnis dafür haben, daß ich meiner beherzten Frau in Erwähnung ihres Verhaltens ein Denkmal gesetzt habe« (undatiertes Einzelblatt; Privatbesitz).

11 Vgl. zu *aufgezogen* Klemperer 1996, S. 52-54.

12 »Entschlossenheit zum Sieg«, in: HF, Abend-Ausg., 18.1.1943, S. 2.

13 Zwischenüberschrift des Artikels »Großdeutschland einiger und stärker denn je«, in: HLZ, 1.10.1942, S. 1-4, hier S. 2. Zur Sportpalast-Rede Hitlers am 30. September 1942 vgl. auch AdG 1942, S. 5655-5659 (F), Zitat S. 5655.

14 »Nun erst recht!«, in: HLZ, 27.1.1943, S. 1.

15 Nach Wilhelm Hauff, »Reiters Morgengesang« (1824), 3. Strophe: »Ach, wie bald / Schwindet Schönheit und Gestalt! / Thust Du stolz mit Deinen Wangen, / Die mit Milch und Purpur prangen? / Ach, die Rosen welken all!«

16 Vermutlich bezieht sich Kellner auf die Sportpalast-Rede Hitlers am 3. Oktober 1941: »Ich spreche das erst heute aus, weil ich es heute sagen darf, daß dieser Gegner bereits gebrochen und sich nie mehr erheben wird!« Vgl. etwa HLZ, 5.10.1941, S. 3f.

17 Vgl. »Treue und Pflichterfüllung bis zum Aeußersten«, in: HLZ, 27.1.1943, S. 1.

18 Vgl. »Stärkstes Unterpfand für den deutschen Endsieg«, in: ebd., S. 1f. Dort heißt es: »Gerade dieses Geschrei über einen Rückschlag des Gegners [...] wird von vielen europäischen Blättern als Zeichen der Schwäche gewertet, während der Heldenkampf unserer Soldaten in Stalingrad, der dabei bewiesene unübertreffliche soldatische Geist als stärkstes Unterpfand für den Endsieg bezeichnet wird.«

19 Vgl. »Hart sein – härter werden«, in: ebd.

20 Vgl. »Die letzte Arbeitskraft heran für den Sieg«, in: ebd., S. 1.

21 Vgl. »Warum Stalingrad?«, in: HLZ, 28.1.1943, S. 1f.

22 Vgl. »Wir mobilisieren die Masse«, in: ebd., S. 1.

23 Vgl. »Die Jugend im totalen Krieg«, in: ebd., S. 2.

24 Vgl. »Siegen heißt für die Heimat noch mehr arbeiten«, in: ebd., 26.1.1943, S. 1 sowie 28.1.1943, S. 1.

25 »Die 6. Armee kämpft heldenhaft weiter«, in: HLZ, 28.1.1943, S. 1.

26 Vgl. Goebbels 1934, S. 253f.

27 »Lieber Volksgenosse«, in: HLZ, 28.1.1943, S. 3.

28 Ausschnitt aus »Treue und Pflichterfüllung bis zum Aeußersten«, in: HLZ, 27.1.1943, S. 1.

29 Die Verordnungen des Reichswirtschaftsministers wie auch anderer Reichsbehörden waren eine Folge eines am 13. Januar 1943 ergangenen »Führer-Erlasses« über den »umfassenden Einsatz von Männern und Frauen für Aufgaben der Reichsverteidigung«. Darin wurde angekündigt: »1) Der Generalbevollmächtigte für den Arbeitseinsatz wird anordnen, daß sich für den Arbeitseinsatz noch nicht erfaßte Personen, und zwar Männer im Alter vom vollendeten 16. bis zum vollendeten 65. Lebensjahre, Frauen vom vollendeten 17. bis zum vollendeten 50. Lebensjahre, zu melden haben. Er hat weiterhin Männer und Frauen aus Handel, Handwerk und Gewerbe sowie aus Beschäftigungsverhältnissen aus freien Berufen, soweit sie noch nicht eine überwiegend kriegswichtige Tätigkeit ausüben, in eine solche zu überführen. [...] 2) Um Arbeitskräfte aus Handel, Handwerk und Gewerbe weitgehend für Aufgaben der Reichsverteidigung freizumachen, haben der Reichswirtschaftsminister oder die sonst zuständigen Obersten Reichsbehörden im Benehmen mit dem Generalbevollmächtigten für den Arbeitseinsatz die Stillegung von Betrieben und Unternehmungen anzuordnen, die nicht ganz oder überwiegend Aufgaben der Kriegswirtschaft oder der Sicherung des lebenswichtigen Bedarfs erfüllen [...]« (Moll 1997, S. 311-313: Erlaß des Führers über den umfassenden Einsatz von Männern und Frauen für Aufgaben der Reichsverteidigung, 13.1.1943, Zitat S. 312f.).

30 Ausschnitt aus »Alle Arbeitskräfte für die Aufgaben der Kriegführung«, in: VB, Süddt. Ausg. (3. Druck), 6.2.1943, S. 4.

31 Vgl. RGBl. 1943, I, S. 67f.: Verordnung über die Meldung von Männern und Frauen für Aufgaben der Reichsverteidigung, 27.1.1943, gez. Der Generalbevollmächtigte für den Arbeitseinsatz Fritz Sauckel. Am 29. Januar 1943 folgte die »Verordnung zur Freimachung von Arbeitskräften für kriegswichtigen Einsatz«, gez. von Reichsminister und Chef der Reichskanzlei Dr. Lammers, Leiter der Partei-Kanzlei M. Bormann und Chef des Oberkommandos der Wehrmacht Keitel (RGBl. 1943, I, S. 75f.).

32 Ausschnitt aus »Brückenkopf Tunis«, in: VB, Süddt. Ausg. (3. Druck), 6.2.1943, S. 3.

33 Ein identischer Artikel unter derselben Überschrift findet sich in: Oberhessische Tageszeitung, 11. Februar 1943, S. 3.

34 Friedrich Christian Prinz von Schaumburg-Lippe (1906-1983) trat 1929 der NSDAP bei und wurde nach der Machtübernahme der Nationalsozialisten Referent im Propagandaministerium und NSDAP-Propagandaredner. Nach Kriegsende war er von 1945 bis 1948 interniert und arbeitete danach als Schriftsteller. Vgl. Klee 2003, S. 527.

35 Zur Sportpalast-Rede von Joseph Goebbels am 18. Februar 1943 vgl. etwa HLZ, 19.2.1943, S. 1-4, Zitat S. 4.

36 Vgl. mit kleinen Abweichungen »Der Feldzug im Osten entschieden!«, in: VB, Norddt. Ausg., 10.10.1941, S. 1.

37 »1941« ist eine Hinzufügung Kellners.

38 Vgl. »Das militärische Ende des Bolschewismus«, in: VB, Norddt. Ausg., 10.10.1941, S. 1f.

39 »Wir verhüten Herz- und Kreislaufstörungen«, in: HLZ, 23.3.1943, S. 4.

40 Der Tagebucheintrag ist bis zur angezeigten Stelle durch einen roten Balken am rechten Seitenrand hervorgehoben.

41 Vorhergehender Satz durch zwei rote Balken am rechten Seitenrand hervorgehoben.

42 Vgl. den Wehrmachtbericht vom 12. April 1943, abgedruckt etwa in: HLZ, 13.4.1943, S. 2. Dort heißt es: »Unter ständigen Gefechten zogen sich die deutsch-italienischen Kampfgruppen nach Norden zurück und räumten im Zuge dieser Bewegungen und nach planvoller Zerstörung der kriegswichtigen Anlagen Sfax und Kairouan.«

43 Vorhergehender Absatz durch einen roten Balken am linken Seitenrand hervorgehoben.

44 »Generalleutnant Graf von Soden gestorben«, in: HLZ, 13.4.1943, S. 2.

45 Die beiden vorhergehenden Absätze sind durch einen roten Balken am linken Seitenrand hervorgehoben.

46 Emil Brettle (1877-1945) war von 1937 bis 1945 Oberreichsanwalt am Reichsgericht. Zuvor war er Generalstaatsanwalt in Karlsruhe. Brettle trat erst 1937 in die NSDAP ein. Vgl. Gruchmann 2001, S. 240 u. 283.

47 »Todesstrafe für Rundfunkverbrecher«, in: HLZ, 13.4.1943, S. 2. Der vorhergehende Satz ist durch einen roten Balken am rechten Rand des Zeitungsausschnitts hervorgehoben.

48 Nachfolgend gestrichen: »Positionen«.

49 Fotografie vom »Atlantikwall«, in: VB, Süddt. Ausg. (3. Druck), 18.4.1943, S. 3.

50 Vgl. insgesamt ebd.

51 Fotografie »Die Batterie Todt [...]«, in: VB, Süddt. Ausg. (3. Druck), 16.4.1943, S. 6.

52 Fotografie »In ununterbrochener Folge [...]«, in: ebd.

53 »Der Kampf im Osten«, in: HLZ, 22.4.1943, S. 3.

54 Auszug aus dem Schlusswort von »Mein Kampf«. Vgl. Hitler 1930, S. 782.

55 Artur Axmann (1913-1996) trat 1928 der HJ und 1931 der NSDAP bei. Ab August 1940 war Axmann Reichsjugendführer. 1949 wurde er von der Nürnberger Hauptspruchkammer als »Hauptschuldiger« eingestuft und zu drei Jahren Haft verurteilt, die er aber aufgrund der langen Untersuchungshaft nicht mehr antreten musste. Danach war er zunächst Handelsvertreter für Kaffee und Margarine, anschließend von 1956 bis 1971 in der Einzelhandelsfirma seines Bruders beschäftigt. In den siebziger Jahren lebte er zeitweise in Spanien, wo er Bevollmächtigter einer spanischen Firma war. Von 1976 bis 1986 war Axmann Angestellter einer Wirtschafts- und Handelsauskunftei. Vgl. Lilla 2004, S. 12-14.

56 »Der jüngste Lehrgang«, in: VB, Süddt. Ausg. (3. Druck), 18.4.1943, S. 3.
57 Der Satz lautet vollständig: »Ein ›Held der Arbeit‹, der seinen Churchill offenbar eifrig gelesen hat, droht uns mit den Sowjetfliegern, die ›wie Löwen kämpfen werden‹ und mit dem ›sehr zu fürchtenden Zorn des gesamten Sowjetvolks‹.« Vgl. »Ausrottung der faschistischen Barbaren«, in: VB, Süddt. Ausg. (3. Druck), 25.6.1941, S. 4.
58 Die Hoffnung auf einen Umsturz wurde von den meisten deutschen Emigranten bis zuletzt beharrlich aufrechterhalten. Sowohl die berühmten BBC-Sendungen »Deutsche Hörer!« (1940-1945) von Thomas Mann (vgl. Mann 1987) als auch die über den Sender »Voice of America« verlesenen Rundfunkreden (1942-1944) des Theologen Paul Tillich (vgl. Tillich 1973) dienten dem Ziel, von außen auf eine Selbstbefreiung hinzuwirken. Die ernüchternde Realität hat Hannah Arendt in ihrem Nachkriegsessay »Besuch in Deutschland« (1950) beschrieben: »Die einzig denkbare Alternative zum Entnazifizierungsprogramm wäre eine Revolution gewesen – der Ausbruch einer spontanen Wut des deutschen Volkes gegen all diejenigen, die als prominente Vertreter des Naziregimes bekannt waren. [...] Doch zur Revolution kam es nicht. [...] Es lag wahrscheinlich daran, daß kein einziger deutscher oder alliierter Soldat nötig gewesen wäre, um die wirklich Schuldigen vor dem Zorn der Leute zu schützen. Diesen Zorn gibt es nämlich heute gar nicht und offensichtlich war er auch nie vorhanden« (Arendt 1986, S. 59f.).
59 AdG 1940, S. 4557f. (B).
60 »Malta wird unschädlich gemacht«, in: HLZ, 3.8.1940, S. 1.
61 Vgl. »Die schweren Kämpfe in Tunesien«, in: VB, Süddt. Ausg. (3. Druck), 10.5.1943, S. 1.
62 Ausschnitt aus »35 Feindflugzeuge abgeschossen«, in: VB, Süddt. Ausg. (3. Druck), 23.5.1943, S. 2. Wiedergegeben wird darin der Wehrmachtbericht vom 22. Mai 1943.
63 Gesperrter Teil des Satzes zusätzlich durch einen roten Balken am linken Rand hervorgehoben.
64 »Das Küstengebiet von Attu gesäubert«, in: VB, Süddt. Ausg. (3. Druck), 23.5.1943, S. 1.
65 »Der Reichsaußenminister an Esteva« und »Von Pétain geehrt«, in: VB, Süddt. Ausg. (3. Druck), 23.5.1943, S. 2.
66 »Parteikundgebung in Mannheim«, in: VB, Süddt. Ausg. (3. Druck), 25.5.1943, S. 5.
67 Robert Wagner (1895-1946) war Reichswehroffizier und 1923 Teilnehmer am sogenannten Hitler-Putsch. 1925 trat er in die wieder zugelassene NSDAP ein und wurde Gauleiter in Baden. 1933 wurde er dort Reichsstatthalter und Mitglied des Reichstags. 1940 wurde Wagner überdies Chef der Zivilverwaltung im Elsass und 1942 Reichsverteidigungskommissar. Nach Kriegsende tauchte er unter falschem Namen unter, wurde aber im Juli 1945 enttarnt und im Mai 1946 in Straßburg zum Tode verurteilt. Das Urteil wurde im August vollstreckt. Vgl. Klee 2003, S. 650f.
68 Ursprünglich: »verhindern«; »ver« ersetzt durch »daran«.
69 Nachfolgend gestrichen: »immerhin«.
70 Nachfolgend gestrichen: »ganz«.
71 Überschriften und Zwischenüberschriften stammen aus der HLZ vom jeweils angegebenen Tag.
72 Vgl. »Pantelleria und Lampedusa leisten zähen Widerstand«, in: HLZ, 10.6.1943, S. 1.
73 Nachfolgend gestrichen: »soll«.
74 Das Zitat aus der spanischen Zeitung »Informaciones« ist dem Artikel »Pantelleria und Lampedusa leisten zähen Widerstand« entnommen.
75 Landkarte und Artikel »Die stolzeste Antwort«, in: HF, Abend-Ausg. 2, 10.6.1943, S. 1.
76 Nach Wilhelm Hauff, »Reiters Morgengesang« (1824), 2. Strophe: »Kaum gedacht, / War der Lust ein End' gemacht. / Gestern noch auf stolzen Rossen, / Heute durch die Brust geschossen, / Morgen in das kühle Grab!«
77 »Tojo an die Italiener«, in: HF, Abend-Ausg. 2, 10.6.1943, S. 1.
78 »Kein Schiffsraum für Invasion großen Stils«, in: HLZ, 10.6.1943, S. 1.
79 »Der letzte Funkspruch« und »Mit den letzten Granaten«, in: HF, Morgen-Ausg., 16.5.1943, S. 1.
80 »Messe wurde Marschall«, in: HF, Abend-Ausg., 14.5.1943, S. 1.
81 »Morde in Frankreich«, in: HF, Abend-Ausg., 17.5.1943, S. 2.

82 Ursprünglich: »als«.
83 Zum italienischen Wehrmachtbericht vom 12. Juni 1943 vgl. etwa HLZ, 13./14.6.1943, S. 1.
84 Der Eintrag vom 16. Juni 1943 befindet sich auf einem in das Tagebuch eingelegten Blatt.
85 Ausschnitt aus »Dr. Goebbels über den britischen Luftterror«, in: HF, Abend-Ausg. 2, 10.4.1943, S. 1.
86 Auszug aus »Zeit und Raum«, in: Das Schwarze Korps, Jg. 9, Nr. 24 (17.6.1943), S. 1f., Zitat S. 1.
87 Nachfolgend gestrichen: »mitunter«.
88 »Wer sich entschuldigt, klagt sich an«; nach Hieronymus' »Epistolae quattuor ad virginem in exiliam missam«: »Dum excusare credis, accusas« (›Während du glaubst, dich zu entschuldigen, klagst du dich an‹). Vgl. Büchmann 1998, S. 348.
89 Kurz nach der Besetzung Polens erhielt Albert Speer von Hitler den Auftrag, das Posener Kaiserschloss zur »Führerresidenz« aus- und umzubauen. Die millionenteuren Umbauten begannen 1940 und dauerten während des gesamten Krieges an. Hitler nutzte das Gebäude jedoch nie. Vgl. Schwendemann/Dietsche 2003, S. 107-153.
90 Ausschnitte aus »Zahlreiche wehrlos gemordete Terroropfer klagen einen unmenschlichen Feind an«, in: HLZ, 19.6.1943, S. 1f. Zum Redetext vgl. auch AdG 1943, S. 5979f. (D).
91 »Eine Armada der Rache wird erstehen«, in: HLZ, 20.6.1943, S. 1.
92 »Niemals wird ein Kompromiß die Lösung sein!«, in: HLZ, 24.6.1943, S. 2.
93 Ausschnitt aus »61 Feindbomber bei Terrorangriffen abgeschossen«, in: HLZ, 13./14.6.1943, S. 1.
94 Ausschnitt aus »Wieder 20 Terrorbomber abgeschossen«, in: HLZ, 16.6.1943, S. 1. Der vollständige Satz lautet: »Schwere deutsche Kampfflugzeuge bombardierten in der vergangenen Nacht die Hafenanlagen von Bone.«
95 Weiterer Ausschnitt aus »Wieder 20 Terrorbomber abgeschossen«.
96 Ausschnitt aus »44 Britenbomber bei Terrorangriff abgeschossen«, in: HLZ, 23.6.1943, S. 2.
97 »Tat und Haltung entscheiden«, in: HLZ, 20.6.1943, S. 2.
98 »Eine neue Oelleitung durch Alaska«, in: HLZ, 25.6.1943, S. 2.
99 Franz Xaver Hasenöhrl (1891-1943) war u.a. auch Gauamtsleiter in Berlin. Vgl. u.a. Stockhorst 1967, S. 180.
100 HLZ, 25.6.1943, S. 2.
101 »Ehescheidung nach dem Tode«, in: HLZ, 25.6.1943, S. 2.
102 »Varietés und Kabaretts für Jugendliche verboten«, in: HLZ, 25.6.1943, S. 4.
103 »Auch der Südostwall steht«, in: HLZ, 16.6.1943, S. 1.
104 »Härte und Würde«, in: VB, Süddt. Ausg. (3. Druck), 23.5.1943, S. 2.
105 »Der schwarze Markt«, in: VB, Süddt. Ausg. (3. Druck), 25.6.1943, S. 1.
106 Ursprünglich: »versehen«.
107 Ausschnitt aus »Sieg oder bolschewistisches Chaos!«, in: HLZ, 7.4.1943, S. 3. Der Text enthält den ersten von drei Aufrufen zur Teilnahme an den Großkundgebungen der NSDAP im Kreis Darmstadt; die Kampagne »Sieg oder bolschewistisches Chaos!« setzt sich auf den Regionalseiten der nachfolgenden Ausgaben fort; vgl. HLZ, 8.4.1943, S. 4 und 9.4.1943, S. 3.
108 »Über Westdeutschland 31 Terrorbomber abgeschossen«, in: VB, Süddt. Ausg. (3. Druck), 26.6.1943, S. 2.
109 »Deutschland wird niemals kapitulieren«, in: VB, Süddt. Ausg. (3. Druck), 21.6.1943, S. 2.
110 »Der Starke ist am mächtigsten allein«; nach Friedrich Schiller, »Wilhelm Tell«, I,3.
111 Ausschnitt aus »Unsere Völker kämpfen um vier Freiheiten«, in: VB, Süddt. Ausg. (2. Druck), 27.6.1943, S. 1. Der fehlende Schluss des Artikels lautet: »[...] der Tagung, aber sie seien nicht nur ihre Entdeckung; denn seit Jahren kämpften und stürben unsere Soldaten für die Verteidigung gegenüber dem Weltkampf, den das internationale Judentum mit seinen Trabanten gegen die schöpferische Kraft des europäischen Kontinents entfesselt habe.«
112 Helmut Sündermann (1911-1972), seit 1930 Parteimitglied, war von 1933 bis 1945 Herausgeber

der Nationalsozialistischen Korrespondenz und ab 1937 Stabsleiter von Reichspressechef Otto Dietrich. Wie von Kellner erhofft, war Sündermann nach Kriegsende interniert; bis September 1948 saß er im Internierungslager Dachau ein. Er gehörte 1951 zu den Mitbegründern der rechtsradikalen Zeitschrift »Nation Europa« und gründete 1952 den Druffel Verlag. Vgl. Klee 2003, S. 615f.

113 »Sie wollen die deutschen Kulturdenkmäler zerstören«, in: HLZ, 1.7.1943, S. 1.

114 »Das Parteiprogramm immer in die Praxis umsetzen«, in: HLZ, 1.7.1943, S. 1.

115 »Der große Siedlerzug nach dem neuen Osten«, in: HLZ, 26.6.1943, S. 2.

116 Ausschnitt aus »300 Panzer, 637 Flugzeuge vernichtet«, in: HLZ, 8.7.1943, S. 1.

117 Ausschnitt aus »Entschlossener Widerstand auf Sizilien«, in: HLZ, 11.7.1943, S. 1.

118 Ausschnitt aus »Weitere Angriffserfolge in der großen Schlacht«, in: HLZ, 11.7.1943, S. 1.

119 »Italien erwartet den Angriff des Gegners«, in: HLZ, 27.6.1943, S. 1.

120 Nachfolgend gestrichen: »ganze«.

121 »Italiens Küsten zur Verteidigung bereit«, in: HLZ, 28.6.1943, S. 1.

122 Nachfolgend gestrichen: »wie«.

123 »Italien steht mit eiserner Entschlossenheit bereit«, in: HLZ, 6.7.1943, S. 1.

124 Nachfolgend gestrichen: »Zeitungsartikel«.

125 Der nachfolgende Text bis zum Ende des Eintrags befindet sich auf einem in das Tagebuch eingelegten Blatt.

126 Vgl. »Das Denkmal der nationalen Solidarität«, in: Das Reich, Jg. 1943, Nr. 27 (4.7.1943), S. 1f.

127 Ursprünglich: »für«.

128 »Ich glaubte, ich ertrüge es nie«; nach Heines Gedicht »Anfangs wollt ich fast verzagen« aus dem »Buch der Lieder«: »Anfangs wollt ich fast verzagen, // Und ich glaubt', ich trüg' es nie, // Und ich hab' es doch getragen, // Aber fragt mich nur nicht, wie?«

129 »Entschlossener Kampfwille ganz Italiens«, in: HLZ, 13.7.1943, S. 1.

130 »Sizilien bedeutet für die Sowjets keine Entlastung«, in: ebd., S. 2.

131 »Heftige Gefechte auf Sizilien«, in: HLZ, 14.7.1943, S. 1.

132 »Gegenangriff auf Sizilien«, in: HLZ, 13.7.1943, S. 1.

133 »Die Luftabwehr am Mittelmeer«, in: HLZ, 4.7.1943, S. 2.

134 »Prof. Dr. Hermann Bohle gestorben«, in: HLZ, 14.7.1943, S. 2.

135 »Die zweite Phase des Kampfes auf Sizilien«, in: HLZ, 16.7.1943, S. 1.

136 Karte zu den Kämpfen auf Sizilien, in: HLZ, 16.7.1943, S. 1.

137 »Laßt alle Hoffnung sinken«; nach Dante Alighieri, »Die Göttliche Komödie«, »Die Hölle«, III,9: »Ihr, die ihr eingeht, laßt hier jedes Hoffen.«

138 Vgl. Hessisches Regierungsblatt, Jg. 1943, Nr. 8 (22.6.1943), S. 32.

139 Vorstehender handschriftlicher Text auf einem eingeklebten Blatt.

140 Vgl. »Regierungswechsel in Italien«, in: HLZ, 27.7.1943, S. 1; die folgenden Ausschnitte gehören zu diesem Artikel.

141 »Der Peloponnes in Waffen«, in: HLZ, 27.7.1943, S. 2.

142 Der nachfolgende Text bis zum Ende des Eintrags befindet sich auf einem in das Tagebuch eingelegten Blatt.

143 In der Wochenzeitung »Das Reich« (S. 1): »einiger wichtiger«.

144 In »Das Reich« (S. 1) heißt es: »Ein Grundgesetz des Kampfes, spiele er sich nun unter Einzelmenschen oder unter Völkern, im sportlichen, politischen oder militärischen Leben ab, lautet, bis zur letzten Minute den Atem behalten.«

145 Vgl. »Im Schatten des Waffenkrieges«, in: Das Reich, Jg. 1943, Nr. 29 (18.7.1943), S. 1f.

146 Vgl. »Das Schlagwort vom Nervenkrieg«, in: Das Schwarze Korps, Jg. 9, Nr. 25 (24.6.1943), S. 1f.

147 Vgl. AdG 1943, S. 6001 (F). Berichte über die politischen Erklärungen Lavals finden sich etwa in: HLZ, 7.7.1943, S. 2.

148 »... selbst am Grabe pflanzt er noch die Hoffnung auf«; nach Friedrich Schillers Gedicht

»Hoffnung« (2. Strophe): »Die Hoffnung führt ihn ins Leben ein, / Sie umflattert den fröhlichen Knaben, / Den Jüngling begeistert ihr Zauberschein, / Sie wird mit dem Greis nicht begraben, / Denn beschließt er im Grabe den müden Lauf, / Noch am Grabe pflanzt er – die Hoffnung auf.«

149 Vgl. Hitler 1930, S. 687.

150 Rede Hitlers auf einer NSDAP-Versammlung im Münchener »Zirkus Krone«, abgedruckt in: Jäckel/Kuhn 1980, S. 955-962, hier in der Variante der Anm. 13-14, Zitat S. 961. – Nachfolgend die Einfügung: »*(1. Anlage)«. Die Anlage, welche die Texte »Rede vom 14.10.1933 in Berlin« bis »Rede vom 23.3.1933 in Berlin« umfasst, befindet sich auf einem eingelegten Blatt.

151 Rundfunkrede Hitlers, abgedruckt etwa in: VB, Norddt. Ausg. A, 17.10.1933, Beiblatt ohne Seitenangaben.

152 Interview Hitlers mit dem Sonderkorrespondenten der »Daily Mail«, Ward Price, abgedruckt etwa in: VB, Norddt. Ausg. A, 20.10.1933, S. 1f.

153 Im »Völkischen Beobachter« wie auch bei Klöss 1967, S. 106, nachfolgend: »in den wir Einmischungen von außen niemals dulden werden«.

154 Reichstagsrede Hitlers zum Ermächtigungsgesetz, in Auszügen abgedruckt in: VB, Norddt. Ausg. A, 24.3.1933, S. 1f., Zitat S. 2, allerdings gekürzt. Vgl. auch Klöss 1967, S. 93-108, Zitat S. 106.

155 Rede Hitlers im Berliner Sportpalast, abgedruckt unter dem Titel »Adolf Hitlers Losung: Hart sein und nicht von der Ehre weichen!«, in: VB, Norddt. Ausg. A, 26.10.1933, S. 1-3, Zitat S. 2.

156 Reichstagsrede Hitlers zum Ermächtigungsgesetz; vgl. Klöss 1967, S. 106, dort allerdings abweichend.

157 Rede Hitlers im Berliner Sportpalast; vgl. »Adolf Hitlers Losung: Hart sein und nicht von der Ehre weichen!«, Zitat S. 3.

158 Rede Hitlers im Berliner Siemenswerk, abgedruckt etwa in: VB, Norddt. Ausg. A, 11.11.1933, S. 1f.

159 Interview Hitlers mit dem Sonderkorrespondenten der »Daily Mail«, Ward Price; vgl. »Aufsehenerregendes Interview des Führers in der ›Daily Mail‹ / Adolf Hitler über Ziel und Willen des nationalsozialistischen Deutschlands«, Zitat S. 1.

160 Im »Völkischen Beobachter« wie auch bei Klöss 1967, S. 104, nachfolgend: »endlich«.

161 Reichstagsrede Hitlers zum Ermächtigungsgesetz, vgl. »Der Führer der Nation im Reichstag: Für Freiheit und Ehre der Deutschen; keine Scheidung in ›Sieger und Besiegte‹«, Zitat S. 2, dort: »Die Nationale Regierung ist bereit, jedem Volk die Hand zur aufrichtigen Verständigung zu reichen, das gewillt ist, die traurige Vergangenheit endlich einmal grundsätzlich abzuschließen. Die Not der Welt kann nur behoben werden, wenn die Völker untereinander wieder Vertrauen bekommen.«

162 Rede Hitlers im Berliner Siemenswerk, abgedruckt etwa in: VB, Norddt. Ausg. A, 11.11.1933, S. 1f.

163 Im »Völkischen Beobachter« nachfolgend: »aber«.

164 Rede Hitlers auf der Bauernkundgebung auf dem Bückeberg in Hameln, abgedruckt etwa in: VB, Norddt. Ausg. A, 3.10.1933, S. 1f.

165 Rede Hitlers bei einem feierlichen Festakt in der Potsdamer Garnisonskirche, abgedruckt etwa in: VB, Norddt. Ausg. A, 22.3.1933, S. 1f.

166 Ansprache Hitlers auf einem Empfang im Auswärtigen Amt, abgedruckt etwa in: VB, Norddt. Ausg. A, 13.9.1934, S. 1.

167 Interview Hitlers mit dem Sonderkorrespondenten der »Daily Mail«, Ward Price, abgedruckt etwa in: VB, Norddt. Ausg. A, 7.8.1934, S. 1f.

168 Rede Hitlers zu Ehren des Generalfeldmarschalls Paul von Hindenburg in Tannenberg, abgedruckt etwa in: VB, Norddt. Ausg. A, 8.8.1934, S. 1. Hindenburg war am 2. August 1934 gestorben.

169 Ansprache Hitlers auf dem Empfang im Auswärtigen Amt. Vgl. »Erster Empfang des Diplomatischen Korps durch den Führer«: »Auch heute und vor Ihnen, meine Herren Vertreter der

fremden Staaten, erkläre ich, daß es das unverrückbare Ziel meiner Politik ist, Deutschland zu einem festen Hort des Friedens zu machen.«

170 Rede Hitlers auf dem Gauparteitag in Thüringen am 17. Juni 1934, abgedruckt etwa in: VB, Norddt. Ausg. A, 19.6.1934, S. 1f.

171 Interview Hitlers mit dem amerikanischen Journalisten Pierre Huss (»Hearst Press«) in Berchtesgaden, abgedruckt etwa in: VB, Norddt. Ausg. A, 17.1.1935, S. 1.

172 Im »Völkischen Beobachter« nachfolgend: »daher«.

173 Interview Hitlers mit dem Sonderkorrespondenten der »Daily Mail«, Ward Price, abgedruckt etwa in: VB, Norddt. Ausg. A, 20./21.1.1935, S. 1f.

174 Aufruf Hitlers an die NSDAP zum Jahreswechsel 1934/35, abgedruckt etwa in: VB, Norddt. Ausg. A, 2.1.1935, S. 1. »Unserem Volke« ist eine Hinzufügung Kellners, die auf den vorherigen Satz zurückgeht.

175 Im »Völkischen Beobachter«: »dieses«.

176 Rede Hitlers in der Kieler Nordostseehalle. Auszüge aus der Rede sind abgedruckt in: VB, Norddt. Ausg. A, 8.11.1933, S. 2.

177 Rede Hitlers auf einer Kundgebung im Münchner Hofbräuhaus, abgedruckt etwa in: VB, Norddt. Ausg. A, 27. Februar 1934, S. 1f.

178 Rede Hitlers auf einer Gedenkfeier in der Münchner Feldherrnhalle, abgedruckt etwa in: VB, Norddt. Ausg. A, 10.11.1934, S. 1f.

179 Rede Hitlers auf dem Gauparteitag in Thüringen am 17. Juni 1934; vgl. VB, Norddt. Ausg. A, 19.6.1934, Zitat S. 1.

180 Ausschnitte aus »Der Duce«, in: HF, Abend-Ausg., 24.7.1943, S. 1f. – Am linken Rand des Zeitungsausschnitts in Höhe der letzten Unterstreichung ein Fragezeichen.

181 »Empfindliche Schläge«, in: HF, Abend-Ausg., 13.7.1943, S. 1.

182 »Starke Feindverluste auf Sizilien«, in: VB, Süddt. Ausg. (2. Druck), S. 1.

183 »Sizilien – Aderlaß feindlicher Tonnage«, in: HLZ, 20.7.1943, S. 1.

184 »Italien will entschlossen weiterkämpfen«: Zwischenüberschrift des Artikels »Die große Prüfung des italienischen Volkes«, in: HLZ, 28.7.1943, S. 1f.

185 »Der faschistische Parteisekretär Minister Scorza im Rundfunk – Ein flammender Aufruf zum Kampf«: Unterüberschrift des Artikels »Oberstes Gebot für ganz Italien: Widerstand leisten!«, in: HLZ, 20.7.1943, S. 2.

186 »Gewaltige Einbußen der Sowjetrüstung«: Unterüberschrift des Artikels »Die große Abnutzungsschlacht im Osten«, in: HF, Abend-Ausg., 24.7.1943, S. 1.

187 »Die gewaltige Panzerschlacht im Raum von Bjelgorod bis Orel«: Bildüberschrift zweier Panzer-Aufnahmen, in: HF, Abend-Ausg., 13.7.1943, S. 4.

188 »Feindliche Kräftegruppe vernichtet«, in: HF, Abend-Ausg. 2, 13.7.1943, S. 2.

189 »Die Sowjets zur Ausdehnung ihrer Offensive gezwungen«: Teil der Unterüberschrift des Artikels »Massensturm auf fast der gesamten Ostfront«, in: HLZ, 24.7.1943, S. 1.

190 »Ungeheure Blutverluste der Sowjets«, in: HLZ, 21.7.1943, S. 1.

191 »Der Feind läßt es sich Ströme von Blut kosten«: Teil der Unterüberschrift des Artikels »Massensturm auf fast der gesamten Ostfront«.

192 »Festung Kreta – eine feuerspeiende Insel«, in: VB, Süddt. Ausg. (2. Druck), 28.7.1943, S. 3.

193 »Südostwall immer stärker«, in: HLZ, 17.7.1943, S. 2.

194 »Die Sowjets fordern wirksame Entlastung«: Unterüberschrift des Artikels »Englische Beklemmung über die Kriegslage«, in: HF, Abend-Ausg., 13.7.1943, S. 1.

195 »England gehört den USA!«, in: HLZ, 23.7.1943, S. 1.

196 »Die USA. kämpfen bis zum letzten englischen Schiff«, in: HLZ, 30.7.1943, S. 2.

197 »USA. und England machen sich die Erdpole streitig«, in: HLZ, 20.7.1943, S. 2.

198 »USA.-Luftwaffe kann Tschungking nicht helfen«, in: VB, Süddt. Ausg. (2. Druck), 28.7.1943, S. 1.

199 »Englische Beklemmung über die Kriegslage«, in: HF, Abend-Ausg., 13.7.1943, S. 1.

200 »Japanischer Fliegererfolg«, in: HF, Abend-Ausg., 13.7.1943, S. 1.
201 »Japanischer Erfolg«, in: HF, Abend-Ausg., 24.7.1943, S. 1.
202 Möglicherweise hat Kellner seine Information über das »planmäßige« Aufgeben von Stellungen bei Orel aus dem Rundfunk bezogen. Erst zwei Tage später, am 5. August 1943, gibt das Oberkommando der Wehrmacht die Räumung von Orel bekannt.
203 Rudolf Ritter von Xylander (1872-1946) war Berufssoldat. 1911 wurde er Major und von 1914 bis 1918 nahm er am Ersten Weltkrieg teil. 1921 wurde er aus der Armee als Oberst entlassen. Anschließend arbeitete er beim Reichsarchiv, wo er militärgeschichtliche Studien verfolgte. Ab 1935 war er Dozent für Kriegsgeschichte an der Berliner Kriegsakademie, seit 1941 arbeitete er für die kriegswissenschaftliche Abteilung des OKH. Vgl. http://www.bundesarchiv.de/akten-reichskanzlei/1919-1933/0011/adr/adrsz/kap1_6/para2_1.html (22.6.2010).
204 Vgl. »Worum geht es zwischen Orel und Bjelgorod?«, in: VB, Süddt. Ausg. (3. Druck), 23.7.1943, S. 3.
205 »Ungeschwächte Schlagkraft unseres Ostheeres«, in: ebd., S. 1.
206 »Die Sowjets erleiden furchtbare Verluste«, in: VB, Süddt. Ausg. (3. Druck), 31.7.1943, S. 2.
207 »Kritische Lebensmittellage in den UdSSR«, in: VB, Süddt. Ausg. (2. Druck), 25.7.1943, S. 2.
208 Ausschnitt aus »123 Sowjetpanzer, 161 Flugzeuge abgeschossen«, in: HLZ, 6.8.1943, S. 1.
209 »Täglich neu bewährte elastische Abwehrtaktik«, in: HLZ, 31.7.1943, S. 1.
210 Die Schlagzeilen »Anhaltend schwere Sowjetverluste ... Verhältnismäßig geringe eigene Ausfälle ... Hohes Maß militärischen Könnens der deutschen Führung und des Soldaten sichert diese Erfolge« gehören zur Unterüberschrift des Artikels »Täglich neu bewährte elastische Abwehrtaktik«.
211 Vgl. den Wehrmachtbericht vom 1. August 1943, abgedruckt etwa in: HLZ, 2.8.1943, S. 2.
212 Vgl. den Wehrmachtbericht vom 2. August 1943, abgedruckt etwa in: HLZ, 3.8.1943, S. 1.
213 Vgl. den Wehrmachtbericht vom 5. August 1943, abgedruckt etwa in: HLZ, 6.8.1943, S. 1.
214 »Alle Sowjetangriffe abgewehrt«, in: HLZ, 4.8.1943, S. 1. Wiedergegeben wird darin der Wehrmachtbericht vom 3. August 1943.
215 Vgl. »Das Antlitz der Materialschlacht«, in: HLZ, 4.8.1943, S. 1f., hier S. 1.
216 »Der Gegner rennt überall vergeblich an«, in: HLZ, 5.8.1943, S. 1. Die folgenden zwei Zitate ebd.
217 Vgl. »Deutsche und sowjetische Motive«, in: HLZ, 6.8.1943, S. 1.
218 Am rechten Seitenrand in Höhe des unterstrichenen Satzes drei rote Ausrufezeichen.
219 »Vor Orel verbluteten seit dem 5. Juli weit über 300000 Sowjets«, in: HLZ, 6.8.1943, S. 1.
220 Ausschnitt aus »Deutsche und sowjetische Motive«, in: HLZ, 6.8.1943, S. 1.
221 Ausschnitt aus: HLZ, 4.8.1943, S. 2.
222 Ausschnitt aus: HLZ, 3.8.1943, S. 2.
223 Ebd.
224 Ausschnitt aus: HLZ, 5.8.1943, S. 2.
225 »Tiger rollen vor – Das Bild der Schlacht bei Orel«, in: HLZ, 7.8.1943, S. 3.
226 Ursprünglich: »Mannheim«.
227 Nachfolgend gestrichen: »ebenfalls«.
228 Ursprünglich: »Dieses Gebiet«.
229 Ausschnitt aus »Kühl und nüchtern den Dingen ins Auge sehen!«, in: HLZ, 8.8.1943, S. 3.
230 Nachfolgend gestrichen: »Die Hauptsache ist das Versprechen«.
231 Emil Görner (geb. 1895). Vgl. Stockhorst 1967, S. 159.
232 Ausschnitt aus »Pazifiklage drängt zur Eile«, in: HLZ, 9.8.1943, S. 1.
233 Ausschnitt aus »Alle sowjetischen Durchbruchsversuche abgeschlagen«, in: HLZ, 9.8.1943, S. 1.
234 Ausschnitt aus »Orel kostete den Feind 600000 Mann an Gefallenen, Verwundeten, Gefangenen«, in: HLZ, 7.8.1943, S. 1.
235 Ursprünglich: »seiner«.

236 Ursprünglich: »sein könnte«.
237 »Der Zweck der sowjetischen Riesenopfer – Um das Versorgungsproblem militärisch zu lösen«: Unterüberschrift des Artikels »Moskaus Sommeroffensive erreicht keines ihrer Ziele«, in: HLZ, 10.8.1943, S. 1. Der folgende Ausschnitt ebd.
238 Ernst Hiemer (1900-1974): Journalist, von 1938 bis 1941 Hauptschriftleiter des »Stürmers« und Autor des antisemitischen Kinderbuches »Der Giftpilz«. Vgl. Klee 2007a, S. 223.
239 »den« ist eine Hinzufügung Kellners.
240 Vgl. die Artikelserie »Reise nach Frankreich«, Teil X: »Ausklang / Warum wir nach Frankreich fuhren«, in: Der Stürmer, Jg. 21, Nr. 33 (12.8.1943), S. 4.
241 Vgl. Hitler 1930, S. 742. Das folgende Zitat ebd., S. 743.
242 Die folgenden Überschriften und Unterüberschriften in der HLZ am jeweils angegebenen Tag.
243 Vgl. etwa HLZ, 19.8.1943, S. 1.
244 Im Wehrmachtbericht vom 23. August 1943 heißt es: »Charkow, das im Laufe des Ostfeldzuges bereits mehrfach den Besitzer gewechselt hat, und heute nur noch ein Trümmerfeld ist, wurde im Rahmen einer planmäßigen Absetzbewegung abermals geräumt.« Vgl. etwa HLZ, 24.8.1943, S. 1. Vgl. auch Frieser 2007, S. 197f.
245 »Die Räumung von Charkow«, in: VB, Süddt. Ausg. (2. Druck), 25.8.1943, S. 1.
246 »Dr. Frick Reichsprotektor in Böhmen und Mähren / Himmler Reichsminister des Innern«, in: ebd.
247 Nachfolgend gestrichen: »gar«.
248 Adolf Dresler (1898-1971) nahm am Ersten Weltkrieg teil und war 1918 Pressereferent am Deutschen Konsulat in Triest. Von 1920 bis 1931 war er freier Mitarbeiter des »Völkischen Beobachters« und studierte Zeitungswissenschaft. Nach der Wiederzulassung der NSDAP trat er im Mai 1925 erneut bei. Ab August 1931 arbeitete er für Reichspressechef Otto Dietrich, u.a. als Amtsleiter bei der Reichspressestelle. Nach dem Krieg publizierte er zur Pressegeschichte. Vgl. Krings 2010, S. 114.
249 Ausschnitt aus »Die Partei im Generalgouvernement«, in: VB, Süddt. Ausg. (2. Druck), 17.8.1943, S. 3.
250 William Werner war Wehrwirtschaftsführer sowie Direktor und Betriebsführer der Auto-Union AG, Chemnitz. Nach 1945 war er Geschäftsführer und technischer Leiter der Auto-Union GmbH in Düsseldorf/Ingolstadt. Überdies war er Aufsichtsratsmitglied der Zweirad-Union AG in Nürnberg. Vgl. Braunbuch, S. 61.
251 Ausschnitte aus »Jedem anderen Arbeiter überlegen«, in: HLZ, 15.6.1943, S. 1f.
252 Vgl. »Die Realitäten des Krieges«, in: Das Reich, Jg. 1943, Nr. 34 (22.8.1943), S. 1f.
253 Ursprünglich: »ist«.
254 Ursprünglich: »arbeiten an«.

Heft 7

1 Ausschnitt aus »Zwei Tanker versenkt«, in: HF, Abend-Ausg., 30.8.1943, S. 1.
2 Boris III. (1891-1943) regierte Bulgarien seit 1935 autoritär, behielt aber parlamentarische Formen bei. In den dreißiger Jahren vollzog er eine Wiederannäherung an Deutschland. Während des Zweiten Weltkriegs versuchte er zunächst, Bulgarien aus dem Krieg herauszuhalten. Nach dem Beitritt Bulgariens zum Dreimächtepakt im März 1941 erlaubte er den deutschen Truppen aber gegen das Versprechen territorialer Gewinne den Durchmarsch nach Jugoslawien. Am 13. Dezember 1941 erklärte Bulgarien den USA den Krieg, wahrte der Sowjetunion gegenüber aber Neutralität. Nach dem Tod von Boris III. übernahm ein Regentschaftsrat in Vertretung des minderjährigen Thronfolgers Simeon II. die Regierungsgeschäfte. Vgl. Benz/Graml/Weiß 2007, S. 459f.

3 »König Boris †«, in: HF, Abend-Ausg., 30.8.1943, S. 1.
4 »Ausnahmezustand in Dänemark«, in: HF, Abend-Ausg., 30.8.1943, S. 1.
5 »Göring dankt dem Bergmann«, in: ebd.
6 Im italienischen Heeresbericht vom 3. September 1943 heißt es: »In der vergangenen Nacht begann der Feind, der in den vergangenen Tagen vereinzelte schnell zurückgewiesene Landungsversuche unternommen hatte, die Angriffe in größerem Ausmaß auf die Küste von Calabrien in der Meerenge von Messina.« Vgl. »Der italienische Wehrmachtbericht«, in: HLZ, 4.9.1943, S. 1.
7 Vgl. »Schwindende Hoffnung im Feindlager«, in: Hamburger Tageblatt, Ausg. A, 3.9.1943, S. 1.
8 Vgl. »Entschlossener denn je«, in: Hamburger Tageblatt, Ausg. A, 3.9.1943, S. 1f.
9 Ausschnitte aus »Der Aufbruch im Westen des Reiches«, in: VB, Süddt. Ausg. (2. Druck), 1.7.1943, S. 5.
10 Vgl. »Einmal ganz objektiv«, in: Das Schwarze Korps, Jg. 9, Nr. 2 (14.1.1943), S. 1f.
11 Am linken Seitenrand in Höhe des unterstrichenen Textteils ein rotes Ausrufezeichen.
12 In der »Hessischen Landes-Zeitung« wie auch im »Archiv der Gegenwart«: »niederzwingen«.
13 Zur Rundfunkansprache Hitlers am 10. September 1943 vgl. »Die Rede des Führers«, in: HLZ, 11.9.1943, S. 1f.
14 »Auch im Nervenkrieg sind wir dem Feind überlegen«, in: HLZ, 9.6.1943, S. 1f.
15 Vgl. »Der Führer hat dem Duce sein Wort gehalten«, in: VB, Süddt. Ausg. (3. Druck), 14.9.1943, S. 1.
16 General Dwight D. Eisenhower (1890-1969) war ab Juni 1942 Oberbefehlshaber der amerikanischen Truppen, ab Dezember 1943 aller alliierter Truppen in Europa. Nach dem Krieg war er Generalstabschef und von 1953 bis 1961 Präsident der USA. Vgl. Benz/Graml/Weiß 2007, S. 910.
17 Leopold III. (1901-1983), ab 1934 belgischer König, war nach der militärischen Kapitulation Belgiens Gefangener, während die Regierung beschloss, den Kampf an der Seite der Alliierten fortzusetzen. Vor allem sein Besuch bei Hitler im November 1940 wurde ihm zum Vorwurf gemacht, da er jede politische Initiative unterlassen sollte. In Belgien machte er sich überdies dadurch unbeliebt, dass er noch während der Besetzung eine bürgerliche Frau heiratete. Im Frühjahr 1944 wurde die königliche Familie nach Österreich gebracht. Nach Kriegsende lebte Leopold III. in der Schweiz, da in Belgien die »Königsfrage« diskutiert wurde. Nach einer Volksbefragung und einigen Unruhen kam es 1950 zu der Lösung, dass Leopold zugunsten seines Sohnes Baudouin abdankte, der 1951 mit Erlangung der Volljährigkeit den Thron übernahm. Vgl. Dumoulin/Van den Wijngaert/Dujardin 2001.
18 »Todesstrafe für verräterischen Defaitisten«, in: VB, Süddt. Ausg., 3.9.1943, S. 8.
19 »Volksverräter hingerichtet«, in: VB, Süddt. Ausg. (2. Druck), 11.9.1943, S. 6.
20 »Wegen Feindbegünstigung hingerichtet«, in: VB, Süddt. Ausg. (3. Druck), 15.9.1943, S. 2.
21 »Wegen Feindbegünstigung hingerichtet«, in: HLZ, 15.9.1943, S. 1.
22 Zum Wehrmachtbericht vom 19. September 1943 vgl. etwa HLZ, 20.9.1943, S. 1.
23 Ausschnitt aus »Ritterkreuzträger starben den Heldentod« in: VB, Süddt. Ausg. (3. Druck), 30.8.1943, S. 2.
24 Vgl. ebd.
25 »Wenn der Mohr seine Schuldigkeit getan hat, dann wird er einfach vergessen«; nach Friedrich Schiller, »Die Verschwörung des Fiesko zu Genua«, III, 4: »Der Mohr hat seine Arbeit gethan, der Mohr kann gehen.«
26 Der Name des stellvertretenden Bürgermeisters von Höchst an der Nidder, einem heutigen Ortsteil von Altenstadt, war Kraft. Er führte – nachweisbar seit April 1943 – die Geschäfte des Bürgermeisters Sellheim weiter, der zur Wehrmacht eingezogen worden war. Noch am 1. Oktober 1945 zeichnete Kraft als stellvertretender Bürgermeister; erst 1946 wurde er von Bürgermeister Neidhardt im Amt abgelöst (Gemeindearchiv Altenstadt: XV, 7b, Konv. 101, Fasz. 5: Gemeinderechnung 1943; XV, 7b, Konv. 244, Fasz. 1: Urkunden, Bürgermeister von Höchst a.d.N.).

27 Dr. Jacobi war seit Oktober 1941 Präsident des Gießener Landgerichts. Vgl. den Artikel »Amtseinführung des neuen Gießener Landgerichtspräsidenten«, in: Heimatzeitung, 28.10.1941, S. 5.

28 »Die Sammelbüchsen klappern!«, in: HLZ, 23.10.1943, S. 3.

29 Eugen Feederle schreibt: »Wer mitten im Fluß der militärischen Ereignisse steht, weiß ja sehr wohl zu unterscheiden zwischen einem geschlagenen Heer und einem solchen, das in voller Behauptung der Waffen und Kräfte – auch der inneren Kräfte! – einen breiten Gebietsstreifen entwertet und dann aus freiem Entschluß, in selbstgewählter Zeitfolge aufgibt, um einer vorübergehenden Feindübermacht die Gelegenheit zum Ausholen im günstigen Augenblick zu nehmen. Wer dem niedersausenden Hieb ausweicht, hat den Kampf nicht verloren: ihm steht jederzeit die Möglichkeit zum Vorschnellen im Gegenangriff offen: einfache Weisheiten, die gerade dem erfahrenen Soldaten im Osten selbstverständlich sind« (»Zurück zum Dnjepr«, in: HLZ, 21.10.1943, S. 1f.).

30 Vgl. »Wasser in Churchills Wein«, in: VB, Süddt. Ausg. (3. Druck), 21.5.1942, S. 1f.

31 In der »Hessischen Landes-Zeitung«: »behielt«.

32 In der »Hessischen Landes-Zeitung«: »zuließen«.

33 Am Schluss des Artikels heißt es: »Der deutsche Soldat, der sich in diesen Wochen marschierend und kämpfend auf die Winterstellungen am Dnjepr zurückzog, er weiß, die Sonne hellen Ruhmes ist dem Gewaltigen heute noch nicht beschieden, das er dem Schicksal in verbissenem Kampf abrang. Die Zeit ist noch nicht reif, von all dem zu sprechen, was so schwer zu tragen war und was er dennoch aufrecht, schweigend, vertrauend trug – aber sie wird einmal kommen, und dann wird die in einer Stunde der Prüfung geglückte Frontverkürzung zu den unvergänglichen Leistungen dieses Weltkrieges gerechnet werden«.

34 Zur Rede Hitlers am 8. November 1943 vgl. »Unsere Stärke wird den Sieg erringen!«, in: HLZ, 9.11.1943, S. 1-3.

35 »Das Donezbecken völlig unbrauchbar«, in: HLZ, 12.11.1943, S. 2.

36 Alfred Jodl (1890-1946), Chef des Wehrmachtführungsstabs im Oberkommando der Wehrmacht und als einer der engsten militärischen Berater Hitlers an allen militärischen Planungen beteiligt. Jodl unterzeichnete am 7. Mai 1945 die bedingungslose Kapitulation des Deutschen Reiches in Reims. Im Nürnberger Hauptkriegsverbrecherprozess wurde Jodl zum Tode verurteilt und am 16. Oktober 1946 hingerichtet. Vgl. Klee 2003, S. 288 und Macksey 1998.

37 Vgl. »Göring und Jodl über die militärische Lage«, in: VB, Süddt. Ausg. (3. Druck), 11.11.1943, S. 1f.

38 Ausschnitt aus »Eichenlaubträger erhält Bauernhof«, in: VB, Süddt. Ausg., 25.10.1943, S. 2.

39 Ausschnitt aus »Neue Ritterkreuzträger«, in: VB, Süddt. Ausg. (2. Druck), 8.11.1943, S. 2.

40 »Ernennung des Gauamtsleiters für Volkstumsfragen«, in: VB, Süddt. Ausg. (2. Druck), 6.11.1943, S. 5.

41 »Der gegenwärtige Stand der Schlacht bei Kiew«, in: HLZ, 13.11.1943, S. 1.

42 Nach Karl Försters Gedicht »Erinnerung und Hoffnung«: »Was vergangen, kehrt nicht wieder, / Aber ging es leuchtend nieder, / Leuchtet's lange noch zurück.«

43 »Hinrichtung eines Verräters«, in: HLZ, 17.11.1943, S. 2.

44 »Avantgarde der Rache«, in: VB, Süddt. Ausg. (2. Druck), 16.11.1943, S. 3.

45 Robert Ley (1890-1945) war Chemiker bei der I.G. Farben in Leverkusen. 1923 schloss er sich der NSDAP an und wurde 1925 Gauleiter des Gaus Rheinland-Süd. Ab 1932 war er Reichsorganisationsleiter der NSDAP. Nach der Zerschlagung der freien Gewerkschaften im Mai 1933 wurde Ley Chef der Ersatzorganisation Deutsche Arbeitsfront, die mit etwa 25 Millionen Mitgliedern die größte Massenorganisation des NS-Staates war. Wegen seines weithin bekannten Alkoholproblems wurde er Reichstrunkenbold genannt. Nach dem Krieg wurde Ley im Nürnberger Hauptkriegsverbrecherprozess angeklagt. Er nahm sich im Oktober 1945 das Leben. Vgl. Klee 2003, S. 370 und Smelser 1989.

46 »Todesstrafe für drei Volksschädlinge«, in: HF, Abend-Ausg. 2, 15.11.1943, S. 2.

47 »Parteiamtliche Bekanntmachungen«, in: HLZ, 20.11.1943, S. 4.

48 »Parteiamtliche Bekanntmachungen«, in: HLZ, 19.11.1943, S. 4.

49 »Die Stunde der Vergeltung wird kommen«: Zwischenüberschrift aus dem Artikel »Führer-Parole: Kampf bis zum Sieg!«, in: HF, Abend-Ausg. 2, 9.11.1943, S. 1f.

50 Ausschnitt aus »Großer Abwehrerfolg an der Smolensker Rollbahn«, in: HLZ, 24.11.1943, S. 1.

51 Ausschnitt aus »Sowjetkräfte eingeschlossen«, in: HF, Abend-Ausg. 2, 24.11.1943, S. 1.

52 Todesanzeige in: HLZ, 21.11.1943, S. 8.

53 Ausschnitt aus »Mit dem Eichenlaub ausgezeichnet«, in: HLZ, 22.11.1943, S. 1.

54 Ebd.

55 »Personalveränderungen im Reichswirtschaftsministerium«, in: HLZ, 19.11.1943, S. 1.

56 »Kohlenklau's Helfershelfer Nr. 6«, in: HLZ, 20.11.1943, S. 4.

57 Die »Kohlenklau«-Kampagne war eine im Juni 1942 initiierte, breit angelegte »Aufklärungsaktion« zur Einsparung von Brennstoffen in Kriegszeiten. Unnötiger Energieverbrauch wurde dabei als Diebstahl an der Gemeinschaft ausgelegt. Anzeigen mit »Kohlenklau«-Figuren erschienen vom 20. Dezember 1942 bis zum 22. März 1945. Die Aktion »Kohlenklau's Helfershelfer« dauerte vom 26. Oktober 1943 bis zum 12. März 1944, gefolgt von der Serie »Waffen gegen Kohlenklau« im Zeitraum 22. November 1944 bis zum 22. März 1945. Die Anzeigenwerbung wurde durch Plakat- und Kinowerbung ergänzt; auch Alltagsgegenstände (Quartettkarten, Spielsachen, Postkarten u.v.m.) wurden in die Kampagne einbezogen. Vgl. Vogel 2004, S. 22-41. – Dem Erfolg der Kampagne widmet Victor Klemperer in »LTI« ein ganzes Kapitel. Zur »Kohlenklau«-Figur schreibt er: »Ich hatte auch noch nie beobachtet, daß eine Plakatgestalt des Dritten Reiches so ins Leben übergriff, wie sich hier der Kohlenklau, Wort und Bild in einem, des Alltags einer ganzen Belegschaft bemächtigte. Ich sah mir daraufhin dies Plakat genau an: wirklich, es bot Neues, es war ein Stück Märchen, ein Stück Gespensterballade, es wandte sich an die Phantasie. In Versailles gibt es einen Brunnen, der von den Metamorphosen Ovids inspiriert ist: die über den Brunnenrand schlüpfenden Gestalten sind zur Hälfte von der Wirkung der Magie erfaßt, ihre menschliche Gestalt beginnt in tierischer Form zu verschwinden. Ganz so ist der Kohlenklau geformt; die Füße sind schon in fast amphibischem Zustand, der Rockzipfel scheint ein Schwanzstummel, und die Haltung des davonschleichenden Diebes nähert sich in ihrer Gebücktheit schon der des Vierfüßlers. Zur Märchenwirkung des Bildes trat die glückliche Namenwahl: burschikos volkstümlich und dem Alltag angehörig durch den ›Klau‹ statt des Diebes [...]. Den unveränderten Kohlenklau sah man im Rahmen eines Handspiegels wieder; darunter stand: ›Halt dir den Spiegel vors Gesicht: Bist du's oder bist du's nicht?‹ Und häufig, wenn jemand die Tür eines geheizten Zimmers offenließ, rief einer: ›Kohlenklau kommt!‹ [...] Kohlenklau, aus Bild und Wort entstanden, hätte bei längerem Bestehen des Dritten Reiches alle Chancen gehabt, wie Putois eine mythische Person zu werden« (Klemperer 1996, S. 91-95).

58 »Die Losverkäufer kommen wieder«, in: HF, Abend-Ausg. 3, 30.11.1943, S. 3.

59 »Sobald das Geld im Kasten klingt ...«: Der Ausspruch geht auf den Dominikanermönch Johann Tetzel (um 1465-1519) zurück, der laut den »Görlitzer Ratsannalen« den Ablasshandel mit den Worten eröffnet haben soll: »So balde der pfennige jns becken geworffen vnd clunge, so balde were die sele, dofur er geleget, gen hymel«.

60 HF, Abend-Ausg. 2, 25.11.1943, S. 5.

61 Die Wendung *Zeter und Mordio* im Sinne von ›laut, jammernd, gellend um Hilfe schreien‹ ist bis in das mittelalterliche Rechtsleben nachweisbar. *Zeter* ist zusammengezogen aus *ze æhte her* »zur Verfolgung her«. *Mordio* bezeichnet einen aus *Mord* abgeleiteten Notschrei. Vgl. Röhrich 1991-1992, Bd. 3 (1992), S. 1769f.

62 Rechts und links des Artikels jeweils ein roter Balken.

63 »Es geht alles vorüber, es geht alles vorbei, auch Adolf Hitler samt seiner Partei«: Parodie des Schlagers »Es geht alles vorüber« von Lale Andersen, der nach 1942 in Deutschland und im besetzten Ausland Popularität erlangte. Kellners Text knüpft an kursierende Umdichtungen des Liedes an.

64 Bei dem Kind handelt es sich um Robert Martin Scott Kellner (geb. 5.4.1941).

65 Nachfolgend gestrichen: »es«.
66 Nachfolgend gestrichen: »– innerhalb der Grenzen des deutschen Reiches –«.
67 »Drohende Erschöpfung der USA.-Rohstoffvorkommen«, in: VB, Süddt. Ausg. (3. Druck), 21.11.1943, S. 1.
68 Vgl. »Versorgungsnöte unserer Gegner«, in: VB, Süddt. Ausg. (3. Druck), 25.11.1943, S. 2. Der »Völkische Beobachter« bezieht sich auf einen Sonderartikel des »Daily Worker«, in dem die Probleme der Alliierten thematisiert werden.
69 »Die Führungsaufgabe der deutschen Presse«, in: HLZ, 30.11.1943, S. 2.
70 »Italiens Juden ins Konzentrationslager«, in: HLZ, 2.12.1943, S. 1. – Bis Mitte der dreißiger Jahre spielte Antisemitismus in der italienischen Politik kaum eine Rolle. Die Machtübernahme der Nationalsozialisten in Deutschland beeinflusste nach 1933 jedoch zunehmend auch Italien. Ab 1936 gab es antisemitische Propaganda gegen die italienischen Juden, im Herbst 1938 erließ auch Mussolini »Rassengesetze«, die jedoch hinter den deutschen zurückblieben. Während des Krieges waren die italienisch besetzten Gebiete Europas lange Zeit Zufluchtsorte für verfolgte Juden anderer Regionen. Mit dem Waffenstillstand zwischen Italien und den Alliierten im September 1943 änderte sich die Lage der Juden in Italien und den italienisch besetzten Territorien schlagartig. Als besonders verhängnisvoll erwies sich, dass die italienischen Juden überwiegend im Norden des Landes lebten, demjenigen Teil, der unter deutsche Herrschaft geriet. Ab September 1943 wurden auch die italienischen Juden deportiert und in den Konzentrations- und Vernichtungslagern ermordet. Mindestens 8564 Juden wurden aus Italien und seinen besetzten Gebieten deportiert, von denen mindestens 7555 getötet wurden. Unter den Deportierten befand sich auch Primo Levi, der nach dem Krieg in zahlreichen Büchern, von denen »Ist das ein Mensch?« zu den wichtigsten zählt, von seiner Deportation und Leidenszeit im Konzentrationslager Auschwitz berichtet. Vgl. Picciotto Fargion 1996, S. 199-227; Hilberg 1991, S. 702-722; Enzyklopädie 1995, S. 645-649; Levi 1992.
71 »Die OT auch im höchsten Norden«, in: HF, Abend-Ausg., 1.12.1943, S. 5.
72 Ausschnitt aus »In den dritten Ostwinter«, in: HLZ, 30.11.1943, S. 1f.
73 Todesanzeige in: HF, Abend-Ausg. 2, 1.12.1943, S. 4.
74 »Graf Reventlow gestorben«, in: VB, Süddt. Ausg. (2. Druck), 23.11.1943, S. 2.
75 »Heldensöhne eines badischen Weltkriegsfliegers«, in: VB, Süddt. Ausg. (3. Druck), S. 5.
76 »Ein neuer Ritterkreuzträger in der Justiz«, in: Deutsche Justiz, Ausgabe A, Jg. 11. Nr. 36 (12.11.1943), S. 519.
77 Ausschnitte aus »Bedingungslose Kapitulation«, in: VB, Süddt. Ausg. (3. Druck), 6.12.1943, S. 1f.
78 Vgl. »Der Glaube der Deutschen«, in: Das Schwarze Korps, Jg. 9. Nr. 47 (25.11.1943), S. 1f.
79 Vgl. Hitler 1930, S. 419.
80 Ursprünglich: »sie«.
81 Ausschnitt aus »Das nackte Leben«, in: Das Schwarze Korps, Jg. 9, Nr. 48 (2.12.1943), S. 1f.
82 Vgl. »Dr. Goebbels vor den Eisenbahnern / Weder Terror noch Drohungen können uns schrecken«, in: VB, Süddt. Ausg. (3. Druck), 9.12.1943, S. 3f.
83 »Kriegsarbeitstagung der deutschen Presse beendet«, in: VB, Süddt. Ausg. (3. Druck), 9.12.1943, S. 1.
84 Hartmann Lauterbacher (1909-1988), Drogist, trat 1927 der NSDAP bei. 1934 wurde er stellvertretender Reichsjugendführer, im Dezember 1940 Gauleiter des Gaus Süd-Hannover-Braunschweig. Im März 1941 wurde er zusätzlich Oberpräsident der Provinz Hannover. Nach dem Krieg interniert, floh er 1948 aus der Internierungshaft. 1950 gelang ihm die Flucht nach Argentinien, nachdem er zuvor in Rom wegen Fluchthilfe für Faschisten verhaftet worden war. Ab Mitte der fünfziger Jahre wieder in München gemeldet, beriet er von 1977 bis 1979 das Jugendministerium des Sultanats Oman. Vgl. Klee 2003, S. 359.
85 Walter Warlimont (1894-1976), stellvertretender Chef des Wehrmachtführungsstabs, war 1936 Berater von Francos Kriegsminister im Spanischen Bürgerkrieg. Ab 1939 im Oberkommando

der Wehrmacht. Im Nürnberger OKW-Prozess wurde er im Oktober 1948 zu lebenslanger Haft verurteilt, 1954 bereits wieder entlassen. Vgl. Mühleisen 1998.

86 »18 Schlachtschiffe und 27 Flugzeugträger!«, in: VB, Süddt. Ausg. (3. Druck), 9.12.1943, S. 1.

87 »Sowjetische Eisen- und Stahlindustrie zerstört«, in: VB, Süddt. Ausg. (3. Druck), 4.12.1943, S. 1.

88 »Jüngste Helfer der Soldaten«, in: VB, Süddt. Ausg. (3. Druck), 9.12.1943, S. 5.

89 »Volksgenossen, die nie am Arbeitsplatz fehlen«, in: ebd.

90 Ursprünglich: »Mitgeleid«.

91 »Roosevelt und Churchill trafen sich in Inönü«, in: VB, Süddt. Ausg. (3. Druck), 9.12.1943, S. 5.

92 Am rechten Rand des Zeitungsausschnitts, etwa in Höhe des vorhergehenden Satzes, ein roter Balken.

93 Rest der Zeile von Hand gestrichen. – Ausschnitte aus »Flucht in die Entrüstung«, in: VB, Süddt. Ausg. (3. Druck), 9.12.1943, S. 1f.

94 Dr. Theodor Seibert war zwischen 1923 und 1936 Auslandskorrespondent des »Hamburger Fremdenblattes« in Moskau und London und seit dem 27. März 1938 Redakteur für Außenpolitik beim »Völkischen Beobachter«. Ab dem 10.2.1940 übernahm Seibert zunächst vertretungsweise, ab 1942 endgültig, die Schriftleitung der Berliner und der Norddeutschen Ausgabe des »Völkischen Beobachters« bis zum Kriegsende. Vgl. Noller/Kotze 1967, S. 12.

95 »USA.-Truppen hefteten bisher keinen Ruhm an ihre Fahnen«, in: HLZ, 11.12.1943, S. 1.

96 Ursprünglich: »gab«.

97 »Steine und Betonklötze flogen durch die Luft«, in: HF, Abend-Ausg., 13.12.1943.

98 »Sowjetrußland hungert«, in: HLZ, 18.12.1943, S. 2.

99 »Blindgänger der Erzeugungsschlacht«, in: HLZ, 18.12.1943, S. 3. Zur Analyse solcher Texte vgl. Maas 1984, S. 21-38.

100 »1400 Zentner Kartoffelverlust im Gaugebiet«, in: ebd., S. 3.

101 »Festung Europa an jeder Stelle gleich stark«, in: HLZ, 20.12.1943, S. 1.

102 »Rommel am Atlantikwall«, in: ebd.

103 Gerd von Rundstedt (1875-1953) war als Heeresgruppenführer an den Überfällen auf Polen, Frankreich und die Sowjetunion beteiligt und ab März 1942 Oberbefehlshaber West. Nach dem Krieg war er bis 1949 in britischer Gefangenschaft. Vgl. Vogel 1998.

104 »Franzosen in der Waffen-SS«, in: HLZ, 18.12.1943, S. 1.

105 »Das Eichenlaub für die Verteidigung von Tscherkassy« und »Der letzte Offizier am Staudamm von Saporoshje«, in: VB, Süddt. Ausg. (3. Druck), 17.12.1943, S. 2.

106 »›Der deutschen Mutter‹ – Fünf Jahre Ehrenkreuz«, in: VB, Süddt. Ausg. (3. Druck), 16.12.1943, S. 5.

107 Ausschnitt aus »Aufruf des Führers an das deutsche Volk«, in: HF, Morgen-Ausg., 1.1.1944, S. 1f.

108 Ausschnitte aus »Tagesbefehl an die deutschen Soldaten«, in: ebd.

109 »Durch das Schicksal gehärtet«, in: ebd., S. 2.

110 Ausschnitt aus »Das Jahr 1944 wird uns bereit finden / Die Goebbels-Rede«, in: ebd., S. 2f.

111 Ausschnitt aus »An Waffen-SS und Polizei«, in: ebd., S. 1.

112 »Heißes Wasser mit Brot …, so lebt man in der Sowjetunion«, in: HLZ, 25./26.12.1943, S. 2.

113 »123 Abschüsse«, in: HF, Abend-Ausg., 12.1.1944, S. 1.

114 »Abwehrbereite Kanalküste«, in: HF, Abend-Ausg., 3.1.1944, S. 5.

115 Ausschnitt aus »Ciano und de Bono hingerichtet«, in: HF, Abend-Ausg., 12.1.1944, S. 1.

116 Galeazzo Ciano (1903-1944), seit 1935 Propagandaminister und Mitglied des Faschistischen Großrats, wurde 1936 italienischer Außenminister. Im Februar 1943 wurde er abgelöst und zum Botschafter am Vatikan bestellt, da er Vorbehalte gegen die zunehmende Involvierung Italiens in die deutsche Kriegspolitik geäußert hatte. Ciano unterhielt Kontakte zur innerfaschistischen Opposition, wurde von den Deutschen interniert und im November 1943 an Mussolini ausgeliefert. Vgl. Benz/Graml/Weiß 2007, S. 904.

117 »Sicherheit des Sieges«, in: HF, Abend-Ausg., 12.1.1944, S. 1.
118 »Gestoppte Feindoperationen an der Ostfront«, in: DZ, 24.1.1944, S. 1.
119 »Alle Durchbruchsversuche der Sowjets vereitelt«, in: DZ, 24.1.1944, S. 1.
120 »Harte Abwehrschlacht bei Kirowograd«, in: DZ, 26.1.1944, S. 1.
121 Zur Sprache der Wehrmachtberichte vgl. Zehender 2004, S. 31-87.
122 Kellner bezieht sich auf den Wehrmachtbericht vom 24. Januar 1944; abgedruckt etwa in: DZ, 25.1.1944, S. 1. In dem Bericht heißt es: »Nördlich des Jlmensees und südwestlich Leningrad stehen unsere Truppen weiter in schwerem Abwehrkampf. Sie schlugen die mit überlegenen Kräften vorgetragenen, den ganzen Tag über andauernden starken feindlichen Angriffe ab oder fingen sie auf. Dabei wurden allein südwestlich Leningrad 57 sowjetische Panzer vernichtet. In einigen Kampfabschnitten wird mit eingebrochenen feindlichen Kampfgruppen erbittert gekämpft.«
123 Zur Rede Sprengers vgl. »Deutschland ist unbesiegbar, wenn es sich selbst treu bleibt!«, in: DZ, 24.1.1944, S. 1.
124 Ausschnitt aus »Unausweichlich und unvermeidlich!«, in: HLZ, 31.12.1943, S. 1f.
125 »Unwahre USA.-Angaben richtiggestellt«: Teil der Unterüberschrift des Artikels »Weiterhin vergeblicher Ansturm der Sowjets«, in: VB, Süddt. Ausg. (3. Druck), 16.1.1944, S. 1. In dem Artikel werden zwei Wehrmachtberichte vom 15. Januar 1944 wiedergegeben.
126 »Wehrmachtbericht vom 15. Oktober«, in: HF, Abend-Ausg. 2, 16.10.1943, S. 3.
127 Ausschnitt aus »Sowjetangriffe blutig abgeschlagen«, in: HF, Abend-Ausg. 2, 13.12.1943, S. 2.
128 »123 USA.-Flugzeuge abgeschossen«, in: DZ, 12.1.1944, S. 1. – Am rechten Rand, jeweils in Höhe der ersten beiden Unterstreichungen, zwei rote Balken.
129 »Gerammt und glatt gelandet«, in: DZ, 22.1.1944, S. 1.
130 Heinrich Prinz zu Sayn-Wittgenstein (1916-1944) schlug nach der Schulzeit 1936 eine Laufbahn als Berufssoldat ein. Ab 1937 war er bei der Luftwaffe, bei der er während des Krieges als Nachtjäger kämpfte und hoch dekoriert wurde.
131 Ausschnitte aus dem Artikel »Hauptmann Meurer gefallen«, in: HF, Abend-Ausg., 28.1.1944, S. 1.
132 »Unser Gegenschlag wird brutal sein«, in: DZ, 9.1.1944, S. 2.
133 »In Jahresfrist vom Major zum General«, in: DZ, 11.1.1944, S. 1.
134 So im Zeitungsartikel; dagegen oben »Adalbert«.
135 »Brillantenträger Adelbert Schulz starb den Heldentod«, in: DZ, 31.1.1944, S. 1.
136 »Generalmajor Schulz gefallen«, in: HF, Abend-Ausg. 3, 31.1.1944, S. 1.
137 Am rechten Rand des Zeitungsausschnitts in Höhe des Satzes zwei Ausrufezeichen.
138 »Nicht nur an der Front«, in: DZ, 30.1.1944, S. 3.
139 Die Kampagne »Feind hört mit« mit dem Schattenmann war eine der umfassendsten Antispionage-Maßnahmen des NS-Regimes. Im weiteren Sinne war sie Teil eines Mitte 1943 einsetzenden Paradigmenwechsels von der Sieges- zur Durchhaltepropaganda. Zu Konzept und Umsetzung vgl. Fleischer 1994, insbesondere S. 72-142. Das Schlagwort selbst dürfte älter sein als die eigentliche Kampagne; so findet sich bereits 1941 in der Lokalpresse die Formulierung: »Vorsicht! Feind liest mit! Warum steht manches nicht in der Zeitung?« Vgl. Heimatzeitung, 15.11.1941, S. 5. – Victor Klemperer bemerkt zu der Kampagne: »Am nächsten dem Kohlenklau ist wohl der schattenhaft unheimlich schleichende Lauscher gekommen, dessen warnende Gestalt monatelang in Zeitungsecken, an Schaufenstern, auf Streichholzschachteln zur Vorsicht vor Spionen mahnte. Aber der dazugehörige Spruch ›Feind hört mit‹, dem deutschen Ohr befremdlich durch den Amerikanismus des fortgelassenen Artikels, war beim Auftauchen des gespenstischen Mannes bereits abgegriffen; man hatte diese Worte schon wiederholt unter allerhand, sozusagen novellistischen Bildern gefunden, wo der böse Feind etwa im Caféhaus hinter einer Zeitung hervor auf ein unvorsichtiges Gespräch am Nebentisch spannte« (Klemperer 1996, S. 93f.).
140 Nachfolgend gestrichen: »(nicht)«.
141 Ausschnitt aus »Schwere Verluste der angreifenden Sowjets«, in: DZ, 3.2.1944, S. 1.

142 »Generaloberst Jodl an der Kanalküste«, in: HF, Abend-Ausg., 3.2.1944, S. 1.
143 Ausschnitt aus »Eisenhower und Co.«, in: HF, Abend-Ausg. 3, 2.2.1944, S. 1f. Er ist Auftakt einer vierteiligen Artikelfolge, die in den Abend-Ausgaben des »Hamburger Fremdenblatts« vom 4., 7. und 10.2.1944 fortsetzt wurde.
144 Ein Satz wird ausgelassen: »Weder das Haus noch die Regierung Sr. Majestät werden vor dieser Prüfung zurückschrecken.«
145 Zur Rede vgl. AdG 1943, S. 6111-6114 (D), Zitat S. 6114.
146 »Auf jede Kriegsdauer eingerichtet«, in: VB, Süddt. Ausg. (3. Druck), 4.2.1944, S. 6.
147 Der vorhergehende Satz ist durch ein rotes Ausrufezeichen am linken Rand hervorgehoben.
148 Ausschnitt aus »Die Nordfront hält in schwerer Abwehr stand«, in: DZ, 30.1.1944, S. 1f.
149 Der vorhergehende Satz ist durch einen roten Balken am linken Rand hervorgehoben.
150 Ausschnitt aus »Vor Leningrad bis jetzt 510 Feindpanzer vernichtet«, in: DZ, 30.1.1944, S. 1.
151 Rechts und links der Unterüberschrift jeweils zwei rote Balken.
152 Ausschnitt aus »Deutsche Kavallerie an der Ostfront«, in: DZ, 11.2.1944, S. 1.
153 Ausschnitt aus »Starke Sowjetangriffe abgewiesen«, in: VB, Süddt. Ausg. (3. Druck), 10.2.1944, S. 2.
154 VB, Süddt. Ausg. (3. Druck), 10.2.1944, S. 3.
155 »Die Räumung des Brückenkopfes von Nikopol«, in: DZ, 10.2.1944, S. 1.
156 VB, Süddt. Ausg. (3. Druck), 19.1.1944, S. 3.
157 Vgl. auch VB, Norddt. Ausg., 7.2.1944, S. 1.
158 »Aufruf zum freiwilligen Ehrendienst«, in: VB, Süddt. Ausg. (3. Druck), 18.2.1944, S. 1f.
159 Ausschnitt aus »Großangriff auf London«, in: VB, Süddt. Ausg. (2. Druck), 24.2.1944, S. 1.
160 »Vor einem neuen Auftakt an der Ostfront«, in: DZ, 24.2.1944, S. 1.
161 Zum Wehrmachtbericht vom 13. Juli 1941 vgl. etwa HLZ, 14.7.1941, S. 2.
162 Zum Wehrmachtbericht vom 17. Juli 1941 vgl. etwa HLZ, 18.7.1941, S. 1.
163 Zum Wehrmachtbericht vom 22. Juli 1941 vgl. etwa HLZ, 23.7.1941, S. 2.
164 Im Wehrmachtbericht vom 23. September 1941 heißt es: »Nachdem die Ausbruchsversuche der im Raume ostwärts Kiew zusammengedrängten Kräfte erfolglos blieben, machen sich, wie durch Sondermeldung bekanntgegeben, zunehmende Auflösungserscheinungen des Feindes bemerkbar.« Vgl. etwa HLZ, 24.9.1941, S. 1.
165 Zur Rede Hitlers vgl. etwa HLZ, 5.10.1941, S. 3f.
166 »An den Brennpunkten der Winterschlacht«, in: DZ, 25.2.1944, S. 1.
167 »Hermann Göring: Die Luftwaffe wird mit neuen Kräften und neuen Waffen dem Feind antworten«, in: DZ, 2.3.1944, S. 1.
168 Hermann Göring am 9. August 1939 in einer Unterredung mit einem Sonderberichterstatter des Scherl-Verlages. Vgl. AdG 1939, S. 4166f. (F), Zitat S. 4166.
169 »Hohe Auszeichnungen für Tscherkassy-Kämpfer«, in: DZ, 25.2.1944, S. 1.
170 »Estland steht an der Narwa«, in: VB, Süddt. Ausg. (2. Druck), 25.2.1944, S. 1f.
171 Robert Krötz (geb. 1913) studierte in München und gehörte von 1930 bis 1940 der SA an, von 1940 bis 1945 der »Leibstandarte Adolf Hitler« der SS, für die er auch als Kriegsberichter tätig war.
172 Sven Hedin (1865-1952) war ein schwedischer Geograph und Schriftsteller, der in vier Expeditionen die bis dahin unerforschten Gebirgs- und Wüstenregionen Zentralasiens erkundete. Hedin setzte sich für Häftlinge in den Gefängnissen und Konzentrationslagern NS-Deutschlands ein, betrieb aber pronationalsozialistische Propaganda in Schweden. Vgl. Dirks 1996; Wennerholm 1978.
173 Ausschnitt aus »Estland: ›Widerstand bis zum letzten Hauch‹«, in VB, Süddt. Ausg. (2. Druck), 2.3.1944, S. 3.
174 Der Wirtschaftsgeograph Edgar Kant (1902-1978) war von 1941 bis 1944 Rektor der Universität Dorpat, ab 1950 Professor an der Universität Lund. Überdies war er Leiter des Baltischen Forschungsinstituts in Bonn. Vgl. Kenéz 2008, S. 83.

175 VB, Süddt. Ausg. (2. Druck), 2.3.1944, S. 3.

176 Theodor Morell (1886-1948) führte ab 1918 in Berlin eine eigene Praxis. Ab 1936 war er Leibarzt Hitlers, was ihm seine Ernennung zum Professor und 1943 eine Schenkung von 100000 Reichsmark einbrachte. Vgl. Klee 2003, S. 416.

177 Alfred von Tirpitz (1849-1930) war seit 1865 bei der preußischen, ab 1871 kaiserlichen Marine. 1892 wurde er Chef des Stabes des Oberkommandos der Marine, 1897 Staatssekretär im Reichsmarineamt. Tirpitz verfolgte den Plan, eine deutsche Flotte aufzubauen, die der des britischen Empire ebenbürtig sein sollte, scheiterte damit aber weitgehend. Im Ersten Weltkrieg verlor er zusehends an Einfluss und reichte 1916 sein Abschiedsgesuch ein. 1917 gehörte er zu den Gründern der rechten Deutschen Vaterlandspartei. Von 1924 bis 1928 war Tirpitz für die Deutschnationale Volkspartei im Reichstag. Vgl. Enzyklopädie 2003, S. 924.

178 »Roosevelt ruft ›General Humbug‹ zu Hilfe«, in: HLZ, 7.8.1942, S. 1.

179 Adolf Hitler am 30. Januar 1942 im Berliner Sportpalast. Zur Rede vgl. AdG 1942, S. 5374-5381, Zitat S. 5380.

180 Joseph Goebbels zum Jahrestag des »Anschlusses« Österreichs in Wien am 13. März 1942. Zur Rede vgl. AdG 1942, S. 5427f. (C).

181 Adolf Hitler am 26. April 1942 im Berliner Reichstag. Im »Archiv der Gegenwart« heißt es: »Wie unsere U-Boote aber wirken können, das wird sich von Monat zu Monat mehr erweisen, denn entgegen der weinseligen Behauptung Churchills im Herbst 1939 vom Ende der deutschen U-Boote kann ich ihm nur versichern, daß ihre Zahl nach einem festen Rhythmus von Monat zu Monat wächst und daß sie heute bereits die Höchstzahl der U-Boote des Weltkrieges weit hinter sich gelassen hat.« Zum Redetext vgl. AdG 1942, S. 5473-5477 (C), Zitate beide S. 5477.

182 Joachim von Ribbentrop am 27. September 1942 anlässlich eines Empfangs der Vertreter der dem Dreimächtepakt angeschlossenen Staaten. Zur Rede vgl. AdG 1942, S. 5648-5650 (A), Zitat S. 5650.

183 »(die Feinde)« ist eine Hinzufügung Kellners.

184 Im »Archiv der Gegenwart« folgt ein Einschub: »– wie ich vorhin schon ausführte –«.

185 Hermann Göring am 4. Oktober 1942 im Berliner Sportpalast. Zur Rede vgl. AdG 1942, S. 5661-5668 (C), Zitate S. 5665.

186 Joseph Goebbels am 18. Oktober 1942 auf einer Großkundgebung in der Münchener Feldherrnhalle. Zur Rede vgl. AdG 1942, S. 5682f. (C).

187 »sonst« ist eine Hinzufügung Kellners.

188 Adolf Hitler am 8. November 1942 in München. Zur Rede vgl. AdG 1942, S. 5703-5707, Zitat S. 5706.

189 »die politischen Soldaten des Reiches« ist eine Hinzufügung Kellners.

190 Vgl. »Die Bewegung trägt das Reich«, in: DZ, 20.2.1944, S. 1f.

191 Vgl. »Neue Städte werden entstehen«, in: DZ, 23.2.1944, S. 1f.

192 Vgl. »Der Schwur auf der Fahne«, in: DZ, 27.2.1944, S. 1f.

193 Vgl. »Deutsches Erfindertum«, in: DZ, 26.2.1944, S. 1f.

194 Vgl. »Pausenlos«, in: VB, Süddt. Ausg. (3. Druck), 29.2.1944, S. 1f.

195 In der »Darmstädter Zeitung«: »noch einmal«.

196 Vgl. »Die besseren Nerven«, in: DZ, 29.2.1944, S. 1f.

197 Vgl. »Unterschiede im Luftkrieg«, in: DZ, 9.3.1944, S. 1f.

198 »Gefallen für die Freiheit unseres Volkes«, in: Frankfurter Anzeiger, 3.3.1944, S. 1f.

199 »Die drei Schwerpunkte im Süden der Ostfront«, in: DZ, 8.3.1944, S. 2.

200 Hitler am 8. November 1942 in München. Zur Rede vgl. etwa HLZ, 9.11.1942, S. 1-4, Zitat S. 3.

201 Ausschnitt aus »Neue Luftschlacht über dem norddeutschen Raum«, in: DZ, 9.3.1944, S. 1.

202 »Kinder müssen ruhig schlafen!«, in: VB, Süddt. Ausg. (2. Druck), 4.2.1944, S. 4.

203 »Friede ernährt, Zietracht verzehrt«; vgl. Cato, Disticha I,36: »Ira odium generat, concordia nutrit amorem.«

204 HF, Abend-Ausg. 2, 16.2.1944, S. 4.

205 So im Text.
206 HF, Abend-Ausg. 2, 10.2.1944, S. 4.
207 HF, Abend-Ausg. 3, 21.1.1944, S. 4. Die Todesanzeigen zu den Opfern der Bombenangriffe auf Hamburg in der Nacht vom 27. auf den 28. Juli 1943 durchziehen von September 1943 an den Anzeigenteil des »Hamburger Fremdenblatts«.
208 Ausschnitt aus »Das Mächtigste auf Erden«, in: Das Schwarze Korps, Jg. 10, Nr. 10 (9.3.1944), S. 1f.

Heft 8

1 Vgl. »Trotz Terrorangriffen Rüstungssteigerung«, in: VB, Süddt. Ausg. (3. Druck), 3.3.1944, S. 3.
2 Dr. Theo Hupfauer (1906-1993), 1935 Stabsobmann im Hauptamt der NS-Betriebszellenorganisation in München, ab 1936 Amtsleiter der DAF, dort ab 1942 Verbindungsmann zum Rüstungsminister. 1944 wurde er Chef des Rüstungsamtes. In Hitlers Testament wurde Hupfauer zum Arbeitsminister ernannt. Nach 1945 war er in der Wirtschaft tätig. Vgl. Klee 2007b, S. 275f.
3 Rede des Reichsorganisationsleiters Ley am 1. März 1944 in einem großen Berliner Rüstungsbetrieb. Zur Rede vgl. »Trotz Terrorangriffen Rüstungssteigerung«, in: VB, Süddt. Ausg. (3. Druck), 3.3.1944, S. 3.
4 »›Deutsche Armee unbesiegbar‹ / Eine Ansprache Lavals«, in: VB, Süddt. Ausg. (3. Druck), 5.3.1944, S. 2.
5 In »Das Reich«: »hinterlistige«.
6 Vgl. »Die Bedrohung Europas«, in: Das Reich, Jg. 1944, Nr. 8 (20.2.1944), S. 1f.
7 DZ, 16.3.1944, S. 1f.
8 Alkibiades gilt schon in der Antike als ein mehr oder weniger skrupelloser Machtmensch, der die Grenzen des demokratischen Polisstaates Athen nicht einhalten wollte. Er war maßgeblich beteiligt an der Planung der sizilischen Expedition der Athener (415), die Macht und Reichtum Athens steigern sollte, schließlich aber in der Niederlage endete. Wichtigste Quelle für Alkibiades ist die Darstellung des Thukydides in seinem Peloponnesischen Krieg (6. Buch, insbesondere Kap. 15-18). Wir danken Prof. Manfred Landfester für Auskünfte. Vgl. auch Friedrich Hölderlins Ode »Sokrates und Alcibiades« (Hölderlin 1992, Bd. 1, S. 205).
9 »Die Schlacht ist unser«; nach Friedrich Hölderlins Gedicht »Der Tod fürs Vaterland« (1799), letzte Strophe. Die Hölderlin-Forschung hat darauf hingewiesen, dass diese Hymne nationalistisch missbraucht wurde (vgl. Hölderlin 1992, Bd. 1, S. 624ff.). Friedrich Beissner, der Herausgeber der Großen Stuttgarter Ausgabe, bemerkt, dass Hölderlin »an einen Kampf gegen die Unterdrücker des Vaterlands, gegen tyrannische Fürsten« denke, also an einen Befreiungskampf, nicht an einen Angriffskrieg (Hölderlin 1946, Bd. I,2, S. 60ff.). Die Forschung betont, dass Hölderlin mit Vaterland *la patrie* meine, den republikanischen Staat der Französischen Revolution, der von Menschenrechten bestimmt ist. Vgl. auch Koch 1996, S. 60-75.
10 Vgl. »Deutschlands Siegeschancen«, in: HF, Abend-Ausg., 15.3.1944, S. 1f.
11 »Große Zeit ist immer nur, wenn's beinahe schief geht«; nach Theodor Fontanes Roman »Der Stechlin«, dort: »Große Zeit ist es immer nur, wenn's beinah schief geht, wenn man jeden Augenblick fürchten muß: ›Jetzt ist alles vorbei‹. Da zeigt sich's. Courage ist gut, aber Ausdauer ist besser. Ausdauer, das ist die Hauptsache.«
12 Vgl. »Theo Morell«, in: Das Reich, Jg. 1944, Nr. 10 (5.3.1944), S. 1.
13 Vorangehender Absatz durch zwei rote Balken am linken Seitenrand hervorgehoben.
14 Vgl. »Flutwellen werden im niederländischen Raum die Invasoren empfangen«, in: DZ, 22.3.1944, S. 2.

15 »Alle Faustpfänder des Sieges in unserer Hand«, in: VB, Süddt. Ausg. (1. Druck), S. 5.
16 »Mädelführerinnen tagten«, in: ebd.
17 »(Stalingrad!)« wurde von Kellner ergänzt.
18 Vgl. »Zurück zum Dnjepr«, in: HLZ, 21.10.1943, S. 1f.
19 Vorhergehender Satz durch einen roten Balken am rechten Seitenrand hervorgehoben.
20 Vgl. »Das letzte Hindernis«, in: Das Reich, Jg. 1944, Nr. 13 (26.3.1944), S. 1f.
21 »der Krieg« wurde von Kellner hinzugefügt. In »Das Reich«: »er«.
22 Karl Engert (1877-1951), seit 1932 MdL in Bayern, war Ministerialdirektor im Reichsjustizministerium und Vizepräsident des Volksgerichtshofs. Nach dem Krieg war er im Nürnberger Juristen-Prozess angeklagt, wegen Krankheit schied er aber aus dem Verfahren aus. Vgl. Klee 2003, S. 136f.
23 Vgl. »Zum Jahrestag des Hitler-Prozesses am 26. Februar 1924«, in: DRW, Jg. 14, Nr. 8/9 (19./26.2.1944), S. 129f.
24 Ein Satz wurde ausgelassen: »›Ich habe den Eindruck, daß der Führer nichts so sehr wünscht als den Frieden unter den Völkern‹ (der ehemalige französische Botschafter in Berlin, François Poncet, in dem deutschfeindlichen Blatt ›Pariser Tageszeitung‹ v. 27. Dez. 1939.)«.
25 Nachfolgend gestrichen: »haben aber«.
26 Zur Rundfunkansprache von Reichsjustizminister Thierack am 25. März 1944 vgl. AdG 1944, S. 6317f. (E), Zitat S. 6318.
27 Vorhergehender Satz durch einen roten Balken am rechten Seitenrand hervorgehoben.
28 Die vorhergehenden drei Sätze sind jeweils durch einen roten Balken am rechten Seitenrand hervorgehoben.
29 Vorhergehender Satz ist durch zwei rote Balken am rechten Seitenrand hervorgehoben.
30 Die vorhergehenden drei Sätze sind durch drei rote Balken am rechten Seitenrand hervorgehoben.
31 Paul Zander (1884-1955) aus Königsberg (Ostpreußen) war, bevor er 1919 nach Darmstadt kam, als Arzt und Dozent in Halle tätig. Ein erster, in der »Darmstädter Zeitung« erschienener Artikel über den Chirurgen schildert ihn als gütigen Kulturmenschen, der »soviel wie ein Armeekorps von Menschen« dem Leid und dem Tode entrissen habe. Vgl. DZ, 23.3.1944, S. 3.
32 Der aus Worms stammende Bildhauer Adam Antes (1891-1984) besaß seit 1919 ein Atelier auf der Mathildenhöhe in Darmstadt. Vor 1933 schuf er eine Reihe von expressiven Plastiken, darunter Büsten von Martin Luther (1913), Oscar Wilde (1913) und Friedrich Ebert (1925); aus der NS-Zeit sind Büsten von Heinrich I. (1941) und Friedrich dem Großen (1941) dokumentiert, aber auch Mussolini und Hitler wurden von Antes bildhauerisch porträtiert. Eine kurz nach dem Krieg erschienene Antes-Monographie (Illert/Geisenheyner 1952) beschreibt ihn als grüblerischen Menschen, der weithin Opfer der Auftragslage seiner Zeit gewesen sei.
33 »Hingabe tut überall das Beste zur Sache. Hingabe geht nimmer fehl«; nach Meister Eckharts Traktat »Von wârer gehôrsame daz êrste« (»Vom wahren Gehorsam«), hier nach der Übersetzung von Herman Büttner (Meister Eckeharts Schriften und Predigten, Bd. 2, Jena 1909, S. 1-3: »Von der Hingabe«). Vgl. auch Meister Eckhart 1993, S. 334-337, Zitat S. 334f.
34 Ausschnitt aus »Aus Dankbarkeit ›Paul-Zander-Krankenhaus‹«, in: DZ, 24.3.1944, S. 4.
35 In einem Brief vom April 1945 setzte sich Paul Zander gegen seine nach dem Einmarsch der Alliierten rasch betriebene Absetzung als Leitender Arzt zur Wehr: »Ich weiß, daß mir weder per[s]önlich noch beruflich oder kollegial und auch politisch irgend etwas vorgeworfen werden kann. [...] Ich habe übrigens nach der Besetzung d[e]r amerikanischen Armee politisch keine Äusserung mehr getan und habe mein Parteiabzeichen nach Bekanntgabe der Auflösung der Partei abgelegt. Der einzige Vorwurf, der mir gemacht werden kann, ist, dass ich an den Sieg geglaubt habe, das kann dumm gewesen sein, ist aber kein politisches Vergehen. Wenn es aber nur mein Bekenntnis und meine Liebe zu der Persönlichkeit Adolf Hitlers ist, die mir vorgeworfen wird, dann betrachte ich es als eine Ehre, wenn ich deshalb Anfeindungen über mich ergehen lassen muss« (HStAD, Best. O 21, Nr. 16/13: Schreiben Prof. Dr. Zander an Dr. med. Schuchardt, 27.4.1945).

36 Ausschnitt aus »Dr. Goebbels Stadtpräsident von Berlin«, in: VB, Süddt. Ausg. (3. Druck), 8.4.1944, S. 1.
37 Vgl. den Wehrmachtbericht vom 12. April 1944, abgedruckt etwa in: VB, Süddt. Ausg. (3. Druck), 13.4.1944, S. 1.
38 Ausschnitte aus »Die schweren Kämpfe auf der Krim«, in: VB, Süddt. Ausg. (3. Druck), 16.4.1944, S. 2.
39 HF, Abend-Ausg. 2, 11.4.1944, S. 5.
40 Am rechten Seitenrand in Höhe der Unterstreichung ein Ausrufezeichen.
41 »Nichts kann unsere Treue zum Führer erschüttern«, in: DZ, 21.4.1944, S. 1.
42 »Auf Leben und Tod: Unser Hitler!«, in: VB, Süddt. Ausg. (3. Druck), 21.4.1944, S. 3f.
43 Ausschnitt aus »Ueberragende Persönlichkeit des XX. Jahrhunderts«, in: DZ, 20.4.1944, S. 1f.
44 Vgl. »Unseren Gefallenen«, in: DZ, 27.4.1944, S. 1.
45 Vorhergehender Satz durch einen roten Balken am rechten Rand des Zeitungsausschnitts hervorgehoben.
46 Ausschnitte aus »Wie ein Felsblock im brandenden Meer«, in: VB, Süddt. Ausg. (2. Druck), 25.4.1944, S. 3f.
47 DZ, 21.4.1944, S. 4.
48 Punkt 11 des 25-Punkte-Programms der NSDAP vom 24. Februar 1920 enthält die Forderung: »Abschaffung des arbeits- und mühelosen Einkommens. Brechung der Zinsknechtschaft!« Unter Punkt 12 heißt es: »Im Hinblick auf die ungeheuren Opfer an Gut und Blut, die jeder Krieg vom Volke fordert, muß die persönliche Bereicherung durch den Krieg als Verbrechen am Volke bezeichnet werden. Wir fordern daher restlose Einziehung aller Kriegsgewinne.« Das Programm ist abgedruckt in Hofer 1997, S. 28-31.
49 Die Wendung »sich einen roten Rock verdienen« in der Bedeutung von ›sich in Gunst setzen‹ geht zurück auf die Rockfarbe früherer Hoftrachten; die rote Farbe galt als Standeskennzeichen des Adels. Vgl. Wanzeck 2003, S. 71.
50 »Forsteinsatz der Wanderer«, in: DZ, 19.4.1944, S. 3.
51 »Parteiaufmärsche«, in: VB, Süddt. Ausg. (2. Druck), 30.4./1.5.1944, S. 4.
52 »Männerstolz vor Fürstenthronen«; vgl. Schiller: »Ode an die Freude«.
53 »Zum Tode verurteilt«, in: VB, Süddt. Ausg. (3. Druck), 2.5.1944, S. 6.
54 Ausschnitte aus »Die Unbegreiflichen«, in: VB, Süddt. Ausg. (3. Druck), 29.4.1944, S. 1f.
55 Paul Sethe (1901-1967) war ab Ende 1933 Journalist bei der »Frankfurter Zeitung« und ab 1940 Kriegsberichterstatter. Nach dem Verbot der »Frankfurter Zeitung« wurde er Chefredakteur beim »Frankfurter Anzeiger« und von dort im Frühjahr 1944 zum »Völkischen Beobachter« dienstverpflichtet. Sethe war aber nie Mitglied der NSDAP. Ab 1949 war er Mitherausgeber der »Frankfurter Allgemeinen Zeitung« und verfocht dort einen Anti-Adenauer-Kurs. Im Streit darüber wurde er herausgedrängt und arbeitete anschließend als Ressortleiter bei der »Welt« und der »Zeit«. Vgl. Klee 2007a, S. 580.
56 »›Jede Division eine Festung‹ / Rommel im Atlantikwall«, in: HF, Abend-Ausg. 2, 25.4.1944, S. 2.
57 Am linken Seitenrand ein Ausrufezeichen.
58 Am linken Seitenrand zwei Ausrufezeichen.
59 Ausschnitte aus »So sind wir Deutschen«, in: Das Schwarze Korps, Jg. 10, Nr. 18 (4.5.1944), S. 1f.
60 Oberhalb der Randbemerkung »Den Krieg hat doch Hitler angefangen!« ein Ausrufezeichen.
61 »Es kann die Spur von meinen Erdentagen, nicht in Äonen untergehn«; vgl. den Schlussmonolog in Goethes Faust II.
62 Zusätzlich zum Tagebucheintrag über den Artikel »So sind wir Deutschen!« sind zwei maschinenschriftliche Seiten zum gleichen Thema in das Tagebuch eingelegt. Es handelt sich dabei um einen Leserbriefentwurf Friedrich Kellners an »Das Schwarze Korps«: »An Frau Hieke-Witkowski in Wien / An ›Schwarzes Korps‹ Mai 1944. ›So sind wir Deutschen!‹. Nein, so sind sie –

Gott sei Dank – nicht alle. Aber ein grosser Teil ist schon so, wie der Artikel im ›Schwarzen Korps‹ vom 4. Mai 1944 sie darstellt. Ueberheblich und brutal, Raubtier in Menschengestalt. Besonders die weiblichen Bestien, zu denen die Briefschreiberin aus Wien gehört. Ein Weib slawischer Abstammung (Witkowski!). Also ein germanisiertes Ungeheuer!
Wir, die anständigen Deutschen, sind überaus dankbar, dass sich die Auch-Deutschen, denen wir diesen Krieg mit allen seinen schauderhaften Folgen, sowie den nie erlöschenden Hass der ganzen Menschheit zu verdanken haben, in der Zeit von 1933-1944 bis in die tiefsten Tiefen ihrer satanischen Natur offenbart haben. Das Beweismaterial ist wunderbar!
So seid Ihr Auch-Deutschen! Besessen von einer grenzenlosen Ueberheblichkeit: Die beste Armee der Welt! Den genialsten Feldherrn aller Zeiten! Die besten Heerführer! Die erfindungsreichsten Ingenieure! Die tüchtigsten und fleissigsten Arbeiter! Und so weiter, und so weiter. Ob wir in Deutschland auch die treuesten Frauen haben, das scheint die Briefschreiberin übersehen zu wollen, angesichts der allgemein bekannten und unverschämten Treulosigkeit einer ansehnlichen Zahl aris+cher Germaninnen.
Als Angehöriger der ›besten‹ Infanterie vermag ich schon zu beurteilen, was es mit den ›besten‹ Eigenschaften der Welt bezüglich unserer Wehrmacht in Wirklichkeit für eine Bewandtnis hat. Zuerst überfiel Deutschland schlecht ausgerüstete Nationen, die irrigerweise an die Vertragstreue der Deutschen glaubten. Die Friedensbeteuerungen waren ein elender Betrug und die Nichtangriffspakte wurden einfach zerrissen. Ein besonderes Kapitel von Treue und Glauben! Dann stürzten wir uns wie Meuchelmörder auf unseren russischen Vertragspartner. Doch noch nicht genug damit. Der sogenannte ›Führer‹ erklärte zu allem Überflusse den Vereinigten Staaten von Amerika auch noch den Krieg. Der Gipfelpunkt des Wahnsinns! Bei dieser Sachlage wagt es die deutsche Frau aus Wien (nahe der Walachei) zu behaupten, alles Gesindel der Welt habe uns den Krieg erklärt. Deutschland hat ohne Kriegserklärung nachstehende Länder überfallen: Polen, Dänemark, Norwegen, Holland, Luxemburg, Jugoslawien und Griechenland. Die deutschen Soldaten haben in der Zwischenzeit zur Genüge erfahren, in wie hohem Masse uns die Völker der genannten Länder hassen. Die Quittungen für das Verhalten des Nationalsozialistischen Deutschland werden uns noch erteilt werden.
Die Dame aus Wien ist erstaunt darüber, dass ihr blonder Gatte im Osten fiel. Was hatte der Herr im Osten zu tun? Bleibe im Lande und nähre dich redlich! Die Nichtbeachtung dieser alten Weisheit hat vielen raubgierigen Germanen das Leben gekostet. Wer das Schwert umgürtet, muss ohne weiteres damit rechnen, dass er durch das Schwert fällt. Das ist so und nicht anders. Das deutsche Volk mit seinem Mangel an Rechtsgefühl will fremden Raum stehlen. Ukraine! Kaukasus! Auf diese Weise geht das einfach nicht. Im 20. Jahrhundert ist das nicht mehr möglich. Selbst wenn andere Völker in der Vergangenheit gestohlen haben, so können wir uns heute darauf nicht berufen. Die vielen studierten Damen und Herren hätten das eigentlich schon herausfinden müssen. Oder aber, wenn schon der Eroberungsgedanke und Ausdehnungsdrang zur allgemeinen Rechtsgrundlage des Germanentums erhoben worden ist, dann, meine sehr verehrten Damen und Herren, wundern Sie sich nicht, wenn morgen oder übermorgen jenseits der Grenzen die Rufe erschallen: ›Wir brauchen das Ruhrgebiet‹. Und siehe da, wilde Horden dringen ein und stehlen das Ruhrgebiet. Ja, was den einen (den Germanen) recht ist, muss auch den anderen billig sein. – Genau so wie das Recht innerhalb der Grenzen eines Landes beachtet werden muss – wenn das Leben sich einigermassen in vernünftigen Bahnen bewegen soll – genau so muss das Recht zwischen Völkern sich Achtung verschaffen. Nicht durch Panzer oder Stukas sind Rechte zu erringen und zu erhalten, sondern einzig und allein durch Freundschaft und Verträge. Voraussetzung dazu ist die anständige Erziehung der Menschen. Das hervorragendste Beispiel wie es niemals gemacht werden darf ist die Erziehung der deutschen Jugend in der einmaligen H.J.
Wer Augen hat, zu sehen, der konnte bereits vor dem Kriege feststellen, dass viele deutsche Familien Mangel an Wohnraum hatten. Besonders kinderreiche Familien. Jeder vernünftige Mensch würde es nun als eine grobe Rechtsverletzung angesehen haben, wenn der Vater einer kinderreichen Familie kurzerhand die Villa einer alleinstehenden Dame sich angeeignet hätte.

Das ist im Gesetz als verbotene Eigenmacht gekennzeichnet. Was dem Einzelmenschen nicht gestattet ist, das kann auch das gesamte Volk nicht als Rechtsanspruch geltend machen. Setzt sich ein Volk mit Schlagworten, z.B. Lebensrecht oder ›Volk ohne Raum‹ über die allgemeinen Menschenrechte hinweg, dann gibt es Mord und Totschlag, auch ›Krieg‹ genannt. Was Krieg bedeutet, das hätte das deutsche Volk eigentlich in den Jahren 1914-1918 sehen können. Es hatte aber nichts gelernt und sich willenlos in diesen Krieg ›führen‹ lassen. Nicht erkennend oder nicht wissen wollend, dass noch nie ein Krieg irgend ein menschliches Problem gelöst hat.
Wenn der moderne Mensch durch ärztliche Wissenschaft teilweise mit Erfolg gegen Krankheiten den Kampf aufgenommen hat, so ist damit den Naturgesetzen vorübergehend ein Schnippchen geschlagen worden. Die Natur hat vordem durch Seuchen und Krankheiten die Vermehrung eingedämmt. Das war zwar sehr brutal, aber immerhin noch etwas erträglicher wie der von den Nationalsozialisten erfundene totale Krieg, der alles zerstört, nicht nur die Lebewesen. Daraus ist der Schluss zu ziehen, dass Krankheiten das kleinere Übel sind. An dieser Entwicklung ist selbstverständlich nichts mehr zu ändern, ich meine daran, dass die Menschen aus Egoismus ihr ›kostbares‹ Leben verlängern. Wenn die Menschheit in diesem Punkte gewissermassen Herr der Natur geworden ist, dann hat sie aber auch die verdammte Pflicht und Schuldigkeit, die andere Seite des Kanals zu verstopfen. Das Kommen zu regulieren. Den Fortpflanzungsdrang in vernünftige Bahnen zu lenken. Es geht nicht an, dass die Völker ihrem Triebleben keinerlei Hemmungen auferlegen oder gar noch das ›Kinderkriegen‹ von Amts wegen fördern lassen. Siehe Drittes Reich. Darüber müssen sich die sogenannten Gelehrten aller Länder die Köpfchen zerbrechen und nicht über die Erfindung neuer, mörderischer Waffen. Der nationale Egoismus ist zu bekämpfen und nicht der friedliche Nachbar. Was soll es denn mit Europa in einigen Jahrzehnten geben, wenn alle Länder dieses verrückten Erdteils gleichmässig ihre Vermehrung pflegen anstatt sich zu mässigen? Wenn jede europäische Familie sich 5 Kinder leisten würde, so wäre das Narrenhaus bald so überfüllt, dass ein gegenseitiges Auffressen zur täglichen Gepflogenheit werden müsste.
Das geht auch Frau Hieke-Witkowski an, die einen sehr schwer bezähmbaren Fortpflanzungsdrang in sich spürt – aus nationaler Eitelkeit. –
Wer heute noch in der ›Gewissheit des Endsieges‹ schwelgt und das Glück des ›Siegfriedens‹ auskosten will oder der ›neuen Zeit‹ harrt, na, dem ist bestimmt kaum mehr zu helfen. Auch eine Überweisung in eine Heil- und Pflegeanstalt ist bei einer derartigen Erkrankung ziemlich zwecklos.
Frau Hieke-Witkowski beschwert sich darüber, dass sie in Wien noch keinen eindrucksvollen Besuch der Anglo-Amerikaner gehabt habe. Dieser Frau kann geholfen werden. Sicher gibt es im Altreich viele Familien, die ein Tauschangebot sofort annehmen. Frau H.W. soll doch nach Berlin ziehen, wenn es ihr in Wien zu ruhig ist. Aber bitte nur nicht drängeln. In nicht zu ferner Zeit wird es auch in Wien etwas mehr Leben geben. Das wird nun zwar nicht ganz nach dem Geschmack der Wiener Dame sein, dieweil sie das ›Pack‹ dem Anscheine nach nicht liebt. Das ›Pack‹ wird aber darnach nicht fragen. Der seelige Herr Hieke wird seine Witwe im Stiche lassen. Die symbolische Wacht im Massengrab ist kein Hindernisgrund für die Besetzung von Wien.
Ein Vertreter der Klasse Rindvieh (wie Frau Witkowski so hübsch schreibt) hat sich erlaubt, seiner Meinung Ausdruck zu verleihen. Er wird hoffentlich noch Gelegenheit bekommen, sich persönlich vorzustellen.
Gut Holz!«

63 Am 11. Oktober 1931 trafen sich Vertreter der nationalistischen Rechten von der DNVP, dem Stahlhelm bis hin zur NSDAP in Bad Harzburg zu einer Tagung und einem großen Aufmarsch, um ihre Bereitschaft der gemeinsamen Regierungsübernahme zu demonstrieren. Vgl. Benz/Graml/Weiß 2007, S. 553f.

64 Vgl. »Dr. Lammers«, in: Das Reich, Jg. 1944, Nr. 19 (7.5.1944), S. 1.

65 Vgl. RGBl. I, 5.5.1944, S. 113: Erlaß des Führers über die Wehrpflicht und die Reichsarbeitsdienstpflicht von Staatenlosen vom 25. April 1944, hier vor allem Artikel I.

66 Die Äußerung Rommels ist abgedruckt in: »Marschall Rommel: ›Wir sind bereit!‹«, in: HF, Abend-Ausg., 9.5.1944, S. 2.
67 Am linken Seitenrand in Höhe des vorhergehenden Absatzes ein Ausrufezeichen.
68 Vgl. »Die neue Wochenschau: Der Atlantikwall in Bereitschaft«, in: DZ, 9.5.1944, S. 3.
69 Gießener Zeitung, 8.5.1944, S. 3. – Rechts und links des Zeitungsausschnitts jeweils ein roter Balken.
70 VB, Süddt. Ausg. (3. Druck), 10.5.1944, S. 2.
71 VB, Süddt. Ausg. (3. Druck), 11.5.1944, S. 1.
72 Ausschnitt aus »Nach der Räumung der Krim«, in: HF, Abend-Ausg., 16.5.1944, S. 1.
73 »Die Schlacht auf der Krim«, in: VB, Süddt. Ausg. (3. Druck), 12.5.1944, S. 1.
74 Dr. med. Karl Schilling (1899-1973) trat 1922 der NSDAP bei und wurde 1932 Mitglied des Hessischen Landtags. Von Januar 1929 bis September 1937 war er Kreisleiter der NSDAP in Alzey, von Oktober 1937 an in Darmstadt. 1941 wurde er zudem Mitglied des Reichstags. Vgl. Stockhorst 1967, S. 379; Lilla 2004, S. 555.
75 DZ, 11.5.1944, S. 1.
76 »Herr, mach' ein Ende!«; vgl. das Kirchenlied 361 von Paul Gerhardt (1653), 12. Strophe: »Mach End, o Herr, mach Ende / Mit aller unsrer Not«.
77 Ausschnitt aus »Den Bolschewisten ist nicht mehr zu helfen«, in: VB, Süddt. Ausg. (3. Druck), 30.9.1941, S. 1.
78 Nachfolgend gestrichen: »(Jahren)«.
79 Vgl. »Die Partei im Kriege«, in: Das Reich, Jg. 1944, Nr. 20 (14.5.1944), S. 1f. Kellner zitiert den Artikel mit kleinen Abweichungen.
80 »Hetzer hingerichtet«, in: HF, Abend-Ausg., 5.4.1944, S. 1.
81 »Wo bleibt die zweite Front?«, in: DZ, 13.5.1944, S. 1.
82 »Was der Feind vom Atlantikwall sagt«, in: DZ, 13.5.1944, S. 1.
83 »Vor der ›Malariaschlacht‹«, in: DZ, 17.5.1944, S. 2.
84 VB, Süddt. Ausg. (3. Druck), 26.5.1944, S. 6.
85 »Besatzung von Cisterna schlug alle Angriffe zurück«: Teil der Unterüberschrift des Artikels: »Schwere Kämpfe bei Velletri«, in: DZ, 27.5.1944, S. 2.
86 DZ, 17.5.1944, S. 1.
87 Am linken Seitenrand ein rotes Ausrufezeichen hinzugefügt.
88 Ausschnitt aus »Die entscheidende Schlacht im Westen hat begonnen«, in: DZ, 7.6.1944, S. 1.
89 DZ, 7.6.1944, S. 1.
90 Ebd., S. 2.
91 Ebd., S. 1.
92 Ebd., S. 2.
93 Gustav Staebe (geb. 1906), kaufmännischer Angestellter und Journalist, trat 1923 der NSDAP bei. 1926 wurde er Kreisleiter in Braunschweig, 1929 im Rhein-Lahn-Eck. Im September 1929 beschimpfte Staebe die Weimarer Republik als »Geldsackrepublik« und ihre Verfassung als »Judenverfassung«. Ab 1932 war er HJ-Gebietsführer und Schriftleiter des »Völkischen Beobachters«, ab 1935 Leiter des Landesverbandes Rhein-Main im Reichsverband der deutschen Presse. Nach 1945 war er zunächst interniert, später Chefredakteur beim »Westfälischen Anzeiger und Kurier«. Vgl. Stockhorst 1967, S. 407; Jasper 1960, S. 284.
94 In der »Hessischen Landes-Zeitung« wie auch im »Archiv der Gegenwart« nachfolgend ein Einschub: »– darüber sind sogar in England – und das will immerhin allerhand heißen – die Meinungen geteilt –«.
95 Sportpalast-Rede Hitlers am 30. September 1942, abgedruckt etwa in: HLZ, 1.10.1942, S. 2-4, Zitat S. 2.
96 Rede Hermann Görings am 9. September 1939 vor der Belegschaft der Rheinmetall-Borsig-Werke, abgedruckt etwa in: HLZ, 10.9.1939, S. 4-7, Zitat S. 4.
97 »London und Washington verschweigen die Verluste«, in: VB, Norddt. Ausg., 9.6.1944, S. 2.

98 »Der finnische Heeresbericht«, in: VB, Norddt. Ausg., 12.6.1944, S. 3.
99 »Kämpfen und siegen, wenn wir leben wollen«, in: VB, Norddt. Ausg., 13.6.1944, S. 2.
100 Vgl. Hitler 1930, S. 196, die folgenden Zitate S. 197 und 203.
101 Werner Naumann (1909-1982), 1928 der NSDAP beigetreten, war ab 1938 im Reichspropagandaministerium, wo er 1944 Staatssekretär wurde. In Hitlers Testament war er als Nachfolger von Goebbels vorgesehen. Nach 1945 tauchte Naumann zunächst unter, bevor er in der Industrie Karriere machte. Er leitete den sogenannten Gauleiter-Kreis und hatte Kontakte zu anderen rechtsradikalen Organisationen. 1953 wurde er vorübergehend auf Anordnung des britischen Hohen Kommissars verhaftet. Vgl. Klee 2003, S. 429.
102 VB, Süddt. Ausg. (2. Druck), 8.6.1944, S. 1.
103 VB, Süddt. Ausg. (2. Druck), 12.6.1943, S. 1f.
104 »Gedämpfte Stimmung in London«: Teil der Unterüberschrift des Artikels »Konzentrische Angriffe auf den Gegner«, in: VB, Süddt. Ausg. (2. Druck), 11.6.1943, S. 1.
105 »Ruf nach Sowjethilfe« ist ein Teil derselben Unterüberschrift.
106 VB, Süddt. Ausg. (2. Druck), 16.6.1944, S. 6.
107 DZ, 10.6.1944, S. 1.
108 DZ, 11.6.1944, S. 1.
109 DZ, 9.6.1944, S. 1.
110 VB, Süddt. Ausg. (2. Druck), 16.6.1944, S. 1.
111 »Das System des Atlantikwalls bewährt sich«: Unterüberschrift des Artikels »Unsere Gegenmaßnahmen«, in: VB, Süddt. Ausg. (2. Druck), 12.6.1944, S. 1.
112 VB, Süddt. Ausg. (2. Druck), 10.6.1944, S. 3.
113 DZ, 16.6.1944, S. 1.
114 VB, Norddt. Ausg., 14.6.1944, S. 1.
115 Ebd.
116 Ausschnitt aus der Überschrift »Die Schlacht in der Normandie strebt dem Höhepunkt zu«, in: DZ, 16.6.1944, S. 1.
117 Ausschnitt aus der Überschrift »Erbitterte Kämpfe mit der dritten Angriffswelle«, in: VB, Süddt. Ausg. (2. Druck), 10.6.1944, S. 1.
118 DZ, 15.6.1944, S. 1f.
119 VB, Süddt. Ausg. (2. Druck), 16.6.1944, S. 1.
120 »Die britische Fehlrechnung über deutsche Widerstandskraft«: Unterüberschrift des Artikels »›Hartnäckigkeit behält die Oberhand‹«, in: VB, Norddt. Ausg., 16.6.1944, S. 2.
121 »Montgomery unter strategischem Zwang«: Dachzeile des Artikels »Heranreifende Entscheidung«, in: ebd., S. 1.
122 HF, Abend-Ausg., 12.6.1944, S. 1.
123 VB, Norddt. Ausg., 15.6.1944, S. 1.
124 HF, Abend-Ausg., 12.6.1944, S. 1.
125 Ausschnitt aus »Die moderne Großlandung«, in: DZ, 10.6.1944, S. 1f.
126 »Knut Hamsun: Die Rettung Europas in Deutschlands Hand«, in: VB, Norddt. Ausg., 14.6.1944, S. 2. Vgl. zu Hamsun u.a. Milovanovic 2005, S. 76f.
127 Ausschnitt aus »Entwicklung der Schlacht in der Normandie«, in: VB, Süddt. Ausg. (2. Druck), 10.6.1944, S. 1f.
128 Ausschnitt aus »Das Loch im Luftschirm«, in: VB, Süddt. Ausg. (2. Druck), 11.6.1944, S. 1f.
129 »Norwegens Minister Fuglesang zur Invasion«, in: VB, Süddt. Ausg. (3. Druck), 15.6.1944, S. 1.
130 »Musserts Entschluß«, in: VB, Süddt. Ausg. (3. Druck), 15.6.1944, S. 6.
131 Anton Adriaan Mussert (1894-1946) gründete 1931 die faschistische NSB und war 1942 als »Leiter des niederländischen Volkes« führender Kollaborateur. Nach Kriegsende wurde er zum Tode verurteilt und hingerichtet. Vgl. Benz/Graml/Weiß 2007, S. 951.
132 Ausschnitt aus »Gegen London und Südengland«, in: VB, Norddt. Ausg., 17.6.1944, S. 1.

133 »Mit neuen Sprengkörpern größten Kalibers«: übergeordnete Schlagzeile des Artikels »Gegen London und Südengland«.
134 VB, Norddt. Ausg., 18.6.1944, S. 1.
135 »Mit stärksten Zerstörungen ist zu rechnen«: Teil der Unterüberschrift des Artikels »Südengland unter Dauerfeuer«.
136 VB, Norddt. Ausg., 19.6.1944, S. 1.
137 VB, Norddt. Ausg., 21.6.1944, S. 1.
138 Ebd., S. 1.
139 »Vergebliches englisches Flakfeuer gegen die deutschen Sprengkörper«, in: VB, Norddt. Ausg., 19.6.1944, S. 1.
140 Vorhergehender Satz durch einen roten Balken am rechten Seitenrand hervorgehoben.
141 Vorhergehender Satz durch zwei rote Balken sowie ein Ausrufezeichen am rechten Seitenrand hervorgehoben.
142 Vorhergehender Satz durch einen roten Balken sowie ein Ausrufezeichen am rechten Seitenrand hervorgehoben.
143 »Eine Waffe und ihre Wirkung«, in: VB, Norddt. Ausg., 19.6.1944, S. 1.
144 Am rechten Seitenrand in Höhe des vorhergehenden Satzes ein großes rotes Ausrufezeichen.
145 Ausschnitt aus »Alle Angriffe der Sowjets verlustreich zurückgeschlagen«, in: VB, 16.6.1944, S. 2.
146 Ausschnitt aus »Heldentod des erfolgreichsten finnischen Jagdfliegers«, in: VB, Norddt. Ausg., 21.6.1944, S. 3.
147 Am rechten Seitenrand in Höhe des vorhergehenden Satzes zwei Ausrufezeichen.
148 VB, Norddt. Ausg., 21.6.1944, S. 6.
149 »Materialsturm gegen Cherbourg«, in: VB, Norddt. Ausg., 25.6.1944, S. 1. Die folgenden Ausschnitte ebd.
150 Am rechten Seitenrand in Höhe des vorhergehenden Satzes ein Ausrufezeichen.
151 Nachfolgend werden zwei Sätze ausgelassen: »Ein Blick hinter die Kulissen lehrt hier viel, und es ist selbstverständlich, daß uns, den Führenden, hier mehr Dinge bekannt sind, als wir veröffentlichen können. Das zeigen uns aufgefangene Funkmeldungen, Berichte, Befehle usw.«
152 Zur Sportpalast-Rede Görings am 4. Oktober 1942 vgl. etwa »Aus der Einigkeit des deutschen Volkes wird des Reiches Größe und Freiheit erwachsen«, in: HLZ, 6.10.1942, S. 1-5, Zitate S. 4. Kellner zitiert mit leichten Abweichungen.
153 Vorhergehender Absatz durch zwei rote Balken am linken Seitenrand hervorgehoben.
154 Vorhergehender Satz durch zwei rote Balken am linken Seitenrand hervorgehoben.
155 Ausschnitt aus »Heroischer Widerstand der Verteidiger von Cherbourg«, in: VB, Norddt. Ausg., 27.6.1944, S. 1.
156 Am rechten Seitenrand in Höhe des vorhergehenden Absatzes ein Ausrufezeichen.
157 »Erbitterter deutscher Widerstand«, in: VB, Norddt. Ausg., 28.6.1944, S. 1.
158 »Unser Ostheer in der Gesamtstrategie«, in: VB, Süddt. Ausg. (2. Druck), 28.6.1944, S. 3.
159 Am rechten Seitenrand drei Ausrufezeichen.
160 Vorhergehende zwei Absätze durch einen roten Balken am linken Seitenrand hervorgehoben.
161 VB, Norddt. Ausg., 1.7.1944, S. 1.
162 Die sogenannten V-Waffen wurden in der NS-Propaganda als qualitativ neuartige Waffen beschworen, die eine Kriegswende trotz der quantitativen Überlegenheit der Alliierten herbeiführen könnten. – Victor Klemperer widmet dem »V« der neuen Waffe in »LTI« eine längere Passage: »Und endlich war da, zur Formel erstarrt, zum Zauberwort geworden, die ›neue Waffe‹, das magische steigerungsfähige Zeichen V. Wenn es V 1 nicht schaffte, wenn V 2 wirkungslos blieb – warum sollte die Hoffnung nicht ausharren, V 3 und V 4 entgegen? […] Seltsame Rache des magischen Buchstabens: V war zuerst die Geheimformel, an der sich die illegalen Freiheitskämpfer der geknechteten Niederlande erkannten, V bedeutete Vrijheid, Freiheit. Die Nazis bemächtigten sich des Zeichens, deuteten es in ›Victoria‹ um und zwangen schamlos die

schlimmer als Holland tyrannisierte Tschechoslowakei, auf ihren Poststempeln, an den Türen ihrer Autos, ihrer Eisenbahnabteile, überall das prahlerische und längst schon verlogene Siegeszeichen vor Augen zu haben. Und dann, in der letzten Kriegsphase, wurde V die Abbreviatur für Vergeltung, das Zeichen der ›neuen Waffe‹, die alles Deutschland angetane Leid rächen und beenden sollte. Aber die Alliierten rückten unaufhaltsam vor, es fehlte an Möglichkeit, weitere V-Geschosse nach England zu senden, es fehlte an Möglichkeit, die deutschen Städte vor Bomben der Gegner zu schützen. Als unser Dresden zerstört wurde, fiel deutscherseits kein einziger Abwehrschuß mehr, stieg deutscherseits kein einziges Flugzeug mehr auf – die Vergeltung war da, aber sie traf Deutschland« (Klemperer 1996, S. 243).

163 Die Zeitungsausschnitte gehören zur Überschrift des Artikels »›Panzerschreck‹ und ›Panzerfaust‹«, in: VB, Norddt. Ausg., 1.7.1944, S. 6.

164 »Im Zentrum des Sturmes auf Europa«, in: VB, Norddt. Ausg., 30.6.1944, S. 1.

165 Ausschnitt aus »Deutschlands Schwert schützt Europa«, in: VB, Norddt. Ausg., 22.6.1944, S. 1f.

166 Ursprünglich: »ist«.

167 »Tagesbefehl des Führers«, in: VB, Norddt. Ausg., 3.7.1944, S. 2.

168 Eduard Dietl (1890-1944) war Berufssoldat und gehörte schon seit 1919 zu den Gefolgsleuten Hitlers. Dietl war Kommandeur der Gebirgsjäger. Einen hohen Bekanntheitsgrad erreichte er 1940 durch die hartnäckige Verteidigung Narviks gegen die britische Armee. Bei dem Flugzeugabsturz, bei dem Dietl ums Leben kam, hat es sich tatsächlich um einen Unfall gehandelt. Zu heftigen Diskussionen um die Person Dietls kam es in den achtziger Jahren. Der Streit entzündete sich an der Benennung einer Bundeswehr-Kaserne und einer Straße nach Dietl. Erst 1995 ordnete Verteidigungsminister Volker Rühe (CDU) die Umbenennung der Kaserne an. Vgl. Knab 1998.

169 Ausschnitte aus »Drei Jahre Krieg im Osten«, in: DZ, 22.6.1944, S. 1f.

170 VB, Süddt. Ausg. (3. Druck), 9.7.1944, S. 1f. Auch die folgenden Ausschnitte ebd.

171 Vgl. »Was alle sich wünschen«, in: Das Reich, Jg. 1944, Nr. 29 (16.7.1944), S. 1f.

172 Absatz durch einen roten Balken am rechten Seitenrand hervorgehoben.

173 Paul Giesler, Nationalsozialist der ersten Stunde, hatte während des Krieges eine derart herausgehobene Stellung unter den Gauleitern erreicht, dass er von Hitler testamentarisch als Nachfolger Himmlers im Amt des Reichsinnenministers vorgesehen wurde. Wenige Tage vor Kriegsende war Giesler dafür verantwortlich, dass bei der Bekämpfung von Widerständlern in München mehr als 100 Menschen ermordet wurden. Vgl. Lilla 2004, S. 175f.; Klee 2003, S. 184.

174 »32 Stunden hintereinander gearbeitet«, in: VB, Norddt. Ausg., 17.7.1944, S. 4.

175 Dem Attentat von Claus Graf Schenk von Stauffenberg (1907-1944) am 20. Juli 1944 waren bereits mehrere Versuche, Hitler zu töten, vorausgegangen. Hinter Stauffenbergs Anschlag standen Personen aus der Militärelite, die sich zum Teil bereits seit 1938 mit Umsturzplänen trugen, diese aber immer wieder zurückstellten. Seit der Kriegswende 1943 intensivierten sie die Vorbereitungen. Stauffenberg deponierte bei einer Besprechung mit Hitler im »Führerhauptquartier« eine Bombe in einem Aktenkoffer am Besprechungstisch und verließ den Ort vor der Explosion. Da die Besprechung in einer Lagerbaracke anstelle des »Führerbunkers« stattfand, verpuffte ein Gutteil der Explosion wirkungslos, und Hitler kam mit leichten Verletzungen davon. Stauffenberg gab das Signal zum sogenannten Walküre-Plan, der die Einnahme sämtlicher Schlüsselpositionen sowie die Verhaftung aller SS-, Gestapo- und Parteiführer vorsah. Aber nur in Wien und Paris wurde er umgesetzt, während andernorts gezögert wurde. Hitler konnte rasch Gegenmaßnahmen befehlen, die schließlich zur Zerschlagung der Widerstandskreise führten. Stauffenberg und andere wurden noch am gleichen Tag erschossen, zahlreiche weitere »Verschwörer« verhaftet und vom Volksgerichtshof zum Tode verurteilt. Das fehlgeschlagene Attentat führte zu einer erneuten Verhaftungswelle gegen oppositionelle und regimekritische Personen. Nach dem Krieg wurde der 20. Juli in den fünfziger Jahren allmählich zu einer Art Gründungsmythos der Bundesrepublik, während den Widerständlern in nationalen Kreisen

Verrat vorgeworfen wurde. Später wurden die Nachkriegsplanungen des Widerstands, die eine autoritär verfasste Staatsform zumindest für den Übergang vorsahen, kritisch untersucht und die Beteiligung an oder das frühe Wissen von den Verbrechen des NS-Regimes thematisiert. Vgl. Hoffmann 1985; Mommsen 1991; van Roon 1987, S. 179-198; Ueberschär 2000.

176 DZ, 21.7.1944, S. 1.

177 »Amtliche Mitteilung über das Attentat«, in: ebd., S. 1.

178 »Die Hintergründe des Mordplans«, in: VB, Norddt. Ausg., 22.7.1944, S. 1. Zur Rundfunkrede Hitlers in der Nacht vom 20. auf den 21. Juli 1944 vgl. auch AdG 1944, S. 6456f. (F).

179 »Wie durch ein Wunder gerettet«, in: DZ, 21.7.1944, S. 1.

180 »Diese Schurken sind Handlanger der Feinde«, in: ebd.

181 »Das Komplott völlig zusammengebrochen«, in: ebd.

182 »Treuekundgebungen in Städten und Dörfern«: übergeordnete Schlagzeile diverser Artikel, in: VB, Norddt. Ausg., 22.7.1944, S. 1.

183 »Millionenvolk in Wallung«, in: ebd.

184 »Sechs Stunden nach dem Attentat die letzten Verschwörer verhaftet«, in: VB, Norddt. Ausg., 23.7.1944, S. 1.

185 »Noch härter!«, in: VB, Norddt. Ausg., 22.7.1944, S. 1.

186 Ebd., S. 1.

187 Ebd., S. 2.

188 »Schufte!«, in: ebd., S. 1f.

189 »Soldaten hörten den Führer«, in: VB, Norddt. Ausg., 23.7.1944, S. 3.

190 »Treuebekenntnis der Werktätigen«, in: ebd., S. 1.

191 »Volk ans Gewehr!«: 1931 verfasstes Kampflied von Arno Pardun. Der Text des Liedes lautet: »[1.] Siehst du im Osten das Morgenrot, ein Zeichen zur Freiheit zur Sonne? Wir halten zusammen, ob lebend, ob tot, mag kommen, was immer da wolle. Warum jetzt noch zweifeln, hört auf mit dem Hadern, noch fließt uns deutsches Blut in den Adern: Volk ans Gewehr! Volk ans Gewehr! // [2.] Viele Jahre zogen dahin, geknechtet das Volk und betrogen. Verräter und Juden hatten Gewinn, sie forderten Opfer, Legionen. Im Volke geboren erstand uns ein Führer, gab Glaube und Hoffnung an Deutschland uns wieder. |: Volk, ans Gewehr! :| // [3.] Deutscher, wach auf, und reihe dich ein, wir schreiten dem Siege entgegen! Frei soll die Arbeit, frei wolln wir sein und mutig und trotzig verwegen. Wir ballen die Fäuste und werden es wagen, es gibt kein Zurück mehr, und keiner darf zagen! |: Volk, ans Gewehr! :| // [4.] Jugend und Alter – Mann für Mann umklammern das Hakenkreuzbanner. Ob Bürger, ob Bauer, ob Arbeitsmann, sie schwingen das Schwert und den Hammer für Hitler, für Freiheit, für Arbeit und Brot. Deutschland erwache, ende die Not! |: Volk, ans Gewehr! :|«. Vgl. Baumann 1939, S. 102; dort unter dem Titel »Siehst du im Osten das Morgenrot«. Hinweise zu Textmaterialien und Tondokumenten sind aufgeführt bei Prieberg 2004, S. 5269-5271; dort auch eine Variation der vierten Strophe: »[...] für Hitler, für Freiheit, für Arbeit und Brot; / Deutschland erwache und Juda den Tod! / Volk ans Gewehr! Volk ans Gewehr!«. Die Strophe mit dem Hetzruf »Juda den Tod« wurde nach Prieberg 2004, S. 5131 – vor allem zur Täuschung und Beruhigung des Auslands – hier und da abgemildert.

192 »Signal zur Tat«, in: VB, Münchener und Süddt. Ausg. (3. Druck), 25.7.1944, S. 1.

193 Ausschnitte aus »Der Abwehrerfolg bei Kowel«, in: VB, Norddt. Ausg., 13.7.1944, S. 1.

194 »Todesstrafe für einen Volksverräter«, in: VB, Münchener und Süddt. Ausg. (3. Druck), 21.7.1944, S. 2.

195 »Operative Bewegungsfreiheit nicht verloren«, in: VB, Norddt. Ausg., 22.7.1944, S. 3.

196 »Rückführung der Rußlanddeutschen«, in: VB, Norddt. Ausg., 21.7.1944, S. 6.

197 »Der Deutsche Gruß in der Wehrmacht eingeführt«, in: VB, Norddt. Ausg., 26.7.1944, S. 1.

198 »Der Führer dankt für Glückwünsche und Treuekundgebungen«, in: VB, Münchener und Süddt. Ausg. (3. Druck), 25.7.1944, S. 1.

199 »Die Teilnehmer an dem Putschversuch vom 20. Juli 1944«, in: VB, Norddt. Ausg., 30.7.1944, S. 1.

200 »Zwischen Pleskau und Lemberg«, in: VB, Münchener und Süddt. Ausg. (3. Druck), 25.7.1944, S. 1. »Schwere Abwehrschlacht im Osten« ist die Dachzeile.
201 Ausschnitt aus »Zwischen Pleskau und Lemberg«, hier der Text der Süddeutschen Ausgabe des »Völkischen Beobachters«.
202 »Zwischen Pleskau und Lemberg«, in: VB, Norddt. Ausg., 26.7.1944, S. 1.
203 »Unsere Operationen an der Ostfront«, in: VB, Norddt. Ausg., 27.7.1944, S. 2.
204 »Deine Arbeitskraft gehört der Nation«, in: VB, Norddt. Ausg., 30.7.1944, S. 2.
205 Ein kürzerer Artikel »Feldpostnummer 08000!« ist abgedruckt in: VB, Norddt. Ausg., 30.7.1944, S. 2.
206 »Mobilisierung deutscher Leistungsreserven«, in: VB, Münchener und Süddt. Ausg. (3. Druck), S. 1.
207 Verordnung über die Meldung von Arbeitskräften in Scheinarbeitsverhältnissen, 28.7.1944, in: RGBl. I, S. 167.
208 Dritte Verordnung über die Meldung von Männern und Frauen für Aufgaben der Reichsverteidigung, 28.7.1944, in: RGBl. I, S. 168.
209 »Der gesamte Staatsapparat wird radikal dem Krieg angepaßt«, in: DZ, 1.8.1944, S. 1.
210 »Drückeberger werden als Feiglinge vor dem Feind bestraft«, in: DZ, 31.7.1944, S. 1. Nachfolgende Ausschnitte ebd.
211 VB, Norddt. Ausg., 23.7.1944, S. 2.
212 Carl Goerdeler (1884-1945) war vor dem Ersten Weltkrieg in der Solinger Kommunalpolitik aktiv. In der Weimarer Republik gehörte er der nationalkonservativen DNVP an, war ein entschiedener Gegner des Versailler Vertrags und engagierte sich in nationalistischen und antipolnischen Organisationen. Ab 1920 war er Zweiter Bürgermeister von Königsberg. 1930 wurde Goerdeler Oberbürgermeister in Leipzig. Zwar blieb er 1933 im Amt, bewertete das NS-Regime und dessen Maßnahmen aber zunehmend kritisch. 1937 schied er schließlich als Oberbürgermeister aus. Bereits vor dem Krieg hatte er gute Kontakte ins Ausland und zu regimekritischen Militärs der Wehrmacht, die er wegen des Kriegskurses Hitlers zu einem Putsch bewegen wollte. Während des Krieges war Goerdeler eine zentrale Gestalt des nationalkonservativen Widerstands. Kurz vor dem 20. Juli wurde Haftbefehl gegen Goerdeler erlassen. Nach einigen Tagen auf der Flucht wurde er erkannt und denunziert. Im September 1944 verurteilte ihn der Volksgerichtshof zum Tode. Am 2. Februar 1945 wurde Goerdeler hingerichtet. Vgl. Ritter 1954; Reich 1997.
213 »Wegen Mittäterschaft am Attentat auf den Führer gesucht«, in: VB, Norddt. Ausg., 3.8.1944, S. 1.
214 »Tagesbefehl des Reichsführers SS an das Ersatzheer«, in: DZ, 3.8.1944, S. 1.
215 »Das Heer stößt die Verräter aus seinen Reihen«, in: VB, Norddt. Ausg., 6.8.1944, S. 1. – Erich von Witzleben (1881-1944) war 1940 Generalfeldmarschall und Oberbefehlshaber der Heeresgruppe D in Frankreich, 1941 Oberbefehlshaber West. Am 21. Juli 1944 wurde er verhaftet, im August vom Volksgerichtshof zum Tode verurteilt und hingerichtet. Vgl. Benz/Pehle 2004, S. 406f. – Erich Fellgiebel (1886-1944), Berufsoffizier, wurde 1938 Chef des Heeresnachrichtenwesens. Fellgiebel war in die Attentatsvorbereitungen involviert und schnitt das Führerhauptquartier von den Nachrichtenverbindungen ab. Am 20. Juli wurde er verhaftet. Das am 10. August 1944 gegen ihn verhängte Todesurteil wurde am 4. September vollstreckt. – Paul von Hase (1885-1944), Berufsoffizier, war seit 1940 Stadtkommandant von Berlin. Von Hase hatte bereits früh Kontakte zum militärischen Widerstand. Am 20. Juli war er für die Abriegelung des Regierungsviertels verantwortlich. Noch am selben Tag wurde er verhaftet. Am 8. August verurteilte ihn der Volksgerichtshof zum Tode. Das Urteil wurde am gleichen Tag vollstreckt. – Hellmuth Stieff (1901-1944), seit 1938 im Generalstab und seit 1942 Chef der Organisationsabteilung des OKH, schloss sich 1943 dem Widerstand an und war an der Vorbereitung des Attentats auf Hitler beteiligt. Stieff wurde noch in der Nacht des 20. Juli verhaftet. Am 8. August 1944 verurteilte der Volksgerichtshof ihn zum Tode. Das Urteil wurde am

gleichen Tag vollstreckt. Vgl. Mühleisen 1991. – Henning von Tresckow (1901-1944) war Generalstabsoffizier bei der Heeresgruppe A und B, später bei der Heeresgruppe Mitte. 1944 war er Chef des Generalstabs der 2. Armee. Am 21.7.1944 nahm er sich das Leben. Vgl. Benz/Pehle 2004, S. 402; Scheurig 1990. – Georg Alexander Hansen (1904-1944), Berufsoffizier, arbeitete in der Abteilung Fremde Heere Ost und war kurzzeitig Nachfolger von Wilhelm Canaris als Leiter des Amtes Ausland/Abwehr. Zwei Tage nach dem Attentat wurde er verhaftet, am 10. August vom Volksgerichtshof zum Tode verurteilt und am 8. September hingerichtet. – Robert Bernadis (1908-1944) war seit Frühjahr 1944 in die Attentatspläne involviert. Am 20. Juli übermittelte er die Befehle des Widerstands an die Wehrkreiskommandos. Noch am gleichen Tag wurde er verhaftet. Am 8. August wurde er zum Tode verurteilt und hingerichtet. – Egberg Hayessen (1913-1944) war an der Umsetzung des Umsturzes in Berlin beteiligt und wurde noch am 20. Juli verhaftet und am 15. August zum Tode verurteilt und hingerichtet. – Friedrich Karl Klausing (1920-1944) arbeitete seit 1943 beim OKW in Berlin und schloss sich dort dem Widerstand an. Am 20. Juli war er an den Umsturzversuchen in Berlin beteiligt, konnte nach dem Scheitern zunächst fliehen, stellte sich jedoch am nächsten Tag. Am 8. August wurde er zum Tode verurteilt und hingerichtet. – Fritz-Dietlof Graf von der Schulenburg (1902-1944) gehörte seit 1932 der NSDAP an. Von 1937 bis 1939 war er stellvertretender Polizeipräsident von Berlin, anschließend stellvertretender Oberpräsident von Ober- und Niederschlesien und später Reserveoffizier an der Ostfront. Er wurde im August vom Volksgerichtshof zum Tode verurteilt und hingerichtet. Vgl. Benz/Pehle 2004, S. 392f.; Heinemann 1990. – Albrecht von Hagen (1904-1944) arbeitete ab 1943 unter Hellmuth Stieff in der Organisationsabteilung des OKH. Von Hagen war an der Beschaffung von Sprengstoff beteiligt. Am 8. August wurde er zum Tode verurteilt und hingerichtet. – Peter Graf Yorck von Wartenburg (1904-1944) machte als Jurist zunächst Karriere in der Verwaltung, bevor er 1939 einberufen wurde. Seit 1942 war er im Wirtschaftsstab Ost beim Oberkommando der Wehrmacht. Im August wurde er vom Volksgerichtshof zum Tode verurteilt und hingerichtet. Vgl. Benz/Pehle 2004, S. 407f. – Friedrich Olbricht (1888-1944) war von 1940 bis 1944 Chef des Allgemeinen Heeresamtes im Oberkommando des Heeres. Er wurde in der Nacht vom 20. auf den 21. Juli 1944 erschossen. Vgl. Benz/Pehle 2004, S. 380. – Claus Schenk Graf von Stauffenberg (1907-1944) war Berufsoffizier und 1944 Oberst und Chef des Stabes beim Befehlshaber des Ersatzheeres. Er wurde in der Nacht nach seinem misslungenen Attentat erschossen. Vgl. Benz/Pehle 2004, S. 398; Hoffmann 1992. – Albrecht Mertz von Quirnheim (1905-1944), Berufsoffizier, war ein Freund Stauffenbergs und im Juni 1944 dessen Nachfolger als Chef des Stabes bei General Olbricht. In der Nacht zum 21. Juli wurde er gemeinsam mit Stauffenberg und anderen im Hof des Bendlerblocks erschossen. – Werner von Haeften (1908-1944) war Teilnehmer des Krieges gegen die Sowjetunion und seit 1943 Adjutant Stauffenbergs. Er wurde in der Nacht nach dem Attentat erschossen. Vgl. Benz/Pehle 2004, S. 353. – Ludwig Beck (1880-1944) war Berufsoffizier und bis zu seinem Rücktritt im August 1938 Generalstabschef des Heeres. Beck wurde am 20. Juli 1944 erschossen. Vgl. Benz/Pehle 2004, S. 333; Müller 2009. – Eduard Wagner (1894-1944) war von 1936 bis 1940 Abteilungschef im Generalstab des Heeres und seit 1940 Generalquartiermeister des Heeres. Er nahm sich am 23. Juli 1944 das Leben. Vgl. Benz/Pehle 2004, S. 404. – Wessel Freiherr Freytag von Loringhoven (1899-1944) arbeitete ab 1943 im Amt Ausland/Abwehr. Er beschaffte den Sprengstoff für das Attentat am 20. Juli. Am 26. Juli nahm er sich aus Angst vor einer bevorstehenden Verhaftung durch die Gestapo das Leben. – Werner Schrader (1895-1944) war Lehrer und in den zwanziger Jahren im »Stahlhelm« aktiv. 1933 wurde er aus dem Schuldienst entlassen, u.a. weil er sich vehement gegen eine Übernahme seines »Stahlhelm«-Verbands in die SA zur Wehr setzte. Er war an der Weitergabe des Sprengstoffs für das Attentat beteiligt. Am 28. Juli hat er sich das Leben genommen. – Fritz Lindemann (1894-1944), seit den zwanziger Jahren Berufssoldat, war ein enger Freund Hellmuth Stieffs und hatte gute Kontakte zu zahlreichen anderen Männern des Widerstands. Nach dem gescheiterten Attentat tauchte er unter. Am 3. September wurde er bei seiner Verhaftung schwer verletzt. Kurz darauf starb er an den Folgen der Verletzung. Vgl. Welkerling 1989. Zu Personen ohne gesonderten Literaturhinweis vgl. die Kurzbiographien auf der Homepage der Gedenkstätte Deutscher Widerstand: www.gdw-berlin.de.

216 »Ein heiliger Volkskrieg!«, in: VB, Norddt. Ausg., 6.8.1944, S. 1.

217 »Gläubiges Vertrauen und seine Grundlagen«, in: DZ, 7.8.1944, S. 1.

218 »Die Ansprache vor dem politischen Führerkorps«, in: ebd.

219 »Adolf Hitler Vollender des Reiches«, in: VB, Süddt. Ausg. (2. Druck), 11.8.1944, S. 5.

220 Walter Frank (1905-1945) war seit den Anfängen der Partei ein Anhänger der NSDAP, ohne jedoch Mitglied zu werden. Die Machtübernahme Hitlers bescherte dem Historiker Frank einen Karrieresprung, vor allem 1935 durch die Berufung zum Leiter des neu gegründeten »Reichsinstituts für Geschichte des neuen Deutschlands«. In der neueren Forschung wird Frank als »der wahrscheinlich einzige echte ›NS-Historiker‹« bezeichnet (Wallraff 2008, S. 260). Im Laufe der Jahre geriet Frank aber zunehmend ins Abseits, da andere völkische Wissenschaftler ihm den Rang abliefen. Im Mai 1945 nahm er sich das Leben. Vgl. Heiber 1966.

221 VB, Münchener und Süddt. Ausg. (2. Druck), 7.8.1944, S. 1.

222 »Kriegsentscheidende Aufgaben für Geilenberg«, in: ebd.

223 »General Kriebel über die Vorgänge am 20. Juli«, in: ebd.

224 »Volksschädling zum Tode verurteilt«, in: VB, Süddt. Ausg., 12.8.1944 (2. Druck), S. 2.

225 »Feindlandung im Raum Toulon – Cannes«, in: VB, Süddt. Ausg. (2. Druck), 16.8.1944, S. 1.

226 »Stopft allen Schwätzern den Mund!«, in: DZ, 17.8.1944, S. 1.

227 Vgl. die Bildseite »So sieht ›V 1‹ aus«, in: Die Wehrmacht, Jg. 8, Nr. 17 (16.8.1944), o.S.

228 Die Fabrik, von der Kellner spricht, war vermutlich der Eisenbahntunnel nahe dem Dorf Freienseen, der ab 1943 als bombengeschützte Produktionsstätte für die Tachometer-Firma VDO (Vereinigte DEUTA – OTA) genutzt wurde. Die Arbeit wurde von Zwangsarbeitern verrichtet. Der Tunnel mit einer Länge von ca. 200 Metern wurde in den 1930er Jahren für den geplanten zweigleisigen Ausbau der Eisenbahnstrecke Hungen–Mücke angelegt, jedoch nie mit Gleisen bestückt. Bereits 1941 begannen die Umbauarbeiten, wobei u.a. eine dicke Stahlbetondecke in die Röhre eingezogen wurde. Während im unteren Teil dieser »Fabrik« Stanzen standen, die von Männern bedient wurden, war die obere Etage für Montagearbeiten bestimmt, für die Frauen herangezogen wurden. Heute befindet sich in dem Tunnel eine Edelpilzzucht. – Es gab in Freienseen zwei Lagereinrichtungen: Für den Zeitraum Mai bis Oktober 1944 wird der Ort als Außenstelle des »Arbeitserziehungslagers« (AEL) Frankfurt-Heddernheim aufgeführt, für den Zeitraum Juli (CCP: Juni) 1944 bis März 1945 als Arbeitslager für VDO. Allerdings entstanden bereits ab 1942 erste Lagerbaracken und Behelfsheime. Insgesamt waren mehrere hundert meist russische und polnische, ferner französische und belgische Zwangsarbeiter in Freienseen untergebracht, darunter ab Oktober 1944 90 russische Frauen. Unter den Insassen des AEL befanden sich auch deutsche Häftlinge. Einige Baracken sind bis heute erhalten und werden teils gewerblich genutzt; zur jüngeren Diskussion vgl. etwa den Artikel »Kritik an Veränderungen an alter Lagerbaracke«, in: Gießener Anzeiger, 7.11.2007, S. 33. Der 1991 gegründete Förderverein Gedenk- und Begegnungsstätte Baracke Freienseen bemüht sich um die Wahrung des kritischen Andenkens an das Lager. Vgl. den Beitrag »Zwangsarbeit in Freienseen«, in: Friedenskooperative Laubach 1990, S. 184-203. Freienseen ist zudem aufgeführt im »Catalogue of Camps and Prisons« (CCP) des International Tracing Service HQ, Bad Arolsen 1949 (Weinmann 1990, S. 162). Zum NS-Lagersystem in Hessen vgl. Krause-Schmitt 1996.

229 »Der Gegner hat Eile – wir ringen um Zeitgewinn«, in: DZ, 17.8.1944, S. 1.

230 »Hohe Auszeichnung für Botschafter von Papen«, in: VB, Norddt. Ausg., 18.8.1944, S. 1.

231 »Generalleutnant Dittmar zur militärischen Lage«, in: DZ, 18.8.1944, S. 2.

232 Kurt Dittmar (1891-1959) war seit 1909 Berufssoldat. Bekannt wurde Dittmar durch seine Arbeit am Reichssender Berlin, zu dem ihn die Wehrmacht 1941 nach einer schweren Verletzung abkommandierte. Im Rundfunk war Dittmar Kommentator zur Kriegslage. Von 1945 bis 1948 befand er sich in Kriegsgefangenschaft. Vgl. Neitzel 2007, S. 438f.

233 Vorhergehender Absatz durch drei rote Balken am rechten Seitenrand hervorgehoben.
234 Vorhergehender Satz durch drei rote Balken am rechten Seitenrand hervorgehoben.
235 Vorhergehender Absatz durch einen roten Balken und drei Ausrufezeichen am rechten Seitenrand hervorgehoben.
236 DZ, 16.8.1944, S. 1.
237 »Das Eichenlaub für den Verteidiger von St. Malo«, in: VB, Süddt. Ausg. (3. Druck), 19.8.1944, S. 1.
238 Ausschnitt aus »Gehen wir unter, so soll es nur nach Kampf bis zum letzten sein«, in: ebd.
239 »Der Kommandant kennt nur eine Parole: Keine Uebergabe!«: Unterüberschrift des Artikels »St. Malo wird fanatisch verteidigt«, in: DZ, 16.8.1944, S. 1.
240 »Neue Ritterkreuzträger«, in: VB, Norddt. Ausg., 21.8.1944, S. 2.
241 »Das Ritterkreuz nach dem Heldentod«, in: VB, Süddt. Ausg. (2. Druck), 22.8.1944, S. 2.
242 Ausschnitt aus »Das Eichenlaub mit Schwertern«, in: VB, Süddt. Ausg. (3. Druck), 19.8.1944, S. 1.
243 Ausschnitt aus »Das Eichenlaub verliehen«, in: VB, Norddt. Ausg., 21.8.1944, S. 1.
244 Überschrift und weitere Ausschnitte aus »Das Eichenlaub nach dem Heldentod«, in: VB, Süddt. Ausg. (2. Druck), 20.8.1944, S. 2.
245 »Hohe Kriegsauszeichnung für einen deutschen Handelsschiffskapitän«, in: VB, Süddt. Ausg. (2. Druck), 23.8.1944, S. 2.
246 »Ritterkreuz des Kriegsverdienstkreuzes mit Schwertern«, in: VB, Süddt. Ausg. (3. Druck), 24.8.1944, S. 2.
247 VB, Norddt. Ausg., 21.8.1944, S. 1.
248 »Die Brillanten für Generalfeldmarschall Model«, in: VB, Süddt. Ausg. (3. Druck), 19.8.1944, S. 1.

Heft 9

1 »Höchster Krafteinsatz«, in: VB, Süddt. Ausg. (2. Druck), 20.8.1944, S. 1.
2 In »Mein Kampf« nachfolgend: »Deutschösterreichs«.
3 Vgl. Hitler 1930, S. 104f.
4 Vermutlich Otto Mielke (1906-1958), er war Autor zahlreicher Kriegserzählungen und auch nach 1945 publizistisch tätig. Vgl. Klee 2007, S. 410.
5 »82jährige meldete sich zur Arbeit«, in: VB, Norddt. Ausg., 20.8.1944, S. 5.
6 »Verstärkter Abschuß von Schwarzwild«, in: VB, Süddt. Ausg. (2. Druck), 21.8.1944, S. 5.
7 VB, Norddt. Ausg., 22.8.1944, S. 5.
8 Zur Sprache der Geburtsanzeigen vgl. Klemperer 1996, S. 128f.
9 DZ, 30.8.1944, S. 4.
10 DZ, 29.8.1944, S. 4.
11 Die Runenzeichen, die in den Todesanzeigen die christlichen Zeichen ersetzten, sind dem altgermanischen Runenalphabet der Futhark-Reihe entnommen. Die Geburt wurde durch die Lebensrune (Elhaz) angezeigt, die in der nordischen Mythologie Geburt und Leben darstellt. Als Zeichen für den Tod wurde die auf dem Kopf stehende Elhaz-Rune verwendet. Victor Klemperer weist in »LTI« darauf hin, dass sich diese Symbole im »Dritten Reich« nicht in gleicher Weise durchsetzten wie etwa die Sigrunen der SS: »Für Geburt und Tod […], für diese ältesten und unwandelbarsten Institutionen der Menschheit, bilden Stern und Kreuz seit bald zwei Jahrtausenden die Zeichen. So waren sie zu tief in die Vorstellung des Volkes eingewachsen, als daß sie völlig hätten entwurzelt werden können« (Klemperer 1996, S. 75f.).
12 HF, Abend-Ausg., 24.8.1944, S. 4.
13 Ausschnitt aus »Die militärische Lage«, in: DZ, 10.8.1944, S. 1f.

14 »Bradleys Augenblicksstrategie unter starkem deutschen Druck«, in: DZ, 13.8.1944, S. 1.
15 »Fronten in der Bedrängnis der Zeit«, in: DZ, 21.8.1944, S. 1.
16 So der Text des Zeitungsartikels.
17 »Neue Ueberholungsversuche der Amerikaner«, in: DZ, 30.8.1944, S. 1.
18 »Der gewaltige Kampf geht weiter«, in: DZ, 31.8.1944, S. 1.
19 »Das Geheimnis der letzten Kriegsphase«, in: DZ, 29.8.1944, S. 1. Rechts und links der Zeile »Von SS-Kriegsberichter Achim Fernau« jeweils ein doppelter roter Balken. – Joachim Fernau (1909-1988) war vor 1933 als freier Journalist u.a. für den Ullstein Verlag tätig. Fernau trat nicht in die NSDAP ein. Mit Beginn des Krieges wurde Fernau eingezogen, ab Frühjahr 1940 bei einer Propagandakompanie der Waffen-SS. Nach dem Krieg wurde er 1949 als unbelastet entnazifiziert. Fernau avancierte in der Bundesrepublik zum Bestsellerautor mit Büchern zur römischen Geschichte, über Preußen, zur Kunstgeschichte etc. Überdies veröffentlichte er Romane. Vgl. Klee 2009, S. 135; Köhler 1989, S. 58-69; Killy 1989, S. 357f. Eine kritische Abrechnung mit Fernau veröffentlichte Peter Wapnewski 1967 in der »Zeit«, in der Wapnewski den hier abgedruckten Artikel scharf kritisierte und daraus folgerte: »›Der Sieg ist wirklich ganz nahe‹ – wer das diesem Volke im August 1944 versprach, ist entweder ein Schwachkopf von unvorstellbarem Format – oder aber ein infernalischer Lügner. Das eine wie das andere – zwingt es nicht dazu, das Handwerk des Schreibens zu lassen, die Kunst der Prophetie aufzugeben, vor der Geschichtsdeutung zu kapitulieren, das eigne Volk mit Bestandsaufnahmen künftig zu verschonen?« (Wapnewski 1967).
20 DZ, 25.8.1944, S. 1.
21 Ebd.
22 DZ, 21.8.1944, S. 1.
23 DZ, 28.8.1944, S. 1.
24 VB, Süddt. Ausg. (2. Druck), 26.8.1944, S. 3.
25 Ebd., S. 1.
26 Ebd.
27 VB, Süddt. Ausg. (2. Druck), 21.8.1944, S. 1.
28 DZ, 21.8.1944, S. 1.
29 DZ, 28.8.1944, S. 1.
30 Vgl. eine kürzere Fassung des Artikels »Auf dem Schlachtfeld in Langemarck«, in: HF, Abend-Ausg. 2, 26.8.1944, S. 2.
31 »Das Eichenlaub für Léon Degrelle«, in: VB, Norddt. Ausg., 31.8.1944, S. 1.
32 Léon Degrelle (1906-1994) wurde 1945 durch ein belgisches Gericht in Abwesenheit zum Tode verurteilt. Degrelle lebte nach dem Krieg als Geschäftsmann im spanischen Exil. Vgl. Benz/Graml/Weiß 2007, S. 906.
33 »Gefährlicher Hetzer hingerichtet«, in: DZ, 31.8.1944, S. 2.
34 »Hamburger Zeitung«, in: HF, Abend-Ausg., 30.8.1944, S. 1.
35 Die Zeitungsausschnitte beziehen sich auf die dritte große kriegsbedingte Zeitungsschließungsaktion der Nationalsozialisten. Das 1943 eingeführte Prinzip, in Städten unter 100 000 Einwohnern nur noch eine einzige Tageszeitung zuzulassen, wurde nunmehr auf 20 Großstädte ausgeweitet. Vgl. Kohlmann-Viand 1991, S. 55.
36 Name so im Zeitungsartikel; auch unten im Text.
37 »Mensch, Linhardt!«, in: Das Schwarze Korps, Jg. 10, Nr. 35 (31.8.1944), S. 4.
38 »Finnland auf gefährlicher Bahn«, in: DZ, 4.9.1944, S. 1.
39 DZ, 4.9.1944, S. 2.
40 »Florenz – ›eine hungernde Stadt‹«, in: VB, Süddt. Ausg. (3. Druck), 16./17.9.1944, S. 2.
41 Rudolf Breitscheid (1874-1944) war ab 1928 neben Otto Wels Fraktionsvorsitzender der SPD im Reichstag. Im April 1933 floh er über die Schweiz nach Paris, wo er journalistisch für die SPD tätig war. 1941 lieferte ihn die französische Polizei an die Gestapo aus. Ein Hochverratsverfahren gegen ihn wurde eingestellt, Breitscheid aber in das Konzentrationslager Sachsenhau-

sen eingewiesen und von dort nach Buchenwald verlegt, wo er bei einem Bombenangriff ums Leben gekommen sein soll. Vgl. Benz/Graml 1988, S. 43f.

42 Ernst Thälmann (1886-1944) war ab 1925 Vorsitzender der KPD. Anfang März 1933 wurde er verhaftet und war in zahlreichen Gefängnissen inhaftiert, bevor er im August 1944 im Konzentrationslager Buchenwald erschossen wurde. Vgl. Benz/Graml 1988, S. 338. – »›VB.‹-Splitter«, in: VB, Süddt. Ausg. (3. Druck), 16./17.9.1944, S. 2.

43 Der Zeitungsausschnitt entstammt nicht dem »Hamburger Fremdenblatt«, sondern dem Nachfolgeorgan »Hamburger Zeitung«. Vgl. den Artikel »Luftlandung in Holland abgeriegelt«, in: Hamburger Zeitung, Ausg. A, 2. Ausg., 18.9.1944, S. 1. Der folgende Abschnitt ebd.

44 »Der Feind vor den Toren«, in: DZ, 9./10.9.1944, S. 1f.

45 »Todesurteil für weitere Verbrecher des 20. Juli«, in: VB, Süddt. Ausg. (2. Druck), 12.9.1944, S. 2.

46 »Unsere Gegner täuschen sich!«, in: VB, Norddt. Ausg., 3.9.1944, S. 1.

47 »Das Eichenlaub für den Helden von Cecembre«, in: VB, Süddt. Ausg. (3. Druck), 5.9.1944, S. 2.

48 Ausschnitt aus »SA.-Wehrabzeichen für Frontsoldaten«, in: ebd., S. 5.

49 »Empfang eines erfolgreichen Jagdfliegers«, in: ebd.

50 »Guderian: Freiwillige vor!«, in: VB, Süddt. Ausg. (2. Druck), 4.9.1944, S. 2.

51 Ursprünglich: »gefeierter Held«.

52 »Die Tapfersten«, in: VB, Süddt. Ausg. (3. Druck), 2.9.1944, S. 2.

53 »Die Goldene Nahkampfspange aus des Führers Hand«, in: VB, Süddt. Ausg. (3. Druck), 31.8.1944, S. 1.

54 VB, Norddt. Ausg., 11.9.1944, S. 1f., nachfolgender Ausschnitt ebd.

55 VB, Norddt. Ausg., 23.8.1944, S. 2. Das Pseudonym »Mjölnir« steht für den Grafiker Hans Schweitzer. Vgl. Fleischer 1994, S. 75.

56 Vgl. »An den Toren des Reiches«, in: Frankfurter Anzeiger, 23./24.9.1944, S. 1.

57 »Mussert spricht zum holländischen Volk«, in: VB, Norddt. Ausg., 13.9.1944, S. 5.

58 »Handlanger unserer Feinde«, in: VB, Süddt. Ausg. (3. Druck), 30.9.1944, S. 2.

59 Vgl. »Zu allem bereit und entschlossen«, in: Das Reich, Nr. 38 (17.9.1944), S. 1f.

60 In der »Hessischen Landes-Zeitung« wie auch im »Archiv der Gegenwart«: »niedergezwungen«.

61 Adolf Hitler am 24. Februar 1940 anlässlich des 20. Jahrestags der Programmverkündung der NSDAP. Vgl. etwa HLZ, 26.2.1940, S. 2f.

62 Adolf Hitler in einer Rundfunkrede zum Heldengedenktag am 16. März 1941. Vgl. etwa HLZ, 17.3.1941, S. 1f.

63 Adolf Hitler am 3. Oktober 1941 im Berliner Sportpalast. Vgl. etwa HLZ, 5.10.1941, S. 3f.

64 Adolf Hitler am 26. April 1942 im Reichstag: »Deshalb kann und wird der neue Krieg nur mit einer Katastrophe des britischen Weltreiches enden.« Vgl. etwa HLZ, 27.4.1942, S. 1-4.

65 Adolf Hitler am 8. November 1942 im Münchener »Löwenbräukeller«. Vgl. etwa HLZ, 9.11.1942, S. 1-4, Zitat S. 3.

66 In der »Hessischen Landes-Zeitung«: »Auch im Osten«.

67 Hermann Göring am 4. Oktober 1942 im Berliner Sportpalast. Vgl. etwa HLZ, 6.10.1942, S. 1-5, Zitate S. 2 und S. 4.

68 Reichsaußenminister von Ribbentrop in einer Unterredung mit dem Vertreter der spanischen Nachrichtenagentur EFE am 24. Dezember 1941. Vgl. HF, Abend-Ausg. 2, 24.12.1941, S. 1.

69 Joseph Goebbels am 23. März 1942 vor Parteifunktionären des Gaues Berlin der NSDAP. Vgl. HLZ, 25.3.1942, S. 2. In der »Hessischen Landes-Zeitung« heißt es: »Dr. Goebbels verglich das Britische Weltreich mit einem Todkranken, dessen innere Organe so zerstört seien, daß er nur noch durch künstliche Behelfsmittel am Leben erhalten werden könne.«

70 Joseph Goebbels am 18. Oktober 1942 auf einer Großkundgebung in der Münchener Feldherrnhalle. Vgl. HLZ, 19.10.1942, S. 1f.

71 »Volksverräter proklamieren nationalen Selbstmord«, in: VB, Süddt. Ausg. (3. Druck), 23./24.9.1944, S. 1.
72 »Wer sich dem Einsatz entzieht«, in: VB, Süddt. Ausg. (3. Druck), 30.9.1944, S. 5.
73 »Die Absetzbewegungen in Estland«, in: VB, Süddt. Ausg. (3. Druck), 28.9.1944, S. 1.
74 Absatz durch einen roten Balken am linken Rand des Zeitungsausschnitts hervorgehoben.
75 »Die Quelle unserer Kraft«, in: Das Schwarze Korps, Jg. 10, Nr. 39 (28.9.1944), S. 1f.
76 »Die Abwehrschlacht im Westen«, in: VB, Süddt. Ausg. (2. Druck), 25.9.1944, S. 1.
77 Textstelle durch einen roten Balken am linken Rand hervorgehoben.
78 Am linken Rand des Zeitungsausschnitts in Höhe der Unterstreichung ein Ausrufezeichen.
79 »Dönitz: neue Schiffe und Waffen«, in: VB, Süddt. Ausg. (2. Druck), 25.9.1944, S. 1.
80 »›V 1‹ über Frankfurt am Main?«, in: DZ, 2.10.1944, S. 1. Die »Darmstädter Zeitung« wurde für kurze Zeit in Fraktur gedruckt.
81 »Rundfunkverbrecher zum Tode verurteilt«, in: VB, Süddt. Ausg. (3. Druck), 27.9.1944, S. 2.
82 Ausschnitt aus DJ, Ausg. A, Jg. 12, Nr. 16 (29.9.1944), S. 249, Nr. 188: Anwendung des Grußes »Heil Hitler« im Schriftverkehr.
83 »Bitteres Erwachen in Bulgarien«, in: DZ, 18.9.1944, S. 2.
84 Vgl. »Das klassische Beispiel«, in: Das Schwarze Korps, Jg. 10, Nr. 38 (21.9.1944), S. 1f.
85 Der Poglavnik (Führer) des »Unabhängigen Staates Kroatien«, Ante Pavelič (1889-1959), war der Gründer und Führer der kroatischen Unabhängigkeitsbewegung Ustascha. Er errichtete ein Terrorregime von deutschen Gnaden, das sich vor allem gegen die serbische Bevölkerung richtete. Über eine halbe Million Serben wurden ermordet. Nach dem Krieg floh Pavelič nach Argentinien. Vgl. Hory/Broszat 1964; Benz/Graml/Weiß 2007, S. 955.
86 »Der Führer empfing den Poglavnik«, in: VB, Süddt. Ausg. (3. Druck), 21.9.1944, S. 1.
87 »Appell an alle Flamen«, in: DZ, 18.9.1944, S. 2.
88 »Der Einsatz der Flamen«, in: VB, Norddt. Ausg., 5.10.1944, S. 2.
89 »Schweiz stellt Export von Kriegsmaterial ein«, in: VB, Norddt. Ausg., 3.10.1944, S. 2.
90 Zwar war die Schweiz auch während des Zweiten Weltkriegs de jure neutral, de facto ergibt sich aber, betrachtet man den Außenhandel und die Rüstungslieferungen, ein anderes Bild. Das NS-Regime war zwischen Juli 1940 und Juli 1944 der wichtigste Außenhandelspartner der Schweiz. Die allermeisten Waffen- und Munitionsexporte gingen ebenfalls nach Deutschland, 1944 beispielsweise gut 80 Prozent der Schweizer Waffenexporte. Zu berücksichtigen ist allerdings, dass das Deutsche Reich bereits zuvor der wichtigste Handelspartner war und überdies die Schweiz durch die Expansion der NS-Diktatur zeitweise vom Herrschaftsbereich der Nationalsozialisten und ihrer Verbündeten umgeben war. Die Kriegsentwicklung zuungunsten Deutschlands, wachsender Druck seitens der Alliierten und schließlich das Ende der deutschen Präsenz in Frankreich im August 1944 führten zu einer Kursänderung, wenn auch keiner Kehrtwende, der Schweizer Politik, was sich z.B. in dem Waffenausfuhrverbot vom 1. Oktober 1944 zeigte. Nach dem Krieg wurde erst spät die Rolle der Schweiz im Zweiten Weltkrieg umfassend diskutiert und aufgearbeitet. 2002 legte eine unabhängige, international zusammengesetzte Expertenkommission ihren Abschlussbericht hierzu vor, zahlreiche Einzelstudien gingen aus ihrer Arbeit hervor. Vgl. Unabhängige Expertenkommission 2002, S. 185-224.
91 »Der Kamerad aus Aachen«, in: VB, Süddt. Ausg. (3. Druck), 7./8.10.1944, S. 1.
92 »Unbeugsamer Wille«, in: VB, Süddt. Ausg. (3. Druck), 7./8.10.1944, S. 1.
93 »Größere Aufgaben mit weniger Kräften«, in: VB, Süddt. Ausg. (2. Druck), 14./15.10.1944, S. 1.
94 »Es wird ihnen nicht gelingen!«, in: VB, Süddt. Ausg. (2. Druck), 16.10.1944, S. 1.
95 »Der Erlaß des Führers«, in: VB, Süddt. Ausg. (2. Druck), 20.10.1944, S. 1.
96 Nachfolgend gestrichen: »seiner«. Zunächst ersetzt durch »den«; ebenfalls wieder gestrichen.
97 »Mauern können brechen, unsere Herzen nicht!«, in: DZ, 11.10.1944, S. 3.
98 Der Satz bricht hier ab.
99 »Hetzer zum Tode verurteilt«, in: VB, Süddt. Ausg. (2. Druck), 20.10.1944, S. 4.

100 »Revolution unserer Herzen«, in: VB, Süddt. Ausg. (2. Druck), 24.10.1944, S. 3.
101 VB, Norddt. Ausg., 31.10.1944, S. 3.
102 »Schwere Kämpfe in Ostpreußen«, in: VB, Süddt. Ausg. (2. Druck), 25.10.1944, S. 1.
103 »Hitler-Jugend im Volkssturm«, in: VB, Norddt. Ausg., 31.10.1944, S. 3.
104 »Churchill will nicht mehr prophezeien«, in: VB, Norddt. Ausg., 2.11.1944, S. 1.
105 Vorhergehender Absatz durch einen roten Balken am rechten Rand des Zeitungsausschnitts hervorgehoben.
106 Ausschnitt aus »Nie lassen wir unser Land zur Hölle machen!«, in: VB, Norddt. Ausg., 28.10.1944, S. 1-3, hier S. 1.
107 Ausschnitt aus »Nie lassen wir unser Land zur Hölle machen!«, hier S. 3.
108 »Der Volkssturm völkerrechtlich«, in: VB, Norddt. Ausg., 26.10.1944, S. 3.
109 Das Schreiben der NSDAP-Ortsgruppe Laubach an Friedrich Kellner ist in das Tagebuch eingeklebt.
110 Der Grünberger Wilhelm Dapper, seit dem 1. Dezember 1931 Mitglied der NSDAP, wurde im Winter 1944 von der Kreisleitung der NSDAP als kommissarischer Bürgermeister in Laubach eingesetzt, da Bürgermeister Heinrich Kopp zur Wehrmacht eingezogen worden war (Angaben der Stadtverwaltung Laubach; Stadtarchiv Grünberg, Bestand Grünberg B, XIX.4.2). Aus einem Artikel der »Heimatzeitung« geht hervor, dass er vormals u.a. »Standortältester« der NSDAP war. Vgl. »Aus ihrem Opfer erstand Großdeutschland«, in: Heimatzeitung, 10.11.1938, S. 5.
111 Wenige Tage nach der geschilderten Vereidigung, am 15. November 1944, schrieb Friedrich Kellner ein ironisches Gedicht »Volkssturm! / 1. Die ganze Welt es weiß, / Der Jüngling und der Greis, / Die Dummen und die Schlauen, / Es steht in deutschen Gauen, / Der ›Volksturm‹ auf der Wacht, / Drum gute Nacht! // 2. Die Feinde, die das wittern, / Sie fangen an zu zittern, / Und ruft der Sturm zum Streite, / Dann sucht der Feind das Weite. / Der Volksturm hält die Wacht. / Drum gute Nacht! // 3. Dies letzte Aufgebot, / bringt allen Gegnern Tod, / Vernichtung und Verderben. / Wir sind des Sieges Erben. / Der ›Volkssturm‹ hat die Wacht! / Drum gute Nacht!« (Privatbesitz).
112 »Wartheländischer Volkssturm«, in: VB, Norddt. Ausg., 8.11.1944, S. 1.
113 »Die Partei ist der Kraftquell des Volkes«, in: DZ, 17.10.1944, S. 3.
114 Todesanzeige in: VB, Norddt. Ausg., 10.11.1944, S. 3.
115 Todesanzeige in: VB, Norddt. Ausg., 17.11.1944, S. 3.
116 »Volkssturm im Geist der Feldherrnhalle« ist die Schlagzeile der Titelseite, in: VB, Norddt. Ausg., 12.11.1944, S. 1.
117 »Der Schwur der Herzen«, in: ebd.
118 »Die Vernichtungswut der Feinde«, in: VB, Norddt. Ausg., 17.11.1944, S. 3.
119 Todesanzeige in: Ebd.
120 »4329 Bolschewistenpanzer«, in: DZ, 2.11.1944, S. 2.
121 »Die Jugend in Waffen«, in: DZ, 30.10.1944, S. 2.
122 Ausschnitt aus »London: ›Die letzte Chance für 1944 verloren‹«, in: DZ, 1.11.1944, S. 1f. Der Ausschnitt bricht hier ab.
123 »Verspäteter Offensivbeginn«, in: VB, Norddt. Ausg., 12.11.1933, S. 3.
124 Nachfolgend gestrichen: »und Metz«.
125 »Kämpfe der Vorbereitung«, in: VB, Norddt. Ausg., 17.11.1944, S. 2.
126 So im Zeitungstext.
127 »Würdeloses ›Schuldbekenntnis‹ Bulgariens«, in: DZ, 30.10.1944, S. 2.
128 »Araber in deutscher Uniform«, in: VB, Norddt. Ausg., 17.11.1944, S. 3.
129 »Wir werden fanatisch kämpfen«, in : DZ, 18./19.11.1944, S. 1.
130 Ursprünglich: »ist«.
131 »Meisterhafter Rückzug auf dem Balkan«, in: VB, Münchener und Süddt. Ausg. (3. Druck), 21.11.1944, S. 2.
132 »Kampf bis zum Sturz der Sowjettyrannei«, in: VB, Norddt. Ausg., 19.11.1944, S. 1.

133 Andrej Andrejewitsch Wlassow (1900-1946) war sowjetischer Generalleutnant. Er geriet im Juli 1942 in deutsche Kriegsgefangenschaft. Später baute er eine Freiwilligenarmee aus sowjetischen Kriegsgefangenen zum Kampf gegen den Bolschewismus auf. 1946 wurde er in Moskau hingerichtet. Vgl. Benz/Graml/Weiß 2007, S. 986.

134 »Getreu der Tradition der Kaiserjäger / Gauleiter Hofer sprach zu 3000 Standschützen«, in: VB, Süddt. Ausg. (2. Druck), 8.11.1944, S. 8.

135 »Äußerste Pflichterfüllung«, in: ebd.

136 »Kundgebung mit dem neuen Kreisleiter«, in: ebd.

137 »Kampfansage an alle Schwächlinge«, in: ebd.

138 Satzanfang ursprünglich: »Das weiß«.

139 »Kampf ohne weiße Fahne«, in: DZ, 25./26.11.1944, S. 1.

140 Nachdem bereits am 3. Dezember 1944 eine größere Anzahl von alliierten Luftminen und Sprengbomben über das Stadtgebiet niedergegangen war, wurde Gießen am 6. Dezember 1944 in der Zeit zwischen 20:03 und 20:35 Uhr zum Ziel schwerer Bombenangriffe, die zum »Untergang des alten Gießen« führten. Dabei kamen 247 alliierte Flugzeuge der 5th Bomber Group zum Einsatz, von denen sich 133 Maschinen auf die Bahnanlagen, die übrigen auf die Stadt konzentrierten. Die Angriffsserie auf Gießen im Dezember 1944 trug den Decknamen »Hake« (engl. ›Hecht‹). Vgl. Graef 1991, insbesondere S. 54-147 und 186-207; darüber hinaus Humphrey/Haaser/Pagenkemper 1994, insbesondere S. 11-17 sowie die dort wiedergegebenen Erinnerungsberichte.

141 Ein Gießener Zeitzeuge, damals 45 Jahre alt, beschreibt seine Wahrnehmung der »Christbäume« wie folgt: »Mir lief es eiskalt über den Rücken, als ich feststellte, daß die Vorhut des Bombergeschwaders die sogenannten Christbäume über die ganze Stadt verteilte und die Nacht zum Tag werden ließ. Diese gefürchteten Christbäume waren Leuchtkörper, die an Fallschirmen langsam zur Erde schwebten und die Stellen markierten, wohin die Bomben fallen sollten. Für uns alle ein sicheres Zeichen für einen großangelegten Bombenangriff« (Erinnerungsbericht Carl Bourcade, in: Humphrey/Haaser/Pagenkemper 1994, S. 26).

142 »Besser ein Ende mit Schrecken als Schrecken ohne Ende«; nach Ps 73,19: »Wie werden sie so plötzlich zunichte! Sie gehen unter und nehmen ein Ende mit Schrecken.« Vgl. Büchmann 1998, S. 23 und 417f.

143 »Unsere Gemeinschaft«, in: DZ, 25./26.11.1944, S. 1.

144 »Blickpunkt Straßburg«, in: DZ, 25./26.11.1944, S. 1.

145 Ausschnitt aus »England in USA-Fesseln«, in: VB, Süddt. Ausg. (3. Druck), 4.12.1944, S. 1f.

146 Vgl. Hitler 1930, S. 197-203.

147 Vgl. die Reichstagsrede Adolf Hitlers am 1. September 1939, abgedruckt etwa in: AdG 1939, S. 4199-4201 (G), Zitat S. 4200.

148 Vgl. Hitler 1930, S. 394.

149 Nachfolgend gestrichen: »dem ersten«.

150 Nachfolgend gestrichen: »Partei«.

151 Vgl. Hitler 1930, S. 385-394.

152 Todesanzeige in: VB, Norddt. Ausg., 26.11.1944, S. 5.

153 »Nimwegen – Aachen – Schlettstadt – Fünfkirchen«, in: VB, Süddt. Ausg. (3. Druck), 4.12.1944, S. 1.

154 »Volkssturmmänner ans Gewehr!«, in: DZ, 18./19.11.1944, S. 3. Gedichte des Parteilyrikers Heinrich Anacker (1901-1971) wurden häufig auch im »Völkischen Beobachter« abgedruckt. Anacker stammte aus der Schweiz und war bereits in den zwanziger Jahren ein Anhänger des Nationalsozialismus. 1936 erhielt er auf dem Reichsparteitag der NSDAP den »Preis der NSDAP für Kunst und Wissenschaft«. Er hat in den dreißiger und vierziger Jahren zahlreiche Gedichtbände veröffentlicht, in denen er das Regime und seine Führung verherrlicht. Nach 1945 hing er seiner Weltanschauung weiter an, veröffentlichte jedoch kaum noch. Vgl. Sarkowicz/Mentzer 2000, S. 71f.; Klee 2009, S. 19.

155 »Aufruf in entscheidender Stunde«, in: VB, Süddt. Ausg. (3. Druck), 6.12.1944, S. 1.

156 Ausschnitt aus »Frauen im Wehrdienst«, in: VB, Süddt. Ausg. (3. Druck), 6.12.1944, S. 1f.

157 »O Deutschland hoch in Ehren«; Soldatenlied, 1859 getextet von Ludwig Bauer, mit dem Refrain: »Haltet aus, haltet aus, lasset hoch das Banner wehn! Zeiget ihm, zeigt der Welt, wie wir treu zusammenstehn, daß sich unsre alte Kraft erprobt, wenn der Schlachtruf uns entgegen tobt, |: Haltet aus im Sturmgebraus! :|«. Vgl. Baumann 1939, S. 101f., hier der Refrain der ersten Strophe, in der zweiten und dritten Strophe mit leichten Variationen.

158 »Hitler treu ergeben, treu bis in den Tod, / Hitler wird uns führen auch aus dieser Not«: Die Zeilen sind Teil der fünften Strophe des Liedes »Brüder in Zechen und Gruben«, einer NS-Adaption des Arbeiterliedes »Brüder, zur Sonne, zur Freiheit«. Für Hinweise zu Textmaterialien und Tondokumenten vgl. Prieberg 2004, S. 775f. – »Bedingungsloser Widerstand bis zum deutschen Endsieg«, in: VB, Süddt. Ausg. (3. Druck), 11.12.1944, S. 1.

159 Zusätzlich beansprucht wurde Friedrich Kellner im Winter 1944/45 durch die zeitweilige Ausweitung seiner Dienstaufgaben. So musste er, wie aus einem Schreiben des Oberlandesgerichtspräsidenten in Darmstadt hervorgeht, die Krankheitsvertretung für einen Kollegen in Büdingen übernehmen; vgl. Schreiben des Oberlandesgerichtspräsidenten, 13.11.1944 (Privatbesitz).

160 »Bist Du Gottes Sohn, so hilf Dir selbst«; nach Mt. 27,39-40.

161 »Feindnachrichten verbreitet – hingerichtet«, in: DZ, 17.1.1945, S. 2.

162 »Stärker und gläubiger denn je!«, in: DZ, Jahreswende 1944/45, S. 1.

163 »Noch mehr leisten, noch beharrlicher sein!«, in: VB, Norddt. Ausg., 31.12.1944, S. 2.

164 Die Situation kurz vor dem Einmarsch der Amerikaner wird auch in der Kriegschronik des Wetterfelder Pfarrers Ferdinand Scriba beschrieben: »Seit Mitte März machte sich infolge Näherrückens der Front eine ständige Steigerung des Straßenverkehrs bemerkbar. Kolonnen, die nach, und noch mehr solche, die von der Front rückwärts fuhren, Flüchtlinge aus Rhein-Maingebiet, nachdem die Amerikaner den Rhein bei Oppenheim überschritten hatten. [...] Am 27. März nahm der den ganzen Tag anhaltende Kraftverkehr noch weiter zu. 93 hier einquartierte Luftwaffenhelferinnen verließen mit Einbruch der Dunkelheit in östlicher Richtung das Dorf. Da keinerlei Transportmittel mehr zur Verfügung gestellt werden konnten, waren sie darauf angewiesen, sich einzeln auf vorbeifahrenden Militärlastkraftwagen mitnehmen zu lassen. Wie sich später zeigte, gelangten sie noch bis an die tschechoslowakische Grenze. Als Treffpunkt war ihnen Bayreuth angegeben worden« (Friedenskooperative Laubach 1990, S. 243f.).

165 »Herr, verzeih ihnen, denn sie wissen nicht was sie tun«; nach Lk 23,34.

166 Unter den Verwundeten des Lazaretts befand sich auch der junge Ludwig Heck. Seinen Erinnerungen zufolge wurde es den Kranken kurz vor Einmarsch der Amerikaner freigestellt, das Lazarett zu verlassen. Heck, der gehbehindert war, kam zunächst für eine Nacht bei der Familie Kellner unter. Am nächsten Tag entging er auf dem Heimweg knapp einem Fliegerangriff. Bei der Ankunft in Villingen hatte der Ort, wie Heck berichtet, bereits die weiße Fahne gehisst (Ludwig Heck im Gespräch mit Birgit Maria Körner und Nassrin Sadeghi am 24.3.2009).

167 Pfarrer Scriba vermerkt: »Am 28. März hieß es, daß die Amerikaner bereits in Friedberg seien. In aller Frühe kamen Soldaten auf dem Rückmarsch durch, die Kaffee trinken und bis zum Mittag einmal schlafen wollten. Ein Holländer, der auf dem Rückweg in seine Heimat war, übernachtete im Pfarrhaus. Ein durchkommender deutscher Oberleutnant äußerte, zwei deutsche Panzerdivisionen müßten noch durchkommen, ehe die Amerikaner einträfen. Überall wurden vorsorglich Lebensmittel versteckt und eingegraben« (Aufzeichnung zu den Ereignissen am 28.3.1945, in: Friedenskooperative Laubach 1990, S. 244).

168 Ursprünglich: »schon«.

169 Nachdem am 13. März 1945 Grünberg Ziel eines größeren Bombenangriffs geworden war, gab es in der Region immer wieder kleinere Angriffe. Zu den Angriffen in der Region am 28. März 1945 verzeichnet Pfarrer Scriba: »Nachdem die Fliegertätigkeit am Vormittag verhältnismäßig gering war, setzten von mittags 2 Uhr an dauernd Angriffe ein. Überall an den Straßen sah man

dicht aufsteigende, schwere Rauchwolken von getroffenen Kraftwagen. Am Ortsausgang nach Laubach, in unmittelbarer Nähe der Hofreite von F.K. fielen Bomben und ein Kettenpanzerwagen wurde in Brand geworfen. [...] Am Nachmittag wurden auf der ›Hohen Straße‹ nicht abreißende Kolonnen von amerikanischen Panzern sichtbar, die aber alle in Richtung Grünberg fuhren und unser Dorf nicht berührten. In Laubach wurden Bomben abgeworfen. [...]« (Friedenskooperative Laubach 1990, S. 244).

170 Vgl. die Rede Hitlers am 19. September 1939 im Artushof zu Danzig, abgedruckt in: HLZ, 20.9.1939, S. 4-6, Zitat S. 5. Der Ausspruch geht auf 2. Mose 15,21 zurück und wurde durch ein Lied von Ernst Ferdinand August aufgegriffen.

171 Am 29. März 1945, einem Gründonnerstag, erreichten die Amerikaner Laubach. Rudolf Würz, der als 19-jähriger Soldat nach Laubach in eines der dort eingerichteten Lazarette gekommen war, beschreibt die Ereignisse: »Nach dem Mittagessen mußte ich auf die Geschäftsstelle des Lazaretts im Krankenhaus. Ich stand noch im Hof, als plötzlich Unruhe auf der Straße entstand. Die Amerikaner waren da! Ein amerikanischer Offizier ging mit einigen deutschen Ärzten in das Geschäftszimmer und nahm vermutlich die ›Übergabe‹ der Lazarettstadt entgegen. Ich sprach unmittelbar darauf mit dem Unteroffizier in der Schreibstube, der ganz außer sich war: ›Wenn ich das jetzt sehe, den leeren Platz, gestern hing noch das Bild von unserem Führer da an der Wand, und jetzt ist alles aus!‹ Ich begab mich dann wieder in Richtung Solmser Hof. Die Bevölkerung stand Spalier für die anrückenden Truppen« (Gießener Allgemeine Zeitung vom 22.4.1995). Wilfried Meckel aus Röthges berichtet in einem Zeitzeugengespräch zum Thema »31. März 1945/1995 – 50. Jahrestag der Befreiung«, dass in den letzten Kriegstagen zahlreiche »Goldfasane«, Repräsentanten des NS-Regimes, aus der Landesverwaltung in Wiesbaden durch Röthges in Richtung Lauterbach zogen. Auch hätten deutsche Soldaten versucht, in die Wälder zu flüchten. Aus diesem Grund hätten die Dorfbewohner keine weißen Fahnen aufhängen können. Am 29. März fuhren die Amerikaner daher »mit hohem Tempo« durch Röthges und schossen um sich. Er erinnert sich zudem an die Hausdurchsuchungen durch die Amerikaner, die im Haus seiner Familie eine Verhörstation einrichteten. Vgl. Gießener Anzeiger vom 5.4.1995 sowie Gießener Allgemeine Zeitung vom 3.4.1995.

172 Ausschnitt aus »Solange Widerstand leisten, bis die Feinde zerbrechen«, in: DZ, 12.3.1945, S. 1.

173 Willi Michel war Hotelier des Laubacher Gasthauses »Solmser Hof« und seit dem 1. Mai 1933 Mitglied der NSDAP (Stadtarchiv Laubach, XIX.5.1.79: N.S.D.A.P., hier: Verzeichnis der Mitglieder der Ortsgruppe, mit persönlichen Daten und Angaben der zeitweiligen Verwendung: 1943). Nach dem Einmarsch der Amerikaner in Laubach am 29. März 1945 wurde er von diesen für wenige Monate als Bürgermeister eingesetzt. Ihm folgte im Sommer 1945 der demokratisch gewählte Bürgermeister Heinrich Schmidt, der bis 1948 im Amt blieb (Angaben der Stadtverwaltung Laubach und Gespräch mit Eberhard Roeschen, 17.12.2009).

174 Ursprünglich: »zu«.

Heft 10

1 Landrat Konrad Wilhelm Theodor Weber (1880-1980) war am 15. April 1945 von der amerikanischen Militärregierung zum Landrat des Landkreises Gießen ernannt worden. Wenige Monate später, am 1. Juli 1945, wurde er nach Erreichen der Altersgrenze pensioniert (schriftliche Auskunft des Kreisarchivs Gießen vom 29.9.2009).

2 Die beiden vorhergehenden Sätze sind zusätzlich zur Unterstreichung durch einen roten Balken am linken Seitenrand hervorgehoben.

3 Hitler hatte am 30. April 1945 im Bunker unter der Reichskanzlei seinem Leben ein Ende gesetzt; seine Leiche wurde verbrannt. Am Abend des 1. Mai 1945 wurde der Tod Hitlers im Rundfunk bekanntgegeben. In der Meldung wurde sein Tod auf den 1. Mai datiert und mit der

Legende versehen, Hitler sei im Kampf gefallen, um so die Kampfmoral der Truppe nicht zu gefährden. Vgl. Kershaw 2000, S. 1062-1072.

4 Die »Parole der Woche« war eine in den Jahren 1936 bis 1943 wöchentlich von der Reichspropagandaleitung herausgegebene Wandzeitung zum Aushang u.a. in Behörden, Betrieben und an öffentlichen Plätzen. Die Inhalte orientierten sich an aktuellen Ereignissen und Themen (z.B. Gedenk- und Feiertage der NSDAP), ab Kriegsbeginn standen sie meist im Dienste der Kriegspropaganda. 100 der über 400 erschienenen Ausgaben sind als Faksimile wiedergegeben bei Heyen 1983; zur zeitgenössischen Beschreibung vgl. außerdem Schmitz-Berning 1998, S. 464.

5 Vgl. Parole der Woche 1943, Nr. 1-2 (17.-29.1.1943); abgedruckt auch in Heyen 1983, S. 114.

6 Die drei vorhergehenden Absätze sind durch einen roten Balken am rechten Seitenrand hervorgehoben.

7 Ursprünglich: »vermochten«.

8 Vorwürfe einer Kollektivschuld der Deutschen an den NS-Verbrechen waren vereinzelt in der öffentlichen Meinung der Westalliierten zu hören, vor allem im Zusammenhang mit Medienberichten über die Konzentrationslager. In die Politik der Alliierten hingegen flossen solche Vorstellungen nicht ein. Persönlichkeiten wie Karl Jaspers, Karl Barth und Theodor Heuss wandten sich gegen eine Kollektivschuld der Deutschen, sahen diese allerdings in einer kollektiven Verantwortung im Sinne einer moralischen Forderung. Heuss sprach später von einer kollektiven Scham. Vgl. Benz 1996b, S. 117-119; Jaspers 1946; Frei 2000.

9 Nachfolgend gestrichen: »das«.

10 Vorstehenden Absatz hat Friedrich Kellner in lateinischer Schrift mit einem anderen Stift offenbar später ergänzt.

11 »London: Botschaft der Hoffnung«, in: Frankfurter Presse, 31.5.1945, S. 4.

12 »Ehrenbezeigung ist Pflicht«, in: Frankfurter Presse, 31.5.1945, S. 2. Dieser und der folgende Artikel sind lose in das Tagebuch gelegt.

13 Ludwig Datz arbeitete ursprünglich bei der Frankfurter Stadtverwaltung, bevor er über die Kriminalpolizei zur Gestapo kam, wo er Leiter des Nachrichtendienstes wurde. Datz blieb durch sein brutales Verhalten in Erinnerung. Er soll sich überdies an jüdischem Vermögen bereichert haben. Nach dem Krieg wurde er zu zwei Jahren und vier Monaten Zuchthaus verurteilt. Vgl. Diamant 1988, S. 312.

14 »Mißhandlungen – ›büromäßig‹«, in: Frankfurter Presse, 31.5.1945, S. 2.

Friedrich Kellner – ein biographischer Bericht

Robert Martin Scott Kellner[a]

Als die Nationalsozialisten Deutschland regierten, wurde jeder als Verräter und Defätist bezeichnet, der es wagte, gegen ihre Politik zu protestieren. Solche Menschen waren echte deutsche Patrioten. Dennoch wurden sie in Konzentrationslager geschickt und viele von ihnen hingerichtet. Die gleichgeschalteten Zeitungen berichteten darüber – und einige dieser Zeitungsartikel finden sich im Tagebuch von Friedrich Kellner. Daher wissen wir, dass Friedrich Kellner sich jedes Mal, wenn er seinen Federhalter in die Hand nahm, um eine neue Seite seiner Chronik der Verbrechen des NS-Regimes aufzuzeichnen, des tödlichen Risikos voll bewusst war.

In fast sechs Jahren, vom Anfang bis zum Ende des Zweiten Weltkriegs, füllte Friedrich Kellner zehn Notizbücher, fast 900 Seiten, mit seiner feinen Handschrift. Außerdem äußerte er Kritik am Regime gegenüber Arbeitskollegen und Nachbarn. Für seine regimefeindlichen Aussagen wurde er zur Rede gestellt, in einer Akte ist festgehalten: »Da Kellner durch seine Haltung einen schlechten Einfluß auf die übrige Bevölkerung ausübt, sind wir der Auffassung, daß Kellner aus Laubach verschwinden muß«.[b] Nachdem die Behörden ihm angedroht hatten, ihn zu verhaften, wurde Friedrich Kellner vorsichtiger mit Äußerungen in der Öffentlichkeit. Trotz der Drohungen fuhr er aber damit fort, die Ereignisse in seinem Tagebuch aufzuzeichnen. Auf fast jeder Seite schrieb er vernichtende Urteile über die Nationalsozialisten nieder, die ihn das Leben gekostet hätten, wären sie je entdeckt worden. Er bewahrte das Tagebuch in einem Versteck in seinem Wohnzimmerschrank auf. Oft nahm er aber das aktuelle Notizbuch auf Reisen mit und schrieb ganz offen darin, während er im Warteraum eines Bahnhofs saß, so als ob er jedermann hätte herausfordern wollen, ihn davon abzuhalten, seine Gedanken niederzuschreiben. Wenn er hörte, wie Mitreisende die neuesten Eroberungen der Wehrmacht bejubelten, notierte er voller Zorn, das Propagandaministerium habe das deutsche Volk in eine Herde tumber Tiere verwandelt und dieses sei sich »wie diese ⟨Herde⟩ ihrer Kraft und ihres Elendes noch nicht einmal bewußt«.[c]

Was machte Friedrich Kellner seines eigenen moralischen Standpunkts so sicher, wo doch die überwältigende Mehrheit seiner Landsleute, einschließlich von Angehörigen seines Berufsstandes, die Naziideologie eifrig akzeptierten und nachplapperten? Friedrich Kellner schrieb, »daß seit 1933 die große Mehrzahl aller geistigen

a) Aus dem Englischen von Klemens Hogen-Ostlender.

b) Schreiben des Ortsgruppenleiters der NSV Ernst Mönnig an die Kreisleitung der NSDAP, 1937. Diesen Brief hat Kellner aus dem Gedächtnis rekonstruiert. Vgl. undatierte Aufzeichnung aus dem Nachlass Kellners; Privatbesitz.

c) Eintrag vom 17. September 1939.

Führer, voran die Hochschulprofessoren, mit Sack und Pack sich der neuen politischen Richtung verschrieben und alles beiseite schoben, für das sie früher eintraten und lehrten. [...] Was soll ein einfacher Mensch von Gelehrten und Wissenschaftlern sagen, die nicht mehr wagen, ihrem besseren Wissen Ausdruck zu geben?«[a] Aus welcher Quelle schöpfte Friedrich Kellner solche intellektuelle Kraft und solchen außergewöhnlichen Mut? Er gehörte keiner Schicht an, die etwa dazu erzogen worden wäre, das eigene Urteil über die Urteile anderer zu stellen. Friedrichs Vorfahren waren Gerber und Metzger gewesen. Was also veranlasste diesen Mann aus dem Volk, an seinem Standpunkt festzuhalten, während so viele Mitglieder der Oberschicht, die den Widerstand gegen die »Neue Ordnung« hätten anführen sollen, sie stattdessen begeistert begrüßten?

Friedrich wurde von einem Gerechtigkeitssinn getrieben, den sein Vater ihm eingepflanzt hatte. Dieser Gerechtigkeitssinn basierte auf Prinzipien von Gut und Böse, die sich nicht von politischer Nützlichkeit oder Eigeninteresse korrumpieren ließen. Er erklärte: »Die schauderhafteste Erscheinung ist aber, daß ein Teil des deutschen Volkes überhaupt jegliches Empfinden für Recht und Gerechtigkeit verloren hat.«[b] Tragischerweise gelang es Friedrich nicht, seine Liebe zur Gerechtigkeit an seinen eigenen Sohn weiterzugeben. Als Sozialdemokrat hatte Friedrich in Mainz Kundgebungen organisiert, dabei »Mein Kampf« emporgehoben und gerufen: »Gutenberg, deine Druckpresse ist durch dieses böse Buch verletzt worden«.[c] Trotzdem wurde sein eigenes Kind zunächst ein Opfer des deutschlandweiten Führerkults. Es kostete Friedrichs ganze Überredungskunst, seinen Sohn vom Eintritt in die Hitlerjugend und die NSDAP abzuhalten.

Bei seinem persönlichen Widerstand gegen die bösartige Epidemie, die Deutschland infizierte, hatte Friedrich Kellner vor allem seinen verirrten Sohn im Auge: »Als Prediger in der Wüste sah ich mich veranlaßt, die Gedanken niederzulegen, die mich in der nervenzerrüttenden Zeit beherrschten, um dann später – sofern das noch möglich ist – meinen Nachkommen ein Bild der wahren Wirklichkeit zu übermitteln.«[d]

Als Friedrich zu schreiben begann, hatten die deutschen Truppen bemerkenswerte Erfolge auf dem Schlachtfeld. Friedrich war vom Blitzkrieg trotzdem unbeeindruckt und glaubte fest daran, dass Deutschland letztlich den Krieg verlieren werde. Er konnte sich nicht vorstellen, dass die Völker der Demokratien sich ihre Freiheit nehmen lassen würden. Friedrich prophezeite sogar, was die fanatischen Parteigenossen tun würden, wenn ihr Führer abgesetzt war: »Dann hat selbstverständlich jeder Spießbürger gewußt, daß der Nationalsozialismus auf diese Weise enden würde, und keiner war Nationalsozialist gewesen. In Wirklichkeit gab es höchstens 1 v. hundert überzeugte Gegner des Hitlerismus. Die übrigen 99 v. h. haben sich

a) Eintrag vom 19. Juni 1941.
b) Eintrag vom 10. März 1940.
c) Teile dieses Berichts basieren auf Gesprächen Scott Kellners mit Friedrich Kellner aus dem Jahre 1968. Vgl. auch den Eintrag vom 7. November 1942.
d) Eintrag vom 30. August 1939.

entweder sehr aktiv beteiligt oder doch wenigstens durch schlappe Haltung, lammfromm und ergeben, sich unter das Joch der NSDAP gebeugt.«[e]

Als Realist wusste Friedrich, dass die Niederlage Hitlers und seiner Politik des Bösen nicht das Ende des Bösen selbst sein würde. Nazi-Typen würden niemals aufgeben, nach Vorherrschaft zu streben. Die Welt würde weiter gegen totalitäre Ideologien und ihre Tyrannen kämpfen müssen: »Niemals dürfen diese Schakale mehr auferstehen. Bei diesem Kampfe will ich dabei sein.«[f]

Friedrichs Vater Georg Friedrich Kellner stammte aus dem thüringischen Arnstadt. Dort hatten die Kellners jahrhundertelang gelebt. Ihr Stammbaum ist bis ins Jahr 1620 dokumentarisch belegt. Georgs Geburt am 7. Juli 1862 war kein glückliches Ereignis. Er kam unehelich auf die Welt, als Sohn der 18-jährigen Henriette Auguste Christiane Kellner. Der Vater ihres Kindes war August Friedrich Carl Schonert, ein Möbeltischler, der im Jahre 1840 selbst als unehelicher Sohn von Johanna Dorothea John geboren worden war. Doch Henriette lehnte Schonerts Angebot, sie zu heiraten, ab. Stattdessen lebte sie weiter bei ihren Eltern und gab ihrem Sohn ihren eigenen Nachnamen. Hätte sie den Möbeltischler geheiratet, wäre sie die letzte Trägerin des Namens Kellner geblieben.

Henriettes Eltern waren Johann August Christoph Kellner und Henriette Dorothee Kellner, geborene Greifenhahn. Georg war evangelisch getauft, und Johann Kellner verpflichtete sich förmlich, das Kind seiner Tochter aufzuziehen. Johann war Gerbermeister und erwartete von seinem Enkel, ebenfalls diesen Beruf zu ergreifen. Georg wurde ein kräftiger Junge und schreckte nicht vor der harten und unangenehmen Arbeit zurück. Aber wenn er keine Fässer umrührte oder Felle abschabte, lag er am Ufer der Gera und machte Kohlezeichnungen auf Kalbfell. Er wollte Künstler werden. Mit 16 Jahren verließ er Arnstadt und ließ den Makel seiner Geburt hinter sich. Er reiste 200 Kilometer nach Westen durch Wälder und Bergland und kam schließlich nach Speyer, dem Geburtsort des berühmten Malers Anselm Feuerbach. Weil er als Künstler seinen Lebensunterhalt nicht verdienen konnte, nahm er Arbeit als Koch und Bäcker im Gasthaus »König von Preußen« an. Es war harte Arbeit, und er musste früh aufstehen, aber er tat das lieber, als Lastkähne zu beladen oder Felle abzuschaben. Er verliebte sich in das Dienstmädchen Barbara Wilhelmine Vaigle. Die beiden heirateten an Wilhelmines 25. Geburtstag, dem 17. November 1883. Wilhelmine stammte aus Bissingen an der Enz und kam 1858 als Tochter von Johann Gottfried Vaigle und Christiane Vaigle, geborene Kocher, zur Welt. Als Wilhelmine schwanger wurde, zogen die beiden nach Vaihingen/Enz, das nicht weit entfernt von Bissingen liegt. Georg arbeitete dort in einer Bäckerei im Erdgeschoss des Hauses Stuttgarter Straße 5.

e) Eintrag vom 30. Mai 1942.
f) Eintrag vom 28. August 1942.

Am 1. Februar 1885 brachte Wilhelmine in einer Wohnung über der Bäckerei ihren Sohn zur Welt. Als ob er seinem Stammbaum eine späte Legitimität verleihen wollte, nannte Georg das Kind nach seinem Vater August Friedrich. Georg und Wilhelmine bekamen noch zwei weitere Kinder, die aber früh starben. Georg gab schließlich sein Ziel auf, Maler zu werden. Es war ihm wichtiger, seinem Sohn im immer wohlhabender werdenden deutschen Kaiserreich jeden nur erdenklichen Vorteil zu geben. Aber Georg fand trotzdem einen Weg, sowohl seinen künstlerischen Neigungen als auch seinem Bedürfnis nach Respekt nachzukommen: Als Friedrich vier Jahre alt war, zog Georg mit seiner Familie nach Mainz, der Stadt Gutenbergs. Dort arbeitete er als Bäckermeister in Lorenz Göbels »Mainzer Zuckerwarenfabrik« in der Fuststraße. Er stellte feines Gebäck und Torten her, die so kunstvoll dekoriert waren, dass die Kunden sich nicht entscheiden konnten, ob sie sie essen oder zur Schau stellen sollten. Im August 1893 wurde Georgs kunstvolles Backwerk in einer »Internationalen Ausstellung von Erzeugnissen der Bäckerei und Conditorei« in Mainz gezeigt.

Der junge Friedrich wuchs in Mainz auf. Er war ein gutaussehender und gesunder Junge und besaß einen forschenden Verstand, der ihn zur Literatur und zur Mathematik hinzog. Er liebte die großen deutschen Dichter und brachte endlose Stunden damit zu, selbst Gedichte zu schreiben. Friedrich war musikalisch und lernte, Geige und Akkordeon zu spielen. Auch Mandoline und Mundharmonika beherrschte er. Außerdem hatte Friedrich das Talent seines Vaters zum Malen und Zeichnen geerbt. Trotz dieser Interessen war Friedrich aber kein Stubenhocker oder Bücherwurm. Nichts tat er lieber, als die Straßen der Stadt zu durchwandern und die Architektur zu bewundern, die nahen Wälder zu durchstreifen oder auf der anderen Seite des Rheins, bei Wiesbaden, durch die Taunushügel zu wandern. Oft fuhr er bis zu 60 oder 70 Kilometer den Rhein entlang, verbrachte die Nacht in einem Gasthaus und wanderte am nächsten Tag den ganzen Weg zurück. Friedrich liebte auch Sport, und spielte besonders oft und gern Fußball. Er besuchte zuerst die Volksschule in Mainz und wechselte dann zur Oberrealschule. Am 2. Dezember 1902 schloss er erfolgreich seine Entlassungsprüfung an der Offenbacher Goetheschule ab. Schon in einer frühen Phase seiner Ausbildung hatte sein Vater ihm geraten, an eine Laufbahn in der Justizverwaltung zu denken. Zu Georgs großer Freude folgte sein Sohn diesem Rat. An seinem 18. Geburtstag, dem 1. Februar 1903, begann Friedrich seine Lehrzeit als Gerichtsschreiber-Aspirant im Mainzer Justizgebäude. Damit war er der erste Büroangestellte in der Familie Kellner. Friedrich arbeitete bis Ende 1932 am Gericht. Dann machte Adolf Hitlers Aufstieg zur Macht es für ihn zu gefährlich, in Mainz zu bleiben.

Friedrich leistete seinen einjährigen Freiwilligendienst in der Reservearmee vom 1. Oktober 1907 bis zum 30. September 1908 bei der 6. Kompagnie, Infanterie-Leibregiment Großherzogin (3. Großh. Hess. Nr. 117) in Mainz ab. Er errang eine Schützenschnur und wurde zum Vizefeldwebel befördert. Am Gericht wurde er danach Bürovorsteher für Justizrat Dr. Brenner aus dem Justizministerium.

1911 verlobte sich Friedrich mit Karolina Paulina (»Pauline«) Preuß, die er im Jahr zuvor bei einer Fastnachtsfeier kennengelernt hatte. Pauline wurde am 19. Januar 1888 in Mainz geboren. Sie war eine intelligente und unabhängige, zierliche und liebreizende junge Frau. Ihr Vater, Friedrich Karl Ludwig Emil Preuß, war Spengler bei Elster & Co., einer Firma, die Gaslaternen herstellte. Ihre Mutter Johanna Karolina, geborene Martin, widmete sich voll und ganz der Erziehung ihrer sieben Kinder. Johanna war katholisch, aber ihre Kinder wurden wie ihr Vater lutherisch getauft. Pauline besuchte die Volks- und dann die Realschule. 1908 nahm sie eine Arbeit als Büroangestellte in der Schöfferhof-Bierbrauerei AG an.

Paulines Familie lebte in einer großen Wohnung in der Emmeranstraße, nur 20 Fußminuten von der Lessingstraße entfernt, wo Friedrich mit Georg und Wilhelmine wohnte. Als Pauline und Friedrich am 18. Januar 1913, einen Tag vor Paulines 25. Geburtstag, heirateten, zogen sie in eine Wohnung in der Moselstraße. Friedrich war nun 28 Jahre alt – und verfolgte immer noch sein Ziel, Justizinspektor zu werden. Dennoch konnte er auch Paulines Wunsch verstehen, ihre Arbeit in der Brauerei Schöfferhof fortzusetzen, wo sie dann auch noch zwei Jahre blieb.

Am 4. August 1914, drei Tage nach der deutschen Kriegserklärung an Russland, zog Friedrich als Stabsfeldwebel und Offizier-Stellvertreter wieder eine Uniform an. Er war älter als viele der Männer in seiner Kompanie und ließ sich vom klingenden Spiel der Mainzer Musikkapellen und vom Jubel der Menschen, die seine Einheit verabschiedeten, als sie in den Krieg zog, nicht täuschen. Sein Regiment, das Infanterieregiment Prinz Carl (4. Großherzoglich Hessisches Regiment), wurde sofort in den Kampf befohlen. Friedrich hatte recht damit, den Krieg düster zu beurteilen: Bald würden in seinem Militärpass unter der Rubrik »Mitgemachte Gefechte« die Namen belgischer und französischer Städte stehen, in denen sich tödlich verlaufende Begegnungen zwischen der französischen und der deutschen Armee abspielten. Sein erster Einsatz war bei Neufchâteau in Belgien. Er kämpfte auch bei Revigny-Laimont in der Schlacht an der Marne. Sein Regiment erlitt die höchsten Verluste bei Valmy, wo Friedrich von der Wucht einer Mörsergranate zu Boden geschleudert wurde. Er zog sich dabei zwar Quetschungen am Rücken und in der Nierengegend zu, wurde aber nicht ernstlich verwundet. Drei weitere Monate kämpfte er auf den blutigen Schlachtfeldern Nordfrankreichs. Beim Kampf ums Überleben in den trüben Schützengräben bei Reims grübelte er wie seine mutlosen Kameraden über den Wahnsinn dieses Krieges. Friedrich war Patriot und glaubte daran, kämpfen zu müssen, um seine Familie und sein Vaterland zu schützen. Er konnte sich aber nicht vorstellen, warum Kaiser Wilhelm II. so viele junge deutsche Männer zum Töten in ein fremdes Land geschickt hatte.

Es sollte nicht lange dauern, bis Friedrich mehr Zeit zum Philosophieren haben würde. Mitte Dezember verletzte ihn ein Granatsplitter am Bein. Aus Friedrich wurde einer von vier Millionen deutschen Verwundeten in diesem Krieg. Er wurde zur Rekonvaleszenz ins Mainzer St.-Rochus-Krankenhaus geschickt.

Friedrich und Pauline feierten den Neujahrstag 1915 im Krankenhaus. Es gab zu diesem Zeitpunkt kein Anzeichen, dass Deutschland den Krieg gewinnen oder dass es fähig sein würde, ihn ohne hart dafür gestraft zu werden, dass es ihn angezettelt hatte, zu beenden. Trotzdem war das Paar überglücklich, wieder vereint zu sein. Im Mai wurde Friedrich in die Intendantur des XVIII. Armeekorps nach Frankfurt versetzt. Fast jede Woche bekam er Urlaub, um mit Pauline zusammen zu sein. Friedrichs und Paulines Sohn wurde am 29. Februar 1916 gleichsam als Bekräftigung des Lebens und gegen die Vernichtung an den Fronten geboren. Sie nannten ihn Karl Friedrich Wilhelm. Großeltern, Tanten, Onkel, Vettern und Cousinen strömten in die Wohnung in der Moselstraße, um den stolzen Eltern zu gratulieren. Friedrich und Pauline hatten nicht die geringste Vorahnung, welch unaussprechliche Sorgen ihnen ihr einziges Kind bereiten sollte.

Als Brot und andere Lebensmittel rationiert wurden und immer neue schlechte Nachrichten von den Fronten kamen, schwand die Kriegsbegeisterung vieler Menschen. Georg weigerte sich, Vorteile aus seiner Anstellung in der Bäckerei zu ziehen. Alle in der Familie hielten sich an die Regeln und teilten ihre Lebensmittelkarten. 1917 wurde die wöchentliche Brotration von 2000 Gramm auf 1600 Gramm gesenkt. Paulines Eltern erhielten die traurige Nachricht, dass ihr jüngster Sohn Ludwig vermisst und vermutlich gefallen war. In Friedenszeiten hatte Friedrich neun Jahre zuvor mit seinen Reservisten-Kameraden für ein Foto posiert. Die Gesichter der Männer waren voller Stolz und Zufriedenheit, und jeder erhob einen Bierkrug. Nichts von alldem ist auf dem Foto zu sehen, das Friedrich mit seinen 17 Kameraden in der Intendantur 1917 in Frankfurt zeigt. Friedrich schien das, was nun in den düsteren Gesichtern seiner Freunde zu sehen war, instinktiv schon zu Beginn des Krieges geahnt zu haben.

Der Krieg endete im November 1918, aber damit begann eine 14-jährige Zeit mitunter gewaltsamer politischer Auseinandersetzungen in Deutschland. Meuterei und Aufstände hatten den Kaiser zur Abdankung gezwungen. Unter der Führung von Friedrich Ebert führten die Sozialdemokraten die Übergangsregierung an, aber andere politische Kräfte waren fest entschlossen, ihre Programme und Ideologie durchzusetzen. Die kommunistische Revolution in Russland im Jahr zuvor hatte starken Einfluss auf die Ereignisse. In Berlin führten Kräfte, die eine marxistische Regierung forderten, einen massiven Streik an. Ebert setzte die Armee und auch einige Freikorps ein, um ihn gewaltsam zu brechen. Er wiederholte diese Taktik, um andere Rebellionen in den folgenden Jahren zu beenden. Gewalt ging von allen Seiten aus. Einige politische Parteien gründeten eigene paramilitärische Organisationen.

Friedrich und Pauline begrüßten die Geburt der deutschen Demokratie trotz der Auseinandersetzungen, die sie begleiteten. Sie freuten sich darüber, dass Bürgerrechte in der Weimarer Verfassung verankert wurden. Auch gründeten sie eine Gruppe, bestehend aus Verwandten und Freunden, die wöchentlich zusammenkamen, um über aktuelle Ereignisse zu diskutieren. Pauline führte darüber hinaus einen »Kinderwagenverein« an: Sie und ihre Freundinnen unterhielten sich über politische Themen, während sie mit ihren Kindern die Rheinpromenade entlangspazierten. Friedrich und Pauline suchten aber auch Befreiung in einem anderen Bereich. Sie wollten aus der evangelisch-lutherischen Kirche austreten. Friedrich erklärte seine Entscheidung später so: »Zu der christlichen Sittenlehre stehe ich. Es ist aber nach meiner Auffassung nicht erforderlich, einer Kirche, die Machtpolitik treibt, anzugehören. Ich bin aus der Evang. Kirche ausgetreten, weil sie und ein großer Teil ihrer Pfarrer in den Kriegsjahren 1914 bis 1918 sich unchristlich verhielten. In Wort u. Schrift wurde für einen Gewaltfrieden eingetreten, und zwar von maßgebenden christlichen Kreisen.«[a]

Während Friedrich auf eine Stelle beim Gericht in Mainz wartete, arbeitete er ein Jahr lang als Buchhalter bei Julius Kreischers Verlagsbuchhandlung in der Frankfurter Kaiserstraße, einem Buchversand. Ab November 1919 war er dann wieder bei Gericht tätig. Er und Pauline zogen in eine Wohnung in der Mombacher Straße. Fünf Monate danach, im April 1920, erfüllte sich für Friedrich und seinen Vater ein Traum – Friedrich wurde zum Justizinspektor befördert. Etwa um dieselbe Zeit trat Friedrich der SPD bei. Er strebte kein politisches Amt an, sondern sah seine Aufgabe als Aktivist und Organisator darin, neue Mitglieder für die Partei zu werben und genug Stimmen für eine Parlamentsmehrheit zusammenzubekommen. Mit einer kleinen Freundesschar, darunter alte Kameraden aus der Militärzeit, verteilte Friedrich Flugblätter und Broschüren in Mainzer Gaststätten, Weinkellern und Restaurants. Friedrich war ein talentierter Redner. Er warnte auf dem Schillerplatz, dem Domplatz und anderen öffentlichen Orten die Menschen vor den Gefahren, die von Extremisten in den anderen Parteien ausgingen. Friedrichs Vater machte ihn auf ein Buch aufmerksam, das 1925 erschienen war, und ermutigte auch seinen Sohn, seinem Autor die Stirn zu bieten. Bei allen seinen Kundgebungen zeigte Friedrich fortan dieses Buch, »Mein Kampf«, und warnte jedermann vor dem Inhalt. Das brachte Friedrich in direkten Konflikt mit den Nazi-Horden, aber seine Kriegserlebnisse in Belgien und Frankreich gaben ihm Mut, Farbe zu bekennen.

Zur selben Zeit erlebte Friedrich persönliche Schicksalsschläge. Am 23. September 1925 starb Wilhelmine im Alter von 66 Jahren, gerade einmal zwei Monate bevor sie mit Georg ihren 42. Hochzeitstag hätte feiern können. Kurz darauf ging es auch mit Georgs Gesundheit bergab. Bis zu seinem Tod unterstützte er aber seinen Sohn darin, für eine gerechte und demokratische Regierung einzutreten, und drängte ihn sogar, sein eigenes Buch zu schreiben, um die absurden Behauptungen in »Mein Kampf« zu widerlegen. Georg starb am 11. August 1926 im Alter von 64 Jahren und wurde neben seiner Ehefrau auf dem Mainzer Hauptfriedhof beigesetzt. Vier Monate später veröffentlichte Adolf Hitler den zweiten Band von »Mein Kampf«.

Die Arbeit in der SPD befriedigte Friedrich, besonders 1928, als die Nationalsozialisten bei den Reichstagswahlen weniger als drei Prozent der Stimmen erzielten. Zwei Jahre später, als die ganze Welt von der Wirtschaftskrise gepackt war, wurde die NSDAP zweitstärkste Partei in Deutschland. Wie es schien, waren viele Menschen bereit, persönliche Freiheit gegen wirtschaftliche Sicherheit einzutauschen.

a) Eintrag vom 15. Januar 1943.

Plötzlich sprachen auch Paulines Schwestern und deren Ehemänner positiv über Adolf Hitler und die Notwendigkeit, dass ein »starker Mann« wieder Ordnung herstellen müsse. Paulines Bruder Franz gab sogar zu, dass er NSDAP gewählt hatte. »Ein Opfer nat. soz. Propaganda«[a] notierte Friedrich lapidar.

Viel schlimmer aber war es für Friedrich und Pauline, als ihr 14-jähriger Sohn Fritz eines Tages 1930 nach Hause kam und das Horst-Wessel-Lied sang und pfiff – das Lied der SA-Trupps, die durch Deutschland marschierten. Als Friedrich ihn tadelte, erklärte der Junge, er wolle der Hitlerjugend beitreten.

Auch an seiner Arbeitsstelle kam Friedrich in Kontakt mit Nazis. Nichts erstaunte ihn mehr, als im Mainzer Gericht, für ihn schließlich eine Bastion des demokratischen Rechts, zahlreiche Anwälte und Richter als Anhänger des Nationalsozialismus zu entdecken. Oberinspektor Curschmann wurde wütend, als Friedrich sagte, Hitler würde einen Krieg anzetteln, sollte er jemals an die Macht kommen. Friedrich erinnerte sich 1942, was ihm ein Freund damals sagte: »Koll. K[...] warnte mich eindringlichst davor, derartige Aeußerungen zu ehemaligen Bekannten zu machen, da die Menschen sich dem Hitlerismus zugewendet und damit gefährlich geworden seien.«[b]

Aus den Wahlen von 1932 ging die NSDAP als stärkste Fraktion im Reichstag hervor. Bald sollte Hitler Reichskanzler werden. Friedrich schrieb 1942: »Wer seinen Blick rückwärts wendet u. die Zeit von 1919 bis 1932 an sich vorüberziehen läßt, der wird angesichts der begangenen Fehler von tiefster Wehmut beschlichen werden.« Und er fügte hinzu: »Nachdem Hitler sein Buch ›Mein Kampf‹ unter die Menschen brachte, war es allerhöchste Zeit, den schärfsten Kampf gegen die darin festgelegte Lehre (Irrlehre) und die ausgestreuten Wahnideen zu beginnen [. . .] . Kämpfer, die sich für ihre Ueberzeugung einsetzten, gab es nur in den extremen Parteien. Die raffiniert geführten Nationalsozialisten und die schlecht geführten Kommunisten beherrschten das Feld. Die ›Bürger‹ freuten sich innerlich, daß die Nazis die Ausrottung des Kommunismus auf ihre Fahne geschrieben hatten. Die ahnungslosen ›Bürger‹ kamen nicht auf die Idee, ihre Grundrechte zu verteidigen. [...] Darin liegt die Tragik des deutschen Volkes.«[c]

Es wurde Friedrich klar, was jenen blühen würde, die versucht hatten, Hitlers Aufstieg zur Macht zu stoppen. Auch deshalb bewarb er sich offenbar um die Versetzung ans Amtsgericht in der oberhessischen Kleinstadt Laubach. Zwei Wochen vor Hitlers Ernennung zum Reichskanzler im Januar 1933, also noch bevor der neue Regierungschef seine »Säuberungsaktion« gegen politische Gegner beginnen konnte, zog Friedrich mit seiner Familie nach Laubach. Als Leitender Beamter der Geschäftsstelle des Amtsgerichts Laubach wurde ihm eine von zwei Wohnungen im Gerichtsgebäude zugewiesen. Der Amtsgerichtspräsident, Richter Dr. Ludwig

a) Eintrag vom 11. Oktober 1939.
b) Eintrag vom 21. Dezember 1942.
c) Eintrag vom 21. Januar 1942.

Schmitt, war ein bekennender Nationalsozialist. Er lebte mit seiner Frau und seinen drei Kindern eine Etage über Friedrich und seiner Familie. Friedrich und Pauline sollten bald herausfinden, dass es zwischen der Großstadt und dem Lande keinen wirklichen Unterschied gab, was Hitlers Popularität anging, und dass Friedrichs Nonkonformismus in einer Stadt mit weniger als 2000 Einwohnern noch mehr auffallen würde. NSDAP-Mitglieder beherrschten die Stadt, in der mehr als 60 Prozent der Wähler für die Nazipartei gestimmt hatten und nur 18 Prozent für die SPD.[d] Berufsstände, Lehrer, Rechtsanwälte und Akademiker machten schamlos den Kotau vor den neuen Machthabern. Wo man auch hinschaute, waren die Männer der SA aktiv.

Friedrichs neuer Chef, Richter Schmitt, übte Druck auf ihn aus, der NSDAP beizutreten. Die Frau des Richters versuchte, Pauline zu rekrutieren. Der Parteibeitritt war damals keine Pflicht, aber Friedrichs und Paulines ausdrückliche Weigerung machte sie verdächtig. Das Misstrauen wuchs noch, als Friedrich mit seinen Arbeitskollegen über die rasche Abfolge von neuen Gesetzen stritt, die die Nationalsozialisten in Kraft setzten: Das sogenannte Ermächtigungsgesetz, das Hitler die Vollmachten eines Diktators gab; das »Gesetz zur Wiederherstellung des Berufsbeamtentums«, das Juden verbot, Beamte zu sein; und das »Gesetz zur Verhütung erbkranken Nachwuchses«, das es ermöglichte, Menschen mit Erbkrankheiten zu sterilisieren.[e]

Auch innerhalb der Familie Kellner hörten die Probleme nicht auf. Der Sohn des Ehepaars war unglücklich darüber, dass er Mainz verlassen und nun die Oberrealschule im acht Kilometer von Laubach entfernten Grünberg besuchen musste. Als Fritz 1934 seinen Schulabschluss hatte, trödelte er herum, statt einen Arbeitsplatz zu suchen. Er gehorchte seinem Vater, der ihm verboten hatte, Naziorganisationen beizutreten, aber er machte weiterhin keinen Hehl aus seiner Unterstützung für ihre Ziele, einschließlich der Aktionen gegen Juden. Friedrich wollte vermeiden, dass sein Sohn noch stärker unter den Einfluss der Nazis geraten würde. Deswegen versuchte er, Fritz davon zu überzeugen, in die USA zu gehen. Friedrich sorgte dafür, dass ein Onkel in New York Fritz unterstützen würde. Auch alle nötigen Reisedokumente bekam er zusammen. Aber Fritz weigerte sich, eine Ausreise in Betracht zu ziehen. Als Alternative zur Suche nach einer Vollzeitstelle willigte er aber ein, für einige Monate nach London zu gehen, um Elektrotechnik und Englisch an einem Polytechnikum zu studieren. Im Juni 1935 war Fritz dann wieder in Laubach und hatte eine Teilzeitstelle im Gericht, als dort ein kleiner Geldbetrag zur Bezahlung einer Strafe, gerade einmal zwei Reichsmark, von einem Kassentisch verschwand. Niemand wusste, wer das Geld genommen hatte, aber Richter Schmitt glaubte, dass es Fritz war. Es gab keinerlei Beweis für diese Anschuldigung, und Fritz bestritt, der Täter zu sein. Trotzdem sah alles danach aus, dass der Richter ein Ermittlungs-

d) Bei der Reichstagswahl im Juli 1932 erzielte die NSDAP im Kreis Schotten, zu dem Laubach gehörte, mehr als 70 Prozent. Vgl. Franz 2000, S. 916.

e) Zum Prozess der Machtübernahme vgl. Jasper 1986; Bracher/Schulz/Sauer 1960.

verfahren einleiten würde – nicht in erster Linie um den Sohn zu bestrafen, sondern offenbar um die Eltern zu treffen. Fritz, der sich von nun an Fred William Kellner nannte, verließ daraufhin am 14. August Deutschland auf dem Dampfer U.S.S. President Roosevelt mit dem Reiseziel New York. Er war 19 Jahre alt. Seine weinenden Eltern blieben an der Kaimauer in Hamburg zurück. Sie waren hin- und hergerissen zwischen Sorge und Erleichterung, weil sie glaubten, ihn vor dem wachsenden Unheil in Deutschland bewahrt zu haben. Womöglich dachte Friedrich in diesem Moment an seinen Vater Georg, der mit 16 Jahren sein Elternhaus verlassen und sein ganzes Leben damit zugebracht hatte, zu Ansehen zu kommen. Friedrich blieb nur die Hoffnung, dass Georgs Enkel versuchen würde, einen ähnlichen Weg zu gehen. Es sollte elf Jahre dauern, bis Friedrich und Pauline ihren Sohn in einer in Scherben liegenden Welt wiedersehen würden.

Nur wenige Wochen nach Freds Abreise bewiesen die Nazis wieder einmal ihre Unmenschlichkeit: Mit den »Nürnberger Gesetzen« beschlossen sie, dass Juden keine Staatsbürger mehr seien und verboten Eheschließungen zwischen Juden und Nichtjuden. Für Friedrich war es ein großes Unrecht, was die Nazis den Juden antaten. Er wusste sehr wenig aus erster Hand über Juden. In Mainz war er ohne jüdische Freunde aufgewachsen, was nicht ungewöhnlich war, weil Juden weniger als ein Prozent der Bevölkerung ausmachten. Er persönlich hatte eigentlich keinen Grund, sich auf ihre Seite zu stellen, aber Friedrich hatte einen Sinn für Fairness und Anstand, und er weigerte sich, darin Kompromisse zu schließen. Eine jüdische Familie, die Heynemanns, lebte in der Straße, in der auch das Gericht stand. Anfang 1935 bat Frau Heynemann Friedrich um Hilfe. Die Polizei verfolgte ihren Schwiegersohn, Julius Abt, der mit ihrer Tochter Lucie verheiratet war. Friedrich fand heraus, dass der NSDAP-Ortsgruppenleiter eine Anklage gegen Julius fingiert hatte, um dessen Hab und Gut beschlagnahmen zu können. Friedrich willigte ein, dem jungen Mann zu helfen, Laubach zu verlassen und eine Passage nach Amerika zu bekommen. Lucie Abt war schwanger und konnte nicht mit ihrem Mann reisen. 1936, als ihr Kind neun Monate alt war, erfuhr Friedrich von einem drohenden Haftbefehl gegen Lucie wegen angeblicher Komplizenschaft im vermeintlichen Verbrechen ihres Mannes. Friedrich und Pauline halfen daraufhin Lucie und ihrem Sohn Johannes Peter, aus Deutschland zu fliehen, ehe der Haftbefehl erlassen wurde. Sie versuchten auch, Lucies Eltern, Salli und Hortense Heynemann, zur Auswanderung zu überreden, aber das alte Ehepaar blieb in Laubach in der Hoffnung, seine langjährigen Nachbarn würden nichts gegen sie unternehmen. Die Heynemanns hatten ihr gesamtes Leben in Laubach verbracht, wie schon ihre Eltern und Großeltern.[a]

Während die Nationalsozialisten mehr und mehr die Kontrolle über sämtliche Bereiche des Lebens in Deutschland gewannen, ließen sie auch jenseits der Grenzen ihre Muskeln spielen. Plötzlich zeigten deutsche Truppen zum ersten Mal seit 1918 wieder Aktivität in Europa. Im Westen wurde das entmilitarisierte Rheinland

a) Gespräche Scott Kellners mit Friedrich Kellner.

besetzt. Jenseits von Frankreich wurden deutsche Soldaten in Spanien stationiert, um Francisco Franco zu helfen, ein totalitäres Regime aufzubauen. 1938 annektierte Deutschland Österreich und richtete dann seinen Blick auf die Tschechoslowakei.

Friedrich und Pauline waren froh, dass ihr Sohn nicht in diese militärischen Aktivitäten hineingezogen wurde. Im Gegensatz zu all denen, die an die optimistische Nazipropaganda glaubten, waren sie sicher, dass Millionen deutscher Soldaten sterben würden, ehe alles vorbei war. Die Briefe, die ihr Sohn aus New York schickte, brachten die Bestätigung, dass es richtig gewesen war, ihn dorthin zu schicken. Fred hatte Arbeit als Angestellter in einem bedeutenden Unternehmen gefunden. Im März 1937 heiratete er eine Deutschamerikanerin namens Freda Schulman. Er schrieb von einer großen Hochzeit in der evangelischen St.-Mark's-Kirche und sandte seinen Eltern eine Aufnahme von sich mit seiner Braut. Fred trug einen Smoking, die bildhübsche Freda ein langes, weißes Kleid. Im Jahr darauf wurde eine Tochter geboren. Fred schickte seinen Eltern ihren Taufschein.

Im September 1938 ließen Deutschlands Ansprüche auf das Sudentenland den Krieg näher rücken. Friedrich war erstaunt und beunruhigt über den Enthusiasmus der Deutschen, mit dem die Mehrheit der Deutschen den Expansionskurs aufnahm. Wie konnten sie nur die jungen Männer von 1914 vergessen haben, die mit dem Gedanken an übertriebene militärische Heldentaten der Vergangenheit wohlgemut in ihr Verderben marschiert waren? Friedrich konnte sich nicht zurückhalten und sagte laut seine Meinung über solche Torheit. Er fand aber nur sehr wenige, die ihm zustimmten, und brachte sich nur noch mehr in Gefahr. Friedrich konnte zwar die Blindheit seiner Landsleute für die Wahrheit verstehen, weil sie den Lügen des Propagandaministeriums ausgesetzt waren. Er konnte aber nicht ergründen, warum die Menschen und Regierungen außerhalb Deutschlands sich von Hitler vereinnahmen, sich von seiner Propaganda zum Narren halten und von seiner Prahlerei einschüchtern ließen.

Um dieser anderen Welt die Wahrheit zu vermitteln, reiste Friedrich nach Frankreich. 1937 hieß sein Ziel Straßburg, im Jahr darauf Forbach. Er hatte Briefe an Franklin Roosevelts Außenminister, Cordell Hull, geschrieben und wollte sie lieber nicht von einem deutschen Postamt abschicken. Die Briefe beschrieben detailliert die Methoden der Unterdrückung in Deutschland, und Friedrich beschwor den Minister, dass Amerika seine Politik der Neutralität aufgeben müsse. Als er am 26. September 1938 aus Forbach zurückkehrte, beschloss Friedrich, »augenblickliche Stimmungsbilder« von Alltagsereignissen und den daran beteiligten Menschen aufzuzeichnen. Er wollte damit zeigen, dass an diesen Ereignissen und an diesen Menschen nichts »Heldenhaftes« war: »Der Sinn meiner Niederschrift ist der, augenblickliche Stimmungsbilder aus meiner Umgebung festzuhalten, damit eine spätere Zeit nicht in die Versuchung kommt, ein ›großes Geschehen‹ daraus zu konstruieren«.[b] Friedrich machte Propagandaminister Joseph Goebbels für eine un-

b) Augenblickliche Stimmungsbilder, 26. September 1938.

geheure Gehirnwäsche am deutschen Volk verantwortlich und auch dafür, dass er die Illusion von deutscher Überlegenheit immer weiter verstärkte. Friedrich kam letztlich zu dem Schluss, die Deutschen würden die Verwüstungen des Krieges im eigenen Land erleiden müssen, ehe eine neue Generation entstehe, »die allen großspurigen, großmäuligen, brutalen Deutschen den Garaus macht«.[a]

Als Deutschland am 1. Oktober das Sudentenland besetzte, übte Friedrich in seinen Aufzeichnungen wieder herbe Kritik an Goebbels und rügte die Deutschen dafür, Hitler geradezu zu verehren: »Und das schlimmste: das Volk betet es nach.«[b] In seinem Tagebuch sollte er später den britischen Premierminister Neville Chamberlain für seinen Anteil an dem Verrat an der Tschechoslowakei geißeln und ihn als »unglaublich traurige[n] Trottel«[c] bezeichnen.

In seinen beiden Briefen an Cordell Hull hatte Friedrich auch eine Reihe von nationalsozialistischen Gesetzen aufgeführt, die die Menschenrechte verletzten, so das Verbot politischer Parteien und die Gesetzgebung gegen Juden. Am Abend des 9. November 1938 enthüllte sich vor Friedrichs Augen auch in Laubach die Verderbtheit der Gesinnung hinter diesen Gesetzen, in den gewalttätigen antijüdischen Ausschreitungen, die die Nationalsozialisten flächendeckend in allen kleinen Ortschaften und größeren Städten inszenierten. Friedrich und Pauline konnten den Mob nicht aufhalten, der am Amtsgericht vorbei zum Haus der Heynemanns stürmte. Aber Friedrich ging zu Richter Schmitt und verlangte von ihm, er solle der Polizei befehlen, die jüdischen Familien im Gerichtsgebäude in Sicherheit zu bringen. Der Richter weigerte sich. Pauline ging zu Frau D., der Leiterin der NS-Frauenschaft. Sie wollte versuchen, Frau D.s Ehemann, einen der führenden Laubacher Nazis, dazu zu bringen, die vom Lehrer Albert H. angeführten SA-Trupps zu stoppen. Pauline hatte ebenso wenig Erfolg wie Friedrich. Am nächsten Tag versuchte Friedrich, Albert H. und Willi R.,[d] den anderen Anführer des Aufruhrs, anzuzeigen. Richter Schmitt sagte zu, er werde der Polizei freie Hand für Ermittlungen geben, wenn Friedrich eidesstattliche Erklärungen von Betroffenen vorlegte. Keinem Juden war es aber erlaubt, eidesstattliche Erklärungen abzugeben. Außer seiner Frau fand Friedrich niemanden in Laubach, der eine solche Erklärung unterschreiben wollte. Als er Richter Schmitt eine Zeugenaussage Paulines anbot, antwortete der Richter voller Wut mit der überraschenden Ankündigung, gegen Pauline selbst werde doch bereits ermittelt und sie werde bald in ein Konzentrationslager eingeliefert. Richter Schmitt hatte einen Monat zuvor, vermutlich angestiftet von Frau D. und auf Befehl des NSDAP-Ortsgruppenleiters, Ermittlungen wegen Paulines Stammbaum eingeleitet. Als Begründung gab der Richter Paulines Weigerung an, dem NS-Frauenbund beizutreten, die Tatsache, dass sie ihren Sohn aus Deutschland weggeschickt hatte und dass sie

a) Augenblickliche Stimmungsbilder, 26. September 1938.
b) Augenblickliche Stimmungsbilder, 1. Oktober 1938.
c) Eintrag vom 11. Mai 1940.
d) Eintrag vom 23. Februar 1942. Vgl. auch Knau 2005.

für Juden eintrat. Schmitt legte die Angelegenheit Hermann Colnot, dem Präsidenten des Landgerichts Gießen, vor. Am 9. November 1938 leitete Colnot seine Erkenntnisse an seinen Vorgesetzten in Darmstadt weiter.[e] Dieses Vorgehen alarmierte Friedrich. Er sammelte in aller Eile die Dokumente über Paulines Vorfahren, um sie nach Darmstadt zu bringen. Auch eine Akte mit Urkunden über seine eigenen Vorfahren nahm er mit. Auf den Aktendeckel schrieb er »Urkunden zum Nachweis der arischen Abstammung des Justizinspektors Kellner in Laubach«. Am 18. November 1938 sandte der Präsident des Oberlandesgerichts Darmstadt, Dr. Meier, ein Schreiben an Präsident Colnot in Gießen und Richter Schmitt in Laubach, das der Intrige ein Ende machte. Er schrieb: »Ich ersuche, dem Obengenannten die anbei zurückfolgenden Urkunden auszuhändigen. Bedenken wegen seiner Ehefrau, Karolina geb. Preuß, Deutschblütigen Abstammung sind nicht geltend zu machen«.[f] Als dieses Schreiben später in Friedrichs Besitz gelangte, fügte er mit seinem Füllfederhalter zwei Worte in den Text ein: »Bedenken wegen seiner und seiner Ehefrau, Karolina geb. Preuß, Deutschblütigen Abstammung sind nicht geltend zu machen.«

Falls Friedrich sich Notizen oder »augenblickliche Stimmungsbilder« über die Reichspogromnacht und die Nachforschungen nach seiner und Paulines »arischer« Abstammung anfertigte, so sind diese nicht erhalten geblieben. In den folgenden zehn Monaten geschahen viele andere Ereignisse von Bedeutung, wie die Übernahme der Tschechoslowakei durch Deutschland, das Ende des Spanischen Bürgerkriegs und das Militärbündnis mit Mussolini. Auch über diese Ereignisse existieren keinerlei Aufzeichnungen von Friedrich. Die nächste Notiz, die uns vorliegt, ist vom 30. August 1939. An diesem Tag schrieb Friedrich über Hitlers Pakt mit Stalin und die Spannungen um Polen. Er erwähnte die geheime Mobilmachung deutscher Truppen und notierte, dass 120 Männer aus seiner Umgebung einberufen wurden. Einer von ihnen war Richter Schmitt. Friedrich beendete seine Eintragung mit den Worten: »Als Prediger in der Wüste sah ich mich veranlaßt, die Gedanken niederzulegen, die mich in der nervenzerrüttenden Zeit beherrschten, um ›dann‹ später – sofern das noch möglich ist – meinen Nachkommen ein Bild ›der wahren Wirklichkeit‹ zu übermitteln.«[g] Unter diese Worte schrieb er das Datum 30. August 1939 und unterzeichnete mit seinem Namen. Friedrichs Gebrauch der Vergangenheitsform (»sah ich mich veranlaßt«) und seine Unterschrift deuten an, dass diese Eintragung der Abschluss der im Jahr zuvor begonnenen »augenblicklichen Stimmungsbilder« sein sollte.

Die Aussage Friedrichs am Ende seiner »impressionistischen Stimmungsbilder« könnte auch als Vorwort für sein Tagebuch dienen, das er mit »Mein Widerstand« betiteln und zwei Tage später beginnen sollte. Für dieses »Vorwort« hatte er Blan-

e) Vgl. Schreiben II K.13, Der Oberlandesgerichtspräsident in Darmstadt an den Herrn aufsichtführenden Richter des Amtsgerichts Laubach, 18.11.1938; Privatbesitz.
f) Ebd.
g) Eintrag vom August 1939.

ko-Briefpapier benutzt, aber für das Tagebuch, das auf mehrere Jahre angelegt war, wählte er linierte Rechnungsbücher. Dazu hatte er in seinem Büro ungehinderten Zugang. Sein Tagebuch sollte nur die Kriegsjahre umfassen. Friedrich dachte aber auch an ein anderes Projekt, ein Geschichtsbuch über das »Dritte Reich«, das mit dem Jahr 1933 beginnen sollte. Es würde wohl einige Jahre dauern, bis er das erste Kapitel dieses Buchs beginnen konnte, aber er machte bereits Notizen dafür auf einzelnen Blättern.

Heft 1, das lange Jahre verschollen war, ist anders als der Rest des Tagebuchs nicht gebunden. Es besteht aus losen Blättern aus Rechnungsbüchern. Der erste Eintrag ist auf den 13. September 1939 datiert. Friedrich berichtete, dass er sein Tagebuch am 1. September 1939 begann, dem Tag, als Hitler Polen überfiel.[a] Sämtliche Eintragungen, die er vom 1. bis 12. September verfasste, sind also verloren gegangen. Band 2 des Tagebuchs beginnt am 1. September 1940. Das könnte darauf hindeuten, dass Friedrich ursprünglich jeden neuen Band am ersten Tag des Monats September beginnen wollte. Falls das zutrifft, hielt er sich für die weiteren Bände aber nicht daran. Er schrieb aber einen sechsseitigen Essay mit dem Titel »Anfangs September 1939«, und zwar wieder auf Blanko-Briefpapier. Weil auch das Format ein anderes war als das des Tagebuchs, könnte dieser Essay in dieselbe Kategorie gehören wie seine impressionistischen Stimmungsbilder. In den folgenden Jahren sollte Friedrich noch weitere Nebentexte verfassen, die seine Tagebucheinträge ergänzten.

»Anfangs September 1939« schrieb er um den 7. September. Der Text gibt nur einen begrenzten Hinweis darauf, was Inhalt der ersten Tagebuchseiten gewesen sein mag. Friedrich notierte kurz, wie berauscht die Menschen von den Ereignissen in Polen waren und wie unglücklich über die Lebensmittelrationierung. Vor allem aber lässt dieser Text erkennen, dass Friedrich immer noch seine Meinung sagte: »Wenn ich im engen Kreise von Abschluß des Cominternpaktes ab die Auffassung vertreten habe, daß Italien *niemals* in einen Krieg für Deutschland eintreten würde, so habe ich höchstens Stillschweigen, aber kaum einmal Beifall geerntet.« Er ging mit solchen offenen Worten ein großes Risiko ein, und er wusste auch, wie gefährlich es war, so zu reden: »Terror ohnegleichen! Die Bonzen als Spitzel. Der anständige Deutsche hat kaum mehr den Mut, überhaupt zu denken, geschweige denn etwas zu sprechen.« Friedrich wusste sogar, dass die Nazis ihm nachspionierten. Ein SS-Mann namens Wolf hatte einen von Friedrichs Mitarbeitern gefragt: »Grüßt euer Inspektor morgens mit ›Heil Hitler‹?«

Die Eintragungen im Tagebuch zeigen auch andere Fälle von Belästigung. Am 15. November 1939 stellte der Bürodiener Heinrich Scherdt Friedrich wegen seines Zögerns, einen Soldaten als Einquartierung in seiner Wohnung aufzunehmen, zur Rede. »Wieder ein neuer Versuch, gegen mich vorzugehen«[b], notierte Friedrich. Auch nachdem er und Pauline ein Zimmer ihrer Wohnung einem Soldaten überlas-

a) Gespräche 1968.
b) Eintrag vom 15. November 1939.

sen hatten, beendete Heinrich Scherdt seine Nachforschungen nicht: »Unser Einquartierungsmann wird von Herrn Scherdt gefragt, wie es ihm bei uns gefällt! Diese ›sorgfältigen‹ Bemühungen dieses ehemaligen Schutzmannes, unbedingt irgend etwas ungünstiges gegen uns zu sammeln, werden eines Tages die verdiente Krone erhalten.«[c]

Friedrich und Pauline taten ihr Möglichstes, irgendwelche Gemeinsamkeiten mit den Nazis auf ein Minimum zu beschränken. Wenn sie um Spenden etwa für die Volkswohlfahrt gebeten wurden, gaben sie wenig oder nichts. Im Januar 1940 geriet Friedrich über die Höhe seiner Spende in Streit mit dem NSV-Blockwalter, Georg Walter, und ihm wurde klar, dass er seinen passiven Widerstand zu weit getrieben hatte: »Da die Vermutung nahe liegt, daß in diesem Falle wieder etwas gegen mich ersonnen worden ist [...]. Vorsicht ist die Mutter der Weisheit.«[d] Etwa zur selben Zeit warnte Else G., das junge Hausmädchen der Schmitts, das immer bei Pauline Trost suchte, wenn ihre lebhafte Herrin allzu herrisch wurde: »Herr Kellner darf nicht so offen über seine politischen Ansichten sprechen. Dr. Schmitt hat ihn bei Ortsgruppenleiter Pott denunziert.«[e]

Pauline stand ebenfalls unter Druck. Sie hatte den Ehefrauen der anderen Beamten klargemacht, dass sie ihren Organisationen nicht beitreten würde. In einem seiner zusätzlichen Essays zollte Friedrich ihr Tribut: »Mehrere Jahre hindurch ist meiner Frau durch die Frauenschaftsführerin oder Blockwalterin ein Aufnahmevordruck für die Frauenschaft persönlich in meiner Wohnung überreicht worden, mit dem Bemerken, daß dieser Vordruck nach einigen Tagen wieder abgeholt würde. Trotz dieser mehrfachen Bemühungen ist meine Frau kein Mitglied der Frauenschaft geworden. Ich vermute, dass in ganz Deutschland wenig Ehefrauen von Beamten zu finden sind, die den gleichen Mut aufgebracht haben. Jawohl, Mut! Der Leser wird Verständnis dafür haben, daß ich meiner beherzten Frau in Erwähnung ihres Verhaltens ein Denkmal gesetzt habe.«[f]

Friedrichs und Paulines Verhalten wurde erneut an Landgerichtspräsident Colnot in Gießen gemeldet, der an der Untersuchung ihrer »arischen« Abstammung beteiligt gewesen war. Friedrich musste in Gießen vor Colnot und NSDAP-Kreisleiter Heinrich Backhaus erscheinen und zu den Beschwerden über sich und seine Frau Stellung nehmen. Friedrich beschrieb dieses Zusammentreffen in einem anderen seiner Essays. Backhaus sagte – so Friedrichs Erinnerung – zu ihm: »Ich habe nichts Gutes von Ihnen gehört. [...] Die Partei und N.S.V haben sich schon oft über Sie beschwert. Sie sind bei keiner Organisation. Ihre Frau ist nicht einmal bei der Frauenschaft.«[g] Präsident Colnot fragte Friedrich, warum Pauline nicht in der Frau-

c) Eintrag vom 15. Januar 1940.
d) Eintrag vom 15. Januar 1940.
e) Else G., Gespräch vom 29. Oktober 2003 mit Robert S. Kellner.
f) Undatierter Essay, »Verwandlungskünstler«; Privatbesitz.
g) Handschriftliches Gedächtnisprotokoll Friedrich Kellners über sein Verhör bei Landgerichtspräsident Colnot; Privatbesitz.

enorganisation war, und sagte ihm, es sei ganz unmöglich, dass heute noch die Frau eines Beamten abseits stünde. Er warf Friedrich dann seinen Streit mit dem Blockwalter vor und stellte fest, dass es Friedrichs Pflicht sei, mit allen Parteifunktionären gute persönliche Beziehungen zu haben und jede Reibung mit ihnen zu vermeiden.

Wenn er auf diese Art und Weise angegriffen wurde, war es Friedrichs natürlicher Instinkt, selbst in die Offensive zu gehen und seine Kenntnisse der Gesetze als Schild und Schwert gleichermaßen zu nutzen. Er teilte Colnot mit, es sei nicht seine Absicht gewesen, aus einer so geringfügigen Sache eine »Staatsaktion« zu machen und damit die Zeit zweier so bedeutender Herren in Anspruch zu nehmen, und sagte, er wollte »lediglich den Blockwalter aufklären und zu einem anständigen Verhalten mir gegenüber bewegen, zudem erst kurz vorher ein Erlaß von Göring die Beamten aufforderte, mit dem Publikum in der richtigen Form zu verkehren«. Weder Colnot noch Backhaus waren darauf vorbereitet gewesen, dass Friedrich Reichsminister Göring zu seiner Verteidigung zitieren würde. Und Colnot war auch nicht auf die subtile Drohung vorbereitet, die Friedrich als Nächstes vorbrachte: Wenn Colnot etwas gegen ihn habe, dann solle er den gesetzlichen Weg einschlagen und ein Disziplinarverfahren gegen ihn einleiten. Dann könne er sich wenigstens verteidigen. Daraufhin sagte Colnot, es bestehe kein Anlass, die Angelegenheit weiter zu verfolgen. Er habe Friedrich lediglich auf gewisse Beschwerden über ihn aufmerksam machen wollen. »Wortlos verließ ich das Zimmer«, notierte Friedrich: »Recht und Gerechtigkeit sind entschwunden.«[a]

Bald sollte er einen weitaus ernsteren Zusammenstoß mit den Autoritäten haben. Am Morgen des 22. März 1940 erschien Heinrich Scherdt in Friedrichs Büro und erklärte mit lauter Stimme, Friedrich müsse auf der Stelle vor Bürgermeister Otto Högy und NSDAP-Ortsgruppenleiter Otto Pott erscheinen, um zu der Beschwerde Stellung zu nehmen, dass er einen schlechten Einfluss auf die Menschen der Gegend ausübe. Friedrich bestand darauf, erst in seine Wohnung zu gehen. Dort teilte er Pauline mit, sie solle sofort nach Mainz aufbrechen, wenn er bis mittags nicht zurück sei. Weil Scherdt ostentativ an Friedrichs Seite blieb, war Pauline klar, was auf dem Spiel stand.

Über eine Stunde lang wurde Friedrich von Högy und Pott verhört. Sie befragten ihn immer wieder über seine Ansichten über den Nationalsozialismus und Adolf Hitler. Es war Friedrich klar, dass sie darauf aus waren, dass er sich selbst belastete. Es gelang ihm aber, ihre Fragen abzuwehren. Högy konfrontierte Friedrich mit einer ganzen Reihe von Beschwerden: Dass Friedrich mit Parteiorganisationen nicht zusammenarbeiten wolle, dass er sich weigere, Kassenleiter des Ortsverbandes Laubach des Reichskolonialbundes zu werden, dass er nur widerwillig Soldaten zur Einquartierung in seiner Wohnung akzeptiere, dass er nie an Feierlichkeiten im Gericht teilnehme. Otto Pott fügte hinzu, es gebe auch viele anonyme Beschwerden gegen Friedrich und solche, die berichteten, dass er sein Vaterland abwertend mit England

a) Ebd.

und Amerika vergleiche. Otto Pott drohte: »Wenn wir genug Beweise gegen Sie gesammelt haben, werden Sie und Ihre Frau in ein Konzentrationslager geschickt«.[b]

Wie schon bei Colnot und Backhaus verteidigte Friedrich sich auch diesmal energisch. Er rügte den Bürgermeister dafür, dass er längst erledigte Beschwerden erneut vorbrachte. Friedrich bestand darauf, dass Högy und Pott ein formelles Verfahren einleiteten. In diesem Verfahren würde er dann seine Vorwürfe gegen den Bürgermeister und den Ortsgruppenleiter vorbringen – Vorwürfe, die nicht auf anonymen Hinweisen beruhten, sondern auf belegbaren Beschuldigungen. Das war keine leere Drohung. Wegen seiner dienstlichen Stellung im Gericht wusste Friedrich von den Missetaten seiner Ankläger: Unterschlagung von Grundstücken und Steuerhinterziehung. Friedrich erinnerte sie auch an den »Führerbefehl«, nach dem die Ergebnisse jeglicher Verfahren gegen einen Funktionsträger des Staates dem Stellvertreter Hitlers, Rudolf Heß, zur endgültigen Entscheidung vorgelegt werden mussten. Friedrich bat Bürgermeister Högy und Otto Pott dann, Laubach und seine Verwaltung, vor allem aber sich selbst von Berlin prüfen zu lassen.

Das reichte, um das Verhör zu beenden – aber nicht einen letzten Zornausbruch Potts: Friedrich sei der unpatriotischste Deutsche, den er jemals getroffen habe. Als Antwort rollte Friedrich sein rechtes Hosenbein hoch und verlangte, Pott sollte das den Wunden sagen, die er im Krieg im Dienste seines Landes erhalten hatte.

Friedrich kehrte dann in seine Wohnung zurück, um Pauline zu beruhigen. Als er eintrat, hob sie gerade Bücher und Papiere vom Fußboden auf. Georg W. und der Amtsleiter der N.S.V. waren zehn Minuten, nachdem Friedrich zum Verhör musste, auf Befehl von Ortsgruppenleiter Pott erschienen. Glücklicherweise war Pauline wegen Scherdts Gesichtsausdruck so besorgt gewesen, dass sie sämtliche kompromittierenden Papiere, einschließlich Friedrichs geschichtlicher Notizen, verbrannt hatte. Als das erwartete Klopfgeräusch an der Tür ertönte, hatte sie das Tagebuch in der Hand und versteckte es sofort unter Bluse und Pullover.

Während der folgenden Abende nutzte Friedrich seine handwerklichen Fähigkeiten, um im Schrank ein Geheimfach für das Tagebuch und seine anderen Notizen zu bauen. Er würde nicht aufgeben. Die Nazis hatten zwar die Macht, seine Stimme zum Schweigen zu bringen. Er konnte also in der Gegenwart nichts tun, um sie zu stoppen. Also beschloss er, sie in der Zukunft zu bekämpfen. Sein Tagebuch sollte die Waffe für künftige Generationen gegen jedes Wiedererstarken solcher Anhänger des Bösen und ihrer totalitären Ideologien sein.

Friedrich glaubte, Högy und Pott würden ihn in Frieden lassen, solange er sich selbst weiterer Kritik an den Nationalsozialisten enthielt. Erst nach dem Krieg sollte er das volle Ausmaß ihrer Verschwörung gegen ihn entdecken, sollte er herausfinden, dass der politische Leiter bei der Kreisleitung Gießen der NSDAP, Hermann Engst, nur vier Tage vor dem Verhör einen Brief an Ortsgruppenleiter Pott geschrieben hatte, der Friedrich noch im Nachhinein erschauern ließ. Der auf den 18. März

b) Gespräche 1968.

datierte Brief war die Antwort auf Potts Ersuchen, Friedrich in ein Konzentrationslager zu schicken: »Ich habe zwischenzeitlich mehrmals über den Notizen zum Fall Kellner gesessen und mir, wie besprochen, die Form für einen Stimmungsbericht überlegt. Ein Ergebnis konnte ich nicht finden. Denn: Interessenlosigkeit gegenüber dem Staat und seinen Zielen hat Kellner nicht gezeigt. An seinem Amt und Dienst wird niemand etwas aussetzen können. Er verstößt durch sein Verhalten nur gegen unsere nationalsozialistischen Grundsätze. Wer gegen den Staat verstößt, wird mit staatlichen Mitteln gefaßt. Wer gegen die Partei lau ist kann nur von der Partei gefaßt werden und nur nach deren öffentlich rechtlichem Gesetz zu etwas gezwungen werden. Hier sind Staat und Partei zweierlei. Darum ist, so nahe uns der Gedanke liegen mag, ein staatliches Machtmittel bei ihm nicht möglich. Wir dürfen nicht vergessen, dass Menschen vom Typ Kellner viel zu intelligent sind, als dass sie sich greifbar schuldig machten und deswegen vor ein Disziplinargericht gestellt werden könnten. Erst wenn sie durch Äußerungen oder Handlungen der Geheimen Staatspolizei eine Handhabe gegeben haben, sind sie angreifbar und dann durch die staatliche und parteidienstliche Stelle, die die Gestapo einnimmt, über den Stellvertreter hinweg, reif für das Konzentrationslager geworden. Wenn wir Leute vom Schlage Kellner fassen wollen, müssen wir sie aus ihren Schlupfwinkeln herauslocken und schuldig werden lassen. Ein anderer Weg steht zur Zeit nicht offen. Zu einem Vorgehen ähnlich dem seinerzeit gegen die Juden ist die Zeit noch nicht reif. Das kann erst nach dem Kriege erfolgen. Darum nehme ich an, der Kreisleiter wird einen entsprechenden Stimmungsbericht, wie wir ihn ausdachten, ablehnen und damit ist er ja zwecklos.«[a]

Der Optimismus des Hinweises »nach dem Kriege« wurde durch die vielen aufeinander folgenden deutschen Siege des Jahres 1940 genährt. Friedrich hatte keinen Mangel an Stoff für sein Tagebuch, einschließlich des überstürzten britischen Rückzugs auf die heimatliche Insel und des Zusammenbruchs Frankreichs. Diese Siegermächte des Ersten Weltkriegs hatten die enorme Wiederaufrüstung Deutschlands leichtfertig ignoriert. Friedrich kommentierte das so: »[D]ann lieferten sie noch Rohmaterial dazu, damit sie besser abgeschlachtet werden könnten. Das soll ein Mensch mit gesundem Menschenverstand verstehen?«[b] Er tadelte auch die Organisation, die gegründet worden war, um künftige Kriege zu verhindern: »Ich pfeife auf einen Völkerbund, der noch nicht einmal einem bedrängten Mitglied Bombenflugzeuge zur Verfügung stellen oder sonstwie tatkräftige Hilfe leisten kann«.[c]

Friedrich geißelte den deutschen Blitzkrieg, der ein Land nach dem anderen durch Terror-Bombenangriffe in die Knie zwang. Er war wütend, weil seine Landsleute Görings Taktik, Zivilisten anzugreifen und architektonische Kunstschätze in altehrwürdigen Städten zu vernichten, applaudierten: »Eine alle Grenzen übersteigende Ueberheblichkeit war zum Allgemeingut geworden. Von Bescheidenheit aber

a) Schreiben von Hermann Engst an Ortsgruppenleiter Pott, 18.3.1940; Privatbesitz.
b) Eintrag vom 12. Juni 1940.
c) Eintrag vom 15. März 1940.

auch keine Spur zu entdecken. Dieser ⟨akute⟩ Siegesrausch entwickelte sich zu einem chronischen Siegestaumel«.[d]

Er schrieb über einen jungen Soldaten in Laubach, der mit einer anderen Art des Naziterrors konfrontiert worden war. Der junge Mann war verzweifelt wegen seiner Abkommandierung zu den Fallschirmjägern: »Das sei schrecklich, bis man sich daran gewöhnt habe, ›Frauen und Kinder‹ umzubringen«. Seine Einheit war dazu ausersehen, bei der geplanten Invasion in England eine bestimmte Fabrik anzugreifen: »Alles, was in den Weg komme, müsse umgebracht werden«.[e]

Am Silvestertag schrieb Friedrich traurig: »Das Jahr 1940 wird heute zu Grabe getragen. Welches unsagbar großes Leid hatte es der versklavten Welt gebracht? Und was steht noch bevor?«[f]

Die Erfordernisse des Krieges veränderten das Alltagsleben der Menschen durch Engpässe und Rationierung: »Vogelfutter für unseren Kanarienvogel ist hier nicht mehr zu haben. Wir haben zwar ein ›Großdeutschland‹ und wollen eine neue Ordnung (Raub-Ordnung) in Europa schaffen, aber so manche Dinge des täglichen Lebens werden knapp oder sind überhaupt nicht mehr erhältlich.«[g] Friedrich erinnerte die Menschen oft daran, dass es im Ersten Weltkrieg mehr Waren in den Geschäften gegeben hatte. Aber er war so vorsichtig, nicht alles zu äußern, was ihm in den Sinn kam. Die meisten wollten nicht daran glauben, dass die Warenknappheit Vorzeichen einer deutschen Niederlage sein könnte. Ihr Optimismus schwand nicht einmal, als 300 Frauen und Kinder aus Düsseldorf nach Laubach evakuiert wurden, um den Bombenangriffen auf ihre Heimatstadt zu entgehen. Sie jubelten dem »Führer« sogar zu, als er der Sowjetunion den Krieg erklärte, obwohl das ihre Probleme, Lebensmittel und andere Dinge zu bekommen, verschlimmerte. Als die Wehrmacht schnell große Bereiche sowjetischen Territoriums eroberte, spielte alles andere offensichtlich keine Rolle mehr, es herrschte Begeisterung allenthalben. Friedrich wusste aber, dass die Menschen und mit ihnen Adolf Hitler, genau wie einst Napoléon Bonaparte, bald entdecken würden, dass es ein tödlicher Fehler gewesen war, den russischen Koloss anzugreifen.

Meist hielt Friedrich jetzt solche Ansichten nur noch in seinem Tagebuch fest. Überall in Deutschland waren »Abweichler« in höchster Gefahr. Sogar belanglose Aussagen wie »Der Krieg zieht sich hin« oder »Ich hoffe, wir haben nicht noch einen Winter mit knappen Rationen« konnten zu harten Strafen führen. In Gießen wurde ein Förster eingekerkert, weil er prophezeit hatte, der Krieg würde noch drei Jahre dauern. Friedrich schrieb: »Die Wahrheit darf nicht gesagt werden«.[h]

Weil sein Sohn in New York war, gingen Friedrichs Gedanken oft nach Amerika. Er sehnte sich danach, dass die USA aus ihrer Lethargie erwachen und Europa retten

d) Eintrag vom 10. Mai 1943.
e) Eintrag vom 29. Oktober 1940.
f) Eintrag vom 31. Dezember 1940.
g) Eintrag vom 13. Februar 1941.
h) Eintrag vom 5. Juli 1941.

würden, wie sie es zwei Jahrzehnte zuvor getan hatten. Die Vereinigten Staaten hatten eine Reihe von Gesetzen verabschiedet, um sich von den Kämpfen in Übersee zu distanzieren. Nach Beginn des Zweiten Weltkriegs änderten die USA nur zögerlich ihre Politik und unterstützten ihre alten europäischen Verbündeten mit Rohstoffen und Waffen, aber sie erklärten Deutschland nicht den Krieg und schickten auch keine Truppen. Für Friedrich war das eine unglaubliche Kurzsichtigkeit. Am 25. Juni 1941, wenige Tage nach dem deutschen Überfall auf die Sowjetunion, schrieb er frustriert: »Menschheit erwache!!! Zusammenschluß aller Mächte gegen den Friedensstörer!! [...] Keine Erwägungen, keine Resolutionen, keine Redensarten, keine ›Neutralität‹. Ran an den Feind des Menschentums!«

Friedrich hatte ein gewisses Verständnis für Amerikas Neutralität, weil es jenseits des Ozeans lag. Er vermochte aber nicht auszuloten, warum die Schweiz das Abschlachten ihrer Nachbarn ignorieren konnte, während sie ihre Schatzkammern mit Nazi-Raubgut füllte. Für Friedrich war Schweden das boshafteste Land. Es belieferte Deutschland mit wertvollen Rohstoffen, während die Stiefel von Nazisoldaten durch Norwegen trampelten, und zwar bis unmittelbar an die schwedische Grenze. Neutralität im Angesicht des Bösen konnte doch nur eins sein: Eine andere Form des Bösen. Friedrichs Rat an die Alliierten lautete: »Bewaffnung der Norweger. Angriff gegen Schweden bei weiterem saumäßigen Verhalten der Welt gegenüber. Diese schwedischen Hundsfötter liefern Deutschland Eisenerze!«[a]

Während deutsche Truppen in Russland vormarschierten, brachten Berichte von Gräueltaten gegen Zivilisten und Gefangene eine neue furchtbare Note in den Krieg. »Verwundete Soldaten haben im Lazarett in Gießen erzählt, die russischen Gefangenen würden umgebracht!«, schrieb Friedrich: »Grausames Banditenvolk! Ist das deutsche Volk ein Kulturvolk? Nein!«[b] Ähnliche Schrecken geschahen in Deutschland selbst. »Die ›Heil- und Pflegeanstalten‹ sind zu Mordzentralen geworden.« Die Eltern eines geistesgestörten Jungen holten ihren Sohn aus einer Anstalt heim und erhielten später von dort die Nachricht, dass ihr Sohn gestorben sei, bereits eingeäschert werde und die Asche ihnen übersandt werden würde. Offenbar hatte ein Schreiber vergessen, den Namen des Jungen von der Totenliste zu streichen. »Auf diese Weise ist die beabsichtigte vorsätzliche Tötung ans Tageslicht gekommen.«[c] Er erwähnte auch, dass neben der Heil- und Pflegeanstalt in Hadamar, eine Autostunde von Laubach, ein Krematorium gebaut wurde. Dort wurden später etwa 10000 Deutsche mit Geisteskrankheiten und Erbkrankheiten getötet. Am 7. Juli fragte sich Friedrich in der einzigen Eintragung im Tagebuch, in der er seinen Vater erwähnte: »Was würde er, der Friedensfreund, zu dieser furchtbaren Menschenschlächterei sagen?«[d]

a) Eintrag vom 12. Dezember 1941.
b) Eintrag vom 29. Juli 1941.
c) Eintrag vom 28. Juli 1941.
d) Eintrag vom 7. Juli 1941.

Der Krieg kam unmittelbar in Friedrichs und Paulines kleine Stadt, als am 4. August 1941 zwei Bomben auf Laubach fielen. Sie verursachten keinen Schaden, aber Pauline sorgte sich nach diesem Zwischenfall darum, was ihre Verwandten wohl in Mainz durchstehen mussten. Im September fuhr sie mit Friedrich hin. Unterwegs bemerkte Friedrich Gebiete mit Kriegsschäden und kam zu der Überzeugung, dass Luftangriffe keinerlei Einfluss auf den Ausgang des Krieges haben würden, mochten sie die Menschen auch in die Luftschutzkeller treiben und vorübergehend heimatlos machen. Friedrich war überzeugt: »Deshalb wird der Krieg keinen halben Tag früher beendet.«[e]

Sie wohnten in Mainz bei Paulines Mutter in der Wallaustraße, wo die Mutter nach dem Tod von Paulines Vater im Jahre 1936 geblieben war. In der Nacht vor ihrer Rückkehr nach Laubach, am 12. September, gab es einen Luftangriff. In der Ferne hörten sie Bomben fallen. In den frühen Morgenstunden erschienen Paulines Schwestern Käte und Lines mit Ehemann, Heinrich Fahrbach. Ihr Wohnhaus war getroffen worden. Friedrich schrieb in sein Tagebuch: »Zehn Personen fanden ⟨im Hause Erthalstr. 13⟩ den Tod«.[f]

Friedrich sah sich das halb zerstörte Haus an und fotografierte es. Heinrich Fahrbach versetzte den Trümmern einen Fußtritt und schwor, dass die deutsche Luftwaffe ganz London zerstören werde. Friedrich konnte sich nicht zurückhalten und fragte Heinrich, ob er wirklich wegen eines Hauses eine ganze Stadt zerstören und dadurch eine Million Menschen töten würde. »London ist voller Juden«,[g] war Heinrichs knappe Antwort.

Nach der Rückkehr nach Laubach wurden die Juden zum Thema für einen kurzen Eintrag in Friedrichs Tagebuch. Heinrich Scherdt und der Schwimmlehrer Wilhelm Sch. (»Die staatlich geschützten Räuber« nach Friedrichs Beschreibung) hatten eingemachtes Obst und die Bettwäsche (mit Ausnahme der Betttücher) der Familien Strauß und Heinemann konfisziert – »auf Grund eines angeblichen ›Geheimbefehls‹«.[h] 18 Tage später sollte Friedrich von einem anderen angeblichen Geheimbefehl erfahren und darüber die bedeutsamste Eintragung in sein Tagebuch schreiben.

Am 28. Oktober 1941 berichtete ein Soldat, der auf Urlaub in Laubach war, Friedrich was er in Polen erlebt hatte. Der Soldat erzählte, dass er gesehen hatte, wie nackte jüdische Männer und Frauen vor einen ausgehobenen Graben getrieben und dort mit Schüssen in den Hinterkopf getötet wurden. Der Soldat hatte auch die Schreie noch Lebender im Graben gehört, auf die Erde geschaufelt wurde. Und er bekannte seine Furcht vor der Vergeltung, die über Deutschland kommen würde. Friedrich notierte: »Es gibt keine Strafe, die hart genug wäre, bei diesen Nazi-Bes-

e) Eintrag vom September 1941.
f) Eintrag vom September 1941.
g) Gespräche 1968.
h) Eintrag vom 10. Oktober 1941.

tien angewendet zu werden. Natürlich müssen bei der Vergeltung auch wieder die Unschuldigen mitleiden. 99 % der deutschen Bevölkerung tragen mittelbar oder unmittelbar die Schuld an den heutigen Zuständen.«[a]

Friedrich wusste: Sobald der Krieg vorbei war, würde jeder leugnen, ein Nazi gewesen zu sein und von solchen Verbrechen gewusst zu haben. Aber sein Eintrag vom 28. Oktober zeigt, dass sogar die Menschen in Kleinstädten auf dem Lande von Anfang an die Wahrheit kannten. Sie wussten auch, dass solche Verbrechen keine Einzelfälle, sondern Teil eines Programms der »Ausrottung« waren. Fünf Wochen nach der Eintragung über den Massenmord in Polen notierte Friedrich, dass Juden in Deutschland zusammengetrieben und irgendwohin abtransportiert wurden. Er wusste nicht, wohin – aber er wusste: »Diese grausame, niederträchtige, sadistische, über Jahre dauernde Unterdrückung mit dem Endziel Ausrottung ist der größte Schandfleck auf der Ehre Deutschlands. Diese Schandtaten werden niemals wieder ausgelöscht werden können.«[b] Später zog Friedrich diese Bilanz: Von allen Versprechungen, die die Nazis dem deutschen Volk gemacht hatten, war die Ausrottung der Juden die einzige, die sie hielten.

Überall in Deutschland war auch bekannt, dass nicht nur Juden dermaßen barbarisch behandelt wurden. In den besetzen Ländern regierten die Deutschen ihre Untertanen auf grausame Weise. Russen wurden als Untermenschen behandelt. Als in Frankreich sowohl in Nantes als auch in Bordeaux ein deutscher Offizier von unbekannten Attentätern getötet wurde, wurden jeweils 50 Bürger zur Strafe hingerichtet. Vor der Invasion Frankreichs hatte Friedrich sich gefragt: »Gibt es keine anständigen Offiziere mehr? Sind überhaupt alle Deutschen mit Ehre und Charakter ausgestorben? Fast scheint es so.«[c]

Dann kam es zu einem einschneidenden Ereignis, das die Kräfteverteilung im Krieg erheblich verändern sollte und Friedrich neue Hoffnung schöpfen ließ. Der japanische Angriff auf Pearl Harbor am 7. Dezember 1941 war ein großer militärischer Erfolg – mit einer Ausnahme: Die Vereinigten Staaten blieben nicht länger neutral. Friedrich war davon überzeugt, dass Japan mit dem Angriff auf die USA denselben arroganten Fehler gemacht hatte wie Deutschland mit dem Angriff auf Russland. Seine Mitbürger dachten allerdings anders. Sie waren überzeugt, dass Deutschland nun den Krieg noch schneller gewinnen würde. Sogar die Kinder waren mit Eroberungslust infiziert. Eine Gruppe zog am Gerichtsgebäude vorbei und sang »Wir werden weiter marschieren, wenn auch alles in Scherben fällt. Heute gehört uns Deutschland und morgen die ganze Welt«. Friedrich konnte die jungen Leute nicht verantwortlich machen: »Diese aufgeblasene, hohlköpfige Jugend kann vielleicht nichts dazu, daß sie von Größenwahnsinnigen mißbraucht wird.« Er war sich darüber im Klaren, dass es für Lehrer und Erzieher nach dem Krieg eine gewaltige

a) Eintrag vom 28. Oktober 1941.
b) Eintrag vom 15. Dezember 1941.
c) Eintrag vom 12. Mai 1940.

Aufgabe sein würde, ein neues Deutschland zu schaffen, das wieder ein Land der Kultur und Moral genannt werden konnte – ein Land, das Friedrich sehr, sehr weit entfernt zu sein schien: »Heute ist lediglich festzustellen, daß die großen Männer der Vergangenheit umsonst gelebt haben.«[d]

Lange glaubte Friedrich, der Krieg würde 1943 beendet. Er kannte die Stärke von Deutschlands Gegnern und konnte sich keinen Grund dafür vorstellen, dass der Kampf sich lange hinziehen könnte. Zwar hatten die Alliierten einen schweren Fehler gemacht, als sie nicht von Anfang an entschlossen handelten. Aber Friedrich erwartete, dass sich das unter amerikanischer Führung ändern würde. Vier Monate nach Pearl Harbor hatte sein Optimismus den Höhepunkt erreicht: »Nach meinem Gefühle muß die Wendung in diesem Kriege sich bald zeigen. Aus den Reihen der Angegriffenen werden die Angreifer kommen. [...] Vielleicht sind es nur noch Tage, und die Ouvertüre beginnt.«[e] Er sollte tief enttäuscht werden. Die Bombenangriffe auf Deutschland nahmen zu, aber Friedrich wusste, dass Flugzeuge den Krieg nicht beenden würden. Er wartete darauf, dass englische Zerstörer deutsche U-Boote versenken und englische Landungsboote mit den Truppen, die in Dünkirchen geflohen waren, auf den Kontinent zurückkehren würden. Er erwartete, dass die Kanadier, die seit 1939 untätig in England saßen, die italienische Halbinsel hinaufmarschieren würden. Er sehnte sich danach, dass die amerikanischen Kommandeure nicht länger übervorsichtig wären. Falls die Alliierten darauf warteten, dass das deutsche Volk sich gegen die Nazis und seinen Führer erhob, warteten sie vergeblich. Als 1943 heraufzog, hielten sich die Alliierten immer noch zurück. Friedrich notierte: »Daß das über Gebühr lange gedauert hat, ist kein Ruhmesblatt für diese Nationen u. hat ihnen selbst den meisten Schaden zugefügt. Darüber habe ich viel geschimpft und geschrieben.«[f]

Ein Grund für die Verzögerung des Angriffs auf den europäischen Kontinent waren Generalfeldmarschall Rommels Erfolge in Nordafrika. Rommels wohlausgeführter Feldzug war dafür verantwortlich, dass Briten und Amerikaner sich auf die Mittelmeerregion konzentrierten. Das wiederum erlaubte es der deutschen Armee, sich auf die Ostfront zu konzentrieren, an der sie sich immer heftigerem Widerstand der Russen gegenübersah und wo sie beträchtliche Verluste erlitt. Das ganze Jahr 1942 hindurch errang Deutschland trotz aller Rückschläge immer wieder genügend Erfolge auf dem Schlachtfeld, um an der Heimatfront Jubel hervorzurufen. Nach Stalingrad klang der Jubel allerdings hohl.

Ironischerweise brachte der sich hinziehende Krieg Friedrich einige Erleichterung. Einige der Laubacher Nazis, die ihn drangsalierten, waren zur Armee eingezogen worden. Richter Schmitt kämpfte in Russland, ebenso wie die Anführer des Mobs aus der Reichspogromnacht, Willi R. und Albert H. Als die Nachricht

d) Eintrag vom 14. Dezember 1941.
e) Eintrag vom 20. April 1942.
f) Eintrag vom 11. August 1942.

kam, dass H. an der Front getötet worden sei, schrieb Friedrich: »Alle Schuld rächt sich auf Erden.«[a] Aber Friedrich hatte auch eine Reihe von Feinden, die nicht an der Front waren. Der gefährlichste war Amtsgerichtsrat Bischoff, der sich häufig im Gericht aufhielt. Für Friedrich war er »der reinste Typ eines gewordenen Nationalsozialisten, die personifizierte Ueberheblichkeit«.[b] Bischoff bestand darauf, dass Deutschland England erobern und besetzen und dass Amerika Japan niemals besiegen würde. Er verlor die Fassung, wann immer Friedrich eine andere Meinung vertrat. In einer hitzigen Debatte sagte Bischoff, er wolle Friedrichs »Miesmacher«-Bemerkungen nicht hören. Später am selben Abend schrieb Friedrich in sein Tagebuch: »Jetzt ist es Zeit, vorsichtig zu werden. Ich muß warten, bis die ›Miesmacher‹ gesiegt haben.«[c] Gegen Ende des Jahres 1943 zeigte Bischoff aber verblüffende Demut, als er Friederichs Büro betrat und sagte: »An der Front steht es nicht gut, ich glaube der Kellner behält recht.«[d] Ein dermaßen offenes Eingeständnis eines Irrtums war ungewöhnlich für einen überzeugten Nazi. Die meisten von ihnen wurden an der Heimatfront mit jeder neuen Niederlage auf den Schlachtfeldern noch gefährlicher.

Friedrich und Pauline hatten in Laubach und Gießen aber auch einige Freunde. Es waren die Rechtsanwälte Hemeyer und Wamser, die sie seit Jahren kannten, sowie Ludwig Mölck, Ludwig Brunner, Heinrich Schmidt und der Maler Ludwig Erbes, jeweils einschließlich ihrer Ehefrauen. Sie alle waren so vorsichtig, sich nicht zu oft als Gruppe zu treffen oder eine Clique zu bilden. Sie tauschten aber Informationen aus. Und es war eine Erleichterung, einfach nur frei sprechen zu können. Sie planten kleine Akte des Widerstandes, wie das heimliche Hinterlassen von Flugblättern der Alliierten an öffentlichen Orten. Und sie spendeten sich Trost und Beruhigung.

Tatsächlich gab es aber nicht viel freie Zeit, in der Freunde sich treffen konnten. Unter den vielen Veränderungen im deutschen Alltagsleben, die den Menschen hätten zeigen können, wie schlecht es im Krieg stand, war die Verlängerung der Arbeitszeit für alle. Friedrich musste sechs Tage in der Woche arbeiten – und zwei Stunden am Sonntag. Sein Hauptvergnügen an Sonntagen war sehr einfach: Er wanderte mit Pauline die Landstraßen entlang. Sie gingen vielleicht nach Ruppertsburg oder Wetterfeld oder stiegen den Ramsberg hinauf. An seinen Hängen fanden sie auch ein Grundstück für ihren Alterssitz. Sie wollten nämlich in Laubach bleiben und an der Wiedererstehung der Sozialdemokratischen Partei Deutschlands arbeiten. Friedrich war entschlossen, seinen Teil dazu zu tun, dass die Nazis nie wieder Laubach regieren würden.

Trotz der langen Wochenarbeitszeit gab es immer noch Jahresurlaub. Friedrich und Pauline verbrachten ihn meist im Schwarzwald. Sie nahmen stets Quartier in Freudenstadt, meist im Gasthof Dreikönig. Oft fuhren sie mit dem jungen Fred

a) Eintrag vom 23. Februar 1942.
b) Eintrag vom 24. August 1942.
c) Eintrag vom 1. Dezember 1942.
d) Eintrag vom 2. September 1943.

dorthin, manchmal mit beiden Eltern. Im Krieg änderten sich die Umstände, angefangen bei den verspäteten und übervollen Zügen, in denen sich die Reisezeit verdoppelte. Statt der vielen Touristen der Vorkriegsjahre waren in den Straßen von Freudenstadt nun Soldaten zu sehen, die sich von ihren Verwundungen erholten. Die großen Hotels wie das »Palmenwald«, das »Waldesruh« und andere waren ebenso wie die Kurhäuser und Sanatorien in Lazarette umgewandelt worden. Die meisten Geschäfte waren geschlossen. Andere öffneten für nur wenige Stunden am Tag. Friedrich schrieb in sein Tagebuch: »Alles in allem ein Bild der Trostlosigkeit.«[e]

Militärische Verluste wurden in erster Linie aus der Arbeiterschaft aufgefüllt. Als immer mehr Beschäftigte Uniform anziehen mussten, übernahmen Männer und Frauen aus den besetzten Ländern, die als Zwangsarbeiter nach Deutschland verschleppt wurden, ihre Arbeitsplätze. Lücken in Büros konnten aber nicht auf diese Weise geschlossen werden. Also mussten deutsche Beamte die Aufgaben ihrer eingezogenen Kollegen übernehmen. Während der letzten beiden Kriegsjahre musste Friedrich Kellner sich deshalb sowohl um das Amtsgericht in Altenstadt als auch um das in Laubach kümmern. Er verbrachte drei Tage pro Woche in Altenstadt und wohnte dann im »Schwarzen Adler«. Die 45-Kilometer von Frankfurt nach Lauterbach konnten mit der Bahn acht Stunden oder länger dauern – Umsteigen in Hungen und Stockheim inbegriffen. Friedrich hätte in der gleichen Zeit die Strecke zu Fuß zurücklegen können, und gelegentlich lief er auch von einem Bahnhof zum nächsten. Wenn Friedrich unterwegs war, blieb Pauline nicht alleine zurück. Schwere Bombenangriffe auf Mainz hatten ihre Mutter dazu gebracht, nach Laubach zu ziehen. Außerdem waren Paulines Schwestern oft zu Besuch.

Auf Reisen nahm Friedrich eine gefahrvolle Aufgabe auf sich. Heimlich legte er Flugblätter der Alliierten, die er entdeckt hatte, nachdem Bomber sie abgeworfen hatten, in Zügen und Warteräumen aus.[f] Er beobachtete die Reaktionen von Mitreisenden, wenn sie Schlagzeilen wie diese lasen: »Deutschland hat den Krieg verloren. Wir wissen es, Hitler weiß es. – Wie kann Deutschland noch gerettet werden? – In Amerika alle fünf Minuten ein neues Flugzeug!« Oft nahm er sein Tagebuch mit und schrieb riskant unterwegs Eintragungen. In Altenstadt musste er aber besonders vorsichtig sein, weil der Wirt des »Schwarzen Adlers«, August H., Nationalsozialist und ein »Schnüffler« war.

Am 2. Dezember 1943 kam ein ganz besonderer Brief für Friedrich und Pauline in Laubach an. Ausnahmsweise hatte Friedrich einmal Anlass für eine frohe Eintragung in sein Tagebuch: »Während des Krieges ein freudiges Ereignis. Gibt es so etwas? Heute erhielten wir durch das deutsche ⟨Rote⟩ Kreuz in Berlin über das internationale ⟨Rote⟩ Kreuz in Genf einen Brief von unserer Schwiegertochter Freda Kellner aus New Haven (Conn.) mit der Mitteilung, daß es allen gut gehe und sie ein drittes Kind, einen Knaben bekommen hätten, der 14 Monate alt sei. Der Brief, der

e) Eintrag vom 1. Mai 1944.
f) Friedrich Kellners Liste »Aktiver Widerstand«.

nur 25 Worte enthalten darf, ist vom 19. August 1942 (!) datiert. Er hat also 15 Monate gebraucht, bis er in unsere Hände kam. Wir haben sofort geantwortet, ebenfalls 25 Worte. Wann wird dieser Brief in USA. eintreffen? Vor Kriegsende? Niemand weiß es. Hoffen wir, daß unser Sohn und seine Familie in absehbarer Zeit ein Lebenszeichen von uns erhält.«[a]

Den letzten Brief aus den USA hatten sie im Sommer 1940 bekommen, also dreieinhalb Jahre zuvor. Er war damals sechs Monate unterwegs gewesen. Sehr gerne hätten Friedrich und Pauline Fred, wie er sich nun nannte, wiedergesehen und seine Familie kennengelernt. Der neue Brief half ihnen, ihre Sehnsucht zu erleichtern und neue Geduld zu fassen.

Obwohl die deutsche Armee vor schwierigen Herausforderungen stand, leistete sie 1943 und 1944 erbitterten Widerstand und gewann zwischenzeitlich die Offensive zurück, konnte an die frühen Erfolge jedoch nicht mehr anknüpfen. Den alliierten Armeen gelangen nur langsame Fortschritte, was Friedrich enttäuschte: »Ich halte den General Eisenhower für einen unfähigen Menschen.«[b] Aber dennoch eroberten die Alliierten mehr und mehr Gebiete. Propagandaminister Goebbels versuchte, das Beste daraus zu machen. Die gläubige Zuhörerschaft dieses »Mephisto«, wie Friedrich ihn nannte, wiederholte unaufhörlich die Prahlerei, dass es den Alliierten niemals gelingen werde, die Grenze zu überqueren. Während Goebbels die ungeheuren Befestigungsanlagen an der Atlantikküste pries, ließ die Wehrmacht Generalfeldmarschall Rommel, dessen Stern trotz seiner Niederlage in Afrika immer noch leuchtete, am Atlantikwall aufmarschieren und verkünden: »Der Zusammenprall mit der deutschen Küstenfront wird für den Gegner fürchterlich werden.«[c]

Für Friedrich kam die Landung in der Normandie viel zu spät für die Millionen Menschen, die von seinen Landsleuten ohne Gnade getötet wurden. Aber wenigstens kam sie, und Friedrich begrüßte sie mit einem einzigen Wort, das er groß schrieb: »Endlich.« Bald waren die Zeitungen voll von Heldengeschichten über Soldaten, die bis zur letzten Patrone kämpften. Leitartikel versicherten der leichtgläubigen Leserschaft, dass fremde Truppen niemals das Vaterland entweihen würden. Sie überzeugten die Menschen davon, dass bald eine neue Geheimwaffe zum Einsatz käme, die noch mehr Zerstörungskraft besitze als die Flugbombe V 1. Friedrich notierte: »Sie glauben an irgend etwas, an unbekannte neue Waffen, vielleicht auch an Wunder.«[d]

Als amerikanische Panzer das besetzte Frankreich durchquerten, fanden deutsche Offiziere den Mut und die Motivation für den Versuch, Hitler zu töten. Zu Beginn des Krieges hatte Friedrich sich nach so etwas gesehnt. Jetzt aber war er dagegen. Er wollte nicht, dass das deutsche Volk eine Entschuldigung dafür bekäme, einen neuen

a) Eintrag vom 2. Dezember 1943.
b) Eintrag vom 15. September 1943.
c) Eintrag vom 11. Mai 1944.
d) Eintrag vom 12. November 1944.

Krieg zu beginnen, auf der Basis der irrigen Vorstellung, Deutschland könnte triumphiert haben, wenn nur Hitler nicht getötet worden wäre.

Im November 1944 war Friedrich als Angehöriger des Volkssturms wieder in Militäruniform. Er war 59 Jahre alt, aber damit nicht einmal der Älteste in seiner Kompanie. Jeden Sonntag kam seine Einheit zur Kundgebung und zum Marschieren zusammen, manchmal in Begleitung der Hitlerjugend. In den nächsten Monaten war Friedrich in Laubach und Altenstadt sehr beschäftigt. Außerdem musste er einen erkrankten Justizinspektor in Büdingen vertreten. Von Ende Dezember 1944 bis Anfang März 1945 schrieb er nichts in sein Tagebuch. Als er wieder zum Füller griff, ging der Krieg in seinem Teil Deutschlands schon zu Ende. Die Alliierten hatten den Rhein überquert und marschierten in seine Richtung.

Als er am 28. März an seinem Schreibtisch saß und in sein Tagebuch schrieb, konnte er in der Ferne Artillerie hören. Es weckte seine Erinnerung an die furchtbaren Monate in den Schützengräben in Frankreich 31 Jahre zuvor. Da donnerte ein Flugzeug über ihn hinweg, explodierte eine Bombe draußen auf der Straße und ließ die Fenster des Gerichtsgebäudes zerbersten. Glassplitter flogen überallhin. Friedrich schrieb: »Mein Oelbild ›Plönlein‹ ist durchlöchert. Mein Schreibtisch ist übersät mit Glassplittern und Dachziegelscherben. Die Vorhänge u. die Blumen sind stark mitgenommen«.[e] Else G., das Hausmädchen der Schmitts, kam in Friedrichs und Paulines Wohnung gelaufen und fand beide voller Mörtelstaub, aber ansonsten unversehrt vor. Später beschrieb sie die Szene so: »Herr Kellner war der Einzige in Laubach, der etwas Gutes über die Amerikaner zu sagen wusste, und sie warfen eine Bombe auf ihn.«[f]

Am nächsten Tag saßen Friedrich und Pauline mit Else, Frau Schmitt, deren drei Kindern und den Justizangestellten im überfüllten Keller des Gerichtsgebäudes und hörten die alliierten Truppen heranrücken. Auch einige Nachbarn und verwundete Soldaten aus dem Gerichtsgebäude, das zum großen Teil in ein Lazarett umgewandelt worden war, waren bei ihnen, aber nicht Richter Schmitt. Der Mann, der Friedrich und Pauline in ein Lager hatte bringen wollen, war nun offenbar selbst in einem Lager interniert. Die Rote Armee hatte seinen Teil der Front überrannt. Als Friedrich und Pauline draußen auf der Straße Jeeps und andere Fahrzeuge hörten, gingen sie zum Eingangstor des Amtsgerichts: »Wir sehen zum ersten Male Amerikaner. Die Soldaten sind hervorragend ausgerüstet. ⟨Ihr Aussehen ist bemerkenswert gut, wohlgenährt.⟩ Das Material ist mit dem deutschen nicht zu vergleichen. Jedenfalls macht die amerikan. Armee ⟨den Eindruck⟩ einer ausgezeichneten, disziplinierten Truppe. Ich will hoffen, daß dieser gute Eindruck auch künftig erhalten bleibt.«[g]

Friedrich diente sich den Amerikanern in keiner Weise an. Es war nicht seine Art, sich bei jemandem einzuschmeicheln. Aber die Laubacher wollten, dass Friedrich sie

e) Eintrag vom 28. März 1945.
f) Else G., Gespräch vom 29. Oktober 2003.
g) Eintrag vom 29. März 1945.

repräsentierte, und so bot am 21. April 1945 Landrat Theodor Weber aus Gießen Friedrich den Posten des Laubacher Bürgermeisters an. Er sollte den Nationalsozialisten Willi Michel ablösen. Friedrich lehnte ab – aber nicht aus den Gründen, die er Weber nannte: seinen Gesundheitszustand und seine Arbeitslast. Solange Adolf Hitler am Leben und an der Macht war, selbst wenn er sich in einem Bunker in Berlin versteckte, wollte Friedrich nicht mit den deutschen Bürgermeistern, dieser Kaste nationalsozialistischer Sachwalter, die so schamlos Hitler gehorcht hatten, in Verbindung gebracht werden. Außerdem brauchte Friedrich Zeit, um sich mit seinen Mitstreitern darauf zu konzentrieren, in Laubach die SPD wiedererstehen zu lassen.

Dann aber öffnete sich eine Tür für ihn. Am 1. Mai kam eine Sondermeldung im Radio. Friedrich vermerkte sie so in seinem Tagebuch: »Adolf Hitler, der ›genialste Feldherr aller Zeiten‹, der allmächtige Herrscher über das 1000 jähr. Reich, das nach 12 Jahren unterging, ist jedenfalls von der Bildfläche verschwunden. Die NSDAP ist ruhmlos zusammengebrochen! Die Vorsehung, die Hitler so gern angerufen hat, hat gegen ihn entschieden.«[a] Einige Wochen später bot der neue Laubacher Bürgermeister, Heinrich Schmidt, Friedrich an, sein Stellvertreter zu werden. Friedrich akzeptierte.[b]

Friedrich unterschied nach dem Krieg genau zwischen denen, die aktiv Untaten begangen hatten, und denen, die nur Mitläufer gewesen waren. In seinem Tagebuch hatte er sich oft über die blinde Akzeptanz des Nationalsozialismus der Laubacher beschwert, und er hatte gehofft, sie würden bestraft werden. Bei Kriegsende waren viele bereits hart bestraft worden – getötet oder verwundet an der Front, von einem Feind, über den sie sich einst lustig gemacht hatten. Oder, wie Richter Schmitt, der Deutschland nie wiedersehen sollte, gefangen in Sibirien. Friedrich wurde eine Quelle nicht der Rache, sondern der Versöhnung, indem er sein Tagebuch nun mit Verständnis und Mitgefühl benutzte. Sein Deutschland war bereits zerstört. Nun musste es wieder aufgebaut werden. Aber er konnte hart sein, wenn es nötig war, um ehemalige Nazis davon abzuhalten, vom Wiederaufbau zu profitieren. Am 22. November 1945 schrieb er dem Bittsteller Johann P.: »Sie sind ein sehr gerissener Kaufmann. Wenn es sein mußte, gingen Sie über Leichen. Sie schließen, ohne mit der Wimper zu zucken, Verträge mit dem Teufel. Sie waren von Zeit zu Zeit hervorragender Nationalsozialist. Heute bringt das natürlich nichts mehr ein, na, da wollen Sie eben beweisen, dass Sie kein Nazi waren. Wäre Josef Stalin bis zum Rhein vorgestoßen, wollen Sie wetten, dass ein gewisser Herr P. sich begeistert hätte? Beruhigen Sie sich nur, Sie sind nicht das einzige Chamäleon in Deutschland. Es gibt deren leider zu viele.«[c]

Als seine Arbeit als Stellvertreter vollendet war, legte Friedrich Kellner sein Tagebuch zurück in den Wohnzimmerschrank und machte sich daran, seine politische

a) Eintrag vom 1. Mai 1945.
b) Schreiben des Bürgermeisters der Stadt Laubach an Friedrich Kellner, ohne Datum; Privatbesitz.
c) Schreiben von Friedrich Kellner an Johann P., 22. November 1945; Privatbesitz.

Partei wiederaufzubauen. Bald hatte er die alten SPD-Genossen um sich versammelt und rekrutierte neue Parteimitglieder. Sie wählten Friedrich zum Vorsitzenden der Laubacher SPD.[d]

Zwei Monate nach Kriegsende, im Juli 1945, hatten Friedrich und Pauline einen jungen Besucher. Er war so ärmlich gekleidet wie viele ehemalige deutsche Soldaten, die in ihrem Land umherirrten. Aber er irrte nicht umher. Er war auf dem Heimweg vom Kriegsgefangenenlager im französischen Chartres nach Fulda. Er berichtete, dass er durch den Einsatz eines amerikanischen Soldaten vorzeitig entlassen worden war unter der Bedingung, dass er in Laubach, das auf seinem Weg lag, Station machte und dem Justizinspektor Kellner einen Brief überbrachte. Der junge Mann hatte auch ein kleines Päckchen mit Lebensmitteln für die Kellners dabei und entschuldigte sich dafür, dass er auf seiner langen Reise etwas davon gegessen hatte. Zu Friedrichs und Paulines Erstaunen stammten sowohl der Brief als auch die Lebensmittel von ihrem Sohn Fred.

Im Brief erklärte Fred, dass er Soldat der US-Armee war, und zwar als Dolmetscher in einem Kriegsgefangenenlager. Er konnte vorerst nicht nach Deutschland zurückkehren, aber er hatte vor, wann immer möglich Gefangene aus der Nähe von Laubach zu entlassen und seinen Eltern durch sie Briefe und Nahrung zukommen zu lassen. In den folgenden Monaten kamen tatsächlich weitere Männer mit beidem an. Friedrich und Pauline hegten und pflegten jeden einzelnen Brief. Die Lebensmittel teilten sie mit ihren Freunden. Die Pakete halfen dabei, den Hunger, der das Nachkriegsdeutschland heimsuchte, zu mildern.

Am 1. April 1946 kehrte Fred William Kellner dann heim – nicht als der 19-jährige Jüngling, als der er Laubach verlassen hatte, sondern als hagerer 30-Jähriger in Armeeuniform, mit Augen, die den Schock der Trümmer und Ruinen widerspiegelten, die er an diesem Tag gesehen hatte. Seine Umarmung war zunächst zögernd, fast förmlich – aber Friedrich und Pauline zogen ihn an sich.

Fred brachte eine junge Frau mit dem Namen Leonie Nassiet mit, deren Spitzname Liliane war. Sie war 20 Jahre alt und stammte aus Frankreich, wo Fred sie kennengelernt hatte. Fred stellte sie als seine Ehefrau vor und erklärte seinen verblüfften Eltern, dass Freda ihn 1943 wegen eines anderen Mannes verlassen habe. Deshalb sei er zur Armee gegangen. Fred wollte als Dolmetscher für die amerikanischen Besatzungstruppen in Deutschland bleiben. Pauline wollte wissen, wie eine Frau, die ihren Mann verlassen hatte, drei Kinder vernünftig großziehen könne. Sie sagte ihrem Sohn, er müsse nach Amerika zurück und die Kinder nach Deutschland holen. Fred antwortete, dass er das auch tun wolle. Weil er wegen seiner Arbeit viel auf Reisen sein würde, habe er Liliane mitgebracht, die bei ihnen in Laubach bleiben solle. Bei ihren eigenen Eltern in Frankreich könne sie nicht leben. Die seien nämlich bestürzt

d) 1925-2000, 75 Jahre Sozialdemokratische Partei Laubach, SPD-Ortsverein Laubach, Juli 2000, S. 75.

darüber, dass sie einen Deutschen geheiratet hatte. »Aber du bist jetzt Amerikaner!«, meinte Friedrich, und Fred antwortete verzagt: »Ich weiß nicht, was ich bin.«[a]

In den nächsten Monaten war Fred immer wieder in Laubach. Wenn er daheim war, half er seinem Vater mit der Laubacher Versorgungskommission, die Friedrich mit den Stadträten Carl Rühl und Erich Bias gebildet hatte. Jedes Mal, wenn Fred von einer Dienstreise nach Laubach zurückkehrte, war sein Jeep vollgestopft mit Lebensmittelpaketen zur Verteilung in der Stadt. Es ist unwahrscheinlich, dass irgendjemand in Laubach noch an den Zwischenfall dachte, wegen dem Fred 1935 Deutschland verlassen hatte. Falls er damals wirklich im Gericht jene zwei Mark gestohlen hatte, machte sein Verhalten das jetzt wieder gut.

1947 reiste Fred nach Amerika. Bei seiner Rückkehr teilte er seinen Eltern mit, dass er Fredas neuem Ehemann die Erlaubnis gegeben hatte, die Kinder zu adoptieren. Er weigerte sich, seinen Eltern Fredas Adresse zu geben oder ihnen ihren neuen Namen zu nennen. Im selben Jahr bekamen Fred und Liliane eine Tochter, die in Frankfurt geboren wurde und den Namen Margrit erhielt. Nach der Geburt des Kindes ließen Lilianes Eltern sich erweichen, die junge Familie einzuladen, bei ihnen in Paris zu wohnen.

Als sein Sohn mit Frau und Kind in Frankreich war, wurde Friedrich befördert. In einem Lebenslauf vermerkte er später: »Am 1. Januar 1949 wurde ich zum Justizoberinspektor ernannt. Zugleich waren mir die Dienstgeschäfte des Bezirksrevisors bei dem Landgericht Gießen übertragen worden.«[b] Im August 1950 trat Friedrich nach 47 Jahren Arbeit in der Justiz in den Ruhestand. Dem Amtsgericht Laubach blieb er trotzdem verbunden, denn er akzeptierte eine Teilzeitstelle als Rechtsbeistand. Er bezog mit Pauline ihren Alterssitz in der Andree-Allee 7 am Ramsberg.

Zu Weihnachten kamen Fred und seine Familie jedes Jahr zu Besuch nach Laubach und blieben gewöhnlich bis Anfang Februar. Man feierte den Hochzeitstag von Friedrich und Pauline am 18. Januar, Paulines Geburtstag am Tag darauf und Friedrichs am 1. Februar. 1951 wurde er 66 Jahre alt. Ohne Angaben von Gründen erklärte Fred in diesem Jahr, sie müssten länger in Laubach bleiben. Aus Monaten wurde ein halbes Jahr. Manchmal war Fred für einige Tage verschwunden. Er hatte aber keine Arbeit. Zumindest verdiente er kein Geld. Immer wieder lieh er sich etwas von seinem Vater. Fred und Liliane stritten sich oft heftig und laut. Dadurch erfuhren Friedrich und Pauline, dass ihr Sohn Schwarzmarktgeschäfte machte und deswegen in Gefahr geraten würde, wenn er nach Frankreich zurückkehrte. Als Friedrich mit Fred über dieses Thema sprechen wollte, weigerte der sich. Im Juni 1951 fuhren Liliane und Margrit allein nach Frankreich zurück. Im Juli kündigte Fred an, er könne eine Arbeitsstelle in München bekommen, und fuhr ebenfalls ab.

Während der folgenden zehn Monate hörten Friedrich und Pauline nur gelegentlich von ihrem Sohn. Wenn sie telefonierten, konnten sie nicht herausbekommen,

a) Gespräche 1968.
b) Lebenslauf, ohne Datum; Privatbesitz.

ob Liliane und Margrit bei ihm waren. Genau wie im April 1946 stand Fred dann eines Tages im Mai 1952 voller Angst vor ihrer Haustür. Er verriet nicht, wo er gewesen war. Er sagte nur, er müsse sofort nach Frankreich zu Frau und Kind, aber er habe kein Geld. Er glaubte, Liliane habe einen anderen Mann. Friedrich und Pauline drängten ihn, wenigstens ein paar Tage zu bleiben, um wieder zu Kräften zu kommen. Fred blieb aber nur eine Stunde.

Für ein volles Jahr hatten Friedrich und Pauline wenig Kontakt mit ihm. Weil Liliane tatsächlich einen neuen Mann hatte, trachtete sie danach, den Kontakt zu ihren Schwiegereltern abzubrechen. Als es schien, dass die Situation nicht schlimmer werden könne, erhielten Friedrich und Pauline eine tragische Nachricht. Am 30. Mai 1953 wurde Karl Friedrich Wilhelm Kellner alias Fritz alias Fred William Kellner in Lilianes Wohnung in der Rue Emile Zola 10 in Bezons im Département Seine et Oise in Frankreich tot aufgefunden. Der Gashahn des Herdes war aufgedreht. Fred war erstickt. Man nahm an, dass er selbst das Gas hatte ausströmen lassen, um sich umzubringen. Im Alter von 37 Jahren war Fritz Kellner für immer seiner irdischen Probleme entledigt. Aber er ließ die gebrochenen Herzen seiner Mutter und seines Vaters zurück, und für den Rest ihres Lebens würden seine beiden Ehefrauen und seine vier Kinder sich fragen, warum das alles hatte geschehen müssen.

Das Foto in Friedrich und Paulines Reisepass von 1953 verrät ihre tiefe Sorge. Mit dem Zug fuhren sie nach Frankreich, wo der Leichnam ihres Sohnes bereits eingeäschert und die Urne am 5. Juni 1953 im Grab der American Legion auf dem Cimetière Nouveau der Stadt Neuilly-sur-Seine in Puteaux beigesetzt worden war.

Der kleine, wohlgepflegte und von Bäumen umsäumte Friedhof liegt heute im Schatten des gewaltigen »Arche de la Défense«, von dem aus man die Avenue Charles de Gaulle geradewegs bis zum fünf Kilometer entfernten Triumphbogen entlangblicken kann, durch den alliierte Truppen bei der Befreiung Frankreichs zogen. Das Grab der American Legion ist unverändert, seit Friedrich es damals bei seinem ersten Besuch fotografierte – außer dass viele neue Namen auf der Wandtafel eingraviert wurden. Der Graveur muss 1953 in Eile gewesen sein, denn er brachte den Namen nicht ganz exakt in der langen Kolumne an und ließ außerdem Freds ersten Vornamen weg, so dass er der Ewigkeit als »William Kellner« präsentiert wird. Aber die Aufzeichnungen des Mausoleums stellen klar, dass dies tatsächlich die letzte Ruhestätte von Fred William Kellner ist.

Ich habe diesen Friedhof 2005, 52 Jahre nach Freds Tod, zum ersten Mal besucht. Fred war mein Vater, seine erste Frau, Freda, meine Mutter. Ich bin das jüngste ihrer drei Kinder, das im Brief erwähnt wurde, den meine Großeltern am 2. Dezember 1943 bekamen und den mein Großvater in seinem Tagebuch erwähnte.

An meinen Vater habe ich nur eine Erinnerung, und die ist undeutlich. Es ist die Erinnerung an einen Tag im Jahre 1947, als er meinen Bruder, meine Schwester und mich in New Haven in Connecticut in einem Kinderheim besuchte, in dem wir damals seit einem Jahr lebten. Er kam nur ein einziges Mal. Wir sahen oder hörten nie wieder etwas von ihm.

Nach seiner Rückkehr nach Deutschland kam Fred die Lüge leicht über seine Lippen, dass es seinen Kindern gutging und sie bald von Fredas neuem Mann adoptiert würden. Er belog Friedrich und Pauline über seine gesamte Zeit in Amerika. 1937 hatte er ihnen berichtet, seine Frau sei eine Deutschamerikanerin lutherischen Glaubens. Fredas Eltern, Samuel und Feige Schulman, waren aber Einwanderer aus dem litauischen Wilna. Fred und Freda heirateten nicht in der lutherischen Markuskirche, sondern im Büro des Friedensrichters Reverend Max L. Brown in der Harrison Avenue. Das Hochzeitsfoto, das Fred seinen Eltern schickte, wurde im Atelier eines New Yorker Fotografen gestellt, mit Fred in einem geliehenen Smoking und Freda in einem geborgten Kleid. Die schwerwiegendste Lüge sprach Fred aus, als er seine Hochzeitslizenz beantragte und dabei seine eigenen Eltern verleugnete und Fredas Eltern betrog. Die Fotokopie des Antrags zeigt, dass Fred den Namen seines Vaters als »Jacob« Kellner angab und den Mädchennamen seiner Mutter als »Lowenstein«[a]. Fred hatte damals in einen Radioladen gearbeitet, dessen jüdische Eigentümer Charles Lowenstein hieß. Ein Grund für Freds »Maskerade« als Jude war es, dass er Unterstützung vom Deutsch-Jüdischen Komitee bekommen wollte, das dafür bekannt war, großzügiger als andere Einwanderer-Organisationen zu sein.

Nach seiner Hochzeit hielt Fred die Fassade nicht aufrecht, sondern bestand darauf, dass seine Kinder lutherisch getauft wurden. Er tat sich mit Mitgliedern des Deutsch-Amerikanischen Bundes zusammen, ging zu ihren Treffen und half beim Verteilen prodeutscher Flugblätter. Fred behielt selten eine Arbeitsstelle für lange. Er reparierte nacheinander Radios, war Angestellter einer Importfirma und Hausmeister in einem Mehrfamilienhaus. Meine Geburtsurkunde weist ihn im April 1941 als arbeitslos aus. Als ich zehn Monate alt war, trennten er und meine Mutter sich, lebten in den beiden folgenden Jahren aber immer wieder für kurze Zeit zusammen.

Im Februar 1943 arbeitete Fred in einem Vergnügungszentrum in Norfolk im US-Bundesstaat Virginia. Er reparierte Flipperautomaten. Am Morgen des 9. April kamen zwei Männer zu seiner Wohnung. Die FBI-Agenten L. Stanley Kemp und Thomas Carrig. Sie eröffneten Fred, dass gegen ihn ein Verfahren der Kategorie »Innere Sicherheit – Feindkontrolle« eröffnet worden war.[b] Er wurde verdächtigt, ein deutscher Spion zu sein. Die FBI-Männer hatten einen Durchsuchungsbefehl für die Wohnung.

Als er 1935 nach Amerika emigrierte, hatte Fred seine Nazi-Sympathien nicht in Deutschland zurückgelassen. Sie wuchsen höchstens noch, wenn er von deutschen Eroberungen in Europa erfuhr. Ein Informant, dessen Name in den Akten des FBI unkenntlich gemacht wurde, berichtete der Bundespolizei im März 1943, dass Fred nach Norfolk, der Stadt mit der größten Marinebasis der USA, gegangen war, um dort sicherheitsrelevante Informationen von Militärpersonal zu erfahren. Außerdem habe er erklärt, er würde »lieber in ein Konzentrationslager gesperrt, als für die USA

a) New York State Department of Health, Marriage License, Registered No. 1871, March 9, 1937.
b) Federal Bureau of Investigation, File No. 100-3219, Originating Norfolk, Virginia, April 8 – November 12, 1943.

zu kämpfen«. Bei der Durchsuchung von Freds Wohnung fanden die FBI-Agenten eine kleine, billige Univex-Kamera. Sie verhörten ihn deswegen, entschieden schließlich aber, wegen seiner geringen Qualität sei der Apparat kein Indiz für Spionage. Nach Freds Rückkehr nach Connecticut wurde er auch dort in New Haven von FBI-Agenten verhört.

Die Ermittlungen zogen sich über mehrere Monate hin. Das Ergebnis wurde im November 1943 der US-Bundesanwaltschaft vorgelegt. Da hatte Fred von einem der FBI-Männer inoffiziell den »Rat« bekommen, er solle sich zur Armee melden, um ein für alle Mal Spekulationen darüber zu beenden, ob er für seine Wahlheimat kämpfen würde. Seine FBI-Akte wurde geschlossen.

Der 20-seitige Bericht zeigt, dass Freds Frau seine Angaben über die Herkunft der Kamera gegenüber dem FBI bestätigte. Sie sei eine Leihgabe von ihrer Schwester. Viele Jahre später gestand meine Mutter mir, dass sie gelogen hatte. Fred hatte die Kamera selbst gekauft. Der Bericht zeigt, dass Fred auch die FBI-Männer belog. Er erzählte ihnen, sein Vater sei ein Bezirksrichter und seine amerikanische Tante, die seine Emigration finanziell unterstützt hatte, sei während seiner Überfahrt über den Atlantik gestorben. In Wahrheit starb sie, ehe Fred Deutschland verließ. Die schwerwiegendste Lüge aber war, dass er nie Versammlungen des Deutsch-Amerikanischen Bundes besucht habe. Wäre die Wahrheit darüber ans Licht gekommen, hätte das ernste Konsequenzen für ihn gehabt. Fred sagte natürlich dem FBI auch nichts darüber, dass er wissentlich falsche Angaben gemacht hatte, um seine Hochzeitslizenz zu bekommen, indem er sich als Juden ausgegeben hatte.

Weil er der Aufmerksamkeit des FBI entgehen wollte, belog Fred auch die Armee. Man hätte ihm mit drei unmündigen Kindern nicht erlaubt einzurücken. Also gab Fred an, er habe nur ein Kind, eine Tochter.

Die Armee schickte meinen Vater nach Fort Belvoir in Virginia. Dort war er von November 1943 bis Februar 1945 stationiert. Während dieser Zeit durchlief er das Verfahren, um sich als Amerikaner naturalisieren zu lassen. Für ein nicht mehr ermittelbares Fehlverhalten wurde er im Februar 1945 vom Obergefreiten zum Hauptgefreiten degradiert. Außerdem wurde er nach Übersee geschickt, um während der letzten drei Monate des Krieges als Wachposten und Dolmetscher im Kriegsgefangenenlager Chartres Dienst zu tun.[c] Von dort aus schickte er seinen Eltern in Laubach Briefe und Lebensmittel.

Obwohl Friedrich und Pauline etwas von den Schwarzmarktgeschäften ihres Sohnes wussten, ahnten sie nichts von der FBI-Untersuchung oder die Wahrheit über seinen Status bei der Armee. Fred kam im Februar 1945 nach Europa, aber er erzählte ihnen, er sei seit 1944 in England stationiert gewesen, er habe an der Landung in der Normandie teilgenommen, und behauptete, er sei Offizier. Als er 1951 Laubach verließ, um angeblich eine Arbeitsstelle in München anzunehmen, trat er in

c) Military Personnel Records, St. Louis, Missouri, Fred William Kellner, Army Serial Number 31407827.

Wahrheit in Sonthofen als Gefreiter wieder in die Armee ein. Am Tag seiner Rückkehr nach Laubach im Mai 1952 konnten seine Eltern nicht ahnen, dass er sowohl aus der Armee als auch vor seinen Schwarzmarkt-Kumpanen geflohen war, die ihm auf den Fersen waren. Freds Personalakte bei der Army zeigt, dass er vor seiner unerlaubten Entfernung von der Truppe am 1. Mai 1952 Geld von Kameraden geborgt hatte, und zwar ohne die Absicht, es jemals zurückzuzahlen. Nach seiner Ankunft in Paris stahl er weiteres Geld.

Die Personalakte offenbart noch mehr: Als der 30-Jährige 1946 die zehn Jahre jüngere Leonie Nassiet dazu überredete, ihn zu heiraten, war er nicht einmal von seiner ersten Frau geschieden. Die gemeinsame Tochter kam also unehelich zur Welt. Fred untermauerte diese spezielle Täuschung, als er 1951 in Sonthofen wieder in die Armee eintrat, gab er an, er habe nur zwei Angehörige: Seine amerikanische Frau und seine ebenfalls amerikanische Tochter. Er sagte weder etwas über seine französische Frau und seine Tochter deutscher Abstammung noch über seine Söhne.

Freds Lügen und seine Aktivitäten auf dem Schwarzmarkt ließen natürlich Fragen über seinen Tod mit nur 37 Jahren entstehen. Friedrich fragte sich, ob nicht Freds Komplizen irgendwie darin verwickelt waren. Auch Liliane, die viel mehr über diese Phase von Freds Leben wusste, dachte daran. Die Auffindesituation der Leiche war aber typisch für einen Selbstmord mit Gas, und für einen Mord gab es keine offenkundigen Indizien. Dieselbe US Army, die Fred zum Zeitpunkt seiner Desertion als im Vollbesitz seiner geistigen Kräfte erklärt hatte, erklärte ihn für geistesgestört zum Zeitpunkt seines Todes. Warum sie dann die Beisetzung seiner sterblichen Überreste im Grab der American Legion arrangierte, ist nicht zu erklären.[a] Als Friedrich und Pauline eintrafen, lag ihr Sohn bereits unter dem eindrucksvollen Monument für die toten Helden, als ob er wirklich ein pflichtbewusster Offizier und Teilnehmer an der historischen Invasion gewesen wäre, mit der Europa befreit wurde.

Friedrich und Pauline hatten zwei Weltkriege überlebt, die Millionen ihrer Landsleute das Leben kosteten. Aber dieser eine Tod, der Tod ihres einzigen Kindes, nahm ihnen die letzte Hoffnung. Es gelang Friedrich, die Fassade aufrechtzuerhalten, sein Engagement für die SPD fortzuführen und der Gemeinschaft als Rechtsberater zu dienen. Wenn man ihn bat, schrieb er sogar Gedichte und leitete Fastnachtsveranstaltungen. Er spielte seine Rolle, immer darauf bedacht, die furchtbare Leere in seinem Herzen zu verbergen. Als die Jahre vergingen, sah Friedrich, dass die Geschichte sich zu wiederholen schien. Neonazis erhoben ihre Fäuste und Stimmen auf allen Kontinenten, sogar in Deutschland selbst. Die totalitäre Sowjetunion verbreitete ihre hinterlistige Propaganda in der gesamten Welt. Wieder waren die Demokratien machtlos, kämpften nur mit halber Kraft, wenn überhaupt. Friedrich verlor nach und nach alle Illusionen. Er hatte damit angefangen, ein Buch über das »Dritte Reich« zu schreiben, aber dann den Stift weggelegt und begonnen, die Unterlagen wegzuwerfen, die er als

a) Department of the Army, Report of Death, AGO Form DA 52-1, Final Report No. A-1628, February 12, 1954.

Hintergrundmaterial gesammelt hatte. Tag für Tag entsorgte er etwas von dem Stapel an Zeitungen und Zeitschriften, die Zeugnis gaben von der Propaganda des Joseph Goebbels oder von den Kisten voller Dokumente, die die Laubacher Nazis nicht selbst verbrannt hatten. Er zerriss Plakate und andere Erinnerungsstücke an seine politischen Kampagnen gegen Adolf Hitler. Er zerstörte sogar Fotos, die schmerzliche Erinnerungen wieder ins Gedächtnis brachten. Kurzum: Er beseitigte sämtliches Recherchematerial für sein Geschichtsbuch. Und es kam der Tag, an dem Friedrich sogar das mehr als 100 Seiten starke Buchmanuskript selbst in den Ofen warf.

Friedrich überlegte an diesem Tag auch, ob er nicht die zehn Bände seines Tagebuchs zum brennenden Manuskript legen sollte. Diese vielen, sorgfältig beschriebenen Seiten steckten im Geheimfach im Schrank, und er brachte nicht die Energie auf, sie herauszunehmen. Aber er war sich sicher, dass auch das Tagebuch noch an die Reihe kommen würde. Er wollte nicht ein einziges Erinnerungsstück an seinen früheren Idealismus und Optimismus behalten.

Pauline beobachtete über Monate hinweg stumm, wie ihr Mann so viel von dem, was ihm einst teuer gewesen war, wegwarf. Sie war in einem noch schlimmeren mentalen und geistigen Zustand als er, nachdem sie sich während Hitlers Herrschaft so viele Jahre lang darüber gefreut hatte, dass ihrem Sohn der sinnloseste und schrecklichste aller Kriege erspart geblieben war, nur um ihn danach auf diese Weise zu verlieren. Anders als Friedrich bemühte Pauline sich nicht um eine Fassade. Sie zog sich von allen zurück, sogar von ihrem Ehemann. Ein vorübergehendes Gefühl von Glück brachten ihr nur noch Besuche von Liliane und Margrit. Zwei Jahre nach Freds Tod heiratete Liliane Raymond Pantal. Sie hatte mit ihm zwei Kinder. Weder der Stiefvater noch seine Kinder kamen mit Margrit zurecht. Liliane beschwerte sich bei Friedrich und Pauline darüber, dass dies Margrits Schuld sei, weil sie sich, ganz wie ihr Vater, launenhaft und impulsiv verhalte.

Ich habe meine Großeltern, Friedrich und Pauline Kellner, erst 1960 getroffen, als er schon 75 und sie 72 Jahre alt war. Ich war 19, Seemann der US Navy, auf dem Weg zu einer Stationierung in Ras Tanura in Saudi-Arabien. Ich hatte einen zweitägigen Aufenthalt auf der US-Luftwaffenbasis Frankfurt, ehe ich nach Bahrain im Persischen Golf weiterfliegen sollte. Ich bat um eine Woche Urlaub, um meine Großeltern zu suchen. Ich kannte nur den Namen ihrer Heimatstadt und hatte keine Ahnung, welches der halben Dutzend Laubachs in Deutschland das ihre war. Ich wusste nicht einmal, ob meine Großeltern noch lebten, aber ich hatte eine Vorahnung, dies könnte eine letzte Gelegenheit sein, sie zu sehen, wenn sie noch nicht gestorben waren. Man verweigerte mir die Erlaubnis, die Basis zu verlassen. Ich verließ sie trotzdem. Mir war klar, dass auch mein Vater sich in Deutschland unerlaubt von der Truppe entfernt hatte und zum Deserteur erklärt worden war. Trotzdem war ich entschlossen, meine Familie zu finden, und ich war von der Rechtmäßigkeit meines Tuns überzeugt, selbst wenn ich dafür hinter Gitter kommen würde.

Als mein Vater Fred 1943 in die Army eintrat, erhielt meine Mutter Freda monatliche Unterhaltszahlungen von der Regierung. Als sein Dienstverhältnis im Januar

1946 endete, kamen keine Schecks mehr. Im Februar, also zur selben Zeit, als Fred sein bigamistisches Verhältnis mit Leonie Nassiet aufnahm, brachte Freda ihre Kinder zum jüdischen Kinderheim in New Haven, Connecticut, und ließ sie dort zurück. Es war die Zeit der verschwenderischen Hollywood-Musicals der Filmstudios MGM und RKO, der wunderschönen, langbeinigen Frauen, die überall die Leinwände füllten, und Freda hatte seit langem die Vorstellung gepflegt, sie könne eine neue Ginger Rogers oder Cyd Charisse werden – ein Traum ihrer Jugendzeit, ehe sie Fred getroffen hatte. Im Alter von 27 Jahren fand sie aber nur eine Beschäftigung in der »World of Mirth Carnival«, die zwischen der Ostküste, Maine und Georgia umherzog, die genauso für ihre Riesenräder und Achterbahnen bekannt war wie für ihre Shows voller hübscher Mädchen. Freda wurde Hootchie-Cootchie-Tänzerin in der Show »Pandora und ihre magische Büchse«. Sie war Pandora und öffnete auf der Bühne eine riesige Büchse, aus der ein Dutzend ruhmsüchtiger Bewunderer krabbelte. Als sie 1947 in Essex Junction, Vermont, auftrat, traf sie einen jungen Ortsansässigen namens Edward Bellew, der sieben Jahre jünger war als sie. Binnen einer Woche waren sie verheiratet. Freda hielt sich nicht damit auf, erst eine Scheidung zu erwirken.

Obwohl Freda einen neuen Ehemann hatte, ließ sie ihre Kinder weitere sechs Jahre im Heim. Erst 1953, als ich zwölf Jahre alt war, zog ich zu meiner Mutter und meinem Stiefvater. Ich erfuhr vom Tod meines Vaters im selben Jahr, als die Armee Kontakt mit meiner Mutter aufnahm. Ich war kaum davon berührt. Wann immer ich meine Mutter nach ihm fragte, wehrte sie mich verärgert ab und sagte, sie wolle über den »Nazi-Bastard« nicht sprechen.

Meine Mutter und mein Stiefvater waren verantwortungslose Menschen. Beide wollten keine Kinder großziehen; beide wollten nicht arbeiten. Mein Bruder und meine Schwester verließen uns nach zwei Jahren. Ich wurde ein ungestümer, jugendlicher Delinquent und bekam oft Ärger mit dem Gesetz. Mit 16 Jahren verließ ich die Schule. Und ich verließ mein Zuhause. Ohne es zu wissen, wiederholte ich einen Schritt, den ein anderer Kellner-Junge, Georg, getan hatte, als er 1878 von Arnstadt loszog, um seinen eigenen Weg zu gehen.

Das erste Jahr war sehr schwer. Ich verbrachte es teilweise auf den rauen Straßen von New York. Kurz nach meinem 17. Geburtstag trat ich in die US-Marine ein. Ich hielt mich gut bei den Einstellungstests und wurde auf die Schule für Büroangestellte geschickt, wo ich lernte, technische Dokumentationen zu erstellen. Ich hatte eine natürliche Intelligenz, die von noch so ungebührlichem Verhalten nicht ausradiert worden war, so dass ich unter der harten Hand der Marine einen Abschluss entsprechend dem einer High School machte. In weniger als zwei Jahren war ich Unteroffizier. 1960 kam der Marschbefehl in eine Raffinerie der Arabian-American Oil Company (Aramco) in Ras Tanura.

Als ich 1958 in die Navy eintrat, musste ich meine Religion angeben. Weil ich nur ungute Erinnerungen an das Kinderheim hatte und weil meine Mutter mir erzählt hatte, dass der »Nazi-Bastard« mich lutherisch hatte taufen lassen, schrieb ich »Protestantisch«. Das sollte sich als glückliche Fügung erweisen. Hätte ich die Religion meiner Mutter statt der meines Vaters angegeben, hätte ich nicht nach Saudi-Arabien versetzt werden können.

Weil ich Marineuniform trug und einen Marschbefehl in der Hand hielt, winkten die Wachen am Haupttor der Airbase in Frankfurt mich einfach durch. Ich begann die Reise, die mich zu meinen Großeltern führen sollte. Innerhalb von zwei Tagen besuchte ich drei verschiedene Laubachs. Dann fuhr ich in Richtung Oberhessen. Unterwegs mühte ich mich mit der deutschen Sprache ab, so gut es ging. Am Bahnhof Hungen traf ich eine junge Laubacherin namens Ursula Cronberger. Das war ein seltener Glücksfall. Nach einem Lebensweg, der bis dahin voller Unglück gewesen war, erfuhr ich, dass diese junge Frau ganz in der Nähe eines alten Ehepaars namens Friedrich und Pauline Kellner wohnte. Sie bot mir an, mich zu ihnen zu bringen.

Meine Großeltern machten auf mich auf Anhieb einen starken Eindruck, gerade so, als ob sie in voller Blüte meiner Vorstellung entstiegen seien. Mein hochgewachsener Großvater und meine zierliche Großmutter hielten sich trotz der Sorgenfalten, die in ihren Gesichtern eingraviert zu sein schienen, mit einer solchen würdevollen Zurückhaltung aufrecht, dass ich selbst unwillkürlich ein bisschen aufrechter stand. Ich nahm aus meiner Tasche das einzige Foto, das ich von meinem Vater hatte. Es zeigt Fred auf einer Parkbank mit seiner kleinen Tochter, meiner Schwester, auf den Knien. Ich hoffte inständig, dass ich vor dem richtigen Ehepaar Kellner stand. Als sie das Foto sah, entfuhr der kleinen, grauhaarigen Frau ein tiefer Seufzer. In Minutenschnelle wurde vor meinen Augen ein Album geöffnet. Darin entdeckte ich einen identischen Abzug meines Fotos. Nach Umarmungen unter Tränen blätterten meine Großeltern aufgeregt im Album und zeigen bald auf dieses Foto, bald auf jenes. Was sie sagten, konnte ich nicht verstehen, aber ich begriff, dass sie mir meine Familie vorstellten.

Als ich meinen Marschbefehl nach Saudi-Arabien erhalten hatte und mir klar geworden war, dass mein Weg mich über Deutschland führen würde, hatte ich mich darauf vorbereitet, meinem Großvater eine Unzahl von Verbrechen zu verzeihen, von denen ich glaubte, er habe sie während des NS-Regimes begangen. Als mein Großvater mir sein Tagebuch zeigte, schien er solche Bedenken zu erwarten. Es waren zehn Notizbücher mit anscheinend rund tausend Seiten handgeschriebener Aufzeichnungen und mit Zeitungsartikeln in einer geheimnisvollen Schrift, die ich nicht zu entziffern vermochte. Er zeigte auf das Titelblatt eines der Hefte, dann auf eine Seite in meinem Wörterbuch, und ich begriff zu meiner großen Erleichterung die Bedeutung der Worte »Mein Widerstand«.

Ich blieb vier Tage bei meinen Großeltern. Mein Großvater sprach ein wenig Englisch, und ich begann, Deutsch zu lernen. Zu meinen vielen Erinnerungen an diesen Aufenthalt gehört mein Staunen, als ich im Stammbaum der Familie Kellner die Jahreszahl 1620 sah. Ich erinnere mich an meine Freude, als ich erfuhr, dass das Tagebuch auch Informationen über mich enthielt. Meine Großeltern stellten mir genauso viele Fragen wie ich ihnen. Zum ersten Mal erfuhren sie einen Teil der Wahrheit darüber, was ihrem Sohn in Amerika widerfahren war. Sie waren schockiert, als ihnen seine Lügen klar wurden, vor allem über die Tatsache, dass mein Bruder, meine Schwester und ich in ein Kinderheim abgeschoben worden waren.

Als ich erzählte, dass meine Mutter Jüdin war, wurde aus der Überraschung meiner Großmutter schnell Freude, und mein Großvater sagte: »Wenigstens dieses eine Mal hat er gut gehandelt. Er hat die Liebe und nicht seine Vorurteile sein Herz regieren lassen.« Sie sollten nie erfahren, und auch ich erst Jahrzehnte später, welch perfide Maskerade ihr Sohn bei seiner Hochzeit veranstaltet hatte.

An dem Morgen, an dem ich nach Frankfurt zurückkehren musste, nahmen meine Großeltern mir zwei Versprechen ab. Mein Großvater wollte, dass ich sein Tagebuch als Waffe gegen totalitäre Ideologien wie Kommunismus und Neo-Nazismus verwendete. Dafür würde ich ein College besuchen müssen, erklärte er. Meine Großmutter drängte mich, ich solle Kindern in Not helfen, weil ich einmal selbst solche Hilfe gebraucht hatte. »Wir müssen unsere Schulden der Gesellschaft zurückzahlen«, sagte sie: »Güte mit Güte, Wohltätigkeit mit Liebe, oder es kann gar keine Gesellschaft geben.« Ich wollte ihnen natürlich den Gefallen tun, und so erklärte ich mich bereit, ohne aber eine Ahnung zu haben, wie ich diese Ziele erreichen könnte.

Auf der Airbase in Frankfurt wurde ich unter Arrest gestellt, ehe man mich mit dem nächsten Flugzeug nach Bahrein schicken konnte. Der Kommandeur in Bahrein drohte mir mit Kriegsgericht, aber ich wurde sofort in Saudi-Arabien gebraucht, und so blieb mein unautorisierter Ausflug nach Laubach ohne Folgen.

Acht Jahre vergingen, ehe ich meine Großeltern wiedersah. 1962 zogen sie von Laubach nach Mainz zurück, um der Familie meiner Großmutter näher zu sein. Wir schrieben einander oft, fast jeden Monat. Ich lernte aus den Briefen viel über meine Familie. Nicht alle Informationen waren allerdings korrekt. 1965 schrieb mein Großvater dies über meinen Vater: »Wir haben von ihm erfahren, dass er längere Zeit in England stationiert war. Er ist am 6. Juni 1944 bei denjenigen amerikanischen Truppen gewesen, welche von England aus an der französischen Küste in der Normandie landeten.« Als ich später Freds Personalakte von der Armee erhielt, erfuhr ich, dass er erst drei Monate vor dem Ende des Krieges nach Europa geschickt wurde. Bis zu diesem Zeitpunkt glaubte ich, wie auch meine Großeltern, dass mein Vater in der Normandie heroisch den Strand gestürmt hatte, um den europäischen Kontinent zu befreien.

1966 schickte mir mein Großvater ein Dokument, das ihm viel bedeutete. Er war ein Bericht des Regierungspräsidiums Darmstadt mit dem Betreff »Wiedergutmachungsbescheid«. Damit erkannte die Bundesrepublik offiziell sein offenes und direktes Auftreten gegen den Nationalsozialismus während des »Dritten Reichs« an und gewährte ihm verspätet Beförderungen: »Der Antragsteller ist wiedergutmachungsberechtigter Verfolgter, denn nach den glaubhaften Zeugenaussagen war es seine offene Gegnerschaft zum Nationalsozialismus, welche die möglichen Beförderungen verhinderte und ihn somit in seinem Dienstverhältnis schädigte. Daher wird dem Geschädigten als Ruhestandsbeamter das Ruhestandsgehalt gewährt …

war davon auszugehen, dass der Geschädigte ohne Zweifel die Befähigung für die von ihm genannten Dienststellungen hatte ... Mit Sicherheit können die Beförderungen zum Justizoberinspektor und zum Justizamtmann angenommen werden ... Der Zeitpunkt, von dem ab die Beförderung zum Justizoberinspektor nachzuholen ist, war somit auf den 1. Juli 1940 ... und zum Justizamtmann auf den 1. Juli 1944 festzulegen.«[a]

Als ich dieses Dokument erhielt, war ich an der Universität von Massachusetts eingeschrieben. Um meinen Lebensunterhalt zu verdienen, arbeitete ich als Labortechniker und in der technischen Dokumentation bei Honeywell in Boston. Ich plante, im Sommer 1969 wieder nach Deutschland zu fahren, nachdem ich meinen Bachelor gemacht hatte. Aber im Mai 1968 rief mich mein Großvater an. Ich müsse sofort nach Mainz kommen, bat er mich. Heft 1 des Tagebuchs war gestohlen worden.

In einigen seiner Briefe hatte er das Tagebuch erwähnt. Er freute sich, dass ich damit arbeiten wollte, aber er sorgte sich, ob ich seine Sütterlinschrift würde lesen können. Er hatte Paulines Schwester Käte, die acht Jahre jünger war als meine Großmutter und hervorragend Maschine schreiben konnte, gefragt, ob sie das Tagebuch abschreiben würde. Käte hatte Heft 1 und einige andere frühe Schriftstücke in ihre Wohnung mitgenommen. Dort war das Material verschwunden. Mein Großvater war sich ziemlich sicher, dass Kätes Lebensgefährte, Willi W., ein früherer Parteigenosse und williger Soldat in Hitlers Armee, die Dokumente an sich genommen und vernichtet hatte. Willi stritt das ab.

Am 28. Juni 1968 traf ich im Appartement meiner Großeltern im Altersheim in der Mainzer Göttelmannstraße ein. Es war ein wunderbares Wiedersehen. Ich kannte ungefähr 500 deutsche Wörter aus den wenigen Kursen, die ich auf dem College belegt hatte. Meine Grammatik war fürchterlich, eine Mischung aus deutschen Worten und englischem Satzbau. Der Verstand meines Großvaters war mit 83 Jahren immer noch klar und scharf. Meine 80-jährige Großmutter war glücklich und gesprächig. Manchmal aber wurde sie still, und ihr Gesicht nahm einen gelassenen, heiteren Ausdruck an, als ob sie ins Träumen geriet. Dann legte ihr mein Großvater sanft seine Hand auf den Arm, als ob er ihr als Anker im Hier und Jetzt dienen wollte.

Der Verlust von Heft 1 seines Tagebuchs war für ihn ein schwerer Schlag, aber er versuchte, ihn philosophisch zu sehen. Er erzählte mir, wie er selbst einmal daran gedacht hatte, das komplette Tagebuch zu vernichten, und gestand, dass nur mein Erscheinen in Laubach damals 1960 ihn zum Umdenken gebracht hatte. Er berichtete mir von den vielen Dokumenten, die er tatsächlich verbrannt hatte, einschließlich seines Buchmanuskripts.

Während der fünf Wochen, die ich bei ihnen blieb, verbrachten meine Großeltern und ich viele, viele Stunden mit dem Lesen des Tagebuchs. Einige Eintragungen riefen faszinierende Geschichten und die Personen und die Orte hervor, die die Jahre

a) Der Regierungspräsident in Darmstadt, Wiedergutmachungsbescheid No. 2235, 19. Juli 1966.

der Gefahr für meine Großeltern geformt hatten. Ihre Stimmung wechselte mit jeder Seite, die wir umblätterten. Oft sprachen sie hastig, manchmal beide zur gleichen Zeit. Eines Nachmittags versuchte mein Großvater, zu rekonstruieren, was er in Heft 1 aufgezeichnet hatte. Aber jedes Mal, wenn ich begann, seine Erinnerungen niederzuschreiben, hörte er auf – voller Kummer darüber, dass es ihm nicht gelang, komplette Eintragungen mit Exaktheit wiederzugeben. Die erste Eintragung, die er am 1. September 1939 geschrieben hat, wie er sagte, begann mit ungefähr diesen Worten: »Hitler hat den Einmarsch in Polen befohlen. Die deutschen Offiziere widersprechen nicht. Die deutschen Truppen haben sich nicht erhoben. Das deutsche Volk hat nicht protestiert. Das Volk und die ganze Welt wird nun den Preis für seine Gleichgültigkeit gegenüber Tyrannei und Terrorismus bezahlen.«

Er zeigte mir nicht nur das Tagebuch, sondern auch andere Dokumente. Eines war ein kurzes Memorandum über ihre Abstammung, das untersuchen sollte, ob sie »reines, arisches Blut« hatten. Es erinnerte sie an Richter Schmitt, und sie erzählten mir, was in Laubach in der Kristallnacht geschehen war.

Meine andere Informationsquelle für die Vergangenheit waren die Schwestern meiner Großmutter, Katharina Ganglberger und Karolina Fahrbach, Tante Käte und Tante Lines. Sie kamen oft zu Besuch, um mit mir zu sprechen. Käte entschuldigte sich dafür, dass sie nicht besser auf Heft 1 aufgepasst hatte. Lines entschuldigte sich auch für das Verhalten von Willi W. Ihr Mann, Heinrich Fahrbach, war Willi W.s Onkel. Mein Großvater zeigte mir seine Eintragung über die Bombardierung des Hauses, in dem Heinrich und Lines gewohnt hatten, und erzählte mir, wie Heinrich als Vergeltung ganz London hatte zerstören wollen. Und völlig ernst sagte mir mein Großvater: »Sein Neffe Willi würde London heute noch zerstören«.

Während meines Aufenthalts bei meinen Großeltern hatten sie Besuch aus Laubach. Während wir auf die Ankunft Ludwig Hecks, seiner Frau und ihrer beiden Töchter warteten, erklärte mein Großvater mir, dass Ludwig Heck im Laubacher Amtsgericht für ihn gearbeitet hatte und für ihn und für meine Großmutter wie ein Sohn war. Aber genauso wie ihr wirklicher Sohn Fred sei Ludwig Heck vorübergehend wie hypnotisiert von Adolf Hitler gewesen. Mein Großvater zeigte mir eine Eintragung über ihn, als er als Soldat Weihnachtsurlaub von seinem Panzerkorps hatte und meinen Großeltern am 22. Dezember 1942 einen Besuch abstattete. Die Eintragung handelte von der Enttäuschung meines Großvaters über Ludwigs Bereitwilligkeit, der Nazipropaganda zu glauben.

Während jenes Aufenthalts in Mainz erfuhr ich einige Neuigkeiten über meine Familie. Weil mein Großvater so voller Stolz über seinen Vater sprach, wünschte ich mir, ich hätte Georg kennenlernen können. Aber sobald meine Großeltern über ihren Sohn sprachen, weinten sie. Aus ihren Schilderungen und aus zusätzlichen Erläuterungen meiner Großtanten formte sich in mir ein Bild von ihm als einem reizenden Kind, einem rebellischen Teenager und einem verantwortungslosen Erwachsenen. Weil Freds Verhalten so vollkommen verschieden von dem seines Vaters und seines Großvaters war, schrieb es jeder dem vergiftenden Einfluss des Nationalsozialismus zu. Fasziniert erfuhr ich von der Heirat meines Vaters mit Leonie Nassiet, und ich erfuhr, dass ich eine Halbschwester hatte, die Margrit hieß und 21 Jahre alt war. Sie hatte keinen Kontakt mehr zu meinen Großeltern. Über den Tod meines Vaters machte mein Großvater eine kurze Andeutung über Freds Aktivitäten im Schwarzmarkt und suggerierte, der Tod könne auch etwas Anderes als ein Selbstmord oder ein Unfall gewesen sein. Er sagte das allerdings ohne Überzeugung. Er muss geglaubt haben, dass es Selbstmord gewesen war, weil er fast nebenbei eine Bemerkung machte, bei der es mir kalt den Rücken herunterlief: Auch er und meine Großmutter seien nahe daran gewesen, ihr Leben auf die gleiche Weise zu beenden, und mein Erscheinen in Laubach habe vielleicht mehr als nur das Tagebuch vor der Vernichtung bewahrt.

Während fast jeder Unterhaltung mit meinen Großeltern und meinen Großtanten machte ich mir Notizen, manchmal auf Deutsch, aber meistens auf Englisch, und immer in einer Art Kurzschrift, weil sie so schnell sprachen. Der Leiter des Altenheims, Herr Groh, hatte mir freundlicherweise ein kleines Zimmer im obersten Stockwerk zur Verfügung gestellt. Jeden Abend verbrachte ich dort eine Stunde oder mehr damit, meine Notizen zu ergänzen. Ich machte mir auch immer eine Liste mit Fragen, die ich allen am nächsten Tag stellen wollte. Mein Erscheinen zum Frühstück mit der Liste in der Hand ließ sie jeden Tag lächeln.

Aber wir taten mehr, als nur über die Vergangenheit zu sprechen. Meine Großmutter brachte mir die Worte des traurigen Lieds von der Lorelei bei, und mein Großvater spielte die Melodie dazu auf seiner Mundharmonika. Wir machten eine faszinierende Schifffahrt auf dem Rhein und sahen die Lorelei. In Boppard gingen wir von Bord, um zurückzukehren. Ein andermal verbrachten wir mit dem Sohn meiner Großtante Käte, Erwin, und dessen Familie einen halben Tag im Lenneberger Wald am Stadtrand von Mainz. Wir aßen in einem Wiesbadener Restaurant am Fuße des Taunus. Wir gingen auf ein Sängerfest im kurfürstlichen Schloss zu Mainz. Wir besuchten Vetter und Cousine in Frankfurt, Jacob und Else Zauner, deren Tochter Helga mit einem schwedischen Diplomaten, Björn Sporrong, verheiratet war. Ich bewunderte die Ausdauer meiner Großeltern. Aber sie brauchten doch eine Ruhepause, und so schickten sie mich nach Laubach, wo ich auch übernachten sollte. Mein Großvater gab mir eine Liste von Leuten, mit denen ich sprechen sollte, um mehr darüber zu erfahren, was in dieser kleinen Stadt von 1933 bis 1945 geschehen war. Der Weg nach Laubach führte mich durch Hungen, wo ich 1960 die junge Frau getroffen hatte, die mir half. Ich unterhielt mich ausführlich mit Ludwig Brunner, Werner Becher und Hermann von Eiff – Männern, die wie mein Großvater bald ihre Erinnerungen mit ins Grab nehmen sollten. Sie priesen den Mut meines Großvaters und seine Arbeit nach dem Krieg. Und ich fand heraus, dass Ursula Cronberger nach Amerika ausgewandert war.

Am 31. Juli 1968, dem Tag, an dem ich Mainz wieder verlassen und heimkehren musste, packte mein Großvater die Hefte 2 bis 10 seines Tagebuchs in eine Tasche, die ich mit ins Flugzeug nehmen sollte. Er erinnerte mich daran, warum er das Tagebuch geschrieben hatte und was ich damit tun sollte. »Da war mein Widerstand«, sagte er, »die einzige Möglichkeit, die mir noch blieb, um Terror und Gesetzlosigkeit zu bekämpfen. In der Gegenwart konnte ich damals die Nazis nicht mehr bekämpfen, also entschloss ich mich, sie in der Zukunft mit diesem Tagebuch zu bekämpfen, um künftigen Generationen eine Waffe gegen jede Wiederholung solcher Untaten zu geben.« Und er fügte hinzu: »Die Zukunft bist du!« Es war ihm klar, dass es lange dauern würde, bis ich meine Aufmerksamkeit dem Tagebuch würde widmen können. Viele Jahre des Studiums und dann des Aufbaus meiner Karriere lagen vor mir. Ich würde mich bestenfalls zeitweise mit dem Tagebuch beschäftigen können.

Ich erneuerte mein Versprechen an meine Großmutter, dass ich für mich einen Weg finden würde, Kindern zu helfen. Auf dem Heimflug nach Boston dachte ich an wenig Anderes als an diese beiden bemerkenswerten Menschen, die durch so viele Prüfungen gegangen waren und so viele Sorgen durchlebt hatten. Obwohl sie nun an der Schwelle des Todes standen, nahmen sie weiter Anteil am Schicksal anderer, am Schicksal der ganzen Menschheit.

Meine erste Aufgabe nach der Heimkehr war die Übertragung meiner Notizen in Maschinenschrift. Während des Abtippens fügte ich noch vieles ein, an das ich mich erinnerte. In den folgenden Wochen kritzelte ich Notizen an den Rand und zwischen die Zeilen, wann immer mir neue Erlebnisse während meiner Reise in den Sinn kamen. Als ich das ganze Journal schließlich erneut abschrieb, war ich mir sicher, dass ich die wichtigsten Details meines Besuchs und der Worte meines Großvaters aufgezeichnet hatte. Viele Jahre später erhielt ich von einer meiner Cousinen, Renate Scholze, einen Brief, den mein Großvater ihr über meinen Besuch geschickt hatte. Am 4. August 1968, wenige Tage nach meiner Abreise aus Mainz, schieb er: »Er kam mit kümmerlichen deutschen Sprachkenntnissen hier an und konnte sich am Schlusse mit jedermann unterhalten.« Und er fügte diese charmante Beobachtung hinzu: »Es war ein interessanter Besuch, zumal er überall sehr beliebt gewesen ist, besonders bei den Damen.«

Meine Großeltern hatten mir die Adresse meiner Halbschwester Margrit gegeben und mich gebeten, ihr zu schreiben. Ich tat das, und zu meiner großen Freude antwortete sie mir. Ich hoffte, ich könnte eine Versöhnung zwischen ihr und unseren Großeltern herbeiführen. Ich suchte auch weitere Informationen über meinen Vater, die ich nur von ihrer Mutter hätte bekommen können. Als ich das in meinem nächsten Brief an Margrit erwähnte, antwortete sie nicht mehr. Ich schrieb ihr noch mehrmals, hörte aber nie wieder von ihr.

Im März 1969 heiratete ich Beverly Stein, eine Kommilitonin an der Universität von Massachusetts. Wir schmiedeten Pläne, im Sommer 1970 durch Europa zu reisen. Dann sollte sie meine Großeltern kennenlernen. Aber sie hatte nicht mehr die Gelegenheit, meine Großmutter zu treffen. Am 22. Januar 1970 schrieb mein Großvater uns aus einem Pflegeheim in Bad Münster am Stein: »Eure gütige Großmutter liegt im Sterben. Ihr körperliches und geistiges Befinden war in letzter Zeit, trotz aller Bemühungen, erbarmungslos schlecht. Könnt ihr es fassen, dass eine derartig wunderbare Frau ein solches unverdientes Ende finden muß?« Nur wenige Tage zuvor hatte ich ihnen mein Studienbuch geschickt und ihnen mitgeteilt, dass ich meinen Bachelor-of-Arts-Titel am 1. Februar 1970, am Geburtstag meines Großvaters, überreicht bekommen sollte. Ich hoffte, mein Brief und das Studienbuch würden meiner Großmutter ein wenig Trost spenden.

Karolina Paulina Preuß Kellner starb am 8. Februar 1970 im Alter von 82 Jahren, drei Wochen nach ihrem 57. Hochzeitstag. In das Tagebuch, das mein Großvater während der letzten Monate ihres Lebens führte, schrieb er voller Trauer diese Worte: »Am Fastnacht-Sonntag 1910 haben wir uns kennen gelernt und am Fastnacht-Sonntag 1970 hat uns der Tod getrennt.« Er ließ ihre Urne auf dem Mainzer Hauptfriedhof beisetzen. Im April kehrte Friedrich Kellner nach Laubach zurück.

Mein Großvater lebte in einem kleinen Appartement im Altenheim an der Schottener Straße in Laubach, nicht weit von seiner alten Wohnung im Amtsgericht, als meine Frau und ich am 22. Juni 1970 in Laubach ankamen. Er war schwach, aber noch mobil und vollkommen klar im Kopf. Ich hatte ein besonderes Geschenk für ihn dabei: Einen Brief, den die Graduiertenschule der Universität von Massachusetts mir am 18. März geschickt hatte und in dem sie mir mitteilte, dass sie mich in ihr Promotions-Programm aufnahm. Ich sagte meinem Großvater, dass ich diesen Brief als Geschenk von ihm und Oma an mich betrachtete, weil er das Resultat von zehn Jahren Ermutigung durch sie beide war. Er bestand darauf, mit Champagner auf diesen Moment anzustoßen. Er durfte nur »Wasserwein« trinken, wie er es verächtlich nannte, ein paar Tropfen Wein in einem Glas Wasser vermischt, aber mit Gusto erhob er sein Glas und sagte: »Der erste Büroangestellte der Familie Kellner grüßt den ersten Akademiker! Deine Großmutter und ich wussten von Anfang an, dass es so kommen würde.«

Ich hatte eine umfangreiche Liste mit Fragen an meinen Großvater über sein Tagebuch bei mir. Nachdem er sie alle beantwortet hatte, sprach er weiter über verschiedene Aspekte seines Lebens. Ausführlich erzählte er von seinen Jahren im Mainzer Gericht, seiner Zeit in der Reservearmee und seinen Schlachten im Ersten Weltkrieg. Er wechselte von einem Thema zum anderen, aber nicht unbedingt chronologisch, und er sprach sehr schnell. Ich versuchte, so gut ich konnte, mit den Notizen, die ich mir machte, mitzukommen. Er sprach über die langen Jahre seiner Ehe, über die Geburt ihres Sohnes und über dessen Kindheit. Als er darüber sprach, was er in der SPD gemacht hatte, und über seine Kampagnen gegen Kommunisten und gegen Nazis berichtete, nahm er ein Buch aus dem Regal und schüttelte es förmlich über seinem Kopf, ganz wie er es 40 Jahre zuvor mit Hitlers »Mein Kampf« gemacht hatte. Ich war in Sorge, dass ihn der Eifer übermannen würde, aber ich versuchte trotzdem nicht, ihn zu beruhigen oder gar ihn zu stoppen. Mein Großvater war nicht religiös, und so war für ihn der Tod etwas Endgültiges. Für ihn gab es kein Morgen im Himmel, keine Rückkehr auf die Erde durch Reinkarnation. Alles, was von Friedrich Kellner übrig bleiben würde, war für ihn sein Enkel – und er war dabei, so viel wie möglich von seinen Erinnerungen in meinen Kopf zu übertragen, in der festen Erwartung, dass ich sie weitergeben würde.

Bev und ich blieben eine Woche in Laubach. Wir machten mit meinem Großvater Ausflüge aufs Land. Wir besuchten meinen Vetter Erwin Ganglberger. Eines Tages aßen wir bei Ludwig und Elfriede Heck zu Abend. Wir hatten viel Spaß mit ihnen und ihren Töchtern und lachten viel. Am Ende der Woche reisten meine Frau und ich weiter durch Europa.

Ich schrieb ihm fast jeden Tag eine Postkarte, bis wir am 9. August wieder in Laubach waren. Mein Großvater konzentrierte sich auf den Verwendungszweck des Tagebuchs. Es gab viele Probleme in der Welt, und er glaubte fest, dass die meisten absichtlich von den kommunistischen Führern der Sowjetunion und Chinas verursacht wurden, die antidemokratischen Kräften überall in der Welt, von den Vietcong bis zu den Terroristen der PLO, Waffen und Training verschafften. Er erinnerte mich daran, dass viele Eintragungen in seinem Tagebuch auf Dinge angewendet werden konnten, die gerade zu jener Zeit in Europa geschahen. Er war betrübt, dass die junge Generation so leicht der antiamerikanischen Propaganda aus Kuba, Nordkorea, Vietnam und Russland erlegen war. Er glaubte daran, dass sein Tagebuch, das die hinterlistigen Lügen der deutschen Propagandamaschinerie unter Joseph Goebbels bloßgestellt hatte, jungen Menschen aufzeigen und erklären konnte, was sie tun mussten, um zwischen Gut und Böse zu wählen.

Meine Frau und ich waren mit dem Passagierschiff nach Europa gereist, und auf diesem Wege kehrten wir auch heim. Die fünftägige Überfahrt nach New York gab mir viel Zeit zum Nachdenken. Nicht an letzter Stelle stand dabei die Reise, die mein Vater auf der gleichen Route gemacht hatte, nur um dann in so tiefe und aufgewühlte Fahrwasser zu geraten. Ich erhielt von meinem Großvater einige weitere Briefe in seiner eleganten, präzisen Handschrift, aber bald schwand seine Gesundheit. Er wurde in Lich, nicht weit von Laubach entfernt, ins Krankenhaus eingeliefert. Der 4. November 1970 war der letzte Tag im Leben dieses Soldaten, Poeten und Historikers. Justizamtmann August Friedrich Kellner starb an diesem Tag, zehn Monate nach seinem 85. Geburtstag. In der dunkelsten Stunde Deutschlands, als das Land von Wahnsinnigen und Mördern regiert wurde, hatte dieser Mann all das, was über Jahrhunderte hinweg die Größe der deutschen Kultur ausgemacht hatte, nicht aus den Augen verloren. Er trug all das in sich selbst. Er war einer der wahrhaftigsten deutschen Patrioten.

Ludwig Heck, der Testamentsvollstrecker meines Großvaters, informierte mich offiziell über dessen Tod. Er arrangierte die Einäscherung meines Großvaters und die Beisetzung der Urne auf dem Mainzer Hauptfriedhof. Friedrich und Pauline Kellner waren wieder vereint. Mein Großvater hatte verfügt, dass sein Vermögen zu gleichen Teilen unter seinen vier Enkeln aufgeteilt wurde, aber sein anderer Besitz, vor allem die Unterlagen über die Familiengeschichte und alles, war er geschrieben hatte, sollte an mich fallen. Ein Jahr nach seinem Tod erhielt ich das Geld, aber ich würde fünf lange, frustrierende Jahre warten müssen, ehe ich die Familienpapiere und seine Schriftstücke bekam. Am 18. Dezember 1976 schrieb Ludwig Heck: »Für mich ist es eine Beruhigung, zu wissen, dass ich den Wunsch Ihres Großvaters erfüllt habe und sich die familiäre Habe in guten Händen befindet.«

Zwischenzeitlich hatte ich erneut versucht, Kontakt mit meiner Halbschwester in Frankreich aufzunehmen, aber der Versuch war gescheitert. Später sollte ich herausfinden, dass Margrit zwischen dem Tod meiner Großmutter und dem meines Großvaters, am 12. April 1970, einen unehelichen Sohn geboren und ihm den Namen Alexandre William Kellner gegeben hatte. Am 21. Dezember 1975 starb Margrit im Alter von nur 28 Jahren in Paris. Die Umstände ihres Todes sind mir nicht ganz klar.

Das Pech, das die gesamte Kellnersche Familiengeschichte durchdrang, sollte sich auch auf meine Versuche auswirken, das Tagebuch zu veröffentlichen. Während der siebziger Jahre fehlte mit die Zeit, den Inhalt der Bände in seiner Gesamtheit zu übersetzen, aber ich übersetzte viele Eintragungen, deren Inhalt einen Verlag am ehesten interessieren könnte. Ich schickte sie den größten Verlagshäusern der USA zu. Ich glaubte, dass es angesichts all der politischen und humanitären Probleme in der Welt, angefangen von Chile und Vietnam über Israel und Äthiopien bis hin zu Portugal und China, ein Bedürfnis für die klaren Visionen und die feste Stimme meines Großvaters gab.

Ich erhielt meinen Doktortitel der Philosophie 1977 und lehrte amerikanische Literatur und technische Dokumentation am Columbia College in Missouri. Ehe ich einen neuen Versuch mit dem Tagebuch wagte, entschied ich mich, etwas wegen des Versprechens zu unternehmen, das ich meiner Großmutter gegeben hatte. In den USA gab es eine große Privatorganisation namens Christlicher Kinderfonds (Christian Children's Fund). Menschen schickten dieser Organisation monatliche Spenden, die dann verwendet wurden, um Kindern zu helfen. Die Spender konnten den Kindern, die sie unterstützten, auch schreiben. Ich gründete eine kleine Gruppe von Studenten, um über ein Jahr hinweg Geld für die Unterstützung zweier Kinder zu sammeln. Ich hätte diese beiden Kinder mit meinem eigenen Geld unterstützen können. Das wäre ein einfacherer Weg gewesen, das Versprechen an meine Großmutter zu erfüllen, aber ich wollte in diesen Studenten denselben Sinn für Verantwortung wecken, den meine Großeltern in mir hatten wecken wollen. Als ich nach Texas zog und an der Texas A&M-Universität mit ihren mehr als 30 000 Studenten lehrte, entschied ich mich, mein Versprechen zu erfüllen, indem ich ein ganzes Kinderdorf unterstützte. Sprecherin des Christlichen Kinderfonds war Sally Struthers, eine Film- und Fernsehschauspielerin. Sie kam an die Universität, um mir zu helfen, das Projekt auf den Weg zu bringen. Tausende Studenten beteiligten sich daran, Geld zu sammeln, und wir unterstützten zwei Jahre lang die Kinder von Amaga in Kolumbien.

Mein nächster ernsthafter Versuch, das Tagebuch als Buch zu veröffentlichen, war auf deutsche Verlage ausgerichtet. Im Mai 1981 schickte ich ein 25-Seiten-Paket an mehrere deutsche Verlage. Die Antwort waren ausschließlich Ablehnungen. Ich begann, mich zu fragen, ob meine Einschätzung der Bedeutung des Tagebuchs richtig war. Ich sandte dann ähnliche Materialpakete an Historiker amerikanischer Universitäten. Deren positive Antworten bestätigten meine Einschätzung des Tagebuchs. Professor Gordon R. Mork von der Universität Purdue schrieb, das Tagebuch sei für ihn »eine historisch wertvolle Sammlung. Meine Gespräche mit Professor Gunther Rothenberg und Professor Laszlo Kovacs haben diese Auffassung bestätigt«. Professor Mork schrieb aber auch, das Tagebuch sei zu lang, um im vollen Umfang veröffentlicht zu werden. Die Universität könne mir nur anbieten, es auf Mikrofilm zu kopieren. Das half mir, die Probleme, die ich mit den Verlagen hatte, zu verstehen. Die Universität Stanford wollte das Tagebuch für ihr Hoover Institut, die Universität von Texas für ihr Barker History Center. Obwohl diese Hochschulen das Tagebuch weder übersetzen noch zu veröffentlichen gedachten, wusste ich wenigstens, dass die Vision meines Großvaters von der Zukunft des Tagebuchs, das er mir übergeben hatte, Hand und Fuß hatte. Professor Mork hatte nur wenige Eintragungen gelesen und hatte die Bedeutung des Textes als historisches Dokument begriffen. Ich wusste außerdem, dass es ein Dokument war, das man nutzen konnte, um zu vermeiden, dass die Geschichte sich wiederholte.

Die dramatische Geschichte meiner Großeltern und meines Vaters, deren Leben nun so untrennbar mit meinem verwoben waren, war wie das Gerüst einer Geschichte, von der nur Fragmente existierten. Das machte viel Forschungsarbeit nötig. Das größte Stück der Geschichte war natürlich das Tagebuch. Ich glaubte fest daran, dass es zum Leben erwachen würde, während Gelehrte in den kommenden Generationen es benutzten, um Einsicht in eine Zeit vollkommenen Irrsinns zu entwickeln. Damit das wahr werden konnte, musste ich aber erstens meine Arbeit mit dem Tagebuch zu Ende führen, es in moderne Schrift transkribieren, es ins Englische übersetzen und auch noch einen Verlag finden. Sich auch nur den dazu nötigen Arbeitsaufwand vorzustellen war schier überwältigend: Mein Großvater hatte mehr als 200 000 Wörter geschrieben. Außerdem gab es mehr als 700 ins Tagebuch eingeklebte Zeitungsausschnitte. Ich würde auch alle diese Schlagzeilen und wenigstens ein paar Sätze aus jedem Artikel übersetzen müssen.

Der einzige Weg, eine solche Aufgabe zu bewältigen, war mich zur Ruhe zu setzen und meine gesamte Zeit dem Tagebuch zu widmen. Ich beendete meine Lehrtätigkeit und wandte mich einem Interessengebiet zu, das ich während meiner Jahre in der Marinereserve entwickelt hatte, als ich zu den Seabees, den Bautruppen der US Navy, gehörte. Ich gründete meine eigene Baufirma. Als ich 58 wurde, konnte ich mich endgültig zur Ruhe setzen.

Sogar während meiner Zeit in der Firma beschäftigte ich mich aber mit dem Tagebuch. 1993 veröffentlichte eine große amerikanische Tageszeitung, der Houston Chronicle, ein vierseitiges Feature darüber. Ich schickte Kopien an Yad Vashem, das Holocaustmuseum in Jerusalem, und das damals neu errichtete US-Holocaust Memorial Museum in Washington, D.C. Neonazistische Tendenzen und das Leugnen des Holocaust nahmen Jahr für Jahr in der gesamten Welt zu. Ich war sicher, dass diese beiden Institutionen sehr interessiert daran sein würden, ein wichtiges antinazistisches Dokument an die Öffentlichkeit zu bringen. Die Direktoren beider Museen antworteten tatsächlich schnell. Sie wollten beide das Tagebuch für ihre Sammlungen, aber sie wollten sich nicht darauf festlegen, es zu publizieren, bevor ich es ihnen aushändigte. Daraufhin entschied ich mich, den Artikel aus dem Houston

Chronicle dem Filmschauspieler und Produzenten Kirk Douglas zu schicken. Ich hoffte, wenn er einen Dokumentarfilm über das Tagebuch drehte, würde es für mich einfacher werden, einen Verlag zu finden. Am 2. April 1993 antwortete Kirk Douglas: »Ich stimme mit Ihnen überein. Der Inhalt dieses Tagebuchs sollte der Welt bekannt gemacht werden. Ich möchte alle Anstrengungen unternehmen, den effektivsten Weg herauszufinden, eine Dokumentation oder einen Film darüber zu machen. Zuerst möchte ich aber wissen, was Sie mit dem Original-Tagebuch tun möchten, das Ihr Großvater geschrieben hat«. Er stellte die Bedingung, ich solle das Tagebuch dem Holocaust Memorial Museum in Washington übergeben, wo es »vorbereitet und evaluiert« werden solle. Danach würde er selbst »in Erwägung ziehen«, eine Dokumentation zu drehen. Das konnte ich nicht akzeptieren. Hollywood-Produzenten »saßen« oft jahrelang auf einem Stoff, und das Tagebuch würde vielleicht Staub ansammeln auf einem Regal im Archiv eines Museums, das meine Bitte bereits abgelehnt hatte, es zu veröffentlichen.

Im Herbst 2003 versuchte ich eine andere Taktik. Ich schrieb dem früheren US-Präsidenten George Herbert Walker Bush, dessen von ihm gestiftete Bibliothek sich auf dem Campus der Texas A&M-Universität befindet. Ihn bat ich darum, mir bei dem Versuch zu helfen, die Öffentlichkeit auf das Tagebuch aufmerksam zu machen. Im April und Mai 2005 wurde Friedrich Kellners Tagebuch mit Fotos und Erinnerungsstücken an ihn und Pauline Kellner zur Erinnerung an den 60. Jahrestag des Kriegsendes in Europa in der Rotunde der George Bush Presidential Library and Museum ausgestellt. Ich schickte dem »Spiegel« Informationen über die Ausstellung, und das Magazin veröffentlichte einen kleinen Artikel in seiner Ausgabe vom 4. April 2005. Dieser Artikel führte zu einer ganzen Serie von Veröffentlichungen im »Gießener Anzeiger«. Diese Tageszeitung war auch Mitveranstalter einer Ausstellung, in der Faksimiles des Tagebuchs im Laubacher Heimatmuseum gezeigt wurden. Es liegt an derselben Straße wie das Amtsgericht, in dem Friedrich Kellner Jahr um Jahr sein Leben riskierte, als er sein Tagebuch schrieb. Auch andere Zeitungen griffen die Geschichte auf, darunter die »Jerusalem Post« in Israel.

Der Artikel im »Spiegel« brachte auch Sascha Feuchert von der Arbeitsstelle Holocaustliteratur der Justus-Liebig-Universität Gießen dazu, mit mir Kontakt aufzunehmen und mir ein Editions-Projekt vorzuschlagen. Als Sascha Feuchert mit seinen Mitarbeitern Andreas Pfeifer und Nikola Medenwald Ludwig Heck interviewte, führte das zu einer überraschenden und aufregenden Entdeckung. Im Gegensatz zu dem, was meine Großeltern, Tante Käte und deshalb auch ich so lange geglaubt hatten, hatte Willi W. Heft 1 nicht zerstört. Ludwig Heck hatte es in seinem Besitz und sagte, dass er es kurz vor Friedrichs Tod von ihm bekommen hatte. Da mein Großvater mir am 30. September 1970 seinen letzten Brief geschrieben hatte, bedeutete das, dass er das Heft irgendwann während der letzten 35 Tage seines Lebens zurückerhalten hatte, zwischen dem 30. September und dem 4. November, als er bereits zu krank war, um mit mir Kontakt aufzunehmen. Wie und warum genau er das Heft zurückbekam, können wir nur vermuten. Wahrscheinlich entschloss sich Willi W.

zur Rückgabe, als er hörte, dass das Leben meines Großvaters sich dem Ende zuneigte, und er brachte ihm das Heft, außer einigen fehlenden Teilen, ans Totenbett. Vielleicht gab er es auch meiner Großtante Käte, die es dann weitergab. Obwohl eine solch melodramatische Szene besser in einen Film oder einen Roman passen würde, scheint es nicht zu weit hergeholt in einem Leben, das so außerordentlich war wie das von Friedrich Kellner.

Wie auch immer das Heft in den Besitz meines Großvaters zurückgelangt war – es war nicht im detaillierten Verzeichnis seiner Hinterlassenschaften enthalten, das Ludwig Heck und Erwin Ganglberger, Kätes Sohn, zusammengestellt hatten. Als ich 1976 die anderen Familienpapiere und Dokumente bekam, die auf dieser Liste standen, war das wichtigste Stück nicht dabei. 30 Jahre lang sollte ich nicht ahnen, dass Heft 1 noch existierte. Trotzdem bin ich dankbar, dass es wenigstens sicher aufbewahrt und schließlich doch noch an den ihm gebührenden rechtmäßigen Platz neben die anderen Heften zurückgegeben wurde.

Als ich Präsident Bush 2003 schrieb, schickte ich auch Leonard Asper, dem Chef von CanWest Global, einem kanadischen Multimediakonzern, einen Brief. Als ich im September 2005 zur Eröffnung der Ausstellung im dortigen Heimatmuseum flog, wurde ich von einem kanadischen Filmteam von CCI Entertainment aus Toronto begleitet. Der Film »Mein Widerstand: Die Tagebücher Friedrich Kellners« wurde zur besten Sendezeit 2007 in ganz Kanada im Fernsehen gezeigt. Die Uraufführung fand im Kinosaal der George Bush Presidential Library statt.

Als ganz besondere Ehrung für Friedrich und Pauline Kellner wurde der Dokumentarfilm über ihr Leben, über ihren Mut und über ihre Weitsicht am 10. November 2008 im Auditorium der Dag Hammerskjöld Bibliothek im Hauptquartier der Vereinten Nationen in New York aufgeführt.[a] Anlass war die Erinnerung an den 70. Jahrestag der »Kristallnacht«. Gastgeber war der stellvertretende Generalsekretär Kiyo Akasaka. Der deutsche Botschafter bei den Vereinten Nationen, Thomas Matussek, hielt vor der Vorführung eine Rede, und ich sprach danach. Im Foyer der Bibliothek war das Tagebuch ausgestellt. Während meiner Ansprache beschrieb ich einen Eintrag, in dem Friedrich den Völkerbund für ihr Versagen, den vom damaligen Diktator bedrohten Nationen nicht zu Hilfe gekommen zu sein, verbal das Fell über die Ohren zog. Ich bat meine Zuhörer, sich vorzustellen, was Friedrich Kellner heute von einer UN halten würde, die Diktatoren in ihre Generalversammlung einlud, um dort Hasstiraden zu halten – Leuten wie dem iranischen Staatspräsidenten Mahmud Ahmadenijad, dem ich Kopien der Tagebücher über die iranische Botschaft zukommen ließ.

Friedrich Kellner hatte Adolf Hitlers Buch als Beispiel für das Schlimmstmögliche im menschlichen Denken benutzt. Nach der Veröffentlichung von Friedrich Kellners Tagebuch können wir sein Buch nun als Beispiel für das Bestmögliche im

a) Journal of the United Nations, Programme of Meetings and Agenda, No. 2008/219, Saturday 8 November 2008.

menschlichen Denken benutzen. Wir haben die Verpflichtung der Menschheit gegenüber, seine Worte unmittelbar an die Tyrannen und Diktatoren zu richten, die es am nötigsten haben, sie zu hören. Wir dürfen dabei aber auch nicht vergessen, dass Friedrich Kellner ein Realist war, der um die beschränkten Möglichkeiten von Worten wusste, wenn sie auf bewaffnete Despoten und Ideologen treffen. Das dominierende Thema in Friedrich Kellners Tagebuch ist die Tatsache, dass Freiheit und Frieden verloren sind, wenn Menschen nicht dafür kämpfen wollen, sie zu bewahren.

Als Friedrich Kellner den Nazis die Stirn bot, wäre der schlimmste Weltenbrand vielleicht verhindert worden, wenn mehr Deutsche wie er gehandelt hätten. 50 Millionen Menschenleben wären vielleicht verschont worden, wenn die kurzsichtigen Europäer diese Deutschen unterstützt hätten, wenn die, die sich jenseits des Ozeans hinter ihrer Neutralität versteckten, nur früher ihre Augen vor der Gefahr geöffnet hätten. In einer frühen Eintragung sagte Friedrich Kellner 1942, als Hitler fast ganz Europa kontrollierte und die deutsche Wehrmacht unschlagbar zu sein schien, voraus, dass die Nazis den Krieg verlieren würden. Er warnte aber auch davor, dass sie nach dem Krieg wieder in einer anderen Tarnung da sein und wieder nach Vorherrschaft streben würden. Friedrich wollte sich dann erneut gegen sie stellen, wie er schrieb: »Bei diesem Kampfe will ich dabei sein.«

Der Vater 1879 im Alter von 17 Jahren

Die Mutter 1878 im Alter von 20 Jahren

Georg Friedrich Kellner und Barbara Wilhelmine, geb. Vaigle, die Eltern Friedrich Kellners, Hochzeitsfoto am 17. November 1883

Friedrich Kellner 1892

Im Kreis seiner Mitschüler 1895

Mit seinen Eltern 1903

Mit seinen Kameraden (sitzend, 2. von rechts)

1907

1913

Verlobung mit Karolina Paulina »Pauline« Preuß 1911

Karolina Paulina »Pauline« Preuß 1911 und 1912

Paulines Eltern Johanna Karolina Preuß, geb. Martin (1861-1944) und Friedrich Karl Ludwig Emil Preuß (1859-1936)

Erster Hochzeitstag 1914

Mit Sohn Karl Friedrich Wilhelm 1916

Familienleben 1926-1928

Duplikat – Ausweis Nr. 99

Ausgestellt nur als Ausweis über den Wohnsitz im besetzten Gebiet und zum Verkehr mit dem übrigen Deutschland einschließlich des Durchgangs...

Besetzte Gebiete

Territoires Occupés

Familienname: Kellner

Vorname: Friedrich

Staatsangehörigkeit: Hessen

Beruf: Justizinspektor

Ständiger Wohnsitz mit Adresse: Mainz,

Gegenwärtiger Aufenthaltsort mit Adresse: Mainz

Geboren am 1. 2. 85 Alter: / Jahre

Geburtsort:

Gestalt: groß Haar: dunkel

Augen: braun Gesichtsform: oval

Besondere Kennzeichen: keine

Es wird hiermit bescheinigt, daß der Inhaber die durch nebenstehende Photographie dargestellte Person ist und die darunter befindliche Unterschrift eigenhändig vollzogen hat.

Ort: Mainz, den 21. JUN 1923 192

Der Polizei-Inspektor

Dienststelle:

Unterschrift:

Unterschrift des Inhabers: Fr. Kellner

Volksstaat Hessen Polizeiamt Mainz 4. Bezirk

Ausweis für das französisch besetzte Mainz 1923

Im Mainzer Gericht 1927 (Hintere Reihe, 2. von links)

Familienporträt 1934

1938

Amtsgericht Laubach 2011
Foto: Sven Feuchert

Friedrich in seiner Dienstwohnung im Gerichtsgebäude 1940

Fred William Kellner in der Uniform der U.S. Army 1946

Vor dem Laubacher Amtsgericht 1948 (Friedrich vordere Reihe, Mitte)

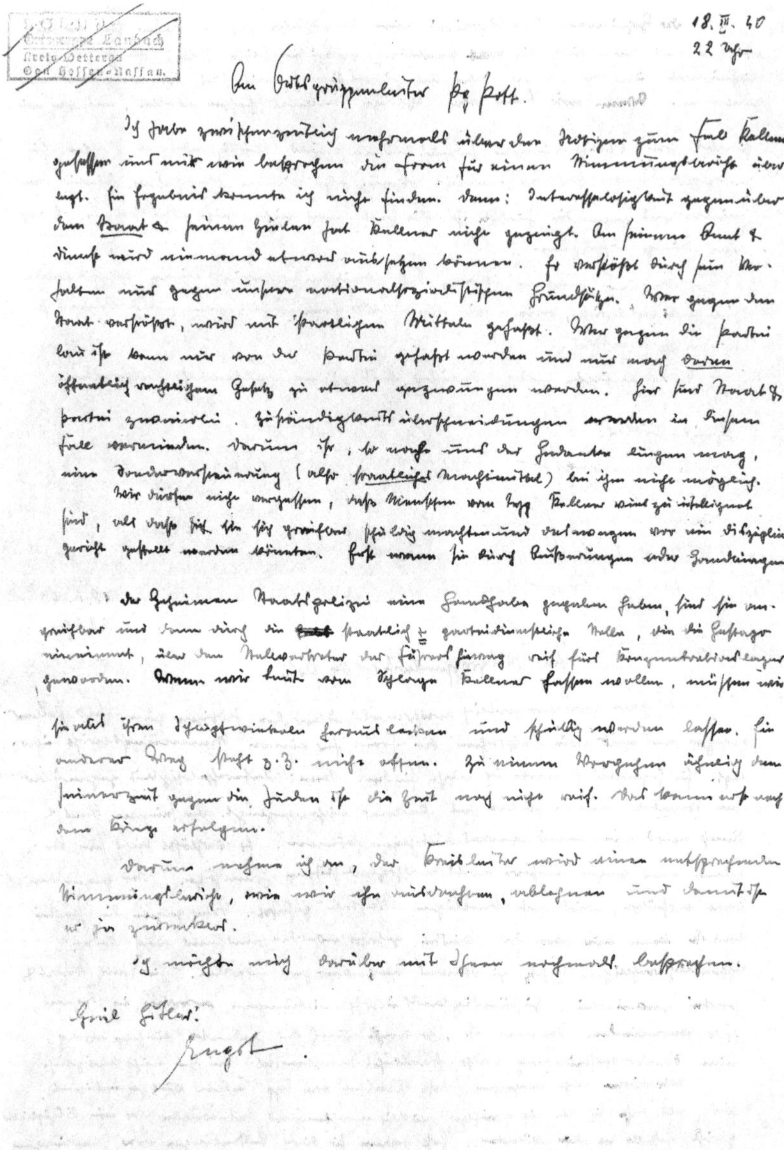

NSDAP Ortsgruppe Laubach Kreis Wetterau Gau Hessen-Nassau.

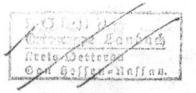

18. III. 40
22 Uhr

An Ortsgruppenleiter Pg. Pott.

Ich habe zwischenzeitig nochmals über den Notizen zum Fall Kellner geschlafen und mit mir besprochen die Frage für einen [illegible] überlegt. Ein Ergebnis konnte ich nicht finden. Denn: Interesselosigkeit gegenüber dem Staat & seinen Zielen hat Kellner nicht gezeigt. An seinem Amt & Dienst wird niemand etwas aussetzen können. Er verstößt durch sein Verhalten nur gegen unsere nationalsozialistischen Grundsätze. Wer gegen den Staat verstößt, wird mit staatlichen Mitteln gefaßt. Wer gegen die Partei [illegible] ist, kann nur von der Partei gefaßt werden und nur nach deren öffentlich rechtlichem Gesetz zu etwas gezwungen werden. Hier sind Staat & Partei zweierlei. Zuständigkeitsüberschneidungen werden in diesem Falle vermieden. Darum ist, so nahe uns der Gedanke liegen mag, eine Sonderbestrafung (also staatliche Machtmittel) bei ihm nicht möglich.

Wir dürfen nicht vergessen, daß Menschen vom Typ Kellner viel zu intelligent sind, als daß sie sich [illegible] greifbar schuldig machten und [illegible] vor ein Disziplinargericht gestellt werden könnten. Erst wenn sie durch Äußerungen oder Handlungen der Geheimen Staatspolizei eine Handhabe gegeben haben, sind sie angreifbar und dann durch die ~~Stadt~~ staatlich u. parteidienstlichen Stellen, die die Gestapo [illegible], [illegible] reif für Konzentrationslager geworden. Wenn wir heute den Typ Kellner fassen wollen, müssen wir ihn erst aus seinem Schlupfwinkel herauslocken und schuldig werden lassen. Ein anderer Weg steht z. Z. nicht offen. Zu einem Vorgehen ähnlich dem seinerzeit gegen die Juden ist die Zeit noch nicht reif. Das kann erst nach dem Kriege erfolgen.

Darum nehme ich an, der Kreisleiter wird einen entsprechenden [illegible], wie wir ihn [illegible], ablehnen und damit ist er [illegible].

Ich möchte mich darüber mit Ihnen nochmals besprechen.

Heil Hitler!

Engst.

Brief von Hermann Engst an den Laubacher Ortsgruppenleiter Pott 1940

Fall Kellner.

Vorbemerkung : Die Ortsgruppe Laubach (Oberhessen) der NSDAP stellte bei der Kreisleitung in Gießen den Antrag "den Justizinspektor Kellner, der einen schlechten Einfluß auf die Bevölkerung ausübt", in ein Konzentrationslager einzuweisen.
Nach einem Befehl des "Führers" durfte ein Beamter nur dann in einem KZ (Konzentrationslager) interniert werden, wenn der Stellvertreter des Führers, Heß, seine Zustimmung gab. Die Kreisleiter waren daher verpflichtet, ausführliche Berichte von der vorgesetzten Behörde des betreffenden Beamten einzufordern und mit der eigenen Stellungnahme sowie dem Antrage der unteren Parteidienststelle dem Stellv.Führer zur Entscheidung vorzulegen.
Wie ich nach dem 8.Mai 1945 von einem Richter erfuhr,war damals von dem Oberlandesgerichtspräsidenten Scriba (der ein prominenter Nazi war) ein besonders günstiger Bericht über meine Dienstleistungen an den Kreisleiter Backhaus in Gießen eingereicht worden. Letzterer beauftragte den politischen Leiter Hermann Engst, die Angelegenheit zu prüfen und ein Gutachten vorzulegen. F. Kellner.

Abschrift des Schreibens des Polit. Leiters Engst an die Ortsgruppe Laubach (die Urschrift dieses Schreibens befand sich in den Akten des Ortsgruppenleiters Pott - Laubach) :

18. März 1940, 22 Uhr.

An Ortsgruppenleiter Pg. Pott in Laubach (Oberhessen).
Ich habe zwischenzeitlich mehrmals über den Notizen zum „Fall Kellner" gesessen und mir, wie besprochen, die Form für einen Stimmungsbericht überlegt. Ein Ergebnis konnte ich nicht finden. Denn: Interessenlosigkeit gegenüber dem Staat und seinen Zielen hat Kellner nicht gezeigt. An seinem Amt und Dienst wird niemand etwas aussetzen können. Er verstößt durch sein Verhalten nur gegen unsere nationalsozialistischen Grundsätze. Wer gegen den Staat verstößt wird mit staatlichen Mitteln gefaßt. Wer gegen die Partei lau ist kann nur von der Partei gefaßt werden und nur nach deren öffentlich rechtlichem Gesetz zu etwas gezwungen werden. Hier sind STAAT und PARTEI zweierlei. Darum ist, so nahe uns der Gedanke liegen mag, ein staatliches Machtmittel bei ihm nicht möglich.
Wir dürfen nicht vergessen, daß Menschen vom Typ Kellner viel zu intelligent sind, als daß sie sich greifbar schuldig machten und deswegen vor ein Disziplinargericht gestellt werden könnten. Erst wenn sie durch Äusserungen oder Handlungen der Geheimen Staatspolizei eine Handhabe gegeben haben, sind sie angreifbar und dann durch die staatliche und parteidienstliche Stelle, die die Gestapo einnimmt, über den Stellvertreter des Führers hinweg, reif für das Konzentrationslager geworden. Wenn wir Leute vom Schlage Kellner fassen wollen, müssen wir sie aus ihren Schlupfwinkeln herauslocken und schuldig werden lassen. Ein anderer Weg steht zur Zeit nicht offen. Zu einem Vorgehen ähnlich dem seinerzeit gegen die Juden ist die Zeit noch nicht reif. Das kann erst nach dem Kriege erfolgen. Darum nehme ich an, der Kreisleiter wird einen entsprechenden Stimmungsbericht, wie wir ihn ausdachten, ablehnen und damit ist er ja zwecklos. Heil Hitler ! gez: Engst.
(Die Urschrift dieses Briefes wurde in den Akten des Ortsgruppenleiters gefunden)

Resümee : Durch den ausgebliebenen "Endsieg" gehöre ich gerade noch zu Davongekommenen .

Friedich Kellner.

Friedrich Kellners Transkription des Briefes

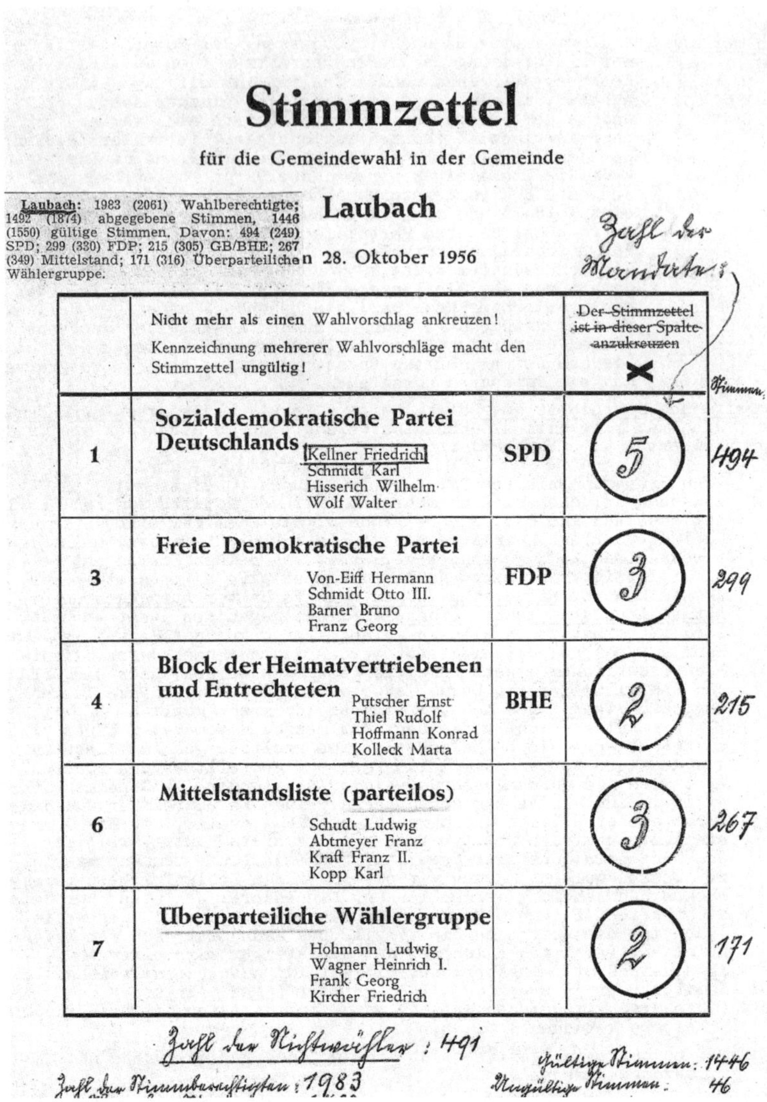

Stimmzettel

für die Gemeindewahl in der Gemeinde

Laubach: 1983 (2061) Wahlberechtigte; 1492 (1874) abgegebene Stimmen, 1446 (1550) gültige Stimmen. Davon: 494 (249) SPD; 299 (330) FDP; 215 (305) GB/BHE; 267 (349) Mittelstand; 171 (316) Überparteiliche Wählergruppe.

Laubach

am 28. Oktober 1956

Zahl der Mandate:

	Nicht mehr als einen Wahlvorschlag ankreuzen! Kennzeichnung mehrerer Wahlvorschläge macht den Stimmzettel ungültig!		~~Der Stimmzettel ist in dieser Spalte anzukreuzen~~ ✕	Stimmen:
1	**Sozialdemokratische Partei Deutschlands** Kellner Friedrich, Schmidt Karl, Hisserich Wilhelm, Wolf Walter	SPD	5	494
3	**Freie Demokratische Partei** Von-Eiff Hermann, Schmidt Otto III., Barner Bruno, Franz Georg	FDP	3	299
4	**Block der Heimatvertriebenen und Entrechteten** Putscher Ernst, Thiel Rudolf, Hoffmann Konrad, Kolleck Marta	BHE	2	215
6	**Mittelstandsliste (parteilos)** Schudt Ludwig, Abtmeyer Franz, Kraft Franz II., Kopp Karl		3	267
7	**Überparteiliche Wählergruppe** Hohmann Ludwig, Wagner Heinrich I., Frank Georg, Kircher Friedrich		2	171

Zahl der Nichtwähler: 491

Gültige Stimmen: 1446

Zahl der Stimmberechtigten: 1983

Ungültige Stimmen: 46

Auf der Wahlliste der SPD 1956

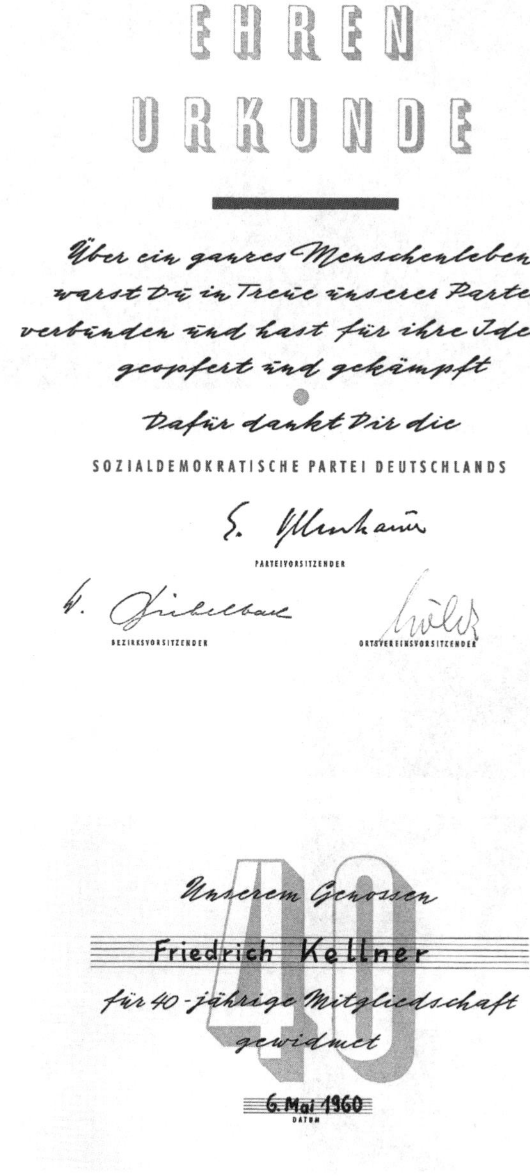
EHREN
URKUNDE

Über ein ganzes Menschenleben
warst Du in Treue unserer Partei
verbunden und hast für ihre Ideale
geopfert und gekämpft

Dafür dankt Dir die
SOZIALDEMOKRATISCHE PARTEI DEUTSCHLANDS

PARTEIVORSITZENDER

BEZIRKSVORSITZENDER

ORTSVEREINSVORSITZENDER

Unserem Genossen
Friedrich Kellner
für 40-jährige Mitgliedschaft
gewidmet

6. Mai 1960
DATUM

Ehrenurkunde der SPD für 40 Jahre Mitgliedschaft 1960

Friedrich und Pauline vor ihrem Haus 1955

Robert Scott Kellner in der Uniform der U.S. Navy 1960

Robert Scott, Pauline und Friedrich Kellner 1968

Zur Edition und zum Sprachgebrauch Friedrich Kellners

1. Die Edition und ihre Prinzipien

Die vorliegende Buchausgabe gibt die Tagebuchaufzeichnungen des Justizbeamten und Sozialdemokraten Friedrich Kellner (1885-1970) aus den Jahren 1938/39 bis 1945 wieder, die im Original in zehn Heften von ungleicher Größe und Gestalt, zum Teil mit zusätzlich eingelegten Blättern, vorliegt. Dieser einzige Textzeuge besteht zum einen aus den handschriftlichen Notaten Kellners, zum anderen aus Hunderten von Zeitungsausschnitten, die der Diarist einklebte, um sie zu kommentieren. Die Originale befinden sich heute im Besitz seines in den USA lebenden Enkels Robert Martin Scott Kellner (College Station, Texas), Kopien sind an der Arbeitsstelle Holocaustliteratur der Justus-Liebig-Universität Gießen vorhanden. Desgleichen sind Dokumente aus dem umfangreichen Nachlass Kellners im Original in den USA und jeweils als Kopie im Archiv der Arbeitsstelle Holocaustliteratur zugänglich. Diese letztgenannten Dokumente werden in der Edition als »Privatbesitz« nachgewiesen.

Es gehört zur *Überlieferungsgeschichte*, dass das erste Heft im Zuge der in den 1960er Jahren geplanten maschinenschriftlichen Erfassung der Tagebücher abhandenkam und 37 Jahre lang als verschollen galt. Die übrigen neun Hefte übergab Friedrich Kellner 1968 seinem Enkel Robert Martin Scott während eines Besuchs in Laubach.[a] Durch Recherchen der Arbeitsstelle Holocaustliteratur konnte das erste Tagebuchheft im Mai 2005 bei einem langjährigen Bekannten Friedrich Kellners ausfindig gemacht und den restlichen Originalen wieder zugefügt werden. Unmittelbarer Anlass für die damaligen Recherchen war eine Meldung des »Spiegel« (Ausgabe 14/2005, 4.4.2005) über eine Ausstellung der Kellner-Tagebücher in der »George Bush Presidential Library« in College Station, Texas.[b]

Die Edition gibt den *handschriftlichen Text* und den *Text der Zeitungsausschnitte* unter Wahrung der weiter unten beschriebenen editionsphilologischen Prinzipien vollständig und originalgetreu wieder. Es handelt sich um insgesamt 669 handschriftliche Einträge mit rund 760 kleineren und größeren Ausschnitten aus meist überregionalen deutschen Zeitungen und Zeitschriften. Die regelmäßigen Einträge setzen mit dem Datum »Anfangs September 1939« ein; freilich gibt es bereits Einträge aus dem Jahr 1938. Kellner selbst soll in Gesprächen mehrfach darauf hingewiesen haben, dass er seine Tagebuchaufzeichnungen mit dem Tag des Überfalls auf Polen begonnen habe. Zu vermuten ist daher, dass die vor dem 1. September 1939 verfassten Texte zu einer Reihe von Essays und Aufzeichnungen gehören, die verloren gegangen sind. Diese frühen Notizen werden von den Herausgebern daher als

a) Vgl. dazu den ausführlichen biographischen Essay in diesem Band.
b) Vgl. dazu auch das Vorwort dieser Edition.

Zusätze bzw. Vorrede zu dem eigentlichen Tagebuch gewertet. Unklar bleibt, inwieweit Kellner diese Texte auch mit nachträglichen Ergänzungen versehen hat.[c]

Die *Orthografie* der Edition entspricht im Wesentlichen jener der Vorlage. Dies gilt auch für die zuweilen divergierenden Schreibweisen der gleichen Wörter (z.B. »Rußland«/»Russland«). Nur in wenigen Fällen wurde im Dienste der Lesbarkeit eingegriffen; dies betraf v.a. die Kommasetzung, die behutsam nach heutigen Regeln normalisiert wurde. Auch einige Versehen (etwa Buchstabendreher) wurden korrigiert, wenn sie zweifelsfrei als solche erkennbar waren. *Grammatische Ergänzungen* oder Verbesserungen durch die Herausgeber, die an wenigen Stellen für das Textverständnis unvermeidbar waren, sind durch eckige Klammern markiert. Nicht eingegriffen wurde bei Abweichungen von der heutigen Norm, die sich z.B. einer anderen Schreibsozialisation verdanken (etwa im Hinblick auf die Fremdwortschreibung) oder die Aufschluss über Kellners *Schreibsituation* geben (z.B. als Dokumentation nur mündlich tradierten Wissens).[d]

Größer waren indes die Eingriffe bei den vielen *Namen*, die Friedrich Kellner in seinem Tagebuch anführt. Es wurden die Namen von jenen Personen durch die Herausgeber abgekürzt, für die Persönlichkeitsrechte geltend gemacht werden könnten. Diese Abkürzungen sind mit eckigen Klammern und Auslassungspunkten gekennzeichnet. Nicht abgekürzt wurden – den Üblichkeiten entsprechend – die Namen von Personen, die Amtsträger oder Parteifunktionäre waren und daher in ihren jeweiligen Funktionen öffentlich handelnd auftraten und damit auch in anderen allgemein zugänglichen Quellen ausführlich dokumentiert sind (etwa in Zeitungen) oder die durch Spruchkammerbescheide nachweislich als »Täter« gelten müssen. Nicht abgekürzt wurden auch die Namen der zahllosen Journalisten, die in den von Friedrich Kellner eingeklebten Artikeln auftauchen.

Generelles Ziel der Edition war eine *Leseausgabe*. Dies hat vor allem Auswirkungen auf die Wiedergabe der Zeitungsartikel, die nicht durchgehend dem *Layout* der Originale (Spaltenbreite, Schriftart, Schriftgröße etc.) folgen können, wenngleich angestrebt wurde, auch hier so originalgetreu wie nur möglich zu verfahren. Auf die grafische Nachbildung mancher Sonderzeichen (z.B. der »SS«-Runen) wurde verzichtet. Wortwiederholungen und Wiederholungen des Datums vor bzw. nach einem Absatz oder Seitenwechsel wurden nicht in die Edition übernommen und auch nicht angezeigt.

Zur Entlastung des Anmerkungsapparates erscheinen erkennbar *spätere Einfügungen* Friedrich Kellners oder seine handschriftlichen Hinzufügungen zu den Zei-

c) Besonders der Eintrag vom 30. August 1939 legt den Schluss nahe, dass Kellner mit diesen »Vortexten« auch nachträglich sein ganzes Tagebuch-Unternehmen kommentierte: »Als Prediger in der Wüste sah ich mich veranlaßt, die Gedanken niederzulegen, die mich in der nervenzerrüttenden Zeit beherrschten, um dann später – sofern das noch möglich ist – meinen Nachkommen ein Bild der wahren Wirklichkeit zu übermitteln.«

d) Vgl. zum Umgang mit vermeintlichen Schreib- und Grammatikfehlern v.a. den nachstehenden Beitrag zu Kellners Sprachgebrauch.

tungsartikeln in spitzen Klammern (⟨ ⟩). *Streichungen* Kellners werden in der Edition nur dokumentiert, wenn sie semantisch bedeutsam sind; unleserliche Streichungen werden nicht angezeigt. Handschriftliche *Unterstreichungen* im Original werden in der Edition als einfach unterstrichen wiedergegeben, gedruckte Unterstreichungen in den Zeitungsartikeln doppelt. Einzig bei den Daten wurde der Lesbarkeit halber anders verfahren: Es werden grundsätzlich alle Daten einfach unterstrichen, um die Textstruktur deutlicher zu machen; Daten, die von Kellner selbst bereits unterstrichen waren, erscheinen doppelt unterstrichen.

Um dem Leser auch eine genauere Vorstellung von den Originalseiten zu geben, wurden zahlreiche Abbildungen aus den Tagebüchern in die Edition eingebunden.

Die *Kommentierung* erfolgt mit Fuß- *und* Endnoten. Dabei werden Informationen, die dem unmittelbaren Textverständnis dienen, in den *Fußnoten* gegeben. Hierzu gehören vor allem historische und sprachliche Erläuterungen sowie Hinweise zu Abkürzungen. Weiterführende Informationen erscheinen dagegen als *Endnoten.* Diese bestehen in erster Linie aus Quellennachweisen, philologischen Annotationen und Ergänzungen, die zur Vertiefung des Textverständnisses beitragen können, sowie aus *Kommentaren zu Personen.* Es werden dabei nur Personen kommentiert, deren Identität sicher geklärt und deren Funktion für das Textverständnis relevant ist. Das bedeutet, dass zahlreiche Personen, die in den Zeitungsartikeln vorkommen, unkommentiert bleiben. Dies gilt auch für viele der Verfasser – für diesen Verzicht ist es auch bedeutsam, dass leider noch immer kein Personen-Lexikon zu Journalisten im »Dritten Reich« vorliegt.

Große Sorgfalt wurde auf den *Nachweis* und die Kontextualisierung der eingeklebten *Zeitungsartikel* gelegt. Sofern die Quelle eines Zeitungsartikels, etwa auf Grund von Bestandsverlusten, dennoch einmal nicht nachgewiesen werden konnte, unterbleibt eine Fehlanzeige.

Die von Kellner zitierten Wehrmachtberichte werden in der Edition nicht mit Hilfe der nach 1945 erschienenen Edition[a], sondern durch Zeitungsartikel nachgewiesen, der eigentlichen Quelle Kellners. Zitate aus Klassikern der Weltliteratur werden im Kommentar nach den gängigen Ausgaben belegt, die im Literaturverzeichnis aufgeführt sind.[b]

Elisabeth Turvold

a) Vgl. Deutscher Wehrmachtbericht 1939-1945.
b) Zur Bedeutung der Klassikerzitate vgl. den nachstehenden Aufsatz zur Sprache Friedrich Kellners.

2. Friedrich Kellners Sprachgebrauch

»Auf die Dauer wirken derartige Vertuschungen nach der entgegengesetzten Seite.« Friedrich Kellners Beitrag zur Kritik an der »Sprache des Nationalsozialismus«

Wir befinden uns im Jahr 1938. Ganz Deutschland ist gleichgeschaltet ... ganz Deutschland? Nein! Ein unbeugsamer Geist in der hessischen Kleinstadt Laubach hört nicht auf, der nationalsozialistischen Rhetorik und Propaganda Widerstand zu leisten.

So wie die Einwohner von Goscinnys und Uderzos kleinem gallischen Dorf sicher nicht die einzigen waren, die sich der römischen Herrschaft entgegenstellten, so steht auch Friedrich Kellner hier stellvertretend für jene Männer und Frauen, die sich trotz aller Propaganda und Gleichschaltung eine eigene, unangepasste Meinung bewahren konnten. An der Naivität der meisten seiner Mitmenschen ist er jedoch zunehmend verzweifelt. Schon ganz am Anfang seiner Aufzeichnungen schreibt er: »Es tut mir leid feststellen zu müssen, daß das primitive Denken des deutschen Volkes einen Grad erreicht hat, der schlechterdings nicht mehr zu überbieten ist. Das ist dein Werk, Propagandaminister! Vernebelt, verdunkelt sind alle Hirne! Man muß an den Menschen verzweifeln. Kritisches Betrachten schadet uns. Es ist alles wunderbar« (26.9.38). Dennoch flackert von Zeit zu Zeit verhaltener Optimismus auf. Wenn in den Heeresberichten und Zeitungen gegen alle Vernunft nur von den eigenen Erfolgen und den gegnerischen Verlusten die Rede ist, so müsste sich bei den Volksgenossen doch nach und nach Zweifel an der Glaubwürdigkeit offizieller Verlautbarungen breitmachen. So hoffte er am 1. September 1940: »Auf die Dauer wirken derartige Vertuschungen nach der entgegengesetzten Seite.« Kaum zwei Wochen später hat ihn aber die Wirklichkeit schon wieder eingeholt; seiner Verzweiflung macht er mitunter mit drastischen Formulierungen Luft: »Da die Masse des Volkes unvorstellbar dämlich ist, so bedarf es noch nicht einmal geistiger Anstrengung, das begehrte Ziel der Hirnverschleimung schnell zu erreichen. ›Was in der Zitung (Zeitung) stoht, ist wohr‹, sagte einmal eine Bäuerin im Schlitzerland. Hiergegen ist nichts zu machen. Ein aussichtsloser Kampf. Da ändert auch nichts daran die Erkenntnis einzelner Menschen, daß nie mehr gelogen wird wie <u>vor</u> einer Wahl, <u>während</u> eines Krieges und <u>nach</u> einer Jagd« (15.9.1940).

Schon diese wenigen Beispiele zeigen, worum es Kellner in seinem Tagebuch geht. Am Anfang steht der Zweifel an der nationalsozialistischen Propaganda, die alles vernebelt und verdunkelt. Ihr entgegen steht die eigene vernunftgeleitete Überlegung, die sich so gar nicht mit der offiziellen Rhetorik in Einklang bringen lässt. »Die Geschichte wird den Beweis erbringen, ob die derzeitigen [...] Machthaber oder ich, der kleine Mann im Vogelsberg, die weltpolitischen Möglichkeiten besser durchschaut haben« (10.11.1940). Als eines der zentralen sprachlichen Mittel zur Aufdeckung von propagandistischen Phrasen erweist sich dabei der Einsatz von

Sprichwörtern und Redewendungen, weil ja – nach Otto von Bismarck – nie mehr gelogen wird wie vor einer Wahl, nach einer Jagd und – was hier zu beweisen ist – während eines Krieges. Und es klingt bereits an, wie er sich der öffentlichen Meinung widersetzen wird. Nicht was »in der Zitung stoht, ist wohr«, sondern allenfalls das, was sich mit Vernunft und Lebenserfahrung zwischen den Zeilen aus ihr herauslesen lässt.[a] Nach einigen Monaten des Schreibens findet sich schließlich erstmals am 10. Oktober 1940 ein eingeklebter Zeitungssauschnitt mit einem anschließenden Kommentar Friedrich Kellners. Und in dieser Verbindung von Zeitungsausschnitt und Kommentar entwickelt er eine Methode, seine Methode, die dem nun erst sehr spät veröffentlichten Tagebuch in der Zukunft einen Platz neben Victor Klemperers berühmten Aufzeichnungen der Jahre 1933 bis 1945 sichern wird.[b]

***

Nähert man sich dem Tagebuch aus der Perspektive des Sprachwissenschaftlers, so sind vor allem zwei Aspekte von Interesse: Wie funktioniert seine Methode zur Entlarvung der nationalsozialistischen Propaganda, und auf welche Art und Weise setzt er sie sprachlich um? Um den authentischen Kellner-Stil richtig beurteilen zu können, wird sein Sprachgebrauch in dieser Edition unverfälscht wiedergegeben, nur offensichtliche Schreibfehler wurden stillschweigend korrigiert. Damit kommt auch eine Reihe von Abweichungen vom gegenwärtigen Sprachgebrauch in den Blick, die uns heute fehlerhaft erscheinen. Zudem war die sprachliche Norm des Deutschen in der ersten Hälfte des 20. Jahrhunderts noch keineswegs in allen Bereichen so fest, wie man heute glauben könnte. Seine sprachliche Sozialisation hat der 1885 geborene Kellner um die Jahrhundertwende in Mainz erhalten, zu einer Zeit, in der gerade erst die erste Auflage der Duden-Rechtschreibung erschienen war. Sein Tagebuch schreibt er nur wenige Jahre nach der Veröffentlichung der ersten Duden-Grammatik.[c] Die Normen der neuhochdeutschen Schriftsprache sind also vergleichsweise neu und noch nicht lange kodifiziert. Zudem befindet er sich in einer sprachlichen Übergangszeit. In dem aus dem 18. und 19. Jahrhundert überkommenen älteren neuhochdeutschen Sprachgebrauch konnte man beispielsweise auf Hilfsverben im finiten Satz verzichten. Davon ist spätestens seit der ersten Auflage der normativen Duden-Grammatik von 1935 keine Rede mehr.[d] In vielen seiner sprachlichen Selbstkorrekturen fügt Kellner das

a) Das anfangs wohl eher intuitiv eingesetzte Verfahren wird im Verlauf des Tagebuchs zur festen Gewohnheit. Man vergleiche etwa am 25.3.1944: »Wer zwischen den Zeilen zu lesen vermag, wird herausfinden, daß …«.

b) Klemperer 1999.

c) Duden 1935.

d) Vgl. ebd. Allerdings geht die neuere Forschung bisher davon aus, dass die Kellner so vertraute afinite Konstruktion bereits am Ende des 19. Jahrhunderts gänzlich außer Gebrauch kommt. Siehe dazu die Angaben bei Ágel 2000, S. 1855-1903, hier S. 1888.

Hilfsverb deshalb nachträglich ein, was in der Edition durch spitze Klammern markiert wird. Das zeigt sich in Sätzen wie: »Der bittere Kelch des Nationalsozialismus muß bis zum letzten Tropfen ausgetrunken ⟨werden,⟩ denn vorher ist das Volk in seiner großen Masse nicht reif« (9.10.1939), »Aber meine Herren Propagandisten, hiermit allein kann kein Krieg gewonnen ⟨werden⟩« (16.3.1940) oder »Diese Jammergestalt von einem König ist den Strick nicht wert, der zum Aufhängen benötigt ⟨wird⟩« (10.1.1941). Nur gelegentlich bleibt die afinite Konstruktion erhalten: »Wenn das deutsche Volk einmal in seinem ganzen Umfange die ihm aufgetischten Märchen u. Indianergeschichten als das erkannt, was sie sind – dann ist es allerdings zu spät. –« (16.4.1940), ebenso: »Was vergangen, kehrt in der gleichen Gestalt nicht wieder« (3.12.1943). Hin und wieder finden sich auch andere Beispiele für veraltenden und veralteten Sprachgebrauch, so die Inversion nach *und*, etwa in: »Die englische Flotte ist ja allerdings bereits von Dr. Goebbels vernichtet ⟨worden⟩ und braucht sich die Menge deshalb auch gar keine Kopfschmerzen mehr über diese Flotte zu machen« (24.7.1940). Beispiele für diese Inversion finden sich etwa auch beim zehn Jahre älteren Thomas Mann, obwohl die zeitgenössische Sprachwissenschaft die Konstruktion längst als veraltet ablehnt.[e] Schwankend ist auch der Gebrauch von Dativ und Akkusativ, der zumindest von unserer heutigen Norm deutlich abweicht.

Dazu tritt eine gewisse, meist dialektaler Aussprache geschuldete Unsicherheit bei der Schreibung einzelner – im Alltag sonst selten verwendeter oder gelesener – Wörter, so etwa *Hochstabler* oder *Todengräber*. Aber gerade auch fremdartige Orts- und Personennamen, die mit den Wehrmachtberichten in großer Zahl in die deutschen Wohnstuben gespült wurden, werden oft frei und eigenwillig verschriftet. Wie in Drucken und Handschriften der Literatur des 16. bis 19. Jahrhunderts nicht unüblich, scheut sich auch Kellner nicht, ein und denselben Namen auf einer Seite unterschiedlich zu schreiben. So erscheint etwa am 28. Juli 1943 der Name eines französischen Politikers viermal als *Laval* und zweimal als *Lavall*. Man gewinnt insgesamt, gerade auch bei der Lektüre der Zeitungsausschnitte, den Eindruck, dass Personen-, Orts- und Landschaftsnamen doch meist noch nach dem Gehör geschrieben werden und nicht Teil der genormten Schriftsprache sind.

All diese Dinge finden hier aber nur deshalb Erwähnung, weil ihre Bewahrung der Preis für eine ungeglättete und unverfälschte Lektüre ist. Auf diese Weise spiegelt die Edition nicht nur die Meinung eines Zeitgenossen der NS-Herrschaft wider, sondern auch Ausschnitte der zeitgenössischen Sprache selbst. Zu dieser zeitgenössischen Sprache gehören allerdings – auch bei Gegnern des Regimes – Einflüsse, Spuren und Reflexe des offiziellen, nationalsozialistisch kontaminierten Sprachgebrauchs. Dazu zählen die seltenen, zudem oft von Kellner später bemerkten und korrigierten Typisierungen wie *der Engländer* (12.10.1940 »daß der Engländer zu seiner Verteidigung energische Schritte unternehmen wird« und »Bevor jedoch der

e) Vgl. Behaghel 1932, S. 30-39. Die Duden-Grammatik von 1937 nennt die Konstruktion »fehlerhaft«. Siehe Duden 1937, S. 346f.

Engländer die Waffen streckt«, dies korrigiert zu: »Bevor jedoch die Engländer die Waffen strecken«), *der Russe* (4.3.1943: »Zu keinem Zeitpunkt hatte der Russe die ›letzten‹ angekündigten Reserven eingesetzt«) oder *der Japaner* (15.12.1943 »Denn so verrückt ist der Japaner gar nicht«). Victor Klemperer nannte diese oft unbemerkte Anlehnung an den offiziellen Sprachgebrauch ein »Gift, das du unbewußt eintrinkst, und das seine Wirkung tut« und wollte damit verdeutlichen, dass die Macht der Propagandasprache so groß war, dass selbst Opfer und Gegner des Systems nicht völlig immun sein konnten.[a] Aber daneben gibt Kellner auch immer wieder Beispiele, in denen er den offiziellen, nationalsozialistisch kontaminierten Sprachgebrauch mit der vor 1933 üblichen Redeweise kontrastiert. So lassen sich im Tagebuch vom 2. Februar 1943 zwei Verwendungsweisen des nationalsozialistischen Kennwortes *fanatisch*[b] entdecken: Als Kellner in einem Artikel vom 27. Januar 1943 in der »Hessischen Landes-Zeitung« auf den Satz stößt »Das ganze deutsche Volk muß von einem fanatischen Siegeswillen erfaßt sein«, unterstreicht er sich »fanatischen Siegeswillen« und kommentiert die Nachrichten der Woche mit den Worten: »Deshalb wurden fanatisch und sinnlos Hunderttausende geopfert«.

Zu den Reflexen des offiziellen Sprachgebrauchs gehört in gewissem Sinne auch der intensive Gebrauch von Sprichwörtern und sprichwörtlichen Redensarten[c], mit denen nationalsozialistische Autoren wahlweise Volksnähe oder Bildungswissen demonstrieren wollen. So nehmen etwa in den Reden nationalsozialistischer Parteiführer Zitate aus den Werken Schillers, die meist entstellt und formelhaft eingesetzt werden, aber doch erkennbar bleiben, eine merkwürdig herausgehobene Position ein.[d] Die Kenntnis der »Geflügelten Worte« bzw. Klassikerzitate – neben Schiller gehören zum bildungsbürgerlichen Soziolekt des 19. und beginnenden 20. Jahrhunderts vor allem Zitate aus den Werken Goethes, Lessings und Shakespeares sowie Luthers und der Bibel – beruht dabei in den seltensten Fällen auf eigener Textlektüre. Sie schöpft vielmehr aus Georg Büchmanns berühmter Zitatensammlung, die für die bürgerliche Sprachkultur unverzichtbar geworden war.[e] Die Verfügbarkeit einer fast unbegrenzten Menge mehr oder weniger passender Zitate ebnet der bürgerlichen Gesellschaft den Weg vom Impuls- und Kunstzitat zum bloßen Bildungszitat in einem allgemeinen Zitatenfundus.[f] Die nationalsozialistischen Redner reihen sich – mit ihrer starken Hervorhebung Schillers – in diese Tradition ein. Sehr deutlich erkennbar wird dieser Zusammenhang in der 1942 erschienenen Auflage des »Büch-

a) Klemperer 1996, S. 226. Die (politische) Sprachwissenschaft in der Nachkriegszeit hat diesen Zusammenhang zunächst offenbar missverstanden. Man vergleiche dazu etwa Schiewe 1998, S. 209-221.
b) Klemperer 1996, S. 65. Man vgl. auch Schmitz-Berning 2000, S. 224-229.
c) Frühwald 1990, S. 197-219.
d) Ebd., S. 197.
e) Büchmann 1864 und öfter. Man vgl. Frühwald 1990, S. 198f.
f) Ebd., S. 210.

mann«, die durch Zitate nationalsozialistischer Redner und Autoren wie Hitler, Goebbels oder Rosenberg erweitert wird.[g]

Klassikerzitate, Sprichwörter und sprichwörtliche Redewendungen werden aber gleichzeitig für ein bildungsbürgerlich geprägtes Publikum auch zu einer Möglichkeit des (sprachlichen) Widerstandes.[h] Für heutige Leser sind Sprichwörter darüber hinaus ganz offensichtlich besonders geeignet, um Einblicke in Macht und Ohnmacht der zeitgenössischen Sprecher zu erhalten. Im Gegensatz zur Schiller-Dominanz in nationalsozialistischen Reden und Veröffentlichungen zeigt sich bei Kellner eine etwas andere Verteilung. Zwar spielen Schiller-Zitate auch bei ihm eine große Rolle, aber sie erscheinen oft in verfremdeter Form. So verändert er Wallensteins Ausspruch: »Schnell fertig ist die Jugend mit dem Wort, / Das schwer sich handhabt, wie des Messers Schneide / Aus ihrem heißen Kopfe nimmt sie keck / Der Dinge Maß, die nur sich selber richten«[i] in: »Schnell fertig sind die Nazis mit dem Wort« und erinnert, indem er *Jugend* durch *Nazis* ersetzt, an das vergleichsweise jugendliche Alter der meisten nationalsozialistischen Aktivisten. Ein unbearbeitetes Zitat wie: »Gegen Dummheit kämpfen Götter selbst vergebens«, das Kellner gleich auf den ersten Seiten des Tagebuchs verwendet, zeigt darüber hinaus deutlich, dass sich Schiller-Zitate von jedem in fast jeder Lebenslage verwenden lassen.[j] Annähernd gleich häufig wie Schiller zitiert Friedrich Kellner Goethe, ebenfalls verarbeitet werden – wenngleich in sehr viel geringerer Zahl – Shakespeare, Sebastian Brant, Märchen und antike Autoren. Nur Lessing scheint nicht mehr im Kanon der häufig zitierten Autoren enthalten zu sein. Die Sprache der Klassiker ist aber insgesamt noch in der Mitte des 20. Jahrhunderts so dominant, dass neue »Spruchweisheiten« formuliert werden, die dem klassischen Versmaß nachempfunden sind. Kellners Satz »Vernebelt, verdunkelt sind alle Hirne« liest sich im selben Rhythmus wie Goethes »Vom Eise befreit sind Strom und Bäche«. Diese Art von »Volks-Daktylus« ist vielleicht die weitestgehende Form der »kenntlichen Entstellung« klassischer Zitate. Auf dem Weg zum Anti-Sprichwort ist dagegen die Umdeutung von Hans Grimms unsäglichem »Volk ohne Raum« zum Kellnerschen »Volk ohne Hirn«. Auch zwei Heinrich-Heine-Zitate aus dem »Buch der Lieder« sind eingestreut. Der zentrale Unterschied zum offiziellen Sprichwort-Gebrauch liegt aber in der Verwendung von Bibelzitaten. Ihre Zahl ist den Aussprüchen der klassischen und antiken Autoren ebenbürtig. Friedrich Kellner, der selbst keiner christlichen Religionsgemeinschaft angehört, stellt ihre Bedeutung im ersten Tagebuch selbst heraus. Am 15. April 1940 schreibt er: »Das deutsche Volk muß in seiner Gesamtheit wie ein kleines Kind be-

g) Büchmann 1942. Im Register der Hinweis auf Zitate »aus der Kampfzeit des Nationalsozialismus (1918–1933)«.

h) Vgl. dazu etwa Mieder 1983, S. 181-210. Man vgl. exemplarisch auch Mieder 2000. Mieder hat auf den 1526 Seiten der Tagebuchausgabe Klemperers 951 Sprichwörter und sprichwörtliche Redensarten gezählt; siehe ebd. S. 1.

i) »Wallensteins Tod«, II, 2.

j) »Die Jungfrau von Orleans«, II, 6.

lehrt werden.« Und die Art der Belehrung illustriert er durch acht sprichwörtliche Redewendungen, von denen allein sechs biblischer Herkunft sind: »Unrecht Gut gedeihet nicht«, »Was du nicht willst was man dir tu, das füg' auch keinem andern zu«, »Begehre nicht deines Nächsten …«, »Du sollst nicht töten«, »Du siehst den Splitter in des Nachbarn Augen, aber nicht den Balken im eigenen« und schließlich – als spätere Ergänzung – »Bleibet im Lande und nähret Euch redlich«. Dazu stellt er zwei Zitate aus dem Umkreis der deutschen Aufklärung und Klassik: »Der Krug geht solange zum Brunnen, bis er bricht«[a] und – ebenfalls als spätere Ergänzung – Goethes »Edel sei der Mensch, hilfreich und gut«.[b] Nimmt man diese kleine Sprichwortsammlung Kellners zum Maßstab, dann sind es die ethisch-moralischen Grundsätze des Christentums, ergänzt durch Einsichten der deutschen Aufklärung, die das bürgerliche Rüstzeug zum Widerstand gegen den Nationalsozialismus bereitstellen. Ein ausschließlich auf Klassik und Humanismus ausgerichtetes Bildungsideal allein, das ist wiederholt bemerkt worden, immunisiert gegen den Nationalsozialismus nicht.

Aber nicht nur bildungsbürgerliches Gedankengut allein wird durch die Sprichwörter und Redewendungen transportiert. Die Lebendigkeit seines Tagebuches zeigt sich gerade in der Mischung von bildungs- und umgangssprachlichen Redewendungen. So finden sich – vor allem in der Anfangszeit – auch Wendungen wie: »wir haben es alle dick bis an den Hals« (9.10.1939) oder »dieser Satz [Gemeinnutz geht vor Eigennutz] ist auch nur für die, die einmal aus dem Kinderwagen herausgefallen sind« (14.10.1939).

***

Das Hauptinteresse nicht nur der Leser des Tagebuchs, sondern auch der Sprachwissenschaft richtet sich aber gewiss auf Friedrich Kellners Methode zur Entlarvung der nationalsozialistischen Propaganda. Kellner zeigt, wie man auch unter nationalsozialistischer Herrschaft durch kritische Sichtung des offiziellen Sprachgebrauchs zu einem eigenständigen, folglich regimekritischen Urteil gelangen kann. Insbesondere demonstriert er dies durch seine Technik des Zwischen-den-Zeilen-Lesens in der Tagespresse. Die ihm zur Verfügung stehende regionale und überregionale Tagespresse – vor allem der »Völkische Beobachter«, das »Hamburger Fremdenblatt« und die »Hessische Landes-Zeitung«, zuweilen auch Wochenzeitungen wie »Das Schwarze Korps« und »Das Reich«, juristische Fachzeitschriften wie »Deutsche Justiz« und »Deutsches Recht«, etwas seltener regionale Blätter wie die »Gießener Zeitung« und die »Heimatzeitung« – wird von ihm gesichtet, aussagekräftige Artikel werden markiert und ausgeschnitten. In einem zweiten Arbeitsgang klebt Kellner diese Ausschnitte in sein Tagebuch ein und stellt ihnen seine eigene Einschätzung der politischen und

a) Man vgl. Zick (1969), S. 149-204.
b) Goethe, »Das Göttliche«.

militärischen Lage gegenüber. Auf diese Weise wird deutlich, was die Menschen in den Jahren zwischen 1938 und 1945 im Deutschen Reich zum Kriegsverlauf und der Lage in Deutschland wissen konnten, wenn sie sich um eine kritische Sicht bemühten. An vielen Stellen gelingt es Friedrich Kellner meisterhaft, die nationalsozialistische Inszenierung politischer Inhalte und den eigentlichen Sinn propagandistischer Maßnahmen zu entlarven. Das Tagebuch wird so – über die historische Bedeutung hinaus – auch für heutige Leser im demokratischen Rechtsstaat zu einer Anleitung zur kritischen Zeitungslektüre.

Für die Analyse von Texten aus der Zeit des Nationalsozialismus hat die sprachwissenschaftliche Forschung Modelle bereitgestellt, mit deren Hilfe die Besonderheiten nationalsozialistischer Rhetorik herausgearbeitet werden können.[c] Im Anschluss an Utz Maas[d] kann – hier in verkürzter Form – auf folgendes Analyseschema zurückgegriffen werden:

Darstellung des Inhalts
Darstellung der sprachlichen Inszenierung
Darstellung des Sinns der Inszenierung
Aufhellung der »Botschaft unter der Oberfläche«.

Dieses Analyseschema – von Maas für Leserinnen und Leser entwickelt, die den Nationalsozialismus nicht selbst erlebt haben – entspricht ziemlich genau dem, was auch der Zeitgenosse Friedrich Kellner mit seinen Tagebucheinträgen bezweckt. Am Beispiel der Kommentierung des Artikels »Der deutschen Mutter – Fünf Jahre Ehrenkreuz« soll Friedrich Kellners Methode hier kurz veranschaulicht werden:

Kellner bietet am 30. Dezember 1943 den Zeitungsausschnitt aus dem »Völkischen Beobachter« (Süddeutsche Ausgabe) vom 16. Dezember und schließt daran seinen Kommentar an.[e] In diesem Kommentar erläutert er zunächst den Inhalt des Zeitungsartikels: »Das Ehrenkreuz soll ein Zeichen des Dankes des deutschen Volkes an kinderreiche Mütter sein« (Zeile 1). Den Sinn der Inszenierung beschreibt er in einem zweiten Schritt so: »Die Erfinder und Stifter dieses Ehrenkreuzes denken gar nicht daran, etwa die Mutter zu ehren, nein, sie wollen nur erreichen, daß ehrgeizige Mütter nach dem Ehrenkreuz streben und dadurch die Zahl der Kinder erhöht wird. Sie brauchen Kinder als Kanonenfutter. Das ist der einzige Sinn und Zweck der Auszeichnung kinderreicher Mütter« (Zeile 2-5). Schließlich dringt Kellner in einem dritten Schritt zur Aufhellung des eigentlichen Sinns, zur – nach Maas – »Botschaft unter der Oberfläche« vor, indem er schreibt: »Kinder sind eine Voraussetzung für eine imperialistische Politik. Kinderreichtum führt unfehlbar zum Krieg. Das Motto heißt dann: ›Volk ohne Raum‹« (Zeile 6-7). Und er bietet abschließend sogar noch einen Kommentar dieser Botschaft: »Millionen Mütter verlieren in einem

c) Eine gute Darstellung der »Sprache des Nationalsozialismus« gibt Braun 2007.
d) Maas 1984.
e) Man vgl. den abgedruckten Zeitungsartikel S. 595.

Krieg ihre Söhne, Millionen Frauen ihre Männer. Das ist die Kehrseite des Mutterkreuzes!« (Zeile 8-9).

Damit löst Friedrich Kellner bereits als Zeitgenosse in souveräner Form die zentralen Anforderungen an eine kritische Textanalyse ein. Ausgespart bleibt nur die – nach Maas – »Beschreibung der sprachlichen Mittel der Inszenierung«, die nicht in Kellners Erkenntnisinteresse lag und die eine Aufgabe für die heutige Forschung ist. Auffällige sprachliche Merkmale des Zeitungsartikels – wie für den nationalsozialistischen Sprachgebrauch insgesamt – sind beispielsweise die Anhäufung von Redundanzen, hier in »unerläßliche allgemeine Kräftigung der Volksstärke« oder »verpflichtende Mahnung«, die in ihrer Unbestimmtheit zur Vernebelung beitragen; der Versuch neue Kollokationen zu etablieren, hier in Verbindung mit »deutsch« etwa »deutsche Mutter«, »deutsches Muttertum«, »deutscher Kinderreichtum«, »deutsches Wesen«, die feste Verbindungen mit dem Adjektiv *deutsch* suggerieren, die so nicht gegeben sind und dadurch den klaren Blick verdunkeln. Dazu tritt schließlich in einem weiteren Sinne die Detailversessenheit der Zahlenangaben und Ausführungsbestimmungen, die dem Text einen wissenschaftlich seriösen Anstrich geben sollen.

***

Es sollte sichtbar geworden sein, dass Friedrich Kellners Tagebücher exemplarisch deutlich machen, auf welche Weise die nationalsozialistische Propaganda von einem Zeitgenossen dechiffriert werden konnte und welche Wirkung diese Methode noch immer entfalten kann. Friedrich Kellner gelingt damit schon früh ein Beitrag zur Kritik an der »Sprache des Nationalsozialismus«, der auch heute noch mit Gewinn gelesen werden kann.

Jörg Riecke

Quellen und Literatur

Quellen

Archiv der Arbeitsstelle Holocaustliteratur, Gießen

K-LHI	Gesprächsprotokoll: Ludwig Heck im Gespräch mit Birgit Maria Körner und Nassrin Sadeghi am 24.3.2009 in Villingen.
K-OBS	Schreiben Otto Bausch an Berta Oppenheimer, ohne Datum (vor Mai 1947) [Abschrift].
TB-1	Tagebuch von Addy Bansmann (1939-1942)

Bundesarchiv Berlin (BArch)

OPG-Richter (ehem. BDC)	Oberstes Parteigericht
PK (ehem. BDC)	Parteikorrespondenz
RS (ehem. BDC)	Rasse- und Siedlungshauptamt
Slg. Schumacher/293	

Familienarchiv Ehrhardt/Rößler, Laubach

o. Sign.	Schreiben Philipp Römheld an Eugen Jäger, 7.8.1941

Gemeindearchiv Altenstadt

XV, 7b, Konv. 101, Fasz. 5	Gemeinderechnung 1943
XV, 7b, Konv. 244, Fasz. 1	Urkunden, Bürgermeister von Höchst a.d.N.

Gemeindearchiv Fernwald

XIX.5.3	Benachrichtigungskarte im Verfahren Heinrich Rink zur »Weihnachtsamnestie«, 25.4.1948

Hessisches Hauptstaatsarchiv Wiesbaden (HHStAW)

Abt./Nr. 518/29744	Wiedergutmachungsakte Friedrich Kellner, 1965-1968

Hessisches Staatsarchiv Darmstadt (HStAD)

G 12 C	Polizei-Personalakten
G 21 B	Personalangelegenheiten
G 27	Staatsanwaltschaft beim Landgericht Darmstadt
G 35 E	Besoldungsstammkarten
G 33 A	Oberforstdirektion/Akten
G 33 B	Oberforstdirektion/Personalakten
G 53 Laubach	Gymnasium Laubach
O 21	Bergsträsser
R 12 P	Biografisches Material
S 1	Biografische Informationen

Nachlass Friedrich Kellner, Privatbesitz von Robert Scott Kellner, College Station, Texas

[Kopien im Archiv der Arbeitsstelle Holocaustliteratur, Gießen]
o. Sign. Notizen, Briefe, amtliche Schriftstücke und Fotografien

Stadtarchiv Grünberg

Bestand Grünberg B

Abt. XIX	Entnazifizierung, Gesetz zur Befreiung von Nationalsozialismus und Militarismus
Abt. XIX.4.2	Schriftverkehr über Einzelfälle

Stadtarchiv Laubach

Abt. II., Abschn. 1	Landes- und Ortsgeschichte
Abt. VIII., Abschn. 8	Kriegs- und Kriegsfolgeangelegenheiten
Abt. X., Abschn. 2	Gerichtsverfassung und Organisation
Abt. XIV., Abschn. 11	Höhere Schulen
Abt. XV., Abschn. 3	Gemeindebeamte
Abt. XV., Abschn. 7b	Gemeinderechnungen
Abt. XIX., Abschn. 5	Parteien

Standesamt Laubach

Geburts- und Sterberegister/Personenstandsregister

Periodika

Archiv der Gegenwart [AdG]
Darmstädter Zeitung [DZ]
Deutsche Justiz [DJ]
Deutsches Recht [DR, teils Deutsches Recht Wochenausgabe (DRW)]
Frankfurter Anzeiger
Frankfurter General-Anzeiger [FGA]
Frankfurter Presse
Frankfurter Zeitung [FZ]
Gewerkschaftszeitung
Gießener Anzeiger
Gießener Zeitung
Hamburger Fremdenblatt [HF]
Hamburger Tageblatt
Hamburger Zeitung
Heimatzeitung
Hessische Landes-Zeitung [HLZ]
Hessisches Regierungsblatt
Mainzer Anzeiger
Nationalsozialistische Beamten-Zeitung [NSBZ]
Oberhessische Tageszeitung
Parole der Woche [PdW]
Das Reich
Reichsgesetzblatt [RGBl.]
Reichshaushalts- und Besoldungsblatt [RBB]
Reichssteuerblatt [RStBl]
Das Schwarze Korps
Der Stürmer
Völkischer Beobachter [VB]
Die Wehrmacht
Westfälische Landeszeitung [WLZ]
Wochenspruch der NSDAP

Literatur

Ágel 2000: Ágel, Vilmos: Syntax des Neuhochdeutschen bis zur Mitte des 20. Jahrhunderts. In: Besch, Werner/Betten, Anne/Reichmann, Oskar/Sonderegger, Stefan (Hg.): Sprachgeschichte. Ein Handbuch zur Geschichte der deutschen Sprache und ihrer Erforschung. 2 Teilbde. 2. Aufl. Berlin/New York, S. 1855-1903.

Anon. 1933: Anon. [Verleger: Johann Philipp Palm]: Deutschland in seiner tiefen Erniedrigung. Neudruck der Schrift des Jahres 1806. Zum Gedenken an Johann Philipp Palm, dessen Hinrichtung am 26.8.1806 zu Braunau durch diese Schrift veranlaßt war. München.

Arditti 2002: Arditti, Leontina: An meinem Ende steht mein Anfang. Ein jüdisches Leben in Bulgarien. Aus dem Bulgarischen von Penka Angelova. Wien.

Arendt 1986: Arendt, Hannah: Zur Zeit. Politische Essays. Hg. von Marie Luise Knott. Berlin.

Arndt 1860: Arndt, Ernst Moritz: Gedichte. Vollständige Sammlung. Berlin.

Arnsberg 1971: Arnsberg, Paul: Die jüdischen Gemeinden in Hessen. Anfang – Untergang – Neubeginn. 2 Bde. Frankfurt am Main.

Balzer 1985: Balzer, Wolfgang: Mainz. Persönlichkeiten der Stadtgeschichte. Mainz.

Baumann 1939: Baumann, Hans (Hg.): Morgen marschieren wir. Liederbuch der deutschen Soldaten. Im Auftrag des Oberkommandos der Wehrmacht. 2., veränderte Ausg. Potsdam.

Baumunk 1999: Baumunk, Bodo-Michael: Colin Ross. Ein deutscher Revolutionär und Reisender 1885-1945. Berlin.

Becher-Göbel o.J: Becher-Göbel, Werner: Das Judenbad in Laubach. In: Laubacher Hefte 7. Hg. von Heimatkundlicher Arbeitskreis Laubach e.V., S. 20f.

Bechtolsheimer 1913: Bechtolsheimer, Heinrich: Das Elend der Fremdherrschaft. Hamburg (= Als Deutschland erwachte. Lebens- und Zeitbilder aus den Befreiungskriegen; Heft 8).

Behaghel 1932: Behaghel, Otto: Deutsche Syntax. Eine geschichtliche Darstellung. Bd. 4. Heidelberg.

Bengelsdorf 2002: Bengelsdorf, Reinhold: Lieder der SA und deren unterschiedliche Textfassungen (eine Recherche im November 2002). http://www.kollektives-gedaechtnis.de/texte/vor45/lieder.html.

Benz 1996a: Benz, Wolfgang (Hg.): Dimension des Völkermords. Die Zahl der jüdischen Opfer des Nationalsozialismus. München.

Benz 1996b: Benz, Wolfgang (Hg.): Legenden, Lügen, Vorurteile. Ein Wörterbuch zur Zeitgeschichte. 8. Aufl. München.

Benz 2002: Benz, Wolfgang (Hg.): Lexikon des Holocaust. München.

Benz 2007: Benz, Wolfgang (Hg.): Flossenbürg. Das Konzentrationslager Flossenbürg und seine Außenlager. München.

Benz/Graml 1988: Benz, Wolfgang/Graml, Hermann (Hg.): Biographisches Lexikon zur Weimarer Republik. München.

Benz/Graml/Weiß 2007: Benz, Wolfgang/Graml, Hermann/Weiß, Hermann (Hg.): Enzyklopädie des Nationalsozialismus. 5., aktualisierte und erweiterte Aufl. München.

Benz/Pehle 2004: Benz, Wolfgang/Pehle, Walter H. (Hg.): Lexikon des deutschen Widerstandes. Frankfurt am Main.

Berg 1999: Berg, A. Scott: Charles Lindbergh. Ein Idol des 20. Jahrhunderts. München.

Die Bibel 1906: Die Bibel oder die ganze Heilige Schrift des Alten und Neuen Testaments, nach der deutschen Übersetzung D. Martin Luthers. Hg. von Privilegierte Württembergische Bibelanstalt. 24. Aufl. Stuttgart.

Bierling 2003: Bierling, Stephan: Geschichte der amerikanischen Außenpolitik. Von 1917 bis zur Gegenwart. München.

Binder 1919: Binder, Heinrich: Was wir als Kriegsberichterstatter nicht sagen durften! München.

Birken-Bertsch/Markner 2000: Birken-Bertsch, Hanno/Markner, Reinhard: Rechtschreibreform und Nationalsozialismus. Ein Kapitel aus der politischen Geschichte der deutschen Sprache. Göttingen.

Bismarck 1893: Bismarck, Otto von: Die Reden des Ministerpräsidenten und Reichskanzlers Fürsten von Bismarck im Preußischen Landtage und im Deutschen Reichstage 1873-1876. Kritische Ausg., besorgt von Horst Kohl. Stuttgart.

Bismarck 1928: Bismarck, Otto von: Gedanken und Erinnerungen. Die drei Bände in einem Bande. Vollständige Neuausg. Stuttgart/Berlin.

Blecking 1991: Blecking, Diethelm (Hg.): Die slawische Sokolbewegung. Beiträge zur Geschichte von Sport und Nationalismus in Osteuropa. Dortmund.

Boberach 1984: Boberach, Heinz (Hg.): Meldungen aus dem Reich 1938-1945. Die geheimen Lageberichte des Sicherheitsdienstes der SS. 18 Bände. Herrsching.

Boberach/Thommes/Weiß 1997: Boberach, Heinz/Thommes, Rolf/Weiß, Hermann (Bearb.): Ämter, Abkürzungen, Aktionen des NS-Staates. Handbuch für die Benutzung von Quellen der nationalsozialistischen Zeit. Bearb. im Auftrag des Instituts für Zeitgeschichte. München.

Bockholt 2006: Bockholt, Eva: Der europäische Bund: eine gescheiterte Vision der Freiheitskriege? Studien zur deutschen Publizistik 1813/14. Diss. FU Berlin. http://www.diss.fu-berlin.de.

Bohman/Dahl 1954: Bohman, Nils/Dahl, Torsten (Hg.): Svenska Män och Kvinnor. Biografisk Upplagsbok. Bd. 7. Stockholm.

Bonacker 2007: Bonacker, Max: Goebbels' Mann beim Radio. Der NS-Propagandist Hans Fritzsche (1900-1953). München.

Boog 1990a: Boog, Horst: Die Anti-Hitler-Koalition. In: Der Globale Krieg. Die Ausbreitung zum Weltkrieg und der Wechsel der Initiative 1941-1943. Hg. von Horst Boog u.a. Stuttgart, S. 3-94 (= Das Deutsche Reich und der Zweite Weltkrieg; Bd. 6).

Boog 1990b: Boog, Horst: Der anglo-amerikanische strategische Luftkrieg über Europa und die deutsche Luftverteidigung. In: Der Globale Krieg. Die Ausweitung zum Weltkrieg und der Wechsel der Initiative 1941-1943. Hg. von Horst Boog u.a. Stuttgart, S. 429-565 (= Das Deutsche Reich und der Zweite Weltkrieg; Bd. 6).

Boog 2001: Boog, Horst: Strategischer Luftkrieg in Europa und Reichsluftverteidigung 1943 bis 1944. In: Das Deutsche Reich in der Defensive. Strategischer Luftkrieg in Europa, Krieg im Westen und in Ostasien 1943-1944/45. Hg. von Horst Boog u.a. Stuttgart, S. 3-415 (= Das Deutsche Reich und der Zweite Weltkrieg; Bd. 7).

Boog 2008: Boog, Horst: Die strategische Bomberoffensive der Alliierten gegen Deutschland und die Reichsluftverteidigung in der Schlußphase des Krieges. In: Der Zusammenbruch des Deutschen Reiches 1945. Erster Halbband: Die militärische Niederwerfung der Wehrmacht. Hg. von Rolf-Dieter Müller. Stuttgart, S. 777-884 (= Das Deutsche Reich und der Zweite Weltkrieg; Bd. 10).

Borejsza 1999: Borejsza, Jerzy W.: Schulen des Hasses. Faschistische Systeme in Europa. Frankfurt am Main.

Boterman 2000: Boterman, Frits: Oswald Spengler und sein Untergang des Abendlandes. Köln.

Bracher/Schulz/Sauer 1960: Bracher, Karl-Dietrich/Schulz, Gerhard/Sauer, Wolfgang: Die nationalsozialistische Machtergreifung. Studien zur Errichtung des totalitären Herrschaftssystems in Deutschland 1933/34. Köln.

Bramsted 1971: Bramsted, Ernest Kohn: Goebbels und die nationalsozialistische Propaganda 1925-1945. Frankfurt am Main.

Brandes 1969: Brandes, Detlev: Die Tschechen unter deutschem Protektorat. Teil I: Besatzungspolitik, Kollaboration und Widerstand im Protektorat Böhmen und Mähren bis Heydrichs Tod (1939-1942). München.

Brandes/Sundhausen/Troebst 2010: Brandes, Detlef/Sundhausen, Holm/Troebst, Stefan (Hg.): Lexikon der Vertreibungen. Deportation, Zwangsumsiedlung und ethnische Säuberung im Europa des 20. Jahrhunderts. Wien/Köln/Weimar.

Braun 2007: Braun, Christian A.: Nationalsozialistischer Sprachstil. Theoretischer Zugang und praktische Analysen auf der Grundlage einer pragmatisch-textlinguistisch orientierten Stilistik. Heidelberg.

Braunbuch o.J.: Podewin, Norbert (Hg.): Braunbuch. Kriegs- und Naziverbrecher in der Bundesrepublik und in Berlin (West). Staat, Wirtschaft, Verwaltung, Armee, Justiz, Wissenschaft. Reprint der Ausgabe 1968 (3. Aufl.). Berlin.

Braunroth/Feuchert/Schäfer 2000: Braunroth, Helge/Feuchert, Sascha/Schäfer, Alfred (Red.): 1925-2000. 75 Jahre Sozialdemokratische Partei Laubach. Dokumentation zum 75jährigen Bestehen des Ortsvereins Laubach der Sozialdemokratischen Partei Deutschlands. Hg. vom Vorstand des SPD-Ortsvereins Laubach. Laubach.

Brecht 1997: Brecht, Bertolt: Prosa 4. Geschichten, Filmgeschichten, Drehbücher 1913-1939. Frankfurt am Main (= Werke. Berliner und Frankfurter Ausgabe; Bd. 19).

Breloer 1999: Breloer, Heinrich: Geheime Welten. Deutsche Tagebücher aus den Jahren 1939 bis 1947. Frankfurt a.M.

Breuer o.J.: Breuer, Franz Josef (Hg.): Das neue Soldaten-Liederbuch. Die bekanntesten und meistgesungenen Lieder unserer Wehrmacht. Bd. III: Textbuch und Melodien. Mainz.

Brogini Künzi 2006: Brogini Künzi, Giulia: Italien und der Abessinienkrieg 1935/36. Kolonialkrieg oder totaler Krieg? Paderborn.

Broszat 1989: Broszat, Martin: Der Staat Hitlers. Grundlegung und Entwicklung seiner inneren Verfassung. 12. Auflage. München.

Bucher 1984: Bucher, Peter (Bearb.): Wochenschauen und Dokumentarfilme 1895-1950 im Bundesarchiv-Filmarchiv. Koblenz (= Findbücher zu Beständen des Bundesarchivs; Bd. 8).

Büchmann 1864: Büchmann, Georg: Geflügelte Worte. Der Citatenschatz des Deutschen Volkes. Berlin.

Büchmann 1942: Büchmann, Georg: Geflügelte Worte. Der Zitatenschatz des deutschen Volkes. 29. Aufl. Neubearb. von Gunther Haupt und Werner Rust. Berlin.

Büchmann 1998: Büchmann, Georg: Geflügelte Worte. Der klassische Zitatenschatz. 41., durchges. Aufl. Bearb. von Winfried Hofmann. Berlin.

Busch 1988: Busch, Dieter: Der Luftkrieg im Raum Mainz während des Zweiten Weltkrieges 1939-1945. Mainz.

Büttner 2008: Büttner, Ursula: Weimar. Die überforderte Republik 1918-1933. Leistung und Versagen in Staat, Gesellschaft, Wirtschaft und Kultur. Stuttgart.

Churchill 1983: Churchill, Winston S.: His Complete Speeches 1897-1963. Hg. von Robert Rhodes James. 8 Bde. New York.

Cicero 1989: Cicero, Marcus Tullius: Werke in drei Bänden. Berlin/Weimar.

Damrath o.J.: Damrath, Friedrich: Der jüdische Friedhof in Laubach. In: Laubacher Hefte 7 (o.J.). Hg. vom Heimatkundlichen Arbeitskreis Laubach e.V., S. 2-19.

Dante 1876. Dante Alighieri: Göttliche Komödie. Übersetzt und erläutert von Karl Streckfuß. Hg. von Rudolf Pleiderer. Leipzig.

Deutscher Wehrmachtbericht 1939-1945: »Das Oberkommando der Wehrmacht gibt bekannt …«. Der deutsche Wehrmachtbericht. Vollständige Ausgabe der 1939-1945 durch Presse und Rundfunk veröffentlichten Texte. 3 Bde. Osnabrück 1982.

Deutschkron 2008: Deutschkron, Inge: Lachen in höchster Not. Die Flüsterwitze im ›Dritten Reich‹ spiegelten die Stufen der Verfolgung / Dankesrede zur Verleihung des Carl-von-Ossietzky-Preises der Stadt Oldenburg, in: Frankfurter Allgemeine Zeitung, 20.5.2008, S. 40.

Diamant 1988: Diamant, Adolf: Gestapo Frankfurt am Main. Zur Geschichte einer verbrecherischen Organisation in den Jahren 1933-1945. Frankfurt am Main.

Dirks 1996: Dirks, Wolfram: Sven Hedin – ein Mensch im Widerspruch. Eine psychologische Untersuchung. Berlin.

Dörner 2007: Dörner, Bernward: Die Deutschen und der Holocaust. Was niemand wissen wollte, aber jeder wissen konnte. Berlin.

Duden 1935: Der große Duden. Grammatik der deutschen Sprache. Bearb. von Otto Basler. Leipzig.

Duden 1937: Der große Duden. Grammatik der deutschen Sprache. Bearb. von Otto Basler. Erster verbesserter Neudruck. Leipzig.

Duden 2002: Duden. Das große Buch der Zitate und Redewendungen. Hg. von der Dudenredaktion. Mannheim/Leipzig/Wien.

Dumoulin/Van den Wijngaert/Dujardin 2001: Dumoulin, Michel/Van den Wijngaerd, Marc/Dujardin, Vincent (Hg.): Léopold III. Brüssel.

Dürkefälden 1985: Dürkefälden, Karl: »Schreiben, wie es wirklich war …«. Die Aufzeichnungen Karl Dürkefäldens aus der Zeit des Nationalsozialismus. Bearb. und kommentiert von Herbert und Sibylle Obenaus. Hannover.

Dusini 2005: Dusini, Arno: Tagebuch. Möglichkeiten einer Gattung. München.

DWB 1854-1960: Grimm, Jacob und Wilhelm: Deutsches Wörterbuch (DWB). Nachdruck der Erstausgabe 1854-1960. München.

Echternkamp 2004: Echternkamp, Jörg: Im Kampf an der inneren und äußeren Front. Grundzüge der deutschen Gesellschaft im Zweiten Weltkrieg. In: Die Deutsche Kriegsgesellschaft 1939 bis 1945. Erster Halbband: Politisierung, Vernichtung, Überleben. Hg. von Jörg Echternkamp. München (= Das Deutsche Reich und der Zweite Weltkrieg; Bd. 9/1), S. 1-92.

Ehrhardt/Rößler 2007: Ehrhardt, Grazyna/Rößler, Elisabeth (Red.): 300 Jahre Friedrichshütte … die Glut der Geschichte. Laubach.

Enzyklopädie 1995: Enzyklopädie des Holocaust. Die Verfolgung und Ermordung der europäischen Juden. Hg. von Yisrael Gutman. Dt. Ausg. hg. von Eberhard Jäckel, Peter Longerich und Julius Schoeps. 4 Bde. München/Zürich.

Enzyklopädie 2003: Enzyklopädie Erster Weltkrieg. Hg. von Gerhard Hirschfeld, Gerd Krumeich und Irina Renz. Paderborn.

Enzyklopädie 2009: Enzyklopädie Erster Weltkrieg. Hg. von Gerhard Hirschfeld, Gerd Krumeich und Irina Renz. Aktualisierte und erweiterte Studienausg. Paderborn.

Evans 2006: Evans, Richard J.: Das Dritte Reich. Bd. 2/I: Diktatur. München.

Fest 1987: Fest, Joachim: Hitler. Eine Biographie. Frankfurt am Main/Berlin.

Fischer 1998: Fischer, Kurt: Großadmiral Dr. phil. h.c. Erich Raeder. In: Ueberschär 1998, Bd. 1: Von den Anfängen des Regimes bis Kriegsbeginn, S. 185-194.

Fleischer 1994: Fleischer, Andreas: »Feind hört mit!«. Propagandakampagnen des Zweiten Weltkrieges im Vergleich. Münster/Hamburg.

Franz 2000: Franz, Eckhart G.: Volksstaat Hessen 1918-1945. In: Handbuch der hessischen Geschichte. Hg. von Walter Heinemeyer. Bd. 4: Hessen im Deutschen Bund und im neuen Deutschen Reich (1806) 1815 bis 1945. Zweiter Teilband: Die hessischen Staaten bis 1945. Marburg, S. 885-933.

Frei 2000: Frei, Norbert: Von deutscher Erfindungskraft oder: Die Kollektivschuldthese in der Nachkriegszeit. In: Hannah Arendt Revisited: »Eichmann in Jerusalem« und die Folgen. Hg. von Gary Smith. Frankfurt am Main, S. 163-176.

Frei 2001: Frei, Norbert: Der Führerstaat. Nationalsozialistische Herrschaft 1933 bis 1945. 6., erweiterte und aktualisierte Neuausgabe. München.

Friedenskooperative Laubach 1988: Friedenskooperative Laubach – Freienseen – Gonterskirchen – Grünberg – Mücke (Hg.): Die Laubacher Juden. Aufsätze, Dokumente, Skizzen. Zum 50. Jahrestag der »Reichskristallnacht«. Gießen.

Friedenskooperative Laubach 1990: Friedenskooperative Grünberg – Laubach – Mücke (Hg.): ... bis alles in Scherben fällt. Ein Antikriegsbuch der Friedenskooperative Grünberg – Laubach – Mücke. Gießen.

Friedlander 1997: Friedlander, Henry: Der Weg zum NS-Genozid. Von der Euthanasie zur Endlösung. Berlin.

Frieser 2007: Frieser, Karl Heinz: Die Schlacht im Kursker Bogen. In: Die Ostfront 1943/44. Der Krieg im Osten und an den Nebenfronten. Hg. von dems. Stuttgart, S. 83-208 (= Das Deutsche Reich und der Zweite Weltkrieg; Bd. 8).

Frühwald 1990: Frühwald, Wolfgang: Büchmann und die Folgen. Zur sozialen Funktion des Bildungszitats in der deutschen Literatur des 19. Jahrhunderts. In: Koselleck, Reinhart (Hg.): Bildungsbürgertum im 19. Jahrhundert. Teil II: Bildungsgüter und Bildungswissen. Stuttgart, S. 197-219.

Fürtig 2004: Fürtig, Henner: Kleine Geschichte des Irak. Von der Gründung 1921 bis zur Gegenwart. München.

von Galen 1996: Galen, Clemens August von: Akten, Briefe und Predigten 1933-1946. Bearb. von Peter Löffler. 2., erweiterte Aufl. 2 Bde. Paderborn/München/Wien.

Gamm 1990: Gamm, Hans-Jochen: Der Flüsterwitz im Dritten Reich. Mündliche Dokumente zur Lage der Deutschen während des Nationalsozialismus. Überarbeitete u. erweiterte Ausgabe. München.

Goebbels 1934: Goebbels, Joseph: Vom Kaiserhof zur Reichskanzlei. Eine historische Darstellung in Tagebuchblättern (Vom 1. Januar 1932 bis zum 1. Mai 1933). München.

Goebbels 1935: Goebbels, Joseph: Der Angriff. Aufsätze aus der Kampfzeit. München.

Goebbels 1941: Goebbels, Joseph: Die Zeit ohne Beispiel. Reden und Aufsätze aus den Jahren 1939/40/41. München.

Goebbels 1943: Goebbels, Joseph: Das eherne Herz. Reden und Aufsätze aus den Jahren 1941/42. München.

Goethe 1987ff.: Goethe, Johann Wolfgang. Sämtliche Werke. Briefe, Tagebücher und Gespräche. Vierzig Bände. Hg. von Hendrik Birus, Dieter Borchmeyer, Karl Eibl u.a. I. Abt.: Sämtliche Werke. Frankfurt am Main.

Goethe 1991: Goethe, Johan Wolfgang: Sämtliche Werke nach Epochen seines Schaffens. Münchner Ausgabe. Bd 17: Wilhelm Meisters Wanderjahre/Maximen und Reflexionen. Hg. von Gerhart Baumann, Gonthier-Louis Fink und John, Johannes. München.

Gołaszewski 2010: Gołaszewski, Marcin: Clemens August Graf von Galen. Ein politischer Prediger im Nationalsozialismus. Analysen der Predigten und Hirtenbriefe. Frankfurt am Main.

Gold/Holm/Bös/Nowak 2008: Gold, Helmut/Christiane Holm/Eva Bös/Tine Nowak: Absolut privat!? Vom Tagebuch zum Weblog. Begleitband zur gleichnamigen Ausstellung in den Museen für Kommunikation. Heidelberg.

Görres 1914: Görres, Joseph: Reden gegen Napoleon. Aufsätze und Berichte des Rheinischen Merkur 1814/15. Hg. von Bernhard Ihringer. München.

Goethe 1987ff.: Goethe, Johann Wolfgang: Sämtliche Werke. Briefe, Tagebücher und Gespräche. Hg. von Hendrik Birus, Dieter Borchmeyer, Karl Eibl u.a. Vierzig Bde. I. Abt.: Sämtliche Werke. Frankfurt am Main.

Gottwaldt 2009: Gottwaldt, Alfred: Dorpmüllers Reichsbahn. Die Ära des Reichsverkehrsministers Julius Dorpmüller 1920-1945. Freiburg.

Gottwaldt/Schulle 2005: Gottwaldt, Alfred/Schulle, Diana: Die »Judendeportationen« aus dem Deutschen Reich 1941-1945. Eine kommentierte Chronologie. Wiesbaden.

Graef 1991: Graef, Dietrich: »Hake«. Angriffsziel Gießen 1944/45. 2. Aufl. Gießen.

Gruchmann 2001: Gruchmann, Lothar: Justiz im Dritten Reich 1933-1940. Anpassung und Unterwerfung in der Ära Gürtner. 3., verbesserte Aufl. München.

Gruchmann 2003: Gruchmann, Lothar: »Generalangriff gegen die Justiz«? Der Reichstagsbeschluß vom 26. April 1942 und seine Bedeutung für die Maßregelung der deutschen Richter durch Hitler. In: Vierteljahrshefte für Zeitgeschichte 51 (2003), S. 509-520.

Haasis 2001: Haasis, Hellmut G.: »Den Hitler jag ich in die Luft«. Der Attentäter Georg Elser. Eine Biographie. Reinbek bei Hamburg.

Haffner 1998: Haffner, Sebastian: Germany: Jekyll & Hyde. 1939 – Deutschland von innen betrachtet. München.

Hampe 1963: Hampe, Erich (Bearb.): Der Zivile Luftschutz im Zweiten Weltkrieg. Dokumentation und Erfahrungsberichte über Aufbau und Einsatz. Frankfurt am Main.

Hansen 1978: Hansen, Hans Jürgen: Heil Dir im Siegerkranz. Die Hymnen der Deutschen. Oldenburg/Hamburg.

Hardtwig 2005: Hardtwig, Wolfgang: Der Literat als Chronist. Tagebücher aus dem Krieg 1939-1945. In: Ders./Erhard Schütz (Hg.): Geschichte für Leser. Populäre Geschichtsschreibung in Deutschland im 20. Jahrhundert. München. S. 147-180.

Hauff 1970: Hauff, Wilhelm. Sämtliche Werke. Red. und Anm. von Sibylle von Steinsdorff. 3 Bde. München.

te Heesen 2006: te Heesen, Anke: Der Zeitungsausschnitt. Ein Papierobjekt der Moderne. Frankfurt am Main.

Heiber 1966: Heiber, Helmut: Walter Frank und sein Reichsinstitut für Geschichte des neuen Deutschlands. Stuttgart.

Heiber 1971: Heiber, Helmut (Hg.): Goebbels-Reden. 2 Bde. Düsseldorf.

Heine 1998: Heine, Heinrich: Buch der Lieder. Hg. von Bernd Kortländer. Nachdr. Stuttgart.

Heinemann 1990: Heinemann, Ulrich: Ein konservativer Rebell. Fritz-Dietlof Graf von der Schulenburg und der 20. Juli. Berlin.

Herbert 1996: Herbert, Ulrich: Best. Biographische Studien über Radikalismus, Weltanschauung und Vernunft. Bonn.

Herbert 1999: Herbert, Ulrich: Fremdarbeiter. Politik und Praxis des »Ausländer-Einsatzes« in der Kriegswirtschaft des Dritten Reiches. Bonn.

Herbst 1996: Herbst, Ludolf: Das nationalsozialistische Deutschland 1933-1945. Die Entfesselung der Gewalt: Rassismus und Krieg. Frankfurt am Main.

Hermand 1993: Hermand, Jost: Als Pimpf in Polen. Erweiterte Kinderlandverschickung 1940-1945. Frankfurt am Main.

Heyen 1983: Heyen, Franz-Josef (Hg.): Parole der Woche. Eine Wandzeitung im Dritten Reich 1936-1943. München.

Heyer 1980: Heyer, Georg Walther: Die Fahne ist mehr als der Tod. Lieder der Nazizeit. München.

Hilberg 1991: Hilberg, Raul: Die Vernichtung der europäischen Juden. 3 Bde. Frankfurt am Main.

Hillgruber/Hümmelchen 1978: Hillgruber, Andreas/Hümmelchen, Gerhard: Chronik des Zweiten Weltkrieges. Kalendarium militärischer und politischer Ereignisse 1939-1945. Königstein/Ts.

Hitler 1930: Hitler, Adolf: Mein Kampf. Zwei Bände in einem Band. Ungekürzte Ausg. 2. Aufl. München.

Hitler 1934a: Hitler, Adolf: Die Reden Hitlers als Kanzler. Das junge Deutschland will Frieden. 2. Aufl. München.

Hitler 1934b: Hitler, Adolf: Deutschland will Frieden und Gleichberechtigung. Die Friedensreden unseres Volkskanzlers Adolf Hitler. Hg. von Erich Unger. Langensalza/Berlin/Leipzig.

Hofer 1997: Hofer, Walter (Hg.): Der Nationalsozialismus. Dokumente 1933-1945. Frankfurt am Main.

Hölderlin 1946: Hölderlin, Friedrich: Sämtliche Werke. Große Stuttgarter Hölderlin-Ausgabe. Im Auftrage des Württembergischen Kultusministeriums hg. v. Friedrich Beissner. Stuttgart.

Hölderlin 1992: Hölderlin, Friedrich: Sämtliche Werke und Briefe. Hg. von Jochen Schmidt. 3 Bde. Frankfurt am Main.

Hölsken 1984: Hölsken, Heinz Dieter: Die V-Waffen. Entstehung, Propaganda, Kriegseinsatz. Stuttgart.

Hoffmann 1975: Hoffmann, Peter: Die Sicherheit des Diktators. Hitlers Leibwachen, Schutzmaßnahmen, Residenzen, Hauptquartiere. München/Zürich.

Hoffmann 1985: Hoffmann, Peter: Widerstand, Staatsstreich, Attentat. Der Kampf der Opposition gegen Hitler. 4. Aufl. München.

Hoffmann 1992: Hoffmann, Peter: Claus Schenk Graf von Stauffenberg und seine Brüder. Das geheime Deutschland. Stuttgart.

Hoppe 1996: Hoppe, Hans-Joachim: Bulgarien. In: Benz 1996a, S. 275-310.

Hory/Broszat 1964: Hory, Ladislaus/Broszat, Martin: Der kroatische Ustascha-Staat 1941-1945. Stuttgart.

Hübner 2009: Hübner, Christoph: Bund Oberland, 1921-1923/1925-1930. In: Historisches Lexikon Bayerns. http://www.historisches-lexikon-bayerns.de/artikel/artikel_44349 (13.10.2009).

Hümmelchen 1998: Hümmelchen, Gerhard: Admiral Günther Lütjens. In: Ueberschär 1998, Bd. 2: Vom Kriegsbeginn bis zum Weltkriegsende, S. 136-142.

Humphrey/Haaser/Pagenkemper 1994: Humphrey, Richard/Haaser, Rolf/Pagenkemper, Miriam (Hg.): Der Untergang des alten Gießen. Hundert Zeitzeugen berichten von den Bombardierungen der Stadt im II. Weltkrieg. Unter Einschluß der von Bernhard Bachmann 1980 als Stadtbild- und Denkmalpfleger erstellten Textsammlung. Gießen.

Illert/Geisenheyner 1952: Illert, Friedrich M./Geisenheyner, Max: Adam Antes. Sein Werk an seinem 60. Geburtstag. Worms.

Institut für Zeitungswissenschaft 1944: Institut für Zeitungswissenschaft an der Universität Berlin (Hg.): Handbuch der Deutschen Tagespresse. 7. Aufl. Leipzig.

Jäckel/Kuhn 1980: Jäckel, Eberhard/Kuhn, Axel (Hg.): Hitler. Sämtliche Aufzeichnungen 1905-1924. Stuttgart.

Jacobsen 1977: Jacobsen, Hans-Adolf (Bearb.): Der Weg zur Teilung der Welt. Politik und Strategie 1939-1945. Koblenz/Bonn.

Jasper 1960: Jasper, Gotthardt: Zur innerpolitischen Lage in Deutschland im Herbst 1929. In: Vierteljahrshefte für Zeitgeschichte 8 (1960), S. 280-289.

Jasper 1986: Jasper, Gotthardt: Die gescheiterte Zähmung. Wege zur Machtergreifung Hitlers 1930-1934. Frankfurt am Main.

Jaspers 1946: Jaspers, Karl: Die Schuldfrage. Heidelberg.

Jesse 1999: Jesse, Eckhard: Hermann Rauschning. In: Die braune Elite II. 21 weitere biographische Skizzen. Hg. von Ronald Smelser, Enrico Syring und Rainer Zitelmann. 2., aktualisierte Aufl. Darmstadt, S. 193-205.

Kellerhoff 2008: Kellerhoff, Sven Felix: Der Reichstagsbrand. Die Karriere eines Kriminalfalls. Berlin.

Kempowski 2002: Kempowski, Walter: Das Echolot. Ein kollektives Tagebuch. Barbarossa 41. München.

Kempowski 2004: Kempowski, Walter: Das Echolot. Ein kollektives Tagebuch. Fuga furiosa. München.

Kempowski 2005: Kempowski, Walter: Das Echolot. Ein kollektives Tagebuch. Abgesang 45. München.

Kenéz 2008: Kenéz, Csaba János: Bildungszentren neuer Staatsvölker nach dem Ersten Weltkrieg – das Beispiel Dorpat. In: Universitäten im östlichen Mitteleuropa. Zwischen Kirche, Staat und Nation – Sozialgeschichtliche und politische Entwicklungen. Hg. von Peter Wörster. München, S. 75-84.

Kershaw 1998: Kershaw, Ian: Hitler. 1889-1936. Stuttgart.

Kershaw 2000: Kershaw, Ian: Hitler. 1936-1945. Stuttgart.

Kettenacker 1973: Kettenacker, Lothar: Nationalsozialistische Volkstumspolitik im Elsaß. Stuttgart.

Kettenacker 1991: Kettenacker, Lothar: Großbritannien und der deutsche Angriff auf die Sowjetunion. In: Zwei Wege nach Moskau. Vom Hitler-Stalin-Pakt bis zum »Unternehmen Barbarossa«. Im Auftrag des Militärgeschichtlichen Forschungsamtes hg. von Bernd Wegner. München/Zürich, S. 605-619.

Killy 1989: Killy, Walther (Hg.): Literaturlexikon. Autoren und Werke deutscher Sprache. Bd. 3. Gütersloh/München.

Kingreen 1999: Kingreen, Monica: Von Frankfurt in das KZ Dachau. In: »Nach der Kristallnacht«. Jüdisches Leben und antijüdische Politik in Frankfurt am Main 1938-1945. Hg. von ders. Frankfurt am Main/New York, S. 55-89.

Kingreen 2000: Kingreen, Monica: Gewaltsam verschleppt aus Oberhessen. Die Deportationen der Juden im September 1942 und in den Jahren 1943-1945. In: Mitteilungen des Oberhessischen Geschichtsvereins Gießen, Neue Folge, 85 (2000), S. 5-95.

Klee 1985: Klee, Ernst: »Euthanasie« im NS-Staat. Die »Vernichtung lebensunwerten Lebens«. Frankfurt am Main.

Klee 2003: Klee, Ernst: Das Personenlexikon zum Dritten Reich. Wer war was vor und nach 1945. Frankfurt am Main.

Klee 2007a: Klee, Ernst: Das Kulturlexikon zum Dritten Reich. Wer war was vor und nach 1945. Frankfurt am Main.

Klee 2007b: Klee, Ernst: Das Personenlexikon zum Dritten Reich. Wer war was vor und nach 1945. 2., aktualisierte Ausg. Frankfurt am Main.

Klee 2009: Klee, Ernst: Kulturlexikon zum Dritten Reich. Wer war was vor und nach 1945. Überarbeitete Ausg. Frankfurt am Main.

Klemperer 1996: Klemperer, Victor: LTI. Notizbuch eines Philologen. 14. Aufl. Leipzig.

Klemperer 1999: Klemperer, Victor: Ich will Zeugnis ablegen bis zum letzten. Tagebücher 1933-1945. 8 Bde. Hg. von Walter Nowojski unter Mitarbeit von Hadwig Klemperer. 3. Aufl. Berlin.

Klöss 1967: Klöss, Erhard (Hg.): Reden des Führers. Politik und Propaganda Adolf Hitlers 1922-1945. München.

Knab 1998: Knab, Jakob: Generaloberst Eduard Dietl. In: Ueberschär 1998, Bd. 2: Vom Kriegsbeginn bis zum Weltkriegsende, S. 28-36.

Knau 2005: Knau, Wilhelm: Lebenserinnerungen 21.06.1904 – 14.11.1987. Geschrieben in der Zeit 26.02.1973 bis März 1980. Mit Ergänzungen von Udo Knau 21.06.1904 – 14.11.1987. Unveröffentlichtes Typoskript. Laubach.

Knigge-Tesche/Ulrich 1996: Knigge-Tesche, Renate/Ulrich, Axel (Hg.): Verfolgung und Widerstand in Hessen 1933-1945. Frankfurt am Main.

Koch 1996: Koch, Manfred: Der Tod fürs Vaterland. In: Gedichte von Friedrich Hölderlin. Interpretationen. Hg. von Gerhard Kurz. Stuttgart, S. 60-75.

Köhler 1989: Köhler, Otto: Wir Schreibmaschinentäter. Journalisten unter Hitler – und danach. Köln.

Kohlmann-Viand 1991: Kohlmann-Viand, Doris: NS-Pressepolitik im Zweiten Weltkrieg. München/London/New York.

Koller 1995: Koller, Hans-Peter: Der Fliegermord von Freienseen. Eine Dokumentation. Gießen.

Kollmer/Mückusch 2007: Kollmer, Dieter H./Mückusch, Andreas (Hg.): Horn von Afrika. Hg. im Auftrag des Militärgeschichtlichen Forschungsamtes. Paderborn (= Wegweiser zur Geschichte).

Konrad-Tromsdorf 1989: Konrad-Tromsdorf, Klaus (Bearb.): Dokumentation »Der Langsdorfer Judenpogrom«. Lich.

Konzentrationslager 1999: Konzentrationslager Buchenwald 1937-1945. Begleitband zur ständigen Ausstellung. Hg. von der Gedenkstätte Buchenwald, erstellt von Harry Stein. Göttingen.

Krause-Schmitt 1996: Krause-Schmitt, Ursula: Das NS-Lagersystem in Hessen. In: Knigge-Tesche/Ulrich 1996, S. 44-62.

Krecker 1964: Krecker, Lothar: Deutschland und die Türkei im zweiten Weltkrieg. Frankfurt am Main.

Krings 2010: Krings, Stefan: Hitlers Pressechef. Otto Dietrich (1897-1952). Eine Biographie. Göttingen.

Kropat 1988: Kropat, Wolf-Arno: Kristallnacht in Hessen. Der Judenpogrom vom November 1938. Eine Dokumentation. Wiesbaden.

Kropat 1996: Kropat, Wolf-Arno: Die Verfolgung der Juden in Hessen und Nassau. In: Knigge-Tesche/Ulrich 1996, S. 86-101.

Küpper 1965-1970: Küpper, Heinz: Wörterbuch der deutschen Umgangssprache. 6 Bde. Hamburg/Düsseldorf.

Küster 2003: Küster, Hansjörg: Der Staat als Herr über die Natur und ihre Erforscher. In: Naturschutz und Nationalsozialismus. Hg. von Joachim Radkau und Frank Uekötter. Frankfurt am Main, S. 55-64.

Lehnstaedt 2006: Lehnstaedt, Stephan: Das Reichsministerium des Innern unter Heinrich Himmler 1943-1945. In: Vierteljahrshefte für Zeitgeschichte 54 (2006), S. 639-672.

Lengmann 1996: Lengmann, Jochen: MdL Hessen 1808-1996. Biographischer Index. Marburg.

Levi 1992: Primo Levi: Ist das ein Mensch? Ein autobiographischer Bericht. München.

Ley 1939: Ley, Robert: Deutschland ist schöner geworden. 3. Aufl. München.

Lilienthal 2003: Lilienthal, Georg: Der »Lebensborn e.V.«. Ein Instrument nationalsozialistischer Rassenpolitik. Erweiterte Neuausg. Frankfurt am Main.

Lilla 2004: Lilla, Joachim: Statisten in Uniform. Die Mitglieder des Reichstags 1933-1945. Ein biographisches Handbuch. Unter Einbeziehung der völkischen und nationalsozialistischen Reichstagsabgeordneten ab Mai 1924. Düsseldorf.

Longerich 1998: Longerich, Peter: Politik der Vernichtung. Eine Gesamtdarstellung der nationalsozialistischen Judenverfolgung. München/Zürich.

Longerich 2008: Longerich, Peter: Heinrich Himmler. Biographie. München.

Luther 1960: Luther, Martin: Tischreden. 3., völlig neu bearb. Aufl. Stuttgart (= Luther Deutsch. Hg. von Kurt Ahland; Bd. 9).

Maas 1984: Maas, Utz: Als der Geist der Gemeinschaft seine Sprache fand. Opladen.

Macksey 1998: Macksey, Kenneth: Generaloberst Alfred Jodl. In: Ueberschär 1998, Bd. 1: Von den Anfängen des Regimes bis Kriegsbeginn, S. 102-111.

Mank 2007: Mank, Mirko: Vergilbte Akten – Verglühtes Metall. Eine Chronik des Luftkrieges im Landkreis Gießen 1939-1945. Bd. 1: Die ersten Jahre 1939 – März 1944. Cölbe-Schönstadt.

Mann 1987: Mann, Thomas: Deutsche Hörer! Radiosendungen nach Deutschland aus den Jahren 1940-1945. Frankfurt am Main.

Meinl/Zwilling 2004: Meinl, Susanne/Zwilling, Jutta: Legalisierter Raub. Die Ausplünderung der Juden im Nationalsozialismus durch die Reichsfinanzverwaltung in Hessen. Frankfurt am Main/New York.

Meister Eckhart 1993: Meister Eckhart: Werke II. Hg. und komm. von Niklaus Largier. Frankfurt am Main (= Bibliothek des Mittelalters; Bd. 21).

Merz 2005: Merz, Hans-Georg: Die wildeste Flucht des Jahrhunderts. Wie General Giraud von Sachsen in die Schweiz und nach Frankreich gelangte. In: Archiv-Nachrichten. Quellenmaterial für den Unterricht Nr. 30 (Dezember 2005), S. 1-12.

Meyer 2000: Meyer, Ahlrich: Die deutsche Besatzung in Frankreich 1940-1944. Widerstandsbekämpfung und Judenverfolgung. Darmstadt.

Meyer's Großes Konversations-Lexikon 1905ff.

Meyer's Großes Konversations-Lexikon. Ein Nachschlagewerk des allgemeinen Wissens. 6., gänzlich neubearb. und vermehrte Aufl. 20 Bde. Leipzig/Wien 1905-1909. http://www.zeno.org/Meyers-1905.

Meyer zu Uptrup 2003: Meyer zu Uptrup, Wolfram: Kampf gegen die »jüdische Weltverschwörung«. Propaganda und Antisemitismus der Nationalsozialisten 1919 bis 1945. Berlin.

Michalka 1989: Michalka, Wolfgang (Hg.): Der Zweite Weltkrieg. Analysen, Grundzüge, Forschungsbilanz. Hg. im Auftrag des Militärgeschichtlichen Forschungsamtes. München.

Mieder 1983: Mieder, Wolfgang: Sprichwörter unterm Hakenkreuz. In: ders. (Hg.): Deutsche Sprichwörter in Literatur, Politik, Presse und Werbung. Hamburg, S. 181-210.

Mieder 2000: Mieder, Wolfgang: »In lingua veritas«. Sprichwörtliche Rhetorik in Victor Klemperers Tagebüchern 1933-1945. Wien.

Milovanovic 2005: Milovanovic, Marko: Sympathy for the devil. Ein eigentlich typisch deutscher Verdrängungsmechanismus: Knut Hamsun und der Nationalsozialismus im Spiegel der Forschung. In: Kritische Ausgabe 13 (2005), S. 76f.

Moll 1997: Moll, Martin (Bearb.): »Führer-Erlasse« 1939-1945. Edition sämtlicher überlieferter, nicht im Reichsgesetzblatt abgedruckter, von Hitler während des Zweiten Weltkrieges schriftlich erteilter Direktiven aus den Bereichen Staat, Partei, Wirtschaft, Besatzungspolitik und Militärverwaltung. Stuttgart.

Mommsen 1991: Mommsen, Hans: Gesellschaftsbild und Verfassungspläne des deutschen Widerstands. In: Der Nationalsozialismus und die deutsche Gesellschaft.

Ausgewählte Aufsätze. Zum 60. Geburtstag. Hg. von Lutz Niethammer und Bernd Weisbrod. Reinbek bei Hamburg, S. 233-337.

Mühleisen 1991: Mühleisen, Horst: Hellmuth Stieff und der deutsche Widerstand. In: Vierteljahrshefte für Zeitgeschichte 39 (1991), S. 339-377.

Mühleisen 1998: Mühleisen, Horst: General der Artillerie Walter Warlimont. In: Ueberschär 1998, Bd. 2: Vom Kriegsbeginn bis zum Weltkriegsende, S. 270-275.

Müller 1997: Müller, Jürgen: Nationalsozialismus in Lateinamerika. Die Auslandsorganisation der NSDAP in Argentinien, Brasilien, Chile und Mexiko, 1931-1945. Stuttgart.

Müller 2009: Müller, Klaus-Jürgen: Generaloberst Ludwig Beck. Eine Biographie. 2., durchgesehene Aufl. Paderborn.

Müller 1999: Müller, Rolf-Dieter: Albert Speer und die Rüstung im totalen Krieg. In: Organisation und Mobilisierung des deutschen Machtbereichs. Kriegsverwaltung, Wirtschaft und personelle Ressourcen 1942-1944/45. Von Bernhard R. Kroener, Rolf-Dieter Müller und Hans Umbreit. Stuttgart, S. 275-773 (= Das Deutsche Reich und der Zweite Weltkrieg; Bd. 5/2).

Münkel 1996: Münkel, Daniela: Nationalsozialistische Agrarpolitik und Bauernalltag. Frankfurt am Main.

Munzinger Archiv 2004: Munzinger Archiv: Personen. Internationales Biographisches Archiv. Biographische Datenbank. CD-ROM. Ravensburg.

Myllyniemi 1991: Myllyniemi, Seppo: Die Folgen des Hitler-Stalin-Paktes für die Baltischen Republiken und Finnland. In: Zwei Wege nach Moskau. Vom Hitler-Stalin-Pakt bis zum »Unternehmen Barbarossa«. Im Auftrag des Militärgeschichtlichen Forschungsamts hg. von Bernd Wegner. München/Zürich, S. 75-92.

Neitzel 2007: Neitzel, Sönke: Abgehört. Deutsche Generäle in britischer Gefangenschaft 1942-1945. Berlin.

Neuberger 2001: Neuberger, Helmut: Winkelmaß und Hakenkreuz. Die Freimaurer im Dritten Reich. München.

Niekisch 1932: Niekisch, Ernst: Hitler – ein deutsches Verhängnis. Berlin.

Nietzsche 1960: Nietzsche, Friedrich: Werke in drei Bänden. Hg. von Karl Schlechta. Darmstadt.

Noller/Kotze 1967: Noller, Sonja/Kotze, Hildegard von (Hg.): Facsimile Querschnitt durch den Völkischen Beobachter. München/Basel/Wien.

Nolzen 2004: Nolzen, Armin: Der Heß-Flug vom 10. Mai 1941 und die öffentliche Meinung im NS-Staat. In: Skandal und Diktatur. Formen öffentlicher Empörung im NS-Staat und in der DDR. Hg. von Martin Sabrow. Göttingen, S. 130-156.

Oberacker 1979: Oberacker, Karl H.: Die Deutschen in Brasilien. In: Die Deutschen in Lateinamerika. Hg. von Hartmut Fröschle. Tübingen/Basel, S. 169-300.

Obst 1991: Obst, Dieter: »Reichskristallnacht«. Ursachen und Verlauf des antisemitischen Pogroms vom November 1938. Frankfurt am Main.

Okkupationspolitik 1992: Die Okkupationspolitik des deutschen Faschismus in Jugoslawien, Griechenland, Albanien, Italien und Ungarn (1941-1945). Bearbeitet von Norbert Müller. Berlin/Heidelberg (= Europa unterm Hakenkreuz. Die Okkupationspolitik des deutschen Faschismus [1938-1945]; Bd. 6).

Ottmer 1994: Ottmer, Hans-Martin: »Weserübung«. Der deutsche Angriff auf Dänemark und Norwegen im April 1940. München.

Pallmann 1934: Pallmann, Gerhard (Hg.): Wohlauf Kameraden! Ein Liederbuch der jungen Mannschaft von Soldaten, Bauern, Arbeitern und Bauern. 2. Aufl. Kassel.

Pätzold/Weißbecker 2005: Pätzold, Kurt/Weißbecker, Manfred (Hg.): Kleines Lexikon historischer Schlagwörter. Leipzig.

Payne 2001: Payne, Stanley: Geschichte des Faschismus. Aufstieg und Fall einer europäischen Bewegung. München/Berlin.

Pehle 1988: Pehle, Walter H. (Hg.): Der Judenpogrom 1938. Von der »Reichskristallnacht« zum Völkermord. Frankfurt am Main.

Pedersen 1994: Pedersen, Ulf: Bernhard Rust. Ein nationalsozialistischer Bildungspolitiker vor dem Hintergrund seiner Zeit. Braunschweig.

Picciotto Fargion 1996 : Picciotto Fargion, Liliana: Italien. In: Benz 1996a, S. 199-227.

Pietrow-Ennker 1990: Pietrow-Ennker, Bianka: Deutschland im Juni 1941 – ein Opfer sowjetischer Aggression? Zur Kontroverse über die Präventivkriegsthese. In: Der Zweite Weltkrieg. Analysen, Grundzüge, Forschungsbilanz. Hg. von Wolfgang Michalka. 2. Aufl. München, S. 586-607.

Piper 2005: Piper, Ernst: Alfred Rosenberg. Hitlers Chefideologe. München.

Plöckinger 2006: Plöckinger, Othmar. Geschichte eines Buches: Adolf Hitlers »Mein Kampf« 1922-1945. München.

Preuss 1940: Preuss, Wolfgang (Hg.): Velhagen & Klasings Grosser Volksatlas. Das Jubiläumswerk des Verlages zu seinem hundertjährigen Bestehen. Erweiterte Ausg. Bielefeld/Leipzig.

Prieberg 2004: Prieberg, Fred K.: Handbuch Deutsche Musiker 1933-1945. o.O. [elektronische Ressource, Universität Kiel].

Rauschning 1940: Rauschning, Hermann: Gespräche mit Hitler. Zürich/Wien/New York.

Rebentisch 1981: Rebentisch, Dieter: Die »politische Beurteilung« als Herrschaftsinstrument der NSDAP. In: Die Reihen fest geschlossen. Beiträge zur Geschichte des Alltags unterm Nationalsozialismus. Hg. von Detlev Peukert und Jürgen Reulecke. Wuppertal, S. 107-125.

Rebentisch 1983: Rebentisch, Dieter: Persönlichkeitsprofil und Karriereverlauf der nationalsozialistischen Führungskader in Hessen 1928-1945. In: Hessisches Jahrbuch für Landesgeschichte 33 (1983), S. 293-331.

Rees 1990: Rees, Philip: Biographical Dictionary of the Extreme Right Since 1890. New York.

Reich 1997: Reich, Ines: Carl Friedrich Goerdeler. Ein Oberbürgermeister gegen den NS-Staat. Köln.

Reichel 1993: Reichel, Peter: Der schöne Schein des Dritten Reiches. Faszination und Gewalt des Faschismus. Frankfurt am Main.

Reimer 1979: Reimer, Klaus: Rheinlandfrage und Rheinlandbewegung (1918-1933). Ein Beitrag zur Geschichte der regionalistischen Bestrebungen in Deutschland. Frankfurt am Main.

Renz 2009: Renz, Ulrich: Georg Elser – ein Meister der Tat. Leinfelden-Echterdingen.

Rigg 2003: Rigg, Bryan Mark: Hitlers jüdische Soldaten. Paderborn.

Ritter 1954: Ritter, Gerhard: Carl Goerdeler und die deutsche Widerstandsbewegung. Stuttgart.

Röhrich 1991-1992: Röhrich, Lutz: Das große Lexikon der sprichwörtlichen Redensarten. 3 Bde. Freiburg/Basel/Wien.

Rohwer/Hümmelchen 1968: Rohwer, Jürgen/ Hümmelchen, Gerhard: Chronik des Seekrieges 1939-1945. Oldenburg.

van Roon 1987: van Roon, Ger: Widerstand im Dritten Reich. Ein Überblick. 4., neubearb. Aufl. München.

Rothkirch 1985: [Gräfin] Rothkirch, Malve (Hg.): Königin Luise von Preußen. Briefe und Aufzeichnungen 1786-1810. München.

Rousso 2009: Rousso, Henry: Vichy. Frankreich unter deutscher Besatzung 1940-1944. München.

Rücker 2000: Rücker, Matthias: Wirtschaftswerbung unter dem Nationalsozialismus. Rechtliche Ausgestaltung der Werbung und Tätigkeit des Werberats der deutschen Wirtschaft. Frankfurt am Main/Berlin/Bern.

Sarkowicz/Mentzer 2000: Sarkowicz, Hans/Mentzer, Alf: Literatur in Nazi-Deutschland. Ein biografisches Lexikon. Hamburg/Wien.

Sauer 2004: Sauer, Bernhard: Schwarze Reichswehr und Fememorde. Eine Milieustudie zum Rechtsradikalismus in der Weimarer Republik. Berlin.

Schenk 2006: Schenk, Dieter: Hans Frank. Hitlers Kronjurist und Generalgouverneur. Frankfurt am Main.

Scheurig 1990: Scheurig, Bodo: Henning von Tresckow. Ein Preuße gegen Hitler. Frankfurt am Main.

Schiewe 1998: Schiewe, Jürgen: Die Macht der Sprache. Eine Geschichte der Sprachkritik von der Antike bis zur Gegenwart. München.

Schiller 2004: Schiller, Friedrich: Sämtliche Werke. Hg. von Albert Meier. 5 Bde. München.

Schilling 1999: Schilling, René: Die »Helden der Wehrmacht« – Konstruktion und Rezeption. In: Die Wehrmacht. Mythos und Realität. Hg. von Rolf-Dieter Müller und Hans-Erich Volkmann. München, S. 550-572.

von Schirach 1933: von Schirach, Baldur (Hg.): Blut und Ehre. Lieder der Hitler-Jugend. Berlin.

Schlemmer 2005: Schlemmer, Thomas (Hg.): Die Italiener an der Ostfront. Dokumente zu Mussolinis Krieg gegen die Sowjetunion. München.

Schmahl 1957: Schmahl, Karl: Die Friedrichshütte. Ein Gedenkblatt für Adolf und Philipp Römheld. In: Römheldsches Familienblatt 37 (Oktober 1957), S. 148-151.

Schmidt 2008: Schmidt, Rainer F.: Der Zweite Weltkrieg. Die Zerstörung Europas. Berlin.
Schmitt/Westenberger 2006: Schmitt, Oliver/Westenberger, Sandra: Der feine Unterschied im Heldentod. In: Volkes Stimme. Skepsis und Führervertrauen im Nationalsozialismus. Hg. von Götz Aly. Frankfurt am Main, S. 96-115.
Schmitz-Berning 2000: Schmitz-Berning, Cornelia: Vokabular des Nationalsozialismus. Berlin/New York.
Schreiber 1984: Schreiber, Gerhard: Deutschland, Italien und Südosteuropa. Von der politischen und wirtschaftlichen Hegemonie zur militärischen Aggression. In: Der Mittelmeerraum und Südosteuropa. Von der »non belligeranza« Italiens bis zum Kriegseintritt der Vereinigten Staaten. Von Gerhard Schreiber, Bernd Stegemann und Detlef Vogel. Stuttgart, S. 278-414 (= Das Deutsche Reich und der Zweite Weltkrieg; Bd. 3).
Schwendemann/Dietsche 2003: Schwendemann, Heinrich/Dietsche, Wolfgang: Hitlers Schloß. Die »Führerresidenz« in Posen. Berlin.
Shakespeare 1987: Shakespeare, William: Sämtliche Werke. Übersetzt von August Wilhelm von Schlegel und Ludwig Tieck. Hg. von Erich Loewenthal. Heidelberg.
Siemens 2009: Siemens, Daniel: Horst Wessel. Tod und Verklärung eines Nationalsozialisten. München.
Smelser 1989: Smelser, Ronald: Robert Ley – Der braune Kollektivist. In: Die braune Elite. 22 biographische Skizzen. Hg. von dems. und Rainer Zitelmann. Darmstadt, S. 173-187.
Sösemann 2007: Sösemann, Bernd: Journalismus im Griff der Diktatur. Die »Frankfurter Zeitung« in der nationalsozialistischen Pressepolitik. In: Studt 2007, S. 11-38.
Spiel 1989: Spiel, Hilde: Die hellen und die finsteren Zeiten. Erinnerungen 1916-1946. 3. Aufl. München.
Stegemann 1979: Stegemann, Bernd: Das Unternehmen »Weserübung«. In: Die Errichtung der Hegemonie auf dem europäischen Kontinent. Hg. von Klaus Maier u.a. Stuttgart, S. 212-225 (= Das Deutsche Reich und der Zweite Weltkrieg; Bd. 2).
Stegemann 1984: Stegemann, Bernd: Die italienisch-deutsche Kriegführung im Mittelmeer und in Afrika. In: Der Mittelmeerraum und Südosteuropa. Von der »non belligeranza« Italiens bis zum Kriegseintritt der Vereinigten Staaten. Von Gerhard Schreiber, Bernd Stegemann und Detlef Vogel. Stuttgart, S. 591-682 (= Das Deutsche Reich und der Zweite Weltkrieg; Bd. 3).
Stockhorst 1967: Stockhorst, Erich: Fünftausend Köpfe. Wer war was im Dritten Reich. Velbert.
Streit 1989: Streit, Christian: Sowjetische Kriegsgefangene – Massendeportationen – Zwangsarbeiter. In: Michalka 1989, S. 747-760.
Stumpf 1990: Stumpf, Reinhard: Der Krieg im Mittelmeerraum 1942/43: Die Operationen in Nordafrika und im mittleren Mittelmeer. In: Der globale Krieg. Die Ausweitung zum Weltkrieg und der Wechsel der Initiative 1941-1943. Von Horst

Boog, Werner Rahn, Reinhard Stumpf und Bernd Wegner. Stuttgart, S. 569-757 (= Das Deutsche Reich und der Zweite Weltkrieg; Bd. 6).

Sundhausen 1996: Sundhausen, Holm: Jugoslawien. In: Benz 1996a, S. 311-330.

von Suttner 1909: von Suttner, Bertha: Rüstung und Ueberrüstung. Berlin.

Szarota 1985: Szarota, Tomasz: Warschau unter dem Hakenkreuz. Leben und Alltag im besetzten Warschau. 1.10.1939 bis 31.7.1944. Paderborn.

Tillich 1973: Tillich, Paul: An meine deutschen Freunde. Die politischen Reden Paul Tillichs während des Zweiten Weltkriegs über die »Stimme Amerikas«. Stuttgart (= Ergänzungs- und Nachlaßbände zu den Gesammelten Werken; Bd. 3).

Tucholsky 1975: Tucholsky, Kurt: Gesammelte Werke in 10 Bänden. Bd. 8: 1930. Reinbek bei Hamburg.

Ueberschär 1998: Ueberschär, Gerd R. (Hg.): Hitlers militärische Elite. 2 Bde. Darmstadt.

Ueberschär 2000: Ueberschär, Gerd R. (Hg.): NS-Verbrechen und der militärische Widerstand gegen Hitler. Darmstadt.

Ueberschär/Wette 1991: Ueberschär, Gerd R./Wette, Wolfram (Hg.): Der deutsche Überfall auf die Sowjetunion. »Unternehmen Barbarossa« 1941. Frankfurt am Main.

Ullrich 2004: Ullrich, Volker: Napoleon. Eine Biographie. Reinbek bei Hamburg.

Unabhängige Expertenkommission 2002: Unabhängige Expertenkommission Schweiz – Zweiter Weltkrieg: Die Schweiz, der Nationalsozialismus und der Zweite Weltkrieg. Zürich.

Varga 1996: Varga, László: Ungarn. In: Benz 1996a, S. 331-351.

Veltzke 2009: Veltzke, Veit (Hg.): Für die Freiheit – gegen Napoleon. Ferdinand von Schill, Preußen und die deutsche Nation. Köln/Weimar/Wien.

Vogel 1984: Vogel, Detlef: Das Eingreifen Deutschlands auf dem Balkan. In: Der Mittelmeerraum und Südosteuropa. Von der »non belligeranza« Italiens bis zum Kriegseintritt der Vereinigten Staaten. Von Gerhard Schreiber, Bernd Stegemann und Detlef Vogel. Stuttgart, S. 417-511 (= Das Deutsche Reich und der Zweite Weltkrieg; Bd. 3).

Vogel 1998: Vogel, Detlef: Generalfeldmarschall Gerd von Rundstedt. In: Ueberschär 1998, Bd. 1: Von den Anfängen des Regimes bis Kriegsbeginn, S. 223-233.

Vogel 2001: Vogel, Detlef: Deutsche und alliierte Kriegführung im Westen. In: Das Deutsche Reich in der Defensive. Strategischer Luftkrieg in Europa, Krieg im Westen und in Ostasien 1943-1944/45. Hg. von Horst Boog, Gerhard Krebs und Detlef Vogel. Stuttgart, S. 419-639 (= Das Deutsche Reich und der Zweite Weltkrieg; Bd. 7).

Vogel 2004: Vogel, Jochen: »... sei schlau, sonst wirst du auch zum Kohlenklau!«. »Kampf dem Kohlenklau« (1942-1945) – die größte Propaganda-Aktion im Dritten Reich zur Energieeinsparung. 2., erw. Aufl. Mengersgereuth-Hämmern.

Voigt 1988: Voigt, Johannes H.: Geschichte Australiens. Stuttgart.

Wagner 2007: Wagner, Werner: Dr. August Roeschen. Das schulische und lokalpolitische Wirken eines Lehrers während des Nationalsozialismus und nach 1945. In: Wetterauer Geschichtsblätter 56 (2007), S. 333-356.

Walk 1996: Walk, Joseph (Hg.): Das Sonderrecht für die Juden im NS-Staat. Eine Sammlung der gesetzlichen Maßnahmen und Richtlinien – Inhalt und Bedeutung. 2. Aufl. Heidelberg.

Wallraff 2008: Wallraff, Horst: Regional- und Landesgeschichte. In: Kulturwissenschaften und Nationalsozialismus. Hg. von Jürgen Elvert und Jürgen Nielsen-Sikora. Stuttgart, S. 246-288.

Wander 1964: Wander, Karl Friedrich Wilhelm (Hg.): Deutsches Sprichwörter-Lexikon. Ein Hausschatz für das deutsche Volk. Unveränderter Nachdruck der Ausgabe Leipzig 1867-1880. 5 Bde. Darmstadt.

Wanzeck 2003: Wanzeck, Christiane: Zur Etymologie lexikalisierter Farbwortverbindungen. Untersuchungen anhand der Farben Rot, Gelb, Grün und Blau. Amsterdam/New York.

Wapnewski 1967: Wapnewski, Peter: Joachim Fernau und die deutsche Seele. In: Die Zeit, 3.2.1967.

Weinmann 1990: Weinmann, Martin (Hg.): Das nationalsozialistische Lagersystem (CCP). 2. Aufl. Frankfurt am Main.

Weiß 2002: Weiß, Hermann (Hg.): Biographisches Lexikon zum Dritten Reich. Überarbeitete Neuausg. Frankfurt am Main.

Welkerling 1989: Welkerling, Wolfgang: Der Wehrmachtsgeneral auf dem Weg zum Antifaschisten. Zur Biographie des Generals der Artillerie Fritz Lindemann (1894-1944). In: Zeitschrift für Geschichtswissenschaft 37 (1989), S. 786-811.

Wendt 1987: Wendt, Bernd-Jürgen: Großdeutschland. Außenpolitik und Kriegsvorbereitung des Hitler-Regimes. München.

Wennerholm 1978 : Wennerholm, Eric: Sven Hedin. Wiesbaden.

Wiepking-Jürgensmann 1942: Wiepking-Jürgensmann, Heinrich Fr[iedrich].: Die Landschaftsfibel. Berlin.

Wildt 2003: Wildt, Michael: Generation des Unbedingten. Das Führungskorps des Reichssicherheitshauptamtes. Durchgesehene u. aktualisierte Neuausgabe. Hamburg.

Wilhelm 1978: Wilhelm, Richard: Heinrich Bechtolsheimer. In: Blätter der Carl-Zuckmayer-Gesellschaft Jg. 4, Nr. 3 (1.8.1978), S. 93-118.

Willms 2005: Willms, Johannes: Napoleon. Eine Biographie. München.

Wuescht 1969: Wuescht, Johann: Jugoslawien und das Dritte Reich. Eine dokumentierte Geschichte der deutsch-jugoslawischen Beziehungen von 1933 bis 1945. Stuttgart.

Wulf 1989: Wulf, Joseph: Kultur im Dritten Reich. 5 Bde. Frankfurt am Main/Berlin. 1989.

Wuthenow 1990: Wuthenow, Ralph-Rainer: Europäische Tagebücher. Eigenart, Formen, Entwicklung. Darmstadt.

Zeck 2002: Zeck, Mario: Das Schwarze Korps. Geschichte und Gestalt des Organs der Reichsführung SS. Tübingen.

Zehender 2004: Zehender, Bernadette: Die Tarnsprache der Wehrmachtberichte unter Einbeziehung nationalsozialistischer Sprachelemente. In: Tarnung – Leistung – Werbung. Untersuchungen zur Sprache im Nationalsozialismus. Hg. von Albrecht Greule und Waltraud Sennebogen. Frankfurt am Main/Berlin/Bern.

Zelnhefer 2002: Zelnhefer, Siegfried: Die Reichsparteitage der NSDAP in Nürnberg. Nürnberg.

Zibell 1999: Zibell, Stephanie: Jakob Sprenger (1884-1945). NS-Gauleiter und Reichsstatthalter in Hessen. Darmstadt (= Quellen und Forschungen zur hessischen Geschichte; Bd. 121).

Zick 1969: Zick, Gisela: Der zerbrochene Krug als Bildmotiv des 18. Jahrhunderts. In: Wallraf-Richartz Jahrbuch 31 (1969), S. 149-204.

Zimmermann 1996: Zimmermann, Michael: Rassenutopie und Genozid. Die nationalsozialistische Lösung der »Zigeunerfrage«. Hamburg.

Zimmermann 2007: Zimmermann, Clemens: Medien im Nationalsozialismus. Deutschland 1933-1945, Italien 1922-1943, Spanien 1936-1951. Wien/Köln/Weimar.

Zöllner 2009: Zöllner, Reinhard: Geschichte Japans. Von 1800 bis zur Gegenwart. 2., durchgesehene Aufl. Paderborn.

Zwicker 2006: Zwicker, Stefan: »Nationale Märtyrer«: Albert Leo Schlageter und Julius Fučik. Heldenkult, Propaganda und Erinnerungskultur. Paderborn.

Internet

The Central Database of Shoah Victims' Names, Yad Vashem
Digitale Bildersammlung der IMLS (Institute of Museum and Library Services)
http://imlsdccnew.grainger.uiuc.edu/
http://www.hitlers-reden.de
http://www.gdw-berlin.de
http://www.bundesarchiv.de

Dank

Wie jede Edition konnte auch die vorliegende nicht ohne die Unterstützung zahlreicher Kollegen und Einrichtungen realisiert werden. Dafür bedanken wir uns an dieser Stelle sehr herzlich.

Zuvorderst gilt unser besonderer Dank den Einrichtungen, die das Projekt finanziert haben. Die Ernst-Ludwig Chambré-Stiftung zu Lich, die die Forschung der Arbeitsstelle Holocaustliteratur seit ihrem Bestehen gefördert hat, legte auch für diese Edition die finanziellen Grundlagen, indem sie für drei Jahre die Finanzierung der notwendigen wissenschaftlichen und studentischen Mitarbeiter sicherte. Der Förderverein der Arbeitsstelle Holocaustliteratur und Gabriele Rehnelt haben durch Spenden gerade in der Endphase des Projekts die Beschäftigung studentischer Mitarbeiter unterstützt. Die Drucklegung wurde erst möglich durch die großzügige Hilfe der Sparkassen-Kulturstiftung Hessen-Thüringen, der Erwin-Stein-Stiftung, der FAZIT-Stiftung, der Universität Heidelberg, der Albert-Osswald-Stiftung sowie der Lagergemeinschaft Auschwitz – Freundeskreis der Auschwitzer e.V. Ohne das unermüdliche Engagement und die stete Unterstützung von Staatsminister a.D. Karl Starzacher aber wäre all dies undenkbar gewesen. Dafür stehen wir tief in seiner Schuld.

Bei der Edition waren wir auf die Hilfe und auf Auskünfte zahlreicher Personen und Einrichtungen angewiesen, denen unser aufrichtiger Dank gilt: Helga Aner und Pfarrer Michael Gengenbach von der Evangelischen Kirchengemeinde Laubach, Bayerische Staatsbibliothek München, Ursula Bitzegeio und Regine Schoch von der Friedrich-Ebert-Stiftung, Helge Braunroth, Christoph Brüll, Bundesarchiv Berlin, Miriam Datta vom Standesamt Worms, Grazyna Ehrhardt, Winfried Ehrhardt, Peter Haberkorn vom Hessischen Hauptstaatsarchiv Wiesbaden, Ludwig Heck, Melanie Hembera, Babette Heusterberg vom Bundesarchiv-Filmarchiv Berlin, Klemens Hogen-Ostlender vom »Gießener Anzeiger«, Giesela Hofmann, Elisabeth Johann vom Gemeindearchiv Altenstadt, Gerhard Kurz, Manfred Landfester, Ulrich Lappenküper von der Otto-von-Bismarck-Stiftung in Friedrichsruh, Aarne Liebich vom Hessischen Wirtschaftsarchiv in Darmstadt, Karl-Ernst Lind vom Archiv in Lardenbach, Dieter Ludwig und Constanze von Moltke von der Staatsbibliothek Hamburg, Petra Maikranz vom Standesamt Laubach, Hanno Müller, Armin Nolzen, Gudrun Paladini vom Institut für Zeitungsforschung in Dortmund, Helmut Palitsch, Bernd Reifenberg von der Universitätsbibliothek Marburg, Eberhardt Roeschen vom Stadtarchiv Laubach, Elisabeth Rößler, Markus Schmidt vom Standesamt Höchst am Main, Tim Schwabedissen vom Musikwissenschaftlichen Institut der Universität Kiel, Bernd Sösemann, Standesamt Biedenkopf, Standesamt Duisburg, Universitätsbibliothek Gießen, Universitätsbibliothek Mannheim, Karl-Heinz Weicker von der

Stadtverwaltung Laubach, Thomas Worschech und Michel Schurig vom Deutschen Filminstitut in Frankfurt am Main.

Ein besonderes Dankeschön gilt Hajo Gevers vom Wallstein Verlag in Göttingen, dem wir einmal mehr für eine herausragende Betreuung sehr verpflichtet sind. Andrea Löw und Diana Nusko haben das Projekt in seiner Frühphase enorm vorangetrieben – ohne diesen Einsatz wäre Vieles nicht möglich gewesen. Dafür herzlichen Dank!

Die studentischen und wissenschaftlichen Mitarbeiter der Arbeitsstelle Holocaustliteratur waren das Rückgrat der Edition. Sie haben mit ihrem unermüdlichen Einsatz Unglaubliches geleistet und es verstanden, trotz aller Belastungen ein Arbeitsklima zu schaffen, das seinesgleichen sucht. Unser ganz besonderer Dank hierfür gilt: Hanna Ashour, Aleksandra Bąk, Anika Binsch, Manuel Emmerich, Stefanie Füchter, Kathy Gareis, Anna Kiniorska-Michel, Charlotte Kitzinger, Birgit Maria Körner, Jelena Li, Nikola Medenwald, Andreas Pfeifer, Nassrin Sadeghi, Birgit Schmitges, Christiane Weber sowie Julia Wilke. Ganz besonders hat die editorischen Arbeiten wieder Elisabeth Turvold versehen, die für ihren enormen Fleiß, ihre große Sorgfalt und auch ihre außerordentliche Geduld immer viel zu wenig Lob und Anerkennung bekommt – danke, Lisa, für alles.

Die Herausgeber